中國酒文化大典

周卫东题

名誉主编　王震宇
主　　编　周卫东

上部

東方出版社

《中国酒文化大典》编辑委员会

中国酒文化協會

中国酒文化协会徽标说明：■徽标整体造型以印章篆刻和书法的运笔为主要表现方法，彰显中国传统文化的独特韵致；■印章图案用“酒”字为造型基础，并加以辅助图形抽象而成，突出了行业特点。其中，左边的三点水由生动的龙纹组成（龙在历代是权威和信任的象征），表明了机构在该行业里具有专业的代表性；右边的图案是“酒”字的右半部分，形成了一个古代青铜器酒樽的造型，强化了酒文化历史的渊远流长，右下角的一撇构成一个共用的辅助图形，巧妙地适用于龙纹和酒樽的脚，相得益彰、浑然天成，用以展现历史与文化相互交融，阔步向前发展；■徽标图案色彩运用中国印红，显得明快、醒目、庄重，增加了整体的视觉冲击力和感染力。■标准字采用草书，与印章效果交相辉映，衬托出中国酒文化的博大精深。

主编简介

周卫东：大世界基尼斯中国酒文化专家、总顾问，中国酒文化专业委员会秘书长，中国酒文化协会副会长，《中国酒文化》杂志社社长，求是杂志社研究所丛书编辑委员会副主任，中轻国联信息技术研究院院长，中国“健康饮酒日”的倡导者、发起人，中国酒业坐标人物，商业评论人，知名学者，同时担任国内众多酒类企业名誉董事长、顾问、总工程师。中国酒文化的建树者，为中国的传统文化和现代文化作出了重要贡献。

其代表巨著文献：《中国酒文化大典》、《中国酒业发展报告》、《中国白酒工业 50 年》、《酒海沉浮》、《中国历史文化名酒》、《中国酒文化名城大辞典》、《诗酒联姻》、《中国酒文化著名书画家全国酒乡行》、《中国第一壶》、《白酒品鉴》、《中国文化五千年》、《盛世中国 60 年》、《共和国不会忘记》、《党的执政能力建设在基层》等。

序言一

为中国酒鼓与呼

周卫东

俯察当今知识经济的社会，在我国酒业界正涌现评论“文化酒”和探索“酒文化”的热潮。这充分表明我国的酒企业不仅仅是在酿造酒，而且是在酿造文化，酿造科学，酿造历史。中国是一个拥有几千年文明的古国，在漫长的历史发展长河中，凝聚了丰富多彩的民族文化内涵和美学底蕴。华夏文明源远流长、博大精深。中国作为酿酒发源地之一，酒文化更是深得华夏文明的精髓，其根植于民间文化的沃土之中，酿造出博大精深、醇厚和谐的独特品位；其广纳神州人文的风情，韵味幽深、情趣幽长。经千百年历史的酝酿和滋润，形成了一种独特的文化形式,在中国传统文化中占有十分重要的地位。

酒，作为世界客观物质的存在，它是一个变化多端的精灵，它炽热似火，冷酷像冰；它缠绵如梦萦，狠毒似恶魔；它柔软如锦缎，锋利似钢刀；它无所不在，力大无穷；它可敬可泣，该杀该戮；它能叫人超脱旷达，才华横溢，放荡无常；它能叫人忘却人世的痛苦忧愁和烦恼到绝对自由的时空中尽情翱翔；它也能叫人肆行无忌，无奈地沉沦到深渊的最底处，叫人丢掉面具，原形毕露，口吐真言。

酒，在人类文化的历史长河中，它已不仅仅是一种客观的物质存在，而是一种文化象征，即酒神精神的象征。

在中国，酒神精神以道家哲学为源头。庄周主张，物我合一，天人合一，齐一生死。庄周高唱绝对自由之歌，倡导“乘物而游”、“游乎四海之外”、“无何有之乡”。庄子宁愿做自由的在烂泥塘里摇头摆尾的乌龟，而不做受人束缚的昂头阔步的千里马。追求绝对自由、忘却生死利禄及荣辱，是中国酒神精神的精髓所在。

然而恰是这些，却已逐渐走到了国人记忆的边沿，取而代之的是被年轻人推崇的以汉堡、可乐等为代表的“速食文化”。不可否认这是舶来品，是西方文化对东方人的渗透。也就在这所谓的“速食文化”中夹杂着太多并不利于国人尤其是年轻人成长的元素，甚至不客气地说那是一种“文化鸦片”。想我中华上下五千年的文化底蕴，如今却被挤到了记忆的边缘，想来是痛心的。总不成“东亚病夫”的历史要重演吗？

基于此，作为中华文化的捍卫者，作为中国酒文化的传承者，同时也作为炎黄子孙的一份子，此时此刻是该义愤填膺的，不禁想起“国之兴亡，匹夫有责”。也因此，一部全视角介绍中国酒文化的大典便应运而生。

编撰一本书是一个漫长的过程，同时也是一个煎熬的过程，而编撰《中国酒文化大典》更是一个痛苦历练的过程。中国酒文化何其渊博，从仪狄造酒、杜康酿酒、猿猴造酒、上天造酒，到茅台、五粮液、剑南春冲出国门，走向世界，其间不仅仅是时间可以说明的，更有无数耐人寻味的人、事、物。从文化、艺术、军事、外交，到宗教、心理、民俗，酒几乎渗透到了人类社会的每一个细节。从何而起，着墨何处都成了整部大典的难题。细节方面不容错漏丝毫，时间方面不允颠倒毫厘，否则全书都将成为笑柄。

想到这些，曾有放弃的念头，但中国酒文化又似一个妩媚的妖姬，不由你不去想她，不由你不去关注她。在反复的挣扎与思考中，决定《中国酒文化大典》非做不可。

作出决定后，我和我的团队走访了上千专家、学者，翻阅了无数著作、资料，更是几乎走遍华夏每一个与酒有关的角落，历时三载有余，终于大典如时出炉。其间不仅要感谢我的团队与我日夜奋战，更要感谢国内许多著名的专家、学者、机关单位、企业机构，没有你们就不会有如今这部以深邃的眼光、独辟的渠道、最新的视角、专业的素质、严谨的调查、透彻的分析、全面系统阐释中国酒文化的《中国酒文化大典》，在此表示诚挚的谢意！

序言二

书溢酒香醉吾心

马金同

卫东先生是我早已熟识的故友，虽年纪相仿，但印象中始终是我的长辈一般，和蔼可亲不说，他做事情的专注与执著一直是我效仿的楷模，因此当他因编撰《中国酒文化大典》一事征求我的意见时，我就知道，此事是非做不可了，即便我已预见其中的酸楚与艰辛。我二话没说就表示支持。

要说酒文化的源头，可以说自从酒类诞生那天起就开始了。譬如，传说大禹曾命令他的属下仪狄造酒。仪狄酿出了酒后，便送给大禹品尝。但从此以后，大禹也就疏远了仪狄。别人问为什么，大禹说：“今后，肯定要有人为此物而亡国。”可见对于酒文化的研究重点——酒害和酒祸，自从那时起就有人预见了。传说归传说，其真实性也有待考证，但是这个传说足以说明酒的历史在中华大地是源远流长的。

史书和出土文物表明，自中国有历史以来，祭祀、会盟、各种庆典用酒都形成了固定程式的礼仪，使用酒器、酒具也逐渐系统、规范起来。酒器、酒具上的图案、花纹、篆刻也与时俱进地形成特色。中国古代非常崇尚礼仪，而酒被称为“百礼之首”，可见酒在当时的作用和地位。此后从士大夫阶层中逐渐形成了酒风、酒德，且孔子、孟子都有过论述。晋人刘伶曾写过《酒德颂》。后来出现的有关酒的诗、词、歌、赋、书法、绘画、戏曲、音乐简直浩浩瀚瀚数不胜数。据统计，《诗经》中大约四分之一的作品与酒有关；全唐诗大约五分之一与酒有关；我国著名诗人、文人、书法家如陶渊明、李白、杜甫、白居易、李贺、贺之章、苏轼等的作品中与酒有关的内容都占很大比例。

虽然我国酒文化源远流长，但“酒文化”这个词的出现还是近20年的事。1985年，于光远先生在北京参加四川某酒厂的一个品酒会，会后，于老先生挥笔为酒厂题词写道：“广义的文化包括酒文化。酒文化的发展在一定程度上对我国的经济建设和文化建设以及人民生活有影响。例如……”从此“酒文化”一词被愈来愈多的人认可、使用并研究、实践。

历来我注力于酒类企业与品牌的策划运筹，因此深深了解酒类企业对于了解酒文化的迫切。就如人说可口可乐脱离了体育与时尚，便只是苏打水。中国酒何尝不是，脱离了文化，酒也便就是“怪味水”了，更不会有动辄上百上千的价格可言。因此我常说酒的百分之九十九都是文化。

知道了酒文化对于酒的重要性，酒类企业对于酒文化便都求之若渴，但是许多企业并不能对酒文化了解透彻，有时候断章取义往往只引来笑声一片。可要做到不断章取义又谈何容易！毕竟国内目前还没有一部能全面涵盖酒文化的权威著作，因此酒类品牌的包装者只能通过自由查询各色资料来弥补，然而各色资料也并不是口径统一的，稍有偏差便会出笑话。如今有了《中国酒文化大典》这样一本相对权威的官方著作，那么众多企业在酒文化的使用上便可以做到有据可循了。更可以通过酒这一载体将正宗的华夏文明传遍世界。因此，《中国酒文化大典》的诞生对于中国酒类企业乃至整个商业社会与酒相关的企业机构都是一件幸事。

感谢卫东先生，感谢中国酒文化专业委员会，感谢《中国酒文化大典》！

马金同，工商管理硕士，中国十大杰出策划师，著名商业评论人，联盟式营销倡导者。同时担任《中国经营报》、《销售与市场》、《商界》、《现代营销》、《首席市场官》、《中国品牌》、《赢·周刊》、《中国酒》、《新食品》、《糖烟酒周刊》、《酒海观潮》、《酒类营销》、《华夏酒报》等多家媒体顾问、特约评论员，发表论文百余万字。

中国酒文化大典

目 录

上 卷

一 国家、地方关于酒的政策、法律、法规及条例

二 历届名酒品牌评选

三 酒的品评尺度标准

四 酒的种类、工艺技术简介

五 全国酒厂名录

中国酒文化大典

目　录

中　卷

一　有关酒典章政令的形成与演变

二 酒业的形成与生产

三 名厂名酒

四 酒宴礼仪

五 酒史溯源

六 社稷酒鉴

七 名贤盛筵

八 劲酒通调

九 对酒当歌

十 酒坛百味

十一 酒词释诠

中国酒文化大典

目 录

下 卷

一 樽倾艺茂(上)

二 樽倾艺茂(下)

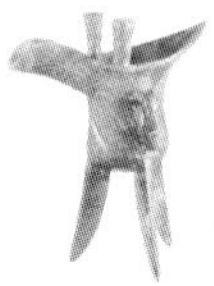

三 流觞炫墨

四 醉古醺今(上)

五 醉古醺今(下)

六 觞政撷珠

七 酒生趣起

国家、地方关于酒的政策、法律、法规及条例

中华人民共和国个人独资企业法

实施日期：2000 年 1 月 1 日颁布单位：第九届全国人民代表大会常务委员会

第一章　总 则

第一条　为了规范个人独资企业的行为，保护个人独资企业投资人和债权人的合法权益，维护社会经济秩序，促进社会主义市场经济的发展，根据宪法，制定本法。

第二条　本法所称个人独资企业，是指依照本法在中国境内设立，由一个自然人投资，财产为投资人个人所有，投资人以其个人财产对企业债务承担无限责任的经营实体。

第三条　个人独资企业以其主要办事机构所在地为住所。

第四条　个人独资企业从事经营活动必须遵守法律、行政法规，遵守诚实信用原则，不得损害社会公共利益。

个人独资企业应当依法履行纳税义务。

第五条　国家依法保护个人独资企业的财产和其他合法权益。

第六条　个人独资企业应当依法招用职工。职工的合法权益受法律保护。

个人独资企业职工依法建立工会，工会依法开展活动。

第七条　在个人独资企业中的中国共产党党员依照中国共产党章程进行活动。

第二章　个人独资企业的设立

第八条　设立个人独资企业应当具备下列条件：

（一）投资人为一个自然人；

（二）有合法的企业名称；

（三）有投资人申报的出资；

（四）有固定的生产经营场所和必要的生产经营条件；

（五）有必要的从业人员。

第九条　申请设立个人独资企业，应当由投资人或者其委托的代理人向个人独资企业所在地的登记机关提交设立申请书、投资人身份证明、生产经营场所使用证明等文件。委托代理人申请设立登记时，应当出具投资人的委托书和代理人的合法证明。

第十条　个人独资企业设立申请书应当载明下列事项：

（一）企业的名称和住所；

（二）投资人的姓名和居所；

（三）投资人的出资额和出资方式；

（四）经营范围。

第十一条　个人独资企业的名称应当与其责任形式及从事的营业相符合。

第十二条　登记机关应当在收到设立申请文件之日起15日内，对符合本法规定条件的，予以登记，发给营业执照；对不符合本法规定条件的，不予登记，并应当给予书面答复，说明理由。

第十三条　个人独资企业的营业执照的签发日期，为个人独资企业成立日期。

在领取个人独资企业营业执照前，投资人不得以个人独资企业名义从事经营活动。

第十四条　个人独资企业设立分支机构，应当由投资人或者其委托的代理人向分支机构所在地的登记机关申请登记，领取营业执照。

分支机构经核准登记后，应将登记情况报该分支机构隶属的个人独资企业的登记机关备案。

分支机构的民事责任由设立该分支机构的个人独资企业承担。

第十五条　个人独资企业存续期间登记事项发生变更的，应当在作出变更决定之日起的15日内依法向登记机关申请办理变更登记。

第三章　个人独资企业的投资人及事务管理

第十六条　法律、行政法规禁止从事营利性活动的人，不得作为投资人申请设立个人独资企业。

第十七条　个人独资企业投资人对本企业的财产依法享有所有权，其有关权利可以依法进行转让或继承。

第十八条　个人独资企业投资人在申请企业设立登记时明确以其家庭共有财产作为个人出资的，应当依法以家庭共有财产对企业债务承担无限责任。

第十九条 个人独资企业投资人可以自行管理企业事务，也可以委托或者聘用其他具有民事行为能力的人负责企业的事务管理。

投资人委托或者聘用他人管理个人独资企业事务，应当与受托人或者被聘用的人签订书面合同，明确委托的具体内容和授予的权利范围。

受托人或者被聘用的人员应当履行诚信、勤勉义务，按照与投资人签订的合同负责个人独资企业的事务管理。

投资人对受托人或者被聘用的人员职权的限制，不得对抗善意第三人。

第二十条 投资人委托或者聘用的管理个人独资企业事务的人员不得有下列行为：

（一）利用职务上的便利，索取或者收受贿赂；

（二）利用职务或者工作上的便利侵占企业财产；

（三）挪用企业的资金归个人使用或者借贷给他人；

（四）擅自将企业资金以个人名义或者以他人名义开立账户储存；

（五）擅自以企业财产提供担保；

（六）未经投资人同意，从事与本企业相竞争的业务；

（七）未经投资人同意，同本企业订阅合同或者进行交易；

（八）未经投资人同意，擅自将企业商标或者其他知识产权转让给他人使用；

（九）泄露本企业的商业秘密；

（十）法律、行政法规禁止的其他行为。

第二十一条 个人独资企业应当依法设置会计账簿，进行会计核算。

第二十二条 个人独资企业招用职工的，应当依法与职工签订劳动合同，保障职工的劳动安全，按时、足额发放职工工资。

第二十三条 个人独资企业应当按照国家规定参加社会保险，为职工缴纳社会保险费。

第二十四条 个人独资企业可以依法申请贷款、取得土地使用权，并享有法律、行政法规规定的其他权利。

第二十五条 任何单位和个人不得违反法律、行政法规的规定，以任何方式强制个人独资企业提供财力、物力、人力；对于违法强制提供财力、物力、人力的行为，个人独资企业有权拒绝。

第四章　个人独资企业的解散和清算

第二十六条　个人独资企业有下列情形之一时，应当解散：

（一）投资人决定解散；

（二）投资人死亡或者被宣告死亡，无继承人或者继承人决定放弃继承；

（三）被依法吊销营业执照；

（四）法律、行政法规规定的其他情形。

第二十七条　个人独资企业解散，由投资人自行清算或者由债权人申请人民法院指定清算人进行清算。

投资人自行清算的，应当在清算前15日内书面通知债权人，无法通知的，应当予以公告。债权人应当在接到通知之日起30日内，未接到通知的应当在公告之日起60日内，向投资人申报其债权。

第二十八条　个人独资企业解散后，原投资人对个人独资企业存续期间的债务仍应承担偿还责任，但债权人在5年内未向债务人提出偿债请求的，该责任消灭。

第二十九条　个人独资企业解散的，财产应当按照下列顺序清偿：

（一）所欠职工工资和社会保险费用；

（二）所欠税款；

（三）其他债务。

第三十条　清算期间，个人独资企业不得开展与清算目的无关的经营活动。在按前条规定清偿债务前，投资人不得转移、隐匿财产。

第三十一条　个人独资企业财产不足以清偿债务的，投资人应当以其个人的其他财产予以清偿。

第三十二条　个人独资企业清算结束后，投资人或者人民法院指定的清算人应当编制清算报告，并于15日内到登记机关办理注销登记。

第五章　法律责任

第三十三条　违反本法规定，提交虚假文件或采取其他欺骗手段，取得企业登记的，责令改正，处以5000元以下的罚款；情节严重的，并处吊销营业执照。

第三十四条　违反本法规定，个人独资企业使用的名称与其在登记机关登记的名称不相符合的，责令限期改正，处以2000元以下的罚款。

第三十五条 涂改、出租、转让营业执照的，责令改正，没收违法所得，处以3000以下的罚款；情节严重的，吊销营业执照。

伪造营业执照的，责令停业，没收违法所得，处以5000元以下的罚款。构成犯罪的，依法追究刑事责任。

第三十六条 个人独资企业成立后无正当理由超过6个月未开业的，或者开业后自行停业连续6个月以上的，吊销营业执照。

第三十七条 违反本法规定，未领取营业执照，以个人独资企业名义从事经营活动的，责令停止经营活动，处以3000元以下的罚款。

个人独资企业登记事项发生变更时，未按本法规定办理有关变更登记的，责令限期办理变更登记；逾期不办理的，处以2000元以下的罚款。

第三十八条 投资人委托或者聘用的人员管理个人独资企业事务时违反双方订立的合同，给投资人造成损害的，承担民事赔偿责任。

第三十九条 个人独资企业违反本法规定，侵犯职工合法权益，未保障职工劳动安全，不缴纳社会保险费用的，按照有关法律、行政法规予以处罚，并追究有关责任人员的责任。

第四十条 投资人委托或者聘用的人员违反本法第二十条规定，侵犯个人独资企业财产权益的，责令退还侵占的财产；给企业造成损失的，依法承担赔偿责任；有违法所得的，没收违法所得；构成犯罪的，依法追究刑事责任。

第四十一条 违反法律、行政法规的规定强制个人独资企业提供财力、物力、人力的，按照有关法律、行政法规予以处罚，并追究有关责任人员的责任。

第四十二条 个人独资企业及其投资人在清算前或清算期间隐匿或转移财产，逃避债务的，依法追回其财产，并按照有关规定予以处罚；构成犯罪的，依法追究刑事责任。

第四十三条 投资人违反本法规定，应当承担民事赔偿责任和缴纳罚款、罚金、其财产不足以支付的，或者被判处没收财产的，应当先承担民事赔偿责任。

第四十四条 登记机关对不符合本法规定条件的个人独资企业予以登记，或者对符合本法规定条件的企业不予登记的，对直接责任人员依法给予行政处分；构成犯罪的，依法追究刑事责任。

第四十五条 登记机关的上级部门的有关主管人员强令登记机关对不符

合本法规定条件的企业予以登记，或者对符合本法规定条件的企业不予登记的，或者对登记机关的违法登记行为进行包庇的，对直接责任人员依法给予行政处分；构成犯罪的，依法追究刑事责任。

第四十六条 登记机关对符合法定条件的申请不予登记或者超过法定时限不予答复的，当事人可依法申请行政复议或提起行政诉讼。

第六章 附 则

第四十七条 外商独资企业不适用本法。

第四十八条 本法自2000年1月1日起施行。

中华人民共和国外资企业法

（1986年4月12日第六届全国人民代表大会第四次会议通过，根据2000年10月31日第九届全国人民代表大会常务委员会第十八次会议《关于修改〈中华人民共和国外资企业法〉的决定》修订）

第一条　为了扩大对外经济合作和技术交流，促进中国国民经济的发展，中华人民共和国允许外国的企业和其他经济组织或者个人（以下简称外国投资者）在中国境内举办外资企业，保护外资企业的合法权益。

第二条　本法所称的外资企业是指依照中国有关法律在中国境内设立的全部资本由外国投资者投资的企业，不包括外国的企业和其他经济组织在中国境内的分支机构。

第三条　设立外资企业，必须有利于中国国民经济的发展。国家鼓励举办产品出口或者技术先进的外资企业。

国家禁止或者限制设立外资企业的行业由国务院规定。

第四条　外国投资者在中国境内的投资、获得的利润和其他合法权益，受中国法律保护。

外资企业必须遵守中国的法律、法规，不得损害中国的社会公共利益。

第五条　国家对外资企业不实行国有化和征收；在特殊情况下，根据社会公共利益的需要，对外资企业可以依照法律程序实行征收，并给予相应的补偿。

第六条　设立外资企业的申请，由国务院对外经济贸易主管部门或者国务院授权的机关审查批准。审查批准机关应当在接到申请之日起90天内决定批准或者不批准。

第七条　设立外资企业的申请经批准后，外国投资者应当在接到批准证书之日起30天内向工商行政管理机关申请登记，领取营业执照。外资企业的营业执照签发日期，为该企业成立日期。

第八条　外资企业符合中国法律关于法人条件的规定的，依法取得中国法人资格。

第九条　外资企业应当在审查批准机关核准的期限内在中国境内投资；逾期不投资的，工商行政管理机关有权吊销营业执照。

工商行政管理机关对外资企业的投资情况进行检查和监督。

第十条 外资企业分立、合并或者其他重要事项变更，应当报审查批准机关批准，并向工商行政管理机关办理变更登记手续。

第十一条 外资企业依照经批准的章程进行经营管理活动，不受干涉。

第十二条 外资企业雇用中国职工应当依法签订合同，并在合同中订明雇用、解雇、报酬、福利、劳动保护、劳动保险等事项。

第十三条 外资企业的职工依法建立工会组织，开展工会活动，维护职工的合法权益。

外资企业应当为本企业工会提供必要的活动条件。

第十四条 外资企业必须在中国境内设置会计账簿，进行独立核算，按照规定报送会计报表，并接受财政税务机关的监督。

外资企业拒绝在中国境内设置会计账簿的，财政税务机关可以处以罚款，工商行政管理机关可以责令停止营业或者吊销营业执照。

第十五条 外资企业在批准的经营范围内所需的原材料、燃料等物资，按照公平、合理的原则，可以在国内市场或者在国际市场购买。

第十六条 外资企业的各项保险应当向中国境内的保险公司投保。

第十七条 外资企业依照国家有关税收的规定纳税并可以享受减税、免税的优惠待遇。

外资企业将缴纳所得税后的利润在中国境内再投资的，可以依照国家规定申请退还再投资部分已缴纳的部分所得税税款。

第十八条 外资企业的外汇事宜，依照国家外汇管理规定办理。

外资企业应当在中国银行或者国家外汇管理机关指定的银行开户。

第十九条 外国投资者从外资企业获得的合法利润、其他合法收入和清算后的资金，可以汇往国外。

外资企业的外籍职工的工资收入和其他正当收入，依法缴纳个人所得税后，可以汇往国外。

第二十条 外资企业的经营期限由外国投资者申报，由审查批准机关批准。期满需要延长的，应当在期满 180 天以前向审查批准机关提出申请。审查批准机关应当在接到申请之日起 30 天内决定批准或者不批准。

第二十一条 外资企业终止，应当及时公告，按照法定程序进行清算。在清算完结前，除为了执行清算外，外国投资者对企业财产不得处理。

第二十二条 外资企业终止，应当向工商行政管理机关办理注销登记手续，缴销营业执照。

第二十三条　国务院对外经济贸易主管部门根据本法制定实施细则，报国务院批准后施行。

第二十四条　本法自公布之日起施行。

中华人民共和国中外合作经营企业法

（1988 年 4 月 13 日第七届全国人民代表大会第一次会议通，过根据 2000 年 10 月 31 日第九届全国人民代表大会常务委员会第十八次会议《关于修改〈中华人民共和国中外合作经营企业法〉的决定》修订）

第一条　为了扩大对外经济合作和技术交流，促进外国的企业和其他经济组织或者个人（以下简称外国合作者）按照平等互利的原则，同中华人民共和国的企业或者其他经济组织（以下简称中国合作者）在中国境内共同举办中外合作经营企业（以下简称合作企业），特制定本法。

第二条　中外合作者举办合作企业，应当依照本法的规定，在合作企业合同中约定投资或者合作条件、收益或者产品的分配、风险和亏损的分担、经营管理的方式和合作企业终止时财产的归属等事项。

合作企业符合中国法律关于法人条件的规定的，依法取得中国法人资格。

第三条　国家依法保护合作企业和中外合作者的合法权益。

合作企业必须遵守中国的法律、法规，不得损害中国的社会公共利益。

国家有关机关依法对合作企业实行监督。

第四条　国家鼓励举办产品出口的或者技术先进的生产型合作企业。

第五条　申请设立合作企业，应当将中外合作者签订的协议、合同、章程等文件报国务院对外经济贸易主管部门或者国务院授权的部门和地方政府（以下简称审查批准机关）审查批准。审查批准机关应当自接到申请之日起 45 天内决定批准或者不批准。

第六条　设立合作企业的申请经批准后，应当自接到批准证书之日起 30 天内向工商行政管理机关申请登记，领取营业执照。合作企业的营业执照签发日期，为该企业的成立日期。

合作企业应当自成立之日起 30 天内向税务机关办理税务登记。

第七条　中外合作者在合作期限内协商同意对合作企业合同作重大变更的，应当报审查批准机关批准；变更内容涉及法定工商登记项目、税务登记项目的，应当向工商行政管理机关、税务机关办理变更登记手续。

第八条　中外合作者的投资或者提供的合作条件可以是现金、实物、土地使用权、工业产权、非专利技术和其他财产权利。

第九条　中外合作者应当依照法律、法规的规定和合作企业合同的约定，如期履行缴足投资、提供合作条件的义务。逾期不履行的，由工商行政管理机关限期履行；限期届满仍未履行的，由审查批准机关和工商行政管理机关依照国家有关规定处理。

中外合作者的投资或者提供的合作条件，由中国注册会计师或者有关机构验证并出具证明。

第十条　中外合作者的一方转让其在合作企业合同中的全部或者部分权利、义务的，必须经他方同意，并报审查批准机关批准。

第十一条　合作企业依照经批准的合作企业合同、章程进行经营管理活动。合作企业的经营管理自主权不受干涉。

第十二条　合作企业应当设立董事会或者联合管理机构，依照合作企业合同或者章程的规定，决定合作企业的重大问题。中外合作者的一方担任董事会的董事长、联合管理机构的主任的，由他方担任副董事长、副主任。董事会或者联合管理机构可以决定任命或者聘请总经理负责合作企业的日常经营管理工作。总经理对董事会或者联合管理机构负责。

合作企业成立后改为委托中外合作者以外的他人经营管理的，必须经董事会或者联合管理机构一致同意，报审查批准机关批准，并向工商行政管理机关办理变更登记手续。

第十三条　合作企业职工的录用、辞退、报酬、福利、劳动保护、劳动保险等事项，应当依法通过订立合同加以规定。

第十四条　合作企业的职工依法建立工会组织，开展工会活动，维护职工的合法权益。

合作企业应当为本企业工会提供必要的活动条件。

第十五条　合作企业必须在中国境内设置会计账簿，依照规定报送会计报表，并接受财政税务机关的监督。

合作企业违反前款规定，不在中国境内设置会计账簿的，财政税务机关可以处以罚款，工商行政管理机关可以责令停止营业或者吊销其营业执照。

第十六条　合作企业应当凭营业执照在国家外汇管理机关允许经营外汇业务的银行或者其他金融机构开立外汇账户。

合作企业的外汇事宜，依照国家有关外汇管理的规定办理。

第十七条　合作企业可以向中国境内的金融机构借款，也可以在中国境外借款。

中外合作者用作投资或者合作条件的借款及其担保，由各方自行解决。

第十八条　合作企业的各项保险应当向中国境内的保险机构投保。

第十九条　合作企业可以在经批准的经营范围内，进口本企业需要的物资，出口本企业生产的产品。合作企业在经批准的经营范围内所需的原材料、燃料等物资，按照公平、合理的原则，可以在国内市场或者在国际市场购买。

第二十条　合作企业依照国家有关税收的规定缴纳税款并可以享受减税、免税的优惠待遇。

第二十一条　中外合作者依照合作企业合同的约定，分配收益或者产品，承担风险和亏损。

中外合作者在合作企业合同中约定合作期满时合作企业的全部固定资产归中国合作者所有的，可以在合作企业合同中约定外国合作者在合作期限内先行回收投资的办法。合作企业合同约定外国合作者在缴纳所得税前回收投资的，必须向财政税务机关提出申请，由财政税务机关依照国家有关税收的规定审查批准。

依照前款规定外国合作者在合作期限内先行回收投资的，中外合作者应当依照有关法律的规定和合作企业合同的约定对合作企业的债务承担责任。

第二十二条　外国合作者在履行法律规定和合作企业合同约定的义务后分得的利润、其他合法收入和合作企业终止时分得的资金，可以依法汇往国外。

合作企业的外籍职工的工资收入和其他合法收入，依法缴纳个人所得税后，可以汇往国外。

第二十三条　合作企业期满或者提前终止时，应当依照法定程序对资产和债权、债务进行清算。中外合作者应当依照合作企业合同的约定确定合作企业财产的归属。

合作企业期满或者提前终止，应当向工商行政管理机关和税务机关办理注销登记手续。

第二十四条　合作企业的合作期限由中外合作者协商并在合作企业合同中订明。中外合作者同意延长合作期限的，应当在距合作期满 180 天前向审查批准机关提出申请。审查批准机关应当自接到申请之日起 30 天内决定批准或者不批准。

第二十五条　中外合作者履行合作企业合同、章程发生争议时，应当通过协商或者调解解决。中外合作者不愿通过协商、调解解决的，或者协商、调解不成的，可以依照合作企业合同中的仲裁条款或者事后达成的书面仲裁协议，提交中国仲裁机构或者其他仲裁机构仲裁。

中外合作者没有在合作企业合同中订立仲裁条款，事后又没有达成书面仲裁协议的，可以向中国法院起诉。

第二十六条　国务院对外经济贸易主管部门根据本法制定实施细则，报国务院批准后施行。

第二十七条　本法自公布之日起施行。

中华人民共和国中外合资经营企业法

（1979 年 7 月 1 日第五届全国人民代表大会第二次会议通过，根据 1990 年 4 月 4 日第七届全国人民代表大会第三次会议《关于修改〈中华人民共和国中外合资经营企业法〉的决定》修订，根据 2001 年 3 月 15 日第九届全国人民代表大会第四次会议《关于修改〈中华人民共和国中外合资经营企业法〉的决定》第二次修订）

第一条　中华人民共和国为了扩大国际经济合作和技术交流，允许外国公司、企业和其他经济组织或个人（以下简称外国合营者），按照平等互利的原则，经中国政府批准，在中华人民共和国境内，同中国的公司、企业或其他经济组织（以下简称中国合营者）共同举办合营企业。

第二条　中国政府依法保护外国合营者按照经中国政府批准的协议、合同、章程在合营企业的投资、应分得的利润和其他合法权益。

合营企业的一切活动应遵守中华人民共和国法律、法规的规定。

国家对合营企业不实行国有化和征收；在特殊情况下，根据社会公共利益的需要，对合营企业可以依照法律程序实行征收，并给予相应的补偿。

第三条　合营各方签订的合营协议、合同、章程，应报国家对外经济贸易主管部门（以下称审查批准机关）审查批准。审查批准机关应在 3 个月内决定批准或不批准。合营企业经批准后，向国家工商行政管理主管部门登记，领取营业执照，开始营业。

第四条　合营企业的形式为有限责任公司。

在合营企业的注册资本中，外国合营者的投资比例一般不低于 25%。

合营各方按注册资本比例分享利润和分担风险及亏损。

合营者的注册资本如果转让必须经合营各方同意。

第五条　合营企业各方可以现金、实物、工业产权等进行投资。

外国合营者作为投资的技术和设备，必须确实是适合我国需要的先进技术和设备。如果有意以落后的技术和设备进行欺骗，造成损失的，应赔偿损失。

中国合营者的投资可包括为合营企业经营期间提供的场地使用权。如果场地使用权未作为中国合营者投资的一部分，合营企业应向中国政府缴纳使用费。

上述各项投资应在合营企业的合同和章程中加以规定，其价格（场地除外）由合营各方评议商定。

第六条　合营企业设董事会，其人数组成由合营各方协商，在合同、章程中确定，并由合营各方委派和撤换。董事长和副董事长由合营各方协商确定或由董事会选举产生。中外合营者的一方担任董事长的，由他方担任副董事长。董事会根据平等互利的原则，决定合营企业的重大问题。

董事会的职权是按合营企业章程规定，讨论决定合营企业的一切重大问题：企业发展规划、生产经营活动方案、收支预算、利润分配、劳动工资计划、停业，以及总经理、副总经理、总工程师、总会计师、审计师的任命或聘请及其职权和待遇等。

正副总经理（或正副厂长）由合营各方分别担任。

合营企业职工的录用、辞退、报酬、福利、劳动保护、劳动保险等事项，应当依法通过订立合同加以规定。

第七条　合营企业的职工依法建立工会组织，开展工会活动，维护职工的合法权益。

合营企业应当为本企业工会提供必要的活动条件。

第八条　合营企业获得的毛利润，按中华人民共和国税法规定缴纳合营企业所得税后，扣除合营企业章程规定的储备基金、职工奖励及福利基金、企业发展基金，净利润根据合营各方注册资本的比例进行分配。

合营企业依照国家有关税收的法律和行政法规的规定，可以享受减税、免税的优惠待遇。

外国合营者将分得的净利润用于在中国境内再投资时，可申请退还已缴纳的部分所得税。

第九条　合营企业应凭营业执照在国家外汇管理机关允许经营外汇业务的银行或其他金融机构开立外汇账户。

合营企业的有关外汇事宜，应遵照中华人民共和国外汇管理条例办理。

合营企业在其经营活动中，可直接向外国银行筹措资金。

合营企业的各项保险应向中国境内的保险公司投保。

第十条　合营企业在批准的经营范围内所需的原材料、燃料等物资，按照公平、合理的原则，可以在国内市场或者在国际市场购买。

鼓励合营企业向中国境外销售产品。出口产品可由合营企业直接或与其有关的委托机构向国外市场出售，也可通过中国的外贸机构出售。合营企业产品也可在中国市场销售。

合营企业需要时可在中国境外设立分支机构。

第十一条 外国合营者在履行法律和协议、合同规定的义务后分得的净利润，在合营企业期满或者中止时所分得的资金以及其他资金，可按合营企业合同规定的货币，按外汇管理条例汇往国外。

鼓励外国合营者将可汇出的外汇存入中国银行。

第十二条 合营企业的外籍职工的工资收入和其他正当收入，按中华人民共和国税法缴纳个人所得税后，可按外汇管理条例汇往国外。

第十三条 合营企业的合营期限，按不同行业、不同情况，作不同的约定。有的行业的合营企业，应当约定合营期限；有的行业的合营企业，可以约定合营期限，也可以不约定合营期限。约定合营期限的合营企业，合营各方同意延长合营期限的，应在距合营期满 6 个月前向审查批准机关提出申请。审查批准机关应自接到申请之日起一个月内决定批准或不批准。

第十四条 合营企业如发生严重亏损、一方不履行合同和章程规定的义务、不可抗力等，经合营各方协商同意，报请审查批准机关批准，并向国家工商行政管理主管部门登记，可终止合同。如果因违反合同而造成损失的，应由违反合同的一方承担经济责任。

第十五条 合营各方发生纠纷，董事会不能协商解决时，由中国仲裁机构进行调解或仲裁，也可由合营各方协议在其他仲裁机构仲裁。

合营各方没有在合同中订有仲裁条款的或者事后没有达成书面仲裁协议的，可以向人民法院起诉。

第十六条 本法自公布之日起生效。

中华人民共和国行政许可法

实施日期：2004 年 7 月 1 日颁布单位：第十届全国人民代表大会常务委员会

第一章　总　则

第一条　为了规范行政许可的设定和实施，保护公民、法人和其他组织的合法权益，维护公共利益和社会秩序，保障和监督行政机关有效实施行政管理，根据宪法，制定本法。

第二条　本法所称行政许可，是指行政机关根据公民、法人或者其他组织的申请，经依法审查，准予其从事特定活动的行为。

第三条　行政许可的设定和实施，适用本法。

有关行政机关对其他机关或者对其直接管理的事业单位的人事、财务、外事等事项的审批，不适用本法。

第四条　设定和实施行政许可，应当依照法定的权限、范围、条件和程序。

第五条　设定和实施行政许可，应当遵循公开、公平、公正的原则。

有关行政许可的规定应当公布；未经公布的，不得作为实施行政许可的依据。行政许可的实施和结果，除涉及国家秘密、商业秘密或者个人隐私的外，应当公开。

符合法定条件、标准的，申请人有依法取得行政许可的平等权利，行政机关不得歧视。

第六条　实施行政许可，应当遵循便民的原则，提高办事效率，提供优质服务。

第七条　公民、法人或者其他组织对行政机关实施行政许可，享有陈述权、申辩权；有权依法申请行政复议或者提起行政诉讼；其合法权益因行政机关违法实施行政许可受到损害的，有权依法要求赔偿。

第八条　公民、法人或者其他组织依法取得的行政许可受法律保护，行政机关不得擅自改变已经生效的行政许可。

行政许可所依据的法律、法规、规章修改或者废止，或者准予行政许可所依据的客观情况发生重大变化的，为了公共利益的需要，行政机关可以依法变更或者撤回已经生效的行政许可。由此给公民、法人或者其他组织造成财产损失的，行政机关应当依法给予补偿。

第九条　依法取得的行政许可，除法律、法规规定依照法定条件和程序可以转让的外，不得转让。

第十条　县级以上人民政府应当建立健全对行政机关实施行政许可的监督制度，加强对行政机关实施行政许可的监督检查。

行政机关应当对公民、法人或者其他组织从事行政许可事项的活动实施有效监督。

第二章　行政许可的设定

第十一条　设定行政许可，应当遵循经济和社会发展规律，有利于发挥公民、法人或者其他组织的积极性、主动性，维护公共利益和社会秩序，促进经济、社会和生态环境协调发展。

第十二条　下列事项可以设定行政许可：

（一）直接涉及国家安全、公共安全、经济宏观调控、生态环境保护以及直接关系人身健康、生命财产安全等特定活动，需要按照法定条件予以批准的事项；

（二）有限自然资源开发利用、公共资源配置以及直接关系公共利益的特定行业的市场准入等，需要赋予特定权利的事项；

（三）提供公众服务并且直接关系公共利益的职业、行业，需要确定具备特殊信誉、特殊条件或者特殊技能等资格、资质的事项；

（四）直接关系公共安全、人身健康、生命财产安全的重要设备、设施、产品、物品，需要按照技术标准、技术规范，通过检验、检测、检疫等方式进行审定的事项；

（五）企业或者其他组织的设立等，需要确定主体资格的事项；

（六）法律、行政法规规定可以设定行政许可的其他事项。

第十三条　本法第十二条所列事项，通过下列方式能够予以规范的，可以不设行政许可：

（一）公民、法人或者其他组织能够自主决定的；

（二）市场竞争机制能够有效调节的；

（三）行业组织或者中介机构能够自律管理的；

（四）行政机关采用事后监督等其他行政管理方式能够解决的。

第十四条　本法第十二条所列事项，法律可以设定行政许可。尚未制定法律的，行政法规可以设定行政许可。

必要时，国务院可以采用发布决定的方式设定行政许可。实施后，除临时性行政许可事项外，国务院应当及时提请全国人民代表大会及其常务委员会制定法律，或者自行制定行政法规。

第十五条　本法第十二条所列事项，尚未制定法律、行政法规的，地方性法规可以设定行政许可；尚未制定法律、行政法规和地方性法规的，因行政管理的需要，确需立即实施行政许可的，省、自治区、直辖市人民政府规章可以设定临时性的行政许可。临时性的行政许可实施满一年需要继续实施的，应当提请本级人民代表大会及其常务委员会制定地方性法规。

地方性法规和省、自治区、直辖市人民政府规章，不得设定应当由国家统一确定的公民、法人或者其他组织的资格、资质的行政许可；不得设定企业或者其他组织的设立登记及其前置性行政许可。其设定的行政许可，不得限制其他地区的个人或者企业到本地区从事生产经营和提供服务，不得限制其他地区的商品进入本地区市场。

第十六条　行政法规可以在法律设定的行政许可事项范围内，对实施该行政许可作出具体规定。

地方性法规可以在法律、行政法规设定的行政许可事项范围内，对实施该行政许可作出具体规定。

规章可以在上位法设定的行政许可事项范围内，对实施该行政许可作出具体规定。

法规、规章对实施上位法设定的行政许可作出的具体规定，不得增设行政许可；对行政许可条件作出的具体规定，不得增设违反上位法的其他条件。

第十七条　除本法第十四条、第十五条规定的外，其他规范性文件一律不得设定行政许可。

第十八条　设定行政许可，应当规定行政许可的实施机关、条件、程序、期限。

第十九条　起草法律草案、法规草案和省、自治区、直辖市人民政府规章草案，拟设定行政许可的，起草单位应当采取听证会、论证会等形式听取意见，并向制定机关说明设定该行政许可的必要性、对经济和社会可能产生的影响以及听取和采纳意见的情况。

第二十条　行政许可的设定机关应当定期对其设定的行政许可进行评

价；对已设定的行政许可，认为通过本法第十三条所列方式能够解决的，应当对设定该行政许可的规定及时予以修改或者废止。

行政许可的实施机关可以对已设定的行政许可的实施情况及存在的必要性适时进行评价，并将意见报告该行政许可的设定机关。

公民、法人或者其他组织可以向行政许可的设定机关和实施机关就行政许可的设定和实施提出意见和建议。

第二十一条　省、自治区、直辖市人民政府对行政法规设定的有关经济事务的行政许可，根据本行政区域经济和社会发展情况，认为通过本法第十三条所列方式能够解决的，报国务院批准后，可以在本行政区域内停止实施该行政许可。

第三章　行政许可的实施机关

第二十二条　行政许可由具有行政许可权的行政机关在其法定职权范围内实施。

第二十三条　法律、法规授权的具有管理公共事务职能的组织，在法定授权范围内，以自己的名义实施行政许可。被授权的组织适用本法有关行政机关的规定。

第二十四条　行政机关在其法定职权范围内，依照法律、法规、规章的规定，可以委托其他行政机关实施行政许可。委托机关应当将受委托行政机关和受委托实施行政许可的内容予以公告。

委托行政机关对受委托行政机关实施行政许可的行为应当负责监督，并对该行为的后果承担法律责任。

受委托行政机关在委托范围内，以委托行政机关名义实施行政许可；不得再委托其他组织或者个人实施行政许可。

第二十五条　经国务院批准，省、自治区、直辖市人民政府根据精简、统一、效能的原则，可以决定一个行政机关行使有关行政机关的行政许可权。

第二十六条　行政许可需要行政机关内设的多个机构办理的，该行政机关应当确定一个机构统一受理行政许可申请，统一送达行政许可决定。

行政许可依法由地方人民政府两个以上部门分别实施的，本级人民政府可以确定一个部门受理行政许可申请并转告有关部门分别提出意见后统一办理，或者组织有关部门联合办理、集中办理。

第二十七条　行政机关实施行政许可，不得向申请人提出购买指定商品、接受有偿服务等不正当要求。

行政机关工作人员办理行政许可，不得索取或者收受申请人的财物，不得谋取其他利益。

第二十八条　对直接关系公共安全、人身健康、生命财产安全的设备、设施、产品、物品的检验、检测、检疫，除法律、行政法规规定由行政机关实施的外，应当逐步由符合法定条件的专业技术组织实施。专业技术组织及其有关人员对所实施的检验、检测、检疫结论承担法律责任。

第四章　行政许可的实施程序

第一节　申请与受理

第二十九条　公民、法人或者其他组织从事特定活动，依法需要取得行政许可的，应当向行政机关提出申请。申请书需要采用格式文本的，行政机关应当向申请人提供行政许可申请书格式文本。申请书格式文本中不得包含与申请行政许可事项没有直接关系的内容。

申请人可以委托代理人提出行政许可申请。但是，依法应当由申请人到行政机关办公场所提出行政许可申请的除外。

行政许可申请可以通过信函、电报、电传、传真、电子数据交换和电子邮件等方式提出。

第三十条　行政机关应当将法律、法规、规章规定的有关行政许可的事项、依据、条件、数量、程序、期限以及需要提交的全部材料的目录和申请书示范文本等在办公场所公示。

申请人要求行政机关对公示内容予以说明、解释的，行政机关应当说明、解释，提供准确、可靠的信息。

第三十一条　申请人申请行政许可，应当如实向行政机关提交有关材料和反映真实情况，并对其申请材料实质内容的真实性负责。行政机关不得要求申请人提交与其申请的行政许可事项无关的技术资料和其他材料。

第三十二条　行政机关对申请人提出的行政许可申请，应当根据下列情况分别作出处理：

（一）申请事项依法不需要取得行政许可的，应当即时告知申请人不受理；

（二）申请事项依法不属于本行政机关职权范围的，应当即时作出不予受理的决定，并告知申请人向有关行政机关申请；

（三）申请材料存在可以当场更正的错误的，应当允许申请人当场更正；

（四）申请材料不齐全或者不符合法定形式的，应当当场或者在五日内一次告知申请人需要补正的全部内容，逾期不告知的，自收到申请材料之日起即为受理；

（五）申请事项属于本行政机关职权范围，申请材料齐全、符合法定形式，或者申请人按照本行政机关的要求提交全部补正申请材料的，应当受理行政许可申请。

行政机关受理或者不予受理行政许可申请，应当出具加盖本行政机关专用印章和注明日期的书面凭证。

第三十三条　行政机关应当建立和完善有关制度，推行电子政务，在行政机关的网站上公布行政许可事项，方便申请人采取数据电文等方式提出行政许可申请；应当与其他行政机关共享有关行政许可信息，提高办事效率。

第二节　审查与决定

第三十四条　行政机关应当对申请人提交的申请材料进行审查。

申请人提交的申请材料齐全、符合法定形式，行政机关能够当场作出决定的，应当当场作出书面的行政许可决定。

根据法定条件和程序，需要对申请材料的实质内容进行核实的，行政机关应当指派两名以上工作人员进行核查。

第三十五条　依法应当先经下级行政机关审查后报上级行政机关决定的行政许可，下级行政机关应当在法定期限内将初步审查意见和全部申请材料直接报送上级行政机关。上级行政机关不得要求申请人重复提供申请材料。

第三十六条　行政机关对行政许可申请进行审查时，发现行政许可事项直接关系他人重大利益的，应当告知该利害关系人。申请人、利害关系人有权进行陈述和申辩。行政机关应当听取申请人、利害关系人的意见。

第三十七条　行政机关对行政许可申请进行审查后，除当场作出行政许可决定的外，应当在法定期限内按照规定程序作出行政许可决定。

第三十八条　申请人的申请符合法定条件、标准的，行政机关应当依法作出准予行政许可的书面决定。

行政机关依法作出不予行政许可的书面决定的，应当说明理由，并告知申请人享有依法申请行政复议或者提起行政诉讼的权利。

第三十九条　行政机关作出准予行政许可的决定，需要颁发行政许可证件的，应当向申请人颁发加盖本行政机关印章的下列行政许可证件：

（一）许可证、执照或者其他许可证书；

（二）资格证、资质证或者其他合格证书；

（三）行政机关的批准文件或者证明文件；

（四）法律、法规规定的其他行政许可证件。

行政机关实施检验、检测、检疫的，可以在检验、检测、检疫合格的设备、设施、产品、物品上加贴标签或者加盖检验、检测、检疫印章。

第四十条　行政机关作出的准予行政许可决定，应当予以公开，公众有权查阅。

第四十一条　法律、行政法规设定的行政许可，其适用范围没有地域限制的，申请人取得的行政许可在全国范围内有效。

第三节　期　限

第四十二条　除可以当场作出行政许可决定的外，行政机关应当自受理行政许可申请之日起20日内作出行政许可决定。20日内不能作出决定的，经本行政机关负责人批准，可以延长10日，并应当将延长期限的理由告知申请人。但是，法律、法规另有规定的，依照其规定。

依照本法第二十六条的规定，行政许可采取统一办理或者联合办理、集中办理的，办理的时间不得超过45日；45日内不能办结的，经本级人民政府负责人批准，可以延长15日，并应当将延长期限的理由告知申请人。

第四十三条　依法应当先经下级行政机关审查后报上级行政机关决定的行政许可，下级行政机关应当自其受理行政许可申请之日起20日内审查完毕。但是，法律、法规另有规定的，依照其规定。

第四十四条　行政机关作出准予行政许可的决定，应当自作出决定之日起10日内向申请人颁发、送达行政许可证件，或者加贴标签、加盖检验、检测、检疫印章。

第四十五条　行政机关作出行政许可决定，依法需要听证、招标、拍卖、检验、检测、检疫、鉴定和专家评审的，所需时间不计算在本节规定的期限内。行政机关应当将所需时间书面告知申请人。

第四节　听　证

第四十六条　法律、法规、规章规定实施行政许可应当听证的事项，或者行政机关认为需要听证的其他涉及公共利益的重大行政许可事项，行政机关应当向社会公告，并举行听证。

第四十七条　行政许可直接涉及申请人与他人之间重大利益关系的，行政机关在作出行政许可决定前，应当告知申请人、利害关系人享有要求听证的权利；申请人、利害关系人在被告知听证权利之日起 5 日内提出听证申请的，行政机关应当在 20 日内组织听证。

申请人、利害关系人不承担行政机关组织听证的费用。

第四十八条　听证按照下列程序进行：

（一）行政机关应当于举行听证的 7 日前将举行听证的时间、地点通知申请人、利害关系人，必要时予以公告；

（二）听证应当公开举行；

（三）行政机关应当指定审查该行政许可申请的工作人员以外的人员为听证主持人，申请人、利害关系人认为主持人与该行政许可事项有直接利害关系的，有权申请回避；

（四）举行听证时，审查该行政许可申请的工作人员应当提供审查意见的证据、理由，申请人、利害关系人可以提出证据，并进行申辩和质证；

（五）听证应当制作笔录，听证笔录应当交听证参加人确认无误后签字或者盖章。

行政机关应当根据听证笔录，作出行政许可决定。

第五节　变更与延续

第四十九条　被许可人要求变更行政许可事项的，应当向作出行政许可决定的行政机关提出申请；符合法定条件、标准的，行政机关应当依法办理变更手续。

第五十条　被许可人需要延续依法取得的行政许可的有效期的，应当在该行政许可有效期届满 30 日前向作出行政许可决定的行政机关提出申请。但是，法律、法规、规章另有规定的，依照其规定。

行政机关应当根据被许可人的申请，在该行政许可有效期届满前作出是否准予延续的决定；逾期未作决定的，视为准予延续。

第六节　特别规定

第五十一条　实施行政许可的程序，本节有规定的，适用本节规定；本节没有规定的，适用本章其他有关规定。

第五十二条　国务院实施行政许可的程序，适用有关法律、行政法规的规定。

第五十三条　实施本法第十二条第二项所列事项的行政许可的，行政机关应当通过招标、拍卖等公平竞争的方式作出决定。但是，法律、行政法规另有规定的，依照其规定。

行政机关通过招标、拍卖等方式作出行政许可决定的具体程序，依照有关法律、行政法规的规定。

行政机关按照招标、拍卖程序确定中标人、买受人后，应当作出准予行政许可的决定，并依法向中标人、买受人颁发行政许可证件。

行政机关违反本条规定，不采用招标、拍卖方式，或者违反招标、拍卖程序，损害申请人合法权益的，申请人可以依法申请行政复议或者提起行政诉讼。

第五十四条　实施本法第十二条第三项所列事项的行政许可，赋予公民特定资格，依法应当举行国家考试的，行政机关根据考试成绩和其他法定条件作出行政许可决定；赋予法人或者其他组织特定的资格、资质的，行政机关根据申请人的专业人员构成、技术条件、经营业绩和管理水平等的考核结果作出行政许可决定。但是，法律、行政法规另有规定的，依照其规定。

公民特定资格的考试依法由行政机关或者行业组织实施，公开举行。行政机关或者行业组织应当事先公布资格考试的报名条件、报考办法、考试科目以及考试大纲。但是，不得组织强制性的资格考试的考前培训，不得指定教材或者其他助考材料。

第五十五条　实施本法第十二条第四项所列事项的行政许可的，应当按照技术标准、技术规范依法进行检验、检测、检疫，行政机关根据检验、检测、检疫的结果作出行政许可决定。

行政机关实施检验、检测、检疫，应当自受理申请之日起5日内指派两名以上工作人员按照技术标准、技术规范进行检验、检测、检疫。不需要对检验、检测、检疫结果作进一步技术分析即可认定设备、设施、产品、物品是否符合技术标准、技术规范的，行政机关应当当场作出行政许可决定。

行政机关根据检验、检测、检疫结果，作出不予行政许可决定的，应当书面说明不予行政许可所依据的技术标准、技术规范。

第五十六条　实施本法第十二条第五项所列事项的行政许可，申请人提交的申请材料齐全、符合法定形式的，行政机关应当当场予以登记。需要对申请材料的实质内容进行核实的，行政机关依照本法第三十四条第三款的规定办理。

第五十七条　有数量限制的行政许可，两个或者两个以上申请人的申请均符合法定条件、标准的，行政机关应当根据受理行政许可申请的先后顺序作出准予行政许可的决定。但是，法律、行政法规另有规定的，依照其规定。

第五章　行政许可的费用

第五十八条　行政机关实施行政许可和对行政许可事项进行监督检查，不得收取任何费用。但是，法律、行政法规另有规定的，依照其规定。

行政机关提供行政许可申请书格式文本，不得收费。

行政机关实施行政许可所需经费应当列入本行政机关的预算，由本级财政予以保障，按照批准的预算予以核拨。

第五十九条　行政机关实施行政许可，依照法律、行政法规收取费用的，应当按照公布的法定项目和标准收费；所收取的费用必须全部上缴国库，任何机关或者个人不得以任何形式截留、挪用、私分或者变相私分。财政部门不得以任何形式向行政机关返还或者变相返还实施行政许可所收取的费用。

第六章　监督检查

第六十条　上级行政机关应当加强对下级行政机关实施行政许可的监督检查，及时纠正行政许可实施中的违法行为。

第六十一条　行政机关应当建立健全监督制度，通过核查反映被许可人从事行政许可事项活动情况的有关材料，履行监督责任。

行政机关依法对被许可人从事行政许可事项的活动进行监督检查时，应当将监督检查的情况和处理结果予以记录，由监督检查人员签字后归档。公众有权查阅行政机关监督检查记录。

行政机关应当创造条件，实现与被许可人、其他有关行政机关的计算机档案系统互联，核查被许可人从事行政许可事项活动情况。

第六十二条　行政机关可以对被许可人生产经营的产品依法进行抽样检查、检验、检测，对其生产经营场所依法进行实地检查。检查时，行政机关可以依法查阅或者要求被许可人报送有关材料；被许可人应当如实提供有关情况和材料。

行政机关根据法律、行政法规的规定，对直接关系公共安全、人身健康、生命财产安全的重要设备、设施进行定期检验。对检验合格的，行政机关应当发给相应的证明文件。

第六十三条　行政机关实施监督检查，不得妨碍被许可人正常的生产经营活动，不得索取或者收受被许可人的财物，不得谋取其他利益。

第六十四条　被许可人在作出行政许可决定的行政机关管辖区域外违法从事行政许可事项活动的，违法行为发生地的行政机关应当依法将被许可人的违法事实、处理结果抄告作出行政许可决定的行政机关。

第六十五条　个人和组织发现违法从事行政许可事项的活动，有权向行政机关举报，行政机关应当及时核实、处理。

第六十六条　被许可人未依法履行开发利用自然资源义务或者未依法履行利用公共资源义务的，行政机关应当责令限期改正；被许可人在规定期限内不改正的，行政机关应当依照有关法律、行政法规的规定予以处理。

第六十七条　取得直接关系公共利益的特定行业的市场准入行政许可的被许可人，应当按照国家规定的服务标准、资费标准和行政机关依法规定的条件，向用户提供安全、方便、稳定和价格合理的服务，并履行普遍服务的义务；未经作出行政许可决定的行政机关批准，不得擅自停业、歇业。

被许可人不履行前款规定的义务的，行政机关应当责令限期改正，或者依法采取有效措施督促其履行义务。

第六十八条　对直接关系公共安全、人身健康、生命财产安全的重要设备、设施，行政机关应当督促设计、建造、安装和使用单位建立相应的自检制度。

行政机关在监督检查时，发现直接关系公共安全、人身健康、生命财产安全的重要设备、设施存在安全隐患的，应当责令停止建造、安装和使用，并责令设计、建造、安装和使用单位立即改正。

第六十九条　有下列情形之一的，作出行政许可决定的行政机关或者其上级行政机关，根据利害关系人的请求或者依据职权，可以撤销行政许可：

（一）行政机关工作人员滥用职权、玩忽职守作出准予行政许可决定的；

（二）超越法定职权作出准予行政许可决定的；

（三）违反法定程序作出准予行政许可决定的；

（四）对不具备申请资格或者不符合法定条件的申请人准予行政许可的；

（五）依法可以撤销行政许可的其他情形。

被许可人以欺骗、贿赂等不正当手段取得行政许可的，应当予以撤销。

依照前两款的规定撤销行政许可，可能对公共利益造成重大损害的，不予撤销。

依照本条第一款的规定撤销行政许可，被许可人的合法权益受到损害的，行政机关应当依法给予赔偿。依照本条第二款的规定撤销行政许可的，被许可人基于行政许可取得的利益不受保护。

第七十条　有下列情形之一的，行政机关应当依法办理有关行政许可的注销手续：

（一）行政许可有效期届满未延续的；

（二）赋予公民特定资格的行政许可，该公民死亡或者丧失行为能力的；

（三）法人或者其他组织依法终止的；

（四）行政许可依法被撤销、撤回，或者行政许可证件依法被吊销的；

（五）因不可抗力导致行政许可事项无法实施的；

（六）法律、法规规定的应当注销行政许可的其他情形。

第七章　法律责任

第七十一条　违反本法第十七条规定设定的行政许可，有关机关应当责令设定该行政许可的机关改正，或者依法予以撤销。

第七十二条　行政机关及其工作人员违反本法的规定，有下列情形之一的，由其上级行政机关或者监察机关责令改正；情节严重的，对直接负责的主管人员和其他直接责任人员依法给予行政处分：

（一）对符合法定条件的行政许可申请不予受理的；

（二）不在办公场所公示依法应当公示的材料的；

（三）在受理、审查、决定行政许可过程中，未向申请人、利害关系人履行法定告知义务的；

（四）申请人提交的申请材料不齐全、不符合法定形式，不一次告知申请人必须补正的全部内容的；

（五）未依法说明不受理行政许可申请或者不予行政许可的理由的；

（六）依法应当举行听证而不举行听证的。

第七十三条 行政机关工作人员办理行政许可、实施监督检查，索取或者收受他人财物或者谋取其他利益，构成犯罪的，依法追究刑事责任；尚不构成犯罪的，依法给予行政处分。

第七十四条 行政机关实施行政许可，有下列情形之一的，由其上级行政机关或者监察机关责令改正，对直接负责的主管人员和其他直接责任人员依法给予行政处分；构成犯罪的，依法追究刑事责任：

（一）对不符合法定条件的申请人准予行政许可或者超越法定职权作出准予行政许可决定的；

（二）对符合法定条件的申请人不予行政许可或者不在法定期限内作出准予行政许可决定的；

（三）依法应当根据招标、拍卖结果或者考试成绩择优作出准予行政许可决定，未经招标、拍卖或者考试，或者不根据招标、拍卖结果或者考试成绩择优作出准予行政许可决定的。

第七十五条 行政机关实施行政许可，擅自收费或者不按照法定项目和标准收费的，由其上级行政机关或者监察机关责令退还非法收取的费用；对直接负责的主管人员和其他直接责任人员依法给予行政处分。

截留、挪用、私分或者变相私分实施行政许可依法收取的费用的，予以追缴；对直接负责的主管人员和其他直接责任人员依法给予行政处分；构成犯罪的，依法追究刑事责任。

第七十六条 行政机关违法实施行政许可，给当事人的合法权益造成损害的，应当依照国家赔偿法的规定给予赔偿。

第七十七条 行政机关不依法履行监督职责或者监督不力，造成严重后果的，由其上级行政机关或者监察机关责令改正，对直接负责的主管人员和其他直接责任人员依法给予行政处分；构成犯罪的，依法追究刑事责任。

第七十八条 行政许可申请人隐瞒有关情况或者提供虚假材料申请行政许可的，行政机关不予受理或者不予行政许可，并给予警告；行政许可申请属于直接关系公共安全、人身健康、生命财产安全事项的，申请人在一年内不得再次申请该行政许可。

第七十九条 被许可人以欺骗、贿赂等不正当手段取得行政许可的，行政机关应当依法给予行政处罚；取得的行政许可属于直接关系公共安全、人身健康、生命财产安全事项的，申请人在3年内不得再次申请该行政许可；构成犯罪的，依法追究刑事责任。

第八十条　被许可人有下列行为之一的，行政机关应当依法给予行政处罚；构成犯罪的，依法追究刑事责任：

（一）涂改、倒卖、出租、出借行政许可证件，或者以其他形式非法转让行政许可的；

（二）超越行政许可范围进行活动的；

（三）向负责监督检查的行政机关隐瞒有关情况、提供虚假材料或者拒绝提供反映其活动情况的真实材料的；

（四）法律、法规、规章规定的其他违法行为。

第八十一条　公民、法人或者其他组织未经行政许可，擅自从事依法应当取得行政许可的活动的，行政机关应当依法采取措施予以制止，并依法给予行政处罚；构成犯罪的，依法追究刑事责任。

第八章　附　则

第八十二条　本法规定的行政机关实施行政许可的期限以工作日计算，不含法定节假日。

第八十三条　本法自2004年7月1日起施行。

本法施行前有关行政许可的规定，制定机关应当依照本法规定予以清理；不符合本法规定的，自本法施行之日起停止执行。

中华人民共和国中外合资经营企业法实施条例

（1983 年 9 月 20 日国务院发布，1986 年 1 月 15 日、1987 年 12 月 21 日国务院修订，根据 2001 年 7 月 22 日《国务院关于修改〈中华人民共和国中外合资经营企业法实施条例〉的决定》第二次修订）

第一章　总　则

第一条　为了便于《中华人民共和国中外合资经营企业法》（以下简称《中外合资经营企业法》）的顺利实施，制定本条例。

第二条　依照《中外合资经营企业法》批准在中国境内设立的中外合资经营企业（以下简称合营企业）是中国的法人，受中国法律的管辖和保护。

第三条在中国境内设立的合营企业，应当能够促进中国经济的发展和科学技术水平的提高，有利于社会主义现代化建设。

国家鼓励、允许、限制或者禁止设立合营企业的行业，按照国家指导外商投资方向的规定及外商投资产业指导目录执行。

第四条　申请设立合营企业有下列情况之一的，不予批准：

（一）有损中国主权的；

（二）违反中国法律的；

（三）不符合中国国民经济发展要求的；

（四）造成环境污染的；

（五）签订的协议、合同、章程显属不公平，损害合营一方权益的。

第五条　在中国法律、法规和合营企业协议、合同、章程规定的范围内，合营企业有权自主地进行经营管理。各有关部门应当给予支持和帮助。

第二章　设立与登记

第六条　在中国境内设立合营企业，必须经中华人民共和国对外贸易经济合作部（以下简称对外贸易经济合作部）审查批准。批准后，由对外贸易经济合作部发给批准证书。

凡具备下列条件的，国务院授权省、自治区、直辖市人民政府或者国务

院有关部门审批：

（一）投资总额在国务院规定的投资审批权限以内，中国合营者的资金来源已经落实的；

（二）不需要国家增拨原材料，不影响燃料、动力、交通运输、外贸出口配额等方面的全国平衡的。

依照前款批准设立的合营企业，应当报对外贸易经济合作部备案。

对外贸易经济合作部和国务院授权的省、自治区、直辖市人民政府或者国务院有关部门，以下统称审批机构。

第七条　申请设立合营企业，由中外合营者共同向审批机构报送下列文件：

（一）设立合营企业的申请书；

（二）合营各方共同编制的可行性研究报告；

（三）由合营各方授权代表签署的合营企业协议、合同和章程；

（四）由合营各方委派的合营企业董事长、副董事长、董事人选名单；

（五）审批机构规定的其他文件。

前款所列文件必须用中文书写，其中第（二）、（三）、（四）项文件可以同时用合营各方商定的一种外文书写。两种文字书写的文件具有同等效力。

审批机构发现报送的文件有不当之处的，应当要求限期修改。

第八条　审批机构自接到本条例第七条规定的全部文件之日起，3个月内决定批准或者不批准。

第九条　申请者应当自收到批准证书之日起1个月内，按照国家有关规定，向工商行政管理机关（以下简称登记管理机构）办理登记手续。合营企业的营业执照签发日期，即为该合营企业的成立日期。

第十条　本条例所称合营企业协议，是指合营各方对设立合营企业的某些要点和原则达成一致意见而订立的文件；所称合营企业合同，是指合营各方为设立合营企业就相互权利、义务关系达成一致意见而订立的文件；所称合营企业章程，是指按照合营企业合同规定的原则，经合营各方一致同意，规定合营企业的宗旨、组织原则和经营管理方法等事项的文件。

合营企业协议与合营企业合同有抵触时，以合营企业合同为准。经合营各方同意，也可以不订立合营企业协议而只订立合营企业合同、章程。

第十一条　合营企业合同应当包括下列主要内容：

（一）合营各方的名称、注册国家、法定地址和法定代表人的姓名、职务、国籍；

（二）合营企业名称、法定地址、宗旨、经营范围和规模；

（三）合营企业的投资总额，注册资本，合营各方的出资额、出资比例、出资方式、出资的缴付期限以及出资额欠缴、股权转让的规定；

（四）合营各方利润分配和亏损分担的比例；

（五）合营企业董事会的组成、董事名额的分配以及总经理、副总经理及其他高级管理人员的职责、权限和聘用办法；

（六）采用的主要生产设备、生产技术及其来源；

（七）原材料购买和产品销售方式；

（八）财务、会计、审计的处理原则；

（九）有关劳动管理、工资、福利、劳动保险等事项的规定；

（十）合营企业期限、解散及清算程序；

（十一）违反合同的责任；

（十二）解决合营各方之间争议的方式和程序；

（十三）合同文本采用的文字和合同生效的条件。

合营企业合同的附件，与合营企业合同具有同等效力。

第十二条　合营企业合同的订立、效力、解释、执行及其争议的解决，均应当适用中国的法律。

第十三条　合营企业章程应当包括下列主要内容：

（一）合营企业名称及法定地址；

（二）合营企业的宗旨、经营范围和合营期限；

（三）合营各方的名称、注册国家、法定地址、法定代表人的姓名、职务、国籍；

（四）合营企业的投资总额，注册资本，合营各方的出资额、出资比例、股权转让的规定，利润分配和亏损分担的比例；

（五）董事会的组成、职权和议事规则，董事的任期，董事长、副董事长的职责；

（六）管理机构的设置，办事规则，总经理、副总经理及其他高级管理人员的职责和任免方法；

（七）财务、会计、审计制度的原则；

（八）解散和清算；

（九）章程修改的程序。

第十四条　合营企业协议、合同和章程经审批机构批准后生效，其修改时同。

第十五条　审批机构和登记管理机构对合营企业合同、章程的执行负有监督检查的责任。

第三章　组织形式与注册资本

第十六条　合营企业为有限责任公司。

合营各方对合营企业的责任以各自认缴的出资额为限。

第十七条　合营企业的投资总额（含企业借款），是指按照合营企业合同、章程规定的生产规模需要投入的基本建设资金和生产流动资金的总和。

第十八条　合营企业的注册资本，是指为设立合营企业在登记管理机构登记的资本总额，应为合营各方认缴的出资额之和。

合营企业的注册资本一般应当以人民币表示，也可以用合营各方约定的外币表示。

第十九条　合营企业在合营期内不得减少其注册资本。因投资总额和生产经营规模等发生变化，确需减少的，须经审批机构批准。

第二十条　合营一方向第三者转让其全部或者部分股权的，须经合营他方同意，并报审批机构批准，向登记管理机构办理变更登记手续。

合营一方转让其全部或者部分股权时，合营他方有优先购买权。

合营一方向第三者转让股权的条件，不得比向合营他方转让的条件优惠。

违反上述规定的，其转让无效。

第二十一条　合营企业注册资本的增加、减少，应当由董事会会议通过，并报审批机构批准，向登记管理机构办理变更登记手续。

第四章　出资方式

第二十二条　合营者可以用货币出资，也可以用建筑物、厂房、机器设备或者其他物料、工业产权、专有技术、场地使用权等作价出资。以建筑物、厂房、机器设备或者其他物料、工业产权、专有技术作为出资的，其作价由合营各方按照公平合理的原则协商确定，或者聘请合营各方同意的第三者评定。

第二十三条 外国合营者出资的外币，按缴款当日中国人民银行公布的基准汇率折算成人民币或者套算成约定的外币。

中国合营者出资的人民币现金，需要折算成外币的，按缴款当日中国人民银行公布的基准汇率折算。

第二十四条 作为外国合营者出资的机器设备或者其他物料，应当是合营企业生产所必需的。

前款所指机器设备或者其他物料的作价，不得高于同类机器设备或者其他物料当时的国际市场价格。

第二十五条 作为外国合营者出资的工业产权或者专有技术，必须符合下列条件之一：

（一）能显著改进现有产品的性能、质量，提高生产效率的；

（二）能显著节约原材料、燃料、动力的。

第二十六条 外国合营者以工业产权或者专有技术作为出资，应当提交该工业产权或者专有技术的有关资料，包括专利证书或者商标注册证书的复制件、有效状况及其技术特性、实用价值、作价的计算根据、与中国合营者签订的作价协议等有关文件，作为合营合同的附件。

第二十七条 外国合营者作为出资的机器设备或者其他物料、工业产权或者专有技术，应当报审批机构批准。

第二十八条 合营各方应当按照合同规定的期限缴清各自的出资额。逾期未缴或者未缴清的，应当按合同规定支付迟延利息或者赔偿损失。

第二十九条 合营各方缴付出资额后，应当由中国的注册会计师验证，出具验资报告后，由合营企业据以发给出资证明书。出资证明书载明下列事项：合营企业名称；合营企业成立的年、月、日；合营者名称（或者姓名）及其出资额、出资的年、月、日；发给出资证明书的年、月、日。

第五章 董事会与经营管理机构

第三十条 董事会是合营企业的最高权力机构，决定合营企业的一切重大问题。

第三十一条 董事会成员不得少于3人。董事名额的分配由合营各方参照出资比例协商确定。

董事的任期为4年，经合营各方继续委派可以连任。

第三十二条　董事会会议每年至少召开 1 次，由董事长负责召集并主持。董事长不能召集时，由董事长委托副董事长或者其他董事负责召集并主持董事会会议。经 1/3 以上董事提议，可以由董事长召开董事会临时会议。董事会会议应当有 2/3 以上董事出席方能举行。董事不能出席的，可以出具委托书委托他人代表其出席和表决。

董事会会议一般应当在合营企业法定地址所在地举行。

第三十三条　下列事项由出席董事会会议的董事一致通过方可作出决议：

（一）合营企业章程的修改；

（二）合营企业的中止、解散；

（三）合营企业注册资本的增加、减少；

（四）合营企业的合并、分立。

其他事项，可以根据合营企业章程载明的议事规则作出决议。

第三十四条　董事长是合营企业的法定代表人。董事长不能履行职责时，应当授权副董事长或者其他董事代表合营企业。

第三十五条　合营企业设经营管理机构，负责企业的日常经营管理工作。经营管理机构设总经理 1 人，副总经理若干人。副总经理协助总经理工作。

第三十六条　总经理执行董事会会议的各项决议，组织领导合营企业的日常经营管理工作。在董事会授权范围内，总经理对外代表合营企业，对内任免下属人员，行使董事会授予的其他职权。

第三十七条　总经理、副总经理由合营企业董事会聘请，可以由中国公民担任，也可以由外国公民担任。

经董事会聘请，董事长、副董事长、董事可以兼任合营企业的总经理、副总经理或者其他高级管理职务。

总经理处理重要问题时，应当同副总经理协商。

总经理或者副总经理不得兼任其他经济组织的总经理或者副总经理，不得参与其他经济组织对本企业的商业竞争。

第三十八条　总经理、副总经理及其他高级管理人员有营私舞弊或者严重失职行为的，经董事会决议可以随时解聘。

第三十九条　合营企业需要在国外和港澳地区设立分支机构（含销售机构）时，应当报对外贸易经济合作部批准。

第六章　引进技术

第四十条　本条例所称引进技术，是指合营企业通过技术转让的方式，从第三者或者合营者获得所需要的技术。

第四十一条　合营企业引进的技术应当是适用的、先进的，使其产品在国内具有显著的社会经济效益或者在国际市场上具有竞争能力。

第四十二条　在订立技术转让协议时，必须维护合营企业独立进行经营管理的权利，并参照本条例第二十六条的规定，要求技术输出方提供有关的资料。

第四十三条　合营企业订立的技术转让协议，应当报审批机构批准。

技术转让协议必须符合下列规定：

（一）技术使用费应当公平合理；

（二）除双方另有协议外，技术输出方不得限制技术输入方出口其产品的地区、数量和价格；

（三）技术转让协议的期限一般不超过 10 年；

（四）技术转让协议期满后，技术输入方有权继续使用该项技术；

（五）订立技术转让协议双方，相互交换改进技术的条件应当对等；

（六）技术输入方有权按自己认为合适的来源购买需要的机器设备、零部件和原材料；

（七）不得含有为中国的法律、法规所禁止的不合理的限制性条款。

第七章　场地使用权及其费用

第四十四条　合营企业使用场地，必须贯彻执行节约用地的原则。所需场地，应当由合营企业向所在地的市（县）级土地主管部门提出申请，经审查批准后，通过签订合同取得场地使用权。合同应当订明场地面积、地点、用途、合同期限、场地使用权的费用（以下简称场地使用费）、双方的权利与义务、违反合同的罚则等。

第四十五条　合营企业所需场地的使用权，已为中国合营者所拥有的，中国合营者可以将其作为对合营企业的出资，其作价金额应当与取得同类场地使用权所应缴纳的使用费相同。

第四十六条　场地使用费标准应当根据该场地的用途、地理环境条件、征地拆迁安置费用和合营企业对基础设施的要求等因素，由所在地的省、自治区、直辖市人民政府规定，并向对外贸易经济合作部和国家土地主管部门备案。

第四十七条 从事农业、畜牧业的合营企业，经所在地的省、自治区、直辖市人民政府同意，可以按合营企业营业收入的百分比向所在地的土地主管部门缴纳场地使用费。

在经济不发达地区从事开发性的项目，场地使用费经所在地人民政府同意，可以给予特别优惠。

第四十八条 场地使用费在开始用地的5年内不调整。以后随着经济的发展、供需情况的变化和地理环境条件的变化需要调整时，调整的间隔期应当不少于3年。

场地使用费作为中国合营者投资的，在该合同期限内不得调整。

第四十九条 合营企业按本条例第四十四条取得的场地使用权，其场地使用费应当按合同规定的用地时间从开始时起按年缴纳，第一日历年用地时间超过半年的按半年计算；不足半年的免缴。在合同期内，场地使用费如有调整，应当自调整的年度起按新的费用标准缴纳。

第五十条 合营企业除依照本章规定取得场地使用权外，还可以按照国家有关规定取得场地使用权。

第八章 购买与销售

第五十一条 合营企业所需的机器设备、原材料、燃料、配套件、运输工具和办公用品等（以下简称物资），有权自行决定在中国购买或者向国外购买。

第五十二条 合营企业需要在中国购置的办公、生活用品，按需要量购买，不受限制。

第五十三条 中国政府鼓励合营企业向国际市场销售其产品。

第五十四条 合营企业有权自行出口其产品，也可以委托外国合营者的销售机构或者中国的外贸公司代销或者经销。

第五十五条 合营企业在合营合同规定的经营范围内，进口本企业生产所需的机器设备、零配件、原材料、燃料，凡属国家规定需要领取进口许可证的，每年编制一次计划，每半年申领一次。外国合营者作为出资的机器设备或者其他物料，可以凭审批机构的批准文件直接办理进口许可证进口。超出合营合同规定范围进口的物资，凡国家规定需要领取进口许可证的，应当另行申领。

合营企业生产的产品，可以自主经营出口，凡属国家规定需要领取出口许可证的，合营企业按照本企业的年度出口计划，每半年申领一次。

第五十六条 合营企业在国内购买物资的价格以及支付水、电、气、热、货物运输、劳务、工程设计、咨询、广告等服务的费用，享受与国内其他企业同等的待遇。

第五十七条 合营企业与中国其他经济组织之间的经济往来，按照有关的法律规定和双方订立的合同承担经济责任，解决合同争议。

第五十八条 合营企业应当依照《中华人民共和国统计法》及中国利用外资统计制度的规定，提供统计资料，报送统计报表。

第九章 税 务

第五十九条 合营企业应当按照中华人民共和国有关法律的规定，缴纳各种税款。

第六十条 合营企业的职工应当按照《中华人民共和国个人所得税法》缴纳个人所得税。

第六十一条 合营企业进口下列物资，依照中国税法的有关规定减税、免税：

（一）按照合同规定作为外国合营者出资的机器设备、零部件和其他物料（其他物料系指合营企业建厂（场）以及安装、加固机器所需材料，下同）；

（二）合营企业以投资总额以内的资金进口的机器设备、零部件和其他物料；

（三）经审批机构批准，合营企业以增加资本所进口的国内不能保证生产供应的机器设备、零部件和其他物料；

（四）合营企业为生产出口产品，从国外进口的原材料、辅料、元器件、零部件和包装物料。

上述减税、免税进口物资，经批准在中国国内转卖或者转用于在中国国内销售的产品，应当照章纳税或者补税。

第六十二条 合营企业生产的出口产品，除中国限制出口的以外，依照中国税法的有关规定减税、免税或者退税。

第十章　外汇管理

第六十三条　合营企业的一切外汇事宜，按照《中华人民共和国外汇管理条例》和有关管理办法的规定办理。

第六十四条　合营企业凭营业执照，在境内银行开立外汇账户和人民币账户，由开户银行监督收付。

第六十五条　合营企业在国外或者港澳地区的银行开立外汇账户，应当经国家外汇管理局或者其分局批准，并向国家外汇管理局或者其分局报告收付情况和提供银行对账单。

第六十六条　合营企业在国外或者港澳地区设立的分支机构，其年度资产负债表和年度利润表，应当通过合营企业报送国家外汇管理局或者其分局。

第六十七条　合营企业根据经营业务的需要，可以向境内的金融机构申请外汇贷款和人民币贷款，也可以按照国家有关规定从国外或者港澳地区的银行借入外汇资金，并向国家外汇管理局或者其分局办理登记或者备案手续。

第六十八条　合营企业的外籍职工和港澳职工的工资和其他正当收益，依法纳税后，减去在中国境内的花费，其剩余部分可以按照国家有关规定购汇汇出。

第十一章　财务与会计

第六十九条　合营企业的财务与会计制度，应当按照中国有关法律和财务会计制度的规定，结合合营企业的情况加以制定，并报当地财政部门、税务机关备案。

第七十条　合营企业设总会计师，协助总经理负责企业的财务会计工作。必要时，可以设副总会计师。

第七十一条　合营企业设审计师（小的企业可以不设），负责审查、稽核合营企业的财务收支和会计账目，向董事会、总经理提出报告。

第七十二条　合营企业会计年度采用日历年制，自公历每年 1 月 1 日起至12月31日止为一个会计年度。

第七十三条　合营企业会计采用国际通用的权责发生制和借贷记账法记账。一切自制凭证、账簿、报表必须用中文书写，也可以同时用合营各方商定的一种外文书写。

第七十四条　合营企业原则上采用人民币作为记账本位币，经合营各方商定，也可以采用某一种外国货币作为记账本位币。

第七十五条　合营企业的账目，除按记账本位币记录外，对于现金、银行存款、其他货币款项以及债权债务、收益和费用等，与记账本位币不一致时，还应当按实际收付的货币记账。

以外国货币作为记账本位币的合营企业，其编报的财务会计报告应当折算为人民币。

因汇率的差异而发生的折合记账本位币差额，作为汇兑损益列账。记账汇率变动，有关外币各账户的账面余额，于年终结账时，应当按照中国有关法律和财务会计制度的规定进行会计处理。

第七十六条　合营企业按照《中华人民共和国外商投资企业和外国企业所得税法》缴纳所得税后的利润分配原则如下：

（一）提取储备基金、职工奖励及福利基金、企业发展基金，提取比例由董事会确定；

（二）储备基金除用于垫补合营企业亏损外，经审批机构批准也可以用于本企业增加资本，扩大生产；

（三）按照本条第（一）项规定提取三项基金后的可分配利润，董事会确定分配的，应当按合营各方的出资比例进行分配。

第七十七条　以前年度的亏损未弥补前不得分配利润。

以前年度未分配的利润，可以并入本年度利润分配。

第七十八条　合营企业应当向合营各方、当地税务机关和财政部门报送季度和年度会计报表。

第七十九条　合营企业的下列文件、证件、报表，应当经中国的注册会计师验证和出具证明，方为有效：

（一）合营各方的出资证明书（以物料、场地使用权、工业产权、专有技术作为出资的，应当包括合营各方签字同意的财产估价清单及其协议文件）；

（二）合营企业的年度会计报表；

（三）合营企业清算的会计报表。

第十二章 职 工

第八十条 合营企业职工的招收、招聘、辞退、辞职、工资、福利、劳动保险、劳动保护、劳动纪律等事宜，按照国家有关劳动和社会保障的规定办理。

第八十一条 合营企业应当加强对职工的业务、技术培训，建立严格的考核制度，使他们在生产、管理技能方面能够适应现代化企业的要求。

第八十二条 合营企业的工资、奖励制度必须符合按劳分配、多劳多得的原则。

第八十三条 正副总经理、正副总工程师、正副总会计师、审计师等高级管理人员的工资待遇，由董事会决定。

第十三章 工 会

第八十四条 合营企业职工有权按照《中华人民共和国工会法》和《中国工会章程》的规定，建立基层工会组织，开展工会活动。

第八十五条 合营企业工会是职工利益的代表，有权代表职工同合营企业签订劳动合同，并监督合同的执行。

第八十六条 合营企业工会的基本任务是：依法维护职工的民主权利和物质利益；协助合营企业安排和合理使用福利、奖励基金；组织职工学习政治、科学、技术和业务知识，开展文艺、体育活动；教育职工遵守劳动纪律，努力完成企业的各项经济任务。

第八十七条 合营企业董事会会议讨论合营企业的发展规划、生产经营活动等重大事项时，工会的代表有权列席会议，反映职工的意见和要求。

董事会会议研究决定有关职工奖惩、工资制度、生活福利、劳动保护和保险等问题时，工会的代表有权列席会议，董事会应当听取工会的意见，取得工会的合作。

第八十八条 合营企业应当积极支持本企业工会的工作。合营企业应当按照《中华人民共和国工会法》的规定为工会组织提供必要的房屋和设备，用于办公、会议、举办职工集体福利、文化、体育事业。合营企业每月按企业职工实际工资总额的2%拨交工会经费，由本企业工会按照中华全国总工会制定的有关工会经费管理办法使用。

第十四章　期限、解散与清算

第八十九条　合营企业的合营期限，按照《中外合资经营企业合营期限暂行规定》执行。

第九十条　合营企业在下列情况下解散：

（一）合营期限届满；

（二）企业发生严重亏损，无力继续经营；

（三）合营一方不履行合营企业协议、合同、章程规定的义务，致使企业无法继续经营；

（四）因自然灾害、战争等不可抗力遭受严重损失，无法继续经营；

（五）合营企业未达到其经营目的，同时又无发展前途；

（六）合营企业合同、章程所规定的其他解散原因已经出现。

前款第（二）、（四）、（五）、（六）项情况发生的，由董事会提出解散申请书，报审批机构批准；第（三）项情况发生的，由履行合同的一方提出申请，报审批机构批准。

在本条第一款第（三）项情况下，不履行合营企业协议、合同、章程规定的义务一方，应当对合营企业由此造成的损失负赔偿责任。

第九十一条　合营企业宣告解散时，应当进行清算。合营企业应当按照《外商投资企业清算办法》的规定成立清算委员会，由清算委员会负责清算事宜。

第九十二条　清算委员会的成员一般应当在合营企业的董事中选任。董事不能担任或者不适合担任清算委员会成员时，合营企业可以聘请中国的注册会计师、律师担任。审批机构认为必要时，可以派人进行监督。

清算费用和清算委员会成员的酬劳应当从合营企业现存财产中优先支付。

第九十三条清算委员会的任务是对合营企业的财产、债权、债务进行全面清查，编制资产负债表和财产目录，提出财产作价和计算依据，制定清算方案，提请董事会会议通过后执行。

清算期间，清算委员会代表该合营企业起诉和应诉。

第九十四条　合营企业以其全部资产对其债务承担责任。合营企业清偿债务后的剩余财产按照合营各方的出资比例进行分配，但合营企业协议、合同、章程另有规定的除外。

合营企业解散时，其资产净额或者剩余财产减除企业未分配利润、各项基金和清算费用后的余额，超过实缴资本的部分为清算所得，应当依法缴纳所得税。

第九十五条合营企业的清算工作结束后，由清算委员会提出清算结束报告，提请董事会会议通过后，报告审批机构，并向登记管理机构办理注销登记手续，缴销营业执照。

第九十六条　合营企业解散后，各项账册及文件应当由原中国合营者保存。

第十五章　争议的解决

第九十七条　合营各方在解释或者履行合营企业协议、合同、章程时发生争议的，应当尽量通过友好协商或者调解解决。经过协商或者调解无效的，提请仲裁或者司法解决。

第九十八条　合营各方根据有关仲裁的书面协议，可以在中国的仲裁机构进行仲裁，也可以在其他仲裁机构仲裁。

第九十九条　合营各方之间没有有关仲裁的书面协议的，发生争议的任何一方都可以依法向人民法院起诉。

第一百条在解决争议期间，除争议事项外，合营各方应当继续履行合营企业协议、合同、章程所规定的其他各项条款。

第十六章　附　则

第一百零一条合营企业的外籍职工和港澳职工（包括其家属），需要经常入、出中国国境的，中国主管签证机关可以简化手续，予以方便。

第一百零二条合营企业的中国职工，因工作需要出国（境）考察、洽谈业务、学习或者接受培训，按照国家有关规定办理出国（境）手续。

第一百零三条合营企业的外籍职工和港澳职工，可以带进必需的交通工具和办公用品，按照中国税法的有关规定纳税。

第一百零四条在经济特区设立的合营企业，法律、行政法规另有规定的，从其规定。

第一百零五条本条例自公布之日起施行。

中国名牌产品管理办法

实施日期：2002 年 1 月 7 日颁布单位：国家质检总局

第一章　总　则

第一条　为推进名牌战略的实施，加强中国名牌产品的监督管理，规范中国名牌产品的评价，推动企业实施名牌战略，引导和支持企业创名牌，指导和督促企业提高质量水平，增强我国产品的市场竞争力，根据《中华人民共和国产品质量法》、国务院颁布的《质量振兴纲要》和国务院赋予国家质量监督检验检疫总局（以下简称“国家质检总局”）的职能，制定本办法。

第二条　本办法所称中国名牌产品是指实物质量达到国际同类产品先进水平、在国内同类产品中处于领先地位、市场占有率和知名度居行业前列、用户满意程度高、具有较强市场竞争力的产品。

第三条　中国名牌产品评价工作建立以市场评价为基础，以社会中介机构为主体，以政府积极推动、引导、监督为保证，以用户（顾客）满意为宗旨的总体推进机制。

第四条　中国名牌产品评价工作坚持企业自愿申请，科学、公正、公平、公开，不搞终身制，不向企业收费，不增加企业负担的原则。

第二章　组织管理

第五条　国家质检总局负责制定中国名牌产品推进工作的目标、原则、计划、任务和范围，对中国名牌战略推进委员会的工作进行监督和管理，并依法对创中国名牌产品成绩突出的生产企业予以表彰。

第六条　国家质检总局授权中国名牌战略推进委员会统一组织实施中国名牌产品的评价工作，并推进中国名牌产品的宣传、培育工作。

中国名牌战略推进委员会是由有关全国性社团组织、政府有关部门、部分新闻单位以及有关方面专家组成的非常设机构。中国名牌战略推进委员会秘书处设在国家质检总局质量管理司，负责中国名牌战略推进委员会的组织、协调及日常管理工作。

第七条　中国名牌战略推进委员会每年根据工作需要，聘任有关方面专家组成若干专业委员会，各专业委员会在中国名牌战略推进委员会的组织下，根据产品类别分别提出中国名牌产品评价实施细则和方案，进行具体评价工作。评价工作结束后，各专业委员会自动解散。

第八条　各省（自治区、直辖市）质量技术监督部门在本行政区域内负责中国名牌产品的申报和推荐工作，并组织实施对中国名牌产品的监督管理。

第三章　申请条件

第九条　申请中国名牌产品称号，应具备下列条件：

（一）符合国家有关法律法规和产业政策的规定；

（二）实物质量在同类产品中处于国内领先地位，并达到国际先进水平；市场占有率、出口创汇率、品牌知名度居国内同类产品前列；

（三）年销售额、实现利税、工业成本费用利润率、总资产贡献率居本行业前列；

（四）企业具有先进可靠的生产技术条件和技术装备，技术创新、产品开发能力居行业前列；

（五）产品按照采用国际标准或国外先进标准的我国标准组织生产；

（六）企业具有完善的计量检测体系和计量保证能力；

（七）企业质量管理体系健全并有效运行，未出现重大质量责任事故；

（八）企业具有完善的售后服务体系，顾客满意程度高。

第十条　凡有下列情况之一者，不能申请“中国名牌产品”称号：

（一）使用国（境）外商标的；

（二）列入生产许可证、强制性产品认证及计量器具制造许可证等管理范围的产品而未获证的；

（三）在近3年内，有被省（自治区、直辖市）级以上质量监督抽查判为不合格经历的；

（四）在近3年内，出口商品检验有不合格经历的；或者出现出口产品遭到国外索赔的；

（五）近3年内发生质量、安全事故，或者有重大质量投诉经查证属实的；

（六）有其他严重违反法律法规行为的。

第四章　评价指标

第十一条　建立以市场评价、质量评价、效益评价和发展评价为主要评价内容的评价指标体系。

第十二条　市场评价主要评价申报产品的市场占有水平、用户满意水平和出口创汇水平；质量评价主要评价申报产品的实物质量水平和申报企业的质量管理体系；效益评价主要对申报企业实现利税、工业成本费用利润水平和总资产贡献水平等方面进行评价；发展评价主要评价申报企业的技术开发水平和企业规模水平，评价指标向拥有自主知识产权和核心技术的产品适当倾斜。

第十三条　不同产品评价细则的制定、综合评价中评分标准的确定、不同评价指标权数的分配、不能直接量化指标的评价方法、评价中复杂因素的简化以及综合评价结果的确定等，均由中国名牌战略推进委员会确定。

第五章　评价程序

第十四条　中国名牌产品评价工作每年进行一次。每年一季度由中国名牌战略推进委员会公布开展中国名牌产品评价工作的产品目录及受理中国名牌产品申请的开始和截至日期。

第十五条　企业在自愿的基础上如实填写《中国名牌产品申请表》（另行制定）、提供有关证明材料，并按规定日期报本省（自治区、直辖市）质量技术监督局。

第十六条　各省（自治区、直辖市）质量技术监督局在规定的期限内组织本省（自治区、直辖市）有关部门及有关社会团体对申请企业是否符合申报条件、企业申报内容是否属实等有关方面提出评价意见，并形成推荐意见，统一报送中国名牌战略推进委员会秘书处。

第十七条　中国名牌战略推进委员会秘书处汇总各地方推荐材料后，组织有关部门和社会团体对企业的申报材料进行初审，确定初审名单，并将初审名单及其申请材料分送相应的专业委员会。

第十八条　各专业委员会按照评价细则对申请产品进行综合评价，形成评价报告，并据此向中国名牌战略推进委员会秘书处提交本专业的中国名牌产品建议名单。

第十九条　中国名牌战略推进委员会秘书处将各专业委员会提出的建议

名单汇总分析后，提交全体委员会审议确定初选名单。

第二十条　中国名牌战略推进委员会将全体委员会审议确定的初选名单通过新闻媒体向社会公示并在一定限期内征求社会意见。

第二十一条　经过广泛征求意见确定的名单再次提交中国名牌战略推进委员会全体会议审议、确定并公布。

第二十二条　以国家质检总局的名义授予“中国名牌产品”称号，颁发中国名牌产品证书及奖牌。

第六章　监督管理

第二十三条　中国名牌产品证书的有效期为3年。在有效期内，企业可以在获得中国名牌产品称号的产品及其包装、装潢、说明书、广告宣传以及有关材料中使用统一规定的中国名牌产品标志，并注明有效期间。法律法规另有规定的除外。

第二十四条　中国名牌产品在有效期内，免于各级政府部门的质量监督检查。对符合出口免检有关规定的，依法优先予以免检。

第二十五条　中国名牌产品在有效期内，列入打击假冒、保护名优活动的范围；中国名牌产品生产企业应配合执法部门作好产品真假鉴别工作。

第二十六条　对已经获得中国名牌产品称号的产品，如产品质量发生较大波动，消费者（用户）反映强烈，出口产品遭国外索赔，企业发生重大质量事故，企业的质量保证体系运行出现重大问题等，国家质检总局可以暂停或者撤销该产品的中国名牌产品称号。

第二十七条　中国名牌产品标志是质量标志。中国名牌产品称号、标志只能使用在被认定型号、规格的产品上，不得扩大使用范围。未获得中国名牌产品称号的产品，不得冒用中国名牌产品标志；被暂停或撤销中国名牌产品称号的产品、超过有效期未重新申请或重新申请未获通过的产品，不得继续使用中国名牌产品标志；禁止转让、伪造中国名牌产品标志及其特有的或者与其近似的标志。违者按《中华人民共和国产品质量法》对冒用质量标志的规定进行处理。

第二十八条　参与中国名牌产品评价工作的有关机构和人员，要保守企业的商业和技术秘密，保护知识产权；严以律已、公正廉洁，要严格按照有关规定、程序进行评价。对于违反规定的单位或者个人，将取消其评价工作资格。凡因滥用职权、玩忽职守、徇私舞弊，未构成犯罪的，由其所在的工作单位给予行政处分；构成犯罪的，依法追究刑事责任。

第二十九条　申请企业及有关机构所提供的数据应当真实，严禁弄虚作假。对于采取不正当方法获取中国名牌产品称号者，将予以取消，并通报批评，3 年内不再受理该企业的中国名牌产品申请。

第三十条　各省（自治区、直辖市）质量技术监督部门负责本行政区域内名牌战略的推进工作，可以按照本办法规定的原则，协助政府制定相应的管理办法并组织实施。

除按本办法规定的名牌产品评价工作外，其他组织和个人不得进行名牌产品评价活动。

第七章　附　则

第三十一条　中国名牌产品标志管理办法另行制定。

第三十二条　本办法由国家质检总局负责解释。

第三十三条　本办法自发布之日起施行，2001 年国家质检总局发布的《中国名牌产品评价管理办法（试行）》（国质检［2001］32 号）同时废止。

中华人民共和国商标法实施条例

实施日期：2002年9月15日颁布单位：国务院

第一章 总 则

第一条 根据《中华人民共和国商标法》（以下简称商标法），制定本条例。

第二条 本条例有关商品商标的规定，适用于服务商标。

第三条 商标法和本条例所称商标的使用，包括将商标用于商品、商品包装或者容器以及商品交易文书上，或者将商标用于广告宣传、展览以及其他商业活动中。

第四条 商标法第六条所称国家规定必须使用注册商标的商品，是指法律、行政法规规定的必须使用注册商标的商品。

第五条 依照商标法和本条例的规定，在商标注册、商标评审过程中产生争议时，有关当事人认为其商标构成驰名商标的，可以相应向商标局或者商标评审委员会请求认定驰名商标，驳回违反商标法第十三条规定的商标注册申请或者撤销违反商标法第十三条规定的商标注册。有关当事人提出申请时，应当提交其商标构成驰名商标的证据材料。

商标局、商标评审委员会根据当事人的请求，在查明事实的基础上，依照商标法第十四条的规定，认定其商标是否构成驰名商标。

第六条 商标法第十六条规定的地理标志，可以依照商标法和本条例的规定，作为证明商标或者集体商标申请注册。

以地理标志作为证明商标注册的，其商品符合使用该地理标志条件的自然人、法人或者其他组织可以要求使用该证明商标，控制该证明商标的组织应当允许。以地理标志作为集体商标注册的，其商品符合使用该地理标志条件的自然人、法人或者其他组织，可以要求参加以该地理标志作为集体商标注册的团体、协会或者其他组织，该团体、协会或者其他组织应当依据其章程接纳为会员；不要求参加以该地理标志作为集体商标注册的团体、协会或者其他组织的，也可以正当使用该地理标志，该团体、协会或者其他组织无权禁止。

第七条 当事人委托商标代理组织申请商标注册或者办理其他商标事宜，应当提交代理委托书。代理委托书应当载明代理内容及权限；外国人或者外国企业的代理委托书还应当载明委托人的国籍。

外国人或者外国企业的代理委托书及与其有关的证明文件的公证、认证手续，按照对等原则办理。

商标法第十八条所称外国人或者外国企业，是指在中国没有经常居所或者营业所的外国人或者外国企业。

第八条 申请商标注册或者办理其他商标事宜，应当使用中文。

依照商标法和本条例规定提交的各种证件、证明文件和证据材料是外文的，应当附送中文译文；未附送的，视为未提交该证件、证明文件或者证据材料。

第九条 商标局、商标评审委员会工作人员有下列情形之一的，应当回避，当事人或者利害关系人可以要求其回避：

（一）是当事人或者当事人、代理人的近亲属的；

（二）与当事人、代理人有其他关系，可能影响公正的；

（三）与申请商标注册或者办理其他商标事宜有利害关系的。

第十条 除本条例另有规定的外，当事人向商标局或者商标评审委员会提交文件或者材料的日期，直接递交的，以递交日为准；邮寄的，以寄出的邮戳日为准；邮戳日不清晰或者没有邮戳的，以商标局或者商标评审委员会实际收到日为准，但是当事人能够提出实际邮戳日证据的除外。

第十一条 商标局或者商标评审委员会的各种文件，可以通过邮寄、直接递交或者其他方式送达当事人。当事人委托商标代理组织的，文件送达商标代理组织视为送达当事人。

商标局或者商标评审委员会向当事人送达各种文件的日期，邮寄的，以当事人收到的邮戳日为准；邮戳日不清晰或者没有邮戳的，自文件发出之日起满 15 日，视为送达当事人；直接递交的，以递交日为准。文件无法邮寄或者无法直接递交的，可以通过公告方式送达当事人，自公告发布之日起满 30 日，该文件视为已经送达。

第十二条 商标国际注册依照我国加入的有关国际条约办理。具体办法由国务院工商行政管理部门规定。

第二章 商标注册的申请

第十三条 申请商标注册，应当按照公布的商品和服务分类表按类申请。每一件商标注册申请应当向商标局提交《商标注册申请书》1份、商标图样5份；指定颜色的，并应当提交着色图样5份、黑白稿1份。

商标图样必须清晰、便于粘贴，用光洁耐用的纸张印制或者用照片代替，长或者宽应当不大于10cm，不小于5cm。

以三维标志申请注册商标的，应当在申请书中予以声明，并提交能够确定三维形状的图样。

以颜色组合申请注册商标的，应当在申请书中予以声明，并提交文字说明。

申请注册集体商标、证明商标的，应当在申请书中予以声明，并提交主体资格证明文件和使用管理规则。

商标为外文或者包含外文的，应当说明含义。

第十四条 申请商标注册的，申请人应当提交能够证明其身份的有效证件的复印件。商标注册申请人的名义应当与所提交的证件相一致。

第十五条 商品名称或者服务项目应当按照商品和服务分类表填写；商品名称或者服务项目未列入商品和服务分类表的，应当附送对该商品或者服务的说明。

商标注册申请等有关文件，应当打字或者印刷。

第十六条 共同申请注册同一商标的，应当在申请书中指定一个代表人；没有指定代表人的，以申请书中顺序排列的第一人为代表人。

第十七条 申请人变更其名义、地址、代理人，或者删减指定的商品的，可以向商标局办理变更手续。

申请人转让其商标注册申请的，应当向商标局办理转让手续。

第十八条 商标注册的申请日期，以商标局收到申请文件的日期为准。申请手续齐备并按照规定填写申请文件的，商标局予以受理并书面通知申请人；申请手续不齐备或者未按照规定填写申请文件的，商标局不予受理，书面通知申请人并说明理由。

申请手续基本齐备或者申请文件基本符合规定，但是需要补正的，商标局通知申请人予以补正，限其自收到通知之日起30日内，按照指定内容补正并交回商标局。在规定期限内补正并交回商标局的，保留申请日期；期满未补正的，视为放弃申请，商标局应当书面通知申请人。

第十九条 两个或者两个以上的申请人，在同一种商品或者类似商品上，分别以相同或者近似的商标在同一天申请注册的，各申请人应当自收到商标局通知之日起30日内提交其申请注册前在先使用该商标的证据。同日使用或者均未使用的，各申请人可以自收到商标局通知之日起 30 日内自行协商，并将书面协议报送商标局；不愿协商或者协商不成的，商标局通知各申请人以抽签的方式确定一个申请人，驳回其他人的注册申请。商标局已经通知但申请人未参加抽签的，视为放弃申请，商标局应当书面通知未参加抽签的申请人。

第二十条 依照商标法第二十四条规定要求优先权的，申请人提交的第一次提出商标注册申请文件的副本应当经受理该申请的商标主管机关证明，并注明申请日期和申请号。

依照商标法第二十五条规定要求优先权的，申请人提交的证明文件应当经国务院工商行政管理部门规定的机构认证；展出其商品的国际展览会是在中国境内举办的除外。

第三章 商标注册申请的审查

第二十一条 商标局对受理的商标注册申请，依照商标法及本条例的有关规定进行审查，对符合规定的或者在部分指定商品上使用商标的注册申请符合规定的，予以初步审定，并予以公告；对不符合规定或者在部分指定商品上使用商标的注册申请不符合规定的，予以驳回或者驳回在部分指定商品上使用商标的注册申请，书面通知申请人并说明理由。

商标局对在部分指定商品上使用商标的注册申请予以初步审定的，申请人可以在异议期满之日前，申请放弃在部分指定商品上使用商标的注册申请；申请人放弃在部分指定商品上使用商标的注册申请的，商标局应当撤回原初步审定，终止审查程序，并重新公告。

第二十二条 对商标局初步审定予以公告的商标提出异议的，异议人应当向商标局提交商标异议书一式两份。商标异议书应当写明被异议商标刊登《商标公告》的期号及初步审定号。商标异议书应当有明确的请求和事实依据，并附送有关证据材料。

商标局应当将商标异议书副本及时送交被异议人，限其自收到商标异议书副本之日起 30 日内答辩。被异议人不答辩的，不影响商标局的异议裁定。

当事人需要在提出异议申请或者答辩后补充有关证据材料的，应当在申请书或者答辩书中声明，并自提交申请书或者答辩书之日起 3 个月内提交；期满未提交的，视为当事人放弃补充有关证据材料。

第二十三条 商标法第三十四条第二款所称异议成立，包括在部分指定商品上成立。异议在部分指定商品上成立的，在该部分指定商品上的商标注册申请不予核准。

被异议商标在异议裁定生效前已经刊发注册公告的，撤销原注册公告，经异议裁定核准注册的商标重新公告。

经异议裁定核准注册的商标，自该商标异议期满之日起至异议裁定生效前，对他人在同一种或者类似商品上使用与该商标相同或者近似的标志的行为不具有追溯力；但是，因该使用人的恶意给商标注册人造成的损失，应当给予赔偿。

经异议裁定核准注册的商标，对其提出评审申请的期限自该商标异议裁定公告之日起计算。

第四章 注册商标的变更、转让、续展

第二十四条 变更商标注册人名义、地址或者其他注册事项的，应当向商标局提交变更申请书。商标局核准后，发给商标注册人相应证明，并予以公告；不予核准的，应当书面通知申请人并说明理由。

变更商标注册人名义的，还应当提交有关登记机关出具的变更证明文件。未提交变更证明文件的，可以自提出申请之日起 30 日内补交；期满不提交的，视为放弃变更申请，商标局应当书面通知申请人。

变更商标注册人名义或者地址的，商标注册人应当将其全部注册商标一并变更；未一并变更的，视为放弃变更申请，商标局应当书面通知申请人。

第二十五条 转让注册商标的，转让人和受让人应当向商标局提交转让注册商标申请书。转让注册商标申请手续由受让人办理。商标局核准转让注册商标申请后，发给受让人相应证明，并予以公告。

转让注册商标的，商标注册人对其在同一种或者类似商品上注册的相同或者近似的商标，应当一并转让；未一并转让的，由商标局通知其限期改正；期满不改正的，视为放弃转让该注册商标的申请，商标局应当书面通知申请人。对可能产生误认、混淆或者其他不良影响的转让注册商标申请，商标局不予核准，书面通知申请人并说明理由。

第二十六条 注册商标专用权因转让以外的其他事由发生移转的，接受该注册商标专用权移转的当事人应当凭有关证明文件或者法律文书到商标局办理注册商标专用权移转手续。

注册商标专用权移转的，注册商标专用权人在同一种或者类似商品上注册

的相同或者近似的商标，应当一并移转；未一并移转的，由商标局通知其限期改正；期满不改正的，视为放弃该移转注册商标的申请，商标局应当书面通知申请人。

第二十七条　注册商标需要续展注册的，应当向商标局提交商标续展注册申请书。商标局核准商标注册续展申请后，发给相应证明，并予以公告。

续展注册商标有效期自该商标上一届有效期满次日起计算。

第五章　商标评审

第二十八条　商标评审委员会受理依据商标法第三十二条、第三十三条、第四十一条、第四十九条的规定提出的商标评审申请。商标评审委员会根据事实，依法进行评审。

第二十九条　商标法第四十一条第三款所称对已经注册的商标有争议，是指在先申请注册的商标注册人认为他人在后申请注册的商标与其在同一种或者类似商品上的注册商标相同或者近似。

第三十条　申请商标评审，应当向商标评审委员会提交申请书，并按照对方当事人的数量提交相应份数的副本；基于商标局的决定书或者裁定书申请复审的，还应当同时附送商标局的决定书或者裁定书副本。

商标评审委员会收到申请书后，经审查，符合受理条件的，予以受理；不符合受理条件的，不予受理，书面通知申请人并说明理由；需要补正的，通知申请人自收到通知之日起30日内补正。经补正仍不符合规定的，商标评审委员会不予受理，书面通知申请人并说明理由；期满未补正的，视为撤回申请，商标评审委员会应当书面通知申请人。

商标评审委员会受理商标评审申请后，发现不符合受理条件的，予以驳回，书面通知申请人并说明理由。

第三十一条　商标评审委员会受理商标评审申请后，应当及时将申请书副本送交对方当事人，限其自收到申请书副本之日起30日内答辩；期满未答辩的，不影响商标评审委员会的评审。

第三十二条　当事人需要在提出评审申请或者答辩后补充有关证据材料的，应当在申请书或者答辩书中声明，并自提交申请书或者答辩书之日起3个月内提交；期满未提交的，视为放弃补充有关证据材料。

第三十三条　商标评审委员会根据当事人的请求或者实际需要，可以决定对评审申请进行公开评审。

商标评审委员会决定对评审申请进行公开评审的，应当在公开评审前15日书面通知当事人，告知公开评审的日期、地点和评审人员。当事人应当在通知书指定的期限内作出答复。

申请人不答复也不参加公开评审的，其评审申请视为撤回，商标评审委员会应当书面通知申请人；被申请人不答复也不参加公开评审的，商标评审委员会可以缺席评审。

第三十四条　申请人在商标评审委员会作出决定、裁定前，要求撤回申请的，经书面向商标评审委员会说明理由，可以撤回；撤回申请的，评审程序终止。

第三十五条　申请人撤回商标评审申请的，不得以相同的事实和理由再次提出评审申请；商标评审委员会对商标评审申请已经作出裁定或者决定的，任何人不得以相同的事实和理由再次提出评审申请。

第三十六条　依照商标法第四十一条的规定撤销的注册商标，其商标专用权视为自始即不存在。有关撤销注册商标的决定或者裁定，对在撤销前人民法院作出并已执行的商标侵权案件的判决、裁定，工商行政管理部门作出并已执行的商标侵权案件的处理决定，以及已经履行的商标转让或者使用许可合同，不具有追溯力；但是，因商标注册人恶意给他人造成的损失，应当给予赔偿。

第六章　商标使用的管理

第三十七条　使用注册商标，可以在商品、商品包装、说明书或者其他附着物上标明“注册商标”或者注册标记。

注册标记包括（注外加○）和（R 外加○）。使用注册标记，应当标注在商标的右上角或者右下角。

第三十八条　《商标注册证》遗失或者破损的，应当向商标局申请补发。《商标注册证》遗失的，应当在《商标公告》上刊登遗失声明。破损的《商标注册证》，应当在提交补发申请时交回商标局。

伪造或者变造《商标注册证》的，依照刑法关于伪造、变造国家机关证件罪或者其他罪的规定，依法追究刑事责任。

第三十九条　有商标法第四十四条第（一）项、第（二）项、第（三）项行为之一的，由工商行政管理部门责令商标注册人限期改正；拒不改正的，报请商标局撤销其注册商标。

有商标法第四十四条第（四）项行为的，任何人可以向商标局申请撤销该注册商标，并说明有关情况。商标局应当通知商标注册人，限其自收到通知之日起2个月内提交该商标在撤销申请提出前使用的证据材料或者说明不使用的正当理由；期满不提供使用的证据材料或者证据材料无效并没有正当理由的，由商标局撤销其注册商标。

前款所称使用的证据材料，包括商标注册人使用注册商标的证据材料和商标注册人许可他人使用注册商标的证据材料。

第四十条　依照商标法第四十四条、第四十五条的规定被撤销的注册商标，由商标局予以公告；该注册商标专用权自商标局的撤销决定作出之日起终止。

第四十一条　商标局、商标评审委员会撤销注册商标，撤销理由仅及于部分指定商品的，撤销在该部分指定商品上使用的商标注册。

第四十二条　依照商标法第四十五条、第四十八条的规定处以罚款的数额为非法经营额20%以下或者非法获利2倍以下。

依照商标法第四十七条的规定处以罚款的数额为非法经营额10%以下。

第四十三条　许可他人使用其注册商标的，许可人应当自商标使用许可合同签订之日起3个月内将合同副本报送商标局备案。

第四十四条　违反商标法第四十条第二款规定的，由工商行政管理部门责令限期改正；逾期不改正的，收缴其商标标识；商标标识与商品难以分离的，一并收缴、销毁。

第四十五条　使用商标违反商标法第十三条规定的，有关当事人可以请求工商行政管理部门禁止使用。当事人提出申请时，应当提交其商标构成驰名商标的证据材料。经商标局依照商标法第十四条的规定认定为驰名商标的，由工商行政管理部门责令侵权人停止违反商标法第十三条规定使用该驰名商标的行为，收缴、销毁其商标标识；商标标识与商品难以分离的，一并收缴、销毁。

第四十六条　商标注册人申请注销其注册商标或者注销其商标在部分指定商品上的注册的，应当向商标局提交商标注销申请书，并交回原《商标注册证》。

商标注册人申请注销其注册商标或者注销其商标在部分指定商品上的注册的，该注册商标专用权或者该注册商标专用权在该部分指定商品上的效力自商标局收到其注销申请之日起终止。

第四十七条　商标注册人死亡或者终止，自死亡或者终止之日起1年期满，该注册商标没有办理移转手续的，任何人可以向商标局申请注销该注册商标。提出注销申请的，应当提交有关该商标注册人死亡或者终止的证据。

注册商标因商标注册人死亡或者终止而被注销的，该注册商标专用权自商标注册人死亡或者终止之日起终止。

第四十八条　注册商标被撤销或者依照本条例第四十六条、第四十七条的规定被注销的，原《商标注册证》作废；撤销该商标在部分指定商品上的注册的，或者商标注册人申请注销其商标在部分指定商品上的注册的，由商标局在原《商标注册证》上加注发还，或者重新核发《商标注册证》，并予公告。

第七章　注册商标专用权的保护

第四十九条　注册商标中含有的本商品的通用名称、图形、型号，或者直接表示商品的质量、主要原料、功能、用途、重量、数量及其他特点，或者含有地名，注册商标专用权人无权禁止他人正当使用。

第五十条　有下列行为之一的，属于商标法第五十二条第（五）项所称侵犯注册商标专用权的行为：

（一）在同一种或者类似商品上，将与他人注册商标相同或者近似的标志作为商品名称或者商品装潢使用，误导公众的；

（二）故意为侵犯他人注册商标专用权行为提供仓储、运输、邮寄、隐匿等便利条件的。

第五十一条　对侵犯注册商标专用权的行为，任何人可以向工商行政管理部门投诉或者举报。

第五十二条　对侵犯注册商标专用权的行为，罚款数额为非法经营额3倍以下；非法经营额无法计算的，罚款数额为10万元以下。

第五十三条　商标所有人认为他人将其驰名商标作为企业名称登记，可能欺骗公众或者对公众造成误解的，可以向企业名称登记主管机关申请撤销该企业名称登记。企业名称登记主管机关应当依照《企业名称登记管理规定》处理。

第八章　附　则

第五十四条　连续使用至1993年7月1日的服务商标，与他人在相同或者类似的服务上已注册的服务商标相同或者近似的，可以继续使用；但是，1993年7月1日后中断使用3年以上的，不得继续使用。

第五十五条　商标代理的具体管理办法由国务院另行规定。

第五十六条　商标注册用商品和服务分类表，由国务院工商行政管理部门制定并公布。

申请商标注册或者办理其他商标事宜的文件格式，由国务院工商行政管理部门制定并公布。

商标评审委员会的评审规则由国务院工商行政管理部门制定并公布。

第五十七条　商标局设置《商标注册簿》，记载注册商标及有关注册事项。

商标局编印发行《商标公告》，刊登商标注册及其他有关事项。

第五十八条　申请商标注册或者办理其他商标事宜，应当缴纳费用。缴纳费用的项目和标准，由国务院工商行政管理部门会同国务院价格主管部门规定并公布。

第五十九条　本条例自2002年9月15日起施行。1983年3月10日国务院发布、1988年1月3日国务院批准第一次修订、1993年7月15日国务院批准第二次修订的《中华人民共和国商标法实施细则》和1995年4月23日《国务院关于办理商标注册附送证件问题的批复》同时废止。

中华人民共和国商标评审规则

实施日期：2002 年 10 月 17 日 颁布单位：国家工商行政管理总局

第一章 总 则

第一条 根据《中华人民共和国商标法》（以下简称《商标法》）和《中华人民共和国商标法实施条例》（以下简称《实施条例》）的规定，制定本规则。

第二条 依据《商标法》及其《实施条例》的规定，国家工商行政管理总局商标评审委员会（以下简称商标评审委员会）负责处理下列商标争议案件：

（一）不服国家工商行政管理总局商标局（以下简称商标局）驳回商标注册申请的决定，依据《商标法》第三十二条规定申请复审的案件；

（二）不服商标局的异议裁定，依据《商标法》第三十三条规定申请复审的案件；

（三）对已经注册的商标，依据《商标法》第四十一条规定请求裁定撤销的案件；

（四）不服商标局依照《商标法》第四十一条第一款、第四十四条、第四十五条的规定作出撤销注册商标的决定，依据《商标法》第四十九条规定申请复审的案件。

第三条 当事人参加商标争议案件的评审活动，应当以书面形式办理。

第四条 商标评审委员会审理商标争议案件，应当以事实为根据，以法律为准绳。

第五条 商标评审委员会审理商标争议案件，应当在适用法律上对当事人一律平等。

第六条 商标评审委员会审理商标争议案件实行书面审理，但依据《实施条例》第三十三条规定决定公开评审的情形除外。

第七条 商标评审委员会依据《商标法》、《实施条例》和本规则作出的决定和裁定，应当以书面形式通知有关当事人，并说明理由。

第八条 除本规则另有规定外，商标评审委员会审理商标争议案件实行合议制度，由商标评审人员组成合议组进行审理。

合议组审理案件，实行少数服从多数的原则。

第九条 依据《实施条例》第九条的规定，商标评审人员有下列情形之一的，应当回避，当事人或者利害关系人可以申请其回避：

（一）是本案当事人或者当事人、代理人的近亲属的；

（二）与当事人、代理人有其他关系，可能影响公正的；

（三）与办理商标评审事宜有利害关系的。

当事人或者利害关系人申请商标评审人员回避的，应当以书面形式办理，并说明理由。

第十条 在商标评审期间，当事人有权依法处分自己的商标权和与商标评审有关的权利。

第十一条 共有商标的当事人参加商标评审活动，应当指定一人为代表人；没有指定代表人的，以其在商标注册申请书或者商标注册簿中载明的顺序第一人为代表人。代表人参与评审的行为对其所代表的当事人发生效力，但代表人变更、放弃评审请求或者承认对方当事人的评审请求，必须有被代表的当事人书面授权。

第十二条 外国人或者外国企业办理商标评审事宜，在中国有经常居所或者营业所的，可以委托国家认可的具有商标代理资格的组织代理，也可以直接办理；在中国没有经常居所或者营业所的，应当委托国家认可的具有商标代理资格的组织代理。

第十三条 当事人委托商标代理组织参加商标评审的，应当提交代理委托书。代理委托书应当载明代理内容及权限；外国人或者外国企业的代理委托书还应当载明委托人的国籍。

外国人或者外国企业的代理委托书及与其有关的证明文件的公证、认证手续，按照对等原则办理。

外国人或者外国企业申请或者参加商标评审，应当使用中文；外文书件应当附中文译本。

第十四条 代理人的权限发生变更或者代理关系被解除的，当事人应当及时书面告知商标评审委员会。

第十五条 当事人、利害关系人、代理人可以申请查阅本案有关材料，并可以申请复制本案有关材料和法律文书。查阅、复制本案有关材料的范围和办法由商标评审委员会规定。

第二章　申请与受理

第十六条　申请商标评审，应当符合下列条件：

（一）申请人须有合法的主体资格；

（二）在法定期限内提出；

（三）属于商标评审委员会的评审范围；

（四）依法提交符合规定的申请书及有关证据材料；

（五）有明确的评审请求、事实根据和理由；

（六）依法缴纳评审费用。

第十七条　申请商标评审，应当向商标评审委员会提交申请书；有被申请人的，应当按照被申请人的数量提交相应份数的副本；基于商标局的决定书或者裁定书申请复审的，还应当同时附送商标局的决定书或者裁定书。

第十八条　申请书应当载明下列事项：

（一）申请人的名称、住所和邮政编码，申请人为法人或者其他组织的，应当载明法定代表人或者主要负责人的姓名、职务；

（二）争议商标的名称、申请号或者初步审定号、注册号和刊登该商标的《商标公告》的期号；

（三）明确的评审请求和所根据的事实、理由及法律依据；

（四）联系人的姓名和联系电话。

评审申请有被申请人的，应当载明被申请人的名称和住所。委托商标代理组织办理商标评审事宜的，还应当载明商标代理组织的名称、通信地址、邮政编码和联系电话。

第十九条　商标评审申请不符合本规则第十六条第（一）、（二）、（三）项规定条件之一的，商标评审委员会不予受理，书面通知申请人，并说明理由。

第二十条　商标评审申请不符合本规则第十六条第（四）、（五）、（六）项规定条件之一的，或者未按照《实施条例》和本规则规定提交有关证明文件的，商标评审委员会应当向申请人发出补正通知，限其自收到补正通知之日起30日内补正。

经补正仍不符合规定的，商标评审委员会不予受理，书面通知申请人，并说明理由。期满未补正的，依据《实施条例》第三十条规定，视为申请人撤回评审申请，商标评审委员会应当书面通知申请人。

第二十一条　商标评审申请经审查符合受理条件的，商标评审委员会应当在30日内向申请人发出《受理通知书》。

第二十二条 商标评审委员会已经受理的商标评审申请，有下列情形之一的，属于不符合受理条件，应当依据《实施条例》第三十条规定予以驳回：

（一）违反《商标法》第四十二条规定，对核准注册前已经提出异议并经裁定的商标，又以相同的事实和理由申请裁定的；

（二）违反《实施条例》第三十五条规定，申请人撤回商标评审申请后，又以相同的事实和理由再次提出评审申请的；

（三）违反《实施条例》第三十五条规定，对商标评审委员会已经作出的裁定或者决定，以相同的事实和理由再次提出评审申请的；

（四）其他不符合受理条件的情形。

商标评审委员会驳回商标评审申请，应当书面通知申请人，并说明理由。

第二十三条 申请人需要在提出评审申请后补充有关证据材料的，应当在申请书中声明，并自提交申请书之日起3个月内提交与申请书相同份数的证据材料；未在申请书中声明或者期满未提交的，视为放弃补充有关证据材料。

第二十四条 评审申请有被申请人的，商标评审委员会受理后，应当及时将申请书副本及有关证据材料发送被申请人，限其自收到申请书副本之日起30日内向商标评审委员会提交答辩书，并按照申请人的数量提交相应份数的副本；期满未提交答辩书的，不影响商标评审委员会的评审。

第二十五条 被申请人需要在提交答辩书后补充有关证据材料的，应当在答辩书中声明，并自提交答辩书之日起3个月内提交与答辩书相同份数的证据材料；未在答辩书中声明或者期满未提交的，视为放弃补充有关证据材料。

第二十六条 商标评审委员会收到被申请人的答辩书及证据材料后，应当及时将答辩书副本及有关证据材料发送申请人。

申请人对被申请人的答辩书及所提供的证据材料有相反证据的，应当自收到答辩书及有关证据材料之日起30日内向商标评审委员会一次性提交该证据。

第二十七条 申请人提交申请书或者被申请人提交答辩书时，应当同时提交能够证明其身份的有效证件。申请人或者被申请人的名称应当与所提交的证件相一致。

当事人名称或者住所等事项发生变更的，应当提供相应的证明文件。

第二十八条　当事人应当对其提交的证据材料逐一分类编号和制作目录清单，对证据材料的来源、证明的具体事实作简要说明，并签名盖章。

商标评审委员会收到当事人提交的证据材料后，应当按目录清单核对证据材料，并由经办人员在目录清单和回执上签收，注明提交日期。

第二十九条　商标评审申请书及有关证据材料应当按照规定的格式和要求填写、提供。未按照规定格式和要求填写、提供的，商标评审委员会向申请人发出补正通知，限其自收到补正通知之日起30日内补正。经补正仍不符合规定或者期满未补正的，适用本规则第二十条第二款的规定处理。

商标评审答辩书及有关证据材料应当按照规定的格式和要求填写、提供。未按照规定格式和要求填写、提供的，商标评审委员会向被申请人发出补正通知，限其自收到补正通知之日起30日内补正。经补正仍不符合规定或者期满未补正的，不影响商标评审委员会的评审。

第三章　审　理

第三十条　商标评审委员会审理商标评审案件应当组成合议组进行审理。合议组由商标评审人员3人或者3人以上单数组成。但商标评审委员会审理事实清楚、案情简单的案件，可以由商标评审人员一人独任评审。

第三十一条　有下列情形之一的案件，可以由商标评审人员一人独任评审：

（一）商标局作出驳回决定、异议裁定所引证的商标在评审时已经丧失专用权或者在先权利的；

（二）被请求裁定撤销的商标已经丧失专用权的；

（三）商标局作出驳回决定所引证的商标归申请人所有，因申请人未及时办理变更手续被商标局驳回，评审时申请人已向商标局申请办完变更手续的；

（四）商标局作出驳回决定所引证的他人在先申请或者注册商标，评审时已核准转让给申请人的；

（五）商标评审委员会决定的其他可以由商标评审人员一人独任评审的案件。

第三十二条　商标评审人员确定后，商标评审委员会应当及时以书面形式告知有关当事人。

第三十三条　当事人或者利害关系人依据《实施条例》第九条和本规则第九条的规定对商标评审人员提出回避申请的，应当在被告知商标评审人员后 15 日内提出。期限届满后，当事人或者利害关系人发现有关商标评审人员有回避情形的，可以在评审决定、裁定作出前提出回避申请，但应当提供相关证据。

被申请回避的商标评审人员在商标评审委员会作出是否回避的决定前，应当暂停参与本案的审理工作。

商标评审委员会在作出决定、裁定后收到当事人或者利害关系人提出的回避申请的，不影响评审决定、裁定的有效性。

第三十四条　商标评审委员会对当事人提出的回避申请，应当在收到申请后 7 日内，以书面形式作出决定，并书面通知申请人。申请人对商标评审委员会作出的不回避决定不服的，可以在收到决定后 3 日内申请复议一次。复议期间，被申请回避的商标评审人员，不停止参与本案的审理工作。商标评审委员会对复议申请应当在 3 日内作出复议决定，并书面通知复议申请人。

第三十五条　商标评审委员会审理不服商标局驳回商标注册申请决定的复审案件，应当针对商标局的驳回决定和申请人申请复审的事实、理由、请求以及评审时的事实状态进行评审。

第三十六条　商标评审委员会审理不服商标局异议裁定的复审案件，应当针对当事人复审申请和答辩的事实、理由及请求进行评审。

第三十七条　商标评审委员会审理不服商标局依照《商标法》第四十一条第一款规定作出撤销注册商标决定的复审案件，应当针对商标局的决定和申请人申请复审的事实、理由及请求进行评审。

商标评审委员会审理不服商标局依照《商标法》第四十四条、第四十五条规定作出撤销注册商标决定的复审案件，应当针对商标局作出撤销注册商标决定时所依据的事实、理由和法律适用进行评审。

第三十八条　商标评审委员会审理依据《商标法》第四十一条请求裁定撤销注册商标的案件，应当针对当事人申请和答辩的事实、理由及请求进行评审。

第三十九条　有下列情形之一的，终止评审：

（一）申请人消亡，没有继承人，或者继承人放弃评审权利的；

（二）申请人撤回评审申请的；

（三）当事人以协议方式消除争议的；

（四）其他应当终止评审的情形。

终止评审的，商标评审委员会予以结案，书面通知有关当事人，并说明理由。

第四十条　申请人在商标评审委员会作出决定、裁定前，要求撤回申请的，经书面向商标评审委员会说明理由，可以撤回。但商标评审委员会在作出决定、裁定后收到申请人的撤回评审申请的，不影响评审决定、裁定的有效性。

第四十一条　合议组审理案件应当制作合议笔录，并由合议组成员签名。合议组成员有不同意见的，应当如实记入合议笔录。

经审理终结的案件，商标评审委员会依法作出决定、裁定。

第四十二条　商标评审委员会作出的决定书、裁定书应当载明下列内容：

（一）评审请求、争议的事实和理由；

（二）决定或者裁定认定的事实、理由和适用的法律依据；

（三）决定或者裁定结论；

（四）可供当事人选用的后续程序和时限；

（五）决定、裁定作出的日期。

决定书、裁定书由合议组成员署名，加盖商标评审委员会印章。

第四十三条　对商标评审委员会作出的决定、裁定，当事人不服向人民法院起诉，人民法院判决发回重审的案件，商标评审委员会应当另行组成合议组重新进行评审。

第四十四条　当事人在法定期限内对商标评审委员会作出的决定、裁定不向人民法院起诉的，该决定、裁定发生法律效力。

第四章　公开评审

第四十五条　商标评审委员会根据当事人的请求或者实际需要，可以决定对评审申请进行公开评审。

第四十六条　当事人请求进行公开评审的，应当提出需要进行公开评审的具体理由。

第四十七条　涉及双方当事人的下列案件，应当事人的请求，商标评审委员会可以决定进行公开评审：

（一）当事人一方要求就重要证据同对方当面质证和辩论的；

（二）需要请出具过重要证言的证人作证、质证的。

第四十八条　申请人请求进行公开评审的，应当自收到被申请人的答辩书副本之日起15日内以书面形式向商标评审委员会提出；被申请人请求进行公开评审的，应当在向商标评审委员会提交答辩书或者补充有关证据材料时一并提出。

第四十九条　有下列情形之一的，商标评审委员会可以自行决定进行公开评审：

（一）对重要证据的认定，需要双方当事人当面进行质证和辩论的；

（二）对重要证据的认定，需要对出具过证言的证人进行质证、询问的；

（三）其他需要进行公开评审的情形。

第五十条　已经进行过公开评审的案件，商标评审委员会认为必要时可以决定重新进行公开评审。

第五十一条　公开评审应当就当事人已经向商标评审委员会提交并已向双方当事人交换的证据材料进行审理。

第五十二条　决定公开评审的，合议组应当在公开评审15日前书面通知当事人和其他评审参加人，告知公开评审的日期、地点和合议组组成人员等事项。

第五十三条　当事人应当在公开评审3日前将公开评审通知回执提交到商标评审委员会。评审申请人期满既未提交回执答复是否参加公开评审，也不参加公开评审的，其评审申请视为撤回，评审程序终止，商标评审委员会予以结案并书面通知申请人；评审申请人期满前答复不参加公开评审的，或者被申请人期满未提交回执也不参加公开评审的，商标评审委员会可以缺席评审。

第五十四条　公开评审通知回执应当有当事人的签名或者盖章。表示参加公开评审的，应当在公开评审通知回执中载明当事人派出参加公开评审的人员姓名、身份。委托商标代理组织参加公开评审的，应当在公开评审通知回执中载明参加公开评审的商标代理人的姓名。

要求出具过证言的证人就其证言出席作证的，应当在公开评审通知回执中载明该证人的姓名及能够确定其身份的有关信息和所要证明的事实。公开评审通知回执中未载明的证人，不能在公开评审中出席作证。

第五十五条　各方当事人派出参加公开评审的人员，包括其委托的商标代理组织的代理人，不得超过4人。一方有多人参加公开评审的，应当指定其中一人作为第一发言人进行主要发言。

第五十六条　公开评审开始前，商标评审委员会可以召开有双方当事人参加的审前预备会议，听取当事人对有关事实和证据材料的意见，确定需要进行公开评审调查的主要问题。

对当事人在公开评审前预备会议上的意见，合议组应当制作笔录，并由双方当事人核实签字。

第五十七条　公开评审开始时，合议组应当核对公开评审参加人员的身份证件，并确认其是否有参加该公开评审的资格，查明当事人和其他评审参加人是否出席评审。

第五十八条　在进行公开评审调查前，先由合议组简要介绍案件的基本情况，明确双方当事人争议的主要问题，然后开始进行公开评审调查。

第五十九条　公开评审调查按照下列顺序进行：

（一）申请人陈述评审请求，并简要陈述有关事实和证据；

（二）被申请人进行答辩；

（三）合议组就本案的评审请求、理由和各方当事人提交的证据进行核对；

（四）申请人就评审请求的理由以及所依据的事实和证据进行举证；

（五）被申请人进行质证、提出反证，申请人对被申请人的反证进行质证。

第六十条　在公开评审的案件中，证据应当在公开评审时出示，由当事人质证。未经质证的证据，不得作为认定案件事实的依据。但当事人在公开评审前预备会议上认可并记录在卷的证据，合议组在公开评审中说明后，可以作为认定案件事实的依据。

对书证、物证、视听资料进行质证时，当事人有权要求出示证据的原件或者原物。但原件或者原物已不存在，有证据证明复制件、复制品与原件或者原物一致的除外。

第六十一条　当事人在质证时应当围绕证据的真实性、关联性、合法性，针对证据证明力有无以及证明力大小，进行质疑、说明与辩驳。

第六十二条　质证按照下列顺序进行：

（一）申请人出示证据，被申请人与申请人进行质证；

（二）被申请人出示证据，申请人与被申请人进行质证。

第六十三条　合议组成员可以就有关事实和证据向当事人或者证人提问，可以要求当事人或者证人作出解释。

当事人经合议组许可，可以询问证人。

当事人询问证人不得使用威胁、侮辱的言语或者方式。

第六十四条 证人不得旁听公开评审；询问证人时，其他证人不得在场。

商标评审委员会认为必要时，可以请证人进行对质。

第六十五条 公开评审调查结束后，进行口头辩论。由当事人就证据所表明的事实、争议的问题和法律适用问题各自陈述其意见。

在双方当事人对案件证据和事实无争议的情况下，可以在双方当事人对证据和事实予以确认的基础上，直接进行口头辩论。

第六十六条 口头辩论按照下列顺序进行：

（一）申请人发言；

（二）被申请人答辩；

（三）互相辩论。

在口头辩论时，合议组成员可以提问。

第六十七条 在口头辩论过程中，当事人又提出事先已提交过、但未经公开评审调查的证据的，合议组可以宣布中止辩论，恢复公开评审调查。调查结束后，继续进行口头辩论。

第六十八条 双方当事人的辩论意见表达完毕后，由合议组按照申请人、被申请人的先后顺序征询各方最后意见陈述。

第六十九条 最后意见陈述后，公开评审结束，商标评审委员会应当在此后一定期限内依法作出裁定，并将裁定书送达当事人。

第七十条 合议组应当将公开评审的重要事项记入公开评审笔录。公开评审终止时，合议组应当将笔录交当事人核实。对笔录的差错，当事人有权要求更正。笔录核实无误后应当由当事人签字并存入案卷。当事人拒绝签字的，由合议组在公开评审笔录中注明。

前款所指公开评审的重要事项包括下列内容：

（一）当事人的评审请求、理由及证据；

（二）双方当事人均认可的重要事实；

（三）其他需要记录的重要事项。

第七十一条 公开评审时，未经商标评审委员会许可不得旁听、拍照、录音和录像。

第五章　证据规则

第七十二条　申请人向商标评审委员会提出申请或者被申请人提出反驳的，应当提供相应的证据材料。

证据包括书证、物证、视听资料、证人证言、当事人的陈述、鉴定结论等。

第七十三条　当事人对自己提出的评审请求所依据的事实或者反驳对方评审请求所依据的事实有责任提供证据加以证明。

没有证据或者证据不足以证明当事人的事实主张的，由负有举证责任的当事人承担不利后果。

第七十四条　一方当事人对另一方当事人陈述的案件事实明确表示承认的，另一方当事人无需举证。

对一方当事人陈述的事实，另一方当事人既未表示承认也未否认的，视为对该项事实的承认。

当事人委托代理人参加评审的，代理人的承认视为当事人的承认。但未经特别授权的代理人对事实的承认直接导致承认对方评审请求的除外；当事人在场但对其代理人的承认不作否认表示的，视为当事人的承认。

当事人在公开评审辩论终结前撤回承认并经对方当事人同意，或者有充分证据证明其承认行为是在受胁迫或者重大误解情况下作出且与事实不符的，不能免除对方当事人的举证责任。

第七十五条　下列事实，当事人无需举证证明：

（一）众所周知的事实；

（二）按照法律规定推定的事实；

（三）已经依法证明的事实；

（四）根据日常生活经验法则推定的事实。

（五）其他依法无需举证的事实。

但当事人有相反证据足以推翻的除外。

第七十六条　当事人向商标评审委员会提供书证的，应当提供原件，包括原本、正本和副本。提供原件确有困难的，可以提供与原件核对无误的复印件、照片、节录本；提供由有关部门保管的书证原件的复制件、影印件或者抄录件的，应当注明出处，经该部门核对无异后加盖其印章。

第七十七条　当事人向商标评审委员会提供物证的，应当提供原物。提供原物确有困难的，可以提供与原物核对无误的复制件或者证明该物证的照片、录像等其他证据；原物为数量较多的种类物的，提供其中的一部分。

第七十八条 当事人向商标评审委员会提供计算机数据或者录音、录像等视听资料的，应当符合下列要求：

（一）提供有关资料的原始载体。提供原始载体确有困难的，可以提供复制件；

（二）注明制作方法、制作时间、制作人和证明事实等；

（三）声音资料应当附有该声音内容的文字记录。

第七十九条 当事人向商标评审委员会提供证人证言的，应当符合下列要求：

（一）写明证人的姓名、年龄、性别、住所、工作单位或者职业等基本情况；

（二）有证人的签名，不能签名的，应当以盖章等方式证明；

（三）注明出具日期；

（四）附有居民身份证复印件等证明证人身份的文件。

第八十条 当事人向商标评审委员会提供鉴定结论的，应当载明委托人和委托鉴定的事项、向鉴定部门提交的相关材料、鉴定的依据和鉴定部门及鉴定人鉴定资格的说明，并应有鉴定人的签名和鉴定部门的盖章。通过分析获得的鉴定结论，应当说明分析过程。

第八十一条 当事人向商标评审委员会提供的证据系在中华人民共和国领域外形成的，该证据应当经所在国公证机关予以证明，并经中华人民共和国驻该国使领馆予以认证，或者履行中华人民共和国与该所在国订立的有关条约中规定的证明手续。

当事人向商标评审委员会提供的证据是在香港、澳门、台湾地区形成的，应当履行相关的证明手续。

第八十二条 当事人向商标评审委员会提供外文书证或者外文说明资料，应当附有中文译文。提交外文证据的当事人未提交中文译文的，该外文证据视为未提交。

对方当事人对译文具体内容有异议的，应当对有异议的部分提交中文译文。必要时，可以委托双方当事人认可的单位对全文、或者所使用部分或者有异议的部分进行翻译。

双方当事人对委托翻译达不成协议的，商标评审委员会可以委托专业翻译单位对全文、或者所使用部分或者有异议部分进行翻译。委托翻译所需费用由双方当事人各承担50%；拒绝支付翻译费用的，视为其承认对方提交的译文。

第八十三条　属于下列情形的证据，商标评审委员会可以调查收集：

（一）涉及可能有损国家利益、社会公共利益的事实；

（二）涉及终止评审、回避等与实体争议无关的程序事项。

第八十四条　对单一证据有无证明力和证明力大小可以从下列方面进行审核认定：

（一）证据是否原件、原物，复印件、复制品与原件、原物是否相符；

（二）证据与本案事实是否相关；

（三）证据的形式、来源是否符合法律规定；

（四）证据的内容是否真实；

（五）证人或者提供证据的人，与当事人有无利害关系。

第八十五条　评审人员对案件的全部证据，应当从各证据与案件事实的关联程度、各证据之间的联系等方面进行综合审查判断。

第八十六条　以侵害他人合法权益或者违反法律禁止性规定的方法取得的证据，不能作为认定案件事实的依据。

第八十七条　下列证据不能单独作为认定案件事实的依据：

（一）未成年人所作的与其年龄和智力状况不相适应的证言；

（二）与一方当事人有亲属关系、隶属关系或者其他密切关系的证人所作的对该当事人有利的证言，或者与一方当事人有不利关系的证人所作的对该当事人不利的证言；

（三）应当参加公开评审作证而无正当理由不参加公开评审作证的证人证言；

（四）难以识别是否经过修改的视听资料；

（五）无法与原件、原物核对的复制件或者复制品；

（六）经一方当事人或者他人改动，对方当事人不予认可的证据材料；

（七）其他不能单独作为认定案件事实依据的证据材料。

第八十八条　证人作证时应当客观陈述其亲身感知的事实，不得使用猜测、推断或者评论性的语言。

不能正确表达意志的人，不能作为证人。

第八十九条　一方当事人提出的下列证据，对方当事人提出异议但没有足以反驳的相反证据的，商标评审委员会应当确认其证明力：

（一）书证原件或者与书证原件核对无误的复印件、照片、副本、节录本；

（二）物证原物或者与物证原物核对无误的复制件、照片、录像资料等；

（三）有其他证据佐证并以合法手段取得的、无疑点的视听资料或者与视听资料核对无误的复制件。

第九十条　一方当事人委托鉴定部门作出的鉴定结论，另一当事人没有足以反驳的相反证据和理由的，可以认定其证明力。

第九十一条　一方当事人提出的证据，另一方当事人认可或者提出的相反证据不足以反驳的，商标评审委员会可以确认其证明力。

一方当事人提出的证据，另一方当事人有异议并提出反驳证据，对方当事人对反驳证据认可的，可以确认反驳证据的证明力。

第九十二条　双方当事人对同一事实分别举出相反的证据，但都没有足够的依据否定对方证据的，商标评审委员会应当结合案件情况，判断一方提供证据的证明力是否明显大于另一方提供证据的证明力，并对证明力较大的证据予以确认。

因证据的证明力无法判断导致争议事实难以认定的，商标评审委员会应当依据举证责任分配原则作出判断。

第九十三条　评审过程中，当事人在申请书、答辩书、陈述及其委托代理人的代理词中承认的对己方不利的事实和认可的证据，商标评审委员会应当予以确认，但当事人反悔并有相反证据足以推翻的除外。

第九十四条　当事人对自己的主张，只有本人陈述而不能提出其他相关证据的，其主张不予支持。但对方当事人认可的除外。

第九十五条　商标评审委员会就数个证据对同一事实的证明力，可以依照下列原则认定：

（一）国家机关以及其他职能部门依职权制作的公文文书优于其他书证；

（二）鉴定结论、档案材料以及经过公证或者登记的书证优于其他书证、视听资料和证人证言；

（三）原件、原物优于复制件、复制品；

（四）法定鉴定部门的鉴定结论优于其他鉴定部门的鉴定结论；

（五）原始证据优于传来证据；

（六）其他证人证言优于与当事人有亲属关系或者其他密切关系的证人提供的对该当事人有利的证言；

（七）参加公开评审作证的证人证言优于未参加公开评审作证的证人证言；

（八）数个种类不同、内容一致的证据优于一个孤立的证据。

第六章 期间、送达

第九十六条 期间包括法定期间和商标评审委员会指定的期间。

期间以日、月、年计算。期间开始的当日，不计算在期间内。

期间届满的最后一日是节假日的，以节假日后的第一个工作日为期间届满的日期。

第九十七条 当事人向商标评审委员会提交的文件或者材料的日期，直接递交的，以递交日为准；邮寄的，以寄出的邮戳日为准；邮戳日不清晰或者没有邮戳的，以商标评审委员会实际收到日为准，但是当事人能够提出实际邮戳日证据的除外。

第九十八条 商标评审委员会的各种文件，可以通过邮寄、直接递交或者其他方式送达当事人。当事人委托商标代理组织的，文件送达商标代理组织视为送达当事人。

商标评审委员会向当事人送达各种文件的日期，邮寄的，以当事人收到的邮戳日为准；邮戳日不清晰或者没有邮戳的，或者没有被邮局退回的，自文件发出之日起满 15 日，视为送达当事人；直接递交的，以递交日为准。文件无法邮寄或者无法直接递交的，可以通过公告方式送达当事人，自公告发布之日起满 30 日，该文件视为已经送达。

第七章 附 则

第九十九条 对《商标法》修改决定于 2001 年 12 月 1 日施行前发生，属于修改后《商标法》第四条、第五条、第八条、第九条第一款、第十条第一款第（二）、（三）、（四）项、第十条第二款、第十一条、第十二条、第十三条、第十五条、第十六条、第二十四条、第二十五条、第三十一条所列举的情形，商标评审委员会在《商标法》修改决定施行后进行评审的，依据修改后《商标法》的相应规定进行评审；属于其他情形的，商标评审委员会适用修改前《商标法》的相应规定进行评审。

第一百条 当事人就《商标法》修改决定施行时注册已满一年的商标产生争议，向商标评审委员会申请评审的，适用修改前《商标法》第二十七条第二款规定的提出申请的期限处理；当事人就《商标法》修改决定施行时注册不满一年的商标产生争议，向商标评审委员会申请评审的，适用修改后《商标法》第四十一条第三款规定的提出申请的期限处理。

有关单位或者个人在《商标法》修改决定施行前依照修改前《商标法》第二十七条及其实施细则第二十五条的规定提出评审申请，属于修改后《商标法》第十三条、第十五条、第十六条和第三十一条规定情形的，不适用修改后《商标法》第四十一条第二款规定的提出评审申请的期限规定。

第一百零一条 《商标法》修改决定施行前已经受理，但不属于《实施条例》第二十八条规定的商标评审委员会评审范围的案件，尚未审结的，商标评审委员会予以退回，书面通知申请人，并说明理由。

第一百零二条 对《商标法》修改决定施行前已经依据原国家工商行政管理局 1995 年 11 月 2 日公布的《商标评审规则》第三十四条、第三十五条规定受理的重新评审案件，属于《实施条例》第二十八条规定的商标评审委员会评审范围的，商标评审委员会应当依据修改后《商标法》及其《实施条例》重新进行评审，并作出决定或者裁定。但本规则第九十九条、第一百条规定适用修改前《商标法》相应规定的除外。

第一百零三条 办理商标评审事宜的文书格式，由国家工商行政管理总局制定并公布。

第一百零四条 商标评审委员会设立专家咨询小组，就商标评审中的有关问题听取咨询意见。

专家咨询小组由法律专家若干人组成，其成员由商标评审委员会聘任。

第一百零五条 本规则施行前，商标评审委员会仍依据原国家工商行政管理局 1995 年 11 月 2 日公布的《商标评审规则》规定的程序审理商标评审案件。但该规则与《商标法》的修改决定有抵触的，适用《商标法》的修改决定；《实施条例》施行后，该规则与《实施条例》有抵触的，适用《实施条例》；国家工商行政管理总局对该规则另有通知规定的，依据有关通知规定执行。

第一百零六条 本规则由国家工商行政管理总局负责解释。

第一百零七条 本规则自 2002 年 10 月 17 日起施行。1995 年 11 月 2 日原国家工商行政管理局公布的《商标评审规则》同时废止。

驰名商标认定和保护规定

实施日期：2003 年 6 月 1 日 颁布单位：国家工商行政管理总局

第一条 根据《中华人民共和国商标法》（以下简称商标法）、《中华人民共和国商标法实施条例》（以下简称实施条例）,制定本规定。

第二条本规定中的驰名商标是指在中国为相关公众广为知晓并享有较高声誉的商标。

相关公众包括与使用商标所标示的某类商品或者服务有关的消费者，生产前述商品或者提供服务的其他经营者以及经销渠道中所涉及的销售者和相关人员等。

第三条以下材料可以作为证明商标驰名的证据材料：

（一）证明相关公众对该商标知晓程度的有关材料；

（二）证明该商标使用持续时间的有关材料，包括该商标使用、注册的历史和范围的有关材料；

（三）证明该商标的任何宣传工作的持续时间、程度和地理范围的有关材料，包括广告宣传和促销活动的方式、地域范围、宣传媒体的种类以及广告投放量等有关材料；

（四）证明该商标作为驰名商标受保护记录的有关材料，包括该商标曾在中国或者其他国家和地区作为驰名商标受保护的有关材料；

（五）证明该商标驰名的其他证据材料，包括使用该商标的主要商品近三年的产量、销售量、销售收入、利税、销售区域等有关材料。

第四条 当事人认为他人经初步审定并公告的商标违反商标法第十三条规定的，可以依据商标法及其实施条例的规定向商标局提出异议，并提交证明其商标驰名的有关材料。

当事人认为他人已经注册的商标违反商标法第十三条规定的，可以依据商标法及其实施条例的规定向商标评审委员会请求裁定撤销该注册商标，并提交证明其商标驰名的有关材料。

第五条 在商标管理工作中，当事人认为他人使用的商标属于商标法第十三条规定的情形，请求保护其驰名商标的，可以向案件发生地的市（地、州）以上工商行政管理部门提出禁止使用的书面请求，并提交证明其商标驰名的有关材料。同时，抄报其所在地省级工商行政管理部门。

第六条　工商行政管理部门在商标管理工作中收到保护驰名商标的申请后，应当对案件是否属于商标法第十三条规定的下列情形进行审查：

（一）他人在相同或者类似商品上擅自使用与当事人未在中国注册的驰名商标相同或者近似的商标，容易导致混淆的；

（二）他人在不相同或者不类似的商品上擅自使用与当事人已经在中国注册的驰名商标相同或者近似的商标，容易误导公众，致使该驰名商标注册人的利益可能受到损害的。

对认为属于上述情形的案件，市（地、州）工商行政管理部门应当自受理当事人请求之日起 15 个工作日内，将全部案件材料报送所在地省（自治区、直辖市）工商行政管理部门，并向当事人出具受理案件通知书；省（自治区、直辖市）工商行政管理部门应当自受理当事人请求之日起 15 个工作日内，将全部案件材料报送商标局。当事人所在地省级工商行政管理部门认为所发生的案件属于上述情形的，也可以报送商标局。

对认为不属于上述情形的案件，应当依据商标法及实施条例的有关规定及时作出处理。

第七条　省（自治区、直辖市）工商行政管理部门应当对本辖区内市（地、州）工商行政管理部门报送的有关驰名商标保护的案件材料进行审查。

对认为属于本规定第六条第一款情形的案件，应当自收到本辖区内市（地、州）工商行政管理部门报送的案件材料之日起 15 个工作日内报送商标局。

对认为不属于本规定第六条第一款情形的案件，应当将有关材料退回原受案机关，由其依据商标法及实施条例的有关规定及时作出处理。

第八条　商标局应当自收到有关案件材料之日起 6 个月内作出认定，并将认定结果通知案件发生地的省（自治区、直辖市）工商行政管理部门，抄送当事人所在地省（自治区、直辖市）工商行政管理部门。

除有关证明商标驰名的材料外，商标局应当将其他案件材料退回案件发生地所在省（自治区、直辖市）工商行政管理部门。

第九条　未被认定为驰名商标的，自认定结果作出之日起 1 年内，当事人不得以同一商标就相同事实和理由再次提出认定请求。

第十条　商标局、商标评审委员会在认定驰名商标时，应当综合考虑商标法第十四条规定的各项因素，但不以该商标必须满足该条规定的全部因素为前提。

第十一条　商标局、商标评审委员会以及地方工商行政管理部门在保护驰名商标时，应当考虑该商标的显著性和驰名程度。

第十二条 当事人要求依据商标法第十三条对其商标予以保护时，可以提供该商标曾被我国有关主管机关作为驰名商标予以保护的记录。

所受理的案件与已被作为驰名商标予以保护的案件的保护范围基本相同，且对方当事人对该商标驰名无异议，或者虽有异议，但不能提供该商标不驰名的证据材料的，受理案件的工商行政管理部门可以依据该保护记录的结论，对案件作出裁定或者处理。

所受理的案件与已被作为驰名商标予以保护的案件的保护范围不同，或者对方当事人对该商标驰名有异议，且提供该商标不驰名的证据材料的，应当由商标局或者商标评审委员会对该驰名商标材料重新进行审查并作出认定。

第十三条 当事人认为他人将其驰名商标作为企业名称登记，可能欺骗公众或者对公众造成误解的，可以向企业名称登记主管机关申请撤销该企业名称登记，企业名称登记主管机关应当依照《企业名称登记管理规定》处理。

第十四条 各级工商行政管理部门应当对驰名商标加强保护，对涉嫌假冒商标犯罪的案件，应当及时向有关部门移送。

第十五条 保护驰名商标的处理决定，处理机关所在省（自治区、直辖市）工商行政管理部门应当抄报商标局。

第十六条 各级工商行政管理部门要建立相应的监督机制，制定相应的监督制约措施，加强对驰名商标认定工作全过程的监督检查。

参与驰名商标认定工作的有关人员，滥用职权、徇私舞弊、牟取不正当利益，违法办理驰名商标认定有关事项，依法给予行政处分；构成犯罪的，依法追究刑事责任。

第十七条 本规定自 2003 年 6 月 1 日起施行。1996 年 8 月 14 日国家工商行政管理局颁布的《驰名商标认定和管理暂行规定》同时废止。

中华人民共和国广告管理条例施行细则

实施日期：2005 年 1月 1 日颁布单位：国家工商行政管理总局

第一条 根据《广告管理条例》（以下简称《条例》）第二十一条的规定，制定本细则。

第二条 《条例》第二条规定的管理范围包括：

（一）利用报纸、期刊、图书、名录等刊登广告。

（二）利用广播、电视、电影、录像、幻灯等播映广告。

（三）利用街道、广场、机场、车站、码头等的建筑物或空间设置路牌、霓虹灯、电子显示牌、橱窗、灯箱、墙壁等广告。

（四）利用影剧院、体育场（馆）、文化馆、展览馆、宾馆、饭店、游乐场、商场等场所内外设置、张贴广告。

（五）利用车、船、飞机等交通工具设置、绘制、张贴广告。

（六）通过邮局邮寄各类广告宣传品。

（七）利用馈赠实物进行广告宣传。

（八）利用其他媒介和形式刊播、设置、张贴广告。

第三条 申请经营广告业务的企业，除符合企业登记等条件外，还应具备下列条件：

（一）有负责市场调查的机构和专业人员。

（二）有熟悉广告管理法规的管理人员及广告设计、制作、编审人员。

（三）有专职的财会人员。

（四）申请承接或代理外商来华广告，应当具备经营外商来华广告的能力。

第四条 广播电台、电视台、报刊出版单位，事业单位以及法律、行政法规规定的其他单位办理广告经营许可登记，应当具备下列条件：

（一）具有直接发布广告的媒介或手段。

（二）设有专门的广告经营机构。

（三）有广告经营设备和经营场所。

（四）有广告专业人员和熟悉广告法规的广告审查员。

第五条 中外合资经营企业、中外合作经营企业以及外资企业申请经营广告业务，按照《外商投资广告企业管理规定》，参照《条例》、本细则和其

他有关规定办理。

第六条 申请经营广告业务的个体工商户，除应具备《城乡个体工商户管理暂行条例》规定的条件外，本人还应具有广告专业技能，熟悉广告管理法规。

第七条 根据《条例》第六条的规定，按照下列程序办理广告经营者登记手续：

（一）设立经营广告业务的企业，向具有管辖权的工商行政管理局申请办理企业登记，发给营业执照。

（二）广播电台、电视台、报刊出版单位，事业单位以及其他法律、行政法规规定申请兼营广告业务应当办理广告经营许可登记的单位，向省、自治区、直辖市、计划单列市或其授权的县级以上工商行政管理局申请登记，发给《广告经营许可证》。

（三）经营广告业务的个体工商户，向所在地工商行政管理局申请，经所在地工商行政管理局依法登记，发给营业执照。

第八条 广告客户申请利用广播、电视、报刊以外的媒介为卷烟做广告，须经省、自治区、直辖市工商行政管理局或其授权的省辖市工商行政管理局批准。

第九条 根据《条例》第七条的规定，广告客户申请发布广告，应当出具相应的证明：

（一）企业和个体工商户应当交验营业执照。

（二）机关、团体、事业单位提交本单位的证明。

（三）个人提交乡、镇人民政府、街道办事处或所在单位的证明。

（四）外国企业常驻代表机构，应当交验国家工商行政管理总局颁发的《外国企业在中国常驻代表机构登记证》。

第十条 根据《条例》第十一条第（一）项的规定，申请发布商品广告，应当交验符合国家标准、部标准（专业标准）、企业标准的质量证明。

第十一条 根据《条例》第十一条第（七）项的规定，申请发布下列广告应当提交有关证明：

（一）报刊出版发行广告，应当交验省、自治区、直辖市新闻出版机关核发的登记证。

（二）图书出版发行广告，应当提交新闻出版机关批准成立出版社的证明。

（三）各类文艺演出广告，应当按照有关规定提交证明文件。

第十二条 根据《条例》第十一条第（八）项的规定，申请刊播下列内容的广告，应当提交有关证明：

（一）各类展销会、订货会、交易会等广告，应当提交主办单位主管部门批准的证明。

（二）个人启事、声明等广告，应当提交所在单位、乡（镇）人民政府或街道办事处出具的证明。

第十三条 广告客户申请刊播、设置、张贴广告，应当提交各类证明的原件或有效复制件。

第十四条 广告代理收费标准为广告费的15%。

第十五条 国内企业在境外发布广告，外国企业（组织）、外籍人员在境内承揽和发布广告，应当委托在中国注册的具有广告经营资格的企业代理。违反规定者，处以违法所得额3倍以下的罚款，但最高不超过3万元，没有违法所得的，处以1万元以下的罚款。

第十六条 根据《条例》第十二条的规定，代理和发布广告，代理者和发布者均应负责审查广告内容，查验有关证明，并有权要求广告客户提交其他必要的证明文件。对于无合法证明、证明不全或内容不实的广告，不得代理、发布。

广告经营者必须建立广告的承接登记、复审和业务档案制度。广告业务档案保存的时间不得少于1年。

第十七条 广告客户违反《条例》第三条、第八条第（五）项规定，利用广告弄虚作假欺骗用户和消费者的，责令其在相应的范围内发布更正广告，并视其情节予以通报批评、处以违法所得额3倍以下的罚款，但最高不超过3万元，没有违法所得的，处以1万元以下的罚款；给用户和消费者造成损害的，承担赔偿责任。

广告经营者帮助广告客户弄虚作假的，视其情节予以通报批评、没收非法所得、处以违法所得额3倍以下的罚款，但最高不超过3万元，没有违法所得的，处以1万元以下的罚款；情节严重的，可责令停业整顿，吊销营业执照或者《广告经营许可证》；给用户和消费者造成损害的，负连带赔偿责任。

发布更正广告的费用分别由广告客户和广告经营者承担。

第十八条 违反《条例》第四条、第八条第（六）项规定的，视其情节予以通报批评、没收非法所得、处5000元以下罚款或责令停业整顿。

第十九条 广告经营者违反《条例》第六条规定，无证照经营广告业务的，按照《无照经营查处取缔办法》有关规定予以处罚；超越经营范围经营广告业务的，按照企业登记管理法规有关规定予以处罚。

第二十条　广告客户违反《条例》第七条规定的，视其情节予以通报批评、处5000元以下罚款。

第二十一条　违反《条例》第八条第（一）（二）（三）（四）项规定的，对广告经营者予以通报批评、没收非法所得、处1万元以下罚款；对广告客户视其情节予以通报批评、处1万元以下罚款。

第二十二条　新闻单位违反《条例》第九条规定的，视其情节予以通报批评、没收非法所得、处1万元以下罚款。

第二十三条　广告经营者违反《条例》第十条规定的，视其情节予以通报批评、没收非法所得、处1万元以下罚款。

第二十四条　广告客户违反《条例》第十一条规定，伪造、涂改、盗用或者非法复制广告证明的，予以通报批评、处5000元以下罚款。

广告经营者违反《条例》第十一条第（三）项规定的，处1000元以下罚款。

为广告客户出具非法或虚假证明的，予以通报批评、处5000元以下罚款，并负连带责任。

第二十五条　广告经营者违反《条例》第十二条规定的，视其情节予以通报批评、没收非法所得、处3000元以下罚款；由此造成虚假广告的，必须负责发布更正广告，给用户和消费者造成损害的，负连带赔偿责任。

第二十六条　违反《条例》第十三条规定，非法设置、张贴广告的，没收非法所得、处5000元以下罚款，并限期拆除。逾期不拆除的，强制拆除，其费用由设置、张贴者承担。

第二十七条　违反《条例》第十四条、第十五条规定的，视其情节予以通报批评、责令限期改正、没收非法所得、处5000元以下罚款。

第二十八条　本细则自2005年1月1日起施行。

中华人民共和国工业产品生产许可证管理条例

实施日期：2005年9月1日颁布单位：国务院

第一章　总　则

第一条　为了保证直接关系公共安全、人体健康、生命财产安全的重要工业产品的质量安全，贯彻国家产业政策，促进社会主义市场经济健康、协调发展，制定本条例。

第二条　国家对生产下列重要工业产品的企业实行生产许可证制度：

（一）乳制品、肉制品、饮料、米、面、食用油、酒类等直接关系人体健康的加工食品；

（二）电热毯、压力锅、燃气热水器等可能危及人身、财产安全的产品；

（三）税控收款机、防伪验钞仪、卫星电视广播地面接收设备、无线广播电视发射设备等关系金融安全和通信质量安全的产品；

（四）安全网、安全帽、建筑扣件等保障劳动安全的产品；

（五）电力铁塔、桥梁支座、铁路工业产品、水工金属结构、危险化学品及其包装物、容器等影响生产安全、公共安全的产品；

（六）法律、行政法规要求依照本条例的规定实行生产许可证管理的其他产品。

第三条　国家实行生产许可证制度的工业产品目录（以下简称目录）由国务院工业产品生产许可证主管部门会同国务院有关部门制定，并征求消费者协会和相关产品行业协会的意见，报国务院批准后向社会公布。

工业产品的质量安全通过消费者自我判断、企业自律和市场竞争能够有效保证的，不实行生产许可证制度。

工业产品的质量安全通过认证认可制度能够有效保证的，不实行生产许可证制度。

国务院工业产品生产许可证主管部门会同国务院有关部门适时对目录进行评价、调整和逐步缩减，报国务院批准后向社会公布。

第四条　在中华人民共和国境内生产、销售或者在经营活动中使用列入目录产品的，应当遵守本条例。

列入目录产品的进出口管理依照法律、行政法规和国家有关规定执行。

第五条 任何企业未取得生产许可证不得生产列入目录的产品。任何单位和个人不得销售或者在经营活动中使用未取得生产许可证的列入目录的产品。

第六条 国务院工业产品生产许可证主管部门依照本条例负责全国工业产品生产许可证统一管理工作，县级以上地方工业产品生产许可证主管部门负责本行政区域内的工业产品生产许可证管理工作。

国家对实行工业产品生产许可证制度的工业产品，统一目录，统一审查要求，统一证书标志，统一监督管理。

第七条 工业产品生产许可证管理，应当遵循科学公正、公开透明、程序合法、便民高效的原则。

第八条 县级以上工业产品生产许可证主管部门及其人员、检验机构和检验人员，对所知悉的国家秘密和商业秘密负有保密义务。

第二章 申请与受理

第九条 企业取得生产许可证，应当符合下列条件：

（一）有营业执照；

（二）有与所生产产品相适应的专业技术人员；

（三）有与所生产产品相适应的生产条件和检验检疫手段；

（四）有与所生产产品相适应的技术文件和工艺文件；

（五）有健全有效的质量管理制度和责任制度；

（六）产品符合有关国家标准、行业标准以及保障人体健康和人身、财产安全的要求；

（七）符合国家产业政策的规定，不存在国家明令淘汰和禁止投资建设的落后工艺、高耗能、污染环境、浪费资源的情况。

法律、行政法规有其他规定的，还应当符合其规定。

第十条 国务院工业产品生产许可证主管部门依照本条例第九条规定的条件，根据工业产品的不同特性，制定并发布取得列入目录产品生产许可证的具体要求；需要对列入目录产品生产许可证的具体要求作特殊规定的，应当会同国务院有关部门制定并发布。

制定列入目录产品生产许可证的具体要求，应当征求消费者协会和相关产品行业协会的意见。

第十一条　企业生产列入目录的产品，应当向企业所在地的省、自治区、直辖市工业产品生产许可证主管部门申请取得生产许可证。

企业正在生产的产品被列入目录的，应当在国务院工业产品生产许可证主管部门规定的时间内申请取得生产许可证。

企业的申请可以通过信函、电报、电传、传真、电子数据交换和电子邮件等方式提出。

第十二条　省、自治区、直辖市工业产品生产许可证主管部门收到企业的申请后，应当依照《中华人民共和国行政许可法》的有关规定办理。

第十三条　省、自治区、直辖市工业产品生产许可证主管部门以及其他任何单位不得另行附加任何条件，限制企业申请取得生产许可证。

第三章　审查与决定

第十四条　省、自治区、直辖市工业产品生产许可证主管部门受理企业申请后，应当组织对企业进行审查。依照列入目录产品生产许可证的具体要求，应当由国务院工业产品生产许可证主管部门组织对企业进行审查的，省、自治区、直辖市工业产品生产许可证主管部门应当自受理企业申请之日起 5 日内将全部申请材料报送国务院工业产品生产许可证主管部门。

对企业的审查包括对企业的实地核查和对产品的检验。

第十五条　对企业进行实地核查，国务院工业产品生产许可证主管部门或者省、自治区、直辖市工业产品生产许可证主管部门应当指派 2–4 名核查人员，企业应当予以配合。

第十六条　核查人员经国务院工业产品生产许可证主管部门组织考核合格，取得核查人员证书，方可从事相应的核查工作。

第十七条　核查人员依照本条例第九条规定的条件和列入目录产品生产许可证的具体要求对企业进行实地核查。

核查人员对企业进行实地核查，不得刁难企业，不得索取、收受企业的财物，不得谋取其他不当利益。

第十八条　国务院工业产品生产许可证主管部门或者省、自治区、直辖市工业产品生产许可证主管部门应当自受理企业申请之日起 30 日内将对企业实地核查的结果书面告知企业。核查不合格的，应当说明理由。

第十九条　企业经实地核查合格的，应当及时进行产品检验。需要送样检验的，核查人员应当封存样品，并告知企业在7日内将该样品送达具有相应资质的检验机构。需要现场检验的，由核查人员通知检验机构进行现场检验。

第二十条　检验机构应当依照国家有关标准、要求进行产品检验，在规定时间内完成检验工作。

检验机构和检验人员应当客观、公正、及时地出具检验报告。检验报告经检验人员签字后，由检验机构负责人签署。检验机构和检验人员对检验报告负责。

第二十一条　检验机构和检验人员进行产品检验，应当遵循诚信原则和方便企业的原则，为企业提供可靠、便捷的检验服务，不得拖延，不得刁难企业。

第二十二条　检验机构和检验人员不得从事与其检验的列入目录产品相关的生产、销售活动，不得以其名义推荐或者监制、监销其检验的列入目录产品。

第二十三条　由省、自治区、直辖市工业产品生产许可证主管部门组织对企业进行审查的，省、自治区、直辖市工业产品生产许可证主管部门应当在完成审查后将审查意见和全部申请材料报送国务院工业产品生产许可证主管部门。

第二十四条　自受理企业申请之日起60日内，国务院工业产品生产许可证主管部门应当作出是否准予许可的决定，作出准予许可决定的，国务院工业产品生产许可证主管部门应当自作出决定之日起10日内向企业颁发工业产品生产许可证证书（以下简称许可证证书）；作出不准予许可决定的，国务院工业产品生产许可证主管部门应当书面通知企业，并说明理由。

检验机构进行产品检验所需时间不计入前款规定的期限。

国务院工业产品生产许可证主管部门应当将作出的相关产品准予许可的决定及时通报国务院发展改革部门、国务院卫生主管部门、国务院工商行政管理部门等有关部门。

第二十五条　生产许可证有效期为5年，但是，食品加工企业生产许可证的有效期为3年。生产许可证有效期届满，企业继续生产的，应当在生产许可证有效期届满6个月前向所在地省、自治区、直辖市工业产品生产许可证主管部门提出换证申请。国务院工业产品生产许可证主管部门或者省、自治区、直辖市工业产品生产许可证主管部门应当依照本条例规定的程序对企业进行审查。

第二十六条　在生产许可证有效期内，产品的有关标准、要求发生改变的，国务院工业产品生产许可证主管部门或者省、自治区、直辖市工业产品生产许可证主管部门可以依照本条例的规定重新组织核查和检验。

在生产许可证有效期内，企业生产条件、检验手段、生产技术或者工艺发生变化的，企业应当及时向所在地省、自治区、直辖市工业产品生产许可证主管部门提出申请，国务院工业产品生产许可证主管部门或者省、自治区、直辖市工业产品生产许可证主管部门应当依照本条例的规定重新组织核查和检验。

第二十七条　国务院工业产品生产许可证主管部门认为需要听证的涉及公共利益的重大许可事项，应当向社会公告，并举行听证。

国务院工业产品生产许可证主管部门作出的准予许可的决定应当向社会公布。

国务院工业产品生产许可证主管部门和省、自治区、直辖市工业产品生产许可证主管部门应当将办理生产许可证的有关材料及时归档，公众有权查阅。

第四章　证书和标志

第二十八条　许可证证书分为正本和副本。许可证证书应当载明企业名称和住所、生产地址、产品名称、证书编号、发证日期、有效期等相关内容。

许可证证书格式由国务院工业产品生产许可证主管部门规定。

第二十九条　企业名称发生变化的，企业应当及时向企业所在地的省、自治区、直辖市工业产品生产许可证主管部门提出申请，办理变更手续。

第三十条　企业应当妥善保管许可证证书，许可证证书遗失或者损毁，应当申请补领，企业所在地的省、自治区、直辖市工业产品生产许可证主管部门应当及时受理申请，办理补领手续。

第三十一条　在生产许可证有效期内，企业不再从事列入目录产品的生产活动的，应当办理生产许可证注销手续。企业不办理生产许可证注销手续的，国务院工业产品生产许可证主管部门应当注销其生产许可证并向社会公告。

第三十二条　生产许可证的标志和式样由国务院工业产品生产许可证主管部门规定并公布。

第三十三条　企业必须在其产品或者包装、说明书上标注生产许可证标志和编号。

裸装食品和其他根据产品的特点难以标注标志的裸装产品，可以不标注生产许可证标志和编号。

第三十四条 销售和在经营活动中使用列入目录产品的企业，应当查验产品的生产许可证标志和编号。

第三十五条 任何单位和个人不得伪造、变造许可证证书、生产许可证标志和编号。取得生产许可证的企业不得出租、出借或者以其他形式转让许可证证书和生产许可证标志。

第五章 监督检查

第三十六条 国务院工业产品生产许可证主管部门和县级以上地方工业产品生产许可证主管部门依照本条例规定负责对生产列入目录产品的企业以及核查人员、检验机构及其检验人员的相关活动进行监督检查。

国务院工业产品生产许可证主管部门对县级以上地方工业产品生产许可证主管部门的生产许可证管理工作进行监督。

第三十七条 县级以上工业产品生产许可证主管部门根据已经取得的违法嫌疑证据或者举报，对涉嫌违反本条例的行为进行查处并可以行使下列职权：

（一）向有关生产、销售或者在经营活动中使用列入目录产品的单位和检验机构的法定代表人、主要负责人和其他有关人员调查、了解有关涉嫌从事违反本条例活动的情况；

（二）查阅、复制有关生产、销售或者在经营活动中使用列入目录产品的单位和检验机构的有关合同、发票、账簿以及其他有关资料；

（三）对有证据表明属于违反本条例生产、销售或者在经营活动中使用的列入目录产品予以查封或者扣押。

县级以上工商行政管理部门依法对涉嫌违反本条例规定的行为进行查处时，也可以行使前款规定的职权。

第三十八条 企业应当保证产品质量稳定合格，并定期向省、自治区、直辖市工业产品生产许可证主管部门提交报告。企业对报告的真实性负责。

第三十九条 国务院工业产品生产许可证主管部门和县级以上地方工业产品生产许可证主管部门应当对企业实施定期或者不定期的监督检查。需要对产品进行检验的，应当依照《中华人民共和国产品质量法》的有关规定进行。

实施监督检查或者对产品进行检验应当有2名以上工作人员参加并应当出示有效证件。

第四十条　国务院工业产品生产许可证主管部门和县级以上地方工业产品生产许可证主管部门对企业实施监督检查，不得妨碍企业的正常生产经营活动，不得索取或者收受企业的财物或者谋取其他利益。

第四十一条　国务院工业产品生产许可证主管部门和县级以上地方工业产品生产许可证主管部门依法对企业进行监督检查时，应当对监督检查的情况和处理结果予以记录，由监督检查人员签字后归档。公众有权查阅监督检查记录。

第四十二条　国务院工业产品生产许可证主管部门应当通过查阅检验报告、检验结论对比等方式，对检验机构的检验过程和检验报告是否客观、公正、及时进行监督检查。

第四十三条　核查人员、检验机构及其检验人员刁难企业的，企业有权向国务院工业产品生产许可证主管部门和县级以上地方工业产品生产许可证主管部门投诉。国务院工业产品生产许可证主管部门和县级以上地方工业产品生产许可证主管部门接到投诉，应当及时进行调查处理。

第四十四条　任何单位和个人对违反本条例的行为，有权向国务院工业产品生产许可证主管部门和县级以上地方工业产品生产许可证主管部门举报。国务院工业产品生产许可证主管部门和县级以上地方工业产品生产许可证主管部门接到举报，应当及时调查处理，并为举报人保密。

第六章　法律责任

第四十五条　企业未依照本条例规定申请取得生产许可证而擅自生产列入目录产品的，由工业产品生产许可证主管部门责令停止生产，没收违法生产的产品，处违法生产产品货值金额等值以上3倍以下的罚款；有违法所得的，没收违法所得；构成犯罪的，依法追究刑事责任。

第四十六条　取得生产许可证的企业生产条件、检验手段、生产技术或者工艺发生变化，未依照本条例规定办理重新审查手续的，责令停止生产、销售，没收违法生产、销售的产品，并限期办理相关手续；逾期仍未办理的，处违法生产、销售产品（包括已售出和未售出的产品，下同）货值金额

3 倍以下的罚款；有违法所得的，没收违法所得；构成犯罪的，依法追究刑事责任。

取得生产许可证的企业名称发生变化，未依照本条例规定办理变更手续的，责令限期办理相关手续；逾期仍未办理的，责令停止生产、销售，没收违法生产、销售的产品，并处违法生产、销售产品货值金额等值以下的罚款；有违法所得的，没收违法所得。

第四十七条 取得生产许可证的企业未依照本条例规定在产品、包装或者说明书上标注生产许可证标志和编号的，责令限期改正；逾期仍未改正的，处违法生产、销售产品货值金额 30%以下的罚款；有违法所得的，没收违法所得；情节严重的，吊销生产许可证。

第四十八条 销售或者在经营活动中使用未取得生产许可证的列入目录产品的，责令改正，处 5 万元以上 20 万元以下的罚款；有违法所得的，没收违法所得；构成犯罪的，依法追究刑事责任。

第四十九条 取得生产许可证的企业出租、出借或者转让许可证证书、生产许可证标志和编号的，责令限期改正，处 20 万元以下的罚款；情节严重的，吊销生产许可证。违法接受并使用他人提供的许可证证书、生产许可证标志和编号的，责令停止生产、销售，没收违法生产、销售的产品，处违法生产、销售产品货值金额等值以上 3 倍以下的罚款；有违法所得的，没收违法所得；构成犯罪的，依法追究刑事责任。

第五十条 擅自动用、调换、转移、损毁被查封、扣押财物的，责令改正，处被动用、调换、转移、损毁财物价值 5%以上 20%以下的罚款；拒不改正的，处被动用、调换、转移、损毁财物价值 1 倍以上 3 倍以下的罚款。

第五十一条 伪造、变造许可证证书、生产许可证标志和编号的，责令改正，没收违法生产、销售的产品，并处违法生产、销售产品货值金额等值以上 3 倍以下的罚款；有违法所得的，没收违法所得；构成犯罪的，依法追究刑事责任。

第五十二条 企业用欺骗、贿赂等不正当手段取得生产许可证的，由工业产品生产许可证主管部门处 20 万元以下的罚款，并依照《中华人民共和国行政许可法》的有关规定作出处理。

第五十三条 取得生产许可证的企业未依照本条例规定定期向省、自治区、直辖市工业产品生产许可证主管部门提交报告的，由省、自治区、直辖市工业产品生产许可证主管部门责令限期改正；逾期未改正的，处 5000 元以下的罚款。

第五十四条　取得生产许可证的产品经产品质量国家监督抽查或者省级监督抽查不合格的，由工业产品生产许可证主管部门责令限期改正；到期复查仍不合格的，吊销生产许可证。

第五十五条　企业被吊销生产许可证的，在3年内不得再次申请同一列入目录产品的生产许可证。

第五十六条　承担发证产品检验工作的检验机构伪造检验结论或者出具虚假证明的，由工业产品生产许可证主管部门责令改正，对单位处5万元以上20万元以下的罚款，对直接负责的主管人员和其他直接责任人员处1万元以上5万元以下的罚款；有违法所得的，没收违法所得；情节严重的，撤销其检验资格；构成犯罪的，依法追究刑事责任。

第五十七条　检验机构和检验人员从事与其检验的列入目录产品相关的生产、销售活动，或者以其名义推荐或者监制、监销其检验的列入目录产品的，由工业产品生产许可证主管部门处2万元以上10万元以下的罚款；有违法所得的，没收违法所得；情节严重的，撤销其检验资格。

第五十八条　检验机构和检验人员利用检验工作刁难企业，由工业产品生产许可证主管部门责令改正；拒不改正的，撤销其检验资格。

第五十九条　县级以上地方工业产品生产许可证主管部门违反本条例规定，对列入目录产品以外的工业产品设定生产许可的，由国务院工业产品生产许可证主管部门责令改正，或者依法予以撤销。

第六十条　工业产品生产许可证主管部门及其工作人员违反本条例的规定，有下列情形之一的，由其上级行政机关或者监察机关责令改正；情节严重的，对直接负责的主管人员和其他直接责任人员依法给予行政处分：

（一）对符合本条例规定的条件的申请不予受理的；

（二）不在办公场所公示依法应当公示的材料的；

（三）在受理、审查、决定过程中，未向申请人、利害关系人履行法定告知义务的；

（四）申请人提交的申请材料不齐全、不符合法定形式，不一次告知申请人必须补正的全部内容的；

（五）未依法说明不受理申请或者不予许可的理由的；

（六）依照本条例和《中华人民共和国行政许可法》应当举行听证而不举行听证的。

第六十一条　工业产品生产许可证主管部门的工作人员办理工业产品生产许可证、实施监督检查，索取或者收受他人财物或者谋取其他利益，构成犯罪的，依法追究刑事责任；尚不构成犯罪的，依法给予行政处分。

第六十二条 工业产品生产许可证主管部门有下列情形之一的，由其上级行政机关、监察机关或者有关机关责令改正，依法处理；对直接负责的主管人员和其他直接责任人员依法给予降级或者撤职的行政处分；构成犯罪的，依法追究刑事责任：

（一）对不符合本条例规定条件的申请人准予许可或者超越法定职权作出准予许可决定的；

（二）对符合本条例规定条件的申请人不予许可或者不在法定期限内作出准予许可决定的；

（三）发现未依照本条例规定申请取得生产许可证擅自生产列入目录产品，不及时依法查处的；

（四）发现检验机构的检验报告、检验结论严重失实，不及时依法查处的；

（五）违反法律、行政法规或者本条例的规定，乱收费的。

第六十三条 工业产品生产许可证主管部门违法实施许可，给当事人的合法权益造成损害的，应当依照《中华人民共和国国家赔偿法》的规定给予赔偿。

第六十四条 工业产品生产许可证主管部门不依法履行监督职责或者监督不力，造成严重后果的，由其上级行政机关或者监察机关责令改正，对直接负责的主管人员和其他直接责任人员依法给予行政处分；构成犯罪的，依法追究刑事责任。

第六十五条 本条例规定的吊销生产许可证的行政处罚由工业产品生产许可证主管部门决定。工业产品生产许可证主管部门应当将作出的相关产品吊销生产许可证的行政处罚决定及时通报发展改革部门、卫生主管部门、工商行政管理部门等有关部门。

本条例第四十六条至第五十一条规定的行政处罚由工业产品生产许可证主管部门或者工商行政管理部门依照国务院规定的职权范围决定。法律、行政法规对行使行政处罚权的机关另有规定的，依照有关法律、行政法规的规定执行。

第七章 附 则

第六十六条 法律、行政法规对工业产品管理另有规定的，从其规定。

第六十七条 国务院工业产品生产许可证主管部门和省、自治区、直辖市工业产品生产许可证主管部门办理工业产品生产许可证的收费项目依照国务院财政部门、价格主管部门的有关规定执行，工业产品生产许可证的收费标准依照国务院价格主管部门、财政部门的有关规定执行，并应当公开透明；所收取的费用必须全部上缴国库，不得截留、挪用、私分或者变相私分。财政部门不得以任何形式向其返还或者变相返还所收取的费用。

第六十八条 根据需要，省、自治区、直辖市工业产品生产许可证主管部门可以负责部分列入目录产品的生产许可证审查发证工作，具体办法由国务院工业产品生产许可证主管部门另行制定。

第六十九条 个体工商户生产或者销售列入目录产品的，依照本条例的规定执行。

第七十条 本条例自 2005 年 9 月 1 日起施行。国务院 1984 年 4 月 7 日发布的《工业产品生产许可证试行条例》同时废止。

进口食品国外生产企业注册管理规定

（2002 年 3 月 14 日国家质量监督检验检疫总局令第 16 号公布施行）

第一章　总　则

第一条　为保护我国农、林、牧、渔业生产安全和人体健康，加强对进口食品的检验检疫和监督管理，根据《中华人民共和国进出境动植物检疫法》及其实施条例、《中华人民共和国食品卫生法》和《中华人民共和国进出口商品检验法》及其实施条例的有关规定，制定本规定。

第二条　本规定适用于向中国输出食品（含食用性动植物产品，下同）的国外生产、加工、存放企业（以下简称国外生产企业）的注册管理。

第三条　根据国务院的授权，中华人民共和国国家认证认可监督管理局（以下简称国家认证认可监督管理局）统一管理进口食品国外生产企业注册和监督管理工作。

第四条　国家认证认可监督管理局负责制定、公布《实施企业注册的进口食品目录》（以下简称《目录》）。

第五条　凡向中国输出《目录》内产品的国外生产企业，须向国家认证认可监督管理局申请注册。

未获得注册的国外生产企业的食品，不得进口。

第六条　本规定所称“食品”，系指各种供人食用或者饮用的成品和原料。

第二章　注册条件

第七条　申请注册的国外生产企业所在国家（地区）的兽医服务体系、植物保护体系、公共卫生管理体系须经国家认证认可监督管理局评估合格。

第八条　申请注册的国外生产企业所在国家（地区）应为非疫区。应提供必要的资料，证明向中国输出的食品所用动植物原料来自非疫区。

第九条　申请注册的国外生产企业应是经所在国家（地区）主管当局批准的并在其有效监管之下的企业，其卫生条件应符合中国法律法规和标准规范的有关规定。

第三章　注册申请及批准

第十条　国外生产企业申请注册，应当向国家认证认可监督管理局提出正式书面申请，并提供以下资料：

(一) 本国（地区）的动植物疫情，兽医卫生、公共卫生、植物保护和农药、兽药残留监控等方面的法律、法规；所在国家（地区）主管当局机构设置和人员情况以及法律法规执行等方面的书面资料；

(二) 申请注册的国外生产企业名单；

(三) 所在国家（地区）主管当局对被推荐企业的检疫、公共卫生实际情况的评审报告；

(四) 所在国家（地区）主管当局关于企业符合中国法律、法规要求的承诺；

(五) 企业的有关资料（厂区、车间、冷库的平面图，工艺流程图等）。

第十一条　国家认证认可监督管理局组织专家对输出国家（地区）提供的上述资料进行审查。符合要求的，派出评审组对所推荐的国外生产企业进行实地评审并向国家认证认可监督管理局提交评审报告，经国家认证认可监督管理局批准后对符合条件的国外生产企业予以注册。

第四章　监督管理

第十二条　国家认证认可监督管理局对进口食品国外生产企业的注册实施监督管理，必要时对已获得注册的国外生产企业进行复查。

第十三条　对复查不符合要求的国外生产企业，国家认证认可监督管理局将通知企业所在国家（地区）主管当局，由其督促企业在规定的时间内整改或取消该企业的注册资格。企业若继续申请保留注册，在其整改完成后，所在国家（地区）主管当局应向国家认证认可监督管理局提交书面整改报告。经审查批准后，恢复其对中国的出口。

第十四条　已获得注册的国外生产企业必须在其所在国家（地区）主管当局的监督下，从事向中国输出食品的生产、加工和存放，在合格产品包装上标注国家认证认可监督管理局认可的注册编号。

第十五条　已获得注册的国外生产企业的产品在进口时，由出入境检验检疫机构依法实施检验检疫。

第十六条 已获得注册的国外生产企业的产品经检验检疫不合格时，依照中国的有关法律、法规的规定，予以退回、销毁或者作卫生除害处理，情节严重的吊销其注册资格。

第十七条 进口食品国外生产企业注册编号专厂专用，不得将注册编号转让他人使用。若发现已获得注册的国外生产企业向中国输出非本企业产品或者将注册编号转让给其他企业的，国家认证认可监督管理局将吊销其注册资格。

第五章 附 则

第十八条 国际组织或者输出国家（地区）主管当局发布疫情通告，或产品在进口检验检疫中发现疫情、公共卫生失控等严重问题时，由中华人民共和国国家质量监督检验检疫总局以公告形式暂停进口该国家（地区）所有相关产品。

第十九条 输出国家（地区）主管当局应当协助国家认证认可监督管理局派出的评审组完成实地评审工作。

第二十条 已获得注册的国外生产企业发生变更时，输出国家（地区）主管当局应当及时通知国家认证认可监督管理局。

第二十一条 提交给国家认证认可监督管理局的有关注册的文字材料须是中文或英文本。

第二十二条 本规定由国家质量监督检验检疫总局授权国家认证认可监督管理局负责解释。

第二十三条 本规定自公布之日起施行。原国家出入境检验检疫局1999年12月30日公布的《进口食品国外生产企业注册管理规范（试行）》同时废止。

啤酒生产许可证审查细则

发布日期：2004 年 12 月 23 日 发布单位：国家质量监督检验检疫总局

（国质检监 [2004] 557 号）

一、发证产品范围及申证单元

实施食品生产许可证管理的啤酒产品包括所有以麦芽（包括特种麦芽）、水为主要原料，加啤酒花（包括酒花制品），经酵母发酵酿制而成的，含有二氧化碳的、起泡的、低酒精度的发酵酒。不包括酒精度含量<0.5%（V/V）的产品。

啤酒的申证单元为 1 个。

在生产许可证上应当注明获证产品名称即啤酒，并注明生产的产品品种（熟啤酒、生啤酒、鲜啤酒、特种啤酒），生产许可证有效期为 3 年。其产品类别编号 1503。

二、基本生产流程及关键控制环节

（一）基本生产流程

糖化→发酵→滤酒→包装

（二）关键控制环节

1. 原辅料的控制。
2. 添加剂的控制。
3. 清洗剂、杀菌剂的控制。
4. 工艺（卫生）要求的控制。
5. 酒瓶的质量控制。

（三）容易出现的质量安全问题

1. 在原辅料的贮运过程中，出现污染。
2. 食品添加剂的超范围使用和添加量超标。
3. 清洗剂、杀菌剂等在啤酒中存在残留。
4. 在啤酒生产中，清洗过程和杀菌过程不符合要求。
5. 啤酒瓶的质量以及啤酒瓶的刷洗过程不符合要求。

三、必备的生产资源

（一）生产场所

啤酒生产企业应建在地势高、水源充足的地区。厂区应设绿化带，应有良好的排水系统，必须设有废水、废气处理系统。废水、废气的排放应符合国家排放标准。

（二）必备的生产设备

1. 原料粉碎设备；2. 糖化设备；3. 糊化设备；4. 麦汁过滤设备；5. 煮沸设备；6. 回旋沉淀设备；7. 麦汁冷却设备；8. 酵母扩培设备；9. 发酵罐；10. 啤酒澄清设备；11. 清酒罐；12. 灌装设备；13. 杀菌设备（熟啤酒应具备）；14. 无菌过滤和无菌包装设备（生啤酒应具备）。

生啤酒的生产还应有全面的生产过程无菌控制。

特种啤酒的生产应有与特种啤酒生产工艺相适应的生产设备，如：冰啤酒的生产应有冰晶化处理设备。

四、产品相关标准

GB4927-2001《啤酒》；GB2758-1981《发酵酒卫生标准》；GB10344-1989《饮料酒标签标准》；GB4544-1996《啤酒瓶》；备案有效的企业标准。

五、原辅材料的有关要求

生产啤酒所用的原辅材料应符合相应的国家标准和行业标准的规定。麦芽应符合QB1686-1993《啤酒麦芽》的规定；大米应符合GB1354-1986《大米》的规定；啤酒花应符合QB/T3770.1-1999《压缩啤酒花及颗粒啤酒花》的规定；啤酒瓶应符合GB4544-1996《啤酒瓶》的规定；如使用的原辅材料为实施生产许可证管理的产品，必须选用获得生产许可证企业生产的产品。

六、必备的出厂检验设备

（一）分析天平（0.1mg）；（二）浊度计；（三）色度计；（四）秒表；（五）紫外分光光度计；（六）CO2测定仪；（七）灭菌锅；（八）微生物培养箱；（九）生物显微镜；（十）无菌室或超净工作台；（十一）酸度计；（十二）恒温水浴锅：控温精度±5℃。

检验设备中（七）、（八）、（九）、（十）用于生产过程控制中的微生物检验。

七、检验项目及判定原则

（一）检验项目

啤酒的发证检验、监督检验、出厂检验分别按照下列表格中所列出的相应检验项目进行。出厂检验项目中注有“*”标记的，企业应当每年检验2次。

啤酒产品质量检验项目表

序号	检验项目	发证	监督	出厂	备注
1	色度	√	√	√	
2	净含量负偏差	√	√	√	
3	外观透明度	√	√	√	对非瓶装的鲜啤酒不要求
4	浊度	√	√	√	对非瓶装的鲜啤酒不要求
5	泡沫形态	√	√	√	
6	泡持性	√	√	√	对桶装(鲜、生、熟)的啤酒不要求
7	香气和口味	√	√	√	
8	酒精度	√	√	√	
9	原麦汁浓度	√	√	√	
10	总酸	√	√	√	
11	二氧化碳	√	√	√	
12	双乙酰	√	√	√	对浓色和黑色啤酒不要求
13	蔗糖转化酶活性	√	√	√	仅对生啤酒和鲜啤酒有要求
14	真正发酵度	√	√	√	仅对干啤酒有要求
15	菌落总数	√	√	*	对生、鲜啤酒不要求
16	大肠菌群	√	√	√	适用鲜啤酒 * 适用鲜啤酒以外的啤酒
17	铅	√	√	*	
18	二氧化硫残留量	√	√	*	
19	黄曲霉毒素 B1	√	*		
20	N-二甲基亚硝胺	√			
21	标签	√	√		

注：1.标签必须标注的内容：产品名称、原料、酒精度、原麦汁浓度、净含量（净容量）、制造者名称和地址、灌装（生产）日期、保质期、采用标准号及质量等级；2.啤酒在标签、附标或外包装上应印有“警示语”“切勿撞击，防止爆瓶”。

（二）项目分类

1. 缺陷项目：菌落总数、大肠菌群、铅、二氧化硫残留量、黄曲霉毒素B1、N-二甲基亚硝胺。

2. 严重瑕疵项目：净含量负偏差、包装、标签、特种啤酒的特征性指标（系指：干啤酒的“真正（实际）发酵度”、冰啤酒的“浊度”）、生啤酒及鲜啤酒的“蔗糖转化酶活性”和双乙酰。

3. 一般瑕疵项目：除缺陷项目和严重瑕疵项目以外的其余项目。

（三）判定原则

1. 检验项目全部符合规定的，或只有1项一般瑕疵项目不符合规定且

不低于下一个质量等级指标的，判为符合发证条件。

2. 其他情况均判为不符合发证条件。

八、抽样方法

根据企业申请取证的产品品种，每类随机抽取1种产品进行发证检验。

在企业的成品库内，从同一规格、同一批次的合格产品中随机抽取样品。所抽每个品种应为企业生产的主导产品。听、瓶装啤酒的抽样基数不得少于200箱。桶装啤酒的抽样基数不得少于100桶。净含量≥500ml的抽样数量为24瓶，净含量<500ml的抽样数量为32瓶、听。桶装啤酒的抽样数量为2桶。所抽样品1/2用于检验，1/2用于备查。核查组抽样人员与被抽查企业陪同人员确认无误后，双方在抽样单上签字、盖章，并当场加贴封条封存样品后送检验机构。封条上应有抽样人员签名、抽样单位盖章和抽样日期。

九、其他要求

瓶装啤酒外包装应使用符合GB/T6543要求的瓦楞纸箱、符合GB/T5738要求的塑料周转箱，或者使用软塑整体包装。瓶装啤酒不得用绳捆扎销售。

黄酒生产许可证审查细则

发布日期：2004 年 12 月 23 日 发布单位：国家质量监督检验检疫总局

（国质检监［2004］557 号）

一、发证产品范围及申证单元

实施食品生产许可证管理的黄酒产品是指以稻米、黍米、玉米、小米、小麦等为主要原料，经蒸煮、加曲、糖化、发酵、压榨、过滤、煎酒、贮存、勾兑等工艺生产的酿造酒。其酒精含量大于等于 8%（v/v）小于 24%（v/v）。申证单元为 1 个，即黄酒。

在食品生产许可证上应当注明获证产品名称即黄酒。只进行黄酒加工灌装，不进行原酒加工的企业，食品生产许可证上注明的产品名称为黄酒（加工灌装）。生产许可证有效期为 3 年，其产品类别编号为 1504。

二、基本生产流程及关键控制环节

（一）基本生产流程

（二）关键控制环节

1. 发酵过程的时间和温度控制。

2. 酒的勾兑配方控制。

3. 容器清洗控制。

4. 成品酒杀菌温度和杀菌时间的控制。

（三）容易出现的质量安全问题

1. 成品酸败问题。

2. 成品感官及主要质量指标不合格。

3. 成品中有异物残留。

4. 成品微生物超标，以及出现浑浊等问题。

三、必备的生产资源

（一）生产场所

黄酒生产企业除必须具备必备的生产环境外，还应当有与企业生产能力相适应的原辅料库、生产车间、检验室和成品库。生产区应设置原料处理、制曲（外购曲除外）、糖化发酵、压榨、勾兑、洗瓶（非瓶装酒除外）及灌装间。

制曲间应满足制曲过程中必要的温度、湿度、面积、空间、通风的要求。严格控制培养温、湿度，保证曲种在无污染和良好环境中生长、繁殖。

黄酒企业如有废水、废气排放的，应有废水、废气处理系统，并经常维修，保持良好的工作状态。废水、废气的排放应符合国家排放标准。

黄酒加工灌装企业生产区应设置勾兑、洗瓶（非瓶装酒除外）及灌装间，其他条件应等同于黄酒生产企业要求。

（二）必备的生产设备

1. 制曲设备（外购曲除外）；2. 浸米设备；3. 蒸煮设备；4. 糖化发酵设备；5. 固液分离压榨设备；6. 过滤设备；7. 杀菌设备；8. 贮酒设备；9. 勾兑配酒设备；10. 容器清洗设备（瓶装酒至少具备半自动洗瓶设备及灯检设备）；11. 生产瓶（袋）装酒企业还必须具备 a. 定量灌装、包装设备；b. 封口设备；c. 生产日期标注设备。

黄酒加工灌装企业必须具备上述 6~11 的必备生产设备。

四、产品相关标准

GB2758-1981《发酵酒卫生标准》，GB10344-1989《饮料酒标签标准》，GB17946-2000《绍兴酒（绍兴黄酒）》，GB/T13662-2000《黄酒》，备案有效的企业标准。

五、原辅材料的有关要求

生产黄酒的原辅材料必须符合相应的标准和有关规定。生产上使用的主要原料应符合 GB2715-1981《粮食卫生标准》的规定；不得使用发霉、变质或含有毒、有害物以及被有毒、有害物污染的原料。酒药、麦曲、麸曲、酒母、包装容器等均应符合相应的标准和有关规定。生产酒药、麦曲、麸曲、酒母以及培菌、制酒、酒母的原料，投产前必须经过检验或筛选处理，不合格者不准投入生产。如使用的原辅材料为实施食品生产许可证管理的产品，应选用获得食品生产许可证企业生产的产品。

六、必备的出厂检验设备

（一）分析天平（0.1mg）；（二）干燥箱；（三）水浴锅；（四）电炉；（五）计量器具；（六）酒精计（分度值 0.2）；（七）测酒精度用温度计（分度值 0.1℃）；（八）酸度计（精度 0.02pH）；（九）灭菌锅；（十）无

菌室或超净工作台；（十一）微生物培养箱；（十二）电冰箱。

七、检验项目及判定原则

（一）检验项目

黄酒的发证检验、监督检验和出厂检验项目按下表中列出的检验项目进行。出厂检验项目中注有“*”标记的，企业应当每年检验2次。

黄酒产品质量检验项目表

序号	检验项目	发证	监督	出厂	备注
1	感官	√	√	√	
2	净含量	√	√		
3	总糖	√	√		
4	非糖固形物	√	√	√	
5	酒精度	√	√	√	
6	总酸	√	√	√	
7	氨基酸态氮	√	√	√	
8	挥发酯	√	√	*	绍兴酒(绍兴黄酒)检验项目
9	pH	√	√		
10	氧化钙	√	√		
11	β-苯乙醇	√	*		稻米类黄酒检验项目
12	食品添加剂(苯甲酸、山梨酸、糖精钠、甜蜜素等)	√	√	*	其他食品添加剂根据具体情况而定
13	黄曲霉毒素B1	√	√	*	
14	铅	√	√	*	
15	菌落总数	√	√	√	
16	大肠菌群	√	√	*	
17	标签	√	√		

注：1. 依据标准：GB/T13662，GB17946，GB2758，GB2760，GB10344。2. 标签应标明产品名称、净含量、原料（原料与配料）、制造者的名称和地址、生产日期、保质期、执行产品标准号、酒精度、产品类型（或糖度）。产品执行标准中有质量等级的应标明质量等级。绍兴黄酒还应标明原产地域产品标志，绍兴加饭（花雕）酒应标明酒龄。

（二）判定原则

1. 符合发证条件

（1）检验项目全部合格。

（2）总糖、氧化钙、β-苯乙醇3项指标中仅有1项不合格，其他检验项目均合格。

2. 不符合发证条件

检验项目中除总糖、氧化钙、β-苯乙醇以外的其他项目有1项或1项以上不合格，或3项指标（总糖、氧化钙、β-苯乙醇）中有2项或2项以上不合格。

八、抽样方法

根据企业申请发证产品的品种，随机抽取1种该企业的主导产品进行发证检验。抽取的该种产品的种类按袋装、瓶装、坛装顺序抽取。

对于现场审查合格的企业，核查组在完成必备条件现场审查工作后，在企业的成品库内随机抽取发证检验样品。所抽样品须为相同生产日期、相同质量等级，保质期内的合格产品。

（一）净含量小于2000毫升的产品随机抽取不少于16个包装，且样品总量不少于3000毫升，抽样样品基数不少于200个包装。

（二）净含量大于等于2000毫升的产品，随机抽取4个包装，抽样样品基数不得少于50个包装。

上述抽样样品分成2份，1份检验，1份备查。样品确认无误后，由核查组抽样人员与被抽样单位在抽样单上签字、盖章、当场封存样品，并加贴封条。封条上应当有抽样人员签名、抽样单位盖章及封样日期。抽样单中应写明产品类型（或糖分）、质量等级。

葡萄酒及果酒生产许可证审查细则

实施日期：2005年1月1日

一、发证产品范围及申证单元

实施食品生产许可证管理的葡萄酒、果酒是指以葡萄、各种水果或浆果为原料，经发酵酿制而成的饮料酒。葡萄酒及果酒的申证单元为1个：葡萄酒及果酒。主要品种有葡萄酒、山葡萄酒、苹果酒、山楂酒等。以浸泡或者蒸馏工艺生产的果酒不纳入发证范围。

葡萄酒或果酒的生产企业在生产许可证上注明的获证产品名称：葡萄酒及果酒（原酒、加工灌装）；只进行葡萄酒或果酒原酒加工、不进行灌装的企业，生产许可证上注明产品名称：葡萄酒及果酒（原酒）；只进行葡萄酒或果酒加工灌装、不进行原酒加工的企业（以下简称加工灌装），生产许可证上注明的产品名称：葡萄酒及果酒（加工灌装）。生产许可证有效期为3年，其产品类别编号为：1502。

二、基本生产流程及关键控制环节

（一）基本生产流程

1. 葡萄酒及果酒的基本生产流程

原料→破碎（压榨）→发酵→分离→贮存→澄清处理→调配→除菌→灌装→成品

2. 原酒加工的基本生产流程

原料→破碎（压榨）→发酵→分离→贮存（澄清处理）→原酒

3. 加工灌装的基本生产流程

原酒→澄清处理→调配→除菌→灌装→成品

（二）关键控制环节

1. 原材料的质量。
2. 发酵与贮存过程的控制。
3. 稳定性处理。
4. 调配。

（三）容易出现的质量安全问题

1. 超范围使用食品添加剂。
2. 以调配酒冒充发酵酒。

3. 葡萄汁或果汁含量不足。

4. 微生物超标。

三、必备的生产资源

（一）生产场所

生产场所绿化带不宜种植有飞絮和有浓郁气味的植物。葡萄酒及果酒生产企业应具备原料加工、酿酒、贮酒、调酒、灌装、仓库等场所，原酒加工企业应具备原料加工、酿酒、贮酒、仓库等场所，加工灌装企业应具备贮酒、调酒、灌装、仓库等场所。污水排放必须符合国家有关标准的规定，其他条件应满足食品质量市场准入审查通则的相关规定。

（二）必备的生产设备

葡萄酒、果酒生产企业必备的生产设备有：

1. 原料处理设备：破碎机、压榨机、输送泵。

2. 发酵设备：控温发酵罐。

3. 贮酒设备：贮酒罐、输送泵。

4. 过滤设备：硅藻土过滤机、板框过滤机等。

5. 冷冻设备：冷冻机、隔热罐或速冻机。

6. 杀菌系统：锅炉或其他供热设施。

7. 除菌设备：杀菌设备或除菌过滤设备。

8. 灌装设备：半自动或自动洗瓶机、自动装酒机。

原酒加工企业必备的生产设备为上述1、2、3条中规定的设备，并具备粗滤设备，如硅藻土过滤机。

加工灌装企业必备的生产设备为上述3、4、5、6、7、8条中规定的设备。

四、产品相关标准

GB10344-1989《饮料酒标签标准》；GB2758-1981《发酵酒卫生标准》；GB/T15037-1994《葡萄酒》；QB/T1982-1994《山葡萄酒》；QB/T1983-1994《山楂酒》；QB/T2027-1994《猕猴桃酒》。

五、原辅材料的有关要求

生产中所使用的原辅材料必须是食用级的产品并符合国家标准或行业标准的规定。如使用的原辅材料为实施生产许可证管理的产品，必须选用获证企业生产的产品。所有采购的原辅材料必须经检验或验证合格后方可投入生产。

酿酒原料葡萄或其他水果应新鲜，无霉变腐烂、无夹杂物、无药害、无病害、无污染。

六、必备的出厂检验设备

（一）葡萄酒及果酒、加工灌装企业必备的出厂检验设备

1. 分析天平（0.1mg）；2. 干燥箱；3. 微生物培养箱；4. 消毒锅；5. 电冰箱；6. 恒温水浴；7. 生物显微镜；8. 压力测定装置（适用于起泡酒）；9. 无菌室或超净工作台。

（二）原酒加工企业必备的出厂检验设备

1. 分析天平（0.1mg）；2. 干燥箱；3. 恒温水浴；4. 电冰箱。

七、检验项目及判定原则

（一）检验项目

葡萄酒及果酒、加工灌装生产企业的发证检验、监督检验、出厂检验分别按表1中所列出的相应检验项目进行，原酒生产企业的发证检验、监督检验、出厂检验分别按表2所列出的检验项目进行。出厂检验项目栏中注明“*”标记的，企业应该进行自检或委托具有法定资格的机构检验，每年不得少于2次。

微生物项目为带“*”标记的项目，生产企业无须对每批产品都进行检验，但企业必须具备检验微生物的能力，能够对产品中的微生物包括酵母菌进行有效的监控。

表1 葡萄酒质量检验项目表

序号	项目名称	发证检验	监督检验	出厂检验
1	感官	√	√	√
2	酒精度	√	√	√
3	总糖	√	√	√
4	滴定酸	√	√	√
5	挥发酸	√	√	√
6	游离二氧化硫	√	√	√
7	总二氧化硫	√	√	√
8	干浸出物	√	√	√
9	铁	√	√	*
10	二氧化碳(仅对起泡酒)	√	√	√
11	细菌总数	√	√	*
12	大肠菌群	√	√	*
13	铅	√	√	*
14	净含量	√	√	
15	苯甲酸、山梨酸、着色剂、甜味剂等添加剂	√	√	*
16	标签(根据具体情况确定)	√	√	

表 2 原酒质量检验项目表

序号	项目名称	发证检验	监督检验	出厂检验
1	酒精度	√	√	√
2	总糖	√	√	√
3	滴定酸	√	√	√
4	挥发酸	√	√	√
5	游离二氧化硫	√	√	√
6	总二氧化硫	√	√	√
7	干浸出物	√	√	√
8	铁	√	√	*
9	铅	√	√	*
10	苯甲酸、山梨酸、着色剂等添加剂	√	√	*

根据具体情况确定表 1、表 2 中的检验项目是按葡萄酒标准列出的，其他果酒的检验项目可按相应的产品标准，参照表 1、表 2 的项目确定。

（二）判定原则

对于葡萄酒及果酒当检验项目全部合格，或者当酒精度、总糖、滴定酸、游离二氧化硫、铁中仅有 1 项不符合标准要求时，判定结论为：符合发证条件；当酒精度、总糖、滴定酸、游离二氧化硫、铁项目中超过 1 项不合格，或者有其他项目不合格时，则判定结论为：不符合发证条件。

对于原酒，判定依据按相应的成品酒标准执行。

八、抽样方法

根据企业申证产品的种类，随机抽取不同类型的主导产品进行发证检验，原则上每个企业抽取 2 个样品。

葡萄酒及果酒、加工灌装生产企业的抽样应在企业的成品仓库内随机抽取，所抽样品应为同一批次的产品，抽样基数不少于 1500 瓶（以 750ml/瓶计），净含量在 750ml/瓶左右的平静葡萄酒随机抽取 12 瓶，起泡葡萄酒随机抽取 18 瓶，净含量大于 1000mL 或小于 600ml/瓶的样品应适当减少或增加取样数量，减少时不得少于 8 瓶，增加时，样品总量应与 750ml/瓶的样品总量相当。对于生产原酒的企业，样品应在企业的贮酒罐中抽取，所抽样品应为混合均匀的产品，抽样基数不少于 10 吨，抽样量为 5L。将抽取的样品平均分成 2 份，1 份检验，1 份备查，原酒应进行有效的密封。样品确认无误后，由抽样人员与被抽查企业人员在抽样单上盖章、签字。样品当场封存，并加贴封条，封条上应有抽样人员及企业人员的签字及抽样单位盖章。

货物进口许可证管理办法

实施日期：2005 年 1 月1 日 颁布单位：商务部

第一章　总　则

第一条　为了规范进口许可证管理，维护货物进口秩序，促进对外贸易健康发展，根据《中华人民共和国对外贸易法》和《中华人民共和国货物进出口管理条例》的规定，制定本办法。

第二条　国家实行统一的货物进口许可证制度。国家对限制进口的货物实行进口许可证管理。

第三条　商务部是全国进口许可证的归口管理部门，负责制定进口许可证管理办法及规章制度，监督，检查进口许可证管理办法的执行情况，处罚违规行为。

商务部会同海关总署制定，调整和发布年度《进口许可证管理货物目录》。商务部负责制定，调整和发布年度《进口许可证管理货物分级发证目录》。

《进口许可证管理货物目录》和《进口许可证管理分级发证目录》由商务部以公告形式发布。

第四条　商务部授权配额许可证事务局（以下简称许可证局）统一管理，指导全国各发证机构的进口许可证签发工作，许可证局对商务部负责。

第五条　许可证局及商务部驻各地特派员办事处（以下简称各特办）和各省,自治区，直辖市，计划单列市以及商务部授权的其他省会城市商务厅(局)，外经贸委（厅，局）（以下简称各地方发证机构）为进口许可证发证机构，在许可证局统一管理下，负责授权范围内的发证工作。

第六条　进口许可证是国家管理货物进口的法律凭证。凡属于进口许可证管理的货物，除国家另有规定外，对外贸易经营者（以下简称经营者）应当在进口前按规定向指定的发证机构申领进口许可证，海关凭进口许可证接受申报和验放。

第七条　进口许可证适用于《进口许可证管理货物目录》内货物的进口。

第八条　进口许可证不得买卖，转让，涂改，伪造和变造。

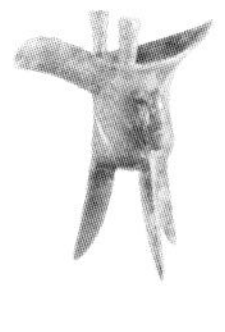

第二章　申请进口许可证应当提交的文件

第九条　经营者申领进口许可证时，应当认真如实填写进口许可证申请表，并加盖印章。

第十条　经营者应当根据进口货物情况,向发证机构提交本办法第三章进口许可证发证依据所规定的进口批准文件及相关材料。

第十一条　经营者应当提交经年检合格的《企业法人登记营业执照》及加盖对外贸易经营者备案登记专用章的《对外贸易经营者备案登记表》或者进出口企业资格证书。经营者为外商投资企业的，还应当提交外商投资企业批准证书。进口货物属国家实行国营贸易或者有其他资质管理要求的，应当提供商务部或者相关部门的有关文件。

第三章　进口许可证发证依据

第十二条　各发证机构按照商务部制定的《进口许可证管理货物目录》和《进口许可证管理货物分级发证目录》范围，依下列规定签发进口许可证:

（一）对监控化学品，发证机构凭国家履行禁止化学武器公约工作领导小组办公室批准的《监控化学品进口核准单》和进口合同 (正本复印件) 签发进口许可证。

（二）对易制毒化学品，发证机构凭商务部《易制毒化学品进口批复单》签发进口许可证。

（三）对消耗臭氧层物质，发证机构凭国家消耗臭氧层物质进出口管理办公室批准的《受控消耗臭氧层物质进口审批单》签发进口许可证。

（四）对依照法律，行政法规的规定，其他需要限制进口的商品，发证机构按照国务院商务主管部门或者由其会同国务院其他有关部门签发的许可文件签发进口许可证。

第十三条　加工贸易方式进口监控化学品,易制毒化学品和消耗臭氧层物质需领取进口许可证,发证机构分别按第十二条第（一）、（二）、（三）款规定办理。

第十四条　外商投资企业进口监控化学品，易制毒化学品和消耗臭氧层物质需领取进口许可证，发证机构分别按第十二条第（一）、（二）、（三）款规定办理。

第十五条　经营者申领进口许可证时，应当按本办法规定如实申报，不得弄虚作假，严禁以假文件，假合同等手段骗领进口许可证。

第四章　进口许可证的签发

第十六条　发证机构应当严格按照商务部发布的年度《进口许可证管理货物目录》和《进口许可证管理货物分级发证目录》的规定,签发相关商品的进口许可证。经营者进口《进口许可证管理货物目录》中的商品,必须到《进口许可证管理货物分级发证目录》指定的发证机构申领进口许可证。

第十七条　各发证机构应当凭本办法第三章规定的发证依据发放进口许可证,不得越权或者超发证范围签发进口许可证。

第十八条　进口许可证管理实行“一证一关”管理。一般情况下进口许可证为“一批一证”,如要实行“非一批一证”，应当同时在进口许可证备注栏内打印“非一批一证”字样。

“一证一关”指进口许可证只能在一个海关报关；“一批一证”指进口许可证在有效期内一次报关使用；“非一批一证”指进口许可证在有效期内可多次报关使用,但最多不超过12次，由海关在许可证背面“海关验放签注栏”内逐批签注核减进口数量。

对进口实行许可证管理的大宗，散装货物，溢装数量按照国际贸易惯例办理,即报关进口的大宗，散装货物的溢装数量不得超过进口许可证所列进口数量的5%。不实行“一批一证”制的大宗，散装货物，每批货物进口时，按其实际进口数量进行核扣,最后一批进口货物进口时,其溢装数量按该许可证实际剩余数量并在规定的溢装上限5%内计算。

发证机构在签发此类进口货物许可证时，应当严格按照进口配额数量及批准文件核定的数量签发，并按许可证实际签发数量核扣配额数量，不在进口配额数量或者批准文件核定的数量基础上加上按国际贸易惯例允许的溢装数量签发许可证。

第十九条　申请符合要求的，发证机构应当自收到申请之日起3个工作日内发放进口许可证。特殊情况下，最多不超过10个工作日。

第五章　进口许可证的有效期

第二十条　进口许可证的有效期为1年。

(一) 进口许可证应当在进口管理部门批准文件规定的有效期内签发。

（二）进口许可证当年有效。特殊情况需要跨年度使用时，有效期最长不得超过次年3月31日。

（三）进口许可证应当在有效期内使用，逾期自行失效，海关不予放行。

第二十一条 进口许可证因故在有效期内未使用的，经营者应当在进口许可证有效期内向原发证机构提出延期申请。发证机构应当将原证收回，在进出口许可证计算机管理系统中注销原证后,重新签发进口许可证，并在备注栏中注明延期使用和原证证号。

进口许可证因故在有效期内未使用完的，经营者应当在进口许可证有效期内向原发证机构提出未使用部分的延期申请，发证机构收回原证，在发证系统中对原证进行核销，扣除已使用的数量后，重新签发进口许可证，并在备注栏内注明延期使用和原证证号。

进口许可证只能延期1次,延期最长不超过3个月。

未在进口许可证有效期内提出延期申请的，进口许可证自行失效，发证机构不再受理延证手续，该进口许可证则视为持有者自动放弃。

第二十二条 进口许可证一经签发，不得擅自更改证面内容。如需更改，经营者应当在许可证有效期内提出更改申请，并将许可证交回原发证机构，由原发证机构重新换发许可证。

许可证更改内容如涉及经营者，进口商品税号，数量，金额，价格，原产地，进口用途，外汇来源，贸易方式，报关口岸等栏目，如原批准机构有相应限制，经营者应当提供原批准机构同意更改的文件。

第二十三条 已领取的进口许可证如果丢失，经营者应当立即向许可证证面注明的进口口岸地海关及相关发证机构书面报告挂失，声明作废，并及时向公安机关报案。发证机构收到经营者遗失报告，经核实该证确未通关使用后，可撤销原进口许可证并核发新证。

第二十四条 海关，工商，公安，纪检，法院等单位需要向发证机构查询或者调查进口许可证，应当依法出示有关证件，发证机关应当接受查询。

第二十五条 进口许可证管理商品在调整发证机构时，自调整之日起，原发证机构不得再签发该商品的进口许可证，并将经营者在调整前的申领情况报调整后的发证机构。经营者在调整前申领的许可证在有效期内继续有效。有效期内未使用或者未全部使用的进口许可证，按规定到调整后的发证机构办理延期手续。

第六章　检查和处罚

第二十六条　商务部授权许可证局对各发证机构进行定期检查。检查的内容为发证机构执行本办法的情况，重点检查是否有越权越级或者无批件发证等违规行为。检查的方式，实行各发证机构定期或者不定期自查与许可证局抽查相结合的办法。许可证局应当将检查情况向商务部报告。

第二十七条　各发证机构应当按照商务部许可证联网核查的规定及时传送发证数据，以保证经营者顺利报关和海关核查；对海关反馈的核查数据应当认真核对，及时检查许可证的使用情况并找出存在的问题。许可证局应当定期将核对后的海关反馈核查数据报商务部。

第二十八条　越权越级或者无有效批件发放的进口许可证无效。对违反规定的发证机构，商务部将视情节轻重给予其警告，暂停或者取消发证权等处分。

第二十九条　对违反本办法，以欺骗或者其他不正当手段骗领进口许可证的，依法收缴其进口许可证，商务部可以在3年内不受理违法行为人提出的进口许可证申请，或者禁止违法行为人在1年以上3年以下的期限内从事有关货物进口经营活动。

第三十条　对伪造，变造或者买卖进口许可证的，依照刑法关于非法经营罪或者伪造，变造，买卖国家机关公文，证件，印章罪的规定，依法追究刑事责任；尚不够刑事处罚的，依照海关法的有关规定处罚；商务部可以禁止违法行为人在一年以上3年以下的期限内从事有关货物进口经营活动。

第三十一条　对第二十八条、二十九条、三十条所涉及进口许可证，一经查实，商务部予以收缴，吊销。对海关在实际监管或者案件处理过程中发现的涉及上述许可证的问题，发证机构应当给予明确答复和积极配合。

第三十二条　对发证机构工作人员出现违规行为但尚未构成犯罪的，应当调离工作岗位，并视情节轻重分别给予行政处分；构成犯罪的，依法移交司法机关追究其刑事责任。

第七章　附　则

第三十三条　法律，行政法规对保税仓库，保税区和出口加工区的货物进口管理另有规定的，依照其规定办理。

第三十四条 本办法由商务部负责解释。

第三十五条 本办法自 2005 年 1 月 1 日起施行。原对外贸易经济合作部印发的《货物进口许可证管理办法》(对外贸易经济合作部令 2001 年第 22 号) 同时废止。

关于全国开展查处价格欺诈专项行动的通知

实施日期：2005 年 5 月12 日 颁布单位：国家发展与改革委员会

各省、自治区、直辖市及计划单列市、副省级省会城市发展改革委（计委）、物价局：

近年来，各地价格主管部门严厉查处价格欺诈行为，加强市场价格监督检查，取得了积极成效。但一些经营者利用虚假的或者使人误解的价格手段欺骗消费者的行为仍时有发生，屡禁不止，在部分行业尤为突出。根据《国务院办公厅关于开展打击商业欺诈专项行动的通知》（国办发［2005］21号）精神，为进一步规范经营者价格行为，维护市场价格秩序，国家发展改革委决定：用一年左右的时间，在全国开展查处价格欺诈专项行动。现将有关事项通知如下。

一、总体要求

各地价格主管部门要按照《国务院办公厅关于开展打击商业欺诈专项行动的通知》的要求，把查处价格欺诈专项行动作为实践“三个代表”重要思想，坚持执政为民，构建社会主义和谐社会的重要举措，作为重点解决涉及群众切身利益实际问题的大事，切实抓出成效。要采取集中时间、集中力量、宣传与整治相结合、检查与规范并举的工作方式，加大监督检查力度，坚决查处价格欺诈行为，逐步建立公开透明、公平交易的市场价格秩序，创造消费者放心的良好购物环境。

二、检查重点

各地价格主管部门要重点查处商业和服务业存在的下列价格欺诈行为：

（一）标价签、价目表等所标示商品的品名、产地、规格、等级、质地、计价单位、价格等或者服务的项目、收费标准等有关内容与实际不符，并以此为手段诱骗消费者或购买的；

（二）标示的市场最低价、出厂价、批发价、特价、极品价等价格表示无依据或者无从比较的；

（三）虚构原价，虚构降价原因，虚假优惠折价，谎称降价诱骗他人购买的；

（四）销售商品和提供服务带有价格附加条件时，不标示或者含糊标示附加条件的；

（五）降价销售所标示的折扣商品或者服务，其折扣幅度与实际不符的；

（六）销售商品和提供服务前有价格承诺，不履行或者不完全履行的；

（七）其他价格欺诈行为。

各地价格主管部门要根据本地区的实际情况，选择部分行业如商品零售、美容美发、电信、旅游等商业和服务业，确定检查重点，有针对性地开展检查。

三、时间步骤

查处价格欺诈行为专项行动的总体时间为 1 年，具体分 3 个阶段实施：

（一）准备部署阶段（2005 年 5 月–6 月）。各省级价格主管部门要根据《国务院办公厅关于开展打击商业欺诈专项行动的通知》精神及当地政府的工作安排，按照我委的统一要求，制定详细的检查工作方案，建立工作机制，进行全面部署。

（二）组织实施阶段（2005 年 7 月–2006 年 5 月）。各级价格主管部门按照检查方案规定的职责分工和工作步骤实施检查。其中，省级价格主管部门要直接检查五个企业。

（三）总结验收阶段（2006 年 6 月）。各省级价格主管部门要组织督查组对各地市开展查处价格欺诈行为专项行动的情况进行验收，并进行全面总结。分析当前价格欺诈行为的特点和产生原因，提出加强和改进管理的建议，以书面形式于2006年6月30日前报送国家发展改革委（价格监督检查司，传真010—68501750）。国家发展改革委将组织督查组，对各地价格主管部门开展查处价格欺诈行为专项行动的情况进行验收。

四、工作要求

（一）各级价格主管部门要加强领导，落实责任，周密部署，精心组织，不走过场，使查处价格欺诈专项行动既有广度，又有力度。要特别突出元旦、春节、五一、十一等节假日期间的市场检查，做到有声势，有影响，有成效。

（二）标本兼治，积极探索反价格欺诈长效机制。要以开展查处价格欺诈专项行动为契机，积极推进经营者价格诚信建设，引导经营者强化价格诚信意识，弘扬诚实守信的商业道德，倡导明码实价、诚信兴商。

（三）加强舆论宣传。通过新闻媒体一方面宣传表扬认真执行价格法律法规，加强价格自律、诚实守信的经营者，发挥他们的示范作用；另一方面曝光典型价格欺诈案例，揭露价格欺诈行为。要采取各种形式大力宣传价格法律、法规及《关于商品和服务实行明码标价的规定》、《禁止价格欺诈行为的规定》等规定，提高全社会的价格法律意识，营造良好的社会氛围。

关于印发《打击商贸活动中欺诈行为专项行动工作方案》通 知

发布时间：2005 年 5 月 18 日

（商整规发[2005]269 号）

颁布单位：国家发展与改革委员会商务部、中央中共宣传部、发展和改革委员会，公安部，劳动和社会保障部、建设部、海关总署、税务总局、工商总局、质检总局、外汇局。

商务部等为贯彻落实《2005 年全国整顿和规范市场经济秩序工作要点》和《国务院办公厅关于开展打击商业欺诈专项行动的通知》精神，严厉打击商贸活动中的各类欺诈行为，推动商贸流通秩序的根本好转，规范市场经济秩序，制定本方案。

一、工作重点

打击商业欺诈要集中力量，突出重点，着力整治和打击六类商业欺诈行为：商业零售企业不规范促销行为；商业零售企业占压、骗取供应商货款行为；服务业违规经营行为；虚构或夸大特许经营品牌、骗取加盟费行为；对外贸易领域中各类以虚假合同等方式骗取资金和虚开出口发票的行为；对外承包工程、对外劳务合作、对外投资领域中虚构项目、发布虚假广告和招商信息、无证经营以及超范围经营等行为。

二、工作任务

（一）整治商业零售企业的不规范促销行为。商务部要会同发展改革委、公安部、工商总局、税务总局等部门研究制定商业零售企业促销行为管理办法，查处不正当促销行为，维护和规范商业零售行业公平竞争秩序。商务主管部门对商业零售企业促销活动进行行业管理，加强监督和检查，对本地区不规范促销行为的情况进行调查摸底，引导商业零售企业开展适当的促销活动。价格主管部门要对商业零售企业虚构原价，虚构降价原因，虚假优惠折价等价格违法行为进行查处。税务部门要对商业零售企业促销活动中的偷逃税行为进行查处。工商行政管理部门要对商业零售企业从事欺骗性有奖销售、巨奖销售，在促销活动中销售不合格商品以及掺杂、掺假和以假充真、以次充好的商品，在促销活动中采用不正当竞争等行为进行查处，并会同有关部门规范商业零售企业的促销宣传行为。

（二）整治商业零售企业超期占压、骗取供应商货款的欺诈行为。商务部要会同公安部、税务总局、工商总局、质检总局等部门研究制定有关规定，建立风险预警机制，预防、查处商业零售企业超过合同期限占压或骗取供应商货款的欺诈行为，促进商业零售行业的健康发展。商务主管部门要对商业零售企业与供应商的进货交易行为加强行业管理，对本地区商业零售企业占压供应商货款情况进行调查摸底，向社会公告长期占压供应商货款涉及户数众多、数额巨大的商业零售企业名单，确定重点监控企业。工商部门要依法对虚假出资、抽逃注册资本行为进行查处，研究建立企业异常变更工商登记事项的预警机制，尤其是对重点监控企业加强监管，发现问题依法及时查处，对涉嫌犯罪的要及时移送公安机关立案侦查。

（三）以美容美发业为突破口，整治服务业中存在的欺诈行为。商务部门依据有关法律法规和标准开展行业管理工作，要会同有关部门和行业协会，加强对美容美发服务项目和服务质量的监督、检查，督促经营者落实产品进货查验等制度。工商部门要加强对美容美发业广告宣传和市场竞争行为的监管，对发布虚假广告和涉嫌不正当竞争的，依法予以处罚，同时要加强美容美发店内商品的监管，实时发布美容美发店内商品质量监测结果，对不合格的商品予以曝光，问题严重的坚决清除出市场，并查清进货渠道；质检部门按照有关部门移送的生产源头情况进行彻底追查，依法追究质量及制假责任；价格主管部门要对美容美发店虚构原价、促销价格表示无依据或无从比较等价格欺诈行为进行查处。

（四）整治和打击商业特许经营中的欺诈行为。商务部门要开展对本地区特许经营发展情况的摸底调查，确定重点监控地区和企业。工商部门要依法加强对特许经营广告的管理，对特许人披露信息不完整、不规范，没有任何风险提示，或故意夸大投资回报的广告进行清理。商务主管部门要会同工商部门加强对特许经营展会活动的规范管理，对利用展会进行商业欺诈的参展企业，工商行政部门要予以查处。公安机关要对涉嫌诈骗的特许经营企业立案侦查。推动出台《商业特许经营管理条例》。

（五）整治和打击对外贸易领域的商业欺诈行为。商务、海关、税务、工商、质检、外汇等部门要在外贸领域发挥各自监管职能，加强信息共享，形成监管合力。发现欺诈线索的部门要及时向其他部门通报，制止欺诈行为。积极推进对外贸易信用体系建设。商务主管部门要会同税务、海关等部门在深入调查了解的基础上，尽快制订有关出口发票管理的措施，整治虚假出口、低报瞒报价格和低开虚开出口发票的行为。

（六）整治和打击对外经济合作领域的欺诈行为。商务、工商和发展改革部门按照职责分工，严厉打击对外经济合作活动中发布虚假劳务、工程和招商信息，欺骗劳务人员、施工单位和投资者签订虚假合同以骗取钱财的行为；打击无资质、超范围经营行为。劳动保障部门要加强对开展境外就业中介服务机构的监管。商务部门要会同建设部门对拥有建筑资质的企业在境外开展承包工程业务中的欺诈行为进行查处。外汇、海关部门要对对外经济合作领域违反外汇、海关管理规定的欺诈行为进行查处。公安机关要对涉嫌利用虚假外派劳务、境外工程和境外投资等信息进行诈骗的行为立案侦查。

三、治本措施

（一）完善法规，强化监管。要针对商业欺诈出现的新情况、新问题，特别是以高额回报为诱饵非法敛财、骗取银行贷款、占压骗取供货商货款等欺诈行为，分析其特点和规律，制订、修订法律法规，堵塞法律和制度漏洞。各地区可以结合实际情况，制定地方性法规和规章。对涉嫌商业欺诈的行为，有关部门要切实履行职责，做到及早发现、准确定性、依法严厉查处，彻底消除社会隐患。

各有关部门要结合各自工作职责，依据有关法规，加强行业主管部门与行政执法部门、司法机关的衔接配合，整合监管信息，建立信息共享和反欺诈预警机制，完善商贸企业的准入退出机制。

（二）开展多种形式的“诚信兴商”活动。一是深入开展各种诚信创建活动。各地区、各部门要结合本地区本部门的实际，组织行业协会、企业，在已开展的“百城万店无假货”活动和“百城万店重诚信”、“诚信纳税”、“守合同重信用”等各类诚信创建活动基础上，进一步探索深入开展“诚信兴商”主题创建活动的新形式、新路子。二是开展企业信用培训教育。加大企业信用培训教育力度，督促和引导企业自觉守法经营，诚信立业，建立企业内部信用管理制度，加强和改善内部信用管理工作，形成信用风险防范机制。三是大力推动行业信用建设。要选择与人民群众生活密切相关、问题突出、群众反映强烈的重点行业，开展信用建设试点工作，引导行业协会通过制定行业信用公约，开展信用信息服务和“守合同重信用”公示活动，建立督查指导制度等方式推进行业信用建设，服务会员企业。四是加强诚信宣传。广播、电视、报刊、网络等媒体要开展诚信宣传教育。今年9月，结合第三个“公民道德宣传日”，要在全国范围内组织开展“诚信兴商宣传月”活动，中央主要新闻单位要对各地开展“诚信兴商”活动的典型经验进行宣传报道，营造“守信光荣得利，失信可耻受罚”的社会氛围。

四、工作要求

（一）统一思想，提高认识。各地区、各部门要高度重视打击商业欺诈专项行动，把它作为实践“三个代表”重要思想，坚持以人为本、执政为民、构建社会主义和谐社会的重要举措，周密部署，认真落实，务求实效。

（二）强化地方人民政府的责任。各地政府要切实负起责任，建立工作机制，制定工作方案，落实工作责任，并加强督促检查，确保各项整治措施落到实处。涉及跨区域的打击商业欺诈工作，各地区之间要协调联动。

（三）建立部际沟通协调机制。商务部统一组织协调打击商贸活动中欺诈行为专项行动，宣传、发展改革、公安、劳动保障、建设、海关、税务、工商、质检、外汇等部门参与，制定具体的实施方案，建立会议、简报、督查、报告等工作制度，按照各自职责承担相应工作。参加部际沟通协调机制的部门，要确定专项行动的负责人和联络员。

（四）充分发动群众，营造商业欺诈无处藏身的社会环境。普及防骗知识，提高群众防范欺诈的警惕性；建立投诉举报制度，对欺诈行为露头就打，使其难以为害；加强新闻宣传和舆论监督，揭露骗术骗局，曝光典型案例，使群众放心，欺诈者寸步难行。

五、工作安排

从2005年5月开始，用1年左右的时间开展专项行动。专项行动分3个阶段进行：

动员部署阶段（2005年5月—2005年6月），召开专项行动电视电话会议，制定专项行动的具体实施方案，全面部署工作。

组织实施阶段（2005年7月—2006年4月），按照工作方案和实施方案规定的职责分工和工作任务，组织实施。

总结检查阶段（2006年5月），组织督查组，检查专项行动开展情况和取得的成效，进行总结验收。

保健食品广告审查暂行规定

实施日期：2005 年 7 月1 日颁布单位：国家食品药品监督管理局

第一条 为加强保健食品广告的审查，规范保健食品广告审查行为，依据《行政许可法》、《国务院对确需保留的行政审批项目设定行政许可的决定》（第 412 号令）等法律法规，制定本规定。

第二条 国家食品药品监督管理局指导和监督保健食品广告审查工作。

省、自治区、直辖市（食品）药品监督管理部门负责本辖区内保健食品广告的审查。

县级以上（食品）药品监督管理部门应当对辖区内审查批准的保健食品广告发布情况进行监测。

第三条 发布保健食品广告的申请人必须是保健食品批准证明文件的持有者或者其委托的公民、法人和其他组织。

申请人可以自行或者委托其他法人、经济组织或公民作为保健食品广告的代办人。

第四条 国产保健食品广告的发布申请，应当向保健食品批准证明文件持有者所在地的省、自治区、直辖市（食品）药品监督管理部门提出。

进口保健食品广告的发布申请，应当由该产品境外生产企业驻中国境内办事机构或者该企业委托的代理机构向其所在地省、自治区、直辖市（食品）药品监督管理部门提出。

第五条 申请发布保健食品广告，应当提交以下文件和资料：

（一）《保健食品广告审查表》（附表 1）；

（二）与发布内容一致的样稿（样片、样带）和电子化文件；

（三）保健食品批准证明文件复印件；

（四）保健食品生产企业的《卫生许可证》复印件；

（五）申请人和广告代办人的《营业执照》或主体资格证明文件、身份证明文件复印件；如有委托关系，应提交相关的委托书原件；

（六）保健食品的质量标准、说明书、标签和实际使用的包装；

（七）保健食品广告出现商标、专利等内容的，必须提交相关证明文件的复印件；

（八）其他用以确认广告内容真实性的有关文件；

（九）宣称申请材料实质内容真实性的声明。

提交本条规定的复印件，需加盖申请人的签章。

第六条 保健食品广告发布申请材料不齐全或者不符合法定要求的，省、自治区、直辖市（食品）药品监督管理部门应当当场或者在5个工作日内一次告知申请人需要补正的全部内容；逾期不告知的，自收到申请材料之日起即为受理。

第七条 国务院有关部门明令禁止生产、销售的保健食品，其广告申请不予受理。国务院有关部门清理整顿已经取消的保健功能，该功能的产品广告申请不予受理。

第八条 保健食品广告中有关保健功能、产品功效成分/标志性成分及含量、适宜人群、食用量等的宣传，应当以国务院食品药品监督管理部门批准的说明书内容为准，不得任意改变。

保健食品广告应当引导消费者合理使用保健食品，保健食品广告不得出现下列情形和内容：

（一）含有表示产品功效的断言或者保证；

（二）含有使用该产品能够获得健康的表述；

（三）通过渲染、夸大某种健康状况或者疾病，或者通过描述某种疾病容易导致的身体危害，使公众对自身健康产生担忧、恐惧，误解不使用广告宣传的保健食品会患某种疾病或者导致身体健康状况恶化；

（四）用公众难以理解的专业化术语、神秘化语言、表示科技含量的语言等描述该产品的作用特征和机理；

（五）利用和出现国家机关及其事业单位、医疗机构、学术机构、行业组织的名义和形象，或者以专家、医务人员和消费者的名义和形象为产品功效作证明。

（六）含有无法证实的所谓"科学或研究发现"、"实验或数据证明"等方面的内容；

（七）夸大保健食品功效或扩大适宜人群范围，明示或者暗示适合所有症状及所有人群；

（八）含有与药品相混淆的用语，直接或者间接地宣传治疗作用，或者借助宣传某些成分的作用明示或者暗示该保健食品具有疾病治疗的作用。

（九）与其他保健食品或者药品、医疗器械等产品进行对比，贬低其他产品；

（十）利用封建迷信进行保健食品宣传的；

（十一）宣称产品为祖传秘方；

（十二）含有无效退款、保险公司保险等内容的；

（十三）含有“安全”、“无毒副作用”、“无依赖”等承诺的；

（十四）含有最新技术、最高科学、最先进制法等绝对化的用语和表述的；

（十五）声称或者暗示保健食品为正常生活或者治疗病症所必需；

（十六）含有有效率、治愈率、评比、获奖等综合评价内容的；

（十七）直接或者间接怂恿任意、过量使用保健食品的。

第九条　不得以新闻报道等形式发布保健食品广告。

第十条　保健食品广告必须标明保健食品产品名称、保健食品批准文号、保健食品广告批准文号、保健食品标识、保健食品不适宜人群。

第十一条　保健食品广告中必须说明或者标明“本品不能代替药物”的忠告语；电视广告中保健食品标识和忠告语必须始终出现。

第十二条　省、自治区、直辖市（食品）药品监督管理部门应当自受理之日起对申请人提交的申请材料以及广告内容进行审查，并在20个工作日内作出是否核发保健食品广告批准文号的决定。

对审查合格的保健食品广告申请，发给保健食品广告批准文号，同时将《保健食品广告审查表》抄送同级广告监督机关备案。

对审查不合格的保健食品广告申请，应当将审查意见书面告知申请人，说明理由并告知其享有依法申请行政复议或者提起行政诉讼的权利。

第十三条　省、自治区、直辖市（食品）药品监督管理部门应当将审查批准的《保健食品广告审查表》报国家食品药品监督管理局备案。国家食品药品监督管理局认为审查批准的保健食品广告与法定要求不符的，应当责令原审批地省、自治区、直辖市（食品）药品监督管理部门予以纠正。

第十四条　保健食品广告批准文号有效期为1年。

保健食品广告批准文号有效期届满，申请人需要继续发布广告的，应当依照本规定向省、自治区、直辖市（食品）药品监督管理部门重新提出发布申请。

第十五条　经审查批准的保健食品广告需要改变其内容的，应向原审批地省、自治区、直辖市（食品）药品监督管理部门申请重新审查。

保健食品的说明书、质量标准等广告审查依据发生变化的，广告主应当立即停止发布，并向原审批地省、自治区、直辖市（食品）药品监督管理部门申请重新审查。

第十六条 经审查批准的保健食品广告，有下列情形之一的，原审批地省、自治区、直辖市（食品）药品监督管理部门应当调回复审：

（一）国家食品药品监督管理局认为原审批地省、自治区、直辖市（食品）药品监督管理部门批准的保健食品广告内容不符合法定要求的；

（二）广告监督管理机关建议进行复审的。

第十七条 经审查批准的保健食品广告，有下列情形之一的，原审批地省、自治区、直辖市（食品）药品监督管理部门应当收回保健食品广告批准文号：

（一）保健食品批准证明文件被撤销的；

（二）保健食品被国家有关部门责令停止生产、销售的；

（三）广告复审不合格的。

第十八条 擅自变更或者篡改经审查批准的保健食品广告内容进行虚假宣传的，原审批地省、自治区、直辖市（食品）药品监督管理部门责令申请人改正，给予警告，情节严重的，收回该保健食品广告批准文号。

第十九条 申请人隐瞒有关情况或者提供虚假材料申请发布保健食品广告的，省、自治区、直辖市（食品）药品监督管理部门按照《行政许可法》第七十八条的规定进行处理。

第二十条 申请人通过欺骗、贿赂等不正当手段取得保健食品广告批准文号的，由审批地省、自治区、直辖市（食品）药品监督管理部门按照《行政许可法》第七十九条的规定处理。

第二十一条 省、自治区、直辖市（食品）药品监督管理部门作出的撤销或者收回保健食品广告批准文号的决定，应当报送国家食品药品监督管理局并抄送同级广告监督管理机关备查，同时向社会公告处理决定。

第二十二条 （食品）药品监督管理部门发现有违法发布保健食品广告行为的，应当填写《违法保健食品广告移送通知书》（附表2），移送同级广告监督管理机关查处。

在广告审批地以外发布擅自变更或者篡改审查批准的保健食品广告的，广告发布地省、自治区、直辖市（食品）药品监督管理部门应当填写《违法保健食品广告处理通知书》（附表3），原审批地省、自治区、直辖市（食品）药品监督管理部门应按照有关规定予以处理。

第二十三条 省、自治区、直辖市（食品）药品监督管理部门应当建立违法保健食品广告公告制度，定期发布《违法保健食品广告公告》并上报国家食品药品监督管理局，国家食品药品监督管理局定期对《违法保健食品广告公告》进行汇总。《违法保健食品广告公告》应当同时抄送同级广告监督管理机关。

第二十四条 省、自治区、直辖市（食品）药品监督管理部门及其工作人员不依法履行审查职责的，由国家食品药品监督管理局或者监察机关责令改正,并按照有关规定对直接负责的主管人员和其他直接责任人员给予处理。

第二十五条 在保健食品广告审查过程中，省、自治区、直辖市（食品）药品监督管理部门违反本办法规定给当事人的合法权益造成损害的，应当依照国家赔偿法的规定给予赔偿。

第二十六条 保健食品广告批准文号为“X食健广审（X1）第X2号”。其中“X”为各省、自治区、直辖市的简称；“X1”代表视、声、文；“X2”由十位数字组成，前六位代表审查的年月，后4位代表广告批准的序号。

(附表略)

酒类商品批发经营管理规范标准

实施日期：2005 年 7 月 1 日颁布单位：商务部

为规范酒类商品市场流通秩序，指导酒类批发经营者改进经营管理，保证酒类商品在批发交易过程中的质量，保证批发交易信息的真实、完整和可追溯，特制定本标准。

本标准由中华人民共和国商务部提出并归口。

本标准起草单位：中国酿酒工业协会、中商流通生产力促进中心。

本标准主要起草人：王北鹰、曲英、王延才、刘普合、孔令羽、魏晓英、王耀荣。

1. 范围

本标准规定了酒类批发经营者从事酒类商品批发交易活动应具备的经营技术条件与应实行的经营管理技术要求。

本标准适用于酒类商品的批发经营者。

2. 规范性引用文件

下列文件中的条款通过本标准的引用而成为本标准的条款。凡是注日期的引用文件，其随后所有的修改单（不包括勘误的内容）或修订版均不适用于本标准，然而，鼓励根据本标准达成协议的各方研究是否可使用这些文件的最新版本。凡是不注日期的引用文件，其最新版本适用于本标准。

GB 2757 蒸馏酒及配制酒卫生标准

GB 2758 发酵酒卫生标准

GB 10343 食用酒精

GB 10344 饮料酒标签标准

GB/T17204 饮料酒分类（GB/T17204—1998，eqv OIV：1996）

3. 术语和定义

下列术语和定义适用于本标准。

（1）酒类商品 alcohol commodities

作为商品流通的饮料酒、其他含酒精饮品和食用酒精。指酒精度（乙醇含量）大于0.5%vol的含酒精饮料，包括各种发酵酒（啤酒、葡萄酒、果酒、黄酒等）、蒸馏酒（白酒、白兰地、威士忌、俄得克等）、配制酒（露酒）、食用酒精以及其他含有酒精成分的饮用品。

（2）酒类商品批发 alcohol commodities wholesale

以向再销售者转售酒类商品为目的的交易活动方式。

4. 经营技术条件

（1）经营资质

应符合有关法律、法规、规章和相关标准的要求，取得营业执照、食品卫生许可证、税务登记证和有关法律、法规和规章所规定的酒类批发许可等其他证明。

（2）经营场地

酒类批发经营者应具备固定的、与经营规模或经营技术水平相适应的经营场地，持有房屋产权证或经营场地租赁合同。保持经营场地的使用功能，不断改善经营场地环境。经营场地符合食品卫生管理、消防和建筑设计防火要求。

①选址

应符合本地区商业网点规划要求和酒类商品特性要求。

②交易场所

一 应设于建筑物内，具备完善的、符合批发贸易所必需的照明和空气调节条件。

二 应满足商品展示、交易洽谈、信息公示、资金结算等活动的要求，具备相对独立的功能空间，并有明显的标识。

③仓储设施

一 应相对固定，与交易场所分离。

二 应远离高污染和高辐射地区，远离热源或采取必要措施使其不受热源的影响。

三 应设于建筑物内，干燥、通风，地面平整、清洁。

四 应能满足所经营酒类商品的温度等方面的储藏要求。

（3）经营设备

酒类批发经营者应具备满足商品陈列、储运、资金结算要求的设备系统，并 保持设备功能正常。

①商品陈列设备

应有独立、稳固的商品陈列设备，有良好的照明条件，能全面、安全地展示商品。

②商品仓储设备

应有相对固定的商品仓储设备，确保商品安全有效地储存、搬运和装卸。

③资金结算设备

应有完整的资金结算设备，包括支票打印和发票打印设备。设备应选用国家许可的产品。

④经营服务设施

应具备满足自身使用和客户使用的通讯、货物运输等经营服务设施，保持经营服务设施功能正常，并不断提高其服务能力。

(4) 专业人员

应拥有具备酒类知识，熟悉国家有关规定和有关标准的人员。

5. 经营管理技术要求

(1) 采购管理

酒类批发经营者应保证所选择的供应商是合法的经营主体，采购的商品符合产品质量标准要求，采购过程信息记录完整、真实。

①供应商的选择

一 应选择具备合法的主体资质条件的供应商，认真审核其有效的营业执照、生产许可证或准产证、批发许可证、食品卫生许可证、产品质量检验合格证明和国家规定的其他证明等，对进口酒类商品还要审核其国家出入境检验检疫部门核发的《进口食品卫生证书》和《进口食品标签审核证书》。

二 对在政府主管部门或政府指定的企业信用档案管理系统中被列入信用黑名单的企业不应作为供应商。

②采购商品的质量控制

在采购商品时应实施质量控制，具备鉴别酒类质量的控制流程，执行GB 2757、GB 2758、GB 10343、GB/T 17204等相关条文，根据需要可与有资质的酒类商品质量检测机构建立委托检验业务关系，执行GB10344相关条文，应对采购的酒类商品的品种、规格、数量、批次、标识、产地、出厂检验证明等进行审核。

③采购过程信息记录的管理

一 酒类批发经营者应建立采购过程信息管理台账，保证采购过程信息的真实性、完整性和可追溯性，并完整保存3年。

二 采购过程信息管理台账应记录下述信息：

——供应商基本信息（如企业名称、注册地址、目前办公地址、法定代表人、许可证代码、联系电话等）；

——采购商品基本信息（如名称、产地、种类、数量、批次、标准、价格、定货日期、、到货期限等）

——商品质量信息（如质量证明文件、质量检查或鉴定等）；

——“索证索票”状况信息；

——采购商品入库保管的相关信息。

（2）批发销售管理

酒类批发经营者应保证批发销售的下游客户具备合法的酒类经营主体资质条件，所批发销售的商品质量与销售合同所标明的商品质量要求相符，批发销售过程信息记录完整、真实。

①客户的管理

一 酒类批发经营者应保证所选择的下游客户具备合法的酒类经营主体资质条件，认真审验其营业执照、经营许可证、食品卫生许可证等资质证明，并按照国家有关规定进行严格的索证。

二 对在政府主管部门或政府指定的企业信用档案管理系统中被列入信用黑名单的企业不应作为下游客户。

②批发销售的商品质量管理

一 酒类批发经营者应保证向下游客户提供的商品与销售合同规定的质量要求相符，在酒类批发过程中不得混入其他商品或假冒伪劣商品，并有明确的流程控制加以保证。

二 酒类批发经营者应向下游客户提供发货票或供货凭证，并注明酒类商品名称、规格、数量、金额及产品批号。

三 酒类商品不与有毒、有害、污染物（源)、腐蚀性物品等混放。

③批发销售过程信息记录的管理

一 酒类批发经营者应建立向下游客户销售过程信息管理台账，保证销售过程信息的真实性、完整性和可追溯性，并完整保存3年。

二 销售过程信息管理台账应记录下列信息：

——下游客户基本信息（如企业名称、注册地址、目前办公地址、法定代表人、许可证代码、联系电话等)；

——销售商品基本信息（如名称、产地、种类、数量、批次、标准、价格、出货日期、到货期限等)；

——商品质量信息（如质量证明文件、质量检查或鉴定等）；

——“索证”状况信息；

——所供应商品在库保管的相关信息。

（3）人员管理

①直接接触酒类商品的人员应定期进行健康检查，取得健康证。

②配备经过专业培训，并按国家或行业规定取得岗位资格证书的人员。

（4）财务管理

应符合国家财务管理有关要求。

（5）广告管理

酒类商品的宣传广告应遵守《中华人民共和国广告法》的有关规定。

酒类商品零售经营管理规范标准

实施日期：2005 年7月 1 日颁布单位：商务部

前　言

为规范酒类商品市场流通秩序，加强对酒类商品零售的管理，保证酒类商品零售交易过程的规范性和经营产品质量的可靠性，保证商品零售交易信息的真实、完整和可追溯，特制定本标准。

本标准由中华人民共和国商务部提出并归口。

本标准起草单位：中国酿酒工业协会、中商流通生产力促进中心。

本标准主要起草人：王北鹰、曲英、王延才、刘普合、魏晓英、王耀荣。

1. 范围

本标准规定了酒类零售经营者从事酒类商品零售交易活动应具备的经营条件与应实行的经营管理要求。

本标准适用于酒类商品的零售经营者。

2. 规范性引用文件

下列文件中的条款通过本标准的引用而成为标准的条款。凡是注日期的引用文件，其随后所有的修改单（不包括勘误的内容）或修订版均不适用于本标准。然而，鼓励根据本标准达成协议的各方研究是否可使用这些文件的最新版本。凡是不注日期的引用文件，其最新版本适用于本标准。

GB 2757 蒸馏酒及配制酒卫生标准

GB 2758 发酵酒卫生标准

GB 10343 食用酒精

GB 10344 饮料酒标签标准

GB/T 17110 商店购物环境与营销设施的要求

GB/T 17204 饮料酒分类（GB/T 17204-1998，eqv OIV：1996）

3. 术语和定义

下列术语和定义适用于本标准。

(1) 酒类商品零售 Alcohol Commodities Retail

以直接向最终消费者销售酒类商品的交易活动方式。

4. 经营条件

(1) 经营资质

①应符合国家有关法律、法规、规章和相关标准的要求。

②应取得合法的营业执照、食品卫生许可证、税务登记证各有关法律、法规、规章所规定的酒类零售许可等待其他证明

(2) 经营场地

酒类零售经营者应有相对固定的、与经营规模或经营技术条件相适应的经营场地，持有房屋产权证或经营场地租赁合同。经营场地符合食品卫生管理、消防和建筑设计防火要求。

①选址

应符合酒类商品特性要求。

②销售场所

一 应设于建筑物内，具备完整、符合商品零售所必需的照明、空气调节、空间通透的条件。

二 应明亮、整洁、具有商品展示、交易的功能，主通道和货架间具备GB/T 17110规定的要求。

三 与仓储设施分开。

③仓储设施

一 应有相对固定的仓储设施。

二 应远离高污染和高辐射地区，远离热源或采取必要措施使其不受热源的影响。

三 应设于建筑物内，地面平整，干燥通风，能够满足所经营酒类商品的温度等要求。

(3) 经营设备

①商品陈列设备

应有独立、稳固的商品陈列、资金结算要求的设备，并保持设备功能的正常。

②资金结算设备

应具备国家有关规定要求的资金结算设备。

(4) 专业人员

应拥有具备酒类知识，熟悉国家有关规定和有关标准的人员。

5. 经营管理要求

(1) 采购管理

酒类零售经营者应保证所选择的供应商具备合法的经营主体资质条件，采购的商品符合国家产品质量标准要求，采购过程信息记录完整、真实。

①供应商的选择

一 酒类零售经营者就保证所选择的酒类商品供应商具备合法的主体资质条件，认真审核其有效的营业执照、生产许可证或准产证、批发许可证、食品卫生许可证、产品质量检验合格证明和国空规定的其他证明等，对进口酒类商品还要审核其国家出入境检疫部门核发的《进口食品卫生证书》和《进口食品标签审核证书》

二 酒类零售经营者对在政府指定的企业信用档案系统中被列入信用黑名单的企业不应作为供应商。

②采购商品的质量控制

酒类零售经营者应执行GBl0344相关条文，对采购的酒类商品的品种、规格、数量、标识、产地、出厂检验证明等进行审核，执行GBl0344、GB 2757、GB 2758、GB 10343、GB/T 17204等相关条文，应有对酒类商品的质量进行初步鉴别的控制流程。

③采购过程信息记录的管理

一 酒类零售经营者应建立采购过程信息管理台账，保证采购过程信息的真实性、完整性和可追溯性，并完整保存三年。

二 采购过程信息管理台账应记录下述信息：

——供应商基本信息 (如企业名称、注册地址、目前办公地址、法定代表人、许可证代码、联系电话等)；

——采购商品基本信息 (如名称、种类、数量、批次、标准、价格等)；

——商品质量信息 (如质量证明文件、质量检查或鉴定等)；

——“索证索票”状况信息；

——采购商品入库信息。

(2) 销售管理

①酒类零售经营者应向消费者提供质量合格的商品，不应销售假冒伪劣商品，并有明确的流程控制加以保证。

②酒类零售经营者不应向未成年人销售酒类商品。

③酒类零售经营者应向消费者提供销售小票或发票。

④所售酒类商品应明码标价。

⑤酒类商品不应与有毒、有害、污染物（源）、腐蚀性物品等混放。

（3）人员管理

①直接接触酒类商品的人员应定期进行健康检查，取得健康证。

②配备经过专业培训，并按国家或行业规定取得岗位资格证书的人员。

（4）广告管理

酒类商品的宣传广告应遵守《中华人民共和国广告法》的有关规定。

保健食品注册管理办法（试行）

实施日期：2005 年 7 月 1 日颁布单位：国家食品药品监督管理局

第一章　总　则

第一条　为规范保健食品的注册行为，保证保健食品的质量，保障人体食用安全，根据《中华人民共和国食品卫生法》、《中华人民共和国行政许可法》，制定本办法。

第二条　本办法所称保健食品，是指声称具有特定保健功能或者以补充维生素、矿物质为目的的食品。即适宜于特定人群食用，具有调节机体功能，不以治疗疾病为目的，并且对人体不产生任何急性、亚急性或者慢性危害的食品。

第三条　在中华人民共和国境内申请国产和进口保健食品注册，适用本办法。

第四条　保健食品注册，是指国家食品药品监督管理局根据申请人的申请，依照法定程序、条件和要求，对申请注册的保健食品的安全性、有效性、质量可控性以及标签说明书内容等进行系统评价和审查，并决定是否准予其注册的审批过程；包括对产品注册申请、变更申请和技术转让产品注册申请的审批。

第五条　国家食品药品监督管理局主管全国保健食品注册管理工作，负责对保健食品的审批。

省、自治区、直辖市（食品）药品监督管理部门受国家食品药品监督管理局委托，负责对国产保健食品注册申请资料的受理和形式审查，对申请注册的保健食品试验和样品试制的现场进行核查，组织对样品进行检验。

国家食品药品监督管理局确定的检验机构负责申请注册的保健食品的安全性毒理学试验、功能学试验（包括动物试验和/或人体试食试验）、功效成分或标志性成分检测、卫生学试验、稳定性试验等；承担样品检验和复核检验等具体工作。

第六条　保健食品的注册管理，应当遵循科学、公开、公平、公正、高效和便民的原则。

第二章　申请与审批

第一节　一般规定

第七条　保健食品注册申请人，是指提出保健食品注册申请，承担相应法律责任，并在该申请获得批准后持有保健食品批准证书者。

境内申请人应当是在中国境内合法登记的公民、法人或者其他组织。

境外申请人应当是境外合法的保健食品生产厂商。境外申请人办理进口保健食品注册，应当由其驻中国境内的办事机构或者由其委托的中国境内的代理机构办理。

第八条　保健食品的注册申请包括产品注册申请、变更申请、技术转让产品注册申请。

第九条　国家食品药品监督管理局和省、自治区、直辖市（食品）药品监督管理部门应当在保健食品注册受理场所公示保健食品注册申报资料的项目和有关的注册申请表示范文本。

第十条　申请人申请保健食品注册应当按照规定如实提交规范完整的材料和反映真实情况，并对其申报资料实质内容的真实性负责。

第十一条　申请人提交的申请材料存在可以当场更正的错误的，应当允许申请人当场更正。

第十二条　申请人申报的资料不齐全、不符合法定形式的，省、自治区、直辖市（食品）药品监督管理部门和国家食品药品监督管理局应当当场或者在5日内一次告知申请人需要补正的全部内容，逾期不告知的，自收到申报资料之日起即为受理。不予受理的，应当书面说明理由。

第十三条　在审查过程中，需要补充资料的，国家食品药品监督管理局应当一次性提出。申请人应当在收到补充资料通知书后的5个月内提交符合要求的补充资料，未按规定时限提交补充资料的予以退审。特殊情况，不能在规定时限内提交补充资料的，必须向国家食品药品监督管理局提出书面申请，并说明理由。国家食品药品监督管理局应当在20日内提出处理意见。

第十四条　需要补充资料的注册申请，其审查时限在原审查时限的基础上延长30日，变更申请延长10日。

第十五条　经依法审查，准予注册的，国家食品药品监督管理局应当在规定的时限内向注册申请人颁发保健食品批准证明文件，并在10日内送达；不予注册的，应当在规定的时限内书面告知申请人，说明理由，并告知申请人享有依法申请复审、行政复议或者提起行政诉讼的权利。

第十六条 国家食品药品监督管理局和省、自治区、直辖市（食品）药品监督管理部门在对保健食品注册申请的审查过程中发现申请事项直接关系他人重大利益的，应当通知该利害关系人。申请人和利害关系人可以提交书面意见进行陈述和申辩，或者依法要求举行听证。

第十七条 国家食品药品监督管理局应当在其设置的政府网站上公告保健食品注册申请受理、审查的过程和批准注册的保健食品的相关信息。

第十八条 国家食品药品监督管理局应当根据科学技术的发展和需要适时调整保健食品的功能范围、保健食品的评价和检验方法以及审评技术规定等，并予以公告。

第二节 产品注册申请与审批

第十九条 产品注册申请包括国产保健食品注册申请和进口保健食品注册申请。

国产保健食品注册申请，是指申请人拟在中国境内生产销售保健食品的注册申请。

进口保健食品注册申请，是指已在中国境外生产销售 1 年以上的保健食品拟在中国境内上市销售的注册申请。

第二十条 申请人在申请保健食品注册之前，应当做相应的研究工作。研究工作完成后，申请人应当将样品及其与试验有关的资料提供给国家食品药品监督管理局确定的检验机构进行相关的试验和检测。

拟申请的保健功能在国家食品药品监督管理局公布范围内的，申请人应当向确定的检验机构提供产品研发报告；拟申请的保健功能不在公布范围内的，申请人还应当自行进行动物试验和人体试食试验，并向确定的检验机构提供功能研发报告。

产品研发报告应当包括研发思路、功能筛选过程及预期效果等内容。功能研发报告应当包括功能名称、申请理由、功能学检验及评价方法和检验结果等内容。无法进行动物试验或者人体试食试验的，应当在功能研发报告中说明理由并提供相关的资料。

第二十一条 检验机构收到申请人提供的样品和有关资料后，应当按照国家食品药品监督管理局颁布的保健食品检验与评价技术规范，以及其他有关部门颁布和企业提供的检验方法对样品进行安全性毒理学试验、功能学试验、功效成分或标志性成分检测、卫生学试验、稳定性试验等。申报的功能不在国家食品药品监督管理局公布范围内的，还应当对其功能学检验与评价方法及其试验结果进行验证，并出具试验报告。

第二十二条 检验机构出具试验报告后，申请人方可申请保健食品注册。

第二十三条 申请国产保健食品注册，申请人应当按照规定填写《国产保健食品注册申请表》，并将申报资料和样品报送样品试制所在地的省、自治区、直辖市（食品）药品监督管理部门。

第二十四条 省、自治区、直辖市（食品）药品监督管理部门应当在收到申报资料和样品后的5日内对申报资料的规范性、完整性进行形式审查，并发出受理或者不予受理通知书。

第二十五条 对符合要求的注册申请，省、自治区、直辖市（食品）药品监督管理部门应当在受理申请后的15日内对试验和样品试制的现场进行核查，抽取检验用样品，并提出审查意见，与申报资料一并报送国家食品药品监督管理局，同时向确定的检验机构发出检验通知书并提供检验用样品。

第二十六条 申请注册保健食品所需的样品，应当在符合《保健食品良好生产规范》的车间生产，其加工过程必须符合《保健食品良好生产规范》的要求。

第二十七条 收到检验通知书和样品的检验机构，应当在50日内对抽取的样品进行样品检验和复核检验，并将检验报告报送国家食品药品监督管理局，同时抄送通知其检验的省、自治区、直辖市（食品）药品监督管理部门和申请人。特殊情况，检验机构不能在规定时限内完成检验工作的，应当及时向国家食品药品监督管理局和省、自治区、直辖市（食品）药品监督管理部门报告并书面说明理由。

第二十八条 国家食品药品监督管理局收到省、自治区、直辖市（食品）药品监督管理部门报送的审查意见、申报资料和样品后，对符合要求的，应当在80日内组织食品、营养、医学、药学和其他技术人员对申报资料进行技术审评和行政审查，并作出审查决定。准予注册的，向申请人颁发《国产保健食品批准证书》。

第二十九条 申请进口保健食品注册，申请人应当按照规定填写《进口保健食品注册申请表》，并将申报资料和样品报送国家食品药品监督管理局。

第三十条 国家食品药品监督管理局应当在收到申报资料和样品后的5日内对申报资料的规范性、完整性进行形式审查，并发出受理或者不予受理通知书。对符合要求的注册申请，国家食品药品监督管理局应当在受理申请后的5日内向确定的检验机构发出检验通知书并提供检验用样品。根据需要，国家食品药品监督管理局可以对该产品的生产现场和试验现场进行核查。

第三十一条 收到检验通知书和样品的检验机构，应当在50日内对样品进行样品检验和复核检验，并将检验报告报送国家食品药品监督管理局，同时抄送申请人。特殊情况，检验机构不能在规定的时限内完成检验工作的，应当及时向国家食品药品监督管理局报告并书面说明理由。

第三十二条 国家食品药品监督管理局应当在受理申请后的80日内组织食品、营养、医学、药学和其他技术人员对申报资料进行技术审评和行政审查，并作出审查决定。准予注册的，向申请人颁发《进口保健食品批准证书》。

第三十三条 保健食品批准证书有效期为5年。国产保健食品批准文号格式为：国食健字G+4位年代号+4位顺序号;进口保健食品批准文号格式为：国食健字J+4位年代号+4位顺序号。

第三节 变更申请与审批

第三十四条 变更申请是指申请人提出变更保健食品批准证书及其附件所载明内容的申请。

第三十五条 变更申请的申请人应当是保健食品批准证书持有者。

第三十六条 保健食品批准证书中载明的保健食品功能名称、原（辅）料、工艺、食用方法、扩大适宜人群范围、缩小不适宜人群范围等可能影响安全、功能的内容不得变更。

第三十七条 申请缩小适宜人群范围，扩大不适宜人群范围、注意事项、功能项目，改变食用量、产品规格、保质期及质量标准的保健食品应当是已经生产销售的产品。增加的功能项目必须是国家食品药品监督管理局公布范围内的功能。

第三十八条 申请变更《国产保健食品批准证书》及其附件所载明内容的，申请人应当填写《国产保健食品变更申请表》，向申请人所在地省、自治区、直辖市（食品）药品监督管理部门报送有关资料和说明。

第三十九条 省、自治区、直辖市（食品）药品监督管理部门应当在收到申报资料后的5日内，对申报资料的规范性、完整性进行形式审查，并发出受理或者不予受理通知书。

第四十条　对改变产品名称、保质期、食用量，缩小适宜人群范围，扩大不适宜人群范围、注意事项以及功能项目的变更申请，省、自治区、直辖市（食品）药品监督管理部门应当在受理申请后的10日内提出审查意见，与申报资料一并报送国家食品药品监督管理局。

国家食品药品监督管理局应当在收到审查意见和申报资料后的40日内，组织食品、营养、医学、药学和其他技术人员对申报资料进行技术审评和行政审查，并作出审查决定。准予变更的，向申请人颁发《国产保健食品变更批件》，同时抄送省、自治区、直辖市（食品）药品监督管理部门。

第四十一条　对改变产品规格及质量标准的变更申请，省、自治区、直辖市（食品）药品监督管理部门应当在受理申请后的10日内提出审查意见，与申报资料一并报送国家食品药品监督管理局，同时向确定的检验机构发出检验通知书并提供检验用样品。

收到检验通知书和样品的检验机构，应当在30日内对样品进行样品检验，并将检验报告报送国家食品药品监督管理局，同时抄送通知其检验的省、自治区、直辖市（食品）药品监督管理部门和申请人。

国家食品药品监督管理局应当在收到审查意见、申报资料和样品后的50日内组织食品、营养、医学、药学和其他技术人员对申报资料进行技术审评和行政审查，并作出审查决定。准予变更的，向申请人颁发《国产保健食品变更批件》，同时抄送省、自治区、直辖市（食品）药品监督管理部门。

第四十二条　申请变更《进口保健食品批准证书》及其附件所载明内容的，申请人应当填写《进口保健食品变更申请表》，并向国家食品药品监督管理局报送有关资料和说明。

第四十三条　国家食品药品监督管理局应当在收到申报资料后的5日内，对申报资料的规范性、完整性进行形式审查，并发出受理或者不予受理通知书。

第四十四条　对改变产品名称、保质期、食用量，缩小适宜人群范围，扩大不适宜人群范围、注意事项以及功能项目的变更申请，国家食品药品监督管理局应当在受理申请后的40日内组织食品、营养、医学、药学和其他技术人员对申报资料进行技术审评和行政审查，并作出审查决定。准予变更的，向申请人颁发《进口保健食品变更批件》。

第四十五条　对改变产品规格、质量标准以及进口保健食品生产厂商在中国境外改变生产场地的变更申请，国家食品药品监督管理局应当在受理申请后的5日内，向确定的检验机构发出检验通知书并提供检验用样品。根据需要，国家食品药品监督管理局可以对该产品的生产现场进行核查。

收到检验通知书和样品的检验机构，应当在30日内进行样品检验，并将检验报告报送国家食品药品监督管理局，同时抄送申请人。

国家食品药品监督管理局应当在受理申请后的50日内，组织食品、营养、医学、药学和其他技术人员对申报资料进行技术审评和行政审查，并作出审查决定。准予变更的，向申请人颁发《进口保健食品变更批件》。

第四十六条 对变更申请人自身名称、地址以及改变中国境内代理机构的事项，申请人应当在该事项变更后的20日内，按规定填写《国产保健食品变更备案表》或者《进口保健食品变更备案表》，与有关资料一并报国家食品药品监督管理局备案。

第四十七条 《保健食品变更批件》的有效期与原保健食品批准证书的有效期相同，有效期届满，应一并申请再注册。

第四十八条 要求补发保健食品批准证书的，申请人应当向国家食品药品监督管理局提出书面申请并说明理由。因遗失申请补发的，应当提交在全国公开发行的报刊上刊登的遗失声明的原件；因损毁申请补发的，应当交回保健食品批准证书原件。经审查，符合要求的，补发保健食品批准证书，并继续使用原批准文号，有效期不变。补发的保健食品批准证书上应当标注原批准日期，并注明“补发”字样。

第四节 技术转让产品注册申请与审批

第四十九条 技术转让产品注册申请，是指保健食品批准证书的持有者，将产品生产销售权和生产技术全权转让给保健食品生产企业，并与其共同申请为受让方核发新的保健食品批准证书的行为。

第五十条 接受转让的境内保健食品生产企业，必须是依法取得保健食品卫生许可证并且符合《保健食品良好生产规范》的企业。

接受转让的境外保健食品生产企业必须符合当地相应的生产质量管理规范。

第五十一条 转让方应当与受让方签订合同，并将技术资料全部转让给受让方，指导受让方连续生产出3批符合该产品质量标准的样品。

第五十二条 多个申请人共同持有保健食品批准证书的，进行技术转让时，应当联合署名签定转让合同。

第五十三条 已取得《国产保健食品批准证书》或者《进口保健食品批

准证书》的保健食品在境内转让的，保健食品证书持有者与受让方应当共同填写《国产保健食品技术转让产品注册申请表》或者《进口保健食品技术转让产品注册申请表》，向受让方所在地的省、自治区、直辖市（食品）药品监督管理部门报送有关资料和样品，并附转让合同。

第五十四条　省、自治区、直辖市（食品）药品监督管理部门应当在收到申报资料后的5日内，对申报资料的规范性、完整性进行形式审查，并发出受理或者不予受理通知书。

对符合要求的技术转让产品注册申请，省、自治区、直辖市（食品）药品监督管理部门应当在受理申请后的10日内提出审查意见，与申报资料一并报送国家食品药品监督管理局，同时向确定的检验机构发出检验通知书并提供检验用样品。

第五十五条　收到检验通知书和样品的检验机构，应当在30日内对样品进行样品检验，并将检验报告报送国家食品药品监督管理局，同时抄送通知其检验的省、自治区、直辖市（食品）药品监督管理部门和申请人。

第五十六条　国家食品药品监督管理局应当在收到审查意见、申报资料和样品检验报告后的20日内作出审查决定。准予注册的，向受让方颁发新的《国产保健食品批准证书》和新的批准文号，证书的有效期不变，同时收缴并注销转让方原取得的《国产保健食品批准证书》或者《进口保健食品批准证书》。

第五十七条　已取得《进口保健食品批准证书》的保健食品在境外转让的，保健食品证书持有者与受让方应当共同填写《进口保健食品技术转让产品注册申请表》，向国家食品药品监督管理局报送有关资料和样品，并附转让合同。

国家食品药品监督管理局应当在收到申报资料后的5日内，对申报资料的规范性、完整性进行形式审查，并发出受理或者不予受理通知书。对符合要求的，应当在受理申请后的5日内向确定的检验机构发出检验通知书并提供检验用样品。根据需要，国家食品药品监督管理局可以对受让方产品的生产现场进行核查。

第五十八条　收到检验通知书和样品的检验机构，应当在30日内对样品进行样品检验，并将检验报告报送国家食品药品监督管理局，同时抄送申请人。国家食品药品监督管理局应当在收到样品检验报告后的20日内作出审查决定。准予注册的，向受让方颁发新的《进口保健食品批准证书》和新的批准文号，证书的有效期不变，同时收缴并注销转让方原取得的《进口保健食品批准证书》。

第三章　原料与辅料

第五十九条　保健食品的原料是指与保健食品功能相关的初始物料。保健食品的辅料是指生产保健食品时所用的赋形剂及其他附加物料。

第六十条　保健食品所使用的原料和辅料应当符合国家标准和卫生要求。无国家标准的，应当提供行业标准或者自行制定的质量标准，并提供与该原料和辅料相关的资料。

第六十一条　保健食品所使用的原料和辅料应当对人体健康安全无害。有限量要求的物质,其用量不得超过国家有关规定。

第六十二条　国家食品药品监督管理局和国家有关部门规定的不可用于保健食品的原料和辅料、禁止使用的物品不得作为保健食品的原料和辅料。

第六十三条　国家食品药品监督管理局公布的可用于保健食品的、卫生部公布或者批准可以食用的以及生产普通食品所使用的原料和辅料可以作为保健食品的原料和辅料。

第六十四条　申请注册的保健食品所使用的原料和辅料不在本办法第六十三条规定范围内的，应当按照有关规定提供该原料和辅料相应的安全性毒理学评价试验报告及相关的食用安全资料。

第六十五条　国家食品药品监督管理局应当根据科学技术的发展和需要及时公布可用于和禁用于保健食品的原料名单。

第六十六条　进口保健食品所使用的原料和辅料应当符合我国有关保健食品原料和辅料使用的各项规定。

第四章　标签与说明书

第六十七条　申请保健食品产品注册，申请人应当提交产品说明书和标签的样稿。

第六十八条　申请注册的保健食品标签、说明书样稿的内容应当包括产品名称、主要原（辅）料、功效成分/标志性成分及含量、保健功能、适宜人群、不适宜人群、食用量与食用方法、规格、保质期、贮藏方法和注意事项等。

经批准生产上市的保健食品标签应当符合国家有关规定。

第六十九条 保健食品命名应当符合下列原则：

（一）符合国家有关法律、法规、规章、标准、规范的规定；

（二）反映产品的真实属性，简明、易懂，符合中文语言习惯；

（三）通用名不得使用已经批准注册的药品名称。

第七十条 保健食品的名称应当由品牌名、通用名、属性名三部分组成。品牌名、通用名、属性名必须符合下列要求：

（一）品牌名可以采用产品的注册商标或其他名称；

（二）通用名应当准确、科学，不得使用明示或者暗示治疗作用以及夸大功能作用的文字；

（三）属性名应当表明产品的客观形态，其表述应规范、准确。

第七十一条 国家食品药品监督管理局应当根据国家有关的标准、规定、产品申报资料和样品检验的情况，对标签、说明书样稿的内容进行审查。

第五章 试验与检验

第七十二条 安全性毒理学试验，是指检验机构按照国家食品药品监督管理局颁布的保健食品安全性毒理学评价程序和检验方法，对申请人送检的样品进行的以验证食用安全性为目的的动物试验，必要时可进行人体试食试验。

功能学试验，是指检验机构按照国家食品药品监督管理局颁布的或者企业提供的保健食品功能学评价程序和检验方法，对申请人送检的样品进行的以验证保健功能为目的的动物试验和/或人体试食试验。

功效成分或标志性成分检测，是指检验机构按照国家食品药品监督管理局及有关部门颁布的或者企业提供的保健食品功效成分或标志性成分检测方法，对申请人送检的样品的功效成分或标志性成分的含量及其在保质期内的含量变化进行的检测。

卫生学试验，是指检验机构按照国家有关部门颁布的或者企业提供的检验方法，对申请人送检样品的卫生学及其与产品质量有关的指标（除功效成分或标志性成分外）进行的检测。

稳定性试验，是指检验机构按照国家有关部门颁布的或者企业提供的检验方法，对申请人送检样品的卫生学及其与产品质量有关的指标（除功效成分或标志性成分外）在保质期内的变化情况进行的检测。

样品检验，是指检验机构按照申请人申报的质量标准，对食品药品监督管理部门提供的样品进行的全项目检验。

复核检验，是指检验机构对申请人申报的质量标准中功效成分或标志性成分的检测方法进行复核的检验。

第七十三条　国家食品药品监督管理局负责确定承担保健食品试验、样品检验和复核检验的检验机构。具体办法另行制定。

第七十四条　确定的检验机构应当按照保健食品检验与评价技术规范及其他有关部门颁布的检验与评价方法进行试验和检验，并在规定或者约定时限内出具试验和检验报告。保健食品检验与评价技术规范由国家食品药品监督管理局制定颁布。

第七十五条　确定的检验机构应当按照国家规定的服务标准、资费标准和依法规定的条件，向申请人提供安全、方便、稳定和价格合理的服务，并履行普遍服务的义务。

第七十六条　确定的检验机构应当依法办事，保证试验和检验科学、规范、公开、公正、公平,不得出具虚假报告。

第七十七条　申请人应当向食品药品监督管理部门提供抽样所需的有关资料，并配合抽取检验用样品，提供检验用标准物质。

第七十八条　申请注册的保健食品的样品检验和复核检验不得由承担该产品试验工作的检验机构进行。

第六章　再注册

第七十九条　保健食品再注册，是指国家食品药品监督管理局根据申请人的申请，按照法定程序、条件和要求，对保健食品批准证书有效期届满申请延长有效期的审批过程。

保健食品再注册申请人应当是保健食品批准证书持有者。

第八十条　保健食品批准证书有效期届满需要延长有效期的，申请人应当在有效期届满 3 个月前申请再注册。

第八十一条　申请国产保健食品再注册，申请人应当按照规定填写《国产保健食品再注册申请表》，并将申报资料报送申请人所在地的省、自治区、直辖市（食品）药品监督管理部门。

第八十二条　省、自治区、直辖市（食品）药品监督管理部门应当在收到申报资料后的5日内，对申报资料的规范性、完整性进行形式审查，并发出受理或不受理通知书。

第八十三条　对符合要求的再注册申请，省、自治区、直辖市（食品）药品监督管理部门受国家食品药品监督管理局的委托，应当在受理申请后的20日内提出审查意见，并报国家食品药品监督管理局审查。

第八十四条　国家食品药品监督管理局应当在收到审查意见后的20日内作出审查决定。20日内未发出不予再注册通知的，省、自治区、直辖市（食品）药品监督管理部门向申请人颁发再注册凭证；不予再注册的，国家食品药品监督管理局应当通知省、自治区、直辖市（食品）药品监督管理部门向申请人发出不予再注册通知，并说明理由。

第八十五条　申请进口保健食品再注册，申请人应当按照规定填写《进口保健食品再注册申请表》，并将申报资料报送国家食品药品监督管理局。

第八十六条　国家食品药品监督管理局应当在收到申报资料后的5日内，对申报资料的规范性、完整性进行形式审查，并发出受理或者不予受理通知书。

第八十七条　对符合要求的再注册申请，国家食品药品监督管理局应当在受理申请后的20日内作出审查决定。符合要求的，予以再注册，向申请人颁发再注册凭证；不符合要求的，应当向申请人发出不予再注册通知，并说明理由。

第八十八条　有下列情形之一的保健食品，不予再注册：

（一）未在规定时限内提出再注册申请的；

（二）按照有关法律、法规，撤销保健食品批准证书的；

（三）原料、辅料、产品存在食用安全问题的；

（四）产品所用的原料或者生产工艺等与现行规定不符的；

（五）其他不符合国家有关规定的情形。

第八十九条　不予再注册的，国家食品药品监督管理局应当发布公告，注销其保健食品批准文号。

第七章　复　审

第九十条　申请人对国家食品药品监督管理局作出的不予注册的决定有异议的，可以在收到不予注册通知之日起10日内向国家食品药品监督管理局提出书面复审申请并说明复审理由。

第九十一条 国家食品药品监督管理局收到复审申请后，应当按照原申请事项的审查时限和要求进行复审，并作出复审决定。撤销不予注册决定的，向申请人颁发相应的保健食品批准证明文件；维持原决定的，不再受理再次的复审申请，但申请人可按照有关法律规定，向国家食品药品监督管理局申请行政复议或者向人民法院提起行政诉讼。

第九十二条 复审的内容仅限于原申请事项及原申报资料。

第八章 法律责任

第九十三条 有下列情形之一的，国家食品药品监督管理局根据利害关系人的请求或者依据职权，可以在核实后依照《行政许可法》第六十九条的规定进行处理：

（一）行政机关工作人员滥用职权、玩忽职守作出准予注册决定的；

（二）超越法定职权作出准予注册决定的；

（三）违反法定程序作出准予注册决定的；

（四）对不具备申请资格或者不符合法定条件的申请人准予注册的。

（五）依法可以撤销保健食品批准证明文件的其他情形。

第九十四条 有下列情形之一的，国家食品药品监督管理局应当注销相应的保健食品批准文号：

（一）保健食品批准证书持有者申请注销的；

（二）确认产品存在安全性问题的；

（三）违反法律法规规定，应当撤销其保健食品批准证书的；

（四）依法应当注销的其他情形。

第九十五条 在保健食品注册过程中，国家食品药品监督管理局和省、自治区、直辖市（食品）药品监督管理部门及其工作人员违反本办法规定，有下列情形之一的，依照《行政许可法》第七十二条、七十三条、七十四条、七十五条的规定处理：

（一）对符合法定条件的保健食品注册申请不予受理的；

（二）不在受理场所公示保健食品注册申报资料项目的；

（三）在保健食品受理、审查过程中，未向申请人履行法定告知义务的；

（四）申请人提交的保健食品申报材料不齐全、不符合法定形式，不一次告知申请人必须补正的全部内容的；

（五）未依法说明不受理或者不批准保健食品注册申请理由的；

（六）对不符合本办法规定条件的保健食品注册申请作出准予注册决定或者超越法定职权作出准予注册决定的；

（七）对符合本办法规定的申请作出不予注册决定或者不在本办法规定期限内作出准予注册决定的；

（八）擅自收费或者不按照法定项目的标准收费的；

（九）索取或者收受他人财物或者谋取其他利益的。

第九十六条 在保健食品注册过程中，国家食品药品监督管理局违反本办法规定给当事人合法权益造成损害的，应当依照国家赔偿法的规定给予赔偿。

第九十七条 申请人隐瞒有关情况或者提供虚假材料或者样品申请保健食品注册的，国家食品药品监督管理局对该项申请不予受理或者不予注册，对申请人给予警告；申请人在1年内不得再次提出该保健食品的注册申请。

第九十八条 申请人以欺骗、贿赂等不正当手段取得保健食品批准证书的，国家食品药品监督管理局应当撤销其保健食品批准证书，并注销该保健食品批准文号，申请人在3年内不得再次提出该保健食品的注册申请。

第九十九条 确定的检验机构，违反本办法第七十五条规定的，国家食品药品监督管理局应当责令限期改正，对违法收取的费用，由国家食品药品监督管理局或者政府有关部门责令退还；情节严重的，收回《保健食品检验资格证书》。

第一百条 确定的检验机构未按照本办法规定进行试验或检验或者在进行试验和检验过程中出现差错事故的，国家食品药品监督管理局应当给予警告，责令限期改正；情节严重的，收回《保健食品检验资格证书》。

第一百零一条 确定的检验机构出具虚假试验或者检验报告的，收回《保健食品检验资格证书》；有违法所得的，没收违法所得；构成犯罪的，依法追究刑事责任。

确定的检验机构出具的试验或者检验结果不实，造成损失的，应当承担相应的法律责任。

第九章 附则

第一百零二条 本办法工作期限以工作日计算，不含法定节假日。

第一百零三条 直接接触保健食品的包装材料和容器必须符合国家食用

或药用的要求，符合保障人体健康、安全的标准。

第一百零四条　本办法由国家食品药品监督管理局负责解释。

第一百零五条　本办法自2005年7月1日起施行。

本办法施行前有关保健食品注册的规定，不符合本办法规定的，自本办法施行之日起停止执行。

附一 产品注册申请申报资料项目

一、国产保健食品产品注册申请申报资料项目：

（一）保健食品注册申请表。

（二）申请人身份证、营业执照或者其他机构合法登记证明文件的复印件。

（三）提供申请注册的保健食品的通用名称与已经批准注册的药品名称不重名的检索材料（从国家食品药品监督管理局政府网站数据库中检索）。

（四）申请人对他人已取得的专利不构成侵权的保证书。

（五）提供商标注册证明文件（未注册商标的不需提供）。

（六）产品研发报告（包括研发思路，功能筛选过程，预期效果等）。

（七）产品配方（原料和辅料）及配方依据；原料和辅料的来源及使用的依据。

（八）功效成分/标志性成分、含量及功效成分/标志性成分的检验方法。

（九）生产工艺简图及其详细说明和相关的研究资料。

（十）产品质量标准及其编制说明（包括原料、辅料的质量标准）。

（十一）直接接触产品的包装材料的种类、名称、质量标准及选择依据。

（十二）检验机构出具的试验报告及其相关资料，包括：

1. 试验申请表；

2. 检验单位的检验受理通知书；

3. 安全性毒理学试验报告；

4. 功能学试验报告；

5. 兴奋剂、违禁药物等检测报告（申报缓解体力疲劳、减肥、改善生长发育功能的注册申请）；

6. 功效成分检测报告；

7. 稳定性试验报告；

8. 卫生学试验报告；

9. 其他检验报告（如：原料鉴定报告、菌种毒力试验报告等）。

（十三）产品标签、说明书样稿。

（十四）其他有助于产品评审的资料。

（十五）两个未启封的最小销售包装的样品。

注：

1. 以真菌、益生菌、核酸、酶制剂、氨基酸螯合物等为原料的产品的注册申请，除提供上述资料外，还必须按照有关规定提供相关的申报资料。

2. 以国家限制使用的野生动植物为原料的产品的注册申请，除提供上述资料外，还必须提供政府有关主管部门出具给原料供应方的允许该原料开发、利用的证明文件以及原料供应方和申请人签订的购销合同。

3. 以补充维生素、矿物质为目的保健食品的注册申请，不需提供动物功能评价试验报告和/或人体试食试验报告和功能研发报告。

4. 申报的功能不在国家食品药品监督管理局公布的功能项目范围内的，除根据使用原料的情况提供上述资料外，还必须提供以下与新功能相关的资料：（1）功能研发报告：包括功能名称、申请的理由和依据、功能学评价程序和检验方法以及研究过程和相关数据、建立功能学评价程序和检验方法的依据和科学文献资料等。（2）申请人依照该功能学评价程序和检验方法对产品进行功能学评价试验的自检报告。（3）确定的检验机构出具的依照该功能学评价程序和检验方法对产品进行功能学评价的试验报告以及对检验方法进行评价的验证报告。

5. 同一申请人申请同一个产品的不同剂型的注册，如果其中的一个剂型已经按照规定进行了全部试验，并且检验机构已经出具了试验报告，其他剂型的注册可以免作功能学和安全性毒理学试验，但必须提供已经进行过的功能学和安全性毒理学试验的试验报告的复印件。工艺有质的变化，影响产品安全、功能的除外。

二、进口保健食品产品注册申请申报资料项目申请进口保健食品注册，除根据使用原料和申报功能的情况按照国产保健食品申报资料的要求提供资料外，还必须提供以下资料：

（一）生产国（地区）有关机构出具的该产品生产企业符合当地相应生产质量管理规范的证明文件。

（二）由境外厂商常驻中国代表机构办理注册事务的，应当提供《外国企业常驻中国代表机构登记证》复印件。

境外生产厂商委托境内的代理机构负责办理注册事项的，需提供经过公证的委托书原件以及受委托的代理机构营业执照复印件。

（三）产品在生产国（地区）生产销售1年以上的证明文件，该证明文件应当经生产国（地区）的公证机关公证和驻所在国中国使领馆确认。

（四）生产国（地区）或国际组织的与产品相关的有关标准。

（五）产品在生产国（地区）上市使用的包装、标签、说明书实样。

（六）连续三个批号的样品，其数量为检验所需量3倍。

上述申报资料必须使用中文并附原文，外文的资料可附后作为参考。中文译文应当由境内公证机关进行公证，确保与原文内容一致；申请注册的产品质量标准（中文本），必须符合中国保健食品质量标准的格式。

附二 变更申请申报资料项目

一、国产保健食品变更申请申报资料项目

（一）保健食品变更申请表或保健食品变更备案表。

（二）变更具体事项的名称、理由及依据。

（三）申请人身份证、营业执照或者其他机构合法登记证明文件的复印件。

（四）保健食品批准证明文件及其附件的复印件。

（五）拟修订的保健食品标签、说明书样稿，并附详细的修订说明。

注：

1. 缩小适宜人群范围，扩大不适宜人群范围、注意事项的变更申请，除提供上述资料外，还必须提供产品生产所在地省级保健食品生产监督管理部门出具的该产品已经生产销售的证明文件。

2. 改变食用量的变更申请（产品规格不变），除提供上述资料外，还必须提供：（1）产品生产所在地省级保健食品生产监督管理部门出具的该产品已经生产销售的证明文件；（2）减少食用量的变更申请应当提供确定的检验机构按照拟变更的食用量进行功能学评价试验后出具的试验报告；（3）增加食用量的变更申请应当提供确定的检验机构按照拟变更的食用量进行毒理学安全性评价试验后出具的试验报告，以及拟变更的食用量与原食用量相比较的功能学评价试验报告。

3. 改变产品规格、保质期以及质量标准的变更申请，除提供上述资料外，还必须提供：（1）产品生产所在地省级保健食品生产监督管理部门出具的该产品已经生产销售的证明文件；（2）变更后不影响产品安全与功能的依据以及相关的研究资料、科研文献和/或试验报告。其中，改变质量标准的注册申请还应当提供质量标准研究工作的试验资料及文献资料；（3）修订后的质量标准；（4）连续3个批号样品的功效成分或标志性成分、卫生学、稳定性试验的自检报告；（5）连续3个批号的样品，其数量为检验所需量3倍（改变保质期除外）。

4. 增加保健食品功能项目的变更申请，除提供上述资料外，还必须提供：（1）产品生产所在地省级保健食品生产监督管理部门出具的该产品已经生产销售的证明文件；（2）修订的质量标准；（3）所增加功能项目的功能学试验报告。

5. 改变产品名称的变更申请，除提供上述资料外，还必须提供拟变更后的产品通用名称与已经批准注册的药品名称不重名的检索材料（从国家食品药品监督管理局政府网站数据库中检索）。

6. 申请人自身名称和/或地址改变的备案事项，除提供上述资料外，还必须提供当地工商行政管理部门出具的该申请人名称和/或地址名称变更的证明文件。

二、进口保健食品变更申请申报资料项目

（一）进口保健食品变更申请表或进口保健食品变更备案表。

（二）变更具体事项的名称、理由及依据。

（三）由境外厂商常驻中国代表机构办理变更事务的，应当提供《外国企业常驻中国代表机构登记证》复印件。

境外生产厂商委托境内的代理机构负责办理变更事项的，需提供经过公证的委托书原件以及受委托的代理机构的营业执照复印件。

（四）保健食品批准证明文件及其附件的复印件。

（五）生产国（地区）相关机构出具的该事项已变更的证明文件及相关资料。该证明文件必须经所在国（地区）公证机关及驻所在国中国使领馆确认。

注：

1. 缩小适宜人群范围，扩大不适宜人群范围、注意事项的变更申请，除提供上述资料外，还必须提供变更后的标签、说明书实样。

2. 改变食用量的变更申请（产品规格不变），除提供上述资料外，还必须提供（1）减少食用量的变更申请应当提供确定的检验机构按照拟变更的食用量进行功能学评价试验后出具的试验报告；（2）增加食用量的变更申请应当提供确定的检验机构按照拟变更的食用量进行毒理学安全性评价试验后出具的试验报告，以及拟变更的食用量与原食用量相比较的功能学评价试验报告；（3）变更后的标签、说明书实样。

3. 改变产品规格、保质期、质量标准的变更申请，除提供上述资料外，还必须提供：（1）变更后不影响产品安全与功能的依据以及相关的研究资料和科研文献和/或试验报告。其中，改变质量标准的注册申请还应当提供质量研究工作的试验资料及文献资料；（2）连续3个批号样品的功效成分或标志性成分、卫生学、稳定性试验的自检报告；（3）检验所需的连续3个批号的样品（改变保质期除外）；（4）变更后的标签、说明书和质量标准实样。

4. 增加保健食品功能项目的变更申请，除提供上述资料外，还必须提供：

（1）所增加功能项目的功能学试验报告；（2）变更后的标签、说明书和质量标准实样或样稿。

5. 保健食品生产企业内部在中国境外改变生产场地的变更申请，除提供上述资料外，还必须提供：（1）新生产场地所在国（地区）管理部门出具的该产品生产条件符合当地相应生产质量管理规范的证明文件（2）该产品被允许在新生产场地所在国（地区）自由销售的证明文件；（3）新生产场地生产的连续3个批号样品的功效成分或标志性成分、卫生学、稳定性试验的自检报告；（4）检验所需的新生产场地生产的连续3个批号的样品；（5）变更后的标签、说明书实样。

6. 改变产品名称的变更申请，除提供上述资料外，还必须提供拟变更后的产品通用名称与已经批准注册的药品名称不重名的检索材料（从国家食品药品监督管理局政府网站数据库中检索）以及变更后的标签、说明书实样或样稿。

7. 申请人自身名称和/或地址名称改变的备案事项，除提供上述资料外，还必须提供产品生产国（地区）管理机构出具的该产品生产场地未变更的证明文件以及变更后的标签、说明书实样。

8. 改变境内代理机构的备案事项，除提供上述资料外，还必须提供境外保健食品生产厂商委托新的中国代理机构同时取消原代理机构办理注册事务的委托文书、公证文书。

上述申报资料必须使用中文并附原文，外文的资料可附后作为参考。中文译文应当由境内公证机关进行公证，确保与原文内容一致；申请注册的产品质量标准（中文本），必须符合中国保健食品质量标准的格式。

附三 技术转让产品注册申请申报资料项目

一、国产保健食品技术转让产品注册申请申报资料项目

（一）保健食品技术转让产品注册申请表。

（二）身份证、营业执照或者其他机构合法登记证明文件的复印件。

（三）经公证机关公证的转让方和受让方双方签订的有效转让合同。

（四）省级保健食品生产监督管理部门出具的受让方的保健食品卫生许可证复印件。

（五）省级保健食品生产监督管理部门出具的受让方符合《保健食品良好生产规范》的证明文件。

（六）保健食品批准证明文件原件（包括保健食品批准证书及其附件和保健食品变更批件）。

（七）受让方生产的连续3个批号的样品，其数量为检验所需量3倍。

二、进口保健食品向境内转让产品注册申请申报资料项目

除按国产保健食品技术转让产品注册申报资料项目提供申报资料外，还必须提供以下资料：

由境外厂商常驻中国代表机构办理注册事务的，应当提供《外国企业常驻中国代表机构登记证》复印件。

境外生产厂商委托境内的代理机构负责办理注册事项的，需提供经过公证的委托书原件以及受委托的代理机构营业执照复印件。

三、进口保健食品在境外转让产品注册申请申报资料项目

（一）保健食品技术转让产品注册申请表。

（二）受让方生产国（地区）允许该产品生产销售的证明文件，该证明文件应当经生产国（地区）的公证机关公证和驻所在国中国使领馆确认。

（三）受让方所在国家（地区）有关机构出具的该产品生产企业符合当地相应生产质量管理规范的证明文件。

（四）转让合同。该合同必须经受让方所在国家（地区）公证机关公证和驻所在地中国使领馆确认。

（五）由境外厂商常驻中国代表机构办理注册事务的，应当提供《外国企业常驻中国代表机构登记证》复印件。

境外生产厂商委托境内的代理机构负责办理注册事项的，需提供经过公证的委托书原件以及受委托的代理机构营业执照复印件。

（六）保健食品批准证明文件原件（包括保健食品批准证书及其附件和保健食品变更批件）。

（七）确定的检验机构出具的受让方生产的连续3个批号样品的功效成分或标志性成分、卫生学、稳定性试验的检验报告；

（八）受让方生产的连续3个批号的样品，其数量为检验所需量3倍。

附四 再注册申请申报资料项目

一、国产保健食品再注册申请申报资料项目

（一）国产保健食品再注册申请表。

（二）申请人身份证、营业执照或者其他机构合法登记证明文件的复印件。

（三）保健食品批准证明文件复印件（包括保健食品批准证书及其附件和保健食品变更批件）。

（四）产品生产所在地省级保健食品生产监督管理部门出具的允许该产品生产销售的证明文件复印件。

（五）5年内销售情况的总结。

（六）5年内消费者对产品反馈情况的总结。

（七）保健食品最小销售包装、标签和说明书实样。

注：上述资料不能完整提供的，申请人必须在提出再注册申请时书面说明理由。

二、进口保健食品再注册申请申报资料项目

（一）进口保健食品再注册申请表。

（二）由境外厂商常驻中国代表机构办理再注册事务的，应当提供《外国企业常驻中国代表机构登记证》复印件。

境外生产厂商委托境内的代理机构负责办理再注册事项的，需提供经过公证的委托书原件以及受委托的代理机构营业执照复印件。

（三）保健食品批准证明文件复印件（包括保健食品批准证书及其附件和保健食品变更批件）。

（四）产品生产国（或地区）有关机构出具的该产品生产企业符合当地相应生产企业质量管理规范以及允许该产品生产销售的证明文件，该证明文件必须经所在国家（地区）公证机关公证和驻所在地中国使领馆确认。

（五）5年内在中国进口、销售情况的总结。

（六）5年内中国消费者对产品反馈情况的总结。

（七）保健食品最小销售包装、标签和说明书的实样。

关于白酒产品发放生产许可证工作有关问题补充意见的通知

全许办（2002）16号各省、自治区、直辖市生产许可证办公室：国家质量技术监督局质技监局质发［1999］282号文件

《关于白酒产品生产许可证发证工作有关问题的通知》下发以来，在各省、自治区、直辖市许可证办公室和行业部门的共同努力下，白酒产品发放生产许可证的工作已经全面展开。由于我国地域广阔，白酒生产企业众多，企业规模、生产方式和工艺水平各异，给发证工作造成诸多不便。为了加快发证进度，完善工厂条件审查内容，确保发证工作顺利进行，提高白酒质量，有效遏制白酒制假售假的违法行为，让百姓喝上放心酒，现提出补充意见如下：

一、按照国家经贸委第14号令《工商投资领域制止重复建设目录（第一批）》的规定，1999年9月1日以后注册登记的白酒企业，不予受理生产许可证的申请。

二、全国工业产品生产许可证审查中心（简称审查中心），在全国生产许可证办公室的领导下，具体承办白酒产品发证工作的有关事宜，中国酿酒协会白酒分会（简称白酒分会）协助审查中心做好白酒产品发证工作。地方酿酒（白酒）协会协助各省、自治区、直辖市生产许可证办公室做好白酒产品发证的相关工作。

三、半固态法白酒生产设备，要求有发酵容器（罐、池）、蒸酒机、贮酒容器（池、缸、罐）、灌装机。

四、检测条件按产品标准要求，需要配备检测仪器、玻璃器皿、化学试剂的，必须配备，不得降低标准；不需要配备的，可不必配备（详见附表）（略）。

五、液态法白酒（CB/T17204-1998中，传统液态法白酒、串香白酒、固液勾兑白酒、调香白酒四类）需要配备的生产设备仍然按着《白酒工厂条件审查要求》执行。检测条件按所生产的白酒香型，需要配备的仪器、玻璃器皿、化学试剂，必须配齐（详见附表）。液态法白酒，在生产许可证证书上，加注“液态法”。

六、糖化饲料生成的白酒，暂不列入本次发证范围。

七、只生产散装白酒的企业，不要求有灌装设备，生产许可证证书上加注“散装”；其产品标识，应当按照 GBl0344《饮料酒标签标准》的规定，在包装物明显位置注明；同时，将生产许可证的标记和编号标注在适当的位置。

各省、自治区、直辖市生产许可证办公室，今后上报自酒材料时，按白酒的种类，相应注明香型、液态法、散装及所用地方标准或企业标准，以便于白酒材料的审核。

商品条码管理办法

实施日期：2005 年 10 月1 日颁布单位：国家质量监督检验检疫总局

第一章　总 则

第一条　为了规范商品条码管理，保证商品条码质量，加快商品条码在电子商务和商品流通等领域的应用，促进我国电子商务、商品流通信息化的发展，根据国家有关规定，制定本办法。

第二条　本办法所称商品条码包括零售商品、非零售商品、物流单元、位置的代码和条码标识。

我国采用国际通用的商品代码及条码标识体系，推广应用商品条码，建立我国的商品标识系统。

第三条　中华人民共和国境内商品条码的注册、编码、印制、应用及其管理，适用本办法。

第四条　国家质量监督检验检疫总局（以下简称国家质检总局）和国家标准化管理委员会（以下简称国家标准委）是全国商品条码工作的主管部门，统一组织管理全国商品条码工作。中国物品编码中心（以下简称编码中心）是全国商品条码工作机构，负责全国商品条码管理的具体实施工作。

第五条　厂商识别代码是商品条码的重要组成部分。任何单位和个人使用商品条码必须按照本办法核准注册，获得厂商识别代码。

第二章　注 册

第六条　依法取得营业执照和相关合法经营资质证明的生产者、销售者和服务提供者，可以申请注册厂商识别代码。

集团公司中具有独立法人资格的子公司需要使用商品条码时，应当按规定单独申请注册厂商识别代码。

第七条　厂商识别代码注册申请人（以下简称申请人）可以到所在地的编码中心地方分支机构（以下简称编码分支机构）申请注册厂商识别代码。申请人应当填写《中国商品条码系统成员注册登记表》，出示营业执照或相关合法经营资质证明并提供复印件。

第八条 对申请人提供的申请资料，编码分支机构应当在5个工作日内完成初审。对初审合格的，编码分支机构签署意见并报送编码中心审批；对初审不合格的，编码分支机构应当将申请资料退给申请人并说明理由。

第九条 对初审合格的申请资料，编码中心应当自收到申请人交纳的有关费用之日起5个工作日内完成审核程序。对符合本办法第六、七条规定要求的，编码中心向申请人核准注册厂商识别代码；对不符合规定要求的，编码中心应当将申请资料退回编码分支机构并说明理由。

第十条 申请人获准注册厂商识别代码的，由编码中心发给《中国商品条码系统成员证书》（以下简称《系统成员证书》），取得中国商品条码系统成员（以下简称系统成员）资格。

第十一条 具有下列情形之一的,不予注册厂商识别代码：

（一）不能出示营业执照或相关合法经营资质证明文件的。

（二）社会组织、行业协会、中介机构等组织或单位，非本单位使用厂商识别代码的。

（三）违反法律法规或者国际物品编码协会章程的其他情形。

第十二条 编码中心应当定期公告系统成员及其注册的厂商识别代码。

第三章 编码、设计及印刷

第十三条 商品条码的编码、设计及印刷应当符合《商品条码》（GB12904）等相关国家标准的规定。编码中心应当按照有关国家标准编制厂商识别代码。

第十四条 系统成员应当按照有关国家标准编制商品代码，向所在地的编码分支机构通报编码信息。

第十五条 企业在设计商品条码时，应当根据应用需要采用《商品条码》（GB12904）、《储运单元条码》（GB/T16830）、《EAN·UCC系统128条码》（GB/T15425）等国家标准中规定的条码标识。

第十六条 从事商品条码印刷的企业可以向条码工作机构提出申请，取得印刷资质。获得印刷资质的印刷企业，可优先承接商品条码的印刷业务。具体管理办法由国家质检总局另行规定。

第十七条 印刷企业应当按照有关国家标准印刷商品条码，保证商品条码印刷质量。

印刷企业接受商品条码印刷业务时，应当查验委托人的《系统成员证书》或境外同等效力的证明文件并进行备案。

第十八条　条码工作机构鼓励系统成员和相关单位委托具有商品条码印刷资格的企业印刷商品条码。

第四章　应用和管理

第十九条　系统成员对其厂商识别代码、商品代码和相应的商品条码享有专用权。

第二十条　系统成员不得将其厂商识别代码和相应的商品条码转让他人使用。

第二十一条　任何单位和个人未经核准注册不得使用厂商识别代码和相应的条码。

任何单位和个人不得在商品包装上使用其他条码冒充商品条码；不得伪造商品条码。

第二十二条　销售者应当积极采用商品条码。销售者在其经销的商品没有使用商品条码的情况下，可以使用店内条码。店内条码的使用，应当符合国家标准《店内条码》（GB/T18283）的有关规定。

生产者不得以店内条码冒充商品条码使用。

第二十三条　销售者进货时，应当查验与商品条码对应的《系统成员证书》或者同等效力的证明文件。

第二十四条　销售者不得经销违反第二十一条规定的商品。

销售者不得以商品条码的名义向供货方收取进店费、上架费、信息处理费等费用，干扰商品条码的推广应用。

第二十五条　在国内生产的商品使用境外注册的商品条码时，生产者应当提供该商品条码的注册证明、授权委托书等相关证明，并到所在地的编码分支机构备案，由编码分支机构将备案材料报送编码中心。

第二十六条　国家质检总局、国家标准委负责组织全国商品条码的监督检查工作，各级地方质量技术监督行政部门负责本行政区域内商品条码的监督检查工作。

第二十七条　各地质量技术监督行政部门要积极配合地方政府和有关部门，引导商品生产者、销售者、服务提供者积极采用国际通用的商品代码及条码标识体系，使用商品条码，保证商品条码质量，提高企业在商品生产、储运、配送、销售等各环节的现代化管理水平。

第五章　续展、变更和注销

第二十八条　厂商识别代码有效期为 2 年。

系统成员应当在厂商识别代码有效期满前 3 个月内，到所在地的编码分支机构办理续展手续。逾期未办理续展手续的，注销其厂商识别代码和系统成员资格。

第二十九条　系统成员的名称、地址、法定代表人等信息发生变化时，应当自有关部门批准之日起 30 内，持有关文件和《系统成员证书》到所在地的编码分支机构办理变更手续。

第三十条　系统成员停止使用厂商识别代码的，应当在停止使用之日起 3 个月内到所在地的编码分支机构办理注销手续。

第三十一条　已被注销厂商识别代码的生产者、销售者和服务提供者，需要使用商品条码时，应当重新申请注册厂商识别代码。

第三十二条　任何单位和个人不得擅自使用已经注销的厂商识别代码和相应条码。

第三十三条　编码中心应当定期公告已被注销系统成员资格的企业名称及其厂商识别代码。

第六章　法律责任

第三十四条　系统成员转让厂商识别代码和相应条码的，责令其改正，没收违法所得，处以 3000 元罚款。

第三十五条　未经核准注册使用厂商识别代码和相应商品条码的，在商品包装上使用其他条码冒充商品条码或伪造商品条码的，或者使用已经注销的厂商识别代码和相应商品条码的，责令其改正，处以 30000 元以下罚款。

第三十六条　经销的商品印有未经核准注册、备案或者伪造的商品条码的，责令其改正，处以 10000 元以下罚款。

第三十七条　销售者以商品条码的名义向供货商收取进店费等不正当费用的，供货商可依法要求退还。

第三十八条　本章所规定的行政处罚由县以上地方质量技术监督行政部门负责实施。

第三十九条　当事人对行政处罚不服的，可以依法申请行政复议或者提起行政诉讼。

第四十条　质量技术监督行政部门应当加强对条码工作机构的管理与监督。因条码工作机构及工作人员的失误，给系统成员造成重大损失的，依法给予行政处分。

第四十一条　从事商品条码管理工作的国家工作人员滥用职权、徇私舞弊的，由其主管部门给予行政处分；构成犯罪的，依法追究其刑事责任。

第七章　附　则

第四十二条　本办法下列用语的含义是：

商品条码是由一组规则排列的条、空及其对应代码组成，是表示商品特定信息的标识。

零售商品代码与条码是指以满足零售扫描结算为主要目的，而为商品单元编制的代码和条码标识。

非零售商品代码与条码是指以满足非零售结算为目的，而为商品单元所编制的代码和条码标识。在流通环节中，可以对该商品单元进行定价、订购或开据发票。

物流单元代码与条码是指对物流中临时性商品包装单元所编制的代码和条码标识。

位置代码与条码是指对厂商的物理位置、职能部门等所编制的代码与条码标识。

厂商识别代码是指国际通用的商品标识系统中表示厂商的唯一代码，是商品条码的重要组成部分。

商品代码是指包含厂商识别代码在内的对零售商品、非零售商品、物流单元、位置、资产及服务进行全球唯一标识的一组数字代码。

店内条码是指商店为便于商品在店内管理而对商品自行编制的临时性代码及条码标识。

第四十三条　商品条码收费按照国家有关规定执行。

第四十四条　本办法由国家质检总局负责解释。

第四十五条　本办法自 2005 年 10 月 1 日起施行。1998 年 7 月 3 日原国家质量技术监督局颁布的《商品条码管理办法》同时废止。

酒类流通管理办法

实施日期：2006年1月1日颁布单位：商务部

第一章　总　则

第一条　为规范酒类流通秩序，促进酒类市场有序发展，维护国家利益，保护酒类生产者、经营者和消费者的合法权益，根据国家有关法律、法规，制定本办法。

第二条　本办法所称酒类是指酒精度（乙醇含量）大于0.5%（体积分数）的含酒精饮料，包括发酵酒、蒸馏酒、配制酒、食用酒精以及其他含有酒精成分的饮品。经国家有关行政管理部门依法批准生产的药酒、保健食品酒类除外。

本办法所称酒类流通包括酒类批发、零售、储运等经营活动。

第三条　在中华人民共和国境内从事酒类流通活动，应当遵守本办法。

第四条　酒类流通实行经营者备案登记制度和溯源制度。

第五条　商务部负责全国酒类流通监督管理工作。

县级以上商务主管部门负责本行政区域内酒类流通监督管理工作。

第二章　备案登记

第六条　从事酒类批发、零售的单位或个人（以下统称酒类经营者）应当在取得营业执照后60日内，按属地管理原则，向登记注册地工商行政管理部门的同级商务主管部门办理备案登记。

第七条　酒类经营者备案登记程序如下：

（一）领取《酒类流通备案登记表》（以下简称《登记表》）。《登记表》可以通过商务部政府网站（http://www.mofcom.gov.cn）下载，或到所在地商务主管部门领取。

（二）填写《登记表》。酒类经营者应完整、准确、真实地填写《登记表》；同时认真阅读《登记表》所附条款，并由法定代表人或业主签字、盖章。

（三）向商务主管部门提交下述备案登记材料：

1. 按本办法第七条第（二）项要求填写的《登记表》一式两份；

2. 由法定代表人或业主签字、盖章的营业执照复印件和卫生许可证复印件；

3. 经商务部认可并由省级商务主管部门公示要求提交的其他材料。

第八条 商务主管部门应自收到酒类经营者提交的上述材料之日起5个工作日内办理备案登记手续，在《登记表》上加盖印章。

第九条 商务主管部门应当完整准确地记录和保存酒类经营者的备案登记信息和登记材料，建立备案登记档案，定期向上级主管部门报送，并可向社会公布。

第十条 登记表上的任何登记事项发生变更时，酒类经营者应当自变更之日起30日内（属于工商登记事项的自工商登记变更之日起30日内）向商务主管部门办理变更手续。

商务主管部门收到酒类经营者提交的书面材料后，应当在5个工作日内办理变更手续。

《登记表》自酒类经营者在工商行政管理部门注销登记或被吊销营业执照之日起自动失效。商务主管部门应定期与同级工商行政管理部门核实注销或吊销情况。

第十一条 商务主管部门在办理备案登记或变更备案登记时，仅可收取经当地物价部门核定的工本费，不得收取其他费用。

第十二条 酒类经营者不得伪造、涂改、出租、出借、转让、买卖或骗取《酒类流通备案登记表》。

第三章 经营规则

第十三条 从事酒类批发、零售、储运等经营活动应当依法执行国家或行业有关标准的规定。

第十四条 酒类经营者（供货方）在批发酒类商品时应填制《酒类流通随附单》（以下简称《随附单》），详细记录酒类商品流通信息。《随附单》附随于酒类流通的全过程，单随货走，单货相符，实现酒类商品自出厂到销售终端全过程流通信息的可追溯性。

《随附单》内容应包括售货单位（名称、地址、备案登记号、联系方式）、购货单位名称、销售日期、销售商品（品名、规格、产地、生产批号或生产日期、数量、单位）等内容，并加盖经营者印章。

已建立完善的并符合本办法要求的溯源制度的酒类经营者，经商务部认可，可以使用自行制定的单据，代替本办法规定的《随附单》。

第十五条 酒类经营者采购酒类商品时，应向首次供货方索取其营业执照、卫生许可证、生产许可证（限生产商）、登记表、酒类商品经销授权书（限生产商）等复印件。

酒类经营者对每批购进的酒类商品应索取有效的产品质量检验合格证明复印件以及加盖酒类经营者印章的《随附单》或符合本办法第十四条第二款规定的单据；对进口酒类商品还应索取国家出入境检验检疫部门核发的《进口食品卫生证书》和《进口食品标签审核证书》复印件。

酒类经营者应建立酒类经营购销台账，保留3年。

第十六条 酒类经营者应当在固定地点贴标销售散装酒，禁止流动销售散装酒。

散装酒盛装容器应符合国家食品卫生要求，粘贴符合国家饮料酒标签标准的标识，并标明开启后的有效销售期、经营者及其联系电话。

第十七条 酒类经营者储运酒类商品时应符合食品卫生管理、防火安全和储运的相关要求。酒类商品应远离高污染、高辐射地区，不得与有毒、有害、污染物（源）、腐蚀性等物品混放。

第十八条 酒类经营者销售酒类商品应明码标价，诚实守信。

第十九条 酒类经营者不得向未成年人销售酒类商品，并应当在经营场所显著位置予以明示。

第二十条 禁止批发、零售、储运以下商品：

（一）使用非食用酒精等有害人体健康物质兑制的酒类商品；

（二）伪造、篡改生产厂名、厂址、生产日期的酒类商品；

（三）侵犯商标专用权等知识产权的酒类商品；

（四）掺杂使假、以次充好、以假充真、超过保质期等的酒类商品和非法进口酒；

（五）其他国家法律法规禁止销售的酒类商品。

第四章 监督管理

第二十一条 县级以上商务主管部门依据国家有关法律、法规和本办法，对本行政区域内酒类流通进行监督管理。

各级商务主管部门不得限制或阻碍合法酒类商品在本地区的流通。

第二十二条　商务主管部门在监督管理时，应出示有效证件，执法人员不得少于两人。在有证据或接到举报等情况下，执法人员可以查阅账册或抽取样品。抽取样品的，应当向当事人出具有效凭证。

商务主管部门有义务为当事人保守商业秘密。

酒类经营者应配合商务主管部门的监督检查，如实提供情况，不得擅自转移、销毁待查受检酒类商品。

第二十三条　商务主管部门应建立酒类流通监测体系，对当地酒类流通情况进行监测分析，建立酒类经营者信用档案，并适时向社会公布。

商务部应用现代信息技术建立酒类流通管理和酒类商品安全信息系统，各级商务主管部门和酒类经营者应及时报送相关信息。

第二十四条　商务主管部门可自行或会同有关部门对本地区销售的酒类商品进行抽样检验，并可向社会公布检验结果。

商务主管部门出具或认可的酒类鉴定结论应以国家法定检测机构检测结果或被侵权企业的鉴别报告为依据。

第二十五条　鼓励酒类行业组织建立和完善行业自律制度。

第二十六条　任何单位或个人有权向当地商务主管部门、工商行政管理部门或有关部门举报、投诉违反本办法的行为。

第五章　法律责任

第二十七条　违反本办法第六条、第十条第一款规定的，由商务主管部门给予警告，责令其限期改正；逾期拒不改正的，可视情节轻重，对酒类经营者处2000元以下罚款,并可向社会公告。

违反本办法第十二条规定的,可视情节轻重,处1万元以下罚款；违反工商行政管理法律法规的移送工商行政管理机关依法处理；构成犯罪的，依法追究刑事责任。

第二十八条　违反本办法第十四条、第十五条规定的，由商务主管部门予以警告，责令改正，并可向社会公布；拒不改正的，可视情节轻重，处5000元以下罚款，并向社会公告。

第二十九条　违反本办法第十六、十七条规定的，由商务主管部门予以警告、责令改正；情节严重的，可处1万元以下罚款，并可移送工商行政管理机关依法处理；构成犯罪的，依法追究刑事责任。

第三十条　违反本办法第十九条规定的，由商务主管部门或会同有关部门予以警告，责令改正；情节严重的，处2000元以下罚款。

第三十一条　违反本办法第二十条规定的，由商务主管部门或会同有关部门没收非法商品，并可视情节轻重处3万元以下罚款；违反工商行政管理法律法规及侵犯商标专用权的，移送工商行政管理机关依法处理；违反其他法律法规的，移送相关机关依法处理；构成犯罪的，依法追究刑事责任。

第三十二条　违反本办法第二十二条第三款规定的，由商务主管部门予以警告、责令改正；情节严重的，可处1万元以下罚款。

第三十三条　商务主管部门从事酒类流通监督管理违反本办法规定的，依法给予行政处分。

第六章　附则

第三十四条　已依法实行酒类流通行政许可管理的地区，应继续执行许可证制度，酒类商品流通按本办法实行溯源制度，酒类流通许可证书视同《登记表》。

第三十五条　《登记表》和《随附单》由商务部统一制定，省级商务主管部门负责具体实施。

第三十六条　县级以上商务主管部门可以依法委托相关机构从事酒类流通监督管理工作。

第三十七条　本办法由商务部负责解释。

第三十八条　本办法自2006年1月1日起施行，自施行之日起设立3个月过渡期。在过渡期内，酒类经营者应当按照本办法规定办理备案登记和建立酒类流通溯源制度。

定量包装商品计量监督管理办法

实施日期：2006 年1 月 1 日颁布单位：国家质量监督检验检疫总局

第一条　为了保护消费者和生产者、销售者的合法权益，规范定量包装商品的计量监督管理，根据《中华人民共和国计量法》并参照国际通行规则，制定本办法。

第二条　在中华人民共和国境内，生产、销售定量包装商品，以及对定量包装商品实施计量监督管理，应当遵守本办法。

本办法所称定量包装商品是指以销售为目的，在一定量限范围内具有统一的质量、体积、长度、面积、计数标注等标识内容的预包装商品。

第三条　国家质量监督检验检疫总局对全国定量包装商品的计量工作实施统一监督管理。

县级以上地方质量技术监督部门对本行政区域内定量包装商品的计量工作实施监督管理。

第四条　定量包装商品的生产者、销售者应当加强计量管理，配备与其生产定量包装商品相适应的计量检测设备，保证生产、销售的定量包装商品符合本办法的规定。

第五条　定量包装商品的生产者、销售者应当在其商品包装的显著位置正确、清晰地标注定量包装商品的净含量。

净含量的标注由“净含量”（中文）、数字和法定计量单位（或者用中文表示的计数单位）3 个部分组成。法定计量单位的选择应当符合本办法附表 1 的规定。

以长度、面积、计数单位标注净含量的定量包装商品，可以免于标注“净含量”3 个中文字，只标注数字和法定计量单位（或者用中文表示的计数单位）。

第六条　定量包装商品净含量标注字符的最小高度应当符合本办法附表 2 的规定。

第七条　同一包装内含有多件同种定量包装商品的，应当标注单件定量包装商品的净含量和总件数，或者标注总净含量。

同一包装内含有多件不同种定量包装商品的，应当标注各种不同种定量包装商品的单件净含量和各种不同种定量包装商品的件数，或者分别标注各种不同种定量包装商品的总净含量。

第八条 单件定量包装商品的实际含量应当准确反映其标注净含量，标注净含量与实际含量之差不得大于本办法附表3规定的允许短缺量。

第九条 批量定量包装商品的平均实际含量应当大于或者等于其标注净含量。

用抽样的方法评定一个检验批的定量包装商品，应当按照本办法附表4中的规定进行抽样检验和计算。样本中单件定量包装商品的标注净含量与其实际含量之差大于允许短缺量的件数以及样本的平均实际含量应当符合本办法附表4的规定。

第十条 强制性国家标准、强制性行业标准对定量包装商品的允许短缺量以及法定计量单位的选择已有规定的，从其规定；没有规定的按照本办法执行。

第十一条 对因水份变化等因素引起净含量变化较大的定量包装商品，生产者应当采取措施保证在规定条件下商品净含量的准确。

第十二条 县级以上质量技术监督部门应当对生产、销售的定量包装商品进行计量监督检查。

质量技术监督部门进行计量监督检查时，应当充分考虑环境及水份变化等因素对定量包装商品净含量产生的影响。

第十三条 对定量包装商品实施计量监督检查进行的检验，应当由被授权的计量检定机构按照《定量包装商品净含量计量检验规则》进行。

检验定量包装商品，应当考虑储存和运输等环境条件可能引起的商品净含量的合理变化。

第十四条 定量包装商品的生产者、销售者在使用商品的包装时，应当节约资源、减少污染、正确引导消费，商品包装尺寸应当与商品净含量的体积比例相当。不得采用虚假包装或者故意夸大定量包装商品的包装尺寸，使消费者对包装内的商品量产生误解。

第十五条 国家鼓励定量包装商品生产者自愿参加计量保证能力评价工作，保证计量诚信。

省级质量技术监督部门按照《定量包装商品生产企业计量保证能力评价规范》的要求，对生产者进行核查，对符合要求的予以备案，并颁发全国统一的《定量包装商品生产企业计量保证能力证书》，允许在其生产的定量包装商品上使用全国统一的计量保证能力合格标志。

第十六条 获得《定量包装商品生产企业计量保证能力证书》的生产者，

违反《定量包装商品生产企业计量保证能力评价规范》要求的，责令其整改，停止使用计量保证能力合格标志，可处5000元以下的罚款；整改后仍不符合要求的或者拒绝整改的，由发证机关吊销其《定量包装商品生产企业计量保证能力证书》。

定量包装商品生产者未经备案，擅自使用计量保证能力合格标志的，责令其停止使用，可处30000元以下罚款。

第十七条　生产、销售定量包装商品违反本办法第五条、第六条、第七条规定，未正确、清晰地标注净含量的，责令改正；未标注净含量的，限期改正，逾期不改的，可处1000元以下罚款。

第十八条　生产、销售的定量包装商品，经检验违反本办法第九条规定的，责令改正，可处检验批货值金额3倍以下，最高不超过30000元的罚款。

第十九条本办法规定的行政处罚，由县级以上地方质量技术监督部门决定。

县级以上地方质量技术监督部门按照本办法实施行政处罚，必须遵守国家法律、法规和国家质量监督检验检疫总局关于行政案件办理程序的有关规定。

第二十条　行政相对人对行政处罚决定不服的，可以依法申请行政复议或者提起行政诉讼。

第二十一条　从事定量包装商品计量监督管理的国家工作人员滥用职权、玩忽职守、徇私舞弊，情节轻微的，给予行政处分；构成犯罪的，依法追究刑事责任。

从事定量包装商品计量检验的机构和人员有下列行为之一的，由省级以上质量技术监督部门责令限期整改；情节严重的，应当取消其从事定量包装商品计量检验工作的资格，对有关责任人员依法给予行政处分；构成犯罪的，依法追究刑事责任：

（一）伪造检验数据的。

（二）违反《定量包装商品净含量计量检验规则》进行计量检验的。

（三）使用未经检定、检定不合格或者超过检定周期的计量器具开展计量检验的。

（四）擅自将检验结果及有关材料对外泄露的。

（五）利用检验结果参与有偿活动的。

第二十二条　本办法下列用语的含义是：

（一）预包装商品是指销售前预先用包装材料或者包装容器将商品包装好，并有预先确定的量值（或者数量）的商品。

（二）净含量是指除去包装容器和其他包装材料后内装商品的量。

（三）实际含量是指由质量技术监督部门授权的计量检定机构按照《定量包装商品净含量计量检验规则》通过计量检验确定的定量包装商品实际所包含的量。

（四）标注净含量是指由生产者或者销售者在定量包装商品的包装上明示的商品的净含量。

（五）允许短缺量是指单件定量包装商品的标注净含量与其实际含量之差的最大允许量值（或者数量）。

（六）检验批是指接受计量检验的，由同一生产者在相同生产条件下生产的一定数量的同种定量包装商品或者在销售者抽样地点现场存在的同种定量包装商品。

（七）同种定量包装商品是指由同一生产者生产，品种、标注净含量、包装规格及包装材料均相同的定量包装商品。

（八）计量保证能力合格标志（也称C标志，C为英文“中国”的头一个字母）是指由国家质检总局统一规定式样，证明定量包装商品生产者的计量保证能力达到规定要求的标志。

第二十三条 本办法由国家质量监督检验检疫总局负责解释。

第二十四条 本办法自2006年1月1日起施行。原国家技术监督局发布的《定量包装商品计量监督规定》（国家技术监督局令第43号）同时废止。

附表略。

上海市酒类商品产销管理条例

（1997年10月21日上海市第十届人民代表大会常务委员会第三十九次会议通过，1997年11月3日公布，自1998年1月1日起施行）

第一条　为了加强本市酒类商品的产销管理，保护消费者和经营者的合法权益，根据国家有关法律、法规，结合本市实际情况，制定本条例。

第二条　本条例所称的酒类商品，包括白酒、黄酒、啤酒、果酒以及其他含有乙醇的饮料。

第三条　在本市行政区域内从事酒类商品生产、批发和零售业务活动，应当遵守本条例。

第四条　上海市商业委员会是本市酒类商品产销管理的行政主管部门。上海市酒类专卖管理局（以下简称市酒类专卖局）在上海市商业委员会的领导下，具体负责本条例的实施。

区、县酒类商品管理部门按照职责分工，在市酒类专卖管理局的指导下，负责本辖区内酒类商品产销管理。

第五条　本市工商行政管理、技术监督、卫生、物价、税务、公安等部门依照法律、法规的有关规定，协同做好本市酒类商品的产销管理工作。

第六条　本市酒类商品的生产、批发和零售，实行许可证制度。

第七条　申领本市酒类商品生产许可证的企业，应当具备符合酒类商品生产规定的注册资本、生产场地、设施、工艺、检测手段和卫生、环保条件，并具有熟悉酒类商品生产的专业技术人员。

第八条　申领本市酒类商品批发许可证的企业，应当具备符合规定的注册资本、经营场所和仓储设施，并具有熟悉酒类商品业务知识的人员。

第九条　申领本市酒类商品生产或者批发许可证的企业，应当向市酒类专卖局提出申请，市酒类专卖局应当在收到申请书之日起30日内作出书面答复，经审核同意的，发给酒类商品生产或者批发许可证。

取得酒类商品生产许可证的企业，可以从事本企业生产的酒类商品的批发业务。

第十条　申领本市酒类商品零售许可证的企业或者个体工商户，应当向其所在地的区、县酒类商品管理部门提出申请，区、县酒类商品管理部门应当按照方便消费、合理布局的原则，在收到申请书之日起15日内作出书面答复，经审核同意的，发给酒类商品零售许可证。

第十一条 持有本市酒类商品生产、批发或者零售许可证的企业，在取得食品卫生许可证、工商营业执照后，方可从事酒类商品的生产、批发或者零售业务。

持有本市酒类商品零售许可证的个体工商户，在取得食品卫生许可证、工商营业执照后，方可从事酒类商品的零售业务。

第十二条 持有本市酒类商品生产、批发或者零售许可证的企业以及持有本市酒类商品零售许可证的个体工商户，因名称、地址变更或者合并、撤销的，应当向发证单位办理许可证变更、注销手续。

第十三条 禁止涂改、伪造、转借、买卖酒类商品的生产、批发和零售许可证。

第十四条 酒类商品生产企业新开发的酒类商品，应当报送市酒类专卖局审检，经审检合格的方可投入生产。

第十五条 酒类商品生产企业应当保证产品质量，对其生产的每批酒类商品进行质量检验，检验合格的，出具合格证明，未经检验合格的，不得出厂销售。

第十六条 酒类商品生产企业采购酒类半成品，应当索取并查验生产企业的产品质量标准、产地县级以上质量监督检验机构或者食品卫生监督机构核发的合格证。

酒类商品批发、零售企业和个体工商户采购酒类商品，应当查验合格证明，其包装上标明优质产品的，还应当索取并查验相应的证明文件。

酒类商品批发、零售企业和个体工商户采购进口酒类商品，应当依照国家有关规定，索取并查验有关进口和质量的证明文件。

第十七条酒类商品生产、批发、零售企业和个体工商户不得生产、批发和零售假冒伪劣或者标识不符合国家规定的酒类商品。

第十八条 酒类商品的质量，由市技术监督部门认可的酒类商品检测机构鉴定。

第十九条 市酒类专卖局和区、县酒类商品管理部门应当加强对本市酒类商品生产、批发、零售企业和个体工商户的监督检查，并定期进行市场抽检。

酒类商品生产、批发、零售企业和个体工商户应当接受市酒类专卖局和区、县酒类商品管理部门的监督检查，如实提供有关资料，不得拒绝、阻挠检查。

第二十条 对酒类商品生产、批发和零售活动中的违法经营行为，消费者可以向市酒类专卖局或者区、县酒类商品管理部门投诉、举报。

市酒类专卖局和区、县酒类商品管理部门对消费者或者其他人员的投诉、举报，应当及时调查处理。

第二十一条 酒类商品生产、批发、零售企业和个体工商户违反本条例规定，给消费者造成损害的，应当承担赔偿责任。

第二十二条 违反本条例规定，由市酒类专卖局或者区、县酒类商品管理部门依照下列规定予以处罚：

（一）对无生产许可证生产或者批发酒类商品的，责令其改正，没收违法生产的酒类商品和违法所得，并可处以2万元以下罚款；

（二）对无批发许可证批发酒类商品的，责令其改正，没收违法所得，并可处以2万元以下罚款；

（三）对无零售许可证零售酒类商品的，责令其改正，没收违法所得，并可处以5000元以下罚款；

（四）对未按规定办理酒类商品生产、批发或者零售许可证变更、注销手续的，责令其改正，并可处以5000元以下罚款；

（五）对涂改、伪造、转借、买卖酒类商品生产、批发和零售许可证的，没收违法所得，并可处以2万元以下罚款；

（六）采购进口酒类商品，未按国家有关规定取得相应证明文件的，责令其改正，拒不改正的，并可处以1万元以下罚款；

（七）对生产、批发和零售假冒伪劣酒类商品的，责令其改正，没收违法生产、批发和零售的酒类商品和违法所得，并可处以违法所得1倍以上5倍以下罚款；情节严重的，并可吊销酒类商品生产、批发或者零售许可证；构成犯罪的，依法追究刑事责任；

（八）对生产、批发和零售标识不符合国家规定的酒类商品的，责令其改正，情节严重的，并可处以违法所得15%–20%罚款。

吊销酒类商品生产、批发许可证的处罚，由市酒类专卖局决定。

第二十三条 对违反本条例规定的违法行为，法律、法规对行使行政处罚权的行政机关另有规定的，可由法律、法规规定的行政机关进行处罚。

对当事人的同一个违法行为，不得给予两次以上罚款的行政处罚。

第二十四条 市酒类专卖局和区、县酒类商品管理部门作出行政处罚，应当出具行政处罚决定书。收缴罚款和没收财物时，应当出具市财政部门统一制发的收据。

罚没款全部上缴国库。

第二十五条 当事人对具体行政行为不服的，可以依照《行政复议条例》和《中华人民共和国行政诉讼法》的规定，申请行政复议或者提起行政诉讼。

当事人在法定期限内不申请复议，不提起诉讼，又不履行具体行政行为的，作出具体行政行为的部门可以申请人民法院强制执行。

第二十六条　市酒类专卖局和区、县酒类商品管理部门的工作人员违反本条例，玩忽职守、滥用职权、徇私舞弊的，由其所在单位或者上级主管部门给予行政处分；构成犯罪的，依法追究刑事责任。

第二十七条　本条例的具体应用问题，由上海市商业委员会负责解释。

第二十八条　本条例自1998年1月1日起施行。

天津市酒类卫生管理规定

（1987年12月24日天津市人民政府发布，1997年12月24日根据市人民政府《关于修改〈天津市酒类卫生管理规定〉的通知》修订发布）

第一条　为加强我市酒类产品生产经营的卫生管理，保障人民身体健康，依照国家法律、法规及有关规定，制定本规定。

第二条　凡在我市生产经营酒类产品的单位和个体工商户，必须遵守本规定。

第三条　本规定所指的酒类产品包括蒸馏酒、发酵酒及配制酒。

第四条　酒类产品生产经营者，必须取得所在区、县卫生行政部门颁发的《卫生许可证》后，方可办理其他手续。

第五条　酒类生产单位试制酒类新产品，需将其原料、配方、生产工艺和检验结果报市食品卫生监督检验所，经审查合格，方准投产。

第六条　酒类生产单位必须设立检验室，按照酒类卫生标准，对产品逐批检验，并开具合格证，方可出厂。合格证应注明生产单位、产品名称、原料、批号和检验结果。产品的包装和瓶签必须注明生产批号。

第七条　酒类生产单位使用的酿酒原料应符合下列要求：

（一）不得含有对人体有害的物质（在酿造过程中可除去其有害成分的除外）。

（二）生产配制酒或其他含酒精饮料所用的酒精，必须符合国家GB394-81二级以上卫生标准。

（三）生产各种酒类产品的用水，必须符合现行的《生活饮用水卫生标准》。

（四）生产各种酒类所使用的添加剂必须符合现行的《食品添加剂使用卫生标准》。

第八条　在生产、贮存过程中，与酒接触的容器、管道、冷凝器、酒池等所用的材料和涂料，必须符合卫生要求，凡容器、管道、冷凝器使用新材料、新涂料的，应向市食品卫生监督检验所提出报告，经审查批准后，方可使用。在生产发酵酒过程中所用的发酵池、罐、管道、容器等，应定期洗刷、保持清洁。

第九条　经营单位和个体工商户销售的酒类产品，必须符合酒类的卫生标准。直接购进外地酒类产品的经营者，必须持生产单位或当地卫生部门为该批酒类产品出具的合格证到所在区、县卫生行政部门登记，经验证后，方可出售。卫生行政部门在必要时应进行抽验。

第十条　食品卫生监督员在执行任务时，可以向本辖区酒类生产经营者了解情况，索取必要的资料，按照规定无偿采样，进行检验。生产经营者不得拒绝、阻挠或者隐瞒。

食品卫生监督员必须严格依法办事，执行任务时要出示证件。

第十一条　对违反本规定的酒类生产经营者，由卫生行政部门依照法律、法规的有关规定处理。

第十二条　本规定自发布之日起执行。

重庆市酒类商品管理条例

（1999年7月29日经重庆市第一届人民代表大会常务委员会第十八次会议通过，自1999年9月1日起施行）

第一章　总　则

第一条　为了加强酒类商品生产和流通领域的管理，保护酒类商品生产者、销售者和消费者的合法权益，根据《中华人民共和国产品质量法》等有关法律、法规，结合本市实际，制定本条例。

第二条　本条例所称的酒类商品，包括白酒、啤酒、黄酒、果酒、滋补酒、食用酒精以及其他含有乙醇的饮料。

第三条　在本市行政区域内从事酒类商品生产、销售的单位或个人，以及对酒类商品生产、销售活动实施监督管理的行政机关，应当遵守本条例。

第四条　市酒类商品行政管理部门负责全市酒类商品生产、销售的监督管理。

区、县（市）酒类商品行政管理部门负责本行政区域内酒类商品生产、销售的监督管理。

工商、技术监督、卫生、物价、公安等行政管理部门按照各自的职责依照法律、法规的有关规定，做好本市酒类商品生产、销售的监督管理工作。

第五条　酒类商品生产、销售实行许可证制度。

第二章　酒类商品的生产

第六条　从事酒类商品生产的单位或个人必须符合下列条件：

（一）具有一定生产规模以及相适应的生产场地、注册资本及生产设备；

（二）具有保证产品质量的工艺条件，计量、检测手段，以及符合要求的专业技术人员；

（三）具有健全的安全生产制度和安全防护措施；

（四）符合卫生、环境保护的有关规定；

（五）法律、法规要求的其他条件。

第七条 从事酒类商品生产的单位或个人，申领酒类商品生产许可证，应当向所在区、县（市）酒类商品行政管理部门提出书面申请，区、县（市）酒类商品行政管理部门应当在收到申请7日内提出初审意见，并报市酒类商品行政管理部门，市酒类商品行政管理部门应当在收到申请书

及相应文件后，对申请者的条件进行审查，并在20日内办结。符合条件的，发给酒类商品生产许可证；不符合条件的，书面说明理由。

市酒类商品行政管理部门可以委托区、县（市）酒类商品行政管理部门颁发酒类生产许可证。

国家对酒类商品生产许可证另有规定的，从其规定。

第八条 申请从事酒类商品生产的单位或个人，在取得酒类商品生产许可证之后，方可向工商行政管理部门申领营业执照。

第九条 禁止伪造、涂改、转借、出租、出售酒类商品生产许可证。

第十条 从事酒类商品生产的单位或个人应当依照法律、法规的规定，对产品的质量进行严格管理，禁止不符合质量标准的产品进入市场。

第十一条 加工改制液态白酒，必须使用符合国家标准的食用酒精，理化、卫生指标必须达到国家规定的液态白酒质量标准。

严禁任何单位或个人向酒类生产单位或个人销售合成酒精、工业酒精、甲醇。

第十二条 酒类商品的装载容器、包装及其标识必须符合有关法律、法规的规定。

第十三条 生产酒类商品，禁止下列行为：

（一）使用合成酒精、工业酒精、甲醇和其他有害人体健康的添加剂生产酒类产品；

（二）掺杂、掺假，以假充真，以次充好，以不合格产品冒充合格产品；

（三）伪造产地，伪造或者冒用他人的厂名、厂址；

（四）伪造或者冒用认证标志，名优标志等质量标志；

（五）伪造他人注册商品标识或者假冒他人注册商标及包装。

第三章 酒类商品的销售

第十四条 从事酒类商品销售的单位或个人，必须取得酒类商品销售许可证。

取得酒类商品生产许可证的单位或个人销售其他企业生产的酒类商品，应当取得酒类商品销售许可证。

酒类商品的销售许可证分为酒类商品批发许可证和酒类商品零售许可证。

第十五条　从事酒类商品批发的单位或个人，必须符合下列条件：

（一）有符合规定的注册资金；

（二）经营场所及设施符合卫生和消防要求；

（三）有熟悉酒类知识的专业人员和健全的管理制度；

（四）法律、法规或规章规定的其他条件。

从事进口酒批发的，应有识别进口食品卫生监督检验标志的手段。

第十六条　从事酒类商品批发的单位或个人，申请酒类商品批发许可证，应当向区、县（市）酒类商品行政管理部门提出书面申请，区、县（市）酒类商品行政管理部门应当在收到申请书及相应文件后，对申请者的条件进行审查，并在7日内办结。符合条件的，发给酒类商品批发许可证；不符合条件的，书面说明理由。

进口酒、国家名酒、食用酒精的批发许可证，向市酒类商品行政管理部门提出书面申请，市酒类商品行政管理部门应当在收到申请书及相应文件后，对申请者的条件进行审查，并在15日内办结。

从事酒类商品批发的单位或个人，凭酒类商品批发许可证办理工商登记或变更登记。

第十七条　从事酒类商品零售的单位或个人，必须符合下列条件：

（一）有工商营业执照；

（二）有熟悉酒类知识的从业人员；

（三）法律、法规或规章规定的其他条件；

第十八条　从事酒类商品零售的单位或个人，申请国产酒零售许可证或进口酒零售许可证，应当向所在区、县（市）酒类商品行政管理部门提出，区、县（市）酒类商品行政管理部门应当在收到申请书之日起7日内办结。符合条件的发给酒类商品零售许可证；不符合条件的，书面说明理由。

第十九条　销售进口酒，须凭有关证明文件向市酒类商品行政管理部门申报认证。

第二十条　酒类商品的批发和零售，实行一点一证，亮证经营。

第二十一条　从事酒类商品批发只能从取得酒类商品生产资格、销售资格的单位或个人采购酒类商品，而且只能将酒类商品销售给取得酒类商品生产资格、销售资格的单位或个人。

从事酒类商品零售只能从取得酒类商品生产资格、销售资格的单位或个人采购酒类商品。

第二十二条　销售散装白酒必须标明产地、厂名、品名、原料、酒精度，盛装容器必须符合国家卫生标准。

第二十三条　销售酒类商品，禁止下列行为：

（一）掺杂、掺假、以假充真，以次充好，以不合格商品冒充合格商品；

（二）伪造产地，伪造或者冒用他人的厂名、厂址；

（三）伪造或者冒用认证标志，名优标志等质量标志；

（四）销售过期、变质的商品；

（五）伪造他人注册商品标识或者假冒他人注册商标及包装。

第四章　监督检查

第二十四条　酒类商品生产、销售许可证，实行年审制度。

从事酒类商品生产、销售的单位或个人变更名称、地址。经营范围，以及合并、分立、终止，应当到原颁证部门办理变更或注销手续。

第二十五条　酒类商品行政管理部门及有关执法部门的执法人员查处酒类违法案件时，应当出示执法证件，并可以按照规定程序抽取样品，询问当事人和有关人员，查阅账册等有关资料。对需要抽取的样品和暂时扣留的物品或资料，应当向当事人出具有效凭据。

从事酒类商品生产、销售的单位和个人应当协助检查，如实提供情况，不得拒绝、阻碍执法人员的监督检查。

第二十六条　市和区、县（市）酒类商品行政管理部门应当配合技术监督、工商、卫生以及有关主管部门，对酒类商品进行定期或不定期的监督检测工作。

第二十七条　酒类商品管理执法人员负有保守被检查者的商业、技术秘密的义务。

第五章　法律责任

第二十八条　酒类商品生产、销售单位和个人违反本条例规定，给他人造成人身、财产损失的，应当承担赔偿责任；构成犯罪的，依法追究刑事责任。

第二十九条　违反本条例规定的下列行为，由酒类商品行政管理部门给予

处罚；

（一）无酒类商品生产许可证生产酒类商品的，责令停止生产，没收违法生产的酒类商品、生产设备和违法所得，可并处1万元以上5万元以下罚款；

（二）无酒类商品批发许可证批发酒类商品的，责令其停止销售，没收违法所得，可并处4000元以上2万元以下罚款。

（三）无酒类商品零售许可证销售酒类商品的，责令其停止销售，没收其违法所得；情节严重的，可并处200元以上1000元以下罚款；

（四）销售进口酒未经申报认证的，予以警告、责令限期改正、没收违法所得；情节严重的，可并处1000元以上1万元以下的罚款；

（五）不按规定时限办理酒类商品生产、销售许可证审核的，视为无证生产、销售，分别按本条第（一）项、第（二）项、第（三）项的规定处罚；

（六）伪造、涂改、转借、出售、出租酒类商品生产、销售许可证的，没收违法所得，吊销酒类商品生产或销售许可证，可并处3万元以下罚款。

第三十条　生产、销售假冒伪劣酒类商品的，由酒类商品行政管理部门责令停止生产、销售，吊销酒类许可证；没收违法酒类产品，没收违法所得，可并处违法所得的1倍至5倍的罚款；无违法所得或违法所得无法计算的，处以20万元以下的罚款。

使用合成酒精、工业酒精等非食用酒精、甲醇或其他有害人体健康的添加剂加工改制液态白酒的，除按照前款处罚款外，还应依法追究行为人的责任。

对本条第一款、第二款规定的违法行为，工商、技术监督等行政管理部门有权依照法律、法规的规定予以处罚，但对同一违法行为，不得重复处罚。

第三十一条　违反本条例第二十一条、第二十二条规定的，由酒类商品行政管理部门没收违法所得，可并处1000元以上1万元以下罚款。

第三十二条　当事人对酒类商品行政管理部门不予颁发酒类商品生产、销售许可证的决定不服的，可以依法申请行政复议或提起行政诉讼。

当事人对行政机关的处罚决定不服的，可以依法申请行政复议或提起行政诉讼。逾期不申请行政复议又不提起行政诉讼，又不履行处罚决定的，作出处罚决定的行政机关可以申请人民法院强制执行。

第三十三条　依据本条例所实施的罚款和没收财物的管理，按《重庆市罚款和没收财物管理条例》的规定执行。

第三十四条　酒类商品行政管理部门和有关执法部门及其工作人员玩忽职守、滥用职权、徇私舞弊、泄露管理当事人的商业、技术秘密的，由有关行政机关给予行政处分；造成经济损失的，应当给予赔偿；构成犯罪的，依法追究刑事责任。

第六章　附　则

第三十五条　酒类商品生产、销售许可证由市酒类商品行政管理部门统一印制，其工本费按市物价局、财政局核定的标准执行。

第三十六条　本条例适用中的具体问题，由市酒类商品行政管理部门解释。

第三十七条　本条例自 1999 年 9 月 1 日起施行。

四川省酒类管理实施细则

（1994 年 12 月 17 日四川省人民政府第三十一次常务会议讨论批准，1995 年 1 月 5 日四川省酒类专卖事业管理局发布）

第一章　总　则

第一条　根据《四川省酒类管理条例》（以下简称《条例》）第二十二条规定，制定本实施细则。

第二条　《条例》和本实施细则所称的酒类产品，是指白酒、啤酒、葡萄酒、黄酒、果露酒、食用酒精，各种进口酒和国内生产加工的同类产品。

白酒，包括大曲酒、小曲酒、液态白酒和其他发酵蒸馏白酒。果露酒，包括各种滋补酒、保健酒、小香槟、清酒、汽酒、广柑酒、桔子酒、弥猴桃酒等，不包括由医药主管部门按国家规定核定的药酒。

第三条　凡在四川省行政区域内从事酒类产品生产、加工、运输和销售的单位或个人，均应遵守《条例》和本实施细则。

第二章　酒类产品的生产加工

第四条　从事酒类产品的生产或加工，必须取得《酒类产销许可证、《卫生许可证》、《营业执照》和《税务登记证》。

第五条　申领《酒类产销许可证》必须符合下列条件：

（一）产品质量达到国家标准、行业标准，符合国家食品卫生标准，标志符合国家饮料酒标签标准；

（二）具备保证产品质量的工艺条件，有相应的专业技术人员、固定场所、生产设备和计量、常规检测手段；

（三）具有安全生产制度和必要的安全防护设施，符合国家环境保护的有关规定；

（四）有完善的财务管理制度和专业财会人员。

第六条　生产、加工酒类产品申领《酒类产销许可证》，按照下列规定办理：

（一）生产国家、部、省优质产品的酒厂申领《酒类产销许可证》，按隶属关系由当地经委（计经委、经贸委，下同）组织酒类管理等有关部门审查提出意见，逐级上报省经委核准、盖章，省酒类管理部门颁发。

（二）加工改制液态白酒的酒厂，由地、市、州酒类专卖管理部门核发《酒类产销许可证》或在《酒类产销许可证》中加注加工改制液态白酒项目。

（三）其他酒类生产企业的《酒类产销许可证》，按隶属关系由当地经委组织酒类管理等有关部门审查后批准盖章，酒类管理部门颁发。

第七条 对没有国家标准、行业标准又需要在全省范围内统一的酒类产品的安全、卫生要求，由省技术监督行政主管部门会同省酒类管理等部门制定地方标准。

第八条 《条例》第七条第三款所称原料，是指可通过发酵、蒸馏等工艺生产食用酒精的淀粉质或糖类物质。

《条例》第七条第三款所称标准，是指国家食用酒精标准。

第九条 加工改制液态白酒，由市、地、州酒类管理部门选择证照齐全、质量管理制度健全、检测手段完善和直接从事酒类产品生产的酒厂进行。

第十条 加工改制液态白酒，必须使用符合国家食用酒精标准的原料。禁止使用非食用酒精配制液态白酒。

第十一条 加工改制液态白酒，必须经过复蒸、串香、勾兑工艺。液态白酒的理化、卫生指标必须达到国家规定的液态白酒质量标准。

第十二条 酒类生产经营企业应按规定填写半年、年度《酒类产销统计表》，报当地酒类管理部门和企业主管部门。

第十三条 酒类生产企业变更名称、场所或酒类生产经营范围等，应在获准工商变更登记后15日内到颁证部分办理《酒类产销许可证》变更手续。

第三章 运输、批发和零售

第十四条 凡向县以外地区发运净重50公斤以上国家名白酒的，销售单位应当向当地酒类管理部门申请核发《国家名白酒准运证》（以下简称准运证），凭准运证办理货运手续。没有准运证的，运输部门不得承运。

准运证必须随货同行，品种、规格和数量货证相符，在核定期限内有效，不得重复使用。

第十五条 酒类生产经营者无论以何种价格向经营者销售酒类产品，均属从事酒类批发业务。

第十六条　从事酒类批发业务，必须取得《酒类产销许可证》；批发进口酒类产品的，并须取得《进口酒经营许可证》。

第十七条　申领《酒类产销许可证》、《进口酒经营许可证》必须符合《条例》第九条规定的条件。

第十八条　从事酒类批发业务企业的《酒类产销许可证》，中央和省属企业由省酒类管理部门或其委托的部门核发；其他企业由市、地、州酒类管理部门核发。

从事酒类批发业务企业的《进口酒经营许可证》，由省酒类管理部门核发。

第十九条　酒类批发企业改变名称、经营场所或酒类经营范围等，应在获准工商变更登记后15日内到酒类管理部门办理酒类许可证的变更手续。

第二十条　需零售国家名白酒或进口酒的，必须取得《国家名白酒零售许可证》或《进口酒经营许可证》。

《国家名白酒零售许可证》和零售者的《进口酒经营许可证》由县以上酒类管理部门核准颁发。

第二十一条　从事酒类批发、国家名白酒和进口酒零售业务，实行一点一证，亮证经营。

从事酒类经营，必须从具有酒类产品批发资格的企业进货。

第二十二条　销售酒类商品（含散装，下同），必须标明品名、产地、等级、酒度和价格。

第四章　监督管理

第二十三条　酒类许可证、准运证由省酒类管理部门统一印制。

颁证部门对《酒类产销许可证》每3年审核换发一次；对《进口酒经营许可证》和《国家名白酒零售许可证》每年审核一次。

第二十四条　禁止伪造、涂改或以出租、出借等方式转让酒类许可证和准运证。

第二十五条　酒类执法检查人员检查酒类生产经营情况，应当出示省酒类管理部门统一印发的检查证件。

第二十六条　酒类管理部门查处酒类违法案件时，有权询问当事人和有关人员，查阅账册等有关材料。对违法当事人的主要违法事实、证据和处罚情况等，应当逐一记载存档。对需要暂时扣留的物资，应向当事人出具暂扣凭据。

第二十七条 酒类违法行为由案发地查处；管辖有争议的，由发生争议机关的共同上级指定查处机关。

第二十八条 吊销经营者的酒类许可证，由酒类管理部门决定。

酒类管理部门注销或吊销经营者的酒类许可证后，应书面通知工商行政管理部门。

第二十九条 各级酒类管理部门和有关执法机关对检举、揭发酒类管理违法行为的单位或个人，如要求保密的，应予保密。

第五章 奖 惩

第三十条 对检举、揭发和查处酒类管理违法行为有功的单位或个人，由酒类管理部门给予表彰奖励。

第三十一条 有下列情况之一的，由酒类管理部门给予警告，责令停止生产经营；情节严重的，没收违法生产经营的全部酒类产品、没收酒类生产加工设备、没收非法所得，并处相当于非法所得2-5倍的罚款：

（一）无《酒类产销许可证》擅自生产、批发酒类产品；

（二）无《进口酒经营许可证》擅自批发进口酒；

（三）无《国家名白酒零售许可证》和《进口酒经营许可证》擅自零售国家名白酒和进口酒；

（四）伪造酒类许可证从事酒类产品生产经营业务。

第三十二条 违反本实施细则第二十一条第二款规定的，由酒类管理部门给予警告、责令具结悔过、没收非法所得；情节严重的，可并处相当于非法所得2-3倍的罚款。

第三十三条 涂改的以出租、出借或其他方式转让酒类许可证的，由酒类管理部门予以警告、没收非法所得，可并处相当于非法所得1-3倍的罚款；情节严重的，酒类管理部门可以吊销酒类许可证。

使用他人转让的酒类许可证从事生产经营的，没收非法所得，并可处以相当于非法所得2倍以下的罚款。

第三十四条 不按本实施细则规定申请办理酒类许可证审核换证的，由酒类管理部门予以警告、责令限期改正；逾期不改正的，由酒类管理部门注销酒类许可证。

第三十五条 酒类生产经营企业不按本实施细则规定填报《酒类产销统

计表》的，由酒类管理部门予以警告、责令限期填报。

第三十六条　没有准运证擅自发运或承运国家名白酒的，或者伪造、涂改和以出租、出借等方式转让准运证的，由酒类管理部门没收违法运输的酒类产品和非法所得，并可处以相当于非法所得2-5倍的罚款。

第三十七条　违反《条例》和本实施细则的其他有关规定，由有关行政主管部门按照各自的职权依法查处；情节严重的，酒类管理部门可以吊销酒类许可证。

第三十八条　当事人对行政处罚决定不服的，可以依法申请复议或提起诉讼。

第三十九条　执法机关没收的酒类产品，交由当地酒类管理部门按规定处理。处理收入由办案的执法机关按规定上缴同级财政。

第四十条　酒类管理部门的工作人员有下列行为之一的，给予行政处分：

（一）不按《条例》和本实施细则及有关行政执法管理规定办案，玩忽职守，滥用职权，徇私舞弊；

（二）泄露案情机密或向当事人通风报信；

（三）有其他违法行为。

第四十一条　违反《条例》和本实施细则规定，情节严重、构成犯罪的，依法追究刑事责任。

第六章　附　则

第四十二条　《条例》和本实施细则所称酒类许可让，包括《酒类产销许可证》、《国家名白酒零售许可证》和《进口酒经营许可证》。

第四十三条　本实施细则具体应用中的问题，由四川省酒类专卖事业管理局解释。

第四十四条　本实施细则自发布之日起施行。

湖北省酒类管理办法

（1998年5月19日湖北省人民政府常务会议通过，并发布施行）

第一条　为加强酒类管理，维护经营者和消费者的合法权益，根据国家有关法律法规，结合本省实际，制定本办法。

第二条　在本省行政区域内从事酒类生产、经营活动的单位和个人，均应遵守本办法。

第三条　本办法所称酒类是指白酒、黄酒、啤酒、葡萄酒、果酒、露酒、食用酒精和其他酒精饮品，各种进口酒和国内生产加工的同类产品。

第四条　各级贸易行政主管部门（或酒类专卖管理机构，以下统称酒类经营管理部门）负责本行政区域内酒类经营的监督管理。

各级轻工部门负责本行政区域内酒类生产的监督管理。

各级工商、技术监督、卫生、公安等部门依照各自的职责，共同做好酒类的监督管理工作。

第五条　各级人民政府应加强对酒类管理工作的领导，并按照国家产业政策的要求，统筹规划和合理安排酒类的生产和销售。

第六条　酒类生产必须严格执行国家标准和行业标准。酒类产品出厂前必须进行质量检验，检验合格的，出具合格证明。禁止不合格酒类产品出厂销售。

第七条　酒类生产应节约用粮，综合利用副产品。严禁使用甲醇、工业酒精、合成酒精和有害人体健康的添加剂。

第八条　发展优质名酒。优质名酒按有关规定评定。酒类生产企业联合生产名优酒，应统一生产工艺，统一质量标准，统一商品标识，统一成品勾兑，确保名酒质量。

严禁生产假酒、劣质酒、假冒商标酒。

第九条　酒类的生产应按照国家和省有关生产许可证的规定，领取生产许可证。

第十条　申领酒类生产许可证的企业，应当具备符合酒类生产规定的生产场地和检测手段等条件，具有熟悉酒类生产的专业技术人员，并符合消防和环境保护有关规定。

第十一条　酒类生产许可证，在省经贸委统一协调下，由省轻工主管部

门会同省技术监督部门负责审核，其中白酒生产许可证到国家有关部门领取，其他酒类生产许可证到省工业品生产许可证管理部门领取。

第十二条　酒类批发和零售，应当向当地酒类经营管理部门领取批发和零售许可证。酒类经营管理部门收到申请书之日起15日内给予答复，经审核同意的，发给批发和零售许可证。

第十三条　申领酒类批发、零售许可证的企业和个体经营户，应当具备符合规定的经营场所和仓储设施，并具有健全的消防安全措施。

第十四条　从事酒类批发、零售的企业和个体经营户，采购酒类商品时，应索取产品质量标准和法定卫生监督检测机构核发或认可的检查合格证。酒类商品包装上标明优质产品的，须按有关规定，索取优质产品证明。

第十五条　酒类生产企业和批发企业不得向无酒类批发或零售许可证的企业和个体经营户供货。从事酒类经营的企业和个体经营户，应当向有酒类生产和批发许可证的企业进货。

第十六条　本省酒类调出省外，按照省外的规定应实行准运的，各级酒类经营管理部门应根据有关企业和个体经营户的申请，发给准运证。本省酒类在省内流通，不办理准运证的有关手续。

实行准运制度的省外酒类调入本省，没有调出地准运证明的，应到本省办理有关准运手续后，方可在省内销售。

第十七条　持有酒类生产、批发、零售许可证的企业和个体经营户，按规定取得食品卫生许可证、工商营业执照后，方可从事酒类商品的生产、批发或者零售业务。

第十八条　从事酒类生产、批发、零售的企业和个体经营户，因名称、地址变更或者合并和撤销的，应在变更或者合并、撤销之日起10日内到原发证单位办理许可证变更和撤销手续。

禁止涂改、伪造、转借、买卖酒类生产、批发和零售许可证及准运证。

第十九条　白酒以外的酒类生产许可证由省工业品生产许可证管理部门统一印制。酒类批发、零售许可证和准运证由省贸易行政主管部门统一印制。酒类生产许可证和批发、零售许可证、准运证的发放管理办法分别由省工业品生产许可证管理部门和省贸易行政主管部门制定。

酒类生产、批发、零售许可证有效期为2年。

第二十条　各级技术监督部门应加强酒类的质量管理。酒类商品的质量，由各级技术监督部门认可的酒类商品检测机构鉴定。

第二十一条　各级酒类经营管理部门和轻工部门应会同同级工商、技术监督、卫生等部门定期对酒类生产、批发、零售企业和个体经营户进行监督检查。

有关部门开展监督检查应持执法证件，并依照规定进行。酒类生产和经营者应如实提供资料，不得拒绝和阻挠。

第二十二条 对酒类生产和经营活动中的违法行为，消费者可以向当地轻工部门、酒类经营管理部门和工商、技术监督等部门举报和投诉。有关部门应及时调查处理。

第二十三条 违反本办法规定，有下列行为之一者，可处违法所得1倍以上3倍以下罚款，但最高不得超过30000元；没有违法所得的，处以1000元以上10000元以下罚款。

（一）无酒类生产许可证，擅自从事酒类酿造和配制的；

（二）无酒类批发和零售许可证，擅自从事酒类批发和零售的；

（三）应当办理准运手续而未办理的；

（四）涂改、伪造、转借、买卖、使用过期的批发、零售许可证及准运证的。

本条第（一）项规定由省工业品生产许可证管理部门和酒类生产主管部门实施，第（二）、（三）、（四）项规定由酒类经营管理部门实施。

第二十四条 生产、购进、销售假冒劣质酒者，由工商、技术监督和酒类经营管理部门依法处理。构成犯罪的，依法追究刑事责任。

第二十五条 当事人对行政处罚决定不服的，可依法申请复议或向人民法院起诉。逾期不申请复议也不起诉，又不履行处罚决定的，由作出处罚决定的机关申请人民法院强制执行。

第二十六条 本办法应用中的问题，由省贸易行政主管部门负责解释。

第二十七条 本办法自发布之日起施行。

山西省酒类管理条例

（1999 年 8 月 16 日山西省第九届人民代表大会常务委员会第十一次会议通过 2000 年 1 月 1 日起施行）

第一条　为加强酒类生产和流通管理，规范酒类生产和流通秩序，保障人民身体健康，维护生产者、经营者和消费者的合法权益，促进本省酒业发展，根据有关法律、法规，结合本省实际，制定本条例。

第二条　凡在本省行政区域内从事酒类生产和流通活动的，均应遵守本条例。

第三条　本条例所称酒类是指白酒、黄酒、啤酒、果酒、葡萄酒、配制酒和食用酒精。

进口酒类的管理按照国家有关规定执行。

第四条　县级以上人民政府主管酒类生产和流通的部门，负责本行政区域内酒类生产和流通的管理工作。

各级经贸、工商行政管理、技术监督、卫生、公安等部门，按照各自的职责，依据有关法律、法规，负责酒类生产和流通的有关监督管理工作。

第五条　各级人民政府主管酒类生产和流通的部门及有关监督管理部门，应当鼓励酒类生产者、经营者推行科学的质量管理方法，采用先进的科学技术，运用现代化的营销方式，保护名牌，开发适应市场需要的新产品，为酒业健康发展提供优质服务。

第六条　酒类生产和批发实行许可证制度。

酒类生产者须向县级人民政府主管酒类生产的部门提出领取酒类生产许可证的申请，逐级审查后报省人民政府主管酒类生产的部门会同省工业产品生产许可证管理机构审核办理。

从事酒类批发的经营者，须向县级人民政府主管酒类流通的部门提出申请，报所在地（市）主管酒类流通的部门审核发放酒类批发许可证。

酒类生产许可证由省人民政府主管酒类生产的部门会同省工业产品生产许可证管理机构按照国家规定统一印制。酒类批发许可证由省人民政府主管酒类流通的部门统一印制。

第七条　酒类生产者领取酒类生产许可证应当具备下列条件：

（一）符合国家产业政策；

（二）有较先进的生产设备和与生产规模相适应的场地、设施；

（三）有先进的生产工艺和熟悉酒类生产的专业技术人员；

（四）有保护产品质量的生产、卫生、环境保护条件和管理制度，产品应当达到规定的质量标准和国家卫生标准；

（五）有产品质量检验机构和完备的检测手段及合格的检验人员；

（六）法律、法规规定的其他条件。

第八条　从事酒类批发的经营者领取酒类批发许可证应当具备下列条件：

（一）有符合规定的注册资本和相应的经营场所、仓储设施；

（二）有熟悉酒类知识的专业人员；

（三）有健全的管理制度；

（四）法律、法规规定的其他条件。

第九条　省人民政府主管酒类生产的部门会同省工业产品生产许可证管理机构，应当自县级人民政府主管酒类生产的部门收到申领酒类生产许可证申请之日起六十日内进行审核，对符合条件的，予以办理；对不符合条件的，书面告知理由。

地（市）主管酒类流通的部门应当自县级人民政府主管酒类流通的部门收到申领酒类批发许可证申请书之日起 30 日内，对符合条件的酒类批发经营者发给许可证；对不符合条件的，不予发证，并书面告知理由。

第十条　酒类生产者和经营者必须亮证生产、经营。

酒类生产、批发许可证实行年检，每 3 年换发一次。

任何单位和个人不得伪造、租借、涂改或买卖酒类生产、批发许可证。

第十一条　取得酒类生产许可证的生产者，销售本企业生产的酒类，不再申领批发许可证。

第十二条　取得酒类生产、批发许可证和食品卫生许可证、营业执照的生产者和经营者，方可从事酒类生产、批发业务。

未取得酒类生产许可证的生产者不得生产酒类。未取得酒类批发许可证的经营者不得从事酒类批发业务。

第十三条　酒类生产者应保证酒类质量，出厂前必须严格进行质量检验，出具质量合格证明。禁止质量不合格的酒类出厂销售。

第十四条　用于生产酒类的水质必须符合生活饮用水卫生标准。配制酒类使用的基酒和食用酒精，必须符合国家质量和卫生标准。生产、配制酒类使用的添加剂必须符合食品添加剂使用卫生标准。

禁止使用甲醇、非食用酒精或其他非食用化学物质配制酒类。

第十五条 酒类生产者联营生产同一品牌的酒类，应当做到统一原料配方、生产工艺、质量标准和食品标签，并在标签标识中注明实际生产厂家的厂名、厂址。

第十六条 酒类产品的标识应当用中文标明厂名、厂址、生产日期、批号、规格、采用的质量标准、主要原料、容量、酒精含量、生产许可证编号。国家规定应当标明产品保质期限的酒类产品，应在显著位置标明。

第十七条 酒类经营者不得向未取得酒类生产许可证的生产者和未取得酒类批发许可证的经营者采购酒类。

酒类经营者向取得酒类生产、批发许可证的生产者和经营者采购酒类时，应当查验产品质量、卫生检验合格证明。

第十八条 酒类生产者和经营者不得生产、批发和零售伪劣、假冒、超过保质期、变质和标识不符合国家规定的酒类。

散装酒类在一定限期内实行预包装（小包装）。

第十九条 出入本省销售的酒类，必须是依法批准的酒类生产者生产的产品，并附有产品质量、卫生检验合格证明。

第二十条 本省酒类销往省外，按照省外规定实行准运证的，县级以上主管酒类流通的部门应根据有关生产者和经营者的申请，发给准运证。本省酒类在省内流通不实行准运证。

准运证由省人民政府主管酒类流通的部门统一印制。

实行准运证制度的省外酒类进入本省，应当持有售出地的准运证，方可销售。

第二十一条 广告经营者和广播、电视、报刊等媒体，不得为无酒类生产、批发许可证的生产者和经营者设计、制作、代理、发布酒类广告。

第二十二条 各级主管酒类生产的部门应当对酒类生产者的生产条件、工艺、作业过程和产品检验情况进行监督、检查，保证酒类生产者按规范程序和质量要求生产质量合格的酒类。各级主管酒类流通的部门应当加强对批发和零售的监督、检查，保证酒类依法规范流通。

酒类生产者和经营者应当接受检查，如实提供有关证件和资料，不得拒绝、阻挠检查。

第二十三条 对酒类生产、经营活动中的违法行为，任何单位和个人均有权向有关部门举报、投诉，有关部门应及时调查处理。对举报有功的单位和个人，有关部门应当给予表彰和奖励。

第二十四条 未取得酒类生产、批发许可证，擅自生产、批发酒类的，由县级以上主管酒类生产、流通的部门责令停止生产或批发，没收违法生产、批发的酒类和违法所得，可并处违法所得15%至20%的罚款。

第二十五条 伪造、租借、涂改和买卖酒类生产、批发许可证的，由县级以上主管酒类生产、流通的部门没收违法所得，并处以违法所得一至二倍的罚款。租借、涂改和买卖的许可证，予以吊销；伪造的许可证，予以没收。

第二十六条 酒类经营者向未取得酒类生产、批发许可证的生产者和经营者采购酒类的，由县级以上主管酒类流通的部门责令改正，没收所购酒类和违法所得，可并处违法所得15%至20%的罚款。

第二十七条 违反本条例第二十条第三款规定，应当办理准运手续而未办理的，由县级以上主管酒类流通的部门责令停运和销售，并从售出地补办准运手续。

第二十八条 为未取得酒类生产、批发许可证的生产者和经营者设计、制作、代理、发布酒类广告的，由县级以上工商行政管理部门依照广告法律、法规予以处罚。

第二十九条 酒类生产者和经营者拒绝有关部门监督、检查，阻碍监督管理人员执行职务，尚不构成犯罪的，由公安机关依照有关法律予以处罚。

第三十条 各级主管酒类生产、流通部门的监督管理人员玩忽职守、滥用职权、徇私舞弊的，给予行政处分；给公民、法人或者其他组织造成损失的，依法承担赔偿责任。

第三十一条 违反本条例规定构成犯罪的，依法追究刑事责任。

第三十二条 当事人对不予颁发许可证、准运证或行政处罚决定不服的，可以依法申请行政复议或提起行政诉讼。

第三十三条 本条例具体应用中的问题，由省人民政府负责解释。

第三十四条本条例自2000年1月1日起施行。

辽宁省酒类流通管理实施细则

（2001年4月30日辽宁省商业局局长办公会议通过，并发布施行）

第一条 为加强酒类市场管理：促进酒类商品流通，规范酒类市场秩序，保护生产者、经营者、消费者的合法权益，根据《辽宁省酒类管理办法》（以下简称《办法》），结合酒类流通管理的实际，制定本实施细则。

第二条 《办法》第二条所称其他酒，是指除由医药主管部门按国家规定核定的医用药酒以外的其他所有合有乙醇的饮品。

第三条 《办法》第三条所称经营活动是指在我省行政区域内从事酒类商品批发、零售、运输等活动的单位或个人。

第四条 全省各级商品流通行政主管部门负责本行政区域内酒类商品流通的监督管理工作，具体监督管理工作由其所属的酒类管理办公室负责组织实施。

第五条 酒类批发经营许可证由省酒类管理办公室统—印制。

第六条 《办法》第八条所称酒类批发经营，是指将酒类商品销售给经营者的活动。

第七条 依照《办法》第八条第二款规定，领取酒类批发经营许可证应具备条件的界定：

（一）有固定的经营场所和仓储设施

(1) 必须有与批发经营活动相适应的仓储设施，仓储面积不得低于100平方米；

(2) 酒类储存应避光并根据酒类品种特性的要求保持一定的相对湿度与温度，具有必要的防寒、防高温设备；

(3) 必须符合国家消防法和食品卫生法要求。

（二）有与经营规模相适应的计量器具和检验设备

(1) 容量、重量计量仪器；

(2) 乙醇含量测量仪器。

（三）有检验和熟悉酒类知识的人员指会使用计量器具、检验设备并懂得所经营酒类商品知识和辨别真假酒能力的从业人员。

（四）法律、法规以及国家规定的其他条件

对本款（一）项规定中，各市、县酒类管理办公室可根据当地实际情况制定具体标准，并报省酒类管理办公室备案。

第八条　依照《办法》第九条规定，领取酒类批发经营许可证的程序：

（一）需向所在地的酒类管理办公室提出书面申请，并提供相应的法人资格证明或有效证件、营业场所及仓储设施使用权证明等相关资料，并填写酒类批发经营申请审批表。

（二）省、市、县（市、区）酒类管理办公室在接到申请资料后，应实地勘验经营场所、仓储设施，计量器具，检验设备和从业人员的资格条件等，并将勘验情况及意见报市级以上酒类管理办公室。

（三）对符合条件的，依照《办法》第九条规定办理酒类批发经营许可证；对不符合条件的，由市级以上酒类管理办公室 10 日内书面告知申请人。

第九条　已办理酒类经营许可证的单位或个人，应当将酒类经营许可证悬挂于经营场所的显著位置。

第十条　酒类经营许可证每 3 年换发 1 次并实行年检制度，换证当年不年检。依照《办法》第八条规定取得酒类生产许可证的企业从事其自产酒类商品批发业务的，应到所在地酒类管理部门登记备案。

第十一条　凡已办理酒类经营许可证的单位或个人，如停业或废业，应将许可证交回办证部门；丢失的，由酒类管理办公室公开声明作废。

变更地址、法人代表、名称等必须到原办证部门办理变更手续；擅自改变而不申请的，超过 1 个月的按无酒类经营许可证处理。

第十二条　依照《办法》第十二条规定经营散白酒的经营单位或个人，必须遵守下列条件：

（一）在固定场所销售；

（二）必须从有生产许可证的企业购进，并持有该企业出具的销售发货票；

（三）盛酒容器应如实标明生产厂名、厂址、酒度和生产原料；

（四）备有相应的计量器具、酒精测试计；

（五）依法取得营业执照和卫生许可证。

第十三条　依照《办法》第十九条规定，各级商品流通行政部门及所属的酒类管理办公室会同有关部门依法查处经销假冒和劣质酒类的行为。

第十四条　建立酒类商品违法案件举报制度。各级酒类管理办公室应向社会公布举报电话，并为举报者保密。任何单位和个人均有权对违反《办法》及本实施细则的行为举报。

第十五条　对无酒类批发经营许可证经营酒类商品的，由酒类管理办公室责令停止经销，并依照《办法》第二十二条规定进行处罚。

第十六条 酒类经营者未按规定进行酒类批发经营许可证年检或换发的，自规定的年检或换发时间截止之日起，超过1个月的，按无证经营处罚。

第十七条 依照《办法》第十条对伪造、涂改、转借、倒卖酒类批发经营许可证的，由酒类管理办公室公告废止该许可证，并按《办法》第二十三条规定处罚。

第十八条 酒类经营者经营食用酒精、加工兑制酒类商品或者向无白酒生产许可证的企业采购白酒的，按《办法》第二十四条规定处罚。

第十九条 实施行政处罚，必须依据《中华人民共和国行政处罚法》规定的处罚程序和《办法》规定范围内实施。

第二十条 各级酒类管理人员应规范执法、秉公办案、依法行政。对执法中存在的违法行为依照《办法》第二十七条处理。

第二十一条 本实施细则由辽宁省商业局负责解释。

第二十二条 本实施细则自发布之日起施行。

新疆维吾尔自治区酒类管理办法

（1998 年 7 月 3 日自治区人民政府令第 80 号发布根据 2002 年 5 月 20 日《新疆维吾尔自治区人民政府关于废止修订部分自治区政府规章的决定》修订）

第一条 为加强自治区酒类产销管理,维护酒类市场秩序和消费者的合法权益，打击违法活动，根据有关法律法规，结合自治区实际，制定本办法。

第二条 凡在自治区行政区域内从事酒类生产、销售活动的企业和个人均应当遵守本办法。

第三条 本办法所称酒类指白酒、黄酒、啤酒、葡萄酒、果露酒、配制酒和其他酒以及食用酒精和含有酒精成分的饮料。

卫生行政主管部门按国家规定批准生产的药酒除外。

进口酒类管理按国家有关规定执行。

第四条 自治区酒类管理工作坚持“生产管严、批发管住、零售搞活、重点打假”的原则。

第五条 自治区轻工行政主管部门负责全区的酒类生产管理工作；州(市、地)、县（市）轻工行政主管部门或者负责轻工行业管理的部门（以下统称轻工主管部门)，负责本行政区域内的酒类生产管理工作。

第六条 自治区贸易行政主管部门是全区酒类流通管理部门。自治区贸易行政主管部门可以依法委托其所设置的酒类管理机构具体负责酒类流通管理工作。

州（市、地)、县（市）贸易行政主管部门或者负责贸易行业管理的部门（以下统称贸易主管部门)，负责本行政区域内的酒类流通管理工作。

第七条 工商、技术监督、卫生、税务和其他有关部门按各自的职责分工，依法做好酒类监督管理工作。

第八条 自治区经济贸易和计划综合部门应当会同有关部门，按照国家和自治区的产业政策及市场需求，对酒类生产和发展进行统筹规划。

第九条 自治区酒类的生产、批发和零售，实行许可证制度。

第十条 从事酒类生产的企业，必须具备下列条件:

（一）符合国家和自治区产业政策；

（二）达到规定的生产规模；

（三）产品质量达到国家标准、行业标准；

（四）产品符合食品卫生法律、法规规定要求；

（五）具备保证产品质量的工艺条件和相应的生产设备、计量、检验手段；

（六）有按照技术标准进行生产和检验的专业技术人员；

（七）产品的粮食和能源消耗符合国家规定的指标；

（八）法律、法规和国家产业政策规定的其他条件。

第十一条　从事酒类生产的企业，应当向自治区轻工主管部门申领酒类生产许可证。对申领酒类生产许可证企业的资质审核和酒类生产许可证的发放、管理，由自治区轻工主管部门会同技术监督部门依照国家生产许可证有关规定执行。

第十二条　酒类产品必须严格进行质量卫生检验。出厂的产品必须有产品质量合格证。

第十三条　使用酒精配制酒类产品，必须使用符合国家规定标准的食用酒精。禁止使用甲醇等有毒物质兑制酒类产品。

禁止在生产过程中使用不符合国家标准和卫生管理规定的食品添加剂。

第十四条　酒类产品应当严格执行国家饮料酒标签标准，在包装或者商标上注明生产日期、保质期、批号、产地、生产厂名，并标明产品类型和酒精含量，果酒必须标明原汁含量。

第十五条　从事酒类批发业务的企业,必须具备下列条件；

（一）符合自治区酒类流通政策,服从行业统筹规划和合理布局；

（二）注册资金、经营场所和仓储设施符合有关规定；

（三）有健全的企业管理制度，有符合《会计法》规定的财务制度和财务人员；

（四）计量器具、卫生条件符合规定；

（五）有熟悉酒类知识的专业人员；

（六）有较稳定的进货渠道；

（七）法律、法规规定的其他条件。

第十六条　从事酒类批发业务的企业，应当向所在地贸易主管部门申领酒类批发许可证，经审核符合本办法第十五条规定的，由自治区贸易行政主管部门发给酒类批发许可证。工商行政管理部们凭证核准其酒类批发业务。

酒类批发许可证实行年检年审制度。

第十七条　广播、电视、报刊、杂志等各类媒体以及各类广告公司，不得为无酒类生产许可证、酒类批发许可证的企业制作、发布广告。

第十八条　从事酒类零售业务的企业和个体工商户，应当申领酒类零售许可证。

酒类零售许可证由县（市）贸易主管部门核发。

第十九条 依法设立并取得酒类生产许可证的酒类生产企业，可以直销本企业的酒类产品，但必须出具正式销售发票。

第二十条 经销者在自治区境内运输酒类商品,应当做到票货同行、票货相符。

第二十一条 禁止批发、零售、运输和储存假冒伪劣酒类商品。

第二十二条 禁止伪造、涂改、买卖、转让、转借酒类零售许可证、酒类批发许可证、酒类生产许可证。

第二十三条 未取得酒类批发许可证、酒类零售许可证擅自从事酒类批发、零售业务的，由贸易主管部门予以处罚。无违法所得的，处以 1 万元以下的罚款；有违法所得的，处以违法所得 1 至 3 倍的罚款，最高不得超过 3 万元。

第二十四条 实施酒类监督检查时，检查人员应当出示行政执法证，不出示的，被检查者有权拒绝检查。

第二十五条 消费者和保护消费者权益的社会组织以及新闻舆论机构，有权对酒类质量和酒类经营中的不法行为进行社会监督和舆论监督。

第二十六条 违反本办法应受处罚的其他行为，由有关部门依照有关法律、法规进行处罚；构成犯罪的，依法追究刑事责任。

第二十七条 新疆生产建设兵团依照本办法对其所属的酒类生产、销售企业实施管理，业务上接受自治区轻工、贸易主管部门的指导和监督。

第二十八条 本办法自发布之日起施行。1978 年 11 月 10 日自治区革命委员会发布施行的《新疆维吾尔自治区酒类专卖管理试行办法》（新革发［1978］378 号）同时废止。

广东省酒类专卖管理条例

（1998年6月1日广东省第九届人民代表大会常务委员会第三次会议通过，2002年10月13日广东省第九届人民代表大会常务委员会第三十七次会议修订，2002年12月11日起施行）

第一章　总　则

第一条　为加强我省酒类生产和流通管理，保障人民身体健康，维护生产者、经营者、消费者的合法权益，根据国家有关规定，结合本省实际，制定本条例。

第二条　在本省行政区域内从事酒类生产和流通活动适用本条例。

第三条　本条例所称酒类是指各种白酒、黄酒、啤酒、葡萄酒、果酒、配制酒，食用酒精以及其他含有乙醇的饮料。

第四条　各级人民政府酒类专卖管理部门负责本条例的贯彻实施。

各级工商、技术监督、卫生、工业管理等部门应当各负其责，做好酒类生产和流通的有关监督管理工作。

第五条　酒类的生产、批发、零售实行许可证制度。

本条例规定的酒类许可证由省酒类专卖管理部门统一印制，每3年换发1次，每年实行年检。生产、经营单位必须亮证生产、经营。

许可证不得伪造、租借、买卖和涂改。

第六条　禁止生产、销售假冒伪劣酒类产品。禁止为生产、销售假冒伪劣酒类产品提供服务。

有下列情形之一的酒类产品，为假冒伪劣产品：

（一）伪造或者冒用认证标志、国际标准采用标志、名优标志、防伪标识等标志的；

（二）伪造产品产地的；

（三）伪造或者冒用他人厂名、厂址的；

（四）伪造他人注册商标标识或者假冒他人注册商标的；

（五）假冒专利，盗版复制的；

（六）掺杂、掺假、以假充真、以次充好、以不合格产品冒充合格产品的；

（七）生产、销售不符合执行标准的酒类产品；

（八）销售过期、失效、变质或者国家明令淘汰的酒类产品；

（九）使用非食用酒精、原料或者添加剂配制酒类产品。

第七条　有下列情形之一的酒类产品，视为假冒伪劣产品：

（一）无执行标准或者无标明执行标准编号的；

（二）无检验合格证明的；

（三）无中文标明酒类名称、厂名、厂址的；

（四）限期使用的酒类产品，未标明生产日期、保质期或者伪造、篡改生产日期、保质期的。

第二章　生产管理

第八条　从事酒类生产的企业，必须具备以下条件：

（一）具有与生产规模相适应的生产场地、设备、检测仪器、专业技术人员及质量管理体系；

（二）符合卫生、环保和安全生产的要求；

（三）符合国家规定的粮食消耗指标；

（四）符合法律、法规规定的其他条件。

第九条　从事酒类生产的企业，必须取得卫生行政部门核发的卫生许可证，然后向省酒类专卖管理部门申领酒类生产许可证。取得卫生许可证、酒类生产许可证后，方可向工商行政管理部门申领营业执照。

第十条　省酒类专卖管理部门应当对申请酒类生产企业进行实地考察，并在收到企业申请书之日起30日内作出书面答复，对符合条件的，发给酒类生产许可证。

第十一条　酒类生产必须严格执行国家有关标准，应当经过卫生、质量等指标检验和计量检定。禁止不合格的酒类产品出厂销售。

第十二条　配制酒类使用的食用酒精，必须符合国家标准。

补酒、保健等配制酒需经法定检验机构检验合格后方可生产、销售。

第十三条　酒类产品应当使用中文标识，标明厂名、厂址、生产日期、采用的质量标准、主要原料、容量、保质期限、酒精含量，并附有产品质量检验合格证明。使用注册商标的，应当标准“注册商标”字样、标记。按国家规定应当标明产品有效期限的酒类，应当在明显位置标有。使用优质产品标志的，应当注明获奖的名称、级别、颁奖机关和时间。

第三章　流通管理

第十四条从事酒类批发业务的企业，应当具备以下条件：

（一）注册资金、经营场所和仓储设备符合有关规定；

（二）有相应的经营规模；

（三）有健全的企业管理制度；

（四）有熟悉酒类知识的专业人员；

（五）符合法律、法规规定的其他条件。

第十五条从事酒类批发业务的企业，必须先取得卫生行政部门核发的卫生许可证，然后向所在地地级以上市的酒类专卖管理部门申领酒类批发许可证。取得卫生许可证和酒类批发许可证后，方可向工商行政管理部门申领营业执照。

第十六条　从事酒类零售业务，必须先取得卫生行政部门核发的卫生许可证，然后向所在地县以上酒类专卖管理部门申领酒类零售许可证。取得卫生许可证和酒类零售许可证后，方可向工商行政管理部门申领营业执照。

第十七条　酒类专卖管理部门应当在收到申领酒类批发许可证、零售许可证申请书之日起分别于20日、10日内作出书面答复，经审核同意的，发给相应的许可证。

第十八条　本省酒类生产企业，经营本企业的酒类产品，可免领酒类批发许可证和酒类零售许可证；经营其他企业的酒类产品，必须按本条例的规定领取相应的酒类经营许可证。

第十九条　酒类生产企业和批发企业不得向无酒类经营许可证的零售经营者批发酒类；酒类批发企业及零售经营者，不得从无生产许可证或无批发许可证的企业或者个人购进酒类。

第二十条　酒类批发企业采购酒类时，须同时索取检验合格证和合法来源凭证；酒类产品包装上标明是优质产品的，应当索取优质产品的证明文件。

第二十一条　进口酒由口岸食品卫生监督检验机构进行卫生监督检验，检验合格方准进口。

第四章　监督检查

第二十二条　各级酒类专卖管理部门有权对酒类生产和经营单位执行本条例的情况进行监督检查。进行酒类执法检查应当有两人以上并出示省人民政府统一核发的行政执法证件。

第二十三条　酒类专卖管理部门应当协同技术监督、卫生以及有关主管部门，对酒类进行定期或不定期的监督检测工作。

第二十四条　酒类专卖管理部门出具或认可的酒类鉴定和结论应当以法定检测机构检测结果或者被侵权企业的鉴别报告为依据。

第二十五条　广播、电视、报刊、杂志等各类媒体以及各类广告公司，不得为无酒类生产、经营许可证的企业制作、发布酒类广告。

第五章　法律责任

第二十六条　伪造、租借、买卖和涂改本条例规定的各种许可证的，由酒类专卖管理部门或者其他有关行政管理部门依法吊销其许可证，没收违法所得，并可处以3万元以下的罚款。

第二十七条　无酒类生产、批发、零售许可证，擅自从事酒类生产、经营业务的，由酒类专卖管理部门、工商行政管理部门责令其停止生产、经营，没收其违法所得和违法生产、经营的酒类产品，并视其情节轻重，处以违法生产、经营酒类产品货值金额等值以上5倍以下的罚款。

对既无酒类生产许可证又无营业执照的，由酒类专卖管理部门或有关主管部门责令其停止生产，没收其生产设备、违法生产的产品和违法所得，并处以违法生产、经营酒类产品货值金额等值以上5倍以下的罚款。构成犯罪的，依法追究刑事责任。

第二十八条　超越许可证范围擅自从事酒类生产、经营业务的，超越部分按无证生产、经营处理；情节严重的，可吊销其生产、经营许可证。

第二十九条　向无酒类经营许可证的企业批发酒类或从无酒类生产或批发许可证的企业购进酒类的，由酒类专卖管理部门责令改正，并处以5000元至3万元的罚款。

第三十条　违反本条例第六条规定的，由酒类专卖管理部门或有关主管部门依法处理：

（一）有第（一）项、第（二）项、第（三）项、第（四）项、第（五）项行为之一的，责令其公开更正，没收侵权商标和直接用于商标侵权的制造工具，没收假冒伪劣产品及违法所得，并可处以假冒伪劣产品货值金额等值以上5倍以下的罚款；

（二）有第（六）项、第（七）项行为之一的，责令其公开更正，没收假冒伪劣产品及违法所得，并处以假冒伪劣产品货值金额等值以上5倍以下的罚款，可以吊销生产、经营许可证并根据国家有关法律法规规定吊销营业执照；

（三）有第（八）项行为的，责令停止销售，没收违法销售的产品和违法所得，并处以假冒伪劣产品货值金额等值以上1倍以下的罚款，可以吊销经营许可证并根据国家有关法律法规规定吊销营业执照；

（四）有第（九）项行为的，责令其停止生产，没收假冒伪劣产品及违法所得，没收生产设备、违法生产的产品和有关原材料，吊销生产许可证，并处以假冒伪劣产品货值金额等值以上5倍以下的罚款。

违反本条例第六条规定，构成犯罪的，依法追究刑事责任。

第三十一条　生产、销售本条例第七条所列的酒类产品的，责令其限期改正，并处以1万元以下的罚款；情节严重或者拒不改正的，没收所生产或者销售的酒类产品和销售收入，并处以3万元以下的罚款。

第三十二条　违反本条例第十二条第二款的规定，由酒类专卖管理部门责令其停止违法行为，没收假冒伪劣产品及违法所得，并处以假冒伪劣产品货值金额等值以上5倍以下的罚款。

第三十三条　为无酒类生产、经营许可证的企业制作、发布酒类广告的，由工商行政管理部门责令停止发布广告，没收广告费收入，并处以该广告费1倍以上5倍以下的罚款；情节严重的，吊销承办单位广告经营许可证。

第三十四条　对违反本条例的同一行为，两个以上行政执法部门都有管辖权的，由先立案的部门查处，其他部门不得重复处罚。罚没财物按有关规定处理。

第三十五条　酒类生产者、经营者拒绝接受酒类专卖管理部门的监督、检查、阻碍检查人员执行公务的，由其所在单位或上级机关给予行政处分；构成犯罪的，依法追究刑事责任。

第三十六条　酒类专卖管理部门和有关行政执法部门的工作人员违反本条例，滥用职权、索贿受贿、玩忽职守的，或者对依法应当将违法行为人移交司法机关追究刑事责任而不移交的，由所在单位或上级机关给予行政处分；构成犯罪的，依法追究刑事责任。

第三十七条　当事人对行政处罚不服的，可以依照法律、法规规定申请复议或者向人民法院起诉。逾期不申请复议或者不起诉，又不履行行政处罚决定的，由作出处罚的机关申请人民法院强制执行。

第六章　附　则

第三十八条　本条例自 2002 年 12 月 11 日起施行。

河北省酒类商品监督管理条例

（2003年9月26日河北省第十届人民代表大会常务委员会第五次会议通过，2003年12月1日施行）

第一章　总　则

第一条　为加强对酒类商品生产、销售活动的监督管理，维护酒类商品市场秩序，促进酒业健康发展，保护消费者和酒类商品生产者、销售者的合法权益，根据《中华人民共和国消费者权益保护法》和《中华人民共和国行政许可法》等有关法律、法规的规定，结合本省实际，制定本条例。

第二条　在本省行政区域内从事酒类商品生产、销售活动的单位或者个人以及对酒类商品生产、销售活动实施监督管理的行政机关，应当遵守本条例。

第三条　本条例所称的酒类商品，包括各种白酒、啤酒、黄酒、果酒和食用酒精以及其他含有乙醇的饮料。但国家食品药品监督管理部门审查、批准的药酒除外。

第四条　县级以上人民政府应当鼓励和支持名优酒类商品的发展，组织有关部门依法查处伪劣酒类商品的生产、销售行为。

第五条　县级以上人民政府确定的主管酒类监督管理的部门负责本行政区域内酒类商品生产、销售活动的监督管理工作。各级质量技术监督、工商行政管理、食品药品监督管理、卫生和公安等有关部门按照各自的职责，依法对酒类商品进行监督管理。

第六条　鼓励酒类行业组织建立和完善行业自律制度，发挥酒类行业组织在咨询、服务方面的作用。

第二章　生产管理

第七条　从事酒类商品生产活动，应当依法取得省级以上质量技术监督部门颁发的酒类商品生产许可证。

申请酒类商品生产许可证，应当具备下列条件：

（一）有工商行政管理部门核发的营业执照；

（二）具有保证酒类商品质量的工艺条件、计量、检测手段以及符合要求的专业技术人员；

（三）酒类商品质量符合国家规定的质量标准和卫生标准；

（四）取得卫生行政主管部门颁发的卫生许可证，并符合环境保护和安全生产的有关规定；

（五）符合国家的产业政策，具有一定的生产规模；（六）法律、法规规定的其他条件。

第八条 酒类商品生产者与他人联合生产酒类商品，在异地设立生产企业、委托加工的，应当执行统一的质量标准、原辅材料配方、生产工艺和酒类商品质量检验制度。

第九条 生产、销售酒类商品，禁止下列行为：

（一）使用工业酒精、合成酒精以及有害人体健康的添加剂；

（二）掺杂、掺假，以假充真、以次充好、以不合格酒类商品冒充合格酒类商品；

（三）伪造酒类商品的产地，伪造或者冒用他人的厂名、厂址、认证标志、名优标志；

（四）擅自使用他人生产的酒类商品特有的名称、包装、装璜，或者使用与他人生产的酒类商品近似的名称、包装、装璜，造成和他人生产的酒类商品相混淆；

（五）法律、法规禁止的其他行为。

第十条 酒类商品生产者应当建立健全商品质量保障体系，对出厂的酒类商品必须检验合格，出具合格证明，并在包装的显著位置用中文标明实际生产厂厂名、厂址、生产日期、生产许可证编号、主要成分的名称和含量等内容。

有使用期限的酒类商品应当标明保质期。

第三章 销售管理

第十一条 从事酒类商品销售活动，应当取得酒类监督管理部门颁发的酒类商品批发许可证、零售许可证。

第十二条 申请领取酒类商品批发许可证应当具备下列条件：

（一）有与经营规模相适应的注册资本；

（二）有固定的经营场所和仓储设施，取得卫生行政主管部门核发的卫生许可证，并符合消防等方面的要求；

（三）有熟悉酒类商品知识的专业人员和健全的管理制度；

（四）法律、法规规定的其他条件。

第十三条　申请领取酒类零售许可证应当具备下列条件：

（一）有固定的经营场所；

（二）有卫生行政主管部门核发的卫生许可证。

第十四条申请酒类商品批发许可证，申请人应当向省酒类监督管理部门提出书面申请；

申请酒类商品零售许可证，申请人应当向设区的市或者县（市）酒类监督管理部门提出书面申请。

申请酒类商品批发许可证、零售许可证，申请人应当如实提交有关材料和反映真实情况，并对其申请材料内容的真实性负责。

第十五条　申请人提交的申请材料齐全，符合法定形式，酒类监督管理部门能够当场作出决定的，应当当场作出书面的行政许可决定。

第十六条　除可以当场作出行政许可决定的外，酒类监督管理部门应当自受理申请之日起20日内作出行政许可决定。

作出准予行政许可决定的，应当在10日内颁发、送达酒类商品批发许可证、零售许可证。

县（市）酒类监督管理部门应当在作出行政许可决定之日起15日内，向设区的市酒类监督管理部门备案。

第十七条　酒类监督管理部门作出不予行政许可决定的，应当书面说明理由，并告知申请人有依法申请行政复议或者提起行政诉讼的权利。

第十八条　酒类监督管理部门提供酒类商品批发许可证、零售许可证申请书格式文本，不得收费。

酒类监督管理部门实施行政许可所需经费应当列入本行政机关的预算，由本级财政予以保障，按照批准的预算予以核拨。

第十九条　酒类商品批发许可证和零售许可证的有效期均为3年，当事人需要延续有效期的，应当在有效期届满30日前向原发证机关提出书面申请。

酒类商品批发许可证、零售许可证按年度进行检验。未按规定进行年检或者年检不合格的，缴销其酒类商品批发许可证或者零售许可证。

在酒类商品批发许可证和零售许可证的有效期内，酒类商品销售者的名称、法定代表人、经营场所和经营范围发生变化的，应当自变更之日起10日内向原发证机关申请办理变更登记手续。

第二十条酒类商品批发许可证和零售许可证由省酒类监督管理部门统一印制，任何单位和个人不得涂改、倒卖、出租或者出借。

第二十一条　酒类商品生产者和销售者不得向未取得酒类商品批发许可证和零售许可证的销售者销售酒类商品；

酒类商品销售者不得从无酒类商品生产许可证或者酒类商品批发许可证的企业和个人购进酒类商品。

第二十二条　任何企业和个人不得销售过期、变质的酒类商品。

第二十三条　酒类商品生产者、销售者在购销酒类商品时，应当相互查验酒类商品生产许可证、批发许可证、零售许可证以及质量检验合格证明，并索取复印件备查。

酒类商品的包装上标明是优质商品的，还应当查验优质商品的证明。

第四章　监督检查

第二十四条　酒类监督管理部门和有关行政监督部门应当按照各自的职责，并依照有关法律、法规的规定采取日常检查、抽查、联查等方式，对酒类商品的生产、销售活动实施监督检查，依法查处无证生产、销售和制售伪劣酒类商品等违法行为。

第二十五条　酒类监督管理部门在执行公务时，不得少于2人，应当佩戴省酒类监督管理部门制发的统一标志，并主动出示行政执法证件。

对未出示行政执法证件的，当事人有权拒绝接受监督检查。

第二十六条　酒类监督管理部门在执行公务时，可以采取下列措施：

（一）向有关单位和个人调查与酒类商品监督事项有关的情况；

（二）查阅、复制或者录制与酒类商品监督事项有关的材料；

（三）要求被检查的单位和个人就酒类商品监督事项涉及的问题作出解释和说明。

第二十七条　酒类监督管理部门的工作人员在执行监督检查任务时，应当遵守下列规定：

（一）不得妨碍被检查单位和个人的正常生产、销售活动；

（二）不得索取和收受被检查单位或者个人的财物，不得谋取其他利益；

（三）不得泄露被检查单位和个人的商业秘密；

（四）与被检查单位或者个人有直接利害关系的应当回避。

第二十八条　酒类监督管理部门在实施监督检查收集证据时，在证据可能灭失或者以后难以取得的情况下，经酒类监督管理部门负责人批准，可以先行登记保存。

酒类监督管理部门对依法登记保存的原料、设备、工具等有关物品，应当填写登记表，并由酒类监督执法人员、当事人或者见证人签字。当事人拒绝签字的，由酒类监督执法人员注明拒签事由。登记表一式三份，当场交付当事人一份。

对登记保存的有关物品，酒类监督管理部门应当妥善保管，并在 7 日内做出处理决定；因保管不善造成损失的，应当承担赔偿责任。

第二十九条　任何单位和个人对酒类商品生产、销售活动中的违法行为，均有权向酒类监督管理部门或者有关行政监督部门投诉和举报。

酒类监督管理部门或者有关行政监督部门应当在接到投诉或者举报之日起 7 日内决定是否立案，并告知投诉人或者举报人。

对违反本条例规定的，依法给予行政处罚；对涉嫌犯罪的，移送司法机关依法处理。对查证属实的举报案件，按有关规定给予投诉人或者举报人一定奖励。

第五章　法律责任

第三十条　酒类商品生产者和销售者有下列情形之一的，由酒类监督管理部门或者有关行政监督部门依照各自的职责依法予以处罚；

给他人造成人身、财产损害的，依法承担赔偿责任；

情节严重的，吊销其酒类商品生产许可证、批发许可证、零售许可证；构成犯罪的，依法追究刑事责任：

（一）违反本条例第七条、第十一条和第二十条规定的，责令停止生产、销售，没收违法所得，没收违法生产、销售的酒类商品，并处违法生产、销售酒类商品货值金额 1 倍以上 3 倍以下的罚款。

（二）违反本条例第九条第（一）项规定的，责令停止违法行为，没收违法所得，没收违法生产、销售的酒类商品、生产设备和有关原辅材料，并处违法生产、销售酒类商品货值金额 1 倍以上 5 倍以下的罚款。

（三）违反本条例第九条第（二）项规定的，责令停止生产、销售，没收违法所得，没收违法生产、销售的酒类商品，并处违法生产、销售酒类商品货值金额50%以上3倍以下的罚款，并可没收专门用于生产以假充真的酒类商品的原辅材料、包装物和生产工具。

（四）违反本条例第九条第（三）项规定的，责令改正，没收违法所得，没收违法生产、销售的酒类商品，并处违法生产、销售酒类商品货值金额等值以下的罚款。

（五）违反本条例第九条第（四）项规定的，责令停止违法行为，没收违法所得，根据情节处以违法所得1倍以上3倍以下的罚款。

（六）违反本条例第十九条第二款规定的，责令限期补办，对批发者处以1000元以下罚款，对零售者处以100元以下罚款。

（七）违反本条例第二十一条规定的，责令改正，没收违法所得，并处1000元以上3000元以下的罚款。

（八）违反本条例第二十二条规定的，责令停止销售，没收违法所得，没收违法销售的酒类商品，并处违法销售酒类商品货值金额2倍以下的罚款。

第三十一条 违反本条例第十条规定的，责令改正，没收违法所得；在包装的显著位置不用中文标明生产日期、保质期，情节严重的，责令停止生产、销售，并处违法生产、销售酒类商品货值金额30%以下的罚款。

第三十二条 违反本条例第十四条第二款规定，申请人隐瞒有关情况或者提供虚假材料申请酒类商品批发许可证、零售许可证的，酒类监督管理部门不予受理或者不予批准，并给予警告。

申请人在1年内不得再次申请酒类商品批发许可证、零售许可证。

第三十三条 当事人对行政处罚决定不服的，可以依法申请行政复议或者提起行政诉讼。

第三十四条 酒类监督管理部门的工作人员违反本条例第二十七条规定之一，有故意或者重大过失的，依法给予行政处分；构成犯罪的，依法追究刑事责任。

第三十五条 酒类监督管理部门或者有关行政监督部门及其工作人员违反本条例规定，有下列情形之一的，由其上级行政机关或者监察机关责令改正；情节严重的，对直接负责的主管人员和其他直接责任人员给予行政处分；构成犯罪的，依法追究刑事责任：

（一）对不具备申请资格或者不符合法定条件的申请人发放酒类商品生产许可证、批发许可证、零售许可证的；

（二）对符合法定条件的申请人不予批准或者不在法定期限内批准的；

（三）未依法向申请人说明不受理或者不予批准的理由的；

（四）对应当受理的举报不受理，对已受理的举报不调查、不处理的；

（五）不依法履行监督检查职责，对应当制止和查处的违法行为不制止、不查处，造成严重后果的。

第六章　附　则

第三十六条　本条例规定的货值金额，以违法生产、销售酒类商品的标价计算；没有标价的，按照该酒类商品的市场价格计算。

本条例所称违法生产、销售的酒类商品，包括已售出和未售出的酒类商品。

第三十七条　本条例自 2003 年 12 月 1 日起施行。

广西壮族自治区酒类管理条例

（1998 年 12 月 30 日广西壮族自治区第九届人民代表大会常务委员会第八次会议通过

根据 2002 年 1 月 21 日广西壮族自治区第九届人民代表大会常务委员会第二十八次会议《关于修改〈广西壮族自治区酒类管理条例〉的决定》第一次修正

根据 2004 年 6 月 3 日广西壮族自治区第十届人民代表大会常务委员会第八次会议《关于修改〈广西壮族自治区酒类管理条例〉的决定》第二次修正）

第一章 总 则

第一条 为了加强酒类生产和流通的管理，保障人民身体健康，维护生产者、经营者、消费者的合法权益，根据国家有关法律、法规，结合本自治区实际，制定本条例。

第二条 在本自治区行政区域内从事酒类生产、流通活动的，必须遵守本条例。

第三条 本条例所称酒类，是指发酵酒、蒸馏酒和配制酒，包括白酒、黄酒、啤酒、露酒、果酒、葡萄酒、食用酒精等。

第四条 县级以上人民政府确定的主管部门负责本行政区域内酒类生产规划、布局的宏观调控和流通领域的综合协调工作。

县级以上质量技术监督管理部门为酒类生产主管部门，负责本行政区域内酒类生产的行业管理工作。

县级以上商品流通行政管理部门为酒类流通主管部门，负责本行政区域内酒类流通的监督管理工作。

各级工商、卫生、环境保护、物价、税务、公安等行政管理部门，应当按照各自的职责，依法协同做好酒类生产流通监督管理工作。

第五条 酒类的生产、批发、零售实行许可证制度。

第二章 酒类生产管理

第六条 生产酒类，应当持有《酒类生产许可证》。个人或者家庭自酿自饮的酒类除外。

第七条　申领《酒类生产许可证》，应当向自治区酒类生产主管部门提出书面申请，并具备下列条件：

（一）具有保证酒类质量的生产条件；

（二）有卫生行政主管部门核发的卫生许可证；

（三）有环境保护行政主管部门批准的项目环境影响报告书；

（四）符合法律、法规规定的其他条件。

自治区酒类生产主管部门应当自收到申请书和有关文件、资料之日起30日内，对具备前款规定条件的，颁发《酒类生产许可证》；对不具备前款规定条件的，不予发证，并书面答复申请人。

第八条　生产酒类产品应当严格执行国家（行业）质量、卫生标准。产品出厂应当接受依法取得检验资格的卫生、质量检测机构的监督。禁止不合格的酒类产品出厂。

第九条　配制酒类使用的基酒和食用酒精应当符合国家标准。

禁止使用非食用酒精和有害人体健康的添加剂生产勾兑酒类产品。

第十条　酒类产品标识应当符合国家饮料酒标签标准的规定。使用省级以上名牌、优质酒类产品标志的，应当注明获奖名称、等级、颁发机关和时间。

第十一条　禁止生产假冒伪劣酒类产品。

第三章　酒类流通管理

第十二条　从事酒类批发业务，应当持有《酒类批发许可证》。

申领《酒类批发许可证》，应当向设区的市酒类流通主管部门提出书面申请，并具备下列条件：

（一）具有与批发业务相适应的注册资金、经营场所和仓储设施；

（二）有熟悉酒类知识的人员；

（三）有健全的管理制度；

（四）有卫生行政主管部门核发的卫生许可证；

（五）符合法律、法规规定的其他条件。

设区的市酒类流通主管部门应当自收到申请书和有关文件、资料之日起15日内，对具备前款规定条件的，颁发《酒类批发许可证》；对不具备前款规定条件的，不予办证，并书面答复申请人。

第十三条　从事酒类零售业务，应当持有《酒类零售许可证》。

申领《酒类零售许可证》，应当向市、县酒类流通主管部门提出书面申请，并具备下列条件：

（一）有相应的经营场所和注册资金；

（二）有卫生行政主管部门核发的卫生许可证；

（三）法律、法规规定的其他条件。

市、县酒类流通主管部门应当自收到申请书和有关文件、资料之日起15日内，对具备前款规定条件的，颁发《酒类零售许可证》；对不具备前款规定条件的，不予发证，并书面答复申请人。

第十四条　进口酒类批发、零售经营者所经销的进口酒类应当持有海关征税税单（复印件）、卫生证书（正、副本复印件）等相关证件并加贴进口食品卫生监督检验标志和符合饮料酒标签标准的中文标识。

第十五条　罚没的进口酒类产品符合食品卫生标准的，应当在设区的市以上酒类流通主管部门监督下，依法拍卖给具有酒类经营许可证的经营者，其他单位不得擅自处理。

第十六条　本自治区行政区域内取得《酒类生产许可证》的酒类生产者，经营自产的酒类产品，可免领《酒类批发许可证》和《酒类零售许可证》；经营其他酒类生产者的酒类产品，应当按本条例的规定申领相应的酒类经营许可证。

第十七条　酒类批发、零售经营者采购酒类产品时应当查验相关质量证明，酒类产品包装上标明是名牌、优质产品的，应当按规定索取名牌、优质产品的证明文件（复印件）。

第十八条　酒类生产者和批发经营者不得向无酒类经营许可证的单位和个人批发酒类；酒类批发、零售经营者，不得向无《酒类生产许可证》或者《酒类批发许可证》的单位和个人购进酒类产品。

第十九条　禁止批发或者零售假冒伪劣酒类产品。

第四章　酒类管理监督

第二十条　禁止伪造、租赁、转借、买卖和涂改许可证。

第二十一条　酒类生产、批发、零售者分立、合并、撤销，应当到原发证机关办理变更或者注销手续。

酒类生产者、经营者应当在许可证核准的范围内开展业务。

第二十二条　本条例规定的《酒类生产许可证》由自治区酒类生产主管

部门统一印制，《酒类批发许可证》和《酒类零售许可证》由自治区酒类流通主管部门统一印制。

第二十三条　县级以上酒类生产、流通主管部门应当依照本条例规定，加强对本行政区域内酒类生产、批发、零售活动的监督检查。

酒类生产或者流通监督管理人员依法进行监督检查时，应当有2人以上，并应当向当事人和有关人员出示行政执法证件；不出示行政执法证件的，被检查的单位和个人有权拒绝检查。

第二十四条　任何单位和个人不得拒绝、阻碍酒类生产、流通主管部门依法进行监督检查，不得纵容、包庇酒类生产、经营违法行为。

第五章　法律责任

第二十五条　违反本条例第六条规定，未取得《酒类生产许可证》擅自从事酒类生产的，由酒类生产主管部门责令停止生产，没收违法所得和生产的酒类产品，可并处违法生产的酒类产品价值1倍以上2倍以下的罚款。

第二十六条　违反本条例第十二条、第十三条规定，未取得《酒类批发许可证》、《酒类零售许可证》，擅自从事酒类相关经营活动的，由酒类流通主管部门责令停止经营，没收违法所得和违法经营的酒类产品，可并处违法经营的酒类产品价值1倍以上2倍以下的罚款。

第二十七条　违反本条例第八条、第九条、第十条、第十一条和第十九条规定的，按照《中华人民共和国产品质量法》、《中华人民共和国食品卫生法》、《中华人民共和国商标法》等法律的有关规定予以处罚；酒类生产或者酒类流通主管部门吊销其酒类生产、批发或者零售许可证；构成犯罪的，依法追究刑事责任。

第二十八条　违反本条例第十四条规定，经销的进口酒类所持证件不齐全的，由酒类流通主管部门责令改正，可并处500元以上5000元以下的罚款；情节严重的，吊销其《酒类批发许可证》或者《酒类零售许可证》。

第二十九条　违反本条例第十五条规定，擅自处理罚没的进口酒类产品的，依照《中华人民共和国拍卖法》的有关规定处理。

第三十条　违反本条例有下列行为之一的，由酒类流通主管部门责令改正，没收违法经营的酒类产品和违法所得，可并处违法经营的酒类产品价值1倍以下的罚款；情节严重的，吊销其相应的酒类经营许可证；构成犯罪的，依法追究刑事责任：

（一）向无酒类经营许可证的单位和个人批发酒类产品的；

（二）从无酒类生产许可证、酒类批发许可证的单位和个人购进酒类产品的；

（三）超越酒类经营许可证核准的范围经营酒类产品的。

第三十一条　违反本条例第二十条规定，伪造、租赁、转借、买卖和涂改许可证的，由酒类生产主管部门和酒类流通主管部门按照各自的职责，吊销其许可证，没收违法所得和违法生产经营的酒类产品，可并处1000元以上20000元以下的罚款。

第三十二条　酒类生产、批发、零售者分立、合并、撤销，未办理许可证变更或者注销手续的，由酒类生产主管部门和酒类流通主管部门按照各自的职责，责令其改正，可并处500元以上5000元以下的罚款。

第三十三条　拒绝、阻碍酒类生产、流通监督管理人员及其他有关行政执法人员依法执行公务的，由公安机关依照《中华人民共和国治安管理处罚条例》的规定予以处罚；构成犯罪的，依法追究刑事责任。

第三十四条　酒类生产或者流通主管部门违反本条例规定发放酒类生产、批发或者零售许可证的，其发放的许可证无效；对直接负责的主管人员和其他直接责任人员依法给予行政处分。

第三十五条　酒类生产、流通主管部门的监督管理人员玩忽职守、滥用职权、徇私舞弊的，依法给予行政处分；给公民、法人或者其他组织造成损失的，依法承担赔偿责任；构成犯罪的，依法追究刑事责任。

第六章　附　则

第三十六条　本条例自1999年7月1日起施行。

湖南省酒类管理办法

（2000 年 7 月 30日湖南省人民政府第 88 次常务会议通过，2000 年 8 月 18 日湖南省人民政府令第 135 号发布

根据 2004 年6 月 23 日发布的《湖南省人民政府关于修改部分规章的决定》进行修正）

第一章　总 则

第一条　为加强酒类生产和流通的管理，维护酒类市场秩序，保障人民身体健康，保护生产者、经营者和消费者的合法权益，促进酒业发展，根据国家有关法律、法规，结合本省实际，制定本办法。

第二条　凡在本省行政区域内从事酒类生产、流通及其相关活动的单位和个人，均应遵守本办法。

第三条　本办法所称酒类是指发酵酒、蒸馏酒和配制酒，包括白酒、啤酒、葡萄酒、黄酒、果露酒、食用酒精等（不含经药品监督管理部门批准生产、销售的药酒）。

第四条　省商务厅是全省的酒类行政主管部门。市（州）、县（市、区）人民政府负责酒类管理工作的部门（以下统称酒类行政主管部门）管理本行政区域内酒类的生产和流通工作。

工商行政管理、质量技术监督、卫生、出入境检验检疫等部门按照各自的职责，做好酒类生产和流通的有关监督管理工作。

第五条　县级以上人民政府酒类行政主管部门及有关监督管理部门应当采取措施，保护名优酒类，打击假冒伪劣酒类，促进酒业健康发展。

第二章　酒类的生产和流通

第六条　从事酒类生产的，除个人或者家庭自酿自饮的酒类外，应当具备下列条件：

（一）符合本省酒类生产规划、布局；

（二）具有与生产规模相适应的生产场地、设备、检测仪器、专业技术人员以及质量管理体系；

（三）符合质量、卫生、环境保护和安全生产要求；

（四）法律、法规规定的其他条件。

第七条　从事酒类生产的，应当向所在地县级人民政府酒类行政主管部门提出书面申请，逐级上报省酒类行政主管部门。省酒类行政主管部门应当自收到申请书之日起30日内进行审核。符合条件的，颁发《湖南省酒类准产证》；不符合条件的，不予批准，书面告知其理由。

白酒的生产，按国家有关规定申领生产许可证。

第八条　从事酒类批发应当具备下列条件：

（一）有与经营规模相适应的注册资金、经营场所、仓储设施；

（二）有健全的管理制度；

（三）有熟悉酒类知识的人员；

（四）符合卫生、安全要求；

（五）法律、法规规定的其他条件。

第九条　从事酒类批发的，应当向所在地县级人民政府酒类行政主管部门提出书面申请，逐级上报省酒类行政主管部门或者其授权的部门。省酒类行政主管部门或者其授权的部门应当自收到申请书之日起15日内进行审核。符合条件的，颁发《湖南省酒类批发许可证》；不符合条件的，不予批准，书面告知其理由。

第十条　从事进口酒类批发的，应当向省酒类行政主管部门申领进口酒类批发许可证。进口酒类批发许可证按国家规定的条件核发。

第十一条　取得酒类生产许可证（酒类准产证）或者酒类批发许可证和食品卫生许可证、营业执照的生产者或者经营者，方可从事酒类生产、批发业务。

第十二条　从事酒类的零售业务，应当报当地县级以上人民政府酒类行政主管部门备案。

第十三条　酒类生产者在产品出厂前应当进行质量检验，出具质量合格证。酒类经营者在进货时，应当索取有关酒类产品的质量证明并验明产品质量。

禁止生产、批发、零售假冒伪劣酒类。

第十四条　生产酒类的原料、配制酒类的基酒和食用酒精，必须符合国家标准。

禁止使用甲醇、非食用酒精或者其他非食用化学物质配制酒类。

第十五条　酒类生产企业应当执行国家食品标签通用标准和饮料酒产品标准，并将所获酒类生产许可证（酒类准产证）的编号标明在产品标签上。

第十六条 联营生产同一品牌的酒类，应当统一原材料配方、生产工艺、产品标准，并在食品标签上注明实际产地的厂名、厂址。

第十七条 已领取了酒类生产许可证（酒类准产证）的本省酒类生产企业销售自产酒类的，免领酒类批发许可证。

第十八条 酒类经营者不得向无酒类生产许可证（酒类准产证）或者酒类批发许可证者购进酒类；省外尚未实行许可证（准产证）制度的酒类，经营者需要购进的，必须凭产地酒类行政管理部门的证明文件。

酒类零售者不得销售自行加工配制的白酒。

禁止流动销售散装白酒。

第十九条 本省生产的酒类销往省外，省外要求提供准运证明文件的，县级以上人民政府酒类行政主管部门应当根据生产者或者经营者的申请出具证明文件。本省生产的酒类在省内流通不实行准运证制度。

第三章 监督管理

第二十条 县级以上人民政府酒类行政主管部门和有关行政管理部门应当按照各自职责对酒类生产、经营进行监督检查。

酒类生产者、经营者应当接受检查，如实提供有关证件和资料，不得拒绝、阻挠检查。

第二十一条 酒类生产者、经营者应当在酒类生产许可证（酒类准产证）或者酒类批发许可证核准的范围内进行生产、流通活动。

第二十二条 酒类准产证、酒类批发许可证由省酒类行政主管部门统一印制，禁止伪造、涂改、买卖、转借。

酒类准产证、酒类批发许可证实行年检制度。

第二十三条 从事酒类产品的展销、促销、新闻发布活动，应当报所在地县级以上人民政府酒类行政主管部门备案。

第二十四条 广告经营者和广播、电视、报刊等媒体，不得为无酒类生产许可证（酒类准产证）、酒类批发许可证的生产者或者经营者设计、制作、代理、发布酒类广告。

禁止进行虚假酒类广告宣传。

第二十五条 任何单位和个人有权向酒类行政主管部门和其他有关部门举报违反本办法的行为。酒类行政主管部门和其他有关部门应当为举报者保密，并对有功者给予表彰、奖励。

第四章　法律责任

第二十六条　违反本办法规定，有下列行为之一的，由县级以上人民政府酒类行政主管部门责令改正，可以并处1000元以下的罚款：

（一）未报备案从事酒类零售业务的；

（二）流动销售散装白酒的。

第二十七条　违反本办法规定，从事酒类产品展销、促销、新闻发布活动未报备案或者酒类零售者销售自行加工配制的白酒的，由县级以上人民政府酒类行政主管部门责令改正，可以并处1000元以上1万元以下的罚款。

第二十八条　违反本办法规定，有下列行为之一的，由县级以上人民政府酒类行政主管部门责令改正，可以并处1万元以上3万元以下的罚款：

（一）未取得酒类准产证从事酒类生产或者未取得酒类批发许可证从事酒类批发的；

（二）向无酒类准产证、酒类批发许可证或者证明文件者购进酒类的；

（三）涂改、转借酒类准产证、酒类批发许可证的。

第二十九条　违反本办法规定，按照《中华人民共和国产品质量法》、《中华人民共和国食品卫生法》、《中华人民共和国广告法》等法律、法规的有关规定，应当予以处罚的，由工商行政管理、质量技术监督、卫生、出入境检验检疫、公安等部门依法进行处罚。

第三十条　县级以上人民政府酒类行政主管部门或者其他有关行政管理部门的工作人员滥用职权、徇私舞弊、玩忽职守的，依法给予行政处分；构成犯罪的，由司法机关依法追究刑事责任。

第五章　附　则

第三十一条　本办法自发布之日起施行。

甘肃省酒类商品管理条例

（甘肃省第十届人民代表大会常务委员会第十八次会议于 2005 年 9 月 23 日通过，现予公布，自 2005 年 9 月 23 日起施行）

第一条 为了加强酒类商品生产和流通管理，保证产品质量，防止假冒伪劣产品流入市场，维护生产者、经营者、消费者的合法权益，促进酒类产业健康发展，根据国家有关法律、法规，结合本省实际，制定本条例。

第二条 在本省行政区域内从事酒类商品生产、经营活动的企业或个人，必须遵守本条例。

第三条 本条例中所称酒类商品是指酒精度（乙醇含量）大于 0.5%的酒精饮料，包括发醇酒、蒸馏酒、配置酒、食用酒精以及其他含有酒精成分的饮品。

第四条 省商务行政主管部门是全省酒类商品的主管部门，其所属的省酒类商品管理机构具体负责本条例的实施。

市、州、县（市、区）酒类商品管理机构负责本行政区域内的酒类商品管理工作。

各级商务、工商行政管理、质量技术监督、卫生和公安等行政管理部门，按照各自的职责，依法做好酒类商品生产、经营的监督管理。

第五条 县级以上人民政府应加强对酒类商品生产、流通管理工作的领导，按照国家产业政策要求，统筹规划，优化结构，扶持发展名优酒。

第六条 酒类商品生产实行许可证制度。

申请领取酒类商品生产许可证的企业，应具备下列条件：

（一）符合本省酒类商品生产规划布局，具有一定的生产规模及相应的注册资本金、生产场地、设备、检测仪器、专业技术人员等基本生产条件；

（二）符合卫生、环境保护和安全生产的有关规定；

（三）产品质量达到国家规定的标准。

第七条 白酒的生产许可证由省质量技术监督部门核发。

其他酒类商品生产许可证由省酒类商品管理机构核发。

申请领取酒类商品生产许可证的企业，应向所在地的县级质量技术监督部门或酒类商品管理机构提出书面申请。质量技术监督部门或酒类商品管理机构在 15 个工作日内提出初审意见，并征得市、州（地区）质量技术监督部门或酒类商品管理机构的同意，然后报省质量技术监督部门或省酒类商品管理机构审核。省质量技术监督部门或省酒类商品管理机构收到申请书及相应文件后，在20个工作日内对符合条件的发给酒类商品生产许可证，对不符合条件的书面予以答复。

第八条　酒类商品生产应严格执行国家质量、卫生标准，禁止使用非食用酒精和有害人体健康的添加剂，不符合质量、卫生标准的酒类产品不得进入市场。

第九条　酒类商品批发实行许可证制度。

申请领取酒类商品批发许可证的企业或个人，应具备下列条件：

（一）有相应的注册资本金；

（二）有符合规定的经营场所和仓储设施；

（三）有卫生行政管理部门核发的卫生许可证。

从事酒类商品批零兼营的企业或个人，应申请办理批发许可证。

第十条　酒类商品批发许可证由县级以上酒类商品管理机构按照各自的职责审查核发。申请领取酒类商品批发许可证的企业或个人，应提出书面申请。酒类商品管理机构收到申请书后，在15个工作日内，对符合条件的发给酒类商品批发许可证，并报省酒类商品管理机构备案，对不符合条件的书面予以答复。

第十一条　酒类商品生产、批发许可证由省酒类商品管理机构统一印制。任何单位或个人不得伪造、涂改、转借、买卖和复制。

第十二条　从事酒类商品零售的企业或个人，必须从持有酒类商品生产、批发许可证的企业购进酒类商品，并具有合法的票据。

第十三条　酒类商品生产、销售，禁止下列行为：

（一）无厂名、厂址或伪造、冒用他人厂名、厂址，无生产日期或伪造生产日期；

（二）伪造、冒用认证标志、名优标志等质量标志；

（三）伪造他人注册商标标识或者假冒他人注册商标；

（四）掺杂、掺假、以假充真、以次充好，以不合格产品冒充合格产品；

（五）销售过期、变质的酒类商品；

（六）从未取得生产、批发许可证的企业购进酒类商品；

（七）逃税、抗税。

第十四条　酒类商品生产、批发企业或个人，因企业名称、场所、法定代表人变更或企业合并、停业的，应在30日内到原发证单位办理许可证及营业执照变更或注销手续。有关单位应在10个工作日内予以办理。

第十五条　酒类商品管理机构在查处酒类商品违法案件时，须2人以上执行，并出示省政府核发的行政执法证。当事人必须接受检查，不得拒绝、阻挠。

酒类商品管理机构在收集证据时，可以采取抽样取证的方法，也可以查阅账册等有关资料。在证据可能灭失或者以后难以取得的情况下，经查处机关负责人批准，可以先行登记保存，并应当在7日内作出处理决定。在此期间，当事人或有关人员不得销毁或转移证据。

第十六条　对酒类商品生产和经销活动中的违法行为，消费者可以向当地酒类商品管理机构或工商行政管理、质量技术监督等部门举报、投诉，有关部门应及时调查处理。对举报和查处生产、销售假冒伪劣酒类商品行为有功的单位或个人，予以表彰和奖励。

第十七条　酒类商品行政主管部门应协同工商行政管理、质量技术监督、卫生以及有关行政管理部门，依照国家有关法律、法规规定，对生产、销售的酒类商品进行定期监督检测工作。

对认定为假冒伪劣酒类商品有争议的，由法定质量检验机构进行鉴定，并出具鉴定书。

第十八条　酒类商品生产、经营企业或个人违反国家有关法律、法规和本条例规定，给消费者造成损失的，应依法承担赔偿责任。

第十九条　违反本条例规定的下列行为，由酒类商品管理机构或有关行政管理部门依据各自职责处罚：

（一）对未取得酒类生产许可证生产酒类产品的，责令改正，没收违法生产的酒类产品和违法所得，并处以10000元以上30000元以下罚款；

（二）对未取得酒类商品批发许可证批发酒类商品的，责令改正，没收违法所得，并处以500元以上10000元以下罚款；

（三）对涂改、伪造、转借、买卖酒类生产、批发许可证的，责令改正，没收违法所得，并处以500元以上5000元以下罚款；

（四）对从未取得生产、批发许可证的企业购进酒类商品销售的或未按规定办理酒类生产、批发许可证变更、注销手续的，责令改正，可以处100元以上1000元以下罚款；

（五）对生产、销售、运输、储存假冒伪劣酒类商品的，责令改正，没收违法酒类商品，处以同类商品正品货值总金额50%以上三倍以下罚款，直至停业整顿，依法吊销营业执照；情节严重，构成犯罪的依法追究刑事责任；

（六）对逃税、抗税的，依照有关税收法律法规的规定处罚。

第二十条　对违反本条例的同一行为，2个以上行政执法部门都有管辖权的，由先立案的部门查处，其他部门不得重复处罚。

第二十一条　酒类商品管理机构的工作人员玩忽职守、滥用职权、徇私舞弊的，依法给予行政处分；给公民、法人或者其他组织造成损失的，依法承担赔偿责任；构成犯罪的，依法追究刑事责任。

第二十二条　本条例自2000年11月1日起施行。

哈尔滨市酒类专卖管理办法

（哈尔滨市人民政府 1999 年 7 月 28 日第 46 次常务会议通过，1999 年 9 月 1 日起施行）

第一条　为加强酒类经营管理，保护消费者和经营者的合法权益，根据国家和省的有关规定，结合本市情况，制定本办法。

第二条　本办法适用于本市行政区域内酒类批发和零售管理。

第三条　本办法所称酒类，是指白酒、啤酒、黄酒、果酒以及其他含有乙醇的饮料。

第四条　市流通行政管理部门是本市酒类经营管理的行政主管部门，负责实施本办法。

市流通行政管理部门可以委托市酒类专卖管理机构负责酒类经营的日常管理。

县（市）流通行政管理部门按照管理分工，负责本辖区内酒类经营管理，可以委托所属的酒类专卖管理机构负责日常工作。

工商行政、质量技术监督、卫生、公安等部门依照法律、法规的有关规定，协同进行本市酒类经营管理。

第五条　本市酒类的批发、零售实行许可证制度。

第六条　从事酒类批发的企业和个体工商户，应当具备下列条件：

（一）有符合规定的注册资本（金）；

（二）有符合要求的经营场所和仓储设施；

（三）有熟悉酒类知识的专业人员；

（四）符合法律、法规或者规章规定的其他条件。

第七条　从事酒类批发的企业和个体工商户，应当依次向所在地的市、县（市）酒类专卖管理机构、卫生部门办理有关批准手续，经工商管理部门注册登记后，方可从事酒类的批发活动。

市、县（市）酒类专卖管理机构，自收到申请书之日起，应当在 10 日内作出审查决定，对符合条件的，发给《酒类批发许可证》。

未取得《酒类批发许可证》的，不得从事酒类批发活动。

第八条　从事酒类零售的企业或者个体工商户，应当向所在地的市、县（市）酒类专卖管理机构申办《酒类零售许可证》，并到卫生部门办理《卫生许可证》，经工商行政管理部门注册登记后，方可从事酒类零售。

市、县（市）酒类专卖管理机构自收到申请书之日起，应当在5日内作出审查决定，对符合条件的发给《酒类零售许可证》。

未取得《酒类零售许可证》的，不得从事酒类商品的零售。

第九条 《酒类批发许可证》、《酒类零售许可证》（以下简称许可证），实行年检制度。酒类经营企业和个体工商户，应当按照规定办理年检手续。

第十条 酒类经营企业和个体工商户，应当在许可证登记的经营地址从事经营活动，需要变更经营地址的，应当到原发证机关办理变更手续。

任何人不得伪造、转借、买卖、涂改许可证。

第十一条 酒类批发企业和个体工商户，应当到经批准的酒类生产企业采购商品；酒类零售企业和个体工商户，应当到经批准的酒类生产企业或者具有《酒类批发许可证》的企业、个体工商户采购酒类商品，并索取合格证明，其包装上标明优质产品的，还应当索取优质产品证明。

酒类批发、零售企业和个体工商户采购进口酒类商品，应当依照国家和省的有关规定，索取有关进口的证明材料。

酒类批发、零售企业和个体工商户不得经销假冒伪劣酒类。

第十二条 酒类专卖利润由市、县（市）酒类专卖管理机构按照国家和省的有关规定收缴，全额上缴同级财政。

第十三条 酒类商品的质量需要鉴定的，应当由质量技术监督部门认可的检测机构鉴定。

酒类卫生质量需要鉴定的，应当由卫生行政部门指定的卫生检验机构检验。

第十四条 广告经营单位不得为无《酒类批发许可证》的企业制作、发布酒类广告。

第十五条 市、县（市）流通行政管理部门及酒类及专卖管理机构，应当对酒类批发、零售活动进行经常检查。检查时，检查人员应当出示执法证件，主动接受企业和个体工商户的监督。

酒类批发、零售企业和个体工商户应当接受管理部门的监督检查，提供真实的资料，不得拒绝、阻碍检查。

第十六条 对酒类批发和零售活动中的违法行为，任何单位和个人都有权向酒类专卖管理机构及其他有权处理的部门或者组织检举。

酒类专卖管理机构及其他有权处理部门或者组织，应当及时调查处理检举的违法行为。

第十七条　违反本办法下列规定的，由市、县（市）流通行政管理部门或者委托酒类专卖管理机构按照下列规定予以处罚：

（一）违反本办法第七条规定，擅自从事酒类批发活动的，责令改正，处以2000元以上10000元以下罚款。

（二）违反本办法第八条规定，擅自从事酒类零售活动的，责令改正，处以100元以上500元以下罚款。

（三）违反本办法第九条规定，未按规定办理许可证年检的，责令限期补办，处以50元以上200元以下罚款；逾期未补办的，许可证自行废止。

（四）违反本办法第十条二款规定，伪造、转借、买卖、涂改许可证的，予以收回，处以500元以上1000元以下的罚款。

（五）违反本办法第十一条一款规定，从未经批准的酒类生产企业或者不具有《酒类批发许可证》的企业、个体工商户购进酒类商品销售的，按购进酒的商品价款处以1倍以上3倍以下的罚款。

（六）违反本办法第十二条规定，未按规定缴纳酒类专卖利润的，责令限期改正，逾期仍未改正的，处以应交数额1倍以上3倍以下的罚款。

第十八条　经销假冒伪劣酒类的，酒类专卖管理机构应当责令停止销售，会同工商行政、质量技术监督等有关部门，依照法律、法规的规定处罚。

第十九条　对防碍酒类专卖管理执法人员执行公务的，由公安部门依据治安管理有关规定处罚。

第二十条　酒类专卖管理执法人员，徇私舞弊、玩忽职守、滥用职权的，由所在单位或者上级机关给予行政处分；构成犯罪的，依法追究刑事责任。

第二十一条　对行政处罚决定不服的，可以依法申请行政复议或者提起行政诉讼。

第二十二条　罚款使用的票据和对罚款的处理，按照国家及省的有关规定执行。

第二十三条　本办法自1999年9月1日起施行。

延边朝鲜族自治州酒类专卖管理条例

（1996年1月28日吉林省延边朝鲜族自治州第十届人民代表大会第四次会议通过，1996年3月23日吉林省第八届人民代表大会常务委员会第二十三次会议批准，并发布施行）

第一章　总　则

第一条　为加强自治州酒类生产管理，促进酒类流通，搞活酒类市场，保护生产者、经营者和消费者的合法权益，根据国家有关法律、法规，结合自治州酒类专卖实际情况，制定本条例。

第二条　凡是在自治州境内从事酒类生产、流通活动的自然人、法人和非法人经济组织均应遵守本条例。

第三条　本条例所称酒类包括各种白酒、啤酒、果酒、滋补酒、黄酒和其他酒，以及含有酒精成分的饮用品和食用酒精。

第四条　州及各县（市）酒类专卖管理局是同级政府管理酒类的行政主管部门，依照本条例的规定，对所辖行政区酒类的生产、流通实行管理。

自治州人民政府有关行政管理部门依照各自职责协助酒类专卖管理部门进行管理。

第五条　酒类的生产、批发、零售实行许可证制度。

第六条　自治州人民政府对酒类生产、批发企业进行宏观调控，保护正当生产和经营，鼓励创制名优酒和发展低度酒。

第二章　酒类生产管理

第七条　酒类生产者必须持有《酒类生产许可证》。

第八条　申领《酒类生产许可证》须向县（市）酒类专卖管理部门提出申请，经审查同意，报自治州酒类专卖管理部门批准。申领者应具备下列条件：

（一）具有一定的生产规模；

（二）具有产品质量检验条件和保证产品质量的生产条件；

（三）技术监督部门的检验合格证；

（四）卫生行政部门的卫生许可证；

（五）环境保护部门的许可证；

（六）法律、法规和国家产业政策规定的其他条件。

第九条　具有《酒类生产许可证》者，持该证向同级工商行政管理部门办理注册登记后，方可进行生产。

第十条　酒类生产者应依照有关法律、法规的规定，对产品质量进行严格管理。生产的酒类产品应按批次进行卫生、质量等指标检验，并符合国家或有关部门规定的标准方可出厂。滋补保健（加药）酒类的生产应按照《中华人民共和国食品卫生法》和卫生部《新资源食品卫生管理办法》及省有关部门的规定，由省以上卫生行政部门审批。

第十一条　酒类产品的标识和名优产品标志的使用要符合国家有关规定。

第十二条　严禁自然人从事酒类生产。

第十三条　严禁生产假冒伪劣酒类。

第三章　酒类流通管理

第十四条　本条例所称酒类流通，是指酒类的批发、零售、运输等行为。

第十五条　酒类批发者，必须持有《酒类批发许可证》。

第十六条　申领《酒类批发许可证》须向各县（市）酒类专卖管理部门提出书面申请，经审查同意，报自治州酒类专卖管理部门批准。申领者应具备下列条件：

（一）注册资金、经营场所和仓储设施要符合有关规定；

（二）有健全的企业管理制度；

（三）有熟悉酒类知识的专业人员；

（四）计量器具准确；

（五）卫生行政部门的卫生许可证；

（六）法律、法规规定的其他条件。

第十七条　酒类批发业务以各级国有酒类主营公司为主营单位，乡（镇）以供销社为主。

严禁自然人从事酒类批发。

第十八条 酒类生产企业经酒类专卖管理部门批准可在自治州内各县(市)、乡(镇)设立酒类经销部，从事本厂自产酒类产品的批发业务。酒类经销部的申办手续和管理办法与酒类批发企业相同。

第十九条 凡自治州外酒类产销企业来自治州设点或与当地企业联营推销、展销、批发、零售酒类商品的，必须征得所在县(市)酒类专卖管理部门同意，由自治州酒类专卖管理部门批准。其申办手续和管理办法与自治州内企业相同。

第二十条 具有《酒类批发许可证》者，持证向同级工商行政管理部门办理注册登记后，方可经营。

第二十一条 从事国家名酒和进口酒经营者，须持有《特种酒经营许可证》。申领《特种酒经营许可证》者，除符合本条例第十六条规定之外，还应具备下列条件：

(一)具有《企业法人营业执照》或《营业执照》；

(二)具有熟悉国家名酒和进口酒知识的专业人员；

(三)企业要有相应的注册资金；

(四)适应行业发展需要。

《特种酒经营许可证》申办手续由县(市)酒类专卖管理部门审查同意，报自治州酒类专卖管理部门批准。

经自治州酒类专卖管理部门批准的从事国家名酒和进口酒的经营企业应当设专柜经营。

第二十二条 酒类零售者，必须持有《酒类零售许可证》。申领者应具备下列条件：

(一)具有与经营规模相适应的资金；

(二)具有基本的经营设施和条件；

(三)具有卫生行政部门颁发的卫生许可证。

《酒类零售许可证》由县(市)酒类专卖管理部门直接办理。申领者持该证到县(市)工商管理部门办理注册登记后，方可经营。

第二十三条 酒类生产者不得向无《酒类批发许可证》者批发酒类；酒类批发者不得向无《酒类零售许可证》者批发酒类；酒类零售者不得以“批量销售”为名进行酒类批发。

第二十四条 酒类商品的购销、运输、储存均应做到票货(发票与商品)同行，票货相符。发票不能与商品同时到达时，供货方应出具与发票内容相同的证明资料。

第二十五条　从事酒类批发（经销部）、零售者，不得购进和销售食用酒精，不得自行加工兑制酒类。

第二十六条　对自治州外产酒类由自治州卫生和技术监督部门检验合格，报自治州酒类专卖管理部门加贴准销标识（进口酒粘贴国境卫生检疫机构认可的进口预包装食品中文标签的，只报验，可免贴准销标识）后，方可销售。

自治州外产酒类半成品和食用酒精应由自治州酒类专卖管理部门审验后，方可使用。

第二十七条　严禁批发、零售和运输假冒伪劣酒类。

第四章　酒类许可证管理

第二十八条　各种酒类许可证分为正本和副本，正、副本具有同等的法律效力，正本应悬挂在主要经营场所。歇业时应将正、副本同时上交发证机关。

第二十九条　酒类许可证严禁伪造、涂改、买卖、转借、租赁。

第三十条　酒类生产者、经营者应在许可证核准的经营范围内开展生产和流通活动。

第三十一条　酒类许可证实行年度检验制度。持证者应在规定的期限内向发证机关办理年检手续。

酒类许可证每5年换发一次。

未年检、未换发的许可证视为无效。

第三十二条　酒类生产、批发、零售者，要按有关规定缴纳管理费和许可证、准销标识的工本费。

第五章　酒类专卖利润收缴

第三十三条　酒类专卖利润按税法规定缴纳所得税后，按分级管理的原则，由自治州及县（市）酒类专卖管理部门向酒类批发单位（含酒厂自销部分）收缴，全额上缴同级财政。

第六章　法律责任

第三十四条　具有下列情形之一者，酒类专卖管理部门和政府有关行政管理部门依照各自职责处以警告、限期整改、停业整顿或处以500元以下罚款：

（一）违反本条例第十一条规定的；

（二）违反本条例第二十四条规定的。

第三十五条　具有下列情形之一者，酒类专卖管理部门和政府有关行政管理部门，可处以没收非法所得，没收违法经营的酒类商品，吊销酒类许可证，并处以非法所得1–3倍罚款：

（一）违反本条例第十条规定的；

（二）违反本条例第十二条、第十七条规定的；

（三）违反本条例第二十三条、第二十五条规定的；

（四）违反本条例第二十六条规定的；

（五）违反本条例第三十条规定的。

第三十六条　生产者和经营者在酒类生产、批发活动中丧失本条例第八条、第十六条、第二十一条、第二十二条规定条件的，酒类专卖管理部门可责令其停止生产或销售活动，并限期整改；限期整改后经酒类专卖管理部门及政府有关行政管理部门验收合格的，由酒类专卖管理部门准予其恢复生产、销售；限期整改不合格的，由酒类专卖管理部门吊销酒类许可证。

第三十七条　违反本条例第十三条、第二十七条规定者，酒类专卖管理部门没收非法所得，没收违法经营的酒类商品，吊销酒类许可证，并处以非法所得额3–5倍的罚款。

第三十八条　违反本条例第七条、第十五条、第十八条、第十九条、第二十一条、第二十二条、第三十一条规定的，由酒类专卖管理部门没收非法所得，没收非法酒类商品，并处以非法所得额2–4倍罚款。

第三十九条　违反本条例第九条、第二十条规定，未办理注册登记手续的，由工商行政管理部门按照有关规定处理。

第四十条　违反本条例第二十九条规定者，处以非法所得额5倍罚款或处以1万–3万元罚款，并予以取缔。

第四十一条　对违反本条例的行为，政府有关行政管理部门应按照各自职责协助酒类专卖管理部门进行查处。罚没收入一律上缴同级财政。

第四十二条　违反本条例构成犯罪的，由司法机关依法追究刑事责任。

第四十三条　酒类专卖管理部门的工作人员滥用职权，徇私舞弊，玩忽职守，索贿受贿者，按有关规定处理；情节严重，构成犯罪的，依法追究其刑事责任。

第四十四条　当事人对酒类专卖管理部门或其他行政部门作出的处罚决定不服的，可自接到处罚决定之日起15日内向州、县（市）人民政府行政复议机关申请复议，也可直接向人民法院提起诉讼，逾期不申请行政复议或不提起诉讼，又不履行处罚决定的，由做出处罚决定的行政管理部门申请人民法院强制执行。

第七章　附　则

第四十五条　本条例由延边朝鲜族自治州人民代表大会常务委员会负责解释。

第四十六条　州人民政府可依据本条例制定实施细则。

第四十七条　本条例自发布之日起施行。

厦门市酒类管理规定

（1996年10月3日厦门市人民政府令第22号公布根据1997年12月29日厦门市政府令第69号公布的《厦门市人民政府关于修订部分规章的决定》和2002年4月16日厦门市人民政府令第101号公布的《厦门市人民政府关于废止、修订部分市政府规章的决定》修正）

第一章　总　则

第一条　为加强旧类生产和流通的监督管理，制止生产和销售假冒伪劣酒类，维护酒类市场秩序，保护消费者的合法权益，根据国家有关规定，结合厦门市的实际情况，制定本规定。

第二条　凡在本市从事酒类生产（含加工和改装）和流通活动的单位和个人，均应遵守本规定。

第三条　厦门市经济发展委员会对酒类生产进行行业管理。

厦门市酒类管理机构、区贸易主管部门委托的酒类管理机构（以下统称酒类管理机构）依据本规定对酒类产品的流通进行监督管理。

工商、技术监督、商检、卫生等行政管理部门依照法律、法规规定的职责对酒类生产和流通进行监督管理。

第四条　本规定所称酒类包括白酒、黄酒、果露酒、啤酒、配制酒、滋补酒、食用酒精、进口酒、酒曲和其他含有酒精的饮料，但不包括经医药主管部门按国家规定批准生产的药酒。

第二章　生产管理

第五条　实行有计划地调空酒类发展，鼓励生产名优酒和低酒精度酒，限制生产高酒精度酒。

第六条　厦门市经济发展委员会会同有关部门按照国家和厦门的产业政策及市场需求，对酒类的生产和发展进行统筹规划。

第七条　措施酒类生产，必须具备下列条件：

（一）符合国家和厦门产业政策；

（二）达到规定的生产规模；

（三）符合国家规定的粮食消耗指标；

（四）具有确保酒类产品质量的生产条件；

（五）酒类符合国家规定的卫生标准；

（六）法律、法规、规章规定的其他条件。

符合前款规定条件的，依法向工商行政管理部门办理企业登记，方可从事酒类生产。

第八条 酒类生产企业应当依照有关法律、法规的规定对产品质量进行严格管理，产品出厂前必须严格进行质量检验，不合格的酒类不得出厂销售。

严禁生产假冒伪劣酒类。

第九条 生产酒类的水质必须符合生活饮用水卫生标准，配制酒类使用的食用酒精，必须符合国家标准。禁止使用非食用酒精、原料或者添加剂配制酒类。

第十条 酒类生产企业应当严格执行国家食品标签标准和饮料酒标签标准，在酒类标识上应标明厂名、厂址、生产日期、主要原料、保质期、酒精含量等内容。

酒类使用优质产品标志或文字的，必须注明授奖等级、授奖单位和时间。

第十一条 联营生产名优酒，应统一原材料配方、生产工艺、质量要求、产品检验标准，并注明产地的厂名、厂址。

第十二条 开发酒类新产品，应当在该新产品出厂销售前报厦门市经济发展委员会和酒类管理机构备案。

第十三条酒类生产企业应当将生产和销售情况每半年一次报酒类管理机构。

第三章 流通管理

第十四条 从事酒类批发，必须具备下列条件：

（一）有100万元以上的注册资金，符合规定的经营场所和仓储设施；

（二）计量器具准确，卫生条件符合规定；

（三）有熟悉酒类知识的专业人员；

（四）有较稳定的销售渠道；

（五）法律、法规、规章规定的其他条件。

第十五条 申请酒类批发，应当向酒类管理机构申领《酒类批发许可证》。酒类管理机构应自收到申请之日起15日内，根据第十四条规定的条件及坚持商业主渠道和合理布局的原则进行审核。审核的颁布《酒类批发许可证》；不核准的，应书面说明理由。

持有《酒类批发许可证》者，依法向工商行政管理部门办理企业登记，方可从事酒类批发业务。现有企业增加经营酒类批发业务的，应当持《酒类批发许可证》向工商行政管理部门办理企业变更登记。

第十六条 酒类生产者、酒类批发者，不得向无《酒类批发许可证》者销售酒类；酒类批发者、酒类零售者，不得向未经审核批准从事酒类生产的企业或无《酒类批发许可证》者够进酒类。

第十七条 酒类批发者、零售者在进货时，应当索取有关酒类的质量证明和验收产品质量。无质量证明的酒类，不得销售。

禁止批发、零售假冒伪劣酒类。

第十八条 没收的酒类应当在酒类管理机构监督下依法处理。

第十九条 从事酒类展销活动，须报酒类管理机构备案。

第二十条 酒类运出厦门市，运抵地要求有运输许可证明的，承运人可向酒类管理机构申领酒类运输许可证明。

第四章 监督检查

第二十一条 《酒类批发许可证》每年审检一次。

第二十二条 酒类管理机构和工商、技术监督等部门对酒类的生产和流通实行以抽查为主的监督检查。监督检查时，有权对酒类进行检验，询问当事人和有关人员，查阅账册等有关资料，进入生产经营场所，存放场所进行检查。

第二十三条 酒类执法检查人员进行监督检查时，应当出示证件。不出示证件的，被检查者可拒绝检查。

第二十四条 消费者和保护消费者权益的社会组织以及新闻舆论机构，有权对酒类质量实行社会监督和舆论监督。

第二十五条 任何单位和个人有权向酒类管理机构和其他有关部门举报违反规定的行为。酒类管理机构和其他有关部门应当为举报者保密，并可给予适当奖励。

第五章　罚　则

第二十六条　违反本规定，无《酒类批发许可证》从事酒类批发的，由酒类管理机构责令其停止违法行为，有违法所得的，处违法所得 1 倍以上 3 倍以下罚款，但最高数额不超过 30000 元；无违法所得的，处 1000 元以上 10000 元以下罚款。

第二十七条　涂改、出借、出租、转让许可证的，由酒类管理机构处以 1000 元以上 10000 元以下罚款。

第二十八条　违反本规定第十二条规定的，由酒类管理机构责令限期报备，可处以 200 元以上 2000 元以下罚款。

第二十九条　违反本规定第十一条、第十六条、第十九条规定的，由酒类管理机构责令其停止违法行为，处 1000 元以上 10000 元以下罚款。

第三十条　违反本规定，有下列行为之一者，由酒类管理机构、工商、技术监督、卫生行政管理部门依照各自职责责令其停止违法行为，给予下列处罚：

（一）生产、批发、零售假冒伪劣酒类的，没收未出厂、未售出部分的产品，没收已售出部分的销货款，并处以该批产品货值 1 倍以上 3 倍以下的罚款，情节严重的，可依法吊销营业执照；

（二）违反本规定第九条规定的，没收违法产品和违法所得，并处以该批产品货值 1 倍以上 5 倍以下的罚款，情节严重的，可依法吊销营业执照；

（三）违反本规定第十条第一款规定的，责令改正，并可处以 500 元至 5000 元罚款。逾期不该或情节严重的，没收已售出部分的销货款，处以该批产品货值 10%至 50%的罚款，未售出部分的产品禁止销售。

第三十一条　违反本规定，构成犯罪的，由司法机关依法追究其刑事责任。

第三十二条　酒类管理机构或其他行政管理部门的工作人员滥用职权、徇私舞弊、玩忽职守的，按照有关规定给予行政处分，构成犯罪的，由司法机关依法追究其刑事责任。

第六章 附 则

第三十三条 本规定自公布之日起施行，厦门市人民政府 1990 年 12 月 18 日颁布的《厦门市酒类专卖管理暂行规定》同时废止。

齐齐哈尔市酒类管理条例

（1998年9月25日齐齐哈尔市第十二届人民代表大会常务委员会第六次会议通过，1998年12月12日黑龙江省第九届人民代表大会常务委员会第六次会议批准1999年2月1日起实施）

第一章　总　则

第一条　为加强酒类经营管理，促进生产，搞活流通，维护生产者、经营者和消费者的合法权益，根据国家和省有关规定，结合本市实际，制定本条例。

第二条　凡在本市行政区域内从事酒类生产、批发、零售活动的企业和个体工商户，均应遵守本条例。

第三条　本条例所称酒类包括各种白酒、黄酒、果酒、啤酒、食用酒精和含有食用酒精的饮料。

第四条　本市酒类的生产、批发、零售实行许可证制度。

第五条　市、县（市）、区酒类专卖管理部门是同级政府对辖区内酒类生产、销售、运输、质量、价格进行协调和监督检查，实施专卖管理的部门。计划、工商、税务、物价、技术监督、卫生、轻工、公安等部门按各自职责予以配合，共同做好酒类产销经营管理工作。

第二章　生产管理

第六条　从事酒类生产，应当具有符合国家规定的生产规模，同时具备相应的产品质量检验手段和保证产品质量的生产环境、生产条件、卫生条件和管理制度，批量生产的产品经检测机构考核合格。

第七条　从事酒类生产的企业，应当持有《酒类生产许可证》。

第八条　申请《酒类生产许可证》，应向酒类专卖管理部门出示下列审批文件：

（一）计划部门的批准文件；

（二）行业主管部门的批准文件；

（三）技术监督部门的企业标准备案证明和产品检验合格证；

（四）卫生行政部门的卫生许可证；

（五）法律、法规规定的其他应具备的审批文件。

具备上述文件的，经市、县（市）酒类专卖管理部门审核，在30日内报省酒类专卖管理部门颁发《酒类生产许可证》。

第九条 持有《酒类生产许可证》的企业，应按规定到工商行政管理部门注册登记，领取营业执照后，方可进行生产。

第十条 严禁生产假冒伪劣酒，严禁使用危害人体健康的工业酒精、甲醇等兑制酒类产品。

第三章 流通管理

第十一条 经营酒类批发、零售业务的企业或者个体工商户，应当持有相应的《酒类批发许可证》、《酒类零售许可证》。

第十二条 申请从事酒类批发、零售业务的，应当在取得《卫生许可证》后，向市、县（市）酒类专卖管理部门提出书面申请。经审核批准，由市、县（市）酒类专卖管理部门在15日内颁发《酒类批发许可证》、《酒类零售许可证》。

第十三条 持有《酒类批发许可证》、《酒类零售许可证》的企业或者个体工商户，应当按规定到工商行政管理部门注册登记，领取营业执照后，方可进行经营。

第十四条 酒类批发、零售实行一店一证办法，持证经营。

第十五条 从省外购酒实行质量报检制度。由酒类专卖管理部门会同技术监督部门检验合格后，方可销售。

酒类专卖管理部门应当会同有关部门对酒类批发市场、批发单位、零售商店进行定期抽查。

第十六条 酒类生产企业不得向无《酒类批发许可证》的企业和个人销售酒类商品。酒类批发企业不得向无《酒类零售许可证》的企业和个人批发酒类商品。酒类零售企业不得变相进行酒类批发。

第十七条 铁路、农场系统在本市行政区域内从事酒类批发、零售业务的，应当按本条例有关规定办理审批手续。

第十八条 外埠企业在本市行政区域内设置酒类批发机构，从事酒类批发业务，应当按本条例有关规定办理审批手续。

第十九条 严禁销售假冒伪劣酒类商品和自行兑制酒类商品。

第四章 监督管理

第二十条 酒类生产、批发、零售企业和个体工商户，应当在许可证核准的经营范围内开展生产和购销活动。

第二十一条 酒类专卖管理部门对已颁发的酒类经营许可证每年审检一次，每3年换发一次。

严禁伪造、涂改、买卖、转借、租赁各类酒类经营许可证。

第二十二条 酒类专卖管理执法人员在检查或纠正违法行为时，应当主动出示省人民政府统一印制的行政执法证件，说明执法依据，听取当事人陈述，履行法定职责。

第二十三条 利用广播、影视、报刊、路牌等媒体发布酒类广告，发布前必须经市、县（市）酒类专卖管理部门审查。未经审查，不得发布。

第五章 法律责任

第二十四条 违反本条例规定，由市、县（市）、区酒类专卖管理部门依照职权按下列规定处罚：

（一）违反本条例第六条规定，不具备法定条件从事酒类生产的，责令其停止生产，限期整顿改进。整顿期满仍不合格的，吊销其《酒类生产许可证》。

（二）违反本条例第七条规定，没有生产许可证从事酒类生产的，没收违法所得，并处以已生产产品价值15%至20%的罚款。

（三）违反本条例第十条规定，生产假冒伪劣酒的，责令其停止违法行为，没收违法产品和违法所得，处以生产总额5倍的罚款，造成严重后果的，吊销其许可证。对危害人体健康和人身安全的产品予以销毁。

（四）违反本条例第十一条规定，没有经营许可证，从事酒类销售的，没收违法所得，并处以销售额15%至20%的罚款。

（五）违反本条例第十五条规定，未经检验从事酒类销售的，责令停止销售，处以销售额10%的罚款。

（六）违反本条例第十六条规定，销售酒类产品的，处以购进或者销售总额20%的罚款。

（七）违反本条例第十七条、第十八条规定，未办理审批手续从事酒类销售的，处以 1000 元以上 3000 元以下罚款。

（八）违反本条例第十九条规定，销售假冒伪劣酒和自行兑制酒的，责令其停止违法行为，没收违法商品和违法所得，处以购进或者销售总额 3 倍的罚款。

（九）违反本条例第二十一条第一款规定，许可证不按规定年审和换发的，处以 500 元以上 2000 元以下罚款。

（十）违反本条例第二十一条第二款规定，涂改经营许可证的，处以 400 元以上 2000 元以下罚款；买卖、转借、租赁经营许可证的，没收违法所得，处以 600 元以上 3000 元以下罚款；伪造经营许可证的，没收违法所得，处以 2000 元以上 5000 元以下罚款。

第二十五条　违反本条例第二十三条规定，擅自发布酒类广告的，由工商行政管理部门按照《中华人民共和国广告法》进行处罚。

第二十六条　按照本条例进行罚款处罚，应当使用省财政部门统一印制的票据，罚款全额上缴同级财政部门。

第二十七条　酒类专卖管理人员滥用职权，徇私舞弊，玩忽职守，索贿受贿的，按有关规定处理。

第二十八条　违反本条例规定构成犯罪的，依法追究刑事责任。

第二十九条　当事人对行政处罚决定不服的，可以依法申请行政复议，或者向人民法院提起诉讼。逾期不申请复议或者不提起诉讼又不履行处罚决定的，由作出处罚决定的部门申请人民法院强制执行。

第六章　附　则

第三十条　本条例由齐齐哈尔市人民政府负责应用解释。

第三十一条　本条例自 1999 年 2 月 1 日起施行。

大同市酒类商品监督管理条例实施细则

2005年10月10日市政府常务会议通过

第一章　总　则

第一条　根据《山西省酒类管理条例》（以下简称《省条例》）、《大同市酒类商品监督管理条例》（以下简称《市条例》）和有关法律、法规、规章、行业标准的规定，制定本实施细则。

第二条　凡在本市行政区域内从事酒类商品生产（含委托加工、灌装）、销售活动的企业和个人，均应遵守本实施细则。

第三条　本实施细则所称的酒类商品，包括白酒、啤酒、黄酒、果酒、葡萄酒、配制酒、食用酒精以及含有乙醇的饮料。配制酒包括露酒、调配酒，不包括由药品监督管理部门按国家规定管理的药酒。

进口酒类的管理按国家有关规定执行。

第二章　生产管理

第四条　从事酒类商品生产的企业，应当依法取得酒类商品生产许可证。

第五条　酒类生产企业应持生产许可证、卫生许可证、营业执照、税务登记证、产品质量标准、商标注册证明、法定代表人身份证等复印件到市、县酒类商品监督管理部门登记备案。

第六条　酒类生产企业必须严格执行国家有关标准，建立健全质量保障体系，出厂的酒类商品必须经法定检验机构检验合格，禁止不合格的酒类商品出厂销售。

第七条　酒类商品的标识应当符合下列要求：

（一）在包装的显著位置用中文标明实际生产厂名、厂址、生产日期、生产许可证编号、采用的质量标准、主要原料、容量、酒精含量，并附有产品质量和卫生检验合格证明；

（二）使用注册商标的应当标明“注册商标”字样或标记；

（三）按国家规定应当标明保质期限的，应当在明显位置标明；

（四）使用优质产品标志的，应当注明获奖的名称、级别、颁奖机关和时间。

第三章　流通管理

第八条　酒类生产企业、经营者以向再销售者转售酒类商品为目的的交易活动，均属从事酒类商品批发业务。

第九条　从事酒类商品批发业务的经营者，应当取得酒类商品监督管理部门颁发的酒类商品批发许可证。

第十条　从事酒类商品批发业务的企业，须到工商行政管理部门核准名称，并取得卫生许可证后，向所在地的市县酒类商品监督管理部门申领酒类商品批发许可证，再办理营业执照和税务登记证。酒类商品批发实行一点一证制。

申领酒类商品批发许可证，按以下规定办理：

（一）城区、矿区、南郊区、新荣区及开发区从事酒类商品批发业务的，向市酒类商品监督管理部门申请，由市酒类商品监督管理部门审核发放。

（二）各县从事酒类商品批发业务的，向县酒类商品监督管理部门申请，由县酒类商品监督管理部门报市酒类商品监督管理部门审核发放。

第十一条　从事酒类批发业务，应当符合商务部 SB/T10391-2005《酒类商品批发经营管理规范》和《山西省酒类批发许可证发证办法》中规定的经营技术条件和经营管理技术要求：

（一）注册资金：市 30 万元以上，县 10 万元以上，乡镇 5 万元以上；

（二）经营及仓储面积：市 70 平方米以上，县 40 平方米以上，乡镇 20 平方米以上；

（三）有 2 名以上具备酒类知识，熟悉有关法律、法规、规章和行业标准的专业人员；

（四）有健全的管理制度。有总账、明细账，出入库、进货来源、销售去向等记录台账；

（五）法律、法规、行业标准规定的其他条件。

第十二条　申领酒类商品批发许可证，需提交下列材料：

（一）申请书；

（二）经工商部门核准的企业名称；

（三）法定代表人身份证；

（四）卫生许可证；

（五）注册资金验资证明；

（六）仓储用地、经营场所房产证或租赁合同；

（七）产销双方的协议书或授权书；

（八）酒类从业人员岗位资格证书；

（九）生产厂家的酒类生产许可证、卫生许可证、产品质量标准和经法定检验机构检验的质量和卫生合格报告。

第十三条　酒类商品监督管理部门从受理申请之日起 20 个工作日内，对符合条件的发给酒类商品批发许可证，经审核不同意的，应当书面说明理由。

第十四条　从事酒类商品零售业务的，应当在开业后 20 日内（领取营业执照 20 日内），持卫生许可证、营业执照、法定代表人身份证等相关证明材料的复印件，到所在地的市县酒类商品监督管理部门登记备案并领取酒类商品零售备案登记证。

第十五条　酒类商品经营者从事酒类零售业务，应当符合商务部 SB/T10392-2005《酒类商品零售经营管理规范》中规定的经营条件与经营管理要求。

第十六条　酒类商品批发企业应严格执行、统一使用、规范填写并妥善保管山西省酒类批发专用单，酒类商品批发经营者有向零售经营者提供山西省酒类批发专用单的义务，酒类商品零售经营者有向批发经营者索要山西省酒类批发专用单的权利。

第十七条　酒类商品经营者购进酒类商品时应当严格执行索票索证制度。应当查验酒类商品生产许可证、批发许可证、卫生检验和产品质量检验合格证明，应当索取合法购货发票、山西省酒类批发专用单，包装上标明优质或获奖产品的应当索取相应的证明材料。

第十八条　酒类商品经营者不得向未取得酒类商品生产许可证的生产者和未取得酒类商品批发许可证或未取得酒类商品零售备案登记证的经营者购进或销售酒类商品。

第十九条　新品牌新品种酒类商品上市销售前，其销售者应持批发许可证、产销双方协议书或授权书及生产企业的生产许可证、卫生许可证、营业执照、注册商标证明、质量标准、质量和卫生检验合格证明、样品酒到市县酒类商品监督管理部门登记备案，并领取备案登记证明。

第二十条　批发、零售散装酒类商品的经营者，除符合本实施细则第九条、第十四条、第十七条、第十八条、第十九条规定外，应严格建立购销登记台账，在固定地点实行贴标包装销售，在盛酒容器上标明名称、原料、产地、厂名、酒度、出厂日期、容量、价格等，产品质量要经法定检验机构检验合格，盛酒容器要符合国家食品卫生标准。严格建立酒类购销登记制度，禁止自行勾兑、泡制的散装酒上市销售。

第二十一条　酒类商品生产者或经营者申请办理准运证时，应当提供能证明酒类商品生产合法、质量合格的相关证明材料。实行准运制度的省外酒类进入本市，应当持有售出地的准运证，方可销售。

第二十二条　为便于监督管理酒类商品生产者、经营者在本市举办新闻发布会、广告宣传和展销活动时，应持批发许可证及生产企业的生产许可证、卫生许可证、营业执照、质量和卫生检验证明等复印件到市县酒类商品监督管理部门登记备案。

第二十三条　酒类批发企业发生分立、合并或变更名称、地址、法定代表人等，应到酒类商品监督管理部门办理酒类商品批发许可证变更手续。

第四章　监督管理

第二十四条　酒类商品批发许可证、酒类商品零售备案登记证由市酒类商品监督管理部门统一印制，酒类商品批发许可证按《省条例》的规定，实行年检，每3年换发一次。酒类商品批发许可证逾期不换发、不年检、不变更者自动失效，其经营行为均视为无证经营。

第二十五条　严格执行山西省酒类批发专用单制度。山西省酒类批发专用单由市县酒类商品监督管理部门负责发放，酒类商品批发企业随货同行，酒类商品零售经营者索取并妥善保存3年，以备酒管部门检查。无“专用单”的酒类商品视为向未取得酒类商品生产、批发许可证的生产者和经营者采购的酒类商品。

第二十六条　酒类商品准运证由省酒类商品监督管理部门统一印制，市县酒类商品监督管理部门负责发放。

第二十七条　任何单位和个人不得伪造、租借、涂改和买卖酒类商品生产许可证、批发许可证和酒类商品零售备案登记证。

第二十八条　吊销经营者酒类商品批发许可证、零售备案登记证，由市酒类商品监督管理部门决定，并书面通知工商行政管理部门。

第二十九条　禁止生产、销售假冒伪劣酒类商品。有下列情形之一的，为假冒伪劣酒类商品：

（一）使用工业酒精、合成酒精以及有害人体健康的添加剂；

（二）搀杂、搀假，以假充真、以次充好，以不合格酒类商品冒充合格酒类商品；

（三）伪造酒类商品的产地、伪造或者冒用他人的厂名、厂址、认证标志；

（四）擅自使用他人生产的酒类商品特有的名称、包装、装潢，造成与他人生产的酒类商品相混淆；

（五）销售过期、变质的酒类商品。

第三十条　有下列情形之一的，为以不合格酒类商品冒充合格酒类商品：

（一）无执行标准或者无标明执行标准编号的；

（二）无质量和卫生检验合格证明；

（三）无中文标明酒类商品名称、厂名、厂址的；

（四）限期使用的酒类商品，未标明生产日期或保质期或者伪造、涂改生产日期、保质期的。

第三十一条　各级酒类执法检查人员有权对本辖区内从事酒类商品生产、销售活动的企业和个人进行监督检查，有权询问当事人和有关人员并查阅复制账册等有关材料，有权依法采取登记保存等措施。

从事酒类生产、销售活动的经营者，应当配合酒类执法人员开展工作，不得擅自隐匿、转移、变卖、损毁相关的物品和材料，不得拒绝、阻碍酒类执法人员执行公务。

第三十二条　对违反《省条例》、《市条例》和本实施细则的同一违法行为，两个以上行政执法部门都有管辖权，遵循一事不得再罚的原则。

第三十三条　酒类商品监督管理部门出具或认可的酒类商品鉴定结论应当以法定检验机构检测结果或者被侵权企业的鉴定报告为依据。

第三十四条　市酒类商品监督管理部门应建立酒类商品流通监测检验体系，建立酒类生产企业和经营者信用档案，对市场酒类流通情况进行监测分析，向社会公布检测检验结果。

第三十五条　任何单位和个人对酒类商品生产、销售活动中的违法行为，可以向市县酒类商品监督管理部门举报、投诉，受理举报的部门应当为举报人保密，对查证属实的给予奖励。

第五章　法律责任

第三十六条　酒类商品生产者和销售者有下列行为之一的，由酒类商品监督管理部门或者有关行政管理部门依照各自的职责，没收违法生产、销售的酒类商品，没收违法所得，并依法给予处罚：

（一）使用工业酒精、合成酒精以及有害人体健康的添加剂的，责令停止生产、销售，并处违法生产、销售酒类商品货值金额等值以上 3 倍以下的罚款；

（二）搀杂、搀假，以假充真、以次充好，以不合格酒类商品冒充合格酒类商品的，责令停止生产、销售，并处违法生产、销售酒类商品货值金额 50%以上 3 倍以下的罚款；

（三）伪造酒类商品的产地，伪造或者冒用他人的厂名、厂址、认证标志的，责令改正，并处违法生产、销售酒类商品货值金额等值以下的罚款；

（四）擅自使用他人生产的酒类商品特有的名称、包装、装潢，或者使用与他人生产的酒类商品近似的名称、包装、装潢，造成与他人生产的酒类商品相混淆的，责令停止违法行为，并根据情节处以违法所得 1 倍以上 3 倍以下的罚款；

（五）销售过期、变质酒类商品的，责令停止销售，并处违法销售酒类商品货值金额 2 倍以下的罚款。

第三十七条　违反本实施细则第七条、第二十三条、第二十四条、第三十条的，由市县酒类商品监督管理部门依照相关法律、法规、规章的规定进行处罚。

第三十八条　违反本实施细则第四条、第九条、第十八条规定，由市县酒类商品监督管理部门责令改正，没收违法生产、销售的酒类商品和违法所得，可并处违法所得 15%–20%的罚款。

第三十九条　违反本实施细则的第二十七条规定的，由市县酒类商品监督管理部门没收违法所得，并处违法所得 1–2 倍的罚款。租借、涂改、买卖的许可证、登记证予以吊销；伪造的予以没收。

第四十条　违反本实施细则第五条、第十四条、第十九条、第二十条、第二十二条规定的，由市县酒类商品监督管理部门依照相关法律、法规、规章的规定进行处罚。

第四十一条　违反本实施细则第二十一条规定，应当办理准运手续，而未办理的，由市县酒类商品监督管理部门责令停运和销售，并从售出地补办准运手续。

第四十二条　违反本实施细则的第三十一条第二款规定，情节较轻的，由市县酒类商品监督管理部门依照有关法律、法规、规章进行处罚；情节严重的，由公安机关依法处罚；构成犯罪的，依法追究刑事责任。

第四十三条　酒类商品监督管理工作人员泄露案情机密或向当事人通风报信或依法应当将违法行为人移送司法机关处理而不移送的及有其他玩忽职守、滥用职权、徇私舞弊等违法行为的，给予行政处分；构成犯罪的，依法追究刑事责任。

第六章　附　则

第四十四条　本实施细则由大同市人民政府负责解释。

第四十五条　本实施细则自 2005 年 10 月 10 日起施行。

历届名酒品牌评选

名 酒 录

历届全国评酒会名酒、优质酒名录

第 一 届

1952 年第一届全国评酒会议评选出的

全国八大名酒：

茅台酒

汾酒

泸州老窖特曲酒

西凤酒

玫瑰香红葡萄酒

味美思（加药葡萄酒）

金奖白兰地

加饭酒（黄酒）

第 二 届

1963 年第二届全国评酒会议评选出 18 种国家名酒，27 种国家优质酒，经轻工部审定，于 1964 年 2 月 24 日公布，并分别授予奖状、奖章（全国名酒授金质奖章、全国优质酒授银质奖章）。

18 种国家名酒：

五粮液（四川宜宾）

古井贡酒（安徽亳县）

泸州老窖特曲酒（四川泸州）

全兴大曲酒（四川成都）

茅台酒（贵州仁怀茅台镇）

董酒（贵州遵义）

西凤酒（陕西凤翔柳林镇）

汾酒（山西汾阳杏花村）

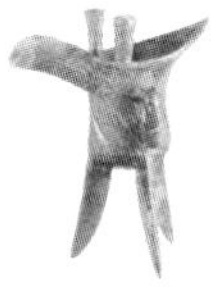

竹叶青酒（山西汾阳杏花村）

白葡萄酒（山东青岛）

味美思（山东烟台）

玫瑰香红葡萄酒（北京）

中国红葡萄酒（北京）

特制白兰地（北京）

金奖白兰地（山东烟台）

加饭酒（浙江绍兴）

沉缸酒（福建龙岩）

青岛啤酒（山东青岛）

27种国家优质酒：

双沟大曲酒（江苏泗洪）

龙滨酒（黑龙江哈尔滨）

德山大曲酒（湖南常德）

湘山酒（广西全州）

三花酒（广西桂林）

凌川白酒（辽宁锦州）

哈尔滨老白干（黑龙江哈尔滨）

合肥白泸（安徽合肥）

沧州白酒（河北沧州）

福建老酒（福建福州）

寿生酒（浙江金华）

醇香酒（江苏金华）

大连黄酒（辽宁大连）

即墨老酒（山东即墨）

长白山葡萄酒（吉林新站）

通化葡萄酒（吉林通化）

中华牌桂花酒（北京）

民权红葡萄酒（河南民权）

山楂酒（辽宁沈阳）

广柑酒（四川渠县）

香梅酒（黑龙江一面坡）

中国熊岳苹果酒（辽宁熊岳）
五加皮（广东广州）
荔枝酒（福建漳州）
特制五星啤酒（北京）
特制北京啤酒（北京）
十四度上海啤酒（上海）

第三届

由 1979 年第三届全国评酒会议（8 月 1 日至 8 月 16 日在旅大召开）评选，经轻工业部审定，于 1979 年 9 月 12 日公布了 18 种国家名酒，47 种国家优质酒。

18 种国家名酒

白酒类：

茅台酒（酱香）	贵州仁怀茅台酒厂
汾酒（清香）	山西汾阳杏花村汾酒厂
五粮液（浓香）	四川宜宾五粮液酒厂
剑南春（浓香）	四川锦竹酒厂
古井贡酒（浓香）	安徽亳县古井酒厂
江苏洋河大曲（浓香）	江苏泗阳洋河酒厂
董酒（其他香型）	贵州遵义董酒厂
泸州老窖特曲（浓香）	四川泸州曲酒厂

葡萄酒果露酒类：

烟台红葡萄酒（甜）	山东烟台葡萄酿酒公司
中国红葡萄酒（甜）	北京东郊葡萄酒厂
沙城白葡萄酒（干）	河北沙城酒厂
民权白葡萄酒（甜）	河北民权葡萄酒厂
烟台美味思	山东烟台葡萄酿酒公司
烟台金奖白兰地	山东烟台葡萄酿酒公司
山东竹叶青	山西汾阳杏花村汾酒厂

黄酒类：

绍兴加饭酒	浙江绍兴酿酒厂
龙岩沉缸酒	福建龙岩酒厂

啤酒类：

青岛啤酒	山东青岛啤酒厂

47 种优质酒

白酒类：

西凤酒（清香）	陕西凤翔西凤酒厂
宝丰酒（清香）	河南宝丰酒厂
古蔺郎酒（酱香）	四川古蔺郎酒厂
常德武陵酒（酱香）	湖南常德酒厂
双沟大曲（浓香）	江苏泗洪双沟酒厂
淮北口子酒（浓香）	安徽淮北市酒厂
邯郸丛台酒（浓香）	河北邯郸酒厂
松滋白云边（其他香型）	湖北松滋县酒厂
全州湘山酒（小曲）	广西全州湘山酒厂
桂林三花酒（小曲）	广南桂林饮料厂
五华长乐烧（小曲）	广东五华长乐烧酒厂
廊坊迎春酒（麸曲酱香）	河北廊坊酒厂
祁县六曲酒（麸曲清香）	山西祁县酒厂
哈尔滨高粱糠白酒（麸曲清香）	黑龙江哈尔滨酒厂
三河燕潮酩（麸曲浓酒）	河北三河燕郊酒厂
金州曲酒（麸曲浓香）	辽宁金县酿酒厂
双沟低度大曲酒（39o）	江苏泗洪双沟酒厂
坊子白酒（薯干液态发醇）	山东坊子酒厂

葡萄酒果露酒类：

北京干白葡萄酒（干）	北京葡萄酒厂
民权干红葡萄酒（干）	河南民权葡萄酒厂
沙城白葡萄酒（半干）	河北沙城酒厂
丰县白葡萄酒（半干）	江苏丰县葡萄酒厂
青岛白葡萄酒（甜）	山东青岛葡萄酒厂

长白山葡萄酒	吉林长白山葡萄酒厂
通化人参葡萄酒	吉林通化葡萄酒厂
北京桂花陈	北京葡萄酒厂
沈阳山楂酒	辽宁沈阳果酒厂
熊岳苹果酒	辽宁盖县熊岳果酒厂
渠县红桔酒	四川渠县果酒厂
一面坡紫梅酒	黑龙江一面坡葡萄酒厂
吉林五味子酒	吉林长白山葡萄酒厂
广州五加皮	广东广州制酒厂
北京莲花白	北京葡萄酒厂

黄酒类：

即墨老酒	山东即墨黄酒厂
绍兴善酿	浙江绍兴酿酒厂
无锡惠泉酒	江苏无锡酒制剂厂
福建老酒	福建福州酒厂
丹阳封缸酒	江苏丹阳酒厂
兴宁珍珠红	广东兴宁酒厂
连江元红	福建连江酒厂
大连黄酒	辽宁大连白酒厂
绍兴元红	浙江绍兴酿酒厂
南平茉莉青	福建南平酒厂
九江封缸酒	江西九江封缸酒厂

啤酒类：

沈阳雪花牌啤酒	辽宁沈阳啤酒厂
北京特制啤酒	北京啤酒厂
上海海鸥啤酒	上海华光啤酒厂

第四届

第四届全国评酒会由中国食品协会组织，划为六大类。由于参赛的酒很多，分为三批，三年方评完。第一批于 1983 年 6 月在江苏连云港进行了葡萄酒黄酒的评比；第二批于 1984 年 5 月在山西太原进行了白酒的评比，同年还补评了两个国家名葡萄酒；第三批于 1985 年 5 月进行了啤酒、果酒和配制酒的评比。三批三年共评出26个国家名酒，64个国家优质酒。

第五届

第五届全国评酒会于1989年在安徽合肥召开，从白酒中评选出17种中国名酒。

企业名称	注册商标	产品名称	香型
贵州茅台酒厂	飞天牌、贵州牌	茅台酒	酱香
杏花村汾酒总公司	古井亭、长城牌	汾酒	清香
泸州曲酒厂	泸州牌	泸州老窖	浓香
西凤酒厂	西凤牌	西凤酒	其他香
五粮液酒厂	五粮液牌	五粮液酒	浓香
亳州古井酒厂	古井牌	古井贡酒	浓香
成都全兴酒厂	全兴牌	全兴大曲酒	浓香
遵义董酒厂	董牌	董酒	其他香
绵竹剑南春酒厂	剑南春牌	剑南春酒	浓香
洋河酒厂	羊禾牌、洋河牌	洋河大曲	浓香
双沟酒厂	双沟牌	双沟大曲、特液	浓香
武汉市酒厂	黄鹤楼牌	黄鹤楼酒	浓香
古蔺郎酒厂	郎泉牌	郎酒	酱香
常德武陵酒厂	武陵牌	武陵酒	酱香
宝丰酒厂	宝丰牌	宝丰酒	清香
鹿邑宋河酒厂	宋河牌	宋河粮液	浓香
射洪沱牌酒厂	沱牌	沱牌曲酒	浓香

国际赛会获奖名酒录

26种获金奖章的国家名酒

一、啤酒类（3种）

青岛啤酒（青岛牌）　　青岛啤酒厂

北京特制啤酒（丰收牌）　　北京啤酒厂

12°特制上海啤酒（天鹅牌）	上海啤酒厂

二、黄酒类（2种）

绍兴加饭酒（塔牌）	绍兴酿酒总厂
沉缸酒（新罗泉牌）	福建龙岩酒厂

三、葡萄酒类(5种)

烟台红葡萄酒（葵花牌）	烟台张裕葡萄酿酒公司
中国红葡萄酒（丰收牌）	北京东郊葡萄酒厂
烟台味美思（葵花牌）	烟台张裕葡萄酿酒公司
干白葡萄酒（长城牌）	河北沙城中国长城葡萄酒有限公司
半干白葡萄酒（玉朝牌）	天津中法合营葡萄酒有限公司

四、配制酒类（3种）

金奖白兰地（葵花牌）	烟台张裕葡萄酿酒公司
竹叶青酒（古井亭牌）	长城牌一山西杏花村汾酒厂
园林青酒（园林青牌）	湖北潜江园林青酒厂

五、白酒类（13种）

茅台酒（飞天牌、大曲酱香型）	贵州茅台酒厂
汾酒（古井亭牌、长城牌、大曲清香型）	山西杏花村汾酒厂
五粮液（五粮液牌、交杯牌、大曲浓香型）	四川宜宾五粮液酒厂
洋河大曲（羊禾牌、大曲浓香型）	江苏洋河酒厂
剑南春（剑南春牌、大曲浓香型）	四川锦竹酒厂
古井贡酒（古井牌、大曲浓香型）	安徽古井贡酒厂
董酒（董牌、其他香型）	贵州遵义董酒厂
西凤酒（西凤牌、其他香型）	陕西西凤酒厂
泸州老窖特曲（泸州牌、大曲浓香型）	四川泸州曲酒厂
全兴大曲（全兴牌、大曲浓香型）	四川成都酒厂
双沟大曲（双沟牌、大曲浓香型）	江苏双沟酒厂
特制黄鹤楼酒（黄鹤楼牌、大曲清香型）	武汉酒厂
郎酒（郎泉牌、大曲酱香型）	四川古蔺县郎酒厂

获银质奖章的国家优质酒（64个）

一、啤酒类（3种）

特制西湖啤酒（西湖牌）	杭州啤酒厂
十二度上海啤酒（上海牌）	上海华光啤酒厂
普通上海啤酒（天鹅牌）	上海啤酒厂

二、黄酒类(5种)

特加饭黄酒（金枫牌）	上海枫泾酒厂
福建老酒（鼓山牌）	福州市第一酒厂
绍兴元红酒（古越龙山牌）	绍兴酿酒总厂
黄酒（辽海牌）	大连酒厂
封缸酒(丹阳牌)	江苏丹阳酒厂

三、葡萄酒类（10种）

桂花陈酒（丰收牌）	北京葡萄酒厂
青岛白葡萄酒（葵花牌）	青岛葡萄酒厂
中国通化葡萄酒（红梅牌）	吉林通化葡萄酒公司
长白山葡萄酒（长白山牌）	吉林长白山葡萄酒厂
白葡萄酒（长城牌）	河南民权葡萄酒厂
半干红葡萄酒（长城牌）	河南民权葡萄酒厂
半干白葡萄酒（奖杯牌）	江苏丰县葡萄酒厂
干白葡萄酒（双喜牌）	安微萧县葡萄酒罐头联合公司
半干白葡萄酒（花果山牌、金梅牌）	江苏连云港市葡萄酒厂
天津陈酿酒（风船牌）	天津市果酒厂

四、果酒类（11种）

紫梅酒（红梅牌）	黑龙江尚志县一面坡葡萄酒厂
香梅酒（红梅牌）	黑龙江尚志县一面坡葡萄酒厂
五味子酒（向阳牌）	吉林长白山葡萄酒厂
沈阳山楂酒（三杯牌）	沈阳市酿酒厂
山楂酒（花果山牌）	江苏连云港市葡萄酒厂
山枣蜜酒（龙泉牌）	大连市龙泉酒厂
中国熊岳苹果酒（红梅牌）	辽宁熊岳果酒厂
中国橙酒（双鱼牌）	四川万县地区果酒厂

优质红桔酒（渠江牌） 四川渠江果酒厂

中华猕猴桃酒（都江堰牌） 四川灌县茅梨酒厂

特制红豆酒（兴安岭牌） 内蒙古牙克石酿酒厂

五、配制酒类（8种）

莲花白酒（丰收牌、保健食品） 北京葡萄酒厂

嘉宾酒（嘉宾牌、保健食品） 天津市果酒厂

玫瑰汾酒（古井亭牌、保健食品） 山西杏花村汾酒厂

玫瑰露酒（金星牌、保健食品） 天津外贸食品加工厂

参茸灵酒（红梅牌、保健食品） 长春市春城酿酒厂

人参露酒（向阳牌、保健食品） 吉林通化葡萄酒公司

至宝三鞭酒（中亚牌、保健食品） 烟台张裕葡萄酿酒公司

乌鸡补酒（安乐牌、白凤牌、保健食品） 江西泰和县酒厂

六、白酒类（27种）

武陵酒（武陵牌、大曲酱香型） 湖南常德武陵酒厂

特酿龙滨酒（龙滨牌、大曲酱香型） 哈尔滨市龙滨酒厂

宝丰酒（宝丰牌、大曲清香型） 河南宝丰酒厂

叙府大曲（叙府牌、大曲浓香型） 四川宜宾市曲酒厂

德山大曲（德山牌、大曲浓香型） 湖南常德市德山大曲酒厂

浏阳河大曲（浏阳河牌、小曲米香型） 湖南浏阳县酒厂

湘山酒（湘山牌、小曲米香型） 广西全州湘山酒厂

桂林三花酒（象山牌、小曲米香型） 广西桂林饮料厂

双沟特液（曲）（双沟牌、低度大曲浓香型） 江苏双沟酒厂

低度洋河大曲酒（羊禾牌、低度大曲浓香型） 江苏洋河酒厂

津酒（津牌、低度浓香型） 天津酿酒厂

张弓大曲（张弓牌、低度浓香型） 河南张弓酒厂

迎春酒（迎春牌、麸曲酱香） 河北廊坊市酿酒厂

凌川白酒（凌川牌、麸曲酱香型） 辽宁凌川酒厂

老窖酒（辽海牌、麸曲酱香） 大连酒厂

六曲香（麓台牌、麸曲清香） 山西祁县酒厂

凌塔白酒（凌塔牌、麸曲清香型） 辽宁朝阳酒厂

老白干酒（胜洪牌、麸曲清香型） 哈尔滨白酒厂

龙泉春（龙泉春牌、麸典清香型） 吉林辽源市龙泉酒厂

陈曲（向阳牌、麸曲浓香型）	内蒙古赤峰市制酒厂
燕潮酩（燕潮酩牌、麸曲香型）	河北三河县燕郊酒厂
金州曲酒（金州牌、麸曲浓香型）	辽宁金州酒厂
白云边酒（白云边牌、兼香型）	湖北白云边酒厂
豉味玉冰烧（珠江桥牌、其他香型）	广东石湾酒厂
坊子白酒（坊子牌、其他香型）	山东坊子酒厂
西陵特曲（西陵峡牌、兼香型）	湖北宜昌市酒厂
中国玉泉酒（红梅牌、兼香型）	黑龙江阿城玉泉酒厂

荣获国家质量金奖名酒录

1979年

茅台酒	贵州茅台酒厂
五粮液	四川宜宾五粮液酒厂
沙城白葡萄酒（干）	河北沙城酒厂
烟台金奖白兰地	山东烟台葡萄酿酒公司
山西竹叶青	山西杏花村汾酒厂
绍兴加饭酒	浙江绍兴酿酒厂

1980年

长城牌汾酒	山西杏花村汾酒厂
葵花牌烟台红葡萄酒	山东烟台葡萄粮酒公司
新罗泉沃缸酒	福建龙岩酒厂
青岛牌啤酒	山东青岛啤酒厂
工农牌泸州老窖特曲酒	四川泸州曲酒厂

国际赛会获奖名酒录

1915年，巴拿马国际博览会，获金质奖：

茅台酒	贵州茅台酒厂
汾酒	山西杏花村汾酒厂

泸州老窖特曲　　四川泸州曲酒厂
洋河大曲　　江苏洋河酒厂
烟台红葡萄酒　　山东烟台张裕葡萄酿酒公司
烟台味美思　　山东烟台张裕葡萄酿酒公司
金奖白兰地　　山东烟台张裕葡萄酿酒公司
雷司令干葡萄酒　　烟台张裕葡萄酿酒公司
解百纳干葡萄酒　　烟台张裕葡萄酿酒公司
绍兴老酒　　浙江绍兴酿酒总公司

1981 年，华盛顿国际啤酒会获冠军：
青岛啤酒　　青岛啤酒厂

1983 年，伦敦第十四届国际评酒会获银质奖：
沙城干白葡萄酒　　河北长城葡萄酒有限公司

1984 年，马德里国际葡萄酒饮料评比会获金质奖：
沙城干白葡萄酒　　河北长城葡萄酒有限公司

1984 年，莱比锡国际博览会获金质奖：
王朝牌干白葡萄酒　　天津中法合营葡萄酿酒有限公司

1984 年，卢安比娜国际博览会获金质奖：
王朝牌干白葡萄酒　　天津中法合营葡萄酿酒有限公司

1985 年，法国国际美食及旅游委员会获金质奖：
桂花陈酒　　北京葡萄酒厂
茅台酒　　贵州茅台酒厂
1985 年，马德里第四届国际饮料酒金奖评选会获金质奖：
金星牌玫瑰露酒　　中国粮油食品进出口公司、天津食品分公司加工厂
桂花陈西　　北京葡萄酒厂
塔牌绍兴花雕酒　　浙江绍兴酿酒总厂
1985 年，《华盛顿人》杂志主办，亚洲国家啤酒评比会获冠军：
青岛啤酒　　青岛啤酒厂

蓝釉双耳壶

酒的品评尺度标准

对于饮料酒的品评鉴定，我们习惯称之为评酒。

评酒的历史在我国源远流长，不少古代文人学士写下了许多品评鉴赏美酒佳酿的著作和诗篇。明·袁宏道的《觞政》中说："凡酒以色清味冽为圣。色如金而醇苦为贤。色黑味酸醨者为愚。以糯酿醉人者为君子。以腊酿醉人者为中人。以巷醪烧酒醉人者为小人。"清·梁绍壬《两般秋雨庵随笔》中对酒品的香、味、色等方面均有精辟的品评论述。说明评酒在我国古代已经达到了很高的水平。

新中国建立以后，党和政府十分关心这一古老文化的继承和发展，先后举办了5届全国评酒会议，对提高我们饮料酒的产品质量起到了重要的促进作用。

我国评酒一般采用理化鉴定与感官鉴定两种方法。

理化鉴定方法是借助于各种科学仪器进行化学分析，准确分析出不同酒类的组成成分，运用数字结果及互相比较说明不同成分的数量是否符合卫生标准，对人体是否有害。

这里我们主要介绍的是感官鉴定法。所谓感官鉴定是指通过人体的眼、鼻、口等感觉器官对酒的色泽、香气、口味及风格特征进行分析、评价和判断。

(一)感官鉴定的作用

1. 及时发现生产过程中的问题，提出解决办法，减少损失，便于指导生产顺利进行；

2. 入库贮存酒的分等、定级依据；

3. 快速检验产品质量状况，指示调配、勾兑工作的有效进行；

4. 控制最终出厂成品质量的关键性措施；

5. 质量对比、找差距，评定等级、区分优劣最快捷的方法；

6. 搜集市场反映，了解消费者爱好，和广大消费者直接对话的最简便手段；

国家正式颁布的饮料酒产品质量标准或行业标准中，均制定了感官要求指标，因此感官鉴定法在酒类评定中占有非常重要的位置。

(二) 感官鉴定的特点

1. 优势：是个快速、简便、灵敏的检验方法。感官品评不需要仪器和试剂，只需要简单的工具，在适当的环境下，用很短的时间就能完成，这是仪器分析所不能及的。人的嗅觉是很灵敏的，对某些物质比气相色谱的灵敏度还高。例如：人对正已醛的灵敏度是气相色谱的 10 倍（人：0.03ppm;气相色谱；0.3ppm）。在空气中，人能嗅出 1/3000 万浓度的麝香气味，但目前还无仪器能直接测出这样微量的成分。

2. 不可替代性：白酒的感官指标是衡量质量的重要指标，白酒的理化、卫生指标分析数据目前还不能完全作为质量优劣的依据，即使两个酒品在理化指标上完全相同，但在感官指标上亦会体现出较明显的差异。白酒的风格性，取决于所有酒中成分的数量、比例，以及相互之间的协调、平衡相抵、缓冲等效应的影响。人的感官鉴定可以区分这种错综复杂相互作用的结果，这是分析仪器无法取代、实现的。

3. 局限性：感官鉴定亦不是万能和十全十美的，它亦存在着局限性：由于感官品评是通过人的感觉器官来实现的，因此它反映出的结果与人的因素密切相关。人在一段时间内连续接受刺激就会疲劳进而变成迟钝，休息一段时间后方能恢复，此现象在生理学上称“有时限的嗅觉缺损”。这亦是“久而不闻其嗅，久食不知其味”的道理。感官鉴定的结果一般是以文字表达的，难以用具体准确的数字来表达。感官鉴定还受人的性别、年龄、地区性、习惯性、个人爱好，当时的情绪等影响，容易造成偏差。

(三) 感官鉴定的原理

1. 视觉：用眼去看产品的外观称为视觉。产品的外观包括：酒液的色泽（酒液中的自然色泽主要来源于酿制酒品的原料，酿制时尽量保持原料的本色。自然的色彩会给人以新鲜、纯美、朴实、自然的感觉，在语言描述上称之为正色。因为酒品一般在正常光线下观察带有亮光，所以色和泽是同时感观于人的视觉的。好的酒液像水晶体一样高度透明，优良的酒品都具有澄清透明的液相。不同的酒品色泽，表现出不同的风格情调。良好的酒色能充分表现出酒品的内在品质和特性，给人以美好的感觉）。澄清，浑浊，失光，沉淀现象，酒液的流动性，挂杯情况，含二氧化碳气的酒类，观察泡沫持久性，这种视觉反映属于物理作用的性质。

2. 嗅觉：用鼻闻辨产品的气味称为嗅觉，嗅觉的分辨是利用在鼻腔深处嗅粘膜上密集像蜂窝状排列着的嗅细胞，遇有气味分子，借助化学作用产生刺激而发生神经传导至大脑中枢，而产生嗅觉。人的嗅觉比检测仪器灵敏度高，但容易产生疲劳。嗅主要是针对酒品的香气而言。酒品的香气非常复杂，不同的酒品香气各不相同，同一种酒品的香气也会出现各种变化。嗅觉现象属于化学作用的性质。

3. 味觉：舌、口腔、上腭接触产品品尝其滋味感觉为味觉。在舌面突起组织的乳头上及软腭、硬腭、咽喉部位有味蕾刺激味细胞，通过神经系统产生的信号传至大脑，辨别味觉反应。舌面各部位味觉反应不同：舌尖为甜味灵敏区，舌尖两侧边缘为咸味灵敏区，舌的两侧边缘为酸味灵敏区，舌根为苦味敏感区，舌的中部为无味区，其敏感性最低。味觉能鉴别酒类产品酸、甜、苦、辣、咸、鲜各味的存在及浓淡程度。酒的味感是关系酒品优劣的最重要的品评标准。味觉反应既有物理作用也有化学作用。

（四）感官鉴定的方法

国内外酒类产品的感官品评，以采用“差异品评法”为主，下面介绍几种主要的方法：

1. 一杯品评法：也称直接品评法。评酒时采用暗评法，评酒人先品尝酒品，然后评述，也可以重复品尝几种酒样后，再逐一评述。

2. 二杯品评法：也称对比品评法。同轮次品两种酒样，然后对两种酒的风格、风味差异，及各自的风格特点进行对比品评。

3. 三杯品评法：也称三角品评法。同轮次品三种酒样，其中有两种酒样是相同酒样，品评人应品出哪两杯是一样的酒，与另一种酒相对比，并在风味、风格等差异，及各自的风格特点进行评述。

4. 顺位品评法：同一轮次中几种酒样，鉴评出各种酒样质量的优劣，并排出名次。

5. 记分品评法：同类型酒样，分轮次品评，同一轮次有几种酒分别编号，对比品评，按色、香、味、风格分别记分，记录相关的评语，汇总参评人员的分数，计算各酒样的总分，排出顺序。

中国酒类大赛品评记分法：

品 种	色 泽(外观)	泡 沫	香 气	滋味	风 格	总 分
白酒	10		25	50	15	100
葡萄酒	10		25	50	15	100
果露酒	20		30	40	10	100
啤酒	10	20	20	50		100

6. 嗅香品评法：是以嗅感酒香为主的评酒方法。是对风格、风味不易分辨的酒品中掺入水和饮料进行稀释后，再进行品评的方法。

（五）评酒的两种方式

1. 明评：即公开酒样生产厂家、商标、酒样来源等。评酒委员集体参加，同时品评，通过尝评后，共同议论各酒样质量的优劣，最后统一结论。个别意见只能保留。这种方法可以集思广益，达到交流技术，改进工艺，对比差距，提高产品质量的目的。在企业内部确定产品质量，分等定级、勾兑定级，常常使用。在酒类评优过程中，如酒样和评酒员都很多时，为了使酒样之间的打分不至相差悬殊，争取意见统一或接近，亦可采用 1–2 次明评、明议的方法。

2. 暗评：即对不同生产厂家或来源的酒样，分别进行密码编号，对评委只公布各酒样号，各评酒员独立品评，不能相互公开议论，交换意见，记录下各个评酒员个人的尝评记录，最后将各评酒员的意见汇总得出结论。一般产品的评优，质量检验等多采用此方法。此种方法主要是用于酒类大赛。

品酒的方法有很多，不同的酒品采取不同的品评方法，目的在于更好地品评描述酒品的风味、风格。

（六）评酒的程序、常用术语及书写方法

品评方法不同，但品评的程序是相同的。一般是以“色、香、味、风格”四个方面来判断（有时还会增加酒体的鉴定）。（其中啤酒无风格一项增加泡沫一项）。

1. 色：感官鉴定首先鉴别酒的色泽及外观。

将酒样注入洁净、干燥的评酒杯中，注入量达到酒杯高度的2/3，在明亮处用手举杯，使液面稍高于眼的视平线，采用直观、侧观，或用白纸衬在酒杯下面，自酒液上方向下直视的方法，观察鉴别、色泽、悬浮情况，沉淀情况。边观察、边记录。

① 观察色调：按各酒种标准规定的色泽标准观察记录。

② 分辨色度：按各酒种质量标准应具有的颜色标准，区分色泽深、浅、明、暗等在色度上存在的差异状况。

③ 查看外观：分为两种方法进行观察。

静态观察：质量标准中规定为澄清、透明，不应有明显的悬浮物。

动态观察：摇动酒杯，使酒液附着酒杯内壁四周，观察酒液流动状况，挂杯、稀薄、浓稠、粘滞、酒液流动状况都是反映酒质的重要内容，不同的酒质有不同要求。凡含有二氧化碳的酒种，还需观察泡沫粗细，泡沫洁白程度，起泡性能，泡沫持久性。

④ 评分方法：边观察边写出评语，并按规定打分。符合标准的满分10分。存在轻微缺陷，酌情扣1–4分，严重缺陷根据程度扣分。

⑤ 常用评语及书写方法

常用评语：

* **色正（正色）：**符合该种酒的正常色调称为色正。如白酒一般是无色，少数是微黄色，那么无色（绝大多数白酒）或微带黄色（有些浓香型酒）都是白酒的正色。

* **色不正：**不符合该酒的正常色调。

* **复色：**有的酒的颜色，用两种颜色来表示，应以后一种颜色为主色。如红曲黄酒为红黄色，则以黄色为主，黄中带有红色。

* **透明有光泽：**在正常光线下有光亮。

* **色暗或失光：**酒色发暗失去光泽。

* **略失光：**光泽不强或亮度不够。透明：光线从酒液中通过，酒液明亮。

* **晶亮：**如水晶体一样高度透明。

* **清亮：**酒液中看不出纤细微粒。

* **不透明：**酒液乌暗，光束不能通过。

* **浑浊：**浑浊是评酒的重要指标。根据浑浊的程度不同，可判断为：有悬浮物、轻微浑浊、浑浊、极浑等。优良的酒都应具有澄清透明的液相。白

酒和白兰地等蒸馏酒发浑是重大的质量问题，葡萄酒、苹果酒等酿造原汁酒发浑则是原料或工艺不良，是酒有缺点的象征。

*** 沉淀由于温度、光照、微生物等因素的影响，原来溶解的物质，从酒液中离析出来**。沉淀物有各种形状：粒状、絮状、片状、块状，闪烁有光的晶形状；沉淀物还有多种不同的颜色：白酒的沉淀物有灰白色、棕色、蓝黑色，啤酒的沉淀物有白色、褐色等。

*** 含气现象是一些因发酵而产生二氧化碳的酒，如啤酒、香槟酒及人工充入二氧化碳的各种汽酒都属于含气的酒类，亦称起泡酒**。含气现象自然成为品评的一个指标。常用的评语有：二氧化碳是否充足，可描叙为平静的、静的、不平静、起泡、多泡；气泡升起的现象可描叙为气泡如珠、细微连续、持久、暂时泡涌、泡大不持久、形成晕圈（香槟酒）等。

*** 有些含二氧化碳的酒，在酒瓶中形成一定的气压，开瓶时会产生响声**。响声的大小反映出酒的含气程度。以“清脆”、“响亮”音响者为佳。

*** 泡沫是啤酒独有的特点，也是鉴定啤酒外观质量的指标之一**。泡沫的形成和持续时间，与酒液中二氧化碳的含量以及麦芽汁的组成有关。泡沫以洁白、细腻、持久、挂杯等来描述。

*** 流动状黄酒、果酒、葡萄酒等含糖较高的酒，可从酒液流动的情况来判断酒是否正常**。方法是举杯旋转观察，评语有：流动正常，浓的、稠的、粘的、粘滞的、油状的等。

书写方法：

*** 凡符合标准的**：一般书写为“无色清亮透明、无悬浮物、无沉淀”或“微黄、清亮透明无悬浮物、无沉淀”。

* **“微黄”**只允许酱香型酒和个别其他香型酒（兼香）的色泽，其他别的香型酒微黄则要酌情扣分。

*** 凡色泽有缺陷的需写出来**：例如：“黄色明显”；“色泽不正”；“先光”；“混浊”；“有悬浮物，或有沉淀”等。

2. 香：感官鉴定中，在观完色后，一定要先闻香，切不可边闻香边评味，更不可不闻香就评味。在这里一定要掌握好嗅觉、味觉的鉴定要点，方可做好此项工作。

香是由人的嗅觉器官——鼻腔来进行检评的。人的鼻腔从鼻孔到咽喉有三条通道。人感觉香气是由嗅觉细胞所感受。嗅觉细胞在鼻腔的上通道深处，叫“嗅膜”，呈淡黄色，约有 2.7-5cm^2，其表面有许多嗅觉细胞，当有气体分子接触到嗅膜后，因刺激嗅细胞，便产生电荷的变化，刺激神经传到大脑，经过大脑中枢的综合分析便有气味特性和强弱的感觉印象，这个过程约有 0.1~0.3 秒钟。在正常的呼吸中，气流多通过下鼻道、中鼻道进入咽部，只有极少量气流缓慢的进入上鼻道“嗅膜区”，因此，只能感觉到轻微气味。如果要获得明显的嗅觉，例如：闻花香，某香料化妆品等，包括评酒的闻香气，就必须作适当的用力吸气或作若干次急促的吸气和呼气，所以在品评时，最好的方法是头部略低，把酒杯放在鼻下，收缩鼻孔，让酒中的香气，自下而上的进入鼻孔，使气流在上鼻道“嗅膜区”产生涡流，使气味分子与“嗅膜”接触增多，从而加强嗅觉。

方法：把待评的酒液倒入适当的酒杯中，大约占杯体容量的 2/3~4/5。然后置鼻下 3-5cm 距离，鼻孔对准酒杯，不能对酒呼气。

① 第一次闻香：酒杯静置不动，轻闻，细致分辨香气类别是否符合该酒种质量标准，再细微分辨香气强、弱，有没有香气沉闷及本酒种不应有的浮香、异香及其他气味等。

② 第二次闻香：稍作休息再作第二次闻香。此次轻轻摇动酒杯，促使酒气散发，深呼吸，急促地吸气，以分辨不易挥发的气味。

③ 如果酒样多时，可按 1. 2. 3. 4. 5 再 5. 4. 3. 2. 1 顺序进行闻评，各种酒样，评酒者应保持吸入酒气量的均等，但有异香、暴香的一定要放在最后闻评，以免对其他酒干扰。在闻每种酒样、第一次、第二次之间一定要注意休息，以保持嗅觉的灵敏，避免嗅觉的疲劳。

④ 最终核定：通过第一次和第二次，选出最佳酒样，将酒杯置于鼻孔下，用力急促吸气，或用手握杯增加温度，促使香气挥发，增强嗅觉刺激，判断第一次和第二次评定的结果，记下各杯号香气特点及差异。

⑤ 特殊闻香法：在正式评酒中并不采用特殊闻香法，这里只作简单介绍。

* **滤纸闻香法**：把滤纸裁成宽 1cm、长 12cm 的长条，让滤纸吸足待评酒样，先闻一次比较各酒样的差异，再将滤纸放置 15-20 分钟，任其自然挥发后，继续再闻一次，确定香气变化及放香时间长短。

* **手心闻香法**：将酒样滴入手心，握拳，在拇指与食指留出一些空隙，鼻孔对准空隙处，深呼吸，判定香气的特点。

* **手背闻香法**：在手背上滴少量酒样，任其挥发，闻其香气，确定香气挥发持续时间，及香气特点。

* **空杯闻香法**：在每杯酒样闻香结束后，将酒样倒出，摇动空杯，促使

残留酒气挥发干净，闻空杯留香，确定香气纯正及真伪。

⑥ 各种香型的标准：（这里主要介绍的是我国几种白酒香型）

浓香、清香、米香型白酒（高度、低度）

级别/香型	优级(高、低度)	一级(高、低度)	二级(高、低度)	
浓香型	具有浓郁的已酸乙酯为主体的复合香气	具有较浓郁的已酸已酯为主的复合香气	具有已酸乙酯为主体的复合香气	具有已酸乙酯香气无异嗅
清香型	清香纯正，具有乙酸乙酯为主体清雅，谐调的复合香气	清香较纯正，具有乙酸乙酯为主体香气	清香较纯正，具有乙酸乙酯为主体香气	具有已酸乙酯香气，无异嗅
米香型	米香纯正、清雅	米香纯正	米香较醇正	

酱香型：酱香突出、幽雅、细腻、空杯留香。

其他香型：具有本品舒适的独特香气。

⑦ 评分方法：

*** 一般符合标准，完美无缺给满分 25 分。**

*** 符合标准，主体香突出、纯正、谐调、舒适、典型性较强，有微小差距扣 1-2 分（留有余地）。**

*** 本符合标准，稍有不足之处有较好水平扣 3-4 分。**

*** 有明显缺陷，**例如：有暴香、异香、主体香不突出，欠谐调或有邪杂气味等，根据影响程度扣 5 分以上。

⑧ 常用评语及书写方法：

常用评语（主要用语）：

纯正——纯洁、纯净、不含杂质。

清雅——香气不浓不淡，令人愉快、舒适的香气。

幽雅——形容酱香型酒香气，丰满、舒适、愉快的感觉。

谐调——多种香气融为一体，或香气和口味统一，没有突出一种的香气或香气飘浮，香、味不统一的感觉。

浓郁——香气浓厚、香气馥郁。

细腻——香气细致、纯净、柔和等。

暴香——香气强烈而粗猛。

放香——从酒中徐徐释放出的香气，亦可表示为酒的嗅香。

喷香——扑鼻的香气，如同从酒中喷射而出。

入口香——酒液入口后，感到的香气。

回香——酒液咽下后，才感到的香气。

余香——饮后余留的香气。

完满——丰满无欠缺之感。

浮香——香气虽较浓郁却短促，使人感到香气不是自然出自酒中，而有外加调入之感觉。

芳香——香气悦人，如鲜花，香果放出的香气。

陈酒香——也谓老酒香。酒的长期贮存中形成的成熟香气，醇厚、柔和而不烈。

固有香气——该酒长期以来保持的独特香气。

焦香——似有轻微的焦糊气而令人愉快。

香韵——与同类酒大体相同，细辨又有使人感到独特的风韵。

异气——指异常的使人不愉快的气味。

刺激性气味——刺鼻或冲辣的感觉。

臭气——糊焦气、金属气、各种腐败气味以及酸气、木气、霉气等使人不愉快的气味。

常用来表示酒的余香和回香的形容词：悠长、绵长、脉脉、绵绵。即香气虽不浓郁却持久不息。

书写方法：

香气和和口味评语大多是形容用语，而且没有统一的标准。但在书写时一定要表达得能让人理解，评语一定要确切、简练、明了。一般按感觉要求的内容写，以标准为依据，如果有差别，可用“较”；“尚”；“欠”；“不”等词表达，并写出存在的缺点。例如：（以白酒几种为例）

* **酱香型酒：**符合标准可写“酱香突出，幽雅细腻”。较好的，可书为：“酱香较突出；酱香明显（较明显），酱香带焦香（糊香等）。”

较差的，可书写为：“酱香不明显；酱香不正；焦糊气味大”。

* **浓香型酒：**符合标准的，可写为：“窖香浓郁”，一般不写具有乙酸乙酯为主体复合香气。

较好的：可书写：“窖香较浓郁”、“窖香放香好”；“窖香正、香浓”等。

较差的；要书写出缺陷：“窖香小带清香”；“窖香带泥臭”；“窖香不正、有（糟、糠、泥、黄水）味”等。

* **清香型酒：**符合标准的，可写为：“清香纯正”，一般不写具有乙酸乙酯为主体复合香气。

较好的：可书写为："清香较纯正"；"清香正"；"清香放香好"；

较差的：评语要写出缺陷：可书写为："清香尚正，稍有异香"；"清香不正，异香大"；"有糟香、糠味"等。

＊**米香型和其他香型酒的方法同上（略）**

＊**空杯留香在最后书写**：较好的："空杯留香、幽雅，留香特久。"

较差的："空杯留香小""留香不明显""空杯香不正""有焦糊味（窖泥味）"等。

3. 味：人的味觉器官主要是口腔中的舌头，口腔软腭和舌面上约有9000个味蕾，味蕾是由十几个味细胞聚集起来的。当味觉物质溶解在唾液里，刺激味蕾细胞，通过味觉神经传到大脑，就会尝出滋味来。味是感官鉴定中很重要的部分，要分辨各味的存在，验证闻香的结果，分辨余味香气长、短等。

品味程序：

① 在香气鉴定完后，再进行口味鉴定，一般是从闻上去香气比较淡的酒样开始再逐渐到浓，再从浓到淡的顺序反复品评，对有暴香等特殊异香及异味的酒样，可留到最后品评，以免影响口感。

② 每种酒的摄入量要一致，一般以3—5ml为最佳。酒液入口一定要慢而稳，使酒液铺满舌面，先接触舌尖——舌的两侧——最后到舌根，在舌面停留的时间要一致，约几秒钟的时间，此时应充分利用各味感区的功能，细心体会其不同的感觉，最后方能判断各酒种应具有的呈味特点和不应有的异味。

③ 酒液触及舌面，低度酒可大口鼓嗽，高度酒使酒液在口腔停留几秒钟。细心分辨舌面及口腔的触觉反应，体会酒中的柔和、醇厚、谐调、寡淡、涩、辣、绵甜、味长、短、爽净、收敛感（移动舌面，使舌面与上颚、牙床摩擦验证涩味）及有无异杂味等情况，判断酒质的优劣。

④ 一般需经3-4次反复品尝，最后摄入口量稍增加以品评余味，长短及尾子是否干净。酒液咽下后酒气随呼气从鼻孔排出，验证闻香结果，香气浓淡及余香长短感受。

⑤ 味觉鉴定一般分为四个阶段：

＊**第一触感**：也称初感。主要是接触酒样的最初印象，分辨酒样类型及风格。

＊**第二触感**：此时酒液布满舌面，第二次主要是品出酒的纯正、洁净、爽口、醇和、圆润、柔和、谐调、适口、寡淡、暴烈、乏味等触感。

* **第三触感**：也称刺激感。此时酒液留在口中，主要分辨杀口、刺舌、粗糙、涩口、油腻等感觉。

* **第四触感**：也称回味感。酒液入喉，品出余香长短，回味大小，尾味洁杂，苦、辣、涩、酸、甜在口腔内呈现的次序、强弱、浓淡等感觉。

⑥ 口味鉴定的标准：（这里主要是针对白酒）

香型	级 别	优质（优级）	一 级	二 级
浓香型	高度 GB10781.1-89	绵甜、爽净、香味谐调，余味悠长	较绵甜爽净、香味谐调、余味较长	入口纯正、后味较净
	低度 GB11859.1-89	绵甜、爽净、香味谐调，余味较长	较绵甜、爽净、香味谐调	入口纯正、后味较净
清香型	高度 GB10781.2-89	口感柔和绵甜、爽净、谐调，余味悠长	口感柔和、绵甜、爽净、余味较长	较绵甜、爽净有余味
	低度 GB11859.2-89	口感柔和绵甜谐调，余味爽净	口感柔和、绵甜谐调较爽净	较绵甜、爽净
米香型	高度 GB10781.3-89	绵甜、爽净、回味怡畅	绵甜、爽净、回味较怡畅	纯正、尚爽冽
	低度 GB11859.3-89	绵甜、爽冽、回味怡畅	绵甜、爽冽回味较怡畅	醇正、尚爽冽

酱香型：醇厚丰满、酱香显著、回味悠长。

其他香型；香味谐调、醇和悠长。

⑦ 品味应注意的问题：

*** 第一口品初感时，进口酒量要少，第二次，进口量稍多布满舌面，最后一次进口酒量要大，循环两次即可得出结论，不宜反复品评，混淆判断，失去准确性。**

*** 每种酒的摄入量要一致，在舌面停留时间也要一致。**

*** 切忌吞咽，一饮而过，酒液与舌面上腭、咽喉各部位一定要充分接触；但也不宜在口中停留很长时间。**

*** 每轮酒样品完后，一定要休息 20-30 分钟，可用清水嗽口、吃些水果等帮助恢复嗅、味的灵敏度。**

*** 在品味过程中一定要集中精神，细微体会，专心思考，不可左顾右盼，受旁人议论干扰。**

⑧ 评分方法：

*** 完全符合标准，完美无缺，给满分 50 分。**

* 符合标准，酒体醇和、谐调、舒适、丰满爽净、余味长、典型性较强，稍有不足，一般酌情扣 1-4 分。

* 基本符合标准，有较好水平，但稍有不足酌情扣 2-8 分。

* 有较明显缺陷，根据其实际情况扣 10 分以上。

⑨ 常用评语及书写方法：

品味评语常用语为：

* 柔和—醇和柔软、无刺激性。

* 绵甜—酒味柔软、无刺激性、又带甜味。

* 爽净—爽：清爽舒适，净：无杂味、干净。

* 爽冽—清澈而且舒适。

* 回味怡畅—酒咽下后，其回味感到愉快而舒畅。

* 醇和—入口酒液适口，柔和，无强烈的刺激感。

* 醇厚—滋味柔和、浓厚的感觉等等。

* 粗糙—口感糙烈、硬口。

* 粗暴—酒性热而凶烈，饮后有上头感。

* 回甜—回味中有甜的感觉。

* 甜净—味甜而纯净。

* 甜绵（绵甜）—甜而绵长。

* 尾子不净—饮后有使人不愉快的刺激感。

* 酸味用语酒中的酸主要是各种有机酸。酸是酒的主要呈味成分。酸味的存在对酒味和香气都有促进作用，并影响着酒的风格。酒无酸味则寡淡，后味短；酒的酸味过大，则显粗糙，甜味降低并失去回甜，甚至有尖酸味。

* 苦味用语苦在酒类中并不尽是劣味。有的酒要求有微苦味或苦味，如啤酒、味美思和一些黄酒，但白酒不允许苦味出头。苦味的用语有：无苦味、微苦、有苦味、落口微苦、后苦、极苦、微苦涩、苦涩等。

* 涩味因原料中含有单宁等生物碱而给酒带来的涩味。多数酒涩味露头，使人感到有不滑润的不快感，会降低酒质。而红葡萄酒则应有微涩的感觉。

* 酒味谐调指酒中酸、甜、苦、涩及酒精固有的辣味等诸味配合恰到好处，酒味全面，给人浑然一体的愉快感觉。或是葡萄酒、果酒中的酒、糖、酸三味配比适宜，品尝时有酒质肥硕、酒体柔美的快感。

* 邪味、异味酒液不应有的味感，如有油味，根据程度差异评为：有油臭、油腻味等不愉快的味感。

书写方法：

* **名优酒典型风格的口味评语可按标准的和常用术语进行描述。**

* **较好的酒可在描述用语前加上“较”字。**

* **较次的酒可在评语前，根据缺陷情况加上“尚”“欠”“不”等词，同时要将较明显的缺陷描述出来，**例如：“有××杂味”；“香大于味”；“刺激性大”；“有酸（苦）味”“甜味过大”等。

4. 体：这一项在感官鉴定中不是最主要的，在此我们只做简单介绍。对酒体的鉴定一般在味鉴定完之后进行。酒体的鉴定是对酒品的色泽、香气、口味的综合评价，但不等于酒的风格。酒品的色、香、味溶解在水和酒精中，并和挥发物质、固态物质混合在一起构成了酒品的整体。评价酒品的体常用精美醇良，酒体完满，酒体甘温，酒体娇嫩，酒体瘦弱，酒体粗劣等词语进行评述。

5. 风格：感官鉴定中对酒的色、香、味各项综合印象的总评即是风格，也称典型性。同一类酒中的每个品种之间都存在差别，同一类型酒不同档次也有不同风格，产品必须具备风格才能显示整体效果。但每种酒的独特风格应是稳定的、定型的。

① 评分方法：

* **风格典型、特征明显的，达到突出、特有、明显风格的，一般给满分 15 分。**

* **典型性稍差、风格一般、酌情扣 1–4 分。**

* **偏格、错格明显，扣 5 分以上。**

② 常用评语及书写方法：

* **优级：**具有本品突出风格或具有本品特有风格。

* **一级：**具有本品明显风格。

* **二级：**具有本品固有风格。

* **较次级的酒：**风格不明显，偏格、错格等。

6. 影响感官鉴定的几种因素：

感官鉴定是通过人的感觉器官反应得出对酒的综合评价，因此评酒员要保持感觉器官的灵敏性，还要克服个人爱好的偏见，避免民族习惯特点及地区口味的特殊倾向性，减少过量的烟酒刺激。中青年味感反应灵敏，高年龄段反应能力则会有所下降，但耐力强富有表达力，女性的生理素质与男性无差异，男性易受嗜好影响而使灵敏度下降。影响感官鉴定结果还有以下几点因素：

① 顺序效应：按编号顺序品评，先接触的酒样印象深，就会产生偏爱的心理作用，这种现象称之为“正顺序效应”，反之则称之为“负顺序效应”，因此为纠正这种偏差，必须先顺序品评，再逆序对比品评核对，以消除“顺序效应”。

② 后效应：在品完前一种酒后，因为味觉在口腔中消失较慢，当前一杯酒样的口味还未完全消失时，又尝下一杯酒样，往往会影响后一杯酒样的口味感觉产生“后效应”。因此，在评完一杯酒后，要适当休息一下，并用温水漱口，再品评另一杯。

③ 人的嗅觉、味觉是灵敏的，但是经过长时间的连续刺激就会变得迟钝，以至最后变为无知觉的现象，这种现象叫“顺效应”。因此，每次品评不宜按排过多酒样（一般在一轮 5 个样品），酒样多时可安排分组或分轮次进行，每评完一次要休息一下，吃些水果和用温水漱口恢复疲劳。

④ 另外，影响评酒结果的因素还与评酒的环境。评酒用酒杯，评酒员的身体健康状况；评酒员评酒时的心理因素和思想情绪等有关。

(七)几类酒的鉴定

1. 白酒：

① 评酒杯的选用：多数为郁金香型，容量约为 80—100ml，评酒时装入 30—40ml 酒液，即到酒杯腹部最大面积处。这种酒杯的优点是腹大，酒液在杯中有最大的蒸发面积，口小能使蒸发的气味分子比较集中，有利于嗅觉鉴定。另一种截去尖头的卵圆型杯也适用于评白酒和其他蒸馏酒。

② 白酒鉴定的温度：最佳温度为 15—20℃。

③ 白酒鉴定的正确顺序为先观色——闻香——口味鉴定——最后综合色、香、味的特点判断酒的酒的风格，即典型性。这样才能对酒品的风格特点有较深的印象和了解。

* **观色**：评外观进要在适宜的光线下直观或侧观，注意酒液的色泽，有无悬浮物、沉淀物等情况。白酒的沉淀物是白色、棕色。我国白酒一般无色透明，少数酒品微黄，都属于正色。酒液清亮看不到纤细的微粒，称为透明度好。否则，应给予有荧光、乳状、尖土状和纤维状浮物混浊等评语。

* **闻香**：中国白酒由于生产工艺独特，结构万分复杂，香气型态多变，可以分为：酱香、浓香、清香、米香、兼香、他香六大香型。

闻香时应将杯口置于鼻下约二寸处，略低头，轻嗅气味，最初不要摇动酒杯，闻酒的香气挥发情况；然后转动酒杯，闻强的香气，经过反复嗅过后，作出判断。凡是香气协调，有愉快感，主体香突出，无其他邪杂气味，溢香性又好，一倒出就香气四溢，芳香扑鼻的，说明酒中的香气物质较多。属于喷香性好，一入口，香气就充满口腔，大有冲喷之势的，说明酒中含有低沸点的香气物质较多；属于留香性好，咽下后，口中应该仍留有余香，酒后作嗝时，还有一种令人舒适的特殊香气喷出的，说明酒中的高沸点酯类较多。所谓的余香悠长，首先应鉴别酒的香型，检查芳香气味的浓郁程度，继而将杯接近鼻孔，进一步闻，分析其芳香气的细腻性，是否纯正，是否有其他邪杂气。在闻的时候，要先呼气，后再对酒吸气，不能对酒呼气。一杯酒最多闻三次就应该有准确记录。最好用右手端杯，左手煽风继续闻。闻完一杯，稍微休息片刻，再闻另一杯。品评白酒常用醇香、曲香、果香、窖底香、芝麻香等，对不正常的香气则用香气不正，香气不纯，刺激性强烈、焦臭、醛臭、油膻味、杂醇油味等；对香型的评赞是：对茅香型（酱香），用幽雅细致，香而不艳，郁而不猛，低而不淡，柔和绵长。对清香型，用清香醇正，绵柔爽净。对浓香型，用芳香浓郁，香气协调，喷香等等。为了鉴别酒中的特殊香气，还可采取滤纸闻香法、手心闻香法、手背闻香法三种方法。

* **口味鉴定**：将酒杯送到嘴边，将酒含在口中，大约为4-10ml，每次含入口中的酒数量，必须保持一致性。先从香味淡的开始尝，由淡而浓，再由浓而淡，反复多次。将暴香味或异香味的酒留到最后尝，防止味觉器官受干扰。评口味时入口要慢，使酒液先接触舌尖，然后舌两侧。再到舌根，接着卷舌，把酒液扩展到整个舌面，进行味觉的全面判断，最后咽下，辨别后味。用舌头抵住前颚，将酒气随呼吸从鼻孔排出，以检查酒性是否刺鼻。在用舌头品尝酒的滋味时，要分析嘴里酒的各种味道变化情况，最初甜味，次后酸味和咸味，再后是苦味、涩味。舌面要在口腔中移动，以领略涩味程度。酒液进口应柔和爽口，带甜、酸，无异味，饮后要有余香味，要注意余味时间有多长。酒留在口腔中的时间约10秒钟。用茶水漱口。在初尝以后则可适当加大入口量，以鉴定酒的回味长短、尾味是否干净，是回甜还是后苦。并鉴定有无刺激喉咙等不愉快的感觉。白酒要求不得有酸味、苦味、涩味。香醇甜净是白酒的最好口味表现。

* **风格鉴定**：各类型酒都应有自己的独特风格。典型性是品评必不可少的一个项目。对多种酒进行品评时，常常是将属于不同类型的酒分别编组品

评，以便比较。判断某一种酒是否具有应有典型风格并准确给分，首先必须掌握本类酒的特点和要求，并对所评酒的色、香、味有一个综合的确切的认识，通过思考，对比和判断，才能确定。

④ 白酒的评分制：为了对各个酒的优劣、名次作出公正的评价，除了写出评语之外，常常采用评分法。目前我国白酒评分制有 100 分制、40 分制和 20 分制。品评时高度酒可少饮，一般 2ml 即可，低度酒可多饮，一般在 4-12ml。酒液在口中停留的时间一般在 2-3 秒钟左右。

2. 黄酒：

① 评酒杯的选用：可与白酒杯相同，亦可用高足杯，倒钟型杯，容量可大到 200ml。

② 评黄酒的温度：最佳品评的温度是在 38℃左右。

③ 评酒的顺序：黄酒的鉴定一般也分为四个部分：色、香、味、风格。

* **色**：黄酒的色泽占影响黄酒总体质量程度为 10%。好的黄酒必须色泽很正，即橙黄、橙红、黄褐、红褐。

影响黄酒色泽有几种因素：

1）是否含有铁离子，多少都决定了黄酒的色泽深浅；

2）黄酒中赤褐色是酒中酷氨酸或色氨酸受日照光合作用氧化而形成的；

3）黄酒中氨基酸与糖反应的程度，而决定色度的浓淡；

4）在做黄酒时，人们也会加一些着色剂，如加红曲、焦糖色等，以使酒色增加；

另外还要观察酒中是否有悬浮物、沉淀物等。黄酒因为含糖度较高，因此应通过举杯旋转观察酒的流动情况，可用流动正常、稠、粘、粘滞、油状等评语进行评价。

* **香**：黄酒的香占影响黄酒总体质量程度为 25%。好的黄酒应该是香气芬芳、醇香浓郁。构成黄酒香气的主要成分有醛类、酮类、氨基酸类、酯类、高级醇类等。我国黄酒的品种繁多，而且历史悠久，由于各个地区采用不同的工艺和原料，因而也产生了许多不同的传统的独特的固有香气。

* **味**：黄酒的味在品评中占到 50%的比重。黄酒的基本口味有甜、酸、辛、苦、涩等。黄酒应在优美香气的前提下，具有糖、酒、酸调和的基本口味。如果突出了某种口味，就会使酒出现过甜、过酸或有苦辣等感觉，影响酒的质量。一般好的黄酒必须是香味幽郁，质纯可口，尤其是糖的甘甜，酒的醇香，酸的鲜美，曲的苦辛配合和谐，余味绵长。

* **风格**：黄酒的风格占总比重的 15%。风格是全面反映酒中所含基本物

质（乙醇、水、糖）和香味物质（醇、酸、酯、醛等）。由于黄酒生产过程中，所采用的原料、曲和工艺条件等不同，酒中组成物质的种类和含量也随着不同，因而可形成黄酒的各种不同特点的酒的风格。好的黄酒是讲究物质成分之间的平衡，也就是色、香、味各成分的协调，因此风格在评价黄酒优劣中是不可忽视的一项。

3. 啤酒：

① 评酒杯的选用：可采用一般圆筒型和倒钟型杯，量要大一些，以便于观察气泡和泡沫的升起。

② 评酒的温度：最佳品评的温度在 15℃以下保持 1 小时。

③ 评酒的顺序：

＊**色**：在适宜的光线下直观或侧观，注意酒液的色泽，酒中有无悬浮物、沉淀物等情况。啤酒的沉淀物是白色、褐色。啤酒色泽的色度，很难用眼直接观察判断出来，可用 0.1Nml 碘液，配蒸馏水为标准，评酒时用酒样与之对比，在标准范围内即为合格（即 100ml 蒸馏水中加入 0.1Nml 碘液，一 ml 为一度，以 100ml 啤酒与之对比。我国把色度为 0.23-0.6 之间的啤酒称为淡色啤酒，超过度的为深色啤酒。）好的啤酒应该是透明清亮，无悬浮物、沉淀物的。

＊**香**：好的啤酒香气应该是有明显的酒花香气、新鲜清爽、无老化气味和生酒花气味；麦芽香型的啤酒应是清香和焦香两种，但香一定要正，无老化气味及不愉快气味（如：双乙酰气味、烟气味、酱油气味等）。

＊**味**：啤酒的味中应含有适当的苦味才是正味，适量的苦味给饮者以净口、开胃、生津、止渴等良好作用。好的啤酒一定要品味纯正、爽口、醇厚。甜味、焦糖味、后味苦、杂味等均不是纯正的口味。

＊**气泡**：含气现象是对啤酒品评的一项指标，常用平静、不平静、起泡、多泡等评语来说明酒液中的二氧化碳是否充足；用气泡如珠、细微连续、持久、暂时涌泡、泡不持久、形成晕圈等评语评价气泡升起的现象。

＊**泡沫**：这也是评价啤酒的一项质量指标。这与啤酒中二氧化碳气、麦芽汁等成份有关。优质的啤酒倒入洁净的杯中，立即产生泡沫。泡沫高，持久（8-15°C，5 分钟不消失）细腻、洁白、挂杯为好，一般从斟酒时泡沫盖满酒面到消失持续的时间不少于 3 分钟。

4. 葡萄酒：

① 酒杯的选用：葡萄酒一般选用的是大型结晶玻璃杯，杯身重量愈轻愈好，玻璃结晶愈透明愈佳。玻璃杯的形状为郁金香花形样，开口较大，这

样有助于增加蒸发的面积，方便香气的挥发，集中芳香性微粒的气流，并导入一定的方向，便于鉴评。

② 评酒的温度：各种葡萄酒有不同适宜的温度。红葡萄酒一般在16–18℃时尝评为最佳。白葡萄酒则要清凉一些的状态，在8–10℃时最好。而桃红葡萄酒则在12–14℃时可以取得较好的口味。

③ 评酒的顺序：

* **色**：将装有样酒的杯举起至两眼平视直线上，轻轻摇荡，使酒在杯中慢慢地打转，然后开始用眼观察，首先要注意外观形相，观葡萄酒颜色、色调深浅、透明度、沉淀物等，然后还要观察酒的起泡性能或泡沫发生状态等。

好的葡萄酒沉淀物是白色、棕褐色。白葡萄酒多呈禾杆黄、琥珀钯；红葡萄酒多呈宝石红、玫瑰红等颜色。

* **香**：将酒杯握在两个手掌之中，利用手掌的温度，使酒微微增加温度，同时做出回旋运动，使杯中液体能够多量分布在周边杯壁上，以利于酒中果香或其他香物质蒸发。再慢慢地将酒杯靠近鼻孔，嗅其气味。辨别出不同的酒性的香型特点。好的葡萄酒应该有令人愉悦的果香或优美的酒香，不应有醋的酸气。（葡萄酒香气的重要品评指标是必须保持原料的品种香气，即果香气味）

* **味**：在嗅完香气后，喝入少量葡萄酒试样，利用下腭和舌头的活动，使液体在口内完成一种咀嚼及翻拌的运动，促使液体能够密切接触舌上各部分的味蕾，同时还要不时由两唇间吸进小量空气，穿过液体层，使其发出"格格格格"运动，促成鼻后部的嗅觉神经入情入理交叉反应，更准确的鉴定酒的香气。最后，将头仰起使酒向后流动，逐渐进入后口腔，这样就可让口腔后部的味觉神经也能辨别酒味，方可更好地鉴定酒味。好的葡萄酒的味道应该是轻快爽口、舒适洁净、谐调丰满、醇厚完美，不应该有重橡木桶味和异杂味。

* **风格**：风格对于鉴定葡萄酒的质量是非常重要的。葡萄酒的风格一般分为以下几种：

A. 既有美丽的色泽，又有雅致的果香和酒香，并有完满的滋味，饮后余味不绝的，称之为精美醇良。

B. 酒液色泽美观，各种成分完全平衡的，称为酒体完满。

C. 酒液外观优美，香气和口味恰到好处的，应视为酒体优雅。

D. 酒液浓稠、饱满、柔和的为酒质肥硕。

E. 酒液的颜色浅淡，酒度不高，于浸物量少，饮时感到轻弱无力的，称酒体轻弱。

F. 酒液中缺乏干浸出物，酸份和其他成分也明显不足，应视为酒体瘦弱。

G. 没有滋味，没有筋力和含糖太多，或含胶体物质太多的应分别为“无力的”和“粘滞的”，而酒深暗，味带浓厚苦涩的则为酒体粗劣。

④ 评分方法：总分=色得分×10%+透明得分×10%+声响得分×15%+香得分×25%+味得分×40%

5. 果酒：

果酒的鉴定方法与葡萄酒的方法差不多一样。

好的果酒就具有：色鲜明、协调、光泽、无褪色、变色。透明澄清，澈亮，无沉淀，无浮游物，无失光现象。香具有原果香、酒香（配制酒具原果或植物芳香），柔协，浓馥持久，不具异臭，具有独特风味。味纯正，完美协调、柔美、爽适，有余香，无异味，有独特风格。总分=色得分×10%+透明得分 10%+香得分×35%+味得分×45%。

(八)评酒员

为了搞好评酒工作，对评酒员是有一定的要求的，他们必须具备一定的条件，国标 GB10345.2-89——《白酒感官评定方法》规定：“评酒员要求感觉器官灵敏，经过专门训练和考核，符合感官分析要求，熟悉各类酒的感官品评用语，掌握各类酒的特征。”

1. 评酒员应具备的条件：

① 思想作风正派，具有从事本专业的工作年限，有实践工作经验。

② 身体健康、感觉器官灵敏，要有正常的视觉、嗅觉、味觉、感觉器官有缺陷的不能做评酒员。如：色盲分辨不清颜色、嗅盲者，对气味无感觉或发生错觉；味盲者，对呈味或复杂细微味觉辨别不清。此外，身体要健康，经常感冒、牙疼失眠等会影响感觉器官的灵敏度。故身体健康状况欠佳者，亦不宜作为正式的评酒员。

③ 评酒员要具备一定的本专业的技术知识及基本技能。掌握各类酒的生产工艺特点，典型香型酒的感官风格特征及其香味组成特点等方面的知识。

＊ 具备较熟练的评酒技能，熟知各类香型酒的标准，正确运用品评

用语。

＊对评酒工作要认真负责，大公无私，实事求是以酒论质，有良好的职业道德。不以个人爱好，不以本单位、本地区的观点出发要依产品的标准为依据，对产品质量负责，对消费者负责。

＊思想敏捷，反映灵敏，具有科学、准确、公平表达产品质量水平的能力。有耐力有急躁，保持稳定的评酒情绪。

2. 评酒员资格的考核：

①考核基础理论：

＊有关酒类生产基本常识的考核；

＊对所从事的专业酒种的生产情况，工艺过程，产品质量标准，区分产品质量优劣等级依据的考核；

＊有关感官品评的基础知识和专业知识的考核；

②考核感官品评能力：

＊考核视觉：主要区分色泽深浅，将柠檬黄配成不同浓度的水溶液，最低浓度0.1%，间隔0.05%，并配入蒸馏水样一同密码编号，目测排出由浅至深的颜色顺序；

＊考核嗅觉：

考核单体香：以玫瑰、桂花、橘子、柠檬、杨梅、菠萝等精制纯度高的天然香精，调配成接近阈值数不同浓度溶液，密码编号，考核对各种花、果香品种名称的辨别能力。

考核单体酯：各酒种评酒员除对各酒种常见的酯类，如乙酸乙酯、乳酸乙酯等必须考核外，还得依本酒种所含的主要酯成分进行考核，即按接近阈值数调配成不同浓度溶液，分辨出酯类的名称。任选其中1—2种酯类，按高于阈值数酿成不同梯度浓度的溶液，考核对不同浓度排出顺序的辨别能力。

考核单体醇、醛、酮：方法同上。

＊考核味觉：

区分基本四味：甜：以蔗糖配成0.25%的水溶液；
咸：以食盐配成0.55%的水溶液；
酸：以柠檬配成0.01%的水溶液；
苦：以奎宁配成0.001%的水溶液；

以上四味并蒸馏水样，密码编号，考核分辨各味品种能力：以基本四味中每一味，分别配成最抵浓度的梯度水溶液，考核排列各味浓淡次序。

* **酒度高低排序：** 以食用酒精自 20°-55°间隔 5°，酿成不同尝试的溶液，闻其香，嗅其味，按酒精含量高低排出顺序。

* **考核单体酸：** 以乙酸、乳酸、柠檬酸、琥珀酸（白酒增加已、丁酸）配成 0.1%以下不同浓度酒精溶液，考核辨别能力。

* **单体醇考核：** 异戊醇、异丁醇是酒类中常见的醇类，选这两种醇配成 0.001%以下不同浓度的酒精溶液，密码编号，分辨出醇的名称，排列出不同浓度顺序。

还可进行单体醛、酮的考核。

③ 考核专业评酒能力：

*** 选本酒种不同类型，质量优劣不等酒样品评，分辨类型区分优劣，用简练文字写出评语并须符合产品质量标准要求。**

*** 以本酒种不应具有的异常气味的酒或在酒中调入异常气味溶液，考核对特异气味分辨能力，并用文字表述其特点。**

*** 考核判断重复性能力，同一种酒在同轮次中重复出现，分辨出相同酒样与不同酒样的差异。**

*** 考核判断再现性能力，前一轮次中的某一酒样在本轮次中重复出现，考核分辨再现酒样。**

评酒员资格的审定具体是由中国酿酒工业协会组织考核认定。

3. 评酒员常用的训练方法：

① 辨色训练：辨别酒的色度、观察有无悬浮物等。

第一步：以黄血盐配成 0.1%的水溶液，及每种递增 0.05%不同浓度的水溶液共 5 种，进行密码编号，观测由浅而深的情况，并排列次序。

第二步：进行陈酒（贮存两年以上）、新酒、60%酒精和白酒（一般白酒）的颜色比较。

第三步：选配微浑、浑浊、失光、沉淀和有悬浮物的样品，认真观察加以区别。

② 嗅觉训练：辨别酒中各种气味：香、异、怪气味等。

第一步：以乙酸、丙酸、丁酸、戊酸、已酸、庚酸、辛酸、乳酸等，分别配成 0.1%的酒精溶液（酒精浓度为 54%），进行明嗅(指每个试样上明确告知是哪种溶液的，称为明嗅。反之则为暗嗅)，以了解各种酸类物质在酒中所产生的气味。记住各自的特点，认真加以区别。

第二步：以甲酸乙酯、乙酸乙酯、丙酸乙酯、丁酸乙酯、乳酸乙酯、乙酸异戊酯、己酸乙酯、庚酸乙酯、戊酸乙酯、辛酸乙酯等分别配成0.01%的酒精溶液（酒精浓度为54%），进行明嗅，以了解各种酯类在酒中所产生的气味，记下各自的特点，认真加以区别。

第三步：取香蕉、菠萝、葡萄、玫瑰、茉莉、香草、广柑、橘子、柠檬、杨梅、桂花、猕猴桃等香精，分别配成1mg：1l水的水溶液，先明嗅、后暗嗅，反复练习。若浓度不够，不易嗅出，可根据本人情况，适当加大溶液浓度。

第四步：取乙醇、丙醇、正丁醇、异丁醇、戊醇、异戊醇、正己醇等，分别配成0.02%的酒精溶液，进行明嗅，以了解各种醇类在酒中所产生的气味，记下各自的特点，认真加以区别。

第五步：取甲醛、乙醛、乙缩醛、糠醛、丁二酮等分别配成0.1%~0.3%的酒精溶液，进行明嗅。

第六步：取阿魏酸、香草醛、丁香酸等分别配成0.001%的酒精溶液，进行明嗅。

第七步：取60%酒精、液态法白酒、串香酒、调香酒、一般曲酒、小曲酒及不同香型的曲酒进行明嗅，以了解不同酒种和香型所产生的不同气味。

第八步：取黄浆水、酒头、酒尾、窖泥、霉糟、糠蒸馏液、曲药、木材、橡胶、铁锈等进行明嗅，区分异常气味。再将上述物质制成酒精蒸馏液（或取浸出液）进行明嗅。

③ 味觉训练：辨别酒的度数高低、各种酒的口味，有无异味等。

第一步：以乙酸、乳酸、丁酸、己酸、琥珀酸、酒石酸、苹果酸、柠檬酸等，每一种配成0.1%、0.05%、0.025%、0.0125%、0.00625%浓度的酒精溶液（酒精浓度为54%），反复明尝（明尝与明嗅的道理是一样的）。

第二步：以乙酸乙酯、丁酸乙酯、乳酸乙酯、己酸乙酯、戊酸乙酯、乙酸异戊酯、庚酸乙酯等，每一种分别配成0.00625%、0.0125%、0.025%、0.05%、0.1%浓度的酒精溶液，反复明尝，记住其特点。

第三步：五味的区别：取砂糖0.75%、食盐0.2%、柠檬素0.015%、奎宁0.0005%、单宁0.03%、味精0.1%、丙烯醛0.0015%，分别配成各自的水溶液，进行品尝鉴别。

第四步：异杂味的区别：取黄浆水、酒头、酒尾、窖泥液、糠蒸馏液、丢糟液、霉糟液、底锅水等，分别配成54%酒精适当溶液，进行反复明尝，记住各自的特点。

第五步：酒度高低的鉴别。取同一酒基，分别兑成酒精含量为65%、60%、55%、50%、45%、40%、35%等不同酒度的酒，品尝鉴别其酒度高低。

4. 对评酒员规定：

① 严格遵守评酒纪律，服从指挥；

② 评酒前不得使用带香味的化妆品和用香皂等有香物质洗手；

③ 不得带其他带有芳香性物品进入评酒室；

④ 评酒时认真，细致，有耐力，发挥独立思考；

⑤ 在评酒室内及评酒期间禁止吸烟；

⑥ 评酒前饮食一定要清淡，不要吃带刺激性强的食物；

⑦ 在暗评时，要保持安静，不议论，不互相交流、交换意见；

⑧ 按规定时间休息，消除疲劳。

5. 对评酒室工作人员的规定：

① 工作人员严守纪律，服从评酒工作的安排；

② 酒样要按规定保管，按要求分类、分型、编组、编号，全部准备工作严谨、细致，做好保密工作；

③ 保持评酒杯的洁净，表面光滑无水痕，并倒置在铺有洁净纱布的不锈钢或搪瓷盘内，如放置时间超过24小时，使用时应再进行冲洗，遇异香、异味酒杯，一定要单独处理；

④ 每杯盛酒量水平线要一致，杯外不应沾酒；

⑤ 按编号顺序递送酒样，同轮次的酒样一起递送，保持轻拿轻放，细心平稳；

⑥ 每轮次结束后，收取品评记分表，并及时统计，准确无误，严格遵守评分结果不外传；

⑦ 每一轮次评酒结束，评酒员退场后，工作人员须迅速清理评酒室；

⑧ 评酒期间禁止吸烟，禁用化妆品等；禁止带有香味的物质进入评酒室内。

6. 酒样编组的方法：

酒样编组直接影响评比结果，应按产品特点，生产工艺，质量状况分别编组。

① 按评酒顺序要求编组：色泽应先浅后深；酒度先低后高；香气先淡后浓；滋味先干后甜；含二氧化碳的酒，要单独编组，排在各轮次之首进行。

② 白酒类按酒的香型编组，对使用糖化剂的种类，液态法和固态法不

同工艺分别进行编组，低度酒单独设组。

③ 啤酒类按色泽、浓度进行编组。

④ 葡萄酒类按标准为干、半干、半甜、甜、加香，各类型的色泽白、桃红、红类型分组。含二氧化碳的酒单独编组。

⑤ 黄酒类按产品标准，采用的原料，糖化发酵剂和不同工艺分别编组。

⑥ 果酒类以采用的原料品种划分，特殊野生果无对比性的，应独立品评，不宜强行并组。

⑦ 露酒类划分为白兰地、威士忌、俄得克、金酒、朗姆酒、果香型、花香型、植物香源型、动物香源型进行编组。每轮品评酒样不宜超过5个，每日品评6-7轮次为最佳，每轮次间应休息20—30分钟。

7. 评酒环境的要求：

评酒环境对评酒效果有直接的影响，因此评酒的地点应具备以下条件：

① 充足、柔和、适宜的光线，均匀的散射光，墙壁不应有强烈的反射(反射率应为40%—50%)。可用自然光，也可用日光灯类。

② 评酒场所应无噪音，一定要远离噪声源，最好是隔音的。

③ 室内应保持空气对流，通风效果好，但避免强气流，保持空气清新。

④ 室内应清洁卫生，无任何异味；器具整洁，清爽舒畅。

⑤ 室内天花板或墙壁不得有装饰材料的气味。

⑥ 评酒室面积不宜太大，宜放置15—20个评酒桌，桌间有适当间隔，行间有走道距离即可；桌面应是白色或铺白色桌布，并每人配有漱口水及水盂；评酒员的坐椅高低适合，舒适。

⑦ 室内应保持使舒适稳定的温度和湿度，温度保持在20—22℃，相对湿度在60—70%之间为宜，酒样的温度和室温应一致。

⑧ 室内地面、桌椅不得留有油垢等异味。

酒的种类、工艺技术简介

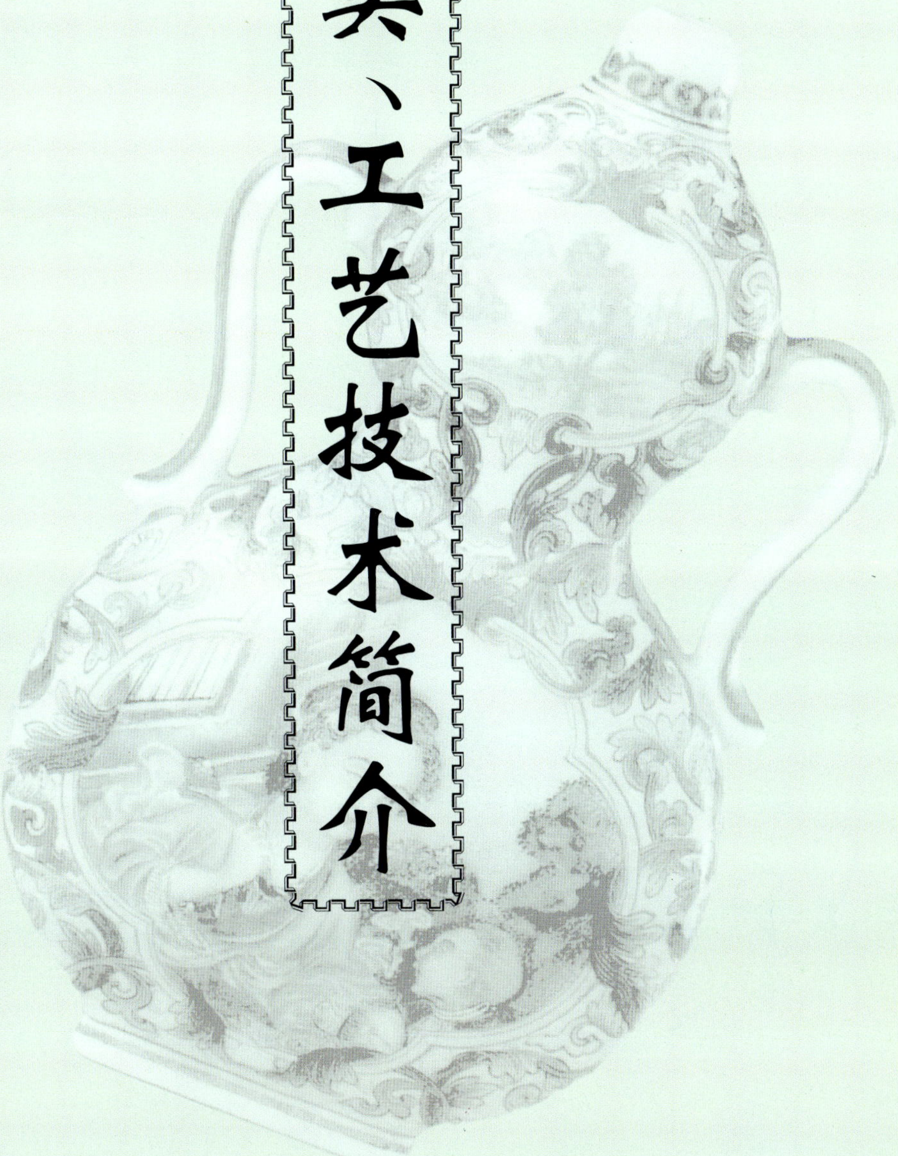

第一章　白酒工艺简介

中国白酒有着悠久的历史，是世界著名的六大蒸馏酒之一（其余5种是白兰地、威士忌、郎姆酒、伏特加和金酒）。中国白酒在工艺上比世界各国的蒸馏酒都复杂得多，原料各种各样，酒的特点也各有风格，酒名也五花八门。与世界其他国家的白酒相比，战国白酒更是别具一格。我国白酒具有特殊的不可比拟的风味。酒色纯净晶莹、无色透明、香气宜人。5种香型的酒各有特色，香气馥郁、纯净、溢香好，余香不尽；口味醇厚柔绵，甘润清冽，酒体谐调，回味悠久，那爽口尾净、变化无穷的优美味道，给人以极大的欢愉和惬意之感。

我国白酒的酒度早期很高，有67°之高。度数这样高的酒在世界其他国家是罕见的。近几年，国家提倡降低白酒度数，有不少较大的酒厂，已试制成功了39°、38°等低度白酒。低度白酒出现市场初期，大多数消费者不太习惯，饮用起来总觉得不够味，“劲头小”。上世纪90年代初，城市消费者已经开始习惯低度白酒，在宴席上已经逐渐成为宴客喜好，档次适中的酒。

白酒以前叫烧酒、高粱酒，建国后统称白酒、白干酒。为什么叫白酒、白干和烧酒？白酒就是无色的意思，白干酒就是不掺水的意思，烧酒就是将经过发酵的原料入甑加热蒸馏出的酒。

白酒的名称繁多。有的以原料命名，如：高粱酒、大曲酒、瓜干酒等，就是以高粱、大曲、瓜干为原料生产出来的酒。有的以产地命名，如：茅台、汾酒、景芝白干、曲阜老窖、兰陵大曲等。有的以名人命名，如：杜康酒、范公特曲等。还有的按发酵、贮存时间长短命名，如：特曲、陈曲、头曲、二曲等。有的则又是以生产工艺的特点命名的。二锅头、回龙酒等，二锅头是我国北方固态法白酒的一种古老的名称。现在有的酒仍叫二锅头。

现在的二锅头是在蒸酒时，掐头去尾取中间馏出的酒。真正的二锅头系指制酒工艺中在使用冷却器之前，以古老的固体蒸馏酒方法，即以锅为冷却器，二次换水后而蒸出的酒。所谓回龙酒，就是将蒸出的酒重烤一次，即为回龙酒。

我国白酒起源于何时，众说不一，尚无定论。

一种说法，起源于唐代，在唐代文献中，烧酒、蒸酒之名已有出现。李肇公元806年写的《国史补》中的：“酒则有剑南之烧春”（唐代普遍称酒为“春”）；雍陶公元834年诗云：“自到成都烧酒热，不思身更入长安。”

可见在唐代，烧酒之名已广泛流传了。田锡写的《曲本草》中说："暹罗酒以烧酒复烧二次，入珍贵异香，其坛每个以檀香十数斤的烟熏令如漆，然后入酒，腊封，埋土中二三年绝去烧气，取出用之。"赵希鹄写的《调燮类编》中说："烧酒醉不醒者，急用绿豆粉粉荡皮切片将筋撬开口，用冷水送粉片下喉即安"。他又说："生姜不可与烧酒同用。饮白酒生姜令人增病。饮白酒忌诸甜物。"

以上引文中所说的"烧酒"、"蒸酒"、"白酒"，是否就是今天的白酒？单从名字相同还不可定论。有人认为我国民间长期相沿，把蒸酒称为烧锅，烧锅生产的酒即为烧酒。但烧锅之名起源于何时，尚待考证。故白酒起源唐代，其论据尚欠充分。

另一种说法，元代时（1271-1368）由国外传入。

元时中国与西亚和东南亚交通方便，往来频繁，在文化和技术等方面多有交流。有人认为"阿剌古"酒是蒸馏，远从印度传入。还有人说："烧酒原名'阿剌奇'，元时征西欧，曾途经阿剌伯，将酒法传入中国。"章穆写的《饮食辨》中说："烧酒，又名火酒、'阿剌古'。'阿剌古'番语也。"现有人查明"阿剌古"、"阿剌吉"、"阿剌奇"皆为译音，是指用棕榈油和稻米酿造的一种蒸馏酒，在元代曾一度传入中国。

再一种说法，是明代药物学家李时珍（1518-1593）在《本草纲目》中所写："烧酒非古法也，自元时始创，其法用浓酒和糟入甑，蒸令气上，用器承取滴露，凡酸败之酒皆可蒸烧。近时惟以糯米或黍或秫或大麦蒸熟，和曲酿瓮中十日，以甑蒸好，其清如水，味极浓烈，盖酒露也。"这段话，除说明我国烧酒创始于元代之外，还简略记述了烧酒的酿造蒸馏方法，故人以为可信。

白酒的分类

我国白酒在酒类当中是相当大的一大类，而且品种繁多。在这一大类中，还能分若干类别，主要有以下几种：

(1) 按使用的主要原料可分为：

① 粮食酒。如：高粱酒、玉米酒、大米酒等。

② 瓜干酒（有的地区称红薯酒、白薯酒）。

③ 代用原料酒。如：粉渣酒、豆腐渣酒、高粱糠酒、米糠酒等。

(2) 按生产工艺可分为：

① 固态法白酒。原料经固态发酵，又经固态蒸馏而成。为我国传统蒸馏工艺。

② 液态法白酒。原料经过液态发酵，又经过液态蒸馏而成。其产品为酒精，酒精再经过加工如串香、调配后为普通白酒，俗称大路货白酒。

③ 调香白酒。用固态法生产的白酒或用液态法生产的酒精经过加香调配而成。

④ 串香白酒。液态法生产的白酒或用液态法生产的酒精经过加香调配而成。

(3) 按糖化发酵剂可分为：

① 大曲酒。用大曲（指曲的形状）酿制的白酒。

② 小曲酒。用小曲酿制的固态或半固态发酵白酒。因气候关系，它适宜于我国南方较热地带生产。用小曲制成的酒统称为米香型酒。

③ 快曲酒。

(4) 按香型可分为：

① 浓香型

② 清香型

③ 酱香型

④ 米香型

⑤ 兼香型

(5) 按产品档次可分为：

① 高档酒。是用料好、工艺精湛、发酵期和贮存期较长、售价较高的酒。

② 中档酒。工艺较为复杂、发酵期和贮存期稍长、售价中等的白酒。

③ 低档酒。亦称大路货，如：瓜干酒、串香酒、调香酒、粮香酒和广大农村销售的散装白酒等。

(6) 按酒精含量可分为：

① 高度酒（主要指55°-65°左右的酒）。

② 中度酒（一般指为40°-50°左右的酒）。

③低度酒（一般指39°以下的白酒）。

白酒的主要香型

我国白酒的香型，目前被国家承认的只有5种，即酱香、浓香、清香、米香和兼香型。

白酒的香型主要取决于生产工艺、发酵、设备等条件。也就是说用什么样的生产工艺、发酵方法和什么样的设备，就能生产什么样香型的酒。

酱香型白酒是采用超高温制曲、凉堂、堆积、清蒸、回沙等酿造工艺，石窖或泥窖发酵；

浓香型白酒是采用混蒸续渣工艺，陈年老窖或人工老窖发酵；

清香型白酒是采用清蒸清渣工艺和地缸发酵；

米香型白酒是采取浓、酱两种香型酒的某些特殊工艺酿造而成；

兼（其他）香型的酒其生产工艺各有不同。

酱香型白酒：亦称茅香型，以茅台酒为代表，属大曲酒类。其酱香突出，幽雅细致，酒体醇厚，回味悠长，清澈透明，色泽微黄。以酱香为主，略有焦香（但不能出头），香味细腻、复杂、柔顺。含泸（泸香）不突出，酯香柔雅协调，先酯后酱，酱香悠长，杯中香气经久不变，空杯留香经久不散(茅台酒有“扣杯隔日香”的说法)，味大于香，苦度适中，酒度低而不变。

浓香型白酒：亦称泸香型、五粮液香型，以泸州老窖特曲及五粮液为代表，属大曲酒类。其特点可用六个字、五句话来概括：六个字是香、醇、浓、绵、甜、净；五句话是窖香浓郁，清冽甘爽，绵柔醇厚，香味协调，尾净余长。

浓香型白酒的种类是丰富多采的，有的是柔香，有的是暴香，有的是落口团，有的是落口散，但其共性是：香要浓郁，入口要绵并要甜（有“无甜不成泸”的说法），进口、落口后味都应甜（不应是糖的甜），不应出现明显的苦味。

浓香型酒的主体香气成分是窖香（乙酸乙酯），并有糟香或老白干香(乳酸乙酯)，以及微量泥香（丁乙酸等）。窖香和糟香要谐调，其中主体香(窖香）要明确，窖泥香要有，也是这种香型酒的独有风格，但不应出头，糟香味应大于香味，浓香要适宜、均衡。

清香型白酒：亦称汾香型，以山西汾酒为代表，属大曲酒类。它入口绵，落口甜，香气清正。清香型白酒特点的标准是：清香纯正，醇甜柔和，自然谐调，余味爽净。清香纯正就是主体香乙酸乙酯与乳酸乙酯搭配谐调，琥珀酸的含量也很高，无杂味，亦可称酯香匀称，干净利落。总之，清香型白酒可以概括为：清、爽、绵、甜、净五个字，清字当头，净字到底。

米香型白酒：亦称蜜香型，以桂林象山牌三花酒为代表，属小曲酒类。小曲香型酒，一般以大米为原料。其典型风格是在“米酿香”及小曲香基础上，突出以乳酸乙酯、乙酸乙酯与B-苯乙醇为主体组成的幽雅清柔的香气。一些消费者和评酒专家认为，用蜜香表达这种综合的香气较为确切。概括为：蜜香清雅，入口柔绵，落口甘冽，回味怡畅。即米酿香明显，入口醇和，饮后微甜，尾子干净，不应有苦涩或焦糊苦味（允许微苦）。

兼（其他）香型酒：亦称复香型、混合香型、属大曲酒类，此类酒大都是工艺独特，大小曲都用，发酵时间长。凡不属上述四类香型的白酒（兼有两种香型或两种以上香型的酒）均可归于此类。此酒的代表酒——国家名酒董酒、西凤酒。口感特点：绵柔、醇甜、味正、余长，其特有风格突出。

白酒的主要成分影响

白酒的主要成分是乙醇和水，二者约占总量的98%以上。其余的微量成分含量不到2%，其中包括高级醇、有机酸、酯类、多元醇、酚类及其他族化合物。白酒中的微量成分虽然含量极少，但对白酒质量却有极大影响，决定白酒的香气和口味，构成白酒的不同香型和风格。

乙醇 即酒精，是白酒中含量最多的成分，微呈甜味。乙醇含量的高低，决定了酒的度数，含量越高，酒度越高，酒性越强烈。有些人认为酒度越高，酒的质量就越好，这是一种错误的看法。酒分子与水分子在酒53°—54°时亲合力最强，酒的醇和度好，酒味最谐调，茅台酒就巧妙地利用了这一点。酒度高的烈性酒，对人体有害，常年饮用容易引起慢性酒精中毒，对神经系统、胃、十二指肠、肝脏、心脏、血管都能引起疾病。目前，除全国名优酒保持原来的酒度以外，其他白酒多数由高度酒改为降度酒。还出现了不少40°以下的低度酒。

酸 酸是白酒中的重要呈味物质，它与其他香味物质共同构成白酒所特有的芳香。含酸量小的酒，酒味寡淡，后味短；含酸量大的酒，则酒味粗糙。适量的酸在酒中能起到缓冲的作用，可消除饮后上头和口味不协调等现象。酸还能促进酒质的甜味感，但过酸的酒甜味减少，也影响口味。一般名优白酒的酸含量较高，超过普通液态白酒的2倍。乙酸和乳酸是白酒中含量最大的两种酸，多数白酒的乙酸超过乳酸，优质白酒的乳酸含量较高。小曲白酒，如米香型的湘山酒等，乳酸含量为乙酸的2倍左右。

酯 白酒中的香味物质，数量最多、影响最大的是酯类。一般优质白酒的酯类含量都比较高，平均为0.2%—0.6%。普通固态白酒比液态白酒的酯含量高1倍，优质白酒又比普通固态白酒的酯含量高1倍，所以优质白酒的香味浓郁。

高级醇 白酒中的高级醇是指碳链比乙醇长的醇类，其中主要是异丁醇和异戊醇，在水溶液里呈现油状物，所以又叫杂醇油。各种高级醇都有各自的香气和口味，是构成白酒的香气成分之一。多数高级醇似酒精味，但有些醇有苦味或涩味。因此白酒中杂醇酒的含量必须适当，不能过高，否则将带来苦涩怪味。但是，如果白酒中根本没有杂醇油或其含量过少，酒味将会十分淡薄。白酒中醇、酯、酸的比便也要适当，通常质量较好的白酒，高级醇：酯：酸=1.5:2:1较为适宜。

多元醇 多元醇在白酒中呈甜味。白酒中的多元醇类，以甘露醇（即己六醇）的甜味最浓。多元醇在酒内可起缓冲作用，使白酒更加丰满醇厚。多元醇是酒醅内酵母酒精发酵的副产物。酒醅的低温发酵有利于这些醇甜物质的生成，发酵缓些，发酵期长些，多元醇的积累也较高。

此外，酚类化合物也给白酒以特殊的香气。

白酒中的微量成分与酒质香型的关系，通常是清香型白酒的主体香气成分为乙酸乙酯，浓香型白酒为己酸乙酯，米香型白酒为乙酸乙酯和B——苯乙醇，而茅香型白酒则很难确凿指出主体香气成分是什么，人们对其有关成分的认识尚有争议。通过白酒微量成分的剖析，可以看出白酒的各种微量成分的定性种类比较一致，而且在量比关系上差异甚大。正是这种差异构成了白酒各种不同的香型和风格特点。

酒曲品名及其在酿酒中的作用

根据可靠史料证实，在距今3200年前，我国先民不仅发明了曲蘖，而且成功地用曲蘖来酿酒了。在很长的历史时期中，我国是世界上独一无二的制曲酿酒的国家。

西汉人扬雄著的《方言》一书中记载的地方名曲就达八种之多，当时已出现了饼状曲块。到了西晋（265-316），嵇含在其所著《南方草麸》中，记述了当时人们在制曲原料中加入一些植物的材料，这是后来酿酒用的“酒药”的开始。“酒药”的出现，说明早在公元4世纪，我国制曲已由饼曲发展为大曲、小曲了。

酿酒所用的“大曲”和“小曲”，简单说就是一种维持微生物（曲霉、毛霉、酵母菌、乳酸菌等）生存和繁殖的养料。制曲所用的原料不同，制出的曲种也就不同。曲种一般有大曲、小曲、快曲等。

大曲 是以小麦、大麦或豌豆、小豆为原料，经过菌种培养而制成的。用大曲酿造的酒，香气突出，味道醇厚，好喝，但生产用量大，粮食消耗多，酿造周期长，出酒率低，成本高，所以价格也高。

小曲 是以大米粉和米糠为原料，接种以隔年的小曲为菌种，经自然发酵而成。小曲酿酒，适合气温较高的我国南方地区。用小曲酿造的酒，一般是米香型，其香气、口味都比较淡薄，不如大曲酿造的酒香味浓厚。但用小曲酿酒，用曲量少，出酒率高，成本低，价格便宜。如果在小曲中掺入中药材，就成了药曲了。

快曲 是以麦为原料制成的。因制曲用的时间少，所以叫快曲。一般酿造杂粮酒或瓜干酒、代用原料酒，都是用快曲。用快曲酿酒，节约粮食，产量高，成本低，价格便宜。

用曲酿酒的大致过程是，首先把粮食粉碎，放到蒸馏锅中，煮成淀粉浆。然后将曲块粉碎抖入，进行粮化反应，使淀粉变成糖水以后，再投入大量的酵母菌，糖水就开始发酵，并产生酒精。然后再经多次蒸馏处理，将酒精提纯，最后勾兑酒浆（即加水）方成白酒。

(1) 清香型白酒

① 感官指标

色泽：清香醇正，具有以乙酸乙酯为主体的清雅、谐调的香气，不应有浓香、酱香及其他异香和邪杂气味。

滋味：口感柔和，绵甜爽净，自然谐调，饮后有余香，口味较悠长，不应有其他邪杂味。

风格：在清香纯正、酒体爽净的基础上，突出清、爽、绵、甜、净的风格。

(2) 其他香型白酒

① 感官指标

色泽：无色或微黄，透明，无悬浮物，无沉淀。

香气：具有本品特有风格。

滋味：香味谐调，醇和味长。

风格：具有本品特有风格。

② 理化指标

产品必须符合省级颁布的企业标准。

白酒中的营养物质和有害物质

白酒的主要成分是乙醇（酒精）和水。但乙醇不是酒的主要营养成分，也不是酒的有害成分。酒有着高热量，据有关科研部门测定，每毫升纯酒精可产生热量7卡，相当于脂肪的供热量，明显地高于糖类、蛋白质的产热量。适量的酒精对人体是有益的。白酒内的乙酸、乳酸、乙酸乙酯、丁酸乙酯、乳酸乙脂、异戊醇等物质都是人体健康所必需的。所以说白酒是有营养的。

白酒中的有害物质：

一是农药残留量。酿酒所用原料，如谷物和薯类作物等，在生长过程中如遇过多地施用农药，毒物会残留在种子或块根中。用这种原料制酒，农药就被带入酒中，饮用后影响健康。按卫生部规定，每公斤粮食，农药666不得超过0.3mg，滴滴涕不得超过0.2mg。

二是甲醇。甲醇是一种有麻醉性的无色液体，密度0.791，沸点64.70℃，能无限地溶于水和酒精中。它有酒精味，也有刺鼻的气味，毒性很大，对人体健康有害，过量饮用，会头晕、头痛、耳鸣、视力模糊。10ml甲醇可引起严重中毒，眼睛失明；急性者可出现恶心、胃痛、呼吸困难、昏迷、甚至危及生命。按卫生部规定，100ml谷类酒含甲醇不得超过0.04g。薯干及代用原料酒不得超过0.12g。

三是醛类。醛类主要是在白酒的生产发酵过程中产生的。它有较大的刺激性和辛辣味。醛类中甲醛的毒性最大，饮含量10g的甲醛即可使人致死。其次是乙醛和糠醛。乙醛是极易挥发的无色液体，能溶于酒精和水中。在蒸酒时，酒头含量最多，经过贮存，会逐渐挥发一些。人们经常喝乙醛含量高的酒，容易产生酒瘾。乙醛毒性相当于乙醇的83倍。因此，它在白酒中的含量必须是非常微小的。

四是杂醇油。杂醇油为无色油状液体，是白酒的重要成分之一。从卫生角度来看，它是一种有害物质，含量过高，对人体有害，能使神经系统充血，使人头痛、头晕。喝酒上头，主要是杂醇油的作用。它在人体内氧化慢，停留时间长，容易引起恶醉。杂醇油的含量过多，加浆时还会引起白酒乳白色的浑浊。其含量一般不超过每毫升0.15g。

五是铅。白酒中的铅主要来自酿酒设备、盛酒容器、销售酒具。铅对人体危害极大，它能在人体积蓄而引起慢性中毒，其症状为头痛、头晕、记忆力减退、手握力减弱、睡眠不好、贫血等。国家对白酒含铅量的规定，为每升白酒所含的铅不得超过1mg。

白酒的勾兑和调味

勾兑白酒，在生产过程中将蒸出的酒和各种酒互相掺和，称为勾兑，这是白酒生产中一道重要的工序。因为生产出的酒，质量不可能完全一致，勾兑能使酒的质量差别得到缩小，质量得到提高，使酒在出厂前稳定质量，取长补短，统一标准。勾兑好的酒，称为基础酒，质量上要基本达到同等级酒的水平。

勾兑酒的作用，主要是使酒中各种微量成分配比适当，达到该种白酒标准要求和或理想的香味感觉和风格特点。勾兑的做法就是把生产车间的酒逐一品尝，分析各自的长处和短处，将它们互相掺和，使各种微量成分按比例配合，酒体更加协调。

好酒与差酒相勾兑，勾兑后的酒可以变好酒；差酒与差酒相勾兑，勾兑后的酒也可以变好酒；如果好酒与好酒勾兑，比例不当，各种酒的性质、气味不合，也可能使勾兑后的酒质量下降。但一般来说，好酒与好酒勾兑，质量总是提高的。

由于有了勾兑这一工序，所以各种杂味酒不一定是不好的酒，它们可以用作调味酒，尤其是苦、酸、涩、麻的酒，还可能是好酒。后味苦的酒，可以增加酒的陈酿味。后来涩的酒，可以增加酒的香味，可作带酒、搭酒。有焦糊味的酒，有酒尾味的酒，以及有霉味、倒烧味、丢糟味的酒，如果这些酒异味较轻微而又有其特点，也可作为搭酒，少量用以勾兑，可增加酒的香气。

调味　调味是对勾兑后的基础酒的一项加工技术。调味的效果与基础酒是否合格有密切的关系。如果基础酒好，调味就容易，调味酒的用量也少。调味酒又称精华酒，是采用特殊少量的（一般在1/1000左右）调味酒来弥补基础酒的不足，加强基础酒的香味，突出其风格，使基础酒在某一点或某一方面有较明显的改进，质量有较明显的提高。

白酒调味的作用可归纳为三种：即添加作用、化学反应作用和平衡作用。调味前对基础酒必须有明确的了解，要选择好调味酒，在方法上要行作小样试验。调味后的酒还须再贮存7-15天，然后再经品尝，确认合格后才能包装、出厂。

调味酒的种类很多。单独品尝调味酒时，常常感到味怪而不谐调，容易误认为是坏酒。调味酒的种类、质量、数量与调味效果也有密切的关系。

酒的勾兑和调味都需要有精细的尝酒水平，尝评技术是勾兑和调味的基础。尝评水平差，必须影响勾兑、调味效果。为尽可能保证准确无误，对勾兑、调味后的酒，还可采取集体尝评的方法，以减少误差。

白酒的贮存时间和散装销售注意事项

白酒经过较长时间的贮存，其质量会变得温润醇厚。因此，有些人认为白酒越陈越好。其实，并不尽然。虽然白酒没有保质期，但酒在存放过程中，酒中的醇类会和有机酸起化学反应，产生多种酯类物质，各种酯类都具有各种特殊的香气。由于酒中的酯化反应相当缓慢，因此，优质酒一般需要贮存三四年，甚至更长一点的时间。但是，酯化反应到了一定程度就会趋向平衡，出现停止状态，如果继续贮存，会使酒精度数减少，酒味变淡，挥发损耗也会增大。特别是目前有些中档和低档白酒，在勾兑过程中添加了香味剂，这类酒更不能较长时间存放。否则，酒质会变得苦涩腻味。所以，白酒贮存也有适当的时间，并非越陈越好。白酒易挥发、渗漏，气温升高还会外溢。因此，散装白酒在零售、使用时必须注意以下几点：

(1) **盖严**　在付货暂停时，要将酒容器的盖盖好，封严，以防挥发，减少酒的风耗。

(2) **勿太满**　容器不要装得太满，以免气温升高造成酒的外溢。还要经常检查酒的容器，发现渗漏，要及时采取措施处理。

(3) **减少损耗**　售取酒时不要距离容器太远，并要用酒盘接酒。售取酒的工具用完后要及时放回缸内，以保持工具的潮湿，减少酒的皮沾。随着科学技术的不断发展，机械化、自动化的贮售酒工具将日趋增多，要很好地学习和掌握其使用方法。

(4) **适当搅拌**　白酒是酒精和水的混合液，两者是无限溶解的。但由于比重不同，酒在贮存过程中，上层的酒度偏高，下层的酒度偏低；如果久存，封盖又不严密，上层的酒口味又会偏淡。为了保证酒度和口味的一致，故在零取前要用一木耙，适当搅拌，上下匀匀。

白酒的度及其测定方法

白酒的酒度，指的是白酒中酒精容量的百分比，也就是酒精的含量。例如：60°的白酒，就是指含有60%的酒精，剩余的40%基本上就是水。

我国早年没有酒表，测定酒度是用看酒花和用火烧酒等办法来确定酒的酒精含量。

看酒花。将酒对上一定数量的水，取一勺一盆，用勺舀慢慢由高处向低处倒入盆内，观察落在接酒盆内的酒“花”大小、均匀程度、保持时间的长短，来确定酒精成分的含量。这种方法的准确率可达90%。

用火烧。将白酒斟在盅内，点火燃烧，火熄后，看剩在盅内的水分多少，根据水分的数量确定该酒酒精的含量。这种方法，因常受外界条件的影响，所以尚欠准确。建国后全国统一使用“酒表”，用酒表来测定白酒的酒精含量。方法是取一只玻璃量杯，杯里装满拟测度的白酒，把酒精计、温度计放进量杯内，待三五分钟后，温度计升降稳定了，即可观看两计的度数。

白酒的异常现象及补救方法

酒中有乳白色沉淀物。有的白酒有时会出现乳白色絮状沉淀物，这是什么原因？这种酒还能饮用吗？

这种乳白色沉淀物的主要成分是亚油酸乙酯、油酸乙酯和棕榈酸乙酯。这些物质的来源，主要是酒在发酵过程中，由于酯化作用所产生的。当温度降到10℃以下时，这些酯类物质在酒中的溶解度降低，就出现饱和现象所析出的白色结晶，而形成沉淀物。当温度升高，溶解度增大，沉淀物便会消失。

要使沉淀物消失，如白酒的贮量大，可放置较温暖的库房贮存；如数量少，可将酒置于60℃的水中温热后轻轻摇动即可溶解。这是一种酯类沉淀，并非变质，对人体无害，可以饮用。如果经温水浸泡处理后，沉淀物或其他杂质仍不溶解消失，则表明该酒存在质量问题，最好不要饮用，或经化验后再决定是否饮用。白酒的苦味主要来自酒中所含的醇类。其主要原因：一是原料有霉变现象，含单宁酸过多；二是霉菌感染；三是入池温度高，发酵不正常；四是水质不洁，主要含碱量超过用水标准等等。解决的办法，在酿造过程中除了要注意上述四个方面的问题以外，还以适当减少酿制过程的用曲量，降低发酵温度。对成品酒则可采取土麦冬叶、活性炭脱味法，即用酒量的土麦冬叶0.5%放入酒中，浸泡4天后取出，再加少许活性炭，白酒的苦味即可脱去。白酒的辛辣味主要是由于酒中所含醛类造成的。解决的办法，除了在白酒蒸馏时应注意提高馏酒温度，并结合量、质分段摘酒外，对苦辣味重的成品白酒，宜采取勾兑、调味（不是加用化学香料）的方法进行处理。具体做法是：在同类产品中选取口感较酸、味道醇和的酒，与苦辣味成品白酒勾兑和调味，探求最佳组合。添加量多少，应视情而定。

另一种方法是：将一份碎冰糖、两份清水和打成细沫的适量蛋清混合搅拌，小火缓慢煮沸溶化，再趁热用棉布过滤后，加入苦辣味重的白酒中，搅匀，澄清，即可收到良好效果。但须注意控制添加量，否则会破坏白酒的原有风味。

白酒的臭味。白酒臭味一般是由于原料发霉、变质、不净或发酵温度过高、杂菌感染等原因引起的。解决的办法，可采用高锰酸钾处理。其方法是：将一定量的高锰酸钾（一般用量为 0.1-0.15g/kg）完全溶解在有臭味的白酒中，充分搅匀，然后静置，让其自然澄清。待溶液完全澄清后，用沙滤棒过滤器过滤，即可除去白酒中的臭味。对臭味较重的白酒，可适当加大高锰酸钾的用量，但最大用量不得超过 0.5g/kg。用高锰酸钾处理过的白酒，最好能按一定比例与不含锰的白酒相勾兑，与之勾兑的酒中锰的含量不得超过 0.002g/kg，这样既能降低酒中锰的含量，又能增加白酒的风味。

第二章　黄酒工艺简介

我国黄酒的历史发展和特色

(1) 我国黄酒的历史发展

黄酒作为我国最古老的酒种，在中国酒文化史上曾享有重要的地位。黄酒以其美味及营养丰富，为我国人民所喜爱，并早已名扬世界。1988 年，绍兴酒（黄酒的一种）被国家定为国宴用酒。

我国历史上对黄酒的创造，是中华民族的祖先对人类科学文化和生产发展作出的早期贡献之一。黄酒这个品种很古老，早在夏、商、周三代就已经大量生产了，并且流传至今，其历史据文献记载已有 6000 年左右了。

但是，黄酒在过去一直被认为是地方酒。在好多人的眼里，觉得它乡土味太重，登不了大雅之堂。其原因主要是由于生产厂家多而且分散，生产方法落后。

其实，黄酒是我国最有发展前途的酒种之一，它和其他酒种比较，最突出的优点是有益无害。无论是从振奋民族精神，继承民族珍贵遗产，还是从药用价值、烹调价值和营养价值来讲，黄酒都应该成为我国普遍饮用的第一饮料酒。

酿制黄酒的主要原料是粘性比较大的糯米、黍米和大黄米，由于这些原料种植量少、产量低，给黄酒生产发展带来一定难度。为解决黄酒生产原料不足的问题，近年来，我国不少地区用玉米、瓜干酿制黄酒取得成功，并已通过鉴定。

(2) 黄酒的分类及主要成分

我国黄酒的种类很多。按原料、酿造方法的不同可分为三类：即绍兴酒，黍米黄酒（以山东即墨老酒为代表）和红曲黄酒（以浙南、福建、台湾为代表）。

按颜色分为三类：深色（褐色）黄酒、黄色黄酒和浅色黄酒。

按糖分含量分为干型黄酒、半干型黄酒、半甜型黄酒、甜型黄酒四类。经科学分析鉴定，这四类黄酒刚好是绍兴酒的四个名品，即元红酒、加饭酒、善酿酒、香雪酒。

干黄酒——含糖量小于 1.00g/100ml（以葡萄酒计）“干”表酒中含糖量

少，糖分都发酵变成了酒精，故酒中的糖分含量最低。该酒属稀醪发酵，总加水量为原料米的3倍左右。发酵温度控制得较低，开耙搅拌的时间间隔较短。酵母生长较为旺盛，故发酵彻底，残酷很低。此酒口味醇和鲜爽，浓郁醇香，呈橙黄至深褐色，清亮透明，有光泽。

半干黄酒——含糖分为0.01-0.03g/mL。半干表酒中含糖分未全部发酵成酒精，还保留了一些糖分。在发酵过程中，要求较高。酒质浓厚，风味优良。可长久贮藏。是黄酒中的上品。我国大多数出口酒均属此类。此酒口味醇厚柔和鲜爽，浓郁醇香，呈橙黄至深褐色，清透有光泽。

半甜黄酒——含糖分为0.03-0.10g/mL。该酒工艺独特，是用成品黄酒代水，加入发酵醪中，使糖化发酵的开始之际，发酵醪中的酒精浓度就达到较高的水平，在一定程度上抑制了酵母菌的生长速度，由于酵母菌数量较少，对发酵醪中的产生的糖分不能转化成酒精，故成品酒中的糖分较高。该酒酒香浓郁，酒度适中，味甘甜醇厚，为黄酒中之珍品。缺点：不宜久存。贮藏时间愈长则色泽愈深。此酒醇厚鲜甜爽口，酒体协调，浓郁醇香，清亮透明，有光泽。

甜黄酒——含糖分0.10-0.20g/ml。一般采用淋饭操作法，拌入酒药，搭窝先酿成甜酒娘，当糖化至一定程度时，加入40-50%浓度的米白酒或糟烧酒，以抑制微生物的糖化发酵作用。由于加入了米白酒，酒度也较高。可常年生产。此酒鲜甜醇厚，酒体协调，浓郁醇香，呈橙黄至深褐色，清亮透明，有光泽。

浓甜黄酒——含糖分为0.20g/mL，此酒蜜甜醇厚，酒体协调，浓郁醇香，呈橙黄至深褐色，清亮透明，有光泽。

按时节分，黄酒大体可分为四种，即：冬酒、冬浸酒、四双酒、单酒。

冬酒：一入冬令季节，即酿造酒娘糟。装入酒坛密封，勿泄酒气，至翌年4月，酒娘糟仍不会变质。需制冬酒时，每斤酒娘糟注入泉水约半斤，浸一二天，把酒液压榨出来，装入酒坛密封。然后把酒坛放在谷壳或木屑（俗称“锯屑”）堆中，点燃煨沸，随即排去部分酒坛周围的热灰，使坛中之酒在微热中逐渐降温。此酒色泽澄黄，呷入口中，略有粘稠感，芬香醇和，甘甜隽永，久贮不变质，有滋补健身之效，是老人及产妇的上等饮料。

冬浸酒：与冬酒一样，一入冬令季节，即醇造酒娘糟。到冬至那天，把酒娘糟舀入小口径的大水缸中，每斤酒娘糟加入经煮沸而后冷却的醴泉水1~2斤，然后盖紧缸口，勿令泄气。浸至春节时，启开缸盖，但见酒糟下沉，即可饮用。此酒色泽淡青，酒气浓郁，芳香可口，含乙醇35%左右，多用于春节时招待宾客。这是嗜酒者最喜欢喝的酒，多饮则易醉，且醉而难醒。冬浸酒可说是客家黄酒的代表。清杨澜《陆汀汇考》载云：“黎媲曾《闽酒曲》有张王乐府遗意，杭大宗载之《榕城诗话》中。不但诗风韵佳，汀中风土亦略见一二。”黎媲留即黎土弘，明末清初之长汀县濯田陈屋人，他写的“闽酒”实即客家黄酒，笔者不详他到底写了几首《闽酒曲》，杭大宗于《榕城诗话》中仅载7首，其中的第二首就是讲当时的冬浸酒的，诗曰：“长枪江米接邻香，冬至先教办压房；灯子才光新月好，传笺珍重唤人尝。”注云：“汀俗于冬至日，户皆造酒，乡中有压房一种，尤为珍重。藏之经时，待嘉客而后发。”

四双酒：一年四季均可酿造。每百斤酒娘糟加醴泉水1.5-2.5浸之，暑天浸3~4天，冬季则多浸几天。然后把酒娘糟投入酒篓压出酒液，装入酒坛密封局沸。此酒香甜适口，含乙醇25%左右。

单酒：“单”是“薄”的意思。以四双酒的酒糟复加醴泉水少许，浸2~3天，投入酒篓压出酒液局沸。此酒含乙醇低，且价格低廉，极受妇孺欢迎。前面说的以酒代茶，在盛夏时普遍饮用者，大多是这种酒。此即所谓水酒。

黄酒中的主要成分除乙醇和水外，还有麦芽糖、葡萄糖、糊精、甘油、含氮物、醋酸、琥珀酸、无机盐及少量醛、酯与蛋白质分解的氨基酸等。因此，黄酒具有较高的营养价值。

（3）黄酒的质量指标

色泽：具有本品应有的色泽，一般为浅黄，澄清透明，无沉淀物。

滋味：应醇厚稍甜，不能带有酸涩味。要求入口清爽，鲜甜甘美，酒味柔和，无刺激性。北方老酒要求味厚、微苦、爽口。

（4）理化指标

酒精度：黄酒酒度同白酒一样，是以含酒精量的百分比计算的。黄酒的酒度一般为12%-17%。

酸度：总酸度（以醋酸计算）一般在0.3%-0.5%。总酸度如超过0.5%，酒味就会发生酸涩，影响质量；如超过过多，必须测定挥发酸含量。黄酒的挥发酸含量在0.06%-0.1%之间（以醋酸计算）。挥发酸含量超过0.1%的黄酒，就有变质的可能，不能再饮用。

糖度：糖度也是以含糖量的百分比计算的。三种甜度黄酒含糖量的百分比分别为：甜型黄酒约在10%-20%之间；不甜型黄酒一般1%左右。

怎样酿造和饮用黄酒

(1) 自制黄酒

黄酒既是饮用酒也是料酒。家庭自制、自饮、自用，方法简便易行。自制的黄酒虽然不能与名牌酒相媲美。却也是芳香可口，别具风味，而且成本低廉。

自制黄酒的原料是：米（江米、大米均可）10kg，水9.3kg，培养曲（酒厂或乳厂有售）1kg，酒药（副食店有售）0.28kg。

制作方法：

1. 泡米。选择较好的江米，经过淘洗，用普通凉水浸泡8—10小时，沥干后备用。

2. 蒸饭。将沥干的米上锅蒸至九成熟离火。要求米饭蒸到外硬内软，无夹心，疏松不糊，熟透均匀；熟后不要马上掀锅盖，在锅内把饭放至快凉时再出锅；出锅后将饭打散，再摊盘晾至28℃以下入缸。

3. 前期发酵。把准备好的水、培养曲和酒药倒入缸内与蒸好的米饭搅拌均匀，盖好盖，夏季置于室温下，冬天放在暖气上或火炉前，经3天左右，米饭变软变甜，用筷子搅动，即可见到有酒渗出。此时缸里的温度达到23℃左右，即可停止前期发酵。

4. 压榨。将经过前期发酵的物料装入一干净的布袋中，上面压上木板或重物，榨出酒液。

5. 煎酒（加热杀菌）。把压榨出的酒液放入锅内蒸，当锅内温度升到85℃时，即停止加热。

6. 过滤，将滤液收存起来。

7. 封存，把滤液装进一个干净的坛子里，用干净的牛皮纸把坛口包好，再用稻草或稻壳与土和稀泥巴坛口封严，然后把坛子放到适宜的地方，2个多月后即可开坛饮用。存放时间长，酒的质量好，味道香。

(2) 黄酒的饮用

我国黄酒酒具有馥郁芬芳的香气和甘甜醇厚的风味。如饮用得法，可使其滋味更加香醇可口。黄酒的饮用方法有很多奥妙。这里重点介绍国家名酒——绍兴黄酒的饮用方法。

在当地销售绍兴酒的酒馆、酒店，往往都设有雅座，备酒菜，称为“堂吃”。如著名的浙江绍兴咸亨酒店就是这种形式的酒店，它提倡饮用黄酒，并且帮助人们了解黄酒的营养价值。到酒店“堂吃”饮用黄酒，别有一番风味。

黄酒的酒度都不太高，一般在15°-20°之间。在冬季，黄酒宜温热后饮，酒中的一些芳香会随着温度的提高挥发出来，饮时更能使人心旷神怡。酒的温度一般40℃-50℃为好，酒温随个人的饮用习惯而定。

夏季饮用黄酒可以冷饮。其方法是将酒放入冰箱直接冰镇或在酒在中加冰块，这样能降低酒温，加冰块还降低了酒度。冷饮黄酒，消暑解渴，清凉爽口，给人以舒坦的感觉。

夏季惯饮黄酒的人或妇女饮黄酒，可以饮用甜型黄酒，或将几种果汁、矿泉水对入黄酒中饮用，也可把一般啤酒或果汁对入黄酒中饮用。

黄酒应该慢慢的喝，喝一小口细细的回味品尝一番，然后徐徐咽下。这样才能真正领略到黄酒的独特滋味。

(3) 黄酒的营养价值

黄酒是世界上最古老的饮料酒之一。黄酒的营养价值超过了有“液体面包”之称的啤酒和营养丰富的葡萄酒。

黄酒中含有多种氨基酸。据检测，黄酒中的主要成分除乙醇和水外，还含有17种氨基酸，其中有7种是人体必需而又不能合成的。这7种氨基酸，黄酒的含量最全，居各种酿造酒之首，尤其是能助长人体发育的赖氨酸，含量比同量啤酒、葡萄酒多一至数倍。黄酒的发热量是啤酒的3-5倍，是葡萄酒的1-2倍。每升含有氢化合物1.6—2.8g，碳水化合物28—200g。此外还含有许多易被人体消化的营养物质，如：糊精、麦芽糖、葡萄糖、酯类、甘油、高级醇、维生素及有机酸等。这些成分经贮存陈化，又形成了浓郁、鲜美、丰富酒体，而最终使之成为营养价值极高的低度酒饮料。

(4) 黄酒的辅助疗效

黄酒多用大米、糯米、黍米、黏米等原料制成。由于在酿造过程中，注意保持了原有的多种营养成分，还有它所产生的糖、胶质等，这物质都有益于人体健康。它在辅助医疗方面，不同的饮用方法还有着不同的疗效作用。

凉喝。凉喝黄酒，消食化积，有镇静作用。对消化不良、厌食、心跳过速，烦燥等有疗效。

烫热。黄酒烫热喝能驱寒祛湿、活血化瘀，对腰背痛、手足麻木和震颤、风湿性关节炎及跌打损伤患者有益。

与鸡蛋同煮。将黄酒烧开，然后打进鸡蛋一个成蛋花，再加红糖用小火熬片刻。经常饮用有补中益气、强健筋骨的的功效。可防治神经衰弱、神思恍惚、头晕耳鸣、失眠健忘、股骨萎脆等症。

与桂圆或荔枝、红枣、人参同煮。其功效为助阳壮力，滋补气血，对体质虚衰、元气降损、贫血、遗精下溺、腹泻、妇女月经不调有疗效。

与活虾（捣烂）60g共烧开服，每日1次，连服3天，可治产后缺乳。

（5）黄酒在烹调中的作用

烹调用酒统称“料酒”，包括黄酒、白酒、啤酒、露酒等。其作用主要是去除海味类、肉类的腥膻，有利于“五味”充分渗入菜肴的香纯，使味道更加浓郁鲜美。

海味类、肉类都含有极丰富的蛋白质，在其被放置一段时间后，所含蛋白质会在微生物的作用下被分解，生成三甲基胺，六氢化吡啶、氯基戊醛、氨基戊酸等物质，使海味类、肉类等食物产生令人讨厌的腥味或其他异味。而酒是一种良好的有机溶剂，能将这些产生腥膻异味的物质溶解。在烹调中，随着菜肴温度的升高，这些物质可随着酒的挥发而去除。

烹调菜肴用酒的最佳时间，应当是在烹制菜肴的锅内温度最高的时候。不同的菜肴加料酒的时机也不同，如烧鱼应在鱼进锅前用料酒腌一下，10分钟后再下锅，当鱼在锅内即将煎成时还应再加料酒。炒肉丝在煸炒将完时加料酒。炒虾仁要待炒熟后加料酒。汤类则不必放料酒。

在烹调蔬菜时，如果料酒的时机恰当，能起到保持叶绿素的作用，使菜肴碧绿鲜嫩，色泽美观。

同时，它还能降低菜肴中有机酸的含量，使其更富营养，更加可口。料酒中的氨基酸能与菜料中的糖溶为一体，形成一种诱人的香气，使菜肴鲜香美味。

黄酒能清除猪腰的“膻臭”。将猪腰子剥去薄膜，剖开，剔除盘丝，切成所需的片或花状，先用清水漂洗一遍，盛起沥干。500g腰子约用50ml黄酒拌和捏挤，然后用清水漂洗两三遍，再用开水烫一遍，捞起后便可烹调。

炒鸡蛋时加一点料酒，能使鸡蛋鲜嫩松软、光泽鲜艳。

如用河鱼做油炸鱼时，可在裹面粉油炸前将鱼在料酒中浸一下，可去其土腥味。

做冷面时，如果面条结成团，可在面条上喷一些料酒，面条团就能散开。

我国自古就有酒醉菜肴的做法。用酒烧出的菜肴，酒香扑鼻，鲜嫩味美，最宜佐酒。这种菜肴的做法，有的是先将原料煮熟，如醉猪蹄等。还有的是将原料洗净后，用黄酒（其他酒类亦可）浸醉，如醉蟹、醉虾等。

名菜“酒呛虾”，也有叫满天飞的。就是将活虾除掉芒脚，入盆浸入黄酒中盖好。十几分钟后，沥酒，加入酱油、精盐、姜末、白糖、胡椒粉、芝麻、香油等佐料，搅拌后即可食用。此时，青虾尚活，满盘跳跃，有醉酒的酣态，滋味更是鲜美脆嫩，如再备一碟优质食用醋蘸食，其味更佳。

美味醉蟹。蟹的吃法很多，其中以醉蟹更受人们喜爱。其具体做法是：选用只重近百克的肥胖螃蟹，洗净，沥干，掀开脐盖，挤出脐底污物，放入一小撮食盐及微量花椒，置于酱缸内，按层摆好，最好每层用竹片将其架在缸内，然后加入酱油、黄酒、姜块（拍松）、蒜、冰糖和高粱酒，密封缸口，醉腌一周即可开缸食用。醉蟹可在缸内保存两个月不变质。醉蟹色青带黄，肉质细嫩，味道鲜美，酒香浓郁，回味甘甜。

附 黄酒的起源

在世界的东方，中华大地上流传着一个最古老的酒种：黄酒。黄酒究竟起源于何时，这是个重大的酒文化起源问题，需要从上古史谈起。

在上古时代，大约在一万年前，传说中有个神农皇帝，古史中称为炎帝。他尝遍百草，始创中医中药，发现五谷，创造耕具，教人农耕，兴办农业，被人们称为地皇。

人们耕种五谷，兴办农业，就可能有剩余的粮食，自然不自然地做出一些产品。酒，大约就是在这个时期产生的。汉代刘安在《淮南子·说林训》书中论道："清之美，始于耒耜。"清是酒，耒耜就是耕地的农具。也就是说，当农业兴起之后，才开始生产出美味的酒来。当时的酒是偶然发现的。晋朝江统在《酒诰》中说："有饭不尽，委余空桑。郁积成味，久蓄气芳。本出与此，不由奇方。"看来，古人吃剩下的饭，丢在桑树杆的空洞里，遇阴雨潮湿，自然发酵，久存出现香味，而成为酒。宋朝朱异中在《酒经》中也有类似的看法，"古语为之，空桑秽饭，酝以稷麦。以成醇醪，酒之始也"。他进一步阐明，煮熟吃剩下的饭，发霉发酵，是古物酿酒的起源。

上古人们何时食熟饭？《古时考》载有"皇帝始作釜甑，火食之道始成"，证明皇帝时即蒸谷为饭，烹谷为粥。先人们吃剩下的熟饭，或放在树洞里，或放在陶瓮中，接触到自然界的发酵微生物（霉菌、酵母菌等）糖化发酵成美味可口的谷物酒。这就产生了原始的自然黄酒。

后来，人们将这种自然现象加以模仿，用发芽的谷芽酿成甜酒，当时叫做醴。醴是在谷芽坑里，保温和发酵的。古芽坑在西安半坡遗址考古中得到证实。考古中发现有许多不像贮粮坑的坑穴，它坑浅，有防潮层、有排水沟。这种能保温的坑穴，既是供谷物发芽，又能适应发酵甜酒的需要。古时称“醴”即是黄酒；醴味甜，用来祭祀祖先，这是古芽酒或谷物酒最早的用途。考古文献证明，在新石器时代，我国北方以粟、黍为主要酿酒原料，南方则以稻米（包括糯米、粳米、灿米）为主要原料，就地取材，因料酿酒，各有风味。这种原始黄酒在七八千年前，开始是利用天然曲，以后发展到利用人工曲，约有5000年的历史。

滤酒器的漏缸呈花盆形，口径57cm，高42cm，底径51cm，直壁、平底，底部中央有一小孔，下径10cm。这是最早发现的漏酒工具，以后在汉代的画像砖上也曾出现过。滤酒缸的出现，是由浊酒发展到清酒的开始，是酿酒技术的一大进步。

据资料记载和考古发现，我国黄酒起源是在六七千年以前，开始是 作醴（甜味淡泊的酒），而后是黍作酒（酒精高而味浓郁的酒），实际上，我国谷物酿酒的基本条件，大约在七八千年前已经具备了。谷物酿酒之始，当比大汶口遗址（7000年以前）中发现的酒具出现得还要早些。如果说，谷物酿酒在原始农业兴起年即随之出现的话，那么距今当有万年左右。

古代黄酒的酿造方法，周朝《礼记》记载：“仲冬之日，乃命大酋，秫（粘高粱）稻必齐，曲蘖必时，湛炽必洁，水泉必香，陶器必良，火齐必得。兼用六物，大酋监之，毋有差贷。”这几句话，概括了古代酿酒的操作要点，秫稻必齐指原料必须精选，曲必时，指做曲制酒必须选择适当的季节；湛炽必洁是说浸米和炊熟的操作必须保持清洁，避免染菌；水泉必香是指酿酒用的水必须优良；陶器必良，就是盛酒用的缸必须完好不漏；火齐必得就是说发酵必须在适当的温度下进行，这样才能优质高产。上述六种操作，必须同时注意，免出错误。

至于具体的酿酒方法，《周礼·天官》中记有：“酒正掌酒之政令，以式法授酒材，辨五齐之名：一日泛齐，二日五日沉齐。”大概的意思是，第一阶段发酵开始，液膨胀、发泡，饭粒浮于表面；第二阶段，曲引发糖化， 液出现甜味；第三阶段在糖化的同时，酒也旺盛起来，产生较多的气泡，发出丝丝响声；第四阶段，酒精含量增加，溶解了原料中的色素，因而液的颜色变为变为红黄色；第五阶段，发酵渐缓，酒糟下沉是谓沉齐。这是发酵的五个过程。文中提到的三酒之物，就是把酒分成三类，事酒是一种普通的酒，即酿造后不贮存或贮存时间较短的酒；昔酒是较长时间贮存的陈酒，酒质好而酒度高，长时间储存不易变质；清酒即澄清、不浑浊的酒，也可能是过滤出来的酒。

由于黄酒是用粮谷类酿制成的，汁液呈黄色，故称其为黄酒，以区别于其他酒种。历史上传说的仪狄作酒缪、杜康（即少康）作秫酒，实际上都是比较原始的黄酒。

有史以来，长江以南诸省如浙江、江苏、江西、福建等省区多用稻米酿酒，其颜色都是黄色的，即如近代，有的酒（贮存）沉酿时间较长颜色变深，有的酒加上颜色，或用红曲酿造，变为褐黄或褐红，但习惯上统称为黄酒。

近些年来，黄酒界为了宣扬民族精神，突出华夏特产，有人把黄酒引申到炎黄子孙黄，黄种人的黄，黄河流域的黄等等，只是为了增强黄酒的含义，表达了民族特征，并没有改变黄酒本色，黄酒确实是炎黄先祖流传下来的酒中瑰宝，从远古流传于今而且为历代王朝所推崇，应该发扬光大。

第三章 葡萄酒工艺简介

葡萄酒的历史与发展

葡萄酒因以葡萄酿制而得名。又称餐酒，西方人多在用餐时用以佐膳。它是果酒中最悠久最大宗的一种。

欧洲最早种植葡萄并进行葡萄酒酿制的是希腊。因此葡萄酒专家指出，葡萄酒是由希腊人发明，而由罗马人推广开来的。随着历史的发达，葡萄栽培、葡萄酒酿造技术也就推向了全世界。

据考古资料记载，栽培葡萄的发源地是小亚细亚里海和黑海之间及其南岸地区。大约7000年前，葡萄就开始在前苏联南高加索、中亚细亚、叙利亚、伊拉克等地栽培。后来随着移民传到其他地区，初传埃及，后传至希腊。在埃及古墓中发现的大量珍贵文物（特别是浮雕）清晰详细的描述了古埃及人栽培、采收葡萄和酿制葡萄酒的情景。至今已有6000千年的历史。西方学者认为这是葡萄酒业的开始。

有人认为，世界上最古老的酒类当属葡萄酒，说它的历史超过了10000年，因为葡萄酒最易自然发酵，在远古年代，人类的祖先也许正是因为无意中饮用了枯落的葡萄自然发酵而成的液体，继而发明了现代文明之一的发酵技术。

中国自古就已有葡萄酒。早在2400多年前，中国已经出现有关葡萄的记载。《诗经》里“葛晶”的名称，据说就是一种土葡萄。汉武帝元狩四年（前118），张骞出使西域后带回了葡萄种子，并引入葡萄酒酿制技术，自此中国便有了葡萄酒。但唐以前的酿制技术已无从考证。唐时造酒技术相当发达，葡萄酒的酿造已经非常盛行，采用的是自然发酵法。即先将葡萄在臼中捣碎，然后放在坛中发酵酿成美酒。在很长的时间里，我国葡萄酒的酿造很缓慢，至1892年清代爱国华侨张弼士在山东烟台创办了张裕葡萄酿酒公司，我国才开始近代化的葡萄酒生产。1915年，张裕葡萄酿酒公司生产的白兰地等5个品种荣获巴拿马会金质奖章，为近代中国酿酒史增添了光辉的一页。

建国后，葡萄酒的生产发展很快。葡萄种植基地比建国前增加了200倍，葡萄酒生产增长了300倍。凡世界上较有名气的葡萄酒品种，包括甜型、半甜型、干型以及调入香料或药品的高级配制，我国均已大量生产。

葡萄酒的营养作用

葡萄是一种营养价值很高的水果，用它酿成的葡萄酒仍然保有其丰富的营养物质。《本草纲目》中指出："葡萄酒……驻颜色、耐寒。"就是说葡萄酒有增进人体健康的作用。葡萄内的葡萄糖、果糖、戊糖等糖类和多种氨基酸，能直接被人体吸收。迄今为止，人们已经查明葡萄酒中大约含有250种成分营养价值得到充分的肯定。据介绍，葡萄酒不仅含有维生素A、B、E、C（其中B2比鲜牛奶高一倍以上），同时还含有人体所必需的极为重要的13种微量元素（钙、镁、磷、纳、钾、氯、硫、铁、铜、铝、锌、碘、钴），而且含有具有刺激嗅觉神经和味觉的醋酸、单宁酸等物质。可增进食欲，增强体质，而其中的一些元素还能防止人体内的某些病菌的繁殖。同时葡萄酒也是维生素B含量最高的食物，特别是原花色素具有防治心血管病的作用。每天喝200ml红葡萄酒能降低血浆黏度，使血拴不易形成，预防动脉硬化。在国外，葡萄酒是食用海味、生吃蔬菜时不可缺少的饮料。常喝葡萄酒的法国、意大利人的心脏病死亡率最低，而芬兰、美国人喜欢喝烈性酒，心脏病死亡率则高。这是因为葡萄酒中含有不饱和脂肪酸，能减少沉积于血管壁内的胆固醇。据测定，1l葡萄酒含有600－1000千大卡热量；葡萄酒中的酒精在人体内产生的热能95%上立刻可用的。所含果胶质、粘液质和各种有机酸、矿物质都与人体代谢密切相关。经常饮用葡萄酒，每次不超过200ml，对身体健康有利，有益于人特别是老年人的保健。据美国麻省州立医院对一些年纪最老的人进行调查，这些人大都有节制地饮葡萄酒的习惯。因此，少量饮酒，特别是饮葡萄酒，对身体健康有好处。

葡萄酒的热值大约等于牛奶的热值，主要是以酒精的形式带给人体的，在甜葡萄酒中，糖也能给人体提供能源。葡萄酒含有人体所需的各种氨基酸，而且含量与人体血液中的必需含量非常接近。葡萄酒中含有多种大量和微量的矿质元素，它们对人体健康起着重要的作用。

饮葡萄酒老少皆宜，既可满足人们的浪漫情调，又不至于因酒精含量而醉态百出，它含有250多种成分，能直接被人体吸收。

葡萄酒的作用，大致有：

1.滋补作用

葡萄酒可对神经运动中枢起作用，给人以舒适、欣快的感觉。饮用少量的葡萄酒可以平息焦虑的心情，是可避免有副作用的镇静剂。

2. 助消化作用

甜白葡萄酒含有山梨醇，有助于胆汁和胰腺的分泌。葡萄酒可以帮助消化，防治便秘。

3. 利尿作用

一些白葡萄酒的酒石酸钾和硫酸钾含量较高，可以利尿治水肿。

4. 杀菌作用

防治感冒或流感的传统方法之一，就是喝一杯热葡萄酒。葡萄酒的杀菌作用，可能主要是由于它含有酚类物质。

5. 葡萄酒与心血管病的防治

葡萄酒中的原花色素对心血管病的防治起着重要作用。

葡萄酒的类别

葡萄酒的类别：1.按其含糖量有甜、半甜、干、半干之分。含糖量在50g/l以上的为甜型葡萄酒；在12-50g/l的为半甜葡萄酒；4-12g/l的为半干葡萄酒；4g/l以下的为干葡萄酒。

2. 按色泽有红、白、黄、`桃红之区分。高档红葡萄酒如干红葡萄酒，酒体澄清透明，有光泽，酒香浓郁悦人，滋味柔和舒愉，回味绵长，典型性强，酒度一般在14-18°之间，糖度在12°左右。高档白葡萄酒，一般为微黄带绿，澄清透明，有光泽，果香、酒香浓郁悦人，酒度、糖度一般在12°左右。

3. 按酒液中含葡萄汁量的多少有高、中、低档之分。高档葡萄酒含汁率一般在50%左右，所以又称半汁葡萄酒，低档葡萄酒含汁率在30%左右，在酿制过程中加入一定数量的人工砂糖等，故其营养价值低，也被称为“大路货”。

中国人由于传统的饮食习惯，目前多数还是喜欢饮用甜型葡萄酒，喜欢红色又多于白色葡萄酒。随着人们生活水平的提高，饮食结构开始向低脂肪、高蛋白及营养丰富的食品转变，适应这一需要，葡萄酒也正在朝着营养、健康、安全、卫生、低糖度、低酒度这一方向发展，出现了风格各异的半干白及干型葡萄酒，并逐渐被广大消费者所认识与接受。

辨别真假葡萄酒的方法

凡是好酒，不但中国有人搞假冒，外国也有人搞。为了防止假冒，法国人在 1987 年发明了分辨真假葡萄酒的方法。

法国南茨大学化学教授马丁经过多年潜心研究，发明了两种精确检验酒类真假的技术，现在由他的儿子主持的马丁公司授权使用。

“SNIF”法——天然同位素排列辨认显示法。系利用核子磁反应，显示酒的真、假伪冒及其成分。近两年欧洲共同市场各产酒国已正式采用此法，鉴定在酿酒前的葡萄汁中是否掺有食糖。法国、西德、意大利的产酒区，均设有“SNIF”实验室，检验酒的纯度。“SNIF”还可精确地辨别任何饮料中所含香料，是用昂贵的天然香草提炼出来的，还是廉价的并对人们健康有害的化学合成品。这两种香料，前者每公斤现价达 1 万美元，后者仅值 15 美元。

“NMR”法，系利用分光镜法分析酒的分子结构，其原理好似利用电脑扫描人体组织，侦察癌症及其他疾病。西德布洛克教授使用“NMR”仪器，可以轻易地分析出葡萄酒中的酒精是否全由葡萄糖酿成，还是添加甜菜糖或甘蔗糖酿成，甚至还可分析出葡萄的产地。但此法费用高，每分析研究一次须耗费 140 英磅，预料在 4 年内，可降至 40 英镑。

欧洲各国为了更好地应用这两种技术，都正在收集其所需的比较资料，并建立所有产酒区各种品牌酒类的特性与成分的资料库。

附 葡萄酒的饮用常识

1. 品酒的最佳环境（Wine Teasting Environment）

品酒的环境最好是明亮舒适、清静幽雅，便于精神集中，减少过多的外来干扰。不要有太重的气味，通风良好，温度维持在 18-20℃之间最佳。

2. 品酒的次序（Wine Serving Step）

在安排品酒的次序时，最好将较清淡的酒安排在前面，可减少先品的酒对后品的酒造成干扰。所以通常干白酒会在红酒之前，甜型酒会在干型酒之后，年份新的在年份老的之前。这是通则，例如年份较差的酒，即使陈年较长时间，也应安排在前面才合适。主要原则在于味道越重、越是香甜浓郁的酒应尽量安排到最后。

3. 葡萄酒的适饮温度 (Wine Serving Temperature)

葡萄酒饮用时的温度对酒香及味觉的影响很大，必须特别注意，以免错误评估了酒的品质。温度太低，香味被锁在酒中无法释放，温度过高不仅酒精味会太重，也有可能会产生不当的香味化合。

酒温的标准依各类酒的特性而异，适当地调整酒温不仅使葡萄酒可以发挥它的优良特性，而且可以修正葡萄酒的不足和缺陷。主要的原则是：单宁酸越强酒温要越高，甜度或酒精度高则酒温要低一点。香味丰富的酒温度可稍微高一点，但红酒绝对不能越过 20℃，白酒以 16℃为限。

各种葡萄酒的适饮温度

红葡萄酒	℃	白葡萄酒	℃	酒精强化葡萄酒	℃
年轻单宁重红酒	14–17	清淡型白酒	7–10	较清甜美酒	14–17
成熟红酒	15–18	浓郁型白酒	12–16	较浓郁甜美酒	15–18
年轻味淡红酒	12–14	半干型白酒	7–8	干型白酒	8–10
新　酒	10–12	甜白酒	4–6	甜型白酒	4–6
玫瑰红酒	7–10	气泡酒、香槟	7–8	蜜思嘉甜美酒	5–7

4. 何时开瓶 (Wine Opening Timing)

为了让葡萄酒在饮用时的香味更香醇，可以预先开瓶，让葡萄酒先透透气，呼吸一会儿其功效在于让酒稍微氧化，能使酒的味道柔顺一些，特别是还没到成熟期的红葡萄酒，先开瓶透气可避免饮用的时候单宁太强。

至于开瓶多久才适合，则依酒的种类和个人的口味而定。通常以新鲜果香为主的白酒、普通清淡的红酒、白酒、新酒、以及玫瑰红酒等都无需预先开瓶，现开现喝就可以了。甜白酒或贵腐白酒最好在一小时之前开瓶，让酒瓶直立透气即可。

红酒就比较复杂，通常太年轻未到成熟期，单宁很重的红酒需要透气较长时间，可提早两个小时开瓶。由于开瓶后酒与空气的接触面积并不大，功效有限，不妨在开瓶后再换瓶，让酒有机会接触更多的空气。成熟期的红酒只要提早半小时就足够了。陈年老酒通常结构比较脆弱，最好换瓶去渣后尽快饮用。

过分的振动也会影响葡萄酒的稳定性，经过长途运输的葡萄酒最好放置一两天，等到酒稳定一些再喝比较好。

5. 开瓶的步骤 （Wine Opening Steps）

①用刀子沿着瓶口突起的上沿或下沿，将瓶口封套割开。

②用擦布把瓶口擦拭干净。

③用开瓶器将软木塞拔出。

④闻一下软木塞是否有异味，以鉴别酒质。

第四章 啤酒工艺简介

啤酒的起源与发展

啤酒是当今风靡世界的饮料之一，而说起啤酒的来历还颇有些传奇色彩。新石器时代有一个健忘的面包师，一天无意中把作面包用的生面团长时间的放在太阳下晒，生面团逐渐变成液体状态并开始发酵，由此发现了最早的啤酒酿制方法。

关于啤酒的起源，说法颇多。

世界上最早用大麦酿造啤酒是亚述（即叙利亚）、埃及这些古老国家。4000 年前，啤酒就在埃及问世。亚述人向女神尼哈罗贡酒便是用的啤酒。那时制啤酒，工艺很简陋。1994 年《华盛顿邮报》载，美国华盛顿大学和南科罗来纳大学的考古工作者们，在尼罗河畔发掘到一个酿酒作坊，内有 4 个酒缸。专家们对酒缸内的黑色物质分析后得知酒缸乃是酿啤酒之用，已有 5400 年的历史，这一发现为啤酒起源埃及的说法提供了依据。

大约 4000 多年前居住在两河流域地区的苏美尔人也已懂得酿制啤酒，而且当时啤酒的消耗量很大，苏美尔人收藏粮食的一半都用来发麦芽然后酿制啤酒。大约同一时代，据说伊朗附近的闪米人也会酿酒。他们不但会酿制啤酒，且将制法刻在粘土板上，献给农耕女神，至今在巴黎还保存着这种记载制酒法的文物。

中国早在 3200 年前，就用曲蘖来酿酒。“蘖”是发芽的谷物——麦芽和谷芽。用和谷芽作糖化剂酿成的酒称为“醴”。这种甜淡的酒，虽然那时不叫啤酒，但我们可以肯定它类似现在的啤酒。由于我国在用蘖酿酒的同时也发明用曲酿酒，蘖法酿酒就逐渐衰微了。明代人宋应星在其所撰《天工开物》中就曾经说道：“古来曲造醴，后世厌醴味薄，遂至失传，则并蘖法亦亡。”

公元前 1800 多年，在世界上最古老的巴比伦帝国的《汉摩拉比法典》中，就记载有关于啤酒的法令：“卖啤酒的女人如果不按规定用谷物交换而擅自用钱币代替，或者是偷斤减两时，罚丢入水中”；“犯人出现在啤酒店喝酒，没有通报逮捕，店主判死刑”；“出家人开啤酒店，或到啤酒店喝酒，判处火刑”。可见在当时的巴比伦帝国，人们不仅已经掌握了用大麦酿制啤酒的工艺，而且酿制出了大量啤酒供人们饮用。国王汉摩拉比还亲手写过一本《啤酒酿造法》的书。在同一时期的埃及，也在酿造一种叫做“热母酒”的大麦啤酒，后发展为四种，“惹提模”就是其中最有名气的一种。

后来，啤酒被一些国家的上层所重视。法国的理查曼大帝，在日理万机之余，曾频繁召集酿酒师讲授酿造啤酒的诀窍。美国华盛顿总统有一份亲手书写的啤酒秘方。俄国女皇凯瑟林一世在要发脾气之前，马上喝上一杯英国酿造的啤酒消火。

早年，各个国家啤酒的发展很缓慢。啤酒长期都是在手工作坊生产，直到19世纪中叶，机械工业进一步发展以后，啤酒生产才逐步改为机械操作，向现代化迈进。

20世纪初，中国开始出现啤酒厂，这些啤酒厂都是外国人建立的，生产的啤酒用来供应侨民和来华外国人。中国人自己建立和经营的啤酒厂，开始于1915年的北京双合盛啤酒厂和1920年的烟台醴泉啤酒厂等。在当时由于人们对啤酒的生疏与不习惯，产销数都廖廖无几。

建国后，啤酒工业得到迅速发展。到1990年，全国啤酒生产厂总数已达800多家，产量800多万吨。全国优质啤酒（获国家金、银、铜牌奖者）共有83种，其中不少名牌啤酒远销港澳地区和欧洲、北美国家。

国际啤酒市场的发展

近几年来，世界啤酒产量增长减缓。由于人们日益重视饮料的保健作用品清淡，少酒精或无酒精的啤酒将成为90年代国际市场上的畅销品。

近期，美国产的啤酒95%已经淡化。其特点是低醇度、低苦味、少酒花、少麦汁，含热量比普通啤酒低20—50%。无醇啤酒营养丰富而热值低，既保留了啤酒的风味，又不受酒精之害。在香港市场上，世界上各种名牌啤酒争芳斗艳。不过这众多的名牌之中都不同程度地含有酒精，含酒精少的啤酒唯有内地产的“百事达”一种，它的酒精含量仅为4‰，因此，“百事达”在香港十分走俏。现在全世界每年消费啤酒1100多亿升。预计5年后，清淡化、少酒精或无酒精啤酒的销售量将占全球消费量的60%以上。

南非啤酒集团在过去的一年中继续扩大生产运作，在选择国际市场中组建关键团体，主要在非洲、中欧和中国。在全球生产啤酒480万吨，比上年增加6%，在世界最大的啤酒生产商中名列第四，业务遍及20个国家。在南非和国际上营业额分别上升9%和8%，达19.71亿美元和13.52亿美元。经营利润分别上升11%和15%，达4.66亿美元和1.9亿美元。尽管贸易形势严峻，但南非啤酒集团公司的啤酒业务仍有22%的增长，达256万吨，占本地市场98%的份额。今年夏季，南非啤酒集团公司的冰啤首次投放市场，其碳酸饮料约占本国市场份额的60%。1998年4月至1999年3月，南非啤酒集团公司国际集团公司在中欧的啤酒产量增长了3%，达93万吨。在波兰合并的Lech—Tyskie啤酒厂呈良好的发展势头，已成为一个更有效、更具竞争力的集团；在欧洲的另一项关键举措是去年年初获得莫斯科近郊的Kaluga Oblast啤酒厂的代理权；在罗马尼亚的啤酒厂运作良好，特别是优质啤酒的产量增长了23%；在匈牙利，其主要品牌的啤酒市场份额得到提高；但在斯洛伐克，市场份额下降了1%；在东欧，该公司的地位得到进一步巩固，建立了销售点，提高了生产效率。在亚洲，南非啤酒集团国际集团公司在中国的四个合作公司共增加啤酒产量1%，达60万吨，关键市场的销售份额均有提高，并且已制定出逐步进入新的地域性市场的计划。另外在印度的业务也得到扩展。

啤酒的分类

啤酒的品种繁多，但其主要化学成分大致相同。根据我国的情况，啤酒可按麦汁浓度、颜色深浅、生产方法和包装的不同进行分类。

按原麦汁浓度分高、中、低三种浓度啤酒。低浓度啤酒的麦汁浓度在7-8°，它的酒精含量较低，一般不超过2%，用料少，成本低，但稳定性差。中浓度啤酒的麦芽汁在10-12°左右，酒精含量为5%-5.6%，稳定性好，色浓，固形物多，口味醇厚，耐贮存。

按颜色的深浅分有淡色、白色、浓色和红色。淡色啤酒色浅，呈淡黄色或淡黄带绿色，酒精含量为3.3%-3.8%，原麦汁浓度在8%-12%。它用大麦芽为原料，口味浓厚，有麦芽香，酒花香和微苦的香味，饮后感到清苦、爽口、细腻。白啤酒以小麦为原料，它的颜色微白，有强酸味和烟焦臭，饮时一般须加些食盐在内。浓色啤酒呈红褐色、黑褐色，酒精含量为5%-6%，原麦汁浓度在12%-14%。它用高温烘干的麦芽制成，富有光泽，有麦芽的焦香味，麦汁浓度较高发酵度较低，酒味醇厚。红啤酒也称褐啤酒，呈褐色，浓度高，入口初味苦，而回味甘甜。

按生产方式分有鲜啤酒和熟啤酒。鲜啤酒又称生啤酒，是在生产中经过过滤但未经杀菌的啤酒。其浓度低，酒龄短，稳定性差，容易发生酵母浑浊，保存期短，但价格便宜，口味鲜美，富有营养，适合地产地销。熟啤酒是以过过滤、包装后以巴氏灭菌的啤酒，其酒龄较长，稳定性较好，不易发生酵母浑浊，销售不受季节限制，保存期长，可长途运输销售。

按包装容器分为瓶装啤酒、罐装啤酒和桶装啤酒。美国装啤酒工常见的多为640ml和350ml两种，700ml的多是出口酒。近年国际市场上又出现了500ml和330ml的瓶装啤酒。罐装啤酒国常见的有铝镁合金材料和马口铁罐两种。因空罐加工工艺不同，又有再片罐（罐身与底相联合为一片，罐盖为一片）和三片罐（罐身、罐盖、罐底分开加工制成）之分，材料以马口铁居多。桶装啤酒多为鲜啤酒，桶的形式是多样的，其容量为100-200l、10-15l，我国常见的多为60l左右（供运销周转使用）和600l左右（置零售商店使用）两种。

按消费需要分，有无醇啤酒、无糖啤酒、低糖啤酒和酸啤酒。

按啤酒中的酒精含量分，有低度啤酒（酒精含量不超过2%）、中度啤酒（酒精含量在3.1%-3.5%之间）、高度啤酒（酒精含量超过5%）。

啤酒的酿造与生产

（1）啤酒的酿造

酿造啤酒的主要原料是大麦、酒花（又名蛇麻花、忽布唐花草）、水、淀粉辅助原料和酵母。啤酒的酿造过程主要是：制造麦牙、制取麦汁（糖化）、发酵与贮存、过滤、装酒与杀菌。

（2）啤酒的成分和品质

啤酒中除水外，还有以下成分：

酒精。啤酒含酒精极低，特制啤酒和普通啤酒要求3.5%（重量计）以上。啤酒中的酒精除了具有兴奋和产生热量的作用外，对提高啤酒的稳定性也有一定的作用。所以，酒精含量高的啤酒，保质期也较长。啤酒中的酒精含量主要取决于麦汁的浓度和发酵度，麦汁尝试和发酵度高的啤酒，酒精含量也较高，反之则低。

泡沫。啤酒的泡沫指标要求持久，一般要在3分钟以上，挂杯洁白细腻。它的产生除了与二氧化碳的含量有关外，啤酒所含的浸出物也有一定的作用，浸出物含量增加，能使啤酒泡沫细腻持久。

二氧化碳。它使啤酒具有爽口的风味。啤酒中的二氧化碳主要是在后发酵中聚积而溶解于酒液中的。啤酒中的二氧化碳，一方面要使啤酒在低温下贮存，另外在装酒时也要防止二氧化碳的散发。一般成品啤酒中，二氧化碳的含量均在0.4%左右（重量计）。

浸出物。啤酒中浸出物的含量在质量指标中是用实际浓度来表示的，它主要包括以下几种成分：

1. 糖分。在浸出物总量中几乎有80%是由糖分组成的。而其中最主要的是糊精、少量的麦芽糖和焦糖。它与酒精同视为啤酒热量的主要来源，但可酵性糖含量太高也会影响啤酒的生物稳定性。

2. 含氮物。啤酒中的售氮物包括可溶性蛋白质、蛋白膘和氨基酸等，另外还在少量的酵母，酵母也是由蛋白质等成分组成的。啤酒中的含氮物一般不超过1%。

3. 甘油。啤酒中的甘油含量约0.2-0.3%。

4. 矿物质。啤酒的矿物质含量约为0.2%左右。其中钾盐和磷酸盐各为1/3，其余为镁、钙、硅酸和氯化物等盐类。含钙、镁少的啤酒，色浅，味淡。

5. 酸类。啤酒在的酸主要是酸性磷酸盐及少量的乳酸、醋酸、琥珀酸等。我国啤酒的总酸度均在2‰左右。啤酒中的总酸度也影响着啤酒的氢离子浓度，一般啤酒的PH值为5左右，PH值过大或过小，均会造成蛋白质的浑浊和降低啤酒的稳定性。

啤酒中浸出物的多少与其质量有一定的关系，特别对啤酒的泡沫持久性和口味的醇厚程度等有影响。啤酒中的浸出物含量取决于原麦汁的浓度和发酵度等因素，高浓度麦汁发酵的啤酒，浸出物含量较多。市场上的一般12°啤酒，其浸出物含量（或称实际浓度）在4.5%左右（重量计），低浓度啤酒在3%以下，而黑啤酒在5%-9%左右。

（3）干啤酒的生产工艺

干啤酒又称为低糖啤酒，或称为低热值啤酒，它是上世纪80年代在世界风行起来的啤酒品种。1987年首先由日本研究创制，投入市场后轰动过日本，后来又在欧美刮起过热旋风，成为当今世界上风行的啤酒新品种。我国近几年来也有不少啤酒厂研究、试制、并投入生产，受到各地消费者青睐，尤其在南方沿海城市更多。

干啤酒是属于不甜、干净、在口中不留余味的啤酒，实际上是高发酵度的啤酒，口味清爽的啤酒新品种。近几年消费者的口味有所变化，喜欢甜味小，酒精度低，清爽型的啤酒风格。发酵度低，喝起来清淡，比汽水好喝。

干啤酒生产用原料与啤酒类似，如麦芽要求色淡，发芽率高，溶解度高，糖化时间短，糖化力强，寇尔巴哈值42%以上；麦芽辅助原料可使用大米，也可使用白砂糖，以提高可发酵性糖，增加发酵度，降低色度；酒花使用好些的香型花，使用量比啤酒可略少些，防止过苦，水质以软水比较理想，最高不要超过5个德国硬度。至于外加酶制剂以耐高温α-淀粉酶，可缩短大米液化时间，并使用高效糖化酶，增加可发酵性粉，必要时还可使用蛋白酶，以提高泡沫持久性。

糖化工艺应使用多生产可发酵性糖为前提，麦芽还应使蛋白分解温度，即48-52°C；糖化最好采用两段糖化方法，即63-65°C保持40分钟，68-70°C保持10分钟；在麦汁开始煮沸30分钟，添加10%的白砂糖和高效糖化酶，产生可发酵性糖。

酿制干啤酒使用酶制剂是简单易行的方法。因为酵母少直接影响啤酒的风味，改变酵母菌种应持谨慎态度，调整糖化工艺的方法对提高麦汁中可发酵性糖的含量是有限的。相比之下，使用酶制剂，不仅增加成本有限，而且效果比较显著。酿制干啤酒使用糖化酶可将淀粉α-1和α-1.6糖苷键变成葡萄糖和界限糊精，但糖化酶活力仍有1200个巴氏灭菌单位存在。最终饮后的干啤仍有甜味感，影响干啤酒的口感是其最大的缺点，应该注意研究。近来有使用普鲁兰酶的尝试，它只分解麦链淀粉1.6键的糖苷酶，使支链淀粉变成为直链，才能大幅度提高可发酵性糖。普鲁兰酶纯化只需要80巴氏灭菌单位，虽然啤酒中含有少量的活性残酶，不再转化为低分子糖，也不会导致啤酒后期变甜。中外还有一种商业化的麦芽糖和麦芽之糖，它灭菌纯化只有70个巴氏灭菌单位，也可使用在冷麦汁中，所产麦汁的发酵度可在72-74，是理想的高发酵度的酶制剂，其使用量在糖化陈列阶段少使用。至于酶制剂的使用量，如在糖化时使用Promozyme200l，每吨原料麦芽可使用3-5kg，最适PH4.3，温度45-65°C。也可以在发酵开始使用，可使用Fungamyl800l，每千升麦汁使用20-40g，灭菌后啤酒中不含有活酶，如在发酵期间使用AHG300l，每千升麦汁使用30-50ml，但灭菌后啤酒中仍含有活酶，究竟如何使用，可根据工厂设备和消费者喜好选择。

干啤酒由于原麦汁浓度只有8-100B，热值比较低，只有80卡（1卡=4.1868焦耳）左右，含有不发酵的糖多在2.0-2.5g，比普通啤酒低1g左右，发酵度为70%-82%，比普通啤酒高5%-10%；干啤酒色度比较低，多为7-8EBC，苦味也较低，多在10EBC，属纯淡爽型啤酒，酒精含量3%-4%，二氧化碳气含量多在0.45%-0.55%，所以泡沫比较丰富，杀口力强，饮后不留有余味。

啤酒的质量指标

我国啤酒的质量指标是：

1. 感官指标（12°熟啤酒）

透明度。透明，不含有明显的浮粒，无失光。

气味和滋味。有酒花所产生的微苦香味和麦芽酒香味，不允许有明显的酸味及异味。

2. 理化指标

此外，我们还可以从化学分析角度来了解啤酒所含成分与其质量的关系。啤酒中所含的化学成分，大部分有利于啤酒的质量，可以说是啤酒中所不可缺少的，但也有少部分对啤酒质量是有害的。

在啤酒中起好作用的化学成分，除前面已经提到的酒精、二氧化碳、糖分和矿物质之外，还有：

酒花油。是啤酒酒花香味的来源。

酒花树脂。赋予啤酒爽口的苦味和防腐性。

氨基酸。啤酒营养成分的一部分，它很容易被人体吸收，是“液体面包”的总代表，营养特性的主要成分。

蛋白质。是构成啤酒热量及风味的成分。但是啤酒中的蛋白质含量不宜过多，否则会影响啤酒的微生物稳定性，产生蛋白质浑浊。

多酚物质。它能使啤酒具有良好的泡沫稳定性和挂杯性，但如果含量过高又会造成啤酒微生物浑浊，生产中需设法降低其含量。

麦胺物质。它能使啤酒具有良好的泡沫稳定性和挂杯性，但如果含量太高，则会影响啤酒的口味。

酯类。啤酒含量为25-50ppm时，就会使啤酒出现馊味。其原因主要是由于啤酒不成熟、污染细菌等造成的。这是杂牌啤酒的一种通病。

氧气。啤酒中由于氧气的作用，容易引起氧气浑浊、苦味不正、后苦味长、口味粗涩有老化味等现象。酒花陈旧、用量过多、水质过硬、麦汁煮沸不当、发酵不好、氧化受金属污染等，均会出现苦味不正。老化味主要是由于酒液的氧化和贮存过久造成的。

硫化物。硫化物能使啤酒产生生姜味，它的含量应降到55ppb以下；二四基硫能使啤酒出现洋葱味，其含量应降到70ppb以下。

乙醛。乙醛含量高，会使啤酒产生绿叶味，同时对人体也不利，它的含量应降到每升9mg以下。

脂肪酸。啤酒在的脂肪酸超过极限时，会影响泡沫挂杯和持久。

啤酒消毒

国家对鲜啤酒中含大肠菌群规定每百毫克不得超过10个。这主要是因为啤酒中含有众多的营养成分，加之酒精度又低，如果鲜啤酒超过了保存期7-10天，啤酒中的酵母菌就会死亡，其他杂菌就会迅速繁殖生长起来，使啤酒变质浑浊。这就是啤酒越鲜越好的原因。不过瓶装熟啤酒就无此弊病，一般在常温下保存60天，特制啤酒经过“巴氏消毒法”杀菌，能保存4-5个月。

“巴氏消毒法”是法国科学家巴德斯发明的。啤酒变酸的罪魁祸首是乳酸杆菌。这种杆菌在63℃的温度下，经过30分钟，就都被杀死了。经这样处理过的啤酒，不仅依然清香爽口，而且贮存很长时间也不发酸。人们将这一消毒法谓之“巴氏消毒法”。后来，人们又发现高温瞬间巴氏消毒法更为优越，它只须在80℃-90℃的条件下，经30-60秒钟就可达到杀菌的目的。这就是为了缩短加热时间，减少了对饮品本身质量的影响，食品变性减少，更有效地保持了饮品原有的色、香、味。

啤酒的泡沫

啤酒的泡沫被誉为“啤酒之花”。它赋予啤酒以独特的象征，是啤酒的主要的质量指标之一。啤酒泡沫来源于二氧化碳、起泡蛋白、异（3）草酮及啤酒本身的粘度等物质，啤酒的泡沫性能通常包含起泡性、泡持性及着附性三个方面。

啤酒的起泡性。当啤酒被开启后注入杯中时，泡沫即会升起，形成洁白细腻的泡沫堆积。啤酒的气越足，泡沫体积就越大，起光性就越好。好啤酒的泡沫体积为酒液体积的1/2以上。

啤酒的泡持性。是指从泡沫形成到崩溃，在杯内能见到酒液为止所持续的时间。好啤酒的泡沫要求达到5分钟左右。泡持性还和啤酒的浓度、粘度及酒杯的洁净程度有关（杯内如有油污则不产生泡沫）。

附着性也称挂杯性能。啤酒泡沫消失后，在杯壁上会残留着白色花边样的絮状泡沫滞物，其粘滞物越多，啤酒的附着性越好。

起泡性是泡沫的基础，没有起泡性，便谈不上持久性和附着性，前两者好的啤酒，挂杯性一般而论也差不了。

泡沫在啤酒中所起的作用是可以使啤酒有“杀口力”，即二氧化碳与口腔粘膜、舌面接触后的麻辣感。是否具有“杀口力”是评定啤酒质量的生要指标之一。

泡沫使啤酒具有清凉爽口、散热解暑的作用。因为泡沫是由啤酒中含有的大量二氧化碳而促发起来的，这些二氧化碳进入胃内遇热膨胀，再通过打嗝排出体外，并带走体内的养分热量，达到散热解暑的目的。泡沫可以转化啤酒花的苦味和酒精的刺激性，还可起到隔绝空气与酒液直接接触的作用，以减少啤酒的氧化，防止不良气味的产生。

啤酒的贮存

质量好的啤酒，还须注意贮存时间和酒的温度。贮存时间短，酒的温度适宜，好酒才能喝出好味来。啤酒在贮存期间其所含丰富的营养素也会诱发一系列的变化，从而影响酒的口味和质量。

啤酒原料中的大麦皮壳和酒花都是活性很强的多酚物质，啤酒时间过长，它极易与蛋白质化合，也易氧化聚合，从而很快地产生花青色素而浑浊。一般说来，在温度适宜的情况下，美工装鲜啤酒由于未经过巴氏杀菌，残留的少量酵母仍会继续发酵，帮这种啤酒保存期短，最多不超过 7 天；瓶装熟啤酒保存期较长，但最多也不能超过 5—6 个月。存入时间过久，虽然啤酒还不坏，但质量下降，口味已欠佳了。

曝光照射是诱发啤酒营养物质变化的又一重要因素。因为啤酒在太阳光线照射下，酒中的 3-甲基-2-一硫基丁烯与硫化氢相互作用，甚至硫胺酸与 4 草西酮也会分解，产生一种令人不快的“日光臭”。据科学测定，当啤酒含有微量氧气时，放在阳光下照射 3 小时，维生素 B2 会促使啤酒中硫化物质变成奇臭的硫化氢，严重破坏啤酒中的营养素。因此，啤酒应装在透光率较低的棕色瓶子中并置于暗处保存。

贮存啤酒的适宜温度，夏季为 5℃-8℃，冬季为 9℃-12℃。如果长时间处于 0℃以下，不但影响起泡，而且酒中的蛋白质可与鞣质结合，出现不可逆性褐色“冷浑浊”。冷浑浊的啤酒，如果时间不长，可用50℃的温水浸泡12分钟，浑浊即可消失。当然，啤酒也不宜贮存于温度过高的地方，因为高温同样会破坏啤酒中的营养。

啤酒的功效

啤酒的营养丰富

啤酒含有丰富的氨基酸、维生素。它的内含成分发热量很高，据测定，每瓶啤酒（640mg）相当于200g鸡蛋、或1瓶牛奶、或340g猪肉产生的热量。

啤酒含有850多种化合物，如硫化酸化合物、醋酸、盐、乙醛、肽肤喃等，它们都是存在于水果、香蕉、苹果或玉米中的美味物质。啤酒内含有大量各种各样的氨基酸和维生素。氨基酸是人体制造蛋白质的原料；维生素又是人体生命活动的必需物质。每升啤酒可产生相当于人体每天总需要量的1/3的热量。此外，啤酒内饱含二氧化碳，它遇热易挥发。人们喝了啤酒，肚子里的高温使碳酸气迅速从口腔中的溢出来，带走了体内部分热量，从而起到消暑解渴的作用。

总之，啤酒是一种营养极为丰富的饮料，受到越来越多的消费者的青睐。在1972年第九届世界营养食品会议上，被推荐为营养食品之一。

饮啤酒可解除疲劳

啤酒是四季皆宜的优良饮料。在晴天暑日，只要您喝一杯清凉啤酒，就会情舒气爽，精神大振，尤其是工作劳累之后，喝杯啤酒，就会感到疲劳顿消，倦意全无，特别是在过于疲劳后饮用，使你体会更深。

啤酒为什么会有消除疲劳的功效呢？因为引起人体疲劳的重要因素是体力和体热的消耗，大量的体液损失造成疲劳和机能下降，而啤酒是高营养、高热量的饮料，所含酒精、糖类和氨基酸等都是高热量成分；同时，啤酒含有大量的水分，且渗透压比茶水、白开水风接近人体体液，能迅速调节人体内的物质代谢平衡。所以，饮用啤酒能及时使人恢复体力，消除疲劳。

另外，人体在排汗时会流失大量的无机盐类，其中主要是钾。而啤酒中不仅含有较丰富的钾、钠、钙、镁等电解离子，而且钾的含量最高。啤酒中所含的酒精度很低，它能产生一种轻微的刺激，引起中枢神经适度的兴奋，使人感到舒适，能促进食欲，帮助消化。因此，其消除疲劳的效果既快又好。

啤酒能治病

酒花是啤酒的原料之一，其成分复杂，具有独特的香味和苦味。从中医理论分析，啤酒花味苦、辛香、性凉，有健胃消食、镇静安神、清热利尿、解虚热的功效。现代医学证明，酒花中含有4草酮、异5草酮、蛇麻酮、香叶烯、芳樟醇、6牛儿醇、蛇麻醇等物质，以及鞣质、黄酮化合物、胆碱、果糖、蔗糖、葡萄糖等。酒花功效与号称“液体面包”的啤酒相匹配，能强健身体，祛除病症，是治病着重的良方。

关于啤酒的医疗作用，国外也有不少例证。据报道，在伦敦的较大医院里每天给住院病人喝啤酒已经成为医疗上的正常制度，特别是对于结核病患者更是不可缺少的饮品。在英国，还有的医生让口才在饭后半小时和临睡前各喝半瓶啤酒，以30日为1个疗程，连续1、2个疗程，可治疗胃肠功能紊乱、贫血、营养不良和心血管系统疾病。

中国近几年也有了用啤酒治病的先例。上海食品工业疗养所的医务人员，采用啤酒疗法，对神经衰弱、胃肠功能紊乱、心血管疾病、血液系统疾病的治疗取得了理想的效果。其方法简便，安全有效，无副作用，深受病人的欢迎。为了充分发挥啤酒的治疗作用，一般应在饭后半小时或临睡前服用，一日一次，每次320ml，每次服用时可加服维生素B21-2片，以59天为1个疗程。如果1个疗程尚未见效，可连续服用2个疗程。

啤酒在烹调中的作用

啤酒在食物烹饪中，还是绝妙的调味品。啤酒调生粉和肉片、肉丝，可增加肉质的鲜嫩；啤酒烹调鸡、鸭等禽类和海产品，可去腥增香。一些烹饪名师用啤酒作主要调料，烹调出了令人咋舌的美味佳肴。

啤酒焖牛肉。18世纪美国有人一次偶然有啤酒代替水烧牛肉，结果烧出的牛肉香味扑鼻，肉嫩汁鲜，味道格外鲜美。很快“啤酒焖牛肉”这一道烹饪方法便传遍了美国。经过几代厨师的不断改进，精心调制，它才日臻完美，成了今日西餐中的传统名菜。

啤酒烧鲤鱼。原联邦德国素有“啤酒之国的美称”，它们用啤酒烧鲤鱼，做出了家喻户晓的这款德式名菜，成为德国人在喜庆节日和宴请宾朋时不可缺少的菜肴。

啤酒肉饼。这种肉饼在加拿大是一道名菜。其做法是将猪肉沫、葱头、胡椒粉、精盐、鸡蛋、干姜拌匀，做成椭圆形肉饼，在面粉中滚一下，略拍扁，入平底油锅，加鲜蘑菇片、葱末，再放进啤酒、柠檬汁，盖锅，煮沸后再用文火焖烧30分钟即成。其特点是原汁原味，别具特色。

啤酒龙虾伴彩禽。近几年，香港一家名叫“北园”的野味海鲜酒家，尝试以青岛啤酒烹制成“青岛啤酒龙虾伴彩禽”、“青岛啤烧小猪腿”和“青岛啤酒烧鸡腿”等数款菜式，颇受美食家的赞赏。

“青岛啤龙虾伴彩禽”的做法是：

用料：乳鸽、龙虾各2只，青岛啤酒2听，蒜泥、姜、盐各少许。

制法：先将宰好的洗净的乳鸽用白卤水浸煮熟捞起，然后用啤酒浸没乳鸽，放在冰箱内冷冻1小时，取出切块置于盘中。将龙虾起肉，切成球状，然后放到锅里拉油，再加调味品，将龙虾炒熟，伴于乳鸽两边即可食用。

特点：一冷一熟，形色俱佳，味美可口。

啤酒焖鸡。啤酒焖鸡是北京某饭店厨师的拿手西餐名菜之一，中外美食家品尝后无不交口称道。其做法是：将母鸡开膛除内脏，去头去爪，洗净切成8块，用油炸黄色，滗去油，烹辣酱油，倒在焖锅内，加入啤酒等佐料，旺火烧开后转微火，焖熟入味即可。

啤酒煮菜。将拌凉菜用的蔬菜浸在啤酒中煮一下，只要啤酒一沸腾即捞出，等蔬菜冷却后，再加调味品拌匀即可食用。生脆爽口，异香扑鼻，别有风味。

啤酒调菱粉蒸肉。因啤酒中的酶能使肉类的蛋白质迅速分解，故此菜味道格外鲜嫩。

啤酒蒸鸡。用200ml啤酒将鸡肉腌渍20分钟左右，再加佐料炖的过程中，啤酒和鱼肉会发生脂化反应，可去除腥腻，使鱼肉更香浓，味道更鲜美。

啤酒面包。在揉烤面包的面团时，以等量的啤酒代替牛奶掺入，不但面包容易烤制，而且烤出的面包有一种类似肉的鲜香味道。

啤酒馒头。面粉中掺入适量啤酒，做成馒头或饼，既香甜又暄松。

啤酒咖啡。把咖啡煮沸，凉后加入少量啤酒和糖。其味苦涩中略带甘甜香醇，刺激性强。啤酒清火，咖啡提神，夏日上夜班者饮用，能消除疲劳，健身祛火。

啤酒雪糕。在鲜奶中对入近1/2的啤酒，然后将其倒入雪糕模盒内，放入冰箱冻制成雪糕。啤酒雪糕风味独特，营养丰富，是解渴消暑的佳品。

啤酒的特异功能

啤酒能解毒。据国外有关资料记载，有位昆虫学家，在南非的灌木林中，双眼被甲虫咬后射进毒液，先是奇痒，继而失明。他用所带的一罐啤酒反复冲洗眼睛。结果，时间不长，失明的双眼奇迹般地重见清明。可见啤酒还是效力很强的解毒剂哩！

啤酒能杀死蜗牛。蜗牛是植物的害虫，而啤酒则是蜗牛的克星。据美国昆虫学家的一份报告说，在为期 4 天的温室试验中，啤酒共杀死蜗牛 300 多只，而一种灭蜗牛农药，在同等的条件下，只能杀死蜗牛 28 只。

啤酒可作增色剂。如果黑色棉布衣服褪色，可把它洗净后，再放入加有 2 杯啤酒的清水中漂洗 1 次，衣服上原来发白的地主又会返黑。

啤酒可作美容剂。每天用少许啤酒涂在面部，15-20 分钟后再用清水洗去，每天 2-3 次，坚持下去，能使面部皮肤变得细腻嫩滑。

啤酒可除头皮屑。头上的皮屑多，可用温啤酒先把头发浸湿，等 10-15 分钟后，再用清水洗净。每日 2 次，4-5 天便把头屑除净。

啤酒可作清洁剂。用啤酒擦玻璃，速度快，省气力，效果好。功效不比其他清洁剂差。如果镀有金边的相框或油画框蒙上灰尘，用一般干、湿布揩擦易损光泽，若用布蘸些啤酒去擦，即可很容易地将灰尘擦去。使之光洁如新。

剩余啤酒的用处

啤酒开瓶后如未及时饮用或喝不完剩在瓶里，很快就会失去原有的风味。为了不造成浪费，可把剩余的啤酒用到日常生活中去。如用毛巾蘸啤酒擦拭冰箱里外，不但箱体会显得光亮、干净、清爽，而且有消毒、杀菌的作用。万年青这类观叶植物，叶子本来就有光泽，如果用布或毛刷蘸啤酒轻轻地擦在叶片上，它会显得更碧绿光亮。去了味的啤酒可以转化为肥料，将其倒入花盆里，代替施肥。枝叶会长得更茂盛，花会开得更鲜艳。

“啤酒肚”的来由

啤酒本身的营养丰富，而且能助消化，常饮可能导致发胖。当然，人体发胖，主要取决于遗传条件、生活环境、心理状态、营养素的摄取量以及运动量等因素。饮用啤酒不过是其中的一个次要因素。有的人长期饮用啤酒后出现了肚子变大、皮下脂肪增多的现象。其原因除了由于啤酒本身富含营养物质外，更重要的是由于啤酒中某些养分促进了人体的消化和吸收功能，使人摄入过多的营养物质在体内转化为脂肪堆积的结果。因此，如果说大腹便便的原因与饮啤酒有关的话，则只能说在常饮啤酒的同时，多吃了其他食品而引起体内热量过分积累所致，而且这可能是导致肥胖的主要原因。所以，在饮用啤酒时，要根据自己的身体状况，适当饮啤吃菜，即可避免“啤酒肚”现象发生。

啤酒的质量鉴别及其他

啤酒的质量鉴别

从市场上购买啤酒，可从以下三个方面鉴别其质量的优劣；

外观。我国生产的啤酒，多数是黄啤酒。黄啤酒俗称浅色啤酒，呈淡黄色，以色淡为佳，色深为次。酒体光洁醒目，清亮透明，晶莹，酒液无浑浊、无沉淀、无悬浮物。瓶盖压得牢固，不漏气。

泡沫。好啤酒的泡沫洁白、细腻、均匀（既不全是大泡，也不全是细沫），啤酒入杯，泡沫液应占容量的1/3或1/2，俗称泡沫站立得高，泡持时间要求3—5分钟才见到杯中酒液。当泡沫消失，杯壁上应挂有花边样泡沫和滞物。开瓶泡沫突涌的啤酒不能视为好啤酒。

味觉。好啤酒应该是香气纯正，酒花香、麦芽香突出，口味醇厚、新鲜、爽口，二氧化碳气足，入口有清凉感，杀口、刺舌。不得有老化、氧化及其他异味杂味。

啤酒的浑浊现象

啤酒是一种稳定发还强的生物性胶体平衡溶液。当演戏外界环境影响时，其胶体溶液的平衡会受到破坏，有时即使是没有外界因素的影响，啤酒自身也会产生浑浊沉淀。啤酒的浑浊现象大体可分为非生物浑浊和生物浑浊两大类。

非生物浑浊包括蛋白质浑浊、淀粉浑浊、金属浑浊，草酸和酒树脂浑浊等等。当啤酒受到外界条件的影响，如震动、光照、氧化、受热、骤冷等，其分散粒子就从酒液中凝聚析出形成浑浊。其中最觉的是胶体浑浊，为可逆性浑浊，当遇冷在0℃左右时变浑，温度提高到20℃时又变清亮，这种浑浊通常称为“冷浑浊”；另一种是蛋白质与单宁氧化物的复合物所构成，当加热时酒液也不会清亮，不不可逆性浑浊，这种浑浊通常称为“氧化浑浊”或“永久性浑浊”。啤酒发生非生物性浑浊，只是破坏了原有的风味，仍然可以饮用。

生物浑浊又称微生物浑浊。由于啤酒中含有氨基酸和糖类等物质，这些营养物质又正是微生物繁殖的适宜条件。啤酒在生产过程中杀菌不彻底，环境和工艺卫生管理不严，就容易被滋生酵母和八联球菌、乳酸菌、醋酸菌和枯草菌等杂菌所污染，使其在酒液中不断繁殖扩大，使啤酒浑浊不清，并有沉淀发生。这样的啤酒为细菌浑浊，已酸化变质，不能再饮用，也不可以当醋食用。

啤酒为什么会出现喷涌

有的瓶装啤酒，没有超过保质期，可是在开瓶的瞬间，喷涌出大量的酒液。

有很多人弄不清为什么出现这种现象，瓶里的啤酒是否坏了？

这种现象称作“喷涌”。这是一种异常的病害现象，原因比较复杂。据经验分析，有下列几种原因：

一是与原料大麦的受害有关。如果收割麦时，阴雨连绵，大麦受到黑孢霉菌等杂菌的污染，造成喷涌因子，用这样的大麦制成的啤酒就会喷涌。

二是与酿造用水的水质有关。水质太软，钙离子缺乏，用这种水酿制的啤酒就缺少钙离子，从而造成啤酒中的草酸不能早期形成草酸钙结晶沉淀。当啤酒装瓶后，草酸即与瓶中的钙离子反应，产生草酸钙结晶，此晶粒是诱发啤酒喷涌的因子。

三是在杀菌和运输过程中啤酒胶体性质的改变，失去吸附二氧化碳的能力，因而在开瓶后，二氧化碳立即冲瓶而出，形成喷涌。

啤酒与空气接触容易变质

啤酒变酸变质在日常生活中是一种常见现象。这主要是微生物作用的结果，同时也与啤酒的营养成分和工艺特点有关。

啤酒中丰富的营养为微生物生长繁殖提供了良好条件。一旦条件适宜，微生物家族就会“兴旺”起来，使酒质、风味发生变化。鲜啤酒很容易被不净容器和空气中的细菌污染，在夏季高温情况下，细菌就会很快生长繁殖并使啤酒发酸变质产生毒素。有的人习惯用嘴对着瓶口饮用或将剩下的啤酒又倒回瓶内，这样都很容易造成啤酒污染变质。

熟啤酒虽然经过了灭菌处理，但开盖后存入久了也常变酸变质。其原因是灭菌不彻底或密封不严而导致细菌的侵入和生长繁殖，特别是醋酸菌作用的结果。醋酸菌是酿造工业最常见的污染微生物，它随空气进入酒中以后，可将书本氧化为醋酸，从而使啤酒发酸变质。啤酒开盖一段时间以后，由于二氧化碳急剧减少，失去了抑菌作用，使醋酸菌更得以迅速地生长繁殖。

对水啤酒的检测

散装鲜啤酒容易被不法分子对水坑害消费者，打击这一行径的最好办法是用“糖量析光仪”进行检测。这种仪器体积小、重量轻，能随身携带，现场使用非常方便。具体方法是：取样品 1 滴，滴于析光仪镜面，测出读数，再与标准值比较，1 分钟之内即可判定啤酒是滞对水及对水度。例如：标准啤酒实际浓度 5.16，测量值为 6.7。随着加水量的增加，测量值会逐步减少。加水 5%后测量值为 6.2%，加水 10%为 5.8，加水 15%为 5.4，加水 20%为 5，加水 25%为 4.6，加水 30%为 4.2，加水 35%为 3.7，加水 40%为 3.4。

零售啤酒注意事项

零售啤酒应该尽量做到使啤酒气足清凉。气足就是要尽量保持其原有的泡沫。白色泡沫是反映气足的标志。所以不能单纯为了保证容量而把泡沫撇掉。清凉就是要求在出售前先经过冰镇。冰镇不仅能使啤酒清凉，而且还能保持啤酒中泡沫的稳定性，使啤酒中的二氧化碳多气而持久。这样才能优质啤酒原有的质量水平。

此外，销售鲜啤酒还应注意保存期。夏天销售鲜啤酒最好泡在冰水中。售酒用具须保持清洁，切勿沾油，否则会使泡沫很快消失。任何啤酒，都应防止日晒和激烈震荡，以防浑浊现象过早发生。

啤酒商标告诉您

啤酒商标除作为啤酒包装装潢之外，还包含着该啤酒的许多信息，如品名、厂家、出厂日期及含量、配料、保质期等。此外，商标上还有您不大熟悉的以下一些内容："GB927-85"或"QB936-84"。这两组号，前者是国家标准 8°、12°优质淡色啤酒的感官和理化指标的代号；后者是轻工业部标准 10-14°九种普通淡色啤酒的感官和理化指标的代号。

"度"与酒精含量。啤酒商标上的"度"，是指麦芽汁中的含糖量。例如 12°的啤酒，表示 100g 的啤酒麦芽汁中含有 12g 的糖类。一般麦芽汁糖度高，啤酒中的含量也高。目前，国内市场上的啤酒，黑啤酒一般为 14°、16°、18°、20°，淡色啤酒（亦称黄啤酒）一般为 10.5-14°，但绝大部分为 12°，9°以下一般称为低度啤酒。啤酒的麦芽汁糖度超高其营养也越丰富。啤酒中的酒精的含量在商标上一般以重量百分比来表示，如：酒精度 3.5%，表示 100g 啤酒中含酒精 3.5g。啤酒的出厂日期。大部分啤酒商标上表示其出厂日期的形式是很直观的。无论是椭圆形还是长方形的商标，在商标法的外沿都有一圈数字，共分两部分：1-12 表示月份；1-31 表示日期。在相应的数字处打孔或裁口，以表示出厂日期。例如，在月份的数字 8 处及日期数字 25 处各有一个小缺口，则表示该酒是 8 月 25 日生产。但也有的是采用在商标的正面或反面打印批号的办法来注明生产日期，例如：1988-08-26 则表示该酒是 1988 年 8 月 26 日生产的。

目前，除国家命名的优质啤酒外，还有一些部优、省优产品。但现在很多啤酒商标上都印有"优"字，不小心会上当。如想分辨清楚，一定要认清"优"字周围的批准文号。例如："HB-88-894"，前两个字母是河北二字的拼音字头，中间代表 1988 年，最后是文号。这是河北省 1988 年命名的省优质酒。也有一些获称号的优质产品是直接用中文写明的。如果该酒商标上既没有批准文号也没有说明，那就要谨防伪冒了。

啤酒的饮用

啤酒是以大麦芽（包括特种麦芽）为主要原料，加酒花，经酵母发酵酿制而成的，含二氧化碳的、起泡的、低酒精度（2.5-7.5%）的各类熟鲜啤酒。

啤酒一般可根据生产方式，产品浓度、啤酒的色泽、啤酒的消费对象、啤酒的包装容器、啤酒发酵所用的酵母菌的种类来分。

按色泽分类

从啤酒的颜色分，有淡色啤酒、浓色啤酒和黑色啤酒，淡色啤酒色泽淡金黄色。在国内占市场销售量的98%以上。这种啤酒口味清爽、杀口感强、酒花香突出。浓色啤酒呈棕色或红褐色。这种啤酒的口味醇厚、麦芽香味突出。黑色啤酒颜色深红褐色乃至黑褐色。外观很象酱油、醋。这种啤酒是在酿造时加入焦香麦芽，使啤酒的颜色加深。这种啤酒具有一般啤酒特性外，其原麦汁浓度高、麦芽焦香突出，泡沫细腻、口味浓醇、苦味较轻。

按生产工艺分类

在原辅材料或生产工艺方面有某些改变，成为独特风味的啤酒。如：纯生啤酒：这是在生产工艺中不经热处理灭菌，就能达到一定的生物稳定性的啤酒。全麦芽啤酒：全部以麦芽为原料（或部分用大麦代替），采用浸出或煮出法糖化酿制的啤酒。小麦啤酒：以小麦芽为主要原料（占总原料40%以上），采用上面发酵法或下面发酵法酿制的啤酒。浑浊啤酒：这种啤酒在成品中存在一定量的活酵母菌，浊度为2.0-5.0 EBC浊度单位的啤酒。

其他分类

按生产方式，可将啤酒分为鲜啤酒和熟啤酒。鲜啤酒是指啤酒经过包装后，不经过低温灭菌（也称巴氏灭菌）而销售的啤酒，这类啤酒一般就地销售，保存时间不宜太长，在低温下一般为一周。熟啤酒，是指啤酒经过包装后，经过低温灭菌的啤酒，保存时间较长，可达3个月左右。

此外从啤酒含的酒精度来看，有含酒精啤酒、低醇啤酒及无醇啤酒之分。

按消费对象可将啤酒分为普通型啤酒、无酒精（或低酒精度）啤酒、无糖或低糖啤酒，酸啤酒等。无酒精或低酒精度啤酒适于司机或不会饮酒的人饮用。无糖或低糖啤酒适宜于糖尿病患者饮用。

酿新酒

第五章　果酒工艺简介

白兰地

白兰地酒的由来

白兰地酒是一种用葡萄酒经过蒸馏酿造的优质名酒，为人们所喜爱，其酒精含量约40%-50%。据传说，欧洲的白兰地酒最早是在13世纪由十字军骑士们带来的。到了17世纪中叶，欧洲酒店和市场上已有白兰地酒供应和贸易。当时，欧洲人普遍认为它是一种能有效地治疗病痛的药酒，医生们也多认为，这种美味酒精饮料能解毒去瘟。

白兰地是英文brandy的音译，它源于拉丁语Aguavitae，意思是：“生命之水”。用它作酒的命名有几种传说：

一种是大约在15世纪时荷兰有个船长，一次他往家乡运送葡萄酒，因路途遥远，船载重量有限，为了多装，他将葡萄酒用蒸锅浓缩后使液体减少一半，到达目的地后再兑水，这样就可多运1倍的酒。出乎意料的是经过浓缩后的葡萄酒味道更为醇美，他觉得不必兑水了。

当地人把这种经过蒸锅浓缩后的葡萄酒叫白兰地，荷兰语的意思是：经浓缩过的葡萄酒。16世纪前后，荷兰就开始用葡萄酒再蒸馏的办法生产白兰地了。

另一种说法是15世纪在意大利有个卫士叫霍夫曼，他把自制的葡萄酒储存在木桶里。有一年发生战争，卫士赶忙把酒桶藏入地窖内，战争中卫士被敌军击毙，酒就无人知晓了。10年后有人无意中发现了地窖中的这桶酒，由于陈年已久，酒已蒸发许多，剩下一半左右为金色，酒味醇厚，人们为了纪念死去的卫士为酒取名“白兰地”，意思是“生命之水”。

这就是发明白兰地的酒贮存、陈酿、酿化的由来。后来，在原有工艺的基础上，再经过加工、调配、使白兰地酒的质量有更大的提高，逐步成为世界名酒。

白兰地的几种饮用方法

白兰地酒是一种高档次的酒，它有着特殊的风味。但很多人在饮用时不习惯，这主要是饮用的次数少于其他酒和饮用方法不当的缘故。

目前，我国人饮用的白兰地酒，一般仍习惯于饭前配下酒菜饮用，对在饭后饮用能除食后的油腻感。夏季饮用白兰地，杯中可加冰块，既冲淡了酒精的浓度，又可起到防暑的作用。

白兰地还有一个很大特点，就是在日常饮用时，可以随便用茶水将其冲淡，但香味不变。你如果爱好，还可以用白兰地酒作基酒，随意调配成各色、各味的鸡尾酒。

白兰地酒能治病

白兰地酒在橡木式柞木桶中进行老化时，木质中的单宁及其他成分可得到溶解。而单宁等成分对人体器官可起到单质维生素P的相同作用，即提高毛细血管壁强度和降低微血管的渗透性能。

白兰地是一种心脏“兴奋剂”和“调节剂”，也是冠状动脉疾病的有效“血管扩张剂”，对某些热性病如流感等，其利尿解毒和滋补作用也是显著的。人体对酒精吸收量稍高于常量时，白兰地中非酒精物质可使酒精的排解变得容易加快。这种排解作用是通过肺、消化道和肾脏进行的，由肺发挥杀菌作用。因此，酒厂工人生活在白兰地挥发物质的环境中，他们当中极少有得结核病的，而且长寿。

医学试验表明，以橡木或柞木桶陈酿5—7年的40-60°的白兰地，对心血管能起到良好的作用。因此一些法国心脏病学家常给心绞痛病人开一点白兰地。另外，白兰地还能改善焦躁不安的心理症状，并对关节炎有镇痛作用。

香槟酒

香槟酒的由来

香槟酒实际上是一种起泡的白葡萄酒。它是在发酵好的白葡萄酒中加入酵母和糖，在8-12℃的低温下，发酵成含二氧化碳的葡萄酒。酒精含量一般在13-15%。

大约1688年在法国的香槟省有位叫派里朗的修道士，他对酿酒有极浓厚的兴趣，可是由于香槟省地区偏北，阳光不足，天气较为寒冷，缺乏良好的气候条件，很难酿出好酒。有一次修道士发现他酿出的酒不够甜，于是往里加了些白糖。白糖不能完全溶解，他又将酒加热，不料加热后放出二氧化碳冒起小汽泡，变成高级佐餐酒。自此之后，香槟酒产生了，这个地区不再生产二三流的餐酒，而以名贵的香槟酒为主了。为了纪念这位修道士对酒的贡献就以 Don Perigoon 作为高级香槟酒的名字了。

现在的香槟酒已经过改进和提高，是经两次发酵的高级饮料酒了。

国外对香槟酒的饮用较为普遍，特别是西方国家，人们遇到喜庆欢乐的事情，总要用香槟酒来助兴。目前我国一些大城市，在不少场合，也常用香槟酒来活跃气氛。

香槟酒的药用

美国一本名为《香槟酒的药物疗效》的书指出，香槟酒中含有铁、铜、钙、镁等微量元素以及维生素和复合糖等多种物质，因而对人体有神奇的药物治疗功效。早在 18 世纪，医生们就发现香槟酒可恢复产妇的健康，因为酒内含有丰富的可溶性铁质，具有补铁作用。镁离子和碳元素则可促进胆汁流动，从而改善消化系统的功能。香槟酒还可兴奋神经，舒展经络，益气补中，耐饥强志。由于香槟酒中还含有甲醇和锌，因而具有安神催眠的奇效。若临睡前喝上一小杯香槟酒，比任何安眠药都有效，且无副作用。但饮香槟酒亦适量，因为过量会引起酒精中毒，有损健康。

无醇香槟酒

德国不久前生产出不含酒精成分的香槟酒。这种酒是在成熟后，以特别的方法将酒精成分除去，同时由于糖分已经完全发酵，因此它与一般酒相比，其热量只有一般酒的 1/5 左右。糖分的残留值也比一般的酒少，一般酒每升糖分的残留值约 30g，而这种无醇香槟酒每升只在 4g 以下。这种酒的味道很合适用于烹调鸡肉和水产品。德国以同样的方法还制出了无醇白酒。

其他几种果酒

马爹拉酒

葡萄牙以钵酒最驰名。此外，马爹拉酒也十分出色。此酒是强化葡萄酒的一种，即在葡萄酒酿制完成的后期，加入烈性酒和蜜糖等，将酒质改变，而成为另一种酒。马爹拉酒是白酒的一类，属于干辣的中性酒，作为饭前开胃饮用最佳。用马爹拉酒加蛋白和白糖，打成泡状的“莎巴翁”，是著名的甜食。

猕猴桃干酒

猕猴桃干酒呈金黄色，清亮透明，果香浓郁，醇和可口，特别是维生素

C的含量丰富，质量达到国内优质干葡萄酒的水平。

赛德尔

赛德尔是英文（Cider）音译，意苹果酒。它以苹果为原料，经发酵加工而成。它酒精度低，酸度大，甜度小，微带涩味，清凉爽口，是欧美国家盛行的一种传统果汁饮料。

香蕉酒

香蕉酒的酿造比较简单，普通家庭都可以做。具体方法是：

将含糖量23%-24%的完全面熟的香蕉剥皮，放在混合器中捣成泥浆状，随后移入加热器边搅拌边升温到50℃-55℃，加入淀粉酶，由于酵素的作用，粘性（果胶与蛋白质结合而成）立即降低，这时便要迅速升温至65℃，使过剩的酵素失活，随后将温度降低到25℃，继续慢速搅拌，进行发酵。如果香蕉的成熟度低，含糖量少，可加入一些砂糖进行发酵，当发酵完成便停止搅拌并将发酵液静置。

香蕉液发酵旺盛时会产生大量泡沫，二氧化碳把香蕉果肉的微细纤维包围，使比重轻的浮在上面。收集上面的浮出物，下面则是透明或微有浑浊的含有酒精的香蕉原果酒。过滤则是香蕉酒，将其蒸馏可得香蕉蒸馏酒。此酒含14%乙醇，具有异戊酸，异戊酯香气和香蕉的原有风味。

桑椹酒

选择色泽乌黑的大粒桑椹果实，用净水清洗两遍。稍晾干，破碎压榨取汁，用板筐式压滤机压滤。出汁高达70%-80%。果汁分自流汁和压榨汁两种。每千升分别添加$SO_2$70-90g，然后发酵。

果汁进入发酵罐后必须调整糖分，使发酵醪总糖在某些方面20%左右。由于发酵均在每年6月进行，自然温度在世界上30℃以下，无需调温。主发酵一般只需24-30小时即可完成。然后换桶进入后期发酵，使粗酒中的残糖继续发酵成酒精。

后发酵完毕后，酒液自然澄清。将清液取出，加进适量明胶或蛋清及藻土过滤，之后即可得到色红、透明和成品桑椹酒。在陈酿过程中需测定其酒精度、SO_2含量，视情况添加食用酒精和SO_2，陈酿半年后即可装瓶投放市场。

家庭酿制果酒蜜酒

杏酒

原料：去核鲜杏1.8kg，白砂糖1.15kg，浓缩白葡萄汁250ml，柠檬酸2茶匙，葡萄单宁1/4茶匙，果胶酶、酵母及营养盐各适量，水4.5l。

制法：将杏肉放入发酵罐内捣碎。将水3l烧开冷却后加入柠檬酸、一半糖、单宁、葡萄汁果胶酶、酵母及营养盐，搅匀注入罐内。将罐密封，发酵4天，每天搅拌两次。然后将发酵液过滤到另一个罐中，用凉开水加满至4.5l，加入剩余的白糖，装上气塞，直到发酵结束后。把酒液虹吸到另一个容器中，陈化6个月后即可饮用。

樱桃酒

原料：樱桃2.3–2.7kg，浓缩红葡萄汁300ml，白砂糖900g，酒石酸1茶匙，葡萄单宁1/4茶匙，果胶酶、酵母及营养盐各适量，水4.5l。

制法：除去樱桃的茎、叶等杂物，并用清水冲洗干净，放入发酵容器中捣碎，倒入3.5l开水，密封。冷却后加入果胶酶、酒石酸、单宁、葡萄汁、营养盐和总量1/2的白砂糖，搅拌均匀，使糖溶化。然后加入酵母，将缸密封，发酵5天，每天搅拌2次，然后过滤。将剩余的砂糖加入滤液中，搅拌。把全部液体移入另一发酵缸中，装上气塞进行发酵。发酵结束后，贮存一段时间，即可饮用。

茶酒

原料：茶叶12茶匙，葡萄汁425ml，白砂糖800g，柠檬酸1茶匙，果胶酶，酵母及营养盐各适量，水4.5l。

制法：在2.3l水中加入葡萄汁，再加入酵母及除砂糖以外的其余原料，搅拌均匀，然后转移到发酵罐中，盖好罐口，进行发酵。待第一次盛旺发酵结束，把茶叶泡在1.2l开水中，加入白砂糖，放置10分钟，然后过滤，待茶水冷却后，即可饮用。陈化一段时间，其质量更佳。酿制这种酒要使用香味浓郁的优质茶叶。

目前市场上已有茶酒成品出售。有河南信阳酿酒厂的“毛尖茶酒”和安徽佛子岭酒厂的“珍眉茶酒”，酒度均在10°以下，是低度饮料酒，具有广阔的发展前景。

苹果酒

原料：苹果 2.3kg，浓缩的葡萄汁 300ml，白砂糖 800g，果胶酶、酵母及营养盐各适量，水 4.5l。

制法：将苹果洗净，去除核及腐烂、干瘪的成分，切碎，放入盛有约 3.5l 开水的锅中，文火煮 15—20 分钟。滤出果汁，用水冲洗果肉。然后添加白砂糖和浓缩葡萄汁，搅拌，使糖溶化。冷却至 20℃时，加入果及酶，营养盐和酵母。将其全部入罐，水不足数时，可用凉开水补足到 4.5l，装上气塞，在最适宜温度下发酵。待发酵结束，按常规方式将酒液虹吸到另一罐中。至少贮存 3 个月以后，方可装瓶上桌饮用。

蜂蜜酒

家里如有老人，可自己制点蜂蜜酒，供老人饮用。这样，一是在工作之余增添乐趣，二是有益于老人健康。蜂蜜酒的制作方法有二：

方法一，取蜂蜜 500g，清水 1000ml，红曲 50g 或白曲（酒药）25g，混匀装入干净的坛、瓮或瓶中，以口小为好，用牛皮纸封好口，经过一个半月发酵后即可过滤饮用。如果以发酵后投入晒（烘）干的当归、熟地、党参、黄芪、枸杞、仙灵脾等补气血的中药陈酿，可见蜂蜜酒兼有双补气血的作用。

方法二，原料：蜂蜜 1.35kg，酒石酸 1.5 茶匙，柠檬酸 1.5 茶匙，葡萄单宁 1/4 茶匙，酵母及营养盐维生素（如 B_1、B_{12}、C、E 等）各适量，水 4.5l。制法：把蜂蜜溶解在 2.8l 水中，加热至沸，不能搅拌，撇去泡沫。待冷却到 25℃时，加酒石酸，柠檬酸、单宁、营养盐和维生素，最后加酵母，混匀，移入发酵罐中，用凉开水补足到 4.5l，装上，气塞发酵。按常规方式虹吸倒罐。倒罐后的蜂蜜酒，经过贮存陈化 3 个月，使酒成熟。味道会更醇厚。如果能存放一年以上，其质量还能进一步提高。这酒如稍带甜味，会更使人陶醉。因此，在最后一次倒罐后，最好加入少量糖浆（把 110g 糖溶解在少量水中，就可制成糖浆）。

葡萄汽酒

配方：甜葡萄酒 200ml，白糖 60g，柠檬 8g，凉开水 1000ml。

制法：先将白糖溶于凉开水中，再加入柠檬酸及葡萄酒，然后将小苏打液缓慢地倒入，混合在一起。注意柠檬酸与小苏打的分量要准确，否则影响汽酒的口味。

橘子汽酒

配方：橘子汁 50ml，白砂糖 60g，40°米酒 50ml，柠檬酸 8g，小苏打 8g，橘子香精 3 至 4 滴，凉开水 1000ml。

制法：先将白砂糖溶于凉开水中，再加入橘子汁、柠檬酸、米酒及橘子香精，溶化后与小苏打溶液缓慢混合在一起即成。

如要制作其他品种的汽酒，可取食用酒精和其他相应的果酒，仿照上述两种汽酒的制法，便可配制出来。

果酒沉淀及自爆

1. 果酒沉淀

我们有时发现，商店里销售或者家庭存放的果酒，还未超过保质期，就能看到瓶内酒液有絮状沉淀物或浑浊，用力摇晃后仍不消失。这是什么原因造成的？这种酒能否饮用？

果酒是以葡萄、苹果等各种水果或浆果为原料发酵后制成的。果汁中的糖经过发酵，再经压榨过滤，便成为透明的果酒。果酒中均含有酸类和醇类，在酿造过程中和贮存期间，二者在酯化酶的作用下发生反应，并产生多种酯类。这些非生物性酯化物，是果酒沉淀的主要原因之一，它对人体无害。另外，还有两个原因：一是与外界气温变化有关。当外界温度降低，糖的溶解度达到饱和、超饱和状态时，即可发生浑浊，继而析出魄絮状物和沉淀物。若外界温度升高，糖和酶类溶解增大，浑浊，沉淀便可消失。二是酒液中含有果实中的色素、蛋白质、单宁、果胶等物质，在正常情况下呈溶解状态，但经较长时间的贮存后，这些物质亦可从酒液中分离出来，从而出现沉淀。上述两种原因导致的沉淀，不一定就是变质，不会有杂菌，一般可以饮用。但为了使之合乎感官要求，应消除沉淀。其方法是：把有沉淀物的酒置于 60℃温水中数十分钟，并轻轻摇动，或用消毒纱布过滤，除去沉淀物，这两种方法均可奏效。

如果果酒的沉淀物系因保管不善，受到微生物的污染后出现的，且酒浑浊不清，失去原有光泽，酒味发酸发臭，则表明酒已变质。这种酒就不能饮用了。

1. 果酒自爆

果露酒的生产工艺中有一道工序是杀菌。杀菌这道工序要求十分严格。

否则，会由于细菌的作用，再经过日晒、装卸、运输、搬倒等，使好端端的瓶装酒发生自爆。这种事故近几年时有发生。

为避免发生此类自爆现象，在瓶酒生产过程中，对酒瓶所承受的压力、常温和高温下的压力差，应计算准、设计好、控制住。无论新瓶旧瓶，都要选择完好无损的才能灌装。否则，瓶内的酒液不到保质期就发酵变质，二氧化碳含量超过玻璃瓶所能随的压力，就会使瓶酒变成“炸弹”。

果酒的质量指标

1. 感官指标

色泽：任何果酒都应具有天然色泽，用什么颜色的果作原料酿出的酒就应该是什么色泽，例如红葡萄酒是红宝石色泽，白葡萄酒是浅黄色泽。果酒本身要清亮、透明、不能有常温现象。总之，果酒越接近原果实色泽就越好。

香气：果酒除应有天然的水果香气外，还应具有浓厚的酯香，不应有外来的气味。

滋味：滋味与香气有着密切关系，香气优良的葡萄酒，其滋味醇厚，软润。果酒中的滋味主要有酸度、甜、涩、浓度、后味等。

典型性：果酒的典型性也可称为酒的风格，什么酒应是什么味，但由于各地区、各厂家对原料的栽培和处理方法的不同，虽然同是一个品种的酒，其风格特点也不相同。各种果酒均应有自己的典型性，而且典型性越强越好。

2. 理化指标

酒精度：果酒所含的酒精量，测定时需要把果酒中的酒精蒸馏出来后，再用酒精计测定。一般果酒含酒精量不超过20%，个别也有高的。

酸度：果酒中含有挥发酸与不挥发酸两大类，两者合成的总量，简称为总酸。果酒的总酸量是以100g酒液中所含酒石酸的克数来计算的。根据果酒的酸度，可以鉴定果酒的滋味，挥发酸增加，说明酒已变质。挥发酸通常是以醋酸的克数来计算的，一般含量不得超过0.17%。

糖分：果酒的糖分含量相差较大，最低在1%以下，一般为9%-18%，个别也有20%以上的。

果酒的保管

保管果酒的仓库要保持清洁，库内温度要保持在16℃-18℃之间，相对湿度为75%-85%。果酒容易吸收异味，因此在保管中不能与异味物品放在一起，要防止微生物浸入，不让容器有缝隙，以免带菌的空气进入酒中。库房温度过高容易产生微生物，使酒变质，过低则容易浑浊，特别是在夏季，不能在强烈的阳光下照射。

冬季要注意防冻。酒的结冻温度与酒精含量有关，酒度愈高，结冻温度愈低；酒度愈低，结冻温度愈高。因此，果酒在冬季贮存容易受冻，轻者产生浑浊沉淀，重者会发生膨胀使容器破裂。

冬季要密封库房。将果酒置于较严密的库房内，门窗挂棉、草帘，缝隙用纸糊严，使库内温度保持在10℃-18℃。也可采取简易的稻草保温法：即在干燥的地面铺上稻草（厚10cm），然后在稻草上放一层箱（瓶装酒用箱），箱上再铺上5cm厚的稻草，这样码垛4-5层，垛顶再盖上一层5-10cm厚的稻草，并将四周用稻草编织物围起，即可防冻。

如果已发生结冻现象，可立即将其放在温度较高的环境中，使其缓慢溶解。若发生沉淀或浑浊，可采取下胶的方法加以消除。

吃酒图

第六章　药酒工艺简介

药酒的制作与应用，在我国现存最早的医学理论专著《黄帝内经》中就有记载。《素问·汤液醪醴篇》中讨论汤液醪醴（都是酒类）的制作方法。《素问》证实上古和中古人曾用醪醴防病治病。《素问·玉版论要篇》指出："其色见浅者，汤液主治……气见大深者，醪醴主治。"《素问·血气形志篇》说："……经络不通，病生于不仁，治于按醪药。"《内经》的这些记载说明了人类对药酒养生防病的作用早就有了较为深刻的认识。

酒本百药长，又谓之狂药，又有人称之为养生主，酒有消炎镇痛、化脓、消毒之功效。"医"字的繁体"醫"本来是由酉托起，从酒。制酒为了去痛治病。

酒有多种，其性味功效大同小异。一般而论，酒性温而味辛，温者能祛寒、疏导，辛者能发散、疏导，所以酒能疏通经脉、行气和血、蠲痹散结、温阳祛寒，能疏肝解郁、宣情畅意；又酒为谷物酿造之精华，故还能补益肠胃。此外，酒能杀虫驱邪、辟恶逐秽。《博物志》有一段记载王肃、张衡、马均三人冒雾晨行。一人饮酒，一人饮食，一人空腹；空腹者死，饱食者病，饮酒者健。尽管此记载有点言过其实，但至少可以说明一点酒有健身祛病之功效。

除了药酒之外，有很多中草药制成的不论是丸、散、剂、丹都离不了酒的掺和作用。

酒与药物的结合是饮酒养生的一大进步。酒之于药主要有三个方面的作用：

酒可以行药势。古人谓"酒为诸药之长"。酒可以使药力外达于表而上至于颠，使理气行血药物的作用得到较好的发挥，也能使滋补药物补而不滞。

酒有助于药物有效成分的析出。酒是一种良好的有机溶媒，中药的多种成分都易于溶解于酒精之中。酒精还有良好的通透性，能够较容易地进入药材组织细胞中，发挥溶解作用，促进置换和扩散，有利于提高浸出速度和浸出效果。

酒的防腐作用。一般药酒都能保存数月甚至数年时间而不变质，这就给饮酒养生者以极大的便利。

充分发掘酒的内涵，精制药酒酒膳，让酒成为健康之友，是博大精深而又补益无穷之举。

我国自古就有将野生药材浸酒饮用，以强身健体，祛风除病的良好习俗，随着新时代的不断发展，人们对健康追求的意识不断加强，调酒制药，调酒用餐，将会成为一道新的“饮食风景线”。

药酒的常用制备方法

主要有冷浸法、热浸法、渗漉法及酿制法。

冷浸法：将药材切碎，泡制后，置瓷坛或其他适宜的容器中，加定量白酒，密封浸渍，每日搅拌1–2次，一周后，每周搅拌1次，共浸渍30天，取上清液，压榨药渣，榨出液与上清液合并，加适量糖或蜂蜜，搅拌溶解，密封，静置14日以上，滤清，灌装即得。

热浸法：取药材切片，用布包裹，吊悬于容器的上部，加白酒至完全浸没包裹之上，加盖，将容器浸人水液中，文火缓缓加热，温浸3–7昼夜，取出，静置过夜，取上清液，药渣压榨，榨出液与上清液合并，加冰糖或蜂蜜溶解静置至少2天以上，滤清，灌装即得。此法称为悬浸法。此法后来改革为隔水加热至沸后，立即取出，倾入缸中，加糖或蜂蜜溶解，封缸密闭，浸渍30天，收取澄清液，与药渣压榨液合并，静置适宜时间后，滤清，灌装即得。

渗漉法：将药材碎成粗粉，放在有盖容器内，再加入药材粗粉量60–70%的浸出溶媒均匀湿润后，密闭，放置15分钟至数小时，使药材充分膨胀后备用。另取脱脂棉一团，用浸出液湿润后，轻轻垫铺在渗漉筒（一种圆柱型或圆锥型漏斗，底部有流出口，以活塞控制液体流出）的底部，然后将已湿润膨胀的药粉分次装人渗漉筒中，每次投入后，均要压平。装完后，用滤纸或纱布将上面覆盖。向渗漉筒中缓缓加入溶媒时，应先打开渗漉筒流出口的活塞，排除筒内剩余空气，待溶液自出口流出时，关闭活塞。继续添加溶媒至高出药粉数厘米，加盖放置24–48小时，使溶媒充分渗透扩散。然后打开活塞，使漉液缓缓流出。如果要提高漉液的浓度，也可以将初次漉液再次用作新药粉的溶媒进行第二次或多次渗漉。收集渗漉液，静置，滤清，灌装即得。

酿制法：即以药材为酿酒原料，加曲酿造药酒。如《千金翼方》记载的白术酒、枸杞酒等，都是用此方法酿造。不过，由于此法制作难度较大，步骤繁复，现在一般家庭较少选用。

饮者慎饮不过度

饮量适度：这一点是至关重要的。古今关于饮酒害利之所以有较多的争议，问题的关键即在于饮量的多少。少饮有益，多饮有害。宋代邵雍诗曰：“人不善饮酒，唯喜饮之多；人或善饮酒，难喜饮之和。饮多成酩酊，酩酊身遂疴；饮和成醺酣，醺酣颜遂酡。”这里的“和”即是适度。无太过，亦无不及。太过伤损身体，不及等于无饮，起不到养生作用。

饮酒时间：一般认为，酒不可夜饮。《本草纲目》有载：人知戒早饮，而不知夜饮更甚。既醉且饱，睡而就枕，热壅伤心伤目。夜气收敛，酒以发之，乱其清明，劳其脾胃，停湿生疮，动火助欲，因而致病者多矣。由此可见，之所以戒夜饮，主要因为夜气收敛，一方面所饮之酒不能发散，热壅于里，有伤心伤目之弊；另一方面酒本为发散走窜之物，又扰乱夜间人气的收敛和平静，伤人之和。此外，在关于饮酒的节令问题上，也存在两种不同看法。一些人从季节温度高低而论，认为冬季严寒，宜于饮酒，以温阳散寒。

饮酒温度：在这个问题上，一些人主张冷饮，而也有一些人主张温饮。主张冷饮的人认为，酒性本热，如果热饮，其热更甚，易于损胃。如果冷饮，则以冷制热，无过热之害。元代医学家朱震亨说：酒“理直冷饮，有三益焉。过于肺入于胃，然后微温，肺先得温中之寒，可以补气；次得寒中之温，可以养胃。冷酒行迟，传化以渐，人不得恣饮也”。但清人徐文弼则提倡温饮，他说酒“最宜温服”，“热饮伤肺”、“冷饮伤脾”。比较折中的观点是酒虽可温饮，但不要热饮。至于冷饮温饮何者适宜，这可随个体情况的不同而有所区别对待。

辨证选酒：根据中医理论，饮酒养生较适宜于年老者、气血运行迟缓者、阳气不振者，以及体内有寒气、有痹阻、有瘀滞者。这是就单纯的酒而言，不是指药酒。药酒随所用药物的不同而具有不同的性能，用补者有补血、滋阴、温阳、益气的不同，用攻者有化痰、燥湿、理气、行血、消积等的区别，因而不可一概用之。体虚者用补酒，血脉不通者则用行气活血通络的药酒；有寒者用酒宜温，而有热者用酒宜清。有意行药酒养生者最好在医生的指导下作选择。

坚持饮用：任何养身方法的实践都要持之以恒，久之乃可受益，饮酒养生亦然。古人认为坚持饮酒才可以使酒气相接。唐代大医学家孙思邈说：“凡服药酒，欲得使酒气相接，无得断绝，绝则不得药力。多少皆以和为度，不可令醉及吐，则大损人也。”当然，孙思邈长年累月、坚持终身饮用，他可能是指在一段时间里要持之以恒。

常用药酒

常用药酒的品种繁多。如李时珍《本草纲目》就辑药酒，延龄聚宝酒、史国公酒、八珍酒、扶衰仙凤酒、延寿酒、延寿瓮头春酒、红颜酒、红花酒、长生固本酒、养生酒、读书丸浸酒、五精酒、十全大补酒、百益长春酒、大补药酒、状元红酒、参茸酒、仙灵脾酒、枸杞酒、周公百岁酒、何首乌回春酒、五加皮酒、黄精酒、菊花酒、参苓白术酒、茯苓酒、首乌金樱酒、定志酒、养荣酒。椰岛鹿龟酒、桂花酒，等69种。

特别是桂花酒早在春秋战国时就已为古人所饮用。屈原在《九歌》中说：“蕙肴蒸兮兰藉，奠桂酒兮椒浆。”这种祭祀仪式上所用的桂酒，就是用桂花酿制的桂花酒，古代也叫桂醑、桂花醋、桂浆等。古人认为用桂花酿制的酒能“饮之嘉千岁”。《四民月今》，汉代桂花酒是人们敬神祭祖的佳品，祭奠完毕，晚辈向长辈敬此酒，长辈们饮此酒后便会长寿。除此而外，桂花酒还是人们宴宾待客的上品。《汉书·礼乐志》说：“尊桂酒，宾八乡。”不少封建帝王还将桂花酒作为礼品赏赐给大臣。历代文人士大夫对桂花酒也赞不绝口，白居易曾用“线惠不香饶桂酒，红樱无色浪花细”的诗句来赞美桂花酒。宋代苏轼更作有《桂酒颂》，可见古人对桂花酒的珍爱。

早在春秋战国时期，古人已了解了菊花的药用和食用价值。魏文帝曹丕认为菊花“辅体延年，莫斯之贵。”苏轼也认为菊花的花、叶、根、茎“皆长生药也”。汉代，人们已用药花酿酒。刘歆《西京杂记》载：“菊花舒时，并采茎叶，杂黍米酿之，至来年九月九日始熟，就饮焉，故谓之菊花酒。”古人认为菊花是经霜不凋之花，所以菊花酒可以抗衰老。《本草纲目》等医书说菊花有去风、明目、平肝、清热等功效，对老年人的听觉、视觉尤其有益，所以古代菊花酒倍受青睐，是重阳节的必备之物。毛泽东词《蝶恋花·答李淑一》“……吴刚捧出桂花酒，万里嫦娥舒广袖”也提到了桂花酒。

附 汉代至唐代之前的药酒及滋补酒制作小知识

采用酒煎煮法和酒浸渍法起码始于汉代。约在汉代成书的《神农本草经》

中有如下一段论述："药性有宜丸者，宜散者，宜水煮者，宜酒渍者。"用酒浸渍，一方面可使药材中的一些药用成分的溶解度提高，另一方面，酒行药势，疗效也可提高。汉代名医张仲景的《金匮要略》一书中，就有多例浸渍法和煎煮法的实例。如"鳖甲煎丸方"，以鳖甲等二十多味药为末，取煅灶下灰一斗，清酒一斛五斗，浸灰，候酒尽一半，着鳖甲于中，煮令泛烂如胶漆，绞取汁，内诸药，煎为丸。还有一例"红蓝花酒方"，也是用酒煎煮药物后供饮用。《金匮要略》中还记载了一些有关饮酒忌宜事项，如"龟肉不可合酒果子食之，""饮白酒，食生韭，令人病增"，"夏月大醉，汗流，不得冷水洗着身及使扇，即成病"，"醉后勿饱食，发寒冷"。这些实用知识对于保障人们的身体健康起了重要的作用。南朝齐梁时期的著名本草学家陶弘景，总结了前人采用冷浸法制备药酒的经验，在《本草集经注》中提出了一套冷浸法制药酒的常规："凡渍药酒，皆须细切，生绢袋盛之，乃入酒密封，随寒暑日数，视其浓烈，便可漉出，不必待至酒尽也。滓可暴燥微捣，更渍饮之，亦可散服。"这段话注意到了药材的粉碎度，浸渍明间及浸渍时的气温对于浸出速度，浸出效果的影响。并提出了多次浸渍，以充分浸出药材中的有效成分，从而弥补了冷浸法本身的缺陷，如药用成分浸出不彻底，药渣本身吸收酒液而造成的浪费。从这段话可看出在那时药酒的冷浸法已达到了较高的技术水平。热浸法制药酒的最早记载大概是北魏《齐民要术》中的一例"胡椒酒"，该法把干姜、胡椒末及安石榴汁置入酒中后，"火暖取温"。尽管这还不是制药酒，当作为一种方法在民间流传，故也可能用于药酒的配制。热浸法确实成为后来的药酒配制的主要方法。酒不仅用于内服药，还用来作为麻醉剂，传说华佗用的"麻沸散"，就是用酒冲服。华佗发现醉汉治伤时，没有痛苦感，由此得到启发，从而研制出"麻沸散"。

八仙醉酒

全国酒厂商家名录

北京市

- 北京天潮玉液酒业有限公司
- 汇景酒业(北京)有限公司
- 北京国窖酒业销售有限公司
- 西藏藏泉酒业有限公司北京销售分公司
- 北京欧希尔葡萄酒有限公司
- 北京金典子酒业科技开发有限公司
- 北京金水河酒业有限公司
- 北京昊峰名品葡萄酒业有限公司
- 北京蓝梦佳人酒业有限公司
- 青海西宁酒业有限公司北京销售分公司
- 北京市神话啤酒屋有限公司
- 北京朴素堂酒业销售有限公司
- 北京大望中义酒业商贸有限公司
- 北京乐活酒业有限公司
- 北京奥斯酒业有限公司
- 上海米柯尼斯酒业有限公司北京分公司
- 凯尔敦(北京)酒业有限公司
- 北京鸿运伟华酒业销售有限公司
- 北京举云麦香酒业有限公司
- 北京市高端龙腾酒业有限责任公司
- 北京世纪兵戈酒业有限公司
- 贵州省仁怀市全锋酒业有限公司北京第一办事处
- 北京凯旋门葡萄酒有限公司
- 北京品悦酒业商贸中心
- 北京苗妹园啤酒屋有限责任公司
- 北京蜡笔啤酒屋有限责任公司
- 广州市富隆酒窖酒业有限公司北京分公司
- 北京京府联合酒业有限公司
- 北京草原喜顺酒业营销中心
- 北京中礼国机酒业有限公司
- 北京鎏法世家葡萄酒贸易有限公司
- 北京君鼎盛酒业有限责任公司
- 北京泰达康酒业有限公司
- 新疆新天国际酒业销售有限公司北京分公司
- 北京齐国盛世酒业有限公司
- 江苏洋河酒厂股份有限公司北京蓝色鑫源经销处
- 北京圣福瑞仕葡萄酒有限公司
- 北京德威威麦啤酒销售有限公司
- 北京红楼尚品酒业有限公司
- 北京锦豪新天酒业有限公司
- 北京青岛啤酒北方销售有限公司第一销售部
- 青岛冰利啤酒销售有限公司北京分公司
- 沈阳爱新觉罗祖家坊酒业有限公司北京办事处
- 北京泰格鸿福酒业有限公司
- 北京华图时代影音文化传播有限公司酒业分公司
- 北京钓鱼台酒业有限公司
- 北京百吉纳酒业有限公司
- 御冠华洋(北京)酒业有限公司
- 北京金镜明宇酒业有限责任公司
- 北京国威酒业销售有限公司
- 吉林华琦葡萄酒酿造有限公司北京销售分公司

●北京国魁酒业有限责任公司
●德尔酒业(北京)有限公司
●北京昶泰金枪鱼啤酒屋有限公司
●北京国宾盛世酒业有限公司
●北京福临山庄酒业有限公司
●北京福广源酒业有限公司
●北京赏酒宜霏酒业有限公司
●北京中源大唐酒业销售有限公司
●北京御星春白酒销售有限公司
●北京恒亿盛世葡萄酒有限公司
●北京美酒家园葡萄酒有限公司
●北京禄华泰酒业有限公司
●北京紫顿啤酒有限公司
●北京巴库斯葡萄酒有限公司
●华夏五千年(北京)葡萄酒有限公司
●北京名仕山庄葡萄酒酒庄有限公司
●北京宜良醇酒业销售有限公司
●北京南海啤酒屋有限公司
●贵州省仁怀市茅台镇古窑酿酒厂北京销售部
●北京盛世宏腾酒业有限公司
●北京仁和酒业有限责任公司良乡销售部
●北京二锅头酒业股份有限公司销售中心
●北京昊峰名品葡萄酒业有限公司
●北京紫光液酒业有限公司第二经营部
●北京费兰克林酒业有限公司
●亚太环球(北京)酿酒高科技有限责任公司
●北京鹿龟神酒业有限公司
●北京得天利酒业发展有限公司
●北京印象酒业有限公司
●北京人之源固体酒精厂
●北京大宅门酒业有限公司
●北京汉白明月酒业有限公司
●北京永丰黄酒有限责任公司
●北京龙樽酒业有限公司
●北京桂花陈酒业有限公司
●北京瑞达酒业有限公司
●北京蓝豪啤酒有限公司
●北京裕兴隆啤酒原料有限公司
●瑞宇酒业(北京)有限公司
●北京鑫乾宫酒业发展有限公司
●北京理博兆禾酒花有限公司
●北京京通黄酒有限公司
●北京百万庄园酒业有限公司
●北京八达岭昊龙酿酒厂
●玉都燕园葡萄酒酿造(北京)有限公司
●北京爱德曼酒业有限公司
●北京野力葡萄酒业有限公司
●北京沙河七里渠酒厂
●北京三龙酒业有限责任公司
●北京雾岚山酒业有限公司
●北京波龙堡葡萄酒业有限公司
●北京中和酒业有限公司
●北京中台酒业有限公司
●北京京地源酒业有限责任公司
●北京金果酒业有限公司
●北京市兴旺美乐葡萄酒酿造有限公司
●北京佐佳庄园葡萄酒有限公司
●北京京宫城酒业技术发展公司
●北京泰川天然食品饮料有限公司

- 北京奥星酒业有限公司
- 北京康丽斯酒业有限公司
- 北京啤酒厂
- 北京啤酒朝日有限公司
- 北京挚友酒精制品厂
- 北京升竞渊酿酒厂
- 北京双衣和酒业有限责任公司
- 北京圣皮尔金鹰食品饮料有限公司
- 北京保乐利加酿酒有限公司
- 北京三麦酒业有限公司
- 北京双合盛五星啤酒集团公司
- 北京宝麦啤酒原料有限公司
- 北京市啤酒原料厂
- 北京皇宫酒厂
- 北京市红门黄酒厂
- 北京虹桥黄曲调料酿造厂
- 北京天外天酿造厂
- 北京双马田园扎啤公司
- 北京市大兴区西红门镇振兴综合化工厂
- 北京皇家京都酒业有限公司
- 北京宝酒造酿造有限公司
- 北京方庄酒厂
- 北京清宫酒业有限公司
- 北京格力森酒业有限公司
- 北京市欣雨酒业有限公司
- 北京五星青岛啤酒有限公司
- 北京市红粮液酒厂
- 北京鸿潮葡萄酒有限公司
- 北京顺兴亨利武得果酒有限公司
- 北京市通州区雨香浓酿酒有限公司
- 北京市永福春食品厂
- 北京市龙泉酒厂
- 北京市顺通三星白酒分装厂
- 北京市定福饮料有限公司
- 北京丽都亚洲啤酒有限公司
- 北京丽都庄园有限公司
- 北京豪特酿酒公司
- 北京燕京啤酒集团公司
- 北京燕京啤酒股份有限公司矿泉水厂
- 北京燕京啤酒股份有限公司
- 北京市远弘药用酒精有限责任公司
- 北京燕京啤酒集团公司一分厂
- 北京酒泉太空水饮料公司
- 北京牛栏山金林保健酒业有限公司
- 北京顺鑫农业股份有限公司牛栏山酒厂
- 北京十月酩酒业有限公司
- 万客隆食品(北京)有限公司
- 北京红星股份有限公司
- 北京美加酒业有限公司
- 北京星海酒业有限责任公司
- 北京全顺酒业有限公司
- 北京双合盛五星酒业有限责任公司
- 北京长城酿酒厂
- 北京帅酒业有限公司
- 北京大藏饮料有限公司
- 北京合一食品饮料厂
- 北京金露饮料有限公司
- 北京青岛啤酒三环有限公司
- 北京京古酿酒厂
- 蓝色夏威夷饮料(北京)有限公司
- 北京红叶葡萄酒有限公司
- 北京伦酿酒有限公司
- 北京八达岭酿酒总厂

- 北京市八达岭酿酒公司
- 北京兰龙酿造有限公司
- 北京龙冠山庄农业有限责任公司
- 北京奥士达酒厂
- 北京燕都酿酒厂
- 北京昊康生态制品有限责任公司
- 北京龙凤阁酒厂
- 北京市紫禁城酒业有限公司
- 北京明星酒业有限公司
- 北京三江酒精厂
- 北京长安酿酒公司
- 北京太阳葡萄酒有限公司
- 北京仁和酒厂
- 北京龙骨酿酒厂
- 北京金龙麦自酿啤酒有限公司
- 北京市京良酿酒有限责任公司
- 北京波都酒业有限公司
- 国营北京大兴酒厂
- 北京滴滴香酿酒厂
- 北京诗林醉酒业有限责任公司
- 北京好哥们果酒有限公司
- 北京七星酒业有限责任公司
- 北京市兴都黄酒厂
- 北京中欧酒业有限公司
- 北京创意行啤酒经营部业务部
- 北京荣玲酒业有限公司
- 昌黎长城庄园葡萄酿酒有限公司北京营销中心
- 北京东海鑫业国际酒业有限公司
- 北京宏伟酒业有限服务公司
- 欧堡庄园酒业有限公司北京办事处
- 黑龙江省双花酒业有限公司驻北京办事处
- 北京狄厄尼索斯国际酒业有限公司
- 北京红龙四喜酒业有限公司
- 北京盛世龙爵酒业中心
- 北京市丰泽禾生酒业有限公司
- 北京紫光液酒业有限公司销售分公司
- 北京紫禁红酒业连锁有限公司第七分店
- 国礼礼宾(北京)酒业有限公司
- 北京碧特博格啤酒销售总公司
- 北京腾飞酒业商贸有限公司
- 北京龙腾酒业股份有限公司
- 北京费兰克林酒业有限公司
- 北京信诚酒业有限公司
- 北京亨利葡萄酒进出口有限公司
- 北京中华醇酒厂
- 北京樊氏酒业有限公司
- 北京业松酒业商贸有限公司
- 北京传世华鼎科贸有限公司(法国葡萄酒中国总理)
- 北京市朝阳瑞雪鲜酿啤酒厂
- 北京康力达酒业有限公司
- 北京国际网络电视台“中国啤酒频道”
- 北京二锅头酒业股份有限公司
- 北京市九鼎酒业有限公司(特渠部)
- 北京南国酒业销售有限公司
- 北京青岛啤酒北方销售有限公司
- 北京红都酒业有限公司
- 北京富华堂酒业贸易有限公司
- 北京市京乐酒业有限公司营销部
- 北京丰收葡萄酒有限公司
- 北京权威酒业有限公司

●北京摩儿百利葡萄酒有限公司销售部
●北京桃乐丝葡萄酒贸易有限公司
●北京天弘酒业发展有限公司
●北京华清港酒业有限公司
●北京鑫得爱尔啤酒设备有限公司
●北京华瑞庄园葡萄酒有限公司
●北京经营进口葡萄酒公司
●北京创意行啤酒经营部
●北京醇醴嘉源酒业有限公司
●北京圣朱利酒业销售有限公司
●北京长城酒业有限公司
●北京可罗娜贸易有限公司（可罗娜原装啤酒中国总经销）
●北京市宝昌酒厂销售部
●北京盛唐酒业有限公司
●北京京廷酒业有限责任公司保定京廷酒业分公司
●北京红儿红酒业有限公司
●北京昌黎华夏葡萄酒有限公司
●北京碧特博格啤酒销售有限公司上海办事处
●北京市吉庆酒业有限责任公司
●北京埃诺森灰熊啤酒有限公司
●北京市朝阳区酿酒厂
●北京葡萄酒厂
●北京御苑葡萄酒厂
●国营北京市永乐店酿酒厂
●北京市天龙泉酒厂
●北京福山料酒厂
●北京通州区制酒厂
●北京中华醇酒厂
●北京京古酿酒厂
●北京乾坤酒厂
●北京妙峰山泉酒厂
●北京安康鹿灵酒厂
●北京卢沟桥酒厂
●北京金水桥酒厂
●北京汇圣泉酿酒厂
●北京红星股份有限公司第二分公司
●北京市兴都黄酒厂
●北京昌黎华夏葡萄酒有限公司华南营销总部
●华夏庄园葡萄酒(北京)有限公司
●黑龙江省玉珍酒业有限公司北京销售处
●燕山庄园葡萄酒厂北京办事处
●意大利 SERENA 集团赛乐园（北京）葡萄酒有限公司
●南国酒业北京公司
●北京胜德祥酒业公司
●华夏庄园葡萄酒(北京)有限公司销售部
●贵府酒业发展有限公司北京分公司
●赛乐园(北京)葡萄酒有限公司
●哈特名人北京啤酒饮品有限公司
●北京自由庄园酒业有限公司
●德国奥噔堡啤酒北京区总代理
●江苏苏源酒业有限公司北京办事处
●东星葡萄酒北京办事处
●青岛海浪啤酒北京总经销.
●扬阳酒业（扬阳商贸有限公司北京办事处）
●牙克石兴安岭酒业有限公司北京销售分公司
●张裕葡萄酿酒有限公司北京分公司

- 北京虹桥黄曲调料酿造厂
- 北京天外天酿造厂
- 北京双马田园扎啤公司
- 河南省东方长城葡萄酒有限公司北京经销处
- 雪花啤酒北京公司特渠部
- 兴安岭酒业北京销售公司
- 北京华瑞庄园葡萄酿酒有限公司
- 昆山市周庄老酒坊酒业有限公司北京总部
- 昌黎长城庄园葡萄酿酒有限公司北京营销公司
- 中国浏阳河酒业有限公司北京大区
- 内蒙古蒙奶酒业有限责任公司驻北京办事处
- 北京龙庆峡酒业有限公司
- 蓝带集团北京蓝宝酒业公司
- 北京昌黎华夏葡萄酒有限公司(广州)
- 北京龙徽酿酒有限公司
- 北京中法天裕葡萄酒有限公司
- 北京陶然一醉酒业有限公司
- 江苏苏源酒业有限公司北京办事处
- 北京鸿兴故事村啤酒屋有限公司
- 北京云香洋酒业经销处
- 上海新天尼雅葡萄酒业有限公司北京办事处
- 四川省内江雄狮酒业有限公司北京办事处
- 云南澜沧江啤酒企业(集团)有限公司北京分公司
- 通化圣大葡萄酒股份有限公司北京商贸分公司
- 成都市川王酒厂北京销售中心
- 北京麦凯迪迪啤酒城有限公司
- 北京神韵啤酒屋有限公司
- 亚太环球(北京)酿酒高科技有限责任公司
- 北京月下明光音乐啤酒屋
- 北京瑞利联创啤酒屋
- 北京聚友满堂啤酒屋
- 泸州东方之珠酒业有限公司北京办事处
- 北京雨中之村啤酒屋
- 北京梦幻星河啤酒屋
- 北京兰慧州啤酒城有限公司
- 云南香格里拉县康巴新民酒业有限责任公司北京销售分公司
- 北京华夏汉白酒业有限公司
- 北京金鹦鹉酒业有限公司
- 豪都酒业(北京)有限公司
- 中纪酒业(北京)有限责任公司
- 北京中联特酒业有限公司
- 太师屯镇酿酒葡萄专业协会总会
- 浦音波(北京)酒业有限公司
- 北京阡陌通酒业有限责任公司
- 泸州绿峰酒业有限公司北京分公司
- 联合啤酒(北京)有限公司
- 北京京采庄园葡萄酒有限公司
- 北京海纳融华啤酒科技发展有限公司单县公公司
- 湖北京泉啤酒有限责任公司
- 北京艾尔集团北海酒业有限公司
- 北京华云鹏天酒业有限公司大庆分公司

天津市

● 天津市盛志酿酒厂
● 天津市盘山啤酒厂
● 天津市天葡果酒厂
● 天津市直沽酿酒厂
● 天津津乐酒厂
● 天津市津南区长青白酒厂
● 天津市津南区新星酒厂
● 天津市龙凤白酒厂
● 天津市津南区金鹏酿酒厂
● 天津市天酿酒厂
● 天津市宜兴黄酒厂
● 天津佳酿酒厂
● 天津市津福酿酒厂
● 天津市汉沽区鑫兴黄酒厂
● 天津市汉沽区汉泉酒厂
● 天津市汉沽白酒厂
● 天津运通酒厂
● 天津市汉沽区玲汾黄酒厂
● 天津市建联黄酒厂
● 天津市汉沽区清泉酒厂
● 天津市汉沽区王马酒厂
● 天津市龙泉酒厂
● 天津市宁河县苗庄镇芦泉酒厂
● 天津千年喜酒业有限公司
● 天津温泥伯大富豪啤酒有限公司
● 天津市梦德现酿啤酒有限公司
● 金威啤酒(天津)有限公司
● 天津市塘沽区久盛源酒业经销处
● 天津市塘沽区金路通酒业有限公司
● 天津市安乐酒业有限公司
● 天津市景阳岗酒业直销处
● 周朝酒业(天津)有限公司
● 天津醉八仙酒业有限公司
● 天津孟庄园葡萄酿酒有限公司
● 天津江山葡萄酒业有限公司
● 天津市三得食品工业公司
● 麦克唐纳马丁(天津)酒业有限公司
● 天津市神宝保健食品厂
● 天津市津酿工贸有限公司
● 天津市津乐酒厂
● 爱德米诺(天津)实业有限公司
● 天津市凯德美制水有限公司
● 天津市圣雷斯食品工业有限公司
● 天津贵族酒业有限公司
● 天津津酒集团有限公司
● 天津市御江酒业有限公司
● 天津市津台酒业有限公司
● 天津哥哈特葡萄酒酿制有限公司
● 天津喜时来酒业有限公司
● 天津日之出酿造有限公司
● 天津市直沽酿酒厂
● 北京奇莲关矿泉饮料公司天津分公司
● 天津酒王酿造有限公司
● 天津市真美工贸有限公司
● 天津市美震酿造有限公司
● 天津澳泊食品有限公司
● 豪特酒业(天津有公司)
● 天津长盛白酒厂
● 天津市津沽酿酒厂
● 天津市津南区长青白酒厂
● 天津市津南区龙凤白酒分装厂
● 天津市津南区新星酒厂

- 天津市金沟酒厂
- 天津市楠英酒业食品有限公司
- 天津市佳酿酒厂
- 天津市天酿酒厂
- 天津市环宇酿酒厂
- 天津市天天乐酒业有限公司
- 天津市王朝联合实业发展公司
- 天津市精卫食品有限公司
- 天津天宫葡萄酿酒有限公司
- 天津大王酒造有限公司
- 天津市福津酿酒厂
- 天津开发区龙洋实业发展有限公司
- 天津通汇集团有限公司
- 天津通汇集团
- 天津市汉沽区玉龙黄酒厂
- 天津市汉沽区永兴酿造厂
- 天津运通老酒厂
- 天津市汉沽区孟圈葡萄酒厂
- 天津市汉沽区建联黄酒厂
- 天津市汉沽区汉德啤酒坊
- 天津孟庄园葡萄酿酒有限公司
- 天津皇冠葡萄酿酒有限公司
- 天津市宁河县芦泉酒业有限公司
- 天津市宁河县酒厂
- 天津市冠达实业总公司宁河县白酒厂
- 天津市冠达实业总公司
- 北京红星股份有限公司第一分公司
- 天津市芦台北方米酒酿制厂
- 天津市龙泉酒厂
- 天津施格兰有限公司
- 天津市宴宾酿酒厂
- 天津市盛志酿酒厂
- 天津运河酒业有限公司
- 天津市小火炉果品有限公司
- 天津市武清区酒精厂
- 天津市光大酒业有限公司
- 天津天朝葡萄酿酒有限公司
- 天津市红高粱酒业食品有限公司
- 宝坻区酒厂
- 天津市宝坻区西双酒厂
- 天津津意酒业有限公司
- 天津盘山啤酒厂
- 天津市挂月集团有限公司
- 天津渔阳酿酒有限公司
- 天津星月酒精有限公司
- 天津市蓟县青鑫酒厂
- 天津挂月葡萄酿酒有限公司
- 天津挂月经销有限公司
- 天津挂月集团果酒有限公司
- 天津市蓟县永乐制酒厂
- 天津市蓟县万达酿酒厂
- 天津市天阳葡萄榨汁有限公司
- 周朝酒业(天津)有限公司
- 天津市里士满宝拉纳啤酒吧
- 天津市金洋酒业销售有限公司和平分公司
- 天津财福春酒业销售有限公司
- 天津市新兴河套酒业销售中心
- 天津市哆来咪啤酒坊
- 天津鑫浩啤酒销售有限公司
- 天津市宜君啤酒坊
- 天津市成羚酒业销售有限公司
- 天津大港宜诚酒业有限公司
- 金威啤酒(天津)有限公司
- 天津市傩福酒业有限公司
- 天津市鹏泰酒业销售有限公司

● 天津金佰德啤酒厂
● 天津市津佳酒厂
● 天津市凯德酒业有限公司
● 天津市津帝酒业有限责任公司
● 天津开发区海鸿酒业贸易有限公司
● 天津市浩天酒业营销有限公司
● 郑州原兴酒业有限公司天津分公司
● 天津市望海春酿酒厂
● 天津天斯达酒业发展有限公司
● 天津星月酒精有限公司和龙分公司
● 天津民生酒业有限公司
● 天津市御江酒业有限公司
● 天津市红桥区百通酒类经销处
● 天津市天葡果酒厂
● 天津市普仑斯酒业有限公司
● 天津市思凡酒业食品有限公司津南分公司
● 天津市天嘉酒业有限公司
● 天津市津南区金鹏酿酒厂
● 天津风华酒业有限公司
● 天津科润大河酒业有限公司
● 天津市如意酿酒厂
● 亿嘉(天津)冰葡萄酿酒有限公司
● 天津格林酒业有限公司
● 天津东方派拉蒙酒业有限公司
● 天津江山葡萄酒业有限公司
● 芦台农场酿酒厂
● 唐山源通酿酒有限公司
● 天津市武清区酿酒厂
● 天津市万丰酒业有限公司
● 天津唐华酒业酿造有限公司
● 天津市振海酒业有限公司
● 天津市鑫兴酒业分装厂
● 天津市永乐酒业有限公司
● 天津市青鑫酒业有限公司
● 天津明星葡萄酒业有限公司

河 北 省

● 河北瑞禾庄园酒业有限公司北京办事处
● 河北省芦台农场芦池酒厂
● 免渡河北方酒厂
● 石家庄市清泉酿酒有限公司
● 石家庄市井陉矿区新时代酿酒厂
● 石家庄市上谷醇酒厂
● 哈尔滨市红粮酿酒厂栾城分厂
● 石家庄市金梨源酒业有限责任公司
● 石家庄市兴兴酒业有限公司
● 河北宫牌酒业有限公司
● 藁城东明酿酒有限公司
● 河北弥勒河酒业有限公司
● 武强县长城酒厂
● 衡水长城酒业有限公司
● 河北省衡水冀飞酒厂
● 邢台三九啤酒有限责任公司
● 河北新泰酒业有限公司
● 河北西尼斯果酒有限公司
● 河北华丽酒业有限公司
● 河北老古城酒业有限公司
● 邯郸酒务泉酒业有限公司
● 通化市众祥酒厂峰峰光明分厂
● 河北将军岭酒业有限公司
● 磁县开河帝王醇酒厂
● 磁县炉峰酒业有限公司
● 邯郸市金鑫稻花香米酒有限公司

●河北龙王府酒业有限公司
●大名县古城酒厂
●永年县洺州酒业有限公司
●黄骅市五姑春酒业有限责任公司
●沧州市宏昌制酒厂
●沧州市大浪淀酒厂
●吴桥杂技源酒业有限公司
●泊头市天泉酒业有限公司
●泊头市双泉酿酒厂
●泊头市阳春酒业有限责任公司
●河北三井酿酒有限责任公司
●沧州三井献王酒业有限公司
●河间市龙国宴酿酒厂
●内蒙古黑城子玛拉沁酿酒有限责任公司青县分装厂
●四川省温江县酒厂青县分厂
●唐山啤酒有限公司
●唐山市丰南区义兴酿酒厂
●唐山市贝力啤酒有限责任公司
●乐亭县唐红酿酒有限公司
●成都市温江县天府东宫酒厂唐山分厂
●唐山曹雪芹酒业有限公司
●唐山市浭泉酒厂
●唐山银麦啤酒有限公司
●唐山市新唐酒业公司
●唐山金百利啤酒饮料有限公司
●迁西县燕兴酒厂
●廊坊开发区卡斯特–张裕酿酒有限公司
●三河福成酿酒有限公司
●固安县柳泉金福仓酒业有限公司
●霸州市泉华酒业有限公司
●霸州市郎河酒厂
●河北里贝拉酒业有限公司
●秦皇岛长征葡萄酒业有限公司
●河北海亿啤酒股份有限公司
●香格里拉(秦皇岛)葡萄酒有限公司
●秦皇岛市卢龙刘氏酿酒有限责任公司
●秦皇岛金色长城葡园酿酒有限公司
●秦皇岛龙山泉酒业有限公司
●秦皇岛鑫宝隆干红酒业有限公司
●昌黎县金龙酿酒有限公司
●七匹狼(昌黎)葡萄酿酒有限公司
●秦皇岛斯帕多内葡萄酒庄
●秦皇岛百代长城葡萄酒业有限公司
●秦皇岛昌黎一品红长城葡萄酿酒有限公司
●昌黎县葡萄沟云峰酒堡
●昌黎燕赵长城葡萄酿酒有限公司
●昌黎金庄葡萄酿酒有限公司
●昌黎县红缘葡萄酿酒有限公司
●贵州茅台酒厂(集团)昌黎葡萄酒业有限公司
●昌黎县双盈酒业有限责任公司
●昌黎鸿寅酒业有限责任公司
●昌黎县龙泉葡萄酿酒有限公司
●昌黎县中科葡萄酿酒有限公司
●昌黎县新一代长城葡萄酿酒有限公司
●昌黎长城庄园葡萄酿酒有限公司
●昌黎县夏都葡萄酿酒有限公司
●昌黎县昌盛六河葡萄酒业有限公司
●昌黎诗百轩庄园葡萄酿酒有限公司
●承德市如意酒厂

●河北四海啤酒有限公司
●承德市双滦香池酒坊
●承德棒锤山酒业有限公司
●承德承台官府酒业有限公司
●承德康乾酿酒厂
●安国市沙河酒厂
●安国市鑫马酒厂
●满城雷特酒业有限公司
●保定市玉川酿酒厂
●河北野山人酒业有限公司
●望都县怡春酒厂
●保定玉液春酒业有限公司
●河北青竹酿酒有限责任公司
●保定乾鑫酿酒厂
●徐水县顺星酒业有限责任公司
●涿州市顺兴酒业有限公司
●河北中山松醪酒业有限公司
●宣化新钟楼啤酒有限公司
●怀来县沙城镇宏业白酒灌装厂
●张家口长城酿酒有限责任公司
●怀来县沙城镇北方酿酒厂
●贵州省仁怀市茅台镇世纪宝典酒业有限公司赤城酿造分公司
●涿鹿县昌龙酿酒有限公司
●张家口华源葡萄酒有限公司
●河北省蔚县酒厂
●蔚县益源酒业有限公司
●怀安县金钟啤酒有限公司
●张家口市宏发啤酒有限责任公司
●张家口市华亨酒业有限公司古城酿酒厂
●张北县德巨永酿酒厂
●河北盎然春酒业有限公司
●河北海洋酒业贸易有限公司体南分公司
●石家庄市大丰酒业有限公司
●河北鑫鼎酒业有限公司
●石家庄世隆酒业有限公司
●河北茂源酒业有限公司
●河北福聚源酒业有限公司
●河北恒润德酒业有限公司
●石家庄中京酒业有限公司
●石家庄华兴达酒业有限公司
●石家庄黄河源酒业有限公司
●上海长三角酒业有限公司河北办事处
●河北福聚源酒业有限公司
●石家庄金凯路商贸有限公司海明达酒业分公司
●河北龙悦酒业饮品有限公司
●河北良辰葡萄酒业有限公司
●石家庄市宝利新酒业商贸有限公司长安分公司
●河北汉臣酒业有限责任公司
●石家庄金一俩酒业有限公司桥东分公司
●石家庄金一俩酒业有限公司
●河北潜龙酒业有限公司
●石家庄莫高酒业销售有限公司
●河北西柏坡啤酒饮料有限公司
●石家庄新澳酒厂
●石家庄市宏源酿酒厂
●上海新天尼雅葡萄酒业有限公司石家庄办事处
●邢台县三江酒业经销站
●邢台鑫茂酒业有限公司

●河北太行红酒业有限公司
●邯郸市京阁老酒业有限公司
●邯郸市高开九波生物酿酒技术研究所
●邯郸市恒基酒业有限责任公司
●河北泉源酒业有限公司
●宜宾腾龙道酒业有限公司峰峰分公司
●邯郸市洺河源酒业有限公司
●邯郸市世豪酒业有限公司
●魏县博大酒业有限责任公司
●魏县天宝酒业有限公司
●魏县新奥酒业有限公司
●肥乡县平原君酒业经贸有限公司
●河北天泰酒业有限公司
●沧州市金鑫酒业有限公司
●沧州市九鼎酒业有限公司
●沧州市九成酒业有限公司西环中路直销处
●沧州市运河龙腾酒业有限公司
●沧州市小刀酒厂
●东光县常继续酒业有限公司
●河北大运河制酒厂
●河北燕京啤酒有限公司
●任丘市大明酒业有限公司
●青县蒙诚酒厂
●沧州蒙诚酒厂
●青县同聚祥商贸有限公司酒业分公司
●唐山市广益葡萄酒行
●唐山诚信啤酒有限公司
●石家庄莫高酒业销售有限公司廊坊分公司
●香河鹏晖酒业经销有限公司
●固安玉泉酒业有限公司
●秦皇岛一品红酒业有限公司批发部
●秦皇岛龙吉仕葡萄酒有限公司
●秦皇岛都山酒业有限公司
●昌黎县千丛山葡萄酒业有限公司
●秦皇岛昌黎红葡萄酒业有限公司
●昌黎县汉唐酒业有限公司
●昌黎新豪迈葡萄酒业有限公司
●昌黎国城葡萄酿酒有限责任公司
●昌黎县信牌葡萄酿酒有限公司
●昌黎龙脉葡萄酿酒有限公司
●昌黎新豪迈葡萄酒业有限公司
●昌黎申尔福酒业有限公司
●昌黎县十年红葡萄酒业有限公司
●承德翰塞酒业商贸有限公司
●承德避暑山庄酒业有限责任公司玉泉池
●承德久酒威龙酒业有限公司
●保定市正隆酒业有限公司
●河北南山酒业销售有限公司
●保定市森淼酒业有限公司
●保定市兴盛酒业饮品有限公司
●保定兴红酒业有限公司
●保定市新市区新鑫酒业经销部
●保定市新市区向前酒业经销处
●顺平县鸿昌酒业有限公司
●保定毛府酒业有限公司
●保定三齐酒业有限公司徐水分公司
●怀来长城酒业营销有限公司张家口销售中心
●张家口市永恒酿酒厂
●张家口市宣化莉华酒业有限公司

●保定大红鹰酒业有限公司
●保定天安葡萄酒有限公司
●徐水县鑫鑫酒业有限公司
●张家口鹿神酒业有限公司宣化分公司
●怀来中法庄园葡萄酒有限公司
●怀来长城酒业营销有限公司第二经营部
●河北沙城家和酒业有限公司
●怀来德尚葡萄酒庄园有限公司
●怀来法通酒业有限公司
●怀来沙城盛世庄园葡萄酒有限公司
●张家口沙城酒庄葡萄酒有限公司
●涿鹿巨象365天然益生葡萄酒科技研发有限公司
●涿鹿县泓升酒业有限责任公司
●张北县盛达酒业有限公司
●河北爱尔鸡尾业有限公司
●石家庄市科瑞斯特科技有限公司
●石家庄三九啤酒有限公司
●石家庄市制酒厂
●石家庄世纪酿酒有限公司
●石家庄金台饮品有限公司
●石家庄珠江啤酒有限公司
●北挂云山酒厂
●灵寿县太康酿酒厂
●河北灵寿县奥灵酿酒有限公司
●行唐县酒厂
●行唐县古顺酒业有限公司
●石家庄市嘉禾酒业有限公司
●石家庄市新乐马头铺神道制酒厂
●石家庄市正定县制酒厂
●河北省正定县真洲酿造厂
●石家庄金明麦芽厂
●元氏县宋曹镇酒厂
●元氏县龙泉社会福利厂
●石家庄冀峰酒业有限责任公司
●河北万龙绿岛食品有限公司
●石家庄冀峰集团总公司
●石家庄栾城县淳洋酒厂
●石家庄市栾城县黄酒厂
●河北万龙绿岛食品有限公司
●石家庄冀峰集团总公司
●赵县庆阳春酒厂
●藁城市酿酒股份合作有限公司
●藁城市茂源酒业酿造厂
●藁城市常安酒厂
●石家庄市广源酒业有限公司
●晋州市五夜酒厂
●无极县天臣酿酒厂
●河北龙图酒业有限公司
●河北衡水九州啤酒有限公司
●河北衡水老白干酿酒(集团)有限公司
●衡水龙泉酿酒总厂
●河北裕丰实业股份有限公司
●河北裕丰股份公司衡水老白干分公司
●安平县神雨保健饮品公司
●河北省阜城县卧龙泉酒业有限公司
●河北省阜县府阳河酿酒有限公司
●饶阳县南京堂制酒厂
●饶阳县东张岗酒厂
●河北省古顺酒业有限公司
●河北枣花佳酿酒饮料总公司劳动服务公司

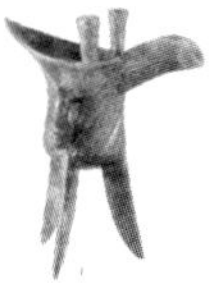

- 河北省果干酿酒有限公司
- 邢台商都酒业有限公司
- 河北金百家酒业有限公司
- 内邱县高新实业饮料有限责任公司
- 内邱县久冠酿酒有限责任公司
- 内邱县帅维饮料有限责任公司
- 内邱县太行酒业有限责任公司
- 邢台东海酒业有限公司
- 广宗县宗台酿酒厂
- 威县名州酒类有限公司
- 河北省清河县武松酒业有限公司
- 临西东留善固实业公司
- 临西县务头第二酒厂
- 临西县务头酒厂
- 临西县玉兰酒业公司
- 河北省任县良得利酿酒有限公司
- 河北红船酒业有限公司
- 河北隆泉酒业有限公司
- 河北省柏乡县东里酒厂
- 河北宁晋县制酒厂
- 南宫明化酒厂
- 邯郸市家乡米酒饮品有限公司
- 河北赵王酒业有限公司
- 宣化钟楼集团邯郸啤酒有限公司
- 邯郸丛台酒业股份有限公司
- 邯郸市家乡米酒饮品有限公司
- 河北将军岭酒厂
- 磁县尚豪酒厂
- 磁县玉粮酒业有限公司
- 临漳县酒厂
- 临漳县西羊羔乡东村制酒厂
- 邯郸市铜雀台酒业有限责任公司
- 邯郸和平酒业有限公司
- 新河县滏阳酒业有限公司
- 邯郸丛台酒业美苑有限公司
- 魏县仕北村麦芽厂
- 魏县麦芽加工厂
- 魏县第一麦芽厂
- 魏县长征工业有限公司
- 魏县院堡乡万里行酒厂
- 河北省邯郸市名胜保健食品有限公司
- 享通酒精厂
- 永年县太极酒厂
- 曲周县双河酒厂
- 河北省鸡泽县蚂蚁酒厂
- 河北省鸡泽县酒业酿造有限公司
- 邯郸市盟台酒业有限公司
- 旺舒冷饮厂
- 河北省鸡泽县小寨镇相如酒厂
- 邱县酿酒厂
- 广平县鹅城酒业股份有限公司
- 河北东龙黄金酒业有限公司
- 馆陶县新发科工贸酒业有限公司
- 馆陶县寿山寺乡浅口酒厂
- 神龙酒厂
- 沧州啤酒厂
- 沧州市渤海酒业
- 河北乡谣酒业有限公司
- 海兴县世纪酒业有限公司
- 盐山县千童酿造有限公司
- 沧州精气神酒业有限责任公司
- 河北省东光县东兴酿酒厂
- 泊头市龙腾酒厂
- 沧州功罗玛布酿酒有限责任公司
- 泊头市金马酒业有限公司

●泊头市泊镇酒厂
●沧州市苏罗玛布酿酒有限责任公司
●献县粮食局制酒厂
●任丘市北洋窑酒有限公司
●任丘市鸿运酿酒有限公司
●河北省古淀酒业有限公司
●任丘市酿酒公司
●青县制酒厂
●唐山市啤酒厂
●唐山市开平石城酒厂
●唐山啤酒集团唐海啤酒有限公司
●唐山燕泉啤酒厂
●唐山兴帝酿酒有限公司
●丰南市爽坨义兴酿酒厂
●京东酒厂
●唐山桃园春酒业有限责任公司
●唐山市渤海啤酒饮料实业总公司
●唐山瑞雪啤酒
●唐山市玉米生物工程总公司
●唐山龙翔化工有限公司
●乐亭县信成酒精有限公司
●唐山孤竹国酒业有限公司
●唐山市超仲酒业有限公司
●乐亭县港露酒厂
●秦市昌黎县昌大酿酒有限公司乐亭周坨酒厂
●唐山海港进出口公司酒厂
●河北省滦县酒厂
●滦县响堂镇小百花酒厂
●唐山故泉啤酒有限公司
●唐山曹雪芹企业集团
●唐山市曹雪芹啤酒有限公司
●唐山市丰润县左家坞湮泉酒厂
●丰润县喜庆酒厂
●丰润县何家营酒厂
●唐山欧联豪门啤酒有限公司
●玉田县鸿源酒业有限公司
●玉田县益兴酒厂
●唐山市新唐酒业公司
●遵化市奥太啤酒集团公司
●遵化市独尊酿酒有限公司
●遵化市老窖酿酒实业公司
●唐山市方泰酿酒厂
●遵化市红星酒厂
●迁安市京东酿酒有限公司
●迁安市阎家店乡北方酿酒厂
●迁安市东东酿酒有限公司
●迁安市夏官营镇常来酒厂
●青岛啤酒(廊坊)有限公司
●廊坊昊宇酿酒有限公司
●廊坊市安次区义和酒厂
●廊坊卡斯特——张裕酒业有限公司
●龙江县龙泉酿酒厂三河分厂
●燕潮酩酿酒三河有限公司
●三河市福成集团酿酒厂
●廊坊七星工贸有限公司大厂醇酒厂
●廊坊市七星工贸有限公司
●香河县金星酒厂
●固安县古全醇酒厂
●固安县酒厂
●永清县燕南春酒业有限公司
●廊坊市金露酿酒有限公司
●廊坊市金旺酒业有限公司
●永清县翰林酿酒厂
●秦皇岛市海港区秦源酒厂
●秦皇岛市燕山啤酒厂

- 秦皇岛开发区龙林酿酒食品有限公司
- 秦皇岛海亿啤酒有限公司
- 河北斌杨集团山海关公牛啤酒厂
- 秦皇岛市山海关环城酿酒厂
- 山海关卢堡啤酒有限公司
- 秦皇岛市山海关啤酒厂
- 秦皇岛麦斯特啤酒有限公司
- 抚宁县天马酿酒有限公司
- 河北抚宁紫荆山葡萄酒有限责任公司
- 秦皇岛市绿欣酒业有限公司
- 抚宁县宏圆啤酒厂
- 抚宁县大汗酿酒厂
- 秦皇岛市八千岁酒业有限公司
- 秦皇岛龙狮啤酒有限公司
- 秦皇岛御龙葡萄酿酒有限公司
- 秦皇岛市卢龙龙海酿酒有限公司
- 卢龙县木井酿酒厂
- 秦皇岛市卢龙洪胜工贸有限公司
- 秦皇岛市卢龙县喝可富酿酒厂
- 红堡(秦皇岛)葡萄酿酒有限公司
- 卢龙县山泉酿酒厂
- 卢龙县双镇酒厂
- 卢龙县三星酿酒厂
- 秦皇岛都山狼酒业有限公司
- 秦皇岛市祖山酒业有限公司
- 秦皇岛野力葡萄酿酒有限公司
- 秦皇岛万达酒业有限公司
- 昌黎县振昌葡萄榨汁厂
- 昌黎县鑫源葡萄酒业骨限责任公司
- 昌黎县田氏葡萄酿酒有限公司
- 昌黎县天丛葡萄酒厂
- 昌黎县石花酿酒厂
- 昌黎县昌黎镇葡萄榨汁厂
- 河北昌黎越千年葡萄酿酒有限公司
- 昌黎县靖安酿酒有限责任公司
- 秦皇岛市福兴源酿酒有限责任公司
- 昌黎县昌隆酿酒厂
- 昌黎县龙都葡萄酿酒有限责任公司
- 昌黎县顺隆酒厂
- 秦皇岛爱宴酒业有限公司
- 昌黎县渤海龙酿酒葡萄榨汁有限公司
- 燕京啤酒承德四海有限公司
- 河北省承德市热河酿酒公司
- 承德市西北沟五峰酒厂
- 承德市实力酒厂
- 承德寿王酒业有限公司
- 河北怡达集团承德雪特酒业有限公司
- 兴隆县酒厂
- 兴隆县新都啤酒有限公司
- 兴隆县酒业有限公司
- 兴隆县兴豪酒业有限公司
- 承德猎苑酒业有限公司
- 兴隆县大方酿酒有限公司
- 承德县雨鑫酒厂
- 承德乾隆醉酒厂
- 承德县南甲山国有林场鹿茸制品厂
- 平泉县瑞泉酿酒厂
- 承德太平洋酒业有限公司
- 避暑山庄实业集团公司酿酒厂
- 平泉县久强酒业有限公司
- 宽城县龙湖啤酒厂
- 宽城县酿酒厂
- 宽城县酿酒有限公司
- 宽城县酿酒二厂
- 承德御宴酒业有限公司
- 河北省承德江源酒业有限公司

●河北省承德球乐保健饮料有限公司
●隆化县七家镇西地果酒厂
●承德天子酿酒有限公司
●滦平县德水酿酒有限公司
●滦平县热河春酒厂
●滦平县双远盛酿酒有限责任公司
●承德九龙实业股份有限公司
●围场满族蒙古族自治县燕塞酒业有限公司
●承德鹿苑酒业有限公司
●围场满族蒙古族自治县康乾酒厂
●保定京苑啤酒有限公司
●河北保定酒业有限责任公司
●南市区轻工固体酒精厂
●保定欧麦八达麦芽有限公司
●生力八达(保定)啤酒有限公司
●河北祁州酒业有限责任公司
●容城县大宇酒曲有限公司
●容城县龙鑫酒曲厂
●容城县卫东酒业有限公司
●保定市满城县宏昌麦芽厂
●保定市满城祥和酒厂
●保定市玉川酿酒厂
●生力蓝星啤酒有限公司
●保定市小康河酒厂
●保定宏宝酒业有限公司
●颐和园酒厂
●徐水县玉液春酒业有限公司
●徐水县燕山酿酒厂
●刘伶醉酒厂
●河北省徐水县酒精厂
●河北省徐水县恒源酿酒厂
●河北龙帝集团有限公司
●河北釜阳春酿酒总公司
●古遂醉酒厂
●保定燕都酿酒厂
●保定三军酿酒厂
●保定醇源酒业有限公司
●保定古泉酒业有限公司
●保定黄井春酒厂
●保定九龙亭酒厂
●徐水诗林醉酒厂
●保定鑫鑫酒业有限公司
●保定乾鑫酿酒厂
●保定三齐酒业有限公司
●保定市大红门酒业公司
●保定市剑明酒业有限公司
●保定市京廷酒业有限公司
●保定市强林酿酒有限公司
●保定市玉粮春酒厂
●徐水县古州酿酒总厂
●河北徐水源泉酿酒有限公司
●河北省曲阳县酿酒厂
●曲阳县龙泉酒厂
●阜平县红金贡酿酒有限公司
●保定天露酒业有限公司
●易县裴山镇清皇阿哥酒厂
●易县西陵酒厂
●易县曲城酒厂
●宣化钟楼啤酒集团有限公司
●宣化县梅家营井泉酒厂
●张家口黎民酒业有限公司
●张家口长城酿造集团有限责任公司
●怀来县长城酒业营销有限责任公司
●河北沙城庄园葡萄有限公司
●河北全顺保健啤酒有限公司

- 河北夹河葡萄酒有限公司
- 怀来县沙城长城白酒灌装厂
- 张家口长城桃乐丝葡萄酿酒有限公司
- 河北怀来燕北葡萄酒有限公司
- 河北省龙泉葡萄发酵有限公司
- 河北省马丁葡萄酒有限公司
- 怀来县长城果品开发公司
- 赤城县宝泉酿酒厂
- 涿鹿利民葡萄发酵有责任公司
- 涿鹿县酿酒总厂
- 涿鹿县昌龙酿酒有限公司
- 涿鹿县明珠葡萄发酵有限责任公司
- 蔚县益源酒业有限公司
- 蔚县酒厂
- 阳原县宏州酿酒公司
- 宣化钟楼集团怀安啤酒有限公司
- 万全县啤酒厂
- 张家口市神泉啤酒有限责任公司
- 万全县古城贡酿酒厂
- 张北县德巨永酿酒厂
- 张北县酿酒厂
- 沽源县酒厂
- 宣化钟楼集团康保酿酒有限公司
- 康保县凯奇酒厂
- 河北省尚义县酒业有限公司
- 河北全顺保健啤酒有限责任公司
- 河北沙城家和酒业有限公司
- 华阳酒业有限公司
- 涿鹿益利葡萄酒有限公司
- 承德宝琢酿酒有限公司
- 河北兴隆新都啤酒有限公司
- 河北蓝贝酒业集团
- 十年红干红葡萄酒有限公司
- 唐山啤酒瓶厂
- 河北赵王酒业有限公司
- 鸡泽县五粮酒厂
- 河北邯郸赵苑酒业有限公司
- 河北邯郸东方酒业原料有限责任公司
- 亚智(邯郸)酒业饮品有限公司
- 河北老古城酒业有限公司
- 藁城市东城名优酒业有限公司
- 河北省石家庄欣怡酒业有限公司
- 河北天润感恩酒业有限公司
- 石家庄三九啤酒有限责任公司
- 石家庄市制酒厂
- 河北诚润酒业有限公司
- 昌黎华馨葡萄酿酒有限公司河北分公司
- 丘比特葡萄酿酒有限公司石家庄分公司
- 茅台酒厂集团技术开发公司华北办事处(石家庄浩铎贸易有限公司)
- 吉林省东北粮液酒业有限公司河北分公司
- 石家庄市一禾酒业有限公司
- 衡水滏阳河酿酒有限公司石家庄经销处
- 甘肃省武威市金路酒业有限公司驻河北办事处
- 天成酒业公司
- 新乐国人啤酒有限公司
- 承德猎苑酒业有限公司
- 河北槐泉酒业有限责任公司
- 石家庄赵县永柏酒业有限公司

- 内蒙古恩格贝酒业有限责任公司河北办事处
- 保定市金诺酒业有限公司
- 亮嘻嘻酒业发展有限公司
- 保定五合窖酒业有限公司
- 百川啤酒酵母粉公司
- 燕赵酒业有限公司
- 容城县容升酒业有限公司
- 望都昌泰酒业有限公司
- 唐山金百利啤酒饮料有限公司(采购储运部)
- 唐山燕泉啤酒有限公司
- 廊坊市迎春酒业有限公司
- 河北五粱酿酒厂
- 河北三井酿酒有限责任公司
- 会通酒业有限公司
- 沧州顺发酒业公司
- 百年古贡酒业代理中心
- 沧州精气神酒业有限责任公司
- 沧州小刀酒厂
- 香林酒业有限责任公司
- 昌达酒业公司
- 衡水滏阳河酿酒有限公司
- 河北宁晋县泥坑酒业有限责任公司
- 河北省沙河市金百家酒业有限公司
- 河北顺府酿酒有限公司
- 河北百年春酿酒有限公司
- 邢台隆泉酒业营销公司
- 邢台三九啤酒公司
- 河北邢台嘉禾啤酒有限责任公司
- 昌黎华馨葡萄酿酒有限公司
- 中红城酒业有限公司
- 秦长皇城葡萄酿酒有限公司
- 河北昌黎葡萄酒服务公司
- 华波尔长城葡萄酒业有限公司
- 河北昌黎东方长城葡萄酒有限公司
- 昌黎地王酿酒有限公司
- 秦皇岛古城长城葡萄酿酒有限公司
- 河北省昌黎县社会福利综合食品厂(石花酿酒厂)
- 昌黎长城庄园葡萄酿酒有限公司营销中心
- 秦皇岛葡萄酒技术服务公司
- 昌黎长城经典葡萄酒业有限公司
- 昌黎赫蒂嘉葡萄酒业有限公司
- 河北昌黎赫蒂嘉葡萄酒业有限公司
- 昌黎县华咏葡萄酿酒有限公司
- 昌黎更好葡萄酒有限公司
- 一品君子葡萄酒厂
- 昌黎燕山庄园葡萄酿酒有限公司
- 昌黎法兰红酿酒有限公司
- 中国昌黎十年红葡萄酒业有限公司市场部
- 华咏葡萄酿酒有限公司
- 昌黎三德葡萄酒业有限公司
- 昌黎更好酒业有限公司
- 升远酒业
- 秦皇岛市泽林酒业有限公司
- 秦皇岛老任头酒业有限公司
- 祥瑞酒业有限公司
- 秦皇岛华美啤酒有限公司
- 秦皇岛怡然白酒过滤技术研究所
- 秦皇岛百代庄园葡萄酿酒有限公司
- 加拿大阿尔伽特食品（啤酒）有责任限公司

●秦皇岛市良缘商贸酒业有限公司
●河北昌黎科绿普庄园葡萄酿酒有限公司
●泽州县葡萄酒厂
●石家庄市制酒厂
●河北挂云山酒厂
●西柏坡酒厂
●鸿福红枣烧酒厂
●大众酿酒厂
●太康酿酒厂
●行唐县云蒙山蜜枣酿酒厂
●正定县天顺制酒厂
●元氏县宋曹酒厂
●栾城县黄酒厂
●赵县庆阳春酒厂
●常安酒厂
●石家庄市今日缘酒厂
●石家庄市天陈酿酒厂
●河北省衡水御清泉酒厂
●阜城县阜城镇卧龙泉酒厂
●南和县东三召酒厂
●临西县务头酒厂
●临西县酿酒厂
●河北省巨鹿县中原酒厂
●磁县尚豪酒厂
●邯郸市万里行酒厂
●大名县商业局兴龙酒厂
●江洋酒厂
●永年县杏花香酒厂
●永年县石泉香酒厂
●杜七方酿酒厂
●永年县藏龙洞酒厂
●太极酒厂
●曲周县酿酒厂
●风正乡陈酒厂
●鸡泽县龙川酒厂
●鸡泽县酒厂
●鸡泽县新华酒厂
●河北省鸡泽县相如酒厂
●沧州市制酒厂
●沧州啤酒厂
●沧州宏昌制酒厂
●东光县东兴酿酒厂
●吴桥县九龙酒厂
●泊头市龙腾酒厂
●河间市酿酒厂
●青县制酒厂
●唐山市路南区米酒厂
●唐山市开平区石城酒厂
●滦南县坨里镇春源酒厂
●唐山市更泉酒厂
●成都市温江县天府东宫酒厂唐山分厂
●唐山市御泉酒厂
●遵化市黄金台酒厂
●唐山市方泰酿酒厂
●遵化市聚泉酒厂
●遵化市红星汽酒厂
●燕兴酒厂
●迁安市夏官营常来酒厂
●迁安市阎家店乡北方酿酒厂
●迁安市宝安酒厂
●迁安市康乐泉芦荟酒厂
●迁安市昌隆酒厂
●迁安市友谊酒厂
●安次区义和酒厂

●廊坊市七星工贸有限公司大厂华醇酒厂
●香河县金星酒厂
●香河天泉酿酒厂
●永清县津成酒厂
●霸州市郎河酒厂
●泉华酒厂
●大城县国新酿酒厂
●秦皇岛市燕山啤酒厂
●河北斌扬集团山海关公牛啤酒厂
●秦皇岛宏圆啤酒厂
●抚宁县大汉酿酒厂
●秦皇岛市新春泉酒厂
●卢龙县木井酿酒厂
●卢龙县永兴酒厂
●卢龙三星酿酒厂
●昌黎县昌隆酿酒厂
●承德实力酒厂
●承德市如意酒厂
●宽城满族自治县龙湖啤酒厂
●宽城满族自治县酿酒厂
●宽城满族自治县米酒厂
●围场满族蒙古族自治县如意酒厂
●承德康乾酿酒厂
●满城县祥和酒厂
●小康河酒厂
●保定满城龙华实业有限公司长信酿酒厂
●保定市九龙亭酒厂
●保定市双泉酒厂
●徐水县京星酿酒厂
●保定市醉候春酒厂
●保定皇井春酿酒厂
●保定三军酒厂
●保定市御粮春酿酒厂
●河北沃迪酿酒厂
●徐水县易水泉酒厂
●河北张华酿酒厂
●徐水县九龙泉酒厂
●徐水县古洲酒厂
●保定市玉和酿酒厂
●徐水县又一台酒厂
●保定乾鑫酒厂
●定兴县兴飞酒厂
●定州酿酒厂
●阜平华台酒厂
●高碑店市紫泉酒厂
●易县龙湾头红高粱酒厂
●易县南庄西陵酒厂
●易县清皇酒厂
●易县曲城酒厂
●易县酒厂
●涞源县清泉酒厂
●涞源县凉城酒厂
●河北中都啤酒厂
●河北省赤城县宝泉酿酒厂
●河北省蔚县酒厂
●张家口市老顽童酿酒厂
●张北县德巨永酿酒厂
●康保县丹清河乡酒厂
●康保矿泉酒厂
●克山县河北乡北大荒酒厂
●河北省芦台农场酒厂
●河北省芦台农场芦池酒厂
●芦台农场李氏酿酒厂
●唐山市经济技术开发区天河酒厂

●河北保定满城雷特酒业华东办
●河北昌黎越千年葡萄酿酒有限公
●司康帝城堡全国营销中心
●河北昌黎越千年葡萄酿酒有限公司
●河北天隆酒业公司
●河北昌黎越千葡萄酿酒有限公司
●河北地王集团有限公司新一代长城葡萄酒酿酒有限公司
●河北地王集团新一代长城葡萄酒酿酒有限公司
●烟台华夏雁门关葡萄酒有限公司
●河北易水泉酒厂
●河北良辰葡萄酒业有限公司
●中化河北地王集团昌黎地王酿酒有限公司
●河北昌黎越千年葡萄酒有限公司
●河北昌黎燕山长城酿酒有限公司
●秦皇岛龙吉仕葡萄酒有限公司
●河北斌扬集团山海关公牛啤酒厂
●河北省承德寿王酒业有限公司
●河北秦皇岛大洋葡萄酒业有限公司
●河北秦皇岛大洋酒业有限公司
●秦皇岛新亚缘酒业有限公司感化动华东办事处
●沧州市沃德酒业销售有限公司
●高阳县迎宾路王君酒业有限公司三利大街分公司
●昌黎欧爵酒业有限公司
●昌黎千秋葡萄酿酒有限公司
●河北海洋酒业贸易有限公司体南分公司
●衡水星光酒业有限公司人民路第二分公司
●灵寿县太康酿酒有限公司
●秦皇岛金板酒业有限公司
●邢台茂丰酒业有限公司清河店
●徐水县一品酒业销售有限公司
●涿州市金鑫丰酒业

山东省

●临沂市醇和酒业有限公司
●亿方酒业有限责任公司
●济南卢堡啤酒有限公司健生保健啤酒华南部
●烟台市鲁威酒业有限公司
●青岛裕岛酒业有限公司
●济南金满堂酒业有限公司
●济南天河酿酒厂
●奥地利沃根庄园葡萄酒集团有限公司中国代表处
●山东舍得酒业营销有限公司
●紫葫春酒业有限公司
●德州市奥德曼葡萄酒厂销售科
●德州市奥德曼葡萄酿酒公司
●山东雁宾酒业有限公司
●山东齐云春酒业有限公司
●山东沙城葡萄酒酿造有限公司
●山东阳谷金河酒厂
●济南卢堡啤酒有限公司健生保健啤酒华南部
●中国山东德州奥德曼葡萄酒厂
●信义酒业公司
●齐河京福酿酒厂
●山东省庆云县枣花村酿酒有限公司
●山东省禹城市辛店啤酒酵母干粉厂

- 青岛崂雪啤酒有限公司
- 磐阳酒业有限责任公司
- 烟台市鲁威酒业有限公司
- 烟台南山庄园葡萄酒有限公司
- 山东景阳冈酒业有限公司
- 济南双麦啤酒物资公司
- 天元酒业有限公司
- 青岛龙帝葡萄酒业有限公司
- 山东青岛龙帝葡萄酒业有限公司
- 济南宝纳工贸(啤酒原料)有限公司
- 济南卢堡啤酒有限公司健生保健啤酒市场部
- 济南中德啤酒有限责任公司
- 济南趵突泉酿酒有限责任公司
- 济南名洋酒业有限公司
- 烟台华夏长城葡萄酒有限公司山东分公司
- 济南东方恒通经贸有限公司
- 济南浩通酒业有限公司
- 山东省兴鲁酒业有限公司
- 斯瑞德国际葡萄酒公司
- 晨曦酒业有限公司
- 济南金黄河酒业有限公司
- 白酒超人创意九州营销策划工作室
- 山东新锐酒业公司
- 四川醇酒业集团公司山东办事处
- 山东省宝真酒业有限公司
- 英联恒森酒业有限公司济南分公司
- 济南友情酒业有限公司
- 山东金黄河酒业有限公司
- 山东国窖酒业销售有限公司
- 济南市女儿红白酒销售有限公司
- 五粮贡酒业山东办事处
- 天峰酒业
- 青岛金水啤酒有限公司
- 青岛啤酒螺旋藻绿啤酒山东销售公司
- 济南韩氏酒业有限责任公司
- 新华锦(青岛)酒业有限公司
- 青岛青喜啤酒有限公司
- 山东青岛即墨黄酒厂
- 青岛嘉华酒业有限公司
- 青岛西海岸酒业有限公司
- 中国青岛明先路酒业有限公司
- 青岛格润葡萄酒有限公司
- 青岛蓝宝石酒业股份有限公司
- 青岛平度龙泉酒厂
- 青岛亿川红葡萄酒有限公司
- 青岛市青莱葡萄酿酒有限公司
- 江苏洋河酿酒业有限公司河岔口酒销售总部
- 青岛豹王葡萄酿酒有限公司
- 青岛平艺酿酒有限公司
- 麦琪酿酒有限公司
- 国际中粮葡萄酒业有限公司
- 青岛龙河谷葡萄酿酒有限公司
- 青岛威麒葡萄酿酒有限公司
- 青岛佳瑞庄园葡萄酒业有限公司
- 汇堡酒业有限公司
- 嘉海(青岛)葡萄酒有限公司
- 菁岛啤酒授权中心
- 青岛卡罗莱那酒业有限公司
- 爱迪尔葡萄酒有限公司
- 青岛力伯特啤酒有限公司
- 青岛雍王酒业公司
- 青岛海之子酒业有限公司
- 青岛青特啤酒有限公司

- 青岛山川啤酒有限公司
- 金百帝酒业公司
- 青岛广华啤酒保鲜容器有限公司
- 青岛鑫盛酒业有限公司
- 青岛卓维浓酒业有限公司
- 青岛市安科酒业有限公司
- 青岛杰明酒业公司
- 青岛饮露庄园酒业有限公司销售公司
- 青岛金八步酒业有限公司
- 青岛力波特啤酒商贸有限公司
- 青岛五月的风酒业有限公司
- 山东半岛酒业有限公司
- 英联恒森酒业
- 烟台张裕葡萄酿酒股份有限公司
- 青岛福润德酒业有限公司
- 青岛大森酒业有限公司
- 青岛天之吟酒业有限公司
- 青岛品牌啤酒厂
- 青岛小白金酒业有限公司销售公司
- 青岛英联恒森酒业有限公司
- 青岛齐鲁春酒业有限公司
- 青岛东尼酿酒有限公司
- 青岛莱特啤酒有限公司
- 青岛老泉水啤酒有限公司
- 青岛兆丰年葡萄酒有限公司
- 青岛贝特啤酒有限公司
- 淄博桓征台酒业有限公司
- 淄博渔洋酒业有限公司
- 香港中粮集团华夏长城葡萄酒(烟台)有限公司
- 世邦啤酒保鲜设备公司
- 淄博东方龙葡萄酒有限公司
- 淄博市开发区澳源酒厂
- 东方龙葡萄酒有限公司
- 德州紫葫春酒业有限公司
- 德州市奥德曼葡萄酒厂销售部
- 山东省德州市奥德曼葡萄酒厂
- 山东大禹龙神酒业有限公司
- 乐陵市枣都酒业有限公司
- 山东省海洋酒业有限公司
- 烟台海洋酒业有限公司
- 海阳市白酒厂
- 烟台茂裕葡萄酒业有限公司
- 莱州市官前老酒厂
- 燕京啤酒(莱州)有限公司磁粉离合器厂
- 中国山东莱州银星啤酒设备有限公司
- 新天国际葡萄酒业有限公司
- 江苏众诚酒业有限公司
- 龙口市啤酒器械公司
- 烟台齐威酒业有限公司
- 蓬莱市仙鹿源酒业有限公司
- 烟台歌百特葡萄酒有限公司
- 蓬莱新天金创酒业销售有限公司
- 蓬莱市威亚德酒业有限公司
- 蓬莱卧龙葡萄酒有限公司
- 烟台法罗利酒业有限公司
- 烟台嘉裕葡萄酒有限公司
- 山东烟台蓬莱阁葡萄酒有限公司
- 烟台华天葡萄酒业有限公司
- 烟台海曼迪葡萄酿酒物料有限公司
- 蓬莱市康达葡萄酒责任有限公司
- 中外合资烟台法罗利酒业有限公司
- 烟台御任葡萄酿酒有限公司销售部
- 烟台瑞事临酒业有限公司

● 蓬莱市刘家沟同发葡萄酿酒厂
● 烟台明洋酒业有限公司
● 金创新天酒业有限公司
● 烟台华泰酒业有限公司
● 烟台艾昂塞诺酒业有限公司
● 烟台阿拉红酒业有限公司
● 烟台恒德葡萄酒有限公司
● 山东烟台欧王葡萄酒业有限公司
● 烟台红波儿葡萄酒公司
● 中外合资烟台法罗利酒业有限公司
● 烟台品丽珠长城庄园酒业
● 烟台品丽珠庄园葡萄酿酒有限公司
● 烟台啤酒朝日有限公司销售部
● 烟台华盛酒业有限公司
● 红波儿葡萄酒有限公司生产部
● 烟台红波儿葡萄酒有限公司商务部
● 烟台三九酒业有限公司
● 烟台华夏王朝葡萄酿酒有限公司
● 华夏控股集团烟台华夏城堡酒业公司
● 烟台国际品丽珠庄园酒业
● 海岳家具——酿酒公司
● 烟台五朝酒业有限公司
● 烟台华堡葡萄酒有限公司
● 烟台欧王葡萄酒业有限公司(设计部)
● 烟台张孚酒厂
● 中国长城葡萄酒有限公司山东地区总经销大树酒业有限公司
● 烟台红波儿葡萄酒有限公司
● 烟台威斯诺查尔斯酒业有限公司
● 烟台欧华庄园葡萄酒有限公司
● 烟台张裕先锋国际酒业有限公司
● 烟台华中酒业有限公司
● 烟台正大葡萄酒有限公司
● 烟台华鲁葡萄酒有限公司
● 烟台龙庭酒业有限公司采购
● 奇迹商贸烟台华堡庄园葡萄酒公司
● 烟台远东葡萄酒业有限公司
● 华堡庄园葡萄酒有限公司
● 烟台欧王葡萄酒业销售有限公司
● 欧王集团烟台欧王葡萄酒业有限公司
● 山东烟台酿酒有限公司
● 烟台隆橡葡萄酿酒有限公司
● 烟台华侨葡萄酿酒有限公司
● 烟台金王朝庄园葡萄酒有限公司
● 烟台华夏长城葡萄酒有限公司
● 烟台海酩酒业有限公司
● 黑龙江龙池酒业有限责任公司
● 山东景芝酒业股份有限公司
● 山东景芝酒业公司
● 山东密水葡萄酿酒有限公司营销中心
● 山东密水葡萄酿酒有限公司销售部
● 华夏卡城葡萄酒酿造有限公司
● 山东密水葡萄酿酒有限公司
● 高密市华夏卡城葡萄酒有限公司
● 山东图腾葡萄酒有限公司
● 山东秦池酒业有限公司
● 青岛绿岛啤酒有限公司
● 青岛高原葡萄酒有限公司
● 青岛壹枝笔啤酒有限公司
● 青岛金鹰啤酒有限公司
● 龙威酒业有限公司
● 山东省青州市强得力酒业有限公司
● 青州市思源啤酒有限公司

- 美国喜德利啤酒集团有限公司北方销售公司
- 山东青州云门酒业集团有限公司
- 山东金桥酒业有限公司
- 青岛汇堡酿造酒业有限公司
- 青岛莱特啤酒有限公司业务部
- 青岛东尼酿酒有限公司潍坊分公司
- 潍坊金博利酒业有限公司
- 山东诸城密州酒业有限公司
- 海南香身酒业开发有限责任公司
- 安丘市圣洲啤酒有限公司
- 寿光市华源酒厂
- 山东东方红酒业有限公司
- 宁城塞外罕庄酒业有限公司
- 曲阜市粮食酒厂
- 孔公家酒业有限公司阿庆嫂酒销售公司
- 燕京啤酒(曲阜三孔)有限责任公司
- 山东三孔集团曲阜三孔白酒有限公司
- 山东孔府宴酒业集团营销公司
- 燕京啤酒(山东无名)股份有限公司
- 四川剑南春集团东方剑酒业公司
- 山东肥城德瑞斯果酒厂
- 肥城康王酒业有限公司
- 超盟酿酒(肥城)有限公司
- 好时光酒业有限公司
- 泰安市泰仙酒业有限公司
- 山东泰山啤酒有限公司促销部
- 好时光酒业(宁阳)有限公司
- 泰安建伟酿酒设备制造有限公司
- 王母池酒业有限责任公司
- 泰安市圣殿公司北洋酒厂
- 云亭山酒业有限公司
- 泰安市岳之冠酿酒设备机械厂
- 泰安酒泉酿酒设备制造有限公司
- 泰安市神源开发酿酒器械有限公司
- 山东省泰安市夏张汇源酿酒设备制造厂
- 山东省泰安市圣泉酒业有限公司
- 山东省新泰市颐春酒业科技有限公司
- 山东颐春酒业科技有限公司
- 泰安泰山蜂力源酿酒饮料有限公司
- 五粮贡酒业有限公司山东分公司
- 山东辣子村酒业有限公司
- 山东兰陵古东阳保健酒业有限公司
- 苍山县兰陵镇书仙酒业有限公司
- 山东省苍山县兰陵酒厂
- 山东沂蒙老区酒业有限公司
- 青岛金特酒业有限公司
- 山东临沂大陆酒业有限公司销售公司
- 山东临沂大陆酒业啤酒营销部
- 山东临沂大陆酒业
- 临沂大陆酒业有限公司
- 山东容川酒业(集团)有限公司
- 黑龙江泓泉酒业山东临沂店
- 山东蒙山酿酒有限公司全蝎酒公司
- 山东省蒙阴县蒙山酒业有限公司
- 中国山东福源酒业有限公司
- 平邑平昌酒业有限公司
- 山东郯城县银杏酒业有限责任公司
- 山东省诸葛亮家酒业有限公司
- 山东博兴芝麻开花酒业有限公司
- 山东博兴相公酒业有限公司

- 金装华夏葡萄酒有限公司
- 华夏春葡萄酒有限公司
- 烟台世澳红葡萄酿酒有限公司
- 荣成金城酒业有限公司
- 乳山华军酒业有限公司
- 乳山市曙光啤酒有限公司
- 威海圣源酿酒有限公司
- 威海市三泉酿酒有限公司
- 华民酒业有限公司
- 安徽双庆酒业有限公司枣庄专卖店
- 枣庄齐鸿酒业有限公司
- 山东维美葡萄酒有限公司
- 孟尝君酒业有限公司
- 山东九州缘酒业有限公司
- 四川大邑酒厂华北联络处
- 高唐时风集团酒业公司
- 山东大奥酒业有限公司
- 冠县神龙酒厂
- 山东省冠县金苹果酒业有限公司
- 华润(聊城)啤酒有限公司
- 临清市御河酒厂
- 烟台市品丽珠葡萄酿酒有限公司
- 山东泰山啤酒有限公司
- 陵县旭日酒精厂
- 济南恒德酿酒有限公司
- 济南市裕龙本品饮料有限公司
- 济南汇丰餐饮有限责任公司
- 济南科瑞啤酒技术有限公司
- 济南卢堡啤酒有限公司
- 济南市佰老泉酒水有限公司
- 济南三杯酒精有限公司
- 济南市黄台啤酒厂
- 济南市蔬菜公司经营部食品厂
- 济南涌泉集团责任公司百吉泉酒业分公司
- 济南历城区龙泉麦芽厂
- 济南市历城区兴美酒厂
- 济南明湖酒业有限公司
- 历城区明湖酒水有限公司
- 济南天一泉酒水有限公司
- 济南天河酿酒厂
- 济南市绣川酒水有限公司
- 济南市历城区顺兴酒厂
- 济南趵突泉酿酒有限责任公司
- 济南乐源春酒业有限责任公司
- 济南御泉酿酒有限公司
- 济南龙浩酿造有限公司
- 济南市槐荫区南酒厂
- 济南市天桥区鑫源酒厂
- 济南爱生奥尔酒业有限公司
- 济南百脉酿酒有限公司
- 章丘市王白庄酒厂
- 章丘市胜达有限责任公司
- 章丘市金玉酒厂
- 济南驰名酒业有限公司
- 济南广生生物活性研究所
- 山东长清酒厂
- 济南白鹤泉酒业有限公司
- 济南情谊长酒业有限公司
- 济南长清县鑫明饮料食品厂
- 长清县张夏镇徐毛酒厂
- 长清丰泽麦芽厂
- 长清金穗麦芽厂
- 济南灵岩酒业有限公司
- 济南市长清县鸿运酒厂
- 济南市徐士俊酒业有限公司

- 山东平阴玫瑰酒业有限公司
- 山东平阴博士曲酒厂
- 平阴县平阴镇大李子顺村李伯坤酒厂
- 平阴县镍酒厂
- 平阴玫瑰酿酒厂
- 山东三株阁老贡酒业有限责任公司
- 平阴县鲁鼎酿酒厂
- 平阴县东阿镇南坛庆忠酒厂
- 平阴县东阿镇西南坝酒厂
- 平阴县东阿镇侯庄村希明酒厂
- 平阴县东阿镇南坛洪利酒厂
- 平阴县洪范池镇西池酒厂
- 平阴县洪范池镇周河二酒厂
- 平阴县洪范池镇周河三酒厂
- 平阴县洪范池镇周河一酒厂
- 平阴县安城乡酒精厂
- 平阴县安城乡双井村朱友成酒厂
- 齐河县晏府酿酒总厂
- 齐河县仁里集镇兆友酒厂
- 齐河县赵官镇吕东酿酒厂
- 齐河县赵官镇北街酿酒厂
- 齐河县赵官镇北二酒厂
- 齐河县赵官镇吕西酿酒厂
- 齐河县祝阿镇粮油多种经营部
- 齐河县祝城酿酒厂
- 齐河县玉皇阁酿酒饮料有限公司
- 齐河县玉林化工有限公司
- 山东禹城市禹王亭集团经贸有限公司
- 山东省禹城市禹王亭集团酒业股份有限公司
- 禹城市康达酒厂
- 禹城市天龙酒业有限公司
- 山东禹城市禹王亭集团葡萄酒厂
- 禹城市梁家镇马庙酒厂
- 禹城市来风酒厂
- 山东省德州鑫茂乙醇有限公司
- 禹城市房寺镇颜穆白酒厂
- 禹城市辛寨镇第二酿酒厂
- 禹城市安仁镇酒厂
- 禹城市禹石办金利酒厂
- 禹城市禹石办孙庄酒厂
- 禹城市禹石办大宋酒厂
- 禹城市石屯北街酒厂
- 禹城市秦和酒厂
- 禹城市宝珠米酒厂
- 济南鲁酒王酒厂
- 济南韶台酿酒总厂
- 济南百泉实业有限公司
- 济南东方久法酒业有限公司
- 济阳县新星酿酒厂
- 山东省济阳县庙廊酒厂
- 济南财源酒业有限公司
- 临邑县东风酿酒厂
- 临邑县金土地实业有限公司
- 临邑县孟寺酒厂
- 临邑县减李酒厂
- 临邑县永兴酿酒厂
- 商河县三里庄曲酒厂
- 济南市美冰酿酒有限公司
- 商河县怀仁镇运粮酒厂
- 商河县怀仁镇洼李酒厂
- 商河县赵奎元斜庄酒厂
- 商河县尹巷酒厂
- 商河县尹巷李桥酒厂

- 商河县常庄乡登柱酒厂
- 惠民县好汉酒厂
- 惠民县孙武酒业有限责任公司
- 惠民县鲁惠酒厂
- 惠民县武君米酒厂
- 惠民县仲思酒业有限责任公司
- 惠民县孙子故里酒厂
- 惠民县石庙镇孙子故里酒厂
- 惠民县蝎王保健品厂
- 惠民县石庙镇惠龙酒厂
- 阳信县全信酒业有限公司
- 阳信国际工业园酒业有限公司
- 无棣县果酒厂
- 无棣县金丝枣酒酿造厂
- 无棣县霞立酿酒有限公司
- 无棣县银河酿酒有限公司
- 山东万德酒业有限公司
- 无棣县金丝枣业有限公司
- 山东东阿阿胶集团聊城东阿泉啤酒有限公司
- 东昌府区北杨集崔庄鲁昌酒厂
- 茌平县天赞酒厂
- 山东玉皇葡萄酿酒有限公司
- 山东省茌平县鲁仲连酒厂
- 茌平县韩集乡孟尝君酒厂
- 山东东阿酒厂第一分厂
- 山东东阿酒厂有限责任公司
- 山东省东阿县成峰酒厂
- 山东省东阿县三官酒厂
- 东阿县连心酒厂
- 山东省景阳岗酒业有限公司
- 山东省阳谷县景阳制品有限公司
- 山东阳谷齐鲁酒厂
- 阳谷县武松宴酒厂
- 阳谷县武松酒厂
- 山东阳谷斗虎岗酒业有限公司
- 阳谷李台镇鑫阳酒水厂
- 阳谷古阿井酿造酒业有限公司
- 山东莘县凭心酒业有限公司
- 莘县鲁宴酒业有限公司
- 莘县宴酒酿造厂
- 莘县雁宾酒业公司
- 莘县张鲁镇北安头酒厂
- 莘县观城镇野猪林酒厂
- 莘县观城镇金龙酒厂
- 莘县张鲁镇酒厂
- 莘县十八里铺伊园酒厂
- 冠县红金酒业有限公司
- 临清市双井酒厂
- 临清市运达啤酒有限责任公司
- 临清市御河酒厂
- 临清市卫河酒业有限责任公司
- 临清市葡萄酒厂
- 临清市西胡葡萄加工厂
- 临清市津卫酒厂
- 临清市东方酒水有限公司
- 临清市凰城酒业有限公司
- 山东时风集团高唐酒业有限公司
- 高唐县金城酒业酿造有限责任公司
- 高唐县鑫东宏联有限公司
- 德州市真源麦滋啤露饮料厂
- 德州双信酒业有限公司
- 德州又一村酿酒有限公司大地天然食品分公司
- 山东德州又一村酿酒有限公司
- 燕京啤酒有限责任公司德州分公司

- 山东兰陵美酒股份有限公司德州分公司
- 德州市德城区真王酒厂
- 平原县王打卦大辛白酒厂
- 山东省平原县鲁北酿酒厂
- 山东省平原县奥仑葡萄酿酒有限公司
- 平原川鲁酒业有限公司
- 山东省平原县金源医药酒精有限公司
- 山东省平原鲁康酒厂
- 平原县雷庄白酒厂
- 平原县三唐乡运富白酒厂
- 平原县王庙镇前李白酒
- 青岛啤酒平原有限公司
- 山东夏津县王龙酒业公司
- 夏津县锦川酒业有限责任公司
- 山东夏津五粮酒厂
- 山东夏津乔王酒厂
- 山东省夏津县岳庄鸿昌酒精厂
- 山东省德州夏洋酒业有限公司
- 夏津县开元酒厂
- 山东省夏津县龙湖酒厂
- 山东省夏津县酿酒厂
- 夏津县圣源酒厂
- 夏津天罡芦荟酒厂
- 武城县贝州酒业有限公司
- 武城龙贝酒业有限公司
- 山东省武城县古贝春有限责任公司
- 武城县汉威啤酒厂
- 武城县漳南酒业有限公司
- 武城县鲁贝酒厂
- 宁津县美酒厂
- 宁津县又一春酿酒厂
- 宁津县保店北街酒厂
- 宁津县金酒酒业有限责任公司
- 陵县同兴酒兴集团供销有限公司
- 陵县同兴酒业公司
- 陵县同兴酒业集团固体酒产销公司
- 陵县同兴酒业集团酒精产销公司
- 陵县同兴酒业集团有限公司
- 陵县神头镇金泰安酒厂
- 陵县陵城镇刘泮鲁陵酒厂
- 乐陵市春酒业营销有限公司
- 乐陵市栈酒厂
- 乐陵市枣都酒业有限公司
- 庆云县鹿业开发公司
- 庆云县徐元子酿酒厂
- 淄博鲁能实业总公司酒水公司
- 淄博蒲仙酒厂
- 山东淄博昌国酒厂
- 山东天下第一店酒厂
- 淄博开发区澳源酒厂
- 淄博高新技术开发区即祥酒厂
- 淄博市淄川区梓 H 山酒厂
- 淄博亚洲啤酒有限公司
- 淄川柳泉酒厂
- 淄博市淄川会仙矿泉米酒厂
- 山东淄川般阳酒厂
- 淄博市淄川金裕酒厂
- 淄川区杞枣酒厂
- 山东淄川福临门酒厂
- 淄川区汇丰酒厂
- 淄川区淄河双泉酿酒厂
- 淄博泾源酿酒有限公司
- 淄博市淄川野珍酒厂
- 淄博双凤酒厂

●淄博市博山颜泉饮料酒厂
●山东博山酿酒公司
●淄博市博山春意饮料厂
●博山五阳山酒厂
●博山良祝酒业有限公司
●博山鑫辉酒厂
●山东省淄博市周村酒厂
●淄博市周村和平化工助剂厂
●淄博金鲁酒业有限公司
●淄博范阳河酒业有限公司
●淄博市临淄区齐茅酒业有限公司
●淄博市临淄故都酿酒厂
●淄博临淄古城化工厂
●淄博市临淄高阳酒厂
●沂源县红花米酒厂
●沂源县周公酒厂
●沂源县玉泉酿酒厂
●沂源县喜悦来酒厂
●沂源县沁香园果酒厂
●沂源县富强果酒厂
●山东沂源紫藤园酿酒饮料有限公司
●山东省沂源县鲁郁酒厂
●沂源县泰源酒厂
●山东省沂源汇丰酒业有限公司
●沂源鲁芝酿酒厂
●沂源县果品酿酒厂
●山东沂源恒泰实业有限公司
●沂源县天然酒类特酿厂
●沂源县信强酒业有限公司
●邹平县秦圣池酒厂
●邹平杨寨酿酒厂
●邹平县岱溪酿酒厂
●邹平梁邹豪夫曼酒业有限公司
●山东碧云洞酒水有限责任公司
●邹平鲁能酒业有限公司
●邹平台子福利醋酸加工厂
●邹平县汇源酒业有限公司
●邹平县阳光酒业有限公司
●山东范公府酒业有限公司
●邹平县青阳镇通达酒厂
●邹平县泽源酒厂
●邹平县太池贡酒厂
●邹平县东岳酒业有限公司
●邹平青阳齐鲁贡酒厂
●邹平县长白山酒厂
●邹平县杏林山泉酒水有限公司
●邹平县康尔寿酒业有限公司
●高青鲁王酒业有限公司
●高青县田镇川爵酒业有限公司
●山东扳倒井集团酒厂
●山东省扳倒井股份有限公司
●高青县天池井酿酒厂
●高青县高城镇大唐白酒厂
●四川泸州酒厂高青分厂
●淄博猛龙威股份有限公司
●山东黄河龙酒业集团股份有限公司
●山东淄博饮料酒厂
●山东省桓台县酿酒厂
●山东桓台县龙河酒厂
●桓台鲁河酒厂
●山东桓台县金龙泉酒厂
●淄博福理尔饮品有限公司
●桓台县宝泉酒厂
●山东桓台清河酒厂
●山东淄博酒水酿造厂
●山东省桓台县三龙酒厂

- 山东省博兴县董公白酒酿造有限公司
- 博兴县董公酒业有限公司
- 博兴县蒙特啤酒有限责任公司
- 博兴县亚星酒精有限公司
- 山东省博兴县董永酒厂
- 博兴县胜隆酒厂
- 博兴县第二酒厂
- 博兴县相公酒厂
- 山东省博兴县佛酒厂
- 山东省博兴县永兴酒业酿造有限公司
- 山东省博兴县博城酿酒厂
- 山东省博兴县浓浆泉酒业有限公司
- 山东省博兴县清源酒业酿造有限公司
- 滨州太空水有限公司
- 山东沾化金爵酒业有限公司
- 沾化县雁来红酿酒厂
- 沾化县鑫达金丝枣酒厂
- 东营市黄河酒厂
- 成都新津川享酒业有限公司东营分公司
- 胜利油田胜大集团总公司品酒总厂
- 东营市河口区酒业有限责任公司
- 济南军区黄河三角洲基地酒厂
- 广饶县运河酒厂
- 东营市隆瑞达美酒饮食有限责任公司
- 烟台啤酒东营信义有限公司
- 东营市帅佳商贸有限公司
- 东营宏裕葡萄酒有限公司
- 广饶县益源酒厂
- 广饶县海燕工贸有限责任公司
- 东营市广北酒厂
- 东营市乐源食品有限责任公司
- 利津县顺通再生资源有限责任公司酒厂
- 利津县胜龙酒业有限责任公司
- 利津县九龙绿色食品加工有限责任公司
- 利津神仙沟酒业有限责任公司
- 东营市新绿酒业有限责任公司
- 山东省垦利县酒厂
- 东营市一棵树酒水有限责任公司
- 东营市垦利一棵树酒厂
- 东营市军马场金土地酒厂
- 东营市三金酒业有限责任公司
- 山东潍坊舒一集团有限公司
- 青岛啤酒(潍坊)有限公司
- 潍坊市寒亭区潍水酒厂
- 山东坊子酒厂
- 潍坊市坊子坊城酒厂
- 山东鲁能泰山酒业有限公司
- 潍坊慧屺酒业有限公司
- 潍坊三力肉牛有限公司三千酒厂
- 潍坊坊泉酒业有限公司
- 潍坊市坊子区南园春酿酒厂
- 山东昌邑乾隆杯酒业有取责任公司
- 烟台红宝石葡萄酒有限公司
- 莱州市德聚堂酿酒厂
- 燕京啤酒(莱州)有限公司
- 莱州三九葡萄酒业有限公司
- 莱州三九酿酒有限公司
- 莱州市过西王河老烧酒厂
- 山东省莱州市东莱黄酒厂
- 高密市葡萄宋酒业有限公司

●山东高密市商羊神酒业有限公司
●潍坊贝斯特食品有限公司
●安丘市麦芽厂
●青岛啤酒(安丘)有限公司
●山东景芝集团有限公司
●山东景芝酒厂销售总公司
●诸城市东坡酿酒厂
●诸城市酒业股份有限公司
●诸城市龙城酿酒厂
●诸城市龙源春酒业有限公司
●诸城市蟠池酒厂
●山东银河酒业集团总厂
●潍坊汇源实业有限公司
●潍坊乐化酒业有限公司
●山东青州云门酒业(集团)有限公司
●青州酒厂朱良分厂
●青州市康宝食品饮料有限公司
●青州市丰源食品饮料有限公司
●青州崂泉啤酒饮料厂
●山东秦池酒厂
●临朐县红梅果酒厂
●临朐县技工学校树脂材料厂
●潍坊端阳酒厂
●泸州四源酒业有限公司临朐分装厂
●潍坊金宝酿酒厂
●临朐县新源啤酒有限公司
●临朐县冶源镇宏伟食品厂
●山东沂源紫藤园酿酒有限公司龙潭分公司
●临朐县丹河酿酒厂
●潍坊市潍龙酿造有限公司
●山东寿光齐民思酒业有限责任公司
●青岛啤酒寿光有限公司
●寿光法思顿葡萄酒有限责任公司
●寿光益康黄酒厂
●昌乐县盛源酒厂
●寿光市化龙镇巨湖酒巴厂
●寿光市侯镇酒厂
●烟台张裕葡萄酿酒公司香槟酒公司
●烟台旭亭酒业有限公司
●烟台张裕葡萄酿酒股份有限公司
●烟台张裕葡萄酿酒公司保健酒公司
●烟台岳洋酒业有限公司
●烟台蒙驼酒业有限责任公司
●烟台张裕葡萄酿酒股份有限公司白兰地分公司
●烟台登普葡萄酿酒有限公司
●烟台出口加工区泰汇生物保健品有限公司
●烟台啤酒朝日有限公司
●山东烟台酿酒厂
●烟台第二啤酒厂
●烟台卓为科技有限公司
●烟台市初家保健品有限公司
●烟台科裕酒业有限公司
●烟台嘉元工贸有限公司
●烟台高新区通圣山葡萄酒厂
●烟台高新区东方酒业有限公司
●烟台威斯诺查尔斯酒业有限公司
●烟台雷利诗葡萄酿酒有限公司
●烟台开发区鸿江春酒业有限公司
●烟台今朝酒业有限公司
●烟台威顿葡萄酿酒有限公司
●烟台东方酒业有限责任公司
●烟台三九酒业有限公司
●烟台森堡酒业有限公司

- 烟台市宁海镇葡萄酒厂
- 烟台市嵎峡河葡萄酿酒厂
- 烟台新卫葡萄酒园区发展有限公司
- 烟台市牟平区烟霞果酒厂
- 烟台啤酒朝日有限公司二分厂
- 威海啤酒厂
- 威海市三泉酿酒厂
- 威海圣源酿酒有限公司
- 威海高技术产业开发区汇峰酒厂
- 青岛啤酒荣成有限公司
- 荣成市酒厂
- 荣成宏源酒厂
- 石岛镇玉堂酒厂
- 东洪鲜啤酒厂
- 荣成啤酒饮料总厂
- 荣成滕达酒厂
- 古井集团蓬莱酒业有限公司荣成市分公司
- 荣成丛台酒业有限公司
- 港西镇港山后酒厂
- 威海威轮酒业有限公司
- 文登市酿酒总厂
- 文登市益民酒厂
- 威海森宝实业有限公司
- 威海新醇酿造厂
- 文登市千禧酒厂
- 山东省文登市啤酒厂
- 威海天利制酒有限公司
- 文登市洛兴食品酿造厂
- 乳山圣仙酒业有限公司
- 乳山市曙光啤酒有限公司
- 威海雪莲山酿酒有限公司
- 山东威海红宝石葡萄酒有限公司
- 烟台海阳醴隆酒厂
- 海阳市白酒厂
- 海阳市海洋酒业有限责任公司
- 海阳市绿灯酿酒有限责任公司
- 海阳市妻管严保健品厂
- 烟台市大明酒业有限责任公司
- 海阳市鲁贵春酿酒厂
- 海阳市阳酒厂
- 海阳市黑崮泉酒厂
- 海阳市长城酒厂
- 莱阳市酒厂有限公司（山东省莱阳市酒厂）
- 莱阳市富达酿酒厂
- 莱阳市源通酒厂
- 莱阳市荆泉酒厂
- 莱阳市吕格庄莱花酿酒厂
- 烟台市天府酿酒总厂
- 山东天府集团公司
- 莱阳市北芦口赵家酒厂
- 莱阳市龙河酒厂
- 栖霞市立德酒业有限公司
- 烟台白洋河酿酒有限责任公司
- 栖霞市金河源酒业有限公司
- 栖霞市得利葡萄酒有限公司
- 栖霞市臧家庄镇大川酿酒厂
- 栖霞市苏家店镇第一果酒厂
- 烟台市栖霞天元酒业有限公司
- 招远市珑冠葡萄酿酒总厂
- 招远市酿酒厂
- 烟台宏麟葡萄酒有限公司
- 烟台贝斯特酒业有限公司
- 烟台圣伯纳葡萄酿酒有限公司
- 烟台天宝葡萄酒有限公司

- 烟台鲁月酒业有限公司
- 烟台飞龙葡萄酒有限公司
- 烟台市玉林庄园果酒厂
- 烟台正大葡萄酒有限公司
- 烟台张裕葡萄酿酒公司福山葡萄酒公司
- 烟台张裕葡萄酿酒公司醴泉酒业公司
- 烟台蓬莱瀛州酒业有限公司
- 烟台法罗利酒业有限公司
- 蓬莱市豪斯迈酒业有限公司
- 蓬莱市海市葡萄酒公司
- 古井集团蓬莱酒业有限公司
- 烟台旭亨酒业有限公司蓬莱分厂
- 烟台三叶葡萄酒有限公司
- 蓬莱市大鸿雁酒业有限公司
- 蓬莱市荃馨芦荟制品开发有限公司
- 烟台恒德葡萄酒有限公司
- 烟台威泰葡萄酒公司
- 蓬莱葡萄酒厂
- 蓬莱裕龙葡萄酒厂
- 烟台皮雅曼葡萄酒有限公司
- 青岛啤酒(蓬莱)有限公司
- 山东省龙口市龙口葡萄汁厂
- 烟台名仕酒业有限公司
- 龙口市酿酒厂
- 龙口市银河酒业有限公司
- 龙口市振龙酒精有限公司
- 山东龙口市史家酒厂
- 龙口市罐姚酒厂
- 龙口市徐福酿造厂
- 烟台张裕葡萄酿酒公司黄山分厂
- 山东龙口葡萄酒厂
- 龙口市马王葡萄酿酒有限公司
- 青岛新龙和洋酒有限公司
- 青岛可江酒厂
- 青岛市李沧区九水酿酒厂
- 青岛沧口楼山意林酿酒加工厂
- 青岛啤酒股份有限公司
- 青岛友瑞酒业有限公司
- 青岛金澜啤酒有限公司
- 青岛市老泉府酒厂
- 国营青岛龙涎春酒厂
- 青岛高科技工业园嘉业兴酒业有限公司
- 青岛雪力酒业有限公司
- 青岛啤酒第五有限公司
- 青岛利民啤酒有限公司
- 青岛崂山春泉酒厂
- 青岛东尼酿酒有限公司
- 青岛崂山啤酒有限公司
- 青岛亚太酿酒有限公司
- 青岛康龙科技开发有限公司酒业分公司
- 青岛世元啤酒厂
- 青岛市城阳区圣母泉大酒店
- 青岛约翰逊酿酒有限公司
- 青岛市城阳区齐城酿酒有限公司
- 青岛明和食品有限公司
- 青岛玫瑰庄园酒业有限公司
- 青岛白沙河酒厂
- 青岛城阳贵州茅台镇怀茅酒有限公司
- 青岛流亭副食品生产基地酒厂
- 青岛崂城酒业饮料有限公司
- 青岛市城阳区红岛古艺酿酒厂

●青岛即墨市青蜀酒业有限公司
●青岛市云宝酒业有限公司
●青岛齐鲁春酒业有限公司
●青岛即墨市金泉关酒厂
●青岛火牛酒业有限公司
●青岛禾子酒业有限公司
●青岛封缸酒厂
●即墨市妙府老酒有限公司
●即墨市崂川酒厂
●即墨市环秀办事处黄酒厂
●青岛沪鹤酒厂
●青岛润河酒业有限公司
●即墨市墨河封缸酒厂
●青岛即墨市舞旗黄酒厂
●青岛即墨即福酒厂
●青岛大明酒业有限公司
●即墨市即东黄酒厂
●即墨市第二黄酒厂
●青岛鲁泉酒厂
●青岛即墨市宏祥酒厂
●即墨市墨泉酒厂
●青岛海天酒业饮料有限公司
●即墨市顺发醉酒厂
●即墨市麦泉酒厂
●即墨市醖香斋酒厂
●青岛即墨源聚酒厂
●即墨市恒源酒厂
●青岛双星酒业有限公司
●青岛即墨鲁东酿酒厂
●四川泸州酒厂即墨分厂
●青岛即墨市城西酒厂
●青岛即墨龙泉酒厂
●即墨市星河酒厂
●即墨市金江酒厂
●即墨市红日升酒厂
●青岛即墨源源酒厂
●青岛即墨古泉酒厂
●青岛崂泉啤酒饮料有限公司
●青岛即墨市山泉酒厂
●青岛酒厂有限公司
●青岛胶州市胶州湾果酒厂
●青岛胶州沽泉啤酒厂
●青岛东泰葡萄酒有限公司
●青岛元泽工贸有限公司
●青岛胶州市牧城葡萄酒厂
●青岛第一酿酒厂
●青岛威廉彼得酿酒有限公司
●青岛琅琊台酒业（集团）股份有限公司
●青岛胶南珠山酒业有限公司
●青岛胶南市泽康酿酒厂
●青岛青特啤酒有限公司
●山东兰陵美酒股份有限公司青岛分公司
●青岛宝乐酒业有限公司
●青岛蓝宝石酒业股份有限公司
●青岛泽口酒业有限公司
●青岛新裕葡萄汁厂
●青岛小沽酿酒有限公司
●青岛第二酿酒厂
●青岛群健酒业有限公司
●青岛莱西沽河酒业有限公司
●青岛多来利葡萄酒有限公司
●青岛君健酒业有限公司
●青岛星郎酿酒厂
●青岛江海酒业有限公司

- 青岛月湖酒业有限公司
- 青岛得利食品有限公司
- 通化东大葡萄有限公司莱西分公司
- 莱西市万友麦芽厂
- 青岛市青莱葡萄酿酒有限公司
- 青岛莱西润兴酿酒厂
- 莱西市秦府酒业有限公司
- 青岛康利达酒业食品有限公司
- 莱西市大洋黄酒厂
- 莱西市昌鑫酿酒厂
- 莱西市国兴酒厂
- 莱西市秦城泉酒厂
- 莱西市岘沽葡萄加工厂
- 青岛宏裕源酿酒厂
- 青岛莱西连余酒厂
- 山东宝顺酿酒厂
- 青岛满山红葡萄酒厂
- 青岛狮乐园葡萄酒业有限公司
- 青岛盛惠果品酿酒有限公司
- 青岛盛奥酿酒厂
- 青岛啤酒第三有限公司绿色饮品厂
- 青岛啤酒第三有限公司
- 青岛酿酒有限公司
- 青岛众利康酒业有限公司
- 青岛骊龙葡萄酿酒有限公司
- 青岛金井酒厂
- 青岛海狮葡萄酿酒有限公司
- 青岛国泰葡萄酒有限公司
- 青岛富狮王葡萄酒酿造有限公司
- 青岛大森酒业有限公司
- 青岛豹王葡萄酿酒有限公司
- 平度市鹰冠葡萄酒厂
- 青岛奥英食品饮料有限公司
- 青岛麦琪酿酒有限公司
- 青岛平度翔鸣酒厂
- 青岛红澳庄园酒业有限公司
- 青岛九青山酒业有限公司
- 青岛庆春酒业有限公司
- 青岛东奥香料有限公司
- 青岛弘盛酸酒厂
- 平度市大泽山金泉葡萄汁有限公司
- 青岛泽山葡萄酿酒有限公司
- 青岛同丰红枣加工厂
- 青岛新太乙酒厂
- 平度市兰底镇酿酒厂
- 青岛市平度龙泉酒厂
- 萨拉莫世家葡萄酒青岛有限公司
- 平度市富民酒业有限公司
- 青岛市桃花涧老烧酒厂
- 泰安市泰山酒厂
- 泰山生力源集团啤酒有限公司
- 泰安泰山啤酒有限公司
- 泰安市泰山区明学泉酿酒饮料厂
- 山东泰山生力源集团股份有限公司
- 泰安市泰山龙酒业有限公司
- 泰安市泰天生化有限责任公司
- 泰安市泰和酿酒厂
- 泰安市肖传贵酒厂
- 泰安市岱岳区满庄老年福利酒厂
- 泰安市岱岳区泰山饮料白酒厂
- 泰安市泰山麦芽厂
- 泰安市双龙池酒厂
- 泰安市金利啤酒原料有限公司
- 泰安市岱岳区汶水酒厂
- 泰安市泰山北斗酒业有限公司
- 泰安市泰汶酒厂

- 泰安市泰仙酒业有限公司
- 泰安市环球银杏液保健酒厂
- 泰安市岱岳区徂徕酿酒厂
- 泰安市岱岳区山口酿酒厂
- 泰安市大宇银杏液保健酒厂
- 山东广寒宫集团有限公司白酒厂
- 莱芜广寒宫葡萄酒有限公司
- 莱芜市汶河酒厂
- 山东广寒宫集团有限公司
- 莱芜市莱城区大厂酿酒厂
- 莱芜市金泰莱酒业有限公司
- 莱芜市莱城区高庄街道办事处金泉酒厂
- 莱芜市江阳酒厂
- 莱芜市莱城区牛泉镇鸣泉酒厂
- 莱芜市钢花酿酒有限公司
- 莱芜市汇源酒厂
- 新泰市青云酿酒厂
- 新泰市旋固山酒厂
- 新泰市通顺酒厂
- 新泰市松鹤酿酒公司
- 新泰市民生酿酒有限责任公司
- 新泰市绿宝啤酒有限公司
- 新泰市龙泉酒厂
- 山东省新泰市酿酒总厂
- 新泰市平阳酒厂
- 新泰市金山酒厂
- 新泰市宝泉酒厂
- 新泰市翟镇兴隆屯新福酒厂
- 新泰市刘杜镇光明酒厂
- 新泰市新汶粮酒厂
- 新泰市岳家庄乡辉德酒精厂
- 新泰市东周酒厂
- 宁阳县金彩山酒业有限公司磁窑分公司
- 宁阳县鲁阳酿酒厂
- 宁阳金彩山酒业有限公司
- 好时光酒业(宁阳)有限公司
- 宁阳县古井桥酒厂
- 宁阳县前许家桥酿造厂
- 宁阳县陈店酒厂
- 宁阳县北杨酒厂
- 宁阳县葛石镇奔康酒厂
- 宁阳县泰宁酒业有限公司
- 宁阳县茅庄乡酒厂
- 宁阳县东庄北鄙长章酒厂
- 宁阳县东庄乡酒巴厂
- 宁阳县龙康酒业有限公司
- 泰安鲁新保健品有限公司
- 泰安市洪山酒厂
- 东平湖酒厂
- 东平酒厂供销公司
- 山东东平酒厂
- 肥城康王酒业有限公司
- 肥城金塔酒精环保技术试验有限公司
- 泰安东岳啤酒有限公司
- 超盟酿酒(肥城)有限公司
- 肥城超凡果酒有限公司
- 肥城市泰西酒厂
- 山东九九公司
- 山东济宁酿酒总厂
- 济宁市啤酒厂
- 山东济宁心酒厂
- 济宁市酒精厂
- 济宁市任城区黔任酒厂

- 济宁市国斌酒业有限责任公司
- 济宁市任城区唐口镇酒业公司
- 兖州长白山葡萄酒业有限公司
- 兖州市裕康食品有限公司
- 兖州市红星酒厂
- 兖州市兴达酒业有限公司
- 山东省金贵集团
- 金乡县珍王酒厂
- 金乡县三米液酿酒厂
- 金乡县缗池酒业有限公司
- 金乡县鲁贵酒厂
- 鱼台县鱼新果品有限公司古亭酒厂
- 鱼台县百姓喜酒厂鱼台县姓氏酒业公司
- 山东祥酒厂
- 嘉祥县雁来酒厂
- 山东省汶上县卧佛酒厂
- 梁山县酿酒总厂有限公司
- 梁山县寿张集孙佃言大曲二厂
- 梁山县水泊酒厂
- 梁山县水泊酒业有限公司
- 梁山县水浒曲酒厂
- 梁山县韩岗镇隋河酒厂
- 梁山县双岗酒厂
- 梁山县韩垓镇北村酒厂
- 梁山县杨营酿酒总厂
- 梁山县第一酒厂
- 曲阜市孔公酒业有限责任公司
- 曲阜聚金酒业公司
- 曲阜市圣儒养生酒业有限公司
- 山东三孔集团有限公司
- 曲阜市三孔啤酒股份有限公司
- 曲阜市孔家酿酒厂
- 曲阜市孔府养生酒业有限公司
- 曲阜市孔府酒坊
- 曲阜市孔府家酒业有限公司
- 曲阜市酒曲厂
- 曲阜市布尔马三孔苹果酒有限公司
- 曲阜市二酒厂
- 燕京啤酒(曲阜三孔)有限责任公司
- 曲阜市药膳孔府酒庄
- 曲阜市孔酒酿造有限公司
- 曲阜市圣公酿酒厂
- 曲阜市加工厂
- 山东省泗水县酒精厂
- 泗水县顺昌酒业有限公司
- 泗水县美酒厂
- 泗水泗阳酒厂
- 山东省泗水县圣通酒精有限公司
- 山东省泗水县泗河源酒业有限公司
- 泗水县钰盛发展有限公司
- 泗水县泉林镇酒厂
- 泗水县泉林金泉酒厂
- 山东泗水泉林酒精厂
- 山东泗水泉林啤酒有限公司
- 泗水县马家庄酒厂
- 泗水县星村镇稻花香纯粮酒厂
- 山东省兰陵陈香酒业股份有限公司平邑分公司
- 平邑县仲村仲驿酒厂
- 平邑县仲圣酒厂
- 平邑县仲子酒业有限公司
- 山东省平邑县富康酒厂
- 平邑县保太镇惠丰酒厂
- 山东温和股份有限公司
- 邹城市亚圣府酿酒有限责任公司

●泸州老窖邹城大乘酒业有限公司
●山东钢山酒业集团有限公司
●山东孟府酒坊酒业有限公司
●燕京啤酒(山东无名)股份有限公司
●邹城市伯龙清凉饮料厂
●邹城市酿酒一厂
●邹城市金福达酒厂
●邹城市金圣福酒业有限公司
●菏泽市泸荡酒业公司
●菏泽市牡丹区醇窖王酒业有限公司
●菏泽市牡丹区皇冠酒业有限责任公司
●菏泽市裕王葡萄制品有限公司
●山东菏泽天香酒业有限公司
●山东省天香酒业有限公司
●菏泽市曹川酒厂
●菏泽金大利鲜花食品有限公司
●菏泽快活林酒业销售公司国花酒厂
●菏泽市久久酒业有限公司
●菏泽市奥威警葡萄酒厂
●菏泽市曹州酒厂
●菏泽市青龙镇酒厂
●菏泽市花惠酒厂
●菏泽市花锦酒厂
●菏泽市花乡酒厂
●菏泽市牡丹区思源酒业饮品有限公司
●菏泽翔鸣青岛酒灌装有限公司
●青岛啤酒菏泽有限公司
●菏泽市黄河酒业有限公司
●菏泽牡丹区宝泉酒厂
●山东国花酒厂
●定陶县名流酒厂
●定陶县烟台张裕集团御思酒业有限公司
●定陶县白酒酿造公司
●定陶县千古香酒业有限公司
●山东定陶绿色食品有限公司
●成武县春王酒业酿造有限公司
●成武县酒厂
●成武县兴成酒厂
●山东省单县四君子酒业有限公司
●山东莱河酒业有限公司
●单县葡萄酒厂
●单县辛羊酒业有限公司
●曹县隆丰酒业有限公司
●曹县青岗集乡酒厂
●山东省鄄城县曲酒厂
●鄄城县武圣酒厂
●鄄城县大埝乡金伴酒厂
●郓城县京九酒业有限公司
●郓城县郓都酒业酿造厂
●郓城县郓洲酒业有限公司
●郓城县金石酒业有限公司
●郓城县金江食品饮料有限公司
●四川泸州仙酒厂郓城分厂
●菏泽宋江酒业有限公司
●郓城县南化酒业有限公司
●郓城县京九酒业有限公司
●山东省郓城县金都酒业有限公司
●郓城县黄泥岗酒业有限公司
●郓城县金弘酒业酿造有限公司
●郓城县金源酒业有限公司
●郓城县鸿发涌酒厂
●山东花冠酒业有限公司
●山东省巨野陈酿酒业有限公司

●山东省巨野县麟祥酒业有限公司
●山东省巨野县双龙果酒厂
●巨野县三喜酒业食品有限公司
●山东大陆酒业有限公司
●临沂市蒙泉酒业有限公司
●临沂市罗庄区永盛酒精厂
●临沂市罗庄区付庄办事处东三冲三江酿酒厂
●河东区福利酒精厂
●梅埠恒远果酒厂
●临沂市康泰补品厂
●临沂市五洋酒水有限责任公司
●临沂市兰山区南坊镇王祥河酒厂
●山东兰陵陈香酒业股份有限公司郯城分公司
●郯子酒厂
●郯城县瑞祥酒业有限责任公司
●郯城县黄山镇酒厂
●郯城银杏酒业有限责任公司
●山东兰陵美酒股份有限公司蒙阴分公司
●山东省蒙阴县酿酒总厂
●山东蒙阴麦芽厂
●蒙阴县福源酒业有限责任公司
●蒙阴银麦啤酒有限公司
●蒙阴县黄龙实业有限公司
●蒙阴县盛源酒业有限公司
●山东坊子酒厂蒙阴分装厂
●双钏酒厂
●蒙阴县梓河酒厂
●蒙阴县第二酿酒厂
●蒙阴县野店镇酒厂
●蒙阴县高都镇唐龙宴酒厂
●蒙阴县金源酒业有限公司
●山东省蒙阴县刘洪家酒厂
●桃曲酒厂
●沂南县兰陵美酒股份有限公司沂南分公司
●沂南县涌泉酿酒厂
●山东兰陵企业(集团)总公司沂水分公司
●山东省沂水县福美特食品有限公司
●三九集团山东浮来春酿酒有限公司
●山东浮来山酒业有限公司
●莒县酒厂
●三九集团山东浮来春酒厂
●莒县谊缘春酒业有限公司
●山东福瑞酒厂
●莒南县大店供销社加工厂
●莒南到云蓝酒厂
●临沭县金米醇酒厂
●山东日照酿酒(集团)总厂
●青岛啤酒(日照)有限公司
●青岛啤酒(薛城)有限公司
●枣庄市薛城区南石镇汤庄龙泉酿造厂
●枣庄市薛城区南石镇鲁南酿酒厂
●枣庄市金望酒业饮料有限公司
●山东省枣庄市泸牌酒总厂
●枣庄十里泉生态保健品公司
●枣庄十里泉有限公司
●枣庄郭里集伯桃酒厂
●枣庄市美酒总厂
●枣庄市山亭区店子镇金至酒厂
●枣庄市檀香阁酒业有限公司
●枣庄市台儿庄区马兰屯镇广明酒厂

- 枣庄市台儿庄萧传贵酒厂
- 枣庄市台儿庄忠仁酒业制造有限公司
- 枣庄市台儿庄区马兰屯镇酒厂
- 枣庄市台儿庄区古运春酒厂
- 枣庄市台儿庄区涧头集镇食品厂
- 枣庄市台儿庄区张山子镇侯孟酒厂
- 枣庄市台儿庄区张山子镇郭洼村酒厂
- 枣庄市台儿庄区张山子镇西陶酒厂
- 青岛啤酒(滕州)有限公司
- 滕州市荆河酒业有限责任公司酿酒厂
- 滕州市郭河酒厂
- 滕州市洪绪镇今生缘酒有限公司
- 滕州市岗头镇善国酒厂
- 滕州市张汪镇苏河泉酒厂
- 山东省微山县酿酒厂
- 微山县川湖酒业有限公司
- 微山县湖天酿酒厂
- 山东兰陵美酒股份有限公司苍山分公司
- 苍山县金泉厂
- 山东兰陵股份有限公司
- 苍山县兰陵酒厂
- 横山酒厂
- 兰陵笑笑生酒厂
- 苍山县贾庄乡花泉溪酒厂
- 济南市历城区山泉啤酒厂
- 济南永兴酿酒厂
- 济南历城区沁圆春酿酒厂
- 济南市历城区仲宫金突泉酿酒厂
- 济南市历城区仲宫镇绣泉酿酒厂
- 济南天河酿酒厂
- 济南市历城区仲宫酿酒厂
- 济南市历城区富豪酿酒厂
- 章丘市金钟花酒厂
- 章丘市寿星酒厂
- 章丘市金玉酒厂
- 章丘市第二酒厂
- 鸿运酒厂
- 山东平阴玫瑰酿酒厂
- 尚民酒厂
- 凡民酒厂
- 平阴县洪范池镇龙池酒厂
- 齐河县京福酒厂
- 齐河县仁里集镇李其利酒厂
- 齐河县赵官镇吕西酿酒厂
- 齐河县祝城酿酒厂
- 禹城市康达酒厂
- 禹城市大宋酒厂
- 禹城市市中康运酒厂
- 禹城市宝味米酒厂
- 禹城市石屯北街酒厂
- 禹城市葡萄酒厂
- 禹城市政梁家镇马庙酒厂
- 禹城市市中孙庄酒厂
- 禹城市秦和酒厂
- 禹城市金利酒厂
- 禹城市颜穆白酒厂
- 济南鲁酒王酒厂
- 乙财酿酒厂
- 乃河酒厂
- 使用酒厂
- 张少杨酒厂

●山东临邑洛北春酒厂
●临邑县临邑镇春河酒厂
●临邑县翟家乡韩家酒厂
●临邑县德平镇碱李酒厂
●临邑县宿安乡雪莲白酒厂
●临邑县孟寺镇酒厂
●临邑县孟寺镇贾家酒厂
●三里庄曲酒厂
●济南商和县馨源红枣酒厂
●玉皇庙德光酒厂
●怀仁三皇庙酿酒厂
●怀仁文宗酿酒厂
●路府春酒厂
●殷巷曲酒厂
●殷巷李桥酒厂
●殷巷潘家酒厂
●商河县钱铺乡胡楼酒厂
●东田酒厂
●史庙酒厂
●四门张酒厂
●商河县韩庙乡站北酒厂
●春安酒厂
●惠民石庙惠龙酒厂
●辛店乡曲庙酒厂
●惠民石庙酒厂
●惠民石庙马铁头义海酒厂
●惠民县淄角镇文昌酒厂
●惠民县淄角镇孙公府酒厂
●阳信奥鹰酒厂
●阳信县阳信镇川池酒厂
●无棣县无棣镇霞立酿酒厂
●东昌府区鲁昌酒厂
●聊城市江北水城酿酒厂
●聊城市利源酒厂
●四川省成都市大邑酒厂茌平分厂
●茌平县孟尝君酒厂
●山东东阿酒厂
●山东阳谷武松酒厂
●张鲁回族镇华龙酒厂
●莘县王庄集乡昌建酒厂
●四川成都国池酒厂观城分厂
●冠县华泰泥池酒厂
●冠县店子乡东孔村川王酒厂
●临清市御河酒厂
●德州市奥德曼葡萄酒厂
●德州市仙人湖酒厂
●王庙镇前杠子李白酒厂
●山东鲁北酒厂
●平原县王打卦乡大卒酒厂
●三唐乡绪海白酒厂
●三唐乡运富白酒厂
●平原县坊子乡前亭子白酒厂
●山东省夏津县贵兴酒厂
●夏津县夏津镇鲁夏酒厂
●山东省夏津县金道酒厂
●夏津县德祥酒厂
●夏津县香赵庄镇琼玉酒厂
●山东省夏津县东李镇宋桥酒厂
●夏津县后屯酒厂
●四川省驻山东省堰春酒厂夏津分厂
●夏津县西韩白酒厂
●夏津县夏兴酒厂
●山东省夏津县第二酒厂
●夏津县开元酒厂
●夏津县酿酒厂
●夏津县宋楼酒厂

●夏津县圣源酒厂
●武城县滕庄镇酒厂
●宁津县老龄春酒厂
●宁津县宁津镇美酒厂
●宁津县金泰酒厂
●黑庄村酒厂
●宁津县小艾酒厂
●陵县陵城镇刘泮鲁陵酒厂
●乐陵市酿酒厂
●王集买虎酒厂
●乐陵市樊屯酒厂
●乐陵市栈酒厂
●中丁酒厂
●淄博蒲仙酒厂
●山东淄博昌国酒厂
●淄博汇鑫总公司酒厂
●山东天下第一店酒厂
●淄川区罗村镇小吊桥果酒厂
●淄川会仙米酒厂
●淄博市淄川金裕酒厂
●淄川区社会福利鹿王神酒厂
●山东淄川福临门酿酒厂
●淄川双泉酒厂
●淄博市淄川野珍酒厂
●淄博市博山颜泉饮料酒厂
●淄博博山元合酒厂
●博山绿天然酒厂
●淄博市博山区阳山酒厂
●周村洋洲酒厂
●山东省淄博市周村酒厂
●临淄故都酿酒厂
●沂源县周公酒厂
●四川省署风酒厂沂源分厂
●沂源县泰源酒厂
●沂源县红花米酒厂
●沂源县悦庄镇果酒厂
●沂源县芝芳酒厂
●沂源果酒厂
●沂源县喜悦酒厂
●邹平县黛溪酿酒厂
●邹平县太池贡酒厂
●邹平县长白山酒厂
●高青县天池井酿酒厂
●高青黄河缘酒厂
●山东桓台县龙河酒厂
●山东省桓台县酿酒厂
●山东淄博饮料酒厂
●桓台县宝泉酒厂
●桓台县三龙酒厂
●山东省博兴县董永酒厂
●博兴县第二酒厂
●博兴县华兴酒厂
●博兴县华健酿酒厂
●博兴县万利康曲酒厂
●湖滨镇孙膑酒厂
●山东省博兴县博诚酿酒厂
●四川省邛峡市高埂二江酒厂滨北分装厂
●沾化县古城镇雁来红酒厂
●山东省沾化县玉龙枣酒厂
●东营市黄河酒厂
●东营市东府宴酒厂
●东营区兴隆酒厂
●东营区黄河贡酒厂
●东营市东营区龙圣酒厂
●东营龙府酒厂

●东营区天河酒厂
●贵州省仁怀市茅台镇酒香窖酒厂广饶分厂
●东营市神泉酿酒厂
●垦利县东利酒厂
●山东省垦利县酒厂
●东营市军马场金土地酒厂
●潍坊市坊子坊城酒厂
●莱州市德聚堂酿酒厂
●莱州市三山岛汪河酒厂
●高密市咸家双河酿酒厂
●山东省诸城市天福酿酒厂
●诸城市蟠池酒厂
●昌乐县黄山泉果酒厂
●瑞新果酒厂
●青州市金汇酒厂
●青州市五圾仰天山果酒厂
●临朐县临朐镇倪家庄酒厂
●临朐县冰泉啤酒厂
●临朐县鑫宝酿酒厂
●寿光市华源酒厂
●寿光市巨湖酒厂
●烟台第二啤酒厂
●烟台滋润酒厂
●烟台市牟平区贡天酒厂
●烟台养马岛哈慈贵宾酒厂
●威海利华酿酒厂
●威海醴泉酿酒厂
●荣成市宏源酒厂
●荣成市庆源泉酿酒厂
●荣成市滕达酿酒厂
●文登市天成酒厂
●文登市啤酒厂
●乳山市颐和酿酒厂
●烟台高新区法斯特葡萄酿酒厂
●海阳市白酒厂
●烟台海阳醴隆酿酒厂
●海阳市妻管严保健酒厂
●海阳市兴阳酿酒厂
●海阳市张孚酒厂
●海阳市贵鲁春酿酒厂
●海阳市黑崮泉酒厂
●海阳市金兴酿酒厂
●海阳市海泉酿酒厂
●海阳市长城酒厂
●莱阳市荆泉酒厂
●莱阳市莱花酿酒厂
●烟台市大川酿酒厂
●招远市绿源酒厂
●招远市春龙酒厂
●招远市第二酿酒厂
●青岛凉泉生态发展有限公司啤酒厂
●青岛世元啤酒厂
●青岛意林酿酒厂
●青岛白沙河酒厂
●青岛小海仙酒厂
●青岛流亭副食品生产基地酒厂
●山东即墨黄酒厂
●青岛泸鹤酒厂
●青岛即墨即福酒厂
●青岛鼎通酿酒厂
●即墨市顺发酿酒厂
●青岛鲁泉酒厂
●即墨市麦泉酒厂
●青岛长青食品厂长青酒厂
●青岛恒源酒厂

- 即墨市奥润微型啤酒厂
- 即墨市红日升酒厂
- 青岛即墨市宏门酒厂
- 胶州牧城葡萄酒厂
- 青岛瑶望酒厂
- 青岛泽康酿酒厂
- 青岛威诺尔酿酒厂
- 青岛莱西市吉龙酒厂
- 青岛海洋龙酿酒厂
- 贵州省玉屏县亚鱼酒厂莱西分装厂
- 青岛莱西市盛华酒厂
- 齐齐哈尔北大荒酒厂莱西分装厂
- 莱西市大洋黄酒厂
- 青岛华丰酿酒厂
- 青岛兴民酿酒厂
- 青岛莱西昌鑫酿酒厂
- 青岛秦成泉酒厂
- 青岛莱西市连余酒厂
- 莱西市西阜酒厂
- 青岛市莱西国兴酒厂
- 青岛宏裕源酿酒厂
- 平度麦琪酒厂
- 平度华丽实业公司酿酒厂
- 平度华丽酒厂
- 平度古井泉酿酒厂
- 青岛新太乙酒厂
- 青岛市平度兰底酿酒厂
- 青岛翔明酒厂
- 青岛市平度龙泉酒厂
- 青岛亚青就业发展有限公司平度酒厂
- 青岛洪山葡萄酒厂
- 平度市吉祥酒厂
- 泰安市萧传贵酒厂
- 泰安市岱岳区金牛酒厂
- 泰安市泰山瑶池酒厂
- 泰安开发区泰山双龙酒厂
- 泰安市泰山大观酒厂
- 泰安市泰汶酒厂
- 泰安市岱岳区宏达酿酒厂
- 莱芜市徐氏酿酒厂
- 莱芜市汶河酒厂
- 莱芜市汇阳酒厂
- 莱芜市汇源酒厂
- 新泰市平阳酒厂
- 新泰市青云酿酒厂
- 新泰市龙泉酒厂
- 新泰市翟镇龙池酒厂
- 新泰市宝泉酒厂
- 新泰市星光酒厂
- 莲花山酒厂
- 新泰市新源酒厂
- 新泰市新汶酿酒厂
- 宁阳县古井桥酒厂
- 宁阳县金泰宁酒厂
- 宁阳县鲁王酒厂
- 东庄乡酒厂
- 宁阳县鲁城酒厂
- 宁阳县罡城里酒厂
- 山东东平酒厂
- 东平县老湖镇酿酒厂
- 东平老湖酿酒厂
- 旧县乡现臣酒厂
- 旧县乡丁龙酒厂
- 旧县乡寨子一村西广酒厂
- 旧县云录酒厂

- 肥城市泰西酒厂
- 郓城县黄河酒厂
- 兖州市万家福酒厂
- 兖州市京城酒厂
- 兖州市兴旺酒厂
- 兖州市兴隆宴酒厂
- 鱼台县鲁泉春酒厂
- 鱼台县闵公宴酒厂
- 鱼台县百姓酒厂
- 鱼台县鲁鱼米酒厂
- 嘉祥县雁来酒厂
- 汶上县义桥乡唐庄酒厂
- 汶上县四仓酿酒厂
- 梁山县聚义酒厂
- 梁山县合泉酒厂
- 梁山水泊酒厂
- 梁山水浒城酿酒厂
- 梁山第一酒厂
- 梁山寨酒厂
- 梁山县水浒曲酒厂
- 梁山隋河酒厂
- 梁山县水泊鹿血酒厂
- 梁山县梁山泊酒厂
- 梁山县果粮春酒厂
- 曲阜市孔家酿酒厂
- 曲阜市孔家醇酒厂
- 曲阜市二酒厂
- 曲阜市石门酒厂
- 曲阜市粮食酒厂
- 山东泗水卞王酒厂
- 泉林金泉酒厂
- 山东泗水仲府酒厂
- 平邑县仲村裕民酒厂
- 平邑县仲村镇富康酒厂
- 平邑县圣源酒厂
- 平邑康源酒厂
- 仲子酒厂
- 平邑县三阳杏花村酒厂
- 牡丹区安兴镇酒厂
- 菏泽市花乡酒厂
- 定陶县御华酒厂
- 定陶县黄店镇酒厂
- 定陶县徐振才酒厂
- 成武县兴成酒厂
- 成武县文亭酒厂
- 成武县金驹酒厂
- 单县顺翔酒厂
- 曹县碧波酒厂
- 曹县鑫源酒厂
- 东明县明森酒厂
- 东明县酒厂
- 东明县三春酒厂
- 东明县长胜酒厂
- 鄄城镇武圣酒厂
- 鄄城县明常酒厂
- 山东省郓城酒厂
- 郓城县东溪酒厂
- 郓城县玉池香官垓酒厂
- 郓城县黄封泉酒厂
- 郓城县玉池香酒厂
- 郓城县双桥乡梁店酒厂
- 郓城县玉皇庙鸿发涌酒厂
- 郓城县金线岭酒厂
- 郓城县杨庄集镇农夫酒厂
- 巨野县三喜酒厂
- 巨野县鲁裕酒厂

- ●巨野县双龙果酒厂
- ●临沂市罗庄区酿酒厂
- ●临沂市河东区龙威果酒厂
- ●临沂市河东郑旺保健酒厂
- ●临沂市兰山区南坊镇王祥河酒厂
- ●刘店子振兴果酒厂
- ●王巷酒厂
- ●中华银杏酒厂
- ●蒙阴县旧寨乡双盅酒厂
- ●蒙阴县梓河酒厂
- ●沂南县双河酒厂
- ●沂南县涌泉酿酒厂
- ●沂水县润和米酒厂
- ●临沭县山里泉酒厂
- ●临沭县金米醇酒厂
- ●临沭县南古镇善和米酒厂
- ●临沭县南泉春酒厂
- ●日照市葡萄酒厂
- ●薛城区鲁南酿酒厂
- ●枣庄市柏桃酒厂
- ●枣庄市中区酿酒厂
- ●枣庄市市中区孟庄镇峨山口酒厂
- ●枣庄市市中区西美果酒厂
- ●四川宜宾花酒厂枣庄分厂
- ●杜安酒厂
- ●台儿庄区穆柯寨酒厂
- ●郭洼酒厂
- ●西陶酒厂
- ●萧传贵酒厂
- ●滕州市郭河酒厂
- ●滕州市滨湖镇东古酿酒厂
- ●滕州市滨湖镇西古善国酒厂
- ●滕州市姜屯镇华厦酒厂
- ●滕州市姜屯镇荆泉酒厂
- ●滕州市姜屯镇玉溪酒厂
- ●滕州市双河酒厂
- ●滕州市羊庄镇苏兴酒厂
- ●滕州市铭泉酒厂
- ●枣庄市全鑫福酒厂
- ●滕州市界河镇西李庄酒厂
- ●山东省微山县酿酒厂
- ●微山县湖天酿酒厂
- ●山东若尘酒业有限公司
- ●济南双泉酒业酿造有限公司
- ●山东通圣酒业有限公司
- ●济南御府酒业有限责任公司
- ●济南市历城区东润葡萄酒科技开发中心
- ●济南市历城区弘扬酿酒厂
- ●济南名泉酿酒有限公司
- ●济南若尘酒厂
- ●章丘市清照啤酒有限公司
- ●济南易安酒业有限公司
- ●济南情意长酒业有限公司
- ●济南张夏龙脉泉酿酒有限责任公司
- ●济南张夏酿酒有限公司
- ●济南金鹤泉酒业有限公司
- ●山东平阴福胶酒业有限公司
- ●济南仁亿酒业有限公司
- ●济南平阴龙泰酒业有限公司
- ●济南龙泉湖酒精制造有限公司
- ●济南古固特酒业有限公司
- ●临邑蓉泉酒业有限公司
- ●商河县馨源红枣酒坊
- ●济南今朝酒业有限公司
- ●商河县玉皇板兰根酒厂

- 济南金福乐酒业有限公司
- 滨州市兵圣孙府酒业有限公司
- 山东省惠民县故园春酒业有限公司
- 山东阳信川池酒厂
- 无棣县张塔长城酒业有限公司
- 聊城市开发区东昌酒厂
- 聊城市利源酒厂
- 聊城市汉斯啤酒堡有限公司
- 聊城市明珠长城葡萄酒业有限公司
- 四川省成都市大邑县酒厂茌平分厂
- 山东东阿酒厂(有限责任公司)第一分公司
- 阳谷县武松醉酒厂
- 山东阳谷运河酒业有限公司
- 莘县神州葡萄酒厂
- 莘县金世纪长城葡萄酒有限公司
- 莘县王朝假日葡萄酒厂
- 莘县品丽珠长城葡萄酒厂
- 莘县鑫源长城葡萄酒厂
- 成都市国池酒厂莘县分厂
- 冠县全民乐果酒饮料有限公司
- 临清市津卫酒厂
- 临清市瑞洋酒厂
- 临清市益康葡萄酒厂
- 临清市青泉啤酒有限公司
- 临清市双兴啤酒有限公司
- 德州德福祥酒业有限公司
- 德州市奥德曼葡萄酒厂
- 山东奥伦八喜葡萄酿酒有限公司
- 泸州酒业平原明窖有限公司
- 山东奥力源啤酒饮料有限公司
- 宁津县泽汇啤酒原料有限公司
- 陵县华伦葡萄酿酒厂
- 陵县迷朕酒业有限公司
- 乐陵市万家福酒业有限公司
- 庆云县枣花村酿酒有限公司
- 山东庆云永兴酒业有限公司
- 淄博新华玛丽酒业有限公司
- 淄博汇鑫总公司酒厂
- 淄博百良酒水有限公司
- 淄博三A啤酒有限公司
- 淄博市淄川鑫源酒厂
- 淄博东方龙酒业有限公司
- 淄博东方龙葡萄酒有限公司
- 淄博市淄川富桥果酒厂
- 淄博福禄酒业有限公司
- 淄博蒲泉酒业有限公司
- 淄博瑶池酒水有限公司
- 淄博聚乐村酒业有限公司
- 淄博市周村洋洲酒厂
- 淄博周村云海酒厂
- 淄博市周村蒲壶宴酒业有限公司
- 淄博中轩酒业有限公司
- 淄博淄河缘酒业有限公司
- 滨州三和酒业有限公司
- 山东鲁源酒业有限公司
- 山东邹平月河酒业有限公司
- 邹平县杨寨东贡果酒厂
- 邹平县绿缘米酒厂
- 邹平县天地缘酒业有限公司
- 邹平县金源果酒厂
- 邹平县贵缘酒业有限公司
- 高青县清河酒业有限公司
- 桓台县索镇兴富黄酒厂
- 淄博强恕堂酒业有限公司
- 淄博桓征台酒业有限公司

●山东淄博酒水酿造厂
●桓台世纪龙酒业有限公司
●山东省博兴县英士豪酒业有限责任公司
●山东省博兴县中天酒业有限公司
●山东省博兴县董郎家白酒酿造有限公司
●山东省博兴县董公酿酒有限公司
●山东省博兴县稻谷香酒业有限公司
●山东省博兴县董郎家酒业有限公司
●山东省博兴县稻谷香白酒酿造有限公司
●山东省博兴县亚星酿酒有限公司
●山东省博兴县亚星酒业有限公司
●山东省博兴县海龙酒业有限公司
●山东省博兴县芝麻开花酒业有限公司
●山东长城龙葡萄酒有限公司
●博兴县相公酒业有限公司
●山东省博兴县旋风酒业有限公司
●山东绿色庄园葡萄酒业有限公司
●山东滨州市五谷浆酒业有限责任公司
●山东阳光百利酒业有限公司
●山东日炤酒业有限公司滨州南山枣园饮品分公司
●四川省邛崃市高埂二江酒厂滨北分装厂
●山东莱思顿酒业有限公司
●东营蜀元春酒业有限公司
●胜利油田胜大酒精有限责任公司
●东营市石油人酒业有限公司
●山东黄河三角洲酒业有限公司
●东营市垦利一棵树酒厂
●烟台啤酒东营信义饮料有限公司矿泉水分公司
●东营市龙海酒业有限公司
●东营法斯堡酒业有限公司
●贵州省仁怀市茅台镇酒乡窖酒厂广饶分厂
●东营市神泉酿酒厂
●东营市鑫悦啤酒饮料有限责任公司
●东营孙武酒业有限公司
●利津县大黄河酒业有限责任公司
●利津县宝文果酒饮料厂
●利津县陈庄镇贞华果酒饮料厂
●垦利县东利酒厂
●垦利县盛源酒厂
●潍坊润丰酒业有限公司
●泗阳县洋河镇曲酒厂潍坊市分装厂
●昌邑市金瓜果酒有限公司
●昌邑市萨斯得葡萄饮料酒业有限公司
●莱州市金宝来酒业有限公司
●莱州莱特酒业有限公司
●烟台现代葡萄酒业有限公司
●莱州市赛宝米酒有限公司
●高密市中粮葡萄酿酒有限公司
●高密鑫鹿参茸酒品有限公司
●高密天池葡萄酒业有限公司
●安丘市瑞康米酒厂
●潍坊绿草地啤酒有限公司
●安丘市景川酒业有限公司
●山东景芝阳春酒业有限公司
●山东日炤酒业有限公司诸城枳沟分公司
●五莲银河酒业有限公司

- 日照市新和酒厂
- 潍坊圣源酒业有限公司
- 青州市思源啤酒有限公司
- 青州市威亚葡萄酒业有限公司
- 山东省临朐县沂山果蔬酒厂
- 山东秦池酒业有限公司
- 潍坊海浪啤酒有限公司
- 潍坊金孚龙啤酒有限公司
- 烟台大山酒业有限公司
- 烟台瀛山保健酒有限公司
- 烟台龙庭酒业有限公司
- 烟台义仁堂养生酒业有限公司
- 烟台红裕庄园葡萄酒有限公司
- 烟台威尔斯葡萄酒有限公司
- 烟台三禾葡萄酿酒有限公司
- 烟台威尼士酿酒有限公司
- 烟台高新区通圣葡萄酒有限公司
- 烟台市享裕酒业有限公司
- 烟台润丰果酒有限公司
- 烟台富荣啤酒原料有限公司
- 烟台高新区田园酒业有限公司
- 烟台山海长城葡萄酒有限公司
- 烟台莎娜庄园葡萄酒有限公司
- 烟台鑫怡葡萄酒业有限公司
- 烟台晨邦葡萄酿酒有限公司
- 烟台威利思酒业有限公司
- 烟台波蓬庄园葡萄酒有限公司
- 烟台香妃酒业有限公司
- 烟台红颜酒业饮品有限公司
- 烟台凯特齐尔斯葡萄酒有限公司
- 烟台开发区大唐葡萄酒酿造有限公司
- 烟台市凯尔葡萄酒有限公司
- 友邦法兰西红酒业(烟台)有限公司
- 烟台蒙迪长城葡萄酒有限公司
- 烟台三九长城葡萄酒有限公司
- 威海市神龙酒业有限公司
- 荣成市庆源酿酒厂
- 山东颐阳酒业有限公司
- 威海啤酒集团文登有限公司
- 乳山市华成酒业有限公司
- 威海东凤酒业有限公司
- 乳山市颐和酿酒厂
- 乳山市长城酿酒食品厂
- 海阳大庄园酒业有限公司
- 海阳市阳酒酿造有限公司
- 海阳市张孚酒厂
- 烟台哈奇森酒业有限公司
- 烟台巴克斯酒业有限公司
- 烟台玛斯特酒业有限公司
- 烟台张宝葡萄酒有限公司
- 烟台奥威酒业有限公司
- 烟台海裕酒业有限公司
- 栖霞怡磬酒业有限公司
- 烟台王室酒业有限公司
- 栖霞市百年酒业有限公司
- 烟台圣格亚酿酒有限公司
- 烟台百威酒业有限公司栖霞分公司
- 烟台天元山庄酒业有限公司
- 招远市胖胖野山枣酒有限公司
- 烟台山村果园葡萄酒有限公司
- 烟台黛尔丹葡萄酒业有限公司
- 烟台假日葡萄酿酒有限公司
- 烟台阳光地带葡萄酿酒有限公司
- 烟台新天葡萄酿酒有限公司
- 烟台市世纪经典酒业有限公司

- ●烟台华中酒业有限公司
- ●烟台新天假日葡萄酿酒有限公司
- ●蓬莱川鲁酒业有限公司
- ●蓬莱泰和酒业有限公司
- ●蓬莱市仙岛红酒业有限公司
- ●烟台金创酒业有限公司
- ●蓬莱市怡心苑酒业有限公司
- ●烟台明珠长城葡萄酒有限公司
- ●烟台海王酒业有限公司
- ●烟台昌达酒业有限公司
- ●蓬莱酒业有限公司
- ●蓬莱市登州喜临门葡萄酒厂
- ●蓬莱东兴奇宝酒业有限公司
- ●烟台水城酒业有限公司
- ●烟台海纳葡萄酒有限公司
- ●烟台时代长城葡萄酒有限公司
- ●蓬莱光大酒业有限公司
- ●蓬莱新兴酒业有限公司
- ●蓬莱盛世长城葡萄酒有限公司
- ●烟台今世缘葡萄酒有限公司
- ●蓬莱古堡酒业有限公司
- ●蓬莱海顿葡萄酒有限公司
- ●烟台长城古庄葡萄酿酒有限公司
- ●烟台雍正皇朝葡萄酿酒有限公司
- ●烟台仁和葡萄酿酒有限公司
- ●烟台红鹰酒业有限公司
- ●蓬莱市水晶之恋葡萄酒有限公司
- ●蓬莱仙境酒业有限公司
- ●烟台天地缘葡萄酒有限公司
- ●烟台鹰君中酿酒庄有限公司
- ●蓬莱金创酒业有限公司
- ●康达(蓬莱)葡萄酒有限公司
- ●香格里拉(烟台)葡萄酒有限公司
- ●蓬莱市威亚德葡萄酒有限公司
- ●烟台海市葡萄酒有限公司
- ●烟台凯悦酒业有限公司
- ●烟台新帝龙葡萄酒有限公司
- ●烟台裕龙葡萄酒有限公司
- ●龙口振龙瑞明酒精有限公司
- ●龙口市绿源葡萄酒业有限公司
- ●青岛天星啤酒有限公司
- ●青岛金青啤酒有限公司
- ●青岛兆丰年葡萄酒有限公司
- ●青岛亚青酒业发展有限公司
- ●青岛威尔酒业有限公司
- ●青岛百园酒业有限公司
- ●青岛勋之堡酒业有限公司
- ●青岛枫叶冰葡萄酒酿造有限公司
- ●青岛橡木桶葡萄酿酒有限公司
- ●青岛冰之花酒业有限公司
- ●青岛景岛啤酒有限公司
- ●青岛海贝尔啤酒有限公司
- ●青岛亿达啤酒有限公司
- ●青岛老泉水啤酒有限公司
- ●青岛青龙泉酒业有限公司
- ●青岛崂山醇古酿酒业有限公司
- ●青岛卡尔窑炉工程有限公司康龙农庄酒业分公司
- ●青岛加邦酒业有限责任公司
- ●青岛波尔多酒业有限公司
- ●青岛金樽葡萄酒有限公司
- ●青岛意林酿酒厂
- ●青岛汇洲酒厂
- ●青岛玫瑰庄园酒业有限公司
- ●青岛小海仙酒厂
- ●青岛流亭机场酒厂

- 青岛市城阳区亚太酒厂
- 青岛玉龙春酒厂
- 青岛润恒酿酒厂
- 青岛梅霞葡萄酿酒有限公司
- 青岛市九盛酒业饮品有限公司
- 即墨市鹏翔酒厂
- 青岛东海啤酒厂
- 青岛胶州湾果酒厂
- 青岛神农保健酒厂
- 青岛派丽酒业有限公司
- 青岛凯尼酒业有限公司
- 青岛红三珠长城干红酿酒有限公司
- 青岛彼特堡酒业有限公司
- 青岛真尼斯葡萄酒有限公司
- 青岛洪源酒业有限公司
- 青岛滨海酒业有限公司
- 青岛盛益酒业有限公司
- 青岛金蟾果酒厂
- 青岛蓝宝石江山酿酒有限公司
- 青岛鲁酒酒业有限公司
- 青岛蔚蓝葡萄酿酒有限公司
- 青岛金汉霖酒业有限公司
- 青岛威力诺尔红酿酒有限公司
- 青岛皇室葡萄酿酒有限公司
- 青岛金阳光葡萄酒业有限公司
- 青岛大森长城葡萄酿酒有限公司
- 青岛平艺酿酒有限公司
- 青岛狮乐园葡萄酒业有限公司
- 青岛威麒葡萄酿酒有限公司
- 平度田园葡萄酒厂
- 青岛鹰冠庄园葡萄酒厂
- 青岛金狮王葡萄酒厂
- 青岛高源酒业有限公司
- 山东半岛酒业有限公司
- 青岛泽峰葡萄酿酒有限公司
- 青岛鹰洋葡萄酒厂
- 平度长乐源酒厂
- 青岛钿鑫葡萄酿酒有限公司
- 青岛通中天葡萄酿酒有限公司
- 青岛古井泉酿酒厂
- 青岛威多利葡萄酒有限公司
- 青岛昌瑞葡萄酒业有限公司
- 青岛紫冠园葡萄酒酿造有限公司
- 泰安市鲁泰泰山人参果酒业有限公司
- 泰安市五岳独尊酒业有限公司
- 泰安市岱岳区霍老太酒庄
- 泰安市岱岳区宏达酿酒厂
- 莱芜市御驾泉酒业有限公司
- 新泰市泰山庄园葡萄酒有限公司
- 新泰市莲花山酒厂
- 新泰市金汶水酒业有限责任公司
- 新泰市鲁汶粮酒厂
- 烟台玫瑰庄园酒业有限公司
- 东平县南极冰啤酒厂
- 肥城市鲁泰酒水有限公司
- 肥城佛桃源果酒有限公司
- 肥城市云海酒业有限公司
- 济宁市大洋葡萄酒酿造有限公司
- 鱼台县鲁泉春酒厂
- 鱼台县祥和酒厂
- 山东红太阳酒业有限公司
- 嘉祥县天祥酒厂
- 梁山忠义酒业有限公司
- 梁山县果粮春酒厂
- 泗水张洋酒业有限公司

- 山东泗水华益酒精有限公司
- 泗水冠军啤酒有限公司
- 山东钢山酒业集团有限公司
- 山东金钢山酒业有限公司
- 邹城市龙泉酒业有限责任公司
- 菏泽市五泰酒业有限公司
- 菏泽市立源酒业有限公司
- 菏泽市吴氏酒业有限公司
- 山东花冠酒业集团御思酒业有限公司
- 定陶县天源酒厂
- 定陶丘粮春酒业有限公司
- 定陶范蠡老窖酒业有限公司
- 成武县中德啤酒有限公司
- 成武县文亭酒业酿造有限责任公司
- 菏泽市金驹酒业有限公司
- 曹县天府酒业有限公司
- 山东省曹县鲁川酒业有限公司
- 鄄城县陈王酒业有限公司
- 郓城万鹏村酿酒有限公司
- 临沂市兰华酒厂
- 临沂市健宇酒业有限公司
- 临沂国泰葡萄酒业有限公司
- 临沂市天奇葡萄酒业有限公司
- 临沂华奥银杏米酒有限公司
- 临沂市景阳酒业有限公司
- 临沂市景泉酒业有限公司
- 山东永和杏坛啤酒有限公司
- 蒙阴县旧寨乡云蒙绿色茶酒配制销售服务中心
- 山东蒙阴沂蒙山酒业有限公司
- 沂南县泰和酒业有限公司
- 沂南县孔明酿酒有限公司
- 沂水县银泉酒厂
- 日照市涌泉酒业有限公司
- 莒县九加红酒业有限公司
- 沂蒙酒业有限公司
- 临沂福瑞龙祥酒业有限公司
- 临沭县南泉春酒厂
- 日照金粮春酒业有限公司
- 日照市黛尔丹酒业有限公司
- 日照港城酒业有限公司
- 日照市巨峰酒业有限责任公司
- 山东十里泉酒业有限公司
- 枣庄十字河酒业有限公司
- 枣庄鲁能力源酒业有限公司
- 山东鲁南春酒业有限公司
- 台儿庄区古运酿酒厂
- 滕州市官桥酿酒厂
- 滕州市苏兴酒厂
- 苍山县泥香池酒厂
- 苍山县朗公酒厂
- 苍山县美陵酒厂
- 苍山县源野涌泉酒业有限公司
- 苍山县兰陵镇新时代酒业有限公司
- 山东省博兴县华兴酒厂
- 山东阳光百利酒业有限公司项目部
- 山东芝麻开花酒业有限公司分公司
- 滨州爱一朵葡萄酒专卖店
- 山东省博兴县相公酒业有限公司
- 滨州武圣府酒业公司
- 山东华中琥珀啤酒有限公司销售公司
- 稻谷香白酒公司
- 山东博兴县董源酒业有限公司
- 山东滨州琼浆玉酒业有限公司

● 山东博兴千乘酒业有限公司
● 山东芝麻开花酒业有限公司销售部
● 山东博兴董兴酒业有限公司
● 山东博兴博城酿酒厂（董店酒业有限公司）
● 长城龙葡萄酒厂
● 长城龙葡萄酒股份有限公司
● 山东长城龙葡萄酒有限公司
● 孙府酒业
● 山东琥珀啤酒厂
● 山东天地缘酒业有限公司
● 山东三泽啤酒有限公司
● 东营法斯堡酒业有限公司
● 青都啤酒有限公司
● 山东东营河口黄茅酒业有限公司
● 山东青都啤酒有限公司销售部
● 青岛麦诺啤酒有限公司
● 青岛威尔斯啤酒有限公司
● 中国烟台华夏长城葡萄酒有限公司
● 济南南王山谷酒业有限公司
● 济南泉城人家酒业有限公司
● 济南波罗的海啤酒经销有限公司
● 山东舍得酒业营销有限公司玉函路宝真名酒专卖店
● 山东舍得酒业营销有限公司
● 济南砚池酒业发展有限公司
● 济南大有酒业有限公司
● 济南潘高酒业有限公司
● 沈阳爱新觉罗祖家坊酒业有限公司济南经销处
● 济南博尔多进口葡萄酒有限公司
● 济南东北富人家酒业有限公司
● 济南市天桥区贵仁百汇酒业经营部
● 济南亨泰酒业有限公司
● 四川省绵竹市正兴酒业有限公司山东办事处
● 山东乾源酒业有限公司
● 济南大汉邦酒业有限公司
● 山东泉盛酒业设备有限责任公司
● 山东宝隆酒业有限公司
● 济南齐长城酒业有限公司
● 济南苍龙酒业有限公司
● 齐河晏都酒业有限公司
● 齐河县黄河酒业有限公司
● 山东金坤啤酒有限公司
● 山东省惠民县兵府家酒厂
● 山东省惠民县华魂酒业有限责任公司
● 聊城百圣泉酒业有限公司
● 华润(聊城)啤酒有限公司
● 山东省聊城市鑫淼源酒业有限公司
● 聊城市虎戈红高粱酒业有限公司
● 茌平县桂冠酒业有限公司
● 山东莘县沙城葡萄酒酿造有限公司
● 冠县金兰冠酒业销售有限公司
● 高唐县鑫泉酒业有限公司
● 高唐汇鑫啤酒饮料有限公司
● 德州又一村酿酒有限公司销售门市部
● 德州品正酒业有限公司
● 山东黑马集团德州宝石酒业有限公司
● 德州市广通酒业有限公司
● 德州市天民酒业有限公司
● 乐陵市枣都酒业有限公司
● 山东庆云金惠酒业有限公司
● 庆云双峰酒业有限责任公司

●淄博博翔酒业有限公司
●山东淄博正康酒业有限公司
●山东三泽啤酒有限公司
●淄博兴桓龙酒业有限公司
●山东省博兴县董圣白酒酿造有限公司
●山东省博兴县英士豪啤酒有限责任公司
●东营市俏江红酒业有限公司
●山东长域葡萄酒有限公司
●成都新津川享酒业有限公司广饶分公司
●潍坊陈香酒业有限公司
●高密市华夏卡城葡萄酿酒有限公司
●高密市海悦葡萄酒有限公司
●高密市密州酒业有限公司
●潍坊绿源酒业有限公司
●山东诸城密州酒业有限公司
●寿光市侯镇新纪元酒业有限公司
●烟台伊司顿葡萄酒销售有限公司
●烟台经典王朝酒业有限公司
●烟台海酩酒业有限公司
●烟台百斯纳葡萄酒有限公司
●烟台诺王堡葡萄酒有限公司
●烟台华堡庄园葡萄酒有限公司
●烟台衡昌葡萄酒销售有限公司
●烟台鼎盛酒业有限公司
●烟台山水酒业有限公司
●华润雪花啤酒(中国)有限公司山东分公司
●烟台福莱酒业有限公司
●烟台张裕酒业销售有限公司开发区分公司
●烟台海之恋葡萄酒有限公司
●烟台金沙滩酒业有限公司
●烟台海红酒业发展有限公司
●烟台王朝酒庄葡萄酒有限公司
●威海啤酒集团物业管理有限公司
●威海古峰泉酿酒有限公司
●威海瑞和酒业有限公司威海红营销分公司
●威海春夏秋冬酒业有限公司
●烟台张裕酒业销售有限公司荣成分公司
●烟台华夏王朝葡萄酿酒有限公司
●烟台金鼎葡萄酒业有限公司
●烟台大强创展酒业有限公司
●烟台葡园古城葡萄酿酒有限公司
●烟台开发区大唐葡萄酒酿造有限公司福山分公司
●烟台东方华夏葡萄酒有限公司
●烟台欧王葡萄酒业有限公司
●烟台海丰酒业有限公司
●烟台喜利马葡萄酿酒有限公司
●烟台波多凯曼葡萄酿酒有限公司
●烟台金王朝庄园葡萄酒有限公司
●烟台张裕酒业销售有限公司福山分公司
●玉泉酒业(烟台)有限公司
●烟台时代葡萄酒有限公司
●烟台华夏贡禧葡萄酒业有限公司
●烟台奥斯曼彼得酒业有限公司
●烟台肖邦葡萄酿酒有限公司
●烟台艾昂塞诺酒业有限公司
●烟台市宝福酒业有限公司
●烟台波龙堡葡萄酒有限公司
●烟台九品红葡萄酒有限公司

●蓬莱市恒源酒业有限公司
●烟台海天酒业有限公司
●烟台市丹崖葡萄酒有限公司
●山东齐鲁酒业有限公司
●蓬莱文成酒业有限公司
●烟台金葡萄庄园酒业有限公司
●烟台卡特尔酒业有限公司
●龙口市金百纳葡萄酿酒有限公司
●烟台龙都葡萄酿酒有限公司
●青岛啤酒文化传播有限公司青岛啤酒博物馆
●青岛金水啤酒有限公司
●青岛奥特啤酒有限公司
●青岛英联恒森酒业有限公司
●青岛崂克啤酒有限公司
●青岛市燕岛酒业有限公司
●青岛阿德莱德酒业有限公司
●青岛格俪蔓啤酒烧烤大世界
●青岛飞帆啤酒有限公司
●青岛雪崂啤酒有限公司
●青岛千家惠酒业有限公司
●青岛裕邦酒业有限公司
●青岛崂水啤酒有限公司
●青岛奥德旺酒业有限公司
●青岛青制啤酒有限公司
●青岛海浪啤酒有限公司
●青岛奥伯莱啤酒有限公司
●青岛威发酒业有限公司
●青岛海越啤酒有限公司
●青岛宝玉泉酒业有限公司
●青岛崂润啤酒有限公司
●青岛青奥啤酒销售有限公司
●青岛九水泉啤酒有限公司
●青岛蓝山啤酒有限公司
●青岛奥尔佳酒业有限公司
●青岛青滨啤酒有限公司
●青岛壹枝笔啤酒有限公司
●青岛威伦啤酒有限公司
●青岛雨轩葡萄酒有限公司
●青岛图腾葡萄酿酒有限公司
●青岛新坐标酒业有限公司
●青岛崂冠酒业有限公司
●青岛名洋酒业有限公司
●青岛青喜啤酒有限公司
●青岛青峰酒业有限公司
●青岛大优山泉啤酒有限公司
●青岛诺顿葡萄酒有限公司
●青岛维士葡萄酒有限公司
●青岛新腾达酒业有限公司
●青岛黑头星啤酒屋有限公司
●青岛青雨酒业有限公司
●青岛星泉酒厂
●青岛加斯克尼葡萄酿酒有限公司
●青岛鑫特酒业有限公司
●青岛晓华啤酒销售有限公司
●青岛月湖春酒业有限公司
●青岛青超酒业有限公司
●青岛嘉丰葡萄酿酒有限公司
●平度瑞丰葡萄酒厂
●泰安市泰山牛酒业有限公司办事处
●泰安康寿宝酒业有限公司
●泰安市泰山龙潭酒业有限公司
●泰安市泰山齐鲁至尊酒业有限公司
●无锡市天成酒业有限公司泰安分公司
●泰安泰糖酒业有限公司

●泰山啤酒(莱芜)有限公司
●山东莱芜三皇五帝酒业有限公司
●泰安泰山泰兴酒业有限公司
●新泰市中民皓金斗酒业商行
●新泰市颐春酒业科技有限公司
●泰安泰山古原春酒业有限公司
●肥城康王酒业有限公司榨油坊
●济宁市圣华兴隆塔酒业有限公司
●无锡市天成酒业有限公司济宁分公司
●山东济宁华盛酒业有限公司
●济宁鲁兴酒业有限公司
●嘉祥县德泽啤酒厂
●汶上县中都四尚书酒业有限公司
●曲阜市孔源酒业有限公司
●泗水鲁泉酒业有限公司
●临沂市蒙阳人家酒业有限公司
●平邑县启臻白酒经营部
●费县阳源果酒厂
●山东好汉酒业有限公司
●菏泽新闻酒业有限公司
●菏泽市花锦酒厂(有限公司)
●单县遂竹酒业有限公司
●北京海纳融华啤酒科技发展有限公司单县分公司
●临沂市宝丰酒业有限公司
●山东兰陵葡萄酒业有限公司
●临沂市醇源酒厂
●临沂海泓银杏啤酒有限公司
●山东蒙山酿酒有限公司
●蒙阴江越啤酒原料有限公司
●临沂市山源葡萄酒业有限公司
●沂南县神州酒业有限公司
●山东省兴鲁酒业有限公司
●山东沂蒙山酒业有限公司
●日照昊东酒业有限公司
●山东鸿帝葡萄酒业有限公司
●山东金米醇酒业有限公司
●日照华东酒业有限公司
●日照德鑫酒业有限公司
●日照密得奈酒业有限公司
●山东十里泉酒业有限公司
●枣庄市陈醉酒业有限公司
●苍山县新八方酒业有限公司
●苍山县崔正酒业有限公司
●苍山县郑旺酒业有限公司
●山东兰陵陈香酒业股份有限公司
●苍山县兰陵分公司
●德州市海波尔葡萄酒厂
●聊城市新星酒业有限公司五福茶楼
●烟台法诺葡萄酒有限公司
●烟台金苹果酒业有限公司
●蓬莱市凯维斯葡萄酒有限公司
●烟台永乐葡萄酒坊
●烟台天裕调味食品有限公司酒业分公司
●青岛啤酒国际旅行社有限公司市南门市部
●青岛伯仕达酒业有限责任公司
●青岛岛都啤酒有限公司
●青岛中啤啤酒有限公司
●青岛国壮酒业有限公司
●青岛雪泉啤酒有限公司
●青岛晶爽啤酒有限公司
●青岛汉生啤酒有限公司
●青岛卡罗莱那酒业有限公司

- 青岛金诺啤酒有限公司
- 青岛源汇丰酒业有限公司浮山路分公司
- 青岛渤岛啤酒有限公司
- 即墨市龙山黄酒厂
- 青岛龙华酒业有限公司即墨副食品市场商店
- 青岛鸿发林啤酒有限公司
- 青岛西海岸酒业有限公司
- 青岛天龙酒业有限公司
- 山东雁宾酒业有限公司
- 山东齐云春酒业有限公司
- 山东沙城葡萄酒酿造有限公司
- 山东阳谷金河酒厂
- 山东蓬莱华夏酒业有限公司华南营销中心
- 山东烟台品丽珠庄园葡萄酿酒有限公司上海办事处
- 山东景阳冈酒业有限公司济南办事处
- 山东舍得酒业营销有限公司
- 中国山东德州奥德曼葡萄酒厂
- 山东省庆云县枣花村酿酒有限公司
- 山东省禹城市辛店啤酒哮母干粉厂
- 济南东方恒通经贸有限公司
- 四川省千古蜀源酒厂山东办事处
- 乳香飘酒业集团公司山东办事处
- 山东新锐酒业公司
- 山东省宝真酒业有限公司
- 山东金黄河酒业有限公司
- 山东国窖酒业销售有限公司
- 山东省半岛酒业有限公司
- 山东省德州市奥德曼葡萄酒厂
- 山东大禹龙神酒业有限公司
- 山东大禹龙神酒业有限公司销售部
- 山东省海洋酒业有限公司
- 山东烟台南山庄园葡萄酒有限公司
- 山东烟台蓬莱阁葡萄酒有限公司
- 山东烟台欧王葡萄酒业有限公司
- 山东景芝酒业股份有限公司
- 山东景芝酒业公司
- 山东密水葡萄酿酒有限公司
- 山东图腾葡萄酒有限公司
- 山东秦池酒业有限公司
- 山东省青州市强得力酒业有限公司
- 山东青州云门酒业(集团)有限公司
- 山东金桥酒业有限公司
- 山东诸城密州酒业有限公司
- 山东东方红酒业有限公司
- 山东三孔集团曲阜三孔白酒有限公司
- 山东孔府宴酒业集团营销公司
- 山东肥城德瑞斯果酒厂
- 山东泰山啤酒有限公司促销部
- 山东省泰安市夏张汇源酿酒设备制造厂
- 山东省泰安市圣泉酒业有限公司
- 山东省新泰市颐春酒业科技有限公司
- 山东颐春酒业科技有限公司
- 山东辣子村酒业有限公司
- 山东兰陵古东阳保健酒业有限公司
- 山东省苍山县兰陵酒厂
- 山东沂蒙老区酒业有限公司
- 山东临沂大陆酒业有限公司销售公司

●山东容川酒业(集团)有限公司
●山东蒙山酿酒有限公司全蝎酒公司
●山东省蒙阴县蒙山酒业有限公司
●山东福源酒业有限公司
●山东郯城县银杏酒业有限责任公司
●山东省诸葛亮家酒业有限公司
●山东博兴芝麻开花酒业有限公司
●山东省博兴县华兴酒厂
●山东阳光百利酒业有限公司项目部
●山东芝麻开花酒业有限公司分公司
●滨州爱一朵葡萄酒专卖店
●山东省博兴县相公酒业有限公司
●滨州武圣府酒业公司
●山东华中琥珀啤酒有限公司销售公司
●稻谷香白酒公司
●山东博兴县董源酒业有限公司
●山东滨州琼浆玉酒业有限公司
●山东博兴千乘酒业有限公司
●山东长城龙葡萄酒有限公司
●山东博兴博城酿酒厂 (董店酒业有限公司)
●山东博兴董兴酒业有限公司
●长城龙葡萄酒厂
●孙府酒业
●山东琥珀啤酒有限公司
●山东三泽啤酒有限公司
●山东东营河口黄茅酒业有限公司
●山东青都啤酒有限公司销售部
●山东大奥酒业有限公司
●山东省冠县金苹果酒业有限公司
●山东容川酒业有限公司
●山东莘县沙城葡萄酒酿造有限公司
●山东烟台品丽珠庄园葡萄酿酒厂贸易部
●山东社汇酒业有限公司
●山东高密葡萄酿酒有限公司
●山东花冠酒业集团公司
●山东省兴鲁酒业有限公司
●山东省东阿酒厂
●山东东听酒业食品公司
●山东省巨野县陈酿酒业有限公司(原巨野县第一酒厂)
●山东省曲阜市酿酒设备酒容器有限公司
●山东省郓城县黄泥岗酒业有限公司
●山东若尘酒业有限公司
●山东通圣酒业有限公司
●山东平阴福胶酒业有限公司
●山东省惠民县故园春酒业有限公司
●山东阳信川池酒厂
●山东东阿酒厂(有限责任公司)第一分公司
●山东阳谷运河酒业有限公司
●山东奥伦八喜葡萄酿酒有限公司
●山东奥力源啤酒饮料有限公司
●山东庆云永兴酒业有限公司
●山东景芝阳春酒业有限公司
●山东省临朐县沂山果蔬酒厂
●山东秦池酒业有限公司
●山东颐阳酒业有限公司
●山东红太阳酒业有限公司
●山东泗水华益酒精有限公司
●山东钢山酒业集团有限公司
●山东金钢山酒业有限公司
●山东永和杏坛啤酒有限公司

●山东鲁南春酒业有限公司
●山东半岛酒业有限公司
●山东花冠酒业集团御思酒业有限公司
●山东省曹县鲁川酒业有限公司
●山东蒙阴沂蒙山酒业有限公司
●山东兰陵美酒股份有限公司沂水分公司
●山东十里泉酒业有限公司
●山东神采飞扬酒业有限公司
●华润雪花啤酒(山东)有限公司
●山东莱芜三皇五帝酒业有限公司
●山东济宁华盛酒业有限公司
●山东好汉酒业有限公司
●山东兰陵葡萄酒业有限公司
●临沂市醇源酒厂
●临沂海泓银杏啤酒有限公司
●山东沂蒙山酿酒有限公司
●蒙阴江越啤酒原料有限公司
●临沂市山源葡萄酒业有限公司
●沂南县神州酒业有限公司
●山东鸿帝葡萄酒业有限公司
●山东金米醇酒业有限公司
●日照华东酒业有限公司
●日照德鑫酒业有限公司
●枣庄市陈醉酒业有限公司
●苍山县新八方酒业有限公司
●苍山县崔正酒业有限公司
●苍山县郑旺酒业有限公司
●山东兰陵陈香酒业股份有限公司苍山县兰陵分公司
●山东鲁北酒厂
●山东省夏津县贵兴酒厂
●山东省夏津县金道酒厂
●山东省夏津县第二酒厂
●四川省驻山东省堰春酒厂夏津分厂
●山东淄博昌国酒厂
●山东天下第一店酒厂
●山东淄川福临门酿酒厂
●山东省淄博市周村酒厂
●山东桓台县龙河酒厂
●山东省桓台县酿酒厂
●山东淄博饮料酒厂
●山东省博兴县博诚酿酒厂
●山东省沾化县玉龙枣酒厂
●山东省博兴县董永酒厂
●山东省垦利县酒厂
●山东省诸城市天福酿酒厂
●山东东平酒厂
●山东泗水卞王酒厂
●山东泗水仲府酒厂
●山东省郓城酒厂
●山东省微山县酿酒厂
●象山东魁杨梅酒厂
●山东省聊城市鑫淼源酒业有限公司
●聊城市虎戈红高粱酒业有限公司
●茌平县桂冠酒业有限公司
●山东莘县沙城葡萄酒酿造有限公司
●冠县金兰冠酒业销售有限公司
●高唐县鑫泉酒业有限公司
●高唐汇鑫啤酒饮料有限公司
●德州又一村酿酒有限公司销售门市部
●德州市天民酒业有限公司
●德州品正酒业有限公司
●山东黑马集团德州宝石酒业有限公司

- 德州市广通酒业有限公司
- 德州市天民酒业有限公司
- 乐陵市枣都酒业有限公司
- 山东庆云金惠酒业有限公司
- 庆云双峰酒业有限责任公司
- 淄博博翔酒业有限公司
- 山东淄博正康酒业有限公司
- 山东三泽啤酒有限公司
- 淄博兴桓龙酒业有限公司
- 山东省博兴县董圣白酒酿造有限公司
- 四川醇酒业集团公司山东办事处
- 中国山东莱州银星啤酒设备有限公司
- 中国长城葡萄酒有限公司山东地区总经销大树酒业有限公司
- 山东半岛酒业有限公司
- 康平县山东屯乡综合厂
- 山东长清酒厂
- 山东三株阁老贡酒业有限责任公司
- 山东禹城市禹王亭集团经贸有限公司
- 山东禹城市禹王亭集团葡萄酒厂
- 山东省德州鑫茂乙醇有限公司
- 山东省济阳县庙廊酒厂
- 山东万德酒业有限公司
- 山东东阿阿胶集团聊城东阿泉啤酒有限公司
- 山东玉皇葡萄酿酒有限公司
- 山东省茌平县鲁仲连酒厂
- 山东东阿酒厂第一分厂
- 山东东阿酒厂有限责任公司
- 山东省东阿县成峰酒厂
- 山东省东阿县三官酒厂
- 东阿县连心酒厂
- 山东省阳谷县景阳制品有限公司
- 山东阳谷齐鲁酒厂
- 山东莘县凭心酒业有限公司
- 山东阳谷斗虎岗酒业有限公司
- 山东时风集团高唐酒业有限公司
- 山东兰陵美酒股份有限公司德州分公司
- 山东省平原县鲁北酿酒厂
- 山东省平原县奥仑葡萄酿酒有限公司
- 山东省平原县金源医药酒精有限公司
- 山东省平原鲁康酒厂
- 山东夏津县王龙酒业公司
- 山东夏津五粮酒厂
- 山东夏津乔王酒厂
- 山东省夏津县岳庄鸿昌酒精厂
- 山东省德州夏洋酒业有限公司
- 夏津县开元酒厂
- 山东省夏津县龙湖酒厂
- 山东省夏津县酿酒厂
- 山东省武城县古贝春有限责任公司
- 山东淄博昌国酒厂
- 山东天下第一店酒厂
- 山东淄川般阳酒厂
- 山东淄川福临门酒厂
- 山东博山酿酒公司
- 山东沂源紫藤园酿酒饮料有限公司
- 山东省沂源县鲁郁酒厂
- 山东省沂源汇丰酒业有限公司
- 山东沂源恒泰实业有限公司
- 山东碧云洞酒水有限责任公司
- 山东范公府酒业有限公司

- 山东黄河龙酒业集团股份有限公司
- 山东淄博饮料酒厂
- 山东省桓台县酿酒厂
- 山东桓台县金龙泉酒厂
- 山东桓台清河酒厂
- 山东淄博酒水酿造厂
- 山东省桓台县三龙酒厂
- 山东省博兴县董公白酒酿造有限公司
- 山东省博兴县董永酒厂
- 山东省博兴县佛酒厂
- 山东省博兴县永兴酒业酿造有限公司
- 山东省博兴县博城酿酒厂
- 山东省博兴县浓浆泉酒业有限公司
- 山东省博兴县清源酒业酿造有限公司
- 山东沾化金爵酒业有限公司
- 山东省垦利县酒厂
- 山东潍坊舒一集团有限公司
- 山东坊子酒厂
- 山东昌邑乾隆杯酒业有取责任公司
- 山东鲁能泰山酒业有限公司
- 山东省莱州市东莱黄酒厂
- 山东高密市商羊神酒业有限限公司
- 山东景芝酒厂销售总公司
- 山东银河酒业集团总厂
- 山东青州云门酒业(集团)有限公司
- 山东秦池酒厂
- 山东沂源紫藤园酿酒有限公司龙潭分公司
- 山东寿光齐民思酒业有限责任公司
- 山东烟台酿酒厂
- 山东省文登市啤酒厂
- 山东威海红宝石葡萄酒有限公司
- 山东天府集团公司
- 山东省龙口市龙口葡萄汁厂
- 山东龙口市史家酒厂
- 山东龙口葡萄酒厂
- 山东兰陵美酒股份有限公司青岛分公司
- 山东宝顺酿酒厂
- 山东泰山生力源集团股份有限公司
- 山东广寒宫集团有限公司白酒厂
- 山东广寒宫集团有限公司
- 山东盛大建设股份有限公司
- 山东省新泰市酿酒总厂
- 山东东平酒厂
- 山东九九公司
- 山东济宁酿酒总厂
- 山东济宁心酒厂
- 山东省金贵集团
- 山东三孔集团有限公司
- 山东省泗水县酒精厂
- 山东省泗水县圣通酒精有限公司
- 山东省泗水县泗河源酒业有限公司
- 山东泗水泉林酒精厂
- 山东泗水泉林啤酒有限公司
- 山东省兰陵陈香酒业股份有限公司平邑分公司
- 山东省平邑县富康酒厂
- 山东温和股份有限公司
- 山东钢山酒业集团有限公司
- 山东孟府酒坊酒业有限公司
- 山东菏泽天香酒业有限公司
- 山东国花酒厂
- 山东定陶绿色食品有限公司
- 山东省单县四君子酒业有限公司
- 山东莱河酒业有限公司

- 山东省鄄城县曲酒厂
- 山东省郓城县金都酒业有限公司
- 山东花冠酒业有限公司
- 山东省巨野陈酿酒业有限公司
- 山东省巨野县麟祥酒业有限公司
- 山东省巨野县双龙果酒厂
- 山东大陆酒业有限公司
- 山东省蒙阴县酿酒总厂
- 山东兰陵美酒股份有限公司蒙阴分公司
- 山东蒙阴麦芽厂
- 山东坊子酒厂蒙阴分装厂
- 山东省蒙阴县刘洪家酒厂
- 山东省沂水县福美特食品有限公司
- 山东福瑞酒厂
- 山东日照酿酒(集团)总厂
- 山东省枣庄市泸牌酒总厂
- 鄞县姜山东光酒厂
- 山东景芝酒业(高明)有限公司
- 舟山东海酒业有限公司
- 台州市椒江山东吴叶酿造厂
- 台州市椒江山东酿造厂
- 山东烟台酿酒有限公司
- 燕京啤酒(山东无名)股份有限公司
- 黑龙江泓泉酒业山东临沂店
- 中国山东福源酒业有限公司
- 山东维美葡萄酒有限公司
- 山东九州缘酒业有限公司
- 山东平阴玫瑰酒业有限公司
- 山东平阴博士曲酒厂
- 青岛啤酒螺旋藻绿啤酒山东销售公司
- 山东临邑洛北春酒厂

山西省

- 张龙白酒厂
- 山西新世纪酒业有限公司
- 山西省梨花春酿酒集团有限公司
- 山西省汾阳市金杏花酒业有限公司
- 太原市海元酒业有限公司
- 山西海旭科贸酒业有限公司
- 五粮液集团国杯酒业有限公司山西办
- 太原市宏劲酒业有限公司
- 山西关公酒业有限公司青汾酒销售处
- 山西紫光液酒业有限公司
- 山西世家酒家酒业有限公司
- 山西大同云冈啤酒有限责任公司
- 大河酒业有限责任公司
- 祁县溥芳香酒厂
- 永盛泉酒厂
- 张家界惊梦酒业食品有限责任公司山西省办事处
- 山西云龙酒业有限责任公司
- 山西侯马三春雨酒业有限公司
- 山西鹿龟神酒业有限公司
- 曲沃县吉利酒业有限公司
- 好口福酒业有限公司
- 山西华杏酒业有限公司
- 山西省杏花村酒都酒业有限公司
- 杏花村古泉酒厂
- 山西省汾阳市杏花村镇古泉酒厂
- 山西杏童酒厂
- 晨玉酒业有限公司
- 文水县凤来香酒厂
- 山西省吕梁地区胜利酒厂

● 蓝马啤酒销售公司
● 山西洞宾酒业公司
● 山西省运城关帝酒业制造有限公司
● 山西汾阳市喜相逢酒业有限公司
● 太原酒厂
● 太原市晋源区绍兴双龙黄酒厂
● 山西天龙啤酒饮料集团有限公司
● 山西省清徐葡萄酒厂
● 太原市清徐县酒厂
● 山西省清徐县晋水酒厂
● 山西省清徐茂生葡萄酒有限公司
● 山西清徐青青庄园酒类食品有限公司
● 山西清徐泓泉酒业有限公司
● 清徐县白龙酒业有限公司
● 清徐葡峰酒业有限公司
● 清徐东特葡萄酒有限公司
● 山西野泉酒业有限公司
● 山西晋阳春酒厂
● 太原亚龙酿酒有限公司
● 交城县东风酒厂
● 山西榆次堡子酿酒有限公司
● 山西月山啤酒有限公司
● 榆次科保实业有限公司
● 山西怡园酒庄有限公司
● 祁县云香酒厂
● 祁县寇震酒业有限责任工司
● 祁县茂祥酒业有限公司
● 祁县秦皇酒厂
● 祁县清泉酒厂
● 祁县瑞亮酒厂
● 祁县胜利酒厂
● 祁县通源酒厂
● 祁县井泉酒厂
● 祁县文林酒厂
● 祁县国安酒厂
● 祁县允酒厂
● 旺玉酒厂
● 祁县为民酒厂
● 祁县贾令良友酒厂
● 祁县黄河酒厂
● 祁县湖宾酒厂
● 祁县宏彪酒厂
● 祁县大运酒业有限公司
● 祁县大曲酒厂
● 祁县昌玉酒厂
● 祁溪酒厂
● 宏酿酒厂
● 朝峰酒厂
● 常丰酒厂
● 北京红星股份有限公司第二分公司
● 圆隆酒厂
● 祁县宏固酒厂
● 山西省汾西县地方国营酒厂
● 介休市金源酒业有限公司
● 山西省绵山牧工商联合公司酒厂
● 汾阳市清泉酒厂
● 汾阳市汾州酒业有限公司
● 汾阳市北川酒厂
● 汾阳市神泉酒厂
● 汾阳市杏花镇晋裕白酒公司
● 山西省杏花村义泉涌酒业股份有限公司
● 山西省杏花村汾酒集团公司
● 山西省杏花村汾酒厂股份有限公司
● 汾阳市裕源酒厂
● 汾阳市杏花镇晋裕白酒公司

- 汾阳市杏花村镇汾杏酒厂
- 汾阳市德源酒业有限公司
- 汾阳市裕源酒厂
- 汾阳市冀村酒厂
- 山西省孝义市羊羔酒业有限责任公司
- 山西杏花汾酒集团公司汾青分厂
- 左权县酒业有限责任公司
- 山西省吕梁山酒业有限责任公司
- 山西省方山县老传统酒业有限公司
- 山西省忻州市酒厂
- 原平市西镇乡三吉酒厂
- 原平市崞阳镇唐昌昌晋利酒厂
- 山西省代县酒厂
- 代县代王酿酒厂
- 代县贵喜酒厂
- 代县枣林镇天波杨府酿酒有限公司
- 山西省北方酿酒有限公司
- 定襄县酒厂
- 定襄纪元酒精厂
- 山西天龙五台山啤酒有限公司
- 神池县酒精厂
- 五寨县粮食局黄酒厂
- 山西省宁武县芦芽酒业有限公司
- 山阴县云水露酒厂
- 太原市泥屯酒厂
- 清徐双有酒厂
- 清徐葡萄酒厂
- 成瑞葡萄酒厂
- 清徐县东特酒厂
- 清徐县健康葡萄酒厂
- 清徐县酒厂
- 清徐贯中酒厂
- 山西省晋阳春酒厂
- 祁县昌玉酒厂
- 祁县井泉酒厂
- 祁县龙泉酒厂
- 祁县通达酒厂
- 祁县秦皇酒厂
- 祁县祁溪酒厂
- 祁县建龙酒厂
- 祁县宏酿酒厂
- 祁县北关昭馀酒厂
- 祁县马堡锡华酒厂
- 山西省平遥县酒厂
- 汾西县地方国营酒厂
- 文水县南胡金明酒厂
- 文水县昌盛酒厂
- 文水县文乐酒厂
- 一元酒厂
- 文水县大象春玉酒厂
- 大象红高粱酒厂
- 山西省文水县刘胡兰村建峰酒厂
- 嘉祥湛酒厂
- 文水县南胡孟亚酒厂
- 文水县保贤开阳酒厂
- 文水县大象昌兴酒厂
- 文水县南胡四海酒厂
- 文水县王家堡永平酒厂
- 文水县王家堡义泉酒厂
- 文水县刘胡兰村呈祥酒厂
- 福泽酿酒厂
- 汾阳市花帅酒厂
- 杨贵宝酒厂
- 汾阳市杏花村镇东杏酒厂
- 汾杏酒厂

● 杏宝源酒厂
● 汾阳市杏花村镇杏辉酒厂
● 冀村酒厂
● 忻州市酒厂
● 忻州市晋泉酒厂
● 忻州市晋川酿酒厂
● 代县上馆镇酒厂
● 代县贵喜黄酒厂
● 代康黄酒厂
● 五台山酿酒厂
● 朔州酒厂
● 河曲县楼子营香山酒厂
● 山阴县云水露酒厂
● 山阴县昆鹏酒厂
● 大同市云凤黄酒厂
● 左云县白羊酒厂
● 山西省广灵县酒厂
● 广灵县鑫达酒厂
● 应县大临河酒厂
● 应县下社镇李忠酒厂
● 山西省阳高县啤酒厂
● 阳高县杏园酒厂
● 天镇县啤酒厂
● 天镇县酒厂
● 安泽县府城酿酒厂
● 新绛县圆梦酒厂
● 长治市春泉啤酒厂
● 泽州县葡萄酒厂
● 大同市红泉黄酒厂
● 山西大顺啤酒有限公司
● 山西大同云冈啤酒集团有限责任公司
● 大同市园兴鹿业有限公司
● 大同市云冈黄酒厂
● 山西绿都酒业有限公司
● 大同市福星酒业有限责任公司
● 山西大同昊酒有限责任公司
● 恒山酿酒厂
● 浑源县恒泉酒厂
● 浑源县馨源酿造厂
● 山西省恒山酒厂
● 山西省浑源县恒山酒精厂
● 广灵县酒厂
● 广灵县兴达酒厂
● 应县金泉啤酒原料有限公司
● 应县临河酒厂
● 应县黄酒厂
● 大同市大泉山佳酿有限责任公司
● 阳高县喜城酒业有限公司
● 阳高县晋阳酒厂
● 山西大同云冈啤酒(集团)阳高啤酒有限公司
● 山西省阳高县云门山白酒有限公司
● 阳高县杏园酒厂
● 阳高县金龙酒厂
● 山西省天镇县酒厂
● 山西省天镇县啤酒厂
● 山西省临汾市晋安鹿龟神酒厂
● 临汾尧王宴酒业有限公司
● 山西午城酿酒有限公司
● 山西金星啤酒有限公司
● 山西玉堂春酒业有限公司
● 山西壶口酒业有限公司
● 安泽县府城酿酒厂
● 浮山县神达食用酒精有限责任公司
● 侯马市台神酒业有限公司

●新绛县酒厂
●新绛县龙兴酿酒厂
●山西省关公酒厂
●河津市汾滨酒业有限公司
●垣曲县黄河酒业有限责任公司
●山西省运城市关帝酒业制造有限公司
●山西仙童葡萄酒有限责任公司
●山西舜都集团酒业有限公司
●运城关帝酒业永济分公司
●芮城县古魏镇洞宾酒业有限公司
●山西阳泉酒业公司
●阳泉市泰康食品厂
●昔阳县大寨酒业有限公司
●长治市神兔饮品有限公
●山西省长治市盛世潞酒销售有限公司
●长治市郊区春泉啤酒厂
●山西省长治市郊区堠北庄振兴酿酒厂
●屯留县麟山酒业有限责任公司
●屯留县屯宝酒业有限公司
●山西省武乡县汾洲酒业有限公司
●沁县漫水乡矿泉水酒厂
●长子县丹朱熨酒厂
●长子县丹粮酒业有限责任公司
●晋城市白马王啤酒有限公司
●晋城市凤酒酒业有限公司
●太原三九啤酒有限公司
●山西杏品酒业有限责任公司
●山西三江糖酒付食有限公司三江饮品分公司
●山西清徐魅力酒业有限公司
●太原市旭维酒业有限公司
●清徐县逸华德隆酒业有限公司
●太谷县康王酒厂
●祁县良有酒业有限公司
●山西宏固酒业有限公司
●祁县昌晋源酒厂
●山西中孚酒业有限公司
●吕梁地区玉东酒业有限公司
●吕梁黄河湾酒业有限公司
●吕梁汾盛酒业有限公司
●山西醉客村酒业有限公司
●汾阳市杏花村镇玉笛酒业有限公司
●汾阳市杏花千年古韵酒业有限公司
●绿源酒厂
●忻州市忻府区昌忻酒葡萄有限公司
●山西万水泉酒业有限责任公司
●山西晋人造酒坊有限公司
●五台县西雷酒厂
●山西杏花村汾酒集团啤酒有限责任公司
●山西恒山酒业(集团)有限责任公司
●大同市九龙泉啤酒有限责任公司
●山西凯鑫酒业有限公司
●盂县香朝牧业发展有限公司杏香酒厂
●长治市城区长春啤酒饮料厂
●长治市郊区晋康酒精厂
●长治市云龙酒业有限公司
●四川省南充市猴头蜜酒厂壶关分厂
●太原碧泉酒业有限公司
●太原国藏陈酿酒业有限公司
●山西天添酒业有限责任公司
●太原市晶华峰酒业有限公司
●山西福海酒业有限公司
●太原市海元酒业有限公司
●山西金海洋酒业有限公司

●太原市天福酒业有限公司
●山西芦清王酒业有限公司
●太原市天下弘龙酒业有限公司
●山西汾河王酒业有限公司太原分公司
●太原久昌酒业有限公司
●山西广大酒业有限公司
●太原久聚堂酒业有限公司
●山西世家酒家酒业有限公司
●太原苏洋酒业销售有限公司
●山西省清徐葡萄酒有限公司
●山西独一村酒业有限公司
●山西天波酒业有限公司
●山西红高粱酒业有限公司
●山西杏苁材酒业有限公司
●汾阳市宏威酒业销售有限公司
●汾阳市杏花村镇杏垣酒业有限公司
●汾阳市酒如泉酒业有限公司
●山西牧童乡酒业有限公司
●吕梁市虹达酒业经销部
●大同市云湘酒业有限公司
●大同市怡园酒业有限责任公司
●大同市今晨酒业有限责任公司
●大同市老酒酒业有限责任公司
●山西新世纪晋王酒业有限责任公司
●山西恒山酒业(集团)有限责任公司酒精分公司
●临汾开发区连鸿酒业经贸部
●阳泉市汇海酒业商行
●长治市石圪节益康酒业有限责任公司
●晋城市皇城相府酒业有限公司

内蒙古自治区

●内蒙古自治区通辽蒙酒酒业公司
●红景天酒业集团公司
●内蒙古琦源啤酒饮料有限公司
●蒙奶酒业有限公司
●内蒙古根河市敖鲁古雅滋补酒厂
●内蒙古春酒业有限公司
●呼伦贝尔草原明珠酒业有限责任公司
●内蒙古扎兰屯市蒙古情酒业有限责任公司
●明海醇酒厂
●内蒙古通辽市一代天骄酒业有限公司
●内蒙古成吉思汗酒业集团有限公司
●内蒙古绿草原酒业
●呼和浩特市瀛禧酒业有限公司
●成吉思汗酒业有限公司市场部
●呼和浩特独王酒业公司
●呼和浩特市金聚酒业销售有限责任公司
●成吉思汗酒业有限公司
●内蒙古金鼎酒业营销有限公司
●内蒙古牧羊人酒业有限责任公司
●绿草原酒业有限公司安答奶酒销售中心
●内蒙古青峰泉酒业有限公司
●万事兴酒业有限公司
●内蒙恩格贝酒业有限责任公司
●包头市蒙乐酒业有限公司
●内蒙古酒业有限责任公司
●内蒙古包头牧马人酒业责任有限公司
●内蒙古清水河县圣泉制酒厂

- 内蒙古清水河县农苑小杂粮开发中心
- 内蒙古包头市神池酒厂有限公司
- 内蒙古牧马人保健酒业有限公司(塞外乳业)
- 骆驼酒业股份有限公司
- 内蒙古乌海市金河啤酒有限责任公司
- 内蒙古四子王旗远大酒业有限公司
- 内蒙古天下粮仓酒业集团公司
- 内蒙古雪塔啤酒销售公司
- 内蒙古兴和县盟宏酒厂
- 内蒙古奈曼旗绿源酒厂
- 内蒙古绿源酒厂
- 隆盛泉酒业有限公司
- 内蒙古赤峰博士醇酒厂
- 内蒙古草原骏马酿酒有限公司
- 玉龙酒业有限公司
- 赤峰裕井烧坊酒厂
- 翁牛特旗玉龙酒业有限责任公司
- 鄂尔多斯佛祥酒业有限责任公司
- 内蒙古河套酒业集团有限公司
- 内蒙古河套酒业银河包装公司
- 内蒙古河套酒业集团御膳春保健酒有限责任公司
- 内蒙古临河金骆驼酒业公司
- 内蒙古王爷庙酒业有限公司
- 嫩江源啤酒有限责任公司
- 内蒙古阿拉善驼乡酒业有限责任公司
- 内蒙古腾格尔酒业有限责任公司
- 内蒙古金元集团股份有限公司
- 呼和浩特曼斯特啤酒饮料股份有限公司
- 内蒙古塞北星啤酒有限责任公司
- 呼和浩特市双龙寿酒厂
- 呼和浩特市庆原制酒有限公司
- 内蒙古吉祥生态科技开发有限公司
- 土默特左旗龙头酒厂
- 内蒙古蒙古王敕勒川酿酒有限公司
- 内蒙金元集团金川酿酒有限责任公司
- 内蒙古绿蒙食品工业公司土左旗分公司
- 内蒙振蒙酒业有限责任公司
- 土默特左旗祥和制酒厂
- 内蒙古大盛魁实业有限责任公司
- 内蒙古托克托双河酒业公司
- 托克托县乃只盖制酒厂
- 内蒙古赛汉制酒工业有限责任公司
- 阿巴嘎旗别力古台酒厂
- 阿巴嘎旗三联酿造厂
- 和林县永乐制酒厂
- 呼市和林县制酒厂
- 清水河县圣泉酒厂
- 武川县大梁山酒厂
- 武川县青峰泉酒业有限责任公司
- 内蒙古武川县武皇酒业有限责任公司
- 武川县昌盛源酒业有限责任公司
- 集宁市纳尔松酿业有限公司
- 集宁市天马酒王有限公司
- 内蒙古乌盟萨林乳业有限责任公司
- 丰镇市九星酒业有限责任公司
- 内蒙古丰镇市吉丰制酒厂
- 丰镇市金鹏制酒厂
- 丰镇市金谷酒业有限责任公司
- 察右前旗金骆驼酒厂
- 大汗酒厂

- 察右前旗交通制酒厂
- 卓资县旗下营镇邢二文白酒厂
- 镶黄旗沁阳酿酒厂
- 内蒙古化德县酿酒有限责任公司
- 商都县奥淳酒业有限责任公司
- 商都县弘过酒业有限责任公司
- 商都县玻璃乡清家酒厂
- 兴和县大同夭乡银河酒厂
- 内蒙古凉城鸿茅集团有限责任公司本部
- 凉城县鸿茅酿酒有限责任公司
- 包头市昆龙酒厂
- 燕京啤酒(包头雪鹿)股份有限公司
- 包头市忽王工贸有限责任公司
- 包头市恩格贝酒业技术研究有限公司
- 包头市神驰制酒厂
- 包头王酒业有限公司
- 包头市天河饮料厂
- 包头市佳美食业有限公司
- 包头草原圣鹿生物技术有限责任公司
- 内蒙古骆驼酒业股份有限公司
- 包头市维信葡萄有限公司
- 包头转龙酒业有限责任公司
- 包头市转龙酒业有限责任公司石拐分公司
- 达拉特旗达利来酒业有限责任公司
- 内蒙古伊力饮业有限公司
- 达拉特旗响沙酒业有限公司
- 巴盟河目酒业集团公司
- 内蒙古金川保健啤酒总厂
- 内蒙古磴口县鑫驰酒厂
- 内蒙古河曼酒业有限责任公司
- 内蒙古河套酒业集团保健酒有限责任公司
- 内蒙古河套酒业集团股份有限公司
- 内蒙古河套酒业集团河套纯净水有限责任公司
- 杭锦后旗二道桥镇裕龙酒厂
- 内蒙古自治区乌海市大汗酒业公司
- 乌海市海南区长制酒厂
- 乌海市世纪春酒业有限责任公司
- 乌海市德龙啤酒有限责任公司
- 内蒙古汉森葡萄酒业有限公司
- 鄂托克旗制酒厂
- 碱柜大漠酒业有限责任公司
- 鄂前旗沙头酒业有限责任公司
- 内蒙古鄂尔多斯酒业有限责任公司
- 易通酒业有限公司
- 乌审旗乌审召志宽果露酒厂
- 杭锦旗穿沙酒业有限责任公司
- 海拉尔市呼伦醇酒厂
- 呼伦酿酒厂
- 完工酒厂
- 鄂温克旗永红食品酒业有限公司
- 大雁煤业公司工会酒厂
- 新巴尔虎右旗贝尔湖酒厂
- 满洲里市鑫泉酿酒有限公司
- 满洲里新满酿酒有限公司
- 满洲里海威啤酒厂
- 满洲里市向林酒厂
- 陈旗风顺酒厂
- 牙克石达意商贸经营部铁桥食品加工厂
- 牙克石兴安岭酒业有限公司

- 兴安岭酒业有限公司龙昌饮料厂
- 雁河酒厂
- 库都尔镇森林制酒厂
- 图里河镇神威酒业
- 图森公司劳服食品厂
- 牙克石市西尼气兴旺白酒厂
- 图里河森工公司劳服公司
- 伊图里河镇白酒厂
- 免渡河北方酒厂
- 乌奴耳明海醇酒厂
- 绰源森工公司多经处酒厂
- 莫尔道嘎森林工业有限公司莫茅酒厂
- 额尔古纳市酒厂
- 黑山头镇利民饲料加工厂
- 根河市粮食酿酒厂
- 根河市酒厂
- 根河市敖鲁古雅乡滋补酒厂
- 怀仁县龙泉酒厂
- 赤峰新天地房地产开发有限责任公司快活林晶
- 赤峰向阳陈曲酒业有限责任公司
- 燕京啤酒有限责任公司赤峰分公司
- 赤峰市达里酒业有限责任公司
- 红武酒厂
- 草原兴发营养酒厂
- 赤峰市元宝山区紫蒙川酿酒厂
- 赤峰宝山啤酒厂(平煤多经总公司)
- 赤峰光明制酒厂
- 内蒙古赤峰市金蒙古酿酒有限公司
- 内蒙古宁城老窖力马保健酒厂
- 宁城县豪宇啤酒厂
- 宁城县金王子酒厂
- 内蒙古宁城县兴裕泉酒厂
- 内蒙古宁城老窖酒厂
- 宁城县八里罕龙圣泉酒厂
- 敖汉旗制酒厂
- 赤峰啤酒集团公司敖汉分公司
- 赤峰市新龙醇酿酒有限责任公司
- 马蹄营子契丹老酒有限公司
- 赤峰市乃林酿酒总厂
- 赤峰啤酒公司乌丹公司
- 翁牛特旗永兴制酒厂
- 赤峰市乌丹陈浆酒业有限责任公司
- 翁牛特旗昌盛福利厂
- 翁牛特旗白音他拉酒厂
- 巴林右旗宝日勿苏镇金相酒厂
- 巴林右旗宝日勿苏镇青山酒厂
- 巴林右旗宝日勿苏镇亚明酒厂
- 林西宝林酒业有限公司
- 克什克腾旗奶酒厂
- 克什克腾旗经久酒业有限责任公司
- 克什克腾旗龙腾白酒厂
- 克什克腾旗同兴镇同兴村饲料转化厂
- 赤峰市巴林左旗林源鹿业有限公司
- 赤峰市海兴酒厂
- 天山酒业有限责任公司
- 阿鲁科尔沁旗总校校办企业公司
- 内蒙古西乌珠穆沁旗酒厂
- 东乌珠穆沁旗酒业有限公司
- 锡盟乌拉盖开发区布林泉酒业有限公司
- 锡林郭勒盟太仆寺旗宝酒厂
- 太仆寺旗草原酿酒有限责任公司
- 正蓝旗元都制酒厂
- 多伦县滦源酿酒厂

●科尔沁区通辽市酒业公司
●通辽市晨光养殖厂制酒厂
●通辽市玉良酒业有限责任公司
●通辽市双河酒厂
●通辽市蒙酒酒业有限公司
●通辽市酒龙制酒厂
●内蒙古蒙古王酒业有限公司
●科尔沁区喜佰供销社制酒厂
●科尔沁区育新供销社制酒厂
●科尔沁区明辉制酒厂
●孔家窝堡军达制酒厂
●通辽市林喜酒业有限公司
●赫澜香酒厂
●国瑞制酒养殖小区
●通辽市雪航啤酒厂
●通辽市哲南农场酒厂
●科尔沁区余粮堡镇晨史酒厂
●科尔沁区余粮堡镇第二制酒厂
●科尔沁区余粮堡镇酒龙酒厂
●科尔沁区余粮堡镇庆芳酒厂
●科尔沁区庆和镇回民村酒厂
●科左后旗刘万德酒厂
●科左后旗伊胡塔李清酒厂
●内蒙古马王酒业有限公司
●库伦旗忽必烈酒业有限公司
●奈曼旗酒厂
●内蒙古奈曼旗绿源酒厂
●奈曼旗啤酒厂
●八仙筒镇红升酒厂
●奈曼旗天力矿泉水饮料公司
●开鲁县山葡萄酒业有限责任公司
●开鲁县星湖酒业有限责任公司
●内蒙古百年酒业有限责任公司
●开鲁县保安农场酒厂
●开鲁县东来镇灌区酒厂
●开鲁县大榆树镇粮库酒厂
●开鲁县台河口乡酒厂
●开鲁县麦新镇十三排村酒厂
●开鲁县小街基粮库酒厂
●开鲁县小街基镇第一制酒厂
●开鲁县兴安乡大兴村张树元酒厂
●扎鲁特旗鲁诚西洋参加工厂
●扎鲁特旗威林酒业有限责任公司
●扎鲁特旗鲁兴制酒厂
●霍市神泉酒业有限公司
●内蒙古布鲁克酒业有限责公司
●高力板酒厂
●呼和浩特市回民区凯华酒厂
●苏尼特左旗满都拉酿酒厂
●和林县西沟门乡蒙珍酒厂
●武川县大梁山酒厂
●丰镇市金鹏制酒厂
●丰镇市吉丰酒厂
●镶黄旗沁洋酿酒厂
●商都县玉涛酒厂
●兴和县银河酒厂
●兴和县盟宏酒厂
●正镶白旗明安图酿酒厂
●包头市神池制酒厂
●恩格贝酒厂
●包头市阿都牧神酒厂
●包头阿都酒厂饮品分厂
●包头市石拐区大发酒厂
●土右旗瑞仁保健酒厂
●固阳县兴顺西乡鹿阳酒厂
●达茂旗白酒厂

●内蒙古磴口县沙金古泉苁蓉酒厂
●乌拉特后旗五得利酿酒厂
●内蒙古乌审召志宽果露酒厂
●呼伦贝尔市海拉尔区呼伦酿酒厂
●大雁矿区古泉春酒厂
●满洲里海威啤酒厂
●东山酿酒厂
●风顺酒厂
●君健酿酒厂
●牙克石市北海酒厂
●图里河兴旺酒厂
●免渡河镇玫瑰红酒厂
●海啤集团海威果酒厂
●根河市敖鲁古雅滋补酒厂
●安庆镇二酒厂
●赤峰市海顺经贸有限公司马龙液酒厂
●八里罕村第一制酒厂
●八里罕金泉酒厂
●吉祥酒厂
●赤峰华东酿酒厂
●翁牛特旗白音他拉酒厂
●克旗奶酒厂
●赤峰市海兴酒厂
●内蒙古西乌珠穆沁旗酒厂
●西乌珠穆沁旗可一酒厂
●正蓝旗元都制酒厂
●通辽市科尔沁区宝宴酒厂
●通辽市余粮堡镇酒龙制酒厂
●西乃木酒厂、调味品厂
●科左后旗万德酒厂
●伊胡塔李清酒厂
●乌兰浩特市胜利制酒厂
●突泉县水泉镇酒厂
●突泉县突泉镇北烧锅酒厂
●突泉县东杜尔基镇酒厂
●突泉县永安镇哈拉沁酒厂
●突泉县突泉镇桥北养殖小区酒厂
●突泉镇利宏酒厂
●突泉县突泉镇宏发酒厂
●突泉县突泉镇泉兴粮食酒厂
●突泉县宝石镇白酒厂
●科右前旗索伦镇敬老院酒厂
●阿荣旗章塔尔村徐氏酿酒厂
●额济纳旗胡杨酒厂
●内蒙古乌素图腰窝酒业有限公司
●呼和浩特市名泉制酒厂
●内蒙古世纪呼白酒业有限责任公司
●内蒙古金旗王酒业有限责任公司
●内蒙古方兴酒业有限公司
●内蒙古敕勒川酿酒有限公司
●内蒙古屯绿宝啤酒花有限公司
●内蒙古康庄酒业有限公司
●内蒙古金樽酒业有限责任公司
●苏尼特左旗满都拉酿酒厂
●内蒙古阿巴嘎旗天骄酒业有限责任公司
●内蒙古驰园酒业有限公司
●内蒙古宝贝河酒业有限公司
●呼和浩特市荣发酒业有限公司
●内蒙古集宁吉星酒业有限公司
●集宁市昭君酒厂
●内蒙古集宁龙泉酒业有限公司
●雪鹿啤酒(丰镇)有限责任公司
●正镶白旗新正白酒厂
●内蒙古乌兰察布盟察右后旗乌兰制酒厂

●内蒙古兴和县武皇飞马联合酿酒有限责任公司
●正镶白旗明安图酿酒厂
●包头市久久制酒厂
●包头市昆龙酒业有限责任公司青年生态园分公司
●包头市九峰山酒业有限公司
●包头市梅力更酒业有限责任公司
●内蒙古润兴酒业有限责任公司
●包头市昂格丽玛奶酒有限公司
●包头转龙酒业经销有限责任公司石拐分公司
●内蒙古土右旗草原情酒业有限责任公司
●内蒙古天池酒业有限公司
●乌拉特前旗祥原枸杞酒厂
●四平市天源酿酒有限公司巴彦淖尔东禾制酒厂
●内蒙古富方泰寿翁酒业有限责任公司销售分公司
●内蒙古富方泰寿翁酒业有限责任公司
●五原县阳丰酒精厂
●内蒙古磴口县沙金古泉苁蓉酒厂
●乌海市金欧啤酒有限责任公司
●乌海市天元葡萄酒业有限责任公司
●鄂尔多斯市戈尔沁果露酒业有限责任公司
●鄂托克前旗牧园酒业有限责任公司
●鄂尔多斯市世珍酒业有限责任公司
●伊金霍洛旗伊曙君酒业有限责任公司
●杭锦旗库布其酒业有限责任公司
●杭锦旗金马酒业有限责任公司
●呼伦贝尔市呼伦肉牛发展研究基地呼伦酿酒厂总销售处
●呼伦贝尔市海拉尔区呼伦酿酒厂
●呼伦贝尔市海拉尔区汇泉酿酒厂
●鄂温克族自治旗大雁矿区晨辰酒厂
●呼伦贝尔市晨晨制酒有限责任公司
●鄂温克族自治旗索伦酒业有限责任公司
●陈巴尔虎旗完工如青酿酒有限责任公司
●新巴尔虎右旗万丰酒业有限责任公司
●满洲里市新兴酒厂
●免渡河镇山泉酒厂
●牙克石市北海酒厂
●牙克石忠业制酒厂
●牙克石市君健酿酒厂
●额尔古纳市拉布大林宴宾酒厂
●额尔古纳市古城酒业有限责任公司
●赤峰市金牛酒业有限责任公司
●赤峰鹏程酒业酿酒厂
●赤峰市松山区金穗老窖酿酒厂
●赤峰市松洲酿酒厂
●赤峰衣家营酒厂
●赤峰乾赫酒厂
●宁城县国富酒厂
●内蒙古宁城金泰酒业有限责任公司
●宁城县京东酒厂
●赤峰市源泉老窖酒厂
●宁城县圣贡酒厂
●燕京啤酒(中京)有限责任公司
●宁城天地人酒业有限公司
●宁城县通源公司白酒厂

- 内蒙古宁城广发酒业有限公司
- 宁城草原骏马酿酒有限公司
- 内蒙古蒙域元酒业有限责任公司
- 宁城宁泰酒业有限公司
- 宁城百年酒业有限公司
- 内蒙古宁城集团老窖酒厂
- 宁城县宁河源酒业有限公司
- 内蒙古铁木真酒业有限责任公司
- 内蒙古八里罕酒业有限公司
- 宁城隆泉酒业有限公司
- 宁城天泉酿酒有限公司
- 敖汉旗老大啤酒有限责任公司
- 怀来龙祥啤酒饮料有限责任公司敖汉分公司
- 赤峰蒙野山葡萄酒业有限责任公司
- 赤峰市乃林酿酒总厂白酒二厂
- 翁牛特旗玉龙酒业有限责任公司
- 内蒙古琦源啤酒饮料有限公司
- 内蒙古神奇酒业有限责任公司
- 阿鲁科尔沁旗营养酒有限公司
- 西乌珠穆沁旗可一白酒厂
- 锡盟宝源酒业有限责任公司
- 内蒙古黑城子玛拉沁酿酒有限责任公司
- 内蒙古多伦县滦源酿酒厂
- 内蒙古滦源酒业有限责任公司
- 内蒙古通辽市中天酒业有限公司
- 通辽市科尔沁区辽河镇辽河酒厂
- 通辽市科尔沁区钱家店俊哲酒厂
- 科左后旗甘旗卡万德酒厂
- 奈曼三沟酒业有限责任公司
- 内蒙古奈曼旗千里马酒厂
- 通辽海润啤酒有限公司
- 内蒙古奈曼旗逢春酿酒有限责任公司
- 奈曼旗仙牛酒业
- 开鲁百顺啤酒有限责任公司
- 通辽市科左中旗澳丰酒业
- 六家子明学制酒厂
- 奈曼旗侯爵王酒厂
- 奈曼旗天骄蒙古酿酒厂
- 开鲁县新华制酒厂
- 开鲁县保安农场酒厂
- 开鲁县东来粮库酒厂
- 开鲁县东来灌区酒厂
- 开鲁县大榆树粮库酒厂
- 开鲁县台河口制酒厂
- 开鲁县小街基镇粮库酒厂
- 科右中旗新佳木苏木酒厂
- 科右中旗西尔根酒厂
- 科右中旗吐列毛杜酒厂
- 科右中旗杜尔基酒厂
- 乌兰浩特市福源涌酒业有限责任公司
- 科右前旗源溢果酒饮料厂
- 内蒙古八旗马王酒业有限公司
- 乌兰浩特市金红云酒业有限公司
- 乌兰浩特雪晶啤酒有限责任公司
- 内蒙古吉兴六合葡萄酒制造有限公司
- 内蒙古巴特罕酒业股份有限公司
- 小麦糖浆分公司
- 内蒙古路路旺酒业有限责任公司
- 内蒙古湘泉酒业有限公司
- 呼和浩特市蒙神酒业有限责任公司
- 呼和浩特市玉粮醇酒业有限责任公司

●福州宏涛酒业有限公司内蒙古分公司
●呼和浩特市呼白酒业有限公司
●内蒙古河套人酒业有限公司
●内蒙古驼鹿酒业销售有限公司
●包头市大罕盛世酒业有限责任公司
●包头市蒙古王酒业有限公司
●包头市青山鹿酒业有限公司
●包头市京太酒业有限公司
●乌拉特前旗乌拉山酒业有限责任公司
●巴彦淖尔市海源酒业有限责任公司经销部
●内蒙古河套酒业集团腾格里塔拉奶酒有限责任公司
●乌海市三腾酒业有限责任公司
●内蒙古水谷津微酒业有限公司
●牙克石市金蒙农副产品有限公司瞪眼岭酒厂
●牙克石兴安岭酒业有限公司白酒分公司
●林西宝林酒业有限责任公司红山区直销处
●赤峰顺鑫宁城老窖酒业有限公司
●敖汉华海酒业有限责任公司
●赤峰市蟠龙酒业有限公司
●赤峰市庆山鹿业有限公司洞山酒厂
●通辽经济技术开发区庆和镇宏伟酒厂
●通辽市金天地酒业有限责任公司
●内蒙古马王酒业有限公司
●通辽天江啤酒有限公司
●乌兰浩特市金红云酒业有限公司第十付酒处
●乌兰浩特市金红云酒业有限责任公司第一付酒处
●乌兰浩特市金红云酒业有限公司第七付酒处
●乌兰浩特市金红云酒业有限公司第九付酒处
●内蒙古王爷庙酒业有限公司
●内蒙古绰尔河酒业有限责任公司付酒处
●敖汉华海酒业有限责任公司饮品分公司
●赤峰佳酿酒厂
●内蒙古磴口县沙金古泉苁蓉酒厂
●内蒙古西乌珠穆沁旗酒厂
●内蒙古八里罕酒厂阜新分厂
●内蒙古扎兰屯市蒙古情酒业有限责任公司
●内蒙古根河市敖鲁古雅滋补酒厂
●内蒙古宁城集团元力保健酒业有限公司
●内蒙古琦源啤酒饮料有限公司
●内蒙古自治区通辽蒙酒酒业公司
●内蒙古宁城县兴裕泉酒厂
●内蒙古宁城老窖酒厂
●内蒙古西乌珠穆沁旗酒厂
●内蒙古奈曼旗绿源酒厂
●内蒙古布鲁克酒业有限责公司
●内蒙古乌素图腰窝酒业有限公司
●呼和浩特市名泉制酒厂
●内蒙古方兴酒业有限公司

- 内蒙古屯绿宝啤酒花有限公司
- 内蒙古康庄酒业有限公司
- 内蒙古金樽酒业有限责任公司
- 苏尼特左旗满都拉酿酒厂
- 内蒙古阿巴嘎旗天骄酒业有限责任公司
- 内蒙古驰园酒业有限公司
- 内蒙古集宁吉星酒业有限公司
- 内蒙古集宁龙泉酒业有限公司
- 内蒙古乌兰察布盟察右后旗乌兰制酒厂
- 内蒙古兴和县武皇飞马联合酿酒有限责任公司
- 内蒙古润兴酒业有限责任公司
- 内蒙古土右旗草原情酒业有限责任公司
- 内蒙古黑城子玛拉沁酿酒有限责任公司
- 内蒙古多伦县滦源酿酒厂
- 内蒙古滦源酒业有限责任公司
- 内蒙古通辽市中天酒业有限公司
- 内蒙古奈曼旗逢春酿酒有限责任公司
- 内蒙古富方泰寿翁酒业有限责任公司销售分公司
- 内蒙古富方泰寿翁酒业有限责任公司
- 内蒙古吉兴六合葡萄酒制造有限公司
- 内蒙古水谷津微酒业有限公司
- 乌兰浩特市福源涌酒业有限责任公司
- 科右前旗源溢果酒饮料厂
- 内蒙古八旗马王酒业有限公司
- 乌兰浩特市金红云酒业有限公司
- 乌兰浩特雪晶啤酒有限责任公司
- 内蒙古吉兴六合葡萄酒制造有限公司

黑龙江省

- 黑龙江省新天酒业有限责任公司
- 双鸭山市糊涂王酒厂
- 黑龙江省红兴隆垦区东升酿酒厂
- 宝清县宝石河酒业有限责任公司
- 横林酒厂
- 宝清县黎明制酒厂
- 黑龙江省农垦红兴隆分局田原酒业
- 绥滨县盛蕴酒精有限责任公司绥滨县御成古酒厂
- 牡丹江市渤海国酒厂
- 海林市百年酒业有限公司
- 海林市北龙酒业有限责任公司海林市竹江春制酒厂
- 海林市雪峰酒厂
- 东宁县源泉酒业有限责任公司
- 宁安市洪昌酒厂
- 鸡西市滴道区老北方白酒厂
- 黑龙江亚细亚松茸酒业有限公司
- 密山市兴凯湖酒业酿造有限公司
- 黑龙江鹤城酒业有限公司驻齐齐哈尔经销处
- 齐齐哈尔市嫩滨制酒厂
- 塔河县兴盛酒厂
- 漠河县图强果酒厂
- 杜尔伯特县第一酿酒厂

●杜尔伯特酿酒厂
●林甸县鹤泉酿酒厂
●榆树乡长山白酒厂万来酒厂
●永乐太丰酒厂
●肇州镇壮大天河酒厂
●肇州县南来酒厂
●肇源县龙源制酒厂
●肇源县临江酒厂肇源县肇源镇万青制酒厂
●超等乡姜家酒厂
●大庆市肇源县民意乡向明制酒厂
●肇源县松嫩酒厂
●黑龙江省延寿蚂蚁河酒业有限公司
●黑龙江省饶河县星湖酒厂
●黑龙江省玉珍酒业有限公司林源醇白酒厂
●黑龙江冰城酿酒股份有限公司
●黑龙江省双花酒业有限公司
●黑龙江省海林市雪原酒业有限公司
●青岛啤酒(密山)有限公司
●黑龙江庆安祥盛酒业有限公司
●黑龙江省双城市三得利酒业有限责任公司
●哈尔滨双星啤酒有限公司
●黑龙江省齐齐哈尔市天下粮仓酒厂
●黑龙江省阿城市山泉酒厂
●龙江龙酒业集团
●哈尔滨玉子泉酒业有限公司
●黑龙江横道河子虎峰酿酒有限公司
●果泉葡萄酒业有限公司
●哈尔滨北大酒业饮品有限公司
●哈尔滨财富天下酒业有限公司
●哈尔滨市红星酒业销售部
●黑龙江省哈尔滨旭升酒业有限公司
●哈尔滨市望哈酿酒厂
●黑龙江省北大荒集团农垦七星酒厂
●福东白酒厂
●哈尔滨万通酒业有限公司
●花园酒厂
●哈尔滨一龙酒业五粮神营销中心
●黑龙江横道河子东北虎酒业有限公司
●黑龙江省双城市御花园酒业有限责任公司
●哈尔滨哈量酒业有限责任公司
●哈尔滨市一龙酒业有限公司
●哈尔滨君臣酒厂
●黑龙江省志华酒业有限公司
●国友酒厂
●黑龙江省庆安县致富酒业有限责任公司
●双城尚宾酒业有限公司
●黑龙江泰和酒业有限公司
●黑龙江省淼烨酒业有限公司
●黑龙江省双城市家中酒业有限公司
●黑龙江省双城市九天酒业有限公司
●黑龙江省新天酒业有限责任公司
●黑河市温馨酒业有限公司
●黑龙江神峰酒业有限公司
●富裕老窖酒业公司
●黑龙江省克东县鸿粮酿酒厂
●黑龙江省忆心酒业有限公司
●靠山双山酒厂
●齐齐哈尔国良酒业
●齐齐哈尔市金马酒业有限公司
●齐齐哈尔市北大仓啤酒有限公司
●福来米酒厂

●齐齐哈尔春生酒业有限公司
●龙江县龙华酒厂
●西崴子酒厂销售部
●西崴子酒厂
●长汀都都酒厂
●黑龙江绥芬河兴隆白酒厂
●牡丹江市川江酒业有限责任公司
●绥芬河市巴里赞姆酒业有限公司
●黑龙江省三江酿酒厂
●同江(香港)润兴啤酒有限责任公司
●黑龙江三江口酒业有限责任公司
●黑龙江兰西长城酒业有限责任公司
●源升河酿酒有限责任公司
●庆安老房东酒业公司
●铁力农场农垦人酿酒厂
●黑龙江嫩江燕江春酒业有限责任公司
●金鼎酒业公司
●伊春市忠芝大山王酒业有限公司
●野果王酒业有限公司
●中国(沈阳)爱新觉罗.祖家坊酒业有限公司
●大庆老窖酒业有限责任公司
●大庆市誉隆酒业有限公司
●黑龙江大洋酒业有限公司
●黑龙江省玉珍酒业有限公司
●密山啤酒公司
●鸡西市麻姑山庄酒业有限责任公司
●黑龙江省鹤岗市农丰白酒厂
●黑龙江省二九〇农场清香酒厂
●黑龙江绿康酒业有限公司
●黑龙江荒原酒厂
●黑龙江龙池酒业有限责任公司
●集贤县红贝酒厂
●黑龙江省哈尔滨松花江啤酒厂
●哈尔滨三九龙滨酒厂(经销)
●哈尔滨市合利酿酒厂
●哈尔滨市千红酒厂
●黑龙江王氏酒业有限公司
●哈尔滨天有酿酒有限公司
●黑龙江省香坊实验农场个体白酒厂
●哈尔滨百事吉酒厂
●黑龙江省哈尔滨市金谷白酒厂
●哈尔滨市四川省泸州酒厂城高子分厂
●哈尔滨啤酒松江有限公司
●哈尔滨市东升酿酒厂
●哈尔滨长白山野生葡萄酿酒有限公司
●黑龙江省农大葡萄酒有限责任公司
●哈尔滨市太平区荣军白酒厂
●哈尔滨市大众酒厂
●哈尔滨市仙泉酒业有限公司
●哈尔滨市荣酒酿造有限公司
●哈尔滨市江东白酒厂
●哈尔滨夏田酒业有限公司
●哈尔滨市红泰米酒加工厂
●哈尔滨市新胜酒厂
●哈尔滨三九龙滨酒厂
●哈尔滨天池石酿酒有限公司
●哈尔滨市宏泉酒业有限责任公司
●哈尔滨醇酒厂
●哈尔滨外贸酒业饮品有限公司
●哈尔滨市双龙酒厂
●哈尔滨市红粮酿酒厂
●黑龙江省北大荒酿酒集团
●哈尔滨市银河酒厂
●哈尔滨市天河酒厂
●哈尔滨市松江饮料白酒厂

●哈尔滨市塞北酒厂
●哈尔滨市康乐酒业有限公司
●哈尔滨市军鸽醇酒厂
●哈尔滨市红梅酒厂
●哈尔滨哈铁酒业有限公司
●哈尔滨老关东酿酒有限责任公司
●哈尔滨松花江啤酒厂
●哈尔滨雪城酒业有限公司
●哈尔滨亚明王酒业有限公司
●哈尔滨北方春酒厂
●双城市啤酒厂
●双城市古兆酿酒厂
●双城市龙池酒厂
●双城市黑土地酒业有限公司
●黑龙江省双城市花园酒业有限公司
●双城市五家镇白酒有限责任公司
●双城市淼烨酒业有限公司
●双城市顺利白酒厂
●双城市农丰镇压双利纯粮酿酒厂
●双城市临江乡粮库酒厂
●双城市公正乡金沟酒厂
●双城市联兴满族乡汇乡实酒厂
●双城市花园酒业有限公司花园分厂
●双城市金城乡花园酒厂
●双城市东官镇东诚白酒厂
●哈尔滨酿酒有限公司
●哈尔滨双星啤酒有限公司
●五常市金龙熊胆酒厂
●五常市拉林镇郊兴旺白酒厂
●五常市拉林镇酿酒厂
●五常市兴隆乡供销社刘景阳酒房
●五常市路泉工农有限公司
●五常市山河镇前进酒厂
●青岛啤酒(哈尔滨)有限公司
●哈尔滨阿城酒厂
●陈锡久白酒厂
●阿城市广太白酒厂
●阿城市料甸乡小楼白酒厂
●哈尔滨市星泉酒业有限公司
●哈尔滨铁厂酒房
●双丰镇椴树村莫家酒厂
●阿城市百年宾州生物酒业有限公司
●哈尔滨仁龙酒业公司
●阿城市玉泉镇伍泉酒厂
●哈尔滨香泉啤酒有限公司
●黑龙江省玉泉酒厂
●阿城市永源镇永源白酒厂
●宾州镇永乐村综合加工厂
●哈尔滨王子葡萄酒制造公司
●哈尔滨市宾州酿酒厂
●哈尔滨圣士丹啤酒有限公司
●哈尔滨市呼兰县酒厂
●呼兰镇富源酒厂
●富强酒厂
●呼兰县天鹏酒业有限公司
●呼兰县西井畜牧厂
●尚志市金泉白酒厂
●黑龙江省尚志市老街基冰星啤酒厂
●尚志市浆果公司公司北安浓缩果汁厂
●尚志市一面坡东郊葡萄酒厂
●尚志市一面坡白酒厂
●黑龙江省尚志一面坡新立啤酒原料供销处
●哈尔滨三梅果酒饮品厂
●延寿县香泉酒业有限公司
●延寿县清老实业集团公司

- 延寿县延河酒厂
- 延寿县金寿带酒业有限公司
- 哈尔滨农垦庆阳啤酒厂
- 黑龙江省庆阳农场壮元春酒厂
- 哈尔滨市方正酿酒厂
- 哈尔滨市方正寿龟补酒有限公司
- 方正县松南乡江南酒厂
- 哈尔滨市方正县宝兴乡啤酒厂
- 黑龙江省方林保健品有限公司
- 哈尔滨市山花饮品有限公司
- 江川白酒厂通河分厂
- 通河县德友制酒加工厂
- 肇东市天地酒厂
- 肇东市老酒家酒业有限公司
- 肇东市开发区制酒厂
- 黑龙江肇东市稳定酒厂
- 肇东市金鼎啤酒制造有限公司
- 肇东市昌五供销社酒厂
- 肇东市大庄园酿酒厂
- 安达市广通糖化饲料厂
- 安达市银泉酿酒有限公司
- 安达市粮食酿酒总厂
- 安达市海地食品开发有限公司
- 安达市任民镇继祥酒厂
- 安达市龙宇粮食加工有限责任公司
- 安达市宏庆酿酒厂
- 兰西县红星乡制酒厂
- 兰西县科研制酒厂
- 兰郊永久综合养殖加工厂
- 兰西县榆林镇林荣开发区白酒厂
- 兰西县榆林镇糖化饲料养殖厂
- 黑龙江省青泉酒业集团
- 黑龙江青龙啤酒有限责任公司
- 明水县制酒厂
- 巴彦县富江乡酒精厂
- 黑龙江省巴彦制酒厂
- 巴彦县兴隆镇隆青酒厂
- 巴彦县丰乐乡志达村多种经营厂
- 天增镇井田酿酒有限公司
- 巴彦县冰国啤酒有限公司
- 木兰县金桥啤酒厂
- 绥化市制酒厂
- 绥化市北林区雪梅啤酒有限责任公司
- 绥化市北林区四平张家酒厂
- 黑龙江北国酒业有限公司
- 绥化市北林区东兴办事处王成白酒厂
- 绥化市北林区糖酒公司食品厂
- 望奎县吉祥酒厂
- 望奎县吉星啤酒厂
- 绥棱县制酒厂
- 海伦市海洋酒厂
- 海伦市绿色食品工业园酒精项目办
- 海伦市玉米香白酒厂
- 庆安县庆泉酒业有限公司
- 庆安县致富酒业有限公司
- 庆安县银河酿酒有限公司
- 黑龙江省庆安县酒精有限公司
- 庆安县五岳泉啤酒有限责任公司
- 庆安县世纪春酒业有限公司
- 庆安县潘记酿酒厂
- 庆安县绿源春酒业有限公司
- 庆安县丰收乡银河酿酒有限公司
- 黑龙江省庆泉绿色产业集团
- 黑龙江庆安县龙庆酿酒厂
- 庆安县祥盛酒厂
- 庆安县欢胜乡永利村欢胜酒厂

- 铁力市啤酒有限公司
- 黑龙江省双城花园酿酒总厂铁力三分厂
- 铁力市宏成制酒厂
- 黑龙江省伊春蝎精实业有限公司
- 裕腾集团伊春啤酒有限责任公司
- 伊春市翠峦区林海山野果开发有限责任公司
- 伊春市上甘岭区向阳农副产品开发有限公司
- 伊春市五营区五星果酒厂
- 南岔木材水解厂白酒分场
- 嘉荫县老伙伴酒业有限责任公司
- 佳木斯市康乐白酒厂
- 佳木斯啤酒厂
- 佳木斯粤海佳凤啤酒有限公司
- 佳木斯粮库青年酒厂
- 七台河市龙泉酒厂
- 佳木斯北方佳宾集团有限公司汤原分公司
- 汤原县粮源酒业责任有限公司
- 黑龙江省三江酿酒厂
- 依兰县德裕镇四块石白酒厂
- 依兰县团山子乡团山子村庙岭山酒厂
- 双鸭山市尖山区啤酒厂饲料分厂
- 双鸭山市啤酒厂
- 双鸭山市尖山区黑土地酒业公司
- 黑龙江新三星集团双鸭山啤酒有限公司
- 双鸭山市太保供销社糟化厂
- 保供销社糟化厂
- 宝清县社会福利鑫泉白酒厂
- 宝清县啤酒厂
- 宝清县贵林酒厂
- 黑龙江省双柳河顺达制酒厂
- 黑龙江省北大荒麦牙集团二厂
- 黑龙江省八五三农场小清河酿酒厂
- 黑龙江省北大荒麦芽有限公司一分公司
- 饶河县山里乡糖化饲料厂
- 友谊县庆谊酒厂
- 友谊县兴盛乡龙泉酒厂
- 友谊县庆丰白酒厂
- 友谊县鑫泉啤酒有限责任公司
- 集贤县七星啤酒有限责任公司
- 黑龙江古龙集团酒业有限公司双鸭山市分公司
- 集贤县集贤镇龙粮酿酒有限公司
- 黑龙江省富锦市啤酒厂
- 黑龙江省富锦市制酒厂
- 黑龙江省富锦市卧虎泉酒业有限责任公司
- 黑龙江省富锦市冰鹅啤酒有限责任公司
- 黑龙江省北国啤酒集团有限公司
- 黑龙江省乌苏里江企业集团大板酒业公司
- 同江市三江酒业有限责任公司
- 同江市同江镇雪岚醇股份有限公司
- 同江市乐业镇曙光白酒厂
- 抚远县制酒厂
- 牡丹江市南江果酒厂
- 牡丹江镜泊啤酒有限公司
- 牡丹江市山泉酒厂
- 牡丹江镜泊湖酒厂
- 牡丹江上京酒业有限公司

●牡丹江市北龙酒厂
●海林市威虎山啤酒有限责任公司
●黑龙江省海林市满江红酿酒有限公司
●黑龙江省海林市雪源酒业有限公司
●牡丹江敏尧实业有限责任公司敏尧酒厂
●海林市萨尔虎酒业有限公司
●海林市横道镇宝发酒业有限公司
●海林市横道镇酿酒总厂
●黑龙江省海林市威虎山酒业有限公司
●黑龙江省林海酒业有限公司
●牡丹江啤酒厂东宁分厂
●东宁县酿酒有限责任公司
●大庆市龙州啤酒有限公司绥芬河公司
●宁安市宏伟白酒厂
●宁安市河西酿酒厂
●宁安市北凤酒业有限公司
●牡丹江北方酒业有限责任公司
●宁安市世纪酿酒厂
●黑龙江省宁安农场镜泊湖啤酒饮料总公司
●黑龙江省宁安农场农垦镜泊湖啤酒厂
●穆棱市晶泉酒业有限责任公司
●穆棱市兴源镇西烧锅酒厂
●林口制酒厂
●牡丹江市林口森宝酿酒厂
●青岛啤酒兴凯湖有限公司(鸡西市)
●鸡西市东北王酒业有限责任公司
●鸡西矿务局正阳煤矿多种经营公司饲料加工厂
●鸡西市麻姑山庄酒业有限责任公司
●鸡西市山区民乐糖化饲料厂
●鸡西市滴道区玉龙酒厂
●鸡西市碧淼酒业有限公司
●市百年酒业有限责任公司
●鸡西强盛制酒厂
●鸡东县白酒厂
●密山市兴凯湖果酒厂
●密山市药用黄酒厂
●密山市民主村酒厂
●密山市黑台镇供销社酒厂
●青岛啤酒(密山)有限公司
●黑龙江省八五一一农场兴源酿酒厂
●密山市白泡子供销社白酒厂
●密山市兴凯湖乡兴隆岗酒厂
●佳木斯北方佳宾集团有限公司
●佳木斯市郊区松江乡高士达酒业有限公司
●佳木斯市郊区松江乡新立村松兴白酒厂
●佳木斯市郊区沿江乡恒英酒业有限公司
●佳木斯市珍特补品厂
●鹤岗矿务局多种经营总公司农丰白酒厂
●哈尔滨啤酒鹤岗市有限公司
●鹤岗市龙江酒业有限责任公司
●鹤岗市泉源糖化白酒厂
●鹤岗市樱花饮品厂
●黑龙江省延军农场兴裕白酒厂
●桦川县紫源酒业有限公司
●黑龙江省傻邦集团公司
●桦川县苏家店镇傻子屯酿酒厂
●黑龙江省绿天林业集团公司山葡萄酒厂
●勃利县蓝宝(酒业)公司

- 佳木斯酿酒总厂
- 桦南县啤酒厂
- 勃利县七友酒业有限责任公司
- 勃利县大四站镇制酒厂
- 勃利县九龙泉酿酒有限责任公司
- 七台河市木神酒业有限责任公司
- 七台河市企东米酒酿造厂
- 地方国营七台河市制酒厂
- 七台河市地王酿酒有限责任公司
- 七台河市开新酒杯厂
- 七台河市啤酒厂饮料厂
- 七台河市新兴区新城街道杨洪和酒厂
- 七台河市新兴区新城街道李振友酒厂
- 七台河市新兴区胡卫平白酒厂
- 七台河市新兴区张羽糖化饲料厂
- 七台河市新兴区霞光白酒厂
- 七台河市新兴区维宜白酒厂
- 七台河市新兴区万里白酒厂
- 七台河市志毅酒厂
- 七台河市新兴区崔忠臣糖化饲料厂
- 七台河市新兴区陈林白酒厂
- 七台河市王帮佑酒厂
- 七台河市单卫禄酒厂
- 七台河市新兴区胜强白酒厂
- 七台河市新兴区彭元章白酒厂
- 哈尔滨市红料酿酒厂
- 哈尔滨市合利酿酒厂
- 哈尔滨市东升酿酒厂
- 哈尔滨市福东白酒厂
- 江东白酒厂
- 哈尔滨园丁果酒厂
- 哈尔滨市军民酒厂
- 哈尔滨市大众酒厂
- 哈尔滨龙滨酒厂
- 哈尔滨中国酿酒厂
- 哈尔滨市龙信呷酒厂
- 哈尔滨市金浓野生山葡萄酒厂
- 哈尔滨市白酒厂
- 哈尔滨市先锋生态农业示范基地北粮液酒厂
- 哈尔滨市红梅酿酒厂
- 哈尔滨市迎宾酒厂
- 哈尔滨市天合酿酒厂
- 洪大酒厂
- 东梁酒厂
- 马提清酒厂
- 李成年酒厂
- 徐玉强酒厂
- 双城镇龙池酒厂
- 黑龙江省双城市酿酒厂
- 金勾酒厂
- 双城市联兴乡汇乡实酒厂
- 五常市山河前进酒厂
- 阿城市锡久散白酒厂
- 阿城市广太白酒厂
- 阿城料甸日楼白酒厂
- 阿城市交界镇梁君酒厂
- 哈尔滨红光酿酒厂
- 桥西酒厂
- 尚志市尚志镇胜利白酒厂
- 尚志市尚志镇金泉白酒厂
- 延寿县延河镇酒厂
- 黑龙江省哈尔滨农垦庆阳啤酒厂
- 黑龙江省农垦庆阳壮元春酒厂

●方正县天门乡杨明酿酒厂
●方正县松南乡红星村永利桃红制酒厂
●哈尔滨市方正啤酒厂
●哈尔滨市方正县祥和酿酒厂
●通河县看守所白酒厂
●肇东市盛华白酒厂
●肇东市红河制酒厂
●肇东市百合制酒厂
●肇东市昌五镇松昌制酒厂
●肇东市金宾制酒厂
●黑龙江省肇东市大庄园酿酒厂
●安达市三中酿酒厂
●安达市团结老郑兴酒厂
●安达市益鑫酒厂
●安达市二粮库酒厂
●安达市第三粮库酒厂
●安达市任民镇继祥酒厂
●依安县贵锋酒厂
●榆林镇第一村酒厂
●青冈县创业酒厂
●青冈县青营联营果酒厂
●明水县崇德酒厂
●木兰县啤酒厂
●望奎县吉祥酒厂
●望奎县惠七满族镇高贤酒厂
●福牌酒业绥棱酿酒厂
●海伦市海洋酿酒厂
●庆安县老房东制酒厂
●庆安县致富酒厂
●庆安县欢胜酒厂
●佳木斯四丰山葡萄酒厂
●佳木斯市野生果酒厂
●佳木斯市鑫鑫葡萄酒厂
●佳木斯市东北酿酒厂
●佳木斯市松宝酿酒厂
●佳木斯市药用黄酒厂
●勃利县荣胜酒厂
●七台河市孟宪江酒厂
●黑龙江省七台河市茄子河区富强村光伍酒厂
●依兰县德裕镇白酒厂
●双鸭山市啤酒厂
●双鸭山市糊涂王酒厂
●宝清县黎明制酒厂
●宝清县青原镇万发制酒厂
●宝清县果酒厂
●宝清县万金山乡才丰制酒厂
●宝清县世喜酒厂
●宝清县贵林酒厂
●黑龙江红兴隆农垦小清河酿酒厂
●饶河县新星啤酒厂
●黑龙江省友谊农场二分场兴华酿酒厂
●富锦市制酒厂
●富锦市粮食制酒厂
●鹤岗市绥滨县兴牧白酒厂
●同江市乐业曙光白酒厂
●抚远县地方国营制酒厂
●干休所军工糖化酒厂
●宁安市江南酒厂
●宁安市宏伟白酒厂
●宁安市世纪酿酒厂
●黑龙江省宁安金龙啤酒厂
●穆棱市八面通镇一良安贵酒厂
●穆棱市北龙酒厂

●林口县古泉酿酒厂
●鸡西玉龙白酒厂
●鸡西市滴道区传云酒厂
●鸡西市盛尊制酒厂
●黑龙江省八五一〇农场豪天酒厂
●密山市药用黄酒厂
●虎林市八旗粮仓酿酒厂
●齐齐哈尔市铁锋区川酒村高粱酒厂
●齐齐哈尔市铁锋区曙光酒厂
●齐齐哈尔市富拉尔基区富全酒厂
●齐齐哈尔市碾子山区粮食制酒厂
●齐齐哈尔市碾子山区三江制酒厂
●黑龙江省九三垦区红五月农场南阳河酿酒厂
●齐齐哈尔市嫩源酒厂
●黑龙江依安县元号酒厂
●克山县河北乡北大荒酒厂
●甘南县兴达酒厂
●甘南县庆华酒厂
●齐齐哈尔市甘南啤酒厂
●泰来县金圆酒厂
●泰来县宁姜乡顺达酒厂
●泰来县塔子城国清酒厂
●阿荣旗章塔尔村徐氏酿酒厂
●大庆市萨尔图区涌泉酒厂
●大庆市大同区安同制酒厂
●大庆市大同区庆井老窖酒厂
●大庆市大同区银河酒厂
●大庆市龙凤区三合纯粮酒厂
●五大连池风景名胜区自然保护区药泉酒厂
●大庆市让区天邦酒厂
●大庆市让胡路区永新酒厂
●北安市制酒厂
●黑河市魁星啤酒厂
●拜泉县兴华乡丰收酒厂
●拜泉县兴华乡农机酒厂
●克东县东风酿酒厂
●黑龙江省兴安岭山都柿酒业有限公司
●哈尔滨金龙酿酒有限公司
●哈尔滨市黑雪地酿酒厂
●哈尔滨百年富余酒业有限公司
●哈尔滨市道外区鸿运白酒厂
●哈尔滨腾云工贸有限公司万宝泉酒厂
●哈尔滨市龙盛酒精厂
●黑龙江百年哈尔斯啤酒销售有限公司
●哈尔滨斯丹妮酒业有限公司
●哈尔滨市动力区醇正醇酒曲厂
●哈尔滨老军工白酒酿造有限公司
●哈秋林云宴酿造酒业有限公司
●哈尔滨军荣酒业有限公司
●哈尔滨市太平区元宝食品啤酒城
●哈尔滨军民酒厂
●哈尔滨市太平云香酒类经销处
●哈尔滨市太平区东北黄酒厂
●黑龙江冰城酿酒有限责任公司
●黑龙江省源盛保健酒有限公司
●哈尔滨市蓝天酒业有限公司
●哈尔滨市鑫奇滋补酒业有限责任公司
●哈尔滨金藤冰酒有限公司
●哈尔滨泰利酒业有限公司
●哈尔滨唐宫酒业有限公司

- 哈尔滨天有酿酒有限公司
- 哈尔滨市久泰酿酒厂
- 哈尔滨市金河酿酒厂
- 哈尔滨农垦红旗东滨白酒厂
- 哈尔滨市宏利白酒厂
- 双城市宏魁酒业有限责任公司
- 黑龙江九子隆酒业有限公司
- 双城市运粮河酒厂
- 黑龙江龙池酒业有限责任公司
- 双城市宏大纯粮酿酒厂
- 双城市双花酒业有限公司
- 黑龙江省双城家中酒酒业有限公司
- 双城市昌兴白酒厂
- 双城市御花园酒业有限责任公司
- 双城市金斗酒业有限责任公司
- 黑龙江黑土庄园酒业有限公司
- 双城巴夺酒厂
- 双城市天泉酒业有限责任公司
- 双城市佛氏酒业有限公司
- 双城市发达酿酒厂
- 黑龙江省龙江源酒业有限公司
- 双城市天马制酒厂
- 黑龙江运粮河酒业发展有限责任公司
- 哈尔滨市未名湖酒业有限公司
- 双城市金马酒厂
- 双城市庆丰酒厂
- 哈尔滨龙基酒业有限责任公司
- 黑龙江省花园村酒业有限公司
- 黑龙江省五常市神弓酒业有限公司
- 五常市宝泉酒业有限公司
- 拉林林春酒厂
- 五常市古仓酿酒有限公司
- 哈尔滨玉子泉酒业有限公司
- 哈尔滨寒带酒业有限公司
- 阿城市新华镇憨酒坊
- 阿城大粮仓酒业有限公司
- 阿城市龙之龙白酒厂
- 阿城市黑龙春酿酒厂
- 阿城市浩源酒厂
- 阿城市金元酒厂
- 阿城市金帝泉酒业有限公司
- 哈尔滨膳宝酒业有限公司
- 阿城市长胜酒业有限公司
- 哈尔滨中国酿酒厂阿城粮食深加工厂
- 阿城市吉兴酒业酿造厂
- 阿城市大粮仓酒厂
- 阿城市金羽酒业有限责任公司
- 阿城市天源酒厂
- 阿城市星泉酒厂
- 哈尔滨泉鑫酒业有限公司
- 哈尔滨猴石山酒业有限公司
- 哈尔滨红光酿酒厂
- 哈尔滨二龙山酒业有限公司
- 宾县二龙山酿酒厂
- 哈尔滨兰河酒业有限公司
- 呼兰县双井克权酒厂
- 呼兰县人升酿酒厂
- 尚志市庆泉白酒厂呼兰分厂
- 尚志市山川酒业有限责任公司
- 尚志市润华酒业经销有限公司
- 尚志市长寿补酒有限公司
- 尚志市龙泉酒业有限责任公司
- 尚志市蜜蜂果汁酒业有限责任公司
- 尚志市天然山葡萄酒厂

●黑龙江省延寿蚂蚁河酒业有限公司
●延寿县宴宾酒业有限责任公司
●黑龙江农垦仁皇保健酒业有限公司
●黑龙江省方林酒业有限公司
●济南卢堡啤酒有限公司肇东分公司
●安达市三中酿酒厂
●安达市大发酒厂
●安达市云桥酒厂
●哈尔滨泉雪啤酒有限公司青冈分公司
●青冈县城郊乡利民制酒厂
●绥化市金河液酒业有限公司
●绥化市太平川镇平安葡萄酒厂
●绥化市金庆泉酒业有限公司
●绥化市粹粮酒业有限公司
●绥化老东北酿酒有限公司
●牡丹江市福牌酒业有限公司绥棱酿酒厂
●海伦市海洋制酒厂
●哈尔滨啤酒(海伦)有限公司
●庆安县酒业协会
●庆安龙滨酒厂
●黑龙江省庆安潘记制酒厂
●黑龙江庆安欢胜酒业有限公司
●庆安健禾酒业有限公司
●黑龙江省庆安县高老庄酒业公司
●黑龙江虎园酒业有限责任公司
●伊春市伊春区山鬼酒坊
●伊春市林城酒业有限责任公司
●伊春万山蝎茸健康酒业有限公司
●伊春市金山屯福利酒厂
●黑龙江森态美酿酒有限公司
●伊春市野果王酒业有限公司
●佳木斯北方酒业有限公司
●佳木斯市佳城酿酒厂
●佳木斯佳能酒精有限公司
●佳木斯市郊区鑫鑫果酒厂
●鹤岗市天泉酒业有限公司
●鹤岗市兴源白酒厂
●鹤岗市蔬园乡龙源酒厂
●桦川县振中酒业有限公司
●桦川县慧丰酒业有限公司
●桦川县薄氏酿酒厂
●勃利县倭肯镇制酒厂
●黑龙江省北烧锅酒业有限公司
●勃利县蓝靛红果酒厂
●七台河市万宝酒业制造有限公司
●黑龙江北方佳宾酒业有限公司汤原分公司
●依兰县巴兰河酿酒厂
●依兰县瑞立酒业有限公司
●哈尔滨华润啤酒有限公司依兰分公司
●齐齐哈尔市建华区黑土池酿酒厂
●齐齐哈尔市东北老家酒业有限责任公司
●齐齐哈尔市龙沙区黑龙酒厂
●齐齐哈尔市铁锋区卢屯酒厂
●齐齐哈尔市北粮液酿酒厂
●齐齐哈尔市北粮仓酒业有限公司
●龙江县建国酒厂
●富裕县清泉酒厂
●齐齐哈尔市汇津啤酒有限责任公司
●齐齐哈尔鳌龙泉酒业有限责任公司
●黑龙江省大雪撬酿酒有限责任公司
●扎兰屯市圣水源啤酒有限责任公司

- 扎兰屯市古烧酒业有限责任公司
- 内蒙古巴特罕酒业股份有限公司
- 小麦糖桨分公司
- 大庆同拓酒业有限公司
- 大庆市三麦酒业有限公司
- 大庆市大同区银河酒厂
- 大庆市让胡路区天邦酒厂
- 大庆市学良爆酒业有限公司
- 五大连池双隆盛矿泉酒业有限公司
- 黑龙江省北安农垦巨龙酒业有限责任公司
- 黑龙江省北安垦区龙井泉酒业有限责任公司
- 黑河市山缘都柿酒业有限责任公司
- 黑河市魁星啤酒厂永康山泉饮用水分厂
- 黑河市红房子酒厂
- 黑河市魁星啤酒厂
- 五大连池风景名胜区自然保护区药泉山酒厂
- 逊克县养鹿场沾河营养酒厂
- 大兴安岭北奇神酒业有限公司
- 齐齐哈尔市双阳河酒业有限责任公司
- 呼玛县雪岭都柿酒业有限责任公司
- 漠河县图强镇果酒厂
- 黑龙江筑安建筑集团有限公司筑安酒业分公司
- 大庆市龙源啤酒有限公司
- 哈尔滨市巴伐利亚自酿啤酒城名人店
- 哈尔滨农垦利源啤酒批发部
- 哈尔滨市南岗区成滨饮品酒业经销部
- 哈尔滨鑫诚酒业经销部
- 黑龙江省满意酒业经销有限责任公司
- 黑龙江哈冰岛酒业有限公司
- 哈尔滨市金源浓野生山葡萄酿酒厂
- 哈尔滨明洋酒业经销有限公司
- 哈尔滨市道外区富都酒业批发部
- 哈尔滨市太阳火烧烤啤酒坊有限公司
- 哈尔滨东北龙酒业有限公司
- 哈尔滨天成酒业有限责任公司
- 黑龙江省波尔顿酒业有限公司
- 哈尔滨冰源啤酒有限责任公司
- 哈尔滨神泉酒业有限公司
- 阿城市禧龙白酒厂
- 哈尔滨蓝京啤酒有限公司
- 延寿县王傻子酒业有限公司
- 肇东市福泰兴酒业有限公司
- 望奎县灵山酒厂
- 黑龙江长远酒业有限公司
- 伊春市翠峦区清谭酒厂
- 黑龙江彭集酿酒有限公司
- 黑龙江明泉酒业有限公司佳木斯分公司
- 青岛玛丽酒业有限公司佳木斯分公司
- 黑龙江小兴安岭山葡萄酿酒有限公司佳木斯销售处
- 黑龙江小兴安岭山葡萄酿酒有限公司
- 克代尔双鸭山啤酒有限公司
- 集贤县都邦啤酒有限公司
- 黑龙江冰鹅啤酒有限公司
- 牡丹江市茅台镇酒业有限公司
- 海林市威虎山啤酒有限责任公司东宁经销处
- 宁安市和丰酿酒有限责任公司

- 海林横道河子东北虎酒业有限公司
- 黑龙江省横道河子虎峰酿酒有限公司
- 林口县升旺酒业经销有限公司
- 林口县八英河白酒销售部
- 林口县信源酒业品牌营销中心
- 东县玉珍制酒厂
- 齐齐哈尔光大化轻原料有限公司
- 老乡酒业分公司
- 齐齐哈尔龙晖酒业有限公司
- 齐齐哈尔市富全酒业有限公司
- 讷河市乾鑫酒业有限责任公司
- 嫩江县祥龙酒业有限责任公司
- 大庆市恒源宁城酒业销售有限公司
- 大庆市菁华君福酒业有限责任公司
- 北京华云鹏天酒业有限公司大庆分公司
- 大庆波尔多酒业有限公司
- 大庆富隆酒业有限公司
- 哈尔滨啤酒有限公司大庆办事处
- 大庆巨福酒业制品有限公司
- 大庆市让胡路区龙窖白酒酿造有限公司设计院酒厂
- 北安市鑫海酒业有限公司白酒经销部
- 五大连池风景名胜区自然保护区神水啤酒
- 黑龙江省神峰酒业有限公司
- 克东县龙中龙酒业有限责任公司
- 杜尔伯特蒙古族自治县蒙古酒厂
- 大庆市誉隆酒业有限公司
- 黑龙江荒原酒厂
- 黑龙江绿康酒业有限公司
- 黑龙江大洋酒业有限公司
- 黑龙江省玉珍酒业有限公司
- 黑龙江省鹤岗市农丰白酒厂
- 黑龙江省二九〇农场清香酒厂
- 黑龙江省哈尔滨旭升酒业有限公司
- 黑龙江东北虎酒业有限公司
- 黑龙江省双城市御花园酒业有限责任公司
- 黑龙江省志华酒业有限公司
- 黑龙江省庆安县致富酒业有限责任公司
- 黑龙江泰和酒业有限公司
- 黑龙江省淼烨酒业有限公司
- 黑龙江省双城市家中酒业有限公司
- 黑龙江省双城市九天酒业有限公司
- 黑龙江省新天酒业有限责任公司
- 黑河市温馨酒业有限公司
- 黑龙江神峰酒业有限公司
- 富裕老窖酒业公司
- 黑龙江省克东县鸿粮酿酒厂
- 黑龙江省忆心酒业有限公司
- 黑龙江庆安祥盛酒业有限公司
- 黑龙江省延寿蚂蚁河酒业有限公司
- 黑龙江省饶河县星湖酒厂
- 黑龙江冰城酿酒股份有限公司
- 黑龙江绥芬河兴隆白酒厂
- 黑龙江省三江酿酒厂
- 黑龙江三江口酒业有限责任公司
- 黑龙江兰西长城酒业有限责任公司
- 黑龙江嫩江燕江春酒业有限责任公司
- 黑龙江省双城市三得利酒业有限责任公司采购部
- 黑龙江省阿城市山泉酒厂
- 黑龙江省北大荒集团农垦七星酒厂

●黑龙江省绿天林业集团公司山葡萄酒厂
●黑龙江红兴隆农垦小清河酿酒厂
●黑龙江省七台河市茄子河区富强村光伍酒厂
●黑龙江省友谊农场二分场兴华酿酒厂
●黑龙江省宁安金龙啤酒厂
●黑龙江省九三垦区红五月农场南阳河酿酒厂
●黑龙江依安县元号酒厂
●黑龙江省肇东市大庄园酿酒厂
●黑龙江省哈尔滨农垦庆阳啤酒厂
●黑龙江省三江酿酒厂
●黑龙江新三星集团双鸭山啤酒有限公司
●黑龙江肇东市稳定酒厂
●黑龙江古龙集团酒业有限公司双鸭山市分公司
●黑龙江王氏酒业有限公司
●黑龙江省香坊实验农场个体白酒厂
●黑龙江省哈尔滨市金谷白酒厂
●黑龙江省农大葡萄酒有限责任公司
●黑龙江省富锦市啤酒厂
●黑龙江省富锦市卧虎泉酒业有限责任公司
●黑龙江省乌苏里江企业集团大板酒业公司
●黑龙江省宁安农场农垦镜泊湖啤酒厂
●黑龙江省九三农垦宏宇酿造有限责任公司
●黑龙江省九三农垦红五月农场南阳河酿酒厂
●黑龙江省八五一一农场兴源酿酒厂
●黑龙江省兴凯湖农场鹿茸血酒厂
●黑龙江嫩江王酒厂
●黑龙江北大仓集团关东王酒业有限公司
●黑龙江省庆安潘记制酒厂
●黑龙江庆安欢胜酒业有限公司
●黑龙江省庆安县高老庄酒业公司
●黑龙江虎园酒业有限责任公司
●黑龙江森态美酿酒有限公司
●黑龙江省北烧锅酒业有限公司
●黑龙江北方佳宾酒业有限公司汤原分公司
●黑龙江省红兴隆垦区东升酿酒厂
●黑龙江省农垦红兴隆分局田原酒业
●黑龙江亚细亚松茸酒业有限公司

吉林省

●中国华琦葡萄酒酿造有限公司
●吉林省德惠市第一酿酒厂
●中国吉林意达酒业有限公司
●长白山酒业集团现购现饮渠道营运公司
●通化市龙泉酒业有限责任公司
●吉林省深山沟酒业有限公司
●吉林省东北粮液酒业有限公司
●长春全顺啤酒有限公司
●吉林省德祥酒业有限责任公司
●吉林省长春市二道区富贵酒厂
●长春市森源葡萄酒有限公司
●吉林省华魂酒业公司
●长春市鹿乡鹿茸血酒厂

- 长春全顺啤酒有限公司产品部
- 吉林省林海雪原酿酒有限公司
- 通化爱维葡萄酒有限责任公司长春分公司
- 吉林省银海酒业有限公司
- 长白山珍品酒(中国)营销总部吉林省银海酒业有限公司
- 东北粮液酒(中国)营销总部吉林省榆树市巴多酒业有限责任公司
- 长春全顺啤酒有限公司（艾尔销售公司）
- 长白山酒业集团公司
- 吉林省兴通酒业有限公司
- 长春黄龙宴酒业有限公司
- 长春杜家酒业有限公司
- 吉林省榆树市小来酒业公司
- 吉林省榆树市第一酿酒厂
- 吉林省华信葡萄酒厂
- 吉林市林蛙油酒业有限公司
- 吉林市瑞池实业有限公司九月红葡萄酒厂
- 吉林市林泉酒业
- 吉林市海龙参茸滋补酒厂
- 中国吉林市新世纪酒业有限公司
- 吉林省舒兰市龙福源酒业食品有限责任公司
- 吉林市显石酿酒辅料有限责任公司
- 吉林省紫金酒业有限公司
- 雁鸣湖酒业有限公司
- 延边金源酒业有限公司
- 延吉市同心酒业有限公司
- 楚国酒业销售有限公司
- 金士百啤酒厂
- 四平市益康酒业有限公司（销售公司）
- 四平市益康酒业有限公司
- 吉林伊通满族自治县酿酒厂
- 吉林省辽源市泉龙源酒业有限公司
- 通化市金田葡萄酒有限公司
- 东大葡萄酒有限公司
- 梅河口市原野葡萄酒厂
- 通化通久葡萄酒有限公司
- 通化葡萄酒股份有限公司
- 吉林通化绿宝酒业有限公司
- 集安市花旗露酒厂
- 吉林华夏葡萄酿酒有限公司
- 吉林省镇赉县镇赉香酒业有限公司
- 吉林华琦葡萄酒酿造有限公司
- 白山市笃斯越酒业有限公司
- 通化市众祥酒业有限公司
- 吉林省辉南县裕升潭酒业有限公司
- 紫金园酒业有限公司
- 吉林省东威酒业有限公司
- 通化爱维葡萄酒有限责任公司
- 通化葡萄酒有限公司
- 吉林东方滋补酒厂
- 吉林省兴天酒业有限公司（东南市场）
- 通化佳世葡萄酒公司
- 吉林鸿丰酒业有限公司
- 怀仁县龙泉酒厂
- 交城县东风酒厂
- 汾阳市清泉酒厂
- 山西省杏花村义泉涌酒业股份有限公司
- 应县金泉啤酒原料有限公司

- 应县黄酒厂
- 应县临河酒厂
- 长春利达饮品原料有限公司
- 长春市恒发葡萄酒厂
- 长春市茸酒厂
- 长春市森海葡萄酒有限公司
- 吉林省金昌酒业有限公司
- 市二道鸿宇酒厂
- 长春市绿林葡萄酒有限公司
- 吉林省盛大酒业有限公司
- 长春市红穗酿酒厂
- 长春市广信葡萄酒有限公司
- 长春市二道新兴酒厂
- 长春阿尔卑斯啤酒有限公司
- 吉林省同心酿酒有限责任公司
- 长春绿野饮品有限公司
- 长春市彩虹鸡尾酒厂
- 长春市御德泉酒业股份有限公司
- 长春市春城酿酒公司
- 长春市啤酒厂
- 长春野力集团有限公司
- 吉林省长春北郊酒厂
- 吉林省国龙饮品有限责任公司
- 市民友葡萄酒厂
- 吉林省太平农工商有限责任公司运输服务处
- 长春市法多丽葡萄酒有限公司
- 长春市森厅酒业有限责任公司
- 长春隆盛祥实业有限公司
- 长春市法兰红葡萄酒业有限公司
- 吉林省冰之爽山葡萄酒有限责任公司
- 吉林省天地源酒业有限公司
- 吉林省九泰葡萄酒厂
- 长春市东道酒业饮品有限责任公司
- 长春帅宏饮品有限公司
- 长春百瑞葡萄酒厂
- 长春市紫源果酒饮料厂
- 长春市银泉酿酒厂
- 吉林农业大学食品科技开发公司
- 吉林省兴农新技术开发研究所
- 吉林省长春市白裕原汁山葡萄酒厂
- 吉林农大酿酒厂
- 长春市农源葡萄酒有限公司
- 长春市大东北果酒有限公司
- 长春净月野山泉葡萄酒厂
- 吉林省山野葡萄酒厂
- 长春市柴林葡萄酒有限公司
- 长春市金马葡萄酒有限公司
- 长春市净月潭旅游经济开发区青稞酒业公司
- 长春实鑫葡萄酒有限公司
- 长春市二道区玉泉酒厂
- 长春雪豹啤酒有限责任公司
- 长春银狐酒业有限公司
- 长春市宴丰集团公司
- 长春市奥马野生葡萄酒有限责任公司
- 北国实业有限公司
- 德惠市正通酒厂
- 三鸣酒业德惠大曲酒厂
- 德惠市鑫海酒业有限责任公司
- 德惠市第一大曲酒厂
- 德惠市菜园子酿酒厂
- 德惠市酒葆责任有限公司
- 德惠市第二酿酒厂
- 德惠市烧刀子酒厂

- 长春榆树大曲集团股份有限公司
- 榆树市环城乡西良村酒厂
- 榆树市双庆酒厂
- 榆树市环城乡西良树前房酒厂
- 榆树冰峰啤酒有限公司彩虹公司
- 吉林省榆树市吉酒王酒厂
- 金河酿酒有限责任公司
- 长春市君友酒业有限公司
- 榆树酿酒集团有限公司
- 榆树市五棵树镇恒昌酒厂
- 榆树市五棵树镇红布谷酒厂
- 榆树市五棵树镇世宝酒厂
- 榆树市五棵树镇一品礼酒厂
- 榆树市先锋乡延山酒厂
- 榆树市石源酒厂
- 榆树市远东酒业有限公司
- 吉林省榆树市大岭加工厂
- 吉林省长白山酿酒有限公司
- 榆树市泗河镇洪禄酒厂
- 榆树市新立镇大新街道兴旺发酒厂
- 吉林省吉林茅台酒业有限公司
- 榆树市关东粮液酒厂
- 榆树市秀水镇造酒厂
- 榆树市秀水镇泰丰酒业有限责任公司
- 吉林省东湖酒业有限公司
- 庆阳敬老院酒厂
- 九台市庆阳乡梨树娇氏酒厂
- 九台市东北王酒业有限责任公司
- 吉林省森王酒业有限责任公司
- 吉林省粤海银瀑啤酒有限公司
- 长春市双阳区富鑫鹿副产品有限责任公司
- 长春市双阳区顶香酒厂
- 双阳区太平镇板石鹿厂
- 双阳区太平镇桦泉酒厂
- 长春市双阳区双营乡道口酒厂
- 长春市双阳区新阳小晓酒厂
- 伊通满族自治县圣士丹啤酒有限公司
- 伊通满族自治县酒精厂
- 伊通满族自治县吉林省爱地酒业有限公司
- 前郭县酿酒有限公司
- 扶余县第二酿酒厂
- 扶余县陶赖昭镇酒精厂
- 扶余县第一酿酒厂
- 扶余县第四酿酒厂
- 扶余县第三酿酒厂
- 扶余县二泉酿酒厂
- 大安市酒厂
- 大安市啤酒厂
- 大安市乐胜乡永建酒厂
- 大安市丰收镇酒厂
- 吉安生化乾安酒精有限责任公司
- 乾安县酒厂
- 乾安县副食品厂
- 长岭县启源股份合作公司
- 吉林市东信酒厂
- 吉林市瑞池实业有限公司
- 吉林市路欣葡萄酒有限责任公司
- 吉林市金宝酒业有限责任公司
- 吉林市长白山参茸酒厂
- 吉林天池葡萄酒有限公司
- 吉林市长白山医药用酒精厂
- 吉林市船营区三果葡萄酒厂

●吉林市森泉制酒有限公司
●吉林市易阳酒业有限公司
●吉林市森鹿葡萄酒有限责任公司
●吉林市老船厂酒业开发有限责任公司
●吉林市恩赐酒业有限责任公司
●吉林林学院长白山野生植物资源加工厂
●吉林高新区金悦红花果酒厂
●吉林市万龙酒业有限责任公司
●吉林市山妹葡萄酒有限公司
●吉林松源食品医药工业公司
●吉林市联企酒厂
●吉林天合农产品开发有限公司
●吉林市大新酒厂
●吉林省野王酒业有限公司
●吉林市天缘酿酒有限公司
●吉林市宏大酿酒厂
●吉林市银河酒厂
●吉林市仙池葡萄酒厂
●吉林市龙津酒厂
●吉林市康利保健食品有限责任公司
●吉林市金满堂酒业有限公司
●吉林市江源工贸有限公司
●吉林市古城酒厂
●吉林市丰满区胜利酒厂
●吉林市东宝生力酒业有限公司
●吉林市北方酒厂
●吉林市金帝酒业有限公司
●吉林市新世纪酒业有限公司
●吉林市丰满区丰满乡敬老院酒厂
●吉林市佐佳山葡萄酿酒有限公司
●吉林市旺起酿酒厂
●吉林市鸿润酒业有限公司
●吉林市飞龙酿酒厂
●吉林市飞龙食品工业有限公司
●吉林市高粮经酒厂
●吉林市吉大酿酒有限公司
●吉林哈尔滨啤酒有限公司
●吉林市龙潭区乌拉街酒厂
●吉林市天缘酿酒有限公司乌拉街分公司
●吉林鸿运啤酒有限公司
●磐石市烟筒山保利酒厂
●磐石市黑石永隆泉酒厂
●桦甸市山城制酒厂
●桦甸市天河酒业有限公司
●桦甸市啤酒厂
●蛟河市酒业集团
●蛟河市天岗镇鸿福酒厂
●蛟河未园酒业酿造有限公司
●舒兰市酒业有限责任公司
●舒兰市原粮制酒厂
●舒兰市吉舒酒业有限责任公司
●舒兰市宝隆和酒业药材责任公司
●延吉兴隆酿酒有限公司
●吉林冰川实业股份有限公司
●延吉市风泉酒厂
●和龙制酒有限责任公司图们制酒分公司
●图们市粮食酒精厂
●汪清县长白山天池酒厂
●汪清县红太阳酒业有限责任公司
●延边温和酒业有限公司
●吉林冰川实业股份有限公司汪清分公司

●汪清县果酒饮料厂
●汪清县东方酒业有限公司
●汪清县多多酿造厂
●珲春远东酒业有限公司
●太品酒业有限公司
●吉林省延边龙井酒厂
●延边绿野食品饮料有限公司
●吉林朝阳酒业股份有限公司
●吉林省深山沟酒业有限公司
●和龙市制酒有限责任公司
●和龙市制酒有限责任公司安图分公司
●吉林冰川实业股份有限公司敦化分公司
●和龙市制酒有限责任公司敦化制酒公司
●敦化市大石头镇宏达酒厂
●通化市酒业有限公司
●通化市正德葡萄酒有限公司
●通化尊王葡萄酒有限责任公司
●通化市滨江酿酒有限责任公司
●通化市宇亮葡萄酒有限公司
●通化市通久葡萄酒有限公司
●通化市金牛山葡萄酒有限公司
●通化市富民酒厂
●通化茂祥葡萄酒股份有限公司
●通化霖园野生葡萄酒有限公司
●通化长白山葡萄酒有限公司
●东昌区清泉酒厂
●通化市爽然葡萄酒有限公司
●通化啤酒有限责任公司
●通化葡萄酒股份有限公司
●通化市二道江区大禹保健饮品厂
●通化蓉思葡萄酒有限责任公司
●通化市二道江区鸭园乡二道沟酒厂
●通化市二道江区龙源白酒厂
●东昌区前进酿酒厂
●通化神能有限责任公司
●通化市东昌区金圣源酒厂
●通化市清泉总厂
●通化天源有生物科技有限公司
●通化志增森林资源有限公司
●通化振国酒业有限公司
●通化原野山葡萄酒厂
●通化南溪饮品有限公司
●通化康健补品有限公司
●通化佳世葡萄酒有限公司
●通化山红葡萄酒有限公司
●通化县振宇葡萄酒业有限责任公司
●通化弗贝饮品有限公司
●通化嘉祥葡萄酒厂
●通化县天宝葡萄酒有限责任公司
●通化天然葡萄酒厂
●通化县山野果汁厂
●通化大泉源酒业有限公司
●通化县吉勇白酒厂
●集安市长白峰葡萄汁有限责任公司
●吉林省集安市山泉啤酒厂
●集安市霜园山葡萄酒厂
●集安通天酒业股份有限公司
●集安市凉水朝鲜族乡凉泉白酒厂
●集安市粮食局酿酒厂
●白山市香蒂葡萄酒酒业有限责任公司
●吉林省长白山啤酒厂白山分厂
●吉林省长白县制酒股份公司
●吉林省长白山啤酒厂

- 临江市粮食加工厂
- 临江市龙泉酒厂
- 白山市德和酒业有限责任公司
- 白山市松树镇酒厂
- 白山市林立丰葡萄酒有限公司
- 通化恒通酒业有限责任公司
- 通化帝源葡萄酒业有限公司
- 通化天池葡萄酒厂
- 通化碧龙源葡萄酒有限责任公司
- 吉林省通化通宝葡萄酒有限公司
- 梅河口市天池果酒厂
- 梅河口市阜康酒精有限公司
- 通化亨利葡萄酒厂
- 梅河曙光镇葡萄酒有限公司
- 梅河口市义民乡酒厂
- 吉林省通化龙泉酒业有限公司
- 梅河口市酒业有限公司
- 梅河口市酿酒有限责任公司
- 梅河口市湾龙乡京六园食品有限公司
- 吉林省天龙酒业有限责任公司
- 吉林省龙湾酒业有限责任公司
- 通化市大洋酒业
- 辉南县龙湾酒业有限公司
- 国营辉南制酒厂
- 吉林省坤泉酒业有限公司
- 通化市众祥酒厂
- 辉南县酿酒饮品有限责任公司
- 辉南县杉松岗镇庆收酒厂
- 吉林省通化市长白山老窖酒厂
- 辉南杉松岗镇马家酒厂
- 辉南县抚民镇抚井王酒业
- 通化市鸿丰酒业
- 通化丰园葡萄酒有限公司
- 通化裕丰酿酒有限公司
- 通化市旭升酒业
- 吉林省绿家族实业有限公司
- 通化市大椅山酒业
- 通化市鹿通酒业
- 辉南县城山酿酒厂
- 靖宇县长白山参茸滋补酒厂
- 通化市长白山特产股份有限公司靖宇综合加工厂
- 靖宇县榆树川乡大维葡萄酒业有限公司
- 通化市野生葡萄酒有限公司
- 通化市坤特葡萄酒有限公司
- 通化市梦园酒业有限公司
- 通化市特产葡萄酒厂
- 通化市通玉山葡萄酒有限公司
- 通化轶柳葡萄酒有限公司
- 通化市香雪兰山葡萄酒有限责任公司
- 通化市雄飞酒业有限公司
- 通化市雪冰花葡萄酒有限公司
- 通化市野霸酒业有限责任公司
- 通化思源葡萄酒有限责任公司
- 通化天池山葡萄酒有限公司
- 通化天峰源食品酒业有限公司
- 通化万源葡萄酒有限公司
- 通化洋诚酒业有限公司
- 通化市汇源酒业有限责任公司
- 通化银鸿酒业有限公司
- 通化紫金园酒业有限公司
- 通化鑫洋山葡萄酒有限责任公司
- 通化东大葡萄酒有限公司
- 吉林省钓鱼台酿酒有限公司
- 通化市金源葡萄酒有限公司

●通化德林葡萄酒有限公司
●通化市金地特山葡萄酒有限公司
●通化丰源酒业有限责任公司
●通化泓洋葡萄酒有限公司
●通化金泉葡萄酒有限公司
●通化开兴酒业有限责任公司
●通化鹿鸣葡萄酒有限公司
●通化绿野葡萄酒有限公司
●通化密生源葡萄酒有限公司
●通化森源食品有限公司
●通化山宝葡萄酒有限责任公司
●通化市长白山酒业有限公司
●通化市东特葡萄酒厂
●通化力源葡萄酒有限公司
●柳河县梦思特酒业有限责任公司
●柳河酏园食品酒业有限公司
●通化市万野葡萄酒有限责任公司
●通化东北星酒业有限公司
●通化市东升酒业有限公司
●通化市春泉葡萄酒厂
●通化市亚利葡萄酒有限公司
●柳河全胜乡白云葡萄酒有限公司
●通化圣雪山葡萄酒有限公司
●柳河古泉酿酒厂
●通化兰山酒业有限公司
●通化市吉远葡萄酒厂
●通化市金田葡萄酒厂
●柳河柳南民政综合福利厂
●吉林省茂粮酿造酒业有限责任公司
●四平市红嘴神农酒业有限公司
●吉林省山歌酒业有限公司
●四平市新北极啤酒有限公司
●四平市铁东区环城酿酒有限公司
●四平市老白酒有限公司
●四平市金士百啤酒集团公司
●吉林省国锋啤酒有限公司
●吉林省健隆实业有限公司
●公主岭市顶山泉酒厂
●公主岭市朝阳坡镇酿造厂
●公主岭市星龙泉酒厂
●公主岭市双龙酿醛厂
●公主岭市毛城子糖厂
●辽源市生力酿酒公司
●辽源市七一实业集团酿酒厂
●辽源市啤酒有限公司
●辽源市酿酒厂
●辽源市梅香曲酒厂
●辽源市龙泉酒业公司
●辽源市仙城酒厂
●辽源市西安区龙源酒厂
●辽源市葡萄酒厂
●东丰县长虹酒厂
●东丰县关东酒厂
●东丰县金龙酒业有限公司
●东丰县顺驰啤酒有限责任公司
●东丰县玉龙泉酒厂
●东丰县忠厚酿酒厂
●东丰县碧洲啤酒有限责任公司
●吉林省东丰县天丰葡萄酒有限责任公司
●吉林省亮酒王酒业公司
●双辽市啤酒厂
●吉林省源兴啤酒有限责任公司
●双辽市兴志酒厂
●梨树县威达天源酿酒有限公司
●四平远东酒业公司

- 四平龙泉酒厂
- 梨树县淑元酒业公司
- 梨树县慈禧酒厂
- 吉林省梨树县酒厂
- 吉林省地方国营梨树县制药厂
- 吉林省新龙酿酒有限公司
- 四平市金谷子酒业有限责任公司
- 四平吉春酒业有限公司
- 梨树县石岭镇玉液酒厂
- 吉林省四平市孤家子制酒厂
- 梨树县孤家子粮库酒厂
- 四平市环城酿酒有限责任公司孤家子分公司
- 梨树县小城子镇张家酒房
- 吉林省梨树县东泉酒业有限公司
- 梨树县梨花春酒业有限公司
- 梨树县大房身乡吉龙酒业有限公司
- 梨树县大房身乡酒厂
- 四平市三利酿酒有限责任公司
- 东辽县酿酒厂
- 辽源市酒精饲料有限公司
- 通化山宝葡萄酒有限责任公司通源分公司
- 东辽县万水泉酒厂
- 白城市洮北区侯家酒厂
- 白城市啤酒厂
- 吉林省金福酒业有限公司
- 白城市洮河综合加工厂
- 白城市洮儿河酒厂
- 白城市洮北区东风畜牧站酒厂
- 白城市洮北区北郊酒厂
- 白城圣元酒业有限公司
- 白城市洮北河滋补酒股份合作公司
- 白城市青山镇黎明酒厂
- 白城市洮泉酒厂
- 白城市林海乡铁岭酒厂
- 洮南市藉清侠酒厂
- 洮南市豫贞有限责任公司
- 洮南市酿造工业公司
- 洮南市福利综合厂
- 洮南市地老大酿酒有限责任公司
- 长春宴丰集团洮南酒业公司
- 长春市宴丰酿酒业公司
- 洮南市龙泽酒业有限公司
- 通榆县羊井乡制酒厂
- 吉鹤村酒业有限责任公司
- 通榆县鹤乡村酒业有限公司
- 镇赉县种猪场酒厂
- 镇赉县新元啤酒有限责任公司
- 镇赉县体校果酒厂
- 镇赉县佳晶酿酒总厂
- 镇赉县坦途镇双山酒厂
- 镇赉县粮食酿酒总厂
- 镇赉县嘎什根乡白酒总厂
- 镇赉县建平乡酒厂
- 镇赉县黑鱼泡镇张家酒厂
- 镇赉县到保镇酒厂
- 松原市黑米啤酒有限公司
- 松原市啤酒有限责任公司
- 松原市宁江区伯都乡杨家村阿老酒厂
- 大洼镇南大洼村宋义酒房
- 大洼镇南大洼村于爱军酒房
- 通化市大洋酒业有限公司
- 长春市红玫瑰葡萄酒厂
- 长春奥奇特葡萄酒厂

● 长春市海乐葡萄酒厂
● 吉林省长春市白裕原汁山葡萄酒厂
● 长春市鑫源葡萄酒厂
● 吉林农大中药材学院果酒厂
● 长春百瑞葡萄酒厂
● 长春净月潭旅游经济开发区紫微星葡萄酒厂
● 吉林满地红原汁葡萄酒厂
● 长春净月潭旅游经济开发区宏源葡萄酒厂
● 长春净月潭旅游经济开发区龙君葡萄酒厂
● 长春市鑫鹏不老酒厂
● 吉林省大洋经贸实业中心酿酒厂
● 长春市二道区新兴酒厂
● 长春市二道鸿宇酒厂
● 长春积德泉酿酒厂
● 吉林省长春北郊酒厂
● 长春净月潭旅游经济开发区农大绿野葡萄酒厂
● 吉林省华信葡萄酒厂
● 长春市南江米酒厂
● 长春市农大奥野葡萄酒厂
● 长春市红穗酿酒厂
● 长春净月潭旅游经济开发区奥源葡萄酒厂
● 长春净月潭旅游经济开发区野山泉葡萄酒厂
● 长春市云泉酒厂
● 长春市恒锋葡萄酒厂
● 长春市长海酒厂
● 长春市二道区玉泉酒厂
● 农安县福隆酒厂
● 农安县兴旺福隆酒厂
● 哈拉海镇酒厂
● 长春市怡龙酿酒厂
● 农安县程德富酒厂
● 长春市鸿丰牧业有限公司新农鸿丰酒厂
● 农安县靠山镇粮库酒厂
● 农安县靠山将军造酒厂
● 农安县靠山镇圣水泉酒厂
● 德惠市惠东酒厂
● 德惠市第一酿酒厂
● 德惠市老顺口酿酒厂
● 德惠市烧刀子酒厂
● 德惠市长源酒厂
● 德惠市粮食经资有限公司酿酒厂
● 德惠市好酒坊酒厂
● 德惠市长惠酿酒厂
● 德惠市正通酒厂
● 德惠市巷子酒厂
● 德惠市四通酿酒厂
● 德惠市五粮酿酒厂
● 朱城子镇哈拉哈村酒厂
● 德惠市朱城子镇有刚酒厂
● 德惠市玉宝酒厂
● 德惠市菜园子镇酿酒厂
● 同太乡八家子村酒厂
● 德惠市王中酿酒厂
● 德惠市和平乡双泉酿酒厂
● 德惠市宝泉酒厂
● 德惠市和平乡德穗酒厂
● 德惠市第二酿酒厂
● 榆树市冰峰啤酒厂
● 榆树市环城乡西良酒厂

●榆树市第二造酒厂
●榆树市石源酒厂
●榆树市关东粮液酒厂
●榆树市第三造酒厂
●榆树市大坡镇西许酒厂
●榆树市三合酒厂
●九台市酿酒厂
●九台市金杯酿酒厂
●九台市营城九龙酒厂
●九台市源发泉酒厂
●长春市双阳酒厂
●长春市双阳区鹿乡茸血酒厂
●长春积德泉酿酒厂分厂
●长春市双阳区双营乡双鹿酒厂
●伊通满族自治县制酒厂
●伊通满族自治县大孤山镇酿酒厂
●伊通满族自治县昌德酿酒厂
●伊通满族自治县靠山镇兴牛酒厂
●伊通满族自治县酿酒厂
●伊通满族自治县马安酒厂
●扶余县第二酿酒厂
●扶余县增盛镇增盛永酒厂
●扶余县五家站镇酿酒厂
●孟庆友酒厂
●梁云海酒厂
●大金贡酒厂
●扶余县第三酿酒厂
●乐胜乡永建酒厂
●大安市隆胜酒厂
●乾安县酒厂
●三团乡雨田酿酒厂
●新安镇闹宝酒厂
●集体乡集体村永贵酒厂
●集体乡东金宝村行文酒厂
●集体乡东金宝村殿军酒厂
●吉林市东信酒厂
●吉林市长白山参茸酒厂
●吉林市相府家酿酒厂
●吉林市春城酿酒厂
●吉林市三果葡萄酒厂
●吉林市东源酿酒厂
●吉林市松花湖酒厂
●吉林市丹萌酿酒厂
●吉林市华业啤酒厂
●吉林市昌邑区孤店子镇大兴酒厂
●吉林市年隆酒厂
●吉林市宏大酿酒厂
●吉林市银河酒厂
●吉林市丰满区林泉野生葡萄酒厂
●吉林市仙池葡萄酒厂
●吉林市北方酒厂
●吉林市瑞池实业有限公司九月红葡萄酒厂
●吉林市青鸟酒厂
●吉林市丰满区敬老院酒厂
●吉林省哈牌大曲酒厂
●吉林吉特山葡萄酒厂
●吉林市丰满区旺起酿酒厂
●吉林市龙潭区乌拉街酒厂
●永吉县春屹酒厂
●奶子山街友联酒厂
●舒兰市原粮制酒厂
●汪清县长白山天池酒厂
●汪清县东光镇新兴村石峰酒厂
●汪清县鸡冠乡影壁酒厂
●汪清县鸡冠袁晓楼酒厂

- 龙井市朝阳川第二酒厂
- 通化市金元山葡萄酒厂
- 通化市东昌区清泉酒厂
- 通化绿宝酒厂
- 通化市东昌区金泉酒厂
- 通化天然葡萄酒厂
- 通化县兄弟泉酒厂
- 集安市长弘啤酒厂
- 白山市老营酒厂
- 吉林省长白山啤酒厂白山分厂
- 长白朝鲜族自治县酒厂
- 临江市长白山宝中宝饮料滋补酒厂
- 通化市亨利葡萄酒厂
- 梅河市满龙湾酒厂
- 通化骑仕葡萄酒厂
- 通化市三清红源酒厂
- 辉南县制酒厂
- 通化天池庄园葡萄酒厂
- 样子哨镇河南村彩云酒厂
- 靖宇县长白山参茸滋补酒厂
- 通化市特产葡萄酒厂
- 通化天助葡萄酒厂
- 罗通古城酒厂
- 通化市紫隆山葡萄酒厂
- 通化市永春葡萄酒厂
- 四平市盛元酒厂
- 四平市老白酒厂
- 公主岭市玉祥泉酒厂
- 公主岭市东方酿酒厂
- 公主岭市响水制酒厂
- 公主岭市顶山泉酒厂
- 毛城子镇聚兴泉酒厂
- 辽源市梅香曲酒厂
- 辽源市酿酒厂
- 辽源市葡萄酒厂
- 东丰县长虹酒厂
- 东丰县玉龙酒厂
- 东丰县忠厚酒厂
- 东丰县关东酒厂
- 东丰县酿酒厂
- 东丰县三合乡山河酒厂
- 东丰县黄河镇酒厂
- 东丰县沙河镇凤斌酒厂
- 双辽市啤酒厂
- 双辽市万源制酒厂
- 梨树县酿酒厂
- 梨树县石岭镇玉液酒厂
- 石岭粮库酒厂
- 东辽县金岗乡酒厂
- 东辽县足民乡金星酒厂
- 洮南市馨蜀源制酒厂
- 白城市鑫丰酒厂
- 通榆县羊井制酒厂
- 镇赉县嘎什根白酒厂
- 阿老酒厂
- 长春市九源葡萄酒有限公司
- 长春市九嘉春酿酒厂
- 长春市长海酒厂
- 长春富森葡萄酒有限公司
- 长春市万龙葡萄酒厂
- 长春市恒锋葡萄酒厂
- 吉林省杜氏酒业有限公司
- 长春市法萝兰葡萄酒业有限公司
- 长春宏元星瀚葡萄酒有限公司
- 长春市南关区关东米酒厂
- 吉林省千福酒业有限公司

- 长春友联九洲葡萄酒有限公司
- 吉林荣氏酒业有限公司
- 吉林三源酒业有限公司
- 吉林省欢乐家园葡萄酿酒有限公司
- 长春市鸿洋葡萄酒业有限公司
- 长春市德丰酿酒厂
- 农安县合隆镇四方酒业
- 德惠市兴源酒业有限公司
- 德惠市葡萄酒厂
- 吉林省榆树红酒业有限公司
- 吉林省榆树市榆树红酿酒厂
- 榆树大曲酒有限责任公司
- 榆树钱酒有限责任公司
- 榆树白酒有限责任公司
- 长春榆树大曲酒业有限公司
- 榆树酿酒有限公司
- 榆树市新泉池酒业有限责任公司
- 榆树市正泰酒业有限责任公司
- 榆树市牛头山金泉啤酒有限责任公司
- 榆树市实来酒业有限责任公司
- 榆树市实来酒厂
- 吉林省品中纯酒业有限责任公司
- 长春市万年红酒业有限公司
- 长春市鹿乡鹿茸血酒厂
- 长春市双阳区兴泉酒厂
- 吉林省德东酒业有限责任公司
- 伊通满族自治县香源制酒厂
- 吉林省万丰酒业有限责任公司
- 前郭县郭尔罗斯酒业有限公司
- 扶余县九洲酒业有限公司
- 扶余县增盛永酒厂
- 扶余县海坤山葡萄酒厂
- 扶余县大金酒业有限责任公司
- 扶余县第一酿酒厂
- 大安市鑫泓啤酒有限公司
- 大安市安广镇国利酿酒厂
- 大安市安广镇国新酒厂
- 吉林省大安市生化酒精有限责任公司
- 大安市安广立东酒厂
- 安广镇龙泉酒厂
- 大安市安广镇有财酒厂
- 大安市安广镇涛村酒厂
- 乾安井字方酒业
- 长岭县鹿茸酒业有限责任公司
- 吉林兰地欧酒业发展有限公司
- 吉林市三果葡萄酒厂
- 吉林市金池葡萄酒有限公司
- 吉林东北不老草酒业有限公司
- 吉林华琦葡萄酒酿造有限公司
- 吉林市关东老酒坊酒业有限公司
- 吉林市东塬酿酒厂
- 吉林市不老吉酿酒有限公司
- 吉林市天裕酒业有限公司
- 吉林市苇塘酒厂
- 吉林市圣雪兰酒业有限公司
- 吉林市龙潭区江密峰镇玉液红酒厂
- 吉林市花郎参茸酒有限公司
- 吉林龙潭经济开发区北园酒厂
- 吉林省喜梦酒业有限公司
- 吉林市怡合酒业有限责任公司
- 吉林市北大湖鸿翔酒业有限公司
- 吉林市北大湖酒业有限公司
- 吉林天三奇酒业有限公司
- 吉林省莲花山实业有限公司磐石酒业分公司

●桦甸市碧洲啤酒有限公司
●桦甸市红石酿酒厂
●延边天坊酒业有限公司
●延边边城酒业有限公司
●图们市朝阳酒业有限公司
●汪清县汪泉啤酒有限公司
●汪清县满天星酒业有限公司
●吉林省延边关东宝造酒有限公司
●天津星月酒精有限公司和龙分公司
●吉林省头道酒业有限公司
●敦化市二龙酒业有限公司
●敦化市雁鸣湖酒业有限责任公司
●通化天瑞酒业有限公司
●通化佟佳江葡萄酒有限公司
●通化力泉葡萄酒有限责任公司
●通化市东昌区金泉酒厂
●通化市东昌区林泉酿酒厂
●吉林省通化金江酒业有限责任公司
●通化志国葡萄酒有限公司
●通化县大泉源酒业有限公司
●通化县鑫达米酒厂
●通化县富尔江营养酒制酒厂
●集安市高丽酒业有限公司
●通化通天酒业股份有限公司集安分公司
●白山市八道江区山宝酒业
●白山市瑞丰滋补酒厂
●抚松县泉阳湖生态酒业酿造厂
●临江市弘泉酒业有限公司
●临江市绿园酒业有限责任公司
●白山市大东方酒业有限责任公司
●白山市育林孤儿院葡萄酒厂
●江源县长白山森宝配制酒制品厂
●吉林东圣酒业有限责任公司
●梅河口市通特酿酒厂
●通化恒兴葡萄酒有限公司
●梅河口市啤酒有限责任公司
●通化市慧宇野山葡萄酒有限公司
●梅河口市新力酿酒厂
●通化市佳宏葡萄酒厂
●通化天拓葡萄酒厂
●通化市宏旭升酒业有限公司
●辉南县庆盛恒制酒厂
●通化市众祥酒业有限公司
●辉南山神制酒厂
●吉林省紫缘葡萄酿酒有限公司
●吉林省靖宇矿泉将军酒业
●吉林华琦葡萄酒酿造有限公司靖宇分公司
●吉林野山荭葡萄酒业有限公司
●吉林宝池泉葡萄酒业有限责任公司
●通化紫隆山葡萄酒厂
●四平市吉平酒业有限公司
●四平市天河酒业饮品有限公司
●公主岭市火炬奇源酒厂
●公主岭市百年公主酿酒有限公司
●公主岭市二泉酒厂
●辽源市西安区玉荞酒厂
●通化市野霸酒业有限责任公司辽源分公司
●辽源市裕仁酿酒有限责任公司
●辽源市龙泉山泉酒厂
●辽源海润啤酒有限公司
●东丰县名泉葡萄酒厂
●东丰县御泉酒业有限责任公司
●吉林省海宏啤酒有限公司

●梨树县梨树镇任家村仙泉酒厂
●梨树县雪泉酿酒厂
●四平九丰酒业有限责任公司
●四平市玉液康尔温酒有限责任公司
●梨树县梨树镇古龙泉酒厂
●梨树县慈禧家酒厂
●辽源市滋鑫酒业有限公司
●通化东大葡萄酒有限公司天源分公司
●白城市新鑫啤酒有限公司
●白城市天马啤酒有限责任公司
●白城市东风食品酒业有限公司
●洮南市洮源制酒厂
●洮南市润德酿酒厂
●洮南市香王酒业
●洮南市东升酒业
●洮南市五谷老窖酒厂
●洮南市馨蜀源制酒厂
●通榆县方春酒厂
●通榆县向海鹤乡酒厂
●白城市鑫丰酒厂
●通榆县瞻榆镇陈家酒厂
●通榆县鹤满天酒业有限责任公司
●通榆县鹤乡村酒业有限责任公司
●松原市吉源酒业有限责任公司
●松原市欧维斯啤酒有限公司
●长春市南江米酒厂
●长春市绿园区国财四特酒业经销处
●长春市南关区龙轩酒业经销处
●吉林省华魂酒业有限公司
●长春市移动酒业有限公司
●吉林省大洋酒业有限公司
●长春市杜家酒业有限公司
●榆树市天裕酒业有限公司
●长春市榆南村酒业有限公司
●九台市营城镇九龙酒厂
●长春市双阳区兴泉酒厂
●松原市东洲酒业有限责任公司
●前郭县长山镇万龙阁啤酒批发部
●扶余县汇海酒业有限责任公司
●吉林市大新酒厂
●吉林瑞泽啤酒有限公司
●吉林市山城酒业有限责任公司
●延边宏达酒业销售有限公司
●鸡西市麻姑山庄酒业有限责任公司延边分公司
●延边舍得酒业营销有限公司
●通化市葡萄酒技术协会
●集安经济开发区鑫亿酒业有限公司
●集安威尔德葡萄酒有限公司
●集安经济开发区红蚁酒业有限责任公司
●吉林省长白山方大酒业有限公司
●白山市林海雪原酿酒有限公司
●吉林省长白山生态食品有限公司
●泉阳酿酒分公司
●吉林省大椅山酿酒有限公司朝阳镇销售处
●靖宇县龙泉酒业有限公司
●通化长白山庄园酒业有限公司
●通化市特产葡萄酒厂营销中心
●通化市红百年酒厂
●通化市浩王葡萄酒厂
●吉林市恩赐酒业有限责任公司
●四平市益康酒业有限公司
●四平市吉宴酿酒厂

●四平市金谷子酒业有限责任公司公主岭销售分公司
●公主岭市天峰酒厂
●吉林省御泉酒业有限公司
●贵州省仁怀市茅中酒业有限公司辽源市经销处
●四平市金头酿酒厂
●洮南市老白酒制酒厂
●松原市煜生啤酒有限责任公司
●吉林市相府家酿酒厂
●吉林市春城酿酒厂
●吉林市三果葡萄酒厂
●吉林市东源酿酒厂
●吉林市松花湖酒厂
●吉林市丹萌酿酒厂
●吉林市华业啤酒厂
●吉林市昌邑区孤店子镇大兴酒厂
●吉林市年隆酒厂
●吉林市宏大酿酒厂
●吉林市银河酒厂
●吉林市丰满区林泉野生葡萄酒厂
●吉林市仙池葡萄酒厂
●吉林市北方酒厂
●吉林市瑞池实业有限公司九月红葡萄酒厂
●吉林市青鸟酒厂
●吉林省哈牌大曲酒厂
●吉林吉特山葡萄酒厂
●吉林市丰满区旺起酿酒厂
●吉林市龙潭区乌拉街酒厂
●吉林省长白山啤酒厂白山分厂
●吉林省长春市白裕原汁山葡萄酒厂
●吉林农大中药材学院果酒厂
●吉林满地红原汁葡萄酒厂
●吉林省大洋经贸实业中心酿酒厂
●吉林省华信葡萄酒厂
●吉林市东信酒厂
●吉林东方滋补酒厂
●吉林省德惠市第一酿酒厂
●中国吉林意达酒业有限公司
●吉林省深山沟酒业有限公司
●吉林省华魂酒业公司
●吉林省德祥酒业有限责任公司
●吉林省长春市二道区富贵酒厂
●吉林省银海酒业有限公司
●长白山珍品酒(中国)营销总部:吉林省银海酒业有限公司
●东北粮液酒(中国)营销总部:吉林省榆树市巴多酒业有限责任公司
●吉林省兴通酒业有限公司
●吉林省榆树市小来酒业公司
●吉林省榆树市第一酿酒厂
●吉林省华信葡萄酒厂
●吉林市林泉酒业
●吉林省舒兰市龙福源酒业{食品}有限责任公司
●吉林市显石酿酒辅料有限责任公司
●哈尔滨啤酒销售有限公司辽宁省分公司

辽宁省

●法库县酒厂
●辽宁辽天酒业有限公司
●辽宁欧堡庄园酒业有限公司
●沈阳市辽中县云鹤酒厂

●沈阳米和酒业有限责任公司
●沈阳翼天浓啤酒设备公司
●沈阳市仁通啤酒工程技术有限公司
●青岛新坐标酒业有限公司
●沈阳法邑酒业有限公司
●沈阳市溢香坊酒业经贸商行
●沈阳先马酒业商行
●沈阳大龙酒业有限公司
●沈阳市金鼎福酒业有限公司
●铭嘉酒业有限公司
●青岛海贝尔啤酒有限公司沈阳办事处
●沈阳市瑞金泉酒厂
●青岛威尔斯啤酒有限公司东北分公司
●青岛裕岛酒业有限公司
●四川宜宾陈年香酒业有限公司
●沈阳太阳谷冰葡萄酒有限公司
●辽宁启运神酒业有限公司
●大连金州立海酒厂
●大连大福酒业有限公司
●大连天门山酿酒有限公司
●大连酒厂有限公司
●大兴安岭野生果酒厂大连总代理
●大连北国庄园葡萄酒有限公司
●鞍山腾鳌特区老窖酒厂
●鞍山市赞牌啤酒有限公司
●抚顺市双泉活参酒厂
●贵州龙黔威酒业有限责任公司辽宁分公司
●本溪森澳山葡萄酒有限公司
●丹东港岛酿酒有限公司
●丹东市三核酒业有限公司
●凤城市时代酒业
●辽宁凤城老窖酒业有限责任公司
●利源板栗酒厂
●锦州八宝壶酒业有限公司（采购部）
●锦州市凌丰酒业公司
●凌海市凌河酿酒有限责任公司
●辽宁省营口旺运红酒业有限公司
●辽宁三沟酒业有限责任公司
●阜新蒙古贞酒业有限公司
●灯塔市国宏酿酒机械厂
●辽阳古城酒厂
●葫芦岛富都酒业有限公司
●葫芦岛市仙草芦荟酒业饮品开发有限公司
●沈阳市酿酒厂
●沈阳市老龙口酒厂
●沈阳天江老龙口酿造有限公司
●沈阳金氏酒业有限公司
●沈阳市望花啤酒厂
●沈阳市苏家屯区苏粮白酒厂
●沈阳市沙河酒厂
●沈阳市丹阳酒厂
●沈阳市龙潭酒厂
●沈阳市晓龙酒厂
●沈阳市沈北实业公司
●沈阳市久盛制酒厂
●沈阳市翠花泉酒厂
●沈阳市新城子区矿泉白酒厂
●沈阳市埃丽斯酒业有限公司
●沈阳国泉饮品有限公司
●沈阳市新城子区千佛寺酒厂
●沈阳市鸿福酒厂

●沈阳市新城子区兆先酒厂
●沈阳市新城子区财落堡酒厂
●沈阳市玉泉酒厂
●沈阳市二粮名烧酒厂
●沈阳市玉芳酒厂
●沈阳市于洪区双利酿酒厂
●沈阳吉亨酒精厂
●沈阳市桂香春酿酒厂
●沈阳市龙井酒厂
●沈阳大龙酒业有限公司
●沈阳醴泉涌酒厂
●沈阳市宏大酒厂
●沈阳市老龙宫酒厂
●沈阳市春生酒厂
●沈阳市东陵宏达酿酒厂
●沈阳市东陵区高坎镇仁境酒厂
●沈阳市辉山畜牧场酒厂
●沈阳金坛老窖酒厂
●沈阳长港蚁宝酒业有限公司
●辽宁红梅盛京酒业有限公司
●沈阳市玉香醇酒厂
●沈阳康民酒厂
●沈阳市东陵区东山泉酒厂
●沈阳市东陵区上古酒厂
●沈阳市玉液酒厂
●沈阳市东陵区白酒制造厂
●沈阳市东陵区尖山子白酒制造厂
●沈阳市东陵区青年酒厂
●沈阳市东陵区王滨清泉酒厂
●沈阳市王滨酒厂
●沈阳狼神酒业有限公司
●沈阳市天马酒厂
●沈阳泰伦酒业有限公司
●沈阳市云龙酒业有限公司
●沈阳市辽新酒业有限公司
●沈阳十里香酒厂
●沈阳市鹏达啤酒有限公司
●沈阳市达江酒业有限公司
●沈阳市圣泉酿酒有限公司
●沈阳市长胜泉酒业有限公司
●肖寨门镇义文酒厂
●肖寨门镇起永酒厂
●肖寨门镇庆家酒厂
●肖寨门镇全昌酒厂
●肖寨门镇少义酒厂
●肖寨门镇生昌酒厂
●肖寨门镇铁良酒厂
●肖寨门镇万昌酒厂
●肖寨门镇义武酒厂
●肖寨门镇永清酒厂
●肖寨门镇玉俊酒厂
●肖寨门镇占章酒厂
●肖寨门镇兆库酒厂
●肖寨门镇兆荣酒厂
●肖寨门镇赵新酒厂
●肖寨门镇绿家酒厂
●肖寨门镇振路酒厂
●肖寨门镇福路酒厂
●肖寨门镇真祥酒厂
●肖寨门镇大全酒厂
●肖寨门镇白成酒厂
●肖寨门镇朝臣酒厂
●肖寨门镇春秋酒厂
●肖寨门镇春新酒厂
●肖寨门镇福山酒厂
●肖寨门镇纯义酒厂

●肖寨门镇连奎酒厂
●肖寨门镇殿文酒厂
●肖寨门镇殿武酒厂
●肖寨门镇军林酒厂
●肖寨门镇纯林酒厂
●肖寨门镇俊良酒厂
●肖寨门镇福江酒厂
●肖寨门镇杰林酒厂
●肖寨门镇福岩酒厂
●肖寨门镇福仁酒厂
●肖寨门镇福力酒厂
●肖寨门镇福杰酒厂
●朱家房镇会新酒厂
●朱家房镇振宇酒厂
●朱家房镇玉斌酒厂
●朱家房镇连状酒厂
●朱家房镇连河酒厂
●朱家房镇会库酒厂
●朱家房镇志峰酒厂
●朱家房镇长键酒厂
●朱家房镇井发酒厂
●朱家房镇会国酒厂
●朱家房镇会放酒厂
●朱家房镇会财酒厂
●朱家房镇洪山酒厂
●朱家房镇付贵酒厂
●朱家房镇发启酒厂
●朱家房镇会金酒厂
●新民市蚁康蚂蚁制品有限公司
●沈阳万芹酒厂
●沈阳市新民酿酒厂
●计志运酿酒厂
●新民市东蛇山子国蛟酒厂
●东蛇山子永盛源酒厂
●沈阳市海泉酒业有限公司
●新民市新农酿酒厂
●沈阳川龙酒厂
●新民市红粮酒厂
●沈阳市北特春酒厂
●沈阳市古清泉酒厂
●新民市红梁醇酒厂
●新民市辽河白酒厂
●新民市城郊乡瓦房村欣兴酒厂
●新民市巨潮酒厂
●沈阳市沈雪啤酒厂
●沈阳阿尔多葡萄酒酿造有限公司
●沈阳市新朋酿酒厂
●沈阳东友酒业有限公司
●沈阳东岭酒厂
●法库县盛京啤酒有限公司
●沈阳桃山酿酒有限责任公司
●法库县柏家沟酒厂
●法库县五龙泉酒厂
●法库县五台子村酒厂
●法库县叶茂台镇石庄子村酒厂
●沈阳市法库县群丰酒厂
●法库圣水泉酒业酿造有限公司
●法库县八虎山酒厂
●法库县慈恩寺乡酒厂
●沈阳锶泉酒业有限公司
●沈阳市锶硅酒厂
●康平县胜利酒厂
●康平县北四家子乡朝阳村酒厂
●康平县山东屯乡综合厂
●康平县两家子乡前双山子村酒厂
●康平县两家子乡胜泉酒厂

●康平县方家屯镇福利酒厂
●康平县方家屯镇酒厂
●沈阳市康西酒厂
●康平县张强镇三棵树酒厂
●康平县柳树屯蒙古族满族乡赵家敬老院酒厂
●康平县沙金台乡白酒厂
●辽阳千山酒厂
●辽阳美月啤酒股份有限公司
●辽阳古香醇薏米酒有限责任公司
●辽阳槐花酒厂
●辽阳市弓长岭区汤河镇牛录兴隆酒厂
●辽阳汤河酒业有限公司
●辽阳山泉酿酒有限公司
●辽阳县小屯镇小屯酿造厂
●辽阳县乾龙酿酒有限公司
●辽阳古城酒厂
●辽阳县唐马寨镇刘坨子青龙酒厂
●辽阳县沙岭酒厂
●辽阳县瑰花酒厂
●灯塔市罗大台镇周口酒厂
●灯塔市张书酒厂
●辽阳市辽东酒厂
●灯塔市陈酒厂
●辽阳市王尔烈酒厂
●灯塔市衍水玉液酒厂
●灯塔市五星镇黑沟台村谷泉酒厂
●灯塔亚洲红葡萄种植发展有限公司
●辽阳三和酿酒有限公司
●灯塔市铧子酒厂
●辽阳燕州种养产业有限公司
●灯塔燕州葡萄产业有限公司
●铁岭市蔬菜公司酿酒厂
●铁岭市银州区辽海白酒厂
●铁岭市银泉烧酒厂
●铁岭市兴源实业集团有限公司
●铁岭市龙塔酒厂
●铁岭龙赐酒业有限公司
●铁岭市清河区张相镇闫家酒厂
●铁岭市清河区养马野玫瑰花酿酒厂
●铁岭市清河区泉鑫酒厂
●清电经济技术开发总公司清河金泉酒厂
●铁岭市清河区葡萄酒厂
●北方绿色食品股份有限公司墨尼啤酒分公司
●开原市玉泉酒厂
●开原市大九社酒厂
●开原酒业有限公司
●开原市开原镇后石西村酒厂
●开原市尹氏酒业有限公司
●开原市康益酒业有限公司
●营口北方茸鞭五子酒有限公司鹿城分公司
●西丰县幸福村酒厂
●西丰县酿酒厂
●西丰县猕猴桃酒厂
●西丰县富达酿酒厂
●西丰县更刻乡万育酒厂
●西丰县安民镇田兴酒厂
●西丰县隆丰野鹿王酒厂
●西丰县凉泉镇第二酒厂
●西丰县文荣酒厂
●西丰县御林酒厂
●西丰县康泉酒厂

- 昌图县昌图镇昌盛制酒厂
- 辽宁昌图山雁王酒业有限责任公司
- 昌图县昌图镇永达制酒厂
- 昌图鸿利酒业有限责任公司
- 昌图县四合镇洋泉酿酒厂
- 昌图县忠林酒厂
- 昌图县古城酒厂
- 昌图县制酒二厂
- 昌图县馥宇酒厂
- 昌图县老城镇佳玉酒厂
- 昌图县万安乡友贵酒厂
- 昌图县永吉酿酒厂
- 铁岭市一元酒业有限公司
- 铁岭市圣丹酒业有限责任公司
- 铁岭市鼎鑫酒业饮品有限公司
- 昌图县兴顺酿酒厂
- 昌图县梦春酒厂
- 昌图县福兴酒业有限责任公司
- 昌图县宝富酿酒厂
- 铁岭市亮泉酒业有限责任公司
- 昌图县通江口乡老烧酒厂
- 昌图县金家镇酒厂
- 昌图县长发乡董家酒厂
- 昌图县宝力镇宝贵酒厂
- 昌图县古柳酒厂
- 昌图县太平酿酒厂
- 昌图县四面城酒厂
- 铁岭县催阵堡敬老院福利酒厂
- 铁岭县大青乡金山酒厂
- 铁岭县大青乡新辽酒厂
- 铁岭县阿吉醇香酒厂
- 铁岭市三坊坡酒厂
- 铁岭市天著酒厂
- 铁岭县熊官屯乡青军酒厂
- 铁岭县熊官屯小白梨酒厂
- 铁法市山村酒厂
- 铁法市沙龙酒业质品有限责任公司
- 铁法市啤酒厂
- 铁法市第一怪酒厂
- 铁法市创业酒厂
- 晓明镇晓明酿酒厂
- 贵州省仁怀市茅台镇铁法名都酒业有限公司
- 抚顺市望花区光明酒厂
- 抚顺市天泉酒厂
- 抚顺老知青酿酒厂
- 抚顺市煤都联合酒厂
- 抚顺满乡酒业有限公司
- 抚顺天湖科技开发有限公司
- 抚顺天湖啤酒有限公司
- 抚顺施泰克啤酒有限公司
- 抚顺千台春酿酒有限公司啤酒分公司
- 抚顺千台春酿酒有限公司酒精分公司
- 抚顺千台春酿酒有限公司
- 抚顺市新泉酿酒厂
- 抚顺市兴发酿酒设备服务处
- 抚顺市大帝酒业有限公司
- 抚顺经济开发区北厚酒厂
- 抚顺市新世纪果酒酿造有限公司
- 抚顺市顺城区会元春酒厂
- 抚顺市金马酒业
- 抚顺市汇龙泉酒厂
- 抚顺德力啤酒有限公司
- 抚顺市淇舜酿酒厂

- 抚顺市黄浦酒厂
- 抚顺市高湾经济特区创业酿酒厂
- 抚顺市石文酿酒厂
- 抚顺市福顺酒业有限公司
- 抚顺市恒源酿酒饮料总厂
- 新宾满族自治县东星葡萄酒有限公司
- 新宾满族自治县汗王美食厂
- 新宾满族自治县粮食酒厂
- 新宾满族自治县民族酒厂
- 抚顺市千聚海酒业有限公司
- 清原县草市粮米加工厂酒厂
- 清原县草市龙酿造厂
- 清原县南山城青龙液酒厂
- 清原县北三家梨树沟酿酒厂
- 鞍山市千山区八粮酒厂
- 鞍山市千山贵月酒厂
- 鞍山贵星酒业有限公司
- 鞍山市千山酿酒厂
- 青岛啤酒(鞍山)有限公司
- 鞍山市啤酒厂
- 鞍山市千山区前峪酿酒厂
- 鞍钢附企健身饮料厂
- 鞍山市千山区兴旺酿酒厂
- 鞍山万隆千山葡萄酒厂
- 台安县月坛酒厂
- 鞍山市台王啤酒有限责任公司
- 台安县西佛镇红庙村酒厂
- 台安县西镇小红旗村酒厂
- 台安县西佛镇幸福村酒厂
- 台安县西佛镇西北村白酒厂
- 台安县西佛镇古洞村白酒厂
- 台安县西佛镇才文白酒厂
- 台安县西佛酒厂
- 台安县达牛镇河南村酒房
- 台安县达牛镇十四家子酒房
- 台安县大姜酒房
- 台安县河南村酒房
- 台安县辽河白酒厂
- 台安县小荒村综合厂
- 台安县新开白酒厂
- 台安县大张村白酒厂
- 台安县辽湾白清酒厂
- 台安县辽泉酒厂
- 台安县大张孙家村酒厂
- 台安县新星啤酒厂
- 台安县春兴酒厂
- 台安县黄沙老虎村白酒厂
- 海城市酒精厂
- 鞍山市兰霸酒业有限公司
- 海城市东北烧酒厂
- 辽宁省海城市辽南酒厂
- 海城市岔沟镇叶家酒厂
- 海城市东旭酒业有限公司
- 海城市环海酿酒有限公司
- 海城市西柳酿酒总厂
- 海城市世富老窖酒厂
- 海城市古树酒厂
- 海城市耿庄镇鸿运酒厂
- 海城市五龙春酒业有限公司
- 海城市金利酒厂
- 鞍山宝润葡萄酒有限公司
- 鞍山市特区永泉酒厂
- 鞍山市腾鳌特区荒地酒厂
- 鞍山市腾鳌特区忠盛酒厂
- 海城市大屯镇综合厂

- 海城市德力啤酒有限公司
- 岫岩满族自治县良种场酒厂
- 岫岩满族自治县药山参茸酒厂
- 岫岩满族自治县酿造有限责任公司
- 岫岩满族自治县黄岭酒厂
- 鞍山市通宝鹿养殖开发有限公司
- 岫岩满族自治县龙潭酒厂
- 岫岩满族自治县龙潭乡酒业有限公司
- 岫岩满族自治县杨家卜镇酒厂
- 岫岩满族自治县玉乡王酒业有限公司
- 岫岩满族自治县新甸镇三合村永贵酒厂
- 岫岩满族自治县新甸镇合顺村酒厂
- 岫岩满族自治县新甸镇明忱白酒制造厂
- 营口市酿酒食品厂
- 营口啤酒有限公司
- 营口市润兴酒业有限公司
- 营口老边区三益香醇酿酒厂
- 营口经济技术开发区开牌酒业有限公司
- 大石桥市金桥酒厂
- 大石桥市东北烧酒厂
- 大石桥市洪波酿酒厂
- 大石桥市百果园酒业实业公司
- 大石桥市江塔酒厂
- 大石桥市元清酒厂
- 营口大帅集团公司
- 营口八粮醇酒厂
- 大石桥市稻乡王酒业有限责任公司
- 大石桥市沿利酒业有限责任公司
- 营口市粮食加工总厂大石桥酿造厂
- 盖州市酒业发展有限公司
- 营口市帅王酒业有限公司
- 盖州市罐头食品厂
- 大连御苁蓉生命科学工程有限公司
- 大连万事通葡萄酿酒有限公司
- 大连酒厂
- 大连汇源酒厂
- 大连星光汽车总成修理厂酒厂
- 大连川连酒厂
- 大连盛汇化工助剂厂
- 大连海派酒业有限公司
- 大连旅顺旅海酒厂
- 大连顺河酒厂
- 旅顺海工酿酒厂
- 旅顺兴盛酒厂
- 旅顺海燕酿酒厂
- 大连一口顺酒厂
- 旅顺银河酒厂
- 大连木户泉酿造有限公司
- 大连金州酒业有限公司
- 大连金州棒槌岛啤酒厂
- 大连市金州区石河金实糖化饮料畜牧厂
- 大连市金州大元酒厂
- 大连金州鑫醇酒厂
- 大连巾帼酒厂
- 大连市金州区白酒厂
- 大连市金州区稻香村曲酒厂
- 大连市金州区宏泰酿酒厂
- 大连市金州第二酒厂
- 大连市金州区瑞盛酒业有限公司
- 大连市金州区金兴酒厂

- 大连长兴葡萄酒有限公司
- 通化葡萄酒股份有限公司普兰店发酵站
- 大连圣亚特实业有限公司
- 大连丰股就业有限公司
- 大连第二酒厂
- 大连北方酿酒有限公司
- 大连大雪啤酒股份有限公司
- 普兰店市天河福利酒厂
- 普兰店市唐家房敬老院酒厂
- 普兰店市双塔制酒厂
- 普兰店市大富糖化饲料有限公司
- 瓦房店市参王酒业有限公司
- 台州椒江远东营养保健品有限公司大连分公司
- 大连长兴食品技术开发有限公司
- 瓦房店市长兴岛镇长兴生物保健酒厂
- 大连龙泉股份有限公司
- 大连龙泉股份有限公司龙泉酒厂
- 大连北海酒厂
- 庄河市家园酒业有限公司
- 庄河市酿酒有限公司
- 庄河市云山酒厂
- 大连星海啤酒有限公司
- 大连喜久天长酒业有限公司
- 长海酒厂
- 本溪经济开发区绿梦酒业有限责任公司
- 辽宁省本溪辽溪曲酒厂
- 本溪吉泉明槐贡酒有限公司
- 本溪化工(集团)有限责任公司啤酒厂
- 本溪市神泉酒厂
- 本溪市南芬区下马塘镇太平山酒厂
- 本溪市天顺酒业有限公司
- 本溪市啤酒厂第一分厂
- 本溪龙山酒厂
- 本溪满族自治县铁刹山酒厂
- 本溪满族自治县南甸粮食酿酒厂
- 本溪满族自治县南甸镇才窑酒厂
- 本溪满族自治县南甸镇金城酿酒厂
- 本溪满族自治县新开岭酒厂
- 本溪满族自治县偏岭酒厂
- 桓仁满族自治县老井酒厂
- 桓仁县六道河子乡上古诚子村酒厂
- 桓仁满族自治县黑马酒业有限责任公司
- 桓仁满族自治县德泰兴酒业有限责任公司
- 辽宁五女山米兰酒业有限公司
- 桓仁满族自治县业主沟乡燕东酒厂
- 桓仁县五里子镇敬老院酒厂
- 丹东市丰城酒厂
- 丹东市鸭绿江酒业有限公司
- 丹东市元宝区赋亨伦葡萄酒厂
- 丹东市八方酒厂
- 丹东雄风酒业有限公司
- 丹东元隆酒业有限责任公司
- 丹东市鸭绿江啤酒有限责任公司
- 丹东市毅立老窖酒厂
- 丹东市金马野生葡萄酒有限责任公司
- 丹东天霖庄园有限公司
- 丹东京天食品有限公司
- 丹东市金派酒厂

- 凤城市客客乐大酒店冷饮厂
- 辽宁凤城老窖酒厂
- 凤城市红泉酒厂
- 凤城平安酒厂
- 凤城市草河区黄岭酒厂
- 凤城市白旗镇吴家酒厂
- 凤城市神水山庄酿酒厂
- 宽甸满族自治县贵龙泉酒厂
- 丹东桐济天然保健品厂
- 宽甸满族自治县长城山葡萄酒厂
- 宽甸满族自治县松茸酒业有限公司
- 宽甸满族自治县永甸黑雷啤酒厂
- 东港市白酒厂
- 东港市前阳老窖酒厂
- 丹东市安民酒厂
- 东港市龙泉酒厂
- 丹东港岛酿酒有限公司
- 东港市孤山酿酒厂
- 东港市合隆满族镇龙液酒厂
- 锦州大辽王酒厂
- 锦州市凌河区凌泉酒厂
- 锦州市四海酿酒厂
- 锦州市太和区大薛乡流水酒厂
- 锦州净瓶泉啤酒有限公司
- 锦州道光廿五凌川酒业有限公司
- 锦州市太和区明泉酒厂
- 锦州市太和区三屯酒厂
- 义县城关乡旱地白酒厂
- 义县城关乡旱地王酒厂
- 义县旱地香酒厂
- 锦州美威啤酒厂
- 义县民族酒厂
- 义县高台子镇宝刚酒厂
- 义县高台子镇新屯酒厂
- 锦州凌河酒厂
- 凌海市理鸽酒业有限公司
- 凌海市崔凤平酒厂
- 凌海市青龙泉酒厂
- 凌海市沈家台镇制酒厂
- 辽宁闾山酒厂
- 北宁闾山酒业有限责任公司
- 北宁市沟帮子镇糖化饲料酒厂
- 北宁市德龙啤酒厂
- 北宁市成梁酒厂
- 黑山县镇安满族乡西拉酒厂
- 黑山县司屯西拉守仁酒厂
- 黑山县酒厂
- 黑山县酿酒厂
- 黑山县新立屯镇八家子村衡权制酒厂
- 黑山县第二制酒厂
- 黑山县新立屯庆丰酒厂
- 黑山县新立屯山泉酒厂
- 黑山县思泉酿酒厂
- 建平县松林集团朝阳分公司
- 朝阳县古凤酒厂
- 辽宁朝阳塔乡酿造厂
- 朝阳神爽酿酒有限责任公司
- 朝阳凌塔酿酒有限责任公司
- 朝阳凌塔酒业集团
- 北票市弘霸酒业有限公司
- 北票市大黑山金塔滋补酒厂
- 北票市宝国老宝泉酒厂
- 北票市毫州三槽酒业有限公司
- 北票龙鸟啤酒有限公司
- 建平县玉泉酿酒厂

- 建平县松林集团公司
- 建平县白山粮库酒厂
- 建平锦龙宫酒厂
- 凌源市天元酿酒有限责任公司
- 凌源市新兴酒厂
- 凌源市啤酒厂
- 凌源市凌龙泉酒厂
- 阜新市制酒二厂
- 阜新市酿酒厂
- 阜新市海州区酒厂
- 阜新市北茅酒厂
- 阜新市第三粮库酿酒厂
- 阜新市啤酒厂饮料分厂
- 阜新市梅雪集团公司
- 阜新市金爵仕酿酒厂
- 库伦旗制酒厂阜新分厂
- 阜新市绿潍酒厂
- 阜新长河酿酒厂
- 阜新市宏煜酒业有限公司
- 阜新三沟酒业有限责任公司
- 阜新县傅新镇敬老院酒厂
- 阜新县高林台酒厂
- 阜新县建设镇延寿酒厂
- 阜新县佛寺酒厂
- 彰武县有机复合肥厂
- 彰武县源泉酒厂
- 彰武县酒厂
- 彰武县香泉酒厂
- 彰武县大冷乡程沟酒厂
- 彰武县阿尔乡天禄酒厂
- 彰武县阿尔乡青年综合厂
- 彰武县西六酒厂
- 盘锦兴达酒业有限公司
- 盘锦酿酒厂
- 盘锦市盘山县酒业有限责任公司
- 盘锦万泉酒业有限公司
- 盘锦绿爽源酒业有限公司
- 盘锦鹤乡酒业集团有限公司
- 盘锦绿洋村食品有限公司
- 盘锦石山酿造厂
- 盘锦市兴隆台粮食公司于楼分公司酿造厂
- 盘锦莲花酒厂
- 盘锦鑫泉酒厂
- 盘锦大米王酒业有限公司
- 大洼县前进白酒厂
- 盘锦辽河啤酒有限公司
- 盘锦市桃李酿酒厂
- 大洼县田庄台凤桥酒厂
- 大洼县荣兴海滨食品厂
- 盘锦大洼玉龙酒业有限公司
- 葫芦岛市松年酒业有限公司
- 葫芦岛市卿酒酒业有限公司
- 葫芦岛市龙港区红星酒厂
- 葫芦岛市玉鑫酿酒有限公司
- 葫芦岛市连山区斜酒酒厂
- 葫芦岛虹螺酒业有限责任公司
- 葫芦岛市连山区威奥斯葡萄酒有限责任公司
- 葫芦岛市连山区新台门半拉山酒厂
- 兴城市龙泉食品酿造厂
- 兴城市兴元酒厂
- 兴城市山河酒厂
- 兴城市啤酒有限公司
- 兴城市东二村制酒厂
- 兴城市大坝根酒厂

● 兴城市曹兴白酒厂
● 兴城市清泉酒厂
● 兴城市果树农场造酒厂
● 兴城市古城酒厂
● 兴城市树林酒厂
● 兴城市金山酒厂
● 兴城市龙泉酒厂
● 兴城市太白酿酒厂
● 葫芦岛天池酒业有限责任公司
● 葫芦岛市北斗酒业有限公司
● 葫芦岛市大台山果树农场酒厂
● 葫芦岛北斗酒业有限责任公司
● 葫芦岛市鹿王春酒厂
● 建昌县养殖厂酒厂
● 建昌县凌云酒厂
● 建昌县龟老酒有限公司
● 辽宁省建昌县荣兴酒业有限公司
● 建昌县大屯镇神泉酿酒厂
● 建昌县建凌酒厂
● 葫芦岛市干蒋酒厂
● 建昌县古桥子酒厂
● 沈阳啤酒厂
● 沈阳望花啤酒厂
● 沈阳市苏家屯红英酒厂
● 沈阳市沙河酒厂
● 沈阳市契丹酒厂
● 沈阳市新城子区九里香酒厂
● 沈阳市新城子区兆先酒厂
● 沈阳市新城子区财落堡酒厂
● 沈阳市新盛酿酒厂
● 沈阳市玉泉酒厂
● 沈阳市第二粮谷烧酒厂
● 沈阳市明泉酒厂
● 沈阳市桂香春酿酒厂
● 沈阳市九龙酿酒厂
● 沈阳醴泉涌酒厂
● 沈阳市老龙宫酒厂
● 沈阳市春生酒厂
● 沈阳怡康露酒厂
● 沈阳市东陵区满堂福利酒厂
● 沈阳市东陵区高坎镇仁境酒厂
● 沈阳英达酒厂
● 沈阳金坛老窖酒厂
● 沈阳市天龙泉酒厂
● 沈阳市东泉酒厂
● 沈阳市久河酿酒厂
● 沈阳市东陵龙泉酒厂
● 沈阳陨石山酒厂
● 沈阳市东陵区王滨清泉酒厂
● 辽中县潘家卜宏伟酿酒厂
● 沈阳市天源酒厂
● 沈阳市案案春酒厂
● 辽中县肖寨门通达泉酒厂
● 沈阳市赢港酿酒厂
● 辽中县于家房万兴泉酒厂
● 辽中县于家房银山酒厂
● 沈阳市新民酿酒厂
● 新民市新农酒厂
● 沈阳川龙酒厂
● 沈阳龙潭酒厂
● 新民市红粮酿酒厂
● 沈阳市古清泉酒厂
● 沈阳市红汐谷酿酒厂
● 沈阳市家乡酒厂
● 沈阳市北特春酒厂
● 新民市辽河白酒厂

●新民市绿野葡萄酒厂
●新民市城郊乡东岗村龙泉酒厂
●新民市大泉酒厂
●沈阳东岭酒厂
●法库县群丰酒厂
●法库县八虎山酒厂
●法库县桃山老窖酒厂
●康平县胜利酒厂
●康平县二粮库酒厂
●康平县胜东酿酒厂
●沈阳金驰集团酿酒厂
●康平县北四家子永成酒厂
●沈阳市辽河酒厂
●沈阳市康西酒厂
●康平县张强镇后辛屯村马涛酒厂
●康平县张强镇三棵树酒厂
●辽阳市桂花香酒厂
●辽阳市太子河区新城酒厂
●辽阳市宏伟区万泉酒厂
●辽阳市弓长岭区菊花老窖酒厂
●辽阳市衍水酒厂
●辽阳县唐马寨镇刘坨村富甲酒厂
●辽阳县唐马青龙酒厂
●辽阳市富士酒厂
●灯塔市顶蒲酿酒厂
●灯塔市燕洲贡酒厂
●铁岭市银泉烧酒厂
●开原市酒厂
●开原龙泉酒厂
●开原市老城酒厂
●开原市大湾酒厂
●辽宁省西丰县猕猴桃酒厂
●西丰县辽北酒厂
●西丰县鹿蚁香酒厂
●西丰县松树峥祥酒厂
●西丰县安民镇银河酒厂
●西丰县凉泉镇宝安酒厂
●西丰县文英白酒厂
●西丰县龙头山酒厂
●铁岭市御林酒厂
●昌图县满昌酒厂
●昌图县昌图镇永达制酒厂
●昌图县制酒厂
●昌图县昌盛酒厂
●铁岭市昌图县洋泉酿酒厂
●昌图县亮中永吉酿酒厂
●昌图县亮中福香居酿酒厂
●昌图县亮中兴顺酿酒厂
●昌图县通江口乡刘祥酒厂
●昌图县古龙酒厂
●昌图县七家子乡合新酒厂
●铁岭县大甸子酒厂
●西丰县隆丰野鹿王酒厂铁岭分厂
●铁岭县新台子镇春艳酒厂
●铁岭县蔡牛乡新辽酒厂
●铁岭县阿吉镇白健酒厂
●调兵山市山村酒厂
●调兵山市辽河酒厂
●调兵山市创业酒厂
●调兵山市啤酒厂
●调兵山市桃山酒厂
●调兵山市沙后所白酒厂
●调兵山市昌盛酒厂
●调兵山市团结村胜利酿酒厂
●调兵山市小明廉氏白酒厂
●调兵山市孤山子纯粮酿酒厂

- 抚顺市煤都联合酒厂
- 抚顺市大山葡萄酒厂
- 抚顺市虎王泉酒厂
- 抚顺市顺城区马金酒厂
- 抚顺市双泉寺绿色活参酒厂
- 抚顺市顺城区前甸旭光酒厂
- 新宾县龙头酒厂
- 新宾县上夹河镇腰站酒厂
- 清原满族自治县城郊林场森源鹿茸血酒厂
- 清原满族自治县民族酒厂
- 清原满族自治县草市粮谷加工厂酒厂
- 鞍山市摩云山酒厂
- 台安县雅化白酒厂
- 台安县明潭酒厂
- 台安县达泉酒厂
- 台安县辽河白酒厂
- 台安县新开河镇新开白酒厂
- 台安新美伦啤酒厂
- 鞍山矿泉酒厂
- 岫岩满族自治县兴隆玉石泉酒厂
- 岫岩满族自治县洋河镇酒厂
- 岫岩满族自治县新甸镇连永贵玉米酒厂
- 营口经济技术开发区熊岳大铁酒厂
- 大石桥市三山酒厂
- 营口市康达酿酒厂
- 盖州市酿酒厂
- 大连市甘井子区机声前空津酒厂
- 大连星光酒厂
- 旅顺兴盛酒厂
- 大连旅顺古湘酒厂
- 大连市金州人和酒厂
- 大连市金州区农场酿酒厂
- 大连市金州杨家黄酒厂
- 大连市金州区立海酒厂
- 大连金州咸源酒厂
- 普兰店市花儿山清泉酿酒厂
- 普兰店市云海酒厂
- 大连隆华酿酒厂一分厂
- 大连隆华酿酒厂
- 庄河市东海酒厂
- 庄河市德兴酿酒厂
- 庄河市城山恒丰酒厂
- 庄河市红旗山酒厂
- 庄河市风光酒厂
- 本溪市溪湖区酏醇酒厂
- 辽宁省本溪辽溪酒厂
- 本溪市铭冲贡酒厂
- 本溪市南芬区天缘酒厂
- 本溪市平山区桥头酒厂
- 本溪县森澳葡萄酒厂
- 本溪县偏岭酒厂
- 丹东市元宝区白酒厂
- 丹东市宝利园酒厂
- 丹东市丰城酒厂
- 凤城市英华酒厂
- 凤城天香窖酒厂
- 凤城市草河区天源酒厂
- 凤城市凤山酒厂
- 凤城市永胜酒厂
- 凤城平安酒厂
- 凤城新圣乐泉酒厂
- 凤城市时代酿酒厂
- 辽宁宽甸满族自治县鸭绿江酒厂

- 东港市酿酒厂
- 东港市黄金口酿酒厂
- 东港市力麦果酒厂
- 东港市土门子酒厂
- 东港市龙密酒厂
- 锦州市山泉酒厂
- 锦州市亨通酒厂
- 锦州市益华酒厂
- 锦州市太和区三屯酒厂
- 锦州市百年凌水酒厂
- 义县酒厂
- 锦州市凌丰酒厂
- 义县胜龙酒厂
- 义县民族酒厂
- 北宁市糖化饲料酒厂
- 锦州市德龙啤酒厂
- 北宁市成梁酒厂
- 黑山县西拉酒厂
- 黑山县酿酒厂
- 黑山县新立屯山泉酒厂
- 黑山县明泉酒业有限公司春玲酒厂
- 黑山县明泉酒业有限公司广路酒厂
- 黑山县明泉酒业有限公司东方酒厂
- 黑山县明泉酒业有限公司神龙酒厂
- 黑山县明泉酒业有限公司代猛酒厂
- 黑山县明泉酒业有限公司大虎山酒厂
- 朝阳市龙城区边杖子林杖子酒厂
- 北票市三国宴酒厂
- 北票市清泉酒厂
- 北票市上园镇柳河酒厂
- 喀左县隆中御酒厂
- 凌源市刘文恒白酒厂
- 凌源市金陵啤酒厂
- 凌源市新兴酒厂
- 阜新市酿酒厂
- 贵州省仁怀市茅台镇 1915 酒厂阜新分厂
- 阜新市啤酒厂饮料分厂
- 阜新长河酿酒厂
- 阜新市北斗星酒厂
- 阜新蒙古族自治县东祥酒厂
- 内蒙古八里罕酒厂阜新分厂
- 阜蒙县红帽子乡林泉酿酒厂
- 阜蒙县于寺镇佑安寺酒厂
- 彰武县源泉酒厂
- 彰武县那恩华酒厂
- 盘锦市永顺泉酒厂
- 盘锦芦鹤酒厂
- 盘锦鹤鸣春酿酒厂
- 大洼县田庄台凤桥酒厂
- 葫芦岛市龙港区红星酒厂
- 葫芦岛市连山区金星星河酒厂
- 兴城市华联酒厂
- 兴城市大坝根酒厂
- 兴城市明城酒厂
- 兴城市东二村制酒厂
- 兴城市曹兴白酒厂
- 兴城市古城酒厂
- 兴城市清泉酒厂
- 兴城市太白酿酒厂
- 绥中县城郊乡韩家村酒厂
- 绥中县灵春酒厂
- 葫芦岛市大台山果树农场酒厂
- 绥中县龙池酒厂
- 绥中县金泉酒厂

- 建昌县养殖厂酒厂
- 建昌县杨树湾子香源酒厂
- 建昌县青龙源酒厂
- 沈阳枫叶冰葡萄酒有限公司
- 沈阳威斯乐酒业有限公司
- 沈阳天江老龙口酿造有限公司啤酒分公司
- 沈阳市翼天浓啤酒原料经销处
- 沈阳市天助酒业有限责任公司
- 沈阳长港蚁宝酒业有限公司新民保健食品分公司
- 沈阳市新城子区粮泉酒厂
- 沈阳飞熊礼品酒业有限公司
- 沈阳雨霖铃酒业有限公司
- 沈阳市九龙泉酒厂
- 葫芦岛市豪远酒业有限公司沈阳奉天分公司
- 沈阳怡康露酒厂
- 辽宁古缸黄酒酿造有限公司
- 沈阳尼亚加拉冰酒有限公司
- 沈阳市天龙泉酒厂
- 沈阳市老顺口酒坊
- 沈阳市米和酒坊酒业有限公司
- 沈阳新意斯啤酒有限公司
- 沈阳市亿斯特啤酒有限公司
- 沈阳市鸿森酒业有限公司
- 沈阳燕辉酒业有限公司
- 沈阳市天泉酒业有限公司
- 沈阳市龙声泉酒厂
- 沈阳妈妈街酒业有限公司
- 沈阳市绿泉酒业有限公司
- 新民市罗家房乡红福来酒厂
- 新民市兴科酒厂
- 法库县慈恩寺天泉酿酒厂
- 铁岭经济开发区多维稻花酿酒厂
- 铁岭百合种植园开发有限公司百合酒厂
- 铁岭县大城酒厂
- 铁岭市龙泉山庄金泉酒业有限公司
- 铁岭市清河区清河玉液酒业有限公司
- 辽宁省开原市龙潭泉酒业有限公司
- 昌图县满昌酒厂
- 营口北方茸鞭五子酒有限公司西丰鹿城分公司
- 辽宁华泰酒精有限公司
- 昌图县老孟头酒业有限责任公司
- 昌图县巨源益酒业有限公司
- 铁岭市诚信酒业有限责任公司
- 铁岭县凡河镇大铁酒厂
- 铁岭曹氏故乡酒业有限责任公司
- 铁岭县清泉酿酒有限责任公司
- 铁岭县绿野山葡萄酒有限责任公司
- 辽宁奕溪泉酒业有限公司
- 抚顺市新抚吉星花旗参啤酒销售处
- 抚顺市顺城区东方酒坊
- 抚顺市双星酒厂
- 抚顺淇舜酒业有限公司
- 抚顺市顺城区戈布酒厂
- 抚顺市乾兴酒厂
- 抚顺顺德啤酒有限公司
- 抚顺市大山葡萄酒厂
- 抚顺锁阳啤酒有限公司
- 抚顺张大宁乾坤酒业有限责任公司
- 抚顺天马野生山葡萄酒业有限公司
- 鞍山市千山区东鞍山镇前峪酒厂

- 鞍山市千山区古源酒厂
- 鞍山市桃山酒厂
- 鞍山好客酒原料有限公司
- 鞍山崔元孝米酒有限公司
- 鞍山千山庄园葡萄酒业有限公司
- 鞍山大丰庄园葡萄酒厂
- 鞍山中兴酒业有限公司
- 鞍山矿泉酒厂
- 海城天歌酒业有限公司
- 海城市世富老窖酒厂
- 营口旭日穗浪啤酒有限公司
- 营口虎乡王酒业有限公司
- 营口川池酒厂
- 营口帅兴酒业有限公司
- 营口吉星红酒汁饮品有限公司
- 营口赤山泉葡萄酒厂
- 营口市九天酒业有限公司
- 盖州市红旗葡萄酒厂
- 营口东华酒业有限责任公司
- 盖州市东华酒厂
- 大连世邦曾氏啤酒有限公司
- 大连嘉德酒业有限公司
- 大连北方酿酒有限公司虎威产品经销处
- 大连市甘井子区机场前空津酒厂
- 大连华翰酒业有限公司
- 大连旅顺古湘酒厂
- 大连盘龙乾鑫酒业有限公司
- 大连三友酒业有限公司
- 大连曙光酒业有限公司
- 大连金州盛源酒厂
- 普兰店市凤鸣泉酒厂
- 大连万正葡萄酒业有限公司
- 大连凯城酒业有限公司
- 广元市祥生酒业有限公司大连分分司
- 大连喜来啤酒有限公司
- 大连天门山酿酒有限公司
- 庄河市广源酒厂
- 大连东辰酒业有限公司
- 大连经济技术开发区鑫源酒业有限公司
- 辽宁桓仁王城葡萄酒有限公司
- 丹东市元宝区天马野生葡萄酒厂
- 丹东市宝利园酒厂
- 丹东神韵酒业有限公司五龙山酒厂
- 凤城市凤山管理区凤凰酒厂
- 辽宁凤城老窖酒业有限责任公司
- 凤城市大梨树酒业有限责任公司
- 凤城市城东酒厂
- 凤城市草河管理区凤山酿酒厂
- 东港市新城区丰得利酒厂
- 东港市丰得利酒厂
- 东港市力麦果酒厂
- 锦州民族酒业有限责任公司
- 凌海市凌河酿酒有限责任公司
- 凌海市华友酒厂
- 锦州天洋酒业有限责任公司
- 锦州天洋酒厂
- 锦州市三福酒业有限公司
- 黑山县北方制酒有限公司第三酒厂
- 黑山县林铭酒厂
- 黑山县北方制酒有限责任公司
- 黑山县北方制酒有限责任公司恒全分厂
- 黑山县明泉酒业有限公司小东酒厂

●北宁市佳鑫酒精有限责任公司
●北宁市常兴酒业有限责任公司
●黑山县神龙酒厂
●朝阳市刘老根酒业有限公司
●朝阳市德亿啤酒有限公司
●北票市西官海华酒厂
●建平神兴酒业有限公司
●凌源天元古酒有限公司
●阜新禾一酒厂
●阜新市太平区鑫兴酒水配送中心
●阜新市林泉酿酒厂
●盘锦莲花酒精厂
●盘锦华润啤酒有限公司
●葫芦岛市连山区高桥朱家洼村天池果酒厂
●葫芦岛市兴浪酒业批发商行
●绥中皋尔山酒业有限公司
●沈阳正晟合啤酒经销部
●沈阳贡盛源酒业有限公司
●沈阳隆丰野鹿王酒业有限公司
●辽宁五女山米兰酒业有限公司沈阳销售处
●黑龙江龙池酒业有限责任公司沈阳销售分公司
●衡水卧龙泉酒业有限公司辽宁分公司
●辽宁努尔哈赤酒业有限公司沈阳销售分公司
●沈阳市天外天啤酒经销部
●沈阳东超酒业有限公司
●沈阳永德隆酒业经销中心
●沈阳市万德发啤酒饮料经销部
●沈阳市塞上明珠酒业有限公司
●沈阳太阳谷酒业销售有限公司
●沈阳市鑫振源酒业配送中心
●沈阳市裕芳啤酒批发部
●沈阳市鑫兴影啤酒批发部
●沈阳市东陵区国富得利食品啤酒批发部
●沈阳市东启聚源啤酒批发部
●沈阳市和琦啤酒批发部
●法库县兴顺达酒业商行
●沈阳法邑酒业有限公司
●辽阳徐氏菜香楼酒业有限公司
●辽阳市凯旋酒业商行
●辽宁亚洲红葡萄酿酒有限公司
●铁岭市成易酒业有限公司
●铁岭市九登山酒业有限公司
●铁岭大河酒业有限公司
●抚顺市顺城区会友酒厂
●四川远景实业集团抚顺酒业有限公司
●鞍山民生行酒业有限公司嘉禾分公司
●台安县鑫泉酒业有限责任公司
●鞍山市新美伦啤酒厂
●海城市维稀特野生资源酒业有限公司
●盖州市青津啤酒有限责任公司
●大连市唐朝酒业有限公司
●大连皖鸥酒业有限公司
●大连曙光酒业有限公司销售分公司
●大连市德惠酒业经销有限公司
●大连父牌酒业营销有限公司
●内蒙古百年酒业有限责任公司大连销售分公司

●大连名将酒业销售有限公司
●大连道光廿五酒业有限公司
●大连一洋酒业有限公司
●大连鱼歌海洋生物酒业有限责任公司
●大连泓富源酒业有限公司
●大连格林酒业有限公司营销部
●大连北国庄园酒业有限公司
●大连比得酒业有限公司
●大连明昇酒业饮品有限公司
●本溪市华润啤酒经销处
●本溪满族自治县田师付镇八宝酒厂
●本溪桓仁满族自治县燕东酒厂
●丹东市振兴区鄂尔多斯酒业经销处
●丹东公海酒业有限公司
●丹东诺亚酒业有限公司
●丹东德友酒业有限公司
●凤城市大梨树华康酒厂
●宁隆堃葡萄酒业有限公司
●东港市小康酒厂
●东港市柳河酒业有限公司
●锦州市古塔区大茂酒业经销处
●锦州市百年酒业有限责任公司
●锦州市凌河区雪龙酒业
●锦州华庆酒业有限公司
●锦州民族酒业有限责任公司酒泉分公司
●锦州市旱地王酒业有限公司东街中转站
●朝阳市鼎泽酒业销售有限公司长江路分公司
●朝阳市和润酒业销售有限责任公司
●北票市桃花吐汉发酒厂
●朝阳市龙塔酒厂
●白塔子苗圃鑫兴酒厂
●阜新北茅酒业有限责任公司
●阜新市旺家酒厂
●阜新市大山洼酒业有限责任公司
●盘锦维多利亚葡萄酿酒有限公司
●沈阳长港蚁宝酒业有限公司葫芦岛分公司
●葫芦岛市龙港区塔山红葡萄酒厂
●绥中县久生缘酒业有限公司
●建昌县天湖啤酒经销处
●葫芦岛市九辉啤酒经销处
●哈尔滨啤酒销售有限公司辽宁省分公司
●鞍山壶中天锦绣前程酒业有限公司
●本溪市金来酒业批发总汇
●本溪市明山区四宝酒业经销部
●本溪市明山区旺海白酒经销部
●本溪市南芬区下马塘镇太平山酒厂
●昌图县宝力镇穆家酒厂
●昌图县昌图镇佳孚白酒销售点
●昌图县两家子镇古龙酒厂
●朝阳市鼎泽酒业销售有限公司珠江分公司
●朝阳市龙城区西大营子海江啤酒门市部
●朝阳市双塔区古越龙山绍兴黄酒专卖店
●大石桥市南楼区好运来井波白酒经销处
●大石桥市汤池镇曹家白酒经销部
●大石桥市玉杰白酒门市部
●丹东酒千岁酒业有限公司

- 丹东路易斯班尼酒业有限公司
- 凤城市天香老窖酒业有限公司
- 抚顺哥俩好酿酒有限公司
- 抚顺哥俩好酿酒有限公司沈阳分公司
- 抚顺经济开发区金隆达啤酒经销处
- 抚顺市东洲区何颜辉啤酒销售点
- 抚顺市东洲区戚艳娟散白酒商店
- 抚顺市红福五味酒业有限公司
- 抚顺市顺城区峥峥啤酒经销部
- 抚顺市望花区新群力啤酒配送站
- 阜新皇冠假日啤酒有限公司
- 阜新市清河门区晟泰酒业
- 阜新市太平区三维酒业
- 海城市东北烧酒厂
- 河北大运河制酒厂沈阳销售处
- 黑山县田氏哈尔滨啤酒经销处
- 黑山县新岩雪花啤酒经销处
- 黑山县中兴哈尔滨啤酒经销处
- 黑山县周洋散白酒经销部
- 葫芦岛金鹏酒业有限公司
- 葫芦岛市连山区化工街岛城啤酒经销处
- 葫芦岛市连山区寺儿卜镇新地号散白酒经销处
- 华润雪花啤酒(葫芦岛)有限公司
- 锦州炳雯酒业销售有限公司
- 锦州古塔区人民街消费品综合市场啤酒霸王鸡店
- 锦州市古塔区黄河酒业经销处
- 锦州市极力神酒厂
- 锦州市凌河区马家龙凤白酒经销部
- 锦州市凌河区王红梅散白酒床
- 锦州市鑫航酒业
- 开原市老城鸿霖啤酒批发综合商店
- 开原市农贸大厅刘伟白酒摊床
- 辽宁绿钻酒业有限公司
- 辽宁唐王井酒业有限公司锦州经销处
- 辽宁新业啤酒有限公司
- 辽宁雪哈酒业有限公司
- 辽阳市宏伟区燕州葡萄酒经销处
- 辽阳市太子河区宏利啤酒批发部
- 凌海市常胜金酒业有限责任公司
- 凌海市纯粮白酒店
- 凌海市金城镇王冰散白酒经销点
- 凌源市红太阳酒业经销处
- 凌源市开元燕京啤酒销售处
- 盘锦市双台子区金易酒业商行
- 清原满族自治县子健梅河啤酒经销处
- 清原镇陈洋白酒经销点
- 沈阳泸州老酒坊酒业销售有限公司
- 沈阳浓香永盛酒业销售有限公司
- 沈阳市斌欣强啤酒饮料经销部
- 沈阳市大东区今世缘国缘酒业专卖店
- 沈阳市大东区满意啤酒经销部
- 沈阳市大东区万利源啤酒批发部
- 沈阳市大金洋酒业有限公司
- 沈阳市东陵区晨兴旺啤酒经销部
- 沈阳市东陵区万东啤酒经销部
- 沈阳市东陵区王一鹤啤酒批发部
- 沈阳市杜康白酒总经销处
- 沈阳市恩长海洋啤酒经销部
- 沈阳市和平区白丽兰啤酒批发部

●沈阳市和平区大新啤酒批发部
●沈阳市和平区顺旺发啤酒批发部
●沈阳市和平区顺赢啤酒经销部
●沈阳市和平区顺哲啤酒批发部
●沈阳市和平区斯昊啤酒经销部
●沈阳市和平区旺豪啤酒批发部
●沈阳市和平区鑫国啤酒经销部
●沈阳市和平区鑫意顺和啤酒批发部
●沈阳市宏雪啤酒批发部
●沈阳市皇姑区锦鑫尉啤酒经销部
●沈阳市皇姑区陵东英华啤酒饮料批发部
●沈阳市皇姑区圣豪迈啤酒批发部
●沈阳市皇姑区谢广志啤酒经销部
●沈阳市皇姑区鑫鑫永发啤酒经销部
●沈阳市皇姑区鑫兴帮啤酒批发部
●沈阳市联春酒业销售有限公司
●沈阳市沈冰啤酒批发部
●沈阳市沈河区昌顺和啤酒经销部
●沈阳市沈河区日月兴啤酒批发部
●沈阳市沈河区实业联友啤酒经销部(临)
●沈阳市沈河区鲜醇啤酒批发部
●沈阳市沈河区新宏达啤酒批发部
●沈阳市沈河区新洪记啤酒花园酒店
●沈阳市沈河区新山角啤酒饮料批发部
●沈阳市沈河区奕旺达啤酒批发部
●沈阳市晟芊酒业批发部
●沈阳市苏家屯区龙威创业纯粮白酒部三部
●沈阳市苏家屯区路路通酒厂
●沈阳市铁西区德工兴旺啤酒经销处
●沈阳市铁西区红盛和利啤酒销售部
●沈阳市铁西区慧红鑫啤酒批发部
●沈阳市铁西区继杰于洪啤酒批发部
●沈阳市铁西区金水淼啤酒批发部
●沈阳市铁西区李玉林啤酒经销部
●沈阳市铁西区麦芽啤酒经销部
●沈阳市铁西区梦翔啤酒批发部
●沈阳市铁西区强大啤酒批发部
●沈阳市铁西区胜达顺啤酒批发部
●沈阳市铁西区盛安安啤酒经销部
●沈阳市铁西区天天顺啤酒经销部
●沈阳市铁西区鑫芳竹啤酒批发部
●沈阳市铁西区永祥芳啤酒批发部
●沈阳市新天都啤酒批发部
●沈阳市鑫丰源酒业经销处
●沈阳市英凯啤酒饮料批发部
●沈阳市于洪区春浆酿酒厂
●沈阳市于洪区何景洋啤酒批发部
●沈阳市于洪区酒甘霖啤酒经销部
●沈阳市于洪区俊达啤酒批发部
●沈阳市于洪区陵西玉财啤酒饮料批发部
●沈阳市于洪区天地顺元啤酒饮料经销部
●沈阳市云丽啤酒饮料批发部
●沈阳天旭贵酒酒业有限公司
●沈阳五谷精酒业销售有限公司
●沈阳辛贵源酒业有限公司
●四平金士百啤酒股份有限公司沈阳分公司
●绥中县皋尔山酒业有限公司
●绥中县绥中镇素珍啤酒经销处
●铁岭清仙酒业有限公司

●铁岭市虹宇酒业有限公司
●铁岭市银州区富源酒业经销处
●铁岭市银州区宏宇啤酒行
●铁岭市银州区金亭散白酒店
●铁岭市银州区丽梅白酒摊床
●铁岭县八宝岭龙腾酒厂
●铁岭县信诚酒业有限公司
●铁岭县腰堡镇凤昌啤酒批发部
●西丰县房木镇百盛啤酒饮料超市
●西丰县隆丰野鹿王酒厂西丰销售处
●西丰县西丰镇鑫风啤酒批发部
●兴城市华联酒厂
●兴城市南大辉华酒业经销处
●兴城市全安酒业有限公司
●兴城市天皓酒业商行
●兴城市闻忠勇啤酒商店
●营口丰源啤酒有限责任公司
●营口经济技术开发区蒋氏酒业商行
●营口市辽河酒业有限公司
●营口市西市长生缘滋补散白酒商店
●玉柱散白酒摊床
●鞍山七星酒业有限责任公司
●鞍山市靓泉精品酒业有限公司
●鞍山市茅草屋酒业有限公司
●昌图县老汉酒厂
●大连八星金球酒业有限公司
●大连北大荒农垦啤酒大麦有限公司
●大连佳士文酒业有限公司
●大连摩敦酒业有限公司
●大连一亩酒业有限公司
●丹东市振兴区阳光酒业经销处
●凤城市凤凰城经济管理区翰墨白酒经销处
●海城市大屯镇荒地白酒店
●海城市祝群酒厂
●葫芦岛市二斌酒业商行
●葫芦岛市金麦坊酒业销售有限公司
●葫芦岛中浩粮油食品有限公司九门口酒厂
●桓仁源明酒业有限公司
●桓仁张裕葡萄酒民族酒业销售有限公司
●锦州金华酒业有限公司
●开原市赵超哈尔滨啤酒经销部
●辽宁久生缘酒业有限公司
●辽宁龙腾酒业有限公司
●沈阳宝乐格酒业有限公司
●沈阳波尔多树莓酒业有限公司
●沈阳呈龙保健酒业有限公司
●沈阳洪源盛啤酒经销部
●沈阳麦溶啤酒销售有限公司
●沈阳市蓝色世纪酒业经销处
●铁岭市贸易城亮中桥白酒销售店
●五女山酒业(大连)有限公司
●营口经济技术开发区张兄弟酒业有限公司
●镇江市龙海酒业有限公司
●镇江市润州区雷鸿酒业商行
●镇江市润州逸和酒业经营部
●镇江市丹徒区新城瑞和酒业商行
●辽宁绿钻酒业有限公司
●辽宁唐王井酒业有限公司锦州经销处
●辽宁新业啤酒有限公司
●辽阳市宏伟区燕州葡萄酒经销处
●辽阳市太子河区宏利啤酒批发部

- 辽宁五女山米兰酒业有限公司沈阳销售处
- 衡水卧龙泉酒业有限公司辽宁分公司
- 辽宁努尔哈赤酒业有限公司沈阳销售分公司
- 辽宁古缸黄酒酿造有限公司
- 辽宁省开原市龙潭泉酒业有限公司
- 辽宁奕溪泉酒业有限公司
- 辽宁桓仁王城葡萄酒有限公司
- 辽宁华泰酒精有限公司
- 辽宁红梅盛京酒业有限公司
- 辽宁昌图山雁王酒业有限责任公司
- 辽宁五女山米兰酒业有限公司
- 辽宁省海城市辽南酒厂
- 辽宁省本溪辽溪曲酒厂
- 辽宁闾山酒厂
- 辽宁朝阳塔乡酿造厂
- 辽宁省建昌县荣兴酒业有限公司
- 辽宁省西丰县猕猴桃酒厂
- 辽宁宽甸满族自治县鸭绿江酒厂
- 辽宁辽天酒业有限公司
- 辽宁省龙坤葡萄药酒厂

陕西省

- 中国浏阳河酒业有限公司
- 西安市甘露醇米酒厂
- 长安酒业有限公司
- 烟台奥斯曼酒业西安办事处
- 陕西省太白酒业西安客户管理服务中心
- 陕西天才酒业销售有限公司
- 西安名酒府酒业有限公司
- 陕西恒丰酒业有限公司
- 陕西恒丰酒业有限公司团购部
- 陕西坤源酒业公司
- 灵宝嘉百利酒业有限责任公司
- 陕西恒丰酒业有限公司全国总经销
- 蓝樽酒业西北分公司
- 联威啤酒销售公司
- 西安秦俑酒业有限责任公司
- 西安豪王酒厂
- 陕西省太白酒厂保健酒事业部
- 陕西开缸酒业有限公司
- 陕西龙翔酒业有限公司
- 内蒙古宁城集团元力保健酒业有限公司
- 贵州京华酒业有限公司北方分公司
- 陕西省淳化县甘泉酒业有限责任公司
- 绿草原酒业安答奶酒陕西销售分部
- 陕西光华酒业有限公司
- 宝利酒业公司
- 白水杜康酒业有限公司
- 娇子烟酒业公司
- 镇安县关坪河酒厂
- 陕西宁陕县秦岭长春酒厂
- 陕西省汉中腾宇酒业有限公司
- 陕西汉中九天酒业有限责任公司
- 城固县建安社会酒厂
- 陕西秦洋长生酒业有限公司
- 秦王酒业公司
- 陕西省麟游酒厂
- 陕西凯维葡萄酿酒有限责任公司
- 镇安县秦镇桑椹酒厂

- 陕西蓝马啤酒有限公司
- 陕西杨凌普泰果品有限公司
- 永寿县马坊酒厂
- 永寿县国营御宫酒厂
- 陕西省永寿县酒厂
- 咸阳秦王酒业有限责任公司
- 陕西金醇古酒业有限任公司
- 泾阳县葡萄酒厂
- 泾阳县酒厂
- 陕西省泾阳县吉元酒业有限责任公司
- 陕西省泾阳县泾河酒厂
- 三原县陵前镇医药厂
- 陕西省三秦麦芽有限公司
- 三原县渠岸五粮液厂
- 三原县陵前镇万家乐酒厂
- 三原溶剂厂
- 青岛啤酒渭南有限公司
- 渭南市长远实业公司
- 潼关县高桥乡四知酒厂
- 国营陕西荔北麦芽厂
- 陕西省三九杜康酒厂
- 黄龙县龙泉酒厂
- 延安市宝塔区南泥湾酒厂
- 延安市宝塔区延河酒厂
- 延安宝塔酒业有限责任公司
- 延安市宝塔区麻洞川乡金盆酒厂
- 宝鸡啤酒延安有限责任公司
- 延安市美水酒厂
- 延长县酒厂
- 延安酒厂股份合作公司
- 志丹县红都酒业有限责任公司
- 陕西闯王酿酒总厂
- 米脂县银州酒厂
- 清涧县龙泉酒厂
- 子洲县金谷酒业有限责任公司
- 榆阳区酒厂
- 榆林市醉乡酒业有限公司
- 横山县怀远酒厂
- 佳县白云山红枣酿酒公司
- 佳县白云圣酒有限公司
- 神木酒业有限责任公司
- 神木县神奇酒业责任有限公司
- 府谷县府谷酒厂
- 宝鸡市金台御液酒厂
- 千阳县龙泉香酒有限责任公司
- 陕西省陇州酒厂
- 陕西省神韵五味子酒业有限责任公司
- 陕西省宝鸡酒精厂
- 宝鸡县西秦酿造有限责任公司
- 宝鸡县秦王酒业公司
- 宝鸡啤酒股份有限公司
- 宝鸡秦川酒业有限责任公司
- 凤翔县西凰综合责任有限公司
- 凤翔县雍泉酒厂
- 陕西凤翔县双凤酒厂
- 凤翔县兴秦酒厂
- 凤翔县城南酒厂
- 凤翔县秦王酒有限公司
- 陕西西府酒厂
- 凤翔县水沟酒厂
- 凤翔县尹家务乡铁西酒厂
- 凤翔县秦雍酒厂
- 凤翔县柳林镇三家店酒厂
- 凤翔县柳林镇亭子头酒厂

●凤翔县柳林镇酒厂
●陕西西凤酒股份有限公司
●陕西省麟游县酒厂
●太白县酒厂
●凤县平木镇白蟒寺酒厂
●陕西永昌酒业有限公司
●眉县横渠川金联办酒厂
●陕西省太白酒厂
●眉县金渠大泉酒厂
●南郑县 113 果酒厂
●平安酒厂
●南郑县陶氏酒厂
●陕西省南郑县黄官酒业股份有限公司
●陕西省城固酒厂
●陕西省城固酒业有限责任公司
●城固县沙河营建安社会酒厂
●陕西城固乐宝黄酒厂
●城固县黄酒厂
●城固县文川供销社文川酒厂
●国营陕西洋县酒厂
●洋县天然保健物产开发总公司
●洋县利康稠酒厂
●陕西省朱环食品集团有限公司
●洋县蔡伦黄酒厂
●洋县马畅东社黄酒厂
●佛坪县秦泉有限责任公司
●西乡县耀清酒厂
●西乡县嵩坝酒厂
●陕西省西乡酒厂
●西乡县白龙塘镇龙河酒石厂
●镇巴县酒业有限责任公司
●镇巴县万民兄弟酒业有限公司
●陕西省三粮液酒厂
●略阳县谢家坪智杰酒厂
●陕西省略阳县酒厂
●略阳县白石沟乡吴家营酒厂
●略阳县西淮坝乡酒厂
●略阳县秦河酒厂
●略阳县立源菌业有限责任公司
●略阳县何家岩玉河酿酒厂
●略阳县嘉陵酒厂
●略阳县白雀寺小学酒厂
●宁强县新宁酒厂
●泸康酒业有限公司果园分厂
●陕西安康泸康酒业有限公司
●安康市三酒业有限公司
●安康市恒康酒厂
●大同镇南方酒业有限公司
●安康市秦康酒业有限公司
●汉阴县酒厂
●汉阴县蒲溪滴水酒厂
●汉阴县蒲溪镇秦兴酒厂
●石泉县故源春酒业有限责任公司
●陕西省紫阳县酒厂
●岚皋县酒厂
●平理县女娲山乡狮子寨酒厂
●平利县方程异液有限公司
●平利县女娲山乡贺家沟酒厂
●平利县长安酿造厂
●镇坪县酒厂
●商洛市酒精有限责任公司
●商州区酿造总公司
●洛南县酒厂
●陕西省丹凤县葡萄发展有限公司
●丹凤县东风葡萄酒有限公司

●丹凤县葡萄酒酿造厂
●陕西省商南县三秦王酒业有限责任公司
●铜川市王益区绿晨稠酒厂
●陕西省祥云实业有限责任公司
●黄陵轩辕酒业有限责任公司
●洛川县绿典果品有限责任公司
●国营西安酒厂
●西安市灞桥区金兰珠料酒厂
●长安酒厂
●西安圭峰药酒厂
●秦王酒厂
●蓝田县长寿稠酒厂
●西安市贵妃石榴酒厂
●永寿县马坊酒厂
●彬县龙凤酒厂
●长武县黄金塔酒厂
●泾阳县酒厂
●泾阳县泾河酒厂
●泾阳县醇酒厂
●三原五粮酒厂
●华阴市华山春酒厂
●榆林市普惠酒业集团有限公司米脂酒厂
●陕西省米脂县银州酒厂
●清涧县龙泉酒厂
●府谷县西汾酒厂
●凤翔县唐村酒厂
●凤翔县尹家务酒厂
●凤翔县金凤酒厂
●凤翔县西凤酒厂
●凤翔县南指挥酒厂
●陕西省西凤酒厂
●陕西省麟游县酒厂
●凤县凤泉酒厂
●陕西省太白酒厂
●眉县金渠太泉酒厂
●眉县古太酒厂
●南郑县城关镇牛通酒厂
●陕西省城固县黄酒厂
●陕西省利康稠酒厂
●西乡县酿酒厂
●西乡县龙河酒厂
●西乡县沙河镇沙河村酒厂
●陕西三原春吉稠酒厂
●陕西省略阳县酒厂
●汉滨区阳晨酿酒厂
●汉滨区汉江酒厂
●安康市汉滨区恒康酒厂
●汉阴县秦凤酒厂
●陕西省汉阴县酒厂
●陕西省石泉县酒厂
●平利县女娲山乡贺家沟村酒厂
●平利县长安镇福满酒厂
●镇坪县酒厂
●白河县逸酒酒厂
●洛南县酒厂
●丹凤县商镇葡萄酿造酒厂
●丹凤县葡萄酒厂
●铜川市啤酒厂
●西安中特果酒有限公司
●西安市雁塔区恒瑞稠酒厂
●陕西东龙酒业有限公司
●西安众智酒业销售有限公司
●西安市等驾坡酒厂
●西安大口酒业有限公司

● 西安玉山葡萄酒庄园有限责任公司
● 旬邑县如皋金花园酒厂
● 咸阳市秦都区秦岭山果酒饮料厂
● 咸阳五凌源酒业有限公司永寿分公司
● 陕西秦郎酒业有限责任公司
● 咸阳柳泉酒业有限公司
● 泾阳县醇臻酒厂
● 泾阳县渭北葡萄酒厂
● 华阴市华山春酒厂
● 陕西白水杜康酒业有限责任公司
● 黄龙县红粱液酒厂
● 延安延河酒业有限公司
● 延安市宝塔区米精黄酒露饮料厂
● 延安啤酒厂
● 延安美水酒有限公司
● 米脂大顺酒业有限公司
● 榆林市三边酒业有限公司
● 靖边县雄马酒业养殖厂
● 凤翔县凤凰酒业有限公司
● 眉县古太酒厂
● 汉中港龙葡萄酒有限责任公司
● 汉中市华宴酒业有限责任公司
● 汉中市明松酒厂
● 南郑县黄官小康酒厂
● 洋县洋州曲酒厂
● 陕西秦洋酒业有限责任公司
● 陕西朱鹮酒业有限公司
● 洋县古洋州黄酒厂
● 陕西省三粮液酒业有限公司
● 勉县三粮液白酒厂
● 陕西泸康酒业(集团)股份有限公司
● 安康市汉滨区恒康酒厂
● 王正生酒坊
● 平利县八仙镇杨士顺酒厂
● 平利县八仙镇龙门王文兵酒厂
● 平利县老县镇宗发酒厂
● 平利县老县镇全举酿酒厂
● 平利县广佛镇林源酒厂
● 平利县正阳乡泗水村酒厂
● 正阳乡张家坝村周远军酒厂
● 平利县正阳乡张家坝酒厂
● 张金玉酒厂
● 平利县八仙百好河田辉酒厂
● 平利县八仙百好河高文奎酒厂
● 平利县八仙镇江西街村潘子顺酒厂
● 平利县八仙镇白好河高文贵酒厂
● 平利县洛河镇刘敦酒厂
● 平利县洛河镇胡炎酒厂
● 平利县长安镇廖哲海酒厂
● 平利县金石村凌柱生酒厂
● 平利县长安镇柯尊宝酒厂
● 旬阳县薏仁酒业有限公司
● 铜川玄武文化酒业
● 铜川市金果白兰地酒庄
● 铜川一方山水酒业有限公司
● 延安富县莲池酒业有限责任公司
● 延安老窖酒业有限责任公司
● 通化通天酒业股份有限公司陕西分公司
● 华润雪花啤酒(中国)有限公司西安销售分公司
● 陕西金马酒业有限责任公司
● 西安德隆酒业有限公司
● 陕西金樽酒业有限公司
● 西安顺成酒业有限公司

●西安市汉青酒业销售有限公司
●陕西惠森餐饮有限公司酒业分公司
●西安松林超级市场有限公司啤酒路店
●金威啤酒(西安)有限公司
●陕西鼎盛文豪酒业有限责任公司
●四川省宜宾市宜丰酒业有限公司西安分公司
●西安金牌酒业有限公司
●陕西金纯酒业有限公司
●陕西龙翔酒业有限公司
●昆明云南红酒业发展有限公司西安办事处
●西安市莲湖区苏河酒业销售部
●西安恒丰酒业有限责任公司经营部
●陕西坤源酒业有限公司
●西安九州酒业有限公司
●西安西汉美酒业有限责任公司
●陕西太白广运酒业有限公司
●西安奥克斯葡萄酒有限公司
●西安丹若尔石榴酒业有限责任公司
●镇安县仙果酒业有限责任公司
●咸阳金润酒业有限公司
●咸阳朝阳酒业有限公司
●陕西金粮液酒业有限责任公司
●渭南市酒祖贡酒业营销有限责任公司
●宝鸡市好猫酒业营销策划管理有限公司
●来福康果酒厂
●陕西省城固酒业有限公司供销分公司
●汉中玛丽酒业有限责任公司
●陕西恒丰酒业有限公司
●陕西省太白酒业西安客户管理服务中心
●陕西天才酒业销售有限公司
●陕西恒丰酒业有限公司团购部
●陕西坤源酒业公司
●陕西恒丰酒业有限公司全国总经销
●陕西省太白酒厂保健酒事业部
●陕西开缸酒业有限公司
●陕西龙翔酒业有限公司
●陕西省米脂县银州酒厂
●陕西三原春吉稠酒厂
●陕西省汉阴县酒厂
●陕西省石泉县酒厂
●陕西金醇古酒业有限任公司
●陕西省泾阳县吉元酒业有限责任公司
●陕西省泾阳县泾河酒厂
●陕西省三秦麦芽有限公司
●国营陕西荔北麦芽厂
●陕西省三九杜康酒厂
●陕西闯王酿酒总厂
●陕西省陇州酒厂
●陕西省神韵五味子酒业有限责任公司
●陕西省南郑县黄官酒业股份有限公司
●陕西省城固酒厂
●陕西省城固酒业有限责任公司
●陕西城固乐宝黄酒厂
●国营陕西洋县酒厂
●陕西省西乡酒厂
●陕西省紫阳县酒厂

- 陕西省丹凤县葡萄发展有限公司
- 陕西省商南县三秦王酒业有限责任公司
- 陕西省祥云实业有限责任公司
- 陕西东龙酒业有限公司
- 陕西秦郎酒业有限责任公司
- 陕西朱鹮酒业有限公司
- 陕西泸康酒业(集团)股份有限公司
- 陕西惠森餐饮有限公司酒业分公司
- 陕西鼎盛文豪酒业有限责任公司
- 陕西金纯酒业有限公司
- 陕西龙翔酒业有限公司
- 陕西坤源酒业有限公司
- 陕西太白广运酒业有限公司
- 陕西省城固酒业有限公司供销分公司

宁夏自治区

- 宁夏西夏王葡萄酒贸易有限公司
- 宁夏梦庄园酒业有限公司
- 广夏(银川)贺兰山葡萄酒销售有限公司
- 宁夏和平酒业有限责任公司
- 宁夏雄牛酒业有限公司
- 梅子酒业销售公司
- 宁夏好力顿酒业有限公司
- 青岛诺伯尔啤酒有限公司宁夏办事处
- 宁夏劲龙酒业贸易责任有限公司
- 宁夏元融酒业有限公司
- 宁夏河源锁阳酒厂
- 宁夏华昊葡萄酒有限公司
- 宁夏佳时得经贸有限公司彭阳酒业分公司
- 银川广夏昊都酒业有限公司
- 宁夏雄牛酒业有限公司
- 宁夏亨泰酒业有限公司
- 宁夏亨泰枸杞保健饮品有限责任公司
- 银川啤酒厂
- 宁夏银川西夏酿酒总厂
- 宁夏银湖酒业有限公司
- 永宁县顺有葡萄酒厂
- 宁夏玉泉葡萄酒厂
- 宁夏西夏王葡萄酒业有限公司
- 阿拉善苁蓉集团有限责任总公司
- 阿左旗伟远实业发展有限总公司
- 宁夏银川啤酒二分厂
- 宁夏回族自治区灵武啤酒厂
- 宁夏农垦企业(集团)吉康生物制品有限公司
- 吴忠市兴伊投资发展有限公司
- 宁夏国营连湖农场酒厂
- 宁夏御马葡萄酒有限责任公司
- 宁夏香山酒业集团有限责任公司
- 宁夏西王饮料集团公司
- 宁夏香山葡萄酒有限公司
- 石嘴山市龙雨酒业有限公司
- 沙湖酒业有限公司
- 银川广夏昊都酒业有限公司固原分公司
- 六盘山黄酒厂
- 宁夏固原金糜子酒业有限责任公司
- 固原县杨郎乡国库酒厂
- 固原县杨郎乡永兴副食加工厂

- ●彭阳县鑫源酒厂
- ●宁夏宁阳实业集团酒业有限公司
- ●互助县威远镇食品厂
- ●互助县边滩酒厂
- ●宁夏回族自治区灵武啤酒厂
- ●宁夏国营连湖农场酒厂
- ●宁夏石嘴山市西夏啤酒厂
- ●中卫市溪苑酒厂
- ●固原国库酒厂
- ●宁夏固原六盘酒厂
- ●隆德县岚凤酒厂
- ●彭阳县义丰酒厂
- ●彭阳县枸杞黄酒厂
- ●贵德县酒厂
- ●青海省湟源青稞酒厂
- ●银川红绿园葡萄酒有限公司
- ●宁夏金葡萄庄园酿酒有限公司
- ●宁夏贺兰山葡萄酒业有限公司
- ●宁夏王一酒业有限公司
- ●宁夏福隆酒业有限公司
- ●宁夏宁杞葡萄酒业有限公司
- ●宁夏阳森枸杞酒业有限公司
- ●银川首辅酒业有限公司
- ●宁夏恒生西夏王酒业有限公司
- ●银川昊王酒业有限公司
- ●宁夏银湖酒业有限公司宁玉酒精厂
- ●宁夏银川纳赛龙酒业有限公司
- ●宁夏梦庄园酒业有限公司
- ●银川市镇北堡酒业有限公司
- ●宁夏三春酒业有限公司
- ●通化圣泉酒业有限公司望远分公司
- ●宁夏德胜酒业有限公司
- ●内蒙古路路旺酒业有限责任公司
- ●宁夏金樽酒业有限公司
- ●宁夏红宝酒业有限公司
- ●中宁县鹏马枸杞黄酒厂
- ●宁夏吉康灵州酒业有限责任公司
- ●宁夏银池酒业有限公司
- ●宁夏浙宁米酒有限公司
- ●宁夏御鹿葡萄酿酒有限公司
- ●宁夏天宫御马葡萄酿酒有限公司
- ●宁夏苏昊酒业有限责任公司
- ●宁夏黄河(集团)酒业有限责任公司
- ●宁夏石嘴山西夏啤酒厂
- ●宁夏夏星贡酒业有限责任公司
- ●彭阳县义丰酒厂
- ●宁夏德川酒业销售有限公司
- ●银川巴格斯葡萄酒庄(有限公司)
- ●银川红都酒业有限公司
- ●银川鹤天酒业有限公司
- ●宁夏御麒酒业有限公司
- ●宁夏元融酒业有限公司
- ●宁夏郭公庄园葡萄酿酒有限公司
- ●宁夏龙天酒业有限公司
- ●宁夏德宏枸杞酒业有限公司
- ●宁夏连湖古峡酒业有限公司
- ●宁夏御龙葡萄酒有限公司
- ●红寺堡开发区罗山酒业有限公司
- ●宁夏银龙酒业有限公司
- ●宁夏西王枸杞酒业制品有限公司
- ●中宁三馨酒业销售有限公司
- ●宁夏龙王池酒业有限公司
- ●宁夏劲龙酒业贸易责任有限公司
- ●宁夏梦庄园酒业有限公司
- ●宁夏国营连湖农场酒厂
- ●宁夏石嘴山市西夏啤酒厂

●宁夏固原六盘酒厂
●宁夏银川西夏酿酒总厂
●宁夏银湖酒业有限公司
●宁夏固原金糜子酒业有限责任公司

青海省

●青藏明珠酒厂
●青海西宁酒业有限公司
●青稞酒业责任有限公司
●青海威远青稞酒业酿造有限公司
●互助土族自治县威达青稞酒厂
●互助县五峰乡青稞酒厂
●青海省红青稞酒厂
●青海黄河嘉酿啤酒有限公司
●青海省湟源青稞酒厂
●青海西宁西秀天然保健饮品厂
●兰州黄河企业集团青海啤酒有限责任公司
●青海省大通县金鹿工贸有限责任公司
●门源县金源食品有限责任公司
●互助县南门峡酒厂
●互助县威达酒厂
●青海青稞酒(集团)有限公司
●互助县威远镇酒厂
●互助县威远镇食品厂
●互助县边滩酒厂
●青海青稞酒厂
●互助县金鑫氏族青稞有限公司
●平安县青稞酒业有限责任公司
●青海金园子绿色食品有限公司
●青海宏都青稞酒业有限公司
●民和回族土族自治县金源青稞酒业有限公司
●青海省海东地区化隆县化泉酒业有限责任公司
●尖扎县宏达青稞酒厂
●青海万元工贸实业基地
●青海金塔青稞酒业有限责任公司
●双寨煤碳商场
●贵德县酒厂
●湟源县城关恒达酒厂
●湟源县源达陈醋有限责任公司
●湟源县金泉青稞酒业公司
●青海省湟源县青稞酒厂
●刚察青藏高原食品有限公司
●青海格尔木酒厂
●青海黄河嘉酿啤酒有限公司
●西宁青海人家酒业有限公司
●青海唐古拉酒业有限公司
●青海互助龙的青稞酒业有限公司
●青海青稞酒厂有限公司
●青海互助青稞酒业有限公司
●西宁明清奶酒有限公司
●青海省民和县湟川酒业有限公司
●西宁通成酒业有限公司
●华润雪花啤酒(中国)有限公司青海销售分公司
●西宁豪达酒业有限公司
●互助县五峰青稞酒业有限公司
●青海金塔青稞酒业有限责任公司湟中分公司
●德令哈可鲁克酒业有限公司
●青海西宁酒业有限公司北京销售分公司

甘肃省

- 甘肃省合水古树王酒厂
- 甘肃祁连葡萄酒有限公司
- 甘肃九粮国风酒业公司
- 白酒红酒贸易公司
- 十里香酒业有限公司
- 兰州泽林酒业有限公司
- 兰州黄河嘉酿啤酒有限公司物资部
- 甘肃祁连葡萄酒业有限公司
- 甘肃祁连葡萄酒业有限公司销售一部
- 甘肃金横川酒业有限责任公司
- 甘肃成纪酒业有限责任公司
- 静宁沁园春酒业有限责任公司
- 西藏五谷酿酒平凉销售有限公司
- 甘肃华池酒业有限责任公司
- 庆阳香包酒业有限责任业公司
- 民勤县李字酒厂
- 甘肃皇台酒业股份有限公司
- 祁连葡萄酒业公司四场
- 甘肃敦煌沙洲酒业有限公司
- 酒泉汉武酒业有限公司
- 甘肃金徽酒业有限责任公司
- 甘肃省陇原酒业股份有限公司

新疆自治区

- 新疆和田皮雅曼石榴酒业有限公司
- 新疆阿拉尔新兴酒业有限公司河南办事处
- 新疆英雄本色酒业有限公司
- 新疆心仪葡萄果酒厂
- 新天国际葡萄酒业有限公司
- 新疆吐鲁番雅丹酒业有限公司
- 新疆顺天酒业发展有限公司
- (中外合资)新疆顺天酒业发展有限公司
- 新疆国窖酒业销售有限公司
- 青河昊天酒业有限责任公司
- 阿勒泰地区仙泉酒厂
- 新疆温泉县酿酒厂
- 新疆吐鲁番葡萄园酒业有限公司
- 新疆疏勒县阿纳(石榴)干红酒业有限公司
- 新疆哈密巴尔库泉酒庄酒业有限公司
- 新疆克拉玛依魔鬼城酒业有限责任公司
- 新疆第一窖古城酒业有限公司
- 吐鲁番葡萄沟酒业有限责任公司
- 乌鲁木齐绿天啤酒花科技有限公司
- 新疆木塞来斯酒业有限公司
- 乌鲁木齐楼兰红酒业有限公司
- 乌鲁木齐绿天啤酒花科技有限公司外贸部
- 新疆刀郎酒业有限公司
- 新疆乌鲁木齐酒业商贸责任有限公司
- 金沙湾酒业酿造有限公司
- 新疆啤酒花股份有限公司
- 新疆金伊丰酒业有限公司
- 新疆骆宾酒业发展有限公司
- 新疆乌苏啤酒有限责任公司
- 新疆西域酒业有限公司

●吐鲁番市火洲明珠葡萄酒厂
●库尔勒义江酒业有限公司
●新疆驼仙酒业有限责任公司
●新疆喀什西侯酒业公司
●察布查尔县鑫谷酒业有限责任公司
●伊犁肖尔布拉克酒业有限责任公司
●新疆伊犁金谷酒业有限责任公司
●新疆伊犁薛府酒业有限公司
●新疆和田市蒲江红酒厂
●新疆长生酿造有限责任公司
●乌鲁木齐金航化工厂
●乌鲁木齐市沙区鑫磊黄酒厂
●乌鲁木齐达坂城酒业有限公司
●新疆正通葡萄酒厂
●新疆绿森葡萄酒有限公司
●乌鲁木齐七香阁酒厂
●新疆新啤(集团)有限责任公司
●新疆高新技术项目开发研究院有限公司
●乌鲁木齐恭喜酒厂
●新疆昌吉市绿旗有限责任公司
●新疆新啤酒集团昌吉啤酒有限公司
●昌吉百傲工贸有限责任公司
●新疆昌吉绿旗有限责任公司保健品分公司
●烟台市禹峡河葡萄酒厂昌吉分厂
●新疆榆泉酒厂
●新疆呼图壁县天山酒业有限公司
●呼图壁大丰镇酒厂
●昌吉州九龙酒业有限公司呼图壁酒精厂
●米泉金企好友酒精有限责任公司
●米泉市蒙疆酒厂
●米泉市山泉酒厂
●米泉市西宫酒厂
●米泉市安康双龙酒厂
●烟台莱阳市汇源酒厂米泉分厂
●新疆雪莲酒业有限责任公司
●米泉市昕源酒业酿造厂
●新疆天池酒业有限责任公司
●阜康市西泉酒业有限责任公司
●吉木萨尔县草莓香酿酒厂
●吉木萨尔县万金亭江苏酿酒厂
●新疆三台酒业有限责任公司
●新疆古城酒业有限责任公司
●奇台县热龙酒厂
●木垒哈萨克自治县西域酿酒厂
●木垒哈萨克自治县三泉酒厂
●木垒哈萨克自治县三粮酒厂
●新疆兵团农垦科学院金龙驰酒厂
●新疆兵团石河子大学农学院试验场二龙泉酿酒
●新疆兵团农八师新安酒业有限责任公司
●新疆兵团西域酒业有限公司
●玛纳斯县乐土驿镇长胜酒厂
●玛纳斯县东北酒厂
●玛纳斯县龙河酿造有限公司
●新疆兵团新天国际葡萄酒业有限公司
●新疆老窖酒业有限公司
●新疆啤酒有限责任公司乌苏分公司
●乌苏市天泉饮料厂
●乌苏市奎伊酿酒厂
●新疆乌苏啤酒有限责任公司乌苏支公司

●乌苏市伊利来酒厂
●乌苏市酿酒厂
●奎屯玉液酿酒厂
●新疆兵团农七师一二七团酒厂
●博州那达木酒业酿造有限责任公司
●新疆兵团农五师八十五团酒厂
●新疆兵团农七师一二九团五五酒厂
●和布克赛尔县王府酿酒厂
●托里县松泉酒厂
●额敏县三江酒厂
●新疆兵团农九师一六六酒厂
●塔城市剑城春酒业有限责任公司
●新疆塔城市山泉酒业酿造股份合作公司
●塔城市西苑酒业公司
●塔城市金粮酒业有限责任公司
●裕民县西裕酒厂
●伊犁金谷酒业有限责任公司
●伊犁哈萨克自治州伊犁河酒业有限责任公司
●乌苏啤酒伊宁啤酒有限责任公司
●伊犁州新宁酒业有限责任公司
●伊犁州伊宁县寿源糯米酒厂
●伊力特股份公司酒四厂
●伊犁州伊犁伊妃桂花绸酒饮品厂
●七十团伊犁葡萄酒厂
●伊犁州霍城县川疆雪莲酒业有限责任公司
●新疆新啤集团霍城啤酒有限公司
●六十一团酒精厂
●六十八团伊犁啤酒厂
●伊犁肖尔布拉克酒业有限责任公司
●伊力特股份公司酒三厂
●新疆兵团四师伊犁酿酒总厂
●伊力特股份公司酒一厂
●新疆兵团四师伊力特实业股份有限公司
●新疆兵团农十师一八三团酒厂
●阿勒泰地区国营第二牧场酒厂
●富蕴县富泉酒厂
●青河县酒厂
●青河县青泉酒厂
●福海县金富海酒业有限公司
●阿勒泰地区一牧场昌荣酒厂
●阿勒泰市阿山鹰酒厂
●布尔津县哈纳斯酒业有限公司
●新疆阿山酒业有限责任公司
●吉木乃县冰峰酿酒厂
●吐鲁番市威狮王葡萄酒厂
●新疆吐鲁番果胜酒业有限公司
●吐鲁番市金源葡萄酒业有限公司
●吐鲁番市驼铃酒业有限公司
●新疆吐鲁番高昌葡萄酒业有限公司
●新疆兵团农十三师二二一团酒厂
●吐鲁番白粮液酒业有限责任公司
●鄯善县利尔有限责任公司
●新疆楼兰酒业有限公司
●鄯善县天龙葡萄酒厂
●哈密市西凉啤酒有限责任公司
●哈密市顺诚饮料有限责任公司
●哈密市古道酒业有限公司
●新疆王液酿造有限责任公司
●哈密地区奥科畜牧生物科技有限责任公司
●哈密地区奥科乳业公司
●新疆兵团哈密市黄田农场班超酒厂

●哈密市大泉湾乡迎春酒厂
●库尔勒市孔雀河啤酒厂
●新疆巴州金泉酒业有限责任公司
●新疆巴州和硕县驼仙酒业有限责任公司
●新疆和静温和酒业有限责任公司
●新疆和静龙元酒业有限责任公司
●新疆兵团农二师二十三团亚泰酒厂
●新疆巴州且末县玉沙液酒厂
●库车县龟兹葡萄酒厂
●库车县龟兹食品工业总公司
●库车县龟兹酒厂
●新和县酒厂
●拜城县哈拉舒酒业有限责任公司
●新疆阿克苏鹰牌酒厂
●温宿县酒厂
●温宿县阿克苏托峰实业有限责任公司
●新疆阿克苏塔里木纯粮酒厂
●乌什县燕泉酒业烟草有限责任公司酒厂
●新疆兵团第三汽车运输公司酒厂
●客什昆仑酒业公司
●疏勒县金昆仑酒业有限公司
●莎车县莎洲酒业有限责任公司
●新疆和田市酒妹酒厂
●新疆和田市宏盛酒业
●新疆和田市满江红酒厂
●新疆石河王新安葡萄酒厂江汉一厂
●乌鲁木齐天泉酒厂
●新疆正通葡萄酒厂
●新疆兵团农四师楼兰酒厂
●昌吉市宏业酿酒厂
●新疆榆泉酒厂
●新疆木垒哈萨克自治县西域酒厂
●新疆木垒哈萨克自治县三泉酒厂
●新疆木垒哈萨克自治县三粮酒厂
●新疆石河子市二龙泉酿酒厂
●新疆石河子市三胜酒厂
●玛纳斯县东北酒厂
●玛纳斯县乐土驿镇长胜酒厂
●玛纳斯县平川疆酒厂
●乌苏市奎伊酿酒厂
●乌苏市酿酒厂
●和布克赛尔蒙古自治县王府酿酒厂
●额敏县酒厂
●额敏县佬香烧酒厂
●裕民县大西北酒厂
●伊宁市酒厂
●吉木乃县冰峰酿酒厂
●吐鲁番市葡萄酒厂
●吐鲁番市沙驼葡萄酒厂
●吐鲁番葡绿果露酒厂
●鄯善县天龙葡萄酒厂
●哈密市众合酒厂
●巴里坤哈萨克自治县岳公酒厂
●巴州和静县胡杨酒厂
●巴州和静县万家兴酒厂
●和静县营和酒厂
●新和县酒厂
●阿克苏市沙安果酒厂
●新疆阿拉尔市新兴酒厂
●乌什县燕泉酒业有限责任公司酒厂
●伽师县红柳酒厂
●和田香妃葡萄酒厂
●和田县域河春大芸酒厂

●新疆焉耆乡都酒业有限公司
●乌鲁木齐秦缘酒业有限责任公司
●成都市红火爆酒业有限公司新疆分公司
●乌鲁木齐市屯瑞啤酒花有限公司
●新疆伊特酒业开发有限公司
●新疆乌苏市酿酒厂天山剑销售部
●新疆鸿天糖酒销售有限公司鸿天酒业分公司
●新疆布什卡尤斯酒业有限公司
●天泉酒厂
●新疆啤酒(集团)有限责任公司
●昌吉市阿尔金果酒厂
●昌吉市阿尔金酒业有限责任公司
●新疆华夏酒魂酒业有限责任公司
●昌吉市大漠红葡萄酒厂
●新疆天山酒庄有限公司
●新疆沙舟酒业有限公司
●呼图壁县大丰酒业有限责任公司
●米泉市葡光酒业有限责任公司
●新疆天骏酒业有限责任公司
●新疆石河子新安酒业有限责任公司新安酒厂
●石河子市胡杨米酒厂
●石河子花园镇龙杯酒厂
●新疆乌苏啤酒有限责任公司沙湾县分公司
●新疆乌苏啤酒有限责任公司乌苏市分公司
●乌苏市奎伊酿酒厂
●塔城市天龙糖酒食品有限责任公司伟人山饮品开发分公司
●新疆绿风酒业有限公司
●新疆天山源酒业有限公司
●新疆伊犁风沙王酒业有限责任公司
●新疆伊犁伊犁风酒业有限责任公司
●伊犁伊黎陈酒业有限公司
●伊犁珍金窖坊酒业有限责任公司
●伊犁伊帆酒业有限责任公司
●伊犁大将军酒业有限公司
●川疆雪莲酒业有限责任公司
●伊犁清水绿源酒业有限公司
●伊犁泰康生物科技有限责任公司
●伊犁金谷酒业分公司
●伊犁黎星啤酒有限责任公司
●伊犁禹宫啤酒有限公司
●新疆伊犁伊河酒业有限公司
●伊犁古河酒业有限责任公司
●伊犁肖尔布拉克酒业有限责任公司巩乃斯分公司
●青河县惠华果酒有限责任公司
●青河县昊天酒业有限责任公司
●吐鲁番葡城酒业有限责任公司
●吐鲁番西部阳光葡萄酒业有限公司
●新疆骆宾酒业发展有限公司吐鲁番酒厂
●吐鲁番地区罗布泊葡萄酒厂
●鄯善县九域庄园酒业有限责任公司
●新疆乌苏啤酒有限责任公司哈密分公司
●哈密巴尔库泉酒庄酒业有限公司
●哈密市金星酒业有限责任公司
●哈密天天酿酒有限责任公司
●库尔勒银河酒业有限责任公司
●库尔勒孔雀酿酒厂
●新疆静河酒业有限责任公司

●和静县山泉酒厂
●和静县万家兴酒厂
●新疆和静县亚泰酒厂
●新疆和静县巴音布鲁克酒业有限责任公司
●博湖县腾龙酒业有限责任公司
●新疆阿拉尔市新兴酒业有限公司
●阿瓦提县多浪酒业有限责任公司
●乌什县新川酒厂
●新疆新啤集团喀什啤酒有限公司
●疏附县金丝路果酒厂
●疏勒县乾富酒业有限责任公司
●疏勒县达瓦孜石榴酒厂
●和田市宏盛酒业
●和田地区达佤孜石榴酒厂
●和田市巴图尔酒厂
●和田市石榴酒业有限责任公司
●和田地区昆仑酒业有限责任公司
●和田市吾斯曼酒厂
●新疆绿色酒业有限公司
●新疆巴依酒业有限公司
●乌鲁木齐楼兰红酒业有限公司
●乌鲁木齐天池王酒业有限公司
●博乐市五世酒业酿造厂乌鲁木齐市经销部
●四川省绵竹万利酒业制造有限公司驻乌鲁木齐办事处
●乌鲁木齐天之蓝酒业有限公司
●新疆丝域酒业销售有限公司
●乌鲁木齐市伊珠酒业有限公司
●新疆国窖酒业销售有限公司
●新疆传歌人酒业文化有限公司
●新疆天福酒业有限公司
●新疆冰山来客酒业有限公司
●河南省月山啤酒股份有限公司奇台麦芽分公司
●新天国际葡萄酒业有限公司玛纳斯县分公司
●博乐市五世酒业酿造厂奎屯经销部
●精河县小升酒业有限公司
●博乐市五世酒业酿造厂销售部
●克拉玛依市恒利酒业经销部
●新疆金丝路酒业有限公司
●伊犁天骄酒业有限责任公司
●伊犁天香酒业有限责任公司
●吐鲁番天鹰酒业有限公司
●吐鲁番市古西域酒业有限公司
●新疆第一窖古城酒业有限公司哈密分公司
●哈密市新雅酒业有限公司
●新疆胡杨酒业有限公司
●新疆梨都酒业有限公司
●博湖县天恒酒业有限责任公司
●轮台县永辉酒业有限责任公司
●阿克苏昊宇酒业有限责任公司
●阿克苏南疆酒业有限责任公司
●新疆鑫和酒业有限公司
●喀什慕峰酒业有限责任公司
●新疆喀什昆仑神酒业有限公司
●疏勒县阿纳(石榴)干红酒业有限公司
●泽普县金湖杨酒业有限责任公司
●和田石榴酒业科技开发有限公司

河南省

●金星啤酒集团
●汝阳杜康总公司古城酒厂
●民权县葡萄酿酒有限公司总公司
●民权天裕葡萄酒业有限公司
●河南省民权县葡萄酿酒有限公司
●民权县宝玉葡萄酒业有限公司销售部
●香港中法王朝葡萄酿酒有限公司
●民权奥思味葡萄酿酒有限公司
●民权县葡萄酿酒有限公司销售部
●洛阳阿里巴巴酒业有限公司市场部
●汝阳杜康酒厂
●河南省月山啤酒股份有限公司豫西销售部
●河南月山啤酒有限公司
●智强酒业有限公司
●赤水窖酒业驻焦作办事处
●灵宝嘉百利酒业有限责任公司
●民权津美霖葡萄酒厂
●民权红葡萄酒业有限公司
●河南民权五丰葡萄酒厂 (现九鼎集团)
●民权津美霖葡萄酒有限公司
●民权贵人康葡萄酒业有限公司网络推广部
●河南金民权佳和葡萄酒有限公司
●民权龙升葡萄酒有限公司营销部
●民权印象葡萄酒业有限公司
●民权九鼎葡萄酒有限公司
●河南小乔酒业有限公司
●民权鸿超酒业有限公司
●东方长城葡萄酒有限公司
●民权龙升葡萄酒有限公司
●中国民权葡萄酒业(集团)公司
●民权宝玉葡萄酒业有限公司
●民权启元葡萄酒业有限公司
●张弓酒业有限公司
●河南富贵人生酒业有限公司
●中马合资林海酒业有限公司
●木兰府酒业公司
●河南民权小乔苏格兰酒业有限公司
●民权县五朝尊贵葡萄酒业有限公司
●河南民权红葡萄酒业有限公司
●河南府泉酒业有限责任公司
●蒙古春酒业有限公司业务部
●登封三楂红酒业有限公司
●河南亿戈酒业有限责任公司
●河南郑州新密园林葡萄酒厂
●新疆阿拉尔新兴酒业有限公司河南办事处
●河南智鑫酒业食品有限公司
●郑州金丰酒业有限公司
●金门酒业(郑州)贸易有限公司
●烟台新天假日葡萄酿酒有限公司郑州办事处
●通圣酒业有限公司
●河南莱茵河酒业有限公司
●康泰集团康鹿春酒业有限公司河南办事处
●许昌春秋酒业有限公司
●河南世嘉酒业
●辽宁青龙酒厂(郑州市金水区绿色酒行)

●河南绅士酒业有限公司
●郑州红双喜酒业
●安徽皖丰酿酒有限公司销售公司长城酒业
●河南宇丰酒业有限公司
●未来酒业有限公司
●法国波尔多葡萄酿酒有限公司河南办事处
●中国民权贵人康酒业集团有限公司
●河南奥克啤酒实业有限公司
●河南夏郁酒业有限公司
●路易仕酿酒有限公司
●河南双赢酒业营销有限公司
●四川省崇州市东粮酒业有限公司(驻郑办)
●辽宁青龙酒厂驻河南办事处
●郑州市冠泉酒业股份有限公司
●河南省郑州市腾飞酒业有限公司
●河南双赢酒业营销有限公司市场开发部
●许昌春秋酒业有限公司郑州分公司
●汉室酒业河南销售中心
●四川省泸州市酒厂
●河南法格尔酒业有限公司
●郑州市鸿翔酒业有限公司
●燕京啤酒螺旋藻河南办事处
●河南龙凤宴酒业有限公司
●郑州龙海啤酒物资有限公司
●郑州市中原区超凡酒业商行
●郑州百威食品酒业有限公司百吉利分公司
●中牟县贵人葡萄酒厂
●安阳市豫北酿酒有限责任公司
●河南巴伦啤酒有限公司
●安阳市安仕葡萄酒饮料有限责任公司
●金星集团安阳啤酒有限公司（夜场部)
●安阳市天吉酒业有限责任公司
●河南许昌剑五茅酒业有限责任公司
●河南九头崖集团啤酒有限公司
●河南维雪啤酒集团有限公司
●枝江酒业股份有限公司
●河南省恒鑫酒业有限公司
●郑州市赵长中黄酒厂
●河南省郑州市刘集光照黄酒开发公司
●南阳阳光酒业公司
●河南省南阳市奇童黄酒厂
●南阳天冠企业集团啤酒有限责任公司
●南阳市英晖酒业有限责任公司
●南阳市“土老帽”酒业有限公司
●河南赊店酒业有限公司
●喜运大曲酒厂
●宏达酒业贸易公司
●开封亚太啤酒有限公司
●河南麦仕达啤酒有限公式
●河南楠溪庄园酒业有限公司
●开封汴梁王酒业有限公司
●一品雪花啤酒公司
●法国百特斯啤酒公司洛阳分公司
●焦作泛亚丹麦啤酒有限公司销售部
●焦作市高新区金穗啤酒原料厂
●焦作泛亚丹麦啤酒有限公司
●鹤壁永康玫瑰酒业有限公司

●河南省新境界酒业有限公司
●宋氏酒业有限公司
●河南金长城葡萄酒业有限公司
●河南省宋河酒业股份有限公司技术处
●河南省鹿邑县老君酒厂
●河南法德利酒业有限公司
●漯河华东集团酒业有限责任公司
●皖品酒厂
●河南省富平春酒业有限责任公司
●晖原酒业直销中心
●中国武王酒厂
●中国灵宝嘉百利酒业有限公司
●灵宝嘉百利酒业有限公司 88 嘉百利酒业杜
●河南仰韶酒业有限公司
●河南韶泉酒业有限公司
●河南省良缘黄酒有限公司
●河南省东方长城葡萄酒有限公司
●南阳天冠集团啤酒厂
●中国结干红葡萄酒
●飞越长城干红葡萄酒
●河南麦佳啤酒实业有限公司
●郑州市金星食品服务部
●河南蓝马啤酒有限公司
●河南金星啤酒厂
●郑州金鑫制麦有限公司
●郑州市双桥长城麦芽厂
●郑州市兴玉实业有限公司
●河南省江海啤酒业有限公司
●河南省荥阳市郑仕酒业食品有限公司
●荥阳市嵩山白酒罐装有限公司
●郑州天力啤酒原料实业有限公司
●郑州市邙山区麦芽厂
●郑州顶真食品有限公司
●河南省瑞祺保健品有限公司
●新郑市温州城酒业开发有限公司
●新郑市辛店葡萄酒厂
●罗庄乡董寨村酒厂
●新密市刘寨镇万方葡萄酒厂
●河南省大河酒厂
●郑州市三叶动物药品厂
●河南登封嵩山啤酒饮料有限公司
●河南省新乡市平川酒厂 (大观园酒厂)
●河南新乡亚洲啤酒股份有限公司
●新乡市酒精厂
●四川通宁市大蓬县银河酒厂卫辉分厂
●卫辉市天宇葡萄酒厂
●河南省梨园春酒业有限公司
●江源县林泉酒厂延津分装厂
●延津县酒厂
●延津县葡萄果酒厂
●延津县司寨乡太行堤酒厂
●新乡市金奥制麦有限责任公司
●河南省新乡市北宋酒业有限公司
●河南省封丘县帝皇阁酒厂
●河南省封丘县曲酒厂
●封丘县曲酒总厂
●新乡百顺酒业有限公司
●河南省封丘县王楼酒厂
●新乡市晨晓酒业有限公司
●长垣县欢垣酒厂
●河南省原阳县酒厂

- 原阳县三鸟酒业有限公司
- 河南省万神葡萄酒有限公司
- 河南省辉县市峪河镇李千户营酒厂
- 辉县市太行鸿昌酒精有限责任公司
- 辉县市百泉春酒厂
- 河南省辉县市太行酒精厂
- 新乡市力美食品饮料有限公司
- 河南省辉县市酒精有限责任公司
- 太行山酿造厂
- 河南省豫生啤酒厂
- 新乡正福酒业饮品有限公司
- 新乡红酒坊酒业有限责任公司
- 新乡市平原食品饮料厂
- 获嘉县久发麦芽厂
- 古殷酒厂
- 获加县奔酒酒厂
- 焦作市三家村酿酒有限责任公司
- 焦作市山阳酒厂
- 修武县全蝎保健酒厂
- 博爱县酒业酿造有限公司
- 博爱县卫星酒厂
- 焦作市七贤村酒业有限公司
- 河南省博爱县新成饮品有限公司
- 博爱县李天久酒精有限公司
- 沁阳市聚珍酿造厂
- 沁阳市王召供销社沁兴酒业酿造厂
- 河南清宫酒业有限公司
- 济源市宫殿酒业有限公司
- 河南省济源市葡萄酒厂
- 济源市酒精厂
- 济源市国绘酒厂
- 河南省孟州市金象果酒厂
- 河南省孟州市酒精总厂
- 孟州市广位酒业有限公司
- 温县予汾酒厂
- 神州酒业有限公司
- 武陟县沁河液酒厂
- 河南省安阳市啤酒厂
- 河南省安阳县酒厂
- 安阳县帅浩有限责任公司
- 安阳市鑫源基础酒有限责任公司
- 河南省汤阴县酿酒总厂
- 浚县黎阳酒厂
- 河南省子贡酒厂
- 浚县四海酒厂
- 河南省冬夏酿酒股份有限责任公司
- 河南省瑞德食品饮料有限公司
- 内黄县颛顼酒业有限责任公司
- 河南省濮阳市白条河曲酒厂
- 濮阳市白条河曲酒厂
- 内黄县二帝酿酒有限责任公司
- 安阳市北海果酒厂
- 滑县冰堂春酒厂
- 滑县白马城酒业有限公司
- 桑村乡名流酒厂
- 安阳市神石酒厂
- 滑县豫丰酒厂
- 四川古蔺县郎怡曲酒厂南呼分厂
- 南湖金堤酒厂
- 四间房乡南召集计生酒厂
- 林州市红旗渠啤酒有限公司
- 林州市采桑镇食品有限公司安阳分公司
- 河南省红旗渠酒业有限公司
- 林州市乐美饮品食业有限公司
- 林州市酒精酿造有限责任公司

●豫北朝歌企业集团有限公司
●淇县朝歌云蒙酒厂
●濮阳市澶春酒厂
●濮阳县城关镇康泰果酒厂
●濮阳市八都酒厂
●濮阳县帝丘酒厂
●城关芙蓉酒厂
●枣科酒厂
●河南省濮阳县胡状乡百龙酒厂
●濮阳县文留镇南王庄文河酒厂
●白罡乡七来庄酒厂
●清丰县红房子酒厂
●濮阳市顿丘酿酒业有限责任公司
●高堡乡王庄古槐酒厂
●清丰县王什乡予龙果酒厂
●清丰县豫惠葡萄酒业有限公司
●龙乡酒业公司
●濮阳市九鼎酒业有限公司
●濮阳市字祖酒业有限公司
●濮阳市岳固酒厂
●濮阳市新境界酒业有限公司
●河南省字圣酒厂
●濮阳市龙圆池酒业有限公司
●豫龙春酒厂
●南乐县玉皇泥池酿酒有限公司
●濮阳市十字坡酒有限公司
●范县濮城镇北关酒厂
●濮阳市难忘酒业有限公司
●河南省范县仲春酒厂
●范县陈庄乡酿酒有限公司
●台前县无水乙醇厂
●台前县回五酒厂
●鹤壁市仪狄酿酒有限公司
●鹤壁市奥亚啤酒有限公司
●鹤壁市三友酒业有限公司
●许昌市葡萄酒厂
●许昌市兆丰工贸有限公司第一果酒厂
●许昌春秋酒厂
●亳州市万历酿酒有限公司许昌分公司
●许昌县凤凰曲酒厂
●许昌市永康健身蝎酒厂
●鄢陵县张桥乡罗庄村酒厂
●河南省许昌姚花春酒业集团
●扶沟县吉潭酒业有限公司
●扶沟县柴岗乡稻香米酒厂
●扶沟县李庄乡葡萄酒厂
●扶沟县固城乡凤凰岗酒厂
●扶沟县韭园镇曹庄酒厂
●太康县酒厂
●太康县城郊乡酒厂
●芝麻洼乡东丁花酿酒厂
●太康县兰河酒厂
●太康县果酒厂
●太康县老冢双兴酒厂
●太康县五里口乡酒厂
●太康县大许寨乡酒厂
●河南省太康县素豫酿造厂
●禹州市酒精厂
●禹州市钧都酒厂
●河南省禹州市酒厂
●襄城县紫云酒厂
●许昌市国强食品有限公司
●襄城县二郎酿造有限公司
●漯河市源飞酒厂

●郾城县孟庙镇澳丽斯葡萄酒业有限公司
●郾城县英德利饮料厂
●河南省漯河市黑马啤酒有限公司
●河南省漯河市五郎贵酿酒有限责任公司
●河南省舞阳县富平春酒厂
●河南省舞阳县宝瑞集团公司
●河南省舞阳县九街乡漳河酒厂
●河南省舞阳县姜店乡大王村酒厂
●河南省漯河市舞阳县侯集乡酒厂
●河南省舞阳县九龙酒厂
●临颍县少康集团有限公司
●临颍县少康酒业有限公司
●临颍县果酒厂(商业局)
●金桥酒厂一分厂
●漯河南德啤酒有限公司
●驿城区酿酒厂
●驻马店市今日缘酒业有限公司
●驻马店市魏公酒业有限公司
●河南省驻马店市啤酒厂
●遂平县沈寨乡食品厂
●遂平县槐树乡陈庄村白酒厂
●遂平县车站镇焦庄化工厂
●沈寨乡富士食品厂
●遂平县金马酒业有限公司
●确山县留庄镇后营村饮料厂
●确山县朗陵酒业有限公司
●汝南县张楼乡姚湾村酒厂
●平舆县郭楼乡丰乐酒厂
●平舆河南省永乐仙酒厂
●新蔡县十里铺乡新岛饮料厂
●新蔡县蛟停湖乡殷围孜酒厂
●新蔡县蛟停湖乡李案酒厂
●韩集镇蒋店村刘好敏酿酒坊
●新蔡县酒厂
●新蔡县弥陀寺乡高粱酒厂
●正阳县吕河乡吕河村米酒厂
●泌阳县老河乡酒厂
●泌阳县双庙街乡韩岗酒厂
●泌阳县河南倴皇酒厂
●上蔡县状元红酒厂
●河南棠河酒业股份有限公司
●信阳市师河食品工业园
●信阳易林饮品有限责任公司
●信阳市师源酒厂
●信阳啤酒集团有限公司
●平桥区平桥镇马岗村酒厂
●师河港天然食品加工厂
●翟洼村严传贵酒厂
●左店村杨志友白酒厂
●双桥村张国久白酒制造厂
●东双河马店村万树德酿酒厂
●东双河马店村夏光文酿酒厂
●东双河夏光伍酒厂
●师河港乡西河酒厂
●罗山县淮仙酒业有限公司
●罗山县庙仙乡酒厂
●罗山县莽张乡酒厂
●河南省息县千真酒业有限公司
●淮滨县台头乡兴龙酒厂
●淮滨县防胡蔡坡酒厂
●息县岗李店乡李营村李勇富白酒加工厂
●潢川县神洲酒业仪器有限责任公司
●固始县城关镇添源酒业饮厂

- 固始县张老埠乡金堰米酒厂
- 光山县殷棚乡殷棚村酒厂
- 光山县城关镇酒厂
- 光山县酒厂
- 浒湾乡陈三香米酒厂
- 代嘴乡代嘴村酒厂
- 新县卡房乡居畈村粮酒厂
- 周口市金鼎酿酒有限公司
- 川汇区啤酒厂
- 河南四五酒厂
- 周口丽达啤酒有限公司
- 周口市酒厂
- 周口市北郊乡曲酒厂
- 商水县化河乡加饭酒厂
- 商水县绿色酒精厂
- 商水县平店乡文寨村酒厂
- 商水县练集镇刘楼村酒厂
- 商水县位集镇豫东信用酿酒厂
- 商水县胡吉镇梅苑酒厂
- 商水县兆花春酒厂
- 商水县胡吉乡尚庄酒厂
- 商水县郝岗乡酒厂
- 商水县邓城镇邓城酒厂
- 项城市王明口遇仙酒厂
- 项城市宋桥酒厂
- 项城市天源酒业有限公司
- 项城市小范果酒厂
- 沈丘县力源啤酒厂
- 沈丘县兆丰酒厂
- 沈丘县帝封酒厂
- 沈丘县刘庄店镇沈泉酒厂
- 河南省西菲酒业总公司
- 河南省黄泛区泛春酒业有限公司
- 淮阳县金陈酒业有限公司
- 淮阳五粮酒有限公司
- 淮阳县川祖酒厂
- 淮陈酒业有限公司
- 淮阳县安岭镇第二酿酒厂
- 淮阳县皇宫宴酒厂
- 淮阳县黄集乡乌珠酒厂
- 淮阳县平粮台酒厂
- 淮阳县大连贵河酒厂
- 冯塘乡楚庄白酒厂
- 平煤(集团)自营公司东方养生制品厂
- 平顶山市四铃啤酒厂
- 河南蓝牌集团平顶山啤酒有限公司
- 郏县东坡酒业有限公司
- 河南省叶县天全生物化工有限公司
- 河南省叶县叶公酒厂
- 平顶市宝丰药酒厂
- 宝丰县赵庄新朝酒厂
- 河南省宝丰酒业集团有限公司
- 宝丰酒业集团责任有限公司劳动服务公司
- 河南省宝丰酒业集团有限责任公司
- 石桥邢庄酒厂
- 洛阳亚洲啤酒有限公司
- 洛阳市东兴酒业有限公司
- 洛阳小浪底酒业有限公司
- 汝阳县杜康酒厂分厂
- 汝阳县康御酒厂
- 汝阳县杜仙酒厂
- 汝阳县林康酒业公司
- 河南省汝阳县杜康集团总公司
- 伊川杜康酒厂

●河南省伊川县酒精厂
●宜阳县保健黄酒有限公司
●宜阳县洛丹调料厂
●新安县生物实验有限公司小浪底酒厂
●偃师市金海酿造厂
●洛阳威哥生物科技开发有限公司
●三门峡啤酒厂
●卢氏县文峪乡龙泉酿造有限责任公司
●河南仰韶集团仰韶米酒厂
●渑池县乔岭集团有限公司
●渑池县乔岭酒精厂
●渑池县韶泉酒厂
●灵宝市尹庄镇留村洋河酒分厂
●灵宝市馥录特酿酒有限责任公司
●河南天冠企业集团有限公司
●河南天冠生物工程股份有限公司
●南阳市宛城区庆丰黄酒厂
●天冠酒业南阳啤酒有限公司
●河南省方城县酒业总工司
●方城县宛北酒厂
●方城县博望镇沙山酒厂
●方城县柳河乡酒厂
●社旗县正果酒厂
●河南省赊店酒业有限公司
●社旗县社旗镇酿酒有限公司
●社旗县饶良镇酒坊
●社旗县洛河酒厂
●河南省唐河县唐州酿酒有限公司
●唐河县振兴酒厂
●唐河县源潭镇酿酒厂
●唐河县源潭镇秀清酒厂
●唐河县源汰三王庄酒厂
●唐河县源潭酒厂
●唐河县桐河乡桐三酿酒厂
●唐河县桐河乡桐三王德钟酿酒厂
●唐河县桐河乡桐一酿酒厂
●唐河县桐寨铺镇惠大武酒厂
●唐河县张店镇工贸公司
●唐河县龙潭镇钟庄白酒厂
●唐河县上屯镇甘河湾酒厂
●唐河县湖阳镇柳泉酒厂
●唐河县苍台镇朱李湾卧虎酒厂
●唐河县苍台镇谢家庄酒厂
●唐河县苍台酿造厂
●唐河县四川邛山来顺通酒业公司祁仪联营厂
●唐河县古城乡果酒厂
●新野县三国酿酒厂
●新野县育阳曲酒酿造厂
●新野县前高庙乡黄酒集团公司
●新野县前高庙乡时楼村酒厂
●新野县曲酒酿造厂
●新野县上庄乡老龙醇酒厂
●新野县金久酒厂
●新野县城郊乡小城曲酒厂
●新野县城郊乡团结育滨酒厂
●新野县城郊乡张营曲酒厂
●新野县城郊乡团结黄酒厂
●新野县三国万龙集团公司
●新野县上港乡代楼村黄酒厂
●新野县新甸铺镇姚营村黄酒厂
●新野县王庄镇梅湾黄酒厂
●新野县前高庙乡龙潭黄酒厂
●新野县溧河铺镇黄集食品厂

●新野县溧河铺镇吕阁食品厂
●新野县施庵镇万庄黄酒厂
●新野县沙堰镇蛇酒厂
●新野县歪子镇酒坊
●新野县上庄乡樊湾黄酒厂
●新野县上庄黄白酒厂
●王牌酒厂
●邓州市大东关曲酒厂
●邓州市邓酒有限公司
●林扒镇小李营酒厂
●邓州市彭桥乡逢源酒厂
●赵集镇堤南高酿酒厂
●南阳鑫发酿酒食品有限公司
●镇平县马庄乡黄酒食品集团公司
●河南省镇平县五朵山黄酒有限责任公司
●河南省镇平县庆康黄酒酿造有限公司
●镇平县黑龙集乡黄酒厂
●镇平县晁陂镇甲李酿酒厂
●湍东全兴酿酒公司
●内乡县灌涨镇宏昌酒酿造有限公司
●灌涨镇龙泉饮料有限责任公司
●南阳市张隆酿酒有限公司
●淅川县楚都曲酒厂
●淅川县荆紫关镇南街村酒厂
●淅川县金河镇楚河酒厂
●淅川县九重乡张河酒厂
●河南省养生殿酒业有限公司
●西峡北堂黄酒厂
●西峡县城关黄酒厂
●西峡县西坪镇黄酒厂
●西峡县桑坪果酒厂
●河南省南召县富久酿酒有限公司
●吴城镇吴城村酒厂
●桐柏县城关镇酿造厂
●桐柏县绿色苦味食品有限公司
●桐柏县程湾乡姚河酒厂
●开封市东海酿造酒业公司
●开封市黄河酒精厂
●开封市麦芽厂
●开封市南关区民丰葡萄厂
●开封亚太啤酒有限公司
●开封市谷营食品有限公司
●开封市开德利果酒有限公司
●开封东海酿造公司
●豫星酒业公司
●开封汴梁酒业集团
●开封县袁坊乡米厂酒厂
●开封县袁坊乡南黄河酒厂
●开封春永酒厂
●开封风池酒厂
●杞县汴兴酒厂
●杞县晨晖酒厂
●葛岗西云酒厂
●阳固南村酿酒厂
●杞县宏兴酒厂
●泥沟乡振国酒厂
●泥沟乡聚涌泉酒厂
●柿元刘寨酒厂
●板木乡西游记酒厂
●杞县湖岗乡金湖酒厂
●西寨乡葡萄酒厂
●兰考县葡萄酒厂
●兰考县路易顺葡萄酒酿酒有限公司
●兰考县金鑫化工厂

●河南省格林福饮料有限公司
●兰考县仪封乡第二葡萄酒厂
●开封康力酒业有限公司
●开封金周酿酒厂
●尉氏县三源酒厂
●封市第二酒厂
●开封市宋酒集团股份有限公司
●开封市百河台酒厂
●商丘市梁园区水池铺乡沈庄京九酒厂
●睢阳区王坟乡酒精厂
●河南蓝牌集团商丘啤酒有限公司
●河南林河集团有限公司
●睢阳区路河酿造厂
●睢阳区临河店乡张古酒厂
●柘城县马集乡高楼制酒厂
●柘城县皇集乡酒厂
●柘城县酿酒总厂
●柘城商粮集团有限责任公司
●河南柘城王贡酒业有限公司
●柘城县老王集李楼红谷春酒厂
●柘城县胡襄镇宋池酒厂
●柘城县老王集乡索庄酒厂
●柘城县起台镇豫唐酒厂
●商丘汉白明月酒实业开发总公司
●河南省虞城县万新酒业食品公司
●虞城县立博酒业有限公司
●虞城县站集乡葛尧村酒厂
●虞城县酒厂
●虞城县杜集酒古井厂
●虞城县利民镇白酒一厂
●河南省虞城县利民镇纶城杜康酒厂
●虞城县利民镇白酒五厂
●虞城县利民镇白酒二厂
●虞城县利民乡白酒七厂
●河南省虞国酒厂
●夏邑县新星啤酒有限公司
●夏邑县曹集乡富兴酒厂
●夏邑县青州酒厂
●夏邑县曹集乡东环鹿茸酒厂
●夏邑县曹集乡东环酿酒厂
●河南省泰斗食业有限公司
●夏邑县杨集金鼎酒厂
●夏邑县孔庄乡八里庄纯粮酒厂
●夏邑县韩道口镇酒厂
●夏邑县北镇乡彭庄酒厂
●夏邑县罗庄乡大京酒厂
●夏邑县桑固乡新型甜酒厂
●夏邑县红谷米酒厂
●永城市予东春酒厂
●永城市金汇酒厂
●永城市刘河乡酒厂
●永城市城镇天香酿造厂
●永城市黄口乡陆泉酒厂
●永城市新桥豫沟酒厂
●永城市黄口乡酒厂
●永城市黄口乡田庄村陆泉酒厂
●永城市皇沟酒业总公司
●永城市黄口乡皇粮酒业有限公司
●永城市双桥乡双涧沟酒厂
●宁陵县酒精厂
●宁陵县宗武酒业有限公司
●宁陵县程楼乡张之兴酿酒厂
●宁陵县张弓酒厂
●宁陵县黄岗乡酶酒厂
●宁陵县张弓镇酿酒总厂

●宁陵县张弓集团有限公司
●宁陵县张弓古酒厂
●宁陵县张弓酿酒厂
●宁陵县张弓集团
●民权县龙河酒厂
●商丘市民权林场果酒厂
●民权县第二葡萄酒厂
●商丘市民权农场东方米酒厂
●民权五丰葡萄酒有限公司厂部
●民权五丰葡萄酒有限公司
●民权县花园乡玉丰葡萄酒有限公司
●河南启元生物发酵工业有限工司
●民权县北关镇葡萄发酵站
●民权县王桥酒厂
●民权县顺河乡发酵站
●民权县百纳葡萄酒有限公司
●民权县龙塘果酒厂
●睢县阮楼余庄睢凤酒厂
●睢县阮楼余庄睢古酒厂
●睢县尤吉屯乡葡萄果酒厂
●睢县胡堂乡张营酒厂
●睢县白庙乡惠河酒厂
●睢县平岗无忧寺酒厂
●睢县河集乡大杨庄黄酒厂
●睢县西陵镇邢堂酒厂
●周口市啤酒厂
●河南金星啤酒集团郸城分厂
●河南省郸城麦牙厂
●郸城县丁村乡永和酿酒厂
●鹿邑县明槐贡酒厂
●鹿邑县老君酒厂
●鹿邑县枣集镇宋河曲酒厂
●河南省宋河酒厂元和观酒厂
●鹿邑县任集乡潘庄酒厂
●鹿邑县任集乡丁庄酒厂
●鹿邑县试量镇朕欢酒厂
●鹿邑县鹿邑县拂祖酒厂
●河南金星啤酒厂
●新郑市辛店葡萄酒厂
●中牟县雁鸣湖酒厂
●中牟九龙黄酒厂
●新乡市利达酿酒厂
●延津县裕圆酒厂
●延津县仰邵酒厂
●延津县酒厂
●延津县春光酒厂
●封丘县云龙酒厂
●河南省封丘县曲酒厂
●闫店酒厂
●封丘县中河酒厂
●封丘县曲酒厂
●封丘县八珍酒厂
●长垣县欢垣酒厂
●原阳县陈平酒厂
●原阳县酒厂
●辉县市宠翔酒厂
●辉县市三潭酒厂
●新乡县京华啤酒厂
●韶山市毛公酒厂新乡分装厂
●获嘉县驿阳酒厂
●河南省获嘉县古段酒厂
●获嘉县中和北街酒厂
●修武县全蝎保健酒厂
●博爱县卫星酒厂
●沁阳市聚珍酒厂
●河南省济源市华鑫酒厂

●济源市国珍酿酒厂
●孟州市武桥酒厂
●孟州市赵和乡璩沟酒厂
●安阳市啤酒厂
●浚县四海酒厂
●后河龙泉啤酒厂
●安阳市北海果酒厂
●滑县冰堂春酒厂
●河南仁怀市茅台镇茅恒酒厂
●滑县予黔春酒厂
●桑村乡名流酒厂
●老店乡清阳春酒厂
●滑县豫丰酒厂
●鲁庄营酒厂
●安阳市帅兴酒厂
●西沙店酒厂
●淇县朝歌云蒙酒厂
●濮阳县胡状乡柏龙酒厂
●濮阳县城关镇御泉酒厂
●濮阳县城关镇老窑坊酒厂
●濮阳县城关镇康泰果酒厂
●濮阳县城关镇帝丘酒厂
●濮阳县文留镇南王庄文洋酒厂
●濮阳县谢店酒厂
●濮阳县庆祖镇西辛庄芙蓉酒厂
●清丰县城关镇张仪庄华丰曲酒厂
●清丰县巩营乡华益发酒厂
●清丰县红房子酒厂
●清丰县王什乡予龙果酒厂
●濮阳市岳固酒厂
●南乐县豫龙春酒厂
●南乐县真酒厂
●河南省范县仲春酒厂
●范县濮城镇北关酒厂
●台前县后三里酒厂
●许昌市葡萄酒厂
●许昌春秋酒厂
●许昌县蒋李集凤凰曲酒厂
●许昌县丰春酒厂
●许昌市永康健身蝎酒厂
●鄢陵县张桥乡罗庄村酒厂
●鄢陵县柏梁镇康元根花都酒厂
●扶沟县柴岗乡稻香米酒厂
●扶沟县固城乡凤凰岗酒厂
●扶沟县曹里乡满园春酒厂
●东康酿酒厂
●五里口乡酒厂
●太康县制邦果酒厂
●老冢镇双兴酒厂
●芝麻洼乡东丁化酿酒厂
●禹州市钧都酒厂
●双庙乡楼张村二郎酒厂
●漯河市杨家老窖酒厂
●舞阳县姜店乡大王村酒厂
●河南省漯河市舞阳县侯集乡酒厂
●河南省舞阳县富平春酒厂
●河南省舞阳县九街乡漳河酒厂
●河南省舞阳县九龙酒厂
●临颍县固厢乡金仝黄酒厂
●河南省驻马店市啤酒厂
●驻马店豫金香酒厂
●遂平县槐树乡陈庄村酒厂
●三里店乡十里铺葡萄酒厂
●官庄乡葡萄酒厂
●新蔡县弥陀寺乡高梁酒厂
●正阳县油坊店乡酒厂

●正阳县酒厂
●油坊店西街酒厂
●泌阳县老河乡酒厂
●泌阳县双庙乡保山酒厂
●上蔡县状元红酒厂佛出调味品厂
●河南省上蔡县状元红酒厂
●河南省豫坡酒厂
●亳州金霸酒厂李庄分厂
●杨友志白酒厂
●东双河镇黄楼村杜立发酒厂
●翟湾村严传贵酒厂
●信阳市师河酿酒厂
●师河港乡西河酒厂
●罗山县玉碑亭酒厂
●固始县城郊乡淮源酒厂
●新县代咀乡代咀村酒厂
●新县田铺乡水榜村米酒厂
●周口市北郊乡曲酒厂
●周口市曲酒厂
●商水县糖酒厂
●商水县化河乡加饭酒厂
●商水县平店乡文寨村酒厂
●商水县兆花春酒厂
●商水县郝岗乡酒厂
●商水县邓城镇邓城酒厂
●项城市永丰乡红合酒厂
●沈丘县兆丰酒厂
●沈丘县刘庄店镇沈泉酒厂
●西华县城关镇铁索葡萄酒厂
●西华县城镇群良葡萄酿酒厂
●西华县城关镇安四葡萄酒厂
●西华县黄土桥乡果酒厂
●西华县黄桥乡果酒厂
●西华县皮营乡长剑葡萄酒厂
●河南省黄泛区源隆葡萄酒厂
●西华县逍遥镇天泉德酒厂
●西华县新天地葡萄酒厂
●西华县址坊镇酒厂
●西华县红花镇王庄果酒厂
●淮阳县东方乌珠酒厂
●淮阳县大连乡贵河酒厂
●淮阳县新站镇酒厂
●淮阳齐老乡大崔鑫达酒厂
●平顶山市酒厂
●郏县堂街镇汝泉酒厂
●鲁山县石人山酒厂
●宝丰县赵庄新朝酒厂
●汝州市四知堂药酒厂
●孟津孟府酒厂
●河南省汝阳县云梦孙膑酒厂
●汝阳杜康集团总公司古城酒厂
●汝阳县康御酒厂
●汝阳县香仙酒厂
●汝阳县香仙酒厂分厂
●河南省汝阳县杜康泉酒厂
●汝阳县杜康遗址酒厂
●汝阳县太极神酒厂
●汝阳县御泉酒厂
●宜阳县保健黄酒厂
●偃师市缑氏白云黄酒厂
●三门峡市夏皋酒厂
●河南省卢氏县河洛曲酒厂
●河南省卢氏毛河酒厂
●南阳市宛城区茶庵乡金冠酒厂
●南阳市宛城区兴龙酒厂
●南阳市宛城区六粮酿酒厂

●南阳市宛城区庆丰黄酒厂
●方城县宛北酒厂
●社旗县田庄乡洛河酒厂
●社旗县南阳星酒厂
●社旗县侨联浩源补酒厂
●唐河县振兴酒厂
●唐河县新华街老干局酒厂
●唐河县源潭镇酒厂
●唐河县源潭镇秀清酒厂
●唐河县源潭镇酿酒厂
●唐河县源汰三王庄酒厂
●唐河县桐河乡桐三酿酒厂
●唐河县桐河乡桐一酿酒厂
●唐河县桐河乡桐三王德钟酿酒厂
●唐河县桐寨铺镇惠大武酒厂
●唐河县张店镇三友酒厂
●唐河县上屯甘河湾酒厂
●唐河县湖阳镇柳泉酒厂
●唐河龙潭镇丁西中酒厂
●唐河县龙潭镇钟庄白酒厂
●唐河县龙潭镇找子庄酒厂
●唐河县龙潭镇小河陈酒厂
●唐河县龙潭镇小河陈黄酒厂
●唐河县苍台乡谢家庄酒厂
●唐河县苍台乡朱李湾卧虎酒厂
●唐河县昝岗乡纯山黄酒厂
●唐河县昝岗乡岗柳酿酒厂
●唐河县闽营曲酒厂
●唐河县昝岗乡红伟黄酒厂
●唐河县昝岗乡酒厂
●唐河县古城乡果酒厂
●新野城郊李湖龙华酒厂
●新野县城郊乡团结村育滨酒厂
●新野县城郊乡团结村黄酒厂
●新野县城郊乡团结村小城区酒厂
●南阳市皇冠酒厂
●新野县新甸铺镇姚营村黄酒厂
●新野县王庄镇梅湾黄酒厂
●新野县王庄镇新都果酒厂
●新野县前高庙乡龙潭黄酒厂
●新野县前高庙黄酒厂
●新野县前高庙乡白酒厂
●新野县鸿源酒厂
●新野县沙堰镇蛇酒厂
●新野县上庄乡黄白酒厂
●新野县上庄乡老龙醇酒厂
●新野县上庄乡樊湾黄酒厂
●邓州市东城区富民酒厂
●邓州市孙渠酒厂
●城郊乡张寨酒厂
●三里河黄酒厂
●邓州市中业酒厂
●邓州市刘集镇户周村黄酒厂
●邓州市林扒镇小李营村酒厂
●罗庄乡董寨村酒厂
●赵集镇堤南高酿酒厂
●黑龙集乡黄酒厂
●枣园镇酒厂
●城郊酒厂
●淅川县荆紫关镇南街村酒厂
●淅川县楚都曲酒厂
●淅川县厚坡镇蒋营酿酒厂
●淅川县九重乡张河酒厂
●淅川县仓房镇仓房村酒厂
●西峡北堂黄酒厂
●西峡黄酒厂

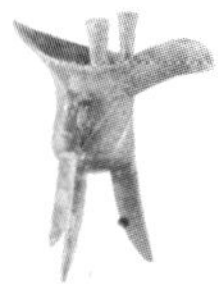

- 西峡县城关黄酒厂
- 西峡县春贵酒厂
- 闫小毛酒厂
- 桐柏县吴城镇晓球米酒厂
- 桐柏县吴城镇凤娇米酒厂
- 桐柏县平氏刘江酒厂
- 桐柏县平氏湖南酒厂
- 桐柏县程湾乡姚河酒厂
- 开封市宋都粮液酒厂
- 开封县酒厂
- 开封县西姜寨乡祥符酒厂
- 泥沟乡振国酒厂
- 阳固南村酿酒厂
- 泥沟乡聚涌泉酒厂
- 杞县柿元乡李屯酒厂
- 葛岗西云酒厂
- 杞县柿元乡振海酒厂
- 西寨乡葡萄酒厂
- 杞县汴兴酒厂
- 杞县于镇蔡文姬酒厂
- 杞县宏兴酒厂
- 杞县湖岗乡宋院酒厂
- 杞县晨晖酒厂
- 兰考县葡萄酒厂
- 兰考县仪封乡金玉葡萄酒厂
- 通许县冯庄乡秀花春酒厂
- 通许县历庄宋皇宴酒厂
- 通许县历庄乡东巨岗酒厂
- 开封宋都酒厂
- 开封市大渠三源酒厂
- 尉氏县水坡镇酒厂
- 开封市中州豫台酒厂
- 尉氏县永兴后杜酒厂
- 尉氏县永兴吴庄酒厂
- 尉氏县永兴古汴酒厂
- 尉氏县曲酒厂
- 梁园区周集乡商泉酒厂
- 商丘市京九酒厂
- 睢阳区坞墙乡酒厂
- 睢阳区宋集镇林河村贡酒厂
- 睢阳区宋集镇林河酿酒厂
- 睢阳区路河乡平原酒厂
- 睢阳区路河乡德重酒厂
- 睢阳区临河店张古酒厂
- 柘城县皇集乡皇贡酒厂
- 柘城县予唐酒厂
- 柘城县老王集乡索庄酒厂
- 柘城县马集乡高楼酿酒厂
- 柘城县岗王乡八骏八酒厂
- 虞城县芒种桥乡征远果酒厂
- 虞城县芒种桥饮水果酒厂
- 虞城县杜集杜酒酒厂
- 虞城县利民镇袁宝坤酒厂
- 虞城县利民镇冯文志酒厂
- 虞城县利民镇陈秀建酒厂
- 虞城县利民镇袁存车酒厂
- 虞城县利民镇袁长轩酒厂
- 夏邑县曹集乡鹿茸酒厂
- 夏邑县青州酒厂
- 夏邑县杨集金鼎酒厂
- 夏邑县北镇乡彭庄酒厂
- 夏邑县罗庄乡大京酒厂
- 永城市予东春酒厂
- 永城市黄口乡田庄村陆泉酒厂
- 宁陵县张弓卧龙酒厂
- 宁陵县红高粱关东酒厂

●宁陵县孔集乡米酒厂
●宁陵县吕庄米酒厂
●宁陵县程楼乡张之兴酿酒厂
●宁陵县张弓镇御封酒厂
●宁陵县阳驿乡张三庄酒厂
●宁陵县逻岗镇河心庄葡萄酒厂
●民权县第二葡萄酒厂
●林河果酒厂
●民权县龙塘镇乔口酒厂
●民权县花园旭阳葡萄酒厂
●民权县双塔乡红星果酒厂
●河南省睢州酒厂
●睢县阮楼余庄睢古酒厂
●睢县阮楼余庄睢凤酒厂
●睢县尤吉屯乡葡萄果酒厂
●睢县胡堂乡张营酒厂
●睢县周堂镇郝营酒厂
●睢县白庙乡惠河酒厂
●睢县河集乡大杨庄黄酒厂
●睢县西陵镇邢堂酒厂
●睢县匡城乡匡泉酒厂
●郸城县吴台镇大吴庄村酒厂
●郸城县丁村乡永和酿酒厂
●鹿邑县枣集镇古宋酒厂
●河南省宋河酒厂造纸厂
●鹿邑县枣集古河酒厂
●鹿邑县枣集镇鹿仙源酒厂
●鹿邑县枣集宋井酒厂
●鹿邑县金宋酒厂
●鹿邑县观堂乡观堂酒厂
●鹿邑县任集乡丁庄酒厂
●鹿邑县任集乡潘庄酒厂
●鹿邑县新集镇李楼酒厂
●鹿邑县试量镇朕欢酒厂
●鹿邑县杨湖口乡西刘酒厂
●郑州市管城区象泉酿酒厂
●郑州原兴酒业有限公司
●郑州市黄河酒业有限公司
●新郑市华源酒业有限公司
●江西省樟树市春蕾酒厂新郑分厂
●中牟福神全蝎酒厂
●江西省樟树市春蕾酒业有限公司
新郑分公司
●巩义市威酒酒业有限公司
●中牟县珍珠酒业有限公司
●中牟县贵人葡萄酒厂
●河南省大河酒业有限公司
●新密市成泰酒类包装有限公司
●新乡市郊平川酿酒厂
●新乡市鸿福酒业有限公司
●呼图壁县大丰酒业有限责任公司
延津分公司
●新乡市蓝宝康力酒业有限公司
●新乡市祥盛酒业有限公司
●新乡市古黄池酒业有限公司
●封丘县四海春酒业有限公司
●封丘县仲韵酒厂
●封丘县御驿酒业有限公司
●原阳县陈平酒厂
●河南省百泉春酒业有限公司
●辉县市坤龙葡萄酒业有限公司
●辉县市宠翔酒厂
●辉县市紫鑫源葡萄酒厂
●辉县市龙醒葡萄酒厂
●辉县市三潭酒厂
●韶山市毛公酒厂新乡县分装厂

●获嘉县金高粱酒业分装厂
●博爱县夕阳春酒厂
●沁阳市天宝葡萄酒厂
●沁阳清宫酒厂
●沁阳市慧泉露酒厂
●济源市国彪酒精厂
●孟州市华兴酒精有限公司
●孟州市武桥酒厂
●河南省武陟县沁河酒业有限公司
●焦作市三泥潭酒业有限公司
●安阳市豫北酿酒有限责任公司
●河南省双头黄酒业有限公司
●鹤壁市淇河酒业有限公司
●四川绵竹福源酒类有限公司滑县分公司
●安阳市帅兴酒厂
●淇县泸淇酒业有限公司
●河南省朝歌酒业有限公司
●濮阳永胜酒业有限公司
●濮阳市豫龙酒厂
●济南红高粱酒业有限公司濮阳分公司
●河南老窖坊酒业有限公司
●濮阳县亿人酒业有限公司
●濮阳县金水酒业有限公司
●濮阳县濮上园酒业有限公司
●濮阳县金源酒业有限公司
●清丰县百斯特葡萄酒有限公司
●濮阳市贡京酒业有限公司
●许昌县粮泉酿酒厂
●鄢陵陵溪酒业有限公司
●许昌姚花春酒业有限公司
●禹州市钧州酒业有限责任公司
●河南金星集团漯河啤酒有限公司
●驻马店宝富兴业啤酒原料有限公司
●驻马店市丰泽酒业有限公司
●河南朗陵罐酒有限公司
●河南遂平月山啤酒有限公司
●确山县朗陵罐酒有限公司
●西平县棠河酒业总厂生产中心
●西平县豫坡酒业有限责任公司
●亳州市武王酒厂西平分装厂
●亳州市金霸酒厂西平分厂
●信阳市平桥区颜君果酒饮品厂
●罗山县陈氏酒业有限公司
●罗山县天湖古酒酿造有限公司
●河南金星集团信阳啤酒有限公司
●周口蓝泉啤酒有限公司
●河南省法尔斯酒业有限公司
●河南省法德利酒业有限公司
●河南四五酒厂纯净水厂
●泸州市鑫池酒厂商水分装厂
●项城华商大酒店有限公司
●周口市法尔斯葡萄酒有限公司
●周口华林四五酒业有限公司
●淮阳县陈池香酒业有限公司
●宝丰县莲花酒业有限公司
●宝丰酒业有限公司
●汝州市永丰酒业有限公司
●洛阳市钟声酒业有限公司
●洛阳河洛酒业有限公司
●汝阳杜康(集团)总公司古城酒厂
●汝阳县金长城葡萄酒厂
●汝阳县杜康村酒泉酒业有限公司
●洛阳三江集团花园春酒业有限公司
●汝阳县龙康酒厂

●汝阳县御泉酒厂
●伊川县金国花果酒厂
●伊川县天骄酒业有限公司
●伊川杜康酒业有限公司
●伊川杜康酒业有限公司销售分公司
●洛阳市李氏龟酒业有限公司
●伊川县华康酒业有限公司
●渑池县韶州酒业有限公司
●南阳高新区劲博酒业有限公司
●南阳红冠酒业有限责任公司
●南阳市卧龙区四季黄酒厂
●南阳市四季黄酒厂
●方城县裕泉香酒厂
●社旗县侨联浩源补酒厂
●唐河县康源酒厂
●唐河县众禧老窖曲酒厂
●南阳市红粮王酒业有限公司
●郑州市荣冠酒业有限公司
●郑州市先天下酒业资产管理有限公司
●郑州市源恒酒业化工有限责任公司
●郑州市中州酒业有限公司
●河南省内乡县天源酒厂
●郑州市先天下酒业有限公司白酒分公司
●西峡县五里桥白羽黄酒厂
●桐柏淮河源酒业有限公司
●河南省桐柏县金运黄酒厂
●开封市第一楼酒业有限公司
●开封市京东葡萄酒业有限公司
●开封市丰利果酒饮品有限公司
●开封市汴梁酒业有限公司
●开封县豫东云天酒厂
●三九企业集团兰考葡萄酒业有限公司饮料分公司
●开封市百河酒业有限公司
●河南林河酒业有限公司
●河南蓝牌酒业有限公司
●柘城县汇泉酒业有限公司
●河南汉白明月酒厂
●虞城县卉宇酒精经营有限公司
●河南皇沟酒业有限责任公司
●民权县印象葡萄酒业有限公司
●民权县奥思皇葡萄酒厂
●民权县旭阳葡萄酒厂
●民权县新长城葡萄酒有限公司
●民权县中城葡萄酿酒有限公司
●民权华夏长城葡萄酒业有限公司
●民权县佳和葡萄酒有限公司
●河南竹之韵生态酒业有限公司
●郑州黄旗酒业商贸有限公司
●郑州惠济民生酒业商行
●河南众和酒业营销有限公司
●郑州黄旗酒业商贸有限公司
●河南奥星投资咨询有限公司酒业分公司
●河南省龙凤喜庆酒业有限公司
●郑州酿酒人家餐饮服务有限公司
●河南中原红酒业有限公司
●河南一统酒业营销咨询有限公司
●河南锦程酒业有限公司
●河南省我能酒业有限公司
●河南劲威酒业有限公司
●郑州正祥酒业有限公司
●河南宇丰酒业有限公司
●郑州众邦酒业有限公司

●郑州百威食品酒业有限公司百吉利分公司
●郑州原江春酒业有限公司
●河南亿戈酒业有限公司
●郑州盛发酒业饮料有限公司
●河南省母亲河酒业有限公司
●河南百鸟朝凤酒业有限公司五粮液专卖店
●仙爱泛美啤酒(河南)有限公司
●河南杜康酒业品牌营销有限公司
●河南羲皇酒业有限公司
●河南杜康酒业品牌营销有限公司
●河南老窖坊酒业销售有限公司
●荥阳世坛香酒厂
●郑州太子春酒业有限公司
●郑州中粮葡萄酒有限公司
●河南王城酒业有限公司登封分公司
●新乡市百汇酒业有限公司
●新乡市百信酒业有限公司
●新乡市德里奥啤酒烤肉有限公司
●卫辉市奥新啤酒厂
●新乡市京良酒业有限公司
●焦作市拓海酒业商行
●焦作市解放区福瑞祥酒业商行
●沁阳清宫酒厂有限公司
●孟州市金丰米酒厂
●焦作市古寺酒业有限公司
●武陟县古寺春酒业有限公司
●安阳殷墟酒业有限公司
●安阳名港酒业有限公司
●安阳市龙安区平供酒业
●安阳市忠孝酒业有限公司
●河南鹤壁市双黄酒业有限公司
●汾阳市杏花村镇老汾王酒业有限公司滑县分公司
●淇县玉鹏酒业有限责任公司
●濮阳市丹道红酒业有限公司
●濮阳市大河酒业有限公司
●河南老窖坊酒业有限公司油田总部销售分公司
●濮阳市巨龙酒业代理有限公司
●河南省御泉酒业有限公司
●河南濮阳顿丘酿酒有限公司
●许昌市东城区魏国酒厂
●许昌市三国贡酒业有限公司
●许昌县友谊酒业有限公司
●鄢陵县彩红酒业有限责任公司
●河南姚花春酒业销售有限公司
●驻马店市驿城区源隆酒业经销部
●正阳县正亚酒业副食品有限公司
●信阳市鑫丰酒业有限公司
●信阳鑫辉酒业有限责任公司
●信阳市浉河区康亿达酒业批发站
●河南四粮液酒业有限公司
●周口华富酒业有限公司
●周口天香酒业销售有限公司
●周口华富酒业有限公司
●河南祥龙四五酒业有限公司
●河南万园集团啤酒有限公司
●河南金太阳酒业有限公司
●西华县丰裕德酒业有限公司
●平顶山市金天洋酒业有限公司
●宝丰禧丰酒业有限公司富硒食品饮料厂
●河南省法尔帝葡萄酒有限公司
●西华县民裕华夏酒业有限公司

●周口市黄泛区源隆果露酒厂
●洛阳市华唐酒业有限公司
●洛阳市金剑酒业营销有限公司
●洛阳市不得了酒业有限公司
●洛阳市洛邑酒业有限责任公司
●洛阳嘉鑫酒业有限公司
●汝阳县古酒坊酒业有限公司
●三门峡市神州酒业商行
●三门峡金星啤酒有限公司
●南阳市三和四美酒业有限公司
●南阳市苍宇酒业有限责任公司
●南阳市超然酒业有限责任公司
●南阳市一方天酒业有限责任公司
●南阳市春鑫酒业有限公司
●南阳市辰澜酒业有限公司
●南阳市英晖酒业有限责任公司
●南阳宛都酒业有限公司
●社旗县金祥酒业有限公司
●河南省华泉酒业有限责任公司
●新野龙腾酒业有限公司
●河南省汉酒坊酒业有限公司
●镇平县健生酒业有限公司
●内乡县宝天曼酒业有限公司
●开封市宏达酒业有限公司
●河南康力酒业有限公司
●商丘市雅皇酒业有限公司
●商丘市昌源酒业有限公司
●商丘市金鼎酒业有限公司
●宁陵县张弓镇金御酒厂
●宁陵县张弓国立酒业有限公司
●民权运通葡萄酒业有限公司
●河南华夏庄园葡萄酒有限公司
●河南省久丰葡萄酒业有限公司
●民权县盛世王朝葡萄酒业有限公司
●民权县旭阳葡萄酒厂
●民权九鼎葡萄酒有限公司
●民权亚细亚葡萄酒有限公司
●河南省中粮长城葡萄酒有限公司
●鹿邑县真源酒厂
●鹿邑县宋福酒厂

湖北省

●湖北好年酒业有限公司
●武汉杨晓酒业有限公司
●巨微企业、茅台镇老字号酿酒厂
●武汉华夏5000干红葡萄酒业有限公司
●新启达酒业有限公司
●古潭酒厂
●武汉杜家巷酒业发展有限公司
●武汉市红颜美酒业有限公司
●武汉凯威啤酒屋有限责任公司
●武汉佳成生物制品有限公司（白酒原辅料类）
●贵州酒都酒业湖北办事处
●武汉桥口燕京啤酒直销中心
●武汉伯爵(酒业)贸易有限公司
●武汉合兴酒业有限公司
●武汉市红颜美酒业有限公司销售部
●云南澜沧江啤酒企业集团湖北办事处
●武汉华康酒业有限公司
●安庆市古皖酒业有限公司
●武汉王邑葡萄酒有限公司
●王顺酒业有限公司

●湖北御坛春酒业有限公司
●枝江酒业股份有限公司
●老河口光化特酒业有限公司
●襄阳创鑫酒业有限公司
●襄樊海尼根啤酒有限公司
●湖北楚都酒业有限公司
●枣阳市酒厂
●湖北蓝带啤酒有限公司
●湖北蓝带啤酒高利有限公司
●青岛青特啤酒有限公司（湖北分公司）
●湖北省中洲楚河酒业公司
●湖北中洲酒厂养殖基地
●蕲春县李时珍神蚁酒业有限公司
●湖北葛王酒业有限公司
●湖北黄石金龙酿酒设备制造厂
●赤壁市三国酒业有限公司
●湖北蓝田啤酒有限公司
●通山黄沙野荞酒业有限公司
●咸宁市桂家村酒业有限公司
●荆州市宝龙啤酒有限公司
●勇泰粮酒厂
●长阳龙发酒业有限公司
●湖北骏王酒业有限责任公司
●湖北宜昌聚名酒业有限公司
●枝江天露泉酒业有限公司
●湖北稻花香酒业有限公司
●枝江香帅酒业有限公司
●巴东县西酿酒业有限公司
●湖北枝江酒业股份有限公司物资供应部
●巴东三峡酒业公司
●红莲花酒厂
●河坝梁酒厂
●湖北咸丰严氏酿酒厂
●花蜜酒业公司
●十堰市蒋家堰曲酒厂
●湖北神农酒业有限公司
●随州市枝城酒业有限公司
●湖北省荆门市金龙泉啤酒有限公司
●湖北金龙泉啤酒有限公司销售部
●英博金龙泉啤酒(湖北)有限公司
●天门市凌飞酒业销售有限公司
●麦达科酒业(武汉)有限公司
●武汉马克格兰酒业有限公司
●华夏酒业
●赤壁猕猴桃酒业有限公司
●通化佳世葡萄酒有限公司
●大冶市园明酒厂
●湖北省汉川市酒厂
●丁集酒厂
●南湖村曹泽仿酒厂
●汉川市张古庙酒厂
●汉川市黄龙泉酒厂
●天门市康溱酒厂
●天门兴教实业有限公司
●天门市天龙酒业有限公司
●天门市神酿酒有限公司
●天门东方酒业有限公司
●湖北天门多业米健康饮品有限公司
●天门市啤酒厂
●天门市皂市花园酒曲厂
●天门市九真镇圣水酒业有限公司
●天门市拖市酒厂
●天门市蒋场镇综合厂
●京山县康碧特饲料公司

●湖北省京山县第三酿酒厂
●湖北省京山县酒厂
●京山县坪坝酒厂
●湖北奥其乐集团公司养鹿场
●湖北文峰酒业股份有限公司
●钟祥市二神庙酒厂
●湖北钟祥三九酿酒厂
●钟祥市源达饮品有限公司
●孝威食品有限公司
●孝感市天盛米酒有限责任公司
●孝感市天龙酒酒业有限责任公司
●孝感市楚特麻糖米酒有限公司
●湖北金龙神水啤酒有限公司
●国营红峰机械厂劳动服务公司
●安徽营养食品厂孝感分厂
●孝感市生龙酒业有限责任公司
●孝感市孝南区新铺镇黄龙酒厂
●湖北省国营新鄂葡萄酒厂
●孝感市米酒厂
●湖北省应城市饮料酒厂
●应城市江津酒厂
●应城市陈河福利酒厂
●云梦泽龙实业公司
●云梦县曾店镇桃花山酒厂
●云梦县曾店镇下张酒厂
●安陆市长生树酒业有限公司
●安陆市太白酒业有限公司
●湖北楚北春酒厂
●广水市马坪镇杨林村刘光柱酒厂
●广水市马坪镇店子村周开国酒厂
●广水市马坪镇店子村周世福酒厂
●湖北省大悟县刘集左右逢源酒厂
●吕王综合厂
●湖北楚天鹿国科技开发有限公司
●孝昌县花西乡春刚米酒厂
●仙桃市何湾酒厂
●仙桃市纱帽厂
●仙桃市纱帽酒厂
●仙桃市江汉酒业有限公司
●湖北名典酒业
●仙桃市毛嘴镇殷大酒厂
●仙桃市第二酒厂
●仙桃市沔城镇漕河街酒厂
●仙桃市沔城镇工商酒厂
●仙桃市沔城镇食品酒厂
●仙桃市苏滩酒厂
●仙桃市沙湖镇新口村跃进酒厂
●仙桃市沙湖镇福利酒厂
●仙桃市西流满江曲酒厂
●仙桃市长淌口镇官山酒厂
●仙桃市长淌口镇五同酒厂
●湖北省园林青酒业股份有限公司
●潜江市王场镇长城酒厂
●潜江市高石碑义新村酒厂
●潜江市襄南食品厂
●洪湖市酒厂
●洪湖市洪湖市石茅酒厂
●洪湖市三酒厂
●洪湖蓝田啤酒有限公司
●湖北利台酒业有限公司
●监利县陈坛香酒业公司
●监利县大丰酒业公司
●监利县容城农村产品加工厂
●监利县汪桥灵隐酒厂
●监利县程集酒业公司
●鄂南糖厂酒精分厂

●荆州市沙市益康饮品公司
●荆州市太方科技有限公司
●荆州市西楚酒业公司
●荆州市荆州区纪南镇九店村酒厂
●荆州市荆州区纪南镇鲁档村大鹏酒厂
●荆州市荆州区纪南镇牌坊一组酒厂
●荆州市荆州区纪南镇枣林张兵酒厂
●荆州市荆州区弥市红粮液酒厂
●荆州市荆州区荆州齐康酒厂
●荆州区王继义酒厂
●湖北文龙实业有限公司
●荆州市宾友曲酒厂
●江陵县白马镇金赤白酒厂
●三湖农场酿造厂
●湖北省白云边股份有限公司
●湖北省白云边酒厂
●松滋市南海镇综合加工厂
●松滋市八宝镇杨林湖福利院酒厂
●松滋市米积台酒业有限公司
●荆州长江酒业有限公司
●松滋市危水镇龙头酒厂
●松滋市危水镇后坪酒厂
●松滋市月峰酒厂
●松滋市卸甲坪土家族乡海鹏实业公司
●湖北省金龙泉啤酒有限公司荆州分公司
●石首市国营桥口酒厂
●石首市曲酒厂
●石首市笔架山办事处易家铺酒厂
●石首市笔架山办事处南港子村酒厂
●石首市笔架山办事处断岗口村酒厂
●石首市笔架山杉木桥村酒厂
●石首市大垸乡福利院酒厂
●石首市大垸乡杨柳沟村酒厂
●石首市含芳风业有限公司
●石首市江北酒厂
●石首市千字头酒厂
●石首市调弦酒业有限公司
●石首市桃花山镇居委会九佛岗酒厂
●石首市东升镇王海村民委员会酒厂
●石首市南河头村民委员会酒厂
●石首市焦山河乡大杨树村大杨酒厂
●石首市焦山河乡显忠庙村酒厂
●石首市焦山河乡新港口村酒厂
●石首市高基庙镇第二酒厂
●石首市高基庙镇曲酒厂
●石首市高基庙镇余家铺村酒厂
●石首市土环酿造有限公司
●湖北星马酒业有限公司
●鸿远酿酒厂
●道仕袱酿酒厂
●黄石市猛汉酒业有限公司
●青岛啤酒(黄石)有限公司
●大冶市下冯酒厂
●大冶市金谷香酒厂
●大冶市鑫怡酒厂
●大冶市罗桥大林山酒厂
●大冶市汪仁镇刘铺酒厂
●大冶市汪仁镇庆洪酒厂
●大冶市汪仁镇章畈村酒厂
●大冶市还地桥镇土库村酒厂
●大冶市东风农场酒厂
●大冶市灵乡镇长坪村酒厂
●大冶市灵乡镇福利院酒厂

●湖北省大冶市铜山口路口酒厂
●大冶市陈贵镇土畈桥酒厂
●大冶市陈贵镇双港泉酒厂
●大冶市茗山乡大鲁村四龙酒厂
●大冶市茗山乡柯畈酒厂
●大冶市茗山乡洋湖村酒厂
●大冶市刘仁八酒厂
●大冶市雅士酒有限公司
●阳新县国营酒厂
●阳新县荆头山农场酒厂
●蕲春县李时珍四宝酒业有限公司
●蕲春县圣乡酒厂
●县圣乡酒厂
●卓思酒业有限公司
●李时珍本草堂有限公司
●横车供销社酒厂
●湖北九棵松酒业有限公司
●张榜镇酒厂
●蕲春县狮子镇长林村李时珍保健品厂
●刘河蕲粮醇酒业有限公司
●蕲春县大同镇王街村酒厂
●国营万丈湖农场酒厂
●湖北省黄梅县酒厂
●黄梅县新开镇边洲酒厂
●黄梅县新开镇六咀酒厂
●黄梅县大河镇酒厂
●黄梅县独山镇酒厂
●鄂州市和牌酒厂
●洪港酒厂
●鄂州市严氏酒业有限公司
●国铁酒厂
●太和酒厂
●沙塘白酒厂
●恒远饮料有限公司
●太和紫坛小学白酒厂
●湖北葛店开发区永恒生物有限公司
●鄂州市椰星食品饮料有限公司
●金龙泉啤酒有限公司武穴分公司
●咸宁市酒厂
●湖北咸宁金赛德啤酒有限责任公司
●咸安区马桥镇麻塘风湿医院保健药酒厂
●咸安区双溪桥镇酒厂
●咸宁市浮泉酒业有限公司
●咸安区汀泗桥镇古田祝家台酒厂
●咸安区汀泗桥镇花纹西岭石垴林场
●咸安区铁铺向阳湖镇酒厂
●咸安区官埠桥酒厂
●咸安区张公孙家庄酒厂
●嘉鱼县牌洲湾酒业有限责任公司
●嘉鱼县神龙春酒厂
●嘉鱼县楚江春酒厂
●嘉鱼县牌洲湾酒厂
●赤壁市原野饮品有限公司
●赤壁市蒲圻饮料厂
●赤壁市酒厂
●赤壁市第一啤酒厂
●湖北省赤壁夏日啤酒股份有限公司
●赤壁市永康猕猴桃饮业有限公司
●赤壁市食品饮料厂
●赤壁市赤壁镇酒厂
●玉立公司玉龙泉酒厂
●通城县四庄金明泉酒厂
●崇阳县三普酒业有限公司
●崇阳县天河曲酒厂

●湖北省崇阳县金舵酿酒厂
●湖北省崇阳县酿造实业公司
●崇阳县石城镇花园酒厂
●崇阳县青山镇青山村黄酒厂
●黄沙铺镇苦荞酒厂
●通山县康寿乐酒厂
●通山县酒厂
●黄州区三江粮液酒厂
●浠水县关口镇福松酱品厂
●浠水县金山酒厂
●浠水县四川酒业分公司
●浠水县团陂民福酒厂
●湖北浠水天福综合公司
●浠水县滨江原种场酒厂
●麻城市方龙啤酒有限公司
●麻城市龙池曲酒厂
●麻城市啤酒厂
●麻城龟山酒业有限公司
●麻城市酒业有限公司
●红安县天台酿酒厂
●龙潭寺酒厂
●红安县八里酿酒厂
●红安县火连畈茶场酒厂
●湖北楚乡酒厂
●罗田县农业良种场酒厂
●河铺镇酒厂
●英山县金浪酒厂
●团风县赤壁酒业公司
●湖北襄樊三九酿酒厂
●东津酿酒厂
●襄阳区虹景酒业集团
●志和酒业有限公司
●枣阳市啤酒厂
●湖北省枣阳市汉光酒厂
●枣阳市大众酒业有限公司
●枣阳市雕龙碑酿酒总厂
●枣阳市灵鹿地封黄酒有限公司
●枣阳市桃花村酒业有限公司
●枣阳市兴隆镇酒厂
●随州市酿造厂
●曾都区国营酒厂
●曾都区南郊街三星酒厂
●曾都区东城酒厂
●曾都区编钟乐酒业总公司
●曾都区北郊街四川省泸州造酒厂随州分厂
●曾都区北郊街舒乐酒厂
●随州市振兴酒厂
●曾都区编钟乐酝酿酒有限责任公司
●曾都区厉山镇神农酒业有限公司
●曾都区洪山镇寺山居委会酒厂
●曾都区唐县镇第一酒厂
●曾都区吴山镇黄酒厂
●曾都区万福店酒厂
●湖北楚王贡酒有限公司(宜城)
●燕京啤酒(襄樊)有限公司(宜城)
●宜城市朱市酒厂
●宜城市孔湾酒厂
●湖北金龙泉啤酒有限责任公司南漳分公司
●南漳县东方明珠酒有限责任公司
●南漳县观音柳酒有限责任公司
●南漳县穿山洞酒厂
●南漳县漳源酒厂
●南漳县板桥镇酒厂
●南漳县肖堰镇酒厂

●襄樊市东巩煤矿
●保康县翁泉酿酒有限公司
●保康县供销社酒厂
●湖北谷城酿造厂
●湖北省石花酿酒股份有限公司
●老河口市国兴酒业公司
●老河口市徐氏彦回春酒业有限公司
●老河口市光化特酒业有限公司
●老河口市宏发酒业有限公司
●老河口市海神王酒业有限公司
●老河口市曲酒厂
●老河口市晋公酒厂
●湖北省花露蜜酒业有限公司
●十堰市九天仙酒厂
●十堰市黄氏酒业有限公司
●房县青峰镇金龙泉集团公司房县分公司
●房县酿酒厂
●房县庐陵王酒业有限责任公司
●竹山县酒厂
●竹山县堵河酒业有限公司
●竹溪县顺成酒厂
●神农架林区御酒有限责任公司
●郧县梨花村酒厂
●郧县酿酒厂
●郧阳食品饲料酿造开发公司
●郧县安阳镇安阳口黄酒厂
●郧西县山斟野葡萄酒业有限公司
●郧西县酿造总厂
●湖北省郧西县黑山酿酒厂
●丹江口市丹江酒业有限责任公司
●丹江口市北京醇武当山酿酒有限公司
●宜昌德威鹿业科技开发有限公司
●通化市白山葡萄酒有限公司宜昌分公司
●宜昌西陵酒业有限公司
●宜昌市明珠永光黄酒厂
●宜昌县江南酒业有限公司
●湖北稻花香集团
●宜昌县川宏酿造厂
●宜昌市长峡酒业有限公司
●湖北金龙泉啤酒有限公司枝江分公司
●湖北枝江酒业股份有限公司
●宜都市陆逊酒业有限责任公司
●湖北楚星福临宴酒业有限公司
●宜都市将军玉酒厂
●五峰土家族自治县五峰酒厂
●稻花香集团渔洋关酒厂
●宜昌清江酒精厂
●长阳大堰三洞水酒厂
●长阳鸭子口乡厚浪沱酒厂
●长阳县鸽阳春酒厂
●秭归县香溪综合厂酿酒车间
●秭归县水田坝牛田村庙岭酒厂
●兴山县高阳镇向家河村酒厂
●湖北昭君酒业有限责任公司
●宜昌昭君红酒业有限公司
●兴山县高桥乡酒厂
●湖北金龙泉啤酒有限公司第二分公司
●当阳市武圣酒厂
●玉阳办事处白龙水厂
●半月镇恒康酒厂
●两河湖南酒厂

- 当阳市河溶民耀酒厂
- 当阳市育溪镇勤民村酒厂
- 宜昌云台酒业有限责任公司
- 巴东县溪丘湾乡万仙洞果酒厂
- 巴东且官渡口镇政府酒厂
- 巴东县茶店子镇酒厂
- 巴东县茶店子镇风吹垭酒厂
- 恩施市蓝天啤酒有限责任公司
- 恩施市金龙酒厂
- 恩施市落仙酒厂
- 恩施市龙凤镇太阳坡村酒厂
- 恩施市店子槽村酒厂
- 恩施市凉风垭酒厂
- 建始县业州镇黄家湾酒厂
- 建始县国营酒厂
- 建始县茨泉酒业公司
- 建始县官店镇鱼精坝村酒厂
- 咸丰县银杏酒厂
- 来凤县松鹤银杏保健品有限责任公司
- 来凤县南山松西酒厂
- 来凤县旧司乡板土科青龙山酒厂
- 来凤县大河镇大红酒厂
- 来凤县大河镇白水泉酒厂
- 湖北金龙酒业有限公司
- 沙洋县李市镇新城村酒厂
- 湖北省沙洋灵佛寺酒厂
- 汉川市田二河其茂酒厂
- 汉川市田二河陡埠酒厂
- 汉川市李集酒厂
- 湖北省天门市陆羽神酒厂
- 建北酒厂
- 天门市皂市花园酒厂
- 天门市拖市酒厂
- 天门市彭市镇岳阳酒厂
- 京山县酒厂
- 京山县坪坝酒厂
- 荆门市京峰参茸酒厂
- 湖北省五三梅花鹿养殖有限公司酒厂
- 钟祥转斗湾酒厂
- 钟祥市特种酒厂
- 孝感市国光麻糖米酒厂
- 孝感市米酒厂
- 云梦县曾店镇梦泽酒厂
- 广水市宝林乡院子湾酒厂
- 仙桃市仙封醇酒厂
- 仙桃市范关酒厂
- 仙桃市第二酒厂
- 新疆石河王新安葡萄酒厂江汉一厂
- 潜江市浩口益寿酒厂
- 监利县容城镇彭英元酒厂
- 监利县程集镇纯粮酒厂
- 监利县汴河镇益群酒厂
- 监利县柘木乡聂河岳阳酒厂
- 监利县柘木乡酒厂
- 监利县白螺镇王兴发酒厂
- 荆州王继义酒厂
- 荆州市荆州区荆江鸿酒厂
- 荆州市红粮液酒厂
- 江陵县三湖农场酿酒厂
- 松滋市刘家场镇月锋酒厂
- 公安县江南酒厂
- 石首市久合垸乡梅田湖酒厂
- 石首市千字头酒厂
- 大冶市金谷香酒厂
- 大冶市汪仁镇刘铺酒厂

●大冶市庆洪酒厂
●大冶市东风农场酒厂
●大冶市圆明酒厂
●大冶市保安镇保国酒厂
●大冶市陈贵镇堰畈桥酒厂
●大冶市陈贵镇双港泉酒厂
●大冶市茗市下佘村酒厂
●大冶市刘仁八镇刘桥村酒厂
●太子镇屋李酿酒厂
●浮屠镇下屋酒厂
●蕲春县回宝酒厂
●蕲春县圣乡酒厂
●湖北省蕲春县张榜酒厂
●湖北省武穴市万丈湖酒厂
●武穴市啤酒厂
●黄梅县酒厂
●黄梅县大河酒厂
●黄梅县紫云山酒厂
●杜山李少平酒厂
●杜山袁神志酒厂
●长港酿酒厂
●长港物资酒厂
●蒲团乡吉刘酒厂
●太和酒厂
●咸安区轻工酒厂
●咸安马桥曾铺酒厂
●嘉鱼县南嘉酒厂
●崇阳县天河曲酒厂
●崇阳县肖岭乡米酒厂
●通山县黄沙镇苦荞酒厂
●浠水县洗马镇洗马畈酒厂
●红安国营火连畈酒厂
●红安县酒厂
●襄樊高阳池酒厂
●湖北省襄樊三九酿酒厂
●襄樊市三结义酿酒厂
●枣阳市啤酒厂
●枣阳市正邦酒厂
●枣阳市兴隆镇酒厂
●随州市国营酒厂
●随州市名豪酒厂
●随州市舒乐酒厂
●曾都区淮河镇湖南酒厂
●随州市厉山镇烈山酒厂
●湖北省国营万福店农场酒厂
●板桥镇酒厂
●湖北省石花酒厂
●老河口市老县城酒厂
●十堰市黄酒厂
●房县启康酒厂
●房县矿泉水黄酒厂
●竹溪县粮食局竹良酒厂
●竹溪县粮食局向坝酒厂
●郧县汉江源酒厂
●郧西县酒厂
●丹江口市水都酒厂
●湖北三峡稻花香酒厂
●枝江市京星啤酒厂
●枝江市仙女镇高峰酒厂
●宜都市江南酒厂
●宜都市潘家湾土家族乡将军玉酒厂
●五峰土家族自治县渔洋关向家红酒厂
●秭归县三峡壮酒厂
●兴山县高阳镇酒厂
●当阳市黄协会昌酿酒厂

●草埠湖楚城酒厂
●巴东县溪丘湾白酒厂
●巴东县溪丘湾乡平阳坝沙沟酒厂
●恩施市落仙酒厂
●咸丰县银杏酒厂
●来凤县古杨梅酒厂
●荆门市第三酿酒厂
●湖北京泉啤酒有限责任公司
●武汉楚窖酒业有限公司
●武汉凯威啤酒屋有限责任公司二十一世纪分店
●湖北憨哥酒业有限公司
●武汉凯威啤酒屋有限责任公司新鲜果子休闲吧
●东莞市骏轩酒业有限公司驻武汉办事处
●武汉杜家巷酒业发展有限公司
●武汉市达福瑞酒业有限责任公司
●上海新天尼雅葡萄酒业有限公司武汉分公司
●武汉金元酒业有限公司
●武汉伊利特酒业有限公司
●武汉市硚口区胜发威啤酒经营部
●四川省黑土地酒业有限公司驻武汉办事处
●武汉东西湖啤酒集团公司工会委员会
●武汉市马克格兰酒业有限公司
●武汉市富翔酒业有限公司
●贵州省仁怀市茅台镇老字号酿酒厂驻武汉办事处
●武汉小康酒业有限公司
●武汉故宫酒业销售有限公司
●湖北诸葛酿酒业销售有限公司
●武汉市迅诚酒业营销有限公司
●仙桃市仙纯酒厂
●荆州玉源酒业有限公司
●荆州神龙泉酒业有限公司
●公安县康盛酒厂
●大冶市长寿葛酒厂
●湖北劲葆乐酒业有限公司
●崇阳县三普酒业有限公司
●通山黄沙野荞酒业有限公司
●襄樊陈泥香酒业有限公司
●襄阳泰瑞啤酒厂
●枣阳市红沙河酒厂
●武汉天龙黄鹤楼酒业有限公司随州分公司
●随州市喜郎春酒厂
●宜城市王旗营酿酒厂
●湖北古牛泉酒业有限责任公司
●丹江口市三官殿封缸酒厂
●丹江口市神灵酒业营销有限公司
●华润雪花啤酒(宜昌)有限公司
●宜昌市聚名酒业有限公司五粮液专卖店
●宜昌市天酿酒业经销部
●宜昌市聚名酒业有限公司茅台专卖店
●英博啤酒(宜昌)有限公司
●湖北咸丰天成啤酒厂
●湖北红安县天台酒业有限责任公司
●湖北楚乡酒业有限公司
●湖北白云湖酒业有限公司
●湖北巷子深酿酒有限责任公司
●湖北丹河酒业有限公司

●湖北长阳海森酒业有限责任公司
●湖北省汉川市酒厂
●湖北天门多业米健康饮品有限公司
●湖北名典酒业
●湖北星马酒业有限公司
●湖北省大冶市铜山口路口酒厂
●湖北省崇阳县金舵酿酒厂
●湖北浠水天福综合公司
●湖北楚乡酒厂
●湖北省枣阳市汉光酒厂
●湖北楚王贡酒有限公司(宜城)
●湖北谷城酿造厂
●湖北省郧西县黑山酿酒厂

湖南省

●湖南浏阳河酒业有限公司
●新宁县黄金保健酒业公司
●丰程酒业有限公司
●泸溪盘瓠酒业有限公司
●湖南省湘西自治州天下凤凰酒业有限责任公司
●张家界惊梦酒业食品有限公司(厂办)
●张家界惊梦酒业食品有限公司(董办)
●湖南浏阳河喜洋洋酒业有限公司
●酒鬼酒万家红火酒业销售有限公司
●永州市柳神异蛇酒业有限公司
●徐工企业酿造酒厂
●湖南启程酒业贸易公司
●湖南省亚太技术发展有限公司
●湖南金瑞生物保健食品有限公司
●长沙白沙液酒厂
●长沙鹿园实业有限公司
●长沙市意丝酒业有限公司
●长沙动力高能营养制品厂
●长沙市昆仑酿酒有限公司长沙分公司
●长沙县建新酿酒厂
●湖南一康酒业有限公司
●望城县五里堆酒厂
●长沙天润精细化工有限公司
●浏阳河酒厂
●湖南省浏阳市福利来酒厂
●长沙市昆仑酿酒有限公司
●湖南省浏阳市龙宫保健品有限公司
●宁乡县奔驰醇酒业有限公司
●宁乡县酒厂
●宁乡可军酒厂
●湖南长沙千壶客酒业有限公司
●宁乡县花明楼化学试剂厂
●湘潭县乌石峰纯粮酒厂
●湘潭老三堂生物保健酒业有限公司
●湘潭县酒厂
●湘潭湘特酒厂
●韶山市酒厂
●湖南燕京啤酒有限公司
●湖南炎帝酒业有限公司
●株洲县长冲乡鹿茸酒厂
●株洲县淦田酿酒厂
●攸县天藤冈湿酒业有限责任公司
●茶陵光泉酒厂
●炎陵县神农酒厂
●炎陵县鹿原镇酒厂
●湖南金秀啤酒厂

- 湖南益阳啤酒有限公司
- 益阳市枫林王酒总厂
- 张家塞胜利村酒厂
- 牛生酒业加工
- 卫明酒业加工
- 过鹿坪曹孟军酒厂
- 觉明酒业加工厂
- 佑文酒业加工
- 匡申才酒厂
- 春才酒厂
- 邹家桥酒厂
- 浩然酿酒厂
- 伏初酒厂
- 关公塘村关公酒厂
- 沅江市酿酒饮料厂
- 沅江市酒业有限公司
- 湖南省沅江市庆云酒厂
- 湖南洞庭酒业有限公司
- 湖南省南县大曲酒业有限公司
- 南县酒厂
- 明山湖子口综合厂
- 明山小港加工厂
- 大通湖九洲酒厂
- 牧鹿湖红堰湖酒厂
- 厂窖镇驼新酒厂
- 南县游港酒厂
- 南县游港乡和平村酒厂
- 益阳桃花江酒业有限公司
- 桃江县大栗港镇青山村大栗港谷酒厂
- 安化县渠江镇城坪酒厂
- 安化县梅泉酒厂
- 岳阳楼台酒业有限公司
- 湖南乐帮实业股份有限公司
- 岳阳友旺微生物产品开发有限公司
- 岳阳县跃进酒厂
- 岳阳县汤记酒厂
- 岳阳县酿酒厂
- 岳阳县刘记酒厂
- 岳阳县巴陵酒业有限公司
- 岳阳县张谷英民俗产品开发有限公司
- 岳阳县公田镇兴军祥酒厂
- 岳阳县公田镇媳岭酒厂
- 岳阳县公田镇黄田酒厂
- 岳阳县黄沙街镇酿酒厂
- 临湘市龙窑酒厂
- 黄盖湖酿酒公司
- 汨罗市韩冬先酒厂
- 汨罗市廖义军酒厂
- 汨罗市香平富酒厂
- 汨罗市范家园镇米曲厂
- 汨罗市弼时镇徐仕民酒厂
- 平江县酿酒厂
- 平江县安定镇安永村李计昂酒厂
- 平江县木金乡酒厂
- 平江县瓮江镇普汇蛇业公司
- 平江县浯口镇东港村白酒厂
- 平江县浯口镇双洞村白酒厂
- 湘阴县新泉酿酒厂
- 湘阴县天龙酒厂
- 湘阴县金赛环酒业有限公司
- 铁角嘴镇食品加工厂
- 湖南常德市沅达酒精实业发展有限公司
- 常德市碧岩泉实业发展有限公司

●临资口民新酒厂
●湖南德山酒业有限公司
●石门县雄之健有限公司
●石门县夹山镇天鹅山酒厂
●石门县沱源天麻酒厂
●石门县子良乡水田岗酒厂
●石门县子良乡万福桥酒厂
●石门乡子良乡三板酒厂
●津市酿酒厂
●澧县澧州酒业
●安乡县三岔河歪坛酒厂
●桃源县湘鳖酒厂
●桃源县三阳镇峻眉酒厂
●曾昭富酒厂
●罗如桂酒厂
●四川吉祥春酒厂湘汉分厂
●童小付酒厂
●吴云方酒厂
●伍胜酒厂
●向前酒厂
●刘晓青酒厂
●姚明酒厂
●陆元强酒厂
●周世来酒厂
●朱强酒厂
●许明酒厂
●方为好酒厂
●刘平酒厂
●陈北祥酒厂
●陈大毛酒厂
●陈平酒厂
●梅辉酒厂
●代明酒厂
●爱喜酒厂
●高丰酒厂
●高平酒厂
●谷玫酒厂
●胡玉基酒厂
●李长春酒厂
●李文酒厂
●陈胜酒厂
●汉寿县镜面王酒业开发公司
●常德市西湖农场二分场综合厂
●西湖农场南屏综合加工厂
●湖南酒鬼酒股份有限公司
●湖南省吉首市野生植物食品厂
●湖南省湘西吉首湘福酿酒总厂
●湖南湘泉集团有限公司
●湖南湘西酒神酿造有限公司
●吉首市楚霸酿酒厂
●湖南湘西吉首市苗魂酒业有限公司
●泸溪县酒厂
●河西镇田德发酒厂
●湘泉集团湘花有限公司
●保靖县酒厂
●保靖县四通粮油贸易有限公司酒厂
●湘西土家族苗族自治州野寨湾酒厂
●龙山酒厂
●香米酒厂
●娄底市赣湘酒厂
●湖南省涟源市湄江春酒业有限公司
●新化县慧龙酒厂
●新化县维山米酒厂
●湖南郁丰食品工业有限公司(梅山酒业)
●湖南生命链酒厂

●新化县白溪镇资江饮料厂
●怀化岩冲煤矿啤酒分厂
●怀化市酒厂
●湖南省洪江市酿酒一厂
●洪江市酒厂
●会同县酿酒厂
●通道侗族自治县酒厂
●湖南芷江侗族自治县酒厂
●新晃县新寨乡星辉食品饮料厂
●溆浦县酿酒食品厂
●湖南锦江王酒业有限责任公司
●麻阳苗族自治县兰里镇酒厂
●麻阳苗族自治县吕家坪镇酒厂
●辰溪县酒厂
●余家巷酒厂
●锦滨乡酒厂
●湖南省沅陵县酒厂
●沅陵县筒车坪古泉酒厂
●衡阳市基业酒精有限公司
●衡阳回雁峰酿酒总厂
●衡阳力士啤酒厂
●衡阳市衡峰酒业公司
●衡阳市录录酒业有限公司
●燕京啤酒衡阳有限责任公司
●衡南县清泉酿酒厂
●向阳茂源食品酿造厂
●西渡镇万众食品饮料酒厂
●衡阳县蒸阳酿酒厂
●湖南省湘南酒厂
●三湖宏达酒厂
●衡阳县岳阳酒厂
●洪市镇岳阳谷酒厂
●湘衡酒厂
●三湖镇云文酒厂
●曲兰岳阳酒厂
●曲兰白酒厂
●渣江镇昌发酒厂
●三湖刘定文酒厂
●渣江镇陈运酒厂
●石市白酒厂
●石市酒厂
●兰江村孟生酒厂
●太子塘村酒厂
●松村酒厂
●双合村酒厂
●仙岭村酒厂
●元山村户制场
●上庄村酒厂
●新潮酒厂
●宜合村源盛酒厂
●元发烤酒加工厂
●正德烤酒店
●正同村酒厂
●正同村米酒厂
●直龙酒厂
●珠林村伯松酒厂
●平江村酒厂
●宜阳五醉酒专卖店
●官岭镇畔冲村菊清酒厂
●南丰村酒厂
●八合村酒厂
●八一村酒厂
●巴力村酒厂
●东冲村酒厂
●东塔村酒厂
●洞山村长东酒厂

●刘正酒厂
●高一村袁志恒酒厂
●湖塘村酒厂
●花玉村酒厂
●江洞村酒厂
●江星村刘国栋酒厂
●荆堰村酒厂
●景星村生金酒厂
●老桥村酒厂
●伦忠烧酒
●毛塘村酒厂
●凤秀酒厂
●三角塘镇绵龙酒厂
●冬梅加工厂
●松柏镇三香村铁冲沙一厂
●松柏镇三香村铁冲沙二厂
●松柏镇三香村铁冲沙厂
●弥泉乡农泉酒厂
●弥泉乡瑶家酒厂
●板桥镇本初加工厂
●柏坊镇酒厂
●祁东县酒厂
●周寄生酿酒厂
●解放米酒加工厂
●周莱菔酿酒厂
●徐安田米酒加工厂
●彬彬酒曲厂
●铁平米酒厂
●得成米酒店
●栗山米酒厂
●归阳惠生米酒厂
●归阳发发米酒厂
●寿秋酒厂
●保民酒厂
●长生酒厂
●春日酒厂
●高壁酒厂
●国民酒厂
●仲生酒厂
●龙家酒业有限公司
●耒阳市张飞酒业股份有限公司
●湖南省邵阳市酒厂
●邵阳市金台酒厂
●邵阳市啤酒厂
●邵阳县塘渡口镇曲酒厂
●邵阳县酿酒厂
●隆回葡萄酒厂
●隆回县酒厂
●隆回县石门水泥厂金土地酒业公司
●武冈市安乐乡南山加工厂
●武冈市酒厂
●新宁县金石镇莨泉酒厂
●湖南省新宁县黄金保健酒业有限公司
●新宁县白沙镇酒厂
●邵东县酿酒有限公司
●湖南省达丰酒业有限责任公司
●四川省大竹县兴源曲酒厂郴州分厂
●苏仙区苏仙阁酒厂
●苏仙区荷叶坪兰王庙酒厂
●苏仙区良田谷酒厂
●苏仙区良田居委会米酒厂
●苏仙区良田塘了坪酒厂
●苏仙区桥口镇白溪村酒厂
●苏仙区桥口镇高家塘村黄崇用酒厂
●苏仙区桥口镇高家塘村王祥云酒厂

●苏仙区桥口镇桥口村桂林酒厂
●苏仙区桥口镇牙江村酒厂
●青岛啤酒(郴州)有限公司
●湖南省资兴市桂林米酒厂
●湖南省资兴市湘岳酒厂
●湖南省资兴市兴宁市场米酒厂
●湖南省资兴市岳阳酒厂
●资兴市酒厂
●湖南省资兴市刘天养酿酒厂
●安仁县酒厂
●安仁县龙市食品药酒厂
●安仁县禾市乡长仙酒厂
●安仁县安平发胜酿酒厂
●安仁县安平金柏酿酒厂
●安仁县安平南茂酿酒厂
●安仁县安平文兵酿酒厂
●汝城县延寿酿酒厂
●湖南省临武县食品工业公司
●临武县城关镇纯米酒厂
●临武县西瑶乡米酒厂
●临武县瑶王酒厂
●桂阳县太和镇谭天良酒厂
●桂阳县达江酒厂
●嘉禾县南霸酒业公司
●嘉禾县坦坪乡海龙酒厂
●湖南潇湘啤酒有限公司
●永州市回龙米酒厂
●永州市酒厂
●永州特种养殖发展责任有限公司
●永州之野异蛇实业有限公司
●零陵绿宝食品有限公司
●双牌紫金山猕猴桃酒业有限公司
●湖南省道州湘穗食品酿造总厂
●江永县枸杞酒厂
●松柏瑶族乡建新村委会酒厂
●湖南男儿王酒业有限公司
●东安县白牙市镇湘林酒厂
●东安县白牙市镇湘桂酒厂
●文富市镇双江口酒厂
●张家界酿酒总厂
●张家界惊梦酒业食品有限责任公司
●桑植县利福塔镇杨仕坪村酒厂
●桑植县瑞塔埔镇酒厂
●张家界圣帝酒业有限公司
●慈利县朝阳乡四坪村酒厂
●慈利县朝阳乡岩坪村酒厂
●长沙白沙液酒厂矿泉水分厂
●浏阳市九道湾酒厂
●浏阳市溪江美味酒厂
●浏阳市官渡敬老院酒厂
●浏阳市福利来酒厂
●浏阳市小河唐记酒厂
●浏阳市合石酒厂
●浏阳河酒厂
●长沙市作麻子谷酒厂
●宁乡县早禾酒厂
●宁乡县保安酒厂
●湘潭县乌石峰纯粮酒厂
●韶山市毛公酒厂
●韶山市沁园春酒厂
●株洲县太湖乡九思米酒厂
●株洲县太湖乡太湖村米酒厂
●株洲县淦田米酒厂
●株洲县长冲鹿茸酒厂
●醴陵市罐头果酒厂
●醴陵市利隆酒厂

- 株洲市天藤植物酒厂
- 益阳市兰溪镇啤酒厂
- 沅江市庆云山黎江酒厂
- 沅江市新湾孙老倌园酒厂
- 泗湖山镇要建军事家酿酒厂
- 南大膳镇新跃酒厂
- 大通湖九洲酒厂
- 桃江县桃花江酒厂
- 桃江县私营酒厂
- 桃江县修山镇九都酒厂
- 奎溪镇久发酒厂
- 湖南省安化县梅泉酒厂
- 岳阳县三荷乡宏都华佗保健养生酒厂
- 岳阳县鹿角镇阳辉酿酒厂
- 岳阳县鹿角镇青莲酿酒厂
- 华容县状元酒厂
- 湘阴县屈原酒厂
- 湘阴县黄四酒厂
- 天龙酒厂
- 鼎城区灌溪谷酒厂
- 夹山寺酒厂
- 德林酿酒厂
- 安全乡陆府酒厂
- 安德德远酒厂
- 安德酒厂
- 城关镇李亚军酒厂
- 长清酒厂
- 安德乡杨树酒厂
- 大鲸港镇黄记酒厂
- 安德乡文采酒厂
- 曹记酒厂
- 大鲸港镇吉安酒厂
- 桃源县芙蓉泉酒厂
- 环城酒厂
- 启富酒厂
- 水湘湖酒厂
- 汉寿县三和乡东风酒厂
- 国文酒厂
- 汉寿县岩汪湖镇陈胜酒厂
- 吉首市湘福酒厂
- 泸溪县酒厂
- 保靖县龟王酒厂
- 保靖县水田河镇酒厂
- 龙山县乌龙山酒厂
- 午水河酒厂
- 中方县龙场乡杨梅酒厂
- 靖州苗族侗族自治县松茯苓酒厂
- 靖州县木洞山酒厂
- 新晃夜郎春酒厂
- 新晃侗族自治县夜朗中山汽酒厂
- 衡阳力士啤酒厂
- 近尾洲蒸湘酒厂
- 衡阳县秦兴荣酒厂
- 湖南省湘南酒厂
- 衡阳县樟木乡青河酒厂
- 兰江乡珠林米酒厂
- 常宁市江河乡福利酒厂
- 常宁市柏坊镇大坪酒厂
- 常宁市柏坊酒厂
- 耒阳市酒厂
- 湖南省邵阳市啤酒厂
- 洞口县山门镇蔡锷家酒厂
- 湖南省邵阳市武冈桂林风味酿酒厂
- 新宁县崀泉酒厂
- 邵东县桂花酒厂

- ●苏仙区苏仙阁酒厂
- ●鸿福酒厂
- ●资兴市黄草镇果子酒厂
- ●安仁县酒厂
- ●安仁县龙海湘南酒厂
- ●安仁县安平镇南茂酿酒厂
- ●安仁县安平镇发旺酿酒厂
- ●安仁县承坪乡锦仁酿酒厂
- ●宜章县糖酒厂
- ●桂阳县太和镇谭天良酒厂
- ●桂阳县塘市镇湘业老酒厂
- ●湖南湘西酿酒厂
- ●张家界毕兹卡酒厂
- ●慈利县零阳镇零溪村酒厂
- ●长沙市雨花区久久酒厂
- ●长沙田田黄酒厂
- ●宁乡县玉潭镇仙桃酒厂
- ●青岛啤酒(长沙)有限公司
- ●长沙市芙蓉区麦凯迪酒业贸易有限公司
- ●长沙市开元酒业有限公司
- ●纳帕加酒业有限公司
- ●长沙极地酒业有限公司
- ●新世纪酒业
- ●湖南涵枫酒业有限公司
- ●长沙市盛昌酒业有限公司
- ●湖南长沙市玉麒麟酒业有限公司
- ●韶山元生酒业饮品营销有限公司
- ●贵州茅台镇黔台酒厂长沙经销部
- ●湖南英博白沙啤酒有限公司
- ●长沙水方酒业有限公司
- ●湖南吉公酒业有限公司
- ●长沙天宝酒业有限公司
- ●湖南酒业公司
- ●长沙万年船酒厂
- ●华通酒业有限公司
- ●长沙市雨花区同创酒业有限公司营销中心
- ●浏阳河酒业有限公司
- ●长沙兴通酒业销售有限公司
- ●湖南正香淳酒业有限公司
- ●帝胜酒厂
- ●宁乡友合酒业销售有限公司
- ●湖南长沙白沙酒业有限公司营销中心
- ●韶山追求酒业发展有限公司
- ●龙行天下酒业有限公司
- ●湖南龙行天下酒业有限公司网络营销部
- ●株洲市炎陵县亮健酒厂
- ●湖南攸县汪洋酒厂
- ●自营酒业加工厂
- ●吉林银河酒厂衡阳销售网
- ●衡阳市杏花村酒厂
- ●湖南衡阳酃渌酒业有限公司
- ●衡阳市祁东纯力酿酒业公司
- ●通化佳世葡萄酒公司
- ●津维酒业有限公司
- ●华盛酒业有限公司
- ●金福酒业有限公司
- ●八百里酒业有限公司
- ●常德市百忍酒业有限公司
- ●益阳朝阳英雄酒业公司
- ●福星酒业有限公司
- ●建峰酒业有限公司
- ●湖乡人酒业有限公司

●冷水江留香酒厂
●中鹏酒业有限公司
●湖南省邵阳市金台酒厂
●桑植县久联酒业技术开发研究所
●张家界惊梦酒业食品有限公司营销部
●湖南省怀化市四川酒厂
●湖南省通道县芦笙酒厂
●湖南省新晃夜郎春酒业有限责任公司
●湖南溆浦湘妃酒厂
●千家峒酒业有限公司
●湖南九嶷山酒业有限公司
●双牌猕猴桃酒业有限公司
●湖南新田县武理谈酒厂
●金稻酒业有限公司
●湖南省永州市柳神异蛇酒业有限公司
●双牌紫金山猕猴桃酒业有限公司
●湖南名河酒业公司
●湖南省长沙市长荣酒业有限公司
●湖南加禾酒厂
●珍木堂营养酒厂
●长沙春夏秋冬酒业有限公司
●长沙葆春酒业有限责任公司
●长沙金皇台酒业有限公司
●长沙市财富天下酒业有限公司
●长沙市恒锦酒业有限公司
●长沙福禄寿禧酒业有限公司
●长沙天成祥酒业营销有限公司
●长沙仙红酒业有限公司
●湖南湘诚酒业有限公司
●长沙兴通酒业销售有限公司
●韶山韶山冲酒业有限公司
●益阳市丫头餐饮酒业有限公司
●岳阳市岳阳楼区酒业产销协会
●岳阳元懿酒业经贸有限公司
●华容县状元酒业有限公司
●石门县酒业协会
●湘西自治州湘泉酒业销售有限公司
●湘西自治州土家人集团酒业有限公司
●怀化春茂实业有限公司龙井酒厂
●衡阳市天福酒业食品有限公司
●邵阳市文基酒厂
●邵阳市三利鹿业发展有限责任公司鹿茸酒业分公司
●邵阳市诚志酒业有限公司
●湖南百惠酒业有限公司
●永州古城异蛇酒业有限公司
●湖南重庆啤酒国人有限责任公司永州分公司

广东省

●广州市成大酒业贸易有限公司
●广州市寰发酒业有限公司
●诚发酒业有限公司
●奇丰酒业公司
●奇奇酒业公司
●铭典酒业有限公司
●龙腾酒业批发有限公司
●广州金叶酒业公司
●法国 SLAUR 酒厂集团有限公司
●重庆诗仙太白酒业华南地区办事处
●广州邓家龙仙酒业有限公司

●广州顺锦酒业——顺锦酒厂
●前程酒业贸易有限公司
●圣海酒业公司
●广东(阳春)鹰龙健酒业有限公司
●阳江市华彬泰泉溢酒业
●广州市龙信酒业贸易公司
●广州浩洋酒业有限公司
●广州市友乾酒业
●广州隆生酒业贸易商行
●广州龙辉酒业有限公司
●澳洲酒业有限公司
●广州美醇酒业有限公司
●广州市冠威酒业有限公司
●世界葡萄酒联网投资管理有限公司
●广州市济申酒业有限公司
●广州珠江啤酒股份有限公司
●广州宇胜酒业有限公司(华夏葡园分公司)
●广东新巴克威宝酒业有限公司
●广州市飘峰酒厂
●广州番禺万顷沙便民农副酒厂
●华世酒业有限公司
●蓝爵酒业有限公司
●万事顺酒业贸易有限公司
●广州市富盈酒业公司
●广州市伟泰酒业有限公司
●广东中商红太阳酒业有限公司销售部
●广州市蓝奥体育产业服务有限公司酒业分公司
●广州澳红葡萄酒业有限公司广州市场部
●广州龙征酒业有限公司
●广州福思酒业有限公司
●广州澳南酒业有限公司
●广州四海酒业有限公司
●万事顺酒业贸易有限公司
●广州市富盈酒业公司
●麦凯斯特酒业有限公司
●广州南沙酒厂
●广东金沙酒业有限公司
●广州瀚宝酒业有限公司
●广州市泽顺酒业贸易有限公司
●广州嘉豪酒业公司
●顾家酒业有限公司
●广州恩波酒业有限公司
●广州龙冰酒业有限公司
●张裕葡萄酒股份有限公司广州营销中心
●广州龙征酒业有限公司营销部
●广东懋源酒业有限公司
●广州诚信酒业贸易公司
●广州鸿诚酒业
●广州市禧庆酒业有限公司
●广州红果酒业有限公司
●广州哆来米酒业有限公司
●广州市大鹏酒业有限公司
●品至葡萄酒商行
●腾越酒业有限公司
●时代酒业有限公司
●广州市骏鸿酒业发展有限公司
●广州共好酒业有限公司
●澳红葡萄酒业有限公司
●广州市恩波酒业有限公司
●广州恩波酒业有限公司团购部
●广州市志聪酒业商行

●璟禹酒业商行
●广州冠威酒业有限公司
●四川绵阳市越王楼酒业有限公司广东总代理
●广州骏德酒业连锁有限公司
●广州市海珠区池氏洋利酒业商行
●广东省蓝爵酒业有限公司（上海销售部）
●深圳市瑞坊酒业有限公司
●汕头市爱丁堡酒业有限公司
●新启达酒业有限公司
●御冠酒业有限公司福建办事处
●广东帝浓酒业有限公司
●广东惠来帝浓酒业有限公司
●金轩酒业有限公司
●广东马尼轩酒业有限公司
●广东鸿发酒业贸易有限公司
●忠发酒业有限公司
●普宁泰豪酒业商行
●广东省阳春酒厂有限公司
●茂名市荔海酒业有限公司
●深圳市东兴贸易商行（茂名泉兴酒业）
●化州市万联酒业商行
●茂名青雨酒业有限公司
●茂名市信悦成贸易有限公司(原长盛酒业)
●广东省茂名市茂南百瑞祥酒厂
●鹤山市五泉酒厂
●广源酒业贸易有限公司
●祁盛酒业销售中心
●佛山市帝一酒业有限公司江门总经销
●韶关市欣欣向荣酒业有限公司
●广东丰杰仕酒业有限公司
●华顺发酒业贸易有限公司
●杨氏酒业有限公司
●山东容川酒业有限公司
●华夏权锋酒业贸易有限公司
●广东省惠州市龙门县岭南酒厂
●广东蕉岭酒厂
●极速酒业公司
●广东梅州金达酒业
●溢群酒业有限公司
●八尺娘酒厂
●派斯顿酒业有限公司
●营耀泽毅酒业有限公司
●汕头市长旺酒业有限公司
●广东省汕头市吉浩酒业有限公司
●广东省汕头市欧霸酒业有限公司
●汕头市杯中情酒业有限公司
●华粤酒业公司
●惠佳酒业有限公司
●亨利威酒业有限公司
●汕头市亨利威酒业有限公司(私营)
●汕头市惠佳酒业有限公司
●名雅酒业有限公司
●汕头市海弘酒业有限公司
●广东金马轮酒业食品有限公司
●汕头市广德泰酒厂实业有限公司
●深圳市黔香酒业有限公司销售部
●深圳市加西亚葡萄酒商贸有限公司
●长城葡萄酒中邮特贡深圳销售处
●鹏程酒业礼品公司
●何氏国际酒业有限公司
●客乡酒业有限公司

●广东省深圳市云鹏酒业有限公司
●美国百利丰酒业中国代表处
●深圳高原魂酒业有限公司
●深圳赖永初酒业有限公司
●吉林鸿丰酒业有限公司深圳营销中心
●天府王酒业有限责任公司
●烟台华夏长城葡萄酒驻深圳办事处
●深圳市天远酒业有限公司
●深圳市巨鹏酒业有限公司
●深圳春湖酒业有限公司
●加拿大圣劳伦斯酒业(深圳)有限公司
●雅乐嘉葡萄酒业有限公司
●深圳市金鹏城联合酒业有限公司
●金威啤酒集团
●深圳市红萄庄酒业有限公司
●深圳市霖芝宝酒业贸易有限公司
●深圳市赖永初酒业有限公司销售部
●深圳锦鸿商贸酒业有限公司
●Sourceland Wine Company 深圳夏桑园酒业贸易有限公司
●深圳市加西亚葡萄酒商贸有限公司(总代理)
●深圳市泰菓酒业销售有限公司
●四川唐池酒业有限公司
●深圳市黔香酒业有限公司
●广州唐年酒业有限公司 (深圳分公司)
●法国堡迪酒业(中国)公司
●深圳市黛梦德酒业公司
●深圳市盛唐酒业有限公司
●顺兴发酒业公司
●深圳市蜜雪儿酒业有限公司
●深圳市铭隆酒业有限公司
●深圳奥拓酒业有限公司
●泗兴酒业集团深圳南山办事处
●深圳市海德酒业有限公司
●华润雪花啤酒(中国)有限公司广东销售分公司
●山东沙城长城干红葡萄酒华南办事处
●深圳市百年春酒业有限公司销售部
●汕头海弘酒业有限公司
●江西安远叶氏酒厂
●贵州茅台酒厂(集团)保健酒业有限公司系列产品广东省总代理
●深圳海德酒业有限公司
●广东今世缘酒业有限公司总代理
●深圳宝恒辉酒业有限公司
●珠海市永利威酒厂
●珠海市惠侨酒业贸易商行
●佛山市金澳酒业有限公司
●威廉格兰特酒业有限公司
●泉盛酒业贸易公司
●赛特(国际)集团广东新巴克威宝酒业公司
●佛山市潜达酿酒设备厂
●兴德宝酒业有限公司
●鼎枫酒业部
●佛山市铭丰酒业
●广东新巴克威宝酒业有限公司(隶属广东赛特国际集团控股)
●四川省神力酒业有限责任公司佛山分公司
●(英国皇家啤酒)华南销售中心

●惠州市惠阳区轩莱仕酒业有限公司
●广东德庆无比养生酒业有限公司
●广东省肇庆高要市耀发酒厂
●广东肇庆四会市石狗镇金坑酒厂
●肇庆森德利啤酒有限公司
●肇庆远洋酒业
●广东省肇庆市长青酒业有限公司
●肇庆市宏强保健酒厂(销售部)
●耀发酒业有限公司
●御冠酒业有限公司
●肇庆市衔冠酒业有限公司
●肇庆市澳南酒业有限公司
●广东蓝氏酒业有限公司/肇庆市宏强保健酒厂
●肇庆市利玛庵醇酒业有限公司
●湛江三角威力神酿酒集团有限公司
●湛江京华酒业有限公司
●广东省广州市中山金星啤酒分公司
●中山市艾欣酒业有限公司营销部
●中山市东凤镇广强酒厂
●中国郎酒集团御香坊酒业有限公司
●中山市玉辉酒厂
●中山市玉辉酒业有限公司
●中山市金樽酒业有限公司
●江明酒厂
●广东金娘子现代酒业饮品有限公司(广东和平金娘子酒厂)
●伟业集团广东过江龙酒业有限公司
●四川省万寿酒业有限公司驻华南区河源事业部
●湖南五神酒业东莞总代理
●东莞醇和酒业有限公司
●广州番禺小平酒厂东莞销售处
●新展福酒业有限公司
●东莞美酒堡酒业有限公司
●东莞蓬成酒业有限公司
●惠州龙八啤酒有限公司
●广东新展酒业有限公司
●开普酒业
●法国布根地葡萄酒业有限公司(广东总部)
●山东泰山啤酒有限公司东莞分公司
●胜龙酒业有限公司
●波罗的海啤酒东莞分公司
●泸州客满堂酒业股份有限公司全国营销中心
●东莞市胜龙酒业有限公司
●东莞佳妮酒业有限公司
●东莞市东泰酒业有限公司
●江苏洋河酒厂股份有限公司
●广州生力啤酒有限公司
●广州市珠江啤酒集团公司
●广州市珠江啤酒集团公司珠江啤酒厂
●广州市珠江啤酒公司珠城啤酒灌装厂
●广州永信珠江啤酒有限公司
●广州市珠江啤酒公司珠泉啤酒酿造厂
●广州市金威啤酒园艺分装厂
●广州市海珠区石榴岗酒厂
●广州市芳村区山村酒厂
●广州白云食品工业公司白云山酒厂
●广州市天河区岑村酒厂
●广州市珠江云丰酒类有限公司
●花都区北兴镇杰兴酒厂

●花都区北兴镇灿容酒厂
●广州从化顺昌源酒厂
●从化市酒厂有限公司
●珠江啤酒从化分装厂
●珠江啤酒新丰分装厂
●荔城镇西山酒厂
●新塘聚龙酒厂
●增城市宁西浪酒厂
●广州市番禺区大石沙溪酒厂
●龙辉酿酒厂有限公司
●广州市番禺区石基新水坑酒厂
●广州市番禺区石基镇尖峰山酒厂
●广州市梅山酒精厂
●番禺区万顷沙镇居委会综合门市部
●广州市番禺酒厂有限公司
●广州市番禺区钟村钟四酒厂
●清远市飞霞酒业有限公司
●佛冈县酒厂
●清新县三坑镇布坑南青酒厂
●韶关活力啤酒厂有限公司
●广东活力股份有限公司
●韶关市沿塘村酒厂
●广东省乐昌市福昶酿造厂
●乐昌市长风酒业有限责任公司
●仁化县仁化镇水南村酿酒厂
●仁化县仁化镇新东酒厂
●南雄市群星食品厂
●南雄市高雄联营酒厂
●南雄市乌迳镇福利酒厂
●英德市酒厂
●阳山县七拱广富饮料厂
●连南县顺大饮料厂
●连南县曾氏食品加工厂
●连南县乐兴酒厂
●连南县大麦山镇山珍食品厂
●连州市巾峰酒厂
●连州市巾峰酒业食品有限公司
●梅州酒厂
●梅州珠江啤酒分装有限公司
●梅江区三角镇龙上酒厂
●梅江区长沙镇呈石邓莲香酒厂
●蕉岭县联宏保健饮品有限公司
●蕉城樟坑七组酒厂
●蕉城樟坑上大坪酒厂
●徐溪酒厂
●蕉岭县一线天酒业有限责任公司
●蕉岭县长潭镇高陂仙康酒厂
●大埔县兴发实业有限公司
●大埔县食品饮料总厂
●广东省国营丰顺酒厂
●丰顺县蓝田酒厂
●丰顺县附城酒厂
●丰顺县东海饮料酒厂
●丰顺县丰良酒厂
●丰顺县潘田镇酒厂
●梅州市长乐天酒业有限公司
●广东明珠珍珠红酒业有限公司
●兴宁市龙珠龙眼酒厂
●兴宁市兴城镇西郊酒厂
●兴宁市福兴镇酒厂
●兴宁市福兴镇饮料厂
●兴宁市刁坊镇酒厂
●兴宁市新陂镇酒厂
●兴宁市新陂镇新元酒厂
●兴宁市新陂镇 106 酒厂
●兴宁市叶塘镇综合厂

- 广东省兴宁市稻珍酒厂
- 兴宁市叶塘甘塘酒厂
- 兴宁市叶塘镇田心经联社酒厂
- 兴宁市叶塘镇胜青酒厂
- 兴宁市叶南酒厂
- 兴宁市威南酒厂
- 兴宁市罗浮镇高坑酒厂
- 兴宁市罗浮镇阳天酒厂
- 兴宁市罗浮镇粮所酒厂
- 兴宁市龙田镇综合加工厂
- 兴宁市坪洋镇福利粮食加工厂
- 兴宁市宁塘镇第一酒厂
- 兴宁市农业科学研究所酒厂
- 广东省兴宁市示范农场酒厂
- 兴宁市宁新镇大路酒厂
- 兴宁市永和镇酒厂
- 兴宁市永和镇三枫酒厂
- 兴宁市永和镇湖乡酒厂
- 兴宁市永和镇石陂酒厂
- 兴宁市径南镇珊湖酒厂
- 兴宁市坜陂镇红卫酒厂
- 兴宁市坭陂镇酒厂
- 兴宁市新圩镇酒厂
- 兴宁市水口酒厂
- 兴宁市下堡镇酿酒厂
- 广东省三九南台酒业有限责任公司
- 八尺敬老院酒厂
- 八尺黄酒厂
- 平远县八尺镇楼前韩方杰酒厂
- 梅县佛子高酒厂
- 梅县松东酒厂
- 桃宝酒厂
- 雁洋镇对坑酒厂
- 梅县三乡镇酒厂
- 梅县丙村食品厂
- 郑均村委会白酒厂
- 梅县梅南镇敬老院酒厂
- 梅县梅南养殖场酒厂
- 梅县梅南镇下村酒厂
- 梅县水车镇梅江酒厂
- 梅县畲江食品厂
- 梅县客乡酿酒有限公司
- 汕头高新区鱼它滨医药科技开发有限公司
- 金园区北墩酿酒厂
- 地方国营汕头酿酒厂
- 汕头经济特区威利豪酒业有限公司
- 汕头马尼奥拨兰地有限公司
- 汕头市金园区月浦酒厂
- 汕头经济特区龙湖区下蓬糖果副食品厂
- 汕头市龙湖区展源酿酒厂
- 潮阳市清阳酒业有限公司
- 潮阳市东丽锋酒厂
- 珠江啤酒潮阳分装厂
- 潮阳市和平广济泰酒厂
- 潮阳和平广德泰酒厂实业有限公司
- 惠来县金荔红果酒厂有限公司
- 惠来县酿酒厂
- 惠来县周田酿酒厂
- 惠来县鳌江镇酿酒厂
- 广东省金果园酒业有限公司
- 普宁市二轻工业里湖酿酒合作工厂
- 普宁市里湖进源酿酒厂
- 普宁市洪阳建兴酿酒厂
- 普宁市岭南啤酒厂

- 普宁市南溪镇鹏发酒厂
- 普宁市麒麟镇酿酒厂
- 揭阳市金马轮酒业有限公司
- 潮安县林老弟酒业有限公司
- 潮州江东粮油加工厂
- 天马果饮品有限公司
- 潮州市潮安酒厂
- 潮安县归湖南洋酒厂
- 潮州市二轻凤凰酒厂
- 文祠酒厂
- 饶平县黄冈镇维兴酒厂
- 澄海市和利顺酒厂有限公司
- 澄海市金凤啤酒实业总公司
- 广东省地方国营澄海酒厂
- 澄海市溪南银砂酒厂
- 澄海市溪南汕樟保健食品厂
- 澄海市莲上酒厂
- 澄海市莲上永新酒厂
- 澄海市莲下镇酿酒副食厂
- 澄海市莲下伟泰酿酒厂
- 澄海市莲下槐泽酒厂
- 澄海市莲下陈厝洲酒厂
- 湾头南创酒厂
- 南澳县云澳镇老园酒厂
- 惠州市粤东饮料厂
- 嘉士伯啤酒(广东)有限公司
- 惠州市贵惠仙酒厂
- 惠州市林场鹅城酒厂
- 惠州市贵惠仙食品饮料有限公司
- 惠州市吉粤酒业有限公司
- 惠阳市啤酒厂
- 惠东县酒厂
- 惠东县高潭酿酒厂
- 惠东县新庵酒厂
- 地方国营惠东县多祝食品厂
- 惠东县稔山酒厂
- 惠东县盐洲酒厂
- 惠东县铁涌镇西仁酒厂
- 惠东县铁涌粮食加工酒厂
- 广东省惠东县港口镇东园酒厂
- 惠东县港口镇竹仔篱酒厂
- 惠东县平海镇酒厂
- 惠东县平海合富酒厂
- 惠东县白花食品厂
- 海丰县附城云岭综合场酒厂
- 广州珠江啤酒海丰分装厂
- 海丰县秦顺轩食品酿造实业有限公司
- 海丰县佳信副食品有限公司
- 广东省汕尾市海丰县梅陇酒厂
- 广东省梅陇农场酿酒厂
- 海丰县莲花山酒厂有限公司
- 广东省陆丰市东河酒业有限公司
- 广东省地方国营陆丰酒厂
- 陆丰市永兴酒厂
- 陆丰市桂林海马酒厂
- 龙门县平陵镇松利酒厂
- 龙门县惠州市南国食品厂
- 龙门县路溪酒厂
- 龙门县路溪镇酒饼厂
- 龙门县永汉镇永源酒厂
- 惠州市南昆山酒厂有限公司
- 龙门县南昆酒厂铁岗分厂
- 龙门县铁岗酒厂
- 和平县仙泉饮料厂
- 和平县贝墩镇酒厂

●和平县林寨镇山泉酒业有限公司
●龙川县紫市雅寄酒厂
●紫金县敬梓黄龙实业发展发展有限公司
●紫金县敬梓金龙实业发展有限公司
●紫金县敬梓双龙客家黄糯米酒有限公司
●紫金蓝塘强龙酒业有限公司
●紫金县古竹镇食品厂
●河源市东源县黄田镇清隆酒厂
●河源市东源县黄田酒厂
●深圳名酿酒业有限公司
●深圳市卡泊尼酒业有限公司
●深圳金威啤酒包装有限公司
●深圳金威啤酒公用工程有限公司
●深圳金威啤酒酿造有限公司
●深圳金威实业有限公司
●深圳市美泉酒业有限公司
●深圳市黑德宝啤酒有限公司
●深圳青岛啤酒朝日有限公司
●深圳市仙威酒业有限公司名仙酒厂
●深圳市葵涌镇经济发展有限公司嘉满酒厂
●深圳市益鹏佳实业有限公司
●珠海麒麟统一啤酒有限公司
●珠海市祖龙酒业有限公司
●珠海市斗门区皇妹啤酒厂
●斗门区皇妹酒业有限公司
●青岛啤酒(珠海)有限公司
●广东省斗门区酒厂
●斗门区西安酒厂
●斗门区上横镇酒厂
●潮州市桥东下津养猪场酿酒车间
●潮州市意溪果林酒厂
●揭阳市区酿酒厂
●广东加丹啤酒有限公司
●揭西县文光果酒厂
●新村黄波酒厂
●东莞市茶山镇东亚饮料食品厂
●东莞市虎门太平酒厂
●湛江市远港食品有限公司
●湛江市坡头区万宝酒业有限公司
●湛江市坡头区长力酿酒厂
●湛江市山花酒厂
●官渡新门酒厂
●官渡群香酒厂
●官渡细拉酒厂
●湛江珠江啤酒有限公司
●湛江龙虎豹酒业有限公司
●湛江市赤坎矿泉酒厂
●湛江市赤坎航运春城酒厂
●南方黑色保健酿酒有限公司
●湛江市湛糖酒厂
●湛江金鹿实业发展有限公司梅花鹿酒厂
●湛江南方酒精工业有限公司
●广东省徐闻酒厂
●广东徐闻龙糖酒精有限公司
●广东徐闻三和发展有限公司
●雷州市酿酒总厂
●遂溪县佛海灵配酒厂
●遂溪县附城七联酒精厂
●广东省遂溪县嘉利安食品公司
●湛江龙蚁酒酿造有限公司
●遂溪县银德江酒精实业有限公司
●遂溪县月城酒精有限公司酒精厂

●遂溪县百桂涌酒厂
●廉江市平坦酒厂
●廉江市平坦亚新酒厂
●廉江市平坦镇供销社酒厂
●廉江市鸿利蛇酒有限公司
●湛江市新天鑫酒精有限公司
●廉江市安铺酿酒厂
●廉江市长山镇大头竹酒厂
●吴川市大山江梅花村酒厂
●吴川市梅香酒厂
●吴川市梅录镇永南食品酿酒厂
●吴川市梅录镇兴梅酒厂
●吴川市梅录镇廖氏酿酒有限公司
●吴川市凤泉酒厂
●吴川塘尾梅山酒厂
●大山江江南酒厂
●吴川市大山江南方酒厂
●广东吴川酒厂
●吴川市海滨江南酿酒厂
●大山江梅花村酒厂
●大山江凤泉酒厂
●吴川市梅城酒厂
●吴川市梅录酒厂
●吴川市海滨清源酒厂
●吴川市大山江北京葛花酒厂
●吴川市覃巴镇梅泉酒厂
●吴川塘尾梅录酒厂
●吴川市黄坡酒厂
●吴川市泉香酒厂
●吴川市板桥镇石泉酒厂
●吴川市板桥镇高业饮料酒厂
●吴川市振文镇梅仙酒厂
●吴川市振文镇梅振酒厂
●化州市下郭亚新酒厂
●化州市新安对门酒厂
●化州市下郭振明酒厂
●化州市永安堂酒业有限公司
●化州市开发区名泉酒厂
●化州市鉴江回春酒厂
●化州市凤泉酒厂
●化州市下郭禾里酒厂
●化州市下郭多谷米酒厂
●化州市长岐日亚酒厂
●广东化州市杨梅雅伦食品有限公司
●化州市杨梅梅江酒厂
●化州市笪桥福利酒厂
●化州市那务镇京堂酒厂
●化州市那务镇宝树酒厂
●化州市那务付垌酒厂
●化州市南盛龙江酒厂
●高州市潭头镇高劲酒厂
●信宜市酒厂
●信宜市东镇镇六墩酒厂
●信宜市东镇镇大村坡酒厂
●信宜市池洞镇排田酒厂
●信宜市平塘米酒厂
●信宜合水明花酒厂
●信宜市丁堡镇福利酒厂
●信宜市丁堡镇家均酒厂
●信宜丁堡镇大舍坡纯米酒厂
●信宜市北界镇结坡酒厂
●信宜市高坡酒厂
●信宜金垌镇酒厂
●信宜金垌镇大贤酒厂
●信宜金垌新圩酒厂
●信宜金垌学朝酒厂

●信宜径口木威温维强酒厂
●信宜径口平地永庆酒厂
●信宜径口田心大木酒厂
●信宜市旺沙镇可富酒厂
●信宜市旺沙镇振兴酒厂
●电白县那霍圩童兴达白酒厂
●电白县那霍镇酒厂
●电白县望夫镇花山酒厂
●广东蓝带集团股份有限公司
●肇庆蓝鹰葡萄酒业有限公司
●鼎湖区八仙酿酒厂
●肇庆市西江酿酒厂
●高要市宋隆酒厂
●高要市莲塘镇围安酿厂
●高要市新桥镇珠江酿酒厂
●高要市大湾镇古西酒厂
●高要市禄步镇鸿发酒厂
●肇庆海鸥酒厂有限公司
●高要市乐城镇酒厂
●高要市河台镇瑞详酒厂
●四会市贞山酒厂
●四会下布酒厂
●高布酒厂
●四会市黄田镇章坑酒厂
●广东商业啤酒厂
●四会市地豆镇地豆白虎头酒厂
●四会市大沙镇江民酒厂
●四会市石狗镇石桥酒厂
●四会市石狗镇金坑酒厂
●广宁南街星坪米酒厂
●广宁县南街镇富溪酒厂
●广宁县南街镇林洞酒厂
●广宁县南街镇翠竹酒厂
●广宁排沙罗塘酒厂
●广宁县宾亨供销社酒厂
●广宁县木格镇酒厂
●怀集县凤岗镇莫沙酒厂
●怀集县凤岗镇酒酱厂
●怀集县燕岩酒果厂
●怀集县冷坑镇综合厂
●封开县渡头酒厂
●封开县金装镇开祥酒厂
●封开县金装镇大田酒厂
●封开县莲都镇酒厂
●封开县莲都镇联营酒厂
●封开县河儿口镇双枧酒厂
●封开县杏花镇府酒厂
●封开县罗董镇酒厂
●封开县平凤镇酒厂
●封开县江川镇新兴酒厂
●封开县大玉口镇酒厂
●封开县白垢镇酒厂
●封开县大洲镇酒厂
●封开县大洲镇泗科酒厂
●德庆县古有镇酒厂
●德庆县永丰贡品健身酒厂
●德庆县高良镇利民酒厂
●德庆县沙旁镇酒厂
●南江口裕奇酒业有限公司
●历洞锦坤酒厂
●历洞酒厂
●连滩酒厂
●郁南县河口镇河城酒厂
●郁南粮油管理所酒厂
●大湾粮油加工厂酒厂
●大全酒厂

- 宝珠镇酒厂
- 郁南县建城酒厂
- 郁南县罗顺酒厂
- 娥龙酒厂
- 罗定九龙酒厂
- 双德酒厂
- 新兴县水台镇良田酒厂
- 新兴县水台镇红新村酒厂
- 新兴县水台镇岗尾村酒厂
- 新兴县集成镇酒落酒厂
- 云发县白石朱金元酒厂
- 云安县白石金燕酒厂
- 云安县白石民政福利酒厂
- 云安县白石天窝酒厂
- 云安县白石云磴酒厂
- 云安县白石镇酒厂
- 云安县富林镇民政福利酒厂
- 云安县南盛镇酒厂
- 广东省佛山市太吉酒厂有限公司
- 广东强力啤酒厂
- 三水市青岛啤酒(三水)有限公司
- 三水市德标酒业有限公司
- 广东省三水市酒厂有限公司
- 泸州泸帅老窖酒厂有限公司三水市分公司
- 广东省九江酒厂有限公司
- 三水市河口开发区城河村委会酒饼厂
- 南海市小塘镇沙元酒场
- 南海三生酒业有限公司
- 南海市罗村果牧场酒厂
- 南海市官窑镇永安酒厂
- 南海市酒厂
- 南海市酒厂有限公司
- 广东省军区农场三山酒厂
- 顺德市容桂镇桂龙酒厂
- 顺德市容桂镇容里酒厂
- 顺德市伦教镇大东酒厂
- 顺德市伦教鸡洲源业酒厂
- 顺德市陈村镇锦龙街前酒厂
- 顺德市陈村镇锦龙南田酒厂
- 生力顺德啤酒有限公司
- 顺德市龙江镇南坑同兴酒厂
- 顺德市龙江镇龙峰酒厂
- 顺德市龙力实业有限公司
- 顺德市勒流镇勒北展雄酒厂
- 顺德市勒流镇锦丰永源酒厂
- 顺德市勒流镇新埠锦雄酒厂
- 顺德市勒流镇上涌新红酒厂
- 顺德市杏坛镇逢简锦逢酒厂
- 顺德市杏坛镇逢简酒厂
- 顺德市广顺酒类酿造有限公司
- 顺德市甘竹醇酒类有限公司
- 石岐酒厂有限公司
- 高明市溢兴酒业有限公司
- 山东景芝酒业(高明)有限公司
- 高明市合水镇界村村民委员会香泉酒厂
- 江门市三田酒厂有限公司
- 江门市蓬江区潮连米酒厂
- 江门市江海区礼乐仁和综合酒厂
- 江门市江海区鸿利酒厂
- 江门市江海区外海海桥酒厂
- 新会市环城茶坑酒厂
- 新会市糖酒厂
- 新会市三江银湖酒厂

●新会市三江虎坑酒厂
●新会市三江镇临潮酒厂
●三江镇九子沙酒厂
●新会市三江沙岗永利酒厂
●新会市睦洲镇龙泉酒厂
●新会市睦洲酒厂
●新会市古井长乐酒厂
●新会市古井酒厂
●沙堆九朝酿酒厂
●新会市崖西福利厂
●新会市小冈猪场酒厂
●新会市罗坑镇交山林场酒厂
●新会市罗坑潭冈酒厂
●新会市五和酒厂
●新会市恒生酒厂
●新会市棠下综合饲料加工厂
●新会市荷塘镇综合场
●新会市荷塘篁湾酒厂
●开平市酒厂
●开平市赤水镇金潮酒厂
●恩平圣宝酒业有限公司
●恩平地方国营恩平市酒厂
●恩平市海洋生物酒业饮品有限公司
●恩平君堂侯亨酒厂
●珠江啤酒阳江分装厂
●阳江市阳春酒厂有限公司
●阳春市酒精厂
●阳春市米酒厂
●阳春市神力酒厂
●阳春市鹰龙健酒业有限公司
●鹤山市酒厂有限公司
●鹤山市润光酒业有限公司
●阳西县粮食局食品饮料厂
●阳西县儒洞酿酒厂
●新洲乔光酒业有限公司
●广州啤酒厂
●广州市海珠区石榴岗酒厂
●广州市海珠区顺锦酒厂
●广州市天河区沙河镇岑村火炉山饲养场酒厂
●广州市花都区北兴镇灿容酒厂
●广州市花都区北兴镇杰兴酒厂
●广州从化顺昌源酒厂
●增城市宁西酿酒厂
●广州市番禺大石飘峰酒厂
●番禺市石基新水坑酒厂
●广州市番禺区钟村镇钟四酒厂
●佛冈县伟业酒厂
●南雄市帽子峰镇酒厂
●英德市灵泉酒厂
●蕉城镇附城酒厂
●樟坑村上坪酒厂
●蕉岭县兴福谷仓酒厂
●蕉城镇樟坑酒厂
●蕉岭县兴福泉水酒厂
●蓝坊镇高思村山泉酒厂
●蓝坊镇高思村高泉酒厂
●蕉岭县高思酒厂
●大埔县南华春酒厂
●丰顺县附城酒厂
●广东省国营丰顺酒厂
●丰顺县大龙华镇酒厂
●五华县华东酒厂
●广东省五华县长乐烧酒厂
●兴城镇西郊酒厂
●兴宁市福兴酒厂

●新陂镇供销社酒厂
●兴宁市新陂镇光荣酒厂
●兴宁市新陂镇酒厂
●兴宁市新陂镇华新酒厂
●兴宁市新陂镇新元酒厂
●兴宁市叶塘甘塘酒厂
●广东省兴宁市稻珍酒厂
●叶塘镇胜青酒厂
●兴宁市威南春酒厂
●兴宁市叶南酒厂
●广东省兴宁市阳天酒厂
●兴宁市客家红满堂酒厂
●兴宁市合水镇罗陂酒厂
●广东省兴宁市宁塘第一酒厂
●兴宁市宁新镇农科站酒厂
●兴宁市宁新镇大路酒厂
●兴宁市三枫酒厂
●兴宁市永和镇酒厂
●兴宁市径南镇珊瑚酒厂
●兴宁市坜陂镇红卫酒厂
●兴宁市坭陂镇酒厂
●兴宁市新圩镇酒厂
●兴宁市水口酒厂
●兴宁市水口镇仙人井酒厂
●兴宁市下堡镇酿酒厂
●梅县佛子高酒厂
●梅县白渡镇建侨酒厂
●梅县松东酒厂
●梅县梅南养殖坊酒厂
●梅县南口镇锦鸡村酒厂
●汕头市金园区月浦酒厂
●汕头市金平区鮀浦酿酒厂
●汕头市金平区鱼它江酿酒厂
●汕头市金平区鱼它蒲鱼它新酒厂
●汕头市金平区月浦健身酿酒厂
●汕头市龙湖区展联酿酒厂
●汕头市潮阳区酒厂
●广东省惠来县酿酒厂
●鳌江镇新兴街酿酒厂
●普宁市洪阳酿酒厂
●普宁市南溪鹏发酿酒厂
●普宁市麒麟镇酸酒厂
●潮州市潮安酒厂
●潮安县凤凰酒厂
●潮安县凤凰金英酒厂
●潮安县文祠镇酒厂
●地方国营广东省饶平县酒厂
●汕头市澄海区上华新兴酿酒厂
●广东省地方国营澄海酒厂
●澄海区溪南银砂酒厂
●澄海区莲上永新酒厂
●澄海区莲上酒厂
●汕头市澄海区莲下陈厝洲酿酒厂
●博罗县长宁镇福利酒厂
●惠东县高潭酿酒厂
●惠东县新庵酒厂
●惠东县稔山酒厂
●惠东县盐洲酒厂
●广东省惠东县港口镇东园酒厂
●惠东县港口镇竹仔篱酒厂
●惠东县平海镇酒厂
●惠东县平海合富酒厂
●陆丰市中兴酒厂
●广东省地方国营陆丰酒厂
●龙门县岭南酒厂
●龙门县南昆山酒厂

- 林寨山前山泉酒厂
- 和平县合水中和永丰酒厂
- 和平县合水镇金娘子酒厂
- 紫市镇雅寄酒厂
- 河源市绿纯酒厂
- 东源县通兴酒厂
- 黄田佛光酒厂
- 黄田酒厂
- 东源县黄田清隆酒厂
- 深圳金威啤酒厂
- 珠海市永利威酒厂
- 珠海市前山米酒厂
- 珠海市斗门人和酒厂
- 斗门区乾务镇乾劲酒厂
- 潮州市意溪果林酒厂
- 李强酿酒厂
- 揭西县吴成酿酒厂
- 揭西县商业食品酿酒厂
- 李万春酿酒厂
- 东莞市麻涌新龙米酒厂
- 湛江市山花酒厂
- 湛江市威阳酿酒厂
- 湛江市坡头区官渡群香酒厂
- 遂溪县佛海灵酿酒厂
- 廉江市良垌镇平坦来新酒厂
- 吴川市长江酒厂
- 山阁敬老院酒厂
- 化州市三皇酒厂
- 化州市笪桥镇福利酒厂
- 高州市高劲酒厂
- 高州市云潭镇敬老院酒厂
- 电白县那霍镇童兴达白酒厂
- 电白县那霍镇铁镭铳白酒厂
- 肇庆市鼎湖区桂城侨兴酒厂
- 肇庆航辉客运旅游有限公司航兴酒厂
- 蚬岗利民酒厂
- 高要市新桥镇珠江酿酒厂
- 高要市高桂酒厂
- 高要市河台镇瑞祥酒厂
- 广宁县南街镇林洞酒厂
- 广宁县南街镇翠竹酒厂
- 广宁县木格镇木格酒厂
- 怀集县凤岗镇莫沙酒厂
- 长安镇陈家雄酒厂
- 封开县长安镇酒厂
- 封开县杏花镇政府酒厂
- 广东省德庆县虫草巴戟酒厂
- 郁南县宝珠酒厂
- 郁南县桂圩镇罗顺酒厂
- 新兴县水台镇良田管理区酒厂
- 云安县白石镇民政福利酒厂
- 佛山市佛山酒厂
- 广东强力啤酒厂
- 佛山市三水区酒厂
- 佛山市南海区小塘镇沙园酒厂
- 佛山市南海区官窑镇永安酒厂
- 佛山市南海酒厂
- 佛山市顺德区容桂容里酒厂
- 佛山市顺德区容桂桂龙酒厂
- 佛山市顺德区伦教鸡洲源业酒厂
- 佛山市顺德区勒流镇上涌新红酒厂
- 佛山市顺德区勒流镇新埠锦雄酒厂
- 佛山市顺德区勒流镇锦丰永源酒厂
- 顺德区勒流镇勒北展雄酒厂
- 佛山市顺德区杏坛镇逢简锦逢酒厂

- 中山市东升镇光华酿酒厂
- 江门市江海区鸿利酒厂
- 江海区礼乐仁和综合酒厂
- 江门市外海海桥酒厂
- 江门市新会区五和酒厂
- 江门市新会区三江沙岗永利酒厂
- 新会区三江虎坑酒厂
- 江门市新会区三江富潮酒厂
- 江门市新会区三江镇临步村潮峰酒厂
- 江门市新会区三江临潮酒厂
- 新会区三江银湖酒厂
- 江门市新会区睦洲镇龙泉酒厂
- 江门市新会区双水双粮酒厂
- 江门市新会区小冈猪场酒厂
- 开平市国营石榴塘农场酒厂
- 开平市赤水镇金潮酒厂
- 恩平酒厂
- 恩平市石山酒厂
- 江城福利酒厂
- 阳春市雁腾酒厂
- 阳春市神力酒厂
- 鹤山市五泉酒厂
- 英厚酒厂
- 和平县贝墩酒厂
- 广州市海珠区顺锦酒厂
- 广州市花都区春淳酒厂
- 从化市银河酒厂有限公司
- 增城市故乡情酒坊
- 广州市番禺区沙湾步康酒厂
- 佛冈县酒厂有限公司
- 清新县太和古酒厂
- 英德市灵泉酒厂
- 梅县佑多名台酒业有限公司
- 潮阳市马爹尼堡酒业有限公司
- 潮阳珠江啤酒分装有限公司
- 揭西县美成酿酒厂
- 广东珍奇果酒业有限公司
- 中泰灵芝红酒(惠州)有限公司
- 惠阳龙泰酒业有限公司
- 海丰县附城宏达酒厂
- 海丰珠江啤酒分装有限公司
- 海丰县梅陇酒厂
- 深圳红葡萄酒业有限公司
- 深圳红葡萄酒业有限公司酒厂
- 深圳市龙岗区九里香酒类酿造厂
- 揭阳市奥云尼酒业有限公司
- 东莞市麻涌新龙米酒厂
- 湛江东方安特酒精有限公司
- 湛江三角威力神酿酒集团有限公司
- 湛江市天成酒业有限公司
- 吴川市中南酒业有限公司
- 吴川市粤西酒业有限公司
- 化州市威威酒业有限公司
- 四会市金峰酒业有限公司
- 肇庆市端州区黄岗东兴酒厂
- 肇庆市鼎湖区益华酒厂
- 四会市东城区济广酿酒厂
- 通化红海山葡萄酒厂南海分厂
- 南海三生酒业有限公司
- 顺德市容桂区容里酒厂
- 顺德市伦教区霞石和记酒厂
- 顺德市陈村镇思贤酒厂
- 顺德市陈村镇锦龙润纯酒厂
- 顺德市杏坛镇高赞明馨酒厂
- 中山市东升镇光华酿酒厂

●江门市新会区会城茶坑纯米酒厂
●新会市双水镇双丰酒厂
●新会市沙堆九朝酿酒厂
●新会市荷塘镇康裕酒厂
●阳春市龙宫酿酒厂
●鹤山市鹤城五泉酒厂
●鹤山市五泉酒厂
●阳江珠江啤酒分装有限公司
●广州市易佳酒业信息咨询有限公司
●广州市禾盈酒业有限公司
●广州骏德酒业连锁有限公司
●广州市龙鼎酒业贸易有限公司
●广州市荔湾区宜丰酒业商行
●广州啤酒厂第二门市部
●广州市澳中酒业有限公司
●广东寰发酒业有限公司
●广州市唐年酒业有限公司
●广州市一鼎江山酒业有限公司
●广东友谊酒业有限公司
●广州郎坤酒业有限公司
●广东钻石豹酒业有限公司
●广州枫叶红酒业有限公司
●广州市百年川酒业有限公司
●广州市瑞中酒业有限公司
●广州名津酒业有限公司
●广州闻豪酒业有限公司
●广州市良朋共聚酒业有限公司
●广州市花都区文豪酒业经营部
●广州从化顺昌源酒厂门市部
●清远市和鸣酒业有限公司
●清远市回元堂酒业有限公司
●韶关市阳元劲风酒业有限公司
●豪富漫(英德)酒业有限公司
●蕉岭县南国白珍珠酒业有限公司
●梅州市顺台酒业有限公司
●汕头市蓝樽酒业有限公司
●汕头市伯爵酒业有限公司
●揭阳市国圳酒业有限公司
●广东蓝爵酒业有限公司
●深圳市南方苏酒酒业有限公司惠州分公司
●陆丰市莱斯特酒业有限公司
●陆丰市华夏独秀酿酒有限公司
●深圳市星华行酒业有限公司
●深圳市共赢天下酒业有限公司
●河南省张弓酒业有限公司深圳办事处
●深圳市江山多娇酒业有限公司
●深圳市百亿合酒业有限公司
●深圳市南方新新酒业有限公司
●深圳市中酒酒业有限公司
●深圳市黎明酒业有限公司
●深圳市满天星酒业有限公司
●深圳市金鹏城联合酒业有限公司
●深圳市君临天下酒业有限公司
●深圳市太雕酒业有限公司
●深圳市天成酒业有限公司
●深圳市百醇酒业有限公司
●深圳市骏华酒业商行
●深圳市五星酒业有限公司
●深圳市顺之鸿酒业有限公司
●上海圣地美琼葡萄酒有限公司深圳分公司
●深圳市鸿源酒业技术有限公司
●深圳市坤丰酒业有限公司
●深圳市华源堡酒业有限公司

●深圳市神誉文化传播有限公司酒业分公司
●深圳市威林酒业有限公司
●贵州富鑫酒业有限公司深圳分公司
●深圳市金鹏城联合酒业有限公司金鹏城酒厂
●深圳市龟龄御酒酒业有限公司宝安国际机场B号候机楼专柜
●深圳市龟龄御酒酒业有限公司宝安国际机场A号候机楼专柜
●珠海渔女酒业有限公司
●珠海市常兴隆酒业商行
●揭阳市金轩酒业有限公司
●东莞市财富酒业有限公司
●东莞市相识缘酒业有限公司
●东莞市简单红酒业有限公司
●百威(武汉)国际啤酒有限公司东莞办事处
●东莞市天盛酒业有限公司
●广州骏德酒业连锁有限公司东莞莞城店
●湖北襄樊三九酿酒厂东莞联络处
●东莞市天诚酒业有限公司
●湛江市麻章区新顺华酒业有限公司
●湛江市龙泉酒业有限公司
●湛江市盛世酒业有限公司
●湛江市益利酒业有限公司
●湛江开发区隆轩酒业经销部
●湛江京华酒业有限公司
●湛江市道光酒业有限公司
●茂名东方酒业经营部
●茂名市盈信经贸发展有限公司信宜市酒业分公司
●肇庆喜乐啤酒有限公司
●肇庆蓝金带啤酒有限公司
●肇庆市唐人府酒业有限公司
●肇庆市世纪酒业有限公司
●肇庆市西江酒厂有限公司南岸经销部
●肇庆市端州区利玛庵醇酒业有限公司
●广州市共好酒业有限公司四会分公司
●郁南县南江天然泉酿酒有限公司
●云浮市云城区世葡酒业商行
●新兴县天堂镇仲光酒厂
●佛山市南国红酒业有限公司
●佛山市朗格红酒业有限公司
●佛山市太吉酒厂有限公司工会委员会
●佛山市三水并蒂莲酒业有限公司
●佛山市南海区帆扬酒业有限公司
●佛山市南海新希尔酒业有限公司
●广东燕京啤酒有限公司
●佛山市顺德区大良超源啤酒经营部
●佛山市顺德区森泉酒业有限公司
●中山市波尔多酒业有限公司
●中山金星啤酒销售有限公司
●中山市长盛酿酒有限公司
●中山珠江啤酒有限公司
●江门市蓬江区珠源酒业有限公司
●江门市军正酒业有限公司
●江门市新会区三江虎坑酒厂
●阳江市得圣酒业有限公司
●阳江市豪兴酒厂贸易部
●阳西县德兴酒业有限公司

●禅城区南澳富菱酒业商行
●禅城区雄嘉昇酒业商行
●大酒海酒业有限公司
●帝华酒业有限公司
●东莞市东城百健酒业经营部
●东莞市骏德酒业有限公司
●东莞市漓江酒业有限公司
●东莞市胜龙酒业有限公司
●东莞市万江远鸿酒业经营部
●佛山神鼓酒业有限公司
●佛山市禅城区柏隆轩酒业商行
●佛山市南海区帆扬酒业有限公司
●佛山市青狮酒业经营部
●佛山市荣御酒业商行
●佛山市顺德区森泉酒业有限公司
●高明区溢利酒业有限公司
●广东今世缘酒业有限公司
●海峪庄园酒业有限公司
●寰发酒业有限公司
●婚宴酒业有限公司
●欧亚酒业(深圳)有限公司
●深圳高原魂酒业有限公司
●深圳卡斯特兄弟酒业有限公司
●深圳市百年春酒业有限公司
●深圳市宝恒辉酒业有限公司
●深圳市宏鑫酒业有限公司
●深圳市江川酒业商贸有限公司
●深圳市京鹏丰酒业有限公司
●深圳市名将酒业有限公司
●深圳市南山区西岸酒业麒麟店
●深圳市瑞坊酒业有限公司
●深圳市鑫海源酒业有限公司
●深圳市元一酒业有限公司
●深圳市泽鑫酒业发展有限公司
●深圳运通城酒业有限公司
●顺德区大良君堡酒业商行
●西南街品高辉成酒业商行
●雅乐嘉葡萄酒业(深圳)有限公司
●鹰扬酒业(深圳)有限公司
●中山金星啤酒有限公司
●中山市东区万泰酒业商行
●中山市横栏镇广隆酒业商行
●中山市沙溪镇文王酒业贸易商行
●中山市石岐区广汇酒业商行
●中山市小榄镇高尔登酒业商行

广西自治区

●广西南宁邕乐酒业有限公司
●广西多路宝酒业有限公司
●广西全州湘山酒厂
●中国广西武鸣明山酒厂
●广西南宁云溪古香酒厂
●广西柳州市昌汇酒业
●广西南宁市邕乐酒业有限公司
●广西柳州三江县酒厂木糠碳总厂
●广西桂林荔浦千山朝酒厂
●广西梧州市蛇仔广动植物酒厂
●广西壮族自治区贺州市昭平县古袍镇弯岛村礼仪口酒厂
●广西北流市翔飞酒业经营部
●广西龙健酒业有限公司
●广西龙健酒业有限公司（市场开发部）
●广西平南雄森酒业有限公司平南批发零售部

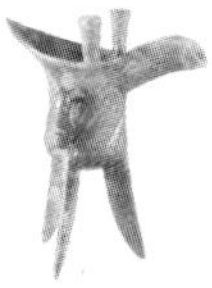

●广西平南县雄森酒业有限公司
●广西容县雅峤酒业有限公司
●广西兴业松龄春酒厂
●广西平南雄森酒业有限公司平南批发部
●广西石龙酒业有限公司
●云南澜沧江啤酒企业集团广西那坡分公司
●广西都安密洛陀野生葡萄酒有限公司
●广西河池市金樱酒业有限公司
●广西南宁信汇酒业
●广西梧州市西昌酒厂
●广西龙湾酒厂
●广西柳州市古岭酒厂
●广西武鸣泰山保健酒厂
●广西武鸣富君酒厂
●广西南宁市邕宁县酒厂
●南宁市万寿山酒厂
●广西上林县酒厂
●广西马山县神龙酒厂
●广西都安瑶族自治县野生山葡萄酒厂
●广西壮族自治区平果县酒厂
●扶绥县鼎和酒厂
●崇左市酒厂
●广西壮族自治区大新县酒厂
●广西德保县黄酒厂
●广西北海市合浦东园家酒厂
●广西桂平市白龙药酒厂
●广西北流蟠龙神保健酒厂
●广西柳江酒厂
●广西柳州桂中红轮酒厂
●广西武鸣县兴飞酒精厂
●广西山圩淀粉化工厂
●横县食品厂
●横县罐头食品(酒)厂
●宾阳县林氏酒业有公司
●广西蓝山酒类副食品有限公司
●马山县远洋工贸有限责任公司
●广西都安野生山葡萄酒厂
●国营大化县酒精厂
●广西平果县果化酒厂
●广西田东酒精酿制有限责任公司
●广西田东县酒酱有限责任公司
●扶绥县鼎和酒厂
●扶绥县渠黎贵大达化工有限公司
●崇左县新和酒业有限公司
●宁明县酒厂
●宁明县桂强酒精厂
●凭祥市酒厂
●凭祥市大青山营养补剂厂
●隆安县轻工助剂厂
●天等县酒厂
●广西壮族自治区百色地区冷冻厂
●广西百色雄风酒业公司
●百色市酒曲厂
●凌云县酒业有限公司
●隆林县酒厂
●隆林县民族酿造厂
●德保县云山酒厂
●德保县酒厂
●德保县黄酒厂
●德保县酒精厂
●靖西县酒厂
●广西壮族自治区那坡县酒厂

- 钦州市桂峰饮料食品酒厂
- 钦州市酒厂
- 钦州市顺雨天然保健品有限责任公司
- 广西钦州啤酒有限公司
- 广西钦州南亚酒精有很公司
- 广西灵山县顺利酒精有限公司
- 广西上思御桂堂酒业有限公司
- 广西合浦县烟酒厂
- 广西北海市合浦东园家酒厂
- 广西北流蟠友神保健酒厂
- 广西玉林市桂宝食品有限责任公司
- 广西兴安桂林春酒厂
- 广西桂林山泉酿酒厂
- 广西壮族自治区桂林玉峰酒厂
- 广西富川瑶族自治县酒精厂
- 广西贺州市姑婆山酒厂
- 广西汉斯啤酒饮料有限责任公司
- 广西龙湾酒厂
- 广西柳州市古岭酒厂
- 广西三江侗族自治县酒厂
- 广西金秀光明化工有限限责任公司
- 广西象州金象啤酒有限公司
- 广西广糖酒业有限责任公司
- 广西大丰剑麻有限公司南宁酒业分公司
- 广西国窖酒业有限公司
- 广西南宁润洋酒业有限公司
- 广西南宁市柏琳酒业有限公司第一分公司
- 南宁市绿爽酒业有限责任公司
- 南宁市富邦酒业有限公司
- 南宁鹏润酒业有限公司
- 南宁百兴盛酒业有限公司东葛店
- 湛江市霞山区天鸿酒业有限公司南宁分公司
- 广西南宁格伦威酒业有限责任公司
- 南宁春常归酒业保健食品有限公司
- 广西南宁市柏琳酒业有限公司
- 武鸣县桂园酒业商贸有限责任公司
- 崇左市左江淀粉酒业有限责任公司
- 南宁市多路宝酒业有限责任公司百色分公司
- 百色亿龙啤酒有限公司
- 凌云县金星巴岩香酒厂门市部
- 北海加州酒业有限公司
- 四川省宜宾豪酒酒业有限公司广西钦州分公司
- 四川省宜宾豪酒酒业有限公司北海分公司
- 北海袁氏酒业有限公司
- 北海汉潮酒业有限公司
- 北海百兴盛酒业有限公司
- 北京艾尔集团北海酒业有限公司
- 广西玉林市广宝酒业有限责任公司
- 贵港市峡山酒厂有限责任公司
- 广西容县康美酒业有限公司
- 广西防城港海源酒业化工有限公司
- 防城港市防城区兄弟好酒厂
- 桂林市鸿燕酒厂
- 广西雄森酒业有限公司桂林经销部
- 桂林市六顺酒厂
- 桂林市财富酒业营销中心
- 桂林九铺香麒麟酒业有限公司
- 桂林市临桂县骆越家酒厂
- 桂林大宋庄园葡萄酒业有限公司
- 梧州中强啤酒实业有限公司

- 梧州寅皇爵士巴啤酒屋有限公司
- 柳州市巨铭酒业有限公司
- 柳州市信博糖酒业贸易有限责任公司
- 柳州市锦沣酒业经营部
- 广西柳州感觉酒业有限公司
- 柳州市春潮酒业有限公司
- 广西罗城山野葡萄酒有限公司
- 荔浦县荔城中山酒厂
- 广西巴马万岗红酒业有限责任公司
- 广西来宾通五洲酒业有限公司
- 广西罗城仫佬族自治县山野葡萄酒总厂
- 广西桂林市荔浦仁康保健品厂
- 广西荔浦泽州酒业饮料厂
- 桂林清溪酒厂
- 广西蒙山县京桂饮料厂
- 广西壮族自治区蒙山县酿酒厂
- 天峨县酿酒厂
- 广西东兰酒业有限公司
- 广西东兰酒厂
- 广西金弘亿酒业有限公司
- 广西武鸣富君酒厂
- 广西钦州临海酒精有限公司
- 广西浦北天芝酒业有限公司
- 广西合浦常乐恒源酒业有限公司
- 广西平南县三界酒业有限公司
- 广西平南县中田酒厂
- 广西容县狮王酒厂
- 玉林市大明酒业有限公司
- 广西玉林九洲江啤酒有限公司
- 广西玉林玉浪啤酒有限公司
- 桂林市象山龙泉小锅米酒厂
- 燕京啤酒(桂林漓泉)有限公司
- 广西桂林圣龙酒业开发有限责任公司
- 广西壮族自治区国营三门江林场森林酒厂
- 广西农垦思源酒业有限公司
- 遂宁市市中区大安乡广西酒厂
- 南宁市万德福来酒业有限责任公司海洋北湖烟酒城
- 广西广糖酒业有限责任公司
- 南宁市丹泉酒业有限公司
- 广西大丰剑麻有限公司南宁酒业分公司
- 南宁金大班酒业有限公司
- 南宁老庄酒业有限公司
- 广西南宁润洋酒业有限公司

海南省

- 海南香身酒业开发有限责任公司
- 瑞普隆酒业营销公司
- 海南金海马酒业有限公司国内业务湛江办事处
- 海南男霸天酒业有限公司
- 海南省森华芝酒业有限公司
- 仙昌酒业有限公司
- 海南省锦天酒业有公司
- 海南舍蛛保健酒有限公司
- 海南省山川实业有限公司
- 海南省香身酒业开发有限公司
- 海南嘉茂酒业有限公司
- 海南椰神酒业有限公司
- 海南西龙马保健酒有限公司

●海口椰岛酒厂有限公司
●海南椰岛股份有限公司
●屯昌县酒厂
●海南澄迈咖啡酒厂
●海南山兰玉液酒厂
●海南维尔乐酒业有限公司
●海南福山恒微酒业有限公司
●海南姻缘圣酒业有限公司
●海口保税区椰岛滋补酒业有限公司
●海南康鹿酒业有限公司
●海南黄翔灵芝酒业开发有限公司
●海南椰花香酒业有限公司
●海口三亨醒酒露有限公司
●海南太灵养生科技有限公司海口酒厂
●海南恒升南派酒业有限公司
●定安经典酒业有限公司
●海南森华芝酒业有限公司
●海南椰岛酒精工业有限公司
●海南椰岛股份有限公司宝岛白酒分厂
●五指山翡翠城酒业有限公司
●海南洋浦印象酒业有限公司
●海南环宇嘉庆京华酒业有限公司
●海南椰泉春酒业有限公司
●海南椰妹酒业有限公司
●海口名将酒业有限公司
●海南百年香酒业有限公司
●海口圣西路酒业有限公司
●海南黄金屋酒业有限公司
●海口荔珍宝酒业有限公司
●海南金皇台酒业有限公司
●海口嘉嘉胜酒业有限公司
●海南红八喜酒业有限公司
●海口豫宏辉酒业有限公司
●海口牛栏山酒业有限公司
●海口铭翔酒业有限公司
●海南满江红酒业有限公司
●海南野渡春酒业有限公司
●海口世龙新宏辉酒业贸易有限公司
●海南西沙酒业有限公司
●海口金瑞达酒业有限公司
●嘉积陈记酒厂
●海南亚洲太平洋酿酒有限公司
●海南喝彩果酒有限公司
●海南山川实业有限公司
●海口啤酒饮料公司
●海口大商食品饮料有限公司
●海南金海马酒业有限公司
●海南东方红酒业有限公司
●海南省鹿场酒厂
●海南省定安县江南饮料厂
●海南正方酿酒厂
●海南省百岁雷公酒业有限公司
●琼海市万泉何记酒业有限公司
●琼海市粮食局会山粮食管理所
●屯昌县高科燃料有限公司
●儋州市那大红星酒厂
●海南双龙保健品厂
●临高县临城综合厂
●澄迈县咖啡酒厂
●海南金椰林酒业有限公司马村酒精厂
●海南金椰林酒业有限公司
●海南椰岛酒业有限公司
●海南五指山酒厂

●海南五指山保键品有限公司
●保亭县酒厂
●白沙县赛春雷酒厂

上海市

●上海江南啤酒厂
●上海崇明竖新米白酒厂南汇分厂
●四川省泸州杜王酒厂上海分厂
●上海神仙酒厂
●上海张堰酿酒厂
●上海龙凤酒厂
●上海市乌贡酒厂
●上海市瀛星酒厂
●上海崇明兴渊米酒厂
●上海冠生园华光酿酒药业有限公司
●天道酒业有限公司
●西班牙桃乐丝葡萄酒贸易公司上海分公司
●居悦酒业有限公司
●上海仁和酒业有限公司(营销部)
●上海冠生园华佗酿酒有限公司
●法国南部葡萄酒销售有限公司上海分公司
●上海仙庄酒业有限公司
●上海天浆酒业有限公司
●楠岳酒业有限公司
●嘉豪酒业有限公司
●上海德力源啤酒设备有限公司
●江苏分金亭酒业集团有限公司上海总代理
●广东省蓝爵酒业有限公司（上海销售部）
●山东烟台品丽珠庄园葡萄酿酒有限公司上海办事处
●上海铭典酒业有限公司
●上海神康酒业发展有限公司
●上海振泉酒业有限公司
●上海益驰酒业有限公司
●上海锐澳酒业有限公司(市场部)
●上海君利酒业有限公司
●上海市浦东新区俊友酒业有限公司
●上海斟情酒业有限公司
●良友啤酒设备研制中心
●上海星鑫酒业有限公司
●上海申丰酒业有限公司
●河北昌黎燕山长城葡萄酿酒有限公司驻上海办事处
●上海巴克斯酒业有限公司
●上海信人酒业有限公司
●上海仁和酒业有限公司销售部
●上海爱尔佛进口葡萄酒有限公司
●上海三江龙泉酒业股份有限公司(五粮液系列产品)华东办
●上海甘美之酒业有限公司
●上海正赢酒业有限公司
●烟台南山庄园葡萄酒有限公司上海分公司
●北京碧特博格啤酒销售有限公司上海办事处
●上海市铭盛酒业有限公司
●上海正亭酒业有限公司
●上海市开源酒业有限公司
●三旗集团酒业有限公司
●上海剑南贡酒业销售有限公司
●泸州君品酒业有现公司上海分公司

●上海仁和酒业有限公司
●上海明宝酒业有限公司
●上海千禧酒业发展有限公司
●上海大震酒业有限公司
●上海佛罗伦斯酒业有限公司
●上海奇盛酒业销售有限公司
●上海金顺酒业有限公司
●上海华仕酒业有限公司销售部
●上海黔台酒业有限公司
●上海红樽坊(RubyRed)葡萄酒酒业公司
●卡罗琳娜酿酒设备技术(上海)有限公司
●文森梵高酒业(上海)有限公司
●上海甘美之酒业有限公司销售部
●上海红房子酒业有限公司
●上海海华酒业销售有限公司
●上海华仕酒业有限公司
●上海虹贯天酒业公司
●上海张裕酒业营销有限公司
●烟台张裕葡萄酿酒股份有限公司上海分公司
●上海廉丰酒业有限公司
●黑龙江省同江市三江口酒业有限公司上海总代理
●上海华仕酒业有限公司销售分部
●五粮液集团国壮酒业有限公司上海营销中心
●上海甘美之酒业有限公司
●上海坤郁酒业有限公司
●上海银华瑞酒业有限公司
●上海开源酒业有限公司
●蓝樽(上海)酒业有限公司
●中国灵宝嘉百利酒业有限责任公司
●上海市冰川啤酒公司
●唐伯虎啤酒有限公司
●上海南洋瓶酒饮料厂
●上海东宝饮料有限公司
●上海藏秘酒业有限公司
●上海富仕达酿酒有限公司
●上海丽居实业有限公司天惠酒厂
●上海亚太酿酒有限公司
●上海施格兰酿酒有限公司
●上海福连德食品有限公司
●上海崇明晟惠贸易合作公司隆星酿造厂
●上海再来米酒酿造厂
●上海安兴米酒酿造有限公司海岛米酒厂
●上海安兴米酒酿造有限公司
●上海临汾酿酒工贸有限公司
●上海申龙酿酒厂
●上海七宝酒厂
●上海光乐酿造有限公司
●上海崇明竖汁米白酒厂
●上海江南啤酒厂
●三得利啤酒(上海)有限公司
●上海浦东新区航奇啤酒有限公司
●绍兴黄酒集团上海灌装厂
●上海君利酒业有限公司
●上海正广和果林饮料食品有限公司
●上海龙霸实业有限公司杨园酒厂
●上海飘香酿造有限公司分公司
●上海爱玛酒业有限公司
●上海红叶酒厂
●上海逸香米酒酿造有限公司

- 上海乐仙保健品有限公司
- 上海神仙酒业有限公司
- 上海士卫酿酒制造有限公司一分公司
- 上海士卫酿酒制造有限公司
- 蝶矢梅酒(上海)有限公司
- 上海金山枫泾菖梧五金厂
- 上海东海啤酒有限公司
- 上海张堰酿酒厂
- 青岛啤酒上海松江有限公司
- 上海荣林麦芽制品有限公司
- 上海奔鹿生物技术有限公司
- 上海西元酒精制品厂
- 上海市松江县西泾港综合厂
- 上海翊淳饮料有限公司
- 上海富金酿酒有限公司
- 上海龙凤酒厂
- 上海青松酿酒有限公司
- 上海淀滨酿酒有限公司
- 上海市乌贡酒厂
- 上海嘉定明望米酒厂
- 上海申万酿造有限公司
- 上海顺发酿酒厂
- 上海洁泉纯水有限公司
- 上海宝山福海酿酒厂
- 上海新晖酿造有限公司
- 上海饮料制罐厂
- 上海农家酿酒有限公司
- 上海市崇明县新建酒厂
- 上海市瀛星酒厂
- 上海飘香酿造有限公司
- 上海印权酱厂
- 上海市瀛星酒厂分厂
- 上海向东酿造厂
- 上海崇明新申酒厂
- 上海宏盛醇酒有限公司
- 上海美宝酿造有限公司
- 上海崇明庆松酿酒厂
- 上海市裕申酿造厂
- 上海裕丰酿造厂
- 崇明县致富酿造厂
- 上海嘉明酿造厂
- 上海德汉堡啤酒有限公司
- 上海市酒类专卖管理局
- 上海德谷啤酒酿造技术开发有限公司
- 上海善酿酒业有限公司
- 上海麦肯沃的啤酒配料设备有限公司
- 上海华人酒业有限公司
- 上海隆樽酿酒有限公司
- 上海御和酒业有限公司
- 上海江南啤酒厂
- 上海富特威葡萄酒有限公司
- 上海宇嘉酒业有限公司
- 上海悦华酿酒有限公司
- 上海逸香米酒酿造有限公司
- 上海铭盛酒业有限公司
- 泸州市江阳区十里香酒厂上海分厂
- 上海迎龙酒业有限公司
- 蝶矢梅酒(上海)有限公司
- 上海金枫酿酒有限公司
- 青岛啤酒上海松江有限公司
- 上海蓝雪酒业有限公司
- 上海奥克娜酒业有限公司
- 上海青松酿酒有限公司

●上海嘉裕葡萄酿酒有限公司
●通化通天酒业上海有限公司
●上海红唇一族酒业饮品有限公司
●上海方大食品工业有限公司酿酒分公司
●上海崇明绿岛米酒酿造有限公司
●上海崇明竖新米白酒厂松江分厂
●上海金醉潭酒业有限公司
●圣皮尔精品葡萄酒(上海)有限公司办事处
●上海舒蒂达葡萄酒有限公司
●文森梵高酒业(上海)有限公司
●上海新天地广场酒业有限公司
●上海御香轩酒业有限公司
●澳大利亚禾富葡萄酒庄园有限公司上海代表处
●香港法国橡木桶国际葡萄酒有限公司上海代表处
●上海九百中糖酒业有限公司
●上海霖志酒业有限公司
●上海爱尔啤酒饮料科技有限公司
●上海晶慧酒业有限公司第一分公司
●上海宏寅酒业有限公司
●上海淳馨酒业有限公司
●上海醇电酒业贸易有限公司
●上海汉圣酒业贸易有限公司
●福建南湖酒业有限公司上海分公司
●上海久谷酒业销售有限公司分公司
●上海贵州茅台王子酒业有限公司
●上海剑南贡酒业销售有限公司
●上海马登来酒业有限公司
●上海银富酒业有限公司
●上海炜瑞酒业有限公司
●上海贵天酒业有限公司
●上海凯蒙酒业有限公司
●上海黄鼎酒业有限公司
●上海南山酒业有限公司
●上海金雨酒业有限公司
●上海信缘酒业有限公司第二分公司
●上海天浆酒业有限公司
●上海华祺酒业有限公司
●昆明云南红酒业发展有限公司上海分公司
●上海红树叶啤酒屋
●上海鑫海鹏酒业有限公司
●上海沙漠雨酒业销售有限公司
●上海中粮啤酒原料有限公司
●上海杰圣酒业有限公司
●上海中粮啤酒原料有限公司浦东分公司
●上海明荣酒业有限公司
●上海圣达利酒业有限公司
●上海京燕酒业有限公司
●上海欢宴酒业有限公司
●绍兴大宇酒业有限公司上海分公司
●上海小潘酒业有限公司
●上海莫高葡萄酒销售有限公司
●上海元誉酒业有限公司长宁分公司
●上海醇韵酒业有限公司
●上海正汉酒业有限公司
●意大利雅贵市葡萄酒总协会上海代表处
●昌黎县今朝美长城葡萄酒业有限责任公司上海分公司
●上海恒久酒业有限公司
●上海虹贯天酒业有限公司

- 上海谷醇酒业贸易有限公司
- 上海康涅尔酒业有限公司
- 上海澹月坊葡萄酒贸易有限公司
- 上海步洪酒业有限公司
- 上海申澳酒业有限公司
- 上海火牛酒业发展有限公司
- 上海申澳酒业有限公司澳新酒业分公司
- 上海闵翔酒业有限公司
- 上海久发酒业有限公司
- 上海新天印象酒业有限公司
- 上海蒙野酒业有限公司
- 上海平丰酒业有限公司
- 合肥长城庄园葡萄酒营销有限公司上海分公司
- 上海益驰酒业有限公司
- 上海鸣泰米白酒有限公司
- 上海建苑酒业有限公司
- 上海神康酒业发展有限公司
- 上海奉海酒业有限公司
- 上海渝晶酒业有限公司
- 上海醉石酒业有限公司
- 上海高尚酒业发展有限公司
- 上海弘福楼酒业有限公司
- 上海俏雅酒业有限公司
- 上海顺龙酒业有限公司
- 上海长三角酒业有限公司
- 上海金樽酒业销售有限公司
- 上海科健酒业有限公司
- 上海顺曲酒业有限公司
- 上海优群酒业有限公司
- 上海康龄酒业有限公司
- 上海国铭酒业有限公司
- 上海德傲酒业有限公司
- 上海楠岳酒业有限公司
- 上海皇家酒业有限公司
- 上海奥克娜酒业有限公司
- 上海博肯特酒业有限公司
- 上海神泉酒业有限公司
- 上海穗泉啤酒饮料销售有限公司
- 上海天盛酒业有限公司
- 上海小银杯葡萄酒用品有限公司
- 上海巴卡酿酒技术有限公司
- 贵州茅台酒厂(集团)保健酒业有限公司上海分公司
- 上海忠康酒业有限公司
- 吉林省新天龙酒业有限公司上海分公司
- 上海森鑫酒业销售有限公司
- 上海嘉裕葡萄酒业有限公司
- 上海陈品酒业有限公司
- 上海罗德酒业有限公司崇明分公司
- 上海仙庄酒业有限公司
- 上海徽缘酒业有限公司
- 瑞弗仕(上海)酒业有限公司
- 麦氏卡里莱啤酒贸易(上海)有限公司
- 上海御任酒业有限公司
- 上海锦怡酒业有限公司
- 上海兴翔酒业有限公司
- 上海奔弛冰酒业有限公司
- 上海新天阳光葡萄酒业有限公司
- 上海锦羿酒业有限公司
- 上海虹浦酒业有限公司
- 上海康田酒业有限公司
- 法窖酒业商贸(上海)有限公司

●上海京德酒业销售有限公司
●上海杯莫停葡萄酒贸易有限公司
●上海浦澳酒业有限公司
●上海博尔图酒业有限公司
●上海景花酒业商店
●上海英鸿酒业有限公司
●上海维伟酒业有限公司
●上海迪徕奥酒业有限公司
●上海万达酒业有限公司
●上海珍爵坊酒业有限公司
●上海成耀酒业批发部
●上海悍马酒业有限公司
●好沃山酒业贸易(上海)有限公司
●上海樽堡酒业有限公司
●上海葡丰酒业贸易有限公司
●上海鑫淼焱酒业有限公司
●上海优麦达氏酒业有限公司
●上海法妮亚酒业有限公司
●上海勇升酒业有限公司
●上海丰枫酒业有限公司
●上海伟跃酒业有限公司
●上海茂远酒业有限公司
●上海龙玺酒业有限公司
●酒仙酒业咨询(上海)有限公司
●上海隆恩坊酒业有限公司
●上海巨化酒业有限公司
●上海青草湖酒业有限公司
●上海劲龙酒业有限公司
●上海新嘉惠酒业商行
●上海凯铭酒业有限公司
●上海龙茅酒业有限公司
●上海金信酒业有限公司
●上海伸芮酒业有限公司
●上海贵马酒业有限公司
●上海诚彰酒业有限公司
●上海龙马酒业有限公司
●上海惠泽酒业有限公司
●上海丹投酒业发展有限公司
●上海和合酒业有限公司
●上海文华酒业有限公司
●上海美朋酒业有限公司
●上海天宏酒业有限公司
●上海盛京酒业有限公司
●上海汲鼎酒业经营有限责任公司
●上海太雕酒业有限公司
●上海闵兴酒业有限公司
●雅时美鉴(上海)酒业商贸有限公司
●上海月光杯酒业有限公司
●上海锦醇酒业有限公司
●上海全旺酒业有限公司
●上海金茅酒业有限公司
●上海红谷酒业有限公司
●上海正亭酒业有限公司
●上海锐星酒业有限公司
●上海欧恺丝酒业有限公司
●上海德雨酒业有限公司
●上海善道酒业有限公司
●上海丽源酒业有限公司
●上海叶芳酒业有限公司
●上海聚冉酒业有限公司
●意尊酒业贸易(上海)有限公司
●上海紫清堂酒业有限公司
●上海晨合酒业有限公司
●阁乐葡酒业贸易(上海)有限公司
●碧洛德葡萄酒贸易(上海)有限公司
●上海美天酒业销售有限公司

- 上海蒂梵酒业有限公司
- 上海华轩酒业有限公司
- 上海民权九鼎葡萄酒销售有限公司
- 上海疆漠酒业有限公司
- 上海汉商罗世酒业有限公司
- 上海馨鑫酒业有限公司
- 上海丰源酒业有限公司
- 上海巍博酒业有限公司
- 上海星鑫酒业有限公司
- 上海意托酒业贸易有限公司
- 上海圣比德酒业有限公司
- 上海民欢酒业有限公司
- 上海传真酒业有限公司
- 上海宁发啤酒原料有限公司
- 蓝樽(上海)酒业有限公司
- 上海御马酒业有限公司
- 上海青鑫酒业有限公司
- 上海里维耶尔酒业有限公司
- 上海郭霞酒业有限公司
- 上海红宝石酒业有限公司
- 上海南俊酒业有限公司
- 上海龙韵酒业有限公司
- 上海金星啤酒销售有限公司
- 上海君之水酒业有限公司
- 上海酒州富鼎酒业有限公司
- 上海淌千无酒业有限公司
- 上海缘辛海酒业有限公司
- 上海怡园酒业有限公司
- 上海历珈德酒业有限公司
- 上海豪威酒业有限公司
- 上海铭典酒业有限公司
- 奥歌诗丹迪(上海)酒业有限公司
- 上海妙泉酒业有限公司
- 上海浮想酒业有限公司
- 上海神康酒业发展有限公司
- 上海神鸟酒业有限公司
- 上海九九酒业有限公司
- 上海蓉继盛酒业发展有限公司
- 上海顺驰酒业有限公司
- 上海廉丰酒业有限公司
- 上海鑫轩和酒业有限公司
- 上海大葡大美酒业有限公司
- 上海赊店酒业有限公司
- 上海腾丰酒业有限公司
- 上海天浆酒业有限公司
- 上海欢宴酒业有限公司
- 上海博肯特酒业有限公司
- 上海老枫溪酒业有限公司
- 上海久发酒业有限公司
- 上海天兴酒业有限公司
- 上海颐兆酒业有限公司
- 上海法露酒业有限公司
- 上海陶家坊酒业有限公司
- 上海青练酒业有限公司
- 上海御坛春酒业有限公司
- 上海倍亿酒业有限公司
- 上海徽韵酒业有限公司
- 上海鼎盛酒业有限公司
- 上海申信润德酒业有限公司
- 上海圣澳酒业贸易有限公司
- 上海佳红酒业有限公司
- 上海蓝格酒业有限公司
- 上海盖亚酒业有限公司
- 上海绍家酒业有限公司

浙江省

- 三旗集团苏州葡萄酒业有限公司
- 嘉兴双龙阿利维葡萄酒制品有限公司
- 浙江久红酒业广州办事处
- 浙江嘉善黄酒股份有限公司
- 江山博源酒业有限公司
- 开化邦博啤酒原辅材料厂
- 衢州市柯城龙凤酒业经销部
- 浙江久红酒业有限公司
- 浙江丰润酒业有限责任公司
- 杭州华贸酒业有限公司
- 绍兴大越酒业有限公司
- 杭州汝樽酒业有限公司
- 杭州托斯卡那葡萄酒贸易有限公司
- 百亩贩金刚刺酒厂
- 集贤县红贝酒厂
- 杭州法妮亚葡萄酒有限公司
- 杭州紫荆花葡萄酒有限公司
- 华糖酒业有限公司
- 鑫嘉酒业配送中心
- 来氏酒业有限公司
- 杭州萧山老常客酒业有限公司销售部
- 泽荣酒业商行
- 汝阳杜康(集团)总公司古城酒厂驻浙江办事处
- 金装华夏葡萄酒有限公司有限公司杭州办事处
- 浙江丰润酒业有限公司(销售部)
- 建德荞麦酒厂
- 浙江建德江珠酒厂
- 新安江御香露荞麦酒厂
- 嘉和酒业有限公司
- 浙江省建德市浪舟酒厂
- 燕京啤酒(浙江仙都)有限公司
- 杭州旭日东生酒业销售有限责任公司
- 青坛酒厂
- 富阳全全酒业有限公司
- 杭州马迪尔酒业有限公司
- 建德市酒厂
- 浙江安吉县乌毡帽酒业有限公司
- 湖州老绍坊酒业有限公司
- 浙江德清县新市酿酒有限公司
- 嘉兴市中糖酒业有限公司
- 江南酒业有限责任公司
- 桐乡市乌镇酒业有限公司
- 宁波阿拉酿酒有限公司
- 宁波市华糖酒业有限公司
- 浙江省海宁市一牛酒业有限公司
- 宁波高伯乐酒业有限公司
- 余姚市派斯顿酒业有限公司
- 宁海华磊酒业食品有限公司
- 宁波永成酒业有限公司销售部
- 象山贤润啤酒设备制造有限公司
- 宁波永成酒业有限公司商务部
- 宁波永成酒业有限公司
- 杭州旭日东生酒业销售有限公司
- 绍兴县咸亨酒业有限公司(销售部)
- 浙江上虞市百官宝能堂保健酒厂(上虞)
- 绍兴美牌酒业有限公司
- 绍兴越品酒业有限公司

- 象山东魁杨梅酒厂
- 余姚派斯顿酒业有限公司
- 余姚市河姆渡七千红酒厂
- 绍兴市绍乡古道酒业有限公司
- 绍兴市东星酒厂
- 绍兴市永和酒业有限公司
- 咸亨酒店太雕酒业公司
- 浙江绍兴越品酒业有限公司
- 绍兴县三江酒厂
- 浙江绍兴沈园酒业有限公司
- 绍兴县咸亨酒业有限公司
- 绍兴大宇酒业有限公司(销售部)
- 绍兴市新昌县西郊酿酒厂
- 浙江绍兴汇龙酿酒有限公司
- 绍兴县酒厂
- 绍兴大宇酒业有限公司
- 浙江善好酒业集团有限公司
- 台州市路桥品味酒业商行
- 浙江石梁啤酒有限公司
- 仙居明泉酒厂
- 浙江省神仙居酒业有限公司
- 仙居县季氏酒业商行
- 鑫泰酒业商行
- 温州青岛纯生啤酒代销点
- 苍南县顺风酒业包装印刷厂
- 温州清江酒业有限公司
- 温州利民酒业有限公司
- 春莲酒厂
- 浙江利府酿酒有限公司总公司
- 丰和酒业精品行
- 温州精工啤酒成套设备有限公司
- 温州玉海啤酒设备有限公司
- 温州市班提酒业有限公司
- 丽水市宏泰酒业有限公司
- 庆元县梅园酒业有限公司
- 通化市大洋酒业有限公司
- 磐安万苍酒厂
- 武义酒业销售有限公司
- 浙江省武义优思特酒业有限公司
- 佳辰酒业有限公司
- 浙江啤酒启厂
- 金华市曹宅寿生酒厂
- 金华市清泉酒厂
- 磐安县方苍酒厂
- 义乌市丹溪酒业有限公司
- 嘉兴双龙阿利维葡萄酒制品有限公司
- 杭州康桥酿酒厂
- 杭州酒厂(杭州葡萄酒厂)
- 杭州莱福特酒业有限公司
- 浙江金禾酒业有限公司
- 浙江省杭江酒精厂
- 杭州啤酒厂
- 杭州西湖啤酒朝日(股份)有限公司
- 杭州西子酒业有限公司
- 杭州神旺食品有限公司
- 杭州同福永酿酒有限公司
- 杭州余杭沾桥酒厂
- 杭州大雄寺酒业有限公司
- 四川省宜宾五粮液酒厂服务公司余杭经营部
- 杭州余杭和睦畅兴酿酒有限责任公司
- 浙江钱啤集团股份有限公司湘湖制麦厂
- 杭州圣超酒业有限公司

●杭州珠江啤酒有限公司
●杭州宜仓酒业有限公司
●杭州侨前酒厂
●萧山市城南姚家畈酒厂
●萧山市城南鲁公酒厂
●萧山市新街酒厂
●浙江钱啤集团股份有限公司
●杭州天潮食品实业有限公司
●萧山酿酒有限公司
●萧山阳城酿酒有限公司
●萧山江南酒厂
●萧山市二垦酒业有限公司
●萧山市红垦酒厂
●浙江萧山第一酒厂有限责任公司
●萧山市瓜沥酿酒厂
●浙江丰润酒业有限公司
●杭州石佛寺酒厂
●浙江永翔集团酒业有限公司
●萧山市青山酒厂
●萧山第五酒厂
●萧山市所前商业精制酒厂
●萧山市三浦酿酒厂
●杭州金潮酒业有限公司
●萧山市楼塔镇酒厂
●杭州锦鹰酒业有限公司
●杭州巨星酿酒有限公司
●杭州喜仕嘉酒业有限公司
●杭州临安市雅观酿造厂
●杭州临安钱王酿制有限公司
●杭州临安横畈德明酒业有限公司
●浙江省临安市酒业有限公司
●杭州临安天目山生物制品有限公司
●浙江省临安市紫云酿造厂
●临安太阳精酿酒厂
●临安柳溪江酒厂
●富阳市酒业有限公司
●杭州富春江乘风酒业公司
●富阳市口福米酒厂
●富阳致和酿造有限公司
●富阳市新城五茄皮酒厂
●富阳市绿叶酒酿汁饮料厂
●桐庐陆丰食品厂
●杭州桐庐酒厂
●桐庐莪山畲香红曲酒厂
●建德市溢洪五加皮酒厂
●建德市青峰五加皮酒厂
●建德市严州酒业饮料有限公司
●建德市余氏酒厂
●建德市梅城镇城东酒厂
●建德市泰丰酿造酒厂
●建德市严东关酒厂
●浙江省建德吴氏酒业有限公司
●建德市集太和酒业有限公司
●杭州严东关酒业有限公司
●建德市和记酒厂
●建德市志君红酒厂
●建德市绿湖五加皮酒厂
●建德市檀村慈美酒厂
●浙江省建德市野蕨食品开发有限公司
●杭州千岛湖别样红酒业有限公司
●淳安县千岛湖金刚刺酒厂姥山分厂
●淳安县千岛湖酿酒厂
●淳安县酿酒厂
●淳安千岛五加皮酒业有限公司
●淳安千岛湖猕猴桃果酒厂

●杭州千岛湖啤酒有限公司
●淳安县千岛湖汾口荞麦酒厂
●淳安千岛湖金刚刺酒厂
●诸暨市善成酒厂
●诸暨市安平酒厂
●诸暨红门酒厂
●浙江省诸暨市啤酒厂
●诸暨越凤西施酒业有限公司
●诸暨市大侣酿酒厂
●绍兴市古煌酿酒有限公司
●诸暨市清漂酒厂
●诸暨市西施醇酒厂
●诸暨市枫桥新跃酒厂
●诸暨市征天食品厂
●诸暨市高粱酒厂
●诸暨市兰江酒厂
●诸暨市上峰酒厂
●绍兴市古泉酿酒厂
●绍兴市供销社振兴酒厂
●诸暨市祥和酒厂
●诸暨市双桥酿酒有限公司
●诸暨市泰顺酒厂
●绍兴古越龙山果酒有限公司
●浙江古越龙山绍兴酒股份有限公司
●绍兴永盛酒业有限公司
●绍兴市古越龙山酒类饮料有限公司
●绍兴市东湖酒业有限公司
●绍兴市富陵酿酒厂
●绍兴市永和酒业有限公司
●浙江省粮油食品进出口公司绍兴永进酒厂
●绍兴市城南酒厂
●绍兴县第二酒厂
●绍兴县柯桥酿酒厂
●浙江浙粮绍兴酒有限公司
●绍兴县礼酒厂
●绍兴县东江酒厂
●绍兴县第三酒厂
●绍兴东风酒厂
●东风绍兴酒有限公司
●绍兴县管市酿酒厂
●绍兴县唐宋酒业有限公司
●绍兴县湖宾酒厂
●浙江塔牌绍兴酒厂
●绍兴县越都酿酒有限公司
●绍兴县湖塘酿酒厂
●绍兴县东方酒业有限公司
●绍兴县酒厂
●绍兴吼山生物酿酒厂
●绍兴县富盛酿酒厂
●绍兴咸亨酒业有限公司
●浙江咸亨实业集团公司
●绍兴兰亭集团有限公司
●绍兴县兰亭谦豫萃酿酒厂
●绍兴县福全酿酒厂
●绍兴县鲁越酿酒有限公司
●绍兴县舜旺果酒有限公司
●绍兴越王酒业有限公司
●绍兴市东浦酿酒厂
●绍兴东浦酿酒有限公司
●绍兴市大越酒业有限公司
●绍兴市鉴湖越王酿酒业有限公司
●绍兴市荷湖酿酒厂
●绍兴市越城区鲁园酒业有限公司
●绍兴三江酒厂
●绍兴县大和酿酒厂

●绍兴市明星酿酒厂
●绍兴市师爷酒业有限公司
●绍兴市东星酒厂
●绍兴市古龙酒厂
●绍兴县孙端酒厂
●上虞市百官酿酒厂
●上虞市皂湖酒厂
●绍兴女儿红酿酒有限责任公司
●上虞市丰惠丰城酒厂
●绍兴市年年红酒业有限公司
●上虞市联强酒厂
●上虞市万龙酒厂
●上虞市乾升酒业有限责任公司
●上虞市江南红高梁酒业有限公司
●上虞市三汇酿酒厂
●绍兴古堡葡萄酒业有限公司
●上虞市永和如发酒厂
●上虞市安渡酒厂
●绍兴市一景酒业有限公司
●嵊州市城关茶坊酿造厂
●嵊州市兴兴果酒有限公司
●嵊州市三界酒厂
●嵊州市黄泽镇酿造厂
●嵊州市金庭酿造厂
●嵊州市仙岩酿造厂
●嵊州市敬天酒业有限公司
●嵊州市普义酿造厂
●嵊州市剡源酒厂
●嵊州市石磺酿造厂
●嵊州市龙蜒酒业有限公司
●嵊州市春泉酿造厂
●嵊州市崇仁镇上湖荫酿造厂
●嵊州市崇仁镇九十村酿造厂
●嵊州市卫波酒厂
●新昌县新城酒厂
●浙江省新昌县恒宇酿造有限公司
●新昌县沃洲酒厂
●新昌县西郊酒厂
●新昌县大明市酿造厂
●新昌县岩泉汽酒厂
●绍兴市沃西酿造厂
●新昌县青坛酿酒厂
●新昌县巧英乡雪头酒厂
●浙江菱化集团有限公司湖州化工厂
●湖州鸿丰酒厂
●湖州第二酒厂
●湖州市练市酒厂
●湖州市新溪酒厂
●湖州东林十八仙酒厂
●长兴县三涧酿酒有限公司
●湖州欢众酿酒集团有限公司
●浙江长兴泰丰园酒厂
●浙江长兴天奥酿酒有限公司
●长兴城东树兴酒厂
●浙江省长兴县金砂酿酒厂
●长兴县宝泉酿酒厂
●长兴县第二酒厂
●长兴县百叶龙酿酒有限公司
●长兴太傅酿酒有限公司
●长兴县香作坊酒厂
●浙江省长兴县幸福酒厂
●浙江省长兴酿酒厂
●长兴县城南酒厂
●浙江之江酒业有限公司
●德清县双欢生大酒业有限公司
●浙江德清县新市酿酒有限公司

●德清县上柏酒厂
●德清县登路酒业有限公司
●德清县勾里酿酒厂
●德清县苏杭酒业保健有限公司
●德清县浙北麒麟蚁酒厂
●浙江省德清县东衡酒厂
●德清县九里香酿酒有限公司
●德清县鑫溢酒业有限公司
●浙江安吉县乌毡帽酒业有限公司
●安吉县丰润酒业有限公司
●湖州安吉兆发地鳖酒厂
●安吉三江源啤酒有限公司
●安吉县酒厂
●安吉县粮丰酿造厂
●安吉县横塘酒厂
●民丰集团公司嘉兴酒厂
●嘉兴酿酒饮料厂
●嘉兴石龟酿造厂
●嘉兴市高照酿造厂
●嘉兴新塍酿造厂
●嘉兴市竹林麦芽厂
●嘉兴市新塍酒厂
●嘉兴市新塍麦芽一厂
●嘉善县酒厂
●浙江嘉善黄酒股份有限公司
●嘉善洪溪酒业有限责任公司
●平湖酒业有限责任公司
●平湖市乍浦酿酒厂
●嘉兴海燕啤酒西湖朝日有限公司
●海盐国泰食品有限责任公司
●浙江银燕啤酒有限公司
●浙江银燕集团有限公司啤酒厂
●浙江卡森葡萄酒酿造有限公司
●市乌镇立志景区物业管理有限公司高公共糟坊
●桐乡市民兴永安酒厂
●桐乡市民兴永盛果胶厂
●桐乡市乌镇民珠酿造厂
●桐乡市佳成酒厂
●浙江省桐乡市聚裕联营酒厂
●桐乡泉溪酿酒厂
●T.C.C 宁波佳酿有限公司
●宁波益民酒业有限公司
●宁波郑万利酿酒有限公司
●女儿红食品(宁波)有限公司
●宁波市妙山酒厂
●宁波市江北万强酒业有限公司
●浙江省鄞县梅墟酒厂
●鄞县梅墟溶剂厂
●宁波天宫庄园果汁果酒有限公司
●浙江省鄞县横溪上畈酒厂
●鄞县陈岐酒厂
●鄞县三江酒业有限公司
●浙江鄞县甲村石桥酒厂
●浙江省鄞县丽水酒厂
●浙江省鄞县燕山酒厂
●鄞县横溪红高粱酒厂
●浙江省鄞县天泉酿造实业公司
●宁波金狮啤酒有限公司
●浙江浙东啤酒股份有限公司
●浙江鄞县卓尔酒厂
●宁波宁泰酿酒有限公司
●鄞县姜山东光酒厂
●鄞县茅山日兴酒厂
●宁波市康益酒厂
●宁波万隆食用酒精有限公司

●宁波光明鹿茸保健品厂
●宁波市镇海甬峰化工厂
●慈溪市五洞闸酿酒厂
●慈溪市万兴酒厂
●慈溪市鸣鹤酿酒厂
●慈溪市和丰酒业有限公司
●慈溪杭州湾啤酒有限公司
●慈溪市桥头洋塘酒厂
●慈溪市同和酒业有限公司
●慈溪市农垦酒业有限公司
●余姚阳明酿酒有限公司
●余姚市城南酒厂
●余姚市东风酒业食品有限公司
●余姚市味粮纯酒厂
●余姚市雪爽饮料厂
●余姚市丈亭河姆渡酒厂
●余姚市四明湖酒业饮料有限公司
●余姚市大岚酒厂
●余姚市食用酒精经营公司
●余姚市马渚酒厂
●余姚市云楼酒厂
●余姚市青山酒厂
●余姚市老方桥镇庆丰酒厂
●余姚市牟山酒厂
●余姚市牟山镇富民酒厂
●余姚市临山酒厂
●余姚市兰海酒厂
●余姚市天马酒业酿造厂
●余姚市泗门粮油加工厂
●余姚市历山酒厂
●奉化市三江酒业食品有限公司
●奉化市萧王庙镇前葛酒厂
●奉化杜郎坪酒厂
●奉化市萧王庙镇酒厂
●奉化市江口镇上张酒厂
●奉化市陈缸酿酒厂
●奉化市西坞百乡酒厂
●奉化市岳林酿酒厂
●奉化市裘村酒厂
●奉化市兴发酿酒调味品厂
●奉化市萧王庙镇兴奉酒厂
●奉化市恒兴酒厂
●奉化市利源酒厂
●奉化市松岙新兴饮料酿造厂
●奉化市松岙旺远酒厂
●奉化市昌兴酿酒饮料有限公司
●奉化市盘龙酒厂
●奉化市祥和让酒食品有限公司
●奉化市楼岩酒厂
●宁海县大梁山麦芽有限公司
●宁海县东门酒业有限公司
●浙江大梁山集团股份有限公司
●宁海县甘泉酒厂
●宁海县毛屿第一麦芽厂
●宁海县力洋酿造厂
●宁海县力洋酒厂
●宁波弘发麦芽有限公司
●宁海县第二酒厂
●宁海县力洋粮油食品厂
●宁海县明港酒厂
●宁海县东城酿造厂
●宁海县七市酿造厂
●宁海县康吉利酒厂
●宁海县前童食品饮料厂
●宁海县涨坑矿泉加饭酒厂
●宁海县建设陈醋酿造厂

- 宁海县益康酿酒厂
- 宁波拉法酒饮有限公司
- 象山丹城世纪酒厂
- 象山丹峰酒业有限公司
- 宁波永成酒业有限公司
- 象山飞达酒业有限公司
- 象山可映酿造厂
- 象山县上岙酒厂
- 象山东槐杨梅酒厂
- 象山拉法酒业有限责任公司
- 象山县茅洋酿酒厂
- 象山吉祥酿酒有限公司
- 象山下沈蒙露薯酒厂
- 象山县蒙泉酿造有限公司
- 象山新桥东狮酒厂
- 象山新桥酒厂
- 象山县定塘镇隔岸酒厂
- 象山县大塘港南酒厂
- 象山县定塘镇龙泉酿酒厂
- 宁波峰北酒业有限公司
- 象山亨泉酒厂
- 象山县石浦第二酒厂
- 象山县昌国东沙角酿酒厂
- 象山县石浦柑桔场白酒厂
- 象山县绿岛粮油有限公司
- 象山县普高酒厂
- 象山县晓塘酒厂
- 宁波市北仑成丰酿酒有限公司
- 宁波市北仑区小港科健消毒药剂厂
- 宁波市北仑区小港刿岙酒厂
- 宁波市北仑区江南酒厂
- 宁波市小港镇依山酒厂
- 宁波市北仑区柴桥永丰酒厂
- 地方国营宁波市北仑东风酒厂
- 宁波市大榭开发区丰盛酒厂
- 宁波市北仑小港精艺酒厂
- 宁波市北仑区下邵酒厂
- 云堡酒业舟山有限公司
- 舟山市定海康泉果业发展有限公司
- 舟山市酒厂
- 舟山市定海金龙酒厂
- 舟山市海兴酒业食品有限公司
- 舟山东海酒业有限公司
- 岱山县韩仕葡萄酒有限公司
- 岱山县秀山酒厂
- 岱山县岛斗观音酒厂
- 临海市酿造二厂
- 临海市商业果酒厂
- 临海市啤酒厂
- 临海市麦芽厂
- 临海市良种场酒厂
- 临海市金枝麦芽厂
- 临海市果酒厂
- 临海市东湖酒厂
- 临海弘法食业有限公司
- 临海市三溪酒厂
- 临海佳酿公司
- 临海市涌泉麦芽厂
- 临海市建国酿造有限公司
- 三门县蓝波啤酒有限公司
- 浙江省三门县酿造总厂
- 浙江省三门县特酿果酒食品厂
- 三门县小雄酒厂
- 三门县浬浦酒厂
- 三门县风荷酒业有限公司
- 三门县良种繁育场酒厂

●三门县台宁农林制品有限公司
●浙江省三门县沙柳果酒厂
●天台县春山酒厂
●天台山科达保健酿造有限公司
●天台县平西酒厂
●仙居县剑南春酒酿造有限公司
●仙居县鸿仙酒厂
●仙居县明泉酒厂
●仙居县果酒饮料实业公司
●仙居县仙泉酿造厂
●浙江大坤梅酒食品有限公司
●温岭市矿泉啤酒厂
●温岭市海城酒厂
●浙江百佳酒业有限公司
●温岭市锦屏西洋酿造厂
●温岭市松门农场酿造厂
●温岭市凤城酿造厂
●温岭市泽国酒业有限公司
●温岭市潘郎酒厂
●温岭市相公渭酿造厂
●温岭市太湖酒厂
●温岭市温峤许宅酿造厂
●玉环县星达酿造厂
●玉环县三潭酒业有限公司
●台州洛克啤酒有限公司
●台州波士啤酒有限公司
●玉环县港南酿酒厂
●玉环县榴岛酿造厂
●玉环县城关酿造厂
●玉环县城关酒厂
●玉环县宏门酒业有限公司
●玉环县古顺酿造厂
●玉环县楚门酿造厂
●玉环县红星酿造厂
●玉环县山北酒厂
●玉环县田马新兴酿造厂
●玉环县清港酿造厂
●玉环县芳杜酿造厂
●浙江海尔波酒业有限公司
●台州市同康酒厂
●台州市椒江山东吴叶酿造厂
●台州市椒江红卫酒厂
●台州市椒江民辉饮料酿造厂
●台州市椒江界牌酿造厂
●台州市椒江山东酿造厂
●台州市椒江福燕食品酿造有限公司
●台州市椒江东埭酿造厂
●台州市椒江兴达酒厂
●台州市椒江东山酿造厂
●青岛啤酒(台州)有限公司
●台州市椒江古桥酿造厂
●浙江黄岩王林酒厂
●台州市黄岩屿下酿造厂
●黄岩鼓屿酿造厂
●台州市黄岩新城酒厂
●黄岩永宁酒厂
●黄岩屿头酿造厂
●浙江黄岩宁溪酒厂
●黄岩上洋酿造厂
●浙江黄岩北洋酿造厂
●台州市黄岩区百丈柑桔场酒厂
●台州市黄岩头陀镇酒厂
●浙江黄岩溪头酿造厂
●台州市路桥达峰酿造厂
●台州市路桥酒厂
●台州市路桥路东洋洪酿造厂

- 台州市路桥清陶酿造厂
- 台州市路桥金清酿造厂
- 浙江九峰酒厂
- 兰溪市元红酒业有限公司
- 兰溪市万宝和酒厂
- 兰溪市特种玻璃制品厂
- 兰溪市李渔酿酒有限公司
- 兰溪芥子园酒业有限公司
- 兰溪市第六酒厂
- 兰溪市张氏酒厂
- 兰溪市水亭食品厂
- 兰溪市双峰酒厂
- 兰溪市女埠酒厂
- 兰溪市马涧镇柏林酒厂
- 兰溪市大塘酒厂
- 兰溪市田园食业有限公司
- 兰溪市森军茅食品酿造有限公司
- 兰溪市兰花酒厂
- 兰溪市双洲酒厂
- 兰溪市健身饮料厂
- 浙江武义精诚工贸有限公司
- 武义县第三食品厂
- 武义创新酒精有限公司
- 武义县东干酒业有限公司
- 浙江武义东方露特种营养酒厂
- 武义县柳城水果酿造厂
- 武义县内白酒厂
- 武义城关古龙塔酒厂
- 武义县茭道酒厂
- 武义县茭道镇下茭道酒厂
- 武义县履坦酒厂
- 永康市酒厂
- 永康市明山酒厂
- 永康市永祥酒厂
- 浙江缙云绿洲实业公司
- 缙云县新碧酒厂
- 缙云县药物场
- 义乌酒业有限公司
- 义乌市江湾酒厂
- 义乌市鼎川酒厂
- 义乌市宾王曲酒厂
- 义乌市光明食品厂
- 义乌市堂皇酒业有限公司
- 义乌市畈田朱清肃酒厂
- 义乌市第二酒厂
- 义乌市稽亭酒厂
- 义乌市光明葡萄酒厂
- 义乌市丹溪酒业有限公司
- 义乌市金肖酒厂
- 义乌市仙露青柴棍酒业有限公司
- 义乌市协和酒厂
- 义乌市永恒白酒有限公司
- 东阳市吴宁东博酒厂
- 浙江东阳万里酒业有限公司
- 东阳市东龙实业有限公司
- 东阳市粮食收储公司六石酒厂
- 东阳市上卢酒厂
- 东阳市巍山酒厂
- 浙江省东阳市虎鹿酒厂
- 东阳市迎宾酒厂
- 东阳市南马粮食管理所酒厂
- 东阳市收储有限公司千祥酒厂
- 东阳市青联酒厂
- 浙江省浦江合丰酒业有限公司
- 浦江县康发酒厂
- 浦江鲜露酒厂

- 浦江县纯正酒厂
- 磐安县新渥酒厂
- 浙江养尔康医药保健品有限公司
- 浙江省磐安县万苍饮料酒厂
- 磐安县方前桥头酒厂
- 浙江省磐安县东方酒厂
- 水阁酒厂
- 丽水市金穗酒业酿造有限公司
- 丽水市天宁食品酿造有限公司
- 浙江碧湖啤酒有限公司
- 丽水市大港头林山酒厂
- 丽水市大港头镇酒厂
- 碧湖玉泉酿造厂
- 丽水市碧泉酒厂
- 遂昌剑光酒业有限公司
- 遂昌县酒厂
- 遂昌县绿林酒业有限公司
- 松阳县第二酒厂
- 松阳县万寿酒厂
- 浙江雁泉啤酒有限公司
- 浙江省松阳酒业有限责任公司
- 松阳县万泉酒厂
- 景宁县彭氏酿酒厂
- 景宁县惠明酒厂
- 景宁畲族自治县洋龙酒业有限公司
- 龙泉市新唐酒业有限公司
- 青田利民酿造厂
- 青田县瓯泉酒业有限公司
- 青田县利康酒厂
- 青田颖丰食品酿造有限公司
- 青田县北山镇酿酒厂
- 青田县红光酒厂
- 青田县船寮酒厂
- 衢州市国光集团有限公司
- 衢州市市区蓝天酿造坊
- 衢州国光集团有限公司柯城啤酒分公司
- 衢州市柯城酿造厂
- 衢州市石室乌溪江精制酒厂
- 衢县大洲三源酒厂
- 衢县酒厂
- 衢县柯山酒厂
- 衢县狮子山酒厂
- 衢县大洲酒厂
- 衢县南塘酒厂
- 衢县楠文酒厂
- 衢州白云酒业有限公司
- 衢县朝珍酒厂
- 衢县衢北清湖酒厂
- 浙江省衢县杜泽镇酒厂
- 衢县康尔福酿造实验厂
- 衢县莲花酒厂
- 衢县千里香酒厂
- 衢县上方徐明酒厂
- 浙江省衢县寿生酒厂
- 衢县九九酒厂
- 衢州国光集团有限公司江山啤酒分公司
- 江山市嘉蓝酒业有限公司
- 江山市仙霞酒业有限公司
- 江山市酿酒有限公司
- 江山市英姐酒厂
- 江山市联通实业有限责任公司
- 江山市石门酒厂
- 江山市贺村镇山麻雀酒厂
- 江山市贺村镇小南方食品厂

- 江山市宾情猕猴桃酿酒有限公司
- 常山县酒厂
- 常山县良种场酒厂
- 常山吾得万酒业有限公司
- 常山县招贤镇酒厂
- 常山县宏扬酒厂
- 开化县百岁酒厂
- 衢州国光集团有限公司开化啤酒分公司
- 龙游金辉酒业有限公司
- 龙游县龙游镇酒厂
- 浙江省龙游县金谷醇酒有限公司
- 龙游同兴糯米酒厂
- 龙游县北香酒厂
- 温州市今朝企业有限公司
- 温州市瓯海新丰酒厂
- 温州酒厂
- 温州市瓯海陈汉酿造厂
- 温州市鹿城酿酒厂
- 温州市双岭酿造厂
- 浙江利府酿酒有限公司
- 温州市瓯海五美泉酿造厂
- 温州市瓯海梧埏酿酒厂
- 金狮啤酒集团有限公司
- 温州市米醴琼酒业有限公司
- 温州市瓯海一村酒业有限公司
- 温州市瓯海雄井酒厂
- 温州市瓯海康慧酒厂
- 温州市岷源酒厂
- 温州市岷泉酿造有限公司
- 温州市瓯海南雅石甘泉酒厂
- 温州市瓯海南雅酒厂
- 温州市瓯海庄岩泉酒厂
- 温州市瓯海泽雅酒厂
- 温州市西雁酒厂
- 温州市崎云泉酒厂
- 温州市瓯海泉酒厂
- 温州市瓯海葡萄酒厂
- 温州市瓯海古泉酒厂
- 温州市瓯海泽雅酿造厂
- 温州市瓯越酒业有限公司
- 温州市龙湾红星酿酒厂
- 温州市蓝威啤酒有限公司
- 温州市澳克啤酒有限公司
- 温州市瑶溪酒厂
- 温州市瓯海世康源蚂蚁制品有限公司
- 浙江楠溪江啤酒厂
- 永嘉县楠溪果酒厂
- 浙江乌牛酒业股份有限公司
- 永嘉县乌牛瓯江果酒厂
- 永嘉县神龙保健品有限公司
- 永嘉县乌牛酒厂
- 永嘉县桥下酒厂
- 永嘉县瑶台果酒酿造厂
- 瑞安市红旗酿造厂
- 瑞安市玉泉酿造厂
- 温州市银泉酿造厂
- 瑞安市友情酿酒厂
- 瑞安市兴利酿造厂
- 瑞安市江溪龙潭酒厂
- 瑞安市瑞能精细化工有限公司
- 瑞安市清祥酒厂
- 瑞安市圣井酒厂
- 瑞安市九潭酿造厂
- 瑞安市龙湖酿酒厂

●瑞安市同泰酿造厂
●瑞安市湖岭龙井泉酒厂
●温州帝师杨梅酿造有限公司
●浙江文成县帝师集团有限公司
●文成县双桂酒厂
●文成县珊溪酿造厂
●文成县兴达酿造厂
●文成县啤酒厂
●文成县西坑酿造厂
●平阳金狮啤酒有限公司
●平阳县酒厂
●平阳县酿酒总厂
●温州宋泉酒厂
●浙江宋井酿酒有限公司
●泰顺县天关山集团有限公司
●泰顺县泗溪酿酒厂
●泰顺县三魁酿造厂
●泰顺县西旸酒厂
●乐清市酒厂
●乐清市北白象酒厂
●乐清市虹桥酿造厂
●乐清市雁荡山酒业有限公司
●乐清市雁荡山福利饮料酒厂
●乐清市雁荡山酒厂
●浙江雁荡山金狮啤酒有限公司
●乐清市双雁酒厂
●乐清市象阳酒厂
●温州市成文酒业有限公司
●苍南县灵江酿造厂
●苍南县三洋酒业有限公司第七分厂
●苍南县三洋酒业有限公司第六分厂
●苍南县三洋酒业有限公司二分厂
●苍南县三洋酒业有限公司第四分厂
●苍南县三洋酒业有限公司第八分厂
●苍南县三洋酒业有限公司第九分厂
●苍南县三洋酒业有限公司
●苍南县龙港世领酿造有限公司
●苍南县三洋酒业有限公司第三分厂
●苍南县啤酒厂
●温州市龙湖酿造食品有限公司
●苍南县玉泉酒厂
●苍南县仙堂酒厂
●温州市南方啤酒有限公司
●苍南县大龙酿造厂
●苍南县桥墩玉门酒厂
●苍南县矾山酿造厂
●苍南县赤溪民族酿造厂
●苍南县马站酿造厂
●杭州下沙酒厂
●杭州啤酒厂
●杭州侨前酒厂
●杭州市萧山城南鲁公酒厂
●杭州萧山新街酒厂
●杭州萧山江南酒厂
●杭州萧山红垦酒厂
●杭州萧山瓜沥酿酒厂
●杭州石佛寺酒厂
●杭州萧山三浦酿酒厂
●杭州萧山第五酒厂
●杭州萧山青山酒厂
●杭州萧山楼塔镇酒厂
●临安市西径山酒厂
●浙江临安酿酒厂
●临安横畈第二酒厂
●临安太阳精酿酒厂
●临安天目啤酒厂

- 富阳市万市酒厂
- 富阳市孙权家酒厂
- 桐庐大奇山酒厂
- 杭州桐庐酒厂
- 建德市鸿泰五加皮酒厂
- 建德市青峰五加皮酒厂
- 建德市新安江叶家酒厂
- 建德市梅州五加皮酒厂
- 建德市乾潭水曲蒸馏酒厂
- 上虞市天天红酒厂
- 浙江艇湖啤酒厂

江苏省

- 仪征市新城镇百老泉酒业经营部
- 溧水县明觉苏康酒业经营部
- 溧水县永阳镇昌裕酒业经营部
- 溧水县永阳镇鸿鑫酒业经营部
- 溧阳长荡湖酒业有限公司
- 溧阳市溧城龙头马酒业经营部
- 溧阳市溧城新众城酒业经营部
- 溧阳市溧城运清散装白酒经营部
- 溧阳市溧城再回首酒业商行
- 馨雨酒业有限责任公司
- 青岛啤酒(扬州)有限公司
- 杭州萧山老常客酒业有限公司
- 苏州康达伟酒业有限公司
- 无锡市长盛蜂酒业有限公司
- 中国葡萄酒冰桶礼品酒有限公司
- 南京恒飞酒业有限公司
- 四川盛世名典剑南醇酒业华东办事处
- 南通大桥酒业有限公司
- 南京金苏酒业有限公司
- 南京宁韵青梅酒业有限公司
- 文芳酒业有限公司
- 四川宜宾新戎实业有限公司 (酒厂)南京办事处
- 南京大唐酒业中心
- 南京金蝎子酒业销售中心
- 南京鑫紫金酒业有限公司
- 天罗利酒业有限公司
- 连云港圣皇酒业营销部
- 宁夏雄牛酒业有限公司(驻华东办事处)
- 茅台古珍酒厂华东办事处
- 南京尚弘酒业有限公司
- 南京希望红酒业有限公司
- 方立达酒业有限公司
- 南京湾湾顺酒业有限公司市场部
- 江苏双沟酿酒厂
- 南京铁木真酒业销售公司
- 南京海纳酒业有限公司
- 西藏香巴拉工布江达酒业有限公司南京分公司
- 鑫门酒业有限公司
- 法国卡瑞斯葡萄酒公司中国区办事处
- 南京绿宝酒业有限公司
- 南京俊捷酒业服务中心
- 江苏苏源酒业有限公司
- 南京长盛酒业有限公司
- 南京雨杉酒业有限公司
- 南京王者天下酒业有限公司
- 南京一民酒业有限公司
- 茅台集团贵州茅台啤酒南京销售处

- 南京九盛酒业有限公司
- 南京威力酒业有限公司
- 四川盛世名典酒业有限公司（华东市场部）
- 南京密月岛酒业有限公司
- 南京大尊酒业有限公司
- 陕西天才酒业南京分公司
- 泰州市赵王酒厂
- 江苏省徐州丰县楚汉酒业有限公司
- 江阴市滨江酿酒有限公司
- 江苏省江阴市天地人酒业公司
- 江苏江阴周庄涌泉酒业批发中心
- 无锡市华城酒业商行
- 无锡市东方之珠酒业销售有限公司
- 江苏镇江丹徒区宝埝镇大庆庄酒厂
- 镇江沅震葡萄酒贸易有限公司
- 大地酒业有限公司
- 贵州省茅台镇老贵酒业公司-华东办事处
- 苏州天顺酒业有限公司
- 苏州市沧浪区精典酒业商行
- 苏州市广和酒业有限公司
- 加州庄园葡萄酿酒(苏州)有限公司
- 苏州市相城区黄桥红桥酒业经营部
- 苏州泰洋酒业有限公司
- 三旗集团苏州葡萄酒业有限公司
- 张家港华士龙酒业有限公司
- 张家港市万发酒业有限公司
- 南通市泰宁果露酒业有限公司
- 南通天源酒业有限公司
- 青岛青丽啤酒有限公司江苏办事处
- 宏伟酒业有限公司
- 南通久发酒业有限公司
- 锦坤贸易有限公司九圣酒业商行
- 南通瑞生酒业有限公司
- 如皋市西洋酒厂
- 江苏南通白蒲黄酒厂
- 如皋市腾达酒业销售有限公司
- 如皋市桃园镇陈建酒厂
- 江苏省通州市万金亭酿酒厂
- 瑞祥酒业有限公司
- 四川邛崃生春酒业集团淮安总代理
- 扬州市维扬区剑鹰酒业商行
- 扬州百年御酒酒业有限公司（总经办)
- 扬州市万贯酒业有限公司
- 蓝泉酒业经营部
- 扬州百年御酒酒业有限公司
- 扬州百年御酒酒业有限公司销售部
- 江苏省盐城市圣谛酒业有限公司
- 江苏阜宁县金鑫酒业批发部
- 江苏河阳酿酒有限公司
- 东台市天泉酒业有限公司
- 江苏三省井泥池酒业有限公司(徐州丰泉酒业有限公司)
- 江苏徐州秦汉酒业有限公司
- 江苏皇藏(丰县)酿酒有限公司
- 徐州黄河酒厂
- 徐州龙都酒业有限公司
- 江苏徐州汉宫酒业有限公司
- 睢宁县苏诚酒业有限公司
- 睢宁县创发酒业有限公司
- 江苏省新沂市花厅酒厂
- 徐州泉洪营养米酒厂
- 江苏花厅酒业有限公司
- 江淮运河酒厂

●淮安市洋兴酒厂
●江苏古运河酒厂
●江苏洪泽湖啤酒有限公司
●淮安名人酒业有限公司
●江苏泗洪国缘酒业有限公司
●江苏省淮安市古今缘酒业有限公司
●江苏红蜻蜓酒业有限公司
●江苏洋河第一酒业有限公司
●沭阳县银泉酒业有限公司
●江苏洋河苏河酒业有限公司
●淮安市华夏庄园葡萄酒厂
●金湖富茂昇酒业有限公司
●连云港晶泉酒业有限公司
●东海县顺源酒业有限公司
●江苏省东海县桃林酿酒有限公司土老帽白酒赣榆总代理
●龙潭酒厂
●连云港古早酒业有限公司
●连云港市新浦区圣煌酒业营销部
●连云港盾安中央空调工程有限公司田湾酒厂
●花果坊酒业有限公司
●连云港杰圣葡萄酒销售有限公司
●连云港键达酒业有限公司
●连云港英雄酒业配送中心
●江苏苏红酒业有限公司销售部
●连云港市新浦区圣煌酒业营销部(销售)
●连云港瑞鑫酒业有限公司
●江苏洋河贵宾酒业有限公司
●连云港健达酒业有限公司
●顺源酒业有限公司
●连云港龙河酿酒有限公司
●安徽淮北市酒厂
●常州市千顺酒业有限公司
●常州紫鼎酒业有限公司
●常州市嘉发酒业有限公司
●常州丰登酒业有限公司
●常州市圣龙酿酒厂(常州龙寿酒业有限公司)
●贵州赖贵山酒业有限责任公司华东办事处
●常州市恒源酒业销售有限公司
●江苏常州鑫鑫酒业分公司
●江苏常州紫鼎酒业有限公司
●江苏无花果酒业有限公司销售部
●江苏成功宴酒业有限公司
●常州新北区东发兴业酒业商行
●常州市秦海酒业公司
●江苏省常州市肯泥实业紫鼎酒业有限公司
●浙江嘉善黄酒股份有限公司
●丽水米茜尔酒业有限公司
●常州市雅浦酿酒有限公司
●江苏瑞达酒业网络销售公司
●姜堰市亨达酒业营销中心
●烟台啤酒朝日有限公司泰州分公司
●咸亨酒店太雕酒业有限公司靖江总代理
●济川酒业有限公司
●江苏公羽银杏酒厂
●泗兴酒业集团
●兴化市难得酒厂
●江苏兴化天缘酒厂
●兴化市名扬酒业商行
●泰州市福春酒业有限公司

●江苏三泰啤酒有限公司
●兴化市天缘酒厂
●江苏洋河经典酒业公司
●江苏蔷薇酒业有限公司
●江苏金澜酒业有限公司
●分金亭酒业有限公司
●江苏分金亭酒业有限公司市场开发部
●新概念酒业销售公司
●江苏泗洪县双沟村酒业酿造有限公司
●泗洪县双沟镇金双酒厂
●江苏省宿迁市洋河镇龙凤酒业有限公司
●江苏省宿迁市洋河镇曲池酒业有限公司
●江苏省宿迁市洋河创新酿酒中心有限公司
●江苏省宿迁市长城长酒业有限公司
●洋河酿酒实业有限公司
●江苏省宿迁市宿城区洋河洋煌酒厂
●江苏泗洪双沟建设酒业有限公司
●江苏洋河酒都酿酒有限公司
●宿迁虞姬神酒业有限公司
●江苏宿迁泽河酒业有限公司
●江苏洋河国宴酿酒有限公司
●金洋春酒业有限公司
●江苏省国宾宴酒业有限公司
●江苏洋河国洋酿酒业有限公司
●江苏洋河经典酒业有限公司厂
●江苏洋河天祥酒业有限公司（原洋河龙凤酒厂）
●江苏洋河名品酒业公司
●洋河恒盛酒业有限公司
●江苏洋河名品酒业公司
●洋河恒盛酒业有限公司
●江苏成功宴酒业有限公司销售部
●泗洪县双沟镇淮河酒业有限公司
●宿迁市宿城区洋河镇名窖酒业有限公司
●宿迁市恒盛酒业有限公司
●江苏泰兴建勇酒业有限公司
●江苏洋河酿酒业御庄酒全国营销总部
●江苏洋河酿酒业御庄酒招商部
●青岛小白金酒业有限公司江苏办事处
●江苏众诚酒业有限公司
●江苏洋河酿酒业有限公司河岔口酒销售总部
●江苏诸葛酿酒有限公司
●江苏诸葛酿酒有限公司市场开发部销售部
●江苏洋河酒厂股份有限公司
●南京金陵啤酒有限公司
●南京酿酒总厂
●南京杜马葡萄酒有限公司
●南京天雨生物科技有限责任公司
●南京科达酿造厂
●南京金箔集团江宁府酒业有限公司
●青岛啤酒(南京)有限公司
●江宁县酒厂劳动服务站
●四川省泸湾酒厂溧水分厂
●仪征市果酒厂
●南京永乐酒厂
●金湖县汕河酿酒有限公司

●金湖县运西酒厂
●盱眙县玉盅酒厂
●江苏第一泉酒厂
●江苏第一泉酒厂酿酒分厂
●盱眙县金谷粮化有限公司
●盱眙县大宫酒厂
●盱眙县肖咀制曲厂
●南京啤酒厂
●南京英特布鲁啤酒有限公司
●南京明天酿造厂
●镇江一泉公司
●镇江啤酒厂
●丹徒县江南酒厂
●镇江恒顺酒业有限责任公司
●丹阳市今古酒业有限公司
●丹阳市珍品八宝酒公司
●丹阳市白龙酿造有限公司
●丹阳市昌国保健药品有限公司
●丹阳市泸陵老酒酒业公司
●丹阳市延陵兴盛酒厂
●丹阳市麦溪镇麦溪酒厂
●丹阳市丹宝酒厂
●丹阳市金山酒厂
●丹阳市里庄陈酒厂
●丹阳市里庄东新酒厂
●句容为民保健食品有限公司
●句容市天王饮料食品厂
●句容市北洋酿酒有限公司
●句容市天王食品厂
●常州市东南酒厂
●常州市酒精厂
●常州藤田酒业有限公司
●常州维达酒业饮料有限公司
●常州市东南开发区茂升酒厂
●常州市金河酒业有限公司
●武进市第二酒厂
●常州市万利保健品有限公司
●武进市龙泉酒厂
●武进市孝都长江酒厂
●武进市欣欣酒厂
●武进第一酒厂
●常州市长寿保健食品厂
●武进市雅浦酿酒有限公司
●武进市双喜酒业有限公司
●武进市益民酿酒有限公司
●武进市锐业酝酿有限公司
●武进制药厂劳动服务公司
●武进市前黄第一化工厂
●武进市锦仁堂酿酒公司
●金坛市酿酒有限公司
●溧阳市天旺保健食品有限公司
●江苏省天目湖啤酒饮料有限公司
●溧阳市永古酿酒有限公司
●溧阳市社渚汽酒厂
●无锡市郊区千杯酿酒厂
●无锡市卢氏生料酿酒技术有限公司
●江苏太湖水集团有限公司
●无锡狮王太湖水啤酒有限公司
●无锡捷斯曼酒品有限公司
●锡山市三爱酿造食品厂
●无锡市海斯宝食品有限公司
●无锡祁胜生物有限责任公司
●无锡市碧林酿酒饮料有限公司
●无锡飞鸿酒业有限公司
●宜兴市至远酒厂
●宜兴市包法利酿酒制造有限公司

●宜兴市矿泉啤酒厂
●宜兴市酿酒厂
●宜兴市铜峰米酒厂
●宜兴市方龙酒业有限公司
●宜兴市恒丰酒业有限公司
●宜兴市啤酒厂
●宜兴市和桥容酒分装厂
●宜兴市茂雅酿酒调味品厂
●宜兴市万基酒业有限公司
●宜兴市南漕宜武酒厂
●宜兴市京兴王酒业有限公司
●宜兴市云梅食品有限公司
●宜兴梅丹健康食品有限公司
●无锡三利来食品有限公司
●宜兴市丞相泉矿泉饮料厂
●宜兴市神梅食品厂
●江苏义源酒业酿造有限公司
●江苏泗阳县洋河镇第五酒厂宜兴分厂
●宜兴市浩源酒厂
●宜兴市埝头曲酒分装厂
●宜兴市昌吉化工厂
●宜兴市锦润化工有限公司
●宜兴市昌吉利化工有限公司
●宜兴市纯粮酒业设备厂
●宜兴市汽水厂
●宜兴市临津酒厂
●宜兴市兴禾酒厂
●宜兴市太之湖酒业有限责任公司
●宜兴市鑫盛酒业有限公司
●宜兴市利民调料厂
●江阴市龙喜酒业有限公司
●江阴市峭岐酒厂
●江阴市永康保健食用品厂
●江阴市振南酿酒有限公司
●江阴市要塞酒厂
●江阴市江尾海头酿酒有限公司
●靖江市幸福酒厂
●靖江市青龙酒厂
●康胜啤酒饮料(苏州)有限公司
●狮王啤酒饮料(苏州)有限公司
●苏州太湖美酒业有限公司
●吴县市东山酿酒厂
●苏州太湖大桥酒业有限公司
●加州庄园葡萄酿酒(苏州)有限公司
●吴县市东方酿酒厂
●苏州市相城区达丰酒厂
●苏州朗力福保健品有限公司
●苏州市龙宝都物产蛇类酒加工厂
●吴县市金冕葡萄酿酒有限公司
●吴县市苏南春酿酒有限公司
●苏州市古吴酒厂
●吴县市通安吴王宫酒厂
●苏州酿造总厂吴江分厂
●亚洲啤酒(苏州)有限公司
●吴江市汾湖酿造厂
●吴江市同里酿酒厂
●吴江世纪缘酒业有限公司
●吴江振丰酒厂
●江苏高沟酒厂吴江分厂
●吴江南星酒厂
●吴江市坛丘酿酒厂
●吴江市新世纪食品有限公司
●苏州市万顷阁酿酒有限责任公司
●吴江江村酿造厂
●吴江市双林酒业有限公司

●吴江宏都酿酒厂
●吴江市天亮酿造厂
●吴江市桃源东南酒业有限公司
●吴江市善洋酒厂
●吴江市总发酿酒厂
●吴江市吴越酿酒有限责任公司
●吴江市桃源松鹤酿酒厂
●吴江市桃源善村洋酒厂
●吴江市桃源三民酒厂
●江苏汤沟酒业有限公司吴江分公司
●吴江市桃花源酿造有限责任公司
●吴江市古煌酿酒厂
●吴江市福洋酒曲酒厂
●吴江市百花酿酒有限公司
●苏州市御龙酒业有限公司
●吴江市桃源第一酒厂
●吴江太湖酿酒有限公司
●吴江铜罗橙源酿酒有限公司
●吴江铜罗红星酿酒有限公司
●吴江伟强酿酒有限公司
●吴江五大酿造厂
●吴江兴旺酿造有限公司
●吴江云龙酿造厂
●吴江盛丰酒业有限公司
●吴江开阳酿酒有限公司
●吴江迎春酿酒有限公司
●吴江宁大酿酒有限公司
●江苏高沟酒厂吴江联营公司
●吴江龙威酿造有限公司
●吴江美罗酿酒有限公司
●吴江贡溪酿酒公司
●吴江凤栖酒业酿造有限公司览香分公司
●吴江凤栖酒业酿造有限公司
●吴江川王酒业有限公司
●吴江百花漾酿造有限公司
●吴江荣云酿酒有限公司
●徐州市彭兴酒业有限公司
●徐州市万宝酒业有限公司
●青岛啤酒徐州彭城有限公司
●四川省邛崃市玉溪酒厂徐州分装厂
●徐州铜山来春酒厂
●徐州世纪情酒厂
●江苏房亭酒业有限责任公司
●徐州市通运实业公司食品厂
●徐州市蓝巴斯啤酒有限责任公司
●徐州市云龙湖酒厂
●铜山县马坡民政福利作料厂
●铜山县世纪春池酒业有限公司
●徐州古堤酒厂
●徐州市城西递谊酒厂
●徐州汉高食品饮料厂
●徐州汉邦食品发展有限公司
●徐州古彭酒厂
●睢宁县苏北酒业有限公司
●徐州河清酒业有限公司
●睢宁县双沟酒厂
●徐州楚王酒业有限责任公司
●睢宁县邱集镇罗富兴酒厂
●睢宁县魏集镇徐州市下邳酒厂
●江苏运河酒厂
●邳州市大沂河酒业有限公司
●邳州市邹江潘庄酒厂
●邳州市邹庄徐慎前酒厂
●邳州市四户酒厂
●江苏莽原蛇业有限公司

●沛县沛公酒业有限责任公司
●沛县青岛啤酒有限公司
●徐州第三酿造厂
●徐州汉城酒厂
●沛县龙凤宴酒厂
●徐州古沛酒业有限公司
●徐州凤凰塔酒厂
●徐州汉高酒业有限公司
●徐州鸿运酒厂
●徐州高祖国酒厂
●沛县刘邦酒厂
●徐州彭祖不老酒有限公司
●徐州汉宫酒厂有限公司
●沛县古城酒厂
●徐州杜府酒厂
●徐州佳一缘葡萄有限公司
●江苏省凤鸣集团股份有限公司
●徐州龙源泥池酒业有限公司
●丰县汇丰酒精厂
●丰县汇丰酿酒厂
●徐州金凤酒厂
●徐州大风歌酒业有限公司
●徐州葡萄酿酒厂
●丰县楚汉酒业有限公司
●丰县黄河酒厂
●丰县宏信酒业有限责任公司
●连云港王府葡萄酒业有限公司
●连云港市酿酒厂
●连云港市海州秦东门酒厂
●连云港杰圣葡萄酒业有限公司
●赣榆县意发酒业公司
●连云港市民生酿造厂
●连云港春城溶剂有限公司
●赣榆县榆汾酒厂
●赣榆县城南振兴酒厂
●赣榆县食用酒精厂
●赣榆县农副产品加工厂
●赣榆县翠喜葡萄酒厂
●赣榆县城东酒精厂
●赣榆县宝发溶剂厂
●赣榆县酒厂
●赣榆县松河酒厂
●赣榆县厉庄镇盛朋酒厂
●赣榆县厉庄镇朋圣酒厂
●赣榆县涧泉酒厂
●赣榆县林河酒厂
●赣榆县旭日酒厂
●连云港赣青酒厂
●赣榆县城头镇后黄墩酒厂
●赣榆县城头镇黄墩酒厂
●赣榆县城头镇王青墩酒厂
●赣榆县城头镇祥河酒厂
●赣榆县欢墩镇闫介沟村酒厂
●赣榆县欢墩镇刘介沟酒厂
●赣榆县欢墩镇东进酒厂
●赣榆县欢墩镇仙泉美酒厂
●赣榆县城西镇东曲坊大全酒厂
●赣榆县城西镇沙河子酒厂
●赣榆县城西镇腾飞酒厂
●赣榆县门河镇繁兴酒厂
●赣榆县门河镇茂连酒厂
●赣榆县庆丰酒厂
●连云港市金海湾葡萄酒厂
●连云港市桃花源葡萄酒厂
●赣榆县第二酒厂
●赣榆县大陆桥酒厂

●赣榆县繁荣酒厂
●连云港市银河酒厂
●赣榆县鑫源酿酒厂
●赣榆县新泉酒厂
●江苏徐福酒厂
●江苏镜花缘酒厂
●连云港市灌云万运酒业有限公司
●国营江苏省灌云县酒厂
●连云港市三星酒厂
●下车乡岳河酒厂
●连云港市丰裕酿造厂
●连云港市亚东酿造厂
●志明酿造厂
●东海县酒精厂
●江苏银鸽油脂食品集团东海酒厂
●东海县福喜葡萄酒厂
●曲阳乡兴源酒厂
●国营江苏省连云港鹿场
●曲阳乡春池酒厂
●东海县横沟乡罗庄揽月酒厂
●东海县横沟乡坡林酒厂
●东海县鲧泉酒厂
●东海县柏光酒厂
●东海县青湖禹王泉酒厂
●青湖镇酒厂
●连云港东美食品有限公司
●石梁河镇岭泉酒厂
●东海县顺源酒业有限公司
●东海县桃林酒厂
●东海县桃林酿酒有限公司
●桃林镇桃东村酒厂
●东海县石埠陈州酒厂
●东海县石埠陵港酒厂
●洪庄镇阳街酒厂
●洪庄镇友兰酒厂
●洪庄镇阳街其才酒厂
●洪庄镇阳街沛义酒厂
●洪庄镇阳街沛连酒厂
●洪庄镇阳街保亮酒厂
●洪庄镇阳春史明生酒厂
●洪庄镇沟南酒厂
●洪庄镇樊北生酒厂
●东海县洪庄酒厂
●洪庄镇陈栈村酒厂
●东海县房山镇酒厂
●江苏汤沟酒业有限公司白酒厂
●连云港市汤港酒厂
●灌南县汤福酒厂
●灌南县汤露酒厂
●灌南县汤府酒厂
●连云港古早酒业有限公司
●灌南县汤星酒厂
●连云港森森酒业有限公司
●灌南县李集乡宝顺酒厂
●灌南县六塘乡大西酒厂
●江苏灌南县蚁王酒厂
●灌南县汤洋美酒厂
●江苏汤沟酒业有限公司
●灌南县汤神酒厂
●灌南县汤源酒厂
●江苏省灌南县汤沟酿酒厂
●江苏新盛食品有限公司
●淮安经济开发区三生情酒厂
●洪泽县醉蟹酒厂
●江苏省洪泽县酿酒厂
●淮安市创一酒厂

●淮安市山洋酒业有限公司
●淮安市鑫鑫酒厂
●淮安市运河酿酒有限公司
●淮安市楚州区酒业有限公司
●淮安市宇航纯粮酒厂
●淮安市淮江酿酒厂
●淮安市九龙口酒厂
●淮安市洋兴酒厂
●淮安市楚州区溪河镇马北童林酒厂
●淮安市古顺河酒业有限公司
●淮安市古运河酒厂
●淮安市果酒厂
●淮安市沈世酒业有限公司
●淮安市翔宇酒精厂
●淮安天龙酒业有限公司
●淮安市黄河酒厂
●淮安市淮阴区五叶神酒业有限公司
●淮阴棉淮酒厂
●淮阴区赵集镇庆丰米酒厂
●淮安市东盛酿造厂
●涟水县情缘酒业有限公司
●江苏今世缘酒业有限公司
●涟水县高沟今世缘蒙特葡萄酒有限公司
●涟水县高沟镇明池酒厂
●涟水县红日酒厂
●淮阴市双塘酒厂
●涟水县陈师镇跨河酒厂
●涟水县马源酒厂
●沭阳县德君酒业有限公司
●江苏省宿迁市银河酒业有限公司
●江苏省沭阳县淮海酒业有限公司
●江苏古城酒业有限公司
●沭阳县金澜酒业有限公司
●沭阳县胡集千禧酒厂
●宿迁金森酒业有限公司
●沭阳县周集乡天缘米厂
●沭阳县周集乡鑫池酒厂
●沭阳县周集乡酒厂
●沭阳县马厂镇酒厂
●沭阳县章集镇事事缘酒厂
●沭阳县沂涛镇葛楼酒厂
●沭阳县沂涛镇古楼酒厂
●沭阳县沂涛镇古泉酒厂
●沭阳县沂涛镇亚洲酒厂
●沭阳县苏酒厂
●沭阳县汤涧四方酒厂
●沭阳县汤涧镇沂南酒厂
●沭阳县李恒镇东汤酒厂
●沭阳县韩山镇鑫洋酒业有限公司
●沭阳县梦溪酒厂
●沭阳县薏仁清酒厂
●江苏省国营青伊湖农场蔷薇酒厂
●沭阳县茆圩乡厚邱酒厂
●沭阳县潼阳镇上泉酒厂
●沭阳县新河镇酒厂
●沭阳县新河镇苏泉酒业有限公司
●沭阳县耿圩镇建陵酒厂
●沭阳县耿圩镇江河酒厂
●江苏省国营泗阳洋联酒厂
●江苏省泗阳洋源酒厂
●江苏众兴酒业有限公司
●泗阳县洋河腾煌酒厂
●泗阳县洋河天尊酒厂
●泗阳县洋河新天洋酒厂
●泗阳县洋河镇太平洋酒厂

- 泗阳县洋河洋粮酿酒有限公司
- 泗阳县洋河洋亭酿酒厂
- 泗阳县洋河洋西酒厂
- 泗阳县洋河造酒厂
- 泗阳县洋河珍品酒业有限公司
- 泗阳县洋河镇第二酒厂
- 泗阳县洋河镇第五酒厂
- 泗阳县洋河双洋泉酒厂
- 泗阳县洋河镇第一酿酒厂
- 泗阳县洋河镇古泉酒厂
- 泗阳县洋河镇金龙酒厂
- 泗阳县洋河镇酒厂
- 泗阳县洋河镇龙泽酒厂
- 泗阳县洋河盛洋酒厂
- 泗阳县洋河镇三羊酒厂
- 泗阳县洋河美洋酒厂
- 泗阳县洋河镇天洋酒厂
- 泗阳县洋河镇洋酒厂
- 泗阳县洋河正大酒业有限公司
- 宿迁参煌保健酒有限公司
- 泗阳县洋河镇酿制酒业有限公司
- 泗阳县洋河佳美酒厂
- 江苏河洋酿酒有限公司
- 四川泸州永代酒业有限公司贵妃园分公司
- 四川省泸州赖氏酒业有限公司洋河镇第一分厂
- 泗阳国晏酿酒有限公司
- 泗阳县洋河第一制曲厂
- 泗阳县洋河东方酿酒厂
- 泗阳县洋河敦煌酒厂
- 泗阳县洋河贡品酒有限公司
- 泗阳县洋河古镇酒厂
- 泗阳县洋河名门酒业有限公司
- 泗阳县洋河海洋酒厂
- 泗阳县洋河名酒厂
- 泗阳县洋河曲酒厂
- 泗阳县洋河酿酒实业有限公司
- 泗阳县洋河贵花缘酒厂
- 泗阳县洋河南洋酒业有限公司
- 泗阳县洋河曲酒有限公司
- 泗阳县洋河美酒有限公司
- 泗阳县洋河龙凤酒厂
- 泗阳县洋河聚源酒厂
- 泗阳县洋河酒业有限公司
- 泗阳县洋河九龙酒厂
- 泗阳县洋河经典酒业有限公司
- 宿迁市宿城区古楚葡萄酒厂
- 青岛啤酒(宿迁)有限公司
- 宿豫县三棵树蝎王酒厂
- 四川省邛崃市红海酒厂宿豫分酒厂
- 宿豫县马陵山葡萄酒厂
- 宿迁市金鼎酒业有限公司
- 宿迁市宿城区楚王曲酒厂
- 宿豫县耿车祥河酒厂
- 宿豫县霸王葡萄酒有限公司
- 宿豫县皂河酒厂
- 宿豫县南蔡南洋酒厂
- 宿迁维康葡萄酒业有限公司
- 宿迁市宿城区湘苏酒厂
- 宿迁市双河酒厂
- 宿迁市神龙琅酒有限公司
- 宿豫县龙井酿酒厂
- 泗洪县特酿酒厂
- 滁州市龙头酒厂
- 江苏省泗洪县酿酒食品有限公司

●江苏双洪酒厂
●泗洪县双池造酒有限公司
●张美尧酿酒厂
●泗洪县瑶沟乡吴楚酿酒厂
●江苏省泗洪县瑶沟酒厂
●石广杰啤酒厂
●江苏省泗洪县双洋酒业有限公司
●泗洪县双沟镇酿酒有限公司
●泗洪县双沟镇德强酒厂
●江苏双沟酒业集团有限公司
●江苏省泗洪县双沟镇酒厂
●江苏双沟酿酒厂
●江苏双沟曲酒厂
●江苏省泗洪县泥窟酒厂
●泗洪县陈圩乡龙亭酒厂
●江苏省泗洪县双东酒厂
●盐城市酿酒总厂
●盐城市果酒饮料二厂
●泗阳县淮皇酒厂盐都分装厂
●大丰市一生喜气酒业有限公司
●盐城珍丰食品有限公司
●大丰市草堰鑫源果酒饮料厂
●地方国营大丰市酒厂
●大丰市斗龙酒业饮料销售有限责任公司
●大丰市笃祥醇酒厂
●大丰市西团小九食品饮料厂
●大丰市振阳麦芽有限责任公司
●大丰市丰泰饮料食品厂
●东台市酿酒总厂
●东台市悦康麦制品有限公司
●东台市天成酒业有限公司
●东台市台东酿酒厂
●东台市太公酒厂东台分厂
●东台市黄酒酱醋厂
●东台市沧海麦芽厂
●东台市光明麦制品有限公司
●东台市海宏酒厂
●东台市海丰酒厂
●射阳县庆缘康蜂产品厂
●射阳县长荡镇林盛酿造厂
●射阳县喜茂源酒厂
●射阳县祥峰黄酒厂
●阜宁美斯顿啤酒有限公司
●阜宁县阜豪酒业有限公司
●阜宁县青梅酒业有限公司
●镇宁自治县黄果树酒业实业有限公司
●滨海县第一麦芽厂
●滨海县五醍浆酒业集团有限公司
●滨海县八滩镇运达酒业有限公司
●前案酿酒厂
●滨海县五醍浆酒业集团有限责任公司
●东港村秀文酒厂
●东港村星亚酒厂
●盐城市清源酒业有限公司
●响水县多利化工有限公司
●盐城太阳河酒业有限公司
●响水县双港镇正标酒厂
●建湖县东方酒业有限责任公司
●青岛啤酒(扬州)有限公司
●扬州隋唐酒业有限公司
●邗江县酒厂
●江都酿酒厂
●江都市天福祥酒业有限公司

●江都啤酒厂
●扬州兴都酿酒有限公司
●西安航天集团烟台科技开发公司江都分公司
●江都市邵伯米厂甘棠酒厂
●江都市果酒厂
●泰州市古酿酒厂
●泰州酒厂
●泰州市梅兰春酒厂
●泰州市通扬河酒厂
●泰州市港城酿造厂
●江苏三泰啤酒厂
●泰兴市济川酒业有限公司
●泰兴市江海酒精厂
●泰兴市酿酒厂
●泰兴市赵王酒厂
●泰兴市香料厂
●姜堰市酿酒有限公司
●姜堰市姜洋酒厂
●姜堰市舒泰酒厂
●姜堰市凌醇酒厂
●姜堰市扬子江酿酒厂
●高邮市江府啤酒有限公司
●高邮市酿酒厂
●高邮市汽酒厂
●高邮市小李庄酒厂
●国营兴化酒厂
●兴化市严家汽酒厂
●兴化市副食品公司兴城酒厂
●兴化难得集团板桥酿造有限公司
●兴化市陈堡镇陆庄米酒加工厂
●兴化市陈堡镇陆庄渭水米酒加工厂
●兴化市唐刘金桂酒厂
●兴化市松岭酒厂
●江苏玉缘酒厂
●兴化市戴窑食品饮料厂
●兴化市花园酒厂
●兴化市双鱼食品饮料厂
●兴化市渭水酿酒厂
●兴化市下圩玉带酿酒厂
●兴化市老圩乡兴萌酒厂
●兴化市兴岛啤酒有限公司
●兴化市安丰镇新阳制酒厂
●兴化市五谷酿酒厂
●兴化市永旺酒厂
●兴化市缸顾乡东升酒厂
●江苏五琼浆销售总公司
●江苏宝应酒厂
●江苏五琼浆集团有限公司
●宝应县云梅封缸酒厂
●南通新亚食品厂
●江苏大富豪啤酒有限公司南通工厂
●南通酒厂南通金樽工贸公司
●南通久发清酒有限公司
●南通市港闸区大方酒厂
●南通市闸西酒厂
●海门市糖业烟酒有限责任公司酒改装工场
●南通颐生酿酒总厂海门分厂
●海门市德胜酿造厂
●海门市民乐酒厂
●南通市江心沙酿酒厂
●海门市谢丰泰酒业有限公司
●海门市茵陈酒厂
●南通颐生酿酒总厂
●海门市麒麟酒厂

- 海门市麒麟渔龙酒厂
- 海门市汤家酿酒厂
- 海门市汤家供销社酒厂
- 海门市临江供销社白酒厂
- 海门市海洪太山酿酒厂
- 海门市四甲旭强酿酒厂
- 海门市平山米白酒加工场
- 海门市包场酒厂
- 南通颐生酿酒总厂余东分厂
- 海门市汾泉酿造厂
- 启东酒厂
- 启东市永阳敬老院酒厂
- 南通爱特思啤酒有限公司
- 启东市新海酒厂
- 南通乌毡帽酒业有限公司
- 启东市东海酒厂
- 启东市长江酒厂
- 启东市红星酒厂
- 启东市少直日新河酒厂
- 启东市聚阳酒厂
- 启东市东元酒厂
- 启东市香台低度酒厂
- 启东市东元酿酒厂
- 启东市东海酒厂盈丰商行
- 启东市向阳小闸口酒厂
- 启东市向阳镇灯塔酒厂
- 启东市秦潭垦北酒厂
- 启东酒厂吕四分厂
- 启东市通兴黄酒厂
- 启东市天府食品有限公司天府米白酒厂
- 启东市粮食局吕四粮管所通兴粮站白酒厂
- 启东市通兴四村酒厂
- 启东酒厂和合分厂
- 启东市古泉米酒厂
- 启东市大丰酒厂
- 启东市惠萍酒厂
- 启东市东海榆字酒厂
- 启东市兴垦皮革制品福利厂
- 启东大兴惠涛酒厂
- 启东市大兴集体商业总店酒厂
- 启东市永和米白酒厂
- 通州市金沙镇镇西鸿运黄酒厂
- 通州市樱花酒业有限公司
- 通州市金西校办酒厂
- 通州市城西白酒分装厂
- 南通通酿集团公司
- 江苏大富豪啤酒有限公司
- 通州市西亭镇畜牧兽医站酒坊
- 通州市通海酒厂
- 通州市川港宝兴食品厂
- 通州市二甲金穗酿造厂
- 通州市万金亭酿酒厂
- 通州市海洋酒厂
- 通州市鹰冠酒业有限公司
- 通州市赵甸酒厂
- 通州市通扬酒厂
- 通州市万家福酒业有限公司
- 通州市兴仁酒厂
- 通州市正场酒厂
- 如东县世纪春酿造厂
- 如东县掘港南顺酒厂
- 如东县东海酒厂
- 如东县马塘酒厂
- 南通九洋酒厂

- 南通神怡科技化工有限公司
- 五义福利酒厂
- 如东县新店第二食品厂
- 如东县福乐保健食品厂
- 如东县麦芽厂
- 双灰山村部酒厂
- 南通艳阳天酒业有限公司
- 如皋市双喜酒厂
- 如皋市灵通酿造厂
- 如皋市白蒲第二黄酒厂
- 如皋市蒲西酒厂
- 国营如皋市白蒲黄酒厂
- 如皋市蒲西曹港酒厂
- 如皋市白蒲酒厂白蒲工场
- 如皋市常青酒厂
- 如皋市高井酒厂
- 如皋市三宝酒厂
- 如皋市西洋酒厂
- 南通市长青酒厂
- 南通市吾福春酒厂
- 南通市百乐酒业有限公司
- 如皋市春瑞葡萄酒厂
- 南通市星辰酒业有限公司
- 南通苏北酿酒有限公司
- 如皋市长城葡萄酒有限公司
- 南通市陈香酒业有限公司
- 如皋市第二酒厂
- 南通仕迪酒业有限责任公司
- 南通金谷子酒厂
- 南通市辉煌酒业有限公司
- 南通宏达酿酒厂
- 南通市双亚酒厂
- 南通市香江酿酒厂
- 南通市双井酿酒厂
- 如皋市凤泉酒厂
- 南通市川塔酒厂
- 南通市龙泉酿酒有限公司
- 海安县酒厂
- 四川省泸州国营泸塔酒厂海安分装厂
- 南通市品王酒厂
- 江海海安县三塘集团总公司
- 国营海安酒厂
- 海安县安德啤酒有限责任公司
- 海安县俊龙桂花酒厂
- 海安县隆政酱厂
- 海安县日欢米酒厂
- 南通市颐和酒厂
- 海安县友谊酒厂
- 临海佳酿公司
- 仪征市新集镇洪广米酒厂
- 仪征市真州镇酒厂
- 仪征市富扬鹿业酒厂
- 南京双池酿酒厂
- 南京永乐酒厂
- 盱眙县黄花塘都梁酿酒厂
- 洪泽县老子山镇酒厂
- 镇江中泠啤酒厂
- 镇江市丹徒区荣炳江南酒厂
- 江苏省丹阳酒厂
- 丹阳市丹宝酒厂
- 丹阳市里庄黄酒厂
- 丹阳市里庄东河酒厂
- 丹阳市名阳酒厂
- 丹阳市金山酒厂
- 常州东南开发区茂升酒厂

- 常州市佳禧酒厂
- 常州市富贵春酒厂
- 常州市欣欣酒厂
- 常州市八一保健品有限公司延陵酒厂
- 溧阳市社渚汽酒厂
- 无锡市千杯酿酒厂
- 无锡市锡澄酿酒厂
- 宜兴市新街酿酒厂
- 宜兴市天泉酒厂
- 宜兴市鲸塘浩源酒厂
- 宜兴市兴隆酒厂
- 四川泸州市纳溪洞仙酒厂宜兴分厂
- 江阴市要塞酒厂
- 江阴市峭岐酒厂
- 靖江市幸福酒厂
- 苏州市丰酿酒厂
- 苏州市相城区东方酿酒厂
- 苏州市相城区达丰酒厂
- 苏州市华星啤酒厂
- 苏州市相城区苏南春酿酒厂
- 苏州市吴王宫酒厂
- 苏州市吴江啤酒厂
- 昆山市周庄酒厂
- 昆山市周庄镇农村集体资产经营公司万山酒厂
- 昆山市小蔡酒厂
- 张家港市港城果酒厂
- 太仓市叶复隆酒厂
- 常熟市碧溪凌巷甜水酒厂
- 上海海虹实业总公司海虹啤酒厂
- 张家港市益民葡萄酒厂
- 张家港市葡萄酒厂
- 徐州市彭汉酒厂
- 徐州市不老河酒厂
- 铜山县三坛酒厂
- 铜山县回春酒厂
- 铜山县海汇酒厂
- 徐州市银杏酿酒厂
- 徐州九里区拾屯镇玉楠春酒厂
- 徐州双龙酒厂
- 徐州两汉酒厂
- 徐州古堤酒厂
- 贾汪区泗洋河镇酿酒厂
- 徐州市引龙酒厂
- 徐州红河谷银杏酒厂
- 徐州市康泰酒厂
- 睢宁县邱集镇源池酒厂
- 睢宁县浪子湖酒厂
- 邳州市四户酒厂
- 邳州市河西酒厂
- 周新华酒厂
- 沛县鸿宴美酒厂
- 马兰白酒厂
- 徐州燎原黄酒厂
- 徐州汉宫酒厂
- 沛县帝王酒厂
- 徐州杜府酒厂
- 丰县汇丰酿酒厂
- 徐州凤鸣泥池酒厂
- 徐州凤缘酒厂
- 丰县药酒厂
- 徐州黄河酒厂
- 连云港市新浦区玉女酒厂
- 连云港振兴酒厂
- 连云港市黄老邪酒厂

●赣榆县松河酒厂
●赣榆县世勤酒厂
●赣榆县城头镇刘宗远酒厂
●赣榆县楷潭酒厂
●赣榆县朱堵曲坊酒厂
●赣榆县门河镇昌盛酒厂
●连云港市灌云县方生缘酒厂
●龙苴镇友情酒厂
●奇泉酒厂
●连云港金润啤酒厂
●连云港凤凰山葡萄酒厂
●东海县石湖乡王广树酒厂
●东海县石湖乡晶源酒厂
●东海县曲阳乡城北兴源酒厂
●连云港市丰润酿酒厂
●东海县朱玉松酒厂
●东海县西薇酒厂
●东海县揽月酿酒厂
●东海县横沟乡银河酒厂
●东海县青湖镇阚朱洲酒厂
●东海县青湖镇禹王泉酒厂
●东海县团林酒厂
●东海县陈州酒厂
●东海县桃东村小酒厂
●东海县东石埠村陈胜酒厂
●东海县桃林镇老酒厂
●东海县桃林镇士成酒厂
●东海县房山酒厂
●东海县港东醇酒厂
●东海县陈塘河酒厂
●灌南县苏凤酒厂
●灌南县汤沟曲酒厂
●灌南县汤沟镇新一代酒厂
●灌南县汤沟美酒厂
●灌南县汤蕾酒厂
●灌南县潮河酒厂
●淮安市清浦区金淮洲酒厂
●洪泽县醉蟹酒厂
●江苏省洪泽县酿酒厂
●淮安酒厂
●淮安市创一酒厂
●淮安市淮江酿酒厂
●淮安市宇航纯粮酒厂
●淮安市万事缘酒厂
●淮安市洋兴酒厂
●淮安市马北村童林酒厂
●淮安市三星酒厂
●淮安市古运河酒厂
●淮安市果酒厂
●淮安市淮阴花园香酿酒厂
●淮安市淮阴区黄河酒厂
●淮安市淮阴区棉花泓河酒厂
●淮阴区吴集高家宴酒厂
●淮阴区韩信湖酒厂
●涟水县杨口酒厂
●淮安市双塘酒厂
●宿迁紫金龙葡萄酒厂
●沭阳县塘沟镇酒厂
●沭阳县水庄酒厂
●沭阳县苏粮酒厂
●沭阳县周集酒厂
●沭阳县天源酒厂
●沭阳县五河王酿酒厂
●沭阳县事事缘酒厂
●沭阳县葛楼酒厂
●沭阳县沂涛镇葛兵酒厂

●沭阳县今有缘酒厂
●沭阳县航道河酒厂
●沭阳县醉亦思酒厂
●沭阳县淮洲酒厂
●沭阳县汉坊酒厂
●宿迁市银江酒厂
●沭阳县悦来镇万家酒厂
●沭阳县悦来镇悦来酒厂
●江苏省国营泗阳洋联酒厂
●宿迁市宿城区洋河洋酒厂
●宿迁市宿城区洋河镇好人缘酿酒厂
●宿迁市宿城区洋河镇贵花缘酒厂
●宿迁市宿城区洋河镇百花缘酿酒厂
●宿迁市宿城区洋河镇洋西酒厂
●宿迁市宿城区洋河镇旭洋酒厂
●宿城区洋河古泉酒厂
●宿城区洋河龙泽酒厂
●宿迁市宿城区洋河镇精华酿酒厂
●宿迁市宿城区洋河镇国窑酒厂
●宿城区洋河老窑酒厂
●宿城区洋河中心酒厂
●宿迁市国酿酒厂
●宿城区又二沟酒厂
●宿城区宝沟酒厂
●宿城区双北酒厂
●宿迁市宿城区洋河镇酒泉酒厂
●宿城区洋河腾煌酒厂
●宿迁市宿城区洋河镇天尊酒厂
●宿城区洋河镇第一酿酒厂
●宿迁市宿城区洋河镇三洋酒厂
●宿迁市宿城区洋河镇海洋酒厂
●宿迁市宿城区洋河镇洋煌酒厂
●宿城区洋河第一酒厂
●宿迁市宿城区明皇酒厂
●宿迁市东方酒厂
●宿城区洋河国河酿酒厂
●宿城区洋河天洋酒厂
●宿迁市天河酒厂
●江苏省宿城区洋河古洋酒厂
●宿城区洋北酒厂乾隆天子矿化水厂
●宿城区洋河镇天源一酒厂
●宿城区洋河镇耀洋酒厂
●江苏双洪酒厂
●泗洪县河滨酒厂
●泗洪县华夏葡萄酒厂
●泗洪县特酿酒厂
●泗洪县三星特酿酒厂
●江苏省泗洪县泥窑酒厂
●泗洪县瑶池酒厂
●泗洪县双溪酒厂
●泗洪县强裕葡萄酒厂
●泗洪县金仕顿葡萄酒厂
●泗洪县双沟镇立新酒厂
●泗洪县双沟酥酒厂
●泗洪县双沟德强酒厂
●泗洪县双沟双旺酒厂
●泗洪县双沟古酒酒厂
●泗洪县双沟镇苏粮液酒厂
●泗洪县双沟红粮液酒厂
●泗洪县双沟双淮春酒厂
●泗洪县双沟金双酒厂
●泗洪县双沟苏皖酒厂
●泗洪县双沟双缘酒厂
●江苏泗洪县双沟酒厂
●泗洪县双沟双宴酒厂
●泗洪县双沟白酒厂

●江苏省泗洪县双沟酒厂
●泗洪县双沟制酒厂
●泗洪县双沟宴酒厂
●泗洪县四河福禄酒厂
●泗洪县双南酒厂
●泗洪县双河酒厂
●东台市万红酒厂
●东台市天盛酿酒厂
●射阳县鸿昌黄酒厂
●射阳县菊花香酒厂
●泗阳县洋河镇洋酒厂一壶春分厂
●阜宁县吟隆酒厂
●泰兴市龙河酒厂
●姜堰市扬子江酿酒厂
●姜堰市姜洋酒厂
●高邮市方园酒厂
●高邮市汽酒厂
●兴化市沈伦镇蚌蜓河酒厂
●江苏玉缘酒厂
●兴化市花园酒厂
●兴化市永旺酒厂
●兴化市润和酒厂
●宝应县云梅封缸酒厂
●宝应县小官庄镇汽酒厂
●南通酒厂
●南通八一酒厂
●南通市港闸酒厂
●海门市爽爽米白酒厂
●海门市常乐颐园酒厂
●海门市海洪太山酿酒厂
●海门市余东凤城酒厂
●启东市东郊酒厂
●启东市民主永安酒厂
●启东市新安镇涤钢酒厂
●通州市金沙镇七房黄酒厂
●通州市三余云洲酒厂
●如东县神弛酒厂
●南通香江酿酒厂
●海安县日欢米酒厂
●海安县仇湖凤凰村汽酒厂
●南通市金鼎酿酒厂
●南通市颐和酒厂
●海安县瑞丰饮酒厂
●海安县友谊酒厂
●江苏太平洋酒业有限公司
●南京宝鼎酒业有限公司
●四川省泸州市泸县华田酒厂南京长虹路分厂
●四川福华实业(集团)有限公司南京酒业分公司
●南京黑马酒业公司西岗酒厂
●盱眙新大明宫酒业有限公司
●镇江金富江酒业有限公司
●镇江市中天酒业有限责任公司
●丹阳市天香楼酒业有限公司
●丹阳市开发区国威酒厂
●丹阳市吕城镇丹新酒厂
●常州市佳禧酒厂
●常州市武进区洛阳奇灵酒厂
●常州新博龙泉酒业有限公司
●常州市孝都长江酒厂
●常州市富贵春酒厂
●无锡市梁溪酒业有限公司
●无锡市玉祁酒业有限公司
●江阴爱尔森酒业有限公司
●江阴市要塞新宝酒厂

●苏州市华丰酿酒厂
●苏州市利华酒业有限公司吴江分公司
●江苏高沟酒厂吴江分厂
●苏州市万顷阁酿酒有限责任公司
●苏州多米葡萄酒业有限公司
●苏州市新同里红酒业有限公司
●吴江永祥酒精制造有限公司
●太仓市天龙酒业有限公司
●太仓市归庄葛隆酒坊
●上海俊威酒业有限公司太仓分公司
●常州华润啤酒有限公司
●常州市圣龙酿酒厂
●金坛市鑫城啤酒分装厂
●溧阳天目湖王者风范酒业有限公司
●溧阳天目湖茶乡酒业有限公司
●溧阳市天目湖黄酒有限公司
●无锡恒杰酒业有限公司
●无锡市福禄春酒业有限公司
●无锡市联业酒业经营部
●无锡名阳酒业商贸有限公司
●无锡市一品缘酒业有限公司
●无锡荣坤酒业有限公司
●无锡市滨湖区文海经营部啤酒花园游艺室
●南京当兵的人酒业有限公司无锡分公司
●无锡市南湖酒业有限公司
●无锡市金剑液酒业有限公司
●无锡市阳山桃花酒酒业有限公司
●宜兴市江南春酒业有限公司
●宜兴市汇韵酒业经营部
●无锡蓉宜酒业有限公司
●江阴市德涛酒业商行
●靖江市壹品酒业贸易有限公司
●苏州市丽美酒业有限公司
●苏州弘毅啤酒销售有限公司
●苏州天立酒业有限公司
●苏州市顺风酒业有限公司
●苏州新亿泰酒业有限公司
●苏州市相城区北桥万新酒业经营部
●苏州市名浩酒业贸易有限公司
●吴江市古绵酒业有限公司
●吴江市红顶酒业商贸有限公司
●昆山市玉山镇国茅酒业销售部
●昆山鑫霸酒业有限公司
●江苏海虹啤酒销售有限公司
●张家港市杨舍西城百年老店酒业商行
●徐州汉井坊酒业有限公司
●徐州秋实酒业有限公司
●新沂市福源绿豆烧酒厂
●徐州顺内酒业有限公司
●徐州金牛酒业有限公司
●徐州凤鸣塔酒业有限公司
●连云港市贵川酒业有限公司
●连云港市新浦区知友酒业销售中心
●连云港市金世纪酒业有限公司通灌路分公司
●江苏新苏红酒业有限公司
●江苏今世嬴酒业有限公司
●连云港市江龙酒业有限公司
●连云港市国强酒业经营部
●连云港美猴王酒厂
●连云港市金润啤酒厂
●灌南县天元酒业有限公司

- 连云港义源酒业有限公司
- 连云港汤承酒业有限公司
- 连云港金长林酒业有限公司
- 江苏三旗葡萄酿酒有限公司
- 射阳县今世缘酒业经销部
- 射阳县金叶酒业有限公司
- 滨海县玉醍醇酒业有限公司销售分公司
- 扬州颐和春酒业有限公司
- 江苏南山酒业有限公司
- 扬州市邗江润森酒业经销部
- 四川玉粮酿酒厂扬州分厂
- 江都市琼花酒业有限公司江都分公司
- 江都市苏中商贸城中星酒业经营部
- 江都市琼花酒业有限公司
- 泰州市丁山食品有限公司酒业分公司
- 泰州市海陵区徐氏酒业经营部
- 江苏三泰酒业营销服务有限公司
- 泰州市海陵区天籁酒业销售部
- 泰州市海陵区旺达酒业有限公司
- 泰兴市苏河酒业经销部
- 泰州市赵静酒业有限公司泰兴分公司
- 姜堰市馨梅酒业有限公司
- 姜堰市海蓝德酒业有限公司
- 姜堰市龙腾酒业经营部
- 姜堰市原道酒业商行
- 姜堰市金梅兰酒厂
- 高邮市秦邮春酿酒有限公司
- 高邮市江府酿酒有限公司秦邮酒经营部
- 兴化市新宇酒业有限公司
- 泰州市京星酒业有限公司
- 宝应县古扬春酒厂
- 南通市仁达酒业有限公司
- 南通颐生酒业销售有限公司
- 南通理力经贸发展有限公司玛图葡萄酒专卖店
- 南通市港闸区荣祥酒业批发部
- 南通市崇川区健海酒业经营部
- 南通开发区青山服饰有限公司酒业分公司
- 南通市佳缘酒业有限公司好想你专卖店
- 南通市崇川区天隆酒业经营部
- 海门市天补镇好运来米白酒厂
- 启东市振龙有限责任公司酒业分公司
- 启东市九里仙酒厂
- 南通市新丝路酒业有限公司
- 南通军啤啤酒有限公司
- 江苏成功宴酒业有限公司南京分公司
- 南京江广才酒业经营部
- 南京山力缘酒业中心
- 南京奥丹酒业销售中心
- 南京诺思酒业销售中心
- 南京兵哥哥酒业经营部
- 镇江市龙海酒业有限公司
- 镇江市润州区雷鸿酒业商行
- 镇江市润州逸和酒业经营部
- 镇江市丹徒区新城瑞和酒业商行
- 连云港九鑫酒业有限公司新浦分公司
- 连云港康瑞达酒业有限公司

●常州市薛家元泰酒业商行
●灌南县意中人酒业有限公司
●镇江市龙海酒业有限公司
●海门市昊盛酒业经营部
●海门市临江镇上优酒业批发部
●江都市八里香酒业商行
●江都市友诚酒业经营部
●江苏成事源酒业有限公司
●江苏九匹马酒业有限公司
●姜堰市海川酒业商行
●姜堰市仁智酒业商行
●姜堰市三水缘酒业有限公司
●金坛市城东宋氏酒业商店
●金坛市城西老木子啤酒烤鸭店
●金坛市城西志鹏酒业
●靖江市联谊酒业商行
●靖江市绿色年华酒业商行
●句容市国富酒业有限公司
●句容市华阳镇鑫琼酒业经营部
●句容市华阳镇裕国酒业经营部
●昆山市开发区华纳一品酒业经营部
●昆山市开发区祥华花雨酒业批发部
●昆山市阳澄湖葡萄酒庄园
●昆山市玉山镇南亚酒业商行
●连云港佳能物业管理有限公司酒业经营部
●连云港市海州区洪门社区金汤酒业经营部
●连云港市品鑫酒业有限公司
●连云港市新浦区新东社区智普酒业经营部
●连云港开发区中云以磊白酒商行
●连云港龙韵酒业有限公司
●连云港密月岛酒业有限公司
●连云港市玉女酒业有限公司
●连云港市中海葡萄酒销售有限公司
●南京兵花酒业有限公司
●南京陈庆华酒业销售中心
●南京诚越酒业经营部
●南京驰骊酒业经营部
●南京川巴酒业销售中心
●南京传峰达酒业有限公司
●南京创扬酒业有限公司
●南京稻汇酒业销售中心
●南京德广酒业经营部
●南京德雄酒业经营部
●南京东北虎酒业有限公司
●南京东昇酒业有限责任公司
●南京佛光酒业经营部
●南京格纳斯酒业销售有限公司
●南京昊泽酒业销售有限公司
●南京龙塔酒业销售中心
●南京龙行天下酒业有限公司
●南京龙亿酒业有限公司
●南京漫香酒业经营部
●南京敏琪酒业经营部
●南京名典酒业经营部
●南京南王山谷酒业有限公司
●南京鹏雯酒业经营部
●南京乾天酒业经营部
●南京沙城红酒业有限公司
●南京市建邺区步步发酒业经营部
●南京市建邺区陈国兵酒业经营部
●南京市建邺区春中酒业经营部
●南京市建邺区厉葵酒业经营部
●南京市建邺区束瑾酒业经营部

- 南京市建邺区谭清震酒业经营部
- 南京市建邺区张成酒业销售中心
- 南京市江宁区董军酒业销售中心
- 南京市江宁区恒远酒业经营部
- 南京市江宁区贾长岭酒业经营部
- 南京市六合区何记酒业经营部
- 南京市六合区沈三酒业
- 南京市六合区田华酒业销售中心
- 南京市下关区李广林酒业经营部
- 南京市下关区明泉酒业销售中心
- 南京市雨花台区经燕酒业销售中心
- 南京市雨花台区久驰酒业经营部
- 南京顺豪酒业销售中心
- 南京硕河酒业经营部
- 南京松胜酒业有限公司
- 南京腾佳酒业经营部
- 南京新欧酒业有限公司
- 南京鑫快酒业经营部
- 南京鑫樽酒业中心
- 南京洋河蓝色经典酒业有限公司
- 南京要酒酒业经营部
- 南京一千零一夜葡萄酒销售中心
- 南京尹盛酒业有限公司
- 南京云茅酒业有限公司
- 南京泽润酒业有限公司
- 南京张盛酒业有限公司
- 南京斟情酒业经营部
- 南京众邦酒业经营部
- 南京紫桃坊酒业有限公司
- 南通白蒲黄酒有限公司南生产厂区
- 南通市崇川区陈双酒业经营部
- 南通市崇川区锋光酒业经营部
- 南通市崇川区红东酒业商行
- 南通市崇川区佳盛酒业经营部
- 南通市崇川区九点全盛酒业商行
- 南通市崇川区平通酒业商行
- 南通市崇川区先行酒业批发部
- 南通市崇川区御极鹿苑酒业商行
- 南通市江海人家酒业有限公司
- 南通市九鼎酒业有限公司人民路店
- 南通市统一酒业有限公司
- 邳州苏源洋河白酒经营部
- 启东市海复镇复南酒厂
- 启东市汇龙镇金色年华酒业经营部
- 启东市汇龙镇旺盛酒业商行
- 启东市金福酒业批发部汇龙门市
- 如东红鑫酒业经营部
- 如东九鼎酒业商行
- 如皋市金成酒业经营部
- 如皋市奇桂酒业批发部
- 沭阳县东方广场洋河四方酒业经营部
- 沭阳虞美人酒业有限公司
- 泗洪双沟珍宝坊酒业有限公司
- 泗洪双益酒业有限公司
- 泗洪县漕运春酒业有限公司
- 泗洪县三沟一河酒业营销有限公司
- 泗洪县萱萱酒业经营部
- 泗洪县中贸酒业有限公司
- 苏州枫丹白露酒业有限公司
- 苏州工业园区澳德威酒业有限公司
- 苏州路易酒业营销有限公司
- 苏州润通酒业有限公司
- 苏州十口井酒业有限公司
- 苏州市沧浪区纵横酒业商行
- 苏州市吴中区长桥苏氏酒业商行

●宿迁经济开发区希望酒业经营部
●宿迁市洋河镇蓝色酒业有限公司
●宿迁市洋河镇苏河酒业有限公司如皋市销售分公司
●宿迁市国宾酒业有限公司
●宿迁市宿城区相文酒业经营部
●宿迁市宿河酒业有限公司
●宿迁市洋河镇耀洋酒业有限公司
●江阴南闸销售部
●宿迁市洋沙集园酒业有限公司
●宿迁市永鑫酿酒有限公司
●宿迁市中洋酒业有限公司
●太仓市城厢镇隆图酒业商行
●太仓市金坊酒业销售有限公司
●太仓市浏河镇金旗酒业商行
●泰兴市皇名轩酒业商行
●泰兴市今汇缘酒业商行
●泰兴市义和酒业商行
●泰兴市英泓酒业批发部
●泰州市高港区益存酒业有限公司
●泰州市海陵区朝阳酒业有限公司
●泰州市海陵区润鸿酒业有限公司
●泰州市开发区科泰酒业商行
●泰州市赏鸿酒业有限公司姜堰分公司
●泰州市赏鸿酒业有限公司泰兴分公司
●通州市金沙镇双新酒业经营部
●通州市三余镇伟兴米酒厂
●无锡市滨湖区沁禧酒业商行
●无锡市东亭溪霞酒业商行
●无锡市惠浩酒业有限公司
●无锡市金木水酒业经销有限公司
●无锡市南长区创基酒业经营部
●无锡市润九存酒业商行
●无锡市新力啤酒有限公司宜兴城东经营部
●无锡文翀科技有限公司酒业分公司
●无锡招商城弘旻酒业商行
●无锡招商城紫藤轩酒业经营部
●吴江市七都久顺酒业批发部
●响水县响水镇新强生酒业
●响水县响水镇震洲酒业商行
●兴化市春秋酒业经营部
●兴化市海鹰酒业商行
●兴化市六和春酒业经营部
●兴化市玛可酒业经营部
●兴化市三江魂白酒销售部
●兴化市天骄酒业经营部
●兴化市同鑫酒业商行
●盱眙明宫情酒业销售有限公司
●徐州合众酒业有限公司
●徐州龙江龙酒业经销处
●徐州仁山酒业有限公司第一分公司
●徐州仁祥酒业有限责任公司
●徐州市鼓楼区华建酒业经营部
●徐州市鼓楼区立群白酒经销处
●徐州市云龙区裕皖酒业商贸行
●徐州玉液酒业有限公司第一分公司
●盐城德源啤酒原料有限公司
●盐城海兴酒业有限公司
●盐城市亭湖区超利啤酒经营部
●盐城市亭湖区成功宴酒业商行
●盐城市亭湖区城南鹏程酒业商行
●盐城市亭湖区城南汤婵玉酒业经营部

●盐城市亭湖区城南新业酒业经营部
●盐城市亭湖区纳福缘酒业商行
●扬中市香泉酒业有限公司
●扬州凤凰岛酒业有限公司
●扬州市邗江秋果酒业经营部
●扬州市邗江小角楼酒业商行
●扬州市开发区岁岁福酒业商行
●扬州市鑫鑫酒业有限公司
●仪征市真州镇真之源酒业商行
●宜兴环科园西花园散装白酒店
●宜兴市金宝露酒业有限公司南京分公司
●宜兴市开口香酒业有限公司张渚分公司
●宜兴市新庄镇锡娣散装白酒店
●宜兴市宜城冰峪白酒商店
●宜兴市宜城苏枫酒业商店
●宜兴市友发酒业商行
●宜兴市中糖酒业有限公司城北分公司
●宜兴市中糖酒业有限公司城中分公司
●张家港市凤凰镇恬庄金鹏酒业经营部
●张家港市金港镇港区兴欣酒业批发部
●张家港市乐余百老泉白酒商店
●张家港市杨舍东城港城小赵酒业
●张家港市杨舍东城花好月圆酒业经营部
●张家港市杨舍镇泗港新三友酒业商行
●张家港市杨舍西城万家乐酒业商行
●张家港市杨舍西城西部啤酒牛扒城
●镇江禾丰酒业商贸有限公司
●镇江市大成酒业有限责任公司
●镇江市鼎豪酒业有限公司
●镇江市金健酒业有限公司
●镇江市京口阿拉红酒业销售中心
●镇江市京口当兵的人酒业商行
●镇江市京口丰达酒业经营部
●镇江市京口久都酒业超市
●镇江市京口天壶酒业商行
●镇江市润州藏香春酒业销售中心
●镇江市润州区明洋酒业经销处
●镇江市润州区盛驰酒业销售中心
●镇江市顺氏酒业商贸有限公司
●镇江市天瑞酒业有限公司
●镇江新区万事如意酒业有限公司
●中比啤酒(苏州)有限公司

江西省

●江西省鹰潭市福寿堂酒厂
●江西潭花酒业有限责任公司
●江西安远叶氏酒厂
●江西千年古村酒业有限公司
●江西东方酒业有限公司
●江西省客家酒酿酒业有限公司
●福州正大酒业驻江西省办事处
●江西东方酒业营销有限公司
●江西封缸白酒厂
●江西陶令酒业有限公司
●江西九江长江酒厂
●合隆生酒业有限公司
●清华婺酒业公司

- 婺源县清华酒业有限责任公司
- 江西麦园酒业有限公司
- 江西顺曲酒业有限公司
- 燕京惠泉啤酒(抚州)有限公司
- 江西省南城啤酒干酵母有限公司
- 江西南丰粮食局酒厂
- 绿康酒业公司
- 江西省宜春市南华南庙酒厂
- 金龙酒业有限公司
- 江西宜丰田里香酒厂
- 江西樟树贡酒业有限公司
- 江西逸枝酒业有限公司
- 江西吉安金洋酒业贸易商行
- 白酒酿造厂
- 纯力醇酒厂
- 江西白凤酒业有限公司
- 江西省泰和县稻香酒业有限公司
- 唐伯虎啤酒有限公司
- 赣南三星酒业有限公司
- 贵州茅台乡巴镇佬酒业赣州市场管理处
- 赣州神艺酒业有限公司
- 江西南康曾氏酒业研发中心
- 玉壶山酒业有限公司
- 三福酒业贸易商行
- 江西百利洋酒业工贸公司
- 江西半边天酒业有限公司
- 江西堆花酒业有限责任公司
- 江西渊明猕猴桃酒业有限公司
- 江西省恒湖酒厂
- 南昌县丁坊酒厂
- 南昌县富山酒厂
- 南昌县泾口酒厂
- 江西凤凰山葡萄酒厂
- 江西百年制酒有限公司九江酒厂
- 江西恒丰酒厂
- 九江鄱湖酒厂
- 南昌市万埠酒厂
- 高安市第一酒厂
- 高安市瑞特酒厂
- 高安市龙潭镇万善大元村酒厂
- 江西省丰城市天宝酒厂
- 樟树市东方酒厂
- 樟树国营阁山酒厂
- 樟树市赣神酒厂
- 樟树市义成酒厂
- 四川大竹兴源曲酒厂新干分厂
- 吉水县吉州酒厂
- 东乡县王桥酒厂
- 江西省九江市啤酒厂
- 江西省九江市封缸酒厂
- 江西共青酒厂
- 江西宜丰新昌酒厂
- 江西虔州酿酒厂
- 江西省南康市赣康酒厂
- 江西省全南县酒厂
- 江西宁都县酒厂
- 江西万安客家酒厂
- 江西临川葛酒厂
- 江西临川赣抚酒厂
- 江西会昌酒厂
- 江西共青共佳有限公司
- 江西酒岭酒业有限公司
- 江西柴桑酒厂
- 九江县桃园酒厂
- 九江县水花饮料酒厂

●九江(赤湖)啤酒有限责任公司
●九江县江洲酒厂
●瑞昌市酒厂
●江西省九江酿造厂
●瑞昌市范镇糯米酒厂
●瑞昌市海申食品酿造厂
●瑞昌市红星饮料厂
●武宁县泉口镇食品有限责任公司
●武宁县瑞河酒厂
●修水县程坊乡敬老院酒厂
●江西省湖口县啤酒厂
●湖口县三和啤酒有限公司
●湖口县澳斯特纯生啤酒有限公司
●都昌县名鑫酒业有限公司
●江西省都昌县酒厂
●彭泽县食品厂
●彭泽县棉船镇综合厂
●国营九江市庐山酒厂
●江西省景德镇酒业食品有限公司
●波阳县酒厂饮料酒分厂
●波阳县食品酿酒有限公司
●波阳县酒厂赣鹰甲鱼酒有限公司
●江西省波阳县酒厂
●波阳县鸦鹊湖米酒厂
●波阳鄱湖啤酒厂
●波阳县乐丰酿酒食品厂
●婺源县星河酒厂
●婺源县天香酒厂
●婺源县珍珠泉酒厂
●龙山乡酒厂
●景德镇市瓷都酿酒厂
●国营乐平市历居山酿造厂
●乐平市盘圣食品酿造厂
●景德镇啤酒有限公司
●浮梁县月山酒业仪器有限公司
●景德镇市绍洪酿酒厂
●浮梁县洪源酒厂
●上饶市回春酒厂
●上饶三清粮液酒厂
●江西省万利达酒业有限公司
●江西省陆羽泉啤酒有限公司
●上饶商贸信州酒业有限公司
●江西省上饶全良液酒业有限公司
●德兴市酒厂
●江西省岑山酒业有限公司
●横峰县酒业酿造有限责任公司
●弋阳县圭峰酒业公司
●弋阳县杨桥雄峰酒厂
●弋阳县杨桥酿造食品厂
●弋阳县花亭酒厂
●弋阳县酒厂
●铅山县鹅湖镇酒厂
●铅山县酒厂
●广丰县月兔酒业有限公司
●广丰县永和啤酒厂
●广丰县五都镇吾得万酒厂
●广丰县齐力酒业有限公司
●广丰县白鹰酒业有限公司
●玉山县酒厂
●玉山县牛奶场酒厂
●鹰潭市潭花酒业有限责任公司
●鹰潭市利达酒业有限公司
●鹰潭市天师板栗酒业有限公司
●江西龙虎山蛇类养殖资源开发有限公司
●江西康郎酒业有限公司

●鹰潭市桑港酿酒食品有限公司
●鹰潭市月湖区夏埠酒厂
●信丰综合加工厂
●康山酒厂
●余江县锦竹白酒厂
●资溪县通达保健黄酒酿造厂
●江西省资溪县食品酿造厂
●江西省资溪县酒厂
●贵溪市酒厂
●鹰潭市龙虎山酒业开发有限公司
●贵溪市亚洲啤酒有限公司
●万年县酿酒厂
●万年大黄狮子山酒业有限公司
●万年苏桥乡贡米酒厂
●万年吉泉酒业有限公司
●宜春市糯米汁有限公司
●宜春市袁州区酒类灌装厂
●宜春市祥和酒厂
●宜春鸡脚苦瓜酒厂
●江西宜春活力啤酒有限公司
●宜春市高雅食品酿造公司
●袁州区酒业有限公司
●江西省宜春市正阳酒业有限公司
●袁州区竹亭乡竹亭龙云酒厂
●万载县万川酒业有限责任公司
●江西锦江酒业有限责任公司
●万载县蜀江酒品酿造厂
●铜鼓县温泉酒厂
●铜鼓县蛇业食品有限公司
●铜鼓县定泉酒厂
●铜鼓县锦红酒厂
●江西省猕猴桃酒业有限公司
●宜丰县洞山酒业有限公司
●宜丰县城东酒厂
●宜丰县凤凰实业有限公司
●江西花寿猕猴酒业有限公司
●江西七宝山酒业有限责任公司
●上高县博运酒业有限公司
●江西上高县徐市酒厂
●上高县第三酿酒厂
●上高县友和酒厂
●江西嵩阳酒业有限责任公司
●分宜县岚窖酒业有限公司分宜分公司
●新余市啤酒厂
●分宜县大岗山酒厂
●分宜岚窖酒业有限公司
●分宜县洞村乡谷酒厂
●萍乡亚洲啤酒有限公司
●上栗县上栗镇杨岐山酒厂
●萍乡市神凤酒厂
●芦溪县新泉乡老协酒厂
●萍乡市百神居酒业有限公司
●萍乡市安源为民酒厂
●萍乡市金泉酒厂
●萍乡市酿酒厂
●萍乡市萍达曲酒厂
●江西玉壶酒业有限公司
●莲花县路口镇酿酒厂
●江西省萍乡市九昌隆综合养殖公司圣岗酒厂
●新余市渝水区国营南英酿酒厂
●新余市北泉啤酒厂
●新余市渝水区水北镇新北酒厂
●新余市渝水区马洪酒业有限责任公司

- 新余市新安酒厂
- 新余市酿酒厂
- 赣州宋城酒业有限公司
- 赣州市章贡区三江酒厂
- 赣州市托特酒业有限公司
- 赣州市吉成酒业有限公司
- 赣南果业股份有限公司赣州白酒分公司
- 燕京啤酒(赣州)有限责任公司
- 赣州市长塘果酒厂
- 赣州市托福酒业有限公司
- 金粮酒厂
- 赣南黄酒厂
- 赣州金豪啤酒有限公司
- 江西省赣良啤酒厂三厂（银河啤酒厂)
- 江西省赣南三星酒业食品有限公司
- 江西虔州酿酒厂
- 上犹县生物食品有限公司
- 南康市酒厂
- 赣南帝龙生物制品厂
- 大余县章江酒厂
- 江西省赣良啤酒厂
- 信丰县米酒酿造厂
- 赣南果业股份有限公司麦饭石酿酒公司
- 信丰县崇仙乡寨下村酿酒厂
- 信丰县兴粮酒厂
- 信丰圣塔蛇业开发有限公司
- 信丰县九渡百事利酒厂
- 江西省龙南县酿酒厂
- 龙南杨春酒厂
- 全南县酒厂
- 全南县酒业有限责任公司
- 全南县茅山酒厂
- 江西百益堂酒业竹木业有限公司
- 江西省国营八一酿酒厂
- 安远县龙泉酒业有限责任公司
- 江西省寻乌县酒厂
- 于都县龙泉酒业有限公司
- 兴国县兴酒酒业有限公司
- 兴国县丹霞湖酒业有限公司
- 江西兴国平川酿酒厂
- 兴国县龙口镇赣江酿酒食品厂
- 兴国县埠头枫林天顺酒业有限公司
- 金旺实业有限公司
- 兴国兴泰酿酒厂
- 兴信酿酒有限公司
- 瑞金市啤酒厂
- 江西会昌酒厂
- 石城县虔诚酒厂
- 石城县酿酒厂
- 石城县客家酿酒总厂
- 江西省宁都县酒厂
- 宁都县玉泉酿酒厂
- 宁都县长胜酿造厂
- 吉安市恒达酒厂
- 吉州区第二酒厂
- 吉安县庐陵酿酒厂
- 江西燕京啤酒有限责任公司
- 吉安县固江镇食品厂
- 吉安县固子春酒业有限公司
- 吉安县永阳酿酒厂
- 江西井冈酒厂
- 永新县酒业有限公司
- 永新县酿酒厂

●井冈山市果食品厂
●井冈山市食品厂
●井冈山市吉龙酒厂
●井冈山市拿山乡胜利共青酒厂
●泰和县澄江镇南门村酒厂
●泰和县澄江镇光明路酒厂
●泰和县白凤酒业公司
●泰和县南门酒厂
●泰和县禾市镇酒厂
●泰和县禾市镇老杨谷酒厂
●泰和县苏溪镇水口村酒厂
●泰和县苏溪镇新村天河酿酒厂
●泰和县塘洲镇永昌村酒厂
●江西省泰和保健食品厂
●万安县芙蓉食品加工厂
●万安县酒精厂
●万安县客家酒厂
●万安县啤酒厂
●万安县啤酒厂赣泉啤酒瓶经销部
●万安县食品酿酒厂
●万安县罗塘酒厂
●万安县潞田酒厂
●万安县百加酒厂
●万安县窑头镇农机修配厂
●万安县天湖果脯厂
●万安县宝山金丝枣营养食品厂
●江西遂乐啤酒厂
●江西燕京啤酒有限责任公司第二分厂
●遂川县巾石乡酿酒厂
●抚州鸿威酒业有限公司
●临川区才乡酒厂
●临川佳桥酒厂
●抚州市金牡丹啤酒有限公司
●江西临川新老酒业有限公司
●江西临川酒业有限公司
●临川区青泥酒厂
●临川区温泉第二酒厂
●江西新民蛇王酒业有限公司
●抚州市啤酒有限公司
●临川区罗湖葛酒厂
●江西省赣抚酒厂
●临川区高坪酒厂
●崇仁巴山马安酒厂
●崇仁河上镇酒厂
●崇仁县巴山啤酒厂
●崇仁县赣东劲风蝎王酒厂
●崇仁县可乐饮料厂
●崇仁县龙锦酒业酿造厂
●崇仁县酿造厂
●江西赣东酒厂
●宜黄县新兴饮料厂
●江西省南丰县弘业啤酒有限公司
●黎川县酿造厂
●黎川县川峰酒厂
●建是镇建昌酒厂
●南城县赣昌米酒饮料厂
●南城县天山酒厂
●南城县盛强食品有限公司
●南城县贵林黄酒厂
●江西南城酒厂
●建昌镇南北醇酒业有限责任公司
●江西松翔啤酒有限公司南城支公司
●江西奉新澡溪野生猕猴桃黄酒酿造厂
●江西省丰城市剑邑春酒厂

- 江西润田酒业有限责任公司
- 江西丽村酒业有限责任公司
- 丰城市长寿酒厂
- 江西省樟树市九龙液酒厂
- 江西省樟树市春蕾酒业有限公司
- 江西省樟树市古坊酒业有限公司
- 樟树市赣神酒厂
- 江西印象酒业有限公司
- 江西赣酒酒业有限责任公司
- 江西惠灵奇酒业有限公司
- 江西贤湖亭酒业有限公司
- 吉安市道济酒业食品开发有限公司
- 江西李渡酒业有限公司
- 江西无形堂酒业有限公司
- 九江市庐山酒业饮料有限公司
- 共青城九仙岭酒业有限公司
- 瑞昌东风酒厂
- 修水县山谷泉酒业有限公司
- 都昌县田缘酿酒饮料厂
- 江西陶令酒业有限公司
- 江西渊明猕猴桃酒业有限公司
- 景德镇市宏兴米酒加工店
- 江西江南酒业有限公司婺源分公司
- 江西婺源清华酒业有限公司
- 江西江南酒业有限公司
- 江西面对面酒业有限公司
- 上饶灵山酒厂
- 上饶市国雄酒业有限公司
- 江西省三清山啤酒有限公司
- 铅山县益身坊酒业有限责任公司
- 江西致中和酒业有限公司
- 江西双鹿酒业有限公司
- 江西省月兔酒业有限公司
- 江西省玉照康酒业有限公司
- 江西金田酒业有限公司
- 玉山县中仁酒厂
- 四川省神州春酒业有限公司鹰潭分公司
- 鹰潭市恒云酒业发展有限公司
- 江西余江啤酒有限公司
- 资溪县新月畲族酒厂
- 贵溪龙虎山啤酒有限公司
- 万年县奇源饮料酒业有限公司
- 江西奇源饮料酒业有限公司
- 江西省万年贡米酒厂
- 江西宜春台酒业有限公司
- 江西新益康酒业有限公司
- 宜丰县五粮酒厂
- 宜丰县宝林酒厂
- 宜丰县东方酒厂
- 江西花寿猕猴桃酒业有限公司
- 江西上高县晏府酒厂
- 江西上高县天下粮仓酒业有限责任公司
- 上高县世威酒业有限公司
- 江西省上高县博运酒业有限公司
- 萍乡市湘东区福星酒厂
- 江西省萍乡市溢泉酒业有限责任公司
- 江西省银河酒业有限公司
- 上栗县冠乾酒业有限公司
- 萍乡市佛手酒厂
- 萍乡市港龙酿造酒厂
- 新余市渝水城东酒厂
- 新余市仙女湖酒厂
- 赣州市章贡区三江酒厂

●兴国澳强酒精有限公司
●江西省赣县临云酒厂
●赣县银河啤酒有限责任公司
●南康市益丰酒业有限公司
●赣州市庐江醇酒业有限公司
●大余县新良啤酒有限公司
●信丰恒隆麦饭石酒业有限公司
●江西省信丰县兴粮酒厂
●信丰贵寿酒厂
●龙南县酿酒厂
●江西省道祥酒业有限公司
●于都贡泉酿酒厂
●于都县金泉酿酒厂
●江西于都俊南酒业有限公司
●兴国县鑫达酒业有限公司
●江西桃花岛酒业有限公司
●瑞金市金都啤酒有限公司
●江西省金科酒业有限责任公司
●宁都县赣青酿酒厂
●吉安市章赣酒业有限责任公司
●吉安市龙成酒业有限责任公司
●吉安市青原区河东酒厂
●吉安市龙发酒厂
●井冈山市竹筒酒厂
●江西井冈酒业有限责任公司井冈山分公司
●江西泰和福泰酒业有限公司
●江西生物谷泰和白凤酒业有限公司
●江西奥利嘉酒业有限公司
●江西生物谷泰和乌鸡酒业有限公司
●万安县芙蓉杨梅酒厂
●抚州市鸿威酒业有限公司
●抚州凯丽啤酒实业有限公司
●崇仁县信德酒厂
●宜黄县馨酿酒厂
●江西大自然啤酒有限公司
●江西川泉酒业有限责任公司
●江西新民蛇王酒业有限公司金溪分公司
●南城县贵林黄酒厂
●南城县株良酒厂
●平利县八仙镇江西街村潘子顺酒厂
●江西银德酒业有限责任公司
●江西省乔家栅酒业有限公司
●雪津啤酒(南昌)有限公司
●江西省中实酒业有限公司
●江西省佳健酒业一人有限公司
●江西三花生物酒业有限公司
●江西牛头王酒业有限公司
●江西省金丰啤酒有限公司
●江西欧阳修酒业有限公司
●九江市香江酒业有限公司
●九江市银丰酒业有限公司
●景德镇炎黄酒文化博览有限公司
●景德镇市金鹏飞酒业有限公司
●鄱阳县福阳啤酒有限公司
●婺源县星河酒业有限公司
●江西省武林啤酒有限公司
●上饶市龙晟酒业商贸有限公司
●鹰潭市兴达酒业有限公司
●江西省万年红酒业有限公司
●宜春市金荣酒业贸易有限公司
●宜春市金鸿酒业有限公司
●江西省德泉酒业有限责任公司
●江西半边天酒业有限公司
●赣州子龙酒业有限公司

- 广州市良朋共聚酒业有限公司赣州分公司
- 赣州赣南酒业有限公司
- 瑞金市京都啤酒有限公司
- 江西省金科酒业有限责任公司创源销售分公司
- 江西井冈酒业有限公司
- 江西井冈山酒业有限责任公司
- 泰和县稻香酒业有限公司
- 燕京惠泉啤酒(抚州)有限公司
- 江西安发达酒业有限公司

福建省

- 烟台御任葡萄酿酒有限公司福建营销部
- 福建老酒酒业有限公司
- 福建南海岸生物工程股份有限公司酒业部
- 藤创实业贸易有限公司福建省马登来葡萄酒有限公司
- 福建厦门兆周长生酒业福州办事处
- 福建省武夷山市赤诚酒业有限公司
- 福州永辉酒业贸易有限公司
- 福州莫莱斯酒业有限公司
- 福建宏涛酒业有限公司
- 福建省宏盛酒业有限公司
- 加州庄园葡萄酿酒(苏州)有限公司福建分公司
- 福建省第一啤酒厂
- 金马盛(福建)酒业有限公司
- 昌黎燕山长城葡萄酿酒有限公司福建办
- 御冠酒业有限公司福建办事处
- 福建厦门苏河酒业有限公司
- 福建省福安市津福酒业有限公司
- 福建康鑫酒业有限公司销售部
- 福建丰达酒业有限公司
- 福建康鑫酒业有限公司
- 凤鸣酒业公司
- 福建屏南仙谊醇酒业有限公司
- 福建寿宁大华酒业有限公司
- 福建莆田天妃枇杷酿酒有限公司
- 华夏春葡萄酒有限公司
- 莆田市涵江区杨芳酒厂
- 安溪红曲酒业有限公司
- 福建大明酒业有限公司
- 福建纯粮酒业集团有限公司
- 福建三皇酒业有限公司
- 晋江君越酒业贸易有限公司
- 福建南安市宏伟酒厂
- 泉州市阳光酒业公司
- 华夏葡萄酒福州分公司
- 福建鑫海源酒业有限公司
- 泉州双龙酒业有限公司
- 福建泉州刺桐红酒业有限公司
- 福建阿根廷酒业有限公司
- 昌黎燕山长城葡萄酿酒有限公司福建办事处
- 泉州市产地洋酒业有限公司
- 集宇酒业有限公司(个体经营)
- 上海开源酒业福建分公司
- 新鹭客家糯米酒厂
- 福建泉州南方酒业有限公司
- 福建喜来丁酒业发展有限公司
- 云峰酒业福建分公司

●福建浦城烽军酒业
●福建省长乐市酒厂
●长乐市三 K 酒厂
●福建省玉龙泉啤酒厂
●福建省长乐市文湖酿酒厂
●长乐市潭头元老酒厂
●长乐市潭头天明酒厂
●长乐市潭头双财酒厂
●福建省福清东阁华侨酿酒厂
●福建省平潭县酒厂
●福建省平潭县北厝酒厂
●福建省连江县宏盛酿酒厂
●连江县江南乡连盛酒厂
●福建省连江县龙井酒厂
●连江县春满江酒厂
●连江县黄岐镇连源酒厂
●罗源县国富酿酒厂
●福建省永泰县加饭酒厂
●闽清县酿酒厂
●衢州市楠文酒厂宁德分厂
●宁德市春河综合农业有限公司虎贝老酒厂
●古田县城关林秀惠酒厂
●古田县城关李祥酒厂
●南平市西芹延吉酿酒厂
●南平市延平区闽翔酒厂
●南平市延平区大旺酒厂
●福建省建瓯市平圆酒厂
●浦城县霞光酿酒厂
●邵武李纲酒厂光泽大华分装厂
●光泽县止马酿酒厂
●福建省建阳市绿园果酒厂
●衢州市楠文酒厂武夷山分厂
●武夷山市爽仕颐酒厂
●霞浦县福宁酒厂
●霞浦县福泉酿酒厂
●福建省霞浦县酒厂
●福建省德化县龙乾酒厂
●福建省龙海市津缘泉酒厂
●福建省漳州市黄氏酒厂
●福建省武平县客家淳酒厂
●福建省长汀县三洲杨梅酒厂
●福建惠泉啤酒股份集团公司
●福建省晋江市伊利发酒业有限公司
●福建省晋江市安海安川酿酒厂
●福建省晋江市安海路路发酒业有限公司
●南安市旭山酒业有限公司
●福建惠源啤酒有限公司
●国营南安市康龙酿酒厂
●安溪仙苑酒厂
●安溪县城关畅宾啤酒坊
●福建省安溪县酒厂
●安溪县福前农场酒厂
●福建省德化宝源酒业有限公司
●福建省永春恒升芦柑酒有限公司
●石狮市南星食品有限公司
●石狮市宏江酒业有限责任公司
●福建省石狮市闽川福祥酒厂
●福建省石狮市五星庆兴复制酒厂
●福建省石狮市玉泉酿酒厂
●福建九州映雪啤酒集团有限公司
●青岛啤酒(漳州)有限公司
●芗城区芝山甘泉醇酒厂
●福建九州映雪啤酒集团有限公司酿酒分公司

●漳州政融食品开发有限公司
●地方国营龙海市酒厂
●漳浦县啤酒厂
●漳浦县啤酒有限公司
●漳浦县威士嘉啤酒有限公司
●东山县石水井芦笋酒厂
●诏安县金星酒厂
●诏安县建设化泰酒厂
●诏安县官陂长林酒厂
●南靖县靖城草前酒厂
●南靖和溪雨林酿酒厂
●福建省平和县酒厂
●福建省长泰阿里山酿酒有限公司
●福建龙岩陈缸酿酒有限公司
●福建日月星啤酒有限公司
●三明市三元芙蓉酒厂
●三明市三元区富元酿造厂
●三明市天岩酒厂
●福建省尤溪县青龙啤酒有限公司
●尤溪梅峰饮料食品厂
●尤溪县坂面洪业酿酒厂
●尤溪县沈城酒业公司
●福建省清流县环城酿造厂
●沙县东方板桥酒业有限公司
●福建省沙县沙阳春酒业有限公司
●沙县茂溪酒业有限公司
●夏茂东风酒厂
●永安市贡川酒厂
●福建省大田岩泉啤酒有限公司
●连城县百利食品开发有限公司
●福建省长汀县汀州龙门泉酿酒饮料厂
●长汀县酒类饮料厂
●连城县啤酒有限公司
●长汀县汀州酿造厂
●福建长汀县粮油总公司食品开发公司
●福建麒麟啤酒工业有限公司
●福建省福清市泓发啤酒有限公司
●福建省福州市神达啤酒有限公司
●江南乡连盛酒厂
●福州兴连酿造有限公司
●连江县连江县第一酒厂
●福建省连江长胜酒业有限公司
●福建省连江县龙井酒厂
●福建省连江县酿酒厂
●连江县黄岐镇连源酒厂
●罗源县苏区酿造厂
●罗源县国寿酿造有限公司
●罗源县章光酒厂
●福建省罗源县凤泉啤酒有限公司
●永泰县加饭酒厂
●福建省闽清县瑞盛啤酒有限公司
●福州创威酒业食品有限公司
●闽清啤酒厂
●福建省闽清新农星食品有限公司
●莆田金匙啤酒有限公司
●莆田增益酒厂
●金斗企业有限公司
●福建宁德市贝泉啤酒有限公司
●福建省古田县酒厂
●福建省古田剑溪啤酒有限公司
●地方国营古田县酒厂大桥酒点
●屏南县龙潭庶民酒业有限公司城关营业部
●福建省屏南县甜泉酒厂

●古田县大桥镇康西酒厂
●福建省屏南县酒曲厂
●屏南县龙潭庶民酒业有限公司
●南平市延宏酒业有限公司
●南平天顺酒业有限公司
●延平区黄墩宏辉酿酒厂
●南平市西芹延吉酿酒厂
●建瓯市信德酿造厂
●建瓯市八闽春酿酒有限公司
●建瓯市芝城酒厂
●福建省顺昌县双溪酒业有限公司
●福建省顺昌县酒厂
●福建省顺昌县双叶猕猴桃酿酒有限公司
●福建省邵武市山泉酿酒厂
●福建省邵武市啤酒厂
●福建小方蛇业有限公司
●福建省夏威啤酒饮料有限公司
●福建建阳夏利达酒业有限公司
●福建省建阳市武夷酒业有限公司
●武夷山市乡村自酿啤酒有限公司
●武夷山市大王酒业有限公司
●福建省武夷山市赤诚酒业有限公司
●衢县楠文酒厂武夷山分厂
●武夷山市武夷蛇园
●武夷山市岑威蛇业有限公司
●武夷山市嘉禾酒业有限公司
●福建省泰宁县水南红酒厂
●福建省泰宁县民生酒厂
●福建省泰宁县金湖酒业有限公司
●福建省霞浦东港酒业有限公司
●福安市红福啤酒有限公司
●霞浦县酒厂
●霞浦龙泉啤酒有限公司
●福鼎啤酒厂
●福鼎啤酒厂秦屿车间
●福建省福鼎市建国酿酒厂
●福鼎市硖门酒厂
●福建绿得生物股份有限公司
●福建龙马酿酒有限公司
●福建省东南啤酒限公司
●福建省闽侯县上街金浦酒厂
●福建省闽侯县福隆酿酒厂
●福建翔隆酒业有限公司
●福建省银星啤酒厂
●福建省玉龙泉啤酒厂
●福建南湖酒业有限公司
●福清市福庐山酒业有限公司
●连江县浦口鸿禧酒业有限公司
●罗源县鑫凤酒厂
●永泰县大众青梅果酒厂
●福州太空啤酒有限公司
●福建省闽宏酒业有限公司
●莆田绿森庄园酒业有限公司
●福建雪津啤酒有限公司
●莆田市东南红酒业有限公司
●莆田市年代酒业有限公司
●福建省莆田市医药酒精有限公司
●宁德市德波酒业有限公司
●宁德市蕉城区七都甫权酒厂
●南平市长恒果酒酿造有限公司
●南平市延平区延年红窖酒加工厂
●南平市延平区洋后酿酒厂
●南平市闽桥酒业有限公司
●浦城县利剑酒业有限公司
●邵武市新春酒业有限公司

- 福建省邵武市太白酒业有限公司
- 邵武市雪金花酒业有限公司
- 福建省邵武市李纲酒厂
- 泗阳县洋河曲酒有限公司光泽分装厂
- 福建省建阳市绿园果酒厂
- 建阳市漳墩白鸡仙酒坊
- 福建省宋慈酒业发展有限公司
- 武夷山梅洛酒业有限公司
- 武夷山市世双遗城酒业发展有限公司
- 福建省武夷山市爽仕颐酒厂
- 福安市恒福酒业有限公司
- 亚洲酿酒(厦门)有限公司同安区苏店分厂
- 青岛啤酒(厦门)有限公司
- 厦门市绍江酿酒有限公司
- 福建泉州市春生堂酒厂有限公司
- 福建省晋江市益源酒业有限公司
- 晋江市安海佳兴酒业有限公司
- 福建省泉州市天香酒业有限公司
- 福建燕京啤酒有限公司
- 安溪厦华啤酒有限公司
- 福建省德化龙乾酒厂
- 石狮市宝岛玉泉酒业有限公司
- 泉州市天增德酒业有限公司
- 石狮市银栋酒业有限公司
- 漳州正优酿酒有限公司
- 漳州市芗城茂昌酿酒厂
- 福建省龙海市津绿泉酒厂
- 漳浦县飞燕啤酒有限公司
- 云霄县禾兴酒业有限公司
- 云霄县白石碧峰酒厂
- 漳州市常山禾兴酒业有限公司
- 云霄县银龙酒厂
- 诏安县天源酒业有限公司
- 南靖县金辉酒厂
- 长泰县古农酿酒有限公司
- 龙岩沉缸酒业有限公司
- 龙岩古龙陈缸酿酒有限公司
- 龙岩金陈缸酿酒有限公司
- 福建省龙岩陈缸酿酒有限公司新罗分公司
- 永定金德啤酒有限公司
- 上杭县古田客家米酒厂
- 龙岩市梁野酒业有限公司
- 富元(三明)酿酒有限公司
- 尤溪县城关沈南酿酒厂
- 福建省尤溪县青龙啤酒有限公司
- 尤溪县沈窖酒厂
- 宁化县翠红香酒厂
- 福建省连城县冠泉啤酒有限公司
- 南平市闽雕酿酒厂
- 贵州省仁怀市茅台镇闽台酒厂驻福建办事处
- 福建省福清市纯香酒业有限公司
- 福建省顺昌县绿康庄园酒业有限公司
- 福建省松溪县九龙酒业有限公司
- 国裕酒业(福建)有限公司
- 福建省长汀县长春酒业有限公司

安徽省

- 安徽涡阳酿酒总厂
- 安徽亳州皖酒源酒业有限责任公司

- 安庆市古皖酒业有限公司
- 安徽亳州市古汉坊酒业有限责任公司
- 百年古贡酒业代理中心
- 安徽全椒儒林酿酒业有限公司
- 安徽皖丰酿酒有限公司销售公司
- 安徽元生堂酒业有限公司
- 安徽亳州闯王酒业有限公司
- 安徽淮北市酒厂
- 安徽元生堂酒业有限公司营销部
- 安徽曹操贡酒厂
- 全椒井老四酒厂
- 安徽圣力酿酒有限公司销售部
- 滁洲好人缘酿酒有限公司
- 安徽圣力酿酒有限公司
- 安徽省碧绿春酒业有限公司
- 安徽天长市福祥酒业经营部（五粮液306专卖店）
- 安徽合肥万家缘草莓酿酒有限公司
- 合肥龙东酒业有限公司
- 湖南浏阳河酒业有限公司安徽大区
- 安徽白酒勾兑技术新革命有限公司
- 合肥廉泉白酒有限公司
- 合肥康乐酒业
- 香港嘉仕罗纳啤酒(国际)有限公司合肥营销中心
- 长宁酒业公司
- 合肥喜洋洋酒业有限公司
- 安徽皇驾集团安徽皇驾酒业有限公司
- 吉林市通化市大洋酒业安徽办事处
- 安徽润皖酒业有限公司
- 合肥包公酒业有限公司
- 合肥酿酒技术服务中心
- 古井国际葡萄酒有限公司
- 安徽三笑口酒业营销有限公司
- 安徽三笑口酒业
- 安徽蚌埠皖旺酒业有限公司
- 安徽乳泉石榴酒业有限公司
- 安徽将相和酒业销售有限公司
- 安徽将相和酒业有限责任公司大客户部
- 宜宾五和酒业有限公司
- 芜湖金太阳酒厂
- 芜湖元封酒厂
- 泸州军魂酒业有限公司
- 马鞍山市韩亚酒业商贸有限公司
- 安徽高炉酒业有限公司
- 泸州池窖酒业集团安徽办事处
- 安庆永明(酒业)食品有限责任公司
- 浏阳河酒业枞阳总经销处
- 亳州市十里酒巷酒业有限公司
- 安徽古井宋皇酒业
- 安徽老八大酒业有限公司
- 亳州市金御坛酒业有限公司
- 亳州市三曹酒业有限责任公司
- 皖古酒业
- 亳州市万历酿酒有限公司
- 四川川威酒厂
- 阜阳市神奇保健酒厂
- 安徽盛唐酒业有限公司
- 界首市酿酒厂
- 安徽省阜阳市维纳酒业销售有限公司
- 安徽文王酿酒股份有限公司
- 阜阳市维纳葡萄酒销售有限公司

●涡阳县高炉酿酒总厂
●淮北石台保健酒厂
●安徽口子街酒厂
●安徽濉溪皖香酒厂
●安徽喜酒坊酒业有限公司
●广德中宝酒业有限公司
●安徽省古南丰酒业有限公司
●中宝酒业有限公司
●宁国市宁佳酒业有限责任公司
●安徽省海神黄酒(集团)有限公司
●滁州市龙头酒厂
●合肥瑶海饮料厂
●合肥第二酒厂
●合肥廉泉实业公司
●合肥廉泉白酒有限责任公司
●合肥市庭玉酒业有限责任公司
●合肥瑶海黄酒厂
●合肥琥珀酒业有限责任公司
●合肥红宝露生物工程有限公司
●长丰县酒厂
●长丰县曹庵镇丈王酒厂
●合肥包公酒厂
●肥西县三河镇酒厂
●舒城县舒州酒厂
●安徽龙津啤酒有限责任公司
●安徽龙舒酒厂
●皖西金顺酒业有限公司
●舒城县幸福酒厂
●安徽省舒城县万佛春酒厂
●桐城市木河坊酒业有限公司
●桐城市金谷酒厂
●庐江县金太阳啤酒有限公司
●五丰酒业食品有限公司
●庐江酒业有限公司
●安徽省海神黄酒厂
●陈埠皖兴酒厂
●安徽包河酒业有限公司
●合肥泸窑酒业有限公司
●合肥市肥东缘春酒厂
●安徽古州酒业有限公司
●安徽合肥威震酒业有限责任公司
●安徽省淮南市酿酒食品有限公司
●淮南市顺意饮料厂
●淮南市金阳果酒厂
●安徽省凤台县酿酒有限责任公司
●安徽省凤台县啤酒厂
●淮南市兴达实业总公司大赢家酒厂
●南塘酒业有限公司
●张李乡马郢村酿酒厂
●安徽农垦蚌埠礼品酒厂
●蚌埠市皖酒制造有限公司
●蚌埠市新皖曲酒酿造厂
●蚌埠市圣龙酒业有限公司
●蚌埠市天源酒厂
●凤阳县酿酒有限公司
●安徽省定远县酿酒总厂
●安徽省天井啤酒厂
●安徽省五河县美德股份有限公司
●安徽省五河县酿酒有限责任公司
●怀远县乳泉酒精有限责任公司
●安徽省怀远县大禹酒业有限责任公司
●怀远县大禹酒业有限公司鑫天地果酒分厂
●怀远县孝仪乡井林酒厂
●怀远县红石榴酒厂

●怀远县乳泉酿酒公司
●安徽省怀远县果酒厂
●蚌埠市金泰酒业有限公司
●安徽省怀远龙贡酒厂
●怀远县盛唐清酒厂
●蒙城县庄周酒业有限公司
●安徽蒙城庄子酒业有限公司
●蒙城县漆园镇银河酒厂
●蒙城县庄公酒厂
●陵县旭日酒精厂
●蒙城县思源实业有限责任公司
●绿春徐凯生物研究所
●涡阳县酿酒厂
●涡阳县明珠酿酒有限责任公司
●商炉酒厂
●高炉一酒厂
●高炉老酒厂
●安徽省高炉酒厂
●涡阳县高炉酿酒总厂
●安徽双轮酒业股份有限公司
●固镇县金辉啤酒有限公司
●固镇县酒业酿造厂
●宿州市酿酒有限责任公司
●宿州市呵泉啤酒总厂分厂
●安徽特酒总厂
●安徽省宿州市呵泉啤酒厂
●安徽省宿州市古沱酒厂
●安徽省大泽酒厂
●安徽省贝斯特轻工化学有限责任公司
●安徽安特酒精技术开发公司
●灵璧县酿酒总厂
●安徽省泗县酒厂
●泗县雷音寺酒厂
●泗县小梁乡虹乡酒厂
●濉溪口子酒厂劳动服务公司
●淮北市酒精厂酒厂
●淮北市酒精厂
●淮北啤酒厂
●安徽口子集团
●安徽口子集团二公司
●安徽口子集团一公司
●淮北市惠黎酒厂
●淮北市黄龙葡萄有限责任公司
●淮北市酒厂
●淮北市肖东酿酒厂
●淮北市东方果酒厂
●濉溪县口尖酒厂
●安徽省双口酿酒有限公司
●皖口子集团公司第一劳动服务公司
●濉溪县圣轮酿酒厂
●濉溪县乐口酒厂
●濉溪县古坛酒厂劳动服务部
●濉溪县古口酒厂
●濉溪县封缸酒业有限公司
●安徽省濉溪县古坊酿酒厂
●濉溪县淮海酒厂
●淮北市天惠酒厂
●濉溪县古饶镇老口酒厂
●濉溪县酒厂
●萧县果酒厂
●龙城镇王大庄葡萄酒厂
●安徽省萧县葡萄酒总厂
●安徽省岱河酒业有限公司
●安徽萧县古井双喜葡萄酒有限责任公司

- 安徽省砀山宴嬉台集团有限公司
- 砀山县良梨镇梁贡酒厂
- 安徽省太阳啤酒有限公司
- 阜阳市颍东区果酒厂
- 安徽种子酒总厂
- 安徽省阜阳龙恒酒厂
- 安微金太阳啤酒公司
- 阜阳地王酒业有限公司
- 安徽金种子集团有限公司
- 安徽古井雪地啤酒有限责任公司
- 阜阳地王酒厂
- 阜阳市金种子酒厂分厂
- 阜阳市颍东区正午镇真武龙井酒厂
- 安徽炎黄酿酒总厂
- 颍上县夏桥镇沙北村酒厂
- 阜南县焦陂酒厂
- 阜南县龙泉酒业有限公司
- 阜南县洪福酒业
- 阜南县方集镇康福酒厂
- 阜南县方集镇滨洪酒厂
- 安徽省阜蒙农场酒厂
- 安徽省阜南县阜阳名门酒业有限公司
- 安徽省阜南县许堂乡寿塔酒厂
- 安徽省临泉县曲酒厂
- 安徽文王酿酒股份有限公司
- 安徽沙河王酒厂
- 界首市界首酒厂
- 界首市塔寺酒厂
- 界首市颍泉酒厂
- 沙河王酒厂小黄生产基地
- 太和县银河酒厂
- 太和县粮食酒厂
- 太和县天贸酒精酿造厂
- 太和县银河工贸有限公司
- 太和县粮食酒厂皮条孙分厂
- 安徽省银杏酒业有限责任公司
- 利辛县酿酒有限责任公司
- 利辛县双桥乡庆丰酒厂
- 利辛县巩店镇酿酒总厂
- 恒大酿酒总厂
- 六安市西市酒厂
- 安徽龙津啤酒有限责任公司六安分公司
- 六安市蜂蜜营养饮料酒厂
- 六安市苏泉酒业酿造厂
- 石婆店镇金苗酒厂
- 独山镇同兴酒厂
- 安徽省六安市康圣酒厂
- 天泉酒业有限公司
- 安徽迎驾酒业股份有限公司
- 安徽迎驾酒业股份有限公司曲酒分公司
- 安徽迎驾酒业集团
- 霍山县佛子岭酒厂
- 安徽省恒大酿酒总厂
- 安徽金寨天堂寨酒业有限公司
- 安徽金寨营养米酒酿造有限公司
- 霍邱县汽酒厂
- 巢湖市酒业有限公司
- 巢湖市云峰酒业有限公司
- 安徽省含山县望梅酒厂
- 安徽金太阳啤酒有限责任公司
- 含山县运漕酒业有限责任公司
- 含山县太湖山养鹿场保健酒厂
- 安徽省和县昭明酒厂

●无为县福渡神怡酒厂
●无为县濡江酒厂
●滁州市紫薇泉酿酒有限公司
●圣泉集团滁州酿酒有限公司
●滁州市汇丰酿酒厂
●滁州市瑞允酒业有限公司
●滁州市明贵酒厂
●安徽省碧绿春酿酒有限公司
●来安县方正酒厂
●天长市天酒酒业有限公司
●天岛啤酒股份有限公司
●天长市千秋酿造厂
●天长志刚酒厂
●天长市平安酒厂
●天长市平安镇天缘酒厂
●安徽省明光市啤酒厂
●明光市千里浓酒业有限公司
●安徽省明光酒厂
●安徽省国营潘村湖农酒厂
●全椒县儒林酿酒有限公司
●全椒县万寿饮料厂
●皖东凤凰酒业有限公司
●皖东碧云湖酒业有限公司
●全椒县新桥酒业有限公司
●芜湖市天王酒厂
●芜湖市蜂蜂自然食品有限责任公司
●芜湖长江酒厂
●芜湖市不布告酒业
●芜湖市南山酒厂
●芜湖市兴益酿酒有限责任公司
●芜湖市天门山酿酒厂
●芜湖市三朋酒业有限责任公司
●芜湖市龙潭酒业有限公司
●芜湖楚留香酒业有限公司
●芜湖市鸠兹酒业有限责任公司
●芜湖津源饮料果酒厂
●芜湖市龙垠经济植物特种养殖有限公司
●芜湖市双井酒厂
●芜湖县绚粮王酒酿造厂
●芜湖元封酒厂
●芜湖市金芜湖酒业有限公司
●芜湖县大唐酿酒厂
●宁国府酒厂
●五星乡黄酒厂
●宣州区酒业有限公司
●君乐酒业有限公司
●古泉啤酒有限责任公司
●宣州区鳄鱼湖果酒饮料厂
●安徽省青草湖酒业有限责任公司
●古王酒业酿造厂
●宣城大圣酿酒厂
●宣丰酿造有限责任公司
●宣城市第二黄酒厂
●燕丰黄酒厂
●安徽省宣城市敬亭山啤酒厂
●古泉啤酒厂劳动服务公司
●敬亭山酒业有限责任公司
●宣州区新泉酒厂
●宣牌酒业有限责任公司
●安徽省郎溪县幸福酒业有限公司
●郎溪县古南丰酒业有限公司
●广德县凤井酒业有限公司
●广德县文君酒厂
●广德县新广酒精厂
●宁国市宁阳黄酒厂

●芜湖醉春酿酒有限责任公司
●芜湖永健果酒饮料有限公司
●泾县桃花潭酒业有限公司
●安徽泾县金川鲜啤酿造有限责任公司
●旌德县江村酒业有限公司
●旌德县梓泉酒业有限公司
●黄山市黄山酿酒有限公司
●黄山市黄山区太平酒厂
●黄山市黄山饮料酒厂
●英顺酒厂
●当涂金龙酒业有限责任公司
●当涂县姑溪酒厂
●当涂县围屏乡关马冬炎米酒厂
●当涂县围屏乡关马米酒厂
●马鞍山市绿洲酿酒有限公司
●当涂县恒丰酿酒饮料厂
●市皖江酿酒有限责任公司
●铜陵市铜都啤酒有限公司
●铜陵临津酒业有限责任公司
●铜陵县酒厂
●黄山市绿泉酒厂
●黄山市黄山春酒厂
●黄山市屯溪昱泉饮料厂
●黄山市徽州绍兴黄酒厂
●黄山市徽州区徽宝酒厂
●黄山市鸿雁酒业有限公司
●安徽黄山酒业有限责任公司
●石台县酒厂
●歙县酒厂
●黄山市歙县南方酒厂
●歙县仁义酒业有限公司
●安徽省绩溪县临溪酒厂
●绩溪县大源黄酒厂
●绩溪县大源源泉酒厂
●安徽省绩溪金泉酒厂
●安徽绩溪胡氏宴酒业有限公司
●绩溪县板桥酒厂
●休宁县酒厂
●安徽省休宁县啤酒厂
●休宁县五城镇米酒厂
●安徽省黄山市桃花源酒厂
●祁门县钻子米酒厂
●安庆天柱啤酒有限责任公司
●安庆市酒厂
●安庆市饮料厂
●怀宁县酒厂
●安徽雷池酒厂
●潜山县酒厂
●潜山县天柱山酒厂
●源潭镇百年酒业有限公司
●太湖县长茂饮品有限责任公司
●安徽省宿松县皖蜀春酒厂
●天仙河饮品有限公司
●东至县农家酒家酒厂
●合肥俊峰纯酿酒厂
●长丰县盛唐酒厂
●合肥风泉酒厂
●肥西县三河酒厂
●肥西县三河镇三粮液酒厂
●皖西舒州酒厂
●舒城县龙舒酿酒厂
●安徽舒城万佛湖酒厂
●舒城县万佛山酒厂
●桐城市交通酿酒厂
●桐城市卅铺涨泰酒厂

●桐城市金谷酒厂
●庐江县皖兴酒厂
●鹏程酒厂
●合肥和兴酒厂
●合肥皖东酒厂
●合肥市远洋酿酒厂
●合肥市乾坤酒厂
●淮南市金阳果酒厂
●安徽省风台县中山果酒厂
●安徽省凤台县啤酒厂
●蚌埠市皖红酒厂
●蚌埠市天源酒厂
●蚌埠市皖丰酒厂
●凤阳县小溪河金溪酒厂
●五河县天井啤酒厂
●怀远县瑞龙果酒厂
●怀远县万福镇酒厂
●安徽省怀远龙贡酒厂
●蒙城县银河酒厂
●蒙城县东方酿酒厂
●蒙城县庄公酒厂
●蒙城县皖醇酿酒厂
●涡阳县高炉镇华美酒厂
●涡阳县高炉镇商炉酒厂
●涡阳县高炉镇老井酒厂
●涡阳县高炉镇皖池酿酒厂
●涡阳县高炉镇高沪酒厂
●涡阳县高炉镇老酒厂
●涡阳县高炉镇高炉一酒厂
●涡阳县西阳镇酿酒厂
●涡阳县西阳镇圣泉酿酒厂
●涡阳县西阳镇高炉老井酒厂
●固镇县百忍酒厂
●宿州市永泉酒厂
●安徽省宿州市古沱酒厂
●安徽省泗州酒厂
●泗县川翠酒厂
●泗县刘圩镇酒厂
●淮北市矿泉酒厂
●淮北市惠黎酒厂
●安徽省淮北市濉溪徐口子酒厂
●淮北市东方果酒厂
●淮北市萧东酿酒厂
●淮北市酒厂
●安徽濉溪县古坊酒厂
●濉溪县金池酒厂
●濉溪县淮海酒厂
●安徽省濉溪县乐口酒厂
●濉溪县古口酒厂
●濉溪县北方白酒厂
●濉溪县孙町镇酒厂
●萧县莱斯特葡萄酒厂
●安徽省砀山县太白酒厂
●阜阳市金池酿酒厂
●阜阳市永铸酿酒厂
●阜南县方集康福酒厂
●阜南县滨洪酒厂
●阜蒙农场酒厂
●阜南县于集乡淮河酒厂
●界首市名源酿酒厂
●界首市颖泉酒厂
●界首市塔寺酒厂
●安徽省沙河酒厂
●界首市永方酒厂
●皖界首市老酒厂
●界首市曲酒厂

- 小黄古寺酒厂
- 界首市源芳酒厂
- 太和县银河酒厂
- 太和县北斗酒厂
- 太和县粮食局酒厂
- 利辛县庆丰酒厂
- 亳州市曹贡酒厂
- 亳州市酿酒厂
- 亳州市白达酒厂
- 汤陵李建华编织酒厂
- 曹操贡酒厂
- 三杰酒厂
- 明槐贡酒厂
- 谯城区芦庙镇曹相酒厂
- 谯城区芦庙镇叶士良酒厂
- 亳州市双德酒厂
- 亳州市元化酒厂
- 亳州市双古酒厂
- 亳州市九龙酒厂
- 谯城区芦庙镇杨维民酒厂
- 亳州市曹操酒厂
- 亳州市五粮贡酒厂
- 亳州市里开酒厂
- 宗河酒厂
- 亳州市变洋酒厂
- 安徽亳州武帝酒厂
- 古井镇金五料酒厂
- 亳州市福满门酿酒厂
- 亳州市金霸酒厂
- 亳州市瑞井酒厂
- 天源酒厂
- 亳州市皖品酒厂
- 亳州市第六酒厂
- 亳州市古井中萃酒厂
- 亳州市宋皇酒厂
- 全福酒厂
- 亳州市华夏第一井酒厂
- 张店乡黄楼酒厂
- 六安市蜂蜜营养饮料酒厂
- 六安市西市酒厂
- 六安市圣驾酒厂
- 独山镇同兴酒厂
- 六安市康圣酒厂
- 霍邱县汽酒厂
- 六安市叶集三泉酒厂
- 安徽叶集试验区皖源酒厂
- 霍邱县临水镇古泉酒厂
- 霍邱县临水太祖泉酒厂
- 霍邱县临水镇中华玉泉酒厂
- 霍邱县临水丰华酒厂
- 霍邱县临水明皇宴酒厂
- 巢湖市临湖酒厂
- 安徽省巢湖市望梅酒厂
- 安徽运漕酒厂
- 安徽省和县昭明酒厂
- 和县香泉镇香泉星火酒厂
- 安徽省无为县酒厂
- 安徽省无为县濡江酒厂
- 滁州市红三环酿酒厂
- 滁州市汇丰酿酒厂
- 滁州市衡天酿酒厂
- 滁州市明贵酒厂
- 滁州市金星酒厂
- 来安县方正酒厂
- 明光市四方酒厂
- 明光市第三酒厂

●安徽省明光酒厂纸箱厂
●明光市志祥酒厂
●安徽省明光啤酒厂
●安徽省明光市明城酒厂
●安徽省明光酒厂
●安徽省国营潘村湖酒厂
●明光市柳巷乡浮山酒厂
●明光市恒丰酿酒厂
●昌源酒厂
●全椒县古河镇恒信酒厂
●芜湖市天王酒厂
●芜湖市金砣酿酒厂
●芜湖市皖春酒厂
●芜湖市喜洋洋酒厂
●芜湖市天门山酒厂
●芜湖市龙潭酒厂
●芜湖县津源饮料果酒厂
●芜湖市双井酒厂
●芜湖元封酒厂
●南陵黄酒厂
●安徽省宣城市宁国府酒厂
●五星黄酒厂
●宣城市兴隆酒厂
●宣城市第二黄酒厂
●宣城市燕丰酒厂
●安徽省宣城市亭泉酒厂
●月湾黄酒厂
●旌德县旌阳镇金福王酒厂
●黄山区仙源镇饮料酒厂
●青阳县酒厂
●皖当涂县姑溪酿酒厂
●黄山市屯溪昱泉果酒厂
●黄山市徽州绍兴黄酒厂
●安徽石台县逢春酒厂
●安徽省绩溪县临溪酒厂
●安徽省绩溪县龙须山酒厂
●绩溪县长安镇大源瑞凯酒厂
●绩溪县源溪酿酒厂
●绩溪县长安镇龙川酒厂
●绩溪县大源源泉大酒厂
●绩溪县金泉酒厂
●绩溪县板桥酒厂
●安徽省休宁县黄山酒厂
●安庆市金龙井酒厂
●安徽雷池酒厂
●安徽省潜山县酒厂
●太湖县酒厂
●安庆市皖蜀春酒厂
●枞阳县金山酿酒厂
●安徽互粮酿酒有限公司
●合肥康海酒厂
●合肥瑶海区双新酒厂
●合肥市古河酒厂
●合肥百汇泉酒业有限公司
●合肥鸿运酒厂
●亳州市皖泉酒业有限责任公司合肥分公司
●安徽仲氏酒业有限公司
●亳州市三国酒厂合肥分厂
●安徽皖丰酿酒有限公司
●合肥双凤酒业有限公司
●亳州市金霸酒厂长丰分厂
●合肥风泉酒厂
●肥西县三河镇三粮液酒厂
●合肥三河古镇封缸酒厂
●肥西县三河老六封缸糯米酒厂

●舒城县仁斌饮料酒厂
●华润龙津(舒城)啤酒有限公司
●舒城县龙舒酿酒厂
●安徽杰峰花粉酒业有限公司
●合肥市金河酒厂
●合肥球迷酒厂
●肥东龙岗瑶池酒厂
●合肥市金沙酒厂
●安徽明天酒业有限公司
●合肥市淝河酒厂
●合肥市肥东光明酒厂
●合肥皖派君驾酒厂
●合肥缘春酒厂
●合肥金冠酒厂
●合肥市肥东金江酒厂
●江氏企业(淮南)啤酒有限公司
●淮南市大赢家酒业有限公司
●蚌埠市醒酒酒业有限公司
●安徽古乐堂酿酒有限公司
●蚌埠市三水酒业有限公司
●蚌埠市皖东酒业有限公司
●安徽省丽人酒业有限公司
●蚌埠市瑞丰酒业有限公司
●皖东天泉酒业有限公司
●定远县永康酿酒有限公司
●五河县明溪酒厂
●怀远县瑞龙果酒厂
●蚌埠天翔石榴酒有限公司
●怀远县鹏龙果酒饮品厂
●怀远县茂源酒精工业有限公司
●怀远县地王葡萄酒厂
●安徽省怀远县禹王酒业有限公司
●安徽省怀远县庄园山枣酒厂
●蚌埠市蚌梁酒业有限公司
●涡阳县兴炉酒业有限公司
●涡阳县皖池酿酒厂
●安徽人家酒业有限公司
●涡阳县高炉家酒类销售有限责任公司
●涡阳县天鸿酿酒厂
●蚌埠市皖宝酒业有限公司
●蚌埠市龙城酒业有限公司
●泗洪县虹州酒业有限公司
●宿州市奔腾黄酒酿造厂
●安徽特酒总厂药用乙醇分厂
●安徽宿州华夏酒业(集团)有限公司
●安徽华洋啤酒有限责任公司
●灵璧县馗乡酒业有限责任公司
●灵璧县穗田酿酒有限责任公司
●安徽犟老头酒业有限公司
●安徽华洋啤酒有限责任公司泗县分公司
●安徽淮北相王啤酒有限责任公司
●淮北市龙湖酒厂
●淮北啤酒厂
●安徽省淮北市濉溪徐口子酒厂
●安徽口子酒业股份有限公司
●濉溪县皖溪酒厂
●濉溪县濉洪酒厂
●淮北市环球酒业有限公司
●濉溪县乐口酒厂
●濉溪县口王酒业有限责任公司
●濉溪县金池酒厂
●濉溪县古坊酿酒厂
●濉溪县北方白酒厂
●淮北市今谷缘酒业有限公司

●濉溪县河西酒厂
●濉溪县口贡酒厂
●濉溪县华云酒业有限公司
●濉溪县福泉酒业有限责任公司
●安徽省濉溪县酒厂
●濉溪县口魁酒厂
●萧县天门酒业有限责任公司
●安徽省萧县城关葡萄酒厂
●安徽省萧县鑫康辉葡萄酒业有限责任公司
●安徽省萧县萧雅园葡萄酒厂
●安徽省萧县圣比尔庄园酒业有限公司
●太和县荣禾酒厂
●安徽盛唐封酒业有限公司
●安徽省太和县佳酿酒业有限公司
●利辛县酿酒有限公司银杏酒厂
●安徽亳州西海酒业有限公司
●亳州市老池酒业有限责任公司
●亳州市金三碗酒业有限公司
●亳州市古都酿酒有限责任公司
●安徽酒怪酒业有限责任公司
●安徽省亳州华夏第一井酒厂
●安徽省亳州老君酒业有限公司
●亳州市皖古酒业有限责任公司(筹建)
●亳州市金曹酒业有限责任公司(筹建)
●亳州市盛唐酒厂
●亳州市宗河酒业有限责任公司
●亳州市皖粮贡酒有限责任公司
●亳州市风百合酒业有限公司
●安徽亳州金兴酒业有限公司
●亳州市好运酒业有限责任公司
●亳州市醉倒翁酒业有限责任公司(筹建)
●亳州市仙人掌酒业有限责任公司
●亳州市龙驾酒业有限责任公司
●亳州市谯城区金马(古池)酒业有限责任公司
●亳州市小贡仙酒业有限公司
●亳州市老贡酒业有限公司
●亳州市红遍天酒业有限责任公司
●安徽井中集团酿酒有限责任公司
●亳州市皖丰酒业有限责任公司(筹建)
●亳州市金井酒业有限责任公司
●亳州市晨野酒业有限公司
●亳州市古汉坊酒业有限责任公司
●亳州市九铺香酒厂
●亳州市好酒酒业有限责任公司
●亳州市三杰酒厂
●亳州市谯城区六特酒业有限责任公司(筹建)
●六安市六州酒厂
●安徽古源酒业有限责任公司
●华润龙津(六安)啤酒有限公司
●六安市裕安区五谷香酒厂
●六安市裕安区香宫酒厂
●六安市金安区马头镇李氏酒作坊
●安徽龙津集团六安啤酒有限公司
●六安市裕安区沧海酒厂
●安徽圣驾酒业有限公司
●安徽省六安市圣驾酒厂
●霍山县衡山纯生啤酒酿造有限公司
●安徽迎驾贡酒有限公司

●安徽金典古坊酒业有限公司
●霍邱县临水镇古泉酒厂
●安徽省霍邱县金蓼城酒业有限公司
●叶集试验区皖源酒厂
●六安市叶集三泉酒厂
●安徽省霍邱县金谷酒业有限责任公司
●安徽临水酒业有限公司
●安徽霍邱临水太祖泉酿酒有限公司
●黄山市黄山酿酒有限公司巢湖分公司
●巢湖市云峰酒业有限公司
●安徽运漕酒厂
●安徽省含山县运漕福运酒厂
●安徽省含山县运漕鸿运酒厂
●安徽省和县和酒有限责任公司
●高宇酒业和县有限责任公司
●滁州市好人缘酿酒有限公司
●滁州市红三环酿酒厂
●滁州国兴酒业有限公司
●安徽元生堂酒业有限公司
●滁州市壤泉酿酒有限公司
●滁州三峰酒厂
●滁州市紫薇泉酿酒有限公司定远路分公司
●滁州市明池酿酒有限公司
●滁州市衡天酿酒厂
●滁州醉翁酒业有限公司
●四川省崇州市酒泉酒业有限责任公司滁州分公司
●安徽省古糟坊酒业有限公司
●来安县古糟坊酒厂
●来安县方正酒厂
●天长市和平纯粮液酒厂
●明光市明池酒厂
●安徽省明光市第三酒厂
●明光市四方酒厂
●明光市恒丰酿酒厂
●明光市金樽酒厂
●明光市洪鑫酒厂
●明光市浮山酒厂
●全椒县志诚酒厂
●全椒县椒陵酒厂
●全椒县儒林酒精酿造有限公司
●全椒襄河酒业有限公司
●全椒县恒信酒厂
●芜湖市镜柳泉酒厂
●芜湖弋江酒业有限公司
●芜湖市金鸠兹酒业有限公司
●芜湖市皖春酒厂
●芜湖市香竹林酒业有限公司
●芜湖市立荣酒厂
●芜湖市天门山酒厂
●芜湖金太阳酒厂
●宣城市金伟酒厂
●宣城市宣府酒业有限公司
●宣城市金江南酒业酿造厂
●宣城市诚信酒业有限公司
●宣城市古王酒业酿造厂
●宣城市绿雪井酒业有限公司
●广德县恒威酿酒厂
●安徽宁国宁久酒业有限公司
●宁国市汪继黄酒厂
●宁国市宁阳黄酒厂
●宁国市仙霞酒厂
●芜湖南陵黄酒厂

●安徽省南陵王酒有限公司
●泾县怡仁堂酒厂
●泾县琼浆缘酒厂
●泾县怀仙青梅酒厂
●泾县桃花潭酒业有限责任公司
●安徽省泾县桃花潭酒业有限责任公司
●黄山市黄山区太平酒业有限公司
●黄山区万龙残疾人福利酒厂
●黄山区翁仙东北参茸酒业有限公司
●安徽省青阳九华延顺酿酒有限公司
●安徽九华山酒业有限公司青阳分公司
●安徽省大九华酒业有限公司
●安徽省金九华酒业有限公司
●青阳县黄酒厂
●安徽青阳金九华酒业有限责任公司
●当涂县梅山卧龙酒厂
●安徽紫晶啤酒有限公司
●安徽皖南春酿酒有限责任公司
●铜陵县皖南春酿酒有限责任公司
●铜陵县新桥凤丹酒厂
●安徽省铜陵县顺安镇金山酒厂
●铜陵天井湖酒业有限责任公司
●黄山市绿泉酒厂
●黄山市徽州区糯米老水酒厂
●石台县牯牛降酒厂
●黄山市歙县花果山果酒饮品厂
●安徽省绩溪县龙须山酒厂
●安徽省绩溪县长安镇大源瑞凯酒厂
●绩溪县龙川酒厂
●黄山市云海啤酒有限公司
●黄山市古民居酒业有限公司
●黄山市祁门酒厂
●安庆市烨缜保节神酒厂
●安庆市金福酒厂
●安庆市金龙驾酒厂
●蚌埠市井林酒业有限公司望江分公司
●安徽省全沙酒业有限公司
●太湖县金粮酒业酿造有限责任公司
●重庆啤酒安徽九华山有限公司
●安徽省东至县金泉酒业有限公司
●安徽省池州市陶公酒业有限公司
●武汉凯威啤酒屋有限责任公司合肥马鞍山路餐厅
●武汉凯威啤酒屋有限责任公司合肥长江路餐厅
●安徽国晶酒业有限责任公司茅台专卖店
●安徽国晶酒业有限责任公司
●合肥喜得利酒业营销有限公司
●安徽稻花香酒业有限责任公司
●安徽名坊酒业销售有限公司
●长丰县万家缘纯汁草莓酒厂
●重庆啤酒集团庐江有限责任公司
●合肥久昌酒业有限责任公司
●安徽南唐酿酒有限公司
●蚌埠市国裕酒业食品有限公司
●蚌埠市君王酒厂
●涡阳县福源酒业酿造有限责任公司
●宿州市友谊酒业有限责任公司
●安徽曹溪酒业有限公司
●淮北市绿谷酒业有限责任公司五粮液专卖店
●濉溪县恒盛酒厂

●泗县秋楠酒业经营部
●淮北市淮海酒业有限公司
●萧县飞龙酒业经营部
●萧县红双喜葡萄酒庄园有限公司
●萧县天祥酒业商行
●阜阳市顺和酒业有限公司
●阜阳市嘉和酒业经营部
●华润雪花啤酒(阜阳)有限公司
●安徽中粮发展龙虎尊酒业有限公司阜南分公司
●阜南县焦陂酿酒有限公司
●安徽省金裕皖酒业有限公司
●安徽皖河酒业有限责任公司
●利辛县联邦酒业销售中心
●亳州市金粮贡酒业有限责任公司
●亳州市晨野酒业销售有限公司
●安徽金口酒业销售有限公司
●霍邱县临水三口井酒业销售有限公司
●巢湖市临湖酒厂
●安徽金巢酒业有限公司
●重庆啤酒集团含山有限责任公司
●巢宇酒业有限责任公司
●安徽省和酒王酒业有限公司
●安徽中一酒业有限公司
●滁州古越龙山酒业专卖有限公司
●滁州市扬子江啤酒有限公司
●滁州市元生堂酒业销售有限公司
●滁州市酒泉酒业有限公司
●安徽省来安县醉翁酒业有限公司
●重庆啤酒集团安徽天岛啤酒有限公司
●安徽省明光市中华池酒厂
●芜湖市日月星酒厂
●上海青岛啤酒华东销售有限公司芜湖分公司
●安徽太白亭酒业有限公司
●芜湖半城山水饮料果酒厂
●安徽徽府酒业有限责任公司
●重庆啤酒集团宣城古泉啤酒有限公司
●广德李氏酒业有限公司
●广德晶利酒业有限公司
●安徽省锦龙川酒业有限责任公司
●泾县云岭酒厂
●青阳县同光酒业有限责任公司
●敖汉华海酒业有限责任公司饮品分公司
●马鞍山市大名酒业有限公司.
●马鞍山市天池酒业贸易有限公司
●马鞍山市春茂酒业商贸有限公司
●马鞍山市天帮酒业有限公司
●马鞍山太白酒厂
●马鞍山市新宇酒业有限责任公司
●铜陵鑫金圣酒业有限责任公司
●赤峰佳酿酒厂
●黄山市味之家酒业有限公司
●黄山市状元故里酒业有限公司
●黄山市味之家酒业有限公司

四川省

●四川省内江雄狮酒业有限公司
●四川小角楼酒业有限责任公司
●成都四道诺登酒业有限公司
●美国海因伏特加酒业有限公司

●四川新外交酒业营销有限公司
●天宝洞酒业有限公司成都办事处
●四川阿尔卑斯啤酒制造有限公司
●四川丰粮酒业有限公司
●四川省御蜀坊酒业有限公司市场部
●四川山峰酒业有限责任公司
●成都军区天霸酒业公司
●泸州老坛酒业有限公司
●泸州市纳溪小作坊酒厂
●四川省泸洲明星酒业有限公司
●彭州市农闲酒厂
●成都康壮酒业有限公司
●中国四川省邛崃市金龙酒厂
●成都华兴酒业有限责任公司供应部
●四川省远香御液酒业有限公司
●四川骐骅酒业
●四川省川池酒业集团股份有限公司(原料部)
●四川桃花村酒业有限公司
●五粮液金祥福酒业有限公司
●四川省泸州市喜年喜酿酒有限公司
●四川省荣县红茅烧酒业有限公司
●四川泸洲千钟酒厂
●四川宜宾陈年香酒业有限公司
●成都欣宇酒业有限责任公司
●四川华纳伯度酒业公司
●成都嘉醇酒业有限公司
●四川邛崃市玉溪酒业有限公司
●鑫发酒业公司
●成都新锐酒业有限责任公司
●四川攀枝花市德峰酒厂
●四川省永年镇新兴酒厂
●富顺县芝溪酒厂
●四川旭水酒业有限公司
●付氏羌族酒厂
●江油市君山酒厂
●青岛龙帝葡萄酒业有限公司驻四川办事处
●四川省绵阳市川丰酒业有限责任公司
●云南澜沧江啤酒企业(集团)成都分公司
●成都竹之韵酒业有限公司电子商务部
●四川一辉酒业销售有限公司销售部
●四川万达酒业营销有限公司
●成都市九九酒业公司
●四川生日酒业有限责任公司
●四川五粮液集团成都红火爆酒业有限公司
●泸州国粹酒业有限公司 (成都办事处)
●攀西阳光酒业有限公司
●成都南澳酒业有限公司
●成都乐泉酒业有限公司
●四川省宜兴酒业有限公司
●四川省琨宇实业集团成都红酒业公司
●成都中国人酒业有限责任公司
●成都市甘霖酒业有限公司
●古国酒业
●成都皇家盛世酒业有限公司
●四川中信国安酒业有限公司(品牌管理部)
●四川蚂蚁雄风酒业有限公司
●成都市万山酒业贸易有限公司

- 成都华徽传奇酒业有限责任公司
- 四川古驿桃花酒业有限公司
- 四川成都成特酒厂
- 四川明皓酒业销售有限公司
- 成都武侯区清泉酒厂
- 四川省崇州市东粮酒业有限公司
- 四川国色天香酒业有限公司
- 成都波罗的海啤酒经销有限公司销售部
- 四川省太平盛世酒业有限公司
- 成都波罗的海啤酒经销有限公司西南总代理
- 剑南春酒厂剑南礼四川营销中心
- 成都军区天霸酒业
- 四川省茅五剑酒业有限公司
- 云南澜沧江啤酒企业集团成都分公司青羊片区
- 成都有成酒业有限公司
- 四川九州鸿运酒业有限公司
- 四川成都名牌酒业有限公司
- 成都富贵有余酒业有限公司
- 成都竹之韵酒业有限公司
- 四川泉池酒业有限公司
- 蜀西楼酒厂
- 四川省琨宇集团成都红酒业公司
- 四川华纳伯度酒业有限公司
- 四川金樽酒业有限公司
- 四川施可富酒业有限公司
- 四川盛世东方酒业有限公司（市场部）
- 四川云达酒业有限公司
- 四川省成都市宾来兴酒业有限公司
- 大唐魂酒业公司
- 成都皇家盛世酒业有限公司业务部
- 重庆市垫江县永安梅哂酒厂
- 四川省杨府枇杷酒业有限公司
- 金玉米酒业有限公司
- 四川成都凌晨酒业公司
- 成都市皇威酒业公司
- 成都是洋酒白酒经销批发公司
- 四川成都君威酒业有限公司
- 四川一辉酒业销售有限公司（业务部）
- 四川省健伟酒业有限公司
- 四川成都嘉醇酒业有限公司
- 四川亿龙古潭酒业有限公司
- 四川盛世名典酒业有限公司
- 四川省成都大西部酒业有限公司
- 四川省崇州市川贺酒厂
- 成都市铁血狼酒业有限公司
- 四川成都市蜀西楼酒厂
- 四川省崇州市跃洪酒业有限公司
- 天一酒业
- 四川天彭酒业有限公司
- 成都米兰九鼎酒业公司
- 成都泗兴酒厂采购部
- 成都市大邑县三芬悦酒业有限公司
- 成都泗兴酒厂
- 四川大邑锦和春酒业有限公司
- 华信酒业有限公司
- 四川省百年酒业有限公司
- 黑土地酒业有限公司
- 成都市子云亭酒业有限公司销售部
- 成都市子云亭酒业有限公司
- 四川省沁园春酒业有限公司
- 四川省川王酒业集团

●四川昌华酒业有限公司
●成都市泰丰酒业(集团)有限公司
●四川省贵妃酒业集团有限公司
●四川省大邑满江红酒业公司
●四川龙川酒业公司
●西藏恒源酒业成都酿酒基地
●四川省大邑县民乐酒业有限公司
●金盾酒业有限公司
●四川都江堰古堰红酒业有限公司
●都江堰酒业有限公司
●都江堰五洞天道酒厂
●四川省宜宾高洲酒业有限责任公司
●四川省金酒坊酒业有限公司(川贵酒厂)
●成都刀郎酒业有限公司
●四川省凤凰酒厂
●四川省邛崃市新强酒业有限公司
●四川省邛崃市春江酒厂
●四川省邛崃市金龙酒厂办公室
●四川邛崃市金龙酒厂
●百年老窖酒业有限公司
●醉情人酒业公司
●四川省邛崃市华川葡萄酒有限公司
●四川成都军谷酒业有限公司
●四川蜀汉人酒业销售部
●四川省古蜀坊酒业集团
●四川省万泉春酒业有限公司
●四川省金酒坊酒业集团(川贵酒厂)
●四川省邛崃市川城酒厂
●四川省邛崃市向阳酒厂
●邛崃市蜀凤酒厂
●四川宜府春酒厂销售部
●四川宜府春酒厂
●金龙酒厂
●四川省邛崃市金龙酒厂
●四川省邛崃市川贵酒业集团有限公司
●四川什邡九里春酒厂
●四川金沱牌酒业营销有限公司
●成都天府东宫酒厂
●四川同辉酒业销售有限公司
●四川省泸州市酒厂
●四川绵竹曲酒厂华北办事处
●五粮液集团国杯酒业有限公司
●四川筐泉酒业有限公司
●楚国酒业销售有限公司
●绵竹市竹叶春酒厂
●南充长城双利酒业有限公司
●四川邛崃生春酒业集团淮安总代理
●泗兴酒业集团
●四川泸州国宾酒厂
●四川省泸州神窖酒厂
●四川剑南春集团东方剑酒业公司
●四川川威酒厂
●中国四川华福酒业公司
●五粮液葡萄酒有限责任公司
●宜宾市翠屏区国窖酒厂
●宜宾市辉煌酒业有限责任公司
●宜宾市国邑酒业营销有限公司
●四川省宜宾市叙府酒业有限公司
●宜宾老庄酒业有限公司
●四川宜宾吉鑫酒业有限公司
●四川宜宾恒进酒业有限公司
●宜宾六星酒业有限公司
●峙山酒业有限公司
●天府王酒业有限责任公司

●四川唐池酒业有限公司
●四川省邛崃九里村酒厂
●岳池县西门酒厂
●四川茅五剑酒业有限公司
●攀枝花洪城酒业公司
●绵阳金谷酒业有限公司
●四川省平武县平通镇青梅酒厂
●绵阳市鲁湖酒厂
●四川省燎原酒厂
●四川川沱酒业有限公司
●四川省东方酒业有限责任公司
●四川省大竹县清水酒厂
●四川华蓥山酒业有限责任公司
●四川华蓥山酒业有限责任公司原料部
●四川广安龙女酒业有限公司
●锐丰酒业配送中心
●中国四川仙潭酒厂
●汉家天下酒业有限公司
●泸州酒业玻璃有限公司
●泸州市酒厂
●四川泸州老池酒业集团有限公司
●贵州茅台东方酒业集团四川泸州富贵缘酒业有限公司
●四川活之酿酿酒公社有限公司开拓部
●四川福鼎酒业有限公司
●泸州千钟酒业有限公司
●四川省泸州市客隆酒业销售部
●中国国基酒业有限公司
●泸州一品坊酒业有限公司营销中心
●四川活之酿酿酒公社有限公司营销部属
●四川宜宾巴蜀液酒业有限公司
●泸州江州酒业有限公司
●四川省泸州市国号酒业销售有限公司
●青梅酒业股份有限公司
●四川省泸州市金兴酒业有限公司
●泸州市纳溪区仙龙酒业有限公司
●老泸州酒业有限公司
●中国泸州古池酒业有限公司
●泸州国号酒业销售有限公司（销售部）
●泸州泸沙窖酒厂
●泸洲醇窖酒业有限公司
●泸州滋玉酒业有限公司
●四川泸州网络酒业有限责任公司
●四川泸州江南酒业有限公司
●四川泸州阿梦古窖酒业有限公司
●四川泸州九鼎酒业有限公司
●四川泸州富贵缘酒业有限公司
●泸州泸沱酒业有限公司
●四川泸州市纳溪洞仙酒厂
●四川省泸州五粮液国杯酒业有限公司
●贵州茅台东方酒业集团(泸州)
●富贵缘酒业有限公司
●四川活之酿酿酒公社有限公司
●泸州江南酒业有限公司
●泸州市江阳区石寨白酒厂
●青岛啤酒(泸州)有限公司
●四川泸州蜀大酒业有限公司
●四川唐人酒业有限公司
●泸州润金酒业有限公司泸州池窖
●酒业集团有限公司

●泸州市国基酒业有限公司
●四川.泸州市观兴曲酒厂
●四川泸州酒业有限公司
●泸州御酒酒业有限公司
●泸州天之娇子酒业有限公司
●四川宜宾五黑液酒厂
●四川宜宾金南福酒业有限公司销售部
●华夏春酒业销售有限公司四川分公司
●宜宾市华夏春酒业销售有限公司
●四川宜宾金南福酒业有限责任公司
●四川宜宾长兴酒业公司
●宜宾金盛酒业销售公司
●宜宾名望酒业有限公司
●宜宾市明龙酒业有限公司销售中心
●四川省宜宾市君临酒业销售有限责任公司
●恭喜发财酒业有限公司
●四川宜宾战友酒业有限公司财务部
●四川省宜宾豪雅酒业有限责任公司
●五粮液酒业销售有限公司
●四川宜宾吉盛酒业有限责任公司生产销售部
●四川宜宾吉盛酒业有限责任公司
●四川宜宾金南福酒业有限公司
●四川宜宾战友酒业有限公司
●宜宾富贵缘酒业有限责任公司
●四川宜宾恭喜发财酒业有限责任公司
●四川省资阳市安岳县赵平红矛酒厂
●四川隆昌水酒坊酒业有限公司
●云顶庄园酒业
●内江正源酒业有限公司
●四川省资阳市宝莲酒业有限公司(采购部)
●四川省资阳市宝莲酒业有限公司
●四川省资阳市乘风酒业
●四川省隆昌水酒坊酒业有限公司
●三苏酒业有限公司
●明和酒业有限公司
●眉山市节能酿酒设备厂市场部
●眉山市节能酿酒设备厂
●四川省眉山市仙祥红粮液酒厂
●三苏酒业有限责任公司
●四川眉山龙泉酒厂
●四川雁门酒厂
●四川省雅安市蜀乡酒厂
●康定德喜青稞酒业
●四川省德阳市凤雏酒业有限责任公司
●珍木堂营养酒厂
●成都市大邑龙山花液酒厂销售公司
●四川绵竹天红酒业有限公司
●四川绵竹万利酒业制造公司
●四川省绵竹市齐福酒业有限责任公司
●四川绵竹谷王酒业有限公司
●四川省万家福酒业有限公司
●四川省绵竹市蜀剑曲酒厂
●成都军区九里春酒厂
●双龙酒厂
●成都兴盛酒业有限公司
●物之美酒业有限公司

●君山露酒业
●四川宜宾君临酒业销售有限责任公司销售部
●四川旭昆酒业公司
●仁寿县清水供销社酒厂
●仁寿县满井供销社酒厂
●仁寿县钟祥区供销社始建分社酒厂
●井研县高滩乡酒厂
●井研县集益酒厂
●四川省井研县光大糖酒有限责任公司
●井研县千佛酒厂
●井研县三江金泉酒厂
●三江镇金龙酒厂
●井研县三江镇金仓酒厂
●井研县三江酒厂
●乐山市啤酒厂
●乐山市曲酒厂
●乐山市夹江县酒厂
●夹江县焉江酒厂
●甘江供销社酒厂
●夹江县麻柳乡建乡酒厂
●夹江县三洞酒厂
●峨眉山市龙池液有限公司
●峨眉山市龙池液有限公司龙池分厂
●峨眉山市泉水酒厂
●峨边县刘氏酒业有限公司
●荣丁镇许氏酒厂
●苏坝乡许氏白酒厂
●乐山市庆丰酒厂
●五通贵通酒厂
●乐山市西坝酒厂
●四川永林工业发展有限责任公司
●西昌市金鸡保健制品厂
●西昌啤酒有限责任公司
●会理县城关综合食品厂
●会东县木器社酒厂
●会东县新云酒厂
●会东县堵格粮食酒厂
●会东县新云纯粮白酒厂
●会东县堵格酒厂
●会东县柏岩酒厂
●宁南县俱乐乡酒厂
●宁南县景星乡酒厂
●宁南县披惠酒厂
●宁南县竹寿镇酒厂
●德昌县工贸有限责任公司
●冕宁县石龙乡和平村村办酒厂
●冕宁县酒业有限责任公司
●金阳县依达酒厂
●金阳县洛觉乡酒厂
●美姑县紫参开发有限责任公司
●喜德县火把酒业有限责任公司
●喜德县酒精淀粉厂
●攀枝花市四海实业公司重阳酒厂
●攀枝花市恩威酒业有限公司
●攀枝花市光成葡萄酒厂
●攀枝花市仁和区永富酒厂
●攀枝花市攀欣醇酒厂
●攀枝花市攀泸酒厂
●攀枝花市仁和区光明酒厂
●攀枝花市康美诗葡萄酒厂
●攀枝花市宇森酒业有限责任公司
●攀枝花市聚宝芦荟产品开发研究所
●攀枝花市西区大水井酒厂
●攀枝花市西区陶家渡酒厂

●攀枝花市西区陶家渡酒厂花山门市部
●攀枝花市西区玉泉酒厂
●攀枝花市西区云昌酿酒厂
●重庆啤酒攀枝花有限责任公司
●盐边县惠民乡天然食品厂
●盐边县岩口荞子酒子厂
●德阳市旌阳区东河乐安酒厂
●德阳市旌阳区孝感共和酒厂
●德阳市万兴曲酒厂
●四川德阳市丰各酒业有限公司
●四川省剑南春股份有限公司德阳分部
●德阳市宝德清酒厂
●德阳市崴螺酒厂
●德阳市旌阳区杨嘉楠院酒厂
●德阳市满江红酒厂
●德阳市旌阳区孝泉金鸡酒厂
●德阳市旌阳区孝泉镇七郎酒厂
●德阳市孝泉曲酒厂
●德阳市旌阳区孝泉白酒厂
●四川省德阳市熙海曲酒厂
●四川省德阳市天然保健食品厂
●德阳市旌阳区孟家乡高地村酒厂
●德阳市旌阳区孟家镇富贵村酒厂
●德阳市旌阳区袁家双江酒厂
●德阳市旌阳区黄许食品厂
●德阳市旌阳区孟家乡文化村食品综合加工厂
●德阳市蜀仙精酿曲酒厂
●德阳市酒精厂
●德阳市旌阳区孟家酒厂
●袁家镇双林二组肖绍荣酒厂
●德阳市旌阳区孟家乡新园酒厂
●德阳市明泉酒业有限公司
●四川长河酒业酿造有限公司
●兴隆三安酒厂
●柏林名泉酒厂
●石笋乡明君酒厂
●四川省绵竹剑南春酒厂
●四川省绵竹市大地红酒业有限公司
●四川省绵竹市谷王酒厂
●绵竹万利酒业制造有限公司
●四川省绵竹市醇酒厂
●四川省剑南春股份有限公司
●四川省绵竹市西城曲酒厂
●四川绵竹锦春酿酒厂
●绵竹市西南酒厂
●四川省绵竹市宏富商贸公司
●四川省绵竹曲酒厂
●四川省绵竹市玉妃酒厂
●绵竹酒类科技服务公司
●绵竹市金泉酒厂
●绵竹龙春酒业有限公司
●绵竹名星酒类有限公司
●四川剑南春集团有限责任公司
●四川绵竹市川绵酒厂
●绵竹市雪珍珠酒业有限公司
●四川省绵竹绵城曲酒厂
●绵竹市严仙酒厂
●四川绵竹三益和老酒厂
●四川省绵竹市竹茅春酒厂
●四川绵竹福源酒类有限责任公司
●四川省绵竹市剑曲酒厂
●四川省绵竹市竹江春酒厂
●四川省绵竹五福酒厂

●绵竹凉水井酒厂
●绵竹市齐福酒业有限责任公司
●绵竹市明贵酒业有限公司
●四川省绵竹鸿志酒业有限责任公司
●绵竹市板桥镇五星曲酒厂
●绵竹市孝德酒厂
●绵竹市新兴酒业有限责任公司
●四川省绵竹酒精厂
●绵竹市剑西酒厂
●绵竹市九龙酒类有限责任公司
●四川省绵竹市天泰酒类有限责任公司
●绵竹市常青酒业有限责任公司
●四川省绵竹市竹绵曲酒厂
●四川省绵竹九龙双剑酒厂
●绵竹市宣公曲酒厂
●绵竹市益春酒厂
●四川省绵竹市竹宣酒厂
●四川省绵竹竹叶酒厂
●四川省绵竹市正兴酒业有限公司
●四川省绵竹市大圣酒厂
●绵竹市土门白鹤酒厂
●四川省绵竹市蜀丰酒厂
●绵竹市广济镇鸡心酒厂
●四川省绵竹市绵纯酒业制造
●四川省绵竹市宏威酒厂
●四川绵竹绵春贡酒厂
●广汉市新燕有限责任公司
●四川天龙酒业有限公司
●四川三星堆名酒酒业有限公司
●四川省广汉市酒精厂
●四川膨化发酵研究所
●广汉市恒强酒业有限责任公司
●广汉市北外乡高桥酒厂
●四川广汉丰盛酒厂
●四川波依酒业有限责任公司
●广汉市金雁酒业有限责任公司
●广汉市金雁第一油厂
●广汉市酒业有限公司
●四川省广汉市曲酒厂有限公司
●广汉市常乐春酒厂
●四川省威风霸曲酒厂
●广汉市湔江曲酒厂
●广汉市杜春液酒厂
●四川省广汉市锦福酒厂
●三星堆古酒厂
●四川万特酿制有限公司
●什邡市皂角镇酒厂
●四川省什邡市酒厂
●什邡市元石镇白酒厂
●四川蓝剑(集团)有限责任公司
●四川省什邡市四平酒厂
●四川蓝剑股份有限公司
●四川什邡市江金实业公司
●四川蓝剑啤酒有限公司
●什邡市皂角太安酒厂
●什邡市八角镇龙安酒厂
●什邡市红白镇陈岗酒厂
●四川省什邡市玉马酒厂
●什邡市隐丰镇福田酒厂
●什邡市两路口镇银桥村酒厂
●德阳市维特葡萄酒厂
●四川省什邡市清泉酒业有限责任公司
●四川什邡九里春酒厂
●四川省德阳市豪派实业有限公司

●四川省罗江县玉粮酒厂
●德阳市罗江县绵江曲酒厂
●德阳市蟠龙盐渍食品厂
●德阳市罗江县同绵酒业有限公司
●罗江县金山镇金裕酒厂
●德阳市万盛堂酒厂
●罗江县大井酒厂
●罗江县新盛镇彭氏酒厂
●眉山市东坡区诗书城酒业有限公司
●眉山市东坡区柳圣乡桂花村酿酒厂
●眉山市东坡区柳圣乡酒厂
●眉山市东坡区永寿镇老酒厂
●眉山市东坡区蟆颐酒厂
●眉山市东坡区仙祥红粮液酒厂
●眉山市东坡区海珠酒厂
●眉山市东坡区伏东乡酒厂
●眉山市东坡区明和酒业有限公司
●丹棱县龙井酒业有限公司
●四川省丹棱县双桥福利院酒厂
●丹棱县曲酒厂
●丹棱县仁兴乡大田坎村酒厂
●洪雅县三宝酒厂
●洪雅县花溪镇白坪酒厂
●洪雅县花溪镇张沟酒厂
●洪雅县花溪镇张沟酒厂二厂
●青神县南城镇鹏源酒厂
●四川省金兴食品有限公司
●青神县鑫隆酒厂
●仁寿县粮丰酒厂
●仁寿县蜂蜜酒厂一分厂
●仁寿县明辉实业有限公司群养殖酒厂
●仁寿县龙正镇水利实业公司
●仁寿陵阳供销社宝马酒厂
●仁寿县龙正供销社酒厂
●仁寿县双龙水利实业有限公司酒厂
●仁寿县文宫供销社十四门诊部
●仁寿县板燕乡酒厂
●仁寿县宝飞白酒厂
●仁寿县龙马食品站酒厂
●仁寿县付加供销社酒厂
●仁寿县酒鑫实业有限公司
●仁寿县齐家乡清明村酒厂
●仁寿县谢安乡电站酒厂
●仁寿县龙凤乡酒厂
●仁寿县龙凤乡饮料厂
●仁寿县禄加供销社酒厂
●仁寿县钟祥镇酒厂
●仁寿县彰加供销合作社慈航酒厂
●四川省彭山县酒厂
●四川省彭山县国营大佛酒厂
●四川省彭山县长寿酿酒业有限公司
●四川省彭山县寿乡酒业有限责任公司
●彭山县飞煌工贸有限公司
●彭山县谢家镇雷山曲酒厂
●四川省绵阳丰谷酒业有限公司
●涪城区塘汛镇涪沿村三社酒厂
●绵阳市涪城区友谊酒厂
●绵阳市涪城区龙溪酒厂
●绵阳市游仙区魏城镇酒厂
●绵阳市绵州酒业有限公司
●绵阳市涪城区川府酒厂
●游仙区刘家镇三圣酒厂
●绵阳市涪城区关帝镇农机水电管理服务站酒厂
●绵阳市太公酒厂

●游仙区太平乡酒厂
●三台县丰谷酒业有限公司
●绵阳三台县年年春麦冬酒厂
●绵阳市乾龙酒业有限公司
●三台县余生肖青竹酒厂
●绵阳市明朗春酒厂
●三台县凯南酒厂
●三台县八洞镇矿泉酒厂
●三台县凯河镇天太酒厂
●三台县塔山镇吴贾酿酒厂
●四川省绵阳三元酒厂
●三台县万安镇龙凤食品酿造厂
●三台县新生桂林酒厂
●四川省三台县太绵酒厂
●盐亭县弥江酒厂一分厂
●盐亭县宗太酒厂
●盐亭县弥江酒厂
●盐亭县和酒企业精酿厂
●盐亭县家府油厂
●盐亭县张飞宴酒厂
●盐亭县八角镇林生酒厂
●盐亭县五龙酒厂
●盐亭县高灯酒厂
●江油市太平镇会昌酒厂
●江油市林泉酒厂
●江油市孟府酒厂
●江油市涪江酒厂
●江油市马家酒厂
●江油市武都酒厂
●江油市大康酒厂
●江油市含增酒厂
●江油市太白酒业有限公司
●江油市吞口粱酒厂
●江油市力阳特种蚂蚁养殖加工厂
●江油市玉河曲酒厂
●江油市巷子深酒厂
●四川省江油市李白故里酒厂
●江油市二郎庙酒厂
●江油市顺东白酒厂
●梓潼县文兴乡盘龙酒厂
●四川千佛曲酒厂
●四川省梓潼县石牛酒厂
●梓潼县燕安酒厂
●平武县报恩酒业有限公司
●平武县坝子乡邓氏酒厂
●平武县坝子乡德文酒厂
●平武县坝子乡大勇酒厂
●平武县坝子乡山泉酒厂
●平武县阔达酒厂
●安县溢鑫酒厂
●安县绵安酒厂
●安县安神酒厂
●安县川西 819 曲酒厂
●安县秀水丰谷酒业有限公司
●安县沸水沸泉曲酒厂
●安县永河酒厂
●安县睢水曲酒厂
●安县高川乡东流酒厂
●安县迎新乡小学酒厂
●北川县桂溪乡金宝酒厂
●北川县都贯乡都坝酒厂
●北川县曲山酒厂
●汶川禹王酒业有限责任公司
●汶川县雁门乡酒厂
●松潘县青云乡酒厂
●雪山青稞咂酒厂

●松潘县岷江乡酒厂
●松潘县大姓乡酒厂
●黑水县猛河酒业有限责任公司
●雅安啤酒有限公司
●雅安市雨城区沙坪镇景春酒厂
●雅安市沙坪镇酒厂
●雅安市沙坪酒厂
●雅安市雨城区沙坪镇白云酒厂
●四川省名山县龙兴酒厂
●四川正大食品有限公司名山葡萄酒厂
●四川省名山县天龙酒厂
●名山县川贡酒业有限公司
●四川万贯酒业有限公司
●名山县洞泉酒厂
●蒙阳镇紫霞酒厂
●名山县盛泉酒业有限公司
●名山县蒙山酒业有限公司
●名山县龙潭酒业有限公司
●名山县西部村酒厂
●名山县新鸿酒厂
●名山县先明酒厂
●名山县宜源酒厂
●四川省名山县红光酒厂
●四川省名山景峰酒厂
●雅安天江老龙口酿造有限公司
●名山县凉水村酒厂
●四川省千年不倒酒业有限公司
●四川省蜀乡酒业有限公司
●名山县联江乡酒厂
●名山县红星酒厂
●名山县龙江酒厂
●名山县玉峰泉酒业有限公司
●名山县天潭酒业有限公司
●名山廖场智宏酒厂
●四川省名山县金盛堂酒厂
●名山廖场川沛酒厂
●名山廖场老陈酒厂
●名山县文君酒业有限公司
●名山县鸿晏酒厂
●名山县御林醇酒业有限公司
●名山县川竹酒业有限公司
●名山县雅女春酒业有限公司
●名山县马岭峨山酒厂
●名山县天马酒厂
●四川省名山县蜀新酒厂
●四川省名山蜀粮液酒厂
●荥经县第二酒厂
●荥经县烈太乡东升酒厂
●四川雅斯曼樱桃庄园酒业有限公司
●四川省天全县酒厂
●天全县鱼泉乡宋仕国酒厂
●天全县鱼泉乡青元酒厂
●天全县鱼泉乡干河酒厂
●天全县鱼泉乡联合酒厂
●天全县茂森酒厂
●康定县康巴汉子酒厂
●炉霍县青稞酒厂
●新龙县绿色食品有限公司
●雅江县雅砻青稞酒业有限责任公司
●理塘县青稞酒厂
●稻城县桑吉卓玛有限责任公司
●广元陵江春酒厂
●广元市溶剂厂
●四川省广元市蜀宁酒厂
●四川省广元市武媚娘实业有限公司

●广元仪陇川酿酒厂
●广元市武后酒业有限责任公司
●广元市宝发酒业有限公司
●广元市曲酒厂
●广元浙江飞渡啤酒有限责任公司
●广元市女皇酒厂
●麻柳乡乔田村三组刘友荣酒厂
●市朝天区羊木酒厂
●四川省广元利州春酒业有限责任公司
●广元市九龙鹿血酒厂
●广元市元坝区虎跳酒厂
●青川县孔溪乡酒厂
●青川县酒厂
●青川县沙洲镇三堆村酒厂
●青川县姚渡镇王爷庙酒厂
●青川县板桥乡上马酒厂
●青川县桥楼酒厂
●青川县青溪镇古镇酒厂
●青川县青溪糖酒公司酒厂
●青川县青溪镇酒厂
●青川县苏河乡酒厂
●青川县石坝酒厂
●青川县凉水镇酒厂
●青川县关庄酒厂
●青川县大院乡酒厂
●旺苍县粮油食品有限公司
●旺苍县川良王酒业有限公司
●旺苍县川北王集团有限公司
●旺苍县凤凰酒厂
●旺苍县三江镇三江酒厂
●旺苍县水磨乡酒厂
●旺苍县白龙酒厂
●四川省旺苍县英萃酒厂
●四川省剑阁县酿酒有限公司
●剑阁县高观乡酒厂
●四川省剑阁县酿酒有限公司剑门关分公司
●四川省剑阁县酿酒有限公司江口分公司
●剑阁县江口镇陵丰酒厂
●剑阁县江口镇酒厂
●剑阁县木马镇酒厂
●剑阁县江口镇颜家角酒厂
●剑阁县柏垭酒厂
●四川省剑阁县酿酒有限公司白龙分公司
●剑阁县白龙镇槐树酒厂
●四川省剑阁县酿酒有限公司公兴分公司
●剑阁县成就酒业有限责任公司
●苍溪县江南镇兴旺酒厂
●四川省苍溪县溪云酒厂
●苍溪耕之灵酒业分公司
●苍溪县回水白酒厂
●苍溪县回水酒厂
●四川省苍溪县武当酒厂
●苍溪县伏公乡酒厂
●苍溪县伏公乡东风村酒厂
●苍溪县闫家沟水库酒厂
●苍溪县文家角水库酒厂
●苍溪县文昌镇酒厂
●苍溪县双田乡酒厂
●苍溪县玉皇宫酒厂
●苍溪县石马镇月尔酒厂
●四川省蓬溪县蓬山酒业有限公司

●蓬溪县赤城酒业有限公司
●蓬溪县新星乡酒厂
●蓬溪县蓬南茂常酒厂
●射洪县大榆酒厂
●射洪县洋溪酒厂
●四川省射洪县松钦酒厂
●射洪县子昂曲酒厂
●四川沱牌集团有限公司
●射洪县太乙镇酒业有限公司
●射洪县太乙红高粱酒厂
●射洪县潼射镇农机站酒厂
●四川沱牌曲酒股份有限公司
●大英县酒厂
●大英县河边镇勇权酒厂
●大英县河边酒厂
●大英县象山镇银河酒厂
●大英县象山镇合平酒厂
●大英县金元乡酒厂
●达州市通川区金峰贸易有限公司
●四川蓝剑集团达州啤酒有限公司
●新疆和田市蒲江红酒厂驻达分厂
●达州市通川区果酒厂
●达州市诗意召酒厂 (达州市调味品厂)
●达县明江酒厂
●四川省达县通川酒业有限公司
●国营达县通川酒厂
●达县赵家镇酒厂
●国营达县副食品厂
●国营达县酒厂
●达州市通川区罗江镇酿酒坊
●达州市通川区湖南小灶高粱酒坊
●达州市通川区有力村酒厂
●达州市通川区东岳酒厂
●达州市通川区魏兴镇酒厂
●达县虎让德兴酒厂
●达县虎让酒厂
●达县石梯酒厂
●达县第三酒厂
●四川省国营大竹县酒厂
●大生县清水镇酒厂
●大竹县红莲曲酒厂
●大竹县庙坝酒厂
●大竹县牌坊乡酒厂
●大竹县欧家镇酒厂
●大竹县石龙乡企业酒厂
●大竹县东柳乡汇河村酒厂
●大竹县余家乡酒厂
●大竹县石桥铺镇刘康娃酒厂
●渠县平安综合厂
●四川渠县金标果酒业有限公司
●渠县曲酒厂
●四川东方酒业有限公司
●渠县蒙山酒厂
●渠县四季呷酒厂
●渠县呷酒厂
●渠县板桥乡金玉村酒厂
●渠县板桥乡宏发金玉村酒厂
●渠县巨光乡企业酒厂
●渠县岩峰酒厂
●渠县水口乡企办酒厂
●渠县岩峰乡酒厂
●渠县汉碑乡黄桷酒厂
●渠县汉碑乡湖家酒厂
●渠县水口乡综合厂
●渠县千佛乡昌安酒厂

●渠县千佛酒厂
●渠县安北乡综合厂
●渠县任家乡龙宫酒厂
●渠县土溪酒厂
●渠县土溪天堂酒厂
●渠县汉阙酒业有限公司
●渠县河西乡酒厂
●渠县临巴酒厂
●渠县锡溪酒厂
●渠县保和农贸酒厂
●渠县琅琊观龙酒厂
●渠县保和金桥酒厂
●渠县保和乡酒厂
●渠县嘉禾酒厂
●渠县屏西乡龙泉酒厂
●渠县屏西乡金杯酒厂
●渠县屏西乡酒厂
●渠县金锣乡酒厂
●渠县观龙乡酒厂
●渠县新市乡酒厂
●渠县建国乡芭焦村酒厂
●渠县建国乡宏达养殖场
●渠县邓坪酒厂
●渠县国营静边酒厂
●渠县静边乡余氏酒厂
●四川小角楼酒业有限责任公司
●四川省江口醇酒业集团
●巴州区金丰酒厂
●巴州区化湖曲酒厂
●巴州区梁永镇鲜正桂酒厂
●巴州区梁永镇酒厂
●巴州区曾口镇酒厂
●巴州区石城乡酒厂
●巴州区青木镇酒厂
●巴州区花丛镇曲酒厂
●宣汉县三河乡白酒厂
●宣汉县西泉酒厂
●宣汉县柳池乡酒厂
●宣汉县柳池乡甘龙村酒厂
●宣汉县三桥实业开发公司酒厂
●宣汉县双河酒厂
●宣汉县凤鸣乡酒厂
●宣汉县隘口乡酒厂
●宣汉县清坪乡酒厂
●宣汉县清溪镇白酒厂
●宣汉县老君乡一村酒厂
●宣汉县下八乡凉水井酒厂
●宣汉县下八乡酒厂
●宣汉县黄龙乡企办酒厂
●宣汉县下八乡张怀明酒厂
●宣汉县茶河乡向道高酒厂
●宣汉县上峡乡天池龙泉酒厂
●宣汉县平楼乡邓先贵酒厂
●宣汉县茶河乡马宁酒厂
●宣汉县茶河乡向守安酒厂
●宣汉县上峡乡酒厂
●宣汉县平楼乡罗安茂酒厂
●宣汉县上峡乡康权酒厂
●宣汉县塔河乡邓宗安酒厂
●宣汉县茶河乡向小林酒厂
●宣汉县塔河乡全兴酒厂
●宣汉县平楼乡何明武酒厂
●宣汉县五宝镇乡镇企业酒厂
●宣汉县双柏乡柿树村酒厂
●宣汉县樊哙镇金花村周德清酒厂
●宣汉县樊哙镇粮站酒厂

●宣汉县樊哙镇锁口村崔文祥酒厂
●宣汉县漆树乡长城村酒厂
●宣汉县樊哙镇高台村宋定万酒厂
●宣汉县三墩乡酒厂
●宣汉县漆树乡长城村王青宽酒厂
●宣汉县樊哙镇街道崔明亮酒厂
●宣汉县桃花乡酒厂
●宣汉县观山乡酒厂
●宣汉县峰城镇酒厂
●开江县黄泥酒厂
●开江县明月坝村酒厂
●四川省开江县酒厂
●开江县红庙村酒厂
●开江县宝塔坝玉皇观酒厂
●开江县回龙镇张光年酒厂
●开江县长田乡青龙贸易公司
●开江县天师镇白果村酒厂
●开江县沙坝场乡永红酒厂
●开江县灵岩乡分水岭村酒厂
●开江县灵岩乡李家嘴村酒厂
●开江县沙坝场乡桥头酒厂
●开江县沙坝场乡白马庙村酒厂
●开江县沙坝场乡粮管所酒厂
●开江县永兴镇陈永忠酒厂
●开江县沙坝场永安酒厂
●开江县永兴镇方世玖酒厂
●开江县沙坝场乡周河酒厂
●开江县讲治镇企业酒厂
●开江县天师镇朱家坝村酒厂
●万源市徐公酒业有限公司
●平昌县天府饮料厂
●平昌县渭泉曲酒厂
●平昌县白衣酒厂
●平昌县长友酒厂
●平昌县笔山粮油经营公司酒厂
●平昌粉壁乡酒厂
●南江县曲酒厂
●南江县盼康酿酒厂
●南江县洛坪酒厂
●南江县花桥乡酒厂
●南江县红星乡黄柏垭酒厂
●通江县良种场酒厂
●通江县得汉城酒业有限责任公司
●通江县沙溪镇酒厂
●南充市猴头蜜酒厂
●南充市金尊酒厂
●金珠实业有限公司
●四川省南充曲酒厂
●南充市高坪区胜观农机站酒厂
●南充市高坪区回龙酒厂
●南充高坪区阙家酒厂
●嘉陵区金凤镇酒厂
●嘉陵区龙岭酒厂
●嘉陵区安平金凤唐家酒厂
●南充市金河曲酒厂
●西充县占山乡通成酒厂
●川沱酒业有限责任公司
●西充常林五里店酒厂
●四川西充汉仁酒厂
●西充县李桥乡麒麟酒厂
●南充长城绿色食品有限责任公司
●凤鸣镇大树酒厂
●西充县西碾乡龙洞酒厂
●四川省安凤酒厂
●西充川祖庙酒厂
●南部县塔山酒厂王家分厂

●南部县塔山酒厂
●南部县塔山酒厂伏虎分厂
●南部县塔山酒厂建兴分厂
●南部县塔山酒厂大坪分厂
●南部县塔山酒厂升钟分厂
●南部县义丰乡酒厂
●南部县李家垭酒厂
●南部县鸿雁酒厂
●南部县东坝镇昌隆酒厂
●南部县河坝镇酒厂
●南部县富利镇庞氏酒厂
●四川阆苑酒业有限公司
●仪陇县银明黄酒有限责任公司
●仪陇县福临建设酒厂
●仪陇县碧泉乡酒厂
●仪陇县弘光实业有限公司
●仪陇县五粮酒厂
●仪陇县迎春酒厂
●仪陇县灯塔乡企业酒厂
●仪陇县炬光乡酒厂
●仪陇县兴欣酒厂
●仪陇县新政永胜酒厂
●营山县茶盘乡酒厂
●营山县金葫酒厂
●营山县骆市镇平滩酒厂
●营山县带河乡梦雅酒厂
●营山县带河梦雅酒厂二车间
●营山县龙伏乡酒厂
●营山县龙伏乡志雄酒厂
●营山县龙伏全民酒厂
●营山县玲珑乡宗祠村酒厂
●营山县回龙镇楠庙酒厂
●营山县增产乡酒厂
●营山县高码乡酒厂
●营山县绿水镇桂林酒厂
●营山县绿水镇杨林综合加工厂
●广安市广安区渠江酒业公司
●广安市广安区平桥酒厂
●广安市广安区杨坪乡酒厂
●广安市广安区兴平镇经理部酒厂
●广安市广安区消河乡酒厂
●广安市广安区肖溪镇酒厂
●广安市广安区石笋镇商业路酒厂
●广安市广安区观塘镇朝寨村酒厂
●广安市广安区观塘镇石莲酒厂
●广安市广安区观塘镇三台酒厂
●广安市广安区代市镇综合经营部
●广安市广安区代市镇综合经营部拱桥酒厂
●广安市广安区观阁企业酒厂
●广安市广安区小井开仕酒厂
●广安市广安区前锋镇得胜酒厂
●广安市广安区观阁镇狮子岩酒厂
●广安市广安区小井乡大良酒厂
●南充相如酒业有限责任公司
●蓬安县金溪镇洪星酒厂
●蓬安县石梁乡沿江酒厂
●蓬安县锦橙酒厂
●蓬安县凤石乡酒厂
●蓬安县兴旺镇酒厂
●岳池县乔家镇酒厂
●岳池县白庙酒厂
●岳池县排楼乡酒厂
●岳池县龙孔镇白酒厂
●岳池县嘉陵乡石盘堰酒厂
●岳池县秦溪镇酒厂

●岳池县普安镇酒厂
●岳池县顾县高桥酒厂
●岳池县顾县北桥河酒厂
●岳池县苟角镇酒厂
●岳池县天平镇蒋山镇村酿酒厂
●岳池县苟角镇白云观村酒厂
●岳池县苟角镇大梨树村酒厂
●四川蓝剑广安啤酒有限公司
●武胜县盛发实业有限责任公司
●武胜县四新曲酒厂
●武胜县鼓匠乡永红酒厂
●武胜县齐波酒厂
●武胜县鸣钟乡酒厂
●武胜县乐善酒厂
●武胜县双星酒厂
●武胜县龙庭乡酒厂
●武胜县双星乡张家滩酒厂
●武胜县猛山乡断桥酒厂
●武胜县清平镇酒厂
●武胜县胜利镇酒厂
●武胜县龙女镇龙女村酒厂
●武胜县飞龙镇酒厂
●邻水县天地玉酒厂
●邻水县曲酒厂
●邻水县延春仙酒厂
●邻水县普新川龙酒厂
●邻水县甘坝乡兵站酒厂
●邻水县两河乡企业酒厂
●邻水县袁市镇企业酒厂
●邻水县复盛乡酒厂
●邻水县石永镇兴盛街酒厂
●邻水县石永镇文兴居委会酒厂
●邻水县石永供销社酒厂
●邻水县荆坪乡酒厂
●内江市惟康酒厂
●内江山山药业有限责任公司
●内江市智慧神酒厂
●四川省内江雄狮酒业有限公司
●四川内江黎山酒精厂
●内江市全安永鹏酒厂
●东兴区富隆柳桥酒厂经营部
●内江市东兴区田家酒厂
●东兴区同福乡酒厂
●苏家乡高粱酒厂
●东兴区高梁镇飞虹桥酒厂
●东兴区郭北酒厂
●东兴区三溪酒厂
●东兴区高桥开富酒厂
●东兴区高桥酒厂
●碑南李忠贵酒厂
●东兴区碑南酒厂
●四川鸿展物资有限责任公司
●四川省资阳宝莲酒业有限公司
●四川省资阳四海实业有限公司
●资阳市凉水井酒厂
●资阳市雁江区迎接镇联营酒厂
●兴安县界首镇镇下街酒厂
●资阳市雁江区忠义镇白酒酿制厂
●资阳市培德酒厂
●资阳市雁江区伍隍镇兴茂酒厂
●资阳市紫微酒厂
●四川省简阳市仙珠酒业有限公司
●简阳市青龙酒厂
●简阳东溪酒厂
●简阳市简城镇高屋村酒厂
●简阳市发发酒类贸易有限公司

●四川省简阳曲酒厂
●简阳市花凤酒厂
●简阳市双酒水厂
●简阳市东溪酒厂
●吉林省爱林天然滋补品厂简阳康洋分厂
●四川奥盾(集团)有限公司
●简阳市正吉食品厂
●四川省简阳市酒厂
●简阳市石桥镇酒厂
●简阳市石盘镇斑竹酒厂
●简阳市江源酒厂
●简阳市芦葭镇综合经营部
●简阳市芦葭镇酒厂
●简阳市雷家乡酒厂
●四川省简阳三岔湖酒厂
●简阳市石板凳镇莲花酒厂
●四川省乐至县酒业有限公司
●乐至县福泉酒厂
●乐至县劳动镇酒厂
●四川省乐至县五台山酒厂
●乐至县回澜镇涌泉酒厂
●四川省乐至县万安村酒厂
●乐至县金大酒石厂
●翘脚村酿造厂
●乐至县燕子村酒厂
●大佛镇东禅街村酒厂
●乐至县良安杰承酒厂
●乐至县良安镇酒厂
●四川隆昌云川酒业有限公司
●隆昌水酒坊酒有限公司
●四川隆昌宫宴酒业(集团)有限公司
●隆昌县光明酒厂
●隆昌县前锋河嘴酒厂
●四川隆昌滴潭窖酒有限公司
●隆昌县将家酒厂
●隆昌县响石山酒厂
●隆昌县响石镇吉庆酒厂
●隆昌县高洞酒厂
●隆昌县响石鹰咀酒厂
●隆昌县前锋观音桥酒厂
●隆昌县三国酒业有限公司
●隆昌县桂花井乡五谷丰曲酒厂
●隆昌县黄家镇万年楼酒厂
●隆昌县黄家镇年年发酒厂
●隆昌县先锋老烧房酒厂
●隆昌县黄家镇向红酒厂
●隆昌县黄家镇拳牌酒业公司
●隆昌县龙市牛市坝酒厂
●隆昌县龙市镇炭市坝酒厂
●隆昌县龙市白酒厂
●隆昌县醉明月酒业公司
●隆昌县玉龙酒厂
●隆昌县界市酒厂
●隆昌县界市镇酒厂
●隆昌县石碾镇杨柳酒厂
●隆昌县石碾润历酒厂
●隆昌县石碾政府酒厂
●隆昌县渔箭镇酒厂
●隆昌县石碾酒厂
●隆昌县石碾柏林酒厂
●隆昌县渔箭五块田酒厂
●隆昌县川东明珠酒厂
●国营隆昌石燕曲酒厂
●四川省四川醇酒业有限公司
●隆昌县付家酒厂

●隆昌县天旺食品酿造厂
●隆昌县胡家镇曲酒厂
●隆昌县付家桥酒厂
●隆昌县泸川酒厂
●隆昌县胡家镇兴盛酒厂
●隆昌县乐只老酒厂
●隆昌县圣灯镇新桥村酒厂
●隆昌县圣灯镇通江酒厂
●隆昌县江宗酒厂
●隆昌县迎祥高星酒厂
●隆昌县迎祥酒厂
●隆昌县周兴酒厂
●隆昌县普润乡曲酒一厂
●隆昌县普润酒厂
●安岳县川普酒业有限责任公司
●安岳县石桥酒厂
●安岳县安花养生酒厂
●安岳县城北烈马酒厂
●安岳县龙泉曲酒厂
●安岳县长龙酒厂
●安岳县量兴酒厂
●安岳县鸳大镇玉液酒厂
●安岳县常乐酒厂
●安岳县来凤乡酒厂
●安岳县通贤镇俊坤酒厂
●安岳县胜利酒厂
●安岳县石鼓乡龙海酒厂
●安岳县龙洲酒厂
●安岳县坪河酒厂
●安岳县高升乡红茅液酒厂
●安岳县顶新酒厂
●安岳县白塔寺乡酒厂
●安岳县白塔寺乡三百村三百酒厂
●安岳县双龙白云酒厂
●安岳县元坝镇酒厂
●安岳县元坝镇金山酒厂
●安岳县清流乡酒厂
●安岳县文化镇酒厂
●安岳县九龙乡社办企业
●四川省安岳县镇子酒厂
●安岳县文化镇白坪酒厂
●安岳县岳源乡石归村酒厂
●安岳县龙佛酒厂
●安岳县阳春酒厂
●威远县荣林酒厂
●四川省新兴酒业有限公司
●威远县威龙酒厂
●威远县镇西玉液酒厂
●威远县观英滩酒厂
●威远县洋龙酒厂
●威远县龙会镇杨柳酒厂
●威远县连界镇深沟酒厂
●自贡曲酒厂
●自贡市川南酒类实业有限公司
●自贡市沿滩区供销社联合社酒厂
●自贡市沿滩区邓关镇酒厂
●自贡市沿滩区纯登酒厂
●自贡市沿滩区联络镇白酒厂
●自贡市沿滩区红兴酒厂
●荣县高山镇酒厂
●自贡嘉恒实业有限公司
●四川旭水酒业有限公司
●荣县铁厂镇光明酒厂
●荣县望佳懂政酒厂
●荣县望佳镇永昌酒厂
●荣县桥头苹露酒厂

●四川荣县红茅烧酒业有限公司
●荣县古文春南酒厂
●荣县德荣酒厂
●荣县度佳酒厂
●杨佳乡朝洪酒厂
●荣县荣兴春酒厂
●荣县于佳乡酒厂
●荣县复兴乡利权酒厂
●富顺明泉酒厂
●富顺县文泉白酒厂
●富顺县东湖酒厂
●富顺县白桂酒厂
●富顺县永年镇沙罗酒厂
●富顺县彭庙乡酒厂
●富顺县李桥镇酒厂
●富顺县新雨酒厂
●富顺县福善镇酒厂
●富顺县时安酒厂
●富顺县互助镇友爱村春芽酒厂
●富顺县互助镇酒厂
●富顺县古坎酒厂
●自贡市月圆酒厂
●富顺县大岩酒厂余家分厂
●富顺县大岩酒厂
●富顺县回龙酒厂
●国营富顺县牛佛酒厂
●国营富顺县代寺酒厂
●富顺县骑龙镇柑坳酒厂
●富顺县李子铺酒厂
●富顺县代寺龙眼林酒厂
●富顺县宝庆乡保和酒厂
●富顺县宝庆乡酒厂
●富顺县铁炉酒厂
●富顺县许家酒厂
●富顺县万坳乡酒厂
●富顺县怀德镇共和酒厂
●富顺县怀德镇张朝聪酒厂
●富顺县怀德镇安怀酒厂
●富顺县石道乡酒厂
●富顺县石道乡酒厂龙滩分厂
●富顺县石道乡光辉酒厂
●泸蓉酒业有限责任公司
●富顺县石道乡民主酒厂
●富顺县石道乡塘冲酒厂
●富顺县长滩龙天酒厂
●富顺县飞龙镇大山酒厂
●富顺县屏峰酒厂
●富顺县飞龙镇飞龙曲酒厂
●富顺县飞龙镇新农永和生酒厂
●富顺县万寿镇双鹿酒厂
●富顺县万寿镇何家祠酒厂
●富顺县万寿沱江曲酒厂
●富顺县龙桥酒厂
●富顺县安溪镇金银窝酒厂
●富顺县起凤酒厂
●宜宾福星酒业有限责任公司
●四川省景盛集团九粮老窖酿酒有限公司
●宜宾双和酒业有限公司
●宜宾市明涛酒业有限责任公司
●宜宾市岷江酒厂
●四川宜宾子均邓公液酒厂
●四川省宜宾圆明园有限责任公司
●四川省宜宾市叙府酒业有限公司
●四川省宜宾市天坛酒业有限责任公司

●四川省宜宾市轻纺工业供销总公司曲酒厂
●四川省宜宾豪雅杞酒有限责任公司
●四川省宜宾光明(集团)有限公司
●宜宾戎酒厂
●四川省景盛集团德胜酒业有限公司
●四川省宜宾市川雄酒业有限公司
●四川省宜宾宜德酒业发展有限公司
●宜宾市酒都饮料食品厂
●宜宾齐利商贸有限公司
●宜宾市赵场酒厂
●宜宾市香远酒厂
●宜宾市宜波酒业厂
●宜宾市黑娇子酒业有限责任公司
●翠屏圣亚酒业有限公司
●宜宾市蔡烧酒厂
●四川省宜宾宝峰谭酒业有限责任公司
●宜宾市顺南曲酒厂
●宜宾市翠屏区宗场乡双龙酒厂
●宜宾五粮液股份有限公司
●四川省宜宾伏特加制酒有限责任公司
●四川省宜宾五粮液环保产业有限公司
●四川省宜宾市翠玉祥酒厂
●四川省宜宾五粮液集团仙林果酒有限公司
●宜宾市泰禄酒业有限公司
●四川省宜宾宜福曲酒厂
●宜宾市翠屏区天乐酒厂
●宜宾市云天曲酒厂
●四川省宜宾市五酒厂
●四川省宜宾市宜丰曲酒厂
●宜宾市翠屏区宋家乡百山酒厂
●四川省宜宾市川宜酒类公司
●宜宾市沿江白酒厂
●国营宜宾县真武酒厂
●宜宾市特醇曲酒厂
●四川省宜宾市翠屏区福祥永曲酒厂
●宜宾市流一杯曲酒厂
●翠屏区凉姜酒厂
●翠屏凉姜乡高庙酒厂
●宜宾市牟坪酒厂
●宜宾市翠屏区牟坪镇兴酒厂
●四川省宜宾市翠屏区李端镇曲酒厂
●宜宾市李端酒厂
●四川省宜宾川绿酒业有限公司
●四川宜宾市南福曲酒厂
●四川省宜宾市金龙曲酒厂
●四川宜宾唐氏酒业有限公司
●四川省宜宾宜江酒厂
●南溪县古南酒厂
●南溪县长城酒厂
●南溪县茶花酒厂
●南溪县青龙曲酒厂
●南溪县裴石酒厂
●四川省南溪县鑫龙酒业有限公司
●南溪县裴石洪州酒厂
●四川省宜宾九龙酒业有限公司
●南溪县南溪镇九龙曲酒厂
●四川省南溪县环城酒厂
●四川省宜宾叙南酒业有限公司
●南溪县汪家镇乡镇企业酒厂
●宜宾德全酒厂
●南溪县大观镇牟亭酒厂

- 四川省宜宾唐古拉酒业有限公司
- 南溪石鼓乡解台酒厂
- 南溪县金竹酒厂
- 南溪县桂溪白酒厂
- 南溪县罗龙曲酒厂
- 南溪县仙临镇水巷子酒厂
- 南溪县仙临镇页岩机砖厂
- 宜宾双江果酒酒业有限公司
- 南溪县留宾乡南福分厂
- 南溪县长兴镇道沱田酒厂
- 南溪县长兴镇尖山村白酒厂
- 南溪县留宾乡鲜明酒厂
- 南溪县长兴白酒厂
- 南溪县长兴镇酒业有限公司
- 南溪县天生长春村酒厂
- 南溪刘家镇天生酒厂
- 四川省宜宾立川酒业有限公司
- 四川省宜宾月池酒业有限公司
- 四川故宫酒业有限公司
- 江安县底蓬镇酒厂
- 江安县大井乡板桥酒厂
- 江安县大井乡白酒厂
- 江安县大井二酒厂
- 江安县蜀南竹海黄酒厂
- 江安县铁清白酒厂
- 江安县迎安镇二酒厂
- 江安县佳友酒厂
- 江安县大妙二酒厂
- 江安县底蓬镇二酒厂
- 江安县底蓬镇一酒厂
- 江安县故宫液底蓬分厂
- 江安县底蓬大豆山酒厂
- 江安县井口镇碾子白酒厂
- 江安县张启宏白酒厂
- 江安县井口镇街村白酒厂
- 江安县井口镇王德贵白酒厂
- 江安县留耕镇保健酒厂
- 江安县蜀南玉液酒厂
- 江安县留耕镇江品酒厂
- 江安县留耕镇尚再酒厂
- 江安县留耕镇云成酒厂
- 江安县留耕镇酒厂
- 江安县留耕镇胡佳酒厂
- 江安县安乐金钱井酒厂
- 江安县滥坝乡酒厂
- 江安县滥坝乡神力酒厂
- 江安县怡乐镇宜宾太保液酒厂
- 四川宜宾松溪曲酒厂
- 江安县四面山松溪曲酒厂
- 江安县四面山乡青木洞酒厂
- 江安县松溪曲酒厂
- 江安县江州壤造酒业公司
- 江安县四面山青木洞酒厂
- 江安县四面山曲酒二厂
- 江安县四面山长大田酒厂
- 四川省宜宾宜泉曲酒厂
- 长宁红林白酒酒厂
- 长宁县下长镇复兴村饮料厂
- 长宁街村白酒酒厂
- 长宁老翁镇大弯酒厂
- 长宁县下长镇白酒厂
- 四川省宜宾市酒都实业有限责任公司
- 长宁县下长镇新宁白酒厂
- 长宁天瑞酒厂
- 长宁县下长镇二码头白酒厂

●四川省宜宾君子酒业有限公司
●长宁永利村酿酒厂
●长宁县梅白乡宏运酒厂
●长宁县梅白乡康程酒业公司
●长宁县梅白乡白虎村米酒厂
●长宁佛财酒厂
●长宁秦氏酒厂
●长宁安国酒厂
●长宁祥云酒厂
●四川省竹海老窖酒业公司
●长宁邱文全白酒厂
●长宁王兴权酿酒厂
●长宁葡萄白酒厂
●长宁大佛白酒厂
●长宁金鱼白酒厂
●长宁井江乡白酒厂
●长宁县铜鼓乡酒乡曲酒厂
●长宁县三元乡李昌壁酒厂
●兴文县五星乡赶场坝村酒厂
●兴文县五星乡胜果村二组酒厂
●兴文县共乐镇太阳村一组酒厂
●兴文县共乐镇永远村一组酒厂
●兴文县五星乡马岩村酒厂
●兴文县共乐镇桥上村四组酒厂
●兴文县共乐镇红阳村一组酒厂
●兴文县共乐镇自由村一组酒厂
●兴文县共乐镇西兴寺村三组酒厂
●兴文县共乐镇拖船村一组酒厂
●兴文县共乐镇太阳村三组酒厂
●兴文县共乐镇跳墩子村一组酒厂
●兴文县五星乡踏水桥村酒厂
●兴文县万寿镇街村酒厂
●兴文县万寿镇老龙湾酒厂
●兴文县共乐镇共乐村四组酒厂
●兴文县五星乡大同村一组酒厂
●兴文县五星乡云盘村酒厂
●兴文县共乐镇天堂村二组酒厂
●兴文县五星乡安宁村酒厂
●兴文县太平镇万民酒厂
●兴文县五星乡胜果村一组酒厂
●兴文县万寿镇龙山村酒厂
●兴文县太平镇川龙酒厂
●兴文县周家镇肖月明酒厂
●兴文县万寿镇三道河酒厂
●兴文县五星乡民心村一组酒厂
●兴文县太平镇安源酒厂
●兴文县共乐镇东兴寺村三组酒厂
●兴文县共乐镇天堂村三组酒厂
●兴文县共乐镇莲花村一组酒厂
●兴文县五星乡九龙村二组酒厂
●兴文县五星乡民心村三组酒厂
●兴文县万寿镇吴志才白酒厂
●兴文县五星乡石龙塘村酒厂
●兴文县五星乡九龙村一组酒厂
●兴文县莲花镇曾正酒厂
●兴文县共乐镇福寿村五组酒厂
●兴文县共乐镇东方红村一组酒厂
●兴文县共乐镇新益村三组酒厂
●兴文县共乐镇桥上村三组酒厂
●兴文县共乐镇红阳村二组酒厂
●兴文县共乐镇大沙坝村一组酒厂
●兴文县共乐镇跳墩子村五组酒厂
●兴文县马栏湾酒厂
●兴文县共乐镇盖山村四组酒厂
●兴文县共乐镇长椿村三组酒厂
●兴文县共乐镇莲花村酒厂

●兴文县共乐镇共乐村一组酒厂
●兴文县共乐镇跳墩子村三组酒厂
●兴文县共乐镇新益村二组酒厂
●兴文县共乐镇共乐村二组酒厂
●兴文县共乐镇莲花村二组酒厂
●兴文县共乐镇东方红村二组酒厂
●兴文县共乐镇新益村一组酒厂
●兴文县共乐镇天堂村一组酒厂
●兴文县土地坎酒厂
●兴文县共乐镇长椿村二组酒厂
●兴文县共乐镇盖山村一组酒厂
●兴文县打鱼村酒厂
●兴文县共乐镇莲花村三组酒厂
●兴文县共乐镇莲花村一酒厂
●兴文县共乐镇自由村二组酒厂
●兴文县共乐镇西兴寺村二组酒厂
●兴文县共乐镇鹤盘山村一组酒厂
●兴文县共乐镇共乐村三组酒厂
●兴文县共乐镇桥上村一组酒厂
●兴文县共乐镇永远村二组酒厂
●兴文县共乐镇拖船村二组酒厂
●兴文县共乐镇太阳村二组酒厂
●兴文县丁善户白酒厂
●兴文县共乐镇莲花村五组酒厂
●兴文县太平镇酒厂
●兴文县共乐镇莲花村四组酒厂
●兴文县晏阳敬师酒有限责任公司
●兴文县晏阳镇平顶山酒厂
●兴文县仙峰苗族乡酒厂
●兴文县文印乡白酒厂
●兴文县毓秀苗族乡刘兵酒厂
●兴文县九丝城镇酒厂
●兴文县共乐镇陈元忠酒厂
●兴文县共乐长椿长友酒厂
●兴文县共乐东阳酒厂
●兴文县共乐镇鹤盘山村三组酒厂
●兴文县共乐桥上小酒厂
●兴文县共乐鹤盘酒厂
●兴文县共乐自由酒厂
●兴文县莲花镇胡信跃酒厂
●兴文县五星白酒厂
●兴文县共乐东兴寺酒厂
●兴文县共乐长春酒厂
●兴文县共乐东方红酒厂
●兴文县麒麟苗族乡白酒厂
●兴文县石林镇刘常祖白酒厂
●兴文县麒麟苗族乡海马酒厂
●兴文县麒麟苗族乡义合街村酒厂
●兴文县石林镇刘光林白酒厂
●四川省珙县燕氏酒业有限责任公司
●珙县博乡酿制造厂
●珙县玉和苗族乡酱菜厂
●珙县黄继荣酿酒厂
●四川省宜宾县三杯爽酒厂
●宜宾县五粮液股份有限公司五一五车间
●重庆啤酒集团宜宾有限责任公司
●四川宜宾恒进酒业有限公司
●宜宾市通灵液酒厂
●四川宜宾红楼梦酒厂
●宜宾县宴丰食品有限责任公司
●宜宾县双谊乡红场白酒厂
●宜宾县孔滩镇酒厂
●宜宾县古罗镇顺河酒厂
●宜宾县泥溪镇月波典酒厂
●宜宾县溪鸣一酒厂

●宜宾县溪鸣二酒厂
●宜宾县明翔酒业有限公司
●宜宾县双龙镇捧印酒厂
●宜宾高县兰山酒厂
●四川省宜宾高洲酒厂
●高县复兴镇娱乐村周潮酒厂
●高县复兴镇街道廖四酒厂
●高县复兴镇娱乐村范义酒厂
●高县复兴镇娱乐村赵德荣酒厂
●高县金香溢米酒厂
●高县庆符镇白酒厂
●高县四烈乡青杠坝酒厂
●高县黄腊窝酒厂
●高县五黑液酒厂
●高县贾村乡白酒厂
●高县金马酒厂
●筠连县瀛洲曲酒厂
●筠连县巡司黄荆酒厂
●筠连县巡司镇道溪酒厂
●筠连县巡司镇小河酒厂
●筠连县孔雀乡酒厂
●筠连县双祥酒厂
●筠连刘四白酒厂
●筠连沙地酒厂
●筠连白岩沟酒厂
●筠连侯家酒厂
●筠连蒿坝镇老君山天麻酒厂
●四川省筠连县塘坝新星酒厂
●筠连县塘坝乡仙泉酒厂
●屏山县鸭池乡老罐酒厂
●泸州五金酒厂
●泸州老字号窖酒厂
●泸州金泸老窖有限公司
●泸州市小糊涂曲酒厂
●泸州泸沙窖酒厂
●泸窖酒厂
●龙马潭区寿泉曲酒厂
●泸州市泸粮酒业有限公司
●泸州市龙潭曲酒厂
●泸州市酿酒专业有限公司
●泸州市江阳区泸郎酒业有限公司
●泸州老窖集团有限责任公司
●泸州市龙马潭区长山曲酒厂
●泸州泸门窖酒厂
●四川泸州泸川酒厂
●泸州市圣雄酒厂
●泸州市龙马潭区古氏酒厂
●泸州市江阳区石棚白酒厂
●泸州市江阳区分水白酒厂
●四川省泸州酒妖酒业有限公司
●四川省泸州玉蝉酒类有限公司
●四川省泸州市双嘉粮酒厂
●四川省泸州市五州醉酒业有限公司
●四川泸州玉液酒厂
●四川省泸州江北酒厂
●四川泸州泸仙酒厂
●四川泸州蜀泸酒业有限公司
●四川省泸州市高粱酒厂鱼塘分厂
●泸州市龙马潭区鱼塘镇品品爽冷饮厂
●龙马潭区石洞镇双加纯红粮酒厂
●泸州泰斗酿酒厂
●四川省泸州百乐酿酒总公司
●四川泸州两千年特色酒业有限公司
●青岛啤酒(泸州)有限公司
●泸州市国泰酒厂

●四川泸州酒业有限公司
●四川省泸州市方山曲酒厂
●四川泸州蜀大酒厂
●泸州市鑫池酒厂
●泸州老窖酿酒有限责任公司
●四川省泸州皇家酒厂
●泸州市江阳区昌强酒厂
●泸州泸泉酒业有限公司
●泸州市富勤酒业有限公司
●四川泸州丰源酿酒厂
●泸州窖醇酒业有限公司
●泸州国品酒业公司
●泸州市江阳区水井坎白酒厂
●泸州醉八仙酒业有限公司
●泸州市泸窖曲酒厂
●江阳区陈窖曲酒厂
●泸州市江阳区先锋曲酒厂
●泸州市泸加窖曲酒厂
●江阳区百果源窖酒厂
●泸州国池酒厂
●四川省泸州霸王酒厂
●泸州市江阳区埃山白酒厂
●泸州太阳神酒厂
●泸州市金不换曲酒厂
●泸州市江阳区南苑曲酒厂
●泸州市江阳区明慧酒厂
●泸州市江阳区泸酒酒厂
●泸州玉金酒厂
●泸州市江阳区泸城酒厂
●泸州老窖酒厂实业开发公司
●四川泸州江阳曲酒厂
●泸州市泸阳窖酒厂
●泸州市三桥酒业公司
●泸州市基盛酒厂
●方山酒业公司
●成吉思汗酒业公司
●四川王氏集团有限公司
●四川省泸州清源酒厂
●泸州市江阳区石寨乡曲酒厂
●四川泸州红光曲酒厂
●况场镇游湾白酒厂
●四川省泸州福生曲酒厂
●泸州市江阳区石寨乡白酒厂
●龙马潭石洞镇三塘村酒厂
●泸州老窖滋补有限责任公司
●泸州市柏杨曲酒厂
●泸州泸牌酿酒总厂
●泸州市江阳区石寨田湾白酒厂
●泸州市龙马潭区金龙乡曹坝村白酒厂
●泸州东方之珠酒业有限公司
●龙马潭区雨珠岩酒厂
●泸县星光酿酒厂
●泸州市龙马潭福鑫酿酒有限公司
●泸州龙马潭区蜀龙酒厂
●泸州市江阳区况场镇五谷酒厂
●龙马潭区石洞镇来龙白酒厂
●龙马潭区石洞镇岳坡山村林场酒厂
●四川省恋鑫酒业有限公司
●四川省泸州博士酒厂
●泸州市龙马潭区五谷香酒厂
●泸州自然香酒厂
●四川省泸州龙溪曲酒厂
●四川省泸州宇泉酒业有限公司
●泸县兆雅镇型家坝宏发白酒厂
●四川省泸州市长寿酒厂

●泸县兆雅镇犁家坝天泉酒厂
●四川省泸州东升酒厂
●四川省泸州汇丰酒厂
●四川省泸州贵友酒厂
●四川省泸州多林曲酒厂
●四川省泸州贵庆酒厂
●四川多林酒业集团有限公司
●四川省泸州海泉曲酒厂
●四川省泸州川酒魂酒厂
●四川省泸县宇泉酒厂
●四川省泸州宏杨酒业有限公司
●四川省泸州元新酒厂
●四川省泸州川酒魂酒业集团有限公司
●泸县校办长江曲药厂
●四川省泸州贵族酒厂
●四川省泸州禧事达酒业有限公司
●泸州玉液酒业公司
●泸县石马白酒厂
●泸州鹿溪河酒厂
●泸县百和白酒厂
●泸州市狮子王公司
●泸县鸿星酒厂
●泸县云锦坪嘴酒厂
●泸州龙泉酒厂
●泸县百和镇土主宏发白酒厂
●泸州川府窖酒厂
●四川泸州泸石曲酒厂
●泸县青狮米酒厂
●四川泸州三溪酒类(集团)有限责任公司
●四川王氏酒业有限公司
●泸州来龙曲酒厂
●龙马潭区金龙街村酿酒厂
●泸州市龙马潭区仙鹤酒厂
●泸州市龙马潭区安宁酒厂
●四川省泸州泸藏曲酒厂
●四川省泸州名豪酒业有限公司
●泸县玉河沟太阳白酒厂
●泸县上坪白酒厂
●泸州市净瓶酒厂
●泸州四季春酒厂
●四川省泸县天赐酒厂
●泸县曹市幸福白酒厂
●泸县上坪龙源白酒厂
●四川省泸州江南酒厂
●泸县玄滩镇普风酒厂
●泸永酒厂
●泸州泸县江明酒厂
●泸县永利酒厂
●泸县玄滩镇新山村白酒厂
●泸县玄滩镇金龙寺酒厂
●泸县玄泉酒厂
●新房子二社酒厂
●泸县玄滩镇兴隆预制厂
●泸县玄滩铁围山酒厂
●泸县百合酒厂
●泸县玄滩高升桥酒厂
●泸县玄滩桑坝酒厂
●泸县涂场新山酒厂
●泸县曾观红心酒厂
●泸县福集镇石鸭小马滩白酒厂
●四川泸州王氏酒业有限公司
●泸县大田乡白酒厂
●国营大田酒厂
●泸县醇曲酒厂

●泸县金银和平酒厂
●泸县福集镇四马白酒厂
●泸县青龙镇白酒厂
●四川泸州泸春酒业研制有限公司
●泸县兆雅镇大路边白酒厂
●青龙镇朱坝村沙土白酒厂
●泸县游河酒厂
●四川省泸州金银曲酒厂
●泸县涨潮乡向阳白酒厂
●宜宾市宜五酒厂泸县分厂
●泸县天洋曲酒厂
●泸州龙脑曲酒厂
●泸县青龙镇联办白酒厂
●严刚米酒厂
●泸县雨坛乡屈湾白酒厂
●泸县喻寺镇海泉白酒厂
●泸县桐兴白酒厂
●四川泸县胡楼白酒厂
●四川省泸州王寿酒厂
●四川省泸县雨坛白酒厂
●泸县雨坛乡三界白酒厂
●四川省国营泸州老泸水曲酒厂
●四川省泸县喻寺曲酒厂
●四川省泸州市泸县方洞力争酒厂
●泸州市泸贡酒厂
●四川省泸州造酒厂
●泸县瓦子邝氏酒厂
●泸县潮河镇周湾村前程酒厂
●泸县潮河曲酒厂
●泸州市凤凰老窖曲酒厂
●泸县潮河镇鱼儿滩白酒厂
●泸县潮河镇坪上村白酒厂
●泸县天兴世荣酒厂
●泸县一心白酒厂
●四川省泸州神玉酒厂
●泸县天兴白酒厂
●泸县天兴罗坪白酒厂
●四川省泸州五花春酒厂
●四川省泸县玉峰酒厂
●泸县潮河镇清和白酒厂
●泸州老窖集团泸州大曲酒业有限公司
●四川泸州小酒保酿酒厂
●泸州桥头曲酒厂
●泸州市江阳区通滩镇雪坝村酒厂
●泸州市江阳区长山酒厂
●泸州市江阳区通滩镇陵园白酒厂
●四川省泸州通滩多林曲酒厂
●泸州市江阳区通滩镇金堡山白酒厂
●泸州市江阳区双溪酒厂
●泸州市江阳区通滩罗桥酒厂
●泸州市江阳区弥陀金锋白酒厂
●国营泸州泸锦曲酒总厂
●四川泸州龙酒酒业有限公司
●四川泸县太伏曲酒厂
●泸县太伏镇万定沙咀酒厂
●泸县太伏龚湾白酒厂
●四川省泸县新路酒厂
●泸县泸永白酒厂
●泸州市天池酒厂
●泸州泸渭曲酒厂
●泸州市泸县珍珠曲酒厂
●泸县石洞新兴曲药厂
●四川省泸州纯原酒厂
●泸县朱梅滩酒厂
●泸县云龙白酒厂

●泸州大元帅酒厂
●泸县云龙镇杨深二井酒厂
●泸县云龙大堰塘
●泸县云龙镇李湾
●泸县艾氏酒厂
●四川泸州泸县一江明酒厂
●四川省泸州市泸县毗卢镇黄石岩酒厂
●泸县石桥曲酒厂
●泸县得胜阳关桥白酒厂
●泸县得胜两河口白酒厂
●泸县宋观白酒厂
●泸县宋观星光白酒厂
●泸县顺河乡安乐白酒厂
●泸县顺河乡酒厂
●四川省泸县罗桥白酒厂
●泸州市江阳区神农氏酒厂
●泸县海潮供销合作社酒厂
●泸县五通白酒厂
●合江县高财门酒厂
●合江县国荣酒厂
●泸州市三佛曲酒厂
●合江县凤鸣镇茅山白酒厂
●四川省泸州市之溪酒厂
●合江县焦滩乡临江白酒厂
●合江县佛荫沙坎白酒厂
●实录自生桥酒厂
●合江县大桥乡大桥场白酒厂
●合江县大桥乡川泸酒厂
●胜利酒厂十车间
●合江县大桥乡牛脑驿龙泉酒厂
●泸州市合江巧营酒厂
●合江县佳荔酒厂榕山分厂
●合江县胜利酒厂
●合江县佳荔酒厂福宝分厂
●合江县文桥龙凤白酒厂
●合江县张湾酒厂
●合江县佳荔酒厂先市分厂
●合江县南滩白酒厂
●合江县虎头乡高桥白酒厂
●合江县佳荔酒厂先滩分厂
●合江县石龙酒厂
●合江县虎头级矿泉白酒厂
●密溪乡白酒厂
●合江县先市白酒厂
●合江县佳荔酒厂
●泸州市传世窖酒有限公司
●合江县河坝白酒厂
●泸州香满楼酒业有限公司
●合江县佳荔酒厂白沙分厂
●合江县党桥酒厂
●合江县鸿兴酒厂
●合江县怀茅酒厂
●泸州市传市窖酒有限公司槽房酒厂
●泸州市筐泉酒厂
●合江县佳荔酒厂
●合江县二里乡鄢友云酒厂
●合江县佳荔酒厂九支分厂
●合江县鹿角白酒厂
●合江县参宝白酒厂
●望川白酒厂
●合江县白沙镇酒厂
●四川省泸州市仙泉曲酒厂
●合江县参宝曲酒厂
●白沙业坪白酒厂
●合江县焦滩乡企业酒厂

●合江县焦滩乡白酒厂
●参宝八仙酒厂
●合江县大桥乡旭照转龙湾酒厂
●合江县永兴综合经营部
●合江县新店汇峰白酒制造厂
●合江县五通白酒厂
●二里乡永红酒厂
●二里乡农会酒厂
●合江县五通镇石顶酒厂
●九支周祠白酒厂
●合江县五泉酒厂
●泸州市宜园酒厂
●天堂坝乡川丹杨梅果酒厂
●泸州市合江县南江酒厂
●合江县蒲江白酒厂
●泸州市合江县玉兰酒厂
●合江县福宝镇骑龙酒厂
●合江县自怀矿泉酒厂
●合江县先滩酒厂
●合江县双河酒厂
●车网康鸿酒厂
●合江县尧坝镇田坝村夹朝沟酒厂
●合江县古仙酒厂
●合江县尧坝镇大湾酒厂
●纳溪区酒厂
●泸州蜀南曲酒厂
●泸州市纳溪区惠民发服务部
●泸州纳溪蜀南酒类有限公司
●泸州市纳溪区洞仙酒厂
●泸州市纳溪区渠坝乡白酒厂
●泸州市纳溪区渠坝乡白果酒厂
●泸州市纳溪区花果湾滩酒厂
●泸州市纳溪区上马白酒厂
●泸州市纳溪区陡石梯酒厂
●泸州市纳溪区打古镇第二社会福利院酒厂
●泸州市纳溪区打古镇酒厂
●泸州市万香源酒业有限公司
●泸州市纳溪区泸丰曲酒厂
●泸州市纳溪区玉登酒厂
●泸州市纳溪区龙丰白酒厂
●泸州市纳溪区毅利酒厂
●泸州市纳溪区锦溪保健酒厂
●泸州市纳溪区白节二龙村龙凤酒厂
●泸州市纳溪区白节酒厂
●泸州夕阳红酒厂
●四川省泸州市民翼溪酒厂
●叙永县丹山酒厂
●叙永县兴隆乡凤凰酒厂
●叙永县观兴乡曲酒厂
●江门镇李富军酒厂
●叙永县酒业有限责任公司
●高峰乡厂坝杨学均酒厂
●叙永县高峰乡麻元酒厂
●高峰乡厂坝酒厂
●泸州市龙马潭区庆丰酒厂
●江门镇罗安定沙酒厂
●叙永县向林乡亢龙村酒厂
●叙永县赤水镇白龙酒厂
●古蔺县蔺桥酒厂
●古蔺县东新乡酒厂
●古蔺县石宝丹玉酒厂
●泸州赤河酒厂
●古蔺县赤渡酒厂
●四川郎酒集团有限责任公司
●双流县沿溪酒厂

●成都市金牛区白塔酒厂
●成都青羊酒厂
●成都龙泉同兴酒厂
●成都市龙泉美时乐酒厂
●成都市龙泉二河酒厂
●成都市龙泉天灯曲酒厂
●双流县黄甲镇八角酒厂
●双流金枪酒厂
●成都市双流县秋香酒厂
●双流县黄水镇绍兴酒厂
●双流县文星月儿酒厂
●双流县华阳白酒厂
●双流县公兴酒厂
●成都华阳镇河池酒厂
●鸿湘酒厂
●双流县煎茶元香酒厂
●煎茶鸿湘酒厂
●双流县煎茶镇正中酒厂
●双流县大林家乐酒厂
●成都市双流林清曲酒厂
●成都市双流命之源酒厂
●双流县大林翼德酒厂
●成都双流县泗洋饮料酒厂
●双流县籍田镇酒厂
●双流县红五铧炉白酒厂
●成都市青白江区前进酒厂
●成都市青白江区姚渡酒厂
●成都市金堂县官仓酒厂
●金堂县盐井酒厂
●金堂县青龙酒厂
●金堂永红酒厂
●金堂县盐井明月酒厂
●金堂县福兴余点酒厂
●金堂县金龙镇酒厂
●金堂县赵家酒厂
●金堂县淮口镇巷子深酒厂
●金堂县黄家乡酒厂
●金堂县三溪酒厂
●金堂县隆盛镇石佛酒厂
●金堂县转龙镇大桥酒厂
●金堂县转龙镇高光酒厂
●金堂县云合镇酒厂
●金堂县云合镇茅合酒厂
●金堂县五凤镇罗坝白酒厂
●四川成都五凤酒厂
●成都市新都区通化神州酒厂
●成都市新都县清凉酒厂
●四川省新都区青白酒厂
●新都县利济镇锦水酒厂
●新都县龙桥瑞云村酒厂
●新都县竹友酒厂
●新都区石板滩高桥酒厂
●新都区石板滩镇胜利酒厂
●成都市新都区石板滩利民白酒厂
●石板滩镇东山酒厂
●新都龙虎镇庆元酒厂
●成都成特酒厂
●温江区天府东宫酒厂
●温江区万春红星酒厂
●成都索罗玛酒厂
●崇州市勇陵曲酒厂
●崇州市岭春酒厂
●四川省崇州市香州酒厂
●崇州市东粮酒厂
●四川崇州市玉粮酒厂
●崇庆县西江龙泉酒厂

●四川省崇州市金源酒厂
●崇州市集贤金强酒厂
●崇州市尚泉酒厂
●崇州市真武曲酒厂
●崇州市古渡春酒厂
●崇州市陆州酒厂
●四川省崇州市川蜀酒厂
●崇州市甘泉酒厂
●崇州市古城酒厂
●崇州市方园酒厂白头厂
●四川省崇州市银通总公司王场酒厂
●崇州市桤泉梁兴酒厂
●崇州市白头镇敬君酒厂
●崇州市碧玉泉酒厂
●崇州市川香春酒厂
●隆兴石马酒厂
●崇州市三江酒厂
●成都济供酒厂玻璃制品厂
●崇州市怀远镇怀清酒厂
●崇州市天源酒厂
●崇州市三江镇朝阳酒厂
●崇州市帅兴酒厂
●四川省崇州市五福实业有限公司酒厂
●四川省崇州市乐府酒厂
●成都长城川兴酒厂
●崇州市怀远镇全寿酒厂
●崇州市桤泉镇天寿村酒厂
●崇州市彬玉龙酒厂
●凡大划酒厂
●四川省崇州市蜀姚酒厂
●崇州市开全酒厂
●四川省崇州市兴隆酒厂
●崇州市乐塔酒厂
●崇州市隆兴明水酒厂
●四川省崇阳酒厂集贤分厂
●四川省崇州市集贤乡楞严酒厂
●四川省崇州市集贤乡桂溪酒厂
●四川省崇州市姚鑫酒厂
●四川省崇州市隆酒厂
●崇州市声誉酒厂
●四川老坛子酒业有限公司蜀春酒厂
●崇州市蜀浪酒厂
●四川省崇州市华洋酒厂
●四川省崇州市川贺酒厂
●崇州市桤泉临溪酒厂
●四川省崇州市古姚酒厂
●崇州市水云酒厂
●四川省崇州市蜀州酒厂
●四川省崇州市春彬酒厂
●崇州市三联酒厂
●四川省大邑县富花酒厂
●四川省大邑县锦中酒厂
●成都高井酒厂
●成都市川坊酒厂
●成都金鸡蔡山老窖酒厂
●四川省成都市大邑县酒厂
●大邑余潭酒厂
●四川省大邑县川红窖酒厂
●四川省贵妃酒厂
●四川大邑将军酒厂
●四川玉粮酿酒厂
●四川成都大邑五郎酒厂
●四川省大邑县香谷酒厂
●天府春酒厂
●大邑安仁古镇酒厂
●成都市红河谷酒厂

●四川省大邑县川威酒厂
●大邑县兴隆酒厂
●川云酒厂
●四川省大邑县泰康酒厂
●成都市梦都酒厂
●四川省大邑金太阳酒厂
●大邑县万延酒厂
●四川大邑古窑酒厂
●成都大邑新天龙酒厂
●大邑县董场镇双墩曲酒厂
●成都市大邑县荣丰酒厂
●成都市大邑县清河酒厂
●四川蜀国春酒厂
●韩场双旗酒厂
●大邑蜀波酒厂
●成都市大邑韩延酒厂
●大邑韩场双柏酒厂
●四川省大邑县酒乡酿酒厂
●成都泗兴酒厂
●四川省大邑县川力酒厂
●四川省大邑县蜀源酒厂
●成都市万泉酒厂
●四川省大邑县王泗双银酒厂
●四川宜府春酒厂
●成都老井酒厂
●成都市大邑县君乐酒厂
●成都太湖春酒厂
●四川省大邑妙庄酒厂
●四川省大邑县普乐酒厂
●成都市大邑川坊酒厂
●四川省巴蜀魂酒厂
●大邑双荣酒厂
●四川省瑞通酒厂
●成都市高山妙沁酒厂
●成都市兴达曲酒厂
●四川省大邑县金蓉酒厂
●四川大邑捌泉酒厂
●四川省川泉酒厂
●四川省成都市大邑蜀情酒厂
●大邑县川洪酒厂
●四川省大邑县川喜酒厂
●大邑县川一酒厂
●四川大邑白花酒厂
●大邑县新场镇蜀泉酒厂
●成都市大邑旺嘉酒厂
●四川大邑三元酒厂
●大邑县青梅酒厂
●大邑县悦来镇建彬酒厂
●成都市大邑县力仕酒厂
●成都市大邑龙山花液酒厂
●四川省成都市大邑县唐王酒厂
●大邑县雪山红红梅酒厂
●成都康发酒厂
●成都市新津县古川春酒厂
●成都市新津县支川酒厂
●四川新津三桥酒厂
●新津桂花曲酒厂
●四川省君辰酒厂
●邛崃市川汉古酒厂
●邛崃市幸福家酒厂
●四川省成都市邛崃市悦吉酒厂
●邛崃市洪泉酒厂
●邛崃市正茅酒厂
●邛崃市南塔酒厂
●邛崃市孙源系列酒厂
●四川省邛崃市五谷香酒厂

- ●邛崃市香明酒厂
- ●邛崃市川贵酒厂
- ●邛崃市汉宫春酒厂
- ●邛崃市中情酒厂
- ●邛崃市宏伶酒厂
- ●邛崃市川兰液酒厂
- ●邛崃市宏达酒厂
- ●邛崃市玉溪酒厂
- ●邛崃市红花曲酒厂
- ●邛崃市五谷香酒厂
- ●邛崃市弘洁酒厂
- ●邛崃市川潭酒厂
- ●四川省邛崃市川多酒厂
- ●四川省邛崃临邛酒厂
- ●邛崃市胜利酒厂
- ●邛崃市孔明曲酒厂
- ●邛崃市巷子酒厂
- ●邛崃市仙泉酒厂
- ●四川邛崃豪杞酒厂
- ●邛崃市凤山酒厂
- ●邛崃市曲酒酒厂
- ●邛崃市洪川酒厂
- ●邛崃市古堰曲酒厂
- ●邛崃市龙井酒厂
- ●邛崃市官城酒厂
- ●邛崃市堰泉曲酒厂
- ●邛崃市临邛酒厂
- ●邛崃市宝林酒厂
- ●邛崃市春源酒厂
- ●邛崃市生春酒厂
- ●邛崃市川家酒厂
- ●邛崃市川坤酒厂
- ●邛崃市汇利来酒厂
- ●邛崃市陈窖酒厂
- ●邛崃市瑞通酒厂
- ●邛崃市川城酒厂
- ●四川省邛崃市天露酒厂
- ●邛崃市辰泉酒厂
- ●邛崃市天成酒厂
- ●邛崃市海泉酒厂
- ●邛崃市南岳酒厂
- ●四川省邛崃市川谷酒厂
- ●四川省邛崃市酿酒厂
- ●邛崃市亚江曲酒厂
- ●邛崃市天合酒厂
- ●四川省邛崃市龙潭液酒厂
- ●邛崃市君乐酒厂
- ●邛崃市金龙酒厂
- ●四川省邛崃市蜀凤酒厂
- ●邛崃市川南春酒厂
- ●四川省邛崃市东方酒厂
- ●邛崃市川流酒厂
- ●邛崃市天友酒厂
- ●邛崃市桑元镇恒川酒厂
- ●邛崃市桑元镇蜀宫酒厂
- ●邛崃市宏神酒厂
- ●邛崃市恒如酒厂
- ●邛崃市桑元镇沁园春酒厂
- ●邛崃市金川酒厂
- ●邛崃市川一酒厂
- ●邛崃市桑元镇蓉城堰酒厂
- ●邛崃市桑元镇大家酒厂
- ●邛崃市桑元镇鞍桥酒厂
- ●邛崃市志祥酒厂
- ●邛崃市锦凤酒厂
- ●四川省邛崃市浩华酒厂

●邛崃市凤凰酒厂
●邛崃市顶一酒厂
●四川省邛崃市文清酒厂
●邛崃市智宏酒厂
●四川省邛崃市双泉酒厂
●四川省成都市支蜀酒厂
●邛崃市蜀源酒厂
●成都九鑫酒厂
●四川省邛崃市佳利酒厂
●四川省邛崃市瑞达酒厂
●邛崃市华蜀酒厂
●四川省春泉酒厂
●邛崃市邛城酒厂
●邛崃市江泉酒厂
●邛崃市双江酒厂
●邛崃市金池酒厂
●邛崃市茂森酒厂
●四川省万泉酒厂
●四川省邛崃市蜀风酒厂
●邛崃市酒海酒厂
●四川省邛崃市蜀泉酒厂
●邛崃市新华酒厂
●邛崃市宾宴酒厂
●邛崃市高埂镇吉盛酒厂
●邛崃市南疆酒厂
●邛崃市高埂酒厂
●邛崃市相君酒厂
●邛崃市康利酒厂
●邛崃市固驿曲酒厂
●邛崃市万兴酒厂
●邛崃市江南酒厂
●邛崃市粮池酒厂
●邛崃市妙春酒厂
●邛崃市绵兴酒厂
●邛崃市沁香醇酒厂
●邛崃市锋华酒厂
●邛崃市圣泉酒厂
●邛崃市蜀泉酒厂
●邛崃市康氏曲酒厂
●邛崃市林祥酒厂
●邛崃市高埂镇二江酒厂
●邛崃市高祝酒厂
●邛崃市高埂长风酒厂
●邛崃市上林酒厂
●邛崃市藏酒王酒厂
●邛崃市和平酒厂
●四川省邛崃市帝源春酒厂
●邛崃市顺利酒厂
●邛崃市岷江酒厂
●邛崃市正兴酒厂
●邛崃市海龙酒厂
●邛崃市川临酒厂
●邛崃市川昌酒厂
●四川省古川酒厂
●四川省邛崃市大同酒厂
●邛崃市蜀府酒厂
●邛崃市洪旭酒厂
●邛崃市天龙酒厂
●邛崃市蜀春酒厂
●四川川源酒厂
●邛崃市川建酒厂
●兴贤酒厂
●邛崃市川夏酒厂
●邛崃市源泉酒厂
●蜀平酒厂
●邛崃市回龙镇蜀涛酒厂

●邛崃市回龙镇碧泉酒厂
●邛崃市川洲酒厂
●成都市川人酒厂
●邛崃市二龙酒厂
●邛崃市旭泰酒厂
●邛崃市国池酒厂
●邛崃市宜府春酒厂
●邛崃市绵山酒厂
●邛崃市琼浆酒厂
●邛崃市正方酒厂
●四川省邛崃市迎宾酒厂
●邛崃市源丰酒厂
●邛崃市泸涛酒厂
●邛崃市怀洲曲酒厂
●四川省成都市川霸酒厂
●邛崃市向阳酒厂
●邛崃市好顺酒厂
●邛崃市古镇酒厂
●邛崃市平乐镇下坝金堆酒厂
●四川省邛崃市人和酒厂
●邛崃市号中灵酒厂
●邛崃市邛竹酒厂
●邛崃市白米江酒厂
●邛崃市禹王酒厂
●邛崃市古泉酒厂
●邛崃市蜀特别酒厂
●邛崃市骑龙山酒厂
●邛崃市沈氏酒厂
●邛崃市文平酒厂
●邛崃市平乐镇下坝酒厂
●邛崃市清云酒厂
●四川省邛崃市西南酒厂
●四川省邛崃市建园酒厂
●邛崃市平乐镇万寿酒厂
●邛崃市道佐曲酒厂
●邛崃市道佐酒厂
●邛崃市春江酒厂
●四川省蜀西酒厂
●邛崃市五龙台酒厂
●邛崃市道佐临江酒厂
●四川省砖桥酒厂
●邛崃市彬彬酒厂
●邛崃市状元曲酒厂
●邛崃市大同乡陈预材村委会酒厂
●蒲江县西南曲酒厂
●成都市蒲江县龙源酒厂
●蒲江县梨山酒厂
●四川省蒲江川府酒厂
●蒲江昌华酒厂
●蒲江县天华酒厂
●成都市蒲江祥和酒厂
●蒲江县京川酒厂
●四川蒲江县寿安酒厂
●四川省蒲江天源酒厂
●四川省蒲江县泽润酒厂
●四川省蒲江双隆酒厂
●成都市蒲江县五星汇源白酒厂
●蒲江县成佳酒厂
●四川省一品梅酒厂
●蒲江县复兴乡懋源酒厂
●蒲江县溪泉酒厂
●成都市郫县红星濂溪酒厂
●郫县康泰酒厂
●郫县新胜九州黄酒厂
●成都市郫县犀浦杨柳酒厂
●成都市名帅酒厂

- 成都泰华羊羔美酒厂
- 四川柏木河酒厂
- 成都市太白酒厂
- 四川省酒厂郫县古城曲酒厂
- 四川省都江堰市金凤蟠龙酒厂
- 都江堰市胥家十里酒厂
- 都江堰市蒲阳黄家酒厂
- 都江堰市双柏必洪酒厂
- 都江堰市青城外山曲酒厂
- 都江堰市白沙酒厂
- 彭州市隆丰真诚酒厂
- 彭州市金丰酒厂
- 彭州市蒙阳永光酒厂
- 四川省彭州市彭州酒厂
- 彭州市竹瓦天星酒厂
- 彭州市红岩曲酒厂
- 彭州市红岩桂井酒厂
- 彭州市倒湾酒厂
- 彭州市龙吟酒厂
- 彭州市升平一酒厂
- 彭州市周家酒厂
- 彭州市升平石桥油酒厂
- 彭州市蒙阳镇三邑社区酒厂
- 四川省彭州市三杨酒厂
- 彭州市农闲酒厂
- 四川省彭州市三邑杨安酒厂
- 彭州市三邑踏水酒厂
- 彭州市银佛酒厂
- 彭州市明泉酒厂
- 彭州市丹江酒厂
- 彭州市月亮湾酒厂
- 彭州市三益强泉酒厂
- 彭州市三邑王家油酒厂
- 彭州市三界镇石碑酒厂
- 彭州市三界镇白衣村绍华酒厂
- 彭州市隆丰酒厂
- 彭州市新伦羊羔美酒厂
- 彭州市丹景山镇石庙酒厂
- 丹景山镇山兵酒厂
- 彭州市丹景山镇永定醇香酒厂
- 丹景山镇俊杰酒厂
- 彭州市新兴镇上河酒厂
- 井研县高滩酒厂
- 井研县三江酒厂
- 夹江县焉江全斌酒厂
- 夹江县华龙酒厂
- 四川省夹江县华头酒厂
- 马边县青松酒厂
- 马边黑尔秋酒厂
- 乐山马边西兴酒厂
- 乐山市沙湾中源酒厂
- 西昌市高草曲酒厂
- 会东县淌塘乡蔡顺华酒厂
- 会东县新田乡坪街村王大成酒厂
- 会东县鹿鹤乡张明照酒厂
- 会东县岩坝乡李兴得酒厂
- 会东县普咩乡周华友酒厂
- 会东县大桥酒厂
- 会东县松坪乡松林坪村酒厂
- 会东县野租乡下野租酒厂
- 冕宁县石龙乡和平酒厂
- 攀枝花市攀欣醇酒厂
- 攀枝花市西区将军酒厂
- 攀枝花市仁和区蕊泉酒厂
- 攀枝花市仁和区丰利酒厂
- 攀枝花市德峰酒厂

- ●攀枝花市仁和区光明酒厂
- ●攀枝花市西区陶家度酒厂
- ●攀枝花市长和酿酒厂
- ●盐边县雍政苑酒厂
- ●德阳市旌东宝丰酒厂
- ●德阳市万兴曲酒厂
- ●德阳市绵圣曲酒厂
- ●德阳市天元镇周亨玉酒厂
- ●德阳市旌湖酒厂
- ●旌阳区孝感杨柳村酒厂
- ●德阳市孝泉曲酒厂
- ●四川省德阳市泸粮春酒厂
- ●德阳市旌阳区孝泉金鸡酒厂
- ●德阳市旌阳区孝泉镇白衣酒厂
- ●德阳市旌阳区孝泉镇七郎酒厂
- ●四川省德阳市熙海曲酒厂
- ●德阳市旌阳区绵河酒厂
- ●德阳市富贵酒厂
- ●德阳市喜醉酒厂
- ●德阳市蜀仙精酿曲酒厂
- ●德阳市旌阳区孟家镇高地村酒厂
- ●德阳市旌阳区孟家乡新元酒厂
- ●中江县渔业酒厂
- ●四川省中江六和酒厂
- ●中江县石龙乡周彬酒厂
- ●四川省德阳市中江县仓山镇酒厂
- ●中江县通济镇雪莲酒厂
- ●中江县辑庆酒厂
- ●中江县集凤镇隆兴酒厂
- ●四川省德阳西眉酒厂
- ●中江县石泉乡凉水井村酒厂
- ●中江县玉兴酒厂
- ●中江县玉兴醉泉酒厂
- ●四川省绵竹市竹玉酒厂
- ●四川绵竹市杜甫酒厂
- ●四川省绵竹市金竹酒厂
- ●国营绵竹市川竹酒厂
- ●四川省绵竹市宏威酒厂
- ●四川绵竹市川绵酒厂
- ●四川省绵竹市蜀丰酒厂
- ●绵竹市严仙酒厂
- ●四川省绵竹市竹茅春酒厂
- ●四川省绵竹市蜀剑曲酒厂
- ●四川省绵竹市竹绵曲酒厂
- ●四川绵竹瑞西酒厂
- ●四川省绵竹市竹宣酒厂
- ●四川省绵竹绵窖酒厂
- ●广汉市小汉忠态酒厂
- ●广汉市三星宏扬酒厂
- ●广汉市三星蜀都酒厂
- ●广汉市金雁第一酒厂
- ●四川省广汉市锦福酒厂
- ●广汉市三星宏星酒厂
- ●四川省广汉市常乐春酒厂
- ●四川省广汉市杜春液酒厂
- ●广汉市勋福酒厂
- ●四川省广汉市东清酒厂
- ●什邡市皂角太安酒厂
- ●什邡市城西酒厂
- ●什邡市皂角酒厂
- ●什邡市皂角双泉酒厂
- ●什邡市洛水镇光华酒厂
- ●什邡市洛水镇顺福酒厂
- ●什邡市洛水镇万力酒厂
- ●四川省什邡白云山酒厂
- ●四川省什邡市玉马酒厂

●什邡市隐丰镇福田酒厂
●什邡市两路口镇银桥村酒厂
●德阳市维特葡萄酒厂
●中江县永安莲花酒厂
●什邡留春酒厂
●什邡市南泉智华酒厂
●德阳市罗江县绵江曲酒厂
●四川省罗江玉粮春酒厂
●罗江县笙琳酒厂
●德阳市万盛堂酒厂
●罗江县回龙镇万安酒厂
●眉山市东坡区郑军乡海珠酒厂
●眉山黄牛窖酒厂
●四川省眉山县思蒙镇酒厂
●眉山县娴婆乡酒厂
●眉山市东坡区莲花乡莲花村曲酒厂
●眉山市东坡区永寿镇老酒厂
●眉山市东坡区农牧酒厂
●四川省眉山市东坡区蟆颐酿酒厂
●眉山县富牛酒厂
●四川省眉山县仙祥红粮液酒厂
●眉山市东坡区伏东酒厂
●眉山市东坡区川苏酒厂
●泸江酒厂
●四川省青神县鑫隆酒厂
●青神县鹏源酒厂
●蜂蜜酒厂
●仁寿粮丰酒厂
●四川省仁寿县飞泉酒厂
●仁寿县视高白酒厂
●仁寿县钟祥镇酒厂
●彭山县全祥酒厂
●彭山县观音镇寿星酒厂
●彭山县兴达酒厂
●绵阳市游仙区太平酒厂
●涪城区绵喜春酒厂
●绵阳市涪城丰谷曲酒厂
●绵阳市游仙区四海酒厂
●绵阳市川府酒厂
●绵阳市涪城区友谊酒厂
●游仙区观太乡湖南小锅酒厂
●绵阳三台县海王旭东酒厂
●三台县扬帆酒厂
●三台县芦溪酒厂
●三台县肖书竹酒厂
●三台县花园酒厂
●三台县嘉餐酿酒厂
●三台县凯河天太酒厂
●绵阳市明朗春酒厂
●三台县王牌酒厂
●绵阳市三台县凯南酒厂
●三台县红人醉酒厂
●三台县新生桂林酒厂
●三台县新生酒厂
●三台县断石酒厂
●三台县鲁湖酒厂
●盐亭县宗太酒厂
●绵阳市公子酒厂
●盐亭县三元乡会仙酒厂
●盐亭县文同酒厂
●四川省盐亭县柏梓白酒厂
●江油市海江红酒厂
●江油市大康酒厂
●江油市青莲镇太白曲酒厂
●江油市玉河曲酒厂
●四川省李白故里酒厂

●江油市三合镇诗蜀宴酒厂
●江油市三合诗蜀酒厂
●江油市林泉酒厂
●江油市春台酒厂
●江油市君山酒厂
●江油市二郎庙酒厂
●梓潼县华兴酒厂
●梓潼县潼江白酒厂
●平武县阔达酒厂
●四川省安县益鑫酒厂
●绵阳市银天酒厂
●安县睢水酒厂
●绵阳市永乐春酒厂
●绵阳市银兴酒厂
●北川羌族自治县桂花井酒厂
●北川羌族自治县石纽春酒厂
●北川羌族自治县小坝大包村酒厂
●北川羌族自治县小坝羌藏酒厂
●北川羌族自治县小坝乡外白酒厂
●茂县尔玛青稞酒厂
●松潘县雪山青稞咂酒厂
●九寨沟县长海曲酒厂
●四川省川竹酒厂
●名山县先明酒厂
●名山县景峰酒厂
●四川省雅安市蜀乡酒厂
●名山县龙江酒厂
●天全县鱼泉乡青元酒厂
●天全县鱼泉乡联合村酒厂
●康定县康巴汉子酒厂
●炉霍县青稞酒厂
●广元市下西酒厂
●朝天区羊木酒厂
●青川县酒厂
●青川县沙洲镇幸福村酒厂
●青川县沙州镇三堆酒厂
●青川县沙洲镇酒厂
●青川县上马酒厂
●青川县青溪酒厂
●青川县青溪韦旭初酒厂
●青川县青溪古镇酒厂
●青川县乐安寺乡酒厂
●青川县曲河酒厂
●青川县大院回族乡白酒厂
●青川县凉水镇酒厂
●旺苍县正源乡王久安酒厂
●旺苍县水磨乡酒厂
●四川省旺苍县白龙酒厂
●剑阁县董郎酒厂
●剑阁县柳沟镇报国灵泉酒厂
●剑阁县江口酒厂
●剑阁县木马镇酒厂
●剑阁县柏垭乡酒厂
●剑阁县公兴环美酒厂
●苍溪县登高宋水观音酒厂
●苍溪县双田乡酒厂
●遂宁市安居区白马镇平宁酒厂
●遂宁市安居区横山镇黄金酒厂
●遂宁市安居区常理乡龙头酒厂
●遂宁市安居区常理乡聂海酒厂
●遂宁市船山区新桥镇法宝寺酒厂
●丽源酒厂
●饮乐酒厂
●建强酒厂
●遂宁市安居区步云建军酒厂
●蓬溪县农兴酒厂

●射洪县大榆酒厂
●射洪县洋溪酒厂
●射洪县文化酒厂
●四川省射洪县白石曲酒厂
●四川省射洪县大佛曲酒厂
●四川射洪太乙高粱酒厂
●四川射洪太乙酒厂
●大英县火箭曲酒厂
●大英县万福酒厂
●四川省大英县酒厂
●达州市海钰酒厂
●达县酒厂
●达县虎让乡酒厂
●大竹县竹北敬老院酒厂
●大竹新兴酒厂
●大竹县月华酒厂
●大竹县石河乡五四酒厂
●渠县金标果酒厂
●渠县渠北乡跃进酒厂
●四川省渠县蒙山曲酒厂
●渠县四季呷酒厂
●渠县岩峰镇酒厂
●渠县涌兴国营酒厂
●渠县汇西酒厂
●渠县流溪乡酒厂
●渠县琅琊乡化龙酒厂
●渠县琅琊镇国营酒厂
●渠县金桥酒厂
●渠县嘉禾酒厂
●渠县宝城镇酒厂
●巴中市巴州区曾口镇酒厂
●巴州区东兴场乡李家店酒厂
●巴州区东兴场乡王太恩酒厂
●巴州区国立帝王杯酒厂
●巴州区全丰酒厂
●巴州区枣林镇酒厂
●巴中市巴州区鼎山镇酒厂
●巴州区恩阳酒厂
●巴州区雪山酒厂
●巴州区双胜酒厂
●巴中市花丛镇曲酒厂
●巴州区柳林镇酒厂
●商贸公司奇章酒厂
●宣汉县大成镇酒厂
●宣汉县昆池镇柿树村酒厂
●万源市魏家乡酒厂
●平昌县渭泉曲酒厂
●平昌县仙泉曲酒厂
●南江双冠曲酒厂
●南江县金惠酒厂
●南江县曲酒厂
●南江县长赤酒神淳酒厂
●大河镇剑林酒厂
●南充市金牌坊酒厂
●四川省南充市金尊酒厂
●南充市果酒厂
●四川省南充曲酒厂
●南充市高坪区鄢家乡良栋酒厂
●南充市嘉陵区李渡酒厂
●南充市嘉陵区金凤酒厂
●南充市嘉陵区金凤唐家酒厂
●大通酒厂
●南充金河曲酒厂
●南充市高坪区阙家酒厂
●四川省南充阙家酒厂
●西充县长城酿酒厂

●太平镇白酒厂
●西充县龙洞酒厂
●四川安乐酒厂
●西充县双凤酒厂
●南部塔山原酒厂
●南部县太华天泉酒厂
●南部县义丰酒厂
●南部县李家垭酒厂
●南部县鸿燕酒厂
●南部县平桥乡酒厂
●南部县东坝镇昌隆酒厂
●南部县河坝镇酒厂
●南部县富利镇庞氏酒厂
●阆中大明酒厂
●阆中市金垭酒厂
●仪陇县板桥乡酒厂
●仪陇县凤仪乡企办酒厂
●仪陇县碧泉乡酒厂
●仪陇县来仪乡酒厂
●仪陇县日兴镇酒厂
●仪陇县福临乡王敏酒厂
●仪陇县来仪乡扶贫酒厂
●仪陇县思德乡酒厂
●仪陇县柳垭粮油公司思德酒厂
●仪陇县阳通乡云龙酒厂
●仪陇县迎春酒厂
●仪陇县永光乡企业酒厂
●仪陇县二道镇酒厂
●仪陇县环山乡酒厂
●仪陇县炬光乡酒厂
●营山县丰产乡邓东酒厂
●营山县营山县金葫酒厂
●城南镇三星酒厂
●营山县春生酿酒厂
●营山县木顶乡木高桥水库酒厂
●营山县木顶村企业酒厂
●营山县沿码乡酿酒厂
●营山县骆市镇新华酒厂
●营山县骆市镇酒厂
●营山县增产乡酒厂
●营山县清水乡福禄酒厂
●营山县高码乡办酒厂
●蓬安县金溪镇万缘酒厂
●蓬安县银汉镇白云矿泉酒厂
●广安市广安区小井乡大良酒厂
●广安区奎阁酒厂
●广安市广安区杨坪乡酒厂
●广安市广安区消河乡宏发酒厂
●广安市广安区龙台酒厂
●广安市广安区龙台镇召友酒厂
●广安市广安区龙台镇幸福酒厂
●广安市广安区龙台寺酒厂
●广安市广安区观塘石蓬乡镇企业酒厂
●广安区得胜乡办酒厂
●广安市广安区小井乡开仕酒厂
●广安市广安区小井沟酒厂
●蓬安县金溪镇洪兴酒厂
●岳池县北城乡陈性富酒厂
●岳池县乔家镇酒厂
●岳池县白庙酒厂
●岳池县白庙镇屈二酒厂
●岳池县龙孔镇源泉酒厂
●岳池县嘉陵乡石盘堰酒厂
●岳池县龙孔镇白酒厂
●岳池县平安酒厂

●岳池县黄龙乡酒厂
●岳池县秦溪镇酒厂
●岳池县大石乡酒厂
●岳池石垭老酒厂
●岳池县普安镇酒厂
●岳池县石垭镇熙福酒厂
●岳池县石垭镇尹仁华酒厂
●岳池县石垭镇宏发酒厂
●岳池县庹氏压酒厂
●岳池新民酒厂
●岳池县天平镇安东酒厂
●岳池县苟角镇酒厂
●岳池县鱼峰乡酒厂
●岳池县天平镇蒋山镇才科酒厂
●岳池县天平镇蒋山镇向东酒厂
●岳池县苟角红星酒厂
●四川省岳池县苟角镇白鹤观酒厂
●岳池县苟角镇石城酒厂
●岳池县天平镇酒厂
●岳池县天平镇光泽酒厂
●岳池县朝阳乡秦家店酒厂
●岳池县朝阳乡酒厂
●岳池县朝阳乡肖家店村酒厂
●武胜县四新曲酒厂
●武胜县陵泉酒厂
●武胜县鸣钟酒厂
●武胜县齐波酒厂
●武胜县飞龙镇酒厂
●武胜县鼓匠乡永红酒厂
●武胜县乐善镇唐久酒厂
●武胜县双星乡郑树文酒厂
●武胜县普兴酒厂
●武胜县乐善镇团结水库酒厂
●武胜县中心镇农旺酒厂
●武胜县中心镇秀观酒厂
●武胜县华封酒厂
●武胜县金光乡桥头酒厂
●武胜县八一酒厂
●武胜县胜利镇酒厂
●广安市广安区广门乡酒厂
●邻水县椿木乡寇国酒厂
●邻水县椿木乡黄泥堡酒厂
●邻水县陈小琳酒厂
●邻水县袁市镇企业酒厂
●邻水县九龙镇来明酒厂
●邻水县么滩镇沙石纯粮酒厂
●邻水县丰禾镇花市大湾酒厂
●邻水县复盛乡企业酒厂
●邻水县丰禾镇康发酒厂
●邻水县丰禾镇福利酒厂
●邻水县丰禾镇专卖酒厂
●华蓥市高兴镇红砂子酒厂
●华蓥市青龙酒厂
●华蓥市咸亨酒厂
●内江市东兴区平坦乡酒厂
●内江市东兴区同福酒厂
●内江市东兴区碑南酒厂
●内江市东兴区郭北酒厂
●资中县双河酒厂
●资中县双河华利酒厂
●资中县文江酒厂
●四川省资中县红茅烧酒厂
●四川省资中县明兴酒厂
●资中县双河镇武刚酒厂
●骝马白酒厂
●资阳市雁江区东峰镇大明酒厂

●资阳市雁江区保和镇紫微酒厂
●简阳市平武镇永昌酒厂
●简阳市养马镇钟玉酒厂
●简阳市东溪酒厂养马分厂
●简阳市酒厂三星分厂
●简阳市踏水镇酒厂
●简阳市踏水镇寨子酒厂
●简阳市青龙镇四方酒厂
●简阳市禾丰酒厂
●简阳市接龙酒厂
●简阳市酒厂禾丰分厂
●简阳市禾丰镇庄文酒厂
●简阳市石板凳镇莲花酒厂
●简阳市江源酒厂
●简阳市石板酒厂
●简阳市芦葭酒厂
●简阳市芦葭镇秀兰酒厂
●简阳市芦葭镇英明农机酒厂
●简阳市镇金镇田铺村卫东酒厂
●简阳市镇金镇赵家王正书酒厂
●简阳市望水乡应明惠酒厂
●简阳市望水乡付绍清酒厂
●简阳市望水乡成金酒厂
●简阳市镇金镇周家坝酒厂
●简阳市望水乡付子权酒厂
●简阳市镇金大古井酒厂
●简阳市镇金酒厂
●简阳市雷家乡毛泽民酒厂
●简阳市望水乡杨小林酒厂
●简阳市清风乡胡忠明酒厂
●简阳市清风乡李品流酒厂
●简阳市清风乡万华根酒厂
●简阳市清风乡李菊英酒厂
●简阳市三岔湖酒厂
●简阳市草池镇是缘酒厂
●简阳市草池镇真资格酒厂
●简阳市草池镇建华酒厂
●简阳市海螺乡德盛酒厂
●简阳市肖公河酒厂
●简阳市武庙乡新庙张一强酒厂
●简阳市海螺酒厂
●乐至县三星民惠酒厂
●大佛寺酒厂
●乐至县中天镇中天酒厂
●乐至县蟠龙镇酒厂
●乐至县蟠龙镇晏家沟村德安酒厂
●乐至县蟠龙镇落成桥村酒厂
●隆昌县石碾鹅江酒厂
●先锋老烧房酒厂
●四川省隆昌县唐宗宋祖酒厂
●吉庆酒厂
●响石山酒厂
●前锋观音桥酒厂
●响石镇鹰嘴村酒厂
●前锋河嘴酒厂
●隆昌向江酒厂
●富云酒厂
●高洞酒厂
●四川隆昌工农曲酒厂
●隆昌县白酒厂
●龙市碳市坝酒厂
●龙市牛市坝酒厂
●隆昌县通化葡萄酒厂
●龙市镇五龙酿酒厂
●四川省隆昌县界市酒厂
●隆昌县界市干酒厂

●隆昌县石碾酒厂
●渔箭镇五块田酒厂
●石碾润历酒厂
●渔箭镇渔箭酒厂
●隆昌县佛泉酒厂
●云顶镇酒厂
●兴隆登酒厂
●云顶镇光荣酒厂
●胡家酒厂
●丰宴酒厂
●胡家兴盛酒厂
●光荣老酒厂
●泸川酒厂
●圣灯镇通江酒厂
●陈启灿白酒厂
●乐只老酒厂
●隆昌县双凤江泉酒厂
●隆昌县迎祥镇高星酒厂
●迎祥镇恒源高粱酒厂
●四川省隆昌县迎祥酒厂
●四川省隆昌县泉水酒厂
●隆昌县周兴酒厂
●四川省隆昌普润酒厂
●隆昌县隆津酒厂
●四川隆昌曲酒厂
●石桥酒厂
●安岳县安花养生酒厂
●安岳县合家欢乐酒厂
●安岳县新光酒厂
●安岳县鸳大镇玉液酒厂
●安岳县龙洲酒厂
●安岳县红茅液酒厂
●安岳县顶新乡酒厂
●双龙白云酒厂
●安岳县清流翰林酒厂
●安岳县大埝酒厂
●威远县洪峰酒厂
●威远县镇西玉液酒厂
●威远县观音滩镇观音酒厂
●威远县东联酒厂
●四川威远宏发酒厂
●威远县金氏黑洞岩酒厂
●威远县祥龙酒厂
●威远县洪峰酒厂龙会分厂
●威远县龙会镇新飞酒厂
●四川省自贡市盐都曲酒厂
●自贡市沿滩区供销社联合社酒厂
●自贡市沿滩区邓关供销社九洪酒厂
●自贡市沿滩区红兴酒厂
●荣县高山醇酒厂
●四川省青云酒厂
●荣县望佳懂政酒厂
●荣县懂政永昌酒厂
●荣县桥头苹露酒厂
●荣县桥头重阳酒厂
●荣县龙潭国兴酒厂
●鼎新贵洲酒厂
●荣县杨佳朝洪酒厂
●荣县乐德镇刘家桥酒厂
●荣县春南酒厂
●荣县德荣酒厂
●荣县乐德镇桥凼酒厂
●荣县度佳酒厂
●荣县荣兴春酒厂
●荣县光华酒厂
●荣县复兴乡利权酒厂

●富顺县黄葛酒厂
●富顺县许圆酒厂
●富顺县文泉白酒厂
●富顺县琵琶酒厂
●富顺县永年镇酒厂
●富顺县新兴酒厂
●富顺县永年镇沙罗酒厂
●富顺县永年桐子坝酒厂
●富顺县观乐酒厂
●富顺县福善酒厂
●富顺县板桥酒厂
●富顺县板桥时安酒厂
●富顺县互助镇酒厂
●富顺县古坎酒厂
●国营富顺县瓦市酒厂
●富顺县仙市酒厂
●富顺县李子铺酒厂
●富顺县代寺国营酒厂龙硐分厂
●富顺县中石镇酒厂
●富顺县芝溪东明酒厂
●富顺县许家酒厂
●富顺县万坳乡下井酒厂
●富顺县万坳乡酒厂
●富顺县怀德镇酒厂
●富顺县怀德镇西街酒厂
●富顺县石道乡久桥酒厂
●富顺县石道乡光辉酒厂
●富顺县石道启林酒厂
●富顺县长滩镇乾林酒厂
●富顺县长滩镇曲酒厂
●富顺县石道乡民主酒厂
●富顺县龙桥酒厂
●富顺县国营赵化酒厂
●富顺县飞龙曲酒厂
●富顺县新农乡酒厂
●富顺县飞龙乡大山酒厂
●富顺县安溪镇酒厂
●四川省富顺县刘家坝酒厂
●富顺县兜山镇酒厂
●四川省宜宾市轻纺工业供销总公司曲酒厂
●宜宾子均邓公液酒厂
●宜宾市翠屏区三河液酒厂
●宜宾正清酒厂
●宜宾市顺南曲酒厂
●四川省宜宾市宜五酒厂
●四川省宜宾市宜丰曲酒厂
●宜宾市沿江酒厂
●宜宾市翠屏区天乐酒厂
●宜宾市云天曲酒厂
●四川省宜宾宜福曲酒厂
●四川省宜宾县真武酒厂
●宜宾市特醇曲酒厂
●宜宾市山泉曲酒厂
●四川省宜宾市翠屏区福祥永酒厂
●宜宾市翠屏区吉鑫酒厂
●四川省宜宾市翠屏区李端曲酒厂
●宜宾市牟坪酒厂
●宜宾市李端酒厂
●牟坪兴酒厂
●南溪县裴石酒厂
●南溪县阜鸣九龙酒厂
●南溪县新添酒厂
●四川宜宾市南福曲酒厂
●南溪县江南镇南塔酒厂
●南溪县裴石洪洲酒厂

●南溪县青龙酒厂
●南溪县茶花酒厂
●四川省宜宾市龙虎酒厂
●南溪县古南酒厂
●南溪县凤归酒厂
●四川省宜宾市金龙曲酒厂
●南溪县桂溪白酒厂
●南溪县罗龙老酒厂
●南溪县天生方长春酒厂
●四川省宜宾都城液酒厂
●南溪县留宾乡鲜明酒厂
●南溪县长兴镇尖山村白酒厂
●南溪县长兴镇岫云酒厂
●南溪县刘家镇合宜酒厂
●宜宾贡酒厂
●四川宜宾雄鸿酒厂
●四川省宜宾竹都酒厂
●四川江安蜀南竹海黄酒厂
●江安县佳友酒厂
●江安县铁清老白酒厂
●江安县龙门酒厂
●江安县良种场二龙口酒厂
●四川省宜宾太保液酒厂
●江安县底蓬蜀南酒厂
●江安县江石酒厂
●江安县三块秋林酒厂
●江安县留耕镇白酒厂
●江安县留耕镇八一村荣成酒厂
●江安县滥坝乡神力酒厂
●江安县四面山国营酒厂
●四川省宜宾松溪曲酒厂
●井江白酒厂
●长宁县大湾白酒厂
●长宁县开佛乡佛来酒厂
●铜锣乡白酒厂
●长宁县井江凹白酒厂
●长宁县开佛乡祥云酒厂
●下长镇二码头白酒厂
●下长镇新宁村白酒厂
●长宁县开佛乡安国酒厂
●长宁县开佛乡秦氏酒厂
●长宁县梅白乡宏运酒厂
●竹海镇白酒厂
●宜兴乡石马村雷启超酒厂
●三元张曲酒厂
●兴文县共乐镇哈大王酒厂
●宜宾怪酒厂
●宜宾县三杯爽酒厂
●四川宜宾红楼梦酒厂
●宜宾县宴丰食品有限责任公司宜源曲酒厂
●宜宾县观音镇万菁酒厂
●宜宾县古罗镇顺河酒厂
●宜宾县双龙酒厂
●庆符镇白酒厂
●高县大容和酒厂
●屏山县鸭池乡老贯酒厂
●四川省泸州蜀龙酒厂
●泸州市泸郎酒厂
●四川省泸州世纪谭酒厂
●四川泸州玉带曲酒厂
●四川泸州市龙马潭区建峰曲酒厂
●泸州泸井酒厂
●四川泸州泸川酒厂
●泸州市乐交龙酒厂
●泸州市龙潭曲酒厂

- 泸州市鑫池酒厂
- 四川省泸州市通滩多标酒厂
- 四川省泸州市江阳区皇家酒厂
- 泸州老字号酒厂
- 泸州市瓦罐曲酒厂
- 泸州市江阳区通滩雪坝酒厂
- 泸州泰斗酿酒厂
- 四川省泸州贵友酒厂
- 泸州市泸城通滩酒厂
- 泸州泸门窖酒厂
- 四川泸州泸仙酒厂
- 泸州市泸家宴酒厂
- 泸州市泰城酒厂
- 泸州市江阳区爵鼎坊酒厂
- 泸州市江阳区陵园白酒厂
- 四川泸州杜王酒厂
- 泸州市江阳区通滩罗桥酒厂
- 泸州市泸加窖曲酒厂
- 泸州市江阳区陈窖酒厂
- 泸州市唐朝酒厂
- 泸州市江阳区泸酒酒厂
- 泸州市江阳区泸城酒厂
- 泸州先锋酒厂
- 泸州古窖酒厂
- 泸州春酒厂
- 泸州国池酒厂
- 泸州市泸窖曲酒厂
- 泸州市江阳区泸先曲酒厂
- 泸州市江阳区水井坎白酒厂
- 四川省泸州霸王酒厂
- 泸州市江阳区十里香酒厂
- 泸州市江阳区埃山白酒厂
- 四川泸州秦皇金樽酒厂
- 泸州稻苑香酒厂
- 四川泸州千钟酒厂
- 泸州市东南曲酒厂
- 江阳区江北镇白酒厂
- 泸州市江阳区石棚白酒厂
- 泸州市江阳区昌德酒厂
- 泸州市江阳区通滩金堡山白酒厂
- 泸州市江阳区长山酒厂
- 泸州市双溪酒厂
- 四川省泸州通滩酒厂
- 四川省泸州市华阳酒厂
- 泸州市江阳区弥陀曲酒厂
- 泸州不倒翁窖酒厂
- 泸州市江阳区石寨乡田湾白酒厂
- 泸州市江阳区石寨白酒厂
- 泸州市江阳区石寨乡凤龙白酒厂
- 泸州市江阳沤石寨乡曲酒厂
- 泸州市江阳区分水白酒厂
- 泸州市江阳区弥陀金锋白酒厂
- 泸州市江阳区白马曲酒厂
- 四川省泸州贵庆酒厂
- 泸州国泰酒厂
- 泸州泸沙窖酒厂
- 四川省泸州清源酒厂
- 四川省泸州红光酒厂
- 四川泸州嘉年华酒厂
- 四川省泸州市长酒厂
- 泸县福集镇石鸭小马滩白酒厂
- 四川泸州蜀大酒厂
- 泸州市龙马潭区长山曲酒厂
- 泸州金戈窖酒厂
- 泸县兆雅镇犁家坝天泉酒厂
- 泸州泸派酒厂

●四川省泸县兆雅镇型家坝宏发酒厂
●泸州拳友酒厂
●泸县兆雅型家坝酒厂
●四川省泸州东升酒厂
●四川省泸州贵族酒厂
●泸县建中米酒厂
●四川省泸州海泉曲酒厂
●四川省泸州江丰酒厂
●泸县泸福酒厂
●四川省泸州市元新酒厂
●四川泸州国宾泉老窖酒厂
●泸县中华酒厂
●四川泸州坪嘴酒厂
●泸州鹿溪河酒厂
●四川泸县泸石曲酒厂
●泸州川府窖酒厂
●泸县百和白酒厂
●四川泸州二郎滩酒厂
●泸县青狮米酒厂
●泸县百和镇土主宏发白酒厂
●泸县龙泉酒厂
●泸县青狮金龙酒厂
●四川省泸州二郎神酒厂
●泸县鸿星白酒厂
●泸县五通白酒厂
●四川省泸州九月酒厂
●泸州四季春酒厂
●泸县上坪白酒厂
●四川泸州泸藏曲酒厂
●泸州华源酒厂
●四川省泸州江南酒厂
●泸县涂场黄林白酒厂
●四川泸县玄滩太平桥酒厂
●泸州市泸县华明酒厂
●四川省泸县玄泉酒厂
●泸县玄滩镇折鹤冲酒厂
●泸县玄滩陈家嘴白酒厂
●四川泸县春玄酒厂
●泸县玄滩铁围山酒厂
●泸县玄滩镇昌盛酒厂
●泸县玄滩镇新房子二社酒厂
●四川泸州华西酒厂
●泸县玄滩镇金龙寺酒厂
●四川泸州泸亚窖酒厂
●四川泸县玄滩前丰酒厂
●泸县玄滩镇通山酒厂
●泸县涂场新山白酒厂
●泸县玄滩镇楼方嘴酒厂
●泸县玄滩老油房白酒厂
●四川省泸县玄滩酒厂
●四川省泸县玄滩泸冰酒厂
●四川省泸县一江明酒厂
●四川泸县玄滩镇普凡酒厂
●泸县玄滩红心村酒厂
●泸州市陈酿酒厂
●泸州黔茅红土地酒厂
●四川省泸州金银曲酒厂
●泸县团仓白酒厂
●四川泸州龙脑曲酒厂
●泸县青龙白酒厂一分厂
●泸县青龙镇联办白酒厂
●四川省泸州丽江窖酿酒厂
●泸县游和酒厂
●泸县大田龙华酒厂
●泸县青龙沙土酒厂
●泸县天洋曲酒厂

●泸县青龙白酒厂
●泸县喻寺镇海泉白酒厂
●泸县雨坛三界白酒厂
●四川泸县胡楼白酒厂
●四川泸县桐兴白酒厂
●四川省泸州五寿酒厂
●四川省泸州喻寺曲酒厂
●四川省泸州老泸水酒厂
●四川泸州雨坛酒厂
●泸县天兴白酒厂
●泸县牛滩镇白酒厂
●泸县天兴罗坪白酒厂
●四川泸州五花春酒厂
●泸县一心酒厂
●四川省泸州神玉酒厂
●泸州金太阳白酒厂
●泸州凤凰老窖曲酒厂
●泸县玉峰酒厂
●泸州市龙马潭区古氏酒厂
●四川泸州华池窖酒厂
●四川省泸县万定白酒厂
●泸县太伏镇万定沙嘴白酒厂
●四川省泸县国华曲酒厂
●泸县树华白酒厂
●四川省泸县太伏曲酒厂
●泸县太伏龚湾酒厂
●泸县新路酒厂
●四川省泸县太伏白云酒厂
●泸县华瑞酒厂
●泸州市泸县珍珠曲酒厂
●泸州天池曲酒厂
●泸县泸永白酒厂
●泸县佳酵曲酒厂
●泸县立石玉龙湖酒厂
●泸县云龙大堰塘白酒厂
●泸州川南酒厂
●四川省泸州纯原酒厂
●泸县李弯白酒厂
●泸州松茸酒厂
●泸县云龙杨深二井白酒厂
●四川泸州泸旭窖酒厂
●四川泸州富源酿酒厂
●四川泸州丰源酿酒厂
●泸县云龙乡白酒厂
●泸县云龙镇茅坝酒厂
●四川省泸县石桥曲酒厂
●四川省泸县石桥酒厂
●泸县得胜酒厂
●泸县得胜两河口白酒厂
●泸县宋观星光酒厂
●泸县顺河安乐村白酒厂
●泸县顺河镇三龙桥白酒厂
●宜宾市宜五酒厂泸县分厂
●泸县高茂白酒厂
●泸县罗桥白酒厂
●四川省泸县新民酒厂
●泸县海潮向阳酒厂
●泸州市合江镇乾坤山庄果酒厂
●合江县白米乡印子酒厂
●合江县佛荫镇高石坎酒厂
●合江县高时门酒厂
●合江县志达酒厂
●合江县实录乡金岗岩白酒厂
●合江县玉泉酒厂
●合江县自怀矿泉酒厂
●合江县文桥龙凤白酒厂

●合江县沙坎天川曲酒厂
●合江县九支镇大奔往酒厂
●合江县九支周祠白酒厂
●合江县佛荫镇沙坎白酒厂
●合江县巧营酒厂
●泸州家天下酒厂
●合江县九支镇桂花酒厂
●合江县白米乡铜千湾酒厂
●合江县密溪白酒厂
●合江县鹿角白酒厂
●合江县望龙进兴白酒厂
●合江县虎头乡矿泉白酒厂
●四川省泸州市仙泉曲酒厂
●合江县白沙镇燕坪酒厂
●合江县焦滩乡乡镇企业酒厂
●泸州市川容曲酒厂
●合江县大桥镇牛脑驿龙泉酒厂
●合江县大桥镇旭照转龙湾酒厂
●合江县大桥镇川泸酒厂
●合江县大桥镇大桥白酒厂
●合江县石佛永红酒厂
●合江县五通镇白酒厂
●合江县二里乡云湾酒厂
●合江县五通镇石顶酒厂
●合江县五通镇南告田酒厂
●合江县凤鸣镇茅山白酒厂
●合江县河坝白酒厂
●泸州市合江县福宝镇酒厂
●泸州市南江酒厂
●合江县福宝三角扩酒厂
●合江县先滩镇响滩白酒厂
●合江县佳荔酒业公司先滩酒厂
●合江县石龙酒厂
●泸州市合江县车辋康鸿酒厂
●合江县车辋乡军田白酒厂
●泸州市合江县玉兰酒厂
●合江县蒲江白酒厂
●合江县尧坝镇识字酒厂
●泸州市纳溪区利合酒厂
●泸州金谷酒厂
●泸州市春秋酒厂
●泸州泸宾窖酒厂
●泸州市纳溪区乐登酒厂
●泸州市纳溪区金谷酒厂
●泸州市纳溪区小作坊酒厂
●泸州市纳溪区陡石梯酒厂
●泸州市纳溪区打古镇福利院酒厂
●泸州市纳溪区普照酒厂
●泸州市纳溪区白节镇酒厂
●泸州市纳溪区元康酒厂
●四川泸州市翠溪酒厂
●泸州市凤凰曲酒厂
●叙永县丹山酒厂
●叙永县观兴乡曲酒厂
●叙永县江门镇松树酒厂
●中国四川仙潭酒厂
●四川古蔺丹玉果酒厂
●泸州赤河酒厂
●四川省古蔺县仙凤酒厂
●四川省古蔺县龙井酒厂
●古蔺县赤渡酒厂
●古蔺县玉文曲酒厂
●泸州市龙马潭区半坡白酒厂
●泸州市龙马潭区雨珠岩酒厂
●四川省泸州福生酒厂
●泸州市龙马潭区金土地酒厂

●泸州食为天窖酒厂
●四川省泸州市蜀家酒厂
●泸州市小糊涂曲酒厂
●泸州市顺财酒厂
●四川省泸州江北酒厂
●泸州市龙马潭区石洞镇促进酒厂
●四川省泸州五谷香酒厂
●四川省泸州龙溪曲酒厂
●泸州市龙马潭区三塘酒厂
●泸州来龙曲酒厂
●四川省泸州双加酿酒厂
●泸州市龙马潭区石洞镇林场酒厂
●四川省泸州市益华酒厂
●泸州市粤海龙酒厂
●泸州市龙潭窖酒厂
●泸州市龙马潭区白狮桥酒厂
●泸州市龙马潭区满缸红常酒厂
●泸州市龙马潭区仙鹤酒厂
●四川省泸州百岁老窖曲酒厂
●泸州生源酒厂
●四川泸州安宁酒厂
●泸州自然香酒厂
●泸县金银和平酒厂
●四川省泸县赵湾曲酒厂
●成都市金牛区雄风酒厂
●通化通天成都酒业有限公司
●成都市浓香宴葡萄酒厂
●成都春天绿竹资源开发有限责任公司阿尔卑斯啤酒厂
●成都浙绍酿酒厂
●龙泉驿区张氏村酒厂
●成都龙水实业有限公司五花马酒业分公司
●成都宏亿奥捷特酒业有限公司
●双流县公兴酒厂
●双流县金桥镇鲢鱼寺酒厂
●双流县东升三公庄酒厂
●成都酒圣酒业有限公司
●成都瑞特芦荟红酒业有限公司
●成都市金堂盐井青松酒厂
●四川成都盐井酒业有限责任公司
●成都市杜公祠酒厂
●四川新都富民酒厂
●成都市新都区西御果酒饮料厂
●成都中王酒业有限公司
●新都区军屯镇文昌酒厂
●成都市温江区梁兴酒门市
●温江区寿安桂隆曲酒厂
●成都春阳酒业有限责任公司
●温江区永宁永福酒厂
●崇州市冰加利酒业有限责任公司
●成都市崇阳酒业有限责任公司
●四川大宅门酒业有限公司
●四川川国演义酒业有限公司
●崇州市金谷酒业销售有限责任公司
●成都千缘酒业有限公司
●成都五星珍品酒厂
●成都老酒匠酒厂
●成都济供酒厂
●四川魏氏酒厂
●四川老坛子酒业有限公司蜀春酒厂
●四川省崇州市古窖酒厂
●四川省崇州市九龙酒业有限公司
●四川成都川春酒业有限公司
●成都大西部酒业有限公司
●蚌埠市皖酒制造崇州有限公司

●四川省崇州市新耀酒业有限公司
●成都古渡春酒厂
●四川省崇州市川贺酒厂
●崇州市得福酒业食品有限公司
●四川省崇州市古渡春酒厂
●四川省沂蒙人家酒业有限公司
●四川江口醇成都(大邑)酒业有限公司
●成都市子云亭酒业有限公司
●成都市川西王酿酒有限公司
●四川省大邑县盛源酒业有限公司
●成都市汇泉酒业有限责任公司
●成都大邑川悦酒厂
●大邑县雪山红红梅酒厂
●成都西府酒业有限公司
●四川省成都市大邑蜀情酒厂
●成都万灵通圆酒业有限责任公司
●成都市大邑泰丰酒厂
●成都川悦酒业有限公司
●四川五郎酒业有限责任公司
●四川宜府春酒厂
●大邑县三河酒厂
●四川大邑情满人家酒业有限公司
●四川省大邑川泉酒业有限公司
●四川高朋满座酒业有限公司
●成都市大邑县春潮酒业有限责任公司
●四川香满城酒业有限公司
●成都市红河酒厂
●四川成都聚兴酒业有限公司
●四川唐池酒业有限公司
●四川省大邑川一酒厂
●成都禾全宴酒业有限公司
●成都市太白酒厂
●四川鹏程酒业有限公司
●四川省百年香江酒销售有限公司
●四川都市人家酒业有限公司
●四川省成都市卓女春酒业有限公司
●成都市醇香坊酒业有限公司
●山西杏花村汾酒集团四川有限责任公司
●成都市老作坊酒厂
●四川省金酒坊酒业有限公司
●四川省成都市西府家园酒业有限公司
●四川省杨洋酒业有限责任公司
●四川省邛崃市金鳌酒业有限公司
●四川省邛崃市五谷香酒厂
●成都市长征魂酒业有限公司
●成都市雪潭醉酒业有限公司
●四川省川江老龙酒业有限公司
●成都南亚酒业有限公司
●四川省邛崃市鲁顺酒业有限公司
●四川省邛崃立川酒业有限公司
●成都市太白酒厂
●四川六百岁古酒销售有限公司
●四川省邛崃市白杨酒业有限公司
●四川省邛崃市川马酒业有限公司
●四川省邛崃市川潭酒业有限公司
●四川金满楼酒业有限公司
●四川双喜门酒业有限公司
●成都状元人家酒厂
●成都市蒲江县龙源酒厂
●成都币金兴酒厂
●四川省蒲江双隆酒厂
●四川成都汉壶酒业有限公司
●成都仙阁酒业有限公司

- ●成都市蒲江醉鬓红酒厂
- ●成都市绵龙春酒厂
- ●四川省蒲江天源酒厂
- ●四川省成都金世福酒业有限公司
- ●四川省蒲江县泽润酒业有限公司
- ●四川省蒲江县泽润酒厂
- ●四川省杨洋酒业有限责任公司蒲江分公司
- ●四川省蒲江泰林酒厂
- ●蒲江县森源酒厂
- ●四川省天下之樽酒业有限公司
- ●成都市蒲江天威酒业有限公司
- ●蒲江县成佳酒厂
- ●四川省一品梅酒厂
- ●四川满口香酒业有限公司
- ●蒲江县复兴懋源酒厂
- ●成都三海酒业有限公司
- ●郫县犀浦镇玉林酒厂
- ●郫县凤冠酒厂黄酒分厂
- ●成都市九州老窖酒厂
- ●四川都江堰古堰红酒业有限公司
- ●都江堰市金凤紫柏酒厂
- ●都江堰千秋堰酒厂
- ●彭州市致和镇鑫台酒厂
- ●四川省彭州市飞塔酒厂
- ●成都隆中对酒厂
- ●四川彭州协众堂酒类经营部
- ●四川省彭州市天彭酒业有限公司
- ●四川天流酒业有限责任公司
- ●彭州市三邑吉祥酒厂
- ●彭州市蒙阳西外酒厂
- ●彭州市蒙阳镇元石酒厂
- ●彭州市四维酒厂
- ●彭州市新伦羊羔美酒厂
- ●彭州市丹景山镇石庙酒厂
- ●彭州市丹景山镇山兵酒厂
- ●彭州市通济镇梓橦酒厂
- ●周林酒厂
- ●周坡供销社酒厂
- ●井研县东林镇元强酒厂
- ●乐山市足球神酒业有限公司
- ●峨眉山市红珠山酒厂
- ●犍为县大兴乡永生酒厂
- ●沐川县诚信酿酒厂
- ●西昌市秀山果酒厂
- ●西昌市红豆野生果酒厂
- ●西昌市国伟葡萄酒厂
- ●西昌铁力科酒业有限责任公司秀山果酒厂
- ●西昌市大运酒厂
- ●西昌市马道成华酒厂
- ●西昌市竹福酒厂
- ●会理县北关醉神酒厂
- ●会理县华莲酒厂
- ●德昌县李氏果酒厂
- ●冕宁县复兴镇泡酒经营部
- ●冕宁县泸沽米酒厂
- ●木里县吴厚华酒厂
- ●木里县陈酿酒厂
- ●雷波县黄琅镇谢懿酒厂
- ●越西县普雄镇哈里桥酒厂
- ●花果山纯包谷酒厂
- ●中江县中兴镇李氏酒厂
- ●四川省绵春贡酒业有限责任公司
- ●四川绵竹双剑酒业有限责任公司
- ●四川省绵竹市金竹酒厂

●四川绵竹竹江春酒业有限公司
●四川万家福酒业有限公司
●绵竹市顺清酒业有限责任公司
●四川绵竹玉妃酒业有限责任公司
●四川省绵竹市蜀剑曲酒厂
●四川绵竹神力酒业有限公司
●四川绵竹市万福楼酒业有限责任公司
●绵竹市龙脉酒业有限责任公司
●绵竹市荣源酒厂
●四川省绵竹五福酒业有限公司
●绵竹市大江酒业有限责任公司什地公司
●绵竹市开心酒厂
●四川省绵竹宣公酒业有限公司
●四川绵竹九香春酒业有限公司
●四川绵竹竹叶春酒业有限责任公司
●四川省绵竹粗粮坊酒业有限公司
●四川省绵竹市竹玉酒厂
●四川省绵竹市华兴酒业有限责任公司
●四川绵竹瑞熙酒业有限公司
●绵竹市仁圣酒厂
●四川蜀润酒业有限公司
●四川省眉山市东方贸易有限公司酒精厂
●四川省眉山苏轼酒业有限公司
●东坡区尚义镇义昆窖酒厂
●丹棱县参龙酒坊
●丹棱县雅堂菊花酒坊
●洪雅县八面山酒厂
●四川省久源酒业有限公司
●绵阳市游仙区新桥镇虹桥酒厂
●绵阳市游仙区佳鑫宴酒厂
●四川威林酒业有限公司
●绵阳市涪城丰谷曲酒厂
●绵阳高新区万事兴酒业有限公司
●绵阳城区虹辉酒类饮料经营部
●绵阳市游仙区云泉酒厂
●西藏丰谷酒业有限公司绵阳生产基地
●三台县王牌酒厂
●三台县丰谷酒业有限公司
●三台县新生酒厂
●三台县花园酒厂
●三台县鲁湖酒厂
●绵阳市映泉酒业有限公司
●三台县芦溪酒厂
●绵阳市凯南酒厂
●四川省绵阳随来酒业有限公司
●江油市柳牌酒厂
●四川太白故里酒业有限责任公司
●江油市兴富酒厂
●四川省江油市镔泽酒厂
●江油市北城黄龙酒厂
●江油市海江红酒厂
●平武县平通青梅酒厂
●永通酒厂
●国金酒厂
●大印白酒厂
●岳家酒厂
●安县年年春酒厂
●四川安县沸泉酒业有限公司
●汶川寨酒酒业有限责任公司
●汶川县三江酒业有限责任公司
●四川茂县宏绅酒业有限公司

●松潘县雪山青稞咂酒厂
●阿坝康巴汉子酒业有限公司
●雅安大正酿酒有限责任公司
●雅安叁叁酒业有限责任公司
●名山县蜀青酿酒有限责任公司
●四川省叙宏酒业有限公司
●四川省名山县汉帝春酒业有限公司
●四川省蜀乡酒业有限公司
●四川名山县泰河酒厂
●四川省名山县坛坛香酒业有限公司
●四川省雅安市蜀乡酒厂
●四川省名山县蒙山液酒业有限责任公司
●四川省名山县御蜀坊酿酒有限公司
●芦山星辰酒业有限公司
●泸定县冰川民族酒厂
●道孚县雪域贸易有限公司青稞酒厂
●甘孜藏族自治州德格县康藏酒厂
●四川万达酒业营销有限公司
●四川旨酒酒业有限公司
●四川知己酒业有限公司
●成都国鼎酒业有限公司
●四川九州鸿运酒业有限公司
●成都市沱瑞景盛酒业有限责任公司
●四川全中酒业销售有限公司
●成都梦桐酒业有限公司
●成都永禾酒业有限公司
●四川亿龙古潭酒业有限公司
●成都市建娃特色啤酒休闲中心
●宜宾市黑娇子酒业有限责任公司驻成都办事处
●上海长三角酒业有限公司成都分公司
●成都市鑫聚源酒业有限公司
●四川天成祥酒业有限公司
●成都康望酒业有限公司
●四川鸿佳酒业有限公司
●四川省锦腾酒业有限公司
●杭州越春秋黄酒有限公司成都分公司
●四川省锦腾酒业有限公司
●成都西南和畅酒业销售有限公司
●成都市万山酒业贸易有限公司
●成都滴香醉月酒业有限责任公司
●四川圣源酒业销售有限公司
●四川丰粮酒业有限公司
●成都喜相逢酒业有限公司
●成都金窖酒业有限公司
●成都佳瑞丰酒业有限公司
●成都四道诺登酒业有限公司
●成都道格拉斯酒业有限公司
●成都百年盛世酒业有限公司
●成都川西酿酒业有限公司
●四川春诚酒业有限公司
●四川天顺祥酒业有限公司
●成都仙莱酒业有限公司
●四川韩滩液酒业有限公司
●成都道格拉斯酒业有限公司
●成都有成酒业有限公司
●四川故宫酒业销售有限公司蓉城分公司
●成都双行道娱乐有限公司酒业分公司
●成都四友星科酒业有限公司
●四川宝中源酒业有限责任公司
●四川恭贺新禧酒业有限公司

●四川省天曲酒业有限责任公司
●成都蜀剑酒业有限公司
●四川金朝酒业有限公司
●四川鑫宇酒业有限公司
●四川川派酒业有限公司
●成都至醇酒业有限公司
●成都龙堂酒业有限责任公司
●四川古泸酒业有限责任公司
●成都望江乔一乔啤酒中心
●成都石榴红酒业有限公司
●四川金宝莲酒业销售有限责任公司
●四川省绵王酒业有限责任公司
●四川省西成醉月酒业有限公司
●成都龙泉元一酒业有限公司
●双流县水池酒厂
●新都区石板滩镇东山酒厂
●成都金星啤酒有限公司
●成都鼎晟酒业有限公司
●四川省东国龙酒业有限公司
●四川官楼酒业有限公司
●成都酒源酒厂
●成都盛韵酒厂
●成都利源酒业有限公司
●大邑盘龙酒厂
●四川梅鹤山庄酒业有限公司
●大邑锦和春酒业有限公司
●成都三国妙计酒业有限公司
●大邑县川坊酒业销售有限公司
●大邑县安仁古镇酒厂
●成都锦和春酒厂
●成都福财酒厂
●成都蜀之源酒业有限公司
●成都市雄杰酒业有限公司
●四川省邛崃市春源酒厂
●四川省高水井酒业有限公司
●四川金沱牌酒业营销有限公司
●成都市振川酒业有限公司
●四川省百家福酒业有限公司
●成都市蒲江盛源酒业销售部
●成都喜来源酒业有限公司
●四川原原酒业有限公司
●四川省德道坊酒业有限公司
●郫县团结镇孟粮酒厂
●都江堰五洞天道酒厂
●四川省古樊窖酒业有限公司
●四川省十圣酒业有限公司
●四川看楼喜酒业有限公司
●峨眉山市沁园春果酒厂
●犍为县罗城铁山西湖酒厂
●西昌金杆杆酒厂
●彝汉酒厂
●攀枝花市贵婕酒业经营部
●米易县普威镇赖文学酒厂
●四川亚科酿酒机械制造有限公司
●四川龙虎尊酒业贸易有限公司绵竹星歌场门市部
●四川绵竹谷王酒业有限公司
●四川神龙源酒业有限责任公司
●绵竹市绵虹酒业有限公司
●绵竹市仁圣酒业有限公司
●四川金桥酒业有限公司
●广汉市兴旺酒业有限责任公司
●广汉市顺鑫酒业批发部
●四川省蜀汉皇酒业有限公司
●眉山市东坡区崇礼老酒厂
●仁寿县一品天下酒厂

●四川七曲山酒业开发有限公司
●绵阳高新区兵华酒厂
●四川省三台县蜀伍酒厂
●江油市李白故里酒厂有限公司
●安县盛唐酒业有限公司
●四川领地酒庄酒业销售有限公司
●茂县金羌王酒业有限责任公司
●雅安市蓉客香酒业有限公司
●雅安市丛台酒业有限公司
●甘孜藏族自治州雅拉雪山酒业有限责任公司
●遂宁市休和酒业有限公司
●遂宁市鑫润酒业有限公司
●蓬溪县金龙酒业销售中心
●达县宜华酒业有限公司
●巴中市巴山月酒业有限责任公司
●开江县沙坝永红酒厂
●四川得汉城酒业有限公司
●黄华会白酒坊(南充、顺庆)
●南充金龟酒业有限公司
●南充市荣庆酒业有限公司
●仪陇县王氏酒业
●仪陇县酒巷子酒业有限责任公司
●营山县神葫酒厂
●武胜县桃儿酒业有限责任公司
●成都南澳酒业有限公司内江分公司
●叶尼塞利酒业有限公司
●内江市佳星啤酒厂
●四川省资中酒业有限责任公司龙王井酒厂
●资阳市汇特酒业有限公司
●四川省崇州市九宫酒厂乐至分厂
●隆昌县李市镇锁石桥酒厂
●威远县三维酒业有限公司
●四川省德达酒业有限责任公司
●富顺县石道乡民主酒厂
●宜宾富贵缘酒业有限责任公司
●宜宾壹点酒业有限公司
●宜宾老庄酒业有限公司
●宜宾南郡酒业有限公司
●宜宾敬成酒业有限公司
●宜宾古鹤松酒业有限公司
●四川省宜宾旺圣酒业有限责任公司宜宾办事处
●宜宾市沁芳源酒业有限公司宜宾办事处
●宜宾五和酒业有限公司
●宜宾如意酒业有限公司
●宜宾聚鑫酒业有限公司
●四川省宜宾叙南酒业有限公司经营部
●四川宜宾金南福酒业有限责任公司
●四川宜宾三江酒业有限公司
●四川省南溪县长兴酿酒设备厂
●四川省宜宾云台山曲酒厂
●南溪县九舟酒业有限公司
●宜宾汉安酒业有限分司
●宜宾市沁芳源酒业有限公司
●宜宾县东桑酒业有限公司
●宜宾祥顺酒业有限责任公司
●高县嘉庆酒业有限公司
●宜宾腾龙道酒业有限责任公司
●四川古绵酒业有限公司
●泸州老窖盛世龙腾酒业销售有限公司
●泸州市金龙池酒业有限公司

●泸州强盛酒业有限公司
●泸州华南红高粱酒业有限公司
●泸州华东红高粱酒业有限公司
●泸州北方红高粱酒业有限公司
●泸州洞庭古井酒厂
●泸州国坊酒业有限责任公司
泸州浩鑫酒厂
●泸州越之酿酒品有限公司
●泸州洞藏原浆酒业销售有限责任公司
●四川九月九酒业有限责任公司
●四川泸州市统领四方酒业有限责任公司
●泸州百信酒业有限公司
●泸州市川酿酒坊有限公司
●泸州大唐烧坊酒业有限公司
●泸州市泸郡酒业有限公司
●泸州水井窖酒业有限公司
●江苏国窖酒业有限公司泸州办事处
●泸州市龙马潭区金利酒业有限责任公司
●泸州市龙马潭区思源酒业有限责任公司
●泸州酒都酒厂
●泸州市江阳区通滩雪坝白酒厂
●泸州老字号窖酒厂
●泸州金坛子酒业有限公司
●泸州老泸王酒业销售有限公司
●四川泸州泸亚窖酒厂
●四川泸州阿明酒业有限公司
●泸州老窖浓香永盛酒业销售有限公司
●泸州市圣沅酒厂
●泸州国用酒业有限责任公司
●泸州精泸酒业有限公司
●泸州忠山酒业销售有限公司
●四川泸州海鑫酒业有限公司
●泸州酿王酒业销售有限公司
●泸州五湖春酒业有限责任公司
●泸州太白酒业有限公司
●四川省泸州泸宝曲酒厂
●泸州益宏酒业有限责任公司
●泸州金瓶春酒业有限公司
●泸州润金酒业有限公司
●泸州世家酒业有限公司
●泸州庆源酒业有限公司
●陶元清(白酒生产–泸州合江)
●泸州市生态部落酒业有限公司
●泸州市纳溪区三江酒业有限公司
●泸州东晖酒业有限公司
●泸州纳溪盛兴酒业有限公司
●泸州市纳溪区醉香酒业有限公司
●泸州双龙酒业有限公司
●古蔺县双兰酒业有限公司
●泸州龙香醇酒业有限公司
●泸州市丰利达酒业有限公司
●四川泸州江鸿酒业有限公司

贵州省

●茅台镇千喜年酒厂
●贵州仁怀白酒天地有限公司
●贵州醇酒厂
●贵州省仁怀市茅台镇怀茅酒厂
●贵州省仁怀市茅台镇太和号酒厂(实业公司)

- 贵州省仁怀市茅台镇世家酒业有限公司
- 贵州传人酒业有限公司
- 贵州青酒厂
- 贵州省仁怀市茅台镇亮剑酒业有限公司
- 贵州茅台镇酒都春酒业公司
- 贵州省仁怀市茅台镇古传酒厂
- 贵府酒业发展有限公司
- 东方龙酒业公司
- 国营贵阳花溪酒厂
- 贵州筑春酒厂全国营销中心
- 贵州仁怀市茅台镇云农酒业公司
- 贵州茅台镇酒都春酒业公司
- 贵州茅台保健酒业有限公司
- 贵州酒神酒业有限公司
- 贵州黔通酒业有限公司
- 贵州筑春酒厂
- 贵州省仁怀市茅台镇点将台酒业销售有限公司
- 贵阳市南明福利龟鳝酒厂
- 贵阳酒厂
- 贵阳先生乐补酒有限公司
- 贵阳龙洞堡酒厂
- 贵阳市南明杜衡酒厂
- 贵阳醉轩酒庄
- 贵阳市花溪区兰花山酒厂
- 贵州回归赖酒有限公司
- 贵州啤酒厂
- 贵州瀑布啤酒集团有限公司
- 贵阳经济技术开发区山宝保健食品厂
- 贵阳小河天宝食品饮料厂
- 贵阳市小河区金山酒坊
- 贵州德江万家欢酒厂白云分厂
- 贵州东方红酒业有限责任公司
- 贵州省云峰酒业有限公司
- 贵州省贵阳市白云野生植物世纪红果酒厂
- 贵州小天福酒业有限公司
- 贵阳阿栗酒厂
- 贵阳永伦酒业有限公司
- 贵阳泉权酒厂
- 贵州梅花鹿开发有限责任公司酒厂
- 贵州朱昌酒业有限公司
- 贵阳三棋酒业公司
- 贵阳市花溪酒厂
- 贵阳市花溪长乐啤酒有限责任公司
- 贵州天然果酒厂
- 贵阳市修文县民间保健食品厂
- 贵阳市修文县阳明酒业有限公司
- 贵阳市开阳县神龙保健品有限公司
- 福泉泉酒有限公司
- 福泉市啤酒有限公司
- 贵州省惠水县好花红刺藜酒厂
- 贵州省惠水县大兴酒厂
- 贵州省贵州保建首乌酒厂
- 贵州省广顺凉水井酒厂
- 贵州息烽温泉酒厂
- 龙里县国营贵州省龙里县酒厂
- 贵州省龙里长福酒业有限公司
- 贵州省贵定县酒厂
- 国营贵州省贵定清江酒厂
- 贵州省清镇市酒厂
- 贵州省国营黔西县酒厂
- 黔西县贵州林酒厂

●贵州富豪啤酒饮料有限公司
●贵州省金沙县贵奇酒厂
●贵州金沙窖酒厂
●贵州省金沙县安底斗酒厂
●金沙县禹谟镇窖酒厂
●贵州省册亨县灵芝酒厂
●安龙县紫香黑糯米酒厂
●安龙县国营酒厂
●安龙县新桥镇新桥酒厂
●安龙县新桥镇新兴酒厂
●安龙县龙广镇纳雍青梅糯米酒厂
●重庆啤酒集团六盘水啤酒有限责任公司
●水城县荷泉酒业有限责任公司
●威宁县荞麦制品有限公司
●贵州省纳雍县地方国营酒厂
●六枝特区九龙酿造厂
●贵州省盘县第二酒厂
●贵州玉醇酒厂
●松桃苗族自治县梵净山酒业有限责任公司
●松桃县蓼皋镇凉厅桥酒厂
●松桃县酒厂
●松桃县普觉酒厂
●万山特区龙江水库管理所酒厂
●铜仁市酒厂
●铜仁市恩海酒厂
●贵州省铜仁地区腾翔啤酒厂
●铜仁市川硐镇酒厂
●铜仁市川硐镇照壁岩酒厂
●铜仁市川硐茶山白马洞酒厂
●铜仁市漾头覃德斌制酒厂
●江口县酒厂
●江口县怒溪土家族苗族乡酒厂
●江口县官和侗族土家族苗族乡酒厂
●江口县闵孝镇酒厂
●江口县德旺土家族苗族乡酒厂
●石阡县大关酒厂
●石阡县汤山镇万安酒厂
●印江自治县酒厂
●印江自治县天堂镇车家河酒厂
●印江自治县洋溪镇酒厂
●贵州省黔东南州永丰农工商总公司
●凯里市酒厂
●贵州省海利源酒业有限公司
●贵州省黔东南州永丰公司劳动服务公司
●施秉县牛大场镇牛大场酒厂
●剑河县源泉饮料厂
●贵州省三穗县酒厂
●锦屏县方圆酒厂
●贵州雷山县红丹江果酒酿造有限公司
●黎平县承德酒业有限公司
●黎平县泉山啤酒有限责任公司
●从江县酒厂
●丹寨县名佳饮料有限责任公司
●丹寨县酒厂
●镇远县舞阳食品饮料厂
●贵州镇远县青酒集团有限责任公司
●贵州省岑巩县保健饮料厂
●岑巩县保健食品饮料厂天马分厂
●岑巩县天马镇酒厂
●都匀市酒厂
●贵州都匀贵王匀酒集团有限责任公司

●贵州省都匀市金榕啤酒有限公司
●三都水族自治县九阡酒厂
●独山县酒厂
●贵州省平塘县龙宇食品饮料果酒厂
●安顺市酒厂一分厂
●安顺市黔安酒厂
●安顺市酿造机械厂
●贵州省安酒集团总公司
●贵州金星啤酒有限公司
●安顺市酒厂顺酒分厂
●贵州贵府酒业有限公司
●贵州省安顺市酒厂直属分厂
●贵州省平坝县酒厂
●平坝县龙黔威酒业有限责任公司
●平坝县城关镇酒厂
●平坝县酒厂一分厂
●平坝平欢酒厂
●贵州省平坝果树园艺场酒厂
●贵州省镇宁自治县黄果树窖酒厂
●镇宁自治县银瀑酒厂
●镇宁自治县合欢酒厂
●晴隆县酒厂
●贵州省普安县酒厂
●普安县青山供销社绿河酒厂
●普定县明卿酒厂
●普定县贵泉啤酒厂
●兴仁县三毛酒厂
●兴仁县酒厂
●贵州兴义小福仙酒业有限公司
●兴义市佳劲酒厂
●兴义市金粮醇酒厂
●贵州省兴义市贵州醇酒厂
●遵义市开心酒厂
●遵义市足球酒业有限责任公司
●贵州省遵义市逍遥神制药厂
●遵义市吴氏康药业有限责任公司
●贵州省遵义振业董酒股份有限公司
●遵义市吴氏康开发有限公司
●贵州茅台啤酒有限责任公司
●遵义县宏发保健品厂
●贵州遵义县鸭溪酒营销有限公司
●贵州遵义县鸭溪酒业有限公司
●遵义县高坪红丰窖酒厂
●贵州省遵义县仁江窖酒厂
●桐梓县官仓镇张代毛酒厂
●桐梓县官仓镇冯发印酒厂
●桐梓县官仓镇张其林酒厂
●绥阳县洋川镇兴隆村酒厂
●绥阳县天露实业总公司
●绥阳县天酒厂
●绥阳县酿酒厂
●绥阳县洋川镇卢林酒厂
●绥阳县洋川镇贵东酒厂
●贵州省绥阳县天源酒厂
●绥阳县洋川镇刘永强酒房
●道真自治县公贸有限公司
●道真自治县蜜酿液厂
●湄潭县雄风酒业有限公司
●贵州湄潭湄窖酒业有限公司
●湄潭县永兴镇新街酒厂
●湄潭县茅坪镇田应国酒厂
●湄潭县茅坪镇夏治平酿酒厂
●湄潭县茅坪镇桂花酿酒厂
●湄潭县茅坪镇造酒厂
●务川自治县酿酒厂
●余庆县酒厂

●贵州省余庆县太平酒厂
●仁怀市钓鱼台国宾酒业有限公司
●仁怀市茅台镇一九一五酒厂
●仁怀市茅台镇醉知己酒厂
●仁怀市茅台镇林河酒厂
●仁怀市茅台镇茅源酒类销售有限公司
●仁怀市永泰长寿补酒厂
●仁怀市胃康酒厂
●仁怀市豪门酒业销售公司
●仁怀市国友酒业有限公司
●仁怀市台冠酒厂
●仁怀市环宇集团
●仁怀市茅台镇乡巴佬酒厂
●仁怀市太艺酒厂
●仁怀市茅台酒厂(集团)技术开发公司
●仁怀市茅台镇夜郎古酒厂
●仁怀市茅台镇占醇酒厂
●仁怀市帝王酒厂
●仁怀市酒成王酒厂
●仁怀市茅台镇五星酒厂
●仁怀市太和号酒厂
●仁怀市美酒河公司
●仁怀市国宝酒厂
●仁怀市茅台镇怀庄酒业销售公司
●仁怀市茅台镇古法酒厂
●仁怀市茅台镇老品酒厂
●仁怀市茅台镇千年喜酒业有限公司
●仁怀市茅台镇茅竹酒厂
●仁怀市茅台镇香山酒业有限公司
●仁怀市茅台镇台乡酒业有限公司
●仁怀市茅台镇云海酒业有限公司
●仁怀市茅台镇醉仙酒厂
●仁怀市茅台镇国贵宴酒厂
●仁怀市茅台镇玉液酒业有限公司
●仁怀市茅台镇绅士酒业有限公司
●仁怀市茅台镇赖酒厂
●仁怀市茅台镇君子堂酒业有限公司
●仁怀市茅台镇金顺酒厂
●仁怀市茅台镇难得酒业有限公司
●仁怀市茅台镇茅源制酒厂
●仁怀市茅台镇太和号酒厂
●仁怀市茅台镇周天名酒业开发有限公司
●仁怀市茅台镇恒基酒业有限公司
●仁怀市茅台镇酒神酒业有限公司
●仁怀市茅台镇银岩酒厂
●仁怀市茅台镇怡开口酒业有限公司
●仁怀市茅台镇陈年酒厂
●仁怀市茅台镇黔发酒业有限公司
●仁怀市茅台镇难忘酒业有限公司
●仁怀市茅台镇兴财酒业有限公司
●仁怀市茅台镇天台酒厂
●仁怀市茅台镇台冠酒业有限公司
●仁怀市茅台镇珍品酒业有限公司
●仁怀市茅台镇汉室酒业有限公司
●仁怀市茅台镇老号酒厂
●仁怀市茅台镇醉倒仙酒业有限公司
●仁怀市茅台镇茅河酒业有限公司
●仁怀市茅台镇茅春酒有限公司
●仁怀市茅台镇老酒店酒业有限公司
●仁怀市茅台镇建飞酒业有限公司
●仁怀市茅台镇台河酒业有限公司
●仁怀市茅台镇宏富酒厂
●仁怀市茅台镇龙潭酒厂

●仁怀市茅台镇兴盛酒类销售有限公司
●仁怀市茅台镇九洲酒业有限公司
●仁怀市茅台镇经典酒厂
●仁怀市茅台镇贸然站古窖酒厂
●仁怀市茅台镇茅源制酒厂二厂
●仁怀市茅台镇绅士酒厂
●贵州怀酒销售总公司
●仁怀市民兴酒厂
●仁怀市茅台镇远明酿酒(集团)有限公司
●仁怀市茅台镇丰乐酒业有限公司
●仁怀市茅台镇顺达酒厂
●仁怀市茅台镇世纪宝典酒业开发有限公司
●仁怀市茅台镇仲良酒类销售有限公司
●仁怀市茅台镇云龙酒业有限公司
●仁怀市茅台镇云峰酒业有限公司销售分公司
●仁怀市茅台镇茅江酒厂
●仁怀市茅台镇珍品酒厂
●仁怀市茅台镇怀桥酒厂
●遵义难得酒业有限公司仁怀市茅台镇分公司
●仁怀市茅台镇四渡红酒厂
●仁怀市茅台镇一家酒业有限公司
●仁怀市茅台镇研制酒业有限公司
●仁怀市茅台镇醉英雄酒业有限公司
●仁怀市茅台镇竹筒酒业有限公司
●仁怀市茅台镇西部酿酒有限公司
●仁怀市茅台镇金鹰酒业有限公司
●仁怀市茅台镇仁台酒业有限公司
●仁怀市茅台镇黔台酒业有限公司
●仁怀市茅台镇南洋酒业有限公司
●仁怀市茅台镇天长帝酒酒厂
●仁怀市茅台镇钓鱼台国宾酒厂
●仁怀市茅台镇陈酿酒厂
●仁怀市茅台镇长征酒业有限公司
●仁怀市茅台镇极品酒厂
●仁怀市茅台镇玉龙酒古酒厂
●仁怀市茅台镇国辉酒厂
●仁怀市茅台镇贵宝酒厂
●仁怀市茅台镇神宇酒业有限公司
●仁怀市茅台镇老品酒类销售公司
●仁怀市茅台镇三桥酒厂
●仁怀市茅台镇女神酒业有限公司
●仁怀市茅台镇茅台附属酒厂经贸公司
●仁怀市茅台镇传统酒业有限公司
●仁怀市茅台镇腾飞酒业有限公司
●仁怀市茅台镇台泉酒业有限公司
●仁怀市茅台镇惠丰酒业有限公司
●仁怀市茅台镇糊涂酒业有限公司销售公司
●仁怀市茅台镇君丰酒业有限公司
●仁怀市茅台镇茅家酒厂
●仁怀市茅台镇海通酒业有限公司
●仁怀市茅台镇红颜酒厂
●仁怀市茅台镇赤龙酒业有限公司
●仁怀市茅台镇梅苑酒厂
●仁怀市茅台镇名窖酒业有限公司
●仁怀市茅台镇南宾酒业有限
●仁怀市茅台镇老井房酒业有限公司
●仁怀市茅台镇陈年酒业有限公司
●仁怀市茅台镇古醇酒厂

●仁怀市茅台镇红星酒业有限公司
●仁怀市茅台镇红台酒业有限公司
●仁怀市茅台镇茅合醇酒厂
●仁怀市茅台镇凌云酒业有限公司
●仁怀市茅台镇黔台酒厂
●仁怀市茅台镇茅泉酒厂
●仁怀市茅台镇藏酒厂
●仁怀市怀都有酒业总公司
●仁怀市茅台镇和平酒业有限公司
●仁怀市茅台镇宝得利酒业有限公司
●仁怀市茅台镇汉王酒业有限公司
●仁怀市茅台镇藏酒酒业有限公司
●仁怀市茅台镇红塔酒业有限公司
●仁怀市茅台镇茅魂酒业有限公司
●仁怀市茅台镇老伙计酒业有限公司
●仁怀市茅台镇仁和酒业有限公司
●仁怀市茅台镇迎宾酒业有限公司
●仁怀市茅台镇茅宋酒厂
●仁怀市茅台镇众龙酒业有限公司
●仁怀市茅台镇远明制酒厂
●仁怀市茅台镇绍新酒业有限公司
●仁怀市茅台镇恒兴酒厂
●仁怀市茅台镇乾隆酒业有限公司
●仁怀市茅台镇龙国宴酒厂
●仁怀市茅台镇老烧坊酒业有限公司
●仁怀市茅台镇金茅城古酒业有限公司
●仁怀市茅台镇三乐酒厂
●仁怀市茅台镇鑫胜酒业有限公司
●仁怀市茅台镇神公酒厂
●仁怀市茅台镇玉液酒厂
●仁怀市茅台镇永初酒厂
●仁怀市茅台镇帝王酒厂
●仁怀市茅台镇传世酒业有限公司
●仁怀市美酒河酒业有限公司茅台镇分公司
●仁怀市茅台镇酒寨酒厂
●仁怀市茅合酿酒(集团)有限公司
●贵州茅台酒销售有限公司
●仁怀市茅台镇渡口酒业有限公司
●仁怀市茅台镇雄风酒业有限公司
●仁怀市茅台镇永笙酒业有限公司
●仁怀市茅台镇天娇酒业有限公司
●仁怀市茅台镇仙峰酒业有限公司
●仁怀市茅台镇辰风酒业有限公司
●仁怀市茅台镇糊涂酒业有限公司
●仁怀市茅台镇古堡酒业有取公司
●仁怀市茅台镇老乡亲酒业有限公司
●仁怀市茅台镇麒麟酒业有限公司
●仁怀市茅台镇茅宴酒厂
●仁怀市茅台镇王老爷酒业有限公司
●仁怀市茅台镇茅琼酒厂
●仁怀市茅台镇红窖酒厂
●仁怀市二合镇金台酒厂
●仁怀市合马镇合马酒厂
●仁怀市茅台镇百年糊涂有限公司
●仁怀市鲁班镇酒都酒业有限责任公司
●仁怀市鲁班镇迎宾酒业有限公司
●仁怀市茅台镇金士力酒业有限公司
●仁怀市茅台镇茅赛酒厂
●习水县习溪酒厂
●贵习酒业公司东皇包装厂
●习水县东皇凯源酒业有限公司
●贵州省习水县酒业有限公司
●贵州省习水县二郎酒厂

●习水县雪龙酒厂
●习水县茅习酒业有限公司
●习水县土城宏元酒厂
●贵州茅台酒厂(集团)习酒有限责任公司
●贵州省习水县习湖酒厂
●贵州省习水县临江酒厂
●赤水市贵福酒业有限公司贵州筑春酒厂
●贵阳市花溪兰花山酒厂
●贵阳白云桂香南瓜保健酒厂
●贵阳花溪黔力泉酒厂
●贵州天然果酒厂
●贵州省惠水县酒厂
●惠水县大兴酒厂
●贵州省息烽县温泉酒厂
●龙里县洗马供销社新寨酒厂
●贵定县贵溪酒厂
●清镇市国营酒厂
●贵州省清镇市黔中窖酒厂
●贵州省黔西县酒厂
●黔西县贵州林酒厂
●毕节地区酿酒厂
●贵州金沙窖酒厂
●贵州省金沙县安底镇斗酒厂
●望谟县酒厂
●水城县爱好都酒厂
●贵州省纳雍县地方国营酒厂
●贵州盘县第二酒厂
●贵州玉醇酒厂
●贵州大龙乌江酒厂
●铜仁地区松桃县酒厂
●松桃县普觉镇酒厂
●铜仁地区腾翔啤酒厂
●遵义喜泉酒厂
●遵义市程字窖酒厂
●贵州遵义董酒厂二分厂
●贵州珍酒厂
●遵义市兴和窖酒厂
●贵州省鸭溪窖酒厂
●遵义市义龙酒厂
●遵义县虾子镇顺达窖酒厂
●贵州省湄潭县千禧酒厂
●湄潭县茅坪镇造酒厂
●贵州省余庆县太平酒厂
●仁怀市台郎酒厂
●仁怀市五星酒厂
●贵州省仁怀市茅台镇金山酿酒厂
●贵州省仁怀市茅台镇富强酒厂
●贵州省仁怀市茅台镇古传酒厂
●贵州省仁怀市茅台镇古坛老窖酒厂
●贵州省仁怀市茅台镇国粹酒厂
●贵州省仁怀市茅台镇南国酒厂
●贵州省仁怀市茅台镇夜郎古酒厂
●贵州省仁怀市茅台镇异乡情酒厂
●仁怀市茅台镇老交情酒厂
●贵州省仁怀市茅台镇千喜年酒厂
●贵州省仁怀市茅台镇邬氏酒厂
●贵州省仁怀市茅台镇珍品酒厂
●贵州省仁怀市茅台镇天长帝酒厂
●仁怀市四渡红酒厂
●仁怀市茅台镇国贵宴酒厂
●仁怀市茅台镇远明酒厂
●仁怀市茅台镇龙国宴酒厂
●贵州省仁怀市茅台镇茅家酒厂
●贵州省仁怀市茅台镇陈年酒厂

●贵州省仁怀市茅台镇银岩酒厂
●贵州省仁怀市茅台镇台龙酒厂
●贵州省仁怀市茅台镇茅竹酒厂
●贵州省仁怀市茅台镇古法酒厂
●贵州省仁怀市茅台镇华辉酒厂
●贵州省仁怀市茅台镇长江酒厂
●贵州省仁怀市茅台镇恒兴酒厂
●贵州省仁怀市茅台镇古窖酿酒厂
●贵州省仁怀市茅台镇大众名酒厂
●贵州省仁怀市茅台镇爱心酒厂
●贵州省仁怀市茅台镇金顺酒厂
●贵州省仁怀市茅台镇黔台酒厂
●贵州省仁怀市茅台镇汉台老窖酒厂
●贵州省仁怀市茅台镇怀茅酒厂
●贵州省仁怀市茅台镇香天液酒厂
●贵州省仁怀市茅台镇金茅古酒厂
●贵州省仁怀市茅台镇酒乡窖酒厂
●贵州省仁怀市茅台镇古珍酒厂
●仁怀市茅台镇百颐春酒厂
●仁怀市茅台镇乡巴佬酒厂
●贵州省仁怀市茅台镇白家姓酒厂
●贵州省仁怀市茅台镇天华酒厂
●贵州省仁怀市茅台镇华贵酒厂
●贵州省仁怀市怀源酒厂
●习水县曲酒厂
●习水县温泉酒厂
●习水县土城镇红源酒厂
●习水县土城镇京华酒厂
●习水县习湖酒厂
●仁怀市东方酒业有限责任公司习水醉仙洞酒厂
●赤水市酒厂
●思南县瓮溪酒厂
●沿河土家族自治县荞酒厂
●贵州茅台酒厂(集团)昌黎葡萄酒业有限公司
●贵阳峡凌酒厂
●贵阳云岩金红阳酒厂
●四川蓝剑集团(贵州)瀑布啤酒有限公司
●贵州省仁怀市茅台镇国珍酒业有限公司贵阳销售分公司
●贵阳小河区东土酒厂
●贵阳高新草根香酒厂
●贵阳白云桂香南瓜保健酒厂
●贵阳乌当飞龙蝎王圣酒厂
●贵阳歆盛药酒厂
●贵阳花溪青岩向阳米酒厂
●贵阳市修文鶴立酒厂
●贵定县山人酿酒有限责任公司
●毕节市绿源果酒酿造有限公司
●金沙县禹龙酒厂
●贵州省金沙县贵奇酒厂
●贵州三元酒业有限责任公司
●六盘水市钟山开发区彝家晓酒厂
●六盘水爱好都酒业有限公司
●赫章县腾飞实业有限责任公司夜郎源酒厂
●红果蒋贵华酒厂
●贵州省大龙经济开发区梵山玉液酒业有限公司
●贵州省大龙经济开发区梵山玉液酒厂
●江口县贵红酒业有限公司
●凯里市金凯酒厂
●贵州省施秉县㵲阳酒厂

●贵州省天伦双肾参泡酒厂
●镇远县黔豫酒厂
●贵州省平塘县龙宇食品饮料果酒厂
●平坝平庄酒厂
●贵州黔贵酒业有限公司
●贵州平坝酒业有限公司
●贵州省普安县果酒厂
●贵州夜郎酒业有限公司
●兴义市百岁福酒业有限公司
●贵州红河酒业有限责任公司
●贵州茅台镇御溪酒业有限公司
●贵州省仁怀市茅台镇茅坛酒厂分装厂
●遵义福喜喜酒业有限责任公司
●贵州茅台镇老酒师酿酒有限公司
●遵义市传承酒业科研所
●贵州茅台镇汉圣酒业有限公司遵义分公司
●遵义市红花岗区酒师傅老酒坊
●遵义云马酒业有限公司
●遵义市露楠米酒厂
●贵州茅台啤酒销售有限责任公司
●遵义市龙头马酒业有限公司
●遵义市工业物资供应站龙头马酒厂
●贵州红河酒业有限责任公司遵义县高坪分公司
●贵州枫香酒业有限公司
●贵州省遵义县西部族酒厂
●遵义县顺达窖酒厂
●遵义县绿塘河古河酒厂
●贵州遵义仙台酒业有限公司绥阳酿酒厂
●贵州湄江酒业有限责任公司
●贵州省仁怀市金秋酒业有限公司
●贵州仁怀茅台镇春庭酒业有限公司
●贵州省仁怀市茅台镇永诚酒业有限公司
●贵州省仁怀市茅台镇大顺酒业有限公司
●贵州省仁怀市茅台镇唐人酒业有限公司
●贵州省仁怀市茅台镇天源长寿村酒业有限公司
●贵州茅台酒厂(集团)保健酒业有限公司
●贵州省仁怀市茅台镇金池酒厂
●贵州省仁怀市茅台镇金双喜酒业有限公司
●贵州省仁怀市茅台镇神河酒业有限责任公司
●贵州省仁怀市茅台镇珍豪酒业有限公司
●贵州省仁怀市茅台镇强健酒业有限责任公司
●贵州省仁怀市茅台镇万福酒业有限公司
●贵州省仁怀市茅台镇歪之乎酒业有限公司
●贵州省仁怀市茅台镇今特喜酒厂
●贵州省仁怀市茅台镇天元酒业有限公司
●贵州省仁怀市茅台镇老邻居酒厂
●贵州省仁怀市茅中酒业有限公司
●贵州省仁怀市茅台镇半亩地酒业有限公司
●仁怀市茅台镇福利保健酒厂

●贵州省仁怀市茅台镇金茅古酒厂
●贵州茅台镇茅鑫酒业有限公司
●贵州省仁怀市茅台镇茅沣酒厂
●贵州省仁怀市茅台镇顺台酒厂
●贵州省仁怀市茅台镇金河酒厂
●贵州省仁怀市茅台镇一点红酒厂
●贵州半亩地酒业有限公司
●习水县天缘酒厂
●贵州省习水县宗江酒厂
●习水县金山酒业有限责任公司
●赤水市百年酒业有限公司
●贵州省思南县福盛酒业有限公司
●贵州省仁怀市金秋酒业有限公司
●贵州仁怀茅台镇春庭酒业有限公司
●贵州省习水县宗江酒厂
●习水县金山酒业有限责任公司
●赤水市百年酒业有限公司
●贵州省思南县福盛酒业有限公司
●贵州九龙杯酒业有限公司
●贵阳猛龙酒业有限公司
●思南县酒精厂
●思南县塘头红泉酒厂
●德江县青龙镇福乐酒厂
●德江县楠杆乡酒厂
●贵州省德江县酒圣酒业有限公司
●德江县青龙镇酿酒厂
●沿河土家族自治县官舟镇天麻家酒厂
●沿河土家族自治县泉坝乡酒厂
●贵州珍酒厂销售总公司
●贵州贵府酒业有限公司
●贵州省云盛酒业有限公司
●贵州龙黔威酒业有限责任公司
●遵义宏达酒业
●贵州省遵义市义龙酒厂
●贵州金元帅酒厂
●贵州石阡民间酒业有限公司
●贵州省龙胜酒业销售公司
●从江县建设煨酒厂
●贵州夜郎源酒业有限公司
●贵州茅台源酱制酒厂
●贵州苗家医药保健品有限责任公司保健酒厂
●铜仁市银耀酒厂
●黔东南天源啤酒有限公司
●剑河县生态酒业有限责任公司
●都匀市苗乡酒业有限责任公司
●黔南久大酒业有限责任公司
●贵州利华酒业有限公司
●贵州省平坝县华龙神酒厂
●贵州奇星酒业有限责任公司
●贵州帝豪酒业有限公司
●贵州省仁怀市茅台镇庆典酒酒业销售有限公司
●贵州省仁怀市茅台镇赤水河酒业有限公司
●仁怀市茅台镇醉名流酒业有限公司
●习水县幸福酒业有限公司
●沿河土家族自治县民族酒业有限公司

重庆市

●重庆市璧山县酒厂
●重庆市璧山县狮子酒厂
●重庆市璧山龙江酒厂

- 重庆市璧山县来凤酒厂
- 璧山县鹿鸣酒厂
- 璧山县定林酒厂
- 重庆市璧山青春苑酒厂
- 重庆市璧山县丁家酒厂
- 重庆市璧山县云平乡酒厂
- 璧山县三合天星村酒厂
- 璧山县三合镇酒厂
- 重庆市璧山县马坊酒厂
- 重庆市璧山正兴酒厂
- 璧山县丹凤镇企业酒厂
- 璧山县河边乡白合三组酒厂
- 璧山县河边镇借阁村酒厂
- 重庆市十八弯酒业有限公司
- 重庆市万州区瑞池乡酒厂
- 重庆市万州区五桥酿造公司
- 重庆市万州区长滩镇龙泉酒厂
- 重庆市万州区龙驹酒厂
- 重庆市万州区五桥恒合酒厂
- 重庆市万州区五桥酿造公司新田酒厂
- 重庆市万州区天城镇德胜酒厂
- 重庆市万州区三正镇枣园酒厂
- 重庆市龙洋酒厂
- 重庆市太白酒厂
- 重庆市万州天立酒业有限公司
- 忠县拔山酒厂
- 忠县新立酒厂
- 重庆市忠县腾达实业有限公司同德酒厂
- 重庆市忠县腾达实业有限公司
- 重庆市忠县宏发酿造有限公司黄钦分公司
- 忠县三汇酒厂
- 重庆市忠县宏发酿造有限公司马灌分公司
- 忠县干井镇顺溪综合加工厂
- 忠县官坝酒厂
- 重庆市忠县宏发酿造有限公司汝溪分公司
- 忠县乌杨酒厂
- 云阳县宝坪镇果园酒厂
- 云阳县堰坪乡酒厂
- 云阳县南溪镇八角庙酒厂
- 云阳县黄岭嘴酒厂
- 云阳县龙泉酒厂
- 云阳县双江酒厂
- 云阳县小三峡酒厂
- 重庆市奉节县雄阳酒厂
- 奉节县国营酒厂
- 奉节县经营酒厂
- 奉节县平皋酒厂
- 四川省巫山县神女酒厂
- 巫山县白果乡酒厂
- 巫山县大昌镇镇办酒厂
- 重庆市上游经济发展有限公司
- 重庆啤酒集团梁平有限责任公司
- 梁平县七星镇七星村酒厂
- 梁平县袁驿镇梁柚醇酒厂
- 汉丰镇南郊酒厂
- 开县澎浦实业公司
- 九岭白酒厂
- 开县大慈乡九岭老酒厂
- 李良学酒厂
- 开县临江镇三临酒业有限公司
- 开县三汇口乡李辉术酒厂

●开县三合镇企业酒厂
●开县温泉镇机榨油厂
●重庆索坤实业有限责任公司
●巫溪县文峰商业供销公司酒厂
●重庆市阜升酒业有限公司
●重庆市阜升酒业有公司明通分公司
●涪陵金帝工业集团机动分厂
●浙江飞渡泉凌啤酒有限公司
●涪陵区致韩酒厂
●涪陵区致韩岚马酒厂
●涪陵区马武镇石河村酒厂
●涪陵区明家乡五星酒厂
●涪陵区新妙酒厂
●仁沙乡酒厂
●重啤集团丰都啤酒有限责任公司
●丰都县社坛镇永兴白酒厂
●丰都县高家镇石龙村酒厂
●丰都县武平镇企业办酒厂
●丰都县都督乡刘作选酒厂
●丰都县都督乡王宗玺酒厂
●丰都县都督乡陈天明酒厂
●垫江县新民镇酒厂
●垫江县曹回新胜酒厂
●垫江县曹回余氏酒厂
●垫江县高安镇三五村酒厂
●垫江县坪山国营酒厂
●垫江县坪山镇界枫酒厂
●垫江县鹤游酒厂
●垫江县汪家乡企业酒厂
●青岛啤酒(重庆)有限公司
●垫江县澄溪曲酒厂
●垫江县五洞酒厂
●垫江县黄沙乡永进酒厂
●重庆市古佛酒集团有限责任公司
●南川市鱼泉乡酒厂
●南川市铁村酒厂
●南川市巷子深酒厂
●南川市石溪乡酒厂
●南川市白沙镇分水村酒厂
●重庆南川市啤酒有限责任公司
●重庆南川市金佛山老窑酒厂
●南川市兴隆镇川怡酒厂
●南川市南平镇眉湖酒厂
●南川市南平酒厂
●南川市金山镇酒厂
●南川市合溪镇酒厂
●南川市合溪镇文安酒厂
●南川市古花乡太平村酒厂
●南川市古花乡酒厂
●武隆县酒厂
●武隆县白马酒厂
●武隆县国营酒厂
●武隆县国营大溪河酒厂
●武隆县土坎酒厂
●武隆县贾角山乡酒厂
●武隆县桐梓酒厂
●武隆县江口酒厂
●武隆县大溪河酒厂
●黔江区嘉德酒业有限责任公司
●重庆黔江麦考王酒业有限公司
●重庆川龙酒业有限责任公司
●重庆啤酒集团石柱有限责任公司
●石柱土家族自治县双庆酒厂
●重庆茶园能源建材有限公司水泥厂
●重庆茶园能源建材有限公司水泥二厂

- 普子镇酒厂
- 迁桥乡酒厂
- 酉阳县黑水镇青龙泉曲酒厂
- 酉阳县麻旺酒厂
- 酉阳县麻旺镇酒厂
- 酉阳县泔溪镇酒厂
- 酉阳县酉酬镇茂静酒厂
- 酉阳县酉酬镇河东酒厂
- 酉阳县后溪镇酒厂
- 酉阳县酉酬镇德贵酒厂
- 酉阳县龙潭酒厂
- 酉阳县酿酒总厂
- 重庆市秀山唐绍记酒业有限公司
- 重庆酒仙酒厂
- 重庆市沙坪坝区中梁镇中梁酒厂
- 重庆桂龙保健酒厂
- 重庆市丽凰酿酒厂
- 重庆市川东酒厂
- 重庆百果园酒业有限公司
- 合川市长河酒厂
- 江津圣泉酒厂
- 重庆市开县富裕酒业有限责任公司
- 重庆市垫江县永安梅咂酒厂
- 重庆中东酒业厦门办事处
- 重庆三峡酒业彭 先生 (个体经营)
- 重庆巴法利商务代理有限公司阴阳玉液酒厂
- 重庆酒类专用炭厂
- 重庆酒仙酒厂
- 重庆市江北区永盛酒厂
- 重庆江北区窖池酿酒厂
- 重庆唯一食品制造有限公司
- 重庆邹郎保健品有限公司
- 重庆巴国渝酒酒业有限公司
- 重庆紫焰桂花酒厂
- 南岸南山桂花酒厂
- 重庆桂龙保健酒厂
- 重庆嘉威啤酒有限公司
- 重庆市大渡口区九宫庙酒厂
- 重庆钰鑫实业(集团)有限公司
- 北碚渝光果酒厂
- 重庆渝碚曲酒厂
- 北碚区柳荫镇酒厂
- 北碚区三圣镇酒厂
- 重庆市万盛区新民酒厂
- 重庆市万盛区南桐镇沙坝酒厂
- 重庆市前程酒业有限责任公司
- 重庆前程泊业有限责任公司鸳鸯分厂
- 重庆市渝北区石坪镇酿酒厂
- 重庆市渝北区兴福酒厂
- 重庆神农野山珍酒厂
- 长寿县八颗镇酒厂
- 长寿县罗围乡酒厂
- 长寿县云集尖峰酒厂
- 重庆市巴南区百节酒厂
- 重庆市九龙坡区铜罐驿建设酒厂
- 重庆渝鑫酒业制造有限公司
- 重庆九龙坡区西彭酒厂
- 重庆市允半正黄酒厂
- 重庆市九龙坡区赵四酒厂
- 重庆市九龙坡区西彭镇长石酒厂
- 重庆市九龙坡区西彭酒厂农园酿酒厂
- 重庆市九龙坡区西彭酒厂
- 重庆市剑酒业有限公司

●重庆市九龙坡区陶家龙塘酒厂
●重庆市九龙坡区百果酒厂
●重庆市九龙坡区石板酿酒一厂
●重庆玉皇酒业有限公司
●重庆渝山酒业有限公司含谷车间
●重庆渝山酒业有限公司福寿分厂
●重庆市泉香酒厂
●重庆市九龙坡区走马镇酒厂
●重庆市九龙坡区石板酒厂
●重庆市九龙坡区福寿农场酒厂
●重庆市九龙坡区巴福镇赵寺酒厂
●重庆市九龙坡区巴福镇五根酒厂
●重庆三峡酒业有限公司
●重庆市那年酒业有限公司
●重庆虎溪酒业有限公司
●重庆市正文酒业有限公司
●重庆市沙坪坝区香蕉园农场酒厂
●沙坪坝区土主普照寺水库酒厂
●重庆威灵酒业有限公司
●重庆清山酒厂
●重庆市沙坪坝区回龙坝溶剂厂
●重庆渔洞酒厂长生分厂
●重庆市巴南区丰盛镇梅溪酒厂
●重庆市巴南区丰盛酒厂
●重庆长坪酒厂
●重庆市巴南区双河口酿酒厂
●重庆市南岸区广阳酒厂
●巴南区天池酒厂
●重庆市巴南区银泉酒厂
●重庆市巴南区二圣酒厂
●重庆市巴南区天泉葡萄酒厂
●重庆市巴南区双胜酒厂
●重庆巴南区东泉酒厂
●花石酒厂
●重庆希林黄酒厂
●重庆市玉峡口酒厂
●重庆市巴南区花石酒厂
●重庆巴南区石坝酒厂
●巴南区小观酒厂
●巴南区凉水酒厂
●巴南区接龙酒厂
●巴南区和平酒厂
●重庆市巴南区圣灯山酒厂
●巴南区安澜酒厂
●巴南区仁流联办酒厂
●重庆綦江麦芽厂
●綦江县三会酒厂
●綦江县永新乡望场酒厂
●重庆天然酒业有限公司
●重啤(集团)綦江啤酒有限责任公司
●綦江县扶欢酒厂
●重庆市合阳酒厂
●重庆合川酒厂
●重庆泰仓酒厂
●重庆军神红酒有限公司
●军神集团重庆市合川酒厂
●合川市源泉酒厂
●合川市鱼城酒厂
●合川市兴洲酒厂
●重庆大西南酒
●重庆神舟酒业有限公司
●合川市香龙镇酒厂
●合川市双凤镇金鹅酒厂
●合川市沙鱼镇胃合酒厂
●合川市大兴酒厂
●合川市龙市众地酒厂

- 合川市炉山酿酒厂
- 合川市木莲镇酒厂
- 合川市木莲镇酒厂太和分厂
- 重啤集团合川啤酒有限公司
- 重庆仙泉酒厂
- 合川市光文酒楼
- 重庆渝合春酒厂
- 合川市肖家镇庹平酒厂
- 合川市沙鱼镇酒厂
- 重庆市九龙坡区白市驿镇富园酒厂
- 永川市五间镇圣水村酒厂
- 永川市双石镇闸坝酒厂
- 永川市双竹镇凤凰酒厂
- 永川市双竹镇酒厂
- 永川市双竹镇老桥酒厂
- 永川市双竹镇小竹二厂
- 永川市双竹镇竹酒厂
- 永川市双竹镇转龙酒厂
- 永川市双竹镇自立酒厂
- 永川市糖酒副食品有限公司瓶装酒厂
- 永川市瓦子十一队酒厂
- 重庆市亚南酒厂
- 永川市大河镇酒厂
- 永川市石脚场七郎酒厂
- 永川市田坝酒厂
- 永川市东南工农酒厂
- 永川光荣酒厂
- 永川市常青文曲酒厂
- 永川市陈食镇鞍心酒厂
- 永川市胜利路办事处冰槽村酒厂
- 永川市凤竹酒厂
- 永川市兰花酒厂
- 永川市青峰镇玉皇观村酒厂
- 永川市城西综合食品加工厂
- 永川市三星酒厂
- 永川市南大街长河酒厂
- 永川市青峰镇幸福酒厂
- 永川市青峰镇青草坡村酒厂
- 永川市青峰镇凌阁堂村酒厂
- 永川市青峰镇莲花水库酒厂
- 永川市青峰镇方井酒厂
- 永川市黄瓜山镇茯苓乡白酒二厂
- 永川市茶店巷子口酒厂
- 永川市茶店镇酒厂
- 永川市茶店镇龙井酒厂
- 永川市红源露酒厂
- 永川市铁山村酒厂
- 永川市普莲葫豆桥酒厂
- 永川市仙龙镇酒厂吉安分厂
- 永川市王坪镇酒厂
- 永川市宝峰镇王氏酒厂
- 永川市梨仙果酒厂
- 永川市重兴酒厂
- 永川市万寿酒厂
- 永川市万寿镇长兴酒厂
- 永川市万寿镇石银村酒厂
- 永川市大安镇万年村酒厂
- 永川市大安镇一龙酒厂
- 永川市沙坝酒厂
- 永川市陈食镇花岩桥村酒厂
- 永川市莲花镇二酒厂
- 永川市陈食镇银河酒厂
- 永川市莲花镇冯家坪酒厂
- 永川市陈食镇向荣酒厂
- 永川市陈食镇松花酒厂

- 永川市陈食镇两河白酒厂
- 永川市陈食镇杜家村梅家桥酒厂
- 永川市陈食镇杜家村红花屋基酒厂
- 永川市莲花镇渝莲酒厂
- 永川市陈食镇马艮酒厂
- 永川市临江镇桂超酒厂
- 永川市渝西酒厂
- 重庆市永川茶酒厂
- 永川市临江镇农顺联办酒厂
- 永川市临江镇矿泉酒厂
- 永川市临江镇桂林酒厂
- 永川市临江镇高滩清池酒厂
- 永川市临江镇陡石滩村刘家槽房酒厂
- 永川市临江镇东林酒厂
- 永川市临江镇白酒总厂
- 永川市临江酒厂
- 永川市临江镇白家村水竹酒厂
- 永川市临江镇高滩清水酒厂
- 永川市何埂镇黄泥酒厂
- 永川市聚美镇吴氏酿酒有限公司
- 永川市何埂镇水碾酒厂
- 永川市何埂镇科名酒厂
- 永川市何埂镇科名苦竹联营酒厂
- 永川市仙龙镇沿河村酒厂
- 永川市张家镇向福义
- 永川市张家镇赖汝浩酒厂
- 永川市仙龙镇腾龙梨酒业有限责任公司
- 永川市仙龙镇利民酒厂
- 永川市仙龙镇酒厂
- 永川市仙龙镇东升村酒厂
- 永川市仙龙镇大磨酒厂
- 永川市仙龙镇玉泉酒厂
- 永川市张家镇农工贸易有限责任公司
- 永川市张家镇张家场酒厂
- 永川市张家镇双牌村酒厂
- 永川市张家镇春节酒厂
- 永川市张家镇陈周清酒厂
- 永川市仙龙酒厂张家分厂
- 永川市张家镇永川巴山曲酒厂
- 永川市仙龙镇供销合作社酒厂
- 永川市朱沱镇转嘴酒厂
- 永川市朱沱镇供销合作社酒厂
- 永川市朱沱镇民生酒厂
- 永川市来苏镇五一村酒厂
- 永川市来苏镇诗富酒厂
- 永川市来苏利民酒厂
- 永川市来苏酿造厂
- 永川市双石酒厂
- 永川市永荣镇曲酒厂
- 永川市红炉镇飞龙酒厂
- 永川市红炉酒厂
- 永川市三教镇草坪村双河酒厂
- 永川市寿永镇德家桥酒厂
- 永川市邓家岩酒厂
- 重庆柏林酒业有限公司
- 江津市龙吟酒厂
- 江津市夹滩豹泉酒厂
- 江津市黄泥白酒厂
- 江津市鹅公镇酒厂
- 江津市溪河酒厂
- 江津永津酒厂
- 江津市享堂高歇酒厂
- 江津市双福万长酒厂

- 江津市帅乡酒厂
- 江津市凯涌酒厂
- 江津市九龙白酒厂
- 江津市津福酒厂
- 江津市九龙酒类有限公司
- 江津市双福万长酒厂
- 江津市帅乡酒厂
- 江津市凯涌酒厂
- 江津市享堂鑫成酒厂
- 吴市镇桥头村酒厂
- 德感供销社酒厂
- 江津市琅山酒厂
- 江津市供销社酒厂
- 江津市高牙酒厂
- 江津市两岔酒厂
- 江津市李市镇酒厂
- 江津市蔡家供销社酒厂
- 江津市渝龙酒业有限责任公司
- 江津市顺江酒厂
- 重庆市金马酒厂
- 江津市和平酒厂
- 江津市四通酒厂
- 江津市几圣酒类有限公司
- 重庆市百岁春酒业有限公司
- 江津市德感和爱酒厂
- 江津市双龙酒厂
- 重庆市江津酒厂
- 江津市圣泉酒厂
- 江津市南蔗酒厂
- 江津市德感秀林寺酒厂
- 江津市德感新盛酒厂
- 江津市德感龙泉酒厂
- 江津市几和酒厂
- 江津市油溪店子口酒厂
- 江津市油溪镇元祥酒厂
- 江津市吴滩镇酒厂
- 江津市现龙酒厂
- 江津市白沙酒厂
- 永兴镇酒厂
- 江津市李家酒厂
- 江津市石门酿酒厂
- 江津市秦家酒厂
- 江津市石门金龙酒厂
- 江津市茨坝酒厂
- 江津市峡溪酒厂
- 大足县宝顶仪器加工小作坊
- 大足县车家小酒厂
- 大足县城南酒厂
- 重庆市大足县宝顶酒厂
- 重庆市笛女酒业有限责任公司
- 大足县石马酒厂
- 大足县国梁酒厂
- 大足县雍溪镇酒厂
- 重庆龙水酿酒有限公司
- 重庆市大足县三仙洞酒厂
- 重庆市足兴糖酒技术开发有限公司
- 大足县玉龙镇酒厂
- 大足县邮亭镇酒厂
- 大足县珠溪小河坝酒厂
- 大足县珠溪镇土门村贤良酒厂
- 大足县珠溪乡镇企业供销经理部酒厂
- 大足县珠溪供销社酒厂
- 大足县土门酒厂
- 大足县珠溪酒厂
- 重庆市大足县龙石镇酒厂

●大足县季家镇酒厂
●大足县宝山酒厂
●大足县高升镇酒厂
●荣昌县直升镇富安酒厂
●荣昌县直升镇黄泥联办酒厂
●荣昌县直升镇老酒厂
●荣昌县直升镇天兴酒厂
●荣昌县直升镇白酒厂
●荣昌县河包镇企业酒厂
●荣昌县观胜镇酒厂
●荣昌县石河李家岩酒厂
●荣昌县古昌镇酒厂
●荣昌县观胜镇凉坪酒厂
●荣昌县石河酒厂
●荣昌县武城酒厂
●荣昌县兴旺酒厂
●千秋酒厂
●荣昌县峰高镇建设酒厂
●荣昌县路孔镇川绿白酒厂
●路孔酒厂
●荣昌县金佛白酒厂
●重庆市金佛春酒业有限公司
●荣昌县清水河曲酒厂
●荣昌县金智曲酒厂
●荣昌县清升镇白酒厂
●荣昌县双河酒厂
●荣昌县洗布潭酒厂
●荣昌县五福乡酒厂
●荣昌县烧酒房工业公司
●荣昌县富安酒类有限责任公司
●荣昌县大石坝村村民委员会村酒厂
●荣昌县清江镇酒厂一分厂
●荣昌县清江镇酒厂
●荣昌县葛桥乡酒厂
●荣昌县远觉镇酒厂
●荣昌县仁义镇白酒厂
●荣昌县仁和酒类有限责任公司
●荣昌县海棠酒业有限责任公司
●荣昌县康福来酒业有限公司
●重庆市铜梁县南郭酒厂
●铜梁县斑竹乡酒厂
●铜梁县凤飞酒厂
●铜梁县美福酒厂
●铜梁县太平镇酒厂
●铜梁县移舟白酒厂
●铜梁县龙神酒厂
●铜梁县新发酒厂
●铜梁县高楼镇三粮酒厂
●铜梁县虎峰镇酒厂
●铜梁县旧县镇岚槽石坝酒厂
●铜梁县蒲吕镇酒厂
●铜梁县庆隆乡酒厂
●铜梁县全德镇酒厂
●铜梁县民兴酒厂
●铜梁县永发酒厂
●重庆铜梁县永荣酒厂
●重庆市潼南酒厂
●潼南县宏伟酒厂
●龙项乡兴隆酒精厂
●潼南县上和镇猫溪酒厂
●潼南县飞跃镇宝龙鸿发酒厂
●潼南县龙形镇酒厂
●潼南县红花乡酿酒厂
●潼南县红花乡和尚酒厂
●潼南县宝龙镇岩背村酒厂
●潼南县宝龙镇酒厂

●潼南县玉溪镇酒厂
●潼南县桂林镇新林酒厂
●潼南县花岩镇刘杨酒厂
●潼南县柏梓琼江酒厂
●潼南县柏梓镇酒厂
●潼南县昌远酿造厂
●潼南县塘坝酒厂
●潼南县琼江酒厂
●重庆市潼南前进酒厂
●潼南县青云酒厂
●潼南县寿桥春酒厂
●潼南县卧佛镇供销酒厂
●潼南县五桂镇酒厂
●潼南县卧佛酒厂
●璧山县城北酒厂

云南省

●云南华致酒业公司
●云南澜沧江啤酒企业(集团)公司
●畹町大地春酒业有限责任公司
●云南迪庆经济开发区古方酒业有限公司
●昆明印象酒业销售有限公司
●佑康酒业(昆明)有限公司
●佑康酒业(昆明)有限公司销售部(泰国独资)
●云南省昆明市海源寺陇川竹筒酒厂
●德国伊堡酒业有限公司（云南分公司)
●青岛啤酒(泸州)有限公司扎啤云南办事处
●中国茅粮酒业集团有限公司
●佑康酒业(昆明)有限公司销售部
●云南昆明利天酒业有限责任公司
●昆明派康酒业有限公司
●云南茅粮白酒业集团公司
●烨昌风花雪月啤酒销售有限公司
●贵州赖永初酒业有限公司云南办事处
●云南长运酒业(集团)有限公司
●云南圣久酒业有限公司
●弥勒县滇红葡萄酿酒有限公司
●昆明兴黔酒业有限公司
●昆明雅诗酒业物料有限公司
●云南藏雄酒业有限公司营销部
●云南澜沧江啤酒企业(集团)营销有限公司
●飘香芭酒业经营部
●弥勒福酒业有限公司
●云南茅粮酒业集团
●云南藏雄酒业有限公司
●昆明雄蜂酒业有限公司
●昆明雄蜂酒业有限公司国内市场部
●宾川县鸡足山镇长青酒厂
●大理易门酒厂直销部
●云南省鹤庆县玉龙保健酒厂
●弥勒县东风庄园葡萄酒业有限公司信息部
●云南省陆良县活水酒厂
●临沧佳玲赛酒业食品有限责任公司
●文山康蜜尔酒厂
●云南云新糖业有限责任公司五桂酒业分公司
●云南澜沧江啤酒企业集团孟连分公司

● 云南澜沧江啤酒企业集团有限公司
● 木老爷酒业包装厂
● 丽江市木老爷酒业有限公司
● 昆明天酿工贸有限公司
● 昆明酒厂
● 昆明龙门酒业有限责任公司
● 云南常红徽生物技术有限公司
● 姚安县兴善寺酒厂昆明西山荞酒分厂
● 昆明市梁源酿酒厂
● 昆明绿海酒厂
● 昆明黑龙潭力升酒厂
● 昆明重型机器厂劳动服务公司黑龙潭酿酒厂
● 昆明市官渡区松源酒厂
● 昆明市白汉场酒厂
● 昆明市跑马山酿酒厂(官渡区跑马山分装酒)
● 昆明市五腊酿酒厂
● 云南英杰酒厂
● 昆明龙神食品研究所
● 昆明市双龙酒厂庄房
● 昆明市双龙酒厂
● 昆明市星海果酒厂
● 昆明云啡小粒咖啡酒厂
● 贵州仁怀市茅台镇酒城酒业公司昆明分公司
● 安宁青武山烤酒坊
● 安宁市盐场第二酒房
● 安宁市鸣矣河供销合作社酒房
● 安宁市家乐酒厂
● 安宁市安丰营酒房
● 安宁市安丰营家富酒房
● 佑康酒业(昆明)有限公司
● 富民县黎阳清酒厂
● 昆明尊龙酒业有限公司
● 昆明乌龙酒厂
● 昆明星火节能技术研究所
● 昆明市纯粮液酒厂
● 呈贡上可乐办事处酒房
● 呈贡县兴达酿酒厂
● 呈贡县水塘酒房
● 呈贡七甸乡新林场酒房
● 呈贡梨乡果酒厂
● 昆明市呈贡果酒厂
● 云南省昆阳农场镇海阁酒厂
● 云南古滇王果酒厂
● 云南省晋宁郑和酒厂
● 晋宁县宝泉酒厂
● 昆明晋宁夕阳保安酒厂
● 晋宁县古城旧寨青山林场酒房
● 晋宁县古城镇敬老院酒厂
● 晋宁县新街乡钟贵二号酒房
● 晋宁县新街乡钟贵一号酒房
● 云南晋宁天宝新技术开发实业公司
● 云南省晋宁梁王酒厂
● 晋宁县二街乡琐溪渡村民委员会一三组酒房
● 晋宁县二街梅子酒厂
● 晋宁县六街乡敬老院食品加工厂
● 云南省易门县大龙口酒厂
● 云南易门县梅营村酒厂
● 易门龙泉酒厂
● 云南省仁兴饲养场酒曲厂
● 禄丰县川街乡咪龙溪酒厂
● 云南禄丰玉碧酒业有限公司

●禄丰县妥安乡龙潭庆文养殖厂
●元谋县金穗科技经贸发展有限责任公司
●元谋县龙川江化工有限公司
●云南省永仁县永桥酒厂
●云南猛虎光瑞开发公司
●永仁县川滇小石桥酒厂
●禄劝彝族苗族自治县茯苓酒厂
●武定县开柱酒厂
●武定县贸易局白酒厂
●高桥镇马安村委会酒厂
●武定县兴顺农副加工厂
●云南省嵩明县杨林酿酒厂
●昆明市明泉饮料厂
●云南省嘉丽泽酒厂
●昆明市大竹园酒厂
●云南省宜良西红花集团公司
●云南宜良九乡酒业有限公司
●昆明市宜良酿酒厂
●昆明市宜良金燕酿造厂
●昆明市宜良县汤池镇荣峰酒厂
●宜良县竹山老蒿地瓶酒厂
●宜良县陆良营酒厂白酒采购批发站
●宜良清沙泉瓶酒厂
●石林县黑龙潭酒厂
●石林县石泉酒厂
●弥勒县粮油经贸有限责任公司酒厂
●云南省弥勒县云南醇酒业有限公司
●云南省弥勒县白龙酒厂
●弥勒县太平水库酒厂
●云南省弥勒县福酒业有限公司
●云南红河神泉葡萄酒有限责任公司
●云南高原葡萄酒有限公司
●弥勒县雄峰纯荞酒厂
●虹溪晶泉酒厂
●云南芳泽食品有限公司
●云南省红河州泸西县庐纯酒厂
●泸西县兰益酿造有限公司
●泸西县乐泉酿酒厂
●湖底泉酒厂
●云南仙湖春酒厂
●云南玉溪九龙橄酒有限公司
●云南江川植物王天竺花酒业有限公司
●云南江川浪滚酿酒厂
●江川县大街下营酒店
●江川县大街老街心酒厂
●江川县安化综合厂
●江川县大街镇粮食加工厂
●云南玉溪野象谷酒业有限公司
●江川县安化酒厂
●通海县万世黄精酒厂
●云南泷井酒厂
●云南春酒业集团有限公司
●通海新河食品有限公司
●玉溪市郭家山酒厂
●云南省玉溪市凤井酒厂
●玉溪市红塔区农资有限责任公司龙源清酒厂
●玉溪市红塔区供销社北城酒厂
●红塔区犁铧酒厂
●云南省玉溪市玉泉酒厂
●玉溪市洛河果酒厂
●云南峨山尤尤酒业有限责任公司
●云南省峨山金梅酒业有限公司
●峨山县王家村酒厂

●元江县万酿春酒厂
●元江县因远万红酒厂
●新平彝族傣评理自治县五桂酒业有限公司
●昆明市东川区金沙液酒厂
●东川酒厂
●昆明市东川区碧谷镇起嘎二社酒坊
●东川天荣酒厂
●东川市碧谷镇起嘎村三社酒厂
●昆明市东川达贝酒厂
●东川市碧谷镇起嘎村酿酒二厂
●昆明市东川区拖布卡酒厂
●建水县毛府酒厂
●建水县西庄镇马家营酒厂
●建水县青龙供销合作社酒厂
●红河县酒业有限公司
●云南省红河县白红焖锅酒厂
●红河县焖锅酒厂
●云南亚龙总公司
●墨江县通关镇供销合作社清水河酒厂
●云南石林春酒厂
●三宝供销社酒房
●曲靖市麒麟区三宝酒坊
●云南省寻甸县倘甸镇竹园果酒厂
●寻甸回族彝族自治县双凤松茸酒厂
●云南沾益珠江源啤酒麦芽有限责任公司
●沾益县大坡青良酒坊
●宣威市交通经贸有限责任公司酒厂
●宣威市羊场镇福利厂
●富源县国营酒厂
●富源县则黑酒厂
●召夸供销合作社酒厂
●曲靖市进出口集团师宗云师青酒厂
●云南省师宗县酒厂
●师宗县畜牧场老厂酒厂
●罗平县老厂虎山酒厂
●昭通市葡萄井酒厂
●昭通市葡泉酒分厂
●鲁甸县食品一厂
●镇雄县凤翅有限责任公司天池酒厂
●镇雄县凤翅有限责任公司
●玉泉酒厂
●大关县旅游开发有限责任公司酒厂
●大关县盛达食品公司酒厂
●彝良县牛街酒厂
●彝良县柳溪苗族乡白水江香米酒厂
●水富县云南醇曲酒厂
●水富醉明月实业有限公司
●威信县曲酒厂
●威信县绿神食业有限公司
●威信县羊藿酒业有限责任公司
●威信县蚂蚁食品开发有限责任公司
●个旧市糖业烟酒公司瓶酒厂
●个旧市瓶酒厂
●个旧市罐头饮料酒厂
●个旧源兴矿产联全总厂酿酒厂
●个旧市贾沙供销社综合加工厂
●红河州纯泉贾沙酒厂
●云南锡业公司老虎山酒厂
●个旧市雄庆酒厂
●蒙自县枣子拐枣甜酒饮料厂
●蒙自红机电子技术服务部副食品加工厂
●蒙自绿保饮料果酒厂

- 蒙自宏达果酒厂
- 蒙自县酒厂
- 云南蒙自啤酒有限公司
- 云南省草坝葡萄酒厂
- 鸣就供销社酒厂
- 灵乔液酒厂
- 蒙自县六谷液酒厂
- 水田供销社酒厂
- 屏边县粮油工业贸易有限责任公司
- 屏边县云南熊胆酒厂
- 屏边熊胆三七酒有限责任公司
- 云南省屏边县德龙酒厂
- 金平苗瑶傣族自治县铜厂乡供销社酒厂
- 河口县长远酿酒有限责任公司
- 云南高原明珠酒业有限公司
- 云南红河光明股份有限公司
- 开远市楷林食品工业有限责任公司
- 开远市果酒厂
- 云南省开远云龙有限责任公司
- 陶村大瑞城酒厂
- 石屏县弥太酒厂
- 石屏县骏飞酿酒饮料厂
- 石屏县范白冲精制酒厂
- 元阳县马街供销社酒厂
- 元阳县原野实业有限公司
- 绿春县奥托酒厂
- 云南省绿春县酒厂
- 绿春县电力公司山里泉酒厂
- 文山奇宝饮料酒业有限公司
- 文山县副食品厂
- 文山康密尔酒厂
- 砚山县稼依小石桥酒厂
- 云南邱北县清酒厂
- 邱北县糖烟酒有限责任公司
- 腻脚沉仙酒有限责任公司
- 广南县白云洞酒厂
- 广南县莲城玄驹酒厂
- 广南那榔酒业有限公司
- 广南那榔酒业有限公司那榔分厂
- 广南县珠琳镇顺云酒厂
- 云南富宁金皇后酒业总公司
- 云南富宁金皇后酒业总公司真酒厂
- 富宁县澳龙啤酒厂
- 云南省麻栗坡县酒厂
- 云南澜沧江啤酒(集团)思茅啤酒有限公司
- 思茅市傣王酒厂
- 思茅科农公司酿造分公司
- 普洱县茶乡食品饮料有限公司
- 普洱开兴酿酒厂
- 普洱哈尼族彝族自治县德安酒厂
- 澜沧拉祜族自治县商业局酒厂
- 澜沧拉祜族自治县竹塘食用酒精厂
- 孟连县兴业酿酒有限公司
- 孟连县泰愚科工贸发展有限公司
- 江城县淀粉酒精厂
- 江城县牛洛河酒厂
- 西双版纳酒业有限责任公司
- 西双版纳熊川蚂蚁酒业有限责任公司
- 景洪市大渡岗乡傣家野酒厂
- 勐海县商业局酒厂
- 西双版纳交通运输集团公司勐腊分公司酒厂
- 景谷县厚地实业有限公司
- 景谷县大营山酒业有限责任公司

●景谷县永平环宇公司酒厂
●景谷县民乐乡大富那春艺酒厂
●镇沅县淀粉酒精厂
●景洪市酒厂
●鹤庆县西邑大麦酒厂
●云南大理啤酒股份有限公司
●大理金穗麦芽有限公司
●大理啤酒(集团)有限公司
●大理市果酒饮酒厂
●大理市蝴蝶泉酿酒有限公司
●洱源县副食品厂
●洱源县右所镇永兴果酒酿造厂
●邓川农特果酒有限责任公司
●云南大理青源酒业有限公司
●兰坪县啦井镇紫兴五味子饮品加工厂
●兰坪县酒厂
●鹤庆县酒厂
●鹤庆县金盛祥食品饮料有限公司
●大理南诏御酒实业总公司
●宾川县鸡足山镇长青酒厂
●祥云县南飞酒类食品公司
●祥云县东山彝族乡青梅酒厂
●巍山县红源有限责任公司
●巍山县东外酒厂
●巍山县青阳酒厂
●巍山县金和酿酒厂
●巍山县西寺酒厂
●大理南诏宴酒厂
●巍山县庙街酒业有限责任公司
●永平县鸿源食品有限公司
●永平县龙泉酒厂
●永平县果酒饮料厂
●永平县官上酒厂
●永平县水泄乡大沙坝综合场
●云龙县果郎乡诺邓村酒厂
●福贡县复兴综合加工厂
●贡山独龙族怒族自治县酿酒厂
●丽江苏浬玛酒坊有限公司
●丽江县胜利酒厂
●丽江县白沙乡木氏酒厂
●丽江永生酿酒厂
●宁蒗县泸沽湖酒厂
●宁蒗县泸沽湖苏理玛酒坊有限责任公司
●德钦梅里藏酒厂
●民族食品股份合作加工厂
●云南禄丰玉碧酒业有限公司楚雄办事处
●云南楚雄花果山酒厂
●楚雄市开发区海城酒业有限公司
●云南楚雄吕合酒厂
●双柏县龙泉酒厂
●楚雄德力高啤酒有限公司
●姚安县腾达食品有限公司
●姚安县酒厂
●云南省姚安县福光酒厂
●大姚县贵芳商行新街白酒厂
●云南省牟定县大力石酒厂
●牟定县喜鹊窝酒业有限公司
●牟定县金龙酒厂
●牟定县保健酒厂
●弥渡县天寅液酒厂
●弥渡县德玉醇酒厂
●云南省弥渡县大帅家酒厂
●南涧县小湾酿酒厂

- 南涧彝族自治县瓶酒厂
- 云县茅粮酒业有限责任公司
- 云南澜沧江啤酒企业集团有限责任公司
- 景东彝族自治县糖业总公司酒厂
- 景东彝族自治县蛮官酒厂
- 景东彝族自治县文井集体企业加工厂
- 平村乡玉泉酒厂
- 临沧县民族工作示范点拉祜王酒厂
- 双江自治县小黑江酒业有限责任公司
- 双江自治县果酒饮料厂
- 云南省临沧地区双江县忙糯乡滚岗酒厂
- 沧源县勐省镇永康酒厂
- 永德康甸糖业有限责任公司酒厂
- 永德县乌木龙苦荞酒厂
- 镇康县民族贸易公司小水井酒厂
- 云南滇国食品有限公司
- 云南省澜沧江啤酒集团保山有限公司
- 保山地区荣达公司龙泉酒厂
- 保山市白龙瓶酒厂
- 保山市余庆堂酒厂
- 保山市乳品厂
- 昌宁县滇粹食品有限公司
- 昌宁县苟酒酿造有限责任公司
- 云南省施甸县金达莱有限责任公司
- 龙陵县镇安镇安镇安酒厂
- 龙陵县龙新乡勐冒村徐家寨酒厂
- 德宏州湘健天然食品饮料厂
- 潞西市供销合作社城郊基社酒厂
- 潞西市竹筒酒厂
- 瑞丽市畹町经济开发区建兴商号酿酒厂
- 云南畹町南翔啤酒有限公司
- 瑞丽市滇野制酒厂
- 瑞丽市转龙缸酿酒厂
- 瑞丽姐告韩氏酒业
- 云南陇川县天泉啤酒有限责任公司
- 陇川县傣皇酒厂
- 云南省腾冲县事事乐酒业饮料有限公司
- 腾冲县酒业饮料公司
- 腾冲县晓红食品加工
- 腾冲县粮油贸易总公司酒厂
- 腾冲县固东乐坪食品加工厂
- 腾冲县龙口酒厂
- 腾冲县杜鹃王酒厂
- 云南省德宏州盈江制药厂
- 德宏州盈江黄酒总厂
- 昆明海源寺陇川竹筒酒厂
- 昆明健乐酒厂
- 昆明西山石咀奇妙思酒坊
- 昆明市西山区彩云红石榴酒厂
- 云南通昊酒业有限公司
- 昆明贝奇酒厂
- 昆明市华伦葡萄酒酿造有限责任公司
- 昆明市官渡区龙腾酒业酒厂
- 昆明金星啤酒有限公司
- 昆明市官渡区来福黄酒厂
- 昆明市官渡区羊甫酒厂
- 云南省邱北县糖烟酒有限责任公司昆明分厂

●云南滇云酒业有限公司
●昆明蓝豹酒业有限公司
●昆明大滇园滇龙酒业有限公司
●昆明市官渡区神州峰酒厂
●昆明市的确神酒厂
●云南省澜沧江啤酒集团保山有限公司安宁经营部
●安宁太平跃达酒厂
●昆明市喜之郎葡萄酒厂
●呈贡云露露酒厂
●呈贡华鑫源酒厂
●昆明洪惠滋补酒厂
●易门县夷瑶醇酒厂
●易门六街所水阁贵友酒厂
●云南禄丰妥安龙潭酒业有限公司
●通化市天龙酒业有限公司嵩明顺源分公司
●昆明艳峰酒业有限责任公司
●宜良传香彝家泡缸酒厂
●宜良县蓬莱古坛香酒厂
●昆明市宜良县佳圆葡萄酒厂
●宜良县万家花园酒厂
●宜良雄蜂酒业有限公司
●石林九仙草酒业有限公司
●弥勒县福红葡萄酒厂
●弥勒县中以则酒厂
●弥勒县滇红葡萄酿酒有限公司
●弥勒县东风庄园葡萄酒业有限公司
●云南省澄江县河阳春酒业有限责任公司
●云南仙湖春酒厂
●澄江县龙街镇萝卜村酒厂
●云南通印福全酒业有限公司
●昆明东川长运葡萄酒有限公司
●会泽聚缘酒类加工厂
●云南省澜沧江啤酒(集团)保山有限公司红河县经营部
●墨江县联合停车场酒厂
●墨江酒江酒业有限公司墨江酒厂
●墨江酒江酒业有限公司
●墨江酒江酒业有限公司酒精厂
●麒麟区亮子隆兴酒场
●沾益县益源酒业有限责任公司
●云南澜沧江啤酒企业(集团)曲靖有限公司
●陆良县小莫古酒坊
●马龙县恒咕泡缸酒厂
●云南师宗丹青酒业有限责任公司
●罗平县老厂酒业有限责任公司
●昭通市葡泉酒业有限责任公司
●鲁甸县龙头山乡荣华酒厂
●永善县墨石驿酒厂
●长春市农源葡萄酒有限公司绥江分公司
●威信县醉石萱古酒坊
●蒙自县雪云啤酒厂
●蒙自南疆果酒饮料厂
●蒙自神泉葡萄酒有限公司
●蒙自宏一酒厂
●云南省石屏县食品公司酒厂
●绿春县山里泉酒业有限责任公司
●文山县云泉清酒厂
●文山县宾荣酿酒厂
●砚山县巨龙酒厂
●邱北县蔡氏夜阳酒研制开发中心
●富宁县壮粮酒业有限责任公司

●富宁县醉难得酒业酿造厂
●云南马关县山车小锅酒厂
●云南省思茅市永德酿酒厂
●思茅兴洋茶业有限公司普洱茶酒分公司
●思茅市南屏酒厂
●云南省江城县福芳酒厂
●江城食用酒精厂
●勐海县鹏程米酒厂
●勐海佛双酒厂
●大理漾濞雪山清酒厂
●丽江市古城三江酒厂
●丽江市木老爷酒业有限公司
●永胜县老街王酒厂
●香格里拉县青稞老窖酒厂
●迪庆香格里拉经济开发区天籁酒业有限公司
●其宗青稞酒厂
●楚雄市树苴乡二街酒厂
●云南大姚妙峰酒厂
●凤庆龙泉酒厂
●临沧县东南果酒饮料厂
●保山市隆阳区拽酒厂
●潞西市芒市鑫峰酒厂
●云南德宏圣士丹啤酒有限公司
●云南象都皇酒有限公司
●云南省盈江县盏西酒精有限责任公司
●云南藏雄酒业有限公司
●昆明黔台酒业有限公司
●昆明天隆润糖烟酒有限公司酒业饮品分公司
●四川省大邑酒乡酿酒厂昆明办事处
●云南澜沧江啤酒企业(集团)营销有限公司
●昆明鉴赏酒业有限公司
●云南龙源酒业制造有限公司
●昆明禄劝雪山酒业有限公司
●云南龙润酒业有限公司
●昆明雄蜂酒业有限公司
●红河州津红酒业有限责任公司
●西双版纳学林酒业有限公司
●永胜汇源绿色食品有限公司龙泉酒厂
●鹤庆县西邑大麦酒厂
●鹤庆县西邑大麦酒厂
●云南华致酒业有限公司
●云南澜沧江啤酒企业集团融资担保有限责任公司
●勐堆康源酿酒厂
●云南省昌宁

西藏自治区

●左贡县葡萄酒厂
●西藏丰谷酒楼有限公司
●西藏五谷酿酒有限公司
●西藏自治区银河科技发展股份公司
●日喀则地区央古酿造有限责任公司
●米林农场大峡谷酿酒有限公司
●西藏丰谷酒业有限公司绵阳生产基地
●拉萨鸿远酒业有限公司
●西藏香巴拉酒业有限公司
●西藏青田青稞酒业有限公司（圣禾生物）

●西藏恒源酒业有限公司

香港特别行政区

●香港中粮华夏长城葡萄酒有限公司
●香港中法王朝葡萄酿酒有限公司
●香港东都集团闯王酒业有限公司
●同江(香港)润兴啤酒有限责任公司
●中国长城国际酒业(香港)有限公司
中粮集团华夏长城酒业(香港)有限公司
●香港百威啤酒公司
●香港嘉士伯啤酒有限公司

澳门 (未统计)

台湾省 (未统计)

发酵→蒸酒→

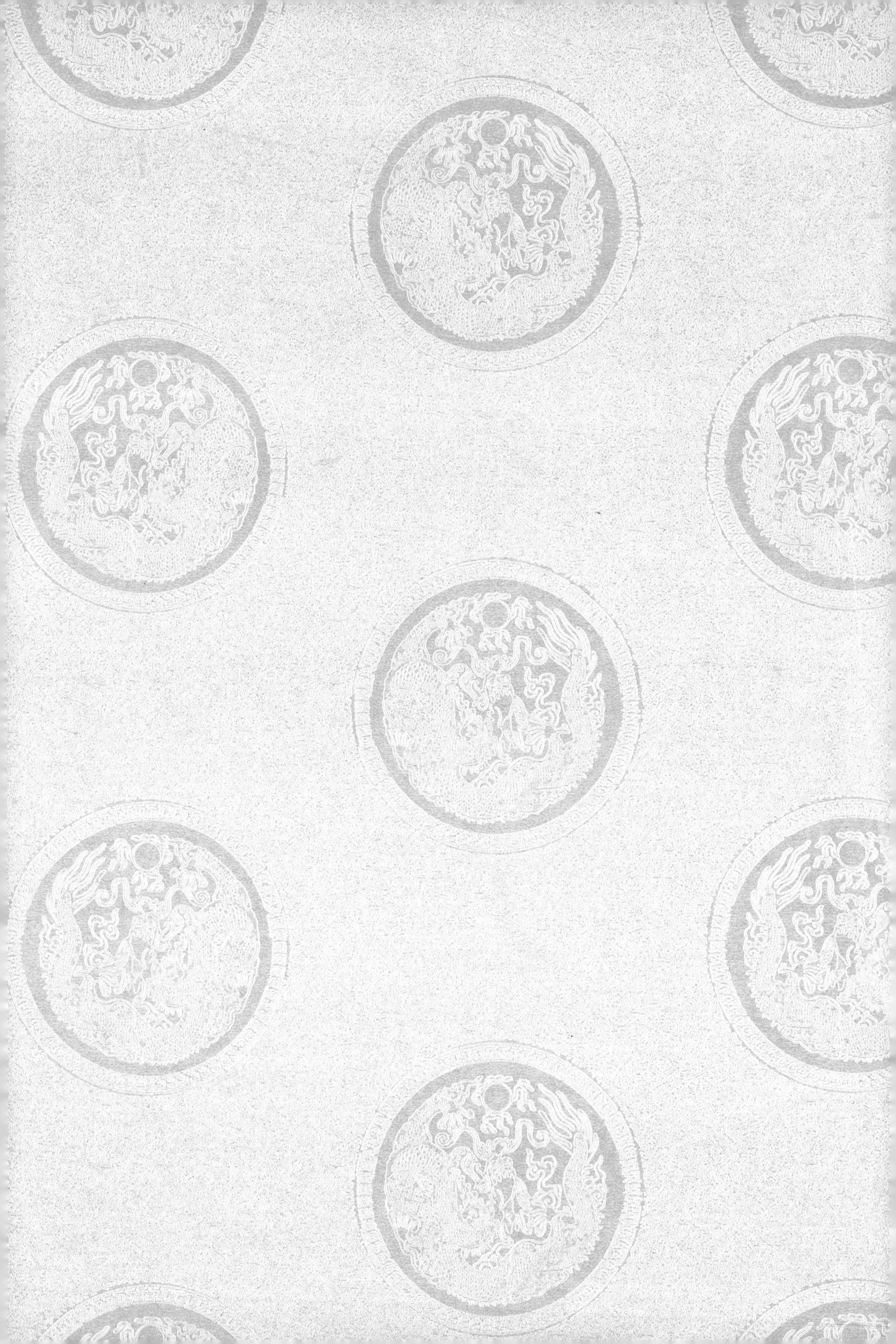

中国酒文化大典

周卫东题

名誉主编　王震宇
主　　编　周卫东

中部

東方出版社

有关酒典章政令的形成与演变

第一章 有关酒典章制度政令的形成与演变

酒政（含典章制度等）是国家对酒的生产、流通、销售和饮用而制定实施的制度政策的总和。

中国酒文化的历史非常悠久，源远流长,内涵非常丰富。在众多的生活用品中，酒是一种非常特殊的商品。因为，生产酒的主要原料是关系到人民吃饭问题的粮食，酿酒及饮用是一项非常普遍的社会现象与活动，牵一发而动全身，酒是一种特殊的食品，稍不注意就会危及人身健康及社会安定。基于此，历代统治者总是不断完善加强各种法规政策制度的制定，来制约酒从生产到销售、饮用的全过程。与酒相关的一些典章、制度等也随着社会的发展而不断健全、完善。其中对于酒的酿造和管理方面制定的一些典章、规则在中国古代及酒的发展史上起到了不容低估的重要作用。

中国作为世界上最早的酒发源地之一，酒的典章、制度早在先秦时期便有了。

古代酒的典章、制度大体可分为三类：一是关于荐酒、献酒、饮酒等方面；二是关于酿酒、酤酒、禁酒等方面；三是关于管理酒政、税官等方面。这些典章、制度的出现对酒的规范化、产业化发展都有很大作用，是酒业发展的必然结果。

在先秦文献中，关于酒的记载很多，如在《诗经》《书经》《礼记》中，不少地方都记有当时酒的典章、制度。如《礼记·礼运》第九记云：

以事鬼神上帝，皆从其朔。故玄酒在室，醴盏在户，粢醍在堂，澄酒在下，陈其牺牲，备其鼎俎，列其琴瑟、管磬、钟鼓……

这里说的是祭祀的规矩与用酒的规则。《周礼》中说明了用酒的秩序及酒的品事、规矩：“太古无酒，用水行礼，故尊之名为元（玄）酒，祭则设于室内而近北也。醴，谓之醴齐。盏，谓之盎齐。陈列于室内稍南近户。粢醍，醍齐，酒成红赤色，又卑之，列于堂。澄酒，沈齐，成而滓沈也，又在堂之下矣。”此五者各以等降而设之。这就是祭祀时陈列不同的酒的规矩。《礼记》中类似这样的记载还很多，如《坊记》中云：

醴酒在室，醍酒在堂，澄酒在下，示民不淫也。

又如《乡饮酒义》中记云：

> 乡饮酒之礼，六十者坐，五十者立侍，以听政役……饮酒之节，朝不废朝，莫（暮）不废夕。

《礼记》所说的都是关于祭祀时、接待宾客时、乡居宴饮时关于酒的礼节制度，由天子到诸侯、庶人，当时都有典章、制度给予规范，如结合殷商、西周出土的甲骨文、青铜器来验证，就更可看出远古以来，关于酒的典章制度在祭祀、饮宴典礼中，已经十分齐备了。当时已有卖酒者，即所谓“酤”，但是还未官卖，也没有税，但“酤”已极为普遍。

禁酒的历史几乎与酿酒、饮酒的历史一样悠久。酿、饮酒的普遍与禁酒几乎是同步运行。夏禹是我国最早提出禁酒的帝王，相传帝女令仪狄作酒而美，进之禹，禹饮而甘之，遂疏仪狄而绝旨酒，并且说，后事必有以酒亡其国者。实践证明夏禹的预见是正确的。夏、商末期二位统治者桀与纣都是因沉湎于酒，造酒池糟林，耽于酒色，最后丢失统治权的。在夏商两代，就曾有因酗酒而被处刑的事例，如《尚书·胤征》记载，夏朝第四代君主仲康在位时，掌管天文历数的羲和（官名）纵酒渎职，就下令胤候去处以死罪。罪名就是：“惟时羲和,颠覆厥德,沉乱于酒……昏迷于天象,以干先王之诛。”商代则对有职务的官员下了禁止酗酒的训示，《尚书·伊训》是商王太甲即位时宰相伊尹的训诫，其中说：“制官刑，儆于有位者曰：敢于恒舞于宫，酣歌于室，时（是）谓巫风。”酣歌即酒醉而歌乐，属于“巫风”，和“淫风”、“乱风”合成三风。如臣下有这样的不正之风，“其刑墨”，即处以墨刑，墨刑就是面上刺字。但这只是对官员的诫令而未涉及平民。

在先秦文献中，有关酒的政策法令至今为研究当时禁酒的作用与影响具有很重要的价值，并还有其参考借鉴的作用。其中最著名且最重要的，莫如《书经》中的《酒诰》一文。《酒诰》乃我国最早的官方的禁酒令，也是中国有关酒的法令的第一篇。其目的是：肃清恶习，以正民风。事因周武王鉴于商朝的统治者沉溺于酒而亡国的事例，在令康叔监殷时，写给同母少弟康叔封的。

《酒诰》中告诫康叔及其领地“妹邦”，要注意饮酒的节制：商爱酗酒，天下化之。“妹土”，商之都邑，其染恶尤甚。《酒诰》一文虽是对殷民而发，实际上是对朝廷上下各诸侯、君臣所下的禁令。文中规定王公诸侯不准非礼饮酒，对殷民规定："群饮，汝勿佚，尽执拘以归周，予其杀！"也就是说凡是百姓聚饮，皆不能轻易饶恕，统处以死刑。而且还规定如执法者执法无力，不照禁令办事，同样有被杀之罪。可见《酒诰》这一禁令有多么严酷。

古代禁酒的原因无非有两种，一是酒能乱政，这是从统治阶级的角度来说，饮酒会导致朝政荒乱，君臣因酒误事、失和，朝野动乱不安定，昏主乱性而失去江山等；而对于庶民来说，酗酒滋事会影响社会安定、扰乱生活秩序等。二是酿酒要耗费大量粮食，如遇到饥荒天灾之年，粮食应须节约，不能浪费在酿酒上，所以在天旱缺粮的年代朝廷禁酒都特别严。

由春秋、战国到秦代，饮酒、酤酒已经很普遍，但尚无法可依。直至汉代，出现了酤律，从法律的角度来规范饮、卖酒。汉文帝即位时，赐民酺五日，时在公元前 179 年。其时有酒酤、禁酒律，据《文献通考》卷十七："三人以上无故群饮酒，罚金四两。"

东汉以来，因天灾人祸，庄稼收成很少，而造酒需要大量粮食，所以也曾几次禁酤酒。据《文献通考》所记：东汉和帝永元十六年（公元 104 年）诏兖、豫、徐、冀四州，雨多伤稼禁酤酒；顺帝汉安二年（公元 143 年）禁酤酒；桓帝永兴二年（公元 154 年），因旱蝗饥馑，郡国不得卖酒,祠祀裁足。

东汉献帝建安初年（公元 196 年），曹操当政，也曾下令禁酒。当时北方初定，群雄未灭，曹操励精图治，练兵屯田，下令禁酒。曹操禁酒的理由，并不仅仅为节省粮食，而主要是考虑酒会乱政、亡国等政治问题。但此次禁酒遭到了中大夫孔融的强烈反对，他写了一篇有名的《难曹公表制禁酒书》。孔融在朝野极有威望，一言一行都为士大夫所重视。他写信给曹操，议论酒禁是非，列举酒的好处，治国的不能无酒，特别说到大汉江山靠的就是酒："高祖非醉斩白蛇，无以畅其灵"；"樊哙解厄鸿门，非豕肩钟酒，无以奋其怒"；"郦生以高阳酒徒著功于汉"，等等。夏桀、商纣是因为女人亡国，与饮酒其实并无必然关系。因酗酒而误政亡国的君主历史上确实有过，但是少喝些并不至于如此，所以犯不上要彻底禁酒。总之，禁酒是没有理由的。孔融的文章言辞犀利、言简意赅。酒禁虽然仍在执行，却无形之中打了折扣。

刘备建立蜀汉之初，也曾下令禁酒，严禁私酿。凡是民间百姓家中藏有酒器、酒具的，一律搜缴，并处以刑罚。

榷酒，即酒的专卖，由国家垄断酒的生产和销售。历史上专卖的形式很多，大体可分为：完全专卖（由官府负责全过程）；间接专卖（官府垄断某一环节与酒曲的生产专卖）；商户专卖（官府不参与生产销售过程，指定特许商户缴纳一定的款项在统一管理下进行酒的生产销售）。

三国时，魏、蜀、吴三国关于榷酤、酒禁等典章制度，并不一致，资料亦少。《三国志·蜀志·简雍传》载时先主（章武）二年天旱，禁酒，酿者有刑。《吴志》卷七《顾雍传》记道："吕壹、秦博为中书，典校诸官府及州郡文书，壹等因此渐作威福，遂造作榷酤障管之利。"自王莽时，榷酤即为富贾所控制，成为营私舞弊之源，虽严刑不能制，至三国时，仍然有此弊端。

晋及南北朝，中原大乱，战争连年，造酒要粮食，直接影响民生。继曹操之后，于公元四世纪初，羌人石勒"以民始复业，资储未丰，重制禁酿，行之数年，无复酿者"。说明以武力禁酒，强制执行，还是有效果的。

南北朝时，北朝均官酤，后魏百官岁给常酒，《魏书》卷一一零《食货志》载：

> 后魏明帝时（公元520年）后……国用不足，命有司奏断百官常给之酒，计一岁所省，合米五万三千五十四斛九升，蘖谷六千九百六十斛,面三十万五百九十九斤。其四时郊庙百神群祀，依式供营，远蕃使客，不至断限。

南朝方面："宋文帝时（公元435年），扬州大水，主簿沈亮建议禁酒，从之。"（《通考》《征榷考》四）

"陈文帝天嘉二年（公元561年），虞荔等以国用不足，奏请榷酤，从之。"（《通典》卷二《食货志》十一）

自两晋、南北朝以来，所谓"取利于酒，夺民酤而榷之官，比承平时责利数倍"等弊端，直到隋朝统一后，都有所改变。据《通考》卷十七《征榷》四所载：隋文帝开皇三年（公元585年），"先时尚依周末之弊，官置酒坊收利，至是，罢酒坊，与百姓共之"。

唐代，初年尚无酒禁，《通考》卷十七《征榷》四记云："唐初无酒禁，乾元元年，京师酒贵，肃宗以廪食方屈，乃禁京城酤酒，期以麦熟如初。二年，饥，复禁酤，非光禄祭祀燕蕃客，不御酒。"乾元元年是公元758年，已是安史之乱后，唐自公元618年开国，至此已历140年。贞观之治，开元、天宝的繁华盛世，百余年中，似无榷酤，亦无官酤，可想见其物阜民丰之社会经济状况。唐代后来，酒禁很严格，会昌六年（公元 846 年），“限扬州，陈许……置官酤酒，禁止私酤。过闻严酷，一人违犯，连累数家，闾里之间，不免怨。宜从今以后，如有私酤酒及买私曲者，但许罪止一身，并所由容纵，任据罪处分。乡井之内，如有不知情，并不得追扰。其所犯之人，任用重典，兼不得没入家产”。

隋、唐、宋中央政府都不禁酒，但有的地方官员有禁酒令，如《旧唐书·薛戒传》，记薛戒任浙东观察使，有禁令：“触酒禁者皆死。戒弛其禁。”这是“土政策”。

与北宋同时的辽、与南宋同时的金等北方少数民族王朝有几次短暂的禁令，也都是旋禁旋弛。金代榷酤继承辽、宋旧制，至天会三年（公元 1125 年），始命榷酤官，以周岁为满。天会十三年（公元 1135 年）诏公私禁酒。大定三年（公元 1163 年）诏严禁私酿，设军巡察。（见《金史·梁肃传》）大定二十七年（公元 1187 年）命天下院务依中都例，改设曲课，听民酤。宋及辽、金、西夏等政权，凡酒税均应缴纳上京盐铁司，若干年都规定职官不得擅造酒糜谷。

元代百余年中，或因天灾旱涝，或因其他，各地禁酒之令常颁。元世祖忽必烈曾在至元二十年（公元 1284 年）下令禁酒，民间不得私酿，“造酒者本身配役，财产子女没官”。成宗铁木耳也下令重申酒禁，但蒙古贵族犯禁者很多，后来终于禁不下去了。

大德年间（公元 1304 年）大都酒课提举司设槽房 100 所，大肆酿酒。每日每所酿二十五石，全年约二十七万石，仅鲁、晋、冀、豫、陕、川、江浙、湖广、滇等地每岁酒课收入达 669600 余锭。

明、清两朝早期虽不断有禁酒，但均无实效，反而愈禁愈厉害。太祖朱元璋初定金陵时，即定禁酒令，后又禁民种糯。令中有云：“昔因民间造酒，糜费然非塞其源，而欲遏其流不可也。今岁农民毋种糯米，以塞造酒之源。”但民间仍然造曲酒，因之酒课照征，不过折收金银钱钞。又如清乾隆二、五年都下令禁酒，但据《清朝续文献通考·征榷考》的记载，苏州一地的粮食，大半用于酿酒。据统计，到光绪四年，仅直隶（今河北）一省，就有酿户千余家，每天需耗高粱二万余斤，每月七十万石。宣统二年仅吉林一省，全年可出酒四千五百九十九万斤之多。清朝中叶以后，政府再也不提酒禁，当政者也知道，酒是禁不住的。

历代禁酒的结果往往都是屡禁不绝，愈禁愈多。原因大体有三方面，其一，酒的积极作用远大于消极作用，喜欢者众，大家需要；其二，禁酒的人自己都离不开酒，曹操自己就有“何以解忧？惟有杜康”的感慨；其三，禁酒必然会导致国家的财政收入减少，从而影响了整个国家经济发展。

由于酒的解禁，嗜酒之风盛行，饮酒名人甚多，在汉末之后三百年中，如陶潜、刘伶、阮籍……酿酒工艺酒技越来越精湛，名酒也颇多，如菊花酒、桑落酒、蒲桃酒、千里酒、缥醪酒、河东酒等，均见之记载。家酿、坊酿、官酤、私酤，均极普遍了。

酒与经济的关系随着酒的发展而逐渐变得明朗、重要起来。在中国历史上，酒与经济的关系，主要体现在酒税上。

汉武帝刘彻是中国历史上第一个以法律形式，正式承认酒作为商品的合法性，并同时第一个宣布抽税的帝王。造酒、卖酒，利润是很大的，通过抽税可以给国家增加财税收入。酒税是对酒征收的专税。因酒是奢侈品，较之其他税比较重，尤以汉代后至清基本如此。

酤酒抽税，自汉武帝始。据《汉书·武帝纪》：“天汉三年（公元前98年）……初榷酒酤。”而到了昭帝始元六年（公元前81年），诏罢榷酤，就是不收酒税。榷酤至此，前后不过十余年。《文献通考》谓：“以律占租者，令民卖酒，以所得利占而输其租矣。占不如实，则论其律。卖酒升四钱，所以限，民不得厚利尔。”据此知汉律不但有酒税，而且限价。

公元6年，王莽建立新朝，前后虽只17年，但改革颇多，创“五均六斡”之法，于酒则立酒官，令官作酒。据《汉书》卷廿四《食货志》记载：

> 令官作酒，以二千五百石为一均，率开一卢以卖，雠五十酿为准。一酿用粗米二斛，曲一斛，得成酒六斛六斗，各以其市月朔米曲三斛，并计其价而三分之，以其一为酒一斛之平，除米曲本价，计其利而什分之，以其七入官，其三及糟、酨、灰炭给工器薪樵之费。

王莽曾两下诏书，严禁私酿。

唐代代宗广德二年（公元764年），始“敕天下州，各量定酤酒户，随月纳税，此外不问公私，一切禁断”。至大历六年（公元771年），“量定三等，逐月税钱，并充布绢进奉”。德宗建中元年（公元780年），“罢酒税，三年复制，禁人酤酒，官自置店酤，收利……私酿者罪。寻（不久），以京师四方所奏，罢榷”。贞元二年（公元786年），“复禁京城畿县酒，天下置肆以酤者，每斗榷百五十钱，其酒户与免杂差役，独淮南、忠武、宣武、河东，榷曲而已”。以上各条俱引自《通考》卷十七《征榷》四。有两点值得注意，即具体酒价榷价，每斗税百五十钱，《通考》作者加批云：“按昔人举杜子美诗，以为唐酒价每斗为钱三百，今榷百五十钱，则输其半于官矣。”这还只说到税率过高，为百分之五十。而淮南等四地，又征曲税，这就更严格，造酒一定要用曲，先把曲上了税，就更可堵私酿之漏洞了。于此亦可见税率越来越严酷。

唐代太和八年（公元833年），罢京师榷酤。据《通考》所载：“凡天下榷酒，为钱百五十六万余缗，而酿费居三分之一，贫户逃酤不在焉。”此条可见唐代酒税总收入。《唐会要》卷八十八《榷贴》中亦有同样记载。

大唐盛世，自公元618年李渊称帝，至公元907年哀帝禅位于朱全忠的梁朝，经历了近三百年的统一太平，又开始了分裂动乱，即五代十国的局面，梁、唐、晋、汉、周政权迅速更替，其他地方政权蜀、南汉、吴越、南唐、后蜀等，政令不统一，酒税亦不断变更，梁开平三年（公元909年）：“敕诸道州府百姓，自造曲，官中不禁。”而过了没有几年，政权改变，后唐天成三年（公元928年）又诏曰：“便从今年七月后，管数征纳榷酒户外，其余诸色人，亦许私造酒曲供家，却不得就里私卖酒。如有故违，便仰纠察勒依。”从此时代开始，先把曲税纳入田亩，夏秋开征，每亩五文，后特放二文，只收三文。城镇照收酒户税，村坊不在纳榷之限。这一律十分严酷，一直延用到五代结束。赵翼《二十二史札记》卷二二《五代盐曲之禁》云：“其酒曲之禁，孔循曾以曲法杀一家于洛阳（注：私曲五斤以上皆死……）。汉乾佑一年（公元948年），私曲之禁，不论斤两皆死。周广顺一年（公元951年），仍改为五斤以上。然五斤私曲，即处极刑，亦可见法令之酷矣。”典章律例之残酷，可见一斑。

酒法榷酤，至宋朝后，征收更胜于前朝。宋·吴曾《能改斋漫录》记云：“今之秋亩有曲脚钱之类，此事起于五代，后唐时虽纳曲钱，而民间却许自卖酒。时移事变，曲钱之额，遂为定制，而民间则禁私酤矣。”就是说既从地亩中收曲钱，又置官酿，民间禁私酿。乡间或许民酿，但定其税课，每年若干。就是为酒，民众有三重负担：一所谓曲脚钱之曲税，随田亩征收；二官酤之营利；三乡间酿酒之酒税。因之宋代酒榷收入甚多。据《宋会要》及《通考》记载：

至道二年（公元996年），收铜钱一百二十一万四千余贯，铁钱一百五十六万一千余贯，京城卖曲四十八万余贯。天禧末（公元

1021年），铜钱增七百七十九万六千余贯，铁钱增百百三十五万四千余贯，卖曲增三十九万贯。皇祐中（公元1049至1054年），酒曲岁课一千四百九十八万六千一百九十六贯。

从中可知宋时经济发达，税收充沛之情况。其税收增加之原因，除酒场不断增加外，一是增收利钱，解京数增加；二是增加成色钱，无额上供。如上色每升添二文，中下一文，直到上色每升添四十二文，次色十八文。其钱一分州用，一分漕计，一分提刑司等。亦可推知人民负担之重了。

元代初设酒醋务坊场官办理酒税，后来设酒课提举司，官办糟房。官卖每石输钞五两，民酿每石十两。《元史·食货志酒醋课》所统计的“酒课”，最多的江浙行省为十九万六千六百五十四锭三十一两三钱银子，最少的辽阳行省每年二千二百五十锭十一两二千银子。除云南行省外，全国每年酒税共达四十六万九千一百五十二锭又五百两之多。

明清两代大致是放任私酿私卖的，政府直接向酿酒户、酒铺征税。由于酿酒的普遍，不再设专门管酒务的机构，酒税并入商税。《明史·食货志》载：“太祖初，征酒醋之税，收官店钱”，以后“改在京官店不宣课司，府县官店为通课司”。酒就按“凡商税，三十而取一”的标准征收。

明朝，皇家也卖酒。据《坚瓠集》转引《暖姝由笔》：正德年间，朝廷开设酒馆，酒幌子写的是“本店发卖四时荷花高酒”，就是卖“莲花白”，又有两块匾：“天下第一酒馆”，“四时应饥食店”。“莲花白”至今仍是北方名酒，还以“明代宫廷秘方”标榜，酒味甘醇味正。酒幌，扁联，说明是有酒有菜、有饭有汤的大饭店，可见赢利之丰。

明《续文献通考》按语中道：“臣等谨按：邱浚言，明朝不立酒曲务，唯摊其课于税务中。”因而有酒曲税律而无榷酤、官酤，但钱钞照收。据傅维麟《明书》卷八十三《食货志》三所记：“令天下税课司、局，诸客商货贿，俱三十而税一，赴司局投税讫，听平价以卖……酒课不设务，不定额。已榜谕各税课司局巡拦所办，令计额课逐日旬办，贮司局官按季攒收，而官攒侵欺，致巡拦赔纳者罪。”

据此当知明代已将酒与其他物品，如盐、茶、醋、硝、铅、黑锡、石膏等物品，同样收商税课，俱折收金银钱钞输京师。就是说税收更细、更普遍了。

清代循明制，规定酒户向政府按月、季缴纳税钞；酒商贩运则设有关卡查税，发现酒坛上没有税官贴的“烧锅发票”，就以漏税重罚。酒税也日益增加，光绪末年，浙江每一缸酒即需“照费”十元，出售时另加印花捐二角。税吏的舞弊和额外敲诈还不在内。清代二百六七十年间,也无榷酤、官酤等，查《清史稿·食货志》，有盐法、茶法、矿政等篇，而无“榷酤”或“酒法”等记载，大体承明代之旧，在《食货志》征榷篇中云：“征榷。清兴，首除烦苛。设关处所，多仍明制。自海禁开，常关外始建洋关，而厘局之设，洋药之征，亦相继而起。三者皆前代所无，兹列著于篇。至印花税、烟酒加征，均试行，旋罢，不具载。”

《清史稿》六卷仅在《食货志》中一处提到一酒字，其他均未述及。但这并不是说清代没有酒或不收酒税。原因一是清初禁酒，二是清代承明代之制度，在重要地区设关，货物过境，就要收税，就是更普遍的货物通行税。国内各关称常关。乾隆以后，南北常关，规定运酒过境，每酒二十坛（二百斤）征银二分，其后渐增至四钱。咸丰十年，令各州县报告烧锅商户数、贩酒斤数于户部。每六个月向户部缴纳一次，每斤制钱十六文。当时酒价不过百文一斤，其税率将近十分之二。另清代咸丰后实行厘金制，各省设卡征收，或值百抽一，或值百抽三，酒税为大宗。

酒税于清末已有改革，但不久停止。辛亥革命后建立民国政体，参照西方，制定各种税系。关于酒者，有输出入税（洋酒进口，国酒出口）、出产税（酿造税）、特许税（烧锅税）、通过税（厘金、常关税）、营业税、曲税等，另外地方所加之捐，多种多样，且成立“烟酒专卖局”，各省设立分局，办法有根据财政部制订之暂行条例，有“官制官卖”“商制官收商卖”“官商并制官收商卖”三种，但实行有困难，后采取“官督商销”之办法。国民党南京政府时，财政部有设“印花烟酒税处”、有设“整理烟酒税务委员会”，后又有并入“税务署”，各省设“烟酒税处”。1930年预算，烟酒税为三千三百二十余万银元，酒与烟并列，酒税占十分之几，则不得而知了。

酒禁和酒税天生是一对相生相克的矛盾。综观历代的禁酒史，往往都是以不了了之结束的。禁私酿也禁不住，只有抽酒税则愈抽愈多，寓禁于税的结果是禁弛税张，终于有税无禁。这也是统治阶级的需要，历史发展的必然。

随着社会的发展，酒的规章、制度也在逐步完善，渐渐出现了专门管理酒的机构和官员。关于酒的衙署和官吏，根据历史文献上的记载，大致可分为三种，掌管酒的政策法令者、掌管祭祀奉酒者和掌管榷酤酒税者。

先秦时期，没有榷酤，但设有酒官。在《周礼·天官》中记有的“酒正”，职权就是掌管酒的政策法令。“酒人”是负责掌管祭祀时用于供奉的五齐三酒。另《书经·周官》：“萍氏掌几酒、谨酒。”注曰：“几者，几察酤卖过多及非时者，谨者，使民节用而无彝也。”从这可看出春秋、战国时，就有管理民间酤酒的官吏和其明确掌握的职权。

汉武帝年间，《汉书·武帝纪》中道：“初榷酒酤。”注中引应劭《风俗通》说：“县官自酤榷卖酒，小民不复得酤也。”证明榷酤、酒税始于汉代。

又《汉书·贾捐之传》：“至孝武帝元狩六年……民赋数百，造盐铁酒榷之利，以佐用度，犹不能足。”

王莽时设官，官名“斡”，自酿酒，主均输之事。所谓斡盐铁而榷酒酤。王莽行五均之法，置“斡官”，初属少府，后属大司农。另有“酒士”，掌管官酤。

三国以后，据《通典》所载：“晋有酒丞一人，齐有酒吏，梁有酒库丞，隋曰良酝署，令、丞各一人。唐，置光禄卿。”盖三国之后，魏晋南北朝，各方割据，政令不统一，至隋代，南北统一。隋代承宇文氏周朝之后，起于北方，初时尚承周制。《隋书·食货志》记云：“先是尚依周末之弊，官置酒坊收利。”但不久即罢去。唐初禁酒，规定“非光禄祭祀，燕番客，不御酒”。置官有“光禄卿”之设，则如周官之酒人，掌五齐三酒，祭礼供奉之责。自唐之后，迄于明、清，朝廷机关均有“光禄寺”之设。据傅维鳞《明书·职官志二》记：

> 光禄寺……移置法酒库，内酒房，又政寺为司，升从三品，置大官、珍羞、良酝、掌醢署……四署各署正一人（从六）、署丞一人（从七）、监事四人（从八）、司牲、司牧局各大使一人（从九）。

其中良酝署，就是专管酒的。长官“署正”，从六品，级别略高于知县。清代光禄寺长官“管理寺事大臣一人，从三品，四署仍如明代”。据《清史稿·职官志》记载：“良酝署掌供酒醴，别水泉，量曲蘖，并大内牛酪。”主管各官亦如明代有署正、署从（从六品及从七品），满、汉各二人，其下皆为满人。银库司库，满员二人。笔帖式，满员十八人。辛亥革命之后，再没有光禄寺，也没有掌良酝供酒醴的了。

唐代至会昌六年（公元842年），扬州八道置榷曲并置官店酤酒，既有官店，便有酒官。酒官之名有“都务”“酒坊使”等。五代时仍有“都务”酤酒于民间。

宋代的酒官最普遍，据《宋史·食货志》记载：“政和四年诏：酒务官二员者分两务，增其一员，虽多毋得过两务。”又据《通考》记：“仁宗时，河北酒务有监临官，而转运司复遣官，诏禁之。”当时规定，场务岁科三千贯以上者，以使臣监临。而当时宋朝酒课定额最多四十万贯以上，最少五千贯以下，三千贯以上便以使臣监临，那几乎是全国主要城市，都有使臣监临。近年出版的《宋人佚简》中，即有不少张绍兴年间《在城酒务账》及《舒州在城酒务造酒规例》、《衙西酒店卖酒收趁则例》，都是八百多年前宋代酒务酒税实物，极有参考价值。其《衙西酒店卖酒收趁则例》后面所列管理人员职衔如下：提点官知录某、兼监管都监某、兼监官指使某。其衔为右文林郎录事、修武郎权兵马、进义副尉本州指使。另攒司、酒匠、帖库、作夫等职工名称。

与宋朝政权同时存在于北方的辽、金、元三朝，榷酤酒官，大多效仿于宋朝。辽代酒税课金上纳于上京盐铁司，见《辽史·地理志》。据《通考》及《续文献通考》所记载：金代命榷酤官。以周岁为满，中都有曲使司。元代立四品提举司领天下酒课，大德八年（公元1304年）大都酒课提举司，设糟房一百所。至正十九年（公元1359年），改江西茶运司为都转运司并榷酒醋税。

明、清两代酒税未单设官，亦无官酤，只有常关税、执照税等。辛亥革命后，北洋政府设立了烟酒公卖局，由局长领之，征收烟酒税。后来纳入统税局，直接税局，不再专为酒税设官了。

双身龙耳白瓷瓶

第二章　酒典籍举要

中国是有文字记载达三千余年且从未间断的国家。在那浩如烟海的经、史、子、集、说部、类书、文献汇编中，对酒及酒文化的记载十分丰富，证明酒文化已经是博大精深的中华民族文化史中不可或缺的组成部分。

从先秦的编年史《春秋》到汉代司马迁的《史记》，历代有正史的编撰，在记录政治、经济、文化、风俗等的变化沿革中，保存了不少有关酒的典章制度史料；各种笔记、著述里，对酒人酒事的搜集整理，尤为繁浩；历代诗词曲赋歌咏酒的篇章多于星河且格调高雅；延及戏剧、小说、书法、绘画等，对酒人酒事的描绘，亦是琳琅满目，美不胜收。总之，我国古籍中涉及酒及酒文化的篇章著述，品类多，数量庞大。

为了继承、发扬中国酒及酒文化的优良传统，许多古人曾从事过这方面的辛劳工作，并留下了不少著作。自改革开放以来，许多专家学者又积极工作，出版了许多科学地、系统地全面介绍和探讨的文章和著作，对弘扬中国酒文化作出了极其可贵的贡献。

下面仅选择一些对中国酒及酒文化的发展历史中有重要影响的文献和著作，按年代先后，编列一简明目录，供读者参阅。

《酒诰》这是最早的一篇禁酒文告。周时，康叔封于殷商故地，殷民素嗜酒，故周公用命令告戒（载《尚书·周书》）。

《酒赋》汉·邹阳作。梁孝王与群臣饮宴，乃命邹阳作赋，描写当时饮酒作乐的场面。文章极力宣扬酒的好处，词采华丽，构思巧妙。

还有魏王粲、曹植同名作。

《酒箴》汉·扬雄作。用四言体铭文咏颂酒器，以嘲讽世态。

《难曹公表制禁酒书》汉·孔融作。汉末，曹操因"年饥兵兴""表制禁酒"，孔融即作书加以反对，认为禁酒不得人心。书中"多侮慢之辞"，导致了孔融后来的杀身之祸。

《酒德颂》晋·刘伶作。通篇颂扬酒的"功德"，以反对当时的旧礼法，并避免险恶的政治环境的迫害。

《酒戒》晋·葛洪作。文章从养生的角度，全面地论述了饮酒的害处。见《抱朴子》卷之四。

《齐民要术》书名。北魏·贾思勰著。约成书于公元533—544年间，凡十卷九十二篇。这是一部中国最早、最系统的农业科学著作，其中记录了制曲酿酒的方法，为酿造业保存大量的古代技术资料。由农业出版社缪启愉的校释问世。

《醉乡记》唐·王绩作。文章以虚构的笔法，张扬酒德。作者还有《五斗先生传》《祭杜康新庙文》传世，主旨仍系颂扬酒德。作者又曾追述当时著名制酒家焦革的制酒法，名《酒经》；采集古代善饮酒者的事迹，名《酒谱》，惜两书都已失传。见《新唐书》卷一九六本传。

《醉乡日月》唐·皇甫崧（亦作松）作。全书共三十篇，但久已残缺，只留小部分。全书内容多系叙述酒宴上的规则、仪节等。《新唐书·艺文志》著录。又收入《说郛》九十四。

《醉吟先生传》唐·白居易作。这是作者的自侃文，认为从酒醉中“得以梦身世，云富贵，幕天席地，瞬息百年。陶陶然，昏昏然，不知老之将至，古所谓得全于酒者”，达到精神自由自在的境地。作者另写有《酒功赞》《对酒》等名篇。

《北山酒经》书名。宋·朱肱撰。凡三卷，上卷论酒史，兼及酿理；中卷论酒曲，曲的配方及制曲法；下卷叙酒的酿造过程。材料丰富，有较高的学术价值。有《知不足斋丛书》本及《四库全书》本传世。同时人李保，曾为此书作序，并著《续北山酒经》，记制曲酿酒法46种，今存《说郛》本，但有目无文。

《东坡酒经》宋·苏轼作。记叙作者自己的酿酒的方法。仅存此一篇文章，其他是散失了或未写作，不可知了。文见《东坡后集》卷九。

《酒谱》书名。宋·窦苹撰。辑古今酒人酒事为内外两篇，十四题，但不及酿酒法。见《说郛》及《四库全书》本（不全）。

《四时酒要》书名。撰者不详。见《宋史·艺文志》。

《酒赋》宋·吴淑作。系搜罗历代酒人酒事，对饮酒的利弊作了比较客观的评价。

《熙宁酒课》书名。宋·赵询撰。为北宋神宗熙宁（公元1068–1077）年间各道州郡管理酒的机构及税款数目的专门记录，是研究古代经济的重要参考资料。载《说郛》卷九十四。

《曲本草》书名。宋·田锡撰。一卷。叙述各种药酒的原料、制法及功能，文字甚简约。载《说郛》卷九十四。

《觞政述》书名。宋·赵与时撰。多记宴人间行令的古事近闻，间加按语，对了解古代酒令的来源及方法很有助益。载《说郛》卷九十五。

《罚爵典故》书名。宋·李廌撰。一卷。集《礼记》至朗读文中所载罚酒用的酒器，并释其出处。载《说郛》卷九十四。

《觥器注》书名。宋·郑獬撰。一卷。集上古至宋的正史、笔记、诗文中所载的名贵酒器，并略加笺注。载《说郛》卷九十五。

《东京梦华录》书名。宋·孟元老著。十卷。叙述北宋时汴京（今开封）的城市风貌、风土习俗。其中，保存了不少酒楼、酒名等资料。今有单行本行世。

《梦粱录》书名。宋·吴自牧著。二十卷。仿《东京梦华录》的体例，记述南宋都城临安（今杭州）的物产、风俗、艺文等，亦有不少酒文化的可贵资料。

《酒名记》书名。宋·张能臣撰。一卷。记述宋代宫廷及民间酒名一百余种。载《说郛》卷九十四。

《酒尔雅》书名。宋·何剡作。对与酒有关的词作文字训释。载《说郛》卷九十四。

《武林旧事》书名。宋·周密撰。十卷。此系作者入元后追叙南宋都城临安（今杭州）的繁华景象、山川物产及手工业情况的笔记，记载颇为详细。

《酒小史》书名。元·宋伯仁撰。一卷。著录元代以前的历代名酒一百零六种。载《说郛》卷九十四。

《酒乘》书名。元·韦孟撰。一卷。著录元以前有关酒的文献二十六种，系目录学著作。其中所记作品，许多已经亡失，但不失稽考的价值。载《说郛》卷九十四。

《安雅堂酒令》书名。瀍东曹继善撰。一卷。作者无考，当系元、明时人。此书系行令时的酒牌书。其中“觥律”一百零八则，均取自古代饮酒掌故，以“孔融开尊”起，“薛涛改令”止，每则下说明应罚酒之规则。载《说郛》卷五十六。

《天工开物》书名。明·宋应星撰。此书系统地记述了中国古代农业及手工业的生产技术和经验。其中“酒母”一节，专叙酒曲的制作法。

《遵生八笺·酿造类》书名。明·高濂撰。记述了十七种甜酒及滋补药酒的酿制法，并说明其养生的功能。

《酒史》书名。明·冯时化撰。书分酒系、酒器、酒献、酒述、酒余、酒考等六卷，辑录前人有关酒的论著和诗文，并兼记历代名酒与酒珍故实。载《丛书集成初编》排印本。

《本草纲目》书名。明·李时珍撰。此为我国医药学的重要著作。在记

"酒"的部分中，不但论述了中国近代白酒的起源，并从药物学的角度，探讨了酒的性味，各种药酒的配方、酿造方法和主治病症。

《青莲觞咏》书名。明·周履靖作。作者辑录李白所写的酒诗，凡古乐府七首，五古十四首，七古一首，散体歌行二十二首，五律十首，五绝九首，七绝三首。每首下均附有周氏本人的和作，但都质量不高。作者又用同样体例，辑白居易酒诗为《香山酒颂》。均载明刻本《夷门广牍》。

《觞政》书名。明·袁宏道撰。一卷。书凡十六则，首有小序，末附酒评。内容涉及饮酒方式、礼仪、风俗掌故、传说等方面。作者为散文大家，文字隽雅风趣，影响甚大。载《袁中郎全集》。

《饮酒说》散文篇名。明·袁中道作。作者以身说法，叙小饮之乐，娓娓道来，亲切自然。载《珂雪斋近集》卷三。

《酒颠》书名。明·夏树芳撰。上下两卷。辑录古代酒人酒事掌故，凡一百七十五则。载《古今说部丛书》第九集。

《酒颠补》书名。明·陈继儒撰。三卷。作者为《酒颠》作叙，又为之补叙不足，并注明出处。有《海山仙馆丛书》及《丛书集成》本。

《投壶仪节》书名。明·汪禔撰。叙古代投壶之礼甚详。载《丛书集成新编》。

《五杂俎》书名。明·谢肇淛撰。其中"物部、酒"部分，记录了不少关于酒的杂谈。

《日知录》书名。清·顾炎武撰。书中的"禁酒"篇，回顾了我国自周代以来的禁酒史，明确指出："酒害"或"酒祸"是人自己造成的，不应归罪于酒。

《仿园酒评》书名。张荩（时代不详）撰。书凡三篇，一为酒德；二为酒戒，俱叙饮酒的规则和注意事项；三为饮酒八味，谈八种性味不同的酒在饮中的不同境界。字学简约。载《古今说部丛书》一集。

《酒部汇考》书名。撰者不详，约为清初人。书凡十八卷，分为汇考六卷，纪事五卷，艺文四卷，总论、杂录、外编各一卷。辑录经史子集中有关酒的资料，征采颇为繁富。"然编次错杂，殊乏体裁。"（《四库提要》卷一一六）

《揽胜图》酒令图记之书。清·吴陈琰绘制。共罗列我国古迹和人文景点六十八处。时人王晫评论说："以游山行酒，极尽人才之致，且位置各有妙理，可以为豪饮之助，可以为卧游之资，咄咄奇妙。"

《胜饮编》书名。清·郎廷极撰。十八卷。依次为"良时""胜地""名人”“韵事”“德量”“协效”“著撰”“政令”“制造”“出产”“名号”“器具”“箴规”“疵累”“雅言”“杂记”“正喻”“借喻”等。每卷内各有子目。全书搜罗整理了历代与酒有关的人物、故事、物品、习俗、著作等，内容颇为丰富。见《粤雅堂丛书》及《笔记小说大观》本。

《杯史》书名。清·陈留撰。系记叙历代酒器之专著。其中陈述了自汉至清的酒杯 325 件，补正 55 件，合计 380 件。

《酒令丛钞》书名。清·俞敦信撰。书分古令、雅令、通令、筹令四卷，广收古来各式酒令。采集繁复而选择未精。见《笔记小说大观》本。

《魏晋风度及文章与药及酒之关系》鲁迅作。这是作者于 1927 年在广州所做的一篇学术报告。论述了从汉末建安至东晋的文学风格由通脱而华丽、而激愤、而冲淡的演变过程，以及形成这种态势的时代背景，精辟地分析了“竹林七贤”之所以沉湎于酒，“不独由于他们的思想，大半倒在环境”。这不仅是一篇文学史研究中的重要著作，亦是一篇研究魏晋时酒文化现象的专著。载《鲁迅全集》第三卷。

《古今酒事》书名。胡山源编。1939 年世界书局出版，1980 年上海书局影印出版。全书分为三辑：第一辑专著，辑录古代关于酒的著作十几种；第二辑艺文，分类辑录古代酒文化的文学作品；第三辑故事，辑录酒人酒事的掌故和传说。此书搜集的材料颇为丰富，然以一人之力仓促成篇，故疏漏颇多。

《中国酒》书名。黑龙江商学院、北京市糖业烟酒公司合编，中国财政经济出版社 1980 年出版。全书分上、下两编，上编系统地介绍各种酒类的原料、酿造方法、品种分类等方面的知识；下编则介绍全国各地的优质酒一千余种。书末附有“地方好酒表”。

《中国名酒志》书名。曾纵野著。中国旅游出版社 1980 年出版。书按白酒、黄酒、葡萄酒、果露酒、啤酒分类，又按“全国名酒”“全国优质酒”两部分介绍酒名及各自的特点。

《中华美酒》书名。轻工业出版社、食品工业局合编，轻工业出版社 1985 年出版。此书介绍了 1984 年轻工业部酒类质量大赛中获金、银、铜杯奖的优质酒 250 种，并附有 1953、1963 及 1979 年全国第一、二、三届评酒会获奖产品一览表。

《中国的酒》书名。万国光著。人民出版社 1986 年出版。这是一本简明通俗的知识性读物，主要介绍中国酒的起源、历史、主要名酒及饮酒习俗等。

《中国啤酒》书名。朱梅、徐志道等编，安徽科技出版社出版。介绍了中国啤酒工业的发展简史、成就及评奖方式等。

《酒趣》书名。尹桂茂、马玉涵、戴蓟深著。天津科学技术出版社1988年出版。本书分酒史篇、酒论篇、酒事篇，前有序，后有后记，介绍了酒文化及制酒工业的基本情况。简明扼要，易为读者接受。

《中国药酒》书名。梁颂名、徐怀玉编，科学普及出版社广州分社出版。介绍中国药酒的一般知识和内服、外用、中成药三大类药酒，并著录验方311个、中成药酒方69种。

《中国酒令》书名。续之编著。陕西旅游出版社1989年出版。介绍了中国酒令的发展历史，并摘引前人辑录的各种酒令。比较通俗易懂。

《中华酒典——酒与酒文化》书名。侯云章、王鸿宾主编，黑龙江人民出版社1990年出版。全书十九章：酒之功过、酒之传奇、酒事千古传、酒之价值、美酒与名人、酒之情、酒之礼仪风俗、酒之诗、酒之词、酒之歌、酒之赋、酒之令、酒类种种、中国名酒、酒之器皿、酒之菜肴、饮酒之境界、饮酒之忌，解酒之法等，分别记叙了自古至今的酒文化现象。多以各种故事来介绍酒的典故及基本知识，文史结合，夹叙夹议，浅显生动，有较强的知识性、趣味性、系统性。

《中国酒文化辞典》词典名。朱世英、季家宏主编，黄山书社1990年出版。全书选收中国酒文化方面的词目共4852条，分为酒名、酿造、酤买、饮宴、器具、品评、人物、著作、制度、礼俗、文艺、掌故、神话传说、其他14类。前有序言，并有词目表、汉语拼音索引及分类索引。全书搜罗宏富，引证精当，而且翻检便易，是研究中国酒文化的重要工具书。

《中国酒典》书名。张远芬主编，贵州人民出版社1991年出版。是将中国酒文化遗产作了一次集大成式的汇辑。全书分酒史料、酒艺文、酒佚事、酒辞语、名酒录等部分，为生产厂家提供古代的技术生产资料，为研究历史及文化史的工作者提供丰富的史实，也为读者及作家、诗人提供了大量可供阅读及参考的文学作品，是弘扬中国酒文化的一部重要参考书目。

《醉乡日月》书名。何满子著，上海古籍出版社1991年出版。本书分酒史、酒效、酒典、酒政、酒祸、酒禁、酒乘等七部分，介绍了中国酒文化的概况。书的篇幅短小，但文字流畅，引人入胜。

《家庭药酒》书名。郝爱真、王发渭编著。金盾出版社1992年5月出版。本书精选了适合家庭制作与使用的药酒600种，并按防治疾病征候分为26类。所以选择容易，使用方便。

《酒》 书名。黄岩柏、肇恒海、佟佳禾著。辽宁人民出版社 1993 年出版，为该社所编“涉世谈丛书”之一。以“酒诫、酒史、酒人、酒事、酒文”分类，以故事作为借鉴，帮助青年读者树立正确的人生观、价值观。此书篇幅短小，通俗易懂。

《中国古代酒令》 书名。刘初棠著。上海人民出版社 1993 年出版。本书分六章：中国古代酒令概况、历代酒令风貌、贯通于博史中的酒令、酒令与占卜、酒令与歌舞、酒令与杂剧，考证与介绍了中国酒令这种酒文化现象，并有较为精当的例证解说。

《中国酒令大观》 书名。麻国钧、麻淑云编著。北京出版社 1993 年出版。本收共收历代酒令 700 余种，分为射覆猜拳类、口头文字类、骰子类、牌类、筹子类、杂类六大部分，前面又有总论，收有关酒令的专用词汇。是一本了解古代酒令的大型词书，翻检十分便易。还收录一些插图，更增加了知识性和趣味性。

《酒与楹联》 书名。徐少华编著。陕西科学技术出版社 1994 年出版。楹联，也是我国独有的一种文化现象。本书则专行搜集与酒有关的楹联 2500 余副，并略加注释。其中，既有许多古人与今人的精妙之作，亦有作者自己的部分创作。

《新编酒经》 书名。秦含章著。人民日报出版社 1993 年出版。作者系著名的酿造发酵业专家，本书是集作者五十余年学术研究之成果，并总结各著名酒厂的经验，从理论到实践，系统地说明了中华美酒的过去、现在和未来。在第一部分“过去”篇中，论述了黄酒、葡萄酒、白酒、药酒等各种酒类的起源和发展，并且介绍了丰富的传说、故事，末后以历代著名诗人诗作映衬，充分地说明了中华美酒的源远流长。第二部分“现在”篇，介绍了酿酒工业规模的壮大发展的概况。第三部分“未来”篇，论证了促使酒类品种逐渐向多样化、特殊化、国际化方向发展的途径。这确是近年来关于酒文化及酿酒工业的一部大型的、经典性的著作。

《中华酒文化大观》 书名。于行前、铁流主编。1997 年当代中国出版社出版。全书四篇，近 100 万字。内容包括酒的历史，酒与各行业的关系，酒的传闻故事到酒的酿造与品评介绍。全书图文并茂，较全面地介绍了中国酒文化的形成，是一部酒文化方面难得的好书。

《中国酒文化通典》 书名。寒天主编。1997 年延边人民出版社出版发行。300 余万字，四卷本，分为综合部、鉴赏部、实用部、典藏部等。该书大气，较全面地介绍了中国酒文化。美中不足是内容较粗糙，文字错误较多。

《中国酒瓶精品大全》 书名。李福民编撰。1997年由山东友谊出版社出版发行。中英文两种文字版本，堪称世界首部酒瓶文化专著，弥补了酒瓶文化建设的空白。

《耿氏酒令筹注释》 耿议忠著。16万字，1994年青岛出版社出版发行、该书详细介绍了作者本人发明创制酒令筹的玩法技巧，并注解释疑。

《中国酒经》 书名。朱宝编，章克昌主编。115万字，2000年上海文化出版社出版。全书总分七篇："酒史篇""酒政篇""酒类篇""酒计篇""酒器与酒论装篇""酒饮用篇""酒文化篇"。内容丰富、涉及面广，是酒行业值得细研细读的专著。

《酒歌——祝酒辞大全》 书名。韩毅峰著。2002年由中国社会出版社出版，356千字。全书重点介绍了各种场合的祝酒辞，并还简略地介绍了酒文化的起源以及酒与古今名人轶事。是一本大众化的关于酒文化的读物。

《中国酒器文化》书名。黎福清撰写。2003年百花文艺出版社出版发行。是酒器文化专著。

《世界酒瓶大典》 书名。李福民编著。2006年中国档案出版社出版发行。12万字，近3000幅图片，本书主要以中国当代酒瓶为主，上起原始社会北辛文化，下迄当今社会，时间跨度5400余年，收录2000余支酒瓶，近3000幅照片，为中外酒器博物馆馆藏及100多位酒器藏家的经典藏品，是一部具有欣赏、研究、收藏价值的酒瓶文化专业典籍。

第三章　典籍摘赏

酒　诰

王若曰：明大命于妹邦。乃穆考文王，肇国在西土。厥诰毖庶邦庶士。越少正、御事。朝夕曰：“祀兹酒。”惟天降命，肇我民，惟元祀。天降威，我民用大乱丧德，亦罔非酒惟行；越小大邦用丧，亦罔非酒惟辜。

文王诰教小子有正有事，无彝酒。越庶国，饮惟祀，德将无醉。惟曰：我民迪小子，惟土物爱，厥心臧。听祖考之彝训，越小大德,小子唯一。

妹土，嗣尔股肱，纯其艺黍稷，奔走事厥考厥长。肇牵车牛，远服贾，用孝养厥父母；厥父母庆，自洗腆致用酒。

庶士、有正越庶伯、君子，其尔典听朕教！尔大克羞耇惟君，尔乃饮食醉饱。丕惟曰：尔克永观省，作稽中德。尔尚克羞馈祀。尔乃自介用逸。兹乃允惟王正事之臣。兹亦惟天若元德，永不忘在王家。

王曰：封，我西土棐徂邦君，御事小子，尚克用文王教，不腆于酒，故我至于今，克受殷之命。

王曰：封，我闻惟曰：“在昔殷先哲王，迪畏天显小民，经德秉哲。自成汤咸至于帝乙。成王畏相，惟御事厥棐有恭，不敢自暇自逸，矧曰其敢崇饮？越在外服，侯甸男卫邦伯，越在内服，百僚庶尹惟亚惟服、宗工越百姓里居，罔敢湎于酒。不惟不敢，亦不暇，惟助成王德显，越尹人祗辟。”

我闻亦惟曰：“在今后嗣王酣身，厥命罔显于民，祗保越怨，不易，诞惟厥纵淫泆于非彝，用燕丧威仪，民罔不尽伤心，惟荒腆于酒，不惟自息乃逸。厥心疾很，不克畏死。辜在商邑，越殷国灭无罹。弗惟德馨香祀，登闻于天，诞惟民怨。庶群自酒，腥闻在上，故天降丧于殷。罔爱于殷，惟逸。天非虐，惟民自速辜。”

王曰：封！予不惟若兹多诰。古人有言曰：“人无于水监，当于民监。”今惟殷坠厥命，我其可不大监抚于时！

予惟曰：汝劼毖殷献臣，侯甸男卫，矧太史友、内史友。越献臣百宗工，矧惟尔事，服休服采，矧惟若畴，圻父薄违，农夫若保，宏父，定辟，矧汝刚制于酒。

厥或诰曰：群饮。汝勿佚。尽执拘以归于周，予其杀。又惟殷之迪，诸臣惟工，乃湎于酒，勿庸杀之，姑惟教之。有斯明享，乃不用我教辞，惟我一人弗恤弗蠲，乃事时同于杀。

王曰：封！汝典听朕毖，勿辩乃司民湎于酒。

《尚书·酒诰》

礼记·燕义(第四十七)

诸侯燕礼之义，君立阼阶之东南，南向尔。卿大夫皆少进，定位也。君席阼阶之上，居主位也。君独升立席上，西面特立，莫敢适之义也。设宾主，饮酒之礼也。使宰夫为献主，臣莫敢与君亢礼也。不以公卿为宾，而以大夫为宾，为疑也，明嫌之义也。宾入中庭，君降一等而揖之，礼之也。

君举旅于宾。及君所赐爵，皆降再拜稽首。升成拜，明臣礼也。君答拜之，礼无不答，明君上之礼也。臣下竭力尽能以立功于国，君必报之以爵禄，故臣下皆务竭力尽能以立功，是以国安而君宁。礼无不答，言上之不虚取于下也。上必明正道以道民，民道之而有功，然后取其什一，故上用足而下不匮也。是以上下和亲而不相怨也。和宁，礼之用也，此君臣上下之大义也。故曰：燕礼者，所以明君臣之义也。

席，小卿次上卿，大夫次小卿，士庶子以次就位于下。献君，君举旅行酬。而后献卿，卿举旅行酬。而后献大夫，大夫举旅行酬。而后献士，士大夫举旅行酬。而后献庶子。俎豆、牲体、荐羞，皆有等差，所以明贵贱也。

礼记·乡饮酒义(第四十五)

乡饮酒之义，主人拜迎宾于庠门之外。入，三揖而后至阶，三让而后升，所以致尊让也。盥洗扬觯，所以至絜洁也，拜至、拜洗、拜受、拜既，所以致敬也。尊让、絜敬也者，君子之所以相接也。君子尊让则不争，絜敬则不慢，不慢不争，则远于斗辨矣。不斗辨，则无暴乱之祸矣。斯君子所以免于人祸也。故圣人制之以道。

乡人、士君子尊于房中之间，宾主共之也。尊有玄酒，贵其质也。羞出自东房，主人共之也。洗当东荣，主人之所以自絜而以事宾也。

宾主，象天地也。介僎，象阴阳也。三宾，象三光也。让之三也，象月之三日而成魄也。四面之坐，象四时也。

天地严凝之气，始于西南而盛于西北，此天地之尊严气也，此天地之义气也。天地温厚之气，始于东北而盛于东南，此天地之盛德气也。此天地之仁气也。主人者尊宾，故坐宾于西北，而坐介于西南，以辅宾。宾者，接人以义者也，故坐以西北。主人者，接人以仁德厚者也，故坐于东南，而坐僎以东北，以辅主人也。仁义接，宾主有事，俎豆有数。曰圣，圣立而将之以敬。曰礼，礼以体长幼。曰德，德也者，德于身也。故曰：古之学术道者，将以得身也。是故圣人务焉。

祭荐，祭酒，敬礼也。哜肺，尝礼也。啐酒，成礼也，于席末，言是席之正，非专为饮食也，为行礼也。此所以贵礼而贱财也。卒觯，致实于西阶上，言是席之上，非专为饮食也。此先礼而后财之义也。先礼而后财，则民作敬让而不争矣。

乡饮酒之礼，六十者坐，五十者立侍，以听政役，所以明尊长也。六十者三豆，七十者四豆，八十者五豆，九十者六豆，所以明养老也。民知尊长养老，而后乃能入孝悌。民入孝悌，出尊长养老，而后成教，成教而后国可安也。君子之所谓孝者，非家至而日见之也。合诸乡射，教之乡饮酒之礼，而孝悌之行立矣。

孔子曰：吾观于乡，而知王道之易易也。主人亲速宾及介，而众宾自从之，至于门外，主人拜宾及介，而众宾自入，贵贱之义别矣。三揖至于阶，三让以宾升，拜至献酬辞让之节繁，及介，省矣。至于众宾，升受，坐祭，立饮，不酢而降，隆杀之义辨矣。

工入，升歌三终，主人献之，笙入三终，主人献之。间歌三终，合乐三终，工告乐备，遂出。一人扬觯，乃立司正焉。知其能和乐而不流也。宾酬主人，主人酬介，介酬众宾。少长以齿，终于沃洗者焉。知其能悌长而无遗矣。降说屦升坐，修爵无数，饮酒之节，朝不废朝，暮不废夕。宾出，主人拜送，节文终遂焉。知其能安燕而不乱也。

贵贱明，隆杀辨，和乐而不流，悌长而无遗，安燕而不乱。此五行者，足以正身安国矣。彼国安而天下安。故曰：吾观于乡，而知王道之易易也。

乡饮酒之义，立宾以象天，立主以象地。设介僎象日月，立三宾以象三光，古之制礼也。经之以天地，纪之以日月，参之以三光，政象之本也。

烹狗于东方，祖阳气之发于东方也，洗之在阼，其水在洗东，祖天地之左海也。尊有玄酒，教民不忘本也。

宾必南向，东方者春，春之为言蠢也。产万物者圣也。南方者夏，夏之为言假也。养之长之假之，仁也。西方者秋，秋之为言愁也。愁之以时察，守义者也。北方者冬，冬之为言中也，中者藏也。是以天子之立也，左圣乡仁，右义偝藏也。

介必东向，介宾主也。主人必居东方，东方者春，春之为言蠢也。产万物者也，主人者造之，产万物者也。月者，三日则成魄，三月则成时，是以礼有三让，建国必立三卿。三宾者，政教之本，礼之大参也。

周·仪礼·乡饮酒礼

羹定[①]。主人速宾，宾拜辱；主人答拜，还；宾拜辱。众亦如之。宾及众宾皆从之。主人一相迎于门外[②]，再拜宾，宾答拜；拜介，介答拜，揖众宾。主人揖，先入。宾厌介[③]，入门左；介厌众宾，入；众宾皆入门左；北上。主人与宾客三揖，至于阶，三让，主人升，宾升。主人作阶上当楣北面再拜④。宾西阶上当楣北面再拜。

【注释】

① 羹定：羹，肉汤。定，熟。《经籍纂诂》："定，犹熟也。"

② 主人一相：相，《经籍纂诂》说："相，主人家臣，摈赞传命者。"

③ 厌：长揖。《经籍纂诂》云："推手曰揖，引手曰厌。"

④ 当楣：当，面对。楣，房屋的横梁。古时"三架之屋，正中曰栋，次曰楣"。

主人坐取爵于篚，降洗。宾降。主人坐奠爵于阶前，辞。宾对。主人坐取爵，兴①，适洗；南面坐，奠爵于篚下；盥洗。宾进，东北面，辞洗。主人坐奠爵于篚，兴对。宾复位，当西序，东面。主人坐取爵，沃洗者西北面②。卒洗，主人壹揖，壹让。升。宾拜洗。主人坐奠爵，逐拜，降盥。宾降，主人辞；宾对，复位，当西序。卒盥，揖让升。宾西阶上𠤕③立。主人坐取爵，实之宾之席前，西北面献宾。宾西阶上拜，主人少退。宾进受爵，复位。主人阼阶上拜送爵，宾少退。荐脯醢④。宾升席，自西方。乃设折俎⑤。主人阼阶东𠤕立。宾坐，左执爵，祭脯醢；奠爵于荐西，兴；右手取肺，却左手执本；坐，弗缭⑥，右绝末以祭；尚左手，哜之⑦，兴，加于俎；坐捝手，遂祭酒，兴，席末坐，啐酒，降席，坐奠爵；拜，告旨⑧；执爵兴。主人阼阶上答拜。宾西阶上北面坐，卒爵兴；坐奠爵，逐拜，执爵兴。主人阼阶上答拜。

【注释】

① 兴：起来，站起。《诗·卫风·氓》："夙兴夜寐，靡有朝矣。"

② 沃洗者：古人盥洗，用仆役持器浇水，下有器接脏水。沃洗者，即持水器侍候盥洗的仆役。

③一立：𠤕，讹字，当为"疑"，通"凝"，注意力集中、肃然不动的样子。

④ 荐脯醢：脯，肉干。醢，肉酱。荐脯醢，献上肉干、肉酱之类嘉肴。

⑤ 折俎：折，将牺牲肢解。俎，古代祭祀时盛牲品的器具。

⑥ 弗缭：缭，缭祭，古代"九祭"之一，即以右手从肺根部摸至肺尖，断绝肺尖祭之。弗缭：即不作这个动作。

⑦ 哜之：哜，尝试。《礼记·杂记》："主人之酢也，哜之；众宾兄弟则皆啐之。"郑玄注："哜、碎，皆尝也。哜，至齿，啐，入口。"

⑧ 告旨：旨，旨酒，一种美酒。告旨，称扬美酒。

宾降洗，主人降。宾坐奠爵，兴，辞；主人对。宾坐取爵，适洗南，北面。主人阼阶东，南面辞洗。宾坐奠爵于篚，兴对。主人复阼阶东，西面。宾东北面盥，坐取爵，卒洗，揖让如初，升。主人拜洗。宾答拜，兴，降盥，如主人礼；宾实爵主人之席前，东南面酢主人。酢[①]主人阼阶上拜，宾少退。主人进受爵，复位；宾西阶上拜送爵。荐脯醢。主人升席自北方。设折俎。祭如宾礼，不告旨。自席前适阼阶上，北面坐卒爵，兴；坐奠爵，遂拜，执爵兴。宾西阶上答拜。主人坐奠爵于序端，阼阶上北面再拜崇酒[②]，宾西阶上答拜。

【注释】

① 酢：客人向主人回敬酒叫酢，主人向客人敬酒曰献。《诗·大雅·行苇》："或献或酢。"笺："进酒于客曰献，客答之曰酢。"

② 崇酒：崇，斟酒。

主人坐取觯于篚[①]，降洗。宾降，主人辞降。宾不辞洗，立当西序，东面。卒洗，揖让升。宾西阶疑立。主人实觯酬宾，阼阶上北面坐奠觯，遂拜，执觯兴。宾西阶上答拜。坐祭，遂饮，卒觯，兴；坐奠觯，遂拜，执觯兴。宾西阶上答拜。主人降洗；宾降辞，如献礼，升，不拜洗。宾西阶上立，主人实觯宾之席前，北面；宾西阶上拜；主人少退，卒拜进，坐奠觯于荐西；宾辞，坐取觯，复位；主人阼阶上拜送，宾北面坐奠觯于荐东；复位。

【注释】

① 觯：古代酒器，形似尊而小。《说文·角部》："觯，乡饮酒角也。"

主人揖降，宾降立于阶西，当序，东面。主人以介揖让升，拜如宾礼。主人坐取爵于东序端，降洗；介降，主人辞降；介辞洗，如宾礼，升，不拜洗。介西阶上立。主人实爵介之席前，西南面献介。介西阶上北面拜，主人少退；介进，北面受爵，复位。主人介右北面拜送爵，介少退。众人立于西阶东，荐脯醢。介升席自北方，设折俎。祭如宾礼，不哜肺[①]，不啐酒，不告旨。自南方降席，北面坐卒爵，兴，坐奠爵，遂拜，执爵兴。主人介右答拜。

【注释】

① 不哜肺：哜，尝，不吃下肚，至齿即可。哜肺，是祭祀的一种重要仪式，这里指省去这一仪式。

介降洗，主人复阼阶，降辞如初。卒洗，主人盥。介揖让升，授主人爵于两楹之间①。介西阶上立。主人实爵，酢于西阶上，介右坐奠嚼，遂拜，执爵兴。介答拜。主人坐祭，遂饮，卒爵，兴；坐奠爵，遂拜，执爵兴。介答拜。主人坐奠爵于西楹南，介右再拜崇酒；介答拜。

【注释】

① 两楹：楹，厅堂前部的巨大柱子。《春秋·庄二十三年》："秋丹桓公楹。"注："楹，柱也。"

主人复阼阶，揖降，介降立于宾南。主人西南面三拜众宾，众宾皆答壹拜。主人揖升，坐取爵于两楹下；降洗，升实爵，于西阶上献众宾。众宾之长升拜受者三人，主人拜送。坐祭，立饮，不拜既爵；授主人爵，降复位。众宾献，则不拜受爵，坐祭，立饮。每人一献①，则荐诸其席。众宾辨有脯醢。主人以爵降，奠于篚。

【注释】

① 一献；献，主人所敬的酒。每人一献，即每人端起一杯主人敬的酒。

设席于堂廉①，东上。工四人②，二瑟，瑟先。相者二人③，皆左何瑟，后者，挎越，内弦，右手相。乐正先升④，立于西阶东。工入，升自西阶。北面坐。相者东面坐，遂授瑟，乃降。工歌《鹿鸣》⑤、《四牡》⑥、《皇皇者华》⑦。卒歌，主人献工。工左瑟，一人拜，不兴，受爵。主人阼阶上拜送爵。荐脯醢。使人相祭。工饮，不拜既爵，授主人爵。众工则不拜、受爵，祭饮；辨有脯醢，不祭。大师⑧，则为之洗。宾介降，主人辞降，工不辞洗。

【注释】

① 堂廉：厅堂的两侧。汉书《贾谊传》："有廉远地，则堂高，廉近地，则堂卑。"廉为堂的边角。

② 工：指从事各种手工技艺的劳动者，这里特指乐工、乐人。

③ 相者：扶工的人，工（乐人）都是盲人，所以需要有人扶持。

④ 乐正：乐工之长。《周礼》有大司乐、乐师之职。此乐正为诸侯之官。

⑤ 鹿鸣：《诗·小雅》篇名。《诗序》说它是饮宴群臣嘉宾时的乐歌。内有“我有嘉宾，鼓瑟吹笙，吹笙鼓簧，承筐是将”之句。

⑥ 四牡：《诗·小雅》篇名。《诗序》说它是慰劳使臣到来的诗，为席宴常用的乐歌。按内容，实为一首哀怨自己难归故土的诗。

⑦ 皇皇者华：《诗·小雅》篇名。《诗序》说：“皇皇者华，君遣使臣也，送之以礼乐，言远而又光华也。”

⑧ 大师：古代乐官名。《周礼·春官·大师》：“大师掌六律六同，以合阴阳之声。”

笙入堂下，磬南，北面立，乐《南陔》[1]、《白华》[2]、《华黍》[3]。主人献之于西阶上。一人拜，尽阶，不升堂，受爵；主人拜送爵。阶前坐祭立饮，不拜既爵，升授主人爵。众笙则不拜，受爵。坐祭，立饮；辨有脯醢，不祭。

【注释】

① 南陔：《诗·小雅》篇名。“六笙诗”之一。有目无诗。是燕飨之乐曲。

② 白华：《诗·小雅》篇名。“六笙诗”之一。为燕飨之乐曲。

③ 华黍：《诗·小雅》篇名。“六笙诗”之一。有目无诗。与《南陔》《白华》同为通用的燕飨之乐。

乃间歌《鱼丽》[1]，笙《由庚》[2]，歌《南有嘉鱼》[3]，笙《崇丘》[4]；歌《南山有台》[5]，笙《由仪》[6]。乃合乐：《周南·关雎》、《葛覃》、《卷耳》、《召南·鹊巢》、《采蘩》、《采蘋》。工告于乐正曰：“正歌备。”乐正告于宾，乃降。

【注释】

① 鱼丽：《诗·小雅》篇名。诗中称颂君子酒多而美、鱼丰而盛。为燕飨之乐歌。

② 由庚：《诗·小雅》篇名。“六笙诗”之一，有目无诗。

③ 南有嘉鱼：《诗·小雅》篇名。《诗序》说：“《南有嘉鱼》，乐与贤也。”

④ 崇丘：《诗·小雅》篇名。“六笙诗”之一，有目无诗。

⑤ 南山有台：《诗·小雅》篇名。《诗序》说：“南山有台，乐得贤也。”

⑥ 由仪：《诗·小雅》篇名。“六笙诗”之一，有目无诗。

⑦ 周南：《诗经·国风》之一。包含《关雎》《葛覃》《卷耳》等11篇。大抵为周初作品。

⑧ 召南：《诗经·国风》之一。包含《鹊巢》《采蘩》《采蘋》《虫草》等14篇，与《周南》合称“二南”，作品大抵产生于周初。

主人降席自南方，侧降；作相为司正①。司正礼辞，许诺。主人拜，司正答拜。主人升，复席。司正洗觯，升自西阶；阼阶上北面受命于主人。主人曰：请安于宾，司正告于宾，宾礼辞，许。司正告于主人。主人阼阶上再拜，宾西阶上答拜。司正立于楹间以相拜，皆揖，复席。

【注释】

① 作相为司正：相，即扶持乐工的人。司正，筵席中监督行令的人。全句意为：主人命一相充当筵席的监酒。

司正实觯，降自西阶，阶间北面坐奠觯；退共，少立；坐取觯，不祭，遂饮，卒觯兴，坐奠觯，遂拜，执觯兴，洗；北面坐奠解于其所，退立于解前。宾北面坐取俎西之觯，阼阶上北面酬主人，主人降席，立宾于东。宾坐奠觯，遂拜；执觯兴，主人答拜。不祭，立饮；不拜，卒觯，不洗；实觯，东南面授主人。主人阼阶上拜，宾少退，主人受觯，宾拜送于主人之西。宾揖，复席。

主人西阶上酬介。介降席自南方，立于主人之西，如宾酬主人之礼。主人揖，复席。司正升相旅①，曰："某子受酬。"受酬者降席。司正退立于序端，东面。受酬者自介右，众受酬者受自左，拜、兴、饮，皆如宾酬主人之礼。辨②，卒受者以觯降，坐奠于篚。司正降，复位。

【注释】

① 司正升相旅：旅，顺序。下文讲介酬众宾，众宾又依序相酬，即所谓旅酬。

② 辨：通"遍"，全部，无一例外。

使二人举觯于宾、介，洗，升实觯于西阶上；毕坐奠觯，遂拜，执觯兴；宾、介席末答拜。皆坐祭；遂饮，卒觯兴；坐奠觯，遂拜，执觯兴，宾、介宾末答拜。逆降①，洗；升，实觯，皆立于西阶上；宾、介皆拜。皆进，荐西奠之，宾辞，坐取觯以兴。介则荐南奠之；介坐受以兴。退，皆拜送，降。宾、介奠于其所。

【注释】

① 逆降：二人下堂时的先后次序与升堂时相反。

司正升自西阶，受命于主人。主人曰："请坐于宾。"宾辞以俎。主人请撤俎①，宾许。司正降介前，命弟子俟撤俎。司正升，立于序端。宾降席，北面。主人降席，阼阶上北面。介降席，西阶上北面。遵者降席②，席东南面。宾取俎，还授司正；司正以降，宾从之。主人撤俎，还授弟子；弟子以降自西阶，主人降自阼阶。介取俎，还授弟子；弟子以降，介从之。若有诸公、大夫，则使人受俎，如宾礼。众宾皆降。说履③，揖让如初，升，坐。乃羞④。无莫爵⑤，无莫乐。

【注释】

① 撤俎：撤，撤去，从席上取走。俎，古代祭祀时承牲的礼器，青铜制。

② 遵者：仕至大夫的本乡人，来助主人待宾，地位较高。

③ 说履：说，通“脱”。履，鞋。这句为大家都在堂下把鞋脱了，然后入席筵坐。

④ 乃羞：羞，进献菜肴，主要是肉酱。

⑤ 无莫爵：莫，数。无莫爵，即不计行爵饮酒的数遍。下文“无莫乐”，同此。

宾出，奏《陔》①。主人送于门外，再拜。宾若有遵者、诸公、大夫则既一人举觯，乃入。席于宾东，公三重②，大夫再重。公如大夫人，主人降，宾、介降，众宾皆降，复初位。主人迎，揖让升。公升如宾礼，辞一席，使一人去之。大夫则如介礼，有诸公，则辞加席，委于席端，主人不彻；无诸公，则大夫辞加席，主人对，不辞加席。

【注释】

① 陔：即《陔夏》，古乐名。

② 公三重：三重，三层席，比二重席、一重席隆重而丰盛。

明日，宾服乡服以拜赐①，主人如宾服以拜辱。主人释服，乃息司正。无介，不杀，荐脯醢，羞唯所有，征唯所欲②，以告于先生③，君子可也。宾、介不与。乡乐唯欲④。

【注释】

① 乡服:乡饮酒时所穿的朝服。

② 征唯所欲：征，召。所要召请的客人也随意请。

③ 先生：致仕而任教于乡学、州学的人，是乡中有声望、有地位者。

④ 乡乐唯欲：乡饮酒时所演奏、所咏唱的歌也随意点唱。

[记：] ①乡，朝服而谋宾②、介，皆使能，不宿戒③。蒲筵，缁布纯④。尊

冥[5]，宾至撤之。其牲，狗也；亨于堂东北。献用爵，其他用觯。荐脯，五挺，横祭于其上；出自左房。俎由东壁，自西阶升。宾俎：脊、胁、肩、肺。主人俎：脊、胁、臂、肺。介俎：脊、胁、肫、胳、肺。肺皆离。皆右体，进腠[6]。

【注释】

① 记："记"是本篇的"后记"，为孔子后学者所作，是对"经"的补充和阐发。

② 朝服：君臣朝会时穿的礼服，以十五升布制成，工极细，平时不穿。

③ 不宿戒：戒，告诉。宿，召来。因为参加乡饮酒的宾、介都是有才德的人，故不予先召见告戒。

④ 蒲筵、缁布纯：蒲筵，蒲苇席。缁布纯，用黑色的布镶边。

⑤ 尊幂：尊，酒尊。幂，粗葛布。这句为：酒尊上面用粗葛布盖住。

⑥ 进腠：腠，肉的纹理。进腠，就是把肉皮向上放置。

以爵拜者不徒作[1]。坐卒爵者拜既爵，立卒爵者不拜既爵。凡奠者立于左，将举，于右。众宾之长，一人辞洗，如宾礼。立者东面北上；若有北面者，则东上。乐正与立者，皆荐以齿。凡举爵，三作而不徒爵。乐作，大夫不入。献工与瑟，取爵于上篚。既献，奠于下篚。其笙，则献诸西阶上。磬，阶间缩霤[2]，北面鼓之。主人、介，凡升席自北方，降自南方。司正，既举觯而荐诸其位。凡旅[3]，不洗。不洗者，不祭。既旅，士不入。撤俎，宾、介、遵者不俎，受者以降，遂出授从者；主人之俎，以东。乐正令奏《陔》；宾出，至于阶，《陔》作。若有诸公，则大夫于主人之北，西面。主人之赞者[4]，西面北上，不与；无莫爵，然后与。

【注释】

① 徒作：作，站起。徒，空。这句为：拜爵者不能空站起，站起就应先酬主人。

② 缩霤：缩，纵向。霤，屋檐。屋檐以东西为纵。

③ 旅：次序。这里指"旅酬"，即按次序逐人酬酢。

④ 赞者：辅佐主人酬宾的职司，多由主人的属吏担任。

诗经·小雅·鹿鸣(三章)

呦呦鹿鸣，食野之苹。我有嘉宾，鼓瑟吹笙。吹笙鼓簧，承筐是将。人之好我，示我周行。

呦呦鹿鸣，食野之蒿。我有嘉宾，德音孔昭。视民不恌，君子是则是傚。我有旨酒，嘉宾式燕以敖。

呦呦鹿鸣，食野之芩。我有嘉宾，鼓瑟鼓琴。鼓瑟鼓琴，和乐且湛。我有旨酒，以燕乐嘉宾之心。

制度典籍举例（一）

酒正：中士四人，下士八人，府二人，史八人，胥八人，徒八十人。

《周礼·天官冢宰》

天汉三年春二月，初榷卖酒，小民不复得酤也。

《汉书》

王莽官酤诏书

夫盐，食肴之将；酒，百药之长，嘉会之好；铁，田农之本，名山大泽饶衍之长。五均余贷，百姓所取平，卬以给澹，铁布铜冶，通行有无，备民用也。此六者，非编户齐民所能家作，必卬于市，虽贵数倍，不得不买，豪民富贾，即要贫弱，先圣知其然也，故斡之。每一斡为设科条防禁，犯者罪至死，奸吏猾民，并侵众庶，各不安生。

《汉书》卷二十四下《食货志》下

史记·滑稽列传

淳于髡者，齐之赘婿也。长不满七尺，滑稽多辩，数使诸侯，未尝屈辱。齐威王……置酒后宫，召髡赐之酒。问曰："先生能饮几何而醉？"对曰："臣饮一斗亦醉，一石亦醉。"威王曰："先生饮一斗而醉，恶能饮一石哉！其说可得闻乎？"髡曰："赐酒大王在前，执法在旁，御史在后，髡恐惧俯伏而饮，不过一斗径醉矣。……若朋友交游，久不相见，卒然相睹，欢然道故，私情相语，饮可五六斗径醉矣。若乃州闾之会，男女杂坐，行酒稽留，六博投壶，相引为曹，握手无罚，目眙不禁，前有堕珥，后有遗簪，髡窃乐此，饮可八斗而醉二参。日暮酒阑，合尊促坐，男女同席，履舄交错，杯盘狼藉，堂上烛灭，主人留髡而送客，罗襦襟解，微闻芗泽，当此之时，髡心最欢，能饮一石。故曰酒极是乱，乐极则悲，万事尽然。言不可极，极之而衰。”以讽谏焉。齐王曰：“善。”乃罢长夜之饮。

抱朴子·酒诫（东晋·葛 洪）

抱朴子曰：目之所好，不可从也；耳之所乐，不可顺也；鼻之所喜，不可任也；口之所嗜，不可随也；心之所欲，不可恣也。故惑目者，必逸容鲜藻也；惑耳者，必妍音淫声也；惑鼻者，必茝蕙芬馥也；惑口者，必珍羞嘉旨也；惑心者，必势利功名也。五者毕惑，则或承之祸，为身患者，不亦信哉！是以智者严隐括于性理，不肆神以逐物，检之以恬愉，增之以长算。其抑情也，剧乎提防这备决；其御性也，过乎腐辔之乘奔。故能内保永年，外免衅累也。盖饥寒，难堪者也；而清节者，不纳不义之谷帛焉。困贱，难居者也；而高尚者，不当危乱之荣贵焉。盖计得，则能忍之心全矣。道胜，则害性之事弃矣。夫酒醴之近味，生病之毒物，无毫分之细益，有丘山之巨损；君子以之败德，小人以之速罪；耽之惑之，尠不及祸。世之士人，亦知其然，既莫能绝，又不肯节，纵心口之近欲，轻召灾之根源，似热渴之恣冷，虽适已而身危也。小大乱丧，亦罔非酒，然而俗人，是酣是湎。其初筵也，抑抑济济，言希容整，咏湛露之厌厌，歌在镐之恺乐，举万寿之觞，诵温克之义，日未移晷，体轻耳热。夫琉璃海螺之器并用，满酌罚余之令遂急，醉而不止，拔辖投井。于是口涌鼻溢，濡首及乱，屡舞跹跹，舍其坐迁，载号载呶，如沸如羹。或争辞尚胜，或哑哑独笑，或无对而谈，或哎吐几筵，或值蹶良倡，或冠脱带解。贞良者，流华督之顾眄；怯懦者，效庆忌之蕃捷；迟重者，蓬转而波扰；整肃者，鹿踊而鱼跃；口讷于寒暑者，皆垂掌而谐声；谦卑而竞者，悉稗瞻以高交。廉耻之仪毁，而荒错之疾发；闒茸之性露，而傲佷之态出。精浊神乱，藏否颠倒。或奔车走马，赴阬谷而不惮，以九折之阪为蝗封；或登危蹋颓，虽堕坠而不觉，以吕梁之渊为牛迹；或肆忿于器物，或酗茜于妻子，加枉酷于臣朴。用剡锋乎六畜，炽火烈于室庐，掊宝玩于渊流，迁威怒于路人，加暴害于士友。亵严主以夷戮者有矣，犯凶人而受困者有矣。言虽尚辞。烦而叛理，拜状徒多，劳而非敬。臣子失礼于君亲之前，幼贱悖慢于耆宿之座。谓清谈为底詈，以忠告为侵已，于是白刃抽而忘思难之虑，棒杖奋而罔顾乎前后，搆漉血之仇，招大辟之祸。以少陵长，则乡党加重责矣；辱人父兄，则子弟将推刃矣；发人所讳，则壮士不能堪矣；计数深尅，则醒者不能恕矣。起众患于须臾，结百疴于膏肓，奔驷不能追既往之悔，思改而无自反之蹊，盖智者所深防，而愚人所不免也。其为祸败，不可胜载。然而欢集，莫之或释，举白盈耳，不论于能否。料沥雷于小余，以稽迟为轻已，倾匡注于所敬，殷勤劝而成薄。劝之不持，督之不尽，怨色丑音，所由而发也。夫风经府藏，使人惚悦。及其剧者，自伤自虞。或遇斯疾，莫不忧惧。吞苦忍痛，欲其速愈。至于醉之病性，何异于兹。而独居密以逃风，不能割情以节酒，若畏风增病，则荒沉之咎塞，而流连之失止矣。夫风之为疾，犹展攻治；酒之为变，在乎呼吸。及其闷乱，若存若亡，视泰山如弹丸，见沧海如盘盂，仰嚾天堕，俯呼地陷，卧待虎狼，投井赴火，而不谓恶也。夫用身之如此，亦安能惜敬恭之礼，护喜怒之失哉？昔仪狄既疏，大禹以兴，糟丘酒池，辛癸以亡。丰侯得罪，以戴尊御杯；景升荒杯，以三雅之爵；刘松烂肠，以逃暑之饮；郭珍发狂，以无日不醉。信陵之凶短，襄子之乱政，赵武之失众，子反之诛戳，汉惠之伐命，灌夫之灭族，陈遵之遇害，季布之疏斥，子建之免退，徐邈之禁言，皆是物也。世人好之乐之者甚多，而戒之畏之者至少，彼众我寡，良箴安施？且愿君子，节之而已。曩者，既年荒谷贵，人有醉者相杀，牧伯因此辄有酒禁。严令重申，官司搜索收执，榜徇者相辱，制鞭而死者大半。防之弥峻，犯者至多，至乃穴地而酿，油囊怀酒，民之好此，可谓笃矣。余以匹夫之贱，讬此空言之书，末如之何矣。又临民者，虽设其法，而不能自断斯物，缓已急人，虽令不从。弗躬弗亲，庶民弗信。以此而教，教安得行？以此而禁，禁安得止哉？沽卖之家，废业则困，遂修饰赂遗，依凭权右，所属吏不敢问。无力者独止，而有势者擅市，张垆专利，乃更倍售，从其酤卖。公行靡惮，法轻利重，安能免乎哉？

或人难曰：夫夏桀、殷纣之亡，信陵、汉惠之残，声色之过，岂唯酒乎？以其生患于古，而断之于今，所谓以褒姒丧周，而欲人君废六宫；以阿房之危秦，而使王者结草庵也。盖闻千钟百觚，尧舜之饮也；唯酒无量，仲尼之能也，姬旦酒肴不彻，故能制礼作乐；汉高婆娑巨醉，故能斩蛇鞠旅；于公引满一斛，而断狱益明；管辂倾抑三斗，而清辩绮粲；扬子云酒不离口，而《太玄》乃就；子圉醉无所识，而霸功以举。一瓶之醪倾，而三军之众悦；解毒之觞行，而盗马之属感。消忧成礼，策勋饮至，降神合人，非此莫以也。内速诸父，外将嘉宾，如淮如渑，春秋所贵。由斯言之，安可识乎？

抱朴子答曰：酒旗之宿，则有之矣。譬犹玄象著明，莫大乎日月；水火之原，于是在焉。然节而宣之，则以养生立功，用之失适，则焚溺而死，岂可恃玄象之在天，而谓水火不杀人哉？宜生之具，莫先于食。食之过多，实结症瘕，况于酒醴毒之物乎？夫使彼夏桀、殷纣、信陵、汉惠，荒流于亡国之淫声，沈溺于倾城之乱色，皆由乎酒熏其性，醉成其势，所以臻极情之失，忘修饰之术者也。我论其本，子识其末，谓非酒祸，祸其安出。是独知猛雨之沾衣，而不知云气之所作；唯患飞埃之糁目，不觉飙风之所为也。千钟百觚，不经之言，不然之事，明者不信矣。夫圣人之异，自才智至于形骸，非能兼人，有七尺三丈之长，万倍之大也。一日之饮，安能至是。仲尼则畏性之变，不敢及乱；周公则终日百拜，肴干酒澄。上圣战战，犹且若斯，况乎庸人，能无悔乎？汉高应天，承运革命，向虽不醉，犹当斩蛇。于公聪达，明天听断，小大以情，不失枉直，是以刑不滥加，世无怨民。但其健饮，不即废事，若论大醉，亦俱无知，决疑之才，何赖于酒？未闻皋繇甫候，子产释之，醉乃折狱也。管辂年少，希当剧谈，故假酒势，以助胆气，若过其量，亦必迷错。及其刺毫釐于爻卦，索鬼神之变化，占气色以决盛衰，聆鸣鸟以知方来，候风云而剋吉凶，观碑柏而识祸福，岂复须酒然后审之？扬雄通人，才高思远，英瞻之富，禀之自天，岂藉外物以助著述？及其数饮，由于偶好，亦或有疾，以宣药势耳。子圉肆志，盖已素定，虽复不醉，亦于终果。瓶醪悦众，寓言之喻，诚能赏罚允当，威恩得所。长算纵横，应机无方，则士思果毅，人乐奋命。其不然也，虽流酒渊，何补胜负？缪公饮盗，造次之权，舍法长恶，何足多称哉！岂如慎之邪？

醉乡日月（唐·皇甫松）

饮　论

【原文】 醉花宜昼，袭其光也；醉雪宜夜，乐其洁也；醉得意宜艳唱，宣其和也；醉将离宜击钵，壮其神也；醉文人宜谨节奏、慎章程，畏其侮也；醉俊人宜益觥盂、加旗帜，助其烈也；醉楼宜暑，资其清也；醉水宜秋，泛其爽也。此皆以审其宜、收其景，以与忧战也。反此道者，失饮之大也。

【译文】 对花酣饮，适宜在白昼，白天光线明，赏花清彻；对雪酣饮，适宜在夜晚，月光映雪更显其皎洁；为得意事酣饮，适宜高唱温馨歌，更为心情和谐；为离别而痛饮，更宜肆无忌惮手击钵器，可以壮人神色；和文人对饮，应当注意节奏、慎依章程，以免失礼招来羞辱；和才智出众的豪杰畅饮，应当增加酒杯，添置令旗，可以显示壮烈。在楼上痛饮最宜在夏天，高楼有清风降暑；在水边痛饮最好在秋天，秋水依依，更加爽人。这些都是审时度势选择景点，用来增加饮酒的兴致、抵消内心的悲忧。如果违反了这个原则，就丧失了饮酒的根本意趣了。

为主

【原文】 主前定则不繁，宾前定则不乱，乐前定则必畅，酒前定则必严。时然后欢，人乃不厌。

【译文】 主人事前定好则不烦扰，宾客预先定好则不忙乱，乐曲事前准备好则演唱必舒畅，酒品事前定好则会严谨，这些做好了然后再欢饮，人们才不会厌烦。

明府

【原文】 明府之职，前辈极为重难。盖二十人为饮，立一人为明府，所以规其斟酌之道。每一明府管骰子一双，酒杓一只，此皆律录事。人人配之承命者，法不得拒。

凡主人之右主酒者，申明府，得以纠诸座之罪。

夫酒，懦为旷官，猛为苛政。若明府贪务承命，猛酌席人，遂使请告公喧。黩扰录事，明府之孤，暴于四座矣。

【译文】 明府一职，前贤们极为看重。二十人饮酒，立一人为明府，就是为了规范大家饮酒的标规。每一位明府管骰子一双，酒杓一个，这都是配给他行使职责的。他的话就是法，在座的人都不得拒绝。

凡是地位比主人尊贵的人就可以主持酒筵，做明府，有权力纠正在座所有人的过失。

饮酒间，明府为人懦弱、执法怯懦就是旷官，但若执法过严、督酒过猛又会变为苛政。如果明府一味贪恋使命，督促在座人猛饮，就会使请告免饮的呼声响遍席位，反而干扰行使的职责，明府的孤立也就暴露于四座了。

觥录事

【原文】 凡乌合之徒，以言笑动众，暴慢无节，或累累起坐，或附耳嗫语，律录事以本户绳之。奸不衰止者，宜觥录事纠之（以刚毅、木讷之士为之）。有犯者，辄投其旗于前曰："某犯觥令。"犯者诺而收执之，拱曰："知罪。"明府饷其觥而斟焉。犯者右引觥，左执旗附于胸。律录事顾伶曰："命曲破送之。"饮讫，无坠酒，稽首，以旗觥归于觥主曰："不敢滴沥。"复觥于位。后犯者投以纛。累犯者旗纛俱舞。觥筹尽，有犯者不问。

【译文】 凡是不懂酒仪而临时凑聚在一起群饮的人等，有的高声谈论以大言耸人听闻，动作粗暴傲慢没有节制，有的多次起来、坐下，或交头接耳说悄悄话，席间的主持人明府就得按律录事就应，以他们本人的酒量大小予以处罚。如果他们依然犯令，就请觥录事对他们纠劾（觥录事由性格刚毅、不苟言笑的人承当）。有犯令的，就把小旗投掷在他面前，说："某某犯了觥令。"犯令的人答应一声，拾起小旗，拱手说："知罪。"明府就给他酒觥里斟满酒。犯令的人右手持酒觥，左手持旗贴左胸前。律录事回头对伶工说："奏'曲破'给他送酒。"犯令者把酒饮干，不能有酒滴下来。然后向令官稽首，把小旗、酒觥归还令官说："不敢有一滴酒滴在地上。"把酒觥放回原处。若后来再犯令，就把羽毛做成的舞具交给他，让他舞起来。多次犯令的人就让他同时舞动羽毛制作的舞具和挥动旗子跳舞。觥筹都罚尽后，再犯令就不问了。

拒 泼

【原文】 孟子曰："杀人以梃与刃，有以异乎？"然则酗酒以拒与泼，有异乎？同归酗酒也。盖有闻饮必来，见杯即拒，或酒纠不容，明府责饮，则必固为翻滟，椎作周章，始持杯而喏吁，背明烛而倾泼。如此则俱为害乐，并是蠹饮，自当揖之别室，延以清风，展蕹叶而开襟，极茗芽以从事。

【译文】孟子说："杀人用棒和刀，有什么不同吗？"那么，用拒饮和泼酒的方式酗酒，又有什么不同？同样都是酗酒。有的人听见饮宴就跑来参加，来后见酒杯又拒饮。有时宴席上监酒的人不容，酒令官责罚他饮酒，他就把杯里的酒故意翻泼，反来复去地推辞，才端酒杯勉强答应，背着烛光又偷偷泼掉。这都是损人欢乐的害虫，应当把他请到别的房间，只用清风招待他，让他嚼薤叶、喝清茶。

逃席

【原文】 酒徒有逃席之疹者，弃之如脱履。

【译文】 酒徒中有逃席毛病的人，就应像脱掉鞋子一样抛弃他。

进户

【原文】 进户法：葛花、小豆花各阴干，各七两为末，精羊肉一斤，如法作生。以二花末一两，匀入于生中。如先只饮得五盏，以十盏好酒熟暖沃生服之，三五日进一服。花尽，则户倍矣。

【译文】 增大酒量的方法：葛花、小豆花分别阴干，各用七两，研末；精羊肉一斤，按法作成"生"。把二两花末匀进"生"中，如果起初只能喝五杯酒，拿十杯好酒加热后把"生"冲服，三五天冲服一次。花末承服完了，酒量就增大一倍。

酒谱（宋·窦苹）

窦苹，字之野，生卒年不详，生活在北宋仁宗时代。

《酒谱》选取有关酒的故事、掌故、传闻计十二题，包括酒的起源、酒的名称、酒的历史、名人酒事、酒的功用、性味、饮器、传说、饮酒的礼仪、关于酒的诗文等，内容充实，一目了然，可以说是对北宋以前中国酒文化的汇集，有较高的史料价值。

酒之源

世言酒之所自者，其说有三。其一曰：仪狄始作酒，与禹同时。又曰：尧酒千钟，则酒作于尧，非禹之世也。其二曰：《神农本草》著酒之性味，《黄帝内经》亦言酒之致病，则非始于仪狄也，其三曰：天有酒星，酒之作也，其与天地并矣。予以谓是三者，皆不足以考据，而多其赘说也。夫仪狄之名，不见于经，而独出于《世本》。《世本》虽信书也，其言曰，仪狄始作酒醪，以变五味。少康始作秫酒。其后赵分卿之徒，遂曰仪狄作酒，禹饮而甘之，遂绝旨酒而疏仪狄，曰："后世其有以酒败国者乎！"夫禹之勤俭，固尝恶旨酒而乐谠言，附之以前所云则赘矣。或者又曰：非仪狄也，乃杜康也。魏武帝乐府亦曰：何以消忧？惟有杜康。予谓杜氏本出于刘，累在商为豕韦氏。武王封之于杜，传国至杜伯，为宣王所诛，子孙奔晋，遂有杜为氏者。士会亦其后也。或者康以善酿得名于世乎？是未可知也。谓酒始于康果非也。尧酒千钟，其言本出于《孔丛子》，盖委巷之说，孔文举遂征之以责曹公，固已不取矣。《本草》虽传自炎帝氏，亦有近世之物。始附见者不观其辨药所生出，皆以二汉郡国名其地，则知不必皆炎帝之书也。《内经》言天地生育，五材休王，人之寿夭系焉。信《三坟》之书也，然考其文章，知卒成是书者，六国秦汉之际也。故言酒不据以为炎帝之始造也。酒三星，在女御之侧，后世为天官者或考焉。予谓星丽乎天，虽自混元之判则有之。然事作乎下而应乎上，推其验于某星，此随世之变而著之也。如宦官坟墓，弧矢河鼓，皆太古所无，而先有是星，推之可以知其类。然则，酒果谁始乎？予谓智者作之，天下后世循之而莫能废。故圣人不绝人之所同好，用于郊庙享燕，以为礼之常，亦安知其始于谁乎！古者饮食、必祭先酒，亦未尝言所祭者为谁，兹可见矣。夏书述大禹之戒，歌辞曰：酣酒嗜味。孟子曰：禹恶旨酒而好善言。夏书所记当时之事。曰：《孟子》所言，追道在昔之事。圣贤之书，言可信者，无先于此。虽然，酒未必此始造也。若断以必然之论，则诞曼而无以取信于世矣。

酒之名

《春秋·运斗枢》曰：酒之言乳也，所以柔身扶老也。许慎《说文》云：酒，就也，所以就人性之善恶也。一曰造也，吉凶所造起。《释名》曰：

酒，酉也，酿之米曲，酉绎而成也，其味美；亦言踧踖也，能否皆强，相踧持也。予谓古之所以名是物，以声相命，取别而已。犹今方言，在在各殊，形之于文，则其字曰“滋味”，必皆有意谓也。举吴楚之音而语于齐人，不知者十有八九。妄者欲探古名物造声之意，以示博闻，则予笑之矣。

《说文》曰：酴，酒母也。醴，一宿成也。醪，滓汁酒也。酎，三重酒也。醨，薄酒也。醑，厚酒也。昔人谓酒为欢伯，其义见《易秋》。盖其可爱，无贵贱贤不肖，华夏夷戎共甘而乐之，故其称谓亦广。造作谓之酿，亦曰酝。卖之为沽者，当肆之曰垆。酿之再者曰酘，[illegible]酒曰醽醁，酒之酒曰醽，白酒曰醝，厚酒曰醑，甚白曰醙，相饮曰配，相强曰浮，饮尽曰釂，使酒曰酗，甚乱曰酱，饮而面赤曰酡，病酒曰酲。主人进酒于客曰酬，客酌主人曰酢，酌而无酬酢曰醮，合钱共饮曰醵，赐民共饮曰酺，不醉而怒曰醟。美酒曰醁。其言广博，不可殚举。

《周官·酒人》掌酒之政，令辨五齐三酒之名：一曰泛齐，二曰醴齐，三曰盎齐，四曰醍齐，五曰沈齐；一曰事酒，二曰昔酒，三曰清酒。此盖当时厚薄之差，而经无其说。传注悉度而解之，未必得其真，故曰之言也略。《西京杂记》有漂玉酒而著其说。枚乘赋云：尊盈漂玉之酒，爵献金浆之醪。云梁人作藷蔗酒，名金浆，不释漂玉之义。然此赋亦非乘之辞，后人假附之耳。《舆地志》云：村人取若下水以酿而极美,故世传若下酒。张协作《七命》云：荆州乌程，豫章竹叶，乌程于九州属扬州而言荆州，未详。西汉尤重上尊酒，以赐近臣。注云：糯米为上尊，稷为中尊，粟为下尊。颜籀曰：此说非是。酒以醇醴乃分上中下之名，非因米也。稷粟同物而分为二，大谬矣。《抱朴子》所为元鬯者，醇酒也。

皮日休诗云：明朝有酒充君信，[illegible]酒三缸寄夜航。[illegible]酒，江外酒名，亦见《沈约文集》。

张籍诗云：酿酒爱干和。即今人不入水酒也，并汾间以为贵品，名之曰：干酢酒。

宋之问诗云：尊溢宜城酒，笙裁曲沃匏。宜城，在襄阳，古之罗国也。酒之名最古，于今不废。唐人言酒之美者有：郢之富水，萦阳土窟，富春石冻春，剑南烧春，河东干和，蒲东桃博，岭南灵溪、博罗宜城九酝，浔阳湓水，京城西市空、虾蟆陵。其事见《国史谱》。又有浮蚁、榴花诸美酒，杂见于传记者甚众。

酒之事

《诗》云：有酒湑我，无酒酤我。而孔子不食酤酒者，盖孔子当乱世，恶奸伪之害已，故疑而不食也。

《韩非子》云：宋子酤酒，悬帜甚高。酒市有旗，始见于此。或谓之帘。近世文士有赋之者，中有警策之辞云：无小无大，一尺之布可缝；或素或青，十室之邑必有。

古之善饮者，多至石余。由唐以来，遂无其人。盖自隋室更制度量，而斗石倍大尔。

纣为长夜之饮而失其日，问于百官，皆莫知。问于箕子。箕子曰：国君而失其日，其国危矣；国人不知，而我独知之，我其危矣。辞以醉而不知。

魏正始中，今郑公谷避暑历城之北林。取大莲叶置砚格上，贮酒三升，以簪通其柄，屈茎如象鼻，传吸之，名为碧筒杯。事见《酉阳杂俎》。

晋阮籍常以百钱挂杖头，遇店即酣畅。

山简有荆襄，每饮于习家池。人歌曰：日暮竟醉归，倒着白接䍦。

扬雄嗜酒而贫，好事者或载酒饮之。

陶潜贫而嗜酒，人亦多就饮之。即醉而去，曾不恡情。尝以九日无酒，独于菊花徘徊。俄见白衣人至，乃王弘遣人送酒。遂尽醉而返。

《魏氏春秋》云：阮籍以步兵营人善酿，厨多美酒，求为步兵校尉。

唐王无功以美酒之故，求为大乐丞。丞为贱职，自无功居之，后遂为清流。

北齐李元中，大率尝醉，家事大小，了不关心。每言：宁无食，不可无酒。

今人元日饮屠苏酒，云可以辟瘟气。亦曰：蓝尾酒，或以年高最后饮之，故有尾之义耳。

王莽以腊日献椒酒于平帝。其屠苏之渐乎？

北魏太武赐崔浩漂醪十斛。

唐宪宗赐李绛酴醾桑落，唐之上尊也，良酝令掌供之。

汉高祖为布衣时，常从王媪、武负贳酒。贳酒之称，始见于此。

西汉以来，腊日饮椒酒辟恶。其详见《四民月令》。

天汉三年，初榷酒酤。元始五年，官卖酒，每升四钱，酒价始此。

任昉尝谓刘杳曰：酒有千日醉，当是虚言。杳曰：桂阳程乡有千日酒，饮之，至家而醉，亦其例也。昉大惊。乃云：出杨元凤所撰《置郡事》。检之而信。

《春秋说题辞》曰：为酒据阴乃动。麦，阴也。黍，阳也。先渍曲面投黍，是阳得阴而沸乃成。

《淮南子》云：酒感东方木、水、风之气而成。其言荒谬，不足考信，故不悉载。

《楚辞》云：奠桂酒兮椒浆，然则古之造酒皆以椒桂。

《吕氏春秋》云：孟冬命有司：称稻必齐，曲蘖必时，湛炽必洁，水泉必香，陶器必良，火齐必得。厉用六物，无可差忒，大酋监之。

唐薄白公，以户小饮薄酒。

五代时有张逸人，尝题崔氏酒垆云：武陵城里崔家酒，地上应无天上有。云游道士饮一斗，醉卧白云深洞口。自是酤者愈众。

卞彬喜饮，以瓠壶、瓠勺、烧皮为肴。

陶潜为彭泽令，公田皆令种黍。酒熟，以头上葛巾漉之。

唐阳城为谏议，每俸入，度其经用之余，尽送酒家。

《西京杂记》：汉人采菊花并茎叶，酿之以黍米，至来年九月九日熟而就饮，谓之菊花酒。

酒之功

勾践思刷会稽之耻，欲士之致死力，得酒则流之于江，与之同醉。

秦穆公伐晋，及河，将劳师而醪惟一钟，蹇叔劝之曰："虽一米，可投之于河而酿也。"乃投之于河，三军皆醉。

孔文举云："赵之走卒，东迎其主，非卮酒无以办。"卮之事，《史记》及《后汉书》皆不载，惟见于《楚汉春秋》。

王莽时，琅琊海曲有吕母者，子为小吏，犯微法，令枉杀之。母家素丰财，乃多酿酒，少年来沽，必倍售之。终岁多不取其值。久之，家稍乏，诸少年议偿之，母泣曰："所以厚诸君者，以令不道，枉杀吾子，托君复仇耳。岂望报乎？"少年义之，相与聚，诛令，后其众为赤眉。

晋时，荆州公厨有齐中酒、厅事酒、猥酒优劣三品。刘弘作牧，始命合为一，不必分别。人伏其平。

河东人刘白堕善酿，六月以罂盛酒，曝于日中，经旬味不动而愈香美，使人久醉。朝士千里相馈，号曰鹤觞，亦名骑驴酒。永熙中。南青州刺史毛鸿宾赍酒之藩，路逢盗劫之。皆醉，因执之，乃名擒奸酒。时人语曰：“不畏张弓拔剑，惟畏白堕春醪。”见《洛阳伽蓝记》。

温克

《礼》云：君子之饮酒也，一爵而色温如也，二爵而言言斯，三爵而冲然以退。

扬子云曰：侍坐于君子，有酒则观礼。

于定国饮酒一石，治狱益精明。

晋何充善饮而温克。

《魏邴原别传》曰：原旧能饮酒，自行役八九年间，酒不向口。至陈留则师韩子助，颍川则亲陈仲弓，涿郡则亲卢子干。临归，友以原不饮酒，会米肉送原，原曰：“本能饮酒，但以荒思废业，故断之耳。今当速别，因见贶饯，可一饮乎！”于是饮酒，终日不醉。

《郑元别传》：马季长以英儒著名，元往从，参考异同。时一卢子干相善，在门下七年，以母老归养，元饯之，会三百余人，皆离席奉觞。度元所饮三百余杯，而温克之容，终日无怠。

孔融好饮而能文，常云：座上客常满期，樽中酒不空，吾无患矣。

裴均在襄阳合燕，有裴弘泰后至，责之。谢曰：“愿赦罪。”而取在席之器满酌，而纳其器，合坐壮之。又有一银海，受酒一斗余，亦釂而抱海去。均以为必腐胁而死，使觇之，见纱帽箕踞。称银海，计二百两。

李白每大醉，为文，未尝差误；与醒者语，无不屈服。人目为醉圣。

乐天在河南，自称为醉尹。

皮日休称曰醉士。

开元中，天下康乐，自昭应县至都门官道之左右，当路市酒，钱量数饮之。亦有施者，为行人解乏，故路人号称“歇马杯”，亦古人衢尊之义也。

王元宝贤而好施，每大雪，自坊口扫雪，立于坊前，迎宾就家，具酒暖寒。

梁谢譓不妄交，有时独醉，曰：“入我室者，但有清风；对吾饮者，惟当明月。”

宋沈文季为吴兴太守，饮酒五斗，妻王氏亦饮一斗，竟日对饮，视事不废。

五代之乱，干戈日寻，而郑云叟隐于华山，与罗隐终日怡然对饮。有酒诗二十章，好事绘为图，以相贶遗。

乱 德

《小说》云：纣为糟丘酒池，一鼓而牛饮者三千人，池可运舟。

《冲虚经》云：子产之兄曰穆，其室聚酒千钟，积曲成封，糟浆之气，迸于人鼻。日荒于酒，绝不知世道之安危也。

《史记》纣及齐威王，《晋书》王道子、秦符坚、王悦、皆为长夜饮。

楚恭王与晋师战于鄢而败，方将复战，召大司马子反谋之，子反饮酒醉不能见。王叹曰：“天败我也！”乃班师，而戮子反。

郑良霄为窟窦而昼夜饮，郑人杀之。

《三辅决録》：汉武帝自以功大，更广秦之酒池、肉树，以赐羌人，而酒可浮舟。

《魏志》：徐邈，字景山，为尚书郎，时禁酒，邈私沉醉。赵达问以曹事，邈曰：“酒中圣人。”达白太祖，太祖怒。渡辽将军鲜于辅进曰：“醉客为酒，清者为圣人，浊者为贤人，此醉言尔。”

《三十国春秋》曰：阮孚为散骑常侍，终日酣纵，尝以金貂换酒，为友所弹。

《裴楷别传》曰：石崇与楷孙绰宴酣，而绰慢即过度，崇欲表之，楷曰：“季舒酒狂，四海所知，足下饮人狂药而责人，正礼乎？”

宋孔顗使酒仗气，弥日不醒。僚类之间，多为陵忽。

汉末，政在奄宦，有献西凉州葡萄十斛于张让者，立拜凉州刺史。

元魏时，汝南王悦兄怿为元乂所枉杀，悦略无复仇之意，复以桑落酒遗驻乂，遂拜侍中。

韩子云：齐桓公醉而遗其冠，耻之，三日不朝。管仲因请发仓廪，赈穷三日，民歌曰：“何不更遗冠乎？”

晋阮咸每与宗人共集，以大盆盛酒，不用杯勺，围坐相间更饮。群豕来饮其酒，咸接去其上，便其饮之。

晋文王欲为武帝求婚于阮籍，醉不得言者六十日，乃止。

胡母辅之等方散发裸袒，闭室酣饮已累日，阮逸将排户入，守者不听，逸乃脱头露顶于狗窦中叫，辅之遽呼入饮，不舍昼夜。

唐进士刘遇、刘参、郭保衡、王仲、张道隐，每春选妓三五人，乘犊小车，裸袒园中，叫笑自若，曰“颠饮”。

元魏时，崔儦每一醉八日。

三国时，郑泉愿得美酒一百斛满船干脆置两头，反复辄饮之。惫即往啖肴膳，酒有斗升减，即益之。将终，谓同志曰：“必葬我陶家侧，庶百年化为土，或见取为酒壶，实获我心。”

晋人周顗，过江积年，恒日饮酒，惟三日醒。时人谓之“三日仆射”。

毕卓为吏部，比舍郎酿酒熟，卓夜盗饮。

刘伶尝乘鹿车，携一壶酒，使人荷锸随之，曰：“死便埋我。”

诫失

《周书·酒诰》曰：“文王诰教小子，有正有事，无彝酒。”

《管辂别传》曰：诸葛景与辂别，诫以三事，言“卿性乐酒，量虽温克，然不可保，宁当节之。”辂曰：“酒不可尽吾欲。持才以愚，何患之有也？”

晋祖台之与王荆州书：愿君屏爵弃卮，焚罍毁榼，殛仪狄于羽山，放杜康于三危。古人系重，离必有赠言。仆之与君，其能已乎？

《宋书》云：王悦，卷从弟也，诏为天门太守。悦嗜酒辄醉，及醒，则俨然端肃。卷谓悦曰：“酒虽悦性，亦所以伤生。”

萧子显《齐书》：臧荣绪，东莞人也，以酒乱言，常为诫。

《世说》：晋元帝过江，犹饮酒。王茂弘与帝友旧，流涕谏。帝许之，即酌一杯，从是遂断。

《梁曲》曰：刘韶，平原人也，年二十，便断酒肉。

梁王魏婴觞诸侯于范台，酒酣，请鲁君举觞。鲁君曰：“昔者，帝令仪狄作酒而美之，进于禹。禹饮而甘之，遂疏仪狄而绝旨酒，曰：‘后世必有以酒亡国者。’”

《周官》：萍氏掌几酒，谓之萍，古无其说。按《本草》述水萍之功云：“能胜酒。”名萍之意，其取于此乎？

陶侃饮酒，必自制其量，性欢而量已满。人或以为言，侃曰：“少时常有酒失，亡亲见约，故不敢尽量耳。”

桓公与管仲饮，掘新井而柴焉，十日斋戒，召管仲。管仲至，公执尊觞三行，管仲趋出。公怒曰：“寡人斋戒以饮仲父，以为脱于罪矣。”对曰：“吾闻湛于乐者洽于忧，厚于味者薄于行，是以走出。”公拜送之。

又云：桓公饮大夫酒，管仲后至。公举觞以饮之，管仲弃半酒，公曰：“礼乎？”曰“臣闻酒入舌出而言失者弃身。臣计弃身不如弃酒。”公大笑曰：“仲父就座。”

《北梦琐言》：陆扆为夷陵，有士子入谒，因命之饮，曰：“天性不饮。”扆曰：“已减半矣，言当寡过也。”

萧齐刘元明政事为天下最。或问政术，答曰：“作县令，但食一升饭，而不饮酒，此第一策也。”

长孙登好宾客，虽不饮酒而好观人酣饮，谈论古今，或继以火。常恐客去，蓄异馔以留之。

赵襄子饮酒，五日五夜不醉而自矜。优真曰：“昔纣饮七日七夜不醉，君勉之则及矣。”襄子曰：“吾几亡乎？”对曰：“纣遇周武，所以亡。今天下尽纣，何遽亡？然亦危矣。”

释氏之教，尤以酒为戒。故四分律云：饮酒有十过失，一颜色恶，二少力，三眼不明，四见嗔相，五坏田业资生，六增疾病，七益斗讼，八恶名流布，九智慧减少，十身坏命终，堕诸恶道。

《韩诗外传》：饮之礼，跣而上坐谓之宴；能饮者饮之，不能饮者已，谓之醧；齐颜色，均众寡，谓之沉；闺门不出，谓之湎。君子可以宴，可以醧，不可以沉，不可以湎。

《魏略》曰：太祖禁酒，人或私饮，以白酒为贤人，清酒为圣人。

《典论》云：汉灵帝末，有司榷酒，斗直千钱。

《西京杂记》云：司马相如还成都，以鹔鹴裘就里人杨昌换酒，与文君为欢。

宋明帝《文章志》云：王忱每醉，连日不醒，自号上顿。时人以大饮为上顿，自忱始也。

《益部传》曰：杨子拒妻刘泰瑾贞懿达礼。子元宗醉归舍，刘十日不见。诸弟谢过，乃责之曰：“汝沉荒不敬，自倡败者，何以帅先诸弟？”

神 异

张华有九酝酒，每醉即令人传止之。尝有故人来，与共饮，忘勅左右。至明华寤，视之腹已穿，酒流牀下。

王子年《拾遗记》：张华为酒，煮三薇以渍曲蘖。蘖出西羌，曲出北羌。以酿酒，得美醇𩚮，久含令人齿动。若大醉，不摇荡，使人肝肠烂，俗谓

"消肠酒"。或云：酒可为长宵之乐。

崔豹《古今注》云：汉魏弘为阌乡啬夫，夜宿一津，逢故人，四顾荒郊，无酒可沽，因以钱投水中，尽夕酣畅。因名"沉酿川"。

义宁初，有一县丞，甚俊而文，晚乃嗜酒，日必数升。病甚，酒臭数里，旬日卒。

张茂先《博物志》云：昔人有名元石，从中山酒家，与之"千日酒"，而忘语其节。归，日沉瞑，而家人不知，以为死也，棺殓葬之。酒家经千日，忽悟而往告之，发其冢，适醒。

《尸子》曰：赤县洲者，是为昆仑之墟。其滷而浮为蓬芽，上生红草，食其一实，醉三百年。

王充《论衡》云：项曼都好道，去家三年而返，曰："仙人将我上天，饮我流霞一杯，数月不饥。"

道书谓露为天酒。见东方朔《神异经》。

刘向《列女传》曰：安期先生与神女会于圆丘，酣元碧之酒。

石虎于太极殿起楼，高四十丈，上有铜龙，腹空著数百斛酒。使人于楼下漱酒，风至，望之如雾，名曰"粘酒台"，使以酒尘，事见《拾遗记》。

魏贾锵有奴，善别水，尝乘舟于黄河中流，以匏瓠接河源水，不过七八升。经宿色如绛，以酿酒，名"昆仑觞"，香味妙绝。曾以三十斛上魏帝。

李肇云：郑人以荥水酿酒，近邑之水重于远郊之水数倍。

尧登山，山涌一泉，味如九酝，色如玉浆，号曰"醒泉"。

《南岳夫人传》曰：夫人贶王子乔琼苏渌酒。

《十洲记》云：瀛洲有玉膏如酒，名曰"玉酒"。饮数升，令人长生。

《东方朔别传》云：武帝幸甘泉，长平阪道中有虫赤如肝。头、目、口、齿悉具。朔曰："此怪哉，必秦狱处积忧者，得酒乃解。"乃取虫，置酒中，立消。后以酒置属车，为此也。

异域酒

天竺国谓酒为酥[①]。今北僧多云般若汤。盖庾辞以避法禁尔[②]，非释典所出。

《古今注》云：乌孙国有青田核[③]，莫知其树与花。其实大如五六升匏，空之，盛水而成酒。刘章曾得二焉，集宾，设之可供二十人。一核才尽，一核复成，久置则味苦矣。

波斯国有三勒浆[4]，类酒，谓庵摩勒、毗梨勒也。

诃陵国人以柳花椰子为酒[5]，饮之亦醉。

大宛国多以葡萄酿酒[6]，多者藏至万石，数十年不坏。

《扶南传》曰：顿孙国有安石榴，取汁停盆中数日，成美酒。

真腊国人不饮酒[7]，比之淫。惟与妻饮房中，避尊长见。

房千里《投荒录》云：南方有女数岁，即大酿酒。候陂水竭，置壶其中，密固其上。候女将嫁，决水取之供客，谓之女酒，味绝美。居常不可发也。

扶南有椰浆[8]，今又有蔗及土瓜根酒，色微赤耳。

又有昆仑酒，名事见盛鲁望诗。

【注释】

① 天竺国：即古印度，汉时称“身毒国”，《新唐书·西域传》中有专条记录。

② 庾辞：也叫“庾语”，谜语的古称。《国语·晋语》：“有秦客庾辞于朝，大夫莫之能对也。”

③ 乌孙国：汉至南北朝时属今天山北麓伊犁河一带的游牧民族。曾随张骞入朝中国。

④ 波斯国：古国名，即苏木都剌国。又称“西南海上波斯国”。

⑤ 诃陵国：古国名，即“社婆国”，在南海中。《新唐书·南蛮传》说其国：“以柳花椰子为酒，饮之辄醉。”

⑥ 大宛国：中亚古国名，位于苏联费尔干那盆地。

⑦ 真腊国：古国名，本扶南属国。《新唐书·南蛮传》说该国：“不饮酒，比之淫，与妻饮房中，避尊属。”

⑧ 扶南：古国名。《新唐书·南蛮传》中有记载。

性　味

《本草》云：“酒味苦，甘，辛，大热，有毒，主行药势，杀百虫恶气。”《注》：“陶隐居云：大寒凝海，惟酒不冰。”明其性热独冠群物，饮之令人神昏体弊，是其毒也。昔有三人晨犯雾露而行，空腹者死，食粥者病，饮酒者无疾，明酒御寒邪过于谷气矣。酒虽能胜寒邪，通和诸气，苟过则成大疾。《传》曰：惟酒可以忘忧，无如病何？《内经》十八卷，其首论后世人多夭促，不及上古人之寿，则由今之人“以酒为浆，以妄为常，醉以入房”，其为害如此。凡酒气独胜而谷气劣，脾不能化，则发于四肢而为热，厥甚则为酒醉，而风入之，则为漏风，无所不至。凡人醉而卧黍穰中，必成癞；醉而饮茶必发膀胱气；食酸多则成消中。

皇甫崧《醉乡日月》记云：松脂饀百疾。每糯米一斗，松脂十四两。别以糯米二升和煮如粥，冷着小麦曲一片半，每片重二三两，火爆干捣为末，捣作酵。五日以来候起办炊饭米，须薄之，更以曲二十片火焙干作末，用水六斗五升、酵及曲末饭等一时搅和入瓮。瓮暖和如常，春冬四日、秋夏三日成。

又云：酒之酸者可变使甘。酒半斗，黑饧一斤炙令极热，投中，半日可去之矣。

《南史》记虞悰有鲭鲊，云可以醒酒，而不著其造作之法。

魏文帝诏曰：且说葡萄，解酒宿醒，淹露汁多，除烦解热，善醉易醒。

《礼乐志》云："拓浆析朝酲"，言甘蔗汁治酒病也。

《开元遗事》云：兴庆池南有草数丛，叶紫而茎赤，有醉者摘而嗅之，立醒，故谓之醒醉草。

《五代史》云：李德裕平泉有醒酒石，尤为珍物，醉则踞之。

饮　器

上古汙尊而抔饮①，未有杯壶制也。

《汉书》云"舜祀宗庙，用玉斝"②，其饮器欤？

《周诗》云："兕觥其觩。"③

周王制：一升曰爵，二升曰斛，三升曰觯，四升曰角，五升曰散，一斗曰壶。别名有盏、斝、尊、杯，不一其号。或曰：小玉杯谓之琖。或曰：酒微浊曰醆，俗书曰盏耳。由六国以来，多云制卮，形制未详也。

刘向《说苑》云：魏文侯与大夫饮，曰："不尽者，浮以大白。"

《汉书》或举盏以白釂，非也。

丰干、杜举④，皆因器以为戒者。

汉世多以鸱夷贮酒⑤。扬雄为之赞曰："鸱夷滑稽，腹大如壶，尽日盛酒，人复借酤。常为国器，托于属车。"

《南史》有虾头杯。盖海中巨虾，其头甲为杯也。

《十洲记》云：周穆王时，有杯名曰常满。

自晋以来，酒器又多云鎗⑥。故《南史》有银酒鎗。鎗或作铛。陈宣好饮，自云："何水曹眼，不识杯鎗，吾口不离瓢勺。"李白云："舒州勺，力士铛。”《北史》云：“孟信与老人饮，以铁铛温酒。”然则鎗者本温酒器也，今遂通以为蒸饪之具云。

宋何点隐于武丘山，竟陵王子陵遗以嵇叔夜之杯，徐景山之酒鎗。

松陵唱和，又有《瘿木杯》诗，盖木节为之。

老杜诗云“醉倒终同卧竹根”，盖以竹根为饮杯也。见《江淹集》。

唐人尤尚莲子杯，白公诗中屡称之。

乐天又云：“榼木来方泻，蒙茶到始煎。”

李太白有《山尊》诗云：“尊成山岳势，材是栋梁余。”

今世豪饮，多以蕉叶、梨花相强，未知出于谁氏。

诃陵国以鼊壳为酒尊，事见《松陵唱和诗》，云：“用合对江螺”。

唐韩文公《赠崔斯立诗》：“我有双饮盏，其银得朱提。黄金涂物象，雕镌妙工倕。乃令千钟鲸，么磨微螽[7]斯。犹能争明月，摆棹出渺弥。野草花叶细，不辨赘菉葹[8]。绵绵相纠结，状似环城陴。四隅芙蓉树，擢艳皆猗猗。”云云。盖皆以兴喻，故历言其状如此。今好事者多按其文作之，名为“韩杯”。

西域有酒杯藤，大如臂，叶似葛花，实如梧桐。花坚可酌。实大如杯，味如豆蔻，香美。土人持酒来藤下，摘花酌酒，乃实消酒。国人宝之，不传中土。事见张骞《出关志》。

【注释】

① 汙尊而抔饮：古时掘地为坎以盛酒，叫“汙尊”，双手掬饮，叫“抔饮。”《礼记·礼运》：“其燔黍卑豚，汙尊而抔饮。”注云：“抔，手掬之也。”

② 玉斝：斝，酒器，多以青铜或玉制成腹大、高领、侈口、有足。

③ 兕觥其觩：语出《诗·小雅·桑扈》。觩，同斛，兽角弯曲的样子。这里是说巨大犀牛杯形状弯弯的。

④ 丰干、杜举：丰干，当作丰侯。古有丰侯“坐酒亡国，戴盂戒酒”，后转为酒器名，罚爵时用。杜举：春秋时晋大臣杜蒉，曾劝戒晋平公不该在大臣死时举乐。平公引过自责，命杜蒉举觯，后世因以宴饮礼毕后举杯告退叫“杜举”。

⑤ 鸱夷：用皮革制成的盛酒器。扬雄《酒歌》：“鸱夷滑稽，腹大如壶。尽日盛酒，人复藉酤。”

⑥ 鎗：通“铛”，温酒器，《南齐书·萧颖胄传》：“欲铸坏大官元日上寿银酒鎗。”

⑦ 螽斯：虫名，属蝗虫类，雄虫前翅有发音器，可发声。《诗·周南》有“螽斯”篇。

⑧ 赘菉葹：皆草名。赘，即藻藜；菉，又名荩草，可制黄色染料；葹，即卷葹。此处指各种草叶。

酒　令

《诗·雅》云："人之齐圣，饮酒温恭。"又云："即立之监，或佐之史。"然则酒之立监史也，所以已乱而备酒祸也。后世因之有酒令焉。

魏文侯饮酒，使公乘不仁为觞政，其酒令之渐欤？

汉初，始闻朱虚侯以军法行酒。

《逸诗》云："羽觞随波流"，后世浮波疏泉之始也。

唐柳子厚有《序饮》一篇，始见其以洄溯迟驶为罚爵之差，皆酒令之变也。又有藏钩之戏，或云起于钩弋夫人，有国色而手拳，武帝自扳之，乃伸。后人慕之而为此戏。白公诗云："徐动碧芽筹"，又："转花移酒海"。今之世，酒令其类尤多：有捕醉仙者（为禺人，转之以指席者），有流杯者，有总数者，有密书一字使诵诗勾以抵之者，不可殚名。昔五代王章、史肇之燕，有手势令。此皆富贵逸居之所宜。若幽人贤士，既无金石丝竹之玩，惟啸咏文史，可以助欢，故曰"闲征雅令穷经史，醉听新吟胜管弦"。有对句者：

孟尝门下三千客，大有同人；湟水渡头十万羊，未济小畜。

马援以马革裹尸，死而后已；李耳指李树为性，生而知之。

江革隔江，见鲁班扳橹；李员园里，唤蔡泽择菜。

拆字为反切者：知引矧，欠金钦。

名字相反切者：干谨，字巨引；尹珍，字道真；孙程，字雅聊。

古人名姓点画绝省者：宇文士及，尔朱天光，子州友父，公父文伯，王子比干，王士平，吕太一，王子中，王太丘，江子一，于方，卜巳，方干，王元，江乙，文丘，丁乂，卜式，王丘。

字画之繁者：苏继颜，谢灵运，韩麒麟，李继鸾，边归谠，栾黡，鳞鑵，萧鸾。

声韵同者：高敖曹，田延年，刘幽求。

字画类者：田甲，李季。

台（臺）字去吉增点成室，居字去古增点成户。

火炎昆冈，山出器车，土圭卦国。

百全之士千万，五刑之属三千。

荡荡乎民无能名，欣欣焉人乐其性。

公子牟身在江湖，必游魏阙；郑子真耕于谷口，名动京师。

前徒倒戈以北，长者扶义而东。

运天德以君世，散皇明而烛幽。

今人多以文句首末二字相联，谓之粘头续尾。尝有客云：“维其时矣”，自谓文句必无“矣”字居首者，欲以见窘予答者。

不知矣焉也者，决辞也，出柳子厚文。遂浮以大白。

白公《东南行》云：“鞍马呼教住，骰盘喝遣输。长驱波郑白，连掷采成庐。”注云：“骰盘、卷白波、莫走鞍马，皆当时酒令。”法未详，盖元白一时之事尔。

《国史谱》称郑弘庆始创“平素精看”四字令，未详其法。

总　论

予行天下几大半，见酒之苦薄者无新涂，以是独醒者弥岁。因管库余闲，记忆旧闻，以为此谱，一览之以自适。亦犹孙公想天台而赋之，韩吏部记画之比也。然传有云：图西施、毛嫱而顾之，不如丑妾可立御于前。览者无笑焉。甲子六月既望日在衡阳汐公窦子野题。

宋史·礼志

宴飨之设，所以训恭俭、示慈惠也。宋制尝以春秋之季仲及圣节，郊祀、籍田礼毕，巡幸还京，凡国有大庆皆大宴，遇大灾大礼则罢。凡大宴，有司预于殿廷设山楼排场，为群仙队仗六番进贡，九龙五凤之状，司天鸡唱楼于其侧。殿上陈锦绣，帷帘亦垂香球，设银香兽前槛内，藉以文茵，设御茶床、酒器于殿东北槛间。群臣醆斝于殿下幕屋。设宰相使相、枢密使知枢密院、参知政事、枢密副使同知枢密院、宣徽使、三师、三公、仆射、尚书、丞郎学士、直学士、御史大夫、中丞、三司使经谏舍人、节度使、两使留后观察团练使、待制、宗室、遥郡团练使、刺史、上将军、统军、军厢指挥使坐于殿上，文武四品以上知杂御史郎中郎将、禁军都虞侯坐于杂殿，自余升朝官、诸军副都头以上，诸番进奉使、诸道进奉将军以上分于两庑。宰臣使相坐以绣墩，参知政事以下用二蒲墩加罽毯，军都指挥使以上用一蒲墩。自杂殿而下皆绯缘毡条席。殿上器用金，余以银。

其日，枢密使以下先起居讫。当时立者升殿，宰相率百官入宣徽阁门，通唱辞致谢。宰相升殿进酒，各就坐。酒九行，每上举酒，群臣立侍；次宰相，次百官奉酒，或传旨命醽，即搢笏起饮再拜。曲宴多令不拜。或上寿朝会，止令满酌不劝。中饮更衣赐花有差。宴旋舞蹈拜谢而退。

平阳县代纳坊场钱记（宋·叶冰心）

自前世乡村以分地扑酒有课利买，名净利钱，恣民增钱夺买，或卖不及，则为败缺而当停闭。虽当停闭，而钱自若，官督输不贷，民无高下，枚户而偿，虽良吏善政，莫能救也。嘉定二年，浙东提举司、温州平阳县言：乡村坊店二十五，当停闭二十一，有坊店之名，而无其处。旧传自宣和时则然。钱之以贯数：二千六百七十三。州下青册于县，月取岁足，无敢蹉跌，保正赋。饮户不实，杯盂之酤，罄缶之酿，强家辛免，浮细受害。宪山入云，绝少醉者，鬻樵雇薪，抑配白纳。而永嘉里有算亩而起，反过正税，斯又甚矣。且县人无沉湎之失，而受败缺之咎。十百零细，承催干没，关户逃避，攘及锅釜，子孙不息，愁苦不止。惟垂裁哀，颇见救助，伏见近造伪会子抵罪者，所籍之田及余废寺，亦有残田，谓宜赐县，就用禾利足以相直，补青册之缺，释饮户之负，不胜大愿。于是朝廷恻然许之，命既布，一县无不歌舞赞叹，以纪上恩。夫坊场之有败缺，州县通患也。今平阳独以使者一言，去百年之疾。然则昔所谓莫能救者，岂未之思欤？某闻仁人视民如子，知其痛苦若身尝之。审择其利，常与事称，疗之有方，子之有名，不以高论废务，不以空意妨实，然后举措可明朝廷，而惠泽可出于君上，此其所以法不弊而名不穷也。

《文献通考》《榷酤》篇

衙西酒店卖酒收趁则例

谨具本店卖酒收趁则下项须至申者：

本店元系本州于绍兴二十一年内创置，支降本钱一千五百贯文，下本店循环作本，依公使酒库则例，造酒沽卖，收钱不以多存留本钱，在库循环作本，籴买柴米物料，并支取雇夫等钱外，每日趁净钱三十贯文，省逐旬作钞，起赴州省库交纳，应副支遣官兵，近准使帖指挥，增作三十五贯文省。伏乞照会。

一、造酒则例

造酒醅一硕，取酒九斗，计用：

柴三担，煎浆油一两，椒一两，葱五文足，黄葛一两。

新酒醅一硕，取酒九斗，计用：

糯米一硕，支曲一十六斤，柴一担半，煎浆油一两，椒一两，葱五文足。

二、卖酒则例

煮酒每一升正，收钱一百七十文，足共卖酒一升二合正。酒一升耗酒二合。

新酒每一升正，收钱一百五十文，足共酒二升五合正。酒一升耗酒一升五合。

三、库官、攒匠、贴库、杂夫食钱

每日该三贯六百文省，逐月终具申。

使府行下，本店于循环收到本钱内支给，即不侵损元降本钱，合解息钱。

提点官知录盛文初每月食钱一十五贯文省，

兼监官都监冯修武每月食钱一十贯文省，

兼监官指使王进义每月食钱五贯文省。

已上三项共钱三十贯文省，每日计钱一贯文省。

攒司吴庭立每日食钱三百文省，

酒匠毛翼每日食钱三百文省，

贴库李文每日食钱二百文省，

作夫汪德等八名，每名日支食钱二百五十文省，每日共钱二贯。

右谨具申闻，

谨状

绍兴三十二年十一月　日

攒酒匠毛翼、吴度立

进义副尉本州指使兼监衙西酒店王（琮）

修武郎权兵马都监兼监衙西酒店冯（德）

右文林郎录事参军提点衙西酒店盛（存之）

录自上海博物馆影印宋刊龙舒本

制度典籍举例（二）

太宗太平兴国元年诏：先是，募民掌茶盐榷酤，民多增常数求掌以规利。岁或荒俭，商旅不行，致亏常课，多藉没家财以偿，甚乖仁恕之道，今后以开宝八年额为定，不得复增。

渡江后，屈于养兵，随时增课，名目杂出，或主于提刑，或领于漕司，或隶于经、部制司，惟恐军资有所未裕。建炎三年，总领四川财赋赵开遂大变酒法：自成都始，先罢公帑卖供给酒，即旧扑买坊场所置隔酿，设官主之，民以米入官自酿，斛输钱三十，头子钱二十二。明年，遍下其法于四路，岁递增至六百九十余万缗。凡官糟四百所，私店不预焉，于是东南之酒额亦日增矣。

《宋史·食货志》

辍耕录（元·陶宗仪）

天子凡宴飨，一人执酒觞立于右阶，一人执拍板立于左阶。执板者抑扬其声赞曰："斡脱"。执觞者如其声和之，曰："打弼"。同执板者节一板，从而王侯卿相合坐者坐，合立者立。于是众乐皆作，然后进酒诣上前。上饮毕授觞，众乐皆止，别奏曲以饮陪位之官。谓之"喝盏"，盖沿袭亡金旧礼，至今不废。诸王大臣非有赐命不敢用焉。"斡脱"、"打弼"彼中方言，未暇考求其义。

按：以上所记乃金、元之时皇帝宴飨时的礼仪实况。

觞政（明·袁宏道）

余饮不能一蕉叶，每闻垆声，辄踊跃。遇酒客与留连，饮不竟夜不休。非久相狎者，不知余之无酒肠也。社中近饶饮徒，而觞容不习，大觉卤莽。夫提衡糟丘，而酒宪不修，是亦令长者之责也。今采古科之简正者，附以新条，名曰《觞政》。凡为饮客者，各收一帙，亦醉乡之甲令也。

吏

凡饮，以一人为明府，主斟酌之宜。酒懦为旷官，谓冷也；酒猛为苛政，谓热也。以一人为录事，以纠座人，须择有饮材者。材有三，谓善令、知音、大户也。

徒

酒徒之选，十有二：款于词而不佞者①，柔于气而不靡者，无物为令而不重者，令行而四座踊跃飞动者，闻令即解不再问者，善雅谑者②。持屈尊不分诉者，当杯不议酒者，飞斝腾觚而仪不愆者③，宁酣沉而不倾泼者，分题能赋者，不胜杯杓而长夜兴勃勃者。

【注释】

① 款于词而不佞者：款，诚恳。佞，花言巧语。句意为：对人说话诚恳不巧言谄媚，取悦于人。

② 雅谑：高雅不俗的玩笑。谑，开玩笑。《诗·卫风·淇奥》：“善戏谑兮。不为谑兮。”

③ 愆：过失，错误。

遇

饮有五合，有十乖[①]。凉风好月，快雨时雪，一合也；花开酿熟，二合也；偶尔欲饮，三合也；小饮成狂，四合也；初郁后畅，五合也。日炙风燥。一乖也；神情索莫，二乖也；特地排档[②]，饮户不畅，三乖也；宾主牵率，四乖也；草草应付，如恐不竟，五乖也；强颜为欢，六乖也；草履板折，谀言往复，七乖也；刻期登临，浓阴恶雨，八乖也；饮场远缓，迫暮思归，九乖也；客佳而有他期，妓欢而有别促，酒醇而易，炙美而冷[③]，十乖也。

【注释】

① 乖：背离，不和谐。《新书·道术》：“刚柔得适谓之和，反和为乖。”

② 特地排档：专门地安排出某种形式。

③ 炙美而冷：炙，烤。《诗·小雅·瓠叶》：“有兔斯首，燔之炙之。”这里指烤肉。

祭

凡饮必祭所始，礼也。今祀宣父曰酒圣[①]，夫无量不及乱，觞之祖也，是为饮宗。四配[②]曰阮嗣宗[③]、陶彭泽、王力功、邵尧夫。十哲曰郑文渊，徐景山、嵇叔夜、刘伯伦、向子期、阮仲容、谢幼舆、孟万年、周伯仁、阮宣子。而山巨源，胡毋辅国、毕蒐世、张季鹰、何次道、李元忠、贺知章、李白以下，祀两庑。至若仪狄、杜康、刘白堕、焦革辈，皆以酝法得名，无关饮徒，姑祠之门垣，以旌酿客，亦犹校官之有土主，梵宇之有伽蓝也[④]。

【注释】

① 宣父：孔子谥号。汉平帝追谥孔子为“褒城宣尼公”，唐太宗时尊孔子为“宣父”。因之后人多以“宣圣”“宣父”称孔子。

② 四配：配，配享祭祀的人。儒家在祭祀孔子时有“四配”“十哲”配祭。

③ 阮嗣宗：即阮籍。由此之后至焦革，本节计列26人，都是历史上的著名“酒徒”，一些已见前注，一些在“轶事”章有专文介绍，故一律略去不注。

④ 伽蓝：即“伽蓝神”，佛的守护神，常塑于寺院门旁，称“护寺伽蓝”。

典　刑

曹参[1]、蒋琬[2]，饮国者也；陆贾[3]、陈遵，饮达者也；张师亮[4]、寇平仲[5]，饮豪者也；王远达[6]、何录裕[7]，饮俊者也；蔡中郎，饮而文；郑康成，饮而儒；淳于髡，饮而俳；广野君[8]，饮而辩；孔北海，饮而肆。醉颠、法常、弹饮者也；孔元、张志和，仙饮者也；杨子云、管公明[9]，玄饮者也。白香山之饮适，苏子美之饮愤，陈暄之饮駃，颜光录之饮矜[10]，荆卿[11]、灌夫之饮怒，信陵、东河之饮悲。诸公皆非饮派，直以兴寄所托，一往標誉，触类广之，皆欢场之宗工，饮家之绳尺也。

【注释】

① 曹参：西汉初著名大臣，为汉高祖主要谋臣之一，汉高祖、惠帝间多次任相。

② 蒋琬：三国蜀汉的著名大臣，以善于言辩闻名天下。

③ 陆贾：西汉著名大臣，以善于言辩闻名天下。

④ 张师亮：名齐贤，北宋政治家，官至右仆射。嗜酒。史载他任官时：“日与亲旧觞咏。”

⑤ 寇平仲：即寇准，北宋著名政治家。宋真宗时任宰相，史载他“性奢侈，喜剧饮”。

⑥ 王远达：即王忱。两晋时人，官至安州刺史。史载他：“一饮连月不醉。每曰：‘三日不饮，便觉行神不亲。’”

⑦ 何承裕：五代人。官至著作佐郎。史载其为县令时，“醉则露首跨牛趋府”，有才华，不拘小节。

⑧ 广野君，即郦食其，曾以“高阳酒徒”之名谒见刘邦。封“广野君”。

⑨ 管公明：管辂，三国魏人，通《易》、尚玄，嗜酒。

⑩ 颜光禄：即颜延之，南朝刘宋时人，曾任中书侍郎，授金紫光禄大夫。嗜酒放达。史载他“每骑马邀游里巷，遇旧知，辄据鞍索酒，得必倾尽”。

⑪ 荆卿：即荆轲，战国时人，曾为太子丹刺秦王，传名后世。生平嗜酒和狗肉。

掌 故

凡《六经》[1]、《语》、《孟》所言饮式，皆酒经也。其下则汝阳王《甘露经》[2]、《酒谱》，王绩《酒经》，刘炫《酒孝经》[3]、《贞元饮略》，窦子野《酒谱》，朱翼中《酒经》，李保《续北山酒经》，胡氏《醉乡小略》，皇甫崧《醉乡日月》，侯白《酒律》[4]，诸饮流所著记传赋诵等为内典[5]。《蒙庄》[6]、《离骚》、《史》、《汉》、《南北史》、《古今逸史》、《世说》、《颜氏家训》，陶靖节、李、杜、白香山、苏玉局[7]、陆放翁诸集为外典。诗余则柳舍人、辛稼轩等，乐府则董解元、王实甫、马东篱、高则诚等，传奇则《水浒传》、《金瓶梅》等为逸典。不熟此典者，保面翁肠，非饮徒也。

【注释】

① 六经：诗、书、礼、乐、易、春秋六部儒家经典的概称。

② 汝阳王：李琎，唐睿宗之孙，封汝阳王，著有《甘露经》等酒经。

③ 刘炫：唐人。著有《酒孝经》，今佚。

④ 侯白：唐人。著有《启颜录》《酒肆》等。

⑤ 内典：佛教称本教的经书为“内典”，佛教以外的书为“外典”，此处借用指专门述酒的书典。

⑥ 蒙庄：即《庄子》，因庄周为宋国蒙人。

⑦ 苏玉局：即苏轼，因其曾提举玉局观，故有此称。

刑 书

色骄者墨[1]，色媚者劓[2]，伺颐气者宫[3]，语含机颖者械[4]，沉思如负者鬼薪[5]，梗令者决递[6]。狂率出头者搔婴[7]。愆仪者共艾毕[8]。欢未阑乞去者菲对履[9]。骂坐三等：青城旦[10]；舂[11]；放沙门岛[12]。浮托酒狂以虐使为高，又驱其党效力者，大辟[13]。

【注释】

① 墨：古代五刑之一，脸上刺字，又叫“鲸”。“墨”和以下“劓”“宫”“大辟”等都是古代刑罚，这里借用来喻指对犯酒令者要严格处罚，并非真的用刑。

② 劓：古代五刑之一，割掉犯人鼻子。

③ 宫：宫刑，司马迁说：“诟莫大于宫刑。”

④ 械：刑具之一，引申为拘禁。

⑤ 鬼薪：秦汉时一种刑罚。《汉书·惠帝记》："有罪当刑，及当为城旦、舂者，皆耐为鬼薪、白粲。"颜师古注曰："取薪给宗庙为'鬼薪'，坐择米使正白为'白粲'，皆三岁刑也。"

⑥ 决递：判案发落。

⑦ 搔婴：给犯人头上插草，以示羞辱。《荀子正论》："治古无肉刑，而有象刑：墨黥、搔婴。"

⑧ 艾毕：古代象刑之一。割去犯人衣服的一部分，表示羞辱。

⑨ 菲对屦：给犯人穿上草鞋，以示羞辱。

⑩ 青城旦：即"城旦"，秦汉时刑名之一种，白天筑城，晚上守城。

⑪ 舂：秦汉时刑名之一，罚舂米三年。

⑫ 沙门岛：地名，在山东蓬莱西北海中，为唐宋流放罪犯的地方。后来，沙门岛转化为发配、流放的意思。元曲常有："姑免赴云阳，且配沙门岛。"

⑬ 大辟：古代死刑之一，即杀头。

品　第

凡酒以色清味洌为圣，色如金而醇苦为贤。色黑味酸醨者为愚，以糯酿醉人者为君子，以腊酿醉者为中人，以巷醪烧酒醉人者为小人。

杯　杓

古玉及古窑器上，犀、玛瑙次，近代上好瓷又次。黄白金叵罗[1]下，螺形锐底数曲者最下。

【注释】

① 叵罗：酒器，敞口的浅杯。《北齐书·祖挺传》："神武宴寮属，于坐失金叵罗，窦泰令饮酒皆脱帽，于挺髻上得之。"

饮　储

下酒物色，谓之饮储。一清品，如鲜蛤、糟、蚶、酒蟹之类。二异品，如熊白[1]，西施乳[2]之类。三腻品，如羔羊、子鹅炙之类。四果品，如松子、杏仁之类。五蔬品，如鲜笋、早韭之类。

以上五款，聊具色目。下邑贫士，安从办此。政使瓦盆蔬具，亦何损其高致也。

【注释】

① 熊白：山珍之一，熊背的白脂。《本草纲目·兽部》集注：“熊脂即熊白，乃背上肪，色肉如玉，味甚美。”

② 西施乳：河豚腹内腴白的别称。宋赵颜咸《云麓漫钞》：“河豚……腹中有白曰‘肭’有肝曰‘脂’。肭最甘肥，吴人甚珍之，目为‘西施乳’。”

饮　饰

棐几明窗，时花嘉木，冬幕夏荫，绣裙藤席。

欢　具

楸枰①、高低壶、觥筹骰子、古鼎、昆山纸牌②、羯鼓③、冶童、女侍使、鹧鸪、沈茶具（以骰渴者）、吴笺④、宋砚，佳墨（以俟渴者）、吴笺、宋砚，佳墨（以候诗赋者）。

【注释】

① 楸枰：古时棋盘多用楸木制作，因称棋盘为楸枰。温庭筠《观棋》诗：“闲对楸枰倾一盘。”

② 昆山纸牌：昆山，地名，在今江苏境内。纸牌，即“马吊牌”，又叫“叶子牌”，计四十张，牌分十字、万字、索字、文钱四门。四人玩，每人八张。盛行于明代中叶。

③ 羯鼓：一种打击乐器，南北朝时西域传入内地，盛行于唐。据《羯鼓录》：其制“如漆桶”，下以小牙床承之。击用两丈。

④ 吴笺：苏州产的纸，唐之后即十分出名。

附录：酒　评

丁未①夏日，与方子公诸友，饮月张园，以饮户相角，论久不定。余为评曰：“刘元定如雨后鸣泉，一往可观，苦其易竟。陶孝若如俊鹰猎兔，击搏有时。方子公如游鱼狎浪，喁喁②终日。丘长孺如吴牛③啮草，大不利快，容受颇多。胡仲修如徐娘④风情，当追念其盛时。刘元质如蜀后主⑤思乡，非其本情。袁平子如武陵少年舞剑，未识战场。龙君超如德山[6]未遇龙潭时，自着胜地。袁小修如狄青[7]破昆仑关，以奇服众。”

【注释】

① 丁未：丁未年，即公元1607年。

② 喁喁：鱼口向上露出水面。

③ 吴牛：刘孝标注《世说》中云：“今之水牛唯生江淮间，故谓之吴牛也。南土多暑，而此牛煨热，见月疑是日，所以见月则喘。”这里用来形容丘长孺饮酒如老牛吃草、行动缓慢。

④ 徐娘：《南史梁元帝徐妃传》云：“徐娘虽老，犹尚多情。”后因称风韵犹存的中年妇女为徐娘。

⑤ 蜀后主：即刘禅，史载他降晋后，司马昭席间用故蜀妓歌舞，别人都心酸，只有他喜笑自若。司马昭问他思念故乡不？他答：“此间乐不思蜀。”

⑥ 德山：唐佛教禅宗宣鉴禅师的别名。

⑦ 狄青：北宋大将，在对西夏战争中屡立战功，尤以皇佑四年（公元1052年）奇袭破昆仑之战著名。

大清会典

崇德（清太宗年号）元年（公元1636年），定元旦日王、贝勒、贝子、公等每旗各进御前、中宫前筵席、牲酒。外藩、蒙古王、贝勒等每旗各进御前、中宫前牲酒，大设筵宴于崇政殿，王以下各官俱排班立侯。进御筵毕，王以下都统以上进前立，各官于原班立，捧爵官捧爵跪送，进酒官跪接，兴，诣上前跪进，各官皆跪，进酒官退原处跪侯。上举酒，王以下各官退至原班，照翼列坐次，设王以下各官桌。侯上进馔，各官于各坐处一跪一叩头。宴毕，鸣赞官赞“行一跪三叩头礼”。毕，上还宫。王以下各官跪送，侯驾过，兴，各退。其升殿、进桌、进酒、进馔、行礼、上还宫时，俱作乐。

康熙二十三年（公元1684年）议准：元旦改满席为汉席，不用诸银器。王等停进满席羊只，改进汉席：亲王各十六席，世子十四席，郡王各十席，贝勒各六席，贝子各四席，入八分公各二席。

殿试进士传胪毕，赐恩荣宴于礼部。陪宴内大臣、读卷大臣、监试官、护军参领、銮仪卫堂官，每员一席。监察御史、收卷、弥封、收掌、用印、巡绰、写榜、供给、鸣赞官每二员一席。护军校每三员一席。一甲三名进士，每名一席。其余进士每二名一席，俱由光禄寺备办。

清史稿·礼八·乡饮酒礼（节录）

顺治初元，沿明旧制，今京府暨直省府、州、县，岁以孟春望日、孟冬朔日，举行学宫。前一日，执事敷坐讲堂习礼，以致仕官为大宾，位西北，齿德兼优为僎宾，位东北，次为介，位西南，宾之介为三宾，位宾、主、介、僎后。府、州、县官为主人，位东南，若顺天府则府尹为主人，司正一人主扬觯，教官任之。赞引、读律各二人，生员任之。届日执事牵牲具馔，主人率属诣学，乃速宾。宾至，迎门外，主东宾西，三揖让乃升，相向再拜。宾即席，延撰，介入，如宾礼。就位，赞“扬觯”，司正升自西阶，北向立，宾主皆起立。赞揖，司正揖，宾、介以下答揖。执事举幂酌酒于觯授司正，司正扬觯而语曰：

“恭惟朝廷，率由旧章，敦崇礼教，举行乡饮。非为饮食，凡我长幼，各相劝勉。为臣尽忠，为子尽孝，长幼有序，兄友弟恭，内睦宗族，外和乡党。毋或废坠，以忝所生。”

读毕，赞“饮酒”，司正立饮。赞揖，则皆揖。司正复位，宾、介皆坐。赞“读律令”，生员就案北面立，咸起立旅揖。读曰：

“律令，凡乡饮酒，序长幼，论贤良，别奸顽。年高德劭者上列，纯谨者肩随。差以齿，悖法偭规者毋俾参席，否以违制论。敢有哗噪失仪，扬觯者纠之。”

读毕复位。赞供馔，有司设馔。赞献宾，则授主以爵，主受之，置宾席，少退，再拜，宾答拜。于僎亦如之。皆坐，有司遍酌，赞饮酒。酒三五行，汤三品，毕，撤馔。僎、主、僚司居东，宾、介居西，皆再拜。赞送宾，各三揖，出、退。

酒社刍言（一篇）

小引

黄九烟先生作《酒社刍言》，于寻常觞政中，特设三戒。此亦各有所宜，未可遽以为典要者也。更有先生所未及详者，余请得而备言之。其一为酒之不洁也。折柬之辞，或曰涤卮，取其洁耳。今斟酌之际，一人执壶，一人捧杯。执壶者必欲取盈，捧杯者恐其或溢。每斟至八分时，杯举而上，壶压而下，壶之嘴往往没入杯中。此不洁之在先者也。杯或未乾，所当倾而去之，存此酒以醉僮仆，不亦可乎？主人惜酒者，即以未乾冷酒，注于壶中。此不洁之在后者也。其一为五簋之宜变也，原五簋之初，只以惜费耳，不知其费更甚。盖簋既少则形必大，形既大则餚必丰。数止于五月，则必以价昂者为之，大约一簋而需二簋之费。此不便之在主者也。人之嗜好，各有不同，既有偏好，亦有偏恶。餚之为类也多，必有值其好者，今止于五而已。设半投其所恶，客不几于馁乎？此不便之在客者也。少数者，宾筵之常，皆人所忽，敢因此帙而并及之。冀得遇于观览者，岂非我辈之厚幸乎哉。心斋张潮譔。

古云：酒以成礼。又云：酒以合欢。既以礼为名，则必无伧野之礼。以欢为主，则必无愁苦之欢矣。若角斗纷争，攘臂劝呶，可谓礼乎？虐令苛娆，兢兢救过，可谓欢乎。斯二者，不待智者而辨之矣。而愚更请进一言于君子之前曰：饮酒者，乃学问之事，非饮食之事也。何也？我辈性生好学，作止语默无非学问。而其中最亲切而有益者，莫过于饮酒之顷。盖知已会聚，形骸礼法，一切都忘。惟有纵横往复，大可畅叙情怀。而钓诗扫愁之具，生趣复触发无穷，不特说书论文也。凡谈及宇宙古今山川人物，无一非文章，则无一非学问，即下至恒言谑语，如听村讴，观稗史，亦未始不可益意智而广见闻。何乃不惜此可惜之时，用心于无用之地，弃礼而从野，舍欢而觅愁乎？愚有慨于中久矣，谨勒三章之戒，冀成四美之贤。

一戒苛令

世欲之行苛令，无非为劝饮计耳。而不知饮酒之人，有三种，其善饮者不待劝，其绝饮者不能劝。惟有一种能饮而故不饮者宜用劝，然能饮而故不饮，彼先已自欺矣，吾亦何为劝之哉。故愚谓不问作主作客，惟当率真称量而饮，人我皆不须劝。既不须劝矣，苛令何为？

一戒说酒底字

说酒底者，将以观人之博慧也。然圣贤所谓博与慧者，似不在此，况我辈终日兀坐编摩，形神挛悴，全赖此区区杯中之物之解之。若复苦心焦思，搜索枯肠，何如不饮之为愈乎？更有一种狂黠之徒，往往借觞政以逞聪明，借席纠以作威福，此非吕雉之宴，岂真许军法行酒乎！若不幸逢此辈，惟有掉头拂衣而已。

一戒拳斗

佐饮之具多矣。古人设为琼嬰（按，即今骰子）以行酒，五白六赤，一听于天，何其文而理也。即藏钩，握子，射覆，续麻诸戏，犹不失雅人之致。而世俗率用拇阵虎膺，以逞雄角胜，捋拳奋臂，叫号喧争。如许声态，亦何异于市井之夫、舆佁之辈乎？愚尝谓天下事无雅俗，皆有学问存焉。若此种学问，则敛手未敢奉教。

跋

余尝同黄先生饮，所谈亦复不拘何事，大约不喜苛耳。余则谓苛于令，可也；苛于酒，不可也。令取其佳，酒随乎量，俾客不以饮酒为苦，而以觞政为乐，不亦可乎？然令虽无妨于苛，亦须在人耳目之前，意计之所能及为佳。苛为人之所必不记忆，徒以示一已之博奥，则真所不必矣。心斋居士题。

乌镇酒厂

酒业的形成与生产

第一章　酿造技术是智慧的结晶

中国造酒技术的改进与提高，丰富了酒文化的内涵。造酒技术的出现应该在黄帝时，因为黄帝的儿子有姓“酉”的，古“酉”同酒。

夏桀时“酒池槽林”说明当时的技术是可生产粮食发酵酒既榨酒了，可以做到渣（槽）酒分离了。

比较明确地记载分离方法的是到了周朝，在齐桓公三十年（公元前656年），齐桓公率诸侯侵蔡，蔡溃；又伐楚，楚请盟于昭陵。在接待楚使时，管仲曾代表周朝指责楚国说：“乐贡包茅不入，王祭不供，无以缩酒，寡人是徵。昭王南征而不复，寡人是问。”（《左传·僖四》）周昭王南征溺死于汉水，是公元前977年的事，距这次讨伐已有321年了，所以管仲的指责明显是在“找茬儿”。至于前一句，才是和我们的酒有关系的话，尽管也是在“找茬儿”：你们应当进贡的“包茅”并未按期交来，给周王祭祀祖先神灵造成供应匮乏，没有“缩酒”的材料。

什么是“缩酒”呢？在晋·杜预的注、唐·孔颖达的疏中，说得很清楚：“束茅而灌之以酒，为缩酒。”——捆好茅草而灌进去酒，使酒流出来，糟阻留在茅草束里，这叫做缩酒。“泲之以茅，缩去滓也”，泲，指挤的动作和过滤后的酒精。用茅草进行过滤，甚至也加以压榨的动作，以除去酒糟。这个记录，才算是比较明确。话说在公元前656年，既然“王祭”都形成了习惯、传统，所以向上推几百年，当无问题。因此，中国人会用过滤法分离酒液、酒糟，至少是3000年以前的事情了。

现在酒通过发酵、蒸馏，制酒或过滤酒。

汉字中，专门有一个“醡”字，表明是一个榨酒的专门工具的名词和榨酒的专门劳作的动词。宋朝大诗人黄庭坚有两句诗写了榨酒的情形：“醡头夜雨排檐滴，杯面春风绕鼻香。”（《次韵杨君全送酒长保有》）另一个大诗人杨万里也有这么两句：“松槽葛囊才上醡，老夫脱帽先尝新。”合在一起看：醡床的接酒槽子是松木做的，酿熟上醡床备榨的料倒进葛布制的口袋里，然后对口袋加压，酒浆自然流落醡床的槽子，再流入盛酒的陶罐之类。也许会酒流子很旺，倾泻如注，但过一会就会像夜晚的小雨从屋檐瓦上滴答滴答地下落，要压榨很长时间才能完成这道工序，将含于糟中的酒汁压得一干二净。

这样的酒精含量绝对不会超过20度。我们中国人在元朝以前，都是饮用这种酒精度低、营养成分丰富的榨制酒。

就是到了元朝之后，60度老白干也不是一下子非常普及的。这就是说，中国人在长时间里饮用的是低度酒，发酵榨制，营养成分多样丰富。虽然说低度酒喝多了也可以使人沉醉，造成酗酒的现象，但带来危险后果总比60度老白干强多了。

中国人什么时候发明了蒸馏酒，这是酒工艺史上是一个有争论、待确考的问题。我们不妨认真讨教一下李时珍老前辈，看看《本草纲目》。

烧酒　释名　火酒（纲目）阿剌吉酒（饮膳正要）

李时珍曰：烧酒非古法也，自元时始创。其法用浓酒和糟入甑，蒸气令上，用器承取滴露。凡酸坏之酒，皆可蒸烧。近时惟以糯米，或粳米，或黍，或秫，或大麦，蒸熟，和曲酿瓮中七日，以甑蒸取。其清如水，味极浓烈，盖酒露也。

李时珍博览群书，学风严谨，去元时又不远，应该说"元时始创"是靠得住的。理由如下：

其一，这里所记载的烧酒的别名"阿剌吉"，不是别的，而是蒙古语alak的音译。Alak进入中原，开始无以名之，就以音译名之。

其二，元以前没有任何一种书上有蒸馏酒工艺的记载，也没有留传下来蒸馏器的图样或实物。近年来的出土文物，我们所知不多，有以下两件值得研究：1974年，辽宁省法库县叶茂台七号辽墓曾出土供桌下瓷酒壶二只，壶盖用纸封，壶口开放。从供桌、环境，推断为酒。从残留液浅米黄透明，似乎是酒精挥发干净后的水，因榨制酒含有机质量比蒸馏酒大得多，挥发变质后总会留有残迹；在墓穴恒温无风条件下，壶盖又已密封，不应无残留酒精成分。1975年，河北青龙县金代文化曾出土一件铜蒸器，《考古》1980年第5期，由林荣贵执笔的《金代蒸馏器考略》作了全面深入的研究，称为"金代蒸馏器"；时限推断放宽到"金代或金末元初"，对其用途则推断为"蒸丹药花露之用器"或"加箄蒸酒"。因为出土的文物并没有箄，铜器本身尺寸又不大，这样推断，此文再次肯定李时珍之说"基本符合我国'烧酒'——蒸馏酒起源和发展的实际情况"。这也就是说，青龙蒸馏器不足以推翻"元时始创"的结论。

综合以上二点，处于地冻天寒之中的兄弟民族蒙古族最有可能是蒸馏酒的发明者；其次，另一个"候选人"女真族，也说不定。冰天雪地，放牧牛羊，居住帐篷，煮奶熬茶，应是烈性酒的故乡在北方不在南方的条件和理由。

《水浒传》里的故事写的是北宋，在南宋说书就说得很红。如果元以前有烧酒，《水浒传》里不可能一点反映都没有。这就证明了元以前没有老白干。

何况《水浒传》是“离酒不成书”的，全书写“酒”处数百。凡写到酒的生产，都是榨制，绝无蒸馏。例如第四回写五台山下傍村小酒店“破瓮榨成黄米酒，柴六挑出青布帘”，是说这酒家自制自卖黄米酒，是榨制后以破瓮贮存的。又如第六十五回写张顺旅途中遇难脱险之后，湿漉漉爬上岸来，转进一个村子，遇着一个小酒店，一个老头儿“半夜起来醡酒”。很显然，这是为次日开业作准备工作，随发酵随榨制随卖掉。

《水浒传》中凡写到饮酒，大部分是用碗，少数是用盅盏，也可证明是榨制酒并非高度蒸馏酒。以书中人物文野粗细分别而饮酒有天地之别也。第三十九回，打蒋门神之前，施恩请武松喝所谓“一路酒”，施恩深恐武松烂醉，摆下小盏，武松说：“不要小盏吃，大碗筛来……”这次“一路酒”，武松喝了三十大碗，才有五七分酒意，可见是榨制酒，下文又一次提到的是“村醪”“社酝”“深酒”。再如二十三回武松打虎前饮酒十五大碗，景阳冈酒家自夸说：“俺家白酒，虽是村醪，却比老酒的滋味。”

《水浒传》中凡提到特殊酒名者，亦无不是榨制酒。例如第二十四回，西门庆问武大职业，王婆回答说“卖拖蒸河漏子，热荡温和大辣酥”。“大辣酥”，元杂剧中又作“打剌孙”“打剌酥”，蒙语的黄酒——辜（dauasu）的音译（时兴一阵后止）。王婆的话，表现了市民的口吻。

总而言之，《水浒传》从酒史的眼光看，可证明元之前无蒸馏酒。这种无数无名氏口头创作基础上的名著，应该是通俗真实可信的，偶然漏掉烧酒的可能性似乎不大可能。

直到明末清初，随着烧酒的产生与渐渐推广，文学作品中慢慢地反映出饮用烧酒的情形。例如，汤显祖的《杜丹亭》，托言南宋时事，却在《肃苑》一出戏里让小花郎冒出一句“狠烧刀险把我嫩盘肠生灌杀”。这与“阿刺吉酒”同属于烧酒的早期名词。明人谢肇淛《五杂俎·物部》说得明白：“京师之烧刀，舆隶之纯绵也。”意思是说：在寒冷的首都北京，穷人生活很难，喝上二两烧酒，对于车夫、轿夫、衙门差役等地位低下的人，真赶上多穿一件棉袄。这和东北民间故事讲的差不多：一个穷汉，喝一口白干，就自夸一声：“啊，又穿一件小棉袄。”大三九天，住冷屋子，没被子，就仗这点酒劲，合衣鼾睡，明早好去功夫市插上草标卖苦大力去。所以，烧酒是北方穷人的好朋友，又取暖、又解乏、又便宜。

不过从长远的观点看问题，中华民族在当今世界饮用烈性酒数第一。俄卡特、伏尔加、威士忌、白兰地……都没有中国白酒厉害，顶多才有40多度，算是了不起的烈性酒了，咱们是60度还不过瘾，65度，多糟蹋点粮食还算小事，喝坏了中华民族的身子骨儿才是天大地大的事。李时珍告诫过我们："烧酒，……辛甘大热，有大毒。……过饮败胃伤胆，丧心损寿，甚则黑肠腐胃而死……"用今天的话说，就是胃炎，胃溃疡，胆囊炎，冠心病，肠癌、胃癌，都可能诱发。

从茅台、五粮液、泸州老窖开始，急遽降低酒精度，而保持原有的风格气味，看来是一大使命课题。

第二章　物质丰富、技术精湛是酿造的基础

氏族社会的末期，由于生产工具的改进，生产力提高了，农业产品有了剩余，酒自然也产生了。晋人江统在其《酒诰》中说：“有饭不尽，委余空桑，郁积成味，久蓄成芳，本出于此，不由奇方。”这说明，人们的生活相对提高了，食物有了剩余，有饭不尽，放之野外，发酵生津，尝之芳香，酒便应运而生。许慎在《说文解字》中说：“古者仪狄作酒醪，禹尝之而美，遂疏仪狄。”这一时期出现了酒。

生活在我国黄河中下游的夏部落，由于金石工具的广泛应用，生产力发展较为迅速导致私有制的产生与强化，剥削的出现，部落产生了分化，社会分离出自由人和奴隶，进入阶级社会，出现了奴隶制的国家——夏。为庆祝这一胜利，便“大饷诸侯于钧台”。这是大型宴会的开端。禹曾尝仪狄作酒醪之美，他的儿子设国宴，置酒众饮更是可能的了。

古云：“杜康造秫酒。”杜康即为少康，此时已由自然酒发展到人工造酒了。

酒足饭饱的产生，丰富了人们的生活，也影响到人们的身体，随着历史的发展，它的影响也在向纵深发展着。

到了商代，酒更普遍了，做酒已有成套的经验。《尚书·商书·说命下》中说：“若作酒醴，尔惟麴；若作和羹，尔为盐梅。”酒的广泛饮用也引起商统治者的高度重视。

周武王一举将商纣灭掉，建立了周王朝。为汲历史教训，使其周王朝统治更加稳固，周公作《酒诰》以警之。这可折射出当时酒业的发达，酒市场的繁荣，酒艺的精湛，酒的影响力之大。

随着政治、经济、文化的向前发展，作为经济和文化的组成部分的酒，也在不断发展。西周初的统治者，想以《酒诰》控制酒的蔓延，但事实上做不到这点。从大量的文献中可以看出，酒的发展是十分迅速的，与夏商比较，有过之无不及。从酿制到饮酒有一套较完整的标准与要求。

酒官员——“周礼天官酒正中士四人，下士八人，府二人，史八人，胥八人，徒八十人。”

酒品种——“辨五齐之名，一曰泛齐，二曰醴齐，三曰盎齐，四曰缇齐，五曰沈齐。”

酒用途——“辨四饮之物，一曰清，二曰医，三曰浆，四曰酏。”

祭祀标准——“凡祭祀以法共五齐三酒以实八尊，大祭三式，中祭两式，小祭壹式，皆有酌数，唯齐酒每式皆有器量。”祭祀等级不一，用酒数量不同。

待宾客——“共宾客之礼酒，共后之致饮，于宾客之礼医酣糟，皆使其士奉之。”意思是说礼酒是专供宾客之用，酒正以奉王，士奉宾客。

特供对象——“凡饷士庶子，饷耆老孤子，皆共其酒无酌数。”意思是宴请死于王事的遗孀和孤子，念其父兄有功，不计其数量，以醉为度。

赠酒凭单——“掌酒之赐颁皆有法以行之，凡有秩酒者，以书契授之。”意思是秩酒是规定数量的，以书告之其数量，以契作为取酒的凭据。

奖惩标准——“酒正之出日入其成月入其要小宰听之，岁终则会，唯王及后之饮酒不会以酒式诛尝。”意思是酒正是掌管酒之政令，供美酒者尝，供恶酒罚。

服务人员——“酒人奄十人，女酒三十人，奚三百人。”这里说专门奉酒的男女奴隶的数量。女酒通晓酒，如祭祀用的五齐三酒，供宾客用的礼酒，遇事专奉之。女酒与奚都是同样的职务。奄人也属府史之类，而不能称士。

司职帝王家——“掌共王之六饮，水、浆、礼、凉、医、酏，入于酒府。”水为清冷之物，可以和酒，浆为米汁，礼则稍厚之物，凉再杂以发酵之物为医，酏为薄粥，这一些都为饮料，属酒正掌管。

供酒等级——“辨三酒之物，一曰事酒，二曰昔酒，三曰清酒。”三酒指的是人们饮的酒，五齐是祭祀用酒。所以，扬谓事者，方有事于糟漉；所谓昔者，熟之可以久；所谓清者，澄之可以饮。“凡酒修酌。”此酒为人饮，所以注意修治。

公元前770年至公元前221年为我国历史上的春秋战国时期。由于铁制工具的使用，生产技术有了很大的改进；农民生产积极性的提高，使生产力有了很大发展，物资财富大为增加，这就为酒的进一步发展提供了物资基础。所以，春秋战国时期的文献对酒的记载很多，可见酿酒业有一定之规。

——《诗经·小雅吉日》：“以御宾客且以酌醴。”醴，酒的一种，系甜酒。

——《诗经·大雅旱麓》：“‘瑟彼’玉瓒黄流在中。”黄流，即用来参和郁金香酿成的酒，郁金香如金色，故该酒亦称黄流。

——《诗经·大雅江汉》：“厘尔圭瓒秬鬯一卣。”秬鬯，系用黑黍酿的酒。

——《礼记·月令》：“孟夏之月天子饮酎用礼乐。”酎，重酿之酒，配乐而饮，是说开盛会而饮之酒。

——《礼记·礼运》：“元酒在室醴醆在户粢缇在堂澄酒在下。”

——《礼记·内则》：“于事父母妇事舅姑（饘）酏酒……”

——《礼记·大射仪》：“又尊于大侯之乏东北两壶献酒。”献，应读作沙，沙酒是在五齐之上的一种酒。

——《春秋纬·酒》：“酒者乳也，王者法酒旗以布政施天乳以哺人。麦阴也，黍阳也，先渍麴而投黍是阳得阴而沸，故以麴酿黍为酒。”

——《素问·汤液醪醴论》：“黄帝问曰：为五谷场液及醪醴奈何？岐伯对曰：必以稻米炊之，稻薪稻米者完稻薪者坚。帝曰：何以然？岐伯曰：此得天地之和，高下之宜，故能至完伐取得时，故能至坚也。”意思是，风调雨顺天地之和，加上土地高下适宜，才能有稻子的好收成，然后才能化稻米之津为酒。

——《礼记·郊特牲》：“缩酌用茅明酌也。”“醆酒涚于清汁献涚于醆酒。”“猷清与醆酒于旧泽之酒也。”泽，应读为醳，即是后来的醳酒。旧是指陈久之意。

公元前221年，秦王嬴政统一了中国，结束了春秋战国以来几百年的分裂局面。秦始皇接受丞相李斯的建议，除秦记、医药、人筮、种植之书外皆烧之。酒的制造与使用的记述属于医药书类，自然也就保存了下来。

由于秦王朝的苛暴，只统治短短的十五年，就被农民起义军推翻了。公元前202年，刘邦建立汉王朝，汲取秦失败的教训，采取了与民休息的政策，农业、手工业得到迅速发展，出现“都鄙廪庾尽满，而府库余财，京师之钱累百巨万，贯朽而不可校。太仓之粟陈陈相因，充溢露积于外，腐败不可食。众庶街巷有马，阡陌之间成群”。由于经济的繁荣，酿酒业自然也就兴旺起来。

事实也证明了酒的应用更广泛了。东汉名医张仲景，被尊为我国的医圣，他著有《伤寒杂病论》，成为中国医药宝库中的一颗名珠。在治伤寒少阴病，他建议用苦酒汤主之。在妇人杂病证并治中说：“妇人六十二种风及腹中血气刺痛，红兰花酒主之。”红兰花酒，即红花酒，除治妇人此病外，还能治跌打损伤之瘀血作痛、妇女痛经、月经不利、闭经等症。可见汉代名医用酒疗病的水平之高。

东晋，南朝比北方相对安定，加上北方人民带着先进生产技术南迁，生产力发展较快，粮食产量大大提高，养蚕一年四、五熟，手工业发展也较为迅速。北朝，由于实行“屯田”“均田”，生产力也有很大提高。反映在科学文化上，北魏农业科学家贾思勰著的《齐民要术》十卷九十二篇，为我国最早的完整的农学著作，水平很高，影响甚大。该著作除对种植、饲养作了大量的论述外，还对酒的酿造作了详细记载。

西晋，嵇含，字君道，居巩县豪丘，自号豪丘子。永兴中累官襄城太守，性通敏，所著《南方草木状》，叙述最为典雅。在该著中记述一种女酒说：“草麹南海多矣，酒不用麹蘖，但杵米粉杂以众草叶治葛汁涤溲之，大如卵，置蓬蒿中荫蔽之，经月而成。用此合糯为酒，欲刷饮之，即醒犹头热涔涔，以其有毒草故也。南人有女数岁即大酿酒，即漉，候冬陂池竭时，寘酒罂中密固其上，瘗陂中至春潴水满亦不复岁矣。女将嫁，乃发陂取酒，以供贺客，谓之女酒，其味绝美。”

西晋哲学家、医药学家葛洪在《肘后备急方》中，不少成方都夹以酒。例如：“治卒心痛方第八：桂末若干美末二药并可单用，温酒服；东引桃枝一把切，以酒一升煎取半升，顿服，大效；苦酒一杯，鸡子一枚，著中合搅饮之，好酒亦可用；苦参三两，苦酒升半，煮取六合，分再服；白鸡一头，治之如食法，水三升煮取二升，去鸡前汁取六合，内苦酒六合，入真珠一钱，复取六合内末麝香如大豆二枚，顿服之。”总之，葛洪所著各种药方，不少是配酒而服。酒在医药上的应用是酒的另一功效的展示。酒除了是宴用的饮品外，还是祛病治痛的药品。

唐朝封建统治者，吸取隋短期就遭灭亡的教训，采取缓和与被统治阶级的矛盾，减轻赋税，实行均田和租、庸、调制度，调动了广大农民的生产积极性，再加上兴修水利，改革生产工具，使全国农业、手工业发展非常迅速。郑启在其所著的《开天传信记》中描写：“左右藏库，财物山积，不可胜较。”由于物资财富的增加，粮食的储积，自然为发展酿酒业提供了前提。

酒的发展与广泛应用，反映在这一时期的典籍中。

“开皇三年，帝入新宫。先是尚依周末之弊，官置酒坊收利，至是酒坊与百姓共之，远近大悦。”（《隋书·食货志》）

其他与酒有关的著作也不少，现选代表性的有：《醉乡日月》《岑表录异记》《投荒杂录》等。

——《醉乡日月》唐·皇甫松撰。松，字子奇，该著记述了“霹雳酒”：“霹雳酒：暑月雷霆时，收雨水淘米炊饭酿酒，名曰霹雳酒。”

——《岭表录异记》唐·刘恂撰。恂，昭宗时官广州司马。所著《岭表录异记》，记载博瞻，文字古雅。该著中记有“南中酒”。他说：“南中醞酒，即先用诸药，别浊漉粳米，漉干旋入和米捣，熟即绿粉矣。热水溲而团之，形如餢飳，以指中心刺作一窍，布放箪席上，以枸杞叶罨之，其体候好弱一如造麯法。既而以藤蔑贯之，悬于烟火之上，每醞一年用几箇饼子，固有桓准矣。南中地暖，春冬七日熟；秋夏五日熟。既熟贮以瓦瓮，用粪扫火烧之。”

——《投荒杂录》唐·房千里撰。千里，河南人，字鹄举，官高州刺使。在该著中记载中种新州酒。他说：“新州多美酒，南方不用麯蘖，杵米为粉，以众草兼胡，蔓草汁溲，大如卵，置蓬蒿中荫蔽经月而成，用此合濡为酒。故剧饮之后，既醒犹头热涔涔。有毒草故也。”

可见唐代的酒业遍及全国，而且种类繁多。

由于五代十国分裂局面的结束，社会较为安定，北宋的经济有了较快的发展出现了种无虚月，一岁所资，绵绵相继的繁荣局面。南宋时期，由于兴修水利，改良农田，也出现了苏杭熟，天下足的景象。文化和科学提高较快，活字印刷、航海指南针、火药三大发明，都出现在这一时期。上述都为醇酒业的发展提供了条件。酒对宋人来说，是不可缺少的物资，因而，在两宋的文献和各种文字作品中，反映酒的甚多。

——《酒小史》宋·宋伯仁撰。伯仁，号雪岩，广平人，一作湖州人，嘉熙时为盐运司属官。所著记载一些酒名，共100余种，如：汀州谢家红、滎阳土窟春、杨世昌蜜酒等。

——《酒边词》宋·向子諲撰。子諲，字伯恭，临江人。该著分上下两卷，上卷曰江南新词，下卷曰江北旧词。胡寅为序称：“退江北所作于后，而进江南所作于前……玩其词意。”他在该著《酒边词·江南新词·满江红》中写下这样的词句：“雁阵横空，江枫战几番风雨。三有意，作新秋令，欲鏖残暑。篱菊岩花俱秀发，清芬不断来窗户。共欢然一醉得黄，仍叔度。”作者借酒表达怀念江北的心意。

元代酒的著作不少，代表性的有：《真腊风土记》《文献通考·论宋酒坊》《饮膳正要·饮酒避记》《安雅堂觥律》等，摘述于后。

——《真腊风土记》元·周达观撰。达观，温州人，所著《真腊风土记》，至为赅赡。论著中记载中种“美人酒”。他说：“美人酒于美人口中含而造之，一宿而成，尤奇。”

——《论宋酒坊》元·马端临撰。端临，字贵与，元初为柯山书院山长，历史学家。该著虽出元代，但论述的是南宋两浙的酒坊及税收情况。

——《饮膳正要·饮酒避忌》元·忽思慧撰。他在《饮酒避忌》中说："少饮尤佳，多饮伤神损寿。易本性其毒甚也。醉饮过度，丧生之源。饮酒不欲使多，知其过多速吐之为佳。不尔，成痰疾。醉勿酩酊大醉，即终身为病不除。酒，不可久饮，恐腐肠胃，溃髓蒸筋，醉不可当风卧，生风疾；醉不可令人扇，生偏枯；醉不可露卧，生冷痹；醉不可接房事，小者面生(䵟)、咳嗽，大者伤脏澼痔疾；醉不可饮冷浆水，失声成尸噎；醉不可澡浴，多生眼目之疾。"

该著还记述了制药酒的方法："**虎骨酒**：以酥炙虎骨捣碎酿酒，治骨节疼痛风疰冷痹痛；**枸杞酒**：以甘州枸杞依法酿酒，补虚弱长肌肉，益精气，去冷风，壮阳道；**地黄酒**：以地黄绞汁酿酒，治虚弱，壮盘骨，通血脉、治腹内痛；**羊羔酒**：依法作酒，大补益人；**阿刺吉酒**（李时珍在《本草纲目》中解释说，烧酒亦称阿刺吉酒）：味甘辣，大热大毒，主消冷，坚积，去寒气。用好酒蒸熬取露成阿刺吉酒。"烧酒创于元代，根据就在这里。

1368年，朱元璋称帝于南京，国号明。明建国后，对发展农业生产十分重视，采取了与民休息的政策。朱元璋说："天下初定，百姓财力但困，譬尤初飞之鸟，不可拔其羽，新植之本，不可摇其根，可安养生息之。"由于采取调动农民生产积极性的政策，明初至中朝，农业、手工业发展十分迅速。稻田每亩产谷三、五石，经济发展促进了商业繁荣。与此同时，科学文化同时也有较大发展。

上述条件，为酒的酿造业提供了雄厚的物资基础。因此，明代典籍中，对酒的记载很多。

"洪武二十七年八月，新建京都酒楼成，先是上以海内太平思欲与民皆乐，乃命工部作十楼于江东诸门之外，令民设酒肆其间以接四方宾旅。其楼有鹤鸣，醉鍊讴歌鼓腹来宾重译等名，既而又增作五楼，至是皆成。诏赐文武百官钞命宴于醉仙偻。"（《明史·大政纪》）

"永乐二年辛酉，敕甘肃总兵左都督宋晟，令诸屯多酿酒，探知虏冠将至，置毒酒及河井中，退而避之。"（《明史·大政纪》）

"宣德三年五月，上出酒谕，示百官时郎官御史，以酣酒相继败，故作酒谕。"（《明史·大政纪》）

从以上条款看，酒的利用是无处不适。

明代，有关酒的著作很多，代表作有：《尊生八牋》《天工开物》《五杂俎》《觞政》《本草纲目》等。

——《尊生八牋》明·高濂撰。濂，字深甫，号瑞南，钱塘人。该著记述的酒多属药酒，对身体健康有益。因此，他在该著的开头就说："此山人家养生之酒，非甜即药与常品迥异，豪饮者，勿共语也。"书中对桃源酒、香雪酒、碧香酒、腊酒、建昌红酒、五香烧酒、山芋酒、葡萄酒、黄精酒、白术酒、地黄酒、菖蒲酒、羊羔酒、天门冬酒、松花酒、菊花酒、五加皮三骰酒等的制造，作了详细的记述。现只将羊羔酒、松花酒的制作摘出。

"羊羔酒：糯米一石，如常法浸浆，肥羊肉七斤，杏仁一斤煮去苦水，又同羊肉多汤煮烂，留汁七斗，拌前米饭，加木香一两，同醑不得犯水，十日可吃，味极甘美。"

"松花酒：三月取松花如鼠尾者，细挫一升用绢袋盛之，造白酒熟时投袋于酒中心，井内浸三日取出漉酒饮之，其味清香甘美。"

——《五杂俎》明·谢肇淛撰。肇淛，字在杭，福州长乐人，万历进士，累迁工部郎中，博学能诗文。他在《五杂俎·物部三》中，对酒作了大量的论述。他说："酒者扶衰养疾之具，破愁佐药之物，非可以常用也，酒入则舌出，舌出则身弃，可不戒哉？人不饮酒，便有数分地位。志识不昏，一也；不废时失事，二也；不失言败度，三也。余常见醇谨之士，酒后变为狂妄，勤渠力作，因醉失其职业者，众矣，况于丑态备极，为妻孥所姗笑，亲识所畏恶者哉？"

"吾见嗜酒者，晡而登席，夜则号呼，旦而病酒，其言动如常者，午未二晷耳。以昼夜而仅二晷，如人则寿至百年，仅敌人二十也。而举世好之不已，亦独何异！"

他对各种酒进行评论说："酒以淡为上，苦冽次上，甘者最下，青州从事，向擅声称，今所传者，色味殊劣，不胜平原督邮也。然从事之名，因青州有齐郡，借以为名耳……京师有薏酒，用薏苡实酿之，淡而有风致，然不足快酒人之吸也。易州酒胜之，而淡愈甚。闽中酒无佳品。"

他对酒的容量单位进行了考证："古人量酒多以升、斗、石为言，不知所演戏几何。或云米数，或云衡数。但善饮有至一石者，其非一石米及百斤明矣。按朱翌杂记云：'淮以南酒皆计升：一升曰爵，二升曰瓢，三升曰觯。'此言较近。盖一爵为升，十爵为斗，百爵为石。以今人饮量较之，不甚相远耳。"

明代伟大的药物学家李时珍，在其所著的《本草纲目》中对酒作了大量记述：酒能"行药势，杀百邪恶毒气，通血脉，厚肠胃，润皮肤，散温气，消忧发怒，宣言畅意，养脾气，扶肝，除风下气，解马肉、桐油毒，丹石发动诸病，热饮之甚良”。对米酒又记述说：“酒，天地之美绿也。少饮则和血行气，壮阳御寒，消愁遣兴；痛饮则伤神耗血，损胃亡精，生痰动火。酒后食芥及辣物，缓人筋骨。酒后饮茶，伤肾脏，腰脚重坠，膀胱冷痛，兼患痰饮水肿、消渴挛痛之疾。一切毒药，因酒得者难治。又酒得咸而解者，水制火也，酒性上而咸润下也，又畏积惧葛花、赤豆花、绿石粉者，寒胜热也。”

李时珍对烧酒另立一项，专作论述。烧酒，又称火酒、阿剌吉酒。他在《本草纲目》中说：“烧酒非古法也。自元时始创其法，用浓酒和糟入甑，蒸令气上，用器承取滴露。凡酸坏之酒，皆可蒸烧。近时惟以糯米或粳米或黍或大麦蒸熟，以甑蒸取。其清如水，味极浓烈，盖酒露也。辛、甘、大热、有大毒。过饮败胃伤胆，丧心损寿，甚则黑肠腐胃而死。与姜、蒜、同食，令人生痔。盐、冷水、绿豆粉解其毒。”烧酒主治：“消冷积寒气，燥湿痰，开郁结，止水泄，治霍乱疟疾噎膈，心腹冷痛，阴毒欲死，杀虫辟瘴，利小便，坚大便，洗赤目肿痛，有效。”“烧酒，纯阳毒物也。面有细花者为真。与火同性，得火即燃，同乎焰消。北人四时饮之，南人止暑月饮之。”

《本草纲目》在酒的附方栏中记述了16个附方。例如在附方中记述：“惊怖卒死，温酒灌之即醒；蛇咬成疮，暖酒淋洗疮上，日三次；产后血闷，清酒一升，和生是黄汁煎服；丈夫脚冷，不随，有能行者，用淳酒三斗，水三斗，入翁中，灰火温之，渍脚至膝。常着灰火，勿令冷，三日止。”

李时珍又在该目的“附诸药酒方”中，详细记述了69种药方。例如：女贞皮酒、天门冬酒、地黄酒、当归酒、菖蒲酒、人参酒、菊花酒、麻仁酒、虎骨酒、鹿茸酒、蝮蛇酒、五加皮酒、白杨皮酒、愈疟酒、屠苏酒等。对上述各种药酒的功能、治法，记述颇详。例如：“愈疟酒：治诸疟疾，频频温而饮之；屠苏酒：元旦饮之，辟疫疠一切不正之气；五加皮酒：去一切风湿痿痹，壮筋骨，填精髓。用五加皮洗刮去骨煎汁，和米酿成，饮之；白杨皮酒：治风毒脚气，腹中痰癖如石。以白杨皮切片，浸酒起饮。蝮蛇酒：治恶疮诸瘘，恶风顽痹癫疾。取活蝮蛇一条，同醇酒一斗，封埋马溺之处，周年取出，蛇已消化，每服数杯，当身体习习而愈之。”由此看出，伟大的药物学家李时珍，对酒的研究是如此的深透，明了酒在药物中的重要地位。

明朝对酒的科学利用与精辟阐述，证明了酒的酿造与饮用在明代是深得其势，发挥了最大的效用。

清统治者先后颁布了“除贱为良”和禁止“庄佃为仆”文告，在一定程度上调动了农民、手工业者的积极性，促进生产的发展和经济的繁荣。在农业方面，不但粮食产量有了较大的提高，而且桑茶、棉花、烟草等经济作物也有很大发展。手工业的规模日渐扩大，商业货物流通快畅。各省及大城市处处相通，不舍昼夜。酒业当然也是如此。

当然，随着社会的进步，生产力的提高，人民生活的需求增大，酒的酿造科技也进一步提高，逐渐由手工作坊到大规模生产，进入工业化、程式化生产，到现代电子产品的导入，有的厂家从选料配方、制作工艺、调制，都进入电控程式化，除大大地解放了劳动力，减轻劳动强度外，缩短了新品种的开发与研究时间，关键是提高了酒质的稳定性，提高了产量，创造了更好的经济与社会效益，科学技术真正转化为生产力，更好地发挥了酒在社会生产中的积极作用与效应。

第三章 古酿酒术一窥

齐民要术（节选）（北魏·贾思勰）

【原文】 又造神曲法：其麦蒸、炒、生三种齐等，与前同；但无复阡陌、酒脯、汤饼、祭曲王及童子手团之事矣。

预前事麦三种，合和细磨之。七月上寅日作曲。溲欲刚，捣欲精细，作熟。饼用圆铁范，令径五寸，厚一寸五分，于平板上，令壮士熟踏之。以杙刺作孔。

净扫东向开户屋，布曲饼于地，闭塞窗户，密泥缝隙，勿令通风。满七日翻之，二七日聚之，皆还密泥。三七日出外，日中曝令燥，曲成矣。任意举、阁，亦不用瓮盛。瓮盛者则曲乌肠，乌肠者，绕孔黑烂。若欲多作者任人耳，但须三麦齐等，不以三石为限。

此曲一斗，杀米三石；笨曲一斗，杀米六斗：省费悬绝如此。用七月七日焦麦曲及春酒曲，皆笨曲法。

【译文】 造神曲的方法：蒸熟的、炒熟的和生的麦子分量相同，制作方法与前面所说的方法相同，只是不必有阡陌、酒脯、汤饼、祭祀曲王以及小孩用手团面等事。

事先准备好三种麦子，搅和在一起磨细。选择七月份的第一个寅日作曲。作曲时，水要少放，搓捣要细密，作得很熟。然后用圆形的铁模制成曲饼，曲饼有五寸长，一寸五分厚，再放到平板上，要强壮的男人去踏熟，然后用棒子在中间穿一个小孔。

选一间东面开门的房子打扫干净，将曲饼摆在地上，紧闭门窗，密封缝隙，不能透风。七天后将饼翻过来，又过七天将饼堆积起来，还是要用泥将房子密封起来。再过七天才拿出去放到太阳下晒干，曲就做成了。这种曲饼可以随意放在高处，不必用瓮来装。如果用瓮装，曲饼就会“乌肠”。“乌肠”是指中心穿孔的四周变黑发烂。如果有人想多作可以随意，只要做到三种麦子数量相等，完全不必一定是三石。

这种神曲，一斗要消融三石米；而普通的笨曲，一斗仅仅消融六斗米；节省和耗费如此悬殊。七月七日造的焦麦曲同酒曲和普通笨酒的作法一样。

【原文】造神曲黍米酒方：细锉曲，燥曝之。曲一斗，水九斗，米三石。须多作者，率以此加之。其瓮大小任人耳。桑欲落时作，可得周年停。初下用米一石，次酘五斗，又四斗，又三斗，以渐待米消即酘，无令势不相及。味足沸定为熟。气味虽正，沸未息者，曲势未尽，宜更酘之；不酘则酒味苦、薄矣。得所者，酒味轻香，实胜凡曲。初酿此酒者，率多伤薄，何者？犹以凡曲之意忖度之，盖用米既少，曲势未尽故也，所以伤薄耳。不得令鸡狗见。所以专取桑落时作者，黍必令极冷也。

【译文】造神曲黍米酒方法：将神曲饼切细晒干。一斗曲加九斗水，配三石米，如果需要多作，可以按照这个比例再加。酒瓮的大小也可随便。桑树快要落叶时开始酿酒，酒可以停放一周年。初次下一石米，第二次下五斗米，第三次又放四斗，最后再放三斗。要看米消融完了才放米，不要让所投的米赶不上曲的消融能力。酒味足够时，就不再鼓泡，酒也就酿成了。酒的气味虽然纯正，但如果还在鼓气泡，说明曲势还没耗尽，应该再放些米，否则酒味就会苦，就会淡。这样得到的酒，味道清爽芳香，的确胜过普通曲酒。初次酿造这种酒的人酿的酒往往酒味不浓，为什么呢？这是因为他们还按普通曲的原理估计它，结果投放的米太少，曲的力量还没有全部发挥完，酒味就太淡了。酿造这种酒时不要让鸡和狗看见。之所以专门选择桑树落叶时酿酒，是因为酿酒用的黍米饭要很冷。

【原文】又神曲法：以七月上寅日造。不得令鸡狗见及食。看麦多少，分为三分：蒸、炒二分正等；其生者一分，一石上加一斗半。各细磨，和之。溲时微令刚，足手熟揉为佳。使童男小儿饼之，广三寸，厚二寸。须西厢东向开户屋中，净扫地，地上布曲：十字立巷，令通人行；四角各造"曲奴"一枚。讫，泥户勿令泄气。七日开户翻曲，还塞户。二七日聚，又塞之。三七日出之。作酒时，治曲如常法，细锉为佳。

造酒法：用黍米二斛，神曲一斗，水八斗。初下米五斗，米必令五六十遍淘之。第二酘七斗米。三酘八斗米。满二石米以外，任意斟裁。然要须米微多，米少酒则不佳。冷暖之法，悉如常酿，要在精细也。

神曲粳米醪法：春月酿之。燥曲一斗，用水七斗，粳米两石四斗。浸曲发如鱼眼汤。净淘米八斗，炊作饭，舒令极冷。以毛袋漉去曲滓，又以绢滤曲汁于瓮中，即酘饭。候米消，又酘八斗；消尽，又酘八斗。凡三酘，毕。若犹苦者，更以二斗酘之。此酒合醅饮之可也。

【译文】 另有一种造神曲法：在农历七月的第一个“寅日”制作，注意不能让鸡、狗看见或吃到。根据麦子的多少分成三份：蒸熟和炒熟的两份数量相等；生的一份，与蒸炒的两份相比，每一石要再加上一斗半。三份分开磨细，混合在一起。和水时要稍微硬一点，最好是尽快揉熟。让小男孩做成饼子，每个三寸宽、两寸厚。选择西厢房东面开门的屋子，将地打扫干净，把曲饼摆在地上：中间留一个十字通道，使人能够通行；屋子四角各制作一个“曲奴”。布置完后，将门用泥密封，不让它透气。七天后开门翻动曲饼，出来又把门封住。又过七天，将曲饼堆积起来，出来还是要把门封住。再过七天才把它拿出来。酿酒时，按通常的方法准备好，切得越细越好。

酿酒的方法：使用黍米两斛、神曲一斗，水八斗。初次投放五斗米，米一定要经过五六十遍的淘洗。第二次投放七斗米。第三次投放八斗米。投满两石米后，可以酌情投放。但是米一定要稍微多一点，米放的太少，酒的味道就不好。温度调设的情况和平常酿酒相同，关键在于精心细致。

用神曲酿粳米醪酒的方法：春天酿造。一斗热曲配七斗水，两石四斗粳米。先将曲浸泡到鼓鱼眼大小的泡的时候。将八斗米淘洗干净作成饭，摊开让它冷却。用袋子过滤去神曲渣，再用生绢将神曲汁过滤到瓮里，然后将饭倒进去。等米消融后，再放八斗米，消融后，又放入斗米。总共投入三次，如果酒味不好，就再投放米。这种酒可以和未滤的酒一起饮用。

【原文】 又作神曲方：以七月中旬以前作曲为上时，亦不必要须寅日；二十日以后作者，曲渐弱。凡屋皆得作，亦不必要须东向开户草屋也。大率小麦生、炒、蒸三种等分，曝蒸者令干，三种合和，碓䃺。净簸择，细磨。罗取麸，更重磨，唯细为良，粗则不好。锉胡菜，煮三沸汤。待冷，接取清者，溲曲。以相著为限，大都欲小刚，勿令太泽。捣令可团便止，亦不必满千杵。以手团之，大小厚薄如蒸饼剂，令下微浥浥。刺作孔。丈夫妇人皆团之，不必须童男。

其屋，预前数日著猫，塞鼠窟，泥壁，令净扫地。布曲饼于地上，作行伍，勿令相逼，当中十字通阡陌，使容人行。作“曲王”五人，置之于四方及中央：中央者面南，四方者面皆向内。酒脯祭与不祭，亦相似，今从省。

布曲讫，闭户密泥之，勿使漏气。一七日，开户翻曲，还著本处，泥闭如初。二七日聚之：若止三石麦曲者，但作一聚，多则分为两三聚；泥闭如初。三七日，以麻绳穿之，五十饼为一贯，悬著户内，开户，勿令见日。五日后，出著外许悬之。昼日晒，夜受露霜，不须覆盖。久停亦尔，但不用被雨。此曲得三年停，陈者弥好。

【译文】 还有一种制神曲的方法：七月中旬以前制曲都是好时候，不一定要是“寅日”。七月二十日以后制的曲，功效就逐渐变弱了。也不一定要门户向东开的房屋，一般房屋都可以来制曲。大致比例是，生、炒、蒸三种小麦等量，蒸熟的那份在太阳下晒干，然后将三种混合一起，用簸选择干净，然后磨细。用罗筛把麸子筛去，再重新磨，总之磨得愈细愈好，太粗了酒就酿不好。把胡叶切细，煮成三沸，等水冷后，舀取上面清水，和面作曲。只要能粘着在一起就行了，一般都要求稍微硬一点，不能太湿。再捣成团就停止，也不必捣满一千杵。用手将它揉成团，团的大小厚薄和馒头差不多，要让每团曲下面都稍微有点湿。然后中间扎一个孔。男人女人都可以团曲，不必都须小男孩。

放曲的房屋，提前几天就先把猫放进去，将老鼠洞堵住，把墙壁用泥涂一遍，把地打扫干净。然后，把曲饼一个个放置地上，排成队伍形状，不要挨得太紧，中间留一个十字通道，让人通行。安置“曲王”五个，在四方和中央。放置中央的面向南，其余四方的面都向内。用酒脯祭祀与不祭祀，结果都一样，现在一般从简。

放置完曲饼，关上门用泥密封，不让它透气。七天后，开门将曲饼翻个，仍放在原来的位置，再用泥封门。第二个七天后，将曲饼堆积起来；如果只有三石麦曲，就只要堆一堆；如果很多，就要堆成两堆或三堆，再用泥封门。第三个七天后，用麻绳把曲饼串起来。每五十个饼穿成一串，挂在屋子里，把门打开，但不要见到太阳。五天后，再拿出来挂在外面。让它经受日晒霜露，不用覆盖，但不能淋雨。这神曲，久放一段时间也可以，可以放至三年或更久，而且愈陈效果愈好。

【原文】 神曲酒方：净扫刷曲令净，有土处，刀削去，必使极净。反斧背椎破，令大小如枣、栗；斧刃则杀小。用故纸糊席，曝之。夜乃勿收，令受霜露。风、阴则收之，恐土污及雨润故也。若急须者，曲干则得；从容者，经二十日许受霜露，弥令酒香。曲必须干，润湿则酒恶。

春秋二时酿者，皆得过夏；然桑落时作者，乃胜于春。桑落时稍冷，初浸曲，与春同；及下酿，则茹瓮——止取微暖，勿太厚，太厚则伤热。春则不须，置瓮于砖上。

秋以九月九日或十九日收水，春以正月十五日，或以晦日，及二月二日收水，当日即浸曲。此四日为上时，余日非不得作，恐不耐久。收水法，河水第一好；远河者取极甘井水，小咸则不佳。

【译文】 另一种制神曲的方法：用刷子把曲饼刷干净，曲饼上有土的地方，用刀削掉，一定要收拾得非常干净。把斧子翻转将曲砸碎，砸成一个个大小如枣栗的碎块；然后用斧刃将它们砍小。然后放到用旧纸糊的席子上晒。晚上也不要收回来，让曲块受霜露。刮风阴雨时还是要收进来，否则曲会变脏或被淋雨。如果急用，曲块晒干就可以用。如不急用，可以让它经受一二十天的霜露，这样，制出的酒会更加芳香。曲块必须干燥，否则酿出的酒质量很差。

春、秋两季酿的酒，都可以过夏，但桑叶坠落时酿的酒比春天酿的酒要好。桑叶落时气候渐渐变冷，开始浸曲时，初次浸的方法和春酿一样，只是等到下酿的时候要用草把瓮包起来——只要稍微带点温度就行了，不要盖草太厚，太厚了会热坏的。春天就不需要包，只要把瓮放在砖地上就可以了。

秋天，在农历九月九日或十九日收汲取浸曲的水。春天，要在正月十五日，或月底，或二月二日汲水，当天汲水当天就浸曲。以上这几日为汲水的最好时候，其他日子汲水也可以，只是怕酿出的酒存放不了多久。汲水的原则，河水第一好，离河远的，可用极甜的井水，如果有咸味就不好了。

【原文】 渍曲法：春十日或十五日，秋十五或二十日。所以尔者，寒暖有早晚故也。但候曲香沫起，便下酿。过久曲生衣，则为失候；失候则酒重钝，不复轻香。

米必细，净淘三十许遍；若淘米不净，则酒色重浊。大率曲一斗，春用水八斗，秋用水七斗；秋杀米三石，春杀米四石。初下酿，用黍米四斗，再馏弱炊，必令均熟，勿使坚刚、生减也。于席上摊黍饭令极冷，贮出曲汁，于盆中调和，以手搦破之，无块，然后内瓮中。春以两重布覆，秋于布上加毡，若值天寒，亦可加草。一宿、再宿，候米消，更酘六斗。第三酘用米或七八斗。第四、第五、第六酘，用米多少，皆候曲势强弱加减之，亦无定法。或再宿一酘，三宿一酘，无定准，惟须消化乃酘之。每酘皆挹取瓮中汁调和之，仅得和黍破块而已，不尽贮出。每酘即以酒把遍搅令均调，然后盖瓮。

虽言春秋二时杀米三石、四石，然要须善候曲势：曲势未穷，米犹消化者，便加米，唯多为良。世人云：“米过酒甜。”此乃不解法候。酒冷沸止，米有不消者，便是曲势尽。

酒若熟矣，押出，清澄。竟夏直以单布覆瓮口，斩席盖布上，慎勿瓮泥；瓮泥封交即酢坏。

冬亦得酿，但不及春秋耳。冬酿者，必须厚茹瓮、覆盖。初下酿，则黍小暖下之。一发之后，重酘时，还摊黍使冷——酒发极暖，重酿暖黍，亦酢矣。

其大瓮多酿者，依法倍加之。其糠、沈杂用，一切无忌。

【译文】 酿造清酒的方法：春季，浸泡十天或十五天；秋季则十五天或二十天。这是因为天气冷暖有早晚不同的原故。只要等到酒曲发出芳香开始冒泡，就可以下酿了。时间过得太久，酒曲就会产生一层膜，那就错过了时机；错过时机，酒的味道就会重浊，而不再清香。

用来酿酒的米必须舂得极细，并且要淘洗三十多遍到非常洁净。如果米淘不净，酒的颜色就会浑浊不清，大致比例是，曲一斗，春用水八斗，秋用水七斗。秋季消耗三石米，春季消耗四石米。初次下米用黍米四斗，黍米做成的饭要蒸得软并馏两次，要受热均匀。把这种熟黍饭在席上摊开，让它完全冷却。然后再和瓮里取出的曲汁一起放到盆里调和，用手捏碎，直到没有块状物时再放到瓮里。春天在瓮上盖两层布，秋天布上再加盖毡，如果天气寒冷，再加盖草席。经过一夜，两夜，等米消融后，再投入六斗黍米饭。第三次，再投七斗或八斗。到第四、第五、第六次，要根据曲的力量确定用米的多少，没有定规，只须等米消融完了就可以加米。每次投放时，都要将黍饭和从瓮中舀出的汁调和在一起，只要能将黍饭弄碎调和就可以了，不必把所有的汁都舀出来。投放时，要搅拌调匀，然后把瓮盖好。

虽然说春秋两季各需耗米三石、四石，但也要仔细审看曲势后确定：酒的酵力还没发挥完，米还在消融时，就可以再加米，米多了酒质好。平常人说：“米过量了酒发甜。”这是不了解酒的酿造方法。瓮中的酒液凉了不再起泡，米还没有消融，这说明曲的效力已经发挥完了。

酒酿熟后，将酒水压出来，澄清。整个夏天只需用单层布盖住瓮口，再截一片席子盖在布上。注意不能用泥封瓮口，否则到夏天酒会变酸变坏。

冬季也可酿酒，只是效果不如春秋好。冬天酿酒时，必须将瓮厚厚地包裹住，瓮口也要厚厚地覆盖住。初次下酿，要将黍米饭稍稍加热一下再放进去。酒开始发酵后，再次投放时，还是要将黍米饭摊开冷却。酒发酵后会变得很热，如果再放加热的黍米饭，酿成的酒也会变酸。

如果用大瓮酿制很多酒，按照这个比例加倍放就行了。酿酒剩的汤和糠可以任意使用，没有什么忌讳。

【原文】 河东神曲方：七月初治麦，七日作曲。七日未得作者，七月二十日前亦得。麦一石者，六斗炒，三斗蒸，一斗生，细磨之。桑叶五分，苍耳一分，艾一分，茱萸一分——若无茱萸，野蓼亦得用——合煮取汁，令如酒色。漉去滓，待冷，以和曲，勿令太泽。捣千杵。饼如凡饼，方范作之。

【译文】 制河东神曲的方法：七月初开始准备好麦子，初七开始造曲。初七没来得及造曲的，七月二十日前都可以制作。如果用麦子一石作曲，就取六斗炒黄，三斗蒸熟，留一斗生的，磨成细面。按照五分桑、一分苍耳、一分艾草、一分茱萸的比例，混合在一起，熬成汁，使它的颜色和酒一样。滤去渣滓，等它冷却，用来和曲。注意曲不要和得太湿。和好后，捣一千杵，作成的曲饼和一般的饼一样，用方形模子压制而成。

【原文】 卧曲法：先以䴸布地，然后著曲讫，又以麦䴸覆之。多作者，可以用箔、槌，如养蚕法。覆讫。闭户。七日，翻曲，还以䴸覆之。二七日，聚曲，亦还覆之。三七日，瓮盛。后经七日，然后出曝之。

造酒法：用黍米。曲一斗，杀米一石。秫米令酒薄，不任事。治曲必使表里、四畔、孔内，悉皆净削，然后细锉，令如枣、栗。曝使极干。一斗曲，用水二斗五升。

十月桑落初冻则收水酿者为上时。春酒正月晦日收水为中时。春酒，河南地暖，二月作；河北地寒，三月作；大率用清明节前后耳。初冻后，尽年暮，水脉既定，收取则用；其春酒及余月，皆须煮水为五沸汤，待冷浸曲，不然则动。十月初冻尚暖，未须茹瓮；十一月、十二月，须黍穰茹之。

【译文】 制卧曲的方法：先把麦杆铺在地上，然后放曲，再用麦杆盖上。作得多的，可以象养蚕一样，采用架子安放筐匾的方法。盖完麦秆后，把门关起来。七天后，翻动曲饼，过后还是用麦杆覆盖。再过七天，把曲聚成堆积起来，还用麦杆覆盖。到第三个七天后，将曲装到瓮里。再经过七天，把曲拿出去晒干。

酿酒的方法：用黍米酿酒。曲一斗能消融米一石。高粱酿成的酒味道很淡，不管用。整治曲饼时，一定要使曲的表面、里面、四周、孔内全洗削干净，然后切碎，大小如枣和栗子般小块。放太阳下晒到非常干。一斗曲，配水二斗五升。

农历十月桑叶坠落水刚开始出现冰冻时，汲水酿酒，时机最好。春酒，正月三十日汲水，是中等时机。春酒，黄河以南天气温和，可在二月份酿制；黄河以北，天气寒冷，要推迟到三月份酿制。一般都到清明节前才酿酒。从初次冰冻直到年底，水质稳定，汲来的水立即就可以酿酒。酿制春酒，或在其余月份酿酒，都需要将水煮开五次，等水冷却后再浸泡酒曲，否则酒就会变酸变坏。十月份初次结冰，天气还比较暖，不必用草将瓮裹住，到十一、十二月，瓮就必须用黍杆裹起来。

【原文】浸曲，冬十月，春七日，候曲发，气香沫起，便酿。隆冬寒厉，虽日茹瓮，曲汁犹冻，临下酿时，宜漉出冻凌，于釜中融之——取液而已，不得令热。凌液尽，还泻著瓮中，然后下黍，不尔则伤冷。假令瓮受五石米者，初下酿，止用米一石。淘米须极净，水清乃止。炊为饙，下著空瓮中，以釜中炊汤，及热沃之，令饙上水深一寸余便止。以盆合头。良久水尽，饙极熟软，便于席上摊之使冷。贮汁于盆中，搦黍令破，泻著瓮中，复以酒杷搅之。每酘皆然。唯十一月、十二月天寒水冻，黍须人体暖下之；桑落、春酒，悉皆冷下，初冷下者，酘亦冷；初暖下者，酘亦暖；不得回易冷热相杂。次酘八斗，次酘七斗，皆须候曲蘖强弱增减耳，亦无定数。

大率中分米：半前作沃饙，半后作再馏黍。纯作沃饙，酒便钝；再留黍，酒便轻香：是以须中半耳。

冬酿六七酘，春作八九酘。冬欲温暖，春欲清冽。酘米太多则伤热，不能久。春以单布覆瓮，冬用荐盖之。冬，初下酿时，以炭火掷著瓮中，拔刀横于瓮上。酒熟乃去之。冬酿十五日熟，春酿十日熟。

至五月中，瓮别碗盛，于日中炙之，好者不动，恶者色变。色变者宜先饮，好者留过夏。但合醅停须臾便押出，还得与桑落时相接。地窖著酒，令酒土气，唯连檐草屋中居之为佳。瓦屋亦热。作曲、浸曲、炊、酿，一切悉用河水。无手力之家，乃用甘井水耳。

《淮南万毕术》曰："酒薄复厚，渍以莞蒲。"（断蒲渍酒中，有顷出之，酒则厚矣）。

凡冬月酿酒，中冷不发者，以瓦瓶盛热汤，坚塞口，又于釜汤中煮瓶，令极热，引出，著酒瓮中，须臾即发。

【译文】 制曲酒：冬季需要十天，春季需要七天。等到曲发酵，气味芳香，开始冒泡时，就可以下酿了。隆冬时节，天气特别寒冷时，虽然每天用草覆瓮，酒曲汁仍会结冻，临下酿的时候，应该先滤出冰块，放到锅里加温融化掉，只需融成液体，不得让它变热。冰块全部融化成液体后，再倒回瓮里，然后再放入黍米饭，否则会被冻坏。假如瓮能容纳五石米，初次只下一石。米一定要淘洗极净，直到淘的水清了才行。将米煮一下，放进空瓮里，用锅里蒸饭剩下的沸水，趁热浇下，水盖过饭一寸多一点就可以了。用盆盖住瓮口。过了很久，水被吸干了，饭也变得熟软了，于是再把饭摊到席子上冷却。这时，把曲汁舀到盆里，再把饭倒入，用手将饭块捏碎，与曲汁混合，再一起倒进瓮里，再用酒杷搅匀。每次浸饭都要这样。只有在十一月和十二月天寒地冻时，才将黍米饭加温到和人体温一样，然后投放。初次投放的是冷饭，以后投放的都是冷饭；初次投放的是热饭，以后投放的也都是热饭。两种饭不能交错，使冷热相混杂。第二次是投放八斗还是投放七斗，要根据酒曲的功效的强弱来决定是增还是减，没有一定的标准。

一般情况是把米分成两斗，前一半作泡熟的饭，后一半作蒸熟的饭。全用泡熟的饭酿酒，酒味重浊，如果加上一半蒸过两次的饭，酒味就会清爽芳香。因此需要将米分成两等分。

冬季酿酒，先后要投放六七次，春季须八九次。冬天要保持温暖，春天要保持清凉。投放的米太多就会热坏，做出的酒不能久存。春天用单布覆盖瓮口，冬天用草荐覆盖瓮口。冬天初次下酿时，将炭火丢到瓮里，抽刀横搁在瓮上，等酒熟了才拿出。冬天酿酒十五天成熟，春天酿酒十天成熟。

至五月中旬，从每一只瓮里分别盛出一碗酒，在太阳下晒，好酒无变化，坏酒变颜色。变色的酒应该先喝，好酒可以存放过夏。贮存时，和酒糟拌合在一起，饮用时再将酒汁压出，这样将酒留到与落桑时酒相接。用地窖存酒，酒会沾上泥土气，只有存在茅屋中的酒味道才最好，用瓦屋贮酒会太热。作曲、浸曲、煮饭、下酿都要用河里的水。只有人手不够时才用甘甜的井水。

《淮南万毕术》说：“要想使淡酒味变浓，可以将蒲苇浸泡到酒里。”(摘取蒲草浸到酒里，过一会取出蒲草，淡酒就变浓了。)

冬天酿酒，受冷不发酵时，可以用瓦瓶装满热水，塞住瓶口，或者将瓶放到锅中煮得滚烫，然后取出来放到酒瓮中，没多久就会发酵。

北山酒经（宋·朱肱）

【原文】 酒之作，尚矣。仪狄作酒醪，杜康作秫酒，岂以善酿得名？盖抑始终于此！

酒味甘辛，大热有毒，虽可忘忧，复能作疾，所谓腐肠烂胃、浸髓、蒸筋。而刘词《养生论》：酒所以醉人者，曲蘖之气故尔。曲蘖之气，消化为水。昔先王诰庶帮庶士，无彝酒，又曰：祀兹酒，言天之命，民作酒，惟祀而已。六彝有舟，所以戒其覆；六尊有罍，所以戒其淫。陶侃剧饮，亦自制其限。后世以酒为浆，不醉反耻。岂知百味之长，黄帝所以治疾耶？大晋人嗜酒，孔群作书与族人曰：今得秫七百斛，不了曲蘖事；王忱三日不饮酒，觉形神不复相亲。至于刘、殷、嵇、阮之徒，尤不可一日无此，要之，酣放自肆，托于曲蘖，以逃世网，未必真得酒中趣尔。古之所谓得全于酒者，正不如是。是知狂药自有妙理，岂特洗其磊块邪！五斗先生弃官而归，耕于东皋之野，浪身醉乡，没身不返，以谓结绳之政已薄矣。虽黄帝华胥之游，殆未有以过之。由是观之，酒之境界，岂铺饮者所能与哉！儒学之士如韩愈者，犹不足以知此，返悲醉乡之徒为不遇。大哉，酒之于世也！礼天地，事鬼神，射乡之饮，鹿鸣之歌，宾主百拜，左右秩秩，上至缙绅，下逮闾里，诗人墨客，渔夫樵父，无一可以缺此。投闲自放、怀襟露腹，便酣然卧于江湖之上；扶头解酲，忽而睡醒，虽道术之士，炼阳消阴，饥肠如筋，而熟谷之液，亦不能去，惟胡人禅律，以此为戒。恐至于濡首败兴，失理伤生，往往屏爵弃卮，焚罍折榼，终身不复知其味者。酒复何过邪？平居无事，汙樽斗酒，发狂荡之思，助江湖之兴，亦未足以知曲蘖之力、稻米之功。至于流离放逐，秋声暮雨，朝登糟丘，暮游曲封，御魑魅于烟岚，转炎荒为净土，酒之功力，其近于道耶。与酒游者，死生惊惧交于前而不知，视穷泰违顺特戏事尔！彼饥饿其身，焦劳其思，牛衣发儿女之感，泽客现可怜之色，又乌足以议此哉！鸱夷丈人，以酒为名，含垢受侮，与世浮沉。而彼骚人，高自标持，分别黑白，且不足于全身远害，犹以为惟我独醒。善乎，酒之移人也！

【译文】 酒的发明很久了。仪狄造酒醪，少康作怵酒，他们都因善酿酒而闻名，酒大概就是这时开始酿造的。

酒味甘辛、带热性，致毒。虽然它可以醉人忘忧，但也能致病，像人常说的腐肠、烂胃、溃髓、蒸筋。刘训的《养生论》说，酒能醉人的原因，在于它的酒母发酵之气，酒母气消，就变成水。从前周文王发布诰令，不许臣民饮酒。又命令说，只有祭祀才能用酒。求上天降福，我们只有祀天时才用酒。古时六种青铜礼器中有作舟形的，就是警告人们防止因饮酒而翻船坏事；六种酒器中有口小的壶，就是用来控制人们饮酒不要过度。晋代陶侃喜欢酣饮，但也自我限量。后来人们把酒当汤，倘不喝醉反而感到无酒量，羞愧。哪里知道酒为百药之首，黄帝仅仅是用它来治病的。一般，晋人喜欢纵酒。孔群写信给族人："今年收获秫米七百斛（古容量单位，十斗或五斗为一斛），还不够做酒母用。"王忱三天不喝酒，便觉得身体和精神两相分离。至于刘伶、殷浩、稽康、阮籍等人，尤其不可以一日不饮酒。要而言之，他们放纵饮酒，是借醉酒逃避时世之网，未必真正得到了饮酒的趣味。古时所谓识得酒的全部兴味的，就不是这样。可知酒这"狂药"本身的妙理，并不在于它能浇人胸中忧烦。唐·王绩自号五斗先生，辞官归去，耕作于东皋之野，浪游醉乡，身死不归。认为尧舜的结绳之治已经浅薄，就是黄帝梦游华胥园，也比不上他彻底。由此可知，酒的境界不是那些只知喝酒的酒徒所能认识的或达到的。至于儒学之士韩愈之辈，更不识酒的真趣，反而悲叹长在醉乡之为人不得志的表现。伟大呵，酒之对于人世。礼天地，祀鬼神，乡民畅饮，宴请嘉宾，宾主互敬。上至高官贵人，下及普通百姓，诗人墨客，渔夫樵妇，没有一人可以缺少酒。追求闲情，放松自我，撩起衣襟，坦露肚皮，酣睡在山河湖川之上，头痛还强行饮酒以去酒病，忽然清醒。就是学道之人，不食五谷，饿得肠子细得像个筷子，但都离不开用谷酿成的液体——酒。只有国外佛教徒方制律戒酒，只怕人饮酒过度丧失本性，失去理智，伤害身体，所以往往扔掉酒器，毁坏酒具，终生不再知酒的滋味。但酒本身有什么过失呢？平日生活没有故事，狂饮滥饮，胡思乱想虽一时有慷慨激昂，增加游览河山的兴味，但这并不能完全显示酒的功力。念及粮食的功劳，等到生活有了变故，比如被逐流放，在苍凉的秋声暮雨里，这时，早晚都有酒酣饮，有心抵御瘴疠之地的鬼怪，把荒蛮之地转化成圣洁的净土，这时酒的功力，岂不是接近于道了吗？与酒为友的人，死生惊惧出现在眼前而不知，他看待穷困、发达、逆时、顺达只是一场戏罢了。那种为发达忍饥挨饿、劳神焦虑，对着布衣发出儿女之悲，行吟泽畔露出可怜神色的人，又怎能和他们谈论酒的趣味呢？范蠡以酒为命，含垢受辱，与世沉浮。而那些骚人高士，明辨黑白，但不会保全自身、远避祸害，还算什么唯我独醒呢。

【原文】 惨舒阴阳，平治险阻。刚愎者薰然而慈仁；懦弱者感慨而激烈。陵轹王公，玩弄妻妾，滑稽不穷，斟酌自如，识量之高，风味之微，足以还浅薄而发猥琐，岂特此哉？夙夜在公，岂乐饮酒？鱼藻酌以大斗，行苇不醉无归。湛露君臣相遇，播于声诗，亦未足以语太平之盛。至于黎民休息，日月饮食，祝史无永，神其醉止，斯可谓至德之世矣。然则伯伦之颂德，乐天之论功，盖未必有以形容之夫。其道深远，非冥搜不足以发其义；其术精微，非三昧不足以善其事。昔唐逸人追述焦革酒法，立祠配享；又采自古以来善酒者以为谱，虽其书脱略卑陋，闻者垂涎；酣适之言，诵而心醉，非酒之董狐，其孰能为之哉？

【译文】 酒可以改变人的性情心境，就像晴天使人心舒、阴天使人凄凉那样，酒也能增添豪情、蔑视困难、踏平险阻。刚愎强悍的人饮了酒会变得温和仁慈而虚心听取不同的意见，懦弱的人饮了酒会变得慷慨激昂激情满怀。喝足了酒，敢于睨视王公贵族，更会戏弄挑逗妻妾，洋相百出不穷，斟酌自如。这种胆量胆识、微妙的风雅趣味，足以使人摆脱俗见、去掉卑微猥琐。岂止如此，还能如《诗经》所记述的那样，君王整夜在王宫、酒楼与王公大臣饮酒作乐，大瓢大盏痛饮，一醉方休，不喝得酒酣不会归去。君臣际会的融洽欢乐，都因饮酒而传播在音乐、诗赋里，但这些还不足以表现太平盛世。至于到百姓黎民人人休养生息，日用饮食都不缺乏，史官们无事可记，天下太平，人人都像喝醉酒一样神态悠然，这才算是至德之世。酒有这么大的魅力与作用，那么刘伶颂酒之德，白居易歌酒之功，也未必能形容得完全。酒的内涵太丰富太深远了，不深入追求是发掘不出它的意义的；酒的技术太精微了，若不懂酒的三昧真谛，就不能把酒酿好。从前唐代隐逸王绩追记焦革的酿酒法，并立祠祭拜纪念，又摘录自古以来善酿酒的人的经验为酒谱，虽然其书粗略简陋，但听到的人都垂涎欲得。饮酒酣乐的酒徒们，口里念着酒经，心里就悠然而醉。他如不是酒中的像晋·董狐一样的良史，又有谁能写得出如此华章？

【原文】 昔人有齐中酒、听事酒、猥酒，虽均以曲蘖为之，而有圣有贤，清浊不同。《周礼·天官·酒正》以式法授酒材，辨五齐之名、三酒之物。岁中以酒式诛赏。《月令》乃命大酋（音缩。大酋，酒之官长也），秫稻必齐，曲蘖必时，湛饎必洁、水泉必香，陶器必良，火齐必得，六者尽善，更得醯浆，则酒人之事过半矣！《周礼·天官·浆人》：“掌供王之六饮：水、浆、醴、凉、医、酏入于酒府。”而浆最为先。

古语有云：空桑秽饭，酝以稷麦，以成醇醪，酒之始也。《说文》：“酒白谓之馊，馊者，坏饭也。馊者，老也，饭老即坏，饭不坏则酒不甜。又曰乌梅女㲉，甜醹九投，澄清百品，酒之终也。曲之于黍，犹铅之于汞，阴阳相制，变化自然。《春秋纬》曰：“麦，阴也，黍，阳也。先渍曲而投黍，是阳得阴而沸。”后世曲有用药者，所以治疾也。曲用豆亦佳。神农氏赤小豆饮汁愈酒病。酒有热，得豆为良，但硬薄少蕴藉耳。古者，醴酒在室，醍酒在堂，澄酒在下。而酒以醇厚为上。饮家需察麦性陈新、天气冷暖。春夏黍性新软，则先汤而后米，酒人谓之倒汤。秋冬时黍性陈硬，则先米而后汤，酒人谓之正汤。酝酿须酴米偷酸（《说文》：酴，音途，谓酒母也）。酘醹偷甜，浙人不善偷酸，所以酒熟入灰；北人不善偷甜，所以饮多令人膈上懊憹。桓公所谓“青州从事”、“平原督邮”者，此也。酒甘易酿，味辛难酝。《释名》：酒者，酉也。酉者，阴也。酉用事而为收也，收者，甘也。卯用而为散，散者，辛也。酒之名以甘辛为义。金木间隔，以土为媒，自酸之甘，自甘之辛，而酒成焉（酴米所以要酸也，酘醹所以要甜也）。所谓以土之甘，合水作酸，以木之酸，合土作辛，然后知酘者所以作辛也。《说文》：酘者，再酿也。张华有九酝酒。《齐民要术》：桑落酒有六七酘者。酒以酘多为善，要在曲力相及；醁酒所以有韵者，亦以其再酘故也。过度亦多术，尤忌见日。若太阳出，即酒多不中。后魏贾思勰亦以夜半蒸炊，昧旦下酿，所谓以阴制阳，其义如此。著水无多少，拌和黍麦，以匀为度。张籍诗：“酿酒爱干和。”即今人不入定酒也。晋人谓之干榨酒，大抵用水随其汤埦。黍之大小斟酌之，若酘多，水宽亦不妨。要之米力胜于曲，曲力胜于水即善矣。

北人不用酵，只用刷案水，谓之“信水”。然信水非酵也。酒人以此体候冷暖尔！凡酝不用酵，即酒难发；酵来迟则脚不正。只用正发，酒醅最良。不然则掉取醅面，绞令稍干，和以曲实，挂于衡茅，谓之干酵。用酵四时不同，寒即多用，温即减之。酒人冬月用酵紧，用曲少；夏月用曲多，用酵缓。天气极热，置瓮于深屋；冬月温室，多用毡毯围绕之。《语林》云：“抱瓮冬醪。”言冬月酿酒，令人抱瓮速成而味好。大体冬月盖覆，即阳气在内而酒不冻；夏月闭藏，即阴气在内，而酒不动。非深得卯酉出入之义，孰能知此哉？

于戏！酒之梗概，曲尽于此。若夫心手之间不传文字，固有父子一法，而气味不同；一手自酿，而色泽殊绝。此虽酒人亦不能自知也。

【译文】过去有齐中酒、厅事酒、猥酒之分，虽然都是用曲蘖酿成的，但有圣品、贤品、清浊不同。《周礼·天官·酒正》规定，掌酒的官员应依据造酒方法和规格要求，拨给酒人各种做酒的材料，分辨五种不同酒的清浊厚薄及配制原料数量。每年还要依据造酒方法和规格标准惩差奖优。《礼记·月令》说：是月命令掌酒之官开始酿酒。要求：秫稻的配置要齐，制造要及时，涤洗、蒸炊要洁净无污，用水必须无秽恶之气，制盛酒的器皿无破损漏水，炉火要让酒生熟适当。这六方面都做好了，加上好的曲种（酒娘），则制酒人的事就成功了一半。《周礼·天官·浆人》说：“浆人，掌管王室的六种饮料：茶水、酸酒料、甜酒、冷饮、凉茶、薄粥，运进王府。”其中以酸酒类最重要。

古人有语：“空桑树里倒有剩饭，稷米麦饭混合到一起发了酵，就成了酒，这就是酒的开始。”《说文解字》说：“酒白叫馊。”馊就是坏了的饭。馊，即是时间久了，饭搁久了就坏了。饭若不坏，酒就不甜。又说：乌梅麦曲，混合上甜醽酿制九次，再多次澄制品味，酒就造成了。酒曲和黍米的关系，好比铅和汞：阴阳克制，自然变化。《春秋纬》说：“麦，属阴性，黍，属阳性。先浸曲再投入黍米，阳得到阴就沸热了。”后世有用药物作曲的，这是为了治病。酒曲用豆子制也不错。神农赤小豆饮汁可治百病。酒性热，加入豆子就好一些，但酒味也变得薄淡了，没有回味。古时醴酒在室，醍酒在堂，澄酒在下。可见酒味以醇厚为上。制酒的人家需要观察黍米是新米还是陈米。还要看天气的冷暖。春夏之际，黍米新软，要先放曲汁而后投米，造酒的人称之为倒汤。秋冬之季，黍米陈硬，就要先放米而加曲汁，造酒的人称之为正汤。酝酿须用酴米去掉酸（《说文》：酴，酒母也。酴音途。），投醽取甜。南方人不善去酸，所以酒熟后加火草灰带碱煨，北方人不善取甜，所以造的酒喝多了使上腹膈闷胀。桓温说的青州从事、平原督邮，就是指这酒的好坏。酒的甜味容易酿出，酒的辛味难以酿得。《释名》说：“酒者，酉也。”酉时，天渐黑，为阴。酉能使物性收敛。收敛就甜。卯时，天渐亮，能使物性散发，散发就辛。酒的起名就是取甘辛五行的意思。五行金木相间隔，土居中为媒介。从酸到甘，从甘到辛，酒就酿成了。（这就是酴米取酸、投醽取甜的原理）。用土的甘加水作酸，用木的酸加土作辛，由此可知酝酿就是为了作辛。《说文解字》说：“酘，再酿也。”张华经过九次酝酒。《齐民要术》说：桑落酒有六七酘者。酿酒，酘的次数越多酒越好，主要因为多醵酒曲的功力发扬得充分。有种酘酒，喝起来有味，就因它是重酿酒。但酘得过度也有缺点，尤其不能见阳光。若被太阳晒了，酒多半就酿不成。后魏贾思勰也主张半夜蒸炊，早晨天将明时下酵。这就是取以阴制阳的意思。酿酒时加水多少没有定制，只要掺和黍麦均匀就行。张藉有诗："酿酒爱干和。"就是现在人们说的"不入定酒"，晋代人称为"干榨酒"。一般说酿酒用水，要根据汤黍的多少斟酌而定。酘得多，加水宽些不妨。总之，要米力大过曲力，曲力大过水，就会酿出好酒。

北方人酿酒有时不用酵，只用刷案水，叫它"信水"。但"信水"并不等于酵，酿酒的人只不过用它来探测温度冷暖。酿酒不用酵就发不起来，酵发得迟了酿酒的根基就不正。只有正确的方式方法来发酵，酒醅最好。不然，取出醅面，绞去水分，和上酒曲，挂到茅屋沿下，叫做"干酵"。酿酒用酵量四季不同。寒冷时用量多，温暖时量减少。酿酒到冬天时用酵急，用曲少，夏季用曲多，用酵慢。天气最热时，要把酒瓮放置到深屋凉处。冬季，放在温室并用毡毯围上。《语林》说："抱瓮冬醪。"就是说冬季酿酒，形容用人抱住瓮增加温度，酒酿得快而且酒味好。大致说冬季覆盖瓮，阳气在瓮里不泄出，酒就不受冻。夏季闭藏在深屋内，阴气在瓮里不泄出，酒不变味。不是深深领会到卯酉两个时辰相生的意义，谁能知道这么些道理呢？

好了，酒经的梗概大体就如此了，若我不用心不用笔传下这些文字，恐怕就是父子用同一方法，而气味也不尽相同，哪怕自己一手自酿，而酒的色泽也绝不同，这点只怕是造酒人亦不明白的奥妙。

附一 魏书·高允传

"太和二年，允以老乞还乡里……允上酒训曰：自古圣王其为飨也，元酒在堂而（酉齐）酒在下，所以崇本重源降于滋味，虽汎爵旅行不及于乱，故能礼章而敬不亏，事毕而仪不忒，非由斯致。是失其道，将何以范，时轨物垂之于世，历观往代，成败之效，吉凶由人，不在数也。商辛耽酒殷道以之亡，公旦陈诰周德以之昌，子反昏酣而致毙，穆生不饮而身光，或长世而为戒，或进代而流芳，酒之为状变惑情性。虽曰哲人孰能自竞，在官者殆于政也，为下者慢于令也。聪达之士荒于听也。柔顺之伦兴于诤也，久而不悛致于病也，岂止于病，乃损其命。谚亦有云：其益如毫，其损如刀，言所益者止于一味之益，不亦寡乎！言所损者，夭年乱志，夭乱之损不亦夥乎！克以酒荒而陷其身，无以酒狂而丧其伦。迷帮失道，流浪漂津，不师不遵反将何因？诗不言乎，如切如磋如琢如磨，朋友之义也，作官以箴之，申模经禁之，君臣之道也，其言也善，则三覆而佩之；言之不善，则长酣以为高达，调酒之颂以相眩耀，称尧舜有千锤百觚之饮，著非法之言引大圣为譬以则天之明，岂其然乎！且子思有云：夫子之饮不能一升，以此推之，千锤百觚皆为妄也。今大魏应图重名御世化之。所暨无思不服仁风，敦洽于四海。太皇太后以至德之隆诲而不倦，忧勤备于皇清，诰训行于无外，故能道协两议，功同覆载，仁恩下逮，罔有不遵，普天牵土靡不蒙赖，在朝之士，有志之人，宜克已从善，履正存贞，节酒以为度，顺德以为经，悟昏饮之美疾，审敬慎之弥荣，遵孝道以致养，显父母而拍名，蹈闵曾之前轨，遗仁风于后生，仰以答所授俯以保其成。可不勉欤！可不勉欤！高祖悦之。常置左右诏允乘车入殿，朝贺不拜。”

附二 古代的酒政

酒政，是国家对酒的生产、流通、销售和使用而制定实施的制度政策的总和。

一、酒的特殊性

在众多的生活用品中，酒是一种非常特殊的用品。这是因为：

1. 中国酿酒的原料主要是粮食，它是关系到国计民生的重要物质。由于酿酒一般获利甚丰，在历史上常常发生酿酒大户大量采购粮食用于酿酒，与民争食，当酿酒原料与口粮发生冲突时，国家必须实施强有力的行政手段加以干预。

2. 酿酒及用酒是一项非常普遍的社会活动。首先，酒的生产非常普及，酿酒作坊可以大规模生产，家庭可以自产自用。由于生产方法相对简便，生产周期比较短，只要粮食富裕，随时都可以进行酿酒。酒的直接生产企业与社会上许多行业有千丝万缕的联系；酒的消费面也非常广，如酿酒业与饮食业的结合，在社会生活中所占的比重很大。国家对酒业的管理是一个非常复杂的系统工程。

3. 国家对酒实行榷酒以来，一般来说，酒是一种高附加值的商品。酿酒业往往获利甚厚，在古代，在社会上能够开办酒坊酿酒的人户往往是富商巨贾，酿酒业的开办，给他们带来了滚滚财源，但财富过分集中在这些人手中，对国家来说并不是有利的。酒政的频繁变动，实际上是酒利的争夺，即是不同利益集团对酒利的争夺的结果。即使在当代，不同行业，不同管理层，不同的流通环节对酒利的分配也是有一定的矛盾的。

4. 酒是一种特殊的食品。它不是生活必需品，但却具有一些特殊的功能，如同古人所说的“酒以成礼，酒以治病，酒以成欢”，在这些特定的场合下，酒是不可缺少的。但是，酒又被人们看作为是一种奢侈品，没有它，也不会影响人们的正常生活；而且，酒能使人上瘾，饮多使人致醉，惹事生非，伤身败体，人们又将其作为引起祸乱的根源。如何根据实际情况进行酒业管理，使酒的生产、流通、消费走上正确的轨道，使酒的正面效应得到发挥，负面效应得到抑制也是一门深厚的学问。

数千年来，基于上述考虑，历代统治者对于酒这个影响面极广的产品，从放任不管到紧抓不放，实行了各种管理政策。这些措施有利有弊，执行的程度有松有紧，历史上人们对其有褒有贬，虽然这些都成了历史，但对于后人总有借鉴的作用。

二、古代酒政的内容

远古时代，由于粮食生产并不稳定，酒的生产和消费一般来说是一种自发的行为，主要受粮食产量的影响。同时要明确的是，在奴隶社会，有资格酿酒和饮酒的都是有身份、有地位的上层人物。酒在一定的历史时期内并不是商品，而只是一般的物品。人们还未认识到酒的经济价值。这种情况一直延续到汉朝前期。

从夏禹绝旨酒开始及周公发布《酒诰》以来，随着时代的进步，酒的管理制度和措施的内容越来越丰富，形式越来越多样化。酒政的具体实施形式和程度随各朝而有所不同，但基本上是在禁酒、榷酒和税酒之间变来变去。此外还有一些特殊的形式。实行不同的酒政，往往涉及酒利在不同社会集团之间的分配问题，有时，经济斗争和政治斗争交织在一起。另外，由于政权更迭，酒政的连续性时有中断，尤其是酒政作为整个经济政策的一部分，其实施的内容和方式往往与国家整个经济政策有很大的关系。

1. 禁酒

禁酒，即由政府下令禁止酒的生产、流通和消费。

禁酒的目的主要是：

（1）减少粮食的消耗，备战备荒。这是历代历朝禁酒的主要目的。

（2）防止沉湎于酒，伤德败性，引来杀身之祸，禁止百官酒后狂言，议论朝政。这点主要针对统治者本身而言。禁群饮，在古代主要是为了防止民众聚众闹事。

由于酒特有的引诱力，一些贵族们沉湎于酒，成为了严重的社会问题，最高统治者从维护本身的利益出发，不得不采取禁酒措施。

在中国历史上，夏禹可能是最早提出禁酒的帝王。相传：“帝女令仪狄作酒而美，进之禹，禹饮而甘之，遂疏仪狄而绝旨酒。曰，后世必有以酒亡其国者。”（《战国策·魏策二》）在此，“绝旨酒”可以理解为自己不饮酒，但作为最高统治者，“绝旨酒”的目的大概不仅仅局限于此，而是表明自己要以身作则，不被美酒所诱惑，同时大概也包含有禁止民众过度饮酒的想法。

事实证明夏禹的预见是正确的。夏商的两代末君都是因为酒而引来杀身之祸而导致亡国的。从史料记载及出土的大量酒器来看，夏商二代统治者饮酒的风气十分盛行。夏桀“作瑶台，罢民力，殚民财，为酒池糟纵靡靡之乐，一鼓而牛饮者三千人”。夏桀最后被商汤放逐。商代贵族的饮酒风气并未收敛，反而越演越烈。出土的酒器不仅数量多，种类繁，而且其制作巧夺天功，堪称世界之最。这充分说明统治者是如何地沉缅于酒。据说商纣饮酒七天七夜不歇，酒糟堆成小山丘，酒池里可运舟。据研究，商代的贵族们因长期用含有锡的青铜器饮酒，造成慢性中毒，致使战斗力下降。商代的灭亡，酗酒成风被普遍认为是其重要的原因。西周统治者在推翻商代的统治之后，发布了我国最早的禁酒令《酒诰》。其中说到，不要经常饮酒，只有祭祀时才能饮酒。对于那些聚众饮酒的人，抓起来杀掉。在这种情况下，西周初中期，酗酒的风气有所收敛。这点可从出土的器物中，酒器所占的比重减少得到证明。《酒诰》中禁酒之教基本上可归结为：无彝酒，执群饮，戒缅酒，并认为酒是大乱丧德，亡国的根源。这构成了中国禁酒的主导思想之一，成为后世人们引经据典的典范。

西汉前期实行“禁群饮”的制度，相国萧何制定的律令规定：“三人以上无故群饮酒，罚金四两。”（《史记·文帝本纪》文颖注）这大概是西汉初，新王朝刚刚建立，统治者为杜绝反对势力聚众闹事，故有此规定。禁群饮，这实际上是根据《酒诰》而制定的。

禁酒时，由朝廷发布禁酒令。禁酒也分为数种，一种是绝对禁酒，即官私皆禁，整个社会都不允许酒的生产和流通；另一种是局部地区禁酒，在有些朝代如元代较为普遍，主要原因是不同地区，粮食丰歉程度不一。还有一种是禁酒曲而不禁酒，这是一种特殊的方式，即酒曲是官府专卖品，不允许私人制造，属于禁止之列。没有酒曲，酿酒自然就无法进行。还有一种禁酒是在国家实行专卖时，禁止私人酿酒、运酒和卖酒。

在历史上禁酒极为普遍，除了以上的政治原因外，更多的还是因为粮食问题引起的。每当碰上天灾人祸，粮食紧张之时，朝廷就会发布禁酒令。而当粮食丰收，禁酒令就会解除。禁酒时，会有严格的惩罚措施。如发现私酒，轻则罚没酒曲或酿酒工具，重则处以极刑。

2. 榷酒

榷酒，现在称为酒的专卖，即国家垄断酒的生产和销售，不允许私人从事与酒有关的行业。由于实行国家的垄断生产和销售，酒价或者利润可以定得较高，一方面可获取高额收入，另一方面，也可以用此来调节酒的生产和销售，其内涵是极为丰富的。在历史上，专卖的形式很多，主要有以下几种：

（1）完全专卖

这种榷酒形式，是由官府负责全部过程，诸如造曲，酿酒，酒的运输，销售。由于独此一家，别无分店，酒价可以定得很高，故往往可以获得丰厚的利润，收入全归官府。

（2）间接专卖

间接专卖的形式很多，官府只承担酒业的某一环节，其余环节则由民间负责。如官府只垄断酒曲的生产，实行酒曲的专卖，从中获取高额利润。

这种形式在南宋时实行过，叫“隔槽法”，官府只提供场所、酿具、酒曲，酒户自备酿酒原料，向官府交纳一定的费用，酿酒数量不限，销售自负。

（3）商专卖

官府不生产，不收购，不运销，由特许的商人或酒户在交纳一定的款项并接受管理的条件下自酿自销或经理购销事宜，非特许的商人则不允许从事酒业的经营。

西汉前中期酿酒业是很发达的，但并没有实行酒的专卖，西汉武帝时期第一次实行酒的专卖，酒业政策的变化，是汉武帝一系列加强中央集权财经政策的一部分。汉武帝在位的五十多年中，针对当时商人把持盐业、铁业，投机倒把，大发横财，但却“不佐国家之急”的不义之举，首先下令把盐业、铁业收归国家专营，这些措施为增加国家的财政收入起到了积极的作用。这也为实行榷酒准备了重要的前提条件。既然盐和铁可以实行国家专卖，酒这种商品，到了一定的程度，提到专卖的议事日程也是迟早的事了。因为酒确实是一种可以为国家敛聚巨大财富的特殊商品。

促使实行榷酒政策的直接原因可能还是国家财政的日益捉襟见肘。汉武帝末期，国家连年边关战争，耗资巨大，财政入不敷出。酒几乎象盐、铁一样普遍，生产方法相对比较简单，生产周期短，投资少，原材料丰富，产区分布广，酒的销路极广，社会需求量极大，赢利丰厚，其敛财聚宝的经济价值终于第一次被体现出来。据史料记载，天汉三年（前98年）春二月，"初榷酒酤"（《汉书·武帝本纪》。榷酒的首创，在中国酒政史上甚至在中国财政史上都是具有重大意义的大事。这是因为①榷酒为国家扩大了财政收入的来源，为当时频繁的边关战争、浩繁的宫廷开支和镇压农民起义提供了财政来源。且这比直接向人民征税要高明，更合情理。因为酒是极为普及的物品，但又不是生活必需品。实行专卖，提高销售价格，表面上看，饮酒的人未受到损害。但酒的价格中实际上包含了饮酒人向国家交纳的费用。这对于不饮酒的人来说，则间接地减轻了负担，尽管这也是一般人所体察不到的。②从经济上加强了中央集权，使一部分商人、富豪的利益转移到国家手中。因为当时有资格开设大型酒坊和酒店的人都是大商人和大地主，财富过多地集中在他们手中，对国家并没有什么好处。实行榷酒，在经济上剥夺了这些人的特权，这对于调剂贫富差距，无疑是有一定的进步意义的。③实行榷酒，由国家宏观上加强对酿酒的管理，国家可以根据当时粮食的丰歉来决定酿酒与否或酿酒的规模，由于在榷酒期间不允许私人酿酒、卖酒，故比较容易控制酒的生产和销售，从而达到节约粮食的目的。

酒的专卖，在唐代后期，宋代，元代及清朝后期都是主要的酒政形式。

3. 税酒

税酒是对酒征收的专税，这与一般的市税的概念有所不同。由于将酒看做是奢侈品，酒税与其他税相比，一般是比较重的。在汉代以前，对酒不实行专税，而只有普通的市税。在清代后期和民国时对卖酒的还有特许卖酒的牌照税等杂税。

从周公发布《酒诰》到汉武帝的初榷酒之前，统治者并未把管理酒业看做是敛聚财富的重要手段。

商鞅辅政时的秦国，实行了"重本抑末"的基本国策。酒作为消费品，自然在限制之中。《商君书·垦令篇》中规定："贵酒肉之价，重其租，令十倍其朴。"（意思是加重酒税，让税额比成本高十倍）。《秦律·田律》规定："百姓居田舍者，毋敢酤酒，田啬，部佐禁御之，有不从令者有罪。"秦国的酒政，有两点，即：禁止百姓酿酒，对酒实行高价重税。其目的是用经济的手段和严厉的法律抑制酒的生产和消费，鼓励百姓多种粮食；另一方面，通过重税高价，国家也可以获得巨额的收入。

4. 唐代特许下的税酒制的提出

禁酒的结果无疑会使酿酒业受到很大的摧残，酒的买卖少了，连酒的市税也收不到。代宗广德元年，安史之乱终于结束。唐政府为了应付军费开支和养活皇室及官僚，巧立名目，征收苛捐杂税。据《新唐书·杨炎传》的记载，当时搜括民财已到了"废者不削，重者不去，新旧仍积，不知其涯"的地步。为确保国家的财政收入，再次恢复了180多年的税酒政策。代宗二年，"定天下酤户纳税"（《唐书·食货志》）。《杜佑通典》也记载：二年十二月敕天下州各量定酤酒户，随月纳税，除此之外，不问官私，一切禁断。

唐朝的税酒，即对酿酒户和卖酒户进行登记，并对其生产经营规模划分等级，给予这些人从事酒业的特权。未经特许的无资格从事酒业。大历六年的作法是：酒税一般由地方征收，地方向朝廷进奉，如所谓的"充布绢进奉"，是说地方上可用酒税钱抵充进奉的布绢之数。

5. 其他形式的酒政

（1）隔酿法

这是南宋时采取的一种变通措施，方法大致是：官府设立集中的酿酒场所，置办酿酒器具，民众自带粮食前来酿酒，官府根据酿酒数量的多少收取一定的费用，作为特殊的酒税。此法实行过一段时间，得到推广。

（2）酒税均摊法："酒随两税青苗敛之"

元和六年（811年），粮食大熟，有的地方斗米只值二钱，粮食多，必然酿酒风行，酒价必然下跌。如果再不改变原来斗酒纳税百五十元的政策，酒户就将破产。统治者在此时及时调整了其酒政，是年，"罢京师酤肆，以榷酒钱随两税青苗敛之"（《新唐书·食货志》）。《旧志》记载："榷酒钱除出正酒户外，一切随两税青苗据贯均收。"这说明当时罢去的是官办的酒店，正酒户（官方核定的酒户，如按额纳税的酒户，他们可以免徭役等）仍然要纳酒税。青苗钱是一种地税附加税，土地越多，纳的青苗钱自然就越多。这样一来，一般的人只要交纳少量的青苗钱，就可以自行酿酒自用，不必作为私酒而被禁止了。这是向全体人民平均分摊的榷酒钱。在推行榷酒随两税青苗敛之的地区，则不再开设官办酒店。这种政策与唐前期的酒类自由经营的政策相仿，但榷酒钱已经转化成地税附加税。这样既可平息民众对官办酒坊或官方认可的酒店的怨恨，政府又有一定的财政收入。

6. 对违反官府酒业政策的处罚

处罚制度是为了保证官府的酒业政策得到顺利实施的必要手段，在国家实行专卖政策、税酒政策或禁酒政策时，都对私酿酒实行一定程度的处罚。轻者没收酿酒器具、酿酒收入，或罚款处理，重者处以极刑。

李白醉酒写诗篇

名厂名酒

中国贵州茅台酒厂有限责任公司

贵州茅台酒厂集团总部位于贵州省北部风光旖旎的赤水河畔的茅台镇。

贵州茅台酒厂集团由中国贵州茅台酒厂有限责任公司及其全资子公司、控股公司、参股公司等近 20 家企业构成，集团所涉足的产业领域包括白酒、啤酒、葡萄酒、红酒、证券、银行、保险、物业、科研等。

中国贵州茅台酒厂有限责任公司的前身是中国贵州茅台酒厂，1997 年成功改制为有限责任公司（以下简称集团公司），1999 年，由有限责任公司联合中国食品发酵研究所发起的贵州茅台酒股份有限公司正式成立，2001 年 8 月，贵州茅台股票在上交所挂牌上市。

集团公司是全国唯一集国家一级企业、国家特大型企业、国家优秀企业（金马奖）、全国质量效益型先进企业于一身的白酒生产企业。

公司主导产品贵州茅台酒是中国民族工商业率先走向世界的代表，1915 年荣获美国巴拿马万国博览会金奖，与法国科涅克白兰地、英国苏格兰威士忌并称世界三大（蒸馏）名酒，是我国大曲酱香型白酒的鼻祖和典型代表，近一个世纪以来，已先后 14 次荣获各种国际金奖，并蝉联历次国内名酒评比之冠，被公认为中国国酒。

中国加入 WTO，全球经济一体化，给茅台酒厂集团公司带来了挑战和机遇。国酒茅台将以铸造一流企业为愿景、以走新型工业化道路，做好酒的文章，走出酒的天地为发展方向，向着更快、更高、更强迈进。

茅台酒厂

茅台酒厂是中国生产酱香型白酒——茅台酒的企业，位于中国贵州省仁怀县茅台镇。茅台一带的白酒酿造业历史悠久。据史籍记载，早在公元前135年，当地就已酿出具有独特风味的“构酱酒”。后经几次兵燹，至1704年，以茅台命名的“茅春”“茅台烧春”“回沙茅酒”等酒已具有独特风格，成为贵州酿酒行业中的珍品。1840年,茅台烧房（即酒坊）已有20余家。后又遇兵燹，几十家烧房全被烧毁，茅台酒的酿造中断。1863年左右，在茅台村古烧房的废墟上创建了成裕烧房 (后更名成义烧房)，茅台酒的酿造又得以恢复；1870年左右创建了荣太和烧房（后更名荣和烧房）；1929年又创建了衡昌烧房（后更名恒兴烧房）。历年来，3家烧房在相互竞争中发展。中华人民共和国建立后，在成义、荣和、恒兴3家烧房的基础上，建成了今贵州省地方国营茅台酒厂。该厂生产的茅台酒，酒液微黄透明、酱香突出、幽雅细腻、回味悠长。茅台酒的特殊品质和风味是由传统工艺生产的酱香、醇香和窖底香3种香型原酒经贮存勾兑而形成的。茅台酒产品组分复杂，其香味组分化合物多达200余种，远比其他白酒丰富。茅台酒曾多次在国际和中国国内获奖。

五粮液集团有限公司

五粮液集团有限公司位于“万里长江第一城”——中国西南腹地的四川省宜宾市北面的岷江之滨。其前由20世纪50年代初几家古传酿酒作坊联合组建而成的“中国专卖公司四川省宜宾酒厂”，1959年正式命名为“宜宾五粮液酒厂”，1998年改制为“五粮液集团有限公司”。

五粮液集团有限公司的成名产品“五粮液酒”是浓香型白酒的杰出代表。它以“香气悠久、味醇厚、入口甘美、入喉净爽、各味谐调、恰到好处、酒味全面”的独特风格闻名于世，以独有的自然生态环境、638年的明代古窖、五种粮食配方、酿造工艺、中庸品质、“十里酒城”等六大优势，成为当今酒类产品中出类拔萃的珍品。

自1915年代表中国产品首获“巴拿马万国博览会”金奖以来，五粮液酒又相继在世界各地的博览会上共获38次金奖，1995年在“第十三届巴拿马国际食品博览会”上又再获金奖，铸造了五粮液“八十年金牌不倒”的辉煌业绩，并被第五十届世界统计大会评为“中国酒业大王”。2002年6月，在巴拿马“第20届国际商展”上，再次荣获白酒类唯一金奖，续写了五粮液百年荣誉。四度荣获国家优质产品金质奖章，数年来“五粮液”品牌连续在中国白酒制造业和食品行业“最有价值品牌”中排位第一。五粮液集团有限公司于2003年再度获得“全国质量管理奖”，成为我国酒类行业唯一两度获得国家级质量管理奖的企业。

公司系统研制开发了五粮春、五粮神、五粮醇、长三角、两湖春、现代人、金六福、浏阳河、老作坊、京酒等几十种不同档次、不同口味，满足不同区域、不同文化背景、不同层次消费者需求的系列产品。特别是十二生肖五粮液、一帆风顺五粮液、五粮液巴拿马纪念酒、五粮液年份酒等精品、珍品系列五粮液的面世，其在神、形、韵、味各方面精巧极至的融合，成为了追求卓越的典范。

附一 浏阳河酒厂

中国浏阳河酒业有限公司成立于1998年9月，是中商集团公司全资控股子公司。1998年9月，集团公司买断了“浏阳河酒”商标使用权及所有权，并与四川宜宾五粮液股份有限公司建立合作，走出了一条“湘牌川酒”的创新之路。经过八年的励精图治，浏阳河酒实现超常规发展，现已成为全国著名白酒品牌，无形资产已达40多亿元。目前市场销售网络已覆盖全国34个省、自治区、直辖市，拥有1000多名销售人员，行销队伍达10000多人。浏阳河酒依托四川宜宾五粮液股份有限公司生产，完全采用五粮液的基酒，以优质高粱、大米、糯米、小麦、玉米为主要原料，结合传统工艺与现代高新技术精心酿制而成。主要有“浏阳河”“金世纪”“红太阳”“喜洋洋”“万事兴”“相约2008、庆功2008”“仿青花瓷”等七大系列产品。有一至五星五个档次，礼品、豪华、精装三种型体，475ml、250ml、125ml三种规格，以及高中低五种度数（52°、45°、39°、33°、28°），产品已达100多个品种。一条名河，一位伟人，一首名歌，赋予了浏阳河酒丰富的品牌文化内涵。“唱中国名歌，喝中国名酒”“又唱浏阳河，共享金世纪”“浏阳河酒，冠军的酒”“我们心中的红太阳”“年年吉祥喜洋洋”“想唱就唱，想喝就喝，今年拜年浏阳河酒”等广告语，脍炙人口，亲切感人，“浏阳河·真情久”的形象也已深入人心，家喻户晓。八年来，浏阳河酒先后被评为“跨世纪中国著名白酒品牌”“第27届悉尼奥运会中国体育代表团唯一专用庆功酒”“中国足协—中国之队指定赞助商”“中国足协—中国之队战略合作伙伴”“博鳌亚洲论坛2004年年会宴会指定专用酒”“第11届世界旅游小姐年度皇后大赛世界总决赛指定庆典用酒”“第三、四、五届中国金鹰电视艺术节指定专用白酒”，并且从2002年起，连续三年在全国人大、政协“两会”期间，被摆上国宴，成为“两会”指定专用白酒。

附二 金六福集团

金六福酒业销售有限公司诞生于 1996 年，公司坚持以“诚信为本，永续经营”的理念，凭借先进的营销模式，与中国白酒行业龙头五粮液集团强强联手，迅速走出一条从代理品牌、创造品牌，到拥有名牌的发展之路。并发展成为拥有 18 个大区、4 个生产企业，近 2000 名营销人员、5000 多人促销队伍的酒水营销专业企业。

金六福酒以其上乘的酒质、新颖的包装和深厚的文化底蕴，深受消费者的青睐，畅销海内外，被誉为“中国人的福酒”。自 1999 年至今销量连续六年在五粮液系列白酒品牌中名列第一。经国家权威资产评估机构评估，2004 年“金六福”品牌价值已达 31.39 亿元。

虽然已成长为这个激烈竞争行业的佼佼者，但是着眼于未来的金六福企业从未满足于既有的成绩，公司又新涉足了葡萄酒、保健酒等领域，构建了集金六福酒、五粮液年份酒、开口笑、邵阳、临水等系列白酒和无比古方系列保健酒于一体的发展平台。今后金六福企业将继续在中国酒业的“大海”中乘风破浪，勇往直前。

1998 年，第一瓶金六福酒从五粮液生产车间下线。十年来，金六福酒始终坚持“福文化”的定位，并以其上乘的酒质，新颖的包装，深受消费者的青睐。

金六福酒以“福”的吉庆形象定位，积极参与社会各项盛事，被誉为“中国人的福酒”；曾获 28 届奥运会中国体育代表团唯一庆功白酒，国足出线唯一庆功白酒等殊荣。自 2004 年以来，金六福借助一系列主题传播——“中秋团圆·金六福酒”“春节回家·金六福酒”“我有喜事·金六福酒”，更使金六福酒逐步成为中国人节庆消费中必不可少的新民俗。

金六福系列酒主销产品有星级系列、福星高照系列、福星系列、贵宾特贡系列、经典系列和礼盒系列等，目前共有 338 个品项。金六福系列酒的销量连续 9 年保持两位数增长，自 1999 年至今已经连续七年成为五粮液系列品牌销量第一，荣获中国驰名商标，品牌价值达 42.67 亿，单品牌销售量全国第一，单品牌销售额位列全国白酒市场前三位。

汾酒集团

山西杏花村汾酒集团有限责任公司为国有独资公司，以生产经营中国名酒——汾酒、竹叶青酒为主营业务，年产名优白酒5万吨，是全国最大的名优白酒生产基地之一。

集团公司下设22个子、分公司，员工8000人，占地面积230万平方米，建筑面积76万平方米。核心企业汾酒厂股份有限公司为公司最大全资子公司，1993年在上海证券交易所挂牌上市，为中国白酒第一股，山西第一股。公司拥有“杏花村”“竹叶青”两个中国驰名商标，据2006年《中国500最具价值品牌排行榜》公布，“杏花村”品牌价值已达47.76亿元。公司主导产品有汾酒、竹叶青酒、玫瑰汾酒、白玉汾酒、葡萄酒、啤酒等六大系列。汾酒是我国清香型白酒的典型代表，素以入口绵、落口甜、饮后余香、回味悠长而著称，在国内外享有较高的知名度、美誉度和忠诚度。主要品种有国藏汾酒、青花瓷汾酒、中华汾酒、老白汾酒等。竹叶青酒是国家卫生部认定的唯一中国保健名酒。

汾酒文化源远流长，是晋商文化的重要一支，与黄河文化一脉相承。汾酒历史上有过四次成名。早在1500年前的南北朝时期，汾酒就作为宫廷御酒受到北齐武成帝的推崇而一举成名，并被载入廿四史；晚唐大诗人杜牧的千古绝唱“借问酒家何处有？牧童遥指杏花村”使汾酒再度成名；1915年，汾酒在巴拿马万国博览会上一举荣获甲等金质大奖章，成为酒品至尊；解放后汾酒五次蝉联国家名酒称号，竹叶青酒三次荣获国家名酒。汾酒人秉承“用心酿造、诚信天下”的企业核心理念，将传统工艺不断创新，并使之发扬光大。集团公司通过了ISO9001质量管理体系认证，汾酒、竹叶青酒顺利通过了国家酒类等级（优级）标志认证。汾酒酿造工艺正在申报非物质文化世界遗产，已列入国家非物质文化遗产第一批名录。2005年，公司还荣获全国企业文化优秀奖。“十五”期间公司快速发展，经济效益连创新高，倾力打造名白酒基地、保健酒基地和酒文化旅游基地，被授予“全国工业旅游示范点”。杏花村汾酒酿造作坊遗址2006年被评为全国重点文物保护单位。企业还被评为全国厂务公开先进单位，全国绿色环保先进企业，相继荣获“中国最具影响力企业”“中国最具成长性企业”等多项荣誉称号。2006年1月获得了省政府质量奖。2005年完成销售收入19.08亿元，实现利税7.1亿元，实现利润2.27亿元，资产总额24.21亿元，销售收入排名行业第五，利税第四，综合效益为行业第四。

山西杏花村汾酒厂股份有限公司

山西杏花村汾酒厂股份有限公司成立于1993年12月22日，是在原国营山西杏花村汾酒厂基础上改制成立的股份制企业，是山西省首家上市公司，也是全国白酒行业首家向社会公开发行股票、异地上市的公司。公司股票代码为600809。

山西杏花村汾酒厂股份有限公司坐落于中国名酒之都——山西杏花村，是生产国家名酒汾酒、竹叶青酒、玫瑰汾酒、白玉汾酒等系列产品的大型企业。主导产品汾酒是中国传统的历史名酒，其酒体晶莹饱满、清香纯正，素以入口绵、落口甜、饮后余香、风味独特而著称于世，不仅可以饮用，还可以烹调、入药。竹叶青酒为我国配制酒之精品，其以汾酒为基酒加配十余种名贵药材精心调制而成，酒质金黄透亮，幽雅芳香，色香味俱佳，普称“三绝”，有疏气、活血、润肝、健脾之裨益，历来为世人所称道。

公司的前身杏花村汾酒厂成立于1949年6月，五十多年来，尤其是改革开放以来，汾酒厂大力开展技术革新，不断进行挖潜改造，生产规模迅速扩大，产品质量稳步提高，经济效益大幅度增长，企业面貌发生了根本性的变化，成为举世瞩目的现代化酒厂，产品多次荣获国际、国家级嘉奖。

改组改制后，公司紧紧抓住这一历史机遇，面对国内外日趋激烈的市场竞争，不断提高企业管理水平，进一步深化企业内部改革，强化质量，降低成本费用；面向市场加强经营决策，加强广告宣传；根据市场需求，及时调整产品结构，改进包装，提高企业的市场竞争能力，实现了管理的整体优化，增强了企业的总体实力，企业规模不断扩大，经济效益逐年提高。目前，公司共有职工3400余人，总资产11.69亿元，注册资本43292.41万元，占地面积170万平方米，具有名白酒、配制酒、果露酒、黄酒四大类产品生产能力3万余吨，年销售收入近10亿元，年创利税2亿多元，是山西省第二利税大户。随着企业经营机制的转变，企业的经营情况正逐步好转，公司将以良好的经济效益和社会效益，为股东创造更加满意的收益。

江苏双沟酒业股份有限公司

双沟被誉为中国酒源头，座落在淮河与洪泽湖环抱的千年古镇——双沟镇。

独特的地理环境，铸就了悠久的双沟酿酒历史，据《泗虹合志》记载，双沟酒业始创于1732年（清雍正十年），据今已有近300年的历史。久远的历史长河中，双沟酒业积淀了深厚的文化底蕴。在民间流传着许多关于双沟美酒的美丽传说，最广为流传的有《曲哥酒妹》《神曲酒母传奇》等。公司位于淮河与洪泽湖交汇处的江苏泗洪县双沟镇，这里盛产稻麦豆秫和红高梁等酿酒原料，加之醇甜的淮河水，自古以来酿酒业得天独厚，所产出的酒誉满江淮。历代文人骚客、达官巨贾、将军、学者或寻幽访胜至此，或宦海沉浮暂泊，留连于淮海古渡，借酒抒怀，留下许多耐人寻味的篇章，如宋代的苏东坡、欧阳修、杨万理、范成大等，明代的黄九烟，当代的陈毅父子、叶圣陶、陆文夫、陈登科、茹志娟、绿原、邹荻帆等。在许多美好诗篇里，双沟美酒香透千百年的每一个日子。如今的双沟酒业有总资产10亿元，年销售收入15亿元，年创利税1.5亿元，具有投资开发、经营多种产业和对内对外开拓业务的雄厚经济技术实力。江苏双沟酒业拥有3700多名职工，占地130万平方米，年产大曲酒产销量最高，是江苏省获国家优质酒奖牌最早的企业，连续6年跻身中国最大工业企业500强。

双沟酿酒已近千年，有文字记载的历史已近300个春秋。公元1732年，清朝雍正十年，有一位浪迹天涯的祖传酿酒师傅贺氏谋生来到淮河之滨的洪泽湖畔。当他路过双沟一带时，见这里山清水秀、花红柳绿，清澈的淮水甘甜爽口，遍地红高梁犹如漫天云霞。于是贺氏在此立下锅灶，办起了“全德大曲糟坊”，将本身的酿酒技术与当地的传统方法相结合，酿出了品质优异的浓香型双沟大曲酒，产品不光在本地受欢迎，而且远销到河南、河北、安徽、江浙一带，曾有“名驰冀北三千里，味占江南第一家”之说。由于“全德糟坊”讲求产品质量，坚持以德为本、宽厚待人的宗旨，生意越做越好，信誉长享。1910（清宣统二年）全德糟坊酿制的双沟大曲参加南洋劝业会的展评，开始崭露头角，以浓香独特的典型特色，被评为名酒第一，荣获金质奖牌，从此双沟大曲名扬海内外。

“全德”的双沟大曲金榜题名后，给双沟镇的酒业带来了极大繁荣。极盛时，双沟镇上下有大小酿酒作坊40多家，较大的有“上涌源”“下涌源”“广盛”等。群众中流传着“全德酒，广盛糟，涌源会做绿豆烧”的歌谣。可见，双沟当时已成为名副其实的酒乡。

据当地地方志记载，清乾隆初年，双沟镇上酿酒糟坊已达十数家，所产美酒，靠依湖傍淮的水旱码头被运往各地，时人有“看景看扬州，饮酒饮双沟”的美誉。在清末南洋劝业会上，双沟大曲被评为名酒第一，荣获金质奖，这种鼎盛局面一直延续到抗战时期。

抗战时期，当时的酒坊老板贺子模还被请出做县参议员。陈毅元帅的著名诗篇《大柳巷春游》便是在双沟写下的。1979年，陈毅元帅的长子、时任团中央书记的陈昊苏到江苏双沟酒厂寻访先辈遗迹时，曾写下了《长相思》一首，赠双沟酒业的前身——江苏双沟酒厂，诗为：“古泗州，醉猿州，特液酿成淮水头，浓香品质优。争上游，再上游，不愧中华第一流，举世赞双沟。”

1955年3月，双沟酒厂随泗洪县双沟镇划归江苏管辖，这一年，双沟大曲酒参加了新中国成立后的第一届全国酿酒工业会议，被评为甲等佳酒第一名。1979年，江苏双沟酒厂的科技人员精心研制成功39度双沟特液。与传统产品——双沟大曲共同参加全国第三届评酒会议，双沟大曲再次被评为国家优质食品，新型产品——39度双沟特以“酒香浓郁饱满，味醇甜甘美，清冽爽口，回味悠长，有浓香型典型风味”，被评为全国唯一的国家优质低度大曲酒，填补了我国优质低度大曲酒生产的一项空白。

1984年5月，第四届全国评酒会，双沟大曲以“色清透明，香气浓郁，风味纯正，入口绵甜，酒体醇厚，尾净馀长”的浓香型大曲酒的典型风格终于夺得了中国名酒的桂冠，荣获国家质量金奖。

《人民日报》载文介绍双沟大曲，徐州薛书林有一首赞美诗：“双沟名酒第一流，特液酿成是千秋，赖有科学来指导，不尽美酒醉五洲。”

香港《建国报》1980年3月5日至4月21日九期连载署名文章，介绍双沟大曲。日本前首相田中角荣访华期间，指名要饮双沟大曲酒。法兰西共和国前总统蓬皮杜参观中国在巴黎兴办的商品博览会，对浓香型的双沟大曲赞不绝口。

目前，双沟大曲已畅销全国30多个省、市、自治区，并出口到美、法、日本和加拿大及东南亚等20多个国家和地区，并以浓香型白酒的独特风格博得了广大消费者的青睐。

江苏洋河酒厂

江苏洋河酒厂股份有限公司位于苏北古镇——洋河，地处江苏省宿迁市的宿城、宿豫、泗洪三县区交汇处，面临徐淮公路，背靠京杭运河，交通畅达，市场繁荣。据传，洋河大曲在唐代就已享盛名，尚可考证的历史已有400多年，明末清初已闻名遐迩。当时曾有九个省的客商在此设立会馆，省内外70多位商人客籍于此，竞酿美酒，使洋河镇的酿酒业更加兴隆繁盛。据《泗阳县志》记载，明朝著名诗人邹辑在《咏白洋河》中写到："白洋河下春水碧，白洋河中多沽客。春风二月柳条新，却念行人千里隔。行客年年任往来，居人自在洋河曲。"清雍正年间，洋河大曲已行销江淮一带，颇受欢迎，有"福泉酒海清香美，味占江淮第一家"之誉，并被列为清皇室贡品。据记载，清乾隆皇帝第二次南巡时，在宿迁建有行宫，留住七天，品尝洋河大曲后挥毫留下了"酒味香醇，真佳酒也"的赞语。20世纪初，洋河大曲的生产有了进一步的发展。1915年在全国名酒展览会上获一等奖；同年，参加巴拿马国际博览会获"国际名酒"奖状和金质奖章；1923年，参加全国物品展览获一等奖；同年，在南洋国际名酒赛会上，又获"国际名酒"称号，遂闻名于世，蜚声海内外。

洋河大曲以产地而得名，属浓香型大曲酒，系以优质高粱为原料，以小麦、大麦、豌豆制成的高温火曲为发酵剂，辅以闻名遐迩的美人泉水精工酿制而成。党和国家领导人江泽民、刘华清、李铁映、宋健、费孝通、杨汝岱、回良玉、郑斯林等曾先后来厂视察，赞扬洋河为国家作出的重要贡献。

近年来，洋河全力打造"绵柔型"白酒经典之作——洋河蓝色经典，面市以来销售增长迅猛，"蓝色风暴"愈刮愈厉，"蓝色魅力"已征服了越来越多的白酒消费者。2007年洋河蓝色经典单个品牌销售突破14亿元。"蓝色经典"品牌的雄起，创造了白酒行业单个品牌的销售奇迹，是江苏酒业重振雄风的缩影。前国民党主席连战、亲民党主席宋楚瑜先后率团来访南京时，江苏省委都是用蓝色经典作为宴请用酒，蓝色经典被评为"最受消费者欢迎的品牌"。

广东省九江酒厂有限公司

广东省九江酒厂有限公司创立于1952年，由九江镇12家私人小作坊联合而成，以主产九江双蒸酒而闻名于世。公司继承和发扬了当地近200年的酿酒工艺，使白酒年产量从原来的几十吨发展到现时近五万吨，成为我国豉香型白酒生产规模最大的国家二级企业和广东省最大的白酒企业，白酒出口量长期稳居全国之冠，并在全国同行中率先通过ISO9002国际标准质量体系认证。公司现有员工近600人，拥有一批高素质的技术和管理人才；年创税利1.3亿元，人均创税利20多万元，固定资产超2亿元；占地面积10万平方米，建筑面积逾10万平方米。公司以技艺深厚、品质一流、设备先进、管理科学而位于广东省酿酒行业之首。

四川省古蔺郎酒厂

四川古蔺郎酒厂位于四川省古蔺县东南、川黔交界的二郎镇，与贵州茅台酒厂仅一河之隔。川南气候温和，空气湿润，山清水秀，环境清幽，具有得天独厚的酿酒条件。郎酒厂始建于1921年，其时为当地富商合资开办，所产郎酒与贵州茅台酒同一师传，其生产工艺和风格特点与茅台酒相同。得天独厚的自然环境和特殊的酿造工艺，使郎酒具有“酱香突出，醇厚净爽，幽雅细腻，回味悠长,空杯香久”的独特风格。早在20世纪30年代，就“驰名西南各省，并远销东南亚一带”，被誉为“宴会珍品”。因郎酒生产工艺复杂，生产周期和储存期长，因而成本高，价格昂贵，大多属于富人消费，平民百姓不能问津。由于能源、交通和历史条件的制约，郎酒生产一直停滞不前。在50年代以前，一直是传统的作坊式生产。1957年，在各级政府的支持下，在原小作坊的基础上正式成立“国营四川省古蔺郎酒厂”，并逐步改善交通、能源和通讯条件，扩大郎酒生产，经过40年的艰苦奋斗，特别是通过“六五”创名牌，“七五”上规模，“八五”增效益的几次重大战略调整，使郎酒得到了空前发展，郎酒厂现已成为国家大型企业和全国最大的酱香型酒生产厂家。

重庆市太白酒厂

重庆诗仙太白集团·重庆市太白酒厂，座落在举世闻名的长江三峡库区沿江开放城市——重庆市万州区，面临长江、傍依318国道，背靠风景秀丽的歇凤山，空气润泽，是优良的天然发酵曲酒生产基地。因唐代诗人李白流放夜郎，滞于万县西岩，把酒吟诗弈棋，尤其钟情于万县的大曲酒，后人为纪念李太白，遂名诗仙太白酒。

重庆市太白酒厂始建于1917年，目前占地300亩，拥有职工2000多人，固定资产2亿元，年产曲酒3万吨，是三峡库区最大的国家优质酒生产基地。重庆市太白酒厂是全国500家最大饮料制造企业之一，于2000年12月在重庆白酒业中率先通过了ISO9002国际质量体系认证。

诗仙太白酒的创建人鲍念荣先生，远赴泸州，重金购买了具有400年历史的温永盛酒坊两个酒窖的窖泥、母糟，结合唐代沿袭下来的古老酿酒技艺，创办酿酒作坊。

诗仙太白以浓香型白酒为主业，经过90余年的不断发展，成为拥有资产4.8亿元，集酿酒、饮料、包装、贸易、物流为一体的企业集团，年生产能力突破5万吨，成为了全国白酒百强企业、重庆66户重点增长型企业、重庆市重点骨干企业和税利大户。

诗仙太白系列酒得万州古朴民风，继承商、周“古遗六法”酿酒技艺，采用传统固态发酵工艺，精选三峡库区优质红粮、大米、糯米、玉米、小麦五种粮食为原料，引甘冽的歇凤山泉精心酿制而成，长年地窖储存，使诗仙太白酒独具“窖香浓郁、醇和绵软、甘冽净爽、回味悠长”的独特风格。诗仙太白拥有适应全国各区域市场不同口感、酒度、包装的系列品种238种。

诗仙太白酒自1959年在青岛评酒会被指定为国庆十周年国宴用酒以来，荣获了中国优质酒、酒类评比金奖、四川名酒、重庆名酒等220多项荣誉。

青海青稞酒厂

青海青稞酒 (集团) 有限责任公司是依据《中华人民共和国公司法》等有关规定，由青海青稞酒厂、青海青稞酒经销有限责任公司、青海青稞酒贸易有限责任公司及青海青稞酒综合加工厂共同组建的企业集团。

青海青稞酒厂是青稞酒的发祥地，已有300多年酿酒历史。该厂是集团公司的核心企业，是青海省唯一的"全国少数民族用品定点生产单位"，产品在国内外博览会荣获金、银奖。青海青稞酒厂现已跨入"中国白酒制造业最大市场占有份额百强之一""中国白酒制造业最佳经济效益百强之一"的"双百强"企业行列。

青海青稞酒厂现有固定资产1.5亿元，职工1253人，10个制酒车间，12个辅助车间，年生产能力达3万吨，产品已发展到三大系列28个品种。主要产品包括：青稞酒、青稞虫草酒、青稞清酒。

"互助牌"青稞系列酒，是在古老传统工艺基础上，糅和现代先进的科学酿造而成。青稞系列酒以青藏高原特有的粮食作物——青稞和天然保健药材——冬虫夏草、鹿茸、枸杞等为原料配制而成，产品在生产过程中不添加任何增香物质，酒香来自生产过程中青稞原料的自然香味，该酒在饮用后有不头疼、不口干、不伤胃的特点。因生产工艺独特，酿酒原料独特，产品风格独特，"互助"牌青稞系列酒被誉为"高原明珠，酒林奇葩"。

青海青稞酒厂生产技术先进，企业管理科学，质量手段完善，产品质量可靠，经质量监测，产品合格率连年保持100%。"高原玉液如哈达，青稞美酒誉中华"是全国人民周知的赞语。

衡水老白干酿酒集团

河北衡水老白干酿酒（集团）有限公司成立于1996年11月，其前身是河北衡水老白干酒厂，始建于1946年，衡水解放后，党和政府把当时的18家个体酿酒作坊收归国有，成立了“冀南行署国营制酒厂”。经过60多年的发展，规模不断扩大，现已是国家大型一档企业、中国白酒行业老白干香型中生产规模最大的生产厂家，拥有员工4000人，总资产6亿元，占地2000亩。

主要产品年生产能力：白酒4万吨，啤酒10万吨，饲料12万吨，服装150万件/套。销售收入4.5亿元，利税超1.53亿元。集团公司下设一个上市公司（衡水老白干酒业股份有限公司）、三个全资子公司（河北衡水九州啤酒有限公司、河北衡水长虹包装装潢有限公司、三五五二服装公司）。

衡水老白干酒有着悠久的酿造历史，据文字记载可追溯到汉代（公元104年），知名天下于唐代，正式定名于明代，并以“醇香清雅、甘洌丰柔”著称于世。几十年来，公司把现代化管理与传统工艺相结合，使产品质量不断提高，产品品种不断增加，目前已形成了从36°到67°几十个品种规格的老白干系列白酒，由国家卫生部批的卫食健字号（2002）衡水牌松鹤酒、啤酒也相继生产开发出九州金麦、雪绒花、九州爽啤、九州苦瓜、鲜啤等九州啤酒系列。公司产品以优良的质量多次在重大评比中获大奖，衡水老白干酒早在1915年获“巴拿马万国物品博览会金奖”。2004年，集团公司双喜临门，衡水老白干被国家工商管理总局认定为“中国驰名商标”，成为响誉全国的驰名品牌；老白干香型也通过了国家标准委员会的认定，使衡水老白干在中国白酒之林独树一帜，引领了中国白酒的一个流派；2005年，集团被国家旅游局批准为全国工业旅游示范点；2006年衡水老白干被国家商务局评为“中华老字号”。集团也先后被授予“五·一劳动奖状”“中国食品优秀企业”“产品质量信得过企业”等称号。

河北刘伶醉酒厂

河北刘伶醉酿酒有限公司是河北省大中型重点白酒企业，是于1948年在古烧锅基础上建立的国营酒厂。座落于太行山脉东麓易水河畔，古为燕赵之邦，今为京畿重地，西仰狼牙山，东壤白洋淀的河北省徐水县。这里四季分明，气候温和；土地肥沃，物产丰富，泉甘水洌，薰风沐雨，适宜酿美酒，这里自古就有“酿美酒，赠甘醇”的习俗。

据史书记载：此地有悠久的酿酒历史，曾有“黄帝战蚩尤于涿鹿，合符示信于釜山（今徐水），用当地美酒大宴各部落首领”（见《资治通鉴》）“刘伶千里访张华以酒会友”（见《晋书·张华传》）。

中国科学院微生物研究所取样研究发现，刘伶醉近千年古窖池中不仅含有数百种酿造优质白酒的活微生物菌群，而且有4株在世界其他地区尚未发现,属于刘伶醉古窖池特有的菌群，对研究我国优质白酒的酿造具有非常重要的意义。

刘伶，字伯伦，安徽宿县人士，晋朝的“竹林七贤”之一。由于他不满晋朝统治者的专权横暴，千里迢迢来到河北省徐水访友张华。张华以当地佳酿款待，刘伶饮后倍加赞赏。据《徐水县碑志》载，刘伶常“借杯中之醇醪，浇胸中之块垒”，并乘兴著诗。诗中道：“捧瓮承槽，衔怀漱醪”“无思无虑，其乐陶陶。兀然而醉，豁然而醒。静听不闻雷霆之声，熟视无睹太行之形，不觉寒暑之切肌，利欲之感情”。留下“酒醉三年方醒”的传说。刘伶死后葬于徐水，其墓至今尚存，为河北省文物重点保护单位。后人还为他建立了《酒德亭》。

在金、元时期，酒业生产技术发生了历史性的变革，蒸馏酒的出现给当地经济发展带来了一时繁荣。到了清朝末年，徐水美酒畅销京、津、保等地区，深受好评。河北刘伶醉酒厂挖掘整理出来的古烧锅遗址和延续使用至今的古发酵池（据考证为金元时期、距今有800余年的历史），2001年被河北省政府列为重点文物保护单位和白酒文化研究基地。

2001年2月7日，刘伶醉酒厂古烧锅遗址被河北省政府正式列为省级重点文物保护单位。2005年6月27日，刘伶醉酒古烧锅遗址作为中国酒文化的历史遗存，与茅台酒传统生产工艺技艺、四川水井街酒坊遗址、江苏双沟醉猿文化遗址、四川泰安作坊遗址，被国家文物局、中国食品工业协会联合组成的中国食品文化遗产委员会，列入“首批中国食品文化遗产”，成为中国酒文化中的一大景观。2006 年 12 月 19 日刘伶醉被国家商务部授予首批“中华老字号”称号，并颁发了“中华老字号”牌匾和证书。

刘伶醉酒历经历代酿酒师、品酒师的不懈探索和经验传承，形成了独特的白酒生产工艺和品评勾兑技术，生产出以“窖香浓郁，绵甜醇和，酒体深厚，余香悠长”等独具特点的刘伶醉酒。刘伶醉酒以优良的质量在国内外享有极高声誉。20 世纪 70 年代初，日本首相田中角荣来华访问时曾向周恩来总理点名喝刘伶醉酒。刘伶醉是华北五省市最早出口创汇的白酒，有广阔的现实市场和潜在市场。

内蒙古赤峰麦香村酒厂

内蒙古赤峰麦香村酒厂（原松山区酿酒厂），创建于1998年，坐落在“中国第一龙”的发现地内蒙古东部区，美丽的大草原英金河畔，红山脚下。

凭借古老的蒙古民族酒文化与优良的生态环境和先进的草原酿酒工艺技术，以独特的酿酒配方、优质天然纯净水为原料，赤峰麦香村酒厂生产的蒙尊牌系列青稞酒、奶酒，蒙尊老酒、蒙古王子酒、蒙尊老窖，蒙古金尊酒等30多个品种，深受广大消费者喜爱，公司力争向规模化、产业化方向发展，满足广大消费者的需求。

酒厂理念：理解与尊重，信任与信誉，先做人后做事，强化天时、地利、人和优势，达到人力、物力、财力的最大量化。公司始终坚持“以质量求生存，以信誉求发展”的经营方针。让我们紧握合作之手，与成功签约，与利益共享，开创未来，共创辉煌！

据专家考证，奶酒起源于春秋时期，自汉便有“马逐水草，人仰湩酪”的文字记载，极盛于元，流行于北方少数民族已有两千多年，系历史悠久的传统佳酿，一直承担着游牧民族礼仪用酒的角色。

奶酒，蒙语称“阿日里”。相传早在元朝初期，漠北处于大动乱、大变革时期，当时的蒙古各部落七零八落，部落之间较量实力，各选君主。刚满17岁的铁木真继承了父亲的遗志，骑上战马，挥旗重建家园。铁木真的妻子在家里，一面思念远征的丈夫，一面制作奶食品。有一天，她在烧酸奶时，锅盖上水珠流到了旁边碗里，她嗅到特殊的奶香味，一尝味美、香甜，还有一种飘飘欲仙的感觉，她渐渐地在生产生活中掌握了制酒的工艺，并简单地制作了酒具，亲手酿造。在铁木真做大汗的庆典仪式上，她把自己酿造的酒献给丈夫和将士们，大汗和众将士喝了以后，连声叫好。

从此，把它被封为御膳酒，起名叫赛林艾日哈。每当蒙古族向您敬献哈达和奶酒时，是对贵客的最高礼仪。奶酒成为蒙古族接待上宾的必备佳酿。

内蒙古绿源酒厂

内蒙古奈曼旗绿源酒厂地处浩瀚的砂海和美丽富饶的科尔沁大草原腹地。6000年来，先后有东胡民族、鲜卑人、契丹、女真人居住于此。古老神圣的红山文化地脉保佑并养育着这里的华夏子孙。历史的文明和璀璨斑斓的酒文化犹如“东逝水”，一路漫漫走来。我们的祖先“巴旺齐”就是在这片神奇的沃土中凭着勤奋和智聪酿造出当初响誉全蒙的朝廷贡酒“巴旺齐”酒。

勤劳勇敢而又诚恳朴实的蒙古人向来大碗喝酒，大块吃肉。从铁木真（成吉思汗）到忽必烈及至数代满清诸侯，他们征战厮杀，统一疆土。从各路英雄豪杰到社会泰斗贤达，无一不是喝着“巴旺齐”烧锅酒，“壶中有日月，醉里大乾坤”！

而今绿源酒厂生产的霸王旗酒依旧沿袭祖宗“巴旺齐”隆泰大烧锅传统工艺，极具现代需求，先后聘请南北顶级酿造大师，采用现代最先进技术（包括纳米技术）用优质大米、高梁、绿豆等精粮，加入独产于奈曼、享誉世界的稀有珍石——中华麦饭石矿物质原水，酿造出人间美酒——“霸王旗”酒。

“霸王旗”酒，尊贵高雅，唯美大气，内在质量绝对一流！

“霸王旗”酒，高端品质，王牌风范！

湖南湘泉集团

湖南湘泉集团前身系吉首酒厂，始建于1956年。集团由湘泉集团有限公司、酒鬼酒股份有限公司组成，现有子公司、控股公司、租赁与托管公司和科研所等共58个经济实体，拥有总资产25亿元，员工8000余名。产业结构以酒鬼酒、湘泉酒为龙头，集啤酒、药品、陶瓷、酒精、淀粉、饲料、包装和旅游服务为一体，系国家大一型企业。

酒鬼酒股份有限公司前身为始建于1956年的吉首酒厂，1997年7月上市，公司股票上市地为深圳证券交易所，证券代码为000799，股票简称“酒鬼酒”。自上市以来，企业不断发展壮大，酒鬼成为“中国驰名商标”，公司曾先后荣获“全国酒文化优秀企业”、全国“五一劳动奖状”、“全国轻工业系统先进集体”、“全国先进集体”、“中国公众形象优秀企业”、“全国质量效益企业”、“全国酿酒行业优秀企业”、“全国酒文化优秀企业”、“中国公众形象优良企业”、“全国食品行业质量效益型先进企业”、“全国食品工业科技进步优秀企业”等多项荣誉。

公司主营业务为生产、销售酒鬼酒、湘泉酒、内参酒等系列白酒产品，产品畅销全国30多个省、市、自治区，远销美国、日本、俄罗斯、韩国、东南亚及港澳台等20多个国家和地区。

公司传承湘西悠久的民间传统工艺，依托湘西独特的自然地理环境和地域文化资源，独创中国白酒“馥郁香型”。酒鬼酒、湘泉酒曾荣获法国波尔多世界酒类博览会金奖、比利时布鲁塞尔世界酒类博览会金奖、中国首届食品博览会金奖、全国轻工博览会金奖、北京国际经贸博览会金奖、中国国际新产品新技术博览会金奖和中国白酒典型风格金杯奖，曾荣获“中国十大文化名酒”“国产精品”“中国名牌消费品”“世界名牌消费品”等称号。

酒鬼酒公司位于湖南吉首市北郊酒鬼工业园区，旁依枝柳铁路和省道，为风景名胜区张家界、猛洞河、王村古镇至德夯苗寨、凤凰古城的必经之地，这里群山环抱，风景如画，酒鬼生态工业园已被国家旅游局列为全国首批工业旅游示范点。

牛栏山酒厂

北京顺鑫农业股份有限公司牛栏山酒厂建于1952年10月，位于北京市顺义区牛栏山镇，傍依风景宜人的潮白河畔。现有干部职工1500余人，占地300多亩，主要生产清香型“牛栏山”牌为代表的四大系列共计200余种酒类产品。

牛栏山地区的饮酒文化，有据可考的历史可追溯到3000年以前的西周时期。1982年在牛栏山酒厂附近出土的鼎、觯、爵等八件青铜器皿中，有五件都与酒有关。这些青铜器经有关专家分析推测，应在我国的西周年间。而牛栏山二锅头的酿酒历史可上溯到清朝年间，据《顺义县志》记载：“造酒工，做是工者约百余人（受雇于治内十一家烧锅）。所酿之酒甘冽异常，为平北特产，销售邻县或北平市，颇脍炙人口，而尤以牛栏山酒为最著。”此处所提及的“烧酒”，即现在的牛栏山二锅头酒。历经数百年的发展，牛栏山二锅头酒已成为中国白酒清香型（二锅头工艺）代表，深受消费者青睐。

如今，在京城众多白酒品牌中，牛栏山酒厂是北京市年产白酒5万吨以上的大型国有企业；保持自主酿造规模最大的白酒生产企业；最早拥有“中华老字号”“中国驰名商标”的白酒企业；唯一一家获得“原产地标记保护产品”认定的白酒企业；唯一拥有“中国酿酒大师”的白酒企业，唯一获准使用“纯粮固态发酵标志”的白酒企业，唯一具有“全国工业旅游示范点单位”荣誉称号的白酒企业。企业在发展规模、品牌知名度、市场竞争能力和整体经济效益等方面，都呈现出强劲的发展势头。牛栏山酒厂正以全力打造中国二锅头第一品牌为己任，来实现企业更大的发展。

近几年，牛栏山酒厂依托北京地区白酒业中的品牌优势，在“传承百年酿酒工艺、打造中国二锅头第一品牌”发展战略的指导下，企业的产品研发创新、品牌建设、打造全程无忧服务体系、挖掘传统文化内涵等各项工作齐头并进。企业自主研发出了200余种产品，申请了3项专利，企业的核心竞争力得到了提升。同时企业的产品结构日趋合理，高中端产品在市场上得到迅猛发展。

汝阳杜康（集团）总公司

汝阳杜康（集团）总公司位于中国秫酒发源地、中国酒文化的摇篮、杜康造酒遗址——汝阳，是1972年根据周总理“复兴杜康，为国争光”的伟大指示，在改造民间作坊的基础上兴建而成。现已发展为占地156万平方米，固定资产4.9亿元，年生产杜康系列酒8万多吨、优质酒精3万多吨的国家大型一档全民所有制企业。

集团下辖古城酒厂等六家法人单位，是一家集科、工、贸于一体的“一业为主、多业并举”的大型现代化企业集团，为国家重点创汇企业，已连续多年荣登“全国500家最佳经济效益企业”和“行业百强企业”宝座，荣获国家和国际金银奖136个，被列入洛阳市30家建立现代化企业制度试点单位和20家重点扶持企业行列。“中国十大文化名酒”——汝阳杜康酒，被国家质量检验检疫局认定为合格产品，被河南省卫生厅授予“河南省卫生安全食品”称号；公司被河南省工商局命名为“重合同、守信用企业”；汝阳杜康酒顺利通过原产地注册、出口产品卫生注册，2004年9月公司正式通过IS09001-2000质量体系认证。

公司以上乘小麦和高粱为原料，以优质杜康矿泉水为酿酒水源，使传统工艺和现代技术完美结合，精酿而成的杜康酒系列产品，清澈透明，浓郁芳香，醇正甘美，回味悠长，生津、活血、健胃，深受广大消费者的欢迎！出口俄罗斯、欧美、东南亚等59个国家和地区，被外交部定为国宴用酒和馈赠外宾专用礼品酒，并发往我国驻外180多个使领馆，产生了良好的经济效益和社会效益。

“汝阳杜康”品牌已成为中国著名品牌，是一笔无形资产。公司将充分利用好这一资源，发挥自身优势，为广大消费者提供最优质的产品和服务。公司具有很多优势。首先，质量优势：以稳定的内外在产品质量和服务质量，赢得了市场和忠实的消费群体；其次，水源优势：“水是酒之骨”，公司有矿泉水优势，全国众多的酒厂仅有三家具有这种优势，而杜康高纯度、复合型矿泉水则为优中之优；第三，规模优势：年产白酒8万吨的生产能力，在全国白酒行业位居前20位；第四，价格优势：高质低价是杜康酒的显著特点，和茅台、五粮液等高质高价名酒相比，更符合广大普通消费者的需求；第五，文化优势：杜康是中国最古老的历史文化名酒，可以说是家喻户晓，人人皆知。加上汝阳杜康原产地标记注册，更增加了杜康作为酿酒鼻祖、中国秫酒文化摇篮的内涵。

沧州酒厂有限公司

沧酒历史久远，隋唐时期便有记载，到宋明时已海内驰名。据载，沧州曾有吴氏、刘氏、戴氏等数家造酒作坊，其酒多能窖储十余年，味清香甘洌。其时的古运河畔商贾兴盛，多有酒肆、酒楼，营业甚旺。以上所提数家酒坊，临近运河，便取河心清泉水沉淀澄澈后酿酒，乃成清香醇厚之沧州酒。清乾隆《沧州志》《物产》载："沧州，酿用黍米，曲用麦面，水以南川楼前者为上味。醇而洌，他郡即按法为之及也。陈者更佳。"可见其独特与珍奇。

坐落于渤海之滨、古运河畔的沧州制酒厂始建于1947年，最初由九家历史悠久的老酒作坊合并而成，现有资产逾亿元，占地面积14万平米，年生产能力两万吨的大企业，1988年晋升为国家二级企业，是全国五百家最大饮料制造企业之一，成为传承沧酒文化的唯一载体。其中御河春牌御河春酒和沧州铁狮子牌系统白酒，是在曾被乾隆皇帝赞为"好酒"的"麻姑酒"的工艺基础上结合现代酿造技术精制而成。该酒具有酒体协调透彻、口味绵柔甘洌等特点，在历届酒类大赛中屡获殊荣。

沧州的酒有三奇：

一曰水奇：沧酒虽取水运河，然一般的运河水却不能作酿酒之用，必于城外南川楼一带取河心之泉才可，须以锡罂沉至河底，取地下涌出的清泉，始有冲虚之致。以南川楼之水所酿沧酒，味美不上头，从不致人呕吐病酒，即极酒之时，也不过四肢畅适、恬然高卧而已。而非此地之水酿成者，则截然相反。

二曰贮法奇：新酿制的沧酒口感并不甚佳，须贮存十年方为上品。然贮存中的沧酒一畏寒，二畏暑，三畏蒸，对环境要求极为苛刻，稍有偏差，味道即变，如此娇贵品性可谓沧酒之一奇。

三曰饮法奇：沧州之奇，还体现在饮用时的诸多禁忌。一是舟车运输，一摇味即变，须在安静处澄半月，其味乃复；饮时须置于壶内，用酒杓平平舀起，方能保味道不变。二是保存二年者，可以温二次，十年者，温十次如故，十一次则变味；放置一年者温二次即变，二年者温三次即变，毫厘不能假借。

安徽古井集团有限责任公司

安徽古井集团有限责任公司（以下简称“古井集团”）座落在曹操与华佗故里、药材之乡的安徽省亳州市。公司的前身为享誉国内外的亳县（州）古井酒厂。1992 年，古井集团应运组建成立，现发展成为拥有员工 8000 余名、10 多家直接投资或控股的子公司。截至 2005 年 12 月底，古井集团总资产已达人民币 38.4 亿元。

白酒业是目前古井集团的支柱产业，其主体安徽古井贡酒股份有限公司是中国酿酒界的知名企业，全国轻工行业的骨干企业，中国第一家白酒上市企业，自 1989 年以来该公司各项经营业绩一直稳居白酒界前列，连续多年进入中国企业 500 强行列，并位列中国白酒工业百强企业前十名和经济效益十佳企业名单。其拳头产品古井贡酒是中国老八大名酒之一，自曹操向汉献帝晋献九酝春酒，已有 1800 多年的历史。古井贡酒以当地优质高粱作原料，以大麦、小麦、豌豆制曲，沿用陈年老发酵池，继承了混蒸、连续发酵工艺，并运用现代酿酒方法，加以改进，博采众长，形成自己的独特工艺，酿出了风格独特的古井贡酒。并先后获得中国驰名商标、中国原产地域产品保护、国家首批“三绿工程”畅销品牌等重大荣誉称号。它以“色清如水晶、香纯如幽兰、入口甘美醇和、回味经久不息”的独特风格，四次蝉联全国白酒评比金奖，荣获轻工部质量大赛金奖和出口产品金奖，是巴黎第十三届国际食品博览会上唯一获金奖的中国名酒，被世人誉为“酒中牡丹”。2005 年 9 月更被中国食品工业协会白酒专业委员会首批授予象征着中国高档白酒的“金字招牌”——“纯粮固态发酵白酒标志证书”。目前古井系列酒形成拥有以两大香型（浓香型、兼香型）为主、四大品牌（古井贡牌、古井牌、野太阳牌、老八大牌）、从 30 度 60 到度不同酒精含量和高、中、低不同价格档次的完整产品体系，其中古井贡牌和古井牌系列产品是公司白酒类主导产品。

传说与神话弥漫着古井这块神秘的土地，正是这块风水宝地孕育了醇厚甘爽的古井贡酒。

烟台张裕葡萄酒集团有限公司

烟台张裕集团有限公司至今已有100多年的历史，是目前中国乃至亚洲最大的葡萄酒生产经营企业。集团公司现为国家大型企业，有职工4000余人，集团总资产22.9亿元，净资产14.8亿元。集团主要产品有葡萄酒、白兰地、香槟酒、保健酒、中成药、粮食白酒、矿泉水和玻璃制瓶八大系列几十个品种，年生产能力8万余吨，产品畅销全国，并远销马来西亚、美国、荷兰、比利时、韩国、泰国、新加坡、香港等世界二十多个国家和地区。

1915年，张裕的可雅白兰地、红玫瑰葡萄酒、琼药浆、雷司令白葡萄酒一举荣获巴拿马太平洋万国博览会四枚金质奖章和最优等奖状。以后历届全国乃至世界名酒评比中，张裕产品一直榜上有名，先后获得16枚国际金银奖和20项国家金银奖。

1994年，张裕公司按照《公司法》进行了规范化公司制改造，建立了烟台张裕集团有限公司。

1997年，张裕集团作为独家发起人，将集团下属的白兰地、葡萄酒、香槟酒、保健酒四个酒业公司及五个辅助配套。

2001年，张裕与世界葡萄酒巨头卡斯特集团在技术、管理、营销等方面进行深层次的战略合作，此举将加速张裕国际化接轨的步伐。

1997年至今，张裕集团以兼并、联合、划拨的形式先后接收了5个相关企业，集团的综合实力进一步壮大。

2000年集团实现销售收入16.6亿元，实现利税3.5亿元，分别比去年同期增长22%、38.6%。

中粮集团华夏葡萄酿酒有限公司

华夏公司成立于1988年，是中国首家专业生产干红葡萄酒的出口型企业，现隶属于世界企业500强之一的中国粮油食品（集团）有限公司。

华夏公司座落在依山傍海的河北昌黎县，被国家命名为“中国酿酒葡萄之乡”。凭借得天独厚的自然地理优势，华夏公司首家引进国际名种赤霞珠、梅鹿辄、霞多丽、黑比诺等脱毒苗木，最早建成了国内最大的酿酒葡萄基地，实现了“原料基地化、基地良种化、良种区域化”，使天赐好产地、好年份与最适合这里生长的好品种完美结合。与此同时，先后从德国、法国、意大利、美国引进发酵、陈酿、净化、深层过滤、冷稳定、灌装等国际先进全套设备，保证了现代管理模式和现代生产工艺的高效运行。“绿色·陈酿、高效·创新、务实·诚信、品牌·领先”是公司一贯坚持的质量方针，现已形成三大系列几十个品种。产品继1989年荣获法国“第29届国际葡萄酒评酒会特别奖”和1990年巴黎“第14届国际食品博览会金奖”之后，多次获得国际葡萄酒金奖，最佳中国葡萄酒称号奠定了华夏长城葡萄酒的国际品牌地位。总资产由初期的700万元增长到现在的5.51亿元，产量由初期的年产1000吨增长到2005年的年产35000多吨。企业荣获“国家第一批科技创新型星火龙头企业”和“农业产业化十强龙头企业”、“中国酿酒行业百名先进企业”等一系列荣誉称号，跨越式实现了经济效益和社会效益的快速增长，“长城”以强大的优势发展成为中国葡萄酒业三大品牌之一。

通化葡萄酒股份有限公司

通化葡萄酒股份有限公司（股票代码为600365）设立于1993年初，其前身为通化葡萄酒总公司，是中国葡萄酒生产行业中的大型资深企业和对外出口葡萄酒较早的厂家之一。拥有80年的葡萄酒酿造历史的独特的传统酿酒工艺。设备精良、技术先进，有世界一流的地下贮酒库，可贮藏葡萄原酒1.8万吨，年生产能力3万吨。

公司地处景色幽雅、山青水秀的长白山脉西麓，党和国家领导人朱德、董必武、胡耀邦、彭真、杨尚昆等同志曾到厂视察，并题词给予高度赞扬。公司现有职工1300人，其中各类专业技术人员300人，技术力量雄厚，职工队伍素质高，设备精良，工艺先进，有着独特的传统酿酒工艺。公司现有葡萄酒生产线3条，饮料生产线2条，占地面积9万平方米，建筑面积5万多平方米，有近500亩的葡萄栽培试验园地，有世界一流的地下贮酒库，面积达10340平方米，外埠有3处葡萄发酵基地。公司恪守“质量第一、信誉至上”的生产服务宗旨，产品品种齐全，档次多样。

通化葡萄酒是以长白山脉野生山葡萄为主要原料，采用先进的科学技术和独特的传统工艺精制而成，以其醇厚的酒质、山葡萄独特的果香、清澈透明的感观、幽雅和谐的口味深受广大消费者欢迎和拥戴，被我国酿酒专家誉为世界葡萄酒中的一颗明珠。自1960年起被评为省、部、国家名酒和优质酒称号，荣获各种奖50余次（其中金奖15次，银奖9次及其他奖励和荣誉称号），获轻工部“优秀质量管理企业”称号和吉林省“先进企业”及“质量管理奖企业”称号。自1954年对外出口以来，远销美国、德国、比利时、澳大利亚、俄罗斯、日本、马来西亚、韩国、香港等30多个国家和地区。

中国·昌黎夏都葡萄酒有限公司

中国首家专业桃红葡萄酒生产企业——中国·昌黎夏都葡萄酒有限公司成立于2004年，是集科研、生产、营销于一体的专业桃红葡萄酒生产企业。夏都坐落在秦皇岛的黄金海岸，公司占地26000平方米，拥有国家级酿酒师、酿酒技师多人。公司全部采用法国、意大利、德国等一流先进设备，在此基础上夏都还投资建立了目前亚洲最大的储酒罐，单罐储酒能力达到550吨；并与世界最大的桃红葡萄酒生产地区——法国普罗旺斯地区的企业进行了技术合作。公司以“全力酿造最适合中国人口味的葡萄酒”为经营理念，为市场提供优质的产品。

作为葡萄酒三大酒种之一——桃红葡萄酒近年来在欧美日趋盛行，更有风靡全球之势。它色泽嫣红、艳丽撩人，介于红、白葡萄酒之间，味道也正如此，既拥有白葡萄酒的清爽，又兼具红葡萄酒的浓郁果香。果香、酒香和谐，清新淡雅，既避免了白葡萄酒后味淡的不足，又避免了红葡萄酒的涩口感觉。

桃红葡萄酒的饮用方式与传统的干红不同，干红葡萄酒需要慢慢啜饮细细品尝，而桃红的饮用方式可谓无拘无束，不仅可以冰冻，冰冻后原有的果香和酒香不变，而且桃红葡萄酒素有“百搭酒”的美称，因其品味上的特点决定了它在中餐搭配上独具潜力，能与中餐的冷热荤素咸甜酸辣完美结合，尤其是在搭配微辣菜肴上更是其他酒品无法比拟的。

桃红葡萄酒是将葡萄带皮发酵一定时间后，再将葡萄皮与果汁分离，然后果汁单独发酵，由于果汁获得了果皮的一部分颜色，所以会酿造出淡玫瑰红色的桃红葡萄酒。酿造桃红葡萄酒最关键的技术，就是在比较短的时间内，在去皮发酵前将葡萄果所含的营养成分有效地溶入酒中，而酒的色泽、风味又必须达到桃红葡萄酒的要求。桃红葡萄酒被称为“最难酿造的葡萄酒”，原因就在于此。桃红葡萄酒适合各类消费群体，尤其是年轻一代的青年女性，适合在时尚、休闲和不太拘谨的场合下饮用。

青岛葡萄酒厂

青岛葡萄酒是国内为数不多的、最早的葡萄酒品牌之一。传承近百年酿造技术精华和深厚酒文化的青岛葡萄酒几乎成了中国葡萄酒发展史的浓缩。

1912年，德国商人克劳克创建了青岛市第一家葡萄酒厂——青岛葡萄酒厂，采用传统发酵工艺，酿造了酒质优异的“青岛牌”葡萄酒。解放后，酒厂被青岛市人民政府接收，成为青岛唯一的葡萄酒生产企业。此后相当长的时间内，青岛葡萄酒厂的发展一直走在全国的前列，特别是在20世纪80年代后期一度成为中国葡萄酒的龙头。后来由于那个时代特定的历史原因，加之经营管理不善，青岛葡萄酒厂于1994年破产，辉煌暂时落幕。

跨越新的世纪，百年青岛葡萄酒重绽光彩。2005年初，青岛华东葡萄酿酒有限公司宣布收购有着近百年历史的青岛葡萄酒厂，并重新注册成立嘉海（青岛）葡萄酒有限公司，注入巨资启动“青岛”牌葡萄酒复出工程。2006年5月，青岛葡萄酒正式复出，新品上市。总经理张正欣执掌青岛葡萄酿酒有限公司以来，进行了大刀阔斧的整顿，破除了老企业经营中一些陈旧而又不合时宜的惯例，下功夫进行品牌、体制、人才、经营理念方面的创新，完整产品体系，努力解决文化传承与创新发展问题，建立起现代企业制度。并成功借力华东葡萄酒，在品牌美誉度和影响力以及技术优势和原材料优势上互相支援，在市场资源、渠道资源上实现共享，迅速拓宽销路，将百年老品牌做得有声有色，保持了老字号的活力。

百年青岛葡萄酒，几经磨砺更加熠熠生辉！

宁夏西夏王葡萄酒业集团公司

宁夏西夏王葡萄酒业集团公司成立于1984年，是宁夏最早一家集科研、生产、营销于一体的花园式、专业化葡萄酒生产企业，隶属于宁夏回族自治区21个重点企业的宁夏农垦企业集团公司。座落于银川市玉泉地区，拥有土地面积4000余公顷，总资产1.3亿元。集团由十大分（子）公司组成，员工1200余人，年产优质葡萄酒10000吨。宁夏作为中国酿酒葡萄主产区之一，与新疆、甘肃等地构成了中国酿酒葡萄种植“黄金三角区”。集团玉泉葡萄全资子公司所拥有的2.5万亩葡萄基地，基地葡萄品种达226种，几乎囊括了世界葡萄名优鲜食品种和高档酿酒葡萄品种。该基地2001年被宁夏回族自治区政府确定为农业产业化“三个十工程”的葡萄产业化项目示范基地，同年被授予“助农增收先进单位”。公司的营销网络已遍及全国30多个大中城市，2001年中国500多家葡萄酒生产企业中，“西夏王”葡萄酒市场综合占有率排名前七位，使“西夏王”葡萄酒从名不见经传到畅销中国、远销国外，企业的知名度与美誉度也在不断攀升。同年被自治区人民政府授予“重合同守信用、效益先进单位”。集团公司下属玉泉葡萄酿酒研究中心，由宁夏西夏王葡萄酒业有限公司、宁夏农学院、北京农大葡萄酒研究中心多个院校的专家组成，为西夏王集团公司控股科研实体，成为推动集团公司产、加、学、研、商贸为一体的科研带头人。

金威啤酒集团有限公司

金威啤酒品牌是由金威啤酒集团有限公司（前称粤海啤酒集团有限公司）所拥有。金威啤酒集团有限公司为香港上市公司，是广东省政府在香港最大企业粤海控股集团有限公司的旗下控股企业。

采用德国传统工艺酿造啤酒，金威啤酒在保持醇厚、清爽风味的基础上创新，具有独特的国际清醇口味。金威啤酒产品包括老金威、金威纯生、金威金纯、金威2008、绿金威等十几个系列，主要在广东省销售，同时销往天津、四川、西安、广西、福建、湖南、江西、江苏、安徽、陕西、黑龙江等20多个省市及自治区，也在香港、澳门，及东南亚、加拿大和巴拿马等海外市场出售。

金威啤酒集团专业从事啤酒酿造和销售，下辖7个年产能20万吨的全资现代化啤酒生产企业：深圳金威啤酒有限公司、深圳金威啤酒酿造有限公司、金威啤酒（汕头）有限公司、金威啤酒（东莞）有限公司、金威啤酒（天津）有限公司、金威啤酒（西安）有限公司、金威啤酒集团（成都）有限公司等全资附属公司。

金威啤酒集团在业界享有“科技金威”的美誉。2003年3月金威啤酒绿色工艺应用研究正式通过国家级权威专家鉴定，并于2004年6月成为科技部国家科技成果重点推广项目。

金威成为国内“不添加甲醛酿造”的绿色啤酒首倡者。其下属各生产基地均选用目前国内乃至世界上最先进的现代化啤酒生产技术和设备，均采用“绿色工艺”及全程质量监控以保证产品风味的一致。

啤酒产品系列包括口感浓郁的11°金威啤酒、12°金威啤酒及13°特制金威啤酒，口感清爽而不淡的12°纯生啤酒及10°金威清醇生啤，以上均备有大装及标准的樽装、罐装及桶装。

青岛啤酒厂

青岛啤酒厂厂区占地面积9万多平方米，职工人数2140人，其中工程技术人员148人。1987年固定资产原值9059万元，工业总产值4899万元，实现利税4650万元，啤酒产量10.3万吨，比1986年分别增长0.02%、8.10%、13.64%和3.26%。

青岛啤酒自1954年开始出口，截止1987年已畅销20多个国家和地区。1987年出口量达到5.8万吨，占全年总产量的近60%，创汇2520万美元（注：创汇数额是从1987年4月1日开始计算），成为国内同行业出口量最多的厂家。

青岛啤酒厂生产的青岛牌啤酒，选用优质大麦、良种啤酒花和崂山泉水精心配制，素以泡沫洁白细腻、酒液清亮透明、口味香醇爽口而享誉中外。1963年、1979年青岛牌啤酒两次被评为国家名酒；1980年、1985年两次荣获国家金质奖章；1981年、1985年两次在美国国际啤酒评比会上荣获冠军奖，1987年在美国密西西比州的国际啤酒评比会上第三次夺魁。

随着改革开放的逐步深入，青岛啤酒厂认真贯彻国营工业企业3个条例和《企业法》，进一步明确了厂长的中心地位。在实行厂长负责制、厂长任期目标责任制的基础上，1987年该厂与市政府签订了为期两年基数不变的经营承包合同，从而使企业增强了责任感和紧迫感，调动了广大职工的积极性，超额完成了承包基数。1987年实现利税4650万元，实际上缴利润1217万元，超基数257万元；实现创汇2520万美元，比计划增长40%。

狠抓企业管理，提高企业素质，进入“七五”以来，该厂提出了“先达省级，后上二级（国家级），再创一级（国家级）”的企业升级总体目标，并在贯彻实施中调整、理顺了各职能部门的关系，明确了各自的职权范围，完善了各种规章制度，建立健全了三级计量管理网络。按照标准试套和整改之后，经上级有关部门评审考评，认定该厂的产品质量、物质消耗、经济效益3项考核指标均达到省级先进企业标准。1987年，该厂荣获市级质量管理奖和省级先进企业称号，并被批准为国家一级计量单位，从而实现了企业升级总体规划的第一步目标。

武汉百威啤酒有限公司

百威（武汉）国际啤酒有限公司成立于1995年2月，是由美国安海斯-布希公司控股85%的合资企业。中方股东有包括中国银行、建设银行、北京光大银行、中国轻工业部及武汉酿造总厂在内的5家股东。百威（武汉）国际啤酒有限公司是安海斯-布希公司在中国投资购厂的唯一的公司，同时也是武汉市重点支持和关心的发展型工业企业，武汉市政府和汉阳区委区政府的主要领导经常亲临公司现场办公，为企业解决发展中存在的各种具体问题，以保障公司的顺利发展。1996年经武汉市人民政府确认百威（武汉）公司为武汉工业发展确保单位，表达了支持百威（武汉）公司发展成为全国第一流啤酒企业的决心。公司主要生产百威牌啤酒和中德牌啤酒。有着120年历史的美国安海斯-布希公司，采用世界独一无二的榉木酢工艺，贯穿选料、糖化、发酵、过滤直到罐装的每一个工序。百威（武汉）公司都有严格的质量体系，以确保公司生产出来的百威牌啤酒具有全球均一的格外清澈、格外清爽、格外清醇的品质。为了保证品质的绝佳，百威公司选用原材料、酒花全部从美国进口。为保证百威啤酒酒味的新鲜，公司对原材料和成品酒规定了严格的贮存要求。百威（武汉）公司信奉好的产品是生产出来的。为此，公司制定了高于我国优级啤酒标准的百威啤酒标准，在各个工序控制百威啤酒生产，使其自始至终满足百威啤酒工艺要求，确保世界第一品牌百威啤酒在中国的形象。百威啤酒自1995年正式面市以来，公司不断更新啤酒包装，不断收集市场信息。公司率先引进美国“影响性”销售方法，在武汉、南京等地跟踪展示，给消费者留下十分良好的印象。

茅台啤酒

茅台啤酒公司坐落于历史文化名城遵义市经济技术开发区，隶属中国贵州茅台酒厂有限责任公司控股企业。公司自成立以来，始终不懈地坚持“我爱茅台，为国争光”的企业精神，恪守“人才是根本，质量是生命，管理出效益，诚信出市场”的企业方针。一方面从适应市场、拓展市场、实现与国际惯例接轨，推动企业快速健康发展的需要为出发点，积极开展ISO9000-ISO14000、OHSAS18000认证工作，强化内部质量、环境、职业健康安全管理，并于2003年元月，在同行业中率先通过三项整合认证，成为同行业首家一次性通过三项整合认证的企业，实现了内部管理的体系化、程序化和规范化；另一方面以“茅台啤酒，酿造高品位的生活”为经营宗旨，以市场为中心，以顾客为关注焦点，坚持“顾客至上，服务一流”的经营理念，坚持科技创新，努力开发出适合东、南、西、北、中各种口味的系列啤酒，按照高起点、高标准的要求，全力打造“茅台啤酒，啤酒中的茅台”，实现品牌与品质的提升。2000年11月，为了进一步扩大企业生产规模，增强公司自主开发能力和竞争能力，投资2.4亿元新建10万吨茅台啤酒生产线。该生产线是按照高起点、高标准先进技术的要求设计施工，主要设备分别采用德国克朗斯公司、斯坦尼克公司和意大利萨西布公司生产的世界一流啤酒生产设备，实现了从投料、糖化、发酵、过滤全过程的微机控制，为进一步稳定和提高产品质量、增进顾客满意奠定了坚实的基础。

华润雪花啤酒（中国）有限公司

华润雪花啤酒（中国）有限公司成立于1994年，是一家生产、销售啤酒、饮料的外商独资企业，总部设于中国北京。其股东是华润创业有限公司和全球第二大啤酒集团SABMiller。

华润雪花啤酒从一个区域性的单一工厂，发展成为行业中的知名企业，仅用了10年的时间。目前华润雪花啤酒在中国大陆经营48家啤酒厂，占有中国啤酒市场15%的份额。旗下拥有30多个区域品牌，在中国众多的市场中处于区域优势。2006年华润雪花啤酒销量超过500万千升，不但突破了雪花啤酒单品销量第一，并且公司总销量一举超越国内其他啤酒企业，成为中国销量最大的啤酒企业。

华润创业有限公司于香港联合交易所挂牌，并为香港恒生指数成份股及恒生伦敦参考指数成份股之一。

2002年，华润雪花啤酒（中国）有限公司全力将雪花啤酒塑造成为全国品牌，雪花啤酒一直以清新、淡爽的口感，积极、进取、挑战的品牌个性深受全国广大啤酒爱好者的普遍喜爱，成为当代年轻人最喜爱的啤酒品牌。

自2005年，雪花啤酒以158万千升的单品销量成为全国销量第一的啤酒品牌以来，一直在销量居于榜首。2007年以690万千升的销量再次荣获中国啤酒行业销量第一的桂冠。

北京燕京啤酒厂

北京燕京啤酒集团公司是以1980年建厂的原北京燕京啤酒厂为核心发展组建起来的国有大型一档企业，国家二级企业，1997年完成股份制改造，募集设立北京燕京啤酒股份有限公司，给企业注入了活力。全公司占地89万平方米，总资产35亿元，现有职工7600人，其中工程技术人员812人。

燕京啤酒集团公司于1999年年末生产啤酒104.1万吨，是全国最大啤酒生产企业和中国100家最大饮料制造企业之一。连年被评为全国500家最佳经济效益工业企业，中国行业百强企业。啤酒产量、利税总额在中国啤酒行业中列第一位。燕京啤酒清爽怡人，深受消费者青睐，在北京市场占有率为85%，天津市场占有率为25%，并畅销全国各地。

燕京啤酒集团公司拥有雄厚的技术力量，先进的成套设备及工艺和国内最先进的产品检测仪器。产品全部按国际标准组织生产，有11°、12°精品啤酒、11°、12°特制啤酒、11°清爽啤酒、10°干啤酒、扎啤以及芒果汁、矿泉水、燕京可乐、调味品、酵母粉、标签、瓶盖、饲料等六大类二十多个品种。燕京啤酒集团公司不断引进吸收国内外先进技术，并与中国食品发酵工业研究所常年合作，并成为其科研试验基地，对中国啤酒工业的新成果有先手之利。

燕京啤酒酒液清亮透明，泡沫洁白、细腻，持久挂杯，口味纯正，柔和爽口，是国家首批质量认证产品，并被指定为人民大会堂国宴特供酒，中国国际航空公司空中配餐专用酒，三十余次在国内外啤酒质量评比中获大奖，“燕京牌”啤酒注册商标是中国驰名商标。

燕京啤酒集团公司下属有:北京燕京啤酒股份有限公司、北京燕达皇冠盖有限公司、北京长亿人参饮料有限公司、北京双燕彩色印刷厂、北京航星调味品有限责任公司、江西燕京啤酒有限责任公司、湖南燕京啤酒有限公司、燕京啤酒（赣州）有限责任公司、燕京啤酒（衡阳）有限责任公司、燕京啤酒（襄樊）有限公司。

燕京啤酒集公司将进一步借鉴国内外先进的管理经验，积极参与国内外市场竞争，创造最佳社会效益和经济效益，把燕京啤酒集团公司建成一个具有先进技术水平、一定的生产规模、经济效益好的大型综合性企业集团，为民族啤酒工业的振兴做出自己的贡献。

绍兴女儿红酿酒有限公司

绍兴女儿红酿酒有限公司创建于1918年，是绍兴东路酒的代表，位于浙江省绍兴东麓的东关镇，占地130亩，属于长江三角洲开发区，北临杭州湾，南靠会稽山，北侧萧甬铁路、沪杭甬高速公路、104国道，南有杭甬运河通过，交通十分便利。

公司总资产1.5亿元，现有员工320余人，是一家以黄酒、白酒生产与销售为主进而辐射果酒、保健型酒等的企业。年产黄酒2万吨，年瓶酒灌装能力1万吨。公司为适应社会市场济的需要，致力于提高品质、多样化的产品开发，注重内外市场的拓展，积极引进现代酿酒技术，并与传统工艺的完美结合，加强“女儿红”品牌宣传，以雄厚的实力和先进的企业资本管理经验促进公司发展，取得了显著的社会效益和经济效益。

公司主要产品女儿红酒沿历史记载之典故，集传统工艺之精华，系绍兴黄酒之精品，深受国内外城乡广大消费者喜爱，公司已通过ISO9001-2000质量管理体系认证。

女儿红自诞生之日起，就以其独特的文化内涵吸引了广大文人墨客。他们以“女儿红”为题材，创作了许多关于女儿红的艺术作品。

1. 1994年由香港寰亚集团投资、著名导演谢晋之子谢衍执导的电影《女儿红》，在女儿红酿酒有限公司举行开机仪式，该片由著名作家沈贻伟编剧，汇集了台湾的归亚蕾、香港的顾美华、大陆的周迅等明星，描述了自20世纪30年代至80年代末三代酿酒人的悲欢离合。在海内外(包括中央6台电影频道)播出后，大大提高了女儿红品牌的知名度。

2. 由杭州电视台拍摄的电视艺术片《女儿红》，以其独特的视角，描写了江南水乡的浓浓风情。该片被列入全国五个一工程项目，并于1996年春节在中央电视台播出。

3. 舞蹈《女儿红》以其丰富、细腻的动作，反映了绍兴地方酿酒、嫁娶等民间习俗，并在文化部春节晚会上表演获全国群星银奖。

4. 脍炙人口的女儿红歌曲、戏剧也多次在浙江、绍兴、上海东方电视台等地方台播出。

江苏丹阳酒厂

丹阳黄酒历史悠久，酿造史已有3000余年，丹阳境内出土的西周青铜凤纹尊、兽面纹尊以及青铜方卤等远古酒器证明，早在西周时期，这里已有相当发达的酒文化了。

丹阳酒厂创建于1958年，是全国甜黄酒生产规模企业，主产品封缸酒、黄酒、老陈酒，多次荣获国际、国内大奖，在国内有很强的知名度和美誉度。

丹阳黄酒系列产品采用当地特产优质糯米，用千年传统工艺结合当代先进技术精酿而成，营养丰富，鲜甜醇香。

近年来，企业在注重产品传统特色的基础上，与时俱进，企业文化、黄酒文化、企业品牌都得到了发扬光大，丹阳黄酒被认定为“国家原产地地理标志保护产品”；封缸酒、黄酒、老陈酒被认定为“国家A级绿色食品”；“旦阳”牌注册商标荣获“江苏省著名商标”；2005年老陈酒被中国酿酒工业协会评为“全国酒类产品质量安全诚信推荐品牌”；企业被评为“全国食品安全百佳先进单位”“全国酿酒行业劳动关系和谐企业”；“旦阳”牌黄酒、封缸酒获“中国历史文化名酒”称号。

伴随着丹阳酒厂实施改制重组战略，丹阳酒厂的明天将更加灿烂、辉煌！

玺尊酒业

玺尊酒业有限公司是一家融精品高端白酒研发、生产、销售为一体专业性经营实体。公司产品研发中心、生产基地以及品控中心位于素有“中国酒都”美誉的贵州茅台镇国酒大道，厂区占地一千余亩，自有陈年窖池上万口，行政中心及营销管理中心设在“山水甲天下”的旅游之都桂林市。

自古美酒出茅台，传统佳酿玺尊酒。公司主导产品——玺尊系列浓香型、酱香型白酒，凭借茅台镇悠久的酿酒工艺和得天独厚的酿酒文化，精挑细选五谷纯粮，采用宫廷古法秘技，运用传统的固态发酵法，巧取赤水河之水经过七次蒸煮、八次发酵、经年窖藏、潜心调制而成。酒体既保持了传统茅台系列酒香、甜、纯、净、爽的固有优点，又兼具全新的自身特色，入口甜、落口绵、下喉爽、不上头、不刮喉、醇香浓郁、绵软甘冽、酒风凌厉而刚中带柔、余香不绝而回味悠长……堪为酒中精品。

玺乎稀有，尊于典藏——将传统的宫廷生活元素和中国源远流长的酒文化有机结合，玺尊酒以独特的方式诠释着深刻的文化内涵和人生哲理，在点滴之间演绎出当代人高尚而精致的生活……

玺尊酒，秉承“原生态、原产地、原佳酿”的特质和“纯朴、纯正、纯真”的酒品风格，作为茅台镇又一传世佳酿，以与茅台酒一脉相承的优良品质，受到了无数消费者的青睐，表现出极强的市场生命力。被“中华酒令擂台赛”组委会授予“金奖”。

热忱欢迎各界有识、有志人士来函来电垂询，共谋玺尊发展大业。

营销管理中心地址：广西桂林市骖鸾路 20 号

网址：www.xzjgs.com

电话：0773-3996999　13377111588

传真：0773-3888802

玺尊五星酒

玺尊宫庭生活元素 ▶

酒会宴请礼仪

第一章　现代宴会礼仪

宴会的类型

宴会，是指请人赴宴的聚会，是国际国内社会交往中比较常见的礼仪活动形式之一。人们通常把由政府机关、社会团体举办的，具有一定目的和比较讲究礼节礼仪的酒席，称为宴会。把私人举办的、规模较小的酒席称为筵席。宴会和筵席的基本含义相同，都是请人聚餐，但宴会比筵席更讲究礼节礼仪。

宴会名目繁多：从规格上分，有国宴、正式宴会、便宴、家宴；从餐饮习惯上分，有中餐宴会、西餐宴会、中西合餐宴会；按时间分，有早宴、午宴和晚宴；按礼仪分，有欢迎宴会、答谢宴会；按特色分，有鸡尾酒会、冷餐酒会、茶会、招待会等。

中餐宴会，是中国传统的具有浓厚的民族特色的宴会。宴会遵循中国的饮食习惯，饮中国酒，食中国菜，用中国餐具，行中国的传统礼节。

国宴，是国家元首或政府首脑为欢迎外国元首、政府首脑来访或庆祝重要节日而举办的宴会。宴会厅内悬挂国旗，设乐队，奏国歌，席间致词，菜单和席卡上印有国徽。宴会的规格最高，盛大隆重，礼仪严格。

正式宴会，通常是政府和人民团体有关部门，为欢迎应邀来访的宾客或来访宾客为答谢主人而举行的宴会。这种宴会无论是规格和标准都稍低于国宴，不挂国旗，不演奏国歌。其安排与服务程序大体与国宴相同。

便宴，即便餐宴会，用于非正式的宴请。一般规模较小，菜式有多有少，质量可高可低，不拘严格的礼仪、程序，随便、亲切，多用于招待熟悉的宾朋好友。

家宴，是在家中以私人名义举行的宴请形式。一般人数较少，不讲严格的礼仪，菜式多少不限，宾主席间随意交谈，轻松、欢快、自由。

晚宴，是国宴的另一种表现形式，时间在晚上举行，其规格和标准与国宴相同，隆重、热烈。有时普通的外交往来，也在晚上举行宴请活动，人们习惯上也称之为晚宴，但这是较低一级的晚宴。

招待会，是一种规模可大可小、经济实惠的宴请形式。有时用于隆重的宴请，如国庆招待会。有的规模较小，如各地方政府和企事业单位举办的招待会。

茶会，又称为茶话会，是一种比较简单的招待方式，多为人民团体举行纪念和庆祝活动所采用。席间一般只摆放茶点、水果和一些风味小吃，宾主共聚一堂，饮茶尝点，漫话细叙，形式比较随便自由。有时席间还安排一些短小的文艺节目助兴，使气氛更加喜庆、热烈。

西餐宴会，是采用西方国家举行宴会的布置形式、用餐方式、风味菜点而举办的宴请活动。其主要特点是：摆西餐台面，吃西式菜点，多用刀、叉、匙进食，采取分食制，常在席间播放音乐。

鸡尾酒会，是西方传统的集会交往的一种宴请形式，它盛行于欧美等国家和地区。鸡尾酒会规模不限，灵活、轻松、自由。一般不设主宾席和座位，绝大多数客人都站着进食。各界人士可互相倾谈、敬酒。鸡尾酒会有时与舞会同时举行。

冷餐酒会，是西方国家较为流行的一种宴会形式。其特点是用冷菜、酒水、点心、水果来招待客人。它可分为立餐和座餐两种形式。菜点和餐具分别摆在菜台上，由宾客随意取用。酒会进行中，宾主均可自由走动、敬酒、交谈。

宴会的筹备

宴请对宾客来说是一种礼遇，举办者必须根据有关礼节、礼仪组织好。

确定宴请的目的、名义、范围和形式

宴请的目的是多种多样的，可以为某个人也可以为某一事件，如为庆祝节日、纪念日，为展览会开幕、闭幕，为某工程的动工、竣工等。

名义主要依据主客双方的身份而确定，也就是说主客身份应该对等。邀请主宾携夫人出席，主人若已婚，一般以夫妇名义发出邀请。我国大型正式活动以一人名义发出邀请。日常交往小型宴会则根据具体情况以个人名义或夫妇名义出面邀请。

范围是指请哪些方面人士，请到哪一级别，请多少人，主人一方请什么人出来作陪，这都要考虑各方面因素，如宴请的性质、主宾的身份、国际惯例，还要考虑当前的政治气候等，各方面都要想到，不能只顾一面。邀请范

围与规模确定之后，即可草拟具体邀请名单，被邀请人的姓名、职务、称呼以及对方是否有配偶等都要准确。多边活动尤其要考虑政治关系，对政治上相互对立的国家是否邀请其人员出席同一活动要慎重考虑。

形式在很大程度上取决于当地的习惯做法。一般来说，正式的、规格高的宴请，人数少以宴会为宜，人数多则以冷宴或酒会更为合适。妇女界的活动多用茶会。目前，各国礼宾工作都在简化，宴请范围趋向缩小，形式也更为简便，酒会、冷宴会被广泛采用，而且中午举行的酒会往往不请配偶。少数国家招待国宾宴会只请身份较高的陪同人员，不请随行人员。我国也在进行改革，提倡多举行冷餐会和酒会以代替宴会。

确定宴请时间、地点

时间应对主宾双方都合适，注意不要选择对方的重大节日、假日、有重要活动或禁忌的日子宴请。如对信奉基督教的人士不要选13号或星期五，伊斯兰教在斋日内白天禁食，宴请宜在日落进行。重大宴请活动时间要与主宾单位商定，小型宴请要征询主宾意见，可口头当面约请，亦可用电话联系。主宾同意后，时间即被认为最后确定，可以按此约请其他宾客。

官方隆重活动的地点一般安排在政府议会大厦或宾馆内举行，其余则按活动性质、规模大小、主人意愿以及实际可能而定，选定场所要容得下全体人员。举行小型正式宴会，在可能条件下，宴会厅外另设休息厅，供宴会前简短交谈用，待主宾到达后一起进宴会厅入席。

邀请

各种宴请活动，一般均发请柬，这既是礼貌，也是对客人的提醒备忘。便宴经约定后，可发也可不发请柬。工作进餐一般不发请柬。有些国家邀请最高领导人作为主宾参加的活动，需单独发邀请信，其他宾客发请柬。

请柬一般提前一周至两周发出（有的地方须提前一个月），以便被邀请的人及早安排。已经口头约妥的活动，仍应补送请柬，在请柬右上方或左下方注上“备忘”（To remind）字样。需安排座位的宴请活动，为确切掌握出席情况，往往要求被邀请者答复能否出席。遇此，请柬上一般用法文缩写注上R、S、V、P（请答复）字样。如只需不能出席者答复，则可注上Regrets only（因故不能出席请答复）并注明电话号码，亦可以在请柬发出之后，用电话询问能否出席。

在请柬信封上，被邀请的人姓名、职务要书写清楚准确。国际上习惯对夫妇两人发一张请柬，在我国国内遇有需要凭请柬入场的场合要每人一张。正式宴会最好能在发请柬之前排好席次，并在信封上角注明席次号。请柬发出后及时落实出席情况，准确记载，以安排并调整席位。即使是不安排席位的活动，也应对出席率有所估计。

订菜

宴请的酒菜根据活动形式和性质，在规定的预算标准以内安排。选菜不应以主人的爱好为准，主要考虑主宾的爱好与禁忌。如伊斯兰教用清真席，甚至不用任何含酒精的饮料；印度教徒不能用牛肉；佛教僧侣和一些教徒吃素；也有因身体原因不能吃某种食品的。如果宴会上有个别人有特殊需要，也可单独为其上菜。大型宴请则应照顾到各个方面。菜肴道数和分量都要适宜，不要简单地认为海味名贵而泛用，其实不少外国人并不喜欢，特别是海参。在地方上宜用有地方特色的食品招待，用本地产的名酒，不宜到处用茅台。无论哪一种宴请，事先均应开列菜单，并征求主管负责人的同意。获准后，如果是宴会，即可印制菜单，菜单一桌两三份，至少一份，讲究的也可以每人一份。

席位安排

正式宴会一般均排席位，有的可以只排部分客人的席位，其他人只排桌次或自由入座。无论采用哪种做法，都要在入席前通知到每个出席者，使大家心中有数，现场还要有人引导。大型宴会，最好是排座位，以免混乱。

国际上的习惯，桌次高低以离主桌位置远近而定，右高左低。桌数较多时，要摆桌次牌。同一桌上，席位高低以离主人的座位远近而定。国外的习惯，男女穿插安排，以女主人为准，主宾在女主人右上方，主宾夫人在男主人右上方。我国习惯按个人本身职务排列以便于谈话，如夫人出席，常常把女方排在一起，即主人位置可以与主桌主人位置同向，也可以以面对主桌的位置为主位。

礼宾次序是排席位的主要依据。在排席位之前，要把经过落实出席的主、宾双方名单分别按礼宾次序开列出来。除了礼宾顺序之外，在具体安排席位时，还需要考虑其他一些因素。多边的活动需要注意客人之间的政治关系，政见分歧大、两国关系紧张的，尽量避免排在一起。此外，适当照顾各种实际情况，如身份大体相同、使用同一语言、或属同一专业者可以排在一起。译员一般安排在主宾的右侧，在以长桌做主宾席时，译员可以考虑安排在对面，便于交谈。但一些国家忌讳以背向人，译员的座位则不能作此安排。在这种情况下，用长桌做主宾席时，主宾席背向群众的一边和正面第一排桌背向主宾席的座位均不安排坐人。在许多国家，译员不上席，为便于交谈，译员坐在主人和主宾的背后。

在国际交往时，安排座位遇特殊情况亦可灵活处理。如遇主宾身份高于主人，为表示对他的敬重，可以把主宾摆在主人的位置上，而主人则坐在主宾位置上，第二主人坐在主宾的左侧，但也可按常规安排。如果本国出席人员中有身份高于主人者，如部长请客，总理或副总理出席，可以由身份高者坐主位，主人坐身份高者左侧，但少数国家亦有将身份高者安排到其他席位上。主宾有夫人，而主人的夫人又不能出席，通常可以请其他身份相当的妇女作第二主人。如无适当身份的妇女出席，也可以把主宾夫妇安排在主人的左右两侧。席位排妥后要着手写座位卡，我方举行的宴会，中文写在上面，外文写在下面。卡片用钢笔或毛笔书写，字应尽量写得大些，以便于辨认。便宴、家宴可以不放座位卡，但主人对客人的座位也要有大致安排。

现场布置

宴会厅和休息厅的布置取决于活动的性质和形式。官方正式活动场所的布置应该严肃、庄重、大方，不要用红绿灯、霓虹灯装饰，可以少量点缀鲜花、刻花等。

宴会可以用圆桌，也可以用长桌或方桌。一桌以上的宴会，桌子之间的距离要适当，各个座位之间也要距离相等。如安排乐队演奏席间乐，不要离得太近，乐声宜轻，宴会休息厅通常放小茶几或小圆桌，与酒会布置类同。如人数少，也可按客厅布置。

冷餐会的菜台用长方桌，通常靠四周陈设，也可根据宴会厅情况，摆在房间的中间。如坐下用餐可摆四至五人一桌的方桌或圆桌，座位要略多于全体宾客人数，以便客人自由就座。

酒会一般摆小圆桌或茶几，以便放花瓶、烟缸、干果、小吃等。也可在四周放些椅子，供妇女和老人体弱者就座。

餐具的准备

宴请时餐具是十分重要的。如果以中餐宴请，就必备考究的中餐餐具，这才有中餐的风格，也是对客人的尊重。根据宴请人数和酒、菜的道数准备足够的餐具。餐桌上的一切用品都要十分清洁卫生，桌布、餐巾都应浆洗洁白并熨平。玻璃杯、酒杯、筷子、刀叉、碗碟，在宴会之前都应洗净擦亮。如果是宴会，应该准备每道菜撤换用的菜盘。

中餐用筷子、盘、碗、匙、小碟等。水杯放在菜盘上方，右上方放酒杯，酒杯数目和种类应与所上酒的品种数相同。餐巾叠成花插在水杯中或平放在菜盘上。宴请外国宾客除筷子外，还应摆上刀叉、酱油、醋、辣油酱等作料，通常一桌数份。公筷公勺应备有筷、勺座，一套摆在主人面前。餐桌上应备有烟缸和牙签。

西餐具摆设与中餐不同。西餐有刀叉、匙、盘、杯等。刀分食用刀、鱼刀、肉刀（刀口有锯齿，用以切牛排猪排）、奶油刀和水果刀。叉分为食用叉、鱼叉和龙虾叉。匙有汤匙、茶匙。杯分为茶杯、咖啡杯，均为瓷器，并配小碟。水杯、酒杯多为玻璃制品，不同的酒使用的酒杯规格亦不相同，宴会上有几道酒就配几种酒杯。公用刀叉规格一般要大于食用刀叉。西餐具的摆法是正面放食盘（汤盘），左手放叉右手放刀。食盘上方放匙（汤匙及甜食匙），再上方放酒杯，从右起依次放置烈性酒杯（或开胃酒杯）、葡萄酒杯、香槟酒杯、啤酒杯（小杯）。餐巾插在小杯内或摆在食盘上，面包奶油盘放在左上方。吃正餐刀叉数目应与菜的道数相等，按上菜顺序由外至里排列，刀口向内。用餐时应按此顺序取用。撤盘时，一并撤去使用的刀叉。

宴请程序及现场工作服务

迎客时，主人一般在门口迎接。官方活动除男女主人外，还有少数其他主要官员陪同主人排列成迎宾行，通常称为迎宾线。其位置宜在客人进行存衣以后进入休息厅之前。与主人握手后，客人由工作人员引进休息厅，或直接进入宴会厅。有些国家在官方隆重场合，客人（包括本国客人）到达时，有专人负责唱名。主宾到达后，主人陪同进休息厅与其他客人见面。休息厅内有相应身份的人员照料客人，由服务人员送饮料。

主人陪同主宾进入宴会厅，全体客人就座，宴会开始，如宴会规模较大，可先请主桌外的客人先坐，贵宾席后入座。

如有正式讲话，各国安排讲话时间不尽一致。一般正式宴会可在热菜之后、甜食之前由主人讲话，接着由客人讲话，也有一入席双方即讲话的。冷餐会和酒会讲话时间则更灵活。

吃完水果，主人与主宾起立，宴会即告结束。外国人的日常宴请在女主人为第一主人时，往往以她的行动为准。入席时女主人先坐下，并由女主人招呼客人开始就餐。餐毕，女主人起立，邀请女宾与之共同退出宴会厅，然后男宾起立，随后进入休息厅或留下吸烟（吃饭过程中一般是不吸烟的），男女宾客在休息厅会齐，即上茶（或咖啡）。

主宾告辞时，主人把主宾送至门口。主宾离去后，原迎宾的人员顺序排列，与其他客人握手告别。

家庭便宴较随便，没有迎客线。客人到达，主人主动趋前握手。如主人正与其他客人交谈，未发现客人到来，则客人应前去握手问候。饭后如无余兴，即可陆续告辞。通常男客人与男主人告别，女宾与女主人告别，然后交叉，再与家庭其他成员握别。

工作人员应提前到现场检查准备工作。如果是宴会，事先要把座位卡及菜单摆上。席位的通知，除在请柬上注明外，大型宴会还应在宴会厅前陈列宴会简图，图上注明每个人的座位，或印出全场席位示意图，标出出席者位置发予本人。如有讲话，要落实讲话稿。通常双方事先交换讲话稿，举办宴会的一方先提供。代表团访问，欢迎宴会东道国先提供，答谢宴会则由代表团先提供。双方讲话由何人翻译，一般要事先谈妥。

宴会的细节

宴会主人礼仪

宴会举行，除了为增进感情外，还常常具有特别的目的。

根据目的，确定主客，然后根据主客之背景、习惯、嗜好、环境等，考虑宴会之时间、地点、陪客、菜式及烟酒等项。兹分述如下：

主客及陪客

(1) 与主客洽商选定宴会的日期时间。

(2) 陪客不宜有高于主客地位者，请外宾时，可请比外宾地位较高之本国人，但亦不宜过高。

(3) 主客应安排于最高席。

(4) 陪客中应有适当声望之人作陪，身份地位不宜过低。

(5) 陪客虽占次要地位，但绝不可使陪客感觉宴会对他毫无意义。

(6) 陪客不宜是主客时常见面的人。尤其是当你所邀请的主客于短期内因某种事故（如远行等）将接受亲友们一连串的宴请时，更应注意避免所请的陪客与别人重复。

(7) 陪客不宜是主客同一机构中职位相同的人。

(8) 陪客不宜都选属于同一行业的人（因如有他种行业的人同席，可以增加彼此交谈的兴趣）。

(9) 陪客身份应有高低，如此可便于安排席次。

(10) 考虑邀请多少女宾。

时　间

(1) 宴请外宾时，宴会日期最好不要定于周末或假日。

(2) 被邀宾客中，如有天主教教徒，则应避免星期五（因天主教徒周五不吃肉）。如邀其他宗教教徒，亦应查明他们的宗教习惯。

(3) 应提早通知客人，通常在宴会前两星期。

地　点

(1) 与主客商定宴会时间后，应立即择定地点。地点离市区不宜太远。

(2) 注意宾客中，是否有人须备车辆接送。

(3) 宴会场所，须有适当的卫生设备。

(4) 宴会场所应有休息室，以作宴会前后谈话之用。

菜　式

(1) 查明主客所喜欢之口味，再决定准备什么菜肴。

（2）宴请外宾，除特殊情形外，以用中菜为宜，同时避免用冷盘、脑、脊髓、燕窝、猪肚等外宾不惯吃的食品。菜肴道数不必过多，中餐可六菜一汤，西餐可两菜一汤。

（3）如在饭前或饭后饮酒，应准备小点心。

（4）餐后宜用水果及咖啡或茶。（水果须洗净抹干，咖啡及茶可热可冰。）

（5）宾客中如有回教徒，则不能有禁食之物品。

（6）较正式的宴会最好能备有印好的菜单，如有外宾，并应加例外文，因为外宾常喜欢在菜单上请同席各位签名以留纪念。

烟　酒

（1）烟类除备香烟外，如能同时预备雪茄则更佳。

（2）如果得知宾客中有喜欢某种酒者，即应多备此种酒。西式餐会用酒分饭前、进餐及饭后三类情况：①饭前酒或称开胃酒，是在入席前请客人饮的酒类，常用者有：鸡尾酒、施高趣、威士忌、包抟、麦亨登、浮毛斯、马丁尼、澳泛以及啤酒等。另应备果汁及汽水、可乐等饮料。②进餐酒是上菜时配合菜肴用的酒，常用者有：雪醴、白酒、红酒、褒根地、香槟、保特等以及我国的黄酒、绍兴酒等。宴会中，如用中国酒类时，主人常仅供应一种酒，客人无需选择。但最好多备几种酒，请客人自行选用。习惯上客人饮一种后，即不改饮他种，混饮两种或两种以上的酒时容易酒醉。酒随菜而异。喝汤时可进雪醴（约斟 1/3 杯即可）；吃鱼或海鲜可进白酒以除腥气，腥味强的用较甜的白酒，斟酒亦以不超过杯的 2/3 为宜；上主菜（肉类）时可进红酒以去油腻，油腻重者即用较酸的红酒，用主菜时间较长，故可随饮随斟；上最后一道菜或甜品时即进香槟。③饭后酒或称助消化酒，常用的有：白兰地、雪醴及薄荷酒等。

请柬的印发

（1）请柬以印刷为佳，样式宜大方庄雅。请外宾的小型宴会请柬，可用打字或手写。

（2）请柬中应说明宴会时间、地点、主人姓名、余兴节目。较正式宴会还应注明赴宴的服装。

（3）如系庆祝会或为某种目的而举行的宴会，亦可写明。

（4）请柬宜于举行宴会前两星期发出。隆重的宴会，更应早发请柬。

（5）中式请柬应附回单，西式请柬宜加注“请赐回音”或“不能赴宴者请回音”等字样。如已预先约定，则加注“备忘”二字。

赴宴者的礼仪

接到宴会邀请后，能否出席应尽早答复对方，以便主人做出安排。接受邀请以后不要随意改动，万一遇到不得已的特殊情况不能出席时，尤其是作为主宾，要尽早向主人解释、道歉，甚至亲自登门表示歉意。应邀出席一项活动之前，要核实宴请的主人、活动举办的时间、地点、是否邀请配偶以及主人对服装的要求。

掌握出席时间出席宴请活动，抵达时间的迟早、逗留时间的长短，在一定程度上反映了对主人的尊重，应根据活动的性质和当地的习惯予以把握。迟到、早退、逗留时间过短被视为失礼或有意冷落。身份高者可略晚些到达，一般客人宜早些到达。主宾退席后，其他人可陆续告辞。出席宴会根据各地的习惯，正点或晚一二分钟到达；我国则是正点或提前一二分钟到达。出席酒会可在请柬上注明的时间内到达。席间，确实有事需提前退席，应向主人说明后悄悄离去，也可事前打招呼，届时离席。

到达宴请地点后，先到衣帽间脱下大衣和帽子，然后前往主人迎宾处，主动向主人问好。如果是庆祝活动，应表示祝贺。

参加庆祝活动，可以按当地习惯以及两国、两个单位的关系，赠送花束或花篮。参加家庭宴会，可酌情给女主人赠送少量鲜花。

应邀出席宴请活动，应听从主人安排。如果是宴会，进入宴会厅之前，先了解自己的桌次和座位，入座时注意桌上座位卡是否写着自己的名字，不可随意乱坐。如邻座是年长者或妇女，应主动协助他们先坐下。入座后坐姿要端正，不可用手托腮或将双臂肘放在桌上。坐时脚应踏在本人座位下，不可随意伸出，影响别人。不可玩弄桌上酒杯、盘碗、刀叉、筷子等餐具，不要用餐巾或口纸擦餐具，以免使人认为餐具不洁。

入座后主人招呼即开始进餐。取菜时不要盛得过多，盘中食物吃完后如果不够，可以再取。用餐前先将餐巾打开铺在膝上，餐后叠好放在盘子右边，不可放在椅子上，亦不可叠得方方正正而被误认为未用过。餐巾可擦嘴不可擦汗。如由服务员分菜，需增添时在服务员送上时再取。如遇本人不能吃或不爱吃的菜肴，当服务员上菜或主人夹菜时，不要打手势，不要拒绝，可取少量放在盘内，并表示“谢谢”“够了”。对不合味的菜，勿显出难堪的表情。冷餐酒会，服务员上菜时，不要抢着去取，待送至本人面前再拿。周围的人未拿到第一份时，自己不要急于去取第二份。勿围在菜桌旁，取完即离开，以便让别人取食。外宾回请我方时，对方是主人，我方不宜作主动让菜。吃东西要文雅，闭着嘴嚼，喝汤时不要啜，吃东西不要发出声音。如汤菜太热，可稍待凉后再吃，切勿用嘴吹。嘴内的鱼刺、骨头不要直接外吐，用餐巾掩嘴，用手（吃中餐可用筷子）取出，或轻吐在叉上，放在菜盘内。吃食物时要用食物就口，不可将口去就食物。两肘不可伸得很开。嘴内有食物切勿说话。剔牙时，用手或餐巾遮口，不要边走边剔牙。吃剩的菜，用过的餐具、牙签，都应放在盘内，勿置在桌上。

无论作为主人、陪客或宾客，都应与同桌的人交谈，特别是左右邻座。不要只同几个熟人或只同一两人说话。邻座如果不相识，可以自我介绍。讲话要掌握时机，讲话内容要看交谈的对象，不要只顾一个人夸夸其谈，或谈些荒诞离奇的事而引人不悦。

作为主宾参加外国举行的宴请，应了解对方祝酒习惯，即为何人何事祝酒等，以便做必要的准备。碰杯时主人和主宾先碰，人多可同时举杯示意，不一定碰杯。祝酒时不要交叉碰杯。在主人和主宾致辞祝酒时应暂停进餐，停止交谈，注意倾听，也不要借此机会吸烟。奏国歌时应肃立。主人和主宾讲完话与贵宾席人员碰杯后，往往到其他桌敬酒，遇此情况应起立举杯。碰杯时要目视对方致意，一般可目视对方的眼鼻组成的三角区。祝酒时，不目视对方被认为是不礼貌。宴会上相互敬酒，表示友好活跃的气氛，但切忌喝酒过量，应控制在本人酒量的1/3以内，切不要饮酒过多失言失态。不能喝酒时可以声明，但不要把酒杯倒置，应轻轻按着杯缘。正式敬酒是在上香槟酒时，这时即使不会喝也要沾几滴，不欲再喝时可轻轻与对方碰一下杯缘，即表示已经够了。一般倒入杯中的酒要喝完，不然就违礼了。

在社交场合，无论天气如何炎热，不能当众解开钮扣、脱下衣服。小型便宴如主人请客人宽衣，男宾可脱下外衣搭在椅背上。喝茶、咖啡通常牛奶、白糖均用单独器皿盛放，如愿加牛奶、白糖可自取加入杯中，用小茶匙搅拌后茶匙仍放回小碟内。喝时右手拿杯把，左手端小碟。

水果、梨、苹果不要整个拿着吃，应先用水果刀切成4~6瓣，再用刀去皮、核，然后用手拿着吃。削皮时刀口朝内，从外向里削。香蕉先剥去皮，用刀切成小块吃，整根拿着吃不雅。橙子用刀切成块吃。桔子、荔枝、龙眼等则可剥去皮吃。西瓜、菠萝等通常都去皮切成块共用，然后用叉取食。

在宴会上如果上鸡、龙虾、水果时，有时要送上小水盂（铜盆、瓷碗或水晶玻璃缸），水上飘有玫瑰花瓣或柠檬片，供洗手用，切不要误解是饮水以致成笑话。洗手时两手轮流沾湿指头，轻轻刷洗，然后用餐巾或小毛巾擦干。在宴会上除面包外，还有几种食物都可以用手拿着吃，如烤鸡、炸脆薯片、炸咸肉片、芹菜等。西餐中的芦笋也可以用手拿食。

有的主人为每位出席者备有小小纪念品或一朵鲜花。宴会结束时，主人招呼客人带上纪念物，遇此情况可说上一两句赞扬小礼品的话，但不必郑重表示致谢。有时外国访问者往往把宴会菜单作为纪念品带走，有时还请同席者在菜单上签名留念。除主人特别示意作为纪念品的东西外，各种招待品，包括糖果、水果、香烟等都不能拿走。

有时在出席私人宴请活动之后，往往致以便函或名片表示感谢。首先致谢女主人，但不要说过谦的话，如“太丰盛了”“太美了”。离席时先让身份高者、年长者和妇女先走。

中餐的餐具主要是碗、碟、筷，西餐则是刀、叉、盘子。通常宴请外国人吃中餐，亦以中餐西吃为多，即摆切成小块，然后送入嘴内。欧洲人使用刀叉时不换手，即从切割到送食均以左手持叉。美国人则切割后把刀放下，用右手持叉送入口中。食用西餐要按刀叉顺序由外向里取用。最大的匙是汤匙，最大的刀叉是吃肉用的。用刀叉切食物时，应每次切一片或一块，不能同时全部切细。每道菜吃完后，将刀叉并拢并排放在盘内，以示吃完。如未吃完，则摆成八字或交叉摆放，刀口向内。吃鸡、龙虾时，经主人示意，可以用手撕开吃，否则可用刀叉把肉割下切成小块吃。吃面包、饼干或小粒小果、薯片可以用手取食，面包应撕成小片，涂料后入口。黄油用刀切，其放在碟或盘的左角。取面包时要取自己左手前面的，不可取错。除了糖、酱、肉汁等流体汁酱可以直接浇在食物上，放在公盘内的配料，用时取放在自己的盘内。切带骨头或硬壳的肉食，叉子一定要把肉叉牢，刀紧贴在叉边切以免滑开。切菜时，注意不要用力过猛，撞击盘子而发出声音。不容易上叉的食品可以用刀把它轻轻推上叉。除喝汤以外，不用匙进食。汤用深盘或小碗盛放，喝时用汤匙由内往外舀起送入嘴，即将喝尽可将盘向外略托起，但不能把汤盘或碗端起来喝。汤匙可以入口，但喝完后应放在盘中间，匙柄放在右边，匙心向上，与桌边平行。吃带有腥味或怪味的食品如鱼、虾、野味等均配有柠檬，可用手将汁挤出滴在食品上，以去腥味。

宴会进行中，由于不慎，发生异常情况，如用刀过猛，刀叉撞击盘子发出声响或餐具摔落在地，或打翻酒水等，应沉着不必着急。餐具碰出声音，可轻轻向邻座（或向主人）说声“对不起”。餐具落地不能擦试再用，而应由服务员另送一付。酒水打翻溅到邻座身上，应表示歉意，协助擦干。如对方是妇女，只能把干净的餐巾或手帕递上即可，由她自己擦。宴会上遇到突然发生的事情要不慌不乱，善于随机应变，运用自己的知识和语言能力使事情缓和，这是一种很高的修养。

宴会的服务

宴会前的准备工作

宴会前的准备工作是搞好宴会服务的基础，一定要认真、细致、严格、高标准，不能马虎、凑合，更不能遗漏。各项准备工作必须按设计方案进行，绝不能自以为是，随心所欲。

1. 掌握情况。服务员接到宴会任务后，要及时同主办单位联系，详细询问，认真记录，掌握第一手资料，做到“四知四了解”。四知，即知人数、知标准、知身份、知时间；四了解，即了解宾客的地区国籍、了解宾客的风俗习惯、了解宾客的生活特点、了解宴会的性质和具体要求。如果是外单位预订的，还要记下单位名称、电话号码、工作人员姓名，以便于联系。

2. 服务分工。宴会是一项“系统工程”，要求高，程序复杂，人员分工很重要。餐厅经理或主管要根据宴会的规格和标准，将各项工作具体落实到人，做到任务包干，各负其责，同心协力，团结一致，搞好接待服务工作。

3. 填写菜单。菜单是掌握上菜顺序的依据，也是宴会桌上特别是主桌上的一件重要物品。拟定菜单，多由厨师长和餐厅管理人员共同完成。餐厅服务员负责填写菜单，一式多份。除每张餐桌放上一份外，服务员的工作台上要留一份，便于掌握上菜的顺序、时机和速度。如有外宾出席的西餐宴会，菜单要用中文外文两种文字填写，主办一方的国家文字在上，被邀请的一方文字在下。字迹要工整、清楚。

4. 领取物品。宴会所需物品，要求齐全配套。领取各类物品，要根据宴会的餐别、规格、标准和主办单位的要求，提前领取、清点好。各种酒水要逐瓶检查，需冰镇的要提前冰镇；水果要选择个头均匀、无疤痕变质的；各类作料和其他餐具、用具要准备充足，并留有一定的机动数。

5. 清扫卫生。宴会厅的卫生工作包括两方面：一是环境卫生。卫生工作是餐厅头等重要的工作，宴会厅的卫生工作好坏，将给赴宴宾客留下难忘的印象。服务员一定要按照程序搞好环境卫生，先打扫墙壁、天花板，擦试门窗；再抹擦台面、座椅、衣架、屏风、各种柜橱和工作台，最后是拖洗地面或地毯吸尘。对楼梯、过道、厕所也不能忽视要彻底清扫，做到四壁无尘、窗明几净、地面清洁。二是餐具用品卫生。清点餐具时，注意选择花纹、颜色一致的餐具，无残缺破损，无变形怪状，无油腻痕迹，并将备好的餐具逐件抹擦、分类摆放，用干净台布覆盖。小毛巾、餐巾布、台布要色调一致，无异味，无破洞，无污迹。

6. 设计台形。台形的设计要考虑到厅室的形状、面积和参加宴会的对象、人数、规格、标准以及交际礼仪等情况。台形布置涉及来宾的席次安排，因此要从实际出发，做到因地制宜，方便交际，符合礼仪。

7. 摆放冷碟。宴会视规格和标准，配有4个以上冷碟，一般在宴会开始前15分钟左右端上餐桌，如果宴会规模大，人数多，时间可适当提前。摆放冷碟时，要注意菜点色调的布局，荤菜的搭配，菜型的反正，刀口的逆顺，餐盘的间隔等，要对称、和谐。端托冷盘，要轻拿轻放，以免损坏冷盘的造型。

8. 整理仪容。宴会开始前，服务员要整理个人卫生和仪表仪容。操作时要穿统一的工作服。男服务员穿西装、打领带或系领结，皮鞋要打油擦亮，衬衣扎入裤腰内；女服务员不能佩戴任何金银首饰，不能涂抹口红、指甲油，不准梳披肩发，最好不穿高跟鞋。当班前要用酒精棉球将双手消毒。

引领迎宾

引领迎宾是宾客到达宴会厅的第一个“见面礼”，也是宴会服务不可缺少的程序。

1. 热情引领。宴会服务员应根据宴会开始时间，在宾客到来之前5分钟进入各自岗位，迎宾人员应仪表端庄、精神饱满地站立在宴会厅门口迎候宾客。迎宾人员根据宴会的规格确定，一般的宴会，由一两名服务员担任；如果场面较大、规格较高的宴会，由餐厅负责人带领数名服务员在宴会厅门口迎接。宾客到来时，主动上前招呼，用普通话说声“您好”“请”“欢迎光临”等礼貌用语。如宴会厅旁边设有休息室的，可将宾客先引领到休息室稍事休息，并泡茶水相待；如果没有休息室，宾客直接进入宴会厅时，引领人员要恭立在宴会厅大门一侧，目视宾客，用靠近大门一侧的手伸向厅门，略躬身，请宾客入内。待宾客全部进入后，服务员才能跟进，切不可与宾客抢道。如有外宾，应用外语引领。

2. 接挂衣物。凡正式宴会，每桌可由两名以上服务员为其服务。当一个服务员在门口引领宾客时，另一名服务员要立即上前，将宾客特别是主人主宾手中提带的衣、帽、提袋、相机等物品接过来，挂在衣架上，并记住物主与挂放的位置，免得送别宾客时递送衣物出差错。遇有规模大、人数多的宴会，应设立衣帽间，编上号码。接挂衣物时，发放号牌，宴会结束时，凭号牌递送衣物。在接挂衣服时，要手提衣领，免得袋内物品倒出，帽子宜拿帽沿，相机、提袋宜拿提带。

3. 让座递巾。宾客的物品接挂完毕，服务员应根据宾客的身份和宴会的要求，按照先女宾、后男宾、先主宾、后主人，再其他宾客的顺序为他们拉椅让座。待宾客全部入座后，用托盘将事先准备好的小毛巾，从主宾开始，按顺时针方向，从右边依次把毛巾递到每位宾客手中，待其抹擦完毕，按照原来的顺序，将小毛巾撤下。目前，有的地方在宴会前还有上茶敬烟的习惯。上茶敬烟时，服务员应注意，放茶杯时，杯把应朝宾客的右手边，手不能接触杯口；敬烟时，要先撕开封口，抽出烟头，或者拆开香烟包装纸，将香烟呈梯形摊在烟碟中，逐个敬烟，适时为其点燃。

4. 撤出花瓶、台签。花瓶是宴会桌上的装饰品，起着衬托台面、渲染气氛的作用。台签、席次卡则是为了宾客就座方便用。当宾客入席后，要适时将其撤下，与此同时，服务员要主动询问主人，宾客是否全部到齐，宴会是否准备开始，征得同意后，及时通知厨房炒菜。

斟倒酒水

中国有句老话，叫做："无酒不成席。"中餐宴会一般都备有白酒、甜酒和多种饮料；西餐宴会的酒水品种更多，一般都有七八种，有的甚至达十几种。中餐和西餐宴会斟酒，要求各不相同，方法也大不一样。

中餐宴会斟酒水，大致可分为三个次序。甜酒一般是在宴会开始前几分钟倒上，因为甜酒多属红色葡萄酒，无论男女老少都能饮用；白酒是在宾客入席后斟倒，即使不能喝白酒的宾客，也要适当斟上，以备主人敬酒时作礼节性的干杯用；饮料由于品种较多，宾客可根据口味需要进行挑选。因此，斟倒饮料时，服务员要用托盘多装几种，征求宾客意见后，再为其斟倒。

西餐宴会用酒与中餐宴会用酒有所不同，较高级的西餐宴会要用7种酒之多，几乎每道菜都有一种酒，吃什么菜跟什么酒，喝什么酒用什么酒杯都有严格的规定。

(1) 上冷盘或海味，供具有开胃解腥作用的烈性酒，用立口杯，一般都在酒内掺和冰水或小冰块，以保持冷度。

(2) 上咸汤，供舍利酒（葡萄酒类），用舍利杯。斟酒时，需将舍利杯与立口杯对调一下位置，以方便宾客举杯（以后在斟每道酒之前都将要用的酒杯对调到外面）。

(3) 上鱼菜，供度数较低的白葡萄酒，用白酒杯。这种酒上桌之前，应冰镇。

(4) 上副菜，供红葡萄酒，用红酒杯。冬天喝这种酒，有的宾客喜用温水烫热，但宴会不用烫。

(5) 上主菜，供香槟酒，用香槟杯。香槟酒是西餐宴会随菜酒品中的主酒，在大型宴会上，开香棕酒瓶时发出清脆的响声连成一片，能增添宴会热烈的气氛。

(6) 上甜点，供巴得杯。该酒是深红色的葡萄酒，味道甜而酸，适宜用甜食时饮用。

(7) 上水果和干酪时，一般不供酒。

(8) 上咖啡，供立口酒，用立口杯。立口酒有 20 多种。上酒时，应用大托盘或方托盘，摆上四五种立口酒，十几个立口酒杯。用左手托盘，右手托酒杯，询问宾客需饮哪种酒，然后根据需要为其斟倒。

西餐宴会的斟酒顺序是：如果有国家元首出席，应先斟男主宾，后斟女主宾。一般宾客是先女主宾后男主宾再主人，其他宾客按座次依次斟酒。

席间上酒，随着菜肴上桌和时间的推移，宾主互相敬酒，交杯换盏，气氛愈来愈热烈、活跃。这时服务员要注意观察每个宾客的酒杯，喝完后应立即满上。遇有宾客离席敬酒，服务员要托着同样酒水跟随，伺机斟倒。如果是大型正式宴会，主人、主宾离席致祝酒词时，服务员要用托盘装上一杯或多杯酒站立一旁，当讲话完毕，迅速递上，以便举杯庆贺。

总之，无论是中餐还是西餐宴会，席间上酒，服务员要眼明手快，殷勤周到，机动灵活，恰到好处。

上菜、分菜、撤碟

上菜、分菜、撤碟是宴会席间服务的主要内容。宴会菜点丰盛与否，当然同宴会的规格、标准有着密切的关系，但是，无论是中餐宴会还是西餐宴会，一般都有冷碟、咸汤、热菜、点心、甜食、水果等几个类型，比较高档的宴会还配有多样点心和水果。这些菜点都是由服务员按照顺序一样样地逐次端上餐桌。因此，这里面有着比较复杂的工作程序，服务员只能照程序办事，不能随心所欲。

中餐宴会的上菜程序是先冷盘，再咸汤、热菜，最后上甜食、水果。服务员应该做到：

1. 熟悉菜单。前面已经说过，菜单是掌握宴会上菜顺序的依据。服务员在上菜前，要对照菜单，认真、仔细地熟记菜点名称、风味特点、烹制方法和主要用料等（遇有疑难，应及时请教），以备席间宾客询问时熟练地回答。同时，还要注意按照菜单顺序上菜，使宾客能够对照菜单，明了宴会的进展情况。

2. 托盘走菜。走菜是指服务员将菜点从厨房端托到宴会厅工作台上的一项工作。服务员在托盘走菜时，要步履轻盈，快慢适当，汤汁不洒，菜不变形。菜到工作台后，要用干净毛巾将菜盘边缘部分揩净，使菜盘显得整洁、卫生。如果走菜时不慎损坏菜点的造型，应在工作台上整理好，不能将零乱、松垮的菜点端上餐桌。

3. 撤碟上菜。从某种意义上说，撤碟上菜是宴会服务的核心工作。要做好这一工作，除了要有较熟练的技艺外，还要注意撤碟、上菜的位置和方法。有人把它归纳为16个字，即“先撤后上，左上右撤，上菜不推，撤碟不拖”。宴会上的菜点除了冷盘是提前上桌外，其余的菜点是在席间端上的，必须先撤去已用完的菜盘，空出桌面，另一道菜才能上桌，故称“先撤后上”。“左上右撤”有双层意思：一是针对副主人的席位而言，凡是上大盘菜，必须在副主人的左边进行，在其右边撤下已用完的菜盘；二是针对每一个宾客而言，凡是分食的菜点均在每个宾客的左边端上，用过的食盘只能在右边撤下，不能图省事，走捷径，更不能左右开弓。“上菜不推，撤碟不拖”，是要求服务员操作时，要准确利落，轻拿轻放，以免碰出响声，引起宾客不快。 另外，宴会上菜还要掌握好时机和速度，不要太快或太慢，不能出现催客进餐和“停工待料”的局面。

4. 席间分菜。从传统的角度讲，中餐宴会是不分菜的，一般是由主人、副主人劝菜、敬菜和宾客自取。不过有的人强调卫生和文明礼貌服务，中餐宴会也要求分菜。这就需要服务员根据主办单位的意见，酌情而行。

5. 更换餐具。有的中餐宴会，为了显示名菜的风味和体现服务员的主动热情，在就餐过程中，往往对汤碗（勺）、食碟、骨盘，包括烟灰缸等小件餐具进行多次撤换。根据宴会规格高低，一般更换二三次，有的多达五六次。在什么情况下需要更换餐具呢？

一是上名贵菜时更换餐具。有的高档宴会，为了招待高级贵宾，在上名菜佳肴时，一般都要更换餐具，使宴会显得丰盛、隆重。

二是上风味菜时更换餐具。因为这类菜具有与别的菜肴显著不同的风味特点，如果用同一种餐具，就会使菜肴失去应有的风味。

三是上芡汁不同、味道各异的菜肴时更换餐具。宴会菜肴的芡汁有红有白，口味有甜有咸，如果混合在一起，就会影响菜肴的味道，因而必须更换餐具。

四是残渣剩菜太多时更换餐具。宾客就餐时，往往把吃剩的和分到不喜欢吃的菜肴及动物的残骨都放在骨碟内，如不及时更换，必然影响宾客进餐。

五是烟灰缸内的杂物太多，应及时更换。有的宾客，喜欢边进餐边抽烟，如果烟缸内的烟蒂、火柴梗及其他杂物太多，有碍台面卫生，应及时更换。

更换餐具的具体作法是：服务员用托盘从宾客的右侧将需要更换的餐具撤下来，然后将干净的餐具从宾客的左侧递上去摆好。有时换餐具由两个服务员共同完成，即一人负责撤，一个负责递。更换餐具时，注意要从主宾开始，顺时针方向进行，动作要轻捷，配合要默契，不要漏撤漏上餐具，更不能将残菜剩羹洒在宾客身上。

更换烟缸的作法是：服务员用托盘摆上几个干净的烟缸，走到餐桌原来放烟缸的地方，先从托盘内拿出一个干净的烟缸压在桌面上需撤换的烟缸上面，将上下两个烟缸轻轻放入托盘内，再把这个干净的烟缸放到餐桌上原来放烟缸的位置。不能将脏烟缸直接从餐桌上拿走，以免烟灰飘落在宾客的身上或餐碟内。

席间更换餐具次数的多少，服务员应根据餐桌上的情况而灵活运用，脏了就该撤换，不必拘泥于更换次数的多少。这样，才能体现我们服务工作的主动热情，给赴宴者留下美好的印象。

附一 红葡萄酒的鉴赏与礼仪

一、吃西餐如何点红葡萄酒

正式场合在西餐厅就餐，我们应依据以下几点作为点酒的参考：

1. 先请服务人员取来餐厅酒单阅读，如果实在不懂可以请餐厅懂酒的经理或服务人员推荐。在请人推荐之前，可先技巧地告知预算。

2. 葡萄酒通常是在点完菜后才决定的。点的餐中如有开胃菜，可询问在座客人是否要喝点开胃酒搭配，开胃酒不一定要开整瓶，可以论杯计。

3. 依基本原则点酒，即红酒配红肉，白酒配白肉。奶白汁的鱼类菜肴可以选用干白，浓烈的红汁鱼应该搭配醇厚的干红，熏鱼应该搭配陈酿干白。

4. 餐后用甜点时，视个人喜好再点饭后甜酒。饭后甜酒通常都是些水果酿的烈酒，酒精含量高，以高脚小杯盛装，不需整瓶开，以杯论即可。

5. 葡萄酒送来后，要仔细检查酒名及年份是否正确。

二、餐酒的搭配艺术

餐酒搭配要合理，要力求两相和谐。不同的食物与酒搭配的艺术有不同的原则：

带糖醋调味的菜肴：应配以酸性较高的葡萄酒，比如清淡的干白。

油腻和奶糊状的菜肴：中性和厚重架构的干白能给此类食物增加独特的风味，但要避免搭配果香味较重的葡萄酒。

辛辣刺激类的菜肴：较甜的葡萄酒有时反而会与辣味形成美妙的对比。

丰盛的菜肴：遵守搭配的黄金法则，丰盛油腻的食物必须和同样味重的干红搭配，口感厚重、架构丰满、富含单宁酸的长城解百纳葡萄酒是您最理想的选择。

三、饮用葡萄酒的技巧

观酒：

1. 将酒倒入杯中 1/3，不多，不少，看好手，捏杯底，别握杯。

2. 在白色背景下，从酒杯正上方观察酒色，看酒是否清澈。如果浑浊，就不好了。将酒杯倾斜 45 度角，随看能观度的增长，红葡萄酒会由紫红色变成棕色。酒应该清澈、晶亮，而不是浑浊朦胧；从酒杯正侧方的水平方向看，摇动酒杯，看酒从杯壁均匀流下的速度。酒越黏稠，速度流得越慢，酒质越好。

3. 把酒杯侧斜 45 度角来观察，此时，酒与杯壁结合部有一层水状体，它越宽则表明酒的酒精度越高。在这个水状体与酒体结合部，能出现不同的颜色。从而显示出酒的酒龄：蓝色和淡紫色约为 3—5 年酒龄；红砖色约为 5—6 年酒龄；琥珀色约为 8—10 年酒龄；橘红色，则说明该酒已经过期了。

闻酒：

1. 闻酒前最好先呼吸一口室外的新鲜空气。

2. 把杯子倾斜45度角，鼻尖探入杯内闻酒的原始气味，深浅结合。利用嗅觉去感知气味，这些气味被分成数大类，包括水果香味、鲜花香味，植物香味及焙烤气味。人的鼻子比嘴更灵敏，所以这个过程不妨长一点，偏嫩的酒闻起来尚有果味，藏酿有复合的香味。

3. 摇动酒杯后，迅速闻酒中释放出的气味，看它和原始气味比是否稳定。

品酒：

1. 喝一小口，在口中打转，如果酒中的单宁含量高，口中会有干涩的感觉，因为单宁有收敛作用，这说明葡萄酒还没有完全成熟。最好是口感由酸—甜—苦—咸达到平衡。

2. 大约是十秒钟后吐出一部分，看口中的留香如何。

3. 片刻后，回头想一下品尝的感受，包括你的第一印象、味道特色及喝后味感，然后记录在案。

四、红葡萄酒的饮用程序

如果要尽情欣赏葡萄酒的美妙，就一定要仔细遵循它稍嫌复杂的上酒程序。

1. 饮用前一至两天，将酒从酒窖或酒橱中取出，以最轻柔的方式把它转移至稻草编织的篮子里，并保持酒瓶处于半水平的位置。比藏酒时的放置，酒瓶要更立起15或20度。

2. 静置至少一天时间，以便于酒中的沉淀物沉至瓶底。

3. 饮用之前一小时左右开启瓶塞。当然，瓶塞上的金属箔也应同时削去，以免它在倒酒时接触到酒浆而影响其品质。

4. 瓶嘴应用一块潮湿的布擦试干净，以除去上面积攒的残渣。拔软木塞的时候要十分仔细，而拔出的瓶塞应放在酒瓶颈的旁边，让有心之人能注意到它的完好无损。

5. 开启酒瓶塞后的这一个小时是酒瓶内琼浆的呼吸期，它可趁此时间将在酒窖保存时中所吸收的霉味或其他的奇怪气味散发干净。

6. 如果室内温度过高，可在酒杯内放置冰块少许。

五、红葡萄酒的饮用礼仪

1. 为了让客人知道酒的情况，酒瓶一定要放在篮中，上面的标签也不能撕走。

2. 斟酒时要格外小心，否则酒液可能因“后冲”而从瓶底回流甚至起泡，激起底部的沉淀。最后，瓶中的酒显然不能倒空，要留约一英寸深的酒液，因为这些酒液早已因沉淀而混浊。

3. 大部分的红酒适合在较低的室温下饮用。与其搭配的主菜口味要清淡，例如鱼类、小牛肉、鸡肉和水果。

六、品尝红葡萄酒的三大注意事项

1. 忌海鲜。红葡萄酒配红肉符合烹调学自身的规则，葡萄酒中的单宁与红肉中的蛋白质相结合，便于消化。但红葡萄酒与某些海鲜（比如多弗尔油鳎片）相搭配时，高含量的单宁会严重破坏海鲜的口味，与蟹同食会令肠胃不适，葡萄酒自身甚至也会带上令人讨厌的金属味。相比之下，味道沉重的牛羊肉类菜肴宜配红葡萄酒。

2. 忌醋。各种沙拉通常不会对红葡萄酒的风格产生影响，但如果其中拌了醋，则会钝化口感，使葡萄失去活力，口味变得呆滞平淡。柠檬水是品尝葡萄酒的很好的选择，因为柠檬酸与葡萄酒的风格能协调一致。奶酪和葡萄酒是天生的理想组合，但人们需注意不要将辛辣的奶酪与体量轻盈的葡萄酒相搭配。

3. 忌浓香辛辣食品。辛辣或浓香的食品配红葡萄酒可能有一定难度，但搭配辛香型或果香特别浓郁的葡萄酒是非常不错的选择。

附二 敬葡萄酒的程序

1. 宴请宾客时，上酒应注意以下规则

（1）酒质较轻的葡萄酒要比酒质较重的葡萄酒先敬上来供客人用。

（2）干葡萄酒先上，甜葡萄酒后上。

（3）酒龄较短的葡萄酒先于酒龄长的葡萄酒。

（4）如果不想更换葡萄酒的品种，那么就应该变化葡萄酒的年份；同一品种的酒，按不同的年份划分先后敬酒的次序。

以上几条是宴会上敬葡萄酒的一般规则。

2. 保持瓶装葡萄酒的澄清度

酒店用酒必须澄清透明、没有浑浊和沉淀。但是对于一些葡萄酒，特别是红葡萄酒，在瓶内经过较长时间的贮存后，很难避免在瓶内产生一些沉淀物，在这种情况下，必须先除去沉淀物，然后再按以上所述程序送上餐桌。从酒窖中取出酒瓶，进入餐厅以及打开瓶塞等，应该避免使酒瓶发生任何震荡。在倒出葡萄酒时也应非常小心。一般来说使用翻卸篮在宴会厅现场进行是毫无困难的。

附三 葡萄酒关键词

酒杯：杯口向里倾斜的郁金香形状，可以将酒中慢慢散发出的芳香集中在杯口区域。细长的杯脚便于把持，并不至于因手温影响引起酒的温度上升变化。

侍酒温度：最适合的状况——气泡葡萄酒，4℃-7℃，白葡萄酒，7℃-10℃，桃红葡萄酒，10℃-12.5℃，红葡萄酒，12.5℃-15.5℃，浓郁型红葡萄酒，15.5℃-18℃。过低温度会影响风味并抑制芳香物质挥发，而过高的温度则会使酒尝起来索然无味。

酒塞：在饮用半小时前开启，让酒与软木塞之间的无害异味消散。T形钻是基本工具，而酒侍刀则是最常见和最好用的专用工具。拔除前，应该仔细拔除瓶口胶帽，用布擦拭干净。

换瓶：浓郁型的红葡萄酒越陈味越醇厚，如果因装瓶时间太短、储存年限不够因而口感尚未达到巅峰状态，应将酒瓶提前数小时开启甚至换瓶，使酒液充分接触空气以增加香味和加速成熟变得柔顺。

换瓶方法：将需换瓶的酒事先静立几小时，让沉积物集聚瓶底，轻轻将酒倒入另一类似水瓶的酒樽中。

品酒前的准备：品前，用净水漱口；记录下对不同的酒的印象；不吃有异味的东西；不擦香水，以免干扰酒香。

鉴赏：酒色能显示葡萄种类、酒的成熟程度以及陈酿时间长短。新酒比陈酒有光泽。透明度也很重要，混浊可能因为搅动了沉淀物，但也许是有瑕疵。

白葡萄酒：从无色透明到深金色，但大部分是淡黄禾杆色。陈酿时间越长，颜色越深。颜色较淡的产自凉爽地区，颜色深的则出自温暖区域。新酒可能染上绿色，棕色一定是坏了。

红葡萄酒：从粉红到近似黑色，主要由品种决定。越陈越有光泽，边缘呈棕色且颜色越淡，说明越成熟。

平衡、浓度和架构：葡萄酒的鉴赏，应该从酸度、酒精度、香味和单宁酸这四种因素来考虑。酸度应适宜，不足会导致酒味淡，不持久，相反过高则会使酒粗糙、辣口；酒精含量即酒的浓度，不同的酒香味不同，如有的倾向于果香、花香，有的则呈现烧烤的香气；单宁是葡萄皮中包含的物质，含量过高会有涩味，白葡萄酒不含单宁。这四种因素协调均衡的酒就是平衡感好的酒。而架构则表示的是酒中果味和酒精味协调后的混合味。

风味：酒芳香和味道能增加饮酒经验和乐趣，也会有一定的科学依据。比如贵府酒中有较强的蜂蜜味道，柔软红色水果味能暗示黑比诺葡萄的存在。

品尝饮酒顺序：一般顺序为，普通酒、高价酒、干型酒、甜酒、清淡、醇厚、新酒、陈酿。

存放：凉爽、潮湿、阴暗的地下室是理想的存放场所。

角度：呈水平状存放，使木塞能够与酒保持接触而湿润，充分膨胀，起到隔绝空气的作用。

温度：存储的最佳温度为 11℃，但 5℃-18℃的温度也不会对酒有损害。应尽量避免短期的温度波动。

存放期：一般说来，价格低廉的普通葡萄酒应在酿制后的一两年内喝完。而昂贵的葡萄酒如优等红酒适合长时间储藏，一般 20 年以上才会处于巅峰状态。

第二章　古代饮宴礼仪

一、待宾设席饮宴始

设席请客，文雅一点，就是“饮宴”。因为古今中外，各种大小公私宴会没有不饮酒的，因而有酒有肴，旨酒嘉宾，觥筹交错，合称之，便是饮宴了分开来解释，那就是饮酒、宴客。

《周礼·天官·酒正》中说：“辨四饮之物，一曰清、二曰医、三曰浆、四曰酏。”注中说：清谓醴之泲者；医即《内则》以酏为醴者；浆，今之洁浆，酡浆；酏，今之粥。另注“泲即醴之清者”。实际就是薄酒，现在日本米酒，还叫“清酒”，就是这个意思。而“饮”字，它的原义之一，就是专指喝酒而言。

《左传》庄公十八年：“晋侯朝王，王飨醴，命之宥。”又僖公十二年：“王以上卿之礼飨管仲。”《左传》成公二年：“衡父不忍数年之不宴。”飨就是招待宾客，设大礼饮宴。至于宴字，本义是安，招待宾客，请吃酒席，谓之宴客，则从“宴飨”一义而来。

宴会是现在常用的词语，但也很古老。《文选·古诗十九首》中就有：“今日良宴会，欢乐难具陈。”可见汉代就有宴会一词。

宴席，又写作“筵席”。“铺陈曰筵，藉之曰席。”就是古人席地而坐，摆酒菜的地方铺的叫筵，人坐的地方再铺一层曰席。直到现在乡间赴宴，还叫“赴席”，吃酒宴还叫“坐席”。宴席，也叫“酒席”。

“饮宴”或“宴饮”中的宴字，古代又大多写作“燕”，《诗经·小雅·鹿鸣》中有：“……我有旨酒，嘉宾式燕以敖。”“……我有旨酒，以燕乐嘉宾之心。”“燕”字既可释“安”，又可释“饮酒”，因而“宴饮”就可以直接写成“燕饮”。燕，宴，在这点上，是同义字。而燕字，又可写作“讌”，《战国策》：“孟尝君讌坐。”字书《玉篇》：“讌，设也。”韵书《广韵》：“燕，会也。与讌同”“同宴”。

提到“酒席”“饮宴”，尚有“酒酺”一词，意思就是遇到大的庆贺典礼，大饮宴谓之酺。见《史记·赵世家》：惠文王三年，主父灭中山归，“行赏，大赦，置酒酺五日”。另《汉书·文帝纪》：“酺五日。”“汉律，三人以上无故群饮酒，罚金四两，今诏赐得令会聚饮食五日也。”

所以由“饮宴”一词到“酒酺”一词，几乎是相同的内涵，这中间有十来种不同的词语，而所说都是同样的意思，而且所有词语历史都很悠久，这都说明了饮宴活动时代久远，而且词语丰富，都有古老的文献出处。如从中华传统文化的组成来看，在世界文化中，也是极为突出的了。而这还没有从文字学、甲骨、钟鼎、大小篆、六书原理来分析介绍，如果从远古说，那恐怕更复杂了。

饮宴在中国，古文献的记载在三千年前已十分丰富，首先是《诗经》中，就有许多篇专写饮宴宾客的诗篇，如《小雅·宾之初筵》《小雅·伐木》《小雅·鹿鸣》《小雅·瓠叶》，而且叙述详尽，对宴请宾客的层次，宴请当中的肴馔、觥筹、弓矢、演奏……宾客如何吃醉，如何辞去，如何成礼等，吟唱非常细致。如说肴馔饮酒句："笾豆有楚，肴核维旅。酒既和旨，饮酒孔偕。钟鼓既设，举酬逸逸。大侯既抗，弓矢斯张。射夫既同，献尔发功。发彼有的，以祈尔爵。"把当时诸侯会盟饮宴的排场、气势写得多么生动。不过这是开始的情况，到后来"其未醉止，威仪抑抑。曰既醉止，威仪怭怭。是曰既醉，不知其秩"以及"宾既醉止，载号载呶……既醉而出，并受其福"等，把大宴会开始觥筹交错，大家兴高采烈，彬彬有礼的仪态，以及等到醉了，又号又呶，全然不知秩序为何物的丑态，描写得绘声绘色。

至于《伐木》篇所吟唱的饮宴，是讲朋友之乐的。所谓"迨我暇矣，饮此湑矣"，就是有闲暇时，和朋友饮酒为乐也。再有《鹿鸣》三章，更是宴乐嘉宾的名诗。据《礼记·燕礼》记载：当时饮宴宾客，就要歌唱《鹿鸣》。直到后来，最后一句"燕乐嘉宾"或"旨酒嘉宾"，已经成为人们常用的一个成语了。

《礼记》中有一篇专讲"君臣燕饮之义"的文章，题目就是"燕义"，里面写到"诸侯燕礼"的位置次序，宾主饮酒之礼，各种官爵的次序，如何敬酒献爵等。礼数都是明文规定，明确而周详，说明在春秋、战国之前，饮宴已经有周详的礼数可遵循，这正是我国古代文化高度发展的标志。至于此后各个朝代宴飨宾客（包括外国君主、使节及本国王侯、大臣）等的礼仪，二十五史及历代《会要》《古今图书集成·礼仪典宴飨部》等书，都有详细的记载。

觥筹交错帝王家

说到宴会，封建时代朝廷的宴会，是最为重要的。由商代纣王的"以酒为池，悬肉为林，使男女裸相逐其间，为长夜之饮"及刘向《新序》记载

"桀作瑶台，罢民力，殚民财，为酒池糟堤，纵靡靡之乐"等历史早期史料，直到清末西太后大摆宴席，宴岁朝，宴使臣，过万寿，两千多年中，宫廷宴会足可以编一部洋洋大观的宫廷宴会史。汉魏以来，就有专门为朝廷宴会设立的庞大机构，而且每个机构均有朝廷命官，如宫内，则有皇帝的尚食局、皇后的尚食局；宫外属于国家机构，则有光禄寺，太常署，珍羞署，良酝署，掌醢署。这些机构，所有人员都是为皇帝、百官饮食、祭祀、宴会服务的。

宋·李廌《师友谈记》记宫中饮宴说："阳翟县令孙敬之曰：今年上元，吕丞相夫人禁中侍宴，独以上相之妇，得奉觞进于二圣，余执政命妇并立副阶上，北向罗拜奉觞以进。"又说："吕相夫人乃中表亲也。为某言禁中礼数甚详。御宴唯五人，上居中，宝慈在东，长乐在西，皆南向。太妃暨中宫西向。宝慈与长乐皆白角团冠，前后皆白玉龙簪而已，衣黄，背子无华彩……"李廌字方叔，元祐时人。上即宋哲宗赵煦，宝慈即太皇太后高氏，长乐即皇太后朱氏，太妃则德妃朱氏。外命妇奉觞上酒，吕丞相夫人，即吕惠卿夫人。这是北宋时公元1090年前后的事。宫中饮宴的座位有明确的规定。

元·陶宗仪《南村辍耕录》"元氏掖庭侈政"记道："宫中饮宴不常，名色亦异。碧桃盛开名曰'爱娇之宴'，红梅初放名曰'浇红之宴'，海棠谓之'暖妆'，瑞香谓之'拨寒'，牡丹谓之'惜春'，落花之饮名为'恋春'，催花之设名为'夺秀'。"行宴有理由，宴出有名。

明·郎瑛《七修类稿》记道："予观纪元诸事之书，多有同于今时者。如设酒，则每桌五果、五按、五蔬菜，汤食非五则七，酒行无算。"宴饮的配置佳肴有一定之规。

关于元代的宫廷宴会，其他资料也写到西方各种酒的传入，萨都剌《上京即事》诗："一派箫韶起半空，水晶行殿玉屏风。诸王舞蹈千官贺，齐捧葡萄寿两宫。"这就是由西域传入的葡萄酒。元末叶子奇《草木子》中记道："葡萄酒、阿剌吉酒自元朝始。"阿剌吉，蒙古语酒名译音。记述阿剌吉的作法："用器烧酒之精液取之，名曰哈剌基酒，极浓烈，其清如水，盖酒露也。"这种酒大约如现在的白兰地一样。除自制酒外，外域贡酒多样化。

元代宫廷宴会有内宴，有大宴。内宴可以理解为宫内或内府的饮宴，杨允孚《滦京杂咏》诗道："内人调膳侍君王，王仗平明出建章。宰辅乍临阊阖表，小臣传旨赐汤羊。"并解释了："御前常膳有曰大厨房、小厨房。小厨房则内人八珍之奉是也。大厨房则宣徽所掌汤羊是也。每汤羊一膳，具十六餐，余必赐左右大臣。予常职赐，故悉其详。"

杨允孚曾担任过内宴职务，故十分熟悉。所谓“内人八珍”，是指“北八珍”，即“醍醐、麆沆、野驼蹄、鹿唇、驼乳糜、天鹅炙、紫玉浆、玄玉浆”等八种。其中“醍醐”即酥油，现在蒙古、西藏还吃。“麆沆”，即入皮囊中，撞之，数日后即可饮，叫马奶子酒，即“粗奶”。如撞七八日后，色更清，味更醇，即“玄玉浆”，简单说，就是更高级的马奶子酒。紫玉浆则是葡萄酒。内八珍就包括了四种酒及饮料，可见酒在宴会中所占的比重。

元代大宴的情形，朱由敦《元宫词》九十三云：“大宴三宫旧典谟，珍馐络绎进行厨。殿前百事皆呈应，先向春风舞鹧鸪。”大宴典谟有五要点：一出席宴会，着当时礼服，礼帽；二宴前宣读元太祖、世祖之遗训；三宴间出珍禽异兽；四宴间陈列供品；五宴间演奏女乐舞蹈。大宴自然更要饮酒。席列八珍，八珍中有两种酒。诗人汪元量《十筵诗》说：“君王把酒劝三宫”“三宫满饮天颜喜”“天家赐酒十银瓮”“夜来酒醒四更过”，“丞相行酒不放杯”等，可见大宴时朝廷君臣、三宫、臣下觥筹交错之情况了。

明、清两代，内庭岁时宴会资料更多，宴亲藩，宴廷臣，宴诸王……正史、野史多有记载，只近人章乃炜《清宫述闻》所记，各殿各宫就有数不清的宴会。如保和殿赐宴之礼，有除夕筵宴，正月十五赐宴，年终宴大臣，元旦大宴，使臣赐宴，文华殿、体仁殿等处经筵，文渊阁经筵，乾清宫元旦宴亲藩，上元宴群臣，万寿宴，千叟宴，皇极殿万寿宴、千叟宴……引几则当时参加过这种宴会的资料，以见一斑吧。《翁同龢日记》光绪十二年（公元1886年）丙戌旧历正月十五日记云：

> 是日上御保和殿筵宴外藩。满汉文一品、满洲文武二品皆与宴。辰初入，辰正入座。余在东边第四列。满尚书在前，次穆将军，次徐桐，次余，次毕道远，其余则蒙古公也。入座跪迎，进茶一叩，始坐，赐茶一叩，进酒时起立，捧酒者趋下一叩，众皆叩，赐酒一叩，赐食一叩，临起时三叩，六刻毕。

十六日又记云：

> ……午正上御乾清宫廷臣宴，诸臣以次就座，约三刻许退。今年东边首座派礼王、西边首坐派伯王也。赐珍拿酒。

十九日又记：

> ……今日燕九，照例御紫光阁宴蒙古王公。朝鲜使臣……

这都是当时宫中正式宴会的实录，简单说，实际也都是带有政治礼仪性的宴会。看来都是在席上又叩头，又饮酒，但这种宴会并不好受。近人何刚德《春明梦录》记有他参加光绪寿筵的事。原文道："甲午六月，德宗万寿，赐宴太和殿，每部司官两员，余与溥倬云与焉。宴列于丹陛，接连及殿下东西，两人一筵，席地而坐。筵用几，几上数层饽饽，加以果品一层，上加整羊腿一盘，有乳茶有酒，酒系光禄寺良酝署所造，赞礼者在殿陛上，赞跪则皆起而跪，跪毕仍坐。行酒者为光禄寺署正。酒微甜，与常味不同。宴惟水果可食。饽饽及余果，可取交从者带回。赤日行天，朝衣冠，盘膝坐，且旋起旋跪，汗流浃背……"

这样看来，参加皇帝的寿筵，不是荣耀享受，倒是一桩受罪的苦差了。

佳节举觞庆升平

中国节庆繁多，饮食文化又特别讲究，每逢节庆，请酒饮宴是一件大事，朝廷宫中以此宴赏王侯大臣，民间百姓也以此合家欢聚，款亲友睦乡邻。这些岁时之宴，历代相承而又有变革，现以唐、宋、明朝为例，叙其大要并略加说明，以见大概。

元旦为岁之首，历朝元旦，朝廷皆朝会赐宴群臣。《后汉书·礼仪志》载："百官贺正月，二千石以上上殿，称万岁，举觞御座前，司空奉羹，大司农奉饭，奏食举之乐。百官受赐宴飨，大作乐。"可以想见东汉时元旦朝会宴乐的盛大场面。唐太宗时，元旦大宴常在长安近郊昆明池举行，见《册府元龟》："贞观五年正月癸酉，大蒐于昆明池；甲戌宴群臣，奏九部乐，歌太平，舞狮子，赐从官帛各有差。"

贞观七年正月癸巳，宴三品以上及州牧、蛮夷酋长于玄武门。奏《七德》《九功》之乐并舞。

宋代元旦行大朝会仪："太子、上公、亲王、宰执并赴紫宸殿立班进酒，上万岁寿。上公致词，枢密宣答。及诸国使人及诸州入献朝贺，然后奏乐，进酒赐宴。""是日，后苑排办御筵于清燕殿，用插食盘架。午后，修内司排办晚筵于庆瑞殿，用烟火，进市食，赏灯，并如元夕。"

唐玄宗于正月十五日元宵曾"御勤政楼，大酺，纵士庶观看百戏，人物填咽，金吾卫士指遏不得。上谓力士曰：'吾以海内丰稔，四方无事，故盛为宴乐，与万姓同欢，不谓众人喧闹若此'"。后来高力士出主意，令京兆尹严安之以法治之，严将手中笏板在广场周围划线示众，谁越过此线即执行死刑，这才吓住了众百姓，“是以终日酺宴，无人敢犯者”，这一场盛大的群众性宴会才算和平结束，未酿成伤亡惨剧。到宋代，元宵已是最重要的节日，赏灯戏游，已成全民风习，《东京梦华录》《梦粱录》《武林旧事》等书都有详细记载，宋词中也有反映，如李清照《永遇乐·元宵》、周邦彦《解语花·赋元夕》，都是传诵千年的名篇。

过了元宵节，天气渐渐和暖，各种大小之宴可以在室外乃至郊外供设。

清明节是传统的祭扫祖坟之节，但也免不了借祭扫之名行饮宴之实。《东京梦华录》卷七记清明节时情形："四野如市，往往就芳树之下或园囿之间，罗列杯盘，互相劝酬。都城之歌儿舞女遍满园亭，抵暮而归。各携枣錮、炊饼、黄胖、掉刀，名花异果，山亭戏具，鸭卵鸡雏，谓之门外土仪。轿子即以杨柳杂花装簇顶上，四垂遮荫，自此三日，皆出城上坟，寒食，(清明前一日）最盛。节日坊市卖稠饧、麦糕、乳酪、乳饼之类。“缓入都门，斜阳御柳；醉归院落，明月梨花。”想见当时家家皆借出城上坟之名宴游终日，悠闲舒适地过清明节。

三月三日为上巳节，古人在巳节都去水边沐浴洗去尘垢，称为“修禊”。效仿晋王羲之“兰亭之举”。唐代巳节时贵族士女都结伴至长安东南郊的风景名胜曲江之滨游赏宴饮，杜甫的名诗《丽人行》即咏杨贵妃的兄姊杨国忠、虢国夫人和秦国夫人曲江宴游之事，对其骄奢淫逸有尖锐的讽刺。

《唐语林》卷七记：“旧制二三岁必于春时内殿赐宴宰辅及百官，备太常诸乐，设鱼龙曼衍之戏连三日，抵暮方罢。”这是每隔二三年举行一次的宫内春宴，有音乐、歌舞、杂技、幻术等招待。宋代宫廷春秋二季常有宴集，有大宴、宴射、曲宴等形式（《宋史·礼志》)。宋太祖赵匡胤是行伍出身，骑马射箭是其本行，而他又不主张过分饮酒，曾向百官自道：“沉湎非令仪，朕宴偶醉，恒悔之。”因此史书上常见他“幸玉津园宴射”“幸迎春园及开封尹后园宴射”之类的记载。所谓“宴射”，即闲暇时与群臣设宴习射为乐，是古代射礼之一。赵匡胤行此古礼以代酒宴，目的有二：一是免于醉酒，二是借此习射与辅臣同乐，一举两得。故其弟宋太宗赵炅也效他而行，但宋太宗时海内太平无事，统治者的享乐自然比开国君主要靡费些，单单“宴射”是不过瘾了，于是有了所谓的“曲宴”，即有各类文艺活动的宴会。“雍熙二年四月二日诏辅臣、三司使，翰林、枢密、直学士、尚书省四品、两省五品以上三馆学士宴于后苑：赏花、钓鱼、张乐、赐饮，命群臣赋诗、习射、赏花，曲宴自此始。”曲宴的参与者原本限于皇帝“从官”，宋哲宗时扩大到宰辅老臣，《宋史·哲宗本记》有“元祐五年，曲宴文彦博于玉津园”之记载；后来又扩大到外国使者，“绍圣四年十二月甲申，曲宴辽使于垂拱殿”。总而言之，北宋朝廷的宴会越来越丰富多彩了。

春深百花竞放，至夏月果品亦陆续上市，于是又有配合欣赏奇花异果的宴饮集会，足见中华人士自古以来就很懂得享受生活之美。如五代时南汉皇帝刘鋹，每逢荔枝成熟，就于宫苑内设“红云宴”，品尝荔枝饮酒宴乐。又如宋仁宗时大臣韩琦赏芍药“金带围”之宴，并见于多种宋人笔记，沈括《补梦溪笔谈》最详：

> 韩魏公庆历间以资政殿学士帅淮南。一日，后园有芍药一枝分四枝，枝各一花，上下红，中间黄蕊。问之，名金缠腰，又谓之金带围。初无种，有时而出，则城内当有宰相，公异之，开一会，欲招三客以赏之，以应四花之瑞。时王岐公圭为大理评事通判，王荆公为大理评事签判，皆召之。尚少一客……命取过客历，求一朝官足之。过客无朝官，惟有陈秀公升之，时为大理寺臣，遂命同会。剪四花，主客各簪一花，甚为盛集。后三十年间皆为相。

这也只是凑巧之事而已，但这次金带围宴集却作为佳话流传至今。

这类品花赏果的岁时宴会后来逐渐丰富并多样化、系统化，显示了中华文化的进一步发展。

春归夏至，五月初的端午则为纪念屈原而设：“自五月一日及端午节前一日，卖桃、柳、葵花、蒲叶、佛道艾，次日农家铺陈于门首，与粽子、五色水团、茶酒供养，又钉艾蒲于门上，士庶递相宴赏。”到明代，据史玄《旧京遗事》记载：“京朝官端午赐食粽，重阳赐食糕，一费可七百金。食时助以酒脯，取沾赍而毕。”总之，商行宴饮在一般酒食而外，粽子必定是应时之食，万不可少的。而所饮之酒，至迟在明代已有特定：“初五日午时，饮朱砂、雄黄、菖蒲酒，吃粽子，吃加蒜过水面，赏石榴花，佩艾叶，合诸药，画治病符。”

七月初七乃传说中牛郎织女相会鹊桥之日，称为“七夕”，唐代已有乞巧的风俗。陈鸿《长恨歌传》记唐玄宗和杨贵妃故事，清代洪升《长生殿》剧本，亦以此场景作“密誓”一出，均脍炙人口。南宋时，七夕“妇人女子至夜对月穿针，饾饤杯盘，饮酒为乐，谓之乞巧”。

八月十五日中秋节，又称团圆之节，家家供月饼瓜果，候月上，焚香后即大肆饮啖，多竟夜始散席者。宋代吴自牧《梦粱录》，记南宋时临安风习：

“八月十五日中秋节，此日三秋恰半，故谓之中秋。此夜月色倍明于常时，又谓之月夕。此际金风荐爽，玉露生凉，丹桂香飘，银蟾光满。王孙公子，富家巨室，莫不登危楼临轩玩月，或开广榭，玳筵罗列，琴瑟铿锵，酌酒高歌，以卜竟夕之欢。至如铺席之家，亦登小小月台安排家宴，团圆子女，以酬佳节。虽陋巷贫窭之人，解衣市酒，勉强迎欢，不肯虚度。”

九月初九日为重九，称重阳节。古人于此日佩茱萸囊登高饮菊花酒以避灾祸，唐代诗人王维《九月九日忆山东兄弟》：“独在异乡为异客，每逢佳节倍思亲。遥知兄弟登高处，遍插茱萸少一人。”说明唐代重阳登高已成极普遍的民俗。北宋时，重阳有赏菊之会，且出城登高宴聚。南宋时：“禁中例于八日作重九排当，于庆瑞殿分列万菊，灿然眩眼，且点菊灯，略如元夕。内人乐部亦有随花赏，如前赏花例。盖赏灯之宴，权舆于此，自是日盛矣。或于清燕殿，缀金亭赏橙桔。遇郊祀岁则罢宴。都人是日饮新酒，泛萸簪菊。”明代宫中：“九月重阳节，驾幸万寿山，或兔儿山、旋磨山登高，吃迎霜麻辣兔，饮菊花酒。”说明明宫廷重阳风习又有不同，但设酒宴饮则不变。皇宫中如此，一般士子又如何呢？“每届九月九日，则京都人士提壶携榼，出郭登高，南则在天宁寺、陶然亭、龙爪槐等处，北则蓟门烟树、清净化城等处，远则西山八刹等处，赋诗饮酒，烤酒分糕，洵一时之快事也。”原来士人更加会自寻乐趣，他们自带酒菜出城野宴去了。

十一月仲冬冬至之日，朝廷必行郊天之礼。冬至“朝庭大朝会庆贺排当，并如元正仪”“三日之内，店肆皆罢市，垂帘饮博，谓之‘做节’。享先则以馄饨，有冬馄饨年（食发）饦之说。贵家求奇，一器凡十馀色，谓之百味馄饨”。南宋时已有冬至食馄饨之俗。明代则不然，刘侗、于奕正《帝京景物略》云：“十一月冬至日，百官贺冬毕，吉服三日，具红笺互拜，朱衣交于衢，一如元旦。民间不尔，惟妇制履舄，上其舅姑。”清代则又有改变，《燕京岁时记》谓：“冬至郊天令节，百官呈贺表。民间不为节，惟食馄饨而已，与夏至之食面同，故京师谚曰：冬至馄饨夏至面。”可见清代又恢复了南宋冬至节的饮食。

此后，十二月二十三日祭灶送灶王爷，此风俗迟至北宋已有：“二十四日交年，都人至夜请僧道看经，备酒果送神，烧合家替代钱纸帖灶马于灶上。以酒糟涂抹灶门谓之醉司命。”但这还称不上真正的宴集，唯富贵之家，“遇雪即开筵，塑雪狮，装雪灯雪人，以会亲友”。至除夕，宋代宫廷作傩驱祟：“是夜禁中爆竹山呼，声闻于外。士庶之家围炉团坐，达旦不寐，谓之守岁。”除夕之夜家家户户都设有家宴，年年如此，家家如此，只要岁月太平而又办得起宴席的人家，都在爆竹声中品尝酒肴果品，享合家团聚之乐，等待新年的来临。

酒随喜庆溢杯樽

中国人的生活中，每逢婚嫁、生日、寿诞、亲友会面、丰收等，都成为喜庆宴请的理由，少不了大摆筵席。

在我国古代最早的诗歌总集《诗经》中，就有不少咏及喜庆宴会的诗。有咏天子宴请诸侯的，如《蓼萧》《湛露》《彤弓》《桑扈》；咏朋友故旧宴集者，如《伐木》《菁菁者莪》与《鹿鸣》；亦有一般宴请之乐歌，如《鱼丽》《南有嘉鱼》和《南山有台》等篇。除此而外，还有一些涉及其他喜庆内容的，如《豳风·七月》，是一首咏唱上古社会农民劳动生活的长诗，在此诗的最后一章，就有叙及秋收以后，村社农民聚宴庆祝场景的诗句："九月肃霜，十月涤场。朋酒斯飨，曰杀羔羊。跻彼公堂，称彼兕觥，万寿无疆。"这种形式的宴会，后来的农村也仍然举行，一般都是全村男女老幼一起参加，实际上是庆丰收宴了。

结婚是一生大事，《礼记·曲礼》云："日月以告君，斋戒以告鬼神，为酒食以召乡党僚友，以厚其别也。"所以结婚娶妇备办婚筵大请其客是合乎周礼的。

南宋时婚嫁婚筵，礼仪隆重："新人诣中堂，行参谢之礼，次亲朋庆贺及参谒外舅姑已毕，则两亲家行新亲之好，然后入礼筵，筵五盏礼毕，别室歇坐，以叙亲义，仍复再入公筵，饮后筵四盏，以终其仪。""其两新人于三日或七朝九日，往女家行拜门礼，女家广设华筵，款待新婿，名曰会郎。""女家或于九朝内，移厨往婿家致酒，谓之'暖女会'。""至一月，女家送弥月礼盒，婿家开筵，延款亲家及亲眷，谓之贺满月会亲。"所介绍的当然是富有之家，贫民则只能一切从简了。皇家婚嫁气派豪华，与民间大不相同。如《大清会典》记清代顺治皇帝的结婚宴请："顺治八年（公元1651年）大婚礼成，皇上升太和殿作中和乐，设庆贺筵宴。是日设宴二百席。"可惜这大婚贺筵的详细情况会典上没有记载。

婚后生了儿子，称为"弄璋之喜"，当然也是会亲请客的好借口。除了催生送膳食、满月洗儿会之外，"生子百日，亦开筵作庆""至来岁得周，名曰周晬，……其日诸亲餽送"亦开筵以待亲朋。（《梦粱录·育子》）可见迟至南宋，生了儿子就要至少举行三次宴会：满月、百日、周岁。后来，弄璋喜宴又提前至三朝，称为“三朝酒”。满月再请，则为“满月酒”。

人老了要死，死了就要办丧事，中国人所谓“慎终追远”。丧事不好说是喜事，但如果丧者老寿，则民间称为“老喜丧”，或谓“白喜”（乃对婚嫁的“红喜”而言）。按历来风俗，丧家要办酒食招待来送丧的亲友，酒肴一般是素的，大多是豆制品，江南人称为“豆腐饭”。明末清初尤侗说：“丧家请客光临，白衣冠满座，遂成哺啜之场，更觉可笑。”（《晒书堂笔录》）。小说中写及丧家宴集的也不少，如《金瓶梅词话》第六十三回“亲朋祭奠开筵宴”，就写及西门庆为李瓶儿之丧大开筵席，自己也陪客饮酒，还请了戏班子来演戏唱曲。所反映的当是晚明风尚，与尤侗所说情形相合。将死丧之家变成饮宴看戏之场，用宴化解伤心事，这也是中国酒文化的一大特色吧。

《明史·礼志》总结历朝大宴仪谓：“汉大朝会，群臣上殿称万岁，举觞，百官受赐宴飨，大作乐。唐大飨登歌，或于殿诞设九部伎。宋以春秋仲月及千秋节大宴群臣，设山楼排场，穷极奢丽。明制：有大宴、中宴、常宴、小宴。”查《明会典》，明太祖洪武元年（公元1368年）定冬至、正旦、圣节大宴。郊祉、宗庙、宫殿成，亦大宴。

清代的庆贺大宴，《清会典》记载了顺治定都北京后的开国庆宴：“顺治元年（公元1644年）定鼎燕京，行庆贺礼毕，大设筵宴。是日卤簿大驾全设于午门外，设宝座于皇极门正中，设金黄凉棚各一、青布凉棚各六于丹墀内两旁，王以下各官各于凉棚下齐集，筵宴完备，内院大学士奏请上出宫升座，百官俱坐饮茶进桌、进酒，各官俱行一跪一叩头礼，宴毕谢恩，行一跪三叩头礼，各回原班立，上回宫，作中和乐，各官跪送候过乐止，众官皆退。”与明朝相比较，气派、排场差多了。

金榜题名鹿鸣宴

中国古代的科举制，是封建社会选拔人才的制度。唐宋时，州县考试及格后即可参加中央考试，及第后即为进士。明清时则分三级：府县考试合格为秀才，省级考试中式为举人，国家级考试及第为进士，与此制度相配合的则有宴请主考、学政及中式诸生、新科进士的各种宴会。如唐代的鹿鸣宴、曲江杏园宴；宋代的琼林宴与鹿鸣宴（沿用唐代名称）；明清的进士恩荣宴等。

唐代的鹿鸣宴是由州县长官宴请考官、学政及中式诸生的宴会，菜肴单用少牢（即猪和羊），宴会上集体合唱《诗经·小雅·鹿鸣》之章，故称为鹿鸣宴。唐代宴请新科及第进士的活动在长安东南曲江之杏园举行。进士榜发后即由皇帝赐宴杏园，故刘沧《及第后宴曲江》诗有“及第新春选胜游，杏园初宴曲江头”之句。

宋代赐宴新科进士有琼林宴之美称。因宋太宗太平兴国二年（公元977年）始赐宴新科进士于琼林苑，故有此名。琼林苑是北宋首都汴京的游乐胜地，大门牙道，皆古松怪柏。两旁有石榴园、樱桃园之类，各有亭榭，多是酒家所建。南宋建都临安，皇帝赐宴新科进士照常举行，虽已不在琼林苑，但仍称琼林宴。所以吴文英《绛都春》词咏及自己与宴时欢快的心情，有“花底天宽春无限，仙都骄马琼林宴”的名句。文天祥考中状元后，有《御赐琼林宴恭和诗》：“奉诏新弹入仕冠，重来轩陛望天颜。云呈五色符旗盖，露立千官杂佩环。燕席巧临牛女节，鸾章光映奎壁间。献诗呈雅愚臣事，况见赓歌气象还。”从中可以想见当时琼林宴的气派。

宋代也沿用唐朝州县“鹿鸣宴”之称，但实际内涵已不相同，实指殿试后，文武两榜状元设宴，同科文武进士团拜的宴会。据《梦粱录》，殿试前三名为状元及第（简称状元、榜眼、探花），唱名后“三魁进诗谢恩，上赐御筵，赐诗与状元”，这筵席是单赐给他们三人的。鹿鸣宴则规模很大，由官方筹办，文武两状元只是名义上的主人：“两状元差委同年进士充本局职事官，措置题名登科录。帅司差拨六局人员，安抚司关借银器等物、差拨妓乐，就丰豫楼开鹿鸣宴，同年人俱赴团拜于楼下。”这样，新科进士们就彼此认识了，今后各授官职，因循升迁，也好有个照应，甚至形成一种官场“同年”的势力。

明朝时，新及第的进士由皇帝赐宴，称为恩荣宴。《明会典》载有明孝宗弘治三年（公元1490年）进士恩荣宴的宴会规格，分上桌、上中桌、中桌三等，不设下桌。这也是我中华文化的特色，实则上中桌即中桌，中桌即下桌。上桌一人一席，由号称一甲进士及第的三名即状元、榜眼、探花三人享用，中上桌由二甲进士出身、中桌由三甲同进士出身分别坐享。菜、点心与酒的供给都不一样。

清代进士及第仍由皇帝赐宴，亦称恩荣宴。清世祖顺治四年（公元1647年）规定了乡会试设出场、入场筵宴，专门招待主考各官及礼部官员以及考场职员。下面是《清会典》上的记载：顺治四年题准：主考各官入场筵宴：上桌、中桌各给银花一对；下桌无银花，共结彩一座，彩旗六道。出场筵宴：主考、知贡举礼部堂官每员银花一对，上桌一席；同考官，监察御史，收卷、提调、供给各执事官员、笔帖式每员银花一对，中桌一席；誊录、弥封、收卷、对读、守门、巡绰、供给、鸣赞、送官、大使、儒士教坊司官，每员下桌一席。康熙十四年（公元1675年），入场筵宴一度停止，到二十一年（公元1682年）方始恢复。

另外，清代举行过两次博学鸿儒科考试，第一次为康熙十八年（公元1679年），第二次在乾隆元年（公元1736年）。这两次考试是国家特典，当然由皇帝特赐筵宴。又清代进士参加殿试，由皇帝供给早午膳，每人早膳汤一碗、馒头六个；午膳饼四个、梨二个、茶一钟。虽非科举宴会，也算皇上的恩典吧！

酒酣诗雅兴无前

文人诗宴，即由文人组织并参与的、以诗会友的宴集。历史上著名的兰亭曲水流觞、金谷诗会、旗亭赌酒等都是流传千古的佳话。有的宴请目的不在作诗，但由于有大诗人即席挥毫、写下杰出诗篇，这宴会也就成为闻名后世的诗宴了，如阳关送别、沈园绝唱等。随着文化的发展与教育的普及，到明代后期，社会上出现了大量文社、诗社，流风所及，连闺中女郎都组织了诗社，诗酒聚宴已成为十分普遍的社会现象。只是文人结社难免干预政治（如明代复社、几社），所以清代明令禁止。然而女子结社却不在禁止之列，故清代闺秀诗人及诗社多如牛毛，成为清代引人注目的新型文学现象。

《史记·高祖本纪》有高祖十二年设酒宴于沛宫，大宴故人的记载："酒酣，上击筑自歌曰：大风起兮云飞扬，威加海内兮归故乡，安得猛士兮守四方。"刘邦虽是出身低微，这首《大风歌》倒是挺不错的好诗，很能显示他当时统一中国、诛杀功臣后，而又无猛将可以信用的心态。又据《三辅黄图》《古诗纪》，汉武帝元封三年在柏梁台大宴群臣，诏群臣和诗，能为七言诗乃得上坐。于是武帝为首，人各一句联成了一首《柏梁台诗》。后人因称句句押韵的七言诗为"柏梁体"。这两次宴会都可以称为诗宴，但主角是皇帝、大臣，而非文人，所以还算不得文人诗宴。

晋穆帝永和九年（公元353年）三月三日，王羲之与谢安等人在会稽郡山阴县（今浙江绍兴）兰亭宴饮，修"祓禊"之礼。按古代风俗：三月上旬巳日（三国以后定于三月三日）于水滨聚会饮宴并洗濯宿垢，以祓除不祥，称为"祓禊"。西晋建都洛阳，每逢三月三日，从公卿至庶民皆赴洛水之侧行祓禊之礼。故王羲之于此日行雅集于兰亭曲水，并撰《临河叙》，以蚕茧纸、鼠须笔书写共28行、324字，世称《兰亭帖》。今存唐代欧阳询、褚遂良摹拓本，真本已殉葬唐太宗昭陵。此文又名《兰亭集序》，云：

> 永和九年，岁在癸丑，暮春之初，会于会稽山阴之兰亭，修禊事也。群贤毕至，少长咸集。此地有崇山峻岭，茂林修竹，又有清流激湍，映带左右，引以为流觞曲水，列坐其次。是日也，天朗气清，惠风和畅，娱目骋怀，信可乐也。虽无丝竹管弦之盛，一觞一咏，亦足以畅叙幽情矣。故列序时人，录其所述。右将军司马太原孙承公等二十六人赋诗如左，前余姚令会稽谢胜等十五人不能赋诗，罚酒各三斗。

文内所云流觞曲水，是指在环曲的流水旁宴饮，在水上放置酒杯，杯流行停在某人面前，即取杯而饮。据谢朓《曲水宴诗》：“金觞摇荡，玉俎推移；筵浮水豹，席扰云螭。”酒菜都放在盘中于水上漂浮。兰亭的曲水今尚存，不过二三尺宽，酒菜盘浮至面前，伸手即得。这种宴饮方式可能即系王羲之首创。《文选》收有宋·颜延之和齐·王融的《三月三日曲水诗序》各一篇，可见在南朝时这种诗宴方式已为文人普遍接受，流传极广。

至于文末所谓“不能赋诗罚酒三斗”，这是从石崇《金谷诗序》得到的启示。石崇的金谷诗宴也是极有名的。元康六年（公元296年），石崇在其河南县的金谷涧别墅宴请征西大将军祭酒王诩还长安，与宴者共三十人：“昼夜游宴，屡迁其坐，或登高临下，或列坐水滨。时琴瑟笙筑，合载车中，道路并作。及住，令与鼓吹递奏。遂各赋诗以叙中怀，或不能者罚酒三斗。”后来唐·李白《春夜宴从弟桃花园诗序》也云：“如诗不成，罚依金谷酒数。”实际也是罚酒三大杯的意思（斗为古代酒器）。看来石崇虽称不上文人，他的金谷诗宴还算文绉绉的，诗不成不过罚酒而已。然据《世说新语·汰侈》：“石崇每要客燕集，常令美人行酒。客饮酒不尽者，使黄门交斩美人手。”劝酒不成就要砍掉美人手，岂只汰侈，简直是残忍之极了！由此来看，石崇的金谷诗宴满是血腥气，风雅何从谈起？

薛用弱《集异记》所记唐诗人王之涣等旗亭赌酒轶事则是极为风雅有趣的文人诗宴，不可不引：

> 开元中，诗人王昌龄、高适、王之涣齐名，时风尘未偶，而游处略同。一日天寒微雪，三诗人共诣旗亭，贳酒小饮。忽有梨园伶官十数人登楼会宴。三诗人因避席隈映，拥炉火以观焉。俄有妙妓四辈寻续而至，奢华艳曳，都冶颇极。旋则奏乐，皆当时之名部也。昌龄等私相约

曰：“我辈各擅诗名，每不自定其甲乙，今者可以密观诸伶所讴，若诗入歌词之多者，则为优矣。”俄而一伶拊节而唱曰：“寒雨连江夜入吴，平明送客楚山孤。洛阳亲友如相问，一片冰心在玉壶。”昌龄则引手画壁曰：“一绝句。”寻又一伶讴之曰：“开箧泪沾臆，见君前日书。夜台何寂寞，犹是子云居。”适则引手画壁曰“一绝句”。寻又一伶讴曰：“奉帚平明金殿开，强将团扇共徘徊。玉颜不及寒鸦色，犹带昭阳日影来。”昌龄则又引手画壁曰：“二绝句。”

之涣自以得名已久，因谓诸人曰：“此辈皆潦倒乐官，所唱皆‘巴人下里’之词耳，岂‘阳春白雪’之曲，俗物敢近哉！”因指诸妓中双鬟高挽最佳者曰：“待此子所唱如非我诗，吾即终身不敢与子争衡矣。脱是吾诗，子等当须立拜床下，奉吾为师。”因欢笑而俟之。须臾，次至双鬟高挽者发声，则曰：“黄河远上白云间，一片孤城万仞山。羌笛何须怨杨柳，春风不度玉门关。”之涣即揶揄二子曰：“田舍奴，我岂妄哉！”因大谐笑。诸伶不喻其故，皆起诣曰：“不知诸郎君何此欢噱？”昌龄等因话其事。诸伶竞拜曰：“俗眼不识神仙，乞降清重，俯就筵席。”三子从之，饮醉竟日。

这是一幅盛唐社会生活的生动速写：在天寒微雪的酒楼上，三位诗人正倾听艺妓的歌唱，他们在欢笑戏谑中展开了诗歌竞赛，他们那融洽和谐的关系与坦荡磊落的胸怀，似乎都一一勾画而出，尤其是王之涣那幽默的谈吐与自信的神态，更给读者留下了鲜明的印象。

中国自古以来就将“朋友”作为“五伦”之一，对友情的重视是中国人际关系的一大特点，而古代交通不便，友人离别之后，重逢不知何日，故送别友人的筵宴是不可或缺的。文人重感情，别席离筵之上往往赋诗送别，于是就有了赠别诗宴。《战国策·燕策》中所写荆轲离燕，易水送别，歌诗者是荆轲本人，送别之人有否赠诗不得而知。在唐代，别宴上所唱最著名的当然是盛唐大诗人王维的《阳关曲》了：“渭城朝雨浥轻尘，客舍青青柳色新。劝君更尽一杯酒，西出阳关无故人。”后来就有了根据这首诗演唱的《阳关三叠》，成为千百年来送别宴席上的典型歌曲。

沈园绝唱是南宋大诗人陆游的故事。陆游在沈园重逢前妻唐琬与她改嫁的丈夫赵士程，面对宴席上的名酒佳肴，他满怀悲愤地吟出了千古传颂的《钗头凤》：“红酥手，黄縢酒，满城春色宫墙柳。东风恶，欢情薄，一杯愁绪，几年离索。错，错，错。春如旧，人空瘦，泪痕红浥鲛绡透。桃花落，闲池阁，山盟虽在，锦书难托，莫，莫，莫！”词中所云“东风恶”，就是指逼令他们夫妇离异的陆游母亲唐夫人。唐琬不久就因旧愁新恨病逝，好事者还以她的口气写了一首和词《钗头凤》。

清代闺秀诗人结社联吟，相聚于酒宴诗词之间，康乾以来逐渐普及。《红楼梦》中大观园海棠诗社设螃蟹宴，饮酒食蟹赏菊，作《菊花诗》十二首，即这种社会现象在文学上的集中反映。康熙间杭州地区女诗人顾之琼发起组织“蕉园诗社”，先后有徐灿、柴静仪、朱柔则、林以宁、钱云仪、顾姒、冯娴、张昊、毛媞等人加入，常于春秋佳日聚会宴集，唱酬联吟。这些女诗人都有专集出版，优秀诗作选入各种选本，流传很广。乾隆时，江南吴江地区闺秀诗人张允滋等十人也组织了“清溪吟社”，出版有《吴中十子诗钞》。至于乾隆末期大诗人袁枚与其女弟子宴集杭州西湖酒楼，称为“随园十三女弟子雅集”，就更是诗坛上的佳话。袁枚的女弟子们还分别在自己的家乡组织闺秀诗人活动。如常熟人屈秉筠，即组织常熟地区女诗人于嘉庆元年（公元 1796 年）花朝之日宴于家中蕴玉楼。十二名女诗人各着时世新妆，而自名为古代名花女史如梅妃、谢道韫、虢国夫人、西施、张丽华、洛神等，而又“命画工以古之装写今之貌，号蕊宫花史图”（《天真阁外集》），这次宴会后人称为“十二蕊宫花史雅集”。可见，宴饮与诗歌创作已密切相关，不可分割了。

循礼守仪美德传

中国自古就是一个注重礼仪，以文明闻于世的礼仪之邦。酒在中国有着非常悠久的历史，所谓无酒不成宴席，无礼也不成酒席，这便注定了酒与礼仪之间不可分割的密切关系，即“酒礼仪”。

明末大学者顾炎武在《日知录·酒禁》中说：“先王之于酒也，礼以先之，刑以后之。”同时人黄周星在《酒社刍言》中也说：“古云：酒以成礼；以欢为主，则必无愁苦之欢矣。”这些引文都说明自古以来，谈到酒，都必然离不开礼。

古人在长期的生活实践里，“品”出了酒的特性，即知酒对人身体有害有益，如不依礼饮酒，适度饮酒则会有害无益。因此，上至朝廷帝王，下至民间百姓，对于酒的饮用，都是既重视，又小心。在祭祀、婚嫁、宴宾中，酒由谁来饮用及饮用的顺序和度量，都有着严格的规定和礼仪程序。史上诸多的文献典籍及各种文物，都能证明这一点。

《礼记》一书中，对酒的礼仪有着详细的记载。如第十四篇《明堂位》记云：“爵，夏后氏以盏，殷以斝，周以爵。灌尊，夏后氏以鸡夷，殷以斝，周以黄目。其勺，夏后氏以龙勺，殷以疏勺，周以蒲勺。”其中有些古铜器至今还存在，可见古时酒礼仪的隆重。

历年经代，日月更替，酒的饮用形成了一定的习惯即民俗，谈礼仪，我们不得不简单地分析酒与民俗的关联。

在我国古代，酒被视为神圣的物质，酒的使用更是庄重之事，非祀天地、祭宗庙、奉嘉宾而不用，形成远古酒事活动的习俗。

随着酿酒业的普遍兴起，酒逐渐成为人们日常生活的用物，酒事活动也随之广泛，并经人们思想文化意识的认知、感观、俗成，使之程式化，形成较为系统的酒文化习俗。这些习俗内容涉及人们生产、生活的许多方面，其形式生动活泼、姿态万千。

酒与民俗不可分，诸如农事节庆、婚丧嫁娶、生辰满日、庆功祭奠、奉迎宾客等民俗活动，酒都成为中心物质。农事节庆时的祭拜庆典因有酒，缅怀先祖、追求丰收富裕的情感就有所寄托；婚嫁因有酒，白头偕老、忠贞不二的爱情就可明誓；丧葬因有酒，后人忠孝之心就可以表述；生宴因有酒，人生礼趣交谊，寿福南山东海之比就可恭祝；饯行洗尘因有酒，壮士一去不复返的悲壮情怀就可以倾吐。总之，有酒方有礼，有酒方成俗，有了酒，民俗活动才丰富多彩有声有色。

早在夏、商、周三代，酒与人们的生活习俗、礼仪风尚就已紧密相连，并且公式化、系统化。当时，曲糵的使用，使酿酒业空前发展，酒成了人们生活中不可缺的物质，反映在风俗民情、农事生产中的用酒活动非常广泛。

夏代，乡人于十月在地方学堂行饮酒礼：“九月肃霜，十月涤场，朋友斯飨，日杀羔羊，跻彼公堂，称彼兕觥，万寿无疆。”《诗经·豳风·七月》此诗描绘的是一幅先秦时期农村中乡饮的风俗画。在开镰收割、清理禾场、农事既毕以后，辛苦了一年的人们屠宰羔羊，来到乡间学堂，每人设酒两樽，请朋友共饮，并把牛角杯高高举起，相互祝愿大寿无穷，当然也预祝来年丰收大吉，生活富裕。

周代风俗礼仪中，就有冠、昏（婚）、丧、祭、乡、射、聘、朝八种，大多又酒冠其中，有声有色。例如：男子年满二十要行冠礼，表示已成为成年人，在冠礼活动中，“嫡子醮用醴，庶子则用酒”（《中国文化史》），庆祝自己走向成熟。

在古代的各种祭祀仪式中，无一不用到酒。无论是朝廷帝王为了祈求国泰民安，还是民间百姓们为了能够丰衣足食，都要用祭祀的方法来感谢神鬼，也就是祭天、祭地、祭神、祭鬼，其中都要酒来表示敬意和诚心，还有很多细致的礼仪。比如，春天天子要举行祈谷礼，《礼记》中《月令》篇说：

> 是月也，天子乃于元日祈谷于上帝。乃择元辰，天子亲载耒耜……天子三推，三公五推，卿诸侯九推。反，执爵于太寝。三公、九卿、诸侯、大夫皆御，命曰劳酒。

这种活动一直延续到清代末年，那时，皇帝还在北京先农坛举行躬耕，执爵献酒祭先农的礼仪，前后有两三千年的历史了。如《清史稿》卷八十三，《礼志》二记载："顺治十一年（公元1654年），定岁从仲春亥日行耕桔礼……届期，帝亲飨祭献如朝日仪……俟农夫终亩，鸿胪卿奏礼成，百官行庆贺礼，赐王公耆老宴……"其他的祭祀活动，如祭天、祭地、祭社稷，祭蚕、祭神、祭鬼祭宗庙等礼仪，对献爵、饮福酒等，都在历代史书礼仪志中有明文记载，这里就不一一列举了。

结婚可谓是人生大事，所以婚宴饮酒礼，规则更为复杂。从纳采、问名、纳吉、纳征、请期到亲迎合卺，这一系列的礼仪都要极为精细地实行。而最能体现出酒与礼仪的密切关系的，以酒表礼的要属"合卺"这一礼仪了。如《清史稿》记同治大婚道："同治十一年（公元1872年），纳采、大征、发册、奉迎，悉准成式……辇入乾清宫，执事者俱退，侍卫合隔扇。福晋、命妇侍辇入宫，宫中开合卺宴，礼成。"又记"皇子婚仪"道："新福晋由女官导入宫。届合卺时，皇子西向，福晋东向，行两拜礼。各就坐，女官酌酒合以进，皆饮。酒馔三行。起，仍行两拜礼。"

又如《隋书》志第四《礼仪》记道：

> 后齐皇帝纳后之礼，纳采、问名、纳征讫等等，有司先于昭阳殿两楹间供帐，为同牢之具……帝升自西阶，诣同牢坐，与皇后俱座。各三饭讫，又各酳二爵一卺。奏礼毕……

以上是皇家合卺之礼。至于民间，也有大量的史料记载。如宋·孟元老《东京梦华录》卷之五"娶妇"道："凡娶媳妇，先起草贴子……扶入房男女各对拜毕……然后用两盏以彩结连之，互饮一盏，谓之交杯酒。饮讫掷盏，并花冠子于床下，盏一仰一合，俗云大吉，则众喜贺。"正史上有记载，不管皇家、民间，均用"合卺"古语，俗话叫"交杯盏”“交杯酒”。古代各地习俗的“合卺”礼仪还有许多，但至今沿用的并不多。

周代的婚姻习俗，已经走向规范化、程式化，由提亲到完婚，男子若相中某一女子，必请媒提亲，女应允后，仍有纳采、问名、纳吉等过程。婚期至，“父醮而命之迎，子承命以往，执雁而入，奠雁稽首，出门乘车，以俟妇于门外，导妇而归，与妇同牢而食，命卺而饮”。新婚夫妇共同食用祭祀后的肉食，共饮新婚水酒，以酒寄托白发到老的愿望。

古人极为尊敬君主、长辈，因此古代聚宴时在君臣、父子、师生、长幼之间，对饮酒的次序、礼仪等都有严格的规定。如《礼记》中有许多记载，其卷一《曲礼》：

> 侍饮于长者，酒进则起，拜受于尊所，长者辞，小者反席而饮。长者举未酹，少者不敢饮。长者赐，少者、贱者不敢辞。

饮酒时讲究位次礼仪，以“礼”的尊卑上下原则为席位依据。这种席位的排序不仅显示了宴席的规格、等级，而且体现了饮酒者的尊卑、长幼、宾主之分。同时，席位的排序也反映出了一个民族的习俗和礼节。所谓“各位不同，礼亦异数”就是反映等级社会中等级观念与“礼”的关系。

古人的位次礼仪有首尾之分、上下之别。首者上也，为尊；尾者下也，为卑。席位的尊卑关乎礼遇的高低，因而受到古人的特别重视。

关于饮酒时位次的礼仪，《礼记》在《少仪》篇中记到：“尊者，以酌者之左为上尊。尊壶者面其鼻。饮酒者，（禨）者，醮者，有折俎不坐，未步爵，不尝羞。”又记道：“凡饮酒，为献主者执烛抱燋，客作而辞，然后以授人。执烛不让，不辞不歌。”

这些礼仪规则，因年代久远，解释起来很复杂，如尊与壶，均为酒具，皆有面，面有鼻，鼻宜向尊者。（禨）者，是沐而饮酒，醮者，是冠而饮酒等。如要具体说明，则较为困难。但是有一点至今仍在遵循，即“酌者之左为上尊”，也就是尊敬上坐宾客。还有“未步爵，不尝羞”，就是说未举杯饮酒，不能吃菜。这些礼仪规则在现代人餐桌上仍能看到。

古代筵席有礼貌待客的传统，因此在接待宾客时，也有详细规定。《礼记·曲礼》云：“凡与客入者，每门让于客，客至于寝门，则主人请入为席，然后出迎客，客固辞，主人肃客而入。”“让于客”，是为了让客先入。古时天子五门，诸侯三门，大夫二门，每入一门均需礼让，客人难免要推让，主人拱手以揖请客先登。这是迎宾常礼。

古代对于酒在礼仪的考虑上，多从现在所谓社会秩序、人际关系包括君臣诸侯、家庭亲子、夫妻等诸多方面考虑，所以是很细致的。《礼记》中说“玄酒”，是指水，说“醴酒”是指薄酒。连饮什么酒，都有详细的规定，可见古代有关酒的礼仪多么细致具体。

古代对于没有酒量和滴酒不沾的宾客从不强人所难，而是让他们用其他饮品代替。《汉书·楚元王传》：“元王敬礼申公等，穆生不嗜酒，元王每置酒，常为穆生设醴。”“醴”是指酒精度不高的甜酒。还有以茶代酒的。《三国志·吴志·韦曜传》载，吴主孙皓宴客，韦曜不善饮酒，孙皓密赐茶水以当酒。至今仍有这种做法。

再有《礼记》记有“投壶之礼”，有些类似于现时饮宴中的罚酒。所谓“胜饮不胜者”，就是说胜利的不需要喝酒，而失败的要罚酒。有记载说：

> 投壶之礼，主人奉矢……主人请曰：某有枉矢哨壶，请以乐宾。宾曰：子有旨酒嘉肴，某既赐矣……
>
> 请宾曰：顺投为入，比投不释，胜饮不胜者……
>
> 命酌曰：请行觞。酌者曰：诺。当饮者，皆跪奉觞曰：赐灌。胜者跪曰：敬养。

这些礼仪不仅表达了主人对宾客的尊敬，而且显示出宴席的规格、档次，更突出了礼的仪式节度。

孔子曾参加过乡饮酒礼，《论语·乡党》说：“乡人饮酒，杖者出，斯出矣。”在行乡饮酒时，要等老年人都出去以后，孔子才出去。显然这是敬老尊长的乡饮酒礼。《礼记·乡饮酒礼》也记载孔子说过：我观看过乡饮酒礼，就知道王者的教化极易推行。

乡饮酒礼盛行于周代，在《周礼·地官·党正》记载：“国索鬼神而祭祀，则以礼属民，而饮酒于序，以正齿位。”序是乡下面所管辖州、党的学校。这句话是说到了年终蜡祭时，聚集民众在党学里举行乡饮酒礼，按照年龄的大小排定位次。

酒与礼仪之间的相互关系也具有非常重要的意义。如《隋书》卷六礼仪志前言中说：“群饮而逸，不知其邮，乡饮酒之礼废，则争斗之狱繁矣。”又说：“汉高祖既平秦乱，初诛项羽，放赏元勋，未遑朝制，群臣饮酒争功……叔孙通言曰：儒者难与进取，可与守成。于是群起朝仪而许焉，犹曰：度吾能行者为之。微习礼容，皆知顺轨。”

在《礼记》第四十五，也特别有《乡饮酒义》一章。文前释题解释说：

乡饮酒者，乡人以时会聚饮酒之礼也。因饮酒而射，则谓之乡射。郑氏谓三年大比，与贤者能者，乡老及乡大夫，率其吏与其众，以礼宾之，则是礼也。三年乃一行，诸侯公卿大夫贡士与其君，盖亦如此。党正每岁国索鬼神而祭祀，则以礼属民而饮酒干序，但此礼略而不载，则党正因蜡饮酒，亦此礼也。先儒谓乡饮有四：一则三年宾贤能；二则乡大夫饮国中贤者；三则州长习射；四则党正蜡祭，然乡人凡有会聚，当行此礼，恐不特四事也。《论语》：‘乡人饮酒，杖者出斯出矣。’亦指乡人而言之。

这段引文主要阐述了乡饮酒礼的四个内容。第一是选拔贤能，第二是敬老尊长，第三是与武事有关，第四是与蜡月祭祀有关。此礼在于维护社会宗法秩序。

据《仪礼·乡饮酒礼》记载，乡饮酒礼的具体仪节大体如下：

以乡大夫为主人，邀请有才德的人为宾，其次的为介，又次的为众宾。整个酒宴可以分为四个阶段。

第一阶段是献酒。主人先向宾敬酒，宾回敬主人，主人再敬宾。然后主人向介敬酒，介回敬主人。最后主人向众宾敬酒，众宾站着把酒喝完，不回敬主人。

第二阶段是作乐娱宾。乐队入场，在堂上鼓瑟唱歌。

第三阶段是宾向主人敬酒，主人向众宾敬酒，众宾又依次交错敬酒。

第四阶段是大家脱鞋上堂就座，彼此劝酒，不计杯数。最后尽欢而散。

乡饮酒仪，后来又与祭孔联系在一起。《礼记》第八篇《文王世子》，文云：“凡学，春宫释奠于其先师，秋冬亦如之。凡始立学者，必释奠于先圣先师。”祭祀孔子时，必须先要有三牲，烧纸，“合乐”；献酒，献牲，献爵，即奉上酒壶酒杯等；焚香、跪拜、叩首、兴（即起立），再拜、再叩首……直至礼成。

祭孔在顺治、康熙两朝八九十年中，是大学士主祭。而自雍正四年后，就由皇帝亲自主祭。“献爵”“改立为跪”，就是捧着酒杯举过头，然后再洒一点在供桌前。乾隆时“三献”，就是献三次酒、跪下起来反复三次。选内府尊彝十器送到文庙，大多祭器就是酒器。不仅是在京都，在外地也要祭孔，首先是孔子家乡曲阜孔庙，史称“阙里”文庙，一切释奠、献爵仪式都和京师一样。

乡饮酒礼是怎么回事呢？乡饮酒礼和朝会一样，都被列为嘉礼。乡可以理解为与朝中相对的在地方上的意思。乡饮酒是在乡里摆酒宴的群众聚会，找到选举、祭祀、乡射等活动的机会就聚起来吃喝一顿。《唐会要》卷二十六，记“乡饮酒”云：“贞观六年（公元632年）诏曰：‘比年丰稔，闾里无事，乃有堕业之人，不顾家产，朋游无度，酣宴是耽，危身败德，咸由于此。’每览法司所奏，因此致罪，实繁有徒。静言思之，良增轸叹。自匪澄清正本，何以革兹俗弊。当纳之轨物，询诸旧章，可先录乡饮酒礼一卷，颁行天下。每年，令州县长官，亲率长幼，齿别有序，递相劝勉，依礼行之，庶乎时识廉耻，人知敬让。”

明、清两代，乡饮酒礼在形式上也延续了下来。《清史稿》卷八十九《礼志》第八，有“乡饮酒礼”的记载，而且还详细记录了各府、州、县“乡饮酒礼”的仪式，到雍正、乾隆两代，仪式略有改变。但自道光之后，也就很少举办了。原因是道光二十三年命将乡饮酒礼银两全数上缴，将充军饷，聊补鸦片战争后捉襟见肘的财政，这样，地方上就没有钱举办了。自然，从此之后，也再没有人提起过这一“乡饮酒”的古代礼仪了。

综上所述，可见，酒与礼仪之间的密切关系，自古至今，代代流传。也反映出“礼”在中国社会中占有的重要地位，同时也体现出中国古代实行酒礼仪之隆重性和复杂性。虽然如今有些酒礼仪由于种种原因已失传，但是，在今天也仍然能看见人们婚宴喜庆时举行“交杯酒”等仪式，在饮酒、赋诗时也仍有输者罚酒等“投壶之礼”，这些都是在延续古代的酒礼仪。

（译文）

我国的民间饮酒习俗有着悠久的历史，灿烂的文化，分布在各地的众多民族之中，酝酿了丰富多姿的民间酒俗。有的酒俗仍然留传至今。

历史上，儒家的学说被奉为治国安邦的正统观点，酒的习俗同样也受儒家酒文化观点的影响。儒家讲究“酒德”两字。

酒德两字，最早见于《尚书》和《诗经》，其含义是说饮酒者要有德行，不能象夏纣王那样，“颠覆厥德，荒湛于酒”，《尚书·酒诰》中集中体现了儒家的酒德，这就是：“饮惟祀”（只有在祭祀时才能饮酒）；“无彝酒”（不要经常饮酒，平常少饮酒，以节约粮食）；“执群饮”（禁止民从聚众饮酒）；“禁沉湎”（禁止饮酒过度）。儒家并不反对饮酒，用酒祭祀敬神，养老奉宾，都是德行。

饮酒作为一种食的文化，在远古时代就形成了一种大家必须遵守的礼节，有时这种礼节还非常烦琐。但如果在一些重要的场合下不遵守，就有犯上作乱的嫌疑。又因为饮酒过量便不能自制，容易生乱，所以制定饮酒礼节就很重要。明代的袁宏道，看到酒徒在饮酒时不遵守酒礼，深感长辈有责任，于是从古代的书籍中采集了大量的资料，专门写了一篇《觞政》。这虽然是为饮酒行令者写的，但对于一般的饮酒者也有一定的意义。我国古代饮酒有以下一些礼节：

主人和宾客一起饮酒时，要相互跪拜。晚辈在长辈面前饮酒，叫侍饮，通常要先行跪拜礼，然后坐入次席。长辈命晚辈饮酒，晚辈才可举杯；长辈酒杯中的酒尚未饮完，晚辈不能先饮尽。

古代饮酒的礼仪约有四步：拜、祭、啐、卒爵。就是先作出拜的动作，表示敬意，接着把酒倒出一点在地上，祭谢大地生养之德；然后尝尝酒味，并加以赞扬令主人高兴；最后仰杯而尽。

在酒宴上，主人要向客人敬酒（叫酬），客人要回敬主人（叫酢），敬酒时还要说上几句敬酒辞。客人之间相互也可敬酒（叫旅酬），有时还要依次向人敬酒（叫行酒）。敬酒时，敬酒的人和被敬酒的人都要“避席”，起立。普通敬酒以三杯为度。

中华民族的大家庭中的五十六个民族中，除了信奉伊斯兰教的回族一般不饮酒外，其他民族都是饮酒的。饮酒的习俗各民族都有独特的风格。

（译文）

肉汤已经煮好。主人前往去召请宾，宾拜谢过主人放下架子亲自来请。主人回拜，告辞，宾再次拜谢。请介时的礼节也是这样。宾和其他陪宾一起过来，主人带领一帮人在门外迎接，再次拜谢宾的到来，宾回拜。主人再拜谢介，介回拜。主人向众陪宾一揖，先进门。宾向介作长揖，从左边进门，介再向众陪宾作长揖，也进门。众陪宾都从左门进。以北面为上。主人与宾相互三揖一齐走到阶前，再三相让（上堂）。主人上堂，宾也上堂。主人在台阶上方对着屋楣向北拜两次，宾则在西阶上对着屋楣面向北回拜。

主人坐下，从篚里拿出一只爵，下堂洗爵，宾也跟下堂。主人在阶前坐下，先把爵放在地上，（向宾）致辞。宾致答辞。主人坐着拿爵，站起，走到洗跟前，面向南坐下，把爵放置到篚下，盥手洗爵。宾向前走几步，面向东北辞感谢主人为他洗爵。主人坐下，把爵放在篚下，站起来对宾作答。宾退回到原位上，对着西序的地方向东站立。主人坐下拿起爵，负责沃洗的仆役面向西北站立，洗完酒爵，主人一揖，一让，然后上堂。宾拜谢主人替自己洗爵。主人坐下，把爵放在地上，对宾作一拜，然后下堂洗手。宾也下堂，主人辞谢。宾答谢，回到原位，面对着西序。洗完手后，主宾相互揖让着走上堂。宾在西阶上凝神端立，主人坐下取爵，斟满酒，走到宾的座席前面朝西北献给宾。宾从西阶上堂拜谢，主人向后稍退，宾前行接过酒爵回到原位。主人在主阶上拜送爵，宾向后稍退，仆役把干肉上到席前。宾从西边入席，仆役把折俎用具设于席上。主人在主阶东边端正凝立。宾坐下，左手执爵，向干肉作祭，把酒爵放到干肉的西边，站起来，右手取器皿所盛新鲜畜肺，左手握住肺的根部；坐下，右手掐断肺尖祭神。左手上举，尝一下肺，站起，把肺放到俎上。然后坐下，洗净手，先祭酒，再站起。在席的末位坐下，尝一口酒。接着退下席，把爵放在地上，向主人拜谢，并称颂酒美，端爵站起。主人在主阶上向宾答谢。宾又到西阶上向北坐下，喝尽爵里的酒，站起，又坐下。把爵放地上，向主人拜谢。端起爵，再拜谢。主人于主阶上回拜。

宾下堂洗爵，主人也下堂。宾坐下把爵放在地上，站起致辞，主人对答。宾坐下取爵，走到洗的南边，面朝北。主人在主阶的东南面辞谢。宾为自己洗爵。宾坐下，把爵放置在篚上，站起来以辞答对。主人又回到主阶东面，面朝西。宾面朝东北洗手，坐下取爵，洗毕，和主人相互揖让就像开始那样，上堂。主人答拜。宾答拜，站起，下堂洗手，完成客人应有的礼仪。宾向爵中斟满酒，到主人的坐席前面朝东南酬谢主人，主人在主阶上方拜谢，宾稍稍后退。主人向前接过酒爵，回到原位。宾在西阶上拜送爵。献肉干肉酱。主人从北方上堂，在俎上放入牲品的腿肉，祭酒的仪式和宾相同，但不称颂酒美。主人自席前上主阶，面朝北方坐下喝完爵里的酒，站起。又坐下将爵放地上，再拜，拿起爵站起。宾在西阶答拜。主人在序端坐下，把爵放地上，再从北面沿主阶上，再拜，斟满酒。宾在西阶上答拜。

主人坐下从篚里取出一只觯，下堂洗觯。宾也下堂，主人辞谢。宾不辞谢主人洗觯，立在西序前，面向东。洗毕，主人和宾相互揖让着上堂。宾在西阶凝立，主人把觯斟满酒敬宾，沿主阶上面向北坐下，放觯于地，向宾一拜，端觯站起。宾在西阶答拜。主人坐下祭酒，饮完觯中的酒，站起，再坐下把觯放地上，一拜，端觯站起。宾在西阶答拜。主人下堂洗觯，宾下堂致辞，和献酒时的礼仪一样，然后再上堂，但不拜谢主人的洗觯。宾在西阶上，马上给觯斟满酒，端到宾的席前北面，宾在西阶上拜谢。主人稍向后退，拜毕，向前，坐下，把觯放置在菜肴的西边。宾辞谢，坐下取觯在手，回到原位。主人在主阶上拜送。宾面向北坐，把觯放置到菜肴东面，回到原位。

主人一揖下堂。宾也下堂立于阶西，依序面向东，主人向介一揖，礼让介入堂，拜揖跟宾那样的礼仪。主人坐下，从东序端取爵，下堂洗爵。介下堂，主人辞谢，介辞谢主人为己洗爵，同前边的仪式一样，介从西阶上堂，站住，主人把爵斟满酒，走到介之席前面向西南把爵献给介。介在西阶上面朝北拜谢，主人稍稍退后。介向前，面朝北接受酒爵，回到原位。主人在介右边面朝北拜酒爵，介稍稍后退。主人立于西阼，献上肉干肉酱。介从北方入席，席上放置折俎。祭拜如同宾的礼仪，介不尝肺，不喝酒，也不称颂酒美。介从南方走下席，坐到北面喝完爵中的酒，站起。坐下把爵放地上，一拜，端起爵站起。主人在介的右方向介答拜。

介下堂洗爵，主人回到主阶的位置，下堂辞谢，礼仪和前面一样。洗毕，主人洗手。介揖让着上堂，在两楹之间把爵交给主人。介站于西阶上，主上给爵斟满酒，献到西阶上。主人在介右边坐下，把爵放置地上，一拜，再执爵站起。介答拜。主人坐下拜祭，饮完爵中的酒，站起。再坐下把爵放置地上，一拜，执爵站起。介向主人答拜。主人坐在两根楹柱之南，把爵放置地上。在介右方再作一拜，给爵斟满酒。介再答拜。

主人又回到主阶，一揖，下堂。介也下堂立在宾的南方。主人面向西南对众陪宾拜三次，众陪宾一起答拜一次。主人一揖，上堂，坐下，从西楹下取爵，下堂洗爵。再上堂，给爵斟满酒，站在西阶上献给众陪宾。陪宾中的年长者三人上堂拜受酒爵，主人拜送酒爵。这三位众宾中年长的人坐下祭祀，站起饮酒，饮完爵中的酒不再回拜，将空爵还给主人，下堂归还原位。所有陪宾都不拜而接受酒爵，坐下祭祀，站起饮酒。三位长者每人都有一爵酒祭献，席前都摆有干肉、肉酱等菜肴，众陪宾席前也遍置脯醢。主人端起爵下堂，把爵放回篚中。

在大堂的侧面另设有一席，以东方为上首。备有乐工四人，其中二人持瑟，走在前边。搀扶乐工的有两人，都是左手持瑟，瑟首向后，手指塞在瑟孔里，瑟弦挨着身子，右手搀扶乐工。乐正先登堂，在西阶的东面站立，乐工从西阶上堂，面向北坐下。掺扶乐工的相者东面坐，把瑟交给乐工，下堂。乐工唱《鹿鸣》《四牡》《皇皇者华》。唱完，主人向乐工献酒。乐工左手持瑟，为首的乐工做代表拜谢主人，不站起来，接受酒爵。主人在主阶上拜送爵，献上脯醢。主人派一相者帮助乐工祭酒。为首的乐工饮酒、干杯后不回拜，把空爵归回给主人。其他乐工也不拜而接受酒爵，祭酒后饮酒。乐工面前都摆设脯醢，但不再祭脯醢。乐工中如有地位高的乐官，主人要为他专门洗爵。这时，宾和介都要随主人下堂，主人要辞谢宾和介下堂。乐工和乐官则不辞谢主人为他们洗爵。

吹笛的乐工入内，站立在堂下悬磬位置的南边，面向北，吹笙的乐工演奏《南陵》《白华》《华黍》。主人在西阶上向他们献酒。吹笙乐工中为首的一位拜谢主人，上到最上的一级台阶，但不进入大堂，只接受主人献的酒爵。主人拜送酒爵。这名为首的乐工就在阶前坐下祭酒，站起来饮干爵里的酒，不拜，上台阶把空爵归还主人。其他吹笙人都不拜而接受酒爵，坐下祭酒后站起饮酒。席前都摆满脯醢，介不需祭脯醢。于是，乐工们间隔着咏唱《鱼丽》，瑟工奏起《由庚》；再咏唱《南有嘉鱼》，笙奏《崇丘》；再唱《南山有台》，笙再奏《由仪》。最后，大堂上歌、瑟、磬一起唱奏《周南关雎》《葛覃》《卷耳》《召南鹊巢》《采蘩》《采蘋》。乐工向乐正报告说："正歌已全部演奏完。"乐正则向宾报告："正歌已演奏完毕。"然后下堂。

主人从南侧离席，一个人下堂，指派一名相作筵席的司正（礼官）。司正按礼推辞一番后接受。主人拜谢，司正答拜。主人上堂，回到席中原位。司正洗觯，从西阶上堂，在主阶上面向北听命于主人。主人说："请留众宾客安心坐席。"司正将主人的话转告宾。宾按礼辞席一番，许诺。司正把宾答应去入席的话再回告主人。主人在主阶上拜谢，宾在西阶上答拜。司正站在堂前两楹之间相助拜谢。大家都一揖，恢复筵席原状。

司正给觯斟满酒，从西阶下堂，在两阶之间面向北坐，把酒觯放置地上，退后一点，拱手，站立片刻，坐下取起酒觯，不祭酒就直接饮完觯中的酒，站起，再坐下，把空觯放地上，一拜，手执觯站起，洗觯。

然后面向北坐下，把觯放到该放的处所，向后退，站立在觯前。宾面向北坐下，取放在肉案旁边的觯，在主阶上面向北酬谢主人。主人离席，立在宾的东侧。宾坐下，将觯放在地上，一拜。手持觯站起，主人答拜。宾也不祭酒，立着饮酒，也不拜。喝尽觯中的酒后，不洗觯。再向觯中斟满酒，面向东南递给主人。主人在主阶上拜谢。宾稍向后退，主人接受觯，宾在主人的西侧拜送主人，一揖。宾和主人都归位，恢复筵席原状。

主人站在西阶上酬谢介。介从南侧出席，立在主人西侧，一切都和宾和主人之间的礼仪相同。主人一揖，归席。司正上堂，主持旅酬仪式。说："某某先生请受酬。"受酬的人出席，司正后退，立在序一端，面向东。受酬者在介的右侧接受介的酬酒，其他众受酬者在左边接受酬酒，他们下拜、站起、饮酒都和宾酬主人的礼仪相同。全部酬酒完毕，最后一名接受酬酒者持空觯下堂，坐在地上，把空觯放回筐中。司正下堂，回归原座。

主人派家仆二人举觯授于宾和介。洗觯，上堂，在西阶上给觯斟满酒。都坐下，放觯于地，随即一拜，手执酒觯站起。宾与介在席尾答拜。都坐下祭酒，再饮酒，干杯后站起，再坐下，放空觯于地，一拜，手执空觯站起。宾与介站在席尾再次答拜。二人与上堂时相反的次序下堂，盥手洗觯。上堂，给觯中斟满酒，都立在西阶上，宾与介一齐答拜。举觯的二人一起前行，把酒觯放到席上的脯醢西边，宾辞谢，坐着取酒觯在手站起来。给介则在脯醢的南边放置酒觯。介坐着受觯后站起。举着觯，二人退后，宾介等一起拜送，下堂。宾与介则把觯回放于原来的处所。

司正从西阶上堂，接受主人的命令。主人说："请留宾客安心坐席。"宾用俎还未撤为由推辞，主人便要求撤俎，宾同意。司正下堂站在西阶前，命令弟子准备撤俎。司正上堂，站在序端。宾下席，面向北。主人下席，在主阶上面向北。介下席，在西阶上面向北。遵者下席，立于席的东南面。宾取俎，交还给司正。司正持俎下堂，宾跟随下堂。主人取俎，旋即交给弟子，弟子持俎从西阶下，主人从主阶下。介取俎，旋即授给弟子，弟子持俎下堂，介跟随着下堂。如果席中有诸公大夫，就请地位长贵的来受俎，一如待宾的礼仪。最后，众陪宾一起下堂，脱掉鞋子，像一开始那样，宾主揖让上堂，坐定。侍者摆设各种菜肴。宾主一起欢饮，这时所饮爵数不受限制，歌乐也不受限制，众人尽欢而止。

宾退席时，乐工奏起《陔夏》，主人送宾到门外，再拜。

宾客里面如果有位尊者，在他一人举觯之后，诸公、大夫才入内。设席于宾的东面，公的席三层，大夫席两层。公像大夫一样入席，主人下堂，宾与介下堂，众陪宾也都下堂，回到原先的位置。主人迎接，与公互相揖让着上堂。公上堂的礼仪和宾相同，自己要求辞去一层席，让席上的人撤去。大夫上堂的礼仪和介相同，有诸公在时，则辞去所加的席，放置于席的末端，主人不许撤席。若无诸公，则大夫辞去所加的席。主人对应，不让撤加席。

第二天，宾穿着乡饮酒时的朝服到主人处拜谢主人对自己的礼遇，主人也身着朝服拜谢宾的屈驾莅临。主人卸却朝服，犒劳司正。此时介不参加，不杀牲，只献上脯醢。筵席所用菜肴随家里所有的进献，没有什么原则规定。请的宾客也随意而定。宾、介不参与。席上所演奏、所咏唱的歌也可随意指定，没有什么预先的规定。

乡大夫身穿朝服去议定请宾、介的人选。因为宾、介都是乡里有才德的贤者，所以不用先召来告戒礼仪。

设筵用黑布镶边的蒲席铺案，酒尊上盖着粗葛布，等宾客到席后才撤去。祭牲用狗在大堂东北方烹煮。献酒时用爵，其余时候用觯。肉脯共进献五条，另有半条横置其上以供祭祀。这些肉脯先放在左边厢房里。俎从东边房里端出沿着西阶献上。宾的俎里，放置狗脊、狗肋、狗肩、狗肺。主人的俎里，放置狗脊、狗胁、狗臂、狗肺。介的俎里，放置狗脊、狗胁、狗肫、狗胳、狗肺。肺要切成一条一条的，都用狗右半身的。

干杯后下拜的人不空着起立，起立就要酢谢主人。坐着饮酒的人干杯后要拜谢，站着饮酒的人干杯后不拜。所有不用的爵都放置在左边，将要“举爵”时用的，则放在右边。众宾长者三人中，只应尊者一人辞谢主人洗爵，一切都和宾的礼仪相同。站立在东边的以北为上首，若站在北面的则以东为上首。乐正和站立的人，都有脯醢进献。凡举尊献宾、献大夫、献乐工，都要同时献上脯醢。只要举爵，则宾、大夫、乐工三类人都不能没有脯醢。一旦开始奏乐，大夫就不要再进入。给乐工和吹笙者献酒，要从上篚中取爵；献毕，将空爵放到下篚中。主人献酒给吹笙人，在西阶上拜送。磬，设在两阶之间，东西向悬挂，击磬人面向北击磬。主人、介都从北侧入席、从南侧下席。司正举爵依次向众人酬酢，每次都有脯醢进献到位。旅酬时，不洗觯，不祭酒。已开始旅酬仪式时，士不得再入内。撤俎时，先撤宾、介的俎，接俎人端下堂后，出门交给他们的随从人员；主人之俎，由弟子端到东壁收起来。乐正命令奏《陔夏》，此时宾告退，退到台阶时，《陔夏》乐刚好作起。如有诸公在场，那么士大夫的位置就应设在主人北边，面向西。主人的赞者也面向西，以北为上，不献酒，不酬酢，到了可以不用计算爵数尽情饮酒时，他便参与进来。

附三 《明会典》的有关恩荣宴（鹿鸣宴·琼林宴）的供给标准

上桌：按酒五盘，果子五盘，宝妆茶食五盘，凤鸭一只，小馒头一碟，小银锭笑靥二碟，棒子骨二块，羊背皮一个，花头二个，汤五品，菜四色，大馒头一分，添换羊肉一碟，酒七钟。

上中桌：按酒、果子、宝妆茶食各五盘，凤鸭一只，小馒头一碟，小银锭笑靥二碟，炸鱼二碟，羊脚子饭二块，花头二个，汤五品，菜四色，大馒头二分，添换羊肉一碟，酒七钟。

中桌：按酒、果子、宝妆茶食各五盘，甘露饼一碟，小馒头一碟，小银锭笑靥二碟，炸鱼二碟，牛肉饭二块，花头二个，汤三品，菜四色，大馒头二分，添换羊肉一碟，酒七钟。

这项文献记录，它显示：宴饮已成为国家礼仪制度的一部分，所以有必要将国宴的规格乃至具体菜单记入庄重的国家大典。

附四 明宫殿大宴礼仪举要

凡大飨，尚宝司设御座于奉天殿，锦衣卫设黄麾于殿外之东西，金吾等卫设护卫官二十四人于殿东西。教坊司设九奏乐歌于殿内，设大乐于殿外，立三舞杂队于殿下。光禄寺设酒亭于御座下西，膳亭于御座下东，珍羞醯醢亭于酒膳亭于东西。设御筵于御座东西。设皇太子座御座东，西向；诸王以次南，东西相向。群臣四品以上位于殿内，五品以下位于东西庑。司壶、尚酒、尚食各供事。

至期，仪礼司请上座。驾兴，大乐作。升座，乐止。铭鞭，皇太子、亲王上殿。文武官四品以上由东西门入，立殿中，五品以下立丹墀，赞拜如仪。光禄寺进御筵，大乐作。至御前，乐止。内官进花。光禄寺开爵注酒，诣御前，进第一爵。教坊司奏《炎精之曲》。乐作，内外官截跪，教坊司跪奏进酒。饮毕乐止。众观俯伏，兴，赞拜如仪。各就位坐，序班诣群臣散花。第二爵，奏《皇风之曲》。乐作，光禄寺酌酒御前，序班酌群臣酒。皇帝举酒，群臣亦举酒，乐止。进汤，鼓吹响节前导，至殿外，鼓吹止。殿上乐作，群臣起立，光禄寺官进汤，群臣复坐，序班供群臣汤。皇帝举箸，群臣亦举箸，赞馔成，乐上。武舞入，奏《平定在下一步舞》。第三爵，奏《眷皇明之曲》。乐作，进酒如初。乐止，奏《抚安四夷之舞》。第四爵，奏《天道传之曲》，进酒进汤

如初，奏《车书会同之舞》。第五爵，奏《振皇纲之曲》，进酒如初，奏《百戏承应舞》。第六爵，奏《金陵之曲》，进酒进汤如初，奏《八蛮献宝舞》。第七爵，奏《长扬之舞》，进酒如初，奏《采莲队子舞》。第八爵，奏《芳醴之曲》，进酒进汤如初，奏《鱼跃于渊舞》。第九爵，奏《驾六龙之曲》，进酒如初。光禄寺收御爵，序班收群臣盏。进汤，进大膳，大乐作，群臣起立。进讫复坐，序班供群臣饭食讫，赞"膳成"，乐止，撤膳，奏《百花队舞》。赞"撤案"，光禄寺撤御案，序班撤群臣案。赞"宴成"，群臣皆出席，北向立。赞"拜如仪"，群臣分东西立。仪礼司奏："礼毕"。驾兴，乐止，以次出。其中宴礼如前，但进七爵。常宴如中宴，但一拜三叩头，进酒或三或五而止。

稻花香酒

酒史溯源

第一章　品酌佳酿漫思源

“‘九五’需于酒食，贞洁。《象》曰：‘酒食贞洁’，以中正也。”这是我国3000年前周人编的《周易》一书中提到的需第五卦。意思是：九五，等待于酒宴上，这是吉祥的占问。是因为有中正的品德，是个吉祥的卦。当然，卦象并不是今天要研究的，而是借此说明，酒已经在我国3000年前的文字中就有记载了。

酒作为全人类喜好的饮品，因其特殊的物质与文化属性，在人类的发展进程中，作出了必须大书特书的贡献。它影响着人们生活的方方面面，并以其在酿造酒、饮酒、品酒为主要内容，涉及政治、外交、军事、经济、民俗而演变的各种社会行为而形成的酒文化，迄今依然在为社会的文明进步起着积极的推进作用。

世界各国关于酒的历史记载都有所不同。巴比伦、印度的古神话和希伯来人的《圣经》里都提到酒，但都没有确指酒发明于何时，也没有提供酒的发明者及酿酒的相关信息。

中国是世界上最早的酒发源地之一，也是世界上独一无二的几千年文化得到了稳定并绵延而没有断层的传统文化国家。

酒与人类社会生活息息相关，密不可分。中华民族有着上下五千年的历史文化，在酒文化方面的记载史料也是堪称浩如烟海，其繁多是任何国家所无法企及的。自古以来，酒以它独特的方式，证明了其在人类社会发展中的重要地位，是人类社会物质文明与精神文明的结晶。中国文化是一种慕古文化，但并不是单纯的祖先崇拜，而是人们对理想社会向往通过努力而达到的最高境界。酒及酒文化将各种境界推衍至极。

中国人尊重历史，所以更珍爱和保护古人遗留下来的文献典籍。中国最早的典籍，先秦成书的六经和各种子、史类文献中，都有对酒的记载。《周易》中有与酒相联的卦象4处，《尚书》中有古代帝王如大禹对酒的戒辞，《诗经》中有十分之一即30篇中提到了酒，《周礼》中有阐述礼制的饮酒的表现方式，《春秋》及其三传（《左传》《公羊传》《谷梁传》）中有大量诸侯宴饮的史实记载。至于《论语》《战国策》中关于酒事的记载及反映古代饮酒风习的资料更是繁多，不胜枚举。

但是关于酒的起源于何时，史学上一直有争论。长期以来，人们一向认为3000多年前的杜康是我国最先酿酒的人，人们尊称他为造酒始祖。以后又有夏禹时期的仪狄造酒之说。其实，杜康和仪狄都只是在龙山文化时期总结前人的经验，从而提高酿酒的技艺，对酿酒做出重大贡献的高明酒师，并不是酒的真正发明者。那么遥遥酒史，源在何处呢？这一直是个谜，有待于后人来挖掘和发现了。

关于酒起源的历史典籍和民间传说综合起来，主要有以下四种说法。

此曲只应天上有

——上天造酒说

在古代，科学技术尚未发达，好多事物无法解释清楚。而古人崇拜上天，认为人世间一切事物均由上天所造，故有了上天造酒说。

窦苹所撰《酒谱》中，有“天有酒星，酒之作也，其与天地并矣”的词句。素有“诗仙”之称的李白，在《月下独酌·其二》中有“天若不爱酒，酒星不在天”的诗句。人称“鬼才”的李贺，在《秦王饮酒》中有“龙头泻酒邀酒星”的诗句，此外还有“吾爱李太白，身是酒星魂”等诗句。在《唐逸史》中也记载有：“太白酒星，仙品绝高，每游人间饮酒，处处皆到。”但至于太白金星到底是不是酒星，那就不为人知了。

“酒旗星”之说，最早见于《周礼》一书中，但在《晋书》中记载较详细：“轩辕右角南三星曰酒旗，酒官之旗也，主宴飨饮食。”轩辕，我国古星名，共十七颗星，其中十二颗属于狮子星座。酒旗三星，即狮子座的Ψ、ε和∽三星，呈“1”形排列，南边紧傍有二十八宿（二十八宿的说法，起始于殷代，确立于周代，是我国古代最伟大的天文学创造之一）。

关于“酒旗星”的发现，可算是一种奇迹了。因为在当时，我们的祖先并没有任何的科学仪器，那是怎么发现的这么几颗不太明亮的星星呢？答案无从考究，但这至少可以说明了酒在当时就已经出现，而古人认为它“主宴飨饮食”，也表明了酒在当时日常社会生活占有着非常重要的位置。

由上述可见，自古以来，我国就有酒是由天上“酒星”或“酒旗”所造的说法。

但是上天造酒说，毕竟是科学无法解释的，纯为民间流传，其可信程度也可想而知。

贮果无意酵醍醐

——猿猴造酒说

古时，酒的起源还有另一种流传——酒由猿猴所造，这种说法并不难以理解，因为人类的祖先是由猿猴进化而来的，那么猿猴可以造酒便不足为怪了。

猿猴造酒的说法在我国诸多历史典籍上都有记载。清代文人李调元在他的著作中记叙道："琼州（今海南岛）多猿……。常于石岩深处得猿酒，盖猿以稻米杂百花所造，一石六辄有五六升许，味最辣，然极难得。"又如，清代一种笔记小说中也有："粤西平乐（今广西壮族自治区东部，西江支流桂江中游）等府，山中多猿，善采百花酿酒。樵子入山，得其巢穴者，其酒多至数石。饮之，香美异常，名曰猿酒。"但这种美酒人却不能随便饮之。明代文人李日华在他的著述中记载："黄山多猿猱，春夏采杂花果于石洼中，酝酿成酒，香气溢发，闻数百步。野樵深入者或得偷饮之，不可多，多即减酒痕，觉之，众猱伺得人，必嬲死之。"可见，猿猴对酒的惜爱之深，不许任何人动用。

猿猴行动十分机敏，居于深山野林中，出没无常，人们很难活捉到它们。但因为猿猴有爱酒、嗜酒的习好，猎人们想出了一个捕捉它们的好办法。唐人李肇所撰《国史补》一书中，对人类如何捕捉聪明伶俐的猿猴，有一段极精采之记载。人们在猿猴出没的地方，摆几缸香甜浓郁的美酒。猿猴闻香而至，先是在酒缸前踌躇不前，接着便小心翼翼地用指蘸酒吮尝。时间一久，没有发现什么可疑之处，终于经受不住香甜美酒的诱惑，开怀畅饮起来，直到酩酊大醉，乖乖地被人捉住。可见，不仅仅人醉酒误事，连动物醉酒也有害无益。

这些历史古籍的记载，都可以证明猿猴与"酒"之间的密切联系。那么，猿猴是怎样造出"酒"的呢？是它本身有意识地造酒，还是无意中的发现呢？要解释这种"酒"的由来，还得从酒的生成原理说起。

酒是由一种由叫酵母菌的微生物分解糖类产生的一种发酵食品，酵母菌分布极其广泛，在广袤的大自然原野中，尤其在一些含糖分较高的水果中，都很容易繁衍滋长。而含糖的水果，正是猿猴的主要食物。成熟的果实坠落下来后，受到果皮上或空气中酵母菌的作用发酵成酒，是一种自然现象。猿猴在水果成熟的季节，收贮大量水果于"石洼中"，堆积的水果受自然界中酵母菌的作用而发酵成酒，最后析出。据考证，大约在一万年前，在江苏泗洪双沟生活的猿人，将水果采集堆积在山洞中自然发酵流淌出类似于含有酒精的液体。这样的结果，一是并未影响水果的食用，而且析出的液体——“酒”，还有一种特别的香味供享用，习以为常，所以猿猴能在无意识中做出“酒”来，便是合乎逻辑和情理的事情了。

然而猿猴造出这种“酒”，只能算是果酒，而不是谷物粮食酿成的真正的酒，所以酒的起源也不能归属于猿猴所造。

旨酒味美夏禹疏

——仪狄造酒说

随着社会的发展，人类开始利用自然原理有意识地造酒。中国古人最通行的说法是夏禹时代的仪狄造酒。

那么仪狄是何许人也？《世本》《吕氏春秋》《战国策》中都记载他生于夏禹时代。古代民间有“酒之所兴，肇自上皇，成于仪狄”。意思是说，三皇五帝时，就有各种各样的造酒的方法流行于民间。仪狄将这些造酒的方法归纳总结出来，使之流传于后世的。然而能进行这种总结推广工作的，当然不是一般平民，所以有的书中认定仪狄是司掌造酒的官员（也有仪狄是宫女、公主、妃子之说）。另有书记载仪狄造酒之后，禹曾经“绝旨酒而疏仪狄”，也证明了仪狄是接近禹的“官员”。但是关于仪狄生于何地、葬于何处，历史上都没有确凿的记载。

民间流传有一种说法叫“仪狄作酒醪，杜康作秫酒”。“醪”，是一种糯米经过发酵加工而成的“醪糟儿”，性温软，其味甜，多产于江浙湘、鄂、川一带。现在市场上还可见，不少家庭中也自制醪糟儿。醪糟儿洁白细腻，稠状的糟糊可当主食，上面的清亮汁液颇近于酒。“秫”，高粱的别称。杜康作秫酒，指的是杜康造酒所使用的原料是高粱。所以，如果说仪狄是糯米酒的创始人，杜康则是高粱酒的创始人了。

但是史籍中有多处提到仪狄“作酒而美”“始作酒醪”的记载，似乎仪狄乃制酒之始祖。

那么，仪狄是怎样发明酿酒的呢？《战国策》中说：“昔者，帝女令仪狄作酒而美，进之禹，禹饮而甘之，遂疏仪狄，绝旨酒，曰：‘后世必有以酒亡其国者’。”这一段记载，意思是：夏禹的女人、后妃或公主，令仪狄去监造酿酒，仪狄经过一番努力，做出来的酒味道很好，于是奉献给夏禹品尝。夏禹喝了之后，觉得的确很美好。可是这位被后世人奉为“圣明之君”

的夏禹，不仅没有奖励造酒有功的仪狄，反而从此疏远了他，对他不仅不再信任和重用，反而自己从此和美酒绝了缘，还说：后世一定会有因为饮酒无度而误国的君王。这段记载流传于世的结果是，一些人对夏禹倍加尊崇，推他为廉洁开明的君主；因为“禹恶旨酒”，竟使仪狄的形象成了专事谄媚进奉的小人。当然这是修史者未曾预料到的。

那究竟仪狄是不是酒的“始造”者呢？这还有待考证，古籍中有与《世本》矛盾的说法，孔子八世孙孔鲋说神农黄帝、帝尧、帝舜都善饮酒，而黄帝、尧、舜时期都早于夏禹，那么，他们饮的酒是从何而来呢？可见说夏禹的臣属仪狄“始作酒醪”是不确切的。而且酿酒程序复杂，单凭仪狄个人力量很难完成。述史比较严谨的司马迁著史记也参考过《世本》像仪狄造酒这样的大事，如可信的话，他的《夏本记》不应放弃记载。所以，郭沫若有解释说，相传禹臣仪狄开始造酒，这是指比原始社会时代的酒更甘美浓烈的旨酒。

但是仪狄善于总结前人造酒的经验，这种说法是正确的。仪狄把前人造酒的经验和他个人对酿酒技术的见解加以结合并予以实践，终于做出了味道更加醇厚、芳香宜人的美酒。

冽水优粮酿佳醝

——杜康酿酒说

魏武帝乐府曰：“何以解忧，惟有杜康。”可见杜康酒的味之醇美。历史上杜康的名字与酒总是紧密地联系在一起，与酒有着解不开的“情缘”。

杜康，字仲宁，善造酒。传说有“杜康有饭不尽，委之空桑，郁结成味，久蓄气芳，本出于代，不由奇方”。意思是说杜康将未吃完的剩饭，放置在桑园的树洞里，日子久了剩饭在洞中发酵后，有芳香的气味传出。当然这树洞里芳香的液体便是杜康酿成的酒了。这就是酒的作法。

相传杜康为伊阳县康家卫人，康家卫是一个小村庄，西距县城七八公里。村边有一道大沟，长约十公里，最宽处一百多米，最深处也近百米，人们称它为“杜康沟”。“杜康沟”有一眼泉，四周草木丛生，绿茵环绕，名曰“杜康泉”。县志上说“俗传杜康取此水造酒”“乡民谓此水至今有酒味”。有酒味故然不可信，但此泉水质清冽甘甜却是事实。清流从泉眼中汩汩涌出，沿着沟底流淌，最后汇入白水河，人们称它为“杜康河”。“杜康泉”旁的土坡上，有个直径五六米的大土包，以砖墙护着，传说是杜康埋骸之所。“杜康庙”就在坟墓左侧，凿壁为室，供奉杜康造像。可惜庙与像均毁于“十年浩劫”了。据县志记载，往日，乡民每逢正月二十一日，都要带上供品，到这里来进行祭祀，组织“赛享”活动。这一天热闹非常，搭台演戏，商贩云集，熙熙攘攘，直至日落西山人们方才“扶得醉人归”，尽兴而散。如今，杜康墓和杜康庙均已修葺，杜康泉上已建好一座凉亭。亭呈六角形，红柱绿瓦，五彩飞檐，楣上绘着“杜康醉刘伶”“青梅煮酒论英雄”等故事图画。尽管杜康的出生地等均系“相传”，但据考古工作者在这一带发现的残砖断瓦考定，商、周之时，此地确有建筑物。这里产酒的历史也颇为悠久。唐代大诗人杜甫于安史之乱时，曾挈家来此依其舅氏崔少府，写下了《白水舅宅喜雨》等诗多首，诗句中有“今日醉弦歌”“生开桑落酒”等饮酒的记载。

无独有偶，清道光十八年重修的《伊阳县志》和道光二十年修的《汝州全志》中，也都有关于杜康遗址的记载。《伊阳县志》中《水》条里，有“杜水河”一语，释曰“俗传杜康造酒于此”。《汝州全志》中说“杜康叭，在城北五十里，俗传杜康造酒处”。两处记述均不详明，且都有“俗传”的字样，恐不足为据。但为什么会有这样的“俗传”呢？人们不难想象：杜康这位善造酒的大师，生于今天的陕西白水县，为到京师献艺，途经洛阳。酿酒须得好水，于是跋山涉水，几经寻觅，发现这离京不远的南面有条河，水质清澈适用，于是垒起炉灶，酿起酒来。从此，杜康的名字和杜康酒竟不胫而走，连周天子喝了他酿造的酒，也大加赞赏。《汝州全志》中记载：“俗传杜康造酒处”叫“杜康叭”，“在城北五十里”的地方。今天，这里到是有一个叫“杜康仙庄”的小村，人们说这里就是杜康叭。“叭”，本义是指石头的破裂声，而杜康仙庄一带的土壤又正是山石风化而成的。从地隙中涌出许多股清洌的泉水，汇入傍村流过的一道小河中，人们说这段河就是杜水河。在距杜康仙庄北约十多公里的伊川县境内，有一眼名叫“上皇古泉”的泉眼，相传也是杜康取过水的泉子。如今在伊川县和汝阳县，已分别建立了颇具规模的杜康酒厂，产品都叫杜康酒。伊川的产品、汝阳的产品连同白水的产品合在一起，年产量达一万多吨，这恐怕是杜康当年所无法想象的。

历史上杜康确有其人。古籍中如《世本》《吕氏春秋》《战国策》《说文解字》等书，对杜康都有过记载。清乾隆十九年重修的《白水县志》中，对杜康也有过较详的记载。白水县，位于陕北高原南缘与关中平原交接处，因流经县治的一条河水底多白色石头而得名。白水县，系“古雍州之域，周末为彭境，春秋为彭衙”“汉景帝建粟邑衙县”“唐建白水县于今治”，可谓是历史悠久了。白水因有所谓“四大贤人”遗址而名蜚中外：一是相传为皇帝的史官、创造文字的仓颉，出生于本县阳武村；一是死后被封为彭衙土神的雷祥，生前善制瓷器；一是我国“四大发明”之一的造纸发明者东汉人蔡伦，不知缘何因由也在此地留有坟墓；此外就是相传为酿酒的鼻祖杜康的遗址了。一个黄土高原上的小县城，一下子拥有仓颉、雷祥、蔡伦、杜康这四大贤人的遗址，那显赫程度可就不言而喻了。

杜康在造酒方面的贡献是十分巨大的，他总结出来的造酒工艺技术至今仍被后人沿用。

那么，酒之源究竟在哪里？起源于何时？这些问题在史学上一直争论不休。归纳起来，比较能让大众认同的说法虽有两种，但依旧未能找到确切的酒源（包括时间、地点、人物）。

一是，从前古人在经年累月的生活实践中，积累下了制造酒的方法，并经过有知识、有远见的“智者”归纳总结和后人利用科学技术加以精心酿制，从而做出了举世瞩目的美酒。

二是，近代科学家的最新发现，在浩翰的宇宙中，存在着一些由酒精组成的天体，所贮藏的酒精含量，如制成啤酒，可供人类饮用几亿年。这也正好可以科学地解释“上天造酒”说。酒是自然界中天然产物，人类并不是酒的发明始创者，而只是发现了酒。酒的主要成分是酒精，而自然界中许多物质都可以通过多种方式转变成酒精。如“猿猴造酒”中所述自然界中的水果或其他食物中的葡萄糖都可在酶的作用下，转变成酒精。这两种说法也是比较接近实际，合乎人之常理的。

酒，究竟是谁的创造发明，有待有识之士的进一步考证。饮酒思源，无论是以上的哪种论说，我们都要感激，感谢他为人类带来了这么美妙无穷的饮品，并伴随其产生了如此丰繁的酒文化。

群英会蒋干中计

社稷酒鉴

第一章　杯盏微澜走惊雷
——历朝历代政权与酒

酒是一把外柔内刚的多刃剑。酒的威力与作用，特别是在历代政治政权斗争中，酒所扮演的角色的作用不容低估，它有时欲盖弥彰，酒中潜伏杀机；有时一泯千仇，酒中洋溢友情。作为一国之主，一杯酒可能是千军万马，是万里长城，是一颗当量不小的原子弹或氢弹；是一支摧枯拉朽、漫山遍野的草原骑兵；是一支踏平万倾波涛、驰骋海疆的联合舰队；是一支乌云压顶，势噬千里如蝗的轰炸机群。

酒的社会化必然导致酒的政治化，就如同社会发展到一定阶段必然出现政治一样。西周时把饮酒当成天子诸侯的专利，《礼仪》中规定了详尽的饮酒规定，而且带有极强的政治目的：维护特权，巩固统治。西周时颁布了我国第一部禁酒令《酒诰》。颁布这一禁令的原因，无论是因为大量酿酒浪费粮食，因为嗜酒会使周人堕落，因为嗜酒不利于周人在殷商地区的新统治，还是按当代一种新解释——因为酒与宗教的关系非常密切，殷人的宗教祭仪又非常频繁，那殷人嗜酒习俗就有了深刻的宗教政治意义。正因如此，《酒诰》中的“荒缅于酒”的指责和严禁，事实上是对殷人频繁进行传统宗教活动的变相谴责，起到了压抑殷人传统宗教文化的作用，并说明酒与王权政治有着非常密切的关系。至于因酒招灾，如殷朝、陈朝；借酒夺权并消除隐患，如北宋的赵匡胤、明朝的朱元璋；以酒解仇，如南朝的刘义隆；以酒施恩，如春秋时期的楚庄王、秦穆公、唐朝的裴度；以酒全身，如汉相陈平、曹参；以酒避祸，如魏晋的竹林七贤；以酒为政治斗争的工具，如项羽的“鸿门宴”，齐王刘肥子刘章的“军法监酒”，关羽的单刀会；以酒为抨击时弊的媒体，如唐代李白、杜甫，清代的王鼎；以酒为拢络人心的手段，如三国时的刘备，北魏的拓跋焘，明末的李自成等。酒是政治家的锦囊，军事家的投枪，阴谋家的砒霜，慈善家的蜜糖。酒就是政治家的尚方剑，应用得当，就可以挥洒自如，得心应手于杯酒之间。

现在酒在政治生活中仍然有着独特的作用。比如，茅台酒作为国酒，常用来招待外国来宾，对增进各国人民之间的交往和友谊起了很好的作用。据有关回忆文章透露，周总理十分珍爱茅台酒，无论是日内瓦会议、中美建交、尼克松访华、田中角荣访华，凡举行国宴，总理无不是用茅台酒招待客人。田中角荣访华时，曾对茅台大加称赞，说："茅台是美酒，大大的好，世界第一。"总理说："茅台酒能消除疲劳，安定精神"。

酒文化与政治军事的关系要比同其他任何关系更显得重要，因为：其一，中国的政治军事带有浓郁的人文主义色彩。以政治而论，中国古代由于特定的历史环境所决定，宗教神权始终不发达。从商周时期早期的政治思想产生时起，就决定了中国政治向人文主义发展的方向。等到儒家思想成了占主导地位的统治思想之后，血缘宗法关系与权力统治叠加混合，父权扩展为治权，治权又涂上了父权的色彩，家庭国家化，国家家庭化，在君君、臣臣、父父、子子诸种关系中，父、子是核心。以军事而论，早在春秋战国时期就表现了人文主义的军事思想。《左传》记述的大大小小的军事行动有三四百起之多，其描写的重心多是战争双方的政治情况，人心的向背，而不是刀光剑影的搏斗。孟子更加简明扼要地说：天时不如地利，地利不如人和。既然人的情感作用如此巨大，那不就给酒提供了一展身手的广阔天地吗？因为酒在拢络人心、联络感情方面有着特殊的功效。酒，既有温情伦常的一面，又有残酷无情的一面，武力（军事）之争的焦点是权力之争的一种具体行动形式。而酒则游刃于政治，军事之间，常常轻而易举地完成了应该依靠武力才能解决的重大问题，这就是酒的威力所在。其二，政治军事斗争异常残酷（全世界皆然），弄不好就得人头落地。为了取得斗争的胜利，有时需要借酒为工具，运筹帷幄，达到一般情况下所无法达到的目的；人们甚至为了躲避杀身之祸，更需要以酒为掩护，装疯卖傻，以全己身。宋人叶梦得《石林诗话》曾言："晋人多言酒，其意未必真在于酒，盖时方艰难，人多惧祸，惟托于醉，可以疏远世故。"同时，有时还需要借酒增胆壮威，借酒抒愤达怨，借酒庆功加冕等。

酒酣胸胆尽开张

酒对政治情怀的表达有更加重要的意义。如果说在皇帝就是天命的化身，臣子庶民只有服从的封建社会里，有人凭借酒张胆方能唱出与封建政治不同的论调，那么在中国历史上，不少政治家、军事家、文学家都往往以酒抒发自己的政治情怀，表现自己的远大理想、宏伟抱负和豪情壮志。伟大的浪漫主义诗人李白一生嗜酒，被郭沫若先生称为生于酒而死于酒的诗豪酒仙，但酒之于他，与其说是寻欢的媒介，毋宁说是抒发政治情怀的催化剂，"人生得意须尽欢，莫使金樽空对月"，时不我待，坚信"长风破浪会有时，直挂云帆济沧海”。

伟大的现实主义诗人杜甫，也多借酒表达对现实政治的爱憎褒贬，“三吏”“三别”突出地抒发了大济苍生的政治理想。“朱门酒肉臭，路有冻死骨”，揭示了尖锐深刻的阶级矛盾；“安得广厦千万间，大庇天下寒士俱欢颜”抒发了自己“冻死亦足”的广阔胸怀。虽是一介文人，实有政治家的风采、气魄与胸襟。

陆游一生坎坷不遇，欲报国仇济天下而不得，常常借酒抒怀：“更呼斗酒作长歌，要遣天山健儿唱”“起倾斗酒歌清塞，弹压胸中十万兵”“薄酿不浇胸垒块，壮图空负胆轮囷”。很难想象，倘若没有酒，“亘古男儿一放翁”怎么样解释他壮志难酬的悲愤。

辛弃疾生逢乱世，空怀壮志而报国无门，只好在“醉里挑灯看剑”，在重进酒后“看试手，补天裂”，情怀与壮志同陆游如出一辙。

最能体现酒与政治情怀的密切关系的，还是集政治家、军事家、诗人于一身的曹操。他不仅善于以酒抒发其政治情怀，而且善于以酒结识天下豪杰。酒在曹操的政治生涯、军事生涯和文学生涯中都占据重要位置。三国鼎立之前，刘备势单力薄，寄人篱下，虽胸怀大志却不可有所表露。为防曹操谋害，他韬光养晦，以种菜为乐，自浇自灌，暂作权宜之计。曹操深知刘备乃天下“枭雄”，是自己真正的竞争对手，便借酒点破了他的机关，演出了“煮酒论英雄”一幕。

一天，曹操在丞相府后园小亭设宴，邀刘备前来对饮。酒至半酣，突然阴云密布，骤雨将至，二人放下酒杯，凭栏而观。曹操见时机已到，开口问道：“龙能大能小，能升能隐:大则兴云吐雾，小则隐介藏形；升则飞腾于宇宙之间，隐则潜于波涛之内。方今春深龙乘时变化，犹人得志而纵横四海。龙之为物，可比英雄。玄德久立四方，必知当世之英雄。”刘备见曹操弦外有音用意不善，佯装糊涂地说：“淮南袁术，兵粮足备，可谓英雄？”“冢中枯骨，吾早晚必擒之!”“河北袁绍，四世三公，门多故吏；今虎踞冀州之地，部下能事者极多，可谓英雄？”“袁绍色厉而胆薄，好谋无断；干大事而惜身，见小利而忘命，兵多而分化不明，将骄而政令不一，非英雄也。”“刘景升名称八俊，威镇九州，可谓英雄？”“刘表虚名无实，非英雄也。”孙伯符血气方刚，占有江东，可谓英雄？”“孙策籍父之名，非英雄也!”“黄益州刘季玉，可谓英雄？”“刘璋虽系宗室，乃守户之犬耳，不算英雄!”“张绣、张鲁、韩遂等辈何如？”“此等碌碌之小人，何足挂齿!”最后刘备只好说：“舍此之外，备实不知。”曹操鼓掌大笑到：“夫英雄者，胸怀大志，腹有良谋，有包藏宇宙之机，吞吐天地之志者也。”刘备装出不解的样子问：“谁能当之？”曹操先用手指着刘备，然后指着自己说：“今日天下英雄唯使君与操耳！”刘备被道破心机，大惊失色，吓得连手中的筷子也掉在地上。曹操想借酒的“热情”撬开对方心中的秘密，并以此抒发他的人生感慨，刘备则借酒的“热情”极力掩饰自己的宏伟抱负和政治情怀。

曹操自幼任侠放荡，不拘一格，极爱饮酒；饮酒后便激情勃发，大丈夫之志澎湃激荡。建安十三年，曹操挥军南下，远征东吴，泊船于长江之上，踌躇满志遂命部下置酒于船上宴文武百官。几杯酒下肚后，曹操凭栏远观，见南屏山色如画，江水烟波浩渺，顿生诸多感慨，便对大家说：“我自起义兵以来，为国家除凶去害，誓愿扫清四海，消平天下，所憾未得江南。今我有百万雄师，更赖诸公用命，何患不成！”饮到半夜，曹操酒兴大酣，人生感慨一发而不可止，豪情壮志溢于言表：“周瑜、鲁肃不识天时，刘备、诸葛亮，汝不量蝼蚁之力，欲撼泰山，何其愚也！”接着又满饮三爵，取槊站在船头对诸将说：我持此槊，破黄巾、擒吕布、灭袁术、收袁绍，深入塞北，直抵辽东，纵横天下，颇不负大丈夫之志。今对此景，甚有慷慨。吟出了有名的《短歌行》：“对酒当歌，人生几何……”

通过饮酒抒怀，曹操把自己的人生感叹、鸿鹄志向和政治抱负表现得淋漓尽致。

刘备被曹操视为天下“英雄”，有鸿鹄之志，但由于为人貌似忠厚，做大事而不好大言，所以给人的印象是有诚意而无野心。然而，尽管他非常善于掩饰自己，连机智过人的曹操也没有完全识破他，但最终还是败给了酒的“热情”，在酒的作用下露了庐山真面目。

建安十三年冬，刘表约刘备夜饮，商谈谁来继承他的事业的问题。酒至半酣，刘备起身入厕，因见身上髀肉复生，不觉潸然泪下，感慨颇多。刘表见他面有戚色，惊问何故。刘备回答说，备以往身不离鞍，髀肉皆散；现在久不骑马，髀里都生出了肉。眼看岁月蹉跎，老之将至，而功业未建，怎不黯然伤神。刘表说，我听说贤弟在许昌时，与曹操青梅煮酒，共论英雄，贤弟尽举天下名士，曹操都不认可，而独说“天下英雄，惟使君与操耳”。依曹操的势力，尚不敢居贤弟之前，何患功业不成。刘备见他一片真诚，便乘着酒兴说：备若有了立足之地，天下碌碌之辈，诚不足为虑。这样赤裸裸地表白自己的政治野心，对以忠厚示人的刘备来说是第一次也是最后一次，酒在其中起了非常重要的作用。

宋江性情笃实，言行谨慎，后因私结梁山“草寇”，被发配到江州。一天，他在浔阳楼自饮闷酒，酒意朦胧后一改平时的谨慎，乘着酒兴挥毫在墙壁上写了一首《西江月》，把满腔的愤怒和凌云的壮志尽数抒发出来：

自幼曾攻经史，
长城亦有权谋。
恰如猛虎卧荒丘，
潜伏爪牙忍受。
不幸刺文双颊，
那堪配在江州。
他年若得报冤仇，
血染浔阳江口。

写毕，得意了一番，手之舞之，足之蹈之；再饮数杯后犹觉意犹未尽，在《西江月》下挥笔又题了一首七绝；

心在山东身在吴，
飘蓬江海谩嗟吁。
他时若遂凌云志，
敢笑黄巢不丈夫。

并在下面大书："郓城宋江作。"如此豪情、如此壮志、如此胆量，若非酒力之助，言行谨慎的宋江无论如何是表现不出来，或者说是不会这样表现出来的。当然这是施耐庵先生为小说后面所作的伏笔铺垫，更说明了酒的作用功力。

酒之所以和人的政治抱负有着如此密切的联系，在于它能刺激人的感性思维活动，使人们心灵激越，神情飞扬，暂时摆脱了理性思维的严格控制，解除了内心深处的禁忌和顾虑，可以言平时所不能言，为平时所不敢为。同时，在这一过程和状态中，人们的雄心壮志、政治情怀较平常更容易勃然而发。一个胸怀大志的政治家可能酒后显出政治家本色，一个无多少壮志的普通人也可能借酒升华了思想境界，所以说"酒后吐真言""酒助英雄胆"。

权谋应变借助酒

酒在封建社会的政治生活中也扮演着不同寻常的角色。以酒解仇、以酒招安、以酒避难、以酒消灭异己、以酒巩固政权，很多帝王和政治家都自觉不自觉地把酒当成了政治斗争的工具和手段，在酒的掩护下演出了一幕幕的政治悲喜剧。

曹操是一位深解酒中三味的政治家，不仅常常以酒赋诗、以酒抒情，而且每每以酒释仇、以酒施恩、以酒招安，把酒引入了政治谋略之中。“对酒当歌，人生几何”，是以酒赋诗；大宴长江，缅怀以往，是以酒抒怀；青梅煮酒之日，关羽、张飞直闯小亭，曹操不但不见怪，反而赠酒压惊，是以酒释仇；赐饮降将，是以酒赐恩；设宴抚慰关羽，是以酒招安。

以酒释仇，是历代统治阶级和政治家、军事家惯用的政治谋略之一。南朝宋文帝刘义隆在位之时，北魏武帝拓跋焘入侵南朝，并俘虏了南朝将领蒯应，事过不久又放了他，临行前对他说：“魏王致意安北，远来疲乏，若有甘蔗及酒，可见分惠。”刘义隆听说后，立即派人给拓跋焘送去了上等美酒和甘蔗。于是，南朝和北魏化干戈为玉帛，敌对的关系得到了缓和。在这里，酒成了和平的使者、释仇的媒介。

在著名古典小说《三国演义》中，有关以酒释仇的故事很多，辕门射戟就是一例，有勇无谋的吕布也深谙酒之妙用。当时，袁术出兵攻击刘备，刘备势弱莫敌，向吕布求缓。吕布为了救援刘备而自救，就设宴请袁术统兵大将纪灵和刘备赴宴，以寻机从中调合。酒过三巡，吕布说道：“现在咱们共进一杯，请你们两家各自罢兵，握手言和。”刘备欣然同意，纪灵因自己兵多将广，稳操胜券，不愿罢兵。吕布见状，心生一计，说百步之外摆一方戟，我若一箭射中，两家立即罢兵，我若一箭不中，两家即可再战。如有不从，我将与另一方合兵一处，共戮一方，勿怪言之不预。结果，他一箭射去，正中方戟，纪灵慑于吕布之威，只得收兵，与刘备互不相扰。以酒化敌，“辕门射戟”成了以酒释仇的千秋佳话。

在残酷的政治斗争中，酒还是消灭异己的特殊工具。“鸿门宴”就是这方面的显例。刘邦先入关中，项羽非常恼怒，特在鸿门设宴，意欲除掉刘邦。刘邦不得已而赴宴，诚惶诚恐，谦恭之极。项羽妇人之仁，不忍立下毒手。范增见状，让项庄舞剑助兴，寻机杀掉刘邦，因项伯的作梗而未能如愿。张良见势态紧急，赶快让壮士樊哙入内。樊哙凭借不怕死的一腔豪气震住了项羽，终于使得刘邦安然逃离虎口。

据史书记载，作为部落的首领，成吉思汗的父亲死于异邦的宴会之上，成吉思汗本人也险些在王罕以结“秦晋之好”为名所设的宴会上丧生。

《三国演义》中，类似的描述也很多。曹操专权朝中时，董承、吉平、王子服等人密谋除之。曹操发现后，便设宴诈请王子服等人前往，在酒宴上把他们一网打尽，全部抓获，铲除了敌对势力，巩固了在朝地位。

周瑜气量狭小，嫉贤妒能，视诸葛亮与刘备为心腹大患，几次想以酒宴为手段除之，都因诸葛亮的神机妙算，关羽、赵云的神威而未能如愿。

刘备寄住在四川刘璋篱下的时候，其部下几次想杀掉刘璋而没有机会。在一次酒宴上，魏延自荐舞剑为乐，想借机杀掉刘璋，占据四川。刘璋诸将看穿了这一阴谋，把剑对舞，使魏延等始终没有下毒手的机会。

作为一种政治斗争的谋略，酒还有巩固自己政权的政治作用。赵匡胤“黄袍加身”后，总感到政权不稳固，他从五代更替中总结出这样一个规律：兵权过多地掌握在武将手中，皇帝失去了对军队的控制，便极易导致政权的解体和叛乱的发生。为防止“黄袍加身”的情况在自己的武将身上重演，赵匡胤决心收回军权，消除后顾之忧。

建隆二年七月的一天，赵匡胤备下了非常丰盛的酒宴，宴请以前为他立下汗马功劳的所有功臣，武将韩令坤、石守信、王审琦、高怀德、张令铎、赵彦微等都应邀前往。酒过三巡，赵匡胤不无感慨地对大家说：“咱们本来是患难与共的好兄弟，从前带兵打天下的时候，像这样的宴会三天两头就要举行一次。可自从我当了皇帝以后，因国家的事情太多，这样的宴会就慢慢地少了下来，咱们本来兄弟之间也显得生分起来了，望大家能够包涵。”众武将不解其意，石守信忙说：“皇上太挂念臣子了。万岁执掌天下，我们都很高兴，虽说在皇上这里喝酒喝得少了，但我们自己在下面却没少喝，皇上不必挂虑。”赵匡胤心事重重地长叹了一口气，语调凄凉地说：“你们倒痛快，想喝酒就喝酒，想打猎就打猎，我可没有睡过一个安稳觉。”

武将们莫名其妙，不知皇上葫芦里到底卖什么药，个个大气不敢出，宴席上一片沉默。过了一会，赵匡胤亮出了底牌：“你们想想，皇帝就这么一个，谁不想当呢？我又怎能不担心忧虑呢？”石守信等人这才听出了弦外之音，顿感如坐针毡，忙解释说：“大家既然保万岁登基，就不会……”

没等石守信、韩令坤等人把话说完，赵匡胤就打断了他们的话：“大家怎么想到这上面了？我们是什么样的关系，难道我对大家还信不过？我所担心的是如果有一天你们的部下硬要将黄袍加在你们的身上，你们想推脱也推脱不掉，到时候问题就难办了。”

经过这么一惊一诈，这些战功赫赫的武将们都给唬得惊慌失措，不知如何是好。赵匡胤等下马威的威慑力量发挥得差不多了，才不紧不慢地说：“如果到了那时候，咱们群臣兵戈相见，争斗起来，无论谁胜谁败，都不好看。所以，为了防患于未然，还是要尽早想个妥善的办法才是。”

石守信等人才松了一口气，忙对他说：“万岁有什么好办法尽管说出来，我们一定照办。”

赵匡胤见时机已成熟，故意做出很随便的样子说："事情其实也很简单，大家交出兵权就什么事也没有了。把兵权集中在我一个人的手中，你们如释重负，我也不再担忧，你们的部下也不会再想入非非，咱们君臣的关系也不再相互猜疑了。将来，你们都可以找个地方去做官，广置田产，多积财富，为子孙后代荣华富贵打下基础。国家要是有事，用得着谁，就调谁来，用不着谁，谁就在自己管辖的地盘享清福。我们的儿女之间可以相互结为亲眷，咱们既是君臣，又是亲家；国就是家，家就是国，国与家合二为一，这样和睦相处，该有多好啊！请诸位兄弟三思。"

众武将唯唯诺诺犹恐不及，哪里还敢有什么异议，连忙说："皇帝想得如此周到，我们一定照皇上说的去做。"第二天就乖乖交出了兵权。这就是历史上有名的"杯酒释兵权"。

收回了禁军兵权，赵匡胤暂时解除了心中之患，但是时间一长，他又有点惶惶不安了。困为禁军的兵权虽已掌握在他的手中，但藩镇的兵力过大，将来也会危及他的政权。因此赵匡胤决心夺回那些年纪较大、威望较高，当节度使较久、势力较强者的兵权，再演一场"杯酒释兵权"的故技。

开宝二年冬的一天，赵匡胤在皇宫后花园设宴，请当时有名望、有势力的节度使王彦超、武行德、郭从义、白重赞、扬廷璋等人前来赴宴。酒酣耳热之后，赵匡胤语重心长地说："大家都是国家元勋、社稷栋梁，镇守一方，德高望重，劳苦功高。本来大家早该休息休息享几天清福了，可是因为国家事情多，我又一时没有顾及到，一直拖到现在。今天虽说还有一些地区没有平定，但与以前相比好得多了。所以，大家还是……"

王彦超聪慧过人，早就明白了赵匡胤的意图，赶忙表态："臣等没有什么能力，也没有什么德望，更谈不上劳苦功高，蒙万岁如此夸奖，实在是不敢当。如今年迈体弱，为国家做不了什么事情了，早就想向万岁辞去职务，回去过几天清静日子。但是，正如万岁所说的那样，由于国家初建，事情较多，一直没敢向万岁说明。今天趁着多喝了几杯酒，我就斗胆向万岁提出，请让臣等辞官归田去吧，万岁若有事用得着我们，随时可以再把我们招回来。"

此话正中赵匡胤下怀，连忙说"好！好！你们都是聪明人，谁不想过几天清静日子呢？今天大家痛痛快快地喝上几杯，明天我一定重赏各位，让大家过一个安乐的晚年。"就这样，杯盏交错之中，一场权力的交接又完成了。可以说在中国政治史上，赵匡胤是最善于借用酒这一工具解决棘手的政治、军事问题的专家。

赵匡胤利用酒释兵权，完成了政治谋略，算比较文雅道义，那么朱元璋的“火烧庆功楼”则是一种无赖行径，是最高统治者“飞鸟尽，良弓藏，狡兔死，走狗烹”的自私和残忍本色的一次曝光。朱元璋当了皇帝以后，总担心过去和他一起出生入死、战功卓著的将帅们会危及他的皇权，就以设宴庆功行赏为名，把所有有名将帅和功臣都诏进京城赴宴，然后将庆功的大楼付之一炬，把他们全部烧成灰烬，手段之残忍，计谋之阴险，亘古未有！

以酒遁世避祸，也是常见的政治谋略之一。宋人叶梦得说：“晋人多言饮酒至于沉醉者，未必真在乎酒。盖时方艰难，惟托于酒，可以疏远世故而已。……曹参虽与之异，然方欲解秦之烦苛，付之清净，以酒而杜人，是亦一术。……传至嵇、阮、刘伶之徒，遂全欲用此为保身之计……如是，则饮者未必剧饮，醉者未必真醉也！”阮籍为躲避皇门亲事，饮酒大醉七十二天，既达到了目的，又保全了自己。以饮酒回避派别斗争也好，以饮酒而作清静无为也好，以饮酒避祸全身也好，在当时的情况下，都是比较巧妙的政治手段。酒一直就被人视为一种方法，一种手段，来躲避政治上的迫害和人事上的纠纷，从而达到预期的目的。

皇权社稷杯盏中

封建王权的更替、朝政的兴衰，政治、经济因素起着关键的作用，但是，在中国古代封建专制国家里，皇帝个人品德的好坏有时候确实会影响到国家民族的命运，甚至会改变进程。而皇帝品德的好坏又与酒有着不容忽视的联系——所谓的“声色犬马”一般都以酒作前提。这样，我们在谈到王权的更替、朝政的兴衰时，又不能完全忽略酒的影响，不能不把酒与皇权联系起来。

谈到酒与皇权的关系，我们不能不首先想到一个阴森可怖的字眼：鸩酒。在封建社会里，皇恩浩荡，皇权无边，皇帝的话就是“圣旨”，君让臣死臣不能不死，没有任何评公摆理的余地。有时为了让死者死得“体面”一点，要么赐他一把短刀，要么赐他一条白练，要么赏他一杯鸩酒，手段不同，但结果是一样的：必须死去。秦朝吕不韦专权时，横行霸道，乱施淫威，连始皇嬴政也受他挟持。秦始皇独揽大权后，为报前仇，就用一杯鸩酒打发他去了西天极乐世界。这种行为为后世帝王、王后、权奸所效仿，汉朝的吕太后更是使用鸩酒的专家。她不但以此手段毒死了赵王刘如意，而且差一点让刘邦的长子刘肥一命呜呼。刘肥后来听从内史的计策，拿出一块封地孝敬鲁元公主才算躲过了这场厄运。东汉安帝在位期间，后宫李氏生了皇子，没有生子的阎后非常嫉妒，遂将李氏“鸩杀”。武则天称帝时，太子李弘几次违背她的旨意，被她用鸩酒毒死。《南唐书·申渐高传》记载：南唐皇帝李升害怕老臣周本权力太大，危及他的皇权，就想伺机把他除掉。在一次宴会上，他以赐饮为名，倒一杯鸩酒递给周本，周本发现了李升的用意，巧为周旋，用杯分出一半酒献皇上，表示臣子对皇上的“虔敬”。这时，为皇帝演戏奏乐的申渐高走过来，接过周本递来的酒说：“请皇上把它赐给我吧。”言毕一饮而尽，一会儿脑崩而亡。无奈之下，周本也喝下毒酒。在一般情况下，皇帝若觉得你必须死，赐你一杯鸩酒，作为臣子，你是没有任何拒绝的理由和反抗能力的。

沉湎于酒国将倾

酒对皇权的影响还表现在：有的统治者嗜饮如命，纵情声色，最后导致了丧命亡国的悲惨结局。夏桀王和商纣王便是这方面的典型。据史书记载，夏桀王的酒池大得可以行船，酒糟堆积得像山一样，终日灯红酒绿，极尽欢情。他常令三千人的庞大队伍于池里饮酒取乐，再命乐师奏起令人陶醉的靡靡之音，自己则在楼台上津津有味地欣赏。夏桀王完全不理朝政，昏庸腐朽。商纣王也是一位嗜酒如命的酒徒，比起夏桀王有过之而无不及。他经常不理朝政，与妲己朝日淫乐，好为长夜之饮，最长时竟达七天七夜。更为甚者，商纣王还在自己的酒池边悬肉为林，让男女赤身裸体地相互嬉逐。这两位“饮君”最终都没有逃脱众叛亲离、国破家亡的可悲下场。在这里饮酒成了荒淫腐化的代名词。

西蜀后主刘禅昏庸无道，耽酒色，近谗人，结果做了司马氏的俘虏。可悲而又可笑的是，他被俘来到洛阳后，身在囹圄之中还终日饮酒取乐，司马昭讽刺地称他为“安乐公”。晋孝武帝初当政时不乏丰功伟绩，但到了后来却纵情声色，经常不问国事，好为长夜之饮，结果在一次酒醉后被人用被子蒙面闷杀。金熙宗也是位近美色、“荒于酒”的皇帝，后来被人弑杀而被篡夺了皇位。辽穆宗饮酒无度、暴虐非常，最后亡命于近臣之手。十六国时前秦国君符生更是贪酒如命，常常“耽湎于酒，无复昼夜”，弄得家破人亡，被人篡夺了皇位，临死时还“大饮数斗”，算得上是位爱酒胜过爱江山和美人的“酒君”了。北齐后主高纬，自称是“无愁天子”，宴饮时自饮自唱，创造了皇帝饮酒自唱的纪录，但北齐的江山也因此断送在他的饮唱声中。南朝陈皇帝叔宝，也是一位朝亦饮、暮亦饮，不知国家仇恨的欢乐天子。当隋朝大军压境时，他还“失志”不悔呢，结果成了隋人的阶下囚，喝酒喝掉了自己的江山和王位。

隋炀帝同样是一位残暴无道、极嗜酒色的昏君。在国家四面楚歌、危机四伏的时候，还终日饮酒远游，把为自己供应美酒的王世充提拔为江都通守，结果弄得民不聊生、怨声载道，在内乱外患中做了自己部下的俘虏。临死前还央求部下给他准备一杯鸩酒，真是生为酒生，死为酒死。

唐朝的敬宗皇帝李湛，经常花天酒地，游手好闲，以击剑打猎为乐，好为长夜之饮，常常喝得酩酊大醉。一次打猎回来，又和太监作长夜饮，酒醉上厕所时被人杀掉了。明太祖朱元璋当了皇帝以后，经常饮酒自娱。一次，他强令宋濂饮酒三杯觞，使他面呈赭色，行不成步，自己则在一旁观赏。清朝的康熙皇帝和乾隆皇帝也都是好饮之徒，为了助饮酒的“雅兴”，特意饲养纺织娘、蝈蝈等昆虫作伴饮，开了一代皇帝饮酒自娱的先河。欢情作乐于大厦将倾之际，酣饮嬉逐于国破家亡之时，又怎能使国泰民安呢？

正因为酒能起到丧命亡国的消极作用，一些有为的君主就把禁酒当成了一项重要的政治措施。周初的统治者颁布了主张禁酒的《酒诰》，《酒诰》首先陈明：上帝造酒并不是让人们狂饮，而是用来祭祀鬼神、祖先、天地、社稷的；接着以历史为参照列举了大量酗酒亡国的事实，说明之所以禁酒的原因；最后申明了禁酒的的态度，严禁“群饮”“崇饮”，否则处以死刑。作为一个伟大的政治家，曹操极其深刻地认识到了酒在中国皇权政治中的消极作用，认识到了酒与历代帝王昏庸腐败和国家消亡的关系，因而力主禁酒（尽管他自己很爱喝酒）。当政之初，就向皇上“表奏酒禁”，以后又多次陈明这一主张。北海相孔融却不理解曹操此举的良苦用心，在给曹操的书信中大谈酒的好处，据理反驳。实事求是地讲，曹操作为一国丞相，从国计民生、国家兴旺等实用主义立场出发，力主禁酒是不无道理的；作为集诗人与酒徒于一身的孔融，反对禁酒也是有情可原的，因为他的政治主张和生存之道与君主有着本质的区别。孔融的悲剧在于：用诗人的浪漫主义需求去反对君主的现实主义政策，结果招致了杀身之祸。

汉高祖刘邦是个带有传奇色彩的“酒天子”。《汉书·高帝本纪》记载：“及壮，试吏，为泗上亭长，好酒及色。常从王媪、武负贳酒，时饮醉卧，武负、王媪见其上常有怪。高祖每酤留饮，酒偏雠数倍。及见怪，岁竟，此两家常折券弃债。”刘邦虽“贵有天子之相”，但其行为举止与酒徒无异。有趣的是，正是因为酒徒的贪杯与酒酣之后的胆略，竟使刘邦这个小小的泗上亭长，逐步登上了帝王的宝座。

青年时代的刘邦“好酒”“贯酒”“时饮醉卧”，这种生活方式使他不拘小节，能为常人所不能为。《汉书·高帝本纪》记载：“单父人吕公，善沛令，辟仇，从之客，因家焉。沛中豪杰吏闻令有重客，皆往贺。萧何为主吏，主进，令诸大夫曰：‘进不满千钱，坐之堂下。’高祖为亭长，素易诸吏，乃绐为谒曰：‘贺钱万’，实不持一钱。谒入，吕公大惊，起，迎之门。吕公者，好相人，见高祖状貌。因重敬之，引入坐上坐。萧何曰：‘刘季固多大言，少成事。’高祖因狎侮诸客，遂坐上坐，无所诎。酒阑，吕公因目固留高祖。竟酒后，吕公曰：‘臣少好相人，相人多矣，无如季相，愿季自爱。臣有息女，愿为箕帚妾。’”刘邦不名一文，而竟说以万钱入贺，足见其不拘一格，胆气过人。怪不得以“善相人”自居的吕公，视其为贵相，而愿以女为“箕帚妻”。《史记·高祖本记》：“高祖以亭长为县送徒骊山，徒多道亡。自度比至皆亡之，到丰泽中，止饮，夜乃解纵所送徒。曰：‘公等皆去，吾亦从此逝矣！’徒中壮士愿从者十余人。高祖被酒，夜径泽中，令一人行前，行前者报曰：‘前有大蛇当径，愿还。’高祖醉，曰：‘壮士行，何畏！’乃前，拔剑击斩蛇，蛇遂分为两，径开。行数里，醉因卧。后人来至蛇所，有一老妪夜哭。人问何哭，妪曰：‘人杀吾子，故哭之。’人曰：‘妪子何为见杀？’妪曰：‘吾子，白帝子也，化为蛇，当道。今为赤帝子斩之，故哭。’人乃以妪为不诚，欲苦之，妪因忽而不见。后人到，高祖觉。后人告高祖，高祖乃心独喜，自负。诸从者日益畏之。”刘邦醉斩白蛇的故事，无非是想告诉天下，刘邦的帝业乃天命使然，但他的生活和酒结了缘却是事实。

当了皇帝后，刘邦荣归故里：“置酒沛宫，悉召故人父老子弟纵酒，发沛中儿得百二十人，教之歌。酒酣，高祖击筑，自为歌诗曰：‘大风起兮云飞扬，威加海内兮归故乡，安得猛士兮守四方！’令儿和习之。高祖乃起舞，慷慨伤怀，泣数行下。谓沛父兄曰：‘游子思故乡，吾虽都关中，万岁后吾魂魄犹乐思沛。且朕自沛以诛暴逆，遂有天下，其以沛为朕汤沐邑，复其民，世世无所与。’沛父兄诸母故人日乐饮极欢。十余日，高祖欲去，沛父兄固请留高祖。高祖曰：‘吾人众多，父兄不能给。’乃去。沛中空县皆之邑西献。高祖复留止，张（同帐）饮三日。”刘邦不外以酒欢宴故旧乡亲父老子弟，以示同乐，以酒舒怀，以明开创帝业的艰辛与登上皇位的威风。

纵观刘邦的一生，无论得天下，治天下，乐天下，都少不了与酒的联系，酒成了刘邦生活的伴侣，酒也就造就了他的性格，促成了他的帝业。

极尽奢侈皇家饮

酒既然能由祭祀到民间酿造饮用，作为中国封建社会的政治构架中心帝王家，那就更不用说，酒成为他们日常生活中必不可少之物，并且随着帝王的喜好及利用程度而影响着政权统治的安危及经济文化的兴衰。

夏王朝的最后一位帝王夏桀是个纵饮无度的帝王。“酒池可以运舟，糟丘足以望十里。”可见酒在当时皇宫的用量。由于酗酒无度，加之女色，夏桀最终“走鸣条，遂放而死”。继而起的殷商统治者对酒的热情不减夏桀。商代的帝王用黍、稷造酒，设置酿酒作坊，酒的品种、数量大大胜过夏代。商代青铜酒器数量之大，品类之多，制作之精美，可以使人想见当时帝王奢侈的宴饮场面。在殷商的墓葬中，考古发掘出大量的酒器，其中有供温酒用的爵、角、盉、樵、斝；供盛酒用的尊、觥、方彝、罍、卣、壶、缶、卮；供饮酒用的觚、觯、杯等。在冥冥中，商代的帝王仍不忘享受美酒欢宴的快乐。殷人重祭祀，为了表示对先祖的恭敬，求得庇佑，酒成了最重要的祭品。在商代王室的卜辞中，记载着许多以酒祭神祭先祖的事实。然而商代的纣王，却并没有从香酒祭祀先祖中得到庇佑，永保国祚。相反，却为贪杯所误。据记载，商纣王好为“长夜之饮”，于宫中造起糟丘酒池，“悬肉以为林，令男女裸而逐其间”，终日与妲己淫乐，不理国政，“纣淫乱不止，微子数谏不听，乃与大师、少师谋，遂去。比干曰：‘为人臣者，不得不以死争。’乃强谏纣。纣怒曰：‘吾闻圣人心有七窍。’剖比干，观其心。箕子惧，乃佯狂为奴，纣又囚之。殷之大师、少师乃持其祭乐器奔周，周武王于是遂率诸候伐纣。纣亦发兵拒之牧野。纣兵败。纣入登鹿台，衣其宝玉衣，赴火而死。”

周初，基于夏桀骜不驯、商纣以酒误国，周公以成王之命，发布措辞严厉的《酒诰》，严令禁酒。但是，酒的魅力使后继者终难以自制。从周穆王开始，天子仍以酗酒为乐。唐代诗人李商隐的《瑶池》云：

瑶池阿母绮窗开，
黄竹歌声动地哀。
八骏日行三万里，
穆王何事不重来。

写的就是周穆王这位“酒天子”从人间喝到天上仙宫的传说。在今河南汲县西战国墓中发现的《穆天子传》，对周穆王畅饮瑶池的传说有了详细的描绘。这位“酒天子”酒性勃发，换乘赤骥、盗骊、白义、逾轮、山子、渠黄、骅骝、绿耳八匹骏马，从成周出发，过黄河，沿太行山西侧，经漳水、盘石（山西平定东等地），翻越钘山（河北井西）沿滹沱河北岸西行，通过雁门关，抵达河宗氏居地（内蒙古河套北）；再西行，经织石等地，抵达西夏氏居地（青海境内）；又经珠余氏地而抵春山、珠泽、昆仑之台（新疆和田、叶尔羌河一带）；复再西行三千余里，终于来到西王母之邦，领略到瑶池畅饮的另一番风光与无穷的乐趣。饮酒吟诗之际，王母问道："道里悠远，山川间之，将子无死，尚能复来？"穆天子答道："比及三年，将复而（您的）野（地方）。"道虽远，路虽险，为了再次畅饮瑶池，一无所惧，此真是"酒天子"的风度。我们先不研究这位天子喝的是仙家还是凡间的酒，但这位"酒天子"不远万里换乘八骑，历尽艰辛，为了酒，而且相约三年后再来，足可见酒的魅力。

饮美酒需要有美的环境，登台豪饮，不但显出帝王之尊，而且能领略风光，其乐无穷。春秋时，吴王夫差得到越国美女西施，就筑"高三丈"的"姑苏台"，游宴其上以示欢庆。

刘邦的子孙后代们秉承了先人好酒的天性。然而，时光流转，长于深宫、耽于声色的刘家后世帝王，大多不知高祖创业之艰难，他们或以酒寻欢作乐，或借酒浇愁，过着醉生梦死的糜烂生活。两汉之交的"更始帝"刘玄居长安之中，日与韩夫人酣饮，酒醉不能视事，竟以侍中坐帐内假冒皇上，代理政事。韩夫人更是大逞淫威。一天，臣子有急事求见不得就闯到酒桌之前来禀告，这下可坏了"酒天子"夫妇的雅兴。韩夫人勃然大怒道："帝方对我饮，用此时持事来乎！"饮酒重于国事，不亦悲乎。这些"酒天子"不但饮于宫中，而且追求野趣，向往"肆上之饮"。光和四年（公元 118 年），东汉灵帝刘宏，觉得宫中饮酒尚不足以为乐，忽发奇想，"作列肆于后宫，使诸采女贩卖，更相盗窃争斗。帝着商贾服，饮宴为乐"，酒成了这些快活天子追求刺激、荒唐嬉戏的对象。汉室之倾，就不难想见了。

东晋时期，北方少数民族建立的国家中，"酒天子"辈出，他们不但好为长夜之饮，不理朝政，而且多性格暴戾，酗酒之后，动辄滥杀无辜。常常因酒废政，酿成内乱，致使国家败亡，自身亦难以幸免。

后凉灵帝吕纂，勇武有力，以兵变上台称帝，在位期间，既好酒又爱色，并且经常在醉酒之后外出游猎。由于性好酒，所以对群臣的劝谏一概置之不理。吕纂原与其堂弟吕超有隙，隐王吕绍在位时，吕超曾劝他杀吕纂，以绝后患。后吕纂即帝位，因事责吕超，却与之游宴，终被吕超所杀。《晋书·后凉·吕纂载记》："然昏虐自任，终不能改。常与左右因醉驰猎于坑涧之间。……纂因引超及其诸臣，宴于内殿。吕隆屡劝纂酒，已至昏醉，乘步挽车将超等游于内。至琨华堂东阁，车不得过，纂亲将窦川、骆腾倚剑于壁，推车过阁。超取剑击纂，纂下车擒超，超刺纂洞胸，奔于宣德堂。川、腾与超格战，超杀之。纂妻杨氏命禁兵讨超，杜堂约兵舍杖。将军魏益多入，斩纂首以徇曰：'纂违先帝之命，杀害太子，荒耽酒猎，昵近小人，轻害忠良，以百姓为草芥。番禾太守超以骨肉之亲，惧社稷颠覆，已除之矣。'"吕纂与吕超本为政敌，既责之以罪，理应有所防范。然而，他临变不知节饮，昏醉之时竟与吕超同游，使吕超有机可乘。而且以昏醉之勇，徒手搏击，无异于自投罗网，终至身首异处。吕纂之败，虽死于刀剑之下，实亡于耽酒之中。

前秦厉王苻生力大无穷，凶悍好杀，继位后更荒淫酒色，残杀无辜。《晋书·前秦·符生载记》："初，生少凶暴嗜酒，健（其父）临死，恐其不能保全家业，诫曰：'大臣若不从汝命，可渐除之。'及即位，残虐滋甚，耽湎于酒，无复昼夜。群臣朔望朝谒，罕有见者。或至暮方出，临朝辄怒，惟行杀戮。纳奸佞之言，赏罚失中。左右或言陛下圣明宰世，天下惟歌太平。生曰：'媚于我也。'引而斩之。或言陛下刑罚微过。曰：'汝谤我也。'亦斩之。所幸妻妾小有忤旨，便杀之。"身为帝王，以酗酒杀戮为务，还以天象有变，杀皇后，并且照常酗酒："虽在谅闇（帝王居丧）游饮自若。荒耽淫虐，杀戮无道。常弯弓露刃以见朝臣，锤钳锯凿备置左右。……飨群臣于太极前殿，饮酣乐奏，生亲歌以和之。命其尚书令辛牢典劝，既而怒曰：'何不强酒？犹有坐者！'引弓射牢而杀之。于是百僚大惧，无不引满昏醉，錄服失冠，蓬头僵仆，生以为乐。"自醉不足以快意，竟然杀大臣胁迫群臣狂饮烂醉，使之丑态百出，前秦厉王如此醉乐肆虐，在历代帝王中也实为罕见。然而，他终为醉乐所误。符坚、符法等人趁其醉酒，攻杀之。他"临死犹大饮酒数斗，昏醉无所知"，过了酒瘾，不枉为"酒天子"一场。

东晋南朝偏安江左，由于世事多变，朝夕不保，使当时的帝王们更贪图生活的享受，而醉心于酒。东晋孝武帝司马曜幼年继位，为人聪惠，亲政后，初有帝王之雅量，不久耽于酒色，委政于琅邪王司马道子。《晋书·考武帝纪》载："既而溺于酒色，殆为长夜之饮。末年长星见，帝心甚恶之，于华林园举酒祝之曰：'长星，劝汝一杯酒，自古何有万岁天子邪。'……醒日既少，而傍无正人，竟不能改焉。时张贵人有宠，年已三十，帝戏之曰：'汝今年当废矣。'贵人潜怒，向夕，帝醉，遂暴崩。"晋孝武帝是个颇为现实的帝王，万岁天子是没有的，不如及时行乐，以免错过了帝王应有的享受。行乐莫如醉酒，所以作长夜之饮，而“醒日既少”。由于时常醉酒，少不了胡言乱语，哪知宠妃骄横，加之皇帝无戏言的恐惧，张贵人竟趁孝武帝在清暑殿醉酒之机，令心腹宫女以被蒙其脸面，将他活活闷死。司马曜身为帝王，竟死于酒后戏言，不免可悲。南朝宋少帝刘义符，在位仅一年，却“以华林园为列肆，亲为估卖”。身为一国之主，竟充作酒保，开设酒店，以此嬉戏。宋后废帝刘昱更为荒唐，入夜，去青圆尼寺游玩，又到新安寺去偷狗，并在寺中把狗杀了，与昙度道人一道以狗肉佐饮。结果喝得酩酊大醉，回宫后被侍从杨玉夫、杨万年两人刺杀。齐东昏候萧宝卷厌倦朝政，而好为商贾。他在御园中开设“买卖街”，身充屠夫，而叫潘妃卖酒，又令大太监们“上街”买卖。《南史·齐东昏候纪》载当时百姓歌云：“阅武堂，种杨柳，至尊割肉，潘妃沽酒。”好一个“昏候”！

陈后主陈叔宝更胜一筹。他是个“无愁天子”，用香木建临春、结绮、望仙三阁，以供游宴。《南史·陈后主纪》载：“后主愈骄，不虞外难，荒于酒色，不恤政事。左右嬖佞貂者五人，妇人美貌丽服巧态从者千余人。常使张贵妃、孔贵人等八人夹坐，江总、孔范等十人预宴，号曰‘狎客’。先令八妇人襞采笺，制五言诗，众客及时继和，迟则罚酒。君臣酣饮，从夕达旦，以此为常。而盛修宫室，无时休止。”陈叔宝终日以佞臣、艳妇为伴，滥饮嬉戏。更有甚者，当隋军南渡，危在旦夕，他依然麻木不仁，大言：“王气在此，齐兵三度来，周兵再度至，无不摧设。虏今来者必自取败。”继续“奏使纵酒，作诗不辍。”然而，王气终为酒色所误。及至兵临城下，不得已，他和张贵妃、孔贵人三人一起，钻入井中避难。直到隋军搜查，“窥井而呼之。后主不应。欲下石，乃闻叫声。以绳引之，惊其太重。及出，乃与张贵妃、孔贵人等三人同乘而上”。国既破亡，“酒天子”自然是当不成了，但依然不失为“酒寓公”。陈后主被俘后，隋文帝给予宽大处理，赏赐甚厚：“数得引见，班同三品。每预宴，恐致伤心，为不奏吴音，后监使者奏言：“叔宝云，‘既无秩位，每预朝集，愿得一官号’。隋文帝曰：‘叔宝全无心肝。’监者又言：‘叔宝常耽醉，罕有醒时。’隋文帝使节其酒，既而曰：‘任其性，不尔，何以过日。’未几，隋文帝又问监者叔宝所嗜。对曰：‘嗜驴肉’。问饮酒多少？对曰：‘与其子弟饮一石。’隋文帝大惊。”陈后主狂饮烂醉，固有其亡国之痛，但是，饮酒的嗜好不能不说是他的天性。所以隋文帝：“使节其酒，既而曰：‘任其性，不尔，何以过日。’”对于陈后主来说，当帝王也好，为阶下囚也罢，酒是少不得的，而且多多益善。值得一提的是，陈叔宝颇有点诗才，好酒的天性使他的诗与酒结下不解之缘。只是他以滥饮嬉戏为常，因此，诗多游宴之作，轻薄靡丽。

陈后主陈叔宝与汉高祖刘邦，可谓是中国历史上两个最有名的“酒天子”，同好酒色，然而，结局却迥然不同。汉高祖嗜酒得天下，陈后主嗜酒失天下。这是为什么？汉高祖出身微贱，好酒的天性培养了他的胆略，使他胸怀大志而又平易近人，因此，当时的英雄豪杰都乐于为他所用。酒的造化不但弥补了刘邦才能平庸的不足，而且形成了他的帝王气度，成就了他的帝王大业。所以，刘邦好酒、醉酒，是恰到好处。陈后主则不然，长在深宫，不知世事之艰难，只图逸乐，以快平生。因而，好酒的天性促使他终日游宴，以饮酒嬉戏为务。他不但信佞臣，以酒废政，而且迷恋酒色而贪生怕死，到头来，不免亡国辱身。

与南朝那些喜欢附庸风雅的“酒天子”相反，北朝由少数民族入主中原的“酒天子”则显得强悍暴戾，他们不但嗜酒成性，且好为惊人恐怖之举。北齐文宣帝高洋便是其中一个。

高洋自幼不同凡响，即位后留心政事，励精图治，以法驭下，不避权贵，不姑息勋戚，内外莫不肃然。然而，他渐以功业自矜，嗜酒淫纵，肆行暴虐。《北史·齐宣纪》载：他“或躬自鼓舞，歌讴不息，从旦通宵，以夜继昼；或袒露形体，涂傅粉黛，散发胡服，杂衣锦彩，拔刀张弓，游行市肆。……沉酗既久，弥以狂惑，每到将醉，辄拔剑挂手，或张弓傅矢，或执持牟槊。游行市鄽，问妇人曰：‘天子如何？’答曰：‘颠颠痴痴，何为天子！’帝乃杀之。或驰骋衢路，散掷钱物，恣人拾取，争竞喧哗，方以为喜。太后尝在北宫，坐一小榻，帝时已醉，手自举床，后便坠落伤损。醒悟之后，大怀惭恨，遂令多聚柴火，将入其中。太后惊惧，亲自持挽。又设地席，令平涕泣，前自抱之。帝流涕请，不肯受于太后。太后听许，方舍背杖，笞脚五十，莫不至到。衣冠拜谢，悲不自胜。因此戒酒。一旬，还复如初。自是耽湎转剧。遂幸李后家，以鸣镝射后母崔，正中其颊，骂曰：‘吾醉时尚不识太后，老婢何事！’马鞭乱打一百有余。三台构木高二十七丈，两栋相距二百余尺，工匠危怯，皆系绳自防。帝登脊疾走，都无怖畏。时复雅舞，折旋中节。傍人见者莫不寒心。又召死囚，以席为翅，从台飞下，免其罪民以戮。果敢不虑者，尽皆获全；疑怯犹豫者，或至损跌。沉酗既久，转亏本性。怒大司农穆子容，使之脱衣而伏，亲射之，不中，以橛贯其下窍，入肠。虽以杨愔为宰辅，使进厕等。以其体肥，呼为杨大肚，马鞭鞭其背，流血浃袍。……所幸薛嫔，甚被宠爱，忽意其经与高岳私通，无故斩首，藏之于怀。于东山宴，劝酬始合，忽探出头，投于盘上。支解其尸，弄其髀为瑟琶。一座惊怖，莫不丧胆。帝方收取，对之流泪云：‘佳人难再得，甚可惜也？’载尸以出，被发步器而随之。”酗酒之后，无所不为，轻则袒露形体，涂傅粉黛，拔刀张弓，游行市肆，登高冒险，有失体统。重则伤残太后，虐待辅臣，失君臣之礼。无恶不作，或妨杀后妃，或滥杀无辜，为害甚烈，是一个地地道道酒虐待狂。对这位“酒天子”的暴行，“曾有典御丞李集面谏，比帝（指高洋）有甚于桀、纣。帝令缚置流中，沉没久之，复令引出。谓曰：‘吾何如桀纣？’集曰：‘向来弥不及矣。’帝又令沉之。引出更问。如引数四，集对如初。帝大笑曰：‘天下有如此痴汉！方知龙逢、比干非是俊物。’遂解放之”。高洋拒谏而不杀谏臣，比之夏桀、商纣倒要明智一点。齐文宣帝虽酗酒无度，作恶多端，然终其世不见败亡，与他残存的这点人性不无关系。然而，国虽不亡于酒，而人却死于酒：“末年，遂不能进食，唯数饮酒，曲蘖成灾，因而致毙。”

真是有其兄便有其弟，北齐武成帝高湛亦沉酗于酒。太后死，湛竟无悲痛之感。未几，登沾，置酒作乐。待中和士开有宠于湛，常谓湛曰：“自古帝王，尽为灰土，尧、舜、桀、纣，竟复何异！陛下宜及少壮，极意为乐，纵横行之。即是一日快活敌千年。”这些甚合武成帝心意，于是终日酣饮，不理政事。大臣孝瑜因谏而被罚饮数十杯，结果不胜酒力，投水而死。

隋文帝一统江山，以节俭治国。其子隋炀帝杨广，性敏慧，美姿容，由于生活俭朴，渐得隋文帝的欢心，在南下灭陈和抵御北方突厥的战争中立下大功，因而，取代其兄杨勇的太子地位而登上皇位。哪知，杨广的俭朴不过是为了骗取隋文帝的信任，登上帝位后，就一反以往的俭朴。他好大喜功，利用隋文帝留下来的丰厚家底，大肆挥霍，这其中自然少不了荒淫酒色。他迁都洛阳，营建“西苑”，不时带上数千宫女到此游宴。他看中江都（今江苏杨州市）这块风水宝地，就不惜征发民工百余万，历时六年，开掘大运河，然后造龙舟，三次巡游江都，每起程，杨广就在龙舟上与众妃子纵情饮酒作乐，以逞快意。《隋书·炀帝纪》载：“所至，唯与后宫流连耽湎，惟曰不足，招迎姥媪，朝夕共肆丑言。又引少年，令与宫人秽乱，不轨不逊，以为娱乐。”酒后荒唐，不堪入目。为显示太平盛世，隋炀帝令整修洛阳之都市，盛设帷账，珍货充积。并下令，凡胡人过酒食店，悉邀请，醉饱而散，不取分文。这种使胡人白白享受醉酒的乐趣的做法，使商贾叫苦连天。

由于隋炀帝荒淫无度，各地义军蜂起。他躲到江都后，感到富贵行将不保，所以，荒淫益甚。他常对萧皇后说：“有人想算计我，且别管他，还是快快活活的饮酒吧。”一醉解千愁，然而不免酒醒，面对皇位不保，他引镜自照，叹曰：“好头颈，谁当斩之？”部将右屯卫将军宇文化及发动兵变，擒杨广于西阁，欲杀之时，杨广曰：“天子自有死法，何得加以锋刃？取鸩酒来！”不许，结果自解练巾授校尉狐行达，缢杀之。临死前曾作诗云：鸟声争劝酒，梅花笑杀人。至死不忘一个酒字。

五代十国时期，朝代更迭频繁，帝王多胸无大志，而耽于酒色。闽景帝王延曦贪杯好酒，其皇后李氏亦常酗酒，真是“相得益彰”。这时“酒天子”与“酒皇后”整日饮酒取乐，不理朝政。臣下有作奸犯科，只要纳钱助宴，即可获免。《新五代史·闽世家》载：“泉州刺吏余廷英，曾矫曦命掠取良家子。闽暗怒，召下御史劾之。廷英进买宴钱十万。曦曰‘皇后土贡何在？’廷英又献皇后钱十万，乃得不劾。”身为一国之主，竟以“买宴钱”来取代国法，此可谓“酒天子”以酒为政的一大“杰作”。王延曦酒量惊人：“常为牛饮，群臣侍酒，醉而不胜，有诉及私弃酒者辄杀之。诸子继承弃酒，并杀其赞者一人。”在这位“酒天子”的眼里，诸子、臣下有义务舍命陪君，否则便是不恭不敬，杀无赦。但是，臣下的酒量又不能过于海量，否则有碍“酒天子”的颜面。翰林学士周维岳海量，王延曦问他：“你身材短小，为何酒量不小？”周维岳应道：“酒量大小不在于身材，而在于肠胃。”于是，王延曦下令将周维岳的腹部切开，要看看他的肠胃有何特长。后经臣下再三劝谏，才饶了周维岳一命。王延曦好酒后杀人，他自己也最终酒后被杀，可谓报应。王延曦本由连重遇等大臣拥立而得帝位，后连得遇等人遭到猜忌，因而萌生叛逆之心；加之皇后与妃子争宠，欲图曦而立其子，于是合谋杀曦。王延曦这位“酒天子”大祸临头，竟还饮酒不知，以致在醉中被杀，真是生也是醉，死也是醉。

前蜀顺正公王宗衍擅长“浮艳之词”，即位后，委政于宋光嗣等宦官，自己终日与韩昭等号称狎客的佞臣饮酒赋诗，醉中取乐。《新五代史·前蜀世家》载：“衍年少荒淫，委其政于宦者宋光嗣，……而以韩昭……等为狎客，起宣华苑，有重光、太清、延昌、会真之殿，清和、迎之宫，降真、蓬莱、丹霞之亭，飞鸾之阁、瑞兽之门。又作怡神亭，与诸狎客妇人日夜酣饮其中。曾以九日宴宣华苑。嘉王宗寿以社稷为言，言发泣涕。韩昭等曰：‘嘉王酒悲尔！’诸狎客共以慢言谑嘲之，坐上喧然，衍不能省也。”不理政事，不听忠言，唯酒是务，夜以继日，竟至连饮九天，这在“酒天子”中也可算是佼佼者。王宗衍如此醉生梦死，怎能不亡国？被后唐庄宗李存勖所杀。

元代的帝王为蒙古人，他们发迹于莽莽草原，千里征战的军旅生涯使早期的帝王变得强悍，善骑射，好酒色。元太宗窝阔台是成吉思汗的第三子，早年随太祖南北征战，成吉思汗死后被推举为大汗，在位期间用汉法，重文人，多有建树，但窝阔台尤好酒。《元史·耶律楚材传》载："楚材常与诸王宴，醉卧车中。帝临平野见之，直幸其营，登车手撼之。楚材熟睡未醒，方怒其扰己，忽开目视，始知帝至，惊起谢。帝曰：'有酒独醉，不与朕同乐耶！'笑而去。楚材不及冠带，驰诣行宫，帝为置酒，极欢而罢。"耶律楚材是窝阔台所倚重的大臣，君臣同饮为乐，可见相知之深。然而，窝阔台嗜酒太过："日与大臣酣饮。楚材屡谏不听，乃持酒槽铁口进曰：'曲蘖能腐物，铁尚如此，况五脏乎！'帝悟，语近臣曰：'汝曹君忧国之心，岂有如吾图撒合里者耶！'赏以金帛，敕近臣日进酒三钟而止。"耶律楚材在屡劝谏无效的情况下，以人的五脏不如铁、而铁尚被酒腐蚀的事实再次细谏。窝阔台虽然当面受了耶律楚材的忠告，但毕竟酒性难改，后外出游猎，在途经鄂特古胡兰时，当地的奥都剌合蛮献上美酒，窝阔台在行帐中豪饮直至黎明，结果醉瘫天床上，不久死于行宫中。

明太祖朱元璋出身贫苦，称帝后生活俭朴，不喜欢饮酒。他严刑峻法，以猛治国，曾亲手刺死犯酒禁的胡三舍（大将胡大海之子）。然而，他的子孙并没按他的遗训行事。明武宗朱厚照以荒淫著称，他终日戏耍，怠于政事。他常微服出游，某日在乡间小道上见到一村妇，以为别有风韵，就差手下带回宫中，并作一首歪词：

> 出得门来三五，
> 偶遇村妇讴歌。
> 红裙露高足，排水上南坡……
> 纵然不及俺宫娥，
> 野花偏艳目，村酒醉人多。

他偏爱"野花"，醉于"村酒"，身体日益虚亏，在主持祀祠大典时当场昏倒，一病不起，三十而卒。

历代帝王之"好酒"，"酒天子"辈出，是因为美酒欢宴不但体现了帝王的尊贵，而且可以满足他们对生活的欲望。酒对帝王们来说，其本身并无善恶。然而，酒能给人以享受，能激发人的兴情，从而影响一个人的气质、性格、情趣、爱好等。酒能促使人的个性朝某一方向发展，这种发展又常常取决于人们对酒的态度。帝王也一样，只不过帝王的一举一动，事关国家大局，所以，酒与帝王的关系就显得尤为重要。悠悠数千年，帝王辈出，酒不但始终伴随着“酒天子”们的生老病死、喜怒哀乐，而且给国家的兴衰以莫大的影响。

雄将奇兵酒添胆

酒对于军事家，有拓展胸襟、增加豪情胆气的妙用。如果说在文学家那里酒更多地带有阴柔的气质，那么在军事家那里则更多地带有阳刚的品性。

毛宗冈评《三国演义》时说：“单刀赴会之饮，是饮他人之酒；瓦口寨前之饮，是饮自己之酒。关公之饮是胆，翼德之饮是智；关公之饮是豪，翼德之饮是巧。夫以胆而饮，饮又可以壮胆；以豪情满怀而饮，饮又可以助豪；若效以酒而行其巧与智，则难矣。胆与豪，则与酒相近者也；巧与智，是不与酒相近者也。不与酒相近，而卒能与酒中用之，则饮如张公，更不可及。”在这里，胆与豪是酒衬托出军威，智与巧则是因酒而使出的用兵之计。“单刀赴会”这一以酒为契机的历史故事，充分展示了关云长的凛然正气和豪迈雄风。

东吴鲁肃为了索取荆襄九郡，设宴诈请守荆州的西蜀大将关云长赴会。此宴是典型的“鸿门宴”，如果关云长答应奉还荆州，就当时办理交割手续；如果不答应，就在酒宴上杀了他，然后再进军荆州。关云长明知其中有诈，为不给东吴留下不守信用的口实，不顾关平、马良的再三劝阻，慨然许诺，单刀赴会。关汉卿的《关大刀独赴单刀会》对关羽的豪壮之举有十分生动的描绘：

> 两朝相隔汉阳江，上写着鲁肃请云长。安排筵宴不寻常，休想道是画堂别样风光，那里有凤凰杯满捧琼花酿？他安排巴豆、砒霜。玳筵前摆列着英雄将，休想开宴出红妆……安排下打凤牢笼，准备着天罗地网；也不是待客筵席，则是个杀人、杀人的战场。若说那重意诚心更休想，全不怕后人讲。既然谨谨相邀，我则亲便往……我是三国英雄关云长，端的是豪气有三千丈。

作为一种用兵之计，鲁肃设宴诈请云长的确不失为一种军事计谋；而关云长单刀赴会则主要是为了表现大丈夫的豪勇和威仪。所以后人评论说：羊祜饮陆抗之酒是一团和气，关公饮鲁肃之酒是一片神威。关云长在席间谈笑自若，豪气逼人，鲁肃慑服关云长这种神威，心寒胆颤，不敢仰视，预先埋伏下的刀斧手也不敢轻举妄动，致使索要荆州的阴谋彻底破产。

正如酒之于曹孟德，往往见出他的智巧、抱负和政治情怀；酒之于关云长，则每每显出他的豪勇、神威和过人胆识。曹操、孙权、刘备三分天下之前，刘备兄弟暂寄曹操门下。曹操与董卓两军对垒时，曾被大将华雄连斩两员偏将，曹营一时哗然。这时，关羽主动求战，愿取华雄之头献于帐前。曹操大喜过望，特酾热酒一杯为关羽助威。关羽把酒放下，飞身上马，直奔华雄，帐外喊声大作，如山崩地裂。诸将正在观望，关羽已将华雄之头掷在帐前，杯酒尚温。真是：

威镇乾坤第一功，
辕门画鼓响咚咚。
云长停盏施英雄，
酒尚温时斩华雄。

曹操为关羽酾酒，是英雄慧眼识英雄；关羽停杯不饮，一是为了避免无功受禄之嫌，二是为了表现大丈夫的慷慨之气，过人之勇。“酒尚温”三字，则全盘托出了作家对关羽英雄威仪的崇敬和钦羡。在这里，酾酒人、斟酒人和写酒人之所以都突出一个“酒”字，都是为了更好地表现关云长的英雄本色。

五代时后梁大将王景仁带兵有方，作战骁勇。他带兵打仗时，往往在交战方酣时回到营中，同诸将大饮几杯后再挥戈上阵。诸将因此威勇倍增，以一当十，取得了一次又一次的胜利。

酒与军威的关系还表现在出征前以酒为将士壮行这一古老的仪式上。在我国古代，每次出征作战前，君王也都要为将士设宴饯行。显然，以酒饯行这种仪式除了表示君王的关心和祝福外，主要是为了增强将士誓死杀敌的斗志和义无反顾的豪勇。“葡萄美酒夜光杯，欲饮琵琶马上催。醉卧沙场君莫笑，古来征战几人回。”唐诗人王翰的这首《凉州词》，生动形象地表现了酒对于激发出征将士的爱国主义与英雄主义精神所特有的作用。

不少帝王将相都深知酒能鼓士气、壮军威的奇特作用，把酒与战争结合起来。曹操定了汉中后，分兵去救合肥，东吴趁曹军扎营未定，急派甘宁领兵劫寨。为了鼓舞士气，壮大军威，吴主孙权亲赐美酒五十坛，羊肉五百斤。大将甘宁先用银碗斟酒自饮两碗，然后对众将士说：“今晚奉命劫寨，请诸公满饮一觞，努力向前。”说罢又同诸将士共饮，直到酒尽食绝。结果，将士们在战斗中无不冲锋陷阵，誓死如归。曹军望风而逃，甘宁大获全胜。

饮酒诈醉常常作为用兵之计被广泛应用。《三国演义》写张飞喜意气用事，往往饮酒使气，贻误军机。徐州之失，就是因饮酒使性，鞭挞曹豹，曹豹私结吕布所致。然而，同一个张飞却也演过以酒诈醉、诱敌上当的好戏。一次张飞奉命攻打刘岱，刘岱惧怕张飞之勇而坚壁守城，不敢出战。张飞久攻不下，心生一计，传令当晚劫寨。传令之后，自己在帐中饮酒佯醉，然后故意找事，将一军士毒打一顿禁在营中，并扬言要用他来祭旗，暗地里却令后管人员将他放走。军士死里逃生，立即到刘岱营中告密。刘岱以为时机已到，马上出兵。此举正中张飞下怀，逐将刘岱所部一举全歼，受到了刘备的赞扬。如果说以酒诈醉擒获刘岱，只是张飞偶然的机灵，那么以酒作计诱张郃下山则是他智慧的必然。当时，张飞奉命攻打张郃而取岩渠、蒙头、荡石三寨，张郃傍山依险，坚守不出，任张飞将帅怎样辱骂挑衅都无济于事。张飞见此路不通，心生一计，在张郃屯兵的山前扎下营寨，每日饮酒，然后佯装大醉，坐在山前辱骂。刘备知张飞每日纵酒，怕他误事，深感不安，忙去询问孔明。孔明知道张飞是故伎重演，笑着对刘备说："原来如此，军前恐无好酒，成都佳酿极多，可将五十瓮作三车装，送到军前与张将军饮。"

张飞把酒接到寨中，令将士大张旗鼓地纵饮，自己一边坐在帐前饮酒，一边让两小卒在面前相扑为戏。见张飞如肆无忌惮，张郃大为愤怒，当夜出兵攻击张飞，结果一败涂地，自己也险些丢了项上人头。

饮酒诈醉，诱敌上当是一种用兵之计，诱敌饮酒，然后乘敌人酒醉而攻之则又是一种用兵之计，"智取生辰冈"是这种计谋的一次成功运用。

北宋年间，北京大名府相公梁中书为他的岳父太师蔡京筹集了十万贯的生辰礼物，委派青面兽杨志押往东京。晁盖、吴用等梁山好汉为打劫生辰礼物，在黄泥冈设计，诱使杨志一行饮酒上当，乘他们烂醉如泥之机，劫走所有货物，轻而易举地取得了胜利。

《三国演义》中也有这类记述，建兴三年，蛮王孟获发十万蛮兵，犯境侵掠，诸葛亮出兵讨罚。孟获被诸葛亮两擒之后，再派孟优带着金银珠宝来到诸葛亮帐下诈降，以作里应外合之计。诸葛亮将计就计，设宴款待孟优一行将士，暗将麻药放入酒中，使其"尽皆醉倒"，破坏了蛮军里应外合的计划，再擒孟获。

第二章　推波助澜酒作俑
——宗教结社及民间信仰与酒

民间秘密结社与宗教，它们对酒的态度截然不同，或者喜欢酒、利用酒、视酒为圣物，或者视酒为敌，以酒为禁忌。民间信仰也一样，对酒有着截然不同的两种态度。

秘密结社是社会下层群众中全凭兄弟义气而联结起来的、非公开的、非政府允许认可的非法结社。它的成员多半是江湖上、绿林间好勇善斗之士或赤贫穷汉。他们所崇拜的不是什么神灵，而是历史上的英雄人物，如刘备、关羽、张飞、瓦岗寨英雄、岳飞、水泊梁山一百单八将等。他们的行径可能是正义的，劫富济贫，策动起义；也可能是对社会起危害作用的，啸聚山林或散处都市中，形成流氓集团，坑蒙拐骗，包娼聚赌，欺行霸市，杀人越货。这是一股较盲动的社会力量。

这种结社之风起源很早，有历史可考的可以上溯到两汉的赤眉、铜马以及黄巾等。自此之后，这种结社可说是无时无之，无地无之。清初出现的天地会及而后由它们所派生的许多组织，如洪门（红帮）、三合会、哥老会、袍哥、汉留、致公党。还有与天地会同时出现而长期并存的安庆道友会及而后由它所派生的许多组织，如青帮（清帮）和青帮系统的各种会、社。这些组织团体都可统称为民间秘密结社。

秘密结社的最佳人选是能有一身武艺，勇敢大胆，能打架、扛刑的人。入伙之后要遵守戒律、帮规。这些戒律、帮规规定得十分严格，对违法乱纪者的处分也十分严厉，毫不容情。这种结社的组织并不松散，有总的领导机构，也有地区首脑，它们之间虽不见得有什么隶属关系，但横向的联系还是不少的。

这类结社与酒有着不解之缘，酒在他们之中是不可少或缺的“圣物”。他们在拜盟时要酒，誓师出发前要酒，胜利后的庆功要酒，一些节日、庆典也要酒，可以想象酒在这类组织中的需要量有多大。水泊梁山有“掌管监造供应一切酒醋”的专门技术人员“笑面虎朱富”。酒的性质是能助兴壮胆，使人激动，抑制其正常意识而表现为狂躁，这就正好符合那些“义士”们在上述那些场合的需求表现形式。

在拜盟入伙时要举行一些类似宗教洗礼的仪式，常是在关帝庙、岳飞庙或其他较大场所摆设“香案”：供上牌位或供上祖师像，香案上摆上香炉、蜡台，上好各样供品。举行仪式时要朗读经文誓词、诗歌，师父、引师、保师及本人要立愿等。其中一项重要礼节是“歃血为盟”，这是一个饮酒的仪式，过程是先用一只已经作为牺牲放在香案上的祭献过的雄鸡（一般是白色），再经过一番祝圣的仪式，即朗读一些咒语、歌词，再把鸡头割下来，把血滴在一个盛满酒的盆里，这个仪式叫做“斩凤凰”。鸡血与酒混合后，让要入伙结拜的新成员以及参与仪式的人员一起饮用。也有不用“斩凤凰”的，而是让新入伙结拜的成员及在场有关人员用针把左手中指肚刺破，把各人的血都滴在一个盛满酒的盆里，酒血混合后大家饮用，以表示他们是有着“血缘关系”的师弟（爷们）或兄弟（哥们），今后就可同心同德、患难与共了。

酒宴是结社中经常举行的。像“歃血为盟”那种饮酒尽管意义重大，但毕竟是一种严肃的礼节，不能放量多饮，在经过这种礼节后还要大摆酒宴。这要看条件，排场大的常是一摆几十桌、上百桌，在这种酒宴上一般都要尽情尽量喝得烂醉，显得结社关系融洽，情深义重。

也有的结社在入伙仪式上并没有歃血饮酒的场面，或是只喝鸡血而不混以酒，如青帮就是这样。在青帮摆香堂收徒弟时仪节特别繁缛，可就是没有饮血酒这一项，这是因为青帮以自己是佛教临济宗的一支相标榜（其实，这不过是某代青帮头子为显示其根基深厚，而硬拉上几辈佛教祖师当做青帮的祖师，实际上青帮与佛教是没有关系的），佛教是戒酒除荤的，所以在香堂里举行入帮仪式时不能饮酒。但是仪式过后离开香堂照样大摆酒宴，豪饮、狂饮。

社团在进行一些行动之前也要举行仪式，大摆酒宴，如要誓师举事，要出发作案，要投案、顶案、抽上“死签”去赴死，违犯帮规处以极刑或自裁等。这是一种肃穆、庄重的酒宴，因为这是生死攸关的行动之前的聚会。酒在这种场合更为重要，不醉也要醉，最好是醉到使自己失去知觉或趋于催眠状态，因为这多半是生死攸关的聚餐。

庆功会、封赠会、分赃会、迎送会、喜寿事、节日庆典则又是另一种欢快性质的宴会，当然更少不了酒。这类宴会的排场有时大得惊人，佳肴如山，美酒如泉，可称富比王侯。但这项花销并非属于帮内开支，而是由参与徒众分担，其中不免有腰缠万贯的人物，则更是不惜一掷千金。也有时是由于给某个富豪办了什么事情，而对他进行的一种要挟、勒索，当然也可能这这位富豪主动地摆宴以示答谢或奉请。另一种情形是有的帮内首领人物惯于利用机会“飞帖打网”，因为一次宴会之后往往获利不菲，所以会出现某个帮会头子一年过两次生日的事。有时则是给太太们、老太太们过生日，纳妾、娶媳、得子得孙，则更是最好的借口。这就说明了酒筵在下层社会结社中，就是这些结社中的分子所追求的目标。请看下面所列三合会的一首组字诗：

人王腰际两堆沙，东门头上草生花。
丝线穿针十一口，羊羔美酒是我家。

这四句诗分别是“金”“兰”“结”“义”四个字的谜句。

酒在结社内还有一种妙用，即他们的分子在江湖闯荡时，随时都要以酒为彼此勾通的标志，有时还要结合着一些隐语，即所谓“切口”“令子”“春典”之类，以及用酒杯摆成各种“阵式”等方式来识别彼此的“帮头”“辈分”“师承”等，对答上来就是一家人，到处给予方便，全包吃住、盘缠，有事相助，有难同当；对答不上来就不是一家人——“空子”，就会处处不便。可以说酒在这种社会下层结构中的重要性比普通社会要大，而且用场广。一个入了帮的人，一般说不只是武艺高强，胆大包天，还要能饮酒。不能饮酒，遇到盛大酒宴场合有人敬酒，被敬者如推辞不饮，或是借口信什么禁酒的教而谢绝，那就会被人藐视，不能与人成为知己朋友，甚至会被驱逐出帮。

下面举几则帮内“切口”“令子”“春典”中有关酒的例子，以示酒在社会下层结构中的作用。如要识别交往中的对方是否为自家人，需要有一系列的问答，其中很多是他们自己创造的特殊词语：三合会称酒杯为“莲米”，洪门称酒杯为“闵儿”，红帮称饮酒为“受玉子”，哥老会称酒为“红花雨”等。洪门兄弟给人斟酒时要念：“手拿金壶把酒斟，兄弟仁义早有闻，今朝请放宽宏量，多饮一杯喜洋洋。”接酒的人则要答：“手拿金杯圆又圆，仁兄得意在桃园，弟兄徐州遭失败，古城相会又团圆。”三合会在盘问对方时有这样的问答：“请问（梁山）关卡酒店何人镇守？”答：“山下镇守酒店英雄：东方酒店母夜叉孙二娘，南方酒店一丈青扈三娘，西方酒店双尾蝎解珍、两头蛇解宝，北方酒店旱地忽律朱贵、笑面虎朱富。”如此等等。

像这类规定，各个结社都不相同，但性质都是一样的，也可以彼此借鉴，总不外乎是显示以酒作为他们成员间的联系纽带。各个结社都有严格的戒律，如什么“十戒”“十禁”“十恶”“十条”“十刑”“二十一则”

"三十六誓"等。但这不包括青帮，因为他们是以佛门自居的，所以在他们的"帮规十戒"中就有严禁酒后滋事的规定，叫做"十戒烟酒骂人"。其余的结社组织都没有禁酒的规定。

民间秘密宗教是指非正规的公开的宗教，在民间秘密流传着的各种宗教。民间秘密宗教源远流长，可以上溯到古代的宗教性活动，如巫觋之类，后来又与先秦的老庄哲学体系合流，经过秦汉方士之流的利用发展，东汉末期出现了最早的秘密宗教天师道、太平道。它们的一支后来吸收佛教的一些成分而发展为道教，而一些支派则依旧在民间秘密流传。

唐武后时，摩尼教传入中国，它对秘密宗教以后的发展影响更大。会昌三年（843年）摩尼教遭禁后，大部分组织合于民间秘密宗教，最后定型为一套新型的、杂糅儒、佛、道、摩的教义和新型组织体系的秘密宗教，就是白莲教。

白莲教定型之后发展很快，自元代一直在盛传，并不时发动起义，最后酿成元末农民大起义，掀翻了元朝。明代从开国之初即严厉禁止白莲教，这种措施促使一些白莲教支派，趋附上层社会取得合法或半合法地位，而多数支派仍旧留在民间与广大农民群众结合在一起，继续作为策动农民起义的组织力量。清代对白莲教也一直采取镇压政策，但白莲教的传播一直没有停止，直迄民国时期为止。

应该特别提出的是，明初出于白莲教的遭禁，一些白莲教支派改造自己，以图迎合统治者，于是出现了一个白莲教的最早也是最大的变体，就是成化、正德年间山东莱州府即墨县罗清所创的无为教，又称罗祖教、罗教。罗清精明强干，他继承了白莲教的一整套思想体系而又有所发展。他把无为教的教义写成五部经卷，世称"罗祖五部经"或"五部六册"（其中之一的《破邪显正钥匙卷》分上、下两册）。无为教罗祖五部经影响了几乎所有明清时代的民间秘密宗教，不论它们起个什么名字，在什么地方，由谁当开山祖师，都离不开无为教和罗祖五部经。就是说他们都尊罗清为祖师，罗祖五部经成了他们的"圣经"。例如明隆庆间创兴的西大乘教，也仿照罗祖五部经写了"红阳五部六册"，其他教派虽然不一定写足了五部六册之数，也大体是阐述罗祖五部经的内容，而且他们多数都把罗清编入其自定的"道统"之中，作为第几代祖师。

在罗祖五部经中有一条非常重要的教义和修持法则，即继承了佛教净土宗、白莲宗的专念佛号，修持五戒、不茹荤酒，如此即能往生净土说。这种说教在五部经中不仅有专品演述，而且随处可见。如在五部经之一的《叹世无为卷·慈悲水忏品》第三中就说：

> “参大道，明真性，十方照彻；永无生，永无死，永无轮回。得大道，无慈悲，痴呆大胆；食酒肉，挡住人，不得来参。……食酒肉，引饮人，入了生死；背佛愿，截住法，挡住人天。三千佛，恼怒了，惊天动地；把你家，宗和祖，送在刀山。……食常斋，引领人，永堕沉沦。”

又如在《正信除疑无修正自在宝卷》《经旨》中说：

> “有一等愚痴迷种，说迷人饮酒吃肉，不参道，也得归家。迷人终日，走着生死之路，不知安身立命，又不知净土家乡，他怎么便得归家？”

又在同经《饮酒退道杀牲品》第七中说：

> “颂曰：‘智者当识破，酒过三十六，君子无所争，好条快活路。为人不戒杀，生死如推磨。’呀，不司真常道，三涂无所躲。颂曰：‘酒为狂药坏良能，丧命倾家众祸根。李白贪杯亡幼体，渊明罢酒养天真。世人好饮人心乱，僧道贪杯道眼盲。觑破无明三十六，阴司地狱放光明。’”

又在同经《不当重义品》第二十二中说：

> “又有一等人，吃酒吃肉，指称师得，外边哄人，假称师傅徒弟，说法度人，哄得钱物买酒买肉吃，有朝一日拿住你，休怪，休怪。”

这是无为教关于戒酒的权威性理论，以后由无为教派生的支派大半都是戒酒除荤的，对于这套理论都是奉行不替的。再举一例，万历年间兴起的红阳教，是无为教的嫡传支派，祖师韩太湖法号“飘高祖”，也曾仿照“罗祖五部经”写成“红阳五部六册”，其中关于戒酒的教义基本上是因袭罗祖五部经的，如在他们的五部经之一的《红阳叹世经》中，就举出很多古人因贪酒误事的例子以警戒信徒：

> “李白醉写黑（吓）蛮书，朝廷展唾污龙衣，杨妃捧砚鳖尿污，力士脱靴挟旧仇。君王面前贪恋酒，水底捞月不见踪。再把李白推在后，又说平王恋酒杯，酒醉收了吴祥女，偶然酒醒悔不及。平王恋酒失大事，晋王贪酒丧亲人。……哪个贪酒得长久，酒醉迷人不认亲。”

清初由羊来如创兴的在理教，教派的教义十分简单，主要是大戒烟酒，其中孝敬父母、和睦乡里等大戒条都不过是陪衬。戒烟起初就是指戒除吸食自明末从南洋传进来的烟草（旱烟）的嗜好，后来扩大到吸鸦片烟；戒酒则是一贯的传统。羊来如和罗清是同乡，也是山东莱州府即墨县人，他所创的在理教也是无为教的嫡传，教内往往也自称为无为教。在理教清初从天津开始建立，大盛于嘉庆以后。创兴之后不胫而走，发展极快，这是由于它投合了当时社会的需要。直到民国年间仍然不衰，以至变为公开的宗教，在政府立案，承认它是合法宗教，并成立了全国性的领导机关“中华理教联合会”。

在理教的信徒严守不吸烟、不喝酒的戒条，在入教仪式上传道师就谆谆教导，“归理”（入教）之后就不许再“开理”（背教），否则必有大难临头。因此在理教的信徒的人，如果向对方让烟让酒，对方只要答以“有理儿”，这个人立刻就要说“有罪，有罪”，不再让对方。一位信徒答以“有理儿”，跑堂的不但要告罪，而且要告诉厨房，所有的菜肴连料酒都不许放。说也奇怪，在理教的教规并不是那么严厉，当真“开理”了，也不会被教内加以什么惩罚。但是“归理”的人都绝少有“开理”的，而且不仅终身信守，连他们的下一代也多半从小就要“归童子理”。

当然在理教的“当家”（传道师）们，也会经常在“公所”（佛堂）里向信徒们宣讲烟酒之害，有的公所还印些宣传品，有几个大都市的公所条件较好，信徒也多，他们还出些期刊。兹引他们的一种讲道的书籍《悟道录》中“酒能乱性说”的一段，具有一定的积极意义，以说明在理教戒酒的理论：

> 孟子曰：“禹恶旨酒，而好善言。”吕祖曰：“酒色财气四堵墙，人人俱在里边藏。有人跳出墙外，便是长生不老方。”此皆教人不可贪酒而坏正事也。盖因酒为四害之首，一醉于酒，酒醉性迷，色心由此而起，财念由此而生，气性由此而发。色财与气皆因酒起，丧德败行，亦因于酒。甚至任性乱行，蹈于水火而不知，陷于刀兵而不晓。古来多少聪明良才英雄豪杰，往往皆遭此难，自丧性命。亦有性格善良，自能把持，贪酒而不致乱，色财与气不能染者，虽然不乱不染，神昏气促，湿热熏蒸，津液涸而气血伤，无益有损。故佛家以酒为首戒，盖因为害最大也。

但是，晚清时期除了在理教对于烟酒尚能恪守规戒外，其他由无为教派生的各种民间秘密宗教，对于戒酒除荤能奉行不渝的只占一部分。有的索性放纵起来，有的略为通融，为不准饮白酒、烈性酒，而可以饮啤酒，不能吃荤，而可以吃鸡蛋，喝牛奶。至于那些放纵的民间宗教，有的在节日、盛典时往往推杯换盏，酩酊大醉，甚至醉酒滋事。如红阳教（或称混元门），由清水教（或称一炷香、清茶门）转化成的天地门，道教的一支（流传在民间的）名叫太上门（或称老君门）的，这三种教门在华北各地特别流行，原来都是戒酒的，后来也放纵起来，不再戒持了。

民间信仰主要是地方上、行业中不入国家礼典的一些神灵崇拜，所谓“淫祀”。有例外，但不多，如关帝即是。论其性质，有的像佛，有的像道，但又非佛非道，如酒神即是。有的本属佛教、道教，但民间信仰化了，它们离开了寺观，走入家庭，在桌案上设上一个神龛，或在村头、巷尾盖上一座小庙，如观音即是。对它们顶礼膜拜的人们不能说他们就是佛教徒、道教徒，只能说他们是民间自由信仰者。还有就是所谓“师巫邪术、扶鸾褥圣”者流，师巫就是巫婆神汉，他们的“邪术”就是顶神、附体、风水之类以及一些婚丧、岁时风俗等，也可算做民间信仰的一个方面，不过那就是广义的了。

民间信仰不是宗教，也不是结社，但是有一部分宗教性，也有的有一种无形的结社形式。民间信仰中与酒的关系并不那么突出，既不视酒为圣物，也不那么严格排斥。民间信仰中与酒关系最直接的是“酒神”，它是烧锅驼机（酗酒厂）和酒店所敬的行业神。酒神是哪家说法不一，一种说法是杜康，一种说法是仪狄。历史上还有“尧酒千盅”的说法，则酿酒已始于尧的时代。但《黄帝内经》上也有关于酒的记载，酿酒又应始于黄帝（尽管《黄帝内经》成于汉）。更有甚者，由于天上有个“酒星”，则认为酒的出现应是与天地共生的了。其实这些都是牵强附会，认不得真。酒是人类文化中的一个重要部分，似乎应有神管理，到底是谁？由杜康、仪狄做代表，当然也无不可。

酒神是什么形象，不像弥勒佛、观音、关公……有个固定的模式，而是完全随雕塑者的意，不外是个慈眉善目、五绺胡须、带官帽的老人，倒是民间的“纸马”有其特点，绘制者故意在酒神的两颊涂上红色，可能是表示酒醉的样子。不过这种神马不多见，因为不如灶王马、财神马等畅销。

酒在民间信仰里用场是很多的，只要是祭告、祈禳的场面，不论是天地神灵，风雨冰雹，疾病灾害，祖先家宅……都少不了以酒为祭品（禁酒的信仰者除外），这是因为酒和烧香、焚表、烧纸钱一样，都是化掉，而且是上升，这意味着上达天庭，祈祷者的意愿被神接受了。

在民间信仰中对酒又有着不同的态度，一般说劝戒饮酒还是占多数的。在一般劝善书里常见有陈述饮酒之害的文字。兹举一例，《觉悟选新》卷四

《戒酒色财气歌》：

“酒、酒、酒，千般莫友，穿肠毒药，害人之物，不可多有。勿过贪兮勿出丑，交朋呼友，同堂吃酒，我一盏，尔一杯，呼拳对手。先未醉尚欢谈，醉后不知朋与友。为败家之亡人，为丧国之罪首。戒之哉，莫贪此酒。

花、花、花，世上荣耀莫夸，半世精神有限，酒色财气莫加。一生除此四字，修行别有一家。酒乃伤肠乱性，沉醉胡作非他。”

这本《觉悟选新》出自一家鸾坛，是仙佛降坛时的坛训汇编。大约不晚于清代中叶，民间建立鸾坛之风甚炽，有的是独立的，定期开坛为人决疑治病，或宣讲劝善。有的就进入了民间宗教组织作为通神的一列，同书卷八就有一篇与之矛盾的坛训，即光绪二十八年十一月十九日李太白翁降坛时的诗句：

太元体就行立机，白洁清香酒满卮。
大醉一壶诗百首，仙缘欲结快修为。
登云游赏到鸾台，饮酒吟诗雅兴开。
俗语粗词聊伴醉，诸生莫羡我高才。

这似乎就是引人赞美酒了。再举一例，同样是一部坛训的汇编，名为《救劫慈航》二编。其中《辛酉六月十八日辰刻道济佛祖示》（辛酉指1921年）：

佛氏本性坚，儒家也参研，道德由此作梯阶，盍兴乎来！持身治世纪善言，酒兴豪，多感慨，少檀板，缺知音，胡乱信口儿歌言。诸生莫猜疑，吾且饮水一回。

《壬戌三月十五日卯刻道济佛祖词》（壬戌为1922年）：

今日黎明鸾降海宁觉先坛，且饮斗酒，临鸾再示。酒后狂吟感叹诗，群生行善要及时。……

这几段坛训也都是可以饮酒的，以至“以身作则”地一饮斗酒，还说喝醉了酒可以遮住佛面任意施为。我们还可想象，当时鸾坛的供桌上不定要摆上多少酒，至少要够济公一饮一斗的量吧！

但是又有一篇坛训，对酒的态度又与上引几段不同，就是《辛酉十一月初一日寅刻张桓侯示》：

华筵盛开，列圣降台，吾今临鸾，知尔准备，快斟酒来。吾有事他往，各赐酒一杯，能豪饮者，具疏呈上。……兹因生等态度诚敬，不能

不忠告导之。酒宽愁肠百不醉，深悔当年失察戒。世人胡人不从学，莫效徐州吾酣眠。酒乃乱心须当戒。时哉珍珠米又贵。误事误时究何益，适中适度血和谐，毋效李白饮千杯，上古至今一青莲。

这段坛训颇有代表性，它说明了民间信仰中对酒的基本态度：又劝人戒酒，又鼓动人饮酒。像《觉悟选新》《救劫慈航》这类劝善书或坛训汇编，清代晚期及民国年间坊肆间到处出售，专门印制善书的“善书局”“刻经处”，一般“刻字铺”“印刷所”莫不竞相刊行，其数量之多无法统计，其中对酒的态度大致如此。

第三章　喜恶唯有悟心知
——道教、佛教与酒

道教是中国现存宗教中唯一的本土宗教，是在继承了中国先秦诸子百家学说（主要是道家学说）、殷商以来的鬼神崇拜和神仙方术的基础上发展而成的。它的历史非常悠久，从东汉顺帝时（公元126–144年）正式创立教团算起，至今已有近两千年的历史了。道教的思想文化，在漫长的历史发展过程中，一直是中华传统文化的主要支柱之一。它与中华传统文化浑然交融为一体，但又具有自己的风骨与特色。中国传统文化是浩瀚的大洋，道教文化则是这大洋中的一片辽阔的大海。道教在中华民族文化发展中有着深远和广泛的影响，它的许多思想和观念，经过千百年的延续发展，已经在中国人的思维方式、生活方式和行为方式上打下了深深的烙印。道教与中国酒文化的关系，也大致如此。

我国远古神祀宗教深深浸染了酒文化特色。远古神祀宗教不但不禁酒，而且把酒作为祭奠神祉的重要供品，甚至还设有专门掌管宗教活动中敬酒事项的官职，称为“酒人”。据《周礼·天官·酒人》记载：“酒人掌为五齐三酒，祭祀则共（供）奉之。”现在出土的殷代古墓陪葬品中多有酒具，这也为事实提供了见证。早期，道教受这种文化氛围的影响，并不一概忌酒。道教沿用了祭酒的称号，用来称呼高级神职。张道陵在蜀中创立五斗米道，设二十四治，治首即称“祭酒”。祭酒原为飨宴时酹酒祭神的长者，乃德高望重者才能担任，五斗米道沿用此名，说明早期道士所行宗教职能与原来的祭酒有相通之处。后来，道士的称谓有了很大的变化，祭酒只成对道士神阶的称谓之一，如道教经书《一切道经音义妙门由起》说：“所以称为道士者，以其务营常道故也。”并指出道士有天真道士、神仙道士、山居道士、出家道士、在家道士、祭酒道士六阶。

1. 道教戒律是约束道士的言行，不使其陷入邪恶的条规。早期的道教戒律并无不准饮酒的条规。现存最早的道教戒律五斗米道《老君想尔戒》，分上中下三行，每行三条，共九条，皆无戒酒之条。金代全真道出，丘处机始创传戒制度，入道者必须受戒才能成道士。明末清初王常月创全真丛林，全真道龙门派声势大振，从这时起，道教才有了禁酒的规定。该教的《初真戒律》《中极戒》《天仙大戒》合称“三堂大戒”，多达数百条，其中大量吸收了佛教五戒（不杀生、不偷盗、不邪淫、不妄语、不饮酒）和儒家的名教纲常思想，对生活各方面均作出规定。那时的一些教内文献，还明确了违反这些教规的惩罚办法，例如《教主重阳帝君责罚榜》便作出“因酒色财气食荤，但犯一者，罚出”的规定。

2. 道教对普通教徒虽然并不严格戒酒，但是坚决反对酗酒。道教重要经典《太平经·丁部》对酒的害处有专门论述：①酿酒浪费粮食。“盖无故发民令作酒，损废五谷”“念四海之内，有几何市，一月之间，消五谷数亿万斗制”。②损害身体健康。“凡人一饮酒令醉，狂脉便作”“伤损阳精”“或缘高坠，或为车马所克贼”。③影响正常工作。酒醉之后“买卖失职”“或早到市，反宜乃归”。④危害家庭。因酗酒“或孤独因以绝嗣，或结怨父母置害，或流灾子孙”。⑤影响社会乃至天地气。酒醉之后，“或为奸人所得”“县官长吏，不得推理，叩胸呼天，感动皇灵，使阴阳四时五行之气乖错，复旱（干）上皇太平之君之治，令太和气逆行”。总之，酒的害处是很多的：“推酒之害万端，不可胜记。”鉴于此，该经还规定了对酗酒者的惩罚办法是鞭笞和贬降：“但使有德之君，有教敕明令，谓吏民言：从今已往，敢有市无故饮一斗者，笞三十，谪三日；饮二斗者，笞六十，谪六日；饮三斗者，笞九十，谪九日。各随其酒斛为谪。”对作酒、卖酒者，则罚以修城郭道路官舍：“酒家亦然，皆使修城郭道路官舍，所以谪修城郭道路官舍，为大土功也。”因为酒属水，建筑属土，以土治水，以补其过：“土乃胜水，以厌固绝灭，令水不过度伤阳也。”“修道路，取兴大道，以类相占，渐置太平。”当然，对远行的“千里之客”，或家有老人、病人“药、酒可通”者，或“祠祀神灵”者用酒是不在受罚之列的。

3. 道教历代仙真中也多有与酒有不解之缘者。至今仍广为流传的八仙故事最初即与酒有关。八仙之名从晋代即有，人们对可集在一起的八位名流都可称为八仙。至于今天最流行的八仙说法，是信道之士在此基础上经历代不断编撰，直到明朝才确定下来的。明·吴元泰《八仙出处东游记》所说的八仙是李铁拐、汉钟离、张果老、何仙姑、蓝采和、吕洞宾、韩湘子、曹国舅，这是至今人们广为流传的。在道教仙真中甚至有仙真因酒而得度者。传说被全真道教奉为祖师的吕洞宾在唐末、五代之际，少习举业，两举进士不第（一说唐文宗开成二年即837年始成进士，一说唐懿宗咸通三年即862年64岁时始成进士）。后游长安，在酒肆中遇汉钟离祖师，经过“十试”，得受长生久视之术而成仙。金代道士王重阳是道教全真道的创始人。他出身在陕西咸阳大魏村富户，早年习文，入府学，后改而习武，于金天眷初（1138

年）曾应试武举，考中甲科，慨然有经略天下之志，然长期任征酒小吏，卒未能得志。金正隆四年（1159年）48岁时，自称于甘河镇酒肆中遇异人，饮以神水，授以真诀，自此假装疯颠，自号“王害风”，弃家入终南山南时村穴居修炼，号所居处为“活死人墓”，开始了他立宗创教的历史。清代光绪年间著名道士李涵虚是丹道西派创始人，史载他自小颖悟，年青时善琴、嗜酒，陶醉于诗词文赋之中，堪称诗酒中人。如此等等，不胜枚举。

佛教是反对饮酒的，无论在家、出家，戒律上都一律禁止饮酒。对于酒的定义和分类，经、论、戒典多有详说。据《俱舍论》卷十四载，酒有三种：由米麦等谷类酿成的穴罗（梵语 sllra，苏罗）；以果实或植物的根、茎酿成的迷丽耶（梵话 maimya）；而在上述二者都没有完全发酵时，可令人生醉，称为末陀（梵语 madya）。此外，又有谷酒、果酒、药草酒三类酒的分类。又据《根本说一切有部毗奈耶颂》，以各种米麦酿制之酒又称大酒；以植物的皮、果、花等浆汁酿成者称为杂酒。严格地说，但凡有酒色、酒香、酒味，或仅具其一而能醉人的，不论为谷、酒、果（木）酒、药酒、甜酒（蜜、糖、葡萄等酿制）、清酒，乃至酒酢、酒糟，皆在禁戒之列，饮咽则犯。

戒酒为大、小乘共同的律制，出家、在家四众皆须恪守。原始佛教之根本经典《阿含经》即载佛陀所宣说五戒，即不饮酒，不杀生，不偷盗，不邪淫，不妄语，是佛教徒所要遵守的五种基本行为准则，由此断除恶因，进求佛果。依律藏诸典，如《优婆塞五戒相经》《十诵律》所载，佛陀本人对“不饮酒”戒进行详明的阐说和严格的规范，是在当时印度的支提国跋陀罗婆提邑。

关于饮酒的过失，三藏诸部经典有或简或细的归纳概括，根据对象的不同，大致可分为两类：一类是针对世间的在家人，多从一般现实生活、事业、财富的得失、利弊而言，以契合他们的层次。另一类是针对信人的四众弟子，特别是对出家众人的开示，不仅止于世间善恶得失，进而更上升至饮酒对出世的终极解脱的极大危害。前者论述，《阿含经》的《阿[illegible]夷经》堪为代表。经中佛陀向富商善生说法，告诫他世间有六种恶行能损财业，第一种即是沉溺于酒，其失有六：一者失财，二者生病，三者易生斗争，四者恶名流布，五者恚怒暴生，六者智慧日损。唯有加以避免，才会财业日增，生活和乐。第二类阐说甚多，如《四分律》之十过，《大智度论》之三十五过，《沙弥尼戒经》之三十六失等，皆列举饮酒所产生的过失，除涵括前类

过失并加以更细密的分析罗列外，更从滋生欲求、造作恶业、破坏信仰、妨碍修行等方面数陈其罪，以为信持佛法者的警鉴。总之，酒是昏狂之药，一切严重的过失都因此而生。如《多论》以为此戒极重，能使人作四逆重罪，并能使人因酒醉而破犯一切戒，造一切恶，实是昏神乱思，放逸之本。故经律中每每将酒譬喻为毒药，甚至有宁饮毒药不可饮酒的教诫。

酒既为残贤毁圣、败乱道德的恶源，亦能令一切众生心生颠倒，失慧致罪，所以戒律不仅禁止自己饮酒，而且禁止教人饮酒，不得操持、沾染任何酒业、酒缘。如《大爱道比丘尼经》云，不得饮酒，不得尝酒，不得嗅酒，不得卖酒，不得以酒饮人，不得谎称有病欺饮药酒，不得至酒家，不得和酒客共语。《萨婆多毗尼毗婆沙》卷一明申在家居士不得作沽酒的行业，视之为不道德的邪业，为之必掐恶果。从早期经典的记载来看，这些戒律在佛陀时代的印度产生过实际的影响。如《佛说戒消灾经》载，在佛法弘化初期的中心舍卫国，当时有一个县皆奉行五戒十善，全县界内没有酿酒者，一位大姓子弟甚至因犯戒饮酒，被父母逐出了家门。不过，佛教徒亦非绝对地不可饮酒。依律制，倘患病必须以酒为药，或饮，或含口中，或以酒涂疮，都不为犯戒。对原本嗜酒，出家后因戒酒而病瘦不调的僧人，佛陀也非毫不通融，一味禁制，而是为其略开方便之门。《根本说一切有部目得迦》记载佛陀特许断酒致病的比丘，以造酒的植物的根茎、叶、花、果等的屑末，用白布包裹起来，放置于“无力不醉淡酒”中浸渍，“勿令器满而封盖之，后以清水投中搅饮”；或者“以面及树皮，并诸香药，捣筛为末，布吊裹之，用杖横击，悬于新熟酒瓮内，勿令沾酒，经一二宿以水搅用”，以此止息酒渴之病。又《毗尼母经》卷五也有允许病酒者于瓮上嗅酒昧、吃用酒和面作的酒饼，乃至于酒中自渍的记载。不过这些方便，在佛陀人灭后，亦成为引发争论的问题。佛陀人灭后一百一十年（公元前276年）前后，毗舍离城的跋阇子比丘僧团，将戒律上较琐细的十事，当做例外而允许实行，被保守传统的上座部长老系统视为离经叛道，遂召集僧团大会，判为“十种不清净事”，从而直接导致了著名的第二结集和大结集，造成了整个佛教僧团的分裂，即保守的上座部和对佛法持开放理解态度的大众部的公开对立。在这十事中的第七事，就是毗舍离的僧人“和水饮酒”以治病，认为不违戒律，清净不犯，而上座部长老的裁决是非法的。汉传佛教所承授的《四分律》，准许僧人在有病而其他药治愈不了的情况下，以酒为药，非唯“和水饮酒”，直接服饮也是可以的，较原始佛教似为宽松。但为防止滥行，《南山戒本疏》又特别强调，不是有病就可饮药酒，而是必须用其他药遍治不愈后，才能服用。

综上所述，虽然随着对象、时域的差别流迁，“不饮酒”戒的某些具体细微的规定有所不同，或宽或松，但作为行为指导规范的戒律本身却从未动摇，反对饮酒、禁止信徒饮酒的主旨始终一以贯之。这种鲜明、坚决的立场，大概是佛教基于以无明欲求为生死苦本的业缘观，以清净离染为解脱正道的修行观，以及将建设一个清明、健康、和谐、美满的理想人类全景作为自身使命的终极价值关注，所必然表现出来。

附 四分律（卷十六）

佛告阿难，凡饮酒者有十过失。何等十？一者颜色恶；二者少力；三者眼视不明；四者现瞋恶相；五者坏田业资生法；六者增致疾病；七者益斗讼；八者恶名流布；九者智慧减少；十者身坏命终堕三恶道。

若比丘饮酒者，波逸提。

酒者，木酒、粳米酒、大麦酒。若有余酒法作酒者是。木酒者，梨汁酒、阎浮果酒、甘蔗酒、舍楼伽果酒、蕤汁酒、蒲桃酒。梨汁酒者，若以蜜、石蜜杂作，乃至蒲桃酒亦如是杂。酒者，酒色酒香酒味不应饮。或有酒非酒色酒香酒味不应饮。或有酒非酒色非酒香酒味不应饮。或有酒非酒色非酒香，非酒味不应饮。非酒，非酒色酒香酒味应饮。非酒，非酒色非酒香非酒味应饮。非酒，非酒色非酒香非酒味应饮。彼比丘若酒酒煮酒和合，若食若隐若现饮者，波逸提。若饮甜味酒者，突吉罗。若饮醋味酒者，突吉罗。若饮曲若酒糟，突吉罗。酒酒想，波逸提。酒疑，波逸提。酒无酒想，波逸提。无酒有酒想，突吉罗。无酒疑，突吉罗。比丘尼波逸提，式义摩那、沙弥、沙弥尼突吉罗。是谓为犯。不犯者，若有如是如是病，余药治不差，以酒为药，若以酒涂疮，一切无犯。无犯者，最初未制戒，痴狂心乱痛恼所缠。

大智度论（卷十三）

不饮酒者，酒有三种：一者、榖酒；二者、果酒；三者、药草酒。果酒者，葡萄、阿梨咤树果，如是等种种，名为果酒。药草酒者，种种药草，合和米曲、甘蔗汁中，能变成酒，同蹄畜乳酒，一切乳热者可中作酒。略说若干、若湿，若清、若浊，如是等能令人心动放逸，是名为酒。一切不应饮，是名不饮酒。

问曰：酒能破冷益身，令心欢喜，何以故不饮？答曰：益身甚少，所损甚多，是故不应饮。譬如美饮，其中杂毒，是何等毒？如佛语难提迦优婆塞：酒有三十五失，何等三十五？一者、现在世财物虚竭，何以故？人饮酒醉，心无节限，用费无度故；二者、众疾之门；三者、斗诤之本；四者、裸露无耻；五者、丑名恶声，人所不敬；六者、覆没智慧；七者、应所得物而不得，已所得物而散失；八者、伏匿之事，尽向人说；九者、种种事业，废不成办；十者、醉为愁本，何以故？醉中多失，醉已惭愧、忧愁；十一者、身力转少；十二者、身色坏；十三者、不知敬父；十四者、不知敬母；十五者、不敬沙门；十六者、不敬婆罗门；十七者、不敬伯、叔及尊长，何以故？醉闷恍惚，无所别故；十八者、不尊敬佛；十九者、不敬法；二十者、不敬僧；二十一者、朋党恶人；二十二者、疏远贤善；二十三者、作破戒人；二十四者、无惭、无愧；二十五者、不守六情；二十六者、纵己放逸；二十七者、人所憎恶，不喜见之；二十八者、贵重亲属，及诸知识所共摈弃；二十九者、行不善法；三十者、弃舍善法；三十一者、明人、智士所不信用，何以故？酒放逸故；三十二者、远离涅槃；三十三者、种狂痴因缘；三十四者、身坏命终，堕恶道泥犁中；三十五者、若得为人，所生之处，常当狂騃。如是等种种过失，是故不饮。如偈说：

酒失觉知相，身色浊而恶。智心动而乱，惭愧已被劫。
失念增瞋心，失欢毁宗族。如是虽名饮，实为饮死毒。
不应瞋而瞋，不应笑而笑，不应哭而哭，不应打而打，
不应语而语，与狂人无异。夺诸善功德，知愧者不饮。

十诵律（卷十七）

若言我是佛弟子者，不得饮酒，乃至小草头一滴亦不得饮……若比丘取尝，咽者亦名为饮。是谓饮酒波逸提……若但作酒色，无酒香无酒味，不能醉人，饮者不犯。

萨婆多毗尼毗婆沙（卷一）

五戒优婆塞……不得作五业……三者，不得沽酒为业。若自有者，直听卖。

根本说一切有部毗奈耶（卷四十二）

佛告诸比丘。汝等若以我为师者，凡是诸酒不应自饮，亦不与人，乃至不以茅端淬酒而着口中，若故违者得越法罪。

根本说一切有部毗奈耶杂事（卷三十）

次授五学处……始从今日乃至命存，不杀生，不偷盗，不欲邪行，不虚诳语，不饮诸酒亦如是。此即是我五之学处，是诸圣阿罗汉之所学处。

毗尼母经（卷五）

尊者迦叶惟曰：有八种酒不得饮。与曲和合作酒不得饮；若面和合作酒，虽着种种药亦不得饮；有酒酢能使人醉者亦不得饮；有酒虽甜能使人醉者亦不得饮；清酒不得饮；小酢酒亦不得饮；细末饭酒亦不得饮；有书陀酒不得饮。如是等酒甚多，皆不得饮。

沙弥十戒仪则经（节选）

若以谷米等，为酒醉于人。不得而故饮，或以甘蔗花，蒲桃果实等，修酝可醉人，不得而故饮。自饮教他饮，迷乱而失念，增长放逸心，饮者得重罪。

沙弥十戒法（节选）

沙弥之戒，尽行寿不得饮酒。无得尝酒。无得嗅酒。亦无粥（同鬻）酒。无以酒饮人。无饮药酒。无止酒舍。酒为毒水，众矢之源。残贤毁圣，招致祸殃。四等枯朽，去福就罪，靡不由之。宁饮洋铜，慎无犯酒。

沙弥尼戒经（节选）

沙弥尼戒，不得饮酒。不得嗜酒，不得尝酒。酒有三十六失，失道破家，危身丧命，皆悉由之。牵东引西，持南着北；不能诵经，不敬三尊；轻易师友，不孝父母；心闭意塞，世事愚痴，不值大道，其心无识。故不饮酒，欲离五阴、五欲、五盖，得五神通，得度五道。

大爱道比丘尼经（卷上）

不得饮酒。不得尝酒。不得嗅酒。不得粥酒，以酒饮人。不得言有欺药酒，不得至酒家。不得与酒客共语言。夫酒为毒药，酒毒水。众失之源，众恶之本。残贤毁圣，败乱道德……酒令人失志迷乱颠狂，令人不觉入泥犁中，是故防酒耳。

梵网经菩萨戒品（卷十下）

若佛子，自酤酒，教人酤酒，酤酒因、酤酒缘、酤酒法、酤酒业，一切酒不得酤。是酒起罪因缘，而菩萨应生一切众生明达之慧，而反更生一切众生颠倒之心者，是菩萨波罗夷罪。

菩萨璎珞本业经（卷上）

佛子，有十不可悔戒，应受应持……六不沽酒。

优婆塞戒经（卷三）

人有五事现在不能增长财命。何等为五？一者乐杀，二者乐盗，三者邪淫。四者妄语，五者饮酒……若复有人乐饮酒者，是人现世喜失财物，身心多病，常乐斗争，恶名远播；丧失智慧，心无惭愧；得恶色力，常为一切之所呵责，人不乐见，不能修善。是名饮酒现在恶报。舍此身已，处在地狱，受饥渴等无量苦恼，是名后世恶业之果。若得人身，心常狂乱，不能系念思惟善法，是一恶人因缘力故，一切外物资产臭烂。

善男子，受优婆塞戒，有四种人不应亲近：一者棋博，二者饮酒，三者欺诳，四者喜酤酒。

佛说大乘戒经（节选）

宁食毒药不得饮酒，宁入大火不得嗜欲。

梵网戒疏（卷七）

若佛子，故饮酒，而生酒过失无量。若自身手过酒器与人饮酒者，五百世无手，何况自饮！不得教一切人饮及一切众生饮酒，况自饮酒。若自饮、教人饮者，犯轻垢罪。

五百世无手。杜顺禅师释云：以俱是脚，故云无手，即畜生是。

长阿含·阿㝹夷经（节选）

迷惑于酒者，尚有酒伴党。
财业正集聚，随已复散尽。

饮酒无节度，常喜歌舞戏。
昼出游他家，因此自陷隧。
随恶友不改，诽谤出家人。
邪见世所嗤，行秽人所黜。
如恶着外色，但论胜负事。
亲要无返复，行秽人所黜。
为酒所荒迷，贫穷不自量。
轻财好奢用，破家致祸患。
掷博群饮酒，共伺他淫女。
玩习卑鄙行，如月向于晦。
行恶能受恶，与恶友同事。
今世及后世，终始无所获。
昼则好睡眠，夜觉多悕望。
独昏无善友，不能修家务。
朝夕不肯作，寒暑复懈堕。
所为事不究，亦复毁成功。
若不计寒暑，朝夕勤修务。
事业无不成，至终无忧患。

第四章　酒烈犹似双刃剑
——谈酒德、酒功与酒害

酒作为一种大众化的神奇饮料，是人类文化的结晶。无论在历史上还是在现代人类社会生活当中，酒都成为重要或必不可缺的一部分。大到国家政治，小到家庭应酬，都少不了它。但酒有两重性，对人有利也有害，既要极力实事求是地为酒之德、酒之功鼓与吹，又要看到酒如利用不好的消极影响与危害，要严加管理与制禁。

酒对人类究竟有利乎？有害乎？

这就是看饮酒者如何利用并有无酒德了。利用得好、有酒德，则有功；百无禁忌、无酒德，则有害。

礼仪规范养成德

建安七子中的孔融，他认为酒具有“和神定人、以济万国”的作用，“酒之为德久矣！”。他上书历陈酒之为德说：

> 尧非千钟，无以建太平；孔非百觚，无以堪上圣；樊哙解厄鸿门，非豕肩钟酒，无以奋其怒；赵之厮养，东迎其主，非列卮酒，无以激其气；高祖非醉斩白蛇，无以畅其灵；景帝非醉幸唐姬，无以开中兴；袁盎非醇醪之力，无以脱其命；定国不酣饮一斛，无以决其法。故郦生以高阳酒徒著功于汉，屈原不哺糟歠醨取困于楚。由是观之，酒何负于政哉！

孔融的这篇上书，当之无愧是一篇非常全面的酒德颂。

所谓德，是一种行为规范。那么酒之德，也就是在造酒、饮酒的过程中应该遵守的规范。

至于酒，由于用途广泛，也就必须有一定规范。《北山酒经》中说：“大哉酒之于世也。礼天地，事鬼神。射乡之饮，鹿鸣之歌，宾主百拜，左右秩秩。上至缙绅，下达闾里，诗人墨客，樵夫渔父，无一可以缺此。”既然如此，那么在各种用酒的场合，就必须有相应的规定。

以造酒而言，古代制造酒有严格的规定，据《礼记·月令》记载，到了仲冬之月，就命酒官造酒。而造酒时，一定要做到稻秫必齐，曲糵必时，湛娥必洁，水泉必香，陶器必良，水齐必得。也就是说，原料要备齐，放酒曲时要掌握得恰到好处，淘米要干净，水质要好，用具要好，火候要掌握准。这些严格的要求，当然是为了保证酒的质量。而保证质量，应该看做是造酒者所应遵循的德吧。

至于饮酒，我国自古以来也都有相应的规范。古人云："酒以成礼。"而所谓礼，就是德的具体体现之一。

在西周时，饮酒的礼仪规定得既严格而又具体。简单说来，饮酒的礼仪就是必须遵守下列规则：①守"时"：就是饮酒只能在"天子""诸侯"加冕、成婚、举丧、祭奠或者其他大典的时候。而违时则为违礼。②守"序"：就是只有必须先祭天、地、鬼（祖先）、神，然后再按长、幼、尊、卑的顺序饮酒。违序了也是违礼。③守"数"：就是喝酒不能过量，最多的时候只能三爵，这是所谓"数"，超过了规定的"数"也是违礼。④守"令"：就是饮酒时必须服从酒官（令官）的指挥，如果擅自行动，就是违令，违"令"者也是违礼。

在民间"百礼之会，非酒不行"，婚丧嫁娶、贺喜庆功、谢师待客、接风洗尘、送别饯行、重大节日，所有这些场合都要饮酒，也都有一定之规。而这些规矩的最根本的一点就是节制，也就是喝酒而"不及于乱"。

管仲是春秋时期齐国著名的政治家，他主张戒酒。一次，齐桓公设宴与百官共饮。相国管仲姗姗来迟，齐桓公说："迟到者罚酒一经程！"不料管仲接过酒只喝去一半，转身将余酒泼到地上，齐桓公见状大为不悦，问其原因。管仲从容地回答说："我听说酒喝进肚里，脑子就会反应不灵敏，造成思维混乱，舌头会失去控制，胡言乱语，酒后失言会惹祸上身，因此，我宁肯弃酒保命，而决不滥饮丧身。"桓公听后才算作罢。

从饮酒来说，应该适量地饮，理智地饮，有节制地饮，否则，小则失去理智，丑态百出，重则伤身败事。有个叫崔撸的人醉后失态，和陆肱发生争吵，酒醒之后，写了一首诗表示道歉，其中说："醉时颠蹶醒时羞，曲糵摧人不自由。"这种酒后失态也即是无德。当然，酒醒后能对自己的无礼表示歉意，也是无德中的有德了。

喜庆婚宴，朋友聚会，难免劝酒。而在劝酒中，也有个酒德的问题。长期以来，人们形成了一个习惯，就是殷勤劝酒。无论客人善饮与否，都要拼命劝酒，想方设法把对方灌醉才罢休，"拂其意，逆其情，多方以强之，百计以苦之"。这种劝酒的方式，也是缺乏酒德的一种表现，即使劝酒也应"适其量，随其意"，这才是劝酒的酒德。

只有有了好的酒德，才能有好的酒风，才能有功有利于人。

酒中之乐人不省

说到酒功，则表现在许多方面，正如王粲所说：小则可以“成朋友之欢好”，大则可以“协武义于三军”。

酒功之所在，首先在于一个“乐”字。

酒，无异于一副舒心理气的灵丹妙药。男婚女嫁、宴请宾客、洗尘接风、长亭饯别、庆功贺喜、吉日良辰、逢年过节，大家都要举杯相贺。要是没有酒，大概也就没有什么乐趣了。

清代有一个叫康瑄的贡生在诗中写道：“酒中之乐人不省，劝君饮酒君自领。”不为五斗米折腰、辞官归田的陶渊明，不肯追求生活的显贵，但求能喝上自酿的美酒，“酒熟吾自斟”，认为这才是人生的极大乐趣。清代的宝廷辞官之后，两袖清风一贫如洗，然而他并不以穷愁的生活为苦，而以饮酒为乐，平心面世。他在《饮酒学陶》的诗里，非常生动地写道：

瓶中尚余酒，寒夜且饮之。
酒尽身已温，即我当眠时。
人生天地中，贫富皆如斯。
……

在酒精的刺激作用下，三杯下肚，能使人一时达到通体舒泰、烦忧尽消的地步，从而悠悠然物我两忘，飘飘然恍若登仙。虽然这作用只是暂时的，但毕竟带来了乐趣。

人们饮酒有独酌，有对饮，也有三五知已举觞同饮的，各有各的情调和趣味。

李白在《月下独酌》诗第二首中说得非常清楚。他说：“天若不爱酒，酒星不在天。地若不爱酒，地应无酒泉。天地既爱酒，爱酒不愧天。”既然天地都爱酒，人也爱酒那就非常合乎自然的了，“三杯通大道，一斗合自然，但得醉中趣，勿为醒者传”。而他在独酌之中，是深得了“醉中趣”的，享尽独饮之乐。

司马相如与卓文君相爱，遭到文君之父卓王孙的坚决反对，卓文君愤而离家，“当垆卖酒”，传为千古佳话。而在离家之初，他们生活极端贫困，相如没钱去买酒，于是“以所着鹔鹴裘，就市贳酒与文君为饮”。红烛一盏，醇酒两杯，夫妻对坐，同饮合欢，自是别有一番情趣，享尽心心相印之乐。

中国人是好客的民族，凡有客来，必以美酒佳肴待客。孔融的一句话，颇能代表中国人的古道热肠：“座上客常满，杯中酒不空。”李白和岑勋、元丹丘在酒店畅饮之时，不住地劝他们痛饮：“岑夫子，丹丘生，将进酒，杯莫停！”没有钱买酒了，则“五花马，千金裘，呼儿将出换美酒”，慷慨恣肆之态跃然纸上。陶潜归耕陇里之后，每逢饮酒，也不忘招呼邻里同饮。杜甫也“盘飧市远无兼味，樽酒家贫只旧醅。肯与邻翁相对饮，隔篱呼取尽余杯”。即使贵客临门，也不忘招呼邻翁相陪共饮，唯有这样才能尽兴，享尽友情之乐。

除了友人相聚之外，喜庆节日更是离不开酒的。唐朝诗人王贺在《社日》诗中所描写的场面颇有代表性：

鹅湖山下稻粱肥，豚栅鸡埘半掩扉。
桑柘影斜春社散，家家扶得醉人归。

丰收时节，人们兴高采烈地赶社去了，猪圈、鸡窝都敞开着，日落西斜，家家扶得踉踉跄跄醉人回家，喜庆丰收场景尽现。

在中国古代，朝廷官府宴会、祷天祈地都是要用酒来“礼天地，事鬼神”的，诸侯会盟、征伐也都离不开酒。据《南史》记载，曹景元在淮水大败北魏军队胜利而归时，齐武帝在华光殿大摆庆功宴，在酒宴上齐武帝命群臣赋诗。大家争相抢规定的韵字，曹景元抢不到韵字，颇不高兴，齐武帝亲自把“竞”“病”二字给他，于是皆大欢喜。从这些记载看，那场面一定是热闹得很，同时也使人感到在酒宴上，君臣之礼也被淡化了。类似的例子还很多。例如唐太宗李世民贞观十八年在玄武门赐宴饮，太宗乘兴作飞白书，群臣都抢着要。太宗把自己写的字举得高高的，让人抢不到，尚书左丞刘洎跳上御床，抓住太宗的手硬把字抢了过去。太宗不仅不见怪，反而玩笑地说：“昔闻婕好辞辇，今有常侍登床！”

三国时，魏文帝曹丕常常与平虏将军刘勋、奋威将军邓展等共饮，有一次，喝到“酒酣耳热”时，他们正在吃甘蔗，于是顺手拿甘蔗当杖，魏文帝与邓展比试起来，结果是：“下殿数交，（文帝）三中其（邓展）臂，左右大笑。”

本来，按礼仪讲“臣侍君，宴过三爵非礼也”，而魏文帝、齐武帝、唐太宗等人喝到兴头上，也就不管什么礼与非礼了。看似非礼，实是德显，君臣同乐，其乐融融。

至于文人骚客，在饮酒中更平添了许多雅趣。观花赏月，邀游山水，吟诗作画，读史论书，都和酒结下了不解之缘。以读史论书而言，古人常以书佐饮，书比佳肴能佐酒。白居易就在《醉眠诗》中说过："放杯书案上，把臂火炉前。"宋代的陆游，也在《雁翅峡口小酌》中写过："欢言酌清醥，侑以案上书。"宋代苏舜钦以书佐饮的故事更具有代表性。据《宋史·苏舜钦传》中记载，他当年寄居在祁国公杜衍的馆舍中，天天晚上都索求一斗酒。杜衍有些奇怪，就悄悄地到晚上去观察他，发现他一手端着酒杯，一手捧着《汉书》，正聚精会神地阅读《汉书》。杜衍大为惊奇地说："有如此下酒物，一斗未足多也。"于是，杜衍就吩咐下人及时供给他酒喝，好好地侍候他。

古人以书佐酒之风，不仅表现在边饮边看书上，就是借书还书也和酒分不开。《春渚纪闻》中记载说：古人借书，先以酒醴通殷勤，借时还时，皆用之耳。

曾中造也在《高斋漫录》中说过："古人云：借书一瓻，还书一瓻。"所谓"瓻"，《集韵》中解释说："酒器也，古人用以借书"。

蒲松龄召客饮酒，在聊天中搜集奇闻异事，加以凝炼集中，编写成《聊斋志异》。可见，酒与书的相互作用是何等密切。

饮酒，主要在一个乐字。而酒的功更表现于各个方面，正因如此，它才"经盛衰而无废，历百代而作珍"。

酒，小而言之，可以消愁解闷，益寿延年。大而言之，则对于军事、政治都可以起到特殊的作用。

人生不满百，常怀千岁忧。在人世间，虽然使人忧愁的原因各异，但大概没有人一生之中从来没有过忧愁的，或因个人的得失毁誉、悲欢离合而产生的为一己之忧而忧，或因国家的安危、治乱而引起的为天下之忧而忧。有了忧愁，人们也就要寻求一种解脱忧愁的途径，而以酒解忧，是人们常常容易想到的一种方式——虽然这也只能是暂时的解脱。曹操在他著名的《短歌行》中就说：何以解忧，惟有杜康。也正因为这样，人们把酒叫做"忘忧物"。

杜甫在天宝四十年，由长安回奉先探亲，当时正是安史之乱爆发的前夕，社会矛盾非常尖锐，人民生活极端痛苦，他有感于"朱门酒肉臭，路有冻死骨"这样一种社会现状，不免发出"荣枯咫尺异，惆怅难再述"的苦闷，对于这样的现实，他只能把酒消愁。

陶渊明任彭泽令不到三个月就挂冠而去，归隐田园。他之不愿意"为五斗米折腰"者，实质上是不愿意为那昏庸的统治者"折腰"。归隐之后，他以饮酒自娱，所以在他的诗中几乎篇篇有酒，也是借古喻今表达了对当时的黑暗统治的强烈不满。这些似乎不合君臣之礼，但它却是一种根植于诗人良心上的大德酒德。

尚德驭酒破长风

三国时，孙权不仅很注意以酒试才，而且还以酒求教。在《三国志·费祎传》注中引胡冲《吴历》记载说：费祎少言语，孙权则“别酌好酒”请他喝，等到他喝得差不多了，才乘机“问以国事，并论当世之务”。孙权向鲁肃问国事时，也是“合榻以饮，密请教”，鲁肃也是数杯酒下肚之后才详陈时务，指出汉室不可兴，曹氏不能除，只能“竟长江所极据而有之，然后建号帝王以图天下”。孙权是乘鲁肃酒兴，引出了鲁肃详陈时务，而鲁肃也用同样方法来考察吕蒙统率全军的才略。鲁肃过去并不十分重视吕蒙，在他接替周瑜统帅全军时，有一次宴饮中，吕蒙喝得有些醉意了，借着酒劲畅论时事，听到吕蒙一番言论，鲁肃才改变了对吕蒙的看法，他拍着吕蒙的肩，赞赏地说：“吕子明，我不知道你有这么大的才能啊！”

建安元年，刘备被吕布击败，不得已投奔曹操，曹操的谋士程昱劝曹操杀刘备。曹操开始不想杀他，担心“杀一人而失天下人心”。同时也想争取刘备，考察一下刘备有没有宏图大志，所以在许昌九曲河畔的青梅亭中置酒对饮。在曹操是想借酒试探，而刘备则是心怀恐惧而借酒藏匿其锋芒，所以当曹操说了一句“天下英雄，唯使君与操耳，本初之徒不足数也”时，刘备吓出了一身冷汗，连手中的筷子都掉了。刘备的韬晦之计果然奏效，曹操没有识破刘备，竟被他掩饰过去，刘备不仅得以暂时栖身于曹营，且最终带兵出走，成了曹操的主要对手。这个煮酒论英雄的故事一直为后世所传诵。

在政治和军事斗争中，酒也起到了极其微妙的作用，或以酒解仇，或以酒施恩，或以酒壮军威，或以酒鼓斗志。总之，在政治家和军事家的手中，酒具有一种非同寻常的魅力。

汉高祖刘邦斩蛇的故事被传扬得热热闹闹，似乎刘邦有异乎寻常的胆量和勇气。其实这位汉高祖的胆子未必有那么大，他不过是借着酒劲才奋起直前，把挡在路中的白蛇杀死罢了。

南北朝时期，北齐神武帝有一员大将叫彭乐，在西征宇文泰时，彭乐乘醉冲入敌阵，当他“被刺肠出”时，竟能把肠子重塞进肚内，“内之不尽”

则“截而复战”，这一役杀得宇文泰大败。

后周世宗柴荣即位之初，北汉刘崇勾结辽兵来攻。后周的军队看见北汉和辽军来势凶猛而一触即溃，打了大败仗。柴荣表面上似乎并不介意，第二天，却“置酒军中”，饮宴中将临阵脱逃的将军立斩于纛下，补拜另一些人为将，明日再战“声威于是大震”，一鼓而取得高平大捷，使刘崇从此一蹶不振。

大书法家颜真卿当平原郡太守的时候，用酒来麻痹安禄山。他觉察到安禄山必叛反，就假说将有大雨，令将士、百姓等“增埤缮障，储廪备材”，同时自己天天与宾客泛舟饮宴，使安禄山一点也没有疑心他。等到安禄山叛反了之后，河南虽然全部落入安禄山的手中，而平原郡却能得以保全。对于这件事唐玄宗也十分赞赏。

元朝的铁哥也是一个善于用酒来使敌人上当而巧妙解围的人。元世祖忽必烈征讨乃颜时，率军刚刚到了撒儿都，立脚未稳，不料塔不台率领的叛军就直扑忽必烈的中军而来。在这个危急的时刻，资善大夫铁哥利用饮酒巧设疑兵计。他让忽必烈“大张曲盖，高坐胡床”，而他十分镇静地向忽必烈进酒，一副胸有成竹、悠闲自得的神气。塔不台一见到这种情况，就疑心忽必烈一定有埋伏，是在引自己上套，于是他没敢进攻，反而引军退去。铁哥就这样巧妙地化险为夷了。

历代农民起义，也都是利用酒来组织结盟的。方腊起义之前，据方勺《青谿寇轨》记载说，方腊“阴聚贫乏游手之徒”“椎牛酾酒，召……百余人会饮，酒数行后”，借着大家酒兴正浓，历陈朝廷腐败，外患凭凌，民不聊生，激起大家的义愤，遂相继起义，很快就造成了使朝廷震动的局面。李自成在崇祯元年，天降大雪，便抓住时机对众人说：“如此世界，贿赂公行，文官必由七篇文字，武安必由策论，吾曹不知书，安敢妄希如此。或者取皇帝，未可知也。”大家听了他的话，就群情激昂地说：“愿哥为之！”李自成就是这样巧妙利用饮酒动员群众，准备起义。

在政治上，统治者用酒作为巩固自己的权力的手段，历史上最突出的例子就是赵匡胤杯酒释兵权。“太祖皇帝微时，尝被酒入南京高辛庙”，庙里有竹签，赵匡胤醉中抽签，“一掷而得圣筊”。大概也就是在这时他萌发了当皇帝的念头。“建隆元年春正月癸卯”，师次陈桥驿，“太祖醉卧”，诸将“以黄袍加太祖身……称万岁”。这就是历史上著名的陈桥兵变，黄袍加身的故事。当时太祖是不是真醉呢？恐怕不是，他不过利用酒搞一武装夺权罢了。正因为他是搞军事政变上台的，所以他特别警惕别人会不会照方抓药，于是便演出一幕杯酒释兵权的历史剧。太祖受命之初，曾问赵普："吾欲定长久之计。其道若何？"赵普答："今若治之，当先夺其柄，收其精兵，则天下安矣。"赵普的这个主意正合他的心意，于是太祖就召石守信、王审琦等饮酒。北宋邵伯温《闻见录》卷一中，详细记述了事件的经过：

> 帝屏左右，谓之曰："吾资尔曹力多矣！然为天子，亦殊艰难，不若为节度使之乐。吾会终夕未尝敢安卧而寝也。"守信等问其故，上曰："此岂难知？所谓天位者，众亦欲居之。"守信等皆顿首曰："陛下何为又出此言！今天命已定，谁敢复有异心！"上曰："不然，汝曹虽无异心，其如麾下之人欲富贵何？一旦有以黄袍加汝之身，虽欲不为，其可得乎？"守信等皆泣涕曰："臣等愚有及此，惟陛下哀怜，示以可生之道。"上曰："人生如白驹过隙耳！所谓富贵，不过欲得金帛，厚自娱乐，使子孙显荣而以。汝曹何不释去兵权，择好田宅市之，为子孙立永久之业，多置歌儿舞女，日饮酒相欢，以终天命，君臣之间，两无疑猜，上下相安，不亦乐乎？"守信等皆顿首曰："陛下念臣及此，幸甚！"明日，皆称病，请解兵权，上许之。

赵匡胤利用酒搞了个黄袍加身，登上了皇帝的的宝座，又利用酒，收回兵权，达到了揽军权于一身的目的。酒在赵匡胤的手中的作用，真是巧妙到极点。

春秋时期的楚庄王和秦穆公都曾非常巧妙地利用酒来笼络人心。楚庄王有一个叫唐狡的部将，对庄王的爱妾许姬姜存有非分之想。在一次酒筵中，蜡烛突然熄灭，唐狡乘机拽了许姬姜一把，许姬姜顺手摘下他帽子上的缨，并请庄王下令点上蜡烛，查找帽子上的无缨者问罪。楚庄王却宣布"从寡人饮者，缨不绝不饮"，把所有人的帽缨都摘掉，就这样把唐狡的非礼行为遮掩了过去。后来楚国攻打郑国，唐狡率众长驱直入，打了胜仗，楚庄王要赏他，他才说起在酒筵上的不轨者就是自己，蒙庄王不杀之恩，所以舍命相报。

秦穆公也曾用酒赢得人心。有一次秦穆公丢了一匹他所喜爱的骏马，结果却发现自己心爱的马被人杀掉，而且正要吃马肉。当秦穆公说这是他的马时，大家吓得不知如何是好。这时秦穆公反而说："吾闻食骏马肉不饮酒者伤人。"说完拿来酒给人们喝。三年以后，晋国攻秦穆公，把他包围了。那些杀了秦穆公的马的人们相互说："可以出死报食马得酒之恩矣！"于是打破重围，使秦穆公反败为胜。

祸起萧墙非酒过

在政治家手中，酒可以成为玩弄权谋的手段，利用酒消除敌对势力，或搞阴谋诡计者，更是比比皆是。

在这方面，刘邦的夫人吕雉可以说是“借酒杀人”的最具有代表性的人物了。吕后诛杀为汉室江山立下汗马功劳的韩信，就是以刘邦返京，宴会群臣的名义，把韩信骗进宫来，在未央宫突然将其杀害。刘邦死后，吕后专权，屡次借酒杀人。刘邦宠爱的戚夫人，被吕后囚禁起来，砍手剁脚，剜眼烧耳，灌哑药，放在厕所里，取名“人彘”，让大家参观，真是狠毒到极点。戚夫人之子如意，刘邦生前也非常钟爱，有传位之意，但没有成功，封为赵王。吕后的亲生儿子刘盈却特别忠厚，他亲自迎接如意，并和他同卧同起，形影不离，严加防范，使吕后无从下手。但后来吕后趁刘盈外出、如意早晨未起床时，派人把一壶毒酒对他强行灌下，毒死了如意。吕后还想用毒酒毒死刘盈的长兄刘肥，刘盈为保护刘肥也举起毒酒，迫使吕后打掉了刘盈手里的杯子，暴露了她的阴谋，使刘肥得免一死。几年之后，刘肥在打诸吕、迎立汉文帝时立下了大功，而吕后也终于尝到了一杯难以下咽的“苦酒”。吕妇人在用酒上无德，最后获得的是一杯“苦酒”。

酒的双重性的存在，实质上是由饮酒者酒德的存在与否决定的。祸起萧墙并非酒之罪过。

正因为酒有这种双重性，人们大都未看到双重性存在的根本症结，只知酒为恶水可覆舟，所以看重其为害的一方面则禁。禹虽然也觉得酒的味道十分甘美，但却由此而引起了他的警惕，指出：“后世必有以酒亡其国者。”因此，他“疏仪狄，绝旨酒”。

禹的预言并没有错，夏最后一代帝王桀就是因酒废政：“桀作瑶台，疲民力，殚民财，为酒池糟堤，纵靡靡之乐，一鼓而牛饮者三千人。”于是民怨沸腾，人心归汤，桀最终落得个“逐放而死”。而汤的最后一位帝王纣，也步入了桀的后尘。纣本来是一个智勇双全的人，“资辨捷疾，闻见甚敏，材力过人，手格猛兽”，但是这位非常有本事的纣，却“好酒淫乐，嬖于妇人，他以酒为池，悬肉为林，使男妇裸相逐其间，为长夜之饮”，并且用重刑，杀害忠良，最后落得个兵败“赴火而死”，悬头高竿上示众。

此后的帝王们，耽于酒色，误政、杀身、害国者代不绝书。周宣王姬静“朝亦醉，暮亦醉，日日恒常醉，政事日无次”，还把批评他的臣子乱棍打死。周幽王“日耽于酒”，喝昏了头，来了个烽火戏诸侯，等敌人真的来了，却呼救无应，终于被杀在骊山脚下。而汉更始帝刘玄天天和韩夫人对饮，喝得个昏天黑地，人事不醒，有人奏事，韩夫人拍案怒斥：“帝方对我饮，用此时持事来乎！”南北朝陈后主陈叔宝自号“无愁天子”，成天在“临春阁”“结绮阁”“望仙阁”饮酒，奏唱《玉树后庭花》，隋军压境的时候照样喝个没完，直到隋军攻进皇宫，才带着满身酒气跳到枯井里去了。隋炀帝杨广更喝出花样来，从京城喝到外地，走一路喝一路，直喝到国势垂危，这位既聪明又俊俏的风流皇帝还对着镜子慨叹自己的脖子不知道将被什么人砍断，可是仍不思悔改，照喝不误，直到彻底送命为止。

明武宗更是喝出了圈，不但在宫中喝，还跑到外面去喝“村酒”，采“野花”，还腆着脸写什么：“出得门来三五步，偶遇村妇讴歌。红裙露高足，挑水上南坡。……纵然不及俺宫娥，野花偏艳目，村酒醉人多！”清朝的咸丰帝奕詝，也是整天喝酒，年岁不大就扔下一个烂摊子死掉了。其子同治帝载淳，更是夜不归宿，直到第二天上朝还醉醺醺的，语无伦次，十九岁就上西天了。

这当然是因酒得祸，而且祸不止于此，大祸及他人，小贻害自身。春秋时期，楚庄王军队与晋厉公的军队战于鄢陵（今河南鄢陵西北），晋军分击楚军左右翼，当时楚军精锐尽在中军。可是大司马子反却喝得人事不省，无法组织反击，结果大败，回朝以后被砍了脑袋。汉朝的陈遵，号称“醉不废事”，但在北面守边时，因贪杯误事，连自己的性命也丢掉了。西晋末，自立为前赵皇帝的刘曜，文武双全，西击张骏，南服仇池，威名大振。但在光初十二年与石勒在洛阳交战时，因为喝醉了出战，以致受伤被俘，随后被杀。

若饮酒不加以节制，就是酒德不全，对自己来说便会招致各种祸害。素称“诗仙”的李白写过一首《赠内》诗云：

三百六十日，日日醉如泥。
虽为李白妇，何异太常妻。

从这首诗里，可以看到李白日日放歌纵酒而疏淡了妻子，表达了一种愧疚之情。而且据史书上记载，这位才华横溢的诗仙，其子女却都平庸无奇。诗人杜甫也因长期纵酒，其两个儿子宗文、宗武也都是愚顽不灵之辈。晋代大诗人陶渊明也因长期纵酒，使他的五个儿子都愚钝不敏，后来领悟到后代之所以愚钝“盖缘于杯中物”，但已悔之晚矣。

酒害的例子不胜枚举。饮酒之害在于饮酒人没有节制，所谓“酒极则乱”。所以古人提倡饮酒应有节制。

唐朝诗人皮日休，虽好饮酒，并且自号“醉吟先生”“醉士”“醉民”，但却根据周礼中的《九夏》，写过《礼九夏歌九首》，其八《械夏》说：

> 礼酒既酌，嘉宾既厚，牍为之奏。
> 礼酒既竭，嘉宾既悦，应为之节。
> 礼酒既罄，嘉宾既醒，雅为之行。

这的确是在节制地饮酒，酒喝到高潮，客人们都高高兴兴，就“应为之节”了。能如此，酒也就无害可言了。

名贤盛筵

第一章　善饮豪酌帝王家
——古代帝王与酒

汉高祖醉斩白蛇

刘邦，字季，沛县（今属江苏）人。他当泗水（今江苏沛县东）亭长时，非常爱好喝酒，常常到酒店里赊酒，喝醉了就倒在酒店里睡觉。

有一次，他以亭长的身份，为县里押送一批民夫往骊山服役，途中有不少人逃亡。刘邦想，这样下去，等走到骊山，人恐怕全都逃光了。到了丰邑西面的湖沼地带，他停下来喝酒，到了夜间，把所有的民夫都释放了，并对他们说："各位都走吧，我也准备逃走。"还有十几个民夫不愿逃走，仍跟着他。刘邦喝得醉醺醺的，当晚抄小路通过湖沼地带，派在前面引路的人回来报告说："前面有条大蛇挡住了去路，咱们还是回去吧。"此时，刘邦醉意更浓，说："好汉行路，有什么可害怕的！"于是赶上前去，拔出剑来，把大蛇斩为两段。又走了几里路，酒性发作，就倒在地上睡觉。这就是有名的刘邦酒醉斩白蛇的故事。

公元前 196 年秋，淮南王黥布起兵反叛，刘邦亲自率军征讨。次年，刘邦在会甄（今安徽宿县南）击败了黥布的军队，回来的时候，经过故乡沛县，他在沛宫大摆酒宴，把故人和父老乡亲都请来喝酒，同时，挑选 120 名儿童，教他们唱歌。酒喝得畅快的时候，刘邦击着筑，唱起自编的一首歌："大风起兮云飞扬，威加海内兮归故乡，安得猛士兮守四方！"让儿童们跟着学唱。在席间，刘邦又跳起了舞，舞毕，他感慨伤怀，淌下了几行热泪。他对沛县的父老兄弟说："远游的人，总是思念自己的故乡。我虽然建都在关中，但我日夜思念着家乡，即使千秋万岁后，我的魂魄也要回到故乡来的。所以我把沛县作为汤沐邑，免除沛县百姓的徭役，让他们世世代代不受此苦。"沛县的乡亲听了，十分高兴，天天陪刘邦开怀痛饮。过了 10 天，刘邦要回去，乡亲们执意挽留。临走时，全城的人都送肉酒为刘邦送行。刘邦也叫人搭起帐篷，与大家痛饮了三天，这就是历史上有名的"高祖还乡"和"高祖酒酣唱'大风'的故事"。

吴王饮酒亦纳谏

孙权，字仲谋，吴郡富春（今浙江富阳）人，东汉末，继其兄孙策据有江东六郡。建安十三年（公元208年）和刘备联合,大败曹操于赤壁。后在吴蜀彝陵之战中,大败刘备。黄龙元年（公元229年）称帝于武昌（今湖北鄂城），国号吴，旋即迁都建业（今江苏南京）。

孙权非常喜欢喝酒，酒喝多了，往往会耽误大事。不过，他有个特点，能虚心听取别人劝说，改正错误。这里介绍他能听讽纳谏的两则小故事。

孙权当了吴王之后，就大摆酒宴，招待群臣。到酒宴将要结束的时候，他亲自起身，向大臣们行酒。走到骑都尉虞翻面前，虞翻假装喝醉，伏在地上。等到孙权回到座位上，他又起身坐下。于是孙权大怒，手持利剑要杀他。当时在座的大臣都吓得不敢上前劝阻，只有大司农刘基上前抱住了孙权，不让他去杀虞翻,并劝说:大王在饮酒之后，杀掉有才能的人，是非常不妥当的。即使虞翻有罪，天下人又有谁知道呢？正是因为大王能广招人才，容纳贤士，所以天下有才之人望风而至，现在一下子废弃了自己的好名声，这样做值得吗？孙权说：曹操尚且杀掉孔融，我为何不能杀虞翻呢？刘基说：曹操轻易害死贤人，天下人都反对他。而大王施行仁义，可与尧舜这样的贤君相比，怎么可以与曹操相提并论呢？孙权听了刘基的一番话后，怒气慢慢地消退。虞翻因此而免于死罪。酒席后，孙权对手下人说：从今以后，我酒后说要杀人，你们都不要去杀。

又有一次，孙权在武昌临钓台饮酒，喝得酩酊大醉，醉后他叫人用水洒席上的大臣，并对大家说：今天饮酒，一定要醉倒在这里不可。当时,任绥远将军的张昭板起脸孔，一言不发地离开酒席，走到外面，坐在自己的车内。孙权派人叫他回去，说：今天只不过是共同饮酒，取乐罢了，你为什么要发怒？张昭回答说：过去纣王造了糟丘酒池，作长夜之饮，也是为了快乐，不认为是坏事。孙权听了，一句话也不说，脸上露出惭愧的神色，于是立即撤了宴席。

唐太宗巧解纠纷

唐太宗李世民（公元599-649年）是唐王朝的开创者之一，隋朝末年，他助其父李渊于太原起兵，统一中国。他即位后励精图治，重用贤才，从谏如流，是历史上著名的开明皇帝。他不仅长于文韬武略，善于进行政治和军事斗争，而且在解决晚辈生活中的纠纷时，也很注意方式、方法，不是拿皇帝或长辈的架子来训斥、压服，而是运用智慧，巧解矛盾。

唐太宗的女儿丹阳公主于贞观十八年（公元644年）嫁给左卫将军薛万彻。薛万彻是贞观时期的名将之一，其祖上原居敦煌，后迁居雍州咸阳（今陕西咸阳东北）。薛万彻自幼随其父薛世雄至幽州（今北京西南），隋末曾在幽州总管罗艺部下任裨将。随罗艺归附唐朝后，他先在太子李建成部下。武德九年（公元626年）李世民发动玄武门之变时，他曾率东宫卫兵与李世民的军队激战，得知李建成已被杀后，避入终南山。李世民很欣赏他的忠诚勇敢，多次派使者入山招降。薛万彻为之感动，终于放下武器，出山归降，此后历任统军、右卫将军、右武卫大将军、青丘道行军大总管、宁州（今甘肃宁县）刺史等职。他英勇善战，曾参加唐王朝削平地方割据势力梁师都政权以及与突厥、吐谷浑、薛延陀、高丽等的多次战争，多次以少胜多，屡建战功。贞观后期，唐太宗曾说：“当今名将，唯李勣、（李）道宗、（薛）万彻三人而已。”

但由于薛万彻出身军旅，性格粗豪，多年生活在战场、军营，生活作风较随便，以贵族的眼光来看，则不免有些土气。唐太宗就曾对人说：薛附马土里土气。丹阳公主听说后，觉得很丢面子，于是几个月不与薛万彻同床。唐太宗听说此事后哈哈大笑，他知道这是由于自己说薛万彻土气的话伤了丹阳公主的自尊心，于是想了一个巧妙的办法来调解他们的关系。他设了丰盛的酒宴，召丹阳公主和薛万彻来赴宴。宴会上，他与薛万彻玩握槊的游戏，用自己佩带的刀子打赌。他故意输给薛万彻，于是解下自己的刀子，亲手给薛万彻带上。这一下，丹阳公主的自尊心得到了满足，她非常高兴。宴会结束后，不等薛万彻跨上马，丹阳公主就急忙招呼他过来与自己一起坐车回去。

从此以后，丹阳公主与薛万彻和好如初，对他比闹别扭之前更加敬重。唐太宗巧解儿女纠纷之事也被人们传为美谈。

唐太宗与葡萄酒

隋文帝重新统一中国后，经过短暂的过渡，即是唐朝的“贞观之治”及一百多年的盛唐时期。这期间，由于疆土扩大，国力强盛，文化繁荣，喝酒已不再是王公贵族、文人名士的特权，老百姓也普遍饮酒。盛唐时期，社会风气开放，不仅男人喝酒，女人也普遍饮酒。女人丰满是当时公认的美，女人醉酒更是一种美。唐明皇李隆基特别欣赏杨玉环醉韵残妆之美，常常戏称贵胭醉态为“岂妃子醉，是海棠睡未足耳”。当时，女性化妆时，还喜欢在脸上涂上两块红红的姻脂，是那时非常流行的化妆法，叫做“酒晕妆”。近年港台和沿海城市流行的“晒伤妆”，即1000多年前唐朝妇女的“酒晕妆”。

盛唐时期，人们不仅喜欢喝酒，而且喜欢喝葡萄酒。因为到唐朝为止，人们主要是喝低度的米酒，这一时期，烈性的蒸馏白酒是否已出现，还是个争论不休的问题。李时珍《本草纲目》中讲，白酒是直到元朝才出现的。不少学者则争辩，唐诗里就有“烧酒”“白酒”等出现，如白居易在《荔枝楼对酒诗》中有“荔枝新熟鸡冠色，烧酒初开琉璃香”的名句。但反对者说，此“烧酒”非彼“烧酒”也，所以，唐朝时是否有蒸馏白酒还是个有争论的问题。但当时普遍饮用的低度粮食酒，则无论从色、香、味的任何方面，都无法与葡萄酒媲美，这就给葡萄酒的发展提供了市场空间。

当时葡萄酒面临着的真正的发展机遇是：在国力强盛、国家不设酒禁的情况下，唐高祖李渊、唐太宗李世民都十分钟爱葡萄酒，唐太宗还喜欢自己动手酿制葡萄酒。据《太平御览》：“(唐) 高祖 (李渊) 赐群医食于御前，果有蒲萄。侍中陈叔达执而不食，高祖问其故。对曰，医母患口干，求之不能得。高祖曰，卿有母可遗乎。遂流涕呜咽，久之乃止，固赐物百段。”由此可见，在唐初，经过战乱，葡萄种植与酿酒基本已萎缩，连朝中太医的母亲病了想吃葡萄而不可得，只有在皇帝宴请大臣的国宴上方有鲜葡萄。这时葡萄与葡萄酒的价格恐怕不低于汉末的身价。

《太平御览》记载，唐太宗贞观十三年 (公元640年)，唐军在李靖的率领下破高昌国 (今新疆吐鲁番)，唐太宗从高昌国获得马乳葡萄种和葡萄酒法后，不仅在皇宫御苑里大种葡萄，还亲自参与葡萄酒的酿制。酿成的葡萄酒不仅色泽很好，味道也很好，并兼有清酒与红酒的风味，唐太宗自己觉得满意，还用来赐予群医。

盛唐时期社会稳定，人民富庶，由于帝王喜好葡萄酒，民间酿造和饮用也十分普遍，这些都反映在当时的诗歌里。

首开香槟惊慈禧

产于法国香槟地区的法国香槟酒，既是法国名酒，也是世界名酒之一。香槟是一个古老的地名，因出产香槟酒而闻名于世。香槟酒实际上是经过两次发酵的起泡葡萄酒，因产于香槟省而名之。香槟酒在法国酒类生产中产量很少，但其声名远远高于法国其他葡萄酒。香槟酒不但受法国法律保护，而且还受国际法保护。香槟这一名字，除香槟地区使用外，其他地区生产的起泡葡萄酒都不得使用。香槟地区的专家或官员对别人乱用“香槟”为酒命名，常常愤愤然。香槟酒的酿造历史已有300多年，是17世纪法国香槟省修道院的道士首先酿造出来的，很快闻名于世。香槟酒传入中国还有一段轶事呢。据说，清朝同治年间有位访欧官员从法国带回一箱香槟酒，进贡给慈禧太后。慈禧见了这新奇的洋玩意非常喜欢，当即吩咐侍从开瓶品尝。谁知在场的宫女开不开，又找来太监，七手八脚开一阵，只听“砰”的一声，一股强烈的气体把瓶塞冲向上空，酒液也随着响声喷涌而出，慈禧吓了一跳。还没来得及发怒就闻到酒香，垂涎欲滴，没顾得上发脾气，赶快饮了一口，感到别有风味。忙问酒的名字，左右侍者一群无人识法文，老佛爷随即给它起了个中国名说：“就叫它爆塞酒吧！”这才解了宫女和太监之难。

第二章　酒仙毕至盛宴开
——古代贤人、名人与酒

孔子饮酒崇德

孔子为儒学的创始人，也是我国乃至世界最早的、最著名的教育家。孔子出生在春秋末期的鲁国，那时候的酿酒业已经很发达了，现在出土的商周时代的青铜器就是证明。

据说孔子有两大爱好：一是夏天坐着牛车到河里去游泳、玩耍，体验“逝者如斯”的感觉。二是喜欢喝酒，喝了酒添了兴头，去攀登泰山，去爬岱顶，站在山巅之上，看脚下群山苍茫，看天边风起云涌，领略“登泰山而小天下”的境界。

孔子虽然喜酒，但他能控制自己，做到有节有度。他在《论语·乡党》中载有：“唯酒无量，不及量。”意即喝酒的人可以不限量，但不要喝醉了，适可而止。《论语·子罕》中载有：“子曰：‘出则事公卿，入则事父兄，丧事不敢不勉，不为酒困，何有于我哉？’”意思是：在外侍奉国君和大臣，在家孝敬父兄，有丧事努力去操办，喝酒不被酒醉到，这些事对我有什么困难呢？从上例可以看出，孔圣人喝酒时是守规矩的，是非常重视酒德的，这给我们今天喝酒的人树立了榜样。

孔子酒醉枣子集

春秋时期，百家学派蜂拥而起，学术争鸣十分激烈，门户之间的攻讦时有发生。然而，儒学的创始人孔子却没有门户之嫌，老子虽然是与儒学鼎足而立的道派代表，但由于孔子十分仰慕老子的名声和才学，依然和学生子路一道千里迢迢、风尘仆仆地由曲阜学园前往苦县（今鹿邑县，老子的故里）拜见老子。

这天，孔子师徒驱车来到苦县。一进入县境，便有异香频频飘来，孔子大为惊诧，认为一定有上等美酒酿于老子的家乡。疑惑间已经到了枣集村，孔子师徒眼看天色将晚，便在村东的一家客栈寄宿。

夜里，月色空明，晚风习习，枣集村的酒香阵阵袭来，沁人心脾。于是，孔子师徒酒兴大发，心情亢奋不已，辗转不能入寐，孔子随命子路前往打酒。稍顷，子路从枣集村打酒而归，师徒二人如获到宝，便开怀畅饮。因为枣集村的酒酒香宜人，甜美非同一般，师徒二人的酒兴便一发而不可止，直喝到夜阑更深，月沉西天，以致喝得酩酊大醉。

第二天日上三竿时，师徒二人仍然神态朦胧，醉意犹存，但身心却感到异乎寻常的愉快，似乎经过了神明的超度而达到了天人合一的境界，孔子为此大为感叹："美哉！然惟酒无量不及乱。"就连同一向言谨行慎、唯礼是从的孔圣人也没有经得起枣子集美酒的诱惑。孔子酒醉枣子集一事，成为千古佳话。

老子奇闻传千古

有道是："水，为酒之血。"凡天下名酒，无不占有名泉妙水之地利。贵州"茅台"、四川"五粮液"、江苏"洋河"、安徽"古井贡"等均可为证。正所谓"山奇生仙，水妙出酒"。

与黄河、长江这些华夏文明的大动脉相比，静卧在豫东与皖西北交界处的古宋河只能算是一根微血管。然而，河不在大，出酒则名。在这一脉细水上，诞生了安徽的"古井贡酒"和被誉为"中州茅台"的"宋河粮液"，因享用同一水系之利，河南的"林河特曲"也是名传遐迩。

古宋河畔，有许多美丽的传说，古宋河流经的河南省鹿邑县，是我国道家鼻祖老子的故乡。据传，当年老子曾来到鹿邑县内如今枣集镇的地方，以许多的鹿茸兽皮换酒喝。可他只拿了一个小的葫芦作容器，酒作坊老板很奇怪，无可奈何地将小葫芦放进酒缸，可没想到，顷刻之间，一缸酒全装进了葫芦里。老子自己痛饮一顿之后，便将葫芦里剩下的酒倒入宋河之中。顿时，宋河汹涌澎湃，绿波翻滚，老子却骑着青牛飘然而去。自此，用宋河水造出的酒被称为"枣子集酒"，其醇香甜透，甘美无比。后人以"一片绿波飞白鹭，半空紫气下青牛"的诗句，描述了这一生动的故事。如今，外地人来到鹿邑县停留片日，便会发现这里的井水明显地带几丝甘甜，过口后似乎还留下了点什么，显得醇厚、有酒感。

当垆文君《白头吟》

汉朝的大才子司马相如为景帝时武骑常侍，因不得志，称病辞职，回到家乡四川临邛。

有一次，他赴临邛大富豪卓王孙家宴饮。卓王孙有位离婚的女儿，名文后，又名文君，因久仰相如文采，遂从屏风外窥视相如。相如佯作不知，而当受邀抚琴时，便趁机弹了一曲《凤求凰》，以传爱慕之情，因相如亦早闻文君芳名。相如、文君倾心相恋，当夜即携手私奔。相如一贫如洗，文君亦因卓王孙怒其败坏门风而不给她一文钱，两人只好变卖所有东西后回到临邛开了家小酒铺。每日，文君当垆卖酒，相如打杂。后来，卓王孙心疼女儿，又为他俩的真情所感动，就送了百万银钱和百名仆人给他们。司马相如有财、有名后，又受皇帝宠幸，便宿娼纳妾，竟不理会卓文君，文君因作《白头吟》以诀别：

皑如山上雪，皎若云间月。
闻君有两意，故来相决绝。
今日斗酒会，明日沟水头。
躞蹀御沟上，沟水东西流。
凄凄复凄凄，嫁娶不须啼；
愿得一心人，白头不相离。
竹竿何袅袅，鱼尾何徒徒。
男儿重意气，何用钱刀为！
锦水东北流，波荡双鸳鸯。
雄巢汉宫树，雌弄秦草芳。
宁同万死碎绮翼，不忍云间两分张。
此时阿娇正娇妒，独坐长门愁日暮。
但愿君恩顾妾深，岂惜黄金买词赋。
相如作赋得黄金，丈夫好新多异心。
一朝将聘茂陵女，文君因赠白头吟。
东流不作西归水，落花辞条羞故林。
兔丝固无情，随风任倾倒。
谁使女萝枝，而来强萦抱。
两草犹一心，人心不如草。
莫卷龙须席，从他生网丝。
且留琥珀枕，或有梦来时。
覆水再收岂满杯，弃妾已去难重回。
古来得意不相负，只今惟见青陵台。

此诗一经传诵,天下的负心郎皆愧之。

酒八仙豪饮各千秋

酒八仙指唐代嗜酒的八位学者名人，亦称酒中八仙或醉八仙。《新唐书》《李白传》载，李白、贺知章、李适之、汝阳王（李进)、崔宗之、苏晋、张旭、焦遂为“酒八仙人”。杜甫也曾经著有《饮中八仙歌》，略述了八仙的酒事。

一仙贺知章：**知章骑马似乘船，眼花落井水底眠**。此人自号“四明狂客”，诗人，又擅长书法，常醉后狂书。他与李白相见恨晚，两人常常开怀畅饮，一醉方休。他官至秘书监，晚年放诞，每醉后便动笔书写。

二仙汝阳王：**汝阳三斗始朝天，道逢曲车口流涎，恨不移封向酒泉**。皇帝宗室，为李宪之子，封汝阳王。此人不但能喝酒而且善酿酒，自言以酒三斗壮胆。由于这个原因，他自封为“酿王兼曲部尚书”。“汝阳三斗始朝天”说的就是以三斗酒壮胆见皇帝之事。而“道逢麴车口流涎”则说明李进这位管理酒麴酿造的“曲部尚书”确实是酿酒的高手，就连遇到拉酒的车也要馋得流口水。

三仙李适之：**左相日兴费万钱，饮如长鲸吸百川，衔杯乐圣称避贤**。唐宗室大臣，贵为宰相（左相)。他十分好客，饮酒至斗余不乱。杜甫的诗正说明了他的海量。

四仙崔宗之：**宗之潇洒美少年，举觞白眼望青天，皎如玉树临风前**。唐代名士，据说不仅善饮酒而且有风度，曾与李白夜泛采石，作诗饮酒。他在舟中饮酒，身着白锦袍，顾瞻笑傲，旁若无人，有如玉树临风。

五仙苏晋：**苏晋长斋绣佛前，醉中往往爱逃禅**。唐代名人，以文章名于世，喜饮酒，又好谈禅，早年学习佛事，曾得绣佛像一幅，视为珍宝。苏晋、崔宗之的事迹，史书记载不详，他们获得酒仙之名的酒事无考。

六仙李白：**李白一斗诗百篇，长安市上酒家眠。天子呼来不上船，自言臣是酒中仙**。八仙中嗜酒最为著名的当然还是李白。李白在42岁时由人推荐到了长安，唐玄宗李隆基命他供奉翰林。有一次李白与酒友醉倒市中，恰巧皇上心有所感，诏李白作乐章，李白援笔即成，婉丽精切，皇上大加赞赏。李白有时还醉倒在御宴上，还曾乘醉让宦臣高力士为他脱靴。这高力士可不是等闲之辈，极受玄宗和贵妃杨玉环的宠信。受到李白的人格污辱，他心里极不痛快，于是就怂恿杨贵妃到玄宗面前进谗言，说李白多么无礼。李白因此渐被疏远，他知道自己不会被重用，于是恳求辞官，开始了浮游四方的人生旅程。

李白爱酒，写下许许多多的酒诗，寄托自己的情怀。诗中有不少传诵千古的名篇，《月下独酌》便是佳作之一：“花间一壶酒，独酌无相亲。举杯邀明月，对影成三人。”一人月下独酌，那种心情，那种感觉，那样的无可奈何，我们在诗中完全可以品味得到。即便是不善饮酒的人，也该可以从这诗中约略体味到李白所说的酒中趣。还有那一曲千古绝唱《将进酒》，评论家们认为宣扬了及时行乐的消极情绪，但它实际上却是诗人心灵深处回荡的一曲痛苦悲歌：“君不见黄河之水天上来/奔流到海不复回/君不见高堂明镜悲白发/朝如青丝暮成雪/人生得意须尽欢/莫使金樽空对月/……古来圣贤皆寂寞/惟有饮者留其名。”“一饮三百杯”“同销万古愁”，李白将自己的愁闷痛楚全都消释在美酒中。传说李白最终因酒而死，那是在他大醉之后，下到采石矶大江中捉月，结果被江水吞没了生命。他爱酒，也爱月，也死于美酒和明月。

七仙张旭：**张旭三杯草圣传，脱帽露顶王公前，挥毫落纸如云烟。**唐代大书法家，官至金吾长史，他精通书道，以草书最知名。每大醉之后，呼叫狂走一气，然后才下笔，或以头发濡墨而书，“逸势奇状，连绵回绕”，醒后自视所书，以为神来之笔，不可复得，世呼为“张颠”。

八仙焦遂：**焦遂五斗方卓然，高谈阔论惊四筵。**唐玄宗时人，生平不详。据说他善饮，但口吃，讲话很不利落，但醉后却话语卓然如流，高谈阔论，这使大家都感到惊奇。

八仙们个个嗜酒且放荡不羁，将中国的酒文化精髓发挥到了极致。可像酒八仙这样的饮酒方式和某些生活态度，我们应该正确看待，取其精华，去其糟粕。他们的豪狂行为与嗜酒方式都产生于特殊的历史时期，并与他们的个人际遇与处境有关，所以才会有那种“日兴费万钱”的奢华、“长鲸吸百川”的狂饮之举及酒后目空一切的心态。

酒仙群英会

除了唐代的酒八仙外，我国古代的好多文人和名人都因为种种原因嗜酒，我们称之为酒仙。

郦食其

食其，陈留高阳乡（今河南杞县）人，少年时就嗜好饮酒，常混迹于酒肆中，自称为高阳酒徒。

一天，刘邦正在洗脚，忽报乡里有位儒生求见。刘邦一向轻儒，曾经拿儒生的帽子当尿盆，以此来污辱儒生。今天忽听有儒生求见，非常愤怒，他说：“我以天下大事为重，没有时间接见读书人。”在外等候已久的郦食其瞪大眼睛，手握利剑，叱骂看门人说：“你再进去对沛公说，我是高阳酒徒，不是读书人！”看门人再报告刘邦，刘邦一听是高阳酒徒，连脚都来不及擦，赶忙起身迎接，赐酒款待。

郦食其见了沛公，只是拱一拱手说：“你不是想要诛暴秦吗？为何用这样傲慢的态度对待长者？你是想助秦攻诸侯呢，还是率领诸侯破秦？”刘邦被责问得不知所措，马上谢罪说：“过去听人说过先生的容貌，今天见面才知先生的来意，不知如何破秦？”郦食其慷慨激昂地说：“你带领的乌合之众还不到一万，现在竟然要攻打强秦，这不过是羊入虎口罢了。陈留这个地方，是天下的要冲，交通四通八达，城中又积了很多粮食。我又认识县令，让我来劝说他投降，如不投降，你可以举兵攻打，我作内应，大事就可成功。”刘邦觉得有理，就采纳了郦食其的建议。

郦食其回到县城，向县令陈说利害，希望他能投降刘邦。县令因惧怕秦法的苛重，不敢贸然从事，予以拒绝。就在当天，郦食其率众杀死了县令，并将县令人头抛到城下，一面又派人报告刘邦。刘邦见大事已成，就引兵攻打县城，并大声疾呼：“将士们赶快投降，你们的县令已被砍头了！要不然，你们也要被砍头的。”城上守军见县令已死，无意再守，遂开城投降。刘邦进城，得到了许多兵器和粮食，投降的士兵也有一万多。这为刘邦西进提供了物质条件，这全是高阳酒徒郦食其的功劳。

公元前204年楚汉相争时，郦食其又建议刘邦说：“楚汉相争久持不下，这样百姓骚动，海内动荡，人心不安。希望你急速进兵，收取荥阳，有了粮食，并且占据了险要地方，天下就归属于你了。”并说自己愿意去说服兵众将广、割据一方的齐王田广。

郦食其到了齐地，向齐王晓以利害，齐王欣然同意。他罢兵守城，天天和郦食其纵酒谈心。这时由于韩信乘机攻齐，为田广所误解，认为这是郦食其出卖了他，遂将郦食其烹杀。临死前，田广对他说：“你能阻止汉军，我就放了你。”郦食其说：“举行大事，就不要顾及细小的事，大的德行我不会推辞，你也不必多说了。”说罢就慷慨就死。郦食其为汉朝立下了汗马功劳，他的名字却往往不为人所知道，但只要一提起“高阳酒徒”，便家喻户晓。

曹参

曹参是西汉著名的贤相，在随刘邦南征北战中屡立战功，功勋卓著。汉初被封为平阳侯，萧何死后，调往朝中为丞相，主管国政。

曹参嗜酒成性到了无以复加的程度。他白天饮酒，夜晚饮酒，常常喝到酩酊大醉。那些公卿大夫以下的官吏和宾客看见他日日饮酒，不理政事，很为焦虑，都想来劝说他。

可是这些人一来，曹参就摆开酒席，请他们喝酒，一直喝到酒醉离去为止，他们没有机会向曹参劝说。

曹参的后园紧靠官吏的宿舍，住在宿舍里的官吏们整日饮酒，并伴以歌唱和叫喊，闹得不亦乐乎。曹参的随从官对此十分恼火，却又无可奈何。有一次，随从官请曹参到后园游玩，好让他听到官吏们的醉歌，并加以处置。可是曹参听了，不但不加制止，反而叫部下也摆开宴席痛饮歌呼，和官吏们相应和。

曹参终日酒醉,不理朝政的行为使惠帝也大为不满。

一天，惠帝对曹参的儿子说："你私下问问你的父亲：'高帝刚刚去世，我又很年轻，他作为相国，整天饮酒，如何能忧虑国家大事呢？'"哪知曹参听了儿子的话，一怒之下，打了儿子二百大板，并且说："赶快进宫侍奉皇帝去，天下大事不是你应当说的。"事后惠帝责备曹参："你为什么要打你儿子？那是我让他劝说你的。"曹参慌忙脱帽谢罪说："请陛下考虑一下，关于圣明英武，陛下能比得上高帝吗？"惠帝说："我怎么敢和先帝相比呀!"曹参又说："陛下看我的才能及得上萧何吗？"惠帝说："你好像不及他。"曹参说："讲得好，高帝和萧何平定了天下，制定了明确的法令，只要我们遵循这些法令去做就行了，这不是很好吗？"惠帝说："说得对。"后来文学家杨雄说：萧也规，曹也随。"萧规曹随"的成语就是从这个典故中来的。

司马迁在《曹相国世家》一文的最后评语是：相国曹参的战功之所以如此之厚，是因为他和淮阴侯韩信在一起。韩信死后，封赏列侯的只有曹参。曹参担任相国，主张清静无为，这合乎道家的学说。百姓脱离了秦朝的酷政以后，很想能休养生息，曹参的主张正好迎合老百姓的需要，所以天下人都称赞他。

由此可见，曹参自己饮酒，也让别人饮酒，其真正目的是为了实现他的"清静无为"的主张，让老百姓过一段太平日子，这在当时有一定的进步意义。

东方朔

东方朔，西汉文学家，字曼倩，平原厌次（今山东惠民）人，武帝时为太中大夫。他性格诙谐滑稽，爱好喝酒。古代隐士，多避世于深山之中，而他却自称是避世于朝廷的隐士。

有关东方朔的传说很多，最有趣的当数他喝“君山不死酒”的故事。

据说，君山上有美酒数斗，如能喝到，可以不死为神仙。武帝得知后，就斋居七天，派了栾巴带童男童女数十人到山上求之，果然得到了仙酒，就带回来给武帝喝。武帝未喝之前，东方朔就偷偷地喝光了。于是武帝大怒，下令推东方朔出去斩首。东方朔就说：“假如酒有灵验，你杀我，我也不死；要是没有灵验，这酒有什么用呢？”武帝想了一下，明白了其中的道理，才笑着把他放了。

东方朔在当太中大夫时，昭平君娶了武帝的女儿夷安公主为妻。这昭平君是武帝妹妹隆虑公主的儿子，平日飞扬跋扈，经常犯罪，所以隆虑公主很不放心。在病重临终前，她拿出金千斤钱千万，为儿子预赎死罪，武帝答应了。

果然，昭平君自母亲死后，更加骄横，竟然醉杀了夷安公主的傅母（古时负责辅导、保育贵族子女的老年妇人）。按汉代法律，应是杀人偿命，但朝中大臣都不敢问斩，因为隆虑公主曾预赎过死罪，而且皇上又是同意了的。于是大臣将此事奏请武帝，由他亲自裁夺。武帝说：“我妹妹已故，只有这么个儿子，死前又嘱托过我。”讲到这里，他泪流满面，叹息良久，又说：“但法令是先帝制定的，我不能因妹妹而违反先帝的法令，否则，我有什么面孔进高庙见祖先？何况还要辜负天下万民。”于是下令让廷尉斩了昭平君。斩了昭平君，武帝十分悲痛，左右大臣也为之伤心。

此时，只有东方朔没有哀伤的表情，反而拿了一杯酒，为武帝祝寿。他说：“我听说圣明的君王治理国政，赏赐不避仇人，杀戮不择骨肉，这就是古书上所说的‘不偏不党，王道荡荡’。这两件事，是武帝所推重的，也是三皇所难以办到的。现在陛下却做到了，这样，天下的老百姓都能各得其所，这是值得庆幸的事。我手捧酒杯，冒死再拜，祝皇上万岁。”武帝没说什么，就起身进入宫内。

到了傍晚，武帝召见东方朔说：“《传》曰：看准时机后再说话，别人不会讨厌。今天先生向我祝贺，认为是看准时机了吗？”东方朔马上脱下帽子，磕头请罪道：“我听说快乐过分就阳溢，哀伤过分就阴损。阴阳变化就心气动荡，心气动荡就精神分散。精神一散，邪气就侵入，消除愁闷最好的是酒。我所以用酒向皇上祝寿，是表明陛下刚正不阿，用它来替皇上止哀的。我不知忌讳，罪该万死。”武帝听了，觉得很有道理。以前，东方朔曾喝醉了酒，闯入宫殿，而且在宫殿中小便，宫中值巡发现了，弹劾他大不敬。武帝就下诏，免去了他的官职。现在，通过这件事，武帝又恢复了他的中郎官职，并且还赏给他一百匹帛。

三曹（曹操、曹丕、曹植）

建安三曹父子三人，都爱饮酒。曹丕在《与吴质书》中说“出则连舆，止则接席……酒酣耳热，仰而赋诗”。曹植也有“置酒高堂上，亲友从我游”“公子敬爱客，终宴不知疲”的诗句。曹操的“对酒当歌，人生几何”“何以解忧？惟有杜康”更是千古流传。

陶渊明

陶渊明，名潜，字元亮，浔阳柴桑（今江西九江）人，是东晋时代的大诗人。

他少年时候，就有高尚的志趣，曾经写了一篇《五柳先生传》，说这位先生不知是何许人，也不知道他的姓名，因住宅旁边种有五棵柳树，故称做五柳先生。他不图名利，不慕虚荣，就是特别喜欢喝酒，可是由于家贫，不能常常买酒喝。亲戚朋友知道了，时常请他喝酒。他一去，总是喝得酩酊大醉。然后回到破旧的屋里，读书写文，生活过得安乐自在。写五柳先生，就是写他自己，这是他本人生活的实录。

陶渊明一生不图名利，不慕虚荣，就是特别喜欢喝酒，可是由于家贫，不能常常买酒喝。亲戚朋友知道了，时常请他喝酒。他一去，总是喝得酩酊大醉。

陶渊明曾担任江州祭酒、彭泽令等小官职。彭泽县令，是他仕途生活中的最后一任官职。这在萧统的《陶渊明传》中叙述得最为详细。陶渊明《传》中说他由于生活所迫，不得不去当彭泽令。他一到任，就令部下种糯米，糯米可以作酒。所以他说：“我常常酒醉，就心满意足了！”他的妻子坚持要种大米。于是，将二顷五十亩田种糯米，五十亩田种大米。

到了年底，郡官派督邮来见他，县吏就叫他穿好衣冠迎接。他叹息说：

“我岂能为五斗米，向乡里小儿折腰!”当天就解去官职，写了一篇《归去来辞》。

陶渊明辞官归隐的真实思想，不仅于此，在《归园田居》诗里，他讲得十分明白。他说，十三年中，几度出仕，深受羁缚；这次坚决脱离官场，归隐田园，就像笼中鸟飞回大自然一样，感到无比自由和愉快。家乡的草屋、田地、树木、炊烟，乃至鸡鸣、犬吠，都是那么的亲切、可爱。作者的这种心情，正反映了他对黑暗官场的憎恶和对大自然的热爱。

关于陶渊明喝酒的传说很多。如他每逢酒熟时，就取下头上的葛巾过滤酒，过滤完毕，仍把葛巾戴在头上。又如陶渊明所居的栗里，有块大石，陶渊明喝醉了，就躺在石上，故名醉石。再如九江境内有陶渊明埋藏的酒。有个农夫凿石到底，发现一只石盒，石盒内有个铜器，有盖，是扁平的酒壶。将盖揭开，壶内都是酒。壶旁边刻着十六个字：语山花，切莫开，待予春酒熟，烦更抱琴来。大家怀疑这酒不能喝，就全都倒在地上，结果是酒香满地，经月不灭。

陶渊明有时一个人独饮，更多的是和乡亲父老对饮，从中得到安慰和乐趣。更重要的是在饮酒中，可以抒发自己不愿和腐朽的统治集团同流合污的心愿。这就是萧统所说的寄酒为迹。

胡毋辅之

胡毋辅之，字彦国，晋泰山奉高（今山东泰安东）人。曾任建武将军，安乐太守等。

他不拘礼法，行为放荡，常与酒徒厮混在一起，日夜酣饮，不理政事。有一次，他与毕卓等人在家里散发裸形，闭门酣饮。恰巧酒友光逸不约而至，但不得入门，只好脱下衣帽，从狗洞里大叫：我要喝酒。胡毋辅之听到后，知是光逸来了，于是赶快请他进来，一起喝酒。后人将这种饮酒方式名之为“犬饮”。

胡毋辅之自己嗜酒成性，放浪形骸，自然结识的朋友也是如此。比如毕卓，任职吏部侍郎，常饮酒废职。有一次听得人家酿熟了酒，就乘夜来到他家的酒瓮间，偷盗酒喝，被守酒人抓住。到天亮一看，见是毕吏部，马上释放。毕卓还没过瘾，就叫来了主人，在酒瓮旁边一起喝，直喝得酩酊大醉而去。这件事被人传为“瓮间盗饮”的佳话。

他的要好朋友叫阮孚的，因为要喝酒而没有钱，竟把金貂（皇帝近臣的一种配饰）换酒钱，被有司弹劾而降职。还有他的知交阮修，出门喝酒，袋里从不带钱，而是把钱挂在杖头，一步步走到酒店，独自喝得大醉后，就拿下杖头的钱付酒账。胡毋辅之就是与这些朋友为伍，时人称之为“八达”和“八伯”。

胡毋辅之自己不拘小节，也放纵儿子不拘小节。他的儿子名叫谦之，才学不及父亲，但骄傲放纵，从不把父亲放在眼里，吃醉酒时，直呼父亲的名字，还骂他年迈无能。胡毋辅之听了，不仅不生气，还招呼儿子一起来喝酒。

但胡毋辅之也有他的特点。根据史书记载，他有知人之鉴，好友王澄评论他说，彦国吐言甚佳，好像是锯木屑，霏霏不绝，的确是后进中的领袖。有一次，胡毋辅之和几个朋友外出旅游，经过河南城门，就在城旁的一条小河边饮酒。大概因为天气寒冷，胡毋辅之就叫坐在旁边的王子博生火取暖。王子博就说：我为什么要受你的差遣？胡毋辅之只好自己生火。此后，他和王子博谈了一席话，知道他才学非浅，就感叹地说:我不及他啊！后来就把王子博推荐给河南尹乐广。乐广接见了王子博，非常赏识他的才能，升他做了工曹。胡毋辅之就是这样推荐、提拔人才的。

晋代的所谓“八达”“八伯”等人，多为名士，由于终日沉湎于酒，始终无所作为，酒误了他们一生。

谢几卿

谢几卿，南朝人，为谢灵运之孙。生于宋，仕齐为太尉晋安王主簿，入梁官至尚书左丞。

谢几卿非常熟悉典章制度，有个仆射叫徐勉的，每次遇有疑难问题,都向他请教，谢几卿都能一一作答，使徐勉满意而归。但是谢的性格却通脱任诞，尤其嗜好饮酒。有一次，他参加乐游苑的宴会，因未醉而返，心中怏怏不乐。车到半途中，见路边有酒店，他就跳下车来，走到酒店里，与自己的马车夫和拉车的马相对而饮。当时，围观的人愈来愈多，大家都感到奇怪，尚书左丞怎么会和马车夫一起喝酒呢？而谢不予理睬，照常饮酒。此事后来传为“与驺对饮”的佳话。

还有一次，他在省署里，夜里穿着无裆套裤，袒胸露体地与学生一起喝酒号呼。喝醉酒后，他把小便溅到了在旁的令史身上。有司知道此事后，向朝廷参了一本，罢免了他的官职，他对此也毫不介意。于是“裸袒酣饮”又成为他的笑话。在他当尚书左丞时，朝中官吏都载着酒到他家里欢饮。他的家里，经常是宾客满座，豪饮纵谈热闹非凡。

庾仲容曾做过尚书左丞，后来被免职，他搏学多才，少年时就有名气。他好酒任性，喜欢高谈阔论，与别人不能相合，独与谢儿卿知交。他们两人都是纵酒放诞，意气相投。两人经常乘马车，游历郊野。在车上，他俩边喝边谈话，有时还摇着铃唱歌，时人讥评他们，他们依旧我行我素，毫不理会。

竹林七贤

竹林七贤，指的是三国魏时七位名人嵇康、阮籍、山涛、向秀、刘伶、阮咸、王戎。七人常集于山阳（今河南修武）竹林之下，肆意酣畅，放荡不羁，故世称为竹林七贤。他们大都崇尚老庄之学，不拘礼法，生性放达，而且喜欢饮酒作诗，现选取七贤中几个典型的名人与酒的故事如下：

刘　伶

竹林七贤中最为著名的是酒徒刘伶。刘伶自谓："天生刘伶，以酒为名，一饮一斛，五斗解醒。"刘伶，字伯伦，沛国（今安徽宿县）人。刘伶身长六尺，貌甚醉悴；不仅人矮小，而且容貌极其丑陋。但是他的性情豪迈，胸襟开阔，不拘小节。他平常不滥与人交往，沉默寡言，对人情世事一点都不关心，只和阮籍、嵇康很投机，遇上了便有说有笑，因此也加入了七贤的行列。

刘伶病酒渴甚，从妇求酒。妇捐酒毁器，涕泣谏曰："君饮太过，非摄生之道，必宜断之！"伶曰："甚善。我不能自禁，唯当祝鬼神自誓断之耳。便可具酒肉。"妇曰："敬闻命。"供酒肉於神前，请伶祝誓。伶跪而祝曰："天生刘伶，以酒为名；一饮一斛，五斗解酲。妇人之言，慎不可听。"便引酒进肉，醮然已醉矣。（出自《任诞篇》）。

这段话的意思是，有一次，他的酒病又发作得很厉害，要求妻子拿酒，他的妻子哭着把剩余的酒洒在地上，又摔破了酒瓶子，涕泗横流地劝他说："你酒喝得太多了，这不是养生之道，请你一定戒了吧！"刘伶回答说："好呀！可是靠我自己的力量是没法戒酒的，必须在神明前发誓，才能戒得掉。就烦你准备酒肉祭神吧。"他的妻子信以为真，听从了他的吩咐。于是刘伶把酒肉供在神桌前，跪下来祝告说："天生刘伶，以酒为名；一饮一斛，五斗解酲。妇人之言，慎不可听。”说完，取过酒肉，结果又喝得大醉了。

阮籍

阮籍，三国魏文学家，思想家。字嗣宗，陈留尉氏（今属河南）人。他的父亲阮瑀是著名的建安七子之一。当时，他与嵇康齐名，为竹林七贤之一。

阮籍蔑视礼教，尝以白眼看待礼俗之士；后期变为“口不臧否人物”，常用醉酒的方法，在当时复杂的政治斗争中保全自己。

嘉平元年（公元249年），司马懿杀曹爽，专国政。死后其子司马师、司马昭相继专权。嘉平六年（公元254年），司马师废魏帝曹方，立曹髦。甘露年（公元260年），司马昭杀曹髦，立曹奂。司马昭死后，由其子司马炎代魏称帝，建立晋朝。阮籍就是处在司马氏与曹氏激烈斗争的政治旋涡之中。为了保全自己，他不得不小心翼翼，虚与周旋。

曹爽要请他入幕参军时，他看到曹氏已面临覆灭的危机，就托病谢绝，归田闲居。司马懿掌握曹魏政权后，立即请他入幕为从事中郎，他慑于司马氏的势力，只好低头就范。凡是司马府上有宴会，他是每请必到，到便喝酒，有时真的醉了，有时假装酒醉。以此来掩饰自己。

有一年，他听说缺一名步兵校尉，又听说步兵营里多美酒，营人善酿佳酒，于是请求去那里当校尉。当了校尉后，他就整天泡在酒中，纵情豪饮，一点也不问世事。后人因之称他为阮步兵。

钟会，官至司徒，是司马昭的重要谋士。此人是个投机钻营的卑鄙小人，阮籍对他一向深恶痛绝。他时常来阮籍家，以此来探听阮籍的虚实。阮籍则置酒相待，开怀痛饮，对政事不发一言，钟会只得快快而归。

阮籍有一女，容貌秀丽，司马昭想纳为儿媳，几次托媒人登门求婚。阮籍对此进退维谷，左右为难：若答应，有损自己的声誉，还落得个攀附权贵的坏名声；若不答应，得罪了司马昭，会有生命之忧。于是他天天沉醉于酒中，等提亲的人来时，只见他烂醉如泥，不省人事了。这样一连六十多天，他都宿酒未醒。司马昭奈何不得，联姻之事只得作罢。

阮籍嗜酒成性，性格放诞，蔑视礼法。例如，有一年其母新丧，他照常与晋文王吃肉喝酒，旁边在座的司隶何曾实在看不过去，就说：大王是以孝治天下，而阮籍重孝在身，还与大王吃肉喝酒，这是有伤教化的。阮籍听了，只顾自己吃喝，神色自若。

更有甚者，阮家邻居，有一美妇，当垆卖酒，阮籍与朋友常去那里买酒喝。喝醉了，他就躺在美妇身旁睡觉，美妇的丈夫开始怀疑阮籍，观察了许久，见阮籍没有异常行为，才放心了。

阮籍“装醉避祸”

酒既然成为一种“政治饮料”，有的人就将它作为笼络人心、玩弄权术的工具，也有不少人用酒来隐瞒态度，作为逃避政治的籍由。

有名的要数魏晋时代的“竹林七贤”。可以说，酒之由俗升格至雅，“竹林七贤”起着关键的作用。“竹林七贤”所处的时代，可以说是乱世中的乱世—魏晋易代之时。东汉末年，群雄四起，割据天下，曹操“挟天子以令天下”，统一了北方，但他始终没有称帝改朝，直到他的儿子曹丕继位，才建立新王朝，追谥其父为魏武帝。对于曹氏父子奔波转战打下来的天下，改刘姓为曹姓，改汉为魏，士人们多半还能接受。原以为这个新的朝代可以太太平平过安乐日子，可以施展抱负，安邦治国，却没料到后来司马氏集团企图取曹氏而代之，篡夺皇位，曹氏宗室与司马集团斗争激烈，政局险恶。此时的清高之士，在纷繁复杂的政治旋涡中不愿与昏君佞臣同流合污，对政治极度失望，既对腐败的曹氏皇室失去信心，又对野心勃勃的司马氏集团打内心反感，只好采取寄情山林，沉醉酒中的隐逸方式来逃避现实，躲避迫害。其中最著名就是嵇康、阮籍、山涛、向秀、阮咸、刘伶、王戎，后人称之为“竹林七贤”。他们常常在嵇康山阳居所附近的一个竹林中聚会畅饮，以求身心的逍遥脱俗。他们都不在乎什么“法”、“礼”伦常规矩，常常狂饮长醉。他们的醉酒就蕴含着不同司马氏集团同流合污的清高，狂狷中浸透着洁身自好的志趣，所以酒也因之而附上了高雅的内涵。

“竹林七贤”以嗜酒寻求自我保护，用意最明确，要数阮籍了。

《晋书·阮籍传》记载：“籍本有济世志，属魏曹之际，天下多故，名士少有全者，籍由是不与世事，遂酣饮为常。”

有政治抱负又有济世之才，为何不积极入世，相反成天以酒藏身呢？这与当时的社会背景以及阮籍的身世有关。

阮籍的父亲是“建安七子”之一，颇受曹操的器重，官至丞相军师祭酒。阮籍的青少年时代曾有过建功立业、报效王室、匡时济世的大志，且才华横溢，颇有才名。所以，司马氏集团起初是想拉拢他的，但阮籍与司马氏集团却总是若即若离。他也当司马氏集团给他当的官，甚至还“主动”要过两个官：一个是东平太守，一个是步兵校尉。前者他骑驴上任，进了衙门便令拆去隔墙，十几天后又骑驴离开了，好像开一个玩笑似的；至于后一个官，其动机就是看中了步兵营有一位厨师很会做酒，而且营上藏有美酒300斛。他在任上只跟刘伶两人终日饮酒，什么事也不管。《晋史》和《世说新语》里记载他的轶事，如居丧照常饮酒吃肉；有时在邻居酒家女的身边醉倒不起；他成天都在醉乡里，从不发表任何政治见解。这使得司马氏集团对他既无奈又恼火，于是以各种方式逼迫他在政治上明确表态：究竟是紧跟司马氏还是相反。其中有一条办法就是联姻，即司马昭要让阮籍把女儿嫁给自己的儿子司马寅。这对于阮籍确实是一道难题，答应这门亲事，则表示自己已站在司马氏集团这条船上了；不答应这门亲事，则等于与司马氏集团决裂，或许会招致杀身之祸。答应不答应都难，怎么办？阮籍思来想去，其对付的办法就是借酒“沉醉六十日”。成天醉得不省人事，怎能商谈儿女的婚烟大事？司马昭不得不因阮籍的“不得言”而放弃努力。对此，鲁迅先生曾有精辟的见解：“他（指阮籍）的饮酒不独于他的思想，大半倒在环境。其时司马氏已想篡位，而阮籍名声很大，所以，他讲话就极难，只好多饮酒，少讲话，而且即使讲话讲错了，也可以借醉得到原谅”。所以，“乱来唯觉酒多情”，身处黑暗政治中的文人为求精神的超脱，更喜欢与酒结伴，以酒避祸，以酒自慰，以酒来表示自己不受羁绊、不屈服世俗压力的志气。

然而，阮籍不论是真醉也好，是避言论之祸，“口不藏否人物”也好，都不过是退让和回避，终非万全之策。牌最终总是要摊开的，正所谓躲得过初一躲不过十五。司马氏集团正是抓住阮籍想全名节又不像嵇康那样公开对抗的性格弱点，再次进逼，指定让他来写“劝进文”，即“劝”司马昭官进“相国”，为晋公，加九锡。这是司马氏集团篡夺皇权的重要一步。阮籍这一次还是用醉酒的老办法来搪塞可是没能蒙过去。他正在朋友袁孝尼家喝酒，就有专使骑马而来，要其交出文章。阮籍再也无法逃脱，又不敢不写，只好由人扶着当场作文。但这次违心作文，实在干系重大，即便是“醉中”所为，阮籍已不能借酒醉而原谅开脱自己，他内心是十分痛苦的，“痛失名节”，精神从此垮了，不到两个月就去世了。

历史上的“竹林七贤”的中任何一个都未能借酒而真正避世，最后不是被杀，就是被逼妥协了，这是乱世的士人不可能逃避的命运悲剧。但酒却以此成为高洁的象征，为后世崇尚高洁的文人们引为知已。“平生诗与酒，自得会仙家”（王勃《赠李十四》）；“钟鼓馔玉不足贵，但愿长醉不复醒。古来圣贤皆寂寞，惟有饮者留其名”（李白《将进酒》）；“眼前一杯酒，谁论身后名？”（庚信《咏怀》）；对他们来说只有酒才是最可心的伴侣，最多情的朋友！

阮　咸

阮咸，字仲容，河南省陈留尉氏（今河南省开封附近）人，“竹林七贤”之一，阮籍之侄，叔侄二人时人并称为“大小阮”。他历官散骑侍郎，补始平太守。山涛认为他“贞索寡欲，深识清浊，万物不能移。若在官人之职必绝于时”（见《晋书》本传），但晋武帝认为他耽酒浮虚而不为所用。

阮咸有两个很重要的特点：一是任达不拘，一是音韵高手。

他曾与姑母家鲜卑婢女私下要好，母亲死时，按礼姑姑要还家，但阮咸要求把婢女留下，这在当时是不为礼教所容的。后来婢女走了，阮咸借驴骑上追赶，终于把婢女追回来了，并生了一个儿子叫阮孚，为世人所讥。他不随便交朋友，只和亲友知交弦歌酣饮。有一次，他的亲友在一起喝酒，他也来参加，不用酒杯，而是用大盆盛酒，喝得醉醺醺的。当时有一大群猪走来饮酒，阮咸就和猪一起喝酒。他一面饮酒，一面鼓琴，真是不亦乐乎。于是“与豕同饮”就传为笑话。

阮咸妙解音律，善弹琵琶，为当时著名的音乐家。有一种古代琵琶即以“阮咸”为名。他曾与荀勖讨论音律，荀勖自认为远不及阮咸，便极为嫉恨，阮咸也因此被贬为始平太守。阮咸还有著作《律议》传世。

王允之借酒装醉

尽管历史上有些名士想以酒藏身，以求逃脱卷入政治旋涡但未得，但有些人物临时装醉以逃脱杀身之祸，并意外获得了成功。东晋时代的王允之就是一个很好的例子。

王允之是大将军王敦的堂房侄儿，为人聪明机警，王敦在王允之很小时就把他带到身边。王敦阴谋反叛要篡夺晋朝江山，经常与心腹钱凤秘密策划。一次夜饮，王允之知道他们定要密谋，就托醉先睡。王敦果然和钱凤商量反叛的步骤，内容全被王允之听见了。王允之一想不好，倘若被他们察觉了一定会害怕自己去告发，那就非被害不可，于是他在床上大吐，连衣服和脸上都吐得一塌糊涂。钱凤走后，王敦果然想起刚才计议时王允之在隔壁，急忙秉烛去照视，只见他烂醉于地下，吐得不省人事，料想没有问题，就不再疑心。正好王允之的父亲王舒那时任廷尉，王允之请求拜会父亲，王敦毫不介意地批准了，一见到父亲王允之就把王敦、钱凤的密谋告诉父亲，王舒又告诉了宰相王导，一同启奏皇帝，预做准备，使得王敦的计划未能得逞。王允之倘不是急中生智就性命难保了。

同样类似的还有温峤借酒制服钱凤的故事。温峤想拆散王敦和钱凤，以削弱王敦的力量，便向王敦大力推荐钱凤去出任丹阳尹。王敦虽已答应，但温峤还不放心，怕王敦会识破他献计将钱凤调开是有所图谋的，于是在王敦给他饯行的宴会上，起身向座客敬酒，走到钱凤面前干杯以后，钱凤还来不及喝，温峤就伪装酒醉大发脾气，将笏（官员的手版）敲击钱凤的头帻，怒喝道："钱凤什么东西，温太真（温峤字太真）敬酒，竟敢不饮！"王敦真的以为温峤醉了，连忙劝阻双方，令彼此和好。温峤走后，钱凤果然疑心将他调任丹阳尹是别有用心的，于是对王敦说："温峤这人和朝廷关系密切，此人不可信，去丹阳的事以暂缓为好。"王敦道："你这人气量未免太小，昨天温太真喝醉了，稍对你说了几句不客气的话，你就记恨在心，马上来说他的坏话。"因此王敦不信钱凤的话，调走了钱凤，这恰好中了温峤的计。

王　绩

王绩，字无功，太原祁(今山西省祁县）人，是隋唐之际的文学家。

王绩性格放达，不喜俗礼，凡乡下举办婚丧喜事，他都不参加。隋炀帝大业年间，推荐人才时，他被授秘书省正字。因为不喜欢在朝廷做官，所以要求做六合县丞。任职时，他嗜酒不干事，因此被弹劾解职。他叹息说：到处是罗网，还是回家安心。于是他回到家乡河渚间。他有田十六顷，奴婢数人，他和家人种粮食酿酒，还养家畜，采草药，过着自给自足的生活。

有个叫于光的，也是个隐士，他没有妻子，在北渚造了一座房屋，住了30年。他自力更生，不依赖人家。王绩喜欢他的真诚，把家搬过去，和他住在一起。于光是个哑巴，不会交谈，他们在一起对酌时，默默无言，但心情十分畅快。

王绩除了喝酒就是读书,他把《周易》《老子》《庄子》等书放在床头阅读，其他的书很少看。

他曾游历过北山东皋，自称是"东皋子"，他骑着牛四处游荡，遇有酒店，就逗留数天。

高祖武德初，他待诏门下省。当地的官吏，每天给他三升酒喝。有人问他：待诏有什么乐趣呢？他说：有好酒可以作伴啊！侍中陈叔达知道了，就每天给他一斗酒喝，时人都称他为斗酒学士。

贞观初，他因生病被罢职，后又调任有司。当时，他听说太乐署史焦革家善酿佳酒，他就苦求为太乐丞，以便大饱酒福。焦革死了，王绩就采用焦革的制酒法，写成《酒经》，又参考杜康、仪狄以来的酿酒经验，写成《酒谱》，今两书均已失传。当时名流李淳风赞他是“酒家南董”。王绩家居东南面有块磐石，他就用石建立了杜康祠，时常拜祭，尊为老师。他写有《醉乡记》。因他饮酒五斗而不醉，又写就《五斗先生传》。

如有人请他喝酒，他不分贵贱都去赴席。有个刺史叫杜之松，是他的老朋友，请他去讲礼法。他谢绝说：我不能在尊府里谈糟粕，而放弃醇醪啊！他把礼法视为糟粕，把醇酒作为爱好，王绩就是这样一个人。

皮日休与陆龟蒙

皮日休，晚唐文学家，字逸少，又字袭美，襄阳（今属湖北襄樊市）人，出身寒门，早年隐居鹿门山。

皮日休爱好喝酒，愤世嫉俗，自称是“闲气布衣”“醉吟先生”“酒民”“醉士”。据明夏树芳《酒颠》上说，他嗜酒成性，隐居在鹿门山时，每天都饮酒，自称是醉士。后来，在襄阳洞庭湖，他驾着船往来于湖上游赏，一面喝酒，一面赋诗，又自称是酒民。他一生写有许多关于酒的诗文，如《酒箴（并序）》《酒中十咏》《春夕酒醒》《酒病偶作》《〈续酒具诗〉序》等。

他有一个诗酒好友，叫陆龟蒙，他们时常在一起游山玩水，弈棋钓鱼，饮酒吟诗。

陆龟蒙是唐代的诗人，字鲁望，苏州人，居松江甫里，举进士不中，尝为湖州刺史张抟幕僚，辗转于苏湖间，不久便离职归隐。他也十分爱好喝酒。自和皮日休结成诗酒之友后，两人经常以酒诗唱和。

如皮日休写了一首《醉中寄鲁望一壶并一绝》：

门巷寥寥空紫苔，先生应渴解酲杯。
醉中不得亲相倚，故遣青州从事来。

此诗写皮日休一个人喝醉了酒，感到十分寂寥，就想到他的好友陆龟蒙此时可能没有酒喝，就派人送去了美酒，表达了他对陆龟蒙的真挚情谊。鲁望是陆龟蒙的字。酲杯指酒。青州从事是好酒的隐称，典出《世说新语·术解》：桓公（桓温）有主簿善别酒，有酒辄令先尝，好者谓“青州从事”，恶者谓“平原督邮”。

陆龟蒙看到这首诗后十分感动，就写了一首和诗，题目是《和袭美醉中以一壶寄》，其诗曰：

酒痕衣上杂莓台，犹忆红螺一两杯。
正被绕篱荒菊笑，日斜还有白衣来。

此诗写作者正在思渴饮酒的时候，傍晚忽然有人送来了美酒，真是雪中送炭。袭美是皮日休的字。红螺指酒。白衣，原指官府仆役，后常用以指代送酒的使者。

在一个春天的夜半，皮日休酒醉醒来，面对红烛独自彷徨，此时又想起了故友，于是写了一首《春夕酒醒》寄给陆龟蒙。其诗是：

四弦才罢酒蛮奴，醽醁余香在翠炉。
夜半醒来红蜡短，一枝寒泪作珊瑚。

醽醁，古代美酒名，典出南朝盛弘之《荆州记》：渌水出豫章康乐县，其间乌程乡有酒官，取水为酒，酒极甘美。与湘东酃湖酒，年常献之，世称酃渌酒。

陆龟蒙接到诗后，又和了一首《和袭美春夕酒醒》，他写的也是夜里酒后醒来的情景。其诗曰：

几年无事傍江湖，醉倒黄公旧酒垆。
觉后不知明月上，满身花影倩人扶。

傍是靠近，傍江湖是说生活于江湖之上。黄公旧酒垆，原指晋竹林七贤饮酒处，此处指作者与皮日休仿效竹林七贤的放达纵饮。可见，皮日休和陆龟蒙的友情，是以诗酒作为纽带。

李成

李成，五代宋初画家，字成熙。五代时，避地北海，遂居青州营丘（今属山东），人称“李营丘”。他擅画山水，初学王维、荆浩画法，后又着意观察自然景物，融会贯通之。画平远寒林尤工，其法用淡墨拖抹，善加剪裁，人称惜墨如金。与长安关同华原范宽号为五代北宋山水画三大宗师。

他因生不逢时，便“放意诗酒，寓兴于画”。评者谓其画峰峦重叠，林木

稠薄，泉流深浅，如就真景，“于时凡称山水者必以成为古今第一”。（《宣和画谱》）

当时，人人都想求得他的画，据史书上说：人欲求者，先为置酒。而李成酒酣落笔，烟云万状，至得意处，殆非笔墨所成。非笔墨所成，当然是靠醇酒的妙力所成。

当时，开封相国寺东有间药铺，老板姓宋，深知李成的爱好，常以美酒款待。李成一到则“醉必累日”，酒酣兴至，挥笔潇洒，不仅在素纸上挥洒，盈满箱箧，而且“铺门两壁，亦为淋漓泼染，识者谓壁画最为神妙”（《枫窗小牍》）。美酒虽给他的事业以很大助力，但“日以酣饮为事”，最后“醉死于客舍”。（《宋史·儒林李成传》）

“醉翁”欧阳修

欧阳修，字永叔，号醉翁，晚年号六一居士，吉州庐陵（今江西吉安）人，24岁中进士，任知制诰、翰林学士、枢密副使、参知政事等。北宋著名的文学家、史学家、政治家，著有《新五代史》《欧阳文忠公文集》等。

欧阳修是众人皆知的醉翁，人们常常说“醉翁之意不在酒”，即典出于其人。欧阳修任滁州太守时，写下了他的名篇《醉翁亭记》。他徜徉山水之间，日子过得像月白风清，很惬意，仕途也很顺利。

欧阳修喜好酒，他的诗文中亦有不少关于酒的描写。一首《渔家傲》中采莲姑娘用荷叶当杯，划船饮酒，写尽了酒给人的生活带来的美好。欧阳修任扬州太守时，每年夏天，都携客到平山堂中，派人采来荷花，插到盆中，叫歌妓取荷花相传，传到谁，谁就摘掉一片花瓣，摘到最后一片时，就饮酒一杯。这样欢宴畅饮，直到深夜而归。

庆历间贾文元任昭文相时，常与欧阳修畅饮。贾文元知欧阳修饮酒时喜欢听曲，所以预先叮嘱一官妓，准备些好曲子来助兴。谁知这官妓闻而不动，再三催促仍旧无动于衷。贾文元感到很无奈。不料在宴席上，这位官妓在向欧阳修敬酒祝寿时，一曲又一曲地献唱。欧阳修侧耳细听，听完一曲饮一大杯酒，心情十分痛快。贾文元感到奇怪，过后一问，才知道官妓所唱的曲，全是欧阳修作的词。

晚年的欧阳修，自称有藏书一万卷，琴一张，棋一盘，酒一壶，陶醉其间，怡然自乐。可见欧阳修与酒须臾不离。

苏　轼

苏轼，字子瞻，号东坡居士，眉州眉山（今四川眉山县）人。宋仁宗嘉佑二年进士，历官福昌县主簿等。神宗时因反对王安石变法，以作诗“谤讪朝廷”罪，被捕入狱，出狱后，贬谪黄州。哲宗时，任翰林学士，曾出知杭州、颍州，官至礼部尚书。后又贬谪惠州、儋州。

苏轼对于诗词赋文、绘画、书法等无所不精，堪称一代宗师，是北宋著名的文学家和书画家，为“唐宋八大家”之一。

苏轼生于一个饮酒世家，祖父、父亲均嗜酒，而他则青出于蓝而胜于蓝。他对人说：我每天要饮酒作乐，倘若没有酒喝，就会疾病缠身。

他爱酒、饮酒、造酒、赞酒，在他的诗、词、赋、散文中，都仿佛飘散着美酒的芳香。如“还来一醉西湖雨，不见跳珠十五年”（《与莫同年雨中饮湖上》）“醉醒醒醉，凭君会滋味，沈斟琥珀香浮蚁”（《醉落魄·咏醉》）“酒勿嫌浊，人当取醇”（《浊醪有妙理赋》）等。

苏轼虽然好饮酒，但酒量并不大。他自己说：我饮酒终日，不超过五杯。天下不能饮酒的，不在我的下面。我喜欢欣赏别人饮酒，看别人举起酒杯，慢慢地喝，我的心胸就广阔无比，似乎也尝到了酒醉的味道，这种味道比饮者本人还强烈。我闲居时，每天都有客人来，客人来了，就得设酒招待。天下好饮酒的，也不在我的上面，常说人生最快乐的是身无病，心无忧。我确实能做到。（《书东皋子传后》）苏轼在《东坡志林》里还说：吾兄子明饮酒不过三蕉叶（形似蕉叶的浅酒杯），吾少时，望见酒盏而醉，今亦能三蕉叶矣。

与中国的大多数文人一样，苏轼的饮酒也往往是借酒浇愁，以酒来自我解脱。

陆　游

陆游，字务观，号放翁，山阴（今浙江绍兴）人，历官镇江、隆兴、夔州通判。乾道八年，入四川宣抚使王炎幕府，投身军旅生活，后官至宝章阁待制。在政治上，他主张坚决抗战，收复失地，但一直受到投降集团的压制。晚年退居家乡，但收复中原的信念始终不渝。他一生创作诗歌甚丰，今存九千多首，多抒发强烈的爱国热情，是南宋著名的爱国诗人。

他一生嗜酒，写了许多有关酒的诗篇。在陆游的饮酒诗篇中，充满着强烈的爱国热情。

陆游身处在民族矛盾异常尖锐的南宋时代，北方的广大人民在女真族统治者的铁蹄下痛苦呻吟，而庸懦的南宋封建统治者偏安江南，过着屈辱而骄奢淫逸的生活。国家的命运、民族的前途深深地压抑着诗人，使他无法排遣，只能在诗中倾吐。

辛弃疾

辛弃疾，字幼安，号稼轩，历城（今山东济南）人。出生时，山东已为金兵所占。21岁参加抗金义军，不久即归南宋，历任湖北、江西、湖南、福建，浙东安抚使等职。他一生坚决主张抗金，提出不少收复失地的建议，由于受投降派的阻挠，均未被采纳。晚年落职闲居在江西上饶一带。他的词以豪放为主，与苏轼并称苏辛，对后世影响很大。

和其他文人一样，辛弃疾非常喜欢喝酒，经常喝得醉醺醺的。有一次，他醉倒在松树旁边，还问松树：我醉得怎么样？松树当然不能回答。在醉眼朦胧中，误以为松树要来扶他，他用手推着松树说：去！酒醒以后，他就挥笔写成《西江月·遣兴》，把这件逗人发笑的事写了进去。

喝醉了酒，不仅误事，而且会损害健康。因此辛弃疾就下决心坚决戒酒，还特地写一首《沁园春》词。在词中，他以古人为例，讲了喝酒如何如何地有害。可是有一天，他在山上游玩，见朋友拿了酒来，又急不可待地喝起来，直至酩酊大醉。事后，他按《沁园春》的韵脚，又写了一首词，说饮酒如何如何地好。可见，辛弃疾的戒酒是假的。

辛弃疾以酒会友的事，被不少人传为美谈。其一是与刘过相会。刘过是南宋有名的词人、诗人，在他的诗词里抒发了抗金的抱负，为一般爱国志士所器重。当时，辛弃疾任浙东安抚使，而刘过则是一个怀才不遇、流落江湖的落魄文人。刘过对辛弃疾十分崇敬，想方设法要结识辛弃疾。

有一天，他来到辛府，因穿着褴褛，被门吏拒之门外。他故意大吵大闹，惊动了正在酣饮的辛弃疾。辛弃疾忙出来迎接，见刘过虽然衣衫破旧，却英气勃勃，不愧是一位爱国文人，于是请他入席饮宴，刘过也不卑不亢地坐着喝酒。酒过三巡，旁边有位宾客对刘过说：听说先生不仅善于词赋，而且还能作诗，是吗？刘过很有分寸地说：诗词之道，略知一二。当时席上正好有一大碗羊腰肾羹，辛弃疾就让他以此为题，赋诗一首。刘过豪爽地说：天气殊冷，当以先酒后诗。辛弃疾即命人为他满满地斟了一碗酒。由于刘过双手已经冻僵，接碗在手，颤抖不止，把碗中的酒流到了胸前的衣襟上，辛弃疾就请他以“流”字为韵。刘过沉吟片刻，马上吟出了一首既切题又符合当时情景的绝句：拔毫已付管城子，烂首曾封关内侯。死后不知身外物，也随樽酒伴风流。拔毫指拔羊毛，管城子指毛笔。煮羊，必先拔羊毛，用羊毛制成毛笔，可供文人使用。烂首指煮烂羊头，因东汉时流传的一首歌谣：烂羊头，关内侯。讽刺小人封侯，专权误国。羊死后，当然不知身外物，但可作为佳肴，和樽酒一起陪伴风流人物，当然风流人物就是辛弃疾等人。

辛弃疾听了，赞赏不已，觉得刘过确是个“奇男子”，马上举杯与他共饮。宴会结束后，辛弃疾还给他许多礼物，从此以后，两人成了莫逆之交。

其二是与陈亮相会。由于主和派的不断打击，辛弃疾感到异常失望，在42岁时就闲居到江西上饶。他在城外买了一块土地，兴建一座庄园叫“带湖新居”。又在铅山县东北，建筑了一所别墅。把附近的一条清泉取名为“瓢泉”。陈亮是辛弃疾的知交，也是一位爱国词人。淳熙十五年冬天，陈亮从他的故乡浙江永康来江西拜访辛弃疾。这时，辛弃疾在小病中，见到陈亮十分高兴。他俩或在瓢泉共饮，或往鹅湖寺游览。他们一边喝酒，一边纵谈国家大事，时而欢笑，时而忧愤。陈亮在铅山住了十天，才告别回去。辛弃疾一程又一程地送他。第二天早晨，辛弃疾又赶马追去，想挽留陈亮多住几天。当他追到鹭鹚林地方，因深雪泥滑，不能前去，才停了下来。那天,他在方村怅然独饮。夜半投宿于吴姓的泉湖四望楼，听到邻人吹笛声，凄然感伤，就写了一首《贺新郎·把酒长亭说》词。词中写自己与陈亮欢饮纵谈的喜悦、对陈亮的敬爱以及对当权者偷安误国的痛心。后来他把这首词寄给了陈亮，陈亮也写了一首和词《贺新郎·老去凭谁说》寄给辛弃疾。

石延年

石延年，字曼卿，宋城（今河南商丘南）人，官至太子中允，是宋代的文学家和书法家。他性格豪放，饮酒过人。相传宋仁宗爱其才而劝其戒酒，后竟酒渴成病，中年早卒。

石延年性格豪放，喜欢豪饮。有个义士叫刘潜的，酒量也很大，喜欢和石延年比酒量。他俩听说京师河行王氏新开一酒店，于是一起到那里对饮。他们从早饮到晚，不发一言。王氏对他俩的酒量十分惊讶，认为他们不是普通人，于是又添加肴果和名酒，恭恭敬敬地在旁服侍。而石延年和刘潜呢，却傲然不顾，继续饮酒，直到夕阳西下，还没有放下手中酒杯，两人的脸上，竟没有一点酒色。第二天，京都的人民都在传说，有两位酒仙到王氏酒

楼喝酒。过了一段时间后，才知道是石延年和刘潜。自此，“酒敌对饮”的佳话就传开了。（事见《宋史·文苑传》）

还有一件怪事，也发生在石、刘身上。相传石延年任海州通判时，有一天酒友刘潜来访。石延年赶忙请他到石闼堰，两人坐在酒桌上，就豪饮起来。一直喝到半夜，眼见酒将要喝光了，但饮兴还没有尽。看见船上有一斗多醋，就把醋全倒入剩酒里，又大喝起来，直到把酒醋喝光为止，此时天已经大亮了。（事见明何良俊《语林》）

说石延年是个酒怪，他确实名符其实。他不仅饮酒超过一般常人，而且别出心裁地创造了多种荒谬怪诞的饮酒方式。例如，他与人痛饮时，蓬乱着头发，赤着脚，还带着枷锁，说这种饮酒方式叫“囚饮”。有时，他与人在树上饮酒，说这是“巢饮”。有时与客豪饮，用稻麦秆束身，伸出头颈，说这是“鳖饮”。有时夜晚不点蜡烛，与客摸黑而饮，说是“鬼饮”。有时与客饮酒时，一忽儿跳到树上，一忽儿跳到地上，说这是“鹤饮”。名堂稀奇古怪，不一而足。（事见宋沈括《梦溪笔谈·人事》）

石延年死后，他的酒友苏舜钦写了一首《哭曼卿》，其诗曰：去年春雨开百花，与君相会欢无涯。高歌长吟插花饮，醉倒不去眠君家。以表示对石延年的怀念之情。

李清照

酒神酒圣酒仙的诗作，千百年传颂，脍炙人口。宋代女词人李清照，同样也借酒抒情，铸就了她隽永清丽的词风。“昨夜雨疏风骤，浓睡不消残酒。试问卷帘人，却道海棠依旧。知否，知否？应是绿肥红瘦。”好个《如梦令》，简洁明了地描述了词人那“浓睡不消残酒”的醉态，以及“应是绿肥红瘦”的情怀。可是一场风雨的洗礼，蜕变已在不知不觉中，怎么可能是“依旧”呢？

“东篱把酒黄昏后，有暗香盈袖。”这首《醉花阴》是词人在落日的黄昏后，把盏倾诉相思的自喻。据说，后三句还曾有一段鲜为人知的故事。她的夫君赵明诚把自己的作品掺着李清照的词不注明作者，送给当时的同道好友品评赏析。结果几十首词里的亮点却是“莫道不消魂，帘卷西风，人比黄花瘦”的佳句。这位被誉为婉约派的女词人，以那闺中淑女深宅思夫、颠簸流沛的情感流露自成风格，把个多情善感、哀怨难诉的“小妇人”，描述得尽在其中。

作诗需有激情，而酒后的真情则是毫无做作的宣泄。“故乡何处是，忘了除非醉。沉木卧时烧，香消酒未消。”这首《菩萨蛮》是作者饱尝了战乱离乡漂泊之苦的叙述。前半阙是冬去春来，阳光虽微，风却柔和了，我换上了夹衫，仍有一丝未尽的寒意，梅已凋残，我的心已破碎，为了逃避思乡之苦只有醉，睡前燃上的炉火沉香已烧尽，而我的酒意却没退。正如素有惊人绝句的女词人所述“学诗谩有惊人句”，道出了一个弱女子只能纸上谈兵空有才气，而眼前却要随世事沉浮。

而她的“寻寻觅觅，冷冷清清，凄凄惨惨戚戚。”的七个叠词，不仅写出了作者无依无傍的孤独境遇，更是诗词史上的空前绝后的佳句。

一杯薄酒论短长，无限深情寄思托。这些个满腹愁肠、欲语还休的语言，怎道得尽词人盼望国泰平安、思念家乡的感受。其实，婉约的词人骨子里却有着不为众人所意想的豪放，“至今思项羽，不肯过江东”便是她的风采。说起李清照与酒的缘分，也正如词人与词的关联，这原本就是心海与情感的交融，生活与生命的欢歌。

嗜酒虽不可取，但正因为有了酒，才有了李清照婉丽清新的词。

曹雪芹嗜酒著宏篇

曹雪芹出身河北丰润县，这里有悠久的酿酒历史。从曹雪芹祖辈起，三代任官，家势显赫，所以曹雪芹自幼生性倔犟，纵酒赋诗，疏狂傲岸。但后因父亲失职获罪，被革职抄家，家道便从此没落。

乾隆二十七年秋天，曹雪芹从西郊来到北京宣武门内的槐园访敦敏。见敦敏还未起床，便拉着敦敏的弟弟敦诚往酒店里跑，两个人在酒店里喝得好不痛快，醉意朦胧，当结账时，两人都没带钱，最后敦诚解下随身所带佩刀抵酒钱才算完事。

曹雪芹有钱沽酒，无钱则到亲朋家中去饮酒。有珍馐美味佐酒当然好，无菜肴下酒，则以清淡佐酒，酒成了曹雪芹生活中的重要内容。也正是醇香的美酒点燃了他创作的灵感，拿起笔来十年寒窗完成了流传百世的佳作《红楼梦》。

附 自古饮者留其名

饮者雅号集

西汉： 高阳酒徒 郦食其

	酒徒	饶宽	
魏：	酒徒	蒋济	
	竹林七贤	嵇康	阮籍
		山涛	向秀
		刘伶	王戎
		阮咸	
晋：	酒狂	裴楷	
刘宋：	上顿	王枕	
唐：	五斗先生	王绩	
	斗酒先生	王绩	
	醉民	元结	
	酿王	（汝南王）李进	
	曲部尚书	（汝南王）李进	
	醉司马	白居易	
	醉尹	白居易	
	醉傅	白居易	
	醉吟先生	白居易	
	醉士	皮日休	
	醉朋	可朋（诗僧）	
	醉髡	可朋（诗僧）	
	醉八仙	贺知章	汝阳王
		李适之	崔宗之
		苏晋	李白
		张旭	焦遂
五代后蜀：	呷大夫	常录修	
北宋隐士：	云溪醉候	种放	
	醉翁	欧阳修	
	酒边居士	向子湮	
明：	曲部尚书	朱国祯	
清：	酒肉道人	傅山	

第三章　酒神品酒酒添彩
——现代名人与酒

郁达夫嗜酒

郁达夫的嗜酒，自己在《自述诗》里还专门作了一首诗自嘲过。那是他16岁到杭州上中学时，与同伴数人在酒家聚饮。毕竟还是少年啊，他喝醉了，迷迷糊糊地就在那里睡熟了。看来他在少年时就有相当的酒量了。看着他这副醉态，同伴们既好笑，又感到惊奇，后来在学生中被传为笑柄。

郁达夫平生是个极认真极沉静的人，即使是一杯接一杯地喝酒的时候，也不曾醉得失态过。有些话好像是乘兴说的，但依然是平静地拿着酒杯一点一点呷酒。

喝酒时的话题，大多是诗，其中有时也有艳冶的话。

他喜欢白乐天的《长恨歌》，爱在口里吟诵。特别是其中“侍儿扶起娇无力”一句，这句描写可以说是到了淫猥的程度，即杨贵妃初蒙玄宗的宠爱后，赐浴于华清池的温泉，她精疲力尽要靠侍从的女官扶助，那浓艳的姿态强烈地散发出肉感的香味。

郁达夫在东京通过毕业考试之后，马上返回祖国，从事教师生涯。暑假，郁达夫来到上海，在民厚南里与郭沫若住在一起。有一天，郁达夫和郭沫若偶然听说泰东书局出版的两千部《创造季刊》大约还有五百部没有卖出去。

当时，两人都还年轻，很自负，所以他们感到这是一个很大的打击。实际上这已经未必不是好成绩了。但两人却觉得同情自己的人实在太少了，何况这时屡屡遭到文学研究会的攻击呢！

“沫若，我们去喝酒去！”郁达夫突然叫着说。

“好，我们去喝酒。”郭沫若马上赞同。

两人一开始是在四马路附近的面馆的楼上饮酒，喝了两壶酒之后，一直没有上菜，只得又叫添酒上菜，可叫了半天怎么也叫不来。一座大楼上空空洞洞的，除他两人之外再无旁人。两人往窗外一看，突然发现酒店招牌上的红字用白纸贴上了。

“什么？这不是有丧事的人家吗？”

因此，二人马上离开了这里，接着又进了一家馆子。这个馆子的堂倌态度也不好，所以喝了三四壶就又出去了。第三家馆子还算凑合，他们就坐下慢慢地喝起来。不知不觉，桌子上的空酒壶越来越多，不一会儿就摆满了一桌子，于是，他们便移到邻近的空桌上去，接着空酒壶又马上摆满了。两个人还是第一次在一起这样痛饮，结果喝得酩酊大醉。一轮明月从窗外照起来，桌上林立的酒壶像小森林一样。此时此景，勾起了两人无限惆怅的思绪。

“到头来，我们只有饿死在首阳山上！”

郭沫若伤怀切齿，郁达夫两只眼睛血红。他叫喊道：

“是的。你是伯夷，我是叔齐！”

两人吵吵嚷嚷，一味地谈论着这些伤心事。

从那里出来，两个人彼此挽着胳膊，相互搀扶着踉踉跄跄地向民厚南里走去。走到了哈同花园附近，静安寺路上，依旧是许许多多西洋人的汽车，在竞相疾驰。两人见此情景，不由得勃然大怒，不管三七二十一地大叫起来。

“这里是中国！”

“你们这些资本主义的畜生！”

“你们这些帝国主义的猪猡！”

“给我滚开！见鬼去吧！”

突然郁达夫一下子从路边跑到街中心，冲着迎面驰来的一辆汽车，用力向前伸出左手，叫道：“我要用手枪打死你们！”

郭沫若连忙跑去抱住他往后拽。汽车紧擦着他俩划出了一条漂亮的曲线，飞驰而过。

那时，郁达夫家有客的时候，王映霞大都不让他们和郁达夫去外边的酒馆，而是尽力自己准备酒食。另外，王映霞还有一个节制达夫饮酒的办法，就是待郁达夫有六七分酒意之时就不再供酒了。有年冬季的一个下大雪的晚上，达夫和王映霞婚后不久，郁达夫和来访的几位朋友出去喝酒，彻夜未归。王映霞很担心，天明赶紧出去探望。刚出门，就看见郁达夫躺在从胡同口通往家门的甬道中间的雪地上。原来，昨天夜里朋友们用汽车把他送到胡同口，可他一进胡同，踉踉跄跄地走了没多远，就栽倒在雪里。自此以后，王映霞对郁达夫就开始严格的酒禁了。

郁达夫来到日本过了些天之后，改造社召开该社发行的《大鲁迅全集》(鲁迅已逝世)的翻译碰头会。郁达夫听说朋友佐藤春夫要去改造社，因想与自己的故旧改造社社长山本实彦会面，就同道而来了。

山本实彦马上打算为郁达夫举行欢迎会。因为很难得有有关研究中国文学的人士聚集一堂，与其定在其他日子，倒不如就定在当天晚上举行欢迎会。于是他马上派人去叫木村毅、林芙美子等郁达夫的旧友，又觉得应该将住在国府台的郭沫若请来，就马上决定派一名职员驱车前往国府台去接郭沫若。

郁达夫还未去拜访郭沫若，所以他就借机同车前往。郁达夫来日之事是已通知了郭沫若，还是突然前去访问，尚不得而知。但不管怎样，他这次访问是意在同郭沫若言归于好。

幸好，郭沫若在家。将近傍晚时分，郁达夫陪着郭沫若再次来到改造社。停留了一会儿，大家就一同到了赤坂饭庄。

郁达夫和郭沫若并排靠壁龛的柱子坐着。整个宴席成一个“鲥”字形，有十几位艺妓在照应。此外，山本还特意从新桥叫来了歌妓喜三代来侍酒助兴。

山本的热情招待，更加上各位到会人士的海量畅饮，使整个宴会充满了热烈的气氛。山本看到宴会已到酒酣兴尽之时，就首先让自己的下属、北海道出身的某出版部部长唱“追分小调”。唱完之后，又请郁达夫、郭沫若唱歌。

郁达夫很干脆，先吟诵古诗“风萧萧兮易水寒”，但有些气量不足，加上节奏单调，说不上吟诵得很好。

接着轮到了郭沫若，他先举杯与山本同干。原想这下该唱歌了吧，但他却又举杯再干了一次。这次总要唱了吧，正准备听，他却仍然没有唱，重又一边微笑，一边举起酒杯。在座的人大都被他这种“表演”感动了。酒过三杯之后，总该拿出节目来了吧，他却也和郁达夫一样朗诵了那首古诗，然其声调激昂，情怀悲切，令人感怀不已。

一阵歌声鼎沸之后，女佣人把几张彩纸放到郁达夫和郭沫若面前。那时已经主客混杂，大家端着酒杯，随意走动，看二人即席赋诗。郁达夫的书法虽独具一格，但决非杰出之作；而郭沫若的书法洒脱奔放，且有古雅之风。

胡适醉打警察进监狱

谁也不曾想到，文化巨子胡适早年在上海曾有过一段浪荡无羁的生活经历。那时年轻的胡适在中国公学求学，偶与一些灰心的浪漫朋友一起陷入轻度的放荡之中。他们饮酒、赌博，也常常光顾灯红酒绿的妓院。胡适后来说：幸而我们都没有钱，所以都只能玩一点穷开心的玩意儿，有时候，整夜的赌，有时候，连日的大醉。他 1909 年的一首诗颇能道出当时的心境：

酒能消万虑，已分醉如泥。
烛泪流干后，更声续断时。
醒来还苦忆，起坐一沉思；
窗外东风峭，星光淡欲垂。

在次年春一个雨丝纷纷的傍晚，在狂饮之后，胡适在回家的路上竟与警察争斗起来，当晚就被抓进监狱蹲了一夜。第二天，当胡适面对镜子打量他那张青肿的脸时，想起了李白名句“天生我才必有用”，懊悔了。于是在朋友的帮助下，胡适关起门来发奋读书。几个月之后，他获得当年庚子赔款奖学金，来到大洋彼岸留学，九年后成为余响至今的中国新文化运动的健将之一。

林语堂鼓励别人喝酒

1965 年 7 月，林语堂夫妇在纽约提前庆祝他们的七十双寿，因为林语堂生于 1985 年，按西洋算法，这一年正好是七十周岁，而廖翠凤比丈夫小一岁，但按中国算法，也是七十岁了，所以叫庆贺“双寿”。

那天，来贺寿的客人坐满了好几桌，都是林氏夫妇的至爱亲朋。在香港任《读者文摘》中文版总编辑的二女儿林太乙，也和丈夫黎明一起，带着孩子从香港飞抵纽约。林语堂全家大团圆，在座的客人也都是生平好友，大家同聚一堂，酒逢知己千杯少。林语堂自己虽然滴酒不沾，他却喜欢看别人喝酒，也鼓励别人喝酒，更喜欢听喝酒的人豁拳行令。他觉得这样才热闹，才有喝酒的情调，所以他就点名叫人对饮或划拳。而廖翠凤的酒量倒不错，亲戚朋友中也有豪量的，林语堂在一旁调兵遣将，鼓励大家较量较量。一时间，觥筹交错，热闹非凡。

鲁迅的小说与酒

《孔乙己》小说的主要场景是鲁镇镇口的咸亨酒店，落拓书生孔乙己的一生，也由酒店的小伙计口中述出。这个鲁镇上的咸亨酒店，不久又出现在小说《明天》里，这一次，故事是发生在酒店隔壁的单四嫂子跟她的病儿身上。从1921年底开始，鲁迅的《阿Q正传》陆续发表，阿Q也是个爱喝酒的人，他喝了酒，才敢去摸小尼姑的头。平常他都要向酒店赊账的，“中兴”后的那一天则很不同，他将满把银的和铜的钱在柜上一扔说：“现钱，打酒来！”绍兴是个产酒的地方，很多故事仿佛都跟酒有联系，而酒又似乎特别能给怯懦的人以勇气、让无聊的人得到消遣。1924年的小说《在酒楼上》，写的就是一个喝了些绍兴酒，“满脸已经微红，似乎很有些醉，但眼光却又消沉下去了”的被生活消磨了意志的人。

对于酒，鲁迅是非常熟悉的，据说他的嗜好之一就是喝酒，啤酒、白干、绍兴酒、洋酒都能喝。他的父亲就是常饮酒的，饮酒过后，有时发脾气。外人的印象是鲁迅嗜酒，天天要喝，酒量也大，有人因此就把他同大酒坛子联系在了一起。不过在家人眼里，尽管他喜欢喝几杯，酒量却并不大，只是跟朋友谈话或者心情不好的时候，才会放任多饮。至于鲁迅本人，他承认自己一度“自暴自弃”地喝酒，那也正是太高兴或太愤懑的时候，而在1925年6月写给许广平的信里，他更表现出对于酒的把握：“酒精中毒是可能有的，但我并不中毒”“我到现在为止，真的醉只有一回半”。

在鲁迅与许广平交往的最初那些日子，酒也曾经是他们两人间的一个话题。鲁迅解释喝醉酒的人的心理说：那发酒疯的人，多是装出来的，因为一切过失可归罪于醉。1926年夏天过后，鲁迅到厦门大学就职，大概也是听了许广平的劝戒，有一段时间，他喝酒少了，并且“睡早而少吃茶烟”，虽然写《范爱农》时，曾忆及两人“醉后常谈些愚不可及的疯话”，但为悼念这位昔日酒友所写的诗，在记忆中居然变得残缺不全。鲁迅很早就有胃病，就在到厦门之前，他的肠胃病又一次发作，多年的胃痛使他得到经验，“我的病，只要有熟人开一个方就好”，于是请人开了方，向药房去配药，有一天买药，因为当场就喝，还被人误以为戒大烟。鲁迅也知道酒精对胃的侵害，他这一时期断断续续地戒酒，一半也是因为身体的缘故。

易君左换酒宣言

第一级：沧州时酒、易州涞酒、四川橘晶酒，以一相赠，则报以新诗屏，或题诗之画轴；

第二级：成都生春酒、郫筒酒、鹅儿酒、桂阳烧酒，各赠以联；

第三级：安徽双沟酒、四川大曲酒、江苏洋河酒、山东馒头酒、山西汾酒，各赠字轴。

这个三级润例，把中国所有的名酒几乎全部包罗无遗，实足显示了当年这位“小四魂”（易君左的笔名）喝酒思吞海的洒脱风度。宣言之末，还斩钉截铁地宣布：“自订此例后，其他酬件，概行谢绝！”这真如郑板桥的润例诗：“任渠话旧论交接，只当春风过耳边。”堪称一绝了。

有人问易君左，绍兴花雕、天津五加皮等为啥不包括在内？他哑然笑答：“我要的是白酒，颜色好酒则好矣，然不够过瘾。”

这个换酒妙闻，瞬即传遍南京。一次，有位报人接到易君左的信，嘱为《半月》写文，此人还以一诗云：“顷闻换酒发宣言，乐煞区区喜欲颠，我亦写文来换酒，五瓶大曲字三千。”

易君左风流倜傥，驰骋文苑多年。关于他，还有一段传闻。

抗战之前，易君左任职于江苏省教育厅，某日往游庚桑、善卷二洞，叹为天下奇景，较之世界各国名洞有过之而无不及，乃作《乾坤双洞歌》，刊于《江苏教育》月刊。

密迩南京的宜兴庚桑、善卷二洞是储南强（简斋）先生发现并独资建设的。储南强先生在晚清末叶曾任南通县宰，性耿介，不善逢迎，且淡于名利，风骨傲然，虽大佬如张季直，储南强先生亦不买账，因此不得上司欢心。归田后，他以全部力量发掘庚桑、善卷二洞，前后历时多年，倾注了大量心血。储南强先生个人的私蓄有限，变卖了房产、书画、古玩、衣饰还是不够，最后乃至多方借贷，并分函吁请各方有力者支援。据说，为了建设这两个古洞，前后共耗资三十多万元，这在米价仅只几元钱一石的当年，是个惊人的数字。此两洞以后名驰国际，为我国争光，储南强先生之功是不可没的。

易君左的《乾坤双洞歌》原文较长，为篇幅所限，此处从略。它的主要内容是描写和介绍此两洞的奇景。对于储南强先生，易君左推崇备至，并建议更名“东储洞”“西储洞”以为纪念。这首歌传诵一时，其后，储南强先生的侄子储安平编辑《中央日报》副刊时，全文转载。于是，两洞之名益著，在南京的学者名流、外使外侨，无不联袂往游。有些环游过世界的外国人，都承认这两个古洞景物的奇异秀丽，在全球都不多见。宜兴道上，各国旅游者遂络绎不绝。

储南强先生读了《乾坤双洞歌》后，感于易君左的支持，乃亲撰自书一联为赠：

何可一日无此君

天下楚人皆尚左

不多久，又另赠一联，并附短简，语甚诙谐，云前赠之联把“易君左”二字摆在足下，诚恐“负担太重”，新联云：

君房言语妙天下

左史文章甲古今

此联语极浑成，对易君左的评价也极高。据说，易君左得此联后狂喜了好多天。

王陆一特制雅集杯

王陆一之所居自题曰“委宛园”，占地虽不广，别具亭台花木之盛。有堂曰：“长勿相忘馆。”王陆一好客，尤其与诗人画家过从，常于期间举行宴集，樽酒不空，座客常满。“长勿相忘馆”中的琴棋、茶具、酒垆，无不精雅绝伦。他更特制了一种雅集杯，式样新奇，杯腹各题高朋之名。每逢集饮，客来则各取题有己名之杯，绝无紊乱，盖含有长勿相忘之意，而卫生尚在其次。但此举并非王陆一的创意，盖取法于满清名臣纪晓岚。康熙间，纪晓岚特制“官僚雅集杯”，凡酒器十具，知友每人各得一具而自守之，以白金作沓杯，十具合重二十八两，外镂花卉，内携姓氏里居，旁刻“官僚雅集”四字，以量之大小分座次，量最小座于末位的是力主神韵之说的名诗人王渔洋。王陆一盖仿其制，变通其式样而已，另外还有一种“沧浪七友杯”，当年名诗人各有题咏，更精致了。

许世友与酒

谈到许世友将军，必然要提到酒，他一生与酒结下不解之缘。在少林寺习武的8年佛家生活里，许世友不仅练就了一身过硬的功夫，还锻炼出与他过硬的武功一样令人惊叹的酒量。许世友一生嗜酒如命，饮酒海量是出了名的，在全军中几乎无人敢与之匹敌。许世友一生中也最看得起在战场不怕死，在饭桌上不怕饮酒、有海量的英雄好汉。一直到晚年因酒患上肝癌逝世，嗜酒之习也未曾改变，可以说酒伴随了许世友的一生。

许世友认为，酒形似水性似火，实属阴阳之物，乾坤之乾，刚柔之刚。长期以来，饮酒者女人为少，男人居多。阳加阳，刚加刚，所以能饮者，都是十分刚强、十分性烈的人。有人曾作过测算，许世友一生喝的酒，如果用大型的卡车装载，至少能装上四卡车，所以人们也称他为“酒神”。但许世友喝酒也不是什么酒都爱喝，他一生最爱喝茅台酒。有一次，军委在京西宾馆开会，会后在京西宾馆吃饭，许世友点名要茅台酒，可不巧当时酒店放茅台酒的柜子锁了，没有钥匙。酒店服务员便私作主张把空的茅台酒瓶灌上了五粮液准备蒙混过关。可没想许世友喝下第一口便扔下酒杯发火，怒吼道：“这是什么酒？糊弄人！”

虽然许世友自己也说：“酒，多喝无益，少喝有利。”但他的“多”和“少”的标准，恐怕只有他自己清楚了。许世友曾说过：“我只有喝多过，没有喝醉过。”可见其酒量真是非常人能比。红军时期，团以上的首长都有挑夫。一般首长的挑夫都是一头挑行李一头挑书报。而许世友的挑夫，担子两头挑的常常都是酒。他身边还有一个姓宋的通信员，专门为他背酒。而且许世友喝酒是经过“特批”的，可以公开喝，而其他人则不行，只能偷偷地喝。当时有人不服气找到红四方面军总部领导，然而这些领导竟都不约而同地回答说：“你有许世友那样的海量？”

在许世友生命中最后几年，他用《我在红军十年》的大部分稿费买了几箱茅台酒，终日在家畅饮。1985年10月初，许世友的肝癌进入了晚期，癌细胞对肌体疯狂吞噬，使得他全身疼痛不止，医生给他加大几倍麻醉剂用量都不能使他安静下来。最后万般无奈之下，守护他的亲属们想起许世友经常说起一句话——酒香能治病，便从家里拿来一瓶茅台酒，用筷子蘸了蘸，朝他的口中滴进二三滴，结果奇迹出现了，许世友立刻安静下来。可见，酒对许世友止痛的效果要比麻醉剂好得多。甚至用茅台酒瓶靠近他的鼻孔，酒的气味都照样能止他的病痛。最后连医生也不得不佩服和惊叹许世友对酒的依恋和酒对他病痛的神奇效果，也允许许世友在最后的生命倒计时在病床上饮酒了。

许世友享年80岁，他的葬礼与众不同，根据他生前向中共中央的请示，生前为祖国效忠，死后为母尽孝。他的遗体安置于一口重一吨的楠木棺材里，葬在他父母坟墓的旁边，遗体上覆盖着中国共产党党旗，身体两边放着1瓶茅台酒和1只玻璃小酒杯。这就是他随葬的所有宝物了，也是最能概括他一生的几件标识物。

总理请客化矛盾　许司令诚服畅饮

许世友这位传奇式的将领，把喝酒作为看人老实不老实、豪爽不豪爽的重要标志之一。特别是盛年时，桌子中间放个大空碗，叫做滴酒罚一碗。他身后立一名卫兵、叫做监酒，不但监视谁耍滑，而且具体执行罚酒任务，和许司令同样级别的上将，卫兵也敢动手得罪，叫做“各为其主”。

一些吃过苦头、被强迫吃罚酒的将军免不了说出去，免不了有人向总理告状诉苦。

周恩来善于处理各种最复杂的矛盾，不同的人用不同的方法。比如许世友，除了毛主席，等闲人说了话他不会老实听，他性烈如火，连全军敬畏的彭德怀都说要让他三分。对于这样的同志，单纯批评不能解决问题，劝说效果也不大，说轻说重也不好把握。但是，周总理心里有数，这种有着特殊经历的义气深重的人，一旦心服，他会说到做到。

于是，当许世友到北京时，周恩来向这位嗜酒的司令员发起了“进攻”。

“许司令哪，晚上没事我请你喝酒。”周恩来亲切邀请。

“没事，我没事。”许世友两眼大放光彩。他本来就崇敬周恩来，本来就喜欢结交酒友，并且也久闻总理善饮。如今听说邀请，真有些“受宠若惊”，他搓着两只大手不知该怎样回报总理，终于冒出一句：“下次我想法给总理打只豹子！”

晚上，许世友满心激动地如约赴宴，周总理已经迎在小餐厅门口，拉住他的手说：“许司令，今天我们是小范围宴请，尽可随便。”

真是小范围。入席一看，只有周总理和他，再无第三人。要说有第三人，那就是上菜的服务员，上来四盘菜就站到一边不动了。

早就听说总理招待客人是四菜一汤，果然不差。许世友不无遗憾：“总理，你到南京我请你吃野味，都是我打的。”

周总理笑着点头，他相信，并且早有耳闻。

“许司令，喝什么酒？”

“总理定。”

“听说你喜欢茅台，我也喜欢茅台……”

“就喝茅台。”

周恩来朝服务员吩咐：“上茅台。”他望着许世友问：“听说南京有四大喝，哪几个呀？”

“王平、江渭清、聂凤智和我。”

“我听说你是排第一的，你们四个到底谁酒量大些？”

许世友憨然一笑：“算我大吧。”

“南京你行，在山东你不行吧？”

"怎么不行?"许世友这一生，怕人激，怕人说不行，谦虚话一句也没有了，"我打遍山东无敌手。"

"你是说打仗吧?"

"打仗打赢了，打进济南府，喝酒也没输过。"

"打仗我信，喝酒我不信。武松18碗酒，山东人豪饮。"

"总理你别不信，"许世友起急了，"喝酒我从来没遇过对手。"

服务员已经上来酒。周恩来不等服务员斟酒，用手接来把酒瓶放桌上，用怀疑的眼神望着许世友笑着说："许司令是老实人，我听人说，就是喝酒不老实，喜欢吹牛。"

"啊，总理，这是谁说的?妈了个X的我找他……"

周恩来连连作手势，把"一激一跳"的许世友稳住，他笑得平静，说得平静："现在你去哪儿找啊?这样吧，我们两个人喝，看看许司令能不能比我多……"

"总理，这，这怎么行?"

"连我都喝不过?"

"我怎么喝不过?"许世友着急又为难，"我怎么能跟总理赌酒呢，总理不行，另找个能喝的来……"

"喝酒不论官大小，只论酒量大小。世友同志，你要是喝不过我，那就是吹牛。"

"我要是喝不过总理，我、我……"许世友真被激起来了，脑袋晃动着朝前倾，好像要在桌上寻找什么，终于找来一句话，"我给总理磕三个响头!"

"这不行，我不会磕头。"

许世友好象已经赢定了，粲然一笑："我哪敢叫总理磕头呀，我只要总理说一句话：'许世友喝酒无敌手，一点不吹牛。'"

"好，看你吹牛不吹牛。"周恩来亲自给许世友斟酒。

"不要斟酒，"许世友拿过酒瓶，豪气十足，先声夺人，"这瓶是我的了，总理你自便。"

周恩来注视着许世友，微微一笑，转向服务员："怎么办?再给我拿一瓶吧。"

一瓶对一瓶，服务员帮忙启封开盖。

许世友立起身，像血气方刚的年轻人："总理，我敬你，立地三杯。"他连干三杯，显示地倾倾空杯，坐下来，竭力显出毫不在意的样子。

周恩来一直平稳安静，好像早忘了赌酒的事，一边吃花生米，一边慢斟慢饮，仔细品尝着酒香，并且不忘聊天。他时而问问部队情况，时而很动感情地回忆往事。

许世友却时刻不忘赌酒的事，这事对他关系重大，关系到吹牛不吹牛，老实不老实。他不会慢斟慢饮，他歇口气，干两杯，再歇歇，再干两杯，并且总是要在周恩来望着他的时候用大幅度动作来完成。一句话，他不仅是喝酒，更是叫周恩来“看酒”，看看许世友是怎样一条汉子！

“总理，干了！”许世友将酒瓶子垂直向下，晃一晃，只晃下一滴酒。杯子垂直倾下，杯子干净了。他响亮地咂一下嘴，将空瓶空杯放桌上，很文明地轻轻放。虽然脸全红了，却尽力不喘大气，轻松地望着周恩来。

“哦，我落后了。”周恩来拿起自己的酒瓶，朝杯里倒酒。这时，许世友忽然吃惊地睁大了眼：那酒瓶居然也成垂直，流出的酒只剩少半杯，又被周恩来不忙不迫津津有味地一吸而尽。

该不是见鬼了？许世友一脸狐疑。他轰轰烈烈喝干一瓶，周恩来不显山不露水，吃着聊着也喝干一瓶。会不会有假？可是千真万确是原装原瓶当场当面启封开盖啊，这还假得了？

许世友像面对大海，突然感到深浅莫测，信心动摇了。

“许司令，用你们练武人的话，咱们点到为止，好不好？”周恩来才是真正的面不改色心不跳。

“不行，总理，喝一半怎么算好？”瞬间，许世友的酒劲涌上来了，豪兴大发地朝服务员嚷嚷，“去，再拿两瓶茅台。”

未老宝刀濯茅台

1979年，中越开战，中央军委任命许世友上将为我军东线前敌指挥。

雄风不减当年的许司令，壮怀激烈地参加了中越边境自卫还击战。在广西前线，他是司令，还须选个副司令。许世友捏着下巴踱步，回想他那些出生入死的战友，一个一个在脑子里过筛，终于想出一个名字。

“刘昌毅现在怎么样？”

“可能快退下来了，听说已经半休……”

“妈拉个×的，这一仗不让他打，以后就打不上了。就请他来！”

许世友虽然点了将，心里也不无犹豫：“但愿他宝刀不老。”

当时，刘昌毅任南京军区副司令，被许世友请来广州，人看上去还是老了，但双目炯炯，心气很高。

“许司令，刘副司令到了。”陈良顺安置好刘副司令，去向许司令报告。“晚上我在家里请客，你多准备些酒。”许世友这样吩咐。

谁也没见过许世友询问刘副司令的身体状况，更没见许世友和他谈谈对于现代战争有什么研究和考虑，只听到让准备酒。

喝掉三瓶茅台，还让上酒。他们开始只是叙旧情，回忆当年的九死一生。喝到后来，两人已是无话不说，敢争敢抬杠。

许世友酒气逼人地问：“酒喝三瓶了，还敢开瓶吗？”刘昌毅豪气冲天地说：“天下没有会喝不会喝的事，只有敢喝不敢喝的人，九死一生过来的人，死都不怕还怕喝酒？许司令喝到哪儿我就喝到哪儿！”这场酒喝下去，许世友云山雾罩，睡了一天，刘副司令醉了两天。

许世友感动地说：“真是好汉一条，不怕死，副司令就是他了！”

不能简单地由此而言“许世友喝酒选将”。那是多方面考虑比较的结果，喝酒只是一个小小的侧面。何况，许世友对此也讲了很有哲理的一段话：学会打仗并不难，难在舍命对敌，可不是随便什么人都能做到的。

选将之后就是出兵。许世友带兵有大将风度。部队向前推进，遇到困难很多，不断有报告来，事多得叫人发毛。许世友不紧张，不着急，甚至根本不操那份心，把报告扔一边。他只管大的军事行动，下达命令让各部队执行，完不成就军法论处。

部队打下谅山后，中央命令撤兵。

许世友望着军用地图沉吟，迟迟不下命令。他伸出小胡萝卜粗的手指头在地图上比画：“全是平原了，坦克大炮正好发挥用场了，不要两小时我就能到河内。”

可是，从整个国际形势来看，我军不无后顾之忧，要防备有人在后面捅一下，因此中央一再下令后撤。

许世友表示服从命令，同时又坚持拖一下：“拱一拱，我再拱一下……”

许世友是希望将越南主力从柬埔寨牵回来。他对部队领导说：“我们再前拱一下，吓唬他们一下子！……”

他派兵出谅山几十公里。当时，越南的政府机关纷纷撤出河内。

接到报告，许世友哈哈大笑，捋起袖子，晃动着粗大的胳膊说：“吓屁了不是？撤了，屁滚尿流！”

战罢凯旋时，许世友阴着脸下令：“我回去不许通知人，不许搞迎接。

谁走漏消息我毙谁!”

可是，一位部队领导想，这么大的事不报告中央怎么行?便将许世友回来的日期报告了中央军委。于是，广东的领导同志都知道了，提前赶到机场热烈欢迎。

许世友乘飞机回广州，刚走到机舱门口就骂出了声，因为他看到了欢迎的人群。

前来欢迎的首长，在20世纪50年代就曾担任过国务院副总理，是位老资格的党政领导人。他满脸是笑，热情地上前迎接，伸出手握手。许世友上前一步，一把握住那只手，猝不及防地用力握去。“哎哟!”那位首长痛苦地叫了一声，几乎要倒下去。“妈的，叫你们欢迎。”许世友大步而去，钻进了汽车。

许世友就是这么一个人。

开庆功大会，中央派王震同志前来参加。派年轻人来不行，许世友不买账，只能派王震这样的元老。许世友倔头巴脑只尊重老同志。

许世友是我军一位有着特殊经历和功绩，又富有个性、特色的传奇式将军，所以，人们对他的某些弱点都能善意地给予谅解。

酒神将军许世友——“不喝酒宁死”

许世友将军面黑多髯，尝习武于少林寺。性格刚烈勇猛，人称之“猛张飞”“活李逵”。他尤好酒，平日不可一日无酒，晚年生肝病，医生劝其戒酒，将军曰：“不喝酒宁死。”

红四方面军曾发《戒酒令》，唯独许世友将军例外：行军，挑夫担酒；打仗，豪饮不误。众将领不服：“他能喝酒，我们为什么不行?”张国焘反诘曰：“你们有许世友的酒量吗?”众人皆哑口无言。

南京军区原党办秘书王宣言说：与许世友将军喝酒，最难应付。将军海量又强词夺理。每宴，必先自己满饮一杯。劝酒时，若你曰：“不会喝。”将军曰：“你怕老婆。”若你曰：“身体不好，医生不让喝。”将军曰：“你怕死。”故你不得不喝。此时，将军又曰：“你明明会喝，弄虚作假，罚酒三杯。”

许世友将军尝谓：“冷酒伤肺，热酒伤肝，没酒伤心。戒饭可以，戒酒不行。”

许世友将军病重期间，常出现肝昏迷，医生想尽办法均无效，然以棉花球蘸茅台酒，轻搽其唇，竟苏醒。

人称许世友为“酒神将军”。“酒神将军”喝酒带有强烈的感情色彩，这一点却鲜为人知，其表现主要在这样几个方面：

有朋友来，喝情谊酒。许世友的老战友、老同事很多，他生性好客，只要有人来看望他，他都热情款待，而且无酒不成席。有一个叫潘召的摄影记者，从胶东一直跟许世友到南京。在南京20多年里，他年年都要去看望许世友一两次，每次都要喝个一醉方休，许世友派车把他送回家。有人问潘召：“你既然酒量不大，何必要喝那么多?”他说：“第一是许司令盛情难却，第二是许司令劝酒有方。虽然是年年如此劝，次次如此劝，老一套，但你情不自禁就得喝。”

许将军还善于用酒来化解同志之间的矛盾。济南战役发起前，中央军委任命许世友为攻城兵团司令员，并调王建安为副司令员。许世友与王建安在红军时期情同手足，生死与共。在“抗大出走事件”中，由于王建安的“举报”，使许世友等人受了处分。许世友为此同王建安翻了脸，拍过桌子骂过娘。许世友为了让毛泽东对他们之间协力指挥攻城放心，主动摆酒为王建安接风。两瓶高粱酒开了瓶塞，一人面前摆一瓶，许世友举瓶对王建安说：“自从延安分手，我俩这是第一次喝酒，酒到意到，过去的都过去了，谁也不再提。我先干了!”说罢，便仰脖把一瓶酒全部喝了下去。王建安被他的真诚和豪爽所感动，也一口气把瓶中的酒喝得一滴不剩。人称此事为“许世友瓶酒释前嫌”。两个人同心协力指挥作战，原打算20天至60天攻下济南府，活捉王耀武，结果仅用了8天，就胜利完成任务。

启功喝酒不贪杯

启功先生于饮食的大不经心，是因为自有主张，他在《古诗二十首·蓬莱旅舍作》其十六首中写道：

人生所需多，饮食居其首。
五鼎与三牲，祀神兼款友。
烹调千万端，讥时方适口。
舌喉寸余地，一咽复何有。

话是如此说，但启功先生也不是丝毫没有口腹之欲，因此他又作一诗道：

吾将壬子年，今年七十九。
年年甘与苦，何必逐一剖。
平生称大幸，衣食不断有。
可耻尚多贪，朝夕两杯酒。

然而毕竟年岁不饶人，启功先生的这两杯酒终于也成了问题，于是启功先生再作一诗：

名酒色同黄，绍兴不去啤。
啤号软面包，可以补吾讥。
绍兴度偏浓，血涨梗心肌。
行当作酒铭，饮酒但饮醨。

张云逸设宴捕熊镐

1929 年 10 月，邓小平和张云逸带领第四大队和领导总队开进百色，使整个右江的气氛为之一变。群众迅速被发动起来，打土豪、分田地、镇压反革命的群众斗争迅猛发展，革命风暴如同从天而落的狂飙，席卷着整个右江沿岸。右江地区的豪绅阶级把群众的革命斗争视为洪水猛兽，恨的要死怕的要命。他们跑到南宁去，请求广西警备第三大队到右江驻防。

第三大队的头目熊镐原是个土匪头子，他手下的 1000 多人原来都是流氓、散匪、兵痞。这支土匪武装原在广西云南边境打家劫舍，残害群众，可谓无恶不作。俞作柏、李明瑞执政时，善于投机的熊镐表示愿意接受收编，把队伍拉到南宁，编为广西警备第三大队。俞、李反蒋失败，桂系军阀李宗仁、黄绍竑卷土重来，熊镐又摇身一变，开始反对俞、李，投靠新的主子。我们党领导的第四大队和教导总队开进右江地区后，熊镐秉承桂系军阀头目的旨意，带领手下 1000 多人尾随第四大队窜到右江，妄图伺机绞杀革命力量。右江地区的革命势力同反革命势力的斗争日益尖锐起来。

邓小平、张云逸等人认真地分析了右江的政治形势，认为革命力量如果不迅速将反革命力量打下去，第三大队就可能同右江的地主、豪绅、恶霸勾结起来，或同南宁方面的反动军队联合起来，向我方发动进攻，后果将是十分严重的。于是他们决定对反革命的第三大队采取果断措施。

正在这时，我方查获了一份桂系军阀头目要熊镐对我军发动突然袭击的密电。

根据面临的严峻形势，邓小平、张云逸马上召开紧急会议，全面分析敌我双方的情况，决定先发制人，歼灭第三大队。

就在这时，自以为聪明的熊镐自动往网里钻。一天，正在思谋歼灭第三大队对策的张云逸忽然收到了熊镐从平马发来的一封信，他要求到百色来同我方“商谈防务”问题。

原来，熊镐正根据主子的命令，加紧实施其消灭我第四大队和教导总队的计划。为此，他准备先到百色来以“商谈防务”为名，摸清我方的情况。

凭熊镐那两下子，又怎是邓小平、张云逸的对手。邓小平、张云逸马上识破了敌人的阴谋，决定抓住这个难得的机会，将计就计，打一个漂亮的歼灭战。于是，张云逸给熊镐复信，同意他来百色“商谈防务”，并准备“设宴”招待他。

10 月 28 日，风和日丽，百色街头人群熙熙攘攘。和往常一样，商店里顾客盈门，生意兴隆，码头上工人们在忙碌地装卸货物，操场上士兵们在进行着正常的操练。整个百色一片和平的景象。

这一天上午，熊镐带着随从人员按照商定的时间，乘汽轮来到百色。土匪出身的熊镐一上岸，那双贼眼就东瞧西望，观察周围的动静。当他看到一切正常、没有什么异常情况时，就大摇大摆地朝着大街上走去。此时的他，由于投靠了新主子，颇有点威风八面的派头。

这时，张云逸和几位负责接待的工作人员也到了，和熊镐一起来到我方选好的“商谈防务”的地点：“公兴当铺”。双方坐下交谈了一会后，“招待”熊镐的宴会随即开始。由于邓小平是中央代表，与熊镐也不相识，决定不与熊镐见面，一切由张云逸处置。张云逸及我方官员同熊镐及其主要随从在一席，双方警卫人员的酒席安排在另一个房间里。张云逸首先在宴会上讲话，对熊镐到百色表示“欢迎”，希望他多喝几杯，然后再“商谈防务”。

酒过三巡，熊镐借着酒劲，开始说出自己的如意算盘：

“兄弟的第三大队人多枪多，现有防地太小。希望第四大队把右江地区让出来，到别的地方去驻防。”

张云逸不温不火，显出一派大度，继续劝酒说：

“老兄酒量大，别的暂不说，来来来，再干几杯！”

见酒不要命的熊镐在张云逸连劝带灌下，又喝了几杯。

在另一个房间里，我方警卫人员也已将熊镐的警卫队员灌得酩酊大醉。

正当“宴会”热烈进行、熊镐酒兴正浓的时候，预定歼敌的时间到了。

只听“咣当！”一声响，张云逸将手中的酒杯猛地掷到了地上，这是按原计划发出的擒敌信号。

顿时，我方的“陪客”和“招待人员”，同在宴会厅外面佯装出操的十几个武装人员一起，以迅雷不及掩耳之势扑上前去。只经过短短几分钟搏斗，就将熊镐及其一伙全部生擒活捉。

在同一时间，根据邓小平的部署，智歼第三大队的战斗也在顺利进行。

就在熊镐动身来百色的同时，我党调集的奉议、恩隆、思林等县的农民自卫军，开始悄悄地从四面八方向第三大队驻地平马集结，并分别在指定地点埋伏起来。上午 10 时，按预定计划，雷经天统一指挥各县农民同第四大队驻平马的部队，向第三大队在平马的三个驻地发动突然袭击，只用了几十分钟，即将平马镇的敌人全部缴械。第二天，张云逸又亲自带队消灭了第三大队驻扎在那坡的反动武装。

在邓小平、张云逸携手运筹下，围歼反动的第三大队的战斗取得了完全胜利，俘敌 1000 多人，缴枪 700 多支。智歼第三大队计划的实现，粉碎了敌人的反革命阴谋，为举行百色起义清扫了障碍。

王骆宾借酒启心灵之唱

1939 年，新疆有个车队运送苏联援助的抗战物资去延安时经过兰州，抗战剧团组织联欢会，慰劳车队的工友们。

就在这个联欢会上，一个头戴小花帽、上唇留着胡子的维吾尔族司机唱着维吾尔族民歌，他唱得并不怎么出色，显得局促，带着几分羞涩，歌声也不连贯，是用维吾尔语演唱的，谁也没听懂他唱的什么。因此，人们并不在意。

但是，王骆宾敏锐的音乐神经被触动了。他从那零乱不规则的歌唱中听到了一种从来没有听到过的曲调、节奏和韵味。强烈的新鲜感刺激着他，那些活泼泼的音符像精灵一样在他的思维空间舞蹈。他似乎感觉到了某种音乐华彩，一种神奇的魔力驱使他去捕捉，去编织。

他追踪到新疆车队住宿的车马店，寻访那位维吾尔族司机。王骆宾在兰州这一年多，有意识地结识了几个位维吾尔族商人，在与他们交往中学会了几句维吾尔人的礼貌用语，诸如“牙尔达西”（朋友）、“牙克西”（你好）等。当他访问那位唱歌的司机的时候，便把这些维语单词不管是否准确统统倒给对方。

那位司机被这个汉族青年反复不停的“牙克西”搞得不知所措，也跟着连声“牙克西”。

“牙克西!”“牙克西!”两人像演喜剧一样，你来我往，相互对应。“牙克西”了许久，还不知道究竟是为何来。

那司机也许是出于职业的原因，为了应付行途中经常碰到的情况，也会说几句汉语。这时，他贸然说了一声“不行!”他把王骆宾当成了要求搭便车的人。

王骆宾急了，放声唱了起来，连说带划，请求司机唱歌。

那司机终于明白了，可又呵呵大笑，连说“布买道”“布买道!”。王骆宾急了，他知道“布买道”的词义正与“牙克西”相反，是说不好，不行。他情急生智，挽起那司机的臂膀，“牙尔达西！走！喝酒!”不由分说，拽起他就走。

维族司机被王骆宾逗乐了。为了让他唱歌，请他喝酒，这个汉族人真够朋友。他也斜着眼睛扫了一眼王骆宾，见他身穿西装，足蹬皮鞋，看不出有什么可疑之处，这才跟着走进一家清真饭馆。

司机用非常生硬的汉语断断续续地告诉王骆宾，在新疆，确实人人都爱唱歌，结婚、送葬、生小孩，都要唱歌。可他自己天生是大笨蛋，偏偏唱歌不如人。开车跑长途，为了不打瞌睡，自己瞎编着胡唱，把歌声丢在戈壁滩上，不怕戈壁滩上的石头笑话。

王骆宾一边和他喝酒，一边极其艰难地向他说明：自己是个音乐工作者，知道新疆人能歌善舞，可惜去不了新疆。听他在联欢会上唱的新疆歌，专门来求教。又对那司机说，你就把我当成戈壁滩上的石头，想怎么唱就怎么唱。

几杯酒下肚，司机就情不自禁地唱起来。他确实不是善歌之人，高低快慢没个定准，全凭他的情绪任意变换，实际上属于即兴歌唱，渐渐地带着几分醉意，离凳而起，手舞足蹈了起来。他眼睛里闪动着野火般的激情，尽情宣泄，完全是打趣逗乐、诙谐戏谑的情调。

王骆宾一边跟着哼唱，一边在笔记簿上匆匆忙地记录着乐谱。那年代没有录音机，全靠音乐家的耳朵听觉和记谱能力，这也是对音乐家基本功的考验和锻炼。王骆宾尽可能把司机唱的每一句都记下来，不管是否连贯和完整，每一个原始的乐句他都不肯舍弃。而那司机没有唱出一句相同的曲调，即使请他重复，他也绝对地会有差异。一首歌，王骆宾就记满了十多页乐谱。歌曲离不了歌词，但记歌词却异常地艰难。司机会说的几句汉语，无法表述他歌唱的内容。王骆宾懂得的几个维语单词，更无法理解他唱的是什么意思。一条无形的大河，割断了彼此的往来，需要一座桥梁。

王骆宾匆匆跑去找来了自己的维族朋友卡得尔。

卡得尔听完司机的歌唱，眨巴着眼睛向王骆宾翻译：新疆有个达坂城，开司巴朗漂亮的很！“开司巴朗”就是“丫头”。丫头漂亮，他想娶她做老婆，还要她的妹妹和嫁妆，赶着马车去娶亲。完了，就这些。

天哪！这算什么歌词？

这不能怪卡得尔。他是个在兰州经销葡萄干、哈密瓜干的小商人，不是翻译，更不懂文学翻译。他在汉族地区住久了，只学会民间一般的口头语言，只能用地方口语翻译出内容梗概。

王骆宾就得到了这么多。

一个中年女人由伊犁河谷来看他。那是他十多年前的一个声乐学生。学生早就听说老师死了，连续几年清明节，她都去荒郊野外，悄悄地献一束花，洒一杯酒，祭奠老师的亡魂。

她得知王骆宾活在人世释放出狱的消息，千里迢迢来探望。几经周折寻见王骆宾，痛哭着扑向他的怀抱。临别，把一个纸包放进王骆宾的口袋。

在这个世界上，还有人想念着自己！王骆宾打开那个小纸包，是一小瓶白兰地——那种从前出口的容量200克的小扁瓶。纯净透明的液体，飘溢着圣洁的芳香。他把小酒瓶贴在胸口，感受着一颗爱心。融融暖流，使他陶醉。

白兰地唤醒了他的生命意识，唤醒了他的音乐灵感。一首歌，《我亲爱的白兰地》，由词到曲。一气呵成：

不管是走路还是休息
我的手总放在口袋里
不管是早晨还是黑夜
我的心总钻在口袋里
我的手抚摸着生命的芳香
我的心细爵着思念的情意
亲爱的朋友告诉你
口袋里装的是白兰地
最香的最醇的最甜的
最亲最亲最最亲的白兰地！

王骆宾的生命就是音乐。有了音乐，就有了生命。他自己也分辨不清，他是为了音乐而活着，还是因为活着而要唱歌。

小小一瓶白兰地，给了一个人活下去的勇气和力量。这对有些人来说，永远也不可思议。

王骆宾每天晚间去一家“丰美”小饭馆吃那四角钱一碗的面条。日子久了，他和饭馆老板成了朋友。老板每天晚间迟迟打烊，专门等着做王骆宾的四角钱的生意。

这天晚间，王骆宾照例来到“丰美”饭馆。刚领了酬金，他买一瓶白干痛饮。这是他唯一一次“挥霍”，但也不要下酒菜，只是干喝，买个半醉而已。

老板炒了一碟羊肝，送给王骆宾下酒。

几杯酒下肚，王骆宾信口唱将起来：“丰美！丰美！丰美的饭菜真丰美！面条拉的细又长，由北门拉到飞机场……”

后来，王骆宾将这首信口唱成的歌录了磁带送给老板，老板日日播放，招徕顾客，做了生动活泼的音乐广告。“丰美”的生意越做越红火。

王骆宾为朋友三毛的“订婚”由衷地高兴。他寄去了最诚挚、最亲切、最热烈的祝福，彼此的心理似乎由此得到了平衡。王骆宾自三毛走后久久空悬的心，也踏实地放了下来。

1991 年 1 月 5 日凌晨，袖珍收音机一声霹雳，猝然击倒了王骆宾：三毛自杀身已。恶梦醒来，不得不接受那个惨痛的事实。人总是重复同样的错误，失去了才懂得宝贵，失去了才开始痛惜和悔恨。

他开始整瓶地喝酒，麻醉自己。他不想清醒，不敢清醒，但愿永远在梦中。

正如太白所咏：借酒浇愁愁更愁，抽刀断水水更流。原以为可以斩断的情丝，却缕缕不绝，缠绕在心头。

陈毅、黄炎培与茅台酒

抗日战争时期，陈毅在延安杨家岭毛主席居住的窑洞里，曾观赏过挂在墙壁上的一副画。这是沈钧儒先生的次子沈叔羊于 1943 年所作，画面上是一把酒壶，上书茅台二字，壶旁有几只酒杯，画上有黄炎培先生所题《茅台酒歌》：

相传有客过茅台，酿酒池中洗脚来。
是真是假我不管，天寒且饮两三杯。

原来，1935 年 3 月，红军长征渡赤水时，路过茅台村，群众以醇香的茅台酒来犒劳子弟兵。战士们舍不得喝，把它当做宝贵的医疗用品，用来擦治脚伤。亲人的深情和美酒给红军战士以很大的鼓舞。然而，这段军民鱼水情的佳话却被国民党反动派别有用心地作了歪曲宣传，造谣说红军战士在酿酒池中洗脚，沈叔羊作此画时，正值国民党反动派猖獗反共之际，黄炎培先生即以此谣传作引子为该画题词。他仗义执言，借诗言志，表达了对中国共产党的同情。同年，应毛泽东的邀请，黄炎培以国民党参政员的身份访问延安时，见到这幅画挂在中共领袖的窑洞里，深感共产党团结抗战之诚意，访问期间，陈毅和黄炎培也曾相见。

1952年，时任上海市市长的陈毅和政务院副总理黄炎培在南京重逢，陈毅以茅台酒款待黄炎培。席间，他们重提起那幅国画和《茅台酒歌》，倍感亲切和兴奋。于是，二人对酒赋诗，以酒助兴。陈毅先赋诗两首，其中一首：

金陵重逢饮茅台，万里长征洗脚来。
深谢诗章传韵事，雪压江南饮一杯。

黄炎培随即和诗一首：

万人血泪雨茅台，沧海桑田客去来。
消灭江山龙虎气，为人服务共一杯。

肖华赴宴斗枭雄

1938年11月底，八路军总部以抗日大局为重，指示“挺纵”做好统一战线工作，尽量争取沈鸿烈共同抗日。肖华司令员根据总部指示，决定亲赴惠民。一天，他带着侦察科长刘友芝和一个骑兵班，偕同牟宜之，轻骑简从，去见沈鸿烈。进了惠民城，适逢冀鲁边各县的国民党地方官员和地主民团、土匪武装头子来向沈鸿烈拜贺接风。沈鸿烈素以坚决反共而臭名昭著，他的到来，使这些乌七八糟的头头脑脑感到有了靠山，顿时神气起来，气焰十分嚣张。他们为了讨得沈鸿烈的青睐，有的携金银珠宝，有的裹绫罗绸缎，有的抬山珍海味，纷纷前来沈府进贡。那天，沈府大院的戏楼上正在演出《天官赐福》，这些牛毛司令坐在观众席上，都打着标明自己姓氏的旗号，张王李赵相杂，蓝黄黑白相间，煞是热闹。肖华看到这些打着“抗日”“救国”旗号而各怀鬼胎的乌合之众，脸上露出了鄙夷的神色。

沈鸿烈听说“挺纵”司令员肖华来访，脸上掠过一缕惊慌神色，继而镇静下来：我沈某乱世闯荡多年，什么样对手没碰上过，还怕一个娃娃？于是，沈鸿烈吩咐手下：“以上宾相待。”

肖华被迎进客厅，筵席早已摆好。他微微扫视四周，朱门绣阁，很是阔绰，在这僻陋之壤，竟有地毯铺地。再看桌上，四盘八碗，燕窝鱼翅，很是丰盛。联想起沈鸿烈来到惠民后，赌博、嫖妓、吸鸦片之风如瘟病发作，而广大沦陷区的人民正在水深火热之中受苦受难，肖华不禁有些愤愤然。不过，他清楚自己这次来的任务，没有表露愠色。

沈鸿烈上前迎过肖华。沈鸿烈是湖北天门人，清末秀才，日本海军学校毕业，曾任张作霖的东北海防舰队中将司令，后又任青岛市长，阅历颇深，诡计很多，尤其擅于辞令，是个老奸巨猾的家伙，很难对付。单看他那脸上的松皮虚肉和游动的眼光，就知道他的脑袋里装的全是阴谋和狡诈。肖华当时只有23岁，着军装，穿草鞋，中等个头，膀阔腰细，白白净净，文雅和气。沈鸿烈见到肖华英气勃勃，知道对手精明强干，忙让到上座，他的秘书长等人作陪。沈鸿烈拿起一杯酒，干咳一声，慢条斯理地说：“肖司令年轻英俊，气质文雅，不失儒将风度。兄弟早在肖司令任红军少共国际师政委时就闻过大名，今日晤面，实为荣幸。来，为肖司令诸事如意干杯！”

肖华也谦虚地答道：“我也早闻沈主席大名，今日专程来访，共商抗日大计。我提议，为国共两党团结抗日干杯！”

在座的都应声起立，沈鸿烈面部肌肉抽动了两下，还是慢慢地举起酒杯：“嘿嘿，共商抗日大计不敢当，然而沈某倒想看看贵党贵军的抗日战绩，听听肖司令的良计妙策！”

听着沈鸿烈这种酸溜溜的话，肖华感觉很不是滋味。但他很冷静，喝干了杯中的酒，缓缓坐下，清了清嗓子，说：“沈主席客气，我们应该领教你的高见。至于战绩，我可以马上派人造表通报。目前，我们在津浦一线开展了破袭战，配合正面主力作战，还广泛发动群众，建立了根据地，为坚持持久抗战准备了条件。”

沈鸿烈话锋一转说：“贵军防区在山西、河北一线，如今进入山东，恐多不便。山东近年多灾，百姓负担很重，贵军军饷很难筹措，还须请往河北征粮派款……”

肖华不等沈鸿烈说完，便截断他的话：“沈主席，蒋委员长曾经在庐山号令全国：‘如果战端一开，那就地无分南北，人无分老幼，无论何人皆有守土抗战之责任。’事隔一年，沈主席不见得就如此健忘吧？”

沈鸿烈无言以对，拿着手巾直擦头上渗出的虚汗。肖华淡淡一笑，又说：“在这民族危亡之际，炎黄子孙应该携起手来，共同对敌。我党的抗日民族统一战线的主张，已经得到了越来越多的人拥护。”

沈鸿烈脸拉得老长，冷笑了一声说：“统一，该不是把各路人马都统一到你八路军的麾下吧？”

肖华强压着怒火，正色问道：“沈主席，这话是什么意思？”

沈鸿烈朝他的秘书长使了个眼色。秘书长狡黠地笑笑说：“听说，贵军吃掉了一些地方部队……”

肖华爽朗地说，“对于破坏抗日的汉奸武装，对于助纣为虐的害群之马，理应锄之！”

一直没有说话的牟宜之也忍不住了，在旁开了腔：“是呀，那些汉奸土匪不打日本人，光知道鱼肉乡里，老百姓谁不恨得咬牙切齿。八路军兴义师，锄奸逆，所到之处，民众无不箪食壶浆，迎接……”。“来，上酒！”沈鸿烈一声吆喝，打断了牟宜之的话。他呷了一口酒，骄横地说：“倘若有人借用抗日名义，私自积蓄兵力，扩张地盘，那又居心何在呢？”

肖华昂然回答：“沈主席大可放心，我党我军光明磊落，诚心奉行国共合作方针，一切皆从抗日出发。我们收复之地，都是‘国军’遗弃、日本侵略者占领的地方，收复这些失地，是每一个中国人的神圣职责，决无其他图谋，天日可鉴。”

沈鸿烈冷笑道：“既然愿意接受国民政府统一领导，即宜卷甲收戈，静听调遣。乃人不散队，械不去身，分食于地，资货于商，据陆而复问水，市马而复造舟，其间能说终无异志？”

肖华对沈鸿烈的蛮横和无赖，实在不想多费时间去驳斥，只是恳切地告诉对方：“沈主席，眼下大敌当前，民族危亡之际，我们彼此都应去掉成见，精诚团结。太平天国的干王洪仁轩曾经说过：‘倘邦中人不自爱惜，则鹬蚌相争，转为渔人之利，那时始悟兄弟不和外人欺，国人不和外邦欺。’”

沈鸿烈眼皮一耷拉，摆出了省主席的架子：“不管怎么说，乐陵是敝人治下，还望肖司令不要染指乐陵政务，使省府为难。”

肖华坦然笑道：“我军为抗日进驻乐陵，同全县父老风雨同舟，患难与共，得到了各界民众的赞扬和拥护。牟县长，我们该没有什么使你感到不便的地方吧？”

牟宜之连连摆着手说：“肖司令，哪里话，哪里话。”

话不投机，大家都无心用酒，只一个小时就散了席。散席后，沈鸿烈又留牟宜之单独谈了好久。

在返回乐陵的路上，牟宜之对肖华说：“沈鸿烈为了拉拢我，玩弄手腕，私下以高官相许，说让我当专员，这是明升暗降，要削掉我这个县长的实权嘛。我婉言辞谢了。”

肖华笑了笑，说道：“沈鸿烈这是‘项庄舞剑，意在沛公’哟。他的真正目的是孤立、打击八路军，矛头是指向我们挺进纵队的。”

牟宜之望着肖华，钦佩地点了点头。

新凤霞与酒二三事

新凤霞原名杨淑敏，祖籍天津，13 岁拜师学艺，1951 年参加解放军总政文工团，曾任总政评剧团团长，主演剧目有《花为媒》《小二黑结婚》《玉堂春》《白蛇传》《刘巧儿》《白毛女》《春香传》等，著有《新凤霞回忆录》。

七岁“在礼”不动酒

据新凤霞回忆，她 7 岁时，曾由父亲带领，按天津风俗，在家里供奉的观音菩萨前磕头“在礼”，表示从此不沾烟酒，认认真真做事。一次过春节，因观音、关公瓷像沾上油污，同院大妈告诉她，瓷像用酒擦又新又亮。于是她特地买了一两酒擦洗神像。即将完工时，被吃素念佛的大姑妈看见了，认为她破了戒，竟用鸡毛掸子狠狠地把她打得满身是血红道子。小凤霞百思不解，自己动酒又不是吃酒，再说把佛像擦洗干净也是敬佛，怎能算是破戒呢？直到天津解放时，她们家才换下观音、关公神像，贴上了毛泽东主席像，全家才破戒喝酒。

难忘交杯酒

新凤霞真正喜欢酒应是 1949 年新中国成立后受聘到北京演戏。那天她和几十名演员在天安门前敲锣打鼓扭秧歌，演完戏她很兴奋，提议今天不分份子钱（工资），买酒庆祝解放。就这样，她们喝完了一大铜壶又去买，连续热闹了三四天。新凤霞第一次体会到“喝酒能喝亲”，同时感到喝酒并不可怕，通过喝酒能认识人、品味人。

最令新凤霞难忘的是她和吴祖光结婚时的鸡尾酒会，她说永远忘不了 1951 年那个美好的仲夏之夜。在北京南河沿欧美同学会旧址一个漂亮的大厅里，有 200 多嘉宾参加了他们的婚礼。她说她和吴祖光那时不善饮酒，但那么多人敬酒怎能不喝，夫妻俩人逢喜事精神爽，来者不拒。尤其是新凤霞，白酒、红酒不知喝了多少，酒会上喝，回到新房她还与吴祖光饮了交杯酒。新凤霞说她一直在兴奋中喝酒，奇怪的是，喝了这么多酒并没有不舒服之感，从此她认识了自己喝酒的潜力。

患难酒解忧

新凤霞、吴祖光伉俪一生多磨难，吴祖光1957年被打成右派，充军北大荒，“十年内乱”期间又进了牛棚。患难之中，新凤霞对喝的酒印象更深。

1958年吴祖光被打成右派的第二年，新凤霞随团去西南巡回演出，到贵州茅台酒厂，主人用陈年佳酿招待嘉宾，很多演员都在畅饮茅台，新凤霞因夫君受难，情绪低落。当酒厂厂长获悉缘由后，非常同情她，在团领导不在时劝慰她要自我解脱，愉快生活，这样远在北大荒的吴祖光也会高兴，如果郁郁寡欢，他也会担心的。厂长的话犹如“开心丹”，让新凤霞放下了思想包袱，她感谢厂长对她的理解，痛痛快快地喝了开坛茅台。

此后，她一看到茅台酒，便会想起这位茅台酒厂的老厂长。

苏曼殊酒醉按剑高歌

这年冬天，苏曼殊经朋友介绍，到南京陆军学堂任教，从而结识了青年革命家赵声。在他的《燕子龛随笔》中有一段话，描述了他俩的革命情谊，文中写道：“赵伯先少有澄清天下之志，余教习江南陆军小学时，伯先为第三标标统（相当于团长），始与相识，余叹为将才也。每次过从，必命兵士购板鸭黄酒。伯先豪于饮，余亦雄于食，既醉，则按剑高歌于微风细柳之下，或相与驰骋于龙蟠虎踞之间，至乐！”并为赵声作画一幅，题诗一首：

绝域从军计惘然，东南幽恨满词笺。
一箫一剑平生意，负尽狂名十五年。

由此可以看出，苏曼殊是如此衷情革命，豪侠本色表露无遗。

“子谷其行似狂，其志实狷。今之人洁白如子谷者，诚不多觏也。不甚解世事。一日，余赴友人酒食之约，路遇子谷。余问曰：‘君何往？’子谷曰：‘赴友饮。’问：‘何处？’曰：‘不知。’问：‘何人招？’亦曰：‘不知。’子谷复问余：‘何往？’余曰：‘亦赴友饮。’子谷曰：‘然则同行耳。乃至啖，亦不问主人，实则余友并未招子谷，招子谷者另有人也。”由此可以看出，苏曼殊是那样纯真，简直像个孩子。他也不问清楚，就跟着朋友，到朋友的朋友家去大吃大喝。事实上，人家没有请他，而请他的却另有其人，可是记不清楚了，这神糊涂和憨相让人觉得可爱。这就是苏曼殊。

李苦禅喝酒骂街

李苦禅先生出生在山东高唐李奇庄，打小干农活，是个贫雇农苦出身，一口浓重的山东乡音，为人厚道率真豪放任侠。

书如其人画如其人，他一生没有教授派头，更不喜当今某些“家”们的做戏一样的外包装。走在街上，他也就是普通的人罢了。

解放初期中央美术学院没有国画系，只有个彩墨画系。李苦禅先生那时只是教水彩画课。文人画被说成是没落阶级文人士大夫的颓废玩艺儿，大写意画那是不可能列入教学的，八大山人的冷逸、狂怪，当然与革命的主题性绘画格格不入。

大气候如此，再加上小环境之内的某些人的推波助澜，李苦禅先生给弄到美术学院工会里边去了，具体任务是卖电影票。他月薪人民币 18 元，既无奖金，也无红包。

那些年李苦禅先生经常喝酒。所喝之酒，只不过是些廉价的二锅头或老白干之类。

等到喝得脸红红的、一脑门子汗之时，这嘴可就没把门儿的了。他的嘴平常也就没把门儿的，该说就说，该骂就骂。他不设防，天真直率，那是秉承了老山东李逵们的天性和传统。记得 1972 年夏天，他从乡下回到北京，一个朋友去他家问候起居，家中只他一人，夫人与孩子还在乡下参加运动或插队。他定要朋友一块去喝酒，朋友跟他去了灯市东口路北的小酒馆。三杯水酒下肚，他便骂开了。讲起“文革”风暴乍起之时，他是首批被揪出来挨批斗遭毒打的，居然抗住了毒打。他说是“打我时候，我用气功”（天真之极）！大骂“×××王八蛋、落井下石”，旁若无人，口如悬河。

好在小酒馆里的吃客们多是干苦力拉排子车的普通大众，还有几个有酒独斟的失意“老九”，各喝各的酒，各骂各的街。胖胖的堂倌用小胖手托着胖下巴，满有兴致地听着酒徒们的龙门阵，抿嘴一乐那个劲儿很像是好兵帅克。嘈杂的小酒馆像个“裴多菲俱乐部”。所幸“左派”疏漏，不然麻烦也就大了。

附一 红军与茅台酒的故事

茅台酒历史悠久，具有很浓厚的历史文化。早在 1915 年，茅台酒就荣获了巴拿马国际博览会金奖，因此扬名天下。

1935年6月16日，红军不战而胜占领了仁怀县城和茅台渡口。红军将士在那里有幸享用了历史悠久的茅台酒。红军长征路过茅台，曾以茅台酒解乏、疗伤，所以，茅台酒在某种程度上也支援了红军。许多老红军战士在他们所写的回忆录中，对茅台酒仍然印象深刻，记忆犹新。

聂荣臻元帅回忆："在茅台休息的时候，为了欣赏一下举世闻名的茅台酒，我和罗瑞卿同志叫警卫员去买些来尝尝。酒刚买来，敌机就来轰炸。于是，我们又赶紧转移。"

曾三将军回忆："在长征路上，我深深感到脚的重要。道理很简单：长征是要走路的，没有脚就不能行军，没有脚就不能战斗。大家不是听说过'红军过茅台，用酒洗双脚'的故事吗？这不是假的，因为用酒擦洗是最好的保护脚的办法。"

耿飚将军回忆："这里是举世闻名的茅台酒的产地，到处是烧锅酒坊，空气中弥漫着一阵阵醇酒的酱香。尽管戎马倥偬，指战员还是向老乡买来茅台酒，会喝酒的组织品尝，不会喝的装在水壶里，行军中用来擦腿搓脚，舒筋活血。"

萧劲光将军回忆："茅台镇很小，茅台酒却驰名中外。我们在茅台驻扎了三天，我和一些同志去参观了一家酒厂，有很大的酒池，还有一排排的酒桶。我们品尝了这种名酒，芳香甘甜，沁人心肺，真是一种莫大的享受。有些同志还买了些，用水壶装着，留在路上擦脚解乏。"

杨成武将军回忆："奉命转移到茅台镇，著名的茅台酒就产在这里。土豪家里坛坛罐罐都盛满了茅台酒。我们把从土豪家里没收来的财物、粮食和茅台酒，除部队留了一些外，全部分给了群众。这时候，我们指战员里会喝酒的，都喝足了瘾，不会喝的，也都装上一壶，留下来洗脚活血，舒舒筋骨。"

成仿吾将军回忆："茅台镇是茅台酒的家乡，紧靠赤水河边，有好几个酒厂和作坊。政治部出了布告，不让人进入这些私人企业，门都关着。大家从门缝里看，见有一些很大的木桶和成排的水缸。酒香扑鼻而来，熏人欲醉。地主豪绅家都有很多大缸盛着茅台酒，有的还密封着，大概是多年的陈酒。我们有些人本来喜欢喝几杯，但军情紧急，不敢多饮，主要是弄来擦脚，恢复行路的疲劳，而茅台酒擦脚确有奇效，大家莫不称赞。"

看来，茅台酒的确帮了红军很大的忙。当时，国民党在报刊上发表文章，污蔑红军在茅台酒的酿酒池里洗脚。时任国民参议员的黄炎培先生看过后，仗义执言，挥笔写下一首《茅台酒》，来嘲笑国民党反动派的无知。诗如下：

喧传有客过茅台，酿酒池里洗脚来。
是真是假吾不管，天寒且饮三两杯。

1945年，黄炎培等人去延安访问时，他把这首诗抄给毛泽东、周恩来和陈毅看，受到大家一致的好评。解放以后，黄炎培先生担任中央人民政府委员、政务院副总理，他去南京时，曾受到上海市市长陈毅设宴款待，席间饮茅台酒。当时，陈毅提起旧话，赞佩黄先生当年的诗实在是大快人心，于是退席成诗两首：

金陵重逢饮茅台，万里长征洗脚来。
深谢诗章传韵事，雪压江南饮几杯。

金陵重逢饮茅台，为有嘉宾冒雪来。
服务人民数十载，共祝胜利饮一杯。

附二 台海破冰酒令生

1987年9月15日，台湾《自立晚报》记者李永得、徐璐辗转日本东京抵达北京，完成了分隔38年后的第一次新闻采访跨越。这一事件震动了台湾，震惊了海峡两岸。据台湾媒体报道，当时，在台北的一些酒馆里，甚至出现一种“返乡猜拳酒令”，叫做“一国、两制、三通、四流、六万（旅费）、七天（签证）、八件(三大五小礼物)、九别（重逢）、十全（全家团圆)”。

海棠花形滑石杯

第四章　名酒传说诱人醉

茅台酒的传说

茅台酒产于贵州仁怀县茅台镇，处在赤水河中游地段，是一个不大显眼的小山沟。但是，茅台酒却是我国历史悠久的名酒。传说在两千年前春秋时代，仁怀所属的巴国，其酿酒十分发达，出产的“巴乡村酒”闻名于世。汉武帝建元六年（公元前135年），令唐蒙出使南越（今广州），在宴会上饮枸酱（仁怀一带出的低度甜酒），后供奉汉皇室，受到称赞。

茅台酒厂所在地——茅台镇杨柳湾，有个动人的传说：有一年除夕，下了一场鹅毛大雪，有位年老的妇人衣衫褴褛，提着一只破竹篮子，向一个年轻后生家乞讨。这年轻后生见老妇人十分可怜，便把她搀进屋中，端上饭菜给她吃，然后安排她在屋里仅有的一张床上歇息，后生自己睡在炉火旁。突然，天上飘来一位美丽的姑娘，肩披两条大红丝带，手捧盛着美酒的酒杯，把酒往赤水河里一泼，又对年轻后生说：“好人记住，每年九月九日，到赤水河能酿成美酒。”话说完，人也不见了。从此以后，每年九月九日，赤水河水格外纯净，所以到现在茅台酒也是“重阳下沙”。而茅台镇的人们为了怀念这位“仙女”，便将“仙女捧杯”作为茅台酒的注册商标，并特意在瓶颈上系两条红绸带子，以象征仙女披在肩上的红飘带。

汾酒的传说

汾酒产于山西省汾阳县杏花村，是驰名中外的名酒。

汾酒始于魏晋南北朝时期，据《北齐书》云：“帝在晋阳，手敕之曰：‘吾饮汾清二杯，劝汝于邺酌两杯。’”汾清是当时汾酒的名称。

唐代，农业、手工业迅速发展，山西晋中一带是当时经济、文化发展较快的地区，被誉为“甘泉佳酿”的汾酒也有了较大发展。

明末，李自成率农民起义军进攻北京，路过杏花村，传说当地老百姓十分欢迎他，起义军驻留三天，村民把汾酒献给起义军，李自成饮后，认为汾酒是尽善尽美，遂把杏花村改为“尽善村”。1953年人民政府决定，恢复杏花村的原名。

汾酒的神话传说，少不了醉仙居酒楼。醉仙居是有名的酒楼，以酒的质量上乘闻名于世。店主人殷勤接待八方来客，前来酒楼饮酒的人络绎不绝。有一天，有一位老者来喝酒，口称没钱但要喝酒。店主人对他十分热情，端上了好酒。老者喝了不少酒，似乎有点醉意，拉住店主人的手，走到院里的井旁，说："这是做酒的水井吗？"店主人说声"是"，话声刚完，不料老者哇地一声，将肚子里的酒全吐到井里去了。从此，井水变得芬芳郁洌，这就是"古泉井"。

杏花村的古泉井，群众称为"仙井"。至今古井亭上还有山西戏曲作家傅山题字匾："得造花香。"旁有"申明亭酒泉记"，云："近卜山之麓有井泉焉，其味如醴，河东桑落不足比其甘馨，禄俗梨春不足方其清冽。"称赞井水水质之好。

洋河大曲的传说

古时候，苏北洋河镇有一位叫阿美的姑娘，因为家里很穷，只好为一个有钱的乡绅当佣人来维持生活。有一次，她把乡绅给她去买酒的钱，送给了一个穷人，因无钱买酒，只好舀了壶泉水当酒。万万没料到，乡绅很喜欢这甘美异常的"酒"，从此，阿美把乡绅给她去买酒的钱都送给了穷乡亲，然后用泉水去交差。后来，这件事被乡绅发现，把阿美推到泉水里。这么一来，泉水变得更加酒香四溢了。阿美则成了洋河的酒神，受到当地酿酒业的供奉。洋河镇成了洋河大曲的故乡。

传说是康熙帝南巡，曾两次在洋河品尝洋河大曲酒。后来，乾隆帝第一次下江南，在宿迁喝了洋河大曲后，挥笔写了"洋河大曲酒味香醇，真佳酒也"的赞语，说明洋河大曲是具有三百多年历史的名酒了。

董酒的传说

相传很久以前，贵州遵义城外的董公祠有一酿酒作坊，主人有一个儿子叫醇，聪明好学，一心扑在酿酒技术上。为此，他奶奶对他说："在酒故乡，有一座美丽的大花园，园里有一位酒花仙子，精通各种造酒技能。求教她时，千万小心，因为她是非常圣洁的，不可冒犯，否则将一无所得。"醇17岁时，长成一位十分英俊的小伙子，向往到酒乡花园会见酒花仙子。一天傍晚，醇在郊外散步，天降大雨，他迷失了方向，却走到了酒乡花园，巧遇美丽的酒花仙子。两人一见钟情，产生了爱情。酒花仙子设宴招待醇，谈话间教了他酿造好酒的方法。喝了一会，双方都有点醉了。酒花仙子满面晕红，昏昏欲睡。而醇稍有醉意，面对酒花仙子的娇姿醉态心有所动，这时忽想起奶奶的教诲，顿时驱散邪念，静卧在酒花仙子身旁。第二天醇醒过来时，发现自己躺在小溪边，他回想起向酒花仙子求教的酿酒方法，就用小溪水酿酒，便酿成了酒香醇厚、回味香甜的好酒。著名的董酒就由此产生了。

西凤酒的传说

西凤酒产于陕西凤翔县柳林镇，醇香优雅，甘润清爽，香甜可口，为我国名酒之一。

传说唐仪凤年间，吏部侍郎裴行俭送波斯王子回国，到了雍县（凤翔）城西十里长亭，时值暮春，裴行俭看到路上落满蜜蜂、彩蝶，经查系柳林镇一家酒作坊，刚从地下挖出一坛窖藏多年的陈酒，气味芳香，飘到十里之外，蜂蝶皆醉而落地。宋代苏轼曾任凤翔府签书判官，他写道：“柳林酒，东湖柳，妇人手。”认为这是当地三绝（妇人手，指女人编的精巧工艺品）。

古井贡酒的传说

古井贡酒产于安徽亳县，历史悠久，是我国名酒之一。亳县是著名军事家曹操的家乡，相传曹操用“九投法”酿出了九酝春酒，说明亳县酿酒自有渊源。

南朝梁武帝萧衍在大通四年（公元532年）攻濮城（亳县），北魏守将独孤拒敌战死，后人为纪念他，在战地修一座庙，掘井二十眼。后来大多数井被堵塞，仅存四眼，其中一眼水质甘甜，适宜酿酒。一千多年来，人们都取这口井水酿酒，遂以“古井酒”为名。明清两代，古井酒被列为贡品，故称为古井贡酒。

兰陵美酒的传说

相传天宫瑶池王母娘娘得知兰陵美酒天下无以伦比，十分垂涎，便派酿酒仙姑下凡学习其酿造法，准备来年用此酒在蟠桃会上宴请各路神仙。

酿酒仙姑下凡到兰陵镇，投胎于本镇酒坊主人张员外家。张家儿媳怀孕后生下一女，取名张美九。光阴荏苒，美九长大成人，心灵手巧，又很勤快，常到自家酒坊同酒工们一起酿酒，很快学得一手酿酒绝技。经她酿出的酒，比原先更加香醇。于是张家酒店生意兴隆，远近闻名。

兰陵镇上有个无赖叫“坏三水”，有一天找到张家酒坊门前，连哭带骂，硬说他老娘喝了张家的酒中毒身亡，哭闹着要讨人命，打官司。原来这“坏三水”是个赌徒，家当都赌光输尽，连老娘省吃俭用攒下给他娶媳妇的钱，也被他当赌注输掉了。老娘见状，气恨交加，不多时，两眼一闭，便断了气。“坏三水”无钱装殓，便心生歹计，想讹诈张家酒坊。他到街上的郁金老汉的药摊买了些郁金根时来煎熬，又用张家兰陵酒作引子，兑在一起灌进老娘嘴里，然后哭嚷着说老娘是饮张家兰陵酒中毒身亡的，直奔县衙击鼓告状。

县令急差衙役传张员外和郁金老汉到公堂受审。这时，公堂上突然闯进两个女子，他俩是张美九和郁金老汉的女儿郁金香。两个人申辩说理，肯定兰陵酒无毒，要求验尸定案。

县令差人立刻去“坏三水”家验尸。不多时差人回禀，说“坏三水”的老娘又活了。其实，那老娘并未真死，只因当时气极，怒火一时攻心昏厥过去。这是“坏三水”意料不到的，他的讹诈落了空。更没有料到的是，养生滋补的兰陵酒，配上那凉心血、散肝郁、行滞气的郁金香药，竟生奇效，使老娘“死”而复生。真相大白，县令当堂将“坏三水”重打四十大板，轰下堂去。

张美九与郁金香二人结为姐妹，张员外认郁金香为义女。张美九带着酒曲和郁金香草药回返瑶池，为王母娘娘酿造郁金香酒去了。

衡水老白干的传说

相传在二千多年以前，滏阳河畔有一小村，村口有家酒店。主人是个寡妇，人称薛二嫂，她为人厚道热情，酒酿得味道也好，因此，酒店生意兴隆。

某年冬天，一个银须飘洒的老石匠来喝酒，二嫂殷勤招待。老石匠端起酒杯打量一下，对二嫂说：“店主家，有句丑说在前，我是有嘴喝酒，无钱结账。”二嫂听后笑着说：“老师傅尽管放心，俺这酒店，有钱人不让喝醉，没钱的也能喝酒。俺不图发财，够吃够喝就行。”老石匠说：“那我就不客气了。”

如此日复一日，老石匠只赊酒喝，二嫂照常热情接待。一天，老石匠又来喝酒，三壶过后问二嫂：“你家井在哪里？”二嫂答道：“守着滏阳河，没有井。”老石匠说：“酿造美酒，井泉水最好，你没水井，我来打一口，以谢你长期赊酒之德。”说罢，取出锤凿，选好吉地，开始凿井。数日后，一口水井便凿成功。

二嫂喜上眉梢，想宴请老石匠表示感谢时，却见老石匠昏厥在井旁。二嫂见此情景，非常难受，想扶他起来，谁知一眨间，老石匠化作一团青气飘然而去。二嫂低头看井，只见井中泉水汩汩，不断上涌。汲上一桶，竟然是清冽的甘泉水。用此水酿酒，味美醇香可口。自此以后，客商来喝酒的人一日多似一日。

光阴似箭，斗转星移。数百年过去，小村庄变成了衡水城。到了明代，衡水城已有十八家酒店，其中最大一家，要算世代相传的薛二嫂家的“德源涌”酒店了。

为什么那时的“德源涌白酒”被取名为“老白干”？说法有种种，但比较贴切的说法是：“老”，指生产历史古老了；“白”，指酒液无色透明；“干”，指该酒用火点燃不剩水分，酒精度高。

郎酒的传说

郎酒产于四川省古蔺县二郎滩，故名。传说二郎滩有一英俊纯朴的小伙子，名叫李二郎，爱上了美丽的赤妹子，要娶她为妻。但赤妹子父母提出要一百坛美酒作聘礼，才许亲事。为了娶赤妹子过美满生活，听从仙人的点化，李二郎在芒滩上找泉水，挖断了九十九把锄头，铲断了九十九把铁铲，才挖出泉水，酿出了美酒。人们便把李二郎开挖的泉水叫“郎泉”，酿出的酒叫“郎酒”了。

习酒的传说

习酒产在贵州省习水县的二郎滩。习酒的历史较长，传说原为古习国国王的专用品，又传说习国国王有一个十分漂亮的女儿叫习寻，却爱上一个在二郎滩靠撑船过活的郎哥，习妹经常把她父亲专用的习酒送给郎哥，作暖身驱寒之用。这件事被国王发现了，认为这有碍于自己的尊严，习妹被视为大逆不道。于是，国王将习妹禁锢在屋子里，把郎哥关进死囚牢。元宵之夜，习妹偷偷跑出宫廷，又从死囚牢里救出郎哥，并在赤水河边共饮习酒，参天拜地，结为夫妻，然后二人抱在一起，投赤水河殉情自尽了。

湄窑酒的传说

湄窑酒，产于贵州遵义地区湄潭县，因用湄江水酿成佳酿，驰名中外。当地流传着这样一个故事：很久以前，湄江边住着一个贪得无厌的大财主，把这里的百姓当做牛马驱使，长工们都积劳成疾，痛苦不堪。有一个长工的女儿叫阿妹子，是个美丽善良的姑娘，许多小伙子都想娶她为妻，但阿妹子一心想治好长工们的疾病，于是向小伙子们宣布，谁能解除长工们的痛苦，就嫁给谁为妻。湄江边有一个龙潭湖，住着一个以酿酒为生的英俊小伙子，他目睹了长工们的痛苦，经常送酒给他们喝，但却解除不了他们的疾病。一天，他正看酿酒，从天上来了一位仙人，传授给他酿酒的方法。他照法酿酒，果然酿出一香味浓郁，又有舒筋活血功能的好酒，解除了长工们的痛苦。于是，阿妹子就嫁给了他。

张弓酒的传说

张弓酒产于河南宁陵县，因酒厂在张弓镇而得名。张弓酒已有两千多年的历史。传说西汉末年，刘秀被王莽追捕，逃到张弓镇，筋疲力尽，实在走不动了。正在这时，忽然闻到酒香，即沽酒自饮，赋诗云：“香远兮随风，酒仙兮镇中，佳酿兮解口（“口”字改为“渴”或“馋”为宜——编者），壮志兮填胸。”他写完诗后，东行三十里到落虎桥上，酒气上涌，酒香盈口，不由拨转马头，回头望张弓，恋恋不舍，诗兴大发，又吟道：“勒马回头望张弓，喜谢酒仙饶吾行。如梦翔云三十里，浓香酒味阵阵冲。”从此，张弓酒便远近闻名。

绍兴酒的传说

绍兴酒，又叫老酒，或除去酒字直呼绍兴。它起源很早，《水经注》云：“越王之栖于会稽也，有酒投江，民饮其流，而战气百倍。”《会稽县志》云："箪醪河在县南……勾践出师之日，有献箪醪者，投之上流，与士卒共饮，战气百倍。今河中有泉，虽旱未尝涸。"醪，系指汁滓混合的酒，可见绍兴酒的历史很久了。

在公元6世纪的梁代，绍兴酒就行销各地，尤其银瓶装的山阴甜酒很有名气。梁元帝萧绎《金缕子》中有一段记载：他小时侯，有一银瓶，贮山阴甜酒放在身边，一边读书一边饮酒。唐代，绍兴酒和蓬莱酒都被收入《酒经》中，而绍兴香雪酒则是"贡品"。宋·朱翼中《北山酒经》有"东浦产最良酒"，就是指绍兴酒。

绍兴酒之所以又叫老酒，因其越陈越香，越藏越美，故名。另外绍兴酒有种叫"花雕"的，又叫"女儿酒"。房千里《投荒录》云："南方人有女，数岁，即大酿酒，侯水间，置壶其中，密固其上。侯女出嫁，决水取之供客，谓之女儿酒。味绝美，居常不可致也。"从前绍兴风俗，女儿满月，做女儿酒，并在坛上绘上彩花，所以叫"花雕"。到女儿出嫁时，取出招待亲友，或放在花轿上，吹吹打打送到男方家。

全兴大曲酒的传说

全兴大曲酒产于四川省成都市，是我国名酒之一，历史悠久，别有风韵，为人称道。早在秦代，四川酿酒兴盛，有佳酿"清酒"。西晋左思《蜀都赋》云："吉日良辰，置酒高堂，以御嘉宾，金垒中坐，肴四陈，觞以清醥。"形容当时饮酒的状况，喝的清醥则是历史上有名的佳酿清酒。

成都城南有一条绵江，又名府河。传说在江南岸有一家叫锦江的作坊，挖了一口水质好、旱不涸、涝不溢的井，大家都叫它"薛涛井"，寓有酒美人更美、幽情缠绵之意。

薛涛出生宦门，才情很高。幼随父到成都，父早逝，沦为歌乐妓。她住在望江楼下，门前有清泉一眼，常汲水磨墨，写字吟诗，积成诗笺。后有人取水酿酒，名扬四方。薛涛去世后，人们在附近修了望江公园，园中有吟诗楼，有楹联，下联为："天地间多少韵事，对此名笺旨酒，半江明月放酣歌。"其中"旨酒"，即指用薛门前井水酿成的美酒。

从上所述，可见酒的历史是漫长的。在中华民族五千年的文明史中，酒的醇香沁人心肺，令人陶醉，誉满五洲，名扬天下，是份珍贵的文化遗产，非常值得继承、发扬光大。名酒的传说蕴涵着中华文化的精华，是文化长期积淀、浓缩而成的瑰宝，是劳动人民智慧的结晶，是中国酒历史文化光辉的一页。

附一 神话传说中的酒神仙

世界上任何一个民族，都有自己的神话传说，其中或多或少地涉及酒文化。神话的特点是人神混杂，以神为载体，用艺术手段去表现人的意识，构成了虚幻与现实的独特结合。而民间传说则有较大的变异性，因为每个传说的形成，几乎都有一个演化过程，在这个过程中，传说的内容、形式都在随着历史的进程而不断地变化。从许多文字著录和民间流传的有关酒的神话传说中可以看出来，它们多以传述历史的视角，而又在某种程度上曲折地反映了社会生活的真实，只不过披上传奇色彩很浓的外衣罢了。

中国的神话传说没有辑录成书的专著，散见于各种古藉之中。而作为与酒有关联并带有浓郁神话色彩的故事，是西晋咸宁五年（公元 279 年）在今河南汲县战国中期魏襄王墓中发现的竹简《穆天子传》。它记述了周穆王姬满驾八匹马从都城成周出发，渡河西行，翻山越岭，经过昆仑山，辗转迂徊，远行千万里，终于抵达“西王母之帮”。途中，穆王一行遇到暴风、雨雪、严寒，不少人被冻死，穆王因作《我租黄竹》诗三章表示哀掉。西王母迎周穆王于瑶池上，与他开怀畅饮。席间，西王母问他：“道里悠远，山川间之，将子无死，尚能复来？”穆天子答道：“比及三年，将复尔野。”表示将不避险阻，再次来访。

唐代诗人李商隐的《瑶池》诗：“瑶池阿母绮窗开，黄竹歌声动地哀。八骏日行三万里，穆王何事不重来！”写的就是穆天子“觞西王母于瑶池之上”的动人故事。

周穆王畅饮瑶池的故事，诱发了诗人们的浓厚兴味，把它作为素材写成了瑰丽的诗篇，甚至有人梦幻登上了昆仑参加瑶池宴饮，如唐诗人许浑有诗写道：“晓入瑶池露气清，庭中惟有许飞琼。尘飞未动俗缘在，十里空山下月明。”

这个绮丽动人的神话故事，也给了小说家创作的灵感，把它演译得更加神奇幻异，“西王母之邦”的主人，连同瑶池一起移居天界，掌管“玉帝”后宫，被尊为“王母娘娘”。这位神仙娘娘每年三月初三，备美酒仙桃于瑶池之上，宴请各路神仙，名曰“蟠桃会”。在《西游记》中，又衍化成只因未邀“齐天大圣”，惹得猴王性起，大闹天宫，搅散了蟠桃盛会。

在酒的神话故事中，除了酒神以外，还有酒仙“八仙上寿”，讲的就是八位仙人赴蟠桃会为王母庆寿的故事。“八仙”中有几位是嗜酒贪杯的。请看这几位仙人：

张珍妈，字宋，俗名果老，唐朝人。他隐居恒州中条山中，相传唐玄宗李隆基曾召见过他，封他为“银青光禄大夫”，号“元通先生”。《唐书》说他“善息气，能累日不食”，只是“数御美酒”。天宝年间，得道成仙飞升而去。传说他常“倒骑驴”，可能是喝酒太多，辨不清前后方向了。

唐时还有一位隐士蓝采和，经常穿着破衣烂衫，冬天衣里加棉絮卧于雪上。好饮酒，醉后就在长安街市唱《踏踏歌》：

踏踏歌，蓝采和，世界能几何？
红颜一春树，流光一掷梭。
古人混沌去不返，今人纷纷来理多。
朝骑鸾，到碧落，暮见桑田生白波。
长景明晕在空际，金银宫阙高嵯峨。

传说他在安徽凤阳一带的酒楼上酣饮大醉，然后乘鹤飞入云霄。

再一位叫韩湘，俗称韩湘子。据宋人《青锁高议》说：“韩湘字清夫，唐韩愈之侄，幼养于文公门下。落拓不羁，不读书，好饮酒，醉则高歌。一日，韩愈责其不学，何以立身。湘答：“湘之所学，非公所知。”韩愈命他写诗言志。湘执笔不加思索，一挥而就。诗曰：

青山云水窟，此地是我家。
后夜流琼液，凌晨散绛霞。
琴弹碧玉调，炉养白朱砂。
宝鼎存金虎，丹田养白鸦。
一壶藏世界，能开顷刻花。
有人能学我，同其看花葩。

另据《韩仙传》说，韩愈朝廷拜为部侍郎，同僚前去庆贺，湘子也去赴宴。席间，湘子取出寸许葫芦为座客酌酒，取之不尽。又在火盆中栽莲，顷刻间开放出十几朵莲花，花上有字成联：“云横秦岭家何在，雪拥蓝关马不前。”后韩愈因谏迎佛骨事被贬为潮州刺史。赴任途中，经蓝关遇大雪，马疲不得前，这正印证了当初莲花上的联语。

“八仙”中与酒最亲的莫过于铁拐李。相传他姓李名玄，曾遇太上老君得道。李玄本来颇有丰采，岂料在他神游时，他的徒弟以为他已死去，于是将其肉身火化，他的游魂无所归依，正巧有一个饿死的人，他的游魂不得已，只好附着这个尸身而起，变得蓬首垢面，坦腹跛足。他又用水喷倚身的竹杖，把它变成铁拐，故称铁拐李。关于他的民间传说很多，且看一段：

古时候，武夷山九曲溪住着位老农，他酿造的酒味美醇厚，只要把酒坛打开，武夷山四周就会飘逸着酒香。种田人喝过老农的酒，干起活来分外有劲儿。过往客商喝了他的酒，走多长的路也不觉得累。因此，人们对他格外尊敬，称他为“田父”。

有一天，八仙游名山逛大川，来到武夷山，立刻便闻到酒香扑鼻。铁拐李见酒没命，有点口馋，嚷嚷道：“错过了这么好的酒不喝，真是枉为神仙一世。我可要找好酒去了！”

田父十分热情地接待众位仙人，拿出好酒给他们喝。八仙连声称赞好酒，真是天上没有，地上难寻。大家一商量，不到别处去了，就暂时住在武夷山。特别是铁拐李，天天一瘸一拐地到田父酒店喝个酩酊大醉。一天，铁拐李又来喝酒，三杯过后，问田父用什么方法酿出这么好的酒来？田父指着远处的丹山说，造酒的原料用的是武夷山出产的稻米。铁铁拐李又问有什么？田父又指着门前的碧水说，酒是用九曲溪里的水酿的。铁拐李追问还有什么？田父又指旁边的酒坛说，这是御林窑烧瓷坛，贮酒味特美。铁拐李听完，十分高兴地说：“这三样都是武夷山的奇珍异宝，难怪你能酿出美酒来！”夸来夸去他却忘了与众仙约好去赴王母娘娘的蟠桃会。

众仙人赶忙找到铁拐李，连拉带扯把他从田父酒店架走。到了蟠桃会上，宴会已经开始了。桌上摆满了仙桃，诸位仙人面前也都斟满了仙酒，杯觥交错，大家都喝得起劲。铁拐李入座也端起酒杯，刚一沾唇，便嚷叫起来：“这算什么琼浆玉液，哪里比得上田父的酒！”说来也巧，就在这时，从凡间飘来一股醇香的酒味，萦绕在宴席上。铁拐李忙说：“这就是田父的酒香！”王母娘娘也闻到了酒香，就责备酿酒仙人所酿的酒比不上这酒香。见到这种情景，铁拐李向王母娘娘建议说：“我与酿酒仙人一同去买一坛田父做得酒，让诸位大仙品尝品尝怎样？”这正合王母娘娘心意，便派他们去了。

二位仙人脚驾祥云，不大一会儿就到了田父酒店。铁拐李说明来意，田父十分高兴，说我白送一坛酒就是了。铁拐李连声谢谢，抱着这坛酒，一阵风回到了瑶池。酿酒大仙抢先一步，把酒坛交给了王母娘娘，王母娘娘吩咐分给众仙品尝，众仙连声称赞不已。铁拐李腿不得劲，来迟了一步，酒坛的酒所剩不多。铁拐李本想多喝几口，一见这样，火冒三丈，把气全集中到酿酒大仙身上，抬手举铁拐朝酿酒仙人头上砸去。酿酒大仙慌忙躲开，人没打着，不偏不斜，正打在酒坛子上，哐啷一声，酒坛子一滚，竟落在人间，而且又回到武夷山中。酒坛子被打了一个口子，坛里的酒流入九曲溪中。那酒坛子则变成武夷山中的一座奇峰，像擎天柱，又像一个大酒坛子耸立在群山之中，十分壮观，大家都叫它“天柱峰”，又叫“酒坛峰”。九曲溪水日夜不断地流着，用这溪水酿的酒芳香扑鼻，大家给它起了个美丽的名字，叫“武夷流香酒”。

还有一位吕洞宾，也是传说八仙之一。道家尊称为吕祖、孚佑帝君。他有五绺长须，手执拭尘，身背宝剑，仙风道骨。他原名岩，字洞宾，又字希云，别号纯阳子，唐蒲州永乐县人。吕洞宾经常为百姓消灾灭妖，但却好酒贪杯，又寓幽默于世俗中，深受百姓崇敬。

吕洞宾少年时，出口成章，下笔万言，但两次考进士不中，心里烦闷，经常到酒店喝个大醉。有一次他在长安酒肆喝酒，遇到一位道士，在酒店的白色粉墙上提笔即兴写了三首绝句。吕洞宾看后十分惊讶，忙上前拜见，道士也请他在墙上写诗一首。他写道：

生在儒家遇太平，悬缨重滞布衣轻。
谁能世上争名利，欲事天皇上玉清。

道士从诗中看出吕洞宾的心意，便对他说：“我叫云房先生，居住在终南鹤岭，你随我出游好吗？”吕洞宾欣然同意。这时，云房先生烧火做饭，吕洞宾醉后就枕昏睡，很快进入了梦乡。在梦中，他进京考试，中了状元，从此官运亨通，娶了两房妻妾，都是富贵人家的千金小姐，几年后，娇儿绕膝，家业兴旺，又被朝廷拜为宰相，为相十年，独掌朝政，权势显赫一时。但好景不长，他获罪被抄家，妻离子散，困苦不堪。就在他独立风雪中慨叹人间沧桑时，猛然被惊醒。云房先生在旁笑吟道：“黄粱犹未熟，一梦到华胥。”吕洞宾大惑不解地问道：“您知道我做过的梦吗？”云房先生说：“你的梦千变万化，五十年的荣华富贵、苦辣酸甜都在里面。得不足喜，失何足悲。只有大觉，才知人世间不过是一场梦。”吕洞宾感悟，遂拜云房先生为师，从此出家学道。

在许多酒故事中，有人饮酒成仙，也有人卖酒成仙。《列仙传》里记载这样一个故事：京城有位卖酒的老太太，遇到一位老者常来饮酒。忽有一天，老者让卖酒老太太准备装束，说有要紧的事。当夜果然来了一位仙人，手持两只“茅狗”，让两人骑上，突然间“茅狗”化作青龙，腾空而去。卖酒老太太被仙人引到了华山，也成了仙人。

附二 酒行业的崇拜神

行业神，又称行业保护神、守护神，是行业中从业者供奉用来保佑自己和本行业利益的神祇。酒行业也有自己的行业神，即本行业的祖师。

仪狄、杜康、刘白堕、焦革被奉为酒业祖师，见明·袁宏道《觞政》："仪狄、杜康、刘白堕、焦革，皆以酝法得，无关饮徒，姑祠之门坦，以旌酿客，亦犹校宫之有土主，梵宇之有伽蓝也。"

先说仪狄。传说仪狄是造酒始祖，见于《世本》"仪狄始作酒醪"。（按：《世本》作于何年迄无定论，有人认为作于战国，有人主张作于西汉，但公元前2世纪的《吕氏春秋》云"仪狄作酒"，未用始字。）《战国策·魏策》云："昔昔，帝妇女令仪狄作酒而美。进之禹，禹饮而甘之，遂疏仪狄，绝旨酒。曰：'后世必有以酒亡其国者。'"而《文选·曹植（七启）》注引《战国策》这段话时，将"帝妇女令仪狄"变成"帝女仪狄"这样，仪狄则成了大禹的女儿了。这种说法影响了小说《镜花缘》，在第九十七回中写文在酒店吃酒，问女店主何姓，何时营业？女主人答道："小婢姓仪。此店自夏朝开设至今，将近三千年了。"女店主姓仪，酒店从夏朝开业，无非是说酒店在夏禹时就有了，主人又是造酒祖师仪狄的嫡传，称得起是地地道道的"老字号"了。

仪狄被奉为酒业祖师，应该说与传说中的造酒有关。雍正《朔州志》卷十二蔚奎《建酒仙庙碑记》："盖闻仪狄作酒，神禹疏之，其为万世虑至深远也……夫创始者为圣为祖，建庙立祠，凡以崇德报功不忘本也。"说得十分明白。

杜康也是传说中的酿酒人，又是酒业供奉较为普遍的祖师神。《博物志》云："杜康造酒。"《会客论略》云："杜康善造酒，以酉日死，故酉日不饮酒。"至于杜康是什么时代的人，何许人也，众说纷纭。如宋·高承《事物纪原》云："不知杜康何世人，而古今多言其酒也。"而《说文解字·巾部》确认杜康就是少康："古者少康初作箕帚、秫酒。少康，杜康也。"少康是夏朝第五代君王。也有说杜康是汉代酒泉太守，或者说是黄帝的管粮官的，多不足信。

据文献记载，至迟在唐代酒业已供奉杜康了。唐·李肇《唐国史补》卷下，记甘刺史巡窥江南驿务，"初见一室，署云酒库，诸酝毕熟，其外画一神。刺史问何也？"。宋代手工业发展很快，各种行业应运而生。元丰二年（公元1079年），苏州酿酒业建立行会，并在横金镇建立了酒仙庙，供奉杜康。明·谢肇《文海披沙》卷七“祭古人”条云：“造酒者祭杜康。”酒业普遍祀祭杜康，主要是因为他是造酒祖师。故《礼俗调查·民间信仰》中“记东北人”条云：“杜康真人，烧酒者所供之神也。”乾隆时，长沙糟坊业建杜康庙，祀之。山东酒业在重阳节祭祀缸神——杜康。传说杜康为河南汝阳人，当地有杜康庙，酿酒行业定期赴庙祭祀这位造酒大师。据《中国民俗采英录》记载，从前的茅台酒坊每当初酒时，酒坊老板要在酒坊里贴供“杜康先师之神位”的地方，点烛焚香，上供品公鸡一只，猪肉一块，祈祷酿酒顺顺当当。另外浙江绍兴镇上每年正月，酒业行会和商会举行各种各样祭祀杜康的庙会。

无锡酒业行会也有祀酒仙的活动。据窦镇《锡金续识小录》卷三云：“酒仙殿在东门外迤北，创始已久，其时代不详。咸丰庚申毁，光绪间酒业复集资营建。”而这位酒仙是谁，伟说周朝有位天子封杜康为酒仙，其家乡赐号“杜康仙庄”。据此推断，无锡酒仙殿所供奉的酒仙，当是杜康。还有传说，杜康死后被玉皇大帝召至天庭，封为酒谪仙，掌管天上酿酒之事，自然就是酒仙了。

焦革的史料较少，一些有关酒文化的著作云“焦革俟考”。但还是有一些线索，如明·夏树芳《酒颠》卷上“祠杜配焦”条云：“杜康善酿酒。王无功祀杜康，以大乐令焦革配飨，故曰：‘祀杜配焦。’”又《醉仙图记》云：“有府史焦革，家善酿酒，冠绝当时。为《酒谱》一卷，李淳风见而悦之。”可见将焦革列为酒仙也是有根据的。

再说刘白堕。刘白堕与杜康并称为“刘杜缸神”，言其善酿酒。北魏杨衒之《洛阳伽蓝记》卷四云：“河东人刘白堕善酿酒，季夏六月，时暑赫晞，以罂贮酒，曝于日中，经一旬其味不动。饮之香美，醉而经月不醒……启熙年中，南青州刺史毛鸿赉酒之藩，路逢贼盗，饮之即醉，皆被擒获。因此复名‘擒奸酒’。游侠语曰：‘不畏张弓拔刀，唯畏白堕在醪。’”故事虽有些夸张，但也说明了刘白堕酿酒的技艺高超。

最后一位酒业祖师，一些有关酒文化的书称之为“葛仙”，而未言其姓名。今据《神仙传》知其叫葛元，说葛仙翁“斩皂荚树为杯，以盛酒，酒味益妙”。又云：“葛元为客致酒，无人传杯，杯自至人前。或饮不尽，杯亦不去。尝从帝行舟遇大风，百官船无大小，多濡没，元躺也沦失所在。帝曰：‘易公有道，也不能免此乎！’乃登四望山，使人钩船。船没已经宿，忽见地从水上来。既至，卒不得舍去，烦劳至尊，暴露水次。元每行，卒逢所亲，要于道间树下，折草刺树，以怀器盛之，法流出泉，杯满即止，饮之皆如好酒。又取土石草木以下酒，入口皆是鹿脯。其所刺树，以杯承之，杯至即法出，杯满即止，他人取之，终不出也。”

九月十八日为葛元生日，“酿酒家祭仙翁神于大魁阁上层，种蓝家祭仙翁神于红阁下层”。(《晋祠志》卷八冯友兰先生《三松堂文集》在《孔子在中国历史中之地位》一文中称士子尊孔子“犹木匠之拜鲁班，酒家之奉葛仙”可佐证。)

附三 杜康酒树

《中州杂俎》及《直隶汝州全志》记载，河南汝阳杜康村的酒泉沟有一棵老桑树，这便是杜康发明酒的地方。

杜康小时候牧羊，每天日出，就把羊赶往山坡放牧。晌午，就到酒泉沟吃饭、看书、习字。

酒泉沟古时称空桑涧，桑树丛生，一股清泉穿林而过，蜿蜒而逝。泉边有棵老桑树，年深代久，虽枝繁叶茂，树身已空。杜康在此树下，拂习习凉风，听叮咚泉水，常缅怀祖先，饭难下咽。他把剩下的饭扔进桑树洞里，日积月累，桑树洞里的剩饭积了二尺余厚。杜康不思饮食，日渐消瘦，为了让他消郁化积，亲邻给他送来了曲粉，无意中，他又将曲粉扔进了树洞。

秋去春来，老桑树洞里的饭曲发酵变成了酒。杜康饮了此酒，才知道酒能为他解忧助兴。他认真总结了“空桑秽饭”“加曲发酵”的道理，从此以酿酒为业。因为杜康在老桑村下发明了酒，人们就把那棵老桑树唤作“酒树”。晋江统《酒诰》：“酒之所兴，肇自上皇。或云仪狄，一曰杜康；有饭不尽，委余空桑；本出于此，不由奇方。”

第五章　酒界名流聚贤庄

李书滨——划时代的经销商

“五粮液的盘子能做到今天这么大，有两个人功不可没。一个是一帆风顺的庄鹏，他把五粮液提升到了一个新的高度；一个是李书滨，他开创了五粮液子品牌之先河。这是划时代的。”五粮液集团董事长王国春如是说。

提到李书滨的名字，可能知道的人不多，可是说到“五粮醇”“大展宏图”“小开心”“千家福”等这些人们耳熟能详的品牌，相信没有几个人会不知道。而这些品牌背后的操盘者就是李书滨。

李书滨，中国酒界子品牌产品开发第一人，是五粮液总裁王国春口中“划时代的经销商”。

乍见李书滨曾有片刻的疑惑，高大的身形，黝黑的脸膛，厚实的镜片却隐藏不住精睿的眼神，一口略带福建口音的普通话，很是随和平易近人。人们不禁寻思：这个邻家大叔模样儿的人就是中国酒子品牌第一人，如今红叶庄园的“庄主”？但他一开口，人们立即确定他就是那个传奇人物。

人生际遇无比奇妙，李书滨做梦也没想到，他这辈子会踏入酒行业，且还能折腾出名堂来。1986 年，一个偶然的机会，对酒没有特别爱好的他一脚踏入邵武糖酒公司，开始了他的酒国生涯，体验着岁月更迭中酒类市场的千变万化。

求　索

1993 年，李书滨在看到白酒市场严重两极分化，“不是尖庄，就是五粮液”这个情况后，时身为福建邵武市糖酒公司副经理的李书滨敏锐地感觉到，单一的白酒市场已无法满足消费者日益多样化的需求，市场亟需一些新产品填充空白。

“何不开发一款酒度较低、价格适中、适合普通消费的一款‘中间地带’的产品，来满足消费需求？”他这么想，并立即行动了。他全身心投入市场，埋头做了整整一年的市场调研，经仔细分析，认真研究，而后得出结论：中档产品存在很大的市场空间。他再次迅速行动。

1994 年，他先后到剑南春、茅台寻求合作，一一遭拒。理由是人家的酒还供不应求哩，何需新品问路。

"难道自己这个想法就行不通了?"他不信。

抱着试试看的心态到了五粮液,接受前两次"口述遭拒"的教训,这次他准备了一份简洁的书面材料——《当今白酒市场的特点以及几条合理化建议》。他知道这次去也一样面临着严峻的考验。要知道,五粮液当时非常流行,卖得非常好,一个经销商跟名气大大的五粮液谈合作谈开发,谈何容易!果真,一开口,立即招致反对声一片——

市场部:"五粮液在市场上哪缺过消费者,还需要他给我们另辟新的消费领域?笑话!"

产品研发部:"他懂酒吗?他知道什么是好酒吗?他倒是要给我们研发部定标准了?他提的这个要求我们没法做!"

质量部:"这么低的酒度,如何保质?"

……

李书滨:"只要给我做,我一定会做成功的。"

一日,二日,三日,僵持不下。

就在李书滨快要泄气的时候,没想到峰回路转,正是那份提纲式的报告帮了他的大忙。

一天,五粮液徐克强厂长看到了这份材料,当徐克强看到李书滨书面材料中陈述的"我认为,市场的多样化需求,不应该只有五粮液、尖庄,还应该有中间档次、中等价位的产品来补充"的时候,他跟李书滨一样陷入了沉思:"五粮液只有两三种酒如何满足市场需求?"

徐克强直觉这是一个机会——对双方来说都是绝佳的发展机会。他一刻也没有停留,立即把这份材料送到王国春面前。

同样,王国春对此合理化建议给出了高度评价:"这是一个有头脑、有眼光、有思路、有魄力的经销商!"

马上安排会见!

希　望

"这是一次历史性的会面,正是这次会面详谈,才有了'五粮醇'的问世,才有了五粮醇当年销1000多吨,次年销3000多吨,第三年销量逾万吨的一个酒界神话。"憨厚的李书滨谈到此节笑得颇有些得意。

"谈谈你的具体想法吧。"没有客套,没有寒暄,王国春直奔主题。

李书滨:"我是这么想的,酒水市场的需求是多样化的,消费者的需求存在个性差异,五粮液、尖庄能够满足市场多样化、个性化的需要么?五粮液能够进入宾馆酒家,但是进不了寻常百姓家,尖庄进得了寻常百姓家但进不了宾馆酒家，能不能开发一款既进得了宾馆酒家也进得了寻常百姓家的酒，价格比五粮液低比尖庄高点的产品来满足市场需求？所以，我来了。”李书滨侃侃而谈。

王国春默不作声。听完李书滨的汇报，王国春只说了一句话：“三天后给你答复”。

三天，在常人眼里不过是转瞬而过，可对于李书滨来说，却是坐卧不宁、寝食难安，度日如年。五粮液内部又何尝不是？他们在紧张地商议着，这毕竟在中国的酒行业中还是一个无人尝试的创举，天人交战，成功当然会使五粮液登峰造极，可失败了呢？

王国春陷入了深深的沉思，三天，短短的三天，漫长的三天。

终于，第四天一早，李书滨被请到了王国春的办公室。李书滨一到办公室就发现，五粮液是严阵以待。他们的厂长、副厂长、销售经理、生产经理、品牌部、质检部、市场部、销售部……各部门领导一个不少统统在座。

考验李书滨的时候到了！他知道说服一个人容易，要说服这么多人他没有把握，第一次，李书滨手心冒汗了。

“经过缜密的市场调研发现，市场亟需一款中间产品填补高、低两极的市场空白。”他先抛出了自己的主张，接着就当前市场形势深入浅出地剖析了一番。

他讲得很兴奋。但再一次遭到了这些高管们的反对，他们觉得李书滨的梦想是狂妄不可及的。

这个场面早在王国春的预料之中。王国春是位极具前瞻性的领导，他很明白这意味着什么，王国春鼓励李书滨讲下去。

“我们来承担风险，提前打货款给你们。”李书滨铿锵而言。

“你开发的新产品冲击到我的尖庄怎么办？”五粮液的高管提出了大家心中的疑问。

“冲击是好事啊！”李书滨回答得云淡风清。

“冲击怎么能是好事呢？”要知道当时的尖庄非常好卖，供不应求，五粮液套尖庄当时是需要批条的。

“五粮液必须有危机感，如果我开发出来的新产品能够冲击尖庄，对你们来说是一件好事，要知道，事物都是在否定与被否定中向前发展的，你不否定自己就会被别人否定，如果你不开发新产品冲击尖庄，总有一天会有别的产品出来否定尖庄，你怎么办？”李书滨不急不徐，坦然以对，眼里透露出自信的光芒。

李书滨在酒水市场摸爬滚打了8年，对于市场可谓了若指掌，他望着五粮液主管销售的经理的眼睛诚恳地讲："'春江水暖鸭先知'，我们毕竟是在河里游泳，你们是在岸上，市场变化我们知道，消费者需要什么产品，经销商该销售什么产品，我们知道，我们了解市场情况，所以我们愿意承担风险，先打100万的款子给你们。"

反对声渐稀，人们更多的是想要看李书滨能演一出什么好戏。

障　碍

初到厂里，各部门都不是很配合，一个经销商到厂里指手画脚算什么？在五粮液厂里，他跑了很多部门，各部门都给你设障碍，都给你脸色看，这个不行那个不行，着实难弄。无奈之余，李书滨只好找到王国春厂长反映情况。

"明天开个会吧！"王厂长认真地对李书滨说。

"开个会就有用么？"李书滨很是怀疑，毕竟那关系着新产品的命运啊。

"试试吧！"王浅笑而不语。

第二天，五粮液各个部门，包括研发、生产、勾调、设计、包装……中层领导被召集到一起，王国春当着所有人的面说了三句话："第一，新产品开发是我们厂发展的需要；第二，一切都要为新产品开发让路；第三，谁挡住了新产品的开发，谁就要负全责。"

之后再到厂里，一切都变得不一样了。而这都证明了王国春厂长是个极具眼光的领导。

当时的开发，包括整个创意、设计、口感都是双方一起研制出来的，整个过程，依然问题多多，矛盾重重。口感上双方就存在很大的差异：李书滨根据南方人的口感喜好，要求五粮液按照其要求调制"香绵醇甜"的口感，专家觉得不行，而调酒师、工程师勾调出来的口感又不被李认可，李书滨只说了一句话：我的酒不是卖给专家喝的，是普通消费者喝的，我就是普通消费者。双方再次僵持不下。最后，酒厂的专家调了十几个酒样编号征求意见，选定了1号、2号两个酒样，1号是南方喜欢的——纯绵香甜，2号是北方喜欢的——比较冲一点。最后李书滨坚决地选择了一号。

标　准

"这个酒我们所有的调酒师都觉得不行。"当时主管生产的刘沛龙说。

"你就按照这个给我做，什么是好酒的标准？经销商能卖出去的才是好酒，消费者喜欢的就是好酒的标准。"李书滨坚持。

经过了大约半年的时间才把酒样定下来，随之而来的是又一个难题：当时定的是35度酒，而国家低度酒是38度，没有35度的标准。怎么办？大家都陷入了沉思当中，要知道，酒样的制定包含了双方无数的心血，为了能制定出双方都满意的酒，大家争论过，否定过，夙兴夜寐，但目的只有一个，就是制定出完美的样酒，而现在这样的问题该怎么解决？厂家的专家亦是无言。

“那就定一个企业标准。我们先卖，等卖起来了你们再对它进行理化分析，制定出理化指标，上报国家标准。”李书滨对厂方的负责人说道。这次，双方意见空前一致。

包装设计方面，当时很多专家都认为李书滨提供的设计方案不行，但是按照李书滨的设计投放市场效果很好，最后他们也渐渐认可了。

否极泰来

不知道是不是上天真的喜欢和有志者过意不去，问题好像永远都解决不完。当一切柳暗花明后，李书滨又一次陷入了山重水复当中。紧要关头，酒的质量又出现了问题，因为当时没有生产35度低度酒的经验，不知什么原因，在低温情况下新酒会出现混浊，但是温度一高就没事了，说句实在话，这样的现象即便是在现在，有些品牌产品也在所难免，但由于五粮液对于质量近乎苛刻的要求，这种情况是绝对不能发生的。厂方要求所有已装好的产品统统开塞重新过滤。但是当时离春节已经很近了，很多客户要这个酒，李书滨当时已经把样品定出去了，怎么办？怎么办？这次李书滨真的没了主意，无计可施了！从1994年开始研发，1995年1月上市的计划恐怕真的要落空了。此时的李书滨真的感觉到了穷途末路的地步，失败仿佛已经扼住他了，那种绝望的感觉是那么的清晰。过了11年之后，李树滨依然记得那种近乎绝望的感觉。

紧急关头，又是五粮液的王国春厂长站了出来，他这样对李书滨说：“老李，我们厂里的质量是绝对不能有丝毫马虎的，只要质量有问题的情况下，无论什么原因产品都绝不能出厂。”王国春厂长再一次申明五粮液这一铁打不动的定律。“不过，你放心，我们加班加点连夜赶工，绝对不会耽误交货的时间，春节货运繁忙，到时我们厂里派汽车给你送货……”王厂长握着李书滨的手，坚定的眼神给了李书滨无限的希望。

即便汽车运费要高于火车运费很多，但是厂家还是按时将货送到了市场。李书滨每想到此，眼里还是充满了无限的感慨以及莫名的感动，或许这就是他与五粮液携手14年的真正原因吧！

天 道

苦心人天不负。历经了无数的曲折之后，五粮醇如期进入到市场。五粮醇一投放市场行情就非常好，3个月就卖爆了。1995年1月份投放市场，当年就卖了1000多吨，1996年，销售了3000多吨，1997年卖了10000多吨。1996年他们就在白酒年会上了写了一篇论文《白酒质量要由消费者来定》。之前的社会调查已经证明口感、包装都是符合市场需求了，这又再次验证了李书滨当初的想法：厂家要根据市场需求来开发产品，产品就是为了满足市场需求，离开市场需求开发产品是站不住脚的。以前五粮液生产任务是由生产部下，不是由销售部下，不能以生产为导向，应该以市场为导向。

五粮醇的成功开发使五粮液第一年增加利税1000多万，第二年增加了6000万，第三年增了1个多亿，五粮醇的开发带动了其他酒的开发，同时也带动了全国其他厂家跟着做，开创了子品牌之先河，也就为以后子品牌买断产品奠定了扎实的基础。

结局？开始？

或许真的是花无百日好，五粮醇卖火了，李书滨成功了，但反对声浪鹊起：宜宾市政府的领导、经销商都反对厂家继续跟李书滨合作，理由是："这么好的产品怎么能给一个外省的小经销商呢？"

厂里的中层干部也反对："这么好的产品给一个小小的县级经销商怎么能做全国市场呢？"甚至通过一个副厂长写一份报告给王国春厂长，要求取消李书滨的经营权。在这样的情况下，已不是李书滨能够把握的了，要知道，五粮醇是李书滨一点一点打磨出来，如同自己的孩子，从无到有，从有到红遍全国，这包含了他无数的心血和感情，可是终不是他所能决定的。

"第一个经销商和我们合作，我们不讲信誉，以后谁还和我们合作，按原合同协议办。"紧要关头，又是王国春厂长挺肩力扛。

以后类似的事情也曾往复数次，但都被五粮液的王厂长压了下来，由此也看出了五粮液的龙头老大的魄力，做强做大有因可循。

不过当时邵武糖酒公司运作了五粮醇只3年，距合同期还有半年。1997年底，来自于各界的压力，终于让王国春也吃不消了，一天他歉意地致电李书滨："老李，这次我是真的帮不了你了，上下的压力，我快成夹心饼了……"言语中透露了无限的感慨与无奈。

李书滨只说了三个字："我明白！"

1998年，在五粮醇的销售权被取消当天，李书滨成立了宜宾春秋酒业，继续与五粮液合作，开发“大展宏图”“小开心”等一系列产品，并于当年，毅然决然地来到沙城购房置地，建起了葡萄酒庄，也就是今天拥有全亚洲最大菱形穹顶建筑厂房的红叶庄园。

又是8年过去了，如今的红叶酒庄储酒已达数千吨，年生产能力也达到了千余吨。徜徉在1500余亩的葡萄园内，看着郁郁葱葱的葡萄林，听着李书滨兴奋地介绍他的红叶酒庄，用心讲解桑干河谷的传奇，人们相信，红叶酒庄一定会成为传奇，就像当年的五粮醇一样，因为李书滨就是传奇。诚如五粮液老总王国春所言：不论李书滨酒卖得怎么样，他都是五粮液划时代的经销商。

刘敏——白酒界“西北少帅” 领衔“鲁酒复兴”运动

刘敏简介

陕北大汉刘敏，业内称其为中国白酒界的“西北少帅”。从1986年起，他历任原宝鸡啤酒厂技术科科长、总工程师、经营厂长等职，1998年8月出任陕西西凤酒股份有限公司总经理，2003年1月被免职。2003年受聘深圳万基集团酒类事业部总经理，山东孔府家CEO。

2004年，刘敏在齐鲁大地掀起了一阵经久不息的鲁酒旋风。只用一年时间，他已经带领昔日鲁酒四大名旦之一——孔府家集团冲出沼泽，并领衔“鲁酒复兴”运动。

重提“勾兑事件”再戳鲁酒深处的痛

经济导报：自从1997年的“勾兑事件”之后，曾经在国内白酒市场上风靡一时的鲁酒突然堕入了一个长达数年的低迷期。虽然从2003年开始，鲁酒出现了一些复苏的迹象，“复兴鲁酒”的呼声也一直在鲁酒业内传响，但是，我们至今仍未看到哪家鲁酒企业真正重出江湖，再现当年风行华夏的盛况。“复兴鲁酒”为什么如此任重道远？

刘敏：我认为这要结合中国白酒产业的特点，把“复兴鲁酒”放在中国白酒业近几十年的发展进程中来认识。

中国是一个疆域辽阔的大国，白酒产业群分布广泛，历史上因为交通不便，加之中国人地域认同观念强等特殊的历史渊源，大部分品牌都是地域性极强的中小品牌，区域性消费的特点十分明显。而为数不多的几个全国性的高端品牌，则多是因为特殊的机缘形成的。如原来只是区域性特产的茅台酒，因为与中国革命历史的特殊渊源，在国家采取赎买政策后，从无到有，最终成为国酒“茅台”；再如各地因为封建时代进贡朝廷而闻名的各种贡酒。在包括新中国成立后的40多年在内的很长一段时间里，这些高端品牌是享受着一种近乎顶礼膜拜的待遇。

这种高端品牌一骑绝尘的情形，一直维持到中国白酒市场和价格的彻底放开。此后，一些实力稍显不错而且小有名气的中小品牌，面对一个巨大的弹跳上升空间和丰厚利润的强烈诱惑，自然而然地产生了强烈的扩张冲动。鲁酒企业作为中国白酒产业最先觉醒的一个企业军团，较早地认识到了白酒品牌营销的价值，于是就有了秦池、孔府家、孔府宴等一大批鲁酒企业先后在央视黄金时段争当“标王”的壮举，从而创造了“鲁酒勃兴”的奇迹。

但是，历史总是会捉弄那些先行者。由于白酒市场不够成熟，国家产业政策也在不断变动，加上鲁酒企业的一些天生的弱点，最终导致了鲁酒在一场突如其来的危机面前一败涂地。在我看来，作为一个阶段的悲剧英雄，鲁酒的勃兴和急速败落都是必然的，后来其他省份白酒产业的兴衰基本上也是遵循了同样的规律。

经济导报：虽然如此，鲁酒开创的白酒品牌营销模式仍在被中国大多数白酒企业延用着、效仿着。比如市场前端的大规模广告造势，概念炒作，终端以返利为主要手段的实惠促销等。

刘敏：这没有什么奇怪的，谁让中国的白酒营销无成功经验呢！有效才是硬道理。因为这些中小品牌在一个覆盖全国的目标市场上缺乏足够的号召力，烧钱几乎是做大品牌的唯一也是最有效的手段。

品牌营销成功与否的关键，取决于多种因素。首先取决于钱的多少，其次是企业运行机制是否健康，另外还有企业危机公关的能力，当然还有企业决策者的个人素质。可惜的是，上个世纪末的大部分鲁酒企业在上述各个方面均得分不高。在很长一段时间里，山东白酒产业大部分掌握在政府或者准政府机构手中，成为当地政府财政收入的“蓄水池”，酒厂的领导往往由政府官员兼任。这就决定了企业进行品牌营销时多方面受制于政府：首先花多少钱并不完全由企业自己决定，当企业的“婆婆”觉得花那么多钱不值得时，企业的品牌营销步伐就必须停止。其次正常的经营行为也往往受制于政府，机制上的缺陷致使企业无法正常运行，这造成了许多白酒企业内功严重不足，管理成本居高不下。

由于山东同时又是一个白酒消费大省，大部分白酒产品长期地产地销，企业严重缺乏市场营销方面的人才和经验，品牌营销只能摸着石头过河，或者照猫画虎；鲁酒企业决策者普遍缺乏应对市场危机和公关危机的经验和手段，在关键的时候往往不能通过与媒体的良性互动获得支持；另外，白酒消费市场不成熟及消费者对白酒消费知识理解的浮浅，导致对“勾兑”工艺的严重误导和误读，最终引发了“鲁酒奇迹”的“崩溃”。

把脉鲁酒复兴的兴奋点是文化

经济导报：我这里有一组2003年关于鲁酒产业的统计数字：产量57万吨，连续多年保持全国第一；实现销售收入70亿元，并出现小幅盈利。相信这是业内喊出“鲁酒复兴”呼声的底气所在，不知您如何看待这组数字。

刘敏：我从有关资料中也看到过这组数字。但是我认为，仅从这组统计数字出发，就认为“鲁酒复兴”有望还为时过早。

这涉及对“鲁酒复兴”这一概念的理解问题。何谓复兴？复兴到何种程度算是复兴？按我的理解，至少应该有数家领军式企业，能够在对鲁酒概念高度认同的前提下，抱团运作市场，数家企业共同崛起，企业的市场综合竞争能力明显增强，企业产品结构趋于合理，企业盈利能力明显得到提高，形成一个具有一定品牌特点和市场优势的品牌群，就如同四川的“六朵金花”、安徽的以古井贡口子窖、东北的黑土地等一样的优势品牌群，在消费者中树立良好的口碑，以可观的销售额和利润在国内同行中赢得应有的尊重。以孔府家集团为例，当年最高峰的年份的年销售额曾达到9.7亿元，实现利税3.9亿元，而同一时期的秦池和孔府宴也取得过不错的业绩。但是这两年，还没有哪家鲁酒企业能够取得这样的业绩。也没有在全国市场上形成鲁酒的品牌优势，鲁酒在广大消费者中的形象还没有得到彻底的改变。

经济导报：毕竟，中国白酒业的市场化营销历史还很短，小品牌美誉度和知名度的建立往往都诉诸挖掘某些社会热点、激发消费者的兴奋点等手段，鲁酒当年的勃兴多有赖于此，如“秦池”是利用了人们回归自然、追求绿色的心理诉求；“孔府家”是以孔府文化为底色，用当年热播的《北京人在纽约》中的女主角王姬和《水浒》的主题歌演唱者刘欢作代言人来点染等，此后的东北酒也是借了东北题材影视作品热播的东风趁势而上的。对于曾经沧海、目前正谋求复兴的鲁酒来说，还有什么品牌资源可以利用呢？

刘敏：白酒产业的灵魂是文化，没有文化背景的白酒注定在市场上走不远。川酒近年来在白酒市场上的一路走红，与其基于历史悠久的巴蜀文化的美誉度是分不开的，而且早在白酒市场放开之前，四川的“六朵金花”因为质量上乘，且在国内多次评比中屡获大奖，很快形成品牌之间的联动优势，因而很早就在国内十分畅销，这些品牌资源是包括山东在内的其他省份白酒企业无法奢望的。在白酒市场放开之前，由于地理环境的限制，山东白酒质量上比川酒稍逊一筹。但是经过近十几年的努力，鲁酒的质量已经有了大幅度提高，这一点国内白酒业是认同的。但是鲁酒生不逢时，当鲁酒还没有做大做强时，整个山东只有两个国家优质酒，没有一个国家名酒，当做大做强以后恰巧此时国家不再评定名酒，鲁酒失去了一条赖以整合品牌资源的有效途径，向内挖潜，通过开发自身的文化资源营造品牌效应成为必然的选择。当然，当年鲁酒的窝里斗也是影响发展的一个原因。

其实，山东作为一个文化大省，有足够的文化题材可供鲁酒企业深度挖掘，如孔子、孟子、孙子，还有五岳之首泰山、母亲河黄河、“天下第一泉”趵突泉等。万基集团收购孔府家集团，看中的正是孔府家的品牌价值。我们认为，依托博大精深的孔子文化，孔府家酒有一种与生俱来的豪门气质，对于主要靠文化支撑概念营销的白酒产业来说，这种知名度和美誉度是许多白酒企业花大价钱都买不来的，而且这种资源不会因为“勾兑”事件的发生而遭到破坏，直到现在孔府家酒在东南亚市场上一直畅销不衰，就是一个很好的例证。

盘点鲁酒复兴要练基本功

经济导报：自从上个世纪末鲁酒从盘踞了数年的央视标王宝座上仓皇谢幕之后，白酒产品便基本上从一年一度的标王争夺战中销声匿迹了，但中国的白酒市场却从未宁静过，皖酒、东北酒、川酒、湘酒、黔酒“军团”轮番上阵，上演了一幕幕好戏，只是这些热闹已经不再属于鲁酒。

刘敏：从中你不难发现一个规律，那就是：在中国白酒业内，以地域为板块，众多白酒荣辱与共是一条被近二十年的产业发展史所不断验证的规律，而在每个酒业板块的起起落落的过程中，总有一两个企业会成为旗手式企业，如鲁酒中的孔府家、孔府宴、秦池，皖酒中的口子窖，东北酒中的黑土地、刘老根，川酒中的六朵金花和黔酒中的茅台。目前鲁酒企业都有复兴的愿望，但除了孔府家之外，始终未见再有企业站出来振臂一呼，与孔府家形成呼应。也没有在省外市场形成联动，目前在广东市场鲁酒只有孔府家和泰山有一定销量，其他的只是一些仿冒的跟风者。

经济导报：据我观察和大体计算，鲁酒复兴的乏力似乎与价格体系有关。以 2003 年的数据为例，57 万吨的产量和 70 亿元的销售收入，意味着鲁酒的平均销售价格只有每 500 克 6 元多一点。而据我了解，同年川酒的平均销售价格却高达 22 元。扣除川酒广告投入及流通环节的交易成本，川酒的利润率肯定仍然还会比鲁酒高出许多。

刘敏：目前业内公认的白酒盈亏平衡点为每 500 毫升 8 元，这就不难解释为什么鲁酒产量一直全国第一，而整体效益却一直不高。鲁酒的低价背后是产品线设计观念的落后，山东白酒业一向奉行的是低价位战略，直到现在仍然有许多酒的价格不超过 10 元钱，而且这类低价产品目前仍然是鲁酒的主力产品。而在经济相对落后的陕西，即便是最便宜的酒也早在 10 年前就达到了10多元钱。那时我正好在西凤酒厂任总经理，亲眼目睹了皖酒把陕西白酒市场的整体价位生生地提高了几十元钱并被市场接受的过程。说实话，也正是借这次提价契机，我们全面提升西凤酒的档次和价位，才把一个原本效益不佳的西凤带出了低谷。没有科学合理的产品线设计理念来确保足够高的利润，无论怎么谈“鲁酒复兴”都将是虚妄的。

经济导报：目前白酒业市场营销战略给人的一种感觉似乎是，某一酒业板块的勃兴都以大规模进军全国市场为标志。“鲁酒复兴”是否还要重复这种模式呢？

刘敏：前几年的“勾兑事件”的确曾经让鲁酒大伤元气，但这不应成为鲁酒企业困守家门、委靡不振的理由，至少在江、浙、沪、闽、粤、港、澳等当地无强势白酒品牌的地区，鲁酒还是可以有所作为的。近年来一直在坚持“走出去”的泰山特曲和孔府家酒，取得的业绩也还算不错，前者是年销售额1亿多元，后者是7000多万元。当然，是走出去做外地市场，还是留下来做本地市场，要视各企业的具体情况而定，而且要审慎取舍。对于是否走出去，我的看法是：走出去能否成功，更多地取决于产品利润率的高低，而并不取决于企业有多少钱，如果没有稳定而丰厚的利润为支撑，再多的钱也有烧完的时候。薄利多销的说法固然有道理，但白酒毕竟不是啤酒，更不是饮料，消费量总是有限的。

对于原产地经济欠发达的白酒企业而言，要想做强做大，进军全国市场不失为明智的选择，从这个角度讲，皖酒、东北酒、川酒、湘酒、黔酒选择大规模的境外扩张战略无疑是正确的。但是，在中国经济历经几番风雨之后，如果说保健品等新兴产业还会有一夜成名的神话的话，我敢断言，中国白酒的地方性品牌无论如何折腾，短时间进入由五粮液、泸州老窖、郎酒、茅台等传统名牌组成的“第一军团”的希望并不是很大，更多的地方性酒类品牌还必须学会长期的隐忍，甘于做第二梯队的“寂寞高手”。

对于地处经济相对发达的山东，同时面对着一个巨大的白酒消费市场的大部分鲁酒企业而言，一定要摒弃过去那种小富即安、不求进取的心态，振作起精神，从区域性市场做起，苦修企业内功，打理好自己的产品线，制订合理的价格战略，打造一支得力的营销团队，力争利润率、知名度、美誉度等方面的指标在当地成为绝对的第一品牌，将是今后很长一段时间内必须要认真做好的基础功课，这将是包括孔府家集团重振雄风的出路所在。

经济导报：其实即使是做本地市场，山东也有做得很成功的范例，如淄博的中轩集团，这家企业一向不显山露水，一直以价位在100元以上的三蕉叶酒为主力产品，走中高档白酒路线，企业效益始终不错，集团全年数亿元的利润，有近2个亿的利润是由白酒贡献的，这家企业被称为“中国白酒业人均利润最高的企业”。

在“复兴鲁酒”的口号已经让我们兴奋了好几年之后，众多鲁酒企业仍然在为寻找“复兴鲁酒”的突破口而苦苦探索之际，孔府家酒、泰山特曲和三蕉叶的思路值得大家借鉴。

张兴海——醇雕探路

兴月海商贸有限公司是一家拥有多年营销黄酒经验的综合型贸易公司，自2000年成立以来就一直秉持“诚信第一”的经营理念，为广大消费者提供“醇雕”系列酒类为代表的各种优质产品。

根据事先的约定，这天在家中见到了北京兴月海商贸有限公司总经理张兴海先生。

言谈中，从事酒销售行业十余年之往事，历数起来犹如昨日。1996年初，张月海来京开始从事黄酒销售，所持资金还是从浙江老家贷来的50万元。当时北京的黄酒市场，仅有数家企业来打探一下市场。

“我就是浙江人，对绍兴黄酒文化非常了解，我更希望把这种民族文化发扬起来，让绍兴黄酒走进千千万万个家庭——黄酒是营养健康的‘液体蛋糕’。你想它既然能作为我们的国粹，就不应该只在南方有销量、有市场，所以我坚信在北方也能打开销路!”

面对一个陌生市场，刚开始的路肯定是艰辛的。首先要采用各种手段让消费者了解黄酒，接受黄酒，喜爱黄酒。比如，定期举办黄酒消费知识讲座，向消费者普及黄酒知识；让利于消费者，举办买一赠一、有奖销售等活动，增加消费者购买欲望；服务也一定要跟上，客户需要就直接送货上门……就这样，兴月海商贸逐渐发展起来，取得了老百姓的认同，也和各大商场超市建立了稳固的合作关系。这个阶段，为推广黄酒而极大让利于消费者，利润是很低的。而其他一些厂家找上门来，许以丰厚回报希望合作时，都被婉言谢绝了。

2000年起，黄酒在京城百姓心中的认知度日益提高，消费群体也不断扩大，一时间各大黄酒品牌纷纷进京寻求发展。绍兴黄酒品牌开始作为一个整体亮相京城，集体接受消费者的选择。对于这种局面，张兴海非常欣慰：“作生意讲的就是成行成市，一花独开不是春，我非常欢迎各黄酒品牌进京发展，并希望和他们一道，把绍兴黄酒作大作强。”

为了给京城百姓提供更优质的绍兴黄酒，也为了树立真正的绍兴黄酒品牌，满足消费者的需求，2002年5月，张兴海成立了绍兴醇雕酒业有限公司，注册了“醇雕牌”黄酒。因为有了多年经验和扎实的基础以及良好的网络渠道关系，通过三年来的努力，目前醇雕酒在北京各大商场超市渠道销售网点比较全面，如京客隆、超市发、天客隆、物美、旺市百利等上百家超市。醇雕酒的销售自2002年起连续三年每年以20%速度递增，目前，醇雕酒的销售占北京黄酒20%的市场份额。(这还不是张兴海心中的理想状态。)

“北京的黄酒市场，潜力还很大。近年消费者越来越重视健康问题，特别是中老年消费者，所以黄酒越来越受欢迎……还有像我们这些在北方的南方人当然也是首选黄酒了！所以今后的醇雕酒，一定能打开更大的销路！”

看得出，张兴海运筹帷幄、踌躇满志。离开的时候，张兴海告诉记者：“以人为本、以德为本，与经销商诚信合作，为消费者提供优质的产品和服务；发展黄酒、振兴黄酒，弘扬中华国粹，以实际行动报效祖国，爱我中华。”绍兴醇雕酒将秉持这一宗旨，拼搏进取，努力创新，迎接中国黄酒新的辉煌！

陈肖兴——一位老葡萄酒专家的执著与困惑

4 月 19 日，一个春风轻拂、阳光和煦的日子。《华夏酒报》记者在山东烟台科裕酒业有限公司的葡萄园里，见到了正和工人一起下地忙活的陈肖兴总经理。如果不是陈肖兴主动和我们握手，简直无法相信眼前这位手上沾满泥土的耄耋老人就是这片葡园的 CEO。

烟台科裕酒业有限公司坐落于山东省烟台市高新技术开发区的一个小山坡上，公司的四周是葡萄种植基地。陈肖兴迈着蹒跚的步伐，热情地带着我们沿着葡萄园间的小路，边走边述说着他创业的宏伟蓝图和串串辛酸困惑……

葡萄酒事业=我的生命

1955 年 1 月，陈肖兴毕业于广州化工学校酿造系，毕业后被分配到烟台张裕葡萄酿酒有限公司工作，1965 年开始负责张裕葡萄酒的生产工艺技术，1992 年退休。退休不退志，抱着对葡萄酒的无限热爱，1994 年，64 岁的他开始了自己生产葡萄酒的创业之路。

陈肖兴根据多年的酿酒经验和对葡萄种植的了解，选择了一个阳光照射充足、坡度趋缓的小山坡，与当地镇政府和村里签订了土地租赁合同，土地面积 260 多亩，期限 50 年。他的第一步是先建葡萄园，因为他知道，葡萄酒是种植加工一体化的产业，葡萄的质量决定着葡萄酒的品质。同时他借鉴了国外酒庄的建造模式，从葡萄生产基地入手，亲手指导葡萄园工人种植，引进了蛇龙珠、赤霞珠、烟 73、烟 74 等优质葡萄品种。经过 3 年的辛勤劳作，陈肖兴靠自己的规划设计，建起了一个现代化的葡萄生产基地。同时他不惜投资，在葡萄园中盖了 3 栋瓦房，解决了 30 多个种植葡萄工人的住宿和吃饭问题，为他们解除了后顾之忧，提高了工人的生产积极性和工作效率。1996 年，科裕酒业有限公司正式开始生产。

为了确保葡萄酒的高品质，陈肖兴非常重视化验室的建设，花重金购买了先进的仪器设备，培养出了一批专业化的技术骨干，在生产工艺上各个细节的处理，均需要化验室严格试验以制定周密的实施方案，特别是每个具体工艺阶段的辅料应用，他都考虑得很细致、周全。经国内权威专家一致鉴定，科裕牌葡萄酒滋味醇厚、酒体丰满、微酸适口，产品定为优质。

不盲目追求葡萄亩产量，最大限度地提升葡萄酒品质，是他多年来的酿酒原则。为此，他严格控制亩产葡萄量在 1500 公斤以内，由于采摘时对葡萄成熟度的掌握，从根本上决定了干红葡萄酒的色度、酒精度和酒体结构，只要一到葡萄收获的季节，陈肖兴总是穿梭于葡萄园间指导工人采摘葡萄。

言谈间，品着自己酿造的葡萄酒，陈肖兴不时透露出创业的无限快乐。

创业快乐也多困惑

好酒生产出来了，怎样才能端到消费者的餐桌上，成了陈肖兴面临的最大困难。

烟台是亚洲知名的葡萄酒城，地处胶东半岛，良好的气候条件非常适合葡萄种植，同时也吸引了国内外众多葡萄酒企投资建厂。无论是品牌效应还是规模实力，科裕酒业与之比起来都显得非常渺小。陈肖兴长期战斗在葡萄酒酿造技术岗位，忽略了销售队伍的建设，他深知酒香也怕巷子深，好酒也要勤吆喝，但是，由于对酒类市场营销操作不力，造成品牌推广迟缓，产品出现积压，公司经济运行曾一度举步维艰。

企业要生存，工人要发工资，陈肖兴面临着巨大的资金压力。年迈的他在烟台各大银行间奔波了很长时间，结果是竹篮打水一场空，一分钱都没有贷到。无奈之下，他接受了前来洽谈“贴牌”客商的合作，给别人“贴牌”生产葡萄酒。看着自己亲手酿制的优质葡萄酒冠上别人的名字，自己辛苦建起来的葡萄园和工厂却给别人做了嫁衣，他的心里充满了困惑和无奈。“就在那几年，我老得特别快。”陈肖兴说，“现在背有点驼了，但我脑子还非常清楚，我要把我的酒卖出去。”陈肖兴在困境中坚持酿造优质葡萄酒的信念，丝毫没有放松对葡萄酒质量的要求，他坚信有一天，他的葡萄酒会销往全国。

多年的贴牌生产，并未给科裕公司带来多少利润。此时的陈肖兴明白，如果继续这样走下去，自己多年的心血会付之东流，成立营销公司已势在必行。2006 年底，在朋友的牵线下，陈肖兴与有多年营销经验的营销公司探讨合作，准备成立独立的营销公司，全力推广自己的品牌。陈肖兴说，有了营销公司，自己的全部精力就可以放在提高葡萄酒的质量上了，他坚信自己酿造的酒会得到广大消费者的认可。

采访中，对葡萄酒发展未来充满信心的陈肖兴发出如此感慨：无论今后是成是败，他都要坚持做下去，因为他的一生属于葡萄酒事业。

相关链接：

陈肖兴简介：

国家级葡果酒评委，高级工程师，现任烟台科裕酒业有限公司董事长、总经理。

1954 年 12 月，陈肖兴毕业于轻工部广州化工学校酒精和酒类工艺专业。

1955 年 1 月，他被分配到张裕葡萄酿酒公司。1989 年任烟台张裕公司科协副主席，1992 年 4 月退休。陈肖兴多年来积累了丰富的经验，也取得了可喜的成绩。

1956 年他参与解决葡萄酒沉淀问题的试验，在朱梅等老一代专家指导下，提出了“葡萄酒破败病的发生、治疗和预防”的新方法。

1956 年至 1976 年间，他又在实践中摸索出窖上贮存、人工老熟、新老酒勾兑等白兰地酒的新方法新工艺，为提高张裕白兰地的质量、扩大产量发挥了积极的作用。

在 40 多年的酿造生涯中，陈肖兴参与江苏宿迁葡萄酒厂、山东荷泽葡萄酒厂、潍坊山楂酒厂等十几个工厂和项目的论证设计工作，主持完成了苹果香槟酒等的试制和生产，其中“苹果香槟酒的试制与生产”项目获省科技进步二等奖，“新工艺瓶内发酵香槟酒”被评为轻工部优秀新产品。

张治——软件工程师品成红酒行家

学理工出身、专业是卫星通讯的张治，自从迷上红酒的香气之后，六七年来，研究红酒的心得累计成四五本厚厚的笔记，以及《明日报》上一个新闻专栏，张治品味着充满葡萄酒香的人生。

见到张治以前，以为对红酒有极高鉴赏力的行家，必定是坐拥豪宅名车的大老板。可是，张治从办公室走出来，一身简朴的POLO衫、休闲裤，年近40的他，给人的第一印象就是工程背景出身的上班族，跟以往红酒行家全身品味嗅得出“财力”的印象，有着差距。软件工程师出身，目前是台亚卫星通讯公司协理（台湾），张治的职业生涯跟大多数工科毕业生走的路没有太大的差异，不过，一个平凡的上班族，嗜好是品嗜、收藏红酒，背后的原因的确让人好奇。

“红酒不一定是昂贵的，超级市场特价二三百的红酒，也有不错的。”张治点破了红酒昂贵的密思。

把红酒当学问研究

张治接触红酒已六七年，在一次家庭聚会上，弟弟带回家的红酒让他发现红酒的迷人。之后他自己到超市买了1瓶200多元的红酒，在餐前佐上一点美酒，不但开胃，且让食物美味加倍，于是喜爱美食的他一头栽进了红酒的世界。

向来对事物喜欢追根问底，当红酒进入生活后，张治也卯起劲来了解红酒。一瓶几百块到几万，红酒的价差引起他的好奇，原来无论产地、葡萄品种，甚至产地土壤的酸碱度等，都是影响葡萄酒品质和价格的因素。从单纯品酒的乐趣，因为好奇而引发的求知欲，张治开始把红酒当学问研究。

这些年来，张治累计了四五本厚厚的笔记，里头记录了各种红酒的口感、年份以及他对酒的评价，从超市的平价红酒到上万元的名酒，都列在张治的笔记本上，几年下来，他品过的酒已经超过千种。

笔记本的厚度、品过的种类，都显示张治与酒接触的频繁度，入口的酒这么多，爱喝红酒的他是否已经成为酒国瘾君子？“懂得喝红酒，都是一口、一杯的品味，单纯去体会酒的气味，而非酗酒。”张治解释说，自己的酒量并不算好。

品红酒的代价高不高？还以为他大半收入大概都奉献给了红酒，“一个月差不多花上三五千元”，张治投资在红酒上的金额，居然只跟女人每个月花在衣服、化妆品上的钱差不多。

“当专业知识越多时，花的冤枉钱就少很多。”张治略带专家的口吻说，勤一点到超市、大卖场找酒，常常可以特价买到国外红酒杂志上推荐的极品，台币几百元的特价酒，价格上甚至比原产地还低。

除了独自品酒，张治还喜欢与人分享，因此他在《明日报》开了《Thomas 葡萄酒漫谈》专栏，公开他品味红酒的心得、他对各种红酒的评价，以及最近哪家店有值得选购的好酒情报。从他的推荐名单可以发现，他挑选的都是物所超值的种类。每一种酒的年份、产地、酒庄背景，在张治的栏目上列得清清楚楚，即便是刚入门的人，都能按着他的步骤买到好酒。

生活、视野因而开阔

专业是卫星通讯的张治，俨然已经将红酒当成了他的第二专业，但是他却不曾想要把红酒兴趣转成专职的工作。张治的想法很务实，“红酒专业在台湾没有商业价值”，纯粹当兴趣去钻研背后的学问，“可以平衡生活”，张治坚信，喜欢红酒让他的生活更丰富。

张治不只品酒、大量阅读红酒方面专业知识，他也参加红酒俱乐部，通过不定期的俱乐部活动，红酒同好会带自己的藏酒来分享，无形中增加了品酒的种类。欧美各国都产葡萄酒，光法国就有几百个酒庄、几千种葡萄酒，穷一己之力很难摸透所有酒性，聚会时分享各自累积的红酒专长，视野、知识都跟着开阔。

张治连出国旅游都是跟红酒同好组成酒庄寻访团，造访欧洲各地的酒庄。不仅如此，为了红酒，张治还去学了法文，理由很简单，他眼神一亮说着：“要喝红酒，至少要把酒瓶上的标签看懂，酒名念对吧！”。

反正，一提到红酒，内敛的张治便滔滔不绝，虽然从不强迫周遭的人跟他一样爱红酒，然而看着他评论红酒的样子，就有到超市买瓶红酒的冲动，想尝尝是否如他所言：“美食和美酒是不可分的，是一种享受生活的品味。”

金炜——葡萄酒企业家的微醺之旅

最近金炜在写一本叫《老金的微醺之旅》的图文并茂书，将自己这四年来的品酒心得和葡萄酒的一些心得故事记录在册。

无论是以前掌管新天国际，还是现在运作长白山酒业的冰酒，担任华夏五千年葡萄酒公司执行董事，金炜始终在向市场和世界证明着中国也能做出非常有特色的葡萄酒，所有消费者都能体验到中国的葡萄酒。

金炜认为，或许白酒追求的是酩酊大醉的气氛，但葡萄酒绝对是一个精神层面的享受，是在微醺当中寻找着一种极致的享受。

入行4年：第一年品了400多种酒

2003年，金炜从服装行业挺身进入葡萄酒行业的市场运作，成为新天国际的副总。金炜解释说，一个做品牌的人，看中的是一个品牌的市场潜力和它的塑造空间，葡萄酒就是这样一个值得花时间去经营的产业。因此，他乐此不疲地将全部的精力都倾注在了葡萄酒行业中。

初次涉足葡萄酒行业，第一年，金炜几乎将所有时间都花在了品酒、学习和研究市场上。那一年，金炜一共喝了400多种葡萄酒，无论是买的、别人送的，还是外出考察学习遇到的葡萄酒，金炜均一一细细品尝，并将心得体会记录在册。这一年时间的知识积累为今后金炜在葡萄酒行业声名大噪打下了坚实的基础。

因为在营销人员当中，能对葡萄酒工艺有所了解并且直接参与品种开发的人并不多，凭借着不断积累下来的经验，金炜成为了其中为数不多的一个。“不了解葡萄酒的口感、工艺等，很难做好整个品牌的市场营销和规划。”金炜也特别珍惜第一年时间里的知识积累。

营销推手：掀起中国红酒“平民化”运动

“在国际葡萄酒市场，葡萄酒是大众消费品，但在中国则是一个比较神秘的产品，在精神境界上，它带着贵族的气质，但在消费层面上，它则应该走平民化的道路，让更多的消费者了解它。”带着这个信念，金炜这四年来一直在“葡萄酒的平民化运动”之路上越走越远。

在新天期间，金炜制定了“百城万店”计划，将重点放在商超渠道，使新天终端销售数量猛增4倍。并且全面推动“体验风暴”，采用低价、试饮、赠送等手段，鼓励消费者去体验红酒，这些平民化运动也令新天知名度直线提升，单品销售达到了第一位。

现在，金炜在操作长白山冰酒的“全球十万精英领袖品鉴专享计划”，将在世界100座城市启动。金炜对这个计划已经走了12站奢华旅程活动非常自豪，他表示：“中国的葡萄酒是世界的，我们在向世界证明中国也有非常独特的原料，也能做出被世界和全球消费者认可的产品。”

同时，金炜担任华夏五千年执行董事，又在乐此不疲地启动一项名为“名品世家U9-MWP工程”的连锁项目，MWP，即Micro Wine Port的缩写，意为微型连锁国际酒廊，U9则是指全球著名产区9个酒庄的合作。该项目试图在葡萄酒消费的成熟区域，建立起红酒销售微型连锁终端，推出具有代表性的物美价廉的产区葡萄酒。

华夏五千年推出这项工程，目的是要在中国掀起一场“红酒贵族消费的平民化运动”。

“我国葡萄酒市场新一轮的终端布局潮流中，已有骏德酒业、富隆酒窖以及吉马国际酒廊等先行一步，这些高档次的酒廊终端主要以专业人士为对象，应该说做得非常成功。华夏五千年酒业启动的项目则以微型终端为特色的，以大众消费者为目标受众，打造中国人自己的葡萄酒文化，使红酒从贵族消费趋向平民化。在这种连锁终端，我们不仅销售华夏五千年，也销售国内外著名产区的产品，让消费者能接触到各种层面的葡萄酒。”金炜自豪地讲述着他的又一得意之作。

痴迷红酒：微醺是雅致也是极致享受

一直专注于红酒“平民化运动”的金炜，其实也是一名葡萄酒痴迷者，闲暇之余独自品上一杯葡萄酒已经成了他生活中精彩的点缀。

“法国有一句谚语：打开一瓶葡萄酒，就像打开一本书。在品尝红酒的时候，红酒的工艺、文化和品牌内涵均在脑海中一一浮现，让人对葡萄酒的认识更加感性而深刻，而这种理解又将使我在运作葡萄酒品牌的时候迸发出更多独特的角度。”

金炜坦言，葡萄酒已经成了他的事业，但同时也是他生活的一种享受。在商务应酬场合，他通常都会充当葡萄酒文化的布道者，向身边的朋友们努力推介葡萄酒文化。而在日常生活，他更愿意沉醉在“体验者”的角色当中。有时候自己会买一瓶葡萄酒品尝，不一定是名酒，只在乎喝的感觉和精神层面的享受。

也只有这种独自品尝佳酿的时候，他才能真正感受到红酒的精髓所在。“独自品酒之时，方可真正体会品酒观色、闻香、品味的乐趣。方能沉醉于葡萄酒柔和的色泽当中，方能体验到动态香、静态香之间微妙的区别。顿时脑海中浮现出葡萄酒原产地的无限风光，葡萄酒的酸、甜、涩刹那间一层一层被味蕾挖掘出来。”

这样一种享受是极其美妙的，每次喝完葡萄酒，金炜总会习惯性地拿出相机，借着微微的酒意，将当时的人、气氛、酒永远定格下来。

品酒反思：让浮躁沉寂下来

和众多成功的企业家一样，金炜十分享受忙里偷闲的片刻。即使在工作当中，也可以在红酒的世界里卸下工作的繁重。很多时候，金炜喜欢将红酒自然融入工作当中，他约合作伙伴吃饭聊事，更喜欢带上一瓶钟爱的红酒，有时候也会带上自己的杯子，在柔和的气氛当中，一边聊公事，一边也能在繁忙中寻得片刻轻松。

有空的时候，金炜会选择在午后温暖的阳光里，选一个路边的咖啡馆，一边享受阳光的无限柔和，一边品一杯红酒，此情此景，工作和生活的浮躁顿时沉寂下来，此时也是反思工作和生活点点滴滴的最佳时刻。

“每个人都不可能做到脱俗，此时我们需要一个空间来静静地反思，对于企业家来说，这种反思尤其重要。因此，我推荐大家静静地品上一杯红酒，让躁动的心平静下来，理清自己的思绪。”

赵凡——愿做酒痴，品味酒中故事

赵玻葡萄酒教育者、多家时尚杂志与葡萄酒专栏作家、品酒专家。狂恋充满酿造师热情的勃艮地黑比诺干红，坚信葡萄酒教育是为了给人创造品酒机会。

赵凡在城市宾馆的澳美酒业酒屋接受采访。不时有人走过来与他打招呼，足以看出他在这个圈子的活跃和知名度。很容易从赵凡身上看出他的“酒痴”身份，张嘴就来的各款葡萄酒历史和口感，每周出席不同的酒会品上30多款酒，即使一个人在家拖地也能喝完一瓶上好的冰镇白葡萄酒。

一瓶干红推开葡萄酒大门

赵凡本职原是航空销售，通俗说就是卖飞机的。他经常飞往世界各地，接触到葡萄酒的场合也很多。在一次旅途中，赵凡邂逅了一瓶产自意大利经典的干红，现在已经不能准确地记起它的名字，只依稀记得是1994年产，那瓶酒在他舌尖留下了丰富绵延的欢愉，也推开了那扇葡萄酒大门。

品酒要品出酿酒人的心情

作为一个资深的品酒大师，赵凡品酒品的不一定是香气和味道，而是通过酒了解酿酒人的心情。

一次在南非与人品酒，另两位品酒师喝完说了一大堆平衡、饱满、结构感好等美好词汇。赵凡说，从任何一个方面去评价，它都是一款很完美的酒，可以得高分，但是你们喜欢吗？大家都摇头，因为那完美的平衡感仿佛一堵厚墙，让人看不清墙里酿酒师的心情，不知道他用的什么技巧，用的是开口的还是封口的橡木桶。

“品酒的目的不是要分辨它的香气，而是要理解这一款酒，品出背后所藏着的酿造师的热情。”真正的好酒是透过精湛的酿酒技术和对葡萄酒深刻的理解，将葡萄、气候、土壤的内涵化为令人叹为观止的香气和口感。

世界上没有最美味的葡萄酒

很多人品完某款顶级酒可能会大叹，这是世界上最美味的葡萄酒，但是已经品过上万种酒的赵凡说，他从来不敢这样说。葡萄酒的世界无限宽广，没有尽头，又哪来最好的酒呢？

品酒师是不是味蕾刁钻到只狂热于某种唯一的酒呢？其实不然，赵凡说品酒没有固定的东西，不同的场合，不同的温度，不同的心情，不同的伙伴，不同的饭菜，都要斟酌细节。与人共饮或是欢愉的氛围，可能会选择欢快爽口的起泡酒；一个人静下来，又会倾向于开一瓶上好的醇厚干红。“酒是有生命力的，这一秒是什么感觉，下一秒又会有微妙的变幻。”赵凡说，“在某种程度上葡萄酒是奢侈品，但是也并不是很少受众，必须有广大人民的基础才会有慢慢积累上去的塔尖上的东西。”

陶渊明携酒

劝酒通调

第一章　汤头歌诀酒来和

——含酒的汤头歌诀

清热解毒剂

仙方活命饮

宋·陈自明《妇人良方》

【趣记】**仙方活命药　相当金凤草　末臣就备花假制造**

赤芍	乳	防甘		穿山白	
仙方活命药	**香当金凤草**		**没陈酒贝花甲芷皂**		
(饮)	归银花		药皮	母粉	角刺

【情节】荒淫无度的皇帝想长生不老，到处搜集延年益寿的秘方。听说有一种活命的仙方草药叫金凤草，是用金色凤凰的唾液灌育的。皇帝便命臣子去找，末臣微将们又去哪么但是寻找？哪里有什么金色的凤凰？更不要说金凤草了。臣僚们一合计，干脆找来了些奇花异草，以造假应付了皇差。

【汤歌】仙方活命用银花，防芷归陈草芍加，贝母花粉兼乳没，山甲皂刺酒煎佳。

【组成】14 味：赤芍药 6、乳香 6、当归 6、金银花 15、防风 6、甘草 6、没药 6、陈皮 9、酒 1 杯、贝母 6、花粉 15、穿山甲 6、白芷 6、皂角刺 6。

【用法】加酒一杯，水煎服。

【功效】清热解毒，和营消肿，活血止痛。

【应用】主治：疮疡肿毒初起，热毒壅遏，营卫阻滞，红、肿、热、痛属阳证者。

用于一般化脓性炎症。脓未成者服之消散，脓已成者服之促使外溃。除内服外，药渣捣烂可外敷。

【注意】疮痈溃后，不可再服。阴症忌用此方。

清泻肝胆剂

龙胆泻肝汤

清·汪　昂《医方集解》

【趣记】胧旦卸干柴草　至暮亲弟则单车归

甘　　黄生　龙　当
龙胆泻肝柴草　栀木芩地泽胆车归
（汤）胡　　子通　　泻草前
子

【情节】某农家，姐弟二人相依为命。晨旦，天色尚朦胧，弟弟就推车进城卖干柴草。在送往买主家的途中，车轮错了轴位。姐姐从晌午就倚门翘盼，至暮色深时，才见弟弟推着单轮车子归来。

【汤歌】龙胆泻肝栀芩柴，木通车前泽泻偕，生地当归甘草配，肝经湿热力能排。

【组成】10味：柴胡9、甘草3、栀子9、木通9、黄芩（酒炒）12、生地（酒炒）15、泽泻15、龙胆草（酒炒）9、车前子12、当归（酒炒）9。

【用法】水煎服。

【功效】清泻肝火，利水渗湿。

【应用】主治肝胆实火上扰，肝经湿热下注。症见：头痛耳肿，目赤口苦，胁痛，心胸烦热，尿浊，阴痒阴肿，带下臭秽稠粘，舌红苔黄，脉弦数。

加减：头痛晕胀，加钩藤、牡蛎平肝潜阳，或加牛膝引血下行；目赤肿痛，加桑叶、菊花疏散风热，加千里光、连翘清热解毒；热盛者加大黄釜底抽薪；阴痒阴肿，加地肤子、白藓皮祛风除湿；小便淋涩，重用柴胡并加解毒药物。现代常用于急性胆囊炎，肝炎，急性中耳炎，膀胱炎，尿道炎，肾盂肾炎等属肝胆实火者。

气血双补剂

炙甘草汤

汉·张仲景《伤寒论》

【趣记】侄赶嘈鹅　早操麻枝　就将身晃动

　　　　　　　　炙　　　　　　生
　　　　　　　　大甘　桂　　　生人地麦
　　　　炙甘草阿　枣草麻枝　酒姜参黄冬
　　　　（汤）胶　　　　仁

【情节】清晨，小侄儿的第一桩事就是操起一根麻枝杆，将早就嘎嘎吵叫的几只白鹅赶往池塘。白鹅摇摇摆摆，小侄儿跳跳蹦蹦，身影随着麻枝的起落而晃动着。这真是一幅有趣的“牧鹅图”。

【汤歌】炙甘草汤参桂姜，麦地胶枣麻仁香，心动悸兮脉结代，虚劳肺痿俱可尝。

【组成】10味：阿胶6、大枣6枚、炙甘草15、麻仁10、桂枝9、酒（适量）、生姜9、人参6、生地黄30、麦冬10。

【用法】阿胶炖化，其余诸药以清酒、水合煎，去渣取汁，纳阿胶。

【功效】益气养血，滋阴复脉。

【应用】主治气血虚弱，心失所养。症见：心动悸，脉结代，舌体嫩红不鲜，苔光少津。

加减：心动悸，脉结代，若偏于心气不足，以炙甘草为主，重用人参，若偏于阴血虚损，以地黄、麦冬为君；心悸甚者，加龙齿、朱砂、磁石等重镇安神。

现代用于心律失常、心绞痛、肺结核等属气血不足者。

【注意】阴虚火旺者不宜用。

活血祛瘀剂

生化汤

清·傅　山《傅青主女科》

【趣记】甥画　“江龟串甘桃”

炮当　炙
生化　姜归川甘桃
(汤)　　芎草仁

【情节】外甥酷爱作画，常遭家人反对，只有舅父关心支持他。当舅父六十大寿时，外甥借此机会献上一幅画，画着一只硕壮的江龟和一串甘美的鲜桃。这画既表达了敬祝老人长寿之意，又显示了他多年学画的功底。

【汤歌】生化汤宜产后尝，归芎桃草酒炮姜，消瘀活血功偏擅，止痛温经效亦彰。

【组成】5味：炮姜2、当归24、川芎10、炙甘草2、桃仁6。

【用法】水煎服，或酌加黄酒同煎。

【功效】活血化瘀，温经止痛。

【应用】主治产后恶露不行，小腹冷痛。症见：产后恶露不行，少腹疼痛拒按，有冷感，脉弦或涩。

加减：若瘀块留阻，腹痛甚者，可加蒲黄、五灵脂、延胡索等；如属血寒较甚、下腹冷痛重者，可加肉桂。

【注意】(1) 本方以产后少腹痛而属寒凝血瘀者为宜，不可视为产后养血调经必用之剂。(2) 本方药性温燥，如血热挟瘀者忌用。

疏散外风剂

牵正散

宋·杨　倓《杨氏家藏方》

【趣记】 **潜症久**　**蚕妇歇**

　　　　　僵白全
牵正酒　**蚕附蝎**
（散）　　子

【情节】 江南之春，桑叶萌发，正是养蚕好时节。素以养蚕为生的大嫂，不辞辛苦，日夜操劳。一天，养蚕大嫂突感口面不适，请来郎中曰“积劳成疾乃潜症之患，宜调养数日”，大嫂此时不得不放下手中的活计，歇息几日了。

【汤歌】 牵正散治口眼斜，白附僵蚕全蝎加，混合研细酒调服，风痰阻络效力佳。

【组成】 4味：热酒（适量）、僵蚕、白附子、全蝎各等份。

【用法】 生用，为细末，每次3克，热酒送下。亦可水煎服，用量按原方加减。

【功效】 祛风化痰止痉。

【应用】 主治：中风，口眼歪斜。

用本方时可酌加蜈蚣、天麻；初起兼表证，加头羌活、防风、白芷；慢性期兼见气血不足，加黄芪、当归、地龙、川芎等。

现代常用本方治疗面神经麻痹，三叉神经痛属风痰阻络者。

【注意】 （1）本方药性辛燥，风痰而偏于寒湿者较宜。如气虚血瘀或肝风内动而引起的口眼歪斜，并出现半身不遂等症者，本方不宜单独使用。（2）方中白附子、全蝎有毒，用量不宜过大。

疏散外风剂

小活络丹

宋·陈师文《太平惠民和剂局方》

【趣记】 **小活螺隆兴　人没匊川草**

制
天
地南　　陈制制
小活络龙星　乳没酒川草
（丹）　香药　乌乌

【情节】 小侄听过“田螺姑娘”的故事，对小活螺产生了兴趣，常常一个人蹲在池塘边，瞧着在川草间出没的田螺，一个个异常隆兴，探出软软的触角，蠕动着肉身，顶着螺壳，在草叶上聚集爬行。小侄看得呆了，他在想，哪一个会是田螺姑娘？

【汤歌】 小活络丹用地龙，二乌乳没并胆星，中风手足皆麻木，风痰瘀血闭在经。

【组成】 7味：地龙180、制天南星180、乳香60、没药60、陈酒（适量）、制川乌180、制草乌180。

【用法】 为丸，每次1丸，每日1-2次，空腹用陈酒或温开水送服。

【功效】 祛风除湿，化痰通络，活血止痛。

【应用】 主治：（1）痹证。症见：肢体筋脉挛痛，屈伸不利或疼痛游走不定。（2）中风，手足不仁证。症见：手足麻木不仁，日久不愈。或经络中有湿痰死血，而见腰腿沉重，或腿臂间作痛。

加减：偏于寒盛者，重用川乌、草乌；偏于湿盛者，加苍术、防已。

现代常用本方治疗脑溢血后遗症的半身不遂和风湿性关节炎的关节疼痛而有上述特征者。

【注意】（1）本方药力峻猛，以体质壮实者为宜，体虚者不宜单独使用。孕妇忌用。（2）本方药性偏于辛燥，阴虚有热及血虚者慎用，以免助火伤阴。

清热化痰剂

滚 痰 丸

明·张介宾《景岳全书》

【趣记】**滚弹琴　簧猛响**

　　黄　　大　沉
滚痰芩　黄礞香
(丸)　　　石

【情节】一位颇有风姿的歌女，奏琴技艺高超。特别擅长滚弹技法，滚弹之时，簧弦骤然猛响，大有“银瓶乍破水浆迸，铁骑突出刀枪鸣”之势，闻者无不赞叹。

【汤歌】滚痰丸是逐痰方，礞石黄芩及大黄，少佐沉香为引导，实热顽痰一扫光。

【组成】4味：黄芩（酒洗净）240、大黄（酒蒸）240、礞石30（捣碎用焰硝30克放入小砂罐内盖之，铁线缚定，盐泥固济，晒干，炎煅红，候冷取出）、沉香15。

【用法】水泛小丸，每服6-9克，每日2次，温开水送服。

【功效】降火逐痰。

【应用】主治：实热老痰，发为癫狂惊悸，或怔忡昏迷，或咳喘痰稠，或胸脘痞闷，或眩晕痰多，大便秘结，舌苔黄厚而腻，脉滑数有力者。

现代常用本方治疗癫痫，精神分裂症，高热惊厥；亦用于慢性气管炎，肺气肿合并感染，慢性胃肠炎，消化不良属实热者。

【注意】（1）一般的热痰证少用。（2）体虚及孕妇均不可轻投，以免损伤正气。（3）小儿虚寒成惊者忌用。

镇痛剂

失笑散

宋·陈师文《太平惠民和剂局方》

【趣记】 时晓　扑蛉

　　　　　　五

失笑　蒲灵

(散)　黄脂

【情节】 拂晓时分，少妇在和煦微风中早早地来到田间，只见夕眠花丛，朝食蚜虫的飞蛉翩翩起舞，透明的羽翅映着初升的阳光，闪闪发亮，发出了珍珠般的光彩。少妇一时童心骤起，不顾农活竟捕捉起飞蛉来了。

【汤歌】 失笑灵脂共蒲黄，等分为散醋煎尝，瘀滞少腹时作痛，祛瘀止痛效非常。

【组成】 2味：蒲黄、五灵脂各等份。

【用法】 共为细末，每服6克，用黄酒或醋冲服；亦可水煎作汤剂，用量酌定。

【功效】 活血祛瘀散结止痛。

【应用】 主治瘀血停滞。症见：心腹剧痛，或月经不调，少腹急痛以及产后恶露不行。

加减：气滞较重者，可合金铃子散，以行气止痛；兼寒者加炮姜、艾叶、小茴香之类以温经散寒；若血滞，又见血虚的月经不调节，可与四物汤合用，以加强养血调经之功。

现代常用本方加减治疗心绞痛及宫外孕等属瘀血停滞者。

【注意】 本方孕妇禁用；五灵脂伤胃，故胃弱者慎用。

镇痛剂

金铃子散

金·刘完素《素问病机气宜保命集》

【趣记】今令子鬏悬铃

金

金铃子酒玄铃

(散) 胡子

【情节】某乡绅教子习书，其子贪玩，不能安心坐读。乡绅便用古人头悬梁、锥刺股的学习精神开导他，并令其子头上悬挂一铃铛，只要一活动就会牵动铃铛响，以示警戒。从此其子聚精会神，一心向学。

【汤歌】金铃延胡等分研，用酒调服或水煎，脘腹诸痛因肝郁，开郁泄热痛自蠲。

【组成】3味：酒（适量）、玄胡、金铃子各30。

【用法】为散，每服9克，酒或开水送下。亦常按原方用量，单独或同其他方药煎服。

【功效】疏肝泄热，行气止痛。

【应用】主治肝郁化火。症见：心腹胁肋诸痛，时发时止，口苦，舌红苔黄，脉弦数。

加减：气郁甚加枳壳、青皮；郁热甚加龙胆草、栀子。

现常用本方加减治疗肝郁气滞偏热的胃及十二指肠溃疡、慢性胃炎、胆囊炎等所致的脘腹胁肋诸痛。

【注意】本方孕妇慎用。

健身剂

青蛾丸

宋·陈师文 《太平惠民和剂局方》

【趣记】 **卿饿肚　沽酸桃酒**

　　　　　　　补大胡

青蛾杜　骨蒜桃酒

(丸) 仲　脂　肉

【情节】 某人匆匆赶路，走得饥渴难忍，行至一个小村口处，只见酒招高挑，急忙走到酒铺。沽上一斤酒，只尝了一口，那浓郁的甜香，直沁肺腑，连忙向店主打听这是什么酒，原来这是此地独酿的酸桃酒。

【汤歌】 青娥胡桃与大蒜，杜仲补骨蜜盐丸，补肾药与辛通配，肾亏腰痛效可观。

【组成】 5 味：杜仲（姜汁炒）500、补骨脂（酒浸炒）250、大蒜（熬膏）120、胡桃肉 400、酒（适量）。

【用法】 为细末，蒜膏为丸每次服 5 克，温酒送下，或盐汤送下。

【功效】 补肾强腰。

【应用】 主治：肾虚腰痛，绵绵不断，腿膝无力，过劳更甚，卧则减轻，小腹拘急，面色㿠白，舌淡口和，手足不温，脉沉细。

加减：若肾阳不足，阴寒内盛较重者，加巴戟天、仙茅、小茴香等温肾散寒；若脾肾阳虚者，加党参、白术、炮姜等温中补虚。

【注意】 阴虚火盛之腰痛症忌服。

解表散邪剂

保安万灵丹

明·陈实功 《外科正宗》

【趣记】 **抱鞍挽领　胸藏酒壶　斜穿稀草荒沙境　当天强风呜呜呜**

炙　制制何

白石　全　甘麻朱　防川草首

保安万灵　雄苍酒斛　蝎川细草黄砂荆　当天羌风乌乌乌

（丹）　黄术　芎辛　芥　归麻活

【情节】 张骞通使西域，被匈奴捉获，扣押了十余年，但他没有忘记自己的任务。一日趁匈奴人不备，他带上干粮，身藏酒壶，挽好衣领，抱紧马鞍，骑上一匹快马上路。稀落的棘草，怒号的朔风，荒凉的沙漠，也没有动摇他的决心，张骞终于到了大宛及大月氏等国，开通了世界闻名的“线绸之路”。

【汤歌】 万灵丹治风寒疡，荆防羌辛蝎麻黄，三乌苍术归芎草，石斛天麻共雄黄。

【组成】 18味：雄黄18、苍术240、白酒（适量）、石斛30、全蝎30、川芎30、细辛3、炙甘草30、麻黄30、朱砂（适量）、荆芥30、当归30、天麻30、羌活30、防风30、制川乌30、制草乌30、何首乌30。

【用法】 共研细末，炼蜜为丸，朱砂为衣，每丸重6克。每服1丸，葱白9根煎汤或温酒送下，覆盖衣被，以汗出病瘥为度。

【功效】 解表祛湿，温通经络。

【应用】 主治风寒湿毒壅滞经络所致之痈疽、疔疮、对口发颐、痹证、流注、附骨疽、鹤膝风、中风瘫痪、破伤风等。症见：恶寒发热，头身走痛，或口眼歪斜，半身不遂；或牙关紧闭，肢体麻木；苔白腻，脉浮紧。

现代常用于治疗皮肤肌肉化脓性疾病、风湿性关节炎、类风湿性关节炎、慢性骨髓炎等属风寒湿邪凝滞经脉者。

【注意】疮疡溃后，正虚不敛，即使见有表证，亦不可用本方妄汗，以免伤津耗气而痉厥亡阳。

解毒消肿剂

连翘归尾煎

明·张介宾《景岳全书》

【趣记】连敲龟尾疼　草龟就隐壳

红　甘　　连
连翘归尾藤　草归酒银翘
(煎)　　　尾　花

【情节】顽童在沙滩上见到一只小草龟在慢慢地爬行，一时童心大炽，便举起手中的小木棍，连连敲击草龟的尾巴。草龟疼痛，很快将头尾缩在坚硬的壳内，一动不动。顽童望着龟壳，但龟好久也不伸出头来，无可奈何，他只好败兴地走了。

【汤歌】景岳连翘归尾煎，银花红藤草酒添，清热解毒消肿痛，热毒阳痈效可见。

【组成】6味：红藤15、甘草3、归尾9、白酒（适量）、银花15、连翘24。

【用法】水酒煎服。

【功效】清热解毒，活血消肿。

【应用】主治热毒壅结之痈疡、丹毒、流注等。症见：痈疡肿硬，焮红灼热，刺痛跳痛，口渴饮冷，便干溲赤，舌红苔黄，脉滑数。

加减：热盛烦渴，加花粉、石斛；便秘腹胀，加酒大黄、枳实；跳痛剧烈，加山甲、皂刺；挟湿，加苡仁、佩兰；兼风热表症，加蝉衣、牛蒡子；红肿灼热，加蒲公英、地丁。

现代常用于治疗颈淋巴腺炎、腮腺炎、乳腺炎、冠周炎等酿脓期热毒壅盛者。

温里散寒剂

回阳三建汤

明·陈实功《外科正宗》

【趣记】 **毁羊三煎服　烘猪气够香　活鱼当零饪　兄自后干陈酒浆**

制　苍黄　木　独山　茯　川　煨

回阳三建附　红术芪枸香　活萸当苓人　芎紫厚甘陈酒姜

（汤）子　花　杞　肉归　参　草朴草皮

【情节】 名噪一时的美食家文老先生，雅号“老饕兄”。他常创些新奇菜肴，满足口腹之欲，如毁杀活羊，割其唇，洗净烹饪入馔服用，美其名为“煮煎猩唇”；母猪未生胎作烘烧，取名为“烧豹胎”。那气味鲜香的“烹龙肝”，其实是红烧鲤鱼之肝，大约又是依鲤鱼跳龙门、化而成龙的传说精心制作而成，堪称奇肴。再干几杯陈酿老酒，鲜香之味久留齿颊，回味无穷。

【汤歌】 回阳三建姜附芪，参苓草杞归芎萸；红紫独香苍陈朴，阴疽转阳得安宁。

【组成】 18味：制附子3、红花2、苍术3、黄芪3、枸杞3、木香2、独活2、山萸肉3、当归3、茯苓3、人参3、川芎3、紫草2、厚朴2、甘草2、陈皮3、酒（适量）、煨姜9。

【用法】 水煎加酒服、或入皂角树根皮同煎。

【功效】 温补气血，散寒通滞。

【应用】 主治阴阳气血亏虚，寒湿凝滞经脉之阴疽发背。症见：阴疽初起，温肿不痛，不红不热，坚硬难腐；或软陷无脓，手热身凉，肢体倦怠，脉细涩。

温里散寒剂

虎挣散

现　代《中医外科学讲义》

【趣记】**互争　就付船钱**

黄　　马
虎挣　酒附穿钱
(散)　　子山子
甲

【情节】两个商人路上相遇谈得投机，大有相见恨晚之意，便结伴而行来到渡口。乘上渡船，二人见“艄公”是一位眉清目秀的少女，便互相争着付船钱，你推我让的足有半个时辰。女“艄公”着急地说：“你们不必争付，还是各付各的吧。只要在生意场上别相互下绊子就好。”说得二人面面相觑。

【汤歌】虎挣散本效力雄，附子山甲马钱充，白酒温通消肿痛，阴疽为患此方宗。

【组成】4味：黄酒（适量）、附子60、穿山甲60、马钱子500。

【用法】马钱子用清水浸泡15日，夏季隔日换水1次，冬季用温水浸之，1周换水1次，刮净皮毛，油炸土炒3次，研细。穿山甲土炒研细。附子水浸3天，每日换水1次，晒干研细。三味合研细末，并根据年龄体质不同用药。1-12岁小儿，每服0.06-0.3克，随年龄每岁递增0.01克；成人每服0.3-0.6克，饭后1小时黄酒送服，虚者酌减。

【功效】温经通络，消肿止痛。

【应用】主治阳虚寒凝所致之阴疽。症见：漫肿隐痛，甚则疼痛彻骨，不红不热，口中不渴，成脓未溃或溃后成瘘，舌淡苔白，脉沉涩。现代常用于治疗骨髓炎、骨关节结核、骨肉瘤、风湿性关节炎等属阳虚寒凝者。

行气和营剂

神应养真丹

明·陈实功《外科正宗》

【趣记】**身映鸯枕闺惑　少兄私递瓜甜**

当羌　白川菟熟木
神应养真归活　芍芎丝地瓜天
(丹)　　　　子　麻

【情节】少女病怏怏地卧在床上，鸳鸯枕、绫罗被零乱地抛在一旁。她正似睡非睡时，觉得有人递了一块瓜给她。朦胧中，她咬了一口，甜甜的瓜汁使她清醒了一些，疑惑之中，睁眼一看，原来是表兄立在一旁，顿时她的脸羞红了。

【汤歌】神应养真用木瓜，归芎芍地共天麻，羌活菟丝蜜为丸，盐水酒送油风佳。

【组成】8味：当归、羌活、白芍、川芎、菟丝子、熟地、木瓜、天麻（各等份）。

【用法】共为细末，入地黄膏加蜜，丸如梧桐子大，每服100丸，空腹温酒或盐汤送下，或水煎服。

【功效】养血活络，祛风荣发。

【应用】主治风袭阳络，血虚失荣之油风。症见：眉发脱落，皮肤光亮，秃而成斑；或头发稀疏，头皮瘙痒，失眠头晕，手足心热，舌淡红，苔薄白，脉弦细涩。

加减：若精血亏损，失眠脱发者，加首乌、黑芝麻；风湿阻络，日久不愈，加鸡血藤、丹参、红花、桑枝；风热上扰，头痛瘙痒者，酌加菊花、薄荷、防风、荆介、蔓荆子。

现代常用于治疗斑秃属风胜血虚者。

托里透脓剂

透脓散

清·程国彭《医学心悟》

【趣记】**投侬绑桂花　早就知兄期嫁**

　　　　　　　　　　　穿

　　　牛当银　　白白川黄山

透脓蒡归花　皂酒芷芎芪甲

（散）子　　　刺

【情节】青年男女有情时，常常互赠信物表达情爱。正像诗中所描述的“扔给我一个木瓜，回报你一块美玉，不是为了报答呀，而是表示永远相亲相爱！”。一次，小伙赠给姑娘一束桂花，姑娘羞红了脸：“情哥哥，我知道你期望我早些嫁给你，可是你为什么还不遣媒人登门呢？”

【汤歌】程氏透脓皂甲芷，归芎黄芪银蒡施，透脓溃坚又托毒，正气不支邪毒实。

【组成】9味：牛蒡子3、当归3、银花2、皂刺3、白酒（适量）、白芷2、川芎3、黄芪12、穿山甲9。

【用法】酒水各半煎服。

【功效】透脓溃坚，托毒消痈。

【应用】主治肿疡酿脓或脓成难溃之实证。症见：痈疡漫肿，不能成脓；或红肿热痛，不易外溃，溃则脓水黄稠腥臭，脓出不畅，舌红苔黄，脉滑数有力。

加减：热毒炽盛，红肿热痛者，加公英、地丁；脓甚胀痛者，加桔梗、苡仁、冬瓜仁；内脓尚未成熟，肿块较硬者，加丹参、赤芍；瘀热内郁，脓血难透者，加丹皮、紫草。

现代用于治疗体表急性化脓性疾患属邪实正虚，酿脓难溃者。

攻下逐瘀剂

鸡鸣散

清·钱秀昌《伤科补要》

【趣记】 鸡鸣　闺套鬏晃

　　　　　当　大
鸡鸣　归桃酒黄
(散)　尾仁

【情节】 鸡鸣即起的少女，第一件事就是梳妆。古代女人的发型林林总总，除髻、鬏、鬟外，还有什么双髻、侧髻、高髻、低髻等。千姿百态的发型配上丰富多彩的发饰，可谓锦上添花，煞是好看。插饰有梳篦、钗翠翘、珠翠金钿等，真是："云鬓花冠金步摇，鬏晃梳斜百媚生。"

【汤歌】 鸡鸣散中用大黄，归尾桃仁酒煎汤，胸腹挫伤痛难忍，攻下逐瘀是良方。

【组成】 4味：当归尾15、桃仁10、酒（适量）、大黄30。

【用法】 加酒水煎，鸡鸣时服，至天明攻下瘀血即愈。

【功效】 攻下逐瘀。

【应用】 主治胸腹挫作伤，瘀血内停，疼痛难忍，并见大便内结。治锁骨骨折先经手法复位后，内服本方，外贴五香膏。

【注意】 孕妇慎用。

攻下逐瘀剂

夺命丹

清·钱秀昌《伤科补要》

【趣记】**多螟　虫蠕桃碎花竭　株杈同晃莫当蛇绞**

地　　　　　自　　　黄
鳖　骨红血　儿然大　明
夺命　虫乳桃碎花竭　朱茶铜黄没当麝胶
(丹)　香仁补　　砂　药归香
　　　　　　　　　　尾

【情节】某地大旱遭了虫灾，只见成片的园林内螟虫飞舞。被虫子蛀过的树木花枝枯竭，小小的青桃也破碎不堪。密密麻麻的虫子在枝桠上蠕动着，连株杈都跟着晃动起来，远远看去好些枝桠仿佛是许多褐色的蛇绞缠在一起。

【汤歌】夺命丹中地鳖虫，儿茶乳没自然铜，归尾血竭骨碎补，大黄朱砂麝桃红。

【组成】14 味：地鳖虫 30、乳香 10、桃仁 30、骨碎补 10、红花 5、血竭 5、朱砂 5、儿茶 5、自然铜 20、大黄 30、没药 10、当归尾 30、麝香 0.5、黄明胶（适量）。

【用法】共为细末，用黄明胶溶化为丸，朱砂为衣，每丸重 2.4 克，陈酒或温开水化服，每服 10–15 克，日服 3–4 次。

【功效】祛瘀宣窍。

【应用】主治一切重伤险症，窍闭神昏，及筋断骨折的早、中期。

现代常用本方加减治疗头部内伤脑震荡昏迷及骨折的早、中期。

行气活血剂

小金丹

清·王维德《外科全生集》

【趣记】晓近　墨雾没郊岭　别当赳龙涉入

制
香草　白五　木　陈地
小金　墨乌没胶灵　鳖当酒龙麝乳
(丹)　药香脂　子归　香香

【情节】苏州城外，有座虎丘山，这一带地肥水清，风景优美。有一天，临近拂晓，天乌蒙蒙的，黑得伸手不见五指，连郊外山岭俱笼罩在黑雾中，接着电闪雷鸣，来了一场狂风暴雨，人们还听到一声轰隆巨响，以为是有龙涉入。等风停雨止，大家出站一看，哪里有什么龙，只见虎丘山上凭添了一座宝塔。从此以后，虎丘山上的风景更加美丽诱人。

【汤歌】小金丹墨白胶香，草乌木鳖归麝香，乳没灵脂地龙配，破瘀消肿功效彰。

【组成】11味：香墨12、制草乌150、没药75、白胶香150、五灵脂150、木鳖子（去壳，去油）150、当归75、陈酒（适量）、地龙150、麝香30、乳香75。

【用法】碾为末，用糯米粉和糊打千捶，待融合后，为丸如芡实大，每服1丸，陈酒送下，每日2次，小儿酌减。

【功效】破瘀通络，消肿止痛。

【应用】主治寒湿痰瘀，阻滞凝结症。如流注、痰核、瘰疬、乳癌、骨肿瘤等初起皮色不变，肿硬作痛者。

现代用于治疗骨肿瘤乳癌、骨与关节结核、性病腹股沟淋巴结肿大等属阴疽证者。

【注意】本方药力峻猛，孕妇忌用；方中五灵脂反人参，故忌与参剂同服；体弱者慎用。

和营止痛剂

定痛和营汤

现　代《林如高骨伤验方》

【趣记】 **叮嗵和应嘀当响　傻姐操勺戏煮粟　花钏三晃敲酒壶**

怀
生　乳　　血甘赤牛　　红　大枳
定痛和营地当香　砂竭草芍膝朱苏　花川三黄壳酒琥
（汤）归　仁　　　砂木　　芎七　　　珀

【情节】 一位有些傻气的大姐，受雇于人。主人让她煮一锅粟粥，她往锅里倒上粟米后，便操起饭勺叮叮当当敲了一阵，仿佛通知主人，她已开始做饭了。隔了一会儿，她又高举手臂敲起酒壶，连她手臂上带的花钏也跟着晃来晃去，主人以为饭熟，跑来一看，不由得火冒三丈，原来她连火还没生呢？

【汤歌】 定痛和营七竭木，红乳四物朱珀酒，大黄枳膝草砂仁，活血祛瘀功效著。

【组成】 17味：生地9、当归9、乳香3、砂仁4.5、血竭6、甘草3、赤芍9、怀牛膝9、朱砂6、苏木6、红花3、川芎6、三七6、大黄6、枳壳6、酒（适量）、琥珀3。

【用法】 水、酒各半煎服。

【功效】 和营定痛，活血祛瘀。

【应用】 主治新伤气滞血瘀。症见：局部肿胀、筋骨痿软，时有作痛。加减：（1）本方春季加泽泻、续断、甘草，酒水各半煎服。（2）夏季加冰糖、五味子、黄芩，酒水各半煎服。（3）冬季加破故纸、续断、紫苏，酒煎服。

接骨续筋剂

朱氏接骨丹

现　代《临代床正骨学》

【趣记】 **主事杰姑　骑马人陌　断溪堵路前**

　　　　　　三　　　　续牛　　马

　　　朱氏接骨　七麻乳没　断膝杜鹿钱

　　　　（丹）　黄香药　　仲茸子

【情节】 郑成功的后代郑杰姑，带领一支女精兵抗击倭寇，杀得敌人鬼哭狼嚎。不幸在大甲溪与敌血战时，弹尽粮绝。杰姑走马踏入林间小路，诱敌深入，不料断溪横在面前，堵住去路，她反身冲入敌群，劈翻数人，壮烈牺牲。那红红的溪石，至令仍呈现出胭脂般的鲜艳。

【汤歌】 朱氏接骨丹马钱，续杜麻黄鹿牛三，乳没为末疗骨折，损伤脱位亦可痊。

【组成】 9味：三七（童便炒）30、麻黄120、乳香60、没药60、续断120、牛膝120、杜仲120、鹿茸15、马钱子（土炒红色）150。

【用法】 碾为细末，装瓶备用；或用黄酒制成丸剂，开水冲服。成人每次0.18-0.24克，小孩按年龄酌减。

【功效】 行瘀止痛，止血生肌，补益肝肾，续筋接骨。

【应用】 主治骨折脱位、筋肉闪挫扭伤、神经麻痹等。

现代用于治疗骨折、脱位、软组织损伤、风湿关节痛及腰椎间盘突出症等。

【注意】 本品中马钱子有剧毒，使用时必须严格控制剂量，以防中毒。孕妇忌服。

外治剂

腾洗方

现　代《刘寿山正骨经验》

【趣记】**疼惜胭脂当莫久挂　花随妖凤香透断墙**

大　　黄
青白　白木　红骨花防乳　续
腾洗盐芷当没酒瓜　花碎椒风香透断羌
(方)　归药　　补　　骨　活
　　　　　　　　　　草

【情节】一位少妇面对铜镜梳妆，先施粉，又以胭脂晕掌中，再抹于两颊，成为桃花妆。然而脂粉却不能永久挂留在脸上，早晚还得露出其苍白本色。少妇十分伤感：娇风能将花香、脂气吹透断垣残墙，但飞逝的青春靠脂粉是留不住的。

【汤歌】腾洗温通消肿痛，归红乳没羌防风，芷椒木瓜透骨草，骨碎续断盐酒冲。

【组成】14味：大青盐30、白酒30、白芷、当归、没药、黄木瓜、红花、骨碎补、花椒、防风、乳香、透骨草、续断、羌活（各等份）。

【用法】共研细末，每日120克加入大青盐、白酒各30克拌匀，装入布袋内缝妥备用。洗用：水煎熏洗患处，每日2次，翌日仍用原汤煎洗，如此复煎，可用数日。腾用（即热熨）：用药两袋，干蒸热后轮换敷于患处，每次持续1小时，每日2次，用毕药挂在通风阴凉处，翌日再用时，在布袋上洒少许白酒，每袋可用4–7天。

【功效】温经活血，舒筋通络，接骨续损，消肿止痛。

【应用】主治骨折、脱位、筋伤及痹证等适宜熏洗者。

【注意】在应用时，要注意局部和

全身的保暖，特别是在用药后，更要慎避风寒，以免引起感冒，或局部发生皮疹。温度一定要调配适当，温度太低不能发挥药效，温度过高则会烫伤皮肤。忌用于皮肉有破伤，或新近损伤而红、肿、热、痛严重者。

滋肾补肾剂

毓 麟 珠

明·张介宾《景岳全书》

【趣记】 **雨淋归途赶猪人　路浇么兄岭地中**

当　炙白　　川芎川茯熟杜
毓麟归菟甘术人　鹿椒药芎苓地仲
(珠)　丝草　参　角　　黄
子　霜

【情节】 很早以前，有一对结拜兄弟，哥哥家里穷，父母去世早，学个杀猪手艺。一天，在赶猪途中，碰上一场大雨，把这位老哥淋得无处藏身。恰在此时，对面来一个举着大荷叶、带着扁竹盒的人，仔细一瞧，正是弟弟。荷叶、竹盒成了他们避雨的用具，也是他们友好的象征。后来这兄弟俩都作了和尚，人们便称他们是“和合二仙”。

【汤歌】 毓麟珠乃景岳方，八珍椒菟杜鹿霜，温肾养血治不孕，冲任虚衰此方良。

【组成】 12 味：当归 120、菟丝子 120、炙甘草 30、白术（土炒）60、人参 60、鹿角霜 60、川椒 60、芍药（酒炒）60、川芎 30、茯苓 60、熟地黄 120、杜仲（酒炒）60。

【用法】 蜜丸，每丸 10 克，每服 1–2 丸，空腹嚼服，或酒或白水送下。

【功效】 温肾养血调经。

【应用】 主治肾阳不足，血海空虚。症见：经行量少，血色晦暗，精神疲惫，腰竣肢软，或肾虚不孕，舌淡，脉沉迟。

加减：女人经迟，腹痛,宜加酒炒补骨脂、肉桂，甚者加吴茱萸；带多腹痛，加补骨脂、五味子，或加醋煅龙骨。

现代常用本方加减治疗月经不调、不孕、习惯性流产、更年期综合症而见上述用方指症者。

【注意】 凡因痰阻血瘀而致不孕或月经不调者，不宜用本方。

疏肝养肝剂

宣郁通经汤

清·傅　山《傅青主女科》

【趣记】 **悬鱼桶净　少闺只担草鱼　勤呼街巷**

　　　　　　　　生
　　　　白当　　甘　　黄柴白
宣郁通经　芍归栀丹草郁　芩胡芥香
（汤）　　　子皮　金　　　子附

【情节】 传说，清朝有一亲王特别喜食鱼肴，但又嫌吐刺麻烦。一位渔家少妇得知，便挑着鱼担，在桶旁悬挂草鱼走街串巷地叫卖，并声称会做一手好鱼菜，便被差人请到王府。她将鱼去骨取肉，剁成肉泥，掺入米粉、盐等调料，蒸成鱼糕，果然鱼香扑鼻，鲜嫩爽滑，大受亲王赞赏。

【汤歌】 经前腹痛紫块行，宣郁通经川郁金，丹栀归芍生甘草，白芥柴胡香附芩。

【组成】 10味：白芍（酒炒）15、当归（酒炒）15、栀子（炒）10、丹皮15、生甘草3、郁金（醋炒）3、黄芩（酒炒）3、柴胡3、白芥子（炒）6、香附（酒炒）3。

【用法】 水煎服。

【功效】 疏肝养血，清热调经。

【应用】 主治肝郁化火，经前腹痛。症见：经前腹痛，经血紫黑有块，胸胁乳房胀前，心烦易怒，口苦咽干，脉弦数。

现代常用本方加减治疗月经不调、功能性子宫出血、慢性盆腔炎、子宫内膜异位症等而见上述症候者。

【注意】 凡冲任虚寒而致的痛经、月经不调者不宜用。

温经散寒剂

艾附暖宫丸

清·沈金鳌《沈氏尊生书》

【趣记】爱夫暖觥雄关地　少妻夜想须臾归

吴
川　白黄艾　茱当
艾附暖宫芎官地　芍芪叶香续萸归
（丸）桂黄　附断

【情节】夫妻共同驻守在雄伟的边关，每当夜晚其亲爱的丈夫出外巡营时，妻子总是亲自下厨，做好夜宵，并为其夫烫好酒，暖好酒具，守在炉边，期望着丈夫一会儿的工夫就会回来，共同度过这边关的良宵。

【汤歌】艾附暖宫用四物，吴萸官桂加芪续，米醋糊丸醋汤下，专治带下痛在腹。

【组成】10 味：川芎 90、官桂 15、地黄（酒蒸）30、白芍（酒炒）90、黄芪 90、艾叶 90、香附（醋制）180、续断 4.5、吴茱萸 90、当归（酒洗）90。

【用法】为细末，米醋汤食后送下。

【功效】温经暖宫，调补冲任。

【应用】主治阳虚寒盛，冲任失养。症见：宫寒经闭，不孕，白带多，或经期后延，量少色淡质稀，小腹隐痛，喜温喜按，溲清便溏，舌淡苔白，脉沉迟或细弱。

加减：香附芎归汤（《妇科玉尺》），即原方减黄芪、肉桂、续断、吴茱萸，加杜仲、麦冬、青蒿、橘红、甘草组成。功效温经养血，调经止痛。用于血虚有寒，经期后延，行经腹痛。

现代常用本方加减治疗痛经、闭经、功能性子宫出血、慢性附件炎、慢性盆腔炎、不孕等以及上述症状者。

【注意】本方药性偏温，故病属阴虚有热者不宜用。

清热利湿剂

清肝渗湿汤

清·吴　谦《医宗金鉴》

【趣记】 **卿感身世　花谢草底柴少　暮归喘寝只灯单**

　　　　　　泽甘生　白　　当　黄生　龙
清肝渗湿　花泻草地柴芍　木归川芩栀灯胆
（汤）　　粉　　　胡　　通　芎　子芯草

【情节】 清代画家郑板桥，凭着自己的才学，科试中举，曾做过百姓的“父母官”。他耳闻目睹了官场贪赃枉法和百姓的凄苦，遇事敢为民请命，常以画竹寄托自己的清正高洁。可是，朝政腐败黑暗，仅凭个人的清廉又怎能扭转乾坤？他忧心忡忡辞官而去，每逢花枯草少或夜降灯昏之时，更是对身世感慨万千，曾书一联“难得糊涂”，留给世人寻味。

【汤歌】 清肝渗湿汤栀芩，当地粉灯龙胆群，芎芍柴草泽木通，湿热下注此方珍。

【组成】 13味：花粉3、泽泻1.5、甘草1.5、生地3、柴胡3、白芍（酒炒）3、木通1.5、当归3、川芎3、黄芩3、生栀子3、灯芯50寸、龙胆草（酒炒）3。

【用法】 水煎，食前服。

【功效】 清利湿热，疏肝养血。

【应用】 主治肝肾湿热下注之肾囊痈。症见：肾囊红肿，焮热疼痛。身发寒热，口干欲冷，舌红苔黄腻，脉弦滑。

现代可用本方治疗胆囊炎、阴囊湿疹等属肝肾湿热下注者。

【注意】 临诊时可外用生大黄研末调敷，内外兼治疗效更佳。

行气止痛剂

橘核丸

宋·严用和《济生方》

【趣记】**居鹤喉噪讨相如　鹤恋弧步待同归**

海　木　　橘川元昆海木

橘核厚藻桃香枳　核楝胡布带通桂

（丸）朴　仁　实　　子　　心

【情节】一对居于鄱阳湖边的白鹤，形影不离。不幸公鹤被人所伤，母鹤哀鸣不止。那只伤鹤被小童收养，母鹤不见伴侣，成日扯喉噪叫。当那相知相恋的公鹤出现在母鹤面前时，它欢喜若狂，翩翩起舞，迈着弧步相迎，惹得小童也不觉学舞。公鹤待母鹤靠近时，一同遨游于湖面上。小童举目张望，不知双鹤欲同归何方。

【汤歌】橘核丸是济生方，㿗疝顽痛正堪尝，朴枳沿胡昆带藻，桂楝桃香木通囊。

【组成】12味：厚朴15、海藻30、桃仁30、木香15、枳实15、橘核30川楝子30、元胡15、昆布30、海带30、木通15、桂心15。

【用法】共研细末，酒糊为丸，如梧子大，每次6克，每日2–3次。空腹淡盐汤送下；亦可水煎服。

【功效】行气止痛，软坚散结。

【应用】主治寒湿之㿗疝。症见：睾丸肿胀偏坠，痛引脐腹，或坚硬如石，阴囊肿大，或渗出黄水，甚者成痈溃烂。

加减：若寒湿化热，阴囊红肿湿痒，或流黄水，去桂心，加土茯苓、车前子、泽泻以清热利湿；热甚者，可加龙胆草、黄柏以清热解毒燥湿。

现代可用本方加减治疗睾丸鞘膜积液、睾丸炎、附睾炎等症属寒湿侵犯厥阴，肝经气血不和所致者。

【注意】 若已成疮痈，或已溃疡，宜本方配合外治法，不可单用本方，贻误病机。

行气止痛剂

天台乌药散

金·李　杲《医学发明》

【趣记】天台雾飒　把酒会情郎　相恋两悟

小　槟　木川
天台乌药　巴酒茴青榔　香楝良乌
(散)　豆　香皮　子姜药

【情节】古时，一贤惠的姑娘刘兰芝，嫁与庐江小吏焦仲卿，夫妻十分恩爱，唯焦母不满兰芝，强迫仲卿休妻。仲卿、兰芝忍痛离异。只在夜雾飘飘之际，相会于天台，把酒述说相恋之苦，相约各不嫁娶。兰芝回娘家后，兄长逼其改嫁。为了反抗封建家法，表示对爱情的忠贞，兰芝、仲卿这对苦难情侣只有以身殉情。

【汤歌】天台乌药木茴香，青楝巴豆槟良姜，行气疏肝止疼痛，寒疝腹痛是验方。

【组成】9 味：巴豆 70 粒、酒（适量）、小茴香（炒）15、青皮 15、槟榔 6、木香 15、川楝子 9、良姜（炒）15、乌药 15。

【用法】先将巴豆打破，同川楝子用麸皮炒黑，去巴豆及麸皮不用，与其余药共研细末，每服 3 克，温黄酒送下，痛甚者，改用生姜热酒下亦可；若作汤剂，去巴豆，加酒适量，水煎服。

【功效】行气疏肝，散寒止痛。

【应用】主治寒凝气滞之小肠疝气。症见：少腹疼痛，痛引睾丸，喜暖畏寒，舌淡苔白，脉沉迟或弦。

加减：临诊时，加橘核、荔枝核等治疝药则效果更佳；若寒邪较甚者，可加吴萸、肉桂以增强温里散寒之力。

现代可用于本方加减治疗阴囊内丝虫病、腹股沟疝气等属寒凝气滞，肝脉失和所致者。

【注意】疝有七，本方适用于寒疝、气疝，其他水、筋、血、狐、癞疝非本方所宜。

收敛固涩剂

经进萃仙丸

清·张 璐《张氏医通》

【趣记】**景锦翠鲜喷千莲　玉肌襟端丝起**

山沙
覆　白　茱苑　川菟枸
经进萃仙盆芡莲　萸蒺金断丝杞
（丸）子实蕊　藜樱　子子
子

【情节】亡国之君越王勾践一心复仇雪耻，使用美人计，将浣纱美女西施献给了吴王。吴王得了美女，整日厮守，不理国事，并在象山造馆娃宫及御花园，宫园内花簇锦锈，池塘中层层翠叶衬出千朵莲花，景致如画。西施常在塘畔沉思，微风吹透她的衣襟，吹皱她的玉肌，她全然不觉，只有国仇家恨及对意中人范蠡的思念，占据她整个心房。不久，越国战胜了吴国，立了功劳的西施终于与范大夫泛舟而去。

【汤歌】经进萃仙丸蒺藜，莲蕊芡实四子入，再加茱萸与川断，脾肾两虚精关固。

【组成】9 味：覆盆子 60、芡实 120、白莲蕊 120、山茱萸（酒蒸）120、沙苑蒺藜 240、菟丝子 60、枸杞子 120、金樱子 60、川断 60。

【用法】为细末，取蒺藜粗末 120 克同金樱子熬膏，再入余药末拌匀，加炼白蜜为丸，如梧子大，每服 9 克，每日 2 次，空腹淡盐汤送下。

【功效】平补脾肾，收涩固精。

【应用】主治脾肾两虚，精关不固。症见：梦遗泄精，腰酸足软，头晕乏力，尺脉虚弱。

【注意】湿热遗精者忌用。

收敛固涩剂

秘 真 丸

元·朱震亨《丹溪心法》

【趣记】密针操就百下　服领连衣

炙
甘　黄半　白猪
秘真草酒柏夏　茯苓莲益
（丸）　　　苓　蕊智
仁

【情节】有人说，入夜天幕上的星星是针神绣出来的，这也是对“巧夺天工”的赞誉吧。且不知魏文帝所宠的美人儿薛夜来，在深帷重幄之内，不用灯火之光，也能裁制缝纫，而且妙之无比。一夜，她制了一件袍衣，龙纹云绣，十分华丽，又穿针引线仅百余下，就使衣领缀连袍上，宫中的人见了，无不为之叹服，称她为针神。

【汤歌】秘真丸内半莲蕊，益智二苓柏草从，降火涩精固真元，遗精早泄此方良。

【组成】8 味：炙甘草 60、酒（适量）、黄柏（酒炒）60、半夏 30、白茯苓 15、猪苓 15、莲蕊 30、益智仁 30。

【用法】为末，水浸，蒸饼丸，梧子大，每服 6 克，每日 2 次，空腹酒下。

【功效】秘固真元，降火涩精。

【应用】主治阴虚火旺。症见：烦躁不宁，头晕耳鸣，口干咽燥，手足心热，腰酸腿软，遗精早泄，舌红少苔，脉细数。

收敛固涩剂

秘 精 丸

明·王肯堂《证治准绳》

【趣记】秘境伏膝匆祭龙

大牛肉巴

秘精附膝苁戟龙

（丸） 子 蓉 骨

【情节】相传，渤海有一处神秘的海滩，每逢腊月二十八这天半夜，就有一条神龙从海上游来，把鲜鱼送到孤儿寡母、老弱病残的人家，作为过年的礼物。平民不忘神龙，为它造了一座石像。从此以后，穷苦的人几乎每天都会受到龙的接济。一天，一位当年就靠龙的恩赐长大的孤儿，在他乡听说神龙被一个红毛贼所害，便费时八载，终于找到贼首并杀了他。归来后，他伏身跪膝，拜祭神龙。

【汤歌】证治准绳秘精丸，附子龙骨肉苁蓉，牛膝巴戟五药从，温肾涩精医遗精。

【组成】5味：大附子（炮）、牛膝（酒浸）、肉苁蓉（酒浸一宿）、巴戟（去心）、龙骨（煅通赤）各50。

【用法】共研细末，炼蜜为丸，如梧桐子大，每服39丸，空腹盐酒或盐汤送服。

【功效】温肾涩精。

【应用】主治元气不固，遗精梦泄，腰酸足软，畏寒肢凉，舌胖，脉沉迟微弱。

现代常用本方治疗遗精证属肾阳不足者。

【注意】如阴虚而封藏失职者，本方并不合适，当选九龙丹之类。阴虚有火者忌用。

收敛固涩剂

九龙丹

明·王肯堂《证治准绳》

【趣记】 **九笼 鲢鱼十斤龟抵七幅画**

山茨　当熟枸白莲
九龙 莲萸实金归地杞茯花
(丹) 肉肉　樱　黄子苓须
子

【情节】 集市，历来都是以物易物，做买卖生意的场所。渔行的小老板与抱画轴的酸秀才，一个愿得到装点铺面的书画条幅，一个想出卖自己的书画大作，换几个喝酒钱。两人一见面，小老板就拍定用九笼鲢鱼外加一只十斤重的龟，换秀才手中的七幅书画。价值多少，两不计较，交易就这样做成了。

【汤歌】 证治准绳九龙丹，枸杞金樱莲花须，芡实莲萸归地苓，收敛涩精养肾阴。

【组成】 9味：莲肉、山萸肉、芡实（去壳）、金樱子（去核）、当归（酒洗）、熟地黄（酒蒸，另研）、枸杞子、白茯苓、莲花须（各100）。

【用法】 共研细末，酒糊为丸，如梧桐子大，每服百丸，或酒或盐汤送下。

【功效】 收敛涩精，养阴补肾。

【应用】 主治滑精，头晕，眼花，腰膝酸软，困倦无力，脉软细弱。现代常用本方治疗滑精属肾阴虚者。

补肾壮阳剂

赞育丹

明·张介宾《景岳全书》

【趣记】 **赞誉　白蛇玉肌妻仙容　柔跪府中就缔姻**

　　　　　　　　山　　肉
　　　　　　　　茱巴枸　苁　　当　杜　熟
赞育　白蛇萸戟杞仙蓉　肉归附仲韭地淫
（丹）　术床　肉　茅　　桂　子　子　羊
　　　　　子　　　　　　　　　　　　藿

【情节】 相传杭州一药店主管许仙，于西湖遇见玉肌仙容的白娘子，同舟避雨，两相钟情。婚后，恩恩爱爱，很受世人赞誉。不料消息传到金山寺法海耳里，为破坏这桩婚姻，他送一钵盂给许仙，让他罩其妻。许仙做后，妻现形，原是一条修炼千年成道的白蛇。许仙的背义，使这位倾心的白娘子含恨而去。

【汤歌】 赞育附桂与茱萸，术羊枸蛇仙当地，杜仲巴戟韭苁蓉，阳萎不育功效奇。

【组成】 14 味：白术 400、蛇床子（微炒）100、山茱萸 400、巴戟肉（天甘草汤炒）400、枸杞 300、仙茅（酒煮）400、肉苁蓉（酒洗）400、肉桂 100、当归 300、附子（自制）100、杜仲（酒炒）400、韭子（炒黄）400、熟地 400、淫羊藿（羊脂拌炒）400。

【用法】 上药研细末，炼蜜为丸，每服 6 克，每日 2 次。

【功效】 补肾壮阳。

【应用】 主治命门火衰，精气虚冷。症见：面色恍白，腰膝酸软，阳痿不育，舌淡苔白，脉沉细。

补肾壮阳剂

五精丸

明·朱　橚《普济方》

【趣记】武精九路　师傅扬衫

秋

五精酒鹿　石茯阳山

（丸）角　苓起药

霜　石

【情节】某天，一位身披长衫的大汉来到武术之乡江苏沛县，在一家客栈住下。每天清晨，他独自一人专选僻静之地习武。时间一长，他的行踪被人发现，通晓武术拳路的沛县人，无不为大汉的路路拳脚拍手叫好，特别是他那扬衫如舞鞭的一招一式刚健有力，节奏明快，故有许多小伙子拜他为师。原来他是三国猛张飞的后裔。

【汤歌】五精丸秋石茯苓，山药起石鹿角霜，益肾壮阳酒和丸，阳痿遗滑奇功强。

【组成】6 味：酒（适量）、鹿角霜、秋石、茯苓、阳起石、山药（各等份）。

【用法】共研细末，酒和丸，如梧桐子大，每次空腹服 50 丸。

【功效】温肾益精，壮阳起痿。

【应用】主治肾气虚惫。症见：阳痿不举，遗精滑泄，羸瘦神疲，面色白，腰膝酸软。亦可加减用于肾阳不足，尿频遗尿等症。

【注意】若阳痿遗滑由阴虚火旺，或湿热炽盛引起者，本方禁用。

补肾壮阳剂

斑龙丸

宋·王　璆《是斋百一选方》

【趣记】扮龙拜兔弟脚露

熟鹿
斑龙柏菟地角鹿
(丸) 子丝黄胶角
仁子　　霜

【情节】 兔年一过龙年将至，除夕之夜，烛明香绕。属龙的小弟弟，他装扮一新，兴高采烈地举起龙灯，只见他脚步欢跃，时隐时露，龙头也随之时仰时俯，不时对着一盏美丽的兔灯笼频频点头示意，以示告别，正如春联所写“爆竹声声送玉兔，花灯盏盏迎金龙”。

【汤歌】 斑龙丸中柏子仁，菟丝熟地鹿角胶，加之鹿霜酒为丸，补益元阳治火衰。

【组成】 5味：柏子仁（另研）、菟丝子（酒浸两宿，蒸，研）、熟地黄（酒浸，蒸，煮，焙）、鹿角胶（酒浸数日）、鹿角霜（研为细末）各500。

【用法】 先焙鹿角胶、菟丝子、地黄，研为细末，加入柏子仁在众药内研，再将鹿角胶入酒制成丸，每次50–100丸，逐日早晚服，盐汤或酒下。

【功效】 补益元阳。

【应用】 主治肾亏，真阳不足。症见：腰膝冷痛，阳痿早泄，或小便增多，耳鸣，体倦心烦，或老年阳虚，时常畏寒，气力衰微，舌淡而胖，脉微。常服益寿延年。本方峻补元阳，对肾阳不足诸证用之多效。

【注意】 真阴亏损，虚火上乘，口干咽燥者忌用。

补肾壮阳剂

菟丝子丸

宋·陈师文《太平惠民和剂局方》

【趣记】吐丝孜孜几喷绒　陆续纺细桑地中　玲珑乡姑愉且舞　跪九伏则沉胸

菟　肉　山萆
丝巴覆苁　牛　熟杜　茯石茴补茱澄　肉　川
菟丝子子戟盆蓉　鹿续防膝桑地仲　苓龙香骨萸茄五　石桂酒附泽沉芎
（丸）　子　茸断风　螵　芮　脂　味斛　子泻香
蛸　子

【情节】 春蚕，食桑叶吐丝绒，孜孜不倦，默默奉献。“春蚕到死丝方尽”，便是诗人李商隐对春蚕的歌颂。有位乡下姑娘，不仅是养蚕能手，而且也能歌善舞，她揣摩着蚕纺丝的样子，编排着“春蚕舞”，用欢愉婀娜的舞姿，向人们展示“春蚕精神”。

【汤歌】 菟丝子丸用二香，附桂泻杜防断地，二石茄苓萸脂味，芎鹿巴蓉螵覆膝。

【组成】 25 味：菟丝子（酒浸）50、巴戟 15、覆盆子 25、肉苁蓉（酒浸）15、鹿茸（酥炙）50、续断 15、防风 15、牛膝（酒浸）15、桑螵蛸（酒浸，炒）25、熟地 15、杜仲（炒）15、茯苓 15、石龙芮 50、茴香（炒）15、补骨脂（酒炒）15、山茱萸 15、毕澄茄 15、五味子 25、石斛 15、肉桂 50、酒（适量）、附子 50、泽泻 50、沉香 15、川芎 25。

【用法】 碾为细末，以酒煮，面糊为丸，如梧桐子大，每服 20 丸，温酒或盐汤下，空腹服。

【功效】 温补肾气，填精壮骨，固摄下元。

【应用】主治肾气虚损，元气不足。症见：腰膝酸软少力，阳痿遗精，小便频数或尿有余沥，或腰欠温暖，舌淡苔白，脉细弱。

【注意】本方为温补元阳，强壮固摄之剂，若肾阴不足，虚阳独亢者忌用。

滋阴养血剂

五子衍宗丸

清·王世神《医学入门》

【趣记】五子衍宗　为图福钱齐

　　　　　　　　　　五　　车枸
　　　　五子衍宗　味菟覆前杞
　　　　　（丸）　子丝盆子子
　　　　　　　　　　子子

【情节】“多子多福”“儿孙满堂”是中国几千年来的传统观念，民间年画上，常有“麒麟送子”“福钱拴娃”等。一幅对联就这样说：“祥麟不祚无缘嗣，威凤偏临积善家。”人们往往崇拜有百子的周文王，认为他是最有福气的人，不仅有子嗣繁衍后代，更能五子登科，光宗耀祖，图得福运，钱财一齐拥有。

【汤歌】五子衍宗丸菟丝，枸杞覆盆五味子，更加车前子一对，补肾益精有后嗣。

【组成】5味：五味子30、菟丝子250、覆盆子125、车前子60、枸杞子250。

【用法】共为细末，炼蜜为丸，梧桐子大，每服9克，每日3次，温水或黄酒送服。亦可水煎服。

【功效】补肾益精。

【应用】主治肾阴不足，阴损及阳。症见：阳痿早泄，遗精，精冷，久不生育，腰痛，尿后余沥，须发早白，舌淡苔薄，脉沉细。
加减：习惯性遗精者，减车前子，加莲子、金樱子；若加熟地、制首乌、当归、肉苁蓉等则效果更佳；若加鹿茸、桑螵蛸，对于精虫异常、成活率低影响生育者，确有疗效。

滋阴养血剂

二至丸

清·汪　昂《医方集解》

【趣记】儿志　**练针灸**

　　　　　　旱女
二至　**莲贞酒**
（丸）　草子

【情节】清嘉庆年间，吏治败坏，民不聊生，仅北京城里，就有乞丐十万人，各地农民纷纷起义。一位开明的满族医家之子，不平百姓疾苦，立志学习针灸医术，他研读《甲乙针经》，苦究经络学说，熟练补泻针法，又用纸浆塑人身，以牢记穴位。功成之后，他深入到缺医少药的乡里，以高尚的医德和精湛的医术为民治病。因他善用阿是穴，往往针到病除，人们都称他“神针阿四”。

【汤歌】医方集解二至丸，女贞旱莲各等加，肝肾阴虚酒服尝，滋阴养血效更佳。

【组成】3味：旱莲草、女贞子（各等份）、酒（适量）。

【用法】为末，炼蜜为丸，临卧酒服。

【应用】主治肝肾阴虚。症见：头昏目眩，腰酸足软，失眠多梦，遗精滑泄，早年白发，两目干涩，舌红苔薄，脉细弱。

加减：加桑椹干为末成丸，则补肾养血之力更佳。

现代常用本方治疗贫血，神经衰弱、高血压、慢性肝炎、肺结核咳血等疾病而见上述症状者。

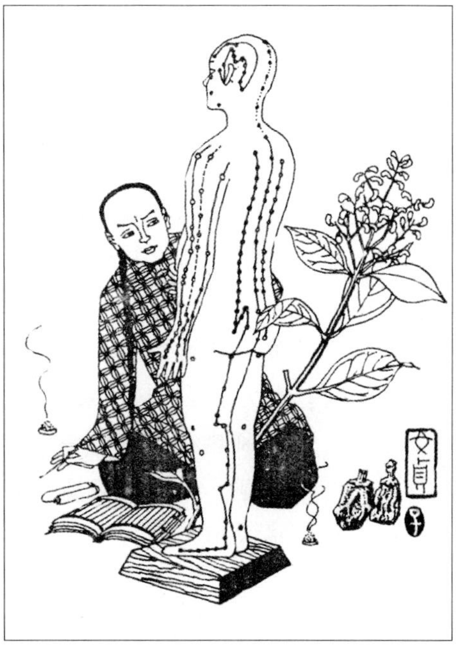

清热泻火剂

普济消毒饮

元·罗天益《卫生宝鉴》

【趣记】仆伎小丑琴弦　脸憔鬒拆膀沉　操拨合声更惨

黄　黄连板　牛　甘马薄　桔僵
普济消毒芩玄　连翘蓝柴蒡陈　草勃荷升梗蚕
（饮）参　根胡子皮　麻

【情节】一位王公仆人的女儿，被掳进府中做了歌伎，夜夜在王府弹唱歌舞，以娱王公贵族，这位姑娘想到生活在大漠的父母，骨肉的离散怎不叫她脸儿憔悴？她长发散乱，臂膀沉沉难以抬起。但作为一只任人宰割的羔羊，她只能无力地敲点琴弦，发出凄惨的哀鸣，倾述自己的心声。

【汤歌】普济消毒宝鉴方，黄芩连翘柴胡玄，板蓝陈皮蒡子草，马薄升麻梗僵蚕。

【组成】14味：黄芩（酒炒）1.5、玄参10、黄连（酒炒）15、连翘15、板蓝根15、柴胡6、牛蒡子10、陈皮6、甘草6、马勃10、薄荷10、升麻2、桔梗10、僵蚕10。

【用法】水煎服。

【功效】清热解毒，软坚消肿。

【应用】主治风热疫毒痄腮重症。症见：发热，恶寒，头痛，哎吐，口渴喜冷饮，耳下腮颊一侧或双侧红肿热痛，拒按，咀嚼不利；甚则抽搐，昏迷，或睾丸肿胀，疼痛。舌红苔黄，脉滑数。

【注意】本方有多味升散苦燥之品，唯风热挟湿者适宜。若纯热无湿，或湿热俱盛，则应加减应用。

疏风明目剂

驱风散热饮

明·傅仁宇《审视瑶函》

【趣记】娶逢三热　凤和俏凰　少闺赶织牛兄强

防薄连大　赤　　炒　川
驱风散热　风荷翘黄　芍归甘栀牛芎羌
（饮）　　　　　　尾草子蒡　活
子

【情节】一位勤于耕作的农夫与一位善织的村姑互相爱慕，他们不顾父母之命，媒妁之言，终于在三夏盛热时节结为伴侣。从此，二人仿效牛郎织女，男耕女织，你敬我爱，和和睦睦，小日子过得红红火火。

【汤歌】驱风散热饮归芍，羌防薄荷蒡连翘，大黄甘草共芎栀，祛风泄热目亦消。

【组成】11 味：防风 10、薄荷 5、连翘 10、大黄（酒浸）6、赤芍 10、归尾 10、甘草 3、炒栀子 10、牛蒡子 10、川芎 10、羌活 10。

【用法】水煎。去渣食远热服。

【功效】疏风泻热，活血止痛。

【应用】主治天行赤眼病。症见：初起眼忽赤肿，疼痒交作，怕热羞明，流泪难睁，继则眼眵粘稠，有先患一眼而累及两眼的，有两眼齐发者，病程缠绵，日久不愈者易并发星翳。

加减：肿痛难开，烦躁口渴，尿赤便秘者，加黄连、龙胆草、生地泻火通腑；胞肿头痛，眵多粘连，为病毒内侵，加银花、地丁、生地、丹皮凉血解毒，或用薄公英煎汤服，同时熏洗。

现代常用本方治疗急性卡他性结膜炎、膜炎、角膜溃疡早期，以及麦粒肿红肿期。

第二章　补益健身酒作引
——药酒简介

补益健身

神仙延寿酒

【主治】 老年体弱、阴阳两虚所致神疲乏力，面色萎黄，消瘦气短，心悸怔忡，腰膝酸软，阳萎遗精，女子不孕等症。

【功效】 益肾补元，壮阳补阴，补气养血，延缓衰老。

【配方】 生地30克、熟地30克、天冬30克、麦冬30克、当归30克、牛膝30克、杜仲30克、杞子30克、木香15克、白芍30克、茯苓30克、苁蓉30克、小茴香30克、砂仁15克、人参15克、黄柏30克、巴戟天30克、补骨脂30克、川芎30克、白术15克、知母30克、远志15克、柏子仁15克、石菖蒲15克、白酒3000毫升。

【制作】 将上药切成小片，装小布袋，再与白酒共入坛内密封浸泡15天后，取酒饮用。

【用法】 每日2次，每次10毫升。

【方剂来源】 《万病回春》

固本遐龄酒

【主治】 身体虚羸，神疲乏力，腰膝酸软，畏寒肢冷，头晕耳鸣，阳痿早泄等症。

【功效】 益肾补元，温阳补腰，填精壮阳，延缓衰老。

【配方】 当归25克、杜仲20克、小茴香20克、青盐20克、石斛20克、陈皮20克、牛膝20克、枸杞子30克、白豆蔻5克、大茴香10克、巴戟天20克、人参20克、补骨脂20克、木通20克、天冬20克、狗脊20克、枣仁20克、川椒10克、木香5克、益智仁10克、淫羊藿60克、肉苁蓉20克、沉香20克、石菖蒲 20 克、山茱萸 20 克、熟地 20 克、菟丝子 30 克、覆盆子 30 克、神曲 60 克、砂仁 15 克、乳香 15 克、大枣 500 克、鲜山药 20 克、生姜 30 克、远志 20 克、糯米 500 克、蜜糖 60 克、白酒 10000 毫升。

【制作】 先将糯米、大枣同蒸煮成饭，将山药、生姜压取汁水，其他药味研成粗末，再将药末、山药汁、生姜、蜜糖、米饭一起和匀，装入布袋，再与白酒一起置入酒坛，密封浸泡 20 天后即可取酒饮用。

【用法】 每日 2 次，每次 15 毫升。

【方剂来源】 《万病回春》

一醉不老酒

【主治】 老年体虚所致之筋骨酸痛、腰膝酸软、白发秃发、尿意频急等症。

【功效】 益肾固精，强筋健骨，乌须黑发。

【配方】 莲花蕊 50 克、生地 50 克、槐子 50 克、五加皮 50 克、没食子 6 个、白酒 2000 毫升。

【制作】 将上药切碎，装入布袋内，置于酒罐再注入白酒，密封浸泡，隔 30 天后，取酒饮用。

【用法】 每日 2 次，每次服 5-10 毫升。

【方剂来源】 《医鉴》

耐 老 酒

【主治】 因肝肾不足引起的头晕目眩，须发早白，腰膝酸软。

【功效】 滋肝肾，补精髓。

【配方】 生地黄 25 克、枸杞子 250 克、滁菊花 250 克、糯米 2.5 千克、细曲 200 克。

【制作】 先将生地黄、枸杞子、滁菊花捣成碎末，置于药锅中加水 5 升，煎取一半，倒入净器中，等冷备用。再将细曲捣成细末。糯米洗净蒸煮，沥半干，待冷后和入细曲末，然后倒入净器中，与药汁搅拌均匀，加盖密封，置保温处发酵，21 日后滤去糟渣，装瓶备用。

【用法】每日3次，每次20毫升，早、午、晚空腹温饮。

【方剂来源】《圣惠方》

丹参杜仲酒

【主治】腰腿酸痛。

【功效】补肾益肝、活血通络。

【配方】杜仲30克、丹参30克、川芎20克、江米酒0.75升。

【制作】将上药共碎细，用白纱布袋盛之，置于净器中。入酒浸泡，密封，5日后开启，去掉药袋，过滤装瓶备用。

【用法】不拘时，随量温饮。

【方剂来源】《普济方》

复方杜仲酒

【主治】高血压。

【功效】镇静、降压。

【配方】生杜仲100克、通草5克、寄生100克、当归50克、红药1克、黄芩100克、双花100克、米酒10升、粮白酒适量。

【制作】将上药洗净，共捣碎，用白纱布袋盛之，置净器中，入米酒浸渍，密封，7-14日开启，去掉药袋，过滤，补加粮白酒至10升即得。

【用法】口服。成人每次15-20毫升，每日2次，小儿酌减。果蔬过口。

【方剂来源】《常用药物制剂》

枸杞酒

【主治】目眩昏暗，肾虚腰痛。

【功效】补肾益精，养肝明目。

【配方】枸杞子50克、白酒500毫升。

【制作】枸杞子入酒浸泡7天后服用。

【用法】每晚随量。

【方剂来源】民间验方

杜 仲 酒

【主治】老年人肝肾两亏、筋骨俱虚所致之腰背酸楚，腿膝无力，四肢麻木等症。

【功效】补肝益肾，活血通络。

【配方】杜仲100克、丹参20克、川芎50克、白酒1000毫升。

【制作】将上药切成小块，用纱布包好与白酒同置入容器中，密封浸泡20天后，取酒饮用。

【用法】每日2次，每次10毫升。

【方剂来源】《外台秘要》

还 童 酒

【主治】老年体弱者肝肾二虚、筋骨不利所致之四肢酸痛，腰膝酸软，活动不利，肢节麻木等症。

【功效】补肾养肝，强筋健骨，祛风化湿，散寒通络。

【配方】当归20克、生地20克、熟地20克、杞子30克、五加皮30克、乌药15克、陈皮15克、牛膝15克、丹皮15克、桂皮10克、川断15克、秦艽15克、羌活15克、麦冬30克、苍术15克、独活15克、小茴香15克、木瓜15克、白酒2000毫升。

【制作】将上药切成碎块，与酒共置于酒坛内，以泥封口，浸泡20天后，取酒饮用。

【用法】每日2次，每次服15毫升。

【方剂来源】《回生集》

菟丝子酒

【主治】眼目昏盲，颜面不荣。

【功效】补肝明目。

【配方】菟丝子300克、白酒3升。

【制作】将菟丝子捣成碎末，用白纱布袋盛之，置于净器中，入白酒浸泡，封口，21日后开取，去掉药袋，即可饮用。

【用法】每日2次，每次10毫升，空腹温饮。

【方剂来源】《普济方》

千口一杯酒

【主治】气血两亏，肝肾不足，年老体弱所致之头晕目花，神疲乏力，腰膝酸软，面色萎黄等。

【功效】益气补血，养阴壮阳,益肾补肝。

【配方】人参30克、熟地20克、枸杞子20克、沙苑蒺藜20克、仙灵脾10克、远志10克、母丁香10克、沉香5克、荔枝肉10个、白酒1000毫升。

【制作】将上药置入酒坛，加入白酒密封，浸泡15天后，取酒饮用。

【用法】每日2次，每次服5毫升。

【方剂来源】《集验良方》

周公百岁酒

【主治】年老体衰，气血两亏，阴阳两虚所致之身体虚弱，神疲乏力，畏寒恶热，面黄少华，头晕气短，耳鸣目花，腰膝酸软，秃发，白发，四肢无力等症。

【功效】益气补血，温阳滋阴，益肾养肝，健脾补心，和血行气。

【配方】炙黄芪60克、茯神60克、当归36克、生地36克、熟地36克、党参30克、白术30克、麦冬30克、茯苓30克、陈皮30克、山茱萸30克、枸杞子30克、川芎30克、防风30克、龟版胶30克、五味子24克、羌活24克、肉桂18克、红枣500克、冰糖1000克、白酒10升。

【制作】将上药切成小块装入布袋，扎紧袋口置入酒坛，再放入冰糖、白酒，密封后蒸煮约30分钟，再浸泡10天，去渣滤清后饮用。

【用法】每日2次，每次服10毫升。

【方剂来源】《中国医学大辞典》

延寿酒

【主治】老年体虚所致之身体虚亏，神疲乏力，头晕气短，目花耳鸣，腰膝酸软等症。

【功效】益肾补肝，健脾养肺，益气养阴，填精补元。

【配方】黄精150克、天冬50克、苍术50克、松叶100克、枸杞子100克、白酒2000毫升。

【制作】将黄精、天冬、苍术、松叶共研为粗末，与枸杞子一起装入纱布袋，置入酒坛，再灌入白酒，密封浸泡15天后取酒饮用。

【用法】每日2次，每次服5-10毫升。

【方剂来源】《中藏经》

春寿酒

【主治】老年人心肾阴虚所致之神疲乏力、头晕耳鸣、目花失眠、心悸多梦等症。

【功效】益肾养阴，健脾养心。

【配方】天冬50克、麦冬50克、生地50克、熟地50克、山药50克、莲子50克、红枣50克、白酒2000毫升。

【制作】将上药切成小片，与白酒共入酒坛，密封浸泡20天，取酒饮用。

【用法】每日2次，每次服5-10毫升。

【方剂来源】《养生四要》

万寿药酒

【主治】老年血虚、气血瘀滞所致之面色萎黄、筋骨酸痛、心悸多梦、胸闷胁痛等症。

【功效】补血活血，理气解郁，养心安神。

【配方】当归100克、石菖蒲50克、郁金50克、五加皮50克、麦冬50克、陈皮50克、茯神50克、红花30克、川牛膝30克、大枣500克、白酒10升。

【制作】将上药切成小片装入布袋，置入酒坛，再加入白酒，浸泡10天，取酒饮用。

【用法】每日2次，每次服20毫升。

【方剂来源】《寄方类编》

生石斛酒

【主治】老年肾阴亏损、血不养筋所致之腰膝酸痛、下肢痿软、活动不利、肌肤干燥等症。

【功效】益肾养阴，壮腰和血。

【配方】生石斛100克、生地100克、牛膝30克、杜仲15克、丹参15克、白酒1000毫升。

【制作】将上药装入纱布袋，与白酒一同置入酒坛，密封浸泡15日后取酒饮用。

【用法】每日2次，每次10毫升。

【方剂来源】《外台秘要》

天门冬酒

【主治】因肺、肾阴虚所致的劳咳咯血、口燥咽红，便秘，肢体、肌肉酸痛麻木症。

【功效】润肺滋肾，调整血脉。

【配方】天门冬40克、高粱酒0.5升。

【制作】先将天门冬用竹刀剖去心之后，与水300毫升同入沙锅煎煮，约40分钟后，去渣取液，兑入高粱酒中，装入瓶密封待用。

【用法】每日1次，每次10-30毫升，以午后服为宜。

【宜忌】阳虚阴盛，脾胃虚寒，有食少便糖症状者，不宜饮用此酒。

【方剂来源】《本草纲目》

虫草酒

【主治】虚劳咳嗽，气喘痰血。

【功效】滋肺益肾。

【配方】冬虫夏草 2 只、酒 1000 毫升。

【制作】冬虫夏草浸泡酒中，10 日后可服用。

【用法】早晚各 1 小盅。

【方剂来源】民间验方

胡桃参杏酒

【主治】喘咳日久不止。

【功效】补肾，温肺止咳喘。

【配方】胡桃肉 90 克、杏仁 60 克、人参 30 克、黄酒 1.5 升。

【制作】将上药捣成细末，用白纱布袋盛之，置入净器中，入黄酒浸泡，封口，21 日后开启，过滤去渣，装瓶备用。

【用法】每日 2 次，每次10-20 毫升，早晚空腹温饮。

【宜忌】阳虚火旺者忌服。

【方剂来源】《本草纲目》

龟 肉 酒

【主治】经年咳嗽不愈，中风缓急，四肢拘挛，日久瘫痪不收。

【功效】补肺肾，祛风，止咳。

【配方】龟肉 1000 克、曲 300 克、糯米 7.5 千克。

【制作】将龟肉切碎，加水适量，煮烂，备用；曲研细末备用；糯米洗净，上笼蒸至半熟，沥半干，备用。然后将龟肉连汁和曲与糯米同置于缸内，用柳枝搅拌匀，密封，放置保温处，21 日后开启，滤去糟渣，过滤贮瓶备用。

【用法】每日 3 次，每次 10-30 毫升，饭后温饮。

【方剂来源】《本草纲目》

胡 麻 酒

【主治】体虚肌瘦，精血亏损，头晕目眩，须发早白，大便秘结等症。

【功效】补肝肾，益气血，强筋骨，润肠通便，延年益寿。

【配方】胡麻仁 40 克、黄酒 1 升。

【制作】先将胡麻仁曝干，上火炒微香，然后置乳钵中捣成泥状后，放入净器中，再入黄酒浸泡，搅匀密封。7 日后开启，澄清后即可饮用。

【用法】随意饮用。

【方剂来源】《普济方》

火麻仁酒

【主治】老年人和妇女产后及热性病后血亏津液少的肠燥、大便秘结和小腹胀满疼痛。

【功效】润肠通便，兼补中虚。

【配方】火麻仁 160 克、白酒 0.5 升。

【制作】将火麻仁炒香后捣碎，置于净瓶中，入好酒浸泡，封口；3 日后开启，过滤后备用。

【用法】每次饭前，随量温饮。

【宜忌】切勿过量致酒醉。

【方剂来源】《太平圣惠方》

清热解毒

还睛神明酒

【主治】火目急痛，目干涩痛，视物不明，目生翳障，或内，外障导致之视力减退等目疾。

【功效】清肝明目，清热去翳。

【配方】黄连 80 克、石决明 50 克、草决明 50 克、生姜 50 克、石膏 50 克、硝石 50 克、玉竹 50 克、秦皮 50 克、山莱萸 50 克、当归 50 克、黄芩 50 克、沙参 50 克、朴硝 50 克、炙甘草 50 克、芍药 50 克、泽泻 50 克、肉桂 50 克、栀子 50 克、车前子 50 克、淡竹叶 50 克、柏子仁 50 克、防风 50 克、乌头 50 克、辛夷 50 克、人参 50 克、川芎 50 克、白芷 50 克、瞿麦穗 50 克、桃仁

50克、细辛50克、地肤子50克、龙脑5克、丁香3克、珍珠13颗、白酒10升。

【制作】 将上药研为粗末，装入布袋，与白酒共置于酒坛内，密封浸泡15日后，取酒饮用。

【用法】 每日1次，每次10毫升。

【方剂来源】 《圣济总录》

黄连酒

【主治】 阴虚内热者所致之口苦、咽干、目赤、胃呆等症。

【功效】 清热泻火，清胃健脾，利湿明目。

【配方】 黄连10克、绿豆10克、枸杞子30克、白酒500毫升。

【制作】 先将黄连、绿豆研成粗末，装入纱布袋内，再与枸杞子、酒一起置入酒瓶，密封浸泡15天后，即可饮用。

【用法】 每日2次，每次10毫升。

【方剂来源】 《寿世青编》

绿豆酒

【主治】 阴虚内热所致之五心烦热，潮热盗汗，咽痛口干，大便秘结等症。

【功效】 养阴补血，清热降火。

【配方】 绿豆50克、淮山药50克、黄柏50克、牛膝50克、玄参50克、沙参50克、白芍50克、山栀50克、天门冬50克、麦门冬50克、当归50克、甘草10克、白酒3000毫升。

【制作】 将上述药物与酒一同放入酒坛内密封浸泡20天后，滤去其渣即可饮用。

【用法】 每日2次，每次10-20毫升。

【方剂来源】 《寿世青编》

青苔酒

【主治】 黄疸心烦，咳逆血气，暴热在肠胃，暴风口噤，金疮内陷。

【功效】解热毒，散郁结。

【配方】青苔适当、酒适量。

【制作】取古墙北阴青苔衣，洗净，酒渍。

【用法】饮用适量。

【方剂来源】《本草纲目》

竹 叶 酒

【主治】风热病，口烦心渴，小便赤涩，口舌生疮等。

【功效】清热利尿，清心降火。

【配方】淡竹叶 150 克、糯米 1000 克、曲适量。

【制作】先将淡竹叶煎汁，再将糯米煮蒸熟，沥半干，曲研细末。最后将 3 者共置入酒坛内，搅拌匀，密封，置保温处；21 日后开封，压榨去糟渣，即可饮用。

【用法】每日 1–2 次，每次 20 毫升，徐徐饮之。

【宜忌】孕妇勿饮此酒。

【方剂来源】《本草纲目》

青 蒿 酒

【主治】骨蒸潮热，无汗，夜热早凉，鼻衄，夏日感冒，疟疾，寒热往来，寒轻热重，胸痞呕恶，黄疸疸小便不利。

【功效】清热凉血，解暑，退虚热。

【配方】青蒿 2.5 千克、糯米 54 克、曲 250 克。

【制作】将青蒿切碎加水煎汁，糯米炊熟，曲研细；3 者共入缸中，用柳枝搅拌均匀，密封，置保温处；14 日后开取，去渣装瓶备用。

【用法】每日不拘量，徐徐饮之，以愈为度。

【方剂来源】《本草纲目》

散瘿消瘤

玄 参 酒

【主治】瘿瘤。

【功效】治暴结热，散瘤瘘痈肿。

【配方】玄参 50 克、酒 2 升。

【制作】玄参浸酒，7 日后去渣留酒。

【用法】随量日日饮之。

【方剂来源】《开宝本草》

半夏人参酒

【主治】胃气不和，寒热互结，心下痞硬，呕恶上逆，肠鸣下利，不思饮食，倦怠乏力。

【功效】和胃降逆，开结散痞。

【配方】半夏 30 克、黄芩 30 克、干姜 20 克、人参 20 克、炙甘草 20 克、黄连 6 克、大枣 10 克、白酒 0.7 升。

【制作】上药共捣碎，入布包，浸于酒中，5 日后，再加冷白开水 500毫升和匀，去渣备用。

【用法】每日 2 次，每次 20 毫升，早晚温饮。

【方剂来源】《伤寒论》

黄药子酒（一）

【主治】颈瘿。

【功效】凉血降火，消瘿解毒。

【配方】黄药子 50 克、酒 5 升。

【制作】黄药子洗净研末，浸酒中。5 日后滤清。

【用法】每日早、晚，常服 1 盏。

【宜忌】戒怒。

【方剂来源】《斗门方》

黄药子酒（二）

【主治】瘿肿（甲状腺瘤，淋巴结肿大）。

【功效】散结消瘿，清热解毒。

【配方】黄药子 500 克、无灰酒 2.5 升。

【制作】把黄药子与无灰酒共入净瓶中，封口，以糠火烧 1 小时，用火时不可多，唯烧至酒气香味出，瓶口有津出即停火，候酒冷，过滤去渣，即可饮用。

【用法】每日 2 次，每次 10 毫升。勿绝酒气，经 3-5 日自觉肿消停饮。

【宜忌】孕妇忌饮此酒。

【方剂来源】《本草纲目》

海藻酒（一）

【主治】瘿症（地方性甲状腺肿）、颈淋巴结核等。

【功效】软坚散结，化痰消瘿。

【配方】海藻 300 克、白酒 1000 毫升。

【制作】将海藻切碎，与白酒共置入容器中，密封浸泡 15 天后，取酒饮用。

【用法】每日 1 次，每次 5-10 毫升。

【方剂来源】《肘后备急方》

海藻酒（二）

【主治】瘿瘤，瘰疬疝气，如淋巴结核，甲状腺肿大，甲状腺瘤，睾丸结核等。

【功效】消痰结，散瘿瘤。

【配方】海藻 500 克、黄酒 1.5 升。

【制作】将海藻洗净，置于净器中，用黄酒浸泡 24 小时，过滤后即可饮用。

【用法】每次饭后取海藻酒 30 毫升饮之。酒尽将海藻爆干，捣为末，酒调 3 克服之，每日 3 次，以瘥为度。

【方剂来源】《本草纲目》

温中散寒

香楝酒

【主治】小腹冷痛、疝气疼痛等症。

【功效】温中散寒，行所止痛。

【配方】南木香 10 克、小茴香 10 克、大茴香 10 克、川楝肉 10 克、白酒 200 毫升。

【制作】将上述药物研成粗末后，投入锅中炒香后，加入连须葱白 5 根，再加水一碗。煎至半碗水后去渣，与酒相合，再调入少许盐，即可饮用。

【用法】每日 2 次，每次 10 毫升。

【方剂来源】《万病回春》

花椒酒

【主治】吞酸反胃，胃寒等疾。

【配方】汉花椒 150 克、石硫黄 75 克、诃子 24 个、白酒 6 升。

【制作】上药轧碎，各以白生丝袋盛之，与白酒共置坛内，密封浸渍 7 日。

【用法】不拘时，饮 1 杯，即加 1 杯生酒在内，花椒 90 日一换，诃子 72 日一换，硫黄则长用。

【方剂来源】《经验秘方》

芥子酒

【主治】痰饮咳喘，胸胁胀满疼痛，反胃呕吐，中风不语，肢体痹痛麻木等症。

【功效】温中散寒，利气豁痰。

【配方】白芥子250克、白酒1升、黄酒2-3升。

【制作】将白芥子研成粗末，用白纱布袋盛之，置于净器中，入白酒浸泡3日，再入黄酒或米甜酒2-3升，再浸泡3日，去掉药袋，澄清后即可饮用。

【用法】每日3次，每次20-50毫升，空腹温饮。

【方剂来源】《本草纲目》

吴萸酒

【主治】中恶心痛，心腹冷痛。

【功效】温中止痛，理气燥湿。

【配方】吴茱萸50克、黄酒1升。

【制作】取吴茱萸（色绿、饱满者为佳）研为碎末，置于瓶中，入黄酒浸泡，密封，3-5日后开启，过滤后即可饮用。

【用法】每日3次，每次10毫升，空腹饮用。

【宜忌】阴虚火旺者忌此酒。

【方剂来源】《本草纲目》

治风祛湿

细辛独活酒

【主治】牙齿肿痛。

【功效】祛风，止痛，消肿。

【配方】独活15克、莽草15克、防风15克、细辛15克、制附子6克、酒0.25升。

【制作】将上药碎细，用酒煎药数十沸，去渣。

【用法】热漱，以愈为止。

【方剂来源】《圣济总录》

大豆酒

【主治】头风头痛。

【功效】怯风止痛。

【配方】大豆 300 克、白酒 5 升。

【制作】大豆炒熟，至烟出，浸酒中，密封 7 日，开封，即可饮用。

【用法】每日早晚各 1 次，适量，温服。

【方剂来源】《千金方》

五加皮酒（一）

【主治】风湿麻痹，四肢拘挛，腰腿软而无力，或膝痛不可屈者。

【功效】散风除湿，强筋壮骨。

【配方】五加皮 50 克、当归 45 克、牛膝 75 克、高粱米酒 1 升。

【制作】先将五加皮洗净，刮去骨，和当归、牛膝共入沙锅同煎 40 分钟，然后去渣取汁，兑入高粱米酒中。

【用法】每日 2 次，每次 10-30 毫升，早晚温服。

【方剂来源】《本草纲目》

五加皮酒（二）

【主治】湿邪偏胜，下肢痿弱，脚气浮肿。腰膝酸痛，骨节拘挛，阳痿精寒，皮水肿满，小便不利。

【功效】祛风化湿，强筋通络。

【配方】五加皮 150 克、当归 100 克、地榆 30 克、川牛膝 60 克、曲 200 克、糯米 5500 克。

【制作】将五加皮煎汁，和曲、米如常法酿成酒，再把当归、川牛膝、地榆浸酒中煮数百沸，去渣，过滤后装瓶备用。

【用法】每日 3 次，每次饮 15-20 毫升。

【宜忌】阴虚火旺者不宜用。

【方剂来源】《本草纲目》

五加皮酒（三）

【主治】筋痹，多悲思，面色苍白，四肢不营，诸筋拘挛，伸动缩急，腹中转痛。

【配方】五加皮 300 克、枳壳（炒）300 克、入地金牛根皮 300 克、丹参 300 克、川芎穷 187 克、炮干姜 187 克、白藓皮 150 克、秦花椒（炒出汗）15 克、木通 150 克、天雄（炮、去皮脐）150 克、炙甘草 150 克、薏苡仁 300 克、火麻仁 300 克、肉桂（去粗皮）112 克、当归 112 克。

【制作】上药轧碎，白丝袋盛之，用黄酒 30 升，共置坛内，密封浸渍，春夏 4 日，秋冬 7 日。

【用法】初饮 200 毫升，稍稍加之，以量为度。

【方剂来源】《奇效良方》

大豆乌蛇酒

【主治】热毒风肿，日夜焮痛。

【功效】祛风通络，攻毒，消肿止痛。

【配方】大豆 100 克、麻子仁 100 克、乌蛇（去头尾皮骨）12 克、白酒 1.5 升。

【制作】将以上 3 味药，相和令匀，放甑内蒸，待熟后，去掉甑底物，用酒就甑中淋，候酒热再淋，凡此淋 7–8 遍，将酒入瓷瓶中密封，候冷，备用。

【用法】不拘时候，量性饮之，常带酒气为好。

【方剂来源】《普济方》

濒湖白花蛇酒

【主治】中风伤湿，半身不遂，口目歪斜，肌肉麻木，骨节疼痛，及年久疥癣、恶疮、风癞诸症。

【功效】祛风活络，解毒止痛。

【配方】白花蛇（1 条，洗净，取肉）150 克、真羌活 75 克、当归身 75

克、真天麻75克、真秦艽75克、五加皮75克、防风37克、金华酒适量、糯米酒5升。

【制作】以上7味药，各锉匀，以生绢袋盛之，与金华酒同置于坛内。入糯米生酒醅浸药袋，箬叶密封。安坛于大锅内，水煮1日，取起，埋阴地7日取出（出火毒），即得。另以滓晒干碾末，酒糊丸梧子大、装瓶备用。

【用法】每日1–2次。每次饮药酒15–30毫升；服药丸50粒（用煮酒吞下）。

【宜忌】切忌见风犯欲，及鱼、羊、鹅等发风之物。

【方剂来源】《本草纲目》

白石英酒

【主治】风湿性全身疼痛，肢节肿痛，不可持物，行动无力，耳聋及肾脏虚损。

【功效】祛风湿，利关节，安神聪耳。

【配方】白石英（碎如大麻粒）30克、磁石（火煅令赤，醋淬，如此5遍）30克、酒0.5升。

【制作】将药捣碎为粗末，用生白布袋盛之，置于净器中，入酒浸泡，密封，6日后开启。

【用法】不计时，随量温饮。服将尽，可更添酒。

【方剂来源】《本草纲目》

石英磁石酒

【主治】手足痹弱，不可持物，行动无力，及耳聋、肾脏虚损。

【配方】白石英315克、磁石315克。

【制作】上药轧碎，以水浮去浊汁，白生丝袋盛之，用好酒9升，共置坛内，密封浸渍5日。

【用法】不拘时，随量温饮，酒尽渐添。

【方剂来源】《食医心鉴》

楠 藤 酒

【主治】 风虚，逐冷气，除痹痛，强腰脚。

【配方】 石楠藤 1000 克。

【制作】 上药以水煎取汁，候凉，用糯米 10 升，淘净，蒸熟，候冷，加曲，和药汁拌匀酿酒。

【用法】 一日 3 次，每次饮一二盅。

【方剂来源】 《本草纲目》

松 风 酒

【主治】 口眼歪斜，语声不出，关节不利。

【功效】 祛风燥湿。

【配方】 青松叶 250 克、防风 250 克、白酒 1.5 升。

【制作】 先将青松叶捣令出汁，与防风用布包之，置于净器中，用白酒浸 2 日，近火煨 1 日，去渣即可饮用。

【用法】 初服 20 毫升，渐加至 30 毫升，不拘时，以头面出汗为度。

【宜忌】 服药期避风。

【方剂来源】 《圣济总录》

独活当归酒

【主治】 风湿性腰腿疼痛。

【功效】 祛风湿，舒关节。

【配方】 独活 30 克、杜仲 30 克、当归 30 克、川芎 30 克、熟地 30 克、丹参 30 克、酒 1 升。

【制作】 将上药碎细，置于净器中，入酒浸泡，密封，近火煨，1 日后候冷，过滤去渣装瓶备用。

【用法】 不拘时温饮之，随量，常令有酒气。

【方剂来源】 《圣济总录》

牛膝石斛酒

【主治】因风寒湿气痹阻络而致的腰脚沉重，肢体软弱无力，麻木不仁。

【功效】祛风除湿，补肾强腰，强筋壮骨。

【配方】石斛 85 克、怀牛膝 15 克、杜仲 120 克、丹参 90 克、熟地黄 150 克、肉桂 60 克、白酒 2 升。

【制作】将上药捣成粗末，用白纱布袋盛之，与白酒一起置于瓷坛中，加盖，将瓷坛放在锅中，隔水煮数百沸，取出候冷，密封，静置 5 日后开封，去掉药袋，过滤后即可饮用。

【用法】每次 20-30 毫升，不拘时饮用，常令如微醉即可。

【方剂来源】《圣济总录》

发散解表

白菊花酒

【主治】外感风邪所致之头痛鼻塞及肝风上盛所致头痛目重，视物昏花症。

【功效】祛风解表，清肝明目。

【配方】白菊花 200 克、白酒 2000 毫升。

【制作】将菊花装入纱布袋内与白酒一起置入酒坛内，密封浸泡 10 日，即可取酒饮用。

【用法】每日 2 次，每次 10-15 毫升。

【方剂来源】《苏颂首经》

葱豉酒

【主治】外感初起，恶寒发热，无汗，头痛鼻塞，身疼而烦，冷痢腹痛。

【功效】宣通卫气，发散风寒。

【配方】葱白根 3 根、豆豉 15 克、白酒 0.3 升。

【制作】将葱白根、豆豉与白酒入锅内同煮，煎取至半，候温，过滤去渣，即可饮用。

【用法】早晚分 2 次温服。

【方剂来源】《本草纲目》

麻黄醇酒

【主治】伤寒热出表发黄疸。

【配方】麻黄 10 克。

【制作】将麻黄轧碎，用醇酒 3 升，煮取 800 毫升。

【用法】一日温饮，汗出即愈。

【注意】冬月寒冷时用黄酒，春月宜用水。

【方剂来源】《备急千金要方》

豉 酒

【主治】伤寒热病，寒热头痛，烦躁，胸闷，阴虚盗汗。

【功效】止汗除烦。

【配方】豆豉 200 克、黄酒 1 升。

【制作】将豆豉炒至微香，趁热投入清酒中，浸泡 3 日，即可饮用。

【用法】每日 3 次，每次 10-20 毫升，空腹温饮。

【方剂来源】《本草纲目》

松 叶 酒

【主治】风疹瘾疹。

【功效】祛风，止痒，解毒。

【配方】松叶 500 克、白酒 1 升。

【制作】将松叶切碎，与酒同煎，煮取 300 毫升，候温备用。

【用法】日夜服尽，处温室中，衣盖出汗即愈。

【方剂来源】《普济方》

理气活血

橘 红 酒

【主治】肺脾不和，湿痰久蕴所致的食欲不振，腹胀嗳气，恶心呕吐，咳嗽喘哮等症。

【功效】化痰止嗽，理气散寒。

【配方】化橘红 50 克、白酒 0.5 升。

【制作】将化橘红浸入酒中，封固，浸泡 1 周后启用。

【用法】每日 1 次，每次 10-30 毫升，临睡前饮用为佳。

【方剂来源】《饮食辨录》

白 前 酒

【主治】肺实喘满期，咳嗽，多痰。胃脘疼痛。

【功效】泻肺降气，下痰止嗽。

【配方】白前 100 克、白酒 0.5 升。

【制作】将白前捣成粗末，用白纱布袋盛之，置于净器中，入白酒浸泡，封口；7 日后开启，去掉药袋，澄清备用。

【用法】每日 3 次，每次 10-15 毫升，空心温饮。

【方剂来源】《肘后备急方》

荸 荠 酒

【主治】噎膈反胃，恶心呕吐，脘腹作胀，胃呆纳减等症。

【功效】理气畅中，化痰解郁。

【配方】荸荠 120 克、厚朴（姜炒）30 克、桔饼 30 克、陈皮 30 克、白蔻仁（炒）30 克、蜜糖 60 克、白酒 2000 毫升。

【制作】将荸荠洗净后捣碎，其他药物加工成粗末，与白糖、白酒一起置入酒坛内，密封浸泡 14 日后，取酒饮用。

【用法】每日 1-2 次，每次 10 毫升。

【方剂来源】《奇方类编》

缩砂酒

【主治】胸腹胀满，消化不良，呕恶胃痛，泄泻，痢疾，疝气等。

【功效】行气和中，开胃消食。

【配方】缩砂仁 30 克、黄酒 0.5 升。

【制作】将缩砂仁炒后研末，用白袋盛之，置于净器中，入黄酒浸泡，封口；3-5 日后开封，去掉药袋，澄清后饮用。

【用法】每日 3 次，每次 30-50 毫升，空腹温饮。

【宜忌】阴虚有实热者不宜饮此酒。

【方剂来源】《本草纲目》

胡玄酒

【主治】疝痛。

【功效】散气开郁。

【配方】胡椒 6 克、玄胡索 6 克、茴香 6 克、酒 0.5 升。

【制作】将上药捣为细末，用白纱布袋盛之，置净器中，入酒浸泡，密封，2-3 日后开启，去掉药袋，滤过装瓶备用。

【用法】每日 1-2 次，每次 50 毫升，饭前温服。

【宜忌】孕妇忌服。

【方剂来源】《三因方》

凌霄花酒

【主治】便后有血。

【功效】收敛凉血。

【配方】凌霄花不拘多少、酒 1 升。

【制作】凌霄花浸酒，7 日后去花留酒。

【用法】随意频饮之。

【方剂来源】《普剂方》

桃仁生地酒

【主治】跌仆损伤经脉。

【功效】疏通脉络，活血祛瘀。

【配方】桃仁 30 克、生地黄汁 500 毫升、白酒 500 毫升。

【制作】先将桃仁去皮尖，捣成膏状备用，再将地黄汁与白酒入锅中煮煎令沸，下桃仁膏再煎数沸，候温，过滤去渣备用。

【用法】每次温饮 10-15 毫升，不拘时服。

【宜忌】孕妇忌饮此酒。

【方剂来源】《圣济总录》

桃 仁 酒

【主治】肿毒疼痛，或游走不定。

【功效】破血行瘀，消肿止痛。

【配方】桃仁 80 克、白酒 0.25 升。

【制作】先将桃仁炒热，乘热捣如膏状，分数次渐渐倒入酒中，研搅，然后过滤去渣，收瓶备用。

【用法】每服 10-20 毫升，空腹临睡前服用。

【方剂来源】《圣济总录》

妇科杂症

红蓝花酒

【主治】妇女中风症，风寒容于胞内，血凝气滞所致腹中刺痛。

【功效】行血，润燥，消肿，止痛。

【配方】红蓝花 20 克、白酒 0.2 升。

【制作】把红蓝花与白酒同入锅中，煎减至半，去渣，候冷，即可饮用。

【用法】每次服 50 毫升，不止再服。

【宜忌】孕妇忌饮此酒。

【方剂来源】《金匮要略》

升麻酒

【主治】产后恶血不止，或经月，半年，一年。

【功效】益气止血。

【配方】升麻 100 克、清酒 1 升。

【制作】把升麻与清酒置锅内，武火煮沸，文火煎至一半，过滤去渣，收起备用。

【用法】每日 2 次，每次 30-50 毫升，空腹温服。服后当吐下恶物，勿怪。

【方剂来源】《千金翼方》

竹胶酒

【主治】妊娠失坠，胎损腹痛，下血。

【功效】解痛，舒经，止血，安胎。

【配方】青竹茹 50 克、阿胶 20 克、黄酒 0.4 升。

【制作】将青竹茹切碎，与阿胶一同入黄酒中，上火煮数 10 沸，待阿胶烊化，去渣候冷备用。

【用法】分为 3 服，早、午、晚各饮 1 服，即安。

【方剂来源】《太平圣惠方》

丹参酒

【主治】崩中去血及产后余疾。

【配方】丹参 500 克、艾叶 500 克、地黄 500 克、忍冬藤 500 克、地榆 500 克。

【制作】上药轧碎，以水浸渍三日，压去渣，再用黍米 30 升，淘净，蒸熟，和药汁拌匀，加曲酿酒，酒熟去渣澄清。

【用法】不拘时，初饮 200 毫升，稍稍加之。
【方剂来源】《备急千金要方》

蓟根酒

【主治】妇人暴崩中，去血不止。
【配方】大蓟 500 克、小蓟 500 克。
【制作】上药轧碎，用酒 6 升，共置坛内，密封浸渍 5 日。
【用法】不拘时，随量饮之。
【方剂来源】《千金翼方》

竹茹酒

【主治】妊娠误有失坠损血，胎损疼痛。
【配方】竹茹 15 克。
【制作】用好酒 1 升，煮竹茹二三沸，去渣。
【用法】分 3 次饮，即安。
【方剂来源】《证治准绳》

鸡子酒

【主治】妊娠血不止。
【配方】鸡子 5 枚，取黄。
【制作】用好酒一杯，与蛋黄同煎如稀汤。
【用法】顿饮之，未瘥，再制，以瘥为度。
【方剂来源】《寿亲养老书》

麻子酒

【主治】产后恶血不去。
【配方】火麻仁 30 克。

【制作】上药捣碎，用酒6升浸渍一宿，明旦去渣。

【用法】每于饭后温饮500毫升，不瘥，夜间再温饮500毫升。

【宜忌】忌房事1个月，将养如初产法。

【方剂来源】《备急千金要方》

地黄酒

【主治】产后崩中，下血不止，心神烦乱。

【配方】鲜地黄汁半杯、鲜益母草汁半杯。

【制作】上药入酒一杯相和，煎三五沸即成。

【用法】分3次饮，频频饮之有效。

【方剂来源】《太平圣惠方》

石斛酒

【主治】产后中风，四肢缓弱，举体不仁。

【配方】石斛75克、附子（炮）37克、牛膝37克、茵芋37克、肉桂37克、芎穷37克、羌活37克、当归（微炒）37克、熟地黄37克。

【制作】上药轧碎，白丝袋盛之，用黄酒7升，共置坛内，密封浸渍5日。

【用法】不拘时，每温饮一杯。

【方剂来源】《太平圣惠方》

黄芪酒

【主治】产后中风偏枯，半身不遂，言语不利，疼痛无力。

【配方】黄芪112克、川花椒（炒出汗）112克、独活112克、肉桂112克、白术112克、牛膝112克、葛根112克、防风150克、芎穷112克、甘草（炙）75克、细辛75克、山茱萸75克、附子（炮）75克、秦艽75克、炮干姜75克、当归75克、乌头（炮）75克、人参75克。

【制作】上药轧碎，白生丝袋盛之，用黄酒26升，共置坛内，密封浸渍5日。

【用法】不拘时，每温饮 1 杯。

【方剂来源】《圣济总录》

白术酒

【主治】妊娠中风，口噤不语。

【配方】白术 56 克、独活 37 克、黑大豆 10 克。

【制作】上药轧碎，用酒 2 升，煎取 1 升，去渣。

【用法】分 4 次温饮，拗口灌之，得汗即瘥。

【方剂来源】《太平圣惠方》

大豆酒

【主治】产后中风烦热，苦渴，腰背强痛，头身皆重。

【配方】大黑豆 35 克。

【制作】豆炒令烟出，用酒 650 毫升投之，密盖令温，去豆。

【用法】日夜数剂，卧取微汗，避风。

【方剂来源】《妇人大全良方》

鲫鱼酒

【主治】产后乳汁不下。

【配方】鲫鱼 1 条（如食法）猪脂膏 75 克、漏芦 37 克、钟乳粉 37 克。

【制作】上药用酒 3 大杯，煮取 1 杯半，去渣。

【用法】不拘时，分 3 次饮。

【方剂来源】《太平圣惠方》

蒲公英酒

【主治】乳痈、乳吹，不问已成未成皆用。

【配方】鲜蒲公英 75 克。

【制作】将药捣烂，入酒半杯，浸渍。

【用法】取酒一次温饮，渣贴患处。甚者不过三五剂即愈。

【方剂来源】《景岳全书》

槐花酒

【主治】乳癌，硬如石者。

【功效】解毒化瘤。

【配方】槐花（炒）90克、黄酒0.5升。

【制作】将槐花炒黄为末，每取9克，以黄酒50毫升冲服。

【用法】每日1–2次，顿服之。

【方剂来源】《串雅内编选注》

通草酒

【主治】乳汁不行。

【功效】通乳。

【配方】通草30克、石钟乳60克、米酒0.4升。

【制作】将通草切碎，石钟乳捣研成细末。然后二者与米酒一同置于瓶中，放在近火处煨三昼夜后，过滤去渣，即可饮用。

【用法】不拘时，频频饮之。

【方剂来源】《千金方》

蒲公英酒

【主治】乳汁不通，急性乳腺炎初期及疮疡肿毒初期。

【功效】清热解毒，消痈通乳。

【配方】蒲公英40克、白酒500毫升。

【制作】将蒲公英洗净，切碎，与白酒共置于酒坛内，密封浸泡10天后，取酒饮用。

【用法】每日2次，每次10毫升。

【方剂来源】《本草纲目》

男科杂症

雪 莲 酒

【主治】腰膝软弱，阳痿，风湿性关节痛，妇女月经不调，赤白带下，小腹冷痛等症。

【功效】补肾壮阳，温经散寒，祛风除湿。

【配方】雪莲 60 克、白酒 0.5 升。

【制作】将雪莲切碎，用白纱布袋盛之，与酒同置入瓶中，密封浸泡 7 日后即可饮用。

【用法】每日 2 次，每次 10-20 毫升，早晚空腹温饮。

【宜忌】孕妇忌饮此酒。

【方剂来源】《本草纲目拾遗》

海 狗 肾 酒

【主治】肾虚阳痿、性欲减退，体弱畏冷，腰膝酸软。

【功效】壮阳暖肾，益精补髓。

【配方】海狗肾 2 个、曲 200 克、糯米 5000 克。

【制作】将海狗肾酒浸捣烂，和曲、米，如常法酿酒。亦可将海狗肾入白酒中，浸泡 7 日后饮用。

【用法】每日 3 次，每次 5-10 毫升，空腹饮用。

【方剂来源】《本草纲目》

鹿 茸 酒

【主治】阳痿遗精，腰膝痿弱。

【功效】补精髓，助肾阳，强筋骨。

【配方】鹿茸 10 克、白酒 500 毫升。

【制作】鹿茸浸泡酒中，10 日后可服。

【用法】每晚服50毫升。

【方剂来源】民间验方

明虾酒

【主治】久病体虚，阳痿不举，气短乏力，面黄羸瘦，饮食不振等症。

【功效】补肾壮阳，益气开胃，散寒止痛。

【配方】明虾6只、白酒0.5升。

【制作】将明虾用清水洗净，拍烂，用纱布袋盛之，与酒一同置入净器中，密封浸泡5日后即可饮用。

【用法】每日3次，每次10–20毫升，药渣可炒食佐餐，或配酒服食。

【宜忌】阴虚火旺者忌饮用此酒。

【方剂来源】《本草纲目拾遗》

仙灵脾酒

【主治】阳痿，尿频，腰膝无力，四肢麻木，肌肤失仁，以及女子性欲减退，久不受孕。

【功效】温肾壮阳，祛寒除湿。

【配方】仙茅120克、酒0.65升。

【制作】将仙茅九蒸九晒后，置于净器中，入酒浸泡，密封7日后开启，过滤后去渣装瓶备用。

【用法】每日早、晚各空腹饮15–20毫升。

【宜忌】相火旺盛者不宜用。

【方剂来源】《本草纲目》

戊戌酒

【主治】脾肾阳虚，少腹冷痛，男子阳痿，遗精滑泄，腰膝冷痛，女子宫寒不孕等症。

【功效】补肾阳，健脾胃。

【配方】小黄狗1条、曲30克、糯米7500克。

【制作】将小黄狗捕杀，去内脏，洗净，煮烂，连汁和曲、糯米如常法酿酒。

【用法】每日 3 次，每次 10–30 毫升，空腹饮用。

【方剂来源】《本草纲目》

延寿获嗣酒

【主治】肾阳虚亏，肾阴不足所致之筋骨酸软，腰膝无力，阳痿不育，遗精早泄，小便清长，白发秃发，耳鸣目花及妇女不孕等症。

【功效】壮阳温肾，填精助育，壮腰健骨，延年益寿。

【配方】生地 500 克、覆盆子 100 克、山药 100 克、芡实 100 克、茯神 100 克、柏子仁 100 克、沙苑子 100 克、山萸肉 100 克、肉苁蓉 200 克、麦冬 200 克、川牛膝 120 克、鹿茸 150 克、桂圆肉 300 克、核桃肉 200 克、益智仁 60 克、白酒 10 升。

【制作】将生地蒸 60 分钟，取生地及其他各药置入容器内，加白酒浸泡，10 天后即可取酒饮用。

【用法】每日晚饮用 20 毫升。

【方剂来源】《惠直堂经验方》

毓 麟 酒

【主治】肾阳虚亏所致之阳痿早泄，腰酸不育等症。

【功效】益肾壮阳，固精助育。

【配方】桑椹 50 克、枸杞子 50 克、山萸肉 50 克、补骨脂 50 克、牛膝 50 克、菟丝子 50 克、韭菜籽 50 克、楮实子 50 克、肉苁蓉 60 克、覆盆子 60 克、蛇床子 15 克、莲须 30 克、巴戟天 50 克、淮山药 30 克、木香 30 克、白酒 3000 毫升。

【制作】将上药研成粗末，装入纱布袋，与白酒共置入容器，密封浸泡 15 天，即可取酒饮用。

【用法】每日 2 次，每次服 10 毫升。

【方剂来源】《奇方类编》

鹿茸酒

【主治】肾阳虚亏所致之腰膝酸软，阳痿早泄及不育症、贫血等症。

【功效】温肾壮阳，填精助育。

【配方】鹿茸 15 克、淮山药 50 克、白酒 500 毫升。

【制作】将鹿茸、淮山药与白酒共置于酒坛内，密封浸泡 10 日后，即可取酒饮用。

【用法】每日 1 次，每次 10 毫升。

【方剂来源】《普济方》

磁石酒

【主治】肾阳虚亏所致之腰脊酸痛、畏寒怕冷、肢节疼痛、尿频阳萎等症。

【功效】温阳补肾，散寒通络。

【配方】磁石 200 克、石斛 100 克、泽泻 100 克、防风 100 克、杜仲 100 克、肉桂 100 克、天雄 80 克、桑寄生 80 克、天门冬 80 克、黄芪 80 克、石楠叶 60 克、狗脊 200 克、白酒 4000 毫升。

【制作】将上述药物研成粗末，放入纱布袋内，再与白酒一直置入酒坛，密封浸泡 15 天后，取酒饮用。

【用法】每日 2 次，每次 10 毫升。

【方剂来源】《千金方》

巴戟天酒

【主治】肾阳虚亏所致之腰膝酸较，筋骨不利，阳痿早泄，神疲乏力等症。

【功效】补肾壮阳，壮骨通络，益气和阴。

【配方】巴戟天 100 克、生地 50 克、黄芪 25 克、肉苁蓉 25 克、麦篇冬 50 克、地骨皮 25 克、防风 25 克、牛膝 100 克、五味子 25 克、甘草 10 克、白酒 2000 毫升。

【制作】将上药切成小块，装入纱布袋内，将布袋置入酒罐内，再加入白酒密封，浸泡 15 天，取酒饮用。

【用法】每日 2 次，每次 10 毫升。

【方剂来源】《备急千金要方》

淫羊藿酒

【主治】肾阳虚亏所致之阳痿早泄，腰酸脚软，畏寒乏力及不育等症。

【功效】益肾壮阳。

【配方】淫羊藿 250 克、白酒 2000 毫升。

【制作】将淫羊藿切成碎片，放入纱布袋内与白酒一起置入酒坛，密封浸泡 10 日后取酒饮用。

【用法】每日 2 次，每次 10-20 毫升。

【方剂来源】《食医心镜》

胡桃酒

【主治】肾阳虚亏所致之畏寒肢冷、腰膝酸软、头晕耳鸣、阳痿早泄、尿急尿频等症。

【功效】益肾壮阳，补腰固本。

【配方】胡桃仁 100 克、小茴香 25 克、补骨脂 50 克、杜仲 50 克、白酒 2000 毫升。

【制作】将上药切成小块，放入纱布袋，，再与白酒置入酒坛，密封 15 天后取酒饮用。

【用法】每日 2 次，每次 10-20 毫升。

【方剂来源】《寿世青编》

茴香酒

【主治】寒疝少腹痛，睾丸偏坠牵引腹痛，妇女带下，脘腹疼痛胀闷，不思饮食，呕吐。

【功效】散寒止痛，开胃进食。

【配方】小茴香（炒黄）120 克、黄酒 0.5 升。

【制作】将上药与黄酒同置干净器中，上火，煮数沸，候凉，收瓶备用。

【用法】每日 3 次，每次 10-20 毫升，饭前温饮。

【方剂来源】《本草纲目》

其他杂症

治怔忡药酒

【主治】心血不足所致之心悸怔忡、失眠多梦、神疲乏力、面少华色等症。

【功效】滋阴补血，养心安神。

【配方】茯苓50克、柏子仁50克、当归50克、麦冬50克、生地50克、枣仁30克、龙眼肉50克、白酒3000毫升。

【制作】将上述药研成粗末，再与龙眼肉一起装于纱布袋内，与白酒一起放入酒坛内，密封浸泡15日，即可取酒饮用。

【用法】每日2次，每次10毫升。

【方剂来源】《神验良方集要》

阿魏酒

【主治】胃疟。

【配方】阿魏（研成粉）1克半夏（研末生姜汁作饼，晒干，再捣取）0.5克。

【制作】上药用酒一杯调制。

【用法】未发时温饮。

【方剂来源】《圣济总录》

菖蒲酒

【主治】心脾两虚、痰湿中阻所致之头晕胸闷，胃呆纳减，健忘心悸，精神不佳等症。

【功效】健脾化湿，化痰开窍。

【配方】石菖蒲100克、白术100克、白酒1000毫升。

【制作】将石菖蒲切细，放入酒坛内，再加入白酒一起浸泡15天，取酒饮用。

【用法】每日2次，每次10毫升。

【方剂来源】《太平圣惠方》

茱萸根酒

【主治】脾胃虚热，令人呕吐，出虫。

【功效】除虫。

【配方】吴茱萸根 50 克、大麻仁 50 克、陈皮 25 克、黄酒 1 升。

【制作】以上三味药，共捣为粗末，置于瓶中，入黄酒浸泡，24 小时后，微火热之，候温，滤去渣，澄清备用。

【用法】每日早晨空腹饮 10~20 毫升，晚饭前再饮一次，以下尽虫为度。

【方剂来源】《太平圣惠方》

吴茱萸酒

【主治】脾劳热，令人好呕。有蛔虫在脾为病。

【配方】吴茱萸根 30 厘米（锉成粉）、火麻仁 8 克、陈皮 75 克。

【制作】先捣碎陈皮、火麻仁如泥，拌吴茱萸根粉，用好酒 10 升，共置坛内，密封浸渍一宿，再文火微煎，滤去渣。

【用法】将酒分成 5 份，每空腹温饮 1 份，虫即下。

【方剂来源】《奇效良方》

薏苡仁酒

【主治】疟疾。

【功效】补肺清热，祛风胜湿。

【配方】薏苡仁 50 克、好酒 1 升。

【制作】薏苡仁入酒，同煮，露一宿，次晨热透，去薏苡仁。

【用法】趁热服一次，神效。

【方剂来源】《圣济总录》

松节酒

【主治】风毒脚气，痹挛掣痛。

【配方】肥松节597克、生地黄112克、肉桂37克、丹参75克、萆薢75克、火麻仁65克、牛膝112克、朱蒡根（刮去皮土）112克。

【制作】上药轧碎，白生丝袋盛之，用好酒13升，共置坛内，密封浸渍7日。

【用法】一日3次，饭前温饮一杯。

【方剂来源】《太平圣惠方》

白杨酒

【主治】脚气。

【功效】祛风、宿血。

【配方】白杨皮500克、酒2升。

【制作】白杨皮切片，入酒浸10日，去皮留酒。

【用法】随量频饮。

【方剂来源】《本草纲目》

地牛酒

【主治】脚气，肿满，烦疼少力。

【配方】生地黄600克、杉木节187克、牛蒡根600克、丹参112克、牛膝187克、火麻仁300克、防风112克、独活112克、地骨皮112克。

【制作】上药轧碎，白丝袋盛之，用好酒13升，共置坛内，密封浸渍14日。

【用法】每于饭前，随量温饮。

【方剂来源】《太平圣惠方》

对酒当歌

第一章　名山胜川留酒痕

神州大地，幅员辽阔，山川壮丽，群山耸立，江河如网，其自然风光，真是千姿百态，美不胜收。孔子曾说：“智者乐水，仁者乐山。”南朝陶弘景也说：“山水之美，古来共谈。”除了这种自然景观之外，由于中国历史悠久，更有数不清的人文景观，这种人文景观更显示了中华民族的智慧和文明。

在这些人文景观中，与酒有关的名胜古迹，也占据着一个重要地位，这是中国人文景观的一个不容忽视的组成部分。

在这类名胜古迹中，最引人注目的大概要数诗人们留下的酒痕遗迹了。歙县太白楼有一副对联：“公昔登临，想诗境满怀，酒杯在手；我来依旧，见青山对面，明月当头。”是的，诗人们对着青山明月，自然要酒瘾大发，诗兴大作，由是，留下了说不完道不尽的轶闻趣事。这些文人雅士，早已仙逝，但是“翁去八百载，醉乡犹在”，他们却留下了很多令人神往的遗迹。以李白为例，在四川江油，就留下了太白故里、匡山书院、太白楼、月爱寺等一连串古迹，构成了以李白为中心的一批文化景点。在安徽马鞍山，又留下了捉月台、李白衣冠冢、顾白楼的古迹，还流传着李白醉后捞月的故事。

另一类名胜古迹，与流传在世有名的故事共传颂。如甘肃酒泉，是霍去病击匈奴，汉武帝赐御酒劳军的故事。由于汉武帝所赐御酒仅一坛，霍去病将酒倾注到泉中，与将士共饮，这个故事，表现了霍去病与士卒同甘苦的作风。又如江西南昌滕王阁，就因一次文人的盛会，畅饮中，年少气盛的王勃一口气书下了脍炙人口的“滕王阁序”，其中名句：秋水共长天一色，落霞与孤鹜齐飞，传为千古文坛佳话。谁不想亲临其境赏秋水长天，落霞孤鹜呢？在陕西临潼鸿门，只留下了一点遗址，但面对鸿门遗址，也不禁使我们感觉到当年鸿门宴上的紧张气氛。

在民间，流传着极其丰富的神话传说，这些神话传说，也伴名胜古迹留传下来。如湖南的江南第一楼岳阳楼，就留下了吕洞宾三醉岳阳楼的传说，反过来，传说又给这座名楼平添了几分神秘的色彩。传说吕洞宾有诗：“三醉岳阳人不识，朗吟飞过洞庭湖。”在岳阳楼的楹联中，也有不少写吕洞宾三醉的。如“修到神仙，看三醉飞来，也要几杯绿酒；托生人世，笑百般好处，都成一枕黄粱”。

在这些景观中，有的融自然景观与人文景观于一体，相得益彰，使自然景观的内涵更加丰富。如湖南的岳阳楼、滁州醉翁亭、当涂采石矶、苏州沧浪亭、黄州东坡赤壁等等。这些名胜古迹，本来就景色宜人，具有极高的观赏价值，而由于有了这些酒人酒诗酒文的点缀，就更加使人留连忘返了。这些文化名胜古迹，也昭示着丰厚的中华民族文化积淀。

也有一些名胜古迹，由于历史久远，或由于天灾人祸，已经毁坏殆尽，或仅留遗址，或连遗址也被淹没，可是，由于这些故事早已深入人心，所以人们仍然怀念它，凭吊它。即使仅余一木一石，人们也极视为珍贵。正所谓“山不在高，有仙则名；水不在深，有龙则灵”。

这里，仅选与酒有关的名胜古迹数十处介绍给读者。

北京市

[沁秋亭] 也叫流杯亭，在恭王府萃锦园东南部。

恭王府是清道光皇帝第六子恭忠亲王奕䜣的府第。在这之前是乾隆时大学士和珅的住宅。恭王府后面有花园，称为萃锦园，俗称恭王府花园。花园设计富丽堂皇，斋室轩院曲折变幻，传称是《红楼梦》里的荣国府及大观园的原型。沁秋亭在此园中。亭内有流杯渠，从山上注井水入渠，效法晋人修禊曲水流觞的故事。

[猗轩亭] 俗称流杯亭。在潭拓寺的东院。亭子为方形，琉璃瓦四角攒尖顶，四周有坐凳栏杆，地面为汉白玉石砌，地面上凿上蟠龙形水渠，引水入渠，以耳杯（羽觞）盛酒，放置水渠入口的地方，耳杯顺水飘流，文人雅士于春日列坐渠旁，取杯饮酒。这是仿汉魏时曲水流觞的习俗，取修禊禳灾之意。

河北省·承德市

[萍香泮] 在避暑山庄万树园的东南。清康熙帝题名，乾隆时列为三十六景之十九景。萍香泮位于热河泉北岸，南临澄湖，东接东船坞，是御舟停泊处。盛夏之际，浮萍点点，洒满湖面，清香阵阵，沁人心脾。康、乾两帝泛舟赏荷，同时流杯赐宴，在此停息。

易　县

[燕下都遗址] 在易县城东南，北易水和中易水之间。燕国故都之一，其营造年代不晚于战国中期燕昭王时。燕太子丹送别荆轲即在此处。荆轲前往秦国行刺，必无生还，送别者均明白，举杯高歌，慷慨激昂，十分悲壮。

邯 郸 市

[卢生殿] 位于邯郸市王化堡吕祖殿之后，殿内有卢生石卧像，醉卧床上，头枕方枕，两腿微曲，面目清秀，双目微闭，神态悠然。殿中有联曰：“修到神仙，看三醉归来，也要几杯绿酒；托生人世，笑百般好处，都成一枕黄粱。”

山西省·汾阳县

[杏花村] 位于汾阳县城北十五公里处。村中有一口古井，人们称之为神井，古井上有一亭，名为申明亭。据古碑文记载，井水“味如醴，甘馨清冽”，取水酿酒，馥郁芬芳，香醇可口。自北魏开始用此井水酿酒，到现在已有一千五百多年的历史了，历代的文人墨客，题诗刻碑，对此酒大加赞誉。中国名酒汾酒和竹叶青之水源，也来自此井。

杏花村古井所以也叫神井，是因为神话传说中这里有一个酒店叫做“醉仙居”，有一个老道，穿得破衣烂衫，来到酒店喝酒，分文没有。酒店主人还是客客气气地招待了他。就这样来了三次。最后，老道对店主人说，我喝酒你没有要钱，我就报答你一下吧。说完，取井水吹了口香气，再倒入井中，于是井水都变成香醇醉人的酒了。于是这口井就变成了神井。

芮 城 县

[永乐宫·纯阳殿] 永乐宫原名大纯阳万寿宫。在芮城北三公里龙泉村东。据有关典籍记载，八仙之一的吕洞宾诞生在这里。吕氏死后，乡人将其故居改为吕公祠。金末，随吕洞宾神话故事的流传，祀奉者日多，于元太宗四年（1232年），营建此宫，历时十五年主体建筑建成。又经近百年，始全部完工。其中纯阳殿又名混成殿、吕祖殿，殿内四壁和扇面墙上布满吕洞宾的神话故事的壁画，从其出生到成仙，其五十二幅。画面有亭台楼阁、酒肆茶馆及各色人等。其中，对吕洞宾饮酒轶事也有生动描绘。

上 海 市

[醉白池] 位于上海松江县松江镇西南。是清顺治年间工部主事顾大申所建。顾大申工诗善画。此池之名取于苏东坡《醉白堂记》，宋代宰相韩琦慕白居易晚年以饮酒赋诗为乐，因建“醉白堂”。顾大申亦慕白居易之乐而以“醉白”名池。该建筑以池为主，环池三面皆曲廊亭榭，晴雨皆可凭栏赏景，饮酒赋诗。

江苏省·扬州市

[平山堂] 在瘦西湖畔蜀岗中峰上，大明寺西侧。平山堂是欧阳修任扬州太守时营建。他经常在此宴饮宾客，谈文赋诗。因坐在堂内南望远山，与栏干相平，故名平山堂，现在之平山堂系清同治年间重建。平山堂有联曰：登堂如见其人，我曾经泰岱黄河，举酒遥生千古感；饮水当同此味，且莫道峨嵋太白，隔江喜看六朝山。

[谷林堂] 在瘦西湖平山堂北。是苏轼在扬州做官时，为纪念其师欧阳修而建。苏轼常在谷林堂饮酒，读书，作诗。堂中有一联：“遗址在西霞，雅竹老槐，风景模糊今异昔；开轩借真赏，焚香酹酒，仙踪戾上弟从师。”传为欧阳修作。

南　京　市

[秦淮河] 横贯南京，流入长江，在南京市中华门内夫子庙一带，历朝为歌馆酒楼云集之地，近年再次翻修，成为旅游景点之一。唐·杜牧有《夜泊秦淮》诗曰：“烟笼寒水月笼沙，夜泊秦淮近酒家。商女不知亡国恨，隔江犹唱后庭花。”

常　熟　市

[草圣祠] 原在常熟大成门之右，今仅余遗址，祠已不存。草圣即唐代大书法家张旭。张旭曾任常熟县尉，善草书，人称草圣。相传张旭嗜酒，每次大醉，都要狂呼而走，这才执笔作书。草圣祠有联写道：“书道入神明，落纸云烟，今古竟传八法；酒狂称草圣，满堂风雨，岁时宣奠三杯。”

浙江省·绍兴市

[兰亭] 在绍兴市西南12.5公里白兰渚山下，东晋大书法家王羲之撰书的《兰亭集序》记叙永和九年三月三日，他与友好在此修禊的盛况。亭有小溪经过，称曲水，临溪有流觞亭。亭西有王右军祠，祠中正殿有王羲之像，殿前有墨华池，池中建墨华亭，两廊墙上嵌有唐宋以来名书法家临摹的《兰亭集序》十余种。

[沈园] 为南宋时名园，在今绍兴市延安路洋河弄三号。现仅存一角。园中有小池如葫芦，名葫芦池，上有石板小桥，连同池边假山、水井，均当年旧物。南宋诗人陆游初婚唐琬，后被迫离异。绍兴二十五年二人在沈园邂逅。时二人均已再婚。陆游感慨不已，在园壁题《钗头凤》云：“红酥手，

黄滕酒，满城春色宫墙柳。东风恶，欢情薄，一怀愁绪，几年离索。错，错，错！”极言痛苦之情。唐琬亦和一阙，内有“怕人寻问，咽泪装欢。瞒，瞒，瞒！”之句。不久悒郁而死。陆游八十岁时再游沈园，仍有诗追念往事。

[鉴湖] 也叫长湖、太湖、庆湖、镜湖。在绍兴南1.5公里外。东汉永和五年（140年），会稽太守马臻引山阴、会稽两县三十六源之水为湖。东至曹娥河，西至钱塘江，百姓大得其利，但却遭豪绅嫉恨，遂被诬陷致死。唐中叶以后，日渐淤积，北宋时又因填湖造堤堰，湖面进一步缩小。今之湖塘、容山湖、坝石湖、白塔萍等，仅存遗迹而已。虽然如此，湖上堤桥随设，晚舟时见，青山为屏，碧水为镜，实江南水乡之胜境。恰如王羲之所说：“山阴道上行，如在镜中游。”贺知章、陆游都爱这“湖山奇觞”而终老此乡。鉴湖水质特佳，驰名中外的绍兴酒，即用鉴湖水酿造。

金华市

[八咏楼] 原名元畅楼，位于金华南隅，面临婺江。南朝齐隆昌元年（494年）沈约为东阳太守时建。沈约赋《登元畅楼》诗说：“危峰带北阜，高顶出南岭。中有凌风榭，四望川之阴。”又写长歌八篇，广为传诵。后人遂把元畅楼改为八咏楼。崔融、崔颢、严维、李清照、陆游等，均曾登楼揽胜，把酒赋诗，留下不少名篇。宋元以来数次毁建，现存八咏楼为清代重建。

安徽省·马鞍山市

[太白楼] 又名谪仙楼、太白祠、青莲祠。位于采石矶。是后人为纪念李白而建于元和年间。宋、元、明、清数次毁于兵火，现存之楼是清光绪年间重建。太白楼依山而建气势雄伟，楼有三进，左右四廊，青石台阶，拾阶而上。大门两侧嵌有重修太白楼碑记及太白生平碑文。进门，迎面可见绘有太白漫游采石矶画的巨大屏风，壁上挂太白游迹图。楼上有黄杨木雕的太白像和太白手书拓本。楼有楹联曰：“醉来天子不能呼；狂到世人皆欲杀。”又有联曰：“江上清风楼上月；诗中才子酒中仙。”

[捉月台] 原名舍身崖，又称联壁台，在采石矶。台嵌于葱郁陡峭之绝壁间，翘首展翅，突兀江干，十分险峻。传说李白醉后，从这里跳入江中捉月，故名捉月台。宋代诗人梅尧臣有诗曰：“采石月下逢谪仙，夜披锦袍坐钓船。醉中爱月江底悬，以手弄月身翻然。不应暴落饮蛟涎，便当骑鲸上青天。”另捉月台有联曰：“到处风涛总是诗；千年醒眼何尽醉。”

[李白衣冠冢] 位于马鞍山翠螺山山腰。冢基用青石垒砌，高约2米，

前有白色大理石碑，镌刻“唐大诗人李白衣冠冢”。相传李白酒醉跳江捉月溺死，衣冠落入江中，被渔民捞起后，起初葬在当涂采石镇（今马鞍山市）古神霄宫，后迁到此处。白居易《李白墓》诗有“采石江边李白坟，绕田无限草连云”之句。

黄山市

[醉石] 在黄山圣泉峰下，为一巨石。传说诗人李白在此处饮酒听泉，不知不觉醉倒在石上，或说李白在此把酒吟诗，酒醉之后，绕石三呼，故名。又石旁有洗杯泉，相传李白在此泉洗盏更酌。石上有明嘉靖题刻。

滁州市

[醉翁亭] 在琅玡山中。北宋庆历六年（1046年），欧阳修知滁州时，山僧智仙建亭于酿泉旁，以为游息之所，欧阳修登亭饮酒，“饮少辄醉”，故名醉翁亭，自号“醉翁”，并撰写脍炙人口的不朽名文《醉翁亭记》以记其事。亭之布局小巧，曲折幽深，富有诗情画意。亭周围有二贤堂、冯公祠、古梅亭、怡亭、意在亭、九曲流觞、醒园等胜迹。醉翁亭有联曰：“人生百年，把几多风月琴樽，等闲抛却；是翁千古，问尔许英雄豪杰，哪个醒来。”

[酿泉] 一名让泉，原名玻璃泉，在琅玡山醉翁亭下。欧阳修《题滁州醉翁亭》中，赞酿泉曰：“声如自空落，泻向两檐前。流入岩下溪，幽泉助涓涓。响不乱人语，其清非管弦。岂不美绿竹？绿竹不胜繁。”泉水清澈寒冽，甘醇可口，四季不竭。“酿泉秋月”现为滁州十二景之一。

[丰乐亭] 位于滁州西丰山下。建于北宋庆历六年（1046年），欧阳修知滁州时，感到太平已久，物阜年丰，人民安乐，就辟地建亭，名为“丰乐亭”。欧阳修常与滁人游其间，并作《丰乐亭记》。苏轼手书之《丰乐亭记》碑记与《醉翁亭记》碑记齐名。均在亭中。欧阳修游丰乐亭时，有《丰乐亭游湖三首》诗记之，其一曰：

绿树交加山鸟啼，晴风荡漾荷花飞。
鸟歌花舞太守醉，明日酒醒春已归。

歙县

[太白楼] 位于歙县练江南岸，楼始建于唐，屡圮屡兴。楼有前后两进，

依山傍水，古雅飘逸。相传歙州名士许宣平，在此饮酒赋诗。许宣平有题壁诗云：“险居三十载，筑室南山巅。……乐矣不知老，都忘甲子年。”天宝年间，李白见此诗，叹曰：“此仙人诗也！”于是前来拜访，但未遇，留《题许宣平庵诗》：“我吟传舍诗，来访真人居。”“应化辽天鹤，归当千岁余。”太白楼有联云：公昔登临，想诗境满怀，酒杯在手；我来依旧，见青山对面，明月当头。

贵 池 市

[杏花村] 位于贵池市西郊。古有酒肆，产名酒。唐代诗人杜牧《清明》诗云：

清明时节雨纷纷，路上行人欲断魂。
借问酒家何处有？牧童遥指杏花村。

诗中所咏即此杏花村，此后，杏花村成为家喻户晓的地方。《池州府志》记，杏花村“旧有黄公酒垆，后废，余井圈在民田内，上刻：黄公广润泉字”。杏花村酒的成名历久不衰，古井仍存，井水清冽，俗称“香泉似酒，汲之不竭”。

江西省·南昌市

[滕王阁] 座落于赣江边沿江路。唐显庆四年（659年），太宗之弟，滕王李元婴都督洪州（今南昌）时营建，阁以其封号命名。上元二年（675年）九月九日，重修滕王阁成，洪州都督阎伯玙在此大宴宾客，原拟由其婿撰写阁序以之夸客。王勃省父，过此，席间作《滕王阁序》，成为千古传诵名篇。滕王阁上层前楼额曰：“西江第一楼”，后楼小篆韩愈记：“江南多临观之美，而滕王阁独为第一，有瑰丽特绝之称。”匾曰：“仙人旧馆。”阁中，咏阁的诗文、碑拓、图画，历代不绝。文人雅士，来此临轩饮酒，赏景赋诗者代不绝人。正如滕王阁联所说：

鸣鸾昼静，画蝶春融，当年文采风流，雨卷云飞余胜赏；
乘鹤楼高，燃犀渚回，是处江山辉映，诗成酒熟待才人。

九 江 市

[烟水亭] 原名浸月亭。在九江甘棠湖中。建于唐元和十一至十三年

(816–818 年)。相传为三国时东吴都督周瑜点将台旧址。唐诗人白居易贬为江州（今九江市）司马时，建亭于其上。后人因其《琵琶行》中有“别时茫茫江浸月”之句，遂命名为浸月亭。北宋理学家周敦颐来九江讲学，其子在甘棠湖上建亭，取“山头水色薄笼烟”之意，名之为烟水亭。明时两亭俱毁，明末在浸月亭旧址重建，名为烟水亭。烟水亭上，文人雅士常来饮酒赋诗。今亭有联云：

世道可平乎？什么达官，什么名卿，又什么才子仙姝，极目古今愁，云散风流，都付春风一梦；

人生行乐耳。有此夕阳，有此芳草，更有此湖光山色，放怀天地阔，高歌长啸，何妨沽酒三杯。

[陶渊明墓] 位于九江马四岭西阳山。陶渊明，名潜，字元亮，浔阳柴桑（今九江县）人。为晋代最杰出的诗人，曾当过彭泽令一类的小官，四十一岁即退隐归田，回到故里。归隐之后，写出大量优秀诗篇，《归去来辞》、《桃花源记》，脍炙人口。退隐之后，除耕作外，经常饮酒，写出了许多关于酒的诗歌，如“不觉知有我，安知物为贵？悠悠迷所留，酒中有深味”等。又，有“靖节祠”也在此处，近年始迁建于县城沙河街。

山东省·蓬莱县

[蓬莱阁] 位于蓬莱县城北丹崖山巅。下临大海，殿阁凌空，云烟缭绕，素有仙境之称。古代传说蓬莱、方丈、瀛洲为海上三仙山，上有仙人及长生不老药。秦皇、汉武都曾为求仙觅药先后到此。方士徐市（又名徐福）受始皇之命求仙，传即由此乘舟入海。神话“八仙过海”也在这里。蓬莱阁自古为文人学士雅集之地，观海述景，把酒吟诗，题咏二百余石，翰墨流芳，为海天增色。

[太白楼] 座落济宁市南部旧城墙上。传为唐代大诗人李白客游任城（今济宁市）饮酒处。二楼内有“诗酒英豪”匾额，壁嵌李白、杜甫、贺知章阴线浅刻画像。外壁有各代碣石四十余块，有“太白一去不复留，任城尚有崔巍楼”之语。另，太白楼联有：“我辈此中宜饮酒；先生在上莫题诗”句。

阳 谷 县

[景阳岗] 位于阳谷县城东南 17.5 公里处，传为《水浒传》故事中梁山

英雄武松打虎的地方。当年这里岗阜起伏，怪石突兀，草密林茂，人烟稀少。武松酒醉上岗，打死猛虎为民除害。现在岗上新立“景阳岗”石碑，由当代名书法家舒同手书。另建有武松庙及打虎塑像，旁建碑亭，碑上镌刻有“武松打虎处”五字。

[龟蒙顶] 在蒙阴、平邑两县交界处。为蒙山主峰，海拔1156米。峰顶平坦，形似爬行的大龟，故名“龟蒙顶”。南麓有古颛臾国遗址。上行约一公里，涧间有断桥，桥头立“迎仙桥”石碑。再上为桃花峪，传为战国时军事家孙膑师事鬼谷子处，鬼谷子曾令其看守桃园，今遗迹犹存。登蒙顶俯瞰群峰，无不匍匐膝下，万壑流云，烟霞明灭，景色极为壮观。相传孔子来此曾感慨说：“登山而小鲁”，旧有“孔子小鲁碑”，已佚。李白、杜甫两位伟大的诗人在河南相遇以后，又在山东与高适相逢，三人在一起度过一个秋天。之后，高适南游楚地，杜甫、李白又同到齐州（济南）。之后，二人同上蒙山，白天携手同行，醉时共被酣睡，有时守着一杯酒，饮酒谈文。最后在石门分手。杜甫在《赠李白》中说：“痛饮狂歌空度日，飞扬跋扈为谁雄？”李白在《鲁郡东石门送杜甫》中说：“飞蓬各自远，且尽手中杯。”苏东坡也登蒙山并题诗曰：“不惊渤海桑田变，来看龟蒙漏泽春。”

河南省·登封县

[石淙会饮] 位于登封告成镇东约3公里处。石综河汇聚成潭，两岸崖石陡峭险峻，崖下潭水深不可测。潭南有巨石突立水中，石顶平整，可容数十人，世称泉台。河水至此两分。北岸有一天然石洞，洞内有一平方石板，传说武则天到此游览，常宿此处，故称娘娘洞、娘娘坑。洞北有一洞穴，临洞口可观赏鱼跃，俗称观鱼洞。北崖刻有周久视元年（700年）武则天在这里大宴群臣时的诗作十七首，南崖上刻有张易之撰写的《秋日宴石淙序》。因武则天在这里大宴群臣饮酒赋诗，观赏秋景，故名“石淙会饮”，现为中岳嵩山名景之一。

洛 阳 市

[白居易墓] 在龙门香山琵琶峰上。白居易晚年寓居香山，自号香山居士，流连山水，饮酒赋诗，死后即葬于此。墓前有碑曰：“为生民忧，真言极谏；得山水乐，饮酒赋诗。”

汝 阳 县

[杜康村] 在汝阳县城北25公里处。相传为杜康造酒处。杜康为传说中的酿酒的发明者，所酿之酒名杜康酒，已有二千五百年的历史。杜康常被用来作为佳酿的代称。曹操在《短歌行》中曾有“慨当以慷，忧思难忘；何以解忧，唯有杜康”的诗句。杜康造酒刘伶醉已被传为美谈。

湖北省·武汉市

[黄鹤楼] 在武汉蛇山黄鹤矶头。相传三国吴黄武二年（223年）所建，后各代屡毁屡建，以至于“楼之兴废，更莫能记”。黄鹤楼高标崚嶒，层楼连庑，轩昂宏伟，峥嵘漂渺，宛若仙宫。黄鹤楼的传说也甚多，如王子安乘鹤来此楼；费文伟驾鹤返憩于楼上，等等。还有一个传说，是辛氏在黄鹤楼卖酒，一道士常来酌饮，辛氏不收酒资，道士走时以橘皮在壁上画一黄鹤，对辛氏说：有客来即拍手，鹤即下壁飞舞，辛氏如其言，有客来则拍手，鹤从壁上下来，飞舞助兴。于是辛氏大富起来。十年以后，道士又来，取出笛子一吹，黄鹤下来，道士跨鹤直上云天，不复来。辛氏遂建此楼。历史名人也来此观景抒怀。尤以唐人崔颢所题《黄鹤楼》一诗，成为千古绝唱。黄鹤楼楹联颇多，今录其一：

心远天地宽，把酒凭栏，听玉笛梅花，此时落否？
我辞江汉去，推窗寄慨，问仙人黄鹤，何日归来？

襄 樊 市

[习家池] 别名高阳池馆。在襄阳城南5公里处。东汉初年襄阳侯习郁在此建造府第，引白马泉凿池养鱼，池中筑钓台，池侧建馆舍，以为游宴之所。西晋永嘉年间，山简镇守襄阳时，常在此饮宴，并取汉初郦食其自号“高阳酒徒”之意，改习家池为“高阳池馆”。该馆背倚岘山，群峰环抱，前望汉水，风帆隐现。园内楼馆台榭，参差栉比，流水潺潺，垂杨依依，景色宜人。

湖南省·长沙市

[白沙古井] 长沙市内天心阁南廻龙山下，该井历史悠久。清《一统志》载：“井在县东南二里，广仅尺许，最甘冽，汲久不竭。”誉为长沙第一井。现有井穴四个，各二尺见方，甘露涌出，终年不断，民谚说：“常德德山山有德；长沙沙水水无沙。”名酒白沙液即由此井水所酿。毛泽东词：《水调

歌头·游泳》词中“才饮长沙水，又食武昌鱼……”此处所指水即指此井水。

岳 阳 市

[岳阳楼] 位于洞庭湖畔，岳阳西门城墙上。为我国江南三大名楼之一。历有“洞庭天下水，岳阳天下楼”的盛誉。相传是三国时吴国鲁肃训练水师的阅兵台。唐开元四年（716年）中书令张说谪守岳州时建。楼，正式定名为岳阳楼。杜甫有《登岳阳楼》诗：“昔闻洞庭水，今上岳阳楼。吴楚东南坼，乾坤日夜浮。”宋·范仲淹撰《岳阳楼记》，于是名益振。主楼右有“三醉亭”，因吕洞宾三醉岳阳楼而得名。岳阳楼楹联中多有题咏吕洞宾三醉岳阳楼传说者，如“吕祖醉而仙，大醉非醉；君山流不去，狂流自流”。在楹联中，更有对杜诗、范文和吕洞宾三醉并加咏叹的：

一楼何奇，杜少陵五言绝唱，范希文两字关情，滕子京百废俱兴，吕纯阳三过必醉：诗耶、儒耶、吏耶、仙耶，前不见古人，使我怆然涕下；

诸君试看，洞庭湖南极潇湘，扬子江北通巫峡，巴陵山西来爽气，岳州城东道岩疆：潴者、流者、峙者、镇者，此中有真意，问谁领会得来。

永 州 市

[怀素千字文碑] 在永州市绿天庵遗址附近。原有八块，现仅存清代摹刻怀素千字文石碑一方，字迹似疾风骤雨，又如飞龙走蛇，刚劲雄伟，潇洒淋漓。怀素字藏真，露陵，幼年出家，酷爱书法。饮酒后，醉书狂草，无人出其右。李白诗曰：“吾师醉后倚麻床，须臾扫尽数千张。飘风骤雨惊飒飒，落花飞雪何茫茫。”

海南省·儋县

[载酒堂] 儋县城东40公里东坡书院内。是苏东坡贬海南时住所的遗迹。东坡贬儋县的第二年，儋县守官张中与苏东坡有诗酒往来，遂营造此堂，成为海南各地人士与东坡雅集的场所。堂名出自《汉书·扬雄传》载酒问字的典故。

四川省·成都市

[杜甫草堂] 成都市西郊浣花溪畔，是唐代伟大诗人杜甫的故宅旧址。原宅中唐以后已不复存在，北宋元丰年间，始重建茅屋，立祠宇。元、明、清历代均曾改建修葺。明弘治十三年（1500年）及清嘉庆十六年（1811年）的两次修建，奠定了今日草堂规模。杜甫在成都草堂期间，写了大量脍炙人

口的诗歌，其中《茅屋为秋风所破歌》是广为流传的名作。在草堂期间，杜甫也经常饮酒赋诗，如“读书难字过，对酒满壶频”；“邻里喜我归，沽酒携葫芦”。反映了他这方面的生活。现在的草堂梅园楠林，翠竹千竿，溪流小桥交错，回廊大廨相连，已成为中外游人仰慕的胜景。

邛崃县

[文君井] 邛崃县城内。相传为司马相如和卓文君设“临邛酒肆”时的遗物。西汉司马相如与邛崃富商卓王孙之女文君相爱，文君夜奔相如，结为夫妇。婚后开酒店于临邛（今邛崃县）市上，“文君当垆，相如涤器”传为千古佳话。相传，此井即相如、文君当年汲水之所。后人遂题名为“文君井”，杜甫流寓成都时作《琴台》诗，有“酒肆人间世，琴台日慕云”，即凭吊遗迹之作。文君井庭园约有十余亩，井旁有琴台，台前有月池、假山，园林小巧，别具一格。

宜宾市

[流杯池] 在宜宾市郊岷江北岸，江北公园内。为北宋诗人黄庭坚于元符年间，谪居宜宾时所凿。入园不远处，巨石嵯峨，平地拔起，裂石中开，一道天然峡谷，长给数十米，即池之所在。古人谓“曲水流觞”，用以饮酒酬唱。夹道石壁有历代名人题刻。张大千题曰：“山水何灵，得名贤履迹所经，便流传八百年后；裙履杂坐，爱此地流杯共酌，且约两三个人来。”

贵州省·仁怀市

[茅台镇] 在仁怀市赤水河畔。群山环峙，形势险要。当地生产茅台酒，历史悠久，十八世纪中叶即有酒坊二十家。

陕西省

[西渭桥] 在西安三桥镇西北沣河入渭处。建于汉建元三年（138 年）。又名便桥或便门桥。西渭桥是汉唐时通往西域的交通要道，杜甫《兵车行》诗：“爷娘妻子走相送，尘埃不见咸阳桥”即指此。唐代，西渭桥也是送客惜别之地，王维《渭城曲》：“渭城朝雨浥轻尘，客舍青青柳色新。劝君更尽一杯酒，西出阳关无故人。”即指此桥。

临潼县

[鸿门] 临潼县城东约 5 公里鸿门堡村。东接戏水，南靠高原，北临渭

河。两千年前，这里是通往古新丰的大道，由于雨水冲刷，形成鸿沟，在北端出口处，形似门道，故称鸿门。秦二世三年（公元前207年）项羽在钜鹿歼灭秦主力军，率军入关，在此宴请刘邦，欲借机杀之。后汉将樊哙持剑带盾而入，刘借故如厕，由樊哙护送，从骊山抄小路返回霸上。此次宴会即著名的“鸿门宴”。

甘肃省·酒泉市

[酒泉] 原名金泉。酒泉市东关酒泉公园内。泉清澈见底，澄碧如酒，旁立“西汉胜迹”碑一通。《酒泉县志》记载：古酒泉原有泉三眼，水流二十里，灌溉农田十五顷。相传汉骠骑将军霍去病出征匈奴获胜，驻军河西一带，汉武帝颁赐御酒一坛，霍去病倾酒于泉中，与众同饮。后人因改金泉为酒泉。左宗棠题酒泉联曰：

中圣人之清，有如此水；
取醉翁之意，以名吾亭。

第二章　佳节同乐宜畅饮
——传统节日与酒

送旧迎新酒如春

大年三十、农历正月初一春节，是中华民族最悠久、最隆重、最富有民族特色的节日；在春节期间的众多习俗中，饮酒又是非常重要的。

早在西周时期，人们为庆祝一年的丰收和新一年的到来，就捧上美酒，抬着羔羊，聚在一起，高举牛角杯，共同祝贺。到了汉代，“年”作为一个重大节日逐渐定型。到了这一天，家人放过爆竹后欢聚一堂饮椒柏酒，而且是让年龄最小的先饮。东汉时期，初一（又叫元旦）黎明时，各级官吏都要到朝廷给皇帝行贺年之礼，皇帝也兴致勃勃地接受群臣的朝贺，名曰“正朝”。汉制规定，群臣入宫朝拜需根据品位的高低带不同的礼品，皇帝也要设宴款待群臣，两千石以上的官员都可以参加御宴。这种朝贺之风往后愈演愈烈，曹植在诗中描写曹魏时期的盛况说：

> 初岁元祚，吉日惟良。乃为佳会，宴此高堂，尊卑列叙，典而有章。衣裳鲜活，黻黻玄黄，清酤盈爵，中坐腾光。珍膳杂沓，充溢圆方。笙碧既设，筝瑟俱张。悲歌厉响，咀爵清商。俯视文轩，仰瞻华梁。愿保慈喜，千载为常。欢笑为娱，乐哉未央！皇家荣贵，寿考无疆。

傅玄的《朝会赋》描写晋时情况更加生动形象，读之让人如临其境。元、清两朝的蒙、满两族入主中原后，也都积极汲取汉文化，极重元旦朝贺之礼，把赐宴当作拢络人心的有效手段。元诗人萨都刺《都门元日》一诗写道：

> 元日都门瑞气新，层层冠盖羽林陈。
> 云边鹄立千官晓，天上龙飞万国春。
> 宫殿日高腾紫霭，萧韶风细入青雯。
> 太平天子恩如海，亦遣椒觞到小臣。

汉民族向有“守岁”的风俗，除夕达旦不眠，谓之守岁。唐代宫中守岁，常常大摆宴席，让侍臣应制作诗，歌舞升平。初唐诗人杜审言的《守岁侍宴应制》诗写道：

季冬除夜迎新年，帝子王臣捧筵。
宫阙星河低拂树，殿庭灯烛上天。
弹琴奏即梅风入，对局深钩柏传。
欲向正元歌万寿，暂留欢赏寄前。

皇帝大臣如此，一般的骚人墨客是夜也往往饮酒赋诗，不过他们多是有感而发，与御用诗人的一味歌舞升平大不相同。贾岛一生以“苦吟”自诩，闻名于世，除夕守岁时，常把一年所作之诗全部置于几案之上，以酒肉为祭，焚香祷告道：“此吾终年苦心也。”祭毕举杯痛饮，长歌度岁。韦庄则痛感韶华易逝，游子飘零：

我惜今宵促，君愁玉漏频。岂知新岁酒，犹作异乡身。
雪向寅前冻，花从子后春。到明追此会，俱是隔乡人。

宋时不仅“守岁”，还有“馈岁”、“别岁”等花样，样样都离不开酒，“士庶不论贫富，围炉团座，酌酒喝歌”；“守岁之事，虽近儿戏，然而父子团圆把酒，笑歌相与，竟夕不眠，正人家所乐也。当然，也有几家欢乐几家愁，几家高楼饮美酒，几家挨冻在荒丘，几家寒冬遭饥饿，几家朱门酒肉臭”。南宋民族英雄文天祥，兵败被俘之后，除夕夜想起昔日此时阖家团圆饮屠苏酒的欢乐，再看看现在身陷囹圄、孤灯残照的凄凉，感概油然而生：

乾坤空落落，岁月去堂堂。末路惊风雨，空边饱雪霜。
命随年欲尽，身与世俱忘。无复屠苏梦，挑灯夜未央。

王安石客居他乡，佳节思亲，也难免生“断肠人在天涯”的感伤：

一樽聊有天涯意，百感翻然醉里眠。
酒醒灯前犹是客，梦回江北已经年。
佳时流落真可得，胜事蹉跎只可怜。
唯有到家寒食在，春风东泛濒溪船。

与文天祥的沉痛苍凉迥然有别，也与王安石的淡淡哀伤很不相同，词人杨无咎的除夕之作则表达了对新一年的美好愿望和欢度除夕的悠闲情调：

劝君今夕不须眠，目满满，泛觥船。大家沉醉对芳筵，愿新年胜旧年。

祭祀踏青酒常绿

清明，大约在阳历四月五日（农历三月）前后。这里的清明包括两层意思：一是指节气，二是指节日。从节气来说，清明是二十四节气之一。从节日来说，它因与寒食相近（只差一天），往往两者并称，有禁火寒食、上坟扫墓、踏青春游等风俗活动。这是二十四节气中唯一的一个民俗演绎为节日的节气，与酒的关系也很密切。上坟扫墓是清明节最重要的活动，这一活动必须有酒。

《帝京景物略》云："三月清明日，男女扫墓，担提尊榼，轿马后挂楮锭，粲粲然满道也。拜者、酹者、哭者、为墓除草添土者，楚楮锭次，以纸钱置坟头。望中无纸钱，则孤坟矣。哭罢，不归也，趋芳树，择园圃，列坐尽醉。"北宋词人柳永仕途困顿，一生浪迹于花街柳巷、青楼红粉之间，所作多"低吟浅唱"、"偎红倚翠"之词，深得歌妓舞姬的喜爱。相传他客死襄阳后，家徒四壁，一贫如洗，靠与他私交甚笃的妓女集资才得以入土。后来每到清明，她们都携酒带菜，赴其坟地祭扫，相沿成习，识与不识者纷纷前往，乡民们称之清明"吊柳七"或"吊柳会"。

水落浑黄风晦冥，不知节物是清明。
道帝新冢悲欢尽，柳下长亭聚散轻。
门静鞭鞑归燕逐，沙寒令省过渔惊。
河南禁酒河阳饮，醉醒相看总有情。

扫坟祭祖表达的是生者对死者的怀念和追忆，但死者虽已矣，存者仍须生。那堆堆坟茔怎能不触发生者岁月无情、人生有限的种种感概呢？

曾云归去总天涯，三尺荒坟万古家。
若个年年吊寒食，半瓢清酒滴桃花

清·陆元泓《过河北刘滕庵先生墓》。相识者的古墓也好，不识者的新坟也罢，在诗人心中激起的都是无限的凄楚和感伤。也有人比较达观，认为死者虽去，来者更多，长江后浪推前浪。

清明今日是，原上一经过。新蔽冢无数，未来人更多。
此生曾悟否，樽前且醉歌。
死者前去，后者更多，死者今日乃后来者之明日。
雨中禁火空斋冷，江上流莺独坐听。把酒看花想诸弟，杜陵寒食草青青。

祖宗坟茔是一个人根之所系，倘若清明日异乡飘零，不能前往祭扫，便会顿生断肠天涯之情，思乡怀人之意，觉得自己是断了线的风筝，迷了航的孤舟，没有归宿，心头惆怅。韦应物的《寒食寄京师诸弟》很好地表达了这种感情。

清明时节雨纷纷，路上行人欲断魂。
借问酒家何处有，牧童遥指杏花村。

此时此刻，大概只有酒可抚慰那孤寂的心、忧郁的魂了。

清明节是个有着两种感情色彩各异的节日，不仅有上坟扫墓生别死离的悲酸泪，也有踏青游赏纵情玩乐的欢笑声。

南北山头多墓田，清明祭扫各纷然。
纸灰飞作白蝴蝶，泪血染成红杜鹃。
日落狐狸眠冢上，夜归儿女哭灯前。
人生有酒须当醉，一滴何曾到九泉。

唐高翥清明对酒诗较好地描述了祭祀踏青的人们的活动及心理。酒终归还是被后人喝了，一滴未到九泉，只是寄托后人的哀思罢了。

龙舟竞渡酒似江

农历五月五日端午节，是我国的传统节日。“仲夏端午。端者，初也。”清·宝廷《五日读〈离骚〉》端即初始，午乃十二地支之一。原来端午只意味着每月初五日。由于“五”与“午”同音，因此，端五又叫“端午”，后来特别将五月五日称为端五。唐时为避玄宗生日（五月五日）之讳，特将“端五”改为“端午”。从此，端午节的名字就固定了下来。

端午节的含义主要是：悼屈原，辟邪恶。屈原是我国文学史上第一位伟大的爱国主义诗人，他正道直行，刚直不阿，为实现“美政”理想同奸佞群小进行了不屈不挠的斗争，以死进行了最后的抗争，谱写了一曲为国尽忠，为民尽责的凄美壮丽之歌。相传他是在公元前278年农历五月五日投江自杀的，江中的渔夫闻讯赶来打捞，费尽周折也未见到他的尸体。一个渔夫只好拿出为屈原准备的粽子等扔进江中，一个老郎中则拿出一坛子雄黄酒倒进江里，说是这样可以保护屈原的尸体不为蛟龙水兽所害。因而，后世就借用五月五日这天来悼念屈原时就多与酒发生了联系，甚至把他的《离骚》当成了与酒一样须臾不可离的宝物。《世说·任诞篇》云："王孝伯言名士不必须奇才，但使常得无事，痛饮酒，熟读《离骚》，便可成名士。"清人屈绍隆提出和酒读《离骚》："一叶《离骚》酒一杯，滩声空助故臣哀。"宝廷更认为以《离骚》佐酒远胜佳肴美馔："《离骚》少所喜，年来久未温。姑作下酒物，绝胜肴馔陈。愈读饮愈豪，酒尽杯空存。"

当然，仅喝点酒、读读《离骚》是远未得屈原精神的真髓的，真正的有识之士都只把酒当成形式，把屈原的忧患意识和爱国情肠当成悼念的实质内容。宋人徐渭的《端午寄酒庶回都官》一诗，也表达了对屈原的钦佩和哀悼：

龙舟争快楚江滨，吊屈谁知特怆神！
家酿寄君须酩酊，古人犹见独醒人。

"饮了雄黄酒，百病都远走。"旧时，每逢端午，不少地区都有饮雄黄酒以驱疾除病的习惯。当然，千里不同风，百里不同俗，也有不少地方（尤其是北方）并不把端午当成"恶日"，相反还把它当成喜庆之节来看待。

千里婵娟酒与共

农历八月十五，是我国旧俗中仅次于春节的重大节日：中秋节。

中秋节以赏月、拜月、玩月为主，又称"月节"或"月夕"。之所以选择八月十五这天赏月，是因为一年之中这一天的月色最皎洁。

月与酒自古就有着不解之缘，不少诗人既嗜酒如命，又以月为魂。在月光明媚、清辉遍洒的中秋之夜，二三学子载酒赏月，吟诗作赋是最让骚人墨客心驰神往的。北宋诗人李朴诗云：

皓魄当空宝镜升，云间仙籁寂无声。
平分秋色一轮满，长伴云衢千里明。

中秋月，不仅是仕途畅达者的朋友，更是人生困顿者的知己。贞元十四年，天旱民饥，当时任监察御史的韩愈和张署，直言劝戒唐德宗减免关中徭役，因而触怒龙颜，同时被贬，韩愈任阳山（今广东阳山）令，张署任临武（今湖南临武）令。后来，韩愈改任江陵府（今湖北江陵）法曹参军，张署改官江陵府功曹参军。在此情景下，中秋之酒就成了安慰他们痛苦的灵魂、缓解他们郁结的情怀的灵丹妙药。月与酒的双重效应，使他们始于沉痛，终于旷达：

纤云四卷天无河，清风吹空月舒波。
沙平水息声影绝，一杯相属君相歌。
君歌声酸辞且苦，不能听终泪如雨。
君歌且休听我歌，我歌今与君殊科。
一年月明今宵多，人生由命非由他，有酒不饮奈明何！

这种把酒赏月、吟诗作赋的习俗，唐以后的骚人墨客也都非常欣赏，视为雅事。苏轼著名的《水调歌头·明月几时有》就写于中秋夜通宵长饮之后。清诗人陈澧也写出了中秋夜饮的清兴：

中秋一醉不嫌迟，莫负今朝把酒卮。
人有幽怀爱深夜，天将明月答新诗。
四山雨气全成水，一桁楼荫倒入池。
野鹤闲鸥都睡了，此时清兴有谁知。

诗人们太喜欢中秋明月把酒吟诗的雅举了，以至于即使中秋无月，也要照饮照写，仿佛不如此就有愧于佳节良辰似的。早在汉代，中秋无月时就有人写古乐府曲《霜娥怨》弹琴宴饮。宋时，王琪为迎中秋早早备好了宴席，不巧碰上了阴天，但心胸开阔，意境幽远，眼光犀利，自然可以透破凝云看到一轮明月。他还是兴致勃勃地朗诵着“只在浮云最深处，试凭弦管一吹开”的诗句去找好友晏殊。晏殊正为中秋无月而闷闷不乐，闻之喜，立即穿衣起床，与他“相与乐饮达旦”。大文豪欧阳修，一次与诗友王君玉备好酒席唤来歌女共迎中秋，不巧碰上一场大雨，“池上虽然无皓魄，樽前殊未减清欢”,仍饮酒赋诗自娱，长夜不倦。

明成祖有一次中秋开宴赏月，结果月为浓阴遮盖，郁郁不乐。在旁待宴的大才子、翰林学士解缙见状，口占《落梅风》词一首：

嫦娥面，今夜圆。下云帘，不著臣见。
拚今宵，倚栏不去眠，看谁过广寒宫殿。

明成祖朱棣一听笑逐颜开，端起了酒杯，解缙又即席赋《中秋不见月》长短诗一首呈览：

吾闻广寒八万三千修月斧，暗处生明缺处补。
不知七室何以修合成，孤光洞彻万万古。
三秋正中夜当午，佳期不拟嫦娥误。
酒杯狼籍烛无辉，天上人间隔风雨……

成祖览后大喜，与群臣边饮边聊，夜半后明月复出，清辉遍地。不由称赞道："解缙真才子，夺天手也。"命宫人"添酒回灯重开宴"尽欢而散。

登高赏菊酒绵长

农历九月九日是重阳节。《易经》云："以阳爻为九"，将"九"定为阳数，两九相重为"重九"，日月并阳，两阳相重，故名重阳。

如果说中秋是赏月、饮酒、吟诗的三重奏，那么重阳节则是登高、赏菊、饮酒、吟诗的好时节。登高的习俗始于西汉，"三月上巳，九月重阳，士女游戏，就此祓禊登高"。东汉时，这一活动又添上一层神秘色彩：汝南人桓景，为战胜瘟疫，为民除害，拜方士费长房为师，潜心学习道术。一年后九月的一天，桓景正在院中练剑，费长房把他叫到跟前说："九月九日，汝南瘟魔又要出来，你赶紧回去为民除害，普渡众生。我给你茱萸叶子一包，菊花酒一瓶，让你家乡的父老登高避祸。"桓景遵命而行，刚把众乡亲在一座山上安顿好，瘟魔就猖狂扑来，但慑于刺鼻的酒气不敢近前，只在山下徘徊。桓景趁机抽出师傅所赠宝剑，挺身上前除杀瘟魔。从此，每逢九月九日，人们就纷纷带上菊花酒外出登高避难。

魏晋以后，登高的迷信色彩淡化了，但登高饮酒的习俗却作为一项节日的重要形式保存了下来。据《荆楚岁时记》记载：九月九日，士农工商各行业的人都到郊外登高，设宴饮酒。骚人墨客更是以此为雅事，在诗中多有记述。正在边关战场的岑参有诗写道：

强欲登高去，无人送酒来，遥怜故园菊，应傍战场开。

登高饮酒，更思念故土亲人，征战千里之外，企盼有人送酒，明知是不可能，更增添了对故土、家乡、京师的思念，无菊赏或者此菊并非彼菊，只思念故园菊开在边关，好尽情欣赏，将思念寄托于酣饮及赏慕山水，增添了强烈的思乡怀土之情。

重阳独酌杯中酒，抱病起登江上台。
竹叶于人既无分，菊花从此不须开。
殊方日落玄猿哭，旧国霜前白雁来。
弟妹萧条各何在，干戈衰谢两相催。

杜甫老年身处时难年荒之中，诗人飘零异乡，九日登高，抱病独酌，不能不倍加思念他久无音讯的亲人。

江涵秋影雁初飞，与客携壶上翠微。
尘世难逢开口笑，菊花须插满头归。
但将酩酊酬佳节，不用登临恨落晖。
古往今来只如此，牛山何必独沾衣。

杜牧用纵情饮酒的乐观态度来待极易让人伤感的九日之饮，并对春秋时齐景公游牛山而落泪的的小女儿表示不满，这又见重阳诗人的一种旷达超脱的情趣。

提到重阳节的诗与酒，我们不能不特别提到陶渊明和他的外祖父孟嘉。陶渊明的重阳饮酒佳话很多文章都有提及,而孟嘉的趣谈似乎还鲜为人知。孟嘉少有才名，颇受征西大将军桓温的赏识。有一年重阳节，桓温在龙山大宴宾客，吟诗作赋，啸咏骋怀，孟嘉也在其列。饮得正酣之际，突然一阵风起，把他的官帽吹落了。而他忙于饮酒，竟然没有察觉，还是桓温看不过去，命人提醒他，他才算把官帽戴上。在“君子死，冠不可免”（子路就因为捡帽子而丧生）的古代中国，孟嘉此举确实放达不羁，“孟嘉落帽”也就成了一个专门术语，用来指不拘小节的文人纵情诗酒娱乐的神态。宋·杨万里写重阳酒更为有趣，“老夫渴急月更急，酒落杯中月光入”。把月写活了，月与人争杯中之酒。

何当载酒来，共醉重阳节。
待到重阳日，还来就菊花。

孟浩然更是渴饮之情溢于言表，要求朋友载酒来，而不是拎、提、担的方式。是车载马拉，重阳就菊花而一醉。

秋风叶正飞，江上逢重九。人世几登高？寂寞黄花酒。

三载重阳酒，开时不在家。何期今日酒，忽对故园花。
野旷云连树，天寒雁聚沙。登临无限意，何处望京华。

此诗特色就在于用情抒发刻画自己的不佳意境、人生境遇及忧国忧民思想。重九本宜登高，偏偏在江舟之上行途中。回顾人生没有几次登高，都是在平常的孤寂中面对黄菊饮闷酒。有三年的重阳节，菊花开时，不要说登高，连菊花都不曾观赏到，均在旅途之中。不期今年这重阳酒是面对故园菊花了。但远看云树，渐寒归雁，心头不免向京城眺望，无限深情牵挂着朝廷政事。把作者“江湖——庙堂”的那种忧虑写得恰到好处。

清朝，两位在台湾澎湖厅为官的人物，一位是广西柳州的陈士荣、一位是湖北黄安的吴性城，重九登楼另是一番滋味。

陈曰：“敢谓独醒拼一醉，笙歌宴罢漏敲三。”

吴曰：“忘情名利身还健，不饮茱萸酒独醒。”

第三章　民族和谐酒酽醇
——少数民族与酒

酿酒的主要原料是粮食。小麦在中国是天山南麓的古代民族最先种植的；大麦是青藏高原的古代民族培育出来的；稻谷是长江下游的古代民族（“东夷”中的一部分）最早种植的；高粱最早产生于中国西南的少数民族地区，青稞是青藏高原的古代民族培育出来的。

葡萄是西汉张骞出使西域带回内地后，才开始在国内广泛引种的。葡萄酒的配制法，于唐太宗时由西域传入长安。后人传说来自西域高昌国。高昌在唐代的辖地西包库车，东抵哈密东境，北越天山，南接于阗，几乎囊括今日的整个新疆地区。高昌国是今维吾尔族的先祖回鹘人的一支西迁所建。《南部新书·丙卷》记载，唐廷“收马乳蒲萄种于苑，并得酒法仍自损益之，造酒成绿色，芳香酷烈，味兼醍醐，长安始识其味也”。晋张华《博物志》称：“西域有葡萄酒，积年不败。彼俗云：可十年饮之，醉弥月乃解。”《隋书》和旧、新《唐书》都说西域高昌国盛产葡萄酒。当时汉族人中，只有与西域毗连的凉州（今甘肃西部）才仿造葡萄酒。北宋末年朱翼中所著的《北山酒经》中所说的葡萄酒，只是以葡萄酒酿造法为工艺，以粮食为主料，以葡萄和杏仁为辅助香料制成的酒。直到明代，纯粹的葡萄酒才在内地广泛酿造。

烧酒原本是阿拉伯人创造的，元代经西域民族地区传入中原，成为中国人传统的主要的烈性饮料。

奶酒又称乳酒，是中国北方蒙古、哈萨克等牧业（过去主要是游牧）民族的传统饮料，以马、牛、羊的乳汁发酵加工而成。自然发酵而成的奶酒度数不高，不易醉；以蒸馏法制成的奶酒浓度高，酒劲大。奶酒最初产生于古代北方游牧民族。他们以皮囊盛奶，在游牧颠簸的过程中乳汁变酸发酵成奶酒，被牧民发现而利用并进一步加工，流传至今。匈奴人饮的酒，除汉王朝送的以外，主要是乳酒。蒙古人饮用马奶酒的记载，最早见于《蒙古秘史》，该书说成吉思汗第十一代先祖布旦察尔，曾在通戈格河畔游牧的一个部落中饮用过类似于马奶酒的“额速克”。《马可波罗游记》中也有“鞑靼人饮马乳，其色类白葡萄酒，而其味佳，其名曰‘忽迷思’的记述”。“忽迷思”即马奶酒。清·基城主人《出塞集·塞外竹枝词》注说，蒙古人“以马乳酿酒，每饮必烂醉而后已”。可见马奶酒不仅多，而且好喝，否则不可能“每饮必烂醉”。据实践和科学研究证明，马奶酒确有丰富的营养成分，不仅能促进人体的新陈代谢、补肾活血、助消化，而且对胃病、气管炎、神经衰弱和肺结核等疾病有明显疗效。在元代，马奶酒已成为宫廷国宴的饮料，至现代，蒙古族男女老幼皆喜饮马奶酒。

鄂伦春族、达斡尔族和鄂温克族民间，也有用马奶或牛奶制乳酒的。

用酒曲酿酒的技术，最早产生于中国。相传为孔子编定的《尚书》中，记有商王武丁和他的大臣谈话时提到“若作酒醴，尔惟曲蘖”。曲蘖指的就是酒曲。武丁王约为公元前十二三世纪在位。法国人利用酒曲生产酒精，已是公元19世纪末的事了。他们过去造酒，是利用麦芽淀粉糖化的方法。中国人用酒曲造酒比欧洲人早3000多年，这当然与中国悠久的农业文明史有关。但是以麦酿酒，却出现较晚。《唐书·党项羌传》载，党项人求大麦酿以为酒，是中国北方有麦酒的最初记载。

中国南方少数民族以稻谷、糯米和秫黍等粮食酿酒的历史起源无可考证，但其他杂色酒的记载却不少，其中较著名的有：椰子酒、甘蔗酒、槟榔酒等。唐人樊绰的《蛮书》里有南诏人制椰子酒的记载。南诏在今云南省境，是唐代以乌蛮为主体，包括白蛮等族建立的奴隶制政权。乌蛮与今彝、纳西、傈僳等族有渊源关系；白蛮与今白族有亲缘关系。甘蔗酒最早见于《隋书·赤土国传》：“赤土国以甘蔗酿酒，杂以紫瓜根，酒色赤黄，味亦香美。”赤土国其地不详，但宋人笔记中说，岭南、桂海等地都以甘蔗酿酒(岭南指五岭以南地区；桂海主要指今广西地区)。宋代范成大《桂海虞衡志》说，岭南有以槟榔为酒者。土家族的酿酒历史亦很悠久，可以追溯到他们的先民古代巴人。史称他们蒸的酒为“清酒”。秦昭襄王与他们签订协约，规定巴人若侵犯了秦国，就“输酒一钟”，可见巴人酒之名贵。土家族民间不仅能以五谷酿酒，而且还能以果品、竹根、茅香根、茯苓、葛根及多种药材酿酒。当今中国名酒“茅台酒”和“五粮液”都源于古代少数民族地区。

总的来说，中国55个少数民族中，没有不饮酒的，只是饮酒者在民族人口中占的比例、饮酒场合的多少及耗酒量的大小不同而已。换言之，各民族都有自己的酒文化，且从总体上呈现出丰富多彩的特点。

少数民族饮酒的场合与汉族大致相同，除日常生活饮食中用酒外，主要是节日、祭祀、婚丧、人生礼仪及社交活动中用酒。

从酒的生产酿造情况看，少数民族过去主要饮用的是家酿酒，这种情况目前在南方少数民族农村中仍相当普遍。

在许多少数民族群众中，“吃在酒上”是他们生活消费方式的特点。有些群众认为“饭可以不吃，酒非喝不可”，“无酒不成礼”，“有肉没酒不算请客”，“不醉倒几个不算喝酒”，“喝完酒地不湿等于没喝”（敬酒、罚酒时洒的酒要把地弄湿才行），“能喝到一块儿，才能说到一块儿”。

少数民族对酒文化的历史贡献应充分肯定。

民族繁多礼仪同

节日是具有群众性、周期性和基本稳定的活动内容的特殊日子，节日是综合表现物质文化与精神文化的文化现象。

中国是世界上节日最多的国家之一，从古到今，56个民族的传统节日和新生节日共有2000来个，其中约三分之二是少数民族节日。

中国的节日按主要活动内容，大致可分为六类：宗教类、农业类（包括农、林、牧、渔、猎）、商贸类、文体类、社交类和纪念庆祝类。

在节日活动中比较重视饮食，是中国节日的普遍特点，酒作为高级饮料，与节日的关系自然就甚为密切。节日用酒大致有五项：祭祀、饮宴、奖赏、赠礼和特殊的节俗讲究。

节日祭祀用酒。在比较重大的传统节日中，都有祭祀内容。例如在各族的年节、清明节和七月十五，多有祭祖和追荐亡灵的活动。蒙古族过小年时祭火，在灶前或火塘前摆供品，点燃一捆柴草，把黄油、白酒、牛羊肉投入火堆中表示祭祀。过年时要专摆酒肉及乳制品祭祖。达斡尔族除夕夜吃手抓肉（带骨头的牛、羊、猪或狍子肉）时，先由家中最年长者割一块尻背肉，举起斟满酒的杯（碗），用食指沾点酒，向右上方弹三次，口念颂祝神灵与祖先的吉祥词，吃下肉，喝干酒。接着，全家才能吃喝。吃完后，全家又专门祭祖和祭神佛。四川凉山彝族过年三天，每天都有数项活动内容，而祭祖祈年是天天必有的项目。第一天杀猪之后，先切几块猪肝、两个猪腰子、几块猪头和猪腿肉，在屋内火塘中烧熟，盛在一高脚木漆盘中，撒上盐，然后取一块在火塘中烧红了的小石头，浇水，冒蒸气，端肉盘在蒸气上绕3圈，供于灵台，再斟酒一杯献在灵台上，口中念诵感谢和祈求祖灵保佑全家平安，人寿年丰的祝词。吃年饭前也要以酒肉烟来敬祭神灵。第三天天亮前要祭祖送年。普米族大年除夕夜的第一项活动是祭祀，家长先往火塘中加一把松柏枝干柴，然后左手端满碗清酒，右手拿一根松树枝叶，以松枝蘸碗中酒，洒向火塘和火塘上的铁三脚架，再放点肉、饭、菜和酒在三脚架上作祭品。祭毕，每人喝一小碗黄酒，吃一块猪肉，然后才开始除夕家宴。

少数民族的节日宴饮丰富多彩，特点突出。清代在宫廷中，皇帝于除夕夜举行家宴。未时，汤膳之后是“转宴大席”，即将宴席上的各种膳品和陈设（花瓶、筷子、叉子、果盒除外），自皇帝桌前开始，在陪桌上转一遍，意为全家共同享用。转宴之后摆酒宴，皇帝酒膳一桌分五路共四十品，后妃酒膳每桌十五品。皇帝在丹升大东乐声中进第一杯酒，尔后后妃依次一一进酒。酒后进果茶，接着后妃起座，皇帝离宴，奏祝颂之乐，家宴结束，完全是钟鸣鼎食的侈靡派场。

节日饮宴用酒。少数民族民间节日饮宴，注重亲朋及乡里邻居间的欢乐融洽、亲密友好，因而酒的兴奋作用和亲和作用发挥得淋漓尽致。哈尼族最大的传统节日是“札勒特”（十月年）。节日里不论谁到哈尼村寨，也不论他进谁的家，都能受到热情接待。女主人首先捧给客人的便是一碗香甜的“焖锅酒”。最有同乡亲情的是“资八多”宴，它的直译是“轮流喝酒”，它的意译应是“全寨联席宴”。小村寨是全寨男女老少共聚同饮，各家都做一桌酒席，餐桌连接排列在村寨的主要街道上，从这一头一直排到那一头。大的村寨分为两三片，各片轮流做东，因此要聚宴两三天。人们分坐在长龙宴席的两旁，年轻人靠近年轻人，老年人挨着老年人，没有男女界限，都兴高采烈，喜气洋洋。席间晚辈向长辈敬酒，老人忘情地欢唱古老的民歌，人们不断发出“唆！唆!”的欢呼声为豪饮高歌者喝彩助兴。天黑后年轻人又到宽敞的平坝上点起篝火，歌舞娱乐。

贵州丹寨县苗族过苗年时，初一清早各户在鞭炮声中与亲戚围着火塘吃团年酒饭。早饭后便各家轮流请酒，不论谁家的客人，都会被各家请去欢聚一番。

云南西双版纳地区的拉祜族在大年初三，全村人要集中起来吃团结饭。先到和尚“安占”家聚餐，然后再到铁匠家吃喝。去时每人带一包饭、一罐菜、一瓶酒和一些肉。就餐时分两大席，男左女右分桌入座。先由安占举杯向桌四角滴水祭祀祷告神灵，然后众人尽情宴饮。

景颇族在正月初一全寨人欢聚会餐，参加聚餐者每人要带些酒肉佳肴。

门巴族在藏历十一月初一过小年。初二，各家各户要请客，席间多有敬酒祝福。年节的夜晚，全村人集聚在广场上，点起篝火，唱“萨玛”酒歌和“加鲁”情歌，同时畅饮节前早就酿好的青稞酒、米酒、玉米酒和鸡爪谷酒。

京族村子在每年哈节期间要举行乡饮，被轮到当“哈头”的人家要多出糯米、米酒、香烛和坐席等。

畲族在正月十五夜，由头年家中有添子婚嫁等喜事的人家出酒，全村各家出食物，举行聚餐乡饮，歌舞、赛拳（畲族武术很有名），欢庆通宵。

普米族在大年初一早上，先在家中做好饭菜，然后就提着黄酒到村口路上等候过客。见到行人，先敬一碗黄酒，接着就盛情相邀，请客人到家中赴宴。往往会出现数家人争邀一个客人，谁也不肯轻易相让的情形。谁能请到村中的第一位来客，是很荣耀和自豪的。若当天请不到行人。就把村寨中公认的正派人、待人接物很礼貌的人或德高望重的人请到家中做客。被请的本村贵宾要带点礼物赴宴，进门前向主人祝福。客人酒足饭饱告辞时，主人要赠送糯米粑粑、猪头肉和黄酒给客人带走。民间习俗认为，大年初一能招待客人是家业兴旺的好兆头。

湘桂黔毗邻的侗族地区，在重大的节日（春节、打侗年、斗牛节、三月三）里，相邻的各村寨间要相互邀请赛大歌（侗族的一种民歌，一人领唱、众人应和，有齐唱和多声部合唱两种形式）、赛芦笙、斗牛等。当客队到来时，作为主人的村寨都要敲锣打鼓吹芦笙，前呼后拥地迎进村寨。先是双方歌手及姑娘们以盘歌问答，接着是芦笙队吹奏，主寨先奏欢迎曲，客寨再奏感谢曲与见礼调，然后共同入席进餐，饮交臂酒，吃合拢饭（菜肴及酒是全寨各户凑起来的，大家合拢在一起吃喝）。第二天踩歌堂（在专供赛歌、赛舞、赛芦笙的场地上歌舞娱乐），进行芦笙比赛。在斗牛节中，败方的仪仗彩旗被胜方的姑娘们全部夺走。数天之后，胜方姑娘们成群结队去给败方村寨还彩旗，败方的小伙子们必得合伙设酒宴款待这些姑娘，还要陪唱大歌，赠送赎旗彩礼。

凉山彝族在年节的第二天，全村寨的男人们自动集结成队伍，挨家挨户去搜酒喝，队伍中的人越来越少，因为烂醉如泥者不得不落伍退出“过年搜酒”队伍，队伍走到哪儿喝到哪儿唱到哪儿，为村寨的年节增添了许多欢乐和热闹的气氛。拜年一般在初三，路远的可初二出发。在去拜年的路上碰到相识的人，要打开酒瓶请他喝“开口酒”。他喝了酒后要给点回礼，并要赞美一番拜年者所背的猪肉等礼物才能告别。晚辈去给长辈拜年，要到处叫喊村寨的人来喝拜年酒；小伙子到未婚妻家拜年，那里的姑娘们要联合起来与他对歌唱诗饮酒，小伙子若没这方面的本事就会被抹锅底灰，泼冷水，闹得很狼狈，但心底很高兴；姑娘来拜年，主人寨子的小伙子们又争着去献殷勤，凑热闹。年节的彝寨，充满欢笑，充满歌声，到处飘着酒香。

羌族过年必有聚饮“咂酒”和跳沙朗（锅庄舞）的活动。初五各家出一名男性代表出行，每人都带着酒、肉、馍馍和香，到占卡所指的方向找块平坝祭天、烤肉、聚饮。不出行的人举行射靶比赛，靶子是用面粉蒸的熊或猪仔形馍馍。赛毕即聚饮歌舞。春节期间一家人还得到自己家调房顶上去给象征祖神的白石献酒、肉、饭。

节日必须用酒。有些民族节日中酒是必不可少的，较典型的例子就是端午节。除汉族之外，过端午节的还有蒙古、回、藏、苗、彝、壮、布依、朝鲜、侗、瑶、白、哈尼、土家、畲、拉祜、水、纳西、达斡尔、仫佬、羌、仡佬、锡伯、普米、鄂温克、裕固、鄂伦春、京、毛南等兄弟民族。节日里一般都要饮雄黄酒，有的还以酒洒屋内墙角防虫，有的还要到野外采草药来泡酒。

朝鲜族在大年初一要喝屠苏酒，认为元日喝这种酒可避邪延年，故又称“长生酒”。朝鲜族在正月十五上元节清晨要空腹喝点酒，以为如此可使人耳聪目明，一年不得耳病，常能听到喜讯，所以将此时喝的酒叫“聪耳酒”。在老人节（黑龙江省是六月二十日或二十四日；延边朝鲜族自治州自1984年起定节期为农历八月十五日；14世纪至20世纪的朝鲜李氏王朝以农历九月九日为老人安慰日）的“花甲宴席”上，从长子夫妇起，到孙辈止，要依次斟酒向老人跪拜祝福，感谢老人的辛苦操劳及养育之恩。政府专门组织祝寿大会，请60岁以上的老人坐在台上，为他们献花敬酒，请他们与年轻人同歌舞，到处回荡着《妈妈，祝您长寿》的歌曲。

以饮酒游乐为主要活动内容之一的民族节日亦不少，如藏族的沐浴节、林节、望果节，苗族的姊妹节、讨树苗节，新疆锡伯族的四月十八西迁节，朝鲜族的洗头节（野餐、洗头），蒙古族的马奶节，等等。

节日奖赏及赠礼用酒。在民族节日中，往往把酒当作礼品或奖品。彝族习俗中以妇女给的酒为贵，不论什么场合只要是妇女买的或敬的酒，被敬者不得拒绝，而且饮酒之后要回赠点礼物。每逢火把节（彝族重大节日，时在夏季），年轻姑娘们就会抬着新酿的玉米酒，带着漂亮精致的酒具，到节日人们必经的交通要道上布下长龙似的“酒阵”，敬给来参加节日活动的长辈、朋友、亲戚或情人。因为是姑娘们给的酒或酿的酒，所以也叫“姑娘酒”。若是在摔跤、赛马、斗牛等各项比赛之后，姑娘们发现了摔跤手或得胜者，也会拥上前去给他们敬酒，表示赞赏和敬慕。男子汉们往往慷慨地以纪念品相赠。在这种交往中结为良缘的亦有不少。蒙古马奶节（农历八月末举行）活动开始时，主持大会的人首先向蒙医敬献马奶酒和礼品。在赛马之后，众人又纷纷向骑手们欢呼，并敬马奶酒。苗族在节日赛芦笙与斗牛之后，要向芦笙手及得胜的牛主人敬酒。傣族在泼水节（傣历年节）赛龙舟之后，把优胜者请到敬酒台前为他们（也有女队）献酒。许多少数民族在节日探亲访友时所带的礼物中，都必须有酒，酒的重要性和肉、茶等生活必需品一样不可缺少。彝族、白族、景颇族、苗族、锡伯族等民族都有此俗，而且带的酒至少得两瓶或一坛酒才合礼数。

尊老敬贤传美德

锡伯族的年轻人不许和长辈同桌饮酒，其中原因大致有二：一是长幼有别，不能没大没小；二是酒喝多了容易失礼，对长辈的不敬被视为最丢脸的事。朝鲜族晚辈也不得在长辈面前喝酒，若长辈坚持让小辈喝，小辈也得双手接过酒杯来转身饮下，并表示谢意。

蒙古族家中来客后，不分主客，谁的辈分最高，谁坐在上座主席位置上。客人不走，年轻媳妇不能休息，哪怕彻夜畅饮长谈，也得在客厅旁边听候家长召唤，好随时斟酒、添菜、续茶。满族家中来客，由长辈陪接，晚辈一般不得同席，年轻媳妇侍立在旁，装烟倒酒，端菜盛饭。

彝族家中酿好酒的第一杯要敬神，晚辈不得先喝，第二杯则要敬给家中的老人。凉山彝族群聚饮酒时，要按年龄大小、辈分高低分先后次序摆杯斟酒，并由在场的英俊聪明的小伙子先给老人敬酒。敬酒者双手捧杯，右脚向前跨一大步，弯腰躬身，头稍向左偏，不得直视被敬者。被敬酒的老者则谦和地说："年轻人啊，对不起了，老朽站不起来了"，或者说"借给你这一杯"，表示回敬，小伙子便立身饮尽，否则为不敬。民间谚语说："酒是老年人的，肉是年轻人的"，所以敬酒献客时，必须从老人或长辈开始，如此才合乎"耕地由下（低）而上（高），端酒从上而下"的传统规矩。

壮族请客时，只有与客人同辈的长者才能与老年客人同坐正席，年轻人须站在客人身旁，给客人斟酒之后才能入座。给客人添饭时勺子不能碰响锅，免得客人担心饭少不敢吃饱。每次夹菜，都得由陪客的长者先给客人把最好的菜夹到碟中后，其他人才能依长幼之序夹菜。年轻妇女一般不能到堂屋的宴席上共餐，能饮点酒的老年妇女则可。

傈僳族在年节请客时，在酒席上，父母可以向长辈诉说儿女使他们不满意的事，做儿子的，尤其是做儿媳妇的，总是很体谅父母的心情和难处，他们听完长辈关于自己的诉说后，便马上出来请求父母公婆原谅自己不懂礼。在这个问题上似乎没有"家丑不可外扬"的概念，社会习俗普遍认为，长辈不论何时何处批评晚辈都是应该的。

少数民族饮酒中的敬老习俗，从信仰的角度看，也反映在对祖先的崇敬上。例如广西毛南族，请客人吃饭时要请客人坐上席先给客人斟酒夹菜。而客人在端杯饮酒时，须先用手指尖或筷子头蘸点酒，弹酒几滴于地上，表示首先敬献主家的祖宗，然后主客碰杯，说互相祝福的吉祥话。晚辈吃饱饭离席时，要很恭敬地向客人说："请慢吃!"

山水酒美迎客品

少数民族在欢聚待客饮酒时，特别重视和谐热烈的气氛。

凉山彝族喜欢喝寡酒，即不用下酒菜，因此可以随时随地喝。相识者邂逅相遇，买碗酒，或买瓶酒，几个人围圈而蹲，仅用一两只酒杯，或干脆不用酒杯，一人一口轮流喝，称之为喝"转转酒"。若用酒杯，便先从最年长者开始，从右至左，一人一杯，接力轮流，不得轮空，众人用一酒杯，称为"杯杯酒"，谁也不嫌弃谁，同乐同喜。凉山甘洛县有家酿酒的彝族还常饮"杆杆酒"，即酒酿好后，将一根打通节的竹管插入坛中，众人围坛轮流吸饮，酒液吸完了，再掺冷开水入坛直至味淡。

土家族也有插竹管于酒坛咂饮的传统，传说起源于明代土家族士兵赴东南沿海抗倭时，百姓送行，置酒于道旁，经过酒坛的兵，咂一口，即可前行，不误行军。嘉庆年间鄂西长阳（今民阳土家族自治县），土家诗人彭淦在描写此酒俗的竹枝词中说："蛮酒酿成扑鼻香，竹竿一吸胜壶浆；过桥猪肉莲花碗，大妇开坛劝客尝。"

羌族把这种喝酒法叫做喝"咂酒"，但不是众人一吸管，而是一人一根长而细的吸管，围坛咂酒，在喝酒的过程中还穿插有歌舞。壮族喝咂酒的记载，最早见于《岭外代答》，距今已有一千多年的历史。书中说，单州钦州壮族村寨，客人至，主人铺席于地，置酒坛于席中，注清水于坛内，插一竹管于坛中，依先宾后主的次序吸饮。饮前由主妇致欢迎词，男女同坛同管，水尽可添，酒乃甜酒。

黎族和布依族也喝咂酒，其形式与羌族相似。

广西大新县壮族人家，当客人光临时，在饭桌上主人先给客人和自己斟杯酒，主客共饮交臂酒之后，客人才能随意饮餐。一喝交臂酒，气氛马上就显得很轻松融洽。

云南傈僳族和怒族在待客饮酒时，主客共捧一碗酒，相互搂着对方的肩膀，脸贴脸把嘴凑在酒碗边，同时仰饮之。至亲好友及贵客光临，或要结为兄弟之谊，皆须如此饮酒，谓之喝“同心酒”。

傣族又称之为“合杯酒”和“双边酒”。

侗族的“团圆酒”气氛更为热烈和谐。大家围桌而坐，每人将自己的酒杯用左手递到右邻的唇边，右手搂他的肩膀，依次形成一个圆圈，主人一声“干杯”，大家同时欢呼一声并饮尽，如此三轮，方可自由敬酒。至此，大家已觉得亲密无间，不仅谈笑风生，而且还有酒歌阵阵。侗族还有一种交臂酒，是两人并肩或坐或立，一手搂对方肩，一手举杯递到对方唇边，同时尽饮。有些饮酒活动，比一般待客更显得情谊深厚。

黔西南布依族的“打老庚”可理解为“结拜兄弟”或结交同年好友。异姓小伙子，不论生辰年月是否相同，只要年龄相差无几，征得父母同意便可约定日子聚饮，结拜为“老庚”。此仪式之后，双方父母即把“打老庚”者都当作自己的儿子对待。

四川黑水县的羌族，同辈同年的年轻人，不论男女皆可“打老庚”，只是男女分别举行活动而已。一般在农历正月择日，同龄人相约，携带酒肉到村寨野外聚餐，大家把鞋带放在一起，轮流去抽，哪两人抽到了同一双鞋的两根鞋带，他们就相互结为“老庚”，在今后的生活中不仅他俩要同甘苦，共命运，两家人也要同心同德，团结互助。

蒙古族民间在结交推心置腹的朋友时，双方要共饮“结盟杯”酒，杯乃饰有彩绸的牛角嵌银杯，非常精美，交臂把盏，一饮而尽，永结友好。

台湾高山族 不仅新婚夫妇要喝“连杯酒”（也叫连欢酒），亲朋好友也要共饮“连杯酒”。连杯酒并非指连饮数杯，而是两个酒杯连在一起。这种酒具像一副担子，木雕彩绘，“担子”两头各雕有一酒杯。斟满酒后，两人比肩而立，各以外侧之手执酒具一端之把手，只能同时举杯同时饮，否则酒就会洒掉，极有象征意义，既表示必须平等（端平），又表示必须同甘共苦（不论生活的酒是甜是苦，我们都得同干）。高山族在喜庆节日里常聚饮狂欢，男女杂坐同乐。最亲近友好者，饮酒时并肩并唇，高举酒具（竹筒、瓢、木杓等），倾酒下泻，如仰饮山泉，流入口中，酒到地上，尽情尽兴，大为快乐。

贵州苗族人家待客，在酒席上每巡给客人敬酒都是双杯，表示主人祝福客人好事成双、福禄双至，也寓有“客人是双脚走来的，仍能双脚走回去”，健康平安。若客人推辞，女主人就会捧杯唱起敬酒歌，直至客人领受他们的祝愿。

青海土族在招待贵客时，讲究“三杯酒”，即客人进门饮三杯酒洗尘，

客人上炕就坐入席（有炕桌摆酒莱）饮“吉祥如意三杯酒”，客人告辞时“上马三杯酒”，有酒量的一饮而尽，表现出豪爽真诚，主人很高兴；不胜酒力的，只须以左手无名指蘸酒向空中弹三次，表示敬神、领情和致歉，主人绝不勉强因为不能饮者强饮之则无快乐，可谓体察入微。

布依族在客人进门入坐后，马上捧出一碗“茶”献客，有经验者不会贸然饮，因为这是以酒当茶，客人只须慢慢吸饮，歇脚缓气即可。

高山族某些支系，当贵客来访时，部落头人带领青年人在路旁吹奏民间乐器，夹道欢迎，直至主人家中。贵客在屋中高凳上就座，青年男女围贵客歌舞，同时依客人数指派同样数量的年轻人敬酒。他们手捧斟满酒的小葫芦瓢，弓身变腰，将酒由下向上慢慢递到贵客胸前，动作谨慎，态度谦恭，对客人显得十分敬重礼貌。

赫哲族是中国唯一的以江河捕鱼业为主要经济从业的少数民族，他们待客饮酒时少不了名贵鱼肴，有向客人敬鱼头表示尊重的习惯。席间鱼肴的鱼头朝向客人，主人敬酒后，用筷子点点鱼头，示意请客人先品尝享用。若吃刹生鱼，则不上鱼头，但酒是必不可少的。

四川凉山彝家做客，进门入座后，主人先捧上一碗或一杯酒献客。客人若不是彝族，主人会说：“汉人贵在茶，彝胞贵在酒。”客人可依自己的酒量随意饮多饮少，哪怕仅仅饮一小口，主人也很高兴，马上会打羊或杀小猪来待客。谓之“打”羊，是因为以牛羊待客皆不用刀宰杀，而是徒手捏死或以木捧捶死。打牲前要把牲口牵到客人面前请客人过目，以示敬重。若客人谢绝接酒，则有不敬之嫌，主人会感到失望。

佤族民间俗话说“无酒不成礼，说话不算数”。解放后生活水平提高，农民几乎家家酿酒，饮酒自然成为日常生活的重要节目。喝酒时喜邀亲友欢聚同乐。主人给客人敬酒，必须给在座客人一一敬到，若有疏漏，便有违阿佤礼仪。敬酒时，双手捧竹节酒筒，走到客人面前，弓身将酒筒由自己胸前沉下，再向上送到客人嘴边。客人双手把住酒筒，将它推向主人嘴边，主人喝一口，再次敬给客人，客人一饮而尽。第一个被敬酒的人是在场客人中最被敬重者或最年长者，他接过酒后，以右手无名指沾出几滴酒于地，口诵祝词，表示对主人祖先的敬献。拒绝阿佤人的饮酒邀请是不礼貌的表现，喝多少可以量力而行，主人是为了友谊和高兴，绝不会勉强。

藏族家做客，讲究“三口一杯”，即客人接过酒杯（碗）后，先喝一点，主人斟满，再喝一点，主人又斟满，至第三口时干杯。若客人确实不能饮酒，可按藏族习惯以右手无名指蘸酒向右上方弹洒三次，表示敬天地神灵、父母长辈和兄弟朋友。主人再不勉强，并会表示欢迎。一般喝完三口一杯之后，客人便可随意饮用。客人起身告辞时，最后得干一杯方合礼节。在喜庆节日里，藏族同胞往往以歌舞劝酒，客人若能唱，要在接过酒杯唱完答谢的酒歌后再饮尽。主人会继续歌舞敬酒，客人若不能再喝，就装出醉了的样子狂歌乱舞一通，表示酒好，忍不住喝多了。众人及主人都会开怀大笑，再不强劝，因为尽兴尽欢的目的已达到了。

广西红水河两岸的瑶族在客人光临前，即把一只灌满酒的酒葫芦挂在堂屋门背后，待客人将近大门时，即刻斟酒一碗，迎上前去，一手搭在客人肩上，一手递到客人面前，说："请饮进门酒。"客人忙说："我喝干，我喝干。"若逢节日或喜庆，客人喝完酒后，主人还要朝天鸣放鸟枪，向全寨人通报有喜客光临。"进门酒"之后，主家全体成员出来迎客进屋。客人若无酒量，可浅尝辄止，表示谢意。广西巴马瑶族在迎接村寨的集体客人或十分重要的单个客人时，要设"三关酒"迎接，即主家派人在屋外必经之路上设三道酒关，每经一关须饮两杯，三关之后，方进屋饮宴。传说此俗起源于巴马瑶族的祖先"卡罗"，卡罗生下三个月后父母相继过世，善良的汉人盘尧收养了他。卡罗成家后为报答养父母的恩情，率家人采药物酿酒宴请二老，在迎接养父母的当天，卡罗带族人到寨外十五里处设酒关，每五里设一关，每至一关卡罗敬二老甘醇的美酒两碗，以表隆重和真诚。此传说不仅反映了汉瑶人民的团结友谊，而且寓意瑶家敬贵客如敬再生父母，其情真挚感人！

西藏门巴族当客人到家时，主人便用铜瓢或竹节筒盛满酒，先倒点酒在自己手掌心，当众吸啜，表示酒中无毒，自己待客以诚尔后，依次向客人每人敬酒一瓢或一竹筒，客人须一饮而尽。旧时无专门酒具，门巴人以芭蕉树皮卷成小酒槽给客人敬酒，贵客四槽，一般客人两槽。

云南傈僳族在待客时，主人用精致的竹筒斟满酒后，先往地上倒一点，表示敬祖，接着自己先喝一口，表示酒是好的，请客人放心，然后再斟满其他竹筒，双手捧到客人面前请客人畅饮。

滇西北高原丛山峻岭中的普米族对待客人，不论生熟亲疏，都热情接待，因为他们认为客人临门是种荣耀和吉兆。当主人听到狗叫，发现有客人光临时，家人都会出来帮客人牵马拿东西，请客人进屋。当客人在火塘旁坐定后，主妇便端上水果、食品和一碗酥里玛酒。普米族以火塘上方的一块长方形石柱代表家族祖先神灵，可称之为"锅庄"。主人先敬家神，在锅庄上滴几滴酒，若是燃起火焰，则为最吉，主人会很高兴。一般度数较高的醇酒都能接火而燃。主人看到酒燃，便念道："客人到，福气到，贵客犹如金太阳照，给我家暗淡的房子里，带来了光明和吉兆。客人到，福气到，贵客好像吉星照，木楞房里充满了喜庆与欢笑，彩色的祥云在我头上飘。"祝颂毕，主妇捧酒献客。客人先抿一口，不得有吸饮的响声，随即说"真醉人"，以表赞美和感谢。此后客人便根据自己的需要随便饮酒。若有主家的长辈在场，客人要主动请长辈坐上席，并请其先品尝酒。客人用饭，主人家人均在旁侍候，绝无不周到之处，客人吃完主人家才围坐在一起吃饭，若客人第二天就要登程，主人还为他准备路上的食品，多是鸡腿、鸡蛋、肉块、油炸粑粑等。受到如此礼遇，客人往往会感到自己不是客人，而是主人家的至亲好友。

贵州水族村寨，往往是一家来客，全寨各家轮流宴请。若客人逗留时间短，无法安排到某些人家去赴宴，就得去赴"见面席"，即到各家的席上露面致谢，尝几口菜就告辞，再到下一家去，有时一天得走遍全寨，满载各家的盛情而归。

广西壮族村寨做客，往往会得到各家的轮流宴请，特别是贵宾，有时一顿饭吃四五家是常有的事。按壮族习俗，客人是不能推辞的，所以有经验的客人绝不会在第一家就吃得酒足饭饱。谢绝邀请是失礼，喝醉了失态会丢脸。

海南省黎族将远道而来的客人待为上宾，有客光临，乃家中之喜事，必以佳肴款待。若是男客，先酒后饭；若是女宾，先饭后酒。饮酒分三段进行：第一段是相互敬酒，属一般的感情交流，第二段是开怀畅饮，以酒酣微醉为度；第三段是主客对歌饮酒，感情融洽，烂醉亦无妨。给客人酒，主人则感到自己的礼数已到；让客人喝醉，则表示亲密到了不拘礼的程度。主人向客人敬酒时，先双手捧起酒碗向众人致敬，尔后一饮而尽，把空碗亮给大家看，表示自己的诚意。接着向客人敬酒，客人饮尽之后，主人马上夹一块肉送到客人嘴里。客人不得拒绝，只能笑纳方合礼数。

海南部分黎族地区（今保亭、琼中、乐东交界处）旧时，存在着一种父系血缘家庭组成的社会和生产组织，称之为"合亩制"，黎语原意为"大伙做工"。在这里，有"请客不陪客"的风俗。给客人摆好酒菜，请客人入席后即退出，任由客人吃喝。此俗源自担心客人拘束，便于客人随意吃喝，但是懂得当地风俗的客人，在用餐之后，绝不可把筷子搭在碗上，亦不可把饭碗和酒杯扣在桌上。因为当地习俗认为，筷子的两头颠倒（不是一顺）架在碗上是"抬棺木的杠子"，扣着的碗杯犹如"坟头"。主人待客人礼数周到，客人尊重主人的习俗，因此皆大喜。

东北满族的待客礼仪向来十分周到。旧时客人进餐，都由族中长辈陪同，晚辈不能同席，年轻媳妇手脚麻利，要在一旁侍候。进餐时，由主人给客人斟第一杯酒，喝酒用小盅，没有碰杯干杯的习惯，古代用大碗喝酒的遗风荡然无存。客人喝酒要在杯底剩点儿，俗称“福底”，预祝主客都总有富足的生活。

甘肃裕固族待客时，先敬茶，后敬酒。敬酒讲究敬双杯，其说法与黔东南的苗族一样：“你是双脚进来的，必须喝两杯”。男主人敬过后，女主人接着敬，如果客人不喝，女主人会说：“你瞧不起女人。”接着是孩子敬酒，如果谢绝，小孩也会说：“你看不起小孩。”有时还唱敬酒歌敬酒，唱一支歌敬一杯酒。之所以如此，主要怕客人客气拘礼，不能尽兴。因此，若客人实在不能喝，主人也觉得自己的心意完全尽到了，再不会勉强的。

西藏珞巴族当客人到家时，主妇赶快洒水扫地（吊脚楼的二层，地面是木板或竹条板铺成），在临窗处铺熊皮或棕编坐垫，摆上长方形矮餐桌，上些常备的应急炒玉米。接着女主人把储存在葫芦里的鸡爪谷酒倒进一个吊着的竹筒中，再加入温水，稍停片刻，拔掉筒底活塞，让过滤了的酒注入筒下的石锅（珞巴族有使用石锅做饭的原始石烹遗风）中。女主人右手执瓢，左手端木碗或竹碗，双膝脆在客人面前，将碗放到桌上，再将瓢中酒先倒一点在左手心，用嘴尝一下，尔后给客人碗中斟满。陪客的男主人双手捧酒碗递给客人，女主人同时说：“酒不好，别见怪。”夫妇配合十分默契。客人喝口酒，说“酒味很好”以表示谢忱。客人每喝一口酒之后，主妇都立即将酒碗斟满，当地习俗以始终保持酒满为待客实诚。珞巴族酒席上的山珍是鼠肉。这种出没于山野的野鼠长近盈尺，重约千克，体圆肉细。平时珞巴人随捕随吃，年节前则要储存鼠干准备待客。客人莅临，主人即将野鼠干穿上棍，燎毛刮净，扔掉内脏，切成小块，以石锅炖烂，佐以调料，肉嫩味鲜，百食不厌。以鼠肉作美食下酒敬客的还有黎族（食山鼠、田鼠和松鼠）、傣族（食竹鼠）和贵州省镇远县涌溪一带的部分苗族。少数民族许多食野味的经验，为扩大人类食源提供了生动的范例，是很值得发掘总结和宣传推广的。

婚礼酒：五谷入仓，农事稍闲，苗乡郎德人在繁忙生产劳动之后，未婚青年开始操持自身的婚事，这是寨中最迷人的时光。袅袅炊烟中，装有“美人靠”的吊脚楼上不时传出风格独具的酒歌声，引得你不由自主地向那歌声寻去。酒意朦胧的主人热情拉你喝喜酒。

办酒那天，新郎早早地把新娘接至家中。午后，新郎的舅舅、姑妈等亲戚前来祝贺。吃喜酒时，兴的“流水席”，客人分坐于长条桌旁，颇似古代席地而坐的宴席。不过，此时此地，人们都坐着小板凳。长桌随着客人的增加而增加，虽有先来后到之分，却无尊卑贵贱之别。客人一坐下，主人即来敬酒。酒至半酣，开始唱歌，连唱几天几夜，直至客人散去。

认亲酒：此地青年成婚，一般事先不告诉女方父母。新娘子进门是在与男方精心策划后悄悄跑来的。成亲以后，新郎家派人带着酒礼到新娘家提亲，称之为“喝认亲酒”。酒在认亲中发挥着特殊的功能，若是新娘的父母同意这门婚事，就会收下酒礼，并款待使者喝酒，若不同意，便将使者拒之门外。因此，使者回寨男方家人要问的第一个问题是：“喝到酒了没有？”是否喝到“认亲酒”乃是亲事成败的标志。

新娃娃酒：生头一胎，不论是男是女，都要热烈庆贺一番。产后第三天，贺者带上一升米，四至十二个鸡蛋，以及衣帽等物，赠给产妇及婴儿。产妇家备办酒宴招待，宾主共喝“新娃娃酒”。第七至十天，婴儿外婆家带上衣帽、鸡蛋、糯米及糯米饭，特别还要带一只母鸡来祝贺。产妇家邀请寨中族人作陪，与来宾喝“亲娃娃酒”

取名酒：孩子满月当天，请来巫师取名，再次邀请寨中长者喝酒，称为“喝取名酒”。

出门酒：喝过“取名酒”，产妇背着小生命到各家各户串门，主人送些衣物给婴儿，并以鸡鸭鱼肉及糯米饭之类招待，称之为“喝出门酒”。喝过“出门酒”，就能出入家门了。

我国的少数民族都是能歌善舞的民族，经常相聚饮酒歌唱。

布依族人民在社交中很讲究礼仪，其特点是诚恳相待，注重精神文明。佳节与喜庆，亲友们互相走访，主人必先捧酒招待宾客，客人也尊敬主人，显得彬彬有礼。吃饭时还要用酒歌来表达宾主之间的相互询问与祝福。主人在歌中对宾客的来临表示热烈欢迎，客人也以歌相答，对主人的热情款待表示衷心感谢。歌词内容包含着团结互助，友好往来的精神，还带有一种农家淳厚、简朴、恬适的古风。较常唱的歌如《酒歌》、《吃酒歌》、《敬酒歌》、《谢酒歌》、《问酒歌》、《祝贺》、《要筷子歌》、《敬老人歌》、《客人来要请坐》、《赞歌》、《问姓歌》等。

例如在宴席迎客时，主人首先唱《酒礼歌》：“贵客到我家，如风落荒坡，如龙游浅水，实在简慢多。”客人对主人家的热情款待表示感谢，便用歌声来表达自己的心情，唱道：“喝酒唱酒歌，你唱我来和，祝愿老年人，寿比南山坡。祝福后生伙，下地勤做活。祝福姑娘家，织布勤丢梭。祝福主人家，年年丰收乐。”宴罢，客人还要唱歌，感谢主人全家用劳动获得的果实殷勤招待亲朋。客人告辞时，主人也唱起送客歌，再次为招待不周表示歉意，并祝客人一路平安，心情愉快，希望下次来。

由于布依族是一个喜饮酒、喜唱歌的民族，因此产生了劝酒歌、定亲歌、送亲歌、接亲歌、起房歌、老人歌等酒歌，这些酒歌，朴实大方，讲礼好客，以多姿多彩的艺术形式，生动而有力地反映了布依族人民的社会生活，反映了他们特有的生活方式，风俗习惯以及他们勤劳俭朴的高尚品德和美好的心灵。

伴酒歌敬酒，明确地唱出敬酒为加深情谊，是贵州少数民族地区酒礼酒俗的一大特色。如：“这杯酒来清又清，美酒首先敬客人。世间贫富本是有，不讲贫富讲交情”（苗族）；“举起杯来好朋友，喝干这杯白米酒，别客气呀别拘束，干杯情谊多交流”（布依族）。

“你左我右手，各端一杯酒，我俩手拉手，喝下这杯酒，今后日长久，永记此时候，情意胜浓酒。”（侗族）水族宴宾敬酒时唱：“酒不醇怪酿酒药，酒不香不敢多斟，敬一杯谨表心意，亲友啊请你畅饮，若不会也应接杯，不负我对你尊敬。”客举杯应对，对答酒歌：“主人家待客殷勤，酒席上意重情深，你双手把酒劝敬，喝杯酒，祝你风云。”或推让地唱：“端起这杯香米酒，我的心里好害羞，非怕醉后红我脸，如何把情来领受？”经主人再唱劝，客便唱酒歌谢饮："这是主家粮食蒸的酒，叫人闻到就心甜，叫人喝了就心醉。"饮后，用酒歌夸赞主人："这杯酒来黄又黄，主人修得好幢房，金色柱头银色梁。""米酒酿满缸，九排七间房。""酒杯斟酒酒杯青，笑在眉头喜在心，茅棚换成砖瓦屋，沙发靠椅样样新。酒杯斟酒酒杯杯黄，电灯下面缝衣裳，节日佩戴银装饰，平时穿的花的凉。"（苗族）主人得赞而举杯回敬："尽讲礼忘了喝酒，再饮酒请莫推让，酒醉了有茶漱口，酒菜差请你原谅，喝了酒情深意长。"一些民族村寨有文化的姑娘也以主人身份伴歌敬酒："大叔高龄见识广，敬你一杯表心肠；酒敬青年得对象，酒敬老人寿命长。"客人饮时答唱："虚度光阴几十年，从不出村见识浅，多谢姑娘敬我酒，祝你满意结良缘。"宾主碰杯而干。酒礼也有由亲友唱酒歌代主敬客，这时，宾客在饮前唱问缘："主家酒花亮铮铮，请让我来问一声，你是长辈是同庚？你为谁来把酒斟。"主人代表唱述后，客唱谢酒歌："一杯酒固是情份，半杯酒也是看承，接过酒来领了情，多谢老表和主人。"唱罢会意尽饮。

用精致酒器盛酒宴宾和客赞主人酒器以谢盛情，是饮酒礼俗中的重要内容。播州安抚使杨文以宋王朝赏赐的"凤樽"、"金盏"饮宴为荣。民族村寨殷实之家酒宴多使用美观的酒具，宾客完好饮时赞唱："马头酒壶亮锃锃，桂花米酒香喷喷"，或"酒壶像蝴蝶，顺着酒杯游"。"牛角盛酒敬客忙，牛角斟酒九两半，请君喝干别推让。"在这种热烈隆重的盛宴场合受敬牛角酒的客人，不会立即接酒来饮，而是以谦逊的酒歌相答："一只牛角一尺长，斟满美酒喷喷香，姑娘情义千钧重，我是蚂蚁怎敢当？"再敬而饮。寓酒礼于敬献、谦让与赞誉之中，佳酿、美器、酒歌、盛情相互揉合，"酒歌多醉了山坡，宾主情深溢出酒窝。"宾主饮醉之后，客人示意将返，主人用再劝酒方式以表留客之意："好酒九十九，才喝了九壶，还有九十壶，客人请别走。"客临行，主以歌相别并敬最后一杯送客酒："这杯酒来黄又黄，来得忙来去得忙，再敬贵客一杯酒，路上口渴得润肠。"或赠一瓶礼酒并唱："请你收下这瓶酒，把酒放到今秋后，五谷丰登禾满仓，那是欢庆的时候，待到再次奉举杯时，节令佳期再饮酒。"

酒坛百味

菩萨蛮·黄鹤楼

(一九二七年)

毛泽东

茫茫九派流中国，沉沉一线穿南北。
烟雨莽苍苍，龟蛇锁大江。
黄鹤知何去？剩有游人处。
把酒酹滔滔，心潮逐浪高。

蝶恋花·答李淑一

(一九五七年五月十一日)

毛泽东

我失骄杨君失柳，杨柳轻扬直上重霄九。
问讯吴刚何所有？吴刚捧出桂花酒。
寂寞嫦娥舒广袖，万里长空且为忠魂舞。
忽报人间曾伏虎，泪飞顿作倾盆雨。

抒情酒话

梁实秋

酒实在是妙。几杯落肚之后就会觉得飘飘然、醺醺然。平素道貌岸然的人，也会绽出笑脸；一向沉默寡言的人，也会议论风生。再灌几杯之后，所有的苦闷烦恼全都忘了，酒酣耳热，只觉得意气飞扬，不可一世，若不及时制止，可就难免玉山颓倾，呕吐纵横，甚至撒疯骂座，以及种种的酒失酒过全部的呈现出来。莎士比亚《暴风雨》里的卡力斑，那个象征原始人的怪物，初尝酒味，觉得妙不可言，以为把酒给他喝的那个人，是自天而降，以为酒是甘露琼浆，不知是人间所有物。美州印第安人初与白人接触，就是被酒所倾倒，往往不惜拿土地和人以交换一些酒浆。印第安人的毁灭，至少一部分是由于他们的沉湎于酒。

我们中国人饮酒，历史久远。发明酒者，一说是仪逖，又说是杜康。仪逖是夏朝人，杜康是周朝人，相距很远，总之是无可稽考。也许是酿制的原料不同，方法不同，所以仪逖酒未必是杜康的酒。尚书有《酒诰》之篇，谆谆以酒为戒，一再地说“祀兹酒”（停止这样地喝酒），“勿彝酒”（勿常饮酒），想见古人饮酒早已相习成风，而且到了“大乱丧德”的地步。三代以上的事不可考，不过从汉起就有酒榷之说，以后各代因之，都是课税以裕国帑，并没有寓禁于征的意思。酒很难禁绝，美国一九二〇年起实施酒禁、雷厉风行，依然到处都有酒喝。当年笔者出纽约，有一天友人邀我食于某中国餐馆，入门直趋后室，索五加皮，开怀畅饮。忽警察闯入，友人止予勿惊。这位警察徐徐就座，解手抢，锵然置于桌上，索五加皮独酌，不久即伏案酣睡。一九三三年酒禁废。直如一场儿戏。民之所好，非政令所能强制？在我们中国，汉萧何造律：“三人以上无故群饮，罚金四两。”此律不曾彻底实行。事实上，酒楼妓馆处处笙歌，无时不飞觞醉月。文人雅士水边修禊，山上登高，一向离不开酒。名士风流以为持螯把酒，使足了一生，甚至于酣饮无度，扬言“死便埋我”，好像大量饮酒不是什么不很体面的事，真所谓“酗无酒德”。

对于酒，我有过多年的体验，第一次醉是在六岁的时候，侍先君饭于致美斋楼上雅座，连喝几盅之后，微有醉意，先君禁我再喝，我一声不响地站在椅子上舀了一匙高汤泼在他的两截衫上。随后我就倒在旁边的小木炕上呼呼大睡，回家之后才醒。我的父母都喜欢酒，所以我一直都有喝酒的机会。“酒有别肠，不必长大”，语见《十国春秋》，意思是说酒量的大小与身体的大小不必成正比例，壮健者未必能饮，瘦小者也许能鲸吸。我小时候就是瘦得如一根绿豆芽。酒量是可以慢慢磨练出来的，不过有其极限。我的酒量不大，我也没有亲眼见过一般人所羡称的那种所谓海量。古代传说“文王饮酒独钟，孔子百觚”，王充论衡语增篇就大加驳斥，他说：“文王之身如防风之君，孔子之体如长狄之人，乃能堪之。”且“文王孔子乃率礼之人也”，何至于醉酗乱身？就我孤陋的见闻所及，无论是“青州从事”或“平原督邮”，大抵白酒一斤或黄酒三五斤即足以令任何人头昏目眩粘牙倒齿，惟酒无量，以不及于乱为度，看各人自制力如何耳。不为酒困，便是高手。

酒不能解忧，只是令人在由兴奋到麻醉的过程中暂时忘怀一切。即刘伶所谓“无忧无虑、其乐陶陶”。可是酒醒之后，所谓“忧心如醒”，那份病酒的滋味很不好受，所付代价也不算小。我在青岛居住的时候，那地方背山面海，风景如绘。看山观海，久了也会腻烦，于是呼朋聚欢，三日一小饮，五日一大宴，豁拳行令，三十斤花雕一坛，一夕而罄。七名酒徒加上一位女士，正好八仙之数，乃自命为酒中八仙。有时且结伙远征，近则济南，远则南京，不自谦抑，狂言“酒压胶济一带，拳打南北二京”，高自期许，俨然豪气干云的样子。一日，胡适之先生过青岛小憩，在宴席上看到八仙过海的盛况大吃一惊，急忙取出他太太给他的一枚金戒指，上面镌有“戒”字，戴在手上，表示免战。过后不久，胡先生就写信给我说：“看你们喝酒的样子，就知道青岛不宜久居，还是到北京来吧！”我就到北京去了。现在回想起来，当年酗酒，哪里算得是勇，简直是狂。

酒能削弱人的自制力，所以有人酒后狂笑不止，也有人痛哭不已，更有人口吐洋语滔滔不绝，也许会把平夙不敢告人之事吐露一二，甚至把别人的阴私也当众抖露出来。最令人难堪的是强人饮酒，或单挑，或围剿，或投井下石，千方百计要把别人灌醉，有人诉诸武力，捏着人家的鼻子灌酒！这也许是人类长久压抑下的一部分兽性之发泄，企图获取胜利的满足，比拿起石棒给人迎头一击要文明一些而已。那咄咄逼人的声嘶力竭的豁拳，在赢拳的时候，那一声拖长了的绝叫，也是表示内心的一种满足。在别处得不到满足，就让他们在聚饮的时候如愿以偿吧！只是这种闹饮，以在有隔音设备的房间里举行为宜，免得侵扰他人。

《菜根谭》所谓“花看半开，酒饮微醺”的趣味才是最令人低徊的境界。

在绵绵的亲情与中华民族的传统美德融合碰撞中，一个精灵伴着世情民风，和着滏阳河水奔腾的节奏，溶着两岸百姓的喜怒哀乐，化做了千古佳酿。这是我读完严树清先生所作《老白干传奇》的第一感觉。

美酒香飘千万里

高占祥

世人说酒，首推杜康，他所酝之甘醇浸透着中华民族的历史。几千年来，上至皇室禁苑，下到百姓黎民，无不为这神奇之物所倾倒。酒，它实在是承载了太多的民族文化：有江南丝竹，花红柳绿，碧透纱重，才子佳人低酌浅饮；也有关山明月，大漠秋风，战旗猎猎，戍边将士杯傲残阳；有庙堂宫殿，九五之尊天颜顿开，把酒话国事，治国方略臣服四海；更有山野樵夫，或在山涧中、林荫下，或在茅屋侧、官道旁，一壶浊酒喜相逢，道不尽人间思念，世事沧桑。这层层的堆积，成就了中华酒文化的厚重与绵长。

我总觉得，酒，看似一平常的白色液体，实是一种变化多端的神奇妙物，它倾若流玉，定似凝晶，时烈如火，忽冷如冰。它又似一个随时欲附体的百变魂灵，叫你莽撞，叫你缠绵，叫你勇敢，叫你沉沦，叫你恣肆无忌，叫你魂牵梦萦。可借之以高攀峰顶，不防时哀坠深渊。你尽可把酒临风，激情荡漾；还可以无人无我，宠辱不惊。它可为你蒙身掩过、护面遮羞；也会令你丢掉面具、毕露原形。正如作者书中所道：真言吐在席宴后，百态千姿各风流。

其实，天下万物均是一把双刃剑，不在其恶，不在其善，而在其用。纵观历史上各色人等，好酒者不乏其人，成功失败者林林总总。失败者因酒误人生，误国家，以至有人将酒列在“色、财、气”之前为四大祸根之首。然而看那些仗酒锄恶魔、蕴华章、扶社稷、平天下的成大业者，才是真正喝出了酒的真谛，品出了那“仁、义、礼、智、信”的文化精髓。

《老白干传奇》根据民间传说，以明清时代为背景，以老白干历史上知名的十八酒坊为题，写成了独立成章而有关血缘、亲缘、情缘的系列故事，既是一幅波澜壮阔的古镇酿酒图，又是一部老白干的兴衰传承史，使老白干增添了深刻的文化内涵。而且，本书还广涉衡水地域文化、传统民俗、地方特产，更堪称一幅多彩的民俗画卷。透过十八家酒坊跌宕起伏悲欢离合的传奇故事，可以感受到烧锅林立、酒香蒸腾、好人好酒、人酒相融的桃城遗韵，体味那商道诚信、救死扶伤、侠肝义胆、患难与共的酒乡情怀。既有张扬的个性，又有传统的美德。书中虽有天道轮回、善恶报应的内容，但更多的是教人向善，倡导诚信。这些颇与时代精神相合，有着积极的现实意义。

好酒是烧出来的，名酒是喝出来的。喝文化酒，品酒文化，是当今潮流，而酒文化的价值往往超越酒的本身。老白干流芳几世，虽有些传说典故，但却未形成系统文化，确是一大遗憾。走过悠悠岁月，直到今天，喜有树清先生动笔，以早年在老白干做工时酒坊师傅的启蒙，以对老白干钟爱至深的情感，以对酒文化的无比珍惜与崇敬，填补了这一空白。在全国独有的老白干产地，便有了这本特色鲜明的酒书，从某种意义上说，不仅是在抢救老白干的酒文化，更是在升华中国的酒文化，他所挖掘的传统内涵，也是在捍卫中华酒文化的尊严。

此书以简洁明快的话本语言特色，流畅的文笔，朴实的文风，辅之以颇见功底的诗词联赋，以文学形式为衡水酒追本溯源，是对家乡文化建设的一个突出贡献。我想，《老白干传奇》今后会与老白干酒如影随形、相融相伴而传世的。

纵观中华大地，各方地域文明特色独具，地方文化浩若烟海，中华民族文化正是由于各种地方文化的汇集而彰显了她分外迷人的魅力。衡水属燕赵之地，多慷慨悲歌之士。历史上多灾多难，杀伐声声，征战不断，造就了这里人们独具特色的豪迈性格。正所谓人如其酒，酒如其人。同时在战争的间隙里，也出现了不少文人墨客，传下了许多民俗精髓，而这些民俗文化许多与老白干互为载体。细品《老白干传奇》，你会不自觉地走到冀南风土人情的生活中去，同喝了老白干一样飘然若仙。然而掩卷沉思之际，当知抢救地方民俗，张扬地域文明，乃当今为文者不可推卸的责任。树清先生非专业作家，此番所为，实乃义举，其志可嘉，其行可敬。愿更多的人都行动起来，投入为地方文明立言、为地域文化作志的行列之中，则伟业可就，大事必成。

(此文是高占祥同志为《老白干传奇》
一书写的前言，启迪深远。标题为编者加)

祝酒歌

——林区三唱之一

郭小川

三伏天下雨哟,雷对雷,
朱仙镇交战哟,锤对锤;
今儿晚上哟,咱们杯对杯!
舒心的酒,千杯不醉;
知心的话,万言不赘;
今儿晚上啊,
咱这是瑞雪丰年祝捷的会!

酗酒作乐的是浪荡鬼;
醉酒哭天的是窝囊废;
饮酒赞前程的是咱们社会主义新人这一辈!

财主醉了,因为心黑;
衙役醉了,因为受贿;
咱们就是醉了,也只因为生活的酒太浓太美!
山中的老虎呀,美在背;
树上的百灵呀,美在嘴;
咱们林区的工人啊,美在内。

斟满酒,高举杯!
一杯酒,开心扉;
豪情,美酒,自古长相随。

祖国是一座花园,
北方就是园中的腊梅;
森林就是花中的蕊。
花香呀,沁满咱们的肺。

祖国情呀，
春风一般往这儿吹；
同志爱呀，
河流一般往这儿汇。
党是太阳，咱是向日葵。
广厦亿万间，
等这儿的木材做门楣；
铁路千百条，
等这儿的枕木铺钢轨。
国家的任务是大旗，
咱是旗下的突击队。

骏马哟，不用鞭催；
好鼓哟，不用重锤；
咱们林区工人哟，
知道怎样答对！

且饮酒，莫停杯！
三杯酒，三杯欢喜泪；
五杯酒，豪情胜似长江水。

雪片呀，
恰似群群仙鹤天外归；
松树林呀，
犹如寿星老儿来赴会。
老寿星啊，
白须、白发、白眼眉。
雪花呀，
恰似繁星从天坠；
桦树林呀，
犹如古代兵将守边陲。
好兵将啊，

白旗、白甲、白头盔。
草原上的骏马哟,
最快的乌骓;
深山里的好汉哟,
最勇的是李逵;
天上地下的英雄啊,
最风流的是咱们这一辈!
目标远,大步追。
雪上走,就象云里飞;
人在山,就象鱼在水。

重活儿,甜滋味。
锯大树,就象割麦穗;
扛木头,就象举酒杯。
一声呼,千声回;
林荫道上, 机器如乐队;
森林铁路上,火车似滚雷。
一声令下,万树来归;
冰雪滑道上,木材如流水;
贮木场上,枕木似山堆。
且饮酒,莫停杯!
七杯酒,豪情与大雪齐飞;
十杯酒,红心和朝日同辉!

小兴安岭的山哟,雷打不碎;
汤旺河的水哟,百折不回。
林区的工人啊,
专爱在这儿跟困难作对!
一天歇工,三天累;
三天歇工,十天不能安生睡;
十天歇工,简直觉得犯了罪。
要出山,茶饭没有了味;
快出山,一时三刻拉不动腿;

出了山,夜夜梦中回。

旧话说：
当一天的乌龟,
驮一天的石碑；
咱们说：
占三尺地位,
放万丈光辉！

旧话说：
跑一天的腿,
张一天的嘴；
咱们说；
喝三瓢雪水,
放万朵花蕾！

人在山里,
木材走遍东西南北；
身在林中,志在千山万水。
祖国叫咱怎样答对,
咱就怎样答对！

想昨天：百炼千锤；
看明朝：千娇百媚；
谁不想干它百岁！
活它百岁！
舒心的酒,千杯不醉；
知心的话,万言不赘；
今儿晚上啊,
咱这是瑞雪丰年宣誓的会。

1962 年 12 月记于伊春
1963 年 2 月 1–28 日于北京

品酒观尘世

从维熙

一壶酒，一个人，独坐在临街餐馆的窗下，一边喝酒，一边看大千世界的人间百相，是一种人生情趣。望人群如蝼蚁般穿行，见车辆如过江之鲫，在熙熙攘攘的都市奔忙，更觉一个人的闲雅之乐。古人说人生“难得寂寞”，这是指人到晚年之后，才能有的一种思绪；严格地说，这是进入老年之后，才能步入的另一种境界。

十几年前，我还没有独饮的酒习，常常是在频频的碰杯声中，走向感情的极致。记得，1990年的1月6日，我的书斋里曾聚集了20多位友人，大家一一举杯，直到尽欢尽兴后才各自离去。随着生命年轮的增长，一些同辈的友人进入老年，有的丢开了酒杯，有的友人（如叶楠、朱春雨）因癌症提前去了天堂。于是，昔日留下的那盘聚集书房饮酒畅谈的录像带，就成了我回忆往昔友人的一个尤物：王蒙、张洁在15年前的爽声大笑，国文与心武的杯前低语；莫言、抗抗与晓声的酒后红腮，都成了我回忆往昔时的一种精神享受。之所以如此，15年流逝过去之后，酒的知音越来越少了不说，一些昔日善饮的友人，大都活得越来越科学，把烧膛美酒视若长寿之大敌了。我则无意改变生命轨道之坐标，这是因为我没有死在20年的风雪驿路上，自视为是“超期服役”的士兵之故，已然是物超所值，因而对白酒无所畏惧———正好与友人们的忌酒行为相反，我每天要饮上几杯，在杯中享受中国美酒的甘甜凛冽，并品味时尚生活中的人生百象。

说来也巧，刚过正月十五元宵节，我又到楼下的餐馆独饮，正饮到得意之时，突然从我眼前走过一个熟悉的人影，我喊了一声：“这不是海岩吗？”

“你怎么在这里？”他发现了我，亦觉十分惊奇。

“我怎么不能来这里？我是这里的常客。这话应该我来问你，你这个五星级饭店的老总，怎么到这小小饭铺里来了？”

“有缘千里来相会。”海岩说，“这是缘分使然！”

他之所以这么说，因为就在不久前，海岩邀我和姜文一起大喝了一回五粮液。想不到时隔不到一个月，他与我又在这里见面了。

他看了看我桌上的破旧酒瓶，问我喝的什么酒。

“败絮其外，金玉其中。”“怎么讲？”

我说为了携带方便，也是避免引人注意，我把茅台酒倒进小瓶子里，你喝一口便知其味了。饭馆女老板是个文学迷，听我叫海岩的名字就奔了过来，除了免去埋单，还特意跑回家里，取来数码照相机，与服务员一块合影留念。她说：“看起来古人留下‘真人不露相’这句话，是个普遍真理，从来不修边幅，初来我们这儿吃饭时，我还以为是哪个单位看大门的呐；你们这行的人，真有点‘败絮其外金玉其中’，看海岩老总这身打扮，不就像个小小办事员吗？”

这是我独饮中的一个小小插曲。另一个酒事趣话也让我久久难忘：有一天我正在临窗的小餐桌上独饮，一个“的哥”把汽车停在了窗外的停车坪上，走进餐馆进餐。大概是出于能时刻看到他的宝贝汽车之故，餐馆内那么多空位子不坐，偏偏遴选在我的对面坐了下来。酒香对于酒人来说，是有着强烈感染作用的，他开口就要了一小瓶“二锅头”。我开始不安起来，因为酒精对于开车这个行当，等于是无形的凶猛杀手，于是我向服务员要了一盒“太子奶”，推到他的面前，同时用手指了指餐桌旁张贴着的宣传画。这张画是公交局张贴在餐馆墙壁上的，画面上一个交警用指挥棒指点着两行醒目大字：司机 滴酒，行人千行泪。

这位中年司机顿时愣住了。他面孔木呆了片刻，然后对我说：“感谢您老的提醒，可是您是怎么知道我是司机的？”

我向窗外示意地看了一眼。

他苦笑着说：“干我们这一行的，天天疲于奔命，闲下来就想喝上两口。”

我把他那瓶“二锅头”拉到我手边说道：“我留下你的酒，你就喝我要的这盒奶。算是等价交换吧。怎么样？”

老“的哥”是个爽快人，一扬脖子把那盒“太子奶”一饮而尽。这是我独饮时的第二个趣话。

我喜欢一个人，一边品味酒香，一边眺望窗外的纷繁尘世。街道上车水马龙，每个人都在生活的圆周中旋转：外地来京的打工者，急如星火地穿梭于街道上寻找生计；北京的大爷们，手提鸟笼悠悠荡荡在享受人间的清闲；有车族开着轿车匆忙过，去开拓新的生财之道；一些时尚男女喃喃而谈，不知彼此倾吐的是真情，还是假意；一些城中新兴起来的养狗族，对宠物在街头拉屎撒尿装作目盲，还要装出一副白领的风姿，以炫人耳目；只有那些蹬着平板车收购旧电器的人，那一声声的吆喝，无装饰地展示着打工族的艰难人生。

是不是出于职业本能，我也常常在这临街餐馆里，品味多彩的七色人生。凭着我那双解读人生的眸光，不难分辨出哪个是出卖肉体的“鸡”，哪个是出卖“尘根”的“鸭”；哪个是公款消费的官员，哪个是自掏腰包的庶民百姓；哪个是一夜暴富的小老板，哪个是败走商海的不幸儿……凡是戴有乌纱帽的食客进来，举手投足之间都带有一种“舍我其谁”的官气。有一天，我认识的一位文官，带着同僚走进餐馆，因为我坐在餐馆的窗角，他没有看见我，我却看见了他，于是一场文官无行的表演开始了：他要了一瓶麻袋形的“酒鬼”酒，当与同僚们喝到腾云驾雾之际，他先说文坛张三，又议文坛李四；说到得意之处时，便自吹自擂开了：你们知道当个文联的头头容易吗，除了你要会写文章之外，还要有应对上下的本事。文坛自古就是是非之地，今天文坛更是上下左右、八面来风的风口，哪边吹来的风，你都不能不加理睬，不然的话你头上的乌纱，就会被刮到天边去……我不禁暗暗窃笑起来，酒浆真是好东西，昔日这个人面狗脸，只会把标语口号冒充诗歌写的“诗人”，当上文官之后依然是那分德行。几杯烈酒进肚之后，便在这儿自摆“乌龙”了。这与我在会议上见到道貌岸然的他，判若两人。酒浆真是一剂汤药，它能让人去掉假面，还其本来的原形，酒魂之功力何其妙哉！细想起来，这也不是他一个人独有的毛病，中国文人自古就遗留下这种畸形。被后世誉为诗仙的李白，在奉召进长安时，不是也留下“仰天大笑出门去”的心灵自白吗，何况天下芸芸众生乎？看范进中举时神魂颠倒的样子，真是差点得了脑血栓。但中国文学史上，也留下与钻营仕途的文人绝然异同的肖像，晋时的陶渊明自摘乌纱之后，到桃花酒泉去喝他自己酿造的美酒；《儒林外史》中的王冕，却拒谢了朱元璋让他进朝为官的圣旨，依然当他与大自然为伍的牧童。古人说得好：“人各有志，不可强求。”因而人生就像城里的立交桥那般，东、西、南、北、中，各走各的道。

但是当我们回首历史时，不难发现一个真理：文人好的诗章，多投胎落魄于边缘文人的胸腹之中。不信，请看那些在唐代既当过官、后来又被贬官发配边塞的诗人之作，无论是李白还是白居易，抑或是骆宾王、刘长卿、柳宗元、刘禹锡、元稹、王昌龄……他们在逆境中的诗作，都超越了飞黄腾达时的自己。

为什么？因为他们从社会中心移位到了社会边缘，也许只有人在边缘，精神才更加清醒，眼睛则更容不得沙尘。这是我临窗独饮时，突然迸发的人生奇想……

（标题为编者加）

谈谈饮酒上头

宋书玉

饮酒后上头（指饮酒后产生的头晕、痛、胀等现象，俗称“上头”）的问题,众说纷纭。消费者谈上头：酒精酒不能喝,喝了要上头；要喝粮食酒，粮食酒不上头。不能喝勾兑的，这种酒上头；要喝酿造的，喝了不上头，等等。业内人士也谈上头：新工艺白酒不上头，干净，杂质少；曲酒不能喝，杂质大，上头。要喝老酒，不能喝新酒，老酒不上头，等等。

酒为什么会上头呢？我们必须先弄明白这个问题。是酒就醉人，我们探讨的问题是界定在饮后头痛和其他较重的不适反应上。大家知道：我们饮酒后，90%的酒进入血液，通过乙醇脱氢酶和乙醛脱氢酶在肝脏进行氧化代谢。这两种酶在不同人体内的多少，决定了分解酒精的快、慢。但这两种酶在人体内的含量受身体状况、情绪等原因不一，从而表现在饮量或饮后有不同的反应。但是我们的酒中不光是酒精和水，还有许多香味物质，除酸类物质外，其他物质随分子量的增大在人体内的氧化时间加长。换句话说这些物质含量高我们饮后的不适反应会加大。再有就是一些有毒物质比如甲醇含量高对人的损坏程度很大，甲醇主要破坏人体血液中的蛋白质和损伤人的神经系统。这些都会让人头晕头痛即就是所说的“上头”。从理论上我们明白了饮酒上头的原因，我们下面探讨一下上头形成的几种状况：

一、品质上头：由于酒中高于乙醇分子量的化合物含量高，造成人体氧化这些物质时间加长从而引发饮后口干、头痛不适反应。小酒厂由于技术原因往往大量添加酯、醇等香味化合物从而导致品质上头。或劣质基酒中含有较高的甲醇、低沸点的醇、醛物质更易造成品质上头。品质上头是由于酒的内在品质引起的，因此它是饮后上头的主要原因。

二、感觉上头：由于酒的感官质量缺陷，比如酒体不协调，辣、苦等感官质量问题，消费者在饮用时，这些感官质量的不足影响了其心理，从而影响酒在人体内的代谢，由此引起的饮后不适反应，我们称作感觉上头。在酒的加工过程中勾兑、调味工艺不精，酒中香味物质的平衡关系把握不好，批次质量稳定性把握不好，就容易导致酒饮用者感官反馈大，因此容易引起感觉上头。

三、感情上头：由于某一品牌市场运作的缺陷，消费者对某个品牌酒不感兴趣甚至产生反感，一看见这个酒就心烦。喝了易上头，或怀旧情结，放了很多年的酒拿出来，增加喝的兴致与欲望喝了易上头；新出的同样的酒总感觉不如原来的老酒，有先入为主的心理，喝了易上头，等等。

四、情绪上头：饮酒的环境、气氛、场合、饮伴、心情有异也会引起上头。

五、身体上头：身体原因，患病、服了某些药、过度疲劳等。以上我们对饮酒上头问题作了一个粗略的探讨，了解了饮酒上头的原因和产生的几种情形，下面就本文开头消费者与业内人士关于饮酒后上头的几种观点做一些分析。我们先谈一下业内观点。本文只谈新工艺白酒不上头，传统工艺曲酒上头这个问题。

这个观点正确吗？真是这么回事吗？为什么会有这个观点？我们是不是从以下几个方面做一些分析：

一、我们应先从这两类酒的构成作一个分析：新工艺白酒是指以酒精为酒基，适当加入少量曲酒、添加剂勾兑而成的白酒。传统工艺白酒是指以传统工艺生产的酒，我们通常说的曲酒。由于曲酒生产是开放式的自然发酵，不同季节、不同车间、不同班组、不同操作、不同窖龄、不同馏份、不同贮存期，等等，从而打造了千姿百态的酒。我们做某一个品牌、档次的酒总不可能今天一个味、明天一个味吧？但有这么多不同，做成一个稳定的味，难！新工艺白酒基础是酒精，添加剂可以根据酒的特点固定配方，曲酒加入的越少对其整体影响越小。此工艺做出的酒达到一个稳定的味，易！由于技术水平达不到，用曲酒难做成一个稳定的味。消费者饮用时，此时、彼时感觉不一样，从而容易引起感觉上头。用曲酒作酒基，由于勾兑、调味技术水平的原因造成酒的辣、苦、不协调等不愉快的感觉，从而引起感觉上头。由此引发了曲酒上头之论。我们没有能力把握好这天造之物，我们只好将其上头之责归咎于它。如此有曲酒上头之论，可谓：不明白。由于曲酒越多越不易稳定酒质。为了做起来容易我们业内有些人在说：曲酒少加点！做出来的酒易上头。

二、曲酒多少与上头有直接关系吗？无论你采取什么工艺生产一个同是国家优质标准的酒，也就是曲酒通过自然发酵产生各种香味物质达到国家优质标准，新工艺白酒通过添加剂达到国家优质标准。也就是其质量指标是一致的，从品质角度讲对人体的影响是一样的。曲酒的多少与上头问题无丝毫关系。如此有曲酒上头之论的话，真是莫须有。而在实际生产实践中，新工艺白酒为了达到国家标准大量添加醇、酯化合物，这些化合物不是自然发酵而来，伴有很多杂质，因此恰恰是新工艺白酒较容易导致品质上头。

三、曲酒多少与酒的品质有关系吗？白酒的同质化现象就是新工艺白酒技术的“杰作”，新工艺白酒与传统曲酒的技术构成有非常大的区别。个性化白酒的创造离不开传统曲酒，高品质酒的创造离不开传统曲酒。关于传统曲酒的核心技术，以及传统曲酒的地位、作用。本人在关于“曲酒南迁”和“关于丛台酒品牌定位”文中已经详细阐述。总之，香气优雅，绵柔醇甜，回味悠长，风格独特的丛台酒必须依托我们曲酒生产工艺技术。茅、五、剑靠新工艺白酒能铸就吗？答案只有一个，决不可能！上头之说何来？有人喝了“曲酒之酒”后曰：此酒上头矣！岂不知此类曲酒酒度多在五十度以上，该君数学差矣，喝了半斤孰不知已相当四十多度酒八两有余。酒喝过量怎不上头？此曲酒上头之论：可叹。

四、历史原因：新工艺白酒为什么会有不上头之说除上述的一个原因外，另一个主要原因是酒精提纯技术的大幅度提高，酒精中杂质含量大幅度降低所致，尤其是酒中甲醇和其他高级醇的有效控制使酒精更加纯净。想一想十年前，恐怕没有一个业内人士说新工艺白酒比曲酒好，不上头。由于酒精提纯技术提高了，应该肯定新工艺白酒技术有效解决了劣质曲酒的杂味问题。换而言之，如果遇到了劣质曲酒，酒精是比较好的遮羞布。但是如果是低质酒精，谁也难遮其羞，必然导致品质上头。曲酒呢？只有靠酒精解决我们的杂味吗？十年了曲酒都干了些什么？生物工程技术的引进，大大提高了曲酒的质量，长排发酵工艺极大提高了曲酒的个性风格，蒸馏技术的提高有效控制了曲酒的杂质，分段调酒技术的应用同样有效控制了酒中高级醇的含量，分极入库使曲酒的质量更加精益求精，高氧陈贮工艺使酒中杂质在贮存中被氧化。传统曲酒在保持、发展其独特的香、绵、甜的个性风格基础上，也在渐渐走入爽净时代。计算机勾兑、调味技术的应用，最大限度稳定和提高了曲酒质量。换而言之，就是我们上文提到的曲酒的众多不同，不同季节、不同车间……我们用此技术无论多少个不同，我们都可以造就出一个稳定品味的丛台酒，用先进的科学技术将天造之物把持得得心应手。可以肯定地讲：十年来，高、新技术不断植入中国传统的曲酒工艺，使其工艺技术取得了大的进步，有了质的提高。如此还有曲酒上头之论的话，可真是……

综上所述，大家有关饮酒上头的一些问题有了一点认识，就新工艺白酒不上头，曲酒上头之说我们做了较深入的分析探讨。意在增强我们的信心：坚定不移地发展我们的核心技术，实现我们打造历史文化名酒基地的宏愿。

2003年7月10日

借酒造势酒生辉

——公关与酒

孙　晓

“公共关系”这个词对中国是外来语，这个现代名词的英文是Public Relations.简写PR，含意为“通过宣传手段而建立的”与公众的联系。这里的“宣传手段”不仅仅限于当今通过信息调整公路、电视、电台、电影、报纸、书籍、画册、灯箱等而完成的现代宣传手段，它还包括人的语言和人的行为等原始的宣传手段。这里所说的“公众”，它的外延也很大，它可以是一个城市的公众，一个地方一个国家甚至是全球的公众。根据公共关系的含义，可以知道中国的公关历史源远流长，影响深远，可追溯到春秋战国年代，甚至更远，它影响着中国乃至世界文明史的变迁。春秋战国时期苏秦、张仪的合纵联横是我国外交公关的典例；张骞两次出使西域促进了民族的大融合和华夏文明史的进步，同时开辟了维系中西文明流芳百世的“丝绸之路”；郑和七次下西洋拓开了中国外交的道路，向中国引进了海外文化的同时向世界传播了中华文明；孙刘联兵共抗曹操而有三分天下；抗战时期中国共产党提出“中国人不打中国人”的口号是反对内战一致抗日的全民族的公关宣传。

这里不把宏观的“公共关系”拿出来展开论证和剖析，仅对公关与酒做微观的论述。当然在此论述的也不是酒在公共关系中发挥的作用，因为酒在公关中所扮演的催化剂的角色已为人们所熟知，本文立足点定于酒的市场战略中公关显示出的神奇魅力。

提到酒界公关，不能不涉及铁流这位被媒介誉为公关先生的人，因为他创造的几个有关酒的公关案例在酒界公关中是特出无二的。谈起铁流的公关首先得从他的传奇经历和他在长期公关活动中总结出来的公关理论入手。铁流童工出身，成都解放时参加革命成为国家干部，靠自学又成为记者、作家，1957年被错划为右派，尔后沦为囚徒，二十三年后出狱重操旧业仍当作家、记者，改革开放风起投身商海，几经波折终于定位搞公关，创造了一个个公关奇迹。传奇色彩的人生经历给了他智慧；二十三年的囚徒生活给了他勇气；记者生涯给了他敏锐。这些都给他日后成功的公关活动提供了铺垫。他认为，还处在发展阶段的中国公关目前存在两个误区。陷入从理论到理论误区的公关者，只会纸上谈兵，不能成功的策划和操作一个公关活动；陷入庸俗化误区的公关者，认为公关无非是请客送礼，甚至认为公关就是漂亮小姐的脸蛋。其实，公关是一种高智商的思维活动。一个优秀的公关人必须具有敏锐的观察力，善于发现事物；必须具有准确的判断力，善于抓住事物；必须具备丰富的想象力，善于发展事物。最重要的是一个成功的公关人必须具备发现新闻制造新闻的能力，他把公关过程浓缩为六个字：借势、创势、用势。他认为公关的过程就是借势、创势、用势的过程。

借势，即借花献佛，采他山之石攻自己之玉。公关中的借势就是借客观存在之势，为自己的终极公关目的服务。在中国最讲政治和人的思想，根据这种国情在中国搞公关借势显得尤其重要。这就要求公关人搞任何公关活动都必须吃透政治，因为你的公关活动不合潮流，流产的可能性就很大，即使是免遭流产也不可能达到预期的公关目的。达不到公关目的只能是一次失败的公关。铁流在“千里冰之夜毛泽东诗词朗诵晚会”“亚运会壮行酒”“川酒进京展”三个有关酒的成功公关中都很好地把握并最终成功地借助了客观存在之势，达到了预期的公关目的。“千里冰之夜毛泽东诗词朗诵会”是借势、造势、用势达到公关目的典型例证，山东有个县级小酒厂得了地区级奖励，想借此开新闻发布会宣传企业和产品。找到铁流，要铁流帮助在人民大会堂召开新闻发布会并邀请中央领导参加实非易事，必须借个势才能使企业如愿。最后铁流在企业产品的商标名称上找到了灵感，该企业产品的商标是“千里冰”，铁流联想到毛泽东的著名词作《沁园春·雪》中的名句“千里冰封，万里雪飘……”加之1990年由于政治和心理原因朝野上下都呈现出一种浓烈的毛泽东情结，各种旧歌特别是有关毛泽东的歌曲重新火爆起来，大街小巷老少皆在传唱，有关毛泽东的纪念品也随处可见，毛泽东的画像甚至挂满了各种汽车，如果借助当前的毛泽东情结这个大势，肯定能成为新闻热点形成轰动公关效应，从而达到宣传企业及产品的目的。“亚运会壮行酒”公关实施在北京亚运会前夕，当时全国向亚运会捐款捐物甚为踊跃，四川红楼梦酒厂虽是个乡镇小厂也不甘示弱，欲送500盒礼品酒给亚运会，找到铁流要他出主意通过送酒这件事在全国发新闻以便提高企业和产品的知名度。然而当时亚运会集资处有个不成文的规定，捐资不足20万不得见报，区区价值2万元的礼品酒虽不能说是白送，却也无法达到企业预期的目的。铁流认真翻阅各种材料以图找到可借之势，最后他发现了亚运会集资助处专管亚运会的集资事宜，全国的捐款物都汇集于此，代表中国参加亚运会比赛的中国体育代表团应是全国关注的焦点却受到了冷落，铁流认为这是个可借之势，当你受到冷落时再微不足道的小馈赠也足以使你感到欣喜予以欢迎。由此断定礼品酒有送必收。“川酒进京展”公关，出于偶然，铁流走进一有名为“九州醇”的名酒店却不见素有“名酒之乡”的四川酒。酒店经理说川酒未进京的原因是路途遥远运输不便，铁流认为最主要的原因是四川酒缺少宣传意识，外国货离北京更远不是照样漂洋过海来到中国吗？铁流由此发现了一个公关契机，何不抓住川酒未进京的情况下举办川酒进京展，正愁产品销路不畅的川酒生产企业对此必然反应强烈，优质的川酒进京定会受到北京商家和消费者欢迎，承办者办成了此展销会也必然是名利双收，一石二鸟何乐而不为。铁流与名酒店老板一拍即合，最后决定名酒店老板在京办理展销会的各手续，铁流去四川组织参展企业。

借势就是为公关活动寻找一个可靠的依托即做到师出有名，但是光有客观存在的势可借还不行，这仅仅是外因，外因是事物发展的前提，必须通过内因才能发挥作用。在公关策划中如果“借势”是外因，那么“造势”就是内因。在借势的基础上再造成直接经济损失一个势在必行即再制造一个新闻热点以引起社会的关注，发布大量新闻达到树立企业良好形象创造经济效益的目的。“借势”凭借的是公关策划人敏锐的洞察力，造势是策划人独特的思维力、想象力、号召力、行动力的综合反映。“千里冰之夜毛泽东诗词朗诵晚会”公关决定借助“毛泽东情结”这个大势，下一步就是造势，势怎么造？铁流把活动的名称定为“千里冰之夜毛泽东诗词朗诵晚会”后，决计在晚会的地点时间上造势。开会的地点必须庄严，时间的迁择要突出政治色彩和纪念意义。只有在庄严的地方举办富有政治色彩和纪念意义的活动，才有把握把要请的中央领导全部请到，这样方能引起新闻界的关注，新闻出来了，宣传的目的也达到了。最后决定活动在人民大会堂举行，时间定于1990年12月25日毛泽东诞辰九十七周年纪念日的晚上。晚会上凡请到的中央领导都参加了，一个原来是商业行为的发布会变成了全国上下都积极参与的富有政治色彩的晚会。第二天新华社发了通稿，全国各大报纸都在重要位置上刊出了这个消息。“亚运会壮行酒”公关，找到了可借之势：本应是关注热点的中国体育代表团受到了冷落，故酒有送必收。收是收了，能出新闻吗？如果出不了新闻，就达不到宣传企业的目的。必须在送酒的方式上再造一个势。铁流从中国体育代表团即将参加亚运会比赛这件事联想到古代将士出征的场面和“风萧萧兮易水寒，壮士一去兮不复返”的古诗，于是用“壮行酒”的名号向亚运健儿送礼品酒以突出新意，并写了慷慨激昂的诗词制成金匾与礼品酒一同赠送给中国体育代表团。赠酒仪式在国际饭店举行，仪式上请来了荣高棠和中国体育代表团副团长刘吉和两个秘书长。每个代表队派一名代表领取红绫包裹的壮行酒，场面古色古香，慷慨激昂，当天晚上中国电视台和北京电视台做了报道，第二天新华社发了通稿。这个公关使红楼梦酒厂的知名度得到大大提高，该厂借机开发出了新品种“壮行酒”，并带来了实际的经济效益，在当年的“全国粮酒秋交订货会”上该厂的订货突破3000万元大关。“川酒进京展”公关借“信息不灵导致川酒遭埋没”这个势，光有这个势可借还不行，还不足以达到使四川酒厂积极参与的目的，要想叫川酒积极响应川酒进京展，必须再造一个势。首先把这次展销会的举办时间定在国庆46周年前夕，宗旨是：迎接建国46周年川酒进京展风彩。这样就给活动赋予了政治色彩。然后又采取广告烘托渲染，广告创意富有煽动性和感染力：首都北京，祖国心脏，各种名牌，争奇斗艳。是名牌敢于亮相，是优质敢于接受考验。欢迎你们，热烈地欢迎你们，带上你的产品到北京。参加展销订货会。四川酒厂看到广告，反应强烈，不到20天有400多家企业报名参展，仅几日的展期，成交额就高达1600多万元，首都各大报都做了报道，称这次展销会是建国以来最大的一次地方酒订货展销会，并掀开了中国地方之间展销会的序幕。

随着市场经济在中国的发展和渐趋成熟，公关已渗透到社会的每一个毛孔，并散发着其特有的魅力。公关是高智商的思维活动，成功的公关可以制造一个个神话，它靠客观存在之势和伙创造之势点石成金，撒豆成兵，化腐朽为神奇，这在公关的市场行为中得到了很好的印证。

“遵循孔孟之道造酒”之我见

李红军

1998 年春天，在我们千台春刚刚起步时，导入了“企业理念（MI）识别系统”——“酿醇酒、做好人”。随着千台春酒“中国满族第一酒”的产品定位，企业核心理念已发生变化，原有理念“酿醇酒、做好人”已完成其历史使命。升华原有理念、改进企业文化摆在我们面前。

升华、改进——是满族精神“开拓、进取、包容、创新和学习”的具体体现。

2005 年 8 月 27 日，我们提出了新的企业理念：“遵循孔孟之道造酒”，2005 年 9 月 2 日我署名文章在企业网站上发表。

当我们提出“遵循孔孟之道造酒”这一新的企业理念时，一些人士感到困惑，甚至心有余悸：“文革”时曾被批得体无完肤的“孔孟之道”，你却如获至宝把他作为企业的新理念？朋友们的不解与担心，是可以理解的！思想的传递特性，不仅表现在横向的交流与传播方面，而且还表现在历史的延续和继承方面。几千年的“孔孟之道”能传递到今天，而且还相当有生命力，就充分说明：传统文化的精华，只有在当代社会中才能作为前进的动力而成为发展的坐标，而最终要服务于现实社会的。

胡锦涛总书记提出“八荣八耻”的社会主义荣辱观，就是以“孔孟之道”为核心的传统文化与现代社会文明的最佳有机结合。

日本、韩国、新加坡、中国台湾四小龙的发展，都借助了“孔孟之道”，耸立在美国纽约唐人街的孔子塑像，足可证明现代文明需要传统文化，尤其需要以“孔孟之道”为核心的传统文化作为依托。因此，我们要在遵循民族传统文化，立足民族传统文化的基础上，丰富和完善企业理念，健康发展企业。

“孔孟之道”是国人千百年来思想体系的核心，它对中华民族的发展与进步起到了应有的积极作用。

1. 我对“孔孟之道”核心内容“仁、义、礼、智、信、和”的理解，以及“六字真经”对我们企业生产、经营的指导作用。

“仁”是孔子学说的最高道德标准，是孔孟思想的核心，也是中国传统文化的一个重要内容。“仁”的本意是“相人偶”及表示人与人之间的关系。“仁”字“二人”为仁，是人与人之间的亲善与友爱。仁者，爱人也。具体而言：“夫仁者，已欲立而立人，已欲达而达人。”孔子强调：自强不息，善为人谋，再简言之，“成己达人”。如果“成己达人”是做人的最高标准。那么孔子的做人最低水准是什么呢？“己所不欲，勿施于人”就是做人的最低原则。程学将“成己达人”奉为金律，把“己所不欲，勿施于人”奉为银律。学生问孔子：“有一言可以终身行之者乎？”曰：“其恕乎。己所不欲，勿施于人。”孔子还说“孝悌也者，其为仁之本也”！告诫人们：孝顺父母，尊敬兄长这些是“仁”的根本！

实施符合人性的仁道管理，在当今社会有着十分重要的意义，超越竞争的仁道管理，才能显现人类最高的道德水准，才能最大限度激发被管理者的潜能。“仁者爱人”领导者以此理念关心人、爱护人、尊重人，才能将潜在的力量最大限度发挥出来，为企业的发展献计、献策。

“善人者，人亦善之。爱人者，人亦爱之。”“仁者友众，爱人者路宽。”我们酿酒企业以这样的态度服务于消费者，自然会赢得消费者的青睐与厚爱。

“义”即是“理”也就是“宜”孔子说：“行而宜谓之义。”“义”指某种管理制度及原则符合社会共众利益。孔子还说：“无可无不可。”就是说：任何管理制度与措施，如果得其宜，便可；若失其宜就不可。任何管理都不是“万灵丹”都必须随时随地的调整，其可以与不可以，要靠理（义）来裁判与评定，才能真正的做到“合理化”。

“义（理）”与利二字，历来被认为是格格不入的，其实在我们酿酒企业，二者看似矛盾，却又是统一的。我们酿酒企业以“义（理）”为出发点，去满足不同消费者需求，在这施“义（理）”过程中，取得了消费者回报，获得利润。我们用获得的利润去武装自己，配备更好的超强的分析仪器，添加酒精强滤设备，添加调浆用水超滤机，添加容量数控酒机……“义（理）”与“利”相辅相成，是我们酿酒企业良性循环发展的合理取向。

“礼”，就是“法”。企业的员工再无拘无束、自由自在，也得接受限制：即“礼（法）”。“礼”在我们企业里就是典章制度与行为规范，表现为管理制度化。我们的制度经常的、合理的调整以便更加“合理”员工觉得公平，才是合理化。我们要求员工“遵礼而行，非礼勿做”，营销人员“执礼而行”，以赢得经销商、消费者的信赖与欢迎，潜移默化提升营销业绩。

“仁、义、礼”的通俗解释是“情、理、法”，它代表了“孔孟思想”的三种不同层面构成的观念架构。应该说中国式管理的核心，就是“情、理、法”的管理。凡事“以情为先”，彼此“所重在理”，“情”、“理”讲不通的时候，有理有节，不得不“翻脸无情”，搬出“法”来，才不会让人觉得残酷无情。我们在企业的管理中，仍以“情”、“理”、“法”为管理的最高准则。

我们说：一个人的传统素养越高，这个人吸收现代化意识越强。今天我们必须认真吸取传统文化的素养，掌握自己的管理哲学，运用西方国家先进的管理工具与方法，总结出有自己特色的、现代化的、中国式的管理模式与方法。

“智”，孔子提倡“智者不惑，仁者不忧，勇者不惧”。“智”在我们酿酒企业表现为知识、技能、智慧、工艺、理念、领导艺术、营销手法……是企业核心竞争能力的体现，我们认为当今企业的竞争是核心能力的竞争。

“信”，孔子说：“人而无信，不知其可也。大车无輗，小车无軏，其可以行之哉？”民无信不立，企无信不存！信是质的表现与根本，是企业赖以生存的基本条件。

我们酿酒企业的“信”更为重要。2006年3月13日抚顺晚报《今年第一期流通领域食品厂质量抽查结果发布》“……共抽检白酒6个批次，合格2个批次，合格率33.33%，我市的千台春酿酒有限公司生产的40%500ML瓶装千台醇白酒抽检结果，各项指标均达到国家标准，全部合格。”这是我们2001年生产出厂的酒，2006年抽查依然合格如初。历时五年，醇香如故。优质的酿酒原料虽然贵缺，产品品质不能少，更不能以次充好，此乃根本。酿酒工艺流程虽然繁琐，绝不可删减一二，所酿之酒必然为消费者信赖。

“和”，孔子讲：“君子和而不同，小人同而不和。”“礼之用，和为贵，先王之道，斯为美，小大由之。有所不行，知和而和，不以礼节之，亦不可行也。”“和”指个人心态平和、和缓，又指人际之间、社会各阶层之间的和谐、和睦、和平、和缓、合作，以及“和而不同”的处理各种社会矛盾的政治主张。

我们酿酒企业可以将“和”定义为：保持与企业利益一致者的和谐、和睦、合作以维持企业持续的增长与发展，并能顺应市场经济及社会发展规律，与时代发展相呼应的一种酿酒企业的个性世界观。酿酒企业的“和”，它可以减少内部争斗，避免相互掣肘，广大员工团结一致、风雨同舟，形成坚如磐石的共同体，是战胜艰难险阻、发展壮大的保证。

孔子所倡导的“和”，对当今社会的“和谐社会”乃至“和谐世界”都有着深远的历史意义。

博大精深的孔孟之道：仁爱、重德、崇孝、中庸、忍让、倡俭、忠义……依这些千年古训用来指导企业经营、构筑员工的思想体系、丰富企业特色文化，是任何方法都无法比拟的。“遵循孔孟之道造酒”形于内，必然提高管理水平、改善产品质量；宣传于外，必将增加产品知名度、美誉度，赢得消费者信赖。这就是我们提出“遵循孔孟之道造酒”作为新时期企业理念的初衷。

我们还清醒的认识到：被无限尊崇的“孔孟之道”，随着时间的推移、社会的发展，部分内容与时代气息已不尽相符。因此，我们在应用过程中，对个别内容应本着灵活、辩证的原则运用，甚至是批判地运用，对个别内容还要弃之不用！

2. “中国满族第一酒”——千台春，需要“遵循孔孟之道造酒”作为理念来支撑：

满族作为中华民族大家庭的一员，早在381年前的1615年起就是尊孔重儒的民族：

1615年农历九月十一日，大学士范文程抵达抚顺新宾赫图阿拉城，向汗王努尔哈赤进言“教化”之策，汗王及众大臣为之折服。第三天，范文程单独晋见汗王，力主汗王修建文庙（孔庙）以感召、吸纳、笼络天下汉人之心、士子之心，并引用宋朝赵普“半部论语可治天下”之言。汗王努尔哈赤遂建文庙（孔庙），从此，赫图阿拉城内道、佛、儒三教齐全，海纳百川。

崇德元年（1636年）农历八月二十七日，孔子诞辰日，范文程代皇太极祭孔，并于文庙首开御前经讲。（农历）八月二十七日拂晓，108名正黄旗侍卫开道，范文程率满汉文武大臣及沈阳、辽阳、辽南等地的生员、士子三百多人，从大清门前文德坊出发，出抚近门，向右行二里到达文庙（孔庙）。

文庙（孔庙）大成殿内供奉着孔子塑像，由范文程代皇太极宣读祭文，并首开御前经讲。从此，大清王朝开始了以孔孟之道感召天下士子之心，收天下人之心的治图之策，开始了一统天下三百年的漫长历程。

清代顺治皇帝进京后，为统治中原人民和天下臣民，加封孔子为“大成至圣先师”，并一直沿用至大清各个皇帝。

时至今日，曲阜孔庙大门两侧仍为清王朝雍正皇手书："先知先觉为万古伦常立极，至诚至圣与两间功化同流。"告诫人们"孔子思想无论在哪里都是必需的"。雍正七年，雍正皇帝将孔子生日定为农历八月二十七日，从此每逢此日，大型祭祀活动就开始了。1984 年农历八月二十七日，恰逢（阳历）9 月 28 日，政府将这一天定为"国际孔子文化节"。

"中国满族第一酒"——千台春，有着悠久的文化根基，优良可口、安全健康的酒质，独具匠心、文化品味十足的包装，还需要维系人心的企业的理念"遵循孔孟之道造酒"来支撑。

启运千台春历尽风雨 303 年：早在 1704（康熙四十三年）满族正黄旗人李济斋创建"李记烧锅"。康熙六十年，康熙皇帝东巡祭祖时，御征 200 坛酒，名声大噪，为昭示龙恩，遂改名为"龙泉海"烧锅。1783 年，乾隆皇帝东巡祭祖时，征酒 500 坛。1829 年，道光皇帝东巡祭祖，征酒 1000 坛。1924 年，李济斋第九代传人李晋卿在我们公司现在的位置"粮栈街 1 号"，开设"龙泉海"商号酿酒。1946 年，中国白酒界泰斗——周恒刚先生从哈尔滨工业大学毕业，因技艺精湛，而加入当时我公司前身的酒厂。在抚顺工作期间，周老接过日本留用酿酒专家黑松丰治研究未成的"麸曲酿酒工艺"，数经试酿，终于取得成功，给几千年不变的中国白酒行业带来一次"革命"。1953 年，抚顺市第一瓶瓶装白酒——"抚顺白酒"面世，年底研制成功了酱香型大曲酒，并将其命名为"千台春"。1998 年春天，提出"酿醇酒，做好人"的企业理念。2002 年 9 月，组建新企业——抚顺启运千台春酒业有限公司。2004 年 3 月，"撤星换旗"工程启动，千台春满族八族系列酒面世，同年 8 月 6 日，"中国满族第一酒"——千台春酒定位鉴评会在抚顺召开。2005 年 9 月，满学大家——阎崇年先生到我公司视察，并欣然挥豪"满族发祥正宗地，八族合硕排酒名"。

优良可口、安全健康的品质：我们启运千台春酒业有限公司，曾经培养、造就了中国白酒界一代宗师——周恒刚先生，周老当年研制、发明的"麸曲酿酒"工艺至今薪火传承，为白酒行业带来了一次革命。2002 年 9 月 18 日，在"周老回家看看"时曾亲口告诉我们说："中国第一部白酒大法《烟台操作法》是抚顺酒厂工艺的翻版！我公司在 1984 年曾经培养和造就了我国第三、四、五届国家级白酒评酒委员、白酒专家组副组长——潘维符先生，近期培养了新一代国家评酒委员——易伟先生。在他们的影响和带动下，员工们分析、研究、掌握了白酒的机理与成份，已牢牢地把握各道质量关，我们说"我们会评酒，当然更会造好酒"。

独具匠心、文化品味十足的包装设计：深圳柏星龙的设计师们以他们对满族历史的了解与热情，用他们的专业、智慧、激情、灵感，从市场的角度出发，以打造“中国满族第一酒”为核心理念，将这一切融铸于他们的作品当中，同广大消费者一起跨越历史的时空，沿着满族发展的足迹，去追寻这个优秀的民族给我们留下的丰厚的历史文化瑰宝。

八族制度，是满族社会的最初组织形式，集经济、军事、农业于一身，为满族社会的发展起着十分重要的作用。他贯穿于满族历史的全过程，已经成为这个民族历史文化最具代表性的特征，这也是将它作为产品品牌文化内涵的重要原因。以外包装的色彩、图案的应用及材料、工艺的搭配，共性中包含个性的张扬，个性中兼顾共性的统一，对千台春系列产品的包装进行文化内涵的深入挖掘、品牌的塑造，包装设计中共性十分突出：

龙：是中华民族精神的图腾之一，各个历史朝代的龙各有不同。大清王朝将龙的寓意与象征使用至极，清朝时期的龙凶猛、大气，象征着大清帝国曾经拥有的强大与辉煌；

玉玺：显示着帝王至高无上的权力，代表着他是这个国家的唯一统治者，“皇帝之宝”四个字用大篆字体雕刻于玉玺之上，这种字体以它难以掩饰的古老文明，来释放着它深厚的文化底蕴；

酒名字体：这个爱新觉罗家族成员亲笔手书的字体——“千台春”，似柔和、实刚劲，错落有致、字体灵秀、笔锋飘逸，它是在向我们讲诉一段民族的历史故事，是在诉说他的家族或是他的家族曾经创造过的辉煌；

满文：是这个民族在历史发展与演变过程中，所凝聚的智慧与文明的象征，是交流与沟通的载体，是记录历史文化的符号，是这个民族独有的特色文字。

以金龙和篆书、满文雕刻“皇帝之宝”四个大字的玉玺所组成的“盘龙玉玺图”，以手书“千台春”酒名字体和代表满族文化的满文，这三个主要元素作为消费者对千台春产品识别系统中的一个重要组成部分，在各个产品包装设计中得到了广泛的应用。

有了启运千台春历尽风雨303年的历史；优良可口、安全健康的品质；独具匠心、文化品味十足的包装设计，这些还不够，我们还需要千百年来影响国人思想与文化的“孔孟之道”核心的“六字真经”为理念，作为框架来支撑“中国满族第一酒”的躯体，方显得“中国满族第一酒”有血、有肉、有灵魂。

3. 我们如何以“孔孟之道”的“六字真经”作为企业理念的核心内容，

指导我们企业的生产与经营呢？

孔子的“修身、齐家、治国、平天下”是我们高层管理者提高管理能力的良药与忠言。

孔子的“博学之、审问之、慎思之、明辨之、笃行之”是我们理论与实践相结合的座右铭；

孔子的“温、良、恭、俭、让”与“当仁，不让于师！”是我们构筑内部与外部良性竞争环境的理论基础；

孔子的“吾日三省吾身”是我们认真反思，反省自己的警言；

孔子的“三人行，必有我师焉。择其善者而从之，其不善者而改之”是我们向员工及竞争对手学习的信条；

孔子的“不迁怒，不贰过”是教导我们员工：不将怨恨转嫁他人，不重复犯类似错误的警钟；

孔子的“逝者如斯夫，不舍昼夜”是提醒我们：不进则退，每时每刻都有竞争，唯有竞争方有进步，就像奔流的江水一样，昼夜不停；

孔子的“不在其位，不谋其政”是警示高级管理人员应“在其位，谋其政”！孔子的“一以贯之”的态度，是我们提高执行力的最好办法！“生之者众，食之者寡，为之者疾，用之者舒，则财恒足矣”是我们千古不易、先进的理财之道。

以上，是我对“遵循孔孟之道造酒”的理解与体会，望能与各位有识之士商榷。

（作者为抚顺市满族联谊会务副会长、辽宁省白酒工业协会副会长、抚顺启运、千台春酒业公司董事长）

老白干传奇

严树清

开篇词：

喝不空坛坛罐罐，饮不干盅盅盏盏，
走不完跌跌撞撞，说不尽苦苦甜甜。
我醉了，
老白干。

碗碰碗豪气冲天，杯对杯意绕情缠，
吞下的悲欢离合，吐出来世情冷暖。
我醉了，
老白干。

叹一声黄粱梦短，数一阵沧海桑田，
歌一曲高山流水，舞一回天上人间。
谁醉了，
老白干？

怀抱这千古流芳，任凭他星移斗转，
邀来那清风对酌，入梦时独卧云端。
真醉了，
老白干！

游罢传奇，投笔于案，将思绪拉回到现实中。望窗外灯光闪闪，与天上的点点繁星交相辉映，似乎在眨着眼偷看我脸上的激动。不知它们能否读出我内心的感激之情。

真的，我由衷地感谢当年烧酒时的工友们，是他们最先给我讲述老白干的故事，引我走入那古老的传奇；感谢老白干集团董事长张永增兄、副董事长张志民弟，为我提供大量的历史资料；感谢武强年画馆馆长郭书荣先生指教年画制作工艺；感谢崔廷芳老人为我讲述解放衡水的最后一战；当然，最感谢李殿霞老人，他给我讲述老白干合厂的壮举。1946 年 1 月 1 日的那番庆祝，当事人大多仙去，他老人家硕果仅存，乃当今唯一见证。在老人的家里，我曾经翻阅一个1973年的笔记本，里面记着当时全厂职工的姓名，我的名字也在其中，只是后面多了三个清秀刚劲的钢笔字：上大学。最令我感动的是，老人家未将我拦腰划掉，而是用红笔在名字下面画了一笔曲注。在老人的心目当中，我还是酒厂的一员，只不过暂时地离开一段时间而已。由此，我心中生出一丝内疚，为什么大学毕业后没回到酒厂为老白干继续效力？感觉对老白干欠下了一笔陈年老账。于是更把写好此书当成一种义不容辞的责任，一心要还上这笔三十多年的感情旧账。然而，画上最后一个叹号，却没有如释重负的快感，那种牵肠挂肚撕扯不断的情感，反而像陈年老酒一般，愈烈，愈浓。

老白干，是我人生正式走上工作岗位的第一站，就如同初恋的情人，因误会而分手，而又时隔多年不期而遇，这种各自成家立业后的邂逅，那说不清道不明的酸甜苦辣，铭感五内，难以磨灭。

唯感欣慰的是，此书终于出版面世，酒友们可在享受白干美酒的同时，一起品忆古时醇风。

诚然，忘不了我那帮挚友：梁山兄、新成弟、新学弟、悦民兄、建英小友……直言不讳地建议；毫不客气地点评；发自内心地鼓励；情深意切地指正。一字师也好，一段情也罢，皆推心置腹，只有身在其中，才懂得精神动力那无与伦比的珍重。

酒书，写完了，怎一个“谢”字了得！

书酒，酿成了，任君品评。

另外，书中提及几位烧酒老前辈的真名实姓，倘有言语不周处，敬请其后人及亲朋好友谅解。

让老白干飘香久远,让老白干传奇四方!

有词为证：

满江红

佳酿天成，十八家，处处香浓。金浆液，德聚广聚，域外扬名。记兴天丰滏阳水，德昌魂借老桥雄。凭谁问，仙助庆畲增，显奇能。福聚兴，恒德成，兴源祥，义庆隆，演元盛恒盛，气贯长虹。诚兴传世德源涌，信大伟业恒聚成。看今朝，酒乡宏图展，福兴隆！

（摘自严树清同志所箸《老白干传奇》，将该书开篇、结尾、后记，联成一文，标题为编者加）

莫道男儿偏爱酒

耿议忠

自从我们的祖先酿造了“酒”，这水火交融的宠物便和男儿结下了不解之缘。酒在人们的心目中更是男子汉的象征。李白“斗酒诗百篇”，曹操“对酒当歌”，赵匡胤“杯酒释兵权”，荆轲“醉酒刺秦王”：“风萧萧兮易水寒，壮士一去兮不复还”成了千古绝唱。没有酒，五尺男儿恐怕难以做出这等惊天动地的大事。

大人物喝酒办大事，小人物喝酒办小事，平民百姓逢年过节，婚丧嫁娶、交朋纳友、开张振业、消愁解闷等，没有酒也实难办好。“日暮斜阳春社散，家家扶得醉人归。”千百年来，酒成了爷们生活中的万能灵液。

我小时候就知道酒辣，长到十七八岁没正式喝过酒。后来当了水兵，因为舰上有“节日酒”、“远航酒”、“庆功酒”等等酒事，我也就学着品尝起来。初次喝白酒觉得有点辣，在战友们的鼓励下十盅八盅下肚，除嗓子有点发干并无醉意。经过几个“回合”，班长认准我是个“培养对象”，班和班斗酒拿我作主力队员，殿后压轴。当兵的斗酒不用盅，多是用吃饭的钢精碗，一碗能盛半斤多。为了减轻“参战人员”的负担，一般只倒半碗。

有一次远航归来。喝酒的时候，主炮排和高炮排抬起杠来，主炮的战士像“130”炮弹，一个个人高马大，全不把我们这些小“37”（高射炮）放在眼里。对抗赛就在码头上，两边各出一人，每人面前四个碗，谁先喝完谁第一，喝不完的，吐出来的就算输。阵势摆好以后，助威的，看热闹的干部、战士围了上百人，嗷嗷得叫着给上阵的打气。初生牛犊不怕酒，裁判员一吹哨，我就一连干了三碗。顿时，这嗓子就冒了烟。这酒像辣椒汤，更像一团火，虽然看起来清亮透明，端起来却叫人望而生畏。班长在一旁作思想政治工作了：“当战士不能怕苦！不能怕难！为集体争荣誉，赛跑、爬山、拔河哪个不苦？哪个不难?！就这一碗了，快干了吧！”班长在动员，战友们在呐喊，我咬咬牙，端起酒来一仰脖子干下去。“嗷！高炮赢了！高炮赢了！”高炮的战士们欢跳起来。我像战场上得胜归来的英雄，一下子被战友们抬起来，直送回舰上的住仓。这时，我觉得肚子像一部火焰喷射器，只要张嘴就窜出火苗子，因此，紧闭着嘴不说话。战友们有的倒茶，有的拿水果，有的给我擦汗，忙成一团。突然，我身上一阵发凉，脸上像结了冰，一张嘴“哇”的一声吐出来。尽管战友们给我灌水洗胃，我的头仍胀得像一颗要爆炸的手榴弹，一动不动地瘫在床上。战友们怕我当了“酒烈士”，一直守候着。因为阎王爷烦弃醉汉，第三天早上我才醒过来。后来听说连长发了火：“奶奶的，酒精中毒能死人的，你们不晓得?”几个班长和排长差点被关了“禁闭”。

这次斗酒，尽管我吐了酒，弄得死去活来，但仍不失大碗喝酒的“英雄形象”，从此，在舰上传为佳话。

人生真会开玩笑，后来退伍，我又进了啤酒厂，喝酒又上了新水平，啤酒厂的职工们喝酒一般不用杯，多是用嘴对着瓶子喝。这叫“吹喇叭”。许多人一连吹上三五瓶不当事，但是能拿回家喝的啤酒，每月只有十瓶。那时正是“文革”时期，因为闲着无聊，所以常常喝酒解闷。那时的“青岛啤酒”虽然只有一块多钱一瓶，但对于月工资三十四块三毛七的职工来说却是大数目。不用多，一月喝上两瓶，内当家那小细腰就气成了圆皮球。因此，命令我：“不来客人不许喝酒！”因为缺酒，所以常盼着“有朋自远方来”趁机解馋。那年头喝酒没有鱼肉，没有蛋虾，有盘油炸花生米就算是上等的好肴。同学聚会、战友相逢、大多是干喝，有几瓶青岛啤酒只能当醒酒汤用。

北方人喝酒，以灌酒为乐，兄弟们凑在一起，没有酒诗，没有酒歌，没有酒令，劝不下酒去就划拳，转勺子、猜火柴头：“一根你赢，你喝，两根我输你喝！”这样的“君子协定”在人们清醒的时候不难识破，可是当酒过三巡，菜过五味，便难以分清。发现上当，酒已下肚，只得叫苦。待他人钻了桌子底，自己便以常胜将军自居，沾沾自喜。碰上“茬子”，也常叫人家灌得舌头发硬，手脚不灵，走起路来像螃蟹，却从不服输。特别是酒桌上坐着几位年轻女士，酒士们更来了劲，一个个红着脸，瞪着眼，像非洲草原上那些争夺配偶的野牛，互不相让：“我，我，没事，你，你，不服，再，再来！”

如今的故事又有了新内容：成立公司，喝！洽谈业务，喝！加深友谊，喝！酒的品种越来越多，白酒、啤酒、葡萄酒、果酒、药酒、黄酒。菜肴越来越精细，场面越来越大。几十人喝！几百人喝！上千人喝！唱着歌喝！跳着舞喝！不喝白不喝！尽管老婆子的口头禅是：“少喝酒，多吃菜，早回来！”喝起酒来却不能自持。男儿们到了酒桌上，酒令如军令：“朋友相逢，双杯！”“初次见面，双杯！”“老乡见老乡，碰杯一块光！”“战友见战友，相逢三杯酒！”，等等。直喝得两眼冒金星，找不着嘴在那里方才罢休。尤其当今以喝酒多少定感情深浅的时候，常常弄得那些“宁愿伤身体，不愿伤感情”的兄弟们望酒兴叹。像我这等酒场老将也败下阵来，听说“酒”字就头痛。有人说：“革命小酒天天醉，喝坏了肝、胆，喝坏了胃。”喝酒多了遭罪大家都知道，要戒酒却不是件容易事，几次痛下决心，都因为馋虫不依，又摸起杯来。

古人说：“醉翁之意不在酒。”是呵！人们喝酒，从来都不是为喝酒而喝酒的。酒能助兴，酒能解愁，酒能加深人们之间的感情，只要坚持“饮酒不醉方为高”的古训，酒会使我们的七彩人生更鲜艳。

男士们举杯吧，为我们幸福的明天干杯！

（此文摘自作者散文集《芳草》）

家庭如何自制药酒

药酒服用简便,疗效显著,家庭亦可自制,但要掌握正确的方法。

选好配方

自制药酒应当选用适合家庭的安全可靠的药酒配方。有些配方并不适宜自制，如某些有毒性的中药，是必须泡制后才能用的，一般家庭无此条件。民间流传的一些单方、验方，如要配制药酒，应当先去请教医生，弄清楚药物性质和适用范围，以免误事甚至引起中毒。

药材处理

一般制备酒剂的药材都切成薄片或捣碎成粗颗粒。要按医生处方配齐所用的种类、剂量，将其洗净晒干，凡坚硬的皮、根、茎等药物，切成3毫米厚的药片子；草质茎根，切成3厘米长度的段；种子类用棒击碎。有些药物，还需经过一定的加工泡制处理。民间验方的中药，首先要弄清其品名、规格，要防因同名异物或异名同物而搞错的药材。

酒的选择

以不低于60度的烧酒较适合。若用70%的药用乙醇代替，则更有利于药材成分浸出。对于不善饮酒者，亦可用低度白酒或黄酒，但浸出时间及次数宜适当增加。

浸制方法

第一　冷浸法：系将药材碎成片或粗粉，置于带盖的陶、瓷罐或带盖玻璃等容器中，加处方量白酒。若未规定酒的用量，则一般酒量为药材量的8—12倍，可根据药材性质，适当增减。密闭放置，每天震荡或搅拌一二次，浸渍7天后，可改为每周一次震荡或搅拌一二次，浸渍7天后，可改为每周一次震荡搅拌，搅拌次数多一些，浸出效果可更好。浸泡时间一般为1个月以上，然后倾出上清液，并压榨残渣，榨出液与上清液合并，静置澄清，纱布过滤即得。如连续浸制，残渣则不必压榨，可再加新酒浸渍。调补之品为人参、黄芪、当归及桔皮等多系如此。若所制药酒需加糖、蜜矫味着色，可将砂糖用等量白酒温热溶解，过滤，将药液与糖液混合，搅匀，再过滤即可得饮用药酒。如自制五味子酒：取五味子500克，冲洗干净，装入细口瓶中，加入60度白酒至500毫升，再封严瓶口，然后每日振摇一次，15天后可开始饮用。其饮用数量按每日3次，每次3毫升。此药酒主治神经官能症，以及失眠、心悸、健忘、乏力、烦燥等。

第二　热浸法：药材和酒同煎一定时间，然后再放冷，贮存。这种方法的优点是既能加速浸取速度，又能使药的成分容易并且能完全浸出。制作时，可采用隔水煮炖的间接加热方法，即把药料加酒先放在小铝锅、搪瓷罐等容器中，然后再放在另一盛水的大锅里煮炖。隔日1次，以有利药材成分

的浸出，但热浸时间不宜过长，否则酒易挥发散失。如自制青梅煮酒：青梅30克，黄酒100毫升，按热浸法隔水蒸炖20分钟。饮用剂量按每次温饮10—30毫升。此药酒主治食欲不振，蛔虫性腹痛，以及慢性消化不良性泄泻等病症。

葡萄酒的饮食欣赏与健康学说

刘玉田

一、葡萄酒饮食文化渊源

传说古代有一位波斯国王，爱吃葡萄，曾将葡萄压紧保藏在一个大陶罐里，标明“有毒”，防人偷吃。后来，王家妻妾中一个妃子，对生活发生了厌倦，意图自杀，就饮用了标明“有毒”陶罐内的“毒液”，非但没结束自己的生命，反而感觉滋味非常好，异常的兴奋，使这个妃子又对生活有了留恋。她盛了一杯呈送给国王，国王饮后也十分欣赏。自此以后，国王颁布了命令，专门收藏成熟的葡萄，压紧在容器内贮藏，以期得到这种甘美的饮料，他因而成为葡萄酒最早酿造者。

由于阿拉伯国家信奉了伊斯兰教，提倡禁酒律，因而使酿酒业日渐衰萎，目前几乎被禁绝了。但其食用葡萄却得到保留和发展。而欧洲人信奉基督教，基督教徒把面包和葡萄酒称为“我的肉，我的血”，把葡萄酒视为生命中不可缺少的饮料，所以葡萄酒在欧洲国家就发展起来，酿酒葡萄也发展起来了。到了公元3世纪，欧洲的主要酿酒葡萄产地即已形成，和现在葡萄产区分布大体一致。

除了信仰的原因，传入欧洲的葡萄为什么主要用于酿酒，分析尚有如下原因：

与干燥气候相结合的小麦和肉食为主食的生活需要葡萄酒。在欧洲对于肉食，葡萄酒在其烹调加工和食用过程都是不可缺少的，有些种类的肉需要将其用葡萄酒浸渍一夜再烹调。以面粉与肉食为主，很容易使人成为酸性体质，酸性体质是被看作现代病的心脏病或糖尿病等病症的成因之一。在乙醇饮料当中，唯一为碱性的葡萄酒是中和酸性体质的最好饮品。

除了肉，用面粉加工的面包等食品其味道单调，久食使人失去食欲。在法国的食谱上，看起来显得很豪华，可以说那是因为不如此就不好吃。葡萄酒中有诱引食欲的餐前酒、增强口感的佐餐酒和改善食后口味的餐后酒，在调节饮食口味上有很大的作用。

在欧洲，葡萄酒发展的另一个理由是那里的水不好喝。很早以前经常有美国人对喝葡萄酒作态的法国人说：那是因为你那里没有可以随意饮的水。在欧洲大概洁净的生水是没有的，由于稍带碱性，有利于细菌生长，容易引起下痢。

此外，葡萄酒在所有的酒中是最容易酿制的，操作极其简单。取来葡萄，将其破碎放入容器内，自然发酵，成熟期正好是天气寒冷的时候，不用担心腐烂。这也是欧洲葡萄酒得以发展的一个理由。

葡萄和葡萄酒向被称为葡萄酒“新世界”的地方传播和发展几乎是与探险时代同时开始的。早期的探险者是西班牙和葡萄牙人，西班牙和葡萄牙都是主要的葡萄酒生产和消费国。西班牙和葡萄牙人出海时一定会带酒并带些葡萄树插枝，以便上岸时建立葡萄园。最初的新世界葡萄园是16世纪早期在中美洲和南美洲建立的。很快，葡萄栽培就沿着北美洲和南美洲的西海岸地区继续推广。葡萄和葡萄酒通过葡萄牙、西班牙人的手带进他们各自的殖民地，形成世界性的酿酒葡萄产业与葡萄酒文化。

20世纪70年代，“葡萄酒新世界”的酒文化在美国迅速崛起并蔓延以前，从欧洲贵族绅士们在上流社会的聚会中，优雅的举起高脚杯呷饮、回味那带着田园气息的名产地酒的场合就可了解到，葡萄酒的饮食文化在“葡萄酒旧世界”是被贵族化、神秘化、等级化和传统化的。到了20世纪80年代，澳洲、南美、南非等地葡萄酒产业化的相继形成，受现代大工业与“后现代主义”反叛性、多元化社会思潮影响，形成的“葡萄酒新世界”酒文化，开始挑战由法国、意大利为代表的“葡萄酒旧世界”的传统与权威。在“葡萄酒新世界”的酒文化中，高贵的玻璃瓶可以换成纸塑料囊、利乐包、聚酯瓶，严格的等级划分变成自由区划，优雅的舒曼协奏曲下的细品变成酒吧间摇滚乐声中的豪饮，带着田园气息的葡萄酒被加入了雪碧与冰块。在“新世界葡萄酒”文化里，葡萄酒可以是随意的。缺少传统，没有光环，甚至可以简单到只要是能够给人以快感、带有葡萄气味的酒精饮料即可。

二、葡萄酒的近代健康学说

中医认为酒是一味药物，其性味属“苦甘辛热”，可以“行经络、御风寒、通血脉、行药势”，并可主治“风湿痹痛及胸痹诸症”。葡萄酒曾隶属于医药类产品，20世纪初，美国严格实施禁酒令，但是对教会酿制，归属于医疗用的葡萄酒则不在此限。

葡萄酒是属于碱性含酒精的饮品，可以中和每天吃下鱼、肉以及米麦类中的酸性物质；由于葡萄酒中含有铁，再加上维生素B12能促进红细胞的成熟，饮用葡萄酒对有轻微贫血的女性可受到养气补血的效果；葡萄酒中的成分有助于胆汁和胰腺的分泌，因此葡萄酒可以帮助消化，防治便秘。在合理的饮用范围内，葡萄酒可对神经中枢起作用，调节人体肌肉的紧张度，给人以舒适、欣快的感觉因而使思维更为敏捷，判断更为准确。对于由于焦虑而受神经官能症折磨的人，饮用适量的葡萄酒可平息焦虑的心情。

适当饮酒可抗炎抑菌。德国一所大学医学中心的科研结果证实，适当饮酒者的血清反应蛋白水平低于不饮酒与过量饮酒者，表明少许酒具有抗炎效应。研究人员通过对447名受试者的调研发现，每周至少饮80–86克酒精性饮料的人，其消化系统被幽门螺杆菌感染的人比滴酒不沾要低67%。美国费城托马斯·杰佛逊大学医学院的研究人员研究红葡萄酒的抗炎症效果时，用在血液中的炎症生物标志比较红葡萄酒对心脏健康的影响。结果发现，当人们饮用红葡萄酒时，体内引起炎症物质的量会降低到理想的范围，而这些炎症物质是导致心脏病和中风发作的危险因子。研究人员让平均年龄为37.6岁的40名健康男性喝28天红葡萄酒,血液检测表明,受试者血液中的纤维蛋白原水平都降低了,并且还降低了炎症分子如附着分子和单核细胞和淋巴细胞蛋白质水平。研究认为：葡萄酒的白藜芒醇对绿脓杆菌、福氏痢疾杆菌和雷极氏普罗维登氏菌等有良好的抗菌作用；对人的皮肤真菌和细菌具有抑制作用。红葡萄酒中的单宁，可以增加肠道肌肉系统中平滑肌纤维的收缩性，并有抑菌作用。因此，红葡萄酒有调整结肠的功能，对结肠炎有一定的疗效。此外，红葡萄酒中丰富的单宁和白藜芦醇有预防蛀牙及防止辐射伤害的作用。美国和西班牙研究人员对4272名执教于5所西班牙大学教师的调查发现，饮葡萄酒的人相对于滴酒不占的人更少患感冒。超过一年的随访结果显示，每周至少饮14杯葡萄酒的教师，每年得感冒的机会比不饮酒的教师要少40%，排除其他影响感冒发病因素以及其他疾病影响，葡萄酒预防感冒的作用依然存在。研究人员推测，葡萄酒中含有的黄酮类抗氧化剂可起到抗感冒的作用。

适当饮酒可保护心脏。可避免40%的冠心病发作。法国人讲究美食，每日摄取大量动物性脂肪，且烟酒不断，但却是罹患心脏及脑血管病变疾患是全世界第二低的国家，产生了所谓的“法兰西悖论”（French Paradox）。原因为何？对此进行的大量研究表明，其原因主要在于独特的地中海饮食，其中重要的因素是经常饮用葡萄酒，尤其是饮用红葡萄酒。法国人的饮食习惯中，每天用餐时都饮用大量的葡萄酒。Criqui等在1965、1970、1980和1988年以21个发达且相对富裕的国家为研究对象，从酒精饮料的摄入与死亡率的关系探讨了“法兰西悖论”，发现法国葡萄酒的消费量与缺血性心脏病死亡率呈负相关。认为法国人对缺血性心脏病的免疫力在于进餐的同时饮用葡萄酒，减少了食物的不利影响。丹麦Gronbaek等对年龄在30-70岁的6051名男性和7234名女性从酒精摄入、吸烟习惯、收入情况、教育程度、体重指数及10-12年的随访死亡率等作了广泛研究。发现随葡萄酒摄入量的增加，死亡率稳步降低（如果以不喝葡萄酒者的死亡危险为1，则每天喝3-5杯葡萄酒的死亡危险为0.51,啤酒无影响，而每天喝3-5杯白酒的死亡危险为1.34），认为葡萄酒可减少因心脑血管病和其他原因导致的死亡危险。

红葡萄酒中研究认为，每日饮用2-3杯葡萄酒，可减少心肌梗塞25%-45%发病率；并可减少冠心病发作的死亡率。许多调查研究发现，喝适量酒，每天不超过两杯的人，患心脏病的风险比较低。一些调查研究表示，葡萄酒的功效更强，其他的研究则显示任何酒都有好处。研究证实，由于红葡萄酒是用带皮带籽的葡萄酿制，含有丰富的多酚类物质，是抗氧化剂、自由基清除剂，对血浆脂蛋白代谢、血小板凝聚、血管壁的收缩等多个环节均有重要作用，从而抑制动脉粥样硬化形成，防止心脑血管病的发生和发展。例如：葡萄酒中的白藜芦醇通过增加一氧化氮合酶的表达，增加一氧化氮含量，松弛血管，发挥保护作用；同时通过强抗氧化、清除自由基及抗脂质过氧化作用，可减少缺血一再灌注心肌损伤。由于以上两种途径及增大钙激活的钙通道活动和雌激素样作用，起到调节血管作用。饮食佐餐红葡萄酒，可以抑制血液中的低密度脂蛋白（LDL）氧化，提升血中高密度脂蛋白（HDL）的比例；促进血液循环，有利于将血管中的游离胆固醇转移到肝内转化为胆酸，防止胆固醇沉积于血管内膜；抑制发炎反应和血小板的凝集，改善冠状动脉血流。

德国海德堡大学的一项研究表明，冠状动脉血管成形和放置支架术后每周至少饮酒 50 克可以减少血管再狭窄的危险。研究人员对 225 例做血管成形术和放置支架手术的男性均随访至术后半年。通过问卷调查了解患者饮酒情况。结果显示，在所有患者中，53 人每周饮酒不到 50 克，172 人每周饮酒 50–700 克。与极少饮酒或不饮酒患者相比，每周至少饮酒 50 克的患者管腔消失的比例较低，血管狭窄段出现再次狭窄的几率较低，需要再行血管成形术的比例也较低。研究结果有力地证实适量酒精对血管平滑肌细胞增殖有保护作用，适度饮酒可以降低动脉硬化血管壁对局部压力和损伤的增殖反应。

适度喝一点葡萄酒，可降几分患中风的风险。《中风学报》发表丹麦医生特吕尔逊等人的研究报告。报告指出，饮适量葡萄酒的人患中风的风险比喝啤酒或烈酒的人来得低。特吕尔逊及哥本哈根预防性医学研究所研究人员花 16 年功夫研究了 1.3 万人，其中每周喝 1–6 杯葡萄酒者，患中风的风险比从来不喝葡萄酒或很少喝葡萄酒者低 34%；天天饮葡萄酒者的风险降低了 32%；爱喝啤酒或烈酒者的风险没有明显减少。特吕尔逊说：“啤酒、葡萄酒和烈酒对心血管病的影响各异，说明除了乙醇之外，还有其他化合物也许很重要。”

研究证实，葡萄酒特别是红葡萄酒，含有利健康的植物化合物，其中包括单宁、类黄酮和多酚等。一些研究显示，这些东西是抗氧化剂，有助于防止脂肪依附血管壁上阻塞血管。特吕尔逊说：“另一方面，有迹象显示，虽葡萄酒的好处关系到喝酒的方式。以葡萄酒配餐会比啤酒或烈酒更好。后两者可以在一天当中不定时地饮用。时间上的差异也许是很重要的。”特吕尔逊说，不管是什么理由，效果都是明显的。他说，即使考虑运动习惯、胆固醇水平和肥胖等因素，葡萄酒的作用仍然是明显的。

研究还表明，年轻女性每天喝一两杯酒特别是红葡萄酒可使患中风的危险降低 60%。发表在美国心脏病学会会刊中风分册的研究报告称，研究人员共对 600 名年龄介于 15–44 岁之间的女性进行了调查，其中包括 224 名在上年患过中风的女性。调查发现，那些在过去每周喝酒，也就是平均每天喝一到两杯酒的女性比那些从不喝酒的女性患中风的危险要小40%-60%。研究人员还认为，葡萄酒比啤酒和酒精饮料的预防效果更强，而且女性喝葡萄酒还可以减少由高血压和胆固醇所引起的中风危险，但啤酒和酒精饮料在这方面的作用却比较小。

适度饮酒有助于保持大脑健康。老年人每日饮用0.25-0.5公升的葡萄酒，其精神与智力方面，会比滴酒不沾或酗酒的老年人为佳，降低痴呆症的发生。研究认为，与从不喝酒的老年人相比，少量或适度饮酒的老年人智力衰退的幅度要小。美国研究人员发现，适度饮酒的老年妇女在认知能力测试中得分比不饮酒者高。这表明每天适当饮一杯酒有助于防止智力水平下降。这是第一次有研究表明适度饮啤酒和葡萄酒有益大脑。也可以说，少量或适度饮酒有助于保持老年人的认知能力。美国宾夕法尼亚州精神病院的研究人员在这项长达7年的跟踪调查中，对一千名居住在宾州西南的65岁以上的居民进行了调查；在调查开始前，这些人都未患老年痴呆症。研究人员把这些老人分为三组：不饮酒者、很少饮酒者（每月1次或更少）和适度饮酒者（每月1次以上），每2年对他们的智力功能进行评估。结果显示，很少饮酒和适度饮酒的老年人其总体智力状况、行为能力和精神对运动神经的影响等评分比那些不饮酒者衰退的程度要少。而且对70岁以上的老年妇女来说，每周饮一杯酒的人比从不饮酒者智力衰退得要慢。由美国哈佛公共卫生学院的流行病学家组成的研究小组，对1.2万多名年龄在70-81岁的妇女进行了长期调查。调查的方法包括让被调查者的首次测试结果和此后两年的测试结果进行对比，结果发现每天适度饮酒者在这两年的时间里智力受损可能性比不饮酒者低23%，并且饮啤酒者和饮葡萄酒者的表现没有明显不同。研究人员推测，适度饮酒之所以有益大脑，可能是饮酒能促进心血管功能，改善血液循环，从而保护了大脑的认知能力，防止症状不明显的中风发生。

适度饮用葡萄酒可预防骨质疏松。加州大学有两位博士Dr.Hol Brook&Dr.Barrett-Connor针对年龄超过18岁的人进行一项研究，发现适量饮用葡萄酒的人，其骨质密度比滴酒不沾的人高。

适度饮用葡萄酒可降低患风湿性关节炎的风险。美国Dr.Linda Voigt针对18-64岁的女性所做的研究中发现，每日饮用2杯葡萄酒，可降低罹患风湿性关节炎50%的几率。

适度饮用葡萄酒可减少患糖尿病的几率。英国医师医师Dr.lvan Perry针对7735位40-59岁的男性所做的研究中发现，每日饮用2-6杯葡萄酒的人，患糖尿病的人数比例最小。

白葡萄酒可增强肺动力。美国布法罗大学的一份研究报告表明，近期以及终生饮用葡萄酒与肺部功能的改善有关。布法罗大学的研究人员随机抽取了1555名生活在纽约西部的白人和黑人进行了研究。如近期和终生的酒类消费量以及包括膳食习惯在内的生活习惯，抽取了有关的数据。分析所有酒类消费因素与肺部功能之间关系的结果表明，近期以及终生饮用葡萄酒与每秒钟肺活量和最大肺活量的关系最大。

常饮葡萄酒还易怀孕。丹麦的科学家最新研究发现，滴酒不沾的妇女不容易怀孕。丹麦的研究人员称，经常喝葡萄酒的妇女比喝啤酒和白葡萄酒的妇女更容易受孕。研究小组研究了来自丹麦全国各地30，000名妇女的饮酒与生活习惯对受孕的影响。研究结果发现，经常喝葡萄酒的妇女受孕最快。目前，科学家尚不能定论葡萄酒本身是否影响生育能力。但是，经常饮用葡萄酒的妇女受孕的可能性确实很高。

适量的饮用葡萄酒，对健康有很大的助益，但饮酒过量是绝对有害人体的，一般建议每日1–3杯（每杯容量为120毫升）伴随餐食饮用最佳。

三、葡萄酒的欣赏、饮用乐趣

葡萄酒是全人类共有的一种神奇而浪漫的健康饮品。对于现代衣食丰足的人们来说，葡萄美酒犹如增加幸福感觉的源动力。人们可在工作之余，学会那长期经验积累沉淀而成的一整套葡萄酒欣赏知识，深入发掘葡萄酒中的奥密，追寻和享用它那和谐之美，享受那葡萄酒带来的乐趣。

欣赏、饮用葡萄酒通常分三个阶段来感受：眼观其色美，鼻闻其香浓，口尝其味厚，从齿颊的味感中找寻它的余韵。法国人说：喝酒之前，要看它，嗅它，然后再尝它，尝完还要谈论它，这样的品酒才可算是功德圆满。

休闲式的品饮酒，为亲朋好友聚会中最雅致的活动。需要做好充分准备工作，让葡萄酒能在其最佳状态下品饮，以获得最美好的享受。

首先要准备适用的高脚杯，品酒用的高脚杯应该是无色透明，杯身呈郁金香的形状，杯口微微收缩，杯壁以薄者为上乘，长长的杯柄，让手指得以轻轻拈握，不致将手纹印上杯身，影响观察酒的透明度，同时也可避免将手的温度传到杯中。水晶酒杯的质地以纯净、光润、晶莹为好。

酒杯并不会改变酒的本质，但酒杯的形状可以决定酒的流向以及酒的香味感觉强度，酒杯的造型、容量、杯口的直径、杯缘吹制的处理以及水晶的厚度，决定了酒入口时的最先接触点。当把酒杯推向嘴唇时，味蕾开始紧张，通过合适杯形的引导，酒被引导至舌头适当的味觉感应区（舌头上的4个味觉区，舌尖对甜味最敏感，舌头后面对苦味敏感，舌头的内侧对酸度敏感，而外侧则对咸度最敏感）时，即产生各种不同的味觉，例如：赤霞珠的果味重，酸度低，要充分体会霞多丽白葡萄酒的风味，就要选用它的专用酒杯，这种酒杯的杯口设计令酒入口时先流向舌头中部，然后向四面散开，酒的各种成分产生和谐的感觉。而品尝贵人香葡萄酒所用的杯子，杯口微岔先把酒导入舌尖，即舌头的甜味区，由此突出了果味，使高酸度酒的酸味相对降低。至于黑品乐葡萄酒，由于具有相当高的酸度，应该选用郁金香杯形的酒杯，杯口可以令酒先流过舌尖的甜味区，突出其果味，平衡了本来较高的酸度，从而得到最好的味觉享受。碟形杯最适合用来盛载香槟酒。因为碟形的杯身可令酒的气泡不会轻易散掉，令香槟更加“新鲜可口”，同时非常适于女性取握。

红葡萄酒需用大的杯子，白葡萄酒需用中型的杯子，烈酒则用较小的杯子，如此，可以强化果香的特质而不是酒精味。其次，斟酒时，不该将酒杯倒得太满，红葡萄酒最好为125-150ml，白葡萄酒80-100ml，烈酒为25-30ml。

品饮酒的场所，最好在采光良好，空气清新，气温凉爽的房间。室温以18℃-20℃为佳。有色的玻璃窗或带色彩的灯光，都会影响眼睛对酒色的判断。酒席桌需要具备白色的背景，最好采用白色的桌巾、白色的餐巾，或准备一张白色的卡片，以便衬在酒杯的后面，观察酒色。

室内应避免有任何气味。应避免有香水味，香烟味，花香味，或厨房传出来的味道。

理想的品酒时间是在饭前，10点至12点之间，这个时段，人的味觉最灵敏。亲朋好友之间的品饮酒活动，大多选在晚餐之前进行。之前最好避免先喝烈酒、咖啡，或吃巧克力、抽烟等。品酒之后接着用餐，将刚品过的酒继续品用，杯盏交错之间，一边交换心得，一边讨论这些酒与桌上佳肴的搭配及美味感，更会添加餐桌上乐融融的气氛。

开瓶。把瓶口的胶帽用锋利的小刀旋开除掉，再用螺旋启塞工具拔除软木塞，并用干净而柔软的布把瓶口擦干净，以免斟酒时瓶口脏东西混进酒里。把拔出的木塞用两指用力捏一捏，如果较湿，表示储存方法正确。并将酒瓶有标贴的一面尽可能放在每个客人都看得清楚的位置。

换瓶。喝酒前采取换瓶处理，可除去酒瓶中的沉淀物。白葡萄酒不用换瓶，但陈年红葡萄酒一般需要换瓶。天然红葡萄酒经多年贮藏，产生沉淀物是正常的，但如果底部沉淀部分浮起散于酒中，令酒混浊，口感不快。对于一瓶好年份的红葡萄酒，如果要尽情品赏它的美妙，需在饮用前一两天，将酒从酒窖或酒橱中拿出，移至稻草编织的酒篮里并保持酒瓶处于倾斜的状态。静置至少一天的时间，使酒中的沉淀物沉至瓶底。同时将酒窖保存时所吸收的霉味或其他异味散发净。如果不换瓶，则需要持酒篮倒酒，小心轻倒，避免摇晃，以免瓶底沉淀物浮起倒入杯中。采取换瓶处理时，为了看得更清楚，应点燃蜡烛或其他照明。在烛光上轻轻倾斜酒瓶，一面观察，一面小心的把酒慢慢倒进大肚型水晶醒酒瓶里，将沉淀物留在原瓶内。

呼吸。所谓呼吸就是换瓶后让红葡萄酒在空气中呆一会，白葡萄酒无须如此。经过呼吸的红葡萄酒，略显粗糙的部分会变得柔和，提高平衡度，口感更佳。一般呼吸15-30分钟即可。酒龄长，酒体厚者适当延长，但最多1小时。年份高的酒都比较脆弱，呼吸结束就应该立即享用，一瓶酒若没喝完，要用特制的瓶塞盖紧，这种瓶塞能把空气抽出来然后密封，但也应在24小时内喝完。没喝完，纵使放在冰箱，其优美的风味也会很快消失。

在适宜的温度下，酒处于最佳状态。酒温对葡萄酒的感官评价影响十分显著，酒温的差别，引起味道上极大的不同。为了真正了解一种酒的品质，为了将酒能在其最佳状态下饮用以增加享受，这个最佳温度方面很需要讲究。每一类葡萄酒都有一个最佳的饮用温度。低于最佳温度饮用，会觉得酒味变淡，酒体消瘦；当高于最佳温度，酒的香气显得杂乱，酸涩感强烈，本来柔顺的口味变成坚硬刺激。可惜现在很多人都不能完善地把酒预先处理到最佳饮用温度。最常见的错误是：白葡萄酒不冰或冰得太冷，红葡萄酒来得太热，使用的杯子不合适，斟酒速度太快，等等。由于这些小错误而减少了许多享受，实在令人惋惜！

香槟酒一定要冷却后再喝。正确的方法是在冰水里冷却一小时，冷却至9-10℃，这样不但可以改善酒的风味，还能降低开酒瓶时的声响。从传统和习惯上，香槟酒一般是用于喜庆的时候饮用。因此，喝香槟酒的酒杯很有讲究。一般使用专用的香槟酒杯，如阔平口碟形酒杯、笛形酒杯、碟形高脚阔身杯等。

干白葡萄酒的最佳饮用温度是10℃。在这个温度下，酒的复杂风味的平衡显示与力度才能达到顶峰。大多是冷却至8℃后饮用，这样可领悟到其清鲜爽快的酒质，如果像啤酒那样简短地放在冰箱里把它冰得过冷，到5℃以下，口感酒质会明显地降低一个等级。

桃红葡萄酒的最佳饮用温度是12-14℃。干红葡萄酒的最佳饮用温度是16-18℃。如果温度太高，酒质会欠缺深度，结构也较涣散，香味很难集中融合。

甜葡萄酒的喝法较为随意，既可在常温下喝，也可冷冻后饮用。喝甜红葡萄酒时，一般酒温适宜稍高一些，在17-20℃左右，这样可享受到甜红葡萄酒浓厚甜蜜的风味，另外，喝酒时可不断摇晃酒杯，以享受到酒质的甘甜。

平常喝酒，适宜的酒温感觉是：喝白葡萄酒和桃红葡萄酒应该是冰冰的，喝干红葡萄酒应该是凉凉的，以这样的温度来喝酒应该是很舒服的。

一切准备就绪后，首先在酒杯中注入三分之一的酒，开始欣赏葡萄酒。

喝酒的时候，我们首先和酒接触的是眼睛，法文中酒的颜色叫做ROBE，与女子的长衫用同一个字，不知是否因酒的颜色，与长衫美女给浪漫的法国人同样赏心悦目的联想而得名。

葡萄酒以颜色大体上分为三类：红葡萄酒，白葡萄酒和桃红葡萄酒。虽然种类只有三种，但是其中色泽的多样，储藏期间色彩的变化，会透露给我们许多蛛丝马迹，可以用来探索它们的品质与制造过程中的奥密。

从酒杯的上方看酒，并将酒杯稍微倾斜，仔细观察液面（即酒液的凸出表面及其轮廓），在椭圆形的酒面边缘上可以看到比较光亮的色泽。仔细观察，如果边沿颜色清澈光亮，中心酒体晶莹剔透，反映出这是一瓶健康年轻的酒。反之，如果它的颜色阴沉晦黯，有雾状或油油的感觉，则说明这瓶酒在酿造过程或储藏期间，可能经历过不正常的状况，品质已经发生了问题。

如果是一款陈酿红葡萄酒，也很容易分辨出它呈现出的琥珀色。

与白葡萄酒相比，红酒越熟就越清澈。倾斜杯子观察酒的边缘：或深或浅，都表明了酒的年龄。深红色的酒说明产地的气温较高。不过年份较久的酒，其清澈度和光亮度都会随年份的增加而减弱，另外，在年份较老的酒中，我们可能会发现有一些粒状结晶体，这是长期储存过程形成的，对酒的品质没有不良的影响。在陈年老酒中，有时候也会出现一些黑色的沉淀物，这大多来自天然色素与单宁的沉淀，也是正常的现象，是可以接受的。

年轻的酒，大部分是紫红色或大红色的，在一般情况下，红葡萄酒的颜色越深，就越淳厚。但颜色会因时间愈久，颜色转而愈淡，这是因为红色素沉淀或单宁氧化使酒色变得褐黄。葡萄酒经数年的储存后，会转变成瓦红色、橘红色、桃花心木色，或黄褐色，酒杯边缘反映的色泽会呈现橙红的光影，这是酒色典型的转变，同时质感上也由光彩耀目，转变为成熟内敛，宛如天真浪漫的少女成长为雍容华贵的妇人，这是长年蹲在阴凉、安静的地窖中，闭关苦修，熬出来的正果。

由酒色可以判断：紫红色，很年轻的酒（少于 18 个月）；樱桃红，不新不老（2–3 年），适宜现喝，不宜久藏的酒；草莓红，可以说已熬过熟（3–7 年），开始老化的酒；褐红，储存多年的色泽，对于名贵的好酒称得上陈年佳酿，但普通的酒如果呈现这个颜色则说明其品质已走下坡。有些酒的颜色较浅，大部分的原因是葡萄品种的关系。辟如：用佳美、黑品乐所酿的酒颜色较浅，可赤霞珠、西拉和内比奥罗等品种葡萄酿制的酒则色泽较深。将一杯黑品乐酿制的酒和一杯西拉酿制的酒放在一起比较就可以知道，黑品乐酒是近乎透明的宝石红，而西拉酒则更接近于深紫红色。

和红葡萄酒的多彩多姿比较，白葡萄酒的色泽简单，由无色透明或带绿的浅黄色，到桃花心木般的黄褐色。但和红葡萄酒相反的是，白葡萄酒的色泽会因储存的时间愈长，变得愈深。当然葡萄的品种也是决定白葡萄酒颜色的重要因素，如德国用白雷司令葡萄酿制的白葡萄酒，颜色淡白带绿，甚至有少许气泡，用长相思酿出来口味较清淡的酒，颜色轻淡，呈苍白的浅黄色。与此相比，霞多丽酿出来口味厚重的酒，颜色鲜明有劲，呈成熟的小麦黄色。多年陈酿的霞多丽干白其淡黄色要比“年轻”的同品种酒显得更鲜明。

白葡萄酒“杯裙”的色泽是透明度非常强的深金黄色。许多白葡萄酒开始是淡黄色，随着时间的增加颜色越来越深。通常，凉爽地区的酒色泽浅淡，“杯裙”为金黄色是高温区的酒。在橡木桶内熟化过的酒，其“杯裙”的颜色较深。非常年轻的酒时常泛出一种青绿色，年长的，或者是氧化了的酒呈现为棕色。

此外，干白葡萄酒的颜色较浅，由无色到浅黄；甜白葡萄酒的颜色较深，由蜂蜜的颜色到深金黄色。由酒色可以判断：几近无色，非常年轻，而且不是在木桶中酿造；浅黄反映绿光，年轻，也不是在木桶酿造；麦黄或金黄，已成熟，并有可能在木桶中存放过；铜黄，已经老化；琥珀色或黑褐色，过度氧化，超级陈年。

桃红葡萄酒的颜色，可以有很浅的淡红色，也可能有清亮的樱桃红色。灰色系的桃红葡萄酒，表示酒龄很新，较陈的桃红葡萄酒，色调会转变为成熟的橙红色。一般的桃红葡萄酒不耐久存，过度老化的桃红葡萄酒，颜色会变黄变淡，现出退色的老态。由酒色可以判断：浅桃红，年轻的酒；鲑鱼红，成熟的酒；桃红中带洋葱黄，过熟或开始老化的酒。

当倾斜的旋转酒杯时，在酒杯的壁缘上有缓慢地降落下去的液流痕迹，法国人叫它作“酒的眼泪”（LARMES）或称为“天使的眼泪”，酒度和甜度愈高，泪痕愈多。

人类的感官中，鼻子的嗅觉最灵敏，经常和酒接触，稍假时日，一闻就可收到酒的信息。将您的鼻子凑近杯口，准确而到位地猛吸一下能使你了解到酒的状态。

酒中挥发出来的香气是葡萄酒自然的、复合的气味。让鼻子充分享受酒的香气时，酒杯有重要的作用。因为适宜的形状，才能包容香气，酒温也必须调整好，太冷的酒，气味挥发不出来，温度太高，则挥发太快，容易过度氧化，会损害酒的清香。进入鼻子的酒香，会受温度和氧化的影响，所以嗅觉要分两个阶段：第一个阶段，把酒端到鼻子前面，嗅静止状态酒的香气；第二个阶段，以旋转的方式摇动酒杯，让杯中的酒和空气充分接触，这叫做醒酒。摇醒后的酒，香味比较浓郁，再去嗅它，易于察觉。往往在静止的酒中只嗅觉到水果香味，摇醒后可以嗅觉到更多各类复合香气，像花束一般，众香云集。大致上说来，新酒香气较清淡，香味较单纯，大部分是水果的香味。陈年的酒，香气就比较复杂多变。譬如说：花香，水果香，蔬菜香，木头香等。更详细些，还可以分辨出是什么花的香：如玫瑰花，芍药，茉莉花，山茶花，百合花等；什么水果的香：如黑莓，越莓，草莓，香瓜，芒果，苹果或杏桃味等。有的人能从中分辨出柠檬、葡萄柚、荔枝、青椒、芹菜、柳橙、蜂蜜、奶油、奶酪的香气。有的人能够发现香草、丁香、胡椒、甘草、迷迭香、烟熏的香味等，因为每个人不同的天赋，谈论起酒的香气，就变得更神秘而有趣了。

长相思的酒香被经典地描述为“像醋栗丛中的一摊猫尿味”，解百纳通常被认为带有黑醋栗的味道，而黑品乐则有些许谷仓的味道。随着年份的增加，酒香也会发生变化。白葡萄酒多年后会变得更甜，而年轻的白葡萄酒的味道往往会让人想起新鲜的花朵、水果以及刚割下的青草。

看完，嗅够，接着是饮用，轻啜一口适量的酒，含在口中一会儿，让酒液流经过整个口腔。由于舌头辨味的敏锐部位不同，舌尖善辨甜味，两侧外边善辨咸味，两侧靠内边一些对酸味比较敏感，舌头后端则专司辨别苦味。为了让舌头每一个部位都接触到酒液，也让酒和口腔中的空气混合，必须让酒在口腔中多流动一下，使整个口腔都接触到酒，就可以尝出这杯酒的味道了。酒在通过咽喉之际，在鼻腔的后端，与嗅觉又做了一次锦上添花的接触，很多早先在鼻子的嗅觉中没被发现的香气，在此时浮现出来了。

除了一般味觉的感受外，葡萄酒还有一个涩涩的感觉，一种收敛性的触感。这是葡萄皮中的单宁，溶入酒中，然后经长时期的橡木桶储存，柔化并和橡木桶的单宁结合给人的感觉。单宁赋予葡萄酒的是架构及坚实的质感，单宁可以让葡萄酒更耐久存，有愈陈愈香的作用，可以让久储后的葡萄酒更耐品味，随着时间的演化，酒中的单宁，由生涩转变为圆润，喝起来就更柔顺了。

曾经有日本品酒专家形容他喝某一瓶酒的感觉时说："像长发美女窈窕的背影，微风轻轻飘起她丝绒的裙脚，远处有柔柔的音乐演奏着。"能够喝出如此诗情画意，谁说人生不是彩色的呢？

喝白兰地酒，讲究似乎更多些，它的酒温是借助人的体温升高。饮用时必须是专用酒杯，用纯净的石英玻璃，具高透明度。特制的郁金香型白兰地杯，大肚圆形，杯口由下至上逐渐缩小，呈百合状。酒斟至 30 毫升即可，饮用时用食指和中指持杯，用手掌托住杯身底紧贴杯肚，慢慢旋转，以手掌的温度通过杯壁温热酒液，杯口即刻充满芳香，悦人的果香味缓缓散发出来，令人陶醉。同一杯白兰地，不加温或用手掌加温饮用，感觉是不一样的。酒杯逐步移向鼻子，放在鼻下深吸一口闻之，美不胜收。

首先把酒香闻个够，再将酒杯端起，齐眉观赏，酒色金黄。然后细细品尝。先喝一小口，沿着舌尖，经过整个舌头进入喉咙，以使酒的风味充满整个口腔和鼻腔。酒在口中升华，舌头后部敏感的味蕾感受着酒的芳香与醇厚，直叫人心醉神迷，其乐无穷。

白兰地的饮用有多种方法。可以不加任何东西地"净饮"，也可以加冰块、加矿泉水、加雪碧等各种饮料或加茶水。总之，白兰地几乎可以依照个人饮用习惯兑加任何饮品共饮。现在新兴的一种饮法是兑茶饮用，即在冬天的严寒季节，然后放入冰箱冷藏一段时间，再与酒兑饮，颜色相同，香气相融，令人赏心悦目。茶中的单宁等多种营养成分与白兰地中的多酚物质及单宁融为一体，不仅能保持白兰地的颜色、香味和酒体的丰满，而且还为您增加另一番情趣，调节您夏日的心情。

四、葡萄酒的配餐经典

自古以来，佳肴与美酒联姻，食物与酒搭配得好，或扬瑜掩瑕，或锦上添花，经常令美食家拍案叫绝，以至陶醉沉迷。

多年来，关于"食物与葡萄酒"的搭配，即哪种酒搭配哪种菜，被多数人接受的基本常识是红肉配红葡萄酒；白肉配白葡萄酒；口味重的菜配口味重的酒；清淡的菜配清淡的酒。牛、羊、鹿、鸭、奶酪可归类于红肉；小牛犊、鸡肉、禽肉、兔肉、鱼类海鲜一般归类于白肉；猪肉但依烹调方式不同，有不同的归类选择。如清炖冷盘可归于白肉，配白葡萄酒或桃红葡萄酒，炭烤、烟熏、红烧、熬炖腴润的猪肉、猪排，则可归类于红肉，配味道丰厚的红葡萄酒。不起泡的桃红葡萄酒在冰镇后饮用，与其搭配的主菜宜口味清淡，例如鱼类、小牛肉、鸡肉和贝类。

但除了酒、肉的搭配食用，不能忽略的是食物烹饪方法和烹饪所用调味料的影响。应该知道，要配合的不单是酒和食物的颜色，而是两者味道配合是否合理和是否利于营养吸收。例如，含单宁多的干红葡萄酒（涩于酒与食物混合入胃，单宁与蛋白质容易形成很难消化的复合物）搭配，否则，不但劣化口味，而且，由于酒与食物混合入胃，单宁与蛋白质容易形成很难消化的复合物，轻者降低了食物营养效果，重者，消化不良引起胃部不适。用解百纳干红葡萄酒搭配龙虾就会有这种结果。为了获得葡萄酒与食物极佳的组合，需要了解食物和葡萄酒的基本味觉及成分，取得关健成分的平衡。

首先需要考虑的是味道浓重度。味道厚、浓、香的食物，如野味和肉焗盅，与酒体完整的葡萄酒配合则好。此种情况，味道丰厚、有劲道、重酒质的红葡萄酒常常是得人喜爱的选择。较清淡的食物，如水煮白肉或鱼，适合配香味更纤细的酒。可以选择轻酒质的雷司令酒或酒体简朴的霞多丽酒。粤菜中的梅香咸鱼，从尾部切起第三段，配陈年解百纳，风味绝佳。

干葡萄酒如果与较甜的食物搭配，会显得辛辣和过酸。为了与食物的甜味平衡，应选择具有相同或更甜一点的白葡萄酒。食物越甜，酒也应更甜。用晚收或冰葡萄酿制的酒，搭配甜点就很理想。如果这种甜酒还具有恰到好处的酸度，就成为搭配油腻而味浓食品的极好选择。在法国，萧坦尼葡萄酒和肥鹅肝成为一种经典的搭配。

如果某种食物的味道特别突出，在选择葡萄酒时需要特别注意。香辛的食物适宜香辛的葡萄酒匹配，熏肉和奶酪搭配用橡木桶酿成的酒相得益彰，食物的味道越浓，搭配橡木味便越见其佳，奶油丰富的酱汁，无论是甜的还是咸的，在具有足够浓重酒体和酸度的酒搭配后得到口味的平衡。

我国近年酒文化深受饮用葡萄酒可降低心脑血管疾病发病率学说的影响，导致全国一片红（红葡萄酒），酒品同质化的倾向，这不利于葡萄酒那无上欣赏特色的发挥以及可适合多种饮食配餐的发展。

（作者在烟台大学食品科学与工程研究所工作）

饮用葡萄酒的讲究

1. 酒杯

酒杯通常是高脚，以便拿着来鉴别酒色及避免手温传到酒中，影响已经冷冻的白葡萄酒温度。而在餐桌上，每个坐位最少放酒杯一个，可作多种用途，或分红葡萄酒与白葡萄酒不同的杯子。酒杯的容量最好不少于20毫升。除了杯形美观外，没有花纹和颜色是较为适宜的，因为这些会影响葡萄酒的真正颜色。除此之外，最主要的是杯子应绝对清洁及无破损，假设杯子肮脏或破裂，则会给客人留下很坏的印象。

2. 酒的温度

不同葡萄酒饮用的温度不一样，醇厚的红葡萄酒（如波尔多干红）应该在18℃左右饮用，假若能在喝前半小时打开瓶塞，让它呼吸呼吸，红葡萄酒的香味则更为香醇。

干白葡萄酒（如阿尔萨斯、夏布利干酒）、桃红葡萄酒（如安柔桃红、普罗旺斯桃红）应冰冻至7—12℃；而香槟酒及起泡葡萄酒应在6—8℃时饮用最好。

酒伤病论

论酒大热有毒，气味俱阳，乃无形之物也。若伤之则止当发散，汗出则愈矣，此最妙法也；其次莫如利小便。二者乃上下分消其湿，何酒病之有？

今之酒病者，往往服酒症丸，大热之药下之；又有牵牛、大黄下之，是无形元气受病，反下有形阴血，乖误甚矣。酒性大热，已伤元气，而复重泻之，况亦损肾水。真阴及有形阴血俱为不足，如此则阴血愈虚、真水愈弱，阳毒之热大旺，反增其阴火，是谓元气消亡，七神何依？折人长命，虽不即死，而虚损之病成矣。《金匮要略》云：“酒疸下之，久久为黑疸。”慎不可犯此戒。不若令上下分消其湿，当以葛花解醒汤主之。

葛花解醒汤：

木香五分　人参（去芦）　苓（去黑皮）　白茯　苓橘皮　（以上各一线五分）　白术　干生姜　神曲（炒）　泽泻　（以上各二钱）　莲花青皮三钱

缩砂仁　白豆蔻仁葛花　（以上各五钱）

上为极细末，和匀，每服三钱，白汤调下，但得微汗，酒病去矣。此盖不得已而用，岂可恃赖日日饮酒？此药气味辛辣，偶因酒病服之，则不损元气。何者？敌酒病故也。若频服之，损人天命。

——选自《兰室秘藏》

为何古人称“酒为百药之长”

“酒为百药之长”一说，出自《汉书·食货志》，这是我国古人对酒在医药上应用的高度评价。酒在医学上的应用，是祖国医药学的一大发明。“醫”字从“酉”（酒），即由酒能治病演化而来。酒未问世之前，人们得了病要求“巫”治疗，由于酒的酿造，我们的祖先在饮酒的过程中，发现了酒能“通血脉，散湿气”，“行药势，杀百邪恶毒气”，“除风下气”，“开胃下食”，“温肠胃，御风寒”，“止腰膝疼痛”等作用。加之用酒入药还能促进药效的发挥，于是，“巫”在医疗中的作用便被“酒”逐渐取而代之。这是古人认识上的一次飞跃。

在古代，用酒治病，特别是制成药酒来防治疾病的现象十分普遍，因而古人视“酒为百药之长”。例如，用酒泡大黄、白术、桂枝、桔梗、防风等制成的屠苏酒，是古代除夕男女老幼必用之品。端午节饮艾叶酒，重阳节饮菊花酒以避瘟疫。《千金方》载：“一人饮，一家无疫，一家饮，一里无疫。”可见药酒在古代预防疾病的重要性。

现代医学研究表明，用酒浸药，不仅能将药物的有效成分溶解出来，使人易于吸收，由于酒性善行，能宣通血脉，还能借以引导药物的效能到达需要治疗的部位，从而提高药效。另外，药物久渍不易腐坏，便于保存，可以随时饮用。这就是药酒受到历代医家重视和广大群众欢迎的原因。

药酒还有延年益寿之效。这一点在历代的医疗实践中已得到了证实。如对老年人具有补益作用的寿星酒；补肾强阳、乌须黑发的回春酒。李时珍在《本草纲目》列举了有69种不同功效的药酒。如五加皮酒可以“去一切风湿痿痹，壮筋骨，填精髓”；当归酒“和血脉，壮筋骨，止诸痛，调经”；人参酒“补中益气，通治诸虚”；黄精酒“壮筋骨，益精髓，褒白发”等。

其实，用酒治病在外国也很流行。乔姆希立科在他的《临床医药的酒饮料》著作中是这样介绍的：在发明激素很久以前，酒饮料是糖尿病患者的药物；即使在能够使用激素以后，酒饮料仍不会被放弃。在欧洲，许多医生将酒饮料特别是烈性佐餐葡萄酒作为糖尿病患者饮食的重要一部分。经试验和研究表明，糖尿病患者一天饮用一杯左右的烈性佐餐葡萄酒，血液中的糖分基本不上升。又如以酒治疗心绞痛，早在几个世纪以前就被应用了，时至今日，许多医生仍认为酒比硝酸盐更为出色。心绞痛是因冠状动脉硬化而引起的阵阵剧痛，在发作时饮用1-2小杯不经稀释的蒸馏酒（威士忌、白兰地、烧酒等），一般在2—3分钟内就可使剧痛缓解。

世间酒器具揽胜

全世界的酒有成千上万种之多，酒器的种类自然也数不胜数。如在波兰别尔斯克比亚拉市的美酒博物馆中，除了可以见到世界上的大部分名酒外，还可以看到从各国收集而来的各种形状的玻璃、水晶、瓷、锡、木头和青铜制成的大杯小盏。

在其他文明古国，很早以前也有精心制作的酒器。著名的有希腊古典时期的酒坛。这种容器为陶制，带有精巧的弧状把手和三叶形嘴，造型十分幽雅。这种制品在文艺复兴时期恢复生产。到 18 世纪的新古典主义时期，又再一次流行。

考古学家在古埃及的圣城阿比多斯的王墓中，曾发现过贮酒的大瓶，盖上有国王的名字和酿酒所用的葡萄酒名。另外，在古城底比斯，曾发现许多石瓶。到中世纪时，使用的一种硬木酒碗也很讲究，通常用斑枫木车制而成。现存的最早实例制作于 14 世纪前期，碗口碗托上镶有一银或镀银的边线，在碗内中心处有一錾刻或珐琅的圆形花纹浮雕。到 15 世纪，硬木酒碗变得底浅而托宽，并有宗教或世俗特征的铭文。

目前，酒器的种类更加丰富多彩。仅大小方面的差别已极为悬殊。据《吉尼斯世界纪录大全》记载：最大的酒瓶，是被命名为“阿德莱德”的雪莉大酒瓶，于 1958 年 5 月在英国斯坦福郡特伦河畔的斯托克镇吹制而成，高 1.524 米，容量为 93.2 升,相当于 131 只标准瓶。买到的最小的酒瓶，是白马牌苏格兰威士忌，每瓶装 1.3 毫升，售价 50 美分，12 瓶装一箱。仅仅一套完整的香槟酒瓶，竟由大小不一的 10 种酒瓶组成：1/4 瓶、1/2 瓶、标准瓶、2 夸脱的杰罗波姆瓶、雷霍波姆大酒瓶、梅图色拉大酒瓶、萨尔马纳塞氏葡萄酒瓶、巴尔萨泽 13 夸脱酒瓶和容量相当于 20 标准瓶的纳布查德纳泽。

世界上最大的酒桶是海德堡桶，于 1751 年在西德海德堡弗里斯德里奇鲍的地里做成，容量为 185500 升。最大的酒窖，是南非开普敦附近制酒中心的帕阿尔窖，占地面积为 101171 平方米，总容量为 13600 万升。美国加利福尼亚州霍利斯特阿尔曼登葡萄园西尼加酿酒厂的酒窖，占地面积 16188 平方米，可存放容量为 692 万升酒的 37300 只栎木酒桶。

据记载，现在已经出现了会奏乐的酒具。人们在喝酒前，碰一下杯，这习惯遍及全世界。有一种传说是古希腊人注意到：人在喝酒时，鼻子可以嗅到酒的香味，眼睛可以看到酒的颜色，舌头可以辨别酒的味道，唯有耳朵享受不到喝酒的乐趣。为此，他们想出了碰杯的办法，并流传开来。时至今日，人们已经不满足于欣赏碰杯发出的清脆之音，而具有了更高层次的追求。于是，会奏乐的酒具便应运而生。日本一家公司前些时候生产的一种会奏乐的瓷器酒具，由一只酒瓶和 6 只带有耳柄的酒杯组成，呈咖啡色，上面绘有凹凸的具有西方特色的图案。人们使用时，先把酒瓶底部的乐钮开启，当酒倒入酒杯时，酒瓶会奏出优美动听的音乐，为饮酒者助兴。

据1987年《海外文摘》刊载，还出现了3种比较精巧的酒杯。

一是能测量酒度的酒杯。在英国的白金汉宫内，为女王专用的一种酒杯，可以测量酒的浓度。杯子是用特殊的透明材料制成，能使酒的香味四溢，杯座装有电子传感元件，当杯内超过一定浓度时，便会发出警告的声音。

二是能显示温度的酒杯。日本市场上新近推出一种可显示啤酒温度的酒杯。杯子用透明玻璃制成，杯子四周贴上可随温度变化而改变颜色的标签，非常引人注目。杯内温度较低时，标签呈冷色，反之则呈暖色；饮酒者与购酒者可根据标签所显示的颜色，来判断杯内的啤酒温度。

三是能说话的酒杯。西欧生产出一种能说话的新奇酒杯。这种酒杯的杯底装有一个会发声的电子装置。在宴会上，当宾主举杯敬酒时，酒杯会发出“请、干杯”等柔和悦耳的声音，给宴会增添了无穷的乐趣。

此外，随着时代的发展，有些酒器正在趋向现代化。如酒柜就是这样。

酒柜，是一种可移动的小型冷酒器。也指餐具柜内分格存放酒瓶的带有金属条纹的底橱。大多数酒柜是用木料制成，其形状在一定程度上取决于酒瓶的形状。早期的酒瓶短粗，到18世纪后期渐渐变长，酒柜的高度随之变化。18世纪末19世纪初，国外在复古倾向的影响下，流行石棺形的酒柜。20世纪冰箱出现后，酒柜被逐步代替。

还值得一提的是，发展变化中的各类酒器，也在人类生活的不少方面产生了某些影响。如有的人竟用啤酒桶造出了别致的小船；有的家庭则用啤酒桶作代用电视天线。更有趣的是，现在的奖杯也是由酒杯演变而来。据《衣食住行史话》一书介绍，西方史籍中有这样的记载：

英国曾经有个称为“被杀害的爱德华”的国王，据说，有一次他坐在马背上，接过别人敬给的一杯酒来喝时，被刺客从背后一刀捅死。从此以后，在英国的宴会上，便出现了这样一种礼节：一个很大的酒杯，在来宾中依次传递，环行一周；每当一位宾客接过酒杯时，不仅自己要站起来，而且连在他旁边的人也都要站起来，表示“保护”饮酒者不致像爱德华那样被人暗算。这种礼节中的酒杯，称为“爱杯”。“爱杯”在当时是奉给“上等人”的珍贵礼物。后来，人们转将这种“爱杯”赠送给比赛的优胜者，从而演变成现在的奖杯。

鸡尾酒的调制与杯具的选用

随着混合饮料鸡尾酒的品种越来越丰富，在选用酒杯和调制器具方面，也带来了新的特色。鸡尾酒由酒基和各种副材料调合而成，风味不一，色彩烂漫。人们常按照不同的酒种选用不同的酒杯，以和谐美妙，饮鸡尾酒常用的酒杯有以下八种：

一是鸡尾酒杯。英国式的呈三角形有脚酒杯，容量60毫升；美国式的圆形酒杯，杯脚修长，容量90毫升。饮用时须掂着杯脚喝酒，以防体温通过手掌而传入酒内。

二是香槟酒杯。常用的有碟型浅香槟酒杯和笛型深香槟杯。其容量在90—180毫升之间。

三是白兰地杯。是一种小口矮脚郁金香型酒杯，又名拿破仑酒杯。

四是老式杯。又名古典杯，杯型粗矮而稳定，容量在180—240毫升之间。

五是乔利酒杯。杯型较为细长，容量在30毫升左右。

六是酸酒酒杯。俗称笋亚杯，是种有脚杯子，容量120—160毫升之间。

七是高脚杯。最大容量达240毫升。适合善酒者饮用。

八是哥连士杯。杯口窄，型细长，属大型酒杯，容量240—360毫升，饮时加两支吸管。

除了上述酒杯以外，还需一些专用器具。

调酒壶：不锈钢制成，用于调匀各种饮料。

调酒杯：又名吧杯，玻璃制成，大口有嘴，杯身较厚。

滤冰器：将已混合之酒倒入酒杯时，用它来过滤，以留住冰块。

酒吧匙：柄较长，中间呈螺丝状，在调制时用来拌和所加的混合材料。

冰凿：用来敲碎冰块。

冰夹：用来夹起冰块。

压汁器：属玻璃器皿，用以压取新鲜柠檬汁或橙汁。

调酒棒：用于在深量杯具中搅混各种材料。

当然，使用上述专用器具，是比较讲究的。其实，它们大都可用现成器具来代替。

酒瓶上的奇文怪字

杨连新

在一些酒瓶上，时常可见某些古怪难认的文字，令人感到神秘莫测，一旦解开谜底，又让人茅塞顿开，回味无穷；并从中感受到中国文化的博大精深和中国文字的源远流长。

一、“龙”飞凤舞吐心愿

2001 年元旦，金门与厦门率先实现了通航，为了纪念两岸这一重大历史事件，金门酒厂推出了一种金门高粱酒，外形为描金龙船造型瓷瓶，瓶子上绘有一条腾空而起的赤色火龙，龙的舞姿优雅缠绵，热烈红火，醉意犹存，似在俯瞰两岸盛景，欢庆同胞言和；尤其让人叹为观止的是，龙身居然以天地为“纸”，以自身为“墨”，扭成一个潇洒张扬的狂草“龙”字，这一绝妙之笔，使得在欢乐喜庆的气氛上，又凸现出汉字的独特艺术魅力。正应了大诗人陆游的诗句：“淋漓醉墨，看龙蛇。”

二、琼浆玉液“流”心田

“醉流霞”酒名中的“流”字，一般人都感到陌生。这应该是一个象形字，很像篆字“水”的变异写法，它的两边呈现出流水涟漪的样子，似可听到汩汩水声；字的中间是一枝箭，表示流水的方向。整个字左右对称，动感十足。由于这个字是在酒瓶上，所以很自然地感觉到那流淌的不是清凉洁净的水，而是温热醇厚的酒，似乎喝了“醉流霞”，能醉人心脾，流遍周身，使微酣之人面泛桃花似晨霞。真是个“酒香醺脸，粉色生春，更巧谈话，美性情，好精神”（宋朝张先诗句）。

三、红崖天书藏“心”“燕”

在“天书”的酒瓶上，有一些稀奇古怪的文字，这些文字是贵州省安顺市关岭县晒甲山岩壁上的摹本。因晒甲山多淡红色岩石，故又称红岩山。这些神秘天书即像文字，又像符号和图画，这个千年之谜，曾让无数学者和专家费尽了脑汁，如今总算破解了它的书写年代和几个关键的字。比如在这个红崖酒瓶的上方有一个字是由反写的“乙”字和歪写的“心”字组成的，经专家考证，这个组合字含意丰富，可引出一段苍凉的历史故事。

明朝初期（1399 年），朱元璋的孙子朱允炆（年号建文皇帝）当朝，他的叔叔燕王朱棣谋反，借故攻打南京，1403 年篡位，称永乐皇帝，建文皇帝逃到云贵一带流落避难。为了倾吐多年的心中郁闷，但又不被人发觉追杀，建文帝于 1406 年在深山峭壁上用变形字、象形字和组合字书写了一篇讨伐朱棣的秘密檄文。古时的“燕”曾写做“乙”，那个由反体“乙（燕）”和歪体“心”组成的字，意思是“燕王反叛、心术不正”。

苏轼的《醉睡者》放在建文帝身上倒是很恰当，诗中写道：“有道难行不如醉，有口难言不如睡。先生醉卧此石间，万古无人知此意。”但建文帝哪里知道，他心中的秘密还是被聪明的后人破译了。

四、健康长“寿”须心宽

“金龟酒”的瓶子是一只探头探脑的乌龟造型，龟的背壳上有一个怪异的字，在字典、词典里均找不到它的踪影，我为此困惑了许久。经向专家请教，才得知这个字是篆书“寿”字的一种写法。此字本身就如龟的外型：龟头探出张望，两只前脚成爬行状，下半部分是布有纹路的龟身，龟的尖尾巴向一边甩开。自古以来，民间把龟看作是长寿的象征，所以在龟形酒瓶上出现“寿”字，就不足为怪了。从大了说，是示意人们处世要胸宽心静，乐观谦和，要有“且乐生前一杯酒，何须身后千载名”的淡漠功名思想（唐朝李白诗句），才能延年益寿；从小了说，是告诉人们少饮一些酒，会有益健康，达到“小饮勿醉，陶然而已”（清朝沈复诗句）。

五、“万事亨通”当心切

有一种“即墨老酒”，瓶形为布币（一种古钱币），瓶子上写有4个篆体字。就这4个字，任凭我们全家人如何张开想象的翅膀，仍不得其意，终因才疏学浅，个个败下阵来。专家到底是专家，我请教了一位书法家朋友，才知道这几个字是“万事亨通”。当初我们猜得偏离甚远，什么“龟兔赛跑”“虾虫合住”……想起来实在可笑，幸亏没有声张，否则，不让人笑掉大牙才怪。“万事亨通”表达了人们事事如意、一切顺利的吉祥心愿和迫切心情。古老的篆体书法艺术与同样悠久的陶瓷艺术结合，相得益彰，再加上“老”酒穿诗肠，那情趣、那遐想，能把人们的美好愿望尽情表露出来，可见“醉翁之意不在酒”。

六、“山青海岸”拨心弦

我的忘年交“瓶友”黎福清老先生藏有一瓶“芙蓉镇酒”，酒瓶上有一个很特殊的字，老先生说这是由“山青海岸”4个字组成的，书法作者为清朝光绪年间著名的学者、探花景元。这个字很巧妙地把4个不同的字揉和在一起，但又不失每个字的基本结构，从整体上看像个“岸”字，这也是其中最为重要的一个字。他题写这个组合字不仅仅是为了练习书法，也不会只是故弄玄虚、打趣调侃，最主要的用意大概是为了表达一种心声，即弦外之音是：只有勇攀书山，苦渡学海，才能功成名就，到达胜利的彼岸。早在宋朝，黄庭坚就有“桃李春风一杯酒，江湖夜雨十年灯”的诗句，勉励自己和友人只要经十年风雨之夜的灯下苦读，终会有出头之日。

现代陶艺酒瓶——收藏的新亮点

——别把酒瓶不当艺术

蔡延林　杨连新

酒瓶属于比较“年轻”的大众收藏品种，兴起于20世纪90年代。酒瓶之所以成为收藏界的新宠，是因为这些曾经不起眼儿的简单盛酒容器，正在逐步升华为可体现历史、文化和艺术的载体。经保官运亨通地估算，中国现代特殊酒瓶的种类至少有5万种以上，全世界值得收藏的特殊酒瓶更是多达数十万种，其中不乏高雅脱俗、含义深刻的珍品。目前，越来越多的有心人已经关注和收藏酒瓶，林林总总的酒瓶不但吸引着广大的消费群体，更激发了酒瓶收藏爱好者的热情，在我国民间已经涌现出了诸多的酒瓶收藏组织和一大批酒瓶收藏家。经过众多酒瓶收藏家多年的收藏、研究之后，越来越多的收藏界人士逐步形成了一个共识，那就是：收藏酒瓶应把重点放在那些艺术观赏价值高、装饰摆设效果好、历史文化氛围浓和有纪念意义、传情动人的品种上。其中，收藏陶瓷制作的艺术酒瓶精品（即现代高档陶艺酒瓶），已成为不少人的一种时尚追求和保值手段。那些经过精心设计、反复揣摩和艺术制作后的现代陶艺酒瓶，脱离了单一酒瓶的概念，成为具有很高欣赏价值和收藏价值的典雅艺术品。如今，陶艺酒瓶宛如一朵朵绽开的彩色浪花，正从深邃浩瀚的酒瓶海洋中脱颖而出。

我国制造陶艺酒瓶的历史悠久，陶艺酒瓶在历代艺术大师们的精雕细琢之下，展现出了古老东方文化神奇的风韵。现代人继承和发展了祖国几千年传承下来的陶艺文化基因，在前人的基础上对陶艺酒瓶做了大胆地创新，赋予了时代的气息。现代高档陶艺酒瓶一经问世，立即吸引了众多酒瓶收藏者的眼球，比如，今年春季在江苏省徐州市召开的第二届全国酒器文化交流会上，由汕头市台胞经济发展公司研制的魔威系列陶瓷工艺酒瓶刚一露面，即引来一片惊叹和赞许声，一致认为魔威系列陶艺酒瓶堪称我国现代陶艺酒瓶的代表作之一，其特点点非常显著：

首先，材质好。该系列陶艺酒瓶是由优质瓷土高温烧成，材质细腻，瓷化程度高，渗漏小，物理化学性能稳定，避光性好，在材质上占尽了优势。

其次，工艺巧。酒瓶采用一流的陶瓷制作工艺，瓷质洁白明亮、细薄匀称；色泽鲜艳绚丽、润滑流畅，具备了高档陶瓷精品“白如玉，薄如纸，亮如镜”的特征。相比于传统陶艺酒瓶的古朴粗犷，该系列酒瓶制作精细巧妙，并打破了瓶口一般暴露在外的惯例，别出心裁地把瓶口掩藏进酒瓶整体的造型之中，使之浑然一体，不漏破绽。如不细看，很难发现如此绝美绝伦的陶艺品竟然是我们生活中常见的酒瓶。

第三，艺术性高。传统陶艺酒瓶造型一般采用的是动物、仿古酒器、名人塑像、古典文学人物等，其揭示的大多为中国的古老文化，但手法单一，表现直接；而魔威系列酒瓶的外形设计摆脱羁勒，不拘形式，最大程度地展示了独特新潮的文化内涵，有一种全新的文化韵味，让我们欣赏几个典型的品种。

兰花纹粉彩盖瓶。该瓶温润欲滴、饱满艳丽，宛如唐女丰腴娇柔。一簇浮雕兰花在洁白无瑕的瓷地衬托下，清雅幽静，鄙俗孤傲，尽显兰花“气、色、神、韵”之本质，甚至可以感受到阵阵幽香徐徐袭来，其君子品性被表现得淋漓尽致，难怪连诗圣李白也发誓“为草当作兰”呢。该酒瓶的造型妙就妙在让人遐想联翩，从这只酒瓶上，我们不禁联想到了美女、君子和做人的品德。试想，把这样一只赏心悦目的酒瓶摆放在书房或客厅里，将会带来何等的雅致和韵味。

吉祥狗酒瓶。这是一只造型逼真可爱的俯身小狗，它圆目翘尾、好似顽童聪慧灵气。这只小狗寄托了主人在狗年期盼吉祥好运的美好愿望，让小狗的“汪！汪！汪！”寄托来年的事业、家庭、财运“旺！旺！旺！”。吉祥狗没有沿用传统的或坐或立或奔的表现手法，而是让它顽皮地抬起臀部，故做摇尾乞怜状，活灵活现，让人顿生爱怜之情，其视觉的冲击效果不得不让人叫绝。

小天鹅酒瓶。一只天蓝色的憨态可掬的小天鹅跃入眼帘，小家伙挪动着胖胖的身体，拉直了弯曲的长颈，或许在独自“曲项向天歌”；或许在等待主人的美食；或许在呼唤远方的妈妈；或许在模仿鹅爸爸的绅士派头……传神的小天鹅给人们留下的是无数个“或许”的想象空间。对这样可人疼的小生灵，真有一种揽其入怀的冲动。

爱侣彩瓶。这是一只完全打破了传统概念的酒瓶，一对西方情侣倚靠着古城墙含情相视（女孩一定是被男孩抱到城墙上的），他们手相牵、目相连、心相通，连我们这些局外人都被深深地感染了。这对恋人秋波涟涟，情意绵绵，热血滚滚，完全沉浸在美妙甜蜜之中。瓶盖是一只蹲立于古城墙上的宠物小狗，一向活泼调皮的它，这时也仿佛懂事一样静静守候在一旁。此刻，这只酒瓶还可能勾起观赏者自己那浪漫陶醉的过去。面对这个有情有意的酒瓶，怎么都会让饮者酒未沾而心先醉。

第四，实用性强。作为陶艺酒瓶，魔威系列除了材质优良和艺术性强之外，仍不丧失其基本的功能——实用性。瓶子可反复用来盛酒；手持瓶体舒适自如；酒桌上，抢眼的酒瓶本身就给文人雅士、官员商客或村夫市民们增添了不少席间话题。

由于观念上的突破，高档陶艺酒瓶已迅速成为酒瓶中的佼佼者和酒瓶收藏中的新亮点。时至今日，人们应该彻底改变对酒瓶的看法，在艺术的殿堂里给酒瓶让出一席之地。现在可以更加理直气壮地为酒瓶鸣不平了：别把酒瓶不当艺术！

儒雅迷人的屏风酒瓶

杨连新

在争妍斗艳、蔚为大观的艺术酒瓶世界，台湾金门高粱酒的包装设计可谓独放异彩。在笔者收藏的一千多只艺术酒瓶中，有一组 1994 年问世的屏风造型金门极品高粱酒瓶，堪称酒瓶艺术殿堂中的一簇奇葩。这套酒瓶是笔者几经周转获得的。

这组造型清新别致的酒瓶，是由 4 只扁方形彩绘配诗瓷瓶和 4 扇可折叠式仿象牙屏风框架组成。将它们装配成一体后，瓶子神秘“消失”，赫然变为高贵的艺术彩屏；特别是在这组细腻洁白的瓷瓶两面，分别绘有花中“四君子”梅兰竹菊和古代绝世“四大美人”，其工笔秀逸、色泽柔美，引人入胜；图案中花草袅袅欲飘，雀蝶跃跃欲飞，美女呼之欲出，行书洒脱舞动。

自古以来，人们崇尚君子、赏阅美女、珍爱艺术、祈求祥和。屏风酒瓶的设计者迎合了世人的审美观念和心理取向，将这些揉和到一起，但又不是简单的拼凑。那儒雅的内涵令人咀嚼有味、陶醉不已，以至拍案叫绝。在画面和诗句里，虽然找不到“梅兰竹菊”四个字，也未直呼“四大美人”的芳名，但是都隐匿在字里行间和图案上，设计者有意留出诱人的想象空间和悬念，只有细细品来，才豁然开朗，倍感墨香四溢，文采飞扬，沁人心脾，大有未醉于酒先醉于瓶的快感。此举不落窠臼，自出机抒，恰似君子清高深邃、女子含情不露的韵味，其意境奥妙无比。

梅兰竹菊都具有不畏严寒、刚直不阿的品格和清心寡欲的风度，一向为世人所敬慕，所以被视为君子，常借喻品行端庄、清静高雅、谦虚正直的人。屏风酒瓶把君子、佳人、诗文、图饰和造型巧妙地融会贯通，使之相互辉映，寓意深远。下面笔者以个人的理解对每一只瓶子上的诗画作一破译。

一、梅花瓶

正面书有“玉洁冰清”4 个字，并画有一簇干枝梅和两只情侣鸟（含有“喜上眉梢”之意）；反面是美女持镜图，似在描绘“梅花妆”（古时一种化妆术），并配诗句“欲向东风问早春，闲来花底步香尘”。

从字面上看，“玉洁冰清”是对皓月的描述。图中女子大概为三国时期的美女貂蝉。她高举圆镜，似乎在翘望苍穹冰轮，暗指“貂蝉拜月”。从内涵理解，“玉洁冰清”则是对梅花品格的概括，意即梅花像美玉一样洁身自好，像冰雪一样清莹纯净。明朝尚书于谦对梅有“玉为肌骨雪为神”的咏句；清朝鉴湖女侠秋瑾烈士以梅自勉：“冰姿不怕霜雪侵。”

美女持镜图上的“欲向东风问早春，闲来花底步香尘”一句，似是说冬末人们信步在散发着花香的梅树下，询问春天何时到来？这句看似简单的问语，展现出的却是一幅“先为天下知”和“独先天下而春”的画面。在万木待苏的时候，唯有“梅花仙子”抢先而至，担当报春又报喜的使者。而那“满园桃李虽堪赏，要且东风晚始生”（唐代诗人罗邺语）。南朝诗人何逊为此大呼“惊时最是梅”；诗人陆凯更是感叹岁寒时节“江南无所有，聊赠一枝梅”。

几千年来，人们为了用梅花点缀屋室，还特制了一种专用来插一剪梅的瓶子，称为“梅瓶”，后也用来盛美酒，其小口、润肩、丰胸、细足，俨然呈现出美女神韵，而这种仅仅为了一种花而特别制定专用瓶子的“待遇”，唯梅花独有。

梅花冰晶玉莹，超凡脱俗，品性高洁，寄寓了中华民族高尚德操的追求。国人爱梅至极，咏梅成风，构成了繁花似锦的梅文化，把“四君子”之首的梅花推为“国花”也当之无愧。

二、兰花瓶

正面书有“空谷幽香”4个字，并画有一棵兰花草和一对舞蝶；反面是美女赏花图，并配诗句“一点蕙心清若水，绿荫栏槛画薰香”。

“空谷幽香”中的“幽”是“远”的意思，是说从远方的山谷里传来阵阵花香，这是特指兰花的。因为只有兰花善居幽谷且以清香遐尔闻名。诗圣李白早就有“兰幽香风远”的名句。

美女赏花图中的女子应是西汉美女王昭君。竟宁元年，匈奴入朝求和亲，昭君自请远嫁匈奴，对汉朝与匈奴的和好关系起到一定作用。“昭君出塞”以后，依旧“空谷幽香”，是形容她像兰花一样，虽远在塞外而香名流传。

“一点蕙心清若水，绿荫栏槛画薰香”，是赞美兰花的心境像水一样清纯，兰花的绝顶清香似乎也从画中飘出。在美女赏花图中既没有看到兰花，也没有出现“兰”字（其他三只酒瓶的仕女图中都配有相对应的梅竹菊彩图作为背景）。“蕙”即蕙兰，是兰花的一种，这里泛指兰花；另用一个内含“兰”的“栏”字，把兰花隐藏在字里行间，使人好像闻到了兰香，联想到兰花的存在，此句充分体现了兰花深居幽谷、不事张扬的脾性。“薰”指“薰草”，一种香草，常引申为花草的香气。兰花的清香是独占鳌头的，“兰当为王者香”是几千年前大圣人孔子的赞语。美女赏花图中虽然没有兰花，但已经感受到了香气无比，这种“画薰香”的技巧乃神来之笔，有“此处无声胜有声”之感。

兰花以其独具的“四清”（即气清、色清、神清和韵清）而著称，被誉为花中君子。明朝诗人张羽赞她是“寸心原不大，容得许多香”，即兰花虽小，却学富五车；陆游称兰花“生世本幽谷”，“无心托阶庭”，即生来就在远山，淡薄名利地位，甘当无名英雄；李白更是疾呼“为草当作兰”，表示愿意身为兰花草。可见，兰花特有的“清雅孤傲”已成为文人骚客效仿的样板。

三、青竹瓶

正面书有“青影摇风”4个字，并画有三枝摇曳的翠竹和两只对歌鸟；反面是美女摇扇图，并配诗句“枕薄窗虚月映楼，杏花风荡玉帘钩”。

“青影摇风”指青竹像薄纱一样随风飘逸。“枕薄窗虚月映楼，杏花风荡玉帘钩”一句中，“枕薄”与“高枕无忧”意思相反；“杏花风荡”可能源自“春色满园关不住，一枝红杏出墙来”。此句似乎是在描述一忧伤女子只能透过朦胧的窗纱遥望外面的楼亭月色，她荡漾的春心被隔世纱帘钩锁着。这个伤感的女子一定是春秋时期身居吴国怀念越国的美人西施。传说她在忧郁时更美丽，以致引出了“东施效颦”的故事；诗句里多次暗隐纱帘，好像那洁白如玉、薄如蝉翼的细纱，都是由“浣纱女”西施的纤纤玉指洗出来的。

竹子也被寓为君子，是因为竹子节坚心阔、四季长茂、身躯可用，象征宁折不弯的气节、虚怀若谷的胸襟、永不言退的本色、刚柔相济的风姿和甘愿献身的精神。千百年来，竹与梅、松比肩，同被誉为“岁寒三友”。

四、菊花瓶

正面书有“沉醉西风”4个字，并画有三朵盛开的黄菊和一双追逐的彩蝶；反面是美女戏蝶图，并配诗句“瑶台无信托青鸾，一寸芳心思万端”。

“沉醉西风”指晚秋时节，百花凋谢，唯有菊花迎风而开，沉醉于猎猎西风之中。清朝诗人张问陶感叹菊花是“繁华全让闲桃李，独笼西风不占春”。唐末农民起义领袖黄巢扼腕而咏：“待到秋来九月八，我花开来百花杀”，形容菊花盛开时百花都已凋灭。唐朝诗人元稹不无遗憾地叹息：“不是花中偏爱菊，此花开尽更无花。”

美女戏蝶图中的女子可能是唐朝妃子杨玉环，因为在“四君子”中只有菊花雍容华贵，花朵饱满，好似盛唐宫廷中偏好体态丰腴的杨贵妃。杨贵妃在世时，宫廷就曾把一种美丽至极的菊花命为“贵妃菊”；杨贵妃命殒西蜀途中，宋朝诗人李山节在《咏杨妃菊》中有“命委马嵬坡畔泥，惊魂飞上傲霜枝”，是写杨贵妃香断马嵬坡后，魂魄附到菊花上。“沉醉西风”也有“贵妃醉酒”、醉眠西天之意。可见，贵妃与菊花有割不断的情缘。

“瑶台无信托青鸾，一寸芳心思万端”，描述的是相思女的心境。这个女子能够身在仙境盼佳音，还可以托付凤凰捎口信，说的也不会是一般女子。传说杨玉环进宫后常常思念家乡，想到自己被“关”在宫内虚度年华，不胜叹息，此诗句正是对她的真实写照。

菊花谢得最晚是人们爱菊的主要原因。菊花“让繁华、不占春”，唰霜含雪、孤标傲世、晚节清高，尽显风采与精神，其历尽风雪而后凋的坚贞品格深受世人赞美。古人常以菊明志，以示情操高尚的人。张问陶把菊花为什么能淡泊守真、不傍强势、迎霜而开的原因，归于它的前身是不肯为五斗米折腰的君子陶渊明。著名的田园诗人陶渊明以菊花的品行为榜样，喜菊、种菊、学菊，“渊明爱菊”已成传世美谈。

由上可知，现代酒瓶已不仅仅局限于充当醇酒的载体，同时也已成为传播文化和艺术的载体。在品尝佳酿的同时，又可饱眼福、长文采、添趣味，既有实用性也有观赏性，其品位陡增。屏风酒瓶包装盒上有一段话，说这“是美酒与艺术的结晶。居家陈列高尚，宴客自饮实惠，送礼美观大方”。这大概也是艺术酒瓶开始成为民间收藏热的原因吧。

爱酒歌

我爱酒，我爱酒，酒中快活真个有。不必炮凤与烹龙，
随便山肴皆适口，举杯忧虑尽消除，况同花月为三友，
随我意量饮几杯，何必酕醄醉百斗。混混沌沌体融和，
风风颠颠身抖擞。或诗或曲或文词，信口狂歌三五首。
仰面大笑天地宽，这等趣味人知否？

酒名趣事一箩筐

——酒名中使用率最高的4个字

杨连新

在我收藏的酒瓶中，酒名里出现率最高的字依次是“老”、“王”、“家”、“春”4个字，共占我藏瓶总量的10%左右（其中“老”字占3%，其他三个字各约占2.4%），也就是说，大约每10瓶酒中就有1瓶会碰上它们。为什么这几个字如此受商家们的青睐呢？笔者分析如下。

老——其一：标明自己的酒是“老字号”，是信得过的酒，或告诉客户该酒是陈年老酒，醇厚悠香，如老庄陈酿、老酒坊、泸州老窖、老八大、老白汾酒、老白干、即墨老酒、老顺口、老口子、沂蒙老曲、老陈酒等；其二：表示亲切或怀旧，如老战士、老槐树、老北京、老村长、老表酒、老爹酒、老钱柜等。

王——其一：昭示此酒是最好的酒，首屈一指，独占鳌头，如花雕王、湘酒王、关东王、丰谷酒王、清酒王、伊力王、野生王、锦江王、沙河王等；其二：曾与历史中的某个统治者有关，具王者风度，希望自己的酒也能一统天下，如尧王城陈风（王帝之一）、夏王龙酒（即大禹）、赧王御酒（即东周末王姬延）、越王楼（即勾践）、大汗王(即清太祖努尔哈赤)、蒙

古王等。

家——其一：让人相信此酒是出于名家豪门的传世佳酿，以此打动人心，如曹雪芹家酒、孔府家酒、沛公家酒、张飞家酒、地主家酒、林家铺子、忠仁世家、兵圣家酒、乔家大院、付家酒等；其二：代表某一少数民族或某地区的特色酒，如瑶家酒、傣家酒、土家酒、客家黄老酒、龙江家园等。

春——其一：在古时把春天酿成的酒称为“春酒”，是酒中之上品，宋代大文豪苏东坡曰“唐人名酒多以春”，现在人们继续沿用，以示此酒古老醇厚，如剑南春、燕南春、五粮春、古贝春、玉堂春、盛唐老春等；其二：企盼一切都像春天一般勃勃有机，青春阳刚，这类酒中有不省是补酒或药酒，如贵常春、福春酒、健春酒、龟灵春、老龄春等。

有趣的数字酒名

酒名中带有数字的很多，其中多位于排头，这些数字往往有特殊的含意，如果按序排列起来也颇有些意思：

零 海 岸——指该酒产地为陆海交界处。

一 滴 泉——形容酒味清冽甘醇如滴滴泉水。

二 锅 头——指酒的酿造蒸馏工艺为两道工序。

三 将 宴——指古代人物刘备、关羽和张飞。

四 特 酒——指该酒有 4 大特点：特清、特香、特纯、特醇。

五 粮 液——指酿酒的原料有 5 种：高粱、大米、糯米、小麦、玉米。

六 百 年——指酒的历史悠久，达 600 年之久。

七叶养身酒——用一种可补养身体的植物泡制的酒。

八大岭特曲——中国名胜古迹。

九七酒——为纪念香港 1997 年回归。

十里香——夸赞酒的香味浓郁，10 里远也能闻到。

百岁酒——吉祥祝福语，预祝健康长寿。

千年西藏——意为西藏历史悠久，神秘而美丽。

万世兴——表达千秋万代兴旺发达的心愿。

另外还有一线天、一拉天、店小二、三花酒、三星堆酒、四圣酒、四五老酒、五醍浆、五缶独尊、六曲香、八仙春、九门口、九华大曲、十八道湾、百年公主、千福花雕，等等。

戒贪花酒歌

劝汝休贪酒与花，才贪花酒便亡家。
只因酒引花心动，自是花迷酒性斜。
酒后看花情不厌，花前酌酒兴无涯。
酒残花谢黄金尽，花不留人酒不赊。

酒 德 颂

有大人先生，以天地为一朝，万期为须臾，日月为扃牖，八荒为庭衢。行无辙迹，居无室庐，幕天席地，纵意所如；止则操卮拆觚，动则挈榼提壶，惟酒是务，焉知其馀？有贵介公子、搢绅处士，闻吾风声，议其所以，乃奋袂攘襟，怒目切齿，陈说礼法，是非蜂起。先生于是方捧罂承槽，衔杯漱醪，奋髯箕踞，枕曲藉糟，无思无虑，其乐陶陶。兀然而醉，豁尔而醒，静听不闻雷霆之声，熟视不睹泰山之形，不觉寒暑之切肌，利欲之感情。俯视万物，扰扰焉，如江汉之载浮萍；二豪侍侧焉，如蜾蠃之与螟蛉。

花下酌酒歌

九十春光一掷梭，　花前酌酒且高歌。
枝上花开能几日，　世上人生能几何？
昨朝花胜今朝好，　今朝花落成秋草。
花前人是去年身，　今年人比去年老。
今日花开又一枝，　明日来看知是谁？
明年今日花开否？　今日明年谁共知？
天时不测多风雨，　人事难量多龃龉。
天时人事两不齐，　莫把春光付流水。
好花虽种不常开，　少年易老不重来。
人生不向花前醉，　花笑人生也是呆。

劝酒歌

弓长子

劝君豪饮杯中酒，提君精气神，挺起胸膛朝前走。没有迈不过的坎，没有跨不过的沟。高山如履平地，任意江河走马，何人敢阻？人生沙场酒壮胆，浑身是胆雄赳赳。战场何惧？商场何畏？情场何愁？莫自卑，莫怯阵，莫徘徊、莫回首，酒壮行色勇气增，阔步向前抬起头。醉卧沙场不算英雄好汉，挑灯看剑方显君子风度。征战自然，挑战自我，饮了杯中酒，忘我人生乐悠悠。莫使金樽空对月，快快斟满香醇之酒。待到长空万里晴，任君携壶酣高楼。喝了香醇之酒，酒醇心胆开张，方敢问青天，明月几时有？才敢挽雕弓射天狼觅封侯。喝了香醇之酒，身处江湖也罢，庙堂也罢，均可登高远眺，把酒临风，甘愿后乐先忧。

劝君畅饮杯中酒，杜康与君同销万古愁。端稳杯，手莫抖，多少烦心事，随酒付东流。淡看云中月，笑对人间忧。今宵酒醒何处,不妨乘醉听箫鼓，聆歌观舞在琼楼。一曲新词酒一杯，醉梦里懒经商、倦封侯。斗酒诗千首。做个酒中仙，低吟浅唱信天游。东篱把酒黄昏后，世事洞明皆在心，恁他冬夏与春秋。喝了香醇之酒，心砰砰，眼朦朦。口渴漫思茶，筷儿懒戳东坡肘。觥筹交错言趣事，不见座中司马湿衫袖。喝了香醇之酒，头晕晕，脸红红，沉睡不消浅酒，那顾海棠绿肥红瘦。惟有黄粱饭熟，南柯任由我太守。

劝君慎饮杯中酒，应知晓，抽刀断流流更流，举杯浇愁愁更愁。杯中物是醉心之酒，宜适量，莫贪杯，莫过头。酒宜喝天天都有，不可喝一醉方休。杯中物是神奇之酒，说不醉千杯万盅不醉；说醉人一点半滴可醉三秋。沾了杯中酒，莫驾车，莫泛舟，莫闹事，莫斗殴，违规犯错莫怪杯中酒。香醇之酒劝君常常饮，舒经活血精神抖，青春永驻享南山之寿。香醇之酒劝君慢慢饮，量小莫逞强，量大莫打赌。能喝十二分，只喝九分九。饮三盅，莫下江，恐搏杀苍龙；喝三碗，莫过岗，怕再伤虎兽。

香醇之酒，随喝随时有，缸盛坛装任君饮，不须换君五花马千金裘；切记人醉心莫醉，保持清醒方是座中豪杰、席中领袖。请君常饮香醇之酒，喝了它当然说得起话，交得上友；称得上汉，抬得起头。

香醇之酒常伴君左右、跟班侍候。

酒名串联诗
洋洋 中国路

我把100个酒名巧妙地组合起来，编成一首诗，取名“洋洋中国路”(也是由两个酒名组成)，奉献给读者。虽然诗句不够押韵和规整，但自我感觉意蕴丰富而有趣，从酒瓶上可折射出中国的历史和文化。

蚩尤祖尊炎帝神，龙行天下中国结。
君妃虞姬醉美人，鬼国神曲藏香春。
羲之真卿酒中仙，重阳玉液留香壶。
关羽家酒三将宴，水浒对酒红楼源。
秦汉盛唐宋宫御，体元主人黄中皇。
大汗骑士龙虎尊，成吉思汗蒙古王。
英雄好汉老战士，舍得老爹半亩地。
老表老枪井冈山，军团野战第一枪。
野谷剿匪醉湘西，千年西藏开口笑。
毛公天权红太阳，三军礼炮东方红。
长城酒魂八达岭，盛世华都老北京。
中华贵宾齐民思，名将忠义治国心。
百年丰收黑土地，东北家乡大粮仓。
江南老窖画乡醉，年年有余稻花香。
五岳独尊泰山牛，美泉老酒小角楼。
安塞腰鼓黄河龙，国粹神鼓塞上春。
齐鲁球迷罗西醉，少林神功第一家。
忠仁世家千年乐，道德人家贵常春。
九七圆梦中华福，金门茅台九龙醉。
邓府神力中国路，神州平安万世兴。

(※“体元主人”是清朝皇帝康熙的自称)

咏酒诗

黄贞父《题醉翁图赞》曰：“酒酒酒！诚好友。闭而眼，扪而口。潦倒衣冠，模糊好丑。多不辞一石，少不拒五斗。提携域外乾坤，断送人间卯酉。破除万事总皆非，沉冥一念夫何有。盖东坡名之为‘无漏之仙’，而我呼之为‘独醒之友’。”东坡在徐州，参寥自钱塘访之，坡令一妓戏之，并求诗为赠。乃口占一绝云：“多谢尊前窈窕娘，休将幽梦恼襄王。禅心已作沾泥絮，不逐东风上下狂。”坡公深为叹服。

酒别称连趣

非甑

青州从事 曲生既曲秀才、平原督邮 麴生俗称麴道士的与天禄大夫 太平君子 三友应醴泉侯 索郎之约，一同前往河溯饮酒，拜访中圣人 顾健康。

途中遇到也往顾家而去的黄封、黄流、黄醅、黄醑、黄娇五兄妹，大家结伴而行，十分高兴、舒畅。一路上只见小溪琼苏 琬液 金波，沿途翠物 经醁 鹅黄，醽醁翠涛，兰生玉薤。晴空红友 流霞渐抹白堕，玉友 金盘露 玉浮梁……一路景致流连，月色蒙蒙中天方到顾家。

进得顾家庭院，只见老家人欢伯正清理毕钓诗钩，刚从缸面湖钓浮蛆、浮蚁回来，拿起扫愁帚准备清扫庭院迎接来宾。得到小厮通报，中圣人率子注子、望子迎出中堂，与各位一一寒暄之后，大家分主次依序而坐。

酒过三巡，喝的是翁头春、抛青春；菜上九道，即百药长、太和汤、米汁、天乳、缥蚁、白玉腴（萝卜），酒骨、浮蛆、浮蚁等。绰号“饮储”的注子与号称“含春王”的望子两兄弟年岁不大首先连干三爵，把酒席上的热烈劲掀起来。一个个喝得酒热耳酣，注子少年心性难改，搬出连环书“酪母”观看，此书讲的是绿蚁、香蚁、玉蚁、春蚁、芳蚁五美图的故事，黄娇从未看到过这样漂亮的图书听到过这样动听的故事，争相观看，有些走火入魔了。所以，未曾听见席间官封瓯宰 行觞录事 进行席纠 执行酒令的太平君子的几次点名批评。

一看娇妹违令不行，犯下“觥筹狱”，太平君子气极，只听一声“呀呀呸”，一盏玉液、般若汤如忘情物浇去，浇书上不说，黄娇姑娘身上顿时如玉山颓，连贴身着的棉衣也真成了水绵袄，成了个可怜的玉井秋香。这时只见娇姑娘柳眉倒竖，腾地站起，连连跺脚，手指太平君子骂道：你这吃了狂药的，祸泉里泡大的，缺酒母 酒教的……拿起席间杯中物就往太平君子泼去，好一场椒花雨……让太平君子也吃了个软饱。引得大家哄堂大笑：幸酒，幸酒。

文明劝酒小技巧

跳七法

不用道具只用嘴,可以来“跳 7”游戏。按顺时针方向，大家依次次喊“1. 2. 3. 4. 5. 6”，到 7 和 7 的倍数 14. 21. 35……不能出声，用手指轻敲一下桌面，跳过，后边人接着喊“8. 9. 10……”凡其倍数都跳过，凡是不轻敲桌面或误喊“8”，凡是反应迟缓停顿时间3 秒钟以上者，均由酒司令执法，公杯斟酒，受罚者再从“1”起呼喊。为了增加难度，也可以接着前数呼喊。

火力侦察法

如果酒司令这桌有不少新朋友，就要来一番火力侦察不能凭想当然，弄错目标，造成“张郎贪杯无人敬，李郎醉酒苦哀求”就不好了。

最简单的办法是：一上来酒司令就以豪情带动大家，请各位客人痛痛快快地自报酒量，采用“酒筹记数法”，自报白酒 3 两者，门前放酒筹 3 枚；自报白酒 8 两者，门前放酒筹 8 枚；饮完 1 两，酒司令收取 1 枚，凡门前酒筹未清前者都可攻。假如客人有心计，不暴露实力，酒司令要“投石问水深，打草观蛇行”，遂一碰杯试探，老经验者一看苗头就有数，说话爽不爽快，饮酒痛快否，准能发现目标。火力侦察出每位宾客的酒量大小，才能找到中心人物，才能对每位宾客攻得恰倒好处。

威 慑 法

很有可能，火力一侦察,发现宾客中有企图闹酒的“恶作剧”。为了防患于未然，要大打心理战，刹住他。兵书有“威慑”一法，即显示实力，吓倒对方，不战而胜。

有这么一则故事。父子俩挑稻谷进城，馋酒，没钱。对酒铺老板说，酒让我们吃到够，这两担稻谷就归你了。老板乐呵呵做这笔买卖。父子俩要他炒 1 斤黄豆当下酒菜。奇怪，他俩只是大碗喝酒，不动一粒黄豆。几个小时过去了，老板不断添酒有些心痛了。突然，听到父训斥子说：“你小子，没出息，酒刚刚喝开头就嚼黄豆啦！”老板心一惊，什么！喝到现在还只算刚开了个头，才吃掉 2 粒黄豆，这一升黄豆全吃完，要多少酒啊?！快，开仓库，还稻谷，请走路。其实，父子俩也已经喝得差不多了。这里，他们用的就是威慑法。

碰到“恶作剧”，也要镇住他，他说干满杯，你说饮 3 杯，他说各开 1 瓶对着干，你说 1 瓶不过瘾，非得来 2 瓶。这种心理战的攻势，要有点气魄，“道高一尺，魔高一丈”，威慑酒场“野马”，然后教他照现代酒风的规矩办。这要审时度势，靠酒司令临场发挥。

全面兼顾法

所谓攻，就是敬酒，既然大家坐到一桌上宴饮，那就不论位高位低，量大量小，善言讷口，都一律平等，酒司令要注意，全面兼顾，逐一敬酒，“攻”遍宾客，充分表达东道主对每一位客人的诚意和敬重。

千万不能只顾敬主宾，不敬从宾；只顾敬量大者，不敬量小者；只顾陪活跃者，冷落了讷口者。更不能因为宾客不善饮酒，酒司令忘乎所以，同自己一方热闹斗酒，弄得宾客旁观枯坐，一无滋味。这就成了个糟糕透顶的酒司令了。

猜猜法

任取小物件，猜出双数单数。用硬币、火柴棒、纸团、瓜子、糖果均可。

复杂一点，碰到结婚喜筵，备有为讨“喜得贵子”口彩的红枣、花生、桂圆、莲子。供猜者可以手握若干颗，也可以放置小器皿内若干颗，一猜双数单数；二猜枣、生、桂、子哪一种；三猜颗数，当然颗数要有限度，8 颗以内为好。三层进难度大一些，趣味也浓厚。

擂台法

再闹猛点，像中国围棋擂台赛一样，宾主——双方两对垒打擂台。客人推选一人为擂主，酒司令自然要当主方擂主，人人都参加，酒的品种可以自选，不要弄得紧张兮兮的。二位擂主分别点将出战，互相猜拳、猜火柴棒、敲杠子都可以，败者饮酒退下，擂主再派将上来战。假如宾主双方各 5 人，擂台打到最后，若是主帅相遇就有劲了，败者要用大杯吃点“硬货”罚罚。

节酒戒酒数招鲜

在华夏大地上，酿酒饮酒历史悠久。同样，节酒戒酒的呼声也早在几千年之前就已传出。形形色色的戒酒之法也应是而生。

戒 酒 令

相传夏初的仪狄造酒，是为了送给禹邀功请赏。谁知大禹饮毕仪狄所造之酒，却因美味而疏之，感慨曰：“后世必有以酒亡其国者”，于是，断然下了“戒酒令”。

据介绍，我国最早形成文字的戒酒令出现在公元前 11 世纪的周成王时代，为了周王朝的昌盛，以周公旦为代表的执政者，励精图治，苦心经营。他们深深地忧虑胜利后的周人受殷人酗酒之风的影响，沉湎于安乐会导致亡国的危险。因此，当周公封自己的弟弟康叔于卫（地名）时，特意令康叔在其管辖之地向全体臣民宣布戒酒之令，这就是现存于《尚书》中的《酒诰》。

在这篇诰词里，周公总结了殷人饮酒无度的教训，指出，以殷纣王为首的商朝统治者，嗜酒如命，沉湎于酒色，放弃自己的德性，致使民怨沸腾，这正是商朝灭亡的重要原因。为此，他从政治的高度着眼，制定了一系列有关限制饮酒的法规。一、不准经常饮酒。只有在举行祭祀或父母喜庆的日子，或与老年人、君主相聚时才可饮酒。二、不得醉酒。饮酒要有节制，不能失去威仪。三、周人如果聚众饮酒，予以严惩；殷人仍饮酒无度者，先进行教育；置若罔闻者，格杀勿论。四、人人都要爱惜粮食，努力生产，尽孝敬父母之职责，不得放纵自己的行为。

戒酒令宣布后，在当时的民众中引起了强烈反响，一时间，社会上的酗酒之风大减。

三国时的曹操，尽管有饮酒作诗、抒情发感的嗜好，但是为了防患酒害，也下了“禁酒令”。

戒 酒 碑

在四川渠县发现了一块天下罕见的“戒酒碑”。碑高 80 公分、宽 83 公分、厚 12 公分。此碑原立于渠县中滩乡文昌宫门前，现收藏在渠县历史博物馆内。碑文是这样写的：

本院申录重囚，多因酒醉以小忿打死人命，情甚可怜。今后军民各宜节饮保身，有纵酒者许保甲擒拿并酒家一并惩治；凡阿纵不举者事发连坐，故示。

据渠县志记载，公元1587年5月，陈姓都察使到渠县巡视，在复查案件时发现，狱中1000名待决人犯多因酒醉而杀人，遂立此碑。碑文除了谆谆劝说军人和百姓应该节饮保身外，还明令发现有酗酒者，保、甲长可以当即捉拿，而且连售酒的店家也要惩罚。假如旁观者有知酗酒者而不检举，出了事也在法办之列。

条例与法令

法律条例向酗酒者发出警告。我国《刑法》第15条中明文规定："醉酒的人犯罪，应当负刑事责任。"《治安管理处罚条例》第12条规定："醉酒的人在醉酒状态中，对本人有危险或者对他人的安全有威胁的，应当将其约束到酒醒。"中国台湾"立法院"1991年通过的《少年福利法》中规定，商贩今后如将烟酒售给未满18岁少年吸饮，将被罚款台币600-6000元；如发现有少年出入酒吧、舞厅等特种营业场所，这些场所的老板将被罚款台币6000-30000元，甚至勒令停业或吊销执照。香港虽说是一个世界闻名的自由港，但对酒的进口及在香港的酿造、出售和贮存等，都有严格的立法规定。如经营酒类的商店，必须申请取得许可证，否则就以非法经营查处；对酒的进出口则一律经工商署署长负责管制。

为刹吃喝风，各地采取的措施更是"八仙过海，各显其能"。

醒 酒 室

1988年3月，全国第一个用行政手段约束酗酒的醒酒室在辽宁抚顺市设立。

醒酒室由市公安局管理。市政府颁布的《关于严禁在公共场所酗酒的通知》规定：民警和群众可将酗酒者领送至醒酒室。

醒酒室共有8间面积各为18平方米的房间。其中有两间的四壁镶着厚厚的泡沫塑料，外面包上一层羊皮，名曰"立体席梦思"，头往上撞都没事。房中间摆着两把似理发椅的大转椅，不同的是上面多了几条宽皮带，名曰"约束椅"。失去理智的酒客，先在"约束椅"上固定就座，狂妄猖獗的，还必须戴上头盔。在其余房间里，有热茶可饮，床铺可睡。酗酒者酒醒后，可在这里安安稳稳睡一觉。外加干警"保护"和6名服务员耐心周到的服务。

当然，醒酒室决不是招待所，它是对酗酒者实行强制约束的地方，每宿收费25元，还要根据情节轻重，执行适当处罚。负责人介绍说，这里每天都是"醉汉盈门"，最多时一夜收留了20人。

内蒙古凉城县城关镇公安派出所的院内也设有“醒酒室”。室内有一床一椅，床椅均有约束带，是专为醉酒闹事者准备的。自建立这一醒酒室后，该镇酗酒闹事者明显减少了。

亮黄牌

据1990年7月10日《中国青年报》报道：这年第一季度，河南省方城县有29个村民持“集体资金投向监督证”，审出3.6万元招待费，向参加吃喝的66名村干部亮出自掏腰包黄牌。

近些年来，方城县农村公款招待开支数字惊人，每年招待费高达20万元。上边来人，村里招待，村干部去乡镇开会、办事、吃饭抽烟乃至送礼，都要用招待费变通解决。有村办企业的吃利润，没有村办企业的吃“五荒”承包费。群众意见大，但是奈何不得。

怎样管好农村集体资金，刹住吃喝风，县委、县政府决定于1990年元月开始，在全县推行由农民持有的“农村集体资金管理投向监督证”。

这个监督证，年初由村民制定，村办企业年获利润、“五荒”承包费等各项集体收入一一列单，请农户逐项监督实施。资金管理上，村各项收入一律上交乡镇农经站，村里使用资金由村委会申请，乡农经站支付。每一季度，乡农经站将该村各项开支印发农户。不在监督证开支项目的，视为违纪开支，村民向村干部亮出黄牌，谁开支谁掏腰包，由农经站负责追回。

推行农民集体资金管理投向监督证这一做法，不仅调动了村民关心集体的积极性，还刹住了吃喝风。博得镇一个村用500元救灾款吃喝招待，被本村农民亮出黄牌，除退赔全部吃喝款外，还撤销了主要责任者的职务。

劝酒娘子队

河南省沈丘县刘庄店镇一个村的男性公民酗酒成瘾，一年不分春夏秋冬，地点不分张家李家，时时处处都可以看到酗酒的场面，闻到浓烈的酒味。酗酒不断导致打架闹事，无故伤人，因酒欠债而夫妻感情破裂闹离婚等祸事发生。这个村每年用于喝酒的开支多达20万元。酒将这村折腾得鸡犬不宁，丑事不断。

怎么刹住这酗酒风？“半边天”中的刘月英、李桂兰领头站出来成立了世界上第一支“劝酒娘子队”。她们的事迹虽然没有像当年花木兰那样令人敬慕，但同样博得了方圆数十里乡亲们的赞扬。从1988年开始，她们10多名女将走东串西，大讲酗酒的危害和教训，大说勤俭持家全家和睦的优良美德，大算酗酒造成的经济损失。

这样一来，向来理直气壮的酗酒大丈夫们一个个头上冒汗，面露愧色，在“屋里人”面前低下了头，放下了酒杯，纷纷发誓再不酗酒闹事。从此，在这里再也听不到往日那喧嚣闹人的猜拳声，看不见疯天泼地的醉汉出丑图。

专项举报

中共中央办公厅和国务院办公厅关于认真检查对严禁用公款吃喝送礼等有关规定执行情况的通知下发后，监察部接到许多群众来信和举报电话。为了狠刹用公款吃喝送礼的歪风，监察部于1992年2月26日发出通知，开展专项举报，并要求各级监察机关对群众的举报，要认真及时查处，做到件件有着落，有结果。

开展不喝烈性酒活动

北京军区政治部早在1988年9月9日就决定在全区连队中开展不吸烟、不喝烈性酒的活动。在军区《战友报》的显著位置刊载关于开展这一活动的通知中提出了四项要求：

一、各级领导和机关要加强指导，广泛宣传不吸烟、不喝烈性酒的好处，搞好教育，讲清道理，形成良好的舆论环境。

二、各级共青团组织要把这项活动作为培养青年健康成长的重要工作来抓，采用多种形式，开展丰富多彩的活动。动员青年要积极响应号召，在连队中带头不吸烟、不喝烈性酒。有条件的单位还可举办科普、卫生知识讲座，开办连队集体储蓄，保证这项工作深入持久地开展下去。

三、开展不吸烟、不喝烈性酒活动，既要有组织、有领导的进行，又不要强迫命令、简单行事，要在自觉自愿的基础上，逐步引导青年养成不吸烟、不喝烈性酒的良好习惯。

四、提倡连队逐步做到全连不吸烟、不喝烈性酒。各级对做得好的连队要给予表彰。

在海军各部队，这项活动至今还在有板有眼地开展着。

山东省军区司令部的一位参谋还曾在洪灾泛滥的1991年写信致江泽民总书记，为赈济灾区人民建议在全国开展1周或1个月的不喝酒活动。信中情真意切地写道：

近几年来，尽管中央下了很大决心狠刹公款吃喝风，但此风仍有增无减。各类会议，各种集体活动，各种工作组，下级请上级，上级回敬下级等等，喝酒的名目繁多，简直成了灾，不仅浪费了精力和钱财，而且败坏了社会风气。目前国家正值困难时期，灾区人民急需经济援助以恢复生产，重建家园。如果全国各部门、各单位都能在一周和一个月内不喝酒，将能为国家节约一大笔开支。为此，建议在全国开展一周或一个月不喝酒活动，把节约下来的钱支援灾区，同时也可促进党风和社会风气的好转。

酒 戒

歌曰：四季难忘酒，风花雪月天。妻儿衣食缺，酒店逼赊钱。痛饮宁无饭，衣单每忍寒。一瓯颜色变，三碗发颠狂。言语无关里，劳忉有万千。骂街寻斗殴，掉臂捋双拳。口嘴尖如钻，腰髡软似绵。行如风摆柳，坐立总蹁跹。双颊胡孙袋，形容不似前。眼黄头面肿，酒鳖肚中缠。合药求神曲，多多用酒煎。眼镜齐落地，嘱付两丘言。榨桶为棺椁，糟团作祭盘。梁冠缝榨袋，坟造酒缸边。酒幌堪题旐，还为引路幡。大工洒净水，都料诵真言。真言曰：“南无三满陀，酒多酾，满锅。就旋呵，苦劝不肯听，临了却如何？南无苦极佛，自作自受，怨甚么娑婆呵？”

酒 祸

诫曰：“酒是伤人之物，平地能生荆棘。惺惺好汉昏迷，醉倒东西南北。看看手软脚酸，蓦地头红面赤。弱者谈笑多言，强者逞凶斗力。官人断事乖方，吏典文书堆积。狱卒不觉囚逃，皂隶遭马踢。僧道更是猖狂，寺观登时狼籍。三清认作三官，观音唤作弥勒。医卜失志张慌，会饮交争坐席。当归认作人参，丙丁唤作甲乙，乐人吹笛当箫，染匠以红为碧。扒车哪管高低，把舵不知横直。打孩骂妇伤妻，鸡犬不得宁息。扬声叫讨茶汤，将来却又不吃。妻奴通夜不眠，搅得人家苦极。病魔无计支持，悔恨捶胸何益。”

酒俗语

金杯玉酒千人血。
金家粱、归酒香。
紧打酒、慢打油。
酒多伤身，气大伤人。
酒色毒如刀。
酒壶嘴、触倒人。
酒朋饭友，没钱分手。
酒多人癫，书多人贤。
戒酒戒头一盅，戒烟戒头一口。
今日有酒今日醉，明日有愁明日当。
敬酒不吃，吃罚酒。
酒后狂言醒后迟。
酒逢知已饮，诗向会家吟。
酒中不语真君子，财上分明大丈夫。
酒逢知已千杯少，话不投机半句多。
酒囊饭袋烟荷包，何尝值得半分毫。

借问酒家何处有

——酒广告词选

无意广告

兰陵美酒郁金香，玉碗盛来琥珀光。
但使主人能醉客，不知何处是他乡。

——李白《客中行》

不醉三年不要钱！

——杜康酒坊横联

何以解忧，唯有杜康！

——曹操《短歌行》

千里莺啼绿映红，水村山郭酒旗风。

——杜牧

贾岛醉来非假倒，刘伶饮酒不留零。

酒气冲天，飞鸟闻香化凤；粕糟落地，游鱼得味成龙。

举杯邀明月，放眼看青山。

劝君更尽一杯酒，与尔同消万古愁。

岂有文章传海内，欲将沉醉换悲凉。

阳羡春茶瑶草碧，兰陵美酒郁金香。

有同嗜焉，从吾所好；不多食也，点尔如何。

高山流水诗千首，明月清风酒一船。

我有大裘长万丈，曾共梅花醉几觞。

窗前绿树分禅榻，城外青山到酒杯。

风来隔壁三家醉，雨过开瓶十里香。

心悬天地外，兴在一杯中。

座下客常满，杯中酒不空。

瓮开新绿酿，炉上嫩红潮。

霜林落后山争出，野菊开时酒正浓。

有意广告

江山多娇，英雄不倒。
香飘溢金盏，佳酿重茅台。
金奖茅台酒，诚交天下友！

——茅台

汾酒必喝，喝必汾酒。
杏花村下路，茅屋雨中人。
三杯通大道，一斗含自然。
杏花村酒，魅力持久。
汾酒名牌天下闻；
一日三杯竹叶青，越活越年轻。
借问酒家何处有，牧童遥指杏花村。

——杏花村

名酒江口醇，滴滴都是情。

——江口醇酒

每天喝一点，健康多一点。

——宁夏枸杞酒

喝金种子，过好日子。

——金种子酒

醇香古今醉，天地尽逍遥。

——逍遥醉酒

千古佳酿，万代留香，中华酒宗，汝阳杜康。

——杜康酒

往事越千年，陈酿白云边。

——白云边酒

一次品味，一生钟情。

品位更精彩！

——沱牌曲酒

为成功喝彩！

——洋河大曲

羊年吉祥，喜气洋洋。

——五粮液

名扬天下，激情永远。

——五粮液集团

惊天动地五粮神！

——五粮神酒

唐时宫廷酒，今日剑南春。
感悟天下，品味人生。

——剑南春酒

岁月流金， 爱我所爱。

——金剑南酒

人生舍得道，乾坤珍酿中。

——舍得酒

人生百年，难忘湘泉。

——湘泉酒

百年人生，难得糊涂。

——百年糊涂酒

天地同酿，人间共生。

——泸洲老窖

身边的幸福，身边的酒。

——老白干酒

享受尊重，中国洋河。

——品味洋河

天地之间，好酒钢山。

——钢山酒

情到深处，伊珠干红。

——伊珠干红

传承美酒文化！

——云峰酒业

金贵酒业，贵在品质。

——金贵酒业

宝丰酒，不过是好酒！

——宝丰酒

饮酒饮贵龙，醉心不醉头。

——贵龙酒

滴滴甘醇，品质流金。

——皖酒王

健康好酒，颐阳补酒。

——颐阳补酒

天地人和，古井贡酒。
高朋满座喜相逢，酒逢知己古井贡。

——古井贡酒

枝江酒，老朋友。

——枝江酒

成功自有道，安徽口子窖。

——口子窖

大喜自然开口笑！

——开口笑酒

喝杯青酒，交个朋友。

——贵州青酒

有情有义喝郎泉。

——郎酒

青岛啤酒，激情无处不在。

——青岛啤酒

百威啤酒，皇者风范。

——百威啤酒

蓝带啤酒，天长地久！

——蓝带啤酒

茅台啤酒，啤酒中的茅台。

——茅台啤酒

享受激情的释放，
雪花啤酒“畅享成长”。

——雪花啤酒

饮不尽的豪爽，扳倒井。

——扳倒井

金贵特曲，贵在品质。

——金贵特曲

中国人的喜酒，兰陵喜临门酒。

——兰陵喜临门酒

今天喝什么？沙河王，滴滴难舍沙河王。

——沙河王

中国人，喝自己的XO，林河酒，可加冰加水，任意调配。

——林河酒

赊店老酒，天长地久。

——赊店老酒

东西南北中，好酒在张弓。

——张弓酒

永远的绿色，永远的秦池。

——秦池集团

双洋酒真，情更真。

——双洋酒

千万里我追寻着你，孔府家酒，让人想家。
喝孔府宴酒，做天下文章。

——孔府家酒

金色的太阳，金色的种子，种子酒，金种子。

——种子酒

举杯天地醉，中国贵州醇。

——贵州醇

北京醇，好运带给您。

——北京醇

钟楼入口，好字出口。

——钟楼啤酒

过日子，还得咱这口子。

——口子酒

传奇品质，百年张裕。

——张裕金奖白兰地

好山好水好烧酒，好汉都要喝两口。

——恒山老白干酒

酒到福到，梨花老窖。

——梨花老窖

双轮池酒，双轮发酵，滋味当然独特。

——双轮池酒

烧刀子酒，三碗下肚是英雄。

——烧刀子酒

颐养身心竹叶青，祝君越活越年轻。

——竹叶青

名门闺秀五粮春。

——五粮春

崂特啤酒，品味真实自然。

——崂特啤酒

黄河啤酒，让我们共度好时光。

——黄河啤酒

银城王大啤酒，好久的缘分。

——王大啤酒

买的放心，喝的舒心，防伪仰韶酒。

——仰韶酒

伊利特，英雄本色。

——伊利特

中国人的福酒，金六福。

——金六福

鄂尔多斯酒，广交天下友。

——鄂尔多斯酒

河套老窖，至纯至真。

——河套老窖

喝转龙，事业红。

——转龙酒业

磁化粮食白酒，跨世纪的享受。

——红云磁化酒

内蒙古一枝花，沙漠人参苁蓉酒。

——人参苁蓉酒

陈年老酒，滴滴香浓。

——赤峰陈麯

纯洁草原纯净水，酿出赛汗白酒美。

——赛汗白酒

塞外茅台，宁城老窖。

——宁城老窖

金川啤酒，天下第一保健啤酒。

——金川啤酒

做酒的围着喝酒的转，你说怎好，咱怎干。

——托县二锅头

喝了套马杆酒，塞外草原不白走。

——套马杆酒

吃武川莜面，喝武川老窖。

——武川老窖

饮酒必思源，难忘漠中泉。

——漠中泉

曼斯特啤酒，名人的享受。

——曼斯特啤酒

侯爵酒，现代人的享受。

——侯爵酒

蒙古王酒，来自草原的问候。

——蒙古王酒

一醉成知己，乳香飘万里。

——内蒙古乳香飘酒

我从草原来，昂格利马奶酒。

——昂格利马奶酒

常饮劲酒，精神抖擞。
真情品位，尽在其中。
劲酒虽好，请莫贪杯。

——中国劲酒

文龙鹿酒香，好喝又健康。

——文龙鹿酒

喝襄樊义酒，交天下朋友。

——义酒

天下酒道，品质是金！

——酒道酒

人生丰收时刻。

——稻花香酒

东方第一家，中国矿磁酒。

——矿磁酒

喝月池酒，口福，心服，大家福。

——月池酒

日照特曲，祝您幸福。

——日照特曲

悠悠岁月，醇情依旧。

——古绵纯酒

好山好水出好酒，金装银装贵州醇。

——贵州醇

燕京啤酒，清爽怡人。
燕京啤酒“感动世界，超越梦想”。

——燕京啤酒

嘉士伯，可能是世界上最好的啤酒。

——嘉士伯啤酒

崂特啤酒，品味真实自然。

——崂特啤酒

力波啤酒，的确与众不同。

——力波啤酒

美妙口味不可言传。

——米勒牌淡啤酒

喜立滋啤酒是经过蒸汽消毒的！

——喜立滋啤酒

品过酒中酒，再饮古风醇。
塞外古酒千古芳，深有古风味绵长。

——古风醇

好喝不上头。

——奶酒

饮玉凤酒入口浓香无比，回味酱香绵绵。

——玉凤酒

畅饮橘子洲头，感受伟人情怀。

——橘子洲头酒

品全兴，万事兴。

——成都全兴酒厂

东奔西走，要喝宋河好酒。

——河南宋河酒厂

不喝董酒不懂酒，喝了董酒回味久。

——贵州遵义董酒厂

习酒是喜酒，喜酒喝习酒。

——贵州习水酒厂

蒙山酒，飘飘欲仙梦中走。

——四川渠县酒厂

古川美酒多，真情满天下。

——四川古川酒厂

杯杯双沟酒，滴滴暖人心。

——江苏省双沟酒厂

常饮仰韶酒，能活九十九。

——河南仰韶酒厂

文君酒一品，四海有知音。
千载文君酒，一曲凤求凰。

——四川省文君酒厂

心酒心连心，防伪又保真。

——山东济宁心酒厂

浓浓三峡情，滴滴稻花香。

——湖北稻花香酒厂

情浓酒更浓，野力干红。

——河北野力公司

万里丝绸路，千年楼兰酒。
楼兰葡萄酒，健康新生活。
楼兰红酒，卓尔不凡。
神奇楼兰红，美酒酿佳人。
楼兰红酒，健康家人。
漫漫丝绸路，悠悠楼兰情。
美酒出楼兰，天然情溢浓。
楼兰红酒，源自千年古文明的魅力。
楼兰红酒，传承千年楼兰古文化。
楼兰红酒，品出文化品出浪漫，品出健康，品出美丽。

——新疆楼兰红酒葡萄酒

酒名联趣

万船歌

在编撰《中国酒文化大典》过程中，发现用酒名可以成联并有趣，联虽不十分严谨，但读来也有些许意思。酒名之间不多加一字，读时无视空格——连读，遇标点符号停顿即可。选用几副与读者磋究。

一、黑土地 丰谷，魏王贡 黑糯米；
白云边 华堂，诸葛酿 白沙液。

二、邓府 大宅门 不倒翁 王者风范；
秦池 小角楼 永盛源 金品花雕。

三、孔已己 绍兴师爷；
曹雪芹 榴园骄子。

四、盛世唐朝 诗仙李白 剑南骄子；
古越龙山 酒魂杜康 琼坛世家。

五、诸葛酿　龙泉春　冠群芳　趵突泉；
　　刘伶醉　水井坊　恨壶干　扳倒井。

六、文君　舍得　茅台，九月　开缸，酒鬼　齐尊　泸纯；
　　沛公　回归　赊店，三沟　张弓，猎人　大汉　本色。

七、燕京　邓府　大宅门　不倒翁，洞藏　国窖　茅台，
　　长城　龙津　原池　　原浆。

　　汇城　沛公　小天下　永盛源，谷典　华堂　尖庄；
　　古玉　神果　金域　　金圣。

八、千年西藏　阳光雪域　冬虫夏草　蒙古珍酒；
　　九江双蒸　龙江家园　金潭玉液　板城烧锅。

九、即墨老酒　正通禧；
　　沂蒙小调　卓维浓。

十、东方之珠　百年香江　回归　盛世荣华；
　　中国劲酒　六味地黄　开缸　福禧满堂。

十一、清照园　一枝花　花之冠　冠群芳；
　　　孔府家　七仙女　女儿红　红太阳。

十二、烟台味美思　金奖白兰地；
　　　衡水老白干　花冠天香锦。

十三、林海雪原　草原猎人　张弓射日　驰名天下；
　　　华溪玉容　琼坛世家　蒙古珍酒　盛世唐朝。

十四、龙晶玉液　金色年华　华溪玉容；
　　　水乡国色　人面桃花　花好月圆。

十五、小糊涂仙　难得聪明；
　　　老白干酒　共赢天下。

十六、石库门　花雕王　松茸　店头高；

牛栏山　金种子　稻花　天外香。

十七、五年陈　女儿红　诸葛酿；
一坛香　竹叶青　刘伶醉。
十八、老村长　雷司令　咱大哥　齐鲁人，名将　不倒翁。
道光廿五　林海雪原　长白山　醉明月　扳倒井；

小角楼　石库门　又一村　山水坊，古玉　永盛源。
金钗十二　花好月圆　广寒宫　冠群芳　趵突泉。

附一　酒杯不深淹死人

俗话说，酒能成事，亦能坏事。

今年元旦期间，我区就发生这样的一出悲剧。几家人相聚一堂，共庆元旦，不料因为劝酒，劝出了一条人命。

丈夫不力　妻子代喝

元旦期间，才结婚不久的王蒙、杨小芳夫妇应朋友之邀，和其他 4 对夫妻，到一酒店聚餐。

席间，朋友们照例打开了白酒，相互对饮起来。酒过三旬，朋友们提议，“坐庄”喝酒，每家人派出一名代表，划拳坐庄。

轮到王蒙坐庄时，王蒙每拳皆输。按照他们的规矩，每拳皆输者还要继续坐庄，直到划赢一拳为止。不知是运气不好，还是喝酒过量，王蒙连坐几庄也没有把庄交出去。此时，这一群人已经喝了 2 瓶多白酒。

朋友看到王蒙如此不在状态，纷纷兴起，和王蒙喝酒。王蒙越喝越多，酒醉呕吐。妻子杨小芳看到丈夫已经酩酊大醉，就要求不再喝酒，但是朋友们不依不饶。杨小芳看劝阻无效，又不好扫大家的兴，提出由自己代丈夫喝，朋友们欢快的答应了。

连喝九杯　妻子醉死

朋友们知道，杨小芳平时能喝一点，就开始与杨小芳猜拳。

或许是要照顾酒醉的丈夫，或许平时少于划拳。杨小芳的第一轮庄仍然是每拳皆输。每杯 8 钱的白酒，杨小芳已经喝了 4 杯。此时的杨小芳面色通红，有点语无伦次了。

接下来的第二轮庄，杨小芳更是不堪一击，连连喝酒。

在第三轮当庄时，杨小芳第一拳输了，喝下酒之后，已经不能说话。朋友们开始还在起哄，渐渐的看杨小芳不能动弹，才发觉可能出问题了。朋友们慌忙把杨小芳送进医院，抢救无效，杨小芳离开了人世。

事后，王蒙和丈母娘找到了一起喝酒的朋友，要求赔偿。朋友们纷纷拒绝赔偿。他们有的提出，他们没有劝酒，是王蒙夫妻划拳输了自己喝酒。有的提出，王蒙夫妇如果自己不愿意喝，没有人会强迫他们喝。有的提出，杨小芳的死亡原因是自己在服食减肥药。后来，在有关部门调解下，参与喝酒的 4 家人每家赔偿 2 万元。

一个才 20 多岁的年轻人就这样去了。8 万元，换不回一个年轻的生命。

附二 酒之最

人类最先学会酿造的酒:果酒和乳酒。

我国最早的麦芽酿成的酒精饮料：醴。

我国最富有民族特色的酒：黄酒和白酒。

我国最早的机械化葡萄酒厂：烟台张裕葡萄酿酒公司。

我国最早的啤酒厂建于 1900 年，哈尔滨。

我国最早的酒精厂建于 1900 年，哈尔滨。

我国第一个全机械化黄酒厂:无锡黄酒厂。

记载酒的最早文字：商代甲骨文。

最早的药酒生产工艺记载：西汉马王堆出土的帛书《养生方》。

葡萄酒的最早记载：司马迁的《史记·大宛列传》。

麦芽制造方法的记载：北魏贾思勰的《齐民要术》。

现存最古老的酒：1980 年在河南商代后期（距今约三千年）古墓出土的酒，现存故宫博物院。

目前产量最大的饮料酒：啤酒。

目前国产价格最贵的酒：茅台酒。

传说中的酿酒鼻祖：杜康、仪狄。

最早提出酿酒始于农耕的人：汉代刘安《淮南子》，“清盎之美，始于耒耜”。

最早提出酒是天然发酵产物的人：晋代的江统《酒诰》。

现已出土的最早成套酿酒器具：山东大汶口文化时期。

现已出土的最早的反映酿酒全过程的图像：山东诸城凉台出土的《庖厨图》画像石。

已发现的最早的蒸馏器：东汉时期的青铜蒸馏器（现藏上海博物馆）。

最早的酿酒规章：周代，《礼记·月令》。

古代学术水平最高的黄酒酿造专著：北宋朱肱的《北山酒经》。

最早记载加热杀菌技术：北宋《北山酒经》。

古代记载酒名最多的书：宋代张能臣的《酒名记》。

古代最著名的酒百科全书：宋代窦苹的《酒谱》。

最早的禁酒令：周代的《酒诰》。

最早实行酒的专卖：汉武帝天汉三年（公元前98年）。

酒价的最早记载：汉代始元六年（公元前81年），官卖酒，每升四钱。

最早的卖酒广告记载：战国末期韩非子《宋人酤酒》："宋人酤酒，悬帜甚高"，帜：酒旗。

酒词释诠

第一章　酒词汇

目　录

七画

八画

九 画

十 画

越窑鸟形杯

一 画

【一日千杯】 犹一日千觞。方回《云中忆昔诗》：“忆昔浮蛆醉玉醅，天寒一日饮千杯。”

【一杯亭】 亭名，在江西上饶县南南台之左。《嘉庆一统志·广信府二》：“一杯亭在府城南。明《一统志》：宋赵汝遇为郡未踰年，政成惠洽，郡人于城南祥符寺傍建祠设像为之祝寿。汝遇因觞客于中，命撤其像，戏名曰一杯亭，取且尽生前一杯酒之义。”

【一斗百篇】 谓饮量之宏与诗才之捷。杜甫《饮中八仙歌》：“李白一斗诗百篇，长安市上酒家眠。”

【一斗博凉州】 指孟佗以遗张让酒，得拜凉州刺史事。《三辅决录》：“孟陀，字伯郎，以葡萄酒一斗遗张让，让即拜陀为凉州刺史。”刘禹锡《葡萄歌》：“为君持一斗，往收凉州牧。”周权《蒲萄诗》：“纵教典却鹔鹴裘，不将一斗博凉州。”

【一豆】 一斗。豆当为斗，因斗古作㪷，豆为㪷之缺。

【一革】 由皮革制成的盛酒器。《荀子·正论》：“彼王者之制也，视形势而制械用，称远迩而等贡献，岂必齐哉。故鲁人以榶，卫人用柯，齐人用一革，土地刑制不同者，械用备饰不可不异也。”王先谦《荀子集解·引郝懿行说》：“考《史记·货殖传》，‘适齐为鸱夷子皮，索隐引大颜云，若盛酒者鸱夷也，用之则多所容纳，不用则可卷而怀之，据此知鸱夷以革为之。’《吴语》：‘盛以鸱夷而投之于江。’《韦注》：‘鸱夷，革囊。’参以扬雄《酒赋》则鸱夷乃酒器。范蠡适齐，面为鸱夷子皮，此正齐人所用，与鲁人以榶，卫人用柯，一从一革，互相变而体亦变。”

【一合】 合为容量单位。《说苑·辨物》：“十龠为一合，十合为一升，十升为一斗，十斗为一石。”《洞冥记·卷二》：“瑶琨去玉门九万里，有碧草如麦，割之以酿酒，则味如醇酎。饮一合，三旬不醒，但饮甜水，随饮而醒。”

【一壶外】 一壶酒以外之天地，谓俗世也。李白《独酌诗》：“过此一壶外，悠悠非我心。”

【一均】 古酒量名。《汉书·食货志》：“令官作酒，以二千五百石为一均。”

【一榼】 一樽。洪良浩《游耳溪记》：“酒一榼。”

【一卣】古盛郁鬯酒之器，尊之属也。《书·父侯之命》："王曰，父义和，其归视尔师，宁而邦，用赉尔秬鬯一卣，彤弓一，彤矢百，卢弓一，卢矢百，马四匹，父往哉。"《传》："卣，中尊也。"《正义》："卣，中尊也。释器文。孙炎云樽彝为上，罍为下，卣居中。"

【一片冰】喻酒色之晶洁。杨巨源《酬崔博士诗》："青松树杪三千鹤，白玉壶中一片冰。"

【一瓢】一瓠。《论语·雍也》："一箪食，一瓢饮。"《集注》："瓢，瓠也。"王维《归园杂诗》："一瓢颜回陋巷，五柳先生对门。"许浑《新卜原上居诗》："雪夜书千卷，花时酒一瓢。"

【一日千觞】言一日之内饮酒之多。李白《赠刘都使诗》："高谈满四座，一日倾千觞。"

【一日醉】一次醉。白居易诗："唯此一日醉，何以乐吾身。"欧阳修诗："俾民百年思，岂取一日醉。"

【一觞一咏】旧指文人饮酒吟诗的聚会。觞：古代盛酒器，借指饮酒；咏：吟诗。语出晋王羲之《兰亭集序》："一觞一咏，亦足以畅叙幽情。"元王子一《误入桃源》第二折："受用些细腰舞，皓齿歌，琉璃锺，琥珀醲，抵多少文字饮，一觞一咏。"

【一升】酒器爵之容量为一升，故有时用："一升"代一爵。《周礼·栗氏》："栗氏为器，其耳三寸，其实一升。"《疏》："一升曰爵，二升曰觚，三升曰觯，四升曰献，五升曰散。"

【一籔】十六斗。《仪礼·聘礼》："十斗曰斛，十六斗曰籔，十籔曰秉。"

【一瓮】一瓯。白居易《冬初酒熟诗》："一瓮新醅酒，萍浮青水波。"

【一瓮醍醐】一坛酒。白居易《将归诗》："更怜家酝迎春熟，一瓮醍醐待我归。"

【一瓮香醪】一坛好酒。白居易《尝酒听歌招客诗》："一瓮香醪新插刍，双鬟小妓薄能讴。"

【一瓻】瓻，酒器，旧说盛酒四升。王乐道《与钱穆四书》云："出师颂最绝妙，古语借书一瓻。还书一瓻。"

【一吸】一饮。陆游诗："百穿千结一布袴，得酒一吸辄倒壶。"

【一呷】犹一饮。周昙《咏淳于髡诗》："穰穰何祷手何齐，一呷春浆与只鸡。"苏轼《九日黄楼诗》："岂知还复有今年，把盏对花容一呷。"

【一献】一度荐酒。转为小宴之意。《礼·礼器》："三献，一献孰。"《左氏·昭·元》："穆叔曰：'赵孟欲一献也。'"

【一献之礼】一度荐酒之礼。《仪礼·士昏礼》：“妇以一献之礼。”

【一酳】酳，以酒漱口。《仪礼·士昏礼》“妇赞成祭卒食，一酳无从。”

【一醺】一醉。杨万里《和罗巨济诗》：“三杯且一醺。”

【一巡】全座巡酒一遍。《宣和遗事·亨集》：“一巡茶罢。”《西游记》第五十四回：“满斟玉液，连注琼浆，果然都各饮一巡。”

【一饮】一度饮酒。李白《将进酒》：“烹羔宰牛且为乐，会须一饮三百杯。”

【一饮一食】即饮食。《礼·檀弓下》：“调也君之亵君也，为一饮一食，忘君之疾。”

【一盏】一杯。杜甫《拨闷诗》：“闻道云安曲米酒，才倾一盏即醺人。”姚合《送宋慎言诗》：“百篇诗尽和，一盏酒须分。”

【一枕余酲】谓醉卧酒意未尽解之时。元好问《满江红》词：“一枕余酲厌，共相思无力。”

【一卮】一樽，多指酒一樽而言。《新席·善谋》：“贱人希见长者，愿请一卮酒。”《史记·楚世家》：“人有遗其舍人一卮酒者。”

【一盅】同一钟、一杯。《儿女英雄传》第五回：“施主，僧人这里是个苦地方，没有什么好吃的，就是一盅素酒，倒是咱们庙里自己酿的。”

【一酌】喝酒一杯、或一次。《北史·袁韦修记》：“往往为之驻马，随举一酌，示领其意。”韦应物诗：“孰能举一酌，陶然冥斯理。”

【一醉解千愁】酒醉则愁皆忘。借酒忘愁。

【一醉千日】言酒性极烈。《博物志·杂说下》：“昔刘元石，于中山酒家酤酒，酒家与千日酒，云：元石饮酒，一醉千日。”

【一醉三千日】谓酒性极强。张简《醉樵歌》：“斧柯烂尽不成仙，不如一醉三千日。”

【一樽】酒一杯，沈约《别范安成诗》：“勿容一樽酒，明日难重持。”

【一尊】即一樽。杜甫《春日忆李白诗》：“何日一尊酒，重与细论文。”白居易《酒功赞》：“孕和者何，浊醪一尊。”

【一步法】酒基的生产和改善酒基风味的措施，都采用液态发酵法，称为一步法。

【乙醇】俗称“酒精”，简称“醇”。化学式 $C_2H_2OH_2$ 酒类的主要成分，一般以含淀粉或糖的原料经发酵法制备，也可用乙烯水化法合成。纯净乙醇为无色易燃液体，具有特殊香气和辣味，能按任何比例与水混合，能溶解香精油和树脂等。普通乙醇可用作溶剂、合成橡胶等原料和制造“配制酒”等。70%乙醇用作清毒剂。饮酒所发生的反应，即由于酒所含的乙醇抑制大脑高级功能而出现的“假兴奋”现象。长期饮酒过度，可致慢性酒精中毒。

【乙醇中毒】即“酒精中毒”。因饮酒过量所致。急性中毒即酒醉状态，有脸色潮红、语无伦次、步态不稳等表现，重者可发生昏厥甚至昏迷。长期饮烈性酒者可发生慢性中毒，常有消化不良和营养缺乏、智力减退、手指震颤、多发性神经炎等症状，甚至造成肝硬化。

二画

【八仙】指饮中八仙。即李白、贺知章、李适之、汝阳王（李）琎、崔宗之、苏晋、张旭、焦遂等八位酒仙。杜甫有《饮中八仙歌》。

【几酒】苛察沽酒之过多及非时。《周礼·秋官·萍氏》：“几酒谨酒。”

【九醞】酒名，酒之最醇者。张衡《南都赋》：“酒则九醞甘醴，十旬兼消。”《书言故事·酒类》：“美酒九醞。”

【九日登高】农历九月九日携茱萸登山，饮菊酒以消一年之灾。《续齐谐记》：“汝南桓景，随费长房，游学累年，长房谓之曰：九月九日汝家当有灾也，急宜去，令家人各作绛囊，盛茱萸，以系臂，登高饮菊酒，此祸可消。”

【七子槸】似盘，中有七格之盛食器物。《神仙传》：“仙女在杜兰香，降于洞庭包山张硕家，买瓦樽酒并七子槸。”

【十酒】汉淳于髡故事，谓依席间气氛可饮十倍之酒。《史记·淳于传》：“威王大说，置酒后宫，召髡赐之酒，问曰，‘先生能饮几何而醉？’对曰，‘臣饮一斗亦醉，一石亦醉’。”陈后主《独酌谣序》：“齐人淳于髡，善为十酒，偶效之，作独酌谣。”

【十酿】酒十次重复而酿之。徐积诗：“正要白家十酿法，不须刘德伪金书。”

【十千兑得余杭酒】以万钱购得余杭之名酒。丁仙芝《余杭醉歌赠吴山人诗》：“十千兑得余杭酒，二月春城长命杯。”

【十日饮】《史记·范睢蔡泽列传》：“(秦昭王）乃详（佯）为好书遗平原君曰：‘寡人愿与君之高义，原与君为布衣之友，君幸过寡人，寡人原与君为十日之饮。’”后因以“十日饮”或“平原十日之饮”比喻朋友尽情欢聚。韩翃《赠兖州孟都督》诗：“愿学平原十日饮，此时不忍歌《骊驹》。”（《骊驹》，古代别歌。）

【丁酸菌】丁酸菌能利于葡萄糖或分解淀粉，液面上有黏稠的泡沫，放出丁酸的恶臭味。丁酸菌是白酒中的重要成分之一。现已发现丁酸菌有二十余种。

【二杯品评法】一次拿出两杯酒样，一杯是标准酒，另一杯是酒样，要求品评出两者有无差异，这种方法称二杯品评法。

【二渣】为了充分利用原料中的淀粉，提高淀粉利用率，大渣酒醅蒸完后的醅子，这需继续发酵利用一次，这叫做二渣。

【二渣酒】先将头渣酒蒸馏后的酒醅，根据干湿情况泼入闷头浆25-30公斤，水温保持35-40℃，然后从甑内挖出扬冷，再加按头渣原料汁的大曲粉，翻拌均匀、降低温度而获得的酒称为二渣酒。

【人工老窖】酿酒人员在控好新窖后，取老窖壁上的窖泥，进行人工培养，再敷到新窖壁和铺到窖底上。经多次实验，这样做成的窖，酿出的酒竟与老窖近似。这种窖，就叫“人工老窖”。

三画

【大斗】酌酒器。《诗·大雅·行苇》：“酌以大斗，以祈黄耇。”《集传》：“大斗，柄长三尺。”

【大户】指酒量大的人。冯时化《酒史·酒献》：“曾棨，永乐时状元，其饮量亦大户也。”《称谓录》卷二十七：“席间健饮客曰大户。”按白居易《久不见韩侍郎戏题四韵赠之》云：“户大嫌甜酒，才高笑小诗。”

【大酒】①冬酿夏成之酒。《宋史·食货志》：腊酿蒸曲，侯夏而出，谓之大酒。②谓多量之酒。杜甫《严氏溪放歌行》：“费心姑息一是役，肥肉大酒徒相要。”

【大辣酥】蒙古人称酒为“大辣酥”亦作“答剌苏”。明王世贞《艳异编》：“一分儿”姓王氏，京师角妓也，闻人歌〔南吕〕曲：喜觥筹席上交杂，答剌苏频斟入礼厮麻，不醉呵，休扶上马。《水浒》二十四：王婆道：“他家卖拖蒸河漏子，热汤温和大辣酥。”

【大逻便】突厥之酒器名。以之喻人，指肥麄者。复以之为官名。《资治通鉴·陈纪》：“宣帝太建十三年，突厥佗钵可汗病，且卒，谓其子庵罗曰，吾兄不立其子，委位于我，我死，汝曹当避大逻便。”

注：大逻便者，木杆之子。杜佑曰，突厥以勇健者为莫贺弗，肥麄者为大逻便。大逻便。酒器也，以角而麄短，体貌似之，故以为号，此官特贵，唯其子弟为之。

【大酺】 大宴饮。《史记·秦始皇本纪》："二十五年五月，天下大酺。"张守节正义："天下欢乐大饮酒也。秦既平韩、赵、魏、燕、楚五国，故天下大酺也。"《晋书·天文志上》："天下大酺，有酒肉财物赐若爵宗室。"

【大酋】 古酒官之长。一曰主酒官。《礼记·月令》："乃命大酋秫稻必齐，曲蘖必时。"（酒熟曰酋）大酋者，酒官之长也。《吕氏春秋·仲冬纪》："乃命大酋。"大酋，主酒官也。《文选·魏文帝〈善哉行〉》："大酋奉甘醪，狩人献嘉禽。"

【大飨】 大宴饮。张衡《东京赋》："命膳夫以大飨，饔饩浃乎家陪。"

【大璋瓒】 天子祭山川时所用之酒器。《三礼图·大璋瓒》："周天子十二年一巡守，过大山川，礼敬其神，用黄驹以祈沈，则宗祝先用大璋之勺酌郁鬯，以礼神。臣崇义案。"此，《经》及疏并《阮氏图》，并不言璋有文饰，惟后郑云：大璋加文饰，中璋杀文饰，边璋半文饰。但解三璋，得名大中边之义，都不言文饰之物。

【大樽】 大酒杯。《庄子·逍遥游》："为大樽而浮乎江湖。"《说苑·善说》："天下有大樽，而子独不酌焉。"

【大醉】 甚醉。《史记·仓公传》："臣意告曰，熟，蹶也，病得饮酒大醉。"《唐书·李勘传》："帝留宴，俄大醉，帝亲解衣覆之。"

【大回酒】 揸沙酒的酒尾仍泼回醅子再加曲入窖发酵，称回沙，按如此法，分别接取三、四、五次原酒，此统称大回酒，该酒香浓、味醇、酒体丰满，无杂邪味。

【大量】 预备下次蒸酒之前，加生高粱之醪，称为大量。（醪，未经过滤的酒。普通发酵之原料为醪。）

【大晾】 挂衣后乃大开窗户，除去麦穰，将曲翻起直立，曲间距离约一尺，门窗仍再关闭，以后每日翻曲一次，至翻第四次时，乃将窗户开放，此称大晾。

【大米清酒】 大米清酒是一种改良的大米黄酒。主要品种有吉林清酒，即墨特级清酒等。

【大曲】 ①制造白酒的发酵剂。砖状，曲块比小曲大，故名。原米以大麦、小麦为主，有的加豌豆、蚕豆或黄豆粉。这些原料经磨碎、掺水压成砖形后，放在曲房里，保温 30–35℃，培养约一个月才成熟。大曲所含微生物极为复杂，但主要是曲霉及少量酵母，所以一边糖化，一边发酵。现在酿酒改用纯粹培养的麸曲及酒母代替大曲。但大曲酒的风味好，故茅台酒、汾酒、西凤酒、泸州大曲酒等仍然采用大曲。②一种酒名，即大曲酒。

【大曲法】用大曲做酿酒的糖化发酵剂的方法，称为大曲法。国家名优白酒和地方优质名酒多用此法酿制。

【大小曲混合法】大小曲混合法又叫混合曲法。它分为串香法和小曲糖化大曲发酵两种。国家名酒董酒就是用这种酿造方法。

【大渣】高粱糠、酒糟、曲、酒母和谷糠的混合体称大渣。

【飞觞】举杯饮酒。《文选·左思〈吴郡赋〉》：“里讌巷饮，飞觞举白。”张南史《陆胜宅秋雨中探韵同前诗》：“已被秋风教忆脍，更闻寒雨劝飞觞。”李白《春夜宴桃李园序》：“开琼筵以坐花，飞羽觞而醉月。”

【广孝泉】泉名。在山西省永济县东南。与舜井泉脉相通，宜酿酒。宋大中祥符中，赐名广孝泉，命王钦若撰碑文。《平阳府志·浦州》：“舜井，州城东舜庙后，东西二井，相去不数武（量词，三尺为武，六尺为步），宋真宗幸庙作赞，名广孝泉。”

【久窨】三年酒。亦谓久贮之酒。

【久酿】长时间酿制之陈酒。《周礼·天官·酒正》疏：“二曰昔酒者，久酿乃熟，故以昔酒为名。”

【马酒】马酪。《说文》：“挏汉有挏马官作马酒”，《汉书·礼乐志》：“给大官挏马酒。”〔注〕：李奇曰：以马乳为酒。师古曰，马酪味如酒，而饮之亦可醉，故呼马酒也。

【门杯】酒席上各人面前的一杯酒，叫做门杯。《红楼梦》第二十六回：说完了，饮门杯，酒面要唱一个新鲜时样曲子。

【女酒】①古代宫廷中能酿酒的女奴。《周礼·天官·序官》：“酒人，奄十人，女酒三十人。”郑玄注：“女酒，女奴晓酒者。”②酒名，详“女儿酒”。

【女儿酒】亦称“女酒”。嵇含《南方草木状·草曲》：“南人有女数岁，即大酿酒……女将嫁，乃发陂取酒以供宾客，谓之女酒。”又浙江绍兴旧俗，生女后即酿酒埋藏起来，女儿出嫁时，取出请客，名为“女儿酒”。

【**女贞酒**】绍兴酒之一种。女子出生后三月，将送来庆贺之米，酿酒贮藏，俟其女子出嫁时，供饮用，或售卖。参见“女酒”、“女儿酒”。

【**乞浆得酒**】讨点水浆解渴，却得一碗美酒，指所得过于所求，语出宋·李石《续博物志》卷一“太岁在丑，乞浆得酒”。

【**千年觥**】樽爵名。李贺《秦王饮酒诗》：“黄鹅跌舞千年觥，仙人烛树蜡烟轻。”

【**千里酒**】酒名，饮后经久始醉。《南史·刘杳传》：“任昉曰，‘酒有千日醉，当是虚言’。杳曰，‘桂阳程乡有千里酒，饮之至家而醉，亦其例’。”

【**千日酒**】传说中一种极强烈的酒，饮后能使人久醉不醒。《搜神记》卷十九：“狄希，中山人也，能造千日酒，饮之，千日醉。”韩偓《江岸闲步》诗：“青布旗夸千日酒，白头浪吼半江风。”

【**千觞**】千杯酒。李白《赠刘都使诗》：“高谈满四座，一日倾千觞。”李贺《送韦仁实兄弟入关诗》：“送客饮别酒，千觞无赪颜。”

【**千钟之酒**】谓酒多。敬括《花萼楼赋》：“奉常陈百戏之乐，大官进千钟之酒。”

【**三白酒**】宋时酒名。《酒小史·酒名》：“顾氏三白酒。”

【**三辰酒**】唐玄宗所制之酒。《史讳录》：“唐明皇置曲清潭，砌以银砖，泥以石粉，贮三辰酒，一万车，赐当制学士。”

【**三豆**】三食器。

【**三酒**】谓事酒、昔酒、清酒。《周礼·天官·酒正》：“辨三酒之物，一曰事酒，二曰昔酒，三曰清酒。”郑司农云。“事酒，有事而饮也；昔酒，无事而饮也；清酒，祭祀之酒也。”

【**三爵**】①三饮酒。《诗·小雅·宾之初筵》：“三爵不识，矧敢多又。”《礼·玉藻》：“三爵而油油以退。”《左氏·宣二》：“臣侍君宴，过三爵，非礼也。”《北史·齐高祖纪》：“少能剧饮，自当大任，不过三爵。”②谓献、酬、酢。《小学绀珠·器用类·三爵》：“献、酬、酢。”③谓介爵、酢爵、僎爵。《小学绀珠·器用类·三爵》：“介爵，酢爵，僎爵。”

【**三老**】称祭酒。古宾客得主人酒食，其中一举酒祭地，谓之祭酒。《通典·职官典·诸卿下·国十监》：“孙卿在齐，为三老，称祭酒。胡广曰，凡官名祭酒，皆一位之元长，古者宾客得主人馔，则老者一人，奉酒以祭地，故以祭酒为称。”《称谓录·祭酒·三老》：“通典，孙卿在齐为三老，称祭酒。”

【三觞】三饮酒，《论衡·语增》：“尊者之前，三觞而退。”司空曙《和耿拾遗元日观早朝诗》：“寿酒三觞退，箫韶九奏停。”

【三五】即三酒五齐，见“三酒”及“五齐”条。《诗·小雅·信南山》：“祭以清酒。”〔笺〕：“清，谓玄酒也。酒，谓郁鬯与五齐三酒也。”〔疏〕：“司尊彝。又注云：惟大事于太庙，备五齐三酒，此不必大事，言五齐三酒者，以献馈必醴盎在五齐之中，诸臣所酢必当用酒，故因言五齐耳，不必此祭备三五也。”

【三献】三度酌酒也。祭圆丘宗庙，于朝践，王酌泛齐以献，是一献也。大宗伯次酌醴齐以献，是为二献。荐孰后，王酌盎齐以献，是为三献。

【三酉】谓酒。《留青日札》：“今称酒曰三酉，皆言三点水加酉也，然当作三友。”

【三友】①谓琴、酒、诗。白居易《北窗三友诗》：“三友者为谁？琴罢辄举酒，酒罢辄吟诗，三友交相引，循环无已时。一弹惬中心，一咏畅四肢，犹恐中有间，以醉弥缝之。”②谓山水、松竹、琴酒。③谓酒。即“三酉”。《通俗编·饮食·三友》：“何剡酒尔雅，乐天以诗、酒、琴为三友，今人指三友为酒，音同之讹。”

【三遍净】蒸酒（俗称放酒）三次，即行出糟，糟中的酒已蒸尽，此谓之三遍净。

【三杯品评法】一次拿出三杯酒样，其中有两杯是相同的，要求品评出哪两杯相同，另一杯不相同的酒样与相同的两杯酒样有何差异，以及差异程度的大小等，以提高评酒人员的再现性和辨别能力，保证品评结果的正确，这种方法称三杯品评法。

【三塔蒸馏】三塔蒸馏是粗馏塔、分馏塔和精馏塔的合称。分馏塔安置在精馏塔和粗馏塔之间，用以排除醛类头级杂质。精馏塔除有浓缩酒精提高浓度之外，还继续排除杂质，能获得精馏酒精。

【三姊妹酒】黑龙江一面坡酒厂生产的“紫梅酒”、“香梅酒”、“金梅酒”，人称“三姊妹酒”。

【山杯】山中所酿之浊酒。亦称村醪。杜甫《闻惠子过东溪诗》：“崖蜜松花熟，山杯竹叶春。”《李贺·忆昌谷山居诗》：“土甑封茶叶，山杯锁竹根。”

【山简倒载】晋山简嗜酒，常酒醉高阳池上，倾酒尽醉而归。《蒙求·山简倒载》："晋山简，字季伦，司徒涛之子，温雅有父风。永嘉中，为征南将军，镇襄阳，四方寇乱，天下分崩，朝野危惧，简优游卒岁，唯酒是耽。诸习氏荆土豪族，有佳园池，简每出，多之池上，置酒辄醉，名之曰高阳池。时有童儿歌曰：山公出何许，往至高阳池，日夕倒载归，酩酊无所知。"

【山酒】山中所酿造之酒。亦名田舍酒，即粗恶之酒。《王绩·掌春酒诗》："素琴入爽籁，山酒和春容。"《陆龟蒙·寒日书斋诗》："余杭山酒犹封在，遥嘱高人未肯尝。"

【山榼】山居者所用之盛酒器。高启《临顿里诗》："载酒携山榼，安琴置石林。"

【山醪】山中人家自酿之浊酒。范成大《休宁诗》："山醪极可人，溪女能醉容。"

【山罍】夏后氏之酒樽，其上画为山云之形。《礼记·明堂位》："泰，有虞氏之尊也，山罍，夏后氏之尊也。著，殷尊也。牺象，周尊也。"

【山瓢】山中盛酒所用之瓢。韦应物《答释子良史送酒瓢诗》："此瓢今已到，山瓢知已空。"高启《送叶山人诗》："山瓢行负如何有，半是诗丸半药丸。"

【山瓶】山居盛酒所用之瓶。杜甫《谢严中丞送青城山道士乳酒一瓶诗》："山瓶乳酒下青云，气味浓香幸见分。"陈造《次韵杨宰次郎裴诗》："山瓶余漫倒，僧宇谒伊蒲。"

【山酌】山中酌酒。王勃《圣泉宴诗》："兰气熏山酌，松声韵野弦。"

【山尊】①山樽。《周礼·春官·司尊彝》："其再献用两山尊。"②山中盛酒之器。李商隐《井泥诗》："山尊亦可开。"虞集《竹雨山房诗》："竹间开几席，花底注山尊。"

【上火】曲块大晾后每日晚间约6小时后将曲块距离靠近，次晨复行移开。每隔数日，复将门窗关闭，使温度增高，此称上火。

【上面发酵】采用上面酵母和较高的温度发酵，即是上面发酵。

【上酒】美酒。

【上马杯】乘马出行时劝饮之酒。一作上马酒。《名臣言行录·寇准》："臣观参政钦若，福禄未艾，宜可为守，于是即时进殿出勅，退召钦若，谕以上意，云云，遂酌大白酌之，命曰上马杯。"

【上尊】①祭祀时置于上位之酒樽。祭祀时，列在诸尊之上，故云上也。《礼·少仪》：“尊者以酌者之左为上尊。”②酒之上等者。别于中尊、下尊而言。详见“上尊酒”条。

【上尊酒】酒之醇者。上等之酒。米一斗得酒一斗为上尊。《汉书·平当传》：“上书乞骸骨，赐养牛一、上尊酒十石。”〔注〕：如淳曰，律，稻米一斗，得酒一斗，为上尊，稷米一斗，得酒一斗为中尊，粟米一斗，得酒一斗为下尊。师古曰，中尊者，宜为黍米，作酒有浇醇之异，为上中下耳，非必系之米。

【勺】古代从盛酒器中舀酒的器具，青铜制，形如有曲柄的小斗。《仪礼·乡射礼》：“两壶斯禁，左玄酒，皆加勺。”

【勺觶】酒器。觶，大杯。《仪礼·士冠礼》：“侧尊一甒醴，在服壮，有篚，实勺觶角柶。”〔注〕：勺，尊升，所以𣂪酒也，爵三升曰觶。

【土瓶】土制之瓶，饮器。《说苑·反质》：“啜于土瓶。”

【亡酒】避酒而逃。《汉书·高五王传》：“朱虚侯章，尝入侍燕饮，高后令章为酒史。章自请曰：‘臣将种也，请以军法行酒。’酒酣，诸吕有一人，醉亡酒，章追拔剑斩之。太后业已许其军法，亡以罪也。”

【夕醉】犹言夜醉。《西京杂记》曰：“邹阳《酒赋》：于是锡名饵，祛夕醉，遣朝酲，吾君寿仁百岁，常与日月争光。”叶清臣《松江秋泛赋》：“夕醉酒垆，朝盘鱼市。”

【下酒】谓以菜肴助饮。宋高宗《幸张府节略》：“下酒第十四笺，水母脍，二色玺儿羹。”

【下酒物】助饮之物。《游仙窟》：“将下酒物来。”《中吴纪闻》：“正献见之，大笑曰，有如此下酒物，一斗诚不为多也。”

【下若酒】州有若溪，南岸曰上若，北岸曰下若，取下若水，酿酒极美，俗称下若酒。

【下器】古宫廷在节日宴请群臣时盛酒菜之器。《江家次第·六·二孟旬·御台盘一脚》〔注〕：“内膳下器立第一间。”

【下物】谓下酒物。《世说新语·豪爽》：“有如此下物，一斗不足多也。”〔注〕：“下物，下酒物。”

【下酒】将主酵嫩酒送至后酵罐称为下酒。下酒可以避免酒液过于骚动而吸氧过多而减少涌沫，有利于缩短澄清时间。

【下胶净化】在葡萄酒内添加一种有机的或无机的不溶性成分，使它在酒液中产生胶体的沉淀物，将本来悬浮在葡萄酒中的大部分浮游物，包括有害微生物在内，一起固定在胶体沉淀上，下沉到底，此方法称为下胶净化。

【下面发酵】采用下面酵母和较低的温度发酵，即是下面发酵。

【下面发酵法】加酒花后的麦汁冷却至6.5–8℃，接种酵母，这就是下面发酵法。

【下箬酒】美酒之称。下箬者，浙江省长兴县箬溪之一部，其水可酿酒。一名箬下酒。《太平御览·地部·江南诸水·箬下水》："《舆地志》曰，南岸曰上箬，北岸曰下箬，乃村名也，村人取箬下水以酿酒，醇美胜于云阳。"

【乡乐】谓乡饮酒之乐。欧阳修《吉州学记》："听乡乐之歌，饮献酬之酒。"

【乡饮】乡饮酒之略。《史记·儒林传》："讲习太射乡饮之礼。"《后汉书·李忠传》："忠迁丹阳太守，以丹阳越俗不好学，乃为起学校，习礼言春秋乡饮，选用明经，郡中向慕之。"

【乡饮酒】古制，三年大比，诸侯之乡大夫献贤者能者于其君，将行之时，以宾礼待之，与之饮酒，谓之乡饮酒礼。《仪礼》有《乡饮酒礼》篇。《周礼·地官·乡大夫》："乡大夫之职，各掌其乡之政教禁令，三年则大比，考其德行道艺，而与贤能者，乡老及乡大夫帅其吏与其众寡，以礼宾之。"《仪礼·乡饮酒礼》："乡饮酒之礼，主人就先生而谋宾介。"《后汉书·礼仪志》："永平二年，郡行乡饮酒于学校。"《六部成语·礼部·乡饮酒礼·注解》："乡饮酒为古礼，今尚有行之者，由各地方官，今尚有行之者，由各地方官，岁时招请本地年高有德者，宴于公堂，盖尊敬耆老之意也。"

【乡饮酒义】《礼记》篇名。《礼记·乡饮酒义》疏："郑目录云，名曰乡饮酒义者，以其记乡大夫饮宴于痒序之礼，尊贤养老之义，此于别录属吉事。此篇凡有四事，一则三年宾贤能，二则贤大夫饮国中贤者，三则州长习射酒也，四则党正蜡祭饮酒。总而言之，于五礼属嘉礼。"

【乡饮耆宾】清代，乡饮之际，其年高有德之人谓之乡饮耆宾。《清会典事例·礼部·风教·乡饮酒礼》："顺治元年定，京府及直省府州县，每岁于正月十五日，十月初一日，举行乡饮酒礼，设宾介主人众宾之席，顺天以府尹为主，直省府以知府，州以知州，县以知县为主。大宾择乡里年高有德之人，位于西北，介以次长，位于南，三宾之次者为三，位于宾席之西。众宾序齿列坐，司正以教职为之，主扬觯以罚失仪者，赞礼读法，以生员为之，以申明朝廷之法，敦序长幼之节。”

【乡隅】单独觖望。与“向隅”同。《汉书·弄法志》：“古人有言，满堂饮酒，有一人乡隅而悲泣，则一堂皆为之不乐。王者之于天下，犹一堂之上也，故一人不得其平，为之凄怆于心。”

【小榼】小酒樽。白居易《过李生诗》：“行携小榼出，逢花辄独倾。”

【小户】谓酒量小者。杜荀鹤《雪中别友诗》：“酒寒无小户，清酌满行杯。”《余冬序录》：“小户虽不入口，亦浇濯取尽。”《称谓录·酒·小户》：“清异录，席间健饮客曰大户，量小者，曰小户。”

【小酒】谓自春至秋，酤成即鬻之酒。《宋史·食货志》：“自春至秋酤成即鬻，谓之小酒。”戎昱《骆家亭子纳凉诗》：“生衣宜水竹，小酒入诗篇。”

【小蛮】酒器之名。《野客丛书》：“白乐天诗，有语小蛮事，如杨柳小蛮腰，即公侍姬也。如曰：小蛮花榼二三升，还携小蛮去，试觅老刘来。此小蛮，乃酒榼名耳。”

【小酿】少量之酒。李群玉诗：“短篇才遣闷，小酿不供愁。”

【小醺】微醺。微醉。杨万里《暮春小雨诗》：“宿酒微醒尚小醺，似痴如病不多欣。”

【小酌】小饮。小宴。《本事诗》：“元稹鞫狱梓潼，白尚书在京与名辈游慈恩，小酌花下。”黄庚诗：“小酌园林酒半醺。”

【小回酒】在大回酒的基础上，再接取第六次原酒，该酒即称小回酒。小回酒醇和，糊香好，味长。

【小量】下次蒸酒之前，不加生高粱之醪，称为小量。

【小曲】也叫“酒药”或“药曲”。酿酒的发酵剂，也用以做“酒酿”。曲块比大曲小，故名。是我国独特而优异的保存酿酒菌种的方法。南方各地都用小曲酿造小曲酒和酒酿，因曲块小，制曲时发生的热量少，适于南方气侯条件。小曲所含微生物主要为根霉、毛霉、酵母等，在酿酒过程中同时起糖化及发酵作用。其优点是用量少，且便于保管及运输。

【小曲半固态发酵法】小曲半固态发酵法分两个阶段。前期是固态，主要进行扩大培养菌与糖化过程，约 20–24 小时左右。后期为半液态发酵，发酵周期约为 7 天，再经蒸馏而制成。

【小曲法】 用小曲做酿酒的糖化发酵剂的方法，称为小曲法。小曲又称酒药、酒饼，制作方法较多。

【小曲糖化大曲发酵法】 原料经蒸煮后，先加小曲糖化，然后加入大曲入窖发酵。这种方法称为小曲糖化大曲发酵法。

【小曲酒】 用小曲酿成的白酒称为小曲酒，又称半固态发酵法白酒。与大曲酒相比，用曲量小，发酵周期短，出酒率高。

【义酒】 合多种酿料作成之酒。《容斋随笔》："人物以义为名者，其别最多，合众物为之，则有义浆，义墨，义酒。"

【干白葡萄酒】 不甜的原汁白葡萄酒称为干白葡萄酒。沙城、北京、烟台、青岛、肖县、宿迁均有这种产品，以外销为主。

【干红葡萄酒】 不甜的原汁红葡萄酒称为干红葡萄酒。产区与干白葡萄酒产区同，同样以外销为主。

【干酒和半干酒（黄酒）】 酒液中含糖在0.5%以下，叫"干"酒。这种酒，喝到嘴里，感觉不出甜味，如绍兴元红酒。酒液中含糖在0.5-1.5%的，叫"半干"酒。这种酒喝到嘴里，略有甜味，如绍兴加饭酒。

【干型与半干型（葡萄酒）】 酒液中，含糖0.5%以下，口感不甜，为泛"干型"，含糖0.5-1.2%，口感有极微的甜味，为之"半干型"。

【工艺用水】 白酒生产过程中，原料浸泡、糊化、糖蜜的稀释，制曲的拌料，酵母的培养，白酒的加浆及有关设备、工具的清洗等都需要相当数量的水，这些用水，与成品或半成品直接接触，参与白酒的酿制过程，一般通称为工艺用水。

【已酸菌】 已酸菌是产生泸型香气的主要菌种。因其生成的热量较少，所以发酵缓慢，发酵期长。它以乙酸乙酯为承受体，合成乙酸及其酯类，是合成型发酵。

【子囊孢子】 啤酒酵母的有性繁殖产生子囊和子囊孢子。通过两个细胞接合进行有性繁殖。其过程是两个邻近的细胞彼此相向地产生一根管状的突出物，逐渐接近，突出物相互接触后形成一个通道，两个核在此通道内结合。形成二至四个或八个子核，每一个子核和其附近的细胞质形成孢子，称子囊孢子。包孢子的囊称子囊。

四　画

【从酒】谓无客独饮酒。《晏子·杂下》："何谓从酒？晏子曰，无客而饮，谓之从酒。"

【丹醴】仙人之醴酒。《拾遗记·洞庭山》："又有灵洞入，中常有烛于前，中有异香芬馥，泉石明朗。采药石之人入中，乃见众女霓裳，冰颜艳质，与世人殊别。来邀采药之人饮，以琼浆金液，延入璇室，奏以箫管丝桐，饯令还家，赠以丹醴之诀。"

【斗】有柄之酌酒器。《诗·大雅·行苇》："酌以大斗。"疏：大斗长三尺，谓其柄也。盖从大器挹之于樽用此勺耳。

【斗斛】十升曰斗，十斗曰斛。

【斗酒】多量之酒。卓文君《白头吟》："今日斗酒会，明旦沟水头。"《古诗十九首》："斗酒相娱乐，聊厚不为薄。"

【斗酒百篇】饮一斗酒，作百篇诗。形容能饮酒善做诗。语本唐杜甫《饮中八仙歌》："李白斗酒诗百篇，长安市上酒家眠。"清纪昀《阅微草堂笔记》卷十一："房师孙瑞人先生，文章淹雅，而性嗜酒，醉后所作与醒时无异，馆阁诸公以为斗酒百篇之亚也。"

【斗酒双柑】酒一斗，柑两只。《世说新语·言语》："戴仲若春日携双柑斗酒，人问何之，答曰：'往听黄鹂声。'"

【斗酒学士】唐王绩之号。言王绩待诏门下省之事。《唐书·王绩传》："绩待诏门下省故事，官给酒日三升，或问：'待诏何乐耶？'答曰：'良醖可恋耳。'侍中陈叔达闻之，日给一斗。时称斗酒学士。"

【斗酒只鸡】曹操《祀故太尉桥玄文》："又承从容约誓之言：'殂逝之后，路有经由，不以斗酒只鸡，过相沃酹，车过三步，腹痛勿怪。'虽临时戏笑之言，非至亲之笃好，胡肯为此辞乎？"后用为追悼亡友之辞。

【反坫】周代诸侯宴会时的礼节。《论语·八佾》："邦君为两君之好，有反坫。"何晏集解引郑注："反坫，反爵之坫，在两楹之间。人君……若与邻国君为好会，其献酢之礼，更酌，酌毕，则各反爵于坫上。"爵，酒器；坫，土筑的平台。

【反卮】翻卮，即倾杯。《汉书·齐悼惠王肥传》："齐王起，帝亦起，欲俱为寿。太后怒，自起反卮。齐王怪之，因不敢饮，佯醉去。"

【风帘】风中酒招。陈继《题画诗》："鸟散江村社鼓，花摇酒市风帘。"张建诗："风帘摇曳桥南酒，烟树溟濛渭北天。"非甑先生们疑此释有误，风帘应是酒堂之内当作扇用的大帘子，经人工扯动摇曳，使空气对流产生风，故谓之。

【丰侯】古礼饮酒所用酒器名。《说文》："丰，一曰：乡饮酒有丰侯者。"

【丰壶】酒满壶。梁简文帝《卦名诗》："丰壶要上客，鹄鼎命嘉宾。"

【丰酒】酒之美称。

【公酒】以公事所作之酒。《周礼·天宫·酒正》："凡为公酒者，亦如之。"〔注〕谓乡射饮酒以公事作酒者，亦以式法及酒材授之，使自酿之。

【介鬯】王与诸臣吊临时，副使进鬯酒于神前。鬯酒，香草浸渍之酒。《周礼·春宫·鬯人》："凡王吊临共介鬯。"〔疏〕，释曰：介，副也，王吊临诸臣，则有副使从行者。介使则进此鬯于神前，故云介鬯。

【六班茶】醒酒茶。《云仙别录》："刘禹锡正病酒，乃餽菊苗齑，芦菔鲊，换取乐天六班茶以醒酒。"

【六嘉井】泉名，在广西横县东南。广二尺，深三尺，自沙泥中喷出，村内数百户汲饮之，酿酒尤佳。

【六禁】清李塨所定六种禁忌之事。《李恕谷先生年谱》："六禁，一禁不敬祖宗，二禁不孝，三禁不弟，四禁奸，五禁盗，六禁酗酒。"

【六尊】注酒之六器，即献尊，象尊，壶尊，著尊，大尊，山尊。《小学绀珠·制度类·六尊》："献，象，著，壶，大，山。"

【牛酒】牛肉和酒。古时用作馈问、宴犒、祭祀之品。《战国策·齐策》："乃赐单牛酒，嘉其行。后数日，贯珠者复见王。"

【牛膝酒】牛膝汁和曲米所酿之酒。《本草·谷酒》："膝酒，壮筋骨治痿痹，补虚损，除久疟。用牛膝煎汁和曲米酿酒，或切碎，装盛浸酒煮饮。"

【牛饮】喻饮量之豪如牛吸水。《韩诗外传·四》："桀为酒池，可以运舟，糟丘足以望十里，而牛饮者三千人。"《新序·刺奢》："纵靡靡之乐，一鼓而牛饮者三千人。"

【劝杯】专作敬酒用的杯子。《京本通俗小说》十："内中一个道：'好做一副劝杯。'"另意为劝酒。

【劝酬】即劝酒。《宋史·道学传》："每月吉，具酒食，召乡人高年，会县庭，为劝酬使人知养老事长之义。"

【劝酒胡】古时宴会中用以劝酒的小木偶。亦称酒胡、酒胡子。张邦基《墨庄漫录》卷八："饮席刻木为人，而锐其下，置之盘中，左右欹侧，僛僛然如舞状，久之力尽乃倒。视其传筹所至，酬之以杯，谓之劝酒胡。"

【日饮】每日饮酒。苏轼《和刘道原咏史诗》："名高不朽终安用，日饮无何计亦良。"

【日饮亡何】日唯饮酒更无余事。《汉书爰盎传》："南方卑湿，君能日饮亡何。"

【少退】小退。《仪礼·乡饮酒礼》："主人坐取爵宾之，宾之席前西北面献宾，宾西阶上拜，主人少退，宾进受爵以复位。"

【升酒】一升之酒。《北史·袁聿修传》："聿修为尚书郎十年，未曾受升酒之遗。"

【升觞】进酒。张衡《西京赋》："升觞举燧，即釂鸣钟。"

【双柑斗酒】比喻春天游玩胜景。语出唐冯贽《云仙杂记》卷二引《高隐外书》："戴颙春携双柑斗酒，人问何之，曰：'往听黄鹂声。此俗耳针砭，诗肠鼓吹，汝知之乎？'宋刘泰《春日湖上》诗："明日重来应烂漫，双柑斗酒听黄鹂。"

【双樽】二酒坛。《古乐府·鸡鸣曲》："堂上有双樽酒，作使邯郸倡。"应改释为双杯或两杯酒。饯行交往有劝饮双杯之俗。

【双边发酵】在发酵过程中，边糖化边酒化的发酵（用曲发酵），称为复式发酵，又称为双边发酵。

【双轮底】将窖底或窖边接触老窖泥的酒醅，发酵一个周期，暂不挖出，再发酵一个周期，然后将这个具有双发酵周期的底醅和边醅挖出蒸酒，称为双轮底酒。

【双名制】各种微生物均有一个学名，是由属名和种名组成的，属名在前，种名在后，这种命名法称双名制。

【双醅串香法】把小曲发酵好的酒醅放入酒甑下层，上面覆盖大曲法制作的香醅进行蒸馏，此法即双醅串香法。

【太白酒星】唐孙思邈所称来人间饮酒之仙。《海录碎事·道释·仙》："成都有鬻酒家，每有纱帽杖藜四人，来饮，爱说孙思邈，因奏其事，明皇问思邈，对曰，此太白酒星，每游人间世饮酒也。"

【太平酒】仙人之酒。《真诰》："杨义，梦游蓬莱山，见许主簿于夹石之间。仙公谓主簿曰：'吾为汝置酒四升，在山中，可往饮之，此太平家酒，治人肠也。’谚云：‘欲得长生饮太平’。”

【太妃爱酒】兰姆酒的蒸馏方法有回锅蒸馏，不回锅蒸馏和连续蒸馏。海地的兰姆酒采用回锅蒸馏，即首次蒸馏由酿酒厂负责，其酒称太妃爱酒。

【天杯】谓天子所赐之杯。上官昭仪《驾幸三会寺应制诗》：“宸翰陪瞻仰，天杯接献酬。”沈佺期《三日梨园侍宴诗》：“野花飘御座，河柳拂天杯。”

【天酒】谓甘露。《神异经》：“西北海外有人，长二千里。但日饮天酒五斗。”《瑞应图》：“甘露，美露也，神灵之精，仁瑞之泽，其凝如脂，其甘如饴，一名膏露，一名天酒。”

【天醴】天所酿之醴酒。苏轼《人参诗》：“元泉倾海腴，白露洒天醴。”

【天禄】酒的别称。语出《汉书·食货志下》：“酒者，天子之美禄。”

【天子之美禄】谓美酒。《汉书·食货志下》：“酒者，天子之美禄，帝王所以颐养天下，享祀祈福，扶衰养疾。”

【天然葡萄酒】完全用葡萄汁发酵，不添加酒精或糖分的葡萄酒称为天然葡萄酒。

【瓦大】瓦制酒器名。《仪礼·燕礼》：“公尊瓦大两。”瓦大，有虞氏之尊也。《礼器》曰：“君尊瓦甒。”《胡培翚正义》：“瓦大，有虞氏之樽者，明堂位云泰有虞氏之尊也。有虞氏上陶，故用瓦大，引礼器者，证瓦大即甒也。”

【瓦罍】烧土之所制大酒樽。《周礼·春官·鬯人》：“凡祭祀社壝用大罍。”大罍：瓦罍《三礼图》：“瓦罍，谓祭祀之大罍也。”

【瓦甒】瓦制之酒器。《礼记·礼器》：“君尊瓦甒。瓦甒五斗。〔疏〕：瓦甒五斗者，汉礼器制度义也，此瓦甒即燕礼公尊瓦大也。孙希旦《集解》：“瓦甒即燕礼之瓦大也。”《士冠礼》：侧尊一醴。

【瓦樽】烧土所制之酒器。《北史·宇文贵传》：“祭用纯漆俎瓦樽。”

【文杯】有文采之杯。

【文酒】谓饮酒赋诗之事。《南史·萧介传》：“介性高简，少交游，唯与从兄弟等文酒赏会，时人以比谢氏乌衣之游。”《南史·江革传》：“优游闲放，以文酒自娱。”

【文学祭酒】五代时对教授之称。《称谓录·教职·文学祭酒》：“五代称教授曰‘儒林祭酒’。又曰‘文学祭酒’。”

【五同】周代酒器。容积很大，重十余斤，不可执持，放在地上以承受酒沥。耳足皆作夔首为饰，腹中作夔曲之状，底有篆文二字。阳识曰：“五同”，字大三寸。

【**五饮**】谓上水、浆，酒、醴、酏五种饮物也。《礼、玉藻》：“五饮，上水、浆、酒、醴、酏。”

【**五遍净**】其发酵与三遍净同，惟中间加入渣子三次，共蒸酒五次，始出糟，此法谓之五遍净。

【**五加**】造酒原料之一。五加科，灌木，无刺或有刺，掌状复叶，在长枝上互生，短枝上簇生，小叶常五片，夏季开花，花黄绿色，伞形花序，核果球形。产于我国中部、东部、南部和西南部。根皮和茎皮称“五加皮”。浸酒可制五加皮酒。

【**五加皮酒**】用五加皮，洗刮去骨，切碎，加牛膝、当归、地榆诸药，装袋中，置酒中浸之，加相当糖分，色黄可爱，此称为五加皮酒。《本草纲目》称此酒“去一切风湿痿痹，壮筋骨，填精髓”。

【**无愁酒**】酒名，汉武帝制。《玉箱杂记》：“汉武作无愁酒，饮之令人无忧。”

【**无灰酒**】古酒名。《本草·酒》集解：“宗奭曰，‘古方用酒，有新熟无灰酒。’”

【**无限继续发酵**】无限继续发酵是加渣子使酒醅成一定之甑数，行蒸酒后，分出一甑，加曲发酵，是为小量。小量蒸酒后，再加曲发酵，是为回。回掺谷蒸酒后即为糟粕，弃去。其余数甑加水，下曲发酵，是为大量。大量发酵约十日，于蒸酒前掺入可装一甑之加潮渣子，分甑蒸酒。蒸酒后如前法分出一甑加曲为小量，循环下去，谓为无限继续发酵。

【**凶酗**】醉酒而狂。元稹《赛神诗》：“喧阗里闾隘，凶酗日夜频。”

【**引满**】酒满怀中，引杯而饮之。《潜夫论·断讼》：“苟崇聚酒徒无行之人，传空引满。”

【**引觞**】以手持觞。柳宗元《西山宴游记》：“引觞满酌，颓然就醉。”

【**元酒**】与玄酒同，见玄酒条。

【**月宴**】于月光下所设之酒宴。陈旅诗：“何哉芳月宴，而我阴幽寻。”

【**云樽**】刻有云雷模样之酒器。一作云尊。《论衡·乱龙》：“易曰，云从龙，言非龙从云也，云樽刻雷云象，龙安肯来。”

【**支酒**】初入歌场，甫饮一杯，即先与钱，谓之支酒。《武林旧事·歌馆》：“凡初登门，则有提瓶献茗者，杯茶亦犒数千，谓之点花茶，登楼甫饮一杯，则先与贯，谓之支酒。”

【止酒】禁酒。非瓿先生认为“戒酒”较妥。陶潜《止酒诗》：“平生不止酒，酒止情无喜。”高谈诗：“渊明方止酒，王粲亦登楼。”

【中酒】①谓饮酒半酣时。《史记·樊哙传》：“项羽既飨军士，中酒，亚文谋欲杀沛公。”②饭后饮，谓之中酒。《酒茶论》：“饭后饮，谓之中酒。”

【中馈】酒食。亦作中餽。《易·家人》：“无攸遂，在中馈，贞吉。”《书言故事·夫妇类·中馈》：“谓妻主中馈。”按：“俗称妇职为主持中馈，或未聚曰中馈犹虚，本此。”

【中山酒】仙酒名，产于中山，又名千日酒。参“千日酒”条。

【中级杂质】中级杂质：是与乙醇挥发性相似和接近的，如异丁酸乙酯、异戊酸乙酯等。

【中浓度啤酒】麦汁浓度在11℃、12℃左右，酒精含量为3.1%–3.2%之啤酒。

【中温曲】温度在45–59℃生产的曲，称为中温曲。中温曲用于酿制清香型和浓香型酒。

【巴氏消毒法】啤酒和酿酒原汁的消毒法。亦称“低温消毒法”。加热至62℃经过30分钟，以杀死不耐高温的物质中的微生物。此法为法国巴斯德首创，故名。

【巴斯德酵母】巴斯德酵母是个长形酵母，一般6×10微米，发酵很慢，往往在发酵快结束时出现。这类酵母品种很多，性能很不一致。

【不挂衣】生曲入室二、三日后，仍不见表面发生白斑菌丝，乃温度过低或曲表面水分蒸发过甚所致。此种现象谓之不挂衣。又称不生霉。

【不挥发酸】天然存在于葡萄汁的酒石酸、苹果酸和柠檬酸，称为不挥发酸。它发酵后残存于葡萄酒中，但含量比原来少。它们是葡萄酒的重要成分，不单是由于它们的酸味，而且它们防止了酒的酸败，并保持了酒的颜色，它们有时也受到微生物的分解。

【不可逆抑制作用】酶与抑制剂结合后很难自发分解，此称不可逆抑制作用。它随着抑制剂浓度的增加而逐渐增加。当抑制剂的浓度大得足以和所有的酶结合，那么酶的活性则完全被抑制。

【不甜香槟酒】香槟酒的含糖量占百分之一至三，这样的香槟酒称作不甜香槟酒。

【勾兑】勾兑就是酒与酒之间互相掺兑的意思，也就是把具有不同香味的酒，按一定的规律掺兑在一起，以保持产品固有的风格。

【开放发酵】 发酵醪是不进行灭菌的开放发酵型式。曲和水及各种用具都存在着多量的杂菌，并且空气中的有害微生物也易侵入，所以能用此法安全酿造黄酒，是因为采取了防止酸败的措施。

【开耙】 由于酵母的大量繁殖，进行强烈的酒精发酵，使醪温迅速上升。当达到所规定温度时，用木耙搅拌，俗称开耙。

【木霉】 木霉是白酒生产中研究纤维素、半纤维素分解的主要微生物。

【气生菌丝】 伸入空气中的菌丝，称为气生菌丝。气生菌丝的一部分，可以产生各种孢子进行繁殖。

【气相、液相、固相】 蒸气、水和冰是三种不同的状态。物理学把蒸汽称为气相，液态水称为液相，固态冰称为固相。

【气液平衡】 在一定的温度下，把某种液态物质放在密闭的容器里，液态物质的部份分子挥发逃逸成气体。而逃逸出的分子，由于与液面或容器壁相互碰撞，又可能返回液面变成液体。在开始时，变成气体的分子多于变成液体的分子，随着气体份子的增加，回到液体中的分子数也不断增多，到了某个时间，飞离液面的分子数与回到液面上的分子数恰好相等，也就是液体与液面上的蒸汽建立了平衡。这种气相和液之间和动态平衡，称为气液相平衡，简称气液平衡。

【手工生产白酒】 全部用手工操作而制成的白酒，称为手工生产白酒。全国和各地的名、优白酒采用此法。

【水敏性】 大麦按传统方式连续不断地水浸至一定限度的吸水量，发芽率反而下降，人们称这种大麦具有水敏性。

【乌衣红曲黄酒】 乌衣红曲是把黑曲霉、红曲霉和酵母等发酵微生物混杂生长，在米粒上制成的一种糖化发酵剂。用此发酵剂酿制而成的酒即是乌衣红曲黄酒。

【长夜饮】 竟夜饮酒。《史记·殷记》：“以酒为池，悬肉为林，使男女倮，相逐其间，为长夜饮，百姓怨望。”

【长醉】 谓久醉。李白《将进酒》：“钟鼓馔玉不足贵，但愿长醉不愿醒。”

【长杆菌】 长的杆菌。呈圆柱状，有时甚至成丝状，叫做长杆菌。

【长霉】 入室的曲胚稍风干后，即在曲胚上面及四周盖席子或麻袋保温，然后将曲室门窗封闭，温度逐渐上升，一般经一天左右，即开始“生衣”，即曲胚表面有白色霉菌菌丝斑点出现，此谓之长霉，又谓之上霉。

【以酒养窖】生沙酒不作原酒入窖，而是全部泼回原醅子内，再加曲入窖发酵。

【巨榼】大酒器。陆游《醉中歌》：“长巨榼罗杯盂，不须渔翁劝三闾。”

五　画

【白】古代时罚酒用的酒杯。《文选·左思〈吴都赋〉》：“飞觞举白。”刘逵注：“白，罚爵名也。”

【白醝】酒名。《本草·酒释名》：“红曰醍，绿曰醹，白曰醝。”宋孝武帝《四时诗》：“酱调秋菜，白醝解冬寒。”

【白堕】人名，酒别称。《洛阳伽蓝记·城西法云寺》：“河东人刘白堕善能酿酒。季夏六月，时暑赫羲，以罂贮酒，暴于日中。经一旬，其酒不动，饮之香美而醉，经月不醒。京师朝贵多出郡登藩，远相饷馈，逾于千里。以其远至，号曰鹤觞，亦曰骑驴酒。”后因用为酒的别称。苏辙《次韵子瞻病中大雪》诗：“殷勤赋黄竹，自劝饮白堕。”

【白虎樽】酒樽名。一作白兽樽。盖唐人修《晋书》避讳改。《晋书·礼志》：“正旦文会，设白兽樽于殿庭，樽盖上施白兽，若有能献直言者，则发此樽饮酒。”

【白醪】白酒也。白居易《代书诗一百韵寄微之诗》：“白醪充液酌，红粟备晨炊。”罗邺《冬日旅怀诗》：“闲思江市白醪酒，静忆僧窗绿绮楼。”罗隐《中元夜看月诗》：“竟夕蟾光影，昂头把白醪。”

【白醴】酒之一种。张衡《七辨》：“元清白醴，蒲陶醲酿。”傅元《七谟》：“白醴九成，元醞清醇。”梁元帝《元览赋》：“飞云苍隼，白醴青桐。”欧阳修《过张至秘校庄诗》：“焚鱼酌白醴，但坐且欢忻。”

【白著】即酒酣。《春明退朝录》：“世人谓酒酣为白著。”

【白醉】谓不饮酒而自醉也。《辍耕录·白醉》：“开元时，高太素隐商山，起六逍遥馆，各制一铭。其三为冬日初出，铭曰：‘折膠堕指，梦想负背，金锣腾空，映簷白醉。’”

【白干】白酒。

【白酒】透明无色的各种蒸馏酒的总称。因酒透明无色，且引火能燃烧，故又称“白干”或“烧酒”。又按产地取名，例如汾酒、西凤酒、茅台酒等。或按曲取名，例如大曲酒、小曲酒等。亦按原料取名，例如高粱酒、包谷酒等。

【**白兰地**】酒名。英文 brandy 的音译。用发酵好的葡萄酒或葡萄果实发酵渣，经蒸馏加药配制而成的一种蒸馏酒。酒精含量 38–43%。新酒在橡木桶贮放 3–5 年，使之醇化。

【**白蜜甜尔酒**】红或白葡萄经溃碎，淋汁与压榨后，收集淋得和榨出的葡萄汁放容器内。先放入计算量的葡萄汁，再从器底泵入酒精。酒精添加后，经三、四个星期，换桶除脚，滤去沉淀得到的酒，即为白蜜甜尔酒。

【**半酣**】半醉，酒兴将浓。孟浩然《醉后赠马四寺》：“奏城游侠客，相待半酣时。”白居易《琴酒诗》：“耳根得听琴初畅，心地忘机酒半酣。”

【**半固态发酵法**】蒸料以后，固态培菌、糖化，然后再加水冲稀，再进行发酵、蒸馏。这种方式称为半固态发酵法。

【**半合成培养基**】在合成培养基中加入某些物质就构成了半合成培养基。它弥补了一般微生物在合成培养基上生长缓慢或不生长的缺点。

【**半机械化白酒**】一半操作用机械，一半操作用手工而制成的白酒，称为半相械化白酒。

【**半连续式发酵法**】指在主发酵价段采用连续发酵，而后发酵则采用间歇方式的发酵法。

【**半甜香槟酒**】香槟酒的含糖量占百分之四，这样的香槟酒叫半甜香槟酒。

【**半直接式三塔蒸馏**】粗酒精由粗馏塔进入排醛塔是气体，而脱醛酒精进入精馏塔是液体状态，此称为半直接式三塔蒸馏。

【**北山酒经**】书名。三卷。宋，朱翼中撰。首卷为总论。二、三卷为论制曲造酒之法。

【**册卣**】酒器名。《金石索·卷首》：“册卣，右通盖，高九寸一分，深五寸九分，口纵三寸五分，横四寸五分，腹围一尺九寸八分，重一百四十两。两耳有提梁。”案《尔雅疏》：“卣，中尊也。”

【**出局**】旧时妓女出外陪客饮酒叫做“出局”。《官场现形记》八：如今看见出局的轿子，一般是呼幺喝六，横冲直撞。

【**丛鞭毛**】在菌体一端或两端生一丛或两丛鞭毛，称丛鞭毛。

【**打通关**】划拳的一种名目。打通关的人须与席上每个人划拳，赢了算通过，输了再划。每输一次，饮酒一杯。全体通过，才算打完通关。《海上花列传》七：子富笑道："我先来打个通关。乃伸拳从朱葛人挨顺划起。"《二十年目睹之怪现状》十二：继之掣了一根，是"将以为暴"，下注"打通关"三个字。

【冬醪】冬酿。《酒经》云："抱瓮冬醪，言冬月酿酒，令人抱瓮速成而味薄。"

【冬酿】冬季酿酒，即冬醪。《周礼·天官·酒正》："三曰清酒。"注："清酒，今中山冬酿，接夏而成。"《齐民要求·造神曲并酒》："冬酿十五日。"

【对酒】①饮酒。《北史·李孝贞传》："每暇日辄引客，弦歌对酒，终日为欢。"《魏武帝·短歌行》："对酒当歌，人生几何，譬如朝露，去日苦多。"②乐府相和曲名，或作《对酒行》。《乐府诗集·相和歌辞·相和曲》乐府解题曰："魏乐，奏武帝所赋对酒歌太平，其旨，言王者德泽广被，政理人和，万物咸遂，若梁范云'对酒心自足'，则言但当为乐勿徇名自欺也。"

【对酒当歌】本指欢宴之际。后亦指沉迷于酒色之中。语出汉曹操《短歌行》："对酒当歌，人生几何？"元杨显之《酷寒亭》第三折："尽都是把手为活，对酒当歌，郑州浪汉委实多。"

【对酌】相对而坐饮酒。《李白·山中幽人对酌诗》："两人对酌山花开，一杯一杯复一杯。"

【甘酒】好酒。《书》："甘酒嗜音，峻宇雕墙。"《三国志·魏志·刘晔传》："郑宝，性不甘酒，视候甚明。"

【甘液】酒之别名。《事物异名录·饮食·酒》："秦少游《清和先生传》：姓甘，名液，字子美。按，谓酒也。"

【古六法】《礼记》：仲冬之月，"乃命大酋，秫稻必齐，曲蘖必时，湛炽必洁，水泉必香，陶器必良，火齐必得。兼用六物，大酋监之"。意为在冬季里，酒正向大酋发出酿酒的指示。准备好品质好的酿酒原料高粱、稻子，在适于生产酒曲的时间生产好酒曲，原料的浸泡和蒸煮要洁净，酿造的水要适用，所用的器具要完好，火候要适当。此六点，即后人所说的"古六法。"

【甲酌】谓用介壳所制之杓。酌即杓之通借字。白居易《早饮湖州酒寄崔使君诗》："十分蘸甲酌，潋滟蒲银盂。"

【节酒】①谓节减饮酒之量。《晋书·胡母辅之转》："始节酒自厉，甚有能名。”②冬至前夕饮酒曰节酒，亦称分冬酒。《苏州府志》：“是日春粟以祀先祖，并以馈遗，更连燕饮，谓之节酒，亦名分冬酒。”

【节饮】 谓少饮酒。亦称节酒。《晋书·阮孚传》：“帝谓曰：‘卿既统军府，郊垒多事，宜节饮’。”

【纠司】 监督行酒。张泌《尹媚传》：“于是一个孰樽，一人纠司。”

【旧醅】 老酒。杜甫《客至诗》：“盘餐市远无兼味，尊酒家贫只旧醅。”

【兰醴】 美酒。汤显祖《豫章揽秀楼赋》：“回秀色于干旄，邕惠氛于兰醴。”

【兰陵美酒】 兰陵所酿之美酒。李白《客中行》：“兰陵美酒郁金香，玉碗盛来琥珀光。”

【兰觞】 言酒杯之美。梁简文帝《三日曲水诗序》：“分阶树羽，疏泉泛爵，兰觞沿泝，蕙肴来往。”王触《渌水曲》：“遵渚泛兰觞，乘漪弄清曲。”许浑《送人之任邛州诗》：“群童竹马交迎日，二老兰觞初见时。”

【兰醑】 香酒。唐高宗《太子纳妃太平公主出降诗》：“华冠列绮筵，兰醑申芳宴。”

【兰酌】 称美献酌之酒。丘丹《奉酬韦使君送归山诗》：“蝉鸣念秋家，兰酌动杂瑟。”

【兰卮】 谓盛美酒之酒杯。《文选·谢灵运·九日从宋公戏马台集孔令诗》：“鸣葭戾朱宫，兰卮献时哲。”羊士谔《郡楼晴望诗》：“兰卮谁与荐，玉旆自无悰。”李德裕《柳柏赋》：“会不得倚树而泛瑶瑟，攀条而献兰卮。”

【兰樽】 美好之酒樽。刘孝威《曲水宴诗》：“兰樽沿曲岸，灵若泝洄潮。”岑参《南溪别业诗》：“竹径春来扫，兰樽夜不收。”

【乐酒】 饮酒而乐。《诗·小雅·弁》：“乐酒今夕，君子维宴。”

【礼酒】 天子所赐之酒。《周礼·天官·酒正》：“共宾客之礼酒。”

〔注〕：礼酒，王所致酒也。

【龙膏酒】 酒名。唐代乌弋山离国所献。《杜阳杂编》：“顺宗时，处士伊祈玄解召入宫，饮龙膏酒，黑如纯漆，饮之令人神爽，此本乌弋山离国所献。”李观《姑麻山赋》：“御龙膏之酒，倚云和之瑟。”

【龙勺】 古礼器名。盛酒浆之用，柄上刻有龙形花纹。《礼记·明堂位》：“夏后氏以龙勺，殷以疏勺，周以蒲勺。”

【卢酒】 以卢管吸酒。《鸡肋篇》：“关石塞上人造酒，以卢管呼吸于瓶中，杜诗卢酒盖即此。”张说《南中送北使诗》：“夷歌翻下泪，卢酒未消愁。”李廓《送振武将军诗》：“卢酒烧蓬暖，霜鸿撚箭看。”朱弁诗：“敢嫌卢酒浊，且对菊花尝。”

【卯酒】晨饮之酒，白居易《卯时酒诗》：“未如卯后酒，神远功力倍。”苏轼诗：“国色初酣卯酒来。”苏轼《答张文潜县丞书》：“偶饮卯酒醉，来人求书，不能覼缕。”

【卯饮】晨饮酒。白居易《卯饮诗》：“卯饮一杯眠一觉，世间何事不悠悠。”

【平原督邮】劣酒、浊酒的隐语。平原，古代郡名；督邮，古代官名。语出南朝宋刘义庆《世说新语·术解》：“桓公有主簿善别酒，有酒辄令先尝，好者谓‘青州从事’，恶者谓‘平原督邮’。青州有齐郡，平原有鬲县。从事，言到脐；督邮，言在鬲（膈）上住。”清李汝珍《镜花缘》第九十六回：“尽是青州从事，那有平原督邮。”

【平板划线分离法】将稀释过的样品在固体培养基表面作有规则的划线，密集的含菌样品多次从点到线的稀释，最后得到单个菌落，即可分离得到纯种。此法谓之平板划线分离法，简称划线法。

【囚饮】谓露发跣足著械而饮。参见“龟饮”条。《画墁录》：“囚饮者露头围坐。”

【石冻春】酒名。《国史补》：“酒有富平之石冻春，荥阳之土窟春，剑南之烧春。”郑谷赠富平李宰诗：“易得连宵醉，千缸石冻春。”

【石榴酒】酒名，产扶南。梁简文帝《执笔战书诗》：“玉案西王桃，蠡杯石榴酒。”梁元帝《古意诗》：“樽中石榴酒，机上薄葡纹。”

【失候】错过适当的时刻。《齐民要术·造神曲并酒》：“但候曲香沫起，便下酿。过久曲生衣，则为失候；失候则酒重钝，不复轻香。”

【市酤】卖酒于市。

【司过之吏】掌酒席之人。《称谓录·酒·司过之吏》：“吴孙浩，饮席录事曰司过之吏。”

【司醖】官名。掌酒醴醢醢之类。《北史·后妃传》：“司膳掌膳羞，司醖掌酒醴醢醢。”

【四司六局】古时盛大的宴会都有四司六局人等供役。四司是帐设司、茶酒司、厨司、台盘司。六局是果子局、蜜饯局、菜蔬局、油烛局、香药局、排办局。

【四酎】酒名，精酿四次的醇酒。《楚辞·大招》：“四酎并孰，不歰嗌只，清馨、冻歆，不歠役只。”〔注〕醇酒为酎。

【台阁】 酒库于阴历九月新酒出来时，有以木床铁檠，作仙佛鬼神形，驾空飞动，谓之台阁。《通俗编·俳优·台阁》“《武林旧事》，迎行新酒，有以木床铁檠为仙佛鬼神之类，驾空飞动，谓之台阁”。

〔按〕：今江浙间迎神会者，犹多效之。

【台盏】 置酒器之台。《还魂记·训女》：“女孩儿，把台盏收去。”

【台琖】 置酒器之台。又名台盏。《辽史·礼志》：“执台琖进酒，讫退。”

【头酒】 酒之美者，以其先酿出，故俗称头酒。《正字通》：“俗呼醨为尾酒，醑为头酒。”

【头脑酒】 又名“头脑汤”、“头脑儿”、“头脑”，一种用肉与杂味配合的酒。明朱国祯《涌幢小品》：“凡冬月客到，风肉及杂味置大碗中注热酒递客，名曰‘头脑酒’，盖以避寒风也。”至今山西太原市仍有头脑酒，是用羊肉、生姜、煨面、曲块、莲菜、长山药、酒糟、腌韭八种原料配合而成，别名“八宝汤”。

【头糟酒】 将原料粉碎润糁装甑糊化，再出甑加水、散冷、下曲、入缸发酵、出缸拌糠进行蒸馏获得的酒，称为头糟酒。

【仙芗酒】 即縻饮酒，真饮酒，以縻饮枣等制作成。《缉柳编》：“縻饮枣出真陵山，食一枚大醉，经年不省。东方朔曾游其地，以一斛进上。上和诸香作丸，大如芥子，每集群臣，取一丸入水一石，顷刻成酒，味愈醇醪，谓之縻饮酒，又谓之真饮酒、仙芗酒，香经旬不歇。”

【玄酒】 古代称行祭礼当酒用的水。《礼记·礼运》：“故玄酒在室。”孔颖达疏：“玄酒，谓水也。以其色黑，谓之玄，而太古无酒，此水当酒所用，故谓之玄酒。”

【玄石沈湎】 谓刘玄石酒醉三年方醒的故事。《博物志·杂说下》：“昔刘玄石于中山酒家沽酒，酒家与千日酒，忘言其节度。归至家，当醉而家人不知，以为死也，权葬之。酒家计日满，乃忆玄石前来酤酒醉应醒耳。往视之。云，玄石亡去三年，已葬。于是开棺，醉始醒。谷云，玄石饮酒，一醉千日。”

【玄酎】 浓酒。张协《都蔗赋》：“九秋良期，玄酎初出。”

【匜】 盛水酒之器。《说文》：“匜，似羹魁，柄中有道，可以注水酒，从匚也声。”《段注·斗部》曰：“魁，羹抖也。枓，勺也。之状似羹勺，亦所以挹取也。其柄空中，可使勺中水酒自柄中流出，注于盥槃及饮器也。”《左传》：“奉匜沃盥。”《金石索·周匜》：“考国语，晋公子重耳，过秦，穆公归女五人，怀嬴与焉。公子使奉匜沃盥，古者尊不就洗，侍御捧匜盥手，弃水于盘。此器方容二手，可想其制与卮匜酒器不同。”《梁正·三礼图》：“匜受一斗，流长六寸，漆赤中，诸侯以象饰，天子以黄金。”

【仪狄】 传说夏禹时造酒者。《国策·魏策二》：“昔者，帝女令仪狄作酒而美，进之禹，禹饮而甘之，遂疏仪狄，绝旨酒；曰：‘后世必有以酒亡其国者。’”

【右】 通“侑”。劝酒；劝食。《周礼·春官·大祝》：“以享右祭祀。”郑玄注：“右读为侑，侑劝食而拜。”

【玉鬯】 古代帝王诸侯举行礼仪时所用的盛酒祭神的玉制礼器。灌地降神之器，〔注〕：玉鬯，鬯酒之圭，长尺二寸，有环，所以灌地降神之器。

【仗气使酒】 仗：凭借，倚仗；使：放任。指任性发酒疯。亦作“使酒仗气”。语出《北齐书·崔瞻传》：“与赵郡李概为莫逆之交。概将东还，瞻遗之书曰：‘仗使酒气，常我之弊，底诃指切，在卿尤甚。’”《南史·沈庆之传》：“昭略字茂隆，性狂隽（俊），不事公卿，使酒仗气，无所推下。”

【只鸡絮酒】 常用于祭文中表示祭品的菲薄。谢承《后汉书·徐稺传》：“稺前后为册郡选兴诸公所辟，虽不就，及其死，万里赴吊。常于家预炙鸡一只，以一两绵絮渍酒，日中暴干以裹鸡，径到所赴冢隧外，以水渍棉，使有酒气，斗米饭，白茅为藉。以酒置前，酹酒毕，留谒即去，不见丧主。”

【卮】 古代一种圆形酒器。

【卮酒】 犹言杯酒。一作卮酒。《战国策·齐策》：“楚有祠者，赐其舍人卮酒。”

【卮匜】 盛酒浆之器名。《礼记·内则》：“敦牟卮匜，非馂莫敢用。”

【左酒】 谓左方置酒。《礼祀·曲礼上·酒浆处右·注》：“左酒右浆。”《易林》：“登阶上堂，见吾父兄，左酒右浆，与福相迎。”

【代粮酒】 用粮食以外的原料，如野生淀粉原料或含糖原料生产的酒，习惯称为代粮酒，或叫代用品酒。如用青杠子、芭蕉芋生产的酒。

【代用原料酒】 用鲜白薯或白薯干为原料酿制的酒称代用原料酒。

【发芽干燥两用体系】 在同一个箱内完成发芽与干燥两过程，即为发芽干燥两用体系。它有以下优点：干燥过程完成了对发芽箱的杀菌过程；设备可用人工干燥原麦；节省了发芽与干燥之间的输送时间与动力，从而增加了生产力。

【**记分品评法**】按品评酒样的色、香、味、格的差异，打分，写出评语。这种方法称记分品评法。

【**可逆抑制作用**】可逆抑制作用是由于抑制剂和酶的结合是很松弛的，因此是可逆的。结合后可以用一般的物理方法除去抑制剂，减轻或解除抑制，使酶恢复活性。

【**母糟**】上一年最后一轮发酵出窖不蒸酒的优质酒醅，称为母糟。

【**奶酒**】也叫“牛奶酒”。用牛乳为原料的发酵饮料。使用的发酵菌有乳酸产生菌（如乳链球菌，保加利亚乳杆菌等）和能使乳糖发酵产生酒精的酵母菌两种。这种发酵饮料因含有乳酸，故有助消化。

【**去头截尾间歇式蒸馏**】先将待蒸馏的酒醅倒入蒸馏锅中，每锅装五个醅子，盖好，接好气筒和冷却器进行蒸馏。酒初流出时，将杂质较多的酒头除去2–2.5公斤，然后接入酒坛中，一直接到酒度为58℃。58℃以下的即为酒尾，可掺入第二锅蒸馏。此法谓去头截尾法。

【**扔糟**】大渣、二渣剩余的全部曲、酒母和谷糠再经过过滤而除去糟，称扔糟。

【**生酒**】刚榨出的酒液称为生酒。生酒未经杀菌澄清。

【**生麦曲**】用传统工艺酿造黄酒，各地使用的麦曲主要是草包曲、块曲和桂曲等，常把这些曲称为生麦曲。

【**生啤酒和熟啤酒**】啤酒用酵母菌发酵，酒液中含有活的酵母菌。不杀死这些活菌的啤酒，叫“生啤酒”。经过杀菌处理的啤酒，叫“熟啤酒”。

【**生物滤池法**】在大池内填放石头，微生物在石头上繁殖，此法谓之生物滤池法。

【**生香酵母**】产酯酵母能将乙酸分子与乙醇分子结合而生成乙酸乙酯，一般称作生香酵母。

【**生衣**】曲室地铺高粱叶，上面放上生曲，每块相距七八分。每块生曲之上放高粱楷六根，其上再加上曲一层，全室放满，以芦席围其四周，闭关窗户，24–32小时后，曲上发生斑斑白点，谓之生衣。

【**生长**】酵母在适宜的条件下，通过酶的作用，不断吸收外界的营养物质，进行一系列代谢活动，将营养物转变成细胞本身的物质，使细胞的原生质总量不断增加，个体逐渐长大，这个过程叫生长。

【外加翻汁法】外加翻汁法是将葡萄皮漂浮于液面的设备，桶下部通过缓冲槽与离心泵相连，再与热交换器相连。使温度较高的发酵液经此器后，温度下降，或作温度上升用，起到发酵液调温的作用。然后将调温后的发酵液，经发酵桶上面的喷头，喷淋到漂浮的葡萄皮上，这种方法即外加翻汁法。它起到发酵密闭，不易变酸的作用，又起到将果皮上的色素得到充分的浸提，还可以调温并保持新酒中的果香的作用。

【轧碎】清理后的小麦通过轧碎机，将每粒小麦轧成三至五片，使小麦的麦皮破裂、麦粒中的淀粉暴露，以便吸收水分和利于糖化菌的生长繁殖，这个过程叫“轧碎”。

【正负顺序效应】即有甲、乙两个酒样，如果先评甲酒，然后再评乙酒，就会发生偏受先品评的一酒的心理作用。这种现象叫做正的顺序效应；反之，叫做负的顺序效应。

【主发酵】主发酵又称发酵，因为是发酵的主要阶段，也是第一阶段，故称主发酵。

六　画

【百壶】谓酒多。《诗·大雅·韩奕》：“显文饯之，清酒百壶。”宋之问文：“环坐三尺，起君子之风；祖道百壶，酌贤人之酒。”王绩《醉乡记》：“尧舜作为千钟百壶之献，因姑射神人以假道。”许敬宗《奉和圣制送来济应制诗》：“万乘腾镳警岐路，百壶供帐饯离宫。”

【百花酒】以百花酿造之酒。今江苏镇江一带有之。《神仙传》：“余抚姥采百花酿酒，王方平尝以千钱过蔡经家，与姥沽酒，饮而甘之。是后群仙时降，因扔一丸药以偿酒价，姥服之，仙去，后有于洞庭湖上见卖百花酒者，即姥也。”

【百盏】谓多杯。《东坡题跋》：“张安道饮酒初不言盏数。少时与刘潜、石曼卿饮，但言当几日而已。欧公盛年时，能饮百盏，然常为张安道所困。”《研北杂志》：“东坡云，梅二丈圣俞，身长秀眉，大耳红额，饮酒过百盏，辄正坐高拱，此其醉也。”

【百醉】谓多次醉饮。周必大《跋百醉夫赵士瞰诗》：“味百醉之名，诵三篇之诗。公盖师友陶靖节者。”

【百樽】百杯酒。陆游诗：“已邀风月成三友，聊对湖山倒百樽。”

【冰堂】美酒名。《老学庵笔记》："承平时，滑州冰堂酒，为天下第一，方务德家有其法。"

【尘爵】积尘之酒杯。陶潜《九月闭居诗》："尘爵耻虚罍，寒华徒自荣。"罍，古代一种盛酒的器具。

【吃寡酒】没有菜肴的喝酒。《金瓶梅》三十三：春梅姐姐，你拿筯儿与哥哥，教他吃寡酒。

【吃会酒】浙江省绍兴地方风俗，于阴历三月十七日，祀女神后，饮酒作乐，轮流作东请饮。谓之吃会酒。

【吃口令】乃一种游戏法，或作为酒令。汇集若干双声叠韵之语，使人急说之，误则罚。口吃之人则尤不易说。故曰吃口令，俗称绕口令。

【传杯】传递酒杯。或作传觞。杜甫《九日诗》："旧日重阳日，传杯不放杯。"上官昭容《九日登慈恩寺应制诗》："献寿菊传杯。"又指只用一杯，诸客传饮。

【传觞】传杯。张衡《南都赋》："儇才齐敏，受爵传觞。"李白《南奔书怀诗》："侍笔黄金台，传觞青玉案。"

【传世酒】新年相邀饮酒。

【传醅】即选用优良的老曲，碾成粉末，涂在用粮食做的曲坯外面。

【当槽儿的】谓酒保。《红楼梦》八十六：为小人家里穷，没得养活，在李家店里做当槽儿的。

【当垆】古时的酒店，垒土为垆，安放酒瓮，卖酒的坐在垆边，叫"当垆"。"垆"亦作"炉"、"卢"。《史记·司马相如传上》："(相如)买一酒舍酤酒，而令文君当炉。"

【灯红酒绿】形容穷奢极侈的糜烂生活。亦作"酒绿灯红"。秦牧《沙面晨眺》："总之，大罢工使香港这个酒绿灯红的城市完全失色了。"

【缶】盛酒浆的瓦器，小口大腹，也有铜制的《礼记·礼器》："王献之尊，门外缶，门内壶。"

【凫花】酒名。皮日休《酒池诗》："竹叶岛纡徐，凫花波荡漾。"

【凫尊】铸成凫形之酒尊。《古酒评》："汉凫尊，凫之为物，出入于水而不溺。饮酒者，苟能以礼自防，岂有沉湎败德之患乎？凫尊之设，其意如此。"

【共斟】同斟共爵。江淹《惜晚春应刘秘书诗》："山中有杂桂，玉沥乃共斟。"柳宗元《觉衰诗》："但愿得美酒，朋友常共斟。"高启《醉樵诗》："酒熟谁共斟。"

【关宴】唐代，进士关试后所行之宴会。

【过饮】过府而饮。白居易《再答晁仲诗》：“安用茗浇磊隗胸，他日过饮随家风。”

【过滤麦汁】以麦糟为滤层，利用过滤方法提取的汁，称第一麦汁，也叫过滤麦汁。

【过筛】把小麦中的泥、石块、秕粒及尘土等杂质清除出掉，使麦粒整洁均匀的过程，叫过筛。

【汗酒】烧酒之别名。《通俗编·饮食·烧酒》：“东坡言，唐时，酒有名烧春者，当即烧酒也，元人谓之汗酒，卞义有咏汗酒诗，李宗表，称阿剌古酒，作歌云，年深始作汗酒法，以一当十味且浓。”

【好酒】美酒。鲍照《代少年时至衰老行》：“好酒多芳气，餚味厌时新。”

【合欢杯】夫妇共饮之杯。宋之问《寿阳五花烛图诗》：“莫令银箭晓，为尽合欢杯。”

【合卺而酳】古代结婚仪式之一。用一个瓠为两爿瓢，就叫卺。酳，是用酒嗽口。此种仪式是：新郎把新娘迎入堂中……二人各执同一个瓠分成的一爿瓢盛酒漱口，含有永结同心，相亲相爱的意思。但据《仪礼·士昏礼》载，男女用酒嗽口要进行三次。第一、二次都用爵盛酒，第三次才用卺。

【合卺匏爵】酒杯名。分一瓢为二，古婚礼婿与妇各执一瓢而饮之。《名物图·尊·合卺匏爵》：“案，士昏礼，三用卺为之，即匏爵也。”

【合醵】凑钱聚合饮酒。

【合酿】合之以酿酒。《地理风俗记》：“百草之华者以合酿，黑黍以降神者也。”

【合成培养基】合成培养基是由已知化学成分及数量的化学药品配制而成的。它的成分分为碳源、氮源、无机盐类和水等。

【合新浆与传旧浆】造酒以浆为祖，无浆处，或以水调醋，入葱椒等煎，谓之合新浆，如用浸米之浆，以水调解，入葱、椒等煎，谓之传旧浆，或称为酒浆。

【红垆】酒肆中，垆火红旺，预示生意兴隆，（引起饮者食欲）皮日休《酒垆诗》：“红垆高几尺，颇称幽人意。”

【红娘过缸酒】酒名。俞正燮《癸巳存稿·酒》：“清明，汲水酿酒，为一年祭祀之用，然不得佳麴，酒多腥劣，或得色红甘洌者，族邻相贺，以为此古所谓福禄水也，亦谓之红娘过缸酒，妇女簪花缸面,分瓶时，剪红纸蒙之，题以喜字。”

【红醍】红色之酒。《饮膳标题》：“酒有红绿白之别，红者曰醍，绿者曰醽，白者曰醝。”

【红友】指红酒。罗大经《鹤林玉露》卷八：“常州宜兴县黄土村，东坡南迁北归，尝与单秀才步田至其地。地主携酒来饷，曰：‘此红友也。’”王世贞《三月三日屋后桃花下小酌红酒》诗：“偶然儿子致红友，聊为桃花飞白波。”

【红云宴】于盛开红花果中所设之酒宴。《清异录》：“岭南荔枝，因不逮闽蜀，刘鋹每年设红云宴，正红荔枝熟时。”

【红糟】红色之酒糟。陆游《冬夜戏作诗》：“未论索饼与饡饭，最爱红糟并缹粥。”

【红酒】闽广间用红曲酿造的一种酒，其色殆类胭脂。李贺诗：“小槽酒滴真珠红。”苏轼诗：“夜倾闽酒赤如丹。”

【红蜜甜尔酒】添加酒精充分搅拌均匀20–30天浸渍，然后经过压榨的葡萄醪酒，谓之红蜜甜尔酒。

【红曲（丹曲）】宋应星《天工开物》载：“凡丹曲一种，法出近代。其义臭腐神奇，其法气精变化。世间鱼肉最朽腐物，而此物薄施涂抹，能固其质于炎暑之中，经历旬日，蛆蝇不放近，色味不离初，盖奇药也。凡造法，用籼稻米不拘早晚，舂杵极其精细，水浸一个七日（即七日），其气恶臭不可闻，则取入长流河水漂净（必用山河水，大江者不可用）。漂后，恶臭犹不可解，入甑蒸饭，则转成香气，其香芳甚。凡蒸此米粉成饭，初一蒸半生即止，不及其熟，出离釜中，以冷水一沃，气冷再蒸，则令极熟矣。熟后数石，共积一堆，拌信（曲种）。凡曲信必用绝佳红酒糟为料。每糟一斗，入马蓼自然汁三升，明矾水和化。每曲饭一石入信二斤，乘饭熟时，数人捷手拌匀。初熟拌至冷，俟视曲信（曲种）入饭，久复微温，则信至矣。凡饭拌信后，倾入箩内，过矾水一次，然后分散入篾盘，登架乘风后，此风力为政，水火无功（只靠风力，无须水火）。凡曲饭入盘，每盘约载五升。其屋室宜高大，防瓦上暑气侵逼，室面宜向南、防西晒。一个时中，翻拌约三次。后视者七日之中，即坐卧盘架之下，眠不敢安，中宵数起。其初时雪白色，经一二日成至黑色，黑转褐，褐转（代）赭，赭转红，红极复转微黄。目击风中变幻（视察通风过程中发生的变化），名曰生黄曲，则其价（价格）与入物之力（效用），皆倍于凡曲也。凡黑色转褐，褐转红，皆过水一度。红则不复入水。凡造此物，曲工舆水与洗净盘簟，皆令极洁。一毫滓秽，则败乃事也。”

【红曲霉】红曲霉是从白酒的大曲和酒醅中分离得到的具有较高的糖化力的菌霉。它具有微弱的酒精发酵力。

【红心曲】在曲的培养上，采用边晾霉边关窗起潮火，无明显的晾霉阶段，升温较快，很快升到38℃，无昼夜升温两起两落，无昼夜窗户两启两封，依靠平时调节窗户大小来控制曲胚品温。由起潮火到大火阶段，最高曲温为45-47℃，晾曲降温极限为34-38℃，这样的曲称谓红心曲。它属于中热小晾。

【华酌】精美华丽的酒杯。《楚辞·招魂》：“华酌既陈，有琼浆些。”

【华樽】名贵之酒器。傅玄《宴诗》：“华樽享清酤，珍肴自盈溢。”

【欢伯】酒的别名，《易林·坎之兑》：“酒为欢伯，除忧来乐。”元好问《留月轩》诗：“三人成邂逅，又复得欢伯；欢伯属我歌，蟾兔为动色。”

【欢爵】酒具名。鲍照《绍古辞》：“前涤欢爵，帐里缝舞衣。”

【欢醉】尽兴快乐之饮。《列仙传》：“刘商东游广陵，逢一道士卖药，挈上酒楼，剧谈欢醉。”陆机：“春风秋月恒好，欢醉日月长新。”

【欢醵】即欢宴。《北史·李迁哲传》：“纵酒欢醵。”

【灰酒】酒之一种。《老学庵笔记·五》：“唐人喜赤酒，甜酒，灰酒。陆鲁望云：‘酒滴灰香似去年。’”

【回酒】回敬酒或答谢宴请谓回酒（回席）。

【回】小量酒醅，蒸酒以后，再加曲发酵者称为回，亦名灰。

【回糟】小渣加入新料，再加入曲和酒母入池发酵，经过发酵蒸酒后再加曲和酒母，此谓之回糟。

【回沙】糙酒的酒头单独贮存，以备以后勾兑用，而酒尾则仍泼回醅子再加曲入窖发酵，此称回沙。

【回沙酒】糙酒经摊凉，加入尾酒和曲粉，拌匀堆集，再入窖发酵一个月，取出蒸馏，即得第二次原酒入库贮存，此酒称作回糙酒。此酒略有涩味，但比糙酒香、醇和。

【会饮】聚饮。《史记·廉颇蔺相如列传》：“秦王前书曰，某年月日，秦天子与赵王会饮，令赵王鼓瑟。”《云笈七笺》：“颜真卿为湖州刺史，与门宾会饮。”

【江酒】江州所产之酒。白居易《与元微之书》：“湓鱼颇肥，江酒极美。”

【江米酒】江米酒即糯米酒，南方称酒酿或醪糟。从市场上买来几个酒药，碾成粉末，拌进蒸熟后摊凉了的江米（糯米）饭中，大抵一两天，散发出阵阵醉人的酒香。可冷食，也可加水烧沸，佐以鸡蛋、桂圆、荔枝干等食用。

【交杯】旧俗婚礼中新婚夫妇举杯之手交叉相挽而饮。宋王得臣《尘史·风俗》：“古者婚礼合卺，今也以双杯彩丝连足，夫妇传饮，谓之交杯。”孟元老《东京梦华录·娶妇》：“用两盏以彩结连之，互饮一盏，谓之交杯酒。”

【交杯酒】旧式婚礼中，用两盏酒以结连之，使新夫妇互饮一盏之谓。即古合卺之礼也。《东京梦华录》：“凡娶媳妇，撤帐后，用二盏，以结连之，互饮一盏，谓之交杯酒。饮讫，掷盏并花冠子于床下，盏一仰一合，俗云大吉。”

【交杯盏】同上交杯酒，以示同心。《红楼梦》第二十回：“交杯盏还吃。”

【交爵】交杯。《礼记·坊记》：“礼，非祭，男女不交爵。”

【交觞】即交爵。交献。曹植《乐府》：“交觞接杯，以致殷勤。”傅玄诗：“交觞接卮结裳，慷慨欢笑万方。”

【交心酒】即交杯盏吃同心酒。《桃花扇·访翠》：“你们一见面儿，吃个交心酒如何？”此交心酒不单指男女新婚之间饮酒，友人酒酣耳热心诚，推心置腹之酒。

【尽觞】尽情饮酒。曹植《送应氏诗》：“巾馈岂独薄，宾饮不尽觞。”

【军宴】军中之宴饮。《资治通鉴·唐纪》：“宣宗，大中十一年，延心知之，因承勋军宴。”

【老酒】①谓腊月酿造之酒。又谓多年之陈酒。《本草·酒》：“老酒，腊月酿造者，可经数十年不坏。”范成大《食罢书字诗》：“扪腹蛮茶快，扶头老酒中。”〔注〕：老酒，数年陈酒也，南人珍之。②黄酒之一种。用糯粟炒焦制成，呈黑褐色带苦味。

【老窖和新窖】“老窖酒”的“老窖”是指发酵窖，也叫发窖池。这种发酵窖使用年代的长短，与酒的风味关系很大。使用年代越长，酒越香，味越好，此之谓“老窖”。使用年代短的发酵窖，即“新窖”。

【老熟】经过贮存的白酒，它的香气和味道都比新酒明显的增加醇香与柔和，这种现象称作白酒的老熟。

【老式培菌糖化法】包谷出甑于地面凉席上摊凉下曲。以竹席铺地，席底铺 3-5 寸厚的谷壳，四周以 8-10 寸高的木框围之，席面撒一层已蒸过并经冷却的谷壳，再将下了曲的包谷撮入扒平。堆厚以季节而定约 6-7 寸。面上粮食表面，再撒少许谷壳，以朝酒糟盖面保温。此谓之老式培菌糖化法。

【刘伶解酲】晋刘伶，字伯伦，酷嗜饮，自谓饮五斗可以解醉也。《蒙求·刘伶解酲》："晋书，刘伶，字伯伦，沛国人也。放情肆志，常以细宇宙、齐万物为心。常乘鹿车，携一壶酒，使人荷锸而随之，谓曰，死便埋我。其遗形骸如此。尝渴甚，求酒于其妻，妻捐酒毁器，涕泣谏曰：君饮酒太过，非摄生之道，宜断之。伶曰，善，吾不能自禁，惟当祝鬼神自誓耳，可具酒肉。妻从之，伶跪祝曰：天生刘伶，以酒为名。一饮一斛，五斗解酲。妇人之言，慎不可听。仍引酒衔肉，愧然复醉。"

【吕太后的筵席】"吕太后"是汉高祖刘邦的妻子吕雉。她有一次请群臣吃酒，命朱虚侯刘章做监察，有人逃席，当场被刘章杀死。因此后来凡是不容易吃的酒席，叫做"吕太后的筵席"。

【买春】即买酒。唐代的酒多以春为名，如竹如春、梨花春之类，因以"春"为酒的代称。司空图《诗品·典雅》："玉壶买春，赏雨茆屋。"

【买醉】沽酒痛饮。有借酒行乐或排遣愁闷的意思。李白《梁园吟》："沈吟此事泪满衣，黄金买醉未能归。"

【米酒】以米所制之酒。《本草集解》："恭曰，酒有黍秫粳糯米曲蜜葡萄等色，凡作酒醴须曲，而葡萄蜜等酒独不用曲，诸酒醇醨不同，惟米入药用。"

【米奇】酒名。尤侗《琉球竹枝词注》："琉球使美姬含米造酒，名曰米奇。"《偃曝谈馀》："琉球造酒，以水渍米越宿，令妇人口嚼手搓，取汁为之，名曰米奇。"

【米曲】由大米、水和中药材加工而成的曲即是米曲。制造米曲要选用新鲜、精熟的大米，水要清净。米曲可分为大曲母和小曲母。

【米香型（白酒）】此种酒散发出一种清柔的蜜香，入口绵甜，回味怡畅，以桂林三花酒为代表。

【名酒】名贵之酒。陶潜《饮酒诗序》："偶有名酒，无夕不饮。"秦观《次韵夏侯太冲秀才诗》："或时得名酒，停午犹中圣。"

【叵罗】酒器。《北齐书·祖珽传》："神武宴寮属，于坐，失金叵罗，窦太后令饮酒者皆脱帽，于珽髻中得之。”

【齐酒】携持酒。《后汉书·左慈传》：“慈为齐酒一升脯一斤。”《晋书·阮籍传》：“籍能为青白眼，母终，嵇喜来吊，籍作白眼，喜弟康闻之，乃齐酒携琴造焉，籍大悦，乃见青眼。”

【齐酎】祭祀用之浓酒。

【曲】①酒母也。《说文》段注：作曲，或以米，或以麦，故其字，或从米，或从麦。《广韵》：“曲，曲糵也。”《释名·释饮食》：“曲，朽也，郁之使生衣朽败也。”《晋书·刘伶传》：“枕曲藉糟。”《列子·杨朱》：“积曲成封。”②酒也。元稹《解愁诗》：“亲烹园内葵，凭买家家曲。”《南方草木状》：“杵米粉杂以众草叶，治葛汁溲之，大如卵，置蓬蒿中，经月而成，用此合糯为酒。”《岭表录异》：“南中酿酒即先用诸药，别淘漉粳米，漉干，旋旋入药，和米捣熟，即绿纷（粉）矣。热水溲而团之，形如餢饦，以指中心刺作一窍，布放簟席上，以枸杞叶攒罨之。其体好弱，一如造曲法，既而以藤篾贯之，悬于火烟之上。每酝一年用几个饼，固有恒准矣。南中地暖春冬七日熟，秋夏五日熟。既贮，贮以瓦瓮，用粪扫火烧之。”

【曲阿酒】曲阿所产之酒。曲阿即今江苏省丹阳市。《北史·刘藻传》：“车驾南伐，以藻为征虏将军，辞于洛水之南，曰，陛下辄当酾曲阿之酒，以待百官。”《太平寰宇记》：“丹徒有高骊山，传昔高骊国女来此，东海神乘船，致酒礼聘之，女不肯，海神拨船覆酒，流入曲湖，故曲阿酒美也。”

【曲车】载酒之车。杜甫《饮中八仙歌》：“汝阳三斗始朝天，道逢曲车口流涎。”

【曲尘】酒曲所生的细菌，色微黄如尘，因称淡黄色为曲尘。杨巨源《折杨柳》诗：“水边杨柳曲尘丝。”牛峤《杨柳枝》诗：“舞裙新染曲尘罗。”

【曲道士】酒之别名。陆游《初夏幽居诗》：“瓶竭重招曲道士，床空新聘竹夫人。”

【曲麸】酿酒之媒。《渊鉴类丞》：“齐人名曲麸曰媒是也。”

【曲监】监收酒税之官。《金史·李史夔传》：“倜傥有大志，以入仕，为本州曲监。”

【曲居士】酒之别称。《海录碎事·饮食·酒》山谷诗云：“万事尽还曲居士，百年常在大槐宫。”

【曲君】酒之别名。陈师道诗：“风味如曲君。”

【曲课】酒税。《金史·食货志》：“收曲课而听民酤。”

【曲米】酒。《宋史·何蒙传》：“通判庐州时，郡中火燔廨舍，权务俱尽，蒙假民器贷邻郡，曲米为酒，既而课增倍。”《酒小史》云：“安曲米酒。”杜甫《拨闷诗》：“闻道云安曲米春，才倾一盏即醺人”。苏轼《尝天门冬酒诗》：“天门冬熟新年喜，曲米春香并舍闻。”黄庭坚诗：“诗比淮南似小山，酒名曲米出云安。”朱子《酒市诗》：“闻说崇安市，家家曲米春。”周昂《醉经齐诗》：“诗书续破自融神，不羡云安曲米春。”

【曲蘖】①酒曲。《书·说命》：“若作酒醴，尔惟曲蘖。”《传》：“酒醴须曲蘖以成。”《礼记·月令》：“乃命大酋，秫稻必齐，曲蘖必时。”古者获稻而渍米曲，至春而为酒，因谓酒为曲蘖。《吕氏春秋·仲冬》：“秫稻必齐，曲蘖必时。”②谓酒。《晋书·会稽王道子传》：“耽荒曲蘖。”《列女传·辩通传》：“不胜曲蘖之味。”《柳氏家训》：“崇好佚游，耽嗜曲蘖。”杜甫《归来诗》：“凭谁给曲蘖，细酌老江干。”苏轼《浊醪有妙理赋》：“曲蘖有毒，安能发性。”

【曲钱】酒税。《宋史·食货志》：“令磨户承岁课，视酒户纳曲钱法。”

【曲神】酒神。又谓嗜酒客。白居易《与诸客空腹饮诗》：“曲神寅日合，酒圣卯时欢。”

【曲生】酒的别称。相传唐代道士叶法善，居玄真观。有朝客十余人来访，解带滞留，满座思酒。突有一少年傲倪直入，自称曲秀才，抗声谈论，一坐皆惊。良久暂起，如风旋转。法善以为是妖魅，俟曲生复至，密以小剑击之，随手附于阶下，化为瓶榼，美酒盈瓶。坐客大笑饮之，其味甚佳。见郑棨《开天传信记》。后因以“曲生”或“曲秀才”为酒的别称。《聊斋志异·八大王》：“故曲生频来，则骚客之金兰友。”

【曲宝】酒藏之宝。皮日休《酒瓮诗》：“移来近曲宝，倒处临糟床。”

【曲世界】醉酒之境地。《清异录·酒浆》：“释法常，性英爽，酷嗜酒，无寒暑风雨，常醉。醉即熟寝，觉即吟曰，优游曲界，烂熳枕神仙。”

【曲水】古代风俗，于阴历三月上巳日就水滨宴饮，认为可袚除不详，后人因引水环曲成渠，流觞取饮，相与为乐，称为曲水。王羲之

《兰亭集序》："又有清流激湍，映带左右，引以为流觞曲水。"参见"流觞条"。

【曲水池】池名。①在湖北省武昌县东，《太平寰宇记》："梁邵陵王纶为太守，雅好宾客，东诗酒，尝慕王右军兰亭流觞曲水之兴，故效之。"②在湖北省钟祥县东门外。《舆地纪胜》："梁太清中邵陵王纶为富水郡太守，雅好宾客，慕兰亭流觞，故效焉。"

【曲水亭】亭名，在江苏省无锡市。《舆地纪胜》："在无锡县慧山寺前，其水九曲，中有方池，一名浣沼。"《明一统志》："梁建，宋县令苏舜钦重凿渠，引水流觞。"

【曲水宴】往昔三月三日，文士集会，引水环曲为渠，流行酒杯，取饮赋诗，谓之曲水宴。《文选·颜延之·三月三日曲水诗序·注》："翰曰，郑国之俗，三月上巳三日，于溱洧两水上，执兰招魂，祓除不祥，上巳即三日也。曲水者，引水环曲为渠，以流酒杯而行焉。"

【曲王】酒神。与曲神同。皮日休《临顿为吴中偏胜之地奉题屋壁诗》："尽日留蚕母，移时祭曲王。"

【曲先生】酒之别称。《事物异名录·饮食·酒》："张安国椰子酒榼诗，'道傍曲先生，风味固自佳'。"

【曲行】卖酒之家。《福惠全书·任部·禀帖赘说》："曲行程少山等。"

【曲秀才】酒之别名。参见"曲生"条。

【曲引钱】酒税。《宋史·食货志》："湖南有土户钱、折钱、醋息钱、曲引钱，名色不一。"

【曲院】院名，在浙江省杭州西湖，宋代酿酒处。

【曲滓】酿酒曲之滓。魏武帝《上九醖酒法奏》："漉去曲滓。"

【曲霉】曲霉是与酿酒所用的糖化菌种，是与制酒关系最蜜切的一类菌。它是由菌丛、分生孢子柄、孢子构成的。

【肉朋酒友】即酒肉朋友。《桃花扇·草檄》："肉朋酒友，问俺老柳。"

【肉埕陈酿】将初馏酒装埕，加入肥猪肉浸饱三个月，使脂肪缓慢溶解，吸附杂质，并起酯化作用，提高老熟度，使酒香醇可口，同时具有独特的豉味。此法即是肉埕陈酿。

【如醉方醒】像酒醉才醒一般。比喻刚从沉迷中醒悟过来。明吴承恩《西游记》第五十四回："三藏闻言，如醉方醒，似梦初觉，乐以忘忧，称谢不尽。"

【如醉如痴】形容神态失常，失去自制。亦作"如痴似醉"。元马致远

《汉宫秋》第二折：“得见了王昭君，使朕如痴似醉。”明东鲁古狂生《醉醒石》第十三回：“真也弄得个如醉如痴，眠思梦想。”

【设席】设酒，置酒。《诗经·大雅·行苇》：“肆筵设席，授几有缉御。”

【同】古代酒器的一种。《书·顾命》：“上宗奉同瑁。”孔传：“同，爵名。”

【同斟】同饮。韦庄《和薛先辈见寄初秋寓怀即事之作二十韵诗》：“会随迁羽化，香蚁且同斟。”秦观诗：“邻女缩新醅，林下邀同斟。”

【同形配子接合】形状和大小相同的细胞的结合，叫做同形配子接合。

【伪醉】假装酒醉。《晋书·温峤传》：“峤因伪醉，以手板击凤。”

【先酒】始造酒之人。柳宗元《饮酒诗》：“举觞酹先酒，为我驱忧烦。”

【兴文运】广东安定县俗，于重阳日，官绅士子登文笔峰，具酒会饮，谓之兴文运。《广东志书·安定县》：“九月九日，官绅士子会赴文笔峰，登高具酒会饮，谓之兴文运。”

【行酬】行酒。《礼记·燕义》：“君举旅行酬，而后献卿。”

【行酒】①依次斟酒。《三国志·吴志·虞翻传》：“权既为吴王，欢宴之末，自起行酒。”②监酒；在席间主持酒政《汉书·齐悼王诸子传》：“高后令章为酒吏，章自请曰：‘臣，将种也，请得以军法行酒。’”

【行爵】即行觞。行酒。《左氏·哀·十五》：“召获驾乘车行爵食炙。”

【行觞】依次斟。《礼记·投壶》：“命酌，曰：‘请行觞。’”亦谓宴饮。谢灵运《拟魏太子邺中集诗》：“行觞奏悲歌，永夜系白日。”

【巡】席面上斟酒一遍叫做一巡。《清平山堂话本·瑞仙亭》：酒行数巡，文君令春儿：“收拾前去，我便回来。”

【亚角】亚字形的酒杯。《西清古鉴·周亚角》：“右通盖高七寸三分，深二寸四分，重三十二两，三足有流，有鋬。”

【亚尊】樽名。《金石索·亚尊》：“右高一尺二寸，深七寸四分，径六寸四分，腹围九寸四分，重六十五两。按，周礼司尊彝，掌六尊，而壶尊为壶，山尊为罍，是形制迥不一矣。兹器状如觞，博古图所载，多类此者，铭作亚形，又为弓。古者，射必有饮，而亚则有庙室友之义意，此为射宫饮器欤。”

【羊酒】羊肉与酒。古时用作赏赐赠送之品。《汉书·昭帝纪》：“令郡县，常以正月赐羊酒。”（非甑认为：应是指一种酒名，并非羊肉与酒，如果是没必要作个名词释义。）

【羊羔酒】美酒名。产山西。《事物绀珠》：“羊羔酒，出汾州，色白莹，饶风味。”《事文类聚》：“陶穀得党家姬，冬日取雪水煎茶，谓姬曰：党家识此味否？姬曰，彼粗人安有此，但能销金帐底，浅斟低唱，饮羊羔美酒耳。”《酒·小史》：“汾州乾和酒，山西羊羔酒。”

【夷酒】常饮酒，或作彝酒。书曰：“有政有事，无夷酒。”夷，常也，不得常饮。

【有駜】《诗·鲁颂》篇名，宴饮时的颂词。（駜，肥壮的马。）

【有限继续发酵】造酒之始，蒸煮高粱掺和其他谷物为饭，冷至相当温度下曲入窖，发酵至十日左右，取出蒸酒，所得糟粕，再加曲进行发酵，如此进行三次至四次，乃将蒸酒后之糟粕弃去，不再加曲进行发酵，此谓之有限继续发酵。

【羽觥】即羽觞，鸟状酒器。《劝酒诗》：“休向尊前�羽觥，百壶清酌与君倾。”

【羽爵】酒杯，即羽觞，鸟状酒器。魏文帝《哭津诗》：“羽爵浮象樽，珍膳盈豆区。”《文选·左思〈蜀都赋〉》：“羽爵执竟，丝竹乃发。”翰曰，羽爵，羽觞，伴鸟形也。

【羽觞】鸟状酒器。《汉书·外戚·孝成班倢伃传》：“顾左右兮和颜，酌羽觞兮销忧。”刘德曰：“酒行疾如羽也。”孟康曰：“羽觞，爵也，作生爵形，有头尾羽翼。”如淳曰：“以瑇瑁覆翠羽于下，彻上见。”

【羽觞随波】谓注酒于觞浮于水上随波而传送。《晋书·束晳传》：“故逸诗云，羽觞随波，乃流觞曲水，其来已久，兰亭之会，袭而作此，非创为也。”

【再醮】古代男女婚嫁时，父母给他们酌酒的仪式，叫做“醮”。故男子再娶或女子再嫁都可以称为“再醮”。后专指妇女再嫁。

【执爵】持酒器。《礼记·乐记》：“执酱而馈，执爵而酳。”

【旨酒】美酒。《诗·小雅·正月》：“彼有旨酒，又有嘉肴。”

【旨酒嘉殽】美酒美食。《诗·小雅·正月》：“彼有旨酒，又有嘉肴。”《礼记·投壶》：“子有旨酒嘉肴。”

【舟】古代尊彝的托盘。《周礼·春官·司尊彝》：“裸，用鸡彝，鸟彝，皆有舟。”亦作酒器名。苏轼《次韵赵景贶督两欧阳诗破陈酒戒》诗：“明当罚二子，已洗两玉舟。”

【竹叶】酒名。①即竹叶青，又名竹叶清。张协《七命》：“乃有荆南乌程，豫北竹叶。”《酒史·酒品》杨庭秀竹酒诗云：“唯余竹叶曲，留此千古情。”②竹叶煎汁所酿酒。《本草·酒·竹叶酒》：“治诸风热病，清心畅意，淡竹叶煎汁，如常酿酒饮。”

【自酌】自斟，独酌。陶潜《归去来辞》：“引壶觞以自酌，眄庭柯以怡颜。”

【自流原酒】葡萄浆发酵终点达到后，分离出下部的酒，叫自流原酒。

【自然培养基】自然培养基也称天然培养基，它是直接利用天然物质如动植物的组织或器官切块提取浸出液。这种培养基的特点是来源充足，营养丰富，制备方便，价格便宜，适合大规模培养微生物用。

【成品曲】两次翻曲后，品温虽还能回升，前劲已不足，很难回升到一次翻曲的温度。经过6-7天，品温开始平稳下降，曲块逐渐干燥，再经过7-8天，可稍开门窗通风。40天后，曲温接近室温，曲块已基本干燥，即为成品曲。

【次中温曲】温度多控制在45-48℃，不超过50℃制作的曲，称为次中温曲。

【地面法】利用污水灌溉，利用土壤微生物分解有机质的方法称为地面法。

【多层窖泥】为扩大酒醅与窖泥的接触面，提高中槽酒的质量，在入窖的酒醅发酵层中，增加一至二层窖泥，此称之为多层窖泥。

【伏特加】酒名。俄文的音译。苏联人日常饮用的酒，在波兰也很畅行。将酒精经过活性炭处理，除去不纯气味后，加水至含酒精为36-60%时即成。

【后发酵】主发酵后，醪液里的酒精虽然已很高，但还有多量的残余淀粉和一部分糖分未变成酒精，为了继续糖化，提高酒精浓度而进行的发酵，称为后发酵。

【后发酵期】嫩啤酒的二氧化碳含量不足，口味不成熟，不适于饮用。大量的悬浮酵母和凝固析出的物质尚未沉淀下来，酒液不够澄清，一般还需要经数星期或数月的贮藏，此贮藏期即啤酒的后发酵期。

【后火曲】由起潮火到大火阶段，最高曲温达47-48℃在高温阶段维持5-7天，晾曲降温极限为30-32℃，这样的曲称为后火曲，它属于大热中晾。

【后效应】在品评前一种酒后，往往会影响后一种酒的味道，这种情况称为后效应。

【机械化白酒】用机械化制成的白酒称为机械化白酒。一般大路货白酒采用此法。

【尖端酵母】细胞两端有尖突起，颇像柠檬，最大4-5微米，不生成孢子，不发酵蔗糖，在自然界广泛存在，对于低温有很强抵抗力，存在于葡萄皮上。一开始发酵很快，但随即降低。

【扩大培养】三种酵母菌发育速度不同，要分别接种，各扩大10倍。接种后保温30℃，各培养24小时，此谓扩大培养。

【色酒】人们习惯于把谷物发酵后蒸馏出来的无色透明的酒叫“白酒”，而把所有带颜色的酒，包括黄酒、葡萄酒、果酒、露酒统称之为“色酒”。

【杀菌】杀菌又叫煎酒，是将酒中的微生物杀死和破坏残存的酶，使黄酒的成分基本上固定下来，并防止成品酒发生酸败。

【吐酒石】即“酒石酸锑钾”。

【压盖法】为了避免“盖”浮在液面发生败坏和不使葡萄汁温度增高，每天在一定时间内，将“盖”压入汁中。不仅压下去，还要将其搅拌，使其均匀。当“盖”被压入汁中后，它带给葡萄汁空气，并使桶上部与桶底部发酵温度均匀，这种方法叫“压盖法”。

【压榨】把发酵醪中酒（液体部分）和糟粕（固体部分）分离的操作称为压榨。

【压榨酵母脚子葡萄酒】将沉淀在发酵容器或贮酒糟的酵母沉淀，通过强力压榨，用榨出的液体加糖水发酵酿成的酒，称为压榨酵母脚子葡萄酒。该酒含有较多的杂醇油、含氮物和灰分，品质甚劣。

【异泡发酵】大明泡发酵，发生在高泡期或发酵终了期，使已凝结出来的树脂和夹杂物下沉，液面由棕褐色变成白色，此种现象叫异泡发酵。

【异型配子接合】形状和大小不相同的细胞结合，叫做异型配子接合。

【杂醇油】啤酒中的高级醇，习惯称为杂醇油。它以异戊醇为主，其次是活性戊醇、正丙醇和异丁醇。此外尚有色醇、酪醇、苯乙醇和糠醇等。

【早上火】正常发酵于饭下窖或缸后三四日，始行旺盛，温度增高。若第一日即上大火，此即为早上火。

七　画

【把杯】敬酒。《荡寇志》七十一：留守司与他们把了下马杯，簪了花。

【把酒】端着酒杯。苏轼《水调歌头》词：“明月几时有，把酒问青天。

不知天上宫阙，今夕是何年。”

【把盏】 同“把杯”，敬酒。《荡寇志》七十三：哥哥要与孩儿把盏，不敢当他的，故而让开。《官场现形记》十四：看见大船上本府参将一个个离座替统领把盏，庄大老爷也想讨好。

【别酒】 送别时之酒宴。杜甫《王阆州筵奉酬十一舅异别之作诗》：“浮舟出郡郭，别酒寄江涛。”

【沉湎】 亦作“湛沔”。犹沉溺，多指嗜酒无度。《书·泰誓上》：“沉湎冒色。”孔颖达疏：“人被酒困，若沉于水，酒变其色，湎然齐同，故沉湎为嗜酒之状。”《史记·宋微子世家》：“纣沉湎于酒。”

【沉酗】 谓沉湎于酒，辄醉怒而乱性。《书·微子》：“我用沈酗于酒，用乱败厥德于下。”《传》：“沉湎，酗醟，败乱汤德于后世。”《说苑·敬慎》：“荒淫于乐，沉酗于酒。”

【沉缸酒】 沉缸酒采用淋饭法先进行糖化发酵，再中途掺入米烧酒而酿成的甜味酒。该酒香甜可口，饮后余味绵长。

【沉缸酒的制造方法】 将白酒分两次加入，初时米烧酒加得少，这样有利于糖化和发酵的继续进行，并用以控制温度和酸度增加过大。经几天发酵后，把余下的米烧酒加入，使达到规定的酒度和将醪液中的糖分基本上固定下来。当窝内甜液满到 3/5 时，就加入红曲和 17-6%的 53℃的米烧酒，进行糖化 3-4 天，以后再加其余的米烧酒。静止养胚 50-60 天，经压榨、煎酒，即为成品。

【村酒】 村家之酒。犹村醪、村酿，村酤。薛能《送李信巡官归水乐旧居》诗：“山泉饮犊流多变，村酒经年味可怜。”张南史《春山道中寄孟侍御》诗：“昨日已尝村酒熟，一杯思与孟嘉倾。”

【低唱浅斟】 低声歌唱，浅量饮酒。《长编》：“宋陶谷为学士，得党太尉家姬，遇雪，陶取雪水烹茶，谓姬曰：党家有此风味否？对曰：彼粗人，安有此，但能于销金帐中，浅斟低唱，饮羊羔儿酒耳。”

【低浓度啤酒】 低浓度啤酒：麦汁深度在 18℃左右。这种啤酒的酒精含量较低，一般不超过 2%。

【低泡期】 接种后 15-20 小时，池的四周出现白沫，并向池中间扩展，直至全液面，这是发酵的开始。糖度下降，温度上升，酵母浮游。当麦汁倒入主酵池后，泡沫逐渐增厚，洁白细密，从四周向中心形成卷边状，类似菜花。此阶段谓之低泡期。

【低温长时间发酵】 酿造黄酒不单是产生酒精，还要生成多种香味物质并使香味调和，因此一定要经过低温长时间的后发酵。一般低温长时间发酵的酒，香气和口味比高温短期发酵的好。

【低温开耙】 醪品温上升至30℃左右，进行第一次搅拌，发酵温度最高不超过30℃，称为低温开耙。

【低温曲】 温度在40℃以下制作的曲，称为低温曲。

【豆淋酒】 以黑豆作成之酒。《本草·大豆》：“附方，豆淋酒法，宗奭曰，治产后百病。”

【豆酒】 斗酒，（豆、声误应指斗）。《周礼·考工记·梓人》：“食一豆肉，饮一豆酒，中人之食也。”

【杜酒】 谓自家制之薄酒。杜甫《题张氏隐居诗》：“杜酒偏劳劝，张梨不外求。”《来物异名录·饮食·酒》：“野客丛书，俗有杜田杜园之说，杜之云者犹言假耳，如言自酿薄酒，则曰杜酒，此正与杜撰之说同。”

【杜康】 周人，或谓黄帝时宰人，或说即少康。善造酒，后世以杜康善造酒，故亦以为酒名。《尚友录》：“杜康善造酒，酉日死，故造酒忌酉。”《北堂书钞》卷一百四十八：“王著，与杜康绝交书曰，康字仲宁，或曰，黄帝之时宰人，始造酒，时人号曰酒泉太守。”《十驾齐养新录》卷十二：“说文，古者少康，初作箕帚秫酒。少康，杜康也，葬长垣。”《文选·魏武帝诗》：“何以解忧，惟有杜康。”

【杜醞】 自家酿造的酒。《警世通言》十四：桃花发，杜醞又熟，我们去那里吃三杯。

【泛酒】 水上流杯之酒，古代三月三日浮酒杯曲水，以为风雅之玩。参见“曲水宴”条。

【饭坑酒囊】 比喻只会吃喝不会做事的人。语本汉王充《论衡·别通》：“腹为饭坑，肠为酒囊。”参见“酒囊饭袋”。

【芳醇】 芳香浓烈之酒。张率《对酒诗》：“对酒诚可乐，此酒复芳醇。”

【芳榼】 谓馨香之酒樽。陆游《往寻东村梅花诗》：“重携芳榼下幽期。”

【芳酒】 美酒。

【芳醪】 美酒。袁峤之《兰亭诗》：“激水流芳醪。”李贺《恼公诗》：“芳醪落夜风。”

【芳醴】 芳香之美酒。《洛阳伽蓝记》：“芳醴盈罍，佳宾满席。”《文选·王融〈三月三日曲水诗序〉》：“因流波而成次，蕙肴芳醴。”

【芳醁】 美酒。王融《修理六根篇颂》：“倾都丽佳，绕梁之曲，肥马轻

裘，惠肴芳醁。”

【芳酿】美酒。

【芳醑】美酒。《文选》中谢灵运《拟太子邺中集》阮瑀诗：“倾酤系芳醑，酌言岂终始。”

【芳蚁】美酒。李峤诗：“行庆传芳蚁，开高缀彩人。”

【芳樽】谓美酒。《晋书·阮籍传》：“刘毕芳樽之友。”姚椓《颍州客舍诗》：“素琴孤剑尚闲游，谁共芳樽话唱酬。”

【扶头】谓沉醉。李清照词：“扶头酒醒。”

【扶头酒】谓易醉之酒。白居易《早饮湖州酒寄崔使君诗》：“一榼扶头酒，泓澄泻玉壶。”王禹《回襄阳诗》：“扶头酒好无辞醉。”

【扶头卯酒】朝饮之胡麻酒。又迎朝之酒。《桃花扇·郤奁》：“谓老爷，同到洞房，唤他出来，好饮扶头卯酒。”

【谷溪春】酒名。《武村市肆记》：“谷溪春，兰溪酒名。”

【龟榼】龟形酒器。白居易《东城晚归诗》：“一条筇枚悬龟榼，双角吴童控马衔。”

【龟肉酒】酒名。《本草》：“龟肉酒，治十年咳嗽。”

【花雕】酒名。浙江绍兴旧俗，以彩色坛贮盛好酒，作为陪嫁的礼物，叫“花雕”。后沿用为上等绍兴黄酒的别称，如：远年花雕。参见“女儿酒”。

【花酒】①宴会有妓侑酒曰花酒。吕岩《敲爻歌》：“色是乐，酒是绿，酒色之中无拘束，只因花酒误长生，饮酒带花神鬼哭。”②用花酿成之酒。《宋史·三佛齐国传》：“有花酒、椰子酒、槟榔酒、蜜酒、皆非麦所酿，饮之亦醉。”

【花醴】谓花酿之酒。王维诗：“花醴和松屑，茶香透竹丛。”

【花露】酒名。《通俗编·饮食·花露酒》：“《野客丛书》，真州郡斋，旧有酒名花露。姚合诗：‘味轻花上露，色空洞中泉。’得无此意乎？”

【花天酒地】在妓院内寻欢作乐。《官场现形记》二十七：到京之后，又复花天酒地，任意招摇。《负曝闲谈》十九：黄之文把校对的事情也托了他们，乐得自己花天酒地。

【鸡缸杯】一种很大的酒杯。《海上花列传》三：杨家姆去问间壁房里取过三只鸡缸杯，列在荔甫面前。

【鸡酒】谓具鸡与酒，即具饮食之事。刘汲《过盘岭宿义园诗》：“村家应最乐，鸡酒夜相呼。”

【鸡鸣酒】谓一夜之间酿成之酒。《说文》："酟，一宿酒也。"〔注〕：谓造之一夜而熟，若今鸡鸣酒也。《食经》："今日作，明日鸡鸣时熟，谓之鸡鸣酒。"

【鸡尾酒】由两种或两种以上的酒或由酒掺入鲜果汁配合而成。

【鸡尾酒会】酒会的一种。初行于欧美。在这种酒会上，以鸡尾酒和其他饮料招待宾客。席上并备点心，客人一般都站着饮食。

【进醵】付出合资饮酒之分金。《史记·货殖传》："进醵饮食，被服不足。"

【劲酒】强烈之酒，浓酒。《陆游诗》："劲酒举数斗。"

【局票】旧时唤妓女陪伴饮酒的票子。《海上花列传》三：洪善卿叫杨家拿笔砚来开局票，先写了陆秀林、周双珠二人。

【角】①古代量器。《管子·七法》："斗，斛也；角，量也。"尹知章注："角亦器量之名。"后用为酒的计量单位。《水浒传》第十一回："先取两角酒来。"②古代酒器。青铜制，形似爵而无柱，两尾对称，有盖，用以温酒和盛酒。出现于商代和西周初期。《礼记·礼器》："宗庙之祭，尊者举觯。卑者举角。"③古货币单位。

【角饮】竞饮。张昱《辇下曲》："对朋角饮自相招，黄鼠生烧入地椒。"

【角尊】酒器。白居易《对琴酒诗》："角尊白螺醆，玉轸黄金徽。"

【均】汉代量酒的单位。《汉书·食货志下》："令官作酒，以二千五百石为一均。"

【坎】酒樽名，形如壶。《尔雅·释器》："小罍谓之坎。"

【狂酲】饮酒势猛而酩酊大醉。《庄子·人间世》："嗅之则使人狂酲，三日而不已。"

【狂药】谓酒。《晋书·裴楷传》："长水校尉孙季舒尝与崇（石崇）酣燕，慢傲过度，崇欲表免之。楷闻之，谓崇曰：'足下饮人狂药，责人正礼，不亦乖乎？"李群玉《索曲送酒》诗："帘外春风正落梅，须求狂药解愁回。"

【狂醉】狂饮至于醉。李中《献乔侍郎诗》："静吟穷野景，狂醉养天真。"

【来迟饮三杯】酒律语，谓居末座者，酒行常后到，至则连饮三杯也。《通俗编·饮食·来迟饮三杯》："《石林燕语·酒律》谓，酒巡一匝，末座者连饮三杯。蓝尾，盖末座也，酒行常到迟，故连饮以慰之。按，此是酒来迟，非谓人之来迟也。"

【劳酒】犒劳之酒。《礼记·月令》："三公九卿诸侯大夫皆御，命曰劳酒。"

【牢馔】酒席。《才鬼记》："今夕甚佳，又有牢馔。"

【沥酒】犹言滴酒。王建《岁晚自感诗》："沥酒愿从今日后，更逢二十度花开。"李商隐《偶成转韵七十二句赠四同舍诗》："我来不见隆隼人，沥酒空余庙中客。"欧阳修诗："呼龙沥酒未及祝，五色灿烂高崔嵬。"

【良糵】佳曲。王畴诗："良糵争清醇。"

【良乡酒】甜酒之一种。北平重阳节时所用。非甑认为主产于北京郊区良乡，故名。

【良醞】美酒。《唐书·王绩传》："或问：'待诏何乐邪？'答曰：'良醞可恋耳。'"

【卣】酒樽。《尔雅·释器》："彝，卣，罍器也。"〔疏〕：卣者，卣，中尊也。孙炎云，尊，彝为上，罍为下，卣居中。郭云，不大不小者，是在罍彝之间。

【抛青春】唐代酒名。韩愈《感春诗》："百年未满不得死，且可勤买抛青春。"

【求浆得酒】求饮料而得到酒，比喻所得过于所求。语出唐张《朝野佥载》："岁在申酉，求浆得酒。"

【沙】酒名。与献通。《仪礼·大射仪》"两壶献酒"注："献读为沙，沙酒浊泲之必摩沙者也。"

【社日酒】社日祭祀所用之酒。亦作社酒。

【寿酒】祝寿之酒。《战国策·燕策》："燕王喜使粟腹以百金为赵孝成王寿酒。"黄庭坚《酌姨母崇德君寿酒诗》："欲将何物献寿酒，天下千秋桂一枝。"

【寿斝】祝寿之樽。苏辙词："七十余年真一梦，朝来寿斝儿孙奉。"

【寿席】祝寿之酒席。

【私酒】私自酿造之酒。

【私料子】指私酒。

【兕觥】酒器名，以兕角为之。《韵会》："兕，陆佃云，兕，善抵触，故先王制罚爵，以为酒戒。"《诗·周南·卷耳》："我姑酌彼兕觥。"兕觥，兕角爵也。〔笺〕：兕觥，罚爵也。《诗豳风·七月》："跻彼公堂，称彼兕觥。"《诗·小雅·桑扈》："兕觥其光。"

【诉】辞酒不饮。陆游《蝶恋花》词："鹦鹉杯深君莫诉，他时相遇知何处！"

【坛】酒器。《品字笺》："坛，酒器也。"陆龟蒙《谢山泉诗》："石坛对寄野人家。”许浑《夜归驿楼诗》：“桥边沽酒半坛空。”

【汤酒】 温酒。《山海经·西山经》：“汤其酒百樽。”今人呼温酒为汤酒，本此。

【投壶】 我国古代宴会的礼制。也是一种游戏。《礼记·投壶》记述甚详。方法是以盛酒的壶口作目标，用矢投入。矢有三种长度：室内用二尺，堂上用二尺八寸，庭中用三尺六寸，以投中多少决胜负，负者须饮酒。《后汉书·祭遵传》：“对酒投乐，必雅歌投壶。”

【投酒】 再酿之酒。“投”本作“酘”。梁简文帝《乌栖曲》：“宣城投酒今行熟。”

【忘忧物】 酒异名。《陶潜·饮酒诗》：“秋菊有佳色，汎此忘忧物，远我遗世情。”

【尾酒】 酒之薄者，后于头酒而酿出，故名。《丹铅录》：“醑、百酒也。䤁，尾酒也。”

【尾级杂质】 是较乙醇沸点高，挥发性小的杂质，如各种高级醇脂肪酸及酯类。

【沃酹】 以酒洒地祀神。《三国志·魏志文帝纪》：“乃宫殿之内，户牖之间，无不沃酹。”

【杏花村】 ①在安徽贵池县城西。向以产酒著名。《江南通志》载：唐诗人杜牧任池州刺史时，有诗“清明时节雨纷纷，路上行人欲断魂。借问酒家何处有，牧童遥指杏花村”。即指此。②在山西省汾阳县东部。相传自南北朝以来，即以产“汾酒”著名，享有“甘泉佳酿”之誉。

【饮】 喝。又特指喝酒。如：对饮；宴饮。

【饮杯】 酒器。《韩非子·难·三》：“此知伯之所以亡国而身死，头为饮杯之故也。”

【饮储】 酒异名，下酒物。《类说》：“下酒物谓之饮储。”

【饮盏亦醉】 “盏”，同“䭔”蒸饼。崔令饮《教坊记》：“苏五奴妻张四娘善歌舞……有邀迓者，五奴辄随之前。人欲得其速醉，多劝酒。五奴曰：‘但多与我钱，吃盏子亦醉，不烦酒也。’”旧用来骂人只贪钱财，不知羞耻。

【饮福宴】 祭礼毕，设宴以饮神酒，谓之饮福宴。《事物纪原·礼祭郊祀部·饮福》：“宋朝会要曰，乾德元年十二月以南郊礼毕，大宴于广德殿，自后凡大礼毕，皆设宴，例曰饮福宴，盖自此始也。”

【饮豪】饮量甚豪。另应指饮量大，饮时豪爽者。元淮《赏春楼书怀诗》："醉尽春风与未阑，饮豪惟恐玉杯干。"

【饮祸】饮酒致祸。皮日休《酒笺序》："不见前世之饮祸耶。"

【饮饯】古之行者有祖道之祭，祭毕，送行者饮于其侧，故曰饮饯。《诗·邶风·泉水》："出宿于，饮饯于祢。"《集传》："饮饯者，古之行者，必有祖道之祭，祭毕，处者送之，饮其侧，而后行也。"

【饮局】谓酒席。《续湘山野录》："蜀人严储与苏易简之父善，储始举进士日，易简生之日，为饮局。"

【饮酒】①喝酒。《礼记·曲礼上》："饮酒不至变貌。"《左氏·昭·元》："饮酒乐。"《庄子·则阳》："夫卫灵公饮酒湛乐。"《荀子·乐论》："饮酒之节。"②供饮用之酒。《周礼·天官·酒人》："共宾客之礼酒，饮酒而奉之。"

【饮酒高会】相聚饮酒极其燕乐之会。《史记·项羽纪》："至无监，饮酒高会。"

【饮噉醉饱】谓饭饱酒醉。《颜氏家训·归心》："饮醉饱，便卧簷下。"

【饮客】善饮者，饮酒者。《沈约·七贤论》："刘伶酒性既深，子期又是饮客。"《南宋市肆记》："酒楼设官妓数十人，各有金银酒器，以供饮客之用。"

【饮量】酒量。见《琅琊代醉编》卷二十八。《五杂俎》："以今人饮量较之。"

【饮盟】饮酒结盟。《汉书·匈奴传》："与贵人饮盟。"

【饮谑】饮酒游戏。《唐书·王琚传》："饮谑搒博为乐。"

【饮器】饮酒的器具。《考工记·梓人》："梓人为饮器，勺一升，爵一升，觚三升。"

【饮扇】设于酒席旁祛暑之扇。《南史·梁南平王伟传》："齐世青溪宫，改为芳林苑，赐伟为第，又加穿筑，立游客省，冬有笼炉，夏设饮扇。"

【饮所】饮酒处。《云仙杂记》："苏晋作曲室，为饮所。"

【饮徒】好饮酒之人；酒客、酒友。《唐书·李白传》："有诏供奉翰林，白犹与饮徒醉于市。"

【饮戏】饮酒游戏。《宋史·梁周翰传》："喜蒲博，惟以饮戏为务。"

【饮禊】修禊饮酒。苏辙《次韵王适游陈氏园诗》："舞雩便可同沂上，饮禊何妨似洛阳。"

【饮噱】饮酒谈笑。《唐书·刘伯刍传》："数过友家。饮噱。"

【饮馔】酒肴。苏询《御将文》："美田宅，丰饮馔。"

【饮燕】与饮宴同。《汉武帝·秋风辞序》："中流与群臣饮燕。"《后汉书·郭皇后纪》："帝数幸其第，会公卿诸侯亲家饮燕赏赐。"

【饮宴】设宴饮酒。亦作饮讌。《后汉书·灵帝纪》："服饮宴为乐。"《三国志·魏志·文德郭皇后纪》："明帝令朝臣会其家饮宴。"《三国志·吴志·孙和传》："娱娱之好，亦在于饮宴。"《文选·谢灵运·拟魏太子邺中集诗》："副君命饮宴，欢娱写怀抱。"

【饮讌】与饮宴同。《后汉书·刘玄传》："日夜与姻人饮讌后庭。"《文选·谢灵运·拟魏太子邺中集诗》："爱客不告疲，饮讌遗景刻。"

【饮醼】与饮燕同。《后汉书·陈蕃传》："又多取掖庭宫人，作乐饮醼。"

【饮帐】设帐室外之饮，酒宴之席。陆厥《中山王孺子妾歌》："洪波陪饮帐，林先宴秦余。"

【饮鸩】谓饮鸩毒之酒。《汉书·萧望之传》："中书令弘恭石显急发执金吾车骑驰围其弟，望之欲自杀，其夫人止之，以为非天子意，望之以问门下生朱云。云者好节士，劝望之自裁……竟饮鸩自杀。"

【饮鸩止渴】鸩，毒酒。比喻只图解决目前的困难，不顾后来的大患。语出《后汉书·霍家传》："譬犹疗饥于附子，止渴于鸩毒，未入肠胃，已绝咽喉。"

【饮蒸】设酒宴。饮为酒，蒸为肴。《吕氏春秋·孟冬纪》："是月也，大饮蒸。"天子诸侯，与其群臣大饮酒，蒸俎实，解节析，谓希蒸也。

【饮烝】谓十月农事毕，天子诸侯与群臣饮酒于大学。又作饮蒸。《礼记·月令》："孟冬，是月也，大饮蒸。"十月农事毕，天子诸侯，与其群臣饮酒于大学，以正齿位，谓之大饮，别之于他，烝谓有牲体为俎也。

【饮中八仙歌】杜甫择当时好酒豪宕者八人，就其见闻所及之事实叙之。按，八人为贺知章、汝阳王琎，左相李适之、崔宗之、苏晋、李白、张旭、焦遂。歌为七言二十二句，每句押韵。

【饮至】古代的一种典礼，诸侯朝、会、盟、伐完毕，回到宗庙饮酒庆贺。《左传·隐公五年》："三年而治兵，入而振旅，归而饮至。"又《恒公二年》："凡公行告于宗庙，反行饮至舍爵策勋焉，礼也。"

【饮酎】饮重酿之酒。《礼记·月令》："天子饮酎。"酎之言醇也，谓重酿之酒也。

【迎九】 谓于九月九日重阳送糕酒于嫁女。《直隶志书·邢台县》："九日重阳餽糕酒于嫁女，曰迎九。"

【迎霜】 谓重阳前后吃霜麻辣兔饮菊酒之宴。《日下旧闻考》："重阳前后，设宴相邀，谓之迎霜宴。"

【迎霜兔】 重阳前后设宴谓之迎霜宴，席间食之兔谓之迎霜兔《酌中记》："九日重阳节，驾幸万岁山，或兔儿山，施磨山登高，吃霜麻辣兔，饮菊花酒。"《日下旧闻考》："重阳前后，设宴相邀，谓之迎霜宴，席间食兔，谓之迎霜兔。"

【余酲】 犹言宿醉。刘禹锡《太湖石诗》："烦热近还散，余酲见便醒。"韩偓《农兴诗》："已能消滞念，兼得散余酲。"

【饫赐】 饱于所赐之酒食。《左氏·襄·二十六》："是以将赏，为之加膳，加膳则饫赐。"饫，餍也。酒食赐下，无不餍足，所谓加膳也。

【杖头钱】《晋书·阮修传》："常步行，以百钱挂杖头，至酒店便独酣畅。"后人因称买酒的钱为"杖头钱"。王绩《戏题卜铺壁》诗："不应长卖卜，须得杖头钱。"

【状元红】 美酒名。绍兴酒陈至三年者。今常亦有此称。《精注雅俗故事读本·上·饮食》："竹草青，壮元红，俱为美酒。"

【纵饮】 无控制饮酒。《唐书·高宗诸子传》："诸王日朝侧门，归则具乐纵饮。"杜甫《曲江对酒诗》："纵饮久拚人共弃，懒朝真与世相违。"

【作杯】 请喝酒。《水浒》二十四："却才又有一个作杯，我不耐烦，一直走到家来。"《水浒》三十七："差拨哥哥休罪，不及陪侍，改日再得作杯。"

【阿日吉、洁日吉】 用"萨林阿日何"蒸馏而得的酒，称阿日吉酒。将阿日吉酒再蒸馏的酒，称为洁日吉酒，该酒质同酒精，一般人饮一杯即醉。

【补香】 在香气混合体中，要想除去某种不良气味，可以用好的香气来隐蔽不良气味，或用其他气味改变不良气味，此谓之补香。

【陈放】 老窖、新窖、水泥窖、陶缸发酵后蒸馏出来的酒，作相当时间的贮藏，酿酒行业中叫陈放。

【陈曲】 经过贮存的成品曲称陈曲。陈曲可使制曲过程中进入大量产酸多的细菌。在比较干燥的条件下，死去或失去繁殖能力。使曲相对来讲较纯，酿酒时酸度降低，同时在贮存过程中，酶活力下降，在同等条件下，发酵温度上升平缓，酿出的酒，香味较好。

【陈贮】白酒生产中，要酿造出醇香、优雅、协调、绵软的优质产品，都在生产工艺上规定一定的贮存期。名、优酒一般贮存期约为一年至三年，这个必不可少的贮存过程，在白酒生产工艺上称为陈贮。

【赤霉酸】赤霉酸是日本人在水稻恶苗菌——赤霉菌中发现的分泌物。

【初蒸】先将甑篦铺好，以少许谷壳堵住空隙，再撮入已泡好的包谷，装完后扒平，安上围边上盖，开大汽进行蒸料，此谓之初蒸，又名干蒸。

【串香法】用小曲法制酒的白酒或醅，进行蒸馏时，其蒸汽串透过另用大曲发酵的香醅，此法叫串香法。董酒即用此法。

【兑制甜葡萄酒】在新鲜葡萄汁中添加纯粹的饮料酒精，使酒精度达到百分之十五至十六（容量），阻止酵母发育繁殖，经几次沉淀澄清制成的甜葡萄酒，称为兑制甜葡萄酒。

【饭】蒸熟的高梁预备加曲发酵才称为饭。加渣蒸酒后，也称为饭。

【还原酶】还原酶使某些物质与氢接合起还原作用，尤其是与含硫物质作用生成硫化氢。硫化氢称为酒脚味。

【极甜香槟酒】香槟酒的含糖量占20%，这样的香槟酒称作极甜香槟酒。

【间断通风】幼菌丝不耐高温，品温过高容易烧曲，当品温升到33℃时，就开始通风，降到30℃就停风，如此间断通风三到四次，就是所谓“间断通风”。通风时应注意保潮，因为菌丝刚形成，尚未开始结块，曲料透气性好，不易保潮。通风前后温差不得太大。

【间歇加压蒸煮】加水入蒸煮锅，然后投料、升温、蒸煮、吹醪，这样的蒸煮称为间歇加压蒸煮。

【间歇灭菌法】采用反复几次的常压蒸气灭菌，以达到杀死微生物营养和芽孢的目的，此谓之间歇灭菌法。

【间歇式发酵法】间歇式发酵法是指全部发酵过程始终在一个发酵罐进行。糖化醪冷却到27-30℃后，接入糖化醪量10%的酵母，混合均匀后，经60-72小时发酵，即成熟。

【间歇式三塔蒸馏】粗酒精进入排醛塔以及脱醛酒精进入精馏塔者是液体，此谓间歇式三塔蒸馏。

【快酒】淋饭酒母还可以直接酿成淋饭酒，作为商品酒出售，俗称快酒，又名新酒。但快酒风味较为单调。

【**快速浸麦法**】让大麦在水中浸渍 8 小时，24 小时断水。在浸渍过程中，每小时通风 5 分钟。28 小时后大麦入发芽箱，并连续通湿空气约 20 小时。此法谓之快速浸麦法。

【**块曲的制造**】制曲时间多为旧时农历八、九月间。其制造序为：过筛、轧碎、拌曲、踩曲、堆曲、保温、培养。

【**冷混浊**】冬季啤酒遇低温常出现混浊，习惯称为冷混浊。但当温度上升至一定程度，混浊物又消失，因此又可称之为可逆性混浊。开始至 5-7℃所形成的悬浮粒子，称为冷凝固物。

【**冷却接种**】把蒸料用扬渣机打碎团块，并降温至 38-40℃进行接种，这就是冷却接种。种曲用量约为原料的 0.3%，按种曲质量和气候变化而定。接种时为了防止孢子飞扬和使接种均匀，可先将曲种混入部分曲料，用手搓碎拌和，然后分几次加入曲料中，充分拌匀。

【**冷却用水**】白酒生产过程中，蒸馏醪和糖化醪的冷却，发酵温度的控制，蒸馏时酒精蒸汽的冷凝，成品酒的冷却等，都需要大量的冷水起热交作用，这部分用水称作冷却用水。

【**冷作酒**】低温开耙的发酵比较完全，成品酒的酸味较低而酒味较高，易酿成没有甜味的辣口酒，俗称冷作酒。

【**连续发酵**】连续发酵是快速发酵的一种方法，有塔式、多槽式等型式，其特点是采用较高的发酵温度、保持旺盛的酵母层，使麦汁在很短的时间内发酵完毕。

【**连续发酵法**】连续发酵法是将九至十个发酵罐组成一组连续发酵组，各罐的连接方式是从前罐上部流入下一罐底部。投产时，先将酒母打入第一罐，同时加入糖化醪，在保持该罐处于主发酵状态下，流加糖化醪至满，然后自然流入第二罐，满后又依次流入第三罐，直至末罐。待醪液流至末罐并加满后，发酵醪成熟。将末罐成熟的发酵醪送去蒸馏，用末罐变首罐，重新接种发酵。

【**连续和半连续体系**】浸麦发芽干燥三用体系箱式和转筒式，合称为连续和半连续体系。热效率不如将干燥炉分开的好。

【**连续通风**】间断通风三、四次后，菌丝大量生成，呼吸十分旺盛，发热量大，品温上升快。就应连续通风。

【**两塔蒸馏**】若利用单塔蒸馏制造浓度很高的酒精，则塔需要很多的塔板，需要塔身很高，相应的厂房建筑也需增高。另外这样的单塔蒸馏酒糟很稀，用作饲料诸多不便。为了降低塔身高度和提高成品浓度，把单塔分作两个塔，分别安装，这就是两塔蒸馏。

【麦曲】 麦曲是指在扎碎的小麦上繁殖培养糖化菌，作为糖化剂使用。麦曲的作用是利用麦曲中的各种酶，使米饭中淀粉和蛋白质等分解溶出，并利用麦曲内蓄积的糖化菌等微生物的代谢产物，给黄酒独特的风味。

【麦芽】 大麦经加工发芽而得。可在啤酒和酒精工业中做糖化剂。

【麦芽的溶解过程】 发芽过程中各种酶逐渐形成。生成的蛋白酶首先作用于胚细胞壁间的蛋白质，接着半纤维素酶分解细胞壁使其形成网状结构，随后淀粉酶等进入胚乳细胞内，进行一系列的水解反应，致使胚乳细胞松软，这就是常说的溶解过程。

【麦芽糖酶】 麦芽糖酶实质上属糖化型淀粉酶的一种，它能将一分子麦芽糖分解成二分子的葡萄糖。高等植物种子的芽及许多酵母都含有此酶。

【麦芽汁】 滤出麦糟后的混合液称为麦芽汁，又称麦汁。

【麦汁定型】 麦汁经煮沸后，将数量和浓度固定下来，此称为麦汁定型。

【芽簇】 当酵母生长旺盛时，芽细胞尚未从母细胞脱落前，又在芽细胞上长出新的芽细胞，如此连续出芽，就会形成短链或丝状，称假菌丝，又叫芽簇。

【芽胞】 啤酒酵母主要以发芽方式进行繁殖。芽殖过程，在母细胞表面先长出一个小突起，叫做芽胞。

【芽孢】 某些细菌在其生活史的一定阶段，于营养细胞内形成一个内生孢子，称为芽孢。芽孢在细胞内有一定位置，有的位于菌体的一端，有的位于中央。芽孢在细胞中央其直径大于菌体直径时，则细胞呈梭状；芽孢在细胞顶端若其直径大于细胞直径时，细胞呈鼓槌状；芽孢直径小于细胞直径时，细胞不变形。

【芽孢杆菌】 能形成芽孢的杆菌称为芽孢杆菌。

【芽孢囊】 带有芽孢的菌体叫芽孢囊。

【芽殖】 芽殖即出芽繁殖。它是酵母菌中最普遍的繁殖方式。出芽繁殖时，由母细胞核下的液泡产生一根小管，同时在母细胞表面的任何部位形成一个小的突出体，小管通过胞壁进入突出体，母细胞的细胞核分裂成两个核，其中一个随同细胞的细胞质进入突出体内，当芽细胞长大到接近母细胞大小时，两者接触处的细胞壁收缩，使芽细胞脱离母细胞。如果此时为酵母菌生长旺盛期，芽细胞尚未自母细胞脱离前，又在芽细胞上生出新的芽细胞。如此继续出芽，形成串生细胞或假菌丝。

【扬渣】将蒸馏材料散冷至要求温度，将渣醅中的水分及挥发性物质散发出去，以便大量吸收浆水，使渣醅能与空气接触，谓之扬渣。

【抑制剂】凡阻抑酶反应速率的物质，称酶的抑制剂。其作用称酶的抑制作用。

【足球菌】足球菌是啤酒中危害最大的一种病害微生物。污染严重时，啤酒发酸、混浊、发粘。当时称之为八迭球菌病，意译“伤心菌”。

【帐饮】亦作“张饮”。在郊野设置帷帐，设宴送别。《晋书·石崇传》：“拜太仆，出为征虏将军……崇有别馆，在河阳之金谷，一名梓泽；送者倾都，帐饮于此焉。”柳永《雨霖铃》词：“都门帐饮无绪。”

八　画

【败酒】腐酒。《吕氏春秋·贵生》：“嗜肉者，非腐鼠之谓也；嗜酒者，非败酒之谓也；尊生者，非迫生之谓也。”

【杯】古代盛羹及注酒之器。《说文》：“盖今饮器。”《大戴记·曾子事父母》：“执觞觚杯豆而不醉。”“杯，盤、盎、盆、盏之总名也。”

【杯弊】比较差的酒及酒具（非僧认为是谦逊之词），有毛病的杯具。《福惠全书·邮政部·总论》：“此外有杯弊之敬。”

【杯酒】一杯之酒。少量之酒。《史记·武安侯传》：“此天下壮士，非有大恶，争杯酒，不足引他过以诛也。”《汉书·司马迁传》：“未尝衔杯酒接慇勤之欢。”江淹《报袁叔明书》：“松柏被地，墳垄刺天，何时复能衔杯酒者也。”李端《岳州逢司空曙诗》：“唯应执杯酒，暂食汉江鱼。”

【杯酒解怨】谓藉酒之献酬以解旧恶。《唐书·张延赏传》：“李晟为子请婚，延赏不许。晟曰：吾武夫，虽有旧恶，杯酒间可解，儒者难犯，外睦而内含怒，今不许婚，依未忘也。”

【杯酒释兵权】宋太祖解除将领兵权的事件。建隆二年（961年），太祖与赵普定策，召集禁军将领石守信、王审琦等宴饮，以高官厚禄为条件，解除兵权。以加强中央集权，防止分裂割据。

【杯盘】餐酒具统称。刘禹锡《历阳书事时》：“助善杯盘盛，忘机哭语訇。”

【杯盘狼藉】酒尽肴竭，杯盘混乱置放。酒席后之残席。《史记·滑稽传》：“杯盘狼藉，堂上烛灭。”杜甫《郑典设自施州归诗》：“勑厨倍常羞，杯盘既狼藉。”

【杯罤】古酒器。《桃花扇·拜坛》：“去野哭，江边奠杯罤。”

【杯杓】酒器。也指饮酒之事。《汉书·息夫躬传》：“霍显之谋，将行于杯杓。”皮日休《二游任诗》：“杯杓悉杉瘤，盘筵尽荷叶。”

【杯台】置杯之盘。《唐书·五行志》：“龙朔中时人酒令曰，子母相去难，连台拗倒，倍谓杯盘为子母，又名盘为台。”

【杯行】沿座行酒。潘岳《金谷集作诗》：“玄醴染朱颜，但望杯行迟。”

【杯盂】酒杯。《唐书·柳公权传》：“尝贮杯盂一笥。”白居易《马上作诗》：“高声咏篇什，大笑飞杯盂。”

【杯盏】杯盂。饮器。元稹《酬友封话旧叙怀十二韵诗》：“身名判作梦，杯盏莫相违。”

【杯中物】谓酒。陶潜《责子诗》：“天运苟如此，且进杯中物。”杜甫《巴西驿亭观江涨诗》：“赖有杯中物，还同海上鸥。”

【杯酌】一杯所盛之量，喻少也。逊词：酒少。戴叔伦《奉陪李大夫九日宴龙沙诗》：“莫怪河边倒，偏沾杯酌余。”

【拨】酒再酿。与“醱”通。苏轼《蜜酒诗》：“三日开瓮香满城，快泻银瓶不须拨。”

【侧酌】独饮。又，饮一种酒。《仪礼·士冠礼》：“赞者洗于房，侧酌醴加柶覆之，面叶。”注：侧酌者，言无为之荐者。胡培翚《正义》：“言无为之荐者。，谓无人为之荐脯醢也。”

【侧尊】一尊，无玄酒也。《仪礼·士冠礼》：“侧尊一甒醴，在服北。”〔注〕：侧，犹特也，无偶曰侧，置酒曰尊，侧者无玄酒。《仪礼·士昏礼》：“侧尊甒醴于房中。”注：侧尊，亦言无玄酒。

【承盘】承酒杯之具。《事物原始》：“盘盏，周宫司尊彝之职曰六彝，下皆有舟，郑司农曰，舟乃樽下台，若今之承盘。”

【承饮】奉饮。《左传·成公十六年》：“使行人执榼承饮造于子重。”〔注〕：承，奉也。《左传·襄公二十五年》：“承饮而进献。”

【单醪】谓一樽酒。古之良将，人遣之单醪，轮之于川，于士卒以下饮之，示不独自享其味也。非甑先生认为应释为：酒仅有一个品种。

【单边发酵】在发酵过程中，只起糖化作用的发酵（特指谷芽发酵），称为单边发酵。

【单鞭毛】在细菌一端生一根鞭毛，称为单鞭毛。

【单个菌丝】 由不分隔的单细胞或有隔的多细胞组成的圆筒结构，叫单个菌丝。菌丝在成长期间为白色，过老或长期贮存呈灰褐色或茶褐色。

【单式糖化设备】 由糖化锅兼做麦汁煮沸锅和过滤槽的糖化设备。叫单式糖化设备。

【单塔式蒸馏】 用一个塔从发酵成熟醪中分离获得酒精成品，称为单塔蒸馏。

【坫】 古代设于堂中两楹间的土台。低者供诸侯相会饮酒时置放空杯。

【顶真续麻】 一种酒令。第一个人念一句古诗，第二人把第一人诗句的末一字作第一字，再接念一句古诗，像这样的连贯而下，念不出的人罚酒一杯。“顶真”当作“顶针”，《水浒》六十一：不止一身好花绣，更兼吹的、弹的、唱的、舞的、拆白道字、顶真续麻，无有不能，无有不会。

【法酒】 ①古代朝廷的正式宴会。《汉书·叔孙通传》：“汉七年，长乐宫成，诸侯群臣皆朝十月……置法酒。”颜师古注：“法酒者，犹言礼酌，谓不饮之至醉。”②按法定规格酿成的酒，亦称“官法酒”，又称“官酤”。《汉书·食货志》：“请法古令官作酒。”刘禹锡《昼居池上亭独吟》：“法酒调神气，清琴入性灵。”

【法酒库】 宋代掌法酒之官署。《宋史·职官志》：“法酒库内酒坊，以式法授酒材，视其厚薄之齐，而谨其出纳之政。”

【法子】 酌酒之具，形似罂。《资暇录》：“稍用法子，其形若罂而盖觜柄皆具。”

【放醉】 尽情纵饮。白居易《初到洛下闲游诗》：“趁伴入朝应老丑，寻春放醉尚粗豪。”

【放僵】 曲生衣后将窗户齐开，揭去盖席，使空气流通，曲之表面水分蒸发，曲面渐渐变硬，此谓之放僵。

【肥醲】 美味之浓酒。《文选·枚乘〈七发〉》：“甘脆肥醲，命曰腐肠之药。”

【肥肉大酒】 肥肉与美酒。杜甫《严氏溪放歌行》：“费心姑息一是役，肥肉大酒徒相要。”

【肥肉厚酒】 肥肉醇酒。《吕氏春秋·本性》：“肥肉厚酒，务以自强，命之曰澜肠之食。”

【奉觞】 谓捧持酒卮进酒劝酒。《礼记·投壶》：“当饮者皆跪，奉觞曰：‘赐灌。’ 腾者跪曰：‘敬养’。”《史记·滑稽传》：“奉觞上寿。”

《汉书·东方朔传》：“臣朔奉觞昧死再拜，上万岁寿。”

【供具】供设酒食的器具。亦作“共具”。《史记·封禅书》：“设供具以礼神君。”引申为陈设食具。《史记·范雎蔡泽列传》：“范雎大供具，尽请诸侯使与坐于堂上，食饮甚设；而坐须贾于堂下。”

【供冷与冷耗】用冷冻机来吸热，习惯上称为供冷；需传递的热量称为耗冷。

【狗恶酒酸】比喻环境险恶，使人裹足不前。语本汉韩婴《韩诗外传》卷七：“人有市酒而甚美者，置表甚长，然至酒酸而不售。问里人其故，里人曰：‘公之狗甚猛，而人有持器而欲往者，狗辄迎而噬之，是以酒酸不售也。’”

【孤尊】单独饮酒。戴叔伦《泛舟诗》：“孤尊秋露滑，短櫂晓烟迷。”

【沽】卖酒。参见“屠沽”。

【沽泊】卖酒。《二刻拍案惊奇》十六：明州有个夏主簿与富民林氏共出本钱，买扑官酒坊地店，做地沽泊生理。

【沽美酒】本意是卖好酒，曲牌名。属北曲双调，字数定格，据《九宫大成谱》正格是五、五、七、四、六（五句）。

【官曲】官府所藏之曲。《宋史·吕溱传》：“参劾其借官曲作酒，以私货往河东贸，及违式受餽赆事。”

【河朔饮】后汉末，刘松与袁绍子弟在三伏际，酣饮于河朔以避暑之故事。庾信《聘齐秋晚馆中饮酒诗》：“欣兹河朔饮，对此洛阳和。”

【轰饮】狂饮。刘因《黑马酒》：诗：“山中唤起陶弘景，轰饮高歌敕勒川。”许多人聚在一起喧闹狂饮也称“轰饮”。

【呼饮】招呼饮酒。马祖常诗：“酿酒相呼饮，颠倒再拜跪。”

【昏饮】犹言夜饮。应为：忘乎所以之饮。《管子·轻重丁》：“宜昏饮，此水上之乐也。”

【昏醉】谓酒醉昏迷不清。《三国志·吴志·贺邵传》：“有逆迁昏醉之言。”

【佳酒】佳酿。美酒。《陆龟蒙·袭美病中闻余游颜家园见寄次韵酬之诗》：“佳酒旋倾醽醁嫩，短船闲弄木兰香。”

【佳酌】佳酒。美酒。《水经·河水注》：“民有姓刘名堕者，宿擅工酿，采挹河流，酿成芳酎……兰薰麝越，自成馨逸，方土之贡选，最佳酌矣。”

【饯】送行饮食。《说文》：“饯，送去食也，从食戋声。”《广韵》：“饯，酒食送人。”《释文》：“饯，送行饮酒也。”陈奂《传疏》：

“祭毕，而即于道神之侧送之者，设饮酒焉，是曰饯。”

【**饯春**】为惜春去，具酒为欢。崔骃《观洛赋》：“迎夏之首，饯春杪。”

【**饯别**】以酒食送别。韦应物《送周录事诗》：“英豪若云集，饯别塞城闾。”

【**饯席**】送别之宴席。《文选·沈约应诏乐游苑饯吕僧珍诗》：“戎车出细柳，饯席樽上林。”

【**饯行**】以酒食送行。杨炯《送并州旻上人诗序》：“鸡山法众，饯行于素浐之滨，麟阁良朋，祖送于青门之外。”

【**饯筵**】送别之宴席。姚合《送狄尚书镇太原诗》：“授钺儒生贵，倾朝赴饯筵。”白居易《别苏州》：“饯筵犹未收，征棹不可傍。”

【**饯宴**】送别之酒筵。《文选·谢灵运·九日从宋公戏马台集送孔令诗》：“饯宴先有孚，如乐隆所缺。”

【**饯饮**】送别之酒宴。苏《奉和圣制幸望春宫送方朔大总管张仁亶诗》：“饯饮回仙跸，临戎解御衣。”

【**金杯**】黄金之杯。庾信《咏画屏风诗》：“谁能惜红袖，宁用捧金杯。”陈后主《三妇艳诗》：“大妇酌金杯，中妇照妆台。”

【**金波玉液**】名贵的酒。《三国演义》三十六：今闻老母被囚，虽金波玉液，不能下咽矣。

【**金船**】金色船形大酒器。庾信《北园新斋成应教诗》：“玉节调笙管，金船代酒卮。”《事物异名录·器用·杯》：“山堂肆考，酒杯名金船。”唐诗：“醉把金船倒。”

【**金舠**】酒杯。李德裕《述梦诗》：“无聊燔密炬，谁复劝金舠。”

〔注〕金舠，谓酒杯也。

【**金貂换酒**】金貂，汉以后皇帝左右侍臣的冠饰。取下冠饰换美酒，形容不拘礼法，恣情纵酒。语出《晋书·阮孚传》：“（阮孚）迁黄门侍郎、散骑常侍，尝以金貂换酒，复为所司弹劾，帝宥之。”

【**金斗**】饮器。《吕氏春秋·长攻》：“……先具大金斗。代君至，酒酣，反斗而击之。”高诱注：“金斗，酒斗也。”

【**金谷酒数**】罚酒三斗的隐语。旧时泛指宴饮时罚酒的斗数。金谷，园名，晋代石崇建，在今河南省洛阳市西北。语本晋石崇《金谷诗序》：“遂各赋诗，以叙中怀，或不能者，罚酒三斗。”唐李白《春夜宴从弟桃花园序》：“如诗不成，罚依金谷酒数。”

【**金觥**】黄金酒杯。韦庄《边上逢薛秀才话旧诗》：“前年同醉武陵亭，绝倒闲谈坐到明。也有绛唇歌白雪，更怜红袖夺金觥。”欧阳修《寄大名程资政琳诗》：“谈剧每客陪玉尘，饮豪常忆困金觥。”

【**金龟换酒**】解下金龟换美酒。形容为人豁达，恣情纵酒。金龟，袋名，唐代官员的一种佩饰。亦指所佩杂玩之物。语出唐李白《对酒忆贺监诗序》：“太子宾客贺公，于长安紫极宫一见余，呼余为‘谪仙人’，因解金龟，换酒为乐。”

【**金荷叶杯**】金制莲叶形之杯。《剪灯余话》：“生大喜不坐，娉呼福出佳肴荐酒，亲持金荷叶杯。”

【**金壶**】金制之酒壶。《晏子春秋·杂上》：“公游于纪，得金壶。”韩《田仓曹东亭夜饮诗》：“玉佩迎初夏，金壶醉老春。”

【**金斛**】金质之酒器。阎选《谒金门词》：“雅态芳姿闲淑，雪映鈿装金斛。水溅青丝珠断续，酥融香透肉。”

【**金华宴**】富丽之酒宴。鲍照《绍古辞》：“逢君金华宴，得在玉几边。”

【**金浆**】旨酒名。《西京杂记》：“梁人名酒曰金浆。”王勃《与蜀城父老书》：“金浆玉馔，食客三千，绿帻青裳，家僮数百。”荀济《赠阴凉州诗》：“玉醴何容歇，金浆故应有。”

【**金浆醪**】梁人所酿酒名。枚乘《柳赋》：“樽盈缥玉之酒，爵献金浆之醪。”注：梁人作诸蔗酒，名金浆。

【**金精玉液**】旧指一种仙药。亦指珍贵的饮料。《汉武帝外传》：“太上之药，有风实云子，金精玉液。”

【**金酒**】也叫“杜松子酒”。原来是荷尔蒙兰及英国出产的一种蒸馏酒。标准金酒是以黑麦、玉米、麦芽等作原料，制成酒精，再加杜松子、松子油、橙皮、巴旦杏等，经过数次精馏制成。也有以纯酒精加香料配制而成。酒精含量30-52%，甜金酒中还含有2-4%糖分。

【**金爵**】金制雀形酒杯。《唐书·上官昭容传》：“上官昭容善文章，数赐宴赋诗，又差第群臣所赋，赐金爵。”《文选·韦昭·博弈论》：“设程试之科，垂金爵之赏。”罗邺《冬日寄献庾员外诗》：“争欢酒蚁浮金爵，从听歌尘扑翠蝉。”

【**金莲杯**】谓以女鞋载杯行酒。《辍耕录·金莲杯》：“杨铁崖耽好声色，每于筵间，见歌儿舞女有缠足纤小者，则脱其鞋袜，盏以行酒，谓之金莲杯。”

【**金醴**】美酒。皮日休《晓次神景宫诗》：“金醴可酣畅，玉豉堪咀嚼。”

【**金螺**】酒杯。谭用之《河桥楼赋得群公夜讌诗》：“杯粘旨酒金螺重，谈转瑚珰玉尘空。”

【金迷纸醉】比喻使人沉迷的豪华奢移的享乐生活。亦比喻美妙的境况。亦作“纸醉金迷”。语出宋陶《清异录·金迷纸醉》：“痈医孟斧，昭宗时，常以方药入侍。唐末，窜居蜀中。以其熟于宫故，治居宅法度奇雅，有一小室，窗牖焕明，器皆金纸，光莹四射，金采夺目。所亲见之，归语人曰：‘此室暂憩，令人金迷纸醉。’”

【金瓯】盛酒器。《琵琶记》中《高堂称寿》：“春花明彩袖，春酒泛金瓯。”

【金屈卮】酒杯名。《东京梦华录》：“御宴酒杯，皆金屈卮。如有手把子。”于武陵《劝酒诗》：“劝君金屈卮，满酌不须醉。”

【金卮】黄金所铸之酒杯。吴均《别王谦诗》：“离歌玉弦绝，别酒金卮空。”陆厥《京兆歌》：“寿陵之家走狐兔，金厄玉碗会销铄。”陈子昂《晦日重宴高氏林亭诗》：“象筵开五馔，翠羽饰金卮。”

【金觞】金杯。张华《游猎篇》：“燔炙播遗芳，金觞浮素蚁。”《文选·江淹别赋》：“掩金觞而谁御？”

【金钟】金杯。《洛阳伽蓝记》：“王肃与高祖殿会，食羊肉酪粥。高祖举酒曰：三三横两两纵，谁能辨之，赐金钟。御史中丞李彪曰：沽酒老妪瓮注瓨，屠儿割肉与秤同。尚书右丞甄琛曰：吴人浮水自云工，妓女掷绳在虚空。彭城王勰曰：臣始解此是习字。高祖即以金钟赐彪。”

【金尊】金制或金饰之酒器。亦称珍贵华丽之酒器。司空图《诗品》：“金尊酒满，共客弹琴。”李白《将进酒》：“人生得意须尽欢，莫使金尊空对月。”

【金罇】金酒器，与金尊同。《文选·谢灵运·石门新营所住四面高山回溪石濑茂林修竹诗》：“芳尘凝瑶席，清醑满金罇。”

【经程】古代酒的计量单位。《骈雅·释器》：“经程，饮器也。”《韩诗外传》十：“齐桓公置酒，令诸侯大夫曰，后者饮一经程。管仲后，当饮一经程，饮其一半，而弃其半。桓公曰，‘仲文当饮一经程而弃之，何也？’管仲曰：‘臣闻之，酒入口者舌出，舌出者弃身，与其弃身，不宁弃酒乎？’桓公曰：‘善。’”

【具】指酒肴与食器。《史记·魏其武安候列传》：“将军昨日幸许过魏其，魏其夫妇治具，自旦于今，未敢尝食。”

【肯酒】即“订婚酒”，表示女家已经允亲。《西游记》第五十四回：既然我们许诺，且教你主先安排一席，与我们吃钟肯酒如何？

【苦酒】即醋。《晋书·张华传》：“陆机尝饷华酢……华曰：‘试以苦酒濯之。'"《齐民要术》有"作苦酒法"。

【昆仑觞】以昆仑山之水盛于瓠匏之中以酿酒，名曰昆仑觞。《酒食》："有苍头，善别水，尝乘小艇于黄河中，以瓠匏接河源水，一日不过七八升，经宿，器中色赤如绛，以酿酒，名昆仑觞，酒之芳味，世中所绝。"

【帘】旧时酒家做店招的旗帜。郑谷《旅寓洛南村舍》诗："白鸟窥鱼网，青帘认酒家。"

【垆】酒店安置酒瓮的土墩子，因亦以为酒店的代称。

【虏酒】胡虏之酒。高适《营州歌》："虏酒千钟不醉人，胡儿十岁能骑马。"

【卖垆】卖酒。元稹诗："卖垆高挂小旗青。"

【茅柴酒】劣质的村酒。《警世通言》："琉璃盏内茅柴酒，白玉盘中簇豆梅。"

【茅酒】酒名。陈知明《淮南诗》："茅酒沽来常满斗。"

【茅缩】古以茅草缩酒。《左氏·僖公四年》："尔贡包茅不入，王祭不供，无以缩酒，寡人是征。"《宋史·乐志》："神之格思，三献茅缩。"苏轼《江涨诗》："江流倘席卷，社酒期茅缩。"

【明酌】酒之清明者。《礼记·郊特牲》："缩酌用茅，明酌也。"〔注〕：明酌者，事酒之上也。名曰明者，神明也。

【命爵】命饮尽杯中之酒。《文选·班固西都赋》："割鲜野食，举烽命爵。"

【泥酒】耽饮之意。逊词：劣酒。陆游词："已趁馀寒泥酒。"

【泥饮】执意招饮之意。

【泥醉】喻烂醉。泥为虫名，得水则活，失水则如泥。《异物志》："南海有虫，无骨，名曰泥。在水则活，失水则醉，如一堆泥。"元稹诗："用长时节君须策，泥醉风云我要眠。"

【朋酒】①两尊曰朋，古乡饮酒之礼，所谓两尊壶于房户间。《诗·豳风·七月》："朋酒斯飨，曰杀羔羊。"《传》："两樽曰朋。"〔疏〕：朋者，辈类之言，此言朋酒，则酒有两樽，故言两樽曰朋。②朋友会饮。《晋书·陶潜传》："潜畜素琴一张，弦微不具，每朋友有酒之会，则抚而和之。"

【浅饮】缓缓饮酒。犹"浅酌"。薛能《彭城解嘲诗》："耽吟乍可妨时务，浅饮无因致宿酲。"

【浅斟】缓缓饮酒。与"浅酌"同。陆游诗："床头小瓮今朝熟，又唤邻翁共浅斟。"

【浅斟低唱】 缓缓饮酒，听人低唱。形容封建士大夫消闲享乐的情态。语出宋柳永《鹤冲天》词：“忍把浮名，换了浅斟低唱。”元戴善夫《风光好》第二折：“这公则会阔论高谈，那里知浅斟低唱。”

【浅酌】 酌酒不深，引申之谓缓饮。白居易《泛太湖书事寄微之诗》：“玉杯浅酌巡初匝，金管徐吹曲未终。”

【浅酌低唱】 与“浅斟低唱”同。

【青帘】 青旗，即酒帘，酒旗。《广韵》：“青帘，酒家旗子。”牟融《送沈侯之京诗》：“关河弱柳垂金缕，水驿青帘拂画楼。”李中臣《春寒诗》：“亚树青帘动，依山片雨临。”

【青田酒】 乌孙国所产之酒。《古今注·草木》：“乌孙国有青田核，大如六升瓠，空之盛水，俄而成酒。刘章得两核，集宾客设之，一核尽，一核所盛可复饮，饮尽更注水，随尽随盛，名曰青田酒。”骆宾王《秋日宴酒》：“誓敦交通，俱忘白首之情，言款朝期，共把青田之酒。”徐铉《有所思诗》：“忘情好醉青田酒，寄恨宜调绿绮琴。”

【青州从事】 美酒之隐语。《世说新语·术解》：“醒公（醒温）有主簿善别酒，有酒辄令先尝，好者谓‘青州从事’，恶者谓‘平原督邮’。青州有齐郡，平原有鬲县。从事，言到脐；督邮，言在鬲上住。”从事、督邮原为官名。苏轼《章质夫送酒六壶书至而酒不达戏作小诗问之》：“岂意青州六从事，化为乌有一先生。”

【青稞酒】 青稞酒，一种用青稞酿成的酒，色微黄，酸甜、度数不高。到西藏旅游过的外宾叫它“西藏啤酒”。

【青霉】 青霉是一种无足细胞，是对制曲有害的菌。它的孢子耐热性很强，繁殖温度较低，制曲时应注意驱除。

【顷刻酒】 谓即时酿成之酒。《觚剩续编》：“澎湖人，采树叶裹糯米少许，吐之盆，顷刻成酒。初饮淡泊无味，少顷，酩酊而归，谓之顷刻酒。”

【软饱】 谓饮酒。苏轼《发广州》诗：“三杯软饱后，一枕黑甜馀。”自注：“浙人谓饮酒为软饱，俗谓睡为黑甜。”

【软脚】 唐时宴饮远归之人曰软脚，犹今接风。《杨妃外传》：“出有钱饮，还有软脚。”唐庚《舍弟书约今秋列诗》：“开头今几月，软脚定中秋。”

【乳酒】 乳色之酒，稠酒。杜甫《谢严中丞送青城山道士乳酒一瓶诗》：“山瓶乳酒下青去，气味浓香幸见分。”

【乳酸菌】乳酸菌是白酒发酵中的主要生酸微生物。它是任何种类和香型的白酒必不可缺少的风味成分。几乎所有的大曲、小曲和麸曲中，都有大量的乳酸菌。

【箬下春】谓美酒。《唐国史补》：“酒有乌程之若下春。”《海录碎事·饮食·酒》：“刘禹锡云：‘鹦鹉杯中箬下春’，谓酒也。”

【箬下酒】酒名。《元和志》：“长兴县箬溪水，酿酒甚浓，俗称箬下酒。”《吴录》：“长兴有箬溪，南曰上箬，北曰下箬，村人取下箬水，酿酒醇美，称箬下酒。”

【尚齿会】谓年高之人，相会张宴而为雅会。白居易《胡吉郑刘卢张等六贤皆多年寿，予亦次焉，偶于弊居合成尚齿之会，七老相顾，既醉甚欢，静而思之，此会稀有，因成七言六韵以纪之，传好事者》诗：“七人五百七十岁，施紫纡朱垂白发。手里无金莫嗟叹，樽中有酒且欢娱。诗吟两句神犹王，酒饮三杯气尚粗。嵬峨狂歌教婢拍，婆娑醉舞遣孙扶。天年高过二疏傅，数多于四皓图。除却三山五天竺，人间此会更应无。”〔注〕：前杯州司马安定胡杲年八十九，卫尉卿致仕冯吉皎年八十六，前右龙武军长史荥阳郑据年八十四，前侍御史内供奉官范阳卢真年七十二，前永州刺史清河张浑年七十四，刑部尚书致仕太原白居易年七十四，以上七人，合五百七十岁，会昌五年三月十一日，于白家履道宅同宴，宴罢赋诗。

【绍兴酒】通称“黄酒”。我国名酒之一。相传在战国时代已负盛名。它是一种以糯米和小麦为原料，通过酒药及麦曲中不同种类的霉菌、酵母等发酵而制成的酿造酒。因产于绍兴，故名。又因它是用鉴湖水酿造的，所以也称“鉴湖绍兴酒”。按品种讲，以元红酒流传最广，产量最多。此外，尚有善酿酒、香雪酒、加饭酒和竹叶青等。绍兴酒的酒精含量不少于15%。

【诗酒】作诗饮酒。又，诗与酒。《南史·袁粲传》：“粲负才尚气……虽位任隆重，不以事务经怀，独步园林，诗酒自适。”

【诗酒征逐】相互邀约饮酒赋诗。韩愈《柳子厚墓志铭》：“今夫平居里巷相慕悦，酒食游戏相征逐。”

【使酒】因酒使性。《史记·魏其武安侯列传》：“灌夫为人，刚直使酒。”

【受爵】受杯爵。《周礼·天官·小宰》：“凡受爵之事，凡受币之事。”

【受风】曲胚表面干燥，而内生红火，这是因为对着门窗的曲胚，受风吹，表面水分蒸发，中心为分泌红色色素的菌类繁殖所致。这种现象谓之受风。

【受火】曲胚入室后6–7天，微生物繁殖最旺盛，此时如温度调节不当，使温度过高，曲则受火，使曲的内部呈褐色，酶活力降低。此种现象谓之受火。

【松醪春】酒名。《郑德璘传》："贞元中湘潭尉郑德璘好酒，长挈松醪春过江夏。"

【贪杯】无节制地饮酒。

【瓮尽杯干】原是说酒已经喝干，用来比喻银钱已经用尽。《拍案惊奇》十五："陈秀才那时已弄得瓮尽杯干，只得收了心，在家读书。"

【瓮】盛酒浆具。《礼记·檀弓上》："醯百瓮。"

【甒】盛酒器。《广雅·释器》："甒，瓶也。"《玉篇》："甒，盛五升小罂。"《仪礼·士冠礼》："为酒器，中宽下直上锐平底。"

【昔酒】谓久酿之酒。《周礼·天官酒正》："辨三酒之物，一曰事酒；二曰昔酒；三曰清酒。"〔注〕：昔酒，今之酋久白酒，所谓旧者也。

【细斟】小酌。慢慢饮。李商隐《自桂林奉仕江陵途中感怀寄献尚书诗》："前席惊虚辱，华樽许细斟。"朱熹诗："细斟潋滟新春酒，戏舞斑烂旧绥衣。"

【细胞壁】细胞的最外层即是细胞壁。细胞年幼时，细胞壁不明显，几乎看不出来。酵母衰老时，细胞壁较厚。细胞的主要成分是酵母纤维素及多醣类。

【细胞核】细胞核由核膜、核仁和染色体组成。细胞核经染色后才可以观察到。在幼细胞中，核常呈圆形，为很小的质点，存在于细胞中心。老细胞由于液胞的增大，往往被挤在一边，呈肾腰形。

【细胞膜】紧贴着细胞壁的内面，有一层细胞质膜，厚度约150纳米，这层细胞质膜叫细胞膜。细胞膜的功能主要是用来摄取周围环境的养分，并将自己的代谢物排出体外。

【细菌混浊】在上面发酵的充CO_2的啤酒中常发现有细菌，主要是乳酸杆菌，格兰氏阳性。

【狎饮】谓笑谑饮酒不拘礼节。在青楼与妓女调笑饮酒也谓之狎饮。《梦游录》："又有彭城刘生，梦入倡楼，与诸辈狎饮。但梦便及彼处，亦心邪所至也。"

【享宴】赐宴于下者。犹飨宴。《左氏·成十二》："于是乎有享宴之礼。"

【巷醪】巷里所售之酒。《醉乡日月》："人以家醪糯觞醉人者为君子，以家醪黍觞醉人者为中人，以巷醪灰觞醉人者为小人。”

【幸酒】喜饮酒。酒别称。《汉书·武帝纪》：“帝为太子，好经书，宽博谨慎，其后幸酒乐燕乐。”〔注〕幸酒，好酒也。

【弦酒】弦乐器与酒。谢庄《北宅园诗》：“伊人倘同爱，弦酒共栖寻。”

【佯醉】伪作醉态。卢纶《宴席赋得姚美人拍筝歌》：“已愁红脸能佯醉，又恐朱门难再过。”

【夜光杯】美玉所造之酒杯。《海内十洲记》：“周穆王时，西域献夜光常满杯，杯受三升，是白玉之精，光明夜照，螟夕出杯于中庭以向天，比旦而水汁满中，汁甘而香美。”王翰《凉州词》：“葡萄美酒夜光杯，欲饮琵琶马上催。”

【夜饮】夜间饮酒。《诗·小雅·湛露》：“厌厌夜饮，不醉无归。”《史记·信陵君传》：“公子乃谢病不朝，与宾客为长夜饮。”陆机《饮酒乐》：“夜饮舞迟销烛，朝醒弦促催人。”王昌龄《长言宫秋词》：“火照西宫知夜饮，分明复道奉恩时。”

【夜醉】夜间醉酒。杜甫《发潭州诗》：“夜醉长沙酒，晓行湘水春。”方干《题桐庐谢逸人江居诗》：“湖边倚仗寒吟苦，石上横琴夜醉多。”

【宜成醪】宜城所产之酒名。《曹植·酒赋》：“宜成醪醪，苍梧缥清。”

【宜春酒】立春日之酒。《书言故事二月》：“谢人二月送酒，云辱赐宜春之酒。”

【绎酒】日久之酒。《说文》：“酋，绎酒也。”〔段注〕：绎之言，昔也；昔，久也；然则绎酒，谓日久之酒。

【侑酒】侍酒。亦称侑觞。张耒诗：“清眸侑酒醉百盏，肯咀贫瓮寒齑酸。”

【侑觞】劝酒；陪侍饮酒。周密《齐东野语》卷二十“张功甫豪侈”：“(名姬)执板奏歌侑觞。”

【侑宴】飨客之酒宴。《唐书·李训传》：“侑宴示优宠。”

【侑饮】劝酒。与侑觞同。《宋史·王拱辰传》：“鼓琵琶，以侑饮。”

【鱼醴】鱼与酒。王勣《祭仲长子光文》：“邻人王勣，谨以鱼醴之奠，敬祭仲长先生之灵。”

【鱼英】杯名。鱼脑骨所作者。《清异录》：“刘鋹伪宫中，有鱼英托镂椰子，立壶四只，各受三斗，岭海人亦以为罕有。鱼英盖鱼脑骨，煸治之可以成器。”郭獬《觥记注》：“陶谷家有鱼英酒盏。”

【郁鬯】筑郁金草煮之以和鬯酒。《周礼·春官·序官》：“郁人。”

〔注〕：郁，郁金香草，宜以和鬯。〔疏〕：郑云，郁，郁金香草者。王度记谓之鬯，鬯即郁金香草也。云宜以和鬯者，鬯人所掌者；是秬米为酒，不和郁者，若祭宗庠存及灌宾客，则鬯人以鬯酒入郁人，郁人得之，筑郁金香草，煮之以和鬯酒，则谓之郁鬯也。《礼记·礼器》："诸侯相朝，灌用郁鬯也。"《孔子家语·哀公问》："荐黍稷，羞肺肝，加以郁鬯，所以报魄也。"

【郁齐】郁鬯酒之调和剂。《周礼·春官·司尊彝》："郁齐献酌，醴齐缩酌。"

【郁气】郁鬯酒之气。《礼记·郊特性》："黄日郁气之上尊也。"〔疏〕：周将贮郁鬯酒，故云郁气也。

【沾醉】犹言大醉。《汉书·陈遵传》："候遵沾醉时，突入见遵母。"《资治通鉴·唐僖宗中和四年》："从者皆沾醉。"胡三省注："沾醉，言饮酒大醉，胸襟沾湿，不能自持也。"

【张公吃酒李公醉】比喻由于误会而代人受过。宋释普济《五灯会元》卷十五："僧问：'新年头还有佛法也无？'师曰：'无。'曰：'日日是好日，年年是好年，为甚却无？'师曰：'张公吃酒李公醉。'宋程大昌《演繁露续集》卷二："则天时谶谣曰：'张公吃酒李公醉。'张公，易之兄弟也；李氏，言李氏不盛也。"

【张酒酒】道士名，得钱即沽酒饮，一朝飘然入王屋山而死。《括异志》："道士张酒酒，得钱即沽酒，一旦入王屋山尸解。"

【张饮】在郊外张设帐幕饯饮。《汉书·高帝纪下》："上留止，张饮三日。"颜师古注引张晏曰："张，帷帐也。"参见"帐饮"。

【征逐】谓朋友互相邀请宴饮。韩维《送孔先生还山》诗："蚕桑事未起，农里得征逐。"

【注子】古代酒器。用金、铜或瓷制成，另有注碗，注子可坐入注碗中。始于晚唐，盛行于五代至宋元时代。

【终席】谓宴席终散。《老学庵笔记·七》："前辈置酒饮，客终席不褫带。毛达可守京口时尚如此。"黄庭坚《题跋》："好学者从之谓问，口讲手画，终席或至千字。"

【卒爵】①末杯，《周礼·春官·郁人》："大祭礼，与量人，受举斝之卒爵而饮之。"②尽饮。犹今言干杯。《国语·晋语一》："史苏卒爵，再拜稽首。"〔注〕卒，尽也。

【拌曲】将轧碎的麦粒放在拌曲桶内，加入约20%的水，将其迅速翻拌，使其吸水均匀，不致产生白块和水块，这就是拌曲。拌水后的麦粒的含水量约为23%-25%。

【饱和蒸气蒸气压】在气液平衡时，液面上的蒸气称为饱和蒸气，饱和蒸气所显示出的压力称为饱和蒸气压，简称蒸气压。

【杯品评法】先拿出一杯酒样1，品评后取走，再拿出一杯酒样2，续评。要求对一、二两杯酒样作出是否相同的回答。以此训练或考核评酒人员的记忆力和灵敏度，这种方法称为杯品评法。

【沸腾发酵】常在发酵后期出现沸腾现象。大量气泡上涌，犹如喷泉，把液面泡沫推向一边，部分液面变白，泡盖消失。此现象多在矩形容器的一角发生。这就是常说的沸腾发酵。

【固态法白酒】原料经固态发酵，又经固态蒸馏而制成的酒，称为固态法白酒。

【固态发酵法】蒸料后，培菌、发酵和蒸馏都在固态下进行，此种方法称为固态发酵法。

【固态培养】配玉米面10%麸皮40%，鲜酒糟50%，三者混合，加水25-27%，拌匀，蒸煮一小时，出甑散冷至28-30℃，接入为原料重量10%的三种混合酵母液，充分拌匀装入曲盘或帘子上，保温30-34℃，培养16-24小时，此谓固态培养。

【固体琼脂培养基】在液体培养基中加入适量的凝固剂而制成的培养基，称固体琼脂培养基。

【固液勾兑白酒】用固态法生产的白酒和液态法生产的白酒，按适当比例混合勾兑而制成的酒，称为固液勾兑白酒。

【果酒】利用各种水果（如橘子、苹果、杨梅、凤梨、枇杷等）以及某些野生果实用发酵法酿造的酒。一般酒精含量较少，具有水果的原来香味。

【弧菌】细胞弯曲不足一圈的叫弧菌。

【虎骨酒】以虎胫骨炙黄，槌碎或和药浸酒，此酒称为虎骨酒。《本草纲目》称此酒："治臂胫疼痛，历节风、肾虚、膀胱寒痛。"

【玫瑰露酒】白玫瑰露系以玫瑰花于醅将蒸馏时和入，蒸馏之而成，是以有玫瑰花香气而无其色。红玫瑰露用玫瑰花直接浸渍而成，色香俱溶于酒。

【茉莉花酒】取茉莉花数十朵，以线系蒂，悬酒瓶中距酒液约一指处，再将瓶口封固，十日后，酒香异常，此即为"茉莉花酒"。

【念珠霉】念珠霉是踩大曲"穿衣"主要菌种，也是小曲挂白粉的主要菌种，人们多将其看作是一种有害菌。

【泡子酒】酒之浓度高低即以花之大小及存在之久暂定之。普通所谓未加水的酒称为原干酒，俗称泡子酒。

【试管斜面固体培养基】先将琼脂称好洗净，煮沸培养液，在沸腾状态下加入琼脂，并不断搅拌，直至完全溶化为止。溶解加热时要注意火候，避免过热糊底烧焦及防止溢出。当琼脂液化后，再加入热水补足所蒸发的水分，然后用第二层纱布过滤。过滤完趁热进行分装，做好棉塞，包扎好管口，进行高压灭菌，然后趁热置于木棒上，摆放适当的斜度，待冷却凝固后即成斜面培养基。

【味美思】酒名。英文（ver-mouth）的音译。国产品配方除用上等白葡萄外，还含有藏红花、豆寇等药材。色棕红，味酸甜，有水果香，酒精含量18%。

【卧浆】在六月三伏时用小麦一斛，煮粥为脚，日间虚掩，夜间实盖，逐日浸热，以至于酸，并须味重，方可使用，此谓之“卧浆”。

【卧曲】曲室铺湿麦穰约寸许，生曲横置其上，每块距离约一指，中塞以湿麦穰，上复盖以湿麦穰，可叠至两三层，俗称卧曲。

【咂酒】咂酒，也叫钩藤酒，人饮酒时，用竹管或荻管插在酒中吸吮，故名。石达开有咂酒诗：“万斛明珠一瓮收，君王到此也低头。五岳抱住擎天柱，汲得黄河水倒流。”清人《闲处光阴》载：“施南人燕聚，若饮以咂酒，盖亲而近之之意。”杜甫《送从第亚赴河西判官》：“黄羊饫不羶，芦酒还多醉。”芦酒亦叫咂酒。

【沼气发酵法】沼气发酵法是厌气微生物发酵之过程，因为菌体合成量少，因而营养消耗少。温度30-37℃，我国南方较适用。生成沼气可作染料，残液是优质肥料。

【直接添加法】将回收的洗涤酵母倾去上层清水，按需要量放入特制密闭酵母添加器或铝桶内，加适量麦汁，搅匀，用压缩空气或泵送入添加糟，适当通风数分钟，此谓之直接添加法。

【直接式三塔蒸馏】粗酒精由粗馏塔进入排醛塔以及脱醛酒精进入精馏塔都是气体状态，此称为直接式三塔蒸馏。

【制麦】由原米大麦制成麦芽，习惯称为制麦。

【制胚】小曲母多制成三厘米的方形曲块，把曲面和匀踩紧，叫制胚。

【周鞭毛】在菌体周围生有很多鞭毛，称为周鞭毛。

【转化酶】葡萄酒酵母和巴斯德酵母都分泌转化酶，但尖端酵母与圆酵母没有这种酶，这个酶使蔗糖水解成转化糖。

九　画

【按酒】 以菜肴果品下酒。亦指下酒的菜肴果品。《说文》："按，下也。"亦作案。陆机云："接余浸以苦酒，肥美可以案酒。"《水浒》三：一面铺下菜蔬果品按酒，又问道："官人，吃甚下饭？"《西游记》四十二：那唐僧与你做得师父，也与我做得按酒，你还思量要他哩。

【柏酒】 亦称"柏叶酒"，即柏叶所浸之酒。相传柏叶浸酒可以避邪。《本草纲目》："柏性后凋而耐久，禀坚凝之质，乃多寿之木，元旦以之浸酒，辟邪。"《风土记》："元旦进柏叶酒。"《荆楚岁时记》："正月一日，长幼悉正衣冠，以次拜贺，进椒柏酒，饮桃汤，进屠苏酒膠牙锡"。

【背壶】 壶名。《长生殿·合围》："众作狭刀割肉，提背壶斟酒，大饮啖料。"

【便席】 普通酒筵。

【便酌】 谓非正式之宴席。小宴。

【残杯冷炙】 吃剩的酒食。残，剩余。杯，指酒。炙（zhì 治），烤肉。借喻权贵的施舍。亦作"残羹冷炙"。语出北齐颜之推《颜氏家训·杂艺》："唯不可令有称誉，见役勋贵，处之下坐，以取残杯冷炙之辱。"唐杜甫《奉赠韦左丞丈二十二韵》诗："残杯与冷炙，到处潜悲辛。"

【残茶冷酒】 剩余之茶与酒。李白诗："朝游九城陌，肥马香车欺杀客。暮宿五侯门，残茶冷酒愁杀人。"

【残酒】 饮余之酒。皮日休《奉和鲁望早秋吴体次韵诗》："安得瑶池饮残酒，半醉骑下垂天鹏。"孙觌《吴门道中诗》："客梦悠扬残酒里，一池荷叶雨声中。"

【残醉】 余醉也。宿醉也。白居易诗："起因残醉醒，坐待晚凉归。"黄公望《苏东坡竹诗》："强抹残醉挥吟笔，帘帐箫箫翠雨寒。"缪彤《渡江诗》："尚余残醉在，和梦到扬州。"

【残樽】 残尊，谓余酒。樽，酒器。杜甫《过南邻朱山人水亭诗》："归客村非远，残樽席更移。"陆游《雪中诗》："残樽已倾尽，试起问东家。"

【鎗】酒器，与“仓”通。《正字通》：“鎗，酒器。”南齐竟陵王子良遗何点以徐景山酒鎗，古借用仓。

【草酌】简略之酒宴。逊词，《西厢记·崔莺莺夜听琴》：“到明日略备草酌。”

【茶坊酒店】茶馆与酒肆。米芾《画史》：“程坦、崔白之流，皆足于茶坊酒店遮避，不入吾曹议论。”

【茶酒】茶与酒。《五代史·卢文纪传》：“进奏官至客次通名，劳以茶酒，而不相见。”《元史·弄法志》：“诸职官频入茶酒，市肆，及倡优之家者断罪罢职。”《南宋·市肆记》：“凡吉凶之事，自有所谓茶酒，厨子专任饮食，请客宴席之事。”

【茶酒司】司茶酒之供者。《称谓录茶·茶酒司》：“东轩笔录，艇中惟有一卒，司镣炉，谓之茶酒司。”

【尝醪】以浊酒奉神也。醪，浊酒。《史记·封禅书》：“其河加有尝醪。”

【畅】祭祀用之郁鬯酒。与“鬯”通。《集韵》：“畅，长也，通也，通作鬯。”《大戴礼·夏小正·初岁祭耒传》：“畅也者，终岁之用祭也。”补注：畅，郁鬯也。

【持满】引壶酌酒使杯满。《汉纪·孝武帝纪》：“(灌）夫行酒至（田）蚡，蚡曰，不得持满。”

【炽酿】造酒。《论衡·异虚》：“夫畅草可以炽酿。”

【春】酒名。杜甫《拨闷》诗：“闻道云安曲米春，才倾一盏即醺人。”苏轼《洞庭春色》诗：“今年洞庭春，玉色疑非酒。”

【春酲】春日之宿醉。柳永《木兰花慢》词：“拚却明朝永日，画堂一枕春酲。”

【春酎】春酒。酎为重酿之酒。韦庄《送日本国僧敬龙归》：“何用岩栖隐姓名，一壶春酎可忘形。”

【春壶】春酒。杜甫《寄刘峡州伯华使君》：“宴饮春壶酒，恩分夏簟冰。”

【春酒】冬天所酿的酒，至春始熟。一说春天酿造的酒，至冬始熟。《诗·豳风·七月》“为此春酒，以介眉寿。”毛传：“春酒，冻醪也。”《通释》：“用制盖以冬酿，经春始成，因名春酒。”《文选·张衡·东京赋》：“因休力以息勤，致欢忻千春酒。”李善注：“春酒，谓春时作，至冬始熟也。”陶潜《读山海经》诗：“欢客酌春酒，摘我园中蔬。”

【春醴】春酒。

【春醁】春酒。温庭筠《夜宴谣》："裂管萦弦共繁曲，芳樽细浪倾春醁。"

【春醅】春酒。苏轼诗："朱颜发过如春醅。"

【春酿】春日酿酒。王绩《赠学仙者诗》："春酿剪松叶，秋林浸菊花。"

【春饮】春日饮酒。白居易诗："老游春饮莫相违，不独花稀人亦稀。"

【春醖】春酒。《文选·王僧达〈答颜年诗〉》："寒荣共偃曝，春醖时献斟。"

【春醉】春日醉酒。许浑《长安岁暮诗》："花暗楚城春醉少，月凉春寒夜愁多。"

【玳瑁筵】饰有玳瑁之筵席。应指以玳瑁海产品为主菜肴的筵席。温庭筠《感旧陈情诗》："油额芙蓉帐，香尘玳瑁筵。"亦称"玳筵"。

【洞天圣酒将军】酒之别名。《云仙杂记》："虢国夫人就屋梁上，悬鹿肠于半空，筵宴则使人从屋上注酒肠中，结其端，欲饮则解开，注于杯中，号洞天圣酒将军，又曰洞天瓶。"

【洞醉】犹言在醉。《云笈七籖》："饮酒洞醉，损气丧灵，五府攻溃，万神振惊。"

【独酌】独饮。《南史·颜延之传》："布衣疏食，独酌郊野，当其为适，旁若无人。"《唐书·马周传》："周命酒一斗八升，悠悠然独酌，众异之。"鲍照《园葵赋》："秋日晨映，独酌南轩。"江淹《自序传》："独酌虚室，侍姬三四，赵女数人。"

【罚杯】即罚饮酒。石崇《金谷园诗序》："罚三杯。"《红楼梦·第二十八回》："薛蟠独扬着脸，摇头说不好，该罚杯。"

【罚爵】①古代君臣燕饮时，失礼者罚之以饮酒。《诗经·小雅·桑扈·兕觥其觩笺》："兕觥，罚爵也。古之王者，与群臣燕饮，上下无失礼者，其罚爵，徒觥然陈设而已。"《唐书·崔咸传》："愿上罚爵，度笑受而欢。"②即罚杯；罚酒。陈造诗："低唤茶瓯充罚爵。"

【罚酒】令饮酒以罚之。杜牧《过大梁闻河亭方讌赠孙子端诗》："板落岂缘无罚酒，不教客右更添人。"

【钫】古代器名。即方形壶，或有盖。青铜制，用以盛酒浆或粮食。盛行于战国末至西汉初。陶制的多是明器。

【缸面酒】初熟之酒。《法书要录》："唐太宗使萧翼求兰亭真迹于辩才，辩才一见，款密留萧翼宿，设缸面酒。蓋江东缸面，犹河北瓮头，皆初熟酒也。"也酒异名。

【挂筹】旧时行酒令时或用酒筹，每人一根，有事出外，则挂酒筹于座旁。例《红楼梦》一百八：恐人看见，便说身上燥得很，脱脱衣裳去，挂了筹，出席去了。

【挂甜头】因用曲过少，醅带甜头，此谓挂甜头。

【挂衣】卧曲后窗户完全闭塞，48 小时后，曲表面发生白斑，俗称挂衣。

【冠醮】冠礼时饮酒之礼。冠者受杯不返杯。《礼·曾子问》："有冠醮，无冠醴。"

【鬼饮】谓中夜灭灯而饮。《书墁录》："苏舜钦、石延年辈，有曰鬼饮、了饮、囚饮、鳖饮、鹤饮。鬼饮者，夜不以烧烛。了饮者，饮次挽歌哭泣而饮。囚饮者，露头围立。鳖饮者，以毛席自裹其身，伸头出饮，饮毕复缩之。鹤饮者，一杯复登树，下再饮耳。"

【洪量】大酒量。今因谓酒量大曰洪量。

【洪饮】豪饮。李中思《朐阳春游感旧寄柴司徒诗》："昔年常接五陵狂，洪饮花间数十场。"

【洪醉】大醉。《南史·陈暄传》："与秀书曰：'洪醉之后，有得有失。'"《法苑珠林》："饮酒洪醉，动解枷得免焉。"

【厚酒】浓酒。美酒。《吕氏春秋·本生》："肥肉厚酒，务以自强，命之曰料肠之食。"

【胡姬】唐时旅居长安的西域胡人，有以卖酒为业者，其侍酒胡女称为胡姬。

【荒酒】迷于酒。《晋书·慕容皝载记》："荒酒纵猎，不复设备。"

【荒腆】谓沉湎于酒。《书·酒诰》："惟荒腆于酒，不惟自息乃逸。"《蔡传》："受方且荒怠，益厚于酒。"

【荒宴】耽溺酒宴。刘参军诗："韬精日沈饮，谁知非荒宴？"〔注〕：善曰、毛诗曰："好乐无荒"。郑玄曰："荒，废乱也。"

【荒饮】沉迷于酒。《唐书·宋璟传》："昆弟皆荒饮俳嬉，广平之风衰焉。"

【荒醉】饮酒醉甚。《晋书·周顗传》："顗荒醉失仪，为有司所奏。"梁武帝《凡百箴》："勿持尔尊骄慢淫昏，勿调尔贵长夜荒醉。"

【既醉】《诗·大雅》篇名。诗中首乌饮宴，继而赞美"君子"威仪，颂其长寿多福，子孙蕃盛。《诗序》说是写"醉酒饱德，人有士君子之行"，以显示当时的太平。

【荐鬯】以香酒祭神。《汉书·宣帝纪》："荐鬯之夕，神光交错。"

【荐酒】进酒。《礼记·礼器》："君亲割牲，夫人荐酒。"

【荐酹】供物以祭。酹，以酒祭地。白行简《李娃传》："将至荐酹求之，可乎？"

【将进酒】汉铙歌十八曲之一。《乐府诗集·鼓吹曲辞·汉铙歌·将进酒》古词曰："将进酒，乘大白。"大略以饮酒放歌为言。宋何承天《将进酒篇》曰："将进酒庆三朝，备繁礼荐嘉肴。"则言朝会进酒，且以滞首荒志为戒，若梁昭明太子云："洛阳轻薄子，但叙游乐饮酒而已。"

【浇梅根】请媒人饮酒。《荡寇志》九十五：戴春甚喜道："全仗妙计。"便取过酒壶来，与纪二斟一杯道："先浇梅根。"

【浇手】请工作的人喝酒表示慰劳。《水浒》二十四：不是老身路歧相央，难得这个娘子在这里，官人好做个主人，替老身与娘子浇手。《拍案惊奇》十八：一向累他辛苦了，主翁特地与他浇手，要吃得烂醉方住。

【鸩酒】毒酒，《抱朴子·微旨》："其取非义之财不避怨恨，譬若以漏脯救饥，鸩酒解渴，非不暂饱，而死亦及之。"《汉书·齐悼惠王传》："太后怒，乃令人酌两卮鸩酒置前，令齐王为寿。"颜师古注引应曰："鸩鸟黑身赤目，食蝮蛇野葛，以其羽化酒中，饮之立死。"

【鸩】传说中一种毒鸟。雄的叫运日，雌的叫阴谐，喜食蛇，羽毛紫绿色，放在酒中，能毒杀人。又通：①毒酒，如：饮鸩止渴。②以毒酒害人。《国语·鲁语上》："晋人执卫成公，归之于周，使毉鸩之，不死。"

【鸩毒】毒药；毒酒。《左传·闵公元年》："宴安鸩毒，不可怀也。"孔颖达疏："宴安自逸，若鸩毒之药，不可怀恋也。"

【鸩醴】有鸩羽之毒酒。嵇康《答难养生论》："嗜酒者，自抑于鸩醴；贪食者，忍饥于脯漏。"

【举】①发酒端曰举。《仪礼·乡饮酒礼》："举觯于宾。"注，发酒端曰举。②饮酒。《仪礼·特性馈食礼》："嗣举奠。"注，举，饮酒也。

【举白】①干杯。谓举杯告尽。《汉书·叙传上》："设宴饮之会，及赵、李诸侍中皆引满举白，谈笑大噱。"颜师古注："谓引取满觞而饮，饮讫举觞告白尽杯也。"②罚酒。《汉书·叙传上》颜师古注："白者，罚爵之名也。饮有不尽者，则以爵罚之。"故以"白"为罚酒的酒杯。苏轼《赠莘老七绝》："若对青山谈世事，当须举白便浮君。"

【举酒】举杯饮酒。何逊《与苏九德别诗》："踟躇暂举酒，倏忽不相见。”高适《秋日作诗》：“举酒聊自劝。”苏轼《前赤壁赋》：“举酒属客。”

【举觞】与举杯同。《后汉书·礼仪志》：“上殿称万风，举觞御坐前。”《战国策·魏策》：“酒酣请鲁君举觞。”《文选·刘琨答卢谌诗序》：“举觞对膝，破涕为笑。”

【举爵】与举杯同。《礼记·檀弓下》：“盖君逾而后举爵。”

【烂饮】狂饮。吴师道《简王文学诗》：“乞君安得千壶酒，烂饮狂歌慰别离。”

【烂醉】大醉。章碣《长安春日诗》：“轮他得路蓬州客，红绿山头烂醉归。”王冕《红梅诗》：“烂醉西湖处士家，酒痕吹上水边花。”

【临饯】军士出征前，天子驾临饯送。《北史·魏京兆王黎传》：“车驾临饯。”瓺，酒器。玉篇。酒器名。

【美酒】旨酒。《北史·卢元明传》：“颂离骚，饮美酒，自为佳器。”曹植《名都篇》：“美酒斗十千。”《文选·古诗十九首之十二》：“不如饮美酒，被服纨与素。”

【美醪】美酒。苏颋《命姚崇等北伐伐制》：“美醪以信之，芳饵以赏之。”

【美禄】酒之别名。《汉书·食货志》：“酒者天下之美禄，帝王所以颐养天下。”权德舆《醉后诗》：“美禄与贤人，相逢自可亲。”

【美醞】美酒。《宋史·文苑传》：“郭忠恕善画，多游王侯公卿家，或待以美醞，豫张纨素，倚于壁，乘兴即画之。”白居易《宿张云攀院诗》：“美醞香醪懒，时新异果鲜。”

【茗艼】同“酩酊”。亦作“茗仃”。大醉貌。《世说新语·任诞》：“山季伦（山简）为荆州，时出酣畅，人为之歌曰：出公时一醉，经造高阳池，日莫（暮）倒载归，茗艼无所知。”

【南城】在江西省东部，抚河上游。以产“麻菇酒”著名。

【南酒】明朝人称绍兴酒为南酒。《金瓶梅》十六：银镶钟儿盛着南酒，秀春斟了两杯，李瓶儿陪西门庆吃。

【挠酒】和酒。《汉书·匈奴传》：“以径路刀金留犁挠酒。”

【盆】盛酒之器，可叩之以节乐者《史记·蔺相如传》：“窃闻秦王善为秦声，请奉盆缶秦王，以相娱乐。”〔注〕：盛酒瓦器，秦人鼓之以节歌也。

【牵羊担酒】牵着羊，挑着酒，表示向人慰劳或庆贺。元无名氏《举案齐眉》第四折：“老夫如今牵羊担酒，与孩儿庆喜。”明罗贯中《三国演义》第四十四回："孔明曰，'愚有一计：并不劳牵羊担酒，纳土献印'。"

【亲酿】亲自所酿之酒。《红楼梦》第五回："亲酿美酒一瓮。"

【秋清】酒名。秋季所酿造之酒。《唐书·百官志》："良醖署令丞，掌供五齐三酒，享太庙则供郁鬯，进御则供春暴，秋清，酴醾，桑落之酒。"

【秋酎】秋日所酿之酒。徐陵《和简文帝赛汉高帝庙诗》："玉碗无秋酎，金灯灭夜烟。"

【秋醉】秋日饮酒。杜牧《赠李给事敏诗》："晚发闷远梳，忆君秋醉余。"沈颂《送友人还吴诗》："送君江南去，秋醉洛阳酒。"郑巢《题崔行先石室别墅诗》："采菊频秋醉，留僧拟夜棋。"

【秋酒】黑龙江地方以黄米酿造之酒。又名黄酒。

【酋】本义为酒熟，引申为掌酒的长官。《礼记·月令》（仲冬之月）："乃命大酋。"郑玄注："酒熟曰酋。大酋者，酒官之长也。"

【神酒】祭神所用之酒。张耒诗："华池神酒不用醒，人生和畅自忘形。"

【神曲粳米醪法（《齐民要术》）】：春月酿之。燥曲一斗，用水七斗，粳米两石四斗。浸曲发，如鱼眼汤。净淘汰米八斗，炊作饭，舒令极冷。以毛袋漉去曲滓，以绢滤曲汁于瓮中，即酘饭。候米消，又酘八斗。消尽，又酘八斗。凡三酘，毕。若犹苦者，更以二斗酘之。此合醅饮之，可也。

【甚醉】沈醉。醉得很厉害，韩非子《扬权》："听言之道，溶者甚醉。"

【牲酒】谓牲畜与酒。《宋史·乐志》："牲酒嘉旨，福禄纯熙。"韩愈《南海神庙碑》："牲酒瘠酸，取具临时。"

【食酒】饮酒。《汉书·于定国传》："定国食酒至数石不乱。"〔注〕：如淳曰，食酒，犹言喜酒也。师古曰，若依如氏之说，食字当音嗜，此说非也。下叙定国子永，乃言嗜酒耳。酒者，谓能多饮费其酒，犹言食言焉。今流俗书本，辄改食字作饮字，失其真也。

【食礼】食饭饮酒浆。《周礼·天官·膳夫》："掌王之食饮膳羞，以养王及后世子"。〔注〕：食饭也，饮酒浆也。《汉书·楚元王传》："家产过百万，则以振昆弟宾客食饮。"《荀子·修身》："食饮衣服，居处动静，由礼则和节，不由礼则触陷生疾。"

【贳酒】赊酒。《史记·高祖纪》："汉高祖微时，常从王媪武负贳酒。"〔注〕：集解曰：贳，赊也。

【逃禅】醉酒而悖其教曰逃禅。《订为杂录七·逃禅》：“是逃而出，非逃而入。王嗣奭云，醉酒而悖其教，故曰逃禅。后人以学佛为逃禅，误矣。”

【逃席】谓宴会时不终席而离去，元稹《黄明府诗序》：“小年会于解县连月饮酒，予为觥录事，会于窦少府厅中，有一个后至，连飞数十觥，不胜其困，逃席而去，醒后问人，乃前虞乡黄丞也。”白居易《东南行诗》：“筹并频逃席，觥严别置盂。”《通俗编、饮食、逃席》：“醉乡日月，酒徒有逃席之病，弃之如脱屣。”

【挏马酒】以马乳为酒，撞挏乃成。《汉书·礼乐志》：“给大官挏马酒。”〔注〕：李奇曰：“以马乳为酒，撞挏乃成也。”师古曰：“马酪味如酒，而饮之亦可醉，故呼马酒也。”

【洗尘】《通俗编·仪节》：“凡公私值远人初至，或投饮，或馈物，谓之洗尘。”一般多用于设宴欢迎远来的人。《水浒传》第三十三回：“便请宋江更换衣裳鞋袜，香汤沐浴，在后堂安排筵席洗尘。”也叫“接风”。

【洗勺】古斞酒之勺。《三礼图·鼎俎洗勺》案：“旧图云，勺五升，径口六寸，曲中博三寸长三寸，柄长二尺四寸。漆赤中，柄末亦丹。”郑注：士冠礼云，勺尊升，所以斞酒。贾疏引少牢礼云，罍料、彼料与此勺为一物，但彼料所以斞水，此勺所以斞酒。

【洗涤麦汁】以麦糟为滤层，利用热水洗出第一麦汁过滤后残留于糟中的麦汁，称第二麦汁、也称洗涤麦汁。

【香酒】馨香之酒。《易·震》：“不丧匕鬯。”〔注〕：匕，所以载鼎实，鬯，香酒，奉宗庙之盛也。《宋史·礼志》：“皇帝靴袍就幄，设香酒时果，牙盘，食奠献而命大臣以香币酒脯诣诸陵致告。”荀成诗：“凭君剩醉浮香酒，梁苑而今不算春。”

【香醪】美酒。李适《九日应制诗》：“萸房颁彩笥，菊蕊荐香醪。”杜甫《崔驸马山亭宴集诗》：“清秋多宴会，终日困香醪。”白居易《尝酒听歌诗》：“一瓮香醪新插刍，双鬟小妓薄能讴。”韩驹《茅柴酒诗》：“饮惯茅柴谙苦硬，不知如蜜有香醪。”

【香米】发酒香之米。《隋炀帝湖上酒乐府》：“檀板轻声银甲暖，醅浮香米玉明寒。”

【香蚁】酒之别名。参见浮蚁条。韦庄《和薛先辈见寄初秋寓怀即事之作二十韵诗》：“会随仙羽化，香蚁且同斟。”

【**香槟酒**】香槟酒是一种含二氧化碳气的优质白葡萄酒。香槟是法国的旧省名，并因而得名。在法国，酒法规定必须是香槟制造的含二氧化碳的白葡萄酒才许可称为香槟酒。在其他国家，把凡含一定二氧化碳的优良白葡萄酒称为香槟酒。

【**香醅**】①美酒。白居易《花酒诗》："香醅浅酌浮如蚁，雪鬓新梳薄似蝉。"②酒料。将黄酒糟加入一部分麦曲或麸皮和少量的桔皮、丁香、花椒等香料，此外，为了提高香醅质量，还可以加入生香酵母培养液，混合拌匀后装入缸中，用部分白酒盖面，然后密封发酵，约经过三个月即成。

【**香雪酒**】香雪酒是用陈年糟烧酒来代替水酿制成而成的酒。在操作上采用淋饭法。酒味鲜甜醇厚，浓郁芳香。

【**香雪酒的制造方法**】下缸以前的操作方法与淋饭酒母相同。搭窝后经过 36–48 小时，见圆窝内甜液已满，可先投入磨碎麦面，充分拌匀，继续保温促进其糖化。再经 24 小时，糖分已积累较多，加 50℃的糟烧，用木耙倒匀，加盖静止。以后相隔三天搅拌一次，搅二、三次后用空缸覆盖，两缸口的衔接处，用荷叶衬垫，并用盐卤、泥土封口。经三、四个月，便能起封榨酒。

【**饷酬**】赠与金钱酒食之报礼。《唐书·韩滉传》："与少游会，以金飨相饷酬。"

【**钘**】古代的一种酒器。《庄子·徐无鬼》："其求钘钟也，以束缚。"陆德明释文引《字林》曰："钘似小钟而长颈。"又曰："似壶而大。"

【**修爵**】斟酒行爵。《礼记·乡饮酒义》："降脱屦升坐，修爵无数。"〔疏〕谓行爵无数矣。

【**养生主**】酒名。酒之和者曰养生主。《东齐记事》："唐子西名酒之和者，曰养生主，劲者曰齐物论。"

【**药酒**】加入药物之酒；《史记·扁仓公列传》："风蹶胸满，即为药酒，尽三石，病已。"《战国策·燕策》："其妻曰，公勿忧也，吾已为药酒，以待之矣。"韩非子《外储说左上》："夫药酒用言，明君圣主之独知也。"张籍《题韦郎中新亭诗》："药酒欲开期好客，朝衣暂脱见闲身。"

【**蚁浮**】酒名；浮沫之酒。参见浮蚁条。沈约《作沐寄怀诗》："酒熟寒蔬剪，宾来春蚁浮。"杜甫《正月三日归溪上诗》："蚁浮仍腊味，鸥泛已春声。"

【蚁酒】酒之一种，面有浮沫者。郑谷《蜀中春诗》："不嫌蚁酒冲愁肺，却忆渔蓑覆病身。"陈造《九日诗》："蚁酒倾灵液，霜花碎辟寒。"

【蚁尊】酒樽。陆游《醉书山亭壁诗》："绿蚁尊艳芳酝熟，黑蛟落纸草书颠。"

【盈爵】满杯。曹植《正会诗》："清酤盈爵，中坐腾光。"

【盈樽】谓酒满樽。《文选·谢朓休沐重还道中诗》："赖此盈樽酌，含景望芳菲。"《文选·陶潜归去来辞》："携幼入室，有酒盈樽。"

【幽飨】飨鬼神之酒食。谢超宗《齐太庙乐歌》："昭序溢，幽飨余。"

【宥】通"侑"。陪人宴饮。《左传·庄公十八年》："王飨醴，命之宥。"又指劝食。

【琖】玉作之小杯。夏之酒杯名。与盏、𧣈湔、𧣈醆同。《说文新附》："琖，玉爵也，夏曰琖，殷曰斝，周曰爵，从玉戋声。"《广韵》："琖，玉琖，小杯。"《集韵》："琖，或从角，从皿，亦作湔，𧣈。"《诗·大雅·行苇》："洗爵奠斝。"《传》："斝爵也，夏曰醆。"《释文》："醆，或作琖，同。"

【珍酒】美酒。张载《鄗酒赋》："未闻珍酒出于湘东。"

【钟】古代器名。即圆形壶，用以盛酒浆或粮食。盛行于汉代。《晋书·崔洪传》："(汝南王亮）以琉璃钟行酒。"

【重】指酒色味浓。《吕氏春秋·尽数》："烈味重酒。"高诱注：重，酒厚也。

【茱萸会】阴历九月九日相会登高山，取茱萸之实，饮菊花酒，以拂邪气，谓之茱萸会。一名登高会，或名茱萸节。

【祝】上寿酒。《左氏·哀·二十五》："武伯为祝。"〔注〕：祝，上寿酒。

【浊醪】浊酒。左思《魏都赋》："清酤如济，浊醪如河。"杜甫《晦日寻崔戢李封诗》："浊醪有妙理。"张谓《湖中对酒作诗》："主人有黍万余石，浊醪数斗应不惜。"

【浊酒】混浊之酒。陶潜《时运诗》："清琴横床，浊酒半壶。"杜甫《登高诗》："艰难苦恨繁霜鬓，潦倒新停浊酒杯。"欧阳修《送张生诗》："山城寂寞难为礼，浊酒无辞举爵频。"

【祖鬯】丧葬时供出棺前之祭所用郁鬯之酒。《海录碎事·帝王·升遐》："哭乃儿之将彻，恸祖鬯之虚斟。"

【祖帐】古代送人远行，在野外路旁为饯别而设的帷帐。亦指送行的酒筵。王维《齐州送祖之》诗："祖帐已伤离，荒城夏愁入。"《聊斋志异·聂小倩》："迨营谋既就，趣装欲归，燕生设祖帐，情义殷渥。"

【**保温和培养**】曲入室后，门窗关闭，注意保温。一般麦曲入房时温度在26℃左右，逐渐升高，经3–5天，菌丝繁殖旺盛时，最高温可达50℃。此即为"保温"。保温过程中，品温达50℃时，要开放门窗降温，以后品温逐渐回降。约经20天，麦曲已坚韧成块，将其叠成井字形，通风干燥后，或使用或贮存。此即为"培养"。

【**饼曲**】用不同的谷物制成一种块状的曲，人们叫它"饼曲"。

【**封桶升压**】下酒满桶后，敞口发酵二至七天，发酵正常情况下为2–3天，以排除啤酒中的发青味物质。一般在下酒24小时后，顶孔即冒出白色泡沫，数天后，泡沫变黄回缩，即行封桶并将桶上口连接压力计，控制一定压力。一周后，气压达到一定要求，即控制稳定不变。这叫做封桶升压。

【**复式糖化设备**】由原料的糊化、糖化，糖化醪的过滤和表汁的煮沸各在单独的锅内进行的糖化设备，称为复式糖化设备。复式糖化设备共由四个锅构成。

【**复蒸**】包谷煮焖好后，稍停几小时再装围边，上盖，开小气小火，把料蒸穿气，再大火大气，最后快出甑时，用大火大气蒸排水，此称为复蒸。

【**复蒸串香法**】按小曲酒的方法酿制出酒后，作底锅水，串蒸用大曲法制作的香醅，此法即复蒸串香法，简称复蒸法。

【**复制糟烧**】酒糟发酵蒸馏后，再将残糟加麸曲及酒母进行糖化发酵，蒸得到第二次白酒，称为复制糟烧。

【**挥发酸**】挥发酸指随蒸汽而挥发的脂肪酸，是酒精发酵正常副产物，除了醋酸、乳酸以外，尚有甲酸、丁酸、丙酸以及其他的微量脂肪酸。

【**挥发酸定量法**】取酒于烧瓶内，该瓶之塞二孔，其一孔中插入玻璃管，下端达于烧瓶底部，上端弯成钝角与水蒸气发生器相接，水蒸汽即由此管通入，使挥发酸随水蒸汽逃出。其一孔中插入连球蒸馏管使与冷却器相接，蒸馏器上作一符号，蒸馏液达此符号，将该馏液以标准检类滴定如酒精定量法。

【**活性污泥法**】该法缺点是通风动力耗大，没有达到废物利用的目的，而且还要添加营养盐和有毒剂。

【挤火】 上火18日后，将曲堆于一处，称为挤火。

【荚膜】 某些细菌在一定条件下，常向细胞壁表面分泌粘液状的物质，形成较厚的膜，称为荚膜。

【结合蛋白】 在细胞中，蛋白质和其他物质结合在一起所形成的蛋白叫结合蛋白。如和核酸结合则成为核蛋白，和脂类结合成为脂蛋白。

【浓香型（白酒）】 此种酒香味浓郁，甘绵适口，饮后尤香，以泸州老窖酒为代表，又叫“泸香型”。五粮液、双沟大曲、洋河大曲等都属这种香型。

【前缓后缓】 在酵母比较老、酿造用水过软、米的精白度太高、开始发酵温度低，以及曲质量差的场合，发酵迟滞期比较长，发酵速度慢和发酵不完全，残糟多，过滤困难，出酒率低，这种现象称为前缓后缓。

【前缓后急】 在酵母太老、酒母用量过少和开始发酵温度较低的场合，酵母增殖迟，糖化不断进行，醪液内虽已产生相当量的粮分，但酒精发酵慢，温度上升不快；一旦到酵母繁殖成一定数量，就开始旺盛发酵，糖分降低较快，此称为前缓后急。

【前急后缓】 在使用嫩酒母、嫩曲、水中有效成分较多和开始发酵温度较高的场合，加入酒母后，酵母很快就发育繁殖，迟滞期很短，十多个小时后，就出现气泡，升温迅速。由于发酵温度高，发酵速度快。在短时间内生成大量酒精，酵母容易早衰，这种现象称为前急后缓。

【前急后急】 在酒母嫩、米的精白度低和开始发酵温度高的场合，发酵速度快，短期内完成发酵，此种现象称为前急后急。

【砂土管保藏法】 取河沙若干，过筛，选取中间均匀的沙粒放入耐酸容器中，用10%的盐酸浸泡处理，除去其中的有机质。盐酸用量以淹没砂面为宜，浸泡2-4小时倒去盐酸，再用水洗数次，至呈中性，去水烘干或晒干。然后把干砂粉装入小试管中，装入量高达1厘米左右，塞好棉塞在蒸汽高压锅内灭菌，再取灭菌砂少许，放入液内培养基内，检查有无微生物生长。若有，则再次灭菌，至无菌止。把要保存的菌种置于最适宜的培养基和培养条件下培养成熟后，注入无菌水3-5毫升，洗下孢子，制成悬浮液，用1毫升无菌吸管吸取悬浮液滴入砂管中，每小管10滴，再用接种针经火焰灭后拌匀。

然后把砂土管放在真空干燥器中抽真空二磷吸收水分。干后将小管取出，用火在棉塞下面烧熔玻璃，拉长，把管口封住，放在低温处保藏。此法谓之砂土管保藏法。

【**顺位品评法**】将几种酒样分别编号，然后要求评酒人员按照酒度高低或酒质优劣，顺序排队，分出名次，这种方法称顺位品评法。

【**顺效应**】人的嗅觉和味觉是比较灵敏的，但是经长时间连续刺激，就会变得迟钝，以至最后变为无知觉的现象，这种现象叫做顺效应。

【**威士忌**】酒名。英文（whisky）的音译。一种用麦类或搀用玉米为原料，加麦芽糖化后，用酵母发酵，经蒸馏而制成的蒸馏酒。酒精含量30–70%。普通品贮藏期约三年，上等品贮藏期在七年以上。英国苏格兰威士忌较为著名。

【**选择培养基**】在培养基内加入某种化学物质以抵制不需要的菌的生长，而促进菌的生长，这样的培养基叫选择培养基。

【**选择性疲劳**】人的嗅觉对物质的香气分辨不出来，即使再好的香气也没有感觉，但有时对不同于所闻的该种香气的气味却能很好地辨别，这叫做选择性疲劳。

【**种曲培养**】称取麸皮，加水90%–100%，硫酸0.2%–0.3%，拌匀后包入纱布，在1公斤/平方厘米汽压灭菌1小时取出降温，至35℃接三角瓶0.3%，28–31℃堆积8小时后装盒，24小时左右划盒1–2次，培养品温不超过36℃，约培养3天后成熟。

【**柱式连续蒸煮**】柱式连续蒸煮的压力较低，流速较慢，蒸煮时间可以长些，操作比较稳定，糖损失少，淀粉利用率高。

【**追糟酒**】在小回酒的基础上，再接取第七次原酒并入库贮存，该酒称作追糟酒。追糟酒醇和，有糊香，但微苦，糟味较大。

【**秬鬯**】用黑黍和香草酿造的酒，用于祭祀降神。《诗·大雅·江汉》："秬鬯一卣。"又，古盛酒器。《礼记·表记》："天子亲耕，粢盛、秬鬯，以事上帝。"

十　画

【**案酒**】同"按酒"。《西游记》二十：今奉大王严命，在此巡逻，要拿几个凡夫去做案酒。《醒世恒言》十六：上好酒暖两瓶来，时新果子，先将来案酒，好嗄饮只消三四味就勾了。

【被酒】犹中酒。《史记·高祖本纪》："高祖被酒。"张守节正义："被，加也。"

【宾席】客人之席。犹宾筵。白居易《和微之，和酬郑侍御东阳春闷放怀追越游见寄诗》："君得嘉鱼置宾席，乐如南有嘉鱼时。"

【捕醉仙】劝酒之玩具。与"劝酒胡"同。《酒谱》："酒令有捕醉仙者为偶人，转之以指席者。"《墨庄漫录》："饮席刻木为人而锐下，置盘中，左右欹侧，僛僛然如舞状，久之力尽乃倒，视其所指，酬之以杯，亦谓劝酒胡。"

【鬯】祭祀所用之香酒，以郁金草酿秬黍为之，所以降神也。《易·震》："不丧匕鬯。"〔注〕：鬯，香酒。《诗·大雅·江汉》："秬鬯一卣。"〔笺〕秬鬯，黑黍酒也，谓之鬯者，芬香条鬯也。

【鬯酒】秬鬯。《诗·大雅·江汉》："秬鬯一卣。"〔笺〕：秬鬯，黑黍酒也，谓之鬯者，芬香条鬯也。王赐召虎，以鬯酒一尊，以祭其宗庙，告其先祖。

【倡饮】歌舞助酒。《后汉书·郭皇后纪》："会诸郭朝见，上寿引入，倡饮甚欢。"注：说文曰，倡，乐也，声类曰俳。

【乘兴】乘其兴致而饮。

【埕】酒瓮名。高文秀《谇范叔》第二折："我儿吃那开埕十里香？"十里香，酒名。

【耽酒】谓喜饮酒。《北史·裴叙业传》："好弹琴耽酒，时有文咏。"

【顿递】沿道设酒食以供应军队，以及邮驿。《资治通鉴·唐纪》："僖宗中和元年，李克用牒河东，称奉诏将兵五万讨黄巢，令具顿递。"〔注〕：缘道设酒食以供军为顿，置邮驿为递。《郤扫编》："桥道司例造酒分饷近臣，京师称顿递司酒为最美。"

【恶醉强酒】讨厌醉酒却偏要喝酒。强，硬要。比喻明知不好的事却硬要去做。语出《孟子·离娄上》："今恶死亡而乐不仁，是犹恶醉而强酒。"

【浮一大白】浮，违反酒令被罚饮酒。白，罚酒用的酒杯。原指罚饮一大杯酒。后指满饮一大杯酒。语本汉刘向《说苑》："魏文侯与大夫饮酒，使公乘不仁为觞政，曰：'饮不釂者，浮以大白。'"清曾朴《孽海花》第二十四回："得此喜信。胜听挞音，当浮一大白。"

【赶座子】在酒楼上奔走卖唱。《水浒》三：父亲自小教得好些小曲儿，来这里酒楼上赶座子。

【羔酒自劳】煮小羊，饮斗酒以自乐。《故事成语考·饮食》：“羔酒自劳田家之乐，含哺鼓腹盛世之风。”

【高阳酒徒】高阳，古乡名，在今河南杞县西南。秦末郦其食即此乡人，他对刘邦自称“高阳酒徒”。后用指好饮酒而狂放不羁的人。语出《史记·郦生陆贾列传》：“郦生瞋目按剑叱使者曰：‘走，复入言沛公：吾高阳酒徒，非儒人也。’”元秦简夫《东堂老》第三折：“你醒也波高阳哎酒徒，担着这两篮儿白菜，你可觅了他这几贯的青蚨。”

【高度酒和低度酒】含酒精量高的酒叫“高度酒”，反之叫“低度酒”。

【高粱酒】以高粱为原料制成的酒，统称为高粱酒。又称为高粱烧。高粱酿造的酒，气味猛烈，故掺合其他谷类与高粱合酿以调剂之者，所得之酒亦名高粱酒。

【高浓度酿造】所谓高浓度酿造，即所用麦汁的浓度较高，因之在糖化以后的工序中需要加水稀释。由于在糖化时减少了用水量，所以可以提高糖化设备的利用率。而且如果在贮酒时稀释，则发酵设备的利用率也将提高。

【高浓度啤酒】高浓度啤酒：麦汁浓度在十四度至二十度左右，酒精含量为4%左右。

【高泡期】发酵最旺盛期，泡沫特别旺盛，悬浮酵母数达最高值。由于酒花树脂的所在，泡沫表面棕黄色，此称为高泡期。

【高温开耙】醪的品温上升到35℃以上进行第一次搅拌，即为高温开耙，又称之为开头耙。

【高温曲】温度在60–56℃生产的曲，称为高温曲。高温曲基本用于酿制酱香型酒。

【高温润糁】粉碎后的高粱原料，在蒸料前进行热水浸润，称为高温润糁。

【高温糖化酵母】将醪在淀粉酶作用下进行短时间的溶解糖化，糖化后添加乳酸，调节PH值，迅速作成酵母培养基。这种采取55–60℃高温糖化剂制成的酵母，称作高温糖化酵母。

【高温糖化酵母的制造方法】将大米和水的比例控制在一比三以上。在罐内加温水和米饭，使混合后的温度约为60℃，加入麦曲，用量约为原料的15%，搅匀，在55–60℃静止糖化四至六小时。糖化结束后，加乳酸调节PH值，然后冷至28–30℃，接入三角瓶及卡氏罐的培养酵母，其温度维持在26–30℃，培养16–20小时，即成。

【栝楼薤白白酒汤】方剂名。见《金匮要略》。由栝楼、薤白、白酒三味组成。功能温阳散结、豁痰下气、主治胸痹、痛彻胸背，以及气急咳嗽痰多等症。近用本方加减治疗心绞痛。

【桂酒】酒名。《楚辞·九歌·东皇太一》：“奠桂酒兮椒浆。”王逸注：“桂酒，切桂置酒中。”

【桂花曲】酒种。制造块曲的时间，一般在旧历的八月至九月间，此时正当桂花盛开之际，故习惯上把这段时间内制成的曲称为“桂花曲”。

【海】最大的酒杯。唐温庭筠《乾子》：“裴均镇襄州设宴，有银海，受一升，以手捧饮将海覆地。”《红楼梦》二十八：我先喝一大海，发一个新令，有不遵者，连罚一大海，逐出席外，与人斟酒。

【酐】苦酒。见《广韵·三十七荡》。

【荷杯】以荷叶代杯。《唐语林》：“李宗闵暑月以荷为杯。”戴叔伦《南野诗》：“茶烹松头红，酒吸荷叶绿。”

【荷味杯】本为酒器，或即以荷叶为杯，于暑天用之。后为唐教坊曲名，又用为词牌。

【盉】古代酒器。青铜制。圆口，深腹，三足，有长流鋬和盖。用以和水于酒，然后倾入于爵、觚、觯以饮，或以为兼可温酒。盛行于商代后期和西周初期。

【壶】礼器。酒器。《说文》：“壶，昆吾圆器也，象形。从大，象其盖也。”《周礼·秋官·掌客》：“壶四十。”〔注〕：壶，酒器也。《礼记·礼器》：“门内壶。”〔注〕：壶，大一石。《公羊·昭二十五》：“国子执壶浆。”〔注〕：壶，礼器，腹方圆口曰壶，反之曰方壶，有爵饰。

【壶酒】谓壶中酒。又即一壶酒。《南史·梁世方等传》：“一壶之酒足以养性，一箪之食足以怡形。”韩非子《外储说右上》：“壶酒不清，生肉不布。”李白《月下独酌诗》：“花间一壶酒，独酌无相亲。”岑参《送扬子诗》：“惜别添壶酒，临歧赠马鞭。”

【壶觞】壶与觞。陶潜《归去来辞》：“引壶觞以自酌，眄庭柯以怡颜。”白居易《将至东都寄令狐留守诗》：“东都添个狂宾客，先报壶觞风月知。”卢纶《酬赵少尹示诸侄诗》：“谬人阮家逢庆乐，竹林应得奉壶觞。”

【壶中物】谓酒。张祜《题上饶亭诗》：“唯是壶中物，忧来且自斟。”

【壶尊】酒器。《周礼·春官·司尊彝》："秋当冬烝，裸用斝彝黄彝，皆有舟。其朝献用两著尊，其馈献用两壶尊，皆有罍，诸臣之所昨也。"〔注〕：壶者，以壶为尊。

【壶罂】酒器。鲍照《拟行路难诗》："君不见亡灵蒙享祀，何时倾杯竭壶罂。"

【晃瓤】摇动酒甏弄得酒发浑。《儿女英雄传》十五："你老人家无论叫我干什么，我都去，独你老人家的酒我可不敢动他，回来又是怎么晃瓤了温毛了。"

【家酿】谓家中自酿之酒。《书言故事·酒类》："蒙赐家酿。"

【监酒】监视造酒之人，或监督饮酒之人。《金史·逆臣传》："监酒官移剌保，迎谒时饮以酒。"

【浆】泛指饮料。如：水浆，酒浆。《周礼·天官·浆人》："掌共（供）王之六饮：水、浆、醴、凉、医、酏。"按：六饮中的浆是淡酒。也指酒。

【浆酒】浆与酒。《礼记·玉藻》："王饮上水，浆酒醴酏"。〔注〕：上水，水为上，馀其次之。

【浆酒藿肉】视酒肉如浆藿。《汉书·钱包宣传》："使奴从宾客，浆酒藿肉。"〔注〕：刘德曰："视酒如浆，视肉如霍也。"师古曰："藿，豆莱也，贫人茹之也。"

【竞饮】争饮。《北史·景穆十二王上·济阴王小新成传》："新成乃多为毒酒；贼逼，便弃营而去，贼于竞饮。"

【酒媪】酒店之老妇。韩愈《顺宗实录》："其余悉以送酒媪无留也。"

【酒半】谓饮酒至数巡。《宋史·陈规传》："金人告急于兀术，规大饷将士，酒半问曰……"

【酒榜】酒店招牌。皎然《张伯英草书歌》："长安酒榜醉后书，此日骋君千里步。"

【酒保】①酒家之雇佣。俗谓酒家之侍者。《史记·栾布传》："穷困，凭佣于齐为酒人保。"《宋史·张继能传》："抵饮肆，与酒保相殴，系府中。"②货酒者也。《鹖冠子·天则》："酒保，先贵酒者。"货酒者也。

【酒悲】酒醉后而涕泣。《五代史·前蜀世家》："王衍尝以九日宴宣华苑，嘉王宗寿以社稷为言，言发流涕。韩昭等曰，嘉王酒悲尔。"《资治通鉴·后唐庄宗纪》胡注："人有醉后涕泣者俗谓之酒悲。"

【**酒杯**】盛酒之杯。

【**酒杯流行**】酒杯巡行。《唐书·长孙无忌传》："太宗谓唐俭，有辞善和解人，酒杯流行，发言可意，事朕二十年，未尝一言国家事。"

【**酒边**】酒席之侧。卢藏用《九日诗》："萸依佩裹发，菊向酒边开。"杜甫《送路六侍御入朝诗》："剑南春色还无赖，触忤愁人到酒边。"章碣《观锡宴诗》："鱼衔懒草浮地面，蝶趁飞花到酒边。"

【**酒标**】酒家之标志。与酒旗同。《长生殿·疑谶》："我家酒铺十分高，罚誓无赊留酒标。"

【**酒兵**】酒能解愁，如兵可克敌，故曰酒兵。《南史·陈暄传》："江谘议有言曰，酒犹兵也。兵可千日而不用，不可一日而无备；酒可千日而不饮，不可一饮而不醉。"

【**酒病**】因酒而生之病。杜甫诗："老人因酒病，坚坐看君倾。"

【**酒病酒药医**】据说喝醉了酒的人，次日精神委顿，必须再喝几杯酒才能精神复振，这叫做"酒病酒药医"。《金瓶梅》五十四：伯爵道："酒病酒药医，就吃些何妨。我前日也有些嗓子痛，吃了几杯酒，倒也就好了。"

【**酒钵**】盛酒之钵。《大业拾遗记》："作小舸子木人长二尺许，乘船行酒，每一船，一人檠酒杯，一人捧酒钵，一人撑船，二人荡浆，绕曲水池随岸而行，每到坐客处，即停客取酒，饮讫，还杯，木人受杯，回向捧酒钵人，酌酒杯，船依式自行。"

【**酒波**】酒上所起之波纹。

【**酒粕**】酒糟。《急就篇》："糟糠汁滓稿莝刍。"〔注〕：糟，酒粕也。

【**酒帛**】谓酒与帛。《宋史·列女张氏传》："张氏鄂州江夏民妇，里恶少谢师乞过其家，持刀逼欲与为乱，曰，从我则全，不从则死。张大骂曰，庸奴可死，不可它也。至以刃断其喉，犹能走擒师乞以告邻人。既死，朝廷闻之，诏封旌德县郡，表坟曰列女之墓，赐酒帛，令郡县致奠。"

【**酒博士**】即酒保。《京本通俗小说》十三：正行之间，一个人从后面赶将来，叫道："张主管，有人请你。"张胜回前沿看时，是一个酒博士。

【**酒逋**】酒债。陆游诗："朝眠每恨妨书课，秋获先令入酒逋。"

【**酒材**】谓制酒之材料，如米曲之类。

【**酒赃**】酒贩。《后凉录·吕光传》："帛纯宫室壮丽，焕若神居。胡人奢侈，富于生养。家有葡萄酒至千斛，经十年不败，士卒沦没酒赃者相断，诸国贡款属略。"

【酒槽】①装酒之容器。与酒船同。《辍耕录·切谏》："持酒槽之金口以进。"张藉诗："就石安琴枕，穿松压酒槽。"②榨酒时以盛酒料之容器。

【酒草】草名，可供酿酒用。《琅邪代醉编酒草》："瑶琨去玉门九万里，有碧草如麦，割之以酿酒，则味如醇酎。"

【酒肠】谓饮酒人之肛肠。旋肩吾《云州饮席诗》："酒肠虽满少欢情，身在云州望帝城。"杜牡《题吴兴消暑楼诗》："景牵游目困，愁抚酒肠销。"

【酒场】卖酒饮酒之场所。《宋史·食货志》："治平四年，手诏蠲京师酒户所负榷钱十六万缗，又江南比岁所增酒场，强率人酤酒者禁止。"

【酒车】载酒肴之车。《文选·班固·西都赋》："乘轻骑以行庖，胜酒车以斟酌。"

【酒成】谓将酒酿成。《宋史·职官志》："若祭祀、朝会、宴享，则同光禄寺官，视其善否，酒成，则尝而后进。"

【酒酲】宿醉。郑谷《敷溪高士诗》："眠窗日暖添幽梦，步野风清散酒酲。"

【酒吃】谓口吃而酒后言说流利者。《唐史拾遗》："焦遂口吃，对客不能出一言，醉后酬答如注，时目为酒吃。"

【酒池】以酒为池。参见"酒池肉林"。

【酒池肉林】古代传说，殷纣以酒为池，以肉为林，为长夜之饮。形容生活极其奢侈、糜烂。也形容酒肉很多。语本《史记·殷本纪》："以酒为池，悬肉为林。"明许仲琳《封神演义》第十七回："纣王听信妲已，造酒池、肉林，一心忌惮，朝纲不整，任意荒淫。"

【酒筹】旧时饮酒时用以计数的筹子。白居易《同李十一醉忆元九》诗："花时同醉破春愁，醉折花枝当酒筹。"

【酒刍】酒篦。滤酒之器。皮日休诗："碧落裳下携诗草，黄篾楼中桂酒刍。"

【酒船】载酒之船。《晋书·毕卓传》："卓尝谓人曰，得酒满数百斛船，四时甘味置两头，右手持酒杯，左手持蟹螯，拍浮酒船中，便足了一生事矣。"

【酒传生】长安俗谓递饮酒相邀。《法苑珠林》："长安风俗，元日以后，递饮酒相邀，号酒传生。”顾清《乙亥元日十峰饮师邵乐斋出予家挂饼师邵有诗次韵奉答诗》：“茗碗酒杯皆可意，好将新岁作传生。”

【酒床】谓饮酒之几案。苏轼《跋送石昌言引》：“彭任饮酣，闻彦国当使愤愤推酒床，拳皮裂，遂自请行。”马祖常《贡仲章待制宠和次韵诗》：“戴凭久负谈经席，阮籍唯知近酒床。”

【酒醇】即乙醇。因其为各种饮用酒之主成分，故名。

【酒大工】酉襄酒之男工。《直语补证》：“酒翁，酒者也。今人呼为酒大工。”

【酒甔】坛子一类的酒器。皮日休《和鲁望秋日遣杯诗》：“酒甔香竹院，鱼笼挂茅簷。”

【酒胆】好酒之人。又酒量甚大者。《汉皋诗话》：“豩字，呼关切，顽也，当在山字韵。刘梦得有杯前胆不豩，赵𫖯有吞船酒胆豩之句：礼部韵不收。唐韵亦无此。”

【酒啖】酒与食物。《魏书·董卓传注》：“或自赍酒啖，过天子饮。”

【酒铛】三足温酒器。与酒鎗同。《梁书·何点传》：“竟陵王子良，遗点嵇叔夜酒杯，徐景山酒铛，以通意。”

【酒党】酒伴。《后汉书·桓彬传》：“时中常侍曹节女壻冯方，亦为郎。彬厉志操，与左丞刘歆，右丞杜希，同交好善，未尝与方共酒食之会，方深怨，遂章言彬等为酒党。”

【酒舠】酒船名。《秦观·琵琶梦诗》：“金纹捍面紫檀槽，曾把花前送酒舠。”

【酒德】《书·无逸》：“无若殷王受之迷乱，酗于酒德哉！”孔传：“以酗酒为德。”意即以酗酒为事，本属贬义。后多借指酒的属性或作用。晋刘伶有《酒德颂》，唐孟郊有《酒德》诗。黄庭坚《谢答闻善二兄》诗：“四座欢欣观酒德，一灯明暗又诗成。”谓饮酒足助人成诗。

【酒德颂】颂扬酒之功德所作之文。晋刘伶作《酒德颂》。

【酒滴】酒之滴。李贺《将进酒歌》：“琉璃钟，琥珀浓，小槽酒滴真珠红。”

【酒敌】谓酒量相匹敌。《归田录》：“与石曼卿为酒敌。”

【酒癫】饮酒而作狂。一作酒颠。白居易《峡中遇微之诗》：“别来只是成诗癖，老去何曾更酒癫。”

【酒店】卖酒之商店。《南史·颜延之传》：“文帝尝召延之，传诏频不见，常日但酒店裸袒。”

【酒奠】以酒奠祭之。罗隐《送朗州张员外诗》：“旗飘岘首岗光重，酒奠湘江杜魄哀。”

【酒毒】饮酒而中酒精之毒。王绩《食后诗》：“葛花消酒毒，萸带发羹香。”

【酒额】酿造酒之价格。陈亮《义乌县减酒额记》：“酒额岁不亏一钱，而郡县交便之。”

【酒恶】中酒，因多喝了酒身体感到不爽。赵德麟《侯鲭录》卷八：“金陵人谓中酒曰酒恶，则知李后主词云：‘酒恶时拈花蕊嗅。’用乡人语也。”

【酒发】酒引发。韩屋《无题诗》：“歌凝眉际恨，酒发脸边春。”

【酒法】酿酒之法。

【酒饭】酒与饭。《汉书·薛宣传》：“设酒饭与相对，接待甚备。”

【酒坊】酒肆。

【酒坊使】酒官名。《宋朝会要》：“唐有酒坊使，宋朝初加内字，后去之。”

【酒肥】酒浓。皮日休《初事即事诗》：“茗脆不禁炙，酒肥或难倾。”

【酒分】酒意。白居易《雪夜喜李郎中见访诗》：“对此欲留君便宿，诗情酒分合相亲。”

【酒风】病名，中酒毒。《素问·病能论》：“帝曰，有病身热解堕，汗出如浴，恶风少气，此为何病？歧伯曰，病名曰酒风。”

【酒缶】酒罍，古代一种盛酒器。《宋史·吴玠传》：“金人用火攻楼，以酒缶扑灭之。”

【酒妇】酒家妇。《妆楼记》：“女儿，陈市上酒妇也。朱仲常于会稽卖珠，一日仲以素书倚酒于女儿家，儿盗写学其术。”

【酒浮】酒面浮载。周明帝《咏摘花诗》：“酒浮花不没，花含酒更香。”

【酒府】掌王燕饮之酒者，《周礼·天官·酒人》：“凡事共酒而入于酒府。”〔注〕：入于酒之府者，是王燕饮之酒，酒正当奉之。

【酒腐】谓量酒不饮，令其腐败。《唐书·魏征传》：“昔齐桓公问管仲曰：‘吾欲使酒腐于爵，肉腐于俎，得无害霸乎？’管仲曰：‘此固非其善者，然无害霸也。’”

【酒赋】①赋名。汉邹阳作。《西京杂记》：“梁孝王游于忘忧之馆，集诸游士，各使为赋，邹阳为酒赋。”②饮酒与赋诗。王勃《郊园即事诗》：“闲居饶酒赋，随兴欲抽簪。”

【酒膏】谓酒上所浮之白滓。《文选·张衡·南都赋》：“醪敷径寸，浮蚁若萍。”〔注〕敷，布也，酒膏径寸，布于酒上，亦有浮蚁发水萍。司马光《送张少卿知洪州诗》：“风色传花信，烟光拂酒膏。”

【酒诰】《书经·周书》之篇名。《书·康诰序》：“成王既伐管叔、蔡叔，以殷余民封康叔，作康诰、酒诰、梓材。”传：康叔监殷民，殷民化纣嗜酒，故以戒酒诰。

【酒歌】①饮酒与咏歌。《宋书·乐志》：“欢日尚少，戚日苦多，以何忘忧，弹筝酒歌。”②咏酒之歌。《宋史·许洞》：“洞归吴中数年，日以酣饮为事，当从民坊贳酒。一日大暑，壁作酒歌数百言，乡人争往观，其酤数倍。”

【酒功】酒之功效。孟郊《酒德诗》：“酒是古明镜，辗开小人心。醉见异举止，醉闻异声音。酒功如此多，酒屈亦以深。”

【酒觥】酒杯。李贺《屏风曲》：“沈香火暖茱萸烟，酒觥绾带新城懽。”

【酒骨】酒糟。《表异录》：“糟曰酒骨，出孟蜀食典。”

【酒沽】①与“酒酤”同。《汉纪·孝武纪》：“至于用度不足，以榷酒沽，管监铁。”②买酒。李端《杂歌》：“酒沽千日人不醉，琴弄一弦心已悲。”

【酒辜】酒罪。何承天《答宗居士书》：“淫盗著于五刑，酒辜明于周法。”

【酒酤】卖酒。《汉书·武帝纪》：“初榷酒酤。”注：韦昭曰：以木渡水曰榷，谓禁民酤酿，独官开置，如道路设木为榷，独取利也。”《汉书·食货志》：“共奏罢酒酤。”

【酒官】掌酒之官。《宋史·礼志》：“宜诏酒官，依法制酒。”

【酒馆】酒店。张昱《访旧三竺诗》：“酒馆湖船尽有名，五杯时得肆闲情。”

【酒鬼】嗜酒之人。杨维桢诗：“金榼堕地非酒鬼，由箱以驴行万里。”

【酒贵】酒价昂贵。《唐书·食货志》：“乾元元年，京师酒贵，肃宗以禀食方屈，乃禁京城酤酒，期以麦熟如初。”

【酒国】醉中天地。醉乡。唐庚诗：“砚田无恶岁，酒国有长者。”《桃花扇·选优》：“千年只有歌场乐，万事何须酒国愁。”

【酒过】谓饮酒而致过失。《晋书·周顗传》：“屡以酒过为有司所绳。”《宋书·颜延之传》：“颜延之性既偏急，兼有酒过。”

【酒海】酒多如海。白居易《就花枝诗》：“就花枝，移酒海，今朝不醉明朝悔”。

【酒丞】掌酒之官。《通典·职官·光禄卿·良醖署》：“晋有酒丞，齐有酒吏，梁曰酒库丞，隋曰良醖署，令丞各一人，唐因之。”

【酒寒】酒冷。曹唐《小游仙诗》："方士飞轩驻碧霞，酒寒风冷月初斜。"杜荀鹤《雪中别诗友》："酒寒小户，请满酌行杯。"

【酒酣】饮酒至半醉状态。《史记·高祖纪》："酒酣，高祖举筑，自为歌诗。"《集解》："应邵曰，不醒不醉曰酣，一曰，酣，治也。"《晋书·周顗传》："帝讌群公于西堂，酒酣从容曰，今日名臣共集，何如尧舜时耶。"

【酒酣耳热】酒酣：酒喝得很痛快。形容酒兴正浓。语本汉杨恽《报孙会宗书》："酒后耳热仰天拊缶，而呼乌乌。"三国魏曹丕《与吴质书》："每至觞酎流行，丝竹并奏，酒酣耳热，仰而赋诗，当此之时，忽然不自知乐也。"

【酒豪】酒豪指的是嗜酒不在李白之下，但嗜酒的名声却远逊李白的诗人杜甫。"得钱即相觅，沽酒不复疑"，"朝回日日典春衣，每日江头尽醉归"，"径须相就饮一斗"，"数茎白发那抛得，百罚深杯亦不辞"，"浅把涓涓酒，深凭送此身"。故人称之"酒豪"。

【酒痕】酒渍之痕迹。岑参《奉送贾侍郎使江外诗》："荆南渭北难相见，莫惜衫襟着酒痕。"白居易《咏故衫诗》："袖中吴郡新诗本，襟上杭州旧酒痕。"

【酒红】酒沁于面呈现之红色。厉鹗《春寒诗》："漫脱春衣浣酒红，江南三月最多风。"

【酒喉】饮酒之喉。杨维桢《庐山瀑布谣》："酒喉无耐夜渴甚，骑鲸吸海枯桑田。"

【酒壶】盛酒之容器。《三国志·吴志·郑泉传》："郑泉，字文渊，性嗜酒，临卒谓同类曰，必葬我陶家之侧，庶百岁后，化而成土，取为酒壶，实获我心矣。"韩愈《送区册序》："岁之初吉，归拜其亲，酒壶既倾，序以识别。"杜甫《水阁朝霁诗》："呼婢取酒壶，续儿诵文选。"元稹《与李十一夜饮诗》："寒夜灯前赖酒壶，与君相对兴犹孤。"

【酒胡】酒席中饮酒之戏具。元稹《酬李甫见赠诗》："野诗良辅偏怜假，长借金鞍迓酒胡。"刘筠《大酺赋》："诙谐方朔，调笑酒胡。"《墨庄漫录》："饮席刻木为人，而锐其下，置之盘中，左右攲侧如舞状，力尽乃倒，视其传筹所至，酬之以盃，谓之劝酒胡。"

【酒胡子】即不倒瓮。劝酒具。与捕醉仙同。卢汪《酒胡子诗》："同心相遇思同欢。擎出酒胡当玉盘。"

【酒虎】 谓酒豪。郑清之诗：“努力去为酒中虎。”注，谚谓海错监者为酒虎。

【酒户】 与酒肆同。陆游诗：“酒户知贫焚旧券。”

【酒花】 谓酒中所浮之泡沫。孟郊《送殷秀才南游诗》：“诗句临离袂，酒花薰别颜。”孔平仲《冬夕即席作诗》：“酒花随煐聚，酥蘂带寒开。”

【酒荒】 因饮酒而荒废其业。《国语·越语下》：“出则禽荒，入则酒荒。”（另指缺酒饮——非甑）

【酒祸】 因饮酒而招灾祸。《礼记·乐记》：“此先王之所以备酒祸也。”《酒谱》：“诗雅云，人之齐圣，饮酒温克。又云，既立之监，或佐之史，然则饮之立监史也，所以已乱而备酒祸也。后世因之，有酒令焉。”

【酒妓】 陪酒之妓。

【酒极】 谓饮酒过量。《史记·淳于髡传》：“酒极则乱，乐极则悲。”

【酒家】 ①酒肆。《后汉书·李固传》：“变名姓为酒家佣。”李白诗：“颜公二十万，尽付酒家钱。”②酒店雇佣之人。《长生殿·疑谶》：“人来共沽，酒家有么？”

【酒家保】 同酒保、酒人保。

【酒家胡】 酒家之姬。辛延年《羽林郎诗》：“昔有霍家奴，姓冯名子都，依倚将军势，调笑酒家胡。胡姬年十五，春日独当垆。”

【酒家南董】 谓撰写酒史之良才。《唐书·王绩传》：“时大乐署史焦革家，善酿，绩求为丞。革死，追述革酒法为经，又采杜康、仪狄以来善酒者为谱。李淳风曰，君酒家南董。”

【酒驾】 驾酒而行之车。《文选·张协·七命》：“肴驷连镳酒驾方轩。”

【酒监】 监督饮酒之人。《诗·大雅·宾之初筵》：“既立之监，或佐之吏。”《传》：“立酒之监，佐酒之吏。”《集传》：“则立酒监，使视之。”程嘉燧诗：“四座无声罢酒监。”

【酒浆】 酒与浆。《诗·小雅·大东》：“维北有斗，不可以挹酒浆。”《仪礼·公食大夫礼》：“饮酒浆，饮俟于东房。”

【酒匠】 造酒之人。《唐书·百官志》：“良酿署有酒匠十三人。”《宋史·食货志》：“诸州官酿所费谷麦，准常以给，不得用仓储，酒匠役人当受粮者给钱。”

【酒窖】 贮藏酒类的地下室。一般分全地下室和半地下室两种。窖内保持较低的恒温，以利酒类的醇化。

【酒酵】酒母。《癸辛杂识》：“遂以酒酵作汤，饮之而愈。”

【酒教】曲之别称。《事物异名录·饮食·酒》：“说文，曲亦作酴，酒母也。曲又曰酒教，方言曰麯。”

【酒戒】酒禁。李纯甫《杂诗》：“酒戒何会破，诗魔先已降。”

【酒禁】禁止造酒与饮酒。《后汉书·孔融传》：“时年饥兵兴，操表制酒禁，融频书争之。”《唐书·食货志》：“唐初无酒禁。”《文献通考·征榷考》：“东坡苏氏曰，自汉武帝以来，至于今皆有酒禁。”

【酒经】①书名。叙录古来之制酒法。《宋史·艺文志》：“无求子酒经一卷，大陷翁酒经一卷，苏轼东坡酒经。”②酒器《侯鲭录》：“陶人之为器有酒经焉，晋安人以盛酒，似瓦壶之制，小颈环口，修腹，受一斗，馈人以酒，书云，酒一经或二经至五经，他境人不达其义闻五经至，束带迎于门，乃知是酒五瓶为五经焉。”

【酒法】科酒税之法。《唐书·食货志》：“昭宗世以用度不足，紧急措施洋畿近镇曲法，复权酒以赡军。”《宋史·食货志》：“凡酝用秔糯黍粟麦等及曲法酒式，皆水土所宜。”

【酒纠】①昔人以妓女侑酒司觞政，曰酒纠。《卢氏杂说》：“洛中举子谒节使留连宴欢，与酒纠谐戏颇洽。”②监酒之令。《称谓录·酒·酒纠》：“表异禄、觞政、酒令也。酒纠；监令也，亦名觥籙事。”

【酒具】饮酒器。《宋书·陶潜传》：“江州刺史王弘欲讥之，不能致也，潜尝往庐山，弘令潜故人庞通之齐酒具于半道栗里要之。”

【酒军】朋侪角饮，如两军之对垒，故云酒军。白居易《令狐相公诗》：“酒军诗敌如相遇，临老犹能一据鞍。”

【酒渴】因酒而渴。《本事诗》：“寻春独行，酒渴求饮，女入以杯水至。”畅当《军中醉饮寄沉八刘叟诗》：“酒渴爱江清，余酣漱晚汀。”《三体诗·增注》：“此诗元载杜工部集中。”皮日休《闲夜酒醒诗》：“酒渴温思茶，山童呼不起。”

【酒榼】酒尊。岑参诗：“酒榼绿青壁，瓜田傍绿溪。”白居易《效陶潜体诗》：“床头残酒榼，欲尽味弥淳。”

【酒客】①嗜酒之人。②善制酒者。《列仙传》：“酒客者，梁市上酒家人也，作酒常美，售日得万钱。”

【酒课】酒税。《宋史·食货志下》：“诸路酒课，月比岁增。”

【酒库】藏酒之室。白居易《五月斋戒诗》：“妓房匣镜满尘埃，酒库封瓶生绿苔。”

【酒库丞】梁代官名，监督酒库之辅助官。

【酒伶】劝酒之伎女。孟郊《晚雪吟》：“甘为酒伶摈，坐耻歌女娇。”

【酒狂】谓因酒而疯狂。《汉书·盖宽饶传》：“无多酌我，我乃酒狂。”

【酒魁】酒器。《朝野佥载》：“蜀中有酒器名酒魁，诗人所谓斟以大斗，制象北斗有魁柄。”

【酒困】谓饮酒过多，为酒所困。《论语·子罕》：“不为酒困。”李商隐《崇让宅东亭醉后沔然有作》诗：“新秋仍酒困，幽兴暂江乡。”

【酒阑】谓饮酒过半之时。《汉书·高帝纪》：“酒阑。”〔注〕文颖曰，阑言希也。谓饮酒者半罢半在，谓之阑，隋断帝《献岁讌群臣诗》：“酒阑钟磬息，欣观礼乐成。”

【酒浪】形容酒宴酒多如流，波涌浪喧。陆游《夜宴诗》：“酒浪摇春不受寒，烛花垂烬忽堆盘。”

【酒醪】酒之泛称。《史记·扁鹊传》：“疾之在肠胃，酒醪之所及也。”《汉书·陈遵传》：“酒醪不入口，臧水满怀。”《后汉书·寇恂传》：“及勑属县，盛供具储酒醪。”《孔丛子·陈士义》：“酒醪五熟。”

【酒乐】饮酒之乐。《后汉书·史弼传》：“内荒酒乐，出入无常。”《墨子·非命中》：“内沈于酒乐而不顾其国家。”

【酒罍】盛酒器。方千《金州客舍诗》：“此情偏耐醉，难遣酒罍闲。”

【酒冷】酒凉。曹唐《小游仙诗》：“香残酒冷玉妃睡，不觉七真归海中。”

【酒醴】即酒。《诗·大雅·行苇》：“会孙惟主，酒醴惟醹。”《周礼·天官·凌人》：“凡内外瓮之膳羞鑑焉，凡酒浆之酒醴亦如之。”

【酒礼】饮酒之礼。《礼记·乐记》：“是故先王因为酒礼，壹献之礼，宾主百拜，终日饮酒而不得醉焉。此先王之所以备酒祸也。”

【酒釐】清代所课之酒税。《清会典事例·户部·税·直省局》：“同治十一年奏准，陕西省岐山、郿县、蒲城、韩城四卡，岐山专收酒。郿县于酒釐外，兼收百货土釐。”

【酒吏】掌酒之吏。参见酒丞条。《史记齐悼王世家》：“高后令朱虚侯章为酒吏。”《宋史·韩绛传》：“奉使至蜀，使酒吏主贸易。”

【酒力】指饮酒量之大小。饮酒之人往往自谦：不胜酒力。酒有醉人之力，故曰酒力。白居易《赠东邻王十三诗》：“驱愁知酒力，破睡见茶功。”

【酒帘】也叫“酒旗”，俗称“望子”。旧时酒家的标志。用布缀于竿头，悬在店门前，招引酒客。李中《江边吟》："闪闪酒帘招醉客，深深绿树陷啼莺。"

【酒量】谓饮酒之限量。《论语·乡党》："唯酒无量，不及乱。"《宋史·王審琦传》："天必赐乡酒量，试饮之，勿惮也。"《明道杂志》："晁王咎与余酒量正敌，每相遇两人对饮辄尽一斗，才微醺耳。"陆游《新治暖宝诗》："诗才退后愁酣战，酒量衰来喜细倾。"

【酒冽】酒寒清彻。欧阳修《醉翁亭记》："临溪而渔，溪深而鱼肥。酿泉为酒，泉香而酒冽。"

【酒鳞】即酒之波纹。苏舜钦《和彦猷晚宴明月楼诗》："香穗繫科凝画栋，酒鳞环合起金罍。"《琵琶记·春宴杏园》："琼舟银海，翻动酒鳞红，一饮尽教空。"

【酒令】旧时饮酒时助兴助乐的游戏。推一人为令官，余人听令轮流说诗词或做其他游戏，违令或负者罚饮。《红楼梦》第四十回："(鸳鸯) 吃了一钟酒，笑道：'酒令大如军令，不论尊卑，唯我是主，违了我的话，是要受罚的'。"

【酒龙】谓善豪饮之人。陆龟蒙诗："花碍寒风应束手，酒龙多病尚垂头。"

【酒龙诗虎】善饮工诗之人。宋濂诗："酒龙诗虎重联袂，定在飘香桂树林。"

【酒螺】盛酒之容器。即酒赢。白居易《酬梦得见喜疾瘳诗》："暖卧摩绵褥，晨倾乐酒螺。"梅尧臣诗："茶官到有清闲味，海月团团入酒螺。"

【酒楼】酒肆。张渭诗："不用开书帙，偏宜上酒楼。"岑参《送郭乂诗》："怜汝不忍别，送汝上酒楼。"项斯《夜泊淮阴诗》："望来淮岸尽，坐到酒楼前。"

【酒垆】累土以居酒瓮者曰酒垆。《正字通》："酒垆，卖酒区，垆通作卢。"

【酒罏】即酒垆。《汉书·食货志》："如淳曰，酒家开肆待客设酒罏，故以罏名肆。"庾信《答移市教》："昔张楷硕儒，尚移弘农之市，宜宫妙篆，犹致酒罏。"

【酒律】饮酒时之游戏规律。《祆乱志》："璜明善酒律，多与群商游。"

【酒酪】酒与酪。《唐书·让皇帝宪传》："四方所献，酒酪异馔，皆分饷之。"

【酒满】谓杯中酒足。司空图《诗品》："金樽酒满，共客弹琴，取之不足，良殚美襟。"李绅《上家山诗》："山明溪月上，酒满心聊放。"

【酒幔】酒帘。窦叔同《夜宿表兄宅话旧诗》："明朝又是孤舟别，愁见河桥酒幔青。"王建华《清宫诗》："酒幔高楼一百家，宫前杨柳寺前花。"薛能诗："戍客烽楼迥，文君酒幔斜。"

【酒茅】祭祀用物，茅所以缩酒者。宋新《享明堂乐章》："酒茅既除，牲俎斯彻。幽冥罔恫，中外咸悦。"

【酒面】饮酒后人的脸面。《古杭杂录》："婺州刘鼎臣赴省试，临行妻作词，名鹧鸪天，云：'金屋无人夜剪绘，宝钗翻过齿痕轻。临行执手殷勤送，榇取萧郎两鬓青。听嘱付，好看成，千金不抵此时情，明年宴罢琼林晓，酒面微红相映明'。"

【酒緍】酒钱。《苍梧杂志》："孙权叔济嗜酒不治生产，尝欠人酒緍，欲质此袍偿之。"

【酒茗】酒与茶。苏轼诗："为予置齿类，岂不贤酒茗。"

【酒魔】①在人鼻中妨人饮酒之虫。《太平广记》："元载不饮，鼻闻气已醉，后遇异人，以针挑其鼻尖，出一小虫，曰，此酒魔也。是日遂饮一斗。"②促人好饮之嗜性。白居易《斋戒诗》："酒魔降伏终须尽。"

【酒母】酿酒之曲，王安石《和王微之登高斋》诗："剩留官屋贮酒母。"

【酒囊饭袋】比喻只会吃喝，不会做事人的。囊，口袋。语本汉王充《论衡·别通》："饱食快饮，虑深求卧，腹为饭坑，肠为酒囊。"宋陶岳《荆湘近事》。"唐末马殷据湖南，称楚王，奢移僭傲，诸院王子仆从烜赫，文武之道，未尝留意，时谓之酒囊饭袋。"

【酒浓】谓酒味浓厚。姚合《西亭秋日即事诗》："酒浓杯稍重，诗冷语多尖。"韦庄《上春词》："五陵年少惜花落，酒浓歌极翻如哀。"

【酒腻】酒味浓。皮日休《酒床诗》："糟床带松节，酒腻肥如狞。"

【酒暖】谓饮酒而发热。李贺《秦宫诗》："人间酒暖春茫茫，枝入簾櫳白日长。"刘禹锡《晨兴诗》："灯挑红烬落，酒暖白光生。"

【酒懦】酒性懦怯。《醉乡日月》："酒懦为旷宫，酒猛为苛政。"

【酒盘】盛酒具之盘。《云仙杂记》："萧馀上元夜于宣阳里酒盘下得一物。"

【酒醅】谓酒。醅，酒之未柔漉者。刘禹锡："酒醅晴易熟，药圃夏宜薅。"

【酒旆】酒家之标识。杜牧《赠沈学士张歌人诗》："吴苑春风起，河桥酒旆悬。"罗隐《村桥诗》："村桥酒旆月明楼，偶逐渔人系叶舟。"

【酒盆】盛酒之盆。杜牧《哭韩绰诗》："归来吟笑悲身事，呼妇唤儿索酒盆。"

【酒朋】酒侣。施肩吾《旋次水文县喜遇李少府》：“为君三日废行程，一县官人是酒朋。”

【酒癖】饮酒之癖习。白居易《喜裴使君见访诗》：“共放诗狂同酒癖，与君别是一亲情。”皮日休《病中书事诗》：“妻仍嫌酒癖，医中禁诗情。”

【酒瓢】盛酒之瓢。姚合《酬田卿书斋即事见寄诗》：“不是相寻懒，烦君举酒瓢。”王禹偁诗：“睡起残花落酒瓢。”

【酒酺】过庆典大宴饮。《史记·赵世家》：“惠文王三年，主父灭中山归，行赏大赦，置酒酺五日。”

【酒谱】书名。一卷。宋窦革撰。杂叙酒之故事，自酒名始，以酒令终。见《四库全书提要》子谱录类。

【酒脯】酒与干肉。《周礼·秋官·司盟》：“既盟则为司盟，共祈酒脯。”《论语·乡党》：“沽市脯。”《汉书·五行志》：“以酒脯祠鼠舞。”《说苑·尊贤》：“今日诸君皆为贵祖道，具酒脯。”

【酒旗】即“酒帘”，“望子。”酒店的标志。张籍《江南行》：“长干午日沽春酒，高高酒旗悬江口。”参见“酒帘”。

【酒器】盛酒之容器。张籍诗：“见僧收酒器，迎客换纱巾。”

【酒气】①酒之气味。贯休《送胡处士诗》：“头巾有酒气，竹杖有苔文。”②饮酒后之气势。柳宗元《裴府君墓谒》：“终身不以酒气加人。”

【酒鎗】三足温酒器。亦作酒铛。《南齐书·萧颖胄传》：“上慕俭约，欲铸坏大官元日上寿银酒鎗，颖胄曰，此一器既是旧物，不足为侈。”

【酒清】酒中无杂滓。《诗·大雅·凫鹥》：“尔酒既清，尔餚既馨。”

【酒情】饮酒之情致。曹唐《长安客舍叙邵陵旧宴诗》：“木鱼金钥锁春城，夜上红楼纵酒情。”

【酒权】称酒之物。元稹《酬宾校书次车韵诗》：“尘土抛书卷，枪筹弄酒权。”

【酒泉】酒涌如泉，形容酒多。裴秀《大蜡诗》：“有肉如丘，有酒如泉。”

【酒泉夜光杯】酒泉夜光杯有墨绿、鹅黄、羊脂白等不同的颜色，花纹天然，光亮透明，对月斟杯，玉纹隐隐可见。因产于甘肃酒泉。故称为酒泉夜光杯。

【酒榷】谓酒税。《汉书·贾捐之传》：“孝武帝造监铁酒榷之利，以佐用度。”

【酒人】①官名。《周礼·天官·酒人》：“酒人掌为五齐三酒；祭祀则共奉之。”②好喝酒的人。裴骃集解引徐广曰：“饮酒之人。”

【酒人保】酒店之佣人。《史记·栾布传》：“穷困，凭佣于齐，为酒人保。”

【酒容】饮酒后之醉容。白居易《饮后夜醒诗》：“枕上酒容和睡醒，楼前海月伴潮生。”

【酒肉朋友】指吃喝玩乐的朋友。章炳麟《致伯中书一》：“今虽势力滂沛，大抵是酒肉朋友耳。”

【酒入舌出】谓饮酒后喜说话饶舌。《说苑·敬慎》：“臣闻，酒入舌出。”

【酒散】聚饮之人散去。白居易《郡中闲独寄微之诗》：“酒散更无同宿客，诗成长作独吟人。”

【酒色】①谓酒与女色。《史记·高祖纪》：“好酒及色，不事家人生产作业。”②谓有酒容。《三国志·吴志·诸葛恪传》：“命恪行酒，至张昭前，昭先有酒色不肯饮。”③谓酒之颜色。岑参诗：“开瓶酒色嫩，踏地叶声干。”

【酒色财气】酒，嗜酒；色，好色；财，贪财；气，逞气。旧时以此为人生四戒。翟灏《通俗编·妇女》，《后汉书》杨秉宏从容言曰：‘我有三不惑，酒、色、财也。’……按明人更益以“气”为四，今习为常言，莫知其原祇三也。”落落居士《招隐居》第二出：“俺想人生在世，惟有酒色财气，最是沾不得的。”

【酒色徒】谓性好酒色者。《红楼梦》第二回：“政老爷便大怒了，说将来酒色徒儿，因此大不喜悦。”

【酒膳】酒食膳羞。《魏书·京兆王传》：“太官给酒膳供宾客。”《宋史·职官志》：“大官令掌膳羞割烹之事，朝会宴享，则供其酒膳。”

【酒觞】酒杯。翁承赞《汉上登舟忆闽诗》：“久客自怜归路近，算程不怕酒觞空。”

【酒舍】酒店。

【酒社】酒友所结之集团。苏轼《元日次韵张先生子野见和七夕寄莘老之作诗》：“酒社我为敌，诗坛子有功。”

【酒神】酒席之上，九吐而不减其量者为酒神。《云仙杂记》：“酒席之上，九吐而不减其量者为酒神。”金丹《华阳吟》：“拈美溪山诗伎巧，吐吞风月酒神通。”

【酒生儿】即酒保。《水浒》十：话说当日林冲正走间，忽然背后大叫，回头看时，却认得是酒生儿李小二。

【**酒圣**】①酒之清者谓之酒圣。李白《月下独酌诗》：“所以知酒圣，酒酣心自开。”白居易《与诸客空腹饮诗》：“曲神寅日合，酒圣卯时欢。”②善饮酒之人。黄庭坚诗：“少年气与节物竞，诗豪酒圣难争锋。”

【**酒室**】制酒之室。《晋书·刘弘传》：“酒室中云，齐中酒、听酒事、猥酒同用曲米，而优劣三品。”

【**酒失**】谓因醉酒而生差错。《汉书·灌夫传》：“夫数以酒失得过丞相。”

【**酒適**】酒至。《宋书·陶潜传》：“潜不解音声而畜素琴，一张无弦，每有酒適，辄抚弄以寄其意。”

【**酒石**】葡萄汁或其他浆果汁发酵酿酒时，落在桶底的一种固体沉淀。主要成分是酒石酸氢钾及小量的酒石酸钙。可用无机酸处理以制造酒石酸。

【**酒食地狱**】朝夕宴会，疲于应接之生活也。《通俗编·饮食·酒食地狱》：“可谈，东坡倅杭，不胜杯杓，部使者知公颇有才望，朝夕宴会。疲于应接，乃号卒杭为酒食地狱。”

【**酒食征逐**】指朋友互相邀请，频频宴饮。征，召唤。逐，追随。语本唐韩愈《柳子厚墓志铭》：“今夫平居里巷相慕悦，酒食游戏相征逐”。

【**酒式**】谓酒之优劣。《周礼·天官·酒正》：“日入其成，月入共要，小宰听之，发终则会，唯王及后之饮酒不会以酒式诛赏。”

【**酒市**】买卖酒之市场。

【**酒贳**】赊酒。罗隐《送程尊师之晋陵诗》：“溪含句曲清连底，酒贳余杭渌满罇。”

【**酒士**】王莽时官名。督察国家酤酒之贩卖，每郡一人。

【**酒水**】筵席。《豆棚闲话》十：立刻写了文契，收了价钱，连中人酒水也干折了。

【**酒杓**】盛酒之杓。《唐书·地理志》：“邛州临邛郡，土贡葛丝布酒杓。”

【**酒思**】思酒之情致。元稹《生春诗》：“暗入心情懒，先添酒思融。”白居易《山游示小妓诗》：“笑容花底迷，酒思风前乱。”

【**酒死**】谓因酒而死。《宋史·苏易简传》：“性嗜酒，初入翰林，谢日，饮已微醉，余日多沉湎，上尝戒约深切，且草书劝酒二章以赐，令对其母读之，自是每人不敢饮，及卒，上曰，易简果以酒死，可惜也。”

【酒肆】酒店。《晋书·会稽王道子传》：“道子使宫人为酒肆，沽卖于水侧。”李白《少年行》：“落花踏尽游何处，笑入胡姬酒肆中。”杜甫《琴台诗》：“酒肆夜深归，僧房日高睡。”

【酒酸】酒味变酸。《汉书·任敖传》：“坐为太常庙酒酸不敬国除。”《荀子·正名》：“酒酸奇臭。”

【酒税】对酒所征的税。汉始元六年（公元前81年）始征酒税。唐中叶至宋末以专卖为主，征税为辅。元初行专卖，后改征税。明相沿未变。清初禁酒，禁令除后，未征酒税。咸丰百货抽厘，酒亦在内。清末各省征收烟酒税捐。北洋政府于1915年创办烟酒公卖，收公卖费，原有税捐照旧征收，实际上为变相加税。国民党政府于1932年起将啤酒、火酒、洋酒先后改办统税；土酒税征从量税，1941年改从价征收。参见“榷酤”。

【酒态】酒醉之情态。《开元天宝遗事》：“兴庆池南岸，有草数丛，叶紫而心殷，有一人醉过于草傍，不觉失其酒态。后有醉者摘草嗅之，立然醒悟，故目为醒（酒）草。”

【酒太公】做酒的工人。《金瓶梅》五十：炕上有两个戴白毡帽子的酒太公，一个炕上睡下，那一个才脱裹脚。“酒太公”或作“酒大工。”《警世通言》三十三：门首交赛儿开张酒店，雇一个酒大工叫做洪二，在家造酒。

【酒坛】盛酒器。《本草·艾》集解：“时珍曰，他处艾灸酒坛，不能透。”

【酒堂】贮酒之堂。元结《窊樽诗》：“酒堂贮酿器，户牖皆罂瓶。”

【酒提】一种从坛中舀取酒液的用器。

【酒亭】一种路边较小的酒店。李质《艮岳诗》：“透桧阴之修迳，出高阳之酒亭。”

【酒胴肛】酿酒者。《直语补证》：“酒胴肛，俗称酿酒者。”

【酒秃】十样佛之一，头秃而嗜酒者。

【酒徒】嗜酒之人。①自称酒徒，以酒自晦，意含狂傲。李白《梁甫吟》：“君不见高阳酒徒起草中，长揖出东隆准公。”②浪荡嗜酒，废时失事者。韦应物《酒肆行》：“长安酒徒空扰扰，路傍过去那得知。”

【酒望】即酒帘，又称望子、酒旗。《广韵》：“帘，青帘，酒家望子。”

【酒味】酒之味。《水经·河水注》：“其水甘若酒味故也。”嵇康《声无哀乐论》："犹簁酒之囊漉，虽笮具不同，而酒味不变也。"杜甫《羌村诗》："莫辞酒味薄，黍地无人耕。"

【酒翁】酿酒或卖酒老人。抑或文人自称。

【酒瓮】盛酒器。王勃《游北山赋》："酒瓮多于步兵，黍田广于彭泽。"岑参《南亭送郑侍御远东台诗》："江亭酒瓮香，白面绣衣郎。"

【酒务】酒店。元明戏曲中亦有之。《渔樵闲话》一折白："去邻村酒务，以鱼换来浊酒三杯五盏，或唱或歌。"《拍案惊奇》三十五：陈德甫又转分付了开酒务的店小二，尚有相应的，可来先对我说。《二刻拍案惊奇》五：于是一日轮一个做主人，只拣隐僻酒务便去畅饮。

【酒甈】酒器。因于孙愐唐韵五之字韵中甈字下注云，酒器，大者一石，小者五斗。

【酒奚】周礼天官酒人之婢。《周礼·天官序官·酒人·奚三百人注》："奚，今之侍史官婢。"

【酒席】宴会席面。《南史·韦粲传》："右卫朱异，尝于酒席厉色谓粲曰：'卿何得已作领军面向人！'"也指筵席。《西游记》第四回："众监官都安排酒席，一则与他接风，二则与他贺喜。"

【酒戏】饮酒时之游戏。

【酒饩】酒食之赐。《唐书·明皇贵妃杨氏传》："妃以谴还铦第，比中仄帝，尚不御食，笞怒左右。高力士欲验帝意，乃白以殿中供账司农酒饩百余车送妃所，帝即以御膳分赐。"

【酒仙】古时对酷好饮酒的人的美称。杜甫《饮中八仙歌》："李白一斗诗百篇，长安市上酒家眠，天子呼来不上船，自称臣是酒中仙。"

【酒限】饮酒之一定限量。《晋书·陶侃传》："侃每饮酒，有定限，常欢有余，而限已竭，佐史劝更少进，侃凄怀良久曰，年少曾有酒失，亡亲见约，故不敢逾。"

【酒谐】饮酒和畅。齐《竟陵王子良上说言表》："今夕酒谐肉饫，即许附申赦格，明日礼轻贷薄，便复不入恩科。"

【酒泻】盏倾。一饮而尽。贾岛《送康秀才诗》："酒泻两三盏，诗吟十数篇。"顾瑛《王鸾谣》："大瓶酒泻鹦鹉绿，满头花插鸳鸯红。"

【酒醒】酒醉眠醒。罗隐诗："称衡酒醒春瓶倒，柳恽诗成海月圆。"

【酒星】星名，主酒之星。孔融《与曹操论酒禁书》："天垂酒星之耀，地列酒泉之郡。"李白《月下诗》："天若不爱酒，酒星不在天。"

【酒行】谓开始饮酒。

【酒兴】饮酒之兴趣。元稹《送友封诗》："迢递旅魂归去远，颠狂酒兴病来孤。"白居易《咏怀诗》："白发满头归得也，诗情酒兴渐阑珊。"

【酒醺】酒气醺人。杜甫《留别贾严阁老诗》："去远留诗别，愁多任酒熏。"郑谷《水林檎花诗》："笑掬春无力，粧浓酒渐醺。"

【酒训】训戒后世节酒之文。《北史·高允传》："高允被敕，论集往世酒之败德，以为酒训。孝文览而悦之，常置左右。"

【酒盐】酒与盐。《唐书·食货志》："今宜使天下两税榷酒盐利。"

【酒宴】多人欢聚有酒及餚之席。《汉书·疏广传》："及置酒宴，奉觞上寿。"

【酒讌】酒宴。《千字文》："弦歌酒讌。"

【酒筵】设酒之筵席。《清异录》："荆南节制单天粹性耽酒，日延亲朋，强以巨杯，多致狼狈，时戏语曰，单家酒筵，乃怯筹狱。"王维《三月三日勤政楼侍宴应制诗》："酒筵嫌落絮，舞袖怯春风。"高适《题李别驾壁诗》："酒筵暮散明月上，枥马长鸣春风起。"

【酒肴】饮酒之菜肴。《汉书·扬雄传赞》："家素贫，嗜酒，人希至其门，时有好事者，载酒肴从游学。"仲长统《乐志论》："良朋萃止，则陈酒肴以娱之，嘉时吉时，则烹羔豚以奉之。"

【酒餚】酒与菜肴。与"酒肴"同。《北史·柳敏传》："赍酒餚及物产。"

【酒逸】快乐饮酒。韩偓《拂水蔷薇诗》："且将浊酒伴清吟，酒逸吟狂轻宇宙。"欧阳修《新营小斋凿地爐辄成五言三十七韵诗》："面壁或僧禅，倒冠聊酒逸。"

【酒意】酒之意趣。韩愈《醉赠张籍书诗》："此诚得酒意，余外徒缤纷。"

【酒蚁】酒中之杂物。萧翼《答辨才诗》："酒蚁倾还泛，心猨躁似调。"罗邺《冬日寄献庾员外诗》："争欢酒蚁浮金爵，从听歌尘扑翠蝉。"

【酒影】酒中之倒影。元稹《酧乐天诗》："暗虫有时迷酒影，浮尘向日似波流。"

【酒慵】酒后慵晕之时也。杜甫《谒真谛寺禅师诗》："问法看诗妄，观身向酒慵。"

【酒友】酒伴。白居易诗："安定皇甫朗之为酒友。"

【酒有别肠】指酒量大小，不以身材为准。清吴任臣《十国春秋·闽·景宗纪》："帝（王曦）曰：'维岳身甚小，何饮酒之多？'左右曰：

‘酒有别肠，不必长大。’”清纪昀《阅微草堂笔记》卷二十四：“酒有别肠，信然。”

【酒盂】酒杯。白居易《醉送李协律诗》：“富阳山底樟亭畔，立马停舟飞酒盂。”

【酒雨】谓酒量大。《诗话总龟》：“张文潜在一时中，人物最为魁伟。大事业，故陈无已有诗云，张侯魁然腹如鼓，雷为饥声酒为雨。”

【酒妪】酒家老归。《洛阳伽蓝记》：“沽酒老妪瓮注瓨，屠儿割肉与秤同”。皇甫松《大隐赋》：“遇茅狗之迎酒妪，逢草木之随葛田。”

【酒晕】谓饮酒后脸上所起之红晕。苏轼《红梅诗》：“寒心未肯随春态，酒晕无端上玉肌。”尤袤《海棠诗》：“晓粧无力胭脂重，醉方酣时酒晕深。”

【酒债】因嗜酒欠人之债款。孔融《失题诗》：“归家酒债多，门客粲儿行。”杜甫《曲江诗》：“酒债寻常行处有，人生七十古来稀。”

【酒糟】酒精厂和酒厂的发酵醪经蒸馏或压榨后余下的残渣。含有淀粉、蛋白质、脂肪及各种维生素，是很好的饲料。由黄酒厂所得的残渣，俗称“香糟”，可以糟制肉类、鱼类、禽类或蛋类等，使其成为别有风味的食品。

【酒糟头】谓喜欢喝酒，整天糊糊涂涂的人。即俗所谓“酒鬼”。元曲中亦有之。《儿女团圆》一折〔寄生虫〕曲：“可知我这个酒糟头不识你这拖刀计。”

【酒渣鼻】病名，亦名赤鼻，《正字通》：“红晕似疮浮起著面鼻者曰酒皻。”

【酒盏】酒杯。岑参《孟将军歌》：“醉争酒盏相喧呼，忽忆咸阳旧酒徒。”杜甫《酬孟云卿诗》：“但恐天河落，宁辞酒盏空。”《东坡题跋》：“吾少年望见酒盏而醉。”

【酒战】犹言较饮。《茅亭客话》：“笔耕尚可储三战，酒战犹能敌百夫。”

【酒正】官名。《周礼》天官之属，为酒官之长。

【酒政】有关酒的管制之政令。《贵耳集》：“袁彦纯尹京，专留意酒政。”

【酒箴】戒酒文。《汉书·游侠传》：“黄门郎扬雄，作酒箴，以讽谏成帝。”

【酒直】酒钱。苏轼《和周正孺坠马伤手诗》：“卖谷老驄为酒直，大呼乡友作新年。”

【酒炙】酒肉。《三国志·魏志·王粲粲传》：“乃命厨宰，酒炙交至，坐席默然，无与伉者。”《南史·阴铿传》：“尝与宾友宴饮，见行觞者，因回酒炙以受之。”

【酒卮】酒杯。《北史·魏常山王遵传》："以银酒卮容二升许，悬于百步外。"

【酒钟】盛酒之容器。《北史·周法尚传》："上幸洛阳，召之赐金钿酒钟一支。"《述异记》："上别立青宵宫，为长夜之饮，造千石酒钟。"

【酒中趣】谓饮酒之乐趣。孟浩然诗："达是酒中趣，琴上偶然音。"

【酒中仙】酒仙。也指唐李白。杜甫《饮中八仙歌》："李白一斗诗百篇，长安市上酒家眠。天子呼来不上船，自称臣是酒中仙。"

【酒重】酒味厚。杜甫《狂歌行》："今年思我来嘉州，嘉州酒重花绕楼。"

【酒祝】以酒祭之。《宋史·程德元传》："太平兴国二年，陈洪进来朝，命德元迎劳之，船舰度淮，暴风起，众恐，皆请勿进。德元曰：'吾将君命，岂避险？'以酒祝而行，风浪遽止。"

【酒馔】酒食。

【酒资】买酒钱。陆游《假中闭户终日偶得绝句诗》："宫身常欠读书债，禄米不共沽酒资。"

【酒赀】即酒资。白居易《自城东至以诗代书戏招李六拾遗崔二十六先辈诗》："尚残半月芸香俸，不作归粮作酒赀。"

【酒子】卖酒的人。《金瓶梅》五十：不防飕的只一拳去，打的那酒子只叫着阿唷，裹脚袜子也穿不上，往外飞跑。

【酒滓】酒糟。《说文》："糟，酒滓也。"

【酒字下道儿】俗以酒色财气并举。"酒字下道儿"暗指"色"。"道儿"即"东西"。《醒世恒言》二十九：二来连日沉酣糟粕，趁着酒兴，未免走了酒字下道儿。

【酒租】酒税。《南史·东昏侯纪》："都下酒租皆折输金，以供杂用。"

【酒足】谓饮酒足量。白居易《首夏诗》："食饱渐伯夷，酒足愧渊明。"

【酒尊】酒杯。尊同樽，《后汉书·张衡传》："造候风地动仪，形似酒尊，饰以篆文。"

【酒罇】盛酒器。与"酒尊"同。《后汉书·章帝纪》："得铜器，形似酒罇。"《后汉书·礼仪志》："瓦酒罇二，容五斗。"李白《九日登巴陵诗》："白羽落酒罇，洞庭罗三年。"

【酒樽】酒杯。《后汉书·王霸传》："雨射营中，霸前置酒樽，安坐不动。"

【酒佐】谓酌酒之人。《剪灯余话》："涛曰，相公尚使没量，斗穷酒佐。"

【酒花】 酒花是桑科葎草属，为多年生蔓性攀援草本植物。其名称很多，如蛇麻花、啤酒花、忽布花等。酒花的功能是赋予啤酒香味和爽口苦味，增进啤酒泡持久性和稳定性；与麦汁共沸时能促进蛋白质凝固，有利于澄清，增加麦汁和啤酒的防腐能力。

【酒花粉】 将酒花于 45℃干燥至含水 6-7%，直接压成片剂或用塑料袋充惰性气体密封，即成。

【酒花油】 酒花油又称挥发油，是蛇麻腺的别一分泌物，存在花粉内。其味芳香，主要成分是萜烯、倍半萜烯、酯、酮、酸及醇等。酒花油为绿色至棕色液体，易挥发。

【酒脚中提炼酒石酸钙的方法】 葡萄酒换桶时残留的酒脚，含有酒精、酵母沉淀及酒石酸氢纳。提炼时先以同量水稀释，用蒸馏法收回酒精，从蒸馏器收集的残液，乘热静置澄清，上清液用氢氧化钙与氯化钙处理。

【酒精定量法】 取一定量的酒，加蒸馏水约为酒之四分之一容量，用附有冷却器的蒸馏瓶蒸馏，至所得的蒸馏液达所取酒容量的 90%左右为止，冷至 15℃，加入同温度的蒸馏水，使成原来所取酒之容量，测定其比重，可知酒中所含酒精容量及重量之百分率。

【酒精发酵】 葡萄酒是新鲜葡萄或葡萄汁的发酵产品，这个变化是由一种称为酵母的单细胞微生物的作用。酵母具有分解葡萄的糖分为乙醇，产生二氧化碳和其经副产品的性质，这种变化，称为酒精发酵。

【酒精酶】 1897 年德国人蒲赫纳用砂将酵母磨碎，在压出的酵母细胞液中发现能分解糖成乙醇与二氧化碳的酶，蒲赫纳将它命名为酒精酶。

【酒脚】 酵母与其他微生物的细胞，沉淀到池底形成的渣滓叫酒脚。

【酒龄】 为确保酒的质量，新酒必须要经过一定时间的贮存，其贮存期称为酒龄。

【酒母的制备】 在白酒或酒精生产过程中，利用酵母菌的生理特性，供给一定的营养物质，创造一定的条件，将酵母菌逐步扩大培养，以满足生产的大量需要，这个过程就是酒母的制备。

【酒烧酎】 将浊酒压榨，其渣的蒸馏方法与糟烧酎同，其汁蒸馏即得，此称为酒烧酎。

【酒石的分离与精制】 附着在发酵池和贮酒桶表面的粗酒石是不纯粹的酒石酸氢钾的沉淀，剥离的方法多用蒸汽喷身法，或用浓碱液使它溶解为酒石酸钾纳，用氯化钾将酸度调节，则变为酒石酸氢纳，静置数日，回收结晶。

【**酒石酸**】法律上许可在葡萄醪中添加纯粹的结晶酒石酸，用量无限制，但禁止在成品葡萄酒中添加酒石酸，目的是为了避免做假葡萄酒，或在酒中加水稀释后用加酸来掩饰。在葡萄醪发酵时，同时添加酒石酸与葡萄浓缩汁也是禁止的。

【**酒头、酒身、酒尾**】同一甑蒸馏，先流出的酒——酿酒业行话叫“酒头”，中间流出的酒叫“酒身”，最后流出的酒，叫“酒尾”。

【**酒样编组**】酒样的编组是指把酒从无色到有色，从低度到高度，从清香型到浓香型的先后次序进行分类编组。

【**酒药**】是酒曲的一种俗称，它是以谷物为原料制成的，其中含有许多对酿酒有用的微生物，如根霉菌、毛霉菌、酵母菌，等等。

【**酒药的制作**】将米粉、辣蓼草末等掺水搅拌，打实，切实，滚角。再与陈酒药接种。接种后入缸保养，再入匾、换匾、并匾、装箩、并箩、出箩，然后晒干。

【**离酌**】犹云离杯。白居易《江楼夜别诗》：“楼中别曲催离酌，灯下红裙间绿袍。”

【**离心分离法**】离心分离法实质上是变种的沉降方法，是用离心力代替重力。

【**莲杯**】女子掬酒饮客之手。《东轩笔录》：“王永年尝置酒延窦卞扬绘，出其妻，间坐，以左右手掬酒饮卞绘，谓之白玉莲花杯。”杨无咎《白玉词》：“明月堂深，莲花杯软。”

【**莲花白**】酒名。元好问诗：“倪家莲花白，每酿必见贻。”

【**莲子杯**】酒杯之一种。

【**流觞**】古人每逢三月上旬的巳日集会于环曲的水渠旁。在上流放置酒杯，任其顺流而下，停在谁的面前，谁即取饮，叫做“流觞”，也叫“流杯”。王羲之《兰亭集序》：“又有清流激湍，映带左右，引以为流觞曲水。”《荆楚岁时记》：“三月三日，士民并出江渚池沼间，为流杯曲水之饮。”参见“修禊”。

【**流杯**】即流觞。庾信《春赋》：“树下流杯客，沙头渡水人。”杜牧《和严恽秀才落花诗》：“共惜流年留不得，且环流水醉流杯。”

【**铲**】①酒盆。《广韵》：“鑪，酒盆。”②酒肆。《史记·司马相如传》：“令文君当鑪。”《集解》：“韦昭曰，鑪酒肆也。以土为堕，边高似鑪。”

【**鸬鹚杓**】酒器名。李白《襄阳歌》：“鸬鹚杓，鹦鹉杯，百年三万六千日，一日须倾三百杯。”《谢氏诗源》：“金母召群仙，宴于赤水，坐有碧金鹦鹉杯，白玉鸬鹚杯，杯干则杓自挹，欲饮则杯自举，故太白鸬鹚杓，鹦鹉杯，非指广南海螺杯杓也。”

【旅酬】谓古祭毕燕饮众宾以爵交错相酬。《仪礼·燕礼》：“宾以旅酬于西阶上。”

【栾巴噀酒】后汉栾巴，精道术，曾于京师席中，噀酒以灭乡里成都火灾。《蒙求·中·栾巴噀酒》：“神仙传，栾巴蜀群人，汉帝召为尚书，正朝大会，巴独后到，颇有醉色，又饮酒望西南噀之。有司奏，巴大不敬。诏问巴，巴对曰，臣乡里以臣能治鬼祛病，为臣立庙，今旦耆老皆入庙致飨，是以来迟。适臣本县成都市失火，臣噀酒为雨，以灭火灾。诏原罪，即遣使往验其言，答言，正旦失火，时有大雨，从东北来，火乃息，雨皆酒气，后一日大风天雾暗，失巴所在，寻问之，其日还成都与亲戚别去，而升天矣。”

【郫筒】酒名。杜甫《将赴成都草堂途中有作先寄严郑公》诗：“酒忆郫筒不用酤。”仇兆鳌注引《华阳风俗录》：“郫县有郫筒池，池旁有大竹，郫人刳其节，倾春酿于筒，苞以藕丝，蔽以蕉叶，信宿香达于林外，然后断之以献，俗号郫筒酒。”

【郫酿】产于郫江之酒。陆游诗：“长瓶磊落输郫酿，轻骑聊翩报海棠。”

【瓶榼】盛酒之器。《传信记》：“曲生复至，扼腕抵掌，论难锋起，势不可当，法善密以小剑击之，随手丧元坠于阶下，化为瓶盖，一座惊慑，视其处所，乃盈瓶醲醴也，咸大笑。饮之，其味甚嘉。”

【瓶盏病】嗜酒之癖病。《清异录·酒浆·瓶盏病》：“嗜饮者，无早晚，无寒暑，乐固醉，愁亦如之，闲固醉，忙亦如之。肴核有无，醪醴善否，一不问。典当抽挪，借贷赊荷，一不恤。日必饮，饮必醉，醉不厌，贫不悔。俗号瓶盏病。”

【耆酒】嗜酒。《左氏·襄·二十八》：“齐庆封好田而嗜酒。”

【钱温】酒器名。《庶物异名疏》：“钱温，酒器也。见《古音骈字海篇》。”

【倾杯】杯饮而尽。陈后生《临高台诗》：“临窗已响吹，极眺且倾杯。”苏轼《出局偶书诗》：“倾杯不能饮，留待卯君来。”

【倾酤】饮酒。谢灵运《拟魏太子邺中集诗》：“倾酤系劳醑，酌言岂终始”。〔注〕：“济曰，酤、醑皆酒也。”

【倾壶】倾倒酒壶，即斟酒。陶潜《咏贫士诗》：“倾壶绝余沥，阒灶不见烟。”庾信《咏画屏风诗》：“度桥犹徙倚，坐石未倾壶。”

【倾酒】杯饮而尽。宋之问《答李司户夔诗》：“弄琴宜在夜，倾酒贵逢春。”李白《赠崔秋浦诗》：“见客但倾酒，为官不爱钱。”

【倾觞】①杯倾酒尽。指痛饮。枣据诗：“倾觞挹涌波。”②洒酒于地也。李华《吊古战场文》：“布奠倾觞，哭望天涯。”

【请酒】谓请人饮宴。

【拳酒】划拳以决胜负，负者饮酒。

【热饮】谓热酒。白居易《冬日晚归诗》：“夜归不到应闲事，热饮之杯即是家。”

【热凝固物】煮沸时生成的凝固物至麦汁冷却到60℃之前生成的凝固物，统称为热凝固物。它的粒子较大，吸附能力甚强，易于沉降析出。

【热作酒】高温开耙因发酵温度较高，酵母易早衰，发酵能力减弱，酿成的酒含有较多的浸出物，口味较浓甜，俗称热作酒，又叫甜口酒。

【烧】酒之一种。为高粱烧、麦烧等烧酒之简称。

【烧春】酒名。《唐国史补·下》：“酒则有郢州之富水，剑南之烧春。”韦庄词：“锦江春水，蜀女烧春美。”

【烧刀】烧酒。《负曝闲谈》三十：“挨次到江家兄弟，江家兄弟拿手按着杯子，推说不会呷烧刀。”《邻女语》六：“坐了一会，俨然如在寒冰地狱，叫金利找到店主，烧了火炕，去买一斤烧刀，饮酒御寒。”

【烧尾】唐时士子登第或升迁的庆贺宴席。封演《封氏闻见记》卷五：“士子初登荣进及迁除，明僚慰贺，必盛置酒馔音乐，以展欢宴，谓之烧尾。”

【射乡】乡射及乡饮酒之礼。《礼记·仲尼燕居》：“射乡之礼，所以仁乡党也。”〔疏〕：“射，谓乡射。乡，谓乡饮酒也。”《史记·乐书》：“射乡食飨。”

【秫】即粘高粱。多用以酿酒。《说文·禾部》：“秫，稷之粘者。”参见“稷”。也指粘稻。萧统《陶渊明传》：“公田悉令吏使秫，曰：‘吾常得醉于酒足矣。’”

【秫酒】以秫所制之酒。即黄酒。苏轼《超然台记》：“撷园蔬取池鱼，酿秫酒瀹脱粟。”梅尧臣《送张子野秘丞知鹿邑诗》：“公秫时为酒，晨庖日有鱼。”曹伯启《冬至日白霤道中诗》：“穷途却值青云节，秫酒糖灯语夜阑。”

【颂酒】即《酒德颂》。赋名，晋，刘伶撰。《文选·颜廷之〈咏刘参军诗〉》：“颂酒虽短章，深衷自此见。”〔注〕：善曰，颂酒，即酒德颂也。

【素醪】谓酒淡。袁山松《酒赋》：“素醪玉溜，清酤渊澄。”

【素琴无弦葛巾漉酒】晋陶潜设无弦之素琴，且以葛巾漉酒。《宋书·陶谱传》：“潜不解音声，而畜素琴一张，无弦，每有酒适，辄抚弄以寄其意。贵贱造之者，有酒辄设。潜若先醉，便语客，我醉欲眠，卿可去。其直率如此。郡将常候潜，值其酒熟，取头上葛巾漉酒，毕还复著之。”

【索郎】酒名。参见“桑落”条。《水经·河水注》：“民有姓刘名堕者，宿擅工酿，采邑河流，醞成芳酎，悬食同枯枝三年，排于桑落之辰，故酒得其名矣，然香醒之色清白，若涤浆焉。别调氛氲不与它同，当薰麝越，自成馨逸。方土之贡选，最佳酌矣，自王公庶友牵拂相招者，每云‘索郎有故思同旅’语，索郎反语为桑落也。”《琅嬛记》：“试莺家多美酿，试莺不善饮，时为宋迁索取，试莺恒言，此岂为某设，只当索与郎耳，因名酒为索郎。”《段成式诗》：“诗中反语常回避，尤怪花前唤索郎。”

【泰】酒樽。有虞氏之樽名。《广雅·释器》：“泰，罇也。”《礼记·明堂位》：“泰，有虞氏之尊也。”

【泰尊】大樽。《汉书·礼乐志》：“泰尊柘浆析朝酲。”

【陶兀】沉湎于酒，有放纵傲慢之意。《晋书·刘伶传》：“伶虽陶兀昏放，而机应不差。”亦作“陶陶兀兀，尊前是我毕胥国”。

【陶醉】被某一事物的完美吸引，忘乎所以。崔曙《九日登望仙台》诗：“且欲近寻彭泽宰，陶然共醉菊花杯。”引申为热衷和沉醉于某种事物或境界里面。

【陶樽】陶制之樽。《晋书·礼志》：“房俎生鱼，陶樽玄酒。”

【铁铛】铁制之酒铛，温酒器。《谈薮》：“出酒以铁铛温之。”

【翁头春】刚酿好的酒。翁头即缸面，春指酒，唐宋时语。张彦远《法书要录》卷三：“江东云堈（缸）面，犹河北称翁头，谓初熟酒也。”黄庭坚《明远庵》诗：“多方挈取翁头春，大白梨花十分注。”

【牺】酒尊名，饰以翡翠。郑司农说，或作献。

【牺首杯】作牺牛首形之酒杯。见《博古图》。

【牺象】酒器名。指牺尊百象尊。《礼记·明堂位》：“牲用百牡，尊用牺象。”〔注〕：牺尊，以沙羽为画饰，象骨饰之，郁鬯之器也。

【牺尊】古代酒器。《诗·鲁颂·閟宫》：“牺尊将将。”《淮南子·俶真训》：“百围之木斩而为牺尊，镂之以剞劂，杂之以青黄，华藻鏄鲜，龙蛇虎豹，曲成文章。”《梁书·刘杳传》：“古者樽彝皆刻木为鸟兽，凿顶及背以出内（纳）酒。顷魏世鲁郡地中，得齐大夫子尾送女器，有牺樽作牺牛形……”今见传世的牺尊都系青铜器。

【席】酒筵。《西游记》第十九回：“高老儿摆了桌席，请三藏上坐。”

【笑筵】欢乐之筵宴。柳永词：“欢笑筵歌席，轻抛亸。”

【宴】①以酒食飨宾客。《说文·宴·段注》引伸为宴飨。《说文通训定声》：“宴，此当为宴飨正字。”《易·需》：“饮食宴乐。”《左氏·宣·二六》：“宴有折俎。”《孟子·滕文公下》：“不敢以宴。”②通作燕。《集韵》：“宴，通作燕。”《释文》：“燕，郑作宴。与醼、讌、宴通。”

【宴犒】设酒食以慰劳。《五代史·杂传》：“遣人，扶掖而登，宴犒尽饮。”

【宴酣】酒宴至乐之时。宋之问《和幸神皋亭诗》：“宴酣诗布泽。”《大唐嘉话》：“宴酣各赋一事。”

【宴衎】亦作“燕衎”。宴饮作乐。杜甫《陪诸公上白帝城头宴越公堂》诗：“燕灵如过隙，宴衎愿投胶。”

【宴会】宴饮聚会。《后汉书·周景传》：“每至岁时，延请举吏，入上后堂，与共宴会。”《后汉书·鲍昱传》：“尊飨国老，宴会诸儒。”《后汉书·董卓传》：“数与百官置酒宴会，淫乐纵恣。”

【宴乐】亦作燕乐。①安乐。《易·需》：“君子以饮食宴乐。”《易林》：“宴乐有绪，长安嘉言。”《诗·小雅·弁》：“不能宴乐。”《释文》：“宴作燕。”《后汉书·钟离意传》：“鹿鸣之时，必言宴乐者，以人神之心洽，然后天气和也。”②宴饮之乐。《左氏·文·四》：“昔诸侯朝正于王，王宴乐之。”《左氏·昭·十五》：“宴乐以早，亦非礼也。”③淫溺。《集注》：“宴乐则淫溺而狎小人。”④酒宴与音乐。《左氏·昭·九》：“君彻宴乐，学人舍业，为疾故也。”

【宴飨】亦作宴享，燕享。①天子大飨事臣宾客。按《左传》宣王十六年，王享有礼荐，宴有折俎，公当享，卿当宴，王室之礼也。据此则宴与飨古自有别，但后世凡以酒食飨宾，统称宴飨。《后汉书·礼仪志》：“每月朔岁首，百官受赐宴飨，大作乐。”《晋书·乐志》：

“宴飨有乐，所以敬宾。”②谓神受飨。《汉书·礼乐志·郊祀歌》：“嘉蓬列陈，庶几宴享。”

【宴享】谓以酒食相飨。亦作宴飨。《汉书·礼乐志·郊祀歌》：“嘉笾列陈，庶几宴享。”

【宴醑】犹云宴饮。醑，美酒。梁昭明太子《春日宴晋煦王诗》：“幸兹同宴醑，引满爱樽空。”

【宴饮】宴乐饮酒，亦作燕饮。《汉书·文三王传》：“是时上未置太子，与孝王宴饮。”《汉书·叙传》：“设宴饮之会。”《三国志·吴志·刘系传》：“权尝宴饮，骑都尉处翻醉酒犯忤，权欲杀之。”

【宴语】闲宴时共语。《左氏昭十二》：“宴语之不怀，宠光之不宣。”《国语·周语中》：“饮酒宴语相说也。”《汉书·赵充国传》：“时与中郎宴语。”《后汉书·郭伋传》：“帝即引见，并召皇太子诸王，宴语终日。”

【宴娱】寻欢作乐，亦作燕娱。《唐书·李适之传》：“适之喜宾客，饮酒至斗余不乱，夜宴娱，画决事，案无留辞。”高适《置定即事奉赠韦使君二十八韵诗》：‘起草徵谓墨，焚香即燕娱。”

【艳飞】杯盏传递之盛状。白居易《九日宴集醉题郡楼诗》：“觥盏艳飞菡萏叶，舞鬟摆落茱萸房。”

【舀酒】斟酒。

【酟】酒色。《说文》：“酟，酒色也。从酟声。”

【酏】①酿酒。曹植《酒赋》：“或秋藏冬发，或春酏夏成。”《水浒传》第二十回：“杀牛宰马，山寨里筵会。自酿的好酒，水泊里出的新鲜莲藕并鲜鱼。”②酒。梅尧臣《永叔赠酒》诗：“大门多奇酏，一斗市钱千。”

【酏醴】酿粥为酒。《礼记·内则》：“或以酏为醴。”〔注〕酿粥为醴。

【馀沥】谓酒之残滴。转喻人之小惠。《史记·滑稽·淳于髡传》：“待酒于前，时赐余沥，奉觞上寿。”《晋书·陆纳传》：“今有一斗，以备杯杓余沥。”韩非子《内储说下》：“门者刖跪，请曰，足下无意赐之余沥乎。”

【馀醺】余醉。陆龟蒙《又次前韵酬广文诗》：“强歌非自宁，聊以送余醺。”

【萸酒】萸所酿之酒。元好问《孟州夹滩饮承之御史家诗》：“萸酒禁愁得，芳梅发兴饶。”

【娱酒】饮酒为乐。《楚辞·宋玉招魂》：“娱酒不废，沈日夜些。”

【鸳鸯盏】成双之盏。《鸡跖集》："张易之与李回秀以鸳鸯盏一双共饮，取其常相逐也。"

【宰会】设酒食之集会。《世说新语·方正》："齐王同为大司马辅政，嵇绍为侍中，指同咨事，同设宰会，召葛旗、董艾等共论时宜。"

【载酒问字】《汉书·扬雄传·下》："乃刘棻尝从雄学作奇字。"又："家素贫，嗜酒，人希至其门。时有好事者，载酒肴从游学。"本为两事，后人并成一事，用作勤学好问的典故。

【造酿】即酿造。张载《酃酒赋》："造酿在秋，告成在春。"

【造酒酵素】化学名词，能使糖质分解为酒精与二氧化碳之酵素，酿母菌细胞中含有之。

【盏面】杯口之平面。《本草·水獭》："胆正误涂杯层，使酒稍高于杯面耳。"

【盏石】磐石名。清《一统志》："盏石在莱州府城北五十里，临大海有一磐石，方圆五步，上有汙樽状。世传秦始皇于此凿盏，以盛酒溘，祈祭百神。"

【盏斝】酒器。苏轼《司马君实独乐园诗》："花香袭杖屦，竹色侵盛斝。"

【真一酒】酒名。传为苏轼所造。《酒史》："真一酒，米曲水三一而已。此真一酒也。"苏轼《真一酒诗》："人间真一东坡考，与作青州从事名。"

【真运动】鞭毛是细菌的运动器官，具有鞭毛的菌只有在液体中才能借助鞭毛而运动。单毛菌常呈单向运动，周毛菌常呈不规则运动，依赖鞭毛的运动称为真运动。

【秩酒】赐与有一定年龄者之酒。《周礼·天官·酒正》："凡有秩酒者，以书契授之。"《三礼·义疏》："郑氏曰：'有秩者，谓老臣，王制，九十日有秩。'王安石曰：'有秩酒者；非特老臣也。'"

【酎】重酿酒。经过两次以至多次复酿的醇酒。《礼记·月令》："孟夏之月，天子饮酎，用礼乐。"郑玄注："酎之言醇也，谓重酿之酒也。"《汉书·景帝纪》："高庙酎。"颜师古注：酎，三重酿醇酒也。

【酎饮】谓酌酎以饮。《楚辞·宋玉·招魂》："酎饮尽欢，乐先故些。"〔注〕：言饮酒尽乐，尽已欢欣者。

【酌】①盛酒行觞。《说文》："酌，盛酒行觞也。从酉勺声。"②斟酒。《淮南子·车经训》："酌焉而不竭。"③酒。《礼记·曲礼下》："酒曰清酌。"④酒斗，与爵通。《楚辞·宋玉·招魂》："华酌既陈。"〔注〕：酌，酒斗也。

【酌酒】犹言斟酒。《后汉书·鹿参传》："白起赐死，诸侯酌酒相贺。"

【酌醴】酌酒。《诗·小雅·吉日》："发彼小豝，殪此大兕，以御宾客，且以酌醴。"

【酌数】谓酌器盛酒益尊及其数量。《周礼·天官·酒正》："皆有酌数。"

【酌献】①谓以酒献客。《诗·小雅·瓠叶》："君子有酒，酌言献之。"②谓酌酒以献神。《唐书·礼乐志》："寿和以酌献饮福。"

【酌斟】同斟酌。程嘉燧诗："脱衣贳酒君酌斟。"

【粉末酵母】凡是不易凝聚，细胞间分离、不易沉淀的酵母，称为粉末酵母。

【粉状酵母】上面酵母悬浮于液中，又称上面酵母为粉状酵母，清酒酵母就属于这一类。

【根霉】根霉是小曲中的主要糖化菌。它能产生多种有机酸，对白酒的风味有重要的作用。根霉糖化力高，适应性强，繁殖速度快。

【核蛋白体】核蛋白一般以颗粒状分散在细胞质内，称核蛋白体或微粒体。它是细胞中最微小的结构物质，在蛋白质合成方面起着重要作用。

【烘曲】曲胚经曲箱内保温七十多小时，曲心已长满菌丝，即出曲倒入烘柜内用木炭火，在50–60℃经两天烘干，此谓烘曲。烘干的曲胚水分在20%以下。

【继续发酵】将已蒸馏过的酒之糟粕再加曲粉，使之发酵，此谓之继续发酵。

【浸出糖化法】升温浸出糖化法是将粉碎麦芽与冷水混合，然后逐渐通入蒸汽加热或添加热水使醪液温度提高到所需要温度。

【浸麦发芽两用体系】浸麦和发芽在一个箱内完成，即为浸麦芽两用体系。此法温度较均衡，排出的空气没有干燥过程的化合物，麦芽床下层不用单独清洗。但其生产周期必须受干燥时间限制，否则不能充分发挥效率。

【浸麦发芽干燥三用体系】浸麦、发芽和干燥在一个箱内完成，此即为浸麦发芽干燥三用体系。但这只是一种良好的愿望和设想。

【浸麦】用水浸渍大麦，俗称浸麦。其目的在于使麦粒吸水和吸氧，洗涤除尘，除杂以及除微生物，为发芽提供条件。

【浸水断水交替法】让大麦在水中浸渍一段时间，然后排水，暴露在空气中，以后再浸水、断水，反复进行，直到大麦达到所要求的浸麦度为止，此法谓之浸水断水交替法。

【凉曲】凉曲谓之改良曲，它的制作方法是生曲入室第三日待生曲表面生有多数白斑，即行大开门窗放风。其温度须保持37℃，35日后堆于一处，挤火曲成。

【凉上】曲放僵后，翻转一次，叠为三层，于是放冷约一昼夜，待曲表面已僵，再关闭门窗，以纸糊缝。曲入室第四日上火，温度增高，翻曲一次，增为四层。以后日翻一次，增高一层，最后高至七八层。7-10日后，曲面发生黄黑色菌丝如毛，即可开窗，此谓之凉上。

【配料】用滚筒机将小麦轧碎，每粒小麦轧成3-5瓣，要求轧碎无粉末。加入40-50%的水，视季节和原料的不同而决定。此称“配料”。

【配醅】在酒醅中加入已蒸馏过的酒糟，一般称为配糟，亦称配醅。

【配制酒】以蒸馏酒、酒精或酿造原汁酒为主要原料，再加一些配料后而制成的酒，叫配制酒。如参茸酒、竹叶青等。

【起泡葡萄酒】在葡萄酒的酿制发酵过程中，使酒液里含二氧化碳，或在葡萄酒中人工加入二氧化碳，这种葡萄酒叫“起泡葡萄酒”。如“香槟”。

【缺泡开裂】在起泡期和高泡期之间，液面犹如融裂的冰山，发酵不旺盛，盖泡不均，这种现象叫缺泡开裂。

【弱酒】葡萄酒含酒精低于10%，称为弱酒。

【速酿酵母】在醪中添加适量的乳酸，抑制杂菌的繁殖，是纯碎培养黄酒酵母的合理制法。因其制造时间很短（和淋饭酒母比），故称为速酿酒母。

【速酿酵母的制作方法】制造酒母用米量为发酵投米量的5-10%，米和水比例在1:2以上，麦曲用量为原料大米的12-14%。将水、米饭和麦曲加入罐内，混合后，加乳酸调节PH，再接入三角瓶或卡氏罐培养的酵母，充分拌匀。落罐品温为26-30℃，当品温升到31-32℃，进行开耙搅拌，使温度保持在28-30℃，培养1-2天即成。

【速酿酵母和高温糖化酵母】速酿酵母和高温糖化酵母都属于纯种培养酵母。酵母的纯粹培养原则上把选择的优良黄酒酵母，从单一细胞出发，逐步进行扩大培养，增殖到多量的酵母而成为酒母。

【速酿酒母和高糖化酒母】由人工添加食用乳酸的酒母称为“速酿酒母和高糖化酒母”。制造天数1-2天，纯种培养，它主要用于机械化制造。

【套窖子】俗称无限继续发酵法为九套环，又称套酒，亦称套窖子。

【调味加强葡萄酒】除了酒精之外，再用其他的非葡萄物质改变风味的葡萄酒，叫做调味加强葡萄酒。

【调香法】根据液态法白酒香味成分的差别，向酒中添加相应的天然香料或纯化学药品，以达到改善液态法白酒风味的目的，这种方法叫调香法。

【通风制曲】称取麸皮，加水 80%和硫酸 0.3%，常压蒸料 2 小时，出甑散冷至 35℃接入种曲 0.3%，拌匀，在 32℃装箱，控制室温 30℃培养，从进房装箱至 12 小时前期培养。控制品温在 28-32℃，当品温达到 32℃时，进行间断通风，12-24 小时为培养中期。控制品温 32-34℃，品温达到 34℃即通风，到 30℃停风，24 小时为后期。控制品温 34-36℃，整个培养时间一般控制在 36 小时左右。此谓通风制曲。

【氧化酶】促使葡萄酒的氧化的酶称为氧化酶。

【原酒】借出桶的机会，将存在酒中的二氧化碳散发，吸收一部分氧气，加强酵母繁殖，以分解酒中剩余的糖分。如酒已害破败病，则需在换桶时处理，这样出桶的酒，称之为原酒。

【原酒量】报告期内最后一天，最后一班交班以前，经检查合格、办理入库手续的原酒产量，称原酒量。

【圆酵母属】细胞圆球形，不能形成孢子，一般不能发酵蔗糖，发酵力很弱，生成极少量的酒精，不属于真酵母类。

十一画

【⿰酉比】酒名，与配同。《集韵》：“⿰酉比，酒名。”

【猜枚】饮酒时助兴的游戏。取若干小物件，如钱币、棋子、瓜子、莲子等。握于拳中，供人猜测单双、数目、颜色等，中者为胜，不中者罚饮。《红楼梦》第二十三回：“拆这猜枚，无所不至。”

【猜拳】①也叫“划拳”、“拇战”。佐饮助兴的游戏。两人对猜，各出拳伸指，同时喊一数字，符合双方伸指之和者胜，不胜者罚饮。②即“猜枚”。元姚文奂《饮枝词》：“剥将莲肉猜拳子，五手双开各赌空。”

【巢饮】谓饮于木杪（在树木的顶端立架如鸟筑巢般在上面饮酒）。《梦溪笔谈·人事一》："石曼卿喜豪饮，与布衣刘潜为友……尝通判海州，刘潜来访，曼卿迎之。与刘潜剧饮，中夜酒欲竭，顾船中有醋斗余，乃倾入酒中并饮之，至明日，酒醋俱尽。每与客痛饮，露发跣足，著械而坐，谓之囚饮。饮于木杪，谓之巢饮，其狂纵大率如此。"

【菖蒲酒】浸以菖蒲之酒，饮之可去疾疫。《元史·文宗纪》："丁卯，木八剌沙来贡菖蒲酒。"《荆楚岁时记》："端午以菖蒲，或缕或屑，泛酒以辟瘟气。"

【常满尊】①言益之使常满之樽。《周礼·天官·酒正》注："三贰再贰一贰者，谓就三酒之尊而益之也，益之者饮诸臣，若今常满尊也。"疏："若今常满尊也者，言益之故常满，故以汉法况之云。"②酒尊名。《唐书·李元来传》："刺史李元暕，调民黄金，造常满尊以献。"

【晨饮】朝饮。《宋史·乐志》："晨饮是汲，夕膳是尝。"《文选·沈约·齐安昭王碑文》："邑居不闻夜吠之犬，牧人不见晨饮之羊。"

【⿰谷瓦】盛酒器。与瓻同。《庄韵》："⿰谷瓦，瓶也。"《集韵》："瓻，盛酒器，或作⿰谷瓦。"

【瓻】古时盛酒的用具。《广韵·六脂》："瓻，酒器，大者一石，小者五斗，古之借书盛酒之瓶。"因古人向人借书，以瓻盛酒为酬。

【豉酒】渍豉之酒。王羲之《豉酒帖》："小服豉酒为佳。"

【舂酋】谓舂米与酿酒。《墨子·天志》："大夫以为仆圉胥靡，妇人以为舂酋。"《闲诂》："此言舂酋者，或为舂，或为酒也。"

【篘】①漉取酒之具。《集韵》："篘，漉取酒也，"《正字通》："篘，漉酒具。"白居易《咏家醞诗》："酿糯岂劳炊范黍，撇篘何假漉陶巾。"皮日休《和鲁新夏东郊闲泛诗》："碧莎裳下攜诗草，黄蔑楼中挂酒篘。"②酒。沈周《九日诗》："儿子欣将宿醞篘，老人佳佳强相酬。"

【船】酒器名。李濬《松窗杂录》："上因联饮三银船，尽一巨馅。"苏轼《二月三日点灯会客》诗："试开云梦羔儿酒，快泻钱塘药王船。"

【崇饮】崇，本意是满，这里引伸为纵，崇饮，纵饮（编者）。《尚书·酒诰》："矧曰：其敢崇饮。"

【啐酒】谓饮酒。《礼记·乡饮酒仪》："啐酒成礼也。"

【啐饮】带有礼貌慢饮之意。《元史·祭祀志》："亚献再拜受爵，跪祭酒，遂啐饮。”

【淡酒】自逊为淡酒，泛指宴席不周全，或本指酒为价廉之酒。《宣和遗事前集下》：“遂将出儿盏儿淡酒来。”

【淡色啤酒和浓色啤酒】淡色啤酒一般为淡黄色。浓色啤酒，也叫黑啤酒，酒液为咖啡色而有光泽，含原麦汁浓度较高，有麦芽的焦香味。

【瓠壶】酒器。瓠形之壶。亦作瓢壶。《三国志·蜀志·张裔传》：“张府君如瓠壶，外虽泽而内实粗。”扬雄《酒箴》：“鸱夷滑稽，腹如瓠壶。”《博士图》：“汉瓠壶。”《公刘》之诗曰：“酌之用匏，则瓠壶之制，盖取诸此。”

【瓠尊】瓠形之樽。苏轼《哭刁景纯诗》：“我欲江东去，瓠尊配行潦。”

【黄封】酒别名，宫酒或泛指美酒。天子所赐之酒。苏轼《与欧育等六人饮酒诗》：“苦战知君便白羽，倦游怜我忆黄封。”范大成诗：“录葱顶上拆黄封。”《益公题跋》：“宜兴黄土村，去县五十五里，东坡与单秀才步至焉，地主以酒见饷，谓东坡曰，此红友也，坡言，此人知有红友，而不知有黄封，真快活人。”《书言故事·酒类》：“御赐酒曰黄封。”

【黄娇】酒之别名。《辍耕录》：“段继昌能诗好饮，家甚贫，以钱遗之者，尽送酒家，名酒曰黄娇，盖关中以儿女为阿娇，故以此况之。”

【黄酒】糯粟酿造之酒名，其色淡褐色，味酸且带苦味，有木瓜，百花，东涑，雪清，老酒，良乡，黄酒，绍兴等多种。《红楼梦》第三十八回：“便斟了半盏，看时却是黄酒。”

【黄垆之痛】悼念亡友的话。语本南朝宋刘义庆《世说新语·伤逝》：“〔王浚冲〕乘轺车经黄公酒垆下过，顾谓后车客：‘吾昔与嵇叔夜、阮嗣宗共酣饮于此垆……自嵇升天，阮公亡以来，便为时所羁绁。今日视此虽近，邈若山河。’”

【黄醅】黄色之酒。白居易《尝黄醅新酎忆微之诗》：“世间好物黄醅酒，天下闲人白侍郎。”

【黄汤】黄酒。元曲中亦有之。《硃砂担》一折白：“我则是多吃了那几碗黄汤，以此赶不上他。”《水浒》十四：“畜生！你却不径来见我，且在路上贪呷这几口黄汤，我家中没得与你喫？辱没杀人！”《西湖二集》十三：“思量得几文钱买壶黄汤吃，且做个里牵棉，浑身热烘烘，好过这长夜。”

【黄滕】酒名。陆游《钗头凤词》：“红酥手，黄腾酒，满城春色宫墙柳。”

【祭酒】古礼凡大乡宴必宾中之年长者一人先举酒以祭，故祭酒为尊敬之称，谓其人之年齿品望冠于同列也。后因以为官名。如《史记》称荀卿为祭酒，汉吴王濞年老，为刘氏祭酒。

【祭飨】祭祀所供之酒食。《晋书·慕容儁载记》："祭飨朝庆，宜正服衮衣九文冠冕九旒。"

【祭尊】犹祭酒。《新书·时变》："骄耻偏而为祭尊，鲸劓者攘臂而为政。"〔注〕：祭尊，犹祭酒也。《札朴》："古铜印有始乐单祭尊，万岁单祭尊。始乐，万岁皆里名。祭尊，卿官，犹祭酒，见《困学纪闻》。单，通作僤，单祭尊，里主僤祭者。"

【假醉】假作酒醉。《水浒传》第二十九回："这武松假醉佯颠，斜着眼看了。"

【菊花酒】用菊花酿的酒。《西京杂记》卷三："菊花舒时，并采茎叶，杂黍米酿之，至来年九月九日始熟，就饮焉。故谓之菊花酒。"

【菊华酒】菊花所酿之酒。华同"花"。见菊花酒条。

【菊酒】菊花所酿造之酒。参见菊花酒条。《月令广义》："菊酒香甘。黄菊晒干，用瓮盛酒一斗，菊头二两，以生绢袋悬于酒面上，约离一指高，密封瓮口，经宿，去袋，其酒有菊香。"卢纶《九日奉陪侍中宴后亭诗》："且倾浮菊酒，聊拂染衣尘。"

【菊醴】即菊酒。于经野《奉和九日幸临渭亭登高应制诗》："桂筵罗玉俎，菊醴溢芳樽。"

【菊醑】即菊酒。于经野《福惠全书·筮仕部·四六小启式》："酌菊醑而未敢。"

【菊樽】菊花杯，犹言菊花酒。王涯《九日勤政楼下观百僚献寿诗》："菊樽过九日，风历肇千秋。"

【婪尾】①婪尾酒。一作"蓝尾"。《仇池笔记》："苏鹗云，以酒巡匝为婪尾。"②言贪杯也，《唐音癸签》："河东记载，申屠澄遇老翁媪留饮，澄讯曰：'始自主人。'翁即巡，澄当婪尾，则知婪尾为自谦之辞，如俗云贪杯也。"

【猎酒】索求酒食。《天录识馀》："古人谓，天释之士，游手清谈，无故来人家，志必得酒而后去，谓之猎酒。"

【啉】古称行酒一巡为啉。见《广韵·二十二覃》。

【淋】釀酒。《儿女英雄传》五：僧人这里是个苦地方，没什么好吃的，就是盅素酒，倒是咱们庙里自己淋的。

【淋饭酒母】 由酒药中根霉和毛霉生成乳酸的酒母称为“淋饭酒母”。制造天数 20–30 天，多为自然培养。主要用于传统操作法的绍兴酒和喂饭酒的制造。

【淋饭酒母的制作（绍兴酒）】 用水将米淘筛蒸煮，蒸熟的米饭再淋水冷却，冷却后落缸搭窝、加酒药进行糖化，再加曲（麦曲）冲缸，发酵开耙、后发酵，即做成酒母。（其中米 125 公斤，麦曲 19.5 公斤，酒药 0.187–0.25 公斤。饭水总重量为 375 公斤。）

【绿醪】 美酒。白居易《自宾客返太子少传分司诗》“何言家尚贫，银榼提绿醪。”

【绿醽】 带绿色之美酒。邹阳《酒赋》：“其品类则河洛绿醽。”〔注〕：翰曰，绿醽，酒名。卢真《九老会诗》：“但把绿醽常满酌，烟霞万里会应通。”

【绿蚁】 酒面上的绿色泡沫，也作为酒的代称。白居易《问刘十九》诗：“绿蚁新醅酒，红泥小火炉。”亦作“渌蚁”。谢玄晖《在郡卧病》诗：“嘉鲂聊可荐，绿蚁方独特。”参见“浮蚁”。

【绿豆烧、蚕豆烧】 用绿豆曲酿成的酒，称为绿豆烧。用蚕豆曲酿成的酒，称为蚕豆烧，又称为蚕豆丸。二者酒味较麦曲酿成的酒为烈，而香气各自不同。

【鸾觞】 酒杯。《文选·嵇康·杂诗》：“鸾觞酌醴，神鼎烹鱼。”〔注〕：鸾觞，杯也。

【酕醄】 大醉貌。晁补之《即事》诗：“有时醉酕醄，大笑翻盏斝。”

【盘匜】 匜者可注水之器，盘匜言坚器也，亦作“槃匜”。

【匏斗】 酒器。《博古图·斗·汉匏斗》：“前一器，长一尺一寸五分，深一寸二分，口径三寸三分，容三合，重六两，有柄无铭。”

【匏勺】 酌酒器。《后汉书·礼仪志》：“瓦鼎十二，容五升。匏勺一，容一升。”

【匏樽】 酒樽。苏轼《前赤壁赋》：“驾一叶之舟，举匏樽以相属。”

【偏提】 酒壶名。韩偓《从猎诗》：“勿闻仙乐动，赐酒玉偏提。”《事物异名录·器用·壶》：“山家清事，偏提犹今酒鳖，和靖翁送李山人，有马前常带古偏提之句。”林洪《山家清事》：“偏提，犹今酒鳖，形扁如鳖，故名。”

【脯酒】 干肉与酒。《史记·封禅书》：“春以脯酒，为岁祠。”

【骑杯】 酒名。《海录碎事·饮食·酒》：“海东有姓刘人，善作酒，盛暑可寄千里，人谓之骑上杯也。”

【酉仑】藏族常喝的一种用青稞酿成的酒。

【清】酒名，谓醴之过滤使清者。《周礼·天官·酒正》：“辨四饮之物，一曰清。”〔注〕：清，谓醴皆曰清。《礼记·内则》：“稻醴清糟。”〔注〕：清，泲，即过滤使清。

【清白】酒名。《礼记·内则》：“酒清白。”〔疏〕：“清，谓清酒；白，谓事酒昔酒。以二酒俱白，故以一白标之。”

【清杯】清雅之杯。沈炯《十二属诗》：“鸡跖引清杯。”

【清酤】与“清酒”同。《诗·商须·烈祖》：“既载清酤，赉我思成。”《传》：“酤，酒。”张衡《西京赋》：“炙炰夥，清酤䴬，皇恩溥，洪德施。”

【清醴】谓清酒。潘尼《琉璃碗赋》：“流景炯晃以内澈，清醴瑶琰而外见。”

【清酒】①水与酒也。清指玄酒，亦即水也，祭祀之用。一说清洁之酒。《诗经·小雅·信南山》：“祭以清酒，从以騂牡。”〔笺〕清，谓玄酒也。酒，谓郁鬯与五齐，三酒也。《集韵》：“清酒，清洁之酒，郁鬯之属也。”②酒之一种。为浊酒之对也。《周礼·天官·酒正》辨：“三酒之物，一曰事酒，二曰昔酒，三曰清酒。”〔注〕：清酒，今中山冬酿，接夏面成。〔疏〕：此酒更久于昔，故以清为号。

【清醑】犹“清酒”。白居易《酒劝赞》：“产灵者何，清醑一酌。离人迁客，转忧为乐。”

【清醳】清澄之酒。陈造《八月试院中诗》：“清醳聆邹琴，款识辨周鬲。”

【清卮】犹美杯。谢朓《和伏武昌登孙权故城诗》：“清卮阴献酬，良书限闻见。”

【清酎】味清而质纯之酒。即醇酒。韩愈《祭李郴州文》：“逞英心于纵博，沃烦肠以清酎。”

【清酌】祭奠时所用之酒。《礼记·曲礼下》：“凡祭宗庙之礼……酒曰清酌。”柳宗元《祭吕衡州温文》：“奉清酌庶羞之奠，敬祭于吕八兄化光之灵。”

【清樽】盛酒之器。亦谓饮酒。皇甫冉《曾山送别诗》：“凄凄游子苦飘蓬，明月清樽祇暂同。”

【清茬曲】热曲最高温度为44-46℃，晾曲降温限为28-30℃，这样的曲叫清茬曲。它属于小热大晾。

【清霖烧酒】兰姆酒初蒸后，卖给蒸馏厂又进行精馏，其酒称清霖烧酒。

【清香型（白酒）】此种酒有着芬芳的清香，甘润爽口，称为“清香型”。山西杏花村的汾酒最为突出，又称“汾香型”。宝丰酒等即属清香型。

【清蒸】将经蒸煮后的高粱拌曲放入陶瓷缸，缸埋土中，发酵28天，取出蒸馏，此谓之清蒸。

【赊酒】取酒欠酒钱。张乔《赠友人诗》：“典琴赊酒吟过寺，送客思卿上灞陵。”

【蛇酒】以蛇浸泡之酒。《酉阳杂俎》：“冯坦者，常有疾，医令浸蛇酒服之。初服一瓮子，疾减半，又令家人园中执一蛇投瓮中封闭七日，及开，蛇跃出，举首尺余，出门，因失所在。其过迹，地坟起数寸。陆绍郎中又言，尝记一人浸蛇酒，前后杀蛇数十头。一日自临瓮窥酒，有物跳出齿其鼻，将落，视之，乃蛇头骨。”

【盛筵难再】盛大的宴会难再遇到。比喻美好的光景不可多得。语出唐王勃《秋日登洪府腾王阁饯别序》：“胜地不常，盛筵难再。”

【豚醪】豚肉与浊酒。谢惠连《祭古冢文》：“具豚醪之祭。”

【甜酒】甘甜之酒。苏轼《岐亭诗》：“酸酒如齑汤，甜酒如蜜汁。”

【甜醹】美酒名。《初学记·器物部·酒》：“酒经曰，空桑秽饮，醞以稷麦，以成醇醪，酒之始也；乌梅、女䴏、甜醹，九投澄清，百品酒之终也。”

【甜白葡萄酒】含糖13%左右，含酒精13-16%的白葡萄酒称为甜白葡萄酒。我国各地葡萄酒厂多制这种酒。

【甜红葡萄酒】含糖13-15%，酒精16-22%的红葡萄酒，称为甜红葡萄酒。我国各地葡萄酒厂都生产这种酒。东北三省所生产的山葡萄酒也属于这种类型，属于加强浓甜葡萄酒。

【甜酒和半甜酒（黄酒）】酒液中含糖8%以上的叫“甜”酒，喝这种酒，感觉很甜，如沉缸酒。酒液中含糖1.5-8%的叫“半甜酒”，喝这种酒，感觉较甜，如即墨老酒。

【甜酒水培养基】将糯米淘洗干净，浸泡后蒸煮成饭，冷凉至30℃，培养1-2天即成甜酒酿，煮沸后过滤，滤液即为甜酒水培养基。

【甜香槟酒】香槟酒的含糖量占8%，这样的香槟酒称作甜香槟酒。

【甜型与半甜型（葡萄酒）】酒液中，含糖5%以上，口感味甜，称之为“甜型”，含糖1.2-5%，口感较甜，称之为“半甜型”。

【停杯】暂停饮酒。杨素《赠薛内史诗》：“横琴还独坐，停杯遂待君。”

白居易《风雨中寻索十一因题船上诗》："停杯看柳色，各忆故园春。"

【铜罂】铜制之酒器。《南史·齐晋安王子懋传》："年七岁，时母阮淑媛尝病危笃，请僧行道，有献莲花供佛者。众僧以铜罂盛水，渍其茎，欲花不萎。子懋流涕礼佛曰：若使阿姨因此和腾，愿诸佛令花竟斋，不萎七日。斋毕，花更鲜红，看视罂中，稍有根须，当世称其孝感。"

【铜罍】铜制之酒尊。《齐书·刘悛传》："悛于州治下立学校，得古礼器铜罍、铜甑、山罍尊、铜豆钟各二口，献之。"

【酘】①酒再酿。《抱朴子·金丹》："犹一酘之酒，不可以方九酝之醇耳。"②谓饮酒过多，次日仍感不适，再饮以解宿酲。无名氏《朱砂担》第一折："大碗里酾的酒来，将些干盐来我吃两碗，酘过我那昨日的酒来。"

【屠酤】指以屠牲与沽酒为业。与"屠沽"同。《汉书·赵广汉传》："直突入其门，庾索私屠酤，椎破卢罂，斧斩其门关而去。"《淮南子·汜论训》："夫发于鼎俎之间，出于屠酤之肆。"

【屠沽】屠谓屠户，沽谓卖酒者。古率用以称执贱业者。

【屠沽儿】本谓屠牲沽酒者，以喻轻贱之人。《后汉书·祢衡传》："许都新建，贤士大夫，四方来集。或问衡曰：'盍从陈长文、司马伯达乎？'对曰：'吾焉能从屠沽儿耶！'"《语林》："陆龟蒙曰：'我年来忍饥诵经，岂不知屠沽儿有酒食耶！'"

【屠苏】①药名。与肉桂，山椒，白术，桔梗，防风等调酒，曰屠苏酒。《荆楚岁时记》："正月一日，是三元之日也。长幼悉正衣冠，以次拜贺，进椒柏酒，饮桃汤，进屠苏酒。董勋云，正月饮酒，先小者，以小者得岁，先酒贺之，老者失岁，故后与酒。"《岁华纪丽》："屠苏，草庵名，昔有人居草庵之中，每岁除夜，遗闾里药一剂，令囊浸井中，至元日，取水置于酒尊，合家饮之，不病瘟疫。有今人得方者，亦不知其人姓名，但名屠苏而已。"卢照邻《长安古意诗》："汉代金吾千骑来，翡翠屠苏鹦鹉杯。"②草名。《诗话补遗》："屠苏，草也。"《通雅·四十一》："屠苏，阔叶草也，因为屋名，为冠名，为饮名。"

【晚樽】晚酌。陆游《小园诗》："飧酪俱晨钵，葅芹荐晚樽。"

【望子】亦称"幌子"。古时店铺悬挂的布招。特指酒店的招子，即酒帘。孟元老《东京梦华录·中秋》：“至午未间，家家无酒，拽下望子。”

【衔卮】衔杯。即饮酒。何逊诗：“江潭望如此，衔卮其君倾。”

【宿酲】谓因宿醉而病酒。白居易《和知予与工部有宿酲诗》：“宿酲无兴味，先是肺神知。”《云仙杂记》：“陈永阳王宿酲未解，为蜜浸乌梅，每啖不下二十枚，清酲乃已。”

【宿酒】宿醉。白居易《早春即事诗》：“眼重朝眠足，头轻宿酒醒。”苏轼诗：“欠伸宿酒余，起坐濯清泚。”谢宗可诗：“宿酒破寒薰玉骨，仙丹偷暖返冰魂。”

【宿醉】与“宿酒”同。沈佺期《望春宫应制诗》：“定是风光牵宿醉，来晨复得幸昆明。”韩偓《早归诗》：“扠衣吟宿醉，风露动相思。”

【酗】沉迷于酒；酒醉行凶。《书·微子》：“我用沉酗于酒。”又《无逸》：“无若殷王受之迷乱，酗于酒德哉！”

【酗酣】酗酒自酣。《剪灯余话》：“却乃连日酗酣，临期失误，使百辟仓皇，骇愕以失色。聚人捏合，掇拾以成文。”

【酗讼】因酗酒致讼。《魏书·刑罚志》：“太安四年始设酒禁。是时年谷屡登，士民多因酒致酗讼。”

【酗饮】暴饮。《福惠全书·邮政部·总理》：“不交接赌嫖酗饮。”

【酗醟】醉酒而怒。《一切经音义·十三·引通俗文》：“酗酒曰醟。”《晋书·曹志传赞》：“谋甫三爵，酗醟斯作。”

【旋】温酒。旋通鏇。鏇是温酒的器具，作动词用，便是温酒。《水浒》五：那庄客旋了一壶酒，拿一双盏子，筛下酒与智深喫。

【旋子】温酒的铜器，俗名“炊筒”。《儿女英雄传》五：那三儿连连的答应说：“来了！来了！”手里端着一个红铜旋子，盛着半旋子凉水，旋子边上搁着一把一尺来长泼风也似的中耳尖刀。

【雪堂义酒】宋代王晋卿居黄州时，近邻五县送酒而混于一器，名之为雪堂义酒。《仇池笔记》：“元祐中，王晋卿置墨十数，亦杂研之。昔有黄州邻近五县送酒合置一器，谓之雪堂义酒，今为雪堂义墨耶。”

【野享】野宴。《文选·张衡·西京赋》：“割鲜野享，犒勤赏功。”张华《游猎篇》：“野享会众宾，元酒甘且旨。”

【野觞】饮酒于郊野。王绩《尝春酒诗》：“野觞浮郑酌，山酒漉陶巾。”

【野醉】醉于山野之间。陆龟蒙《润州江口送人谒池州卫郎中诗》：“闲随野醉溪声闹，独伴清谈晚色残。”

【移樽就教】 移坐到别人跟前共饮，以便求教。比喻主动向别人请教。清李汝珍《镜花缘》第二十四回：“也罢，我们‘移樽就教’罢。”

【逸爵】 犹言纵酒。殷仲文《南州桓公九井作》：“广筵散泛爱，逸爵纡腾引。”

【淫酗】 纵饮过度。《书·泰誓中》：“呢比罪人，淫酗肆虐。”

【淫醟】 沉湎酒色，暴虐无常。

【银杯】 银制之杯。《唐书·文艺传》：“常以金银杯斟酒饮之。”韩愈《雪诗》：“随车翻缟带，逐马散银杯。”白居易《春池闲泛诗》：“花助银杯气，松添玉轸声。”

【银樽】 银制之酒樽。《旧唐书·曹确传》：“帝赐酒二银樽，启之非酒，乃金翠也。”

【酝】 ①酿也。《说文》：“酝，酿也。”曹植《酒赋》：“或秋藏冬发，或春酝夏成。”②再酿也。《广雅·释器》：“酝，酘也。”《正字通》：“酝，久酿也。”《文选·张衡南郡赋》：“酒则九酝。”注：善曰，广雅曰，酝，投也。③酒母也。《一切经音义·十二》酝，酒母也。

【酝酿】 ①酿酒。《后汉书·吕布传》：“布禁酒而卿等酝酿，为欲因酒而共谋布邪？”②酒的酿成，须经一定的时日，因以比喻事情逐渐达到成熟的准备时机、过程。

【酖酒】 毒酒，与鸩酒同。《新论利害》：“酖酒盈卮，渴者弗饮。”

【酖酖】 沉湎于饮酒之安乐。酖：嗜酒，引申为耽乐沉迷。

【餟】 祭酹。以酒沃地祭地。《说文》：“餟，祭酹也，从餟声。”《说文通训定声》：“餟，字村，餟以酒沃地祭也。”《广韵》：“餟，祭酹也。”

【粗馏塔】 蒸馏的结果就得到粗酒精，所用的设备称醪塔，也叫粗馏塔。粗馏塔的作用是将乙醇从成熟醪中分离出来，并排除酒糟。

【粗馏液】 原汁葡萄酒在重复间断蒸馏前，先将酒进行预热然后导入壶式蒸馏锅中直加大火加热蒸馏，蒸出原料葡萄酒体积的三分之一左右，称之为粗馏液。

【袋滤】 采用硅藻土作为过滤剂，附着在棉布或尼龙纺织品的表面，做成袋子形状，过滤面积为30–180平方米。袋子是长方形或圆形，有时将袋子做成皱壁以增加过滤面积，此谓之袋滤。

【**蛋白质**】蛋白质是组成细胞质的基本物质，由二十多种氨基酸所组成。

【**第一代人工饮料酒**】不加任何糖化发酵剂、全靠自然形成的酒，称为第一代人工饮料酒。比如用兽奶制成的酒。

【**第二代人工饮料酒**】加糖化发酵剂酿造的酒，称为第二代人工饮料酒。又称人工发酵酒，亦简称发酵酒。

【**第三代人工饮料酒**】为了提高酒度，增加酒精含量，在长期酿酒实践的基础上，利用酒精与水沸点不同，采取蒸烤取酒的方法获得的酒，称为第三代人工饮料酒，又称蒸馏酒。

【**淀粉糊**】精制淀粉是从贮藏细胞中分离出的淀粉粒。精制淀粉因植物种类不同而有差异，一般在70-75℃下存在大量水时，粒状消失，全部形成半透明的胶质物，即所谓淀粉糊。

【**淀粉霉法**】用曲作糖化发酵剂，边糖化边发酵的双边发酵技术，称为淀粉霉法。

【**堆曲**】把方块曲料搬入曲室，要轻拿轻放，不使破碎，整齐地叠成丁字形，以利通风和糖化菌的生长繁殖，此即为“堆曲”。堆曲前，曲室要打扫干净，四壁要杀菌，在地面上铺上谷皮及竹簟，以便保温。

【**麸皮固体培养基**】将较细麸皮加水70-80%充分拌匀，装入试管或三角瓶，装入量不宜过多或过少，然后用试管刷将附于试管壁上的麸皮刷干净，制备棉塞，灭菌40分钟，即为麸皮固体培养基。

【**麸皮菌种保藏法**】取一定的麸皮，加水80%拌匀，将麸皮分装入安瓿管或小试管中，加入量为高约1.5厘米，塞好棉塞，用纸包好，灭菌后冷却，于无菌条件下把要保存的菌种接入麸皮内，置于保温箱内调节适宜的培养温度保温培养，待孢子成熟后，移放于装有氯化钙的干燥器中，在室温下干燥数天或于培养箱内升温干燥数天，干燥后用塑料薄膜包扎管口，防止湿气进入试管，或将试管用火靠棉塞处烧熔玻璃，拉长，把管口封住，放阴凉干燥处保存。此法谓之麸皮菌种保藏法。

【**麸曲**】麸曲，用麸皮等培育纯粹曲霉制成的曲称为麸曲，主要用作糖化剂。

【**麸曲酒**】用麸曲酿成的白酒称为麸曲酒。又叫快曲酒。该酒在白酒总产量中占的数量最大。

【**硅藻土过滤法**】在操作过程中，硅藻土伴随啤酒连续添加，起到了连续更新过滤床的作用，过滤机始终保持快速过滤。只要硅土添加比例适当，即使秀混浊的酒过滤也无困难。此法谓之硅藻土过滤法。

【混成酒】 掺合一种或数种材料于酒中，以增加酒的气味和色泽，此酒称为混成酒。

【混合泥加老窖泥培养液堆积培养】 泸州曲酒厂创造了一种比较成功的操作，即使用优质泥或窖皮泥、加过磷酸钙、尿素、腐植质、大曲粉、黄水和老窖泥培养液，边加边踩，边踩边翻，直至拌和均匀，堆积，密封发酵15天以上。此法即混合泥加老窖泥培养液堆积培养。

【混合泥加坛内培养液堆积培养】 五粮液酒厂利用老窖泥作为菌种，在坛内进行扩大培养，然后将培养液加到混合泥中，进行堆积培养，以逐步扩大培养老窖泥中的有益菌，最后使用培养好的香泥进行筑窖。此即为混合泥加坛内培养液堆积培养。

【基础酒】 在勾兑中占最大比例的酒即基础酒。

【梨头霉】 梨头霉类似根霉，它的糖化力很低。对酿酒有害还是有利尚无定论。

【啤酒的过滤法】 经过后发酵的成熟酒，其残余酵母和蛋白质等沉积于底部，小量悬浮酒中，须过滤和分离，常用的方法有：滤棉法、硅藻土法、离心分离法、板式过滤法、微孔薄膜过滤法。

【啤酒】 也叫麦酒。用大麦芽及啤酒花为主要原料，经酵母发酵而制成的一种含二氧化碳的低浓度酒精饮料。也有用大米或玉米为辅助原料的。酒精含量为2-7.5%。味甘，也具清爽的苦味，有帮助消化、滋补身体的功效。啤酒按酿造方法不同可分为表面发酵和底面发酵两种。前者用表面酵母在较高温度下进行发酵，发酵时间较短；后者用底面酵母于低温度下发酵，发酵时间较长。装瓶并经过杀菌的叫“熟啤酒”或“贮藏啤酒”；未经杀菌的，叫“生啤酒”或“鲜啤酒”，含有活酵母，不耐贮藏。如按啤酒色泽来分，则有浅色与深色啤酒之别。

【啤酒花】 亦称“忽布”。桑科。其小苞和花被上布满黄色粉状和香脂腺。香脂腺含挥发油、苦味素、树脂和单宁，有特殊香气，加入啤酒中，使酒别具风味。

【啤酒石】 发酵过程中产生草酸钙沉淀。草酸是糖代谢中间产物，常在酵母泥或容器底能发现草酸钙沉淀，此称之为啤酒石。

【球菌】 呈球状的细菌称球菌。球菌又分为单球菌、双球菌、链球菌、四联球菌、八叠球菌、葡萄球菌。

【商品酒】 报告期内最终出厂（包括内外销、计划外销售）的成品酒，称为商品酒。

【深层通风培养】 将曲霉培养在液体基质中，并通空气使它生长和产酶，这种培养方法称深层通风培养。

【深井法】 利用深井高压水柱以及空气喷射，使氧气高度分散于液体中，加快氧的传递，使微生物快速繁殖，从而达到快速氧化有机物的目的，此法谓之深井法。

【斜面冰箱保藏法】 将菌种接种在斜面固体培养基上，待菌落生长好后，放入4℃左右的冰箱内进行保藏，每隔一定时间转接到新鲜的培养基上。此法谓之斜面冰箱保藏法。

【续渣法】 将原料破碎，出窖配料进行蒸馏糊化，然后扬冷、加曲、加酒母、加入水，入窖进行糖化发酵而生成酒醅。此方法谓之续渣法。

【液化淀粉酶】 由于此酶水解淀粉时，在开始反应不久就使淀粉断裂为分子量小的糊精，使淀粉溶液的粘度很快下降，故通常又把此酶叫做液化淀粉酶。

【液态法白酒】 原料经液态发酵，又经液态蒸馏而制成的酒。

【液体培养基】 液体培养基一般是指自然培养基中动植物的组织或器官的浸出液。如麦芽汁、曲汁等都是常用的液体培养基。

【液体曲】 将适当的曲霉进行深层液体培养后，所得滤液，含有各种酶，可作为酒精工业方面的糖化剂。这种含有淀粉酶等的曲霉培养液，称为液体曲。

【液体石腊保藏法】 将已经灭菌的液体石腊，在无菌条件下倒入生长良好的斜面试管菌种上面，油层高于斜面末端一厘米，垂直放在温室或冰箱内保藏。此法谓之液体石腊保藏法。

【营养菌丝】 伸入培养基内的菌丝，称为营养菌丝。

【阈值】 人们对某种香味成分能感觉到的最低浓度，叫阈值，或称果香界限值。

十二画

【椑】 古代一种椭圆形盛酒器。也叫椑榼、匾椑、偏椑。

【⿰西必】 饮酒俱尽。与“⿰西监”同。

【瓿】古代器名。青铜或陶制。圆口、深腹、圆足。用以盛酒和水。盛行于商代。

【裁酌】席中，判定罚酒否及饮酒多少数量。李渤《上封事表》：“度时之宜裁酌。”

【赐灌】赐饮。《礼记·投壶》：“当饮者皆跪奉觞曰赐灌，胜者跪曰敬养。”

【赐酒】赐予酒饮。宇文融诗：“飞文瑶札降，赐酒玉杯传。”韦述诗：“赋诗开庆宴，赐酒酌流霞。”

【赐宴】赐酒食。《北史·韦师传》：“上召师与左仆射高颎、上柱国韩擒虎等于卧内赐宴，令各叙旧事以为笑乐。”《宋朝会要》：“宋太平兴国二年，太宗亲试吕蒙正以下，并赐及第，赐宴开宝寺。”《六部成语·礼部·赐宴·注解》：“属国朝贡，应赐宴于殿廷，国有大庆，乃万寿节前，新年亦赐宴，王公大臣新进士举人亦有赐宴之礼。”

【赐饮】赐予酒食。《宋史·礼志》：“三馆学士宴于后苑，赏花，钓鱼，张乐，赐饮，群臣赋诗习射。”

【葱酒】酒和以葱。李翱《来南录》：“戊戌予病寒，饮葱酒以解表，暮宿于巩。”

【奠酹】置酒于地曰奠，洒酒于地曰酹，以祭神。《风俗通·十反》：“上阙奠酹，下困餬口，非孝道也。”任昉《上萧太传固辞夺礼启》：“且奠酹不亲。”白居易《祭小弟文》：“吾亲奠酹于尔床前。”

【奠酒】谓置酒于地。丧祀礼用之。

【貂裘换酒】旧指富贵者放纵不羁的生活。貂裘，貂皮大衣。语本《晋书·阮孚传》：“(阮孚）迁黄门侍郎、散骑常侍。尝以金貂换酒，复为所司弹劾。”唐李白《将进酒》诗：“五花马，千金裘，呼儿将出换美酒，与尔同消万古愁。”

【赌酒】以酒赌胜负。李洞诗：“石上铺棋势，船中赌酒分。”高启诗：“读书围壁里，赌酒射堂中。”

【赌空】酒席间游戏之一种，以果粒置手中，令人猜射，赌空系此游戏之用语。参见“猜拳”条《两般秋雨庵随笔》：“今酒令猜枚，辄相谓曰，前后手，不赌空，按此说其来已久。元人姚文奂诗曰：‘剥将莲子猜拳子，玉手双开不赌空。’正谓此也。”

【鹅雏】酒名。陆游《晚春感事诗》：“酿成西蜀鹅雏酒，煮熟东坡玉糁羹。”

【鹅黄】汉州酒名。陆游《出游湖山闲诗》：“新酿学鹅黄，幽花作蜜香。”

【葛巾漉酒】以葛巾漉酒。《宋书·陶潜传》：“值其酒熟，取头上葛巾漉酒毕，还复著之。”

【⿰酉瓜】酒爵。与“觚”同。

【酤】①酒。《诗·商颂·烈祖》：“既载清酤。”②通“沽”。买酒；卖酒。

【酤家】酒店。

【酤酒】①卖酒。《史记·司马相如》：“买一酒舍酤酒，令文君当垆。”《汉书·景帝纪》：“夏旱禁酤酒。”②买酒。《史记·滑稽传》：“褚先生曰，王先生徒怀钱酤酒。”

【酤酿】酿酒出售。《汉书·武帝纪》：“初榷酒酎。”〔注〕以木渡水曰榷，禁民酤酿，独官开置，如道路设木为榷，独取利也。

【寒醅】冬季所酿之未过滤的酒。欧阳修《秋晚凝翠亭诗》：“嘉宾日可携，寒醅美新醡。”

【寒樽】指寒冬之饮酒或指贫穷之士饮酒（逊词）。苏辙诗：“寒樽独酌偶逢客，佳句相酬不用书。”

【酣】饮酒尽量。《史记·廉颇蔺相如列传》：“秦王饮酒酣。”引申为沉酣畅快。

【酣畅】畅饮。《晋书·阮修传》：“常步行，以百钱挂杖头，至酒店便独酣畅。”《世说新语·任诞》：“七人常集于竹林之下，肆意酣畅。”《颜氏家训·风操》：“酣畅声乐。”白居易诗：“速进四五酌，酣畅入四肢。”

【酣对】谓对酒畅饮。《南史·朱百年传》：“相得辄酣对尽欢。”

【酣歌】谓饮酒乐而歌舞，或尽情歌唱。《南史·梁宗室萧恭传》：“登山泛水，肆意酣歌也。”

【酣歌恒舞】忘情的歌唱，长时的舞蹈。《书·伊训》：“恒舞于宫，酣歌于室。”

【酣放】狂放、豪放。《宋史·石延年传》：“延年虽酣放，若不可撄以世务，然与人论天下，是非无不当。”

【酣酣】酒醉貌。白居易《不如来饮酒诗》：“不如来饮酒，仰面醉酣酣。”

【酣豢】沉湎于酒，忘乎所以。欧阳修《释惟俨文集序》：“尚安能酣豢于湖山歌舞之娱。”

【酣叫】饮酒而大声呼叫。即酣呼。

【酣酒】过量尽情饮酒。

【酣乐】尽情尽兴而乐。《书·酒诰》：“酣乐其身，不忧政事。”《晋书·徐邈传》：“孝武帝宴集酣乐之后，好为手昭诗章，以赐臣。”

【酣谑】酒醉戏谑。《晋书·石勒记》："勒与酣谑，引阳臂笑。"《终南十志》："喧者游之，则酣谑永日。"

【酣酺】谓畅饮。丘迟《永嘉郡教》："邀游邻里，酣酺卒岁。"

【酣觞】纵饮。《晋书·阮裕传》："裕以敦有不臣之心，乃终日酣觞，以酒废职。"

【酣身】沈溺于酒酣乐其身。《书·酒诰》："在今后嗣王酣身。"《传》："嗣王，纣也，酣乐其身，不忧政事。"

【酣适】酒醉而乐。苏轼《书东皋子传后文》："酣适之味，乃过于客。"陈旅《湖上分韵诗》："睽离会弥欢，酣适趣益真。"

【酣奭】①谓饮酒作乐过度。奭，盛大。《商君书·垦令》："民不能喜酣奭，则农不慢。"一说，奭，当作"⿰奭斗"，酌酒。②盛醉而颜亦。《商君书·垦令》："贵酒肉之价，重其租，令十倍其朴，然则商贾少，农不能喜酣奭，大臣不为荒饱。"俞樾《群经平识》："诗采芑，路车有奭。毛传曰，奭，赤貌。"

【酣态】盛醉之态。虞僎诗："高情薄云汉，酣态坐芳洲。"刘商《姑苏怀古诗》："官娃酣态舞娉婷，香飙四飐真珠坠。"

【酣嬉】酒酣谈笑嬉戏说笑。欧阳修《释祕演诗集》："酣嬉淋漓。"

【酣兴】饮酒畅兴。《周书·张孙澄传》："澄虽不饮酒，而好观人酒兴。"唐玄宗《酺宴诗》："曲终酣兴晚，须有醉归人。"元结《湖上亭诗》："酣兴思共醉，促酒更相向。"

【酣湑】畅饮极乐。《文选·左思〈吴都赋〉》："酣湑半，八音并。"〔注〕刘曰：酣，酒洽也。湑，乐矣。

【酣饮】畅饮，尽兴而饮。《后汉书·周举传》："酣饮极欢。"《晋书·阮籍传》："籍由是不与世事，遂酣饮为常。"

【酣酱】酒醉而狂乱，发怒。沈约《均圣论》："酣酱于酒，淫迷于色。"

【酣饫】醉饱之意。《唐书·元德秀传》："性嗜酒，陶然弹琴以自娱，人以酒肴从之，不问贤鄙为酣饫。"

【酣纵】饮酒放纵。《晋书·阮孚传》："终日酣纵，恒为有司所按。"

【酣醉】极醉。《晋书·阮籍传》："皆以酣醉获免。"《晋书·陶潜传》："至酒座，虽不识主人，亦欣然无忤，酣醉更反。"王昌龄《大梁途中作》："当时每酣醉，不觉行路难。"

【喝盏】元代，天子宴餐之礼。《辍耕录·喝盏》："天子凡宴餐。一人执酒觞立于右阶，一人执拍板立于左阶。执板者抑扬其声，赞曰斡脱。执觞者，如其声和之，曰，打弼。则执板者吊一板，从而王侯卿相合坐者坐，合立者立。于是众乐皆作，然后进酒诣上前，上饮毕，授觞，众乐者皆止，别奏曲，以饮陪之官，谓之喝盏。盖沿袭元金旧礼，至今不废。诸王大臣，非有赐命，不敢用焉。”

【黑黍酒】以黑黍酿造之酒。《诗·大雅·江汉·秬鬯》笺：“秬鬯，黑黍酒也。”

【黑曲或烂曲】在拌曲过程中，因为加水太多，升温太快，菌类繁殖受到影响，生成的曲块有时会发黑或腐烂，就是“黑曲”或“烂曲”。

【黑曲霉】黑曲霉是一株接近国际水平的糖化菌。每克干曲霉可糖化淀粉32克或者更多。

【黑色素麦芽】麦芽中含有丰富的黑色素，麦粒呈黄褐色，胚乳呈深褐色，该麦芽有强烈的麦芽香，无苦味，着色能力很强，为浓色啤酒良好的着色剂。

【觚】古代酒器。青铜制。喇叭形口，细腰、高圈足，用于盛酒。盛行于商代和西周初期。陶制的多是明器。《礼记·礼器》：“贵者献以爵，贱者献以散。”孔颖达疏引《五经异义》：“古周礼说：爵，一升；觚，二升。献以爵而酬以觚。”

【滑】酒器。《史记·樗里子·甘茂列传》：“滑稽多智。”滑稽，酒器，可转注吐酒不已。

【斝】古代青铜酒器。圆口，有鋬和三足。用以温酒，盛行于商代和西周初期。

【斝耳】古代酒器名。《左传·昭公七年》：“燕人归燕姬，赂以瑶瓮、玉椟、斝耳。”杜预注：“斝耳，玉爵。”斝，爵名，以玉为之，旁有耳，若今之杯，故名耳。

【斝彝】古代酒器名。旧读斝为稼。《周礼·春官·司尊彝》：“秋尝冬烝，裸用斝彝。”

【斝历】谓玉杯之馀沥。《周礼·夏官》：“凡宰祭与郁人受斝历而皆饮之。”

【椒柏酒】以椒与伯浸制之酒。崔寔《月令》：“元日进椒柏酒，椒是玉衡星精，服之令人卻老。柏亦是仙药。尊卑次列，以年少者为先，各进此酒于尊长，称觞举寿，欣欣如也。”

【椒浆】即椒酒。《楚辞·九歌·东皇太一》：“奠桂酒兮椒浆。”李嘉祐《夜闻江南人家赛神》诗：“雨过风清洲渚闲，椒浆醉尽迎神还。”

【椒酒】用椒浸制的酒。《后汉书·边让传》：“椒酒渊流。”梁宗檩《荆楚岁时记》：“俗有岁首用椒酒。椒花芳香，故采花以贡樽。”范成大《癸巳元日》诗：“匝地东风劝椒酒，山头今日是春台。”

【敬酒】 谓筵席间向人斟酒请饮。

【就酒】 下酒。《粤游小志》：“谓下酒曰就酒，以菜下饭曰就饭。陆玑《草木虫鱼疏》：荇菜脆美可按酒，蘋可淹以就酒，是也。”

【馈祀】 供奉酒食以祭神。《书·酒诰》：“尔尚克羞馈祀。”

【腊酒】 阴历十二月所酿造之酒。岑参《送魏四落第还乡诗》：“腊酒饮未尽，春衫逢已成。”陆游《游山西村诗》：“莫笑农家腊酒浑，丰年留客足鸡豚。”

【量酒人】 量酒之人。酒店里的伙计。《水浒》第二十回：宋江叫量酒人来道：“有此位官人留下白银在此，我明日却自来算。”《警世通言》二十：次日，便去打合个量酒的人，却是外方人，从小在临安讨衣饭吃，没爹娘，独自一个，姓周名得，排行第三。

【量浅】 酒量浅。刘子翚《夜饮诗》：“沉沉玉卮酒，量浅难负荷。”

【鲁酒】 鲁国之酒，薄酒。参见“鲁酒薄而邯郸围”条。庾信《哀江南赋序》：“楚歌非取乐之方，鲁酒无忘忧之用。”《稗史汇编》：“中山人善酿，鲁人仕于中山者，取其糟归，以鲁酒渍之，谓人曰中山酒，后中山人索饮之，笑曰，欺予之糟液，奚其酒，故醖之薄者名鲁酒。”《书言故事·酒类》：“言薄酒，曰鲁酒。”

【鲁酒薄而邯郸围】 《庄子·胠箧》：“鲁酒薄而邯郸围，圣人生而大盗起。”〔疏〕：“陆德明曰，楚宣王朝诸侯，鲁恭公后至而酒薄，宣王怒将攻鲁，梁惠王常欲击赵，而畏楚救。楚以鲁为事，故梁得围邯郸。言事相由也。”

【蛮榼】 蛮夷人所用之酒瓶。白居易《昭晦叔诗》：“高调秦筝一两弄，小花蛮榼二三升。”

【蚕豆曲】 蚕豆曲又称蚕豆丸。将蚕豆煮熟，和少量小麦粉，团之为丸状若馒头置于地屋中（地屋是指掘地尺许，围成短墙盖草而成的屋）。曲面多黄色。其管理同其他曲。

【媒】 酒酵。《汉书·李陵传》：“媒糵其短。”〔注〕：孟康曰：“媒，酒酵。糵，曲也。”

【湎】 沉迷于酒。《书·酒诰》：“罔敢湎于酒。”《史记·夏本纪》：“帝中康时，羲和湎淫，废时乱日。”裴骃集解：“沉湎于酒。”

【喷酒】 喷出酒。岑参《醴泉东谿送程皓之镜微入蜀诗》：“西南如喷酒，遥向雨中看。”

【**喷浸法**】大麦先经洗除杂，然后每浸两小时，喷雾 12 小时，反复进行，直至所要求的浸麦度。全过程 52 小时，在水中浸渍 16 小时，通风 29 次。细密的水雾含氧充分，吸水吸氧同时进行。此法谓之喷浸法。

【**酦**】意同“酘”酒再酿。《集韵·十三末》：“酘谓之酦。”

【**酦醅**】未滤过的重酿酒。庾信《春赋》：“石榴聊泛，蒲桃醱醅。”李白《襄阳歌》：“遥看汉水鸭头绿，恰似葡萄初醱醅。”

【**葡萄玉液**】即葡萄酒。《琵琶记·春宴杏园》：“翻动那葡萄玉液。”

【**葡萄酒**】用新鲜葡萄或葡萄干经过发酵而制成的酒。分为红葡萄酒及白葡萄酒两种。前者是将红葡萄连同果皮放在一起发酵，故红色素溶于酒中而呈红色；后者是将葡萄压出液汁后，色素还未溶出前，将液汁单独发酵，故不呈红色。酒精含量普通为 8-12%，亦有多至 20%以上者。葡萄酒在酒窖中贮藏的时间，普通约一年。

【**葡萄酒酵母**】细胞透明，圆或椭圆形，形态比较大，难得有长形细胞，含有转化酶，能发酵蔗糖。它是酿造葡萄酒的主要酵母，即使在发酵后期，也能很快完成发酵。酒脚中的酵母沉淀，本酵母至少占 80%以上。

【**葡萄酒糟葡萄酒**】压榨过的葡萄酒糟粕，加水使它发酵，或者添加砂糖与水使之发酵，前面一种发酵之后含酒精只有 3-4%，极平淡，很难保存，后者接近真正葡萄酒。由糟粕制成的这种葡萄酒，称之为葡萄酒糟葡萄酒。

【**葡萄酒制品**】在葡萄酒的酿造过程中，采取特殊的操作方法，或加入其他原料，从而改变葡萄的风味，使之具有特殊的色、香、味。所以我们把这些酒称之为葡萄酒制品。

【**葡萄糖马铃薯培养基制备**】将马铃薯去皮切成薄片，切片后立即浸放于水中，以被免氧化变黑。每 200 克马铃薯加自来水 1000 毫升，加热至 80℃热浸一小时，用纱布过滤，滤液用水补足至 1000 毫升，加入 5%葡萄糖，搅拌溶解，即为葡萄糖马铃薯汁培养基。

【**葡萄汁的改良**】优良品种的葡萄，如果在栽培季节一切条件合适，常常可以得到满意的葡萄汁。但如果气候失调，葡萄未能充分成熟，果汁含酸高而糖分低，对这样的葡萄汁应在发酵前调整糖分与酸度，此称为葡萄汁的改良。

【**琴酒**】谓琴与酒。《宋史：宇文之邵传》：“日与交友为经史琴酒之乐。”朱庆余《湖中闲夜诗》：“钓艇同琴酒，良宵背水滨。”李群玉《言怀诗》：“白鹤高飞不逐群，嵇康琴酒鲍照文。”李峤《韦嗣立山庄应制诗》：“云霞仙路近，琴酒俗尘疏。”

【琴樽】琴与酒樽，古时文人雅士闲适生活中常用的东西。杜审言《赠崔融》诗：“琴樽横宴席，岩谷卧词场。”《宋史·苏舜钦传》：“静院明窗之下，罗列图史琴樽，以自愉悦。”

【琼杯】玉杯。《唐书·骆宾王传》：“张说与徐坚论近世文章曰，王翰如琼杯玉斝，虽烂然可珍，而多玷缺。”

【琼浆】喻美酒。《楚辞·宋玉·招魂》：“华酌既陈，有琼浆些。”梁简文帝《七励》：“澄琼装潢之素色，杂金筍之甘菹。”徐陵《谢敕赐祀三皇五帝余馔启》：“如陪瑶席，遂饮琼浆。”

【琼爵】玉爵。曹植《魏德论讴·甘露》曰：“元德洞幽，飞作上蒸，甘露以降，密淳冰凝，观阳弗晞，琼爵是承，献之帝朝，以明圣征。”

【琼林宴】宋天子每岁宴进士于琼林苑，后世因沿称殿试放榜后，赐宴诸进士曰“琼林宴”。亦称“恩荣宴”。《宋史·选举志》：“太宗即位，思振淹滞，太平兴国二年，御覆试，得吕蒙正以下一百九人，皆赐袍笏。锡宴开宝寺，帝自是为诗一章赐之。八年，进士免帖经。明年，复帖经，进士始分三日，自是锡宴就称琼林宴。”《书言故事·科第类》：“朝廷赐宴及第人，谓琼林宴。”

【琼斝】玉杯。江淹《飨神赋》：“琼斝既饰，乡篚以陈。”

【琼筵】谓天子宴群臣之席。凡筵宴之美者，皆可名之。《文选·谢朓·始出尚书省诗》：“既通金闺籍，复酌琼筵醴。”琼筵，谓天子宴群臣之席。言琼者，珍美言之。王维《祠渔山神女歌》：“纷进舞兮堂前，目眷眷兮琼筵。”

【散】酒器名。《礼记·礼器》：“贱者献以散。”王国维以为即斝。见《观堂集林三·说斝》。参见“斝”条。

【散福】祭神之后，把酒菜分给大家吃，叫做散福。《水浒》十五：六筹好汉正在堂后散福饮酒，只见一个庄客报说：“门前有个先生，要见保正化斋粮。”

【筛】方言斟酒。《水浒传》第二十三回：“只见店主人把三只碗、一双箸、一碟熟菜，放在武松面前，满满筛一碗酒来。”

【善酣】善于饮酒。陶潜《晋故征西大将军长史孟府君传》：“孟生善酣，不愆其意。”

【善酿酒】善酿酒又叫双套酒。是从双套酱油得到启发，创造用酒代水酿酒的方法酿的酒。它是一种半甜味酒。因需要二、三年的陈元红酒代替水，其成本较高，出酒率较低和资金周转慢，所以产量少，是一种高级的饮料酒。此酒的口味醇厚，并有独特的风味，可与优质的甜葡萄酒相媲美。

【善酿酒的制造方法】善酿酒之操作与元红酒相差不多，其区别是落缸时加入了大量的陈元红酒，醪液的酒精已达6%以上，酵母的生长繁殖受到阻碍，发酵速度较慢，糖分也消化不了，整个发酵过程中，糖分始终在7%以上，为了在开始促进酵母的繁殖和发酵作用，要求落缸温度比元红酒提高1–2℃，并加强保温工作。酒精的增加应缓慢，发酵时间长。压榨时间也较长。

【属】倾注，相劝。《仪礼·士昏礼》：“酌玄酒，三属于尊。”引申为劝酒。苏轼《赤壁赋》：“举酒属客。”

【黍米酎】酒名。《齐民要术·笨曲》：“黍米酎法，以正月作，七月熟，净治曲擣末，如造酴酒法。”

【黍醅】以黍酿成之酒。陆游《杂题诗》：“黍醅新压野鸡肥，茅店酣歌送落晖。”

【酥酒】酒名。王羲之《鹰嘴贴》：“鹰嘴爪炙入麝香，煎酥酒一盏服之。治痔瘘有验。“

【缇齐】酒名。《周礼·天官·酒正》：“四曰：缇齐。”〔注〕：缇者，成而红赤，如今下酒矣。〔疏〕：下酒，谓曹床下酒，其色红赤，故以缇名之。

【提壶】谓持酒壶。刘伶《酒德颂》：“止则操卮执瓢，动者挈榼提壶。”

【痛饮】犹言剧饮。《宋史·岳飞传》：“今番直抵黄龙府，与诸君痛饮耳。”《世说新语·任涎下》：“王孝伯言，名士不必须奇才，但使常得无事痛饮酒，熟读《离骚》，便可称名士。”白居易《苏州李中丞寄微之及予辄走笔奉答兼呈微之》诗：“老去还能痛饮无，春来曾作闲游否。”

【酡】饮酒脸红。《楚辞·招魂》：“美人即醉，朱颜酡些。”周履靖《拂霓裳·和晏同叔》词：“金尊频劝饮，俄顷已酡颜。”

【琬液】酒之别名。《事物异名录·饮食·酒》：“琬液、环苏，俱酒名。”《拾遗记》曰：“王母荐穆王琬液清觞。”

【猥酒】质恶之杂酒。《晋书·刘弘传》：“弘下教曰，齐中酒、听事酒、

猥酒，同用曲米，而优劣之品。”

【温酒】①加热使酒温。《晋鲁·羊琇传》：“屑炭和作兽形，以温酒。”《世说新语·任诞》：“桓南郡被召，作太子洗马，船泊荻渚，王大往看桓，桓为设酒，不能冷饮，频语左右，令温酒来，桓乃流滋呜咽，王便欲去，桓以手巾掩泪，因谓王曰，犯我家讳何。”②温热之酒。《本草·马兜铃附方》：“一切心痛，大马兜铃一个，灯上烧存性，为末，温酒服。”

【温凉玉斝】宝杯名。可使酒随心所欲变冷变热。《还魂记·谒遇》：“这是星汉神河，这是煮海金丹和铁树花，少什么猫眼精光射，母碌通明差，嗏，这是靺鞨柳金芽，这是温凉玉斝，这是吸月的蟾蜍，和阳燧冰盘化。”

【温酎】温热之酒。左思《魏都赋》：“冻醴流澌，温酎跃波。”

【喜】与“饎”同。《丁昌志切》：“酒食也。与饎同。”《集韵》：“饎，说文，酒食也。”

【飨】①乡人饮酒。《说文》：“飨，乡人饮酒也，从乡从食，乡亦声。”②谓大饮宾客。《诗·小雅·彤云》：“一朝飨之。”飨，设盛礼以饮宾也。《仪礼·士昏礼》：“舅姑共飨妇，以一献之礼。”以酒食劳人曰飨。《仪礼·聘礼》：“壹食再飨。”飨，谓享大牢以饮宾也。《汉书·高帝纪上》：“于是飨士。”古曰，飨，谓饮食也。③牛酒加饭羹曰飨。《公羊·庄四》：“夫人姜氏飨刘侯于祝丘。”牛酒曰犒，加饭羹曰飨。

【飨告】谓陈献酒食于鬼神前而祝告之。《书》蔡传：“宗伯曰飨者，传神命以飨告也。”《唐书·殷盈孙传》：“飨告如宗庙。”

【飨贺】飨以酒食而庆贺之。《墨子·天志下》：“发其徒遽，使人飨贺焉。”

【湘吴酎】美酒名。《文选·谢惠运·雪赋》：“酌湘吴之醇酎，御狐貉之兼衣。”湘川酃陵县水，以作酒有名。吴兴，乌程县若下酒有名。济曰，湘吴出酎酒也。

【湘酎】湘产之名酒。王琢诗：“投隙穿窗苦见侵，向无湘酎若为禁。”

【象】酒樽名。《左氏·定十》：“牺象不出门。”牺象，酒器，牺尊，象尊也。

【象箸玉杯】象牙之筷子及玉制之杯子。喻奢侈。

【絮酒】以绵絮吸酒，储以备用。用时以水渍绵，使有酒气。为后汉徐稺之故事。参见“只鸡絮酒”条。《后汉书·徐稺传注》：“有死丧，负笈赴吊，常于家予炙鸡一只，以一两绵絮渍酒中，暴干以裹鸡，经列所起冢隧外，以水渍绵，使有酒气。”

【雅】酒器名。《文选·魏文帝·典论》：“刘表子好酒，为之爵，大曰伯雅，受七升；次仲雅，受五升；次季雅，受三升。”

【雅量】曹丕《典论·酒诲》：“荆州牧刘表，跨有南土。子弟骄贵，并好酒，为三爵：大曰伯雅，次曰仲雅，小曰季雅。伯雅受七胜（升），中雅受六胜，小雅受五胜。”故称酒量大为“雅量”。

【椰杯】椰实类瓢，剖之镶以银或锡，以作酒器，谓之椰杯。陆龟蒙《和寄环州杨舍人诗》：“酒满椰杯消毒雾，风随蕉扇下泷船。”

【椰子酒】古谓椰子树肤里之浆。（应是椰子果里肤之浆为妥。非甑正之。）《类篇》：“木高数十丈，叶在其末，肤里有浆，甘如酒。”宋李纲《椰子酒赋》：“伊南方之硕果，禀炎辉之正气，实石致而晬文，肤脂凝而腻理。厥中枵然，自含天体，酿阴阳之絪缊，蓄雨露之清泚。”

【遗饮】漏饮之酒或席或杯。

【罂缸】酒器。韩愈《病中赠张十八诗》：“坎酒与斟酌，四壁推罂缸。”

【御酒】谓天子所赐之酒；又天子御用之酒。《曹植·大魏篇》：“御酒停未饮，贵戚跪东厢。”

【御觞】《梁简文帝·筝赋》：“促筵命妓，御觞置酒。”指君主御用之酒杯。

【湛酒】谓沉于酒。《汉书·陈遵传》：“湛酒溷肴。”〔注〕师古曰：“湛，读曰沉。”

【粢】祭祀用的谷物或饭团。

【粢醍】黍稷酿制之酒。《礼记·礼运》：“粢醍在堂，澄酒在下。”

【尊】①古代酒器。青铜制，鼓腹侈口，高圈足，作圆形或方形，形制较多。用以盛酒。盛行于商代和西周初期。②泛指一切酒器。如：尊彝。也特指某些形状特殊的酒器。如：牺尊、象尊。陆游《杂感》诗：“一尊易致葡萄酒，万里难逢鹳鹊楼。”

【尊壶】酒器。樽与壶。《礼记·少仪》：“尊者以酌者之左为上尊，尊壶者面其鼻。”

【尊醮】指冠礼与婚礼中的祭神之酒。

【尊酒】即杯酒。《汉书·张禹传》：“加赐黄金百斤，养牛上尊酒。”高适《赠别沈四逸士诗》：“耿耿尊酒前，联雁悲愁音。”

【尊酒相逢】友人相逢酌樽酒以敬。韩愈《赠张籍诗》：“尊酒相逢十载

前，君为壮夫我少年。尊酒相逢十载后，我为壮夫君白首。”

【尊幂】酒樽上所覆之布。《仪礼·士昏礼》：“赞者彻尊冥，举者盥，出除幂举鼎，入陈于阼阶南西面。”

【尊前】①谓尊长之前。书牍中常用之。②尊与樽同，谓酒樽之前。张旭诗：“寄语尊前客，生涯若转蓬。”杜甫《赠别诗》：“多情却似总无情，唯觉尊前笑不成。”曾巩《虞美人草诗》：“当年遗事久成空，慷慨尊前为谁舞。”

【尊彝】①古之礼器。即六尊六彝。六尊者，牺尊、象尊、箸尊、壶尊、大尊、山尊也；六彝者，鸡彝、鸟彝、黄彝、虎彝、蜼彝、斝彝也，皆受酒之器也。《周礼·春宫·司尊彝》：“司尊彝，掌六尊、六彝之位，诏其酌，辨其用与其实。秋祠夏擂，裸用鸡彝、鸟彝，皆有舟，其朝践用两献尊，其再对用两象尊，皆有罍，诸臣之所昨也。秋尝冬蒸，裸用斝彝、黄彝，皆有舟。其朝献用，两箸尊，其馈献用，两壶尊，皆有罍，诸臣之所昨也。凡四时之间祠，追享，朝享，裸用虎彝、蜼彝，皆有舟，其朝践用两大尊，其再献用两山尊，皆有罍，诸臣之所昨也。凡六彝六尊之酌，郁齐献酌，酪齐缩酌，盎齐说酌，凡酒修酌，大丧存尊彝，大旅亦如之。”

【尊饮】称人之饮酒。《神仙传》：“姥答言，恐地上酒不中尊饮耳。”

【尊中】酒樽之中。《诗大雅·旱麓》：“清酒既载。”（笺）既载，谓已在尊中也。李白《江上吟》：“美酒尊中置千斛，载妓随波任去留。”

【尊中酒不空】谓杯中酒常满。《世说新语补·豪爽》：“孔北海居家失势，宾客日满其门，爱才乐士，常若不足，每叹曰：坐上客常满，尊中酒不空，吾无忧矣。”

【尊俎】盛酒肉之器，享宴时用之。引申为宴席。《礼记·乐记》：“陈尊俎，列边豆。”《战国策·齐策》：“千丈之城，拔之尊俎之间，百尺之衡，折之衽席之上。”《后汉书·孔融传》：“起谋于尊俎之间。”徐陵《九锡文》：“决胜于樽俎之间。”

【酢】以酒回敬。《诗·大雅·行苇》：“或献或酢。”郑玄笺：进酒于客曰献，客答之曰酢。

【凿落】酒器。与凿络同。韩愈、李正封《晚秋郾城夜会联句》：“泽发解兜鍪，酡颜倾凿落。”

【短杆菌】短的杆菌有时接近椭圆形，几乎和球菌一样，易与球菌相混淆，称短杆菌。

【缓火蒸馏】蒸馏过程用汽小而且缓，流酒温度不超过 30℃，此称为缓火蒸馏。

【缓慢加压】压榨开始不需要大的压力，让澄清的酒液自然流出，此期间醪中大粒子积压在滤布壁，顺次向内堆积小粒子，形成滤层。为了使过滤层良好，酒液自然流出最理想，加压尽可能迟些，加压速度也要避免急激，必须慢慢上升，直至最后才升高到很大压力，将糟粕压干，此谓之缓慢加压。

【窖边香糟酒】紧靠窖壁的酒醅蒸馏而得的酒称为窖边香糟酒。

【窖底香型酒】由窖底和泥窖酒醅产生的酒谓之窖底香型酒。

【焦糖】液态法白酒的原料蒸煮，大多数是采用高压蒸煮，在高温高压下，原料中的糖分可能会被焦化，生成褐红色无定形的脱水物，统称焦糖。

【焦糖麦芽】焦糖麦芽又叫焦香麦芽、结晶麦芽、琥珀麦芽。按其颜色深浅又可分为浅色焦糖麦芽外呈棕色，胚乳呈黑色，芳香，稍苦，横切面显结晶状，常作为中等黑啤酒辅料。

【链孢霉】链孢霉是一种极顽强的野生菌。常生长于鲜玉米芯和酒糟上，一旦浸入曲房不但造成危害，并很难驱除。

【晾霉】曲胚品温升高至 38-39℃，这时必须打开曲室的门窗，以排除潮气和降低室温。并应把曲胚上层覆盖的保温材料揭去，将上下层曲胚翻倒一次，拉开曲胚间排列的间距，以降低曲胚的水分和温度，达到控制曲胚表面微生物的生长，勿使菌丛过厚，令其表面干燥，使曲块固定形成。这在制曲操作上称谓晾霉。

【裂殖】裂殖即分裂繁殖。它是少数酵母菌的繁殖方式。其过程是细胞延长，核分裂为二，细胞中央出现隔膜，将细胞横分为两个具有单核的子细胞。

【落缸搭窝】将淋冷后的米饭沥去水分，放入大缸中。米饭落缸温度一般控制在 27-30℃。，视气温而定，在寒冷的天气可以高至 30℃。在米饭中拌入酒药，分次加入，要拌得均匀，搭成倒放的喇叭形的凹窝，上面再撒上一些酒药末，这个操作俗称搭窝。

【落泡期】落泡期是指发酵的衰落期。温度开始下降，降糖速度开始变慢，泡沫开始收缩，形成褐色泡盖，酵母渐下沉。

【喂饭法】将酿酒用的原料分成几批，第一批先做成酒母，然后再分批加入新原料，使发酵继续进行。因分次加饭，淋饭酒母中的酵母和酸不是一下子稀释很大，这样由于醪的酸度较大，酒母用量大，酵母在醪中占绝对优势，能阻止杂菌的繁殖。这种方法称为喂饭法。

【窝曲】 搭窝后经过36–48小时，窝内充满甜液，将磨碎麦曲投入，充分拌匀，继续保温促其糖化，俗称搭窝。

【稀释分离法】 分离的样品经适当稀释后，得到分散的菌体，使平板表面产生许多单个菌落，即可分得单个纯菌种。此法谓之稀释分离法，简称稀释法。

【渣】 原料经蒸煮糊化，不配糟只加曲、水、酵母，第一次发酵，叫渣。

【煮粮焖水】 干蒸完毕去盖，加入温度40–60℃的烤酒冷却水，水量淹过其面1–1.5尺，先以小汽把水加热至水呈微沸腾状，待包谷有95%以上裂口，手捏内层已全部透心为宜，即可把水放出，待其滴干以后，将甑面包谷扒平，装入约5–8寸厚的谷壳，以防倒汗水回滴在粮面上，引起大开花，此谓之煮粮焖水。

【煮沸灭菌法】 直接将要灭菌的物件放在水中蒸沸5分钟以上，即可杀灭细菌的全部营养细胞和一部分芽孢，此谓煮沸灭菌法。

【煮糜】 酿造老酒煮糜始终用猛火熬煮，并不停地用木耙翻拌，除了使黍米焦化带色，用这种焦黄色黍米酿造的酒，色深且带有焦香味。由于煮熟的黍米俗称糜，故此操作称为煮糜。

【最低生长温度】 指微生物生长与繁殖的最低温度。在此温度时，微生物生长最慢，低于这个温度，微生物生长最慢，低于这个温度，微生物就不能生长。

【最高生长温度】 在其他环境因子保持不变情况下，微生物能够生长繁殖的最高温度。高于这个温度，微生物的生命活动就要停止，甚至死亡。

【最适生长温度】 指微生物生长最适宜的温度。在这个温度时，如果其他条件适当，则微生物生长最快。

十三画

【辞岁】 今俗于除夕前夜，家置酒宴，往来招邀，谓之辞岁。《北京指南·礼俗》：“先除夕一日，曰小除夕，家置酒宴，往来招邀，曰别岁，又曰辞岁。亦有除夕始行辞岁者。”

【酬】 劝酒。《仪礼·乡饮酒礼》：“主人实觯酬宾。”郑玄注：“先自饮，乃饮宾，为酬。”

【酬酢】饮酒时主客互相敬酒。主敬客曰“酬”，客还敬曰“酢”。后称朋友酒食往来为“酬酢”。

【错落】①酒器名。②交错纷杂。

【概】漆樽，酒器。《周礼·春宫·鬯人》：“凡祼事用概。”

【觥】古代酒器。青铜制。器腹椭圆，有流及鋬，底有圈足。有兽头形器盖，也有整器作兽形的，并附有小勺。盛行于商代及西周初期。《诗·小雅·桑扈》：“兕觥其觩，旨酒思柔。”

【觥杯】饮酒之器。皇甫松《抛球乐》：“上客终须醉，觥杯自乱排。”

【觥筹】以行酒令之赌酒之具。陆游《初春出游诗》：“半年长斋废觥筹，兴来忽典千金裘。”

【觥筹交错】酒器、酒筹互相错杂。形容欢乐地相聚宴饮。语出宋欧阳修《醉翁亭记》：“射者中，弈者胜，觥筹交错，坐起而喧哗者，众宾欢也。”明施耐庵《水浒全传》第七十一回：“堂前两边筛锣击鼓，大吹大擂，语笑喧哗，觥筹交错，众头领开怀痛饮。”

【觥筹狱】谓强人饮酒。《清异录·酒浆·觥筹狱》：“荆南节判单天粹，宣城人，性耽酒，日延亲朋，强以巨杯，多致狈然。然人以其德善，亦喜从之。时戏语曰：‘单家酒筵，乃觥筹狱也。’”

【觥船】载酒之舟。杜牧《醉后题僧院诗》：“觥船一棹百分空，十岁青春不负公。”

【觥令】即酒令。《醉乡日月》：“有犯者，辄投旗于前，曰某犯觥令。”

【觥录事】酒纠监令。《本事诗》：“余尝为觥录事。”

【觥进】酒杯酌而进之。杨维桢《无题诗》：“曲调青凤歌声转，觥进黄鹅舞姿斜。”

【觥使】燕席上之司酒令者。元稹《泛江玩月诗》：“红娘留醉打，觥使及醒差。”自注：觥使，席上右职。

【觥心】酒觥之中心，杜牧《羊栏浦夜陪宴会诗》：“毬来香袖依稀暖，酒凸觥心汎滟光。”

【觥盂】盛酒之器。孔平仲《梦小饮诗》：“左手把其肩，右手进觥盂。”

【觥盏】盛酒之器。白居易《九日宴郡楼诗》：“觥盏艷翻菡萏叶，舞鬟摆落茱萸房。”

【觥酎】饮酒。韦应物《军中多燕诗》：“光景不知晚，觥酎岂言频。”

【毁榼】碎毁酒器。榼，酒器。《酒谱》：“愿君屏爵弃卮，焚罍毁榼。”

【⿱⺮夆篗】过滤酒的器具，《集韵》：“⿱⺮夆篗，酒篘也。”篘：过滤酒的器具。

【解酲】解宿醉。《晋书·刘伶传》："天生刘伶，以酒为名，一饮一斛，五斗解酲。"

【解酒】罢酒。《文选·司马相如〈上林赋〉》："于是乎乃解酒罢猎。"

【解语杯】明陶宗仪于莲花中置小金卮以饮酒，谓之解语杯。《辍耕录·解语杯》："至正庚子秋七月九日，饮松江泗滨夏氏清樾堂上，酒半，折正开荷花，置小金卮于其中，命歌姬捧以行酒。客就姬取花，左手执枝，右手分开花瓣，以口就饮，其风致又过碧筩远甚，余因名为'解语杯'。坐客咸曰然。"

【禁】承酒尊之器。名之为禁者，以酒戒也。《仪礼·士冠礼》："两甒有禁。"〔注〕：禁，承尊之器也，名之为禁者，因为酒戒也。

【禁杯】谓禁止饮酒。

【禁酒】①谓禁止饮酒。又称绝酒。《后汉书·吕布传》："布怒曰：'布禁酒，而卿等醞酿，为欲因酒共谋酒也。'"②谓禁止制酒。《晋书·安帝纪》："隆安五年，岁饥，禁酒。"

【谨酒】严格用酒。《周礼·秋官·萍氏》："几酒谨酒。"

【筐榼】竹筐及酒器。何景明《还至别业诗》："结晨亲友至，筐榼无所需。"

【蓝尾酒】蓝为"婪"之借用。与婪尾酒同，谓巡匝到末坐者饮。《客齐四笔·蓝尾酒》："白乐天元日对酒诗云，三杯蓝尾酒，一楪膠牙饧。又云，老过占他蓝尾酒，病余收得到头身。"河东记载，申屠澄与路旁茅舍中老父妪及女，环火而坐，妪自外挈酒壶至。曰：以君冒寒，且进一杯。澄固揖逊曰，始自主人翁即巡，澄当婪尾。盖以蓝为婪，当婪尾者，谓最后饮者。"

【滥觞】本谓江河发源之处水极浅小，仅能浮起酒杯。无节制肆意饮酒。《孔子家语·三恕》："夫江始出于岷山，其源可以滥觞。"王肃注："觞，可以盛酒，言其微。"后比喻事物的开始。唐玄宗《孝经·序》："况泯绝于秦，得之者皆煨烬之末，滥觞于汉，传之者皆糟粕之余。"

【雷】通"罍"，古酒器名。《隶释·韩敕造孔庙礼器碑》："雷、洗、觞、觚。"

【雷罇】刻画云雷形之酒樽（《论衡儒增》）。

【祼亨】祼，谓灌酒于地以降神，亨，谓供物以祭神也。《左氏·襄九》："君冠必以祼亨之，礼行之。"祼，谓灌鬯酒也；亨，祭先君也。

【酪酒】乳酪所制酒。《颜氏家训·勉学》："今为酪酒亦然。"

【酪母】酒滓。《集韵》："酒滓谓之酪母。"

【酩酊大醉】形容醉得很厉害。《水浒全传》第四十三回："不两个时辰，把李逵灌得酩酊大醉，立脚不住。"

【暖酒】温酒。白居易《送王十八归山寄题仙游寺诗》："林闲暖酒烧红叶，石上题诗扫绿苔。"

【暖荡】暖酒的器具。《古今小说》三十三：谏议即时叫安排酒樽、食罍、暖荡、撩锅，办几件吃食。

【蒲酒】即菖蒲酒。殷尧藩《端午日诗》："不效艾符趋习俗，但祈蒲酒话昌平。"

【群饮】共饮。《书·酒诰》："厥或诰，'曰、群饮，汝勿佚，尽执拘以归于周'。"《唐书·刘克明传》："帝猎夜还，与克明田务澄等二十有八人群饮。"

【鹊尾杓】酒杓名。《海录碎事·饮食·饮器》："陈思主有鹊尾杓，柄直长，置之酒樽，王欲效者，呼之则尾指其人。"

【觞】①盛有酒浆之酒器曰觞。②进酒劝饮。《左氏·襄二十三》："觞曲沃酒。"③酒卮之总名。《韵会》："觞，酒卮总名。"

【觞杯】盛酒之器。阮瑀《七哀诗》："嘉肴设不御，旨酒盈觞杯。"

【觞奠】以酒祭奠。《文选》："奉觞奠以望灵。"

【觞豆】饮食之具，觞酒、豆肉之省。喻饮食。

【觞觚】盛酒之器。《大戴礼记》："执觞觚杯豆而不醉，和歌而不哀。"

【觞爵】盛酒之器。《宋书·礼志》："太常华恒议：今圣上继武皇帝，宜准汉世祖故事，不亲执觞爵。"

【觞酒】杯酒。《国语·吴语》："觞酒、豆肉、箪食，未尝不分也。"

【觞客】饷宴宾客。《史记·天官书》："张素为厨，主觞客。"

【觞肴】酒与肴。谢朓《曲水宴诗》："海若来往，觞肴淞浙。"

【觞醳】谓酒。《文选·颜延之·三月三日曲水诗序》："肴蔌芬藉，觞醳泛浮。"

【觞咏】饮酒咏诗。即一觞一咏。王羲之《兰亭集序》："一觞一咏，亦足以畅叙幽情。"

【觞政】酒宴时为助酒兴而设之规则，犹觞令、酒令。

【觞至】进酒之杯来。李益《溪中月下寄杨子尉封亮诗》："露凝朱弦绝，觞至兰玉空。"

【觞勺】舀酒之器。《说苑·反质》："绘帛为茵缛，觞勺有彩，为饰弥侈。"

【觞酌】盛酒之器。《文选·曹植与吴季重书》：“觞酌陵波于前，箫笳发音于后。”

【摄酒】整理好散置的酒及酒器等谓之摄酒。

【椹酒】即桑葚酒。《本草·桑》：“时珍曰，四月宜饮桑椹酒，能理百种风热。”

【嗜酒】好饮酒。《史记·滑稽列传》：“王先生嗜酒。”《孔业子·儒服》：“子高曰，生子嗜酒者。”《后汉书·刘玄传》：“韩夫人尤嗜酒。”

【嗜冷微生物】凡最适生长温度在5–10℃以下的微生物，称为嗜冷微生物。

【嗜热微生物】最适温度在55℃左右的微生物称为嗜热微生物。

【嗜温微生物】最适生长温度在25–37℃的微生物称为嗜温微生物。

【鼠量】谓酒量小。《书言故事·禽兽比喻类》：“饮酒辞量，窄称鼠量。”

【肆饮】恣意饮酒。《魏书·北海王详传》：“肆饮终日。”

【搪酒】骗酒吃。《水浒》第二十一回：“押司，没事睬那乞丐做什么？那厮一地里去搪酒吃，只是搬是搬非。”《警世通言》六：“每日早间，问店小二讨些汤洗了面，便出门，长篇见宰相，短卷谒公卿，搪得几碗酒吃。”

【颓然】酒醉体倾貌。柳宗元《始得西山宴游记》：“引觞满酌，颓然就醉。”

【煨酒】犹言热酒。范成大《冬日田园杂兴诗》：“地炉煨酒暖如汤。”

【⿰酉岂】醉貌。《集韵》：“醴，醉貌。”

【⿰酉危】醉貌。

【禊宴】祓禊所举行之酒宴。《南史·王融传》：“武帝芳林园禊宴。”

【禊饮】上巳日之宴聚。《后汉书·礼仪志》：“三月上巳，官民并禊饮于东流水上。”

【献】本谓献祭。见“三献”。引申为进物以表敬意。又指主人敬酒于宾客。《诗·小雅·楚茨》：“为宾为客，献酬交错。”

【献醻】即献酬。谓主宾饮酒酢酬之礼。《诗·小雅·楚茨》：“献醻交错，礼仪卒度。”《集传》：“主人酌宾曰献，宾饮主人曰酢，主人又自饮，而复宾曰醻。”

【献酒】进酒。傅玄《上寿酒歌》：“三朝献宴，万寿是膺。”

【献爵】进酒。《周礼·考工记·梓人》：“梓人为饮器，勺一升，爵一升，觚三升。献以爵而酬以觚，一献而三酬，则一豆矣。”

【献饮】进饮物。

【**献斟**】献酒。《文选·王僧达答颜延年诗》：“寒荣共偃曝，春酝时献斟。”

【**献主**】酒席之主人。《礼记·少礼》：“凡饮酒，为献主者，执烛抱燋。”

【**⿰米欠**】①饮酒尽。《字类补》：“⿰米欠饮酒尽也。”②饮酒器。《字类补》：“⿰米欠，饮酒器也。”

【**筵席**】古人席地而坐，筵铺陈于下，席在上，为人所坐藉。今俗称酒馔为筵席。《周礼春官·司几筵·注》：“铺陈曰筵，藉之曰席。”〔疏〕：“设筵之法，先设者皆为筵，后加者为席。”孙诒让《正义》：“筵长席短，筵铺陈于下，席在上，为人所坐藉。”《礼记·乐记》：“铺筵席，陈尊俎。”

【**筵宴**】宴会、酒宴。《晋书·义阳王望传》：“时魏高贵乡公，好才爱士，望与裴秀王沉钟会并见亲侍，数侍筵宴。”

【**猿酒**】猿猴所造之酒。清李调元辑《粤东笔记》载：“琼州多猿……尝于石岩深处得猿酒，盖猿以稻米杂百花所造，一石六辄有五六升许，味最辣，然极难得。”《清稗类钞·粤西偶记》载：“粤西平乐等府，山中多猿，善采百花酿酒。樵子入山，得其巢穴者，其酒多至数石。饮之，香美异常，名曰猿酒。”

【**⿱艹酒**】①与糟同，酒滓也。②与湭同，酒液也。《集韵》：“湭，酒液也或作⿱艹酒。”

【**斟**】用勺子舀取，通指执壶注酒或茶。

【**斟勺**】与“斟酌”同。

【**斟汋**】同“斟酌”。

【**斟酌**】酌酒，推杯换盏饮酒。苏轼诗：“我有一樽酒，欲以赠远人；愿子留斟酌，叙此平生亲。”陶潜《移居诗》：“过门更相呼，有酒斟酌之。”后引申为考虑事情、文字是否适当的意思。添或倒酒。

【**斟酒**】酌酒。鲍照《答客诗》：“欢至独斟酒，忧来辄赋诗。”

【**殢酒**】缠绵滞流在酒中。杨维桢诗：“小娃犹殢酒，拦路夺人花。”

【**置酒**】设酒宴。《史记·高祖记》：“高祖置酒前殿。”《战国策·赵策》：“平原君乃置酒，酒酣起前，以千金为鲁连寿。”岑参《酒泉太守席上醉后作诗》：“酒泉太守能剑舞，高堂置酒夜击鼓。”

【**酴**】酌也。又醅也。

【**蜂蜜酒**】用白葡萄酒加蜂蜜酿造而成的酒称为蜂蜜酒。该酒因在第一次葡萄汁中加入百分之五十的蜂蜜，所以有浓厚的香甜味。

【**鉴别培养基**】用以区别不同微生物种类的培养基称为鉴别培养基。鉴别培养基也被用作分离某种微生物。

【**酱香酒**】由顶部、中部酒醅产生的酒谓之酱香酒。

【**酱香型（白酒）**】此种酒带有突出的酱香，香而不艳，低而不淡，回味绵长。如茅台酒。

【**粮食酒**】凡以高粱、玉米、大米、小麦等粮食为原料酿制的酒，统称为粮食酒。

【**滤棉过滤法**】滤棉滤酒法是一种古老的传统方法。滤棉实际是一种特制的脱脂精选木浆，再添加百分之一至五的石棉组成。石棉吸附性很强，加量多则滤饼紧密，过滤慢。

【**蒙古酒**】用提炼过白酥油的牛、羊酸奶熬煮、蒸馏成的酒，颜色透明，味道酸甜，含酒精量小，饮之不易醉而醉倒又不易解的酒，叫蒙古酒，又称为“萨琳阿日何”。

【**蒙头浆**】蒸完酒的秕子泼加 20-30 公斤 35℃的温水，即谓之蒙头浆。

【**摊饭法**】选用优良的淋饭酒母，并用浆水配料调节酸度，抑制杂菌生长，保护酵母的繁殖和发酵，这种方法称为摊饭法。

【**微孔薄膜过滤法**】采用生物和化学稳定性很强的合成纤维和塑料制成的多孔性薄膜作过滤介质的方法，称为微孔薄膜过滤法。

【**新啤酒**】麦汁经主发酵后的发酵液叫嫩啤酒，又叫新啤酒。

【**新式通风摊凉培菌法**】扫净凉渣机，然后倒入热糟约 2-5 寸厚，扒平吹冷，撒上 2-3 厘米厚的谷壳，再将熟粮倒入，扒平吹冷，分两次下曲，拌匀后按要求温度保温培养。

【**揝沙酒**】将造沙酒醅取出蒸馏，量质接酒即第一次原酒入库贮存，此酒叫揝沙酒。

【**蒸馏**】在白酒和酒精生产中，将乙醇和其他所有的挥发性杂质从熟醪中分离出来的过程就是蒸馏。

【**蒸馏酒**】将含淀粉或含糖的原料所制成的发酵醪，用蒸馏器蒸出酒精浓度较高的饮料。如白酒、白兰地、威士忌、朗姆酒等。蒸馏酒一般须贮藏一定时间，加强后熟作用。在后熟期间，因酒中的发酵副产物，如酲类、醇类、有机酸类等相互作用而生成特有的芳香。一般酒精含量较高。

【**蒸馏酒和压榨酒**】酿酒过程中，已发酵好的原料叫“酒醅”，蒸馏酒醅得到的酒汁，叫蒸馏酒；压榨酒醅或用过滤的方法取得的酒汁，叫压榨酒。

【**蒸馏原料和蒸馏废料的酒石英回收**】浓甜葡萄酒的糟粕，再水洗，作为蒸馏原料，故酒石酸的回收，或者从蒸馏废液或者在蒸馏前提取，蒸馏以后提取比较方便。每升蒸馏废液的含酒石英 1.25 克至 7.55 克，亦可用氢氧化钙处理，制成酒石酸钙。

【**蒸汽加压灭菌法**】在一公斤每平方厘米气压下灭菌 20–30 分钟，即可杀灭各种微生物及其芽孢。此法谓蒸汽加压灭菌法。此法灭菌效果最好，是实验室和发酵工业上最常用的一种灭菌方法。

【**蒸酒**】指家庭，蒸饭造醪糟酒。苏舜软《送陈进士游江南诗》：“时有飘梅应得句，苦无蒸酒可沾巾。”沾巾典自“陶潜用巾漉酒”。

【**酯化过程**】生成酒的香味物质的过程。

【**福禄酒**】明末，李自成陷河南府，杀福王常洵，勺其血，杂鹿肉以进酒，称福禄酒。

【**福酒**】谓祭馀之酒。《宋书·礼仪志》：“太祝令各酌福酒，合置一爵中，跪进皇帝，再拜伏饮福酒。”《玉海·郊记·恭谢·祥符朝元殿行恭谢礼》：“群臣诣崇德殿称贺，赐百官福酒。”

【**福水**】酒之别名。《留青日札》：“酒曰福水。而陶翰林名曰祸泉。”《通俗编·饮食·福水》：“按《晋书地理志》，有福禄县属酒泉郡。”《水经注》：“所谓福禄水，由是县出也，俗呼酒为福水，当因乎此。”

十四画

【**碧筹**】玉石做的计酒之筹码。《白居易与诸客空腹饮诗》：“碧筹攒米盌，红头拂骰盘。”黄滔《江州夜宴诗》：“清管彻时斟玉醑，碧筹回处掷金船。”

【**碧芳酒**】浸以莲花者。酒之一种。《云仙杂记》：“房寿六月召客，刳椰子为杯。捣莲花制碧芳酒，调羊酪造含风酢。”

【**碧酒**】绿酒。杜甫《送率府程录事还乡诗》：“素丝挈长鱼，碧酒随玉粒。”

【**碧筒**】卷荷叶为筒以饮酒也。《正字通》：“筒，唐人碧筒杯诗，言卷荷叶为筒饮酒也。”

【**碧筩杯**】取大莲叶，放于木架上，叶中盛酒，以簪刺叶，使一叶柄通，再将茎屈成象鼻形，含茎吸酒，名曰“碧筩杯”。

【**碧液**】绿水，又谓酒。陆龟蒙《楞伽精舍诗》：“吴都涵汀洲，碧液浸郡郛。”葛长庚诗：“三杯碧液涨瓮盏，一缕青烟绕竹炉。”

【酲】酒醒后所感觉的困惫如病状态。《诗·小雅·节南山》："忧心如酲。"毛传："病酒曰酲。"孔颖达疏："言既醉得觉，而以酒为病，故云病酒也。"《世说新语·任诞》："天生刘伶，以酒为名，一饮一斛，五斗解酲。"

【翠觥】绿色之酒器。林景熙《酬潘景玉诗》："幸来相就分岑寂，闲对梅花酌翠觥。"

【翠爵】翡翠杯。《剪灯新话·龙堂灵会录》："金尊翠爵，为君斟酌。"

【翠斝】翠玉酒杯。陈子昂《饯齐少府序》："瑶琴合奏，翠斝时行。"钱起《玛瑙杯歌》："合华炳丽金尊侧，翠斝琼觞忽无色。"韩仲宣《宴王明府山亭诗》："碧池涵日，翠斝澄霞。"李怀远《凝碧池侍宴看竞渡应制诗》："列筵飞翠斝，分曹戏鷁舟。"

【翠涛】酒名。《龙城录》："魏左相，能治酒，其名有醽，翠涛，贮以大罂，十年味不败，此酒以大宛之法，中夏所未有，史称葡萄酒数十年不败者，此也。大宗尝赐诗曰：'醽醁称兰生，翠涛过玉薤，千日醉不醒，十年味不败。'"

【翠物】谓酒。《事物异名录·饮食·酒翠物》："《表异录·唐诗》：翠物喜盈斟，翠物字奇。"

【箪食瓢饮】语本《论语》颜回贫居之事。后人引用为安贫守俭之辞。《论语·雍也》："子曰，贤哉，回也，一箪食，一瓢饮，在陋巷，人不堪其忧，回也不改其乐。贤哉，回也。"

【酺】聚饮，特指命令所特许的大聚饮。《汉书·文帝纪》："酺五日。"颜师古注引文颖曰："汉律，三人以上无故群饮酒，罚金四两，令诏横赐得令会聚饮食五日也。"《艺文类聚》卷四引《荆楚发时记》："元日至月晦，并为酺聚饮食。"参见"大酺"。

【酺醵】合聚饮酒。《列女传》："妾恐其酺醵饱，人情所有也。"

【酻】酒醉。

【腐肠之药】谓肥肉厚酒。《文选·枚乘〈七发〉》："皓齿蛾眉，命曰伐性之斧，甘脆肥浓，命曰腐肠之药。"《文选·张协〈七命〉》："服腐肠之药，御亡国之器。"翰曰，专食肥鲜，则必丧之其王道之味，故比之有毒，腐肠之药，可以害人。亡国之器，谓象箸玉杯，纣用而亡也。《故事成语考·饮食》："甘脆肥醲，命曰腐肠之药。"

【寡酒】无菜肴佐酒，纯喝酒。《长生殿·疑》："也有吃寡酒的，吃宴酒的，买酒去的。"

【裹牵绵】 喝酒御寒等于腹内裹上绵絮，所以叫“裹牵绵”。《西湖二集》十三：“思量得几文钱买壶黄汤吃，且做个裹牵绵浑身热烘烘，好过这长夜。”

《水浒后传》十六：“你看这般大雪，寒冷得紧，还亏得几杯酒做个裹牵绵。”

【榼】 酒器。以木为之。

【豪饮】 鲸饮，痛饮。《金史·隐逸传》：“剧谈豪饮，旁若无人。”

【嘉觞】 佳美之酒杯。《汉书·礼乐志》：“柱降嘉觞。”

【嘉醞】 美酒。《元史·百官志》：“嘉醞，局秩五品。”

【嘉尊】 佳美之酒杯。《仪礼·士冠礼》：“礼仪有祭，此嘉爵承天之祐。”

【蓼酒】 酒名。《本草·各部·酒》：“蓼酒久服聪明耳目，脾胃健壮，以蓼煎汁和曲米酿酒饮。”

【酹】 洒酒于地表示祭奠或立誓。《后汉书·张奂传》：“(奂) 召主簿于诸羌前，以酒酹地，曰：‘使马如羊；不以入厩；使金如粟，不以入怀。”苏轼《今奴娇·赤壁怀古》词：“一尊还酹江月。”

【酹酒】 ①饮酒之礼，初持酒灌地。②祀神以酒沃地。高启《张中丞庙诗》：“巫歌大招客酹酒。”

【酹觞】 举酒酹地时的杯。《文选·哀永逝文》：“举酹觞兮告永迁。”

【潋滟杯】 漫溢满杯酒。陆游《闲意诗》：“学经妻问生疏字，尝酒儿斟潋滟杯。”

【潋滟斟】 斟酒满杯。明宣宗诗：“日长偏称从容劝，力饮何妨潋滟斟。”

【榴花天酒】 形容仙酒。《燕子笺·扈奔》：“此时赐榴花天酒，和歌高饮。”

【漏卮】 ①渗漏之酒器。《淮南子·氾论训》：“今夫灵水足以溢壶榼，而江河不能实漏卮，故人心犹是也。”《文选·曹植·与吴季重书》：“食若填巨壑，饮若灌漏卮。”卮，酒杯也。②豪饮之士。《洛阳伽蓝记》：“京师士子，见王肃一饮一斗，号为漏卮。”

【漏卮难满】 渗漏的酒器难于盛满，多比喻权利的外溢。语本《淮南子·氾论训》：“今夫溜水，足以溢壶榼，而江河不能实漏卮。”

【漉醽】 酒名。漉，一作鹿。《孔子家语》：“今夫兰本三年湛之以漉醽。既成噉之，则易之匹马，非兰之本性也，所其湛者美矣。”

【慢橹摇船捉醉鱼】 把别人灌醉后才下手。《拍案惊奇》六，从古道：“慢橹摇船捉醉鱼。”除非弄醉了他，恁你施为，你道好么？《二刻拍案惊奇》三十八：莫大姐本是已有酒的，更加郁盛慢橹摇船捉醉鱼，腼腆着面庞，央求不过，又吃了许多。

【蜜酒】蜜制之酒。《宋史·三佛齐国传》："有花酒，椰子酒，槟榔酒，蜜酒，皆非麀蘖所醖，饮之亦醉。"

【蜜林檎】酒名。《事物绀珠》："言味如蜜，色如林檎也。"

【鼏】古时盖酒尊的粗布。引申为用巾覆盖。《礼记·礼器》："牺尊疏布鼏。""疏，粗也；鼏，覆也。"

【酿】酿造。利用发酵作用制造酒、醋、酱油等。一般指酿酒。《三国志·蜀志·简雍传》："时天旱，禁酒，酿者，有刑吏于人家索得酿具。"

【酿饭】使饭发酵。为造酒一法。

【酿酒】造酒。《史记·孟尝君传》："乃多酿酒，买肥牛。"刘禹锡诗："口不信功心自适，吟诗酿酒待花开。"

【酿酒抱瓮】酿酒时使人抱瓮，欲酒速成而味好也。《渊鉴类函奢三》："羊琇，字稚舒，冬月酿，常令人抱瓮，须臾，复易人，欲酒速成而味好也。"

【酿具】酿酒之器具。李好俊诗："酿具未甘名长物，诗壇聊欲张吾军。"

【酿糯】以糯米酿酒。白居易《咏家醖诗》："酿糯岂劳炊范黍，撇刍何假漉陶巾。"

【酿瓮】酿酒之瓮。《唐书·后妃传》："反接置酿瓮中曰：令二姬骨醉。数日死。"梅尧臣诗："羡子向江南，正开新酿瓮。"

【酿造】造酒曰酿造。

【酿酒七秘诀】人必得其精，水必得其甘，曲必得其时，高粱必得其实，器具必得其洁，缸必得其湿，火得必其缓，此谓之酿酒七秘诀。

【酿酒用水及酿酒季节】《齐民要术》："春秋二时酿者，皆得过夏；然桑落时作者，乃胜于春。桑落时稍冷，初浸曲，与春同；及下酿，则茹瓮，取微暖；……勿太厚，太厚则伤热……春则不须，置瓮于砖上。""收水法，河水第一好。远河者，取极甘井水，小咸则不佳。""初冻后，尽年暮，水脉既定，收取则用。其春酒及余月，皆须煮水为五沸汤，待冷，浸曲，不然则动。"

【酿酶】亦称"酒化酶"、"发酵酶"。酵母中引起酒精发酵的一系列酶的总称。

【缥酒】酒名。绿色微白者。《文选·曹植〈七启〉》："乃有春清缥酒，康狄所营。"缥，绿色而微白也。

【缥醪】浅青色之酒。《魏书·崔浩传》："赐浩御缥醪酒十觚，水精戎盐一两，曰：朕味卿言，若此盐酒，故与卿同其旨也。"庾阐《断酒戒》："屏神州之竹叶，绝缥醪乎华郡。"

【缥清】酒名。曹植《酒赋》："其味有宜城醪醴，苍梧缥清，或秋藏冬发，或春醖夏成。"

【缥蚁】酒之沉淀物。酒别称。张载《酒赋》："缥蚁萍布，芬香酷烈。"

【旗亭】古道边上的小酒楼。张衡《西京赋》："旗亭五重。"《古今小说》十一：旗亭谁唱渭城诗？两相思，怯罗衣。《儒林外史》十七：良朋机遇，岂可分途，何不到旗亭小饮三杯？

【蔷薇露】美酒之名。《老学庵笔记·七》："寿皇时，禁中供御酒，名蔷薇露。"

【榷酤】又名"榷酒酤"、"榷酒"、"酒榷"。指汉以后历代政府所行酒专卖。又泛指一切管制酒业取得酒利的措施。天汉三年（公元前98年）始榷酒酤，垄断酒的产销。始元六年（公元前81年）改征税。王莽时官酿酒卖，旋取消。东汉至唐初，不甚注意酒利。唐中叶后，采取的措施有：（1）政府设酒店专卖；（2）卖曲；（3）对酤户及酤肆征酒税叫榷酒钱；（4）将榷酒钱匀配于青苗钱上按苗征收等项。宋代以酒利为主要财政收入。城市置酒务，行专卖；乡镇民酿收税。又实行商民包税承销的买扑（特许包代征税）和农民向官槽交米代酿并缴税自售两法。还有一种添酒钱，于酒价上加征。滥觞于北宋，盛行于南宋，每遇军用或地方需款或官卖亏欠，即加增酒价支应。元初虽行酒专卖，但以收税为主。明清专收酒税。北洋政府时创烟酒专卖，原有酒税照收外，再收公卖费，实际是变相加税。

【榷酒】与"榷酤"同。苏轼《谏买浙灯状》："商贾有京城榷酒之议。"

【箬溪】溪名。在浙江省长兴县南，溪生箭箬（竹芦植物），故名。南岸有上箬村，北岸有下箬村。溪水可酿酒，世称箬下酒。箬亦作若。

【赛路神】除夕夜具酒馔于门前以祭路神。《东阳县志》："除夕夜具酒馔于门前设祭，谓之赛路神。"

【赛密冲酿酒法】法国葡萄酒专家赛密冲建议在葡萄汁发酵以前，加一部分做好的葡萄酒，两者的比例约为二比一。据赛密冲报道，这样的酒精浓度可以抑止尖端酵母的繁殖，使真正葡萄酒酵母立刻可以开始发酵，提高了糖分的有效的利用。此谓之赛密冲酿酒法。

【酾】①滤酒。《诗·小雅·伐木》："酾酒有萸。"《毛传》："以筐曰酾。芎，美貌。”②斟酒。苏轼《赤壁赋》：“酾酒临江，横槊赋诗。”

【僛僛】醉舞不能自正。《诗·小雅·宾之初筵》：“乱我边豆，屡舞僛僛。”〔传〕僛僛，舞不能自正也。〔说文〕僛，醉舞耳。诗曰：“屡舞僛僛。”

【缩酒】渗酒去其滓也。《左氏·僖四》：“尔贡包茅不入，王祭不共，无以缩酒。”〔注〕：束茅面灌之以酒为缩酒。

【嗺酒】促饮酒。赵鏓《交趾事迹》：“嗺酒逐歌。”《唐音癸签》：“公宴合乐，每酒行一终，必唱嗺酒，然后乐作。”盖唐人送酒之辞。

【酴】①酒曲。见《说文·酉部》。段玉裁注：“此酴亦谓酒母，则今之酵也。”②酒名。扬雄《蜀都赋》：“蒟酱酴清，众献储斯。”章樵注：“蒟酱，枸椹酱；酴清，酴醿酒。”

【酴酒】酿造之酒。《齐民要术》卷七《苯曲饼酒》载蜀人作酴酒法：以流水渍小麦曲，取其汁水和米煮成饭，加工后，“合滓餐之，甘辛，滑如甜酒味，不能醉人”。

【酴酥】酒名，即“屠苏”。

【瑶琨碧酒】美酒名。《洞冥记》：“元封中，起神明台，帝坐良久，设甜河之水，以备沐濯，酌瑶琨碧酒，炮青豹之脯。”

【瑶浆】饮物之佳美者，亦指美酒。鲍溶诗：“浓煖气中生历草，是非烟里爱瑶浆。”

【瑶觞】玉杯。王勃《宴山亭序》：“银烛掩花，瑶觞抒兴。”徐彦伯《韦嗣立山庄应制诗》：“御酒瑶觞落，仙坛竹径深。”王翰诗：“瑶觞滋白露，宝瑟凝凉氛。”

【瑶楹】玉柱画栋。《杜阳杂编》：“瑶楹余拱，银槛玉砌。”刘允济《地赋》：“银台瑶楹，玄阙丹丘，邹衍之所不议，方朔之所难细。”

【瑶爵】饰以瑶玉之酒杯。《周礼·天官·内宰》：“赞瑶爵亦如之。”〔注〕：瑶爵，谓尸卒食，王既酳尸，后亚献之，其爵以瑶为饰。《礼记·祭统》：“以瑶爵献大夫。”张说《太庙乐章》：“琴彼瑶爵。”

【罂】盛酒器，小口大腹，比缶大。《汉书·赵广汉传》：“椎破卢罂。”

【榞】木名，其汁可为酒。《集韵》：“榞，木名，汁可为酒。”

【僎爵】古赞礼之爵。

【滴窖】在窖中央或窖边挖一黄水坑，深至窖底，随即将坑内黄水舀净，滴四至六小时，边滴边舀，至少要四次。此谓之滴窖。

【管式连续蒸煮】 管式连续蒸煮是将淀粉质原料在高温高压下进行蒸煮，并在管道转弯处产生压力间歇上升和下降，醪液发生收缩和膨胀，使原料的植物组织和细胞壁、淀粉颗粒等彻底破裂，产生淀粉糊化和溶解状态，而利于酶的作用。

【酵母的菌落】 由单一细胞在固体培养基表面繁殖出来的细胞群体，叫做酵母的菌落。

【酵母混浊】 常用的棉饼过滤法不能完全滤出酵母和细菌，所以鲜啤酒保存期只限 7 天。如果经杀菌后的熟啤酒出现酵母混浊则属事故。酵母混浊有培养酵母与野生酵母之分。

【酵母酒脚葡萄酒】 葡萄酒换桶时，将残留于桶底的酵母沉淀加一定数量的糖水，使之发酵制成的酒，称为酵母酒脚葡萄酒。该酒味口淡泊，缺乏酸味。

【精馏】 除去酒精中杂质，进一步提高酒精浓度的过程称为精馏。

【精馏塔】 精馏的结果得到医药酒精或精馏酒精，所用的设备称为精馏塔。精馏塔的作用是浓缩乙醇和排除大部分杂质。

【精馏液】 将所得粗馏液除去酒头、酒尾，再进行第二次蒸馏，仅收集酒精浓度为 65-70%的中间部分，称之为精馏液。

【静酒】 不含二氧化碳的葡萄酒称为静酒。

【静止培养】 静止培养是装箱后曲料品温度为 30℃左右，为了给孢子迅速发芽创造条件，要注意保温保湿。此时曲室温度控制在 30℃左右，相对温度应在 90%以上。

【酸败】 由于发酵醪中野生酵母和有害乳酸菌等杂菌的多量生长繁殖，生成大量的乳酸和醋酸，致使醪的酸度上升，总酸度超过 0.45%以上，醪的香味也变坏，此称为酸败。

十五画

【酶】 酒母。通作“媒”。《玉篇》：“酶，酶酒，酒母也。”《集韵》：“酶，酒本曰酶，或从酉，通作媒。”

【槽】 酿酒之木制器。《宋史·食货志》：“隔槽之法行，听民就务，分槽酝买，官计户入采，而收其课。”

【撤酒】谓去酒不饮。《晏子·谏上》“捐肉撤酒。”

【撤席】撤去筵席。

【澄酒】犹清酒。《礼记·礼运》：“粢醍在堂，澄酒在下”。澄，谓沈齐也，酒，谓三酒，事酒，昔酒，清酒三等。《礼记·坊记》：“醍酒在堂，澄酒在下。”澄酒，清酒也。

【澄醪】犹清酒。《文选·刘琨〈答卢湛诗〉》：“澄醪覆觞，丝竹生尘。”

【澄觞】犹清觞。即清酒。《文选·谢灵运〈拟魏太子邺中集诗〉》：“澄觞满金罍，连榻设华茵。”

【酾】酒名。

【醇】指酒质厚。张衡《东京赋》：“春醴惟醇。”《汉书·曹参传》：“至者参辄曲饮以醇酒。”

【醇碧】酒名，以绿豆曲酿造成碧色之酒。黄庭坚《醇碧颂》：“荆州士大夫家绿豆曲酒，多碧色可爱，而病于下醇，田子醞成味厚，故余名之曰醇碧而颂之。”陆游诗：“半瓶野店沽醇碧，一畚邻国饷矮黄。”

【醇酎】酒名，上等酒。《西京杂记》：“汉制，宗庙八月饮酎用九醞，一名醇酎。”《文选·左思〈魏都赋〉》：“醇酎中山，流湎千日。”张载《酃酒赋》：“中山冬启醇酎和发。”

【醇酒】浓烈而味厚之酒。《史记·宋微子世家》：“陈人使妇人饮之醇酒，以革裹之归宋。”《汉书·曹参传》：“至者，参辄饮以醇酒。”《亚书·谢奕传》：“奕以醇酒饮之。”

【醇酒妇人】指沉溺于酒色。《史记·魏公子列传》：“公子自知再以毁废，乃谢病不朝，与宾客为长夜饮，饮醇酒，多近妇女，日夜为乐饮者四岁，竟病酒而卒。”章炳麟《中华国月刊发刊辞》：“若夫浮薄少年，中无所主，遭逢世变，佹托幽忧，冒取古人及时行乐之义，而益驰骛于纷华，象棋六博，醇酒妇人，以为苟毕吾生而已足，此则志气尤脆弱者。”

【醇醪】美酒。浓烈纯粹之酒。《汉书·爰盎传》：“乃悉以其装斋买二石醇醪。”白居易《负冬日诗》：“初似饮醇醪。”孔融：“袁盎非醇醪之力，无以服其命。”

【醇醨】酒味厚者曰醇，薄者为醨。《旧唐书·德宗纪》：“王霸迹殊，淳醨代变。揆时而理，斟酌斯难。”孔颖达《礼记正义序》：“赋清浊以醇醨，感阴阳而迁变。”王禹偁诗：“樽中有官醞，倾酌任醇醨。”

【醇醲】指酒性浓烈。《水浒传》第二十三回："初入口时，醇醲好吃，少刻时便倒。"

【醇酢酒】不渗水之醇酒。《酒谱》张籍云："酿酒爱干和，即今之不入水酒也，并汾间，以为贵品，名曰干酢酒。"

【醇醉】即酒醉。《文子·精诚》："故通于太和者，闇若醇醉而甘卧，以游其中，若未始出其宗，是谓大通。"

【醇甜型酒】由中部酒醅产生的酒，谓之醇甜型酒。

【歠】可饮之物。《战国策·燕策》："进热歠。"《楚辞·大招》："不歠役只。"注："谓酒醇美，不以饮贱役人也。"

【歠醨】饮薄酒。歠与"啜"同。《文选·屈原〈渔父〉》："众人皆醉，何不餔其糟而歠其醨。"

【歠酾】与"歠醨"同。

【虢公台】《太平寰宇记》："俗名贺酒台，晋宣帝集温父老，登此台宴饮，父老捧觞庆贺。

【䴹】酒母；酒曲。

【鹤觞】酒名。《洛阳伽蓝记》："河东人刘白堕，善能酿酒。六月曝于日中，其酒不动。朝贵相饷，逾于千里。以其远至，号曰鹤觞。亦曰骑驴酒。"

【蝴蝶杯】酒杯杯座腰细脚宽，上嵌一只反口金铃般的玉色酒盅，镶以金边，光彩夺目。杯的外壁彩绘二龙戏珠，内有几枝红绿相间的花朵。当斟酒满杯时，你会看见一只斑斓的彩蝶从杯中飞起，在花丛中翩跹。一饮而尽后，彩蝶逝去，仍是一只空杯。此即蝴蝶杯。（非甑疑，是真有其杯，还是传说？）

【醁】美酒，特指醽醁酒。《聊斋志异·狐妾》："一夕，夜酌，偶思山东苦醁。"参见"醽醁"。

【醁醽】美酒名。《岁华纪丽》："醁醽潋滟于寿杯。"《剪灯余话》："且尽醁醽清积恨。"

【醁酒】美酒。苏舜钦："白云已有终身约，醁酒聊驱万古愁。"

【瞒瞒】通"悗悗"，贪爱酒色的样子。《荀子·非十二子》："酒食声色之中，则瞒瞒然，瞑瞑然。"

【醅】未滤的酒。杜甫《客至》诗："盘飧市远无兼味，樽酒家贫只旧醅。"

【醅子】已经发酵完成，将准备蒸酒的醪，称为醅子，亦称秕子。

【擒奸酒】酒名。《谈苑》："海东刘白堕善酿酒，曝于日中，经旬饮之，醉而不醒。青州刺史毛鸿，齐酒之藩，路逢劫盗，饮之即醉，皆被擒，因名擒奸酒。语云：不畏张弓拔刀，惟畏白堕春醪。”

【撒酒风】酒醉后发脾气失态胡为。《海上花列传》二十七：“陆里去寻开心，吃仔酒，到该搭来撒酒风？”《官场现形记》二十五：“千不该！万不该！前天吃醉了酒，在你荐的人那里撒酒风，叫你下不去，真正对你不住。”

【醋】①篑酒。《集韵》：“醋，篑酒也。”②压酒具。或作醋，窄、篑。《集韵》：“醋（音诈），压酒具，或作醡，窄、篑。”

【饎】酒食。《说文》：“饎，酒食也，从食喜声。”《诗》曰：“可以馈饎。”《字林》：“饎，熟食也。”

【饎馔】酒食。《尔雅·释训》：“饎，酒食也。”

〔注〕：犹今云饎馔，皆一语而兼通。

【醟】酗酒。《说文》：“醟，酗也。从酉荧，省声。”《汉书·叙传》：“中山淫醟。”注，醟，酗酒也。

【觯】古代酒器，青铜制，形似尊而小，或有盖，用以作饮器。盛行于商代晚期和西周初期。觯又名耑，传世有郐王义楚耑等，器形相同。《说文·角部》：“觯，乡饮酒角也。”

【醊】祭祀时用酒酹地。《后汉书·王涣传》：“男女老壮皆相与赋敛致奠，醊以千数。”亦用以指祭奠。《后汉书·卢植传》：“亟遣丞掾除其坟墓，存其子孙，并致薄醊。”

【醉伴】都因饮酒过量之友。元稹《病辞诗》：“醉伴见侬因酒病，道侬无酒不相窥。”白居易诗：“醉伴腾腾白与刘，何朝何夕不同游。”

【醉泡儿】醉汉像气泡一样有些漂浮。《三侠五义》五十六回：“你把这边假门的铜环拿住了，往怀里一带，那边的活门就开了。哥哥喝的成了醉泡儿，那里有这样的力气呢？”

【醉笔】即醉墨。元好问《泛舟大明湖诗》：“唤取樊川摇醉笔，风流聊付与他年。”

【醉别】酒醉而别。岑参《送李翥游江外诗》：“青门须醉别，少为解征鞍。”王昌龄《送别魏三诗》：“醉别江楼橘柚香，江风引雨入船凉。”

【醉哦】醉吟。苏轼《寄傲轩诗》：“醉哦傍若无，独侑一樽醁。”

【醉唱】酒醉而歌。韩偓诗：“闲嗤人甲奔竞态，醉唱落调渔樵歌。”梅尧臣《暝诗》：“醉唱眠茅屋，烧光透槿篱。”

【醉歌】醉后高歌。《旧唐书·卢群传》："群使蔡州，筵中醉而歌曰，'祥瑞不在凤凰麒麟，太平须得边将忠臣'。"王维《送孟六归襄阳诗》："醉歌田舍酒，笑读古人书。"

【醉归】谓喝醉酒而欲归。或酒酣而归。《诗·鲁颂·有駜》："鼓咽咽，醉言归。"《文选·南都赋》："客赋醉言归，主称露未晞。"《文选·傅毅·舞赋》："颂有醉归之歌。"

【醉鬼】贬词。谓酒醉后而无理取闹之人。《掖庭记》："龙淑妮贪而且妒，百计千方，致人苦楚，不能饮者强令之饮，多至十碗，是名醉鬼。"

【醉汉】酒醉之人。刘克庄诗："乍可生前称醉汉，也胜死后谥愚公。"

【醉话】醉后之言。《桃花扇》："军令严肃，你敢如此大胆，无可奈何，冒死唱曲，只求老爷饶恕。听他所说，像是醉话。"

【醉红】酒醉时之颜色。黄庭坚《寄杜家父诗》："风尘点汗青春面，自汲寒泉洗醉红。"

【醉酒】同酒醉。《诗·大雅·既醉》："既醉以酒，既饱以德。"

【醉酒饱德】《诗·大雅·既醉》："既醉以酒，既饱以德；君子万年，斤尔景福。"朱熹集传："言享其饮食恩意之厚，而愿其受福如此也。"后用为宾客酬谢主人款待优厚之辞。孙揆《灵应传》："幸以寓止郊园，绵历多祀，醉酒饱德，蒙惠诚深。"

【醉渴】谓因酒醉而致渴。徐汇《荔枝诗》："锦里只闻消醉渴，药宫惟合赠神仙。"

【醉客】①酒醉之宾。《后汉书·吴佑传》："醉客辱其母。"《三国志·魏志·徐邈传》："平日醉客谓，酒清为圣人，浊者为贤人。"②好饮之人。李白诗："醉客满船歌白苎，不知霜露入秋衣。"李商隐《杂纂必不来》："醉客逃席。"

【醉困】因酒醉而不能行。《汉书·高帝纪》："前拔剑斩蛇，蛇分两道，行数里，醉困卧。"

【醉狂】①酒疯。白居易《醉中留别杨六兄弟诗》："无日花间不醉狂。"石延年诗："醉狂黝鹤舞。"②醉兴。

【醉乐】醉酒之乐。常衮《谢社日赐羊酒表》："醉乐空比于尧人，宰平实惭于汉相。"

【醉侣】好酒夫妇或喝醉了酒的夫妇。皮日休诗："醉侣相邀爱早阳，小筵催辨不胜忙。"

【醉骂】酒醉而詈骂。《后汉书·班固传》："吏推呼之，奴醉骂。"

【醉貌】即醉颜。白居易《醉中对红叶诗》："醉貌如霜叶，虽红不是春。"

【醉寐】酒醉而眠。韩非子《说林》："绍绩昧醉寐而亡其裘。"

【醉梦】醉睡而梦。李涉《题鹤林寺诗》："终日昏昏醉梦间，忽闻春尽强登山。"

【醉眠】酒醉而眠。《晋书·阮籍传》："见籍方据桉醉眠。"《宋书·陶潜传》："潜若先醉，便语客，我醉欲眠。"杜甫《军中醉歌寄沈八诗》："软沙攲坐隐，冷石醉眠醒。"郑谷《曲江春草诗》："香轮莫辗青青被，留与游人一醉眠。"

【醉面】即醉颜。葛长庚诗："月透诗情冷，风吹醉面凉。"

【醉墨】即醉笔。苏舜钦《检书诗》："轩昂醉墨间，织悉新书杂。"欧阳修《送原父守永兴诗》："新诗醉墨时一挥，别后寄我无辞远。"

【醉眸】即醉眼。陈师道《九日无酒诗》："倦笔懒从都市出，醉眸刚为曲车回。"

【醉怒】酒醉而怒。《晋书·裴秀传》："遐未即饮，司马醉怒。"

【醉怒醒喜】饮醉而怒而醒则喜。《国语·鲁语下》："醉而怒，醒而喜，庸何伤。"

【醉暖】酒醉而身热。白居易《歌午诗》："欢酣促密坐，醉暖脱重裘。"

【醉仆】醉倒。《唐书·阳城传》："客不得已，与酬酢或醉仆席上。"《宋史·礼志》："醉仆者即先扶出或遣送归营。"

【醉趣】醉酒之乐趣。司马光诗："果使屈原知醉趣，当年不作独醒人。"

【醉日】酒醉之日。《南史·孔觊传》："虽醉日居多而明晓政事。"

【醉杀】极言酒醉之甚。贾至《春思诗》："笙歌日暮能留客，醉杀长安轻薄儿。"

【醉沈】谓酒醉深沉。沈（chén）。王世贞诗："惊毫欲卷阿耨枯，醉沈横拖鹫岭碧。"

【醉生梦死】像喝醉了酒和做梦那样，糊里糊涂地过日子。亦作"醉死梦生"。《程子语录》："虽高才明智，胶于见闻，醉生梦死，不自觉也。"

【醉圣】醉而心明甚至明智机警，文思超过平日，不因酒误、反因酒慧。史称李白为醉圣，见《酒谱》："李太白每醉为文，未尝差，人目为醉圣。"

【醉书】酒醉而挥豪。僧皎然诗："醉书在箧称绝纶。"

【醉僧】酒醉之僧人。《旧唐书·柳浑传》:“浑自少游,醉僧首伏。”苏涣《怀素草书歌》:“何似醉僧颠复狂。”

【醉睡】酒醉而睡。李贺《秦宫诗》:“醉睡氍毹满堂月。”

【醉态】酒醉之姿态。白居易《早春西湖闲游诗》:“野情遗世累,醉态任天真。”秦韬玉《吹笙歌》:“逸艳初因醉态见,浓春可是韶光与。”徐铉《蔷薇诗》:“芳心向谁许,醉态不能支。”

【醉酡】酒醉面赤。刘子翼诗:“风流阁老扒前辈,喜客温颜以醉酡。”

【醉翁】好酒之老人。或好酒之人自称,郑谷《倦客诗》:“闲烹芦炊菰米,会向源公作醉翁。”

【醉翁之意】欧阳修《醉翁亭记》:“醉翁之意不在酒,在乎山水之间也。”后用以比喻本意不在此,或别有用心。

【醉兀】酒醉摇晃貌。苏轼《自雷适廉宿于廉村净行院诗》:“晨登一叶舟,醉兀十里溪。”

【醉舞】酒醉而舞。《诗·鲁须·有駜》:“醉言舞,于胥乐兮。”岑参《使交沙郡诗》:“军中日无事,醉舞倾金罍。”李白《豳歌行上新平长史兄粲》:“赵女长歌入彩云,燕姬醉舞娇红烛。”

【醉仙】①饮酒雅,不拘俗,形骇不同凡响,醉也与一般人不一样,令人佩服景仰者。②酒席上指令用之偶人。《酒谱》:“今之酒令其类尤多,有捕醉仙者,为偶人转之,以指席者。”③俗谓酒醉之人。

【醉先生】谓酒醉之人。白居易《题酒瓮呈梦得诗》:“更拟共君何处去,且来同作醉先生。”

【醉乡】喝醉后神志不清入睡的状态境地。聂夷中《饮酒乐》诗:“安得阮步兵,同入醉乡游。”《红楼梦》第二十四回:“(倪二)此时……已在醉乡,不料贾芸碰了他,就要动手。”

【醉象】醉态。《法苑珠林》:“譬如王放醉象,牙利凶恶,遇者皆死。”

【醉行】酒醉而行。《文选·班固·幽通赋》:“重醉行而自耦。”

【醉蟹】酒渍之螃蟹。

【醉酗】酒醉而发怒。《汉书·赵充国传》:“汤数醉酗羌人。”醉怒曰酗。

【醉酗】酗酒致醉。《论衡·语增》:“醉酗生乱。”

【醉醺】酒气熏蒸。白居易《醉后戏题诗》:“今夜醉醺罗绮暖,被君融尽玉壶水。”

【醉醺醺】酣醉和悦之貌。岑参诗:“青门酒楼上,欲别醉醺醺。”杜牧《并州道中诗》:“如何遣高子,高卧醉醺醺。”

【醉颜】酒醉后之面色。白居易《浔阳宴别诗》："暮景牵行邑，春寒散醉颜。"

【醉眼】即醉眸。白居易《开成二年三月三日诗》："花牵醉眼迷。"苏轼《杜介送鱼诗》："醉眼朦胧觅归路，松江烟雨晚疏疏。"

【醉忆】谓因酒醉而兴追忆之思。刘兼《偶闻官吏请辄有一篇寄从弟舍人诗》："张翰鲈鱼因醉忆，孟光书信近春稀。"

【醉舆】谓酒醉乘舆。《开元天宝遗事》："申王每醉，使官妓将锦采结一兜子，抬归寝室，号曰醉舆。"

【醉语】醉后之言。李商隐《篡惶愧》："醒后闻醉语。"韩偓《无题诗》："吉音闻诡计，醉语近天真。"

【醉月】对月饮酒至醉。李白《春夜宴桃李园序》："开琼筵以坐花，飞羽觞而醉月。"

【醉吟】饮醉而后吟诗。郑谷《重阳日访元秀上人诗》："红叶黄花秋景宽，醉吟朝夕在樊川。"

【醉晕】酒醉而眩晕。刘因诗："苍凉苏病骨，醉晕浮嵒幽。"

【醉妆】酒醉貌。白居易《牡丹芳》："映叶多情隐羞面，卧丛无力含醉妆。"

【踩曲】把拌好的曲料倾入箱内摊平，用足踏后以散开为度，取掉壳箱，用刀纵横切成方块，此过程即为"踩曲"。又称"压曲"。

【澄清】榨出的酒液称为生酒，还含有少量的微细的固体物，必须将生酒放入澄清池中，加入适量糖色，搅匀后静止二至三天，使少量微细浮游物沉入池底，取上层清液去杀菌，沉渣重压，回收酒液。此操作为澄清。

【醆酒】次清之酒。《礼记·郊特注》："醆酒说于清汁献说于醆酒。"

【醆斝】酒器名。夏曰醆，殷曰斝。《礼记·礼运》："醆斝及户君非礼也。"

【醋酸菌】醋酸菌是一种能氧化葡萄糖或乙醇生成醋酸的菌。多存在于酒醅中。它对形成酒质清香、改进白酒风味有着重要的作用，但过量的醋酸菌则是有害的。它能使酒醅迅速变酸，损遗耗酒精，降低出酒率和伤白酒的风味。

【糊粉层】在细胞之间的空间处由蛋白质组成的"骨架"支撑，外部被约三层厚的四方形厚壁细胞所包围，称之为糊粉层。

【糊化锅】用来糊化辅助原料及煮沸部分糖化醪的锅称为糊化锅。

【霉菌】凡生长在营养基质上形成绒毛状、蜘蛛网状或絮状菌丝体的真菌，统称为霉菌。

【增殖培养基】在自然环境中，总是多种微生物混杂在一起生长。为了适应某种微生物的营养要求，配制适合这种微生物生长而不适合其他微生物生长的培养基，以达到从自然界分离出这种微生物的目的。这种培养基称为增殖培养基，或称加富培养基。

十六画

【糒醪】干粮及酒。《史记·李将军传》："大将军使长史特糒醪遗广，因问广食其失道状。"

【薄薄酒】味薄之酒。谦词苏轼《薄薄酒》："薄薄酒，胜茶汤，粗粗布，胜无裳，丑妻恶妾胜空房。五更待漏靴满霜，不如三伏日高睡足北窗凉。珠襦玉柙，万人相送归北邙，不如悬鹑百结独坐负朝阳。生前富贵，死后文章，百年瞬息万事忙，夷齐盗跖俱亡羊，不如眼前一醉，是非忧乐都相忘。"

【薄醨】薄劣之酒。李洞《早春友人访别诗》："一盏薄醨酒，数枝零落梅。"

【薄醑】劣酒。王勃《祭关龙逢文》："托深悲于薄醑，魂有灵而飨之。"

【薄酌】粗淡之酒。《翰墨全书·请客小柬式·随常请人》："少刻薄酌，奉攀驾临，幸毋以它故见外乃感。"

【醬】出酒。《五篇》："醬，出酒。"

【醝】①酒。《广雅·释器》："醝，酒也。"②白酒。《玉篇》："醝，白酒。"《本草纲目》："酒，红曰醍，绿曰醽，白曰醝。"《文选》张华《轻薄篇》："苍梧竹叶青，宜城九醖醝。"

【颠饮】谓狂饮。《开元天宝遗事》："长安进士郑遇、刘参、郭保衡、王冲等，不拘礼节，每春时，选妓，乘小犊车，诣名园曲沼，藉草喧呼，自谓之颠饮。"

【雕觞】雕刻的酒杯。《文选·曹植·七启》："酌以雕觞。"

【燉酒】将酒隔水加温。

【醘】酒器名，与"榼"同。《集韵》："榼，酒器，或作醘。"

【濩倒】古时农家自酿之酒。陈造《次韵杨宰次郎裴诗》："山瓶馀濩倒，僧字竭伊蒲。"

【薤白酒】酒名，以酥薤白投酒中。《本草·薤》集解，时珍曰："白乐天诗云：酥暖薤白酒。谓以酥炒薤白，投酒中也。"白居易《春寒诗》："酥暖薤白酒，乳和地黄粥。"

【禨】既沐饮酒也。禨，谓酒也，沐毕必进禨酒。

【鲸饮】如鲸吞饮，豪饮。杜甫《饮中八仙歌》："饮如长鲸吸百川。"苏轼《赠狄崇班季子诗》："指呼索酒尝，快作长鲸吸。"

【醚】醉酒。《玉篇》："醚，醉也。"

【瓢】老葫芦剖开后做成的舀水、盛酒器。张说《咏瓢》诗："美酒酌悬瓢。"

【瓢箪】瓢，盛酒器。箪，盛饭器。曹植《大司马曹休诔》："甘此瓢箪。"陶潜《祭徒弟敬远文》："冬无缊褐，夏渴瓢箪。"

【瓢壶】瓢及壶。均盛酒之器。李白《春日诗》："感此劝一觞，愿君覆瓢壶。"

【瓢饮】以瓢而饮。喻生活简陋。《论语·雍也》："一箪食，一瓢饮。"《后汉书·章帝纪》："动务省约，但还不能脱俗瓢饮耳。"杜甫《赠特进汝阳王诗》："瓢饮唯三经。"

【器小易盈】比喻器量狭小，容易自满。亦作"小器易盈"。三国魏吴质《在元城与魏太子笺》："前蒙延纳，侍宴日……小器易盈，先取沉顿。"清李汝珍《镜花缘》第十二回："若令器小易盈，妄自尊大，那些骄傲俗吏看见，真要愧死。"

【糗醑】干食与美酒。柳宗元《零陵之亭记》："鸡豚糗醑，得及宗族。"

【醛】谓酒味变。《集韵》："醛，酒味变也。"

【⿰酉茸】①酒。《说文》："⿰酉茸，酒也。从西，茸声。"②重酿。或作⿰酉茸。《集韵》："⿰酉茸，重酿也，或作⿰酉茸。"

【饘酎】浓粥与酒。鲍照《河清颂》："饘酎秋羊，封瑾春骼。"

【醍盎】美酒名。醍，红赤色之酒。盎为葱白色之酒。柳宗元《岭南节度使饷军堂记》："沈泛醍盎之齐，均沃于卒士。"

【醍酒】一夜酿成之薄酒。《礼记·坊记》："醴酒在室，醍酒在堂，澄酒在下，示民不淫也。"

【薪酒】柴与酒。谢翱《雪诗》："城中薪酒贵，羁旅苦为赊。"

【醒酒】解酒。已无醉酒之状，回复饮前状态。杜甫《晚秋陪严郑公泛舟》："湍驶风醒酒，船行雾起隄。"

【醑】美酒。庾信《灯赋》："中山醑清。"杨万里《小蓬莱酌酒》诗："餐菊为粮露为醑。"

【⿰卣吏】酒气酷烈。《说文》："⿰卣吏，烈也，从卣声。""⿰卣吏，谓酒气酷烈也。"

【邀饮】邀请饮宴。吴宽诗："黄花酒熟须邀饮，佳节遥期九日重。"

【薏酒】以薏苡所酿之酒。《五杂俎》："京师有薏酒，用薏苡实酿之，淡而有风致，然不足快酒人之吸也。"《凤州笔记》："蓟州薏苡仁酒，周氏第一，成氏次之，三屯营所造更胜，清冽秀美，有出色香味之表者。"

【鹦鹉杯】酒器名。以南海产之贝制。成杯形，似鹦鹉。《南海异物志》："鹦鹉螺状如覆杯，头如鸟头，向其腹视，似鹦鹉，故以为名。"《海槎录》："鹦鹉杯，即海螺，产于文昌海，面头淡青色，身白色，周遭间赤色，数棱，好事者用金厢饰，凡头胫足翅俱备，量之几案亦异常耳。"卢昭邻《长安古意》："汉代金吾千骑来，翡翠屠苏鹦鹉杯。"

【樽】本作"尊"。酒杯。李白《前有樽酒行》："春风东至忽相过，金樽渌酒生微波。"白居易《城上对月期友人不至》诗："忽有盈尊酒，置在城上头。"

【凝聚酵母】下面酵母密集于发酵液的底部，沉渣紧密，形成凝聚状，称为凝聚酵母。

【凝聚性酵母】啤酒发酵接近结束时，啤酒酵母细胞互相凝聚形成菌团，开始很小，很快就形成肉眼可看见的大块，这称作酵母的凝聚性。凡是容易发生凝聚的酵母，称作凝聚性酵母。

【膨润土下胶】膨润土是一种胶质粘土，能吸附它本身重量8–10倍的水分，形成糊状黏质物。由于它有强大的吸附能力，使葡萄酒得到很好的澄清。在澄清的同时，产生轻微的脱式现象。

【薯干酒】凡用玉米糠、高粱糠、金刚头、粉渣等酿制的酒，统称为薯干酒。

【糖化】落缸搭窝后，根据气候和室温冷热的情况，及时做好保温工作。酒药中的根霉等糖化菌，遇到糊化好的淀粉作养料，并有适宜的温度，就迅速地繁殖生长。短时间内就有糖化菌白色菌丝在饭面上出现，同时分泌淀粉糖化酶，将淀粉分解为糖，一般经过36–48小时，就看到窝内出现甜液，这就是糖化。

【糖化发酵并行型】酿造黄酒在发酵过程中，淀粉糖化和酒精发酵两个作用是同时进行的。此即谓糖化发酵并行型。为了使醪中含有16%以上的酒精，就需要有约32%的糖分，而醪中一下子含有这样多的糖分，酵母是很难发酵的，只有边糖化边发酵，糖液浓度不至于积累过高，才能达到16%以上的酒精。

【糖化锅】 浸渍麦芽和糖化用的锅称为糖化锅。它由以下几个部分组成，圆柱体部分、球形锅底、球形锅顶、排气筒、搅拌叶、排料孔、醪液出口阀、搅拌轴、预糖化器、混合器、投料管、阀门、醪液入管、排料管、温度记录仪等。

【糖化过程】 将麦芽粉碎与温水混合，借助麦芽自身的多种水解酶，将淀粉和蛋白等高分子物质进一步分解成可溶性低分子糖类、糊精、氨基酸、胨、肽等，制成麦芽汁，这就是糖化过程。

【糖化醪】 未分离麦糟的混合液称为糖化醪。

【糖化剂】 淀粉质原料制造酒精，必须经过糖化，才能把淀粉变成可发酵性糖，所用的催化剂称为糖化剂。酒精生产采用的糖化剂主要有谷芽和曲两种。

【糖化酶】 由于淀粉酶水解淀粉时，一开始就能生成麦芽糖，故生产上称此酶为糖化酶。

十七画

【醠】 清酒。《淮南子·说林训》：“清醠之美，始于耒耜。”一说浊酒。见《说文·酉部》。段玉裁以为“清于醴而浊于缇沈。”亦作“盎”。参见“五齐。”

【擦坐】 在酒店中巡回卖唱的女子。《西湖二集》十一：又有小鬟，不呼自至，歌吟强聒，以求支分，叫做擦坐。

【簇酒】 谓向各家取酒一盏，集而谓之簇酒。《云仙杂记·簇酒》：“辛洞好酒而无资，常携榼登人门，每家取一盏投之，号为簇酒。”实为凑酒（编者语）

【[illegible]】小酒杯。

【輶】清酒。《字汇》：“輶，清酒也。”

【豁拳】 亦作“划拳”。也叫“猜拳”、“拇战”。饮酒时助兴取乐的一种游戏。两人同时出拳伸指喊数，喊中两人伸指之和者胜，负者罚饮。李日华《六研斋笔记》：“俗饮以手指屈伸相搏，谓之划拳。”

【爵】 古代酒器，青铜制。有流、柱、鋬和三足。用以温酒和盛酒。盛行于殷代和西周初期。

【爵酳】以爵中酒漱口。《礼记·乐记》：“执爵而酳，冕而总干。”谓食讫天子亲执爵而酳口也。

【醘】酒器也。《玉篇》：“醘，酒器。”与榼同。《集韵》：“榼，酒器也。或从西。”

【醨】薄酒。通作漓。《说文》：“醨，薄酒也，从西离声，读若离。”薄对厚言，醇谓厚酒，故谓厚薄为醇醨，今人作漓，乃俗字也。《韵会》：“醨，通作漓。”《楚辞·渔父》：“众人皆醉，何不餔其糟而歠其醨。”

【醨簿】登记造酒之册籍。《新唐书·食货志》：“州县总领醨簿，和酿者论其罪。”

【醨酒】薄酒。元稹诗：“酢醅荷裹卖，醨酒水淋酤。”

【⿰酉鬲】漉酒。《玉篇》：“⿰酉鬲，漉酒也。”《广韵》：“⿰酉鬲，下酒。”

【镣盎】白银所制之酒盆。《唐书·回纥传》：“贞观朝，帝坐袦殿，陈十部乐殿前，设高坫，置朱提瓶其上，潜泉浮酒，自左阁通坫趾，注之，瓶转，受百斛镣盎。回纥数千人，饮毕，尚不能半。”

【⿰酉留】酒名。《集韵》：“⿰酉留，酒名。”

【螺】螺杯的省称。庾信《园庭》诗：“香螺酌美酒，枯蚌借兰殽。”参见“螺杯”。

【螺杯】螺状杯；鹦鹉杯之别称。《艺文类聚·杂器物·杯》：“陶侃故事曰，侃上成帝螺杯一枚。《南州异物》曰，鹦鹉螺状似霞杯，形如鸟，头向其腹，视以鹦鹉故以为名。”《清异录》：“以螺为杯，岩穴极湾曲，则可以藏酒，有一螺，能贮三盏许者，号为曲螺杯。”《桂海虞衡志》：“青螺状如田螺，其大如手举，指摩使皮如翡翠色，雕琢为酒杯。”

【螺旋菌】细胞弯曲呈螺旋状的细菌，通称为螺旋菌。弯曲超过一圈而呈螺旋状的叫螺旋菌。

【⿰酉监】饮酒俱尽。《说文》：“⿰酉监，饮酒俱尽也，从西声。”《广韵》：“⿰酉监，饮酒俱尽。”

【⿰酉桑】乳酒。《字汇》：“⿰酉桑，乳酒。”

【霞杯】与流霞杯同。流霞为仙酒名。《剪灯余话·田洙遇薛涛聊句记》：“浓香酒泛霞杯满，淡影梅横纸帐清。”

【霞觞】霞杯。曹唐《送刘师祇诏阙庭诗》：“霞觞共饮身虽在，风驭难陪迹未闻。”

【讌见】会饮时见之，亦作宴见，燕见。《后汉书》："每赐讌见，辄与席改容。"

【讌朋】以酒食享朋友故旧，亦作燕朋。《后汉书·朱穆传论》："易明断金之义，诗载讌朋之谣。"

【讌设】置酒会饮。

【讌席】酒席。

【讌享】以酒享客，亦作宴享。《颜氏家训》："亲表聚集致讌享。"

【讌笑】会饮欢笑。《三国志·魏志·齐王芳传注》："嬉亵过度，行人掩目，帝于观上，以为讌笑也。"

【讌饮】会饮。《新序·善谋》："悼惠王讌饮。"

【糟】①酒渣。《楚辞·渔父》："众人皆醉，何不铺其糟而歠其醨？"②用酒和糟腌制食物。如糟肉；糟鱼。

【糟粕】酒渣，比喻事物粗劣无用的部分。与"精华"相对。

【糟床】酒糟之床。杜甫《羌村诗》："赖知禾黍收，已觉糟床注。"皮日付《酒瓮诗》："移来近曲宝，倒处临糟床。"

【糟坊】亦称"糟房"、"绕坊"、"烧房"。中国土法制酒的作坊。

【糟块】爱喝酒而没有节制的人。《豆棚闲活》十一："伯甫乃是糊涂糟块，即便应承，就叫李三到家与朱宅娘子说知。"

【糟糯】谓酒。《宋史·食货志》："元丰二年诏，在京鬻曲，岁以百二十万斤多额，斤直钱二百五十。俟鬻及旧额，令复旧价，酒户负糟糯钱，更期以二年带输。"

【糟钱】即酒税。

【糟丘】积糟成丘，言酿酒之多。《韩诗外传·四》："桀为酒池，可以运舟，糟丘足以望十里，一鼓而牛饮者三千人。"《后汉书·边让传》："径肉林登糟丘。"《南史·陈暄传》："喧嗜酒，过差非席，曰，速营糟丘，吾将老焉。"《新语·本行》："糟丘可以望远。"

【糟烧】黄酒的酒糟中，尚余一些淀粉，可用来经过发酵、蒸馏而得白酒。因南方称"白酒"为"烧酒"，所以由酒糟制成的白酒，名为"糟烧"。又，由绍兴酒酒糟中制成的白酒，名为"绍烧"。

【糟瓮】酒瓮。白居易诗："铺被眠糟瓮，流涎见曲车。"

【糟烧酎】用清酒糟加10%的谷壳蒸馏而成的酒，称为糟烧酎。

【醡】榨酒的榨床。黄庭坚《次韵扬君全送酒》："醡头夜雨排檐滴，杯面春风绕鼻香。"

【鐏】即尊酒。《文选·曹大家·东征赋》：“酌鐏酒以弛念兮。”鐏同尊。

【繁殖】当酵母的细胞出芽或分裂，引起细胞数增多的过程叫繁殖。

【磷酸酯酶】磷酸酯酶是分解磷酸酯为有机质和无机磷酸盐一类的酶。根据酶作用的物质可分为：淀粉磷酸酯酶、已糖磷酸酯酶、甘油磷酸酯酶、蛋白质磷酸酯酶、植酸盐酶。

十八画

【酇】通“醝”。白酒。《周礼·天官·酒正》“盎齐”郑玄注：“盎犹翁也。成而翁翁然葱白色，如今酇白矣。”陆德明释文：“宜作醝。作酇。假借也。”

【覆杯】倾覆之杯。《史记·扁鹊仓公传》：“根在右胁下，大如覆杯。”《后汉书·舆服志》：“委貌冠，皮弁冠同制，长七寸高四寸，制如覆杯。”

【覆酒】倾覆之酒。《论衡·语增》：“或时纣沉湎覆酒，滂沲于地。”

【醫】浊酒。《集韵》：“醫，浊酒。”《正字通》：“杨慎曰：官有愦愦于临事，士有藐藐于临文。世目之为醫浊虫。”

【䤒】①秫酒名。《广韵》：“䤒：秫酒名。”②沐酒。《玉篇》：“䤒，沐酒名。”《集韵》：“䤒，沐酒也。”谓既沐饮酒，礼有进䤒；通作禨。

【醪】本指三十滓混合的酒，即酒酿。《后汉书·樊儵传》：“岁献甘醪膏饧。”李贤注：“醪，醇酒汁滓相将也。”引申为浊酒，杜甫《清明二首》诗：“钟鼎山林各天性，浊醪粗饭任吾年。”

【醪糒】酒与粮。《宋史·孙永传》：“遼屯兵连营，亘四十里，永好谕之，敌意解，但求醪糒，犒师而旋。”

【醪酒】醇酒。《宋史·成象传》：“事母以孝，闻母病，割股肉食之，诏赐束帛醪酒。”

【醪醴】药酒。远在殷周时代甲骨文里就有药酒的记载，《素问·汤液醪醴论》有专文论述。一般用生药制成的饮片、粉末直接置在酒内浸泡取汁制成。其中滋补性的或妇科用的药，多用黄酒；治风湿病或跌打损伤的，多用高粱酒。

【醪肉】酒与肴。苏辙诗：“上官念贫窭，时吊馈醪肉。”

【醪膳】 酒食。《后汉书·江革传》："时有疾不愈，辄大官送醪膳。"

【醪馔】 酒与肴。《唐书·张说传》："迁左丞相，上日勅所司供帐设乐，内出醪馔，帝为赋诗。"

【醪药】 酒药。《素问·血气形志论》："病生于不仁，治之以按摩醪药。"

【醪醥】 连汁带糟一起吃的叫"醪"，去掉酒糟只喝酒汁的叫"醥"。醪很浑浊，醥较清明。

【醪的高浓度发酵】 黄酒醪浓度高，发热量大，发酵时原料易浮在上面形成被盖，热量的散失差，因此，对发酵温度的控制很重要，特别要掌握好开耙搅拌操作。

【釐】 祭祀求福的胙肉类。《玉篇》："釐，祭余肉也。"《史记·贾谊传》"方受釐"。《集解》："祭祀福胙也。"

【醥】 酒清。《集韵》："醥，酒清谓之醥。"《文选·左思〈蜀都赋〉》："觞以清醥，鲜以紫鳞。"

【彝酒】 常饮酒。《书·酒诰》："有正有事，无彝酒。"《韩非子·说林》："彝酒，常酒也。"

【彝斝】 祭祀用青铜酒器。《隋书·音乐志》："彝斝应时，龙蒲代用。"

【彝樽】 供祭祀之樽，亦作彝尊。《书·益稷·宗彝传》："宗庙彝樽，亦以山龙华虫为饰。"

【罇】 酒器。与尊、樽、甎、同。《玉篇》："罇，与樽同。"

【鞭毛】 有许多细菌能从体内长出细长的丝状物，称为鞭毛。鞭毛分单鞭毛、丛鞭毛、周鞭毛。

十九画

【醭】 酒、酱、醋等因败坏而生的白霉。也泛指一切东西受潮而生的霉斑。杨万里《风雨》诗："梅天笔墨多生醭。"

【醰】 醇厚。左思《魏都赋》："宅心醰粹。"醰粹：指醇厚。

【[illegible]】舀水用具，即挹，酌（酒）。

【蠃杯】 螺壳所制之杯。《艺文类聚》："陶侃故事曰，侃上成帝蠃杯一枚。"张籍诗："渌酒白蠃杯，随流去复回。"元好问《饮酒诗》："柳瓢朝倾荔枝绿，蠃杯暮掩珍珠红。"

二十画

【醲】酒性浓烈。枚乘《七发》："饮食则温淳甘膬，脭醲肥厚。"《镜花缘》第二十三回："我们量窄，吃不惯醲的，你把淡的换一壶来。"

【醳】①醇酒。《集韵》："醳，一曰醇酒。"《文选·左思·魏都赋》："肴醳顺时。"②若酒。《集韵》："醳，苦酒。"③事酒，冬酿而春成。《周礼·天官·酒正》："事酒，今之之酒也。"④以酒食饷之。《史记》："牛酒日至，以饷士大夫醳兵。"

【醳】喻酒之色泽。邹阳《酒赋》："流光醳醳，甘滋泥泥；醪酿既成，绿瓷既启。"

【灌】①强饮酒。《礼记·投壶》："当饮者皆跪，奉觞，曰：'赐灌。'"郑玄注："灌犹饮也。"②祭祀斟酒浇地，古代祭祀的一种仪式。郑玄注："灌谓以圭瓒酌鬯始献神也。"

【灑】甜酒。《说文》："灑，釃酒也。"

【醵】凑钱饮酒。《礼记·礼器》："周礼其犹醵与？"郑玄注："合钱饮酒为醵。"

【醴】一宿酒;滤酒、斟酒之意；或甜酒。《说文》："醴，酒一宿熟也。"《释名·释饮食》："醴齐，醴，礼也。酿之一宿而成，礼有酒味而已也。"《周礼·天官·酒正》："二曰醴齐。醴，犹体也，成而汁滓相将，如今恬酒矣。"《礼记·内则》或以酏为醴。酿粥为醴。《汉书·楚元王传》："常为穆王设醴。"师古曰，醴，甘酒也。《吕氏春秋·重已》："其为饮食，酏醴也。"醴者，以蘖与黍相体，不以曲也，浊而甜耳。

【醴醆】浊酒。《礼记·礼运》："故元酒在室，醴醆在户，粢醍在堂，澄酒在下，陈其牺牲，备其鼎俎。"《孔子家语·问礼》："醴醆以献，荐其燔炙。"

【醴浆】酒。《列子·杨禾》："公孙朝好酒，朝之室聚酒千种，积曲成封。望门百步，醴浆之气，逆于人鼻。

【醴酒不设】置酒宴请宾客时不再为不嗜酒准备甜酒。比喻待人礼貌渐衰。语出《汉书·楚元王传》："初，元王敬礼申公等，穆生不嗜酒，元王每置酒，常为穆生设醴。及王戊即位，常设，后忘设焉。穆生退曰：'可以逝矣！醴酒不设，王之意怠。不去，楚人将钳我于市。’”宋胡继宗《书言故事·延接类》：“待人礼貌衰曰：‘醴酒不设。’”

【醴醪】浊酒。《文选·嵇康养生论》：“醴胃其肠醪醬。”

【醴齐】周礼五齐之一。齐为一种甜酒。《周礼·天官·酒正》：“辨五齐之名，一曰泛齐，二曰醴齐，三曰盎齐，四曰缇齐，五曰沈齐。”《唐书·礼乐志》：“以大尊实泛齐，著尊实醴齐。”

【醴泉侯】酒之别称。《事物异名录·饮食·酒》：“唐子西陆谞传，谞方青州为从事，壶商等荐之，上使壶子持节召，谞至拜光禄勋，封醴泉侯。”

【醴酏】甜酒与尊酒。

【醴醞】谓厚酒。《开天传信记》：“道士叶法善精于符箓之术，乃盈瓶醴醞也。咸大笑饮之，其味甚嘉。”

【蘖酿】以蘖作醴酒。《山海经·中山经》：“其祠用稌黑牺大牢之具蘖酿。”

【醰】苦酒。《集韵》：“醰，酒苦谓之醰。”

二十一画

【罍】酒樽。与櫑、罍同。《尔雅·释器》：“彝，卣，罍，器也，小罍谓之坎”。罍，形似壶，大者受一斛。《诗·周南·卷耳》：“我姑酌彼金罍。”《释文》：罍，酒罇。”《周礼·春官·司尊彝》：“皆有罍，诸臣之所酢也。”

【罍觞】酒樽及酒杯。王昌龄《何九于客舍集诗》：“罍觞且终宴，功业曾未了。”

【罍斝】皆酒器。柳宗元《献平淮夷雅表》：“天子饯之，罍斝是崇。”

【罍罂】皆酒器。柳宗元《瓶赋》：“鸱夷蒙鸿，罍罂相追。”

【罍尊】画云雷饰之酒尊。《礼记·礼器》：“庙堂之上，罍尊在阼，牺尊在西。”

【罍樽】皆酒器。《史记·梁孝王世家》：“初孝王在时，有罍樽，直千金。”

【醹】醇厚的酒。《诗·大雅·行苇》：“酒醴维醹。”

【醺】酒醉貌。杜甫《留别贾严二阁老两院补阙》诗：“去远留诗别，愁多任酒醺。”

【醺醺】醉貌，形容醉态盎然。岑参《送羽林长孙将军赴歙州》诗：“专门酒楼上，欲别醉醺醺。”《红楼梦》第二十六回：“（袭人）

只见宝玉醺醺回来，因问其原故。”

【露酒】用植物的花、茎、叶、根等配入酒中，制成别具风味的美酒，因其芳馨莹洁有如花上之露，故称此酒为露酒。

二十二画

【糵酒】以蘖为酒，即曲酒。亦称蘖酒。味尤甜。

【蘸甲】酒斟满，捧觞必蘸指甲。杜牧《后池泛舟送五十诗》：“为君蘸甲十分饮。”韦庄《中酒诗》：“南邻酒熟爱相招，蘸甲倾未绿满瓢。”曹唐诗：“难放红螺蘸甲杯。”

二十三画

【蠲酲】解除酒病。白居易《和微之春日投简阳明洞天五十韵诗》：“佐饮时炮鳖，蠲酲数鲙鲈。”

二十四画

【釂】喝干杯中酒。《礼记·曲礼上》：“长者举未釂，少者不敢饮。”郑玄注：“尽爵曰釂。”《汉书·郭解传》：“解姊子负解之势，与人饮，使之釂；非其任，强灌之。”

【醽渌】美酒名，即醽醁。

【醽醁】酒名。《抱朴子·知止》：“密宴继集，醽醁不撤。”亦作“醁醽”、“绿酃”。李贺《示弟》诗：“醁醽今夕酒，缃帙去时分。”《文选·左思〈吴都赋〉》：“飞轻轩而酌绿酃。”李善注引《湘州记》：“湘州临水县有酃湖，取冰为酒，名曰酃酒。”

品尝者只有一个训练有素的感觉器官还是不够的，他还必须具有相当数量严谨的品尝词汇来准确地表达他的感觉。普通人都能说这个酒是好或是不好，而品尝者更应该解释为什么这个酒质量好，为什么不好。通常具有精通品尝词汇的品尝者，在用词和感觉之间建立了一种大家共知的关系，这非常重要，相同的感觉必须用相同的词语表达，否则沟通不了。这些品尝词汇还必须足够丰富，以便能表达各种复杂的感觉。

供品尝者使用的词汇约有一百多个，建立一个品尝词汇的词典，大家都熟用它是必须的。这是专家辛勤工作的结果。这里将最常用的一些词汇介绍一下。

对丰满（richesse）酒的描述：

就是品尝者称之为有容量（volume）、有主体（corps）的一类酒，品尝这类系列的酒，我们会有丰富的感觉，而且越来越强烈。在这类酒中，对酒体轻柔但非常平衡、匀称、协调、悦人的红葡萄酒，形容品质的词是：轻雅（léger）、细腻（minces）、可口（coulant）、柔和（tendres）、精美（délicats）、融化（fondus）、天鹅绒似（velouté）、丝一般（soyeux）。

柔顺（souplesse）也用于高质量的红葡萄酒，这个词需要正确理解，一般人认为 souple 是菜汤，没有多少实质内容。柔顺的酒是指不撞击口腔，单宁和酸度都不高而且协调，柔顺也不只是说酒失去硬度，而是指它的各种成分很和谐，柔顺的酒是有个性（personnalité）的，是优雅（élégant）、卓越（distinqué）、精美（finesse）的。

在这类酒中，如果成分更丰富且很协调，就可用圆润（rondeur）、丰满（pleins）、肥硕（charnus）、油质（onctueux）、熟透（murs）等词形容它。

另外，修饰一些有强烈成分的酒，可以用醇厚（corsés）、浑厚（étoffés）、构架（charpentés）、坚实（solides）、强力（puissants）等形容。我们用了这些很明确的词汇，使我们能够把酒的品质严谨地翻译出来。

酸高的描述：

对一个酸度高一点但不扎嘴的酒，可以形容为：失衡的（déséquilibre）、瘦弱的（maigreur）、菲薄的（creux）、贫乏的（anémique）、平庸的（étroit）、瘦削的（décharné）、味短的（court）、生硬的（bref）等。

若口感更干涩，就用干瘦的（maigri）、粗鲁的（brut）、侵衅的（agressif）等。酸度给予的酸涩感情况不同，可能是挥发酸高，也可能是单宁量过大，品尝者要掌握这种情况。过量的酸度给予口腔的感觉是僵硬的（raide）、尖刻的

(acerbe)、酸的（acide）、生青酸（verdelet）、青绿酸（vert）等。

乙酸属挥发酸，它不仅仅是提高了酸感，它的味道还辛辣（aigreur），很不愉快，挥发酸高的酒是干瘦的、刺鼻的，品尝末了缺陷更明显。

酚类化物的描述：

如果酒中的单宁相对于平衡而言有些过量，就会出现硬（dur）和收敛（ferme）的感觉。单宁的含量过高，酒的颜色就太浓重，酒就有粗糙感。特别是品尝末了感觉很明显。人们用锉齿的（rapu）、涩口的（réche）、粗糙的（rugueur）来形容。酒发苦，是多酚类化物引起唾液收敛（astringence）的感觉。

甜味的描述：

一个甜味成分占一定优势的红葡萄酒，可用圆润美味（moelleux）、甘油型的（glycériné）来描述，并不是说这个酒一定含有过高的还原糖，而是指它给出一种糖的甜感。

微失酸、单宁平衡的酒，会失去新鲜感（fraicheur）、立体感（relief），可以用沉重的（lourd）、糊状的（pateux）来描述，说明它表现不出任何精细的特点，这酒是平庸的。

对酸的比例重、pH高、酸度低的酒，它会是咸的（salée）、碱性的（alcaline）、洗涤液的（lessive）感觉。在一个利口酒中，过剩的糖给出的腻的（doucereux）、淡而无味的（douceatre）、蜜甜的（mielleux）、发腊 pommadé 等感觉。

酒精度的描述：

酒精度低的酒，感觉是轻、弱、淡、寡（légers、faibles、petits），如果它是很协调的，也可能感觉是愉快的，但酒度低是很难找到一个好的平衡感，这种酒通常是贫乏的。若酸度略高些，能给出新鲜感，否则就平淡无味，并显出酒精味、水质味（aqueux）。

一个酒精度高的酒是醇烈的（vineux）。酒精可平衡酸，高一度就会给出热感、苛性刺激感。富含乙醇的酒烈酒（alcoolisé，généreux，capieeux，spiritueux）。

香味的描述：

酒的香味比滋味更难以把握和描述，品尝者须尽力区别香味的种类和强度，香味的容量和浓淡的程度，认真检测连续出现的香气，唤醒对花香（fleur）、果香（fruit）、木香（bois）、油香（grasses）、酸香（acides）、辛香（épicees）、醛香（aldéhyliques）、化学香（aromatiques）等的再认识。在陈酒中通常还会有酒香（bouquet）。在顶级酒里这些成分就更为复杂。

品尝者应该区分开香气里面的芳香（arome）和酒香（bouquet），芳香一般是年龄短的酒所表现而酒香是通过陈酿而生成的香气，一般来说新酒是不会有酒香的，而成年老酒也不会有果类芳香的。

芳香也有两种，一种是来源于葡萄果的香味，这是葡萄品种特性的表现，如麝香、比诺、索维农等，这些香叫一级香气。另一种是由发酵过程中产生的香气，这叫二级香气。酵母将葡萄汁中的糖转化为乙醇的同时，也会产生大量的香味物质。

酒香是由于酒长时间在木桶中贮藏和在瓶中老熟过程中逐渐形成的，长时间的陈酿会失去新鲜感，品尝者在鉴定酒的香味肘可选择如下词汇：弱的(faible)、平淡的（neutre)、无味道的（fade)、贫乏的（pauvre)、芳香的（parfumé)、香的（aromatique)、酒香的（bouquet）等。

一个酒香味的首要质量是它精美的果香和花香，一些新的白葡萄酒确实能感觉到它的葡萄花香或茶花香，相反的有一些酒其香味是低级的（commune)，粗俗的（grossiére)，植物味（végétale)，草味（herbacéc)，树叶味（feuille）等。一些富含单宁的酒，它有丹宁特有的香味，并在老熟之后形成本香（bois)，树皮香（écorce)。

一个有特点的酒是很容易依其个性特征判明的，相反平庸滞呆的酒很难判明其身份。我们说一个酒果香浓郁，不总是指葡萄果的香味，往往有苹果(pomme)、桃子（péche)、李子（prune)、黑茶子（cassis)、草莓（fraise)、覆盆子（framboise)、樱桃（cerise)、香蕉（banane)、木瓜（coing)、柠檬（citron)、榛子（noisette)，等水果的香味。果香型的酒一定是年轻的酒。对香气的研究重要的是有一个灵敏的嗅觉分析，并且和我们在外部世界所感知的动、植物香气联系起来去表达酒中的香味。酒中的香气系列一般分为：花香（florale)、木香（boiseé)、植物香（verte)、香脂香（balsameque)、水果香（fruitée)、动物香（animale)、辛香（épicée)、焦香（empyreumatique)、化学香（chimique）等九个系列。

果香之后是花香，如玖瑰花（rose)、堇菜花（violette)、木犀草花(réséda)、玉兰花（magnolia)、蜂蜜香（miel）等。植物香如干草（foin)、蕨草（foagére)、蒿草（armoise）等。辛香的痕迹经常出现在高级酒的酒香中：丁子香（girofle)、桂皮（cannelle)、果核（noyau)、鸢尾（iris)、香子兰（vanille)，樱桃木（kirch)、苦杏仁（amande amére）等。焦香是一种灼烧物质的气味：焦糖味（caramel)、烟熏味（fumé)、烤面包味（pain grillé)、咖啡味（café)、烧巴豆杏（amandes grillé）等。木香：雪松木（bois de cédre)、树脂（résine)、甘草（réglisse)、茶（thé)、枯干的树叶（feuille faneé)、烟草（tabac）等。动物香：麝香（musc)、琥珀香（ambre)、野味肉香（venaision)、皮革（fourrure)、奶

油巧克力（truffe en chocolat）等。

对丰富复杂的芳香族世界，我们寻找酒中的香味物质，确实需要足够的想象力。来源于酵母发酵和乳酸发酵的产物也是一种值得重视的香气。

借用卫生系列的品尝词汇：

正常酒的香味描述：健康的（sain），纯净的（franc），干净的（net），味正的（droit de gout），合格的（loyal），清洁的（propre）；变质酒曝露出的香气：含糊的（douteux），变质的（altéré），病的（malade），辣的（pique），变酸的（acescent），醋味（acétique），有酸味的（sur），脚臭的（butyrique），酵母味（ferment），变质（tourne）等。被病毒感染的酒，后味会有乙酰胺气味，被称为“笑味（souris）”。加入防腐剂山犁酸就有老鹳草味（geranium）或天竺葵味（pélargonium）。

形容酒被氧化的品尝词汇：

按照氧化程度有：疲劳的（fatique），走味的（éventé），挨打的（bateu），扁平的（aplati），撕碎的（mache），氧化味（oxydé），马德拉甜味（madérisé），陈旧的（rancio），灼烧的（brulé）。一个太老的红葡萄酒是光突的（dépouillé），衰退的（usé），衰老的（décrépit），老人的（vieillardé），枯萎的（passé）等。

对 CO_2 作用的描述：

在一个白葡萄酒中含有少许二氧化碳气时，会给味觉清凉感（fraicheur）。若含量过高酒就会有刺激感（piquant）。二氧化碳的味觉与温度有很大关系。新鲜的白葡萄酒和圆润的红葡萄酒若含有过浓的二氧化碳，口味是不愉快的（désagréable）。完全清除 CO_2 的酒往往也是无味道的（affadi），无立体感的（sans relief）。精心制作的汽酒是冒泡的（pétillants），表面有泡沫的（crémants），起泡的（effervessents）。

坏味的描述：

没有笔清的新酒留在酵母泥中往往会产生硫醇味，臭鸡蛋味。许多不愉快的味也来源于腐烂的葡萄果，比如，发霉的（moisi），碘味的（iodés），酚的（phénol），药的（pharmaceutiques），苦涩的（amertume）。

坏味最常见的是被不完善的贮酒容器和居住环境所污染而来的，坏木桶、烂木塞是坏木头味的来源，也是真菌味（champignon）、哈喇味（rance）、植物味（végétal）等坏味的主要源泉。一些葡萄园的土地年复一年地被居民污染，轻微的树脂味（résine）、石油味（pétrol）、胶皮味（caoutchouc）、溶剂味（solvant）、沥青味（goudron）、纸味（papier）、烟味（fumée）、土味（terre）、粉尘味（poussiére）、水泥味（ciment）、织物味（tissu）等也有时会发现在酒中，这是由于葡萄成熟过程中会吸收这些味并带到酒中来，或者是酿造过程中酒液与外界接触也会吸收这些味。

附二 葡萄酒字典

Oe-**葡萄含糖量**：德国盛产白酒，以葡萄含糖量（degrees Oechsle）来分级。愈晚摘的葡萄，含糖量愈高，相对风险愈大。

Appellation Controlle（Ah-pel-ah-syohN cohn-troh-LAY）-法定产区管制系统：法国在1936开始建立的一套对葡萄酒产制的相关规范，从葡萄的品种、产制过程地域等皆有详细且严格的规定，以保障葡萄酒的品质，当然也因此而控制了酒的产量，进而提升酒的价格。Auslese（OWS-lay-zeh）-德国葡萄酒分级QmP第3等：由经过挑选被富贵霉侵蚀的葡萄酿成的晚摘甜酒，自然含糖量须在83-105°Oe之间。

Beerenauslese（BARE-ehn-OWS-lay-zeh）-德国葡萄酒分级QmP第2等：由经过挑选被富贵霉侵蚀的葡萄酿成的晚摘甜酒，与Auslese不同的是这等级的葡萄是一颗一颗选出，而前者则是一串。自然含糖量须在110-128°Oe之间。

Blanc de Blancs-白之白用白葡萄酿成的白酒：通常用在香槟酒上，特别是指由莎当妮酿制的香槟酒。Bodega-酒厂西班牙文：即酒厂，酒窖。

BOTRYTIS CINEREA-贵腐霉菌：富贵霉晚摘葡萄被贵腐霉菌侵袭，会造成脱水的情形，使糖分和酸度增高，产生浓郁的香气。价格高昂的贵腐甜白酒便是这样酿造的。在湿湿的环境容易引发贵腐霉菌的感染，对葡萄有两极的影响。负面是受贵腐霉菌侵蚀的成长中红葡萄，果皮会变薄而流失果香和单宁。正面是贵腐霉菌会吸干白葡萄的水分而剩下浓缩的果糖，可以酿造成高品质的甜白酒。

Bourgogne（Boor-GON-yeh）-法文的布根地BRIX：一种测度糖分的单位葡萄采收后，必须测度糖分以便控制发酵。Brut-干涩不甜的口感通常形容气泡酒，注明在酒标上。

Butt -伯特是用来制作莎妮酒的木桶。容量达600公升。

Carbonic maceration-二氧化碳原颗发酵法：指整串葡萄发酵，其方式是将整串的葡萄放入充满二氧化碳的酒槽中利用二氧化碳的压力使部分葡萄发醇，再全部榨汁发酵，因此种方法可以使孔酸发酵提早完成，薄酒莱新酒就么来的，一般而言，酒色泽呈淡紫色，果味丰富，十分顺口，唯单宁不高，不宜陈年。

Champagne（香槟）-地名，酒名： 究竟哪一国家/产区最先生产气泡酒已无从考究。现在可以肯定的是依国际法，只有在法国香槟区，合符法规的气泡酒才能冠上香槟酒的称号。主要酿酒葡萄为莎当妮、比诺瓦及面粉比诺Pinot Meunier（Meunier法文指磨坊）。值得注意是后二者均为红葡萄。香槟的优劣视乎酒酸是否均衡及气泡的粗细和顺滑度。

Champagne method-香槟酿造法： 葡萄由人工采摘后马上压汁。如果是红葡萄更要注意压汁速度，避免果汁与皮接触太久而受染色。压榨机的力量要控制得宜，太重皮损而汁涩，太轻又不能得到适量的汁。法令规定160公斤的葡萄只可压榨出100公升果汁，其中最早流出的75公升便是酒头或称酒引（cuvee）。接着进行第一次发酵，制造出高酸度，低酒精浓度的静酒（still wine）。酿酒师便依他的经验来决定是否需要与其他年份的酒头混合，而酿成不指定年份香槟酒（non-vinatge Champagne），或是只用当年酒头，制造出指定年份香槟酒（vinatge Champagne）。一切调配妥当之后便进行装瓶，同时放入liqueur de tirage（一种酒、糖、酵母菌的混合剂）。就是这种混合剂使酒在瓶中二度发酵并产生气泡。经过1-4年陈年，发酵已臻完成。接着便要使用转瓶（remuage）和冷冻除渣（degorgement）把沉淀物移除。利用liqueurd' expedition（酒和糖的混合剂）补充除渣过程中流失的酒和调整酒的甜度。最后经过上塞加冠后，便大功告成。

Chaptalisation-葡萄浆加糖： 这个方法是由法国著名的植物学家M. Chaptal所发明，在比较寒冷的地方如德国，在酿造葡萄酒的过程当中，会因栽种出来的葡萄糖分不足，而无法发酵至足够的酒精比例，因此需在葡萄浆中加入蔗糖。

Charmat method-夏马法也称Tank method（槽酿）： 现今世上最流行的气泡酒酿造方式。与香槟方式主要不同是第二次发酵在大木槽或不锈钢槽进行。残渣利用气压过滤移除。成酒气泡较大和消失较快。法令规定AC香槟酒不可使用槽酿。

Chateau（Shot-toe）-酒庄 Claret： 英国称波尔多红酒英国称波尔多红酒为claret，即英文清澈的意思。这个称号的来源有两个说法。1.以前的酒都很干涩和强劲，波尔多红酒相对来得清淡。2.波尔多红酒水准高，颜色清澈，而其他产区的酒则较混浊。

Classico（CLAH-see-koe）-法国南部所产的一种红葡萄餐酒 Clos-围

堡：指有围墙的酒庄或葡萄园。

Cosecha（Coh-SAY-cha）-西班牙文年份的意思。

Cotes-山坡在斜坡上的酒庄，葡萄园。

Cru-**级别**：英文 class-等级的意思，有级别的酒都要受法令管制。

Cuvee-**酒头**：混合酒。1.用在香槟酒，指压汁时最先流出的 75 公升酒头。2.没有主要葡萄品种的混合酒。

Cru Class（Croo Clah-say）-酒庄分级：指法国波尔多地区依历史品质等因素将该区所产之葡萄酒加以分级。

DECANTING-换瓶陈年葡萄酒：特别是红酒，在开瓶后，为酒渣及唤起香气需要换瓶。一般在换瓶时，都会准备一个玻璃容器，尤其是透明水晶瓶来装酒。在换瓶时通常在被换的酒瓶瓶颈下方点燃一支蜡蠋以为光源在十分小心且避免倒入酒渣的情况下完成换瓶手续。一般而言，如果是太老的酒换瓶需要小心，以免将微弱的香气逸失。在台湾有将换瓶当成是种炫耀的意义，与酒是否需真正换瓶无太大关连。

DOC（Denominazione di Origine Controllata）-意大利特许酒：共有 230 产区可归类这等级。产量及品种必需符合法令要求。条件与法国 AOC 相近。

DOCG（Denominazione di Origine Controllata e Garantita）-意大利高等特许酒：除了达到 DOC 的要求外，并需送农业部审查。总共只有 13 种酒属于这个等级--Albana di Romagna； Asti and Moscatod' Asti；Barbaresco；Barolo；Brunello di Montalcino；Carmignano（红酒）；Chianti；Gattinara；Montefalco Sagrantino；Taurasi；Togiano Rosso（精选酒）；Vernaccia di San Gimignano 及 Vino Nobile di Montepulciano。

Domaine（Doh-mayn）-酒园：特指法国布根地地区，有些酒园可以和数个不同葡萄园有产制关系。

En Primeur-期酒：法国波尔多和布根地的高级酒，未上市之前均先以期货形式出售。本年收成的葡萄，酿制完成后，便会转到橡木桶陈年。在次年的春天，酒庄便以议定的价钱把酒卖给大盘商（negociant）。以后这些酒便会在市场上以期货方式买卖，直至两年后，酒才会陆陆续续上市，变成现货。以 1995 年的酒为例，期货开价在 1996 年，提货在 1998 年。如果在 1998 年以前买到 1995 年的酒，这些一定是次等酒，因为一级酒在橡木桶陈年时间为 18-24 个月。

Fermentation-葡萄酒发酵：葡萄酒发酵是葡萄中的糖分与酵母菌混合

而产生化学变化，衍生成成酒精和二氧化碳。理论上葡萄中的含糖量会影响酒精度。实际上高含糖量并不值得担心，因为当酒精浓度达到15%时，酒精会把酵母菌杀掉，一切发酵过程就此终止。只是当葡萄中的含糖量太低（寒冷地区常见）就需要用葡萄浆加糖等方式来协助发酵。发酵过程中的温度控制亦非常重要。红酒的发酵温度介乎20°C-35°C之间，高温的目的是要容易吸接皮和子中的单宁；白酒则在15°C-20°C中而发酵时间较长来收集果香。发酵方法有好几种，这里不详加介绍，只是发酵时葡萄汁一定要不停的转动。至于原颗葡萄发酵（carbonic maceration）乳酸发酵（malo-lactic fermentation），请见另文解释。

Fortified wine-加烈酒葡萄酒的一种：酿酒师在发酵完成前加入烈酒（波特）或发酵完成后才加入烈酒（雪莉）以提高酒精浓度。除了波特及雪莉外，还有马特拉（Madeira）亦是著名加烈酒之一。上等加烈酒需要陈年20年以上。

Kabinnett（Kah-bee-NET）-德国分级制QmP第5等：最基本的一等，葡萄在一般情况下采摘，自然含糖量须在67-85°Oe之间，并且成酒不得在同年出售。

Landwein-地区餐酒德文名称：始于1982年，比Tafelwein高一级的餐酒，与法国vin de pays同级。来自法定的17个产区，产区必须显示在酒标上。除了Sudbadischer及Unterbadischer两产的葡萄需要53°Oe，其他产区要求47°Oe。酿成的酒必定是不甜（trocken）或微甜（halbtrocken）。

Lees-沉淀物发酵时的沉淀物，主要是被杀死的酵母菌，有些白酒刻意保留它和白酒一起陈年一段时间，以增加香醇的风味。

Malo-lactic fermentation-乳酸发酵：乳酸发酵是葡萄酒制造过程中，酒精发酵后的第二次发酵过程，故意制造一些细菌来减低酒的酸度，借此把干涩的苹果酸软化成为乳酸。

Mise en bouteille（Meez ahn Boo-tay）-装瓶酒瓶上常出现一排字"Mise en bouteille au Chateau"法文的意思是"在本酒庄装瓶"。

Must-葡萄浆红酒制造过程中，将葡萄破皮后，葡萄汁与果肉混成泥状的葡萄浆。

Nouveau（Nuevo）-新酒：指酿好即可适饮的新酒，如薄酒来新酒"Beaujolais Noueau"。

New World -新世界酿酒的新兴国家：如美国，南非，澳洲……统称为新世界。

Phylloxera（fil-LOX-er-rah）-根瘤蚜虫：葡萄树最大的天敌，曾在

1860–1870 年间造成法国葡萄园空前浩劫，几乎摧毁全部的葡萄园。

Qualitatswein mit Pradikat –简称 QmP，德国一级酒：指德国特许酒中的一级酒，其中再以葡萄含糖量（°Oe）分五等，分别是 Trockenbeerenauslese Beerenauslese，Auslese，Spatlese 和 Kabinette。此外再加上较特别的一员–Eiswein。有关各等级及°Oe 见另文。这等级的葡萄必须来自同一产区，葡萄品种及产区均要注明在酒标上，并且不许任何加糖行为。

Racking（同 FILTERED，FINED）–滤清制酒过程中，以连续换桶的方式清除滓渣的澄清过程。

Remuage–转瓶传统方式酿制成的香槟酒，大量沉淀物残留在酒中。将酒瓶放在特制的架子，利用人手或机器不停转动些微倾斜的瓶子，使残渣积聚在瓶顶，再用冷冻方式除渣。

Reserve–精选：新世界酒厂都喜欢在酒标上加上“精选”。无可否认，某些酒厂的精选酒比普通酒好上很多，美国蒙岱维就是其中之一。但是滥竽充数者更多。

Residual sugar–余糖发酵后余下的果糖。直接影响酒的甜度，通常甜白酒才有余糖。

Second wine–副酒或称二军酒：兴起于 80 年代。波尔多酒庄为保持正酒的水准，较次的葡萄都用来酿制副酒以免浪费。在大丰收年份，为了控制产量，正酒也许会挂副酒名义出售，实行大放送。

Sommelier（Soh–mell–yay）–侍酒师高级餐厅中，提供客人点酒参考意见和服务的专业人员，必须经过严格的考试才能取得正式执照。

Spumante（Spoo–MAHN–tay）–汽泡酒意大利文名称：如“Asti Spumante”。Spatlese–德国葡萄酒等级 QmP 第四等：最基本的晚摘甜酒，自然含糖量须在 76–95°Oe 之间，成酒不得在酿酒后的次年 3 月前出售。

Tafelwein–基本餐酒德文：即法文的 vin de table，酿酒葡萄必须来自指定的四大产区–Rhein–Mosel，Neckar，Bayern 及 Oberrhein。除了后者所产的葡萄需要 50°Oe，其他产区要求 44°Oe。

Tannin–单宁：化学物质，在酿酒的过程之中，从葡萄皮和葡萄梗中所释放出来的物质。通常单宁会使得酒有干涩的口感，单宁高的酒，方可以长时间的陈年。但值得注意的是希哈葡萄酿的酒并不太干涩，却很能陈年。

Terroir（Tehr–wahr）–自然条件法文原义是土壤或地域的意思，引申为对葡萄的成长造成影响的自然条件，包括土壤的成分、地质、天气等。

Trocken（TROCK–en）–德文“干”白酒的意 Trockenbeerenaulese–德国葡

萄酒等级 QmP 第 1 等 Trocken：即干、不甜的意思，却来形容很甜的酒，似乎莫名其妙。其实 Trocken 是指葡萄被富贵霉侵蚀后变干的状况。自然含糖量须在 150-154°Oe 之间。虽然所含糖分有潜力酿成 21.5%的酒精比例，但酒的实际度数只有 8%，多余的糖变成潜糖，所以酿成的晚摘甜酒极甜。只有特佳的年份才会有这种酒。

Vin de Pays-地区酒即法国高级餐酒：比 Vin de Table 高一级，为了使酒更有公信力，提高出口，1979 年法国定了 Vin de Pays 制度。符合这个等级的酒必须注明产地，由法定葡萄酿制而成，每公顷葡萄园只能生产 80-90 公石的酒及有容许酒精浓度，硫磺度以至酸度。

Vin de Table-法国餐酒：法国酒的最低等别。没有别特的规限，只是葡萄浆不许加糖及每公顷葡萄园不能生产超过 100 公石的酒。

Vintage（VIN-tij）-年份葡萄生长采收的年份。

Vitis Vinifera（Vee-tis Vi-NIFF-eh-ra）-欧系葡萄指欧系葡萄品种，如比诺瓦、莎当尼、苏维翁、梅洛等。

第二章　相逢相识方相知

酉旁生僻字与词

酐（gān 甘）〈名〉酸酐的简称。

酎（zhòu 昼）〈名〉复酿的醇酒。

酌（zhuó 浊）酌献〈动〉以酒敬客或献神。

酏（yì 夷，又读 yǐ 以）
〈名〉酿酒用的薄粥，清而甜。

酝〔醖〕（yùn 运）酝酒〈动〉酿酒。
酕醄（máo 毛）〈形〉大醉的样子：~大醉。

酗（xù 序）〈动〉沉迷于酒；发酒疯。
酗讼〈动〉因酗酒而致争讼。
酗酒〈动〉滥饮酒；撒酒疯。
酗蓄〈动〉酒醉发怒。
酫（qiāng 枪）
〈名〉藏族人常喝的一种青稞酒。

酔 同“醉”。

酘（dòu 豆）〈动〉酒再酿。

酖（dan 丹）〈动〉嗜酒。

酣（hān，旧读 hán 寒）〈形〉本指饮酒尽量尽兴。
酣兴〈动〉饮酒畅兴。
酣饫〈形〉酒足饭饱。
酣饮〈动〉畅饮；尽兴而饮。
酣纵〈动〉纵酒。
酣谑〈动〉饮酒戏谑。
酣觞〈动〉纵饮。
酣湑〈动〉畅饮极乐。

酣奭〈动〉奭，盛大。谓纵饮。

酣中客〈名〉沉迷于酒的人。

酤（gū 姑）①〈名〉酒。②〈动〉通“沽”。买酒；卖酒。

酢（zuò坐）①〈动〉客人以酒回敬主人：酬~。②〈名〉谢神的祭祀。

酢（cù 促）败〈动〉酒酸坏。

酢爵〈名〉宾客向主人回敬酒时所用的爵。

酡 同“酡”。

酳 同“酗”。

酡（tuó 驼）〈形〉饮酒后脸发红：~颜。

酦〔醱〕（pō 坡）〈动〉酒再酿。

酦醅〈名〉未滤的重酿酒。

醳〔醳〕（yì 意）①〈名〉酒。②〈动〉酿酒。③〈动〉颁赐酒食：飨士大夫，~兵。（《史记》）

酩（mǐng）→酩酊。

酩酊〈形〉亦作“茗艼”。大醉的样子：~大醉。

酪（lào 涝，读音 luò 洛）

酪酒〈名〉用乳酪制成的酒。

酬〔酧、詶、醻〕（chóu 愁）〈动〉劝酒；敬酒：~酢。

酬酢〈动〉主客互相敬酒。主敬客叫“酬”，客还敬叫“酢”。后泛指应酬交际。

酧“酬”的异体字。

醲〔醲〕（nóng农）①〈形〉酒烈。②〈形〉通“浓”。厚。

醲郁〈形〉即浓郁。

酵（jiào 叫）〈动〉发酵。

酽〔釅〕（yàn 厌）〈形〉汁液浓厚。

酺（pú 菩）〈动〉聚会饮酒。

酺宴〈名〉亦作“酺燕”。皇帝赐臣民的宴会。

酾〔釃〕（shī 诗，又读 shāi 筛）①〈动〉滤酒。②〈动〉斟酒。（lí 离）〈名〉薄酒。

酲（chéng 成）〈形〉酒醒后困惫如病状。

酴（tú 图）〈名〉酒曲。酒母。

酴酒〈名〉酒酿。

酴酥〈名〉即屠苏酒。

酴醾〈名〉重酿的酒。

酹（lèi 泪）〈动〉把酒洒在地上表示祭奠或起誓。

酿〔釀〕（niàng）①〈名〉酒：佳~。②→酒酿。

酳（yìn 印）〈动〉食毕用酒漱口。

醆"盏（盏）"的异体字。酒微清而浊。

醄（táo 逃）→酕醄。

醇〔醕〕（chún 纯）〈形〉指酒质厚：~酒。

醇醲〈形〉酒厚。

醇碧〈名〉味醇色碧之酒。

醇醨〈形〉酒味的厚和薄。

醇醪〈名〉美酒。

醇醴〈名〉味厚的酒。

醇酒妇人〈熟〉美酒和女色。

醉（zuì 最）醉侯〈名〉嗜酒量大之人。

醉墨〈名〉醉中所作的书画。

醉酒饱德〈熟〉德，指恩惠。感谢主人款待之辞。见《诗经》。

醅（pēi 胚）〈名〉未经过滤的酒。

醁（lù 路）→醽醁。

醊（zhuì 坠，又读 chuò 绰）〈动〉祭奠。

醐（hú 胡）→醍醐。

醍（tǐ 题）→醍醐。红酒。

（tǐ 体）〈名〉浅赤的清酒。①醍蝴〈名〉用牛奶熬炼出的精华。②〈名〉指美酒。

醍醐灌顶〈熟〉用醍醐浇到头上。佛教比喻灌输智慧，使人彻悟。

醞“酝”的繁体字。

醒 醒酒花〈名〉牡丹的别名。

醜“丑”的繁体字。

醓 (xi 西) 同“醯”

醕“醇”的异体字。

醝（cuǒ 搓）〈名〉白酒。

醓（tǎn 坦）〈名〉肉酱。

醑（xǔ 许）〈名〉美酒。

醢（hǎi 海）魚肉酱。

醠（àng 盎）〈名〉清酒。

醨（lí 离）〈名〉薄酒。

醡（zhà 诈）〈名〉醡酒的工具。

醩（zāo 遭）同“糟”。

醥（piǎo 瞟）〈名〉清酒。

醪（láo 牢）〈名〉浊酒。汁渣酒。

醰（tán 谈）〈形〉醇厚。

醰醰〈形〉醇厚。

醭（bù 布阳，旧读 pú 菩）〈名〉霉斑。

醮（jiào 叫）、〈名〉古代冠礼和婚李中用酒祭神的仪节。

醯（xī 西）

醯醢〈名〉醋和肉酱。

醵（jù 巨）〈动〉凑钱饮酒。

醴（lǐ 礼）〈名〉甜酒。一宿酒。

醴齐〈名〉甜酒。

醴醪〈名〉浊酒。

醷 (yi 意) 名梅浆。

醻“酬”的异体字。

醹（rú 如）〈名〉醇酒。

醺（xūn勋）〈形〉酒醉貌：微~。

醼“宴”的异体字。

醽（líng 零）→醽醁。

醽醁〈名〉亦作“醁醽”“绿酃”。酒名。

釂（jiào 叫）〈动〉尽饮；干杯。

釀“酿”的繁体字。

醾（mí 迷）→酴醾。

醿 同“醾”。酒本。

釃“酾”的繁体字。

釅“酽”的繁体字。

醿 同“醾”。

莤（yong 永）〈动〉酗酒。

醕 chun 醇

与酒相关僻字词

䰨 xei（撷）

豳bin（滨）

泲 ji(挤)

扃 jiong（窘）

牖 you（友）

斝 jia（甲）

奭 shi (室) ①盛大；②恼怒；③涣散

贳 shi （室）①出赁；出借。②赊欠。

兕shi（寺）

笾豆：盛食品的竹器、木器皿。

斝：古代三角青铜酒器。

喌（zhou）:人唤鸡声。

黄封：官酒。

元鬯：醇酒。

上尊（chang)：糯米酒。

中尊：稷米酒。

下尊：稷米酒。

元酒：明水。

四酎 zhou（昼）：四重酿。

元酒：玄酒，水。

醴：醴齐，甜儿。

醆：盎齐，法酒。

粢醍：醍齐，浅赤酒。

澄：沈齐，淡酒。

拙雅藏露异名殊

——酒的别称

源远流长酒文化。酒名：透香。别名：雅号。更是耐人寻味，韵味意境深长。

【黄流】出于《诗·大雅·旱麓》中“瑟彼玉瓒，黄流在中”的句子，旧时七大夫熟读四书五经，都知黄流即为杯中物。

【般若汤】佛教徒用的隐语。据说唐代长庆年间，有一游僧到一寺庙诵经，叫寺里的待者沽回酒来，被寺僧将酒瓶掷向柏树，瓶碎，这游僧说：“我诵《般若经》，要喝一杯酒，便声音嘹亮。”将瓶拼合，收回泼出的酒，几口入肚。般若汤之名由此而来。中国佛教协会主席赵朴初先生曾题词“香醇般若汤”。

【曲生，曲秀才】来源于《开天传信记》中的神话故事，唐代一道士叶法善与一群官员相聚，大家正想喝酒时，突进一年轻少年，自称曲秀才，高声谈论，许久站起来，如风一般不见人影，法善以为是妖魅，等曲生又来时，用小剑刺他，此生却化为酒瓶，美酒盈瓶，其味甚佳，坐客皆醉。后以“曲生”或“曲秀才”作为酒的名称。

【黄醅】唐白居易《尝黄醅新酎忆微之》诗：“世间好物黄醅酒，天下闲人白侍郎。”宋陆游《山园杂赋》诗之二：“赖有黄醅法，终年任醉醒。”

【黄酾】苏曼殊《断鸿零雁集》第二十六章：“惜吾二人不能痛饮，否则将此蟹煮之，复人村沽黄酾无量，尔我举匏樽以消幽恨。”明月倾辉，美酒飘香，把杯弄盏，品味雅名，酒也就越饮越醇厚了。

【百药长】《汉书》：“王莽诏曰：‘酒者，百药之长。’”

【天禄】《汉书·食货志》：“酒者，天之美禄。”又《清异录》：“王世充僭号，谓群臣曰：‘所以辅朕和气者，惟酒功耳，宣封天禄大夫。’”

【欢伯】《焦氏易林》：“酒为欢伯，除忧来乐。”

【天乳】《春秋纬》：“酒者，乳也。王者法酒旗以布政，施天乳以哺人。”

【黄娇】《广韵藻》：“段继昌好饮，家甚贫，以钱遗之者尽送酒家，名酒曰‘黄娇’。盖关中以儿女为阿娇，故以此况之也。”

【红友】《鹤林玉露》："常州宜兴县黄土村，东坡南迁北归，尝与单秀才步田至其地。地主携酒来饷，曰'红友'也。"

【玉友】《百家诗序》："刘跂字斯立，名酒为玉友，仍为作传。"

【三友】《酒而雅》："三友者，乐天以诗、酒、琴为三友。今人指三友为酒，音同之讹也。"按友，音同酉。

【里牵绵 水绵袄】《留青日札》："北人名酒曰'里牵绵'，又曰'水绵袄'。"

【杯中物】《山堂肆考》："晋吴衍断饮。阮宣以拳殴其背曰：'老癖痴汉，忍断杯中物耶？'"

【太和汤】邵雍《无名公传》："性喜饮酒，尝命之曰'太和汤'。"

【米汁】《酒史》："苏晋尝得绣弥勒佛一本，宝之，曰：'是佛好米汁，与吾性合。'"

【玉井秋香】《续曲洧旧闻》："酒名玉井秋香。"

【索郎】《真率斋笔记》："试莺家多美酝。试莺不善饮，时为宋迁索取。试莺恒曰：'此岂为某设哉？只当索与郎耳！'因名酒曰索郎。后人谓索郎为桑落，反音，亦偶合也，恐非本指。"

【翠物】《表异录》："唐诗'翠物喜盈斟'，翠物字奇。"

【含春王】《清异录》："冯翊酒家门额书曰：'飞空却回顾，谢此含春王。'字末大书'酒也'。"

【流霞 琬液 琼苏】《谢华启秀》："流霞，酒也。"又"琬液、琼苏俱酒名"。

【瓮头春】《山堂肆考》："唐人名酒以春，如松醪春、竹叶春、梨花春、瓮头春是也。"

【抛青春】《坡诗注》："韩诗：'百年未满不得死，且可勤买抛青春。'唐人名酒多以春，抛青春，酒也。"

【醴泉侯】唐子西《陆谞传》："谞方青州为从事，壶商等荐之。上使壶子持节召谞至，拜光禄勋，封醴泉侯。"

【甘液】秦少游《清和先生传》："姓甘，名液，字子美。"按谓酒也。

【白堕】《野客丛书》："文人有因其人遂为事用者，如东坡诗'独对红蕖倾白堕'。白堕，造酒者，江东人，姓刘。或因其能造酒，遂为酒名。"

【麹生】《唐开元记》："叶法善居玄真观。尝有朝士谐之，解带思酒。忽有一美措大傲睨直入，称麹秀才。叶疑其非人，以飞剑击之，应手堕地，忽化瓶榼。中有美酝，咸笑饮之，其味甚佳。同坐曰：

"'麴生风味，不可忘也。'"

【麴世界】《清异录》：释法常嗜酒。尝醉熟寝，觉即朗吟曰："优游麴世界，烂熳枕神仙。"

【麴先生】张安国《椰子酒诗》："道傍麴先生，风味固自佳。"

【麴道士】陆游《初夏闲居诗》："瓶竭重招麴道士，床空新聘竹夫人。"

【麴君】陈师道诗："风味如麴君。"

【甘波】杨赋："酒不可甘，甘之则沉。吾命酒曰'甘波'。"

【缥蚁】张载《酒赋》："缥蚁蓱布，芬香酷烈。"

【忘忧物】陶潜诗："泛此忘忧物。"

【壶中物】张祜诗："唯是壶中物，忧来且自斟。"又名樽中物。

【神圣物】白居易诗："赖有杯中神圣物。"又名贤圣物。

【绿蚁 香蚁 玉蚁 春蚁 芳蚁】骆宾王诗："离樽绿蚁空。"又韦庄诗："香蚁且同斟。"又方岳诗："春瓮贮冰摇玉蚁。"又范成大诗："瓮头春蚁生。"又李诗："行庆传芳蚁。"

【酉圣】白居易诗:"麴神日合，酉圣卯时欢。"

【祸泉】《清异录》："酌于杯，注于肠，性昏志乱，胆胀心狂，一言避之曰祸泉。"

【狂药】《山堂肆考》："孙季舒尝与石崇酣饮，傲慢过度，崇欲表免之。裴楷谓崇曰：'饮人狂药，责人正礼不亦难乎？'"

【钓诗钩 扫愁帚】苏轼《洞庭春色诗》："应呼钓诗钩，亦号扫愁帚。"按洞庭春色，酒名也。

【玉浮梁 浮蛆 玉蛆】《清异录》："旧闻李太白好饮玉浮梁，不知何物。余得吴婢，使酿酒，因促其功，答曰：'尚未熟，但浮梁耳。'试取一盏至，则浮蛆酒脂出。乃悟术白所饮盖此耳。"苏轼诗："浮蛆滟金碗。"又"桑落初尝滟玉"。

【缸面】《法书要录》："江东云缸面，犹河北称翁头，谓初熟酒也。"

【浮蚁】《文选》："浮蚁鼎沸。"言酒初开，其浮蚁如鼎之沸也。

【鹅黄】杨廷秀《生酒歌》："瓮头鸭绿变鹅黄。"按鹅黄，用杜诗"鹅儿黄似酒"之意。

【快活汤】《清异录》："当涂一种酒，麴皆发散，药既不久，醉又无肠滞之这患，人号曰'快活汤'，士大夫呼'君子汤'。"

【太平君子】《清异录》："穆宗临芳殿赏樱桃，进西凉州蒲萄酒。帝曰：'饮此顿觉四体融合，真太平君子也。'"

【青州从事 平原督邮】《世说》："桓温有主簿善别酒，好者谓青州从事，恶者谓平原督邮。青州有齐郡，平原有鬲县。从事到脐，叔邮住鬲。"

【杜酒】《野客丛书》："俗有杜田、杜园之说。杜之云者，犹言假耳。如言自酿薄酒，则曰杜酒。此正与杜撰之说同。"

【濩倒】陈造诗："山瓶余濩倒，僧字谒伊蒲。"注："村人以野酿为濩倒。"

【养生主 齐物论 金盘露 椒花雨】《山堂肆考》："宋唐子西名酒之和者曰'养生主'劲者曰'齐物论'。杨诚斋名酒之和者曰'金盘露'，劲者曰'椒花雨'。"

【顾建康】《南史顾宪之传》："元徽中为建康令，甚得人和。故都下饮酒者，醇旨辄号为'顾建康'，谓其清且美焉。"

【黄封】苏轼诗："倦游怜我忆黄封。"按黄封，内酝也。

【若下】白居易诗："两瓶若下新开得，一曲霓裳新教成。"按邹阳《酒赋》："程乡若下。"盖酒名也。

【白玉腴】韩驹《还朝饮酒诗》："内酒均颁白玉腴。"

【软饱】《冷斋诗话》："南人谓饮酒为软饱。东坡诗：'三杯软饱后。'"

【浇书】陆游诗："浇书满饮浮蛆瓮，摊饭横眠梦蝶床。"注："东坡以晨饮为浇书，太白以午睡为摊饭。"

【上顿】宋明帝《文章志》："王耽嗜酒，一醉或连日不醒，自号上顿。时以大饮为上顿，起于耽也。"

【婪尾】《仇池笔记》："以酒巡匝，末坐者连饮三杯，为婪尾酒。"一作蓝尾。

【河朔饮】《典略》："袁绍三伏酣饮，以避一时之暑。故河朔有避暑饮。"

【瓮精】《清异录》"螺川人何昼薄善饮酒，人以瓮精诮之。"

【觞政】《说苑》："魏文侯与大夫饮酒，使公乘不仁为觞政，曰：'饮若不尽，浮以大白。'"

【卷白波】《事始》："古者酒令名卷白波，起于东汉擒白波贼如席卷敌。酒席言之，以快人心也。"

【席纠】《类说》："凡饮，以一人为录事，以纠坐人，谓之席纠。"

【瓯宰觥录事】《表异录》："酒纠，监令也。亦名宰，亦名觥录事。"

【觥筹狱】《清异录》："荆南节判单天粹性耽酒，日延亲朋，强以巨觥，多致狼狈。时戏语曰：'单家酒筵乃觥筹狱也。'"

【幸酒】《汉书·成帝纪》：“其后幸酒燕乐。”注：“好酒也。”

【中圣人】《魏志》：“徐邈为尚书郎。时方禁酒，而邈私饮至醉。”校尉曹达问以曹事，邈曰：“中圣人。”达白太祖，太祖大怒。鲜于辅曰：“醉客谓酒清者为圣人，浊者为贤人。邈性修慎，偶醉言耳。由是行免。”

【玉山颓】李公择《大醉诗》：“不肯惺惺骑马回，玉山知为玉人颓。”

【饮储】《类说》：“下酒物谓之饮储。”

【酒母 酒教】《说文》：“麹亦作酴，酒母也。”《事物绀珠》：“麹又曰酒教，《方言》曰𪍿。”

【酶】《正字通》：“《周礼·媒氏》注：‘齐人名麹曰媒。’”又“媒或作酶”。

【䴽】《正字通》：“幽州谓麹曰䴽。”

【酒滓】《说文》：“糟，酒滓出。”

【酪母】《集韵》：“酒滓谓之酪母。”

【酒骨】《清异录》：“酒骨，糟也。”

【拗陇】《庶物异名疏》：“拗拢，筹也，酒律也。”按酒律即今酒签。

【望子】《单铅总录》：“沽酒者，悬帜谓之帘。”《唐韵》“帘”字注云：“酒家望子，一名旗。”

【兰生】汉武帝旨酒。

【玉薤】隋炀帝旨酒。

【醽醁】唐·魏征酿。

【翠涛】唐·魏征酿。

附 《说文解字》有关酒及文字解释（东汉·许慎）

东汉的许慎，在其所著的《说文解字》中对酒字作出的解释，不难看出酒在当时的丰足与制作水平的精细。他说：“酉，就也，八月黍成，可为酎酒，象古文酉字形，凡酉之属皆从酉。酉卯，古文酉，从卯，卯为春门，万物已出。酉为秋门，万物已入，一闭门象也。”“酒，就也，所以就人性之善恶，从水从酉，酉亦声一曰造也，吉对酒的释。他对不同的酒，作了不同的记述。例如：“醪，汁滓酒也，从酉翏声；醹，厚酒也，从酉需声，诗曰：“酒醴惟醹，醠，浊酒也，从酉盎声；醲，厚酒也，从酉农声。”分辨酒的字也少了，例如："酷，酒味厚也，从西告声；醰，酒味苦也，从西覃声。"形容酒色的有："䤈，酒色也，从西市声；配，酒色也，从西巳声；䤋，酒色也；"酌，盛酒行觞也，从西勺声；醮，冠娶礼娶，从西焦声，诗曰：公尸来燕醺醺；酩，酩酊醉也，从西名声。"与制作酒有关的字，如"酿，釀也，作酒曰酿，从西襄声。"与有关的职业也作解释，例如："医，治病工也，殹恶姿也，医之性然得酒而使人西。许慎在《说文解字》中，有酒关的字，共解释了七十五个。说明汉代时对酒的认识加宽了，运用广泛了，制作复杂了，分类具体了，一句话，酒向前发展了。

中國酒文化大典

周卫东题

名誉主编　王震宇

主　　编　周卫东

下部

东方出版社

樽倾艺茂

（一）

第一章　酒酣艺妙音绕梁

——曲艺与酒

我们在日常生活中经常与酒相伴，艺术反映生活自然也离不开酒。同时，艺术也丰富和推动了酒文化的发展。中国的酒文化，历史悠久，中华民族的各类文学艺术形式，莫不浸润其中，散发着浓郁的醇香；我国的戏曲艺术、杂技艺术、曲艺艺术，自然也浸润其中。正可谓酒润艺茂，艺苑吐芳。

在曲艺艺术中，酒被写进演唱脚本更是屡见不鲜。例如长篇西河大鼓书《呼家将》，写酒多达40余处。

酒在戏曲中也是不可缺少的构成因素。在戏曲舞台上，几乎每本戏都有设宴饮酒的场景。

曲艺是一种说唱艺术，历史久远，它萌芽于先秦，形成于唐，兴盛于宋，而后历经元、明、清几代，完成了由古代曲艺向现代曲艺的转化，一些曲种最终固定其名，如评书、相声、大鼓、时调、道情、莲花落、牌子曲、弹词等。

在各类曲艺艺术中，有一个广受群众喜爱的曲种，就是评书——北方称评书，南方称评话。在传统评书中，关于酒的描述非常多。酒在评书中的功能，不只是一种普通的饮品，酒对人物的刻划，气氛的烘托，情节的推动，都起着重要的作用。因此，我们可以认为，如果没有酒的存在，那么一些文学艺术作品中的精彩片断，如传统评书《三国演义》里的“温酒斩华雄”、“青梅煮酒论英雄”；《水浒传》里的“智取生辰纲”、“武松打虎”、“醉打蒋门神”等以及戏曲中的《贵妃醉酒》、《鸿门宴》、《望江亭》等，也就不复存在了。

长篇西河大鼓书《呼家将》中有一章节，说的是临潼关节度使童治国是当朝太师庞文的门生，六月初六是佞臣庞文的寿日，童治国为给庞文祝寿，搜刮民财不计其数，装满了15辆大车。寿礼不但有金银财宝，还有庞文视为仇家的两个仇人：一位是呼延庆之母王金莲，一位是呼延平之母崔玉蓉。两位老夫人被囚车中，也要被押解进京。途中经昌平寨，因天色已晚，住进冯家店。住店之后就有多处写酒。其中两处描写非常精彩。一处描写因当时是在初春，一早一晚天气还是很凉，负责押车的两个头目毛三和苟四躲到屋里喝酒暖和去了。书中是这样描述的：

童治国等人来到了东敞棚。那些车夫们因为毛三、苟四都上北屋去暖和了，这敞棚里八面透风，呆得时间长了，冻得够呛。一个个的也都去找背风的地方，仨一群俩一伙地暖和去了。敞棚里可就剩下两辆囚车和15辆银子车啦！童治国一看，棚里连一个守车的人都没有，可把他气坏了！回头叫："中军，今夜是谁在此守候车辆？"

中军说："由毛三、苟四两个头目看管。"

中军四下一看，只有北屋亮着灯，就来到了北屋。

这时苟四对毛三说："毛大哥，这会儿咱们官星高照，是咱两祖坟风水好，也是咱哥们福气大，叫福催的到东京。你弄个千总，我弄个百总当当，那多神气！"

"咱押车有功，那还用说？喝！"

中军这时进来了，说："别喝了，元帅叫你们俩快去，说你们俩辛苦了，要给你们俩赏钱。"

这两小子一听信以为真，忙从北屋来到了东敞棚，见童治国和众将都在，他俩急忙上前施礼："参见元帅！"

童治国一看这两小子喝得醉醺醺的，气就不打一处来。说："今夜看守车辆的是你们俩？"

"正是小人。"

"你们近前来！"

这两小子一听心里高兴，以为元帅要给赏了，连忙往前一凑，童治国把巴掌伸开，狠狠地给毛三、苟四一人一个大嘴巴子。打得这两小子眼前金星乱蹦，鼻子嘴里往外蹿血，跟着脸就肿起来了。这会儿，这两小子可真成了千肿（总）百肿（总）啦！这一下子把那酒劲儿也给打没了，忙喊："元帅饶命！"

这一段描写，并没有直接写喝什么酒，怎样喝酒，只用了"醉醺醺"这个词表现了毛三、苟四酒已过量。而且酒后吐真言，"一个千总一个百总"，说明了小人物对升迁的强烈欲望。而童治国惩治毛三、苟四，并不能说明他执法严，而是他害怕银子车和囚车被劫，而无法献媚于庞文。从另一方面讲，说书人运用了"千总百总"和"千肿百肿"的谐音，无疑增添了表演的诙谐。这个诙谐就源于醉人醉语。

还有一处写酒，也有独到之处。被囚的王金莲的公公，就是双王呼延丕显，曾救过冯家店女主人冯秀英一家的性命。冯秀英和丈夫田满江要搭救囚车之中的王金莲和崔玉蓉。看守囚车的毛三、苟四因挨打，就再不敢离开东敞棚了。冯秀英想，要搭救二位老夫人，就必须先把毛三、苟四处置了。于是想出一计，先用酒把毛三、苟四灌醉，再行动手。书中是这样描写的：

(唱词)冯秀英面带笑容唱道：“老总不知听分明。我丈夫就是这店主，我的名叫冯秀英。皆因元帅住了店，里里外外他照应。俺这店里人手少，顾了西来顾不了东，这就叫一人难称百人意，一堵墙难挡八面风。他光去伺候大元帅，慢待了各位理不通，当家的方才对我讲，各位老总在敞棚。天到这晚未用饭，敞棚没墙不挡风。叫我拿来两瓶酒，先叫各位喝几盅。还有牛肉和鸭蛋，请各位用饭把饥充。”她放下灯笼打开食盒盖，从里边取出酒两瓶。两小子一见有好酒，好似馋猫闻着腥。伸手接过酒瓶子，两人一人分一瓶……两小子拧开瓶子盖，咕冬冬一口气喝了有半瓶。又喝酒来又吃肉，不一会两个小子头发蒙。说话开始舌头短，哩哩罗罗说不清：“你的心眼真是好，知冷知热把我们疼……”冯氏仍然把酒劝，把两小子灌得醉酩酊……毛三、苟四已大醉，真和死狗一般同……

显然，此处酒的描写，与方才酒的描写大不相同。虽然两处的酒都是饮品，都能起到御寒的作用，但此处的酒又多了一种“功能”，酒成为了一种“工具”——用以救人的“工具”。或者说是一种“兵器”，而这种“兵器”与刀枪棍棒比毫不逊色。通过《救恩人夫妻起计谋，送酒肉秀英灌头目》这一回书的演唱，表现出了冯秀英的知恩图报和足智多谋。另一方面，也刻画出了毛三、苟四的愚蠢和贪婪。

传统评书《兴唐传》中，也有多处写酒。其中有一段《贾家楼同心结兰盟，秦叔宝重义撕龙票》。说的是秦叔宝的母亲六十寿辰，各路英雄纷纷前来祝寿。秦叔宝在贾家楼宴请众英雄。当时魏征、徐茂公、程咬金等人想再劫皇杠(皇杠即皇纲)。善用心机的徐茂公怕众英雄心不齐，难以成功，于是就有了下边的场景：

……酒菜上来，秦琼拿起了酒壶说：“众位兄弟们，我斟这一轮，就算我谢席了。”说完斟了一轮酒，端起杯来说：“诸位请酒吧！”大伙说：“请！喝着喝着！”大家是酒过了三巡，菜过了五味，忽然徐茂公站起来说：“诸位兄弟们，我请问大家，要没有秦老太太这六十整寿，咱们山南的、海北的、河东的、河西的、天下各处的，能不能欢聚一堂啊？”“那如何能够呢！”“如此说来，这可叫千载难逢的盛事啊！”“这话不假。”

> “有道是千里有缘来相会。想众位兄弟，也有官门之后，也有绿林英雄，也有公门中人，虽然身份不同，可是我们个顶个都是除暴安良、顶天立地的好汉子。又何况意气相投呢！咱们何不学学古人，也来个‘桃园结义’，歃血为盟，结为异姓兄弟呢？今后大家生死相救，患难相扶。众位弟兄意下如何？”秦琼说：“哎呀，这正是我日夜盼望的事情。单二弟，你看怎样？”单雄信说：“好哇！单某心甘情愿。众位兄弟，还有不乐意的吗？”众人异口同声：“好！好！赞成！赞成！”其中也有一半不大乐意的，可是见大伙如此热心，也就随声附和了。徐茂公说：“好！咱们这酒等会再喝。”他叫茶房备好了香案，摆好了供品，点燃了香烛。大家就顺次跪倒了。徐茂公跪在案前，说：“今有徐茂公……”以下大家各报自己的姓名。接着徐茂公又说：“我等三十六人，只因意气相投，于山东济南府贾家楼，歃血为盟，誓结金兰。今后，祸福相共，患难相扶，如有异心，天神共鉴。”大家听罢一齐磕头。这时，徐茂公叫人端过一铜盆黄酒，大家纷纷过来刺臂出血，滴入酒中。先各饮了一杯血酒，然后才各叙年庚。魏征居长行大，秦琼行二，徐茂公老三，程咬金老四……排到末一个是罗成。这算是三十六友金兰结拜……磕完了头，秦琼说：“这咱们都成了一家的兄弟了，又多一份的亲近啦！”徐茂公说：“咱们可以痛饮了，弟兄们，多喝几杯吧！”大家听了各就各位，重整杯盘，再上酒菜，二次里饮酒。大家说着喝着，欢天喜地。

在这段里，酒三次出现。虽然第一次出现的酒和第三次出现的酒同为祝贺之酒，但是又不尽相同，第一次饮酒为祝贺秦老太太六十大寿，第三次饮酒又多了一种祝贺的成分，为“三十六友义结金兰”而开怀畅饮。而第二次出现的酒，却另有一番意义，三十六友刺臂滴血于酒中，也就成了血酒。在曲艺作品中，一般说血酒有两种概念，一是意志和决心的反映；二则是歃血为盟。把多人的血溶于一盆酒中，象征着血脉的交融。三十六友饮了血酒，朋友变成了兄弟，关系也就发生了质的变化，为以后故事的发展，打下了伏笔。

“武松打虎”的故事，几乎妇孺皆知，但大多数人不是因为看了小说《水浒传》才知道这个故事的，而是通过听评书或听戏知道的。“武松打虎”一段的曲艺表演有评书、快板书、二人转等。在这里武松打虎的动力是酒，倘若没有武松的豪饮，或许就不会有武松打虎的故事了。

历史上说评书《水浒传》的艺人不计其数，出类拔萃者当推两人，即前人柳敬亭和今人王少堂。

柳敬亭（1587－1670年）是明末说书艺人。他曾在军中说书，因其演技高超，本人身世又有传奇色彩，当时有许多文人为其作传。如黄宗羲作《柳敬亭传》。关于柳的表演，张岱的《陶庵梦忆》中记载：“余听其说《景阳岗武松打虎》白文，与本传大异。其描写刻画，微入毫发，然又找截干净，并不唠叨。勃尖声如巨钟，说至筋节处，叱咤叫喊，汹汹崩屋。武松到店沽酒，店内无人，蓦地一吼，店中空缸空瓮皆瓮瓮有声。闲中着色，细微至此。”这一记载中的“与本传大异”，说明柳敬亭在表演中有了很大的发挥。如“武松到店沽酒，店内无人”，就与原著大相径庭。小说《水浒传》中写：“武松入到里边坐下，把梢棒倚了，叫道：‘主人家，快把酒来吃。’只见店主人把三只碗，一双箸，一碟热菜，放在武松面前，满满筛一碗酒来。”而柳敬亭在表演时说“店内无人”，这一发挥极其巧妙，因为店中无人，武松才吼，而吼声如洪钟，震得酒缸瓮瓮有声，同时也震得酒家胆战心惊，才破了“三碗不过岗”的规矩，一连送上18碗酒（小说中写15碗酒），为武松醉上景阳岗做了充分而又细微的铺垫。另有传说柳敬亭在表演“武松打虎”时，真喝一点酒，使自己有些朦胧醉意，人物刻画就更栩栩如生了。尽管这只是一个传说，但足以说明听众对这位大说书家推崇备至。

当代评书家王少堂，就以演说《水浒》著称。尤擅说《水浒》中的4个十回：武（松）十回、宋（江）十回、石（秀）十回、卢（俊义）十回。根据他表演记录整理的评书《武松》一书，计83万字。他在演说《武松》时，多次表演武松饮酒，如在景阳岗，在十字坡，在兄长武大郎家……其中的“武松打虎”、“武松醉打蒋门神”等格外精彩。

“武松打虎”一段，其他曲种的表演也极为出色。山东快书“高派”创始人高元钧、快板书创始人李润杰及其弟子张志宽都表演过《武松打虎》。其中“饮酒”一段叙说非常生动。如武松和酒家的一段对话：

酒家，我问你几碗不过岗？

啊，这是三碗不过岗。

我喝了几碗啦？

您前两碗、后两碗、左两碗、右两碗、又端两碗、又送两碗、又拿两碗、又捎上两碗……一共十八碗啦！

我上身不摇。

您真能饮！

我下身不晃。

您真是海量！

你那“三碗不过岗”的幌子呢？

我不是摘下来放在这了嘛！

取笑了。幌子照挂。算帐！

这段对话把武松这个人物刻画得活灵活现。此时的武松已有醉意，但武松却说自己“上身不摇”“下身不晃”，这完全符合醉人的性格。因此，当酒家告知景阳岗上有虎时，武松就不相信了。武松直到进了山口看到县衙的告示，方知山上真有猛虎，但已夸下海口，无颜返回，才有了“打虎”的故事。

特别值得一提的是，相声大师侯宝林也表演过相声《武松打虎》。但侯先生的相声完全不同于其他曲种的《武松打虎》，相声《武松打虎》是说扮演老虎的演员因喝醉酒，在台上表演时，武松几次将他打倒，他又几次站起。这段妙趣横生，令人捧腹的相声，告诫各行各业的人们，职业道德是如何重要。工作中，宜少饮酒，否则会误事。

《三国》也是一部长篇评书。擅演《三国》的演员不计其数，清代李斗在《扬州画舫录》中说：“郡中称绝技者，吴天绪《三国志》……皆独步一时。”可见吴天绪表演《三国》堪称一绝。而早期《三国》说家已有流派，如蓝玉春的“蓝派”，李国辉的“李派”。李国辉传人康国华又创立“康派”，并且传延至今。其他诸如连阔如、李鑫荃、姜存瑞等人表演《三国》也各有特色。评书《三国》有“温酒斩华雄”一回，讲董卓手下上将华雄，一连斩了十八路诸侯的八员大将。当时任马弓手的关羽请缨出战华雄，曹操斟三杯热酒为其壮行。关羽不饮，言“斩华雄归来再饮不迟”。待关羽斩华雄回来之后，三杯酒还是热的。这里所出现的酒，更有独到之处，以酒温衬托出了关羽的英勇善战，对人物的刻画起到了点睛的作用。

评书表演有多种技巧，其中之一为“赞”。经常使用的有英雄赞、美人赞、兵器赞、马赞、山景赞等。其中也有酒赞。如：

好一位醉将军牛皋，这才是：

酒助英雄胆，此话不虚言。列国伍子胥，英名千古传，临潼会，来斗宝，美酒入肚豪气添，力举千斤鼎，诸侯心胆寒。楚项羽，非等闲，气盖世，力拔山，恨天天无把，恨地地无环，霸王豪饮世罕见，九战秦将猛章邯。牛将军，也不凡，酒后阵前来交战，三军大小把心担。狗贼兵，笑声欢，见将军，乜斜眼，上身晃，下身颤，醉鬼竟敢到阵前？眨眼之间又变脸。见将军，抖威严，双锏一举上下翻，杀得敌兵转了向，杀得敌兵心胆寒，杀得敌兵哭声震，杀得敌兵滚下鞍。哪是醉鬼来交战，分明天神下凡间。他们想入地，他们想上天，不离这块地，难免丧黄泉。牛将军，酒后杀敌真少见，战鼓擂动凯歌还。

这一段“赞”，突出了“酒助英雄胆”，正因为有了酒，在敌军中牛皋才似天神降凡间。

还有一段“赞”：

酒是杜康造，能解万人愁。成败利害皆因酒，宋王酒斩汝南侯，太白贪杯江中丧，刘伶大醉卧荒丘。劝君少饮莫贪杯，莫迷真性早回头。

两段酒“赞”截然不同，前者对酒赞赏有加，而后者则先谈酒之功能：“能解万人愁”，随后话锋一转，又指出成也在酒败也在酒，并举出实例，叙说饮酒过量之害。最后，规劝人们饮酒不可太贪，以防乐极生悲。可以说这个酒赞就是一味劝人少饮酒的药方。

曲艺作品中对酒的描写，大致有两种情况：一是褒之，二是贬之。前者数不胜数，如评书《温酒斩华雄》，评书、快板书、山东快书表演的《武松打虎》等已成曲艺经典之作。素有“金喉歌王”之称的曲艺大家骆玉笙，古稀之年演唱的鼓词出自作家王蒙之手的京韵大鼓《文人与酒》，把文人与酒之间的关系阐述得就更淋漓尽致了。传统曲目《刘伶醉酒》（又名《杜康造酒》，梨花大鼓、太平歌词、河南坠子、西河大鼓等曲种也演唱过此篇，词略有不同），则通过杜康“讨帐”唱出了刘伶、杜康两位酒仙的诙谐性格以及美酒的无穷魅力。

在曲艺作品中，“贬”酒的也不少。我们之所以用这个“贬”字，是相对“褒”字而言。其实对美酒本身并无“贬”意，而是从善意角度规劝人们要饮酒适量，不可过度，更不可酗酒，否则会闹出许多笑话，甚至会酿成灾祸。

过去，人们常说“酒色财气”。无疑，把酒与色、财、气并列，并且排在首位，就是视酒为害了。这是对嗜酒如命、因酒误事而言的。在传统相声中，有一段“四字联音”，以吟诗的方式，谈论了对“酒色财气”的几种认识。其中有赞美的，也有贬低的，也有规劝的，比较全面地反映了人们对“酒色财气”的看法。

西河大鼓书《太白醉写》，铁片大鼓书《李白醉草吓蛮书》，描述了唐代诗人李白进长安应考，因为没有贿赂主试官杨国忠、高力士，而受辱被黜。当时，黑蛮国以蛮文上书唐玄宗来探虚实，妄图叛唐，满朝文武官员皆不识蛮文，李白应召上殿，宣读蛮书，玄宗大喜，又命其写诏以显国威。李白为惩戒奸贼，请旨命高力士脱靴，杨国忠研墨。李白在醉态之中，诏书一挥而就。黑蛮国的嚣张气焰被打了下去。从此，唐玄宗对李白深加敬重，李白也因此誉满京都。

古往今来，爱情在人们的社会生活中，一直是一种高尚、纯洁的感情。它也是文学艺术作品中永恒的主题。在传统的曲艺作品中，描写爱情和酒的故事也是常见的。在较早的唱词刻本中，曾经有《十杯酒》的唱段。当时苏州、扬州、湖北、云南、山东和北平都有刻本流行。济南刻本上还标有“南词”二字，想必是从南方流唱到北方的。这是一曲以一位少女的口吻从劝君饮酒的角度描述的爱情唱词。少女从一杯酒开始，一直唱到十杯酒，叙述了与小才郎由相识到相知，由相爱到相亲的全过程。唱出了少女细腻的感情色彩，富于浓厚的生活气息。

从古至今，有一些人不仅仅是爱喝酒，而且是嗜酒如命。我们姑且不称这些人为“酒鬼”，而称其为“酒迷”。刘宝瑞表演的单口相声《酒迷》中就讲了一个酒迷，整天酒瓶子不离手，逮哪儿哪喝，一天三醉。酒迷的兄长规劝酒迷，酒迷就是不听，兄长一气之下就让他进酒缸，酒迷二话没说，就跳进了一个大酒缸里，酒迷的大哥在酒缸上面盖上了一扇磨。酒迷媳妇以为他被酒淹死了，在酒缸旁边就哭了。酒迷媳妇略通文墨，随口说了一首诗：“哥哥言语你不听，把你扔在酒缸中。若得夫妻重相见，除非做梦在三更！”没想到，酒迷在大缸中喝酒更得劲了，冲着磨眼儿喊上啦，也应了四句诗：“贤妻不必恸悲哀，我在缸里挺自在。你若念咱夫妻义，赶紧送点儿酒菜来！”这段相声成功地塑造了一个酒迷的形象。寓教于乐，是一部成功之作。

这段《酒迷》的相声在许多鼓词中也有。例如河南坠子、西河大鼓等都有相同内容的唱段，在全国各地广为传唱。

有的酒迷还是财迷，张寿臣表演的单口相声《喝酒》，则是从饮酒的角度刻画了一位财迷的形象。别人喝酒都是用酒盅喝，而《喝酒》中的财迷王掌柜则是用特殊的“酒盅”——猪鬃蘸酒喝，令人捧腹。

关于规劝人少喝酒的相声段子，首屈一指的作品当属相声大师侯宝林表演的《醉酒》了。在这段相声中，侯宝林先生把喝醉酒以后的几种醉态表演得惟妙惟肖，尤其是真正醉了的两个人，互相吹牛，各不服气，神态各异，演得活灵活现。其中，一位掏出了手电筒，把手电筒立在桌子上，打开电门，射出一道光柱，让另一位顺着光柱爬上去。另一个也不含糊："这算得了什么呀？不就是爬这根柱子？你别来这套，我懂。我爬上去？"正常人都知道，这根本就不能爬。但是醉态中的人却有醉想法："我爬到半道儿，你一关电门，我掉下来了！"人们在听了这段相声以后，对酒后失态有了更深刻的印象及更理性的认识。同时，任何一位嗜酒如命的人听了这段相声，也会笑后有所醒悟吧！

关于规劝少饮酒的相声段子有许多。酒迷是应该规劝的，但是规劝酒迷可不是一件容易事。单口相声《九月九》就描写了这种难度。说有夫妻二人，男的好喝酒，女的好打牌。夫妻二人经常吵架，日子过得也不富裕。于是，男的戒酒，女的戒牌。但是，他有一条规矩，男的不准说"牌"字，女的不能说"酒"字，说了丈夫就可以喝酒。女的说出一个"酒"字，就罚女的站在旁边看男的喝一斤酒。他没想到自己的妻子竟然七八天没有说出一个酒字来，可把酒迷给憋坏了。他就请来两位酒友相助，酒友到他家串门，留下的每一句话里都带酒字。酒迷回家以后，妻子将事情相告，但没有一个酒字，甚至没讲一个酒的同音字。于是把酒迷气晕过去了。妻子以为他被气死了，哭诉中带出了日子"九月九"，酒迷一听，马上还阳了，嚷着要喝二斤酒！可见酒迷戒酒也不易。

相声大师马季在一段相声中说一位司机酒后驾车，把车开得摇摇晃晃。这时，马季说"这辆车大概烧的不是汽油，是酒。"也对酒后驾车的危害进行了善意规劝。

另一位相声笑星师胜杰表演的醉汉酒后失态的相声，一位惧内的醉汉在妻子面前反复声称自己没喝多，实在忍不住吐了，就用自己的帽子接住，而后忘记倒出去，竟然又戴在头上，其狼狈相可想而知。这也是一种带有讽刺性的规劝。

酒迷醉酒，不影响他人还算说得过去。但是，如果影响了孩子，则便是过分了。刘虎臣创作的单口相声《划拳》中的赵大哥就是一位因自己嗜酒而影响了子女的酒迷。48 岁的赵大哥不仅嗜酒，而且爱划拳，被人称为"划拳高手"。只要有人跟他喝酒就得划拳，你要是不会他包教。他认为划拳可以锻炼人的脑子，于是他把上小学的儿子小三儿也教会了划拳。小三在学校说了划拳词，老师家访找到赵大哥，要求家长配合学校教育孩子不要划拳。于是，赵大哥对孩子进行了"教育"：

"三儿，你过来。"

"什么事儿？爸爸。"

"你怎么在学校学划拳呢？老师找到家里来啦，说得我脸一红一热的，多不好！以后从我这儿做起，咱们谁也别划拳啦！你要是再学划拳，别说我打你。听见了吗？”

“不是，我没在学校划拳，是老师出题我回答来着。”

“你都答什么啦？”

“一个‘三星照’，一个‘八匹马’。”

“嗐，你怎么答这个呢！”

“这不是巧啦吗！”

小三儿的意思是说老师出的题巧啦！爷儿俩一边儿说，小三儿一边儿手里比画，这一说到“巧啦”不要紧，赵大哥把刚才的保证全忘啦，把手里的酒杯一撂：

“什么？巧啦？怎么那么巧啦！”

“就那么巧啦！”

“八匹马呀！”

“三星照啊！”

——又划上啦！

本段相声讽刺了那些不称职的酒迷家长。同时，告诫酒迷们不要因自己的不良嗜好而影响下一代。作为家长要对子女负责，要为子女做个好榜样。中国的酿酒历史悠久，中国的酒文化源远流长。中国曲艺是艺苑中的一朵奇葩，酒在曲艺作品中的大量出现，既扩大了酒文化的影响，也丰富了曲艺艺术的创作题材，使两种文化都得以弘扬。

第二章　百喉千啭醉梨园
——戏剧与酒

中国的戏曲丰富多彩，除被国人称为“国粹”的京剧外，还有许多剧种。如昆曲、豫剧、川剧、越剧、粤剧、评剧、黄梅戏、河北梆子、晋剧、沪剧、吕剧……在众多的戏曲中，他们有个共同的特点，那就是：酒是中国戏曲中不可缺少的构成因素。在戏曲舞台上，饮酒，在戏剧中不管多么隆重盛大的场面，像《鸿门宴》等，在舞台上表示盛大宴席的道具，仅用几个酒壶和酒杯而已。

有许多戏，是以酒或醉酒构成全剧的主要情节的。以醉酒为故事情节的戏曲的剧目很多，较有代表性的有京剧《贵妃醉酒》。《贵妃醉酒》是说杨贵妃备受唐明皇宠爱，一次，杨贵妃与唐明皇相约共饮于百花亭，而明皇却爽约了，杨贵妃久候而明皇不至。于是，她问高力士，才知道明皇已宿西宫梅妃处。杨贵妃心生怨怒，引酒独酌，自遣愁烦并喝醉的故事。《醉皂》是昆曲《红梨记》的一折，是说一名皂隶奉县令差遣，邀请赵公子饮酒赏月，不料皂隶醉酒，引出一段喜剧。《刘伶醉酒》，是说刘伶嗜酒，自夸从来不醉，遇酒仙杜康，饮以仙酒，竟大醉不醒的故事。《醉县令》是说三国时，庞统投刘备，不被重用，只委任县令。于是，庞统整日醉酒，不理政务，后刘备派人视察，庞统在一天之内将三月积案全部审清，刘备知其是人才，委以重任。《醉战》又名《让雍州》，是说明末穆君益据雍州，嗜酒贪杯，失去雍州的故事。

《水浒》戏中有许多是以醉酒为主要故事情节的，如《醉打山门》，是说鲁达在五台山削发为僧，法号智深，因平日喜欢饮酒，每欲破戒。一日，鲁智深下山闲游，看见一卖酒人，即上前沽饮。酒贩告知长老有令，禁寺僧饮酒。鲁智深不听，狂饮大醉，回寺时，众僧不让其进，关上寺门。于是，智深大闹，砸了寺门，长老遂荐鲁智深往东京大相国寺。《武松打虎》是说武松在景阳岗下的酒店中沽饮，乘醉过岗，遇见猛虎，奋勇将虎打死。《十字坡》（《武松打店》）是说武松被发配，途经孙二娘的酒店，孙二娘将武松灌醉，夜入卧房，准备杀之后，抢夺银两并将武松等人做成肉包子。其实武松是佯醉，早有戒备。二人在店内摸黑打将起来，孙二娘不敌，张青赶来相助。武松通名后，张青夫妻慕其名，遂与武松结为兄弟。《快活林》（《醉打蒋门神》）是说武松发配至孟州牢营，管营施忠之子施恩，慕其名，二人结拜兄弟。施恩的酒店被恶霸蒋门神霸占，武松闻之大怒，一路饮酒赶至快活林，醉打蒋门神，夺回酒店。由此引发的一系列剧目有《鸳鸯楼》、《飞云浦》、《蜈蚣岭》等剧。《浔阳楼》是说宋江杀死阎婆惜，发配至江州。一日，宋江到得阳楼饮酒，酒后，题诗于壁慨叹个人遭遇。诗被通判黄文炳抄走，送与知府蔡德章，诬宋江谋反。宋江装疯，蔡知府不信，判宋江斩刑。后宋江被梁山好汉劫法场救出。《黄泥岗》（《生辰纲》）是说晁盖、吴用等在黄泥岗智劫“生辰纲”（梁世杰送给岳父蔡京的寿礼），用的计策就是用药酒将押送官兵麻倒，然后劫取生辰纲的故事。

饮酒过量，就会迷失本性，失去理智，造成严重后果。如《薛刚大闹花灯》，是说薛刚酒醉以后，失去理智，闯下滔天大祸，不仅打了当朝太师张泰，还打伤国舅张天佐、张天佑，并砸坏太庙的神像，打落太子的金冠，引起皇帝的震怒，将对唐朝有汗马功劳的薛家一家300多人，满门抄斩，只有薛刚逃出的故事。这虽然是由于张泰衔恨，在皇帝面前进谗，才引发的一场曲折激烈、忠奸斗争的悲剧，但祸起根源，却是由于薛刚醉酒，酒后乱来的结果。后来《薛家将》的戏，主要是从这个情节引发而来，如《阳和摘印》、《法场换子》、《铁丘坟》、《双狮图》（《举鼎观画》）、《徐策跑城》，直至《薛刚反唐》等都是。还有的饮酒过量后胡言乱语，有的胡做非为，喝得太多就昏睡不醒，任凭别人摆布。所以用“灌醉”作为手段，把对方灌得昏迷不醒，然后达到自己的预期目的，就成为戏曲中常见的情节。京剧《乌盆记》（《奇冤报》）中，赵大用毒酒将刘世昌主仆害死，谋财害命。《连环套》中，朱光祖将麻醉药投在窦尔敦的酒壶里，乘窦尔敦昏睡，盗去他的双钩。粤剧《四进士》中，宋士杰乘两个差役酒醉，偷看了田伦贿赂顾读的书信，从而揭发了一桩两个官僚行贿受贿制造冤案的丑剧。京剧《望江亭》中，谭记儿用酒将杨衙内灌醉，盗走圣旨和尚方宝剑，最后惩治了凶恶狡诈，仗势害人的杨衙内。这些故事都是以酒灌醉对方而达到自己的目的戏曲。

戏曲中，有些戏虽然不是以饮酒、醉酒作为贯穿全剧的主要情节，但却是剧中某一片断中的一个关键性的细节，用饮酒这一细节塑造或深化人物性格，使人物形象更加鲜明突出。有的则是用以作为强化戏剧冲突，解决戏剧饮酒矛盾，推进戏剧情节发展的一种催化剂，或是渲染戏剧氛围的一种有力的表现手段。这样的戏非常多，如越剧《将门之子》。该剧说的是：东吴大将周瑜之子周循官至护卫将军，深受吴王宠爱，并被选为驸马。周循得知自己被选为驸马后，恃宠愈骄，竟借酒醉调笑公主，又失职使重犯潜逃。周母教子很严，得知此事后，她进宫谏吴王重罚周循祭扫祖坟。经过此番教训，周循决定从一个小兵做起。在以后的戎马生涯中，周循戒骄戒躁，屡立战功，终成一位将军。本戏中的醉酒就是作为一个重要的细节来强化矛盾冲突的。再如《温酒斩华雄》，通过“酒尚温热，华雄已被斩首”这一细节，突出表现了关羽的神勇无敌。《群英会》通过周瑜与蒋干两个人的佯醉，表现了周瑜的智慧谋略和蒋干的自作聪明，上当而不自知。《青梅煮酒论英雄》，则通过曹操与刘备饮酒交谈，刻画了两位性格迥异，但又同是具有雄才大略的“当世英雄”。《草船借箭》，通过诸葛亮和鲁肃在船上饮酒的一段戏，鲜明地刻画出两个人迥然不同的情绪与心态：诸葛亮是从容镇静，成竹在胸；而忠厚诚朴的鲁肃却是坐卧不安，心中没底。

《西厢记》中，崔老夫人在悔婚后，还逼莺莺以“兄妹”的名义给张生敬酒，而张生听说崔家悔婚，又惊又怒，在忿懑失望的心情下无奈地饮下莺莺敬的这杯“苦酒”。这一敬酒的细节，深刻地揭示了封建社会爱情悲剧的时代根源。

《杨门女将》中，在杨宗保的五十寿宴上，传来了宗保为国捐躯的噩耗，寿堂变灵堂，佘太君忍悲痛，集合了全家四世子孙，以酒洒地，祭奠杨宗保。这一奠酒的细节，内涵极其丰富深刻，已经超越了对杨宗保的悼念与哀思。这杯酒诏示了杨家将的忠勇爱国、几世不渝，也折射出杨家视死如归，义薄云天的壮志豪情。又如昆曲《十五贯》，《十五贯》中的尤葫芦如果不喝醉酒，就不会被娄阿鼠杀死；评剧《独占花魁》中，卖油郎终年辛苦积纹银200两，至妓院求会花魁，适逢花魁大醉，不省人事，卖油郎侍奉花魁通宵。花魁酒醒，颇为感动，遂以身相许。这里的醉酒成为增进爱情和友谊的手段。晋剧《醉打金枝》中，唐朝三朝元老汾阳王郭子仪寿辰，儿子郭暖之妻升平公主以其尊不肯去祝寿。郭暖借“酒醉”之机打了公主，公主向父皇告状，郭子仪绑子上殿请罪。在唐王的调节下，夫妻二人和好。此处的“醉酒”是一种手段和借口。

京剧《白蛇传》中，许仙听信法海的怂恿，强劝白素贞在端午节饮下雄黄酒，致使白素贞酒醉现出蛇形，将许仙吓死，引发了《白蛇传》后半部一系列的激烈斗争和悲剧。这里的酒是关键性的一个细节，作用是承上启下。

现代京剧《红灯记》中，李玉和在被捕以前，喝下李奶奶给他的一碗酒，唱了“临行喝妈一碗酒”的著名唱段，这一喝酒的细节，抒发了李玉和一家为革命誓死不屈的豪情壮志。《智取威虎山》中，杨子荣与群匪喝酒的场面，实际是杨子荣显示自己的“土匪”身份，取信于座山雕的一种手段，另一层含意是表达自己消灭群匪的决心和信念。

用灌醉对方作为手段，达到自己复仇或除奸锄暴的，也是戏曲中最为常用的情节。昆曲《金针刺梁冀》（《渔家乐》）中，渔家女邬飞霞将东汉末年独霸朝政的大将军梁冀用酒灌醉，用金针刺死。刻画了一位有胆有识、智勇双全的渔家女的艺术形象。京剧《青霜剑》中，豪绅方世一为了霸占申雪贞，与媒婆姚妲同谋，买通大盗，诬陷申雪贞的丈夫董昌通匪，令董昌被斩首。申雪贞了解实情后，她假意允婚，在洞房中，申雪贞将方世一与姚妲灌醉杀死，然后携带仇人的头颅到丈夫坟前哭祭，然后自刎。京剧《贞娥刺虎》中，费贞娥假充公主将李虎灌醉，然后将其刺死。《审头刺汤》中，雪艳假意向汤勤献媚，用酒将其灌醉，然后刺杀了这个卖主求荣，阴谋陷害丈夫、霸占自己的卑鄙小人。

还有一些写酒的戏，如《搜孤救赵》，为救赵氏孤儿，程婴舍子，公孙杵臼舍命，程婴在法场上用酒祭奠公孙杵臼和自己的儿子，这一祭酒细节揭示出两位义士为救忠臣孤儿所做的巨大牺牲，也抒发了程婴内心的极度悲痛。《伐子都》描写了子都害死颖叔考后，受到良心谴责，以致神经错乱，在金殿饮酒后，吐露真言，坦白了自己害人的罪行。此处的酒起到酒后吐真言的作用，是正面作用。《霸王别姬》讲的是在项羽被困垓下，四面楚歌，全军覆没的前夕，虞姬劝酒献舞，此刻的酒让人伤感，表达了项羽与虞姬在生离死别时的依恋与悲痛。《摘缨会》中，小将唐狡在庆功宴上喝醉，借酒撒疯，竟然在风吹烛灭的瞬间拥抱楚庄王的爱妃，进行调戏，庄妃拔掉他盔上的红缨，向楚庄王哭诉，请查出盔上无盔缨的狂徒，予以惩处。但楚庄王从大局出发，不予追究，命令所有的大臣都摘掉盔缨，然后再点燃蜡烛，显示了楚庄王作为一代霸主的宽容大度。此处的酒起着对比衬托的作用：唐狡的酒后无德，楚庄王的宽容大度。但与此相反，有些皇帝、君主却由于沉溺酒色，酗酒，醉酒，而丧失理智，胡做非为，有的竟然在酒醉后杀戮功臣。如《打金砖》中的汉光武帝刘秀将开国元勋姚期、马武等尽行杀戮；《斩黄袍》中的宋太祖赵匡胤将曾经共患难、打天下的结义兄弟郑子明斩首。

矛盾冲突和人物性格的撞击，是构成戏剧性的主要因素。如果一出戏只是平铺直叙地抒情叙事，没有曲折的故事情节，一般地说，也就不会产生戏剧性，甚至也就没有戏剧了。而酒，正是产生戏剧性，强化戏剧性的一种媒介和手段。戏曲是极其广泛地反映人类社会各个领域的一种艺术形式，所以，一方面说酒是构成戏剧情节的重要因素，另一方面由于酒（具体地说是“醉酒”）又常常是造成灾祸、悲剧、苦难、仇恨等“恶德”的重要因素。因此，酒在戏曲中所起的作用，更多的是刻画生活的负面效应。

清代著名学者顾炎武说：“水为地险，酒为人险。”意思是说，水本来是对人有利的，但如果不兴水利就会泛滥成灾，给人类造成灾害；而酒本身并无所谓祸福，社会上的“酒祸”都是由人造成，即由于人的无节制地饮酒，以至醉酒、酗酒而造成恶果。人如果饮酒过量，就会迷失本性，轻者任人摆布。重者，纵欲乱性，胡作非为，以致给自己、家人、社会都带来深重的苦难。由此可见，“节饮”是避免酒祸的最有效的手段和方法。但在戏曲中，却很少表现节酒的情节。从戏剧的情节发展来看，也无须表现那些为了避免酒祸而构置的节酒的情节，因为那样只会削减戏剧冲突。所以，一言以蔽之戏曲中出现有关酒的内容，绝大多数都是由于“醉酒”而引发的具有强烈戏剧性的情节。当然，在戏曲舞台上，还出现很多因喜、寿，婚、丧、祭祀、庆功、饯别、结拜等而举行的宴会场面，都是以敬酒、畅饮作为主要的表现手段。这里面虽然没有什么曲折的戏剧性，但也说明酒是戏曲中无所不在的“必需品”。

与酒相关的富有诗情画意的抒情戏也有一些，但是数量不是很多。其中，以唐代诗人杜牧的《清明》为故事情节的戏曲《小放牛》很有代表性。

杜牧的《清明》诗：“清明时节雨纷纷，路上行人欲断魂。借问酒家何处有？牧童遥指杏花村。”戏曲《小放牛》，描写一位年轻的村姑，向一位牧童问路，唱词是：

> 牧童哥，你过来，我问你，我要吃好酒到哪里去买？哪哈咿呀嗨！我要吃好酒到哪里去买？哪哈咿呀嗨！”

牧童回唱道：

> 小姑娘你听我言，我这里用手儿一指，前面的高坡，有几户人家，杨柳树上挂着一个大招牌。小姑娘，你过来。你要吃好酒就在杏花村，哪哈咿呀嗨！你要吃好酒就在杏花村！

这出载歌载舞用山歌曲调演出的抒情小戏，把杜牧诗中的含蓄隽永的诗情画意，用戏剧方式配以优美的音乐、舞姿，在舞台上表演出来，这是戏剧对诗词的丰富和具象化，也是二者巧妙的结合。

古典戏曲中有以专门批判酒、色、财、气的危害作为主题撰写的剧目，最有名的是李逢时编演的《四大痴》传奇。《四大痴》传奇实际是各自独立的四部戏。以酒的危害为主题的戏《酒懂》；以色的危害为主题的戏《扇坟》，写的是《蝴蝶梦》的故事，即京剧的《大劈板》；以财的危害为主题的戏《一文钱》；以气的危害为主题的戏《黄巢下第》。

戏曲中有关酒的表演方式多以醉酒的形象和神态进行表演。

为了表现醉酒的形象和神态，戏曲演员创造了许多生动逼真的表演程式。最常用的是形容酒醉时步履踉跄的“醉步”。醉步分为男女两种方式，演员在表演醉步时，配上略微摇晃的身体，就更加逼真了。

表现醉酒神态最重要的是眼神，因为喝醉酒的人的眼神是迷离的。酒醉者在舞台上的眼睛称为“醉眼”。“醉眼”的特征是半睁半闭，看人看物都是迷离晃恍，很少正面直视对方，似见未见，熟视无睹；而真正注视对方时，却又是眼珠乜斜，用斜视的余光打量对方。

戏曲舞台上描写醉鬼或有酗酒恶习的人，在化妆的相貌上，常在其原有脸谱底色（如黑色、灰色等）上再用红色略涂双颊。

还有的演员在武打表演中，根据剧情，增加一些“醉打”的成分。

有许多“醉打”的表演程式，不管打得多么紧张、惊险、火爆，在开打中都不能失去“醉”的特色。凡是醉打的戏，除去必须有的醉态，如醉眼迷离，醉步踉跄，身体摇晃，持物不稳等外，还常常配有罗帽功、铺子功、嘘口功、水袖功、莺带功等特殊的高难技巧。这样就使醉打增加了技巧性、舞蹈性和优美性的审美成分。

在舞台上表现醉酒的形态，有许多不同的手法，有的是醉酒者的个人表演，有的则是采用其他人对于醉酒者的照料、搀扶，用以营造醉酒后的氛围或启示，增强观众对于醉酒的艺术感受。如皇帝、亲王酒醉后由太监、内侍搀扶上场。凡是有这样的情景，就表现角色是处于酒醉的状态了。后妃、公主由宫娥、侍女搀扶；豪绅、恶霸（如《武文华》的武文华、《艳阳楼》的高登）则由奴仆搀扶。而《群英会》中的周瑜和蒋干（其实都是佯醉），则由军卒搀扶上场。也有由在场的群众角色做陪衬动作，以表现主要角色的醉酒。最典型的是《贵妃醉酒》，在场的全体宫女，分别挽在杨贵妃的两侧，随着杨贵妃的跪拜和东倒西歪，而互相依傍牵扯着分别向两面节奏鲜明地做着斜倚的动作，其实这已经是一种配合醉酒的伴舞或群舞的形式了。

中国戏曲与酒文化的有机结合，充分展示了中国戏曲文化的博大精深，使中国戏曲这块文化瑰宝在艺苑中熠熠生辉。

第三章　技惊四座痴若醉
——杂技魔术与酒

中国的杂技艺术以它无与伦比的精湛技艺，丰富多彩的传统节目，独特鲜明民族风格，博得了国内外观众的喜爱与赞扬。其中，许多优秀的杂技节目都闪射着酒文化的光彩。

杂技艺术作为一种古老的传统艺术，是劳动技能的艺术化的体现。中国传统杂技中，有不少节目就是直接来源于劳动或生产、生活用具的耍弄，例如有许多不同形状的酒器、酒具，被历代民间艺人，以其高超的技艺和智慧成功地运用到人们喜闻乐见的表演节目中。“耍酒坛”这个节目一直流传到今天，就是个证明——

清光绪年间庚子春正月，京师杂耍馆有王某献技，运酒坛如气球，其名为坛子王。家居麻线胡同，身伟露顶，着短衣。以一大绍兴酒坛厚寸许者置台上，刮磨光润，画以金龙五色云。以铁器扣其四周，声琅琅然，盖恐人疑其非陶器也。手提而弄之，铮铮作响，盖置铜铁等丝于内。始则两手互掷互承，如辘轳转于两臂两肩及两手;继则或作骑马势，而掷坛出膀上，摩背跃过顶，承以额，岿然有声。人咸虑其脑袋，而彼恬然也。坛立于额，不以手扶，屡点其首，则坛盘旋转于额，或正立，或倒立，或竖转，或横转。坛中铜铁丝声，与坛额相击撞，铮铮作响，应弦合节。俄以首努力一点，则坛上击屋梁，听其下坠于地，地为震动，而坛不少损，则又取弄如前。气不喘色不变也。乃复运之以一臂，绕臂转如风轮，见坛不见臂也。继复运以两臂，左右齐转，则有如两坛分绕两臂者，而不击撞，亦仍一坛也。次运以指亦如之。次则且运且劈之，闻空中作裂瓦破之声，视坛忽若左右分成两半者，忽若上下分作两截者，忽张手撞坛腹而擎之，若坛有柄者，忽握坛口而起，若坛有胶者，诚不可测也。又竟以坛置于顶，而袖其两手，如束缚状，以头努坛起，承以肩，左右努之，则左右跳掷。次承以腰以尻，左右努之，则左右跳掷。次承以膝，亦如之。次承以足背，左右踢之。次承以大指，亦左右踢之，复上出之，而次第下之，继乃上下飞腾，四面盘辟，不辨其是肩是背是腰是尻是膝是足，第见满身皆坛，满台皆坛。始则犹见一人袖手转侧于坛阵中，继则观者满眼，不复见人，观者无不咄咄称奇。方迷乱间，其人忽然仆地仰卧，坛自屋梁下击其鼻，举座大惊，而坛且兀立鼻尖，复努立而起，忽倒竖以两足捧坛而立，以两手覆地，绕场而行，两足复分，顶其左右坛，承掷如手弄。良久，忽作虎跳，横转如车轮，而坛随之，忽翻筋斗，起落如蚌虫草跃，而坛亦随之，复两足踢坛上击屋空中，坛与人俱如败叶转，坛复着地，而兀立其上，向众揖云："坛子王献丑。"

轻重并举，通灵入化、软硬功夫的相辅相成，是中国杂技的重要艺术特点，而表现最典型的节目就是"蹬技"。蹬技多数是女演员表演，演员躺在特制的台上，以双足来蹬。至于蹬何物体，可以说包罗万象，但最多的是酒坛和酒缸。宋代的杂技中，就有"踢酒缸"的节目。明代的蹬技形式多样，风俗画中有双足蹬酒缸，边唱边蹬的形象。明《宪宗行乐图》中，画有三组蹬技，极为精彩。

"蹬技"，既可蹬酒坛、酒缸甚至桌子、木柱、梯子、木板和喧腾带响的锣鼓等等重物，甚至重到百十斤的大活人;也可以蹬轻物，如绢制的花伞等。被蹬物体，飞速旋转，腾跃自如，从光滑的瓷制彩缸，到笨重的八仙桌子，都可以蹬得飞旋如轮，只见影子不见物形。过去蹬技以重为胜，近世发展到轻重并举，轻薄如纸的花伞、彩毯，演员亦能蹬得飘逸非凡。"蹬伞，不但要有蹬技硬功夫，还要掌握空气的浮力、阻力，才能完成优雅而抒情的表演。许多技艺都是以软硬功夫并重的基本功为基础的。

清代的《明斋小识》中描绘了一位民间女艺人蹬酒瓮的精彩表演："……遂仰卧于地，伸足弄瓮，旋转如丸。少焉左足掷瓮，高约二丈，将坠，以右足接之;右足掷，左足接之。更置一瓮，两足运两瓮，往来替换，若梭之投，若球之滚，若鸟之飞翔，忽倚忽侧，而不离于足。

《抖空竹》中的抖酒葫芦，也是令观众惊奇叫绝的杂技表演项目。

创演抖酒葫芦的田双亮是民国初年一名来津撂地卖艺的东北江湖艺人。田双亮把这一新项目练出了"手串"、"腰串"、"骗马"、"抛高"等许多高难动作，而最令人叫绝的是他的最后一招绝活，把酒葫芦高高抛起之后再以手中空竹竿准确地插入葫芦口内。

改革开放以来，中国对外文化交流既广泛又频繁。杂技艺术走向世界，为中华民族争得了极大的荣誉。在国际比赛中获得最高金奖的节目《柔术滚杯》，就是以酒具作为道具的。这个节目是以中国杂技特有的腰腿柔功为主，又作了种种独具匠心的设计。在这个节目中，共用了108只玻璃酒杯作表演道具，变换出各种优美、绝妙的造型，使观众从中得到美的享受。由19岁的许梅花表演的《柔术滚杯》，在1991年1月第十届巴黎"明日"国际马戏杂技比赛大会上，获得了最高奖——法兰西共和国总统奖。在这个使国内外观众为之倾倒的节目里，极明显地体现了酒文化与现代杂技艺术的完美给合。

中国的古彩戏法，即魔术以平中求奇、出神入化著称。

现代古彩戏法的表演达到了空前的水平，已故杂技艺术大师杨小亭表演的戏法《罗圈当当》，极有趣味。

《罗圈当当》表现嗜酒者不惜典当衣服买酒的趣事。表演现场，杨小亭带两个罗圈，他临时向观众借一件衣服，往罗圈里一罩，衣服没有了，变成一张“当票”，然后再一罩，“当票”没有了，变成一海碗醇香四溢的美酒。他当场让人品尝，竟有茅台酒特殊的香味，观众喝后，大加称赞。杨小亭总是拱手说：“首长们、同志们辛苦了，这是我的一点心意，酒献给大家了。”其实他每次到中南海演出前，总是点名要两瓶茅台酒作道具，这就是碗中的酒有茅台酒香的缘故。

以酒具和酒为内容的戏法还有《空壶打酒》。这是一个民间戏法，是艺人们经常表演的一个十分有趣的小幻术。最早，表演者手拿一只农村常见的陶制酒壶，后来一般改用敞口的酒壶和一只小酒杯。先把壶口朝下，无滴酒流出，然后用一根竹筷从壶口插到壶底，取出后竹筷仍是干的，用以证明壶是空的。当把壶口反转向上后拿过酒杯，却能从壶中斟出满杯美酒。当表演者故弄玄虚地向着酒壶吹口气，再把酒壶朝下倒转过来，却滴酒不见。再次把壶正过来吹口气，一斟美酒又继续流个不停。最后，当把杯中的酒倒回酒壶时，却见壶中的酒满满的溢出壶口。表演者再向着酒壶吹口气，却见满壶美酒骤然消失，使观者无不称奇叫绝。

被戏法艺人称之为《富贵仙酒》的幻术，较之上述的《空壶取酒》更为奥妙。表演者用一只立式高颈锡制酒壶，其表演过程与《空壶取酒》相同，唯一不同的是酒不是从壶嘴向外倒，酒的注入和倒出，皆从壶口出入。忽来忽去，变化莫测，手法玄妙更使人费解。

无论是曲艺、戏曲、杂技，还是古彩戏法，它们中的许多内容都与酒文化有着千丝万缕的联系，这正是中华酒文化的独特魅力。

酒润艺苑，艺术吐芳。

济公醉酒

第四章　酒醺楼台群英会
——历代与酒相关戏剧简介

古典戏曲（按剧目年代排列）

《吕洞宾三醉岳阳楼》

元代马致远撰。故事梗概：吕洞宾观望岳阳郡有仙气，遂至岳阳楼以墨换酒，博得一醉。楼下有老柳树一株，千年成精，又有杜康庙前白梅花一株，亦成精，在楼作祟。而柳精常至岳阳楼巡徼，唯恐梅精伤人。柳精遇吕，吕劝修道，柳以未得人身，土木形骸不能成道为辞。吕令其投胎楼下卖茶郭姓家为男；复令梅花精往贺家托生为女，共成夫妇，约30年后来度。其后郭马与贺腊梅夫妇在岳阳楼下开茶坊，吕再至，欲度郭马而马不悟。吕三至楼，则郭已易茶坊业卖酒，吕饮其酒，以剑授马，令杀妻出家。马携剑至家，腊梅头忽自落，马大惊，遂控吕于官，欲偿腊梅命。吕谓腊梅未死，官问何在，吕一呼而至。官以诬告坐马，马甚急，赖吕救获免。熟视问官，乃钟离先生也。于是马自悟前生为老柳，腊梅前生为梅花，二人皆从吕入道。

《武则天骨醉王皇后》

元代关汉卿撰。故事梗概：武则天初被唐太宗选为才人，太宗死，削发为尼。高宗时，复蓄发入宫。高宗废王皇后与萧淑妃，立武为后。一日，高宗至别院，见后妃，恻然伤之，将有所处置。武后闻之大怒，遣人杖王皇后及萧淑妃，断去手足，投于酒瓮中，曰："令此二妪骨醉。"数日而卒。

《刘夫人庆赏五侯宴》

元代关汉卿撰。剧演五代历史故事。后唐李克用子嗣源，途遇李氏弃儿王阿三，收养为义儿，改名李从珂。后梁将王彦章与李克用战，嗣源率李亚子、石敬瑭、孟知祥、刘知远、李从珂五虎将应战得捷。从珂殿后班师。途见一妇人，啼哭投井，询问其故，知系亲生母，但疑未敢信。克用妻刘氏设宴庆赏五虎，名"五侯宴"。在酒席宴间，从珂备述其事，刘无奈，因详告其本末。从珂大为悲痛，乃迎母回京。

《关大王单刀会》

元代关汉卿撰。故事梗概：孙权命鲁肃向刘备再索荆州，刘备佯允以长沙、零陵、桂阳三郡交换，诸葛瑾向关羽照索，关羽不与。鲁肃情急，设宴请关羽过江，预先埋伏部将，拟加胁迫。关羽只携带周仓一人，单刀赴会，酒筵间历叙赫赫战功。鲁肃当面索要荆州，关羽假装喝醉，一手持刀，一手亲执鲁肃，东吴众将投鼠忌器，不敢轻举妄动，关羽安然返回荆州，现在昆曲中仍有《训子》、《刀会》两折演出。

《好酒赵元遇上皇》

元代高文秀撰。剧情简介：宋代初年，赵元好酒，妻刘月仙欲与离异嫁臧府尹。臧乃派赵元往西京递公文。途中遇雪误期，自问无生理。适遇太祖（赵匡胤）微行，共饮于酒肆中。太祖未携钱。为酒保所窘。赵元为代偿。太祖询元何以至此，乃将妻与臧府尹设计谋害等情况告之，太祖于元臂上写字画押，令示宰相赵普。普见之，除元为开封府尹，而惩臧以罪。

《谢金莲诗酒红梨花》

元代张寿卿撰。剧情简介：赵汝州慕洛阳名妓谢金莲。时同窗刘辅为洛阳太守，书招赵。见辅，以谢为问，辅佯以适人对，赵欲辞去，强留一后园。密召金莲伪为王同知女，至园中。赵见而悦之。越夕，女携红梨花赠赵。辅恐汝州恋女不赴试，复令一妪伪作卖花婆，诣园，谓有王同知女，死葬园中，夜出魅人。赵询其状，与所见无异，大惊，即日就程赴试。及第还洛，辅设宴款之，在酒宴间，召金莲持扇插花而侍，赵一见惊惧，始以实告，结为夫妇云。明代有《红梨记》传奇，颇流行，即本此剧。

《醉思乡王粲登楼》

元代郑光祖撰。剧情简介：剧叙三国时王粲徒长安，蔡邕闻粲在门，倒屣迎之，一坐皆惊。以西京扰乱，粲乃往刑州依刘表，表以粲貌寝，不甚重也。后归太祖（曹操），辟为丞相椽，赐爵关内侯。王粲在荆州时，醉登江陵城楼，因思乡而作赋。剧中据以改赋为诗，以便演出。

《杜牧之诗酒扬州梦》

元代乔吉撰。剧情简介：杜牧之遣怀诗“十年一觉扬州梦”之句，又有“张好好诗”，对扬州名妓好好备极依恋。天邺《扬州梦记》云：“牧在扬州，唯以宴游为事。每重城向夕，倡楼之上，常有绛纱灯万数，辉耀空中，街衢巷陌，珠翠填咽，牧出没驰逐其间。所至成欢，无不会意。”此剧即以此为背景，叙杜牧恋慕张好好致成渴病诗魔，无意求官，幸友辈为之撮合，成其好事。

《刘玄德醉走黄鹤楼》

元代朱凯撰。剧情简介：周瑜设计黄鹤楼开宴，玄德被困。诸葛亮令姜维扮渔翁献鱼，教以“彼骄必褒，彼醉必逃”二语。令关平送暖衣拂子，暗藏有借东风时向周瑜取得之令箭。瑜困醉欲睡。玄德得令箭，比对下楼，登渔舟，张飞迎之过江。此剧与京剧所演《黄鹤楼》之情节颇有差异。

《杜子美沽酒游春》

明代王九思撰。剧情简介：杜甫游春至曲江，目睹宫殿萧条，追怀往昔，痛恨李林甫恶政所致。乃入贾婆店买一醉。有卫太郎饮楼上，夙知甫名，与语论诗，称道李林甫。杜甫怫然作色下楼。去慈恩寺再入酒家独酌。适岑参寻至，邀游渼陂。相与跨蹇驴，至参之第居。翌朝，携妓浮舟至钓鱼台，不禁有隐栖之志。斯时房琯使使来迎，传将擢升杜甫为翰林院学士。甫辞退，宁以自由之身，乘桴浮于海云。

《灌将军使酒骂座记》

明代叶宪祖撰。剧叙灌夫字仲孺，汉武帝时拜淮阳太守，入太仆，徙燕相。坐法免，家居长安，为人刚直使酒，每饮酒，常好骂座。灌夫不好面谀，任侠，重然诺。酒后屡忤武安侯田蚡，劾灌夫骂座不敬。灌竟被族诛。

《扬升庵诗酒簪花髻》

明代沈自微撰。杨慎字升庵。据史载，曾两上议大礼疏，率群臣撼奉天门大哭，廷杖者再，谪戍云南泸州30余年，永远不宥，竟死戍所。此剧即叙杨慎谪滇之轶事。滇中诸夷酋慕杨慎之名，欲得其诗翰而不可得，乃以精白绫作成衣服，令诸妓服之，然后歌舞侑酒，乘杨慎酒兴正酣时求他在衣襟上书诗题字，杨欣然命笔，在诸妓的衣襟裙袖上乘兴挥毫，醉墨淋漓，书诗俱佳。夷酋大喜，重赏妓女，购衣裾归，装潢成卷。杨慎尝醉，胡粉傅面，作双丫鬟插花，门生舁之，诸妓捧觞，游行城市，了不为怍。

《四大痴》

明末清初李逢时撰。据《曲海总目提要》所载内容如下：

以酒色财气分作四剧，每剧五六出，犹元人之杂剧也。酒曰《酒懂》，色曰《扇坟》，事本《蝴蝶梦》；财曰《一文钱》，用卢至事，事本《内典》；气用黄巢下第事，事本《残唐》。《酒懂》略云："语溪人姜应召，字飞熊，妻何氏，子惠连，有田有业，甚自得也。性不喜饮，遇酒辄厌，见嗜酒者，必为攒眉。里中醵金祀神作春社，应召终席不沾涓滴。同社钱小竹者，以官事弃产，匆匆赴社，遗金一锭，应召拾而不还。社神达之上帝，敕酒神耗其家，荡其检，以为不义之罚。应召归，闻途中店家酒气，忽觉香美，至家痛饮而睡。梦酒神引入和神之国，有平原督邮、青州从事，盛称酒德。刘伶、李白、张旭等歌舞面前，相与豪饮极酣。从此日耽曲蘖，沉湎醉乡，如是累年。上帝念其平生善良，拾金之事，醉中常悔悟，复令桃花女华作奔女以试之，应召拒之甚确。于是阴宥其过。其子惠连却于本年中经魁。应召复止酒，终身不饮。"其余三剧，剧情从略。

《二郎醉射锁魔镜》

作者佚名。剧情简介：玉帝以赵昱为嘉州太守斩蛟有功于民，敕为灌口二郎之神，号清源妙道真君。弟哪吒为降魔大元帅，镇摄玉结连环寨。二郎过寨，哪吒命酒痛饮，酒酣比射，二郎一箭误中天狱锁魔镜。镜破魔走，有牛魔王、金睛百眼鬼，逃往黑风山，天将追之不及，二郎、哪吒乃各显法相，擒获妖魔云。

《胡学究醉闹湖心亭》

作者佚名。剧叙明万历年间大文学家胡应麟好使酒，与汪道昆、道贯、王世贞、世懋等，并诸名士大会西湖。座中与道骂座，时戚继光亦同席饮，欲两解之。胡大怒，至骂戚为粗人，戚惊避，促舆度岭去。

《饮中仙》

清代黄兆森撰。撰有《四才子》剧，其中之一为《饮中八仙》，简称《饮中仙》。按：张旭、李白、贺知章、李适之、汝阳王琎、崔宗之、苏晋、焦遂，被称为酒中八仙。此剧本事出《唐书·张旭传》：旭，苏州吴人。嗜酒，每大醉，呼叫狂走，乃下笔。或以头濡墨而书。世呼张颠，又称草圣。自言观公孙大娘舞剑器得其神云。

《新丰店马周独酌》

清代杨潮观撰。剧叙马周潦倒长安，于新丰市上，把酒题诗，不觉沉醉。忽内监奉驾贴传宣，拥之以去。同此题材，有元代庚天锡《中郎将常何荐马周》，明代茅维《醉新丰》，清代叶承宗《穷马周》等剧。

《穷阮籍醉骂财神》

清代杨潮观撰。剧叙阮籍酒醉过财神庙，大笑大哭，怒骂一番。借之嘲世间求利之徒。但剧中阮籍虽不爱钱，仍不免为名缰所牵引。亦系讽世短剧。

《醉太平》

作者佚名。此剧以中人名、地理、封爵，皆用酒故事，撰成关目。丁太平盛世，乞浆得酒，故名。又以乌孙国之青田核为黄封合卺，亦名《合卺杯》。

《醉将军》

作者佚名。剧中演汉代鲍宣之女被妖僧掠去，辛十郎乘醉，豪气倍增，杀死妖僧，救出鲍女，汉帝封为醉将军。

《醉西湖》

作者佚名。剧叙宋末贾似道酣歌纵酒，荒淫误国；与史以忠殉节淮扬，誓死抗敌故事。

京戏与地方戏（按故事发生年代排列）

1.商　代

《封神榜》

为连台本戏。早期有田际云编演之34本。其后流行的为周信芳编演的16本。内容为武王伐纣的故事，主要情节采自《封神演义》。其中很多情节涉及纣王酗酒贪色，营造酒池肉林，穷奢极欲，滥杀无辜，最终导致国亡身丧。这是中国古代君主酗酒亡国的历史记载在戏曲中的形象反映。

《妲己进宫》

又名《进妲己》、《献妲己》、《反冀州》。故事是说：女娲诞日，纣王到女娲庙进香，见神像美，题诗于壁，词涉爱悦。女娲见诗大怒，遣狐狸、琵琶、雉鸡三妖下山败其江山。纣王归，思得美人。费仲献计，令诸侯献美女。诸侯入朝，皆贿赂费仲、尤浑，独冀州苏护不理。费仲怀恨，奏知苏护有女甚美。纣王召苏护，当面求亲。苏护大怒，题诗反商。纣王令崇侯虎伐冀州。苏护兵败，不得已送女入朝。夜宿驿馆。妖狐吞食妲已而幻化其形。纣王纳之，备极宠爱，终日酗酒荒淫。

《朝歌恨》

西伯侯姬昌（即周文王）被纣王囚于羑里七年。长子伯邑考，入京进宝，代父赎罪。纣王赐宴，允放归其父。妲已爱慕伯邑考，欲与之淫乱。乃谓在冀州时曾闻伯邑考善弹琴，纣王试令弹之，果然佳妙。妲已诈称欲从伯考学琴，纣王应允。妲已用酒灌醉纣王，使其昏睡。妲已令伯邑考教琴，乘机投入其怀中，伯邑考严词拒绝。妲已恼羞成怒，待纣王酒醒后，反诬伯邑考教琴不尽心，纣王不悦。伯邑考抚琴讽谏，纣王怒，欲斩之。伯邑考举琴击妲已，纣王大怒，遂令武士将伯邑考剁成肉酱。

《炮烙柱》

纣王宠妲已，整日酒宴歌舞，不理朝政。杜元铣进谏，言朝中有妖气。纣王听信妲已之言，欲斩杜，商客谏阻，不听。大夫梅伯力谏，反被囚禁。妲已使纣王铸铜烙柱，用炭火烧红，然后命梅伯抱柱烙死。纣王则与妲已在一边饮酒歌舞，“欣赏”酷刑取乐。

《斩妲已》（《摘星楼》与此并行）

纣王与妲已等日夜在鹿台饮宴取乐。西伯侯姬发（周武王）会合各路诸侯伐纣，即将杀至京城。纣王召众臣御敌，俱无以应。妲已与众妖夜袭周营，被擒。妲已被姜尚斩首。纣王见大势已去，在摘星楼自焚。

2.周、秦时代

《伐子都》

郑庄公与惠南王交战，其部将子都与颍考叔因争帅印反目。子都于交锋之际用冷箭射死考叔，冒功回师。庄公设功宴于金殿，考叔显魂。子都饮酒后，良心激发，疯愧而死。

《醉遣重耳》

晋公子重耳逃亡至齐国，齐桓公厚待之，并以宗族中美女齐姜妻之。重耳宠爱齐美，在齐7年不图复国。随臣赵衰等恐其苟安惰志，难成大业。齐美知悉后，与赵衰等共议，将重耳灌醉，载出齐城，周游列国，终成霸业。

《刺王僚》

吴王姬僚即位，其弟姬光欲谋篡弑，乃设酒宴，约王僚同饮。宴饮之间，刺客专诸假扮进馔仆役，捧鱼至王僚前，从鱼腹中抽出利剑，将王僚刺死。专诸亦被卫士所杀。姬光乃夺吴王之位。

《要离刺庆忌》

姬僚被刺，子庆忌逃往艾城，伺机报仇。姬光与伍员密议，举要离为刺客，断要离右臂，又杀其妻，并投之监。伍员纵之逃，要离乃投庆忌。庆忌见其一家被残戮，竟不疑。率兵顺江而下，要离与庆忌同舟，乘其酒醉杀之，然后自刎而死。此剧为马连良编演，自饰要离，有大段唱工和繁难精采之表演身段。

《西施》

吴王夫差灭越国，囚越王勾践，令为马夫，勾践忍辱从命。大夫范蠡脱身回越，访得爱国女子西施，献与夫差。夫差纳西施后，朝饮暮宴，纵情酒色，不理国政，最后被越国覆灭。此剧有精彩唱工及大型舞蹈场面，为梅兰芳代表作。

3.两　汉

《鸿门宴》

刘邦破秦后，项羽于鸿门设宴，约刘邦赴会，欲于席间杀刘邦。项伯以其事告知张良，张良转告刘邦，届期刘邦率樊哙同往。楚军不令樊哙入帐。席间，项庄舞剑欲刺刘邦，项伯起身对舞，以阻项庄，不使下手。张良见事危急，出召樊哙，樊哙入帐陈词，项羽以为壮士，赐与酒肉。刘邦趁项羽大醉，托故离席，逃回汉营。此剧有数种演出本，以马连良编演本最精彩。马饰范增，有大段唱、念及细腻表演。

《霸王别姬》

韩信在九里山布下十面埋伏，项羽中计被困垓下。张良又用“四面楚歌”之计，涣散楚军。项羽感到大势已去，饮酒赋诗，虞姬侑酒歌舞，二人悲痛依恋，生离死别。最后虞姬自刎，项羽突围至乌江，亦力尽自刎。此剧为杨小楼、梅兰芳之代表剧目。

《监酒令》

刘邦死后，吕后临朝听政，吕氏一族俱封王侯。吕禄之婿刘章得吕氏宠信，掌握禁军。王陵、陈平、周勃、灌婴等往说刘章，劝以汉室基业为重，刘章深为所动。吕后在未央宫设宴为吕氏家庭作贺，刘章因系亲眷，亦往参加。吕后命章作监酒令官，刘章请以军法行酒。吕后依允，并赐以佩剑。吕氏家族有人逃席，刘章拔剑斩之。吕后虽嗔怒，竟无可奈何。此剧为小生重头戏，有大段唱工。姜妙香、叶盛兰等均擅演。

《卓文君》（《文君当垆》、《当垆艳》、《凤求凰》）

此剧为尚小云等之京剧演出本。在《孤本元明杂剧》中有《相如私奔》；清人袁于令有《鹔鹴裘传奇》，朱凤森有《才人福传奇》，黄燮清有《茂陵弦传奇》，均演此事。《凤求凰》为吴祖光新编京剧本。另外川剧、越剧、评剧等亦均有此剧目。“垆”是旧时酒店里安放酒翁的土台子，后即用作酒店的代称。《当垆艳》是指在酒店卖酒的美妇人，即卓文君。故事是说：西汉大文学家司马相如，家贫不能自给，往投临邛县令王吉。临邛富户卓王孙有女文君新寡，王孙欲令改嫁。后相如与文君因同善鼓琴而相爱，但王孙嫌相如家贫，坚持不允。文君乃夜奔相如，结为夫妇。二人无以为生，乃开设酒肆，文君亲自当垆卖酒，相如充作酒保。后相如作《子虚赋》，受汉武帝赞赏，召拜中郎将。王孙大悔，即以家财相赠。

《打金砖》《上天台》（《草桥关》、《姚期》、《汉宫惊魂》）

刘秀诛灭王莽后，自立为汉光武帝。大封功臣，收郭荣之女为西宫。因思念功臣，将姚期调回京城。姚期之子姚刚失手打死郭荣，郭妃乘刘秀酒醉，假传圣旨诛杀姚氏满门。邓禹、岑彭等保奏，均被处斩。马武闯入宫中逼刘秀写下赦诏，而行刑已毕。马武手执金砖，碰死宫墙。刘秀酒醒，知已铸成大错，杀郭妃。随之自己亦死。此剧为李少春代表作，唱、做并重，许多高难度翻扑摔跌技巧，大段唱工后，紧接翻扑；摔跌后立即起唱，极见功夫。

《渔家乐》（《金针刺梁冀》、《相梁刺梁》）

此剧为昆曲剧本。明·朱佐朝有《渔家乐》传奇，近世昆曲演出名《相梁刺梁》，王玉蓉改编京剧本。是说渔家女邬飞霞乔装入独霸明政、骄奢残暴之大将军梁冀府中，伺机灌醉梁冀，用金针将梁刺死，然后逃走的故事。演员有极细腻表演，例如在灌酒一场，当邬飞霞面对梁冀时，满脸堆笑，极尽殷勤，但背过身去的一瞬间，立刻满脸杀气，目露凶光，将内心的仇恨忿恨怒向观众明显交代。而再转过脸去面向梁冀时，又是一副欢乐甜蜜的笑容。这种瞬息万变的面部表情，揭示出人物内心的急遽变化，也体现了演员的艺术功力。

4.三国时代

《温酒斩华雄》

曹操约同十八路诸侯，推袁绍为盟主，共反董卓。董卓部将华雄讨战，连斩盟军数将，诸侯不敢迎敌。关羽讨令出战，袁绍轻之。曹操请使羽出战，并斟酒敬羽。关羽置酒，出马立斩华雄。回营交令，杯酒尚温。

《吕布与貂蝉》（《连环计》、《凤仪亭》、《小宴》）

董卓专权，得吕布为羽翼，横行无忌。司徒王允欲除董卓，认貂为义女，共定连环计。先约吕布过府饮宴，令貂蝉侍酒，并以貂蝉许之。这场戏又名《小宴》。吕布借酒意调戏貂蝉，大肆自我吹嘘，貂蝉也敬酒加以恭维挑逗。但王允随即又邀宴董卓，并使载貂蝉回府为妾。吕布得悉，责王允失信。王允推说董卓称系迎媳回府。吕布入府，知董卓已纳貂蝉为妾。大怒。后与貂蝉于凤仪亭相会，貂蝉假意诉苦，并以言激吕布。适为董卓所见，义父子遂反目。后王允与吕布、李肃等合谋，由吕布将董卓杀死。

《捉放曹》

曹操行刺董卓不成，外逃至中牟县被擒。县令陈宫弃职与之同行。遇曹父好友吕伯奢，至其家借宿。吕殷勤款待，自往酒肆沽酒，并命家人杀猪待客。操闻吕家人说“缚而杀之”，大疑，遂杀吕全家。前行遇吕沽酒归来，复杀之。陈宫以其过于残忍，弃之而去。

《青梅煮酒论英雄》

刘备因恐操相忌，日在园中浇菜，以示无大志。曹操约刘备饮宴，被邀至操处，操告以新煮青梅美酒，特邀同饮。操问刘备可识天下英雄？刘备历举袁绍、袁术等，操均不首肯，却云：“天下英雄唯有使君与操耳！”刘备大惊，手中双筷不觉坠地。适雷声大作，刘备托词因雷声而失措。此剧为马连良、郝寿臣、李盛藻等之代表作。

《赤壁鏖兵》（《群英会》、《草船借箭》、《横塑赋诗》、《借东风》）

孙权、曹操两军对峙于赤壁。曹操令蒋干过江劝降。周瑜设宴招待蒋干。周瑜与蒋干皆佯醉，实是周瑜设计借蒋干之手盗去假信，以反间计使曹操杀死水军头领蔡瑁、张允。诸葛亮又以草船借箭，弥补武器之不足。周瑜宴请诸葛亮，在席间以苦肉计责打黄盖，使之诈降曹操。诸葛亮早知道是苦肉计，故意自斟自饮，不予理睬说情，周瑜气得发昏。同时曹操在江上大宴众将，横槊赋诗，畅饮抒怀。最后诸葛亮借东风，以助火势，火烧曹军83万，曹操全军覆没。

《黄鹤楼》

周瑜设宴于黄鹤楼，诓刘备过江，暗设伏兵于楼下，逼刘写退还荆州的文约，并嘱部下非有令箭不得纵放。刘知其计，惊慌失措，而诸葛亮事先将借东风时携走之令箭一支，装入竹节中预付赵云，此时破竹出示，周瑜部下不察，刘备遂在赵云保护下，安然脱险。

《造白袍》

关羽遇害，张飞极度悲忿，酒醉后怒挞士卒，又逼令部将范疆、张达赶造白盔、白甲，以备伐吴报仇。范、张二人请求宽限日期，张又怒责。二人乃乘张飞酒醉睡熟时刺杀之，投往东吴。

《别宫祭江》（《祭长江》）

孙尚香自荆州回吴后，未能还蜀，据传闻刘备死于伐吴兵败之役，痛不欲生。入宫辞别其母吴后，赴江边望西奠酒哭祭，祭罢投江而死。

5.两晋、南北朝

《醉度刘伶》

天上福寿星下凡降生为刘伶，酒仙杜康奉王母命前往度化，设酒肆以待之。刘伶贪杯，入肆沽酒，店家自夸其酒能醉倒海外神，刘伶乃与打赌，三杯如醉，愿代其他顾客偿值，不醉，即将酒店捣毁。杜康与以仙酒，刘伶大醉，归家后，疑将死，嘱其妻将尸体浸酒缸中。杜康前往索取酒值，其妻欲告官。杜康见尸体后，化清风而去，刘伶魂魄随之，同见王母，复归仙班。此为京剧本，另有评剧本《刘伶醉酒》，剧情与此类似，演出时有翻跌摔扑等高难技巧及甩发功等。

6.唐

《御果园》（《尉迟恭救驾》）

唐王李世民班师凯旋，李渊封赏将士，至尉迟恭，建成、元吉进谗言，指其单鞭夺槊，赤身救驾之功为假冒。李渊命在御花园重行演习，时属隆冬，尉迟得李靖之助，服药酒后竟不畏冷，比试时反将欲加害李世民之黄壮打死。故事亦见元代尚仲贤之《三夺槊》传奇。

《闹花灯》（《薛刚反唐》）

薛丁山平西后还朝，因三子薛刚性情暴劣，令与次子薛猛同镇阳和，禁止入都。元宵节薛刚回都省亲，醉后出府观灯，与奸相张泰等争斗，大闹花灯节，打伤皇子后，逃出都城。

《太白醉写》

李白入都应试，因不肯贿赂主考官杨国忠及高力士，被黜。后黑蛮国以蛮文上表唐玄宗，满朝文武皆无识者，贺知章推荐李白，李白宣读蛮书，一字不讹。玄宗又命其草诏以宣国威。李白乃乘酒醉，请旨命杨国忠磨墨，高力士脱靴，以泄被屈抑之忿。为俞振飞代表作。

《金马门》（《骂安禄山》）

李白醉写草诏后，誉满京都，唐玄宗深加敬意。李白终日徜徉酒楼，一日与贺知章同游金马门，遇杨贵妃义儿安禄山，招摇过市，李白乃佯醉加以痛骂，安避道而行。

《贵妃醉酒》（《百花亭》）

杨玉环受唐玄宗宠幸，一日唐玄宗负约，杨在百花亭独饮，不觉沉醉，满腹怨艾，此剧京剧为梅兰芳代表作。汉剧为陈伯华代表作。

《打金枝》（《满床笏》）

汾阳王郭子仪八旬寿辰，七子八婿均登拜寿，唯幼子郭暖所娶唐肃宗之女升平公主恃贵不往。寿宴席间郭暖被兄嫂嘲笑，郭暖羞恼，带醉回府，怒殴公主。公主回宫向父母哭诉，子仪亦绑子上殿请罪。唐王则以郭功高，且儿女事非朝廷所应干预为由，反晋升郭暖官阶，并与皇后为其夫妻劝和。

7.宋

《斩黄袍》（《斩郑恩》）

（宋太祖）赵匡胤即位后，宠幸韩素梅，封于桃花宫。北平王郑恩曾力谏，不听。韩素梅之兄韩龙受封后游街夸耀，郑恩怒打之，韩逃入宫，赵匡胤酒醉后怒斩郑恩，郑妻陶三春引兵围宫，赵酒醒痛悔。高怀德闯宫怒斩韩龙，登城调解，陶三春刀斩黄袍泄忿，赵许为郑追荐，陶始忍悲退兵。此剧有大段唱工，为刘鸿升、高庆奎之代表作。

《清官册》（《夜审潘洪》）

潘洪暗害杨家将，致杨继业父子多被害死。潘洪被捕至京，宋太宗命刘御史审讯，刘受潘妃之贿，为八贤王打死。八贤王请调寇准进京复审。潘妃又行贿，寇坚不收，告知八王。及勘审时，潘傲慢狡赖，无供词。寇准佯言开脱其罪，与八王定计，灌醉潘洪后，假设阴曹，夤夜勘审，潘洪始吐实定案。

《奇冤报》（《乌盆记》）

刘世昌至外地经商，志贷毕，偕仆回家。中途遇雨，借宿于窑户赵大家中。赵大夫妻见财心动，将主仆用毒酒害死，剁为肉酱，烧成乌盆。张别古到赵大家索取草鞋债，赵大以乌盆作抵。刘世昌冤魂乃向张尽诉前情，请代申冤。张别古至包拯处告状，包拯乃传赵大审清抵命。

《罢宴》

北宋宰相寇准，于庆春前夕，大宴宾客，彻夜歌舞，纵酒欢乐，极尽豪奢。老仆刘媪，曾与寇准家人同度艰苦岁月，见此景象，颇多感触。适仆人陈山将珊瑚树等珍物不慎打碎，恐受责，恳刘媪代为求情。刘媪往见寇准，借太夫人生前劳苦勤俭教子事，登堂陈述。寇准为之感动，遂传令罢宴停觞。

《青霜剑》

秀才董昌妻申雪贞貌美聪慧，为豪绅方世一所觊觎。方假与董昌订交，暗中买通死囚攀陷董昌入狱，竟问斩。又遣媒婆姚氏说雪贞改嫁，雪贞看破奸谋，假意允婚，托孤儿于其表妹，自携家藏青霜剑，于洞房中将方世一灌醉，手刃方世一及姚氏，割二人头至董昌坟前哭祭，然后自刎。为程砚秋编演之代表作。

《醉打山门》

《水浒传》故事。鲁达打死郑屠，逃至代州，入五台山削发为僧。改名鲁智深。出游，遇卖酒人，夺酒豪饮，醉打山门。长老智真不得已，遣往东京大相国寺。

《武松打虎》

《水浒传》故事。武松回故乡，路经景阳岗，在岗下酒店豪饮，乘醉过岗，老虎跃出，武松将虎打死。因此成为阳谷县的都头。盖叫天、侯永奎等均擅演此剧。

《十字坡》（《武松打店》）

武松杀嫂自首，发配孟州，路经十字坡，投宿张青店中。张妻孙二娘将武松灌醉，夜往行刺，武松实为佯醉，黑暗中二人搏斗，孙非武松敌手，张青赶至，得结识武松，遂同订交。盖叫天、李万春均擅演此剧。

《快活林》（《醉打蒋门神》）

蒋忠（蒋门神）仗恃张团权势，占夺施恩所设之快活林酒店。施恩告武松，武松醉打蒋门神，夺回快活林，盖叫天、李万春等擅演此剧。

《浔阳楼》

宋江发配江州，游浔阳楼，醉题反诗，为无为军通判黄文炳所见，告密于知府蔡德章。戴宗闻知，使宋江装疯，仍被黄识破，押禁牢中。蔡命戴宗赴东京蔡京处投书，途经梁山，戴宗告知吴用，定计令萧让造假书回复，又被黄文炳识破，出斩宋江、戴宗。梁山泊好汉与李逵、张顺共劫法场，救出宋江。此剧为高庆奎代表作，传李盛藻等。

《独占花魁》

卜乔趁金兵作乱，骗得美女莘瑶琴，卖入妓院，改名美娘，名利花魁。卖油郎秦钟积一年之资往会，值美娘醉归，大醉不醒，半夜呕吐，秦钟为其服役，照料体贴备至，美娘醒而感之，以身相许。恶少吴公子强逼美娘伴游湖，又逼串戏，美娘不允，吴怒剥其衣履，推置湖塘而去，美娘难行，欲自尽，又遇秦钟，脱衣为其遮体，救归，终成眷属。

《牛皋招亲》(《藕塘关》、《飞虎梦》)

金兵进犯藕塘关，守将金节不敌，告急于岳飞，岳飞遣牛皋往援。牛皋至关，饮酒大醉，出战呕吐，竟杀死金将魔里支。金节以小姨戚赛玉许婚牛皋，牛不敢婚娶，岳飞至，代为主婚。此剧为郝寿臣演出，传袁世海。

《盗银壶》(《佛手桔》)

北主乌尔卫康遣粘龙、木虎至宋探听军情，兼买美女。南宋元戎杨存中得梦，召张定详梦，赐以酒食，张携银壶归。壶为飞贼丘小义盗窃去，张定失壶，无为赔偿，乃卖女鸾才与粘龙，全家悲泣。丘小义闻知，挺身自承，随张定至杨府还壶，并毁卖契，斥走粘龙、木虎。杨存中知丘仁义，令再盗银壶，以觇其技，亲携僮监守，仍为丘乘杨责子时盗去。杨子杨元玉买花，误将扇遗花篮中，都统周必大之女蕙娘买花得扇，见题诗，暗慕元玉之才。周必大因皇太后染病，需北国佛手桔为药引，乃往价购，反被北主乌尔卫康羁押。杨元玉献计，令丘入北国盗取佛手桔，杨存中从之。令丘先开酒肆以隐身。周蕙娘男装偕杨元玉同游太保庙。遇粘龙、木虎纠合公差强抢张鸾才，杨元玉、丘小义救女，打死差役。杨存中怒欲斩子，张定又以女许婚杨元玉，谒杨母，同求告于杨存中，并以北国木夹为证，杨始知所杀为奸细，方欲赦子，周蕙娘、丘小义已劫法场，救元玉、周蕙娘面订婚姻。旋知周必大被押北国，杨元玉、周蕙娘从军征讨。丘小义偷入北国，盗得佛手桔，乌尔卫康射之不中。丘又救周必大同逃，北兵追赶，为周蕙娘、杨元玉杀退。回国后周、张二女同婚元玉。叶盛章拿手戏。

《白蛇传》

此剧为传统神话名剧，原始故事自宋时即已出现，由《游湖借伞》、《盗库银》、《端阳惊变》、《盗仙草》、《金山寺》、《断桥》、《合钵》、《祭塔》等多折剧目组成。故事是说钱塘青年许仙清明扫墓，经西湖遇雨，逢二女，为白蛇、青蛇所幻化。许与白蛇同舟，互生爱慕恋情，许将雨伞借与白，订期往访，及重逢，二人即成婚。金山寺僧法海嫉恨许仙与白素贞美满婚姻，警告许仙，白为蛇妖所变，端阳节日，法海又唆使许仙强劝白素贞饮雄黄酒，以致白现原形，许仙惊吓而死，白潜入昆仑山，盗取灵芝仙草，遭鹤、鹿二仙童阻止。南极仙翁怜而赠以灵芝，救活许仙。在全剧中，《端阳惊变》是引发以后悲剧的关键性关目，没有饮酒现形的情节，法海的挑唆阴谋就很难得逞，也就没有以后一系列的悲剧故事发生了。这之后，许仙受法海煽惑，上金山寺进香，竟留寺不返。白素贞偕小青至金山，恳求法海放许归家，法海不允，白忍无可忍，聚集水族，水漫金山。法海亦招天将应战，白因怀孕，体力不支败退。白素贞战败后，行至西湖断桥，腹痛难行。恰遇许仙踵至，小青狠许仙负心，欲杀之，白力为解脱，亲责许之薄情，许赔罪明心，三人言归于好，偕赴杭州。不料白素贞分娩后法海又来迫害，将白收入钵盂，压在雷峰塔下。其子许士林长成后，得中状元，衣锦还乡，至雷峰塔前哭祭母亲。白素贞出现，哭诉往事，终于母子忍痛分别。

《望江亭》

宋代学士李希颜死，妻谭记儿为避太尉杨戬之子杨衙内纠缠，乃依清安观白道姑抄写经卷。白道姑之侄白士中中试，授潭州太守，来观中辞行。白道姑闻士中丧偶，为之撮合，谭、白成婚赴任。杨衙内妒恨，诓取诏书、势剑，赶赴潭州，拟杀士中，夺占记儿。士中得密报，大惊，记儿乃乔妆渔娘，于中秋之夜，驾舟至望江亭，故与杨衙内周旋，将杨灌醉，盗去诏书、势剑。杨酒醒，不及详查，至州衙，始知诏、剑俱失，白士中反以假冒之罪逮杨，记儿又佯来出首，杨伏罪，记儿始以真面目斥杨，并入京代夫申辩。此剧源出关汉卿《望江亭中秋鲙旦》杂剧。张君秋演出。

8.明

《遇龙酒馆》（《遇龙封官》、《玉龙酒馆》）

明代永乐帝朱棣传旨大放花灯，与民同乐，并微服私访贤臣。至一酒店歇坐，偶闻读书声。朱棣乃请书生相会。书生为店主表弟白俭。朱隶面试其才，大为赏识，次日即召白俭上殿封官。此剧为《胭脂宝褶》中之一折。

《游龙戏凤》（《梅龙镇》、《美龙镇》）

明武宗（正德皇帝朱厚照）私游大同，过李龙酒店，见李妹凤姐，乃加调戏。后实告以自己是皇帝，封凤姐为妃。

《四进士》（《节义廉明》）

明嘉靖朝新科进士毛朋、田伦、顾读、刘题四人出京为官。因严嵩专权，共约赴任后不得违法渎职，以报海瑞举荐。时河南上蔡县姚廷春妻田氏（田伦姐）谋产，毒死夫弟姚廷美，又串通弟妇杨素贞之兄杨青，将素贞转卖布商杨春为妻。素贞哭拒，遇毛朋私访，杨春亦悯素贞遭遇，撕毁契约，愿代鸣冤，毛乃代写状纸，嘱素贞赴信阳州控告。素贞与杨春失散，遇恶棍，为被革书吏、店主宋士杰所救，认为义女，携至州衙告状。田氏得讯，逼弟巡按田伦打通关节。田令差役送信及贿赂与信阳知州顾读，夜寓宋士杰店中。宋趁差役酒醉，偷窥其信文，用水复印，取得关键性的物证。顾读见信徇情，反释被告，押素贞，宋士杰质问，被杖责逐出。遇杨春，乃教往巡按处上控，毛朋接状，宋士杰作证，田、顾、刘均以违法失职问罪。朋判田氏死罪，为素贞雪冤。

《十五贯》

熊友兰、熊友蕙兄弟家贫，友兰当舵工，佐弟攻读。邻有冯某开典肆，将钗环、钱十五贯交养媳何三姑收藏，为鼠衔往熊处。友蕙恨鼠啮书，买药置饼中毒鼠，又为鼠衔至冯店，冯子食饼而死。友蕙以钱买米，冯疑媳与友蕙私通，害死己子，鸣官，官不察，判友蕙与三姑死刑。友兰闻耗惊痛，客商陶某赠钱十五贯以营救。适屠户尤葫芦向妹处借得十五贯携归，因醺然酒醉，戏告养女苏戌娟已将她卖与客商，十五贯为卖身钱，苏惶惧，乘尤醉卧，夜逃。有赌棍娄阿鼠入室，拟盗其钱，尤虽发觉，但因烂醉如泥，反被娄阿鼠杀死。苏戌娟迷路，遇熊友兰，结伴而行，邻人追及，见钱数相等，疑女与友兰为杀尤凶手，押至县，与友蕙、何三姑案一同判斩。苏州知府况钟监斩，察觉四人屈枉，停刑见都抚，请求缓行。况钟亲自踏勘而得鼠毒之故，又乔装卜者，借测字探知娄为凶犯，乃为四人昭雪。此剧为昆曲，1956年浙江昆苏剧团加以改编，删去有关熊友蕙情节。其后中国京剧院、天津京剧团据昆剧改编、演出。其中尤葫芦因酒醉戏言，烂醉被杀，为重要情节。

《一捧雪》（《审头刺汤》）

明嘉靖间太仆寺卿莫怀古曾于风尘中提拔裱褙汤勤，又将其荐于严世蕃门下。汤勤贪恋莫妾雪艳貌美，撺掇严世蕃向莫索家藏古玉杯“一捧雪”，莫以赝品献，严大喜，授以太常。杯为汤勤识破，严世蕃怒而搜杯。莫仆莫成藏匿玉杯，严世蕃搜而未获，莫怀古弃官逃走。严反劾莫，并令校尉追拿。至蓟州拿获，令总镇戚继光就地斩首。戚拟救之无计，莫成以貌与怀古相似，挺身代死。莫怀古逃往古北口。戚继光斩莫成后，人头解京，汤勤又言死者非莫怀古。锦衣卫陆炳奉旨勘审，并逮戚继光对质。严世蕃令汤勤会审，陆炳拟断为真，汤勤坚持为假。陆由雪艳暗示，看破汤意在得雪艳，又思开脱戚继光，乃借雪艳将汤勤用酒灌醉刺死报仇，然后自刎。马连良、周信芳、雷喜福等均擅演此剧。

《酒丐》

义丐范大杯好酒，人称酒丐。壮士文魁与名妓兰娘成婚，托兰娘于鸨母，赴京应试，。鸨母逼兰娘重操旧业，不允，毒打而死，弃尸荒郊，为范大杯救活。范戒酒并代其寻访文魁，文魁与舅父王正成出征山寇。王女翠娥独往探山，被擒，囚禁寨中。范大杯夜入山中，救出翠娥，并助王等平贼。此剧为叶盛章编演。

《贞娥刺虎》

闯王李自成入京，宫人费贞娥伪装公主，藏于井中，为闯王搜出，闯王赐婚与大将一只虎李过。费氏假意劝酒，李过大醉，为费氏刺杀，费亦自刎。此剧为昆曲。梅兰芳、韩世昌等曾演出。程砚秋曾编演全部《费宫人》。

《醉战》（《让雍州》）

明末穆君益据雍州，洪承畴往征之。君益好酒贪杯，醉后与洪交战，不能胜。其女穆秀英助战，与洪相爱，订婚约，君益遂降。

9.（清）

《九龙杯》

黄三太镖打猛虎，救出康熙帝，受赐黄马褂。康熙帝饮酒御用九龙杯被盗，令三太访查。三太探寻无着，乃籍生辰，大设筵席，以庆贺黄马褂为词，宴请绿林诸人。席间，三太之徒计全盛夸三太之勇，欲激恼众人，以探九龙杯下落。杨香武果表不服，自夸入宫盗杯。三太急求杨还杯。不料此杯因杨不慎，复为王伯燕盗去，献与金翅大鹏邹应龙。时王亦在坐，允于邹应龙生日，备礼偕香武往贺，乘间将杯盗回。届期，应龙盛宴待客，未加戒备，杨、王二人潜入内宅，将邹妻用闷香薰倒，趁应龙慌乱，盗杯遁走，应龙率众追至，黄三太等人来援，应龙不敌，遂与三太议和。

《醉眠芍药裀》

《红楼梦》故事。贾宝玉生日，大观园中诸姐妹均来庆贺，赋诗行令，畅饮竟日。表妹史湘云不胜酒力，醉后卧倒山石上。时芍药残，移时，落英已积满如裀。众见状，始扶之归屋。湘云口中犹喃喃诵诗不已。

《宝蟾送酒》

《红楼梦》故事。薛蟠之妻夏金桂，喜薛蝌貌美，欲与通情，乃借口薛蝌为其夫官司操劳，备酒以酬谢之。是夜，金桂遣侍妾宝蟾携酒送至薛蝌房中。宝蟾亦垂涎薛蝌，乃乘机调戏。薛蝌不为所动。善言遣之去。旋，夏金桂寻来，薛蝌亦不理睬。次晨，宝蟾始将酒具取回。

附 中国戏曲剧种大全（小常识）

北　京——京剧、昆曲、北京曲剧

天　津——京剧、评剧

河　北——评剧、河北梆子、丝弦、老调、哈哈腔、乱弹、平调落子、二人台、唐剧、武安傩戏、隆尧秧歌戏、定州秧歌戏、唐山皮影戏、冀南皮影戏

山　西——晋剧、北路梆子、蒲剧、耍孩儿、上党梆子、二人台、锣鼓杂戏、碗碗腔、朔州秧歌戏、繁峙秧歌戏、孝义皮影戏、晋北道情戏、临县道情戏、罗罗腔

内蒙古——二人台、漫瀚剧

辽　宁——京剧、评剧、喇叭戏、辽南戏、二人转、复州皮影戏、凌源皮影戏、辽西木偶戏

吉　林——吉剧、新城戏、黄龙戏、二人转
黑龙江——龙江剧、二人转
陕　西——秦腔、碗碗腔、眉户、汉调桄桄、汉调二簧、商洛花鼓、弦板腔、华县皮影戏、华阴老腔、阿宫腔、郃阳提线木偶戏
甘　肃——陇剧、敦煌曲子戏、华亭曲子戏、环县道情皮影戏
宁　夏——花儿剧
青　海——青海平弦戏、黄南藏戏
新　疆——曲子戏
山　东——京剧、吕剧、茂腔、五音戏、柳琴戏、蓝关戏、一勾勾、山东梆子、莱芜梆子、柳子戏
河　南——豫剧、越调、河南曲剧、宛梆、大平调、太康道情、大弦戏、怀梆、四平调、南乐目连戏
江　苏——昆曲、淮剧、扬剧、锡剧、苏剧
安　徽——黄梅戏、徽剧、庐剧、泗州戏、青阳腔、池州傩戏、凤阳花鼓戏、岳西高腔、徽州目连戏、坠子戏
上　海——越剧、京剧、昆曲、沪剧、滑稽戏
浙　江——越剧、婺剧、昆曲、绍剧、甬剧、西安高腔、松阳高腔、瓯剧、新昌调腔、宁海平调、乱弹、海宁皮影戏、泰顺药发木偶戏
江　西——赣剧、南昌采茶戏、赣南采茶戏、弋阳腔、青阳腔、萍乡采茶戏、徽剧、吉安采茶戏、广昌孟戏、宜黄戏
福　建——莆仙戏、梨园戏、高甲戏、芗剧、闽剧、大腔戏、四平戏、梅林戏、闽西汉剧、北路戏、泉州提线木偶戏、晋江布袋木偶戏、漳州布袋木偶戏
广　东——粤剧、潮剧、正字戏、广东汉剧、西秦戏、梅山山歌剧、白字戏、花朝戏、陆丰皮影戏、高州木偶戏、潮州铁枝木偶戏
台　湾——歌仔戏
海　南——琼剧、临高人偶戏
广　西——桂剧、彩调、壮剧、桂南采茶戏
湖　南——昆曲、湘剧、祁剧、辰河高腔、巴陵戏、湖南花鼓戏、邵阳布袋戏、常德高腔、辰河目连戏、荆河戏、侗族傩戏、沅陵辰州傩戏
湖　北——汉剧、楚剧、黄梅戏、荆州花鼓戏、江汉平原皮影戏
四　川——川剧、川北灯戏、川北大木偶戏

重　庆——川剧、梁山灯戏
云　南——云南花灯戏（玉溪花灯戏）、滇剧、白剧、傣剧、彝剧
贵　州——黔剧、思南花灯戏、德江傩堂戏、布依戏、彝族撮泰吉、侗戏、安顺地戏、石阡木偶戏
西　藏——藏剧、山南门巴戏

第五章　银屏熠熠酒生辉
——影视与酒

银幕、屏幕作为当前一种主要的文化艺术形式，较全面真实的刻画反映社会生活。酒作为人们日常生活中的不可缺少的一种生活物质，理所当然的在银幕上得到充分展现，以此来真实反映社会生活。这是酒与文化艺术有机结合，相得益彰的酒文化的具体体现。影视作为一种生动的文化艺术，甚至有还原于生活，高于生活的作用与表现，酒文化赖以得到广泛的表现与传播，是一种最佳表现形式。

中国电影自从1905年诞生影片起。在人们生活中如伴侣般存在的酒，就随着银幕释放其魅力。在银幕上反映着社会生活常态：血缘亲情、离别壮行、接风洗尘等，增添艺术的趣味，给影片增加了或温馨，或欣喜，或幽默，或愁苦，或悲愤的有滋有味的色彩。如最早影片《劳工之爱情》就是通过酒来反映社会生活，增加银幕色彩的：年轻木匠想娶老中医的女儿为妻，而老中医不同意，拒见木匠。小木匠巧动脑筋，让酒馆里的酒徒饮酒后迷迷糊糊时被摔得腿伤腰痛，频频由小木匠陪着去老中医处看病。老中医生意兴隆，而木匠与其女儿因频繁接触日久生情而喜结良缘。电影让生活中的酒成了艺术中的一种“道具媒介”，丰富了影片生活，提升了酒的文化品位。

随着中国电影业的逐渐发展，特别是20世纪三四十年代中国共产党领导的“左翼”电影为主潮的中国电影，如《万家灯火》、《渔光曲》、《一江春水向东流》等等。酒在这些影片里，为紧扣时代脉搏，关切社会问题，反映民族斗争及祖国命运斗争都有较好地渲染、衬托。这一时期的代表作《一江春水向东流》：主人公张忠良在国民党统治区由热血青年蜕变成卖身求荣的败类，从一位善良有情有义的丈夫扭曲为寡廉鲜耻的小丑。不识前途、一片迷茫，喝闷酒，喝花酒，“花天酒地”的酒让他堕落，灯红酒绿里迷失自身，跻身于原本自己憎恶的剥削阶级。围绕着酒而出现的各种活动，以及划拳行令、碰杯等都折射出国统区政治腐败的一个侧面，刻画出腐朽的社会风气和丑恶的人物性格。

当然，大多数影片里的饮酒场景是反映劳苦大众的普通生活，营造人生氛围。酒是民情人心，酒里有爱憎，有精气神。一壶酒可能就是一腔苦水，一杯酒可能就是一首赞歌，一碗酒可能就是一股正气。在那时期，影片里的一些码头工人，黄包车夫，在小酒馆，家中饭桌上喝酒时就体现着一种情绪、一种生活、一种乐趣。酒为电影润色。

新中国成立后，电影作为主流的宣传舆论导向工具与媒介，在诸多电影作品中成为歌颂英雄，渲染豪情；或斥责敌人，贬藐丑态。一大批电影都借用了酒来达到刻画人物，描写人物内心的目的。如《桥》、《白毛女》、《祝福》、《红旗谱》、《青春之歌》、《上甘岭》、《老兵新传》、《烈火中永生》、《冰山上的来客》、《渡江侦察记》、《奇袭》、《铁道游击队》、《李双双》、等等，无一不有喝酒的场景。但酒之类的生活小节，在上述影片中是被合理削弱了的，只是生活细节与兴趣的点缀。当然在揭露旧中国的黑暗与不良的人物行为时，酒还是起了画龙点睛的作用。

渲染家庭氛围与亲情友谊。在生活片里和喜剧片里，酒的取向非常突出。如《锦上添花》的喜酒、《老兵新传》的丰收酒等。

揭露阴暗抨击丑行。如《祝福》里鲁四老爷家的年饭酒，封建传统礼教对祥林嫂的压抑，酿成悲剧。《红色娘子军》里南霸天的设宴摆酒，反映了反动军队与地主的狼狈勾结。

突出人物个性烘托人物描写。如《上甘岭》里的张连长，一到战斗激烈时就找通讯员要水壶，咕噜咕噜几口下去，顿时胆生豪气。《烈火中永生》里的许云峰，在特务头子设下的“鸿门宴”中，拒不举杯，表现了革命志士不求苟活的坚定人生。

还有不少军事、工业、农村、反特片中常有壮行或誓师酒，这些酒都烘托出一种浓烈的氛围。还有些影片里的酒，反映的是社会风气的不公，人生的懈怠颓废，生活的苦恼与坎坷，酒成为人生的一种不可缺少的态度表述方式。

随着改革开放的深入，中国在电影步伐加快的同时，中国电视荧屏也影响日深，迅猛地发展着。无论是电影还是电视，酒是频频出现，成为描写人们进行交往的重要的不可或缺的道具，每部电影、电视剧都有酒宴、饮酒的画面出现。酒在电影、电视中多元而立体，可以说是无时不有酒，酒无处不在。形成一种新的文化趋势与新潮，与影视艺术进入到更紧密的关联中，形成酒文化的更新更高的层次。

在这一阶段的影视作品之中，一大批历史名著的作品出现。如《红楼梦》、《西游记》、《水浒》、《三国演义》等，这些影视作品基本按原著加以改编，有关酒的场景描绘，更是以大众耳熟能详的故事呈现。真是“部部有酒，集集有酒”。往往广大影视观众与影视剧中人物是同乐共饮，同饮共醉。

这期间，值得重点介绍的是电影《少林寺》、《红高粱》，这是酒文化与影视文化结合的经典作品，带有典型性。

《少林寺》一片通过众武僧饮酒偷吃狗肉这一违规之举说明和尚也是普通大众，也有嗜好欲望，人本无完人，难免小节有亏，和尚也是有血有肉之躯。为后来情节的发展，展示佛门对正义的支持，对受苦受难者的大慈大悲，显现对英雄的赞美，对善良的讴歌，对邪恶的抨击，对人性的理解。来映衬少林一代僧人的形象，更加真实丰满可信。

电影《红高粱》，围绕主题，通篇是酒：酿酒，喝酒。影片突出了酒的作用，把酒与生活环境、民俗民风、人物性格、民族情怀联系在一起，形成一种淳朴、憨厚、浓烈、潇洒、燃烧的精神与气势，影片从“爷爷”颠花轿到高粱地娶“奶奶”，到撒尿酿酒、火烧日本鬼子。浸润着浪漫，象征着酒壮人胆，给人以灵性、智慧。通过酒的一系列渲染，面对社会的不平与外来侵略的中国农民不再是浑浑噩噩、甘被奴役的百姓，而是顶天立地的汉子。酒在这里是人的意识、人的胆气、人的力量的表现。

与酒相关联的电视剧实在太多了，举不胜举。信手拈来，撇开由四大名著改拍的电视剧不说，电视剧确实是部部有酒，集集有酒。

诸如《济公》：酒肉穿肠过，佛祖心中留。济公是酒葫芦常在身、民间疾苦常在心的一个百姓喜爱的形象。全剧故事、话语诙谐幽默，忍俊不禁，让人回味无穷，留下深刻印象，酒在剧中的功不可没。当然从《宰相刘罗锅》、《铁齿铜牙纪晓岚》、《激情燃烧的岁月》、《亮剑》到近期播出的《大刀》等，无一不有酒。

酒为影视文化推波助澜，影视为酒文化提供了丰富的内涵，酒文化更加底蕴深厚，韵味绵长。可以这么说，影视艺术借助酒让艺术更真实、更生活化了；酒借助影视艺术更被人们生活所认知、所感受，形成的文化品位更全面，更醇厚，更浓郁了。酒文化与影视文化是结合得最完美，表现得淋漓尽致的最佳组合。它们互相推动和促进，总是高潮迭起，给人耳目一新的观感。

影视因酒的加盟，使得馨香四溢，陶醉着大众，渲染着生活，让我们深入其中慢慢去品味吧。

竹林七贤

樽倾艺茂

（二）

第六章　五音起兮酒微酣
——歌乐与酒

其实，诗、词、曲、赋、歌与音乐、音律无论远古还是现代都是不可分割的联合体。很多诗、词、赋都可诵可歌，曲更不用说本身就是音乐。中国数千年的音乐史，也发现音乐与酒有不解之缘。西周至春秋时期，歌曲主要分风、雅、颂三类。《风》又称国风，是带有地方色彩的音乐，大部分是民歌。《雅》是指周王朝直接统治地区的音乐，雅有正的意思，把这种音乐称为“正声”以别与其他地方音乐。《颂》是贵族在家庙中祭祀鬼神、赞美祖先及统治者功德的乐曲。现存歌词三百余首，即《诗经》一书。这三百余首歌曲中，有不少与酒有关，例如有十二首风、雅歌曲经常被士大夫用于“乡饮酒礼”，它们是《鹿鸣》、《四壮》、《皇皇者华》、《鱼丽》、《南有嘉鱼》、《南山有台》、《关雎》、《葛草》、《卷耳》、《鹊巢》、《采蘩》、《采苹》，被称为《风雅十二诗谱》。

《风雅十二诗谱》中，有些歌直接描写了酒。

《鹿鸣》：

呦呦鹿鸣，食野之蒿。我有嘉宾，德音孔昭。视民不恌，君子是则是傚。我有旨酒，嘉宾式燕以敖。

呦呦鹿鸣，食野之芩。我有嘉宾，鼓瑟鼓琴。鼓瑟鼓琴，和乐且湛。我有旨酒，以燕乐嘉宾之心。

《鱼丽》：

鱼丽于罶，鲿鲨。君子有酒，旨且多。
鱼丽于罶，鲂鳢。君子有酒，多且旨。
鱼丽于罶，鰋鲤。君子有酒，旨且有。
物其多矣，维其嘉矣。
物其旨矣，维其谐矣。
物其有矣，维其时矣。

《南有嘉鱼》：

南有嘉鱼，烝然罩罩。君子有酒，嘉宾式燕以乐。
南有嘉鱼，烝然汕汕。君子有酒，嘉宾式燕以衎。
南有樛木，甘瓠累之。君子有酒，嘉宾式燕绥之。

翩翩者鵻，烝然来思。君子有酒，嘉宾式燕又思。

战国时期，酒在音乐中也有反映。例如楚辞《九歌》之一《东皇太一》中的：

瑶席兮玉瑱，盍将把兮琼芳；蕙肴蒸兮兰藉，奠桂酒兮椒浆；扬枹兮拊鼓，疏缓节兮安歌；陈竽瑟兮浩倡……

《九歌》本是古代乐歌，《离骚》、《天问》都曾提到它。传说它是夏启从天上偷来的。屈原在这部民间祭神的乐歌的基础上，创作了用于朝廷大规模祭典的同名祭歌。《东皇太一》就是其中的一篇。

宋玉的《招魂》一诗，也有一些关于酒的诗句，如“瑶浆蜜勺，实羽觞些”；“华酌既陈，有琼浆些”；“美人既醉，朱颜酡些”；“娱酒不废，沈日夜些”；“酎饮尽欢，乐先故些”。此歌以丰富的想象和缤纷的辞采，铺叙天地四方的神怪之奇，楚宫生活的堂皇奢华，表现古人对死亡的疑惧和对生存之眷恋。特别是关于酒的描写，循序渐进，从美酒斟满酒杯、豪华的宴席、美人醉后的春风满面、娱乐饮酒夜以继日，为了追念先人，尽情欢饮……在音乐歌舞中欢饮，在畅饮中欣赏音乐。酒与音乐就这样整合揉搓在一块。

汉代音乐，首先要谈及乐府。乐府，原本是汉代音乐机构的名称。创立于西汉武帝时期，其职能是掌管宫廷所用的音乐，兼采民间歌谣与乐曲，魏晋以后，将汉代乐府所搜集所创作所演唱的诗歌统称之为“乐府”。“乐府者，声依永，律和声也。”（刘勰《文心雕龙》）汉乐府有许多是“感于哀乐，缘事而发”的民歌，在内容上反映了当时广阔的社会生活，在艺术上具有刚健清新的特色。其曲名，有些就与酒有关，如《将进酒》、《置酒》。《将进酒》是乐府鼓吹曲（饶歌的名称）的一部，歌词专写宴饮赋诗之事，后用于激励士气，宴享功臣。《置酒》是相和歌大曲的一支曲子（在第五、六世纪以前，民间音乐在北方统称为相和歌）。《宋书》卷二《乐志》载有《大曲》十五曲的歌词，其中就包括《置酒》。

三国时期，著名政治家、军事家、文学家曹操的诗全部是乐府歌辞。《短歌行》开头两句即与酒有关：“对酒当歌，人生几何？譬如朝露，去日苦多。慨当以慷，忧思难忘；何以解忧，唯有杜康。”

唐太宗时，元旦大宴常在长安近郊昆明池举行。宴会上奏九部乐，即：燕乐、清商、西凉、扶南、高丽、龟兹、安国、疏勒、康国。这九部除燕乐为传统音乐外，其他都来自西域及东南邻国的外域音乐。

隋唐时期，为歌唱写作的诗人很多。李白、元稹、王维、白居易、李贺、李商隐、李益等诗人的不少诗，都曾被人们传唱，其中不少与酒有关。

王维的“渭城朝雨浥轻尘，客舍青青柳色新。劝君更尽一杯酒，西出阳关无故人。”在唐代曾广为传唱。因曲将诗重复了三次，故取名为《阳关三叠》。

唐贞观、开元年间，曾流传一首《凉州曲》：

汉家宫里柳如丝，
上苑桃花连碧池。
圣寿已传千岁酒，
天子更赏百僚诗。

《醉渔唱晚》也是一首著名的古琴曲，其作者，有唐代诗人皮日休、陆龟蒙及“后世隐者”等几种说法。乐曲描写了渔夫放声高歌、豪放不羁的醉态。

敦煌乐谱中的《倾杯乐》，则是唐代流传的一支琵琶曲。

宋代的歌曲，主要是词。作为歌词的宋词，“以协音为先。音者何？谱是也。”（宋·张炎《词源》）宋词的词牌，也就是乐曲，与酒有关者甚多，例如：醉太平（醉思凡）、酒蓬莱、醉中真（即浣溪沙）、频载酒、醉厌厌（即南歌子）、醉梦迷（即采桑子）、醉花春（即谒金门，又名不怕醉、东风吹酒面）、醉泉子、倾杯乐、醉桃源（即阮郎归）、醉偎香（即朝中措）、醉梅花（即鹧鸪天）、酒落魄（即一斛珠，又名醉落拓）、题醉袖（即踏莎行）、醉琼枝（即定风波）、酹江月（即念奴娇）、貂裘换酒（即贺新郎）。

宋词中，反映或描写酒的作品不少。例如苏轼《念奴娇》的“生如梦，一樽还酹江月”；《水调歌头》的“明月几时有，把酒问青天”；李清照《凤凰台上忆吹箫》的“新来瘦，非干病酒，不是悲秋”。另外，姜夔《石湖仙》、《淡黄柳》、《角招》、《越九歌》、《霓裳中序第一》、《惜红衣》、《翠楼吟》、《玉梅令》都唱到了酒。

在南宋，音乐还被用作推销酒的手段。“赡军酒库”在每年清明节和中秋节前后都要利用乐队、歌妓或执乐器，或装扮故事中的角色，列成队伍，在街头游行，为推销新酒进行宣传。从酒库出发，到官厅表演了杂剧，演奏了音乐，再回到酒库。

金代，诸宫调《董西厢》卷七之尾声，其内容也牵涉到酒：“红娘怪我缘何害，非关病酒，不是伤春，只为冤家不到来。”

元代的歌曲——散曲，曲牌甚多，其名称与酒有关者，据不完全统计有：醉花阴、倾杯序、醉太平、醉扶归、醉中天、醉乡春、醉春风、醉高歌、醉旗儿、沉醉东风、沽美酒、梅花酒、醉娘子（又名真个醉）、醉也摩草、醉雁儿，等等。

元代的戏曲——杂剧与南戏，皆有乐谱传世，其名称与酒有关系的，杂剧有醉中天、梅花酒、酒旗儿、沉醉东风、醉春风、沽美酒、醉娘子、醉扶归、醉花阴、醉中天、醉太平；南戏有醉娘子、醉罗歌、沉醉东风、醉翁子、醉太平、醉扶归、醉中归、劝劝酒。

无论杂剧或南戏，还是散曲，以酒入词进行歌唱的现象屡见不鲜。例如白朴的杂剧《御沟红叶》的女主人公宫女韩妇人所唱的一段结尾："稳坐定自家满斟着碧玉园。拥绞绢将红叶儿怀中搂。你与我递一盏新婚庆喜的酒。"

明代和清代的音乐，最有代表性的是民歌与小曲。据不完全统计，明、清两代出现的民歌、小曲的歌词集和曲谱集就有《四季五更驻云飞》、《新编寡妇烈女诗曲》、《玉谷调簧》、《词林一枝》、《挂枝儿》、《山歌》、《新镌雅俗同观挂枝儿》、《新镌千家诗吴歌》、《粤风》、《时尚雅调万花小曲》、《霓裳续谱》、《借云馆小唱》、《白雪遗音》等。这些集子皆收有一些与酒有关的民间歌曲。有的歌名中就有酒，例如《挂枝儿》中的《骂杜康》、《醉归》、《家家扶得》、《酒风》；《白雪遗音》中的《这杯酒》、《酒》、《上阳美酒》、《醉归》、《未曾斟酒》等等。有的，内容中唱了酒，例如吴畹卿传谱的《山门六喜》，唱的就是鲁智深醉打山门的故事。

明、清的戏曲音乐，与酒有关的也不少，例如传奇《邯郸梦》有一出名字就叫《三醉》；明、清杂剧至今存有乐谱者，只有四个全折，其中一折就是《吟风阁》一剧的《罢宴》、昆曲《小宴》、京剧《武松打虎》等，酒都是角色歌唱的重要内容。

明、清的宫廷音乐，宴乐占有重要位置。宴飨在"三大节"即元旦、"万寿"和冬至举行，何时演奏哪一种音乐，随着礼仪的进行而有严格的规定："皇帝出入奏《中和乐》，臣工行礼奏《丹陛乐》，侑食奏《清乐》，巡酒奏《庆隆乐舞》。"公侯、缙绅等富贵人家，举行宴会时往往也以音乐佐酒，"或三四人，或多人唱大套北曲。乐器用筝、𥫗、琵琶、三弦子、拍板。……后乃变而用南唱。歌者只用一小板，或以扇子代之，间有用鼓板者。"

民国时期，民歌浩如烟海，其中与酒有关的数不胜数。其中以酒为名的就有很多，例如流行于陕甘宁一带的即有《八仙饮酒》、《九杯酒》、《十杯酒》，等等。光《十杯酒》，就有分别流行于石泉、安塞、新宁、淳耀、陕北等地的名同实异的歌曲。

民间器乐曲也有不少与酒有关，如广东音乐《三醉》、《醉翁捞月》、《玉楼人醉》、《吴宫醉舞》、《醉桃源》、《醉花阴》等等。

民国时期创作歌曲的内容与酒有关的也有不少，例如唐纳作词、聂耳作曲的故事影片《逃亡》的插曲《塞外村女》，第一段就有酒：

采了蘑菇把磨推，头昏眼花身又累。有钱人家团团坐，羊羔美酒笑颜开。

再如李叔同《送别》，酒为其第一段内容增添了无穷的惜别之意：

长亭外，古道边，芳草碧连天，晓风拂柳笛声残，夕阳山外山。

天之涯，地之角，知交半零落，一壶浊酒尽余欢，今宵别梦寒。

中华人民共和国成立之后，音乐中有酒的歌曲数不胜数。例如山西民歌《诉苦翻身》，控诉了地主的罪恶：

地主吃的酒和面，占的是大楼院，粮食堆的高如山，现洋花不完。

又如乔羽作词、刘炽作曲的电影《上甘岭》插曲《我的祖国》，其第三段为：

好山好水好地方，条条大路都宽广，朋友来了有好酒，若是那财豺狼来了迎接它的有猎枪。

粉碎“四人帮”后，韩伟作词、施光南作曲的《祝酒歌》曾经广为传唱：胜利的十月永难忘，杯中酒满幸福泪。

一些歌剧也经常唱到酒，例如《刘三姐》中刘三姐与三秀才对歌时，就唱出了这样的歌声：

你娘养你这样乖，拿个空桶给我猜，送你回家去装酒，几时那个想喝几时筛。

至于戏曲、曲艺音乐，与酒有关的唱段就更多了，不再赘述。

中国幅员辽阔，各地区的音乐，尤其是民歌，与酒有关者皆有不少。例如，湖南的《大采茶》：九月采茶是重阳，大姐造酒二姐尝；广东的《一把红筷》：摆上酒席请哪个？不请客人请媒人；四川的《盼红军》：七月里谷米黄金金，造好了米酒等红军；安徽的《扑蝶舞》：五月里是端阳，金壶打酒大家尝；山西的《珍珠倒卷帘》：三杯药酒露真身，吓死许仙一命亡；湖北的《越想越伤心》：二想做媒的鬼东西，只顾堂前把酒吃；河北的《十八扯》：赵匡胤吃酒熏熏醉，樊梨花吐酒闹得欢；甘肃（陇东）的《信天游》：鸡蛋壳壳点灯半炕明，烧酒盅盅淘米也不嫌你穷；江苏的《孟姜女》：九月九来是重阳，家家饮酒菊花香；陕西的《花鼓子》：打下大鱼长街卖，打下小鱼换酒喝，我们众位来喝几盅……

中国民族众多，各民族与酒有关的民歌，就更多了，例如蒙古族的《酒歌》，侗族的《手拿酒杯举过眉》，乌孜别克族的《一杯酒》，裕固族的《喝一口家乡的青稞酒》，藏族的《敬上一杯青稞酒》，维吾尔族的《金花与紫罗兰》，撒尼族的《撒尼人民多欢喜》，壮族的《对歌》，土家族的《长工歌》……

综观中国数千年的音乐史，可以发现，音乐和酒大致有着这样的关系：

酒为低吟高唱的由头

例如曹操的《短歌行》，其“对酒当歌，人生几何”的歌声，通过酒抒发了时光流逝功业未成的深沉感慨。

以音乐描述抒发饮酒之人的精神状态思想感情

例如古琴曲《酒狂》。魏之末年，司马氏专权，士大夫言行稍有不慎，往往就招致杀身之祸。阮籍放纵于饮酒，一方面避免了司马氏的猜忌，一方面也使司马氏胁迫、利用他的企图归于无效。《酒狂》比较形象地反映了他似乎颓废实际愤攘的情感。

以酒为歌唱的重要内容

例如明代民歌《骂杜康》、《酒风》，清代民歌《这杯酒》、《上阳美酒》，民国时期的民歌《八仙饮酒》、《十杯酒》，中华人民共和国成立之后的《赞酒歌》、《丰收美酒献给毛主席》。又如，器乐曲广东音乐《三醉》和琵琶曲《倾杯乐》。另外，前面说过，不少词牌、曲牌之名称，或含有酒，或酒有关。它们最初都是一首词或一支曲子的名称，其词或曲子被广为传唱之后，时人纷纷摹仿，于是逐渐成为一种固定的音乐格式，包括唱词的格律，其名称也就成为该曲牌或词牌的名称，例如《倾杯乐》。由于某人所填之词或曲影响很大，并且与酒有关，例如苏东坡的《念奴娇·赤壁怀古》问世之后，广为传唱，其主旨，又全在末句“人生如梦，一樽还酹江月”中，于是，时人就以《酹江月》作为《念奴娇》的别称。

音乐与酒皆是古代“礼”的重要内容

《礼记·乐记》说：“礼节民心，乐和民声，礼义立，则贵贱等矣；乐文同，则上下和矣。”国君宴请臣僚宾客，在古代也是一种礼仪（燕礼），在这种场合，自然要奏乐，例如周代的《小雅·鹿鸣》、清代的《清乐》，等等。不过在民间，酒宴几乎没有什么礼仪作用，因而音乐与酒的关系，只是佐酒助兴罢了。

以音乐推销酒

南宋“赡军酒库”用音乐、杂剧推销新酒的情况，就是一个最好的例证。现今的酒类电视广告，大多配以相应的音乐。

音乐与酒，都是人类情感的结晶。几千年来，在中华大地，美酒飘香歌绕梁。芬芳的美酒，美妙的旋律，从男人心中烧出火来，从女人眼中带出泪来，丰富着人民的生活，成为中华灿烂的民族文化的一个重要组成部分。

附一　五音简介：

古代音乐有五音、工尺等谱记，五音：宫、商、角、徵（zhǐ）、羽，分别近似简谱1（多）、2（来）、3（咪）、5（梭）、6（那）。按声母的发音部位分唇音、舌音、齿音、牙音、喉音五类。

附二 唐代古乐谱简介：

唐传古乐谱和长短句词的起源，是本世纪中国音乐学、中国古代文学研究的两个重要课题。“唐传古乐谱”指的是记录了唐代乐曲的古谱。除本世纪初在敦煌莫高窟发现的敦煌乐谱（今存法国国家图书馆）之外，它们大部分保存在日本。其中包括由南朝梁丘明所传的唐写本《碣石调·幽兰》古琴文字谱，也包括《天平琵琶谱》（抄写于747年前）、《五弦琵琶谱》（抄写于842年）、《南宫琵琶谱》（成书年代不详，“南宫”指的是日本贞保亲王，生于870年，卒于924年），以及记录日本所传唐曲的《博雅笛谱》（源博雅编，成书于966年）。最初发现敦煌乐谱的人是法国的伯希和。1910年左右，这些乐谱被伯希和劫往巴黎；但在很长一段时间里，其性质却是隐晦不明的。直至1937年初夏，由于一个偶然的机会，日本学者林谦三见到了来自法国的十一张敦煌乐谱照片，遂根据阅读同类古谱的经验，判断这是一批琵琶古谱。他于是在平出久雄的协助下，把它们和《天平琵琶谱》、《五弦琵琶谱》作了比较研究，分别于1938年、1940年发表了《琵琶古谱之研究——〈天平〉、〈敦煌〉二谱试解》、《国宝五弦谱及其解读之端绪》二文，1955年，他进一步用英文发表了专题论文《中国敦煌古代琵琶谱的解读研究》。1957年，此文经过修订，改名为《敦煌琵琶谱的解读研究》，由潘怀素译成中文在上海音乐出版社出版。林谦三1976年逝世。当其在世之时，英国学者毕铿（L.E.R.Picken）亦开始了唐传古谱研究。20世纪40年代，毕铿曾作为生物学家，以英国议会科学使团成员的身份来到中国，在结识了几位琴家之后，与中国古代音乐结下了不解之缘。当他为《新牛津音乐史》撰稿时，就解译了姜白石的俗字谱歌曲、减字谱琴歌《古怨》以及《事林广记》中的俗字谱乐曲。学者们进一步致力于把姜白石的全部歌曲译成工尺谱。至1950年代，又被查阜西、管平湖、姚丙炎、徐立荪、吴振平等人译为五线谱。

附三 工尺谱简介：

古人记谱符号。不知始于何时，宋元后多用于箫笛，故又名《管色谱》、《笛色谱》。

音高记号：工尺

乃 合 四 一 上 尺 工 凡 六 五 乙 仕 伬 仜 凡 六……

4 5 6 7 1 2 3 4 5 6 7 1 2 3 4 5……

节奏记号：板眼

1．一板一眼：中版 2/4

2．一板三眼：慢版 4/4

3．加赠板一板三眼：极慢

4．散板：自由

5．流水板：快版

调　性：

上字调	尺字调	工字调	凡字调	六字调	五字调	乙字调
bB	C	D	bE	F	G	A

附四　歌曲七首：

敬酒歌

蒙古族民歌

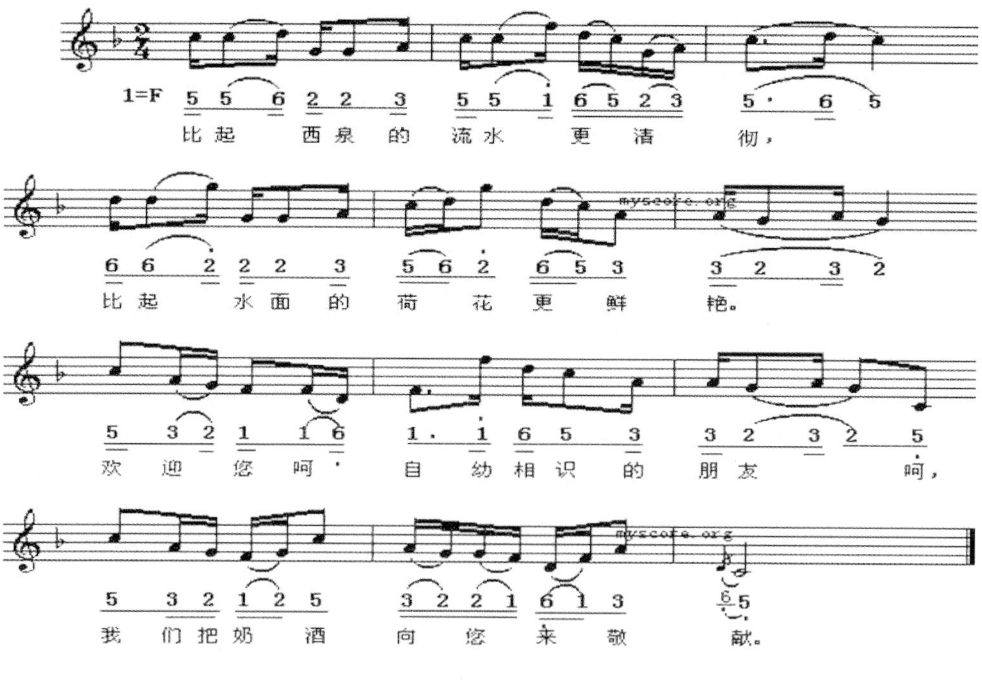

注：敬酒歌的歌词可因献酒场景的不同而由歌者即兴编配。

酒干倘卖无

1=♭B 4/4

（程琳 演唱）

侯德健 词曲

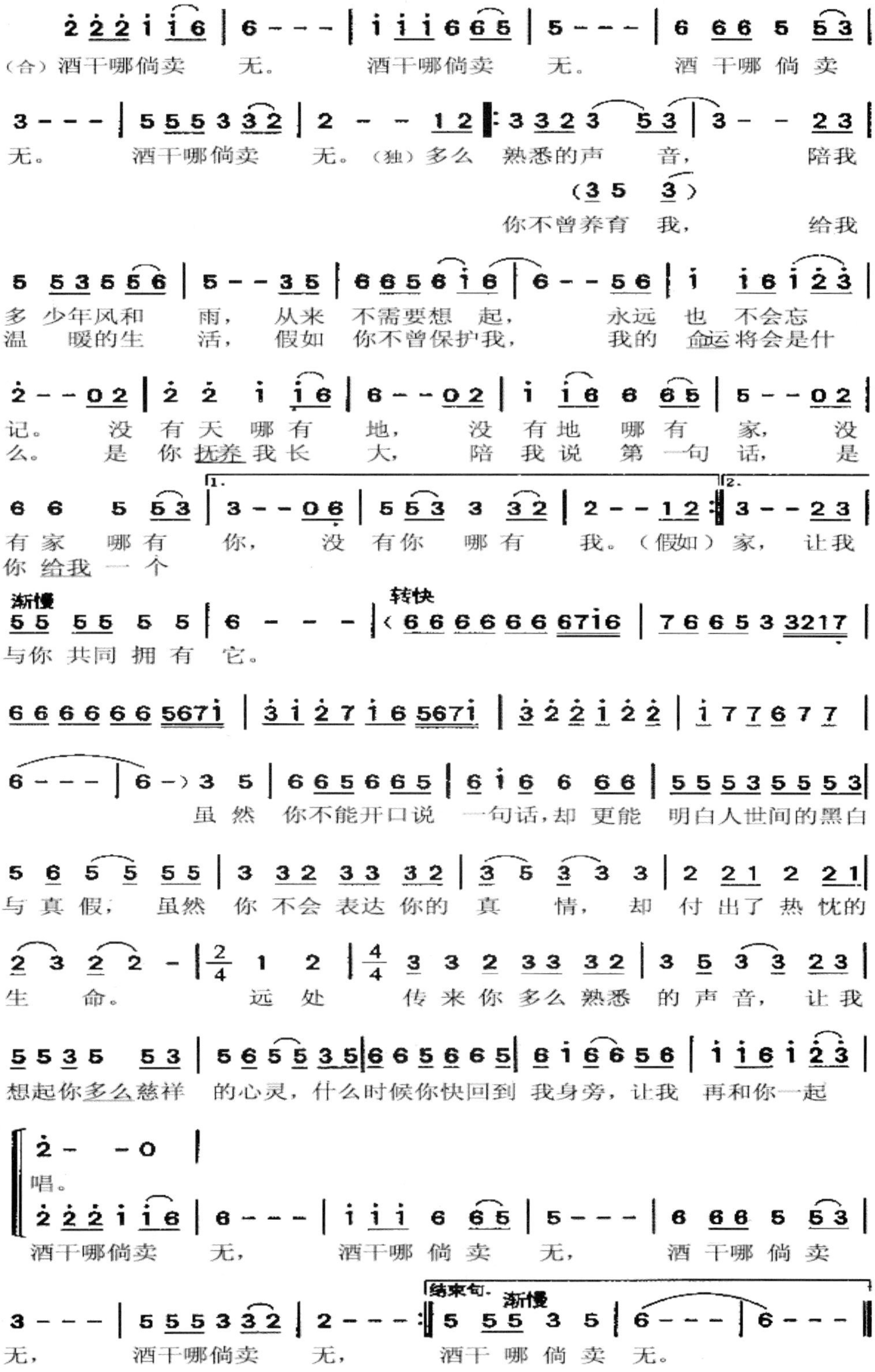

相看泪眼（雨霖铃）

(宋) 柳永 词
古月 曲

2.
3.
多情自古伤离 别，更那堪冷落
清秋 节。啊，今宵 酒醒何处，
杨 柳 岸，晓 风 残 月。

山西有个杏花村

1=♭E $\frac{2}{4}$

（女声独唱）

珍 尔 词
牛 畅 曲

中速、甜美、歌颂、民族风

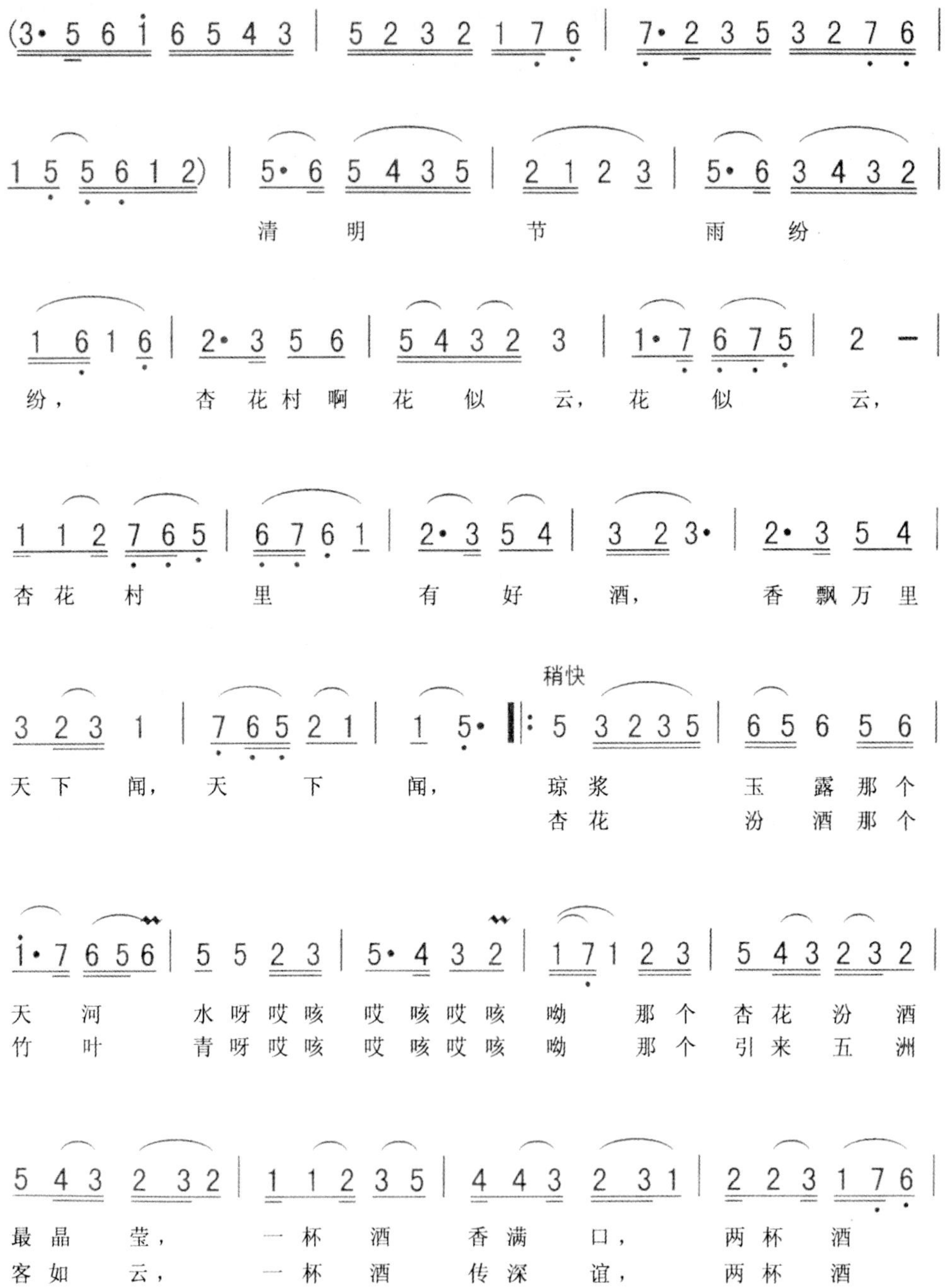

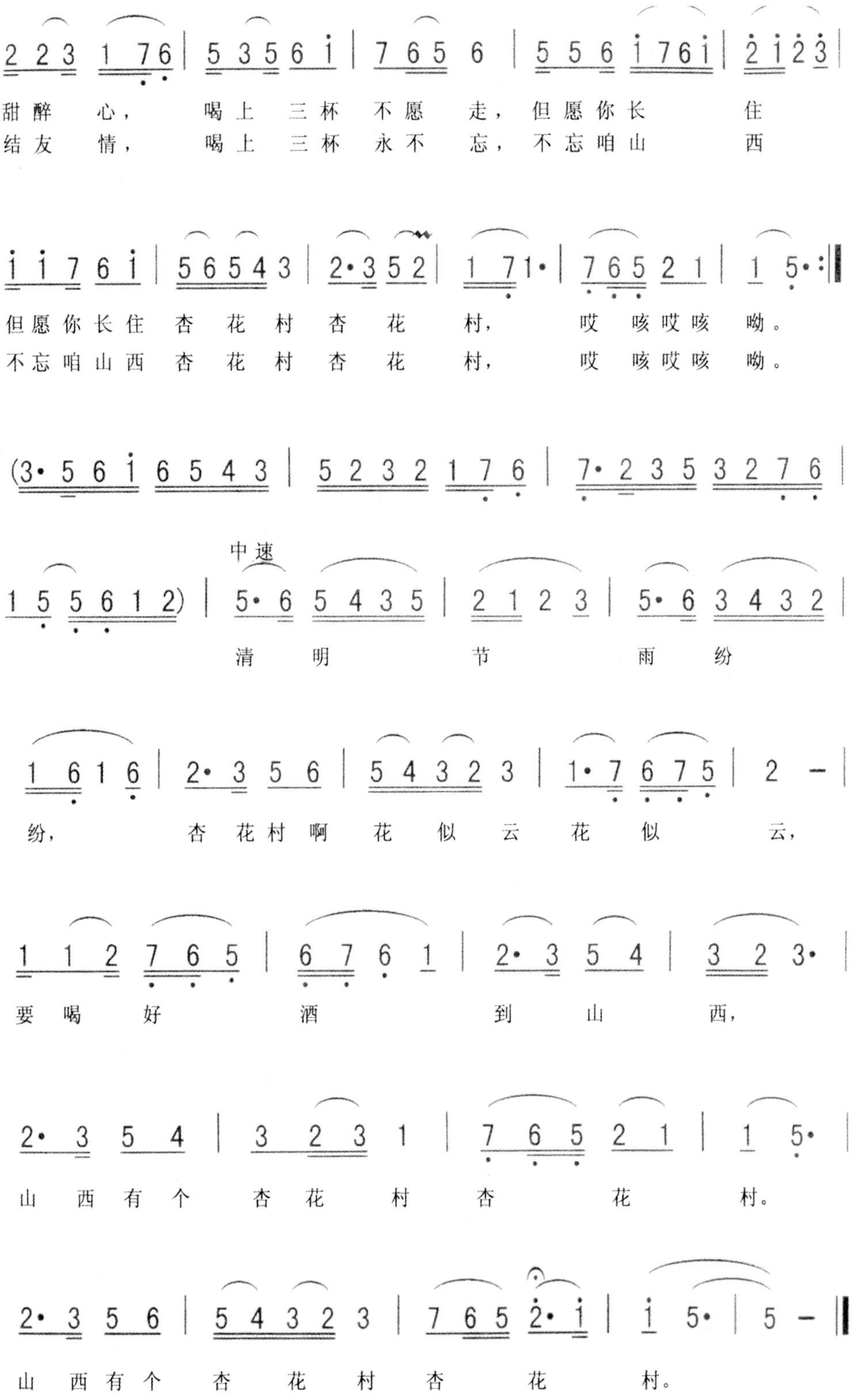
甜醉　心，　喝上　三杯　不愿　走，但愿你长　住
结友　情，　喝上　三杯　永不　忘，不忘咱山　西
但愿你长住　杏　花　村　杏　花　村，　哎　咳哎咳　呦。
不忘咱山西　杏　花　村　杏　花　村，　哎　咳哎咳　呦。
中速
清　明　节　雨　纷
纷，　杏　花村　啊　花　似　云　花　似　云，
要　喝　好　酒　到　山　西，
山　西有　个　杏　花　村　杏　花　村。
山　西有　个　杏　花　村　杏　花　村。

作于1982年

明月几时有

1=E 4/4　　　　　　　　　　　　　　　　　　　　(宋)苏轼词

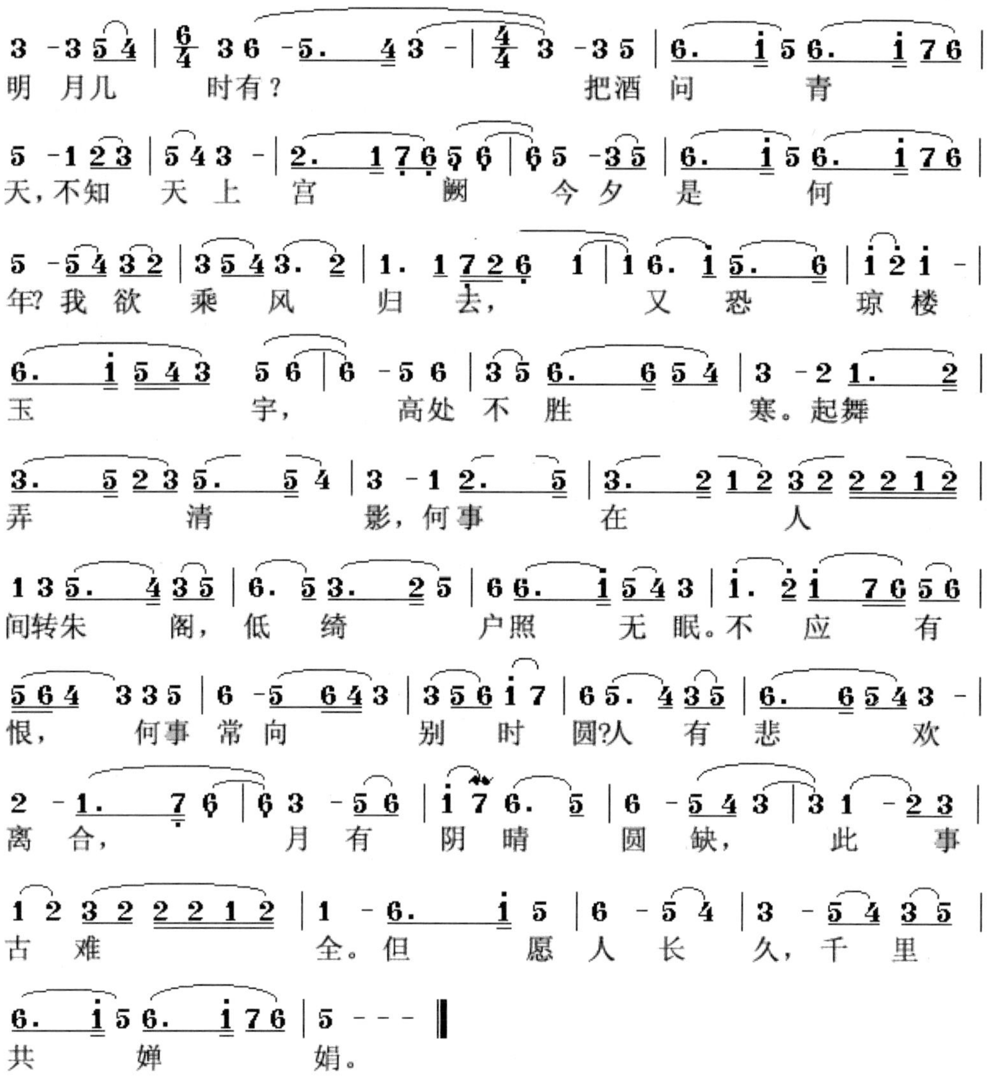

祝酒歌

韩 伟 词
施光南 曲

1=♭B 2/4 *f* 快中速 热情地

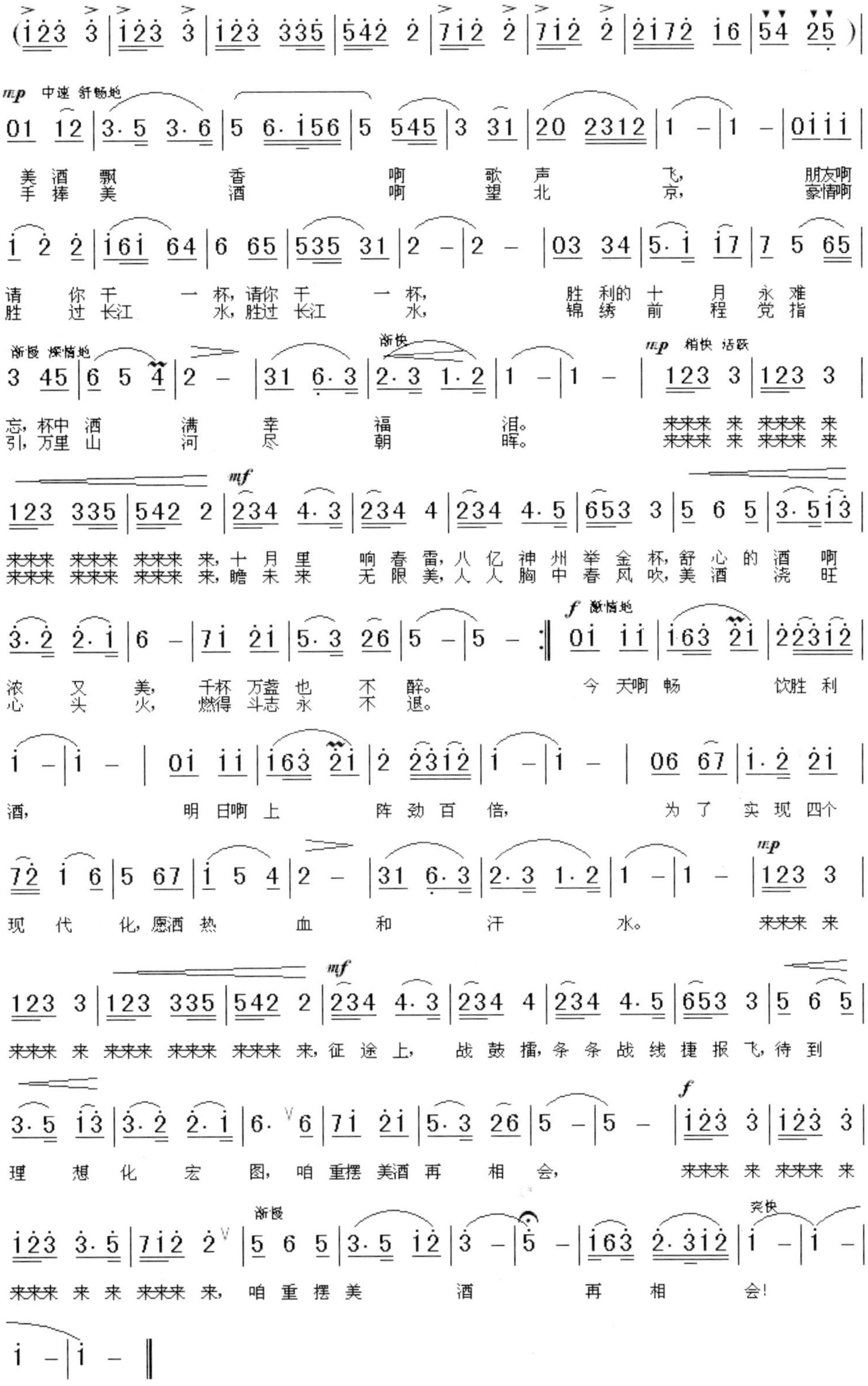

阳关三叠

（一）

唐朝．王 维诗
《琴学入门》原曲

注：此首曲原有三段，这里只载第一段，其余两段的曲调与词意与第一段近似。

第七章 舒袖曼舞佐君酒
——舞蹈与酒

在我国悠久的酒文化历史长河中，舞蹈的出现使酒有了动感，在酒史长河里流光溢彩，丰富了酒的内涵。历代宫廷豪门饮宴更是将两者结合，饮宴的活动除美酒佳酿外，加上助兴的曼妙歌舞，往往使宴会增添欢乐气氛。

舞，首先是用于祭祖之典，逐步发展到助兴宴会佐酒。

巫舞是原始图腾舞蹈的遗迹，被称为古文化的“活化石”。在人类社会发展的图腾崇拜和整个原始宗教泛灵崇拜时期，酒与舞蹈是先民们敬神、通神、娱神的礼品和手段，是人与神相沟通的中间桥梁。

祭祀活动看做是原始先民敬神、娱神质朴形式的缩影，那么在封建社会战国时期，最具代表性的巫祭活动，莫过于楚国的祭神歌舞。诗人屈原根据楚国巫觋祭祀歌舞时的祝辞和盛况，创作了流传千古的诗篇《酒歌》，为我们留下了酒舞娱神的有力佐证。

祭祀活动中的舞蹈与酒奠作为原始文化形态，反映了先民意识形态中最崇尚的社会活动方式和物质生活内容。才有了美酒、舞蹈敬于神祖的社会行为。唐代王维《渔山神女祠歌》记下了山东东阿迎神、送神时献舞祭酒的巫祭场面：“……女巫进，纷屡舞。陈瑶席，湛清酤，纷进舞兮堂前，目眷眷兮琼筵……”仍然承袭着屈原在《九歌》中所描绘的那种楚国酒舞祭的遗风。唐代王建有一首《赛神曲》诗，则让人感到巫觋们的神事活动与民俗的结合，别有一番清鲜的泥土气息：“男抱琵琶女作舞，主人再拜听神语。新妇上酒莫辞勤，使而姑舅无所苦。椒浆湛湛桂座新，一双长箭系红巾。但愿牛羊满家宅，十月报赛南山神。青天无风水复碧，龙马上鞍牛服轭。纷纷醉舞踏衣裳，把酒路旁劝行客。”在这里酒舞祭带给人的是一派轻松、欢乐与祥和。

秦汉是我国歌舞艺术大发展时期，一大批优秀的歌舞艺人脱颖而出，更出现了一批贵至妃嫔的舞蹈表演艺术家，如戚夫人、赵飞燕、李夫人、翁须等。是因为封建帝王为了满足个人私欲和粉饰太平的需要，也说明当时优秀的歌舞奴隶和歌舞艺人在舞蹈艺技水平、艺术修养等方面确已达到相当境界。

楚汉相争之时，力能扛鼎的霸王项羽，兵败垓下，夜起饮于帐中，美人虞姬陪坐一旁，把盏相劝。项羽追忆往事，慷慨悲歌：“力拔山兮气盖世，时不利兮骓不逝，骓不逝兮可奈何。虞兮虞兮奈若何！”虞姬举杯相和：“汉兵已略地，四面楚歌声。大王意气尽，贱妾何聊生！”虞姬拔剑在手，悲舞寒光，突然锋芒一闪，横剑项下，自刎而亡。

大汉高祖刘邦，凯旋归故里，沛宫设宴，酒酣耳热之际击筑唱道：“大风起兮云飞扬，威加海内兮归故乡，安得猛士兮守四方！”高祖慷慨感怀，忧思难解，起身舞蹈，于酣歌醉舞中渴望再有守土安邦的重臣。

汉成帝刘骜的异母妹阳阿公主能歌善舞，家中供养着一支数十人的乐舞队，都是技艺超群的乐舞艺人，其中就包括著名舞蹈家赵飞燕、赵合德姐妹。

阳阿公主为自己的生日举行盛大的喜庆酒宴。宴会上觥筹交错，笑语声喧，洋溢着一派热烈的气氛。这时细乐轻起，舞女飘然而出，舞者举足挥袖，俯仰跳跃，时而轻若飘尘，时而奔似涌浪，宾主们拍掌击节，为舞者助兴，击杯拊案随声唱和。

汉成帝刘骜微服出宫，突然出现在公主府。阳阿公主惊喜异常，下令重排酒宴，特按照“孟夏之日……天子饮酎，用礼乐”的古礼，将自家酿造的上酎酒取出，亲自用樽中的长把大漆勺为皇兄舀酒。准备停当的乐舞队随着阳阿公主一声令下，钟鼓齐鸣，舞袖翩翩。舞女们和着音乐的节奏和旋律，一会儿表演健鼓舞，一会儿表演鞠舞，一会儿表演假面舞，一会儿表演盘鼓舞。突然乐韵一变，赵飞燕似彩云一朵飘然而落，她身材窈窕，体态轻盈，身轻如燕，腰肢纤柔，禹步楚楚，若人手持花枝，微然摇颤，直看得刘骜目瞪口呆，恍入仙境，忘情之际，连手中的酒杯倾覆，滴洒袍襟也竟然毫无觉察。象发现了奇珍异宝一般欣喜万分。汉成帝宣赵飞燕入宫先封为婕妤，不久又废掉许皇后，加封赵飞燕为皇后。赵飞燕在汉宫太液池瀛州榭上表演歌舞《归风》、《送远》之曲，突然大风骤起，赵飞燕扬风舞袖，好似要乘风飞去，急得皇帝令人拉住。为此汉成帝特命工匠为赵飞燕修造了一座七宝避风台，专供飞燕起舞所用。又传说赵飞燕“善行气术”，能作掌上舞，汉成帝命人精心磨制水晶托盘，令宫人托起，赵飞燕常作盘中之舞。

汉代，除赵飞燕的“掌上舞”，还有戚夫人的“翘袖折腰舞”也曾名噪一时。酒宴上常见的舞蹈还有“巾舞”、“袖舞”由于西汉疆域扩张，少数民族的舞蹈如“巴渝舞”、“泽舞”、“鞞舞”、“鞞扇舞”等也经常在宴会上出现。

隋唐宴乐在我国文化发展史上占有相当的地位。唐朝统治者为了满足政治上大发展，经济上大交流的需要，在纪承传统文化形式的基础上广泛吸收各民族和外域乐舞，故使隋唐宴乐歌舞中的诗歌、乐舞、艺技名流辈出，繁若群星。

唐代最著名的舞蹈莫过于《霓裳羽衣舞》，此舞跳得最好的莫过于贵妃杨玉环，而杨贵妃木兰殿醉舞《霓裳羽衣舞》更堪称绝妙。“飘然转旋回雪轻，嫣然纵送游龙惊。小垂手后柳无力，斜曳裾时云欲生。”（白居易《霓裳羽衣歌》）轻盈似雪，飘然如旋，舒缓流畅中突转急骤，如此羽衣细乐，飘飘渺渺，令人无酒自醉。

“醉胡腾舞”是传入唐朝的少数民族舞蹈中较著名的作品。据传跳舞的舞前必先饮酒，独具三分醉，寄情酒成酣，肌肤如玉鼻如锥的石国胡儿，在酒席前手中执着盛满美酒的精致酒杯，只见他举杯祝酒，一饮而尽，他脚步踉跄，东倒西歪，醺醺似醉。

贞观七年正月祭日，宴三品以上及册收、蛮夷酋长于玄武门，奏《七德》、《九功》之乐并舞，观者睹其抑扬蹈厉，莫不扼腕踊跃，惕然震悚，武臣列将咸上寿曰“此舞皆是陛下百战百胜之形容”，群臣咸称万岁。蛮夷十余种自请率舞，诏许之。《七德》之舞即著名的《秦王破阵乐》，由120名披甲执戟之士表演，凡为三变，每变四阵，有来往疾徐击刺之象，以应歌节，所演为唐太宗登基前为秦王时征伐四方攻克敌阵的武功。《九功》舞又名《功成庆善舞》，是儿童群舞。元旦赐宴实际上是一次大歌舞国宴。

唐代酒席宴上的舞蹈表演已达到极高的艺术水准，具有较强的欣赏性。

宋代宫廷宴乐歌舞的规模虽不及唐代，但在继承中也有所创新，特别是“队舞”，“字舞”等集体舞蹈形式更加丰富多彩。宋代宫廷宴乐中的一大特点，是将酒与舞蹈更有机地结合在一起，祝酒，敬酒，行酒，都成为节目内容的一部分。那种带有礼仪性的酒舞风尚，被少数民族视为泱泱大邦之礼仪风范而竭力效仿。

为了适应与满足士大夫阶层和巨贾豪富享乐消遣，乃至市民阶层的文化娱乐需要，出现了不少的酒楼、勾栏、瓦舍、妓馆、茶馆。在那些地方往往集中着大批的歌舞艺人，每有客人宴饮必唤歌舞助兴、劝酒，以示风雅。艺伎和酒客拥坐在一起，行酒无数，这时舞女支撑起绵柔的身躯，摇曳腰肢，舒展歌喉，且唱且舞，令人神迷魂荡。宋代词人晏几道《鹧鸪天》词：“彩袖殷勤捧玉钟，当年拚却醉颜红。舞低杨柳楼心月，歌尽桃花扇底风。”更可让人领略那种通宵饮酒听歌观舞的情景。

在那些达官显贵和文人学士的家庭宴饮和适情小酌时，也大多要有歌舞演出或小伎曼舞相陪，私养“家伎”。从战国到秦汉、魏晋、南北朝，此风日长。西晋巨富石崇以三斛宝珠得著名舞伎绿珠。每当石崇宴请宾客或与他人恃财斗富、斗酒时，先命众家伎舞蹈献艺，继之让舞女为客人敬酒，如遇某位斗酒之人拒绝舞女所敬之酒，石崇即命人当着客人的面将舞女的双手砍掉以示淫威。这是血淋淋的饮宴。

统观古代宫廷宴乐歌舞，豪门家宴狂欢，或是家伎曼舞陪酒的历史，可以看到从纵酒狂饮，舞色迷乱的无序无度，发展到以酒助兴，畅舞渲情的自娱娱人，仪礼有序的进化过程。

酒与情是激流，那舞就是这激流中涌起的浪花和旋涡，动（舞）似巨浪翻腾，排山倒海，静（姿）若寒水凝冰，心如池波。

饮宴场上的酒俨然是一种毒剂，吮之愈美，亡之愈速；舞（女）径作是伐性之斧，蜡齿娥眉，常令命殂国丧。

越王勾践兵败，吴宫受辱，归国后卧薪尝胆，立志报仇雪耻。后用大夫范蠡所设“美人计”，教西施学歌舞，学习容步，俟其艺成而后进吴宫。吴王夫差自得西施，荒于酒色，日夜歌舞宴饮，不理朝政。数年后勾践兴兵伐吴，大败吴国，逼得夫差自刎而亡。

鸿门宴，历来被喻为凶险的象征。“项庄舞剑，意在沛公”，统治集团内部的党派纷争，敌对国家交往中，往往是酒无好酒，宴无好宴。欢歌妙舞的背后，反倒是刀光剑影，血溅杯盘。

辽天祚帝耶律延禧天庆二年，在混同江举行盛大的“鱼宴”，命各部落酋长依次表演歌舞。当轮到女真族首领阿骨打舞蹈时，他却“端立直视”，推辞不肯起舞。耶律延禧大怒，认为阿骨打太傲慢无礼，想借口把他杀了，以除后患。但萧奉先认为阿骨打没有大错，杀了他会产生不良后果，且女真族弱小，不会威胁到大辽国的统治地位，辽帝这才放过了阿骨打。当然，3 年后，阿骨打正式建元称帝，国号金，公开与辽分廷抗礼，这是后话。

说到舞蹈，是人们生活劳动中的节奏、合作精神形态的提炼，在此我们不得不提到少数民族舞蹈，中国有 56 个民族，少数民族大都是能歌善舞的民族。在他们的日常生活中离不开酒、歌、舞，所以说少数民族的酒与舞是不可分的是融为一体的。少数民族饮酒时载歌载舞。歌、舞与诗处于三合一的原始状态，而且总伴着各种酒席、宴庆典等活动进行。在酒的作用下人们的精神亢奋、情感炽热思维活跃、想象丰富，于是“情动之中而形于言”，在不知不觉中通过诗、歌、舞合一的艺术形式，真实而坦城地把自己内在的情感和思想表现出来。

中国各少数民族大都保留着本民族的酒礼习俗和歌舞文化。而酒与舞的不同的结合形式，恰恰最能体现出各民族的生活习性和民族性格。在诸民族自发的礼仪交往中，酒与舞往往被视作最隆重的仪式和最热诚的接待，是最恰当、最美好的祝福和祝愿。是人们生活中必不可少的一部分。

苗族人民居住的山寨往往被人称作“歌山”或“花山”，这正是苗家人喜爱歌舞的形象的比喻。苗家有一句俗语——“苗家无酒不唱歌”，因此，酒歌在苗族的日常生活中就占有很重要的地位，而酒歌优美的旋律和节奏，正是苗家丰富多采的舞蹈的伴奏。酒、歌、舞的结合构成了苗族豪爽、开朗的民族性格和他们好客、敬客的个性。从苗家婚礼酒歌中的“楼板舞”中，即可体会到这种民族的性格及其淳朴、憨厚的民族风尚。

当某家的儿子通过自由恋爱的形式，娶到了一位称心如意的好媳妇时，村寨里的青年男女就要汇集到新郎家中讨喜酒吃。新人将朋友们邀请上小楼，打圈围坐在一起，这时朋友们唱起酒礼歌，新人赶紧捧出美酒，供大家品尝。当酒酣歌兴之际，姑娘们走进圈内，小伙子们围在四周，拍手跺脚，旋转跳跃，掌声啪啪，楼板咚咚，歌声琅琅，跳起了“楼板舞”。狂欢之际，那新搭起的木板小楼似乎承受不住这么多的欢乐和幸福，嘎嘎作响，颤颤悠悠，整幢小楼似摇摇欲坠，这时家人们要赶快扛来大圆木在楼下支撑“抢险”。歌声、笑声、掌声、喧闹声、小楼板的咚咚声响彻山寨，传播着一片浓情，一片蜜意。

《康熙鹤庆府志·风俗》记彝族风俗云：“彝俗，饮必欢呼。彝性嗜酒，凡婚丧，男女聚饮，携手旋绕，跳跃欢呼，彝歌通宵，以此为乐戏。”寥寥数语，将彝族人民古朴、庄重、粗犷、豪放的性格刻画得十分鲜明。彝族人民不愧是能歌善舞的民族。让我们欣赏一下彝族姑娘出嫁时的“酒礼歌舞”吧。天黑了，在主人家门前院坝场子中，篱笆园内，天井溪旁，到处燃起一堆堆的篝火。人们围在火边，由“酒礼婆”唱“勺果车”（酒礼舞的开头歌）后，宾客们开始跳起“酒礼舞”。

酒礼舞有两种形式。一种是由女性跳，以歌为主，舞蹈为辅。舞蹈者列成长龙阵，逆时针方向边舞边歌，缓缓踏步而行。歌词内容丰富，有赞美父母养育之恩的，有表现姑娘与父母难舍难分的，有祝愿姑娘生活幸福的……。

人们唱一排歌，跳一阵舞，饮几杯酒，辗转轮回，时起时伏，歌、舞、酒深深地融合在一起，场面十分隆重、热烈。通宵达旦，直至酒礼婆唱“鼠果者”（收尾歌），酒礼方始告终。

另一种是男性青年跳的酒礼舞蹈。歌声伴舞起，舞随歌势行，是这一酒礼舞的特色。首先唱祝酒歌：“自家砍来的柴烧起才旺，从自家田里摘来的谷米煮饭才香。满桌的酒肉佳餐，是彝族的礼信，先民留给后生的古老习惯，饭吃得饱，酒喝得憨，声声敬谢主人的盛情款待。”舞蹈的基本动作是模拟“锄土劳动”的姿态，即以腰为轴心，上步弯腰，踏地，回步，端腿直立，手足上下合拍，一起一伏，自然舞动。

接着是“补士”（男女双方的总管）对唱，众宾客手挽手，以“摆手舞”相伴。补士甲双手分执一酒壶、酒杯，补士乙只拿一只小酒杯。甲为乙斟满一杯酒，举杯开唱，乙接对唱：

甲：主人家的这杯酒辣又辣，乙：象“德珠阿博”的辣椒一样。(同时咂一口酒）甲：主人家的这杯酒苦又苦，乙：象树上“阿林”的苦胆一样。

甲：主人家的这杯酒甜又甜，乙：象红岩土的蜂蜜糖一样。甲乙合：三杯酒有三种味，不知客人喜欢哪一杯？众宾客回答：主人家的美酒，杯杯象蜂蜜一样甜。

对唱歌声一止，酒礼场上群情激奋，同跳“阿左娥”。边舞边唱：“山中绿叶处，有金竹子一双，砍下背回来，做对咂酒杆，往酒坛中插，叫一声‘阿祖’（先民）速来把酒咂，父饮心爽快，子饮情更欢，大家乐呵呵。”两补士手执酒壶、酒杯在前引导，从坝院跳到堂屋，再由堂屋跳到各个房间。舞蹈动作有“甩手步”、“抬腿步”、“一甩一拐踏脚步”、“吸腿向前踏地步”等。

舞蹈古朴庄重，节奏单一。领舞者还往往根据自己的感情变化，即兴编舞表演，群舞众人不断吼叫，使舞蹈气氛更加热烈，场面也随之更壮观。

最后，总管事请众人到坝院中坐好，新郎手执酒壶向每位来宾敬上一杯美酒。然后新娘舞出，围着插有咂杆的甜酒坛绕舞三圈，表示请宾客们“吃咂酒”。于是众宾客拥至酒坛，轮流用咂杆吃咂酒。小伙子和姑娘们则对唱酒礼歌，同跳酒礼舞，欢畅通宵，天明方散。

生活在我国北方大草原的游牧民族蒙古族的生活中更是离不开酒和舞蹈。无论是持猎归来，还是放牧休息，牧民们燃起熊熊篝火，烧烤猎来的兽肉，此时和着悠扬的马头琴声，歌声此起彼伏。牧民们举杯对饮，翩翩起舞。这一习俗由来已久。元朝诗人乃贤在《塞上》一诗中曾生动形象地描绘过这一图景："马乳新玉满瓶，沙羊黄鼠割来腥，踏歌尽醉营盘晚，鞭鼓声中按海青。"另外象傣族的"醉酒舞"，汉族的"把酒舞"，藏族的"酒歌卓舞"，都是非常有特色的中国民族民间舞蹈和民间酒舞礼仪习俗。在这些活动中人们体验亲情厚谊和幸福欢乐。在一些带有竞赛性质的民间盛会中，例如蒙古族的"那达慕"，藏族的"跑马节"、"转山会"等，更是离不开美酒和舞蹈。一边是烈马奔腾，一边是歌声荡漾。一边是英雄畅饮，一边是舞袖飘扬。美酒敬壮士，艳舞舒芳心。酒舞融情，更是一种豪放，一脉柔情，总之都是美。

综上所述，中国几千年的酒舞历史，创造出了中华民族文化现象中的至情、至谊、至善、至恶、至美、至丑……，形成了具有极大反差的社会万象。如此丰富的酒舞生活内容，为中国古今艺术大师们提供了取之不尽，用之不竭的素材。在文学家、艺术家的笔下和舞台上，酒与舞的耦合创造出种种风格的美，个性的美，形象的美，令人美不胜收。昆曲表演艺术家俞振飞《太白醉写》一戏中的"一点三颤"，"一歪一斜"，表现了"诗仙"李白"斗酒诗百篇"的飘逸潇洒，豪放无羁，不畏权贵的艺术形象；《醉打山门》中一组醉态演练，模仿十八罗汉造型的舞蹈身段，将鲁智深粗犷的性格，豪爽的个性表现得淋漓尽致；京剧《武松打虎》、《醉打蒋门神》，无不是突出一个醉字，而又立足一个舞字来刻画表现武松威武勇猛的英雄形象的。还有京剧《贵妃醉酒》、《霸王别姬》等都是一个酒字，一段舞来刻画古典女性柔情刚意，演绎人生的喜怒哀乐的无限激情。这些个性鲜明的艺术形象，总会使人在欣赏之后，加倍感受到那种酒与舞的藕合带给人的畅，快，使人在那艺术的醉态舞中感悟到一种人的本质和人生的真谛。总而言之，无论是历史的真实，还是艺术的演绎，酒与舞蹈都极大地美化着人类的社会生活，丰富着人类文化与文明的内涵，如诗如书如画。

第八章　醉斩长鲸倚天剑
——武术与酒

武术是中华民族独特的人体文化瑰宝，被视为国粹。因此，在20世纪30年代曾直呼为“国术”。台和海外部分华人中，仍名之曰“国术”。

自古武人好酒，上古的夏育、孟贲、传说中黄帝的大将力牧，以及春秋时代薛烛、养由基等都是好酒的武士。西楚霸王项羽和刘邦的大将樊哙的海量，更是尽人皆知的。

武人的好酒，是因酒而表现出他们的豪爽气概和尚武精神，借酒寄托他们的情怀。然而，更重要的是酒还成为他们创造超绝武功的“灵浆”。清代有名的傅家拳的创始人傅青主就是在醉中造拳的。

傅青杰，名山，字青主，别号侨黄。生于1607年，卒于1684年，山西阳曲人。他是明末、清初著名的思想家、诗人、学者、画家、医生和爱国志士，同时他还精于武功。据《石膏山志》载：清顺治四年（公元1647年）春，他偕同子傅眉到天竺寺与寺内主持道成法师演示打坐和五禽戏，并传授给当地名士吴成光，接着又传授给寺内和尚。康熙二十一年（公元1682年）父子隐居期间，被何世基请至义塾讲学传武，遗留“傅拳”。其拳式动作名称与太极拳相似，又别于太极拳。1985年在武术挖掘整理中，由蔡承烈献出《傅拳谱》手抄本。1988年出版了《傅山拳法》一书，丰富了我国武术宝库。

傅山留下的拳法，已经成为一个流派。而他的武功更是和他的绘画结合在一起。据传：他作画时总在酒酣之后，独处一室，舞练一番，这才乘兴作画。

傅青主在醉中舞拳，进入一种物我两忘、神与物游的境地，然后又将这种人体文化的感悟，形诸笔墨，因而他的画具有一种山雨欲来的肃杀之气和灵动飞扬的韵味，而他的拳法又具有了一种醉态。酒画和武术，在他身上融为一体形成了一种独特的风格。傅青主在醉中造拳，以醉态入武术，可算是拳门别类，另具特色。在现代和古代武术中，“醉八仙”和“醉拳”、“醉剑”都是极重要的武术套路。

“醉拳”是现代表演性武术的重要拳种，又称“醉八仙拳”，其拳术招式和步态如醉者形姿，故名。考其醉意醉形曾借鉴于古代之“醉舞”

(见《今壁事类》卷十二)。其醉打技法则吸收了各种拳法的攻打要点,以柔中有刚,声东击西,顿挫多变为特色。醉拳由于模拟醉者形态,把地趟拳中的滚翻技法溶于拳法的腿法。都深受武术爱好者的欢迎与推承,其流行地区极广,四川、陕西、山东、河北、北京、上海和江淮一带均有流传。

作为一个独特的定于表演性的拳种,以其不同的风格特色分有三大类:一类重形,多以模拟滑稽可笑的醉态为主;一类重技,在“醉”中发展攻击性技巧,即是三指象杯的动作,亦藏扼喉取睛的杀着;再一类是技、形并重,既有醉态的酷肖,又有技法的凌厉。不管那一类,都要掌握形醉意不醉,步醉心不醉。

醉中有拳,拳法似醉,源法的核心在于一个“醉”字,以醉取势,以醉惑人,以醉进招,其手法有刁、拿、采、扣、劈、点、搂、插等,以刁、点、搂、扣为主;腿法有蹬、弹、勾、挂、缠、踹、撩、踢等,以勾、挂、缠、踢为主;步法有提、落、进、撤、碎、击、碾、盖等,以踉跄步(即醉步)为主;眼法有视、瞧、藐、瞟;身法有挨、撞、挤、靠等,这五种身法要浑成有力;跌法分佯跌、硬跌、化险跌三类;练法要求神传意发,心动形随,步碎身活,形神合一。要练到周身“无一处惧打,亦无一处不打人”,挨上就着力,出手就制敌;用法讲究眼捷手快,形醉意清,随机就势,避实就虚,闪摆进身,跌撞发招。

关于醉拳,有一个歌诀:“颠倾吞吐浮不倒,踉跄跌撞翻滚巧。滚进为高滚出妙,随势跌扑人难逃。”这个歌诀对醉拳的特点进行了准确而生动的概括。醉拳中的关键在一个“醉”字,而这种“醉”仅是一种醉态而非真醉,在攻防中,踉踉跄跄,似乎醉得站都站不稳,然而在跌撞翻滚之中,随势进招,使人防不胜防。这就是醉拳的精妙之处。

正因为醉拳在形态动作中一副醉态,所以就把地趟拳法一些技巧很自然地溶合进来,以跌扑滚翻动作的运用较多。

醉拳套路有多种:“醉八仙”,以模拟传说中的八仙道家神化的形姿和武艺为特色,动作名称多以这些人物动作特点创编。“太白醉酒”的套路则是以模拟唐代诗人李白的形姿为主;“武松醉酒”、“鲁智深醉打山门”等套路,则以水浒人物命名。自然更显示了醉拳深厚的内涵,使其不同于一般武术拳种。

“武松醉酒”一套,来源于《水浒传》中两段描写武松的文字,一是“景阳岗武松”是真醉,一是快活林的武术,后者则是似醉而实醒。武林人士,从中受到启发,为丰富拳术套路进行创造。

中国武术是独特的东方人体文化之一种，东方人体文化的核心是身心一元论，要求内外五关俱要相合，外五关即“手、眼、身、步、劲”；内五关即：“精、气、神、力、功”。扶醉上岗打虎的武松，在这一场人兽搏斗中，充分显示了他内外五关的功夫。

第一阶段是老虎逞凶，醉者武松防御。吊睛白额猛虎首先施出了它一扑、二掀、三剪的看家招数，醉者武松面对老虎的凌厉攻势，连续躲闪，以武学“让其锋锐，攻其疲惫”的战术先求自保，之后再伺机而动。

第二阶段是人虎搏斗相持。武松逢闪必进，守中有攻。他拿棒在手，双手抡起，劈打老虎，不想误中枯树，梢棒折断。武松只能徒手与猛虎相斗，更显示其拳法、腿法的功夫。

第三阶段是武松反攻取胜，徒手力毙猛虎。这一段充分显示了武松的神威武勇，他一见老虎显出疲相，立刻迎上揪虎、捺虎、踢虎、打虎、毙虎！

明代学者李卓吾曾在《水浒》眉批写道：“一副打虎图，活虎活人，俱在眼前”。

“快活林醉打蒋门神”中的武松，虽然也喝了不少酒，但他却没有醉，只身迎强敌，而且知道蒋门神武艺了得，“三年上泰岳争跤，不曾有对”，“那厮不说长大，原来有一身好本事，使得好棍棒，拽拳飞脚，相朴为最。”不知他的门道路数的武松，自然要谨慎小心。武松佯醉动拳，用的完全是醉拳的招法，特别发挥的是醉拳的跌法与腿法。武松发以醉拳出手，就可以摸清蒋的路数，以便击败他。他以醉态，大用醉拳三跌法、身法，都是为了占用强敌。醉拳外形特点是“身范儿，如狂似颠，步趋儿，东扯西牵”，其跌法则有“挨、傍、挤、靠”、“乘虚用势”的技击特长。正如拳谚所谓：“乘虚而入好用机，见势随之跌更奇，一跌连踹何处去，千斤重体似蝶飞。”武松前颠后偃，东倒西歪，形态醉极，但神意不醉，以醉诈敌，以跌迷敌，使蒋难辨真假，一时摸不清武松的路数。这一趟“醉跌”为后面的玉环鸳鸯腿的巧踢妙用作了充分铺垫。

“醉拳”的腿法极重，中国武术素有“南拳北腿”之说，以勾、挂、缠、踢为妙用的醉拳腿法，在快活林醉打蒋门神中显示了神威。《水浒传》第二十九回中，武松与蒋忠大斗，武松佯醉诈败，掉头便走时，“突然转身，却先飞起左腿，踢中了，便转过身来，再飞起右腿，直飞在蒋门神额角上，踢着正中，望后便倒。”

在关键时刻，“玉环鸳鸯腿”发挥了威力，这威力显示醉拳形醉神不醉、身醉腿不醉的特色。双腿连环，左右开弓，显示了腿法的平稳。同时显示了醉拳腿法的刁钻：这是难度极大的“飞转身回旋踢”，左脚沾地身子即立旋右转，借飞转身腾跃力，右腿循弧旋腿，快速而角度多变，神妙而出人意料，腿腿相连如环，前后相伴似鸳鸯，怎不让蒋门神中腿！没有高超的弹跳、平衡能力和扎实的腰腿功夫是发不出玉环鸳鸯腿的；这一腿踢中蒋门神额角，亦即祖窍穴位，而且是凌空急速拧转中踢出的，力猛异常，全身之力量、重量皆集中在腿上，而又恰中额角，怎能不使身高马大的蒋门神“望后便倒”，“在地下告饶”呢。

除了醉拳之外，还有醉剑。剑术在中国有着悠久的历史，而且附依着丰富的文化内涵。它被奉为百兵之君，被尊为帝王的权威的象征，神佛仙家修炼的法器，更成为文人墨客抒情明志的寄托，也是艺术家在舞台上表现人物，以舞动人的舞具。直至今天，剑更成为各阶层中国老百姓健身的最富民族色彩的体育器材。一种在新石器时代生产的古老兵器，至今在大众手中舞练，在全世界恐怕也只有剑器吧。正因如此，有人说中国有一个内涵极为丰富而悠久的剑文化体系，而酒文化同样浸润其间。

剑术经过一个漫长的历史发展过程，形成了极为丰富的内涵。就其套路而言，有太极、太乙剑、八仙、八卦剑、七星剑、三才、三合剑、纯阳剑、青萍、青龙、青虹剑、飞虹剑、峨嵋剑等数十种套路，这些套路有单剑、双剑，有用长穗，有用短穗，有单手运使的剑，有双手运使的剑，有正握走势的剑，有反握走势的剑，名目繁多，形式不一。但就剑术体势而言，可归为四大类。

工架剑、行剑、绵剑、醉剑，是酒文化浸润的剑术，它的风格独特，深受人们欢迎，尤其适于表演，多为戏曲、舞蹈艺术吸收。它的运动特点是“奔放如醉，乍徐还疾，往复奇变，忽纵忽收，形如醉酒毫无规律可循，但招招势势却讲究东倒西歪中暗藏杀着，扑跌滚翻中透出狠手。剑器作为一种武器虽早已从战场上消失了，现在剑器主要是作为一种健身器械，而剑术已经纯粹是一种和舞蹈结合起来的表演项目。而醉剑由于他那如醉如痴，往复多变和动作极强的特点，在舞剑中更占据着一个特殊重要的地位。

除醉拳与醉剑之外，还有醉棍，它是把醉拳的佯攻巧跌与棍术的弓、马、仆、虚、歇、旋的步法与劈、崩、抡、扫、戳、绕、点、撩、拨、提、云、挑，醉舞花、醉踢、醉蹬连棍法相结合，而形成的一种极为实用的套路。

醉拳醉剑以及醉棍，作为极富表演性的武术种，它产生的机制，鲜明地表现了东方人体象形取意的包容性和化腐朽为神奇的特点，象形取意本是为人类在自然中自强的手段，醉酒是一种不正常的体态，然而东方人体文化却能化丑为美。醉拳不仅有特殊需要的攻防价值，而其观赏性尤为人喜爱。

酒能赋人以胆量，武松、鲁智深那样惊心动魄的搏击，非有酒以壮声色不可！《水浒传》第四回有几句话单说那酒：“常言酒能成事，酒能败事。便是小胆的吃了，也胡乱做了大胆，何况性高的人？”酒能添壮士英雄胆，端的是道破了施公为什么请“酒”的良苦用心。

读者的心理效应、审美趣味和欣赏兴致。在武打中出现的酒不再是单纯地生活琐事凡事了，而是获得了生命，获得了动作性、形象性与幽默性，成了戏剧冲突和好汉们斗争生活的高度艺术概括。从艺术欣赏角度看，醉打之美，美于单纯的打。因为它更加趣味盎然地感性地显示了人的本质力量。上年纪的人也许还记得，旧日酒肆门口常有一副对联，其上联曰“醉里乾坤大”；《水浒》里面的醉打“乾坤”更大。这乾坤，是艺术的乾坤，深入其中，虽不饮那琼液流霞，已使人有悠悠然的醉醺之感了。

首先，有一种勇气感。景阳岗武松打虎不从打虎落笔，偏从喝酒开篇。18大碗酒使人感到武松非凡的气质和英雄的气概，为打虎作了充分的铺垫。所以他在山神庙前看到虎害印信告示时，想到身为好汉，难以转去，乘着酒兴，一只手把胸膛前袒开，踉踉跄跄直奔岗上，醉打老虎！这就把武松赤手空拳打虎的勇气烘托出来，引起读者明知山有虎，偏向虎山行的心理震荡。“林教头风雪山神庙”是在“长空飘絮飞绵”的大雪之天，“花枪挑了酒葫芦”，来表现“打与醉”。这实在是“力加诗”的境界。这场醉，极具美雅，浪漫至极。一支花枪，一葫芦酒，一场大火，一挺枪，一把刀，3条仇人性命！显然，他认清了他脚下的路，他再也不彷徨、犹豫、幻想了，他只有一条路：逼上梁山了！当读者看到他肩头的挑着酒葫芦的花枪，一腔正气顶着风雪，毅然迈步梁山，把纷扬大雪、严凝雾气逐渐溶化了时候，不由得不去探索人生价值的深邃哲理。

其次，有一种豪气感。鲁提辖自上五台山净了头发，本来也应“净”了“凡”心；入了空门，本来也应“空”了嫉恶如仇的念头。可是他偏生不安稳，第一次喝了酒，撷入寺院醉打山门；第二次，“吃得口滑”之后，又喝了一桶，一膀子扇了山亭，又打得“那尊金刚从台基上倒撞下来”！是的，面对那黑暗的社会，一串梵珠怎能使他安心，一部佛经怎会让他平静？他“指定天宫，叫骂天蓬元帅；踏开地府，要拿催命判官”！他宁可做“裸形赤体醉魔君，放火杀人花和尚”，也不愿放下屠刀，立地成佛。而是让他“笑挥禅杖”、“怒掣戒刀”、“砍世上逆子谗臣”去了！在花和尚的豪饮豪打面前，任何自身的渺小和平庸，难道还不应该摆脱，克服和净化么？

醉打的一种美的形态，美的写意，借酒展示艺术魅力，更好地让酒发挥其特色，将人的思想灵魂、情感甚至四肢、五官都激活起来。描写的人物个个生动、呼之舒出。

水浒写醉打最大的艺术特色，乃是拳形合一。这点在“醉打蒋门神”中表现尤为突出。北宋欧阳修曾说过：“醉翁之意不在酒，在乎山水之间也。”武松醉酒之意亦不在醉，在乎打也！表面上看，他“前颠后偃，东倒西歪”，但实际是形醉意不醉，步醉心不醉。这一场打以醉为形，施公颇费了一番心思，武松也着实地动了脑筋：其一，他与蒋忠素不相识，他以醉试探蒋忠实力虚实，“武人一伸手，便知有没有”，这样可以胜不露色，败不慌神，进退自如，避免给施恩带来恶果；其二，他与蒋忠素无冤仇，只有醉闹事，以佯醉来激化矛盾，把醉当作打的引爆线；其三，打的地点是快活林酒店，以醉为由，便于发挥；其四，从书中描写看，武松擅长醉拳。醉系障眼法，用以迷惑对手，实际他只是“带着五七分酒，却装做十分醉的”，跌跌撞撞，飘飘忽忽之中，藏机关杀手，寓攻防技击。果然蒋门神上当了，“先欺他醉，只顾赶将入来”，在难以逆料之中，顷刻之间已被制于来方。

《水浒传》高超的醉打描写，便酒文化与武术文化水乳交融，形成一种影响深远的民族风格，它不只是现实世界的严肃或轻松的反映，拳形合一的艺术表现，而成为表现故事，塑造人物，显示武功的巧妙载体。

（附记：文中关于醉打艺术一节，参考和引用了王资鑫先生的《醉打的艺术魅力》一文）

第九章　称觞皆因纹枰动

——酒与围棋

酒与围棋，在中华民族渊远流长的历史文化中结下了不解之缘，它们不仅具有独特的文化特征，而且具有极为丰富的内涵。

酒与围棋的发明，都经历了漫长的岁月。围棋的发明可追溯到古代，明朝大臣刘伯温曾经说是孙子、吴起的发明。西晋张华《博物志》则说：“尧造围棋，以教子丹朱”。这是说围棋是从三皇王帝时开始的。事实上，围棋最开始也是只能在王宫贵族那里才能见到。《左传》中“今宁子视君不如弈棋，其何以免乎？弈者举棋不定，不胜其藕，而况置君而弗定乎？必不免矣”就是最好的论证。

文人们喜欢下围棋，是因为围棋变化多端，富于创造和挑战。棋与酒总是紧紧相连的，从开国元勋、围棋九段陈毅元帅的诗词中就不难看出：“秋容老圃胜东篱”、“人事难评黑白棋”……在胜过陶渊明把酒东篱的地方，陈毅也曾和故友把酒对弈。

有人说“酒、围棋与文章一同降生”也未尝不可。历代皇帝中，饮酒与下棋的不乏其人，晋武帝、南北朝宋文帝、南北朝宋明帝、唐明皇、明太祖等都是善饮能弈的“围棋皇帝”。在著名文人中，爱好围棋和酒的也大有人在。诗圣杜甫非常酷爱饮酒与下棋，他常和几个朋友在一起“对棋陪谢傅，把剑忆徐君”，“置酒高林下，观棋积水滨”。杜牧为李商隐居西城区斋题“林间扫石安棋局，岩下分泉递酒杯”，更是把酒和围棋结合得如此紧密。宋代赵师秀有诗：“黄梅时节家家雨，青草池塘处处蛙。有约不来过夜半，闲敲棋子落灯花。”更把等棋友的那种期盼、焦虑的心情刻画得有如亲历。

纵观中国几千年的历史，帝王、文豪、诗人、学者大凡都好酒如棋，酒和围棋鉴于它们独特的生理功能和魅力，易于被世人所接受。他们与酒和围棋相关的千古篇章无一不像美酒那样飘溢着芬芳，像围棋那样尽显魅力。酒的发展、围棋的发展必然推动文化的发展。如诸子百家时，酒盛、棋盛、文亦盛。魏晋诗风伴着酒风，唐宋诗兴衰，势必都要引起文化的效应，社会发展。

“石上铺棋势，船中赌酒分”（李洞《赠宋校书》），“唯共嵩阳刘处士，围棋赌酒到天明”（白居易《刘十九同宿》），棋与酒，可谓相得益彰。

前不久电视专题片《围棋人生》中，展现了昔日横刀立马的聂卫平曾有的光荣，而今这一切已成为过去。而他关于喝酒的豪气让人不禁要说说棋手与酒的话题。

我国一代棋圣聂卫平对自己的酒量颇为得意，以酒圣为荣的心情超过了荣获棋圣的自豪。和聂卫平一起吃饭没有好酒量还真不行，他不会强迫你喝酒，而是他的酒量实在太大了，一瓶二锅头喝下去啥事没有。但要是没人陪他喝的话尽管他自己也能喝，但那酒显然喝得很闷，没有个对手好好陪他喝，他的豪放与率性就怎么也显露不出来。

聂卫平喜欢喝白酒，并喜欢自斟自饮，不喜杯来盏去，怕敬酒太多自己吃不消。所以喝酒还算有分寸，从来只喝三分醉。

白酒中他钟情五粮液，但世面上流行的假五粮液太多，酒席场合遇有五粮液，他总自告奋勇开瓶分酒，为的是最后一招检验真假。即将瓶酒分尽，将瓶倒置，若发现瓶底有滴酒倒悬，则是真五粮液无疑。就可放心大胆开怀一喝了。聂卫平虽嗜酒，但在重要关头却不含糊，在首届中日围棋擂台赛与小林光一对局前，他突然宣布戒酒。戒酒后聂卫平果然精神振奋，一举击败小林光一与加藤正夫，留下一段辉煌。

重庆棋手古力好几年占据中国棋手等级分第一名，而在喝酒上也算得上中国围棋界的高手。古力喝酒如其下棋生猛豪放，在合肥参加中国围棋“新人王”赛时，夺冠后一顿狂饮，不得不在大雨如注的深夜送医院急救；在黄山举行的“中韩新人王对抗赛”上，虽没浮白，却每天必喝啤酒一两瓶。古力喝酒狂放不羁，曾在中韩天元对抗赛后与韩国棋手宋泰坤用奖杯盛酒而饮，一直喝到宋泰坤酩酊大醉；2005年围甲闭幕，依旧奖杯盛酒，独战上海队毫无惧色，惊倒在场人无数。

“棋仙”马晓春喝酒有讲究，一般只喝啤酒，而且只喝冰啤酒。并颇有怪论：啤酒冰与否与该地区经济发达与否相匹配。倒啤酒不像常人尽量不起泡沫，而是让泡沫充斥杯三分之一左右，这能体现啤酒的风味。他说啤酒尽量喝个新鲜，杯中未尽续酒就破坏了新鲜感，风味就不同了。

围棋名将常昊称开玩笑说：“连酒都不会喝还能下好棋吗？”

陈祖德年轻时也特别能喝，在国家队里鲜有敌手。在他的《超越自我》这本书上他记述了一件往事：“记得在五七干校中度过的那个国庆节，我们三人（陈祖德、吴淞笙、毕以刚）实在憋不住，一起到村里的供销社买了些显然是掺了水的汾酒，又买了几个肉罐头。回宿舍后将门反锁，三人饕餮一顿。我们以庆祝国庆的名义违反了干校的纪律，纵情地欢乐了一番。说实在地我们三人算得上老实本分，但老实人在特定的环境中也会干出不老实的事。也许很久没有和杯中物打交道的缘故，以刚喝醉了吐了一地，淞笙也倒在床上不醒人事。我把一地的脏物收拾在一个脸盆内，端着这个脸盆像贼一样遛了出去。”

小林光一在日本棋院有“酒仙”之称，平素寡言少语的他，一喝酒就能言善侃。

日本名誉棋圣藤泽秀行年轻时嗜酒好赌，说起他和酒在棋界太有名了。据藤泽秀行自己说他喝酒超过常人的量是在过了三十多岁、邂逅他敬仰的人生之师稻叶圭亮老师以后的事情。稻叶长时期担任众议院议员的职务，是一个六十九岁才开始有四个孩子的了不起的人物。他常常去秀行家，一边喝酒一边讲中国的历史和诗，这老人有着仙人般的风貌。有一天他送给秀行一张漂亮的硬纸笺，上写着：“兴致一来，可狂起耳，侠情一往，可乱醉耳。”

这其中的意思是：酒这个东西，既然喝，一定要喝醉。从那以后秀行就极为忠实地信守着秀叶老师的教诲。威士忌一瓶或日本酒一升，每天如此，堪称“酒鬼”。

藤泽嗜酒的故事不少，有次在冲绳，喝醉了被出租车送到警署进了拘留所（可能是酒醉不省人事，不理会付费）。第二天早上醒来方知身在拘留所。有次在电视台做节目，中途不见这位老先生，原来又遛出去到酒吧过酒瘾去了。

还在1986年第一届中日围棋擂台赛时，主将藤泽秀行对小林光一、加藤正夫两位棋手说：“我老了，擂台赛的担子全靠你们俩了”。小林、加藤拍胸脯道：“没问题，若输棋则以剃光头谢罪。”说罢，藤泽与两人手勾手同饮誓言酒，他们喝酒的照片不久被刊登在日本棋院《棋周刊》上。可那一届比赛，中方主帅聂卫平势如破竹将小林、加藤和藤泽击败，取得了擂台赛的胜利。赛后小林和加藤在小林的儿子天天催促下，和加藤同一天去剃了光头。正好三天后两人在棋圣战上相遇，于是两位光头对弈的照片又刊登了出来。

粗粗一算爱喝酒的大牌围棋棋手就有陈祖德、聂卫平、马晓春、常昊、古力、藤泽秀行、武宫正树、小林光一、赵治勋、李昌镐、刘昌赫等。每逢棋手聚会最不能忘记就是酒，菜肴怎么样倒放在其次。象棋棋手中爱喝酒的不在少数，大名鼎鼎者如胡荣华、吕钦、刘殿中等。

2000年的12月份，关于围棋的报道中，最具卖点的一个热点新闻就是小林觉醉打柳时熏。一时间，各种传言不胫而走。最终，日本棋院做出对小林觉禁赛一年的处分。事情的经过有各种报道版本，如今人们对于小林觉如何伤人已不是十分关心，倒是有一点清晰地留在了人们的心目中，那就是小林觉在大赛期间喝酒，而且伤害了队友。

事实上，围棋作为比拼脑力、智力的体育项目，其残酷激烈程度决不亚于任何其他项目，它需要棋手有充沛的体力和清醒的头脑。比赛之中，饮酒甚至酗酒则是棋手的大忌。

虽然，围棋棋手相对其他项目的运动员来说，在这方面没有十分明确的规定与要求，但很多棋手都自觉地在比赛中禁酒。如藤泽秀行先生一生好饮，酒量也是极大。但他在关乎个人荣誉的棋圣战前期，痛下决心戒酒，最终以惊人的毅力与精妙的棋艺战胜对手。

围棋文化也变为一个平常人可以享受的精神食粮，它蕴含的千变万化的玄机与博大精深的奥妙也得到空前的发展。

无论时间怎么转变，岁月如何变迁，酒与围棋始终伴随着文化的进步，不断地向前发展。

附 陈毅有关围棋与酒的诗（三首）

其一

韩紫翁挽诗

秋容老圃胜东篱，巾履肃然此子遗。
波翻椎海龙蛇斗，变起萧墙燕雀危。
天心已厌玄黄血，人事难平墨白棋。
鲁连贲志埋幽恨，痛快亲仇忍一思。

1942 年 5 月

其二

淮河对弈

围棋花下镇日间，君醉起舞我欲眠。
风劲落英香满座，拈花微笑意陶然。

1943 年

其三

题《围棋名谱精选》

纹枰对坐，从容谈兵；研究棋艺，推陈出新。
棋虽小道，品德最尊；中国绝技，源远根深。
继承发扬，专赖后昆；敬待能者，夺取冠军。

1962 年冬

流觞炫墨

引　子

有酒方能意识流，人间天上任遨游，自古文人爱美酒，酒中自有文万言、诗千首。神州大地多琼液，且从茅台唱起头。茅台醇厚，亦刚亦柔。杏花村里，汾酒清秀。泸州特曲，芬芳润喉。最销魂，五粮液，本色天成能解愁。还有那，绍兴黄，状元红，加饭花雕酒。太白遗风真吾友。孟德举杯思悠悠。雪芹典衣沽美酒，旦酌宵悲写红楼。

而今的世界多锦绣，中华连接五大洲。苏格兰威士忌您还加点冰块呀，（白）Scotch on rocbs 拿破仑的白兰地（它）异香满口，香槟、雪梨、杜松子酒，（白）为了和平、友谊（唱）文化交流。

遍饮世界名酒，反添几许愁，中国人喜的是中国的味儿呀，故国万里梦中游。威士忌、伏特加，难比红星二锅头，（白）举杯遥祝，（唱），第一杯，国泰民安春常在，第二杯，父老兄弟都长寿，第三杯，四化大业早实现，巨龙腾飞壮志酬。这才是：酒中自有真情在，饮而不贪（他是）真正的风流。

这是当代一位作家用他特有的机智与幽默，写的一首《文人与酒》的唱词，蕴涵丰厚，妙趣横生，很好地揭示了文艺与酒的密切关系。

文学艺术来源文学家艺术家的根底来源于生活源泉，加上灵感，才能创作出惊骇世俗的作品。在创作的环境中，如果能使作者高度亢奋，激发灵感，增添灵气，忘却自我，敢于毫无顾忌地抒发自已的真实感受，那么唯有借助于酒。酒能让人激动，催人真感情迸发，自由灵魂中有一腔热血烈焰如岩浆奔腾炽放燃烧凝聚，这就是诗、词、曲、赋、文、歌、联形成与产生的原因之一。如是乎就产生了文字天地繁星满天，百花争艳的大好局面，可以这么说自古才子善饮，善饮者多文奇。

当代作家李准说过，没有天马行空的不羁气慨，很难写出自由奔放的诗。诗倒不一定非用酒来启迪引发，但诗必须在自由的灵魂中流出。文艺家因酒而增添灵感，写出上乘之作，事例不胜枚举。如李白斗酒诗百篇，张旭三杯草圣传。酒亦因文艺家而声名愈张，如曹操一句“何以解忧，唯有杜康”，使得杜康酒名扬四海，迄今犹盛；杜牧的一句“借问酒家何处有，牧童遥指杏花村，”使得杏花村身价倍增，成了美酒的代名词。是酒使中国文学增色呢？还是中国文学使酒生辉？实际上是酒与文学珠联璧合，相得益彰，共同为人们创造了精美珍贵的精神与物质食粮。

文学作品中犹以诗与酒的关系最源远流长，情深意笃。从三千年前的第一部诗歌总集《诗经》到当代诗人郭小川的《祝酒歌》，艾青的《酒》，余光中的《梦李白》等，从他们诗词的字里行间，随时都能闻到扑鼻的酒香。有人说："诗人都善饮"，并非夸张。

小说与酒也有相当密切的关系。《三国演义》中，写了刘、关、张桃园三结义，关羽温酒斩华雄，单刀赴会，曹操大宴铜雀台，煮酒论英雄。《水浒传》中，写了吴用智取生辰冈，武松醉打蒋门神、醉杀白额虎，鲁智深拳打镇关西、醉闹五台山，宋江醉酒题反诗，林冲风雪山神庙，酒后杀仇人，连宋江、李逵等人之死，也是因饮鸩酒所致。《西游记》中，写了孙悟空痛饮蟠桃宴。《镜花缘》中，写了武则天醉酒逞淫威。《老残游记》、《聊斋志异》、《三言二拍》等不少作品都与酒有关。在中国文学史上竖起了巍巍丰碑的煌煌巨著《红楼梦》，处处流溢着酒的芬芳。《红楼梦》把按生产工艺分类的发酵酒、蒸馏酒、配制酒三种酒都写到了，有人做过精确的统计，发酵酒类写到过"黄酒"一处，"绍酒"四处，"煮酒"四处、"惠泉酒"二处、"西洋葡萄酒"一处等。蒸馏酒类写到过"烧酒"一处。配制酒类写到过"合欢花酒"一处、"屠苏酒"一处等。曹雪芹本人，也是一个诗酒放达的"燕市酒徒"，尝作戏语说："若有人欲快睹我书不难，惟日以南酒烧鸭享我，我即为之作书。"

戏剧与酒并不陌生，舞台上时时可嗅到酒的芬芳。《西厢记》中"赖婚"与"长亭送别"两出，酒居于相当重要的地位；《十五贯》的戏剧情节因酒而成。以酒为中心的内容的剧本也有不少：关汉卿的《单刀会》高文秀的《好酒赵元遇上皇》，《杜牧之诗酒扬州梦》，王九思的《杜子美沽酒游春记》，朱有燉《卓文君私奔相如》，杨景贤的《柳嗜卿诗酒玩江楼》，孙仁孺的《醉乡记》，还有《贵妃醉酒》、《白奶奶二醉酒》、《霸王别姬》等。

散文中，王勃酒宴中挥毫写成《滕王阁序》，欧阳修颓然而醉有《醉翁亭记》，苏轼饮酒达旦而有《前赤壁赋》；书法中，蔡邕以"醉龙"名世，王羲之酒中而有《兰亭集序》，张旭沉醉而成的"草圣"；丹青中，吴道子"每一挥毫，必须酣饮"，唐伯虎酒酣作画，皆入神品，郑虔朴醉意朦胧方可落笔，郑板桥非饮酒致酣不为人作画……酒与文艺已经水乳交融地连成一体，真正是"你要分时分不得我，我要离时离不得你。"

当然楹联、酒令更是文采熠熠，浸透了酒，散发出让人陶醉的酒香……

很多诗词就自然成了联句酒令。

文学艺术方面与酒有关的影视、书法、雕塑（刻）、绘画、武术、杂技、曲艺、歌舞等将另辟章节介绍。

第一章　酒似长河诗如流（一）

“对酒当歌，人生几何”曹操借酒抒怀；“醉里挑灯看剑，梦回吹角连营”辛弃疾以酒励志；“劝君更尽一杯酒，西出阳关无故人”王维以酒别友；“三杯两盏淡酒，怎敌他，晚来风急”李清照以酒浇愁；“今宵酒醒何处，杨柳岸晓风残月”柳永酒后患失；“不惜千金买宝刀，貂裘换酒也堪豪”秋瑾借酒明志；“把酒酹滔滔，心潮逐浪高”毛泽东豪气冲天……

不难看出诗与酒的关系是那样源远流长，以至于我们翻阅中国诗歌史的章章节节，随时都能闻到扑鼻的酒香。“陟彼高冈，我马玄黄。我姑酌彼兕觥，维以不永伤。”翻译成今日的语言是：我且登上那高冈，马儿累得变了样，我将牛角杯里的酒全喝光，为了暂时忘却忧伤。这首诞生于三千年前的《诗经·周南·卷耳》，拉开了诗与酒结缘的序幕。从此，它们就成了形影相随、难分难解的忠诚伴侣，以三千年悠悠岁月而情益笃，意益厚。自屈原以降，许多诗人都因酒赋诗、饮酒赋诗，留下了许多千古传颂的诗话。白居易诗“二千八百首，饮酒者八百首”。这些诗作足可以汇成一部洋洋大观的厚厚的《咏酒诗集》，或《咏酒诗史》，清人陈声暨、宋大樽因此而不无夸张地感叹道：“听说诗人都善饮，善饮酒者莫如诗。饮酒，诗人之通趣矣。”下边是各路诗神酒仙对诗与酒关系的有代表性的妙论精言：

- ★四座欢欣观酒德，一灯明暗又诗成。
- ★醉中今古兴衰事，诗里江湖摇落时。
- ★一杯未尽诗已成，诵诗向天天亦惊。
- ★看来表里俱清彻，酌酒赋诗兴尽宽。
- ★饮如长鲸渴赴海，诗成放笔千觞空。
- ★愁肠得酒生和风，也向毫端写春色。
- ★宽心应是酒，遣兴莫过诗。
- ★每因一樽酒，重和百篇诗。
- ★温酒浇枯肠，戢戢生小诗。
- ★俯仰各有态，得酒诗自成。
- ★饮中有妙旨？待诗斟酌之。
- ★李白斗酒诗百篇。

★ 一曲新词酒一杯。

★ 酒肠无酒诗不流。

何以诗人多饮酒呢？流行的解释是酒能让人的精神亢奋，思维活跃，幻想丰富，易于进入诗的境界。这种见解不无道理，也不无偏颇。李白能够“斗酒诗百篇”，苏轼能够“得酒自成诗”，然而古往今来那么多嗜酒如命的饮君子为什么会没有这种神奇的饮酒效应呢？当然，首先必须具有诗人的内在（诗人基本条件）与灵感，方能借助酒的亢奋作用，写出更好的诗句来。

诗酒两者之间最本质的联系在思维方式和审美情感的相似或相通。诗人主要运用形象思维进行创作，而形象思维的基本特征是：始终无法离开活生生的感性材料；伴随着十分强烈的情感活动；想象、联想和幻想有着决定性的意义。“心有灵犀一点通”。首先，酒精的刺激作用能活跃人的思维，引发人的想象。哪怕一个在现实生活中很严谨呆板的人，在酒的作用下也可能冲破限制而逼近“本我”，冲破理性的樊篱而进入感性的王国，想象力丰富。其次，酒能让人脱下虚伪的面纱，袒露出真实的情怀，表现出赤子般的纯真，所谓“酒后吐真言”说的就是这层道理。现代作家碧野就曾说，酒使人心地单纯，使人披肝沥胆，使人赤诚，使人返真。而真诚，正是诗人尤其优秀诗人必须具备的品质特性。再次，酒有时能挖出潜意识的宝藏，攫取创作的灵感。艺术史上，经常有“妙手偶得之”的佳话。

酒酣心张诘苍穹

茫茫宇宙引起人们特别是诗人们的浓厚兴趣、好奇，化作简练的文字——诗歌。面对浩瀚的天穹一轮明月，典型的浪漫主义诗人李白高举酒杯吟哦：

……
白兔捣药秋复春，嫦娥孤栖与谁邻？
今人不见古时月，今月曾经照古人。
古人今人若流水，共看明月皆如此。
唯愿当歌对酒时，月光长照金樽里。

表现了诗人对高空这轮明月的新奇和神往、困惑和探寻。诗人借神话传说发出了“天问”：月宫中白兔年复一年地捣着那永远也捣不完的药，何时是尽头？碧海青天寂寞独居的嫦娥，与谁为邻居？他进而想到了人与月之间的关系，并对明月永存而人生有限的自然规律发出了深沉的感慨。最后以求明月常伴自己，当歌对酒，杯里酒满月满，寓意人生尽欢尽意。

与李白此作可以媲美的，是苏轼那首千古传唱的《水调歌头》：

明月几时有？把酒问青天。不知天上宫阙，今夕是何年？我欲乘风归去，又恐琼楼玉宇，高处不胜寒。起舞弄清影，何似在人间！ 转朱阁，低绮户，照无眠。不应有恨，何事长向别时圆？人有悲欢离合，月有阴晴圆缺，此事古难全。但愿人长久，千里共婵娟。

此词写于公元1076年的中秋，系醉后抒怀之作。苏轼刚刚经历了党争的打击，正在外放密州任上。官场争斗，宦途险恶，世态炎凉，人情冷暖，难免会在他心头打下深深的烙印。但难能可贵的是，一已的悲欢、个人的得失并未使他消沉，而在此情景下这正是一般诗人常有的情绪，而是襟怀旷达，视野辽远，俯仰古今变迁，感慨宇宙流转，冷眼宦海沉浮，揭示人生哲理，将自然与社会高度契合。上片写把酒问月时的奇思遐想，作者神游于广阔浩瀚的宇宙空间，意图高远，但一想到高处之寒，一下子回到现实人间。下片通过月光照在因思念亲人而无法入睡的不眠人身上，由人生的不圆满，渴望能圆满结局，家人欢聚团圆，激发出千里共此月的美好祝愿。此词作者虽言是酒醉而作，实际上是心灵感应的大实话，认识到人生不尽如意，充满人生哲理。

如果说李白、苏轼的宇宙意识都在借题发挥，借物抒发自己的情感，那么，辛弃疾的《木兰花慢》则完全是宇宙意识的纯粹表现。

可怜今夕月，向何处，去悠悠？是别有人间，那边才见，光景出头？是天外，空汗漫，但长风浩浩送中秋？飞镜无根谁系？姮娥嫁谁留？谓经海底问无由，恍惚使人愁。怕万里长鲸，纵横触破，玉殿琼楼。虾蟆故堪浴水，问云玉兔何解沉浮？若道都齐无恙，云何渐渐如钩？

这词作于中秋，饮酒将旦，有客人提出前人诗词有待月的，却无有写送月的，作者就按《天问》填了这首词。

醉意朦胧中凝视着那轮将坠未坠的明月，思绪天马行空般的展开；皎洁明媚的中秋之月啊，你悠悠而去，何处才是你的归宿呢？同样是探讨宇宙的奥秘，与李白、苏轼关心明月的起源不同，辛弃疾更关注明月的归宿。由此切入，生发奇想，你是否进入了另一个世界，这边明月西沉之时，正是那边明月东升之际。在那里你从东方冉冉升起，银辉如水。在这里，辛弃疾凭借一个天才诗人的艺术直觉，悟出了一个天文学上的重大问题：月亮绕地球旋转，月升月落，是旋转到不同方位时的结果。诗人沉湎于对月的遐想中，明月高高地悬挂在万里碧天，是谁系住不使坠落？是谁把月宫独居久久不嫁的嫦娥羁留？有人说你西落之后要穿过海底，担忧遭到万丈巨鲸的冲撞，与你同在的蛤蟆本性善泳，穿过海底亦无所谓，但玉兔不识水性，怎么能穿过波涛，安然无恙呢？若都安然，为何云彩渐渐似如钩状，将你挽留。

词人当然不单单是写月问月，有更深的寓意。是感叹人生短暂，人不如月，可周而复始，是叹自身不如自然，虾蟆的自由浴水，玉兔都可解沉浮，而自己呢？抑或还有别的千种思绪在心头，这只有作者本人心里清楚。

劝君更尽一杯酒（三别）

封建守旧意识及闭塞的交通，消息的传递缓慢等因素，这些都阻止了中国历史上农耕文化的有效传播与交流，人们不能看得高与远，数千年来形成了一种自给自足小农经济的恋土文化心态，追求或满足于丰衣足食的生活条件。所谓“在家千般好，出外一时难”，“月是故乡明，人是故乡好”，“金窝银窝，不如自己的狗窝”，“树高千丈，落叶归根”等等，都是这种心态的体现。因而，离别成了感伤忧愁的代名词，离别成了人生中的一件大事，自古有长亭外，古道边、十里长亭、三十里铺的道别。那种依依不舍，那种依依惜别，是现代人无法体会得到的。“何以解忧”呢？“唯有杜康”。这样，叹离伤别就成了忧患曲中的第一个音符。

话别、饯行，少不得要摆酒设宴道别。饯行在古汉语里就包含了酒食送行之意，所以是酒的激励，谆谆话语，殷殷水酒，在千叮万嘱中，杯杯美酒佳酿吞咽饮尽。说不完的话、饮不尽的酒，但道别终须一别，杯中酒，终归要饮尽。酒劝到此更增添了前路的未知，凭添几分惆怅，前路未卜，凭生出许多离愁别绪来。珍重，珍惜之情溢于言表，离别酒最难喝也得喝，强颜欢笑还得佯装痛快地喝下去。不论是友人之别，亲人之别，甚或是生离死别，酒有款款情、深深意，无限相思、无限离愁，都在这浓浓的酒里了。

欲行不行难尽觞

（友人别）

朋友分别送行是让人难过的，过去的交往、友情总在心头萦廻。王维的《送元二使安西》这样写道：

渭城朝雨浥轻尘，客舍青青柳色新。
劝君更尽一杯酒，西出阳关无故人。

一位元姓的朋友要奉朝廷之命离开渭城，出使安西，诗人特意为他送行。前两句写送别的时间、地点，描述了当地的气象景色。“劝君更尽一杯酒，西出阳关无故人”，表达了深厚强烈的依依惜别之情。酒未饮尽、情未诉尽、话未说尽。但千言万语一时间无从说起，便把它统统溶化到这杯酒中。安西（今新疆库车）万里长途的艰苦跋涉，独行穷荒的孤单寂寞，出了玉门关，就再也没有朋友了。这杯酒中，有细心周到的体贴，依依不舍的别情，真诚感人的劝慰，也有淡而悠长的离愁，伤而不悲的别苦。这首诗语约意厚，话浅情深，遂成咏别诗中的千古绝唱，后来被人谱成乐府，成为流行最广、传唱最久的歌曲，这就是著名的《阳关三叠》：

渭城朝雨，一霎浥轻尘，更洒遍客舍青青，弄柔凝千缕柳色新。休烦恼，劝君更尽一杯酒，人生会少，自古富贵功名有定分，莫遣容仪瘦损。休烦恼，
劝君更进一杯酒，只恐怕西出阳关，旧游如梦，眼前无故人。只恐怕西出阳关，眼前无故人。

王维此作抒情的主体是送行者。离别总是由主客双方构成的。那么，此情此景，此时此刻，离别者又有着怎样的感受呢？我们不妨谈谈李白的名作《金陵酒肆留别》，体会一下离别者的惆怅心情。

风吹柳花满店香，吴姬压酒唤客尝。
金陵子弟来相送，欲行不行各尽觞。
请君试问东流水，别意与之谁短长？

杨柳飘絮的春日，繁华热闹的金陵城，即将告别此地的诗人李白满怀别绪，独自来到小酒店里自酌自饮。不多时，一群与他交好的金陵子弟寻到了这里，要送送这位“笔落惊风雨，诗成泣鬼神”的诗坛巨匠。金陵的繁华气

象本就让人不忍离去，金陵子弟的深情厚意更让诗人恋恋不舍。不忍离去而又必须离去，他只好一杯接一杯地饮酒来冲淡浓郁的离情别绪，也要借酒表达对友人真情厚意的感激。于是，“请君试问东流水，别意与之谁短长”两句便水到渠成，自然流出。

与李白的即兴饯别不同，宋词人陈与义的《虞美人》写了一场经过精心准备的宴会，结尾两句是：

明朝酒醒大江流，满载一船恨离衡州。

在湖南衡山县别友人之作。多年的至交，即将离别衡山而去，设宴饯别。老朋友一番盛情，不便也不愿推辞，刚好借此机会话旧道别。酒逢知已千杯少，何况又逢离别时？他一杯接一杯喝着，不多时便酩酊大醉了。结尾两句是诗人的预想之词，既写出了一叶扁舟独行江上的空旷孤寂的旅行气氛，又写出了具体可感的无端无涯的漫漫愁绪，是传唱的名句。

盛唐著名的诗人王昌龄，在江宁丞任上之时，好友辛渐要渡江北上，前往洛阳。他在可以俯瞰长江，遥望江北的芙蓉楼上为友人设宴饯别，酒过之后，他即兴作《芙蓉楼送辛渐》相赠：

寒雨连江夜入吴，平明送客楚山孤。
洛阳亲友如相问，一片冰心在玉壶。

在送别友人北上的同时，引起了他的思愁别绪，京城的亲友如果问到我，我的一切都好，什么都不要嘱咐了，就好比这玉壶里盛的不单单是酒，是咱的一片心。思念尽在不言中。通过送友人引发自己的思念之情，不直白，但实际上有恨不同行之想。不可不谓写作手法之高明。中唐新乐府运动的领袖、现实主义名家白居易晚年趋向于“独善其身”，分秩洛阳时“闲来辄饮，醉后辄吟。若无词章，不成谣咏。每发一意，则成一篇。凡十四篇，皆主于酒，辄以自劝，故以何处难忘酒、不如来饮酒命篇”。以《何处难忘酒》为题的七首写到离别，情真意切，颇为感人：

何处难忘酒，天涯话旧情。青云俱不达，白发递相惊。二十年前别，三千里外行。此时无一盏，何以叙平生。

何处难忘酒，青门送别多。敛襟收涕泪，簇马听笙歌。烟柳灞桥岸，风尘长乐坡。此时无一盏，争奈去留何。

以酒话别在咏别诗中几乎都要提到。朋友之间有暂时的离别，酒却作为一种中间状是何时何地都离不开的，少不了的。酒是朋友之间的纽带，粘合剂，这已被数千年来的事实所肯定。当然“斩不断，理还乱”的离愁别恨不是区区杯酒所能消除的，岂不闻“抽刀断水水更流，举杯消愁愁更愁”乎？退一步讲，纵令酒能让人麻醉片刻，暂获解脱，但人不能真的“百年三万六千日，日日须倾三百杯”，等到“一场愁梦酒醒时”，又该作何感想呢？唐诗人韦庄缘于此不愿饮那别离之酒，朋友殷勤劝酒，意厚情深。人非草木，孰能无情？但诗人却不愿饮下这饱含友情的离酒，并非酒力不胜。酩酊大醉，醉中忘忧，这不正是许多人所追求的吗？诗人是因为害怕醉中上路，途中醒来，会更加痛苦：

感君情重惜分离，送我殷勤酒满卮。
不是不能判酩酊，却忧前路酒醒时。

正因为认识到了酒的作用是有限的、短暂的，有时甚至是事与愿违、适得其反的，晚唐诗人雍陶也一反把酒话别的传统习惯，公开宣称“不满”这种离别方式。与其在“分别一刻值千金”的宝贵时光里狂喝痛饮，借醉酒而暂时抑制住事后终究要流淌出来的伤别泪花，何不趁此机会叙叙别情、话话离绪呢？也许，诗人的悔恨不无道理。但深思一步，即令是不因饯别而浪费时光，把时光全用来殷殷话别，那离愁就会因此而减弱了吗？显然，诗人是“醉翁之意不在酒”，怨酒是表象，恨别才是目的，用的是透过一层的曲笔：

知君饯酒深深意，图使行人涕不流。
如今却恨酒中别，不得一言千里愁。

当然，在赠别诗中，隋朝王胄《别周记室》写得最是愁惨感伤，哀情重重，实不多见：

五里徘徊鹤，三声断绝猿；
何言俱失路，相对泣离樽。

以鹤代“孔雀”起兴源自“孔雀东南飞，五里一徘徊”，喻意朋友分别徘徊留念久久不忍离去；取“猿鸣之声泪沾裳”句意，喻意与朋友之间肝肠断绝，内心十分难受，以至“别意凄无已，当歌寂不喧”，与友凄凉无声而泣，对酒相泣，感情真挚，凄楚委婉，十分感人。

酒樽满斟断肠泪

（亲情别）

在人世间所有的情感中，爱情是最炽烈、最真诚、最深沉、最持久也是最感人的。“在天愿作比翼鸟，在地愿为连理枝”；“上邪！我欲与君相知，长命无绝衰。山无陵，江水为竭，冬雷震震，夏雨雪，天地合著，乃敢与君绝！”类似的情深意挚的吟咏在诗歌里俯拾皆是。正因为如此，情人（包括爱人与恋人以及虽无婚恋关系却深深相爱的人，在正常的爱情横遭摧残的封建社会，后一种情况甚至更多）间的离别较之朋友之间的离别更加缠绵悱恻、销人魂魄——

薄雾浓云愁永昼，瑞脑销金兽。
佳节又重阳，玉枕纱厨，半夜凉初透。
东篱把酒黄昏后，有暗香盈袖。
莫道不消魂，帘卷西风，人比黄花瘦。

这首《醉花阴》是著名女词人李清照为思念小别的丈夫赵明诚而写的一首离情词。李清照十八岁与太学生赵明诚结婚，两人趣同契合，情如胶漆。两人苦研诗文和鉴赏金石，生活得相当和谐美满且富有诗意。然而，明诚奔走宦途，短离长别在所难免。多情善感、柔情似水的李清照每每“生怕离愁别苦”，人未登程，情已不堪：“新来瘦，非干病酒，不是悲秋”，一旦分别有日，便思绪萦怀，愁肠千转：将销魂相思写得朴素而深刻，一种极细腻的儿女柔情，表现得极真挚缠绵，给人以爱情至上之感。此作上片写诗人重阳佳节由白昼到深夜一整天的生活感受，突出一个挥之不去、却之还来的“愁”字。下片借黄昏时东篱把酒、赏菊吟诗的看似消闲的生活片断，生动地塑造了一位不堪忍受离别之苦的少妇形象。后三句的比喻精妙传神，瘦弱，高雅的词作者即景取譬，天机云锦，妙合无痕。传说，赵明诚收到此作后大为赞赏，为表深情，也为了与妻子一竞文才，谢绝宾客，“忘食忘寝者三日夜，得五十阙，杂易安（清照字）作，以示友人陆德夫，德夫玩之再三，曰：‘只三句绝佳’。明诚诘之。曰：‘莫道不销魂，帘卷西风，人比黄花瘦’。”虽系传闻，却说明此作、尤其是结尾三句在读者中赢得了广泛的爱戴和认同。

在写情人间的离情别绪方面，堪与李清照平分春色、可匹敌的，是北宋词人柳永。所不同的是，李清照所钟情的是她的丈夫，柳永所钟情的则是与他“同是天涯沦落人”的青楼粉黛。就伦理道德的角度而言，自然柳不及李，但是，从情感的真诚的角度而言，柳永并不象一般的风流文人那样仅把烟花女子当作玩弄欣赏的对象，而是深深的理解并同情她们，因而其作品真挚动人的情感内容和催人泪下的艺术力量，不可以用传统道德标准而轻易贬损。试读他的《雨霖铃》：

寒蝉凄切，对长亭晚，骤雨初歇。都门帐饮无绪，留恋处，兰舟催发。执手相看泪眼，竟无语凝噎。念去去千里烟波，暮霭沉沉楚天阔。

多情自古伤离别，更那堪、冷落清秋节。今宵酒醒何处？杨柳岸、晓风残月。此去经年，应是良辰好景虚设。便纵有，千种风情，更与何人说？

此作向来称柳词名篇，写离情淋漓尽致，备足无余。临别无语，唱叹有泪，良辰好景皆成过去。在铺叙中将叙事、写景、抒情三者安排点染，逐层递进，层次清晰而有波澜。此词好比一幅送别图，由近及远，预示着客人渐行渐远，山水更加广阔。

当然，千里烟波，暮霭楚天，多的还是离愁，直落得千种风情无人诉说的局面，不肖说，词人心底是很痛苦的。恋恋难舍之中，兰舟正在催促起程执手相对，话语哽咽，想起前路烟波渺渺，楚天云阔，不能预知以后的日子如何得过。

另一名作《蝶恋花》《风栖梧》写恋人分别之后的苦恋情怀，也很生动感人。结句“衣带渐宽终不悔，为伊消得人憔悴”的深情吟咏，为一代又一代的读者所喜爱和传唱。

稍后于柳永的北宋词人秦观，也有不少与歌妓的感伤之作，如名动一时的《满庭芳》：

山抹微云，天粘衰草，画角声断谯门。暂停征棹，聊共引离樽。多少蓬莱旧事，空回首、烟霭纷纷。斜阳外、寒鸦数点，流水绕孤村。

消魂，当此际，香囊暗解，罗带轻分。漫赢得青楼，薄倖名存。此去何时见也？襟袖上，空惹啼痕。伤情处，高城望断，灯火已黄昏。

此词既工于写景，又长于写情，情浓之处，每以景语宕开，显得深挚婉转，疏密有致。用凄迷的景色和婉转的语调表达感伤的情绪，别具一种动人情致。作者将身世之感寓于艳情中，表达幽微丰美的意蕴，以情韵取胜。当然，粉黛也罢，词人也罢，少不了共引离樽祝福话别，回首往事，饮过的酒，分车载舟装，现时的美酒只能象征性地举杯并早与流水、泪水交融在一起了。据说此作在元丰年间已“盛行于秦淮”一带，苏轼因此戏称秦观为“山抹微云君”。吴曾的《能改斋漫录》记载有这样一个故事：杭州“西湖有一倅，唱少游《满庭芳》，误唱成‘画角声断斜阳’。琴操在侧云：‘谯门。非斜阳也。’倅因戏曰：‘尔可改韵否’？琴操因改作阳字韵，东坡闻而赏之”。琴操改过的《满庭芳》是：

山抹微云，天粘衰草，画角声断斜阳。暂停征棹，聊共引离觞。多少蓬莱旧侣，频回首，烟霭茫茫。孤村里，寒鸦万点，流水绕红墙。

魂伤。当此际，轻分罗带，暗解香囊。漫赢得青楼，薄倖名狂。此去何时也，襟袖上、空有余香。伤心处，高城望断，灯火已昏黄。

词改得相当漂亮，难怪能得到一代词圣苏东坡的首肯。虽系传闻，却也说明了：秦观此作在当时影响之大，以及依依不舍的真情实感而得到了歌妓们的认同和喜爱。

此外，落魄的贵族子弟晏几道，经世态炎凉、人情冷暖之后，从几个常来往的歌妓身上得到了莫大的精神安慰，对她们产生了真诚的爱情，几首叹离作别之作，如《临江仙·梦后楼台高锁》、《鹧鸪天·彩袖殷勤捧玉钟》等，也都写得相当感人。

“彩袖殷勤捧玉钟，当年拚却醉颜红。舞低杨柳楼心月，歌尽桃花扇影风……”把当时的那种欢快乐趣描绘得出神入化，佳人美酒，不醉亦醉，未饮先醉，酒气醺醺面燥红，那种忘我无忧，陶醉歌舞。醉翁之意在酒与不在酒否，都是无法分析得透看得透的了。

不堪对酒别长亭

（生死别）

无论是朋友之间还是夫妻之间或兄弟姐妹之间的分别，如若只是一时的、短暂的、或时间虽长但仍有再见之时，那么痛苦总是有限的、可以忍耐的，因为再会的希望之火会像戈壁清泉、风雪炭火一样给离别者以鼓舞、以力量，“梅林在前，闻可生津”，再见——才是最期盼的。

假如这离别因了种种缘由再无聚首之希望，成了名副其实的生离死别，那痛苦忧伤之程度则远非一般离别可同日而语。江淹这样描述这种裂人肝胆之离别：“至如一赴绝国，讵相见期！视乔木兮故里，诀北梁兮永辞。左右兮魂动，亲宾兮旧滋。可班荆兮增恨，惟尊酒兮叙悲。值秋雁兮飞日，当白露时下兮，怨复怨兮远山曲，去复去兮长河湄。”形之于诗，悲剧色彩也就特别浓郁。

汉武帝时，名臣苏武出使匈奴被拘留，他不畏强暴，不为利诱，受尽折磨，宁死不降。十九年后，终于传奇般地复归汉室。传说临回之际，曾与他同朝为臣，后来被迫降敌的李陵为他设宴饯别，酒酣起舞而歌，并写诗一首相赠：

嘉会难再遇，三载为千秋。临河濯长缨，念子怅悠悠。远望北风至，对酒不能酬。行人怀往路，何以慰我愁。独有盈觞泪，与子结绸缪。

两人昔日私交甚厚，情若手足。今日异国分手，虽是生离，形同死别，怎不让人悲从中来，分外神伤？何况李陵被迫降敌，身败名裂，诛连九族，有苦无处说，有屈无法诉，欲归不可得，欲留非本意。而苏武尽节尽忠，荣归故土，名垂青史。两相比较，何啻天渊？惭愧、冤屈、痛苦、忧伤，种种情怀萦绕心头，除了饮几盏浓酒、洒几行热泪，他又能说些什么呢？于是李陵置酒贺武曰：‘今足下还归，扬名于匈奴，功显于汉室。虽古竹帛所载，丹青所画，何以过子卿！陵虽驽怯，今汉且贳陵罪，全其老母，使得奋大辱之积志，庶几乎曹柯之盟，此陵宿之所不忘也。收族陵家，为世大戮，陵尚奉何顾乎？已矣，今子卿知吾心耳。异域之人，壹别长绝！’陵起舞，歌曰：径万里兮度沙漠，为君将兮奋匈奴。路穷绝兮矢刃摧，士众灭兮名已隤。老母已死，虽欲报恩将安归？’陵泣下数行，因与武诀。联系班固《汉书·苏武传》中这段生动的描写，李陵此刻的痛苦忧伤更易理解。苏武有感于朋友的诀别，也有感于李陵的赠诗，遂写《别诗》相留：

骨肉缘枝叶，结交亦有因。四海皆兄弟，谁为行路人？况我连枝树，与子同一身。昔为鸳与鸯，今为参与辰。昔昔长想近，邈若胡与秦。惟念当乖离，恩情日以新。鹿鸣思野草，可以喻嘉宾。我有一樽酒，欲以赠远人。愿子留斟酌，叙此平生亲。

苏武虽不赞同李陵屈身仕敌的变节行为，毫不留情地拒绝过他的北海劝降，但理解他的遭遇，尤其是“乖离”在即，恐怕再无见面的机会，心中难免十分沉重的。但他又有什么办法来抚慰老朋友饱受创伤的心灵呢？说一些请多保重、好自为之、后会有期之类的苍白之语，连他自己也觉得乏味，只好杯酒相赠，留下“平生亲”的友谊伴陪老友。

在动荡不安、干戈纷陈的战乱年代，人的生命贬值了，离别的痛苦却加深了。在和平年代极普通的分离，此时都可能变成极沉痛的死别。杜甫“生还今日事，间道暂时人”、“死去凭谁报，归来始自怜”、“世乱遭飘荡，生还偶然遂”的深痛吟咏，就是战乱年代侥幸生还者既喜且惊的特殊心态的艺术传真。

这是南宋词人李弥逊的《菩萨蛮》，本词是南宋初年金兵大举南下、逼近长江之时，词人送妻子去南方避难所作。首句直接用杜甫“烽火连三月”的诗句入词，交待了此番离别的特定环境。正因为离别于“烽火连三月”的战乱年间，所以才“不堪对酒长亭别”——痛苦得承受不了长亭的饯别。三、四句从分别双方的神情动态着笔，写来催人泪下。结尾两句异常沉痛，沉痛得近乎绝望，表达了作者对凶吉难卜、生死未测的离别的忧患和感伤。

如果说真诚挚烈的爱情是人世间美好、最珍贵的事物，那么对这种爱情的无情的扼杀就是天地间最残酷、最丑恶的行径。可悲的是，在家长伦理制的中国封建社会里，这种肆意践踏美好爱情的丑恶行径屡见不鲜，不知有多少青春男女成了这种行径的无辜牺牲品，南宋爱国诗人，陆游就是众所周知的一个。陆游原娶表妹唐婉为妻，两人恩恩爱爱，十分美满。但陆母不喜欢这位本是她嫡亲的娘家侄女的儿媳，冷酷地命令儿子与她离异。唐婉万般无奈离开了陆家，改嫁同郡的赵士程，但那颗忠贞不渝的爱心依旧在为陆游而跳动。分手数年后，一次春游时两人在沈园（今浙江绍兴）不期而遇，惊喜交并。唐婉不便多言，遣人送来美酒佳肴，聊以达意。陆游触景生情，感慨万千：“怅然久之”，挥笔在墙壁上题了一首感人肺腑的《钗头凤》：

红酥手，黄縢酒，满城春色宫墙柳。东风恶，欢情薄。一怀愁绪，几年离索。错，错，错！

春如旧，人空瘦，泪痕红浥鲛绡透。桃花落，闲池阁。山盟虽在，锦书难托。莫，莫，莫！

江城烽火连三月，不堪对酒长亭别。休作断肠声，老来无泪倾。风高帆影疾，目送舟痕碧。锦字几时来？薰风无雁回。

这是一首如泣如诉、如歌如怨的含血带泪之作，描写了诗人和唐婉之间真挚深沉的爱情和被迫分离后的极度痛苦，控诉了封建家长制扼杀美好爱情的血腥罪恶。那“错，错，错！”痛心疾首和“莫，莫，莫！”的无可奈何，纵铁石心肠之人也会惨然动容。唐婉读后，悲从中来，不能自已，和了一首同样的情悲意伤之作，以后不几年，便在郁郁寡欢中死去，给诗人留下了永远的思念与忧伤。

万里情真共一樽

对故乡亲朋的深切怀念是因羁旅行途的孤寂而重情的表现。于是，我们看到了一个中国文化所独有的、奇特的人文景观：游子情结。离了故土者无论是四方求学或外出做官，寻禅访道或游山玩水，不论是自觉主动的选择或客观促成的结果，都有一种源于无意识的、浓郁深婉的忧郁和感伤，我们称之为游子情结。“枯藤老树昏鸦，小桥流水人家。古道西风瘦马。夕阳西下，断肠人在天涯。”马致远的小令《天净沙》把这种游子情结表现得漓淋尽致。在咏酒诗中，下面这支深沉凄婉的咏叹调也一再出现：

碧云天，黄叶地。秋色连波，波上寒烟翠。山映斜阳天接水，芳草无情，更在斜阳外。

黯乡魂，追旅思。夜夜除非，好梦留人睡。明月高楼休独倚。酒入愁肠，化作相思泪。

很难相信该词出自有着“先天下之忧而忧，后天下之乐而乐”的阔大胸襟和崇高品格的北宋著名政治家、军事家范仲淹之手。满纸凄凉，愁绪萦绕，多魂旅思、无以排遣。元代戏曲大师王实甫在《西厢记·长亭送别》一折中就曾化用此作意境，衍为世代传唱之名曲。坚强刚烈范仲俺尚且如此，一般人之情怀更可想见。

风老莺雏，雨肥梅子，午阴嘉树清圆。地卑山近，衣润费炉烟。人静乌鸢自乐，小桥外，新绿溅溅。凭栏久，黄芦苦竹，疑泛九江船。

年年，如社燕，瓢流翰海，来寄修椽。且莫思身外，长近樽前。憔悴江南倦客，不堪听，急管繁弦。歌筵畔，先安簟枕，容我醉时眠。

这是北宋词人周邦彦之《满庭芳》。此作写于他官溧水县令（1093－1096）之时。反映其宦游漂泊的心路历程，周邦彦曾因一篇歌颂新法的《汴都赋》而受到赏识，荣任太文之要职。但不久即因故遭贬，长期飘零在外，顿感宦途险恶，长路艰辛。政治上的失意苦闷必然带来羁旅行途之感良多。此作上阙写江南初夏景色，下阙抒飘流之哀……，“且莫思”句撇转，劝外人行乐，意自杜诗《漫兴九首》之一‘莫思身外无穷事，且尽生前有限杯’。看来词人不过是不了了之，以求得心灵的暂时解脱罢了。周邦彦这种因宦途失意而产生的游子情结在封建社会有着相当广泛的普遍性，构成了游子情结的主旋律。

南宋杰出女词人李清照，其人生阅历十分坎坷，不仅遭逢国破家亡，而且不幸婚变，她由一个美丽多情、幸福惬意的少妇变成了孤苦伶仃、花容憔悴的寡妇。流落江南之际，那故国之思、羁旅之愁便更加凄苦感人：

> 寻寻觅觅，冷冷清清，凄凄惨惨戚戚。乍暖还寒时候，最难将息。三杯两盏淡酒，怎敌他，晚来风急。雁过也，最伤心，却是旧时相识。
>
> 满地黄花堆积，憔悴损，如今有谁堪摘？守着窗儿，独自怎生得黑？梧桐更兼细雨，到黄昏、点点滴滴。这次第，怎一个愁字了得！

作者通过词诉说迭遭丧乱，受尽磨难以后的凄惨心情，国破家散，孤独寂寞，充满了悲伤和忧郁，于是离乱生活就与酒与泪结缘，在郁郁寡欢思念故国家园的无穷思念中，借酒消愁打发时光，是非常凄清痛苦与万般无奈的，几处叠词，更压抑得人透不过气来，欲说还休、欲忆还休，千肠百转，泪在心底流淌冲撞，给人带来致命之痛。

这血泪和墨而草就的词章，情悲意伤，满纸凄迷，千载之久，读之犹觉鼻酸。抒写游子情结的咏酒之作中，推它为压卷之作当是至公之论。

春花秋月催人醉

如同游子情结一样，伤春悲秋也是中国文化的一个奇特景观。本来，春夏秋冬的更替乃自然界的基本规律，无所谓忧喜。但中国哲学认同“天人感应”，把自然与人联系起来看待和认识。“天将阴雨，人之病故为先动，是阴相应而起也。”学者认为，自然有昼夜交替季节循环，人体有心脏节奏生老病死，心灵有喜怒哀乐七情六欲，其间潜存着某种相呼应的结构规律。这样，春夏秋冬等自然现象因了“人化”而有了喜怒哀乐的主观感情色彩也就不足为奇了。使我们困惑不解的是，“天初暖，日初长，好春光。万汇此时皆得意，竞芬芳。”春天本是万物复苏、百花争艳、生机勃勃、欣欣向荣的季节，充满生命的活力，为何要“伤”呢？“晴日山川映，秋田禾黍繁”，秋天本是硕果累累的收获季节，何以要“悲”呢？浅显地讲，文人骚客对外部事物的认知、认同，都是以自己当时的心境来度量去看待的。悲欢离合，喜怒哀乐取决于自己的心情，特别是诗词作者，把自己的心情和自然结合，形成秋也悲，春也伤的艺术境地与氛围，以求获得读者的同情与怜惜并为之认同。深层原因，大概和诗人那种浸透了整个心灵的、无时不在无处不在的忧患意识有关。一个有力的反证是，在大众文化和通俗文化的层面，这种伤和悲就基本上不存在，偶有表现，也是事出有因，而且色彩极淡，全不象士大夫那样悲悲戚戚。

让我们先看几首伤春之作：

花繁柳暗九门深，对饮悲歌泪满襟。
数日莺花皆落羽，一回春至一伤心。

这是唐代大历十才子之一的钱起科场失意后所写的作品。金榜题名是封建社会知识分子孜孜以求的理想目标，被当作人生四喜之一，及第者欣喜异常：“春风得意马蹄疾，一日看尽长安花”，失意者痛不欲生，难免要“一回春至一伤心”、“对饮悲歌泪满襟”了。如果说此作之伤心与杜甫的“感时花溅泪，恨别鸟惊心”一样是事出有因的话，那么如下几位词人的饮酒悲伤则完全是源于“原型意象”的自然感受了：

谁道闲情抛掷久，每到春来，惆怅还依旧。日日花前常病酒，不辞镜里朱颜瘦。

河畔青芜堤上柳，为问新愁，何事年年有？独立小桥风满袖，平林新月人归后。

——五代·冯延巳·鹊踏枝（传世文选·绝妙好词）
宋·欧阳修·蝶恋花（传世文选·宋词三百首）
(西苑出版社出版。编者语：百度一下，冯欧二公名下均有这首词，使编者左右为难，只好同列，免惹著作权官司)

《水调》数声持酒听，午醉醒来愁未醒。送春春去几时回？临晚镜，伤流景，往事后期空记省。

沙上并禽池上暝，云破月来花弄影。重重帘幕密遮灯。风不定，人初静，明日落红应满径。

——唐·张先《天仙子·时为嘉禾小倅以病眠不赴府会》

楼外垂杨千万缕，欲系青春，少住春还去。犹自风前飘柳絮，随春且看归何处。

绿满山川闻杜宇，便做无情，莫也愁人苦。把酒送春春不语，黄昏却下潇潇雨。

——宋·朱淑真

说这样的作品不见得有多么深刻的现实内容和多少深邃的艺术境界，它只是淡淡地叙说着一种细若游丝、轻若和风却“剪不断，理还乱”的伤情愁绪。这忧伤，是美丽的忧伤；这愁绪，是“少年不识愁滋味”的愁绪。由于这类作品大都意境空灵，格调凄迷，伤而不痛，悲而不哀，很适合知识分子的审美情趣，也由于热爱美好青春因而总想让她永驻，既不可能便难免怅然若失是人的普遍心态，这类伤春之作颇受读者的喜爱。

再看几首悲秋之作——

萧索清秋珠泪坠，枕簟微凉，展转无寐。残酒欲醒中夜起，月明如练天如水。阶下寒声啼络纬，庭树秋风，悄悄重门闭。可惜旧欢携手地，思量一夕成憔悴。

——五代·冯延己·鹊踏枝

西风落叶共萧飕，百感中来不自由。豪客空携铁如意，舞媛徒费锦缠头。曳过雨脚云归岫，涌出山头月满楼。一曲清歌一杯酒，为君洗尽万古愁。

——元·刘秉忠·劝友人酒

斜月横，疏星炯，不道秋宵真永。声缓缓，滴泠泠，双眸未易扃。

霜叶堕，幽虫絮，薄酒何曾得醉。天下事，少年心，分明点点深。

——明·王先之更漏子·本意

悲秋之悲，无论是深度还是广度都较伤春之伤为甚。伤春之作叹惋的多是韶华易逝、青春难留的无可奈何之情，悲秋之作则既有对人生短暂的低吟，仕途困顿的哀鸣，身世坎坷的幽怨，也有对国破家亡的忧伤，壮志难酬的悲愤，英雄迟暮的感慨。如果把伤春之作比作临溪照水、自伤自怜的绝世佳人，那么悲秋之作则是饱经忧患、孤独行吟的憔悴老夫。如果把伤春之作比作深情的小夜曲，那么悲秋之作就是深沉的咏叹调。

还有一个困惑：充满了忧患意识的诗人们，何以鲜有涉及夏、冬二季的呢？与春、秋相比，夏、冬不是有着更多的催伤引悲的基因吗？万船歌先生认为最基本的一条，是与气候有一定关系。春秋两季不温不火，风宜人、阳宜人，轻车简行，可车可徒，可水可山，可野可馆，随意心猿走马，抒发激情。夏热且燥，冬寒且慄，人们都处于夏潜冬眠之状，人倦意怠，气候不适宜诗词作者们如春秋期间活跃，结伴结社进行郊外、诗社、楼堂等处饮酒赋诗、填词等活动，但冬夏还是有诗的。只是比较之春秋，诗人、词人无那么多的多愁善感罢了，诗兴少了点而已。因为夏天“日长睡起无情思”、“夜深微雨醉初醒”。白天赤日炎炎不宜出门。冬日，待到“日暮诗成天又雪”、“雪上空留马行处”。日短夜长，天又变了，大家匆匆归去了。想留朋友饮酒还得征求一下意见：“晚来天欲雪，能饮一杯无”？无趣饮酒当然没有好的佳句华章了。

第二章　酒似长河诗如流（二）

且须畅饮杯中酒

国人的人生观其实很简单，非常现实的世俗生活。认为人生的真谛在于享受淳朴的生活，尤其是家庭生活的欢乐和社会诸关系的和睦即可。信奉“今朝有酒今朝醉，人生得意须尽欢”。但现实生活中往往事出有因，使人眉头紧锁，忧心忡忡，岁月充满了人生无常、生命短促的忧患意识。“人生不满百，常怀千岁忧”、“人生寄一世，奄忽若飙尘”、“浩浩阴阳移，生命如朝露”、“人生非金石，岂能长寿老？”“人生一世间，忽若暮春草”，“人生无根蒂，飘如陌上尘”，这样的诗句积案盈尺，俯拾皆是。正因为不相信来世，所以热爱今生；正因为不相信生命转轮，所以担忧肉体生命的短促。失去了长寿的希冀，所以对每时每刻的生命就觉得热恋和宝贵。无法乞求生命的长度，便力求增加生命的密度，于是尽量把握住这现存的一刻，尽量享受的人生态度。正是汉末以来名人们喜欢饮酒的理论的说明。《世说任诞篇》云：王孝伯言名士不必须奇才，但常得无事，痛饮酒熟读离骚，便可成名士。痛饮酒是增加享受的，读离骚是羡慕游仙的，这是当时名士们一般的心境；而其背景正是时光飘忽和人生无常的感觉的反映。”王瑶先生所论虽仅限于魏晋名士，实际上适于大多数国人，只不过在一般人那里没有在魏晋名士那里表现得突出和强烈罢了。

同以忧生叹命为基础的忧患意识，在不同的人身上会产生截然不同的忧患反响：一部分人会因为感到人生短促而及时行乐，如魏晋名士那样；一部分为因时光有限而“恐怕名之不立”，像屈原、曹操那样。而且“使我有身后名，不如生前一杯酒”（张翰语）的实用主义精神使得前种形态更为普遍。就连蔑视“癫狂柳絮随风舞，轻薄桃花逐水流”不愿随波逐流、具有独立人格的杜甫也难免苟同。这种心态作为一种民族文化心理结构潜在地影响着、制约着许多诗人的人生价值取向，以至于崇尚“文章合为时而著，歌诗合为事而作”的新乐府运动的领袖白居易也难免其俗：

劝君一盏君莫辞，劝君两盏君莫疑。
劝君三盏君始知，面上今日老昨日。
心中醉时胜醒时，天地迢遥自长久。

白兔赤马相趁走，身后堆金拄北斗。
不如生前一樽酒，君不见春明门外天欲明。
喧喧歌哭半死生，游人驻马出不得。
白舆素车争路行……

这位具有强烈忧国忧民意识的现实主义诗人，即便在孤独的环境中也能保持强大的人格，但一旦从形而上的角度思考人生产问题，便与其他诗人一样，不约而同地流露出无可奈何的悲观情绪和及时行乐的人生态度，尽管他们在实际生活中并未这样做。

因人生短暂而“恐修名之不立”的作品虽不及上类作品数量为多，但其质量的精美弥补了数量的不足，因其为数不多更显得弥足珍贵。在享乐观点流行一时的汉代末叶，我们不能不特别注意政治家、军事家、诗人于一身的曹操的那首《短歌行》：

对酒当歌，人生几何！譬如朝露，去日苦多。慨当以慷，忧思难忘。何以解忧？唯有杜康……

孤立地看开篇四句，很容易被认为作者是在倡导及时行乐，如唐人吴兢就说它是“言当及时行乐”。其实，联系全诗不难看出，作者虽是感于人生短暂如朝露的无情现实才号召“对酒当歌”，但此歌并非“今朝有酒今朝醉”的颓废之歌，而乃时不我待、积极进取的激昂慷慨之歌。魏源说：“对酒当歌，有风云之气”，陈沆说：“此诗即汉高祖《大风歌》思猛士之旨也”，可谓善解诗者。

将忧生叹命之作分为两个方面是为了论述的方便，事实上这两种人生态度有着千丝万缕的联系，经常混融于同一个诗人的同一首作品中，很难作硬性的划分。如李白那首深为读者所喜爱的《将进酒》：

君不见黄河之水天上来，奔流到海不复回。
君不见高堂明镜悲白发，朝如青丝暮成雪。
人生得意须尽欢，莫使金樽空对月。
天生我才必有用，千金散尽还复来。
烹羊宰牛且为乐，会须一饮三百杯。
岑夫子，丹丘生，将进酒，杯莫停。
与君歌一曲，请君为我倾耳听。
钟鼓馔玉不足贵，但愿长醉不愿醒。

古来圣贤皆寂寞，唯有饮者留其名。
陈王昔时宴平乐，斗酒十千恣欢谑。
主人何为言少钱，径须沽取对君酌。
五花马，千金裘，呼儿将出换美酒，
与尔同销万古愁。

此诗流露着人生有限、及时行乐的消极情绪，但这种情绪又有着十分复杂的内容。壮志难酬的悲愤，怀才不遇的感伤，对现实的不满，对统治者的失望等等尽数包含在那需酒来浇的“万古愁”中。同时，诗人的感伤又是巨人式的感伤，悲中见壮，哀中见豪，这不仅表现在开头对阔大的黄河之景的描绘上，而且表现在那“天生我才必有用”的极度自信的自我宣言中。没有对人生、自我的热爱和肯定，没有蔑视困难的气概豪情，焉能写出这等气吞斗牛，让凡夫俗子咋舌的壮句？

醉卧沙场君莫笑

如果说那些梧桐雨、芳草斜阳、断鸿声里、烟波江上、羊肠古道，瘦马西风式的忧患意识虽有一定的社会意义和审美价值，但整体上多少带有悲观主义倾向，有时会流于感伤。诗人无不把忧患意识根植在现实民众的深厚土壤中。“长太息以掩涕兮，哀民生之多艰”，“志士痛朝危，忠臣哀主辱”，“穷年忧黎元，叹息肠内热”，“死去原知万事空，但悲不见九州同”，“请缨无计悲华民，徒作词人奈尔何”，“四万万人齐下泪，天涯何处是神州”，从战国时代的屈原到晚清时代的谭嗣同，这种“先天下之忧而忧”的诗章一以贯之，构成了爱国主义乐章。因此，我们把这种博大深邃的忧患意识放到本节殿后的位置上来论述。

患世之作多源于既成的社会事实，忧国之作则更多地源于潜在的危机。据《酉阳杂记》记载，北齐高祖经常在宫廷大宴群臣，酒酣之后，命群臣一一唱歌，一派歌舞升平的景象，实际上危机已相当严重，迫在眉睫，只是他不自知或不愿知罢了。武卫斛律丰乐不满于这种荒唐的做法可又不便明言，只好趁喝酒歌之曰：“朝亦饮酒醉，暮亦饮酒醉。日日饮酒醉，国计无取次”。在统治者们“日日饮酒醉”的时候，他能够“众人皆醉我独醒”，斛律丰乐称得上是位忧患特别敏感的“诗人”。

“国家不幸诗家幸，赋到沧桑句便工”。元好问这两句传世名言是写忧国为内容的忧患之作之真谛。而国家不幸时的“不完满”则是触目惊心的客观现实，因而，同动乱时期的伤别之作特别悲苦一样，这一时期的忧国之作也特别悲壮：

抚剑悲歌，纵有杜康，何能解忧？为修名不立，此身易老；古心自许，与世多尤。平子诗中，庾生赋里，满目江山无限愁。关情处，是闻鸡半夜，击楫中流……

南宋词人陈人杰的这首《沁园春》，是专门写愁之作，但却没有“一川烟草，满城风絮，梅子黄时雨”的低徊凄迷，而多“慨当以慷”、壮怀激烈的悲壮之气。这是因为作者把个人的命运和国家的命运紧紧地联系在一起，以国家的忧患为忧患，带有丰富深广的社会内容。词中多处用典，不论是反用曹操的成句，还是关合张衡、王粲、祖逊、晋文公、刘备等的身世，都和这种心忧天下的精神境界十分吻合。

举杯呼月，问神京何在，淮山隐隐。抚剑频看勋业事，唯有孤忠挺挺。宫阙腥膻，衣冠沦没，大地凭谁整？一枰棋杯，救时着数宜紧……

此系南宋词人张绍文所作的《酹江月》，明言创作动机来源于“淮城感兴”。淮河，本是流淌于黄河与长江之间的一条大河，但自从投降卖国的“绍兴和议”签订后，它却成了宋金双方的分界线。“何必桑乾方是远，中流以北即天涯”，南宋不少爱国志士都在这里远眺北方大片沦陷区，发出了深沉的愤懑和感慨。作者身在淮河岸边的一座城市，举杯遥望久未恢复的中原，没被“南北休兵三十载”的虚假和平所迷惑，清醒地认识到了“救时著数宜紧”的急迫感和危机感，并因此而心忧如焚，痛苦殊深：“倚风长啸，夜深霜露凄凉”。如果说这是一种悲观的话，它也是一种深刻的悲观，远比那浅薄的乐观要好。

在贯穿于华夏文明史中的英雄乐章中，我们时可一闻酒饮豪爽诗歌壮丽的铿锵强音。荆轲别燕太子丹于易水之上，对酒悲歌，发出了“风萧萧兮易水寒，壮士一去兮不复还”的铮铮誓言；曹操“对酒当歌”，抒发了“周公吐哺，天下归心”的恢宏抱负！宋江醉酒题反诗一吐心中不快，叹自己徒有一腔热血。陆游“一饮五百年，一醉三千秋”，思想驰骋于戎马生涯的往昔；辛弃疾“醉里挑灯看剑”，神往于铁鼓金笳的战场。就连“钢铁意志视死如归”的李玉和，也感到了酒的神奇力量，与亲人诀别时唱出了“临行喝妈一碗酒，浑身是胆雄赳赳”的壮歌；只身入虎穴、豪气冲云天的孤胆英雄杨子荣，也领略了酒的独特作用，与战友会师时唱出了“今日痛饮庆功酒，壮志未酬誓不休；来日方长显身手，甘洒热血写春秋”的雄风。

一提到边地生活，人们想到的总是“殊服异音不可亲”的愚昧和“春风不度玉门关”的荒凉，可在盛唐著名边塞诗人岑参看来却并非如此：

北风卷地白草折，胡天八月即飞雪。
忽如一夜春风来，千树万树梨花开。
散入珠帘湿罗幕，狐裘不暖锦衾薄。
将军角弓不得控，都护铁衣冷难着。
瀚海阑干百丈冰，愁云惨淡万里凝。
中军置酒饮归客，胡琴琵琶与羌笛。
纷纷暮雪下辕门，风掣红旗冻不翻。
轮台东门送君去，去时雪满天山路。
山回路转不见君，雪上空留马行处。

诗题叫《白雪歌送武判官归京》，可知是送人之作。送别且在边地，却全无“凄凄惨惨戚戚”的感伤情调，而是充满了浪漫主义的奇想妙思，那“千树万树梨花开”、“瀚海阑干百丈冰”的瑰奇壮丽的边塞壮景，那由“胡琴琵琶与羌笛”混融而成的雄浑的送别交响曲，无不表明诗人胸襟的开阔和情感的乐观，典型地体现以了豪迈乐观的态度对待现实人生的困难和痛苦的盛唐精神。他的“脱鞍暂入酒家垆，送君万里西击胡。功名只向马上取，真是英雄一丈夫”等恢宏的诗章，也是盛唐精神的艺术传真。

与岑参齐名的另一边塞诗人高适在《送李侍御赴安西》诗中写道：

行子对飞蓬，金鞭指铁骢。功名万里外，心事一杯中。虏障燕支北，秦城太白东。离魂莫惆怅，看取宝刀雄。

安西在当时乃荒凉绝域之所，朋友此番远行，诗人并不惆怅。是他不重友情吗？否。是那万里之外的功名磁铁般地吸引着他，鼓舞着他。杯酒之中的“心事”不再是“西出阳关无故人”的感伤，而是“看取宝刀雄”的勉励。尚勇尚武，尚力尚强，这是英雄所共有的品性，此诗体现了这一品性。唐人汝询用赞赏的语气评道：“引以立功期待御也。君既为行子矣，所对者飞蓬，所恃者鞍马，万里之志形于一杯。虏障秦城，特咫尺耳，岂以离别为恨哉？请视宝刀以壮行色”。

王翰的《凉州词》更是人所共知的咏酒名篇：

葡萄美酒夜光杯，欲饮琵琶马上催。
醉卧沙场君莫笑，古来征战几人回。

我们不能同意前人所谓“故作豪放之词，然悲感已极”的分析，那与当时的时代氛围和本诗的情感逻辑不相吻合。这是一场欢乐豪放的盛宴，决非借酒浇愁的低斟。饮酒的是视死如归的战士，而非情思绵绵的骚人。前句以饱蘸激情之笔，描绘了一场五光十色、急促欢快的盛宴，“欲饮”宴会上，诗人正将开怀畅饮时，酒未尽兴却听到催征上马的号角或约定的以琵琶弹奏曲乐为征战的信号。略带醉意的战士即将出发，能否活着回来不知晓，即使战死倒在沙场上，请别笑话我，自古以来征战边关的又有几人能活着回来！何等大气，何等英雄！

被誉为“亘古男儿一放翁”的战士诗人陆游，虽然屡经坎坷，困顿终生，但那一腔滚烫的热血从来没有冷却过。他在诗集中反复吟唱：“先生醉后即高歌，千古英雄奈我何”、“放翁七十饮千钟，耳目未废头未童。向来楚汉何足道，真觉万古无英雄”。可以说陆游以收复失地、上马击贼为主旨的英雄主义精神与酒有着不解之缘——

前年脍鲸东海上，白浪如山寄豪壮。
去年射虎南山秋，夜归急雪满貂裘。
今年摧颓最堪笑，华发苍颜羞自照。
谁知得酒尚能狂，脱帽向人时大叫。
逆胡未灭心未平，孤剑床头铿有声。
破驿梦回灯欲死，打窗风雨正三更。

陆游一生向往“上马击狂胡，下马草军书”的战士生涯，四十七岁时曾有机会在四川宣抚使王炎幕下当司干办公事兼检法官，得以实现夙愿。这段生活极大地激发了诗人的爱国主义激情和英雄主义气概，写了不少慷慨激昂的杀敌报国之作。此诗追忆当年从军南郑的壮举，感慨今日的苍颜华发，杯酒之后，仍然狂放豪俊，脱帽向人，纵情高喊。诗人何以如此呢？因为“逆胡未灭”，连那高悬于床头之上的宝剑也不甘寂寞，铿然作声。

与陆游相呼应，稍后于他的豪放派词人辛弃疾也在作品中吹响了洋溢着英雄之气的爱国主义号角。他的抗战词不但以饱蘸激情的多彩诗笔，描绘了遭受金军蹂躏的中原河山，表达了抗击侵略、恢复故土的强烈愿望，而且慷慨悲歌地倾诉了主战派壮志难伸、报国无由的深沉悲愤，给予主降势力以有力的批判和嘲讽，字里行间贯注着诗人对国家、民族命运的深切关怀，燃烧着对民族压迫者和忍退辱让的投降派的极大仇恨，具有扣人心弦的艺术力量。

> 醉里挑灯看剑，梦回吹角连营。八百里分麾下炙，五十弦翻塞外声。沙场秋点兵。
>
> 马作的卢飞快，弓如霹雳弦惊。了却君王天下事，赢得生前身后名。可怜白发生！

本词写于作者闲居江西带湖之时。词人是南宋抗战名将，有着非凡的军事才能，并取得过辉煌的战果。但是，苟且偷安的南宋小朝廷并不给他施展才能的机会，他只好像陆游那样求诸于酒和梦来实现自己的理想了。鲁迅先生曾言，人生最可悲的是梦醒了却无路可走。诗人梦中的热情越高，梦后的失望越高，梦后的失望越深。“可怜白发生”！一句写尽了诗人岁月蹉跎、壮志难酬的无限愤慨，揭示了美好的理想与黑暗的现实之间的不可调和的矛盾冲突。

抗战名臣陈亮自浙江东阳来江西访问赋闲的辛弃疾，两人纵论天下大事，志同道合，相处甚欢，史称“鹅湖之会”。十天以后，陈亮东归，辛弃疾《贺新郎》一首相赠。陈亮读后感慨良深，写一首同题之作相和。和词重忆去年的盛会，对统治者坐使神州分裂一无所为的无能无耻提出了愤怒的质问，对千里马无用武之地的遭际表示愤慨，最后如虎啸“道男儿，到死心如铁。看试手，补天裂。”之句结篇，唱和词突出了爱国主义、英雄主义精神。深厚博大的时代感和庄严的历史使命感，忧国忧民精神永恒。

鸦片战争和甲午海战的结束，“中央大国”美梦的破灭和半殖民地化过程的开始。这种充满民族屈辱的残酷现实激起了广大爱国知识分子、仁人志士的忧愤情绪及爱国热情，梁启超云：“今天下之可忧者莫中国若。天下之可爱者，亦莫中国若。吾愈益忧之，则愈益爱之，愈益爱之，则愈益忧之。既欲哭之，又欲歌之。吾哭矣，谁欤诵者，吾歌矣，谁欤和者”。

> 送我凉州浃日程，自躯薄笨短辕轻。
> 高谈痛饮同西笑，切愤沉吟似《北征》。
> 小丑跳梁谁殄灭？中原揽辔望澄清。
> 关山万里残宵梦，犹听江东战鼓声。

此诗系民族英雄林则徐的《次韵答陈子茂德培》。在英雄辈出的中国近代史上，林则徐是抵抗外国侵略，关心人民疾苦，高举反帝斗争旗帜的第一人。是他，用广州虎门滩上燃烧的怒火，点燃悲壮的反帝斗争的火炬。然而，腐败透顶的清王朝不仅不支持他的爱国行为，反而为了推行卖国投降政策的需要将他充军伊犁（今新疆伊犁）。本诗即写于作者被遣送伊犁的途中，是为答友人陈德培的赠诗而作。诗人丝毫未为自己的不幸遭遇而悲伤，“高谈痛饮”、“切愤沉吟”的是国家的安危，民族的存亡，渴望的是能够揽辔杀敌，澄清神州。这种心情是那样的迫切，以至于虽然充军在遥远的西部边塞，还能够在梦中听到江东抗英的悲壮战鼓声。

在介绍忧国忧民，壮志难酬的诗人中，我们不得不提到一位女性——秋瑾。作为女性，在封建社会的礼教桎梏下，不要说建功立业，就是走出家门，饮酒言志酬志的可能性几乎没有。只有传说中的花木兰、穆桂英等女性才有如此机会。大多数女性只能成为男性的附庸和礼法社会的牺牲品。使人感到欣慰的是，秋瑾终于破茧而出。“身不得，男儿列，心却比，男儿烈”的民族英雄秋瑾，用她那首脍炙人口的《黄海舟中日人索句并见日俄战争地图》诗一显女性豪侠之气，为千百万女性赢得了荣誉：

万里乘风去复来，只身东海挟春雷。
忍看图画移颜色，肯使江山付劫灰！
浊酒难销忧国泪，救时应仗出群才。
拼将十万头颅血，须把乾坤力挽回。

秋瑾在《致王时泽》书中说：“吾自庚子以来，已置吾生命于不顾，即不获成功而死，亦吾所不悔也。”这种为国捐躯何惜死的英雄主义气概和爱国主义精神在本诗中得到了集中体现。诗人在东渡黄海途中，目睹“日俄战争地图”——实际上是我国东北地区的地图，看到了日俄为争夺在华利益而在我国领土上大动干戈，怎不忧心如焚、愤慨万端？这种国家仇、民族恨是那样的强烈，以至于浊酒根本无法消除她的热泪。她动情地呼喊广大同胞要不怕牺牲，浴血奋斗，以拯救满目疮痍的祖国。全诗沉痛激切，雄健慷慨，句句源于肺腑，字字出于至诚，让人闻之肠热。

得意尽欢杯盏间

酒刺激人的神经，使人亢奋，能脱去伪装，撕去假面，坦露出自由的心态和真诚的灵魂。

当《红高粱》中那群蓬头垢面的酿酒工喝了“红红的高粱酒”之后，此时天下唯我唯大，高喊出“见了皇帝不叩头”就是佐证。

> 昔在长安醉花柳，五侯七贵同杯酒，气岸遥凌豪士前，风流肯落他人后？……
>
> 忆昔洛阳董糟丘，为余天津桥南造酒楼。黄金白壁买歌笑，一醉累月轻王侯。海内贤豪青云客，就中与君心莫逆。回山转海不作难，倾情倒意无所惜。

耿介不群，天生傲骨，视自由如生命，重个性如泰山的李白，在现实生活中常被人以“狂士”视之，在酒中发现了极适宜自己的洞天福地，常常沉缅于中，乐不知返。在这里，他大写的“人”的宣言才能够得到实现。醉酒之后，他不仅可以笑傲豪士，蔑视王侯，令权盖朝野、炙手可热的高力士脱靴；让“三千宠爱在一身”、“兄弟姊妹皆列士”的杨贵妃研墨；而且可以置最高统治者的命令于不顾，酒后眠于酒家：“天子呼来不上船，自称臣是酒中仙”。想一想，这是何等畅快之事，是何等豪放之举。所以郭沫若先生说他是生于酒而死于酒。

李白不但自己一生苦恋着自由，对所有与自己相类的高人达士都深表敬意。略早于他的著名田园诗人孟浩然，名冠京华而终不见用。好不容易有了被引见的机会，适逢好友来访，他设宴款待。两人酒酣兴浓、谈吐投机，把如此重要的约会抛到了九霄云外。有人担忧他因此而失去了宝贵的机会，小声提醒他说：“君与韩公有期”。他不满地斥责道：“业已饮，遑惜其他！”意思是说，喝酒喝得很畅快，别的都顾不上管了。在“学而优则仕”封建士大夫企盼“入仕”之机，孟浩然竟为了请朋友饮酒放弃了可能改变他布衣命运的宝贵机会，李白对此深表钦敬和爱慕：

吾爱孟夫子，风流天下闻。
红颜弃轩冕，白首卧松云。
醉月频中圣，迷花不事君。
高山安可仰，徒此揖清芬。

开篇直接表达对孟浩然的羡慕和钦敬之情。中间两联“风流”句而来，生动形象地勾勒了林泉高卧、风流自赏的高士形象。“红颜”时弃达官贵人的车马冠服不顾，“白首”时依然醉心于自然山水之中，卧看松云，追求的是一种场景意境“开轩面场圃，把酒话桑麻”的一种场景意境，“何当载酒来，共醉重阳节。”要求朋友载酒（注意此处不是携、拎、提等字眼）共醉重阳。说明远宦途而近自然的“风流”是他始终如一的行为，而非一时的心血来潮，附庸风雅。

唐代书法家张旭，性“嗜酒，每大醉，呼叫狂走，乃下笔，或以头濡墨书，既醒自视，以为神，不可复得也，世呼张颠”，与李白等并称为“饮中八仙”，被杜甫赞为“张旭三杯草圣传，脱帽露顶王公前，挥毫落纸如云烟”。有“伟才”之誉的盛唐边塞诗人李颀宦途失意，归隐东川，对张旭等不为功名富贵所羁绊、有着强烈的自由意识的高士有着异常亲切的感情。赞他：

> 张公性嗜酒，豁达无所营。皓首穷草隶，时称太湖精。露顶据胡床，长叫三五声，兴来洒素壁，挥笔如流星。……瞪目视霄汉，不知醉与醒。……

对张旭的嗜酒豁达，露顶据床，纵情呼叫；对他醉酒之后在书法自由王国里的随意挥洒，兴到笔随；对他目视霄汉，不辨醉醒的狂放，对他不屑微禄、品格，诗人都心慕手追，钦佩之意形于笔墨，礼赞之情溢于言表。

他不但钦佩达人、高士，然则他本人也是自由洒脱、自由放纵的一个，从《送陈章甫》诗可见一斑：“腹中贮书一万卷，不肯低头在草莽。东门酤酒饮我曹，心轻万事如鸿毛。醉卧不知白日暮，有时空望孤云高。”他饱读诗书，不愿俯就草莽庸人之辈，去获得微力薄名。自己无酒自饮，把一切都看得很淡，无比轻快，酒酣熟睡不知天将晚，闲着无事，看天低云高白云苍狗。当然，“空望”难免还有诗的失落，是人生的不如意，不得意。

晚唐放浪形骸的诗人杜牧的《念昔游》，更具自由色彩：

> 十载飘然绳检外，樽前自献自为酬。
> 秋山春雨闲吟处，倚遍江南寺寺楼。

杜牧曾因仕途失意，长期飘泊南方。但若干年后回忆起来，诗人首先记起的是那种“十年一觉扬州梦，赢得青楼薄倖名”的自由自在、无拘无束的生活在封建社会里，他竟能“十年飘然绳检外”——无法无天达十个春秋，实际上守法尊天，未出方寸，是值得自豪和回味的。有人说此作“貌似潇洒自得，实际上隐约地透露出一股颇不合时宜的愤世之感”。

将儒家学说发展成一门“存天理，灭人欲”的理学的宋代，人的自由意志好比光束，只要有缝隙就能射出来。苏轼等常在咏酒之作透露出一丝光来：

夜饮东坡醒复醉，归来仿佛三更。家童鼻息已雷鸣，敲门都不应，倚杖听江声。

长恨此身非我有，何时忘却营营？夜阑风静縠纹平。小舟从此逝，江海寄馀生。

公元1079年初，御史中丞李定、监察御史里行何正臣、监察御史里行舒亶等上书弹劾苏轼，说他知湖州时所作《谢上表》一文“愚弄朝廷，妄自尊大，宣传中外，孰不惊叹”（何正臣语）。又说他的一些诗作攻击新法，“包藏祸心，怨望其上”（舒亶语），并认为苏轼在杭州时所写的诗集《苏子瞻学士钱塘集》“谤讪朝廷及中外臣官。”他们将这一诗集和御史台的四封奏札一并呈交宋神宗。该年八月，苏轼下御史台狱，这就是有名的“乌台诗案”（御史台汉称乌府，故云）。经曹太后、王安石及胞弟苏辙等人的努力，神宗对他从轻发落，于十二月二十七日，放他出狱，责授检校水部员外郎黄州团练副使。这场噩梦般的政治打击，对苏轼的思想和创作都产生了很大的影响，早期就潜沉于他思想深处的佛家思想、道家思想这时逐渐浮现。上引《临江仙》词即是公元1082年9月诗人在黄州贬所作，表现了他看破红尘之后，渴望摆脱种种羁绊，不为外物所役，在纯净的大自然中寻找人生的自由和乐趣的追求。苏轼在美学上追求的一种质朴无华、平淡自然的情趣韵味，一种退避社会、厌弃世间的人生理想和生活态度。因此，苏轼对自由追求，带有无可奈何的感伤色彩，与李白、张旭式的天马行空般的主动追求迥然有别。这是不同的时代留在艺术家心灵回音壁上的不同回响。

南宋初期的爱国词人张元干在《瑞鹧鸪》一词中写道：

白衣苍狗变浮云，千古功名一聚尘。好是悲歌将进酒，不妨同赋惜余春。

风光全似中原日，臭味要须我辈人。雨后飞花知底数，醉来赢取自由身。

胡铨，字邦衡，南宋爱国名臣，因上书请斩卖国贼秦桧而遭贬，先福州，后新州。但他并未因此而明哲保身，仍然写了一些忧患现实、感慨国事的词作。张元干从朋友彭德器那里读到这些新作，很受感动，情不自禁地写下了这首次胡铨之韵之作。上片抒写世事变迁的感慨，下片由眼前情景联想到过去中原的风光，并从世事变迁的对比中抒发感慨，结以“醉来赢取自由身”之句，含意尤深。此时，胡铨以罪人身份贬官新州，已经失去了人身自由，只有在醉酒时，才能获得片刻的解放。这虽是为胡铨鸣不平的感愤之词，也从一个侧面说明了酒精意识与自由意志的密切超脱和解放。

半醉行歌上古台，胀巾散发谢氛埃。
但知礼岂为我设，莫管客从何处来。
……

一个想在政治上有所作为的封建士大夫，是必须严格遵守各种封建礼法的。否则，便没有立锥之地。陆游深谙此点，所以才宁肯牺牲自己和唐婉之间真挚深厚的爱情，也不愿违抗母命落个不孝之名。但酒酣耳热之后，他从循轨蹈矩的机械生活中解脱了出来，脱巾散发，放浪形骸，发出了“礼岂为我设”的豪迈呼喊。酒，再一次让自由尽情释放。

忘我故我在酒中

庄子强调以心灵为主体的天马行空般的逍遥游。在他看来“游”是一种最高的精神自由在生命体验中所获得的审美愉悦。这种“游”是“乘天地之正，而御六气之辩，以游无穷”、“乘云气，御飞龙，而游乎四海之外”，也即圣人、神人、至人的“心欲”之游。它因为“与道为一”而达到自由，因为强烈地感到“道”的生命的韵律而体味到美。有了酒的帮助人们却极易获得“逍遥游”的许可，抛弃诸多的恩恩怨怨烦烦恼恼进入“至乐”境界。

庄子强调接近自然本体的真，手慕心追的是处子真人的精神状态，孜孜以求的是返朴归真的人生境界。事亲则慈孝，事君则忠真，饮酒则欢乐，强调的都是真的意义和价值。而酒，能够助人撕开虚伪的面纱，冲破理性的樊篱和礼法的拘束，坦露真诚的本质。所谓“酒后吐真言”，是对酒与真的关系的概括说明。

庄子强调物我齐一。庄周化蝶，物我两忘。人已和天地万物融为一体。现实生活中并无此境，酒国里却有此情。在酒的作用下，人可以摆脱超越现实的困惑与束缚，忘却人生的痛苦与忧虑，展开想象的翅膀。可以这样说，老庄哲学在酒文化史上占有一定地位。它与酒相映成趣，相得益彰，共同构成了带有中国文化特色的“酒神意识”。

让我们就具体的诗作来印证：

> 故人赏我趣，挈壶相与至。班荆坐松下，数斟已复醉。父老杂乱言，觞酌失行次。不觉知有我，安知物为贵。悠悠迷所留，酒中有深味。

深得酒趣的陶渊明在醉酒之后连自身的存在都忘却了，其他诸如功名利禄之类的身外之物就更不在话下。在此境界里，诗人再一次品悟了酒中的“深味”。“深味”者何？结合《饮酒》诗的写作背景及陶渊明的人生阅历，这“深味”当指作者对名缰利锁的否定，对山水田园的热爱，对人生真谛的感悟，对精神自由的追求。

> 运生会归尽，终古为之然。世界有松乔，于今定何间。故老赠余酒，乃言饮得仙。试酌百情远，重觞忽忘天。天岂此去哉，任真无所先。云鹤有奇翼，八表须臾还。自我抱慈独，绳捆四十年。形骸久已化，心在复何言。

故老的赠酒把嗜酒如命的陶渊明带进了游仙的境界。在此境界里，没有了尘世的百情，没有了笼罩万物、涵养大地、为世世代代炎黄子孙所畏惧和崇敬的“天”，没有了时空的限制和自己的形体，只剩下了与物化一的“心”和举世匮乏的“任真”。如果说庄子的哲学是哲学的诗，陶渊明的这些作品就是诗的哲学。“五柳逢秋影渐微，陶潜恋酒不知归。但存物外醉乡在，谁向人间问是非。”唐诗人赵嘏可谓是陶渊明的千古知音。

高喊着“天生我材必有用”、“长风破浪会有时”的豪迈口号的浪漫诗人李白，实际上与老庄哲学有着神髓上的相通。李白与老庄的相同不仅表现在无论浪漫的艺术风格上，以及注重个体自由，追求心灵的任达上，还是对与万物齐一，和自然交亲，冲破尘世的羁绊，摆脱功名的约束，返朴归真，都异曲同工。

> 天若不爱酒，酒星不在天。地若不爱酒，地应无酒泉。天地既爱酒，爱酒不愧天。已闻清比圣，复道浊如贤。贤圣既已饮，何必求神仙？三杯通大道，一斗合自然。但得酒中趣，毋为醒者传。
>
> 三月咸阳城，千花昼如锦。谁能春独愁？对此径须饮。穷通与修短，造化夙所禀。一樽齐死生，万事固难审。醉后失天地，兀然就孤枕。不知有吾身，此乐最为甚。

上诗可谓是饮酒者宣言，从天地的爱酒推出人所以爱酒的必然性。诗人为什么如此爱酒、以至于连“神仙”都不愿意求了呢？因为“三杯通大道，一斗合自然”。“道”、“自然”是庄子哲学中经常出现的词。“道”包含两层意思：即世界原根及最高境界，是自然认识，是认识实践。此诗写于公元744年春天，诗人初入长安时的豪情已随着对腐败政治的认识加深而逐渐消失。唐玄宗希望他充当的角色是吟花弄草、点缀升平的的御用文人，而不是要他“奋其智能，愿为辅弼，使寰区大定，海县清一”。辅佐大臣理想的破灭使他十分厌倦现实，转而到现实以外去寻找精神寄托，老庄哲学自然会成他效仿的首选与依托。

第二首抒写的情怀与第一首基本相同，但抒写的方式却由含蓄转向直接。繁花似锦的咸阳春日带给作者的是漫漫愁绪、惆怅和困惑。怎样解脱呢？“径须饮”是最简捷的方法。醉后，什么穷困通达，荣辱得失，均都归于虚无。甚至连生死的界限都混淆了，自身也不复存在，完全进入了自由的、快乐的“道”的境界。

庄周代表的是一种超尘脱俗、返朴归真的“出世”哲学，屈原代表的则是一种积极参与、九死不悔的“入世”哲学。李白则兼有这两种精神品格，既渴慕建功立业，又希冀精神自由。这种精神矛盾在那首千古传唱的《将进酒》中表现得最为突出。就整体而言，李白诗作的屈子精神超过了庄周精神；就咏酒诗而言，则庄周精神超过了屈子精神。李白是介于两者之间的精神代表。

道不但不能是有而且也不能是无，因为有了无也还是有，所以道只能是“无无”。唐诗人权德舆用诗的语言阐释了这种“全”：

独酌复独酌，满盏流霞色。身外皆虚名，酒中有全德。风清与月朗，对此情何极。

诗人在酒中发现了在现实生活中发现不了“全德”。这“全德”不在附之身外的虚名中，而在澄清剔透的内心世界里。

有道难行不如醉，有口难言不如睡。
先生醉卧此石间，万古无人知此意。

苏轼这首《醉睡者》是他“达则兼济天下，穷则独善其身”的儒道互补人格的典型说明。因为有道难行——这个道是儒家济世之道，才去饮酒至醉。醉酒之后体会到了无人知晓的“意”——庄子之道。此诗后两句从语体到内容，都与庄子相似。

一生牵念祖国安危，临死前还谆谆告诫子女“王师北定中原日，家祭毋忘告乃翁”的陆游，也写了不少皈依老庄的咏酒诗。这是因为儒与道本是一个互补结构，当积极用世的理想屡遭破灭之后，很容易想到老庄的园林中去安抚一下受伤的魂灵：

> 酒隐凌晨醉，诗狂彻旦歌。悯怜蜗左角，嘲笑蚁南柯。风月随长笛，江湖入短蓑。平生会心处，最向漆园多。
>
> 我生寓诗酒，本以全吾真。酒既工作病，诗亦能穷人。每欲两忘之，永为耕樵民。周旋日已久，弃去终无因……

诗人生逢八方多难的南宋初期，以抗敌救国、报仇雪耻，恢复丧失的疆土，解放沦陷的人民为主要内容的爱国主义精神表现得异常突出和强烈，爱国情绪始终饱满地贯穿在诗人的生命里，洋溢在他的全部作品中；一幅画马、几朵鲜花、一声雁唳、几杯浊酒、几行草书，都会激起他报国仇、雪国耻的心思，血液沸腾冲出白天清醒生活，还泛滥的梦境。可是南宋小朝廷给满腔的热情换来的是一盆冰水，失望中陆游选择了酒，选择了老庄：

> 不向花中醉，花应解笑人。只忧连夜雨，又过一年春。日日无穷事，区区有限身。若非杯酒里，何以奇天真。

酒为“天真”者忘却一切烦忧挣脱一切羁绊，回归生命的自然状态，造就酒神作了大的催化、和合、培植作用。

关注历史并非为了“前不见古人”的思古幽情，而是为了现实的人之本身。借酒抒情，缅怀历史，树以偶像，感慨当今，这是诗人惯用的笔调与手法，唯有这样才能从历史人物中找到楷模与榜样，吸取营养与教训以及力量，激励后进向前。

有着数千年悠久历史的中华民族诗人有强烈的历史意识。从班固、左思的《咏思》发端，咏史诗夹带着浓郁的酒香，奔涌漓漓，流域宽阔。

饮醪咏史励其志

认识历史，尊重历史，以历史为镜。借鉴历史凭吊古人，为了是从历史中走出来，承前启后、承传光大，不重蹈覆辙。唱咏历史以酬壮志，唱咏古人，怀念传承，史乃酒，酒亦诗，诗言志。大体可分为咏人与咏事两个方面。让我们从咏人之作谈起。

楚国大夫去，彭咸从所居。只今浮水马，何处问江鱼？异俗悲遗事，《离骚》读旧书。一觞川上酒，斜日雨疏疏。

中国文学史上第一位也是最伟大的爱国主义诗人屈原，为了实现自己的政治理想艰苦卓绝地奋斗了一生。当污浊的社会现实注定了他的理想只能化作虚幻的泡影时，他义无反顾地选择了以死殉情（爱国之情）的悲壮方式，这样做，需要极大的勇气和爱国激情，方能忘我弃我，为国捐躯。既难能可贵，又惊世骇俗！因此，他获得了一代又一代的人民群众的由衷爱戴。他的忌日——农历五月五日成了中国人民的盛大节日，人们用各种各样的形式怀念他，悼念他。在那“一觞川上酒”中，寄托了人民对这位民族之魂的深沉思念和崇敬。

荆轲饮燕市，酒酣气益震。哀歌和渐离，谓若傍无人。虽无壮士节，与世亦殊伦。高眄邈四海，豪右何足陈。贵者虽自贵，视之若埃尘。贱者虽自贱，重之若千钧！

左思的咏史诗选择了荆轲赴秦前悲歌燕市的典型细节，称赞了他气吞斗牛、压倒“豪右”的壮士气概，借以抒发诗人在“世胄蹑高位，英俊沉下僚”的门阀制度下壮志难酬的一腔悲愤。最后四句是庶族知识分子的人权宣言，也是对豪门圣族的极大蔑视。

此地别燕丹，壮士发冲冠；
昔时人已没，今日水犹寒。

骆宾王来此地送别客人时，也有感而发，壮士一去不复返了，但今日易水依旧寒冷刺骨，甚至寒冷刺心。

大江东去，浪淘尽，千古风流人物。故垒西边，人道是，三国周郎赤壁。乱石穿空，惊涛拍岸，卷起千堆雪。江山如画，一时多少豪杰。

遥想公瑾当年，小乔初嫁了，雄姿英发。羽扇纶巾，谈笑间，强虏灰飞烟灭。故国神游，多情应笑我，早生华发。人生如梦，一樽还酹江月。

苏轼《念奴娇·赤壁怀古》作于黄州贬所。这是最能体现作者豪情的代表作之一，雄奇壮丽的江山胜景与历史上的千古英雄人物交相辉映。上片重在写景，气势磅礴，格调雄浑，境界阔大，笔力千钧。下片重在怀古，在对赤壁之战的深情追忆中，重点突出了青年将领周瑜的形象。千古英雄很多，诗人之所以独独钟情于周瑜，既因为他指挥了名垂青史的赤壁之战，也因为他是一员书生式的儒将。苏轼的时代，北宋王朝走向没落衰败，辽、夏政权已给北宋王朝的北部、西部边疆带来了很大的威胁。词人渴望能“左牵黄，右擎苍”像周瑜那样干一番轰轰烈烈的事业，富国强兵，安边定邦，为宋王朝的长治久安做出贡献。但这种壮志被无情的现实击得粉碎，非但未能建功立业，而且差一点连小命也丢在了乌台冤狱中，他怎不过早地生了白发、感叹“人生如梦”呢？那一杯洒向江月之酒包含了作者复杂的情怀和深沉的感伤。是怀念周瑜的英武，也是感叹自己命运的坎坷；是表达对“千古风流人物”的神往，也是抒发对自己报国无门的忧郁；吊古说今，是怀人思己兼而有之。

在众多的重大历史事件中，与酒联系最为密切，因而也最易成为咏酒诗的咏写对象，大概要首推“鸿门宴”了。唐诗人王毂的《鸿门宴》写道：

环海沸兮争战苦，风云愁兮会龙虎。四百年汉欲开基，项庄一剑何虚舞。

殊不知人心去暴秦，天意归明主。项王足底踏汉土，席上相看浑未悟。

《鸿门宴》另辟蹊径，以论带叙，表达了作者对这一影响深远的历史事件的认识和看法：项羽鸿门宴上的失败并非偶然的失误，而是历史发展的必然结果。因为刘邦顺应了历史潮流，自然会“天意归明主”。以史咏志诗中，我们还得提到南北朝诗人庾信，他由梁出使西魏，而梁灭终留仕西魏。“榆关断音信，汉使绝经过；胡笳流泪曲，羌笛断肠歌。”有心人受良心折磨，重义者被感情摧残，岁月无情，希望渺茫，心记挂着，但人难以复归。

秋风别苏武，寒水送荆轲；
谁言气盖世，晨起帐中歌。

庾信他借苏武、荆轲之典，如镜反射自身，何其相似乃尔。作者深沉的感叹，莫名的无奈与痛苦油然而生，但又无可奈何。连“力拔山兮气盖世”的项羽在垓下听到四面楚歌的时候，也感到无可奈何，感叹自己被羁的无奈与痛苦，史典用得恰到好处。往事不堪回首，江陵之败，梁朝覆亡，无奈失望至极，只好“眼前一杯酒，谁论身后名”。旷达乐观，乐天知命，是不容易做得到的，能对照历史，很好地客观地认知自己，就十分难能可贵了。

第三章　美酒与文彩共醉
——小说、散文与酒

有关酒的小说、散文，虽不如诗、词、歌、曲、联、句那样浩繁璀璨，但也是车载船装，数不胜数。以酒为内涵的散文不少，把酒作为小说的话题或作为经纬，浓墨重彩描写贯穿小说的更是比比皆是。这些散文、小说成为名著名篇，并被改编成戏文、曲艺。被千百万人传读、观赏，可谓家喻户晓，不但在中国酒文化史上，就是在中国的文化史上都占有极其重要的篇幅。

酒是人类物质文明的产物，与人们日常生活关系密切。随着酒的出现，从氏族社会的酋长，到阶级社会的“天子”、诸侯，从达官贵人到平头老百姓、社会的各阶层，无论饮酒与否，都对酒有一定的了解和涉及。随着酒的普遍酿造与饮用，酒的利弊也随之凸观。仁者见仁，智者见智，针对酒的各种见解见识（文赋）就应运而生，这可能是有关酒的散文的初现；有关酒的奇闻轶事，笔记小说也渐渐从口头文学变为文字文学流传，也就是有关酒的小说的形成。

一、反映酒文化的散文，首先是提到酒的发现创造发明。如晋代江统《酒诰》，取材于《战国策·魏策二》、汉代许慎《说文》、曹丕《与群臣诏》等。

关于酒的散文，最早的一篇当属《尚书·酒诰》，它是周公对康叔的诰词。第一点教诫群臣以殷纣为戒，不应沉湎于酒，导致亡国。云：“天降威，我民用大乱丧德，亦罔非酒惟行；越小人邦用丧，亦罔非酒惟幸。”还有东汉崔骃的《酒箴》等，也持如此观点。第二点则是宣传酒文化。把酒的作用及饮用应得当规定得很明确，三种情况下可以饮用酒。一是祭祀、循礼“越庶图，饮惟祀，德将无醉。”二是勤劳、敬长“其黍稷、奔走事厥考厥长。”三是经商、足食“运服贾，用孝养厥父母；厥父母庆，自洗腆，改用酒。”连贯起来就是祭拜祖先宗庙按照礼仪饮酒；通过自己的勤劳耕作，孝养安置好父母后的饮酒；丰衣足食后，可以赶着牛车去经商，改变自己及家人的生活，越来越丰足也可以饮酒。

东汉蔡邕《酒樽铭》提出：“酒以成礼，弗继以淫。德将无醉，过则荒沉。”告诫饮酒应有度。王粲的《酒赋》则大肆宣讲酒，为酒唱赞歌：“彰文德于庙堂，协武义于三军，致子弟之孝养，纠骨肉之睦亲。成朋友之欢好，赞交往之主宾。”邹阳的《酒赋》则描写了西汉梁孝王与臣下饮宴欢乐的场面：“召皤皤之臣，聚肃肃之宾……曳长裾、飞广袖、奋长缨……不吴（娱）不狂。”快乐而又不失礼节。

汉末魏初时期，曹操父子、建安七子的出现，把酒与散文推向了一个高

潮。曹操除了会造酒（《上九酿酒法表》）也善饮，为了政治的需要还号召禁酒。结果与“建安七子”中名气最大的人物孔融发生了“碰撞”。孔融的《难曹公表制禁酒书》二篇，竭尽讥嘲之口气，写下趣味之文章。曹丕、曹植更有酒的抑扬顿挫、朗朗上口的诏书、文赋流传。曹魏时代充满文人借酒抒豪情的文化氛围与生活气息。在有关酒的散文中，具有文以气为主和超脱的笔调等特征。

魏末晋初司马严刑峻法，文人趋于避祸，不求仕进；隐于林下者多。“竹林七贤”是其代表人物，刘伶的《酒德颂》则是反礼法崇尚酒的代表作。

东晋末，政治风气，礼会思想趋近平和，人们羡慕与世无争的田园生活。陶渊明先生作为代表以自传式的形式写出了《五柳先生传》。他的这篇散文影响深远。隋唐易代时出现了王绩仿其文名写的《五斗先生传》；唐代大诗人白居易写出了《醉吟先生传》，文章更有生活情趣与韵味；直到清朝，顾承还仿效写出了《醉饮先生传》记载自己的隐居生活。

自刘伶《酒德颂》后，出现了大量歌颂酒德，赞颂酒功的散文。晋代戴逵《酒赞》，袁山松《酒赋》，刘恢《酒箴》、唐代白居易《酒功赞》等等。

诉说自己饮酒经验之谈的文章有陈朝陈宣的《与兄子秀书》，苏轼《浊醪有妙理赋》，把自己饮酒的体验和对酒的情感真实地写出有个性的散文。

晋代起，文人把饮酒作文与欣赏山水连在一起，名闻遐迩的东晋王曦之《兰亭集序》更是影响深远，堪为饮酒散文名篇中的名篇。唐初王勃《春日孙学士宅宴序》：“非琴酒不能泄其情”。借酒发泄人生不得志的不平。李白《春夜宴从弟桃花园序》，起兴于人生价值，“飞羽觞而醉月”写出了饮酒境界，具有不俗的审美情趣。

还有柳宗元游记类饮酒散文《序饮》，类似如王曦之的兰亭修禊。做到“会山水之乐，成君子之心”。无幸远谪的幽默心情一扫而光。

宋代的欧阳修有意识把饮酒于山水间，寄托自己的旷达情怀和与民同乐的思想倾向融为一体，并发挥得淋漓尽致。《醉翁亭记》写山水之乐，得之心而寓之治，文章意味无穷。

明代关于酒的散文，注重以合乎人性的自然、饮酒情趣者多，如袁中郎《饮酒说》。

清代的酒散文，更富于人情味；曹寅的《二杯铭》；蒲松龄的《酒人赋》，借物抒怀的张澍《酒壶赋》是其代表作。

还有一些写同类酒优越性的散文，以及酒与经济相关的散文。介绍了不同酒类的特征，又提出了一些能适应政理人性的观点，也值得一读。

现代酒的散文，从梁实秋的《话酒》起，因时代不同，风格也不一样，更贴近于生活，更贴近现实，充满生活情趣，意味盎然。

总之，历代关于酒的散文，也是我国酒文化的一大宝藏，充实着中国文化思想的宝库。

二、中国的小说较之散文更具有开阔无羁的疆域，作者更能放开思想任意走马。因为有了酒，小说题材更加新颖，话题更加丰富，人物描写更加丰满，情节叙述更加生动。更增添了小说的趣味和可读性。若把人物比作小说的骨骼的话，那么酒就是小说的经络。撇开外国小说不论，凡中国的小说，尤其是四大名著，篇篇都写到了酒，大部份章节都溢出酒香，并由酒引出了更多更精彩的故事。

小说源于生活又高于生活，以反映人们社会生活为已任，生活中不可缺少的酒自然就是小说里要涉及到的物品与话题。在小说中，作者往往借酒来刻画人物的性格，揭示人物的思想情趣，推动情节的延续发展，达到让小说人物丰满、故事生动的目的。

酒的饮用，最开始因物资的匮乏，只能少量酿造，以供祭祀或王公贵族饮用。所以，酿造业偏重于为上层建筑服务。小说描写的也就多是达官贵人、王孙公子。《穆天子传》所描写的穆天子宴饮于西王母瑶池的故事，就是以浪漫主义的手法，反映了上层饮酒为乐的生活。故事叙述周穆王乘八匹骏马，渡黄河，过太行，经漳水，过雁门关，沿河套到达昆仑台，然后再西行三千里与西王母畅饮于瑶池。不但畅饮，还约定“比及三年”还再来。故事写得绚丽多彩，气势恢宏。这个故事应该是有关酒的小说的开篇。《列子》、《拾遗记》中都对这一故事有记载，而记载得较祥细的应该是从战国墓里发现的大量竹简了。

到了魏晋南北朝时期，小说有了进一步的发展。《西京杂记》、《世说新语》等，是文人反映自己圈子里的生活情趣，描写的多是文人纵酒放诞的故事。写刘伶、阮籍、王敦的一些篇章就是如此。虽然描写都极为简略，但刻画不乏生动。刘伶醉酒后，赤条条居于室，从容面对讥笑之人：“天地为栋宇，居室为裈衣，诸君如何进我裈中?”厚颜又无礼。寥寥几笔就把这位放诞的“酒仙”的狂放性格生动形象地刻画出来了。

阮籍因馋校尉府的三百石酒，傲慢而不想为官的他，竟然找到晋文王要求补一个步兵校尉的缺。当这三百石酒喝光后，他竟又辞官不干了。无须着墨渲染，通过叙述这一故事就不难看出酒的作用有多大了。

这时期，还有石崇宴客，令美人行酒，客不饮斩杀美人的凶残酒宴故事；有司马相如、卓文君的鹔鹴裘换酒喝、当垆卖酒的佳话；都写得很凄美、生动，通过酒揭示了人性，人格的多面性。

唐代牛僧孺的《玄怪录·古元之》，故事讲魏尚书令古弼族子元之因饮酒而殁，已经盛殓入棺。三日后，古弼思念情深，开棺想再看一眼。一看就看出了故事：没有料到元之竟然生还，并述说了他醉死后在和神国的所见所闻。在牛僧孺的笔下，借古元之之口，描绘展示了一幅令人向往、企盼的和平、安祥、富足而又悠闲的极乐世界。小说情节曲折，文笔流畅，引人入胜。酒始终贯穿这一小说。古元之醉而死而游而返，醉人醉语描述的是一个述人浪漫的乌托邦式的境地。

很多小说还具有诗情画意。开元诗人王昌龄、高适、王之涣三人一次到酒楼聚饮。邻座有梨园伶官十余人会宴，席间唱曲，无非都是三人之作品，三人暗暗计数看谁的作品被演唱得多。用三位的诗作与酒贯穿这篇传奇，描写和谐自然、

文气风雅，让人耳目一新。人物活灵活现跃然纸上。读者恍如身临其境一般。读来让人畅快陶醉，忍俊不禁。较好地记述反映了唐代社会生活的一个侧面，再现了当时社会生活场景。

到了明清时期，酒的普遍酿造与饮用，关于酒的话题、故事更多、更丰富、更精彩了。小说家借用酒来推动情节的展开，刻画人物的性格，渲染艺术氛围。把酒作为艺术表现的一种形式，浓墨重彩加以涂抹书写，套用现代词，酒成了小说中的一个“链”，不可缺少的“链”。明清小说可以说是发挥得淋漓尽致，达到了登峰造极的地步。

罗贯中在《三国演义》这部描写政治斗争、军事斗争的名著中，写酒的场面比比皆是。一开篇“桃园三结义”就有酒。当然，最有影响力的当数：周瑜计赚蒋干、温酒斩华雄、青梅煮酒论英雄、张飞瓦口隘诈醉等。这些故事读来过目难忘，脍炙人口。

施耐庵的《水浒传》是一幅极为广阔的社会生活画卷。除了一百零八名英雄好汉外，还有许多陪衬人物都作了生动的描写与交代。特别是酒店、酒楼、饮酒几乎章章都写到。故事情节中的精彩片段当数：智取生辰冈、鲁智深醉打山门、武松景阳岗打虎、醉打蒋门神等。从这部小说中，可以看到酒可以改变人物命运性格，促成社会事物的改变，全书描写的饮酒的场面、人物个性都栩栩如生，鲜明生动、真实逼真。

曹雪芹的《红楼梦》，把笔触深入官宦世家，深墙大院，描写的饮酒场面多是温文尔雅、文质彬彬，对着酒欢歌、吟诗、行令、作画、续联等，是一种遵循礼教循规蹈矩的饮宴描述。通过刻画这些人物的逆顺、归叛、家世的中落、世风的腐败、家境的悬殊，道出了清王朝的“日落西山”夕阳残酒的局势。

至于吴承恩的《西游记》、冯梦龙、凌濛初的三言二拍（《醒世恒言》、《喻世明言》、《警世通言》、《初刻拍案惊奇》、《二刻拍案惊奇》），以及兰陵笑笑生的《金瓶梅》、吴敬梓的《儒林外史》、李汝珍的《镜花缘》、李宝嘉的《官场现形记》、蒲松龄的《聊斋志异》等等，都无一例外地借助酒把故事推向深处，把人物刻画深刻，促进了小说的丰富繁荣。

近代有关酒的小说，最有影响力的，当从鲁迅先生《孔乙已》起，作品多如牛毛，数不胜数。更好地刻画、揭实了现代生活，集中还原了社会生活中酒与人之间的各种真实交往的真情场景。

综上所述，由此可见。酒在小说中占有重要而突出的篇幅，这正是酒文化的具体表述与体现。也印证酒在人们社会生活中的占有份量并成为不可缺少的物资生活品，有意或无意的促动和丰富着人们的精神、物质生活。并形成了独特的文化——酒文化，尤在小说领域表现得充分突出。

勿庸赘述，精彩尽在散文小说里，请到散文、小说里去寻取酒的醇香所带来的精彩，愿君未曾尝酒而赏文就已陶醉。

第四章　泼墨行云酒凝毫
——书法、绘画与酒

笔吐醇香舞龙蛇

酒与书法有缘，起源于青铜器，很多青铜器就铭刻有关酒的书法作品

青铜高爵酒甘冽
礼乐铸器尊不空

公元前13-11世纪，商代晚期有一宰甫自卣，上有铭文共23字，是一件有关酒的青铜器。铭文原文是：王为兽（狩）自豆录，才（在）徯[illegible]。王卿（飨）酉（酒），王光（赏）宰甫贝五串，用乍（作）宝䵼。

铭文大意是说，殷王自豆录狩猎归来，在徯地宴飨时，赏赐给宰甫贝五串，宰甫因作此器以记其事。此铭的书写风格极有气势，如狩猎的狩（兽〉，在徯地驻扎的徯，飨酒的飨（卿），赏赐的赏（假光字代之），写的都较突出，通篇铭文字形颇具变化，是一件难得的书法珍品。

另一件著名的盂鼎器铭，也极有趣味。盂鼎为西周康王时礼器中的重器，因作器者为康王时大臣名盂者而得名，也称大盂鼎。清道光初年于陕西岐山县出土。腹内铭文19行，291字。铭文为康王对盂的册命。记载周康王二十三年贵族盂受册命时，周王诏告周立国的经验和殷丧国的教训，命令盂效忠。康王赏盂大量祭物、衣服、车马及奴隶“六百又五十又九夫”和“千又五十夫”等。

大盂鼎的铭文笔法秀美生动，庄重肃穆，文字数量多，为金文中之佼佼者。

作为酒具的青铜器，制作精美，并饰以图纹，书以铭文，说明饮酒是上古社会现实生活中的一项重要内容。大盂鼎铭文中提到酒不敢多饮，以及殷以酗酒亡国，两次提到酒，于此可以得知上古对酒的认识是多么深刻，多么认真，甚至把国家的兴衰也与酒联系在一起了。

在砖瓦陶器上刻有文字，而且是与酒有关的文字，并在这些砖、瓦、陶器上戳印文。这都说明书法篆刻与酒有一定的关联。书法篆刻相继走过了战国时期陶文（陶刻或生刻后烧，或先烧后刻，字体多为大篆），秦汉时期，模印砖文，瓦当文，战国末牍、秦简、汉简。特值一提的是汉简，数量大，

绝妙的书法篆刻艺术，记载的文字远远超过碑刻、金文及砖、陶、瓦当文字。特别是随着酒的酿造业的发展及酒的饮用，有关酒的文字书法作品逐渐多起来。

酒也是这个时期生活中必不可少的饮品，酒的故事记载颇多。如汉武帝后期的《敦皇汉简》养老诏书即是：

> 目存视具最，赐肉卅斤，酒二石，长尊宠。
>
> 郡太守，诸侯相，内史所明智也，不奉诏当以不敬论。不智□（原缺）。

饮酒是生活中事，此简为《罗布淖尔汉简》，此为造酒比例，《齐民要术》卷上，有造酒法，与此可互证。

> □（原缺）所得酒饮之，招奴对日，从厩徒周昌取酒一石，昌私（和）沽酒一石，招取佐博受新贪赍酒二石。
>
> 为东卿造水三斗，醇酒一斗□□（原缺）。

汉昭帝元凤四年（公元前77年）杀楼兰王，即有简记载。使者傅介子派往西域见楼兰王，带有很多财物珍宝谒见。介子与王饮酒大醉，席间介子献出珍宝，并言天子派我有秘密报告，王贪财相信介子，邀入帐内细谈，此刻壮士二人自后用剑交刺楼兰王胸部，侍者贵人四散逃走，遂割下首级送敦煌。此史实出《汉书·傅介子传》。

据陈直《居延汉简研究》载《居延汉简》西汉招书简：

> 诏夷虞侯章发卒日，持楼兰王头诣敦煌，留卒十人，女译二人，留宁证。

建国后考古的重大发现，还有山东《银雀山汉墓》、《长沙马王堆一号汉墓》都有大量的竹木简。《长沙马王堆一号汉墓》还出土了设色艳丽的帛画、帛书和大量的漆器文物，印章“利仓”、封泥印“轪侯家丞”等。文物中有二合漆画饮酒耳环九十多件，小的四十件，自题书是“君幸酒”。另有大型者五十件，自题书是“君幸食”。可见同是耳杯既有盛酒专用，也有盛食物专用。这与《史记·项羽本纪》中“幸我一杯羹”的记载相符合。另外，同墓出土有一个盒子，内装有耳杯盒二合七件，考古学者认为同墓中出土的竹简196“髹画具杯检（盒）”相符，即指此盒。根据这些竹简和实物对照，知道当时一律称杯（棓）的，或称“羽觞”，《汉书·外戚传》“酌羽觞兮消忧”，既是说的杯。不过此器形制大小不同，却有酒器与食器的区分。

“君幸酒”，“君幸食”。幸与倖通，古文作𡴘、㚔。《说文·夭部》，㚔，吉而免凶也。李贤注：幸，希也。这里解释为希望进食进酒的意思。《后汉书·鲍永传》：“诚惭以其众幸富贵”。

饮酒耳杯有具杯合，这在以前极少发现，其设计奇特，制作精巧。杯上下口沿均红漆书“軑侯家”三字。耳杯大小不同，器形相似，均为木胎，椭圆形，除一件制作略有不同外，其均牙形耳，圆唇，小平底。内里髹红漆，然后用黑漆书写“君幸酒”三字，外形和杯底髹黑漆，光素无纹饰。其中一件在两耳及口沿外部以朱、赭二色作几何云纹，耳背面朱书“四升”二字，这种耳杯器形最大。

此杯古语叫它“羽觞”，《兰亭序》中之“流觞曲水”之“觞”正是此物。沙孟海先生曾写过一文论述之。《礼记》书中有“奉觞”、“行觞”，《战国策》书中有“举觞”、“赐觞”，这里的酒器未必都是角制品，“觞”其是为通用的语言文字。王右军《兰亭序》中不称杯，而称它是觞，“引以为流觞曲水”，“一觞一咏”两处提到，这也证明直到晋代永和间还是把觞字做为饮酒的通语使用的。

眴目微醺浮白力，
抟风浅酌书自华。

酒是人类文明的创造，饮酒是饮食文化的进步，历代文人的艺术灵感多借此为传媒，恰至妙境，发其豪情巧思乃成于诗、书、画。宋代邵雍有诗曰：“美酒饮到微醉后，好花看到半开时。”书法中如晋代王羲之《兰亭集序》之作当无与伦比。

王羲之被后世尊为“书圣”，载誉千年。曾于永和九年三月三日与诸友宴集于山阴之兰亭，饮酒赋诗，以申怀抱，其酒后所书《兰亭序》被后人誉为“天下第一行书”，千余年来虽钩摹本也公认为书法神品，至今流传，影响着古往今来无数的崇拜者，并作为行书的典型象征成为永远不可追摹的书法高峰。《兰亭序》确实整帖充溢着自然的情趣，散发着酒后一任自然的个性心理，以及王羲之对待人生那种悠闲与散漫，即文中“放浪形骸”的气质，从而使《兰亭序》书艺不朽。

宋代黄庭坚《山谷题跋》：“《兰亭序》草，王右军平生得意书也。反复观之，略无一字一笔不可人意。摹写或之肥瘦，亦自成妍，要各存之以心，其妙处耳。”王羲之喜饮，微醉作书而使《兰亭序》为千古绝唱，这一历史佳话永传后世，《兰亭序》之不朽实为中国书法由篆隶而楷行的里程碑，奠定了“书圣”的地位。

王羲之七子献之与其父亲一样，也是喜饮酒服食，善书如父，后世认为过其父，尊称“二王”。献之淡泊人生，追求一种超然之气，表现出一种艺术家渲泻感情，激荡胸怀，超然独世的气质，所以书法豪健，具有开创性，饮酒后作书的心态情驰神纵，超逸优游，风行雨散，润色开花，天姿独秀。他的代表作《鸭头丸帖》创一种倾泻意味的风格，章法之新颖，节奏之韵味，气势之连贯，使后代人进入直幅式悬挂时代所高度张扬的气度，产生了深远的影响。

酒发性灵，催化艺术成功，并凭借此引发想象的神机使艺术品位更为升华，益臻精绝，酒活化了艺术家的才情，迨有宏篇巨帙。

唐代书法家璨若群星，涌现出欧阳询、颜真卿、柳公权、李邕诸大家，可谓中国书法史上极为辉煌的一章。

值得一提的是武周久视元年，武则天曾在中岳嵩山南麓之玉女台，有过一次著名的“石淙会饮”。玉女台下有平洛涧，夹在两土岭之间，涧中有大石上饮宴赋诗，借酒之兴而放歌。名迹的对面北崖上，现有巨形摩崖刻石，文字为武则天女皇宴群臣时所题的记胜诗句十七首。南崖上则刻有《秋日宴石淙序》，为张易之撰文，以记其事。壁上其开张奔放、丰伟的书法作品，至今仍闪现着动人的灵光。布满两崖间的诗和序，均为大书家薛曜楷书。则天皇帝蓝天白云下，云蒸绿树，清流绕石，酒花腾渲的诗情是何等的炽烈，她的臣僚在酒兴酣畅时所激发的颂歌是多么悦耳高昂。女王之宴，可谓前无古人，后无来者，实乃历史上罕见的聚会。

诗人李白，书法为诗名所掩。李白草书《上阳台帖》现藏故宫博物院。这件国宝书法艺术品仅只二十五字，五行。此作读后令人感受到一种雅健的阳刚之气，熔铸了诗人之豪情，书如其诗，物我皆忘，清醇如醴，甘冽如泉，使人顿脱尘俗，也觉飘飘欲仙。此帖他并无意传留后世，笔线缠绕连贯似不经意，二十五字后只署“太白”二字，章法自然，略无程式安排，显示出笔的流畅洒脱和精熟，恰似太白放达的浪漫性格与气度。

“酒中八仙”之一的贺知章，为大诗人，大书法家。与太白，张旭为酒友、诗友、书友。为人磊落，放达不羁，善隶草，传世有《孝经》。贺知章狂放善饮，风流倜傥，落笔精绝。贺知章尝与张旭游于人间，凡见人家厅馆女墙壁及屏障，忽忘机兴发，落笔数行，如虫篆鸟飞，虽古之张、索不如也。

张旭，工诗文，精楷法，但草书更为知名。嗜酒酩醉，乘兴走笔，莫可穷测，落纸如云烟，也称“张颠”。书学二王，传世书迹有楷书《郎官石记》，草书《肚疼帖》、《古诗四帖》。唐代窦臮、窦蒙《述书赋并注》：“张长史则酒酣不羁，逸轨神澄。回眸而壁无全粉，挥笔而气有余兴。”宋代苏轼《东坡题跋》：“长史草书，颓然天然，略有点画处，而意态自足，号为神逸。”宋代董逌《广川书跋》：“故凡于书，一寓之酒，当时沉酣不入，死生忧惧时振笔大呼，以发其郁怒不平之气，至头抵墨中，淋漓墙壁，极于云烟出没，忽乎满前，醒后自视，以为神异。”“文宗时诏以李白歌诗、裴旻剑舞、张旭草书为三绝。”

张旭是我国书法史上开狂草艺术先河的大师。酒为嗜好，并以酒引发为“草圣”的狂放性格归于自然，遒逸的笔线一如放歌豪情，宛如高山流水激湍奔腾顺泻谷底，有着强烈的动与静的对比，以表现大艺术家开阔的浩荡胸怀。

僧怀素，字藏真，长沙人。尤喜草书，且豪饮狂放显异才，曾于故里种芭蕉，以蕉叶代纸作书。他传世的书迹有激奋狂放的《自述帖》、《苦笋帖》、《圣母帖》、《小草千字文》等。他以气势恢弘，神秘莫测，转笔妙绝的狂草为中国书法艺术史上树立起一座丰碑，煊赫一代，表现了强烈的不同凡响的书法创造个性，充满着绚丽的艺术想象力。怀素嗜酒，他的书作便具有一种酒狂状态所创造的淋漓尽致的艺术美。得酒发兴，字字奋然欲飞动，狂放恣肆，奥妙绝伦，怀素曾说：“狂草其痛快，如飞鸟出林，惊蛇入草。”

一个出家人，饮酒而狂，又食鱼肉（怀素有《食鱼帖》）很有反传统精神。“醉素”也不醉，他有更深层次的追求，他以如椽之笔讴歌了生命的节奏，醇酒使其狂放以高不可攀之势而雄视今古，怀素追求的是全新的奔放的自我面目，一千多年来，怀素成为开唐代以来狂草书风的一面大纛，是中国书法史上无与伦比的最优秀的大家。

薛曜，书《夏日游石淙诗》，写的方整刚挺，骨力峻峭，转折处重按，犹如骨节肿大，其撇捺笔出锋过于尖细，近乎病笔，有“竹节”之嫌。

宋代欧阳修，喜好书法，并曾“只日学草书，双日学真书”，表现出学书的认真与勤奋。欧阳修喜酒，乐山乐水的文人气质跃然纸上，其所作《醉翁亭记》更脍炙人口。是一位彪炳千秋的拓荒人，集古金石之大成者。

苏轼为“宋四家”苏、黄、米、蔡之首，“东坡道人少日学《兰亭》，故其书姿媚似徐季海，至酒酣放浪，意忘古拙时，字特瘦劲似柳诚悬。中岁喜学颜鲁公、杨风子书，其合处不减李北海。”苏轼自己说：“余书如绵裹铁。”他则是凭着自己高深的文学素养，开创了圆劲、结体典雅烂漫的苏体书风。因喜酒，诗文书法中多涉及饮酒。“江流有声，断岸千尺”，此八字为流传千古黄州赤壁名联。

黄庭坚，工诗文，精书法，与苏轼并称“苏黄”。其草书学怀素、高闲墨迹，乃窥笔法之妙。于僰道舟中观长年荡桨，群丁拔擢，乃觉少进。意之所到，辄能用笔。黄山谷对书法艺术形式的追求视为创作中最为重要的，他的作品，以独特之手段对待其意象的渴求。他以草书见长，用笔有“长枪大戟”的风格；看出他高悬肘腕，提按分明，以险取势，点画威武的气势，风神格调高雅绝俗，变化万端。

黄山谷有《戎州帖》，是他晚年被贬谪到处处是高山大川的四川戎州时所写的一横披大楷书。

鲜于枢，他的草书奇幻多变。飞动奇宕的精妙所在，得观车行于泥淖中而受启发，往往作书喜酒酣之际落笔作草，无拘无束。成圆转古劲之风韵，姿体宏伟。

篆刻自商玺至战国而秦汉官私印，为最辉煌时代，明末清初再度为文人喜爱，进入第二个黄金时代，涌现出大量的优秀作品和印人。藏印风也盛，潍县陈介棋藏印最富，称“万印楼”。大书家明代文征明之子文彭有二方白文印，一为“天外宾”，一为“爱酒不愧天”，文彭生前没有编过印谱，给研究者带来了困难。

林皋，多用汉印法，朱印用小篆。作品工稳。林皋在文人流派篆刻史上有着重要位置，明末清初印坛上群星灿烂。

邓散木初师萧退庵，萧为大家，其书大气磅礴，喜饮酒，品茗，博通经史，善诗文，精小学。以《说文》为日课，培养了很多弟子。赵古泥曾刻印赠他“虞山第一书家”，后因缺酒资，售上海某人。

乔大壮为近代篆刻大家，后执教坛，为中央大学、台北大学教授。大壮先生喜酒，印中有“狂篇醉句”、“昔之狂篇醉句”二印。

“问君何举如椽笔，跃上云端酒使狂。”醇酒之嗜，激活了二千余年不少书法艺术家的灵感，为后人留下数以千万的艺术精品。他们酒后兴奋引发豪情，于不经意处倾泻胸中真臆，令后学击节赞叹，甚至顶礼膜拜。这种异常亢奋是支持艺术不断求索的宝库，使元绪而趋于缜密，经纬天成；使平淡而奇崛，逮若神助，笔下生花;有则一旦罢杯，则老生常谈，平平而蹈于窠臼，神采乏力，冥思无端。历史上不少大书法家并不满足于细品助兴，小盏频频，于琼浆玉液乃是海量，放胆开怀畅饮，越是激昂腾奋，则笔走龙蛇，异趣横生，线条旋舞，恨墨短砚浅，非纸尽墨干乃止。

明代祝允明嗜酒无拘束，玩世自放，下笔即天真纵逸，不可端倪。与书画家唐寅、文征明，诗人徐祯卿并称“吴中四才子”。酒是他生活中的一大乐趣，不可须叟失之，在临书的功夫上，他的同代人没有谁能和他较量。他是一位全能的书家，能以多种面目创作，能写小楷、篆隶、大草，也能写古雅的行书和巨幅长卷。祝允明被认为是天资卓越，腕与心应，神采飞动，情生笔端的大家。他的作品表现出极强烈的个性和意蕴。明代王穉登《处实堂集》说：“第令右军复起，且当领之矣。”又说，“古今临黄庭坚者不下数十家，然皆泥于点画形似，钩环戈磔之间而已。枝山公独能于椠镬绳度中而具豪纵奔逸意气，如丰肌妃子著霓裳在翠盘中舞，而惊鸿游龙，徊翔自若，信是书家绝技也。”评价之高，无以复加。

醉泼墨兮丹青染

从古至今，文人骚客总是离不开酒，诗坛书苑如此，那些在画界占尽风流的名家们更是“雅好山泽嗜杯酒”。他们或以名山大川陶冶性情，或花前酌酒对月高歌，往往就是在“醉时吐出胸中墨”。酒成了他们创作时必不可少的重要条件。酒可品可饮，可歌可颂，亦可入画图中。纵观历代中国画杰出作品，有不少有关酒文化的题材，书法绘画泼墨行云，荡漾着酒香。

中国绘画史上记载着数万位名画家，喜曲糵者亦不乏其人。我们只能从有“画圣”头衔和“三绝”美誉的吴道子和郑虔说起。吴道子名道玄，画道释人物有“吴带当风”之妙，被称之为“吴家样”。唐明皇命他画嘉陵江三百里山水的风景，他能一日而就。《历代名画记》中说他“每欲挥毫，必须酣饮”，画嘉陵江山水的疾速，表明了他思绪活跃的程度，这就是酒刺激的结果。吴道子在学画之前先学书于草圣张旭，其豪饮之习大概也与乃师不无关系。郑虔与李白、杜甫是诗酒友，诗书画无一不能，曾向玄宗进献诗篇及书画，玄宗御笔亲题“郑虔三绝”。又如王洽（？-825 年），以善画泼墨山水被人称之为王墨，其人疯颠酒狂，放纵江湖之间，每欲画必先饮到醺酣之际，先以墨泼洒在绢素之上，墨色或淡或浓，随其自然形状，为山为石，为云为烟，变化万千，非一般画工所能及。

五代时期的励归真，被人们称之为异人，其乡里籍贯不为人所知。平时身穿一袭布衣，入酒肆如同出入自己的家门。有人问他为什么如此好喝酒，励归真回答："我衣裳单薄，所以爱酒，以酒御寒，用我的画偿还酒钱。除此之外，我别无所长。"励归真嗜酒却不疯颠，难得如此自谦。其实励归真善画牛虎鹰雀，造型能力极强，他笔下的一鸟一兽，都非常生动传神。传说南昌果信观的塑像是唐明皇时期所作，常有鸟雀栖止，人们常为鸟粪污秽塑像而犯愁。励归真知道后，在墙壁上画了一支鹞子，从此雀鸽绝迹，塑像得到了妥善的保护。

活动在五代至宋初的郭忠恕是著名的国画大师，他所作的楼台殿阁完全依照建筑物的规矩按比例缩小描绘，评者谓：他画的殿堂给人以可摄足而入之感，门窗好像可以开合。除此之外，他的文章书法也颇有成就，史称他"七岁能通书属文"。然而在五代这个政治动荡的时代，他的仕途遭遇极为坎坷，可是，他的绘画作品却倍受人们欢迎。郭忠恕从不轻易动笔作画，谁要拿着绘绢求他作画，他必然大怒而去。可是酒后兴发，就自己动笔。一次，安陆郡守求他作画，被郭忠恕豪不客气地顶撞回去。这位郡守并不甘心，又让一位和郭忠恕熟悉的和尚拿上等绢，乘郭酒酣之后赚得一幅佳作。大将郭从义就要比这位郡守聪明了，他镇守岐地时，常宴请郭忠恕，宴会厅里就摆放着笔墨。郭从义也从不开口索画。如此数月。一日，郭忠恕乘醉画了一幅作品，被郭从义视为珍宝。

宋代的苏轼是一位集诗人、书画家于一身的艺术大师，尤其是他的绘画作品往往是酒醉后乘兴而作，黄山谷题苏轼竹石诗说："东坡老人翰林公，醉时吐出胸中墨。"他还说苏东坡："恢诡诵怪，滑稽于秋毫之颖，尤以酒为神，故其筋次滴沥，醉余频呻，取诸造化以炉钟，尽用文章之斧斤。"看来，酒对苏东坡的艺术创作起着巨大的作用，连他自己也承认"枯肠得酒芒角出，肺肝搓牙生竹石，森然欲作不可留，写向君家雪色壁"。苏东坡酒后所画的正是其胸中郁闷和心灵的写照。

元朝画家中喜欢饮酒的人很多，著名的元四家（黄公望、吴镇、王蒙、倪瓒）中就有三人善饮。倪瓒（1301-1374年）字元镇，号云林。元末社会动荡不安，倪瓒卖去田庐，散尽家资，浪迹于山水间，寄居村舍、寺观，人称之为"倪迂"。倪瓒善画山水，提出"逸笔草草，不求形似"，"聊写胸中逸气”的主张，对明清文人画影响极大。倪攒一生隐居不仕，常与友人诗酒留连。“云林遁世士，诗酒日陶惰”，“露浮箬叶熟春酒，水落桃花炊鳜鱼”，“且须快意饮美酒，醉拂石坛秋月明”，“百壶千日酝，双桨五湖船”，这些诗句就是倪攒避俗就隐生活的写照。吴镇（1280-1354年）字仲圭，号梅花道人，善画山水、竹石，为人朴简孤洁，以卖字画为生。作画多在酒后挥洒，但云林称赞他和他的作品时说：“道人家住梅花村，窗下松醪满石尊。醉后挥毫写山色，岚霏云气淡无痕。”王蒙（1308-1385年）字叔明，号黄鹤山樵，元末隐居杭县黄鹤山，“结巢读书长醉眼”。善画山水，酒酣之后往往“醉抽秃笔扫秋光，割截匡山云一幅”。王蒙的画名于时，饮酒也颇出名，向他索画，往往许他以美酒佳酿，袁凯《海吏诗集》中的一首诗，就向王蒙提出，“王郎王郎莫爱情，我买私酒润君笔”。

元初的著名画家高克恭（1248-1310年）是维吾尔族人，号府山老人。官至刑部尚书。他就常画山水、竹石，又能饮酒，“我识房山紫髯曼，雅好山泽嗜杯酒”。他的画学米氏父子，但不肯轻易动笔，遇有好友在前或酒酣兴发之际，信手挥毫，被誉为元代山水画第一高手。虞集《道园学古录》中说：“不见湖州（文同）三百年，高公尚书生古燕，西湖醉归写古木，吴兴（赵孟頫）为补幽篁妍。国朝名笔谁第一，尚书醉后妙无敌。”这首诗告诉我们高克恭酒后作画精妙绝伦，无可匹敌。

还有一位叫郭畀的书画家，和元朝最著名的书画家赵孟頫、鲜于枢过从甚密。他的书法受赵孟頫影响。俞希鲁撰写的《郭天锡文集序》中说，郭畀“身长八尺余，美须髯，善辩论，通国语，倜傥重略边幅，堂堂然伟丈夫也”。郭畀的酒量更是大得惊人，“有鲸吸之量”，醉后信笔挥洒，墨渖淋漓，尺缣片楮，得之者如获至宝。郭畀还善画，杨铁崖在他画的一幅《春山图》上题了一首诗，写道：“不见朱方老郭髯，大江秋色满疏帘。醉倾一斗金壶汁，貌得江心两玉尖。”这首诗把郭畀其人其画及醉态都形象地为我们钩画出来了。

元朝有不少画家以酒量大而驰誉古今画坛，“有鲸吸之量”的郭畀算一位。山水画家曹知白的酒量也甚了得。曹知白（1272-1355年）字贞素，号云西。家豪富，喜交游，尤好修饰池馆，常招邀文人雅士，在他那座幽雅的园林里论文赋诗，觞咏无虚日。“醉即漫歌江左诸贤诗词，或放笔作画图”。杨仲弘总结他的人生态度是：“消磨岁月书千卷，傲院乾坤酒一缸。”另一位山水画家商琦则能“一饮一石酒”。称他们海量都当之无愧。当然，也有的画家喜饮酒却不会饮，如张舜咨（字师夔，善画花鸟）就好饮酒，但沾酒就醉，“夔翁八十双鬓皤，饮少辄醉醉辄欢”，所以他又号辄醉翁。

明朝画家中最喜欢饮酒的莫过于吴伟。吴伟（1459-1508年）字士英、次翁，号小仙。江夏（今武昌）人。善画山水、人物，是明代主要绘画流派——浙派的三大画家之一，明成化、弘治年间曾两次被召入宫廷，待诏仁智殿，授锦衣镇抚、锦衣百户，并赐“画状元”印。明朝的史书典籍中有关吴伟嗜酒的记载，笔记小说中有关吴伟醉酒的故事比比皆是。《江宁府志》说：“伟好剧饮，或经旬不饭，在南都，诸豪客时召会伟酣饮。”詹景风《詹氏小辩》说他“为人负气傲兀嗜酒”。周晖《金陵琐事》记载：有一次，吴伟到朋友家去做客，酒阑而雅兴大发，戏将吃过的莲蓬，蘸上墨在纸上大涂大抹，主人莫名其妙，不知他在干什么，吴伟对着自己的杰作思索片刻，抄起笔来又舞弄一番，画成一幅精美的《捕蟹图》，赢得在场人们的齐声喝采。姜绍书《无声诗史》为我们讲了这么一个故事：吴伟待诏仁智殿时，经常喝得烂醉如泥。一次，成化皇帝召他去画画，吴伟已经喝醉了。他蓬头垢面，被人扶着来到皇帝面前。皇帝见他这副模样，也不禁笑了，于是命他作松风图。他踉踉跄跄碰翻了墨汁，信手就在纸上涂抹起来，片刻，就画完了一幅笔简意赅、水墨淋漓的《松风图》，在场的人们都看呆了，皇帝也夸他真仙人之笔也。

汪肇也是浙派名家。画人物、山水学戴进、吴伟，亦工花鸟。善饮。《徽州府志》记载他“遇酒能象饮数升”，真可称得上是饮酒的绝技表演了。《无声诗史》和《金陵琐事》都记叙了一则关于汪肇饮酒的故事：有一次，他误附贼船，为了博取贼首的好感，他自称善画，愿为每人画一扇。扇画好之后，众贼高兴，叫他一起饮酒，汪肇用鼻吸饮，众贼见了纷纷称奇，各个手舞足蹈，喝得过了量沉睡过去，汪肇才得以脱险。汪肇常自负地炫耀自己：“作画不用手，饮酒不用口。”

唐伯虎是家喻户晓的风流才子，名寅（1470-1523年），字伯虎，一字子畏，号六如居士。诗文书画无一不能，曾自雕印章曰“江南第一风流才子”。山水、人物、花卉无不臻妙，与文征明、沈周、仇英有明四家之称。唐伯虎总是把自己同李白相比，其中包括饮酒的本领，他在《把酒对月歌》中唱出“李白能诗复能酒，我今百杯复千首”。看来，他也是位喝酒的高手。唐寅受科场案牵连被革南京解元后，治圃苏州桃花坞，号桃花庵，日饮其中。民间还流传着许许多多唐伯虎醉酒的故事：他经常与好友祝允明、张灵等人装扮成乞丐，在雨雪中击节唱着《莲花落》向人乞讨，讨得银两后，他们就沽酒买肉到荒郊野寺去痛饮，而且自视这是人间一大乐事。还有一天，唐伯虎与朋友外出吃酒，酒尽而兴未阑，大家都没有多带银两，于是，典当了衣服权当酒资，继续豪饮一通，竟夕未归。唐伯虎乘醉涂抹山水数幅，晨起换钱若干，才赎回衣服而未丢乖现丑。《明史》记载：宁王宸濠以重礼聘唐寅到王府，唐伯虎发现他们有谋反的企图，遂狂饮装疯，醉后丑态百出，宸濠嫌其不雅得以放出王府。后来，宸濠事败露，唐伯虎得以幸免。

著名的书画家、戏剧家、诗人徐渭也以纵酒狂饮著称。徐渭（1521-1593年）字文长，号青藤。曾被总督胡宗宪召入幕府，为胡出奇谋夺取抗倭战争的胜利，并起草《献白鹿表》，受到文学界及明世宗的赏识。徐渭经常与一些文人雅士到酒肆聚饮狂欢。一次，胡宗宪找他商议军情，他却不在，夜深了，仍开着府门等他归来。一个知道他下落的人告诉胡宗宪："徐秀才方大醉嚎嚣，不可致也。"胡并没有责怪徐渭。后来，胡宗宪被逮，徐渭也因此精神失常，以酒代饮，真称得上嗜酒如命了。《青在堂画说》记载着徐渭醉酒作画的情景。文长醉后，作拭桐美人，即以笔染两颊，而丰姿绝代。这正如清代著名学者、诗人朱彝尊评论徐渭画时说的那样，"小涂大抹"都具有一种潇洒高古的气势。行草奔放宕荡，蕴含着一股狂傲澎湃的激情。

明代画家中另一位以尚酒出名的就是陈洪绶。陈洪绶（1597-1652年）字章侯，号老莲。画人物"高古奇赅"。周亮工《读画录》说他"性诞僻，好游于酒。人所致金银，随手尽，尤喜为贫不得志人作画，周其乏，凡贫士藉其生者，数十百家。若豪贵有势力者索之，虽千金不为搦笔也"。陈洪绶醉酒的故事很多。例如，他曾在一幅书法扇面上写："乙亥孟夏，雨中过申吕道兄翔鸿阁，看宋元人画，便大醉大书，回想去年那得有今日事。"张岱和陈洪绶西湖夜饮的情景，他们携家酿斗许，"呼一小划船再到断桥，章侯独饮，不觉沉醉"。陈洪绶醉酒之后洋相百出，"清酒三升后，闻予所未闻"。当然，陈洪绶醉酒作画的姿态更特殊，他"急命绢素，或拈黄叶菜佐绍兴深黑酿，或令萧数青倚槛歌，然不数声，辄令止。或以一手爬头垢，或以双指搔脚爪，或瞪目不语，或手持不聿口戏顽童，率无片刻定静……凡十又一日计，为予作大小横直幅四十有二。"陈洪绶酒后的举止正是他思绪骚动、狂热和活力喷薄欲出的反映。其神其态大概也是别人"闻所未闻"吧！

"扬州八怪"是清代画坛上的重要流派。"八怪"中有好几位画家都好饮酒。高凤翰（1683-1748年）就"跌岩文酒，薄游四方"。那位以画《鬼趣图》出名的罗聘（字两峰，1733-1799年）更是"三升酒后，十丈缣横"。

他死后，吴穀僆人写诗悼念他，还提到了他生前的嗜好，“酒杯抛昨日”，可见他饮酒的知名度了。罗两峰的老师金农（字冬心，1687–1763年），是一位朝夕离不开酒的人，他曾自嘲地写道：“醉来荒唐吮梦醒，伴我眠者空酒瓶。”《冬心先生集》中就收录了他与朋友诗酒往来的作品十余首，如“石尤风甚厉，故人酒颇佳。阻风兼中酒，百忧诗客怀”；“绿蒲节近晚酒香，先开酒库招客忙，酒名记清细可数，舵舲潋滟同品尝”。金冬心不但喜欢痛饮，大概还擅品酒，他自己曾自豪地说“我与飞花都解酒”，所以，他的朋友吴瀚、吴濂兄弟就把自己的酒库打开，让他遍尝了家藏名酝。那位以画竹兰著称，写过“难得糊涂”的郑板桥一生也与酒结缘。郑板桥名燮（1693–176日）他在自传性的《七歌》中说自己“郑生三十无一营，学书学剑皆不成，市楼饮酒拉年少，终日击鼓吹竽笙”。说明他从青年时代就有饮酒的嗜好了。郑板桥喝酒有自己熟悉的酒家并和酒家结下了深厚的友谊，“河桥尚欠年时酒，店壁还留醉时诗”。他在外地还专门给这位姓徐的酒店老板写过词，题目是《寄怀刘道士并示酒家徐郎》，这首词的下半阙是这样写的：“桃李别君家，霜凄菊已花，数归期，雪满天涯。吩咐河桥多酿酒，须留待，故人赊。”是河桥酒家的徐老板风流倜傥，还是赫赫有名的板桥先生礼贤下士，我们就不得而知了。不过，他们之间的友谊和交往总是以酒为“媒”吧！“八怪”中最喜欢酒的莫过于黄慎。黄慎（1687–1722年）字恭懋，号瘦瓢。福建莆田人，流寓扬州以卖字卖画为生。善画人物、山水、花卉，草书亦精。清凉道人《听雨轩笔记》中说他“性嗜酒，求画者具良酝款之，举爵无算，纵谈古今，旁若无人。酒酣捉笔，挥洒迅疾如风”。其实黄慎爱饮酒但酒量却小得可怜，清凉道人大概有点夸大其词了。许齐卓《瘦瓢山人小传》中说他“一瓯辄醉，醉则兴发，濡发舐墨，顷刻飒飒可数十幅”。黄慎的上乘佳作，多是酒酣耳热之际信笔挥洒而成，意足而神定。黄慎作画时运笔疾速如骤雨狂风，清凉道人见过黄慎作画时的情景，说黄慎的画“初视如草稿，寥寥数笔，形模难辨，及离丈余视之，则精神骨力出也”。黄慎是以草书的笔意对人物的形象进行高度的提炼和概括，笔不到而意到，在《醉眠图》里，把李铁拐无拘无束，四海为家的生活习性，粗犷豪爽的性格，淋漓尽致地刻划出来。正如郑板桥说的那样：“画到神情飘没处，更无真相有真魂。”

清末，海派画家蒲华可以称得上是位嗜酒不顾命的人，最后竟醉死过去。蒲华（1833–1911年）字作英。善草书、墨竹及山水。住嘉兴城皇庙内，性落拓，室内陈设极简陋，绳床断足，仍安然而卧。常与乡邻举杯酒肆，兴致来了就挥笔洒墨，酣畅淋漓，色墨沾污襟袖亦不顾。家贫以卖画自给，过着赏花游山、醉酒吟诗、超然物外、寄情翰墨的生活。曾自作诗一首：“朝霞一抹明城头，大好青山车马游。桂板鞭梢看露拂，命俦同醉酒家楼。”正是他的生活写照。

醉古醺今（一）

第一章　一江春酿一江诗
——与酒相关诗选

小雅·宾之初筵

宾之初筵[1]。左右秩秩[2]。笾豆有楚[3]，淆核维旅[4]。酒既和旨[5]，饮酒孔偕[6]。钟鼓既设[7]，举酬逸逸[8]。大侯既抗[9]，弓矢斯张[10]。射夫既同[11]，献尔发功[12]。发彼有的，以祈尔爵[13]。

籥舞笙鼓[14]，乐既和奏。烝衎烈祖，以洽百礼[15]。百礼既至，有壬有林[16]。锡尔纯嘏，子孙其湛[17]。其湛曰乐，各奏尔能[18]。宾载手仇，室人入又[19]。酌彼康爵，以奏尔时[20]。

宾之初筵，温温其恭[21]。其未醉止，威仪反反[22]。曰既醉止，威仪幡幡[23]。舍其坐迁，屡舞蹮蹮[24]。其未醉止，威仪抑抑[25]。曰既醉止，威仪怭怭[26]。是曰既醉，不知其秩[27]。

宾既醉止，载号载呶[28]。乱我笾豆，屡舞僛僛[29]。是曰既醉，不知其邮[30]。侧弁之俄，屡舞傞傞[31]。既醉而出，并受其福[32]。醉而不出，是谓伐德[33]。饮酒孔嘉，维其令仪[34]。

凡此饮酒，或醉或否[35]。既立之监，或佐之史[36]。彼醉不臧，不醉反耻[37]。式勿从谓，无俾大怠[38]。匪言勿言，匪由勿语[39]。由醉之言，俾出童羖[40]。三爵不识，矧敢多又[41]。

【注释】

① 宾：客人。初筵（yán）：刚入席。筵，铺在地上的坐具，古人席地而坐。

② 左右：指东西方向。按古礼规定，主席设在东，客席设在西。
秩秩：很有礼节的样子。

③ 笾豆：盛食物的器皿，形似高足盘，或有盖。西周时多用陶制、亦有木制、铜制的。楚：摆设很整齐。

④ 淆（xiáo）核：食物。肉叫“肴”，骨叫“核”。维：是。旅：陈放。

⑤ 和旨：酒味醇和甜美。

⑥ 孔偕：一致齐整。

⑦ 钟鼓既设：古代射礼饮酒有音乐，所以说钟鼓已陈列了。

⑧ 酬：主客敬酒。逸逸：不断。

⑨ 大侯：君主射的靶。抗：举，张设。

⑩ 斯：乃。张：设，陈放出来。

⑪ 射夫：射者。同：合，指两两配对比射。

⑫ 献：拿出。发功：射中之功。

⑬ 祈：求。

⑭ 籥（yuè）舞：执籥而舞。

⑮ 烝：进。衎（kàn）：享。烈祖：有功业的祖先。
洽：合。

⑯ 至：极，这里是齐备的意思。
壬：大，指礼节隆重。林：众，指礼展出繁多。

⑰ 锡：赐给。纯嘏：大福。
湛：乐。

⑱ 曰：语助词
奏：进，献。能：技能，指射技。

⑲ 载：语助词。手：取。仇：匹，对手。
室人：主人。入：进入。又：再。

⑳ 酌：斟酒。康：虚，空。爵：酒器。奏：奉献。
时：是，指命中。

㉑ 温温：斯文的样子。

㉒ 止：语助词。反反：持重的样子。

㉓ 幡幡：轻浮放肆的样子。

㉔ 舍：弃。坐：同“座”。迁：移动。
屡：《释文》作“娄”。躚躚：轻举的样子。

㉕ 抑抑：谨小慎微的样子。

㉖ 怭怭：怠慢的样子，指饮酒者彼此相轻侮。

㉗ 秩：常规。

㉘ 号：大叫。呶：喧华。

㉙ 僛僛：歪斜的样子。

㉚ 邮：借作“尤”，过错。

㉛ 侧弁：歪戴着帽子。弁：古称帽子。俄：歪倒一边。
傞傞：舞不止的样子。

㉜ 并：都，皆。

㉝ 是：这。伐德：败德。

㉞ 孔嘉：很好。
维：是。令：美。仪：表。

㉟ 否：指未醉。

㊱ “立监”与下句“佐史”，都是酒监，燕饮时，观察醉否，防止醉后失礼。

㊲ 藏：善。

㊳ 式：语助词。谓：劝勉。俾：使。大怠：过分怠慢。

㊴ 由：从。语：辩论。

㊵ 羖（gǔ）：牡羊。童羖：无角的牡羊。

㊶ 三爵：三杯。识：记。
矧（shěn）：况且。又：复，再。

小雅·鹿鸣

呦呦鹿鸣，食野之苹[1]。我有嘉宾，德音孔昭[2]。视民不恌，君子是则是傚[3]。我有旨酒，嘉宾式燕以敖[4]。

呦呦鹿鸣，食野之芩[5]。我有嘉宾，鼓瑟鼓琴。鼓瑟鼓琴，和乐且湛[6]。我有旨酒，以燕乐嘉宾之心。

【注释】

① 呦呦（yōu）鹿相呼唤的声音。
蒿（hāo）草名，这里指青蒿。

② 德音：善言，指符合大道理的话，或好的声誉。
孔昭：明，很显赫。

③ 视：示。民：人。
恌：借作“佻”，轻薄。
君子：有道德的人，即客人。
则：法则，楷模。
傚：同“效”，模仿。

④ 旨酒：甜美的酒。
式：语助词。燕：安，这里是庄重的意思。
以：而。敖，借作“遨游”这里指行动从容。

⑤ 芩：植物名，一说属蒿一类；或说是芦苇属植物。

⑥ 湛：喜乐。

小雅·常棣

傧尔笾豆[1]，饮酒之饫[2]。兄弟既具[3]，和乐且孺[4]。

【注释】

① 傧（bīn）：陈。

② 饫（yù）：餍，满足。

③ 具：俱。

④ 孺：亲慕之义，愉快。

小雅·伐木

伐木许许，酾酒有䕘[1]。既有肥羜，以速诸父[2]。宁适不来，微我弗顾[3]。于粲洒扫，陈馈八簋[4]。既有肥牡，以速诸舅[5]，宁适不来，微我有咎[6]。

伐木于阪，酾酒有衍[7]。笾豆有践，兄弟无远[8]。民之失德，乾餱以愆[9]。有酒湑我，无酒酤我[10]。坎坎鼓我，蹲蹲舞我。迨我暇矣，饮此湑矣。

【注释】

① 许许（hǔ）：伐了很多树（从文章结构来分析解释较合理，因为原文一段首句“丁丁”形容伐木声，二段首句“许许”形容砍伐数量，三段首句“于阪”伐木位置——编者。）

酾（shī 又读 shāi）酒：将酒去糟滤清。有䕘：酒味很美。

② 羜（zhù）：羊羔。

速：召，请。诸父：同姓的长辈。

③ 宁：何。适：往。

微：无，勿。顾：念。勿我弗顾：不是我忘掉不饮。

④ 于：读作“乌”，赞叹声。粲：鲜明，这里是洁净的意思。

陈：摆设。馈（kuì）：奉献食物给尊者叫“馈”，这里指食物。

⑤ 牡：指公羊。

诸舅：指异姓的长辈。

⑥ 有咎（jiù）：被责，怪罪。

⑦ 阪（bǎn）：斜坡。

有衍：盛满的样子。

⑧ 践：陈列。

兄弟：平辈的亲友。无远：毋远，不要与我疏远。

⑨ 民：人。失德：无恩德，指彼此间无情谊。
乾糇（hóu）：干粮，这里指粗劣食品。愆（qiān）：过失，指彼此间关系坏。

⑩ 湑：过滤。
酤：一宿酒，即速熟的酒。我：语助词。
坎坎：击鼓声。
蹲蹲：起舞的样子。
迨：等，等到。

小 雅 · 鱼 丽

鱼丽于罶[1]，鲿鲨。君子有酒，旨且多。
鱼丽于罶，鲂鳢。君子有酒，多且旨。
鱼丽于罶，鰋鲤。君子有酒，旨且有[2]。

【注释】

① 罶（liǔ）：捕鱼的器具。
② 有：备也。

小雅 · 南有嘉鱼

南有嘉鱼，烝然罩罩[1]。君子有酒，嘉宾式燕以乐[2]。
南有嘉鱼，烝然汕汕[3]。君子有酒，嘉宾式燕以衎[4]。
南有樛木，甘瓠累之[5]。君子有酒，嘉宾式燕绥之[6]。
翩翩者鵻，烝然来思[7]。君子有酒，嘉宾式燕又思[8]。

【注释】

① 嘉鱼：好鱼。烝：众多的样子。
罩罩：鱼群游弋回斡水声。
② 式：用。
③ 汕汕：鱼游水貌。
④ 衎（kàn）：乐也。
⑤ 瓠（hù）葫芦。累：蔓。
⑥ 绥：安。
⑦ 鵻（zhuī）：鹁鸪鸟。思：语气词。
⑧ 又即今“侑”、“宥”通用。宥：劝酒也。

小雅·吉日

既张我弓。既挟我矢[①]。发彼小豝，殪此大兕[②]。以御宾客，且以酌醴[③]。

【注释】

① 挟：持。

② 豝（bā）：母猪。

殪：杀死。

兕：雌犀牛。

③ 御：进。醴：甜酒。

小雅·頍弁

有頍者弁，实维伊何[①]。尔酒既旨，尔肴既嘉[②]。岂伊异人？兄弟匪他[③]。茑与女萝，施于松柏[④]。未见君子，忧心弈弈。既见君子，庶几说怿[⑤]。

有頍者弁，实维何期[⑥]。尔酒既旨，尔肴既时[⑦]。岂伊异人？兄弟俱来。茑与女萝，施于松上。未见君子，忧心怲怲[⑧]。既见君子，庶几有臧[⑨]。

有頍者弁，实维在首。尔酒既旨，尔肴既阜[⑩]。岂伊异人？兄弟甥舅。如彼雨雪，先集维霰。死丧无日，无几相见。乐酒今夕，君子维宴。

【注释】

① 頍（kuǐ）古代发饰物；弁：古代用皮革做成的一种帽子。伊何：何时。

② 旨、嘉：都是美的意思。

③ 岂：难道；伊：他们；异人：外人。

匪：不，非。

④ 茑：寄生；女萝：菟丝。

⑤ 弈弈：大大。怿：快乐，高兴。

⑥ 何期：同“伊何”。

⑦ 时：善也。

⑧ 怲怲：满怀忧愁。

⑨ 臧：善。

⑩ 阜：多。

霰：霉子，小冰粒。

无日：言不久也。

小雅·鱼藻

鱼在在藻。有颁其首[1]。王在在镐。岂乐饮酒[2]。
鱼在在藻。有莘其尾[3]。王在在镐。饮酒乐岂。
鱼在在藻。依于其蒲。王在在镐。有那其居[4]。

【注释】

① 藻：水草。颁：大头的样子。
② 镐：镐京，地名。岂：乐。
③ 莘：长貌。
④ 那：安貌。

小雅·瓠叶

幡幡瓠叶，采之亨之。君子有酒，酌言尝之[1]。
有兔斯首，炮之燔之。君子有酒，酌言献之[2]。
有兔斯首，燔之炙之。君子有酒，酌言酢之[3]。
有兔斯首，燔之炮之。君子有酒，酌言酬之[4]。

【注释】

① 幡幡：翩翩。尝：主人未献于宾，先自尝。
② 斯首：这一头。炮：裹烧；燔：加之于火上。
献：古者合献、酢、酬为一献之礼。
③ 炙：坑火为炙，即放在坑火里烧。酢：同“献”。这里可理解为回敬。
④ 酬：劝。

大雅·旱麓

清酒既载，骍牡既备[1]。以享以祀，以介景福[2]。

【注释】

① 载：设。备：全具。准备齐全。
② 享：进献。介景：介，助也或赐予之意，景：大。

大雅·行苇

曾孙维主，酒醴维醹[1]，酌以大斗，以祈黄耇[2]。
黄耇台背，以引以翼[3]。寿考维祺，以介景福[4]。

【注释】

① 曾孙：主席，宗子嫡孙之类。醹：厚酒。

② 斗：酒器。黄耇：老人之称。

③ 台背：九十。

引、翼：在前曰引，在旁曰翼。

④ 祺：吉也。

介：助也。景：大也。

大雅·既醉

既醉以酒，既饱以德[1]。君子万年，介尔景福[2]。
既醉以酒，尔殽既将[3]。君子万年，介尔昭明[4]。

【注释】

① 德：恩惠。

② 介：助；景：大。

③ 尔：女也；殽即肴。

④ 昭：光。

大雅·凫鹥

凫鹥在泾，公尸来燕来宁[1]。尔酒既清，尔殽既馨[2]。公尸燕饮，福禄来成。
凫鹥在沙，公尸来燕来宜[3]。尔酒既多，尔殽既嘉。公尸燕饮，福禄来为[4]。
凫鹥在渚，公尸来燕来处[5]。尔酒既湑，尔殽伊脯[6]。公尸燕饮，福禄来下。
凫鹥在潀，公尸来燕来宗[7]。既燕于宗，福禄攸降[8]。公尸燕饮，福祷来崇。
凫鹥在亹，公尸来止熏熏[9]。旨酒欣欣，燔炙芬芬[10]。公尸燕饮，无有后艰。

【注释】

① 凫鹥：水鸟。凫：野鹜；鹥：鸥，一名水鸮。

燕：燕饮。

② 馨：香气。

③ 宜：乐也。

④ 为：降。

⑤ 渚：沙洲或洲旁小水。

处：止也。

⑥ 湑：美酒。

脯：干肉。

⑦ 潨：小水入大水为潨。

宗：尊也。

⑧ 于：越，与。

⑨ 亹：水流夹山，岸深若门。

熏熏：醺醺。

⑩ 欣：乐。

芬芬：香也。

后艰：后患。

大雅·荡

荡荡上帝，下民之辟[1]。疾威上帝，其命多辟[2]。天生烝民，其命匪谌[3]。靡不有初，鲜克有终[4]。

文王曰咨，咨女殷商[5]。曾是强御，曾是掊克，曾是在位，曾是在服[6]。天降滔德，女兴是力[7]。

文王曰咨，咨女殷商。而秉义类，强御多怼。流言以对，寇攘式内[9]。侯作侯祝，靡届靡究[10]。

文王曰咨，咨女殷商。女炰烋于中国，敛怨以为德[11]。不明尔德，时无背无侧[12]。尔德不明，以陪无卿[13]。

文王曰咨，咨女殷商。天不湎尔以酒，不义从式[14]。既愆尔止，靡明靡晦[15]。式号式呼，俾昼作夜[16]。

文王曰咨，咨女殷商。如蜩如螗，如沸如羹[17]。小大近丧，人尚乎由行[18]。内奰于中国，覃及鬼方[19]。

文王曰咨，咨女殷商。匪上帝不时，殷不用旧[20]。虽无老成人，尚有典刑[21]。曾是莫听，大命以倾[22]。

文王曰咨，咨女殷商。人亦有言：颠沛之揭，枝叶未有害，本实先拨㉓。殷鉴不远，在夏后之世㉔。

【注释】

① 荡荡：骄纵任意，不守法度的样子。辟（bì）:君主。

② 疾威：暴虐。命：政令。辟：通作“僻”，邪僻。

③ 烝民：众民。匪：通作“非”。谌（chén）:信诚。

④ 靡不：没有不。鲜：少。克：能。

⑤ 咨：感叹声。女：通作“汝”。

⑥ 曾：乃。是：这样。强御：强横暴虐。掊（póu）克：聚敛搜括。在位：处于统治地位。

在事：有职有权。

⑦ 滔德：超越常轨的德象。女：通作“汝”。兴：助长。

⑧ 而：通作“尔”。秉：操持。义类：善类。怼（duì）：怨恨。

⑨ 流言：谣言。寇攘：盗寇，窃贼。式：用。内：朝廷内。

⑩ 侯：乃。作：通作“诅”，求神灵加祸于人。祝：求神赐福。届：至。究：终。

⑪ 炰（páo）烋（xiáo）:咆哮。敛怨：敛藏压抑怨怒。

⑫ 时：于是。背：反叛。侧：倾仄。

⑬ 陪：辅佐。卿相。

⑭ 湎：深迷于酒。从式：听从，任用。

⑮ 愆（qiān）：过失。止：行为举止。明：白天。晦：黑夜。

⑯ 俾：使。

⑰ 蜩（tiáo）：蝉。螗（táng）:蝉的一种。此喻人的悲叹。沸：沸水。羹：菜汤。此喻人的焦虑。

⑱ 丧：失败。由行：由此而循行。

⑲ 奰（bì）：怒。覃：延及。鬼方：商周时西北部族，主要活动在今陕西甘汧陇之间，泛指远方。

匪：通作“非”。时：善。旧：代指先王制度。

㉑ 老成人：旧臣。典刑：典章法规。

㉒ 大命：国家命运。倾：颠覆。

㉓ 颠沛：倒下。揭：高举。此形容树木倒下，根叶扬举的样子。本：树根或主干。

拨：通作“败”，败坏。

㉔ 鉴：镜子。夏后：夏朝。此句言夏桀的亡国是殷纣的一面镜子，相距并不遥远。

豳风·七月

九月肃霜，十月涤场①。朋酒斯飨②，曰杀羔羊。
跻彼公堂，称彼兕觥③，万寿无疆。

【注释】

① 肃霜：形容秋高气爽的天气。涤场：通作“涤荡”，草木摇落无余的样子。

② 朋酒：两樽酒。斯：之。飨：宴飨。

③ 跻（jī）：登上。公堂：公室的厅堂。称：举杯敬酒。兕（sì）觥（gōng）：形制像犀牛一样的酒器。

屈原

九歌·东皇太一

蕙肴蒸兮兰藉，奠桂酒兮椒浆。

九歌·东君

操余弧兮反沦降，援北斗兮酌桂浆。

无名氏

古歌

上金殿，著玉樽。延贵客，入金门。
入金门，上金堂。东厨具肴膳，椎牛烹猪羊。
主人前进酒，弹瑟为清商。投壶对弹棋，博弈并复行。
朱火飏烟雾，博山吐微香。清樽发朱颜，四坐乐且康。
今日乐相乐，延年寿千霜。

曹　操

短　歌　行

对酒当歌，人生几何。譬如朝露，去日苦多。
慨当以慷，忧思难忘。何以解忧，唯有杜康。
青青子衿，悠悠我心。但为君故，沈吟至今。
呦呦鹿鸣，食野之苹。我有佳宾，鼓瑟吹笙。
明明如月，何时可掇。忧从中来，不可断绝。
越陌度阡，枉用相存。契阔谈宴，心念旧恩。
月明星稀，乌鹊南飞。绕树三匝，无枝可依。
山不厌高，海不厌深。周公吐哺，天下归心。

曹　植

箜　篌　引

置酒高殿上，亲友从我游。中厨办丰膳，烹羊宰肥牛。
秦筝何慷慨，齐瑟和且柔。阳阿奏奇舞，京洛出名讴。
乐饮过三爵，缓带倾庶羞。主称千金寿，宾奉万年酬。
久要不可忘，薄终义所尤。谦谦君子德，磬折欲何求。
惊风飘白日，光景驰西流。盛时不可再，百年忽我遒。
生存华屋处，零落归山丘。先民谁不死，知命复何忧。

公　宴

公子敬爱客，终宴不知疲。清夜游西园，飞盖相追随。
明月澄清影，列宿正参差。秋兰被长坂，朱华冒绿池。
潜鱼跃清波，好鸟鸣高枝。神飙接丹毂，轻辇随风移。
飘颻放志意，千秋长若斯。

嵇　康

酒　会　诗

乐哉苑中游，周览无穷已。百卉吐芳华，崇台邈高峙。

林木纷交错，玄池戏鲂鲤。轻丸毙翔禽，纤纶出鳣鲔。
坐中发美赞，异气同音轨。临川献清酤，微歌发皓齿。
素琴挥雅操，清声随风起。斯会岂不乐，恨无东野子。
酒中念幽人，守故弥终始。但当体七弦，寄心在知已。

阮　籍

咏怀·六十七

洪生资制度，被服王有常。尊卑设秩序，事物齐纪纲。
容饰整颜色，磬折执圭璋。堂上置玄酒，室中盛稻梁……

傅　玄

前有一樽酒行

置酒结此会，主人起行觞。
玉樽两楹间，丝理东西厢。
舞袖一何妙，变化穷万方。
宾主齐德量，欣欣乐未央。
同享千年寿，朋来会此堂。

陆　机

饮　酒　乐

葡萄四时芳醇，琉璃千钟旧宾。
夜饮舞迟销烛，朝醒弦促催人。
春风秋月恒好，欢醉日月言新。

左　思

咏史八首之六

荆轲饮燕市，酒酣气益震。哀歌和渐离，谓若旁无人。
虽无壮士节，与世亦殊伦。高眄邈四海，豪右何足陈？
贵者虽自贵，视之若埃尘。贱者虽自贱，重之若千钧。

谢　绎

兰　亭　诗

纵觞何所适，回波萦游鳞。
千载同一朝，沐浴陶清尘。

徐丰之

兰　亭　诗

清响拟丝竹，班荆对绮疏。
零觞飞曲津，欢然朱颜舒。

嵇　绍

赠石季伦

人生禀五常，中和为至德。嗜欲虽不同，伐生所不识。
仁者安其身，不为外物惑。事故诚多端，未若酒之贼。
内以损性命，烦辞伤轨则。屡饮致疲怠，清和自否塞。
杨坚败楚军，长夜倾宗国。诗书著朋戒，量体节饮食。
远希彭聃寿，虚心处冲默。茹芝味醴泉，何为昏酒色。

陶　潜

连雨独饮

运生会归尽，终古谓之然。世间有松乔，于今定何闲？
故老赠余酒，乃言饮得仙。试酌百情远，重觞忽忘天。
天岂去此哉，任真无所先。云鹤有奇翼，八表须臾还。
顾我抱兹独，僶俛四十年。形骸久已化，心在复何言？

饮酒诗十首

序：余闲居寡欢，兼此夜已长，偶有名酒，无夕不饮。顾影独尽，忽焉复醉。既醉之后，辄题数句自娱。纸墨遂多，辞无诠次。聊命故人书之，以为欢笑尔！

其　一

衰荣无定在，彼此更共之。邵生瓜田中，宁似东陵时。
寒暑有代谢，人道每如兹。达人解其会，逝将不复疑。
忽与一觞酒，日夕欢相持。

其　三

道丧向千载，人人惜其情。有酒不肯饮，但顾世间名。
所以贵我身，岂不在一生？一生能复几，倏如流电惊。
鼎鼎百年内，持此欲何成？

其　五

结庐在人境，而无车马喧。问君何能尔？心远地自偏。
采菊东篱下，悠然见南山。山气日夕佳，飞鸟相与还。
此中有真意，欲辩已忘言。

其　七

秋菊有佳色，裛露掇其英。泛此忘忧物，远我遗世情。
一觞虽犹进，杯尽壶自倾。日入群动息，归鸟趋林鸣。
啸傲东轩下，聊复得此生。

其　八

青松在东园，众草没奇姿。凝霜殄异类，卓然见高枝。
连林人不觉，独树众乃奇。提壶挂寒柯，远望时复为。
吾生梦幻间，何事绁尘羁？

其　九

清晨闻叩门，倒裳往自开。问子为谁欤？田父有好怀。
壶浆远见候，疑我与时乖。褴褛茅檐下，未足为高栖。
一世皆尚同，愿君汩其泥。深感父老言，禀气寡所谐。
纡辔诚可学，违已讵非迷。且共欢此饮，吾驾不可回。

其　十三

有客常同止，趋舍邈异境。一士长独醉，一夫终年醒。
醒醉还相笑，发言各不领。规规一何愚？兀傲差若颖。

寄言酣中客，日没烛当炳。

其　十四

故人赏我趣，挈壶相与至。班荆坐松下，数斟已复醉。父老杂乱言，觞酌失行次。不觉知有我，安知物为贵？悠悠迷所留，酒中有深味。

其　十八

子云性嗜酒，家贫无由得。时赖好事人，载醪祛所惑。觞来为之尽，是谘无不塞。有时不肯言，岂不在伐国？仁者用其心，何尝失显默。

其　十九

畴昔苦长饥，投耒去学仕。将养不得节，冻馁因缠已。是时向立年，志意多所耻。遂尽介然分，终死归田里。冉冉星气流，亭亭复一纪。世路廓悠悠，杨朱所以止。虽无挥金事，浊酒聊可恃。

止　酒

居止次城邑，逍遥自闲止。坐止高荫下，步止筚门里。好味止园葵，大欢止稚子。平生不止酒，止酒情无喜。暮止不安寝，晨止不能起。日日欲止之，营卫止不理。徒知止不乐，未知止利已。始觉止为善，今朝真止矣。从此一止去，将止扶桑涘。清颜止宿容，奚止千万祀。

何　逊

临行与故游夜别

历稔共追随，一旦辞群匹。
复如东注水，未有西归日。
夜雨滴空阶，晓灯暗离室。
相悲各罢酒，何时同促膝。

赵　整

酒　德　歌

整，字文业，洛阳清水人，或曰济阴人。年十八为秦著作郎，后迁至黄门侍郎武威太守，后出家事佛，更名道整。秦王坚与群臣饮，以醉为限。整作歌。

地列酒泉，王垂酒池。
杜康妙知，仪狄先知。
纣丧殷邦，桀倾夏国。
由此言之，先危后则。

何承天

将　进　酒

将进酒，庆三朝：备繁礼，荐嘉肴。荣枯换，霜雾交。缓春带，命明僚。车等旗，马齐镳。怀温克，乐林濠。士失志，愠情劳。思旨酒，寄游遨。败德人，甘醇醪。耽长夜，惑淫妖。兴屡舞，厉哇谣：形傞傞，声号呶。首既濡，志亦荒。性命夭，国家亡。嗟后生，节酣觞。匪酒辜，孰为殃？

孔　欣

置酒高堂上

置酒宴友生，高会临疏棂。芳俎列嘉肴，山罍满春青。
广乐充堂宇，丝竹横两楹。邯郸有名倡，承闲奏新声。
八音何寥亮，四座同欢情。举觞发湛露，衔杯咏鹿鸣。
觞谣可相娱，扬解意何荣。顾欢来义士，畅哉矫天诚。
朝日不夕盛，川流常宵征。生犹悬水溜，死若波澜停。
当年贵得意，何能竞虚名。

萧　统

将　进　酒

洛阳轻薄子，长安游侠儿。

宣城溢渠碗，中山浮羽卮。

张　率

对　酒

对酒诚可乐，此酒复芳醇。如华良可贵，似乳更甘珍。
何当留上客，为寄掌中人，金樽清复满，玉碗亟来亲。
谁能共迟暮，对酒惜芳辰。君歌尚未罢，却坐避梁尘。

庾肩吾

三日侍宴咏曲水中烛影

重焰垂花比芳树，风吹水动俱难住。
春枝指岸影上来，还杯绕客光中度。

梁范云

当对酒

对酒心自足，故人来共持。
方悦罗衿解，谁念发成丝？
徇性良为达，求名本自欺。
追君当歌日，及我倾樽时。

赠学仙者

春酿煎松叶，秋杯浸菊花。
相逢宁可醉，定不学丹砂。

刘孝威

九月酌菊酒

露花疑始摘，罗衣似适薰。
余杯度不取，欲持娇使君。

阙名

高阳乐人歌

可怜白鼻騧，相将入酒家。
无钱但共饮，画地作交赊。

又

何处蝶觞来，两颊色如火。
自有桃花容，莫言人劝我。

颜延之

王君咏·刘参军

刘伶善闭关，怀情灭闻见。
鼓钟不足欢，荣色岂能眩？
韬精日沉饮，谁知非荒宴。
颂酒虽短章，深衷自此见。

吴迈远

临终诗

伤歌入松路，斗酒望青山。
谁非一丘土，参差前后间。

沈约

别范安成

生平少年日，分手易前期。
及尔同衰暮，非复别离时。
勿言一樽酒，明日难重持。

梦中不识路，何以慰相思？

王胄

别周记室

五里徘徊鹤，三声断绝猿。
何言俱失路，相对泣离樽。
别意凄无已，当歌寂不喧。
贫交欲有赠，掩涕竟无言。

陈后主

独酌谣四首

齐人淳于髡，善为十斗酒，偶效之作独酌谣。

独酌谣，独酌且独谣。一酌岂陶署？二酌断风飙，三酌意不畅，四酌情无聊，五酌孟易覆，六酌欢欲调，七酌累心去，八酌高志超，九酌忘物我，十酌忽凌霄。凌霄异羽翼，任致得飘飘。宁学世人醉，扬波去我遥。尔非浮丘伯，安见王子乔？

独酌谣，独酌起中霄。中霄照春月，初花发春朝。春花春月正徘徊，一樽一弦当夜开，聊奏孙登曲，仍斟毕卓杯。罗绮徒纷乱，金翠转迟回。中心本如水，凝志更同灰。逍遥自可乐，世语世情哉。

独酌谣，独酌酒难消。独酌三两碗，弄曲两三调。调弦忽未毕，忽值出房朝。更似游春苑，还如逢丽谯。衣香逐娇去，眼语送杯娇。余樽尽复益，自得是逍遥。

独酌谣，独酌一樽酒。樽酒倾未酌，明月正当牖。是牖非圆瓮，吾乐非击缶。自任物外欢，更齐椿菌久。卷舒乃一卷，忘情且十斗。宁复语绮罗，因情即山薮。

沈　炯

独　酌　谣

独酌谣，独酌独长谣。智者不我顾，愚夫余未要，不愚复不智，谁当余见招？所以成独酌，一酌倾一瓢。生涯本漫漫，神智暂超超。再酌矜许史，三酌傲松乔。频频四五酌，不觉凌丹霄。倏尔厌五鼎，俄然贱九韶。彭殇无异葬，夷跖可同朝。龙蠖非不屈，鹏鷃但逍遥。寄语号呶侣，无乃太尘嚣。

陆　瑜

独　酌　谣

独酌谣，芳气饶。一倾荡神虑，再酌动神飙。忽逢凤楼下，非待鸾弦招。窗明影乘入，人来香逆飘。杯随转态尽，钏逐画杯遥。桂宫非蜀郡，当垆也至宵。

张正见

对　酒

当歌对玉酒，匡坐酌金罍。竹叶三青泛，葡萄百味开。
风移兰气入，日逐桂香来。独有刘将阮，忘情寄羽杯。

岑之敬

对　酒

色映临池竹，香浮满砌兰。舒文泛玉碗，漾蚁溢金盘。
箫曲随鸾易，笳声出塞难。唯有将军酒，川上可除寒。

庾　信

拟咏杯（其十一）

摇落秋为气，凄凉多怨情。啼枯湘水竹，哭坏杞漂城。
天亡遭愤战，日蹙值愁兵。直虹朝映垒，长星夜落营。
楚歌饶恨曲，南风多死声。眼前一杯酒，谁论身后名？

对 酒 歌

春水望桃花，春洲藉芳杜。琴从绿珠借，酒就文君取。
牵马向渭桥，日曝山头脯。山简接离倒，王戎如意舞。
筝鸣金谷园，笛韵平阳坞。人生一百年，欢笑惟三五。
何处觅钱刀？求为洛阳贾。

蒙 赐 酒

金膏下帝台，玉沥在蓬莱。仙人一遇饮，分得两三杯。
忽闻桑叶落，正值菊花开。阮籍披衣进，王戎含笑来。
从今觅仙药，不假向瑶台。

奉报赵王惠酒

梁王修竹园，冠盖风尘喧。行人忽枉道，直进桃花源。
稚子还羞出，惊妻倒闭门。始闻传上命，定是赐中樽。
野炉燃树叶，山杯捧竹根。风池还更暖，寒谷遂去喧。
未知稻粮雁，何时能报恩？

有 喜 致 醉

忽见庭生玉，聊欣蚌出珠。兰芬犹载寝，蓬箭始悬弧。
既喜枚都尉，能欢陆大夫。频朝中散客，连日步兵厨。
杂曲随琴用，残花听酒须。脆梨裁数实，甘查唯一株。
兀然已复醉，摇头歌风雏。

奉 答 赐 酒

仙童下赤城，仙酒饷王平。野人相就饮，山鸟一群惊。
细雪翻沙下，寒风战鼓鸣。此时逢一醉，应枯反更荣。

奉答赐酒鹅

云光偏乱眼，风声特噤心。冷猿披雪啸，寒鱼抱冻沈。
今朝一壶酒，实是胜千金。负恩无以谢，惟知旧竹林。

正旦蒙赵王赉酒

正旦辟恶酒，新年长命杯。柏叶随铭至，椒花逐颂来。
流星向碗落，浮蚁对春开。成都已救火，蜀使何时回？

卫王赠桑落酒奉答

愁人坐狭邪，喜得送流霞。跛窗催酒熟，停杯待菊花。
霜风乱飘叶，寒水细澄沙。高阳今日晚，应有接䍦斜。

就蒲州使君乞酒

萧瑟风声惨，苍茫雪貌愁。鸟寒栖不定，池凝聚未流。
蒲城桑叶落，灞岸菊花秋。愿持河朔饮，分劝东陵侯。

蒲州刺史中山公许乞酒一车未送

细柳望蒲台，长河始一回。秋桑几过落，春蚁未曾开。
莹角非难驭，搥轮稍可催。只言千日饮，旧逐中山来。

答王司空饷酒

今日小园中，桃阳数树红。开君一壶酒，细酌对春风。
未能扶毕卓，犹足舞王戎。仙人一捧露，判不及杯中。

暮秋野兴赋得倾壶酒

刘伶正捉酒，中散欲弹琴。但使逢秋菊，何须就竹林？

对　酒

数杯还已醉，风云不复知。唯有龙吟笛，桓伊能独吹。

春日极饮

槛前闻鸟啭，园里对花开。就中言不醉，红袖捧金杯。

杨　广

云中受突厥主朝宴席赋诗

鹿塞鸿旗驻，龙庭翠辇回。毡帷望风举，穹庐向日开。
呼韩顿颡至，屠耆接踵来。索辫擎膻肉，韦鞴献酒杯。
何如汉天子，空上单于台。

王　绩

过　酒　家·四首

其　一

此日长昏饮，非关养性灵，眼看人尽醉，何忍独为醒。

其　二

竹叶连糟翠，葡萄带菊红。相逢不令尽，别后为谁空？

其　三

洛阳无大宅，长安乏主人。黄金销未尽，只为酒家贫。

其　四

对酒但知饮，逢人莫强牵。倚垆便得睡，横瓮足堪眠。

唐太宗

无　题

鄗渌胜兰生，翠涛过玉薤。千日醉不醒，十年味不败。

李　峤

酒

孔坐洽良俦，陈筵几献酬？临风竹叶满，湛月桂香浮。
每接高阳宴，长陪河朔游。会从元石饮，云雨出圆丘。

饯　骆　四

平生何以乐，斗酒夜相逢。曲中惊别绪，醉里失愁容。
星月悬秋汉，风霜入曙钟。明日临沟水，青山几万重。

张　说

奉萧令嵩宇文黄门融裴中书光庭酒

其　一

乐奏天恩满，杯来秋兴高。更蒙萧相国，对席饮醇醪。

其　二

圣德重甘露，天章下大风。又乘黄阁赏，愿作黑头公。

其　三

西掖恩华降，南宫命席阑。讵知鸡树后，更接凤池欢。

丁仙芝

余杭醉歌赠吴山人

晓幕红襟燕，春城白头乌。
只来梁上语，不向府中趋。
城头坎坎鼓声曙，满庭新种樱桃树。
桃花当夜撩乱开，当轩发色映楼台。
十千兑得余杭酒，二月春城长命杯。
酒后留君待明月，还将明月送君回。

崔国辅

对　酒　吟

行行日将夕，荒村古冢无人迹。
朦胧荆棘一鸟呼，屡唱提壶沽酒吃。
古人不达酒不足，遗恨精灵传此曲。
寄言世上诸少年，平生且尽杯中醁。

储光羲

新丰主人

新丰主人接酒熟，旧客还归旧堂宿。
满酌香含北砌花，盈樽色泛南轩竹。
云散天高秋月明，东家少女解秦筝。
醉来忘却巴陵道，梦中疑是洛阳城。

杜审言

晦日宴游

日晦随蓂荚，春情著杏花。解绅宜就水，张幕会连沙。
歌管风轻度，池台日半斜。更看金谷骑，争向石崇家。

李　适

侍宴安乐公主新宅应制

银河半倚凤凰台，玉酒相传鹦鹉杯。
若见君平须借问，仙槎一去几时来。

贺　朝

赠酒店胡姬

胡姬春酒店，弦管夜锵锵。红毾铺新月，貂裘坐薄霜。
玉盘初鲙鲤，金鼎正烹羊。上客无劳散，听歌乐世娘。

王昌龄

龙标野宴

沅溪夏晚足凉风，春酒相携就竹丛。
莫道弦歌愁远谪，青山明月不曾空。

孟浩然

过故人庄

故人具鸡黍，邀我至田家，绿树村边合，青山郭外斜。
开轩面场圃，把酒话桑麻。待到重阳月，还来就菊花。

宴荣二山池

甲第开金穴，荣期乐自多。枥嘶支遁马，池养右军鹅。
竹引携琴入，花邀载酒过。山公来取醉，时唱接离歌。

王　维

送　别

下马饮君酒，问君何所之。
君言不得意，归卧南山陲。
但去莫复问，白云无尽时。

少　年　行

新丰美酒斗十千，咸阳游侠多少年。
相逢意气为君饮，系马高楼垂柳边。

李　白

汾　酒　曲

玉酥玉液漫夸奇，似此无惭姑射肌。

太白何尝携客饮，醉中细校郭君碑。

襄阳曲二首

其　一

山公醉酒时，酩酊高阳下。
头上白接离，倒著还骑马。

其　二

且醉习家池，莫看堕泪碑。
山公欲上马，笑杀襄阳儿。

哭宣城善酿纪叟

纪叟黄泉里，还应酿老春。
夜台无李白，沽酒与何人？

重忆一首

欲向江东去，定将谁举杯？
稽山无贺老，却棹酒船回。

醉后赋王历阳

书秃千兔毫，诗裁两牛腰。笔踪起龙虎，舞袖拂云霄。
双歌二胡姬，更凑远清朝。举酒挑朔雪，从君不相饶。

自汉阳病酒归寄王明府

去岁左迁夜郎道，琉璃砚水长枯槁。
今年勅放巫山阴，蛟龙笔翰生辉光。
圣主还听子虚赋，相如却欲论文章。

愿扫鹦鹉洲，与君醉百场。
啸起白云飞七泽，歌吟渌水动三湘。
莫惜连船沽美酒，千金一掷买春芳。

酬中都小吏携斗酒双鱼于逆旅见赠

鲁酒若琥珀，汶鱼紫锦鳞。
山东豪吏有俊气，手携此物远赠人。
意气相倾两相顾，斗酒双鱼表情素。
双鳃呀呷鳍鬣张，跋刺银盘欲飞去。
呼儿拂几霜刃挥，红肥花落白雪霏。
为君下箸一餐饱，醉著金鞍上马归。

答王十二寒夜独酌有怀

昨夜吴中雪，子猷佳兴发。
万里浮云卷碧山。青天中道流孤月。
孤月沧浪河汉清，北斗错落长庚明。
怀余对酒夜霜白，玉床金井冰峥嵘。
人生飘忽百年内，且须酣畅万古情。

暖　酒

热暖将来宾铁文，暂时不动聚白云。
拨却白云见青天，掇头里许便乘仙。

月下独酌（四首）

其　一

花间一壶酒，独酌无相亲。举杯邀明月，对影成三人。
月既不解饮，影徒随我身。暂伴月将影，行乐须及春。

我歌月徘徊，我舞影凌乱。醒时同交欢，醉后各分散。末结无情游，相期邈云汉。

其　二

天若不爱酒，酒星不在天；地若不爱酒，地应无酒泉。天地既爱酒，爱酒不愧天。已闻清比圣，复道浊如贤。圣贤既已饮，何必求神仙？三杯通大道，一斗合自然。但得醉中趣，勿为醒者传。

其　三

三月咸阳城，千花昼如锦。谁能春独愁？对此径须饮。穷通与修短，造化夙所禀。一樽齐死生，万事固难审。醉后失天地，兀然就孤枕。不知有吾身，此乐最为甚。

其　四

穷愁千万端，美酒三百杯。愁多酒虽少，酒倾愁不来。所以知酒圣，酒酣心自开。辞粟卧首阳，屡空饥颜回。当代不乐饮，虚名安用哉？蟹螯即金液，糟丘是蓬莱。且须饮美酒，乘月醉高台。

独　酌

春草如有意，罗生玉堂阴。东风吹愁来，白发坐相侵。独酌劝孤影，闲歌面芳林。去松尔何知，萧瑟为谁吟？手舞石上月，膝横花间琴。过此一壶外，悠悠非我心。

春日独酌（二首）

其　一

东风扇淑气，水木荣春晖。白日照绿草，落花散且飞。孤云还空山，众鸟各已归。彼物皆有托，吾生独无依。对此石上月，长歌醉芳菲。

其　二

我有紫霞想，缅怀沧州间。且对一壶酒，澹然万事闲。
横琴倚高松，把酒望远山。长空去鸟没，落日孤云还。
但恐光景晚，宿昔成秋颜。

金陵凤凰台置酒

置酒延落景，金陵凤凰台。长波写万古，心与云俱开。
借问往昔时，凤凰为谁来？凤凰去已久，正当今日回。
明君越羲轩，天老坐三台。豪士无所用，弹弦醉金罍。
东风吹出花，安可不尽杯？六帝没幽草，深宫冥绿苔。
置酒勿复道，歌钟但相催。

春日醉起言志

处世若大梦，胡为劳其生？所以终日醉，颓然卧前楹。
觉来盼庭前，一鸟花间鸣。借问此何日？春风语流莺。
感之欲叹息，对酒还自倾。浩歌待明月，曲尽已忘情。

嘲王历阳不肯饮酒

地白风色寒，雪花大如手。笑杀陶渊明，不饮杯中酒。
浪抚一张琴，虚栽五株柳。空负头上巾，吾与尔何有？

将　进　酒

君不见黄河之水天上来，奔流到海不复回；
君不见高堂明镜悲白发，朝如青丝暮成雪。
人生得意须尽欢，莫使金樽空对月。
天生我才必有用，千金散尽还复来。
烹羊宰牛且为乐，会须一饮三百杯。
岑夫子，丹丘生，将进酒，杯莫停。
与君歌一曲，请君为我倾耳听。

钟鼓馔玉不足贵，但愿长醉不复醒。
古来圣贤皆寂寞，惟有饮者留其名。
陈王昔时宴平乐，斗酒十千恣欢谑。
主人何为言少钱，径须沽取对君酌。
五花马，千金裘，呼儿将出换美酒，与尔同销万古愁。

金陵酒肆留别

风吹柳花满店香，吴姬压酒劝客尝。
金陵子弟来相送，欲行不行各尽觞。
请君试问东流水，别意与之谁短长？

襄　阳　歌

落日欲没岘山西，倒著接䍦花下迷。
襄阳小儿齐拍手，拦街争唱《白铜鞮》。
傍人借问笑何事，笑杀山公醉似泥。
鸬鹚勺，鹦鹉杯。百年三万六千日，一日须倾三百杯。
遥看汉水鸭头绿，恰似葡萄初酦醅。
此江若变作春酒，垒曲便筑糟丘台。
千金骏马换少妾，醉坐雕鞍歌落梅。
车旁侧挂一壶酒，凤笙龙管行相催。
咸阳市上叹黄犬，何如月下倾金罍？
君不见！晋朝羊公一片石，龟头剥落生莓苔。
泪亦不能为之堕，心亦不能为之哀。
谁能忧彼身后事，金凫银鸭葬寒灰。
清风朗月不用一钱买，玉山自倒非人推。
舒州勺，力士铛。李白与尔同死生。
襄王云雨今安在？江水东流猿夜声。

把 酒 问 月

青天有月来几时，我今停杯一问之。
人攀明月不可得，月行却与人相随。

皎如飞镜临丹阙，绿烟灭尽清辉发。
但见宵从海上来，宁知晓向云间没？
白兔捣药秋复春，嫦娥孤栖与谁邻？
今人不见古时月，今月曾经照古人。
古人今人若流水，共看明月皆如此。
唯愿当歌对酒时，月光长照金樽里。

秋浦清溪雪夜对酒客有唱鹧鸪者

披君貂襜褕，对君白玉壶。雪花酒上灭，顿觉夜寒无。
客有桂阳至，能吟出鹧鸪。清风动窗竹，越鸟起相呼。
持此足为乐，何烦笙与竽？

夜泛洞庭寻裴侍御清酌

日晚湘水绿，孤舟无端倪。明湖涨秋月，独泛巴陵西。
遇憩裴逸人，岩居陵丹梯。抱琴出深竹，为我弹鹍鸡。
曲尽酒已倾，北窗醉如泥。人生且行乐，何必组与珪？

待 酒 不 至

玉壶系青丝，沽酒来何迟？山花向我笑，正好衔杯时。
晚酌东窗下，流莺复在兹。春风与醉客，今日乃相宜。

对　酒

劝君莫拒杯，春风笑人来。桃李如旧识，倾花向我开。
流莺啼碧树，明月窥金罍。昨日朱颜子，今日白发催。
棘生石虎殿，鹿走姑苏台。自古帝王宅，城阙闭黄埃。
君若不饮酒，昔人安在哉？

山 人 劝 酒

苍苍云松，落落绮皓。

春风尔来为阿谁？蝴蝶忽然满芳草。
秀眉霜雪颜桃花，骨青髓绿长美好。
称是秦时避世人，劝酒相欢不知老。
各守麋鹿志，耻随龙虎争。欻起佐太子，汉皇乃复惊。
顾谓戚夫人，彼翁羽翼成。归来商山下，泛若云无情。
举觞酹巢由，洗耳何独清！浩歌望嵩岳，意气还相倾。

独酌清溪江石上寄权昭夷

我携一樽酒，独上江祖石。自从天地开，更长几千尺？
举杯向天笑，天回日西照。永愿坐此石，长垂严陵钓。
寄谢山中人，可与尔同调。

秋夜板桥浦泛月独酌怀谢朓

天上何所有？迢迢白玉绳。斜低建章阙，耿耿对金陵。
汉水旧如练，霜江夜清澄。长川写落月，洲渚晓寒凝。
独酌板桥浦，古人谁可征？玄晖难再得，洒洒气填膺。

下终南山过斛斯山人宿置酒

暮从碧山下，山月随人归。却顾所来径，苍苍横翠微。
相携及田家，童稚开荆扉。绿竹入幽径，青萝拂行衣。
欢言得所憩，美酒聊共挥。长歌吟松风，曲尽河星稀。
我醉君复乐，陶然共忘机。

酬岑勋见寻就元丹丘对酒相待以诗见招

黄鹤东南来，寄书写心曲。倚林开其缄，忆我断肠续。
不以千里遥，命驾来相招。中逢元丹丘，登岭宴碧霄。
对酒忽思我，长啸临清飙。蹇余未相知，茫茫绿云垂。
俄然素书及，解此长渴饥。策马望山月，途穷造坎壈。

喜兹一会面，若覩琼树枝。忆君我远来，我欢方速至。
开颜酌美酒，乐极忽成醉。我情既不浅，君意方亦深。
相知两相得，一顾轻千金。且向山客笑，与君论素心。

醉后赠从甥高镇

马上相逢揖马鞭，客中相见客中怜。
欲邀击筑悲歌饮，正值倾家无酒钱。
江东风光不借人，枉杀落花空自春。
黄金逐手快意尽，昨日破产今朝贫。
丈夫何事空啸傲？不如烧却头上巾。
君为进士不得进，我被秋霜生旅鬓。
时清不及英豪人，三尺童儿重廉蔺。
匣中盘剑装鳍鱼，闲在腰间未用渠。
且将换酒与君醉，醉归托宿吴专诸。

前有樽酒行二首

其　一

春风东来忽相过，金樽渌酒生微波。
落花纷纷稍觉多，美人欲醉朱颜酡，
青轩桃李能几何？流光欺人忽蹉跎。
君起舞，日西夕，当年意气不肯倾，
白发如丝叹何益？

其　二

琴奏龙门之绿桐，玉壶美酒清若空。
催弦拂柱与君饮，看朱成碧颜始红。
胡姬貌如花，当垆笑春风。
笑春风，舞罗衣，君今不醉将安归？

客　中　行

兰陵美酒郁金香，玉碗盛来琥珀光。

但使主人能醉客，不知何处是他乡？

对 酒 行

松子栖年华，安期入蓬海。此人古之仙，羽化竟何在？
浮生速流电，倏忽变光彩。天地无雕换，容颜有迁改。
对酒不肯饮，含情欲谁待？

对酒忆贺监（二首）

太子宾客贺公于长安紫极宫一见余，呼余为谪仙人，因解金龟换酒为乐。怅然有怀，而作是诗。

其 一

四月有狂客，风流贺季真。长安一相见，呼为谪仙人。
昔好杯中物，今为松下尘。金龟换酒处，却忆泪沾巾。

其 二

狂客归四明，山阴道士迎。敕赐镜湖水，为君台沼荣。
人亡余故宅，空有荷花生。念此杳如梦，凄然伤我情。

对酒醉题屈突明府厅

陶令八十日，去歌归去来。故人建昌宰，借问几时回？
风落吴江雪，纷纷入酒杯。山翁今已醉，舞袖为君开。

陪侍郎叔游洞庭醉后作三首

其 一

今日竹林宴，我家贤侍郎。三杯容小阮，醉后发清狂。

其 二

船上齐桡乐，湖心泛月归。白鸥闲不去，争拂酒筵飞。

其　三

划却君山好，平铺湘水流。
巴陵无限酒，醉杀洞庭秋

九日龙山饮

九日龙山饮，黄花笑逐臣。
醉看风落帽，舞爱月留人。

自　遣

对酒不觉暝，落花盈我衣。
醉起步溪月，鸟还人亦稀。

鲁中都东楼醉起作

昨日东城饮，还应倒接䍦。
阿谁扶上马，不省下楼时？

山中与幽人对酌

两人对酌山花开，一杯一杯复一杯。
我醉欲眠卿且去，明朝有意抱琴来。

对　酒

葡萄酒，金叵罗，吴姬十五细马驮。
青黛画眉红锦靴，道字不正娇唱歌。
玳瑁筵中怀里醉，芙蓉帐里奈君何！

见野草中有曰白头翁者

醉入田家去，行歌荒野中。如何青草里，亦有白头翁。

折取对明镜，宛将衰鬓同。微芳似相诮，留恨向东风。

陪宋中丞武昌夜饮怀古

清景南楼夜，风流在武昌。使公爱和月，乘兴坐胡床。
龙笛吟寒水，天河落晓霜。我心还不浅，怀古醉余觞。

在水军宴韦司马楼船观妓

摇曳帆在空，清流顺归风。诗因鼓吹发，酒为欢歌雄。
对舞青楼妓，双环白玉童。行云且莫去，留醉楚王宫。

送　别

斗酒渭城边，垆头醉不眠。梨花千树雪，杨叶万条烟。
惜别倾壶醑，临分赠马鞭。看君颍上去，新月到应圆。

洞庭醉后送绛州吕使君流澧州

昔别若梦中，天涯忽相逢。洞庭破秋月，纵酒开愁容。
赠剑刻玉字，延平两蛟龙。送君不尽意，书及雁回峰。

广陵赠别

金瓶沽美酒，数里送君还。系马垂杨下，衔杯古道间。
天边看绿水，海上见青山。兴罢各分袂，何须别醉颜。

铜官山醉后绝句

我爱铜官乐，千年未拟还。
要须回舞袖，拂尽五松山。

九月十日即事

昨日登高罢，今朝再举觞。
菊花何太苦，遭此两重阳。

送 殷 淑

痛饮龙筇下，灯青月复寒。
醉歌惊白鹭，半夜起沙滩。

答湖州迦叶司马问白是何人

青莲居士谪仙人，酒肆藏名三十春。
湖州司马何须问，金粟如来是后身。

高 适

醉后赠张九旭

世上谩相识，此翁殊不然。兴来书自圣，醉后语尤颠。
白头老闲事，青云在目前。床头一壶酒，能得几回眠？

韦应物

酒 肆 行

豪家沽酒长安陌，一旦起楼高百尺。
碧疏玲珑含春风，银题彩帜邀上客。
回瞻丹凤阙，直视乐游苑。
四方称赏名已高，五陵车马无近远。
晴景悠扬三月天，桃花飘俎柳垂筵。
繁丝急管一时合，他垆邻肆何寂然？
主人无厌且专利，百斛一酿斯须美。
初醲后薄为大偷，饮者知名不知味。

深门潜酝客来稀，终岁醇醲味不移。
长安酒徒空扰扰，路旁过者哪得知？

刘　商

醉　后

春月秋风老此身，一瓢长醉任家贫。
醒来还爱浮萍草，漂寄官河不属人。

孟　郊

劝　酒

白日无定影，清江无定波。人无百年寿，百年复如何？
堂上陈美酒，堂下列清歌。劝君金屈卮，勿谓朱颜酡。
松柏岁岁茂，丘陵日日多。君看终南山，千古青峨峨。

张　谓

湖中对酒作

夜坐不厌湖上月，昼行不厌湖上山。
眼前一樽又长满，心中万事如等闲。
主人有黍万余石，浊醪数斗应不惜。
既今相对不尽欢，别后相思复何益？
茱萸湾头归路赊，愿君且宿黄公家。
风光若此人不醉，参差辜负东园花。

杜　甫

遭田父泥饮美严中丞

步屧随春风，村村自花柳。田翁逼社日，邀我尝春酒。
酒酣夸新尹，畜眼未见有。回头指大男，渠是弓弩手。
名在飞骑籍，去番岁时久。前日放营农，辛苦救衰朽。
差科死则已，誓不举家走。今年大作社，拾遗能住否？

叫妇开大瓶，盆中为我取。感此气扬扬，须知风化首。
语多虽杂说，乱尹终在口。朝来偶然出，自卯将及酉。
久客暗人情，如何拒邻叟？高声索果栗，欲起时被肘。
指挥过无礼，未觉村野丑。月出遮我留，仍嗔问升斗。

饮中八仙歌

知章骑马似乘船，眼花落井水底眠。
汝阳三斗始朝天，道逢曲车口流涎，恨不移封向酒泉。
左相日兴费万钱，饮如长鲸吸百川，衔杯乐圣称避贤。
宗之潇洒美少年，举觞白眼望青天，皎如玉树临风前。
苏晋长斋绣佛前，醉中往往爱逃禅。
李白一斗诗百篇，长安市上酒家眠。天子呼来不上船，自称臣是酒中仙。
张旭三杯草圣传，脱帽露顶王公前，挥毫落纸如云烟。
焦遂五斗方卓然，高谈雄辨惊四筵。

拨　闷

闻道云安曲米春，才倾一盏即醺人。
乘舟取醉非难事，下峡消愁定几巡？
去年三老遥怜汝，捩舵开头捷有神。
已办青钱防顾直，当令美味入吾唇。

醉　时　歌

诸公衮衮登台省，广文先生官独冷。
甲第纷纷厌粱肉；广文先生饭不足。
先生有道出羲皇，先生有才过屈宋。
德尊一代常坎坷，名重万古知何用？
杜陵野客人更嗤，被褐短窄鬓如丝。
日籴太仓五升米，时赴郑老同襟期。
得钱即相觅，沽酒不复疑。
忘形到尔汝，痛饮真吾师。

清夜沉沉动春酌，灯前细雨檐花落。
但觉高歌有鬼神，焉知饿死填沟壑。
相如逸才亲涤器，子云识字终投阁。
先生早赋归去来，石田茅屋荒苍苔。
儒术于我何有哉？孔丘盗跖俱尘埃！
不须闻此意惨怆，生前相遇且衔杯。

乐游园歌

乐游古园崒森爽，烟绵碧草萋萋长。
公子华筵势最高，秦川对酒平如掌。
长生木瓢示真率，更调鞍马狂欢赏。
青春波浪芙蓉园，白日雷霆夹城仗。
阊阖晴开泆荡荡，曲江翠幕排银榜。
拂水低回舞袖翻，缘云清切歌声上。
却忆年年人醉时，只今未醉已先悲。
数茎白发那抛得，百罚深杯亦不辞。
圣朝亦知贱士丑，一物但荷皇天慈。
此身饮罢无归处，独立苍茫自咏诗。

谢严中丞送青城山道士乳酒一瓶

山瓶乳酒下青云，气味浓香幸见分。
鸣鞭走送怜渔父，洗盏开尝对马军。

客至

舍南舍北皆春水，但见群鸥日日来。
花径不曾缘客扫，蓬门今始为君开。
盘飧市远无兼味，樽酒家贫只旧醅。
肯与邻翁相对饮？隔篱呼取尽馀杯。

闻官军收河南河北

剑外忽传收蓟北，初闻涕泪满衣裳。
却看妻子愁何在？漫卷诗书喜欲狂。
白日放歌须纵酒，青春作伴好还乡。
即从巴峡穿巫峡，便下襄阳向洛阳。

登　高

风急天高猿啸哀，渚清沙白鸟飞回。
无边落木萧萧下，不尽长江滚滚来。
万里悲秋常作客，百年多病独登台。
艰难苦恨繁霜鬓，潦倒新停浊酒杯。

曲江对酒　（二首）

其一
一片花飞减却春，风飘万点正愁人。
且看欲尽花经眼，莫厌伤多酒入唇。
江上小堂巢翡翠，苑边高冢卧麒麟。
细推物理须行乐，何用浮名绊此身？

其二
朝回日日典春衣，每日江头尽醉归。
酒债寻常行处有，人生七十古来稀。
穿花蛱蝶深深见，点水晴蜓款款飞。
传与风光共流转，暂时相赏莫相违。

岑　参

戏问花门酒翁家

老人七十仍沽酒，千壶百瓮花门口。
道旁榆英仍似钱，摘来沽酒君肯否？

酒泉太守席上醉后作

琵琶长笛曲相和，羌儿胡雏齐唱歌。
浑炙犁牛烹野驼，交河美酒金叵罗。
三更醉后军中寝，无奈秦山归梦何。

贾　至

对　酒　曲

春来酒味浓，举酒对春丛。
一酌千忧散，三杯万事空。
放歌乘美景，醉舞向春风。
寄语樽前客，生涯任转蓬。

戴叔伦

劝陆三饮酒

寒郊好天气，劝酒莫辞频。
扰扰钟陵市，无穷不醉人。

畅　当

军中醉饮寄沈八刘叟

酒渴爱江清，余酣漱晚汀。
软莎敧坐稳，冷石醉眠醒。
野膳随行帐，华音发从伶。
数杯君不见，都已遣沈冥。

郎士元

寄李袁州桑落酒

色比琼浆犹嫩，香同甘露仍春。
十千提携一斗，远送潇湘故人。

王　建

酬柏侍御答酒

茱萸酒法大家同，好是盛来白碗中。
这度自知颜色重，不消诗里弄溪翁。

韩　愈

醉赠张秘书

人皆劝我酒，我若耳不闻。今日到君家，呼酒持劝君。
为此座上客，及余各能文。君诗多态度，蔼蔼春空云；
东野动惊俗，天葩吐奇芬；张籍学古淡，轩鹤避鸡群；
阿买不识字，颇知书八分。诗成使之写，亦足张吾军。
所以欲得酒，为文俟其醺。酒味既冷冽，酒气又氛氲。
性情渐浩浩，谐笑方云云。此诚得酒意，余外徒缤纷。
长安众富儿，盘馔罗膻荤。不解文字饮，惟能醉红裙。
虽得一饷乐，有如聚飞蚊。今我及数子，固无莸与薰。
险语破鬼胆，高词媲皇坟。至宝不雕琢，神功谢锄耘。
方今向太平，元凯承华勋。吾徒幸无事，庶以穷朝曛。

把　酒

扰扰驰名者，谁能一日闲？
我来无饮伴，把酒对青山。

于　鹄

醉后寄山中友人

昨日山家春酒浓，野人相劝久从容。
独忆卸冠眠细草，不知谁送出深松。
都忘醉后逢廉度，不省归时见鲁恭。
知已尚嫌身酩酊，路人应恐笑龙钟。

朱放

答陆澧

松叶堪为酒，春来酿几多？
不辞山路远。踏雪也相过。

刘叉

自问

自问彭城子，何人授汝颠。酒肠宽似海，诗胆大于天。
断剑徒劳匣，枯琴无复弦。相逢不多合，赖是向林泉。

刘禹锡

堤上行

酒旗相望大堤头，堤下连墙堤上楼。
日暮行人争渡急，桨声幽轧满中流。

昼居池上亭独饮

日午树阴正，独吟池上亭。静看蜂教诲，闲想鹤仪形。
法酒调神气，清琴入性灵。浩然机已息，几杖复何铭？
（“静看”不妨改“静听”为妙——编者）

酬乐天扬州初逢席上见赠

巴山楚水凄凉地，二十三年弃置身。
怀旧空吟闻笛赋，到乡翻似烂柯人。
沉舟侧畔千帆过，病树前头万木春。
今日听君歌一曲，暂凭酒杯长精神。

白居易

房家夜宴喜雪戏赠主人

风头向夜利如刀，赖此温炉软锦袍。
桑落气薰珠翠暖，柘枝声引管弦高。
酒钩送盏推莲子，烛泪黏盘垒葡萄。
不醉遣侬争散得，门前雪片似鹅毛。

宴　散

小宴追凉散，平桥步月回。笙歌归院落，灯火下楼台。
寒暑蝉催尽，新秋雁带来。将何迎睡兴，临卧举残杯。

长　安　道

花枝缺处青楼开，绝歌一曲酒一杯。
美人劝我急行乐，自古朱颜不再来。
君不见外州客，长安道，一回来，一回老。

劝　酒

劝君一盏君莫辞，劝君两盏君莫疑。
劝君三盏君始知，面上今日老昨日。
心中醉时胜醒时。
天地迢迢日长久，白兔赤乌相趁走。
身后堆金到北斗，不如生前一樽酒。
君不见春明门外天欲明，諠諠歌哭半死生。
游人驻马出不得，白舆紫车争路行。
归去来兮头已白，典钱将用沽酒吃。

赋得何处难忘酒

何处难忘酒？朱门美少年。春分花发后，寒食月明前。

小院回罗绮，深房理管弦。此时无一盏，争过艳阳天。

宿紫阁山北村

晨游紫阁峰，暮宿山下村。村老见余喜，为余开一樽。
举杯未及饮，暴卒来入门。紫衣挟刀斧，草草十余人。
夺我席上酒，掣我盘中飧。主人退后主，敛手反如宾。
中庭有奇树，种来三十春。主人惜不得，持斧断其根。
口称采造家，身属神策君。主人慎勿语，中尉正承恩！

轻　肥

意气骄满路，鞍马光照尘。借问何为者，人称是内臣。
朱绂皆大夫，紫绶悉将军。夸赴军中宴，走马去如云。
樽罍溢九酝，水陆罗八珍。果擘洞庭桔，脍切天池鳞。
食饱心自若，酒酣气益振。是岁江南旱，衢州人食人！

问刘十九

绿蚁新醅酒，红泥水火炉。
晚来天欲雪，能饮一杯无？

与梦得沽酒闲饮且约后期

少时犹不忧生计，老后谁能惜酒钱？
共把十千沽一斗，相看七十欠三年。
闲征雅令穷经史，醉听清吟胜管弦。
更待菊黄家酝熟，共君一醉一陶然。

柳宗元

饮　酒

今日少愉乐，起坐开清樽。举觞酹先酒，遗我驱忧烦。

须良心自殊，顿觉天地喧。连山变幽晦，绿水涵晏温。
蔼蔼南郭门，树木亦何繁？清阴可自庇，竟夕闻佳言。
尽醉无复辞，偃卧有芳荪。彼哉晋楚富，此道未必存。

元　稹

饮　新　酒

闻君新酒熟，况值菊花秋。
莫怪平生志，图销尽日愁。

夜　饮

灯火隔帘明，竹梢风雨声。
诗篇随意赠，杯酒越巡行。
漫唱江朝曲，闲征药草名。
莫辞终夜饮，朝起又营营。

李敬方

劝　酒

不向花前醉，花应解笑人。
只忧连夜雨，又过一年春。
日日无穷事，区区有限身。
若非杯酒里，何以寄天真。

李　贺

秦王饮酒

秦王骑虎游八极，剑光照空天自碧。
羲和敲日玻璃声，劫灰飞尽今太平。
龙头泻酒邀酒星，金槽琵琶夜枨枨。
洞庭雨脚来吹笙，酒酣喝月使倒行。
银云栉栉瑶殿明，宫门掌事报六更。

花楼玉凤声娇狞，海绡红文香浅清，
黄娥跌舞千年觥。仙人烛树蜡烟轻，
清琴醉眼泪泓泓。

致酒行

零落栖迟一杯酒，主人奉觞客长寿。
主父西游困不归，家人折断门前柳。
吾闻马周昔作新丰客，天荒地老无人识。
空将笺上两行书，直犯龙颜请恩泽。
我有迷魂招不得，雄鸡一声天下白。
少年心事当拿云，谁念幽寒坐呜呃。

开愁歌

秋风吹地百草干，华容碧影生晚寒。
我当二十不得意，一心愁谢如枯兰。
衣如飞鹑马如狗，临歧击剑生铜吼。
旗亭下马解秋衣，请贳宜阳一壶酒。
壶中唤天云不开，白昼万里闲凄迷。
主人劝我养心骨，莫受俗物相填豗。

将进酒

琉璃钟，琥珀浓，小槽酒滴真珠红。
烹龙炮凤玉脂泣，罗帏绣幕围香风。
吹龙笛，击鼍鼓；皓齿歌，细腰舞。
况是青春日将暮，桃花乱落如红雨。
劝君终日酩酊醉，酒不到刘伶坟上土！

李商隐

杜工部蜀中离席

人生何处不离群？世路干戈惜暂分。
雪岭未归天外使，松州犹驻殿前军。
座中醉客延醒客，江上晴云杂雨云。
美酒成都堪送老，当垆仍是卓文君。

龙　池

龙池赐酒敞云屏，羯鼓声高众乐停。
夜半宴归宫漏永，薛王沉醉寿王醒。

花　下　醉

寻芳不觉醉流霞，倚树沉眠日已斜。
客散酒醒深夜后，更持红烛赏残花。

杜　牧

江　楼

独酌春芳酒，登楼已半醺。
谁惊一行雁，冲断过江云。

清　明

清明时节雨纷纷，路上行人欲断魂。
借问酒家何处有？牧童遥指杏花村。

赵　嘏

九日陪越州元相燕龟山寺

佳晨何处泛花游，丞相筵开水上头。

双影旆摇山雨霁，一声歌动寺云秋。
林光静带高城晚，湖色寒分半槛流。
共贺万家逢此节，可怜风物似荆州。

李群玉

九日陪崔大夫宴清河亭

玉醴浮金菊，云亭敞玳筵。晴山低画浦，斜雁远书天。
谢朓离都日，殷公出守年。不知瑶水宴，谁和白云篇。

温庭筠

夜　宴　谣

长钗坠发双蜻蜓，碧尽山斜开画屏。
虬须公子五侯客，一饮千钟如建瓴。
娈咽妊唱圆无节，眉敛湘烟袖回雪。
清夜恩情四座同，莫令沟水东西别。
亭亭蜡泪香珠残，暗露晓风罗幕寒。
飘飖戟带俨相次，二十四枝龙画竿。
裂管萦弦共繁曲，芳樽细浪倾春醁。
高楼客散杏花多，脉脉新蟾如瞪目。

元　结

石鱼湖上醉歌

石鱼湖，似洞庭，夏水欲满君山青。
山为樽，水为沼，酒徒历历坐洲岛。
长风连日作大浪，不能废人运酒舫。
我持长瓢坐巴丘，酌饮四座以散愁。

段成式

怯酒赠周繇

大白东西飞正狂，新篘石冻杂梅香。
诗中反语常回避，尤怯花前唤索郎。

皮日休

醉中寄鲁望一壶并一绝

门巷寥寥空紫苔，先生应渴解酲杯。
醉中不得亲相倚，故遣青州从事来。

友人许惠酒以诗征之

野老萧然访我家，霜残白菊两三花。
子山病起无余事，只望蒲台酒一车。

春 夕 酒 醒

四弦才罢酒蛮奴，酃醁馀香在翠炉。
夜半醒来红蜡短，一枝寒泪作珊瑚。

陆龟蒙

和袭美醉中以一壶见寄

酒痕衣上杂莓苔，犹忆红螺一两杯。
正被绕篱荒菊笑，日斜还有白衣来。

和袭美春夕酒醒

几年无事傍江湖，醉倒黄公旧酒垆。
觉后不知明月上，满身花影倩人扶。

怀宛陵旧游

陵阳佳地昔年游，谢朓青山李白楼。
惟有日斜溪上思，酒旗风影落春流。

雍　陶

送　陈　标

满酌劝僮仆，好随郎马蹄。
春风慎行李，莫上白铜鞮。

王　翰

凉　州　词

葡萄美酒夜光杯，欲饮琵琶马上催。
醉卧沙场君莫笑，古来征战几人回。

窦叔向

夏夜宿表兄话旧

夜合花开香满庭，夜深微雨醉初醒。
远方珍重何曾达，旧事凄凉不可听。
去日儿童皆长大，昔年亲友半凋零。
明朝又是孤舟别，愁见河桥酒幔青。

刘　驾

醒　后

醉卧芳草间，酒醒日落后，壶觞半倾覆，
客去应亦久。不记折花时，何得花在手？

于武陵

劝　酒

劝君金屈卮，满酌不须辞。
花发多风雨，人生足别离。

许宣平

醉　歌

纪事云：好事者尝题此诗于壁。李白自翰林出，东游，览诗叹曰：此仙人也。

负薪朝出卖，沽酒日西归。
借问家何在？穿云入翠微。

唐温如

宿洞庭浃

西风吹老洞庭波，一夜湘君白发多。
醉后不知天在水，满船清梦压星河。

裴脩然

夜醉卧街

开元中，夜醉卧街犯禁，乃为此诗。

遮莫冬冬动，须倾满满杯。
金吾如借问，但道玉山颓。

山中客

别酒主人

酒尽君莫沽，壶干我当发。
城市多嚣尘，还山弄明月。

王禹偁

岁除日同年冯中允携觞见访因而沉醉病酒三日醒而偶赠

除夜浑疑便白头，携壶相劝醉方休。
敢辞枕上三朝卧，且免灯前一夕愁。
薄命我甘离凤阙，多才君亦滞龙楼。
相逢不尽杯中物，何以支当寂寞州。

欧阳修

怀嵩楼新开南轩与郡僚小饮

绕郭云烟匝几重，昔人曾此感怀嵩。
霜林落后山争出，野菊开时酒正浓。
解带西风飘画角，倚栏斜日照青松。
会须乘醉携佳客，踏雪来看群玉峰。

苏舜钦

夜闻榨酒有声因而成咏

糟床新压响泠泠，敧枕初闻睡自轻。
几段愁衷俱滴破，一番欢意已篘成。
空阶夜雨徒传句，三峡流泉无此声。
只待松轩看飞雪，呼宾同饮瓮头清。

和彦猷晚宴明月楼

落晚天边宴席开，溪山相照绝纤埃。
绿杨有意檐前舞，凉月多情海上来。
香穗萦斜凝画栋，酒鳞环合起金罍。
自疑身是乘槎客，泛彻银河却欲回。

韩　维

饮方君舍晚归

惨淡秋原思，归鞍暮向城。
野风吹酒散，寒日上衣明。
踯躅樵儿聚，喧呼猎骑轻。
村醪处处熟，准拟数来行。

谢尧夫寄新酒

故人一别两重阳，每欲从之道路长。
有客忽传龙坂至，开尊如对马军尝。
定将琼液都为色，疑有金英密借香。
却笑当年彭泽令，篱边终日叹空觞。

王安石

北客置酒

紫衣操鼎置客前，巾韝稻饭随粱饘。
引刀取肉割啖客，银盘臂臑薨与鲜。
殷勤劝侑邀一饱，卷牲归馆觞更传。
山蔬野果杂饴蜜，獾脯豕腊加炰煎。
酒酣众吏稍欲起，小胡捽耳争留连。
为胡止饮且少安，一杯相属非偶然。

孔平仲

上巳饮于湖上

城南春已老，湖上雨初晴。草作忘忧绿，风为解温情。
杨花轻欲下，菱叶细方生。酒影低云木，歌声伴画莺。
赏心残蕊在，幽曲小舟横。却笑兰亭会，吟诗半不成。

苏　轼

新酿桂酒

擣香筛辣入瓶盆，盎盎春溪带雨浑。
收拾小山藏社瓮，招呼明月到芳樽。
酒材已遣门生致，菜把仍叨地主恩。
烂煮葵羹斟桂醑，风流可惜在蛮村。

和陶渊明饮酒

道丧士失已，出语辄不情。江左风流人，醉中亦求名。
渊明独清真，谈笑得此生。身如受风竹，掩冉众叶惊。
俯仰各有态，得酒诗自成。

与莫同年雨中饮湖上

到处相逢是偶然，梦中相对各华颠。
还来一醉西湖雨，不见跳珠十五年。

章质夫送酒六壶
书至而酒不达戏作小诗问之

白衣送酒舞渊明，急扫风轩洗破觥。
岂意青州六从事，化为乌有一先生。
空烦左手持新蟹，漫绕东篱嗅落英。
南海使君今北海，定分百榼饷春耕。

苏　辙

家　酿

方暑储曲糵，及秋春秫稻。甘泉汲桐柏，火候问邻媪。
唧唧鸣瓮盎，暾暾化梨枣。一拨欣已熟。急搊嫌不早。
病色变渥丹，羸躯惊醉倒。子云多交游，好事时相造。

嗣宗尚出任，兵厨可常到。嗟我老杜门，奈此平生好。
未出禁酒国，耻为瓮间盗。一醉汁滓空，入腹谁复告？

酿重阳酒

风前隔年曲，瓮里重阳酒。适从台无馈，饮啜不濡口。
秋尝日已迫，收拾烦主妇。仰空露成霜，蹇庭菊将秀。
金微火犹壮，未可多覆蔀。唧唧候鸣声，涓涓夜初溜。
轻巾漉糟脚，寒泉养罂缶。谁来共佳节，但约邻人父。
生理正艰难，一醉陶衰朽。他年或丰馀，此味恐无有。

以蜜酒送柳真公

床头酿酒一年余，气味全非卓氏垆。
送与幽人试尝看，不应只是百花须。

黄庭坚

题杜子美浣花醉归图

拾遗流落锦官城，故人作尹眼为青。
碧鸡坊西结茅屋，百花潭水濯冠缨。
故衣未补新衣绽，空蟠胸中书万卷。
探道欲度羲皇前，论诗未觉国风远。
干戈峥嵘暗宇县，杜陵韦曲无鸡犬，
老妻稚子且眼前，弟妹漂零不相见。
此公乐易真可人，园翁溪友肯卜邻。
邻家有酒邀皆去，得意鱼鸟来相亲。
浣花酒船散车骑，野墙无主看桃李。
宗文守家宗武扶，落日蹇驴驮醉起。
愿闻解兵脱兜鍪，老儒不用千户侯。
中原未得平安报，醉里眉攒万国愁。
生绡铺墙粉墨落，平生忠义命寂寞。
呼儿不苏驴失脚，犹恐醉来有新作。
常使诗人拜画图，煎胶续弦千古无。

五粮液赞

王公权家荔枝绿，廖致平家绿荔枝。
试倾一杯重碧色，快剥千颗轻红肌。
发醅葡萄未足数，堆盘马乳不同时。
谁能品此胜绝味，惟有老杜东楼诗。

唐　庚

谢人送酒

世情不到海边村，载酒时来饷子云。
便欲醉中藏潦倒，已将度外置纷纭。
细思扰扰膠膠事，政坐奇奇怪怪文。
唤取邻翁传杓饮，渐令安习故将军。

与舍弟饮

温酒浇枯肠，戢戢生小诗。诗中何等语，酒后哪得知？
黄菊遂行迈，径去不复辞。拒霜犹屈强，其势何能为？
但问酒有无，勿计官高卑。江边捕鱼郎，教我当啜醨。

醉　眠

山静似大古，日长如小年。
馀花犹可醉，好鸟不妨眠。
世味门常掩，时光簟已便。
梦中频得句，拈笔又忘筌。

韩　驹

庚子年还朝饮酒绝句

三年逐客卧江皋，自与田翁酌小槽。
饮惯茅柴谙苦硬，不知如蜜有香醪。

还朝饮酒

往时看曝石渠书，内酒均颁白玉腴。
落魄十年无复醉，因公今日识官壶。

程　俱

谢江仲举惠酒

山城无物可忘忧，但有平原病督邮。
知我囊中无白水，烦君若下出青州。
芳甘未谢三年醖，傲兀能消万古愁。
会待东郊春意动，鸣鞭乘兴草堂游。

罗　愿

和汪伯虞求酒

君不见菊潭之水饮可仙，酒旗五星空在天。
此江縠纹奇更绝，投以曲米清如泉。
分甘正拟供低唱，要筑糟台须大匠。
诗人便欲醉千日，欢伯仅堪陪一饷。
曰予此乐未之知，独爱为瓶居井湄。
因君饮兴亦浩荡，梦随骖驾觞瑶池。
昔贤酒尽孤长吸，大似竹枯还欲沥。
明朝秀句传满城，笑指空樽卧墙壁。

张　耒

招潘郎饮

老人夜短睡不足，勃公窗外强知时。
五更未明语千万，更憎林间鸭鵊儿。
吹红洗白雨三日，吾园花蕊已离披。
一年春事坐如此，白首穷谪归无期。

念此径须沽酒饮，买鱼烹肉勤妻儿。
更呼东邻好酒伴，为我醉倒阶前泥。

李　觏

丙子冬至夜酒醒

尽道一阳初复时，不期风雨更凄凄。
凌晨出去逢人饮，沉醉归来满马泥。
多恨恐成干斗气，欲言那得上天梯。
灯青火冷睡半醒，残叶打窗乌夜啼。

朱淑真

宴谢夫人堂

竹引入酒卮，森森凉气暗侵肌。
冰峦四叠浑无暑，不似人间六月时。

范　浚

张生夜载酒相过

夜卷一钩帘，衣寒觉露沾。
未惊风割面，且看月磨镰。
玉碗鹅儿酒，花瓷虎子盐。
张公鸡黍旧，欢笑了无嫌。

周必大

道中忆胡季怀

珍重临分白玉卮，醉中那暇说相思。
天寒道远酒醒处，始是忆君断肠时。

陆　游

西村醉归

侠气峥嵘盖九州，一生常耻为身谋。
酒宁剩欠寻常债，剑不虚施细碎仇。
歧路凋零白羽箭，风霜破弊黑貂裘。
阳狂自是英豪事，村市归来醉跨牛。

对　酒

闲愁如飞雪，入酒即消融。
花好如故人，一笑杯自空。
流莺有情亦念我，柳边尽日啼春风。
长安不到十四载，酒徒往往成衰翁。
九环宝带光照地，不如留君双颊红。

醉　歌

不痴不聋不倒翁，平生与世马牛风。
无才无德疾顽老，尔来对客惟称好。
相风使帆第一筹，随风倒拖更何忧。
亦不求作佛，亦不愿封侯。
亦不须脱裘去换酒，亦不须卖剑来买牛。
甲第从渠厌梁肉，貂蝉本自出兜鍪。
夔理阴阳岂不好，才得闲管晴雨如鹁鸠。
辛苦筑垒拂云祠，不如吟啸风月登高楼。
尔作楚舞吾齐讴，身安意适死即休。

大醉梅花下走笔赋此

闭门坐叹息，不饮辄十日。忽然酒兴生，一醉须一石（斛），
檐头花易老，旗亭酒常窄。出郊索一笑，放浪谢形役。
把酒梅花下，不觉日既夕。花香袭襟袂，歌声上空碧。

我亦落乌巾，倚树吹玉笛。人间奇事少，颇谓三勍敌。
酒阑江月上，珠树挂寒壁。便疑从此仙，朝市去扫迹。
醉归乱一水，顿与异境隔。终当骑梅龙，海上看春色。

（“一醉须一石”编者疑“石”为“斛”）

社　酒

农家耕作苦，雨旸每关念。
种黍踏曲糵，终岁勤收敛。
社瓮虽草草，酒味亦醇酽。
长歌南陌头，百年应不厌。

饮石洞酒戏作

酣酣霞晕力通神，淡淡鹅黄色可人。
一笑破除垂老日，满怀摇荡隔年春。
梅花的的吹初破，杨柳纤纤染未匀。
醉倒桥边人不怪，西曹免护相君茵。

对　酒

温如春色爽如秋，一榼灯前自献酬。
百万愁魔降未得，故应用尔作戈矛。

范成大

寓直玉堂拜赐御酒

归鸦陆续堕宫槐，帘幕参差晚不开。
小雨遂将秋色至，长风时送市声来。
近瞻北斗璿玑次，犹梦西山翠碧堆。
惭愧君恩来甲夜，殿头宣劝紫金杯。

杨万里

重九后二日同徐克章登万花川谷月下传觞

老夫渴急月更急，酒落杯中月先入。
领取青天并入来，和月和天都蘸湿。
天既爱酒自古传，月不解饮真浪言。
举杯将月一口吞，举头见月犹在天。
老夫大笑问客道：“月是一团还两团？”
酒入诗肠风火发，月入诗肠冰雪泼。
一杯未尽诗已成，诵诗向天天亦惊。
焉知万古一骸骨，酌酒更吞一团月！

酒　歌

生酒清于雪，煮酒赤如血。
煮酒只带烟火气，生酒不离泉石味。
石根泉眼新汲浆，曲米酿出春风香。
坐上猪红间熊白，瓮头鸭绿变鹅黄。
先生一醉万事已，那知身在尘埃里。

留萧伯和仲和小饮

谁曾白日上青天，谁羡千钟况万钱。
要入诗家须有骨，若除酒外更无仙。
三杯未必通大道，一醉真能出百篇。
李杜饥寒才几日，却教富贵不论年。

朱　熹

酒　市

其　一

闻说崇安市，家家曲米春。楼头邀上客，花底觅南邻。

讵有当垆子，应无折券人。劝君浑莫问，一酌便还醇。

其　二

丽藻摛云锦，新章写陡厘。诗传国风体，兴发酒家旗。
见说难中圣，遥知但啜醨。盘餐杂鲑菜，那有蟹螯持？

王十朋

林知常惠白酒六尊仍示酒法作十韵谢之

老去生涯付杯酒，种秫辛勤三百亩。
东皋遗法嗟失传，蜜汁韭浆不通口。
迩来软饱经月无，岂有清欢对朋友。
百钱强就村媪醉，终夜疏肠作雷吼。
先生只把文字耕，妙意能施杜康手。
怜我新愁余万斛，那更浇肠无五斗。
分惠青州六从事，秘法兼蒙传肘后。
便同北海歌不空，免从东坡叹乌有。
嗟予偃蹇老更饕，感激故人情意厚。
会须续遣白衣来，篱畔黄花欲重九。

九日饮酒会趣堂者十九人老者与焉既醒念不可以无诗因用赠林知常韵示诸友

我似杨雄贪嗜酒，笔作耕犁纸为亩。
辛勤耕植三十年，往往糟醨罕濡口。
今年九日瓮盎空，谁馔先生荷诸友？
衰颜迎醉生嫩红，馋腹随餐失饥吼。
菊花不上老人头，酒盏聊传此时手。
文字饮韩嘉数子，礼法拘髡帷一斗。
衰翁兴尽辄先归，不待杯盘狼藉后。
坐客高歌惊四邻，吾乡已在无何有。
明朝黄花亦不恶，俗眼无端自疏厚。
酒醒聊记坐中人，有似平原凡十九。

九日会饮予为倡首自和凡数篇皆因事叙情尔未作重九诗也今再和一篇每句用事而不见姓名末联外余皆略存对偶必有能和之者

独坐东篱叹无酒，种秫西畴谩盈亩。
菊花丛畔来白衣，桑落杯中付馋口。
汝南风俗有故事，龙山宴集多佳友。
静闻彭泽三径香，遥想兰田双涧吼。
顺时习射马嘶风，随俗登山囊系手。
慈恩塔冷旧衣冠，戏马台空古刁斗。
三嗅馨香感慨中，细看茱萸酩酊后。
应制赋诗人熟在，坐湖联句今还有。
明朝见花心已别，此日登高意相厚。
日月并应节物嘉，独恨今年无闰九。

姜特立

夜　饮

风高霜挟月，酒暖夜生春。
一曲清歌罢，华胥有醉人。

方　岳

社　酒

春风泼醅瓮，夜雨鸣糟床。相呼荐蠲洁，洗盏方敢尝。
不辞酩酊红，所愿穲稏黄。家家饭牛肥，岁岁浮蛆香。

梁　栋

渊明携酒图

渊明无心云，才出便归岫。东皋半顷秫，所种不常有。
苦恨无酒钱，闲却持杯手。今朝有一壶，携之访亲友。

惜无好事人，能消几壶酒。区区谋一醉，岂望名不朽？
闲吟篱下菊，自传门前柳。试问刘寄奴，还识此人否？

徐　玑

咏　酒

才倾一盏碧澄澄，自是山妻手法成。
不遣水多防味薄，要令曲少得香清。
凉从荷叶风边起，暖向梅花月里生。
世味总无如此味，深知此味即渊明。

利　登

沽　酒

有钱但沽酒，莫买南山田。
勾引催租人，惊散青松烟。

戴复古

饮　中

布衣不换锦宫袍，刺骨清寒气自豪。
腹有别肠能贮酒，天生左手惯持螯。
蝇随骥尾宜千里，鹤在鸡群亦九皋。
贤似屈平因独醒，不禁憔悴赋离骚。

吕子羽

李白醉归图

春风醉袖玉山颓，落魄长安酒肆回。
忙煞中官寻不得，沈香亭北牡丹开。

庞　铸

漉　酒　图

我爱陶渊明，爱酒不爱官。弹琴但寓意，把酒聊开颜。
自得酒中趣，岂问头上冠？谁作漉酒图，清风起毫端。
露电出形似，神情想高闲。大似挥弦时，目送飞鸿难。
袖中有东篱，开卷见南山。嗟予困尘土，青鬓时一斑。
折腰尚未免，敢谓善闭关。望望孤云翔，羡羡飞鸟还。
归田未有日，掩卷空长叹。

宋九嘉

卯　酒

腊蚁初浮社瓮篘，宿酲正渴卯时投。
醉乡兀兀陶陶里，底事形骸底事愁。

侯　册

醉　中

烂醉归来驴失脚，破靴指天冠倒卓。
起来白眼望青天，狂气峥嵘无处著。
陶潜止酒意有在，铺糟醊醨良未害。
君看谢奕对桓温，得失老兵何足怪？
螟蛉蜾蠃待二豪，饮中宁有山家涛。
平明径访陈惊坐，相对春风把蟹螯。

李俊明

老杜醉归图

寻常行处酒债，每日江头醉归。
薄暮斜风细雨，长安一片花飞。

高翥

清明日对酒

南北山头多墓田，清明祭扫各纷然。
纸灰飞作白蝴蝶，泪血染成红杜鹃。
日落狐狸眠冢上，夜归儿女笑灯前。
人生有酒须当醉，一滴何曾到九泉。

元好问

饮酒（二首）

其一

西郊一亩宅，闭门秋草深。床头有新酿，意惬成孤斟。
举杯谢明月，蓬荜肯相临。愿将万古色，照我万古心。

其二

去古日已远，百伪无一真。
独余醉乡地，中有羲皇淳。
圣教难为功，乃见酒力神。
谁能酿沧海，尽醉区中民。

后饮酒（三首）

其一

金丹换凡骨，诞幻若无实。如何杯勺间，乃有此乐国。
天生至神物，与世作酣适。岂曰无妙理，滉漾莫容诘。
康衢吾自乐，何者为帝力？大笑白与刘，区区颂功德。

其二

酒中有圣地，名流所同归。人若不解饮，俗病从何医？
此语谁所云？吾友田紫芝。紫芝虽吾友，痛饮真吾师。
一饮三百杯，谈笑成歌诗。九原不可作，想见当年时。

其　三

饮人不饮酒，正自可饮泉。饮酒不饮人，屠沽从击鲜。
酒如以人废，美禄何负焉？我爱靖节翁，于酒得其天。
庞通何物人？亦复为陶然。兼忘物与我，更觉此翁贤。

醉　后

蚤岁披书手不停，中年所得是忘形。
天公不禁人间酒，崔瑗虚留座右铭。
身后山丘几春草，醉来日月两秋萤。
柴门老雨青苔满，一解狂歌且自听。

倪　瓒

对　酒

题诗石壁上，把酒长松间。远水白云度，晴天孤鹤还。
虚亭映苔竹，聊此息跻攀。坐久日已夕，春鸟声关关。

刘　因

黑　马　酒

仙酪谁夸有太元，汉家挏马亦空传。
香来乳面人如醉，力尽皮囊味始全。
千尽银驼开晓宴，一杯璃露洒秋天。
山中唤起陶弘景，轰饮高歌敕勒川。

夏日饮山亭

借住郊园旧有缘，绿阴清昼静中便。
空钩意钓鱼亦乐，高枕卧游山自前。
露引松香来酒盏，雨催花气润吟笺。
人来每问农桑事，考证床头种树篇。

黄　庚

醉　时　歌

茫茫古堪舆，何日分九州？
九州封域如许大，仅能著我胸中愁。
浇愁须是如渑酒，曲波酿尽银河流。
贮以倒海千顷黄金罍，酌以倾江万斛玻璃舟。
天为青罗幕，月为白玉钩。
月边天孙织云锦，制成五色蒙茸裘。
披裘把酒踏月窟，长揖北斗相劝酬。
一饮一千石，一醉三千秋，高卧五城十二楼。
刚风冽冽吹酒醒，起来披发骑赤虬。
大呼洪崖拉浮丘，飞上昆仑山顶头。
下社尘环一培蝼，挥斥八极逍遥游。

许有壬

马　酒

味似融甘露，香疑酿醴泉。
新醅撞重白，绝品挹清元。
骥子饥无乳，将军醉卧毡。
挏官闻汉史，鲸吸有今年。

秋露白酒熟卧闻糟声喜而得句

治曲辛勤夏竟秋，奇功今日遂全收。
日华煎露成真液，泉脉穿岩咽细流。
不忍掇醨醽瓮面，且教留响在床头。
老怀磈磊行浇尽，三径黄花两玉舟。

张　简

醉　樵　歌

东吴市中逢醉樵，铁冠攲侧发飘萧。
两肩矻矻何所负？青松一枝悬酒瓢。
自言华盖峰头住，足迹踏遍人间路。
学书学剑总不成，惟有饮酒得真趣。
管乐本是王霸才，松乔自有烟霞具。
手持昆冈白玉斧，曾向月里砍桂树。
月里仙人不我嗔，特令下饮洞庭春。
兴来一吸海水尽，却把珊瑚樵作薪。
醒时邂逅逢玉质，石上看棋黄鹄立。
斧柯烂尽不成仙，不如一醉三千日。
于今老去名空在，处处题诗偿酒债。
淋漓醉墨落人间，夜夜风雷起光怪。

杨维桢

红　酒　歌

杨子渴如马文园，宰官特赐桃花源。
桃花源头酿春酒，滴滴真珠红欲燃。
左官忽落东海边，渴心盐井生炎烟。
相呼西子湖上船，莲花博士饮中仙。
如银酒色未为贵，令人长忆桃花泉。
胶州判官玉牒贤，忆昔同醉琼林筵。
别来南北不通问，夜梦玉树春风前。
朝来五马过陋廛，赠以同胞五色彩。
副以五凤楼头笺，何以浇我磊落抑塞之感慨？
桃花美酒斗十千，垂虹桥下水拍天，
虹光散作真珠涎。
吴娃斗色樱在口，不放白雪盈人颠。
我有文园渴，苦无曲奏鸳鸯弦。
预恐沙头双玉尽，力醉未与长瓶眠。

径当垂虹去，鲸量吸百川。
我歌君扣舷，一斗不惜诗百篇。

张昱

碧筩饮次胡丞韵

小刺攒攒绿满径，看揎罗袖护轻盈。
分司御史心先醉，多病相如渴又生。
银浦流云虽有态，铜盘清露寂无声。
当年欲博千金笑，故作风荷带雨倾。

周权

葡萄酒

翠虬夭矫飞不去，颔下明珠脱寒露。
累累千斛昼夜舂，列瓮满浸秋泉红。
数霄酝月清光转，秾腴芳髓蒸霞暖。
酒成快泻宫壶香，春风吹冻玻璃光。
甘逾瑞露浓欺乳，曲生风味难通谱。
纵教典却鹔鹴裘，不将一斗博凉州。

周宪王

和白香山《何处难忘酒》（六首）

其一

何处难忘酒，年光似掷梭。清明怜已过，春色苦无多。
席上红牙板，花前皓齿歌。此时无一盏，争奈牡丹何？

其二

何处难忘酒，初秋暑尚存。双星渡银汉，微月照黄昏。
瓜果排中阁，笙歌沸小轩。此时无一盏，何以待天孙？

其　三

何处难忘酒，遥登庾亮楼。歌声通上界，笑语在瀛州。
玉宇晴无际，冰轮夜不收。此时无一盏，何以玩中秋？

其　四

何处难忘酒，重阳戏马台。菰蒲随水落，桔柚待霜催。
蟋蟀吟将老，茱萸插几回。此时无一盏，黄菊向谁开？

其　五

何处难忘酒，寒窗一局棋。新篘开竹叶，老树发梅枝。
拨火煨霜芋，围炉咏雪诗。此时无一盏，虚度小春时。

其　六

何处难忘酒，深冬掩凤帏。管弦清晓发，猎骑夜深归。
羊角旋风起，鹅毛大雪飞。此时无一盏，辜负黑貂衣。

拟不如来饮酒（八首）

其　一

莫向忙中去，闲时自养神。功名一场梦，世界半分尘。
日月朝还暮，时光秋复春。不如一饮酒，醉里乐天真。

其　二

寄语红尘客，其如岁月何。新诗随意写，时曲放怀歌。
老去朱颜改，年高白发多。不如来饮酒，看我舞婆娑。

其　三

攫攘何因尔，终朝傀儡牵。望尘忙趁市，满贯苦多钱。
造物商岩板，羲和穆骏鞭。不如来饮酒，一醉大家眠。

其　四

世态看来熟，浮生何苦忙！好花供老眼，佳茗刷枯肠。
池上红鸳并，帘前紫燕翔。不如来饮酒，高卧北窗凉。

其　五

故友成衰谢，新交未是俦。心劳悲幕燕，计拙笑巢鸠。
莫作少年事，休将老态愁。不如来饮酒，赏玩菊花秋。

其　六

莫入三街市，宜乘九夏凉。随缘得妙术，守分是仙乡。
写字腾龙虎，吹箫引凤凰。不如来饮酒，烂醉锦筝旁。

其　七

羡我霜髯老，逢时正太平。园畦频点检，书画悦心情。
绿竹栽千个，红棋著一枰。不如来饮酒，且莫问输赢。

（“个”宜用“竿”——编者）

其　八

幸喜身康健，休论愚共贤。诗联有神助，老懒得天全。
十日一风雨，三家百顷田。不如来饮酒，同乐好丰年。

高　启

将　进　酒（二首）

君不见陈孟公，一生爱酒称豪雄；
君不见扬子云，三世执戟徒工文。
得失如今两何有，劝君相逢且相寿。
试看六印尽垂腰，何似一卮长在手。
莫惜黄金醉青春，几人不饮身亦贫。
酒中有趣世不识，但好富贵亡其真。
便须吐车茵，莫畏丞相嗔。
桃花满溪口，笑杀醒游人。
弦绳玉缸酿初熟，摇荡春光若波绿。
前无御史可尽欢，倒着锦袍舞鸜鹆。
爱妾已去曲池平，此时欲饮焉能倾。
地下应无酒垆处，何苦寂寞孤平生。
一杯一曲，我歌君续。
明月自来，不须秉烛。

五岳既远，三山亦空。
欲求神仙，在杯酒中。

逢张架阁

花落江南酒市春，逢君归骑带京尘。
一杯相属成知已，何必相逢是故人。

贝　琼

丁一鹤以疾止酒诗以诮之

一鹤先生老耽酒，夜饮一石朝五斗。
春来连月醉如泥，窥户欣无太常妇。
杜康昨者忽为厉，鸜鹆不荐谈天口。
结交昔在王侯间，折节应羞儿女后。
地经槜李却垂泪，日落君山独回首。
浪说北游少年时，结束正似幽并儿。
朔风破肉雪埋胫，桃花骏马如星驰。
天街下马意气盛，胡女起问郎君谁。
凉州葡萄不论价，龟兹觱篥当筵吹。
安知反复一秋梦，白发渐满红颜衰。
吴王宫中走麋鹿，真娘墓下号狐狸。
出门两足苦无力，强与老儒时赋诗。
君不见人间万事随流水，别有乾坤醉乡里。
不如与君更挟两鸱夷，李白陶潜共生死。

（题疑为“以酒止疾”——编者）

次韵铁崖先生醉歌

先生爱酒称酒仙，清者为圣浊为贤。
清江三月百花合，江头日坐流萍船。
左携张好右李娟，紫檀双凤鹍鸡弦。
倾家买酒且为乐，老妇勿忧无酒钱。

白日西没大东旋，秋霜入镜何当玄。
蓬莱有路不可到，祖龙已腐三重泉。
何如快饮三万日，酒楼即起糟丘边。
愿持北斗挹东海，月落枕股楼头眠。

王　遂

和高季迪将进酒

君不见云中月，清光乍圆还又缺。
君不见枝上花，容华不久落尘沙。
一生一死人皆有，绿发朱颜岂能久？
樽前但使酒如渑，酒后何须印悬斗！
咸阳黄犬悔忆迟，至今千载令人嗤。
试看古来功业士，何如陌上冶游儿。
百年飘忽寄宇内，日日欢娱能几岁？
劝君莫惜囊中金，便趁生前常买醉。
临邛垆头绿蚁香，柳花卷雪春茫茫。
吴姬越女娇相向，痛饮须尽三千觞。
兴来狂笑纵所适，慎勿畏他权贵客。
东风吹落头上巾，此日独醒端可惜。
一朝绮罗生网尘，妆楼空锁青娥人。
酒星不照九泉下，孤鸟自弄山花春。
解我金貂，脱君素裘。白日既没，秉烛遨游。
君为我舞，我为君歌，歌舞相合，其如乐何？

杜　庠

夏正夫邀饮蛇酒

藤峡香醪远寄来，一樽公馆晚凉开。
功同薏苡能消瘴，色胜葡萄乍泼醅。
钱在杖头宜剩买，壁悬弓影莫深猜。
主人情重怜衰病，入夜张灯再举杯。

李东阳

予素不善饮文明诗来有西涯烂醉欲人扶之句且以二樽见惠步韵答之

梦断高阳旧酒徒，坐惊神语落虚无。
若教对饮应差胜，纵使微醺不用扶。
往事分明成一笑，远情珍重得双壶。
次公亦是醒狂客，幸未粗豪比灌夫。

徐祯卿

青门歌送吴郎

吴郎醉嗜长安酒，落魄自言为客久。
走马频看上苑花，回鞭几折青门柳。
青门曈曈鱼钥开，乳燕游丝相逐来。
柳下雕鞍留别袂，花间酒盏覆苍苔。
浮云去去辞城阙，芳草连天那可歇？
野店春风听早莺，关河晓树悬新月。
千里淮流双画桡，广陵驿前逢暮潮。
落日帆归扬子渡，青山家对伯通桥。
吾家流水元非隔，宛转胥台通巷陌。
草长难寻仲蔚居，林深不辨陶潜宅。
清溪屋下可垂纶，夏有莼羹足献亲。
君归倘食冰丝鲙，为念羁栖塞北人。

王世贞

乱后初入吴舍弟小酌

与尔同兹难，重逢恐未真。一身初属我，万事欲输人。
天意宁群盗，时艰更老亲。不堪追往昔，醉语亦伤神。

立春前一日过尹汝渔副使饮

东走齐河冰雪开，郁葱佳气近楼台。
相逢腊向尊中尽，敢道秋从使者来。
落日千门飞雁去，黄云一骑按雕回。
知君且住袁丝里，陆博酣歌未易才。

饮欧阳镇朔即事有赠

旌旗春偃白龙堆，教客休停鹦鹉杯。
歌舞未残飞骑出，月中生缚左贤来。

王　鏊

酒熟志喜

常年送酒愧诸邻，陡觉今年富十分。
水法特教担柳毅，曲材先已谢桐君。
床头夜滴晴阶雨，瓮面香浮暖阁云。
莫笑陶公巾自漉，年来正策醉乡勋。

邵　宝

雪酒诗为孙司徒赋

元酒曾闻侑大烹，酿来寒雪品尤清。
也知承露能高致，须信藏冰为曲成。
光重夜杯如有物，暖销春瓮本无声。
相看莫谓人间味，一滴先天万古情。

李　濂

弟洛以襄陵酒方见示如法酿造良佳赋此答意

襄陵自昔称名酒，猗氏于今得秘方。

传示故园知汝意，酿成新味与谁尝？
金盘滴露泠泠白，玉碗浮春冉冉香。
倚瓮题诗寄吾弟，西斋风雨忆联床。

顾大武

漫　歌

酒旂招摇西北指，北斗频倾渴不止。
天上有酒饮不足，翻身直下解作人间顾仲子。
酒中生，酒中死。
糟丘酒池何龌龊，千钟百觚亦徒尔。
堪笑刘伶六尺身，死便埋我须他人。
此身血肉岂是我，乌鸢蝼蚁谁疏亲？
四鳃鲈鱼千里莼。有此下酒物，刘季张良焉足论？
左携孔北海，右揽李太白。
余杭老姥寄信来，道我新封合欢伯。

吴　骐

友人送酒

僻性恒耽酒，居贫暗自伤，数旬无一醉，两鬓竟繁霜。
得此真知已，陶然即上皇。乾坤如许大，短袖且低昂。

徐学谟

醉中题醉人图

我从燕山望京阙，五陵豪客伤离别。
相逢不饮君奈何？瓮泼葡萄色如血。
须臾吸尽三百壶，西陵之日驱金乌。
眼中谁是高阳徒，醒来忽见醉人图。
图中之人谁最醉？美而[illegible]者眦如泪。
翻身跳浪招且号，夜半山精引群魅。
东隅之叟颓不禁，拥垆鼻作苍蝇吟。

梦中舒拳赌六博，犹呼一掷千黄金。
蹲者阴崖伏馁虎，走者风舠荡小橹。
何人仰面狮作吼？何人歌咽水升戽？
何人露顶发不梳，咄谁持酒浇其颅？
何人掉臂挥大斗，一沥沾唇苦于荼？
漫道真珠兼琥珀，翠屏锦缛声喀喀。
流涎残沫迸地走，珊瑚铺满金吾宅。
众中饮者谁最多？衰衣之客倾江河。
恰如廉颇老善饭，眼看醉者皆幺幺。
幺幺累累何足较，或鼓或泣或大啸。
玉山自在谁能推？欲上青天挽双曜。
刘伶毕卓俱尘埃，幕天席地安在哉？
今宵不闻妇人语，明日看花我复来。

方孟武

将　进　酒

将进酒，鼓琴瑟。调凤凰，如胶漆。
斗酒饮醇，松竹犹存。东风不驻，桃李无言。
青天有月圆又缺，愁见杨花乱如雪。

徐　锐

酒　井

千年春瓮传仙姥，三月晴云护酒庐。
色映岩花开宝靥，青归亭柳拂罗襦。
漫思竹叶倾鹦鹉，好学柴桑醉玉蛆。
病渴多情辞赋懒，琴堂何意独当垆？

袁宏道

饮　酒

刘伶之酒味太浅，渊明之酒味太深。
非深非浅谪仙家，未饮陶陶先醉心。

宋　讷

峨　眉　亭

碧酒双玉瓶，独酌峨眉亭。不见李太白，惟见三山青。
秋色淮上来，苍然满云汀。安得十五弦，弹与蛟龙听。

林　鸿

饮　酒

儒生好奇古，出口谈唐虞。倘生羲皇前，所谈竟何如？
古人既已死，古道存遗书。一语不能践，元卷徒空虚。
我愿但饮酒，不复知其余。君看醉乡人，乃在天地初。

华　察

五月望夜与诸君山中再酌

仲夏苦昼永，薰风起将夕。圆景海上来，照此山中客。
坐令微暑消，兼使众累释。兴至时命觞，露下复移席。
因耽水竹居，遂同鱼鸟迹。盘游岂忘返，玩物聊自适。
台空人影疏，夜静潭气白。参差树杪峰，历历辨咫尺。
超然悟真境，万物一虚寂。

皇甫汸

秋夜把酒对月

宋玉陈九辨，陆机歌百年。怅兹清秋日，聊使幽怀宣。
矫矫归云雁，嘒嘒含风蝉。摧芳委朝露，俄景流夕川。
鳞运有代谢，蕣华无长妍。始知行乐贵，何用居情牵？
长夜思秉烛，新月正当筵。金尊泛绿醑，宝瑟絙朱弦。
商歌当枣下，楚舞出花前。余名焉足藉？达生乃为贤。

张邦伊

沈嘉则有三楚之游席上得分字

春城斗酒惜离群，把袂高歌列夕曛。
地入衡阳三楚尽，天回襄汉九江分。
停舟夜听湘灵瑟，倚阁高搴鄂渚云。
知尔尚平家累浅，逢人胜事好相闻。

徐　熥

酒店逢李大

偶向新丰市里过，故人尊酒共悲歌。
十年别泪知多少，不道相逢泪更多。

唐时开

九十不衰真地仙（题为编者加）

南翔里有八老人为社　长者年九十四少者年八十一　居止不一二里耄耋相望杯酒谈笑　日相娱乐诚太平盛事诗以纪之

白鹤村头春日晓，香雾濛濛百花好。
苍颜素发八老人，花前置酒相倾倒。
笑说邻翁学语时，追谈邑子知名早。
不知主客更劝酬，争引曾玄互提抱。
今年孟春甲子晴，占去麻麦俱丰成。
坐中祭酒九十四，敬酹社公旨且清。
其间迭起拜更祝，但愿脚建双眸明。
桂林从事八十一，只闻唤弟无呼兄。
南村翳翳桑榆日，出共持杯归散帙。
但课儿孙种黍苗，何知方士餐芝术。
香山居士有遗篇，九十不衰真地仙。
公等康健逢盛世，能无旦暮歌皇天？

愿炊香饭秫酿酒，日奉杖履长周旋。
武皇遗事多讹谬，欲向銮舆南幸年。

吴稼竳

金陵酒肆赠茅平仲

暮年看尔壮心孤，落落酣歌击唾壶。
但数一钱怜姹女，才夸千骑笑罗敷。
梨花雨湿红襟燕，杨柳春藏白头乌。
欲向卢家借双桨，莫愁不是旧时湖。

盛鸣世

题岳阳酒家壁

巴陵压酒洞庭春，楚女当垆劝客频。
莫上高楼望湖水，烟波二月已愁人。

阎尔梅

重过兖州

亭长台西旧酒徒，疏狂名姓满江湖。
每从世外寻高蹈，不识人间有畏途。
季札重来周乐散，奚斯一去鲁宫芜。
高楼极目谁同醉，正月愁听有蟪蛄。

邝　露

洞庭酒楼

落日洞庭霞，霞边卖酒家。
晚虹桥外市，秋水月中槎。
江白渔火浪，滩黄雁踏沙。
相将楚渔父，招手入芦花。

钱秉镫

效渊明饮酒诗

寄生大块中，何者为我故？譬如逆旅物，暂有安足据。
在世虽百年，毕竟舍之去。临去岂不恋？恋亦不得住。
所以达观人，澹然随所遇。委顺生死间，不厌亦不慕。
日饮一杯酒，可以全此趣。

陆世仪

江　宁　谣

酒肆茶坊处处开，迎宾馆客巧安排。
不愁风雨柴薪少，自有钟陵杂树来。

孙奇逢

九日同止生仁卿集美饮静修墓下追和九饮歌

一饮君听第一歌，萧萧烟垄转清和。
双杨耸峙插天半，想见先生遗韵多。
二饮重赓第二歌，乾坤舒卷任婆娑。
莫怜当日期功少，翻喜今朝展墓多。
三饮山人笑且歌，晋家处士较谁多。
尧天万古犹容许，满眼荆榛奈我何。
四饮须歌第四歌。幽人未饮已颜酡。
腹鳞唇甲方酣战，尺水无风自起波。
五饮初喧四座歌，太行徙倚吐青螺。
非凭酒力当风力，坐对先生分外和。
六饮相将醉景过，问心不语意如何？
平生有志伤摇落，伤欲从头细抚摩。
七饮人惊饮量多，牢骚忽尔起悲歌。
腐儒不识真儒意，横肆讥弹可奈何。
八饮人惊饮量过，百年天地竟如何？
好留底本归桑海，英略雄图未足多。

九饮苍崖藉翠蓑，羲皇一枕乐如何？
椒山曾为怜同调，愧我樽前漫和歌。

释晓青

邯郸竹枝词

小瓶刁酒彻杯清，带露葡萄似水精。
玉格银盘宜醉客，吴人无事爱吴羹。

张大受

清明日游西湖偶书

处处人烧天竺香，红旗结队拜横塘。
花香山店谁家酒？白发青裙萧九娘。

佟世恩

龙 潭 酒 家

杨柳晴江一住船，白头老妇旧垆边。
亲来把酒郎君醉，细数春风十六年。

严我斯

紫窑酒碗歌为曹峨眉赋

主人好奇复好客，开轩置酒城西宅。
手持酒碗号柴窑，云是显德年间之旧物。
山河人代几兴亡，可怜何物不沧桑。
黄钟大镛为瓦砾，金盘宝鼎沈寒塘。
此独何为留人世，埋光抱璞多年岁。
大文不琢能善藏，不向人间夸珍异。
摩挲久之开尘颜，青花黯澹珊瑚斑。
贞如苍璧坚如铁，独留真色天地间。
世人往往爱金玉，琉璃玛瑙光摇烛。

那知无用为有用，此物偏能傲时俗。
君不见，舒州之勺力士铛，李白与之同死生。
又不见，杜陵田家老瓦盆，共醉同眠竹树根。
龙头匕宝安足贵，名士由来有深契。
李杜不作酒人无，碗乎碗乎尔之遇合何太孤？
沦落千年谁识尔，世人皆弃吾独取，
江南曹侯尔知已。

邹　缉

洋河大曲酒赞

白洋河下春水碧，白洋河中多沽客。
春风二月柳条新，却念行人千里隔。

潘子安

九日王时融招饮

喜见长瓶破晓封，忽移春晕上衰容。
故人已觉樽前少，佳节偏于客里逢。
千里暮愁连蟋蟀，无边秋色醉芙蓉。
而翁此际登高处，应在三山第一峰。

王九思

十四夜月与李二献吉饮

万户秋风砧杵哀，殊乡今夕故人来。
竹间凉露萧萧下，楼上浮烟细细回。
地僻柴门无过客，家贫樽酒有余醅。
疏帘碧簟须同醉，明月青天为尔开。

方太古

寒食思友小酌

已买桐江旧钓船，清江白石趁鸥眠。
风前转眼逢寒食，时事惊心岂少年。
故园梨花千树雪，小堂杨柳一林烟。
夜来有梦高阳侣，觅得村沽饮十千。

张　灵

对　酒

隐隐江城玉漏催，劝君须尽掌中杯。
高楼明月清歌夜，知是人生第几回？

区大相

家人初至京置酒亭中对雪作

庭霰今朝集，家筵此日开。
不知燕地雪，犹讶故园梅。
玉袖承花出，珠帘卷絮回。
瑶华虽可赠，留赏上春来。

吴本泰

任城将南还半舫先生饷酒走笔言谢

李白楼前黄叶洲，欲发不发仍淹留。
青毡近对许主簿，白衣恰送王江州。
五侯掉头那肯顾，一杯入手百不忧。
读公新诗饮公酒，醉眠松石风飕飕。

徐斗支

叙州逢乡客留饮

南溪古僰国，信宿也相宜。
月白山当户，风轻水满陂。
鸟呼秦吉了，药咀五加皮。
万里逢乡客，衔杯话所知。

陈恭尹

秋日西郊宴集

黍苗无际雁高飞，对酒心知此日稀。
珠海寺边游子合，玉门关外故人归。
半生岁月看流水，百战山河见落辉。
欲酒新亭数行泪，南朝风景已全非。

屈大均

王允塞招饮竹林精舍醉赋

黄神峪口开精舍，萧萧树石流泉泻。
主人觞我竹林前，与客七人成七贤。
旷达谁能拘礼教，豪雄不屑居神仙。
娇歌急管且流连，蛾眉相妒不相怜。
躄者欲斩平原妓，蔡经难受麻姑鞭。
醉来飞马直上天，蹴踏华峰十丈莲。
人间万事如尘烟，我乃酒狂合自然，
请君无为醒者传。

独　酌

岁月无多叹逝川，七旬更待十三年。
忘忧却在难忘处，学道还如未学前。

黄鸟竹间催独酌，白鸥花下伴闲眠。
藏书不少名山业，儿女他时各一编。

钱谦益

孟阳载酒就余同饮方失子叠前韵志感

别后春醪忆共持，多君载取慰相思。
岂知河朔开尊日，正是延陵丧子时。
醉死却输刘白早，忧来还恨杜康迟。
淋漓戏墨灯前事，涴壁书窗更泥谁。

吴伟业

慧山酒楼遇蒋翁

桑苎谁来继，名泉属卖浆。
价应夸下若，味岂过程乡。
故老空山里，高楼大道旁。
我同何水部，漫说拨醅香。

吴嘉纪

饮康山草堂

山堂木脱草芃芃，客子登临思不穷。
塞马偏嘶南郭外，篱花只似故园中。
樽开已见当头月，发短先惊落帽风。
座上酒人交最古，悲歌何用吊康公。

王士祯

秋暮与家兄礼吉叔子小饮有怀

萧瑟秋为气，凋零始欲愁。
酒人方落魄，名士半离忧。

桂树犹招隐，云旗未远游。
吾曹如野鹤，偃蹇待浮丘。

查慎行

沧州阻风谢别嶂同年饷酒（二首）

其　一

风程半日滞沧州，客恨除非醉即休。
安得春江变春酒，萨摩陂外水如油。

其　二

青旗夹岸酒家楼，正坐囊空价莫酬。
惭愧贫交分一斗，为余亲典黑貂裘。

谢院长惠西洋蒲桃酒

妙酿真传海外方，龙珠滴滴出天浆。
醍醐灌顶知同味，琥珀浮瓶得异香。
直可三杯通大道，谁教五斗博西凉。
平生悔读无功记，误被村醪引醉乡。

厉　鹗

同江皋饮吴山酒楼怀亡友石贞石

春风劝客倒鸡缸，楼子临湖正背江。
翠潋时时摇远树，晴岚故故入西窗。
二豪醉后知何物，此士尘中信少双。
石仲容今呼不起，与君狂语倩谁降。

杨守知

呃嘛酒歌

杨花吹雪满地铺，杏花一片红模糊。

榆钱簸风风力软，芳林处处闻啼鸪。
青旗斜漾茅屋低，我留此地一事无。
天然好景谁临摹。
太平之世为羁孤，东邻西舍相招呼。
殷兄张丈兴俱动，醵钱买醉黄公垆。

麦缸鹅黄新酿熟，味醇气郁过醍醐。
彭亭翠⿰无瓦如鹑觚，细管尺五裁霜芦。
低头吸同渴羌饮，一口欲尽鸳鸯湖。
白波倒卷东海沸，渴虹下注西江枯。
碧筩不用弯象鼻，龙头屡泻蛟盘珠。
须臾瓶罄垒亦耻，春意盎盎浮肌肤。
刘伶大笑阮籍哭，直欲跃入壶公壶。
吾皇圣德蠲逋租，吏胥不扰民欢娱。
今年更觉酒味好，百钱一斗应须沽。
盲娼丑似东家嫫，琵琶筝阮声调粗。
有时呼来弹一曲，和汝拊缶歌乌乌。
青天作幕地为席，醉倒不用旁人扶。
乐哉边氓生计足，白羊孳乳驴将驹。
卖刀买犊劝耕锄，女无远嫁男不奴。
含哺鼓腹忘帝力，岁岁里社如赐酺。
安得龙眠白描手，画作击壤尧民图。

马朴臣

秦淮水阁醉题

一杯清酌独婆娑，笑倚朱栏对碧波。
月影分明三李白，水光荡泣百东坡。
愁来天外鹰飞远，和到人间客占多。
我自胸中有忧乐，阿谁吹笛夜深歌。

赵　翼

再过淮上晴岚留饮荻庄即事

潦后重来访荻庄，西风踏叶遍篱墙。
行厨酒屡斟重碧，留壁诗犹挂硬黄。
家幸未沉河伯妇，人传已作水仙王。
衰年何意频相见，把臂宁辞放老狂。

易顺鼎

重九前一日汉上酒楼独饮

细雨溟濛江汉宽，楚天无际倚阑干。
水为万古无情绿，酒是千龄不老丹。
故国鱼兼莼菜美，新霜人共菊花寒。
楼船楼阁俱雄壮，黄鹤黄龙醉里看。

唐　晏

饮　酒

昌黎昔饮酒，为文俟其醺。张侯藉酒力，草圣卓不群。
古人所以饮，为屏世虑纷。酒为翰墨胆，力可夺三军。
夫岂乐为此，故违沫诰文。

张船山

泸州老窖酒赞

城下人家水上城，酒旗红处一江明。
衔杯却爱泸州好，十指寒香给客橙。

宗　臣

过采石怀李白

阊阖天门夜不关，酒星何事谪人间？
为君五斗金茎露，醉杀江南千万山。

许梦熊

过南陵太白酒坊

谪仙过日酒初熟，此日犹传新酒坊。
风度不随茅屋改，山川时作锦衣香。
千秋客到千留珮，一岁花开一举觞。
莫向斜阳嗟往事，人生成朽是文章。

黄景仁

二十三夜偕稚存广心杏庄饮大醉作歌

安得长安变春酒，使我生死相依之。
不然亦遣青天作平地，醉踏不用长鲸骑。
夜梦仙人手提绿玉杖，招我饮我流霞卮。
一挥堕醒在枕席，神清骨轻气作丝。
日来不免走地上，龌龊俯仰同羁雌。
寒阴噤户不能出，幸有数子来招携。
迅猋滕我沙拍面，此际烂醉真相宜。
旗亭哄饮酉达子，万斛泻尽红玻璃。
孟公肯顾尚书约，李白笑杀襄阳儿。
出门霜华被四野，死入黑樾随高低。
须臾荒荒上残月，照见怪木啼饥鸱。
徘徊坐卧北邙地，欲觅鬼唱秋坟诗。
东方渐白寺钟响，远林一发高天垂。
下穷重泉上碧落，人间此乐谁当知？
此时独立忽大笑，正似梦里一吸琼浆时。

黄遵宪

夜　饮

长风吹月过江来，照我华堂在手杯。
莫管阴晴圆缺事，尽欢三万六千回。
胸中五岳撑空起，眼底浮云一扫开。
玉管铜丝兼铁板，与君扶醉上高台。

闰月饮集钟山送文芸阁学士廷式假归兼怀陈伯严吏部三立

泼海红霞照我杯，江山如此故雄哉！
马蹄蹴踏西江水，相约扶桑濯足来。

秋　瑾

对　酒

不惜千金买宝刀，貂裘换酒也堪豪。
一腔热血勤珍重，洒法犹能化碧涛。

第二章　词曲婉转金樽倒
——与酒相关词曲选

隋炀帝

望江南·御制湖上酒

湖上酒，终日助清欢。檀板轻声银甲缓，醅浮香沫玉明寒。醉眼暗相看。春殿晓，仙艳奉杯盘。湖上风光真可爱，醉乡天地就中宽。帝主正清安。

白居易

忆　江　南

江南忆，其次忆吴宫；吴酒一杯春竹叶，吴娃双舞醉芙蓉，早晚复相逢。

司空图

酒泉子·饮兴

买得杏花，十载归来方始折。假山西畔药栏东，满枝红。旋开旋落旋成空，白发多情人更惜。黄花把酒祝东风，且从容。

韦　庄

菩萨蛮·劝酒

劝酒今夜须沉醉，尊前莫话明朝事。珍重主人心，酒深情亦深。须愁春漏短，莫诉金杯满。遇酒且呵呵，人生能几何？

天仙子·醉归

深夜归来长酩酊，扶入流苏犹未醒。醺醺酒气与兰和，惊睡觉，笑呵呵，长道人生能几何？

李　珣

定风波·幽居

十载逍遥物外居，白云流水似相于。乘兴有时携短棹，江岛，谁知求识不求鱼。到处等闲邀鹤伴，春岸，野花香气扑琴书。更饮一杯红霞酒，回首，半钩新月贴清虚。

南乡子·兰舟载酒二阕

其　一

山果熟，水花香。家家风景有池塘。木兰舟上珠帘卷，歌声远，椰子酒倾鹦鹉盏。

其　二

新月上，远烟开，惯随湖水采珠来。棹穿花过归溪口，沽春酒，水艇缆牵垂岸柳。

渔歌子·渔家乐四阙

其　一

楚山青，湘水绿，春风澹荡看不足。草芊芊，花簇簇，渔艇棹歌相续。信浮沉，无管束，钓回乘月归湾曲。酒盈樽，云满屋，不见人间荣辱。

其　二

荻花秋，潇湘夜，橘州佳景如屏画。碧烟中，明月下，小艇垂纶初罢。水为乡，蓬作舍，鱼羹稻饭常飡也。酒盈杯，书满架，名利不将心挂。

其　三

柳垂丝，花满树，莺啼楚岸春天暮。棹轻舟，出深浦，缓唱渔歌归去。罢垂纶，还酌醑，孤村遥指云遮处。下长汀，临浅渡，惊起一行沙鹭。

其　四

九嶷山，三湘水，芦花时节秋风起。水云间，山月里，棹月穿云游戏。鼓清琴，倾绿蚁，扁舟自得逍遥志。任东西，无定止，不议人间醒醉。

阙　名

南乡子·咏渔三阕

其　一

兰棹举，水纹开，竞携藤笼采莲来。回塘深处遥相见，邀同宴，绿酒一卮红上面。

其　二

倾绿蚁，泛红螺，闲邀女伴簇笙歌。避暑画船轻浪里，闲游戏，夹岸荔枝红蘸水。

其　三

云带雨，浪迎风，钓翁回棹碧湾中。春酒香熟鲈鱼美，谁同醉？缆却扁舟篷底睡。

欧阳炯

玉楼春·南楼漫酌

月照玉楼花似锦，楼上醉和春色寝。绿杨风送小莺声，残梦不成离玉枕。堪爱晚来韶景甚，宝柱秦筝方再品。春蛾红脸笑来迎，又向海棠花下饮。

菩萨蛮·美人夜醉

晓来中酒和春睡，四肢无力云鬟坠。斜卧脸波春，玉郎休恼人。日高犹未起，为蛮鸳鸯被。鹦鹉语金笼，道儿还是慵。

冯延已

鹊 踏 枝

叵耐为人情太薄。几度思量，真拟浑抛却。新结同心香未落，怎么负得当初约？休向尊前情索莫。手举金罍，凭杖深深酌。莫作等闲相斗作，与君保取长欢乐。

蝶 恋 花

几度凤楼同饮宴。此夕相逢，却胜当时见。低语前欢频转面，双眉敛恨春山远。蜡烛泪流羌笛怨。偷整罗衣，欲唱情犹懒。醉里不辞金爵满，阳关一曲肠千断。

抛 球 乐

酒罢歌余兴未阑，小桥流水共盘桓。波摇梅蕊当心白，风入罗衣贴体寒。且莫思归去，须尽笙歌此夕欢。

张 泌

酒泉子·春日睡起

春雨打窗，惊梦觉来天气晓。画堂深，红焰小，背兰釭。酒香喷鼻懒开缸，惆怅更无人更醉。旧巢中，新燕子，语双双。

顾 琼

渔歌子·荷亭漫酌

晓风清，幽沼绿，倚栏凝望珍禽浴。画帘垂，翠屏曲，满袖荷香馥郁。好摅怀，堪寓目，身闲心静平生足。酒杯深，光影促，名利无心较逐。

李 煜

浣 溪 沙

红日已高三丈透，金炉次第添香兽，红锦地衣随步皱。佳人舞点金钗溜，酒恶时拈花蕊嗅，别殿遥闻箫鼓奏。

虞　美　人

风回小院庭芜绿，柳眼春相续。凭阑半日独无言，依旧竹声新月似当年。笙歌未散尊罍在，池面冰初解。烛明香暗画堂深，满鬓清霜残雪思难任。

孙光宪

应天长·赠酒妓

翠凝仙艳非凡有，窈窕年华方十九。鬓如云，腰似柳，妙对绮筵歌绿酒。醉瑶台，携玉手，共燕此宵相偶。魂断晚窗分首，泪沾金缕袖。

生查子·春宴

春病与春愁，何事年年有？半为枕前人，半为花间酒。醉金尊，携玉手，共作鸳鸯偶。倒载卧云屏，雪面腰如柳。

生查子 · 春宴

为惜美人娇，长有如花笑。半醉倚红妆，软语传青鸟。眷方深，怜恰好，惟恐相逢少。似这一般情，肯信春光老。

定风波·扁舟泛湖

志在烟霞慕隐沦，功成归看五湖春。一叶舟中吟复醉，云水，此时方认自由身。花鸟为邻鸥作侣，深处，经年不见市朝人。已得希夷微妙旨，潜喜，荷衣蕙带绝纤尘。

欧阳彬

生查子·夜宴

竟日画堂欢，入夜重开宴。剪烛蜡烟香，促席花光颤。待得月华来，满院如铺练。门外簇骅骝，直待更深散。

徐昌图

临　江　仙

饮散离亭西去，浮生长恨飘逢。回头烟柳渐重重。淡云孤雁远，寒日暮天红。今夜画船何处？潮平淮月朦胧。酒醒人静奈愁浓。残灯孤枕梦，轻浪五更风。

潘　阆

忆　余　杭

长忆吴山，山上森森吴相庙。庙前江水怒为涛，千古恨犹高。寒鸦日暮鸣还聚，时有阴云笼殿宇。别有负谒灵祠，遥奠酒盈卮。

钱惟演

木　兰　花

城上风光莺语乱，城下烟波春拍岸。绿杨芳草几时休，泪眼愁肠先已断。情怀渐觉成衰晚。鸾镜朱颜惊暗换。昔年多病厌芳尊，今日芳尊惟恐浅。

柳　永

御　街　行

前时小饮春庭院，悔放笙歌散。归来中夜酒醺醺，惹起旧愁无限。虽看坠楼换马，争奈不是鸳鸯伴。朦胧暗想如花面，欲梦还惊断。和衣拥被不成眠，一枕万回千转。惟有画梁，新来双燕，彻曙闻长叹。

木兰花慢

拆桐花烂漫，乍疏雨，洗清明。正艳杏烧林，缃桃绣野，芳景如屏。倾城。尽寻胜去，骤雕鞍绀幰出郊坰。风暖繁弦翠管，万家竞奏新声。盈盈。斗草踏青。人艳冶、递逢迎。向路旁往往，遗簪堕珥，珠翠纵横。欢情。对佳丽地，信金罍罄竭玉山倾。拚却明朝永日，画堂一枕春酲。

雨霖铃

寒蝉凄切，对长亭晚，骤雨初歇。都门帐饮无绪，留恋处、兰舟催发。执手相看泪眼，竟无语凝噎。念去去、千里烟波，暮霭沉沉楚天阔。

多情自古伤离别，更那堪、冷落清秋节！今宵酒醒何处？杨柳岸、晓风残月。此去经年，应是良辰好景虚设。便纵有千种风情，更与何人说？

蝶恋花

伫倚危楼风细细，望极春愁，黯黯生天际。草色烟光残照里，无言谁会凭阑意？

拟把疏狂图一醉，对酒当歌，强乐还无味。衣带渐宽终不悔，为伊消得人憔悴。

张 先

天 仙 子

《水调》数声持酒听，午醉醒来愁未醒。送春春去几时回？临晚镜，伤流景，往事后期空记省。沙上并禽池上暝，云破月来花弄影。重重帘幕密遮灯，风不定，人初静，明日落红应满径。

晏 殊

浣 溪 沙

一曲新词酒一杯，去年天气旧亭台，夕阳西下几时回？无可奈何花落去，似曾相识燕归来。小园香径独徘徊。

浣溪沙

小阁重帘有燕过，晚花红片落庭莎。曲栏杆影入凉波。一霎好风生翠幕，几回疏雨滴圆荷。酒醒人散得愁多。

浣溪沙

一向年光有限身，等闲离别易消魂。酒筵歌席莫辞频。满目山河空念远，落花风雨更伤春，不如怜取眼前人。

清平乐

金风细细，叶叶梧桐坠。绿酒初尝人易醉，一枕小窗浓睡。紫薇朱槿花残，斜阳却照栏干。双燕欲归时节，银屏昨夜微寒。

采桑子

时光只解催人老，不信多情。长恨离亭。泪滴春衫酒易醒。

梧桐昨夜西风急，淡月胧明。好梦频惊。何处高楼雁一声。

木兰花

燕鸿过后莺归去。细算浮生千万绪。长于春梦几多时？散似秋云觅处。闻琴解佩神仙侣，挽断罗衣留不住。劝君莫作独醒人，烂醉花间应有数。

踏莎行

祖席离歌，长亭别宴，香尘已隔犹回面。居人匹马映林嘶，行人去掉依波转。

画阁魂消，高楼目断，斜阳只送平波远。无穷无尽是离愁，无涯地角寻思遍。

宋祁

锦　缠　道

燕子呢喃，景色乍长春昼。睹园林万花如绣。海棠经雨胭脂透。柳展宫眉，翠拂行人首。向郊原踏青，恣歌携手。醉醺醺尚寻芳酒。问牧童，遥指孤村道，杏花深处，那里人家有。

叶清臣

贺　圣　朝

满斟绿醑留君住，莫匆匆归去。三分春色二分愁，更一分风雨。花开花谢，都来几许，且高歌休诉。不知来岁牡丹时，再相逢何处？

程篁墩

一剪梅·元夕夜宴

传柑节候雨初晴，灯满山城，月满山城，画堂围坐夜三更。墙外歌声，席上歌声。可人添送紫金罂，未解春酲，又狂春酲，不辞扶醉卧前楹。客也多情，主也多情。

刘云间

凤栖梧·舞酒妓

一剪情波娇欲滴，绿怨红愁，长为春风瘦。舞罢金杯眉黛皱，背人倦倚晴窗绣。脸晕朝生微带酒，催唱新诗，不应频招手。闲把琵琶调未就，羞郎还又垂红袖。

柳耆卿

金蕉叶·夜宴

厌厌夜饮平阳第，添银烛旋呼佳丽。巧笑难禁，艳歌无间声相继。准拟幕天席地。金蕉叶泛金波霁，未更阑已尽狂醉。就中有个风流，暗向灯光底，恼遍两行珠翠。

赵闲闲

青杏儿·饮兴

风雨替花愁。风雨罢，花也应休。劝君莫惜花前醉，今年花谢，明年花谢，白了人头。乘兴两三瓯，拣溪山好处追游。但教有酒身无事，有花也好，无花也好，选甚春秋。

晏同叔

拂霓裳·饮兴

乐秋天，晚荷花上露珠圆。风日好，数行新雁贴寒烟。银簧调翠筦，琼柱拨清弦。捧觥舩，一声声齐唱太平年。人生百岁，别离易，会逢难。无事日，胜呼宾友启芳筵。星霜催绿鬓，风露损朱颜。惜清欢，又何妨沉醉玉尊前？

周美成

意难忘·歌妓

夜染莺黄，爱停歌驻拍，劝酒持觞。低环蟾影动，私语口脂香。檐露滴，竹风凉，拼剧饮淋浪。夜渐深，笼灯就月，仔细端相。知音见说无双，解移宫换羽，未怕周郎。去鬓知有恨，贪耍不成妆。些个事，恼人肠，试说与何妨？又恐伊寻消问息，瘦减容光。

满庭芳·初夏饮兴

风老莺雏，雨肥梅子，午阴嘉树清圆。地卑山近，衣润费炉烟。人静乌鸢自乐，小桥外新绿溅溅。凭阑久，黄芦苦竹，拟泛九江船。年年如社燕，飘流瀚海，来寄修缘。且莫思身外，长近樽前。憔悴江南倦客，不堪听急管繁弦。歌筵畔，先安簟枕，容我醉时眠。

渔家傲·春饮

几日轻阴寒恻恻，东风急处花成积。醉踏阳春怀故国，归未得，黄鹂久住如相识。赖有蛾眉能暖客，长歌屡劝金杯侧。歌罢月痕来照席，贪闲适，帘前重露成涓滴。

毛泽民

感皇恩·饮兴二阕

其　一

多病酒樽疏，饮少辄醉，年少衔杯可追记。无多酌我，醉倒阿谁扶起？满怀明月冷，炉烟细。云汉虽高，风波无际，何以归来醉乡里？玻璃江山，满载春光花气。葡萄仙浪，软迷红翠。

其　二

年沥与时疏，终朝博醉，昔年胜事俱忘记。人毋笑我，醉花前呼不起。满怀幽思。凉飙细细。尘事纷纭，悠悠无际，休把闲身混忙里。徐步东郊，玩赏晴和天气。徜徉林薮，寻芳拾翠。

党世杰

一年春·饮兴

红纱翠蒻春风饼，趁梅驿，来云岭，紫桂岩空琼宝冷。佳人却恨，等闲分破，缥缈双鸾影。一瓯月露心魂醒，更送清歌助清兴，痛饮休辞今夕永。与君洗尽，满襟烦暑，别作高阳境。

高仲常

小梅花·将进酒

城下路，凄风露，今人犁田昔人墓。岸头沙，带帘葭，漫漫昔时流水今人家。黄埃赤日长安道，倦客无浆马无草。开函关，闭函关，千古如今不见一人闲。六国扰，三秦扫，初谓商山遗四老。驰单车，致缄书，裂荷焚芰接武曳长裾。高阳真得杯中趣，身外醉乡安稳处。生忘死，死忘名，二豪侍侧刘伶初未醒。

罗壶秋

木兰花慢·禁酿

汉家糜粟诏，将不醉饱生灵，便收拾银瓶。当垆人去，春歇旗亭。渊明戒酒东林，遍人间，暂学屈原醒。天子宜呼李白，妇人却笑刘伶。提葫芦更有谁听？爱酒已无星。想变春江，葡萄酿绿，空想芳馨。温存鸬鹚鹦鹉，把茶瓯淡对晚山青。但结秋风鱼梦，赐酺依旧沉冥。

欧阳修

浣溪沙·咏酒

堤上游人逐画船，拍堤春水四垂天，绿杨楼外出鞦韆。白发戴花君莫笑，六么催拍盏频传，人生何处似樽前。

浪淘沙·欢饮

今日北地游，漾漾轻舟。波光潋滟柳条柔。如此春来春又去，白了人头。好妓好歌喉，不醉难休。劝君满满酌金瓯，纵无花前常病酒，也是风流。

定　风　波

其　一

把酒花前欲问他，对花何恡醉颜酡。春到几人能烂赏，何况、无情风雨等闲多。艳树香丛都几许？朝暮，惜红愁粉奈情何？好是金船浮玉浪，相向，十分深送一声歌。

其　二

把酒花前欲问伊，忍嫌金盏负春时。红艳不能旬日看，宜算，须知开谢只相随。蝶去蝶来犹解恋，难见，回头还是度年期。莫候饮阑花已尽，方信，无人堪与补残枝。

其　三

把酒花前欲问公，对花何事诉金钟？为甚去年春甚处，虚度，莺声撩乱一场空。今岁春来须爱惜，难得，须知花面不长红。待得酒醒君不见，千片，不随流水即随风。

其　四

把酒花前欲问君，世间何计可留春？纵使青春留得住，虚语，无情花对有情人。任是好花须落去，自古，红颜能得几时新？暗想浮生何事好？惟有，清歌一曲倒金尊。

其　五

对酒追欢莫负春，春光追去可饶人。昨日红芳今绿树，已暮，残花飞絮两纷纷。粉面丽姝歌窈窕。清妙，尊前信任醉醺醺。不是狂心贪燕乐，自觉，年来白发满头新。

浣　溪　沙

十载相逢酒一卮，故人才见便开眉，老来游旧更同谁？浮世歌欢真易失，宦途离合信难期，尊前莫惜醉如泥。

采　桑　子

画船载酒西湖好，急管繁弦。玉盏催传。稳泛书波任醉眠。行云却在行舟下，空水澄鲜。俯仰留连。疑是湖中别有天。

朝　中　措

平山栏槛依晴空，山色有无中。手种堂前垂柳，别来几度春风。文章太守，挥毫万字，一饮千钟。行乐直须年少，尊前看取衰翁。

浪　淘　沙

把酒祝东风，且共从容。垂杨紫陌洛城东。总是当时携手处，游遍芳丛。

聚散苦匆匆，此恨无穷。今年花胜去年红，可惜明年花更好，知与谁同？

蝶恋花

谁道闲情抛弃久？每到春来，惆怅还依旧。日日花前常病酒，不辞镜里朱颜瘦。河畔青芜堤上柳，为问新愁，何事年年有？独立小桥风满袖，平林新月人归后。

司马光

西江月

宝髻松松挽就，铅华淡淡妆成。青烟翠雾罩轻盈，飞絮游丝无定。相见争如不见，多情何似无情。笙歌散后酒初醒，深院月明人静。

郑　獬

好事近

把酒对红梅，花小未尽风力。何计不教零落，为青春留得。故人莫问在天涯，尊前苦相忆。好把素香收取，寄江南消息。

晏几道

临江仙

梦后楼台高锁，酒醒帘幕低垂，去年春恨却来时。落花人独立，微雨燕双飞。记得小蘋初见，两重心字罗衣，琵琶弦上说相思。当时明月在，曾照彩云归。

蝶恋花

卷絮风头寒欲尽，坠粉飘红，日日香成阵。新酒又添残酒困，今春不减前春恨。蝶去莺飞无处问，隔水高楼，望断双鱼信。恼乱层波横一寸，斜阳只与黄昏近。

蝶恋花

醉别西楼醒不记。春梦秋云，聚散真容易。斜月半窗还少睡，画屏闲展吴山翠。衣上酒痕诗里字，点点行行，总是凄凉意。红烛自怜无好计，夜寒空替人垂泪。

鹧鸪天

小令尊前见玉箫，银灯一曲太妖娆。歌中醉倒谁能恨，唱罢归来酒未消。春悄悄，夜迢迢，碧云天共楚宫遥。梦魂惯得无拘检，又踏杨花过谢桥。

张舜民

卖花声·题岳阳楼

木叶下君山，空水漫漫。十分斟酒敛芳颜。不是渭城西去客，休唱阳关。醉袖扶危栏，天淡云闲。何人此路得生还？回首夕阳红尽处，应是长安。

魏夫人

点绛唇

波上清风，画船明月人归后，渐消残酒。独自凭栏久。

聚散匆匆，此恨年年有，重回首。淡烟疏柳，隐隐无城漏。

王诜

忆故人

烛影摇红向夜阑，乍酒醒，心情懒。尊前谁为唱《阳关》，离恨天涯远。无奈云沉雨散，凭阑干、东风泪眼。海棠开后，燕子来时，黄昏庭院。

苏轼

醉落魄·咏醉

醉醒醒醉，凭君会滋味，浓斟琥珀香浮蚁。一到愁肠，别有阳春意。须将幕席为天地，歌前起舞花前睡。从他落魄陶陶里，犹胜醒醒，惹得闲憔悴。

（黄庭坚有言，此词是否东坡先生作，尚存疑——编者）

虞　美　人

持杯遥劝天边月，愿月圆无缺。持杯更复劝花枝，且愿花枝长在莫离披。持杯月下花前醉，休问荣枯事。此欢能有几人知？对酒逢花不饮待何时。

临江仙·夜到扬州席上作

尊酒何人怀李白，草堂遥指江东。珠帘十里卷春风。花开花又谢，离恨几千重。轻舸渡江连夜到，一时惊笑衰容。语音犹自带吴侬。夜阑相对处，依旧梦魂中。

临　江　仙

夜饮东坡醒复醉，归来仿佛三更。家童鼻息已雷鸣。敲门都不应，倚杖听江声。长恨此身非我身，何时忘却营营！夜阑风静縠纹平。小舟从此逝，江海寄馀生。

望　江　南

春未老，风细柳斜斜。试上超然台上望：半壕春水一城花，烟雨暗千家。寒食后，酒醒却咨嗟。休对故人思故国，且将新火试新茶，诗酒趁年华。

浣　溪　沙

簌簌衣巾落枣花，村南村北响缫车，牛衣古柳卖黄瓜。

酒困路长惟欲睡，日高人渴漫思茶，敲门试向野人家。

浣 溪 沙

绍圣元年，十月二十三日，与程乡令侯晋叔，归善簿谭汲同游大云寺，野饮松下，设松黄汤，作此阕。余近酿酒名万家春，盖岭南万户酒也。

罗袜空飞洛浦尘，锦袍不见谪仙人，携壶籍草亦天真。
玉粉轻黄千岁药，雪花浮动万家春，醉归江路野梅新。

舒 亶

菩 萨 蛮（二首）

尊前休话人生事，人生只合尊前醉。金盏大为船，江城风雪天。绮窗灯自语，一夜芭蕉雨。玉漏为谁长？枕衾残酒香。

又

画船捶鼓催君去，高楼把酒留君住。去住若为情，江头潮欲平。江潮容易得，却是人南北。今日此樽空，知君何日同？

晏叔原

鹧鸪天·咏酒

彩袖殷勤捧玉钟，当年拚却醉颜红。舞低杨柳楼心月，舞罢桃花扇底风。从别后，忆相逢，几回魂梦与君同。今宵重把银釭照，犹恐相逢是梦中。

张于湖

桃源忆故人·冬饮

朔风弄月吹银霰，帘幙依垂三面。酒入玉肌香软，压得寒威敛。檀槽乍撚么丝慢，弹得相思一半。不道有人肠断，犹作声声颤。

韩夫人

法驾导引·歌饮二阕

其　一

东风起，东风起，海上百花摇。十八风环云半动，飞花和雨着轻绡，归路碧迢迢。

其　二

帘漠漠，帘漠漠，天淡天帘秋。自洗玉瓯斟白酒，月华微映是空舟，歌罢海西流。

韦　骧

减字木兰花·劝饮词

金貂贯酒，乐事可为须趁手。且醉青春，白发何曾饶贵人？风生鼍鼓，况是桃花落红雨。莫诉觥筹，炊熟黄粱一梦休。

陈　瓘

减字木兰花·赠广陵马推官

一尊薄酒，满酌劝君君举手。不是亲朋，谁肯相从寂寞滨？人生如梦，梦里惺惺何处用？盏到休辞，醉后全胜未醉时。

葛胜仲

虞美人·自兰陵归各夜饮严州酒作

严陵滩畔香醪好，遮莫东方晓。春风盎盎入寒肌，人道霜浓腊月我还疑。
红炉火熟香围坐，梅蕊迎春破。一声清唱解人颐，人道牢愁千斛我谁知？

曹　勋

索酒·四时景物须酒之意

乍喜惠风初到，上林翠红，竞开时候，四吹花香扑鼻，露裁烟染，天地如绣。渐觉南薰，总冰绡纱扇避烦画。共游凉亭消暑，细酌轻讴须酒。

江枫装锦雁横秋，正皓月莹空，翠阑侵斗。况素商霜晓，对径菊，金玉芙蓉争秀。万里彤云，散飞英，炉中焰红兽。便须点水傍边，最宜著酉。

黄庭坚

西江月·劝酒

断送一生惟有，破除万事无过。远山微影蘸横波，不饮傍人笑我。
花病等闲瘦弱，春愁没处遮拦。杯行到手莫留残，不道月斜人散。

醉　落　魄（四首）

旧有醉醒醒醉一曲云：“醉醒醒醉，凭君会取皆滋味。浓斟琥珀香浮蚁。一入愁肠，便有阳春意。须将席幕为天地，歌前起舞花前睡。从他兀兀陶陶里，犹胜醒醒，惹得闲憔悴。”此曲亦有佳句，而多斧凿痕。又语高下不甚入律。或传是东坡语，非也。与蜗牛虚名，解下绦之曲相似，疑是王仲父作。因戏作四篇，呈吴元祥黄中行，似能厌道二公意中事。

其　一

陶陶兀兀，尊前是我华胥国。争名争利休休莫。雪月风花，不醉怎生得？邯郸一枕谁忧乐？新诗新事因闲适。东山小妓携丝竹，家里乐天，村里谢安石。

（石曼卿云：村里黄幡绰，家中白侍郎。）

其　二

陶陶兀兀，人生无累何由得？杯中三万六千日，闷损旁观，自我解落魄。扶头不起还颓玉，日高春睡平生足。谁门可款新篘熟？安乐春泉，玉体荔枝绿。

其　三

老夫止酒十五年矣。到戎州，恐为瘴疠所侵，故晨举一杯。不相察者，乃强见酌，遂能作病，因复止酒。用前韵作二篇，呈吴元祥。

陶陶兀兀，人生梦里槐安国。教公休醉公但莫，盏倒垂莲，一笑是赢得。街头酒贱民声乐，寻常别处寻常欢适。醉看檐雨森银竹，我欲忧民，渠有二千石。

其　四

陶陶兀兀，醉乡路远归不得。心情那似当年日，割爱金荷，一盌淡莫托。异乡薪桂炊苍玉，摩挲经笥须知足。明年细麦能黄熟，不管经霜，点尽鬓边绿。

念　奴　娇

八月十七日，同诸甥待月。有客孙彦立者，善吹笛，有名酒酌之。

断虹霁雨，净秋空，山染修眉新绿。桂影扶疏，谁便道，今夕清辉不足？万里青天，姮娥何处，架此一轮玉。寒光零乱，为谁偏照醽醁？

年少从我追游，晚凉幽径，绕张园森木。共倒金荷家万里，难得尊前相属。老子平生，江南江北，最爱临风曲。孙郎微笑，坐来声喷霜竹。

鹧　鸪　天

坐中有眉山隐客史应之和前韵，即席答之。

黄菊枝头生晓寒，人生莫放酒杯干。风前横笛斜吹雨，醉里簪花倒著冠。身健在，且加餐，舞裙歌板尽清欢。黄花白发相牵挽，付与时人冷眼看。

好事近·太平州小妓杨姝弹琴送酒

一弄醒心弦，情在两山斜叠。弹到古人愁处，有真珠承睫。使君来去本无心，休泪界红颊。自恨老来赠酒，负十分金叶。

朱　服

渔　家　傲

小雨廉纤风细细，万家杨柳青烟里，恋树湿花飞不起。愁无比，和春付与西流水。九十光阴能有几？金龟解尽留无计。寄语东城沽酒市，拚一醉，而今乐事他年泪。

秦　观

虞　美　人

碧桃天上栽和露，不是凡花数。乱山深处水萦回。可惜一枝如画、为谁开。轻寒细雨情何限，不道春难管。为君沉醉又何妨，只怕酒醒时候。断人肠。

米　芾

水调歌头·中秋

砧声送风急，蟋蟀思高秋。我来对景，不学宋玉解悲愁。收拾凄凉兴况，分付尊中醽醁，倍觉不胜幽。自有多情处，明月挂南楼。怅襟怀，横玉笛，韵悠悠。清时良夜，借我此地倒金瓯。可爱一天风物，遍倚阑干十二，宇宙若萍浮。醉困不知醒，倚枕卧江流。

贺　铸

将　进　酒

城下路，凄风露，今人犁田古人墓。岸头沙，带蒹葭，梁漫昔时流水今人家。黄埃赤日长安道，倦客无浆马无草。开函关，掩函关，千古如何不见一人闲？六国扰，三秦扫，初谓商山遗四老。驰单车，致缄书，裂荷焚芰、接武曳长裾。高流端得酒中趣，深入醉乡安稳处。生忘形，死忘名，谁论二豪，初不数刘伶？

（查《中国酒典》此词与金末高博州（即高宪/字仲常）的一首词同名，除个别字不同外，几乎相同，肯定编撰有误。认同为贺铸之作，则高仲常之作尚

有明人周履靖之和词；如认同为高宪之作，则网上言之凿凿为贺铸之作，让编者左右为难，只好照登，互不得罪——编者）

行 路 难

缚虎手，悬河口，车如鸡栖马如狗。白纶巾，扑黄尘，不知我辈可是蓬蒿人！衰兰送客咸阳道，天若有情天亦老。作雷颠，不论钱，谁问旗亭美酒斗十千。酌大斗，更为寿，青鬓常青古无有。笑嫣然，舞翩然，当垆秦女十五语如弦。遗音能记秋风曲。事去千年犹恨促。揽流光，系扶桑，争奈愁来一日却为长。

仲 殊

南 柯 子

十里青山远，潮平路带沙。数声啼鸟怨年华。又是凄凉时候，在天涯。白露收残月，清风散晓霞。绿杨堤畔问荷花，记得年时沽酒，那人家？

毛 滂

南歌子·席上和衢守李师文

绿暗藏城市，清香扑酒尊。淡烟疏柳冷黄昏，零落荼蘼花片损春痕。润入笙箫腻，春余笑语温。更深不锁醉乡门，先遣歌声留住欲归云。

谢 逸

江 城 子

杏花村馆酒旗风。水溶溶，飏残红。野渡舟横，杨柳绿阴浓。望断江南山色远，人不见，草连空。夕阳楼外晚烟笼，粉香融，淡眉峰。记得年时，相见画屏中。只有关山今夜月，千里外，素光同。

万俟（mò qí）詠

凤凰枝令

景龙门，古酸枣门也。自左掖门之东为夹城南北道，北抵景龙门。自腊月十五日放灯，纵都人夜游。妇人游者，珠帘下邀住饮以金瓯酒。有妇人饮酒毕，辄怀金瓯，左右呼之。妇人曰：“妾之夫甚严。今带酒容何以自明？怀此金瓯为证耳。”隔帘闻笑声曰：“与之。”其词曰：

人间天上，端楼龙凤灯先赏。倾城粉黛月明中。春思荡，醉金瓯仙酿。一从鸾辂北向，旧时宝座应珠网。游人此际客江乡，空怅望，梦连昌清唱。

诉衷情

一鞭清晓喜还家，宿醉困流霞。夜来小雨新霁，双燕舞风斜。山不尽，水无涯，望中赊。送春滋味，念远情怀，分付杨花。

朱敦儒

鹧鸪天

其　一

天上人间酒最尊，非甘非苦味通神。一杯能变愁山色，三盏全回冷谷春。欢后笑，怒时瞋，醒来不记有何因。古时有个陶元亮，解道君当恕醉人。

其　二

有个仙人捧玉卮，满斟坚劝不须辞。瑞龙透顶香难比，甘露浇心味更奇。开道域，洗尘机，融融天乐醉瑶池。霓裳拽住君休去，待我醒时更一瓻。

其　三

我是清都山水郎，天教分付与疏狂。曾批给语支风券，累上留云借月章。诗万首，酒千觞，凡曾著眼看侯王。玉楼金阙慵归去，且插梅花醉洛阳。

蒋元龙

好　事　近

叶暗乳鸦啼，风定老红犹落。蝴蝶不随春去，入薰风池阁。休歌《金缕》劝金卮，酒病煞如昨。帘卷日长人静，任杨花飘泊。

李清照

菩　萨　蛮

风柔日薄春犹早，夹衫乍著心情好。睡起觉微寒，梅花鬓上残。故乡何处是？忘了除非醉。沉水卧时烧，香消酒未消。

（“水”字疑为“香”字——编者）

浣　溪　沙

莫许杯深琥珀浓，未成沉醉意先融，疏钟已应晚来风。瑞脑香消魂梦断，辟寒金小髻鬟松，醒时空对烛花红。

诉　衷　情

夜来沉醉卸妆迟，梅萼插残枝。酒醒熏破春睡，梦远不成归。人悄悄，月依依，翠帘垂。更挼残蕊，更捻余香，更得些时。

李　纲

江城子·新酒初熟

老饕嗜酒若鸱夷，拣珠玑，自蒸炊，篘尽云腴，浮蚁在瑶卮。有客相过同一醉，无客至，独中之。麹曲生风味有谁知？豁心脾，展愁眉，玉颊红潮，还似少年时。醉倒不知天地大，浑忘却，是和非。

望　江　南

新酒熟，云液满香篘。溜溜清声归小瓮，温温玉色照瓷瓯，饮兴浩难收。嘉客至，一酌散千忧。愿我老方齐物论，与君同作醉乡游，万事总休休。

李弥逊

鹤冲天·张仲宗以秋香酒见寄并词次其韵

篘玉液，酿花光，趁来北窗凉。为君小摘蜀葵黄，一似嗅枝香。饮中倦，山中相，也道十分宫样。一般时候最宜尝，竹院月侵床。

吕渭老

小　重　山

半夜灯残鼠上檠。上窗风动竹，月微明，梦魂偏寄水西亭。琅玕碧，花影弄蜻蜓。千里暮云平。南楼催上烛，晚来晴。酒阑人散斗西倾。天如水，闭扇扑流萤。

胡　铨

醉落魄·辛未九月望和答庆符

百年强半，高秋犹在天南畔。幽怀已被黄花乱。更恨银蟾，故向愁人满。招呼诗酒颠狂伴。羽觞到手判无算。浩歌箕踞巾聊岸。酒欲醒时，兴在卢仝碗。

韩元吉

霜天晓角

倚天绝壁，直下江千尺。天际两蛾凝黛，愁与恨，几时极？怒潮风正急，酒醒闻塞笛。试问谪仙何处？青山外，远烟碧。

朱淑真

阿　那　曲

梦回酒醒春愁怯，宝鸭烟销香未歇。薄衾无奈五更寒，杜鹃叫落西楼月。

史　浩

扑蝴蝶·劝酒

光阴转指，百岁知能几？儿时童稚，老来将耄矣。就中些子强壮，又被浮名牵系，良辰尽成轻弃。

此何理？若有惺惺活底，必解自为计。清尊在手，且须拚烂醉。醉乡不涉风波地，睡到花阴正午，笙歌又还催起。

蝶　恋　花

玉瓮新醅翻绿蚁。滴滴真珠，便有香浮鼻。欲把盈樽成雅会，更须寻个无愁地。

况是赏心多乐事，美景良辰，又复来相值。料得天家深有意，教人长寿花前醉。

临江仙·劝酒

其　一

自古圣贤皆寂寞，只教饮者留名，万花丛里酒如渑。池台仍旧贯，歌笙有新声。欲识醉乡真乐地，全胜方丈蓬瀛。是非荣辱不关情，百杯须痛饮，一枕拚春酲。

其　二

一盏阳和，分明至珍无价。解教人啰哩哩啰。把胸中些垒块，一时熔化。悟从前，恁区区，总成虚假。何妨竟夕，交酬玉觞金斝，更休辞醉眠花下。待明朝，红日上三竿，方罢。引笙歌，拥珠玑，笑扶归马。

瑞鹤仙·劝酒

瑞烟笼绣幕，正玳席言欢。觥筹交错，高情动寥廓。恣清谈雄辩，珠玑频落，铿锵妙乐，且赢取升平快乐。又何辞醉玉颓山，是处有人扶著。追念搏风微利，画饼浮名，久成离索。输忠素约，没材具，漫担阁。怅良辰美景，花前月下，空把春游蹉却。到如今对酒当歌，怎休领略？

青玉案·劝酒

闲忙两字无多子，叹举世，皆由此。逐利争名忙者事。麈中得丧，仕中宠辱，无限非和是。谁人解识闲中趣？雪月烟云自能致。世态只如风过耳。三杯两盏，眼朦胧地，长向花前醉。

醉蓬莱·劝酒

喜泉通碧甃，秫刈黄云，酿成芳酎。瑞霭凝香，更阳和种秀。晓瓮寒光，夜糟清响，听颔珠频溜。昼锦堂深，聚星筵启，一觥为寿。

况此神仙，蕊宫俦侣。玉殿英游，尽皆亲旧。赢得开怀，对良辰握手。醉席淋漓，殷勤笑语。任滴残更漏。绣幕春风，轻丝美韵，明朝还又。

张　抡

菩萨蛮·咏酒

其　一

人间何处难忘酒，迟迟暖日群花秀。红紫斗芳菲，满园张锦机。春光能几许？多少闻风雨。一盏此时疏，非痴即是愚。

其　二

人间何处难忘酒，中秋皓月明如昼。银汉洗晴空，清辉万古同。凉风生玉宇，只怕云来去。一盏此时迟，阴晴未可知。

其　三

人间何处难忘酒，素秋令节逢重九。步履红东篱，金英烂漫时。折来惊岁晚，心与南山远。一盏此时休，高怀何以酬？

其　四

人间何处难忘酒，六花投隙琼瑶透。火满地炉红，萧萧屋角风。飘飖飞絮乱，浩荡银涛卷。一盏此时干，清吟可那寒。

其　五

人间何处难忘酒，闭门永日无交友。可以乐天真？云山发兴新。听风松下坐，趁蝶花边时。一盏此时空，幽怀谁与同？

其　六

人间何处难忘酒，山村野店清明后，满路野花红，一帘杨柳风。田家春最好，箫鼓村村闹。一盏此时辞，将何乐圣时？

其　七

人间何处难忘酒，兴来独步登岩岫。倚杖看云生，时闻流水声。山花明照眼，更有提壶劝。一盏此时斟，都忘名利心。

其　八

人间何处难忘酒，水边石上逢山友。相约老山林，幽居不怕深。浮名心已尽，倾倒都无隐。一盏此时无，交情何以舒？

曾　觌

鹊桥仙·同舍郎载酒见过醉后作

菊花小摘，西风斜照，帘影轻笼瞑色。玉尊侧倒莫辞空，看满座，宾朋弁侧。　乡邦万里，北来年少，几个如今在得？扶头一任且留连，叹人世光阴半百。

王　炎

西江月·用荼蘼酿酒饮尽因成此词呈继韩

蔌蔌落红都尽，依然见此清姝。水沈为骨玉为肤，留得春光少住。鸳帐巧藏翠幔，燕钗斜弹纤枝。休将往事更寻思，且为浓香一醉。

朱希真

西江月·警世

日日深杯酒满，朝朝小圃花开。自歌自舞自开怀，且喜无拘无碍。青史几番春梦，红尘多少奇才？不须计较与安排，领取而今见在。

西江月·感悟

世事短如春梦，人情薄似秋云。不须计较苦劳心，万事原来有命。
幸遇三杯酒美，况逢一朵花新。片时欢笑且相亲，明日阴晴未定。

侯　置

四　犯　令

月破轻云天淡注，夜悄花无雨。莫听《阳关》牵离绪，拼酩酊，花深处。明日江郊芳草路，春逐行人去。不似酴醾开独步，能着意、留春住。

（雨疑为语——编者）

王千秋

鹧　鸪　天

比屋烧灯作好春，先须歌舞赛蚕神。便将簇上无霜样，来饷尊前似玉人。丝馅细，粉肌匀，从它犀箸破花纹。殷勤又作梅羹送，酒力消除笑语新。

张孝祥

浣　溪　沙

霜日明霄水蘸空，鸣鞘声里绣旗红，澹烟衰草有无中。万里中原烽火北，一尊浊酒戍楼东，酒阑挥泪向悲风。

辛弃疾

酹江月·游西湖

西风吹雨，战新荷，声乱明珠苍壁。谁把香奁收宝镜，云锦周遭红碧。飞鸟翻空，游鱼吹浪，惯听笙歌席。座中豪气，看君一饮千石。遥想处士风流，鹤随人去。已作飞仙客，茅舍竹篱今在否，松竹已非畴昔。欲看当年，望湖楼下，水与云宽窄。醉中休问，断肠桃叶消息。

贺新郎·游西湖

睡觉啼莺晓。醉西湖，两峰日日，买花簪帽。去尽酒徒无人问，惟有玉山自倒。任拍手。儿童争笑，一骑乘风翩然归去。避鱼龙不见波声悄。歌韵远，唤苏小。神仙路近蓬莱岛，紫云深处，参差禁树烟花绕。人世红尘西障日，百计不如归好。付乐事，与他年少，费尽柳金梨雪句，问沉香亭北何时召？心未惬，鬓先老。

沁园春·戒酒辞杯

杯汝前来，老子今朝，点检形骸。甚长年抱渴，咽如焦釜。于今昔眩，气似奔雷。汝说刘伶，古今达者，醉后何妨死便埋。浑如此，叹汝于知已，真少恩哉。更凭歌舞为媒，筹合作平居鸩毒猜。况怨无小大，生于所爱；物于美恶，过则为灾。与汝成言，勿留亟退，吾力犹能肆汝杯。杯再拜，道麾之即去，招则须来。

沁园春·劝饮

杯汝知乎，酒泉罢侯，鸱夷乞骸。更高阳入谒，都称齑臼；杜康初筮，正得云雷。细数从前，不堪余恨，岁月都将曲糵埋。君诗好，似提壶却劝，沽酒何哉？君言病岂无媒，似壁上雕弓蛇暗猜。记醉眠陶令，终至全乐；独醒屈子，未免沉灾。欲听公言，惭非勇者，司马家儿解覆杯。还堪笑，借今宵一醉，为故人来。

念奴娇·瓢泉酒酣和东坡韵

倘来轩冕，问还是，今古人间何物？旧日重城愁万里，风月而今坚壁。药笼功名，酒罏身世，可惜蒙头雪。浩歌一曲，坐中人物三杰。休叹黄菊凋零，孤标应也有。梅花争发，醉里重揩西望眼，惟有孤鸿明灭。万事从教，浮云来去，枉了冲冠发。故人何在？长庚应伴残月。

水调歌头·九日游云洞，和韩南涧尚书韵

今日复何日，黄菊为谁开？渊明漫爱重九，胸次正崔嵬。酒亦关人何事，政自不能不尔，谁道白衣来？醉把西风扇，随处障尘埃。为公饮，须一日，三百杯。此心高处东望。云气见蓬莱。翳凤骖鸾公去，落佩倒冠吾事，抱病且登台。归路踏明月，人影共徘徊。

其二再用韵呈南涧

千古老蟾口，云洞插天开。涨痕当日何事，汹涌到崔嵬。攫土抟沙儿戏，翠谷苍崖几变，风雨化人来。万古须臾耳，野马骤空埃。笑年来，蕉尘梦，画蛇杯。黄花憔悴风露，野碧涨荒来。此会明年谁健？后日今犹视昔，歌舞只空台。爱酒陶元亮，无酒正徘徊。

其三再用韵贺李子永提干

君莫赋幽愤，一语试相开。长安车马道上，平地起崔嵬。我愧渊明久矣，犹借此翁湔洗，素壁写归来。斜日透虚隙，一线万飞埃。断吾生，左持蟹，右持杯。买山自种云树，山下斸烟莱。百炼都成绕指，万事直须称好，

人世几舆台。刘郎更堪笑，刚赋看花回。

其四即席和金华杜仲高韵，
并寿诸友·惟醽乃佳耳

万事一杯酒，长叹复长歌。杜陵有客刚赋，云外筑娑婆。须信功名儿辈，谁识年来心事，古井不生波。种种看余发，积雪就中多。二三子，问丹桂，倩素蛾。平生萤雪男儿，无奈五车何。看取长安得意，莫恨春风看尽，花柳自蹉跎。今昔且欢笑，明月镜新磨。

其五醉吟

四坐且勿语，听我醉中吟。池塘春草未歇，高树变鸣禽。鸿雁初飞江上，蟋蟀还来床下，时序百年心。谁要卿料理？山水有清音。欢多少，歌长短，酒浅深。而今已不如昔，后定不如今。闲处直须行乐，良夜更教秉烛，高会惜分阴。白发短如许，黄菊倩谁簪？

玉蝴蝶·杜仲高书来戒酒，用韵

贵贱偶然浑似，随风帘幙，篱落飞花。空使儿曹马上，羞面频遮。向空江谁捐玉佩？寄离恨应折疏麻。幕云多，佳人何处，数尽归鸦。侬家，生涯蜡屐，功名破甑。交友抟沙，往日曾论，渊明似胜卧龙些。算从来人生则乐，休便说日饮亡何。快斟呵，裁诗未稳，得酒良佳。

定风波·大醉归自葛园，家人有痛饮之戒，故书于壁

昨夜山翁倒载归，儿童应笑醉如泥。试与扶头浑未醒，休问，梦魂犹在葛家溪。欲觅醉乡今古路，知处，温柔东畔白云西。起向绿窗高处看，题偏，刘伶元自有贤妻。

玉楼春·客有游山者，忘携具，而以词来，病不往，索酒，用韵以答，余时以病不往

其　一

山行日日妨风雨，风雨晴时君不去。墙头尘满短辕车，门外人行芳草路。城南东野应联句，好记琅玕题字处。也应竹里著行厨，已向瓮边防吏部。

其　二

人间反覆成云雨，凫雁江湖来又去。十千一斗饮中仙，一百八盘天上路。
旧时枫落吴江句，今日锦囊无著处。看封关外水云侯，剩接山中诗酒部。

卜算子·饮酒

盗跖傥名丘，孔子如名跖。跖圣丘愚直到今，美□□□□。

（美恶无真实——网上“竹�清课”；美恶谁人识——编者杜撰）

简策写虚名，蝼蚁侵枯骨。千古光阴一霎时，且进杯中物。

其二饮酒成病

一个去学仙，一个去学佛。仙饮千杯醉似泥，皮骨如金石。
不饮便康强，佛寿须千百。八十余年入涅槃，且进杯中物。

其三饮酒不写书

一饮动连宵，一醉长三日，废尽寒温不写书，富贵何由得？
请看塚中人，塚似当年笔。万札千言只恁休，且进杯中物。

定　风　波

少日春怀似酒浓，插花走马醉千钟。老去逢春如病酒，惟有，茶瓯香篆小帘拢。卷尽残花风未定，休恨，花开元自要春风。试问春归谁得见？飞燕，来时相见夕阳中。

西　江　月

醉里且贪欢笑，要愁那得工夫，近来始觉古人书，信著全无是处。
昨夜松边醉倒，问松我醉何如？只疑松动要来扶，以手推松曰去！

丑奴儿近

千峰云起，骤雨一霎儿价。更远树斜阳，风景怎生图画？青旗卖酒，山那畔、别有人家。只消山水光中，无事过这一夏。午醉醒时，松窗竹户，万千潇洒。野鸡飞来，又是一般闲暇。却怪白鸥，觑着人欲下未下。旧盟都在，新来莫是，别有说话？

木兰花慢

老来情味减，对别酒，怯流年。况屈指中秋，十分好月，不照人圆。无情水，都不管，共西风只管送归船。秋晚莼鲈江上，夜深儿女灯前。征衫，便好去朝天。玉殿正思贤。想夜半承明，留教视草，却遣筹边。长安故人问我，道愁肠殢酒只依然。目断秋霄落雁，醉来时响空弦。

杨炎正

水调歌头

把酒对斜日，无语问西风。胭脂何事，都做颜色染芙蓉。放眼暮江千顷，中有离愁万斛，无处落征鸿。天在阑干角，人倚醉醒中。千万里，江南北，浙西东。吾生如寄，尚想三径菊花丛。谁是中州豪杰？借我五湖舟楫，去作钓鱼翁。故国且回首，此意莫匆匆。

满　江　红

典尽春衣，也应是，京华倦客。都不记，麴尘香雾，西湖南陌。儿女别时和泪拜，牵衣曾问归时节。到归来，稚子已成阴，空头白。功名事，云霄隔。英雄伴，东南诉。对鸡豚社酒，依然乡国。三径不成陶令隐，一区未有扬雄宅。问渔樵，学作老生涯，从今日。

姜　夔

庆　宫　春

绍熙辛亥除夕，予别石湖归吴兴，雪后夜过垂虹，尝赋诗云：“笠泽茫茫雁影微，玉峰重叠护云衣。长春寂寞春寒夜，只有诗人一舸归。”后五年冬，复与俞商卿、张平甫、铦朴翁自封禺同载，诣梁溪。道经吴松，山寒天迥，云浪四合。中夕相呼步垂虹，星斗下垂，错杂渔火，朔风凛凛，卮酒不能支。朴翁以衾自缠，犹相与行吟，因赋此阕，盖过旬涂稿乃定。朴翁咎予无益，然意所耽，不能自已也，平甫、商卿、朴翁皆工于诗，所出奇诡，余亦强追逐之。此行既归，各得五十余解。

双桨莼波，一蓑松雨，暮愁渐满空阔。呼我盟鸥，翩翩欲下，背人还过木末。那回归去，荡云雪、孤舟夜发。伤心重见，依约眉山，黛痕低压。采香径里春寒，老子婆娑，自歌谁答。垂虹西望，飘然引去，此兴平生难遏。酒醒波远，正凝想、明珰素袜。如今安在，惟有阑干，伴人一霎。

琵　琶　仙

吴都赋云：户藏烟浦，家具画船。惟吴兴为然。春游之盛，西湖未能过也。己酉岁，予与萧时父载酒南郭，感遇成歌。

双桨来时，有人似、旧时桃根桃叶。歌扇轻约飞花，蛾眉正奇绝。春渐远，汀洲自绿，更添了几声啼鴂。十里扬州，三生杜牧，前事休说。又还是，宫烛分烟；奈愁里，匆匆换时节。都把一襟芳思，与空阶榆荚。千万缕藏鸦细柳，为玉樽，起舞回雪。想见西出阳关，故人初别。

戴复古

柳梢青·岳阳楼

袖剑飞吟，洞庭青草，秋水深深。万顷波光，岳阳楼上，一快披襟。不须携酒登临，问有酒何人共斟？变尽人明，君山一点，自古如今。

卢祖皋

江　城　子

画楼帘幕卷新晴，掩银屏，晓寒轻。坠粉飘香，日日唤愁生。暗数十年湖上路，能几度、著娉婷。年华空自感飘零，拥春酲，对谁醒？天阔云闲，无处觅箫声。载酒买花年少事，浑不似，旧心情。

刘克庄

沁　园　春

何处相逢？登宝钗楼，访铜雀台。唤厨人斫就，东溟鲸脍；圉人呈罢，西极龙媒。天下英雄，使君与操，余子谁堪共酒杯？车千乘，载燕南赵北，剑客奇才。饮酣画鼓如雷；谁信被晨鸡轻唤回。叹年光过尽，功名未立；书生老去，机会方来。使李将军，遇高皇帝，万户侯何足道哉！披衣起，但凄凉感旧，慷慨生哀。

玉　楼　春

年年跃马长安市，客舍似家家似寄。青钱换酒日无何，红烛呼卢宵不寐。易挑锦妇机中字，难得玉人心下事。男儿西北有神州，莫滴水西桥畔泪。

风　入　松

归鞍尚欲小徘徊，逆境难排。人言酒是消忧物，祭病余孤负金罍。萧瑟擣衣时候，凄凉鼓缶情怀。远林摇落晚风哀，野店犹开。多情惟是灯前影，伴此翁同去同来。逆旅主人相问，今回老似前回！

吴文英

三　姝　媚

湖山经醉惯，渍春衫，啼痕酒痕无限。又客长安，叹断襟零袂，涴尘谁浣。紫曲门荒，沿败井，风摇青蔓。对语东邻，犹是曾巢，谢堂双燕。春梦人间须断，但怪得当年，梦缘能短。绣屋秦筝，傍海棠偏爱，夜深开宴。舞歇歌沉，花未减，红颜先变。伫久河桥欲去，斜阳泪满。

八声甘州

渺空烟，四远是何年，青天坠长星。幻苍崖云树，名娃金屋，残霸宫城。箭泾酸风射眼，腻水染花腥。时靸双鸳响，廊叶秋声。宫里吴王沉醉，倩五湖倦客，独钓醒醒。问苍波无语，华发奈山青。水涵空，阑干高处，送乱鸦斜日落渔汀。连呼酒，上琴台去，秋与云平。

点绛唇

春未来时，酒携不到千岩路。瘦还如许，晚色天寒处。无限新愁，难对风前语。行人去，暗消春素，横笛空山暮。

韩淲

贺新郎

坐上有举昔人《贺新郎》一词，极壮，酒半用其韵。

万事佯休去。漫栖迟、灵山起雾，玉溪流渚。击楫凄凉千古意，怅怏衣冠南渡。泪暗洒、神州沉处。多少胸中经济略，气□□，郁郁愁金鼓。空自笑，听鸡舞。天关九虎寻无路。叹都把，生民膏血，尚交胡虏。吴蜀江山元自好，形势何能尽语。但目尽，东南风土。赤壁楼船应似旧，问子瑜，公瑾今安否？割舍了，对君举。

（□□处不妨加“怎消”二字——编者杜撰）

俞国宝

风入松·题酒肆

一春长费买花钱，日日醉湖边。玉骢惯识西湖路，骄嘶过沽酒楼前。红杏香中歌舞，绿杨影里秋千。暖风十里丽人天，花压鬓云偏。画船载取春归去，余情付湖水湖烟。明日重扶残醉，来寻陌上花钿。

刘辰翁

摸鱼儿·酒边留同年徐云屋

怎知他，春归何处？相逢且尽尊酒。少年袅袅天涯恨，长结西湖烟柳。休回首！但细雨断桥，憔悴人归后。东风似旧，问前度桃花，刘郎能记，花复认郎否？君且住，草草留君剪韭，前宵正凭时候。深杯欲共歌声滑，翻湿春衫半袖。空眉皱，看白发尊前，已似人人有。临分把手，叹一笑论文，清狂顾曲，此会几时又？

蒋　捷

贺　新　郎

深阁帘垂绣，记家人、软语灯边，笑涡红透。万叠城头哀怨角，吹落霜花满袖。影厮伴，东奔西走。望断乡关知何处？羡寒鸦、到着黄昏后，一点点，归杨柳。相看只有山如旧。叹浮云，本是无心，也成苍狗。明日枯荷包冷饭，又过前头小阜。趁未发，且尝村酒。醉探枵囊毛锥在，问邻翁要写牛经否？翁不应，但摇手。

一剪梅·舟过吴江

一片春愁待酒烧，江上舟摇，楼上帘招。秋娘渡与泰娘桥。风又飘飘，雨又萧萧。何日归家洗客袍？银字笙调，心字香烧。流光容易把人抛，红了樱桃，绿了芭蕉。

无名氏

青　玉　案

年年社日停针线。怎忍见，双飞燕？今日江城春已半。一身犹在，乱山深处，寂寞溪桥畔。春衫著破谁针线，点点行行泪痕满。落日解鞍芳草岸。花无人戴，酒无人劝，醉也无人管。

一　剪　梅

漠漠春阴酒半酣。风透春衫，雨透春衫。人家蚕事欲眠三，桑满筐篮，柘满筐蓝。先自离怀百不堪。樯燕呢喃。篝灯强把锦书看，人在江南。心在江南。

晁补之

梁州令叠韵

田野闲来惯，睡起初惊晓燕。樵青走挂小簾鉤，南园昨夜，细雨红芳遍。平芜一带烟花浅，过尽南归雁。江云渭树俱远，凭阑送目空肠断。好景难长占，过眼韶华如箭。莫教鶗鴂送韶华，多情杨柳，为把长条绊。清樽满酌谁为伴？花下提壶劝：何妨醉卧花底，愁容不上春风面。

周　权

蝶恋花·夜酌荷亭

数亩宽闲吾老圃。着个茅亭，斗大无多子。水槛水花明楚楚，洒然不受人间暑。夜悄虚阶初过雨，深浅香深，风露清如许。沁薄吟襟时挹泞，多情凉月还窥户。

百　字　谣

东坡昔时守彭城，既治决河，乃修筑其城。作黄楼城上以临河，以土实制水，因以黄名楼。楼成，子由作赋，坡翁为书之，刻于石。余回自京师，登楼怀古，并感项籍遗事，末章及之。

登临把酒，问黄楼人去，几番风雨。妙绝颖滨楼上赋，坡老龙蛇飞舞。千载风流，两翁笑傲，淮泗归谭麈。衣冠如在，我来空自延伫。下视阛阓喧尘，惨眠烟落日，西风鼙鼓。昔日争雄怀汉楚，百万屯云貔虎。世事茫茫，山川历历，不尽凭栏思。城头今古，黄河日夜东去。

沁园春·九日举觞

说与黄花，九日今朝，同谁举觞？笑指点行囊，虽然羞涩；竭去闹市，怎忍荒凉？螯压橙香，酒浮萸紫，醉脱乌纱鬓欲霜。孤云外，是吾庐三径，归兴偏长。催人冉冉年光，问役役浮生着甚忙。自东篱人去，总成陈迹；龙山饮散，几度斜阳？人物凋零，乾坤空阔。世事浮沉醉梦场。登高处，倚西风长啸，任我疏狂。

沈端节

菩　萨　蛮

愁人道酒能消解，元来酒是愁人害。对酒越思量，醉来还断肠。酒醒初梦破，梦破愁无那。干净不如休，休时只恁愁。

林正大

酹江月·括杜工部《醉时歌》

诸公台省，问先生，何事冷官如许？甲第纷纷，梁肉厌、应怪先生无此。道出羲皇，才过屈才，空有名垂古。得钱沽酒，忘形欲到尔汝。好是清夜沉沉，共开春酌，细听檐花雨。茅屋石田，荒已久、总待先生归去。司马子云，孔丘盗跖，到了俱尘土。不须闻此，生前杯酒相遇。

（标题“括”字：在此处释为紧缩、改写之意。下同——编者）

水调歌头·括杜工部《醉时歌·送敬则赴袁州教官》

人笑杜陵客，热褐鬓如丝。得钱沽酒，时赴郑老同襟期。清夜沉沉春酌，歌语镫前细雨，相觅不相疑。忘形到尔汝，痛饮真吾师。问先生，今去也，是归来。先生去后，石田茅屋恐苍苔。休怪相如涤器，莫学子云投阁。且生前相遇共相懽，衔杯乐。

（标题“括”字：在此处释为紧缩、改写之意。下同——编者）

沁园春·括刘伶《酒德颂》

大人先生，高怀逸兴，酒因寓名。纵幕天席地，居无庐室；八荒为域，日月为扃。贵介时豪，晋抻处士，未解先生酒适情。徒劳尔，谩是非锋起，有耳谁听？先生挈榼提罂，更箕踞衔杯枕曲生。但无思无虑，陶陶自得；兀然而醉，恍然而醒。静听无闻，熟视无睹，以醉为乡乐性真。谁知我，彼二

西江月·山亭留饮

看竹何须问主，寻村遥认松萝。小车到处是行窝，门外云山属我。张叟腊醅藏久，王家红叶开多。相留一醉意如何？老子掀髯曰可。

西江月·赠赵提学酒

买得鸡泉新酿，病中无客同斟。遣人持送旅窝深，呼取毛翁共饮。少个散花天女，维摩憔悴难禁。安排走马杏花阴，咫尺春风似锦。

菩萨蛮·饮山亭感旧

种花人去花应道，花枝正为人先老。一笑问花枝，花枝得几时？人生行乐耳，今古都如此。急欲卧莓苔，村前酒未来。

杨泽民

渔　家　傲

未把金杯心已恻。少年病酒还成积。一昨宦游来水国，心知得，陶陶大醉何人识？日近偶然频燕客。尊前巾帽时攲仄，致得沉疴盟枕席。吾方适，从今更不尝涓滴。

（“一昨宦游”疑为“一宦昨游”——编者）

陆文圭

减字木兰花

庚申六月三日，同耶律君璋赵子渊兄弟避暑饮于玄妙观之荷池。君璋不饮，命歌者歌以劝之。

双鬟耸翠，低护金莲裙罩地。铁石心肠，无奈梅花一点香。

歌声绕梁，流水泠泠云杳杳。白发刘郎，对景须拼醉一场。

张 埜

沁园春·止酒效轩稼体

半世游从，到处逢迎，唯尔曲生。喜一尊乘兴，时居乐土；三杯有力，能破愁城。岂料前欢，俱成后患，深悔从来见不明。�轩下，抱厌厌病枕，恨与谁评？请生亟退休停，更说是浊贤与圣清。论伐人心性，蛾眉非惨；烁人骨髓，鸩毒犹轻。裂爵焚觞，弃壶毁榼，交绝何须出恶声？生再拜，道苦无大故，遽忍忘情。

王世贞

贺新郎·谢袁履善惠酒

春意归风雨。到如今、缓红舒翠，一番重起。况更索居无一事，镇日琴书而已。待醉也、如何得醉？多谢白衣能远致，把葛巾、忙却科头倚。胸磊块，故应洗。琼膏慢入清樽细。似当年、掌分茎露，雪消春水。欲折筒荷充泛驾，凭借曲生为驭。直引到、华胥路里。遮莫归来问姓名，道清真、袁粲频为主。天下事，任公耳！

春云怨·饮酒

风僝雨僽，渐柳眠无力，花如中酒。睡怯象牙寒消，幽梦几回浑不就。燕搊华弦，莺调清管，细谱新词杜鹃嘱，行路方难。归期无据，愁与闷相守。芳醪点出天公手，解黐寒作暖，撺辰戌酉。枕畔华胥暂拖逗，青眼朦胧，一任长门，送来银漏。未举杯前，乍停杯后，半刻也堪白首。

解语花·题美人捧觞

檀槽细压，紫溜泠泠；滴碎珠千斛。鹈鹕初赎，谁偕醒，卓女远山黛绿。朱樱小蹙，风袅处山香几曲？捧屈卮徐露春芽，一样纤纤玉。何事锦围翠簇，只枝头一点，买断金谷。灵犀轻嘱，微酣后，记取夜来题目。双环趁逐，扶掩向碧纱厨宿。夸醉乡还傍温柔，此际平生足。

寿利川曹封君六帙

望仙门

玉堂开宴祝贤臣，列奇珍。蓬莱此日聚群真，捧金樽。漫酌松花酒，齐声拜贺千春。凤孙麟子荷君恩。荷君恩，芳誉播乾坤。

千　秋　岁

玉芝瑶草，桂子兰孙好。华屋畔，祥云绕。筵开龙凤脯，老子同欢笑。如海水汪洋，浩浩应难较。莫惜芳樽倒，紫诰天边到。跻玉阙，游蓬岛。遐龄祈八百，驻世人常老，还应是善缘佳报。

连　理　枝

八洞群仙到，来祝曹君耄。玉盘珍馔，金杯佳醑，齐称不老。喜今宵，欢庆寿筵前，睹童颜鹤貌。华屋奇香绕，王母同欢乐。锦瑟瑶笙，朱弦翠管，刘晨阮肇。共登仙，齐上那蓬莱，任逍遥海岛。

万　年　欢

海屋添筹，祝曹侯上寿，黄鹤玄鹿。瑶草仙葩，松柏亭亭嘉木。堂下儿孙似玉，戏莱子娱亲彩服。银盘内凤髓龙肝，劝双亲，唱新曲。欢情得悦慈颜，漫将金斝内，频倒醽醁。共羡君家，顺子孝孙盈目。海上蟠桃已熟，愿岁岁开筵相祝。应知是积德弘深，受人间的全福。

鼓　笛　慢

昨闻四皓群真，共持火枣交梨饍。来同国舅，如欢佳宴。麻姑频劝，玉烛扔红，仙童奏乐，九天音遍。看遥空好月，当窗皎皎，欣弄盏，时相蔫。

百川为寿，羡恩波万重齐卷。乌纱象简，紫袍犀带，公侯佳眷。万里芳聲，爱民如子，浙西留恋。愿千秋百岁，金樽玉液，几番持献。

殢人娇

瀛海蟠桃，此日花开庭院，华席列排寿宴。嘉宾逸客，共捧金杯献。惟愿祝千万岁，如山远。贵子登朝，龙孙世鲜，虎榜上，定应高荐。仙词一阕，漫鼓云阳板。如阆苑，曹国舅，年无限。

元好问

春宴

春盘宜剪三生菜，春燕斜簪七宝钗。春风春酝透人怀。春宴排，齐唱喜春来。

骤雨打新荷（节选）

人生有几，念良辰美景，休放虚过。穷通前定，何用苦张罗。命友邀宾玩赏，对芳尊浅酌低歌。且酩酊，任他两轮日月，来往穿梭。

商挺

祝愿

闷酒将来刚刚咽，欲饮先浇奠。频祝愿，普天下心厮爱早团圆。谢神天，教俺也频频的勤相见。

董解元

西厢搊弹词

满酌离杯长出口儿气，比及道得个我儿将息。一盏酒里，白冷冷的滴够半盏来泪。

关汉卿

沉醉东风

秋景堪题，红叶满山溪。松径偏宜，黄菊绕东篱。正清尊斟泼醅，有白衣劝酒杯。官品极，到底成何济？归，学取他渊明醉。

四　块　玉

旧酒没，新醅泼，老瓦盆边笑呵呵。共山僧野叟闲吟和。他出一对鸡，我出一个鹅，闲快活。

双渐苏卿

绿柳堤，画船儿，正撞着一帆风赶上水。冯魁吃的醺醺醉，怎想着金山寺壁上诗？醒来不见多姝丽，冷清清空载月明归。

不　伏　老

我是个普天下郎君领袖，盖世界浪子班头。愿朱颜不改常依旧，花中消遣，酒内忘忧；分茶攧竹，打马藏阄，通五音六律滑熟，甚闲愁到我心头。伴的是银筝女银台前理银筝笑倚银屏，伴的是玉天仙携玉手并玉肩同登玉楼，伴的是金钗客歌金缕捧金樽满泛金瓯。你道我老也暂休，占排场风月功名首，更玲珑又剔透。我是个锦陈花营都帅头，曾玩府游州。

白　朴

寄生草·劝饮

长醉后何方碍，不醒时有甚思？糟腌两个功名字，醅淹千古兴亡事，曲埋万丈虹霓志。不达时皆笑屈原非，但知音尽说陶潜是。

卢挚

闲居

雨过分畦种瓜，早时引水浇麻。共几个田舍翁，说几句庄稼话。瓦盆边浊酒生涯，醉里乾坤大，任他高柳清风睡煞。

重九

题红叶清流御沟，赏黄花人醉歌楼。天长雁影稀，月落山容瘦，冷清清暮秋时候，衰柳寒暗一片愁，谁肯教白衣送酒？

殿前欢·酒兴

酒杯浓，一葫芦春色醉疏翁。一葫芦酒压花梢重。随我奚童，葫芦乾兴不穷。谁人共？一带青山送。乘风列子，列子乘风。

沉醉东风·闲居

恰离了绿水青山那搭，早来到竹篱茅舍人家。野花路畔开，村酒槽头榨。直吃的欠欠答答。醉了山童不劝咱，白发上黄花乱插。

刘敏中

黑漆弩·村居遣兴

吾庐恰近江鸥住，更几个好事农父。对青山枕上诗成，一阵沙头风雨。酒旗只隔横塘，自过小桥沽去。尽疏狂不怕人嫌，是我生平喜处。

马致远

归隐

菊花开，正归来。伴虎溪僧、鹤林友、龙山客；似杜工部、陶渊明、李太白；有洞庭柑、东阳酒、西湖蟹。哎，楚三闾休怪。

夜行船·秋思（节选）

蛩吟罢一觉才宁贴，鸡鸣时万事无休歇，争名利何年是彻！看密匝匝蚁排兵，乱纷纷蜂酿蜜，急攘攘蝇争血。裴公绿野堂，陶令白莲社。爱秋来时那些：和露摘黄花，带霜烹紫蟹，煮酒烧红叶。想人生有限杯，浑几个重阳节。嘱咐你个顽童记著：“便北海探吾来，道东篱醉了也！”

四块玉·浔阳江

送客时，秋江冷，商女琵琶断肠声。可知道司马和愁听？月又明，酒又醒，客乍醒。

寿阳曲·远浦帆归

夕阳下，酒旆闲，两三航未曾着岸。落花水香茅舍晚，断桥头卖鱼人散。

拨　不　断

酒杯深，故人心，相逢且莫推辞饮。君若歌时我慢斟。屈原清死由他恁，醉和醒争甚！

庆　东　原（二首）

其　一

拨山力，举鼎威。暗呜叱咤千人废。阴陵道北，乌江岸西，休了衣锦东归，不如醉还醒，醒而醉。

其　二

明月闲旌旆，秋风助鼓鼙。帐前滴尽英雄泪。楚歌四起，乌骓漫嘶，虞美人兮，不如醉还醒，醒而醉。

四块玉·恬退

酒旋沽，鱼新买。满眼云山画图开。清风明月还诗债。本是个懒散人，又无甚经济才，归去来。

四块玉·叹世

带野花，携村酒。烦恼如何到心头？谁能跃马常食肉，二顷田，一具牛，饱后休。

侯克中

菩萨蛮·客中寄情

举金杯，倒金杯，金杯未倒心先醉。酒醒时候更凄凄，情似织，招揽下相思无尽期，告他谁。

王伯成

斗鹌鹑·春游（选）

其　一

酒力禁持，诗魔唤起。紫燕喧喧，黄莺呖呖。红杏香中，绿杨影里。丽日迟，节序催，柳线摇金，桃花泛水。

其　二

一帘红雨落花飞，酝酿蜂儿蜜，跨蹇携壶醒还醉。草凄凄，融融沙暖鸳鸯睡。韶光景美，和风暖日，惹起杜鹃啼。

贯云石

殿　前　欢

怕西风，晚来吹上广寒宫。玉台不放香奁梦，正要情浓，此时心造物同，听甚《霓裳弄》。酒后黄鹤送。山翁醉我，我醉山翁。

清江引·抒怀

弃微名去来心快哉，一笑白云外。知音三五人，痛饮何妨碍。醉袍袖舞嫌天地窄。

盍志学

小桃红·西园秋暮

玉簪金菊露凝秋，酿出西园秀。烟柳新来为谁瘦？畅风流，醉归不记黄昏后。小糟细酒，锦堂晴昼，拚却再扶头。

李乘（德载）

喜春来·赠茶肆

金尊满劝羊羔酒，不似灵芽泛玉瓯，声名喧满岳阳楼。夸妙手，博士更风流。

冯子振

野 渡 新 晴

孤村三两人家住，终日对野叟田父。说今朝绿水平桥，昨日溪南新雨。碧天边云归岩穴，白鹭一行飞去。便芒鞋竹杖行春，问底是青帘舞处？

鹦鹉曲·园父

柴门鸡犬山前住，笑语听伛背园父。辘轳边抱瓮浇畦，点点阳春膏雨。菜花间蝶也飞来，又趁暖风双去。杏稍红韭嫩泉香，是老瓦盆边饮处。

感　　事

江湖难比山林住，种果父胜刺船父。看春花又看秋花，［幺］不管颠风狂雨。尽人间白浪滔天，我自醉歌眠去。到中流手脚忙时，则靠着柴扉深处。

刘 致

朝 天 子

瘿飘带糟，将瓮里浮明舀。氤氲双颊绛云潮，春色添多少。稚子牵衣，山妻迎笑，急投床脚健倒。醉了，睡好，醉乡大，人间小。

（“不是”疑为“仆”字——编者）

山坡羊·西湖醉歌次郭振卿韵

朝朝琼树，家家朱户。骄嘶过沽酒楼前路。贵何如？贱何如？六桥都是经行处。花落水流深院宇。闲，天定许；忙，人自取。

殿前欢·即事

醉颜酡，太翁庄上走如梭。门前几个官人坐，有虎皮驮。呼王留唤伴哥，无一个，空叫得喉咙破。人踏了瓜果，马践了田禾。

孛罗御史

一枝花·辞官（选）

尽燕雀喧檐聒耳，任豺狼当道磨牙，无官守无言责相牵挂。春风桃李，夏月桑麻，秋天禾黍，冬月梅茶。四时景物清佳，一门和气欢洽。叹子牙渭水垂钓，胜潘岳河阳种花，笑张骞河汉乘槎。这家，那家，黄鸡白酒安排下。撒会顽，放会耍，拚着老瓦盆边醉后扶，一任他风落了乌纱。

赵显宏

殿前欢·闲居

去来兮！东林春尽蕨芽肥。回头那顾名和利，付与希夷。下长生不死棋，养三寸元阳气，落一觉浑沦睡。莺花过眼，鸥鹭忘机。

去来兮！桃花流水鳜鱼肥。山蔬野菜偏滋味，旋泼新醅。胡寻些东与西，拚了个醒而醉，不管他天和地。盆干瓮竭，方许逃席。

赵禹圭

折桂令·题金山寺

长江浩浩西来，水面云山，山上楼台。山水相辉，楼台相映，天地安排。诗句就云山动色，酒杯倾天地忘怀。醉眼睁开，遥望蓬莱，一半烟遮，一半云埋。

乔　吉

满庭芳·渔父词

湖平棹稳，桃花泛暖，柳絮吹春。蒌蒿香脆芦芽嫩，烂煮河豚。闲日月熬了些酒樽，恶风波飞不上丝纶。芳村近，田原隐隐，疑是避秦人。

满庭芳·渔父词

携鱼换酒，鱼鲜可口，酒热扶头。盘中不是鲸鲵肉，鲟鲊初熟。太湖水光摇酒瓯，洞庭山影落鱼舟。归来后，一竿钓钩，不挂古今愁。

满庭芳·渔父词

活鱼旋打，沽些村酒，问那人家。江山万里天然画，落日烟霞。垂袖舞风生鬓发，扣舷歌声撼渔槎。初更罢，波明浅沙，明月浸芦花。

水仙子·乐清箫台

枕苍龙云卧品清箫，跨白鹿春酣醉碧桃，唤青猿夜拆烧丹灶。二千年琼树老，飞来海上仙鹤。纱巾岸天风细，玉笙吹山月高，谁识王乔？

折桂令·七夕赠歌者

崔徽休写丹青，雨弱云娇，水秀山明。箸点歌唇，葱枝纤手，好个卿卿。水洒不着春妆整整，风吹的倒玉立亭亭，浅醉微醒，谁伴云屏？今夜新凉，卧看双星。

黄四娘沽酒当垆，一片青旗，一曲骊珠。滴露和云，添花补柳，梳洗工夫。无半点闲愁去处，问三生醉梦何如。笑倩谁扶，又被春纤，搅住吟须。

李　洞

夜行船·送友归吴

丈夫双泪不轻弹，都付酒杯间。苏台景物非虚诞，年前倚棹曾看。野水鸥边萧寺，乱云马首吴山。

薛昂夫（马九皋）

庆东原·西皋亭适兴

兴为催租败，欢因送酒来。酒酣时诗兴依然在。黄花又开，朱颜未衰，正好忘怀。管甚有监州，不可无螃蟹。

水仙子·集句

几年无事傍江湖，醉倒黄公旧酒垆。人间纵有伤心处，也不到刘伶坟上土，醉乡中不辨贤愚。对风流人物，看江山画图，便醉倒何如！

（编辑本卷时，发现有的典籍分别以薛昂夫与马九皋的名义载有相同曲词，通过网上甄别，却方知是同一人也。真乃孤陋寡闻，惭愧！真乎？假乎？不得而知，只好合为一体，网址百度 book xzzk.com.cn/book——编者）

马谦斋

快活三过朝天子四边静·秋（选）

香山叠翠，红叶西风衬马蹄。重阳佳致，千金曾费。黄橙绿醑，烂醉登高会。

张可久

四块玉·客中九日

落帽风，登高酒。人远天涯碧云秋，雨荒篱下黄花瘦。愁又愁，楼上楼，九月九。

读史有感

剑空弹月下高歌，说到知音，自古无多。白发萧疏，青灯寂寞，老子婆娑。故纸上前贤坎坷，醉乡中壮士磨跎。富贵由他，漫想廉颇，谁效常何！

酸斋学士席上

岸风吹裂江云，迸一缕斜阳，照我离樽。倚徙西楼，留连北海，断送东君。传酒令金杯玉笋，傲诗坛羽扇纶巾。惊起波神，唤醒梅魂。翠袖佳人，白雪阳春。

殿前欢·次酸斋韵

钓鱼台，十年不上野鸥猜。白云来往青山在，对酒开怀。欠伊周济世才，犯刘阮贪杯戒，还李杜吟诗债。酸斋笑我，我笑酸斋。

水仙子·山斋小集

玉笙吹老碧桃花，石鼎烹来紫笋芽。山斋看了黄筌画，荼蘼香满把。自然不尚奢华。醉李白名千载，富陶朱能几家？贫不了诗酒生涯。

满庭芳·客中九日

乾坤府仰，贤愚醉醒，今古兴亡。剑花寒，夜坐归心壮，又是他乡。九日明朝酒香，一年好景橙黄。龙山上，西风树响，吹老鬓毛霜。

朝天子·山中杂书

醉余，草书，李愿盘谷序。青山一片范宽图，怪我来何暮？鹤骨清癯，蜗壳蘧庐，得安闲心自足。蹇驴，酒壶，风雪梅花路。

朝天子·湖上

瘿杯，玉醅，梦冷芦花被。风清月白总相宜，乐在其中矣。寿过颜回，饱似伯夷，闲如越范蠡。问谁，是非？且向西湖醉。

山坡羊·酒友

刘伶不戒，灵均休怪，沿村沽酒寻常债。看梅开，过桥来，青旗正在疏篱外。醉和古人安在哉？窄，不够筛；哎，我再买。

徐再思

普天乐·垂虹夜月

玉华寒，冰壶冻。云间玉兔，水面苍龙。酒一樽，琴三弄，唤起凌波仙人梦，倚阑干满面天风。楼台远近，乾坤表里，江汉西东。

天净沙·秋江晚泊

斜阳万点昏鸦，西风两岸芦花，船系当阳酒家。多情司马，青衫梦里琵琶。

一半儿·病酒

昨宵中酒懒扶头，今日看花惟袖手。害酒愁花人问羞。病根由，一半儿因花一半儿酒。

曹德（明善）

庆东原·江头即事

低茅舍，卖酒家，客来旋把朱帘挂。长天落霞，方池睡鸭，老树昏鸦。几句杜陵诗，一幅王维画。

沉醉东风·村居

茅舍宽如钓舟，老夫闲似沙鸥。江清白发明，霜早黄花瘦，但开樽沉醉方休。江糯吹香满穗秋，又打够重阳酿酒。

三棒鼓声频·题渊明醉归图

先生醉也，童子扶者。有诗便写，无酒重赊，山声野调欲唱些，俗事休说。问青天借得松间月，陪伴今夜。长安此时春梦热，多少豪杰，明朝镜中头似雪，乌帽难遮。星般大县儿难弃舍，晚入庐山社。比及眉未攒。腰已折。迟了也去官陶靖节！

亢文苑

一枝花·咏怀

琴声动鬼神，剑气冲牛斗。西风张翰志，落日仲宣楼。潘鬓成秋，渐觉休文瘦，卧元龙百尺楼。自扶囊拄杖挑包，醉濯足新丰换酒。

周德清

红绣鞋·郊行

茅店小斜挑草稕，竹篱疎半掩柴门。一犬汪汪吠行人。题诗桃叶渡，问酒杏花村。醉归来驴背稳。

李伯瞻

殿前欢·省悟

驾扁舟，云帆百尺洞庭秋。黄柑万颗霜初透，绿蚁香浮。闲来饮数瓯，醉梦醒时候，月色明如昼。白蘋渡口，红蓼滩头。

曾　瑞

醉　太　平

相邀士夫，笑引奚奴，涌金门外过西湖。写新诗吊古。苏堤堤上寻芳树，断桥桥畔沽醽醁，孤山山下醉林逋。洒梨花暮雨。

杨朝英

水仙子·西湖深梅

雪晴天地一冰壶，竟往西湖探老逋，骑驴踏雪溪桥路。笑王维作画图，拣梅花多处提壶。对酒看花无笑，无钱当剑沽，醉倒在西湖。

水仙子·自足

杏花村里旧生涯，瘦竹疏梅处士家，深耕浅种收成罢。酒新篘，鱼旋打，有鸡豚竹笋藤花。客到家常饭，僧来谷雨茶，闲时节自炼丹砂。

唐　寅

山坡羊·无题

数过清明春老，花到荼蘼事了，光阴估值，估值钱多少？望酒标先弃典翠袍，三更尚道，尚道归家早。花压重门带月敲，滔滔，滔滔醉一宵；萧萧，萧萧已二毛。

月来高·无题

送别长亭柳，情浓怕分手，欲跨雕鞍去，扯住罗衫袖，问道归期端的甚时候？盟言未卜，未卜鲛绡透。唱彻阳关，重斟别酒。酒，除非是解消愁。只怕酒醒更残，愁来又依旧。

康　海

饮中闲咏

数年前也放狂，这几日全无况。闲中件件思，暗里般般量。真是个不精不细丑行藏，怪不得没头没脑受灾殃。从今后花底朝朝醉，人间事事忘。刚方，奚落了膺和滂；荒唐，周全了籍与康。

陈　铎

醉太平·挑担

麻绳是知己，扁担是相识。一年三百六十回，不曾闲一日。担头上讨了结儿利，酒房中买了一场醉；肩头上去了几层皮，常少柴没米。

刘效祖

粉蝶儿·良辰乐事（选）

呀，我见他慌忙爬起走如飞，一个价扯衣牵袖怎容回。一个说见成热酒饮三杯，一个说看经吃素忌初一。他两个强了一会，只得吃几杯，才能够唱喏抽身退。

自从那日初辰，拜到时过未，即渐的拄肚撑肠酒力催。西歪东倒脚高低，一霎时不觉的昏迷。头低眼竖人难认，腿软腰弯步怎移。眼看着醺醺醉，少不得眠街卧巷，那里有展被铺席。

陈所闻

解三醒·述怀

对西风把行藏自省，叹年来百事无成。萧条一室如悬磬，淹伏枥，但长呜。看他们家开金穴空遗消，身藉冰山浪得名。难侥幸，倒不如衡门泌水，酒社诗盟。

李开先

傍妆台

醉醺醺，瓮中干了玉壶春。劝君莫做千年调，苦了百年身。唾津咽却心头火，泪点休淹枕上痕。拳头硬，胳膊抻，得饶人处且饶人。

金銮

南一封书·闲适

青溪畔小堂，四壁虽空书满床。碧岩下小窗，半世虽贫酒满缸。好山有意常当户，明月多情还过墙。伴诗狂，与酒狂，睡向西风枕簟香。

朱彝尊

一半儿

冷泉亭子面山崖，萧九娘家沽酒牌。垆畔碧桃花乱开，到重来，一半儿依然一半儿改。

冷云山寺画屏秋，断塔雷封残照留。孤汊酒村风幔收，载归舟，一半儿莲蓬一半儿藕。

生公台上斗茶巾，短簿祠前罗酒樽。真娘墓旁凝舞尘，款游人，一半儿樱桃一半儿笋。

无名氏

寄生草·闲评

列锦帐石崇势，只不如卸罗襕纳象简张良退，学取他枕清风铺明月陈抟睡。看了那吴山青似越山青，不如今朝醉了明朝醉。

喜春来

汪山不老天如醉，桃李无言春又归，人生七十古来稀。图甚的，尊有酒且开怀。

山坡羊

渊明图醉，陈抟贪睡，此时人不解当时意。志相违，事难随，由他醉者由他睡。今朝世杰非昨日。贤，也任你；愚，也任你。

殿前欢

谪仙醉眼何曾开，春眠花市侧。伯伦笑口寻常开，荷锸埋。妨何碍？糟丘高垒葬残骸。先生也快哉！

沉醉东风

拂水面千条柳线，山墙头几朵花枝。醉看雨后山，醒入桥边肆。正江南燕子来时，到处亭台好赋诗，少几个知音在此。

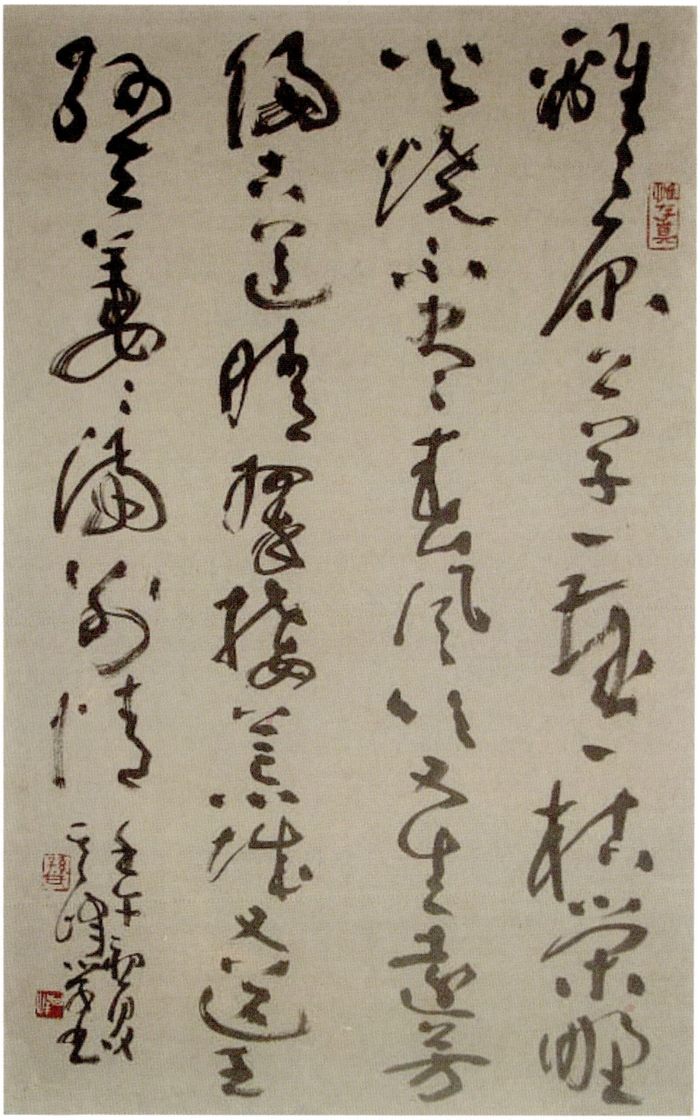

醉古醺今（二）

第三章　联乃诗精酒是魂

楹联是中国文化殿堂里一大瑰宝，在文学领域占有重要席位。在世界上堪称独一无二。萌芽于律诗之前，发展于律诗之后，鼎盛于清，而延续至今，绵延不衰而长盛。

对联究竟起源于什么时代，却没有一致的说法。有人认为五代孟昶的春联是最早的对联。据传说，古代东海度朔山有一棵大桃树，桃树下有神荼、郁垒二神，他们管辖着所有的鬼，如有作祟的鬼，他们就把它捆起来喂老虎。后来民间春节时驱避鬼怪，就在桃木板上画神像，这就是所谓的桃符。到了五代的桃木板上的神像又演变成文字，但这时的文字显然未必工整。宋代张唐英在《蜀梼杌》中说："孟昶学士为题桃符，以其非工，自命笔题云：'新年纳余庆，嘉节号长春。'"这是最早的春联。因为是写在桃木板上，所以叫"桃符"。但有人认为这并不是最早的对联。据谭嗣同考证，南朝梁文学家刘孝绰，罢官不出，在门上写了两句诗："闭门罢庆吊，高卧谢公卿。"后来他的三妹令娴续了两句曰："落花扫仍合，丛兰摘复生。"这虽然是诗，但因为语句皆为骈俪，又是题写在门上的，所以应是最早的对联。

对联的创作，可以包罗万象，面面俱到皆可联。常见的有赞赏、婚庆、寿庆、节庆，励志、谐趣等方面，还有讽喻、哀挽等联。他简捷精炼，通俗易懂，朗朗上口，他如诗并非诗，而是诗精炼而成。与酒相关的联语也是车载斗装。

所谓酒联，就是与酿酒、饮酒、用酒、酒名、酒具直接相关的对联。它既包括酿酒、饮酒、沽酒、赞酒等直接涉酒的对联，也包括在各种不同场合(如逢年过节、婚喜寿丧、待客题赠、诗词名胜等）间接涉酒、借酒寄情的许多酒联。

在各种酒联中，商业性的酒联随处可见。并且很多精致而富有情趣的佳作。譬如，某酒楼的对联是：

沽酒客来风亦醉，卖花人去路还香

此联颇有神韵，耐人寻味，酒醇"风亦醉"，花去"路还香"不仅对仗工稳，而以下联衬托上联，其意更加鲜明、突出。另有一副某茶亭兼卖酒者联，写的是：

为名忙，为利忙，忙里偷闲，吃杯茶去
劳心苦，劳力苦，苦中有乐，斟碗酒尝

此联不仅对得俏皮，而且语带机锋，寓意深刻，更是耐人寻味。

有的对联借景抒情，堪为绝唱。苏州虎丘寺有一副对联曰：

对酒且消愁，四面云山谁作主
感时花溅泪，万方多难此登临

此联引杜甫《春望》句入联，贴切自然，不露痕迹，对仗十分工整。在内容上，感时伤世，饱含满腔爱国热情，故以酒浇愁，表现出一种难言的忧国之痛。

在南京采石矶太白楼有一副对联曰：

公昔登临，想诗境满怀，酒杯在手
我来依旧，见青山对面，明月当楼

此联，因太白楼而幽思伟大诗人李白，仿佛看见太白把酒吟诗，可是如今青山依旧，明月照楼，而昔人何在？表现出对伟大诗人的缅怀和景仰之情。

有的对联情景交融。如黄鹤楼有一副楹联云：

何时黄鹤重来，且自把金樽，看洲渚千年芳草
今日白云尚在，问谁吹玉笛，落江城五月梅花

此联不仅情景交融，而且巧妙地把崔颢的诗“黄鹤一去不复返”和李白的诗“黄鹤楼中吹玉笛”化用于联中，既有前人的诗意又有眼前的景色，写得典雅隽永，使人赏心悦目。

名胜豪联酒增色

北京

颐和园·涵运堂联

西岭烟霞生袖底
东洲云海落樽前

——爱新觉罗·玄烨

陶然亭联

窗前绿树分禅榻
城外青山到酒杯

客醉共陶然，四面凉风吹酒醒
人生行东耳，百年几日得闲身

果然城市有山林，除却故乡无此好
难得酒杯浇块磊，酿成危局待支持

——江峰青

香山寺院联

济公捧坛喝，一曲酣眠卧佛寺
李白邀月饮，三杯醉倒酒仙桥

陕西

临潼·华清池联

剧怜帝王风流，名花名酒
谁似太真佳宠，倾国倾城

甘肃

酒泉水亭

中圣人之清，有如此水
取醉翁之意，以名其亭

——左宗棠

山东

济南·历下亭联

独上高楼，是山色湖光胜处
谁家画舫，正清歌美酒酣时

济南·李清照纪念堂

载酒江湖，人比黄花瘦
校碑栏槛，梦随玉笛飞

吉林

北山玉皇阁

五载我重游，桑海高吟诗世界
一层谁更上，乾坤沈醉酒春秋

——成多禄

河南

洛阳·吕祖庙联

乘白鹿，负青蛇，游遍天界
寡私欲，清心田，尽在壶中

许昌·关帝庙

亦知吾故主尚存乎，从今后走遍天涯，再休言万钟千驷
曾许汝言功而去耳，倘他日相逢歧路，岂敢忘杯酒绨袍

河北

邯郸·卢生殿联

修到神仙，看三醉归来，也要几杯绿酒
托生人世，算百般好处，都成一枕黄粱

上海

豫园联

放鹤去寻三岛客
约梅同醉一壶春

嘉定·花神庙

海棠开后，燕子来时，良辰美景奈何天，芳草地，我醉欲眠，楝花风，尔且慢到
碧澥倾春，黄金买夜，寒食清明都过了，杜鹃道，不如归去，流莺说，少住为佳

浙江

杭州·西湖楼外楼

屈醒陶醉随斟酌

春韭秋莼入品题

杭州西湖·平湖秋月联

凭栏看云影波光，最好是红蓼花疏，白苹秋至

把酒对琼楼玉宇，莫辜负天心月到，水面风来

——彭玉麟

杭州西湖·湖心亭联

一碧浸孤亭，看参差烟柳楼台，绕岸几人沽酒去

明漪比西子，有多少青红儿女，停桡都学捧心来

杭州·西泠印社四照阁

四大皆空，坐片刻无分你我

两头是路，喝几杯各自东西

湖胜潇湘，楼若烟雨，把酒高吟集游客

峰有南北，月无古今，登山远览属骚人

——陶在宽

杭州·西湖湖心亭可庄联

双峰云起，古寺钟声，试把酒临流，恰对着曲院风荷，六朝烟柳

三面山环，一亭水绕，倘依栏凭吊，犹想那旧时帝子，何处人家

——陈觉是

江苏

扬州·平山堂联

晓起凭栏，万里青山都到眼

晚来对酒，二分明月正当头

扬州·平山堂欧阳祠联

遗构溯欧阳，公为文章道德之宗，侑客传花，也自徜徉诗酒

名区冠淮海，我从丰乐醉翁而至，携云载鹤，更教旷览江山

——薛时雨

扬州·平山堂联

几堆江上画图山，繁华自惜，试看奢如大业，令人讪笑，令人悲凉，应有些逸兴雅怀，才领得廿四桥头箫声月色
一派竹西歌吹路，传诵于今，必须才似庐陵，方可遨游，方可啸咏，切莫把秾花浊酒，便当了六一翁后余韵风流

扬州·小金山月观联

今月古月，皓魄一轮，把酒问青天，好悟沧桑小劫
长桥短桥，画栏六曲，移舟泊烟渚，可堪风柳多情

——陈重庆

常熟·草圣祠联

书道入神明，落纸云烟，今古竞传八法
酒狂称圣草，满堂风雨，岁时宜奠三杯

苏州·虎丘寺联

对酒且消愁，四面云山谁作主
感时花溅泪，万方多难此登临

苏州·漱碧山庄联

邱壑在胸中，看叠石疏泉，有天然画意
园林甲天下，愿楼琴载酒，作人外清游

苏州·拙政园联

拙补以勤，问当年学士联吟，月下风前，留得几人诗酒
政余自暇，看此处名山雅集，辽东冀北，蔚成一代文章

苏州·留园联

一部廿四史，演成古今传奇，英雄事业，儿女情怀，都付与红牙檀板
百年三万场，乐此春秋佳日，酒座簪缨，歌筵丝竹，问何如绿野平原

——俞樾

苏州·抱绿渔庄联

聆棹歌声，辨云树影，掬月波香，水绿山清，此地有出尘遐想

具著作才，兼书画癖，结泉石缘，酒狂花隐，其人真绝世风流

——林琛

苏州·狮子林荷花厅联

尘世阅沧桑，问昔年翠辇经过，石不能言，叠嶂奇峰还依旧

清淡知风月，于此地碧筒酣饮，花应解语，凌波出水更争妍

——吴焕元

镇江·北固山祭江亭联

六朝山色收杯底

千里江声到枕边

——黄祖洛

南京·莫愁湖联

登斯楼也，其喜洋洋，把酒临风忘宠辱

望美人兮，予怀渺渺，挟仙抱月侣渔樵

南京·莫愁湖郁金堂联

玳梁燕去，玉座苔移，千古犹留凭眺处

天际青遥，城头翠浓，一尊来坐画图间

——孙衣言

湖北

武汉·黄鹤楼联

袅袅白云，不尽帆飞，三峡浪开东海日

翩翩黄鹤，无边霞涌，五洲客醉楚天春

何时黄鹤重来？且自把金樽，看洲渚十年芳草

今日白云尚在，问谁吹玉笛，落江城五月梅花

数千年胜迹，旷世传来。看凤凰孤屿，鹦鹉芳洲，黄鹤渔矶，晴川杰阁，好个春花秋月，只落得剩水残山。极目古今愁，是何时崔灏题诗，青莲搁笔

一万里长江，几人淘尽？望汉口夕阳，洞庭远涨，潇湘夜雨，云梦朝霞，许多酒兴风情，尽留下苍烟晚照。放怀天地窄，都付与笛声缥缈，鹤影蹁跹

楼雄三楚，水汇百川，镇落落名区，依旧雕梁画栋
大地兵销，遥天烽靖，谈悠悠往事，拓开酒胆诗肠

武汉·晴川阁

栋宇逼层霄，忆几番仙人解佩，词客题襟，风日最佳时，坐倒金樽，却喜青山排闼至
川源揽全省，看不尽鹤渚烟光，汉阳树色，楼台如画里，卧吹玉笛，还随明月过江来

——宋锽

湖南

岳阳·岳阳楼

呼来风月，招来神仙，诗酒重逢应识我
流尽兴亡，淘尽豪杰，江湖放浪此登楼

对月临风，有声有色
吟诗把酒，无我无人

放不开眼底乾坤，何必登斯楼把酒
吞得尽胸中云梦，方可对仙人吟诗

岳阳·三闾大夫祠

痛饮读离骚，放开今古才子胆
狂歌吊湘水，照见江潭渔父心

岳阳·岳阳楼

一楼何奇，杜少陵五言绝唱，范希文两字关情，滕太守百废俱兴，吕纯阳三过必醉，诗耶，儒耶，吏耶，仙耶，前不见古人，使我怆然涕下
诸君试看，洞庭湖南极潇湘，扬子江北通巫峡，巴陵山西来爽气，岳州城东道岩疆，潴者，流者，峙者，镇者，此中有真意，问谁领会得来

——何绍基

长沙·天心阁

千古名胜又重新，是谁润色江山，应追思屈子文章，贾生才调
四面峰烟都扫尽，到此安排樽酒，好携来洞庭秋月，衡岳春云

——何芸樵

沅江·八角亭

月色艳如花，有客作秦淮夜泊

酒杯宽似海，问谁将云梦频通

安徽

浔阳酒楼

世间无比酒

天下有名楼

——选自《水浒传》

马鞍山·采石矶太白楼

举杯邀明月

放眼看青山

采石矶·太白楼

吾辈到此堪饮酒

先生在上莫题诗

——王有才

采石矶·太白楼联

江上清风楼上月

诗中才子酒中仙

滁州·醉翁亭联

翁去八百年，醉乡犹在

山行六七里，亭影不孤

滁州·醉翁轩联

滁岭能解醉翁意

酿泉亦知学士心

——高寿荃

歙县·太白楼联

公昔登临，想诗境满怀，酒杯在手

我来依旧，见青山对面，明月当头

歙县·太白楼联

诗酒皆仙，吟魂醉魄归何处
江山如画，月色涛声共一楼

安庆·大观亭联

秋色满东南，自赤壁以来，与客泛舟无此乐
大江流日夜，问青莲而后，举杯邀月更何人

安庆·大观亭联

片土寄忠魂，听槛前万马，江声滚滚，惊疑征鼓动
孤城销战气，指窗外二龙，山影苍苍，飞入酒杯来

安庆·大观亭联

天开图画，美尽东西，落日咽孤忠，战血腥余千载后
鲁酒不温，高丘返顾，歌风思猛士，江流倒卷万山来

怀远·白乳泉联

片帆从天外飞来，劈开两岸青山，好趁长风冲巨浪
乱石自云中错落，酿得一瓯白乳，合邀明月饮高楼

当涂·采石矶太白楼联

荐汾阳再造唐家，并无尺土酬功，只落得采石青山，供当日神仙笑傲
喜妃子能谗学士，不是七言感怨，怎么去名缰利锁，让先生诗酒逍遥

采石矶·太白楼(黄琴士)联

侍金銮，谪夜郎，他胸中有何得失穷通，但随遇而安，说什么仙，说什么狂，说什么文章声价。上下数千年，只有楚屈平、汉曼倩、晋陶渊明，能仿佛一人胸次

踞危矶，俯长江，这眼前更觉天地空阔，试凭栏远眺，不可无诗，不可无酒，不可无奇谈怪论。流连四五日，岂惟牛渚月、白纻云、青山烟雨，都收来百尺楼头

泾县·汪伦墓

斗酒流连，任吊不无迁客意
遗碑拂拭，低徊犹忆踏歌声

——潘力

马鞍山·李白衣冠冢

才以仙名，诗酒高风传万世
地因人重，江山胜迹播千秋

胜迹冠吴中，有梅村诗句，衡山画图，坐对茶花思往事
名流来日下，是丰沛故家，金张贵姓，好凭酒盏话升平

顾曲有闲情，不碍破曹真事业
饮醇原雅量，偏嫌生亮并英雄

云南

昆明·聂耳墓

酒罢客将归，翟海苍茫斜照紫
曲终人不在，素峰涉霭暮烟青

——赵星海

昆明·大观楼

千秋怀抱三杯酒
万里云山一水楼

五百里滇池，奔来眼底，披襟岸帻，喜茫茫空阔无边，看东骧神骏，西翥灵仪，北走蜿蜒，南翔缟素，高人韵士，何妨选胜登临。趁蟹屿螺洲，梳裹就风鬟雾鬓；更苹天苇地，点缀些翠羽丹霞。莫孤负四围香稻，万顷晴沙，九夏芙蓉，三春杨柳
数千年往事，注到心头，把酒凌虚，叹滚滚英雄谁在，想汉习楼船，唐标铁柱，宋挥玉斧，元跨革囊，伟烈丰功，费尽移山气力。尽珠帘画栋，卷不及莫雨朝云；便断碣残碑，都付与苍烟落照。只赢得几杵疏钟，半江渔火，两行秋雁，一枕清霜

——孙髯

四川

乐山·凌云寺

人生惟有读书好

载酒时作凌云游

乐山·乌龙寺读书楼

江上此楼高，问坡颖而还，千载读书人几个

蜀中游迹遍，看嘉峨并秀，扁舟载酒我重来

忠县·白香山祠

我有大裘长万丈

曾共梅花醉几觞

成都·望江楼公园

古今来不少美人，问他瘦燕肥环，几个红颜成薄幸

天地间诸多韵事，对此名笺旨酒，半江明月放酣歌

江油·李白纪念馆

绝代奇才嗟放逐

鸿篇斗酒漫吟诗

——邓拓

酒胆海洋大

诗才天穹高

——臧克家

才笔九州横，致贺监心倾，少陵梦忆，斗酒纵高吟，大句奇篇侔造化

长庚千古耀，对匡山翠耸，涪水清萦，池馆饶函意，清风朗月盍归来

——黄雅荃

江油·太白祠

百年诗酒风流客

一个乾坤游荡人

——张大千

邛崃·文君井

君不见豪富王孙，货殖传中，添得几行香史，停车弄故迹，问何处美人

芳草，空留断井斜阳，天涯知己本难逢，最堪怜绿绮传情，白头兴怨
我亦是倦游司马，临邛道上，惹来多少闲愁，把酒倚栏杆，叹当年名士风流，消尽茂陵秋雨，从古文章憎命达，再休说长门卖赋，封禅遗书

成都·崇丽阁

几层楼独撑东面峰，统近水遥山，供张画谱。聚葱岭雪，散白河烟，烘丹景霞，染青衣雾。时而诗人吊古，时而猛士筹边。只可怜花蕊飘零，早埋了春闺宝镜，枇杷寂寞，空留着绿野香坟。对此茫茫，百感交集，笑憨蝴蝶，总贪迷醉梦乡中。试从绝顶高呼：问，问，问，这半江月谁家之物
千年事屡换西川局，尽鸿篇巨制，装演英雄。跃岗上龙，殒坡前凤，卧关下虎，鸣井底蛙。忽然铁马金戈，忽然银笙玉笛。倒不若长歌短赋，抛撒些幽恨闲愁，曲槛回廊，消受得清风好雨。嗟予躛躛，四海无归，跳死猢狲，终落在乾坤套里。且向危楼俯首：看，看，看，那一块云是我的天

——钟云舫

江西

南昌·腾王阁

白云自向杯中落
小艇原从天上来

贵州

贵阳·甲秀楼

把酒当歌，趁万顷波涛，大江东去
凭栏侧望，正满城风雨，秋色西来

辽宁

海城·茅儿寺多罗亭

佳日值春秋，对水郭烟村，四望平铺图画好
群贤聚觞咏，喜河声山色，一齐飞送酒樽来

——宋播青

甘肃

兰州·拂云楼

终南太华镇东方，杨柳金城，万井挹关中紫气

葱岭昆仑睇西极，葡萄玉塞，一樽撰天上黄流

广东

广州·镇海楼

如此江山，对海碧天青，万里烟云归咫尺

莫辞樽酒，值蕉黄荔紫，一楼风雨话平生

惠州·东城亭

忠爱著朝端，即□雨蛮烟，魂梦仍依北阙

文章行海外，想赋诗饮酒，勾留又在西湖

大庾岭·云封寺

何时挂角，偶为岭上主人，犹想象千秋风度

举杯欲问，可许山中置我，试管领万树梅花

梅岭·风雨亭

今日之东，明日之西，青山叠叠，绿水悠悠，走不尽楚峡秦关，填不满心潭欲壑，力兮项羽，智兮曹操，乌江赤壁空烦恼，忙什么，请君静坐片时，把寸心想后思前，得安闲处且安闲，莫教春秋佳日过

这条路来，那条路去，风尘仆仆，驿站迢迢，带不去白壁黄金，留不住朱颜皓齿，富若石崇，贵若杨素，绿珠红拂终成土，恨怎的，劝汝解下数文，沽一壶猜三度四，遇畅饮时须畅饮，最难风雨故人来

——明·宋湘

香港·三一园

三不朽，曰立德立功立言，偶曾尝试

一得闲，便醉花醉诗醉酒，聊共神游

——费天硕

南洋·巴罗嘉属会馆

此间孕大地灵奇，曲水莹洄资映带

闲坐忆故乡风景，酒杯谈笑语从容

——陈展骐

笔　山

高山流水诗千首

明月清风酒一船

——曹雪芹

贵池·杏花村

酌来竹叶凝杯绿

饮罢杏花上脸红

酒醺联醉意犹远

赠高旭

白衣骂座三升酒

红烛谈兵万树花

——柳亚子

赠雅仙

室雅须人雅

诗仙亦酒仙

——选自《青楼梦》

赠丽仙

三径花香春酝酿

一帘鸟语韵缠绵

——选自《青楼梦》

自　题

岂有文章传海内

欲将沉醉换悲凉

——郁达夫

春酿剪松叶
秋杯浸菊花

——南朝·范云

禅伏诗魔归净城
酒破愁阵出奇兵

——唐·杜甫

阮籍醒时少
陶潜醉日多

——唐·王绩

敏捷诗千首
飘零酒一杯

——唐·杜甫

闲征雅令穷经史
醉听清吟胜管弦

——唐·白居易

井放辘轳闲浸酒
笼开鹦鹉报煎茶

——唐·郑谷

棋散不知人换世
酒阑无奈客思家

——宋·欧阳修

叶浮嫩绿酒初熟
橙切香黄蟹正肥

——宋·刘克庄

新诗淡似鹅黄酒
归思浓如鸭绿江

——金·完颜寿

愁城十丈坚难破
清酒三杯醉不辞

——近代·秋瑾

明月雪时，金桥酒满
风日水滨，碧山人来

——集司空图句

闲开新酒尝数盏
醉忆旧诗吟一篇

——集白居易句

玉宇无尘，时见疏星渡河汉
春心如酒，暗随流水到天涯

——集宋词句

醒醉一乾坤，伏酒祓清愁，花销英气
俯仰悲今古，有丝阑旧曲，合谱新腔

——集宋词句

酿五百斛酒，读三十年书，于愿足矣
制千丈大裘，营万间广厦，何日能之

——清·曾国藩

唯睹远客沽，只因开坛香十里
不见近邻饮，原为隔壁醉三家

——编者撰改

玉樽盈桂酒
河伯献神鱼

——魏·曹植《仙人篇》

酒能祛百虑
菊为制颓龄

——晋·陶渊明《九日闲居》

当歌对玉酒
匡坐酌金垒

——南北朝·张正《对酒》

欲借一樽酒
共叙十年悲

——隋·大义公主《因故人归作》

阮藉醒时少
陶潜醉日多

——唐·王绩《醉后》

白首放歌须纵酒
青春作伴好还乡

——唐·杜甫《闻官军收河南河北》

老去不知花有态
乱来惟觉酒多情

——唐·韦庄《与东呆生相遇》

叶浮嫩绿酒初熟
橙切香黄蟹正肥

——宋·刘克庄《冬景》

酿泥深巷五更雨
吹酒小楼三面风

——宋·范成大《客中呈幼度》

寒心未肯随春态
酒晕无端上玉肌

——宋·苏轼《红梅》(三首)

对床喜清夜
樽酒话平生

——金·刘汲《留别四弟》

新诗淡似鹅黄酒
归思浓如鸭绿江

——金·完颜寿《思归》

东湖月好斟秦酒
赤壁风清忆楚游

——明·杨时荐《守道李亲翁在喜雨亭招饮次前韵》

村旗夸酒莲花白
津鼓开帆杨柳青

——明·吴承恩《杨柳青》

诗才忆曹植
酒盏愧陈遵

——清·郭敏《小诗代柬寄曹雪芹》

野店酒香帆尽落
寒塘鱼散鹭初回

——清·沈德潜《过真州》

冷吟秋色寻新句
醉酹寒香拨旧醅

——近代·秋瑾《秋菊》

豪饮李太白
雅酌陶渊明

——现代·华罗庚《五粮液史话》

举杯互敬屠苏酒
散席分尝胜利茶

——现代·董必武《元旦口占用柳亚子怀人韵》

举杯邀明月
放眼看青山

——李白《月下独酌》
——白居易《洛阳有愚叟》

劝君更进一杯酒
与尔同销万古愁

——王维《送元二使安西》
——李白《将进酒》

牛郎欲问瘟神事
吴刚捧出桂花酒

——毛泽东《送瘟神》
——毛泽东《蝶恋花·答李淑一》

酒意诗情谁与共
琴边衾里两无缘

——李清照词
——《红楼梦》词

扣舷而歌风起水涌
举酒属客月明星稀

——集苏轼前、后《赤壁赋》

尊前乍识欧苏，三世文章称大手
隔水相望楚越，十年风月醉家山

——依次集张炎、曾布、李甲、朱敦儒句

不信画图工，山上精庐，多少好风光，画图难足
自怜诗酒瘦，天涯倦旅，俯仰悲今古，诗酒相逢

——依次集坦庵、稼轩、樵歌、临川、梅溪、石湖、白石、花间词

醉里乾坤大
壶中日月长

——施耐庵《水浒全传》第二十九回

酿成春夏秋冬酒
醉倒东西南北人

——《警世通言》第二十卷

槽滴珍珠漏泄乾坤一团和气
杯浮琥珀陶溶肺腑万种风情

——褚人获《隋唐演义》第九回

嫩寒锁梦因春冷
芳气袭人是酒香

——《红楼梦》第五回

小饮偶然邀水月
谪居犹得住蓬莱

——《花月痕》第十回

清樽满赏山香曲
画舫遥听水调歌

——《品花宝鉴》第四十六回

誓挥铁骑驱胡虏
恭奉金瓯颂圣明

——姚雪垠《李自成》第一卷第三章

月上云山常为友
杯来琴酒自成诗

——出自姚雪垠《曹雪芹》第五十五章

斗酒纵观廿一史
炉火静对十三经

——明·史可法

刊石惟余两汉文字
行歌好约高阳酒徒

——清·吴昌硕

人在画桥西，冷香飞上诗句
酒醒明月下，楚魂欲渡苍茫

——清梁启超赠王力

醴泉无源，芝草无根，人贵自力
流水不腐，户枢不蠹，民生在勤

——清·程祖洛

粗茶淡饭些许酒，这个福老夫享了
齐家治国平天下，此等事儿曹任之

——清·林宾日林则徐之父

不拘乎山水之形，云阵皆山，月光皆水
有得于诗酒之意，鸟叫也诗，花酣也酒

——清·赵之谦

茅舍八九间，钓鱼耕田，须信富不如贫，贵不如贱
竹书千万字，灌花酿酒，益知安自宜乐，闲自宜清

——清·邓石如

勿饮酒，日食一斗饭
不择地，文如万斛泉

——清龚自珍赠魏源

满堂花醉三千客
一剑霜寒四十州

——孙中山赠张静江

白衣骂座三升酒
红烛谈兵万树花

——柳亚子赠高旭

揉春为酒
剪雪为诗

——程十发

三星白兰地
五月黄梅天

——郭沫若

大胆文章拼命酒
坎坷生涯断肠诗

——洪深

若能杯水如名淡
应信村茶比酒香

——启功赠王湜华

毕竟百年都是酒
如何一醉便成仙

——吴祖光赠杨宪益

学古之志未衰，每日必拥书早起
千世之心已绝，无夕不饮酒高歌

——甲光涵自题书房

得意时清白乃心，不怕死，不积金钱，饮酒赋诗，犹是书生本色
失败后倔强到底，不出洋，不入租界，灌园抱瓮，真个解甲归田

——吴佩孚

个地方，真挺拔非常，凭撑住蓼皋，游目恍开新世界
赢吾辈，值共和再造，好携来樽酒，大家同做主人翁

——戴雅澄

议什么名堂？约宴荐人拿钱，专走衙门散闲事
会那般角色，酒鬼嫖客赌友，结交帮会增特权

——张伯厚

酒能成事，酒能败事
水可载舟，水可覆舟

嫩寒锁梦因春冷
芳气袭人是酒香

——《红楼梦》

培德兆鸿基，祝培滋桃李，培育青莪，培植伫看花叶茂
梅侨齐燕翼，值梅岭春深，梅江风暖，梅花轻透酒杯香

——廖汉梁题印度加尔各答培梅中学

庆历快登楼，恰当民国四年，问何人别井离乡，先天下忧，后天下乐；
丰年兆瑞雪，听到阳春一曲，趁此际茶温酒热，抑之沉实，扬之高华

——加拿大温哥华戏院庆丰班

欢聚一堂，敦睦同叙旧
迎来五族，恳亲共倾觞

——世界客属第五次恳亲大会

客至岂空谈，四壁图书聊当酒
春来无别事，一帘花雨欲催诗

——越南西贡华人居室

闲中辄携酒呼朋，畅谈今古
园外看峰尖海阔，别有乾坤

——罗天怀题香港新界杨君居士闲园

闲情寄酒，遣兴凭诗，此外浑忘沧海
园鸟调筝，养花裁锦，其中自有尧天

——罗天怀题香港新界杨君居士闲园

醉酒赓歌，抵掌笑谈天下事
琼楼促膝，闲情都是地行仙

——荆庐文题香港醉琼酒楼

浊酒苦无奇士赠
著书恐有后人思

——清·孙星衍

高山流水诗千首
明月秋风酒一船

——清·曹雪芹

酒醒凭栏，倏惊旧竹成新笋
诗成回首，却叹青丝隐雪斑

大河流韵，广厦腾辉，情倾四海宾，绮宴酒如春色满
鹏翼尽舒，鳌头独占，梦展三门峡，良宵月似故乡明

——山东淄博苏振学

金枝玉叶长春树
绿酒红灯不夜天

——香港高文富

朋自远方来，何其幸甚
酒逢知己醉，不亦乐乎

美酒饮到微醉止
好花看在半开时

——陈独秀赠程里呜

诗成掷笔仰天笑
酒酣拔剑斫地歌

——张大千赠陈伯熙

把酒时看剑
焚香夜读书

——晋·王羲之

小酒店三杯五盏，无有东西
大明国一统万方，不分南北

贾岛醉来非假倒
刘伶饮尽不留零

——明·唐伯虎

酒到散筵欢趣少
人逢失意叹声多

——明·冯梦龙

嫩寒锁梦因春冷
芳气袭人是酒香

——清·曹雪芹

尽是青州从事
那有平原督邮

——李汝珍

广开世界光明地
大适人情醉饱天

——林奎五

不问神似形似
相期醉乡故乡

——方叔远

红梅献瑞
绿酒浮春

好花半开
美酒微醺

举杯邀月饮
骑马踏花归

酒肠宽似海
诗胆大于天

共对一樽酒
相看万里人

适意琴三弄
抒怀酒一杯

客来宜对酒
人静好读书

雪夜书千卷
花时酒一盏

酒香沾笔砚
墨蹟上房楹

举杯邀明月
和曲舞春风

美酒敬模范
红花献功臣

闲临王氏贴
醉读少陵诗

一樽对明月
三径来故人

顿餐不离盏
几书伴终身

创开新曲部
远胜旧糟丘

勿饮过量酒
莫贪无义财

泛花邀座客
命酌动幽心

带经锄绿野
流露酿黄花

喜弹琴饮酒
善知命乐天

梅花香锦砌

旭日漾金樽
一醉千愁解
三杯万事和

长剑一杯酒
高楼万里心

烟香飘四海
酒味流三江

银钱须过现
烟酒不分家

酒醉琴为枕
诗狂石作笺

好酒良朋饮
至言诤友闻

勿饮过量之酒
莫贪无义之财

铁汉三杯软脚
金刚一盏摇头

酒醉饭饱茶香
花好月圆人寿

饮量岂止于醉
雅怀乃游乎仙

茶亦醉人何必酒
书能香我不须花

饮酒愿人容我醉

怡情与子赏花开
薄煮红桃千朵艳
芳倾绛雪一瓯香

酌来竹叶凝杯绿
饮罢桃花满脸红

花映玉壶红影荡
月窥银瓮紫光浮

诗情画意酒味美
海阔天高人情稠

喜吟春色诗千首
畅饮芳香酒一杯

山径摘花春酿酒
竹窗留月夜品茶

辍箸停杯味尚远
吟诗赐画兴更浓

红杏林中多酒客
绿杨堤畔少诗人

酒客酒楼同醉酒
诗人诗书好吟诗

水如碧玉山如黛
酒满金樽月满楼

一榻暗香熏醉梦
千峰秀色送余杯

千年龙潭蒸琥珀
万古仙桥起祥云

壬日歌诗须纵酒
午风延爽共披襟

春酒未饮心欲醉
良策方施腹已甜

美酒盈樽嘉客醉
清风绕屋祥云生

露引松香来酒盏
雨催花气入吟笺

莲子杯中金谷酒
桃花笺上玉台诗

酒到酣时诗亦醉
花开明处月还香

诗成掷笔仰天笑
酒酣拔剑斫地歌

林间暖酒烧红叶
石上题诗扫青苔

夜歌有酒消残腊
高烛谁家俟曙光

万事不如杯在手
一生几见月当头

若能杯水如名淡
应信村茶比酒香

昼永花香醺似醉
雨收天色碧于兰

常将酒钥开愁锁
不把心机织鬓丝

浓杯一醉春风起
清歌几曲情怀开

司马文章元亮酒
右军书法少陵诗

诗成白雪心情畅
酒饮黄花醉意浓

架上有书随我读
壶中无酒任它空

风月一天诗酒料
文章千古性灵花

月里嫦娥花里凤
诗家才子酒家仙

郁金醉酒卢家妇
美玉名篇顾野王

节日放歌莫纵酒
青春结伴好攻书

四壁图画聊当酒
一窗烟雨堪作诗

大白香醪攻汉史
小红灯火读离骚

雪上烹茶天上味
桂花煮酒月中香

酒香十里春无价
醉买三杯梦也甜

仙醴酿成天上露
香风占到世间春

三杯入腹常身爽
一滴沾唇满口香

猛虎一杯山中醉
蛟龙两盏海底眠

入座三杯醉者也
出门一拱歪之乎

陈酿美酒迎风醉
琼浆玉液透瓶香

三杯能壮英雄胆
两盏便成锦绣文

酒常知节狂言少
心不能清乱梦多

月下赏花当进酒
楼中饮宴欲吟诗

挥毫对客风生座
载酒论诗月满篷

随时纵论古今事
尽日放怀诗酒间

酒逢知己千杯少
话不投机半句多

酒到酣时杯度月
情及深处泪湿笺

几处春帘沽酒市
一竿红日卖花声

好事莫因春酒误
雄心更比梅花香

春寒方知腊酒暖
人饥便思稻花香

神如秋水十分静
性似春醪一味醇

挥毫对客风生坐
载酒论诗月满篷

酌酒花间磨针石上
倚剑天外挂弓扶桑

美酒伤身少饮两盏
好书启智多读几行

座上美酒佳肴贵客
厅中晋书宋画唐诗

食莫多贪能饱便罢
酒防狂饮不醉方佳

箫引凤凰律回葭琯
杯斟鹦鹉香挹梅花

放眼读书，以养其气
开襟饮酒，用全吾真

玉井秋香，清泉可酿
洞庭春色，生涯渐佳

山雨欲来，迎风把盏
夕阳将下，醉月飞觞

泼墨挥毫颂文明社会
临风酹酒乐发财人家

若有恒无须订章罚款
最无益莫过嗜酒吸烟

思骨肉同胞难饮除夕酒
盼台湾回归共过团圆年

高朋满座虎啸龙吟诗千首
嘉宾咸集客往人来酒数盅

交不可滥，须知良莠难辨
酒莫过量，谨防乐极生悲

酒气冲天，飞鸟闻香化凤
糟粕入海，游鱼得味成龙

对酒当歌，自是英雄本色
祝捷把盏，先为祖国干杯

饮酒读离骚，也算屠门大嚼
和羹调鼎鼐，不如左手持螯

远客来沽，只因开坛香十里
近邻不饮，原为隔壁醉三家

酌酒杜烟，八秋老翁无芥疾
清心寡欲，四时佳兴乐松年

光耀银花，一刻千金春对酒
清传玉漏，五更三点月留人

美酒雄黄，正气独能消五毒
锦标夺紫，遗风犹自说三闾

眼里有余闲，登山临水觞咏
身外无长物，布衣素食琴书

盘底餐粒粒皆辛苦，弃之可惜
杯中酒滴滴均醇美，酌量而饮

击筑且高歌，英雄意洽三杯酒
弹琴复长啸，壮志胸罗八万兵

欧阳修作诗成于三上：马上、枕上、厕上
秦少游填词乐在其中：醉中、愁中、梦中

今日何年，共诸君几许头颅，来此一堂痛饮
万方多难，与四海同胞手足，竞雄世纪新元

差徭总局，酒局肉局药丸局，局中设局，局内者甘，局外者苦，几时了局见升平

支应诸公，豺公狼公饕餮公，公然办公，公心何在？公理何存？无非假公图私益

仗剑从云作干城，忠心不易，军声在淮海，遗爱在江南，万庶尽衔哀，回望大好山河，永离赤县

挥戈抗日接尊俎，豪气犹存，无愧于平生，有功于天下，九泉应含笑，伫看重新世界，遍树红旗

这回吃亏受苦，都因入孔氏圈中，坐冷板凳，做老猢狲，只说限期已满，　竟换到头童齿豁，两袖俱空，书呆子真可怜矣

此去喜地欢天，必须到孟婆庄外，赏剑树花，观刀山瀑，可称眼界大开，再和此酒鬼诗魔，一尊常聚，南石王无以易之

缺字巧联

君子之交淡如
醉翁之意不在

生活巧联

酒醒，饭饱，茶香
花好，月圆，人寿

增字巧联

园中阵阵催花雨
席上常常撒酒风

讽土地神

烧酒老酒都不论
公鸡母鸡只要肥

诗酒趣联

酒客酒楼同醉酒
诗人诗社共吟诗

谐音巧对

围棋饮酒，一着一酌
坐漏观书，五更五经

——陆粲

保健巧联

一月休贪二十九日醉
百年须笑三万六千场

颜色方位错对

红白相兼，醉后怎知南北
青黄不接，贫来尽卖东西

摹状趣联

醉汉骑驴，点头磕脑算酒账
艄公摇橹，打拱作揖讨船钱

字形巧对

冰冷酒，一点水，两点水，三点水
丁香花，百人头，千人头，万人头

——爱新觉罗·弘历　彭元瑞

嘲江知县

以酒为缘，以色为缘，十二时买笑追欢，永朝永夕酣大梦
诚心看戏，诚意听戏，四九旦登场夺锦，双麟双凤共消魂

——《孽海花》

联妙酒热引客来

柳林千家醉
西凤万里香

蜂卧蝶扑亭子头，传旧佳话
壶倒香倾柳林镇，唱新凤歌

——赞西凤酒

芳流十里外
香溢泸州城

——赞泸州老窖酒

太白若饮五粮液
唐诗定添三百章

——赞五粮液酒

莲比君子，菊吟高士
仁登寿域，和跻春台

——赞莲花白、菊花白酒

竹叶杯中，万里溪山闲送绿
杏花村里，一帘风月独飘香

——赞汾酒

古香古色古名实遂古意
醉地醉天醉酒莫如醉心

——赞古遂醉酒

酒泉芳香眠龙凤
杜康甘醇醉神仙

——赞杜康酒

客上天然居
居然天上客

——广州·天然居酒楼

刘伶问道谁家好
李白回言此处高

——酒店

沽酒客来风亦醉
买花人去路还香

——酒铺

贾岛醉来非假倒
刘伶饮酒不留零

——酒馆

韩愈送穷，刘伶醉酒
江淹作赋，玉粲登楼

——韩江酒楼

陶潜善饮，易牙善烹，饮烹有度
陶侃惜分，夏禹惜寸，分寸无遗

——广州·陶陶居

苏台春色平分，好与莺花同作记
锦里江光近接，为看风月一登楼

—— 锦江楼酒馆（郑乡樵）

翠阁我迎宾，数不尽甘脆肥浓，色香清雅
园庭花胜锦，祝一杯富强康乐，山海腾欢

——广州·翠园酒家（朱国基·何启光）

襟青袖翠，履舄交错一堂。看举座欢呼，弗美的，壕境风光，弗爱的，海珠花韵。钱沽勿各，只求襟影无惭。襟前有酒好谈天，与天同醉

江碧云蓝，帆樯远来万里。试凭栏顾盼，这边是，鲤门双峙，那边是，龙岭九回。国运终兴，勿谓江流不返。江上尽人皆见月，得月谁先

——香港·襟江酒楼（欧博明）

阳羡春茶瑶草碧
兰陵美酒郁金香

——茶酒馆

有同嗜焉，从吾所好
不多食也，点尔如何

——酒馆

酒气冲天，飞鸟闻香化凤
酒糟抛河，游鱼得味成龙

——1915 年贵州茅台酒在巴拿马万国博览会金奖，
主选人赠此副对联，横批是：“名列前茅”

碧玉空瓶，万里山川闲送绿
茅台酒厂，一帘风月独飘香

——四川古蔺郎酒园

风来隔壁三家醉

雨过开瓶十里香

——题茅台酒厂（方毅）

心悬天地外
兴在一杯中

——茅台酒厂（范曾）

香飘溢金盏
佳酿重茅台

——题茅台酒厂（启功）

当年赤水甜壮士
今日郎酒醉老翁

——杨成武

座上客常满
杯中酒不空

——酒店

醴泉仙境界
酒国小春秋

——酒社

瓮里乾坤大
壶中日月长

——酒铺

杏花村下路
茅屋雨中人

——酒馆

吟诗当忆李
颂德每怀刘

——酒家

三杯通大道
一斗合自然

——酒家

瓮开新绿酿

炉上嫩红潮

——酒店

黄鸟竹间催独酌
白鸥花下伴闲眠

——酒铺

醍醐灌顶知同味
琥珀浮瓶得异香

——酒铺

霜林落后山争出
野菊开时酒正浓

——酒家

隔邻百家醉
开坛十里香

——酒楼

水如碧玉山如黛
酒满金樽月满楼

酒间吟诗字句香（“句”字改“带”字为宜）
醉后挥墨笔生花

山好好，水好好，开门一笑无烦恼
来匆匆，去匆匆，饮酒几杯各西东

小店名气大
老酒醉人多

野花攒地出
村酒透瓶香

酒中有乾坤
笔底起风云

开坛千君醉
上桌十里香

山径摘花春酿酒
竹窗留月夜品茶

此处有家乡风月
举杯是故土人情

酒香菜美春满座
窗明几净客如云

名酒城中春光好
醉仙居里景点新

柳绿桃红春意浓
技精艺绝厂愈兴

一心敬三杯酒五谷丰登
二喜道四季财六业兴旺

千杯美酒共庆改革开放新景象
万支赞歌齐颂搞活流通好风光

锐意改革全厂职工展雄才
开拓前进一代新人创伟业

妙手酿美酒，醇香飘进千家万户
精心办企业，顾客来自四面八方

新年新春新气象，鼓足干劲更上新台阶
好光好景好势头，同心协力再酿名牌酒

振起雄风，参与竞争，齐向民族酿技献伟力
立足企业，精心酿制，同为华夏酒史续新篇

神工酿得佳醪出
醇酒香引名人来

神工造美酒酒味香醇
佳酿传万家家事兴旺

四角饱满六面光滑块块好
五味俱全三绝绵长滴滴香

知味停车宾客至
闻香下马酒友来

伴香雅士携香去
寻味君子知味来

东不管，西不管，酒管（馆）
兴也罢，衰也罢，喝罢（吧）

楼小乾坤大
酒香顾客多

登门亲口尝菜美
过街留步闻酒香

美味招来天下客
酒香引出洞中仙

菜蔬本无奇，厨师巧制十样锦
酒内真有味，顾客能闻五里香

五洲宾客竟来，同品尝五香美馔
一样酒肴捧上，却别有一番风情

东西盛馔，南北珍馐，酒溢奇香香四海
城乡佳宾，中外贵友，店归众望望三秦

捧杯消倦意
把酒振精神

勺盛九州菜　（“勺”字改“盘”字为妙——编者）
杯溶万般情

店有佳肴，但可随心挑几样
客爱名酒，不妨就此喝一杯

短墙披藤隔闹市
小桥流水连酒家

筵前青幛迎人，当画里寻诗，添我得闲小坐处
槛外杨柳如许，恐客中买醉，惹他兴起故乡情
（“许”改为“屏”更好——编者）

翁所乐者山水也
客所知之风月乎

酒后高歌，听一曲铁板铜琶，唱大江东去
茶边话旧，看几许星轺露冕，从广海南来

韩愈送穷，江淹作赋

刘伶醉酒，王粲登楼

——潮洲“韩江酒楼”之名

文同画竹韵满瀛
酒仙邀月情溢楼

——太原“文瀛酒楼”之名

兴家立业，可以取则取
顺理成章，不期然而然

——陕西咸阳兴顺酒家

翘首仰仙踪，白也仙，林也仙，苏也仙，今我买醉湖山里，非仙亦仙
及时行乐地，春亦乐，夏亦乐，秋亦乐，冬来寻诗风雪中，不乐也乐

——杭州西湖仙乐酒家

家常便饭最长久
淡酒清茶皆宜人

吃一餐，十年恋此饭
饮三盅，九日回异肠

自斟自饮，只要随时方便
小餐小吃，不需顿饭成席

淡水一杯，细细饮来堪当酒
香茶半盏，徐徐品去可清心

半榻梦刚回，活水初煎新涧水
一帘春欲暮，茶酒细扬落花风

斟盏隔壁醉
开坛对门香

酒香文明阁
茶润礼貌人

杯中倾竹叶

人面笑桃花

世间无此酒
天下有斯楼

店好千家颂
坛开十里香

绮阁云霞满
清樽日月长

对酒歌盛世
举杯庆丰年

铁汉三杯软脚
金刚一盏摇头

画栋前临杨柳岸
春帘高挂杏花村

瓶中色映葡萄紫
瓮里香浮竹叶青

一川风月留酣饮
万里山河尽浩歌

瓮畔夜风眠吏部
楼头春色醉人间

陈酿美酒迎风醉
精烹珍馐到口香

李白借问谁家好

刘伶但言此店佳

一楼风月当酣饮
万里溪山豁醉眸

猛虎一杯山中醉
蛟龙两盏海底眠

沽酒客来风亦醉
欢宴人去路还香

莫思世上无穷事
且尽眼前有限杯

酒气冲天，飞鸟闻香变凤
金樽落水，游鱼得味成龙

远客来沽，只因开坛香十里
近邻不饮，原为隔壁醉三家

美酒可消愁，入座应无愁里客
好山真似画，倚栏都是画中人

人走茶不冷
客来酒犹香

只缘清香成情趣
全因浓酽有侬心

仃一刻消消暑气
喝两杯侃侃新闻

酒引诗情茶助兴

春临画阁夏登楼

人如天上珠星聚
春到筵前柏酒香

此处有欢伯
何人封醉侯

隔壁千家醉
开坛十里香

市上数百家，此是李翰林乐处
瓮边尺寸地，可为华吏部醉乡

酒楼开业逢盛世
宾客盈门颂吉祥

美酒佳肴迎挚友
名楼雅座待高朋

登楼看月胸襟阔
把酒临风感慨多

陶潜善饮，易牙善烹，饮烹有度；
陶侃惜分，夏禹异寸，分寸无遗。

——陶·陶居联

酿成春夏秋冬酒
醉倒东西南北人

座上不乏豪饮客
门前尚扶醉归人

沽酒客来风变醉
欢宴人去路还香

绵香浓，蜀酒特色
麻辣烫，川味正宗

韩愈送穷，刘伶醉酒
江庵作赋，王粲登楼

为名忙，为利忙，忙里偷闲，饮杯酒去
谋衣苦，谋食苦，苦中作乐，拿碗茶来

公昔登临，想诗境满怀，酒杯在手
我来依旧，见青山对面，明月当头

大宴天下嘉宾，万种风流东道酒
同迎五洲贵客，一宵美梦故人家

君如豪气未除，戴月行沽，拔剑狂歌浇块垒
我亦英雄无奈，凌云自惜，当炉卖酒溷风尘

——旧上海言茂源酒楼联

挹东海以为觞，三楚云山浮海里
酿长江而做醴，四方豪杰聚楼头

——湖北武汉某酒楼联

云横海天秋，万顷烟波浓似酒
宫沸笙歌夜，九霞星月悄依楼

——李冰人题新加坡云宫酒楼

小店名气大
老酒醉人多

——李准题浙江绍兴咸亨酒店联

上大人，孔乙已，高朋满座
化三千，七十士，玉壶生春

——于是之题浙江绍兴咸亨酒店

店闻百里名，何须酒望高悬、牧童遥指
情醉八方客，任此谪仙邀月、苏子问天

——李俊和题某酒店

老窖飘香，千家锦绣千家富
泸州焕彩，一代风流一代歌

——王开政题四川泸州老窖公司

酒香留客住
烟好送君行

醉客非关酒
留宾因为茶

酒后茶余香闻兰蕙
风清月白味辨芭菰

门外青峰接贵客请坐抽烟
堂前翠竹迎嘉宾入席饮酒

大道四方，酒逢知己乾坤小
鹏程万里，店有爱心宾客多

——江西廖国华

到此凝神三日醉
请谁撷花一枝香

——联都网荒唐一鉴

人我皆醉
天地一讴

——上海望平街一酒店

襟抱谁开，登楼纵望
江山如此，有酒在尊

——朱国桢题襟江酒楼

玉关柳色，陇上梅花，听凭羌笛吹来，雅调都成塞下曲
汉口夕阳，洞庭秋水，想到渔歌队里，乡心倾尽掌中杯

——谢威凤题甘肃兰州两湖会馆

琴与俱，棋与俱，酒樽与俱，老子兴复不浅

山可乐，水可乐，禽鸟可乐，诸君旦住为佳

——周风愣题湖南澧县文艺俱乐部

冠盖萃江淮，尽东西宾主之欢，扮社筵开，古谊犹存乡饮酒
楼台演歌舞，极丝竹管弦之盛，梨园美具，世情且看戏登场

——北京安徽会馆戏楼

一阕荔枝香，听玉笛吹来，遍传南海
双声杨柳曲，问金樽把处，忆否西湖

——梁绍壬题广州江南会馆戏台

曲栏杆外，看朝朝暮暮，等闲卷雨飞云，可咏可觞，人如天上
长板桥头，听燕燕莺莺，声唱晓风残月，此情此景，侬忆江南

——江峰青题江西江苏会馆

杯酒话前程，万里涛声天际涌
登临怀故国，八公山色目中来

——湖北武汉安徽会馆

君不见黄河东走，青雀西飞，白茫茫五月天山，邀得供奉仙才，把塞上吟情，狂吹玉笛

我所思莼菜秋风，杏花春雨，绿冉冉千年乡梦，好借杜陵广厦，掬江南烟景，满注金樽

——龚允凯题甘肃兰州皖江会馆

黄菊绮风村酒熟
紫门临水稻花香

香醪殊旧制
佳酿属新醅

龙井雀舌茶色艳
虎骨鹿茸酒味香

客盛迎财盛
酒香源稻香

五斗助吟兴

千杯壮雄心

楼小乾坤大
酒香顾客多

人游千里外
兴在一杯中

光浮竹叶翠
色借郁金黄

捧杯消倦意
把酒振精神

共对一樽酒
相看万里云

美肴陈倚席
菊醴溢角杯

三杯小酌且为少
千盅海量不算多

香闻十里春无价
醉买一杯梦亦香

过门已是涎三尺
畅饮何妨酒一杯

进门只道千杯少
出店方知一盏多
莼羹鲈脍烹肴美
竹叶梨花送酒香

入筵席五味共品
行酒令六合同春

旨酒珍馐十成美味
迎来送往四海春风

文明经商座上客常满
礼貌待人杯中酒不空

美意烹美肴美味可口
热情温热酒热气暖心

饮千樽美酒佳宾满座
食四海珍肴贵客欢心

菜羹美尝罢全身增活力
曲酒香饮后满面带春风

送往迎来碧石桌上客常满
同乐共庆玉琥杯中酒不空

太白酒楼喜见朝朝多醉客
碧霞餐馆欣逢日日有嘉宾

店有佳肴但可随心拣几样
客爱名酒不妨就此喝一杯

席上风生酒德刘伶曾作颂
盘中味美鱼鲜张翰不思乡

竹叶杯中万里溪山闲送绿
杏花村里一帘风月独飘香

酒醉十里招客举杯邀明月
肴香一堂引人挥箸唱春风

旗展春风天上一星常耀彩
杯邀明月人间万斛尽消愁

座雅窗明盛意喜迎千里客
佳肴酒美竭诚温暖万人心

盈门飞酒韵
开业会春风

云横海气秋，万顷烟波浓似酒
宫沸笙歌夜，一天星斗悄依楼

——李冰人题新加坡云宫酒楼

天天饮酒天天醉
醉醉登楼醉醉天

——陈敷友题马来西亚槟城天天醉酒家

吟到白头诗未老
饮成红面酒为仙

——大城府芭茵行宫

厨下烹鲜，门庭成市开华宴
天宫摆酒，仙女饮樽醉广寒

——高寿荃题日本东京天广中国料理

把酒临风，动观竹月三五夜
品茶邀月，静听松风几多涛

——高寿荃题松竹居

座上美酒佳肴贵客
厅中晋书宋画唐诗

——高寿荃题门厅

中厨欧美著

国产酒肴佳

——吴章桥题巴黎华人中国饭店

岭表珍馐，翅肚鲍参堪佐酒
南华仙境，亭台楼阁可为家

——吴章桥题巴黎华人岭南酒家

豪饮高歌思李白
华筵美酒忆袁枚

——吴章桥题巴黎华人豪华饭店

太牢为玉食
白酒盛金杯

——吴章桥题巴黎华人天香饭店厅堂

荣誉全球中国酒
华筵满座汉人家

——吴章桥题巴黎华人荣华酒店

金玉壶觞元良酒
城池襟带仲宣楼

——吴章桥题巴黎华人金城酒楼

北地笙歌春载酒（“北”改“宾”更好）
京华冠盖此登楼

——德国法兰克福市北京饭店

梅花香锦砌
旭日映金樽

——意大比萨镇某餐厅

绮阁云霞满
清樽日月新

——意大比萨镇某餐厅

一楼岁月当酣饮
万里溪山带醉看

——奥地利克拉根福市某中餐馆

银蟾照座，银酒行觞，投辖思陈遵，于斯主客周旋，尽兴还须茶作酒
龙斗依然，龙蟠何似，登楼感王粲，如此风烟扰攘，息机端合醉为家

——盘文蔚题加拿大卡加利银龙酒家

珠海网游鳞，齐端来旨酒盈樽，试拈手，别有家乡风味

城衢喧转辙，更陪得高朋满座，快朵颐，频交主客欢声

——盘文蔚题加拿大爱民顿珠城酒楼

琼筵坐海外风光，偶为时日消闲，近局与招邀，只应追太白豪吟，刘伶醉酒

华构会中原文物，犹助江山信美，与天同俯仰，休再拟兰成作赋，王粲登楼

——盘文蔚题加拿大爱明顿琼华酒楼

苏州妹，称一个绝代佳人，有时眼去眉来，俏酒鸣琴，南京南词成绝调

酒楼客，有多数著名豪侠，记得茶余饭后，联盟立会，中国中兴算首功

——加拿大温哥华苏州酒楼

北美驻游踪，在我侨把酒论文，明知饭碗问题，食饭撞钟，忙里须求新教育

京华多怪状，叹若辈依红倚翠，只抱金钱主义，黄金买笑，醒来忘记旧山河

——李淡愚题加拿大域多利埠北京酒楼

西出阳关，故人何处，海外相逢应畅饮

园开金谷，骚客定多，席间高咏且联吟

——美国旧金山西园酒家

（“相”宜为“喜”——编者）

绿云香浮，始信神山留玉佩

紫霞杯泛，应邀宰相解金瓯

——美国旧金山皇后酒家

（“山”宜为“仙”——编者）

沐清化以食德天朝，作客多年，漫云戴月披星，无关圣泽

捧丹书而停骖旅馆，相逢异国，怎不荐芹献酒，共叙乡情

——美国旧金山皇后酒家

枫色极天人共醉

林深香径月来寻

——美国旧金山枫林小馆

十里故乡山，最宜勒马烟凝，新田晚照
一庭疏树月，尽恣钓鱼清兴，斗酒豪情

——梁耀明题香港泰如渔村酒家

客有携筇来，问春藏何处，试觅柳外桃边，水村山郭
店方新酿熟，记觞飞旧事，曾赋回塘曲槛，蟹舍渔家

——香港泰如渔村酒家

（“回塘曲槛”改为“塘回槛曲”何如？——编者）

金山苹果龙山酒
陵水槟榔丽水茶

——香港金陵酒家

香国老雄才，消磨醇酒美人，半生风月
海波醒醉眼，指点旗山带水，风度沧桑

——钟少芹题香港香海酒楼征

（“风度”改为“一度”更妙——编者）

大梦六朝，剑影箫声横半岛
观心一偈，酒痕花影证三禅

——李建丰题香港大观酒楼

葡萄酿熟宜春酒
京洛名传敛岁花

——某商号联

海屋添筹歌旨酒
洋场豪宴乐琼楼

——某商号

此间孕大地灵奇，曲水潆洄资映带
闲坐忆故乡风景，酒杯谈笑语从容

海客寄鸥程，当无忘樽酒灞桥，烟波梦泽
里人同燕笑，好共话绿蓬梅水，文笔薯田

——南洋霹雳坝罗嘉应会馆

湄水称觞欣会庆
他乡聚首更相亲

——萧紫英题泰国兴宁会馆二十周年庆典

客地谈心，风月多情堪赏览
异心聚首，琴樽可乐且追寻

——美国旧金山中华会馆

佛山香供香山佛
宾馆酒延酒馆宾

酿之调和醇醇有味
酒以言德郁郁生香

五味调和香十里
四方顾客酒三杯

水如碧玉山如黛
酒满金樽月满楼

庭前绿竹迎风舞
座上嘉宾对酒歌

楼头人醉三更月
江上云横六代山

节庆喜联酒写出

春临大地飞雪白
节到人间飘酒香

美酒千盅辞旧岁
梅花万朵迎新春

金樽玉粟千门秀
绿树红楼万户春

绿酒红梅迎旭日
黄莺紫燕舞春风

屠苏醉饮三春酒
爆竹联欢四化年

春歌春酒春花烂漫
新人新事新景锦簇

美酒千樽欢送玉兔归山
赞歌万首喜迎金龙出海

春酒绿，彩灯红，围炉共话长征路
玉梅开，瑞雪舞，把盏齐歌大有年

——春节

中天皓月明世界
遍地酒歌乐团圆

雪月梅柳开春景
灯鼓酒花闹元宵

天空明月三千界
人醉良辰十二楼

街头灯影逐花影
村中梅香伴酒香

值此良辰，任玉漏催更，还须彻夜
躬逢美酒，不金瓯换盏，尚待何时

——元宵节

美酒雄黄，正气独能消五毒
锦标夺紫，遗风犹自说三闾

焚艾草饮雄黄清瘴防病则为邪祟
飞龙舟裹香粽奠忠招魂是效楷模

——端午节

几处笙歌留朗月
万家酒果乐中秋

笙歌曲中千家月
凤酒香里万颗珠

东山月，西厢月，月下花前，曲曲笙歌情切切
南岭天，北港天，天涯海角，樽樽桂酒意绵绵

——中秋节

菊花辟恶酒
汤饼茱萸香

金风飘菊蕊
玉露泣萸枝

佳节号重阳，曾闻乌帽临风，白衣送酒
盛筵今再得，更喜红橙饱露，黄粟成糕

——重阳节

婚喜类

贺秋季结婚

酒酿黄花，情联鸾凤
诗题红叶，梦协熊罴

贺农历正月结婚

桃符新换迎春帖
椒酒还斟合卺杯

贺马文季·罗韵玲九月结婚

玉骢马，少年场，白眉世家，一代文章传季子
金叵罗，合欢酒，黄花门第，三秋韵事斗玲珑

——方尔谦

海誓山盟期百岁
情投意合乐千觞

花开连理描新样
酒饮交杯醉太平

（“描新样”改为“展新姿”——编者）

春窗绣出鸳鸯谱
夜月香斟琥珀杯

杯交玉液飞鹦鹉
乐奏瑶笙引凤凰

花开并蒂芙蓉帐
酒醉同心琥珀杯

杨柳晚风深情酒
桃花春水幸福人

卺酒杯欢双意洽
花根蒂结两情浓

并蒂花开瑶岛树
合欢酒进碧筒杯

情歌唤醒水中月
喜酒润开庭前花

诗题红叶同心句
酒饮黄花合卺杯

唯有香车迎淑女
愧无美酒宴嘉宾

欣逢佳节迎淑女
乐备水酒待亲朋

春窗绣出鸳鸯谱
夜月香斟琥珀杯

红梅吐艳迎淑女
美酒飘香酬嘉宾

好句联吟初夜月
卺杯醉饮小阳春

并蒂花开瑶岛树
合欢酒进碧筒杯

桃符新换迎春贴
椒酒还斟合卺杯

名花艳映同心侣
美酒春留婺尾杯

卺酒香浮蒲酒绿
榴花艳映烛花红

合卺欣逢人送酒
开筵喜见客题词

红叶题诗欣赠嫁
青梅煮酒庆于归

芙蓉镜映花含笑
玳瑁筵开酒合欢

春窗绣出鸳鸯枕
花根蒂结连理枝

喜迎新人宜家室
聊备薄酒谢宾朋

千声唢呐迎宾至
三盏醽醇把客酬

客自八方祝大礼
酒酌三盏贺新婚

腊粥试调新妇手
春醅初熟合家欢

腊鼓声喧添喜气
卺杯酒满畅欢怀

日暖柳营春试射
风和兰阁夜开樽

惟有薄奁嫁爱女
愧无美酒宴嘉宾

合卺令行金谷酒
催妆句咏玉溪诗

盈耳笙歌交玉液
满堂花烛引香君

花满酒满婚姻美满
月圆镜圆夫妻团圆

合香题诗飞觞醉月
挥毫作颂剪彩为花

薄酒酬宾图图热闹
烟糖敬友表表衷情

酒酿黄花情联鸾凤
诗题红叶梦协熊罴

合卺题诗飞觞醉月
挥毫作颂剪彩迷蝶

结婚筵前共饮合欢酒
表彰会上同唱胜利歌

二杯合欢酒珠联璧合
四化正气歌国治家齐

喜酒喜糖办喜事盈门喜
新郎新娘树新风满屋新

合卺交杯洞房花烛三冬暖
并肩携手举世芳名四化香

芙蓉镜映翠屏帐下花含笑
玳瑁筵开锦绣堂前酒合欢

两小无猜，一个古泉先下定
万方多难，三杯淡酒便成婚

——方尔谦贺女成婚

花好月圆，岭上梅花双喜字

情深爱永，筵前酒醉合欢杯

斗酒宴嘉宾，杀鸡烹羊慰知己
香车迎淑女，悬灯结彩话良缘

举酒贺新婚人共河山同寿 （“寿”字改为“喜”字为妙——编者）
纵情歌盛世春临大地金娇 （“金娇”二字改为“齐乐”为妙——编者）

寿诞类

贺张半奄夫妇中秋双寿

月圆人共圆，看双影今宵，清光并照
客满樽亦满，美齐眉此日，秋色平分

——李渔

身健在，且加餐，把酒再三祝
人已老，欢犹昨，为寿百千春

——张大千所作集句自寿

述先圣之玄意，整百家之不齐，入此岁来已七十矣
奉觞豆于国叟，致欢欣于春酒，亲授业者盖三千焉

——梁启超贺康有为七十寿

贺金安清六十寿

推倒一世豪杰，开拓万古心胸，陈同甫一流人物，如是如是
醉吟几篇旧诗，闲尝数盏新酒，白香山六十岁时，仙乎仙乎

——俞樾

六十自寿

常如作客，何问康宁，但使囊有馀钱，瓮有馀酿，釜有馀粮，取数页赏心旧纸，放浪吟哦，兴要阔，皮要顽，五官灵动胜千官，过到六旬犹少

定欲成仙，空生烦恼，只令耳无俗声，眼无俗物，胸无俗事，将几枝随意新花，纵横穿插，睡得迟，起得早，一日清闲似两日，算来百岁已多

——郑燮

酒介南山寿
觞开北海樽

筵前倾菊酿
堂上祝椿龄

南山欣作颂
北海喜开樽

吟联歌改革
把酒话丰年

围炉春意暖
话富酒香浓

围炉春意满
合卺酒香浓

岁酒梅花酿
春衣燕子裁

才饮稻香酒
又唱布谷歌

千家春酒绿
万里稻花香

同斟丰稔酒
共绘吉祥图

米酿丰收酒
春浓幸福家

金樽邀月饮
鹤寿拱星来

三樽酒献寿

五岳松延年

日月壶公酒
春秋太傅诗

筵进延龄酒
簪添益寿花

指南山而作颂
倾北海以为樽

火树银花开佳节
玉液琼浆作寿杯

（“开”改为“庆”，“作”改为“满”为宜——编者）

北海开樽迎挚友
南山作颂祝遐龄

举酒同歌无量寿
开怀共饮小阳春

玉露满盘和寿酒
云傲几曲佑霞觞

觞飞瑶池来仙客
瑞霭锦屏见寿星

麻姑酒满杯中绿
玉母桃分天上红

寿宴隆开须纵酒
高朋聚贺当吟诗

七色云霞献寿锦

十分酒意溢华堂

琥珀盏酙千岁酒
琉璃瓶插四时花

颂祝遐龄椿作纪
筵开寿宴海为樽

春酒流香添寿酒
耋龄增轮祝遐龄

称觞共庆千秋节
祝遐同赏百寿图

百寿人歌百寿酒
万年花放万年春

花开红杏酣春色
酒进南山作寿杯
端午气清延晷景
蒲觞杯满祝慈龄

瑶觞春介齐眉寿
锦砌晖承绕膝花

凤引斑衣人绕膝
觞飞绿醑案齐眉

椿萱并茂交柯树
瓜果同开合卺筵

人面如花朵朵笑

春风似酒阵阵香

举酒同歌无量寿
开怀共醉小阳春

劝君一醉重阳酒
邀月同观敬老花

神鼎上方调六膳
宫壶春色酿三浆

兰橑香绕宜春帖
桂馆花浮献寿杯

才饮甲子丰收酒
又扬乙丑跃进鞭

丁帘卷雨饶春雨
卯酒盈杯乐岁杯

白雪丹梅生妙景
红炉绿酒话丰年

称觞好醉延龄酒
设帨多簪益寿花

家中早酿千年酒
盛世长歌百岁人

麻姑酒满杯中绿
王母桃分天上红

天上人间齐焕彩

椿庭萱堂共称觞

美酒红灯歌胜利
银筝玉管迎新春

莫使金樽空对月
每逢佳节倍思亲

千村乐饮文明酒
万户欢唱友爱歌

淡酒清茶娱雅客
飞龙舞凤庆新居

酒绿灯红花更艳
辰良景美月乃圆

文移北斗成天禄
酒近南山作寿杯

花开红杏添春色
酒颂南山祝寿翁

玉露满盘和寿酒
云璈几曲佐霞觞

葡萄十斛浮清酿
蓬莱群仙绕醉吟

帐下东风开寿域
樽前皓月照边城

榴裙萱黛增颜色

艾酒蒲浆记岁华

绿艾悬门添藻彩
青蒲注酒溢芬芳

华堂辉映南天烛
绮席宏开北海樽

三千朱履随南极
七十霞觞进北堂

百岁人歌长寿酒
万载花开太平春

喜逢华诞歌春酒
好向新年戏彩衣

正喜榴花多结子
共斟蒲酒频添庚

梅带寒冬成旧岁
酒飘香味入新春

花灯美酒千门醉
桃符爆竹万户春

丰收酒溢开怀笑
致富花开满园春

虎年刚饮祝捷酒
兔岁又放报春花

送玉兔吴刚捧酒

迎金龙敖广献珠

刚唱兔年歌一曲
又饮龙岁酒三杯

新骏扬鞭奔大道
亲朋酌酒贺丰年

齐策战马迎新岁
满斟美酒贺丰年

羊膏美酒同辞岁
白发红颜共庆春

春酒一杯歌两制
神州十亿盼三通

春风一夜桃符满
德泽四邻米酒香

经年腊酒三春醉
贺岁红梅满院香

三十初进延龄酒
百年喜开益寿花

喜酒香浮蒲酒绿
榴花艳映佩花红

婚筵留客情弥重
腊鼓催人酒亦酣

日暖军营春试射

功庆边塞酒开樽

千岁蟠桃开寿域
九重春色映霞觞

诗谱南山者英望重
樽倾北海寿考康强

酒泛金樽以介眉寿
花开琼岛有婺尾春

举酒称觞祝二老长寿
高歌引吭喜四化同春

黍谷回春椒盘献瑞
萱堂称庆柏酒延禧

荷沼风清良辰揽揆
萱堂日永大庆称觞

鹊驾填桥天孙锡寿
兕觥进酒王母临筵

云拥彩鸾图呈王母
花开金凤酒进麻姑

鹤算添寿萱荣堂北
兕觥进酒菊绽篱东

有酒有肉香闻邻院
多才多艺春到我家

寿酒盈樽春风满座

嵩山比峻南极增辉

五福梅开寿添鹤算
三多竹报酒晋兕觥

良月筵开介眉酒熟
小春气暖绕膝人欢

介祝称觞阳春一曲
书云献颂长寿万年

辞旧岁共饮幸福酒
迎新春齐绘吉祥图

蒲酒雄黄毕消五毒
龙舟角黍高咏九歌

美酒盈樽嘉宾满座
春风入户喜气临门

弹素月琴奏薰风曲
饮饯春酒题消夏词

小户农祥寿星拱极
大田称茂春酒介眉

春酒介眉祝无量寿
秋田茂稼歌大有年

北海开樽，西厅载酒
南山献寿，东阁延宾

曲奏南薰，年丰人寿

樽开北海，花好月圆

桃熟三千，瑶池启宴
寿添一百，琼楼称觞

桂序秋高，瑶阶设帨
萱堂昼永，绮席称觞

举案齐眉，桃筵献实
奉觞上寿，梅岭传春

弧帨同悬，桃符竞艳
觥筹交错，椒酒流香

鸿案齐眉，碧筩酒熟
鹿车同挽，瑶岛春长

堂北萱荣，馆甥舞彩
池西桃熟，王母称觞

学擅陶朱，南山献寿
才同管鲍，北海倾樽

称觞逢令旦，喜日期颐
哺乳忆当年，欲酬抚养

锦帨呈祥，共春旗一色
瑶觞献瑞，祝寿母千秋

一曲讴歌笑指南山作颂
几回醉舞喜倾北海为樽

千樽美酒共祝祖国昌盛

万支春歌齐唱人民富裕

新春到山山水水添光彩
佳节来户户家家品酒香

爆竹声声五光十色花千树
梅花朵朵四海三江酒一盅

高龄稔许千岁蟠桃开寿域
瑞世应知九重春色映霞觞

数曲讴歌，笑指南山作寿
几回醉舞，喜倾北海为樽

醇酒飘香寨寨村村辞旧岁
楹联溢彩家家户户迎新春

儿孙团聚绕席满酌健康酒
亲友远临围座朗诵长寿诗

酒冽花香，幸有丰功酬壮志
时和人瑞，喜从盛世祝椿龄
儿孙团聚，绕席满斟健康酒
亲友远临，围坐朗诵长寿诗

曲谱南薰，四月清和逢首夏
樽开北海，一家欢乐庆长春

设帨溯当年，喜花甲一周又半
称觞逢此日，祝萱颜百岁有奇

月圆人共圆，看双影今宵，清光普照
客满樽俱满，美齐眉此日，秋色平分

何以慰慈怀，只将菽水承欢，莱衣对舞
那堪酬客意，聊把柏酒频斟，桃觞共酌

思君唯有联与酒

挽桑调元

文星酒星书星，在天不灭
金管银管班管，其人可传

——沈德潜

六八子自挽

七十有二春，糊糊涂涂，官界耶？商界耶？流水无情，随他去罢
九月初一日，清清楚楚。醉醒了，梦醒了。拈花微笑，待我归来

——《冷眠观》

回溯昔年曲水流觞君在坐
最伤今日祭台进酒我何言

——祭奠用

荷戟独彷徨，岂惜芳馨遗远者
大园犹酩酊，如磬夜气压重楼

——罗庸挽鲁迅

军阀世界鹤独立，乱邦君子
极左风中公不醉，将帅完人

——蓝佐国挽彭德怀

仗剑丛云，做干城，忠心不易，军声在淮海，遗爱在江南，万庶尽衔哀，回望大好河山，永离赤县

挥戈挽月，接樽俎，豪气犹存，无愧于平生，有功于天下，九泉应含笑，伫看重新世界，遍树红旗

——张伯驹挽陈毅

生无补乎时，死无关乎数，辛辛苦苦著二百五十余卷书，流播四方，是亦足矣

仰无愧于天，俯无怍于人，浩浩荡荡数半生三十多年事，放怀一笑，吾其归欤

——清·俞樾自挽

五十年经史罗胸，也喜饮酒，也喜看花，升平丧乱饱经过，百事无成，只诗卷长留天地

八十载光阴弹指，不愿升仙，不愿做佛，富贵功名如梦幻，一端最好，有书香付与儿孙

——清·陈梓涛自挽

伟绩丰功，只换来，牲醴三盆，春秋两祭

大名腾誉，仅剩下，骨灰半盒，遗像一张

——李冠汉题印尼伟大基金会（公墓）

蓝缕辟华山，忆先侨泽及泉台，远过阳明传瘗旅

殡宫营菲岛，遗后人思深霜露，群从伏腊酹羁魂

——菲律宾华侨义山联

廿载追随，忆当年海外逃亡，军糈难筹，孤灯对酒英雄泪

一生奋斗，痛此日党中无主，国基未固，同志完成革命功

——黄伯耀挽孙中山联

风气自公开，犹憧北京挥麈，燕市题签，绝似中郎迎祭酒

退藏怜我极，痛念大浸稽天，故尘满地，何堪子固哭欧阳

——曾琦题追悼北京大学校长蔡元培

福苦难群，不剥削住户，不贪冒产权，美公富而仁，泰国侨贤有几个

顺天人理，爱祖籍繁荣，爱母车强盛，愧我穷无滥，抒诚虔奠酒一觞

——耶拉群芳旅馆同人挽曾福顺

诗社结南洲，宾友如云，频闻金盏同倾，联吟盛开夜宴

文旌游马海，艺林树帜，岂料玉楼赴召，作赋长住天宫

——潘宪章挽华侨诗人黄桐城

弹铗悲歌，待诉说人间不平事，奈纵能嫉恶如仇，亦但可乞灵青镂笔

举杯痛饮，好摒除身外无限情，拼却任醉眼差乐，又何妨终老黑甜乡

——陈蝶衣挽古龙

岭南开派，粤海传经，桃李沐春风，一代宗师昭日月
艺苑长才，画祭酒，卷轴长留天地，巨星虽陨有余晖

——周千秋、梁粲缨挽岭南画派大师赵少昂

自卫乃天赋人权，三万众慷慨登陴，有断头将军，无降将军，石烂海枯犹此志

相约以血湔国耻，四十日见众授命，吾率君等出，不率其入，椒浆桂酒有余哀

——1932年“一·二八”淞沪抗战，上海驻军十九路军在军长蔡锴、总指挥蒋光鼐率领下，奋起抗战，这是1932年蒋悼十九路军阵亡将士联。

欲祭疑君在
奠酒泪沾衣

称觞犹说千秋节
纪念空留百岁功

珠泪滚滚哭家严
奠酒滴滴祭英灵

回忆田园欢会乐
不堪樽酒故人稀

六亲吊奠三杯酒
一室哀号四月天

薄奠几杯和泪酒
空留一点贡心香

花甲甫经桃觞未冷
箕畴方演薤曲堪悲

陈辞祭酒表赤子孝意
洒泪讴歌悼家慈忘灵

酒进晨昏怎教儿一滴一泪
香焚朝夕惟祝母如生如存

慈竹风摧长有遗徽留懿范
含桃雨润不堪清酌奠灵帏

锦瑟共年华蟠桃料饮何姑酒
文章成薄命柳絮孰题谢女诗

噩耗忽传来泛到蒲觞难寻旧雨
知交无与比兴思兰教长仰高风

杖履喜追随记曾曩岁称觞算周花甲
琴樽悲冷落闻得深宵易箦痛切蒿歌

焚艾草饮雄黄，清瘴防病别为邪祟
飞龙舟裹香粽，奠忠招魂是效楷模

八秩有九龄膳饮从游大庆称觥相期来岁
一堂同五代孙曾环绕善人食报无憾归真

两地怅遥睽记上年艾岁经过未与称觥同祝寿
一朝成永诀痛此日蒿歌竟起倍伤易箦即归真

七秩欠三年白乐天诗句相传斗酒相看老怀自在
九畴陈五福殷箕子彝伦攸叙考终有命遗憾应无

第四章　洋洋千言醉意醺
——与酒相关散文、小说选

（一）散文选

蔡　邕

酒樽箴

酒以成礼，弗继以淫。德将无醉，过则荒沉。盈而不冲，古人所箴。尚鉴斯器，茂勋厥心。

王　粲

酒　赋

帝女仪狄，旨酒是献。苾芬享祀，人神式宴。曲糵必时，良工从试。辩其五齐，节其三事。醍沉盎泛，清浊各异。

章文德于庙堂，协武义于三军。致子弟之孝养，纠骨肉之睦亲。成朋友之欢好，赞交往之主宾。既无礼而不入，又何事而不因。贼功业而败事，毁名行以取诬。遗大耻于载籍，满简帛而见书。孰不饮而罹兹，罔非酒而惟事。

昔在公旦，极兹话言。濡首屡舞，谈易作难，大禹所忌，文王是艰。暨我中叶，酒流犹多。君庶崇饮，日富月奢。

邹　阳

酒　赋

梁孝王游于忘忧之馆，集诸游士，使各为赋。邹阳为《酒赋》，其词云：

清者为酒，浊者为醴。清者圣明，浊者顽騃。皆曲滑丘之麦，酿野田之米。仓风莫预，方金未启。嗟同物而异味，叹殊才而共侍。流光醳醳（驿驿），甘滋泥泥。醪醴既成，绿瓷既启。且筐且漉，载莤载齐。庶民以为欢，君子以为礼。

其品类则，沙洛渌酃。程乡若下，高公之清。关中白薄，青渚萦停。凝醑醇酎，千日一醒。哲王临国，绰矣多暇，召皤皤之臣，聚肃肃之宾。安广坐，列雕屏。绡绮为席，犀璩为镇。曳长裾，飞广袖，奋长缨，英伟之士，莞尔而即之，君王凭玉几，倚玉屏，举手一劳，四坐之士，皆若餔梁焉。

乃纵酒作倡，倾碗覆觞。右以宫申（伸），旁以征（徵）扬。乐只之深，不吴（娱）不狂。于是赐名饵，祛夕醉，遣朝酲，吾君寿亿万岁，常与日月争光。

曹 操

上九酝酒法表

臣县故令南阳郭芝，有九酝春酒法：用曲三十斤，流水五石，腊月二日清曲。正月冻解，用好稻米，漉去曲滓，便酿法饮。曰譬诸虫，虽久多完。三日一酿，满九斛米止，臣得法酿之，常善。其上清滓，亦可饮。若以九酝，苦难饮；增为十酿，差甘易饮，不病。今谨上献。

孔 融

难曹公表制禁酒书

公初当来，邦人咸抃舞踊跃，以望我后；亦既至止，酒禁施行！夫酒之为德久之矣，古先哲王，类帝禋宗，和神定人，以济万国，非酒莫以也。故天垂酒星之曜，地列酒泉之郡，人著旨酒之德。尧非千钟，无以建太平；孔非百觚，无以堪上圣。樊哙解厄鸿门，非彘肩卮酒，无以奋其发怒。赵之厮养，东迎其主，非饮卮酒，无以激其气。高祖非醉斩白蛇，无以畅其灵；景帝非醉幸唐姬，无以开中兴。袁盎非醇醪之力，无以脱其命；定国不酣饮一斛，无以决其法。故郦生以高阳酒徒，著功于汉；屈原不铺糟歠醨，取困于楚。由是观之，酒何负于政哉！

又书

昨天承训答，陈二代之祸及众人之败，以酒亡者，实如求诲。虽然，徐偃王行仁义而亡，今令不绝仁义；燕哙以让失社稷，今令不禁谦退；鲁因儒而损，今令不弃文学，夏商亦以妇人失天下，今令不断婚姻；而将酒独急者，疑但惜谷耳，非以亡王为戒也。

曹丕

与群臣诏之一

盖闻千钟百觚，尧舜之饮也；惟酒无量，仲尼之能也。姬旦酒肴不彻，故能制礼作乐；汉高婆娑巨醉，故能斩蛇鞠旅。

与群臣诏之二

中国珍果甚多，且复为蒲萄说：当其朱夏涉秋，尚有余暑，醉酒宿醒，掩露而食，甘而不餇，脆而不酢，冷而不寒，味长汁多，除烦解渴。又酿以为酒，甘于曲糵，善醉而易醒。道之已流涎咽唾，况亲食之邪！他方之果，宁有匹之者。

典论·酒诲

孝灵之末，朝政堕废，群官百司，并湎于酒，贵戚尤甚，斗酒至千钱。中常侍张让子奉为太医令，与人饮酒，辄掣引衣裳，发露形体，以为戏乐。将罢，又乱其舄履，使小大差跻无不颠倒僵仆，踒跌手足，因随而笑之。

洛阳令郭珍，居财巨亿。每暑夏召客，侍婢数十，盛妆饰，被罗縠，袒裸其中，使之进酒。

荆州牧刘表，跨有南土，子弟腾贵，益好酒。为三爵，大曰伯雅，次曰中雅，小曰季雅，伯雅受七胜（《太平御览》引作升，下同），中雅受六胜，季雅受五胜。又设大针于杖端，客有醉酒寝地者，辄以杖刺之，验其醉醒，是酷于赵敬侯以简酒灌人也。大驾都许，使光禄太夫刘松北镇袁绍军，与绍子弟日夜弟日夜共宴饮。松尝以盛夏三伏之际，昼夜酣饮极醉，至于无知，云：以避一时之暑。二方化之。故南荆有三雅之爵，河朔有避暑之饮。

扬雄

酒赋

子犹瓶矣，观瓶之居，居井之眉，处高临深，动常近危。酒醪不入口，藏水满怀，不得左右，牵于纆徽。一旦叀碍，为瓽所轠，身提黄泉，骨肉为泥。自用如此，不如鸱夷。鸱夷滑稽，腹如大壶，尽日盛酒，人复借酤，常为国器，托于属车，出入两宫，经营公家。由是言之，酒何过乎？

崔　骃

酒　赋

丰侯湎酒，荷罂负缶。自戮于世，图形戒后。

曹　植

酒　赋

余览扬雄《酒赋》辞甚瑰玮，颇戏而不雅，聊作《酒赋》粗究其终始。赋曰：

嘉仪氏之造思，亮兹美之独珍。嗟曲蘖之殊味，□□□□□□□（原缺）。仰酒旗之景曜，协佳号于天辰。穆公酣而兴霸，汉祖醉而蛇分。穆生以醴而辞楚，侯嬴感爵而轻身。惊千钟之可慕，何百觚之足云。其味有□□（原缺）亮沂，久载休名，宜城醪醴，苍梧缥清。或秋藏冬发，或春酝夏成。或云沸潮涌，或素蚁浮萍。尔乃王孙公子，游侠翱翔，将承芬以接意，会凌云之朱堂。献酬交错，宴笑无方。于是饮酒并醉，纵横喧哗。或扬袂屡舞，或扣剑清歌。或颦蹙辞觞，或奋爵横飞。或叹骊驹既驾，或称朝露未晞。于斯时也，质者或文，刚者或仁。或卑者忘贱，窭者忘贫。和睚眦之宿怨，虽怨仇其必亲。于是矫俗先生闻之而叹曰："噫，夫言何容易。此乃淫荒之源，非作者之事。若耽于觞酌，流情纵逸，先王所禁，君子所斥。"

刘　伶

酒 德 颂

有大人先生者，以天地为一朝，万期为须臾。日月为扃牖，八荒为庭衢。行无辙迹，居无室庐。幕天席地，纵意所如。止则操卮执瓢，动则契榼提壶；唯酒是务，焉知其余。

有贵介公子，缙绅处士，闻吾风声，议其所以。乃奋袂攘襟，努目切齿，陈说礼法，是非锋起。先生于是方捧罂承槽，衔杯漱醪。奋髯箕踞，枕曲藉糟。无思无虑，其乐陶陶。兀然而醉，豁尔而醒。静听不闻雷霆之声，熟视不见太山之形。不觉寒暑之切肌，利欲之感情。俯观万物之扰扰，如江汉之载浮萍。二豪侍侧焉，如蜾蠃之与螟蛉。

张　载

酃酒赋

惟圣贤之兴作，贵垂功而不泯。嘉康狄之先识，亦应天而顺人。拟酒旗于玄象，造甘醴以颐神。虽贤愚之同好，似大化之齐均。物无往而不变，独居旧而弥新。经盛衰而无废，历百代而作珍。

若乃中山冬启，醇酎秋发；长安春御，乐浪夏设。漂蚁萍布，芬香酷烈。垂嘉称于百代，信人神之所悦。

未闻珍酒，出于湘东，既丕显于皇都，乃潜沦于吴邦。往逢天地之否运，今遭六合之开通。播殊美于圣代，宣至味而大同。匪徒法用之穷理，信泉壤之所钟。故其为酒也，殊功绝伦。三事既节，五齐必均。造酿以秋，告成以春。备味滋味，体淳色清。宣御神志，导气养形，遣忧消患，适性顺情，言之者嘉其旨美，味之者弃事忘荣。

于是纠合同好，以遨以游。嘉宾云会，矩坐四周。设金樽于南楹，酌浮觞以旋流。备鲜肴于绮错，进时膳之珍羞。礼仪攸序，是献是酬，郝颜微发，溢思凯休。德音晏晏，弘此徽猷。咸得志于自足，愿栖迟于一丘。

于是欢乐既洽，日薄西隅。主称《湛露》，宾歌《骊驹》。仆夫整驾，言旋其居。乃冯轼以回轨，骋轻驷于通衢。反衡门以隐迹，览前圣之典谟。感夏禹之防微，悟仪氏之见疏。鉴往事而作戒，罔非酒而惟愆。哀秦穆之既醉，歼良人而弃贤。嘉卫武之能悔，昔屡舞于初筵。察成败于往古，垂将来于兹篇。

江　统

湎　诰

酒之所兴，肇自上皇。或云仪狄，一曰杜康。有饭不尽，委余空桑。郁积成味，久蓄气芳。本出于此，不由奇方。

庾　阐

断酒戒

盖神明智慧，人之所以灵也。好恶情欲，人之所以生也，明智运于常性，好恶安于自然。吾以知穷智之害性，任欲之丧真也。

于是椎金罍、碎玉碗、破兕觥、损觚玷、遗举白、废引满，使巷无行榼，家无停壶。剖樽折杓，沈炭销垆。屏神州之竹叶，绝缥醪乎华都。

言未及尽，有一醉夫，勃然作色曰："盖空桑珍味，始于无情。灵和陶酝，奇液特生。圣贤所美，百代同营。故醴泉涌于上世，悬象焕乎列星。斩蛇者以兴霸，折狱者以流声。

"是以达人，畅而不壅，抑其小节，而济大通。子独区区，检情自封。无或口闭其味，而心驰其听者乎？"

庾生曰："尔不闻先哲之言乎？人生而静，天之性也。感物而动，性之欲也。物之感人无穷，而情之好恶无节。故不见可欲，使心不乱，是以恶迹止步，灭影即阴。形情绝于所托，万感无累乎心。心静则乐非外唱，乐足则欲无所淫。惟味作戒，其道弥深。宾曰惟惟，敬承德音。"

袁山松

酒　赋

素醪玉润，清酤渊澄。纤罗轻布，浮蚁竞升。泛芳樽以琥珀，馨桂发而兰兴。一歃宣百体之关，一饮荡六府之务。

刘　惔

酒　箴

爰建上业，曰康曰狄。作酒于社，献之明辟。仰郊昊天，俯祭后土。歆祷灵祇，辨定宾主。啐酒成礼，则彝伦攸。叙此酒之用也。

戴　逵

酒　赞

余与王元琳，集于露立亭。临觞抚琴，有味乎二物之间。遂共为之赞曰：

醇醪之兴，与理不乖。古人既陶，至乐乃开。

有客乖之，隗若山颓。目绝群动，耳隔迅雷。万异既冥，惟无有怀。

刘　潜

谢东宫赉酒启

异五齐之甘，非九酝之法。属车未曾载，油囊不得酤。试俦仙树，葛元泥首。才比蒲桃，孟他衔璧。固知托之养性，妙解怡神。拟彼圣人，差得连类。

谢晋安王赐宜城酒启

孝仪启：奉教，垂赐宜城酒四器。岁暮不聊，在阴即惨。惟斯二理，总萃一时。少府斗猴，莫能致笑。大夫落雉，不足解颜。忽值瓶泻椒芳，壶开玉液。汉樽莫遇，殷杯未逢。方平醉而遁仙，羲和耽而废职。仰凭殊涂，便申私饮。未瞩罍耻，已观帻岸。倾耳求音，不闻霆击。澄神密眠，岂觌山高？愈疾消忧，于斯已验。遗荣勿贱，即事不欺。酩酊之中，犹知铭荷。

陶渊明

五柳先生传

先生不知何许人也，亦不详其姓氏，宅边有五柳树，因以为号焉。闲静少言，不慕荣利。好读书不求甚解，每有会意，便欣然忘食。性嗜酒，家贫不能常得，亲旧知其如此，或置酒而招之。造饮辄尽，期在必醉；既醉而退，曾不吝情去留。环堵萧然，不蔽风日；短褐穿结，箪瓢屡空；晏如也。常著文章自娱，颇示己志。忘怀得失，以此自终。

赞曰：黔娄有言："不戚戚于贫贱，不汲汲于富贵。"其言兹若人之俦乎？衔觞赋诗，以乐其志。无怀氏之民欤？葛天氏之民欤？

王　绩

醉　乡　记

醉之乡，去中国不知其几千里也，其土旷然无涯，无丘陵坂险；其气和平一揆，无晦明寒暑；其俗大同，无邑居聚落；其人任清，无爱憎喜怒。呼风饮露，不食五谷。其寝于于，其行徐徐，与鸟兽鱼鳖杂处，不知有舟车器械之用。

昔者黄帝氏尝获游其都，归而杳然丧其天下，以为结绳之政已薄矣！降及尧舜，作为千钟百壶之献。因姑射神人以假道。盖至其边鄙，终身太平。禹汤立法，礼繁乐杂，数十代与醉乡隔。其臣羲和，弃甲子而逃，冀臻其乡，失路而道夭，故天下遂不宁，至乎末孙，桀纣怒而升糟丘，阶级千仞，南向而望，卒不见醉乡。武王得志于世，乃命公旦立酒人氏之职，典司五齐，拓土七千里，仅与醉乡达焉，故四十年刑措不用。下逮幽厉，迄乎秦汉，中国丧乱，遂与醉乡绝。而臣下之爱道者，往往窃至焉。阮嗣宗、陶渊明等十数人，并游于醉乡。没身不返，死葬其壤，中国以为酒仙云。

嗟乎！醉乡氏之俗，其古华胥氏之国乎？何其淳寂也如是！予得游焉，故为之记。

五斗先生传

有五斗先生者，以酒德游于人间。人有以酒请者，无贵贱皆往。往必取醉，醉则不择地斯寝矣；醒则复起饮也。尝一饮五斗，因以为号。

先生绝思虑，寡言语，不知天下之有仁义厚薄也。忽然而去，倏焉而来；其动也天，其静也地，故万物不能萦心焉。尝言曰：“天下大抵可见矣！生何足养，而嵇康著论；途何为穷，而阮籍痛哭？故昏昏默默，圣人之所居也。”遂行其志，不知所如。

朱　异

田　饮　引

卜田宇兮京之阳，面清洛兮背修邙。属风林之萧瑟，值寒野之苍茫。鹏纷纷而聚散，鸿冥冥而远翔！酒沈兮俱发，云沸兮波扬。岂味薄于东鲁，鄙蜜甜于南湘。于是客有不速，朋自远方。临清池而涤器，辟山牖而飞觞。促膝兮道故，久要兮不忘。间谈希夷之理，或赋连翩之章。

陈　暄

与兄子秀书

具见汝书与孝典，陈吾饮酒过差。吾有此好，五十余年，昔吴国张长公，亦称耽嗜，吾见张时，伊已六十，自言引满大胜少年时。吾今所进，亦多于往日，老而弥笃，唯吾与张秀舒耳！吾方与此子交欢于地下，汝欲笑吾所志邪！昔阮咸、阮籍同游竹林，宣子不闻斯言。王湛能玄言巧骑，武子呼为痴叔。何陈留之风不嗣，太原之气岿然，翻成可怪？

吾既寂寞当世，朽病残年，产不异于颜原，名未动于卿相，若不日饮醇酒，复欲安归？

汝以饮酒为非，吾不以饮酒为过。昔周伯仁度江，唯三日醒，吾不以为少；郑康成一饮三百杯，吾不以为多。然洪醉之后，有得有失。成斯养之志，是其得也。使次公之狂，是其失也。吾尝譬酒之犹水，亦可以济舟，亦可覆舟，故江谘议有言："酒犹兵也，兵可千日而不用，不可一日而不备；酒可千日而不饮，不可一饮而不醉。"美哉江公，可与共论酒矣。

汝惊吾堕马侍中之门，陷池武陵之第；偏布朝野，自言憔悴。"丘也幸，苟有过，人必知之。"吾生平所愿，身没之后，题吾墓云："陈故酒徒陈君之神道"。若斯之志意，岂避南征之不复，贾谊之恸哭者哉！何水曹眼不识杯铛，吾口不离瓢杓，汝宁与何同日而醒，与吾同日而醉乎？政言其醒可及，其醉不可及也！速营糟丘，吾将老焉。

韩　愈

送进士王含秀才序

吾少时读《醉乡记》，私怪隐居者，无所累于世，而犹有是言，其诚旨于味邪？及读阮籍、陶潜诗，乃知彼虽偃蹇不欲与世接，然犹未能平其心，或为事物是非相感发，于是有托而逃焉者也。若颜氏子操瓢与箪，曾参歌声若出金石，彼得圣人而师之，汲汲每若不可及。其于外也固不暇，尚何事曲糵之托，而昏冥之逃邪？吾又以为悲醉乡之徒不遇也。

建中初，天子嗣位，有意贞观、开元之丕绩，在朝廷之臣争言事。当此时，醉乡之后世又以直废，吾既悲醉乡之文辞，而又嘉良臣之烈，思识其子孙。今子之来见我也，无所挟，吾犹将张之，况文与行不失其世守，浑然端且厚。惜乎吾力不能振之，而其言不见信于世也。于其行，姑与之饮酒。

皇甫湜

醉　赋（并序）

昔刘伶作《酒德颂》，以折搢绅处士。余尝为沈湎所困，困作《醉赋》，寄嗍任山君。君嗜此物，亦以警之尔。

沈湎于酒，有晋之七贤。心游于梦，境堕于烟。六府漫漫，四支绵绵。逶随津淳，陶和浑鲜。遗天地之阔大，失膏火之消煎。寂寂寞寞，根归复朴。居若死灰，行犹飘壳。车屡堕兮无伤，首镇濡兮不觉。机发而动，魂交而合。瞑文字之醇味，反骚人之独醒。曾不知其耳目，尚何惧于雷霆？偶四体以合莫，归一元而偘宁。曲蘖气散，竹桂滋已，百虑森复，七情纷始，风飘火爇，矜夸跱跂。嗟害马之骤还，顾息肩兮未几。

苏门子闻而笑之曰：“子之于道，其醯鸡欤？彼至人者，天地根，性情虚，披拂众万，脱遗环区。形犹大象，心冥太初，故大患乃失而至道可居也。乃今假荒惑之具，沈耳目之机，其解须臾，忧患繁滋，中心不可损，外患生之，为疹、为毒、为狂、为醨。负债之道，阴阳戾违東乎巫医，殴乎有司。辱身灭名，痿肺淫支。狼徂猖蹶，为大人嗤。不得尽年，玉色先衰。曾不如睹无醉时，使人困苦如斯。”

白居易

醉吟先生传

醉吟先生者，忘其姓字、乡里、官爵，忽忽不知为谁也。宦游三十载，将老，退居洛下。所居有池五六亩，竹数千竿，乔木数十株，台榭、舟桥，具体而微，先生安焉。家虽贫，不至寒馁，年虽老，未及昏耄。性嗜酒，耽琴，吟诗。凡酒徒、琴侣、诗客，多与之游。游之外，栖心释氏，通学小中大乘法，与嵩山僧如满为空门友，平泉客韦楚为山水友，彭城刘梦得为诗友，安定皇甫郎之为酒友。每一相见，欣然忘归。

洛城内外，六七十里间，凡观寺、丘墅，有泉石花木者，靡不游；人家有美酒鸣琴者，靡不过；有图书、歌舞者，靡不观。自居守洛川，洎布衣家以宴游召者，亦时时往。

每良辰美景，或雪朝月夕，好事者相遇，必为之先拂酒罍，次开诗箧。酒既酣，乃自援琴，操宫声，弄《秋思》一遍。若兴发，命家僮调法部丝竹，合奏《霓裳羽衣》一曲。若欢甚，又命小妓歌《杨柳枝》新词十数章。放情自娱，酩酊而后已。

往往乘兴，屦及邻，杖于乡，骑游都邑，肩舆适野。舆中置一琴、一枕、陶谢诗书数卷。舆竿左右，悬双酒壶，寻水望山，率情便去；抱琴饮酌，兴尽而返。

如此者凡十年。其间赋诗约千余首，岁酿酒约数百斛，而十年前后赋酿者不与焉。妻孥弟侄，虑其过也，讥之不应，至再至三，乃曰：凡人之性，鲜得中，必有所偏好。吾非中者也，设不幸，吾好利。而货殖焉，以至于多藏润屋，贾祸危身，奈吾何？设不幸，吾好博奕，一掷数万，倾财破产，以至于妻子冻馁，奈吾何？设不幸，吾好药，损衣削食，炼铅烧汞，以至于无所成，有所误，奈吾何？今吾幸不好彼，而自适于杯觞讽咏之间，放则放矣，庸何伤乎？不犹愈于好彼三者乎？此刘伯伦所以闻妇言而不听，王无功所以游醉乡而不还也。

遂率子弟，入酒房，环酿瓮，箕踞仰面，长吁太息曰：吾生天地间，才与行，不逮于古人远矣；而富于黔娄，寿于颜回，饱于伯夷，乐于荣启期，健于卫叔宝，幸甚幸甚！余何求哉？若舍吾所好，何以送老？因自吟《咏怀》诗云："抱琴荣启乐，纵酒刘伶达。放眼看青山，任头生白发。不知天地内，更有几年活？从此到终身，尽为闲岁月。"吟罢自哂，揭瓮酦醅，又引数杯，兀然而醉。既而醉复醒，醒复吟，吟复饮，饮复醉，醉吟相仍，若循环，陶陶然，昏昏然，不知老之将至，古所谓得全于酒者，故自号为醉吟先生。

于时，开成三年，先生之齿，六十有七，须尽白，发半秃，齿双缺，而觞咏之兴犹未衰。顾谓妻子云：今之前，吾适矣；今之后，吾不自知其兴何如？

酒功赞

晋建威将军刘伯伦嗜酒，有《酒德颂》传于世。唐太子宾客白乐天亦嗜酒，作《酒功赞》以继之。其词曰：

麦曲之英，米泉之精；作合为酒，孕和产灵，孕和者何？浊醪一樽。霜天雪夜，变寒为温。产灵者何？清醑一酌，离人迁客，转忧为乐。纳诸喉舌之内，淳淳泄泄，醍醐沆瀣。沃诸心胸之中，熙熙融融，膏泽和风。百虑齐息，时乃之德；万缘皆空，是乃之功。吾常终日不食，终夜不寝，以思无益，不如且饮。

王羲之

兰亭集序

永和九年，岁在癸丑，暮春之初，会于会稽山阴之兰亭，修禊事也。群贤毕至，少长咸集。此地有崇山峻岭，茂林修竹；又有清流激湍，映带左右。引以为流觞曲水，列坐其次，虽无丝竹管弦之盛，一觞一咏，亦足以畅叙幽情。是日也，天朗气清，惠风和畅；仰观宇宙之大，俯察品类之盛，所以游目骋怀，足以极视听之娱，信可乐也。

夫人之相与，俯仰一世，或取诸怀抱，晤言一室之内；或因寄所托，放浪形骸之外。虽趋舍万殊，静躁不同，当其欣于所遇，暂得于己，快然自足，曾不知老之将至。及其所之既倦，情随事迁，感慨系之矣。向之所欣，俯仰之间，已为陈迹，犹不能不以之兴怀。况修短随化，终期于尽。古人云："死生亦大矣"，岂不痛哉！"每览昔人兴感之由，若合一契，未尝不临文嗟悼，不能喻之于怀。固知一死生为虚诞，齐彭殇为妄作。后之视今，亦犹今之视昔，悲夫！故列叙时人，录其所述，虽世殊事异，所以兴怀，其致一也。后之览者，亦将有感于斯文。

李　白

春夜陪从弟宴桃李园序

夫天地者，万物之逆旅；光阴者，百代之过客。而浮生若梦。为欢几何？古人秉烛夜游，良有以也。况阳春召我以烟景，大块假我以文章。会桃李之芳园，序天伦之乐事。群季俊秀，皆为惠连；吾人咏歌，独惭康乐，幽赏未已，高谈转清。开琼筵以坐花，飞羽觞而醉月。不有佳作，何伸雅怀？如诗不成，罚依金谷酒数。

陆龟蒙

中酒赋

书编百氏，病载千名；将有滨于九死，谅无敌于余酲。窗间落月，枕上残更；意欲问而无问，梦将成而不成。心悄悄，目瞠瞠，爱静中而人且语，愁曙后而鸡已鸣。才遭蹒跚，适别恩情。屈大夫之独醒，应难共语；阮校尉之连醉，不可同行。

气缕肢绵，神杂色沮；前欢已誓于抛掷，往事空经乎思虑，有臧卓擒伶之伍，我愿先登；有殛狄伐杜之君，臣能执御。聿当拔酒树，平曲封，掊仲榼，碎尧钟。先刊美椽，次削真龙。编虎须者宁教畔（叛）去，持蟹螯者不要相逢。

欲倚还眠，将词又默。深穷寂寞之境，别有凄凉之域。黄昏细雨，迷途而不到长亭；白昼繁花，失意而初归故国。背枕求稳，牵帏就黑。愁应平子分与，渴是相如传得。感物逾嗟，怀人有恻。谢月镜共王清去，去不乏风流；杜兰香别张硕来，来更无消息。

冠缨不御，杯案空陈。徒歼燕燕之髀，浸费猩猩之唇。牛心表异，熊掌称珍。剪云梦豆，采泮宫芹。周子之菘向晚，庾郎之薤初春。加以欧川桂蠹，颍谷榆仁。虽驰心于万品，且忘味于兹辰。

莫话三年，谁云五斗？从齐奴车骑如水，任阿宁风姿似柳。仙莫得而媒，艳何能而有？麟毫帘近遮云母，不足惊心；琥珀钏将还玉儿，未能回首。

或乃强迎宾友，力答笺书。落魄不啻，压伊有余。襜褕犹懒整，解散固慵梳。下士蔚专讽虾蟆，诚堪窃笑；庄周子化为蝴蝶，实是凭虚。

客曰：“虽鲭鲊能珍，微风可折，岂比夫榴花、竹叶之味，酃水、中山之碧，必能醺骨酡颜，潜消暗释。况前覆乃后车之警，独行为众人之僻。不然吾将受教于圣贤，敢忘乎欢伯！”

柳宗元

序饮

买小丘，一日锄理，二日洗涤。遂置酒溪石上，向之为记所谓牛马之饮者，离坐其背，实觞而流之，接取以饮。

乃置监史而令曰：当饮者，举筹之十寸者三，逆而投之，能不洄于洑，不止于坻，不沉于底者，过不饮。而洄，而止，而沉者，饮如筹之数。既或投之，则旋眩滑汩，若舞若跃，迟者速者，去者住者，众皆注视，欢忭以助其势，突然而逝，乃得无事。于是或一饮，或再饮。客有娄生图南者，其投之也，一洄，一止，一沉，独三饮，众乃大笑欢甚。余病痞，不能食酒，至是醉焉。遂损益其令，以穷日夜而不知归。

吾闻昔之饮酒者，有揖让酬酢百拜以为礼者；有叫号屡舞如佛如羹以为极者；有裸裎袒裼以为达者；有资丝竹金石之乐以为和者；有以促数纠逖而为密者。今则举异是焉，故舍百拜而礼，无叫号而极，不袒裼而达，非金石而和，去纠逖而密。简而同，肆而恭，衎衎而从容。于以合山水之乐，成君子之心，宜也。作《序饮》，以贻后之人。

皮日休

酒 箴

皮子性嗜酒，虽行止穷泰，非酒不能适。居襄阳之鹿门山，以山税之余，继日而酿，终年荒醉。自戏曰“醉士”。居襄阳之洞湖，以舟䑳载醇酎一瓻，往来湖上，遇兴将酌，因自谐曰：“酒民于戏，吾性至荒而嗜于此，其亦为圣哲之罪人也。”又自戏曰“醉士”，自谐曰“酒民”。将天地至广不能害醉士、酒民哉，又何必厕丝竹之筵、粉黛之产也？

襄阳元侯，闻醉士、酒民之称也，谓皮子曰：“子耽饮之性，于喧静岂异耶？”皮子曰：“酒之道岂止于充口腹、乐悲欢而已哉！甚则，化上为淫溺，化下为酗祸，是以圣人节之以酬酢，谕之以诰训。然尚有上为淫溺所化，化为亡国。下为酗祸所化，化为杀身。且不见前世之饮祸耶！潞酆舒有五罪，其一嗜酒，为晋所杀。庆封易内而耽饮，则国朝迁。郑伯有窟室而耽酒，终奔于驷氏之甲。栾高嗜酒面信内，卒败于陈鲍氏。卫侯饮于籍圃，卒为大夫所害。呜呼！吾不贤者，性实嗜酒，尚惧为酆舒之僇，过此吾不为也。又焉能俾喧为静乎？俾静为喧乎？不为静中淫溺乎？不为酗祸之波乎？既淫溺酗祸作于心，得不为庆封乎？郑伯有乎？栾高乎？卫侯乎？盖中性不能自节。”因箴以自符，箴曰：“酒之所乐，乐其全真。宁能醉我，不醉于人。”

欧阳修

醉翁亭记

环滁皆山也。其西南诸峰，林壑尤美。望之蔚然而深秀者，琅琊也，山行六七里，渐闻水声潺潺，而泻出于两峰之间者，酿泉也。峰回路转，有亭翼然临于泉上者，醉翁亭也。作亭者谁？山之僧智仙也。名之者谁？太守自谓也。太守与客来饮于此，饮少辄醉，而年又最高，故自号曰醉翁也。醉翁之意不在酒，在乎山水之间也。山水之乐，得之心而寓之酒也。

若夫日出而林霏开，云归而岩穴暝，晦明变化者，山间之朝暮也，野芳发而幽香，佳木秀而繁阴，风霜高洁，水落而石出者，山间之四时也，朝而往，暮而归，四时之景不同，而乐亦无穷也。

至于负者歌于途，行者休于树，前者呼后者应，伛偻提携，往来而不绝者，滁人游也。临溪而渔，溪深而鱼肥；酿泉为酒，泉香而酒冽。山肴野蔌，杂然而前陈者，太守宴也。宴酣之乐，非丝非竹，射者中，弈者胜，觥筹交错，起坐而喧哗者，众宾欢也。苍颜白发，颓乎其间者，太守醉也。

已而夕阳在山，人影散乱，太守归而宾客从也，树林阴翳，鸣声上下，游人去而禽鸟乐也。然而禽鸟知山林之乐，而不知游人之乐；人知从太守游而乐，而不知太守之乐其乐也。醉能同其乐，醒能述以文者，太守也。太守谓谁，庐陵欧阳修也。

苏　轼

浊醪有妙理赋

酒勿嫌浊，人当取醇。失忧心于卧梦，信妙理之凝神。浑盎盎以无声，始从味入；杳冥冥其似道，径得天真。伊人之生，以酒为命；常因既醉之适，方识此心之正。

稻米无知，岂解穷理，曲蘖有毒，安能发性，乃知神物之自然，盖与天工而相并。得时行道，我则师齐相之饮醇；远害全身，我则学徐公之中圣。

湛若和露，穆如春风。疑宿云之解驳，漏朝日之暾红。初体粟之失去，旋眼花之扫空，酷爱孟生，知其中之有趣；犹嫌白老，不颂德而言功。

兀尔坐忘，浩然天纵，如如不动而体无碍，了了常知而心不用。坐中客满，惟忧百榼之空；身后名轻，但觉一杯之重。

今夫明月之珠，不可以襦；夜光之璧，不可以餔。刍豢饱我而不我觉，布帛燠我而不我娱。惟此君独游万物之表，盖天下不可一日而无。在醉常醒，孰是狂人之药；得意忘味，始知至道之腴。

又何必一石亦醉，罔间州闾；五斗解酲，不问妻妾。结袜庭中，观廷尉之度量，脱靴殿上，夸谪仙之敏捷。阳醉逖地，常陋王生之褊；歌呜仰天，每讥杨恽之狭。我欲眠而君且去，有客何嫌；人皆劝而我不闻，其谁敢接？殊不知人之齐圣，匪昏之如；古者晤语，必旅之于。独醒者，汨罗之道也；屡舞者，高阳之徒欤？恶蒋济而射木人，亦何狷浅；杀王敦而取金印，亦自狂疏。

故我内全其天，外寓于酒，浊者以饮吾仆，清者以酌吾友。吾方耕于渺莽之野，而汲于清泠之渊，以酿此醪，然后举洼樽而属予口。

酒子赋（有序）

南方酿酒未大熟，取其膏液，谓之酒子，率得十一。既熟，则反之醅中。而潮人王介石、泉人许珏，乃以是饷予。宁其醅之漓，以蕲予一醉，此意岂可忘哉？乃为赋之。

米为母，曲为父。烝羔豚，出髓乳。怜二子，自节口。饷滑甘，辅衰朽。先生醉，二子舞。归沦其糟，饮其友。先生既醉而醒，醒而歌之曰：

吾观稺酒之初泫兮，若婴儿之未孩。及其溢流而走空兮，又若时女之方笄。割玉脾于蜂室兮，氄雏鹅之毰毸。味盎盎其春融兮，气凛冽而秋凄。自我皤腹之瓜罂兮，入我凹中之荷杯。暾朝霞于霜谷兮，濛液稻于露畦。吾饮少而辄醉兮，与百榼其均齐。游物初而神凝兮，反实际而形开。顾无以酬二子之勤兮，出妙语为琼瑰。归怀璧且握珠兮，挟所有以傲厥妻。遂讽诵以忘食兮，殷空肠之转雷。

中山松醪赋

始予宵济于衡漳，车徒涉而夜号。燧松明以记浅，散星宿于亭皋。郁风中之香雾，若诉予以不遭。岂千岁之妙质，而死斤斧于鸿毛。效区区之寸明，曾何异于束蒿？烂文章之纠缠，惊节解而流膏。嘻作厦其已远，尚药石之可曹。收薄用于桑榆，制中山之松醪。救尔灰烬之中，免尔萤爝之劳。取通明于盘错，出肪泽于烹熬。与黍麦而皆熟，沸春声之嘈嘈。味甘余而小苦，叹幽姿之独高。知甘酸之易坏，笑凉州之葡萄。似玉池之生肥，非内府之蒸羔。酌以瘿藤之纹樽，荐以石盘之霜螯。曾日饮之几何？觉天刑之可逃。投拄杖而起行，罢儿童之抑搔。望西山之咫尺，欲褰裳以游遨。跨超峰之奔鹿，接挂壁之飞猱。遂从此而入海，眇翻天之云涛。使夫嵇阮之伦，与八仙之群豪。或骑麟而翳凤，争榼挈而瓢操。颠倒白纶巾，淋漓宫锦袍。追东坡而不可及，归铺歠其醨糟。漱松风于齿牙，犹足以赋远游而续《离骚》也。

洞庭春色赋（有序）

安定郡王以黄柑酿酒，名之曰“洞庭春色”。其犹子德麟，得之以饷予。戏作赋曰：

吾闻桔中之乐，不减商山。岂霜余之不食，而四老人者，游戏于其间。悟此世之泡幻，藏千里于一斑。举枣叶之有余，纳芥子其何艰？宜贤王之达观，寄逸想于人寰。

袅袅兮秋风，泛天宇兮清闲。吹洞庭之白浪，涨北渚之苍湾。携佳人而往游，勒雾鬟与风环。命黄头之千奴，卷震泽而与俱还。糅以二米之禾，藉以三脊之菅。忽云蒸而冰解，旅珠零而滋湆。翠勺银罂，紫络青纶，随属车之鸱夷，款木门之铜环。分帝觞之馀沥，幸公子之破悭。我洗盏而起尝，散腰足之痹顽。尽三江于一吸。吞鱼龙之神奸。醉梦纷纭，始如毛蛮。鼓巴山之桂楫，叩林屋之琼关。卧松风之瑟缩，揭春溜之淙潺。进范蠡于渺茫，吊夫差之惸鳏。属此觞于西子，洗亡国之愁颜。惊罗袜之尘飞，朱舞袖之弓弯。

觉而赋之，以授公子曰：呜呼噫嘻，吾言夸矣，公子其为我删之。

书东皋子传后

予饮酒终日，不过五合。天下之不能饮，无在予下者。然喜人饮酒，见客举杯徐引，则予胸中为之浩浩焉，落落焉。酣适之味，乃过于客。闲居未尝一日无客，客至未尝不置酒。天下之好饮，亦无在予上者。常以谓人之至乐，莫若身无病而心无忧，我则无是二者矣。然人之有是者，接于予前，则予安得全其乐乎？

故所至常蓄善药，有求者则与之，而尤善酿酒以饮客。或曰：予无病而多蓄药，不饮而多酿酒，劳已以为人，何也？予笑曰：病者得药，吾为之体轻。饮者困于酒，吾为之酣适。盖专以自为也。东皋子待诏门下省日给酒三升，其弟静问曰：待诏乐乎？曰：待诏何所乐，但美醖三升，殊可恋耳！今岭南法不禁酒，予既得自酿，月用米一斛，得酒六斗。而南雄广惠循梅五太守，间复以酒遗予，略计其所获，殆过于东皋子矣。然东皋子自谓五斗先生，则日给三升，救口不暇，安能及客乎？若予者，乃日有三升五合，入野人道士腹中矣。东皋子与仲长子光游，好养性服食，预刻死日，自为墓志。予盖友其人于千载，或庶几焉。

苏　辙

既醉备五福论

善夫，诗人之为诗也。当成王之时，天下已平，其君子优柔和易，而无所怨怒。天下之民,各乐其所。年谷时熟，父子兄弟相爱，而无有暴戾不和之节，莫不相与。作为酒醴，剥烹牛羊，以享以祀，以相与宴乐而不厌。诗人欲歌其事，而以为未足以见其盛也，于是推而上之。

至于朝廷之间，见其君臣相安，而宗族相爱，至于祭祀宗庙既毕，而又与其诸兄昆弟，皆宴于寝，旅酬上下，至于无算爵，君臣释然皆醉，为作既醉之诗以美之。而后之博诗者，又深思而报观之，以为一篇之中，而五福备焉。

然观于诗书，至抑与酒诰之篇。观其所以悲伤前世之失，及其所以深惩切戒于后者，莫不以饮酒无度，沉湎荒乱，号呶倨肆，以败乱其德为首。故曰：百福之所由生，百福之所由消。耗而不享者，莫急于酒。

周公之戒康叔曰：酒之失，妇人是用，二者合并。故五福不降，而六极尽至。愚请以小民之家而明之。今夫养生之人，深自覆护壅闭，无战斗危亡之患，而率至于不寿者，何耶？是酒夺之也。力田之人，仓廪富矣。俄而至于饥寒者，何耶？是酒困之也。服食之人，乳药饵石，无风雨暴露之苦，而常至于不宁者，何耶？是酒病之也。修身之人，带钩蹈矩，不敢妄行，而常至于失德者，何耶？是酒乱之也。四者既具，则夫欲考终天命，而其道无由也。

然而曰五福备于既醉者，何也？愚固言之矣。天下之民，相与饮酒欢乐于下，而君臣乃相与偕醉于上。醉而愈恭，和而有礼，缪戾之气，不作于心，心和神安，而寿不可胜计也。用财有节，御已有度，而富不可胜用也。寿命去永，而又加之以富，则非安宁而何？既寿而富，身且安矣，而无所用其心，则非好德而何？富寿而安，且有德以不朽于后也，则非考终命而何？故世之君子，能观既醉之诗，以和平其心，而又观夫抑与酒诰之篇，以自戒也。则无福可以坐致，而六极可以远却。而孔氏之说所以分而别之者，又何足为君子陈于前哉。

吴淑

酒赋

“鱼丽于罶，鰋鲤，君子有酒，旨且有。”若夫仪狄初制，少康造始。九投百品之精，一宿三重之美。既阴阳之相感，亦吉凶之所起。挹此思柔，诵兹反耻。则有优韦曜而赐荈，为穆生而置醴。定国数石而精明，郑玄一斛而温伟。三日仆射，百钱阮子。陈谏每唱于回波，养性亦浇于垒魂。尔其乐兹在镐，挹此如渑。法郑君之能酿，忆刘伶之解酲。山涛既闻于八斗，陆纳才堪于二升，陶侃则过限便止，孔顗则弥月不醒。文举嘲曹公之禁，简雍讥先主之刑。

“伐木许许，釃酒有芎，”倾荒外之樽，采海中之树，三雅既闻于刘表，百榼仍传于子路。赏钟会之不拜，美孟嘉之得趣。酌此中圣，赐之上尊。梁武之称藏质，谢奕之逼桓温。行朱虚之军法，醉丞相之后园。或投醪而感义，或举杯而杀人，谢朏曾闻于指口，管仲尝忧其弃身。

饮之孔偕，乐此今夕。营彼糟丘，溺兹窟室。子良持枪以乍进，延之据鞍而自适。既营度于五齐，亦均调乎六物。遗羊祜而弗疑，折张昭而屡屈。嘉皇甫之质厚，鄙王琨之俭啬。则有眠毕卓之瓮，入步兵之厨。饮瀛洲之玉膏，挹南岳之琼酥。亦闻醉里遗冠，瓮头加帽。银钟之宠思话，缥醪之赐崔浩。裴粲则勤以献诚，阴铿则仁而获报。逢括颈于消难，见倾家之次道。复闻孔群喻之糟肉，孙朝积年曲封。显父之饯百壶，唐尧之举千钟。岂顾季鹰之身后，且醉高欢之手中。应彼东风，酝兹狂药。冬酿兮夏成，汾清兮郫酌。亦云玉瞻三术，鄄舒五罪。汉有长乐之仪，吴有钓台之会。一斗河东之赐，千日中山之醉。苏微为之而成疾，庆封为之而易内。至若老姜之渴，次公之狂，倒山公之接篱，脱相如之鹔鹴。故其成礼而弗继以淫，无量而不及于乱。唯公荣而不与，独崔暹之可劝。礼成宴配，名称圣贤。湛酒泉而在地，瞻酒旗之丽天。味兼百末，价重千钱，尝美味于酃湖，酌不极于青田。

复闻败见宋樽，怪消秦狱。或以青州作号，或以建康为目。名传上顿，味称美禄。阮孚以金貂相换，渊明以葛巾见漉。亦云曲阿既釃，邯郸被围。步白杨之野，坐黄菊之篱。高允败德以为训，元忠坐酌而自怡。或取陶陶之乐，或矜抑抑之仪。

及夫行车酌醴，鸣钟举燧。铺糟兮歠醨，举白兮扬觯。高昌洿林之贡，西域蒲桃之味。或以蟹螯俱执，或以彘肩并赐。礼有生祸之语，书著崇饮之旨，郦原有废业之忧，范泰述伤生之理。苟忘濡首之戒，将贻腐胁之毙。故三爵以退，而百拜成礼；所以喻之于兵，而譬之于水也。

李 纲

浊醪有妙理赋（次东坡韵）

尽弃糟粕，独留精醇。导性理以通妙，知曲蘖之有神。融方寸于混茫，处心合道。齐天地于毫末，遇境有真。厥初生民，时维司命。天有星以垂象，周建官而设正。泉香器洁，既曲尽于人为。气冽味甘，乃资陶于天性。

盖百礼之所须，宁五浆之可并。荒耽失职，当戒羲和之湎淫。温克自将，宜法文武之齐圣。良辰美景，明月清风，沸新篘之蚁白，滴小槽之珠红。味流霞而细酌，扫浮云之一空。醇德可嘉，颂觚瓢于刘子。醉乡不远，记风土于无功。恍尔神游，窈然心纵。天光泰定而遗万物，根尘解脱而忘六用。藉之饮药，能资疾疹之痊。或使坠车，岂觉死生之重？

嗟夫！此异随珠，寒可当襦。此异和璧，饥可当餔。疗饥寒以饱暖，化忧忿为欢娱。信曲生之风味，岂侍坐之可无。霞散冰肌，谢仙人之石髓。红潮玉颊，殊北苑之云腴。又曷贵盗醉瓮下，见鄙州闾。得饮墦间，归骄妻妾。三升起待诏之恋，千首矜翰林之捷。分田种秫，未讶渊明之迂。春剑引杯，更觉少陵之狭。治则醒而乱则醉，其智足称。饮愈多而貌愈恭，其贤可接。是知察行观德，莫酒之如。

自昔达者，必取之于此。饮而粹者，元鲁山之德也；饮而拙者，阳道州之政欤！袒裼相从，笑竹林之七逸。供帐出饯，贤都门之二疏。故我取足于心，得全于酒。内以此而悦昆弟，外以此而燕宾友。虽一杯于一石同酣适之功，又何必吸北川以长鲸之口？

椰子酒赋

伊南方之硕果，禀炎辉之正气。实石致而睟文，肤脂凝而腻理。厥中枵然，自含天体。酿阴阳之絪緼，蓄雨露之清泚。不假曲蘖，作成芳美。流糟粕之精英，杂羔豚之乳髓。何烦九醞，宛同五齐。资达人之嗽吮，有君子之多旨。穆生对而欣然，杜康尝而愕尔。谢凉州之葡萄，笑渊明之秫米。气盎盎而春和，色温温而玉粹。当炎荒之九秋，寄美人于千里。不费瓶罍，以介寿祉。破紫殼之坚圆，剖冰肌之柔脆。酌彼洼樽，荐兹妙味。吸沆瀣而咀琼瑶，可忘怀而一醉。

黄　榦

石门酒器五铭

磨　铭

上动下静象天地，前推后荡象父子。昼夜运行命不已，精粗纷纭物资始。君子省身盍顾諟，无小无大亦一理。

酢床铭

责酒清易，责人清难。智者于酒，可以反观。

陶器铭

一线之漏，足以败酒。一念之差，得无败所守乎？

烧器铭

厚其耳，广其腹。厚故胜，广故蓄。绵薄任重，只以覆其餗。

升铭

凡物之理，不平则鸣，不足则慊，太溢则倾。谁谓剖斗而民不争？其取也宁过于啬，其予也宁过于盈。是又所以为不平之平乎？

元好问

蒲桃酒赋

刘邓州光甫为予言："吾安邑多蒲桃而人不知有酿酒法。少日尝与故人许仲祥摘其实，并米炊之。酿虽成，而古人所谓甘而不饴，冷而不寒者，固已失之矣。贞佑中邻里一民家，避寇自山中归，见竹器所贮蒲桃在空盎上者，枝蒂已干而汁流盎中，薰然有酒气，饮之良酒也，盖久而腐败，自然成酒耳，不传之秘，一朝而发之。文人多有所述。今以属予，予宁有意乎？"予曰："世无此酒久矣，予亦尝见还自西域者云：大食人绞蒲桃浆，封而埋之，未几成酒，俞久者愈佳，有藏至千斛者，其说正与此合。物无大小，显晦自有时，决非偶然者。夫得之数百年之后，而证数万里之远，是可赋也。"于是乎赋之，其辞曰：

西域开，汉节回，得蒲桃之奇种，与天马兮俱来。枝蔓千年，郁其无涯。敛清秋以春煦。发至美乎胚胎。意天以美酿而饱予，出遗法于淹埋。索罔象之玄珠，荐清明于玉杯。露初零而未结，云已薄而仍裁。挹幽气之薰然，释烦悁于中怀。觅松津之孤峭，羞桂醑之尘埃。我观《酒经》必曲蘖之中媒，水泉资香洁之助，秫稻取精良之材。效众技之毕前，敢一物之不谐，艰难而出美好，徒鸩毒之贻哀。繄工倕之物化，与梓庆之心斋。既以天而合，天故无桎乎灵台。吾然后知珪璋玉毁，青黄木灾。音哀而鼓钟，味薄而盐梅。惟挥残天下之圣法，可以复婴儿之未孩。安得纯白之士，而与之同此味哉！

朱德润

轧赖机酒赋

崆峒山人，尝读书闭门。穷冬适届，朔风昼昏。围炉忘热，袖手不温。虽户牖之墐塞，方霰雹之飞翻。羡可居之虫蛰，徒兀坐以鸱蹲。怅然怀友，隐几忘言。

俄而蔌蔌蒽蒽，起问童子，剥剥啄啄，衡门谁启？乃有曲生之流，骈肩累足，接迹而至，揖予而前曰：子何瘁色之如是邪？衣不寒乎？食无饥首？衣食粗足，思虑何居？得非天气之栗烈，觱发之号呼？生与侪辈，洗爵奠斝，提壶挈觞。汲瓮底之新篘，沛醅余之宿尝。法酒人之佳制，造重酿之良方。名曰轧赖机而色如酎，贮以札索麻而气微香，卑洞庭之黄柑，陋列肆之瓜姜。笑灰滓之采石，薄泥封之东阳，观其酿器扃钥之机，酒侯温凉之殊甑。一器而两圈铛，外环而中洼，中实以酒，仍槭合之无余。少焉火炽既盛，鼎沸为汤，包混沌于郁蒸，鼓元气于中央。薰陶渐渍，凝结为炀。翁渤若云蒸而雨滴，霏微如雾融而路瀼。中涵既竭于连爊，顶溜咸濡于四旁。乃泻之以金盘，盛之以瑶樽。开醴筵而命友，醉山颓之玉人。但见酡颜眩耀，余嗽啉漓，乱我笾豆，屡舞傲傲。

曲生掀髯抚掌，笑歌欹侧。劝我饮醇，若有德色，谓日费万钱，或时饮一石。眼长安酒家之市，倒黄公旧垆之侧。若斯之欢，饮奚无益？仆谢曰：诚不敏，亦有古语，子试听旃。昔仪狄肇酝，大禹疏焉。酣歌恒舞，伊训是宣。羲和湎淫而时日废，庆封易内而国朝迁。阳竖献饮而子反去楚，灌夫使酒而徙相于燕。故古人节之以酬酢，戒之以诰譬。避酒祸于将萌，饮终日而不醉。宾主百拜一献而始，三爵为燕享之诚，九献乃上公之礼。觚棱兕觥，设于宾筵；玉瓒黄流，荐之庙祀。岂予庶贱，饮不知止。傥罹骄淫，君子所耻。子虽劝饮，吾弗为矣。

曲生复蹙頞而前曰：噫！当今之盛礼，莫盛于轧赖机，盖达官之所荐，豪家之所施。子居隘陋，曾不知之。

山人龊然而笑曰：子知今日之所尚，风俗之所推，亦管见于一斑，犹盎聚之醯鸡，子不遐弃，重为言之。延祐之秋，仆以文艺见召，随天使而北辕。曾待命于公车，屡承宣于禁垣。闻宿卫之遗老，谈中统之初年。巍巍乎世皇，俭德之美，昭昭乎圣谟，贻厥之传。谓饭羊无弃其髋髀，酒淹莫渍于衣毡。五齐以飨宗庙，三酒以祀昊天。光禄监六材之剂，宣徽进五方之鲜。鸾舆岁幸于开平，醴鬯时颁于太官。盛锡燕于群臣，讲宾酬于内园。太常列朝仪于班席，御史肃朝会而纠愆。句胪传而杯举，节乐应而丝弹。既醉既饱，弗譁弗喧。于以示太羹玄酒之质朴，于以见调元生物之甄陶。橐神化于一区，降德耀于九霄。馈五浆于暍者，赐三脯于老饕。稌来朝酮发西凉之马乳，鸱夷属车载大宛之葡萄。玉门有保障之酒泉，铁堠有金山之羊羔。祁连有和酪之冰窦，元菟有浊醠之松醪。白填有宿熟之鲁酝，黑獠有颗浆之椰瓢。辐凑两都，恩沾四郊。临辟雍而养耆耄，扩淳风而化漓浇。措天下于秦和之域，泽生民于仁义之膏。又岂特羡随人之玉薤，责楚贡之包茅也哉！于是曲生之流，闻吾言逡辽再拜，趋隅抠衣，进退有礼，羞前之为。将弃壶觞于糟丘之泽，挥盏斝于牛饮之池。谓宁叹于扼腕，毋终酣于噬脐。

仆晓之曰：酒者玄醴，天之甘禄。时和岁丰，家给人足。曲蘖以时，湛炽洁熟。以之享神，神降之福。以之祈年，年登五谷。朋酒斯享，亲戚用睦。吾试与子，礼饮是勖。肴核俱陈，杯盘新沐。

问答未已，春阳煜煜。笺吾赋于棐几，记匏樽之相属。

朱熹

晓示科卖民户麹引及抑勒打酒

勘会民间吉凶会聚，或修造之类，若用酒，依条听随力沽买。如不用，亦从其便，并不得抑勒。今访闻诸县并佐官厅，每遇人户，辄以承买曲引为名，科纳人户钱物，以至坊场违法，抑勒人户打酒，切恐良民被害，婚葬造作失时，须至约束。

右今印榜晓示民户知悉，今后如遇吉凶聚会，或修造之类，官司辄敢买曲引，或酒务坊场，抑勒买酒，并仰指定见证，具状径赴，使军陈告，切待拘收犯人根勘，依条施行。

刘筠

大酺赋

臣谨按前志，酺之言布也。王德布于天下，而合聚饮食焉。肇自炎汉初兴，日不暇给。罚其合醵之会，著于三尺之法。逮乎孝文，崇修礼义，赐酺之惠，繇是流行。况我朝盛德形容，汪洋图牒，固不可以寸毫尺素孟流而称也，臣今所赋者，但述海内丰盛，兆庶欢康，为负暄献芹之比尔。其辞曰：

圣宋绍休兮三叶重光，祥符荐祉兮万寿无疆。昭景贶于纪元之号，还淳风于建德之乡。庆无邈而不被，俗无细而不康。乃下明诏，申旧章。赐大酺之五日，洽欢心于庶邦。尔乃京邑翼翼，四方是则。通衢十二兮砥平，广路三条兮绳直。固不以列肆千里，集民万亿。群有司而先置，戒掌次而具饬。幕九章兮灿若舒霞，廊千步兮轩如布翼。外饔之百品有叙，酒正之六物不忒。分命司市，迁阛阓于东西。鸠集梓人，校轮舆于南北。将以极瑰奇诡异之欢，示深滋至惠之泽也。

于是二月初吉，春日载阳。皇帝乃乘步辇，出披香，排飞阅。历未央。御南端之峣阙，临回望之广场。百戏备，万乐张。仙车九九而并骛，楼船两两而相当。昭其瑞也，则银瓮丹甑。象其武也，则青翰艅艎。声砰磕兮非雷而震，势凭凌兮弗苇而航。

且观夫鱼龙曼衍，鹿马腾骧。长蛇白象，麒麟凤凰。吞刀璀璨，吐火荧煌，或叱石而成羊。文豹左拏兮右攫，元珠倏耀兮忽藏。画地而川流洴洴，移山而列岫嶙嶙。神木垂实，灵草擢芒。髽髻豆兽，绰约夭倡。曳绡纨而倅缭，振坏珮兮铿锵。赤刀受黄公之祝，大面体兰陵之王。木女发机于曲逆，鸟言流俗于冶长。千变万化，纷纭颉颃。前者拗怒而欲息，后者技痒而激昂。舞以七盘之妍袖，间以九部之清商。弹筝擪籥，吹竽鼓簧。南音变楚，陇篴明羌。琵琶出于胡部，掺鼓发于称狂。方响遗铜磬之韵，羯鼓斗山花之芳。箜篌之妙引初毕，㣚管之新声更扬。洞箫参差兮上处，燕筑慷慨兮在旁。琵琶合奏而奚辨，埙篪相须而靡遑。信满阬而满谷，岂止乎洋洋盈耳而已哉。

又若橦末之枝，趫捷之徒。籍其名于乐府，世其业于都卢。竿险百尺，力雄大夫。望仙盘于云际，视高絙于坦途。俊轶鹰隼，巧过猿狙。衒多能于悬绝，校微命于锱珠。左回右转，既亟只且。嘈囋沸渭，鼓譟歊歔。突倒投而将坠，旅敛态而自如。亦有伥僮赤子，提携叫呼，脱去襁褓，负集危躯。效山夔之踯躅，恃一足而有余。欻对舞于索山，跳九剑而争趋。偃仰拜起，如礼之拘。杂以拔距投石，冲狭戏车，蛇矛交击，猿骑分驱。韩嫣之金丸叠中，孟光之石臼凌虚。习五案者，于斯尽矣。透三峡者，何以加诸？复有徘优旃孟，滑稽淳于，诙谐方朔，调笑酒胡。纵横谑浪，突梯嗫嚅。混妍丑于戚施，变舒惨于籧篨。乃至角抵蹴踘，分朋列族。其胜也气若雄虹，其败也形如槁木。谁谓乎狼子野心，而熊罴可扰。谁谓乎以强凌弱，而猫鼠同育。斯固艺之下者，亦可娱情而悦目。

是时也，都人士女，农商工贾，鳞萃乎九达之衢，星拱乎两观之下。举袂兮连帷，挥汗兮霈雨。钿车金勒，杂遝而晶莹。袪服靓装，藻缛而容与。网利者罢登垄断，力田者竞辞畎亩。屠羊说或慕功名，斫轮扁亦忘规矩。寂寂兮巷无居人，憧憧兮观者如堵。以遨以游，爰笑爰语。始乃抃舞于康庄，终乃含歌于樽俎。旁有相如涤器，浊氏卖脯。乘时射利，鬻良杂苦。勺药之味，蚳蝝尽取。既贾用以兼赢，咸满志而自许。又乃百工居肆，众货丛聚。锦绣之设，焰朗甍庑。竞相高以奢丽，羌难得而覼缕。

于以见国家蓄富，上下充足。女有余丝，男有余粟。顾金土兮同价，兴礼让兮郁郁。

若夫七相茂族，四姓良家，蝉联鼎盛，照耀繁华。皆结驷而连骑，虽两汉其宁加。则又有菟裘老臣，逍遥高尚，乘下泽之车，曳灵寿之杖。爰稽首于尧云，挹衢樽而无量。

乡里俊造，草泽英才。览德辉而狎至，观国光而聿来，顾鼎食之可取，岂直野苹之谓哉。羽林戴鹖之夫，期门佽飞之子，罢羽猎于长杨，投宾壶于棘矢。袭楚楚之衣裳，喜交臂于廛里。

大矣哉！惟尧舜之作主兮，盛德日新。矧皋夔之为佐兮，嘉猷矢陈。奏君臣相悦之乐，会比屋可封之民。湛露未晞，在藻之欢允洽。太牢如享，登台之众咸臻。老吾老以幼吾幼，不独子其子而亲其亲。鳏寡孤惸兮各有所养，蛮夷戎狄兮孰非我臣？粟帛之赐已厚，牛酒之给仍均。春醴惟醇，炮炙芗芬。皤发者驾肩而泄泄，支离者攘臂而欣欣。莫不含和而吐气，蹈德而咏仁。

一之二之日，乐且有仪。三之四之日，不醉无归。五日兮餍饫斯极，但见夫含哺而嬉。介尔眉寿，和尔天倪。非夫上圣之乾乾致治，其孰能逸豫而融怡者哉？

敢为系曰：于铄我宋，巍乎帝先。创业垂统，静直动专。威烈既茂，文德是宣。谦而不宰，让之于天。上帝允答，灵贶昭然。厥庆惟大，庶民赖焉。爰锡酺饮，流惠周旋。有殽如阜，有酒如川。既醉既饱，无党无偏。体安舒兮披尧日，气和乐兮畅薰弦。祝圣祚兮扬纯懿，永延长兮弥亿年。

王　翰

葡萄酒赋

洪武辛酉，谒禹庙，有以葡萄酒见饷者，其甘寒清冽，虽金柈之露，玉杵之霜，不能过也。饮讫，頽然而醉。觉而西山雨霁，新凉晚生。飏茶烟于鬓影，漱松风于牙齿。于是命童子执笔，书是赋以酬之。赋曰：

有西域先生蔓硕生者，谒安邑主人。主人曰：何先生质性朴木，言谀而体丰。不动而能与人同，不言而能为人容。慕先生之丰者，能遗千乘之贵。味先生之道者，可忘万钟之隆。且支派之繁衍、流泽之不穷者，其有自乎？西域客起而揖曰：昔卯金氏之五叶，好逞兵而四征。广利之师律未辑，博望之使节已行。吾皇考时方埋名遁形，弢光匿馨。何聘帛之三往，竟上贡乎西京？虽一拔而遽起，冀中叶之是荣。尚未忘乎故土，尝含酸而寄情。

于是觐武皇于未央之殿，因上表而致名也。武皇见皇考中硕而外茂，气芳而德醇，曰：此真席上之珍也。或待诏于上林，或备问于几筵，或与金母之桃同荐，或与玉屑之露同斸。东方之谑，因吾而逞其技。相如之渴，赖吾以获其痊。向使武皇，能尽用吾皇考之道，必不祀灶而求仙也。尔后太原之蔓延，安邑之蝉联，吾能一说，使百匹之帛可得，三品之职遽迁。叔达之行，以吾而表其孝。宋公之赋，因我而著其贤。予小子诚中原之一枝，共大宛之一天者也。

主人曰：出处地望，吾既闻之矣。请闻先生之为道也。

客曰：吾始也，好甘言以媚人，畜阴冷以发疾。愧学道之不醇，方发愤以改习。遵曲生之遗法，亦禁水而绝粒。讶刀圭之入口，疑骨蜕而生翼。其心也湛然若止水，其气也盎然若春色。挹之而不污浊，引之而不反慝。先生向言，质性朴木，言腴而体丰者，实由乎此矣。吾能使稜峭者浑沦，疆暴者藏神。戕贼而机变者，皆抱璞而含真。欲使区宇之人，皆从吾于无何有之乡，而为葛天氏之民也。

主人曰：善乎先生之为道也。

于是命仆执席具几，百拜定交于先生。先生于是哑然而笑，欣然而谈。泛然而挹春江之波，湛然若临秋月之潭。噀九天之珠玉，蜚万壑之烟岚。主人不觉气和而意适，体熏而心酣。颓然而就枕，不知明月之在西南。觉而使童子之执笔，记先生之良醰。

袁中道

饮酒说

已酉长夏，阴风东流，宴坐舟中。予思到舟中以来已近一月矣，耳目清寂，毁誉是非不到，应酬减少。生平饮酒，不喜昼饮，一饮则终日昏倦。夜饮亦不喜多，多则梦寐不安，次早神思不爽，甚则助发淫嗔。明知其为苦趣，然居人世，以此为礼。见予素有酒名，一席不饮，则主人讶之，不得已强为之饮。饮至渐多，则已先欲饮，又不待主人劝矣，俗所云：“下坡酒”也。予不幸有此病，未能逃世，既不容戒，易流之性，又复难节。其实败德伤生，害我之学道者，万万必出于酒无疑也。

往事无论，丁未居渔阳督府署中，每夜取酒两小瓶，付之小奚，读书至二三更则饮。饮至一小瓶后，便有醉意。醉中粉壁上见自影，须髯郁然；举箸后，则髯亦连动不止，顾而大笑；其寂寞如此。然半醉后，拍拍满怀，酣适不可言喻。

大都渔阳密迩蓟镇，蓟酒与易酒皆佳可饮也。惟与蹇大司马饮，则常不支。蹇全不择酒，酒或遇暑而败者，都不择。一吸而尽。每饮只一吸，即以杯向下曰：“干”，颇为其速所困。一日对饮，予已大醉熟眠。而大司马复出立松影下，呼予侍儿云：“传语汝主人，我正醒，何醉卧耶？汝记我半夜犹来此，无半点酒意，明日切莫向我论量也。”次日，蹇公若头眩，不能起，延医视之，然予知日病酒，私谓其令子曰：“尊大人病至午后即愈矣！”已而果愈。适思此老之兴致，与其怜才，何可得也，今亦化去矣。嗣后予以老人不宜过饮，密令所亲止之不复出。

予每夜但小饮以为常，故予居署中读书多，著述富，而学道时有透彻者，以应酬绝而饮酒少也。后入都门，为酒所困，出春明门，如释重负。及归家亦然，凡人郢至石首及澧浦、花源间，皆无可奈何，不别诸友逃去。

惟近来入舟一月中，日不饮酒。夜饮数杯卧，脾胃调适。人见我好居舟中，不知舟中可以养生，饮食由己，应酬绝少，无冰炭攻心之事。予赋命奇穷，然晚岁清福，延年益寿之道，或出于此，不然常居城市，终日醺醺既醉之后，淫念随作，水竭火炎，岂能久于世哉！故人知我之为“逍遥游”，不知其为“养生主”也。近日精神爽健，百病不生，甚以自幸。留此幻躯，尚有别事可作，因喜而书之。

戴名世

醉乡记

昔余尝至一乡，辄颓然靡然，昏昏冥冥，天地为之易位，日月为之失明，目为之眩，心为之荒惑，体为之败乱。问之人：“是何乡也？”曰：“酣适之方，甘旨之尝，以徜以徉。是为醉乡。”

鸣呼！是为醉乡也欤？古之人不余欺也。吾尝闻夫刘伶、阮籍之徒矣，当是时，神州陆沉，中原鼎沸，而天下之人放纵恣肆，淋漓颠倒，相率入醉乡不已。而以吾所见，其间未尝有可乐者。或以为可以解忧云尔，夫忧之可以解者，非真忧也；夫果有其忧者，抑亦不必解也。况醉乡实不能解其忧也。然则入醉乡者，皆无有忧也。

鸣呼！自刘、阮以来，醉乡遍天下。醉乡有人，天下无人矣！昏昏然，冥冥然，颓堕委靡，入而不知出焉。其不入而迷者，岂无其人者欤？而荒惑妖乱者率指以为笑，则真醉乡徒也已！

周履靖

酒德颂·和刘伶韵

有放浪狂生，日洒落于昏朝，万古如须臾。心不营利禄，足不蹑云衢。衣无幼儿绮，寝无室庐。席草枕石，四体如如。兴至辄操杯觚，倾倒不计罇壶。惟以沉酣，安问其余？哂达人才子，王孙名士，无此逍遥，不知所以。大笑而与言，唇不阖齿。两眼模糊，呼之不起，狂生犹是。持杯接其槽，痛饮醇醪。开襟而踞，不滤其糟。并无他虑，思畅情陶。怡然成醉，唤之弗醒。聆之何能闻其音声？惟睹其黑甜而裸形。弗顾风露之拂身，但适其性情。醉睨荣华易更兮，似波浪而逐青萍。微躯殒兮，若蜉蝣而同螟蛉。

蒲松龄

酒人赋

有一物焉，陶情适口，饮则醺醺腾腾，厥名为“酒”。其名最多，为功已久：以宴嘉宾，以速父舅，以促膝而为欢，以合卺而成偶。或以为“钓诗钩，或以为“扫愁帚”。故曲生频来，则骚客之金兰友；醉乡深处，则愁人之逋逃薮。糟丘之台既成，鸱夷之功不朽。齐臣遂能一石，学士亦称五斗。则酒固以人传，而人或以酒丑。

若夫落帽之孟嘉，荷锸之伯伦。山公之倒其接篱，彭泽之漉以葛巾。酣眠乎美人之侧也，或察其无心；濡首于墨汁之中也，自以为有神。井底卧乘船之士，槽边缚珥玉之臣。甚至效鳖囚而玩世，亦犹非害物而不仁。至如雨宵雪夜，月旦花晨。风定尘息，客旧妓新。履舄交错，兰麝香沉。细批薄抹，低唱浅斟。忽清商兮一奏，则寂若兮无人。雅谑则飞花粲齿，高吟则戛玉敲金。总陶然而大醉，亦魂清而梦真。果尔，即一朝一醉，当亦名教之所不嗔。

尔乃嘈杂不韵，俚词并进。坐起喧哗，呶呶成阵。涓滴忿争，势将投刃。伸颈攒眉，引杯若鸩。倾湩碎觥，拂灯灭烬。绿酹葡萄，狼藉不靳。病叶狂花，觞政所禁。如此情怀，不如勿饮。又有酒隔咽喉，间不盈寸。呐呐呢呢，犹讥主吝。坐不言行，饮复不任。酒客无品，于斯为甚。

有狂药下，客气粗，努石棱，磔须，袒两背，趹双凫。尘蒙蒙兮满面，哇浪浪兮沾裾。口狺狺兮乱吠，发蓬蓬兮若奴。其吁地而呼天也，似李郎之呕其肝脏；其扬手而掷足也，若苏相之裂于牛车。舌底生莲者，不能穷其状；灯前取影者，不能为之图。父母前而受忤，妻子弱而难扶。或以父执之良友，无端而受骂于灌夫。婉言以警，倍益眩瞑。此名"酒凶"，不可求拯。惟有一术，可以解酲。厥术维何？只须一梃。縶其手足，与斩豕等。止困其臂，勿伤其顶。捶至百余，豁然顿醒。

曹 寅

二杯铭

南董先生，弗良于左臂，药石有瘳，自谈止酒。既而曰："孰与我杯，我数而饮之。"偶有二杯，埏埴坚致，大者娄豆，小者若卮。二合有溢，不堪上户，亟呼童子，盥涤以献。

群进疑曰："在昔渊明赋止，托之空文；伯伦作颂，反斯其匹。今此之举，毋乃恤攘鸡之请，而助揠苗之长乎？且二杯既以心许之矣，铭者盟也，铭而遣之，为有益乎？"

余曰："多言！童子何知。铭即箴也，扬子云箴，'子犹瓶矣'，而孟公反以鸱夷自况。夫子曰：'要盟不信，后世之藉口。亦以久矣，铭亦何足恃也！

"夫酒之于人，有一定之数，非多寡献酬之节之谓。盖皆自天畀之，而天复限之。古之人齐夭寿等，彭殇有臻酒数之极者，而妙皆莫之或传；南董之数杯而饮，盖庶几自得其妙者欤？其有妙也，必以告我，则吾之于二杯，又何爱焉！"

童子益惑，予乃为之辞，以毕前说；且佐二杯，以质诸南董。其辞曰：酒数几何，三万有六千。昊天不贷，并日闰年。孰云不食，独穷其理，观君之妙，其曷能已。千于斯，万于斯，既乐且熙。

冯桂芬

重酒酤议

酒禁由来已古，禹疏仪狄，《酒诰》惩群饮，《周官》司虣禁，以属游饮食于市者，汉初群饮者罚金。武帝时，桑宏羊始榷酒酤，而酒禁废。惟武侯治蜀，禁酒严，道无醉人，余不闻焉。王应麟谓榷酤之害，甚于鲁之初税亩。无他，食为民天，酒为食蠹。统五谷约之，以升粟成酒，一升有半为率。统万民约之，以十人而一饮，饮亦一斤有半为率，是十人而靡十一人之食也。亿万众必有十分之一受其饥者，如之何不禁？然而不能禁也，大凡民间日用起居贸易一切细故，相沿已久，习为故常者，一旦欲反之，虽临之以天子之尊，威之以大辟之重，必终于不行。不考古事，不采近闻，不达人情物理，或任性，或恃才，皆不知其不可禁。不知其不可禁而禁之，适所以扰之而汔无以禁之。雍正间，尝禁铜，先定三品以上准用铜器，嗣又改为一品。乾隆初，尚书海望疏，以禁铜不效，请驰禁。亦尝严酒禁，乾隆初，孙公嘉淦奏罢之。疏中言直隶省一年中被系者千数百人，不胜其株累，而酿酤如故。世宗朝当盛鼎之时，整齐严肃，中外咸若，宜可以令行禁止，然而不能禁。斯不能禁矣，皆前事师也，又何论近年烟禁乎？愚窃以为如酒者，止宜重酤以困之，厘捐本抽百分之一，独往三四厘捐，而酒值倍矣。使贫者不能不节饮，尤贫者不能不止饮，但得减酿一分，即多若干米，亦即多活若干人，有利无弊者也。酒可令顿酤十之，零酤二十之，舞弊倍其罚。至收捐有效，宜量减五谷棉布之捐，尤宜广戒饮之谕，加酗酒之律。宴飨之事，为之节制，沉湎之人，勿登荐剡。使天下晓然知上意之所在，庶其有瘳乎？至孙疏有云：不酿酒则梁粟弃地，转以病民。犹之言赌场妓馆，贫民转移执事，赖以得食，成何议论邪？是无足辩。

（二）小说选

干宝

搜神记（第十九）

狄希，中山人也。能造千日酒，饮之千日醉。时有州人姓刘，名玄石，好饮酒，往求之。希曰：“我酒发来未定，不敢饮君。”石曰：“纵未熟，且与一杯，得否？”希闻此语，不免与之。复索曰：“美哉！可更与之。”希曰：“且归，别日当来，只此一杯，可眠千日也。”石别，似有怍色。至家，醉死。家人不疑，哭而葬之。经三年，希曰：“玄石必应酒醒，宜往问之。“既往石家，语曰：“石在家否？”家人皆怪之，曰：“玄石亡来，服以阙矣。”希惊曰：“酒之美矣，而致醉眠千日，今合醒矣。”乃命其家人，凿冢破棺看之，冢上汗气彻天，遂命发冢。方见开目张口，引声而言曰：“快哉，醉我也。”因问希曰：“尔作何物也，令我一杯大醉，今日方醒？日高几许？”墓上皆笑之，被石酒气冲入鼻中，亦各醉卧三月。

刘义庆

世说新语

刘伶恒纵酒放达，或脱衣裸形在屋中，人见讥之。伶曰：“我以天地为栋宇，屋室为裈衣，诸君何为入我裈中？”

刘伶病酒渴甚，从妇求酒。妇捐酒毁器，涕泣谏曰：“君饮太过，非摄生之道，必宜断之。”伶曰：“甚善。我不能自禁，唯当祝鬼神，自誓断之耳。便可具酒肉。”妇曰：“敬闻命。”供酒肉于神前，请伶祝誓。伶跪而祝曰：“天生刘伶，以酒为名，一饮一斛，五斗解酲。妇人之言，切不可听。”便饮酒进肉，隗然已醉矣。

(同上书)

阮步兵丧母，裴令公往吊之，阮方醉，散发坐床，箕踞不哭，裴至下席于地，哭吊唁毕，便去。或问裴：“凡吊，主人哭，客乃为礼。阮既不哭，君何为哭？”裴曰：“阮方外之人，故不崇礼制。我辈俗中人，故以仪轨自居。”时人叹为两得其中。

(同上书)

毕茂世云：“一手持蟹螯，一手持酒杯，拍浮酒池中，便足了一生。”

王至

默记（卷下）

后魏尚书令古弼族子元之，少养于弼，因饮酒而卒。弼怜之特甚，三日死殓毕，追思，欲与再别，因命斲棺，开元却生矣。元之云：当昏醉，忽然如梦，有人沃冷水于体，仰视乃见一神人，衣冠绛裳虮帔，仪貌甚俊，顾元之曰："吾乃古说也，是汝远祖。适欲至和神国中，无人担囊侍从，因来取汝。"即令负一大囊，可重一钧。又与一竹杖，长丈二余。令元之乘骑随后，飞举甚速，常在半天。西南行，不知里数，山河逾远，欻然下地，已至和神国。其国无大山，高者不过数十丈，皆积碧珉，石际生青彩簵筱，异花珍果，软草香媚，好禽嘲哳。山顶皆平正如砥，清泉并下者三二百道，原野无凡树，悉生百果及相思石榴之辈。每果树花卉俱发，实色鲜红，翠叶于香丛之下，纷错满树，四时不改。唯一岁一度暗换花实，更生新嫩，人不知觉。田畦尽长大瓠，瓠中实以五谷，甘香珍美，非中国稻粱可比，人得足食，不假耕种，原隰滋茂，荻秽不生。一年一度，树木枝干间悉生五色丝纩，人得随色收取，任意纴织，异锦织罗，不假蚕杼。四时之气，常熙熙和淑，如中国二三月。无坟虻蟆蚁虱蜂蝎蛇虺蜈蚣蛛蠓之虫，又无枭鸱鸦鹞鸲鹆蝙蝠之属，既无虎狼豺豹狐狸蓦驳之兽，又无猫鼠猪犬扰害之类。其人长短妍媸皆等，无有嗜欲爱憎之者。人生二男二女，为邻则世世为婚姻。笄年而嫁，二十而娶，人寿一百二十，中无夭折疾病喑聋跛足之患。百岁以下，皆自记忆；百岁以外，不知其寿岁何。寿尽则欻然失其所在，虽亲族子孙，皆忘其人，故常无忧戚，每日午时一食，中间唯食酒浆果实耳。餐亦不知所化，不置溷所。人无私积囷仓，余粮栖亩，要者取之。无灌园鬻蔬，野菜皆足人食。十亩有一酒泉，味甘而香。园人日相携游览歌咏，陶陶然，暮夜而散，未尝昏醉。人人有婢仆，皆自然谨慎，知人所要，不烦促使。随意屋室，靡不壮丽。其国六畜唯有马，驯极而骏，不用刍秣，自食野草，不近积聚，人要乘则乘，乘讫而却放，亦无主守。其国千官皆足，而仕官不知身之在事，亲于下人，以无职事操断也。虽有君主，而君不自知为君，杂于千官，以无职事升贬故也。又无迅雷风雨，其风常微轻如煦，袭万物不至于挫落。其雨十日一降，降必以夜，津润条畅，不有淹流。一国之人，皆自相亲，有如戚属，人各相惠多与，无市易商贩之事，以不求利故也。古说既至其国，顾谓元之曰："此和神国也，虽非神仙，风俗不恶。汝回，当这为世人说之。吾既至比，回即求别人负囊，不用汝矣。"因以酒令元之饮。饮满数巡，不觉沉醉。既而复醒，身已活矣。自是元之疏逸人事，都忘宦情，游行山水，自号知和子，后竟不知其所终也。

石曼卿与刘潜、李冠为酒友。曼卿赴海州通判，将别，语潜曰："到官可即来相见，寻约痛饮也。"既半载，往见，到倅厅门，其阍者迎谓曰："自此入客位，勿高声也。"既见谒者，洞知无官，请衣襴鞟。潜曰："吾酒友也。”典客者曰：“公勿怒，既至此，无复去之理，我为借以衣。”不得已衣之。坐几两时，胸中不胜愤。典谒者言：“通判歇息，未敢传。”坐几三时，馁甚。忽报通请，赞者请循廊。道卿道服仙巾以就坐，不交一言，徐曰：“何来？”又久之曰：“何处安下？有阙示之襕鞟。”一典客从旁赞曰：”通判尊重，不请久坐。“潜大怒索去。云：“献汤。”汤毕，又喝：“请临廊。”潜益愤，趋出。曼卿曳其腰带后曰：“刘十，我做得通判过否？扯了衣裳，吃酒去来！”遂仍旧狂饮，数日而罢。

佚名

道山清话

李觏字泰伯，盱江人，贤而有文章，苏子瞻诸公极推重之。素不喜佛，不喜《孟子》，好饮酒作文，古文弥佳。一日，有达官送酒数斗，泰伯家酿亦熟，然性介僻，不与人往还。一士人知其富有酒，然无计得饮，乃作诗数首骂《孟子》，其一云：“完廪捐阶未可知，孟轲深信亦还痴。丈人尚自为天子，女婿如何弟杀之！”李见诗大喜，留连数日，所与谈，莫非骂《孟子》也。无何，酒尽，乃辞去。既而又有寄酒者，士人闻之，再往，作《仁义正论》三篇，大率皆诋释氏。李览之笑云：“公文采甚奇，但前次被公吃了酒后，极索莫。今次不敢相留，留此酒以自遣怀。‘闻者莫不绝倒。

罗贯中

三国演义（第二十一回）

玄德也防曹操谋害，就下处后园种菜，亲自浇灌，以为韬晦之计。关、张二人曰：“兄不留心天下大事，而学小人之事，何也？”玄德曰：“此非二弟所知也。”二人乃不复言。

一日，关、张不在，玄德正在后园浇菜，许褚、张辽引数十人入园中曰：“丞相有命，请使君便行。”玄德惊问曰：“有甚紧事？”许褚曰：“不知。只教我来相请。”玄德只得随二人入府见操。操笑曰：“在家做得好大事！”吓得玄德面如土色。操执玄德手，直至后园，曰：“玄德学圃不易！”玄德方才放心，，答曰：“无事消遣耳。”操曰：“适见枝头梅子青青，忽感去年征张绣时，道上缺水，将士皆渴，吾心生一计，以鞭虚指曰：‘前面有梅林。‘军士闻之，口皆生唾，由是不渴。今见此梅，不可不赏。又值酒正熟，故邀使君小亭一会。”玄德心神方定。随至小亭，已设樽俎：盘置青梅，一樽煮酒。二人对坐，开怀畅饮。

酒至半酣，忽阴云漠漠，骤雨将至。从人遥指天外龙挂，操与玄德凭栏观之。操曰：“使君知龙之变化否？”玄德曰：“未知其详。操曰：“龙能大能小，能升能隐；大则兴云吐雾，小则隐介藏形；升则飞腾于宇宙之间，隐则潜伏于波涛之内。方今春深，龙乘时变化，犹人得志而纵横四海。龙之为物，可比世之英雄。请试指言之。”玄德曰：“备肉眼安识英雄？”操曰：“休得过谦。”玄德曰：“备叨恩庇，得仕于朝。天下英雄，实有未知。”操曰：“既不识其面，亦闻其名。”玄德曰：“淮南袁术，兵粮足备，可为英雄？”操笑曰：“冢中枯骨，吾早晚必擒之！”玄德曰：“河北袁绍，四世三公，门多故吏；今虎踞冀州之地，部下能事者极多，可为英雄？”操笑曰：“袁绍色厉胆薄，好谋无断；干大事而惜身，见小利而忘命：非英雄也。”玄德曰：“有一人名称八俊，威镇九州，刘景升可为英雄？”操曰：“刘表虚名无实，非英雄也。玄德曰：“有一血气方刚，江东领袖，孙伯符乃英雄也？”“操曰：”孙策籍父之名，非英雄也。“玄德曰：“益州刘季玉，可为英雄乎？”操曰：“刘璋虽系宗室，乃守户之犬耳，何足为英雄！”玄德曰：“如张绣、张鲁、韩遂等辈皆何如？”操鼓掌大笑曰：“此等碌碌小人，何足挂齿者！”玄德曰：“舍此之外，备实不知。”操曰：“夫英雄者，胸怀大志，腹有良谋，有包藏宇宙之机，吞吐天地之志者也。”玄德曰：“谁能当之？”操以手指玄德，后自指，曰：“今天下英雄，惟使君与操耳！”玄德闻言，吃了一惊，手中所执匙箸，不觉落于地下。时正值大雨将至，雷声大作。玄德乃从容俯首拾箸曰：“一震之威，乃至于此。”操笑曰：“丈夫亦畏雷乎？”玄德曰：“圣人迅雷风烈必变，安得不畏？”将闻言失箸缘故，轻轻掩饰过了。操遂不疑玄德。

三国演义（第七十回）

张飞、雷铜连夜追袭，直赶到宕渠山。张郃仍旧分兵守住三寨，多置擂木炮石，坚守不战。张飞离宕渠十里下寨，次日引兵搦战。郃在山上大吹大擂饮酒，并不下山。张飞令军士大骂，郃只不出。飞只得还营。次日，雷铜又去山下搦战郃又不出。雷铜驱军士上山，山上擂木炮石打将下来，雷铜急退。荡石、蒙头两寨兵出，杀败雷铜。次日，张飞又去搦战，张郃又不出。

飞使军人百般秽骂，郃在山上亦骂。张飞寻思，无计可施。相拒五十余日，飞就在山前扎住大寨，每日饮酒；饮至大醉。坐于山前辱骂。

玄德差人犒军，见张飞终日饮酒，使者回报玄德。玄德大惊，忙来问孔明。孔明笑曰：“原来如此！军前恐无好酒，成都佳酿极多，可将五十瓮作三车装，送到军前与张将军饮。”玄德曰：“吾弟自来饮酒失事，军师何故反送酒与他？”孔明笑曰：“主公与翼德做了许多年兄弟，还不知其为人耶？翼德自来刚强，然前于收川之时，义释严颜，此非勇夫所为也。今与张郃相拒五十余日，酒醉之后，便坐山前辱骂，傍若无人：此非贪杯，乃败张郃之计耳。”玄德曰：“虽然如此，未可托大。可使魏延助之。”孔明令魏延解酒赴军前，车上各插黄旗，大书“军前公用美酒“魏延领命，解酒到寨中，见张飞，传说主公赐酒。飞拜受讫，分付魏延、雷铜各引一枝人马，为左右翼；只看军中红旗起，便各进兵；教将酒摆列帐下，令军士大开旗鼓而饮。而细作报上山来，张郃自来山顶观望，见张飞坐于帐下饮酒，令二小卒于面前相扑为戏。郃曰：”张飞欺我太甚！“传令今夜下山劫飞寨，令蒙头、荡石二寨，皆出为左右援。

当夜张郃乘着月色微明，引军从山侧而下，径到寨前。遥望张飞大明灯烛，正在帐中饮酒，张郃当先大喊一声，山头擂鼓为助，直杀入中军，但见张飞端坐不动。张郃骤马到面前，一枪刺倒，却是一个草人。急勒马回时，帐后连珠炮起，一将当先，拦住去路，圆睁环眼声如巨雷，乃张飞也。挺矛跃马，直取张郃，两将在火光中战到三五十合。张郃只盼两寨来救，谁知两寨救兵，已被魏延、雷铜两将杀退，就势夺了二寨。张郃不见救兵至，正没奈何，又见山上火起，已被张飞后军夺了寨栅。张郃三寨俱失，只得奔瓦口关去了。张飞大获胜捷，报入成都。玄德大喜，方知翼德饮酒是计，只要诱张郃下山。

施耐庵

水浒传（第四回）

鲁智深在五台山寺中，不觉搅了四五个月。时遇初冬天气，智深久静思动。当日晴朗得好，智深穿了皂布直裰，系了鸦青绦，换了僧鞋，大踏步走出山门来，信步行到半山亭子上，坐在鹅项懒凳上，寻思道：“干鸟么！俺往常好酒好肉每日不离口；如今教洒家做了和尚，饿得干瘪了！赵员外这几日又不使人送些东西来与洒家吃，口中淡出鸟来！这早晚怎地得些酒来吃也好！“正想酒哩，只见远远地一个汉子，挑着一副担桶，唱上山来。上面盖着桶盖。那汉子手里拿着一个旋子，唱着上来。唱道：

九里山前作战场，牧童拾得旧刀枪。顺风吹动乌江水，好似虞姬别霸王。

鲁智深坐在亭子上观见那汉子担担桶上来。也来亭子上歇下担桶。智深道：“兀那汉子，你那桶里什么东西？”那汉子道：“好酒！”智深道：“多少钱一桶？”那汉子道：“和尚，你真个也是作要甚么？“那条汉子道：”我这酒挑上去只卖与寺内火工道人、直厅轿夫、老郎们做生活的吃。本寺长老已有法旨：但卖与和尚们吃了，我们都被长老责罚，追了本钱，赶出屋去。我们见关着本寺的本钱，见住着本寺屋宇，如何敢卖与你吃？“智深道；”真是不卖？“那汉子道：“杀了我也不卖！”智深道：“洒家也不杀你，只要问你买酒吃！”那汉子见不是头，挑了担桶便走。智深赶下亭子来，双手拿住扁担，只一脚，交裆踢着。那汉子双手掩着做一堆，蹲在地下，半日起不得。智深把那两桶酒，都提在亭子上，地下拾起旋子，开了桶盖，只顾舀冷酒吃。无移时，两桶酒吃了一桶。智深道：“汉子，明日来寺里讨钱。”那汉子方才疼止，又怕寺里长老得知，坏了衣饭，忍气吞声，那里敢讨钱？把酒分做两半桶桃了，拿了旋子，飞也似下山去了。

只说鲁智深在亭子上坐了半日，酒却上来；下得亭子，松树根边又坐了半歇，酒越涌上来。智深把皂直裰褪膊下来，把两只袖子缠在腰里，露出脊背上花绣来，扇着两个膀子上山来。……看看来到山门下，两个门子远远地望见，拿着竹蓖来到山门下，拦住鲁智深便喝道：“你是佛家弟子，如何吃得烂醉了上山来？你须不瞎，也见库局里贴的晓示：但凡和尚破戒吃酒，决打四十竹蓖，赶出寺去；如门子纵容醉的僧人入寺，也吃十下。你快下山去，饶你几下竹蓖！”

鲁智深一来初做和尚，二来旧性未改，睁起双眼骂道：“直娘贼！你两个要打酒家，俺便和你厮打！”门子见势头不好，一个飞也似入来报监寺，一个虚拖竹蓖拦他。智深用手隔过，揸开五指，去那门子脸上只一掌，打得踉踉跄跄。却待挣扎，智深再复一拳，打倒在山门下，只是叫苦。智深道：“洒家饶你这厮！”踉踉跄跄颠入寺里来。

监寺听得门子报说，叫起老郎、火工、直厅轿夫三二十人，各执白木棍棒，从西廊下抢出来，却好迎着智深。智深望见，大吼了一声，却似嘴边起个霹雳，大踏步抢入来。众人初时不知他是军官出身，次后见他行得凶了。都退入藏殿里去，便把亮槅关上。智深抢入阶来，一拳一脚，打开亮槅。三二十人都赶得没路。夺条棒，从藏殿里打将出来。监寺慌忙报知长老，长老听得，急引了三五个侍者直来廊下，喝道：“智深不得无礼！”智深虽然酒醉，却认得是长老；撇了棒，向前来打个问讯，指着廊下，对长老道：“智深吃了两碗酒，又不曾撩拨他们，他众人又引人来打酒家。”长老道：“你看我面，快去睡了，明日却说。”鲁智深道：“不看长老面，酒家直打死你那几个秃驴！”长老叫侍者扶智深到禅床上，扑地便倒了，齁齁地睡了。

……

再说这鲁智深自从吃酒醉闹了这一场，一连三四个月不敢出寺门去；忽一日，天气暴暖，是二月间天气。离了僧房，信步踱出山门外立地，看着五台山，喝采一回。猛听得山下叮叮当当的响声，顺风吹上山来。智深再回僧堂里，取了些银两揣在怀里，一步步走下山来。出得那“五台福地”的牌楼来看时，原来却是一个市井，约有五七百人家。智深看那市镇上时，也有卖肉的，也有卖菜的，也有酒店、面店。智深寻思道：“干呆么！俺早知有这个去处，不夺他那桶酒吃，也自下来买些吃。这几日熬得清水流，且过去看有甚东西买些吃。”

……

智深离了铁匠人家，行不到三二十步，见一个酒望子挑出在房檐上。智深掀起帘子，入到里面坐下，敲着桌子，叫道：“将酒来。”卖酒的主人家说道：“师父少罪。小人住的房屋也是寺里的，本钱也是寺里的。长老已有法旨；但是小人们卖酒与寺里僧人吃了，便要追了小人们本钱，又赶出屋。因此只得休怪。”智深道：“胡乱卖些与酒家吃，俺须不说是你家便了。”那店主人道：“胡乱不得。师父别处去吃，休怪休怪。”……

智深寻思一计，若不生个道理，如何能勾酒吃？……远远地杏花深处，市梢尽头，一家挑出个草帚儿来。智深走到那里看时，却是个傍村小酒店。……智深走入店里来，倚着小窗坐下，便叫道：“主人家，过往僧人买碗酒吃。”庄家看了一看道：“和尚，你那里来？”智深道：“俺是行脚僧人，游方到此经过，要买碗酒吃。”庄家道：“和尚若是五台山寺里的师父，我却不敢卖与你吃。”智深道：“酒家不是。你快将酒卖来。”庄家看见鲁智深这般模样，声音各别，便道：“你要打多少酒？”智深道：“休问多少，大碗只顾筛来。”……智深无移时又吃了这桶酒。剩下一脚狗腿，把来揣在怀里；临出门又道：“多的银子，明日又来吃。‘吓得庄家目睁口呆，罔知所措，看见他却向那五台山上去了。

智深走到半山亭子上，坐了一回，酒却涌上来，跳起身，口里道：“俺好些时不曾拽拳使脚，觉道身体都困倦了，洒家且使几路看！”下得亭子，把两只袖子搭在手里，上下左右使了一回。使得力发，只一膀子，扇在亭子柱上，只听得刮刺刺一声响亮，把亭子柱打折了，坍了亭子半边。

门子听得半山里响，高处看时，只见鲁智深一步一颠，抢上山来。两个门子叫道："苦也！前日这畜生醉了，今番又醉得不小，可便把山门关上，把拴拴了。"只在门缝里张时，见智深抢到山门下，见关了门，把拳头擂鼓也似敲门，两个门子那里敢开，智深敲了一回，扭过身来，看了左边的金刚，喝一声道："你这个鸟大汉，不替俺敲门，却拿着拳头吓洒家！俺须不怕你！跳上台基，把栅剌子只一拔，却似绝葱般拔开了；拿起一根折木头，去那金刚腿上便打，簌簌地泥和颜色都脱下来。门子张见道："苦也。"只得报知长老。智深等了一会，调转身来看着右边金刚喝一声道："你这厮张开大口，也来笑洒家！"便跳过右边台基上，把那金刚脚上打了两下，只听得一声震天价响，那尊金刚从台基上倒撞下来。智深提着折木头大笑。

两个门子去报长老。长老道："休要惹他，你们自去。"只见这首座、监寺、都寺，并一应职事僧人，都到方丈里说："这野猫今日醉得不好！把半山亭子、山门外金刚都打坏了！如何是好？"长老道："自古天子尚且避醉汉，何况老僧乎？若是打坏了金刚，请他的施主赵员外自来塑新的；倒了亭子，也要他修盖。这个且由他。"众僧道："金刚乃是山门之主，如何把来换过？"长老道："休说坏了金刚，便是打坏了殿上三世佛，也没奈何，只得回避他。你们见前日的行凶么？"众僧出得方丈，都道："好个囫囵粥的长老！门子，你且休开，只在里面听。"智深在外面大叫道："直娘的秃驴们！不放洒家入寺时，山门外讨把火来，烧了这个鸟寺！"众僧听得叫，只得叫门子："拽了大栓，由那畜生入来！若不开时，真个做出来！"门子只得捻脚捻手把拴拽了，飞也似闪入房里躲了。众僧也各自回避。

只说那鲁智深双手把山门尽力一推，扑地颠将入来，吃了一交。扒将起来，把头摸一摸，直奔僧堂来。到得选佛场中，禅和子正打坐间，看见智深揭起帘子，钻将入来，都吃一惊，尽低了头。智深到得禅床边喉咙里咯咯地响，看着地下便吐。众僧都闻不得那臭，个个道："善哉！"齐掩了口鼻，智深吐了一回，扒上禅床，解下绦，把直裰带子都哔哔剥剥扯断了，脱下那脚狗腿来。智深道："好！好！正肚饥哩！"扯来便吃。众僧看见，便把袖子遮了脸。上下肩两个禅和子远远地躲开。智深见他躲开，便扯一块狗肉，看着上首的道："你也到口！"上首的那和尚把两只袖子就掩了脸。智深道："你不吃？"把肉望下首的禅和子嘴边塞将去。那和尚躲不迭，却待下禅床。智深把他劈耳朵揪住，将肉便塞。对床四五个禅和子跳过来劝时，智深撇了狗肉，提起拳头，去那光脑袋上哓哓剥剥只顾凿。满堂僧众大喊起来，都去柜中取了衣钵要走。此乱唤做“卷堂大散”。首座那里禁约得住？

水浒传（第二十三回）

武松入到里面坐下，把哨棒倚了，叫道：“主人家，快把酒来吃。”武松吃了道：“好酒！”又筛下一碗，恰好吃了三碗酒，再也不来筛。武松敲着桌子叫道：“主人家，怎的不来筛酒？”酒家道：“客官要肉便添来。”武松道：“我也要酒，也再切些肉来。”酒家道：“肉便切来，添与客官吃，酒却不添了。”武松道：“却又作怪！”便问主人家道：“你如何不肯卖酒与我吃？”酒家道：“客官，你须见我门前招旗，上面明明写道：‘三碗不过岗’。”武松道：“怎地唤做‘三碗不过岗’？”酒家道：“俺家的酒虽是村酒，却比老酒的滋味；但凡客人来我店中吃了三碗的，便醉了，过不得前面的山岗去。因此唤做‘三碗不过岗’。若是过往客人到此，只吃三碗，更不再问。”武松笑道：“原来恁地。我却吃了三碗，如何不醉？”酒家道：“我这酒叫做‘透瓶香’，又唤做‘出门倒’。初入口时，醇醲好吃，少刻时便倒。”武松道：“休要胡说！没地不还你钱？再筛三碗来我吃！”

酒家见武松全然不动，又筛三碗。武松吃道：“端的好酒！主人家，我吃一碗，还你一碗钱，只顾筛来。”酒家道：“客官休只管要饮。这酒端的要醉倒人，没药医！”武松道：“休得胡鸟说！便是你使蒙汗药在里面，我也有鼻子！”店家被他发话不过，一连又筛了三碗。武松道：“肉便再把二斤来吃。‘酒家又切了二斤熟牛肉，再筛了三碗。武松吃得口滑，只顾吃，去身边取出些碎银子，叫道：”主人家，你且来看我银子，还你酒肉钱勾么？“酒家看了道：“有余，还些贴钱与你。”武松道：“不要你贴钱，只将酒来筛。”酒家道：“客官，你要吃酒时，还有五六碗哩！只怕你吃不的了。”武松道：“就有五六碗多时，你尽数筛将来。”酒家道：“你这条长汉，倘或醉倒了时，怎扶得你住？”松答道：“要你扶的不算好汉！酒家那里肯将酒来筛。武松焦躁道：“我又不白吃你的！休要引老爷性发，通教你屋里粉碎，把你这鸟店子倒翻转来！”酒家道：“这厮醉了，休惹他。”再筛了六碗酒与武松吃了。前后共吃了十五碗，绰了哨棒，立起身来道：“我却又不曾醉。”走出门前来，笑道：“却还说‘三碗不过岗’。”手提哨棒便走。……

这武松提了哨棒，大着步，自过景阳岗来。约行了四五里路，来到岗子下，见一大树，刮去了皮，一片白，上写两行字。武松也颇识几字，抬头看时，上面写道："近因景阳岗大虫伤人，但有过往客商可于巳、午、未三个时辰，结伙成队过岗，请勿自误。"武松看了，笑道："这是酒家诡诈，惊吓那等客人，便去那厮家里宿歇。我却怕甚么鸟！"横拖着哨棒，便上岗子来。那时已有申牌时分。这轮红日，厌厌地相傍下山。武松乘着酒兴，只管走上岗子来。……

武松读了印信傍文，方知端的有虎。欲待转身再回酒店里来，寻思道："我回去时，须吃他耻笑，不是好汉。难以转去。"存想了一回，说道："怕甚么鸟！且只顾上去看怎地！"武松正走，看看酒涌上来，便把毡笠儿背在脊梁上，将哨棒绾在肋下，一步步上那岗子来……武松走了一程，酒力发作，焦热起来，一只手提着哨棒，一只手把胸膛前袒开，踉踉跄跄，直奔过乱树林来。见一块光挞挞大青石，把那哨棒倚在一边，放翻身体，却待要睡，只见发起一阵狂风。……那一阵风过了，只听得乱树背后扑地一声响，跳出一吊睛白额大虫来。武松见了，叫声："呵呀！"从青石上翻将下来，便拿那条哨棒在手里，闪在青石边。那个大虫又饥又渴，把两只爪在地下略按一按，和身往上一扑，从半空里撺将下来。武松被那一惊，酒都做冷汗出了。说时迟，那时快。武松见大虫扑来，只一闪，闪在大虫背后。那大虫背后看人最难。便把前爪搭在地下，把腰胯一掀，掀将起来。武松只一躲，躲在一边。大虫见掀他不着，吼一声，却似半天里起个霹雳，振得那山岗也动。把这铁棒也似虎尾倒竖起来只一剪。武松却又闪在一边。原来那大虫拿人，只是一扑、一掀、一剪，三般提不着时气性先自没了一半。那大虫又剪不着，再吼了一声，一兜兜将回来。武松见那大虫复翻身回来，双手轮起哨棒，尽平生气力，只一棒，从半空劈将下来。只听得一声响，簌簌地将那树连枝带叶劈脸打将下来。定睛看时，一棒劈不着大虫。原来慌了，正打在枯树上；把那条哨棒折做两截，只拿得一半在手里。那大虫咆哮，性发起来，翻身又只一扑，扑将来。武松又只一跳，却退了十步远。那大虫恰好把两只前爪搭在武松面前。武松将半截棒丢在一边，两手就势把大虫顶花皮疙瘩地揪住，一按按将下来。那只大虫急要挣扎，早没了气力。被武松尽气力纳定，那里肯放半点儿松宽？武松把只脚望大虫面门上、眼睛里只顾乱踢。那大虫咆哮起来，把身底下扒起两堆黄泥，做了一个土坑。武松把大虫嘴直按下黄泥坑里去。那大虫吃武松奈何得没了些气力。武松把左手紧紧地揪住顶花皮，偷出右手来，提起铁锤般大小拳头，尽平生之力，只顾打。打到五七十拳，那大虫眼里、口里、鼻子里、耳朵里都迸出鲜血来……更动弹不得，只剩口里兀自气喘。武松放了手，来松树边寻那打折的哨棒，拿在手里。只怕大虫不死，把棒橛又打了一回。那大虫气都没了。方才丢了棒，寻思道："我就地拖得这死大虫下岗子去。”就血泊里双手来提时，那里提得动？原来使尽了气力，手足都酥软了。

冯梦龙

李谪仙醉草吓蛮书

话说唐玄宗皇帝朝，有个才子，姓李名白，字太白，乃西梁武昭兴圣皇帝李暠九世孙，西川锦州人也。……

李白又自称青莲居士。一生好酒，不求仕进，志欲遨游四海，看尽天下名山，尝遍天下美酒……

忽一日，有番使赍国书到。朝廷差使命急宣贺内翰陪接番使，在馆驿安下。次日阁门舍人，接得番使国书一道。玄宗刺宣翰林学士，拆开番书，全然不识一字，拜伏金阶启奏：“此书皆是鸟兽之迹，臣等学识浅短，不识一字。”天子闻奏，将与南省试官杨国忠开读。杨国忠开看，双目如盲，亦不晓得。天子宣问满朝文武，并无一人晓得，不知书上有何吉凶言语。龙颜大怒，喝骂朝臣：“枉有许多文武，并无一个饱学之士与朕分忧。此书识不得，将何回答，发落番使？却被番邦耻笑，欺侮南朝，必动干戈，来侵边界，如之奈何！刺限三日，若无人识此番书，一概停俸；六日无人，一概停职；九日无人，一概问罪。别选贤良，共扶神稷。“圣旨一出，诸官默默无言，再无一人敢奏。天子转添烦恼。贺内翰朝散回家，将此事述于李白。白微微冷笑：“可惜我李某去年不曾及第为官，不得与天子分忧。”贺内翰大惊道：“想必贤弟博学多能，辩识番书，下官当于驾前保奏。”次日，贺知章入朝，越班奏道：“臣启陛下，臣家一秀才，姓李名白，博学多能，要辩番书，非此人不可。”天子准奏，即遣使命，宣诏前去内翰宅中，宣取李白。……

白躬身奏道：“臣因学浅，被太师批卷不中，高太尉将臣推抢出门。今有番书，何不令试官回答，却乃久滞番官在此。臣是批黜秀才，不能称试官之意，怎能称皇上之意？”天子道：“朕自知卿，卿其勿辞！”遂命侍臣捧番书赐李白观看。李白看了一遍，微微冷笑，对御座前将唐音译出，宣读如流。……众官听得读罢番书，不觉失惊，面面相觑，尽称“难得”。天子听了番书，龙情不悦。沉吟良久，方问两班文武：“今被番家要兴兵抢占高丽，有何策可以应敌？”两班文武，如泥塑木雕，无人敢应。贺知章启奏道：“自太宗皇帝三征高丽，不知杀了多少生灵，不能取胜，府库为之虚耗。天幸盖苏文死了，其子男生兄弟争权，为我响导。高宗皇帝遣老将李责力、薛仁贵统百万雄兵，大小百战，方才殄灭。今承平日久，无将无兵，倘干戈复动，难保必胜。兵连祸结，不知何时而止？愿吾皇圣鉴！“天子道：“似此如何回答他？”知章道：“陛下试问李白，必然善于辞命。”天子乃召白问之。李白奏道：“臣启陛下，此事不劳圣虑，来日宣番使入朝，臣当面回答番书，与他一般字迹书中言语，羞辱番家，须要番国可毒拱手来降。”天子问：“可毒何人也？”李白奏道：“渤海风俗，称其王曰可毒。犹回纥称可汗，吐番称赞普，六诏称诏，诃陵称悉莫威，各从其俗。”天子见其应对不穷，圣心大悦，即日拜为翰林学士。遂设宴于金鸾殿，宫商迭奏，琴瑟喧阗，嫔妃进酒，彩女传杯。御音传示：“李卿，可开怀畅饮，休拘礼法。”李白尽量而饮，不觉酒浓身软。天子令内官扶于殿侧安寝。次日五鼓，天子升殿。

……

李白宿酒犹未醒，内官催促进朝。百官朝见已毕，天子召李白上殿，见其面尚带酒容，两眼兀自有朦胧之意。天子分付内侍，教御厨中造三分醒酒酸鱼羹来。须臾，内侍将金盘捧到鱼羹一碗。天子见羹气大热，御手取牙箸调之良久，赐与李学士。李白跪而食之，顿觉爽快。是时百官见天子恩幸李白，且惊且喜；惊者怪其破格，喜者喜其得人。惟杨国忠、高力士愀然有不乐之色。圣旨宣番使入朝，番使山呼见圣已毕。李白紫衣纱帽，飘飘然有神仙凌云之态，手捧番书立于左侧柱下，朗声而读。一字无差，番使大骇。李白道：“小邦失礼，圣上洪度如天。置而不较，有诏批答，汝宜静听！”番官战战兢兢，跪于阶下。天子命设七宝床于御座之傍，取于阗白玉砚，象管兔毫笔，独草龙香墨，五色金花笺，排列停当。赐李白御榻前，坐锦墩草诏。李白奏曰：“臣靴不净，有污前席，望皇上宽恩，赐臣脱靴结袜而登。”天子准奏，命一小内侍：“与李学士脱靴。”李白又奏道：“臣有一言，乞陛下赦臣狂妄，臣方敢奏。”天子道：“任卿失言，朕亦不罪。”李白奏道：“臣前入试春闱，被杨太师批落，高太尉赶逐，今日见二人押班，臣之神气不旺。乞玉音分付杨国忠与臣捧砚磨墨，高力士与臣脱靴结袜，臣意气始得自豪，举笔草诏，口代天言，方可不辱君命。”天子用人之际，恐拂其意，只得传旨，教：“杨国忠捧砚，高力士脱靴”，二人心里暗暗自揣，前日科场中轻薄了他，“这样书生，只好与我磨墨脱靴。”今日恃了天子一时宠幸，就来还话，报复前仇。出于无奈，不敢违背圣旨，正是敢怒而不敢言。……

李白此时昂昂得意，跐袜登褥，坐于锦墩。杨国忠磨得墨浓，捧砚侍立。论来爵位不同，怎么李学士坐了，杨太师倒侍立？因李白口代天言，天子宠以殊礼。杨太师奉旨磨墨，不曾赐坐，只得侍立。李白左手将须一拂，右手举起中山兔毫，向五花笺上，手不停挥，须臾，草就吓蛮书。字书齐整，并无差落，供于龙案之上。天子看了大惊，都是照样番书，一字不识。传与百官看了，各各骇然。天子命李白诵之。李白就御座前朗诵一遍：……

天子闻之大喜，再命李白对番官面宣一通，然后用宝入函。李白仍叫高太尉着靴，方才下殿，唤番官听诏。李白重读一遍，读得声音铿锵，番使不敢则声，面如土色，不免山呼拜舞辞朝。贺内翰送出都门，番官私问道："适才读诏者何人。"内翰道："姓李名白，官拜翰林学士。"番使道："多大的官，使太师捧砚，太尉脱靴。"内翰道："太师大臣，太尉亲臣，不过人间之极贵，那李学士乃天上神仙下降，赞助天朝，更有何人可及。"……

笑笑生

金瓶梅词话（第六十回）

西门庆……还有李智、黄四、傅自新等众夥计主管，并街坊邻舍，都坐满了席面。三个小优儿，在席前唱了一套《南吕·红衲袄》'混元初生太极'。须臾，酒过五巡，食割三道。下边乐工吹打弹唱，杂耍百戏过去。席上觥筹交错。应伯爵、谢希大飞起大钟来，杯来盏去饮至日落时分。把众人打发散了，西门庆只留下吴大舅、沈姨夫、韩姨夫、温葵轩、应伯爵、谢希大，重新摆上桌席，留后坐。那日新开张，夥汁攒帐，就卖了五百余两银子。西门庆满心欢喜，晚夕收了铺面，把甘夥汁、韩夥计、傅夥计、襟本贲四连陈敬济都邀来到席上饮酒。……伯爵吃过，连忙推与谢希大，说道："罢，我是成不的，成不的！这两大钟，把我就打发的了。"谢希大道："傻化子，你吃不得，推与我来，我是你家有×的蛮子。"伯爵道："傻花子，我明日就做了堂上官儿少不的是你替。"西门庆道："你这狗材，到明日只好做个韶武。"伯爵笑道："傻孩子，我做了韶武把堂上让与你就是了。"西门庆笑令玳安儿"拿磕瓜来，打这贼花子。"谢希大悄悄向他头上打了一个响瓜儿，说道：'你这花子，温老先生在这里，你口里只凭胡说。"伯爵道："温老先儿，他期文人，不管这闲事。"温秀才道："二公与我这东君老先生，原来这等厚。酒席中间，诚然不如此也不乐。悦在心，乐主发散在外。自不觉手之舞之、足之蹈之如此。"沈姨夫向西门庆说："姨夫不是这等，请大舅上席，还行个令儿。或掷骰，或猜枚，或看牌，不拘诗词歌赋，顶真续麻，急口令，说不过来，吃酒。这个庶儿均匀，彼此不乱。"西门庆道：

"姨夫说的是"先斟了一杯，与吴大舅起令，吴大舅拿起骰盆儿来，说道："列位，我行一令，说差了，罚酒一杯，先用一骰，后用两骰遇点饮酒。"

一百万军中卷白旗　二天下豪杰少人知
三秦王斩了余元帅　四骂得将军无马骑
五吓得吾今无口应　六衮衮街头脱去衣
七皂人头上无白发　八分尸不得带刀归
九一丸好药无人点　十千载终须一撇离

吴大舅掷毕。遇有两点饮过酒。该沈姨夫赴令。说道用一骰六掷，迁酒饮酒，说道：

天象六色地象双　人数推来中二红
三见巫山梅五出　算来花月有人通

当下只遇了个四红。饮过一杯。过盆与温秀才。秀才道："我学生奉令了。遇点要一花名，名下接四书一句顶。"

一掷一点红，红梅花对白梅花。二掷并头莲，莲漪戏彩鸳。三掷三春柳，柳下不整冠。四掷状元红，红紫不以为亵服。
五掷腊梅花，花迎剑佩星初落。六掷满天星，星辰之远也。

温秀才只饮了一钟酒。该应伯爵行令。伯爵道："我在下一个字也不识。行个急口令儿吧。"

一个急急脚脚的老小，左手拿着一个黄豆巴斗，右手拿着一条绵花义口，望前只管跑走，撞着一个黄白花狗，咬着那绵花义口，那急急脚脚的老小，放下那左手提的黄豆巴斗，走向前去打黄白花狗。不知手斗过那狗，狗斗过那手。

西门庆笑骂道。你这贼谄断了肠子的，天杀的。谁家一个手去斗狗来？一口不被那狗咬了？

蒲松龄

聊斋志异·酒狂

缪永定，江西拔贡生。素酗于酒，戚党多畏避之。偶适族叔家。缪为人滑稽善谑，客与语，悦之，遂共酣饮。缪醉，使酒骂座，忤客。客怒，一座火譁。叔以身左右排解。缪谓左袒客，又益迁怒。叔无计，奔告其家。家人来，扶卒以归。才置床上。四肢尽厥。抚之，奄然气尽。缪死，有皂帽人系去。移时，至一府署，缥碧为瓦，世间无其壮丽。至墀下，似欲伺见官宰。自思我罪伊何，当是客讼斗殴。回顾皂帽人，怒目如牛，又不敢问。然自度贡生与人角口，或无大罪。忽堂上一吏宣言，使讼狱者翼日早候，于是堂下人纷纷藉藉，如鸟兽散。缪亦随皂帽人出，更无归着，宿首立肆檐下。皂帽人怒曰：“颠酒无赖子：日将暮，各去寻眠食，而何往？”缪战栗曰：“我且不知何事，并未告家人，故毫无资斧，庸将焉归？”皂帽人曰：“颠酒贼！若酤自啖，便有用度！再支吾，老拳碎颠骨子！”缪垂首不敢声。忽一人自户内出，见缪，诧异曰：“尔何来？”缪视之，则其母舅。舅贾氏，死已数载。缪见之，始恍然悟其已死，心益悲惧，向舅涕零曰：“阿舅救我！”贾顾皂帽人曰：“东灵非他，屈临寒舍。”二人乃入。贾重揖皂帽人，且嘱青眼。俄顷，出酒食，团坐相饮。贾问：“舍甥何事，遂烦勾致？”皂帽人曰：“大王驾诣浮罗君，遇令甥颠詈，使我捉得来。”贾问：“见王未？”曰：“浮罗君会花子案，驾未归。”又问：“阿甥将得何罪？”答言：“未可知也。然大王颇怒此等辈。”缪在侧，闻二人言，觳觫汗下，杯著不能举。无何，皂帽人起，谢曰：“叨盛酌，已经醉矣。即以令甥相付托。驾归，再容登访。”乃去。贾谓缪曰：“甥别无兄弟，父母爱如掌上珠，常不忍一诃。十六七岁，每三杯后，喃喃寻人疵；小不合，辄挝门裸骂。犹谓稚齿。不意别十余年，甥了无长进。今且奈何！”缪伏地哭，惟言悔无及。贾曳之曰：“舅在此业酤，颇有小声望，必合极力。适饮者乃东灵使者。常饮舅之酒，与舅颇相善。大王日里万机，亦未必便能记忆。我委曲与言，浼以私意释甥去，或可允从。”即又转念曰：“此事担负颇重，非十万不能了也。”缪谢，锐然自任，诺之。缪即就舅氏宿。次日，皂帽人早来觇望。贾请间，语移时，来谓缪曰：“谐矣。少顷即复来，我先罄所有用压契；馀待甥归，从容凑致之。”缪喜曰：“共得几何？”曰：“十万。”曰：“甥何处得如许？”贾曰：“只金币钱纸百提，足矣。”缪喜曰：“此易办耳。”待将亭午，皂帽人不至。缪欲出市上，少游瞩。贾嘱勿远荡，诺而出。见待里贸贩，一如人间。至一所，棘垣峻绝，似是囹圄。对门一酒肆，纷纷者往来颇夥。肆外一带长溪，黑潦涌动，深不可底。方伫足窥探。闻肆内一人呼曰：“缪君何来？”缪鱼视之，则邻村翁生，故十年前文字交。趋出握年，欢乐平生。即就肆内小酌，各道契阔。缪庆幸中，又逢故知，倾怀尽酹。酣醉，顿忘其死，旧态复作，渐絮絮瑕疵翁。翁曰：“数载不见，若复尔耶？”缪素厌人道其酒德，闻翁言，益愤，击桌顿骂。翁讥之，拂袖竟出。缪追至溪头捋翁帽。翁怒曰：“是真妄人！”乃推缪颠堕溪中。溪水殊不甚深，而水中利刃如麻，刺胁穿跭，坚难动摇，痛彻骨脑。黑水半杂溲秽，随吸入喉，更不可耐。岸上人观笑如堵，并无一引援者。时方危急，贾忽至。望见大惊，提携以归，曰："子不可为也！死犹弗悟，不足复为人！请仍从东灵受斧锧。"缪大惧，泣言："知罪矣！"贾乃曰："适东灵至，候汝为券，汝乃饮荡不归。渠忙迫不能待。我已立券，付千缗令去；馀者，以旬尽为期。子归，宜急措置，夜於村外旷莽中，呼舅名焚之，此愿可结也。"缪悉应之。乃促之行。送之郊外，又嘱曰："必勿食言累我。"乃示途令归。时缪已僵卧三日，家人谓其醉死，而鼻气隐隐如悬丝。是日苏，大呕，呕出黑渖数斗，臭不可闻。吐已，汗湿裀褥，身始凉爽。告家人以异。旋觉刺处痛肿，隔夜成疮，犹幸不大溃腐。十日渐渐杖行。家人共乞尝冥负。缪计所费，非数金不能辫，颇生吝惜，曰："向或醉梦之幻境耳。纵其不然，伊以私释我，何敢复使冥主知？"家人劝之，不听。然心惕惕然，不敢复纵饮。里党咸喜其进德，稍稍与共酌。年馀，冥渐忘，志渐肆，故状亦渐萌。一日，饮於子姓之家，又骂主人座。主人摈斥出。阖户迳去。缪噪逾时，其子方知，将扶而归。入室，面壁长跪，自投无数，曰："便偿尔负！便偿尔负！"言已，仆地。视之，气绝矣。

聊斋志异·酒友

车生者，家不中资。而耽饮，夜非浮三白不能寝也。以故床头樽常不空。一夜睡醒，转侧间，似有人共卧者，意是覆裳坠耳，摸之，则茸茸有物，似猫而巨；烛之，狐也。酣醉而大卧。视其瓶，则空矣。因笑曰："此我酒友也。"不忍惊，覆衣加臂，与之共寝。留烛以观其变。半夜，狐欠伸。生笑曰："美哉睡乎！"启覆视之，儒冠之俊人也。起拜榻前，谢不杀之恩。生曰："我癖於曲蘖，而人以为痴；卿，我鲍叔也。如不见疑，当为糟丘之良友。"曳登榻，复寝。且言："卿可常临，无相猜。"狐诺之。生既醒，则狐已去。乃治旨酒一盛，专伺狐。抵夕，果还，促膝欢饮。狐量豪善谐，于是恨相见得晚。狐曰："屡叨良酝，何以报德？"生曰："斗酒之欢，何置齿颊！"狐曰："虽然君贫士，杖头钱大不易。当为君少谋酒资。"明夕，来告曰："去此东南七里，道侧有遗金，可早取之。"诘旦而往，果得二金，乃市佳肴，以佐夜饮。狐又告曰："院后有窖藏，宜发之。"如其言，果得钱百馀千。喜曰："囊中已自有，莫慢然活矣。"狐曰："不然，辙中水胡可以久掬？合更谋之。”异日，谓生曰：“市上荞价廉，此奇货可居。”从之，收乔四十余石。人咸非笑之。未几，大旱，禾豆尽枯，惟乔可种；售种，息十倍。由此益富，治沃田二百亩。但问狐，多种麦则麦收，多种黍则黍收，一切种值之早晚，皆取决於狐。日稔密，呼生妻以嫂，视子犹子焉。后生卒，狐遂不复来。

吴敬梓

儒林外史（第三回）

范进进学回家，母亲、妻子俱各欢喜。正待烧锅做饭，只见他丈人胡屠户，手里拿着一副大肠和一瓶酒，走了进来。范进向他作揖，坐下，胡屠户道：“我自倒运，把个女儿嫁与你这现世宝穷鬼，历年以来，不知累了我多少。如今不知因积了甚么德，带挈你中了个相公，我所以带个酒来贺你。”范进唯唯连声，叫浑家把肠子煮了，烫起酒来，在茅草棚下坐着。母亲自和媳妇在厨下造饭。胡屠户又吩咐女婿道：“你如今既中了相公，凡事要立起个体统来。比如我这行事里，都是些正经有脸面的人，又是你的长亲，你怎敢在我们跟前装大？若是家门口这些做田的，扒粪的，不过是个平头百姓，你若同他拱手作揖，平起平坐，这就是坏了学校规矩，连我脸上都无光了。你是个烂忠厚没用的人，所以这些话我不得不教导你，免得惹人笑话。”范进道：“岳父见教的是。”胡屠户又道：“亲家母也来这里坐着吃饭。老人家每日小菜饭，想也难过。我女孩儿也吃些，自从进了你这门，这十几年，不知猪油可曾吃过两三回哩！可怜！可怜！”说罢，婆媳两个都来坐着吃了饭。吃到日西时分，胡屠户吃的醺醺的。这里母子两个，千恩万谢。屠户横披了衣服，腆着肚子去了。

儒林外史（第三十三回）

又过了几日，娘子因初到南京，要到外面看看景致。杜少卿道：“这个使得。‘当下叫了几乘轿子，约姚奶奶做陪客，两三个家人婆娘都坐了轿子跟着。厨子挑了酒席。借清凉山一个姚园。这姚园是个极大的园子，进去一座篱门。篱门内是鹅卵石砌成的路，一路朱红栏杆，两边绿柳掩映。过去三间厅，便是他卖酒的所在，那日把桌子都搬了。过厅便是一路山径。上到山顶，便是一个八角亭子，席摆在亭子上，娘子和姚奶奶一班人上了亭子，观看景致。一边是清凉山，高高下下的竹树；一边是灵隐观，绿树丛中，露出红墙来，十分好看。坐了一会，杜少卿也坐轿子来了。轿里带了一只赤金杯子，摆在桌上，斟起酒来，拿在手内，趁着春光融融，和风习习，凭在栏杆上，留连痛饮。这日杜少卿大醉了，竟携着娘子的手，出了园门，一手拿着金杯，大笑着，在清凉山冈子上走了一里多路。背后三四个妇女嘻嘻笑笑跟着，两边看的人目眩神摇，不敢仰视。

儒林外史（第四十二回）

话说两个婊子才进房门，王义安向洗手的那个人道："六老爷，你请过来，看看这两位新姑娘。"两个婊子抬头看那人时，头戴一顶破头巾，身穿一件油透的元色绸直裰，脚底下穿了一双旧尖头靴，一副大黑麻脸，两只的溜骨碌的眼睛。洗起手来，自己把两个袖子只管往上勒。又不像文，又不像武。

那六老爷从厨房里走出来，两个婊子上前叫声"六老爷"！歪着头，扭着屁股，一只手扯着衣服衿，在六老爷跟前行个礼。那六老爷双手拉着道："好！我的乖乖姐姐！你一到这里就认得汤六老爷，就是你的造化了！"王义安道："六老爷说的是，姑娘们到这里，全靠六老爷照顾，请六老爷坐。拿茶来敬六老爷。"汤六老爷坐在一张板凳上，把两个姑娘拉着，一边一个，同在板凳上坐着。自己扯开裤脚子，拿出那一双黑油油的肥腿来搭在细姑娘腿上，把细姑娘雪白的手拿过来摸他的黑腿。吃过了茶，拿出一袋子槟榔来，放在嘴乱嚼，嚼的滓滓渣渣，淌出来，满胡子，满嘴唇，左边一擦，右边一偎，都偎擦两个姑娘的脸巴子上。姑娘们拿出汗巾子来揩，他又夺过去擦夹肢窝。

王义安才接过茶杯，站着问道："大老爷这些时边上可有信来？"汤六老爷道："怎么没有？前日还打发人来，在南京做了二十首大红缎子绣龙的旗，万岁爷做大将军，我家大老爷做副将军。两人并排在一个毡条上站着磕头。磕过了头，就做总督。"正说着，捞毛的叫了王义安出去悄悄说了一会话。王义安进来道："六老爷在上，方才有个外京客要来会会细姑娘，看见六老爷在这里，不敢进来。"六老爷道："：这何妨？请他进来就是，我就同他吃酒。"当下王义安领了那人进来，一个少年生意人。

那嫖客进来坐下，王义安就叫他称出几钱银子来，买了一盘子驴肉，一盘子煎鱼，十来筛酒。因汤六老爷是教门人，买了二三十个鸡蛋，煮了出来。点上一个灯挂。六老爷首席，那个嫖客对坐。六老爷叫细姑娘同那嫖客一板凳坐，细姑娘撒娇撒痴定要同六老爷坐。四人坐定，斟上酒来，六老爷要猜拳，输家吃酒，赢家唱。六老爷赢了一拳，自己哑着喉咙唱了一个《寄生草》，便是细姑娘和那嫖客猜。细姑娘赢了。六老爷叫斟上酒，听细姑娘唱，细姑娘别转脸笑，不肯唱，。六老爷合筷子在桌上催着敲，细姑娘只是笑，不肯唱。六老爷道："我这脸是帘子做的，要卷上去就卷上去要放下来就放下来！我要细姑娘唱一个，偏要你唱！"王义安又走进来帮着催促，细姑娘只得唱了几句。唱完，王义安道："王老爷来了。"那巡街的王把总进来，见是汤六老爷，才不言语。婊子磕了头，一同入席吃酒，又添了五六筛。直到四更时分，大老爷府里小狗子拿着"都督府"的灯笼，说："府里请六老爷。"六老爷同王老爷方才去了。嫖客进了房，端水的来要小钱，捞毛的来要花钱。又闹了一会，婊子又通头、洗脸、刷屁股。比及上床，已鸡叫了。

曹雪芹

红楼梦（第六十三回）

这里晴雯等忙命关了门进来，笑说："这位奶奶那里吃了一杯来了，唠三叨四的，又排揎了我们一顿去了。"麝月笑道："他也不是好惹的，少不得也要常提着些儿，也提防着，怕走了大褶儿的意思。"说着，一面摆上酒果。袭人道："不用高桌，咱们把那张花梨圆炕桌子放在炕上坐，又宽绰，又方便。"

说着，大家果然抬来，麝月和四儿那边去搬果子，用两个大茶盘，做四五次方搬运了来。两个老婆子蹲在外面火盆边烫酒。宝玉说："天热，咱们都脱了大衣裳才好。"众人笑道："你要脱，你脱，我们还要轮流安席呢。"宝玉笑道："这一安席，就要五更天了。知道我最怕这俗套，在外人跟前不得已的，这会子还怄我，就不好了。"众人听了，都说："依你"。

于是先不上坐，且忙着卸妆宽衣。一时将正妆卸去，头上只随便挽着髻子，身上皆是紧身袄儿。宝玉只穿着大红绵纱小袄儿，下面绿绫弹墨夹裤，散着裤脚，系着一条汗巾，靠着一个各色玫瑰芍药花瓣装的玉色夹纱新枕头，和芳官两个先划拳。当时芳官满口嚷热，只穿着一件玉色红青驼绒三色缎子拼的水田小夹袄，束着一件柳绿汗巾，底下是水红洒花夹裤，也散着裤腿；头上齐额编着一圈小辫，总归至顶心，结一根粗辫，拖在脑后；右耳根只塞着米粒大小的一个小玉塞子，在耳上单一个白果大小的硬红镶金大坠子，越显得面如满月犹白，眼似秋水还清。引得众人笑说：“他两个倒像一对双生的弟兄。”

袭人等一一斟上酒来说：“且等一等再划拳；虽不安席，在我们每人手里吃一口罢了。”于是袭人为先，端在唇上，吃了一口，其余依次下去。一一吃过，大家方团圆坐了。春燕、四儿因炕沿坐不下，便端了两个绒套绣墩，近炕沿放下。那四十个碟子，皆是一色白彩定窑的，不过小茶碟大；里面自是山南海北干鲜水陆的酒馔果菜。

宝玉因说：“咱们也该行个令才好。”袭人道：“斯文些才好。别大呼小叫，叫人听见。二则我们不识字，可不要那些文的。”麝月笑道：“拿骰子咱们抢红罢。”宝玉道：“没趣。不好。咱们占花名儿好。”晴雯笑道：“正是，早已想弄个这顽意儿。”袭人道：“这个顽意虽好，人少了没趣。”春燕笑道：“依我说，咱们竟悄悄的把宝姑娘、云姑娘、林姑娘请了来顽一会子，到二更天再睡不迟。”袭人道：“又要开门阖户的闹。倘或遇见巡夜的问—”宝玉道：“怕什么，咱们三姑娘也吃酒，再请他一声才好。还有琴姑娘。”众人都道：“琴姑娘罢了，他在大奶奶屋里，叨登的大发了。”宝玉道：“怕什么，你们快请去。”

春燕、四儿都巴不得一声，二人忙命开门，各带小丫头，分头去请。晴雯、麝月、袭人三人又说：“他两个去请，只怕不肯来，须得我们去请，死活拉了来。”于是袭人、晴雯忙又命老婆子打个灯笼，二人又去。果然宝钗说：“夜深了。”黛玉说：“身上不好。”他二人再三央求：“好歹给我们一点体面，略坐坐再来。”众人听了，却也喜欢。因想不请李纨，倘或被他知道了，倒不好，便命翟墨同春燕也再三的请了李纨和宝琴二人，会齐先后都到了怡红院中。袭人又死活拉了香菱。炕上又并了一张桌子，方坐开了。宝玉忙说：“林妹妹怕冷，过这边靠板壁坐。”又拿了个靠背垫着些。袭人等都端了椅子在炕沿下陪着。黛玉却离桌远远的靠着靠背，因笑向宝钗、李纨、探春等道：“你们日日说人家夜饮聚赌，今日我们自己也如此，此后怎么说人！”李纨笑道：“有何妨碍！一年之中，不过生日节间如此，并没夜夜如此。这倒也不怕。”

说着，晴雯拿了一个竹雕的签筒来，里面装着象牙花名签子，摇了一摇，放在当中；又取过骰子来，盛在盒内，摇了一摇，揭开一看，里面是六点，数至宝钗。宝钗便笑道：“我先抓，不知抓出个什么来。”说着，将筒摇了一摇，伸手掣出一签。大家一看，只见签上画着一枝牡丹，题着：“艳冠群芳”四字；下面又有镌的小字，一句唐诗，道是：

“任是无情也动人”

又注着：“在席共贺一杯。此为群芳之冠，随意命人，不拘诗词雅谑，或新曲一支为贺。”众人都笑说：“巧得很！你也原配牡丹花。”说着，大家共贺了一杯。

宝钗吃过，便笑说：“芳官唱一只我们听罢。”芳官道：“既这样，大家吃了门杯好听。”于是大家吃酒。芳官便唱：

“寿筵开外风光好……”

众人都道“快打回来！这会子很不用你来上寿！拣你极好的唱来。”芳官只得细细的唱了一只《赏花时》—“翠凤翎毛扎帚叉，闲踏天门扫落花……”才罢。

宝玉却只管拿着那签，口内颠来倒去念：“任是无情也动人”；听了这曲子，眼看着芳官不语。湘云忙一手夺了，撂与宝钗又掷了一个十六点，数到探春。探春笑道：“还不知得个什么！”伸手掣了一根出来，自己一瞧，便撂在桌上，红了脸，笑道：“很不该行这个令！这原是外头男人们行的令，许多混账话在上头。”众人不解，袭人等忙拾起来。上面是一枝杏花，那红字写着“瑶池仙品”四字，诗云：

“日边红杏倚云栽。”

注云：“得此签者，必得贵婿，大家须恭贺一杯，再同饮一杯。”众人笑说道：“我们说是什么呢，这签原是闺阁中取笑的。除了这两三根有这话的并无杂话，这有何妨？咱们家已有了王妃，难道你也是王妃不成？大喜！大喜！”

说着，大家来敬探春，探春那里肯饮，却被湘云、香菱、李纨等三四个人强死强活，灌了一钟才罢。探春只叫蠲了这个，再行别的。众人断不肯依。湘云拿着他的手，强掷了个十九点出来，便该李氏掣。

李氏摇了一摇，掣出一根来一看，笑道：“好极！你们瞧这行字，竟有些意思。”众人瞧那签上画着一枝老梅，写着“霜晚寒姿”四字；那一面旧诗是：

“竹篱茅舍自甘心。”

注云：“自饮一杯，下家掷骰。”李纨笑道：“真有趣！你们掷去罢。我只自吃一杯，不问你们的废兴。”说着，便吃酒，将骰过给黛玉。黛玉一掷是十八点，便该湘云掣。湘云笑着，揎拳掳袖的伸手掣了一根出来，大家看时，一面画着一枝海棠，题着“香梦沉酣”四字；那面诗道：

“只恐夜深花睡去。”

黛玉笑道：“‘夜深’二字改‘石凉’两个字倒好。”众人知他打趣日间湘云醉眠的事，都笑了。湘云笑指那自行船给黛玉看，又说：“快坐上那船去罢，别多说了！”众人都笑了。因看注云：“既云‘香梦沉酣’，掣此签者，不便饮酒，只令上下两家各饮一杯。”湘云拍手笑道：“阿弥陀佛！真真好签！”

恰好黛玉是上家，宝玉是下家，二人斟了两杯，只得要饮。宝玉先饮了半杯，瞅人不见，递与芳官，芳官即便端起来，一仰脖喝了。黛玉只管和人说话，将酒全折在漱盂内了。湘云便抓起骰子来一掷个九点，数去该麝月。

麝月便掣了一根出来。大家看时，上面是一枝荼蘼花，题着“韶华胜极”四字；那边写着一句旧诗，道是：

“开到荼蘼花事了。”

注云：“在席各饮三杯送春。”麝月问：“怎么讲？”宝玉皱皱眉儿，忙将签藏了，说：“咱们且喝酒罢。”说着，大家吃了三口，以充三杯之数。

麝月一掷个十点，该香菱。香菱便掣了一根并蒂花，题着“联春绕瑞”；那面写着一句旧诗，道：

“连理枝头花正开。”

注云：共贺掣者三杯，大家陪饮一杯。“香菱便又掷了个六点，该黛玉。

黛玉默默的想道：“不知还有什么好的，被掣着方好……“一面伸手取一根，只见上面画着一枝芙蓉花，题着“风露清愁”四字；那面一句旧诗，道：

“莫怨东风当自嗟。”

注云：“自饮一杯，牡丹陪饮一杯。”众人笑说：“这个好极！除了他，别人不配做芙蓉！”黛玉也自笑了。于是饮了酒，便掷了个二十点，该着袭人。袭人便伸手取了一枝出来，却是 枝桃花，题道“武陵别景”四字；那一面写着旧诗道是：

“桃红又见一年春。”

注云：“杏花陪一盏，坐中同庚陪一盏，同姓者陪一盏。”众人笑道：“这一回热闹！有趣！”大家算来香菱、晴雯、宝钗三人皆与他同庚；只无同姓者。芳官忙道：“我也姓花，我也陪他一钟。”于是大家斟了酒。黛玉因向探春笑道：“命中该招贵婿的，你是杏花，快喝了，我们好喝。”探春笑道：“这是什么话！大嫂子顺手给他一巴掌！”李纨笑道：“人家不得贵婿反挨打，我也不忍得。”众人都笑了。

袭人才要掷，只听有人叫门，老婆子忙出来问时，原来是薛姨妈打发人来接黛玉的。众人因问："几更了？"人回："二更以后了，钟打过十下了。"宝玉犹不信；要过表来，瞧了一瞧，已是子初一刻十分了。黛玉便起身说："我可撑不住了，回去还要吃药呢。"众人说："也都该散了。"袭人、宝玉等还要留着众人。李纨、探春等都说："夜太深了，这已是破格了。"袭人道："既如此，每位再吃一杯再走。"

说着，晴雯等已都斟满了酒。每人吃了，都命点灯。袭人等齐送过沁芳亭河那边方回来，关了门，大家复又行起令来。袭人等又大钟斟了几钟，用盘子攒了各样果菜与地下的老妈妈们吃。彼此有了三分酒，便划拳，赢唱小曲儿。那天已是四更时分，老妈妈们一面明吃，一面暗偷，酒缸已罄，众人听了，方收拾盥漱睡觉。芳官吃得两腮胭脂一般，眉梢眼角添了许多丰韵，身子动不得，便睡在袭人身上，说："姐姐，我心跳的很。"袭人笑道："谁叫你尽力灌呢！"春燕、四儿也动不得，早睡了。晴雯还只管叫。宝玉道："不用叫了，咱们且胡乱歇一歇。"自己便枕了那红香枕，身子一歪，就睡着了。

李汝珍

镜花缘（第二十三回）

三人进了酒楼，就在楼下检个桌儿坐了，旁边走过一个酒保，也是儒巾素服，面上戴著眼镜，手中拿著折扇，斯斯文文，走来向著三人打躬陪笑道："三位先生光顾者，莫非饮酒乎？抑用菜乎？敢请明以教我。"林之洋道："你是酒保，你脸上戴著眼镜，已觉不配；你还满嘴通文，这是甚意？刚才俺同那些生童讲话，倒不见他有甚通文，谁知酒保倒通起文来，真是'整瓶不摇半瓶摇'！你可晓得俺最喉急，耐不惯同你通文，有酒有菜，只管快快拿来！酒保陪笑道："请教先生：酒要一壶乎，两壶乎？菜要一碟乎，两碟乎？"林之洋把手朝桌上一拍道："甚么'乎'不'乎'的！你只管取来就是了！你再'之乎者也'的，俺先给你一拳！吓的酒保连忙说："小子不了！小子改过！"随即走去取了一壶酒，两碟下酒之物，—一碟青梅，一碟韭菜，——三个酒杯，每人面前恭恭敬敬斟了一杯，退了下去。

林之洋素日以酒为命，见了酒，心花都开，望着二人说声："请了！"举起杯来，一饮而尽。那酒方才下咽，不觉紧皱双眉，口水直流，捧著下巴喊道："酒保！错了！把醋拿来了！"只见旁边座有个驼背老者，身穿儒服，面戴眼镜，手中拿著剔牙杖，坐在那里，斯斯文文，自斟自饮。一面摇著身子，一面口中吟哦，所吟无非‘之乎者也’之类。正吟的高兴，忽听林之洋说酒保错拿醋来，慌忙住了吟哦，连连摇手道：“吾兄既已饮矣，岂可言乎？你若言者，累及我也。我甚怕哉，故尔恳焉。兄耶，兄耶！切莫语之！”唐、多二人听见这几个虚字，不觉浑身发麻，暗暗笑个不了。林之洋道：“又是位通文的！俺埋怨酒保拿醋算酒，与你何干？为甚累你？倒要请教。”老者听罢，随将右手食指、中指，放在鼻孔上擦了两擦，道：“先生听者：今以酒醋论之，酒价贱之，醋价贵之。因何贱之？为甚贵之？其所分之，在其味之。酒味淡之，故尔贱之；醋味厚之，所以贵之。人皆买之，谁不知之。他今错之，必无心之。先生得之，乐何如之！第既饮之，不该言之。不独言之，而谓误之。他若闻之，岂无语之？苟如语之，价必增之。先生增之，乃自讨之；你自增之，谁来管之。但你饮之，即我饮之；你既类之，增应同之。向你讨之，必我讨之；你既增之，我安免之？苟亦增之，岂非累之？既要累之，你替与之。你不与之，他安肯之？既不肯之，必寻我之。我纵辩之，他岂听之？他不听之，势必闹之。倘闹急之，我惟跑之：—跑了之，看你怎么了之！”唐、多二人听了，惟有发笑。林之洋道：“你这几个‘之’字，尽是一派酸文，句句犯俺名字，把俺名字也弄酸了。随你讲去俺也不懂。但俺口中这股酸气，如何是好！”桌上望了一望，只有两碟青梅、韭菜。看罢，口内更觉发酸。因大声叫道：“酒保！快把下酒菜多拿两样来！”酒保答应，又取四个碟子放在桌上：一碟盐豆，一碟青豆，一碟豆芽，一碟豆瓣。林之洋道：“这几样俺吃不惯，再添几样来。”酒保答应，又添四样；一碟豆腐干，一碟豆腐皮，一碟酱豆腐，一碟糟豆腐。林之洋道：“俺们并不吃素，为甚只管拿这素菜？还有甚么，快去取来！”酒保陪笑道：“此数肴也，以先生视之，固不堪入目矣；然以敝地论之，虽王公之尊，其所享者高精尖不过如斯数样耳。先生鄙之，无乃过乎？止此而已，岂有他哉！”多九公道：“下酒菜业已够了，可有甚么好酒？”酒保道：“是酒也，非一类也，而有三等之分焉：上等者，其味醲；次等者，其味淡；下等者，又其淡也。先生问之，得无喜其淡者乎？”唐敖道：“我们量窄，吃不惯醲的，你把淡的换一壶来。”酒保登时把酒换了。三人尝了一尝，虽觉微酸，还可吃得。林之洋道：“怪不得有人评论酒味，都说酸为上，荐次之。原来这话出在淑士国的。”

沈复

浮生六记（卷二·闲情记趣）

苏城有南园、北园二处，菜花黄时，苦无酒家小饮；携盒而往，对花冷饮，殊无意味，或议就近觅饮者，或议看花归饮者，终不如对花热饮为快。众议未定。芸笑曰：“明日但各出杖头钱，我自担炉火来。”众笑曰：“诺。”众去，余问曰：“卿果自往乎？”芸曰：“非也。妾见市中卖馄饨者，其担锅灶无不备，盍雇之而往。妾先烹调端整，到彼处再一下锅，茶酒两便。”余曰：“酒菜固便矣。茶乏烹具。”芸曰：“携一砂罐去，以铁叉串罐柄，去其锅，悬于行灶中，加柴火煎茶，不亦便乎？”余鼓掌称善。街头有鲍姓者，卖馄饨为业，以百钱雇其担，约以明日午后。鲍欣然允议。明日看花者至，余告以故，众咸叹服。饭后同往，并带席垫，至南园，择郁阴下团坐。先烹茗，饮毕，然后暖酒烹肴。是时风和日丽，遍地金黄，青衫红袖，越阡度陌，蝶蜂乱飞，令人不饮自醉。既而酒肴俱熟，坐地大嚼。担者颇不俗，拉与同饮。游人见之莫不羡为奇想。杯盘狼藉，各已陶然，或坐或卧，或歌或啸。红日将颓，余思粥，担者即为买米煮之，果腹而归。芸问曰：“今日之游乐乎？”众曰：“非夫人之力不及此。”大笑而散。

长白浩歌子

萤窗异草·李酒颠传

李七芝生，浙之绍郡人。家居依山濒水，屋后有泉泓然，甘美异常。以之酿酒特浓厚，如公谨醇醪，易于醉人。李七家本素封，良田数顷，纳太平租税之外，颇有赢（盈）余。因以一顷种秫，悉投曲蘖焉。自此李家酒擅名海内。

李七饮量甚豪，自朝至暮，日在醉乡。顾体日肥，家日富，终岁不问家人生产，而仓储充积，贯朽粟红。李七性又慷慨好客，每逢朋友至，辄治具开宴，倾杯尽爵，作长夜饮，其量无与为敌者。同郡有蒋三茂，之号大户，然与李饮，往往不终席而遁。李因榜于门曰：“如有佳客能来角酒兵者请进，胜者当以百金为犒。”此榜出，于是郡中见者哗然，嗜酒之徒赴其门者如市，各欲贾勇先登。李出，从容巨觥，满浮三大白，觥约可容斗许。然后以与客连环遍饮，自卯至酉，酒徒咸散，而李神色自若，叹曰：“如许酒人，竟无一旗鼓相当者乎！”

闻吴郡顾芷香以善酒名，一时买舟而往。及门，则耳舍设三雅，大、小、中各别。大可一石，中半之，小可三斗。如能尽者，则可与顾君相见，间有负气而至者，往往未竟三雅而色酣神夺，抑然求退，因是吴中无敢及顾门者。李往，连罄三雅，神志湛然，须眉皆张，曰："快哉此饮也！阍人大惊，入白顾君。顾闻，跋履而即呼请见，升阶再拜，恨相见晚。顾命家童舁巨瓮至，去泥拆箬，酒香盈溢一室。李见顾口中流涎不置，卷袂下席曰："幸君恕罪，让我先君一筹。"即屈膝至地，俯首就地而饮之，汩汩有声，须臾瓮已空矣。是瓮约容酒五石有余，李不觉雀跃而起曰："子真酒国之王也！弟虽不才，愿执鞭弭以从事。"亦如其法饮之，半刻而尽，举其瓮复之，无涓以从事。"亦发其法饮之，半刻而尽，举其瓮复之，无涓滴。自此尽夜相角，顾奔命已疲，而李竟无醉容。顾之家人衔之，出顾昔日所酿醉仙桃酒，杂诸众瓮而进。醉仙桃者，能杀人，中其毒者，状如痴狂。李并不知，三日间连罄六瓮，于是失其常度，啼笑无恒，歌唱并作，不复识人矣。顾通信其家，匆载之返，延医诊治，佥曰酒伤。投以解酲之剂，病如故也。少顷，辄索酒饮，入口即醉，昏然竟寐，人因呼之为"李酒颠"云。逾数年，有游方僧过其门，诧曰："此宅酒气冲溢，主人必有为酒困者。安肯施舍，当为之医。"家人入告主妇，妇曰："能治斯疾，虽千金不吝也。"延僧入，切脉望气，曰："此易与耳。"命置巨缸于庭，注水满之，而投药一丸于内，令李裸体入浴，三出，曰："可矣！"李如梦初觉，恍然曰："嘻！吾乃在此乎？"遂款僧于家，待之优渥。

李自此酒量如平时，因思所以报顾，谋之于僧。笑曰："渠于当日误饮药酒，已醉死矣。今老衲可偕君同往，使其复生。"李不信，因与俱如吴。至顾门，果悬丧幡，询之，死已三年，将服阕矣。入室吊之，问其柩，尚停于家。顾家人疑李亦死，见其无恙，颇为惊讶。李因述僧治病之神，谓有术可使顾再生，僧亦力自任。顾家姑信之，与之再三申约，而后启棺。棺盖甫辟，酒雾四塞，尸并不腐，而颊酡然。僧出一丸纳其口，喉中格格作响，顷之，已从棺中欠伸作倦态曰："美哉睡乎！"旋起身，与众作揖，见李曰："子量何宏也，敢拜下风！"家人咸屹屹笑不止，为缅述其故，顾始爽然若失，嗣竟不能饮。于是江浙两省独以李颠为酒仙云。

鲁　迅

孔乙己

鲁镇的酒店的格局，是和别处不同的：都是当街一个曲尺形的大柜台，柜里面预备着热水，可以随时温酒。做工的人，傍午傍晚散了工，每每花四文铜钱，买一碗酒，——这是二十多年前的事，现在每碗要涨到十文，——靠柜外站着，热热地喝了休息；倘肯多花一文，便可以买一碟盐煮笋，或者茴香豆，作下酒物了，如果出到十几文，那就能买一样荤菜，但这些顾客，多是短衣帮，大抵没有这样阔绰。只有穿长衫的，才踱进店里隔壁的房子里，要酒要菜，慢慢地坐喝。

我从十二岁起，便在镇口的咸亨酒店里当伙计，掌柜说，样子太傻，怕侍候不了长衫主顾，就在外面做点事吧。外面的短衣主顾，虽然容易说话，但唠唠叨叨缠夹不清的也很不少，他们往往亲眼看着黄酒从坛子里舀出，看过壶子底里有水没有，又亲看将壶子放在热水里，然后放心：在这严重监督之下，羼水也很为难，所以过了几天，掌柜又说我干不了这事。幸亏荐头的情面大，辞退不得，便改为专管温酒的一种无聊职务了。我从此便整天地站在柜台里，专管我的职务。虽然没有什么失职，但总觉有些单调，有些无聊。掌柜是一副凶脸孔，主顾也没有好声气，叫人活泼不得；只有孔乙己到店，才可以笑几声，所以至今还记得。

孔乙己是站着喝酒而穿长衫的唯一的人。他身材很高大；青白脸色，皱纹间时常夹些伤痕；一部乱蓬蓬花白胡子，穿的虽然是长衫，可是又脏又破，似乎十多年没有补，也没有洗。他对人说话，总是满口之乎者也，叫人半懂不懂的。因为他姓孔，别人便从描红纸上的“上大人孔乙己”这半懂不懂的话里，替他取下一个绰号，叫作孔乙己。孔乙己一到店，所有喝酒的人便都看着他笑，有的叫道：“孔乙己，你脸上又添上新伤疤了！”他不回答，对柜里说，“温两碗酒，要一碟茴香豆。”便排出九文大钱。他们又故意地高声嚷道，“你一定又偷了家人的东西了！”孔乙己便涨红了脸，额上的青筋条条绽出，争辩道，“窃书不能算偷……窃书！……读书人的事，能算偷么？”接连便是难懂的话，什么“君子固穷”，什么“者乎”之类，引得众人都哄笑起来：店内外充满了快活的空气。

听人家背地里谈论，孔乙己原来也读过书，但终于没有进学，又不会营生；于是愈穷，弄到将要讨饭了。幸而写得一笔好字，便替人家抄抄书，换一碗饭吃。可惜他又有一样坏脾气，便是好喝懒做。坐不到几天，便连人和书藉纸张笔砚，一齐失踪。如是几次，叫他抄书的人也没有了。孔乙己没有法，便免不了偶然做些偷窃的事。但他在我们店里，品行却比别人都好，就是从不拖欠；虽然间或没有现钱，暂时记在粉板上，但不出一月，定然还清，从粉板上拭去了孔乙己的名字。

孔乙己喝过半碗酒，涨红的脸色渐渐复了原，旁人便又问道："孔乙己，你当真认识字么？"孔乙己看着问他的人，显出不屑辩的神气。他们便接着说道，"你怎的连半个秀才也捞不到呢？"孔乙己立刻显出颓唐不安模样，脸上笼上了一层灰色，嘴里说些话；这回可全是之乎者也之类，一些不懂了。在这时候，众人也都哄笑起来：店内外充满了快活的空气。

在这时候，我可以附和着笑，掌柜是决不责备的。而且掌柜见孔乙己，也每每这样问他，引人发笑。孔乙己自己知道不能和他们谈天，便只好向孩子说话。有一回对我说道，"你读过书么？"我略略点一点头。他说，"读过书，……我便考你一考。茴香豆的茴字，怎么样写的？"我想，讨饭一样的人，也配考我么？便回过脸去不再理会。孔乙己等了许久，很恳切地说道："不能写吧？……我教给你，记着！这些字应该记着。将来做掌柜的时候，写账要用。"我暗想我和掌柜的等级还很远呢，而且我们掌柜也从不将茴香豆上账；又好笑，又不耐烦。懒懒地答他道，"谁要你教，不是草头底下一个来回的回字么？"孔乙己显出极高兴的样子，将两个指头的长指甲敲着柜台，点头说，"对呀对呀！……回字有四样写法，你知道么？"我愈不耐烦了，努着嘴走远。孔乙己刚用指甲蘸了酒，想在柜上写字，见我毫不热心，便又叹了一口气，显出极惋惜的样子。

有几回，邻舍孩子听得笑声，也赶热闹，围住了孔乙己。他便给他们茴香豆吃，一人一颗。孩子吃完豆，仍然不散，眼睛都望着碟子。孔乙己着慌，伸开五指将碟子罩住，弯腰下去说道，"不多了，我已经不多了。"直起身又看一看豆，自摇头说，"不多不多！多乎哉？不多也。"于是这一群孩子都在笑声里走散了。

孔乙己是这样的使人快活，可是没有他，别人也便这么过。

有一天，大约是中秋前的两三天，掌柜正在慢慢地结账，取下粉板，忽然说，"孔乙己长久没有来了。还欠十九个钱呢！"我才也觉得他的确长久没有来了。一个喝酒的人说道，"他怎么会？……他打折了腿了。"掌柜说，"哦！""他总仍旧是偷。这一回，是自己发昏，竟偷到了丁举人家里去了，他家的东西，偷得的么？""后来怎么样？""怎么样？先写服辩，后来是打，打了大半夜，再打折了腿。""后来呢？""后来打折了腿了"。"打折了怎样呢？”“怎样？……谁晓得？许是死了。”掌柜也不再问，仍然慢慢地算他的账。

中秋过后，秋风是一天比一天凉，看看将近初冬；我整天地靠着火，也须穿上棉袄了。一天的下半天，没有一个顾客，我正合了眼坐着。忽然间听得一个声音，“温一碗酒。”这声音虽然极低，却很耳熟。看时又全没有人。站起来向外一望，那孔乙己便在柜台下对了门槛坐着。他脸上黑而且瘦，已经不成样子；穿一件破夹袄，盘着两腿，下面垫一个蒲包，用草绳在肩上挂住；见了我，又说道，“温一碗酒。”掌柜也伸出头去，一面说，“孔乙己么？你还欠十九个钱呢！”。孔乙己很颓唐地仰面答道，“这……下回还清吧。这一回是现钱，酒要好。”掌柜仍然同平常一样，笑着对他说，“孔乙己，你又偷了东西！”但他这回却不十分分辩，单说一句“不要取笑！”“取笑？要不是偷，怎么会打断腿？”孔乙己低声说道，“跌断，跌，跌……“他的眼色，很像恳求掌柜，不要再提。此时已经聚集了几个人，便和掌柜都笑了。我温了酒，端出去，放在门槛上。他从破衣袋里摸出四文大钱，放在我手里，见他满手是泥，原来他便用这手走来的，不一会，他喝完酒，便又在旁人的说笑声中用这手慢慢走去了。

自此以后，又长久没有看见孔乙己了。到了年关，掌柜取下粉板说，“孔乙己还欠十九个钱呢！”到了二年的端午又说“孔乙己还欠十九个钱呢！”到中秋可是没有说，再到年关也没有看见他。

我到现在终于没有见——大约孔乙己的确死了。

酒
美酒杜康始造成千古佳话醉刘伶
李白斗酒诗百首
青梅煮酒论英雄
借酒浇愁愁更重
酗酒闹事祸端生
劝君饮酒须适量
延年益寿保太平

第五章　栩栩生动话酒人
——与酒相关曲艺节选

评　书

温酒斩华雄（节选）

东汉末年，群雄割据。朝中大权被一个人独揽了。谁？董卓。其人是贪暴无比，很不得人心。曹操很气愤，就发了一道檄文，说了不少董卓的罪状，同时邀请各路诸侯到陈留会合后，共讨国贼。没过几天就有十路诸侯来到了陈留。人无头不走，鸟无翅不飞，大家共推袁绍为盟主，发号施令，统帅三军，不想就在汜水关前头一战，遇上麻烦了。这华雄一连斩了十八路诸侯中的八员上将。厉害！众人是大惊失色。谁去应战呢？这时有一人挺身而出要会会华雄。谁呀？刘备刘玄德的部下关羽关云长。袁绍一见关羽请战，也不问个青红皂白，就下令要把关羽乱棒驱出。为什么？他瞧不起关羽。关羽职位太低。当时刘备才是平原县县令，关羽官位能有多高？水大漫不过桥去。这关羽只不过是个马弓手，也就是一个小小的马队的头儿。曹操可不这么看，他认为关羽既敢请战，必有所能，没点能耐谁愿送死去？战若不胜，也不用你袁绍处置，华雄就处置他了。现在将关羽乱棒驱出，岂不是闭塞了进贤之路，埋没了人才？曹操据理争辩，可谓慧眼识人！袁绍琢磨曹操的话，也在理儿，就让关羽去战华雄。

关羽说："得令！"就要出帐，曹操过来了，没空着手，端着一个托盘，托盘上边儿有三斗热酒。

曹操说："云长公，请饮此三斗热酒，以壮军威。"

关羽说："多谢孟德公厚爱。怎奈两军对垒，十万火急，待某取了华雄首级归来，再饮不迟！"

这关羽可没饮这三斗酒。说着话，挺彪躯迈虎步，腾腾腾就出了中军大帐。这时早有军卒牵过来了战马，抬过来了青龙偃月刀。关羽提刀在手，又紧了紧马的肚带腰梁，摸了摸鞍韂，挺磁梆挺结实的，这才飞身上马，来到了两军阵前。见华雄这边，人可不少，兵似兵山，将似将海，旌旗招展，号带飘扬，大纛旗下有一员大将，见此人：身高九尺，虎头燕颔，肩宽背厚，肚大腰粗。面如大赤金，重眉毛，大眼睛，狮子鼻，血盆口，外加高颧骨，大耳朵相衬。身贯黄金甲，征袍上绣朵朵团花。坐下一匹青鬃马，手持一把大砍刀。甭问呀，这准是华雄！关羽心说："鼠辈，你休得张狂，少时我定斩你！

关羽想到这儿，一抖缰绳，这匹马四蹄蹬开，可就直奔华雄去了。

华雄一瞧，纳闷儿：怎么突然冲出一个人来？没带多少兵卒呀？怎么回事？眨眼之间，关羽就到了近前。华雄仔细观看：此人身高九尺开外，头戴绿缎子扎巾，身着绿缎子箭袖，脚下穿的可是一双薄底儿的靴子。往脸上看：面如重枣红似火，五绺长髯飘胸前，两道蚕眉分八彩，一双虎目精神现，准头端正四方口，两耳朝轮垂双肩，一脸英气气轩昂，豪气能把长虹贯！瞧着可真够威风，可是怎么不穿盔铠甲胄，脚下蹬薄底儿靴子呢？奇怪，到底是个什么人呢？

"来将通名！"

"平原县令刘玄德部下马弓手关羽关云长是也！"

华雄一听，"噗哧"笑了。他干么笑？他琢磨呀：可见这十八路诸侯也没能人啦，要不干么叫个马弓手出战？我说他穿着一双薄底儿靴呢！

"速速回营，某家刀下不死无名之鬼！"

华雄这"鬼"字还没落地，关羽举起青龙偃月刀，可就过来了。急似流星快似闪电，刷！一刀劈下，斜肩带背奔华雄。好快呀，华雄再躲，可就来不及啦！耳边就听"扑哧"一声，脑袋掉了，斗大的人头在马前滚落。

就这么快！关羽得胜回营，再饮那三斗热酒，嗨，那三斗酒还温着呢！这就是美髯公温酒斩华雄！

（节选自王文玉表演的评书《三国演义》）

快板书

武松打虎（节选）

竹板慢打响叮当，
表一表英雄好汉武二郎。
武松学拳到过少林寺，
论武艺刀枪棍棒样样强。
十八岁大闹东岳庙，
那李家恶霸五虎被他伤。

只因为打死了李家的五只虎，
这英雄被逼无奈奔了外乡。
投奔那位小旋风名叫柴进，
寄居在沧州柴家庄。
他在柴家庄住了一年整，
这位英雄一心想回家去探望。
这一天，辞别了柴进上了路，
把包袱背到肩膀上。
手中提着一根齐眉棍，
迈开大步走得忙。
英雄回家心似箭，
这一天来到阳谷县的地界上。
阳谷县带管章邱镇，
章邱镇东边有个景阳岗。
武松正然往前走，
只觉得口渴肚饥心发慌。
路旁闪出一座酒店，
风刮酒幌乱晃当。
酒幌子下立着个大牌子，
上写着“三碗不过岗”。
啊？什么叫三碗不过岗？
嘿！分明是夸他的酒好来卖狂。
他这酒的力量有多大，
我倒要进去尝一尝。
这好汉武松进了酒店，
朝着里边一打量。
八仙桌子当中放，
有两把椅子列两旁。
朝着这边留神看，
一拉溜地净酒缸。
武松把包袱忙放下，
把齐眉大棍立一旁。
叫声“酒家拿酒来”！

他连喊三声没人来答腔。
只因这个时候买卖少，
掌柜的正在后边忙。
有个小伙计也没在，
他肚子疼拉屎上了茅房啦！
武松见没人来答话，
把桌子一拍开了腔：
“呔！酒家拿酒来！”
武松这一喊霹雳响，
只震得房子乱晃当。
房子上哗啦啦的直掉土，
只震得酒缸嗡嗡的响耳旁。
惊动了酒家留神看，
“嚯！我娘哎，
这个人长得这么长！”
见武松身高足有一丈二，
膀阔腰圆有力量。
脑袋瓜子象麦斗，
俩眼一瞪象铃铛。
胳膊好象房上的檩，
拳头一攥象打油的夯。
巴掌足有簸箕大，
手指头扑扑愣愣棒锤长。
站着好象一座塔，
坐着好象一座牌坊。
酒家说：“好汉爷吃什么？”
“酒！”
“用什么菜来很快当。”
武松说：“你卖的都有什么酒？
有什么饭菜说端详！”
酒家说：“提起来好酒样可不少，
白干绍兴味道强。
有状元红还有玫瑰露，

还有一种透瓶香。
要吃干的有大饼，
要吃菜，嘿！咱这的牛肉实在香。
炒菜有肉丝肉片摊黄菜，
要喝稀的有面汤。”
武松说：“好好好，
白干牛肉快端上。
先切五斤酱牛肉，
多拿好酒我来尝。”
这酒保急忙端来两碗酒，
五斤牛肉也摆上。
武松他端起一碗喝了个净，
又端起那碗喝个光。
“好酒！拿酒来！”
“酒是不能再喝啦，
吃饭吧，开锅就给您下面汤。”
“为什么不能再喝啦？”
“我这酒三碗不过岗。
谁要是喝了三碗酒，
管保他醉倒入梦乡。
出门不倒也要醉倒在前边的景阳岗。
这就叫三碗不过岗。”
“拿酒来！”
“这酒无论如何不能再喝了。”
“我一不欠你的钱二不欠你的帐，
你不拿酒为哪桩？”
“你要拿酒两拉倒，”
“不拿酒我揍你两巴掌！”
“嘟，受不了，别说揍我两巴掌，
一巴掌我就见老娘了。”
这酒保又端上两碗酒，
武松把两碗又喝光。
“拿酒来！”

"娘哎，还喝，受得了嘛！"
酒保再拿两碗酒，
这武松一气又喝光。
"拿酒来！"
这武松一连喝了十八碗，
没留神五斤牛肉全吃光。
大饼吃了整八张，
又喝了两碗热面汤。
"酒家，我问你几碗不过岗？"
"这……三碗不过岗。"
"我喝了几碗啦？"
"您前两碗，后两碗，左两碗，右两碗，又满两碗，又送两碗，又拿两碗，又吃上两碗，一共是十八碗哪！"
"我上身不摇！"
"您真能饮。"
"我下身不晃！"
"您是海量。"
"你那三碗不过岗的幌子呢？"
"我这不是摘下来放这了嘛！"
"取笑了，幌子照挂！
我是能饮哪，算账！"
"早算好了，三钱银子。"
武松给罢了酒饭帐，
出门直奔景阳岗。

（节选自张志宽表演的快板书《武松打虎》）

梨花大鼓

刘伶醉酒（又名《杜康造酒》）

混沌初分不计年，
杜康造酒万古传。
这一日杜康正然门前站，
忽然来了一位贪酒仙。

刘伶上前开言唤，
尊声："老兄，我要你听言：
四大部州我走遍，
无有一个酒家能叫我醉上一天。"
杜康闻听哈哈大笑：
"君子不必口出大言。
我这里卖的是高粱美酒，
不醉你三年我不要你的酒钱。"
刘伶摆手说："我倒不信。"
杜康说："你若不信就请到里边。"
他二人拉手托腕往里走，
四个酒菜布下倒也周全。
杜康提上满满一壶美酒，
说："美酒一壶奉酒仙。"
刘伶他一壶酒尚未饮尽，
好奇怪醉倒尘埃头昏目眩。
大叫："老兄，我可吃醉了，
有劳你送我把家还。"
杜康搀扶刘伶就往外走，
刘伶他脚步不稳趔趄蹭回了家园。
进家门来到上房内，
见着贤妻便开言：
"今日你的丈夫算是丢尽了脸。"
佳人说："相公为甚出此言？"
刘伶说："今日无事我大街小巷转，
信步行在杜康酒馆门前。
他那里卖的是高粱美酒，
他言道不醉我三年不要我酒钱。
一壶美酒未曾饮尽，
不曾想我已大醉要命丧黄泉。
我有几句知心的话，
贤妻你要牢牢地谨记在心间。
万贯的家财你看管，

好好扶养咱的小儿男。
我死后休要与我把供上，
只要酒菜摆上几大盘。
休要为我祭奠浆水，
好酒摆上三四大坛。
休要为我焚化钱纸，
酒幌子就当我的引魂幡。
休要把我坟茔下葬，
你可千千万万哪，把我葬在那酒缸里边。”
刘伶言罢突然断了气，
佳人见了好心酸。
家人男男女女嚎啕悲痛，
忙把刘伶装在棺椁里边。
且不说这边发丧出大殡，
再表那杜康他造酒的神仙。
这一日他闲暇无事酒馆里坐，
忽有一事想在心间。
拿出了账本仔细观看，
上写着刘伶欠下的酒钱。
锁眉掐指一核算，
刘伶欠账不多不少整整三年。
叫一声：“伙计，你跟我走，
咱去找刘伶要酒钱！”
一主一仆一前一后来得好快，
眨眼间到了刘伶大门前。
杜康他叩打门环把刘哥叫，
“刘哥呀你该给我把账还。
三年前的今天你吃了我的酒，
为何藏身三年不还我的酒钱？”
小佳人正在房中坐，
忽听有人叩打门环。
急忙打开门两扇，
说：“掌柜的你不该信口开河胡乱言。

盘古至今你从头算，
哪个寡妇人家欠酒钱！”
杜康说：“并非嫂子你把账欠，
你丈夫刘伶欠我酒钱。
三年前的今天他吃了我的酒，
已经三年他尚未把账还。”
小佳人一听心恼怒，
霎时之间把脸翻：
“我家夫君吃了你的酒，
到今天他死去恰恰是三年。
定是你在酒里下了毒药，
你把那蒙汗药掺在了酒里边。
毒药害死了我的夫主，
你还敢登门讨要酒钱。
你要是三声唤活我的夫主，
我典房卖地把帐还。
三声唤不活我的夫主，
我要和你去见官。”
杜康听此言哈哈大笑：
“贤嫂你何必把脸翻。
你说你的夫君吃了我的毒酒，
到如今死去整整三年。
今日咱就开棺看，
刨出尸首我也让他还酒钱。”
杜康言罢到了墓地，
后边跟着刘伶妻贤。
刨开了坟头上的土，
露出了刘伶的木灵棺。
杜康撬开了棺材盖，
见刘伶安然躺里边。
凡胎肉眼看不见，
刘伶变成一神仙。
一字方巾头上戴，

八卦仙衣身上穿。
黄绒丝带腰中系，
水袜云履二足穿。
杜康低头开言唤：
“刘伶你要听我言。
起来吧你就起来吧，
你别跟我再装憨。”
说罢照定头顶击了一掌，
惊动上方一位神仙。
刘伶起来揉了揉眼，
“嘿，你不该惊醒我好梦一番。”
小佳人一见吓了一跳，
怎知道杜康是神仙。
上前就把杜康拜，
说：“杜掌柜你听周全。
果然你有仙家手，
把我丈夫唤回阳间。”
搀着我的丈夫回家转，
典房卖地把帐还。
杜康说“刘哥还有还钱日，
别误了蟠桃三月三。”
二人说罢一席话，
手搀着手儿奔了西天。
这就是杜康造酒刘伶醉，
愿诸位福如东海寿比南山。

相　声

《醉　酒》

甲：您说得不错啊！
乙：这回是我说相声。
甲：好啊。
乙：您客气。

甲：会喝酒吗？
乙：您问我这个干嘛呀？
甲：我请客。
乙：是啊？
甲：唉，我请你喝酒。
乙：这位倒是好意。
甲：您一顿能喝多少酒？
乙：我只能喝四两。
甲：四两？我请你喝一斤。
乙：我干嘛喝那么多？
甲：多喝点儿。
乙：嗯？喝多了就醉了。
甲：好啊。
乙：醉了还好？
甲：我最爱瞧醉鬼。
乙：啊？你这叫什么话？
甲：哎，体验生活。
乙：噢，瞧着醉鬼体验生活？
甲：你看，人喝醉了有意思。
乙：是啊？
甲：哎，什么样的都有。
乙：什么样儿的模样都有？
甲：有的人喝醉了，睡觉。
乙：哎，睡觉的这比较好。
甲：这是最好的。
乙：嗯。
甲：喝醉了，一声不言语，找边上一躺，睡着了。
乙：不招灾，不惹祸。
甲：有的人喝醉了，他爱乐。
乙：噢，爱乐。
甲：瞧什么都可乐。
乙：是啊？
甲：“哎，看这人，哎……有意思。”

乙：瞧见什么了，就乐了？

甲：“这人，他会有鼻子！”

乙：多新鲜！

甲：这不新鲜事吗？

乙：没鼻子那象话呀？

甲：就是啊。

乙：不可乐的事，他也要乐。

甲：瞧什么都乐。

乙：喝完酒以后的表现。

甲：唉，这也好。

乙：是啊？

甲：有的人喝醉了，他生事。这是最讨厌的。

乙：噢，净捅娄子。

甲：过去有这路人。

乙：是啊。

甲：喝醉了，借酒撒疯。

乙：以酒遮脸。

甲：走道晃晃悠悠。

乙：是啊？

甲：“我就这个……”

乙：就这个了。

甲：“谁把我怎么样了？”

乙：好模样儿的谁把你怎么样了？

甲：“干嘛你，你干嘛？”

乙：这是跟谁啊？

甲：“瞧我干嘛？”

乙：谁瞧你了？

甲：“乐什么？”

乙：啊？

甲：“有什么可乐的。”

乙：就你这模样还不够可乐的？

甲：“我就这样儿。我，我在马路当间儿走。”

乙：啊？那么些车，那要撞着呢？

甲：走着走着，他躺下了。
乙：躺那儿了！
甲：“我这儿歇会儿。”
乙：这多危险啊！
甲：人家说：“你别躺马路上啊。”
乙：是啊。
甲：“车来了！”
乙：啊！
甲：“什么车？”
乙：什么车呀？
甲：“骑车的过来了。”
乙：自行车。
甲：“自行车？来！”
乙：干嘛？
甲：“让他往这儿压。”
乙：你这不是找别扭吗？
甲：“你起这儿压过去！”
乙：那骑车的跟他致气吗？
甲：人家绕开了。
乙：躲开他了。
甲：那人告诉他：“你快起来吧，三轮！”
乙：仨轱辘。
甲：“三轮？来，往这儿来！”
乙：也让压过去？
甲：“从我身上压过去！”
乙：找麻烦。
甲：谁敢压他呀！
乙：人家也躲开他了。
甲：人家说：“快起来吧，汽车可来了！”
乙：四个轱辘了。
甲：“汽车，来！”
乙：嘡！
甲：“往这儿压！”

乙：够横。

甲：“起我身上压过去。”

乙：满不在乎。

甲：“消防队汽车！”

乙：这回怎么样？

甲：“我……我起来吧。”

乙：哎，怎么这回他躲开了？

甲：是啊，救火汽车，压了白压。

乙：那他不敢惹这麻烦。

甲：这不成心找麻烦嘛。

乙：这叫成心找别扭。

甲：其实这个不算醉。

乙：是啊？

甲；没醉。

乙：他还知道躲了嘛。

甲：就是嘛。消防队汽车一来，他起来了嘛。

乙：他惹不起。

甲；真喝醉了，你看得出来。

乙：真喝醉了，怎么瞧得出来？

甲：真喝醉了的人，他怕人说他醉了。

乙：噢，他倒怕这样？

甲：嗯。

乙：是啊。

甲：两个人在一块喝酒，俩人都醉了。

乙：怎么样？

甲；你看吧，两个人对吹。

乙：两个人吹牛。

甲：谁也不承认谁醉了。

乙：是啊。

甲：“我告诉你，你那酒……”

乙：啊。

甲：“不行”。

乙：人家不行。

甲：“再喝两杯你就醉了。”

乙：是啊，那个人呢？

甲：“你看我没关系。”

乙：他没关系。

甲：“我再喝半斤没关系！”

乙：纯粹说大话。

甲：那个也说大话啊。

乙：那个人怎样？

甲：“你没醉呀？咱俩一对一瓶地喝。”

乙：嚄，吹上了。

甲：“你说话舌头都短了。”

乙：他这舌头也不利索了。

甲；“没喝醉？没喝醉，你来这手。”

乙：什么呀？

甲：从兜里头，把手电筒掏出来了。

乙：手电棒儿。

甲：往桌上一搁。

乙：干嘛啊？

甲：一按电门，出来一个光柱。

乙：哎，那光出来了。

甲：“你看这个，你顺着我这柱子爬上去。”

乙：噢，那是柱子啊？

甲：“你……你爬！”

乙，那个怎么样？

甲：那个也不含糊：“这算的了什么呀？不就是爬这个柱子吗？你别来这套，我懂。我爬上去？”

乙：啊。

甲：“我爬到半道儿，你一关电门，我掉下来了！”

乙：啊？

（根据侯宝林、郭全宝表演录音记录整理）

单口相声

九 月 九

过去我家有个街坊，夫妻俩过日子，这日子老是过不好。怎么样？男的三十岁，女的二十九，这两口子都有个嗜好，男的好喝酒，女的好打牌。日子穷，两口子就互相埋怨，男的怪女的打牌把日子输穷了，女的怪男的喝酒把日子喝穷了。

老过穷日子不行啊，后来两口子一商量，男的不喝了，戒酒，女的不赌了，戒牌。可是有一条，有两个字儿不能说，男的不准说“牌”字，女的不能说“酒”字。说了怎么办？受罚。比如男的说了一个“牌”字，就罚男的站在旁边儿看女的打四圈儿麻将。女的要是说出一个“酒”字，就罚女的站在旁边儿看男的喝一斤酒。

这天正是九月初一。男的说：“咱们说话可要算数，从今天就开始了。哎，今天是几月几日？”

女的说：“这还不知道，今天是……过完了八月，下个月的头一天。”

好嘛，差点儿把“九”字说出来。这个九月的“九”字跟喝酒的“酒”字不是不一样吗？那也不行，甭管九月的“九”，喝酒的“酒”，天长地久的“久”，只要沾“酒”这个音儿，就得罚。女的心说：以后我说话还真得注意点儿。

男的是酒迷，一天不喝酒心里就难受。女的可真注意了，一连七八天也没说出一个“酒”字，把酒迷可给憋坏了。出门儿转悠转悠去。走到街上，碰到了两个好兄弟——张三和李四，他们都是酒友。张三说：“大哥，这么多日子不见了，今天您得请客，请我们哥俩喝酒。”

“兄弟，这酒我是不能喝了。”

“怎么呢？”

“我跟你嫂子打赌了，我戒酒，她戒牌。”

“大哥，您也太死心眼儿了，咱在外面喝酒，没人跟嫂子说，她不会知道。”

“谁说她不知道？回家一闻我嘴里有酒味儿，我就得受罚。告诉你们哥俩，我不但不能喝酒，还不能说“牌”字，我说一个‘牌’字，她打四圈儿。她说一个‘酒’字，我喝一斤酒。我等了七八天，她愣一个‘酒’字也没说。”

“大哥，这好办，我有办法叫她说。”

“你有办法？”

“有！大哥，您在这等着，我们哥俩到您家去找您，您不在家，我们给大嫂留下话，话里多说几个‘酒’字，等您回家一问，保险嫂子得说出几个‘酒’字来，咱们能没酒喝嘛！”

“这办法不错。”

“您等着，我们哥俩去了。”

说完，张三和李四走了。这哥俩先去了菜市场。张三买了一捆韭菜，李四买了两瓶酒，抱着韭菜提着酒，这哥俩就到了大哥家门口，叫门：“大哥，大哥在家吗？”

“谁呀？”女主人开了门，出来一看，不认识这哥俩，“你们找谁？”

“大哥。”

“哦，您是大嫂子？”

“是，您贵姓？”

“我姓张，叫张九。”

“那位呢？”

“他姓李，叫李九。”

“找他有什么事呀？”

“我们哥俩跟大哥是好朋友。明天九月九，是我的生日。请大哥大嫂到我家去喝酒。也没准备什么，很简单，这不，我买了捆韭菜，他买了两瓶酒，韭菜炒鸡蛋，喝点儿酒，大家热热闹闹，高高兴兴过个九月九。”

“唔，我知道了。等他回来我跟他说。”

“嫂子，您可记住了，时间是明天上午九点，您可别晚了，让我们久等。”

“行。”

“嫂子，再见吧！”

“不远送了。”

“再见。”

张三和李四走了，回去原原本本跟大哥说了一遍。大哥高高兴兴就回家了。他琢磨她不能不跟他说呀，就装着没事一样，哼起了京戏《武家坡》：八月十五月光明……

大嫂说：“别唱了别唱了，刚才有人来找你了。”

“谁呀？”

“我不认识。”

“没问问他们姓什么叫什么？”

“问了。一个姓张，叫张……张三三。”

“张三三？那个呢？”

“叫李……李四五。”

“张三三抱着一捆……扁叶葱，李四五提着两瓶年终数。”

“他们找我有什么事？”

“请你去过……重阳节。去喝俩二一个五。”

酒迷一想：我们哥仨费了这么大劲，她愣一个“酒”字也没说。酒迷可实在瘾得难过，一翻白眼儿，咕咚一声，倒在了地上，瘾死了。

大嫂一见男人死了，害怕了，心一酸，眼泪可就下来了：“我的天儿呀，我可害了你呀！你早不死，晚不死，偏偏死在九月九哇……”

“九月九？好，两个九！我喝二斤！”

好嘛，他起来了！

喝　酒

我们院儿住着一位开当铺的王掌柜，山西人。有一天，王掌柜请客，我出门儿，走到王掌柜窗户根底下，听里边儿正说话儿哪。王掌柜说：“喝，该你喝了，我都喝了二十盅（按山西方言读 zong）啦。”

“啊？”我心里纳闷儿啦：都说王掌柜的抠门儿，钱在肋条上穿着，听喝酒这意思，王掌柜不但大方，酒量也够大呀。找个机会，会会王掌柜。

过了两天，在院里正好碰上王掌柜。我说：“王掌柜，明晚上我屋里，我请您喝酒。”王掌柜满口答应。

第二天，我准备了几个菜，买了两瓶子二锅头——他能喝嘛。把王掌柜请过来，刚喝了三盅，王掌柜脸也红了，说话都不利索了：“我说张老弟，我不能再喝了，再喝我就走不了啦。”我说：“您这可是胡说，那天您说话我听见了，喝二十盅还没事哪，这刚喝三盅就不喝了，您瞧不起我。”王掌柜说：“这是哪儿的话，那天喝酒不是用的这个盅。”我说：：“即使您那酒盅小，二十盅，也够瞧的。”王掌柜一听笑了：“我用的也不是大盅，也不是小盅。”“那您用的什么盅啊？”“我用的是猪鬃。”“猪鬃！那怎么喝呀？”“把酒放在大碗里，用猪鬃蘸一下，用嘴一抿——啧，一鬃了。”

这么个“一鬃”啊！

（选自《张寿臣笑话相声合编》）

酒迷

常言说，“酒不过量，便是神仙”，就是说喝酒的时候别喝过了量。本来二两的酒量，非得喝一斤，那就过了量啦！结果喝得丑态百出，倚疯撒邪，走在大街上，天不怕，地不怕，横打鼻梁儿。

“谁敢惹我，我是谁？”

谁敢惹他？他是谁？大街上人很多呀，有的人一看，哎，这是醉鬼，不理他。可也有火气壮的年轻人，过来就一拳：

“谁敢惹你？我就敢惹你！”

您再看他，当时就改口了：

“你……你敢惹我，那……谁敢惹咱俩！”

又咱俩啦？把这位也算上啦，要再来一个哪，就咱仨啦！

所以说，喝酒的时候不能过量。您看这个“酒”字，是三点水儿，加个子午卯酉的“酉”，哎，就能说明这问题。怎么呢？在古代呀，一天分十二个时辰，一个时辰合俩钟头儿，酉时是下午五点到七点；三点水儿哪？代表三两，这“两”是按过去十六两制说，合今天十两制才一两多点儿。“酒”字的含义，就是说，下午五点到七点，工作之余可以喝上一两多！

您要是多喝，过了量，就该醉了。谁要是整天的“醉醺醺”，那就成了“酒迷”啦。

过去我们家有家儿街坊就是酒迷。这家儿生活挺富裕，亲哥俩，都有些文化，也都娶了媳妇了。这老大是滴酒不沾，老二就是个酒迷。迷到什么程度呢？跟您这么说吧，他是整天酒瓶子不离手，逮哪儿哪儿喝，一天三醉！嗬，老大着急了，心说：我这兄弟怎么好哪？老这么喝，把人都喝废了，什么事也干不了啦。这得劝劝他。怎么劝哪？老大一琢磨：干脆，我给他留一首诗：

“劝弟莫饮瓮头春……”

那位同志问了：什么叫“瓮头春”哪？就是“酒”。在古代给酒起名儿都爱带“春”字。像什么“剑南春”、“梨花春”、“罗浮春”……。“瓮头春”，一般说就是酒的代称。

“劝弟莫饮瓮头春，
多置绫罗穿在身；
不信你往世上看，
只认衣衫不认人！”

这四句诗在当时还真是实话，那年月就是以衣帽取人。诗写完了，后边又缀上四个小字儿：

“少饮！少饮！”

劝他兄弟少喝点儿。老大刚走，酒迷回来了，一进门儿，就瞧见影壁墙上的诗了。

“什么……劝弟莫饮瓮头春，多置绫罗穿在身，不信你往世上看，只认衣衫不认人。少饮，少饮。甭问哪，这准是我哥哥写的。怎么着，不让我喝酒？哼，没门儿！我给对四句。”

酒迷找笔在旁边写了一首，写完了又喝酒去了。老大回家进门一看，墙上又多了一首诗，过去一念，差点儿没把鼻子气歪喽。是这么写的：

“小弟爱饮瓮头春。

不置衣衫穿在身；

有朝一日我死去，

不死衣衫光死人！”

底下也缀四个小字儿：

“偏喝！偏喝！”

嘿！这可逗气儿啊？老大当时就火儿了：好，你不是偏喝嘛，这回我让你喝足喽！正好他们家后院有口大缸，老大把缸刷干净了，弄了三大篓酒往里一倒，满一缸。然后把酒迷找到缸跟前，就说了：

“看见没有？这是一缸酒，只要你把酒戒了，以后凡事你当家！你拿块石头，把缸一砸，酒往外一流，咱们是破缸为记，怎么样？”

您再看酒迷，冲他哥哥一翻白眼珠：

“什么？破缸为记，让酒往外一流……那得糟践多少好东西呀？”

“我让你把酒戒了！”

“戒酒？那是老和尚看嫁妆——下辈子再说了！”

“嗬，气人哪！那，我让你喝个够……”

一指酒缸：

“下去！”

要是换成别人，非吓坏了不可；酒迷不在乎，把衣服一脱，咚！他跳下去啦！

老大一看，可真急了，旁边正好有一扇磨，一个猛劲儿，端起来给盖上啦，大小还正合适。完事儿，老大找酒迷媳妇去了：

“弟妹，跟你说个事儿，你可别着急，刚才我劝老二戒酒，他还跟我斗话，让我给扔酒缸里了。他要是死，我给抵命。还有什么话？随你说……”

酒迷媳妇一想：甭管怎么说，我先看看去吧。来到后院一瞅，酒缸上压着一扇磨，心说：完了！这回不淹死也得闷死啊。过去搬了搬磨盘又搬不动，眼泪就下来了。酒迷的媳妇也粗通文墨，随口说了一首诗：

“哥哥言语你不听，

把你扔在酒缸中。

若得夫妻重相见，

除非做梦在三更！”

她以为酒迷准活不了啦，要想见面，等半夜三更梦中相会吧。其实啊，酒迷没死，怎么回事呢？他哥哥盖的可巧是磨的上扇，上扇磨有个磨眼儿啊，哎，就能透气儿，闷不死啦，再有他往下一跳，酒往外一溢，缸里的酒正好到他下巴颏儿，倒更得劲儿啦，一低头，吱喽！来一口。

“嗯，不错，就是少点儿酒菜，嗯，可以，真是老白干！”

哎，他还品味儿啊！

酒迷正喝着哪，听见上面有人哭，仔细再一听，是自己媳妇，说什么：哥哥言语你不听，把你扔在酒缸中，若得夫妻重相见，除非作梦在三更。噢，以为我死了，得告诉她。酒迷冲着磨眼儿喊上啦：

“哎——”

他媳妇一听，乐啦：

“哟，你还活着哪，有什么事啊？”

酒迷在缸里又说了四句诗：

“贤妻不必恸悲哀，

我在缸里挺自在，

你若念咱夫妻义，

赶紧送点儿酒菜来！”

哎，他还喝哪！

（选自《刘宝瑞表演单口相声选》）

单　弦

要　酒　菜

有一个小伙子本姓白，

闲了没事他就喝起来。

一天要喝三遍醉，
走路东倒又西歪。
嘴里头不干不净地骂起人来。
他喝酒骂人就是不对，
他今天骂了他本家的二伯。
只骂得二大伯心中恼怒，
吩咐声：“来人哪，
把这个小子给我捆绑起来！”
打上半缸白干酒，
把个小伙子就往酒缸里边塞。
在上边压上一块大磨扇，
“哼，我看你小子还怎么出来？”
小伙子的媳妇一见好难过，
手扒着磨眼儿她就哭起来，
说：“不叫你骂人你偏骂，
你可决不该骂了咱家的二大伯。
他今天把你泡在了酒缸里，
八成你的小命要呜呼哀哉。”
小媳妇哭到了伤心处，
这个小伙子在酒缸里头把口开。
开言来就把我的贤妻叫，
“叫了声贤妻你莫要悲哀。
你若念其咱们夫妻义，
你把那花生米、豆腐干、
香肠、酱肉，上等的酒菜，
从那磨眼儿里递进点儿来！”

（根据马增惠演唱录音记录整理）

唱词

十杯酒

一杯酒儿进房来，
手提银壶把酒筛，
叫一声小郎才，

嗳嗳吓,叫一声小郎才。
提壶斟上一杯酒,
郎若无事奴家来,
我与你解胸怀,
嗳嗳吓,我与你解胸怀。
二杯酒儿酒又清,
我问郎君贵庚生,
请说与奴家听,
嗳嗳吓,请说与奴家听。
郎说正月十五日,
姐说元宵闹花灯
我与你同庚生,
嗳嗳吓,我与你同庚生。
三杯酒儿酒又酸,
酸酸甜甜往上端,
莫嫌我酒儿酸,
嗳嗳吓,莫嫌我酒儿酸。
郎说银钱多与你,
姐说仁仪值千金,
我待你是真心,
嗳嗳吓,感动了我郎心。
四杯酒儿汗淋淋,
手拿杭扇扇郎身,
感动了我郎心,
嗳嗳吓,感动了我郎心。
手拿罗帕揩郎汗,
免得才郎带汗巾,
莫忘了奴恩情。
嗳嗳吓,莫忘了奴恩情。
五杯酒儿郎要醉,
才郎不吃这一杯。
你把那杯儿推,
嗳嗳吓,你把那杯儿推。

劝郎多吃雄黄酒，
免得蚊虫上郎身，
郎儿你记在心，
嗳嗳吓，郎儿你记在心。
一瞒爹来二瞒娘，
瞒不过小才郎。
嗳嗳吓，瞒不过小才郎。
三瞒哥来四瞒嫂，
还要瞒着邻家嫂，
我二人好相交，
嗳嗳吓，我二人好相交。
七杯酒儿进花园，
手拿花枝泪涟涟，
巴不得早团圆，
嗳嗳吓，巴不得早团圆。
花开花谢年年有，
哪有人儿转少年，
自古道"难上难"，
嗳嗳吓，自古道"难上难"。
八杯酒儿桂花香，
手挽手儿进郎房，
嗳嗳吓，一对是好鸳鸯。
手托香腮心内想，
才郎待我好心肠，
恩爱是最难忘，
嗳嗳吓，恩爱是最难忘。
九杯酒儿月平西，
才郎睡在我怀里，
酒醉是又昏迷，
嗳嗳吓，酒醉是又昏迷。
欲要倒上一杯茶，
又恐惊动二爹妈，
唬的奴又害怕。

嗳嗳吓，唬的奴又害怕。
十杯酒儿郎要回，
点起银灯乱穿衣，
舍不得两分离，
嗳嗳吓，舍不得两分离。
后挽手儿房门外，
低声悄语“早回来”，
免得奴挂胸怀，
嗳嗳吓，免得奴挂胸怀。
手挽手儿房门外，
低声悄语“早回来”，
免得奴挂胸怀，
嗳嗳吓，免得奴挂胸怀。

天津时调

盼情郎

一更儿里，
月影儿照花台。
才郎定下计，
他说今天晚上来。
我叫丫环打来四两酒啊，
四个菜来摆也就摆上来。
一蝶子咸白菜，
一碟子熬海带，
一碟子炒虾仁，
一碟子摊黄菜。
两双筷箸对着面地摆，
单等着我的那个小郎才来啊，
好把酒来筛。
……

群口相声

四字联音

……

甲　好,咱们就以酒色财气为题,每人吟诗一首,怎么样?

乙　没关系?

丙　行。

丁　您先说一个我们听听吧!

甲　嗯,我出主意我先说,听着啊!

丁　对,听您的。

甲　酒色财气四堵墙,许多迷人里边藏。有人跳出墙儿外,便是长生不老方。

乙　好!

丙　好什么?酒色财气这四座墙,谁跳得出去啊?

丁　人家这是劝人方儿。

甲　下边该你的了!

乙　我接着您的说。我说说这酒色财气的害处。

甲　那好,听你的。

乙　酒是穿肠毒药,色是刮骨钢刀,财是无烟火炮,气是惹祸根苗。

甲　酒色财气,一样好的也没有。

丙　都不好,谁离得开?有害处也有好处。

乙　你说说这好处我们听听。

丙　行,听着啊:无酒不成筵席,无色世上人稀,无财谁肯早起?无气反被人欺。怎么样?

甲　不怎么样!你这是歪理。人不能贪恋这四样儿,谁也不是为这四样儿活着,当行尸走肉有什么意思!

乙　还得为国效力,治家有方。

甲　该你说啦?

丙　他还没说呢!

丁　我啊。要不我别说了!

甲　说不上来了吧?

丁　我这个岁数说这个不合适。

甲　正要听听你的看法。

乙　对啦,都得说。

丁　听我的：劝君饮酒别过量，不逛花街与柳巷，无义之财君莫取，气大伤身可别忘！

甲　好，你这也是劝人方儿啊！

丁　说上来了吧！

乙　这……你倒是哪头儿的？

丙　他是和事老儿。

甲　咱们哪，接着往下劝。

乙　怎么劝？

丙　噢，换个法子？

丁　怎么说呢？

甲　从我这儿起，酒色财气，一人占一个字，每人两句，上句得有“不”字，得说不这么着，下句得说为什么不这么着。上下句要合辙押韵。

丁　哎呀！这个可难点儿。

丙　不要紧！

乙　还是先听他的。

甲　好，我说这个“酒”字。

乙　上句？

甲　不饮，不饮，我不饮。

丙　他倒是有“不”字，也有“不这么着”。

丁　可是为什么不饮哪？

甲　饮酒过量五内损！

乙　好，合辙押韵。

丙　也说了为什么不这么着。

乙　酒喝多了对内脏有损伤。

甲　谁让你们讲来着？接着往下说。

乙　该我啦。我说这个“色”字。

甲　说吧！

乙　不爱，不爱，我不爱，采花折柳声名败！

丙　说得好！

甲　你接着吧！

丙　我占一个“财”字：不贪，不贪，咱不贪，贪得无厌蹲牢监。

甲　可不能有贪心。该谁啦？

丁　我。

甲　你说:“气”字吧!
丁　听着:不气,不气,不生气。
甲　为什么?
丁　气出病来没人替。
乙　他还真明白。
……

京韵大鼓

文人与酒

王 蒙

有酒方能意识流,
人间天上任遨游。
自古文人爱美酒,
诗文华章传千秋。
神州大地多琼液,
且从茅台唱起头。
茅台酒,亦刚亦柔味醇厚,
五粮液,本色天成最解愁,
杏花村里,汾酒清秀,
泸州特曲,芬芳润喉。
还有那,绍兴黄、状元红、加饭花雕香满口,
味美思、玫瑰露、桂花陈酿醉方休。
太白斗酒诗千首,
孟德举杯思悠悠。
曹雪芹典衣当物沽薄酒,
且酌且悲为红楼。
刘伶嵇康吾好友,
驰骋万言笔难收。
更堪喜,而今世界多锦绣,
中华连接五大洲。
苏格兰威士忌酒加冰块,
拿破仑白兰地啤酒掺雪球。

香槟、雪梨、杜松子酒，
为了和平、友谊，文化交流。
遍饮环球酒，
反添几许愁。
家乡风味何处有？
故国万里梦中游。
且尽杯中物，
客居情思稠。
举杯遥祝江山远，
热流滚滚涌心头：
一祝愿，国泰民安春常在，
再祝愿，父兄长寿乐悠悠。
更祝愿，四化大业早实现，
巨龙腾飞壮志酬。
这才是，酒中自有真情在，
饮而不贪是真正的风流。

开场小唱

酒色财气

太阳出来照九州，
酒色财气世上留。
好酒的喜欢把酒杯拿在手，
他说是一醉解千愁。
好色的常往烟花巷里走，
他主为死后做鬼也风流。
好财的家有千间房子万顷地，
他觉得不如摇钱树长在屋里头。
好气的常在街上走，
看见那不平事就气冲牛斗。
谁能说酒色财气不该有？
要看你怎样对待才对头。
没有酒招待亲朋不能摆酒宴，

没有色世上人怎能把后留。

没有财世上人谁会川流奔走，

没有气人世间理歪不能周。

劝君要吃酒不醉，遇色不迷，贪财有道，

好气识理，就能帷运千筹。

（开场小唱不是单独曲种。过去相声艺术的活动场地多半在露天设场，与各种杂耍技艺分别演出。相声开场前，演员借用当时的流行小调，唱些能够吸引观众的时兴词句，以招徕观众。后来称之为“开场小唱”。）

第六章　室藏千钟亦醉人
——酒器具简介

人类自从有了酒，也就有了酒器。考古发现证明，我国古代酒器的产生，可追溯到大约六七千年前。大约五千年前，我们祖先已经使用一些极精美别致的酒器了。在不同的历史时期，由于社会经济的不断发展，社会生产力的提高，酒器的制作技术、材料、外形等都发生了相应的变化。特别到商、周时代，统治者认为“国之大事，在祀与戎”，因此十分重视祀祭、燕宴等仪式，这就要有各种各样的酒器并冠之专用的器名。这些酒器标志我国的酒文化和工艺水平，凝聚着我们祖先的智慧和非凡的创造力。我国各时期酒器种类琳琅满目、风格各异，位居世界之首。

按酒器的材料可分为：

天然材料酒器（木，竹制品，兽角，海螺，葫芦）、陶制酒器、青铜制酒器、漆制酒器、瓷制酒器、玉器，水晶制品、金银酒器、锡制酒器、景泰蓝酒器、玻璃酒器，以及现代的铝制罐、不锈钢饮酒器、袋装塑料软包装、纸包装容器。

远古时代的酒器

火的使用，使人们结束了茹毛饮血的原始的生活方式。农业的兴起，人们不仅有了赖以生存的粮食，随时还可以用谷物作酿酒原料酿酒。陶器的出现，人们开始有了炊具；从炊具开始，又分化出了专门的饮酒器具。究竟最早的专用酒具起源于何时，还很难定论。因为在古代，一器多用应是很普遍的。远古时期的酒，是未经过滤的酒醪（这种酒醪在现在仍很流行），呈糊状和半流质，对于这种酒，就不适于饮用，而是食用。故食用的酒具应是一般的食具，如碗、钵等大口器皿。远古时代的酒器制作材料主要是陶器、角器、竹木制品等。

早在公元六千多年前的新石器文化时期，已出现了形状类似于后世酒器的陶器，如裴李岗文化时期的陶器。河姆渡文化时期的陶器也能使人联想到在商代时期的酒具应有相当久远的历史渊源。酿酒业的发展，饮酒者身份的高贵等原因，使酒具从一般的饮食器具中分化出来成为可能。酒具质量的好坏，往往成为饮酒者身份高低的象征之一。专职的酒具制作者也就应运而生。在现今山东的大汶口文化时期的一个墓穴中，曾出土了大量的酒器（酿酒器具和饮酒器具），据考古人员的分析，死者生前可能是一个专职的酒具制作者。在新石器时期晚期，尤以龙山文化时期为代表，酒器的类型增加，用途明确，与后世的酒器有较大的相似性。这些酒器有：罐、瓮、盂、碗、杯等。酒杯的种类繁多，有：平底杯、圈足杯、高圈足杯、高柄杯、斜壁杯、曲腹杯、觚形杯等。

商周的青铜酒器

在商代，由于酿酒业的发达，青铜器制作技术提高，中国的酒器达到前所未有的繁荣。当时的职业中还出现了“长勺氏”和“尾勺氏”这种专门以制作酒具为生的氏族。周代饮酒风气虽然不如商代，但酒器基本上还沿袭了商代的风格。在周代，也有专门制作酒具的“梓人”。

青铜器起于夏，现已发现的最早的铜制酒器为夏二里头文化时期的爵。青铜器在商周达到鼎盛，春秋没落，商周的酒器的用途基本上是专一的。据《殷周青铜器通论》，商周的青铜器共分为食器、酒器、水器和乐器四大部，共五十类，其中酒器占二十四类。按用途分为煮酒器、盛酒器、饮酒器、贮酒器。此外还有礼器。形制丰富，变化多样。但也有基本组合，其基本组合主要是爵与觚，或者再加上斝，同一形制，其外形、风格也带有不同历史时期的烙印。

盛酒器具是一种盛酒备饮的容器。其类型很多，主要有以下一些：

尊、壶、瓯、卮、皿、鉴、斛、觥、瓮、瓿、彝

每一种酒器又有许多式样，有普通型，有取动物造型的。以尊为例，有象尊、犀尊、牛尊、羊尊、虎尊等。

饮酒器的种类主要有：觚、觯、角、爵、杯、舟。不同身份的人使用不同的饮酒器，如《礼记·礼器》篇明文规定：“宗庙之祭，尊者举觯，卑者举角”。

温酒器，饮酒前用于将酒加热，配以杓，便于取酒。温酒器有的称为樽，汉代流行。

湖北随州曾侯乙墓中的铜鉴，可置冰贮酒，故又称为冰鉴。

汉代的漆制酒器

商周以降，青铜酒器逐渐衰落，秦汉之际，在中国的南方，漆制酒具流行。漆器成为两汉、魏晋时期的主要类型。

漆制酒具，其形制基本上继承了青铜酒器的形制。有盛酒器具、饮酒器具。饮酒器具中，漆制耳杯是常见的。在湖北省云梦睡虎地 11 座秦墓中，出土了漆耳杯 114 件，在长沙马王堆一号墓中也出土了耳杯 90 件。

汉代，人们饮酒一般是席地而坐，酒樽放置在席地中间，里面放着挹酒的勺，饮酒器具也置于地上，故形体较矮胖。

魏晋时期开始流行坐床，酒具变得较为瘦长。

瓷制酒器

瓷器大致出现于东汉前后，与陶器相比，不管是酿造酒具还是盛酒或饮酒器具，瓷器的性能都超越陶器。唐代的酒杯形体比过去的要小得多，故有人认为唐代出现了蒸馏酒。唐代出现了桌子，也出现了一些适于在桌上使用的酒具，如注子，唐人称为“偏提”，其形状似今日之酒壶，有喙，有柄，即能盛酒，又可注酒于酒杯中。因而取代了以前的樽、勺。宋代是陶瓷生产鼎盛时期，有不少精美的酒器。宋代人喜欢将黄酒温热后饮用。故发明了注子和注碗配套组合。使用时，将盛有酒的注子置于注碗中，往注碗中注入热水，可以温酒。瓷制酒器一直沿用至今。明代的瓷制品酒器以青花，斗彩，祭红酒器最有特色，清代瓷制酒器具有清代特色的有法琅彩，素三彩，青花玲珑瓷及各种仿古瓷。

其他酒器

在我国历史上还有一些独特材料或独特造型的酒器，虽然不很普及，但具有很高的欣赏价值，如金、银、象牙、玉石、景泰蓝等材料制成的酒器。

明清时期以至解放后，锡制温酒器广为使用。主要为温酒器。

夜光杯：唐代诗人王翰有一句名诗曰“葡萄美酒夜光杯”，夜光杯为玉石所制的酒杯，现代已仿制成功。

倒流壶：在陕西省博物馆有一件北宋耀州窑出品的倒流瓷壶。壶高

19cm，腹径 14.3cm，它的壶盖是虚设的，不能打开。在壶底中央有一小孔，壶底向上，酒从小孔注入。小孔与中心隔水管相通，而中心隔水管上孔高于最高酒面，当正置酒壶时，下孔不漏酒。壶嘴下也是隔水管，入酒时酒可不溢出。设计颇为巧妙。

鸳鸯转香壶：宋朝皇宫中所使用的壶。它能在一壶中倒出两种酒来。

九龙公道杯：产于宋代，上面是一只杯，杯中有一条雕刻而成的昂首向上的龙，酒具上绘有八条龙，故称九龙杯。下面是一块圆盘和空心的底座，斟酒时，如适度，滴酒不漏，如超过一定的限量，酒就会通过“龙身”的虹吸作用，将酒全部吸入底座，故称公道杯。

渎山大玉海：专门用于贮存酒的玉瓮，用整块杂色墨玉琢成，周长 5 米，四周雕有出没于波涛之中的海龙，海兽，形象生动，气势磅礴，重达 3500 公斤，可贮酒 30 石。据传这口大玉瓮是元始祖忽必烈在至元二年（公元 1256 年）从外地运来，置在琼华岛上，用来盛酒，宴赏功臣，现保存在北京北海公园前团城。

奇特的酒器

头盖骨杯

远古时代，人们在渔猎过程中用不漏水的贝壳、瓠孤、成人和动物的头盖骨及角作酒器。据有关专家考证，距今约 50 万年前的北京周口店中国猿人遗址中，“鹿的头骨有些是从角根将角截去，有的稍有存留，吻部的脑底部也都去掉了。从石器打击的痕迹可以看出，如此做法，用头盖骨作为杯，其形状显然可见”。

金莲杯

又称“鞋杯”、“双凫杯”把酒杯放置在女人鞋中来行酒。女足本名“三寸金莲”，名士们把金莲搬上酒桌，以鞋杯形式，以莲花杯为名称，可见文人疏狂之一斑。相传苏东坡选妓约云：“行酒皆用新鞋”。元代大诗人杨维桢，在宴会上看到缠脚的歌儿舞女，就非将她们的鞋子脱下来载杯行酒不可，看似千古风流可传佳话，实乃庸俗下流之举。历史上最臭名远扬的，恐怕要算杨廉夫用的“鞋杯”了。杨廉夫是元朝的一位作家，他吃酒成癖。一天，他在友人家做客，席间有妓女作陪。杨廉夫几杯酒下肚，便不能自己，与妓女做出种种丑态，但仍不满足，便将妓女的绣花鞋脱下，让妓女在鞋中倒满酒，依次敬请客人。借酒纵欲的客人们接过“鞋杯”一饮而尽，还狂笑不止。仉云林看到如此场面，连叫“龌龊，龌龊！”便拂袖而去。下流的令人作呕。

竹筒杯

是古代少数民族使用非常普遍的酒具。如《百夷传》载：傣族“假若一酿酒，则渍以水一满瓮，插筒于中，立标以验其盏数，人各以次举筒砸之，砸酒一盏，仍渍水一盏，传之次客”。佤族酿酒、饮酒也喜欢用竹筒，独龙族饮“同心酒”所用的也是竹筒。土家族自古有插竹于酒坛“砸酒”的习俗，为此清嘉庆年间鄂西长阳诗人彭淦还写了首竹枝词：

蛮酒酿成扑鼻香，竹竿一吸胜壶觞；
过桥猪肉莲花碗，大妇开坛劝客尝。

连杯

台湾人尤善木雕，他们的连杯双连杯和三连杯三种，可供两人或三人同时饮用。连杯的杯多为八角形、方形等。杯的两端有柄可供执持，柄部及杯连部浮刻着人、蛇、鹿、几何等纹饰，工艺十分精致。双连杯使用较为普遍，常用于部落结婚及其他各种欢宴。饮用时一人左手持柄，一人右手持柄，两同时合饮。使用连杯常常用来表示友情，这也是高山族特有的酒文化现象。

骆驼皮碗

骆驼皮碗是用骆驼两膝的皮制成的。骆驼起卧时，两膝常接触地面沙子，因而这里的皮厚、耐磨而坚硬。经过反复打磨、熏烤制成的骆驼皮碗坚硬光滑，呈金黄色，美观耐用，可与景德镇经细瓷碗相媲美。

洞天瓶

虢国夫人发明的“洞天瓶”，可称历史上最奇特的酒杯。每当她设宴前，先把鹿的肠子洗净后挂在房梁上，然后从上端灌满酒，将相端扎住，敬客时，将鹿肠下端解开，酒便注入杯中。于是，这种注酒用的鹿肠便被美名其曰“洞天瓶”。

螺盃

源郎先生在编撰此典时，在京一废品收购故址堆中，抢出一册《台湾文献汇刊》(第五集，第六册)，为台湾澎湖厅志(二)，内有兴泉永备道前翰林编修周凯诗二首，现抄如后。

(一)螺盃：澎湖多螺小大异状，壳坚厚，内明外碧，土人磨以为盃。

螺盃五色灿生花，海外磨成只几家；
遣我故人斟酒看，不知可否抵银槎。

(二)马阴螺,贝属状甚恶,大者可为酒器。

有酒何须好模样,大螺如斗小如瓯;

古来饮器知多少,试问何如智伯头。

附一 常用的酒器具

香甜酒杯

Liqueur Glass

适用于香甜酒纯喝。北欧或德国加味烈酒亦可用此杯装盛。

啤酒杯

Beer Pilsner

下窄上宽,可冲倒出啤酒的泡沫。杯身上缘有一线,表示线上是泡沫的位置。

啤酒杯

Beer Stein

传统的啤酒杯,手把可避免手温影响酒的冰凉。

鸡尾酒杯

Cocrtail Glass

传统鸡杯呈倒三形,以透明玻璃展现本身的特色。不可加冰块,饰特亦不可掉入杯中。

白兰地酒杯

Brandy Snifter

传统白兰地酒杯。短杯脚君上圆圆的杯身,便于饮用者用去温酒,使白兰地的香醇易散发出来

杯中盛酒的份量以倾倒酒杯不溢出为准。

香槟浅碟杯

Champagne Saucer

容量较小,干杯场合即用此杯。可堆叠出香槟杯塔。

香槟细长形 ChampagneFlute

杯身细长口窄,可保持香槟的气泡,并享受观察香酒酒中泡沫向上冲之欢愉感。是传统型香槟杯。

白葡萄酒杯

WhiteWine Glass

杯口略大于肚,适合用于稍甜、冷藏过的酒。倒酒至三分之二左右。

酸酒杯

Sour Glass

长脚小弧度的杯身适用于各种调配的的酸酒鸡尾，不宜加冰块。

雪莉酒杯

Shery Glass

此香甜酒杯，比葡萄酒杯小。是专为雪莉酒和波特酒设的，同时也是饮用白兰地的理想酒杯，可当香甜酒杯。

老式酒杯

Old-fashionedl Glass

威士忌等烈酒加饮用时使用此杯。因为冰块在酒吧中称“Rock”（岩石），故又称岩石杯（RockGlassj）

可林杯

Collins Glass

较高球杯瘦长，适合用于加碳酸饮的调，酒如GinTonic，TomCollins。

高球杯

Highball Glass

适用于加冰块的调酒及饮料，常伴以搅棒、吸管、水果片等饰物。纯果汁也以此杯装盛。

宋代金杯

明代银壶

唐代金杯

唐代银杯

彝族五嘴酒壶

玉爵杯

改拳王酒

改拳王酒

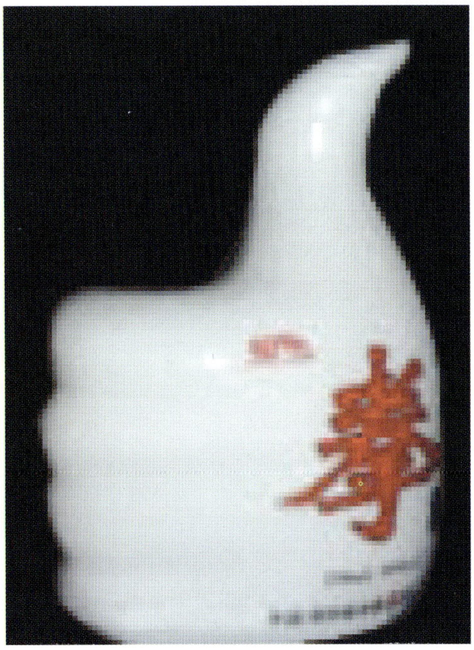

三生酒行关公

鲁镇花雕酒

高足杯

现代套盅

金银酒器

彝族皮质漆器酒碗

武城古贝春

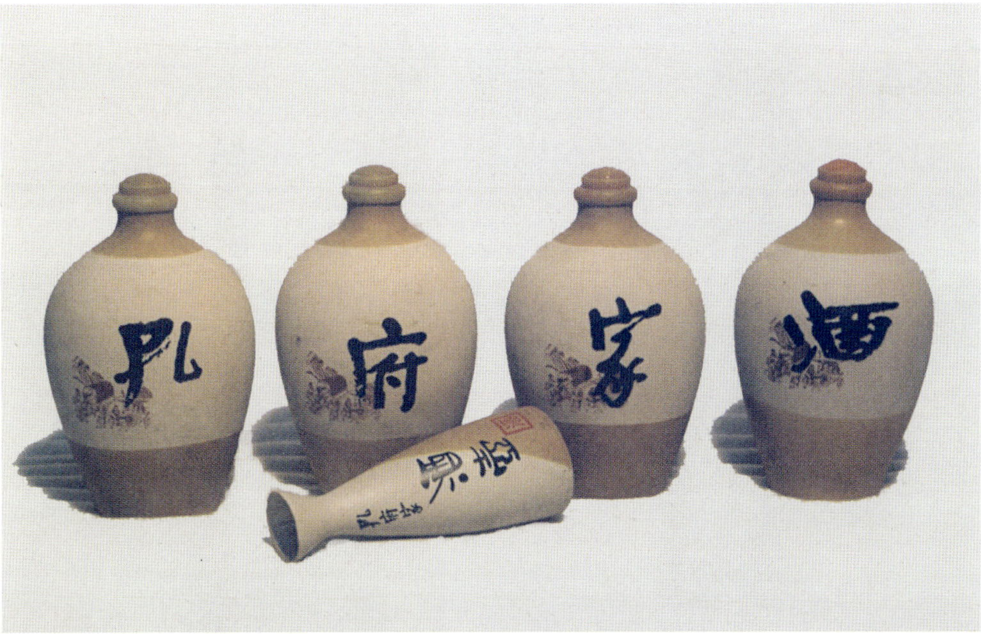

孔府家酒

绍兴花雕

绅士酒

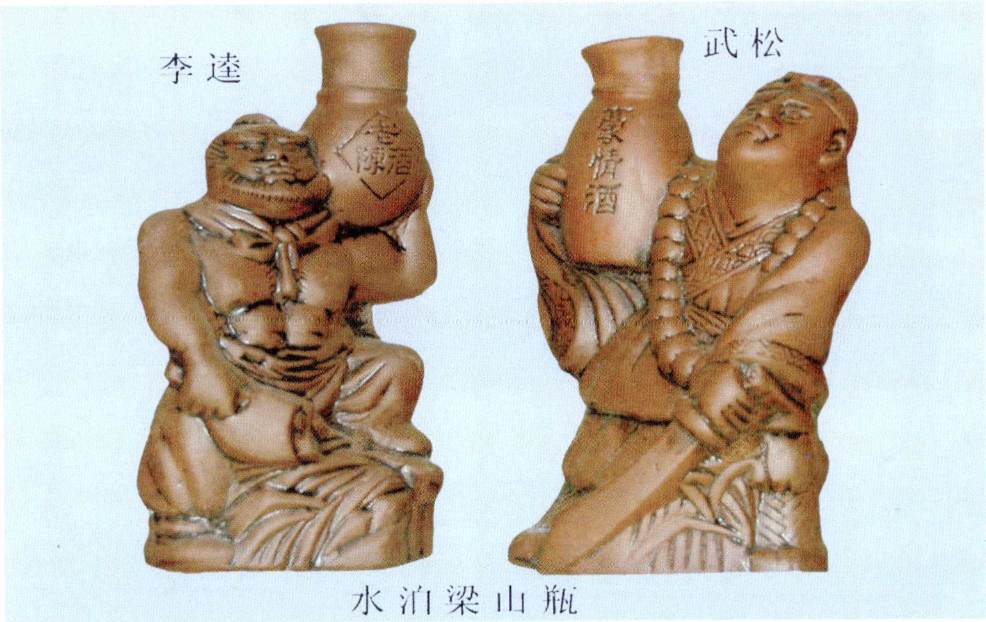

水泊梁山瓶

球迷白兰地
BALL-FANS BRANDY
孔府家酒
孔府家酒

孔府家酒

心酒

心酒
HEART
TRAEH
心馨集团监制
XIN SHNEG GROUP SUPERVISE

凌川酒

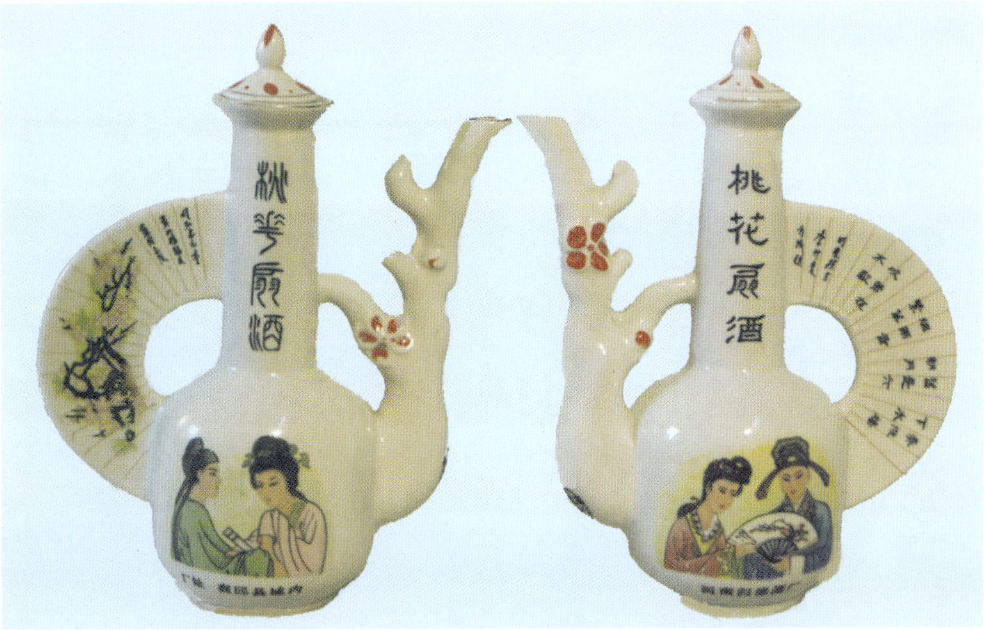

桃花扇酒

国粹酒

景泰蓝瓶

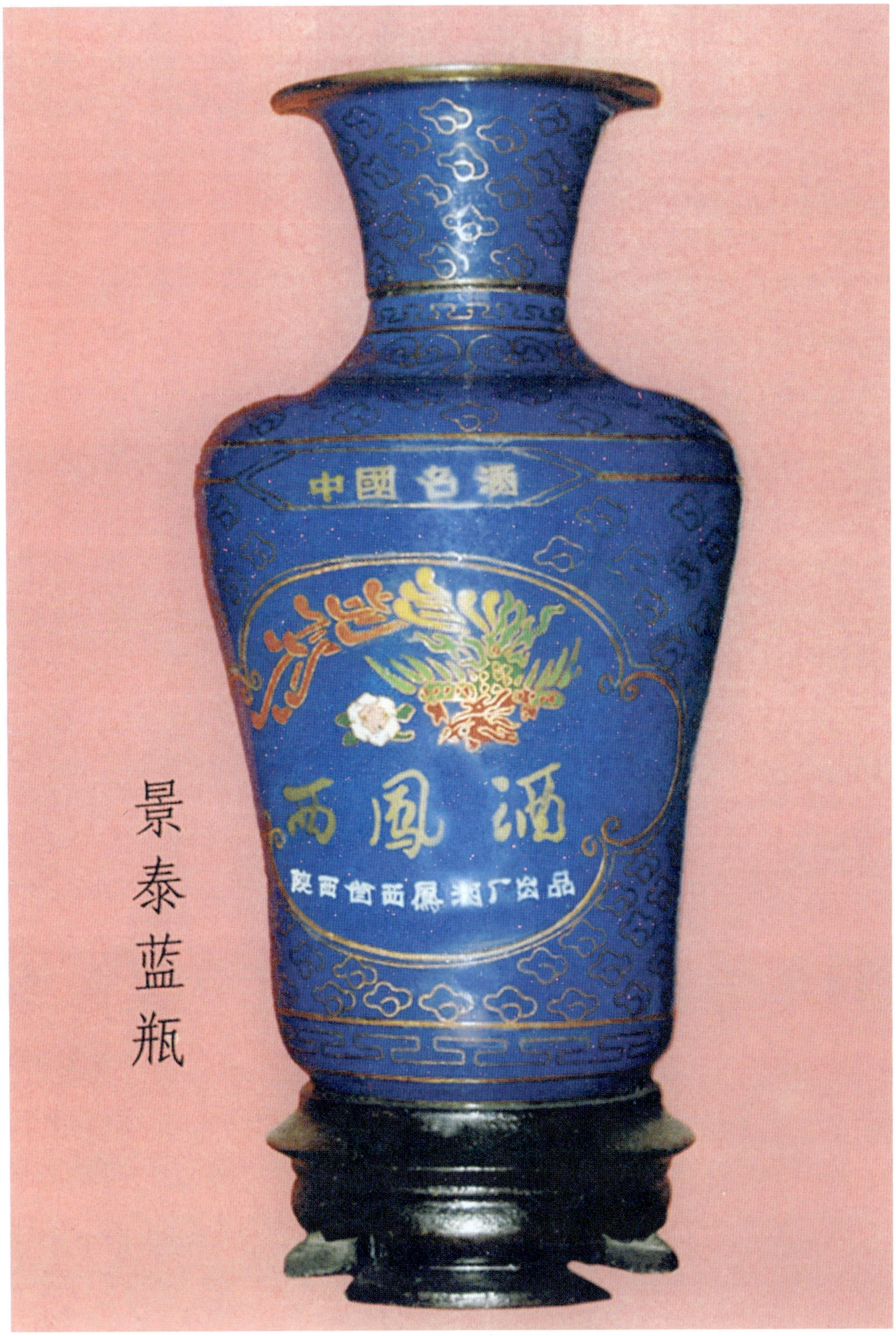

西凤酒

壽

武松打虎系列酒瓶

西山娄山村

燕福玉液

出口装五粮液

厦门史国公对对酒

五粮液

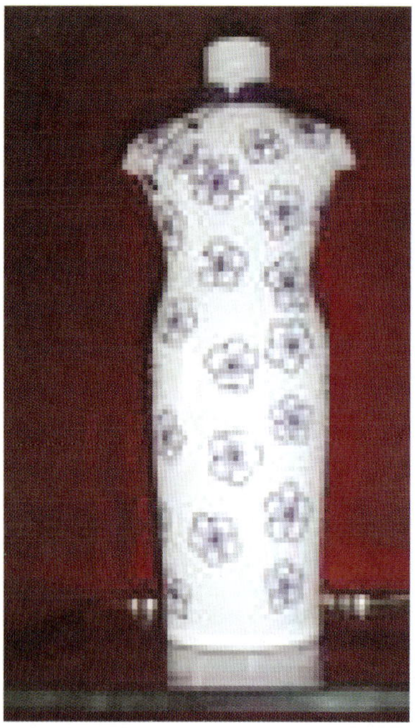

店小二酒

董酒

福建精童特曲

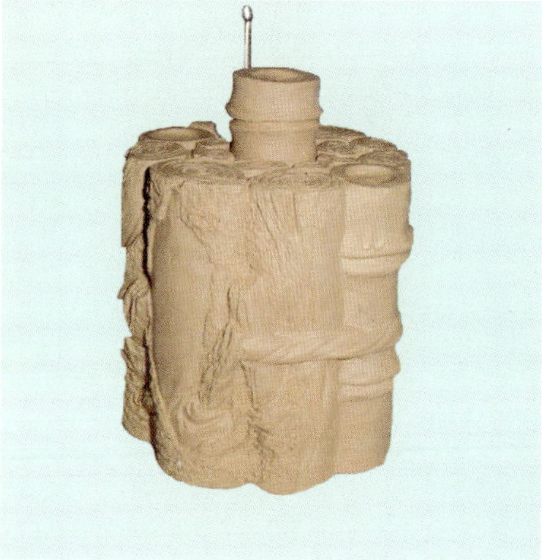

藏羚羊

文君井酒

宝塔酒

紫砂山大王酒瓶

王府井

醉八

武松打虎系列酒瓶

Sauza
HERRADURA
GOLD
NATURAL
TEQUILA
IMPORTED
TEQUILA BLANCO
el Jimador
BOTTLED AT ORIGIN

香港回归汉白明月酒

绍兴酒

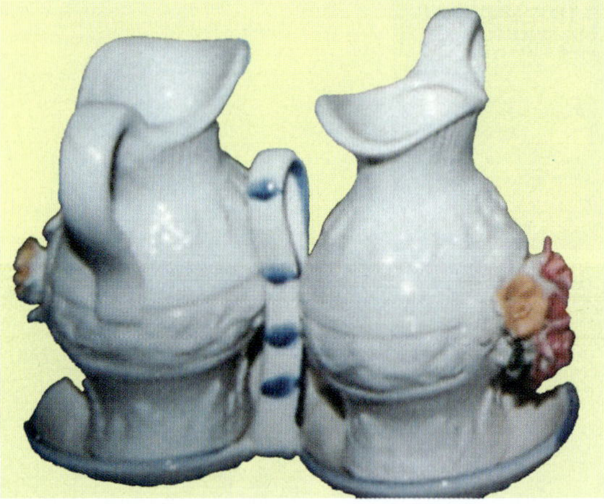

富贵吉祥酒

茅台酒

堆花

金丝燕窝酒

山西晋阳春

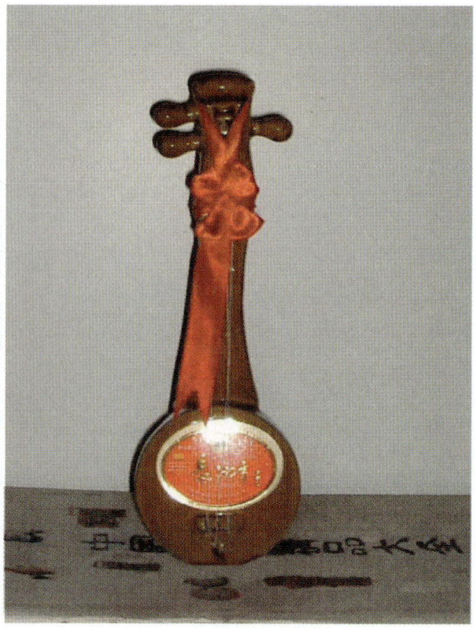

关公义酒

酒瓶也虎

明代玉觚

绍兴酒

（宋代）耀州窑青瓷倒装壶

鸳鸯苗家酒

白釉金

猪形灰陶

秦元帝酒

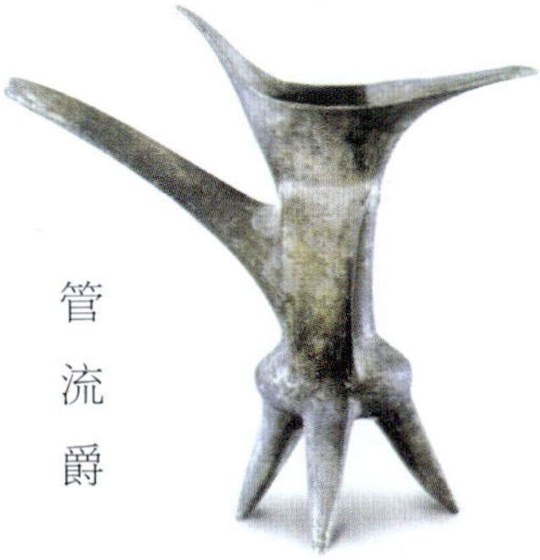

管流爵

兽形灰陶

象形铜尊

夔凤玉卮

泰山龙酒

龙山文化的陶制酒器

桂林山水甲天下

金元宝酒

白釉黑花葫芦形倒装壶

近代酒壶

（唐代）鸿雁折枝花纹银杯

塔形酒具

泊来品

KNOB
CREEK
straight bourbon
WHISKEY
SMALL batch
9
aged nine years

彩漆鸟形杯

斗彩高士杯

蓝釉爵杯

觞政撷珠

杯送至沿流等待行令饮酒人的面前。据说，水以泛觞最初是因汉章帝时，平原徐肇以三月初三生三女，至三日俱亡，村人以为怪，乃相携之水滨洗祓，本是驱邪祈福的一种祭祀活动。这种洗祓的祭礼叫做禊。晋人将禊日定在三月初三，并将以水泛觞的祭礼改成一种欢饮的方法并定为酒令，为禊日春游增添了雅趣，故行曲水流觞令又称为饮禊酒。

东晋大书法家王羲之撰写的《兰亭集序》开头就是“永和九年，岁在癸丑，暮春之初，会于会稽山阴之兰亭，修禊事也。”说的就是他与众多名士在兰亭聚会，行的曲水流觞令。通过流觞增添乐趣忘却烦恼。唐宋以后的士大夫们，纷纷在官邸、别墅中，或借山间地利，或在庭院造渠，专供流觞之用。

应当说，藏钩也和曲水流觞一样，对后世的酒令发展与繁荣有着深远的影响。

说起藏钩，还有一个传奇故事：汉武帝娶了个绝代佳人，只是那美人的左手自出生时就紧握着，从没伸展开过。进宫后，汉武帝感到奇异，将她的手展开（即使原先生理性的拳握，此时也有慑于帝王的威严吧？）只见那手中紧握一枚玉钩。多年的谜被帝王解开了，“钩戈夫人”由此得名。而故事本身的主要人物又为故事制造了轰动效应，民间大兴藏钩游戏。

晋人的发明是民间的藏钩游戏引入酒宴，成为赌赛令的一种。藏钩属集体游戏，要将参加游戏人分两组，一组藏，一组猜。藏钩人故意做一些虚假动作传递金钩，“钩运掌而潜流，手乘虚而密放。示微迹于可嫌，露疑似之情况”这种比技巧、斗心智的赌赛颇具挑战性，令人欲罢不能，借此将饮酒气氛推向高潮，达到尽情尽兴的目的。

至此，原本是为维护礼的、专门为贵族所制定的酒令，在民间吸取了大量养分之后，又以洒脱、新鲜的面貌，流行于世间。

唐初统治者，前期政治比较清明，先后出现了“贞观之治”、“开元盛世”。国家南北统一，疆域广阔，经济发达，中外文化交流频繁。在此基础上，各族人民共同创造了辉煌灿烂的文化。这些文化相互交织，相互渗透，相互滋养，相得益彰。酒文化作为一朵奇葩，也遇到了生长的气候条件，更加鲜艳夺目。

唐太宗时，国富民强。百姓路不拾遗，夜不闭户。市上“斗米四钱”，粮食绰绰有余，所以酒业得到迅猛发展，酿造技术也日臻完善。《册府元龟》中记太宗“破文昌，收马乳蒲桃实，于苑中种之，并得其酒法。帝自损益，造酒成，凡有八色，芳辛酷烈，味兼缇盎。既颁赐群臣，京师始识其味。”

百姓家有余粮，民间自制的甜酒（浊醸）与烈性的佳醸五花八门、杂乱纷呈，至此酒由贵族、士大夫们独享的奢侈品变为万民同享的饮料。

以上这些官醸、官宴、家醸的大量涌现，无疑又为酒令提供了生长的沃土，唐代酒令的发展迅猛，最常见的有掷骰、射覆、酒筹、酒牌、文字令等等。

唐人盛行掷骰赌酒。骰子原先并非做酒令用，而是一种叫双陆游戏所用的博具，从么到六，都是黑色。天宝年间，唐明皇与杨贵妃打双陆为戏，明皇眼看自己要输，掷骰时连声高呼“重四”，结果两枚骰子颇识君心，重复四点。明皇反败为胜，龙颜大悦，龙心大喜，“遂命高力赐绯”，给四点穿上红袍，享受五品以上官员待遇。因为御赐钦定，骰子身价倍增，得到越来越多人的喜爱，好酒之徒就将骰子引进酒宴，行起了骰盘令，而且骰子已变为多枚。小小的骰子，虽只有六面，各种点子搭配，就会出各种彩，从而形成酒令。

射覆是从藏钩发展而来的。清代俞敦培《酒令丛钞》卷一引文：唐玄宗立丞相，御书一个名，以金瓯覆之，令太子猜射，中则赐酒。射覆者，射所覆也，与藏钩一脉相承。

筹令就是酒筹。唐以前的筹只用来记数，自唐始筹就有了两种不同的用法：一种仍以记数，就是古代投壶所用的算。白居易诗“醉折花枝作酒筹”中的筹还是当算用。另一种比较复杂，在上面刻写着各种令约和酒约，成为行令的主要用具。得令时席间按顺序摇筒掣筹，再按筹上既定的令约、酒约行令、饮酒。

和筹令比肩兴起的还有一种牌类酒令，叫酒牌，又叫叶子酒筹。叶子，即在叶子上书以令辞。游戏中，将牌扣置桌上，与宴者依次揭牌，按牌中所写令辞、酒约饮酒，与筹令同出一辙。

唐诗中还有“楼头击鼓传花枝”的诗句，说明“击鼓传花”这一游戏令也在唐代流行，其他还有手势令、抛打令、旗幡令、小酒令、杂法等等。

以上可以看出，唐代酒令至少有四个特点：一是起用了多种行令用具。如骰子、筹子、叶子及射覆的所覆之物；二是风格浪漫。这在所引唐诗“笑掷骰盘……”，“醉折花枝做酒筹”中已体现得淋漓尽致；三是一宴多令。为尽兴，中途可以换令，行令不拘一格；四是文学性强。所制酒筹、酒牌之令辞，大多为文史典故，而文字令又被当代诗人、学者们用来逞才斗智，保持高雅身份的最爱。由于以上特点，故唐代酒令还多在文人、雅士中流行。

宋代酒令和唐代差不多，只是更加丰富多彩了。但宋代酒令有一突出的特点，就是由雅趋俗，俗中见雅。

宋代科举制度放宽，使得一大批来自社会中下层的文人得以“朝为田舍翁，暮登天子堂”，为文坛带进一种清新的俗文化。并首先以酒令做为沟通“雅”、“俗”文化的渠道，令一大批名人、雅士纷纷易辙，追寻以俗为雅的时尚。如苏东坡和秦少游，一位是文坛巨匠，一位乃风流才子。一次饮宴，规定以下酒的果子俗名取意为令。东坡见席中有沙果（俗名水林檎），遂举令道：“水林檎，未是水林檎。芰荷翻雨洒鸳鸯，恁时方是水林（淋）檎（禽）。”少游也指着桌上的梨子答令道：“清消梨，未是清消梨。夜半匆匆话别里，恁时方是清消（宵）梨（离）。”

宋代酒令比唐代有更广泛的群众性，从而为酒令的进一步发展拓宽了道路。

酒令发展到明清时代，进入了巅峰状态，其品种之多，内容之丰富，都是前代酒令所不能相比的。凡人间事物、花、草、虫、经、史、典故、风俗、习惯、时令、节气、唐诗、宋词、元曲、小说……无一不可入令。

单从明清酒令著作名称来看，有《楚骚品令》、《饮中八仙令》、《水浒叶子令》、《水泊人镜令》、《集西厢酒筹》、《聊斋酒令》、《钟馗嫁妹令》、《唐诗酒筹》、《唐诗酒令》、《改字诗酒令》、《红楼梦觥史》、《红楼叶戏谱》、《红楼人镜》、《红楼梦筹令》、《元明戏曲叶子》、《月夜钟声》、《六十四卦令》、《七十二候令》、《二十四风花令》、《占花名令》……其内容已包罗万象。

如果翻开明清小说，明清酒令的风貌更是呼之欲出，跃然纸上：

《金瓶梅》第六十回：“傅自新道：‘小人行个江湖令，遇点饮酒，先一后二：一舟二櫓，三人摇出四川河，五音六律，七人齐唱八仙歌，九十春光齐赏玩，十一十二庆元和。’”

《红楼梦》第二十八回：“宝玉笑道：‘听我说罢，这么滥饮，易醉而无味，我先喝一大海，发一个新令，有不遵者，连罚十大海，逐出席外，与人斟酒。’‘如今要说悲、愁、喜、乐四个字，却要说出个‘女儿’来，还要注明这四个字的原故。说完了，喝门杯，酒面要唱一个新鲜曲子，酒底要席上生风一样东西——或古诗、旧对、《四书》、《五经》成语。……听宝玉说道：‘女儿悲，青春已大守空闺；女儿愁，悔叫夫婿觅封候；女儿喜，对镜晨妆颜色美；女儿乐，秋千架上春衫薄。’接着唱了一支曲子之后，宝玉饮了门杯，便拈起一片梨来，说道：‘雨打梨花深闭门。’完了令。”

《红楼梦》第六十二回更热闹了，先是射覆，后是猜拳，湘云赢了宝玉，又限了个刁钻古怪的令，酒面要一句古文，一句旧诗，一句骨牌名，一句曲牌名，还要一句时宪书上有的话，共总成一句话。酒底要关人事的果菜名。“众人听了，都说：‘唯有他的令比人唠叨！——倒也有些意思，便催宝玉快说。”宝玉要想一想，黛玉让他多喝一杯，自己代说：落霞与孤鹜齐飞，风急江天过雁哀，却是一只折足雁，叫的人九回肠，这是鸿雁来宾。”

宋代文人尚俗的遗风又被明清雅士们继承下来，依民间口语做令的例子屡见不鲜。如：袁宏道、江盈科和某孝廉一同行船，袁宏道见船头一只水桶，遂出一酒令，令格为：要说自己看见的一样东西，还要说出一个亲戚的称谓和一个官衔。接着举令道：“此水桶，非水桶，乃是木员外的箍箍。”（“箍箍”乃吴音地区“哥哥”的谐音。）孝廉见船上有一苕帚，接令道：“此苕帚，非苕帚，乃是竹编修的扫扫。”（编修是翰林院之官，翰林院当时有个姓祝的编修，“扫扫”乃“嫂嫂”之谐音。）江盈科见岸上有人在捆稻草，完令道：“此稻草，非稻草，乃是柴把总的束束。”（把总是下级武官的称谓，“束束”乃“叔叔”之谐音。）

“憨”是傻的意思，这里却不无朴实、憨厚的褒义。“四憨”是明初的四位憨将，他们在元宵节行令助酒，令格也出得特别：说一样东西，要落地无声，再说一物，要四足能行，结尾一句话要有悖常理，就是话能这么说，事不能这么做，要“有此说法，并无此事”，而且要句句入韵。

四憨中梅思祖起令，说：“落地无声一滴酱，四足能行一只羊，螺丝壳里做道场。”受到令官的称赞，得敬酒三杯。

该三憨赵良弼答令了，他说：“落地无声一滴醋，四足能行一只狐，痴汉等老婆。”这下坏了，令官胡大海自从和老婆散失之后，至今孤身一人，赵良弼说“痴汉等老婆”，有讥笑胡大海之嫌，藐视令官，被罚不得饮酒。

轮到憨将沐光时，他想了半天才回令说：“落地无声一滴霜，四足能行一只獐，走路掉错膀。”众人嫌他末句不太规范，胡大海判他只得敬酒一杯。

最后剩令官胡大海了，他自知文才粗浅，想蒙混过关，被三个憨将强按着收令，说：“落地无声一滴泪（“泪”方言读“立”），四足能行一只——鸡”三个憨将责问：“不对了，鸡怎有四足？”胡大海吭哧半天，忽然理直气壮地说：“怎么没有？大鸡正在孵小鸡，正好有只小鸡刚出壳，一双脚露在大鸡翅下，远看正是四只脚嘛！”四憨被驳得无话可说，想起还有末句未答，胡大海脱口而出：“脱裤子放屁！”语惊四座，在轰堂大笑中得以完令。

总之，酒令发展到明清时代，无论其内容、形式，还是其广泛性、趣味性，都是前所未及的，特别是文字令，动用了对偶、夸张、比喻、双关、顶针、回文等几乎所有的修辞手段，雅令在娴熟中见经纶，俗语令在随意中现风采。

总览漫长的中国古代酒令发展史，我们可以看到：酒令萌生在周代，变化于秦汉，成熟于魏晋，繁荣于唐宋，至明清两代发展到巅峰状态，成为中国民族文化中的一枝奇葩。

以后，随着现代化，工业化进程加快，人们的生活节奏加快，酒席宴会只是一种应酬的手段，无暇宴会作诗拼文，附庸风雅，酒令在快节奏中慢慢消亡。偶有好酒者划拳行令，佐以罚酒，也是比较地方性的、粗俗的展示。

山东青岛的耿议忠先生，在青岛啤酒厂生活工作多年，工作之余，对于素有中华文化奇葩之称的酒令，颇有研究。为使在酒席文化娱乐游戏逐渐消亡的这一文化奇葩重放异彩，在总结我国历代酒令的基础上，推陈出新，创造出新时代的酒令筹，令筹分三组，每组 30 支，每支 1 至 3 个问题，分别为“百科知识令”、“地理知识令”和“文史知识令”。令筹是用 ABS 压制印刷，令筒与筒座则是由景德镇雕塑瓷厂用白瓷烧制而成，有描红、描黄、描绿、描金多种颜色，由象征中毕民族的鼋龙作为令座驮着令筒。

耿先生这一创意设计，获得国家专利局颁发的外观设计专利证书。

为了说明行酒令的方法，解释令筹中提出的问题及提供一些酒令的相关资料，耿议忠先生还编辑出版了《耿氏酒令筹注释》。

又东北吉林程奎先生，饱读诗书，经史马列融汇贯通，夜读刘伯温，友人家行酒令，顿被提示：何不将老少咸宜之扑克，印上通俗易懂简捷的酒令，便于大家酣饮畅饮之时行令游戏。逐改写唐诗宋词若干条，设计出根据各大酒厂需要的扑克数十种，供厂家销售中宣传产品，更好地促销。深受厂家的欢迎与酒民们的喜爱，并于 1998 年申报了国家专利。较之山东耿议忠先生虽晚了两年，因形式各异新颖，市场前景分外广阔，程先生被人誉为“中国酒令扑克之父”。

第二章　雅俗共赏琳琅令

根据社会发展状况和实际，编者从古代酒令中选辑部分认为简易方便的酒令推荐给读者，大家在饮酒时一试以佐酒。

未行酒令先识令

【酒令】饮酒时劝酒佐兴的游戏。与席者共议一种游戏方式，众人必须严格遵照执行。又推一人为令官，合席听其号令，违者，由其主罚。春秋战国时，有“当筵歌诗”、“即席作歌”之饮酒风俗以此为发端，至汉代而形成酒令。《后汉书·贾逵传》载：“逵尝作诗、颂、诔、书、连珠、酒令凡九篇。”唐宋时期，酒令游戏越发普遍，清人阮葵生《茶余客话》卷二十引北宋末年蔡居厚《诗话》道：“唐人饮酒，必为令以佐饮，白香山诗云‘闲征雅令穷经史’是也。”常以骰子、酒筹、叶子为行令用具。明清是酒令大发展的时期，举凡世间万物，如人物、事物、花草、虫鱼、曲牌、诗词、中药、月令等等，皆可人令。清人俞敦培，集秦汉迄清代的部分酒令撰为《酒令丛钞》一书。

【酒戏】酒席上的游戏，即酒令。宋代章渊《稿简赘笔·酒·令》：“唐人酒戏极多。钓赘竿：堂上五尺……”

【下酒物】酒令的别称。行令佐觞，易于消酒，故名。清代张潮为黄周星《廋词》作小引：“九烟黄先生作小笺四十幅，每幅载廋词四条以行觞政，中者赏，不中者罚，琼筵射覆，其足以益神智而长聪明，有如此下酒物，一斗岂足多乎？”张潮有《下酒物》，即为酒令专著。

【觞政】酒宴上执行觞令者，汉代刘向《说苑·善说》：“魏文侯与大夫饮酒，使公乘不仁为觞政。曰：‘饮不釂者，浮以大白。’文侯饮而不尽釂公乘不仁举白浮君。”“觞”，原本为盛满酒的酒杯，也泛指一切酒具。在这里，与“政”相合。则指宴会上的主持人。后世的“令官”当从此衍变而来。泛指酒令。明代袁宏道著《觞政》一书，卷首言道：“今采古科之简正者，附以新条，名曰《觞政》，人为饮客者，各收一帙，‘亦醉乡之甲令也’。”清代俞敦培《酒令丛钞凡例》说：“觞政之名，始见《说苑》，酒令乃觞政之一端。”明代蔡祖庚所著《懒园觞政》，清代如许主人所辑《觞政》皆为酒令专著。

【觞令】酒令的别称。元代杨维桢《王左辖席上夜宴诗》：“佩符新赐连珠虎，觞令严行卷白波。”清代慕真山人《青楼梦》第五回：“挹香向慧琼道：‘今日如此盛会，宜举一觞令，庶不负此良辰。’”

【觥光】酒令的别称。唐代皇甫松《醉乡日月》：“有犯者辄投其旗于前曰：‘某犯觥令！’”

【甜令】酒令用语。指行令时比较容易行的酒令，多指口头文字一类酒令中要求较宽，不费多少思考就可以说出的酒令。清代陈森《品花宝鉴》第三十五回：“子云道：‘他们五个另行一个甜令，如何？我们搜索枯肠想不出时，听了他们行得好的，也可以触动灵机，或者倒凑出来呢。’”

【苦令】酒令用语。多指口头文字一类酒令中要求严苛，须经苦心经营才能凑成的酒令。清代陈森《品花宝鉴》第三十五回：“子云道：‘不然，单是我们七人行这个苦令。’”

【酒令如军令】酒令用语。是说酒令的规矩就像军队中的命令一样严格。《史记·齐悼惠王世家》：“高后令刘章为酒吏，请以军法行酒。诸吕有一人醉，亡酒。章追，仗剑斩之。”后世行酒令取汉代旧法之精神，也令出必行，违令辄罚，而且不分长幼、辈份均依令规而行赏罚。《红楼梦》第四十回：“鸳鸯也半推半就，谢了坐，便坐下，也吃了一种酒，笑道：‘酒令大如军令，不论尊卑，唯我是主。违了我的话，是要受罚的。’”清代陈森《品花宝鉴》第十四回：“高品道：‘酒令严如军令，自然要执一的。’”

【令章】酒令的别称。唐代韩愈《昌黎集》卷二十二《祭河南张员外》文：“衡阳放酒，熊咆虎峰，不存令章，罚筹猬毛。”宋代朱熹校注：“令章谓酒令。”

【行令】玩酒令。宋代俞文豹著《唾玉集》："东坡尝遇坐客行一令，以两卦名证一故事。"明代兰陵笑笑生著《金瓶梅》第六十回："座上沈姨夫向西门庆说：'姨夫，不是这等，请大舅上席，还行个令儿，或掷骰，或猜枚，或看牌，不拘诗词歌赋、顶针续麻、急口令，说不过来吃酒。'"清代曹雪芹著《红楼梦》第四十回："凤姐忙走至当地，笑道：'既行令，还叫鸳鸯姐姐来行更好。'"

【开令】提出酒令，供人行之。清代慕真山人《青楼梦》第五回："月素道：'君言诚是，即请赐令。'挹香说道：'请主人自己开令。'"后来他们行了一个"成语贯《诗经》、曲令牌"。

【起令】饮酒行令时，所行的第一个令。明代兰陵笑笑生著《金瓶梅》第六十回："(西门庆)先斟了一杯，与吴大舅起令。吴大舅拿起骰盆儿来。说道：'列位，我行一令，说差了，罚酒一杯。先用一骰，后用两骰，遇点饮酒。'"他行了个"古人令"。

【过令】某人行过某令由下家接行；有时也指某令行过，接行另一令；在某些筹令中，又指一筹行完接行下筹。清代始宁竹秋氏《红闺春梦》第六十四回："洛珠笑着，摇头道：'罢哟，快说花字流觞过令罢'。"清代"酒家南董曲禅氏"的"曲禅氏删订《红楼》人镜令"中林黛玉筹的令约规定："行竹节通关三次，不通者自饮一杯过令。"

【揭酒牌】用酒牌行酒令。清代李绿园《歧路灯》第十五回："(盛)希侨道：'不猜拳，咱们揭酒牌罢。'"

【流杯客】行"流觞曲水"酒令的人，也泛指行酒令的人。北周庾信《春赋》："树下流杯客，沙头渡水人。"

【监史】酒宴上监察行令、饮酒事宜的人。又称"酒监"。《诗经·宾之初筵》："凡此饮酒，或醉或否。既立之监，或佐以史。"清代郎廷极《胜饮编》卷八："监史之设，本以在席之人，恐有懈倦失礼者，立司正以监之也。"周代的酒监，到了唐代而一分为三，为律录事、觥录事、明府，各有执掌。明清之后，又删繁返简，通常以一令官独掌行令之事。但亦时有例外。清代童叶庚六十四卦令谱云："酒监监酒。令官不公，酒监纠之；酒监徇情，令官正之。"

【律录事】 宴饮时指挥行酒令事宜的人。唐代皇甫松《醉乡日月》："律录事：夫律录事者，须有饮材。材有三：谓善令、知音、大户也。"意思是说，此人必须善于行令，会的酒令要多，通晓音律，酒量大。宾主就坐，行令之前，律录事取一酒筹，与旗、纛一同立于席间中央。席间有犯令规者，他即下筹，表示下令罚该人以酒。皇甫松又说："凡乌台为徒，以言笑动众、暴慢无节，或累累起坐，或附耳嗫语，律录事以户绳之。"律录事当从秦、汉时期的监史演变而来，明清以后，又被子令官取而代之。

【明府】 掌管宴席间斟酌事宜的人。唐代皇甫松《醉乡日月》："立一人为明府，所以规其斟酒之道。每一明府，管骰子一双，酒杓一双，此皆律录事分配之，承命者法不得拒。"他在行令时的主要任务是"纠诸座之罪"。唐代的明府，当从周、秦、汉时的监史演变而来，分监史的一部分执掌而后独立。清代郎廷极《胜饮编》卷八："监另外……后人乐饮，遂以为主令之明府。"明代袁宏道《觞政·一之吏》："凡饮，以一人为明府，主斟酌之宜。"

【觥录事】 饮酒行令时维护令规的人，简积"录事"。唐代皇甫松《醉乡日月》："觥录事……以刚毅木讷之士为之。"既由主持公道、不循私情的人来担任。行令、饮酒时，凡是背约违令之人，皆由他来制裁，他的法之具为一旗一纛。皇甫松又说："有犯者，辄投其旗于前，曰：'某犯觥令！'犯者诺而收执之，拱曰：'知罪。'"此时，执掌行罚的明府执酒杯，斟满酒。犯者以右手引杯，左手执旗，附于胸前。律录事便对席间伶人说："吹奏曲破送之。"犯者再饮干罚酒。饮毕稽首，并将旗、杯归还觥录事，曰："不敢有余沥。"觥录事将旗、杯放回原处。这一全过程叫"舞旗"。清代郎廷极《胜饮编》卷八："凡饮，以一人为录事，以纠坐人。……放翁诗：'夜宴怕逢觥录事，秋山慵伴猎将军。'"清人行令一般不设此职，而以令官主持行令的全过程。

【觥使】 觥录事的别称。唐代元稹》诗："红娘留醉打，觥使及醒差。"清代郎廷极《胜饮编》卷八："觥使，即觥录事也。"

【酒纠】饮酒行令时执掌令约、酒约的人。唐代卢言《卢氏杂说》："洛中举子谒节使，留连宴饮，与酒纠谐戏颇洽。一日告辞，帅复开筵送别，因暗留绝句与纠曰：'少插花枝少下筹，须防女伴妒风流；座中若打占相令，除却尚书莫点头。'"唐代酒纠，当从觥发录事等转化而来，一律以妓女充任。宋代陆游《老学庵笔记》说："苏叔党政和中至东都，见妓称录事，曰：'此犹存唐旧，为可喜。前辈谓妓曰：酒纠。'盖渭录事也。"也称"席纠"。清代郎廷极《胜饮编》卷八；《烟花录》：妓天水仙哥，字绛真，与郑举举互为席纠，宽猛得所。"

【令官】执掌行令的人。行酒令时，公推一人执掌游戏中各项事宜。该人先饮一杯酒，叫做"令酒"，再行使自己的权力。违令者，由其主罚。《红楼梦》第四十回，贾母等人行牙牌令，推鸳鸯为令官，鸳鸯"吃了一钟酒，笑道：'酒令大如军令，不论尊卑，惟我是主。违了我的话，是要受罚的。'"清代始宁竹秋氏《红闺春梦》第七回："玉兰道：'我擅专作个令官，先来掣筹。'说着，饮了一杯令酒，伸手在大筒内掣出一筹。"

【苛政】严格而苛刻地执掌斟酌的人。明代袁宏道《觞政》："凡饮，以一人为明府，主斟酌之宜。……酒猛为苛政，谓热也。"古代饮酒行令，常设一人为明府，由他来执掌席间的斟酒、饮酒。斟酒及令人饮酒猛而苛的，谓之苛政。

【旷官】酒席间宽容地执掌斟酒的人。明代袁宏道《觞政》："凡饮，以一人为明府，主斟酌之宜。酒懦为旷官，谓冷也。"明府是执掌席间斟酒之事的人，过于宽和反使席间无趣，犹如虚设明府之官。

【大户】酒宴行令时对酒量大者的称谓。唐代皇甫松《醉乡日月》："夫律录事者，须有饮材，材有三：谓善令、知音、大户也。"清代方绚《采莲船》："凡有量浅不胜杯杓者，临时准告求大户替代。"

【选徒】饮酒行令所应选择的酒伴。明代田艺蘅《醉乡律令》："酒徒之选十有二：款于辞而不佞者，愉于色而不靡者，怯猛饮而惜于欢者，抚物为令而不涉重者，闻令即解而不再问者，善戏谑而不谑者，语便便而不乱者，持屈爵而不分愬者，偕众乐而恶外嚣者，飞斝腾觚而德仪无愆者，坐端凝而神爽逸者，宁酣沉而不倾泼者。”明代袁宏道《觞政》亦有此十二款，二者大同小异。

【醉宜】不同的饮酒兴致所应选择的情境。又叫“醉乡之宜”。明代田艺蘅《醉乡律令》：“醉乡之宜十有一：醉花宜昼，醉雪宜夜，醉月宜楼，醉暑宜舟，醉山宜幽，醉水宜秋，醉佳人宜微驼，醉文士宜妙令酌无苛，醉豪客宜挥觥浩歌，醉将离宜鸣□，醉知音宜乐侑酒。”（□处加“喧”字如何——编者）

【三戒】饮酒行令时三种应该戒掉的习惯。清初黄周星在《酒社刍言》提出：一戒苛令。苛令即难行之酒令，行不出便要饮酒，以此法来劝人多饮。黄周星以为大可不必，他说：“世俗之行苛令，无非为劝饮耳。而不知饮酒之人有三种：其善饮者不待劝，其绝饮者不能劝，唯有一种能饮而故不饮者，宜用劝。而能饮而故不饮，彼先已自欺矣，吾亦为何为劝之哉。”既然都不须劝，故不必行苛令。二戒说酒底。某些酒令，要求有酒底，凡此种令，都比较难。黄周星又说：“说酒底者，将以观人之博慧也。”认为饮酒行令本为消遣，“若复苦心焦思，搜索枯肠，何如不饮之为愈乎”。三戒拳哄。拳哄指猜拳，届时，边出拳，边大叫，故曰“哄”。黄周星反对，说：“佐饮之具多矣，……藏钩、握子、射覆、续麻诸戏犹不失雅人之致，而世俗率用拇陈，虎膺以逞雄角胜，捋拳奋臂，叫号喧争，如许声态，亦何异于市井之无、舆儓之辈乎。”以上三种戒事，反映了一部分文人对行令的基本态度，具有一定的普遍性。

【五合】适于饮酒的五种情境。明代袁宏道《觞政》：“饮有五合：凉月好风，快雨时雪，一合也；花开酿熟，二合也；偶尔欲饮，三合也；小饮成狂，四合也；初郁后畅，谈机乍利，五合也。”

【十乖】不适于饮酒的十种情境。明代袁宏道《觞政》：“饮有五合、十乖：……日炎风燥，一乖也；神情索莫，二乖也；特地排当，饮户不称，三乖也；宾主牵率，四乖也；草草应付，如恐不竟，五乖也；强颜为欢，六乖也；革履板折，庚言往复，七乖也；刻期登临，浓阴恶雨，八乖也；饮场远缓，迫暮思归，九乖也；客佳而有他期，妓欢而有别促，酒醇而易，炙美而冷，十乖也。”

【欢候】令人欢饮的情境。明代袁宏道《觞政》："欢之候十有三：得其时，一也；宾主久间，二也；酒醇而主严，三也；非觥罍不讴，四也；不能令有耻，五也；方饮不重膳，六也；不动筵，七也；录事貌毅而法峻，八也；明府不受请谒，九也；废卖律，十也；废替律，十一也；不恃酒，十二也；歌儿酒奴解人意，十三也。"此间所谓"卖"即在行令时可以卖酒，见本书"自怡怡斋觞政"条。所谓"替"，即替人饮酒。

【不欢候】令人不欢的饮酒情境。明代袁宏道《觞政》："不欢之候十有六：主人吝，一也；宾轻主，二也；铺陈杂而不叙，三也；室暗灯晕，四也；乐涩而妓骄，五也；议朝除家政，六也；迭谑，七也；兴居居纷纭，八也；附耳嗫嚅，九也；蔑章程，十也；醉唠嘈，十一也；坐弛，十二也；平头盗瓮及偃蹇，十三也；客子奴嚣不法，十四也；夜深逃席，十五也；狂花病叶，十六也。"明代田艺蘅《醉乡律令》所述不欢之候有十四项，与上述袁宏道所云有异同。

【曹】酒令游戏用语。即分伙。唐代李商隐《李义山诗集》卷五《无题二首》："隔座送钩春酒暖，分曹射覆蜡灯红。"

【巡】令行席间一周。该字本意有数种，其一作量词"遍"解。《玉篇·辵部》："巡，遍也。"其二行令，则是某令在席间行一圈。某些酒令，共行几圈事先有规定，如清代方绚《采莲船》："令依次六巡，由西施收令。"

【响】酒令术语。猜拳时，双方互出手指，同时，各叫出数字，二人的叫声碰在一起谓之一响。清代酒家南董曲禅氏《折枝雅故》卷一《水泊人镜酒令》中的"地耗星白日鼠白胜"筹中的令规"与左右座各猜一举，只猜有无，一响过"。

【嚣】酒令术语。指猜拳时，在每人出手指的同时，口中所叫出的数目字。清代酒家南董曲禅氏《折枝雅故》卷五《一字清不倒旗拳》："自一至十，只嚣单字，不得嚣一品、十全之类，是为一字清。"清代周蕚芳《百声诗·拇战》："手无寸铁先声夺，腹有奇兵在阵嚣。"

【醉乡日月】酒专著。唐代皇甫松著。其中所载饮酒习俗、规矩、及行酒令之章法、酒令等，皆为研究唐代酒文化不可多得的资料。作者生平事迹不详，明代陶宗仪《说郛》卷五十八收录此书，于作者名下注云："字子奇，唐宣。懿、僖间人。"若此言可靠，则作者生当公元847-888年之间。著述除此书外，另有《檀栾子词》存于世。

据卷首目录，原书总计三十，遗憾的是，今存只是一个残本，仅有饮论、谋论、为宾、为主、明府、律录事、觥录事、选徒、骰子令、手势、拒泼、逃席、使酒、进户共十四款。而且，此十四款是否有脱漏，也无从确定。

【酒谱】酒专著。宋代窦苹（一作"革"）著。苹字子野，山东省汶上县人。学问精博，著作除本书外，尚有《新唐书音训》。本书分内、外两篇。内篇有酒之源、酒之名、酒之事、酒之功、温克、乱德、诫失等七部分；外篇有神异、异域酒、性味、饮器、酒令、酒之文、酒之诗等七部分。酒令部分收录唐宋酒令二十余种。该书对后代酒著作有一定影响，同时是研究酒文化必读之典籍。

【觞政述】酒令专著。宋代赵与时著。作者生平事迹不详，此书所涉大都为唐宋酒令，如儿射格、汉法酒、纸帖子、酒笺等。作者提出酒令的起源："余谓酒令盖始于投壶之礼。虽其制皆不同而胜者饮，不胜则罚。"亦可备一说。

【醉乡律令】酒专著。明代田艺衡著。艺衡字子艺，钱塘人，博学善属文，著述丰富。有《易图》、《留青日札》、《小酒令》、《煮泉小品》、《玉笑零音》、《春雨逸响》、《香宇诗谈》等存于世。

自序："予也陆沉丘壑，托契曲生，晨夕相从，情好甚笃。惜其风味久溷于俗子，而品咏未罄子高贤也。取皇甫氏之意而芟繁撮要，易其未然而补其未备，著为醉乡律令一篇，"全篇仅三条：醉乡之宜，酒徒之选、酒所不欢之侯，皆为饮酒行令所应遵从、注意的约法。

【小酒令】酒令专著。明代田艺衡著。作者道："古有《令圃芝兰》一卷、《庭萱谱》一卷、《小酒令》一卷、纪集所载，咸极精妙，未吻枚举。余尝与骚墨清酣，颇穷雅令，偶记数种，因笔左右，聊供笑谈，非敢曰文字饮也。"令并不多，仅"四声令"、"大麦行"、"闲忙令"等数种。该书今有《说郛》续篑四十六所收本。

【拇指谱】 酒令专著。明代袁福征著。福征生平事迹不详。此书述猜拳之战术。卷首有不署名小引："吾友汪尊生有句曰'拳猜谱醉容'。夫既列酒兵，难度拇阵。云间袁履善先生以辣悍之笔，号令糟坛，遂觉与武子十三篇并树中原赤帜。"总计十六款，末附皇甫松所述之"招手令"。此书今有《重订欣赏编》、《夷门广牍·娱志》、《说郛》续笺四十六及《游艺四种》等本传世。

【新刻时尚华筵趣乐谈笑酒令】 酒令专著。作者不可考。为《博笑珠玑》的一部分。卷首总题《博笑珠玑》，题名之扉页上，书"华筵聚乐篇篇锦，博笑珠玑种种新"，横批"新兴笑谈"，全书共四卷以酒令为主。书分上下两栏镌刻，上栏小而下栏大，下栏为酒令，上栏为"新奇灯迷"。每卷之首，刻图一帧，如"唐朝皇游月宫"、"杏坛讲道"之类。观其版式，像明末清初的式样，出版者署"文德堂"。所收酒令达二百余种，分"天文类"、"鸟兽类"、"果各类"、"药名类"、"律条类"、"杂说类" "文史类"等。

【酒社刍言】 酒令著作。明末清初黄周星著。周星字九烟，崇祯进士，官户部主事，明亡后，遁迹湖州以终。该书被清代张潮收录于《昭代丛书》别集之中。在该著中，黄周星提出行令"三戒"反映了一部分文人对行酒令的见解。

【快乐酒令】 酒令专著。清代扬州人石成金撰，为作者《快乐豫》中的一部分。《快乐豫》共有六豫，《快乐酒令》是其上的一豫。石成金生平事迹不详。作者《快乐酒令·自叙》说："予性不善多饮，亦不善人苦劝。窃怪今人设若干枯寂酒令，专以难人。要知我辈饮酒，原取快乐，今忽当此，必致构思艰涩，搜索烦难，本为寻乐而反不大快乐，何自苦耶予因新谄快乐酒令。"明确地介绍了本书的编撰目的。全书收与"快乐"相关的酒令于四十余种，都是易行酒令。

【胜饮篇】 酒专著。清代郎延极著。延极字紫衡，号北轩主人。其父郎永清在清代顺治间由笔帖式除知浑源州，累官山东巡抚。延极因门荫授江宁府同知，累官漕运总都。所著《文庙从祀先贤儒考》《胜饮篇》、《集唐要法》存于世。作者于卷首所作《自叙》说；"余量要三蕉，蓄尝百斛，当春秋之好景，不废开樽，引申伯之嘉宾，尝为置醴。不善饮而爱观人饮，第陶情而毋取纵情，爰录是编。无异把杯在手，以贻吾友，即如折柬相招矣。"收中博征古来饮酒这事，分门别类，共十八卷，为：良时，胜地、名人、韵事、德量、政效、著撰、政令、制造、出产、名号、器具、箴规、疵累、杂言、杂记、正喻、借喻。其上政令一卷，多涉酒令；名人、韵事二卷，多记古代嗜饮者之曲故。

【栩园觞政】酒令专著。辑者的姓氏不详。原书封面及扉页均作“屈醒陶醉室主人选订雅令”，北京图书馆存此书，总题“栩园觞政”。书扉页题“光绪丁酉镌”、“武林王同署”。则书刻于光绪二十三年（1897）。全书共选辑酒令二十九种，均为比较流行的酒令。

【令仪】酒令专著。清代佚名著。该书无序无跋，正文收酒令二十二种。有自编的，也有数种为前人旧令而重加修正者，附录收酒令五种。

古今酒令精粹汇

1. 射覆令

【两覆一射】射覆类酒令。行令方法：覆者举出两个字，以此二字隐物或典故为谜，令射者猜；射者须以一个字射该物，不中则罚酒。《红楼梦》第六十二回：“探春便覆了一个‘人’字。宝钗笑道：‘这个人字泛得很。’探春笑道：‘添一字，两覆一射也不泛了。’说着，便又说了一个‘窗’字。”探春覆了“人”、“窗”二字，宝钗知道她用了“鸡窗”、“鸡人”两个典故，本来射一“鸡”字就算射中，但宝钗却隐“鸡”字而不露，别射一“埘”字，“埘”为鸡窝，射“班埘”字而不射“鸡”字，越发巧妙。此令又名“射雕覆”。清代俞敦《酒令丛钞》卷一：“今酒座所谓射覆，又名‘射雕覆’。……法以上一字为雕，下一字为覆。设注意‘酒’字，则言‘春’字、‘浆’字，使人射之。盖‘春酒’、‘酒浆’也。射者言某字，彼此会意；余人更射。不中者饮，中则令官饮。”此处之“令官”，即指覆者，亦即出题目的人。

【猜枚】射覆类酒令。又叫“猜拳”、“搏拳”、“藏阄”。行令方法：一人手握某物，令人猜射，不中辄罚酒。清代阮葵生《茶余客话》卷十《猜枚》：“元人姚文奂诗云：‘晓凉船过柳洲东，荷花香里偶相逢。剥将莲子猜拳子，玉手双开不赌空。’皆请料也。即令酒之猜枚，前后不放空也。”清代翟灏《通俗编》卷三十一《俳优·狂拳》：“宋孙宗鉴《东皋杂录》：唐人诗有‘城头击鼓传花技，席上搏拳握松子，”乃知酒席猜拳为戏，其来已久。“清代李调元《童崇山文集》卷三十八《弄谱百咏》：“筵上花枝照烛红，随拈莲子斗雌雄。真空两手君休诧，看破乾坤总是空。”“藏阄即猜拳。“此令远承汉代的“藏钩”游戏，开明“猜子”等酒令的先河。

【猜诗令】射覆类酒令。行令：令官指定二人，假定一人为甲，一人为乙，甲便根据座客人数，相应地暗拈古人诗一句，令乙避于席外。甲将心中想到的诗分开，说与席间每人一个字。乙入席，开始猜诗。乙随意向座中一人提问，该人用三句话作答，要求要在三句话中不露痕迹地嵌入甲给自己的那个字。乙遍问座客之后，便说出甲暗拈的一句诗。若射中，则甲与合席同饮（乙除外）；不中，则乙饮一杯。比如甲暗拈“只在此山中”，乙问某人：“你怎么来晚了？”某人答：“也不太晚，我来时只六点半钟。”“只”在其中。余可类推。

【猜朵令】射覆类酒令。与“猜花令”类似，但有区别。古人行这个酒令时用具比较讲究，备雕刻细致的水磨大方竹盒。上下两截，分别是竹盒，竹盖。游戏时，临时从花园中采摘十数种花朵，放在下层竹盒中。令官暗暗地拿出一朵，放置在上层竹盒中，请众人猜。猜中，令官饮酒；猜不中，猜者饮双杯。传统玩法往往将击鼓传花令与此结合起来，以猜朵压轴。

【猜子令】射覆类酒令。清代俞敦培《酒令丛钞》卷三“猜子令”：“即古之藏钩也。”其法有二：其一，一人手握一枚瓜子，左右手一实一空，令对方猜瓜子在哪只手中。猜不中罚酒；猜中则由覆者饮酒。其二，用三枚瓜子，两枚花生，叫“三红两白”分别握在两手中，随意出一拳，让对方猜单双，后猜几枚，再猜红白，叫作“五子三猜，两手不空”。每次猜不中都须罚酒，若猜中，则由出拳者饮酒。

【猜花令】射覆类酒令。行令方法：根据合席人的酒量，均分为两曹；以覆的一方为上曹，射的一方为下曹。将十个酒杯扣在盘中，上曹把一朵花覆在其中一个酒杯中，将盘置于桌上，令下曹射。射毕，揭开酒杯。若揭得空杯，则斟满这酒，下曹分饮。饮后，将该杯另置盘外。一连九杯皆空，叫

"全盘不出"。射中得花，将该杯及盘中所余之杯斟满酒，由上曹分饮。

【藏阄仪】射覆类酒令。行于辽代宫廷宴仪中。《辽史·礼志》六《嘉仪》："藏阄仪：至日，北南臣僚，常服入朝。皇帝御天祥殿，臣僚依位赐坐，契丹南面，汉人北面，分朋行阄。或五筹，或七筹，赐膳入食。毕，皆起。顷之，复坐行阄如初。晚赐茶，或三筹，或五筹。罢，教坊承应。右帝得阄，臣僚进酒讫，以次赐酒。"于宫廷之外。亦偶行此令。

【藏花令】射覆类酒类。与"猜花令"略同，行令方法：按合席人数，择《红楼梦》中人物若干（宝玉、黛玉二人不可不选）写在纸上，作成阄，每人抓一阄，以定身分，得"黛玉"阄者为令官，藏花令人猜。其法：用四个酒杯，秘密地将花任意覆于一个杯下，令人猜花在哪里，每人猜一次，台席依次轮猜。猜中则重新覆花。若"宝玉"猜中，合席共贺一杯，其他人猜中，按理该"黛玉"饮，而由"宝玉"代饮，"宝玉"代酒时，"黛玉"须说："莫喝冷酒。"忘说则罚。"黛玉"得贺酒或受罚时，"宝玉"无需代饮。

【掘藏令】射覆类酒令。行令方法：根据座客每人的酒量，将全体分为两曹。再根据合席人数准备同样数量的酒杯和同样数量的瓜子，从甲曹（伙）开始，在杯中藏瓜子。藏时可任意藏，即可空杯不藏，亦可或三或五，数量不限。藏毕，甲、乙两曹划拳，每对一拳。划拳完了，不管胜负，甲曹都令乙曹一人揭一杯，揭得空杯，免饮；揭得瓜子，则揭得几枚斟满几杯酒。所斟之酒由乙曹全体分饮。乙曹喝完之后，乙曹藏子，甲曹揭杯，方法同前。

【打擂令】射覆类酒令。参加人数不限。行令方法：假如一席共计八人，令官手中握松子或瓜子等，从一枚至八枚，数目不拘。然后问本次酒宴的主人，共喝几杯酒。主人应说共喝八杯酒。则本次聚会总计消八杯酒。但每一杯可化出若干杯，化出的杯数也由主人定。在行令之前，令官首先要向主人请示这一至八杯酒中每一杯化出几杯，以及行什么令。比如，主人说第一杯可化出三杯，行"猜子令"；第二杯可化出五杯，行"走马拳令"等。请示完毕，令官从第一人起逐位请猜其手中所握松子数，猜中则过；不中，就按主人事先讲明的，行令酒。

【揭彩令】射覆类酒令。又叫"贴翠令"。行令方法：令官将一张写有数字的纸条用杯子扣在桌子上。合席诸人除令官之外均不知道这个数字。要求这个数目字必须在6~36之间。令官饮过令酒，口中说出“6”这个数字送给席间任何一人，该人随意加上一个数字后，再递给另一人。依此类推，如果所加之数的和正好与杯内所覆之数相等，叫作“得彩”，由该人饮一杯酒。假若又轮到令官而数字又未超过杯中数，则令官只许加“1”再递与他人，如果累计数已超过杯中的数，那么该人接着猜拳；过几个数猜几拳。输者饮酒。比如，纸条上的数字是“7”，令官说“6”送给甲；甲说了个“1”，恰好得彩，甲饮一杯。如果甲说了个“3”，那么令官和甲猜两拳。

【武揭彩令】射覆类酒令。此令与“揭彩令”相似而有别。行令方法：令官将一张写有从6~36之间任何一个数字的纸条扣在杯子底下。令官饮过令酒。口中说出“6”这个数传给下家。他的下家只能说“1”和“0.5”，再向其下家传。以下类推。规定：一、累计为10、15、20等数（“5”的倍数）时，轮到谁谁饮一杯酒，叫“上衙门”。二、逢3、6、9等数（“3”的倍数）时，该人在席间任找一人猜拳，所猜拳数与所逢数相等，叫“开操”。三、累计数字与杯中所覆数相等，谓之“得彩”。得彩者饮一大杯。

【手势令】射覆类酒令。以手作各种物品之势以行令。又叫“招手令”。起源于唐代，清代姚莹《康栖纪行》卷十四：“唐代佛书盛行，以五指屈伸作手势，盖佛经所谓手诀也。唐人戏笑之为酒令耳。”手腕、手掌、手指各有指代，手掌为“虎膺”、指节为“松根”、大拇指为“蹲鸱”、食指为“钩戟”、中指为“玉柱”、无名指为“潜虬”、小指为“奇兵”。五指通名“生其五峰”，垂着手腕叫“死其三洛”。具体方法不详。不过，清代杨世沅《增补绘芳园酒令》述“招手令”，其各个手指的名称上述唐代时的手势令各指头名称相同，而该书介绍“招手令”的行令方法为：先写好若干阄，一个人随意拈取其中一个阄，藏好。阄中所写的也是上述各指名称。指定席间一人出手指，所出手指若与阄上所写相合，则藏阄者饮双杯，不相合，出手指者饮一杯。此法未必是唐代古法，但相去或不会太远。

【花名谜令】射覆类酒令。行令方法：令官说四句话作为谜面，谜底是一名称含“花”字之物。谜面提出后，由席间诸人猜，中则免饮，不中则罚射者一杯。如：“请君各报一花来，非剪非描不用栽，立地生来生地谢，不消不谢不言哉。”谜底为水花、雪花、酒花等。

【火里花谜令】射覆类酒令。行令方法：令官出一谜语，为四句话，谜底要求一种火里花。合席轮射，凡射不中的均罚酒。如："请君报一花，有焰最为佳，若还无焰色，罚酒不饶他。"谜底为灯花、烛花、钢花等。

2. 划拳令

【划拳】一类酒令的总称。清代曹雪芹《红楼梦》六十二回："湘云等不得，早和宝玉'三'、'五'乱叫，划起拳来。"它远承汉代的藏钩游戏，而直接从唐代的"手势令"演变发展而成。藏钩是猜对方所出手指之数的同时，自己也须迅速地伸出指头，以二人所出指头数的多少、按一定的规则规定输赢，在游戏方法上更趋复杂。明清以后，它形成多种行令方法。划拳又作"豁拳"、"豁指头"、"搳拳"。明代李日华《六研斋笔记》："俗饮，'以手指屈伸相搏谓之豁拳，盖以目遥觇人，为已伸缩之数，隐机斗捷，"清代郎廷极《胜饮篇》卷八"俗饮以手指屈伸相搏，谓之豁拳，又名豁指头。"清代始宁竹秋氏所著《红闺春梦》四十七回："方夫人又道：'我们十人可行此令，那边聂奶奶他们单搳拳就是了。'"别名"拇战"、"拇阵"。行令的两个人以手指的屈伸来斗智，如两军之对垒，故名。

【摆擂台令】划拳类酒令。行令方法：某人摆擂台，先自饮一大杯酒，高坐宣战；席间不拘何人，均可应战。应战者先饮一杯酒，再与擂主划拳，败则退去；胜则擂主退位，胜者高为擂主。百战百胜，合席再无应占者，封擂完令。

【抢两令】划拳类酒令。又名"抢两筹令"。行令方法参见"抱三筹令"。

【抬轿令】划拳类酒令。行令方法，三人猜拳，同时出手，但不许出声，出声者先罚一杯酒。其中两个人所出手指相同。叫作"抬轿"。第三个人为坐轿者，坐轿者饮一杯酒。

【过桥令】划拳类酒令。行令方法：将套杯一字排开，大杯居中为"桥顶"，再以由大至小的顺序把酒杯分列桥头两侧，形成一架拱桥形。依次斟满各杯。二人拇战，从战头拾级而上，至桥顶，再依次而下。负者取饮，至某一级饮某杯酒。

【七星赶月令】划拳类酒令。又名“流星赶月令”。行令方法：备七支小杯，一支大杯，小杯叫“星”；大杯为“月”斟满各杯，先由小杯起找人划拳，胜则对方饮，负则自饮。最后负者饮大杯。

【通关拳】划拳类酒令。简称“通关”，又叫“打通关”。一个人分别与席中每个人划拳，犹如将军过关斩将一样。按输赢决定能否过关。行令方法有三：一、“赢通关拳”，规定只有赢对方一拳，才许过关，再与下一人接战。负者饮酒。二、“输海关拳”，必须输给守关者才许过关，赢了反倒要留关，并罚酒一杯，饮后再战。三、“无胜负通关拳”，规定双方打成平手，方准过关，或输或赢，均需留关再战。过关时，二人碰杯，各饮一杯。

【竹节通关拳】划拳类酒令。行令方法有二：一、一人与席间诸人轮流划拳，每次划一拳，胜则过关。若能一直胜到底，势如破竹，则完令。输在某关，便从某关退回。再从第一关重新打起来；每拳均有胜负，负者饮酒。二、打关者在某关输拳，则由胜者代替其接着打以下各关，余法同前。此法又名“脱卸竹节关令”。

【脱卸竹节关拳】“竹节退关令”的一种。行令方法参见“竹节通关令”。

【鹅毛扇拳通关令】划拳类酒令。行令方法，每人为一关，一人分别与众人猜拳，一关一拳胜利过关。假如已胜三关，至第四关而败，则退至第三关重打，若再败于第三关，需退至第二关，依次再打，此法犹如编鹅毛扇，故名。

【开当铺令】划拳类酒令。行令方法：取一巨杯放在席上，斟满酒，一人挑战，叫作“开当铺”。有人来当，所持不管大杯小盏，均从巨杯中取酒，与铺主猜拳。当者负则自饮杯中酒，铺主负，当者将所持杯中酒倒回巨杯中。用另一空杯斟酒令铺主饮。亦可以当整个巨杯中的酒，此时，铺主可以与他人合伙开当。如果铺主醉了，不能添本，当作“停当”。无人再当，叫作“收铺”。

【水中捞月令】划拳类酒令。行令方法：桌上放一盆，盆中置一个酒杯，将杯斟满。令官‘指一人为“庄”，从桩的下家起，合席轮流与之划拳，每人一战，叫“打庄”。庄胜，打庄者饮一杯，打到庄败为止。

【扛仙人拳】划拳类酒令。行令方法：三人同时出手时，不准开口，两家一样各饮一杯。与“抬轿令”行令方法同，但罚约异。

【平升三级拳】划拳类酒令。行令方法：取六只杯子，按一、二、三排列，并勘满酒。二人划拳。第一拳负者饮“一”之一杯酒；第二拳，输者饮第“二”之双杯酒，第三拳，输者饮“三”之三杯酒。

【宝塔拳】划拳类酒令。行令方法：取一副套杯，套杯共十盏，今去其后面三大盏，而取其前七盏。将此七盏杯按大小排列于席上，并斟酒。形似宝塔，故名。二人划拳，第一拳，输拳者饮干最小一杯，以下类推。

【东洋拳】划拳类酒令。行令方法：二人划拳，各出拳及指：以拳为“石头”，以中指加食指为“剪刀”，以五指齐伸为“纸”。规定：“石”磨“剪”，“剪”剪“纸”，“纸”包“石”。输者饮酒一杯。

【刀箭石拳】划拳类酒令。此令据“东洋拳”而创，二者略有不同。行令方法：大拇指、食指张开，其形如弓，故为“箭”；食指、中指并拢，其形状如刀，所以叫作“刀”，“石”磨“刀”。“刀”削“箭”。负者罚酒一杯。

【打雷拳】划拳类酒令。行令方法：令官饮门酒后，自为“雷公”，握拳在全席环绕，口中“轰轰”作雷声。令官出其不意，突然向某人出拳，该人若仓猝间来不及应战则罚酒一杯，令官用哪种拳，该人也须以该种拳相应，错以别种拳应战，也罚一杯；令官本来向乙划拳，而丙错应了，则丙饮一杯；此时，丙即使赢拳，也不算数。以“雷公”划着一拳为完令。如“雷公”输拳，则罚一大杯，继续再绕行满座，出拳拇战。

【虎捧鸡虫令】划拳类酒令。行令方法：二人相对，各用一根筷子相击，同时口中或喊虎、或喊棒、或喊鸡、或喊虫。规定：以棒击虎，虎吃鸡，鸡吃虫，虫嗑棒；负者饮酒。若棒与鸡、虎与虫同时喊出，则不分胜负。此令

现流于某些地区。

3. 口头令

【口令】口头一类酒令的统称。没有其他行令工具，而只以口头吟诗、作对、唱曲、猜谜等行令，故名。清代褚人获《坚瓠集·补集》卷六："崇祯间，吾苏郡侯陈公（洪谧）与司李仉公、吴邑侯牛公（若麟）同坐公馆，候谒上官。有一庠生曾姓者，与一监生鲁姓者，乘间来白事。二生既去，陈公曰：'吾因二生之姓曾与鲁两字，戏拈得一口令在此，曰：曾与鲁，好似知县与知府，头上脚下一般的？只是腰里略差些。'盖称一腰金，一腰银也。"这类酒令数量极大，都是按照汉语、汉字的特殊规律而巧设机杼，精心编制而成。它发端甚早，春秋时代的"当筵歌诗"、"投壶赋诗"、"即席作歌"，已开后代此令之先河。宋代窦苹《酒谱·酒令十二》："若幽人贤士既无丝竹金石之玩，唯啸咏文史可以助欢，故曰'闲征雅令穷经史，醉听新吟胜管弦'，今略志其美而近者于左。"而举"孟尝门下三千客，大有同人"，即"诗贯卦名令"。"大有"、"同人"乃卦名，孟尝君养士三千，当然同人很多，文意贯通。明清以后，这类酒令发展较快，各种名目层出不穷。清代张潮《下酒物》、清代佚名《新刻时尚华筵趣乐谈笑酒令》等，均是此类酒会的专著，散于他书者也屡见不鲜。

【一字化为三字令】口头文字类酒令。清代陈森《品花宝鉴》第三十七回："王桂保对著子云道：'我有个一字化为三字的令。我说给你听。'"行令方法：每人说一个字，然后在此字基础上增加一笔画而变成另一个字；再移动该笔画，又变成一个字。不成辄罚。比如："大"字加上一点是个"太"字，移上去是个"犬"字。"王"字加上一点是个"玉"字，移上去是个"主"字；"十"字加上一画是个"土"字，"移上去是个"干"字。

【一字五行偏旁皆成字令】口头文字类酒令，又名"五行俱配令"。行令方法：每人举出一个字，要求在这个字之左右上下加上"五行"，即金、木、水、火、土字后，都能成另外一个字。在席轮说，不成辄罚酒一杯。如：

佳：加"金"成"锥"
　　加"木"成"椎"
　　加"土"成"堆"

可：加“金”成“钶”

加“木”成“柯”

加“水”成“河”

兆：加“金”成“铫”

加“木”成“桃”

加“水”成“洮”

【一字藏古人名令】口头文字类酒令。行令方法：每人举出一个字，要求在该字中隐藏着一个古人名。合席轮说，不成辄罚酒一杯。如“璋：音明。王章，汉代人。”“琅：王良，春秋晋国人。”“桦：木华，晋代人。粒。米立：宋代人。”

【一字合成语令】口头文字类酒令，又叫“合锦令”。行令方法：每人举出一个字，再用一个成语破解该字；反过来说，是该字隐含着这个成语。合席轮说，不成辄罚酒一杯。如：“捕——狗尾续貂”；“掠——半推半就”；“足——吴头楚尾”。

【一字藏三姓令】口头文字类酒令。行令方法：每人举一姓，要求该字又可分解成两个字，而且都是姓，加上本字，共三个姓氏。合席轮说，不成辄罚酒一杯。如：“鲍——鱼、包”，“闵——门、文”，“汪——水、王”。

【一字象形令】口头文字类酒令，又名“象形令”、“改一字令”。行令方法：不拘几人，每人先说一字，再根据该字的形状，说出一句话，要求与先说的那个字同韵，又要贴切，紧扣该字，不能者罚酒。唐代四川节度使高骈与酒佐薛涛曾行此令。高骈说：“口，有似没梁斗。”薛涛道：“川，有似三条椽。”高骈问：“为何一条曲？”薛涛答：“相公为四川节度，尚使一个没梁斗，至于一个酒佐，有三条椽，其中有一条弯曲，有什么奇怪的呢？”清代李汝珍《镜花缘》第九十三回众才子们在行“双声叠韵令”中穿插此令：“兰芝道：‘天时沿早，好姐姐，你把象形酒令宣宣罢。’春辉道：‘我说一个甘字，好像木匠用的刨子。’闺臣道：‘果然神像，此令例还有趣。’……艳春道：‘我说一个且字，像个神主牌。’褚月芳道：‘果然神像，此令例有趣。’……艳春道：‘我说一个且字，像个神主牌。’褚月芳道：‘我说非字，好像蓖子。……’”

【一音无二字令】口头文字类酒令。行令方法：每人举出一个字，要求没有第二个字与该字读音相同。合席轮说，不成辄罚酒一杯。如：水、打、脞、命、抹、酿、茶、妞、拧、牛、弄、暖、捧。

【二字两半同音令】口头文字类酒令。行令方法：每人举出两个字，这两个字如果是左右结构，则左面的两个字读音相同，右面两个字的读音也相同；如右是上下结构，则上面的两个字读音相同，下面两个字读音也相同。合席轮说，不成辄罚酒一杯。如："幢、铜：巾、金音，童同音"；"瞋、桢：目、木音，真、贞音"；"翌、雳：羽、雨音，立、历音"。

【二字音同字异令】口头文字类酒令，又名"似是而非令"。行令方法：每人举两个字的词，要求这两个字音同而字不同，合席依次轮说，不成辄罚酒一杯；本无此词，纯由说者杜撰的，也罚酒一杯。如"授受"、"蝇营"、"狗苟"、"仁人"、"鄯善"、"成城"等。

【二字俱非本音令】口头文字类酒令。行令方法：每人举两个字，要求这两个字的读音都不是该字的本音。合席依次轮说，说不出者罚酒一杯。如：於戏：即呜呼，读 wuhu；方良：即魍魉，读 wangliang；"可汗：读 kehan"。

【三奇令】口头文字类酒令。行令方法：每人举一个字，要求此字可分为两个字，而且分开的两个字与本字均在同一韵部，合为三奇。合席轮说，不成辄罚酒一杯。如：

虹：分为"虫"、"工"二字，三个字均在上平声"一东"韵。

璜：分为"王"、"黄"二字，三个字均在下平声"七阳"韵。

琅：分为"王"二字，三个字均在下平声"七阳"韵。

以上各例均依"平水韵"，此法对今人来说太难，行此令者若按今天的声韵举字，就容易多了。

【三台五行令】口头文字类酒令。行令方法：每人举出一个字，这个字必须是由三个字组合而成，同时，这三个字又都是"五行"中的字，即金、木、水、火、土。合席轮说，不成辄罚酒一杯。如：鑫：音 xīn，由三个'金'组成；淋：音 lín，由一个'水'、二'木'组成；垚：音 yáo，由三个

‘土’字组成；焚：音 fén，由一‘火’、二‘木’组成。

【横竖均等之字令】口头文字类酒令。行令方法：每人举出一个字，要求这个字的横、竖笔划相等。合席轮说，不成辄罚酒一杯。如：口、止、亓（二横二竖）；世、田、由、占、古（三横三竖）；固、革、画、周、呷（五横五竖）；品、哥、韋（六横六竖）。

【叠词字同音异令】口头文字类酒令。行令方法：每人举出一个叠词，要求前后两个字的字虽同而音不同。合席轮说，不成辄罚酒一杯。如："钉钉：读 dingding"、"数数：读 shushu"、"担担：读 dandan"、"缝缝：读 fengfeng"。

【写字令】口头文字类酒令。行令方法：合席诸人轮写下面一句话"大人孔乙已化三千七十士尔小生八九子佳作仁可知礼也"。每人每次写一至二笔，不得写至三笔。凡遇笔画向左的，如"亅"、"了"等，皆由左邻接下去写；凡遇笔画向右的，如"乀"、"乚"等，均由写者之右邻接着写。凡违背令约的，皆罚酒一杯。

【动不动字令】口头文字类酒令。行令方法：第一人说两个字，第一个字所表示的物是不能动的，第二个字所表示的物是可动的，这两个字还能组成一个字。如"山不可动，风可吹。"（岚）合席依次轮说，不成则罚酒一杯。

【叠并字令】口头文字类酒令。行令方法：每人说四字，前者要两字相叠成另外一个字；后者要两字相并列而成另外一个字。合席依次轮说，不成辄罚酒一杯。如："两山相投便是出，两木相挨便是林；若无山山出，哪有木木林。""麻石相投便是磨，米分相挨便是粉，若无麻石磨，哪有米分粉。"

【"雷"字诗令】口头文字类酒令。行令方法：每人吟诗一句，要求句末是个"雷"字；合席依次轮说，不成辄罚酒一杯如"平地一声雷"、"掩耳怕闻雷"。

【"云"字诗令】口头文字类酒令。行令方法：每人吟诗一句，要求以"云"字开头。合席依次轮说，不成者罚酒一杯。如："云淡风清近午天"、"云龙山下试春衣"、"云开方见月华明"。

【“雨”字诗令】口头文字类酒令。行令方法：每人吟诗一句，要“雨”字开头。合席依次轮说，不成辄罚酒一杯。如“雨前初见花间蕊”、“雨后全无一点红”。

【“风”字诗令】口头文字类酒令。行令方法：每人吟诗一句，要求“风”字开头。合度轮说，不成者罚酒一杯。如“风光不与四时同”、“风景依稀似去年”、“风日晴和人意好”。

【“春”字诗令】口头文字类酒令。行令方法有两种：

一、每人吟诗一句，要求“春”字在句首。合席依次轮吟，不成辄罚酒一杯。如“春宵一刻值千金”、“春城无处不飞花”。

二、每人吟诗一句，要求第一人所吟诗句，“春”字居首，第二人所吟之句，“春”字在第二字，依次而降，至“春”字居第七字后，再从头起。合席依法而吟，不成辄罚。如第一人“春城无处不飞花”，第二人“新春莫误游人意”，第三人“却疑春色在人家”，第四人“草木知春不久归”，第五人“十二街中春色遍”，第六人“昨夜日日典春花”，第七人“诗家情景在新春”。

【“秋”字诗令】口头文字类酒令。行令方法：第人吟诗一句，要求句中有“秋”字，所嵌的位置不拘。合席依次轮吟，不成辄罚酒一杯。如“秋水共长天一色”、“不知秋思在谁家”、“老去悲秋强自宽”。

【花名诗令】口头文字类酒令.行令方法：合席诸人轮吟诗句，每人一句，要求句中含花名，但不许出现“花”字，误则罚。如“秦女金炉兰麝香”、“芙蓉如面柳如眉”等。

【药名诗令】口头文字类酒令。行令方法，合席诸人轮吟诗句，每个人一句。要求句中有药名，但不许出现“药”字，也不能一听就知道是药名。误则罚。如“卧看牵牛织女星”（牵年花可入药）。

【数目诗令】口头文字类酒令。行令方法：众人轮诵古诗，每人一句，要求以数目字飞觞。如“花面鸦头十三四”、“南朝四百八十寺”之类皆可。以数多为佳，仅有一个目字者，字者罚。

【干支诗令】 口头文字类酒令。行令方法：合席众人轮吟诗句，每人一句。要求至少在句中的一个字中含天干或地支。天干：甲、乙、丙、丁，戊、己、庚、辛、壬、癸。地支：子、丑、寅、卯、辰、巳、午、未、申、酉、戌、亥。如“忽见陌头杨柳色”（卯）、“薛王沉醉寿王醒”（辛、酉）等。误者罚酒。

【乐器诗令】 口头文字类酒令。行令方法：众人轮诵古诗，每人一句，诗中要用乐器名飞觞。所含乐器名有明、暗两种：直呼器名为“明”，如“锦瑟无端五十弦”、“欲饮琵琶马上催”等，将乐器名隐起而以诗句影射叫“暗”，如“二十五弦弹夜月”（瑟）、“斜抱云和深见月”（筝）等。用明用暗，由令官临时酌定。

【错读正确诗句令】 口头文字类酒令。行令方法：每人吟《千家诗》中一句诗，要求故意错读句中一个字，然后，再吟诗一句对错读之字进行解释。合席轮说，不成辄罚酒一杯。如“状元归去轿如飞，如何不用马？雪拥蓝关马不前。”“劝君更尽一杯茶，如何不用酒？寒夜客来茶当酒。”

【数节气令】 口头文字类酒令。行令方法：从令官开始，席间诸人依座次，按二十四节气的顺序，每人说一个节气，从“立春”到“大寒”，中间不许断，断则罚酒一杯。也可以每人说两个节令可临时议定。

（附）二十四节气如下：

立春	雨水	惊蛰	春分	
清明	谷雨	立夏	小满	速记口诀：
芒种	夏至	小暑	大暑	春雨惊春清谷天，
立秋	处暑	白露	秋分	夏满芒夏二暑连，
寒露	霜降	立冬	小雪	秋处露秋寒霜降，
大雪	冬至	小寒	大寒	冬雪雪冬小大寒。

【五色诗令】 口头文字类酒令。行令方法：众人轮诵古诗，每人一句。按青、黄、赤、白、黑五色飞觞。假如令官以“青”字飞觞，诵“两山排闼送青来”，那么下一位就该以“黄”字飞觞，诵“几时涂额藉蜂黄”。以下类推，周而复始。错乱五色者罚，不成者加罚。

【物名颠倒呼令】口头文字类酒令。行令方法。每人说一物名，要求颠倒呼之，是另一物或词汇。合席轮说不成规罚酒一杯。如：牙刷—刷牙、挖耳—耳挖、女仙—仙女、酒令—令酒、音乐—乐音。

4. 人名令

人名令，是一种颇为有趣的成语酒令，参加游戏者须依起令者所出示范成语样式，或明或暗地嵌藏着古今中外知名人士的名字（包括笔名、别名、室名、雅名，等等）。

这种酒令分明藏、暗藏两式。

【令例 1】

明藏式

起令者：

我今起一令，说成语，藏人名，略带说说其身份。司马昭之心，路人皆知。（司马昭，三国曹魏时专权的大将军，曾杀魏帝曹髦，另立曹奂为帝，后称晋王。）

应令者：

我应一成语——

①顾曲周郎。（周郎，周瑜，三国东吴都督，曾破曹军于赤壁。）

②江郎才尽。（江郎，江淹，南朝诗人，有《恨赋》、《别赋》名篇传世。）

③吴下阿蒙。（阿蒙，吕蒙，三国东吴都督，曾袭杀关羽。）

【令例 2】

暗藏式

（1）**正格**：即是顺着字序连续成词者。

起令者：

我起一成语“周而复始”，其中藏现代作家“周而复”名，其作品有《上海的早晨》、《南京的陷落》等长篇小说。

应令者：

①“一行作吏”，内藏唐代高僧“一行”名，其俗名张遂，为天文学家，制有《大衍历》等。

②“平步青云”，内藏清末学者“平步青”名，浙江山阴（今绍兴市）人，著有《霞外捃屑》、《栋山日记》、《香雪崦丛书》等。

③“老马识途”，内藏当代作家“马识途”名，著有《夜谭十记》等。

(2) **变格**:包括“碎锦”、“卷帘”、“免冠”、“谐声”诸格。均须按不同格式去读才能知道所藏的人名。

碎锦格：在一句成语中，从左至右读时，须跳过间隔的闲字，才能得出所藏的人名，这种分藏人名的格式叫做“碎锦格”。

起令者：

我说一成语，其中分藏着人名——“桃李无言，下自成蹊”，内藏明末农民起义领袖“李自成”（第2字“李”加第6、第7字“自成”）。

应令者：

①“大张挞伐”，内中分藏着电影演员“张伐”名，其曾主演过《红日》、《母亲》等片。

②“万马奔腾”，内中分藏着《三国演义》人物“马腾”名，其为“蜀中五虎将”之一的马超之父。

③“文质彬彬”，内中分世故着上海滑稽戏演员“文彬彬”名，其主演的《三毛学生意》曾蜚声艺坛。

卷帘格：在一句成语中，须逆着看才可寻出其中所藏的人名的格式叫“卷帘格”。

起令者：

我说一成语，须逆着看才可窥破其中藏着的人名——“假公济私”，逆读后可知藏有宋代高僧“济公”之名。

应令者：

①“威武不屈”，逆读后可知藏甩主人士“屈武”名。

②“贵游子弟”，逆读后可知藏有先秦哲学家、教育家孔子的传人“子游”名。

③“怜香惜玉”，逆读后可知藏有《红楼梦》人物“香怜”名，乃贾家义学中一小学生。

免冠格：成语中藏有的人名，皆摒去姓氏者。

起令者：

我起令的成语，仅藏人名不连姓——“流芳百世”，内藏明代文学家“(李) 流芳”之名。

应令者：

①“作如是观”，内藏明末清初名妓“(柳) 如是”之名。

②“百年树人”，内藏现代作家鲁迅原名“(周) 树人”之名。

③“两全其美”内藏辛亥革命人物陈英士之字“其美”。陈曾任沪上都督。

谐声格：利用谐声手法将人名藏于成语之内，用以起令或应令起令者。

我起一令，请听这句成语中藏着人名——里应外合，“本应”是《水浒》梁山里好汉扑天雕的名字（谐“里应”二字）。

应令者：

①“金科玉律”，藏有燕国刺客“荆轲”之名（谐“金科”二字）。

②“方兴未艾”，藏有翻译家“辛未艾”之名（谐“兴未艾”三字）。

③“无孔不入”，藏有《西游记》人物“悟空”之名（谐“无孔”二字）。

5. 生肖令

【令例】

适逢马年，生肖属马者起令：马到成功（马首是瞻、马放南山、马不停蹄、马齿徒增、一马当先、万马奔腾、万马齐喑、老马识途、走马看花、汗马功劳、快马加鞭、犬马之劳、车水马龙、人仰马翻、人困马乏、蛛丝马迹、千军万马、香车宝马、声色犬马、单枪匹马、招兵买马、非驴非马、悬崖勒马、厉兵秣马、指鹿为马、青梅竹马、塞翁失马、路遥知马力、一言即出、驷马难追）。

6. 数字令

【令例】

含一个数字的。

应令者：一本正经。

应令者：一丝不苟（一笔抹杀、一臂之力、一表人材、一步登天、一场春梦、一尘不染、一成不变、一筹莫展、一触即发、一蹴而就、一代风流、一得之愚、一定不易、一帆风顺、一佛出世、一傅众咻、一概而论、一鼓作气、一哄而散、一挥而就、一见倾心、一见如故、一技之长、一家之言……）

7. 姓氏令

“姓氏令”，以参加游戏者各人的姓氏为素材，引出一句句成语，用来行令劝酒。

“姓氏令”，按照出句要求大致可分以下两种：

① 以姓缀就成语。

这种“姓氏令”直接用各人的姓氏去组成成语行令。如姓张的则以“张冠李戴”或“张公吃酒李公醉”等行令；姓吴的就可用“吴下阿蒙”、“吴侬软语”等行令；如马的便可以“马到成功”、“一马当先”等行令；姓徐的乃可取“热轡徐行”、“徐娘半老”等行令。

② 以具典故意义的成语来行令。

这些典故成语中的主角姓氏必须适与游戏者姓氏暗合相同。如姓蔺的说一句“完璧归赵”（正好与该典故中的主角蔺相如同姓）即可，那姓曹的就可用“望梅止渴”（与三国曹操同姓），也可用“一鼓作气”（与春秋时鲁人曹刿同姓），等等。

【令例】

(1) 以姓缀就的成语。

赵钱孙李、完璧归赵（赵）；青钱万选、钱能通神（钱）；名落孙山、龙子龙孙（孙）；李代桃僵、桃李争春（李）；周而复始、周公吐哺（周）；吴下阿蒙、吴侬软语（吴）；郑人买履、郑卫之音（郑）；天壤王郎、称王称霸（王）；暴虎冯河、冯唐易老（冯）；陈陈相因、陈言务去（陈）；大张旗鼓、一张一弛（张）；百步穿杨、杨柳依依（杨）……

(2)以典隐姓的成语。

一身是胆(赵,三国赵云);指鹿为马(赵,秦赵高);望梅止渴(曹,三国曹操);一鼓作气(曹,春秋鲁曹刿);东山再起(谢,晋谢安);三顾茅庐(诸葛,三国诸葛亮);直捣黄龙(岳,宋岳飞);闻鸡起舞(祖,晋祖逖);有教无类(孔,春秋孔子);金屋藏娇(刘,汉武帝刘彻);长安居,大不易(白,唐白居易);一诺千金(季,汉季节);一箭双雕(孙,南北朝北周孙晟);模棱两可(苏,唐苏味道);四面楚歌(项,楚项羽);司空见惯(刘,唐刘禹锡);负荆请罪(廉,战国赵廉颇);投笔从戎(班,汉班超);纸上谈兵(赵,战国赵括);咄咄怪事(殷,晋殷浩);画龙点睛(张,晋张僧繇);传神阿堵(顾,晋顾恺之);刮目相看(吕,三国吴吕蒙);背水一战(韩,汉韩信);胸有成竹(文,宋文同);铁杵成针(李,唐李白);歧路亡羊(杨,春秋杨朱)……

8. 身份令

我们在与家人亲友团坐欢饮时，常常会遇到这样的情况：由于彼此的职业不同，所学的专业各异互相交流起来倍觉新鲜，七嘴八舌谈兴益浓，即使是新知初交，首先是了解对方的职业、身份。因而起着融洽酒友之间的感情的游戏——酒令，也就产生了一种以游戏者身份（包括职业、年令、称谓等）为契机的“身份令”来了。

【令例】

① 说教师：树木树人，桃李盈门、桃李无言，下自成蹊、诲人不倦、名师高徒等。

② 说学生：莘莘学子、青出于蓝、高足弟子、学而不厌、孺子可教等。

③ 说理发师；以理服人（以理发技术服务于人）、顶头上司（在顶、头上干活儿）。

9. 四美令

四美原是指四种美好的事物，晋代刘琨把音乐、珍味、文章、言谈合称“四美”（见《答卢湛》诗）；南朝宋诗人谢灵运在《拟魏太子邺中集诗八首序里把“良辰”、“美景”、“赏心”、“乐事”四种事物名之“四难”；“初唐四杰”之一的王勃在著名的《滕王阁序》里也有“四美具，二难并”的叙述。我们现在将同类的四件事物组合一起来行酒令，这种形式的酒令，借用王勃的现成话，来个旧瓶装新酒，姑名之为“四美令”。

【令例】

起令者：

“文房四宝”为“笔、墨、纸、砚”——笔，笔走龙蛇；墨，墨守成规；纸，纸上谈兵；砚，磨穿铁砚。

就令者：

①“一年四季”为“春、夏、秋、冬”——春，春风得意；夏，夏晶可畏；秋，秋高气爽；冬，冬日可爱。

②“四库全书”分“经、史、子、集”——经，经天纬地；史，史不绝书；子，子虚乌有；集，集思广益。

③“四方”为“东、南、西、北”——东，东山再起；南，南柯一梦；西，西风落叶；北，北面称臣。

10. 串演故事令

长期以来经过千锤百练而形成了固定形式的成语，有很大一部分来自古代寓言和历史事件的缩写，生动的故事由言简意赅的成语概括、浓缩而成。

【令例】

① 第一人出令“西子捧心”，第二人应“心如刀割”，第三人以“楚楚

动人”作结。

② 第一人出令“牛郎织女”，第二人应“天上人间”，第三人以“心心相印”作结。

③ 第一人出令“七步成诗”，第二人应“煮豆燃萁”，第三人以“杀气腾腾”作结（三国时曹、曹植兄弟煎逼故事）。

11. 地名令

“地名令”游戏是一种行述嵌有地名的成语的酒令，这种在席上作漫游的娱乐，能使饮者于行觞间神游名山大川、故都重镇、名胜古迹，它既可斗智劝饮，娱乐身心，又可增加地理知识，寓教于乐，颇受游戏者青睐。

在行“地名令”时，有几条规则必须事先约定：

一、嵌入中国地名还是外国地名，应明令交代。

二、凡所嵌的地名一律除去“县”、“市”、“省”等字眼，除去这类字后，仅剩一个字者不准，如广东“花县”除去“县”字，只剩一“花”字不可，否则犯令认罚。

三、地名必须县级以上，如欲以本地地名、路名入成语务必事先商定。

【令例】

起令者：

我请诸君席间学徐霞客，作一次旅行。今有一令：须在所说的成语中嵌藏一个中国地名，合藏分藏均可，但要附带说出这地方属于哪个省分，便于大家一同神游。我说的成语是——大兴土木（北京“大兴”），请应酒令。

应令者：

① 淮南鸡犬（安徽“淮南”）；

② 长治久安（山西“长治”）；

③ 四季长春（吉林“长春”）；

12. 书名令

说来也奇怪，成语与书名似乎有缘，且不说有不少成语中藏有书名，如“半部论语治天下”（藏《论语》）、“鼎盛春秋”（藏巴金名著《春》、《秋》，古史亦有名《春秋》者）等等。更有甚者，有不少作家（包括翻译家）径直取成语以作书名，如现代小说《暴风骤雨》、《逐鹿中原》等。

【令例】

起令者：

我先说一句成语“桃李无言，下自成蹊”，内藏小说家姚雪垠的历史长篇小说《李自成》名，请各位接令出句。

应令者：

① “老子天下第一”，内藏先秦哲学著作《老子》名。

② “顽石点头”，内藏明代话本集《石点头》名。

③ “梦笔生花”，内藏清代弹词小说《笔生花》名。

13. 俗语酒令

俗语酒令，是一种以口耳相传的俗语为令词，按各种格式、要求进行娱乐的语言游戏。因为俗语是口耳相传，为了便于记忆，所以在创造过程中人们特别讲究形象生动，简练平易，语句对偶，押韵上口，还巧用夸张、比喻、顶真等修辞手法，这就给我们行酒令者提供了形式众多的辞令材料，足以让行令者“巧舌如簧”、“对答如流”。

为了使“俗语酒令”有鲜明的个性，在介绍这种酒令之前有必要把“俗语”与“成语”的区别讲一下，以免与“成语酒令”混淆。我们暂且不谈二者在造句功能、历史来源上的差异，仅就语体风格和内容形式上的区别作一简单介绍。

一、 语体风格的不同。

成语大都来源于古代寓言、历史故事或古书的语句，是由文人加工修饰，依赖古书而流传下来。因而它主要以书面语的形式存在，用词上有不少古语成分，结构也相当简古，如“莫予我毒”、“再接再厉”（厉，通砺）、“望洋兴叹”（望洋，联绵词，仰视貌）、“怙恶不悛”等，都是书面性很强的说法。而俗语来自人们的口语，主要是以口语的形式存在，即使是古书上出现的“古谚”，今天看来仍很通俗。现举数例：

吹毛求疵	（成语）
鸡蛋里挑骨头	（俗语）
集思广益	（成语）
三个臭皮匠，抵个诸葛亮	（俗语）
众擎易举	（成语）
众人拾柴火焰高	（俗语）

一曝十寒　　　　　　　　（成语）

三天打鱼，两天晒网　　　　　　（俗语）

二、内容形式上的区别。

从语言内容上看，成语对客观事物现象的性质、状态、程度进行具体形容,形象比喻，生动描绘。而俗语多是以判断推理的形式，表达一个完整意思。从语言形式上看，成语基本上是四言组合“四字格”。而俗语基本形式是对联式韵语和短句，如“千军易得，一将难求”“宁减一斗，莫添一口”等。

14. 鸟兽虫鱼令

“鸟兽虫鱼令”是游戏者依闪按照起令者所出俗语的句式（或单句，或复句，或对偶句，或排比句），以及嵌藏鸟、兽、虫、鱼等名字，一一应对俗语。如果起令者出的是“拿着鸡毛当令箭”（藏有鸟类中的“鸡”，为单句形式），那么应令都可用“雀儿拣着旺处飞”应令（藏“雀”，亦属鸟类，亦为单句形式）；倘若起令者出的是“一时猫脸，一时狗脸”（藏有兽类中的“猫”、“狗”，为对偶句形式），应令者便可用“外披着皮，内藏狼心”应令（藏“羊”“狼”，亦属兽类，亦为对偶句形式。）

【令例】

鸟名俗语

起令者：

我起一令，出句俗语，语中藏鸟名：“雁过拔毛”（藏鸟名“雁”，单句式）。

应令者：

①“天下乌鸦一般黑”（藏“乌鸦”，单句式）；

②“草窝里飞出凤凰”（藏“凤凰”，单句式）；

③“墨染鹭鸶染不黑”（藏“鹭鸶”，单句式）；

15. 花木蔬果令

“花木蔬果令”的游戏方法一如前述“鸟兽虫鱼令”，唯一相异之处是所藏的名字为“花卉”、“树”、“蔬菜”、“果子”四类而已。请看：

【令例】

(1) 花卉名俗语

起令者：我起一令，出句俗语，语藏花卉名："梅花香自苦寒来"（藏"梅花"，单句式）。

应令者：

①"弯竹子生直笋子"（藏"竹子"，单句式）；

②"踩动荷花牵动藕"（藏"荷花"，单句式）；

③"春天的牡丹不如冬天的松柏"（藏"牡丹"，单句式）；

(2) 蔬菜名俗语

起令者：

我起一令，出句俗语，语藏蔬菜名："一时韭菜一时葱"（藏"韭菜"、"葱"，单句式）。

应令者：

①"红萝卜算蜡烛账上"（藏"红萝卜"，单句式）；

②"冬瓜缠到茄门上"（藏"冬瓜"，单句式）；

③"本地姜不辣"（藏"姜"，单句式）；

16. 雅俗共赏令

"雅俗共赏令"是一种将通俗平易的俗语与雅驯简古的成语结合游戏的酒令。它要求行令的人一次完成两句令词，一句为俗语，一句为成语，二者的含义须相同或相近，一个俗得可爱，一个雅得凝炼，撷于一处雅俗两洽，相央成趣，真个雅俗共赏。

【令例】

起令者：

我今起一个"雅俗共赏令"，先说出俗语，再说成语，但须意义相同，字数不限，两句话说得意义又不一者罚一大杯。我说的是："鸡蛋里挑骨头"（俗话）、"吹毛求疵"（成语），请下一位应令。

①"三天打鱼，两天晒网"　（俗语）

"一曝十寒"　（成语）

②"偷鸡不成蚀把米"　（俗语）

"弄巧成拙"　（成语）

③"自搬石头砸自己的脚"　（俗语）

"自作自受"　（成语）

17. 中西合璧令

“中西合璧令”是一种充满异国情调的俗语酒令，它把洋气的外国谚语与土生土长的中国俗语“合二为一”地作为令词进行游戏。这种酒令最适宜在学过外语或喜爱外国文学者之间的进行。

【令例】

起令者：今天我起一个中外俗谚合二而一的“中西合璧令”，必须先说一句中国俗谚，再说一句与它们同义或近义的外国俗语（不限国家），能说外语的可先用外语说一下，不能说的可免说外语，如不能完成者罚“威士忌”一小杯。我这一令是：“石头朝山上搬”（中国俗语，意为多此一举）；“Pepper to Hin-dustan—：往印度运胡椒”（英国谚语）。请各位应令。

应令者：

①“好死不如赖活” （中国）

“松树在斧子砍到根上的时候，真恨自己不是灌木” （英国）

②“一钱逼死英雄汉” （中国）

“在紧要关头，一便士可顶一镑” （英国）

③“看人挑担不吃力” （中国）

“朋友的不幸好忍受” （英国）

18. 言过其实令

“言过其实令”为一种令人发噱的俗语酒令，游戏者专拣一些以夸张手段形容事物，阐明道理的俗语作为令词，彼此斗智。过些“言过其实”、“夸大其词”的俗语往往形容过头，实际生活中不会发生这样的情况仅留下一句话而已，例如“一步登天”、“一口吃成个胖子”，等等。

【令例】

起令者：我这里出一个“言过其实”的俗语酒令，要求说的人说一句俗语，这句话虽有，却从未有过这码子事，在下先诌一句：“黄狗出角变麒麟。”请各位接令。

应令者：我来“东施效颦”，接说一句——

①“鼻子大过脸”；

②“阴沟里翻船”；

③“雨打冬丁卯，石人饿得跌跌倒”；

19. 强作解人令

“强作解人令”是一种处处露出机锋，处处充满谐趣的俗语酒令。游戏者把好端端的一句俗语找出来，存心来一通吹毛求疵，从中窥出其破绽和漏洞，然后一本正经地说它如何。

【令例】

起令者：今天我们一起来行个“强作解人”的俗语酒令，每人拈一句俗语，这俗语本是早有定论、古有明训的，只是今天要做“翻案文章”、须找出其“不通”、“荒谬”和“欠缺”之处，并申述何以“不通”、“荒谬”和“欠缺”。所述之言须“凿凿有据”、“振振有词”、“自圆其说”，否则认罚。如果有人一言不发，“冷场”，判作“理屈词穷”，加倍罚酒。我先说一句：俗话说“胳膊总是朝里弯的”（原是用来比喻自己人总是帮自己人的话）。其实胳膊未必总是朝里弯的，有时也可能朝外弯的。那就是脱臼的时候。请下一位接令。

接令者：我来说一句—

① 俗话说“石子里榨不出油来”。原是用来比喻已无可榨取，此言差矣，石子里能榨出油来，有的石油不是从岩石里榨出来的吗？

② 常言道“天下乌鸦一般黑”，指的是坏人到处都一样。这不过是个比方。其实在自然界里，白色的乌鸦是存在的，这叫“白化”现象。

③ 俗话说“人往高处走，水往低处流”。说的是人与水相反，人总是追求进步，向往幸福。此言亦不尽然，有时“人往低处走，水往高处流”的现象也会发生：下山不是人往低处走，喷泉不正是水往高处流吗？

20. 歇后语酒令

歇后语，是一种长期流传在人民群众口头上的熟语，很具民族特色，它的构思巧妙、形象生动、幽默俏皮，它的语言形式尤为别致，由“歇前”（也称“语面”）、“歇后”（也称“语底”）两部分组成，仿佛谜语的谜底，说起来二者之间略加停歇，所以叫歇后语，也有只说上半部分，下一半不说自明的。如：“泥菩萨过江——自身难保”就是一句完整的歇后语。

（一）谐音令：“谐音”歇后语酒令要求参加酒令游戏者，每人说一句歇后语，其“歇后”的部分是以谐音双关的手法完成的，即是其中的前半部分是一种引子，目的是引起下文的谐音，以同音相谐之法，得出释义。

【令例】

(1) 动物类

起令者：我们今天玩一个“歇后”部分“谐音双关”的歇后语酒令，每个人一句歇后语，其前半部“歇前”一定得带动物名，其后半部“歇后”是用谐音借代的。我先说一句，它是：公鸡害嗓子——不能提（啼）。其中“公鸡”是动物名，并在“歇前”部分，“不能提”的“提”是以“啼”借音相代的，而且是在“歇后”部分，请各位按此要求应令。

应令者：遵令。我说一句，它是——

① 扒在碗上的泥鳅——多余（鱼）；

② 乌龟爬门槛——但看此一番（翻）；

③ 狗长犄角——洋（羊）式；

(2) 食品类

起令者：壮小伙吃冷糕——为（胃）好。

应令者：

①猪蹄子不放盐——旦角（淡脚）；

②小葱拌豆腐——一清（青）二白；

③小蝶打醋——傻（撒）了。

(3) 植物类

起令者：冬瓜敲木钟——想（响）也不想（响）。

应令者：

① 大蒜苗作枕头——昏（荤）头昏（荤）脑；

② 山杏核——苦人（仁）儿；

③ 十月的桑叶——谁睬（采）你。

(4) 器物类

起令者：折袜子补鞋——顾面不顾里（理）

应令者：

① 铲子切菜——不地道（抵刀）；

② 称钩打钉——值（直）了；

③ 灯草拐杖——作不得主（拄）。

(二) 人物令：歇后语大量运用历史故事、神话故事、戏曲故事、小说、传说等人物做比喻，正是由于这些比喻使得歇后语具有如此鲜明、生动、形象活泼、风趣、幽默的特色。

【令例】

(1) 历史人物类

起令者：我们今天行一个历史人物歇后语酒令，每人说一句歇后语，须带有一位历史人物名字，说后略加交代一下人物的时代及身份。我先说一句："曹刿论战——一鼓作气"。曹刿，春秋时鲁人，"长勺之战"时为庄公谋划战事，请依次应令。

应令者：遵令，我说一句——

①"楚庄王猜谜语——一鸣惊人。"楚庄王，春秋时人，楚国国君猜大夫伍举的谜语用词。

②"楚霸王自刎——身败名裂。"楚霸王，项羽。

③"扮秦桧的不卸装——谁没见过你这个二花脸。"秦桧，南宋高宗时宰相。

(2) 四大小说类

起令者：刘备摔阿斗——收买人心

应令者：

① 周瑜打黄盖——两厢情愿；

② 关公卖豆腐——人硬货不硬；

③ 东关的大将——干拧（甘宁）。（三国演义）

起令者：武大郎放风筝——出手不高。

应令者：

① 武松打虎——硬上纲（岗）；

② 晁盖的军师——无（吴）用；

③ 林冲误闯白虎堂——单刀直入。（水浒）

红楼梦、西游记（略）

21. 巧对酒令

巧对酒令是以对联为令词的酒令。

春风放胆来梳柳，夜雨瞒人去润花。虎心竹有低头叶，傲骨梅无仰面花。

巧对令集锦：

① 起令者：《二月》（柔石小说）

应令者：《十天》（影片名）；

② 黄山谷（宋代文学家黄庭坚）

《白水滩》（京剧名）；

③ 愚公移山（寓言故事）

知母滑石（二味中药。知，通智）。

22. 笑话酒令

中华民族是一个乐观向上的民族，千百年来，流传着难以胜数的笑话和幽默，其中不乏内容健康、令人掩口之作。

① 吃酒笑话令：（起令者）今天行个笑话酒令，每位讲一个笑话，其内容要与饮酒有关，越发噱越好，如若说得无趣，举座无一人发笑的，要罚一大杯，再有离开饮酒这个主题的也照罚不误。在下先献丑了，我说一个：

舍目就酒

有一老人就医，医生警告他说："你必须放弃饮白干，不然的话，你的眼睛就要瞎了。"老人考虑了片刻，答道："我想，我年纪这么大了，对于世事也已看足了。眼睛不眼睛也无所谓了。"

悍妇如虎

一天夜里，老王和朋友上酒楼痛饮，小偷光顾王家。结果小偷却被老王太太降服。你道怎的，原来老王太太以为老王酒醉归，按惯例，不分青红皂白揍了小偷一顿，小偷高呼"救命"，幸亏警察来救他出去。

既饱且醉

一个穷人，肚子很饿，没有饭吃，其妻对他说："你把身子旋转几圈，便不饿了。"他如法照办以后，对其妻说："你这法子真好，不但能当饭食，还能当酒饮。"

丑　闻

一人急急匆匆地走进酒吧，急切地说："快点，在丑闻发生之前，快给我来一杯酒。"女侍应惊奇地递给他一杯酒。不久，他又说："快！快！在丑闻发生之前，再来一杯！"他喝了一杯又一杯，女侍应问道："到底是什么丑闻？什么时候要发生？""丑闻现在发生了！"此人醉醺醺地说，"那就是……我身上分文没有，付不起账！"

② 爱情笑话令：（起令者）今天行的酒令名叫"爱情笑话令"。要求每位讲一则与爱情有关的笑话，或是表现情侣之间，或是描绘夫妻之间那种微妙、和谐关系的趣事笑谈，充满情趣者赏，庸俗无聊者罚，离题胡诌者亦罚。我先说一个：

不熟的朋友

有位青年跟新婚太太去蜜月旅行。到了一家旅馆，他为了避免惹人注目，请服务员不要向别人说他们是刚结婚的夫妻。隔了几天，小两口发现旅客都以好奇的眼光打量他们，便去找服务员："是不是你对他们说我们刚结婚？""我没讲这话。"服务员还补充说，"别人问我时，我只是说你们不是夫妻，而是不太熟的朋友。"

应令者：我来说——

第二志愿

刚生产的妻子，对丈夫表示歉意："你想要个男孩子，偏偏是个女的。"丈夫安慰她说："没有关系，这是我的第二志愿。"

另有妙答

母亲想在客人面前显示孩子的聪明，便把孩子叫出来。

"宝宝，你晓得水蒸气什么时候从水壶里冒出来吗？"

孩子毫不迟疑地回答说："当你要偷拆爸爸的信的时候。"

也有坏处

两位友人互道近况。

甲说："为了让我太太开开心，我已经不吸烟，不喝酒，不赌钱了。"

乙说："那么嫂夫人一定很高兴？"

甲说："未必，现在每当她想数落我，常为找不到理由而苦恼。"

23. 绕口酒令

绕口令，又叫急口令、吃口令。是一种传统的民间语言文字游戏。很早就成为酒令游戏了，它名字中的"令"就是酒令的意思。

（一）新绕口令：

戒　烟

老侯把烟抽，一抽就抽两钟头；
越抽越抽越想抽，瘾头越大越爱抽。
抽烟抽得熏黄手，抽得牙黑嘴发臭；
抽得气喘又咳嗽，抽得眼珠往外抠；
抽得脸儿黄又瘦，抽得掉却儿斤肉。
抽得老侯似老猴，赌咒戒烟再不抽。
老侯戒烟决心有，"再抽老侯不姓侯"。

戒烟戒了没一周，老侯猴急又抽抽；
抽一口，又一口，口口抽，抽口口；
抽抽抽，抽抽抽，不知道老侯姓侯不姓侯。

近形同音字

木甬读桶不读捅，月农读脓不读胧；
米更读粳不读梗，日青读晴不读睛；
米宗读粽不读综，言丁读订不读钉；
土平读坪不读评，耳令读聆不读伶；
火登读灯不读澄，言甬读诵不读蛹；
土竟读境不读晋，月星读腥不读醒；
须把近形字弄清，看看字旁分分声。

比　富

傅家屯老傅会植树，扈家村老扈会养兔。
老傅致富靠植树，老扈致富赖养兔；
养兔的老扈和植树的老傅比富，
植树的老傅和养兔的老扈同迈步。
老傅带动傅家屯户户多植树，
老扈带动扈家村户户多养兔；
傅家村户户植树户户富，
扈家村户户养兔户户富；
老傅老扈同迈步不停步，
富上加富日子越过越富。

（二）传统绕口令：

借绿豆

出南门，走六步，
见着六叔和六舅；
叫声六叔和六舅，
借我六斗六升好绿豆。
过了秋打了豆，
还我六叔和六舅六斗六升好绿豆。

鸡 鸭 猫 狗

鸡呀，鸭呀，猫哇，狗哇
一块儿水里游哇！
牛哇，羊哇，马呀，骡呀
一块儿进鸡窝呀！
狼啊，虫啊，虎哇，豹哇，
一块儿街上跑哇！
兔哇，鹿哇，鼠哇，孩儿啊，
一块儿上窗台儿啊！

老爷堂上一面鼓

老爷堂上一面鼓，
鼓上一只皮老虎。
皮老虎抓破了鼓，
就拿块破布往上补。
只见过破布补破裤，
哪见过破布补破鼓。

24. 回文酒令

回文，也叫“回环”，本是修辞学上的辞格之一。运用词序回环往复的语句，表现两种事物或情理的相互关系。

如，宋代苏轼《题金山寺》：

潮随暗浪雪山倾，远浦渔舟钓月明。
桥对寺门松径小，巷当泉眼石波清。
迢迢远树江天晓，蔼蔼红霞晚日晴。
遥望四边云接水，碧峰千点数鸥轻。

回读亦是一首七律：

轻鸥数点千峰碧，水接云边四望遥。
晴日晚霞红蔼蔼，晓天江树远迢迢。
清波石眼泉当巷，小径松门寺对桥。
明月钓舟渔浦远，倾山雪浪暗随潮。

（一）词儿回文令

起令者：我先说一词“处长”（职务为处长的“处长”），其回文为“长处”（各有长处的“长处”）。请轮流应令。

应令者；我应一令——

①“力畜”（用来耕地的牲畜，如牛、马骡子、驴、骆驼等）

“畜力”（用在运输或牵引农具等的牲畜的力量）

②“传单”（宣传品）

“单传”（量指只有一子传宗接代）

③“错过”（错过机会的“错过”）

“过错”（错误）

（二）地名回文令

起令者今天起个“地名回文令”，先说一个地名，回读也须是个地名，并交代属于何省（或自治区），说错者看罚。我说的是“阳信”（山东），其回文形式为“信阳”（河南），请各位应令。

应令者：遵令。我说的是——

①“阳高”（山西）——“高阳”（河北）

②“开封”（河南）——“封开”（广东）

③“昌平”（河北）——“平昌”（四川）

25. 谜语酒令

将谜语作为饮宴之嬉，在我国是有着悠久传统的。早在南北朝时，北魏高祖孝文帝就曾在“殿会”上与群臣以字谜侑酒（有《洛阳伽蓝记》）。稍后，北齐高祖萧道成也曾用谜语作为宴席间的娱乐。发展到今天，以谜语为酒令已形式多样，内容丰富，与前代大不相同了。它有“民间谜语”、“灯谜”、“以菜为谜”、“哑谜”等多种令式。

“民间谜语酒令”，是以民间谜语（江浙一带叫“谜谜子”，有的地方叫“谜歌”）作为酒令让人猜射。先由起令者出一谜语，指定某人猜，如在限定的时间内猜中，起令者就要饮酒；接着便由猜出者出谜语，指定别人猜，如此轮流出谜猜谜；倘使有人在限定的时间里猜不出，或猜错三次，那就要罚酒了，罚酒以后也可由被罚者出谜。

（一）“灯谜酒令”

只是酒令内容不同而已，游戏方法“民间谜语酒令”相同。灯谜，即是一种利用汉字一字多义特点，通过“别解”文义猜射取娱的文字游戏，着重于文字意义的变化，是不同于专猜事物（也包括一部分简单的字）的民间谜语。同样猜食品“元宵”（即圆子），灯谜是讲究文义的曲解，进行扣合，它可用：“清明前夜”为谜面，因为“清”“明”两朝之前是“元”（朝），“夜”是“宵”的同义词，可互扣，“元宵”这谜底便是这样解出的。而谜语仅从形象的比喻语句中去切合、暗示，它的谜面则可用：“身上洁白如玉，心中花花绿绿，白沙滩上打滚，清水池中沐浴。”因此“灯谜酒令”一般适宜于文化程度较高的酒友之间进行。

（二）“以菜为谜”酒令

这是一种即兴式的灯谜酒令，它的谜面比较别致，专择席间的肴或饮料、餐具等实物作为谜面，配制谜底让人猜射取乐。这种酒令难度较普通灯谜酒令要高，所以适宜在有制谜、猜谜能力的人之间进行；正因为有一定的难度，故而趣味也就更浓了，正如宋代王安石在名文《游褒禅山记》中说的那样：“其进愈难，而其见愈奇。”

这种酒令，先由“令官“出谜，如他指着冷盆中的鸡，说以此为谜，打一句成语，指明某人猜射。某人沈思了一会儿，猜出了，谜义为“二三其德”。原来古人有一种说法：鸡有五德——头戴冠，称“文”；足搏距，称“信”（见《韩诗外传》）。五德，分为“二三其德”，故操。此时，“令官”饮酒后，即由猜中者出谜，如其以油氽苔条（一种海苔）为谜面，要求打二个《红楼梦》人名。指定一人猜射，如那人在规定时间内久猜不中，则由出谜者揭晓谜底：翠缕、沁香。那位猜不中者认罚饮酒后，也就成了出谜者，再指定他人猜射。如此这般，轮流行令。

（三）“哑谜酒令”

其趣味又比即兴的“以菜为谜酒令”略胜一筹了。它的谜面也用实物，而猜法则与众不同了，不用猜者说话，仅用动作表示，如同哑者以手语表达一般，等其动作做完，谜底也就寓于动作之中了。例如起令者拿出一把汤匙，放在鱼盆的旁边，要求猜射者做一动作，猜国名二个。只见应令者操起汤匙往汤碗里舀了一匙汤，朝着盛鱼鲜的盆子里倒去于是谜底就跃然而出了——朝鲜、汤加（朝着鱼鲜把汤汁加上去之意），起令者饮酒后，应令者起令，让人猜射。不过，为了让游戏者明了谜底，不妨在做完动作后，用言语说明一下解谜经过。在玩“哑谜酒令”时，哑谜道具最好就地取材，用餐具、菜肴及随身所带的小物件、家用物品等，给人以“本地风光”的亲切感、方便感、增添欢乐的情趣。

现将“民间谜语酒令”、“灯谜酒令”、“以菜为谜酒令”、“哑谜酒令”

各举数例以为示范，供大家举一反三地进行游戏。

（四）民间谜语令

起令者：今天我们玩个谜语酒令，每人说一个谜语让人猜，谜底必须限定今天室内之物，包括桌上的菜肴、酒茶，跑出谜底范围的，或者规定时间2分钟内猜不出的，都要罚一杯酒；如果谁猜中了，出谜者罚一杯，换猜谜者出谜，由他指定尚未猜过的人猜；等轮过一巡后，才可再指定猜过者猜。我先出一谜：

头戴红帽子，嘴衔小铲子；
脚拿小扇子，走路摆架子。
请猜今天桌上一种家禽。

（谜底：鹅）

应令者：我出一谜——

① 四海遨游，墨水满肚皆是；
一般清白，硬派他“梁上君子”。
请猜席间一种水产。

（谜底：乌贼）

② 圆又圆，扁又扁，
芝麻脖子扁豆眼。
请猜席间一种水产。

（谜底：鳖）

③ 头插雉尾毛，
身穿铁青袍，
走进汤家巷，
改换大红袄。
请猜席间一种水产。

（谜底：虾）

④ 周身银甲耀眼明，
浑身上下冷冰冰，
有翅寸步不能飞，
没脚五湖四海行。
请猜席间一种水产。

（谜底：鱼）

⑤ 红口袋，绿口袋，
有人害怕有人爱。
请猜席间一种蔬菜。

（谜底：辣椒）

⑥ 不是葱，不是蒜，
一层一层裹紫缎，
说葱长得矮，
像蒜不分瓣。
请猜席间一种蔬菜。

（谜底：洋葱）

⑦ 长长一条带，
家乡在浅海，
身中藏海碘，
佐餐味道美。
请猜席间一种海产。

（谜底：海带）

⑧ 背靠背，腿挨腿，
走路睡觉不用它，
今天聚餐要它陪。
飞上桌，
捏尾巴，
跳下河。
请猜眼前一秀物。

（谜底：汤匙）

（五）灯谜令

起令者：今天的酒令是出人名灯谜，猜人名灯谜，所出的灯谜的符合规则：一、不许谜面谜底的重复的字眼出现；二、谜面必须成文，不可生造词语。猜谜的人在3分钟内，必须猜出，否则认罚，如果超过规定时间未曾猜出，则由出谜者自行揭晓谜，再让受罚者出谜，指令他人猜射。我现在先出一谜，请老X一猜：

铸钱（打一歌唱演员名）（谜底：成方圆）。

应令者：我出一谜——

① 三个臭皮匠，抵个诸葛亮（打二个《红楼梦》人名）（谜底：赖大

家的、智商）。

② 养花期间，禁止入内（打一京剧演员）（谜底：杜近芳）。

③ 世界之窗（打一中国画家）（谜底：张大千）。

④ 前面看看是音乐家，后面看看是电影演员，上下一看是旅行家（打一外国旅行家）（谜底：马可·波罗）。

⑤ 三十里（打一中国作家）（谜底：老舍）（注：旧时三里为一舍）。

⑥ 一语欢四座（打一京剧演员）（谜底：言兴朋）。

⑦ 红肥绿瘦（打一电影演员）（谜底：朱时茂）。

⑧ 逢人说项（打一电影演员）（谜底：陈佩斯）。

⑨ 女扮男装（打一沪剧演员）（谜底：丁是娥）。

⑩ 姜蒜能驱疾病（打一宋代词人）（谜底：辛弃疾）。

（六）以菜为谜令

起令者：现在我们行一个名叫“以菜为谜“的酒令，它要用桌上的菜肴作为谜面，配上谜底，出令让人猜射，每条谜只许猜3分钟，过时猜不出当罚一杯酒。我今以这盆中段青鱼为面，请猜一个字，此鱼头尾均无，请从这个特点寻思，与鱼的名称无涉。（谜底。田——“鱼”字去头除尾则为“田”字）。

应令者：请允许我效颦一则——

① 而今仍借刚才的鱼儿一用，让我夹一块羊肉放在它的旁边，也猜一个字（谜底：鲜）。

② 我就以这盆动过几筷子的鱼汤为谜面，请猜一出京剧（谜底：《刺汤》——剩有鱼刺之汤）。

③ 我就以这两只放在桌上的点心——包子为谜面，也猜一出京剧（谜底：《双包案》——一双包子在案桌上）。

④ 我拿这盘辣椒和胡椒瓶为谜面，请猜一安徽地名（谜名：全椒）。

⑤ 一盘青椒，请猜一部电视剧（谜底：《翠辣子》）。

⑥ 一盘香喷喷的油炸锅巴，请猜二个《红楼梦》人名（谜底：焦大、沁香）。

⑦ 在烧干贝的盆子里取一只干贝放入汤中，请猜一字（谜底：渍——水中一贝）（注：无干贝时，可用蛤绸、黄蚬代）。

⑧ 一碗东坡肉加一碗粉蒸肉或是走油肉，请猜一安徽地名（谜底：合肥）。

⑨ 一只砂锅，里面粉丝正在翻滚，请猜《水浒》人名诨号各一（谜底：汤隆、浪里白条）。

⑩ 一盆洒有葱花的炒螺蛳，请猜二个《红楼梦》人名（谜底：小螺儿、

碧痕）。

⑪ 一盘焖烟笋，请猜“台湾地名（谜底：新竹）。

⑫ 一盆喷香扑鼻的“生烧干贝”，请猜一名外国音乐家，或是猜三个《红楼梦》人名（谜底：贝多芬；玉柱儿，小红，沁香）。

（七）哑谜令

起令者：请大家一起行个“哑谜酒令”，出谜的人用一件东西作为谜面，猜谜的人不必开口，只消做一个或几个动作就行了，因为谜底已在这些动作里了。我先出一哑谜，就以两双红木筷子与一块餐巾为谜面，要求做一个动作，打两个外国名人，一个是日本的，另一个是巴基斯坦的（应令者上前，可从 4 根木筷中取出 3 根；放在布质餐巾上，然后用手托着——谜底：布托、三木）。

应令者：我今出一哑谜——

① 桌上放一根火柴，旁边置空小砂锅一只，要求猜者做一动作，打两出京剧（猜者上前拿起钵子合覆在这根火柴上，谜底：合钵、独木关）。

② 指着桌上的一盆白鸡，要求猜者做一动作，打三字俗语一句（猜者用筷子夹起一块鸡，往汤里一放，谜底就出来了——落汤鸡）。

③ 桌上放一包香烟和一只打火机，要求做一动作，打《水浒》诨名、人名各一（猜者取一支烟卷，“喀嚓”一声，将打火机打出火来点燃烟卷，吸上几口便成了，原来谜底是：霹雳火、呼延灼）。

④ 桌上放一小撮绿茶茶叶和一小撮红茶茶叶、一只电热杯，要求猜者做一动作，打 5 个《红楼梦》人名（猜者抓些红茶叶，抓些绿茶叶，放入盛有开水的电热杯中，然后接通电源，只见茶水沸滚，小小茶叶舒展开了，一杯浓茶煮好便算猜罢。谜底：焙茗、翠缕、小红、叶儿、大了）。

⑤ 桌上一盆西瓜子，旁有餐巾纸一张，要求猜者做一动作，打一民间传说物名（猜者抓些西瓜子放在餐巾纸上，接着用纸包住这些黑色的瓜子，谜底：包黑子——包公 [拯] 的民间昵称）。

⑥ 桌上放一瓶用丝带结束的礼品酒，要求夫妇同席者一起做动作猜射，打两出京剧名（猜者先由太太上前解开丝带，取出酒瓶，倾酒于杯，再由先生呷一口酒，谜底就出来了：《女起解》《汉津口》——汉、汉子。当然，也可先由男士解开丝带，让女士面带笑容地饮酒，酒后佯作醉态，则可加猜一出京剧，为三出京剧：《男起解》《莫愁女》《醉酒》。可灵活运用）。

⑦ 以一盘金针菇（或有黄花菜，即金针菜的菜肴）为谜具，要求猜者做一动作，打一句成语（猜者用筷子夹起金针菇或金针菜往别人面前的碟子

里送，谜底：金针度人）。

⑧ 桌上放一只带根的萝卜（颜色不拘），旁边有小刀一把，要求猜者做动作，打数学名词二（猜者取刀用刀背将萝卜的根切去，谜底：反切、失根）。

⑨ 一只瓷盆里放有一朵红色康乃馨（其他红色鲜花也可），要求猜者做一动作，打二味中药名（猜者将瓷盆覆盖住红色的花朵，谜底为：覆盆子、藏红花）。

⑩ 桌上分放几只盛有酒的小杯子，另放一只酒壶于旁，要求猜者做一动作，打文学名词二（猜者将分散的酒全部集中倒入酒壶，谜底：散曲、全集）。

⑪ 将几枚硬分币置于桌上，要求猜者做一动作，打唐代诗人二（猜者将钱一一拾起即可，谜底：拾得、钱起）。

⑫桌上分放若干小胡桃和核桃，要求猜者做一动作，打国名二（猜者将分散的核桃一一相加拿到自己跟前，谜底：加拿大，刚果）。

26. 诗词酒令

中国素有“泱泱诗国”的美称。我们伟大的祖先及其杰出的诗人们，在神州这块广袤的土地上，相继纵情歌唱了几千年。可以说，每一个历史时期，诗歌创作都有丰硕的收获，给我们留下了许许多多具有永恒魅力的不朽诗篇。这些脍炙人口的佳什名句，有的寓意深刻，耐人寻味；有的抒情真挚，感人肺腑；有的写影自然，怡人耳目；有的状物如绘，栩栩逼真。正是由于它们词清句丽，隽永含蓄，想象新颖，立意深远，比喻贴切，形象生动。所以才万口相传，流播久远，犹如那秋夜天空中的星星，闪烁着迷人的光芒。

广大人民群众对诗歌的需求原是多方面的，除了诵读名篇佳句以加强思想艺术修养外，还有浏览披阅趣诗谐词以陶冶闲情逸致的，甚至更有在酒席宴饮之际用诗句驳难打趣以娱乐身心的。

“诗词酒令”就是一种以诗词中的名句为行令材料的文字游戏。诗词酒令内容丰富，形式众多，计有“唐诗数目令”、“宋词数目令”、“集现代人名令”、“诗词酒筹令”。

现一一介绍于下。

（一）唐诗数目令

唐诗数目令，是一种以带数目字的唐诗名句彼此行令的游戏。

游戏前可准备一副剔出大小怪的扑克牌作抽数之用，事先约定 2–10 仍按原数，A 为一，J 为百，Q 为千，K 为万。玩时，由“令官”发令，限数目字的诗句的第几个字，然后让游戏者抽牌见数行令，行令前各人须先饮清门杯之酒。然后说出符合“令官”要求的唐诗，一般是《唐诗三百首》中的句子。当然也可从《全唐诗》中觅句行令。

下面是一些第一字带数目字的唐诗例句，供大家行令时参考：

一行白鹭上青天（杜甫《绝句》）
一骑红尘妃子笑（杜牧《过华清宫绝句》）
一道残阳铺水中（白居易《暮江吟》）
一夜绿荷霜剪破（来鹄《偶题》）
一条雪浪吼巫峡（李商隐《送崔珏往西川》）

二十四桥明月夜（杜牧《寄扬州韩绰判官》）
二月杨花触处飞（张籍《杨柳枝词》）
二十五弦弹夜月（李适《归雁》）
二毛晓落梳头懒（白居易《自叹》）
二分无赖是杨州（徐凝《忆扬州》）

三山半落青天外（李白《登金陵凤凰台》）
三峡星河影动摇（杜甫《阁夜》）
三千宠爱在一身（白居易《长恨歌》）
三年笛里关山月（杜甫《洗兵马》）
三条九陌丽城隈（骆宾王《帝京篇》）

四边伐鼓雪海涌（岑参《轮台歌奉送封大夫出师西征》）
四望云天直下低（岑参《过碛》）
四郭青山处处同（戴叔伦《题友人山居》）
四千里外北归人（韩愈《诏追赴都》）
四海于今是一家（李商隐《旧顿》）

五陵年少争缠头（白居易《琵琶行》）
五更鼓角声悲壮（杜甫《阁夜》）
五岳寻仙不辞远（李白《庐山谣寄卢侍御虚舟》）
五原春色归来迟（张敬忠《边词》）

五湖秋叶满行船（顾况《送李秀才入京》）

六宫粉黛无颜色（白居易《长恨歌》）
六出飞花处处飘（章孝标《春雪献李相公》）
六朝遗事何处寻（刘禹锡《台城怀古》）
六月滩声如猛雨（白居易《香山避暑》）
六朝如梦鸟空啼（韦庄《金陵图》）

七月七日长生殿（白居易《长恨歌》）
七尺青竿一丈丝（李商隐《钓鱼》）
七十行兵仍未休（岑参《胡歌》）
七纵七擒何处在（施肩吾《诸葛武侯庙》）
七条弦上五音寒（崔珏《席间咏琴客》）

八月严霜草已枯（王缙《九日作》）
八卦真形一气中（王昌龄《武陵龙兴观黄道士房问易周题》）
八月涛声吼地来（刘禹锡《浪淘沙》）
八骏日行三万里（李商隐《瑶池》）
八年流落醉腾腾（许浑《腾腾》）

九江何处是归期（刘长卿《小鱼咏寄泾州杨侍郎》）
九曲黄河万里沙（刘禹锡《浪淘沙词》）
九月天山风似刀（岑参《赵将军歌》）
九秋风露越窑开（陆龟蒙《秘色越器》）
九十风光在何处（杜牧《春归去》）

十年一觉扬州梦（杜牧《遣怀》）
十年宫里无人问（施肩吾《帝内宫》）
十斛明珠也是闲（罗虬《比红儿诗》）
十里松萝阴乱石（陆龟蒙《怀鹿门县名离合》）
十漾蛮笺出益州（韩浦《寄弟泊蜀笺》）

百年多病独登台（杜甫《登高》）

百年世事不胜悲（杜甫《秋兴八首》）
百年苦乐由他人（白居易《太行路》）
百鸟声中酒一杯（郭震《题龙华山寺》）
百岁几回同酩酊（白居易《县南花下醉中留刘五》）

千里江陵一日还（李白《早发白帝城》）
千金散尽还复来（李白《将进酒》）
千呼万唤始出来（白居易《琵琶行》）
千村万落如寒食（韩偓《自沙县抵龙溪县道中》）
千山红树万山云（韦庄《江上别李秀才》）

万古云宵一羽毛（杜甫《咏怀古迹》）
万里悲秋常作客（杜甫《登高》）
万里归收对月明（卢纶《晚次鄂州》）
万里桥西一草堂（杜甫《狂夫》）
万丈赤幢潭底日（白居易《入峡次巴东》）

（二）宋词数目令

一尊还酹江月（苏轼《念奴娇》）
二十四桥仍在，波心荡，冷月无声（姜夔《扬州慢》）
三分春色二分愁，更一分风雨（叶清臣《贺圣朝回留别》）
四面边声连角起（范仲淹《渔家傲》）
五月渔郎相忆否（周邦彦《清真集》）
六朝旧事随流水，但寒烟衰草凝绿（王安石《桂枝香》）
七八个星天外，两三点雨山前（辛弃疾《西江月》）
八千里路云和月（岳飞《满江红》）
九疑云杳断魂啼（美夔《岭·赋潭州红悔》）
十年生死两茫茫（苏轼《江城子》）
百草千花寒食路（冯延巳《蝶恋花》）
千古盈亏休问（王沂孙《眉妩回新月》）
万事到头都是梦（苏轼《南乡子》）

27. 唐诗七彩令

在浩瀚的唐诗中，有着许多带五颜六色字眼的佳句。我们彩撷这些五光十色的清词丽句在席间行令，这便是“唐诗七彩令”。所谓七彩乃是言其色彩众多之言。

在游戏之前，有三点情况需要交代：

一、只许出唐诗诗句，不要把其他朝代的诗句混入；

二、应严格遵照起令者所说范句的字数出句，区别五言、七言还是杂言(指字数既不是5个，也不是7个的诗句)；

三、要按“令官”的规定选择诗句，“令官”可视需要。限色（限一色、二色、多色不等）。如“令官”说一句“一行白鹭上青天”，并言明诗中须带与“青”、“白”两色，那么应令者所出的诗句，除了要唐诗诗句外，还得也是七言，并在诗中带“青”、“白”两色（在第几个字就不必拘泥了）。如说：“白沙青石洗无泥”（杜甫《中丞严公雨中垂寄见忆奉答二首》）或说“白日青山宫殿多”（卢纶《华清宫二首》）都可，因为符合上述要求，否则即使有一条犯规了也要罚酒。也可不限颜色，只要与起令者所说诗句中的颜色不重复，即算交令。如起令者说了一句王之涣的五言“黄河入海流”，内有“黄”颜色，此时应令者就不能说同样带有黄颜色的五言唐诗，如李商隐的五言“只是近黄昏”，而是有意地避开“黄”字，说含有其他颜色的诗句，如“白日依山尽”（含“白”色），或者是孟浩然的“绿树村边合”（含“绿”色）等等。

1. 限色七彩令

(1) 限红色令：

① 一骑红尘妃子笑（杜牧《过华清宫》）
② 人面桃花相映红（崔护《题都城同庄》）
③ 半江瑟瑟半江红（白居易《暮江吟》）
④ 一树红花山顶头（白居易《山楷杷花》）
⑤ 一枝红艳露凝香（李白《清平调词》）
⑥ 红颜未老恩先断（白居易《后宫词》）
⑦ 一抹浓红傍脸斜（罗虬《比红儿诗》）
⑧ 红旗半卷出辕门（王昌龄《从军行》）
⑨ 千岁红桃香破鼻（曹唐《小游仙诗》）
⑩ 纵是残红也入诗（朱庆余《逆耳友人看花》）

(2) 限绿色令

① 一夜绿荷霜剪破 (来鹄《偶题》)
② 绿杨阴里白沙堤 (白居易《钱塘湖春行》)
③ 与君依旧绿衫行 (元稹《寄刘颇》)
④ 山无绿兮水无萋 (贯林《边上作二首》)
⑤ 千杯绿酒何辞醉 (李白《赠段七娘》)
⑥ 千条碧绿轻拖水 (张碧《游春引三首》)
⑦ 夕阳沉沉山更绿 (薛涛《题竹郎庙》)
⑧ 不关春草绿萋萋 (温庭筠《杨柳枝》)
⑨ 日暮东风春草绿 (窦庠《南游感兴》)
⑩ 水荇斜牵绿藻浮 (薛涛《菱荇沼》)

(3) 限黄色令

① 上有黄鹂深树鸣 (韦应物《滁州西涧》)
② 上阳宫柳啭黄鹂 (温庭筠《洛阳》)
③ 山上黄犊走避人 (李郢《出关》)
④ 不知花落黄金地 (施肩吾《题山僧人阁》)
⑤ 水流黄叶意无穷 (黄甫冉《重阳日酬寄二首》)
⑥ 黄河之水天上来 (李白《将进酒》)
⑦ 可怜黄河九曲尽 (鲍溶《塞上行》)
⑧ 江边枫落菊花黄 (崔国辅《九日》)
⑨ 江西日入起黄云 (王昌龄《送李五》)
⑩ 池柳初黄杏欲红 (白居易《宿窦使君庄水亭》)

(4) 限白色令

① 山禽毛如白练带 (张籍《山禽》)
② 山遮白日寺门寒 (姚合《题游仙寺》)
③ 小于潘岳头先白 (元稹《六年春遣怀》)
④ 少年莫听白君头 (白居易《冬夜闻虫》)
⑤ 不遣髭须一茎白 (贾岛《赠丘先生》)
⑥ 不知白发谁医得 (高蟾《秋日北固晚望》)
⑦ 水满桑田白日沉 (曹唐 (小游仙诗))
⑧ 今年到时夏云白 (白居易《再因公事到骆口驿》)
⑨ 公道世间惟白发 (杜牧《送隐者》)
⑩ 头白骑驴悬布囊 (卢纶《赠别李纷》)

(5) **限紫色令**

① 内人宜着紫衣裳（王涯《宫词》）

② 少帝长安开紫极（王昌龄《上皇西巡南京歌》）

③ 日照香炉生紫烟（李白《望庐山瀑布》）

④ 可能飞上紫云端（陆龟蒙《答遗青精饭》）

⑤ 石上溪蒸发紫茸（李德裕《寄茅山孙炼师》）

⑥ 白布长衫紫领布（韩愈《赛神》）

⑦ 红霞紫气尽氤氲（皇甫冉《少室山韦炼师升仙歌》）

⑧ 红莲幕下紫梨新（李商隐《寄成都二从事》）

⑨ 红叶多从紫阁来（许浑《寄敬上人》）

⑩ 花濑濛濛紫色昏（陆龟蒙《自遣诗》）

(6) **限黑色令**

① 黑姓蕃王貂氧裘（岑参《胡歌》）

② 黑花满眼丝满头（白居易《自问》）

③ 黑洞深藏避网罗（白居易《洞中蝙蝠》）

④ 黑皮年少学采珠（施肩吾《岛夷行》）

⑤ 黑白分明子数停（王建《夜看美人宫棋》）

⑥ 黑纱方帽君边得（张籍《答元八遗纱帽》）

⑦ 黑白谁能用入玄（张乔《咏棋子赠奕僧》）

⑧ 黑山南面更无州（杜牧〈边上晚秋〉）

⑨ 黑黍春来酿酒饮（陈陶《田家效陶》）

⑩ 黑须寄在白须生（司空图《寓居有感》）

(7) **限二色令**

① 千里莺啼绿映红（杜牧《江南春》）

② 绿杨阴里白沙堤（白居易《钱塘湖春行》）

③ 为求白日上青天（刘得仁《省试日上崔侍郎》）

④ 不见朱颜见白丝（白居易《湖中自照》）

⑤ 不下青山老白云（武元衡《送白将军》）

⑥ 长开白日上青天（韦庄《焦崖阁》）

⑦ 丹凤门开白日明（张祜《元日仗》）

⑧ 水绿天青不起尘（李白《上皇西巡南京歌》）

⑨ 水碧山青知好处（刘禹锡《中逢韩七之吴兴》）

⑩ 丹青不知老将到（杜甫《丹青引》）

(8) 限多色令

① 白鳞红稻紫莼羹（郑谷《雨霁池上作》）

② 红红绿绿苑中花（王建《古谣》）

③ 红兰莫笑青青色（韦庄《庭前菊》）

④ 红龙锦襜黄金勒（曹唐《小游仙诗》）

⑤ 苍苍宫树锁青苔（窦巩《过骊山》）

⑥ 蝉翼红冠粉黛轻（刘言史《乐府杂词》）

⑦ 翠蛾红粉浑如剑（郑云叟《题霍山秦尊师》）

⑧ 翠黛红妆画鹢中（郎士元《江春望》）

⑨ 翠娥红粉敞云屏（杨巨源《观妓人入道》）

⑩ 红粉青娥映楚云（张渭《赠赵使君美人》）

2. 不限色七彩令

大致与“限色七彩令”同，惟一不同处为，出令处所出范句之色不得重复出现，但五言、七言、杂言仍须照范句所示。另外，只要不是同一字眼，即使是同一颜色的近义字也可以。如出令者以及前面的应令者已出过含“黑”色的句子，下面的应令者用“乌”、“玄”、“墨”等均可，不算犯令。试举几例：

① 朱雀桥边野草花（刘禹锡《乌衣巷》）

② 紫薇花对紫薇郎（白居易《紫薇花》）

③ 黑山营阵识龙蛇（杜牧《陇西行》）

④ 乌衣巷口夕阳斜（刘禹锡《乌衣巷》）

⑤ 绿杨陌上送行人（白居易《离别难词》）

⑥ 红英扑地满筵香（李峤《侍宴桃花园咏桃花应制》）

⑦ 青青南陌柳如丝（武元衡《陌上暮春》）

⑧ 蓝溪桥下水声分（杜牧《入商山》）

⑨ 白云深处有人家（杜牧《山行》）

⑩ 黄鹤一去不复返（崔颢《黄鹤楼》）

⑪ 丹脸云鬟日月长（刘言史《赠成炼师》）

⑫ 胭脂桃颊梨花粉（崔涂《初识梅花》）

⑬ 玄发新染碧藕花（施肩吾《赠女道士郑玉华》）

⑭ 苍苍何处是伊川（皇甫冉《趁李少府庄失路》）

⑮ 墨迹两般诗一首（黄滔《东林寺贯休上人篆隶题诗》）

⑯六宫粉熏无颜色（白居易《长恨歌》）

⑰翠色全微碧色深（皮日休《题君山》）

⑱素丝易染髭难染（李拯《白髭》）

⑲蜜炬殷红画不如（郑畋《酬隐珪舍人寄烛》）

⑳碧天如水倚红楼（李盖《诣红楼院寻广宣不遇》）

28. 宋词七彩令

“宋词七彩令”其方法一如“唐诗七彩令，只是将唐诗诗句换成了宋词词句。现举不限色宋词七彩令于下，以见一斑：

① 十里青山远（仲殊《南歌子》）
② 人静鸢自乐（小桥外新绿溅溅（周邦彦《满庭芳》）
③ 九转丹砂牢拾取，管精金（陈亮《贺新郎》）
④ 大都一点宫黄，人间直恁芬芳（辛弃疾《清平乐》）
⑤ 春去也，飞红万点愁如海（秦观《千秋岁》）
⑥ 长记曾携手处，千树压，西湖寒碧（姜夔《暗香》）
⑦ 水浸碧天何处断，翠色冷光相射（张异《离亭燕》）
⑧ 素月分辉，明河共影（张孝祥《念奴娇》）
⑨ 左牵黄，右擎苍（苏轼《江城子》）
⑩ 怎生得黑（李清照《声声慢》）
⑪白鸟无言定自愁（辛弃疾《鹧鸪天》）
⑫红酥手，黄滕酒（陆游《钗头凤》）
⑬知否，知否？应是绿肥红瘦（李清照《如梦令》）
⑭是处红衰翠减，苒苒物华林（柳永《八声甘州》）
⑮ 红了樱桃，绿了芭蕉（蒋捷《一剪梅》）
⑯休将白发唱黄鸡（苏轼《浣溪沙》）
⑰更钗袅朱符，臂红楼（周邦彦《齐天乐回端午》）
⑱记愁横浅黛，泪洗红铅（周邦彦《忆旧游》）

29. 改字诗词令

“改字诗词令”是一种别开生面的诗词酒令。它由出令者故意将一句诗词读错其中一个字，另一句诗词自我解嘲式地说明因为情况发生变化，才读错它。其解释之诗词必须言之成理，自圆其说，不工、牵强者罚一杯酒，张口结舌、无言以对者罚双杯。例如出令者存心将唐代贺知章《回乡偶书》中的“少小离家老大回”读成“少小离家老二回”，众便问：“明明老大，为何老二？”这时出令者就用另一句诗来说出原因：“(只因) 老大嫁作商人妇。” (白居易《长恨歌》句)

现举 16 个令例如下：

① 故意将“桃花依旧笑春风” (崔护《题都城南庄》句) 读作“菜花依旧笑春风”，众人问：“明明桃花，为何菜花？”答道：“(只因) 桃花净尽菜花开。” (刘禹锡《再游玄都观》句。)

② 故意将“旧时王谢堂前燕” (刘禹锡《乌衣巷》句) 读作“旧时王谢堂前花”，众人问：“明明是燕，怎么变花？”答道：“(只因) 红燕自归花自开。”

③ 故意将“芳草萋萋鹦鹉洲” (崔颢《黄鹤楼》句) 读作“某某某某鹦鹉洲”，众人问道为何‘鹦鹉’前面 4 字不读出来？答道：“(只因) 鹦鹉前头不敢言。” (朱庆余《宫词》句。)

④ 故意将“待到重阳日，还来就菊花” (孟浩然《过故人庄》) 读成“待到重阳日，还来就菊叶”，众人问：“明明菊花，为何菊叶？”答道：“(只因) 菊花丛此不须开。” (杜甫《九日》。)

⑤ 故意将“一江春水向东流” (李煜《虞美人》词句) 读成“一江秋水向东流”，众人问：“明明春水，为何秋水？”答道：“(只因) 落花流水春去也。” (李煜《虞美人》句。)

⑥ 故意将“嫁与东风春不管” (《红楼梦》) 中咏柳絮诗句) 读作“嫁与西风春不管”，众人问：“明明嫁与东风，为何嫁与西风？”答道：“(只因) 东风恶，欢情簿。” (陆游《钗头风》词句。)

⑦ 故意将“芙蓉帐暖度春宵” (白居易《长恨歌》句) 读作“芙蓉账冷度春宵”，众人问：“为何不暖？”答道：“(只因) 罗衾不耐五更寒。” (李煜《浪陶沙》句。)

⑧ 故意将“夜半钟声到客船” (张继《枫桥夜泊》句) 读作“夜半钟声到家船”，众人问：“为何不是客？”答道：“(只因) 梦里不知身是客。”

(李煜《浪陶沙》句。)

⑨ 故意将“一封朝奏九重天”（韩愈《左手至蓝关示侄孙湘》句）读成“一封朝奏几重天”，众人问：“为何不奏九重？”答道：“(只因）九重城阙烟尘生。”（白居易《长恨歌》句。)

⑩ 故意将“日长无客到田家”（范成大《四时田园杂事》句）读成“日短无客到田家”，众人所问：“为何日不长？”答道：“(只因）从来系日乏长绳。”（李商隐《谒山》句。)

⑪ 故意将“枕上屡挥忧国泪”（陆游《送范舍人》句）读成“枕上难挥忧国泪”，众人问：“为何不屡挥忧国泪？”答道：“(只因）丈夫有泪不轻弹。”（李开先《宝剑记》词。)

⑫ 故意将“葛巾香染九秋霜”（《红楼梦》“簪菊”诗）读成“葛巾香染九秋露”，众人问：“为何不染霜？”答道：“(只因）秋阴不散霜飞晚。”（李商隐《寄怀二崔》。)

⑬ 故意将“山从人面起”（李白《送友人入蜀》句）读成“山从马面起”，众人问：“为何会见马面？”答道：“人面不知何处去。”（崔护《题都城南庄》句。)

⑭ 故意将“紫云楼阁向空虚”（赵璜《曲江上巳》句）读成“白云楼阁向空虚”，众人问：“为何不见紫云？答道：“(只因）踏天磨刀割紫云。”（李贺《杨生青花石砚歌》句。)

⑮ 故意将“九曲黄河万里沙”（刘禹锡《浪陶沙》句）读成“九曲长江万里沙”，众人问：“为何不见黄河？”答道：“(只因）黄河入海流。”(王之焕《登鹳雀楼》句。)

⑯ 故意将“自称臣是酒中仙”（杜甫《饮中八仙歌》句）读成“自称臣是酒鸳鸯”，众人问：“明明是仙，为何作鸳鸯？”答道：“(只因）愿作鸳鸯不羡仙。”（卢照邻《长安古意》句。)

30. 电影名令

“集电影名令”是一种新颖的酒令，它要求游戏者从赏心悦目的诗词作品中会心地择取影片名字的名句，轮流行令，佐酒取乐。

行令者在行令时，先说出诗词名句，然后讲明其作者、篇名，最后挑破其所藏的电影名。只说得出诗词名句，讲不出作者与篇名者罚一小杯酒，三者俱答不上者罚双杯。例如，起令者说上一句“罗衾不耐五更寒”接着说，此是“南唐李后主《浪淘沙》词句，内藏影片《五更寒》，此令算是起完。应令者应令时，当然不必亦步亦趋地说词句，也可说诗句，句中但不可藏一个片名，而且可藏二个，甚至几个片名。除了出单句诗词外，也可出联句，但莫用集句（有支离凑合之嫌），如用“谁言寸草心，报得三春晖”两句诗，诗为唐孟郊《游子吟》句，内藏两部电影名：《寸草心》、《春晖》。

下列令例供大家游戏时参考：

① 夜半钟声到客船（唐张继《枫桥夜泊》句）

藏片名：《钟声》。

② 北斗七星高（唐西鄙人《哥舒歌》句）

藏片名：《北斗》。

③ 恰似一江春水向东流（南唐李煜《虞美人》词句）

藏片名：《一江春水向东流》。

④ 近乡情更怯（唐宋之问《渡汉江》句）

藏片名：《乡情》。

⑤ 巴山夜雨涨秋池（唐李商隐《夜雨寄北》句）

藏片名：《巴山夜雨》。

⑥ 人生自古谁无死（宋文天祥《过零丁洋》句）

藏片名：《人生》。

⑦ 空山新雨后（唐王维《山居秋暝》句）

藏片名：《雨后》。

⑧ 山重水复疑无路，柳暗花明又一村（宋陆游《游山西村》句）

藏片名：《山重水复》、《柳暗花明》。

⑨ 黄错到寺蝙蝠飞（唐韩愈《山石》句）

藏片名：《蝙蝠》。

⑩ 三千宫女胭脂面，几个春来无泪痕（唐白居易《后宫词》句）

藏片名：《胭脂》、《泪痕》。

⑪ 鸿雁几时到，江湖秋水多（唐杜甫《天末怀李白》句）

藏名片：《鸿雁》、《秋》。

⑫ 当时雷雨寒（唐贾岛《记忆上吴处士》句）

藏片名：《雷雨》。

⑬ 东边日出西边雨（唐刘禹锡《竹枝词》句）

藏片名：《日出》。

⑭ 恨无知音赏（唐孟浩然《夏日南亭怀辛大》句）

藏片名：《知音》。

⑮ 牧童遥指杏花村（唐杜牧《清明》句）

藏片名：《杏花村》。

⑯ 青春作伴好还乡（唐杜甫《闻官军收河南河北》句）

藏片名：《青春》。

⑰ 闽国杨帆去（唐贾岛《忆江上吴处士》句）

藏片名：《杨帆》。

⑱ 苍鹰上击翻曙光（唐柳宗元《笼鹰词》句）

藏片名：《曙光》。

⑲ 故园不望路漫漫（唐岑参《逢入京使》句）

藏片名：《路漫漫》。

⑳ 春眠不觉晓（唐孟浩然《春晓》句）

藏片名：《春眠不觉晓》。

㉑病树前头万木春（唐刘禹锡《酬乐天扬谈得上初逢度上见赠》）

藏片名：《万木春》。

㉒东风无力百花残（唐李商隐《无题》句）

藏片名：《东风》。

㉓一夜征人尽望乡（唐李益《夜上受降城闻笛》句）

藏片名：《望乡》。

㉔至今风雨阴寒夜（唐白居易《新丰折臂翁》句）

藏片名：《寒夜》。

㉕海神来过恶风回（唐李白《横江词》句）

藏片名：《海神》。

㉖八千里路云和月（宋岳飞《满江红》句）

藏片名：《八千里路云和月》。

㉗万紫千红总是春（宋朱熹《春日》）

藏片名：《万紫千红总是春》。

㉘似曾相识燕归来（宋晏殊《浣溪沙》句）

藏片名：《燕归来》。

㉙歌声子夜逐秋舷（明戚继光《赴粤途中述》句）

藏片名：《子夜》。

㉚残雪压枝犹有雪（宋欧阳修《戏答元珍》句）

藏片名：《残雪》。

㉛石榴花发海南天（五代欧阳炯《南乡子》句）

藏片名《石榴花》。

㉜石榴花发海南天（五代欧阳炯《南乡子》句）

藏片名：《怒潮》。

㉝怒潮已作落潮声（清魏源《寰海十章》句）

藏片名：《怒潮》。

㉞海上生明月（唐张九龄《望月怀远》句）

藏片名：《海上生明月》。

㉟一夜东风，三竿红日，万事随流水（宋陈郁《念奴娇》句）

藏片名：《东风》、《红日》。

㊱花好月圆人又散（宋张先《木兰花》句）

藏片名：《花好月圆》。

㊲花开花落两由之（鲁迅《蛋杨铨》句）

藏片名：《花开花落》。

㊳歌尽桃花扇底风（宋晏几道《鹧鸪天》句）

藏片名：《桃花扇》。

31. 集现代人名令

集现代人名令，行令方法与前述的“集电影名令”大同小异，只要将所藏之词由影片改成现代人名就行了。现代人名包括各界的人士。行名人令时，那些现代名人的名字，既可以一气呵成地出现在诗词佳句中，如“三年笛里关山月”（唐杜甫《洗兵马》句），内藏现代画家“关山月”之名。也可闪烁其辞地分几处藏于诗词佳句中，如：“水村山郭酒旗风”（唐杜牧《江南春绝句》句），句中分藏现代作家“郭风”之名。还有，不论合在一起，还是分于各处，其人名必须顺念，不准将其原来字序错乱，也不准去姓。如若讲错罚一杯，不能说出罚双杯。请看令例：

① 不忍登向临远（宋柳永《八声甘州》句）

分藏香港影星“高远”之名。

② 一片冰心在玉壶（唐王昌龄《芙蓉楼送辛渐》句）

合藏现代女作家“冰心”之名。

③ 笠重吴天雪（宋可士《送僧》句）

合藏现代剧作家“吴天”之名。

④ 一声何满子（唐张祜《宫词》句）

合藏文艺理论家、古典文学专家“何满子”之名。

⑤ 一点浩然气，千里快哉风（宋苏轼《水调歌头·黄州快哉亭赠张屋全》句）

合藏现代作家“浩然”之名。

⑥ 一顾倾人城，再顾倾人国（汉李延年《佳人歌》句）

分藏现代诗人“顾城”之名，

⑦ 九曲黄河万里沙（唐刘禹锡《浪淘沙》句）

合藏美藉华人作家“黄河”之名。

⑧ 人人尽说江南好（唐韦庄《菩萨蛮》句）

合藏美籍华人作家“江南”之句。

⑨ 白云生处有人家（唐杜牧《山行》句）

合藏昆成虫名家“白云生”之名。

⑩ 极目萧条三两家（唐岑参《山房春事》句）

合藏现代作家“萧三”之名。

⑪ 文章憎命达（唐杜甫《天末怀李白》句）

合藏台港歌星“文章”之名。

⑫ 凌云健笔意纵横（唐杜甫《戏为六绝句》句）

合藏电影演员“凌云”之名。

⑬ 秦时明月汉时关（唐王昌龄《出塞》句）

分藏台湾影星“秦汉”之名。

⑭ 雪拥蓝关马不前（唐韩愈《左迁至蓝关示倒孙湘》句）

分藏电影演员“蓝马”之名。

⑮ 染作江南春水色（唐白居易《缭绫》句）

合藏现代画家“江南春”之名。

⑯ 绿杨宜作两家春（唐白居易《欲与元八卜，先有是赠》句）
合藏滑稽演员“绿杨”之名。

⑰ 莫愁前路无知己（唐高适《别董大》句）
合藏电影演员“莫愁”之名。

⑱ 凤凰台上凤凰游（唐李白《登鑫陵凤凰台》句）
合藏电影演员“凤凰”之名。

⑲ 白羽飞书未解纷（唐窦巩《唐州东途作》句）
合藏武侠小说家“白羽”之名。

⑳ 白杨郊外醉方归（唐孙元晏《袁粲》句）
合藏电影演员“白杨”之名。

㉑ 西戎休纵犬羊群（唐李白《喜闻盗贼蕃寇总退口号五首》句）
合藏现代作家“西戎”之名。

㉒ 何人为倚东楼柱（唐杜牧《宣州开元寺》句）
分藏现代作家“何为”之名。

㉓ 马影龙声归五云（唐曹寅《小游仙诗》句）
分藏评剧演员“马龙”之名。

㉔ 巴人夜唱《竹枝》后（唐顾况《竹枝曲》句）
合藏现代作家“巴人”之名。

㉕ 金陵捉得酒仙人（唐崔成辅《赠李十二》句）
分藏翻译家“金人”之名。

㉖ 未春杨柳眼先青（宋黄庭坚《寄黄从善》句）
分藏现代作家“柳青”之名。

㉗ 毛羽曾经剪处浅（唐徐凝《奉和鹦鹉》句）
合茂沪剧演员“毛羽”之名。

㉘ 翳日多乔木（唐钱起《江行一百首》之十二句）
合藏现代中国画家“乔木”之名。

㉙ 澄漂皎镜石崔嵬（唐玄宗《过大歌山池》句）
合藏电影演员“崔嵬”之名。

㉚ 曾栽杨柳江南岸（唐白居易《忆江柳》句
合藏古典文学学者“杨柳”之名。

㉛莫言春度芳菲尽（唐贺知章《采莲》句）

合藏现代作家“莫言”之名。

㉜荀令香销潘簟空（唐元稹《答友封》句）

合藏京剧演员“荀令香”之名。

32. 诗词酒筹令

自制诗词酒筹若干，由“令官”执筹筒向席上诸酒友，令一人先抽一筹，按筹文规定饮酒。酒罢，即由饮酒者再抽一筹，循环游戏。酒筹最好用生片制成，竹片长20公分，宽2公分左右，蚀磨光洁，用小楷书写文字，诗词名句用墨，令词用朱色书写，然后再涂上清漆或桐油即可。辞行筒以竹制为宜，筒外可刻上“何以解忧，惟有杜康”、“酒逢知已千杯少”、“劝君更尽一杯酒”、“月过碧窗今夜酒”等诗句，以豆绿着色。

诗词酒筹令例：

△ 玉颜不及寒鸦色　面黑者饮

△ 人面不知何处去　须多者饮

△ 愿为明镜分娇面　戴眼镜者饮

△ 可能无碍是团圆　大腹便便者饮

△ 人面桃花相映红　面赤者饮

△ 两处茫茫皆不见　戴墨镜者饮

△ 掠面惊沙寒霎霎　打喷嚏者饮

△ 谁得其皮与其骨　吃菜者饮

△ 无因得见玉纤纤　戴手套者饮

△ 西楼望月几时圆　将婚者饮

△ 词源倒流三峡水　上厕者饮

△ 二水中分白鹭洲　茶酒并列者饮

△ 词中有誓两心知　耳语者各饮一杯

△ 千呼万唤始出来　迟到者饮

△ 世上而今半是君　患“妻管严”症者饮

△ 莫道人间总不知　患“妻管严”症，不认者饮

△ 天生旧物不如新　重组家庭者饮

△ 时时闻唤状元声　考得第一名者饮

△ 隔墙闻打气球声　泄气者饮
△ 此中兼有上天梯　司电梯者饮
△ 倾城最爱著戎衣　穿军服者饮
△ 一片朝霞迎晓日　穿红色衣衫者饮
△ 天上人间一片云　吸烟者饮
△ 相逢应觉声音近　近视眼饮
△ 为他人作嫁衣裳　编辑饮
△ 愿作鸳鸯不羡仙　新婚燕尔者饮
△ 前度刘郎今又来　出差甫归者饮
△ 不许人间见白头　白发者饮
△ 恰似十五女儿腰　家有女儿十五岁者饮
△ 丹青不知老将至　老画家、老年美术工作者饮
△ 知有人家夜读书　上夜校者饮
△ 画眉深浅入时无　画眉者饮
△ 衣带渐宽终不悔　减肥者饮
△ 老年花似雾中看　戴老光镜者饮
△ 多情自古伤离别　刚送人上旅途者饮
△ 小红低唱我吹箫　伴奏者、会乐器者饮
△ 自缘身在最高层　居处最高者饮
△ 当时年少春衫薄　年轻而衣衫薄者饮
△ 自称臣是酒中仙　海量善饮者饮
△ 何人不起故园情　归桥、港台同胞饮
△ 安得广厦千万间　建房业人员饮
△ 不教胡马度阴山　军人饮
△ 将谓偷闲学少年　老年穿着入时者饮
△ 乱花渐欲迷人眼　近视眼饮
△ 千树万树梨花开　须发皆白者饮
△ 始信英雄亦有雌　女劳模、女先进工作者饮
△ 非人磨墨墨磨人　老文字工作者饮
△ 四十三年如电抹　年 44 风者饮
△ 人生七十古来稀　年 70 岁者饮
△ 十九年来一寸丹　家有 19 岁子女者饮
△ 娉娉袅袅十三余　家有 13、14 岁女孩者饮

△ 江州司马青衫湿　茶翻湿衣衫者饮

△ 谁家女儿对门居　对门邻居各饮一杯

△ 借问因何太瘦生　清瘦者饮

△ 著书都为稻粱谋　投稿者饮

△ 眼前有景道不得　正在咀嚼菜肴者饮

△ 淡妆浓抹总相宜　淡妆、淡妆者各饮一杯

△ 不重生男重生女　家有两个女孩者饮

△ 独怜幽草涧边生　须长、须多者饮

△ 晴蜓飞上玉搔头　插发夹、发髻有饮

△ 却嫌脂粉污颜色　不施脂粉、衣着素净者各饮一杯

△ 小姑居处本无郎　未婚妇女青年饮

△ 楚腰纤细掌中轻　腰细者饮

△ 轻罗小扇扑流萤　执扇者饮

△ 银瓶乍破水浆迸　接易拉罐、开啤酒瓶者饮

△ 转轴拨弦三两声　爱摆弄乐器者饮

33. 传统酒令撷英

古代有不少酒令巧思如扣，谐趣丛生，至今犹有参考借鉴作用，辑录一二以飨读者。

瘦词四十笺(先十二)

第一笺　奉首座及高年者

金仙捧露万年长	(上古人一)	盘　古
泰伯避周为纣王	(战国人一)	豫　让
不是桂花即菊花，梅莲兰蕙不如他	(汉人一)	黄　香

第二笺　敬善音律客

寂寂长门有异人	(春秋人一)	宫之奇
危峰犹在望，缓步已山腰	(战国人一)	高渐离
汉家子弟隶梨园	(六朝人一)	刘　伶

第六笺　奉苦吟客

他家做知县，与我有何干	(商代人一)	伊　尹

丹砂染就一猪儿		朱　亥
东海有树荫十洲，兽群三百大于牛	（汉人一）	桑弘羊
寅卯合戊已，人称美男子	（唐人一）	杜　甫

第七笺　住近神庙者饮

遥想两兄堂上会，多应白昼对青春	（商代人二）	叔夜、叔夏
香满罗浮富贵家	（汉人一）	梅　福
才经函谷逢高风，又过邯郸遇士龙	（三国人二）	关羽、赵云
兵部灯笼满街挂	（宋人一）	司马光

第八笺　文士及善人者各一杯

宦室云仍能跨灶	（水浒战国人一）	公孙胜
长安多空宅，城外乐熙熙	（汉人二）	京房、郭泰
有女辟卢不识丝，赢得余光分四壁	（唐人一）	卢照邻
堪磋嬴政庭前树，苍翠何曾似夏商	（宋人一）	秦　桧

第十笺　兄弟多及年少者各一杯，女客陪干

三日婴儿甫离怀，天边黑豹送将来， 家中有片花花板，好似军中挡箭牌。	（商代人三）	微子、箕子、比子
识得还丹颠倒用，乾坤良巽岂相离	（战国人一）	甘罗（繁体字）
柳梢星月照黄昏	（唐人一）	杨　炯
白也固飘然，到处堪容膝	（宋女人一）	李易安

第十一笺　夏月生辰者饮，女客陪干

姓也是姓，名也是姓，姓也像名，名也像名，
其名无人名，其姓无人姓，姓是有人名，名是无人姓　（商代人一）

潮阳岭外寄书来	（汉人一）	韩　信
一片软牛皮，件件用得着	（唐人一）	韦应物
生在石榴花下，性格不凶不诈	（宋女人一）	朱淑真

第十三笺　奉秋风客及衣冠华丽者，女客陪饮

猢狲皮作外郎袍	（春秋人一）	申包胥

手挽千钧弩，口含百沸泉　（汉人一）　张　汤

忽然冷，忽然热，
冷时头上暖烘烘，热时耳边悲戚戚　（三国女人一）　貂　蝉

咸阳道上闲驰逐，正是机云入雒年　（宋人一）　秦少游

第十四笺　敬词赋客

摆齐队伍以待暴客　（春秋人一）　列御寇

金匪中藏传国玺，新亭风物异前朝　（战国人二）　匡章、陈代

云里轰轰星斗明　（六朝人一）　雷　焕

城外小儿衣冠齐楚，树下小儿辉映台辅　（唐人二）郭子仪、李光弼

第十六笺　喜结盟社者一盅

准备文书报上司　（春秋人一）　申　详

触藩之羝，进奶可悯
东园小侯，花红似锦　（战国人二）　羊角哀、左桃伯

汉殿班头吏部郎　刘长卿

本是东吴智将，今为大宋端人　（宋人一）　吕蒙正

第三十四笺　姓名中带鸟兽字面者饮

万物两间皆并育，何尝尽被豺狼餐　（战国人一）　浩生不害

河桥有鸟独高飞　（汉人一）　梁　鸿

是人不是人，一分是兽二分人，
虽是二分人，又非冠带老成人　（唐人一）　牛僧孺

阿瞒欲迎曹嵩，徐州凶信已至　（宋人一）　魏了翁

第三十七笺　好丝竹者巨觥，女郎陪干

东边陇上日初升　（春秋人一）　左丘明

百亩元来授一夫　（战国人一）　田　单

二美姓名各别，稍尾一字无差，
一个儿芳草天边半缺，一个儿莹莹白玉无瑕，
大名灿烂更光华，不在公侯之下。　（汉女人二）　卓文君、王昭君

梁鸿与孟光，不着罗绮裳　（三国人一）　吕　布

［按］：清初文学家黄周星（字九烟）首创以“瘦词”（即灯谜）入酒令笺中，每一笺载人名“瘦词”4条并标明饮者，另外规定“中者赏，不中者罚”。清代张潮誉为“琼筵身复真足真足以益神智而长聪明”。其笺首所标皆与谜面或谜底文字有某种关联，如猜女人名的瘦词笺中每有“女客陪干”、“女郎陪饮”。如第二笺，因谜底有“宫”（五音之一）、有听音乐的“耳”及表演者“伶”等字眼故标示“敬善音律客”。总之，每笺标示饮者文字皆与“瘦词”照应，并非无的放矢地信笔而写，洵属古代酒令中的佳构。

34.《饮中八仙歌》令

将歌顺数，一人一字，遇“口”字一杯（酒），遇“酒”字一大杯（酒），
遇“水”、“酉”偏旁（者）“杯”、“觞”、“饮”、“斗”等字半杯（酒），
遇钩、剔所向为左右转，遇转不转者罚一杯（酒）。

杜甫《饮中八仙歌》：

知（口，一杯）**章骑**（口，一杯，钩，左转）**马似乘船**（口，一杯；剔，右转），

眼花落（口，一杯；水，半杯）**井水**（水，半杯；钩，左转）**底眠**。

汝（水，半杯）**阳**（钩左转）**三斗**（斗，半杯）**始**（口，杯）**朝天**，

道逢曲车口（口，一杯）**流**（水，半杯，剔，右转）**涎**（水，半杯）。

恨不移（钩，左转）**封向**（口，一杯）**酒**（一大杯）**泉**（水，半杯），

左相日興（繁体字，口，一杯）**费万钱**（剔，右转）。

饮（半杯）**如**（口，一杯）**长鲸**（口，一杯；钩，左转）**吸**（口，一杯）**百川**，

衔杯（半怀）**乐聖**（繁体字，口，一杯）**称避**（口，一杯）**贤**。

宗之潇（水，半杯）**洒**（水，半杯）**美少年**，

举觞（半怀；钩，左转）**白眼**（剔，右转）**望青**（钩，左转）**天**，

皎如（口，一杯）**玉樹**（繁体字，二口，二杯）**臨**（繁体字，三口三杯）**风**（剔，右转）**前**（钩，左转），

苏晋长斋绣佛前，

醉（酉，半杯）**中往往爱逃**（剔，右转）**禪**（繁体，二口，二杯）。

李（钩，左转）**白斗酒**（一大杯）**詩**（繁体字，口，一杯）**百篇**（钩，左转），

长（剔，右转）**安市上酒**（一大杯）**家**（钩，左转）**眠**（左转）。

天子（钩，左转）**呼**（口，一杯；钩，左转）**来不上船**（口，一杯；

剔，左转），

自称（钩，左转）**臣是酒**（一大杯）**中仙**。

张（剔，右转）**旭三杯**（半杯）**草聖**（繁体字，口，一杯）**传**（钩，左转），

脱（口，一杯；剔，右转）**帽**（钩，左转）**露**（二口，二杯）**顶王公前，**

挥毫（口，一杯；剔，右转）**落**（口，一杯；水，半杯）**纸如**（口，一杯）**云烟**。

焦遂（钩，左转）**五斗**（半杯）**方卓然，**

高（二口，二杯）**談**（繁体字，口，一杯）**雄辯**（繁体字，口，一杯）**惊**（口，一杯）**四筵**。

（辑自《酒令丛钞》）

［按］杜工部的《饮中八仙歌》淋漓尽至地抒写了8位好杯中物者的事迹。以酒事之诗为酒令之材，煞是有趣。所订之令也因酒制宜，凡遇“酒”字饮一大杯，凡遇“口”（酒入口）则饮一杯，等等。如顺序挨个轮流未免单调，又订出遇有笔画有“钩”有“剔”者向左向右转向轮数诗句，峰回路转，顿生妙趣，使游戏者捉摸不定，增添雅兴。

35. 女儿令

此令有数种行法，如“女儿愁，悔教夫婿觅封侯”之类，一法也。凡女儿之性情言动、举止执事，皆可言之。下7字用成句更妙。又，法用经、史、子、古文、骚、诗、赋、词、曲，挨坐顺行之，亦一法也。又尝与同人试行，2字用美人名，挨坐顺行一周；3字用曲牌名，顺行一周；4字用戏名；5字用五古；6字用词牌；7字用唐诗；8字用词；9字用曲。每加一字，通席遍行一周，则行之颇久，乃此令之变也。

女儿悲——横卧乌龙作妒媒。

女儿欢——花须终发月须圆。

女儿离——化作鸳鸯一只飞。（此旧法）

女儿夸——颜如舜华。

女儿权——政不出房户，天下晏然。

女儿色——知其白。（又一法）

女儿歌——韩娥。
女儿听——莺莺。
女儿文——左芬。
女儿腰——《步步娇》。
女儿悲——《懒画眉》。
女儿归——《鲍老催》。
女儿灾——《花报瑶台》。
女儿冤——《卖子投渊》。
女儿供——《佳期拷红》。
女儿布——故人工织素。
女儿裳——文采双鸳鸯。
女儿香——随风远飘扬。
女儿叹——《潇湘逢故人慢》。
女儿习——《霓裳中序第一》。
女儿娇——《鬓云松》《系裙腰》。
女儿妆——满身兰麝扑人香。
女儿家——绿扬深巷马头斜。
女儿媚——绿叶桃根双姊妹。
女儿乐——花匣么弦，象奁双陆。
女儿娇——鬟丝温雾，扇锦翻挑。
女儿寄——罗绶分香，翠绡封泪。
女儿怨——选名门，一例里神仙眷。
女儿闷——登临又不快，闲行又困。
女儿诗——原来是走霜毫，不构思。

［按］《红楼梦》曾描写过薛蟠等人行“女儿令”的情景，可见“女儿令”在清代民间已颇为盛行。此令的特点是雅俗共赏。到了俞敦培的《酒令丛钞》里又翻出如许花样，从二字格直至九字格另有一点要提一提的，行此令时，是押韵的，即第三字与末一字为同韵，行令时，琅琅上口，也是此令能久传衰的一个原因罢。

36. 集《西厢》酒筹

分明打个照面——掣签者对座一杯

好教我左右做人难——左右座各一杯
是影儿似不离身——倚在人侧者一杯
人间寿高——席中年长者一杯
兰麝散幽斋——吃烟者一杯
粉墙儿高似青天——座中身矮者一杯
乍相逢记不真娇模样——初会者一杯
乌纱小帽耀人明——戴帽者一杯
早寻思酒阑人散——催饭者一杯
来时甚急——座中先至者一杯
吃素馒头委实口淡——吃素者一杯
霎时不见教人怪——出席者一杯
你硬着头皮上——不戴帽者一杯
我谁想这里遇神仙——好仙佛者一杯
渴司马——饮茶者
犹自怯衣单——着衣多者一杯
春意透酥胸——出汗者一杯
望得人眼欲穿——后至者一杯
我试悄悄相问——你偏低低应——席中私语者一杯
罗衾宽褪——脱衣者一杯
手抵着牙儿慢慢地想——剔牙者一杯
你呖呖莺声花外啭——喜歌者一杯
真是文章有用——举人二杯，进士三杯
罗衣不耐五更寒——添衣者一杯
莲脸生香——貌美者一怀
一服二服令人恁——善医者一杯
我只言目令——各消门面杯
我担个部署不周——过谦者一杯
隔墙儿酬和到天明——能诗者一杯
半天风雨洒松梢——打喷嚏者一杯
却教我翠袖殷勤捧玉钟——掣签者敬合席各一杯
而今搁起成亲事——未娶者一杯
我一地胡拿——合度猜拳
便道秀才从来恁——教读者一杯

夫人命——中年不留须者一杯
下工夫把头颅挣——新剃头者一杯
到度干连自己皮肉——座中父子兄弟各一杯
斜将曲阑凭——倚椅者一杯
我拽起罗衫欲行——欲逃席者一杯
要看个十分饮——不肯吃菜者一杯
面如少年得内养——老健者一杯
无人调护自去扶持——不带僮仆者一杯
袒下了偏衫——脱衣者一杯
冻得他战兢兢——嫌天气冷者一杯
你在我行口强——好辩者一杯
难道是昨夜梦中来——远归者一杯
要算主人情重——主人敬客各一杯
樱桃红破玉粳白露——露齿者一杯
方才还是一处来——同至者一杯
好着我难猜——与对座拇战输者一杯
貌堂堂——魁梧者一杯
门掩重关萧寺中——寓寺庙中者一杯
我便要浮槎到日月边——进京者一杯
早晚怕夫人行破绽——惧内者一杯
岂没个儿郎——未得子者一杯
一双心意两相投——同盟者一杯
休将兰麝熏——不吃烟者一杯
忒莽撞——性粗者一杯
慢俄延——斟酒者一杯
把一天愁都撮在眉尖上——皱眉者一杯
成就我温存娇婿——赘婿者一杯
止晓得杀入虎窟龙潭——好武者一杯
夜夜教他孤零——独宿者一杯
笔尖儿横扫五千人——能文者一杯
罕曾见——微须者一杯
未登程先问归期——将出行者一杯
猜我红娘做的牵头——媒人一杯

咽不下玉液金波——辞酒者一杯
似得了将军令——令官一杯
好煞人无干净——须多者一杯
减了玉肌——瘦者一杯
自古恭敬不如从命——推逊坐位者一杯
你好事从天降——遇喜庆者一杯
几曾敢咳嗽——咳嗽者一杯
遮遮掩掩穿芳径——小便解者一杯
无意求官——归田者一杯
你原来苗而不秀——监生一杯
酸溜溜螯得人牙痛——秀才一杯
为秦晋——有姻亲者各一杯
请先生勿捱让——敬齿爵尊者一杯

（辑《闲情小录》）

[按] 元代王实甫《西厢记》一剧，长期以来流传于舞台。其词曲的文学价值极高，有着浓厚的抒情色彩，几百年来万口传诵，几乎到了妇孺皆知，家喻户晓的地步。清末钱塘汪兆麒所制的《集西厢酒筹》就是以脍炙人口的曲文配以妙趣四逸的令词，将其镌刻在牙筹上，让人们抽签后，按筹上文字所示，饮酒把盏，原筹100枝，今剔除了极少数不健康者，录出以供大家品赏、揣摩。

37.【水浒叶子】牌类酒令

全副牌四十张，每张牌画《水浒传》中的一位人物，旁注令辞及酒约。行令时，将四十张牌扣于席间，合席依次抹牌，再按牌中所注明的令辞、酒约行令饮酒。四十张牌依次如下：

牌名　空设文　花和尚鲁智深
　　酒约　逃禅者饮
牌名　半文钱　入云龙公孙胜
　　酒约　好道者饮
牌名　一文钱　神行太保戴宗
　　酒约　步健者饮
牌名　二文钱　母夜叉孙二娘
　　酒约　惧内者饮

牌名　三文钱　赤发鬼刘唐

酒约　饮未冠

牌名　四文钱　鼓上蚤时迁

酒约　免饮

牌名　五文钱　金枪手徐宁

酒约　举箸者饮

牌名　六文钱　圣手书生萧让

酒约　善书者饮

牌名　七文钱　混世魔王樊瑞

酒约　语含糊者饮

牌名　八文钱　霹雳火秦明

酒约　性刚者饮

牌名　九文钱　玉麒麟卢俊义

酒约　敬亚尊（即敬席间第二位尊者）

牌名　一百子　急先锋索超

酒约　柔和者饮

牌名　二百子　双枪将董平

酒约　双秦首席

牌名　三百子　没羽箭张清

酒约　飞送（抹牌者起数“没羽箭张清”，“清”字落谁处，则抹牌者送酒给该人）

牌名　四百子　一丈青扈三娘

酒约　身长者饮

牌名　五百子　两头蛇解珍

酒约　兄弟饮

牌名　六百子　金眼彪施恩

酒约　短视者饮

牌名　七百子万代　拼命三郎石秀

酒约　盟好同饮

牌名　八百子　浪子燕者

酒约　风流客饮

牌名　九百子　小旋风柴进

酒约　世胄饮

牌名 一万贯 神医安道全

酒约 知医者饮

牌名 二万贯 神机军师朱武

酒约 饮善变

牌名 三万贯 青面兽杨志

酒约 貌美者饮

牌名 四万贯 浪里白条张顺

酒约 居临水者饮

牌名 五万贯 扑天雕李应

酒约 敬富客饮

牌名 六万贯 没遮拦穆弘

酒约 出席者饮

牌名 七万贯 豹子头林冲

酒约 面肥者饮

牌名 八万贯 行者武松

酒约 力大者饮

牌名 九万贯 智多星吴用

酒约 设账者饮

牌名 二十万贯 双鞭呼延灼

酒约 饮左右席

牌名 三十万贯 插翅虎雷横

酒约 （引叶无饮法，当为“免饮”）

牌名 四十万贯 活阎罗阮小七

酒约 顺数第七席饮

牌名 五十万贯 母大虫顾大嫂

酒约 新婚者饮

牌名 七十万贯 混江龙李俊

酒约 饮江湖客

牌名 八十万贯 九纹龙史进

酒约 纹才者饮

牌名 九十万贯 黑旋风李逵

酒约 性柔者饮

牌名 手搭椅上者饮

酒约 百万贯 美髯公朱仝

牌名 无须者饮

酒约 万万贯 呼保义宋江

牌名 饮首席

（见《陈老莲水浒叶子》）

38. 谭铁箫《红楼梦》筹令

共一百筹，行令方法如前。筹谱如下：

警幻仙姑 人间天上——学仙者饮

空空道人 天际秋云卷——脱帽者饮

茫茫大士 浑俗和光——发脱者饮

渺渺真人 神仙归洞天——欲先行饮巨杯

史太君 已大福荫 具庆者——重庆者饮

贾宝玉 愿天下有情的都成了眷属——主人遍酌坐客 自己也饮一杯

林黛玉 泪珠儿似露滴花梢——汗多者饮

薛宝钗 据相貌 凭才性——有貌者 有才者各饮一杯 才貌双全者饮双杯

元春 好事从天降——有喜庆事者饮

迎春 没来由把我摧残——嚼槟榔者饮

探春 这人一事情 百事精——多才多艺者饮

惜春 拂花笺 打稿儿——善书法者饮

史湘云 口没遮拦——齿落者饮

薛宝琴 娇羞花觫语 温柔玉有香——爱花佩玉者饮

邢岫烟 罗袂生寒——袖大者饮

李纹 有心争似无好——有心事者饮

李绮 他做会影里情郎——善画人物者饮

妙玉 是兜率宫 是离恨天——寓寺庙者饮

李纨 节操凛冰霜——孤客饮

王熙凤 天生是敢打通关——全饮

秦可卿 梦儿相逢——久别重逢者饮

巧姐 车儿快快随——先别者饮

尤氏 我做个缝了口的撮合山——默坐者左右饮

尤二姐　软兀刺　难蹲坐——瞌睡者饮
尤三姐　你休只因亲事胡扑俺——想娶妻者饮
邢夫人　脸儿上扑堆着可憎——多须者饮
王夫人　妻荣夫贵——尊贵者饮
薛姨妈　结婚姻为秦晋——姻亲对饮——儿女亲家饮双杯
周姨娘　并无繁冗正值幽静——寡言者饮
赵姨娘　只待觅别人破绽——工棋者饮
傅秋芳　空把佳期盼——已结姻尚未娶者饮
夏金娃　夜夜教他孤零——分床而眠者饮
刘姥姥　真是积世老婆婆——年长无须者饮
鸳鸯　我从来心硬——久为客者饮
喜鸾　不识忧　不识愁——好嬉戏者饮
佩凤　打扮著特来晛——不速之客饮
偕鸾　齐齐整整——穿新衣者饮
琥珀　小梅香服侍得勤——有婢女者饮
珍珠　有影无形——说谎者饮
抱琴　宫样眉儿新月偃——眉弯眉长者饮
司棋　人约黄昏后——迟到者饮
侍书　冷句儿将人厮侵——好挖苦人者饮
入画　谁许你胡得乱走——出席者饮
彩云　非好做盗拿——分酒入他人杯者饮
彩霞　你不言我已醒——默不语者饮
平儿　全不见半点轻狂——体肥者饮
小红　也有高唐来梦中——老年纳妾者饮
晴雯　又不曾有甚——无须者饮
麝月　分明打个照面——乍会者饮
碧痕　他酩子里都揾湿衫罗——吃茶者饮
秋纹　桂花摇影——身高者饮
绮霞　懒去拈针凿——袖手者饮
柳五儿　疑是玉人来——貌美者饮
袭人　怕他去夫人行把人葬送 ——敬内戚一杯
金钏　漏泄春光与乃堂——交头接耳者饮
玉钏　不信俺女儿家折了气分——惧内者饮

紫鹃　真假　这期间性儿难按纳——好怒者饮
雪雁　不知他那答儿发付我——随意行令
莺儿　我和你多情小姐同鸳帐——与内兄弟同饮
香菱　他若见甚诗　看甚词　他敢颠倒神思——从师勤学者饮
翠缕　和小姐闲穷究——曾入赘者饮
宝珠　哭声儿似莺啭乔林——咳嗽者饮
瑞珠儿　我哭是女孩儿　有志气——不遵令者饮
春燕　管什么拘束亲娘——有俊仆者饮
蕙香　睃趁放毫光——戴眼镜者饮
彩明　向東贴儿上计禀——听仆从回事者饮
若玉　扑腾腾点著袄庙火——吃水烟者饮
四儿　今夜凄凉有四星——排行第四者饮
坠儿　小则小　心肠儿转关——身瘦小者饮
傻大姐　参不透风流调法——无妾者饮
芳官　比小姐家如何——纳婢者饮
藕官　知音者芳心自同——随意唱曲不能者饮
葵官　女孩儿家恁响喉咙——喧哗大笑者饮
椿龄　口儿作念心儿印——初学者乐者饮
蕊官　药官　诗对会家吟——曾唱和者饮
万儿　满头花　拖地锦——服饰华丽者饮
娇杏　临去秋波那一转——过别席重回者饮
宝蟾　纸窗儿湿破　悄声儿窥视——谈密事者饮
文官　启朱唇　语言得当——善谈者饮
青儿　惺惺惜惺惺——代人饮酒者饮
金哥　白练套头——有人管束者饮
智能　蜜爱幽欢恰动头——新留须者饮
云儿　路柳墙花——名字带草木旁者饮
秋桐　恁的般恶枪白——说笑话免饮
净虚　对艳妆　将言辞说上——作媒者饮
马道婆　我图谋你东西来到此——向左右座猜拳
周瑞家的　到底干连着自己皮肉——搔痒者饮
王善家的　我一地胡拿——寻人划拳
鲍二家的　尽人调戏——与女优友善者饮

吴贵媳妇　腿儿相压——翘腿而坐者饮
贾代儒　向诗书经传　蠹鱼似不出费钻研——谈道学者饮
贾敬　有心听讲——静坐者饮
贾政　平生正真无偏向——公正者饮
贾赦　粗麻线　怎过针关——带绣货者饮
贾琏　惹草沾花没掂三——强人代酒者饮
贾珍　做多少好人家风范——好说因果者饮
贾环　你原来苗而不秀——粗眉者饮
贾兰　后代儿孙——抱孙者饮
柳湘莲　别一个怎退干戈——善武者饮
甄宝玉　虚名儿误赚了我——在名人手下做事者饮

39. 补　遗

【五行生克令】划拳类酒令。行令方法：大姆指为“金”，食指为“木”，中指为“水”，无名指为“火”，小指为“土”。二人相对，同时出拳。金克木，木克土，土克水，水克火，火克金。负者饮酒。

【一字清不倒旗拳】划拳类酒令。一般猜拳，口令中数字与吉祥词语搭配，如“一条龙”、“哥俩好”、“三星照”、“四喜财”、“五莲灯”、“六六六”、“七个巧”、“八匹马”、“九莲灯”、“全来到”之类，本令则异。行令方法：从一到十，只能“一”、“二”、“三”叫数，谓“一字清”。而且，两人必须以肘置桌上，直竖小臂不准倾斜，叫做“不倒旗”。违令者罚酒。

【藏头令】骰子类酒令。行令方法：一人用一枚骰子连掷六次，每掷一次，宣一句令辞，令辞要求藏头。如“一掷要个天无大”，“天”字无“大”为“一”，此时掷得么则饮酒。令辞及酒约如下：

一掷要个天无大。掷得“么”饮酒一杯
二掷要个夫无人。掷得“二”饮酒一杯
三掷要个玉无卜。掷得“三”饮酒一杯
四掷要个罪无非。掷得“四”饮酒一杯
五掷要个吾无口。掷得“五”饮酒一杯
六掷要个衮无衣。掷得“六”饮酒一杯

【猜点令】骰子类酒令。行令方法：举一人为令官、令官将两枚骰子置骰筒摇动，摇毕置放于桌，令席间一人猜所提之点数，再当众启开摇筒。不中，猜者饮，中令官饮，以此类推。

【离合音令】行令方法：每人说四句话，用离合字、同音字，巧妙地勾联起来。如：“两火为炎，此非盐酱之盐，如何添水便淡？”这里“炎”是由两个火字合成，“淡”字是由“炎”加“水”字偏旁合成，中间两句则同“炎”“盐”一对同音字连缀起来。接下去一人可以说：“两土为圭，此非龟鳖之龟，即非龟鳖之龟，为何来卜成卦？”余者仿此。说不成者，酌情罚酒。

【飞禽、走兽贯古人、曲牌令】行令方法：每人举一飞禽，一走兽，中间要一个古人名，末保句用曲牌一支作结。要求上下文意贯通，略有押韵。合席轮说，人各一句，不能说或违约者均罚酒一杯。如：“天上飞禽是凤凰，地上走兽是绵羊；绵羊打从山上过，遇见古人是张良；那张良，骑绵羊，是知之山坡羊。”又如：“于上飞禽是鹞鹰，地上走兽是麒麟；麒麟打从山上过，遇见古人是子陵；那子陵，骑麒麟，是知之玉麒麟。”其中“山坡羊”、“玉麒麟”是曲牌名。

【错读正解诗句令】行令方法：每人吟《千家诗》中诗一句，要求故意错读句中一个字，然后，再吟诗一句对读错字进行解释。合席轮说，不成辄罚酒一杯。如：“状元归去轿如飞，如何不用马？雪拥蓝关马不前。”“劝君更尽一杯茶，如何不用酒？寒夜客来茶当酒。”

【颠倒令】行令方法：每人说两句话，每句又分上下两句，上句三字，下句七字，下句要发挥上句的意思，又要押韵；第二句的上句三字又必须是第一句前三字的反语。如苏东坡在翰林院为官时，曾与同僚行此令道：“闲似忙，蝴蝶纷纷过短墙；忙似闲，白鹭饥时立小滩。”一客和曰：“来似去，潮翻巨浪还西注；去似来，跃马翻身射箭回。”又一客曰：“动似静，万顷碧潭成宝镜；静似动，长桥影逐酒旗送。”又一客云：“难似易，百尺竿头呈巧艺；易似难，执手临歧话别闲。”行令时，众人依次说，说不出者饮酒。

【落地无声贯古人唐诗令】行令方法：要一种花落地无声，接一个与这种花有关系的古人，这古人又须引出另一个古人，前古人问后古人一件事，后古人要用唐诗两句做回答。要求全篇后串连贯通，不许硬凑，不成者饮酒。如宋代苏东坡、秦少游、黄庭坚与佛印禅师曾行此令。

苏东坡起令道：雪花落地无声，抬头见白起。白起问廉颇：如何爱养鹅？廉颇曰：白毛浮绿水，红掌拨青波。

秦少游接令道：笔花落地无声，抬头见管仲。管仲问鲍叔：如何不种竹？鲍叔曰：只须两三杆，清风自然足。

黄庭坚应令道：烛花落地无声，抬头见孔子。孔子问颜回：因何不种梅？颜回曰：前村深雪里，昨夜一枝开。

佛印禅师接令：天花落地无直声，抬头见宝光。宝光问维摩：斋事近如何？维摩曰：遇客头如鳖，逢僧项似鹅。

附一 射覆令拾萃

① 李子

酒面为果名。要求射一影片名，承前缀成唐代诗人，续后缀成植物名词。酒底：《白莲花》（承前：李白，续后：花子）。

② 大娘

酒面为称谓。要求射一影片名，承前缀成中药名，续后缀成称谓。酒底：《黄英姑》（承前：大黄，续后：姑娘）。

③ 黄瓜

酒面为蔬菜名。要求射一戏曲影片名，承前缀成值物名，续后缀成蔬菜名。酒底：《杨乃武与小白菜》（承前：黄杨，续后：菜瓜）。

④ 小生

酒面为戏曲行当。要求射一《红楼梦》人名，承前缀成景片，续后缀成莫泊桑小说名。酒底：花袭人（承前：《小花》，续后：《人生》）。

⑤ 台北

酒面为台湾地名。要求射一江地名，承前续后均缀成我国地名。酒底。南通（承前：台南，续后：通北）。

⑥ 海岛

酒面为地理名词。要求射一影片名，前三字为我国岛名，后三字为一影片名。酒底：《南岛风云》（承前：海南岛，续后：《风云岛》）。

⑦ 天山

酒面为山名。要求射一电影导演名，承前缀成甘肃地名，续后缀成山名。酒底：水华（承前：天水，续后：华山）。

⑧ 柳州

酒面为广西地名。要求射一省名，承前缀成作家名，续后缀成江苏地名。酒底：青海（承前：柳青，续后：海州）。

⑨ 江西

酒面为省名。要求射一吉林地名，承前缀成四川地名，续后缀成省名。酒底：安广（承前：江发，续后：广西）。

⑩ 南昌

酒面为江西地名。要求射一山西地名，承前缀成广西地名，续后缀成湖北地名。酒底：宁武（承前：南宁，续后：武昌）。

⑪ 九江

酒面为江西地名。要求射一广东地名，承前续后均缀成四川地名。酒底；龙川（承前：九龙，续后：川江）。

⑫ 云南

酒面为省名。要求射一上海地名，承前缀成云南地名，续后缀成地区名。酒底：龙华（承前：云龙，续后：华南）。

⑬ 昆明

酒面为云南地名。要求射一山西地名，承前缀成云南地名，续后缀成明代戏曲家名。酒底：阳高（承前：昆阳，续后：高明，系《琵琶行》的作者）。

⑭ 春节

酒面为节日名。要求射一常用词，承前缀成假日名，续后缀成外交名词。酒底：假使（承前：春假，续后：使节）。

⑮ 中宁

酒面为宁夏地名。要求射一影片名，承前缀成地区名，续后缀成广西县名。酒底：《南昌起义》（承前：中南，续后：义宁）。

⑯ 河口

酒面为江西地名。要求射一影片名。承前缀成省名，续后缀成四川地名。酒底。《南海长城》（承前：河南，续后：城口）。

⑰ 长阳

酒面为湖北地名。要求射一影片名，承前缀成吉林地名，续后缀成贵州地名。酒底：《春暖花开》（承前：长春，续后：开阳）。

⑱ 大金

酒面为四川地名。要求射一影片名，承前续后均缀成广西地名。酒底：《新安江上》（承前：大新，续后：上金）。

⑲ 西平

酒面为河南地名。要求射一影片名，承前缀成广西地名，续后缀成山西地名。酒底：《林海雪原》（承前：西林，续后：原来）。

⑳ 西康

酒面为旧省名。要求射一影片名，承前缀成地区名，续后缀成江西地名。酒底：《北国江南》（承前：西北，续后：南康）。

㉑ 长春

酒面为吉林地名。要求射一外国电视剧名，承前缀成称谓，续后缀成一《红楼梦》人名。酒底：《老干探》（承前：长老，续后：探春）。

㉒ 硫酸

酒面为化学名词。要求射一化学名词，承前、续后均为化学名词。酒底：磺磷（承前：硫磺，续后：磷酸）。

㉓ 宝山

酒面为上海地名。要求射一沪剧名，承前缀成陕西地名，续后缀成山名。酒底：《鸡毛飞上天》（承前：宝鸡，续后：天山）。

㉔ 李广

酒面为汉代人名。要求射一电影演员，承前缀成唐代诗人，续后缀成隋代人名。酒底：白杨（承前：李白，续后：杨广）。

㉕ 东德

酒面为国名简称。要求射一作家名，承前缀成山东地名，续后缀成广东地名。酒底：阿英（承前：东阿，续后：英德）

㉖ 旅行

酒面为常用词。要求射一影片名，承前缀成辽宁地名，续后缀成常用词。酒底：《大河奔流》（承前：旅大，续后：流行）。

㉗大理

酒面为云南地名。要求射一话剧名，承前续后皆缀成常用词。酒底：《于无声处》（承前：大于，续后：处理）。

㉘金田

酒面为广西地名。要求射一影片名，承前缀成电影演员名，续后缀成常用词。酒底《山寨火种》（承前：金山，续后：种田）。

㉙三水

酒面为广东地名。要求射一京剧名，承前缀成文学史名词，续后缀成江西地名。酒底：《曹操与杨修》（承前：三曹，续后：修水）。

㉚海军

酒面为军事名词。要求射一军事名词，承前、续后皆为军事名词。酒底：防空（承前：防空，续后：空军）。

㉛广西

酒面为自治区名。要求射一河南地名，承前缀成广西地名，续后缀成省名。酒底：平顶山（承前：广平，续后：山西）。

㉜黄山

酒面为山名。要求射一京剧演员名，承前缀成《三国演义》人名，续后缀在山名。酒底：盖叫天（承前：黄盖，续后：天山）。

㉝黄平

酒面为贵州地名。要求射一太平天国人名，承前缀成湖北地名，续后缀成广东地名。酒底：石达开（承前：黄石，续后：开平）。

㉞李陵

酒面为汉代人名，要求射一电影演员名，承前缀成唐代诗人，续后缀成《三国演义》人名。酒底：白杨（承前：李白，续后：杨陵）。

㉟鞍山

酒面为钢都名。要求射一评剧演员，承前缀成体育器材，续后缀成山名。酒底：马泰（承前：鞍马，续后：泰山）。

㊱金山

酒面为电影演员名。要求射一电影演员名，承前缀成广西地名，续后缀成山名。酒底：田华（承前：金田，续后：华山）。

㊲黄河

酒面为河流名。要求射一河北地名，承前缀成湖北地名，续后缀成江西地名。酒底：石家庄（承前；黄石，续后：庄河）。

㊳上海

酒面为城市名。要求射一，贵州地名，承前缀成广西地名，续后缀成广东地名。酒底：思南（承前：上思，续后：南海人）。

㊴玉门

酒面为甘肃地名。要求射一欧洲湖泊名，承前缀成台湾地名，续后缀成江浙地名。酒底：里海（承前：玉里，续后：海门）。

㊵方化

酒面电影演员名。要求射一电影演员名，承前缀成电影演员名，续后缀成一常用词。酒底：舒绣文（承前：方舒，续后：文化）。

㊶通北

酒面为黑龙江旧地名。要求射一江苏地名，前二字为江苏地名，后二字为直辖市名。酒底：南京（前二字“南通”，后二字“北京”）。

㊷武汉

酒面为湖北地名。要求射一果品，前二字为《水浒》人名，后二字为称谓。酒底：松子（前二字：武松，后二字：汉子）。

㊸军士

酒面为名词。要求射一明代人名。前二字为军事名词，后二字为国名。酒底；海瑞（前二字；海军，后二字：瑞士）。

㊹电学

酒面为物理名词。要求射一物理名词，承前、续后皆缀成物理名词。酒底：阴力（承前：电阻，续后：力学）。

㊺古干

酒面为中国现代画家名。要求射一饮料名，承前缀成台湾作家名，续后缀成食品名。酒底：龙井茶（承前：古龙，续后：茶干——一种茶香豆腐干）。

㊻探花

酒面为科举名词。要求射一影片名，承前缀成《红楼梦》人名，续后缀成花卉名。酒底：《春桃》（承前：探春，续后：桃花）。

㊼西子

酒面为古美女名西施别称。要求射一《红楼梦》人名，承前缀成太平天国人物封号，续后缀成中国现代女作家。酒底：王熙凤（承前：西王一萧朝贵封号，续后：凤子）。

㊽奶白

酒面为一种颜色。要求射一食品名，承前缀成饮料名，续后缀成一食品原料。酒底：茶叶蛋（承前：奶茶，续后：蛋白）。

㊾柳林

酒面为山西旧地名。要求射一食品名，承前缀成北宋文学家，续后缀成相声演员名。酒底：开口笑（承前：柳开，续后：笑林）。

㊿大同

酒面为山西地名。要求射一京剧名，承前缀成节气名一，续后缀成一五代画家名。酒底《雪拥蓝关》（承前：柳开，续后：关同）。

51王成

酒面为《聊斋志异》篇目名。要求射外国影片名，承前缀成一《岳传》人名，续后缀成一《隋唐演义》人名。酒底：《佐罗》（承前：王佐，续后：罗成）。

52苏联

酒面为国名。要求射一电影演员，承前缀成一战国人名，续后缀成一群众团体名。酒底：秦文（承前：苏秦，续后：文联）。

53赵云

酒面为三国人名。要求射一影片名，承前缀成一舞蹈演员，续后缀成一电影演员。酒底：《青云曲》（承前：赵青，续后：曲云）。

54海水

酒面为常用词。要求射一影片名，承前缀成一影片，续后缀成一甘肃地名。酒底：《魂系蓝天》（承前：《海魂》，续后：天水）。

附二 耿氏酒令三则

百科知识令

1. 令：每人说一个“酒”字开头的词。
   注：说不出者饮酒！
2. 令：每人说一个带“酒”字的成语。
   注：说不出者饮酒！
3. 令：每人说一种名酒及产地。
   注：说哪个产地，哪里人同饮！
4. 令：每人说一句话含五个“酒”字。
   注：说不出者饮酒！
5. 令：每人说一个用酒的民俗。
   注：说不出者饮酒！
6. 令：酒分哪四大类？各举一例。
   注：左二，少答一类饮酒！
7. 令：白酒分哪六大类型？各举一例。
   注：同答共饮！
8. 令：每人说一种做酒的原料。
   注：说不出者饮酒！
9. 令：“酒逢知己千杯少。”
   注：同姓，同乡，同龄，同属相者干！
10. 令：哪“八仙”过海？
    注：左一，任答四位，少答饮酒！
11. 令：古代有哪四大美人？
    注：同答共饮，未婚者干！
12. 令：古代有哪四大发明？
    注：同答共饮。
13. 令：每人说一个民族。
    注：说哪个民族，哪族的人同饮！
14. 令：每人说三十六计中一计。
    注：说不出者饮酒！
15. 令：每人说二十四节气的一个节气。

注：从“立春”开始顺答，违者罚！

16. 令：有哪十二属相？

注：同答共饮！

17. 令：每人说一种中草药。

注：说不出者饮酒！

18. 令：每人说一种花。

注：说此花时正植花不开的饮酒！

19. 令：每人讲一个笑话，自干一杯。

注：笑话中含“酒”字的可免酒！

20. 令：每人说一句方言。

注：说哪种方言，哪里人饮酒！

21. 令：中国有哪八大菜系？

注：左三，任答两系，少答饮酒！

22. 令：中国有哪八大名茶？

注：左一，任答两种，少答饮酒！

23. 令：菜肴中哪上、中、下八珍？

注：左二，任答两珍，少答饮酒！

24. 令：每人说一种地方名吃。

注：说哪里，哪里人同饮！

25. 令：每人说一种地方戏并唱一句。

注：违者饮酒！

26. 令：中国有哪些独有的动物？

注：左三，任答三种，少答饮酒！

27. 令：每人背“百家姓”一句，或说一复姓。

注：说哪个姓，哪姓的人同饮！

28. 令：每人出一谜语，左一答。

注：答不出者饮酒后再出题。

29. 令：每人出一歇后语，左一答。

注：答不出者饮酒后再出题。

30. 令：每人自干杯，令左一任出一节目。

注：违者饮酒一杯！

地理知识令

1. 令：太阳系有哪九大行星？
   注：左一，答全奖一杯！不全罚一杯！
（当此书编辑时，科学家有关太阳系九大行星之冥王星已除去行星之列）
2. 令：世界有哪四大古国？
   注：同答共饮。
3. 令：中国的人口和陆地面积是多少？
   注：左三答，少答一项饮酒！
4. 令：中国有哪十五个陆地邻国？
   注：每人说一国，说不上饮酒。
5. 令：中国最高和最低的地方是哪里？
   注：左二，少答一项饮酒！
6. 令：每人说一个带“州”字的城市。
   注：说哪个市，哪个市人同饮！
7. 令：每人说一个带港城市。
   注：说哪个市，哪个市人同饮！
8. 令：中国有哪二十四座历史文化名城？
   注：每人说一城，说不上饮酒。
9. 令：每人说一省（自治区）及简称。
   注：说哪个省，哪个省人同饮！
10. 令：中国最大的村、庄、店是哪里？
    注：左三，少答一处饮酒！
11. 令：山城、春城、泉城、石头城是哪里？
    注：左三，少答一城饮酒！
12. 令：古代谁通西域？谁下洒洋？
    注：左一，少答一人饮酒！
13. 令：古代谁西天取经？谁东洋送经？
    注：左二，少答一人饮酒！
14. 令：中国有哪五岳？
    注：同答共饮！
15. 令：中国佛教、道教中有哪四大名山？
    注：自答两山，少答饮酒！

16. 令：每人说一寺。

注：每说一寺此地人同饮！

17. 令：每人说一泉。

注：每说一泉此地人同饮！

18. 令：我国有哪六大游湖？

注：自答三湖，少答饮酒！

19. 令：中国有哪些自然保护区？

注：左二，任答两处，少答饮酒！

20. 令：每人说一种名烟及产地。

注：说哪地，哪地人同饮！

21. 令：中国有哪四大名绣？四大瓷场？

注：左三，任答两处，少答饮酒！

22. 令：中国有哪四大古城？四大古镇？

注：左一，任答两处，少答饮酒！

23. 令：每人说一名山。

注：每说一山，此地人同饮！

24. 令：中国有哪四火山群？四火炉城市？

注：自答两处，少答饮酒！

25. 令：长城有多长？两头在哪里？

注：左三，少答一项饮酒！

26. 令：运河有多长？两头在哪里？

注：左一，少答一项饮酒！

27. 令：中国有哪四大海？四大海岛？

注：左二，少答一项饮酒！

28. 令：中国有哪四大河？四大淡水湖？

注：自答四处，少答饮酒！

29. 令：中国有哪四大高原？四大盆地？

注：左一，任答四处，少答饮酒！

30. 令：中国有哪六大石窟？六大陵墓？

注：自答两处，少答饮酒！

文史知识令

1. 令：中华民族的始祖是谁？现葬何处？
   注：同答共饮！
2. 令：每人说一位皇帝及朝代？
   注：和皇帝同姓者干杯！
3. 令：每人说一位古代女名人。
   注：说不上者饮酒！
4. 令：每人说一位历史名人。
   注：和其同姓者饮！
5. 令：每人说一位农民领袖。
   注：和其同姓者饮！
6. 令：每人说历史上一奸臣。
   注：和其同姓者饮！
7. 令：每人说古代一大战役。
   注：说不上者饮酒！
8. 令：中国古代哪五大名医？
   注：左二，任答两位，少答饮酒！
9. 令：中国有哪四大名著及作者？
   注：同答共饮！
10. 令：中国有哪四大传说？
    注：左三答不出饮酒，已婚者干杯！
11. 令：中国文房有哪四宝？
    注：同答共饮！
12. 令：京剧在哪朝形成？请唱一句。
    注：左二，唱不出饮酒！
13. 令：诗、词、曲、小说各盛行于何朝？
    注：左三，少说一种饮酒！
14. 令：殿试从何朝开始？前三名叫什么？
    注：自答，有职称者饮！
15. 令：每人取“人”字为句头背一句诗。
    注：背不出者饮酒！

16. 令：每人取“春”字为句头背一句诗。

注：背不出者饮酒！

17. 令：谁“斗酒诗百篇”，谁“对酒当歌”？

注：自答，少答一人饮酒！

18. 令：每人出一上联，左一答下联。

注：答不上者罚酒后再出题。

19. 令：每人按在座序号为句头背一句成语。

注：令官开始，违者饮酒！

20. 令：每人背古诗一首。

注：背不出者饮酒！

21. 令：每人背一句数字开头的诗。

注：左首排序同数者干杯！

22. 令：左三背白居易的《古原草》。

注：“离离原上草”。

23. 令：“劝君更进一杯酒”，答下句。

注：自答，远行者干！

24. 令：“人生有酒须当醉”，答下句。

注：左三答，五十岁以上者饮！

25. 令：“白首放歌须纵酒”，答下句。

注：自答，远离故乡者干！

26. 令：每人背一句含“酒”字的诗。

注：背不出者饮酒！

27. 令：谁“杯酒释兵权”，谁“醉酒刺秦王”？

注：自答，少说一人饮酒！

28. 令：背李白的《将进酒》或其小诗一首。

注：左一，背不出饮酒！

29. 令：背陆游的《钗头凤》或其小诗一首。

注：左三，背不出饮酒！

30. 令：背苏轼的《水调歌头》或其小诗一首。

注：左三，背不出饮酒。

（耿议忠：山东青岛人，当过水兵，转业后在青岛啤酒厂工作过，现在《青岛指南》当编辑，发明了《耿氏酒令筹》并出版《耿氏酒令筹注释》，此三则选自该书。）

女儿红—瓷白芙蓉

常

酒生趣起

第一章　千古奇闻酒后生

与酒事有关的轶闻轶事，散见于古今各种史书、丛书及笔记中，内容广泛，数量庞大。它们大多文字简练，有些仅二三句；有些还失于荒诞。但是，其中仍有许多是寓意深刻，可发人深省的；有些是开拓见闻，增加知识的；而更多的能令人欣然一乐，或开怀大笑的，是中华酒文化不可或缺的部分。因此，选录若干则，供读者赏析。

君山有道与吴包山潜通。上有美酒数斗，得懈者不死。汉武帝斋七日，遣男女数十人至君山得酒，欲饮之。东方朔曰："臣识此酒，请视之。"因一饮尽。帝欲杀之。朔乃曰："杀朔若死，此为不验。如其有验，杀亦不死。"乃赦之。

（《博物志》）

管辂顿倾三斗，而清辩绮粲；扬雄酒不离口，而太元乃就。

（《抱朴子》）

安南武平县封溪中，有猩猩焉，如美人，解人语，知往事。以嗜酒故，以屐得之，槛百数。同牢欲食之，众自推肥者相送，涕流而别。时饷封溪令，以帕盖之，令问何物，猩猩乃笼中语曰："惟有仆并酒一壶耳。"令笑而爱之，养畜，能传送言语，人不如也。

（《朝野佥载》）

宗季参政相公铉翁，于杭将求一容貌才艺兼全之妾，经旬余，未能惬意。忽有一奚奴者至，姿色固美。问其艺，则曰："能温酒。"左右皆失笑。公漫尔留试之。及执事，初甚热，次略寒，三次微温。公方饮。既而每日并如初之第三次。公喜，遂纳焉。终公之身，未尝有过不及时。归附后，公携入京，公死，囊橐皆为所有，因而巨富，人称曰奚娘子者是也。吁，彼女流贱隶耳，一事精至，便能动人心，亦其专心致志而然。士君子之学，为穷理正心，修已治人之道，而不能至于当然之报者，视彼有间矣。

（《辍耕录》）

道士叶法善，精于符籙之术，上累拜为鸿胪卿，优礼待焉。法善居元真观，尝有朝客数十人诣之，解带淹留，满座思酒。忽有人叩门，云曲秀才。法善令人谓曰：“方有朝寮，未暇瞻晤，幸吾子异日见临也。”语未毕，有一秀才，傲睨直入，年二十余，肥白可观。笑揖诸公，居末席，伉声谈论，援引古今。一席不测，恐耸观之。良久，蹔足旋转。法善谓主公曰：“此子突入，语辩如此，岂非魑魅为惑乎，试与诸公避之！”曲生复至，扼腕抵掌，论难峰起，势不可当。法善密以小剑击之，随手失于阶下，化为瓶榼。一座惊慑，遽视其所，乃盈瓶醲酝也。咸大笑饮之，其味甚佳。座客醉而揖其瓶曰：“曲生风味不可忘也。”

（《传信记》）

袁石公《觞政》八之祭云：“凡饮必祭所始，礼也。今祀孔子曰：“酒圣，无量不及乱，觞之祖也。是为饮宗。四配曰：“阮嗣宗、陶彭泽、王无功、邵尧夫。十哲曰：郑文渊、徐景山、嵇叔夜、刘伯伦、向子期、阮仲容、谢幼舆、孟万年、周伯年、阮宣子。而山巨源、胡毋彦、国毕茂、张季鹰、何次道、李元忠、贺知章、太白以下祀两庑，至若仪狄、杜康、刘白堕、焦革，皆以酝法得名，无关饮徒，祀之门垣，以奖酿客，亦犹校宫之有土主，梵宇之有伽蓝也。”圣人吾不得而见之矣，二千二百余年中，四配十哲，十四人耳，而阮氏居其三。醉乡阀阅，莫有盛于吾家者矣。

（《茶余客话》）

李觏字泰伯，盱江人，贤而有文章，苏子瞻诸公，极推重之。素不喜佛，不喜《孟子》，好饮酒作文，古文弥佳。一日，有达官送酒数斗，泰伯家酿已熟，然性介僻，不与人往还。一士人知其富有酒，然无计得饮，乃作诗数首骂《孟子》，其一云：“完廪捐阶未可知，孟轲深信亦还痴。丈人尚自为天子，女婿如何弟杀之！”李见诗大喜，留连数日，所与谈，莫非骂《孟子》也。无何，酒尽，乃辞去。既而又有寄酒者，士人闻之，再往，作《仁义正论》三篇，大率皆诋释氏。李览之笑云：“公文采甚奇，但前次被公吃了酒后，极素寞。仿次不敢相留，留此酒以自遣怀。”闻者莫不绝倒。

（《道山清话》）

石曼卿磊落奇才，知名当世，气貌雄伟，饮酒过人。有刘某者，亦志义之士也，当与曼卿为敌。闻沙行王氏新开酒楼，遂往造焉。对饮终日，不交一言。王氏怪其所饮过多，非常人之量，以为异人。稍献肴果，益取好酒奉之甚谨。明日喧传王氏酒楼有二酒仙来饮，久之乃知刘、石也。

(《归田录》)

袁彦纯尹京，专一留意酒政.煮酒卖尽，取常州宜兴县酒，衢州龙游县酒，在都下卖。御前杂剧，三个官人。一曰京尹，二曰常州大守，三曰衢州太守。三人争座，常守让京尹曰："岂宜在我二州之下？"衢守争曰："京尹合在我二州之下。"常守问云："如何有此说？"衢守云："他是我两州拍户。"宁庙亦大笑。

(《贵耳集》)

宝庆丙戌，袁樵尹京，于西湖三贤堂卖酒。有人题壁曰："和靖、东坡、白乐天，三人秋菊荐寒泉。而今满面生尘土，却与袁樵趁酒钱。"

(《古杭杂记》)

楚会诸侯，鲁赵皆献酒于楚王。主酒吏求酒于赵，赵不与。吏怒，乃以赵厚易鲁薄者奏之。楚王以赵酒薄，遂围邯郸。故曰："鲁酒薄而邯郸围。"

(《淮南子》)

齐景公纵酒，醉而解衣冠，鼓琴以自乐，顾左右曰："仁人亦乐此乎？"左右曰："仁人耳目犹人，何为不乐乎。"景公曰："驾车以迎晏子。"晏子闻之朝服而至。景公曰："今者寡人此乐，愿与大夫同之。"晏子曰："君言过矣。自齐国五尺以上，力皆能胜婴与君，所以不敢者，畏礼也。故自天子无礼，则无以守社稷。诸侯无礼，则无以守其国。为人上无礼，则无以使其下。为人下无礼，则无以事其上。大夫无礼，则无以治其家。兄弟无礼，则不同居。人若无礼，不若遄死。"景公色愧，离席而谢曰："寡人不仁无良，左右淫湎寡人，以致于此，请杀左右，以补其过。"晏子曰："左右无过。君好礼，则有礼者至，无礼者去。君恶礼，则无礼者至，有礼者去。左右何罪乎？"景公曰："善哉！"乃更衣而坐，觞酒三行，晏子辞去，景公拜送。诗曰："人而无礼，胡不遄死！"

(《韩诗外传》)

东坡云：吾酒后，乘兴作数千字，觉酒气拂拂从十指出也。大是妙语。

（《侯鲭录》）

石裕方明造酒数斛，忽解衣入其中，恣沐浴而出，告子弟曰："吾平生饮酒，恨毛发未识其味，今日聊以试之，庶无厚薄。"

（《酒中玄》）

宋蔡文忠公，性嗜曲蘖，饮量过人，沉酣昼夜，谏者弗听。时太夫人年高，甚以为忧。一日，山东贾存道过之，适文忠宿醉未起，存道乃大书于壁曰："圣君宠重龙头选，慈母恩深鹤发垂。君宠母恩俱未报，酒如成病悔何追！"文忠起见之，大悟，即日痛惩，终身不复至醉。

（《坚瓠集》）

金陵陈子文，号苍厓，家贫嗜酒。一日，囊仅一钱，市酒饮之，作诗自嘲云："苍厓先生屡绝粮，一钱犹自买琼浆。家人笑我多颠倒，不疗饥肠疗渴肠。"

（《坚瓠集》）

郭景初夜出，为醉人所诬。官召景初，诘其状。景初叹曰："谚云'张公吃酒李公醉'。"官即命作赋，景初云："事有不可测，人当防未然。何张公之饮酒，乃李公之醉焉。清河丈人，方肆杯盘之乐；陇西公子，俄遭酩酊之衍。"官笑而释之。

（《坚瓠集》）

杨遂阉十二岁中举，至京，国公尚书，同设席邀饮。国公尚书齐递酒两杯，因曰："手执两杯文武酒，饮文乎？饮武乎？"杨曰："胸藏万卷圣贤书，希圣也，希贤也。"

（《坚瓠集》）

明初，徐州李冠，仿卢仝《茶歌》，作《酒歌》云："蓬壶影里啼青鸟，梦觉华胥春已晓。吴姬携酒叩我门，连声大叫惊邻媪。口传达官不敢言，开封嫩碧光银罂。呼儿不用借盘盏，巨碗亦足张吾兵。一碗入灵府，浑如枯槁获甘雨。二碗和风生，辙鲋得水鳞鳍轻。三碗肝肠热，扫却阴山万斛雪。四碗新新成，挥毫落纸天机鸣。五碗叱穷鬼，成我佳名令人毁。六碗头颅偏，轰雷不觉声连天。七碗玉山倒，枕卧晴霞藉烟草。醒来好恶不自知，宁能更为苍生恼。苍生四海非不多，圣明治化极中和。矧令鼎鼐付房魏，变理阴阳无偏颇。吾当衔杯偃仰卧蓬草，解衣鼓腹尧民歌。”

（《坚瓠集》）

黄贞父《醉翁图赞》曰：“酒，好友。闭而眼，扪而口。潦倒衣冠，模糊好丑。多不辞一石，少不辞五斗。提携域外乾坤，断送人间卯酉。破除万事总皆非，沉冥一念夫何有。盖东坡为无漏之仙，而吾呼之为独醒之友。”

（《坚瓠集》）

永乐朝有夷使善饮，举朝能胜者，或曰曾学士棨，成祖遂召与饮，竟日，夷使已醉，而棨穆然无酒容。成祖闻之曰：“只这酒量，亦可作我朝状元。”《七修》载：“宁波陈敬宗，性善饮。一日召宴，预使内侍铸铜人，如公躯干，虽指爪中皆空虚者，如其饮注铜人中。内侍报曰‘铜人已满’，遂使归，令内侍随其后以观，至家散堂，复与内侍饮焉。”又孝宗朝，蓝州光武人输粟入京师。时西陵侯称善饮，人有言武人可以为敌，遂召与饮，初冬新醅方熟，共有二缸，西陵不复知人事矣，武人畅怀自酌，复专罄一缸。真可谓酒有别肠也。

（《坚瓠集》）

扈戴畏内，欲出则谒假于细君。细君滴水于地，水不干当归。若去远，则烯香掐至某所，以为限。一日，因筵聚，方三行酒，扈色欲遁。众客觉之，哗曰：“扈君恐慌砌水隐影，香印过界耳。吾辈人撰句一联，奉酒一杯，庶得早归不罚。”众以为善，一人捧瓯吟曰：“解禀香三令，偏能水五申。”逼扈饮尽。别云：“细弹防事水，短爇戒时香。”别云：“战兢思水约，匍匐趁香期。”别云；“出佩香三尺，归防水九章。”别云：“命系逡巡水，时牵决定香。”扈连饮六七巨觥，吐呕淋漓。既上马，群譟谓使人曰：“夫人若怪归迟，但道被水香劝酒留住耳。”

（《坚瓠集》）

《见只编》载：里有富人某，张具邀宾，意独重一上客。顾众宾皆至，上客不来，富人大燥，失声云：“偏是要紧者不来！”众客不悦，各有去志。一奴在旁，知主人失言莫解，应声出门，急身后厨，担二上尊，从大门入，厉声谓主人云："要紧者来矣！"众宾释然，初谓为酒也。此奴微言中解，亦黠矣哉。

（《坚瓠集》）

五代时，有张逸人尝题崔氏酒垆云："武陵城里崔家酒，地上应无天上有。云游道士饮一斗，醉卧白云深洞口。"自是酤者愈众。

（《坚瓠集》）

庆历间，欧阳公谪守滁阳，筑醒心醉翁亭于琅琊幽谷，令幕官谢希深杂植花草，谢以状问名品，公批纸尾云："浅红深白宜相间，先后仍须次第栽。我欲四时携酒去，莫教一日不花开。"未几，徙杨州，别滁诗云："花光浓郁柳轻明，酌酒花前送我行。我亦宜如常日醉，莫教弦管作离声。"

（《坚瓠集》）

徐铉言铜陵县尉某懦不能事，嗜酒尚狂。尝与同官会饮江上，忽见贼船，鸣鼓弄兵，沿流而下。尉乘醉仗剑，驱市人而袭之，贼皆就缚焉。事闻，后主嘉之，赐之章服，除本县令。此因酒而幸成也。

（《江南余载》）

朱锡鬯诗才隽逸，文尤跌荡可观。然性好饮酒，尝与高念祖入都，每日暮泊舟，辄失朱所在。及高往求之，朱已阑入酒肆中，醉卧垆下矣。

（《今世说》）

沈汉仪家贫好酒，每遇良友，辄慷慨沈饮。或劝以稍事生业，对曰："良朋樽酒，吾故藉以生者。"

（《今世说》）

子思居贫，其友有馈之粟者，受一车焉。或献樽酒束修，子思弗为受也。或曰："子取人粟，而辞吾酒脯，是辞少而取多也，于义则无名，于分则不全，而子行之，何也？"子思曰："然，伋不幸而贫于财，乃至困乏，将恐绝先人之祀。夫以受粟，为周之也。酒脯，则所以饮宴也。方乏于贫，而乃饮宴，非义也。吾岂为分哉，度义而行也。"或担其酒脯以归。

（《孔丛子·公义篇》）

李白嗜酒，不拘小节。然沉酣中所撰文章，未尝错误，而与不醉之人相对，议事皆不出太白所见。时人号为“醉圣”。

（《开元天宝遗事》）

慎东美，字伯筠，秋夜待潮于钱塘江，沙上露坐，设大酒樽及一杯，对月独饮，意象傲逸，吟啸自若。顾子敦适遇之，亦怀一杯，就其樽对酌。伯筠不问，子敦亦不与之语，酒尽各散去。

（《老学庵笔记》）

宗道为谕德时，居近酒肆，尝微行就饮肆中。偶真宗亟召，使者及门久之，宗道方自酒肆来。使者先入约曰：“即上怪公来迟，何以为对？”宗道曰：“第以实言之。”使者曰：“然则公当得罪。”曰：“饮酒，人之常情。欺君，臣子之大罪也。”真宗果问使者，具以宗道所言对。帝诘之，宗道谢曰：“有故人自乡里来，臣家苦无杯盘，故就酒家饮。”帝以为忠实，可大用。

（《鲁宗道传》）

河阳释法常，酷嗜酒，无寒暑风雨，常醉，醉则熟寝，觉则朗吟。尝谓同志曰：“酒天虚无，酒地绵邈，酒国安恬，无君臣贵贱之拘，无财利之图，无刑罚之避，陶陶焉，荡荡焉，其乐不可得而量也。”

（《清异录》）

粤西平乐等府，山中多猿，善采百花酿酒。樵子入山，得其巢穴者，其酒多至数百石。饮之，香美异常，名曰猿酒。漓江两岸间猿犹多，粤寇时，沿江炮火震惊，猿迁越深山邃谷间，罕有至江岸者。江阴金粟香、平湖陆武园皆旁饮之。粟香有句曰：“岩暖猿搜花酿酒，林深狸攫果为粮。”武园亦有句云：“猿入深山为避乱，桃源何地属秦人。”

（《清稗类钞》）

粤军洪大全之父母早逝，家巨富，少聪颖，读书过目成诵。稍长，即工诗词，性豪迈，嗜酒，乐与贩夫走卒流丐小偷饮。酒罢，辄助以赀。座有贵客，则谩骂之。其里人张绅，曾任湖广衡永柳桂道，以年老告归。值八旬称寿，设盛筵。洪赠物为贺，值百金。洪赴宴，乃挚其夙与同饮之人往，则皆短褐敝裈，见踵露肘者。及门，阍纳洪，而标诸人于门外，洪厉声叱之，挟以俱入。登堂一揖，即提同饮诸人曰：“此皆我之至友也。承主人招饮，不敢违命，然非得若辈同饮，不足尽欢，恐负主人盛意，故与之俱来。”言毕，即与诸人同入席，畅饮欢呼，声震屋宇，时宾客满堂，咸衣冠齐楚，见洪而大诧之。即尽醉，皆踉跄而出。及金田事起，洪悉以家财助军食，至桂林，被擒，诛于京师。

（《清稗类钞》）

高祖为泗水亭长，好酒及色，常从王媪武负贳酒，醉卧，武负王媪，见其上有龙，怪之。高祖每酤，留饮，酒雠数倍。岁竟，此两家常折券弃责。

（《史记·汉高祖本纪》）

文君夜亡奔相如，相如乃与驰归成都。家居徒四壁立。文君久之不乐，曰：“长卿第俱如临邛，从昆弟假贷犹足为生，何至自苦如此。”要如与俱之临邛，尽卖其车骑，买一酒舍酤酒，而令文君当垆。相如身自著犊鼻裈，与保庸杂作，涤器于市中。卓王孙闻而耻之，杜门不出。昆弟诸公更谓王孙曰：“有一男两女，所不足者，非财也。今文君已失身于司马长卿，长卿故倦游，虽贫，其人材足依也，且又讼客，独奈何相辱如此。”卓王孙不得已，分予文君僮百人，钱百万，及其嫁时衣被财物。文君乃与相如归成都，买田宅，为富人。

（《史记·司马相如列传》）

荆轲既至燕，爱燕之狗屠及善击筑者高渐离，荆轲嗜酒，日与狗屠及高渐离饮于燕市，酒酣以往，高渐离击筑，荆轲和而歌于市中，相乐也，已与相泣，旁若无人者。荆轲虽游于酒人中，然其为人沉深好书，燕之处士田光先生善待之，知其非庸人也。

（《史记·刺客列传》）

淳于髡滑稽多辩，数使诸侯，未尝屈辱。齐威王之时喜隐，好为淫乐长夜之饮，沉湎不治。置酒后宫，召髡赐之酒，问曰：“先生能饮几何而醉？”对曰：“臣饮一斗亦醉，一石亦醉。”威王曰：“先生饮一斗而醉，恶能饮一石哉！其说可得闻乎？”髡曰：“赐酒大王之前，执法在傍，御史在后，髡恐惧俯伏而饮，不过一斗径醉矣。若亲有严客，鞠䐂侍酒于前，时赐余沥，奉觞上寿，数起，饮不过二斗径醉矣。若朋友交游，久不相见，卒然相睹，欢然道故，私情相语，饮可五六斗径醉矣。若乃州闾之会，男女杂坐，行酒稽留，六博投壶，相引为曹，握手无罚，目眙不禁，前有堕珥，后有遗簪，髡窃乐此，饮可八斗而醉。目暮酒阑，合尊促坐，男女同席，履舄席错，杯盘狼藉，堂上烛灭，主人留髡而送客。罗襦襟解，微闻芗泽。当此之时，髡心最欢，能饮一石。故曰：酒极则乱，乐极则悲，万事尽然。“言不可极，极之而衰。以讽谏焉。齐王曰：“善！”乃罢长夜之饮，以髡为诸侯主客，宗室置酒，髡常在侧。

（《史记·滑稽列传》）

次子章，尝入侍燕饮，高后令章为酒吏。章自请曰：“臣将种也，请得以军法行酒。”高后曰：“可。”酒酣，章进歌舞。顷之，诸吕有一人醉，亡酒，章进拔剑斩之而还，报曰：“有亡酒一人，臣谨行军法斩之。”太后在右大惊，业忆许其军法，亡其罪也。因罢酒。

（《汉书·高五王传》）

伶放情肆志，常与细宇宙、齐万物为心。澹默少言，不妄交游，与阮藉嵇康相遇，欣然神解，携手入林，初不以家产有无介意。尝渴甚，求酒于其妻，妻捐酒毁器，涕泣谏曰：“君酒太过，非摄生之道，必宜断之。”伶曰：“善。吾不能自禁，惟当祝鬼神自誓耳。便可具酒肉。”妻从之。伶跪祝曰：“天生刘伶，以酒为名。一饮一斛，五斗解酲。妇人之言，慎不可听。”仍引酒御肉，隗然复醉。

（《晋书·王淇传》）

敦，司徒导之从父兄也，尚武帝女襄城公主，拜驸马都尉，除太子舍人。时王恺、石崇以豪侈相尚。恺尝置酒，敦与导俱在座。有女伎吹笛，小失声韵，恺便殴杀之，一座改容，敦神色自若。他日，又造恺，恺使美人行酒，以客饮不尽，辄杀之。酒至敦、导所，敦故不肯持，美人悲惧失色，而敦傲然不视。导素不能饮，恐行酒者罪，遂勉强尽觞。导还，叹曰：“处仲若当世，心情刚忍，非令终也。”

（《晋书·王敦传》）

籍虽不拘礼教，然发言玄远，口不臧否人物。性至孝，母终，正与人围棋，对者求止，籍留与决赌，既而饮酒二斗，举声一号，吐血数升。及将葬，食一蒸肫，饮二斗酒，然后临诀，直言穷矣。举声一号，因又吐血数升，毁瘠骨立，殆至灭性。裴楷往吊之，散发箕踞，醉而直视。楷吊唁毕，便去。

或问楷：“凡吊者，主哭容乃为礼，籍既不哭，君何为哭？”楷曰：“阮籍既方外之士，故不崇礼典。我俗中之士，故以轨仪自居。”时人叹为两得。

（《晋书·阮籍传》）

佛国澄，少学道，妙通玄术。常与石季龙升中台，澄忽惊曰：“变，变，幽州当火灾。”乃取酒噀之。久而笑曰：“救已得矣。”季成遣验幽州，云：“尔日火，从西门起，西南有黑云来，骤雨灭之，雨亦颇有酒气。”

（《晋收·艺术传》）

奕为太史令，常醉卧，蹶然起曰：“吾其死矣！”因自为墓志曰：“傅奕，青山白云人也。因酒醉死，呜呼哀哉！”其纵达皆此类。

（《旧唐书·傅奕传》）

文宗时，诏以白歌诗、裴旻剑舞、张旭草书为三绝。旭，苏州吴人，嗜酒，每大醉，呼叫狂走，乃下笔，或以大濡墨而书。既醒，自视其墨，以为神，不可复得也。

（《唐书·李白传》）

证臂力过人。晋公裴度未显时，羸服私饮，为武士所窘，证闻突入，坐宴上引觥三釂，客皆失色。因取铁灯檠摘枝叶，栎合其跗，横膝上，谓客曰：“我欲为酒令，饮不釂者，以此击之。”众唯唯。证一饮辄数升，次援客，客流离盘杓不能尽。证欲击之，诸恶少叩头请去，证悉驱出，故时人称其侠。

（《唐书·胡证传》）

布衣盛心壶，性倜吝，工诗善书。有某名妓慕其名，以秋柳画扇索题，题二句云：“腰瘦那堪迎送苦，眼枯都为别离多。”妓大叹赏，愿以终身许之，是夕，留其畅饮，杯盏皆金制，酒酣眼热，以一盏置于怀。妓觉之，太息良久，为之惋惜声再三，终身之愿乃寝。

（《清稗类钞》）

狄希，中山人也，能造千日酒。饮之亦千日醉。时有州人姓玄名石，好饮酒，欲饮于希家。翌日往求之。希曰：“我酒发来未定，不敢饮君。”石曰：“纵未熟，且与一杯得否？”希闻此语，不免饮之。既杯，复索曰：

“美哉，可更与之。”希曰：“且归，别日当来，只此一杯，可眠千日也。”石既别，似有怍色。旋至家，已醉死矣。家人不知，乃哭而葬之。经三年，希曰：“玄石必应酒醒，宜往问之。”既往石家。语曰：“石在否？”家人皆怪之曰：“玄石亡来，服已阕矣。”希惊曰：“酒之美矣，而致醉眠千日，计日今石醒矣。”乃命家人凿冢破棺看之，既见冢上汗气彻天，遂命发冢。方见张目开口，引声而言曰：“快哉醉我也。”因问希曰：“你作何物也，令我一杯大醉，今日方醒，日高几许也？”墓上人皆笑之，被酒气冲入鼻中，亦各醉卧三月。

（《搜神记》）

晋平公欲伐齐，使范昭往观焉。景公觞之，饮酒醉。范昭曰：“请君之弃樽。”公曰：“酌寡人之樽，进之于客。”范昭饮之。晏子曰：“彻樽更之。”樽解具矣。范昭佯醉不悦而起舞，谓太师曰：“能为我调成周之乐乎？吾为子舞之。”太师曰：“冥臣不习。”范昭趋而出，归以报平公曰：“齐未可伐也。”

（《说苑》）

魏文侯与大夫饮酒，使公乘不仁为觞政，曰：“饮不釂者，浮以大白。”文侯饮而不釂尽，公乘不仁举曰：“浮君。”君视而不应，侍者曰：“不仁退，君已醉矣。”公乘不仁曰：“《周书》曰：前车覆，后车戒。盖言其危。为人臣者不易，为君亦不易。君已设令，令不行，可乎？”

（《说苑》）

刘秘监几，字伯寿，磊落有气节，善饮酒，洞晓音律。知保州，方春大集宾客，饮至夜分，忽告外有卒谋为变者，几不问，益令折花，劝坐客尽戴，益行酒，密令人分捕。有顷，皆擒至。几遂投饮达旦，人皆服之，号戴花齐使。几，本进士。元丰间，换文资以中大夫致仕。居洛中，牵骑牛挟女奴五七辈，载酒持被囊，往来嵩少间。初不为定所，遇得意处，即觚囊藉地，倾壶引满，旋度新声。自为辞，使女奴共歌之。醉则就卧不去，虽暴露不顾也。

（《石林燕语》）

阮籍母丧，在晋文王座，进酒肉。司隶何曾亦在座，曰：“明公以孝治天下，而阮籍以重丧显于公座，饮酒食肉，宜流之海外，以正风教。”文王曰：“嗣宗毁顿如此，君不能共忧之。何谓，且有疾而饮酒食肉，因丧礼也。”阮饮啖不辍，神色自若。

（《世说新语》）

阮宣子常步行，以百钱挂杖头，至酒店，便独酣畅。虽当世贵盛，不肯诣也。

（《世说新语》）

刘伶恒纵酒放达，或脱衣裸形在屋中。人见讥之。伶曰：“我以天地为栋宇，居室为衣裈，诸君何为入我裈中？”

（《世说新语》）

张季鹰纵任不拘，时人号为江东步兵。或谓之曰：“卿乃可纵适一时，独不为身后名耶。”答曰：“使我有身后名，不如即时一杯酒。”

（《世说新语》）

石崇第邀客宴集，常令美人行酒，客饮酒不尽者，使黄门交斩美人。王丞相与大将军（王敦）尝共诣崇，丞相素不能饮，辄自勉强，至于沉醉。每至大将军，固不饮，以观其变。已斩三人，颜色如故，尚不肯饮。丞相让之。大将军曰：“自杀伊家人，何预卿事！”（此故事与前摘《晋书·王敦传》情节相似，唯主家有变，恐是误记同一事耳——编者）

（《世说新语》）

晚唐酒禁尤甚，江南富民常以犯酒没入家产者。韦庄以诗讽浙帅云：“谁氏园林一簇烟，路人遥指尽长叹。桑田稻泽今无主，新犯香醪没入官。”浙帅见诗遂上疏，得改酒法，不再没入财产，但惩罪而已。

（《山樵暇语》）

陈翁以卖花为业，得钱喜供酒家，不能独饮，逢人辄强与共醉。一日过其门访之，败屋一间，妻子饥寒，此翁已大醉矣。殆隐者也。为赋诗一首：“君不见会稽城南卖花翁，以花为粮如蜜峰。朝卖一株紫，暮卖一株红。屋破见青天，盎中米常空。卖花得钱付酒家，取酒尽时还卖花。春春花开岂有极？日日我醉终无涯。亦不知天子殿前宣白麻，亦不知相公门前筑堤沙。客来与语不能答，但见醉发覆面白鬖髿。”

（《庶斋老学丛谭》）

仪真王维宁，善诗赋，草书尤精绝。家赀钜万。性豪侈，嗜酒，每日宴客，续至者常增数席。人或劝其后计。王曰：“丈夫在世当用财，岂为财用？”及业尽，不能自存，犹好酒不已。人又劝其耕砚可以自给。曰：“吾学书岂为口耶？”一日无酒不能耐，出步江上，见落日射粼粼，大喜曰：“此中有佳处，龙宫贝阕，或可乐吾也。”遂跃入死焉。

（《舌华录》）

宋海翁才高嗜酒，侧睨当世。忽乘醉泛舟海上，仰笑曰：“吾七尺躯，岂世间凡士所能贮，合当以大海葬之耳。”遂投彼而入。

（《舌华录》）

张灵嗜酒傲物，或造之者，张方坐豆棚下，举杯自酬，目不多顾。其人含怒去，复过唐伯虎，道张所为，且怪之，伯虎笑曰：“汝讥我。”

（《舌华录》）

皇甫亮三日不上省文，宣帝诘其故。亮曰：“一日饮，一日醉，一日病酒。”

（《舌华录》）

刘伶尝乘鹿车，携一壶酒，使人荷锸随之曰：“死便埋我。”

（《舌华录》）

蜀简雍少与先主有旧，随从周旋，为昭德将军。时大旱，禁酒，酿者刑，吏于人家索得酿具者，令与造酒者同罪。雍从先主游观，见一男子路中行，问先主曰：“彼人欲淫，何以不缚？”先主曰：“卿何以知之？”雍对曰：“彼有淫具，与欲酿者何异？”先主大笑，驰禁。

（《舌华录》）

汝南桓景，随费长房游学累年，长房谓曰：“九月九日，汝家中当有灾，宜急去，令家人各作绛囊，盛茱萸以系臂，登高，饮菊花酒，此祸可除。”景如言，齐家登山，夕还，见鸡犬牛羊，一时暴死。长房闻之曰：

“此可代也。”今世人九日登高饮酒，妇人带茱萸囊，盖始于此。

（《续齐谐记》）

《谈薮》云：北齐高祖，尝宴嬖臣。酒酣，各令歌。武卫斛律丰乐歌曰：“朝亦饮酒醉，暮亦饮酒醉。日日饮酒醉，国计无取次。”帝曰：“丰乐不谄，是好人也。”

（《酉阳杂俎》）

史百户者，性嗜饮，昼夜沉醉，尝旦谒上官，上官与之语，懵然无所答。上官怒叱之曰：“汝醉邪！”其父闻之，遂绝其饮。久之，病且作，吴中名医莫疗。有张致和者，善深于脉理，诊之曰：“夜半当绝，勿复纷纷。”及期，果欲绝。其妻泣曰：“汝素嗜饮酒，今死矣，然又不得饮，聊荐一杯，与尔永诀，当无恨。”遂启其齿，以温酒灌之。须臾，鼻窍绵绵，若有息焉。又灌之而唇动，又灌之而渐苏，以报致和。致和曰：“彼以酒为生，酒绝则生绝，慎勿药之，当以醇酒耳。”如其言，果愈。又饮数年，乃终。

（《异林》）

虢国夫人，就屋梁上悬鹿肠于半空，筵宴，则使人从屋上注酒于肠中，结其端，欲饮则解开，注于杯中，号“洞天圣酒将军”，又曰“洞天瓶”。

（《云山杂记》）

贾岛尝以岁除取一年所得诗，祭以酒脯，曰：“劳吾精神，以是补之。”

（《云仙杂记》）

方干瘦貌唇缺，性好侮人，尝与龙丘李主薄同酌。李目翳，干改令讥曰：“措大吃酒点卤，军将吃酒点酱。只见门外着篱，未见眼中安障。”李答曰：“措大吃酒点卤，下人吃酒点醋。只见手臂着栏，未见口唇开裤。”

（《摭言》）

苏晋作曲室为饮所，名“酒窟”。又地上每一砖铺一碗酒，计砖约五万枚。晋曰：“率友朋次第饮之，取尽而已。”

（《醉仙图记》）

卓少希放达，为胡毋辅之所知。太兴末，为吏部郎，常饮酒废职。比舍邻酿熟，卓因醉，夜至其瓮间盗饮之，为掌酒者所缚。明旦视之，乃卓吏部也。遂释其缚，卓遂引主人宴于瓮侧，致辞而去。卓尝谓人曰：“得酒满数百斛船，四时甘味置两头，右手持酒杯，左手持蟹螯，拍浮酒船中，便足了一生矣。”

（《晋书·毕卓传》）

孔融天性气爽，颇推平生之意，狎侮太祖。太祖制酒禁，而融书嘲之曰：“天有酒旗之星，地列酒泉之郡，人有旨酒之德。故尧不饮千钟，无以成其圣。且桀纣以色亡国，今令不禁婚烟也。”太祖外虽宽容，而内不能平。御史大夫郗虑知旨，以法免融官。岁余拜大中大夫。虽家居失势，而宾客日满其门。爱才乐酒，常叹曰：“坐上客常满，樽中酒不空，吾无忧矣。”

（《英雄记钞》）

建安二十四年，曹仁为关羽所围。太祖以植为南中郎将，行征虏将军，欲遣救仁。呼有所敕戒。植醉不能受命，于是悔而罢之。[注]：《魏氏春秋》曰：“植将行，太子饮焉，偪而醉之。王召植，植不能受王命，故王怒也。”

（《三国志·陈思王植传》）

南海吴趼人年四十，浪迹燕齐，既郁郁不得志，乃纵酒自放。每独酌大醉，则引吭高诵《史记·游侠传》，邻舍妇孺恒窃而笑之，卒以沉湎致肺疾。返沪三年，日从事于学务，心力交瘁，病益剧，而纵饮如故也。一日，遨游市上，途遇其友某，遽语之曰：“吾殆将死乎？吾向饮汾酒，坛坛有味，今晨饮，顿觉棘喉刺舌，何也？吾禄其不永矣。”某慰藉之。掉臂不顾，径回舍，趺坐榻上，微吟陶靖节诗“浮沉大化中，不恋亦不惧”二句，声未终而目瞑矣。

（《清稗类钞》）

孟浩然隐鹿门山。采访使韩朝宗，约浩然偕至京师，欲荐之朝。会故人至，剧饮欢甚，或曰：“君与韩公有期。”浩然叱曰：“业已饮，遑恤他！”卒不赴。朝宗怒辞行，浩然不悔也。

（《唐书·文艺传》）

李白客任城，与孔巢父、韩准、裴政、张叔明、陶沔，居徂徕山，日沈饮，号“竹溪六逸”。天宝初，南入会稽，与吴筠善。筠被召，故白亦至长安，往见贺知章。知章见其文，叹曰："子谪仙子也。"言于玄宗，召见金銮殿，论当世事，奏颂一篇。帝赐食，亲为调羹。有诏供奉翰林，白犹与饮徒，醉于市。帝坐沉香亭子，意有所感，欲得白为乐章，召入，而白已醉，左右以水颒面，稍解，援笔成文，婉丽清切，无留思。帝爱其才，数宴见。白常侍帝，醉使高力士脱靴。力士素贵，耻之，摘其诗以激杨贵妃。帝欲官白，妃辄阻止。白自知不为亲近所容，益骜放不自自修。与知章、李适之，汝阳王琎、崔宗之、苏晋、张旭、焦遂为酒中八仙。恳求还山。帝赐金放还。

（《唐书·文艺传》）

王绩，字无功，豪宕不拘。每乘牛经酒肆，辄饮数次。尝曰："恨不逢刘伶，相与闭门轰饮。"以《周易》、《老子》置床头，暇则开卷命酌。作《酒乡行》及《五斗先生传》。武德中，待诏门下省。绩弟静为武皇千牛，问曰"待诏乐否？"绩曰："待诏禄俸殊萧瑟，但良酝三升差可恋耳。"侍中陈叔达闻之，日给一斗，时号斗酒学士。

（《酒颠》）

第二章　轶事传闻任品潭

瑶琨去玉门九万里，有碧草如麦，割之以酿酒，则味如醇酎，饮一合，三旬不醒。但饮甜水，随饮而醒。

（《别国洞冥记》）

有远飞鸡，晚则还依人，晓则绝飞四海，朝往夕还。常衔桂枝之实，归于南山，或落地而生。高七八尺，众仙奇爱之，锉以酿酒，名曰桂醪。尝一滴举体如金色。陆通尝饵黄桂之酒。

（《别国洞冥记》）

君山有道与吴包山潜通。上有美酒数斗，得饮者不死。汉武帝斋七日，遣男女数十人至君山得酒，欲饮之。东方朔曰："臣识此酒，请视之。"因一饮尽。帝欲杀之。朔乃曰："杀朔若死，此为不验。如其有验，杀亦不死。"乃赦之。

（《博物志》）

西域有葡萄酒，积年不败。彼俗云，可十年饮之，醉弥月乃解。人中酒不醒，治之以汤，自溃即愈。汤亦作酒气味也。

（《博物志》）

王尔、张衡、马均，昔冒重雾行，一人无恙，一人病，一人死。问其故，无恙人曰："我饮酒。"病者食，死者空腹。

（《博物志》）

刘虚白擢进士第，嗜酒，有诗云："知道醉乡无户税，任他荒却下丹田。"世之嗜酒者，苟为孔门之徒，得无违告诫乎？

（《北梦琐言》）

蜀之士子莫不酤酒，慕相如涤器之风乎？陈会郎中家以当垆为业，为不扫街，官吏殴之。其母甚贤，勉以进修，不许归乡，以成名为期。每岁馔粮、纸笔、衣服、仆马皆自成都赍致。郎中业八韵，唯《螳螂赋》大行。太和元年及第，李相固言览报状，处分厢界，收下酒旗，阖其户，家人犹拒之。逡巡贺登第，乃圣善将训之力也。后为白中令，子壻四川副使连典彭汉两郡而终。

（《北梦琐言》）

唐高测，彭州人，聪明博识，文翰纵横。至于天文历数，琴棋书画，长笛胡琴，率皆精巧，乃梁朝朱异之流。尝谒高燕公，上启事，自叙其要云："读书万卷，饮酒百杯！"燕公曰："万卷书不暇征召，百杯酒得以奉试。"乃饮以酒，果如所言。僖宗皇帝幸蜀，因进所著书，除祕校，卒于威胜军节度判官。

（《北梦琐言》）

滕达道为范文正公门客，文正奇其才，谓他日必能为帅，乃以将略授之，达道亦不辞。然任气使酒，颉颃公前，无所顾避。久之，稍遨游无度，侵夜归必被酒。文正虽意不甚乐，终不禁也。一日伺其出，先坐书室中，荧然一灯，取汉书默诗，意将以愧之。有顷，达道自外至，已大醉，见公长揖曰："读何书？"公曰："汉书。"即举手攘袂曰："高帝何如人也？"公微笑，徐引去。然爱之如故。达道后卒为名臣，多得文正规模。

（《避暑录话》）

范蜀公素不饮酒，又诋佛教。在许下与韩持国兄弟往还，而诸韩皆崇此二事。每宴集，蜀公未尝不与极饮尽欢。少间，则必以谈禅相勉。蜀公颇病之。苏子瞻时在黄州，乃以书问，救之当以何术？曰："曲蘖有毒，平地生出醉乡。土偶作祟，眼前妄见佛国。"子瞻报之曰："请公试观，能惑之性，何自而生？欲救之心，作何形相？此犹不立，彼复何依？正恐黄面瞿昙，亦须敛衽，况学之者耶？"意亦将有以晓公，而公终不领，亦可见其笃信自守，不肯夺于外物也。子瞻此书不载于集。

（《避暑录话》）

旧得酿法极简易，盛夏三日辄成，色如湩醴，不减玉友。仆夫为作之，每晚凉即相与饮三杯而散，亦复盎然。读书避暑，固是一佳事，况有此酿。忽看欧文忠诗有"一生勤苦书千卷，万事消磨酒十分"之句，慨然又当其心。公名德著天下，何惑于此乎？

（《避暑录话》）

苏子瞻在黄州，作蜜酒不甚佳。饮者皆暴下，蜜水腐败者尔。尝一试之，后不复作。在惠州，作桂酒，尝谓其子迈、过云："亦一试而止。"大抵气味似屠苏酒。二子语及，亦自抚掌大笑。二方未必不佳，但公性不耐事，不能尽如其节度。姑为好事，借以为诗，故世喜其名。要之，酒非曲糵，何可以他物为之？若不类酒，孰若以蜜渍木瓜栌橙等，为之自可口，不必似酒也。刘禹锡《传信方》，有桂浆法。善造者暑月极快美。凡酒用药，未有不夺其味，况桂之烈。楚人所谓桂酒椒浆者，安知其为美酒，但士俗所尚。今欲因其名以求美，亦过矣。崔唐臣，闽人也，与苏子容吕晋叔同学相好。二公先登第，唐臣遂罢举，久不相闻。嘉祐中，二公在馆下。一日忽见艤舟汴岸坐于船舱者，唐臣也。亟就见之，邀与归，不可。问其别后事，曰："初到箧中有钱百千，以其半买此舟，往来江湖间，竟所欲往则从之。初不为定止，以其半居货，间取其赢以自给，粗中即已，不求有余。差愈于应举觅官时也。"二公相顾太息而去。翌日，自局中还，唐臣有留刺，乃携酒具再往谒之，则舟已不知所在矣。归视其刺之末。有细字小诗一绝云："集贤倦客问生涯，买得渔舟度岁华。案有黄庭尊有酒，少风波处便为家。"讫不复再见。

（《避暑录话》）

余比岁不作诗，旧喜诵前辈佳句，亦忘之。忽记刘原甫诗云："凉风响高树，清露坠明河。虽复夏夜短，已觉秋气多。"若为余言者。起傍池徐步，环绕数十匝，吟咏不能自已。童仆皆已睡，前此适有以酴醾新酒相饷者，乃蹙起连取三杯饮之，意甚适，不知原甫当时，能如此否？然诗末云："艳肤丽华烛，皓齿扬清歌。临觞不作醉，其如歌者何？"则与吾异。此诗当是在长安时作，恨此一病未除也。

（《避暑录话》）

王小大，生而韶秀，为人圆滑便捷，善周旋。广筵长席，人劝一觞，皆膝席欢受。又工于酒，纠觥录事，无毫发谬误。能为酒客解纷释怨，时人谓之和气汤。

（《板桥杂记》）

元杨铁崖好以妓鞋纤小者行酒。此亦用宋人例。而倪元镇以为秽，每见之，辄大怒避席而去。隆庆间，何元郎觅得南院王赛玉红鞋，每出以觞客，

座中多因之酩酊。王弇州至作长歌以纪之。元镇洁癖，固宜有此，晚年受张士诚粪溃之酷，可似引满香尖时否？（本是庸俗无聊之举，元镇以为秽，离席而去，理当褒奖，何必因晚年受奸人羞辱而讽之。——编者）

（《敝帚斋余谈》）

洛州殷文亮，曾为县令，性巧好酒，刻木为人，衣以缯彩，酌酒作觞，皆有次第。又作妓女唱歌吹笙，皆能应节，饮不尽。……此亦莫测其神妙也。

王耽嗜酒，一醉或连日不醒，自号“上顿时人”，以大饮为“上顿”。

（《朝野金载》）

陈思王有鹊尾杓，柄长而直，置之酒樽。凡王欲劝饮者，呼之则尾指其人。

（《朝野金载》）

安南武平县封溪中，有猩猩焉。如美人，解人语，知往事。以嗜酒故，以屐得之，槛百数。同牢欲食之，众自推肥者相送，涕流而别。时饷封溪令，以帕盖之。令问何物，猩猩乃笼中语曰：“惟有仆并酒一壶耳。”令笑而爱之。

（《朝野金载》）

杭州其俗酿酒，趁梨花时熟，号梨花春。故白公杭州《春望》诗云：“红袖织绫夸柿蒂，青旗沽酒趁梨花。”

（《长庆集》）

文光禄太青戏作口吃诗云：“黠子向客共哆口，漆栗笔蜜手柳酒。”本《墨客挥犀》：“凤州有三绖手、柳、酒，宣州有四绝漆、栗、笔、蜜也。”予使蜀过凤县，弹丸小邑。在栈道中，所谓伎手纤白，固无从见之。驿酒殊劣。柳自入栈，亦颇稀少。予近和海盐人陈子文《过凤县金悬柳诗》云：“凤州三绝无纤手，又少旗亭酒共倾。惟有金丝几株柳，临江映驿拂人行。”

（《池北偶谈》）

泰兴季御史家有古玉觥，质如截肪，中作盘螭。螭有九尾，作柄处螭首如血赤，觥底有窍，与尾通。九尾皆虚空，宛转相属，注酒皆满，人以为鬼工。

（《池北偶谈》）

杨铁崖耽好声色，每于筵间见歌儿舞女有缠足纤小者，则脱其鞋，载盏以行酒，谓之“金莲杯”。予窃怪其可厌，后读张邦基《墨庄漫录》载王深辅道双凫诗云：“时时行地罗裙掩，双手更擎春潋滟。傍人都道不须辞，尽做十分能几点。春柔浅蘸葡萄暖，和笑劝人教引满。洛尘忽浥不胜娇，刬蹈金莲行款款。”观此诗，则老子之疎狂有自来矣。

（《辍耕录》）

至正庚子秋七月九日，饮松江泗滨夏氏清樾堂上。酒半，折正开荷花，置小金卮于其中，命歌姬捧以行酒。客就姬取花，左手执枝，右手分开花瓣，以口就饮，其风致又过碧筩远甚。余因名为解语杯，坐客咸曰然。

（《辍耕录》）

太宗素嗜酒，晚年尤甚，日与小臣酣饮。耶律文正王数言之，不听。一日，持酒槽之金口以进曰：“此乃铁耳，为酒所食，尚致如此，况人之五脏，有不损耶！”上悦，赐以金帛，乃敕左右，日惟进酒三钟而止。夫以王之切谏不已，而上终纳之，可谓君明臣良者矣。

（《辍耕录》）

子凡宴飨，一人执酒觞立于右阶，一人执柏板立于左阶。执板者抑扬其声，赞曰“斡脱”。执觞者如其声和之曰“打弼”，则执板者节一板。从而王侯卿相，合坐者坐，合立者立。于是众乐皆作，然后进酒诣上前，上饮毕，授觞，众乐皆止，别奏曲以饮陪位之官，谓之唱盏。盖沿袭亡金旧礼，至今不废。诸王大臣，非有赐命不敢用焉。斡脱打弼，彼中方言，未暇考求其义。

（《辍耕录》）

成窑酒杯，有名高烧银烛照红装者，一美人持灯看海棠也。锦灰堆者，折枝花果堆四面也。鸡窑者，上面牡丹下画子母鸡也。秋千杯者，士女秋千也。龙舟杯者，斗龙舟也。高士杯者，一面画茂叔爱莲，一面画渊明对酒也。娃娃杯者，五婴相戏也。其余满架葡萄，及香草鱼藻瓜茄八吉祥……，名式不一，皆描画精工，点色深浅，磁色莹洁而坚。鸡缸、宝烧碗、朱砂盘最贵，价在宋磁之上。朱竹垞称芳草鸡缸，当亦牡丹之类。余旧藏酒器，皆鸡冠花下子母鸡，凡五。其式必多，当不止此数种也。

（《茶余客话》）

今人饮酒，杯下衬以托子，未知所昉，冯益都相国宴诸鸿词翰林于万柳堂，酒酣，指此为问。汪苕文以为古无此制，是也。毛大可称即古之舟也，引《周礼》注疏为证。益都命走马取书，似有所幸，然与杯不相属。予见宋李济翁《资暇录》一则云："始建中，蜀相崔宁之女，以茶杯无衬，病其熨手，取碟子承之。既啜而杯倾，乃以蜡环碟子中央，其杯遂定。即命匠以漆环代蜡，进于蜀相。崔大奇之，为制名而词于宾友，人人以为便，于是传者更环其底，愈新其制，以至百状。此为茶器而设。"《资暇录》引此云："贞元初，青郓油绘为荷叶形，以衬茶碗，别为一家之碟。今人多云托子始此，非也。蜀相即升平崔家。"按此与今之杯托制甚合，前人有辨之者。《周礼》可尊彝之职曰六彝，皆有舟。郑康成曰，舟，尊下台，似非今酒杯之制也。西河一时强论耳。

（《茶余客话》）

甲戌春，同乡宴寓斋，哄饮竟一昼夜，歌咏之余，谐谑同作。吴山夫仿石公之说，评诸子曰："尚友如廉颇据鞍，不肯下人。北泉如香槽滴酒，不甚汹涌，而涓涓不休。吾山如神鱼纵壑，或出或入，出人意表。大冶如韩信将兵，多多益善。东崖如横潦之水，一泄而尽。宾南如精卫填海，每不自量。璜永如李陵败北，一以当千。南生如诸葛出师，鞠躬尽瘁，死而后已。若仆则如老僧持戒律，百魔不能破，又如严颜有断头将军，无降将也。"予曰："请以评诸公之诗可乎？山夫如光武，遇小敌怯，遇大敌勇。尚友如齐东大鸟，三年不鸣，鸣则惊人。南波如凌波仙子，一步一止，令人目荡魂兴。冰璜如玉卮无当，价值千金。大冶如黄河之水，滚滚而来。东岩如秋鹰盘空，不肯轻击。宾南如隐娘剑术，一击不中，耻为再击。若仆则如春雨淋漓，不择地而施，沐膏者固多，而怨咨者亦不少也。"

（《茶余客话》）

德州罗酒，亦北酒之佳者，渔洋诗云："玉井莲花作酒材，露珠盈斛泼新醅。清冷错着康王水，风韵还宜叔夜杯。"山姜亦称吾州酒色白清，味洁鲜，东坡所谓着错水也，屡入篇咏。官京师仿为之。德州又有露酒，色如黛漆，味比醍醐，俗呼墨露，见查悔余诗注，问之德州人不知也。沧州酒止吴氏、刘氏、戴氏诸家，余不尽佳。盖藏至十年者，味始清洌，市中安可得耶？按罗侍御钦瞻，崇祯丁丑进士，官御史，巡按河南，刚直有声，嗜饮，传酿法，色味双绝，至今犹呼罗酒。沧州城外酒楼，背城面河，列屋而居。

明末，有三老人至楼上剧饮，不与值，次日复来饮，酒家不问也，三者复醉，临行，以余酒沥栏干外河中，水色变，以之酿酒，味芳洌。仅数武地耳，过此南北水皆不佳。刘紫亭凤翔为余言之甚确。予在京师，紫亭岁致沧酒，非市中物也。渔洋答谢方山诗："白家乌帽重屏里，初试经泥水火炉。恰是陵州酒船到，不到风雨阻前沽。""酒车冒雪远冲泥，尺素殷勤谢传题。一树山楂红破蕊，花前催进玉东西。"此渔洋晚岁之笔，颇得酒中三昧，风致可想。

(《茶余客话》)

徐大文名林鸿，海宁人，大学士益都冯公客，佳山客六子之一也。康熙戊午，应博学鸿词荐，后历游南北，为大府，主章奏。客贵州时，劝巡抚因民之俗，立瞿公式耜、张公同敞祠，为作神弦迎送之曲，主人欢忭，华冠绣衣，击铜鼓鸣铁笛歌焉。曲终，苗童仡女，皆感慨泣下。大文善鉴赏，别书画礼器伪真，兼善饮。尝过顾御史豹文别业，御史出雷尊，贮酒可容一斗，酌大文。大文连举者三。御史曰："此何年制也？"大文笑曰："北齐文宣帝天何六年避暑晋阳宫所作也。"验其下款识，果然。大文善为诗，婉丽近齐梁。卒时年六十有九，其葬也，朱锡鬯铭之。

(《初月楼见闻录》)

荆溪顾邓宣，名芳远，诸生，好读书，为郑康成氏学，以经教授生徒，恒数十百人。顾氏多老儒，治经生家业。所居湖洋渚村，旧有酒垆，驰宣每岁时，辄邀诸老为酒垆之会，相与讲论经史。其后生少年，有意向者随往，辄得美酒食，乡人以为荣。以故后生辈，争致力于学。驰宣晚岁，绝意科举，治弄家言，及医药卜筮诸书，无不通贯。卒时七十有二。

(《初月楼见闻录》)

邢孟贞者，名昉，高淳人，少负远志，年十九，为诸生，试辄高等。一日，为衡文者署其卷曰"太狂"，阅末艺曰"更狂"，不之录也。孟贞曰："士为文，得以狂名足矣，何问其他。"遂谢去，一意于诗歌古文，出游四方，与海内名流相角逐，诗愈工。归而筑室石臼湖滨。家贫，取石臼水为淳酒，沽之以给食。湖水清，酒美，高淳酒由此名。所著有《石臼前后》两集。

(《初月楼见闻录》)

贺知章忽鼻出黄胶数盆，医者谓饮酒之过。

（《从容录》）

孙权叔济嗜酒，不治生产。尝欠人酒缗，谓人曰：“寻常行处，欠人酒债，欲质此褞袍偿之酒债。”寻常行处，有本此。

（《苍梧杂志》）

《易》惟四卦言酒，而皆险难时。需，需于酒食。坎，樽酒簋贰。困，因于酒食。未济，有孚于饮酒。

（《吹剑录》）

西门季元造二色酒，白酒中有墨花，斟于器中，花亦不散，其中有肝石故也。崔道旅以金银铜钱来酤，曰：“以我三样钱，买君二色酒，欲辞得乎？”

（《常新录》）

钱塘颜几，字几圣，俊伟不羁，性复嗜酒，无日不饮。东坡先生临郡日，适当秋试，几于场中潜代一豪子刘生者，遂魁送。举子致讼，下几吏。久不得饮，密以一诗付狱吏，送外间酒友云：“龟不灵身祸有胎，刀从林甫笑中来，忧惶囚系二十日，辜负醺酣三百杯。病鹤虽甘低羽翼，罪龙尤欲望风雷。诸豪俱是知心友，谁遣尊罍向北开。”吏以呈坡，坡因缓其狱，至会赦得免。后数年，一日醉卧西湖寺中，起题壁间云“白日尊中短，青心枕上高”，不数日而终。

（《春渚纪闻》）

余岁以家酿馈卢梦薇学师，师率赋诗为谢，因次其韵答之云：“壮怀消尽便成衰，新酿三年即旧醅。学佛未成姑饮酒，也将一滴供如来。”丙申，师前诗有“白水长斋是世尊”句，故作一转语解之。“长生不可学，何处觅炉丹。有酒学今夕，关心惟古欢。烛随人悄悄，梅饱露溥溥。”是年冬暖，霜不见白。岁除，梅花尽放。“老矣无他望，相期保岁寒。未能广夏欢寒士，聊且究年对曲生。岁尽不知人事改，半酣犹听客谈兵。”戊戌，岁事倥偬，而师论文不倦，故戏及之。

（《重论文斋笔录》）

嘉靖间，有隶事于州庭者，州守使沽，隶沽酒一瓮置内衙外，因他去。及还，瓮无滴酒，甚骇。其傍见有若白猫者，方鼾卧，酒气袭人。隶曰："若殆盗吾酒矣。"缚置瓮中，封之携归家，殪之。忽瓮中作人语曰："我，狐也，学道万年我非易，幸无我害！"隶恚曰："酒为官沽，汝今饮，我贫，何以偿？"狐曰："幸出我，偿以物可乎？"隶曰："可。"乃出之。既出，请隶所愿，隶曰："愿日得百钱耳。"狐约而去，后率如约给钱。

（《昌平州志》）

余作余君莲村墓志铭有云："九岁读书于塾，或授以俗本酒诗。君以酒乃误人之物，辞弗习。"盖据其门下薛君所撰年谱。余初不知酒诗为何书，吾乡亦无以此授童子读者。今观郎北轩胜饮篇著述类，有酒诗，并引清雪居士曰："酒诗乃村学究以教儿童者。"相传是否涂孟规作。孟规名几，字守约。孟规其别号，洪武时宜黄人。乃知此书传世亦已久矣。

（《春在堂随笔》）

渊明得太守送酒，多以春秫水杂投之，日少延清欢。

（《澄怀录》）

洛阳令郭珍家有巨亿，每暑召客，侍婢数十，盛装饰，罗縠被之，袒裸其中，使进酒。

（《典论》）

敬宗皇帝宝历元年，南昌国献玳瑁盆、浮光裘、夜明犀。其国有酒山紫海。盖山有泉，其味如酒，饮之甚美，醉则经月不醒。

（《杜阳杂编》）

罗浮先生《轩辕集》：（某人）年过数百，而颜色不老。立于床前，则发垂至地。坐于暗室，则目光可长数丈。每采药于深岩峻谷，则有毒龙猛兽，往来卫护。或晏然居家，有人具斋邀之，虽一日百处，无不分身而至。或与人饮酒，则袖出一壶，才容不得一二升。纵客满座，而倾之弥日不竭。或他人命饮，即百斗不醉。夜则垂发于盆中，其酒沥沥而出，曲蘖之香，辄无减耗。

（《杜阳杂编》）

上好神仙不死之术，而方士田佐元、僧大通，皆令入宫禁，以炼石为名。时有处士伊祁解元，缜发童颜，气息香洁。常乘一黄牝马，才高三尺，不啗刍粟，但饮醇酎。不施韁勒，惟以青毡藉其背。常游历青、兖间，若与人款曲，语话千百年事，皆如目击。上知其异人，遂令密召入宫，处九华之室，设紫芰之席，饮龙膏之酒。紫芰席色紫而类芰叶，光软香净，冬温夏凉。龙膏酒黑如纯漆，饮之令人神爽。此本乌弋山离国所献。

（《杜阳杂编》）

朱康叔送酒与子瞻，子瞻以简谢之云："酒甚佳，必是故人特遣下厅也。"盖俗谓主者自饮之酒为"不出库"耳。

（《道山清话》）

范尧夫帅陕府，有属县知县，因入村，至一僧寺少憩。既饭，步行廊庑间，见一僧房颇雅洁，阒无人声，案上有酒一瓢，知县者戏书一绝于窗纸云："尔非慧远我非陶，何事窗间酒一瓢？僧野避人聊自醉，卧看风竹影箫萧。"不知其僧俗家先有事，在县理屈坐罪。明日，其僧乃截取窗纸，粘于状前，诉于府，且曰："某有施主某人，昨日携酒至房中，值某不在房。知县既至，施主走避，酒为知县所饮，不辞。但有数银杯，知县既醉，不知下落银杯各有镌识，今施主迫某取之，乞追施主某人，与厅吏某人鞫之。"尧夫曰："尔为僧，法当饮乎？"杖而逐之。且曰："果有失物，令主者自来理会。"持其状以示子侄辈曰："尔观此，安得守官处不自重！"即命火焚之，对僚属中未尝言及。后知县者闻之，乃修书致谢。尧夫曰："不记有此事，自无可谢。"还其书。

（《道山清话》）

李公择每饮酒至百杯即止，及旦见宾客，或回书简，亦不病酒，亦无倦色。

（《道山清话》）

东坡云："吾兄子明饮酒不过三蕉叶，吾少时，望见酒盏而醉，今亦能三蕉叶矣。"

（《东坡志林》）

陆师农云："薄荷，猫之酒也。犬,虎之酒也。桑椹，鸠之酒也。芒草，鱼之酒也。”

（《岛居随录》）

后汉周泽为太常清修，时人为之语曰：“一岁三百六十日，三百五十九日斋，一日不斋醉如泥。”《南史》：“孔觊，明晓政事，判决无壅，众为之说曰：孔公一月二十九日醉，胜他二十九日醒。”一则一年一日醉，一醉如此不晓事。一则一月一日醒，一醒如此办事。二事正相反，人性不同如此。余尝效程子山作《酒榜》，其间一联云：“一月二十有九日，笑人世之太狂：百年三万六千场，容我生之长醉。”

（《对雨编》）

王戎诣阮籍，时兖州刺史刘昶字公荣在坐。阮谓王曰：“偶有二斗美酒，当与君共饮。彼公荣者，无预焉。”二人交觞酬酢，公荣遂不得一杯。而言语谈戏，三人无异。或有问之者，阮曰：“胜公荣者不得不与饮酒。不如公荣者不可不与饮酒。惟公荣可不与饮酒。”此事见戎传。而《世说》为详。又一事云：公荣与人饮酒，杂秽非类。人或讥之，答曰：“胜公荣者不可不与饮。不如公荣者亦不可不与饮。是公荣辈者又不可不与饮。故终日共饮而醉。”二者稍不同。公荣待客如是，费酒多矣，顾不蒙一杯于人乎？东坡诗云：“未许低头拜东野，待言共饮胜公荣。”用前事也。

（《对雨编》）

懒真子温公，熙宁元丰间尝往来于陕洛之间，从者才三两人，跨驴道上，人不知其温公也。每过州县，不使人知。一日，自洛趋陕，时陕守刘仲通，（讳航，元城先生之父也，）知公之来，使人迓之。公已从城外过天阳津矣。刘遽使以酒四樽遗之，公不受。来使告云：“若不受，必重得罪。”公不得已受两壶。行三十里，至张店镇，乃古傅岩故地。于镇官处借人，复还之。后因于陕之使宅建四公堂，谓召公、傅公、姚公、温公。此四公者，皆陕中故事也。

（《东轩笔录》）

刘沆为集贤相，欲以刁约为三司判官，与首台陈恭公议不合。刘再三言之，恭公始见允。一日，刘作奏劄子怀之，与恭公上殿，未及有言而仁宗曰：“益州重地，谁可守者？”二公未对，仁宗曰：“知定州，宋祁其人也。”陈恭公曰：“益俗奢移，宋喜游宴。恐非所宜。”仁宗曰：“至如刁约荒饮无度，犹在馆，宋有何不可知益州也？”刘公惘然惊惧，于是宋知成都而不敢以约荐焉。

（《东轩笔录》）

欧公盛年能饮百盏，然常为张安道所困。梅圣俞亦能饮百许盏，然醉即高叉手，而语弥温谨。此亦知所不足而勉之，非善饮者也。

（《东坡饮酒说》）

时苗为寿安令，谒治中蒋济。济醉，不见之。归而刻木为人，书曰“酒徒蒋济”，以弓矢射之。牧长闻之，不能制。

（《独异志》）

李适之有酒器九品：蓬莱盏、海川螺、舞仙、瓠子卮、幔卷荷、金蕉叶、王蟾儿、醉刘伶、东溟样。蓬莱盏上有山像三岛，注酒以山没为限。舞仙盏有关捩，酒满则仙人出舞，瑞香毬子落盏外。

（《逢原记》）

龙山康甫，慷慨不羁。每日置酒于门，邀留宾客。不住者，赠过门钱。日费酒者，鹤嘴瓶二十。

（《放怀集》）

郭子三日不饮酒，觉形神不复和。酒自饮，人入胜地耳。

（《风土记》）

巴郡宋迁母，名静，往阿奴家饮酒。迁母坐上失气，奴谓迁曰：“汝母在坐上，何无宜适？”迁曰：“肠痛误耳。人客有气，岂止我。”迁骂，奴乃持木枕击迁，遂死。

（《风俗通》）

汝南张妙，与人酒后相戏逐，缚捶二十下，又悬足指，遂至死。包昱决事云：“原其本意，无贼心，宜减死。”

（《风俗通》）

陈国有赵祐者，酒后自相署，或称亭长督邮。祐复于外骑马将张幡云："我使者也。"司徒包宣决狱云："骑马将幡，起于戏耳，无他恶意。"

（《风俗通》）

张文潜尝云，子瞻每笑"天边赵盾益可畏，水底右军方熟眠"，谓汤燖了王羲之也。文潜戏谓子瞻："公诗有'独看红蕖倾白堕'，不知白堕是何物？"子瞻云："刘白堕善酿酒，出《洛阳伽蓝记》。"文潜曰："白堕既是一人，莫难为倾否？"子瞻笑曰："魏武《短歌行》云：'何以解忧，惟有杜康。'杜康亦是酿酒人名也。"文潜曰："毕竟用得不当。"子瞻又笑曰："公且先去共曹家那汉理会，却来此间厮磨。"

（《拊掌录》）

许昌笔人郭纯，隶业甚精，远人多求之。所入日限五千，数足不论。早暮闭肆出游，瓷其所之，尽醉始回，虽寒暑不失。一日大雨，先子至西湖，见郭夫妇并酩酊笑歌而来，因谓曰："何不家居饮酌为安乎？"郭笑曰："家中非无酒，但饮这不佳耳。"识者咸伟之。

（《过庭录》）

江右李太虚为诸生时，嗜酒落拓，而家甚贫。太仓王司马岵云，备兵九江，校士列郡，拔太虚第一。引见之谓曰："吾固多子，择师无若子者，顾远在娄东，子能一往乎？"李许诺。次日即遣使送至家。时王氏二长子，已受业同里呈蕴玉先生。蕴玉者，梅村先生父也。而太虚教其第四五诸郎两人，共晨夕甚欢。梅村甫髫龄，亦随课王氏塾中。李奇其文，卜为异日伟器。岁将阑，主家设具宴两师。酒半，出所藏玉卮侑酒。李醉挥而碎之。王氏子面加诮讥，李亦盛气不相下。席罢后，谓吴曰："我安可复留此。"遂拂衣去。吴知其不能行也，异日早起，追于城闉，出馆俸十金为赠。乃附贾舶归，然所赠赀，大半耗于酒。及抵家，垂橐萧然，亟呼妇治具。归曰："吾绝粮已久，安得粟？忆君去后，犹存故人酒一罂，请佐君软饱可乎？"妇往邻家觅薪，李即发罂。罂内产一芝如盘，紫光煜煜。喜且愕曰："此瑞征也。顾酒败不可饮，奈何？"挹之，则清冽异常，乃泛白独斟。妇负薪归，则罂已罄矣。是秋登乡荐。明年成进士，入词馆。数载后以典试复命，过吴门。王氏子谒于舟次。李亟询吴先生近状。是时梅村亦登贤书，因购吴行卷携以北上。为延誉京师，辛未梅村遂为太虚所荐，登南宫第一。及第第二人，年仅弱冠。蕴玉先生享荣养者三十年，可为疏败敦友之报。而岵云诸子，自司马殁后，家渐替矣。

（《觚賸》）

台湾所属之澎湖，其对岸皆瑶僮部落也。中国有贾于其地者，必设席于家，延之环坐，置盆水席中。主人之归，出采树叶裹糯米少许，纳口细嚼吐于盆。主人与客共酌，初饮淡泊无味，顷之面颊发赤，皆酩酊而散，谓之顷刻酒。

（《觚賸》）

戴颙春携双柑斗酒，人问何之，曰：“往听黄鹂声。此俗耳鍼砭，诗肠鼓吹，汝知之乎？”

（《高隐外书》）

南边人习鼻饮。有陶器如杯碗，旁植一小管，若瓶嘴，以鼻就管吸酒浆。暑月以饮水，云水自鼻入咽，快不可言。邕州人已如此，记之以发览者一胡卢也。

（《桂海虞衡志》）

海旁人截牛角令平，以饮酒，赤古兕觥遗意。

（《桂海虞衡志》）

余性不能酒，士友皆饮少者莫余若，而能知酒者亦莫余若也。顷数仕于朝，游王公贵人家，未始得见名酒，使北，至燕山，得其宫中酒，号金兰者，乃大佳。燕西有金兰山，汲其泉以酿。及来桂林，而饮瑞露，乃尽酒之妙，声震湖广，则虽金兰之胜，未必能颉颃也。

瑞露，帅司公厨酒也。经抚所前有井，清洌，汲以酿，遂有名。今南库中自出一泉，近年只用井，酒乃佳。古辣泉，古辣本宾横间墟名，以墟中泉酿酒，既熟，不煮，埋之地中，日足取出。

老酒，以麦曲酿酒，密封藏之，要数年。士人家尤贵重，每岁腊中，家家造酢，使可为卒岁计。有贵客则设老酒冬酢以示勤，婚娶亦以老酒为厚礼。

（《桂海虞衡志》）

苏易简在翰林，太宗一日召对，赐酒甚欢。上谓易简曰："君臣千载遇。"易简答曰："忠孝一生心。"上悦，以所御金器，尽席悉赐之。

（《国老谈苑》）

有所谓山梨者，味极佳，意颇惜之。漫用大瓮储数百枚，以缶盖而泥其口，意欲久藏。旋取食之，久则忘之。及半岁后，因至园中，忽闻酒气熏人。疑守舍者酿熟，因索之，则无有也。因启视所藏，梨则化之为水，清冷可爱，湛然甘美，真佳酝也。饮之辄醉。回回国葡萄酒止用葡萄酿之，初不杂以他物，始知梨可酿，前所未闻也。

（《癸辛杂识》）

沈次卿者，吴兴人，待制之后，常登赵节斋之门。赵尹京使，提督十三酒库，课以增羡，人无怨咨。常言比较自有捷法，既不害物，自可沮劝。其法：使拍户于本府入钱，给由诣诸库打酒，仍使自择所向。遇比较则萃诸库，而视其所售之多寡，取其殿最之尤者，加之赏罚，诫令不烦，激励自倍，真不易之良法也。

（《癸辛杂识》）

宋南渡，钱塘有官酒库。清明前开煮，中秋前发卖，先期以鼓乐妓女，迎酒穿街，观者如市。杨炎正有钱塘官酒歌云："钱塘妓女颜如玉，一一红妆新结束。问渠结束意何为，八月皇都新酒熟。玛瑙瓮列浮蛆香，十三库中谁最强。临安大尹索酒尝，旧有故事须迎将。翠翘金凤乌云髻，雕鞍玉勒三千骑。金鞭争道万人看，香尘冉冉沙河市。琉璃杯深琥珀浓，新翻曲调声摩空。使君一笑赐金帛，今年酒赛真珠红。画楼兀突临官道，处处乡旗夸酒好。五陵年少事豪华，一斗十千谁复校。黄金垆下漫徜徉，何曾见此大堤娼。惜无颜公三十万，枉醉金钗十二行。"

（《古今酒事》）

士人有双渐者，性滑稽。尝为县令，因入村治事，夏暑，憩一僧寺中。方入门，主僧半酣矣，因前曰："长官可同饮三杯否？"渐怒，其容易，叱去。而此僧犹不已，曰："僧有少佳酒，同饮三杯，如何？"渐发怒，令拽出去。俄以属吏，渐亦就憩。至晚，吏呈案，渐乃判云："谈何容易，邀下官同饮三杯；礼尚往来，请上座独吃八棒。"竟笞遣之。

（《古今酒事》）

齐侯置酒令曰：“后者罚饮一经程。”

（《韩诗外传》）

人有市酒而甚美者，然至酒酸而不售。或问里人其故，里人曰：“公之狗甚猛，而人有持器而欲往者，狗辄迎而啮之，是以酒酸不售也。”士欲白万乘之主，用事者迎而啮之，亦国之恶狗也。

（《韩诗外传》）

夫饮之礼，不脱履而即序者，谓之礼。跣足上坐者，谓之宴。能饮者饮之，不能饮者已，谓之酉区。齐颜色均众寡，谓之沈。闭门不出者，谓之湎。故君子可以宴可以酉区，不可以沈不可以湎。

（《韩诗外传》）

东坡云：近岁苏州有一僧，旷达好饮，以醉死。将瞑，作祭文云，惟灵生在浮提，不贪不妬，爱吃酒子，倒街卧路。想汝直待生兜率天，尔时方断得住。何以故，浮土之中，无酒得沽。

（《侯鲭录》）

林灵素未遭遇时，落魄不检，尝从旗亭贳酒，久不归直。其人督之，灵素计窘，即举手自扪其面，则左颊已成枯骨髑髅，而余半面如故。谓其人曰：“汝逼我不已，我且更扪右颊矣。”其人惊怖，竟为折券。

（《侯鲭录》）

汝阳王琎家有酒法，名“甘露”。有一生徒能饮，当今来谒。翌日，有通谒者，曰进士常持满。见之，侏儒也，谈胚之道，饮以酒五斗，醉倒乃是一瓮。

（《河东记》）

古诗多矣。夫子独取三百篇，存劝戒也。吾辈所作诗，亦须有劝戒之意，，庶几不为徒作。彼有绘画雕刻无益劝戒者，固为枉费精力矣。乃若吟赏物华，流连光景，过于求适。几于海淫教偷，则又不可之甚者也。白乐天对酒诗曰：“蜗牛角上争何事，石火光中寄此身。随富随贫且欢喜，不开口笑是痴人。”又曰：“百岁无多时壮健，一春能有几晴明？相逢且莫推辞醉，听唱阳关第四声。”又曰：“昨日低眉问疾来，今朝收泪吊人回。眼前见例君看取，且遣琵琶送一杯。”自诗家言之，可谓流丽旷达，词旨俱美矣。然读之者将必起颓惰废放之意，而汲汲于取快乐惜流光。则人之职分与夫古之所谓三不朽者，将何时而可为哉？且如唐风蟋蟀之诗，盖劝晋僖公以自虞乐也。然才曰：“今我不乐，日月其除，即日无已。”太康职思其居。吕成公释之曰：“凡人之情，解其拘者，或失于纵。广其俭者，或流于奢。故疾未已而新疾复生者多矣。”信矣，唐风之忧深思远也。乐天之见，岂及是乎？本朝士大夫多慕乐天，东坡尤甚。近时叶石林谓乐天与杨虞卿为姻家，而不累于虞卿。与无稹、牛僧孺相厚善，而不党于无稹。僧孺为裴晋公之所爱重，而不因晋公以进。李文饶素不相乐，而不为文饶所深害。推其所由，惟不汲汲于进，而志在于退。是以能安于去就，爱憎之际，每裕然而有余也。此论固亦得之，然乐天非是不爱富贵者，特畏祸之心甚于爱富贵耳。其诗中于官职声色事极其形容，殊不能掩其眷恋之意。其平生所善者无稹、刘禹锡辈，亦皆逐声利之徒。至一闻李文饶之败，便作诗畅快之，岂非冤亲未忘，必有偏党乎？慕乐天者，爱而知其疵可也。

（《鹤林玉露》）

韩玉汝自言为太常博士，赴宴。比坐一朝士，素不识，聆其语似齐人。坐间序揖后，酒到辄尽，时酒行无算，盏空则酒来。不食，顷略已数杯，意似醺酣。玉汝独念邻坐不敢不告，因戒其少节。朝士怫然云：“同院是何言，贤不看殿上主人，奈何不吃反不能堪！”因复曰：“殿上主人只为汝一个。”

（《画墁录》）

钱明逸每宿戒，必诘其谒者曰：“是吃酒，是筵席。筵席，客无数，一巡酒一味食也。吃酒，客不过三五人，酒数斗，瓷盏一只，青盐数粒，席地而坐。终日不交一谈，恐多酒气也。不食，恐分酒地也。”翌日，问其旨否，往往不知，其志不在味也。终日倾注，无涓滴挥洒，始可谓之酒徒。其视揖让饮酒，如牢狱中。

（《画墁录》）

苏舜饮石延年辈，有名曰：鬼饮，了饮，囚饮，鳖饮，鹤饮。鬼饮者，夜不以烧烛。了饮者，饮次挽歌哭泣而饮。囚饮者，露头围坐。鳖饮者，以毛席自裹其身，伸头出，饮毕复缩之。鹤饮者，一杯复登树下再饮耳。

（《画墁录》）

东坡居惠，广守月馈酒六壶，吏尝跌而亡之。坡以诗谢曰：“不谓青州六从事，翻成乌有一先生。”

（《后山诗话》）

杜康善造酒，以酉日死，故酉日不饮酒。焦革善酿，革死，王绩追述其法以为经，又采仪狄、杜康以来善造酒者为谱。

（《后山诗话》）

蔡攸尝侍微宗曲宴禁中，上命连沃数巨觥，娄至颠仆。赐之未已，攸再拜以恳曰：“臣鼠量已穷，逮将委顿，原陛下怜之。”上笑曰：“使卿若死，又灌杀一司马光矣。”始知温公虽遭贬斥于一时，而九重固自敬服如此。

（《挥尘余话》）

韩魏公知北都，有中外亲献玉盏一只，云耕者入塚而得，表里无纤瑕可指，盖绝宝也。公以百金答之，尤能宝爱。开燕召漕使显官，特设一桌，覆以绣衣，致玉盏其上，且将用之酌酒，遍劝坐客。俄为吏将误触台倒，玉盏俱碎坐客皆愕然。吏将伏地待罪，公神色不动，笑谓坐客曰：“特破亦自有时。”谓吏将曰：“汝误也，非故也，何罪之有？”公之量宽大厚重如此。

（《厚德录引刘斧翰府名谈》）

庆仙居大酒缸联云：“庆喜升平开酒国，仙居日月驻壶天。”“大酒肥鱼豪士兴，缸花杯影美人风。”上六字一一扣定，又系本地风光，相传为胡侍御作，洵聪明吐属矣。

（《壶天录》）

乡饮以献贤能，就先生而谋宾介，是矣。何以不夙戒，而戒于是日？饮之者，将献之也。为宾者，何以一辞而许，难进之风，固如是乎？经言主人献宾，宾酢主人，俱不言奠爵于席前。非文之不具也，盖宾拜而后进受爵，宾受爵而后主人拜，是手相授也。至于酬宾而奠觯荐酒，似进爵之变节，注疏并不言其故。近日说家，乃以为献酢皆然，而文不具，果信然欤？

（《蒿庵闲话》）

俗节饮酒，皆古人祭祀之期也。《酒诰》云：祀兹酒。古人无泛然饮酒者，率皆祭毕而后饮。祭有常期，故饮亦有常时。后世祭礼废而饮酒如故，遂成俗节。如元宵始于汉家，常以正月上辛，祠太乙甘泉，以昏时祠到明，后世仿以为灯节。春祈秋报，率以仲月，因有中和节，花朝月夕之饮。三月，民间有上墓之祭，因有清明之饮。五月五日吊屈原，因饮端午。近代因祀关壮缪，饮五月十三。夏至冬至，并时祭常期。夏禴祭薄尚声，故饮酒盛于冬而衰于夏。九月祭祢，故饮重阳。伏祠磔狗，意主禳除。七月十五伊蒲之供，出于佛氏，皆不立饮节。腊蜡祈年，并于十二月，而聚会饮食，亦于是月焉。古人因祭而饮酒，后人崇饮而忘祭，不胜三代未逮之感。

（《蒿庵闲话》）

雷斅曰：海中有兽，名曰猾。其髓入油中，油即沾水，水中生火，不可救止，以酒喷之，即灭。不可于屋下收。故曰：水中生火，非猾髓而莫能。李时珍曰：此兽之髓，水中生火，与樟脑相同，其功当与樟脑相似。按史载，在一夷主人有献猛火油者，其油得水愈炽，以攻城烧人楼橹，或即此物。斅云：以酒喷之即灭，当亦其御之之法，不可不知也。樟脑，韶州所产，猛火油亦南人所为，岂即是物所造耶？

（《蒿庵闲话》）

夫酒之设，合礼致情，适体归性，礼终而退，此和之至也。主意未殚，宾有余豪，可以至醉，无致于乱。

（诸葛亮《戒子书》）

灵公饮赵盾酒，伏甲将攻盾。公宰示眯，明知之，恐盾醉不能起，而进曰："君赐臣觞，三行可以罢。"欲以去赵盾，令先毋级难。

（《晋世家》）

魏王知训，徐温之子。烈祖曲宴，引金觞赐酒曰："愿我弟百年长寿。"魏王意烈祖宴，引他器均之曰："愿与陛下各享五百岁。"烈祖不饮。久之，申渐高乘诙谐并而饮之，内金钟于怀袖，亟趋而出，至家脑溃而终。

（《江表志》）

桂阳东界陕公山下有渌溪源，官常取此水为酒。

（《荆州记》）

永安宫西有巴乡村，善酿酒，谓之巴乡清。

（《荆州记》）

山涛酒后哺啜，折筋不休。

（《酒中玄》）

关右塞上有黄羊，无角，类麞鹿，人取其皮以为衾褥。有夷人造嚼酒，以荻管吸于瓶中。老杜送从弟亚赴河西判官，诗云："黄羊饫不膻，芦酒还多醉。"盖谓此也。

（《鸡肋编》）

白乐天诗云："几盏能推蓝尾酒，辛盘先劝胶牙饧。"又云："三盏蓝尾酒，一碟胶牙饧。"而东坡亦云："蓝尾忽惊新火后，遨头要及院花前。"余尝见唐小说载，有翁姥共食一饼，忽有客至，云，使秀才婪泥。于是二人所啖甚微末，乃授客，其得独多，故用贪婪之字。如岁盏屠苏酒，是饮至老大最后所为多，则亦有贪婪之意。以饧胶牙，俗亦于岁旦琥珀饧。以验齿之坚脱然，或用饺子。然二者见之唐之寒食，与今世异乎？

（《鸡肋编》）

三县令候按君开门，携酒小酌。一令曰："我有一口号，不能对者罚巨觥。"时旭日方升，遂曰："东方日出三分白，日落西山一点红。北斗七星颠倒挂，牵牛织女喜相逢。"一令见庭中有荷池，因曰："一湾流水三分白，出水荷花一点红。映水莲房颠倒挂，鸳鸯戏水喜相逢。"一令沉思猝弗能得，忽闻门外鼓乐声，呼门子觇之，回报云："乡娶妇。"乃曰："村里妇人三分白，口上胭脂一点红。两耳金环颠倒挂，洞房花烛喜相逢。"虽一时戏谈，而天地备焉，亦一嘉话。

（《泾林续记》）

张开光尝与母及弟出游，儿留妪守舍。俄有道士，敝衣冠，疥癣被体，直入裸浴酒瓮中。妪不能拒。既暮，出游归，渴甚，闻酒芳烈，亟就瓮中饮。妪心恶道士，不敢白，而但不饮。居数日，开光与母弟拔宅而去。

（《集仙传》）

昭宗在凤翔宴侍臣，捕池鱼为馔，李茂贞曰："本蓄此鱼以候车驾。"又以巨觥劝帝酒，帝不欲饮，茂贞杯叩帝颐颔，坐皆愤其无礼。

（《金銮密记》）

人得优游田亩，身心无累，把盏即酣，诚人生之佳趣，高蹈之雅致也。若丰筵礼席，注玉倾银，左顾右盼，终日拘挛，惟恐有言语之失，拱揖之误，此则所谓囚饮。张亨父泰题《田畯醉归图》云："村酒香甜鱼稻肥，几家留醉到斜晖。牧奴拽背黄牛载，儿子旁扶阿父归。鬓短何妨花插帽，身强不厌布为衣。天宽帝力知何有，但觉丰年醒日稀。"读之令人有物外想。

（《坚瓠集》）

王梅溪守泉日，会七邑宰，出一绝句劝酒云："九重天子爱民深，令尹宜怀恻隐心。今日黄堂一杯酒，使君端为庶民斟。"真山西帅长沙，宴十二邑宰于湘江亭，勉以诗曰："从来官吏与斯民，本是同胞一体亲。既以脂膏供尔禄，须知痛痒切吾身。此邦素号唐朝古，我辈当初汉吏循。今日湘亭一杯酒，便烦散作十分春。"诸宰皆感动。二诗有万物一体意，为民牧者，宜书于座右，期无负九重爱民之意。

（《坚瓠集》）

户曹之妻与太守有私，一士子知其事。户曹任满将行，守招其夫妇饮。士子作《祝英台近》付妓，歌以侑酒："把琵琶，临别语，把酒泪如洗。似恁春时，仓卒去何意。牡丹恰则开园，荼縻厮勾，便下得一帆千里。好无谓，复恐明日行呵，如何恋得你。一叶船儿，休要更沉醉。后来梅子青时，杨花飞絮，侧耳听喜鹊声里。"守与妇俱堕泪。其夫不悟。

（《坚瓠集》）

云间酒淡，有人作《行香子》云："浙右华亭，物价廉平，一道会买三个升。打开瓶后，滑辣光馨，教君霎时饮，霎时醉，霎时醒。听得渊明，说与刘伶，这一瓶约莫三斛。君还不信，把秤来称。有一斛酒，一斛水，一斛瓶。”又《醒睡编》有诗云：“数升糯米汪悭量，饭熟全家大小尝。着意满倾三斛水，先头打起一壶浆。冷吞却似金生丽，热饮浑如周发商。昨夜强斟三五盏，几乎泻破肚中肠。”

（《坚瓠集》）

陆浚明（粲）幼善属对。一日，同陆象孙会客，两客对奕饮酒。客曰：“围棋赌酒，一著一酌。”客无以应，粲即曰：“坐漏观书，五更五经。”又一客曰：“弹琴赋诗，七弦七言。”

（《坚瓠集》）

《玄亭闲话》：狂客过豪家索酒，适见有馈鱼蟹者未出，客曰：“孟尝门下，焉得无鱼。吏部盘中，定须有蟹。”一女奴速出，将母命答曰：“主人不杀，已付校人畜去。上客先期，都为学士尝公。”

（《坚瓠集》）

康熙中，德兴张德象字德章，省场失利，就大学补试。与二友夜诣市访卜，因放肆沽酒，对月清饮。俄有客落拓造前曰：“能与一杯否？”张见其已醉，取杯满斟，置几上，戏之曰：“观吾丈姿貌不凡，能赋一诗，然后尽此乎？”客诺之，且请韵。张欲困以险韵，笑曰：“只用吞字。”客即高吟一绝云：“行尽蓬莱弱水源，今朝忍渴过昆仑。兴来莫问酒中圣，且把金杯和月吞。”举杯一吸而尽。众方惊叹，迹之已无见矣。

（《坚瓠集》）

陈彦修有姬，一夕梦少年携上酒楼欢饮。少年执板，歌以侑酒，觉醒犹记云：“人生开口笑难逢，富贵荣华总是空。唯有隋堤千株柳，滔滔依旧水流东。”

（《坚瓠集》）

《四民月令》：元日饮屠苏酒，次第当从小起，以年少者起。后汉李膺、杜密，以党人同系狱，值元日，于狱中饮酒，曰：“元旦从小起。”《时镜新书》：晋海西令问董勋曰：“正旦饮酒，先从小者，何也？”勋曰：“俗以少者得岁，先酒贺之。老者失岁，故后饮酒。”刘梦得、白乐天元日举酒赋诗，刘云：“与君同甲子，寿酒让先杯。”白云：“与君同甲子，岁酒合谁先。”白有岁假内命酒篇云：“岁酒先拈辞不得，被君推作少年人。”顾况云：“不觉老将春共至，更悲携手几人全。还丹寂寞羞明镜，手把屠苏让少年。”裴夸直云：“自知年几偏应少，先把屠苏不让春。倘更数年逢此日，还应惆怅羡他人。”成文擀云：“戴星先捧祝尧觞，镜里堪惊两鬓霜。好是灯前偷失笑，屠苏应不得先尝。”方干云：“才酌屠苏定年齿，坐中皆笑鬓毛斑。”东坡云：“但把穷愁博长健，不辞醉后饮屠苏。”《七修》作屠苏。《四时纂要》：屠苏，孙思邈庵名。《天中记》：屠，割也；苏，腐也。

（《坚瓠集》）

吴兴沈太学，倅云间。令吏取酒三瓶，写作三平。吏曰：“非此平字。”沈即将平字脚加一踢，曰：“三乎也罢。”

（《坚瓠集》）

《老学庵笔记》载宋太素尚书中酒诗云：“中酒事俱妨，偷眠就黑房。静嫌鹦鹉闹，渴忆荔枝香。病与懒相续，心和梦尚狂。从今改题品，不号醉为乡。”放翁以为非真中酒者，不能知此味。明浙中举子张子兴，亦有中酒诗云：“一枕春寒拥翠裘，试呼侍女为扶头。身如司马原非病，情比江淹不是愁。旧隶步兵今作敌，故交从事却成仇。淹淹细忆宵来事，记得归时月满楼。”比太素所作，更详切有味。

（《坚瓠集》）

明昌中，虞乡麻氏构小斋，题曰：“醉经。”周德卿题绝句云：“诗云读破自融神，不羡云安曲米春。黄卷至今真味在，莫将糟粕待前人。”

（《坚瓠集》）

李俊民字用章，金承安五年状元，寻弃职还山，作《酒檄》云：“人生贵在意适，我辈况复情钟。念乐事之艰兼，须同欲之相济。山堂主人作真率会，斗见在身。掉船寻贺老于稽山，赍邀渊明于栗里。盗瓮而饮者醉，指瓶而索者尝。伶妇无言，宋犬不吠。乃有忘形尔汝，痛饮《离骚》。了一生于蟹螯，视二豪如蜾蠃。以其无公田而种秫，故不待酉岁而乞浆。莫谓宁逢恶宾，亦可便称名士。独不与李将军为地，方且共汪谘议论兵。徒使汝阳涎流，想见子幼耳热。醒犹未解，酿可速倾。得到夫齐，请鉴青州之事；或薄如鲁，未免邯郸之围。惠而不伤，吝则有悔。”

（《坚瓠集》）

王秋涧《酒榜》云：“伏闻三尺紫箫，吹破金台之月；一竿青旆，飘摇淇水之春。孝先张君，系出豪华，长居纨绮。壮狃五陵之裘马，老寻中圣之家风。左顾东城，名标新馆。虽借作养廉之地，已大蒐破敌之兵。儱春于连床，贮秋香于百瓮，与同至乐，任价宽沽。罄翠罂银勺之欢，是非何有？听白雪阳春之曲，风月无边。信不比于寻常，莫等闲而空过。任使高阳公子，从他宫锦仙人。争贯金貂，纷縻剑佩。系马凤凰楼柱，挂缨日月窗扉。白骨苍苔，古人安在。流水逝水，浮世堪惊。况百年浑是者能几回，一月开口者不数日。忍辜妙理，竟作独醒，莫思身后无穷，且斗尊前现在。地愁红雨，春围绣幕之风。来对黄花，共落龙山之帽。快倾银而注瓦，任枕曲以藉糟。顿空工部之囊，扶上山翁之马。前归后拥，尽日而然。”

（《坚瓠集》）

《艮斋杂说》：明末一妓，善监酒，席间作调笑令，以催乾为韵。“闻道才郎高量，休让。酒到莫停杯，笑拔金钗敲玉台。催么催，催么催。已是三催将绝，该罚。不揣作监官，要取杯心颠倒看。乾么乾，乾么乾。”一座笑赏。

（《坚瓠集》）

晏元献与客宴饮，稍阑即罢，遣歌乐曰：“汝曹呈艺已遍，吾当呈艺。”乃具笔札，相与赋诗。米元章邀苏子瞻饮，列纸三百，置馔其傍。每酒一行，伸纸作字一二幅。小吏磨墨，几不能供。饮罢，纸亦尽，乃更相移去。先辈风流，即一杯酌间，不忘以词翰相课，亦异乎以饮食游戏相征逐者矣。

（《坚瓠集》）

林粹夫《咏酒塞鸿秋词》云：“米明王原掌奇门印，曲将军会摆迷魂阵。水中郎稳坐云安镇，紫令公传示兰陵信。祭遵壶矢威，李白蛮书令。那愁城攻破莫逃命。”

（《坚瓠集》）

辛幼安居山日，尝欲止酒，赋《沁园春》云：“杯汝前来，老子今朝，点检形骸。甚长年抱渴，咽如焦釜，于今苦眩，气似奔雷。漫说刘伶，古今达者，醉后何妨死便埋。浑如此，欢汝于知己，其少恩哉！更凭歌舞为媒，算合作平居鸩毒猜。况怨无大小，生于所爱；物无美恶，过则为灾。与汝成言，勿留亟去，吾力犹能肆汝杯。杯再拜，道麾之即去，招则须来。”一日，友人载酒入山，幼安不得，以止酒为解，遂破戒一醉，再韵前调云：“杯汝知乎？酒泉罢侯，鸱夷乞骸。更高阳入谒，都称齑臼，杜康初筮，正得云雷.细数从前，不堪余恨，岁月都将曲糵里。君诗好，似提壶却劝，沽酒何哉？君言病岂无媒，似壁上雕弓蛇暗猜。记醉眠陶令，终全至乐；独醒屈子，未免沉灾。欲听公言，暂非勇者，司马家儿解覆杯。还堪笑，借今宵一醉，为故人来。”

（《坚瓠集》）

尤悔庵先生有反止酒云：“辛稼轩有止酒词。然吾辈酒狂也，又当此时，此中雅宜此君，岂忍囚酒星于天狱，焚醉日于秦坑哉！词曰：‘陆酹前来，枚卜功臣，众口交推。彼从事齐州，清为圣德，督邮高县，浊亦贤才。尧舜千钟，仲尼百斛，子路宁辞十榼陪。髡一石，更先生五斗，学士三杯。尝闻上顿长斋，即乘马骑驴事尽佳。卓家少妇，为君涤器。杨家妃子，为我持罍。山带兰陵，水连桑落，曲部分茅议允谐。咨汝酹，伊俾侯醴泉郡，日往饮哉’。”

（《坚瓠集》）

悔庵先生云：“余既反止酒，数与酹往来，称肚膈友。已而病惫，呕出心血。医者曰：‘是酒之罪也。天有酒星，故倾于西北。地有酒泉，故缺于东南。人有酒肠，故伤于心中。若婉彼药狂，亦如刘将军负锸从之耳。’予惕然。吾待酹不薄，奈何负我，请绝交。于是复招陆生而告之曰：‘酹若毋声，以酒为名，乃罪之魁。算持蟹螯者，瓮中就缚，吹龙笛者，水底长埋。金盏方擎，玉山便倒，玩我真如儿戏哉。腐肠药，甚良醪可恋，心腹当灾.今朝焚了糟台，又何问莲花白玉杯?倘君将伐狄，臣当执御，人能击杜，我愿持钟。草夺黄封，驱除绿蚁，主爵壶商赐自裁。酹不道，削汝懿侯职，以警将来。’”

（《坚瓠集》）

《谐语》载明英庙大猎，从官皆戎服弓矢以护跸，应制赋诗。刘祭酒某，误以雕弓以弓雕，太学生贴诗于监门云：“猎羽扬长共友僚，雕弓诗倒作弓雕。祭酒如今为酒祭，衔官何以达廷朝。”广东举人王佐，复上诗于刘云："乐羊终是愧巴西，许下维闻哭刁脂。岂是先生无好句，弓雕何愧古人诗。"以为能得司成之喜，刘览之愈怒。后王佐刻桐乡诗，具载此首，遂大传其事。

（《坚瓠集》）

友人传撒酒风诗，言母舅撒酒风事，可佐一噱。诗云："娘舅常常撒酒风，今朝撒得介恁凶。踢翻两个糖攒盒，踏扁一只银酒钟。面孔红来乾急迸，髭须白得戧（窍）蓬松。旁人问道像何物，好似跳神马阿公。"

（《坚瓠集》）

麪树则南中桄榔也。桄榔树大者，出麪百斛。又交趾望县欀树皮中，有如白米屑者，似麪，可作饼。又《蜀志》莎木峰头生叶出麪，一树可得石许。今蕨草亦有粉，可作饼饵。肉树出五台山，其形如桃，质如玉，煮一滚，压去水食之，味如猪肉。又端溪亦有肉树酒树，则椰似酒，味甘而薄。枸楼国仙浆，亦取之树腹中。又青田核以水贮之，少顷成酒，乃真酒树也。

（《坚瓠集》）

《齐民要术》云："勿使米过，过则酒甜。"白乐天诗："户大嫌甜酒。"苏东坡诗："酸酒如齑汤，甜酒如蜜汁。"《北山酒经》云："北人不善投甜，所以饮多令人膈上懊忱。"是酒味忌甜也。然梁元帝云："银瓯贮山阴甜酒，时复进之。"杜工部诗："不放香醪如蜜甜。"口之于味，亦有不同。

（《坚瓠集》）

《容斋四笔》引白乐天元日对酒诗云："三杯蓝尾酒，一碟胶牙饧。"又"老过占他蓝尾酒，病余收得到头身。""岁盏后推蓝尾酒，春盘先劝胶牙饧。"《荆楚岁时记》云："胶牙者，取其坚固如胶也。而蓝尾之义，殊不可晓。"《河东记》载：申屠澄与路傍茅舍中老父妪及外甥女，环火而坐。妪自外挈酒壶至曰："以君冒寒且进一杯。"澄因揖逊曰："始自主人翁。"即巡澄，当贪尾。盖以蓝为婪，当婪尾者，谓在最后饮也。《石林械斗语》云："唐人言蓝尾，蓝字多作啉，出于侯白《酒肆律》，谓酒巡匝末，连饮三杯为蓝尾。盖末坐远，酒行到常迟，连饮以慰之，故以啉为贪婪之意。"《七修》云："蓝澱也。"。《说文》云："澱，滓也。浑浊也。"据此，则蓝尾酒乃酒之浊脚，如尽壶酒之类，故有尾字之义。知此，则乐天之诗，及少蕴所谓酒巡匝末，俱通矣。

（《坚瓠集》）

桑落酒，相传九月九日作。水米曲，皆以三十为准，熟于桑落之辰，故名桑落。张伯起《谭辂》云："西羌有桑落河，出马乳酒，羌人兼葡萄压之。晋宣帝时常来献，九日赐百官饮之。"则似桑落又地名，非时也。又见《杂记》载："河中桑落坊有井，桑落时取其水酿酒，甚佳。"似又兼地与时矣。庾信乞酒诗："蒲城桑落酒，灞岸菊花天。"又似出蒲州。

（《坚瓠集》）

酒有以绿为贵者，白乐天所谓"倾如竹叶盈樽绿"是也。有以黄为贵者，老杜所谓"鹅儿黄似酒"是也。有以白为贵者，乐天所谓"玉液黄金卮"是也。有以碧为贵者，少陵所谓"重碧酤新酒"是也。有以红为贵者，李长吉所谓"小槽夜滴真珠红"是也。广中所酿酒，谓之红酒，其色殆类胭脂。《酉阳杂俎》载：贾锵家苍头，能别水，常乘小艇，于黄河中以瓠匏接河源水以酿酒，经宿水如绛，名为昆仑觞。是又红酒之尤者也。

（《坚瓠集》）

《暖姝由笔》：正德间，朝廷开设酒馆，酒望云："本店发卖四时荷花高酒。"犹南人言莲花白酒也。又有二匾，一云："天下第一酒馆"。一云："四时愈饥食店"。

（《坚瓠集》）

张庄简致政归田，杜门不出。见风俗奢靡，益崇节俭，书揭屏间曰："客至留馔，俭约适情。殽随有而设，酒随量而倾。虽新亲不抬饭，虽大宾不宰牲。匪直戒奢侈而可久，亦将免烦劳以安生。"

（《坚瓠集》）

世言社日饮酒治聋，不知何据。《石林燕语》载五代李涛春社从李昉求酒诗云："社公今日没心情，为乞治聋酒一瓶。恼乱玉堂将欲遍，依稀巡到第三厅。"时昉为翰林学士，有月给内库酒，故涛从乞之。

（《坚瓠集》）

酒有别肠，非可演习而能。传记载：元载闻酒即醉，一人取针挑其鼻间，出一小虫，曰：“此酒魔也，出之能饮。”试之，果饮之二斗。《七修》载：南阳胡长子，素不能饮，梦神授以酒药一丸，吞之，遂日饮数百杯不醉。又《学圃识余》载：浙有儒生，夜宿神庙，神留饮。生辞以素性不饮，神乃命吏取生文簿验之，果无酒肠。取朱笔于簿所图形像，为画酒肠一条，命第饮此。生在席饮至一壶不醉，后遂能饮。乃知酒量实天所定，不可强也。

（《坚瓠集》）

袁中郎既为《觞政》，复与方子公辈以饮户相角，因为酒评：刘元定如雨后鸣泉，一往可观，苦其易境。陶孝若如俊鹰猎兔，击搏有时。方子公如游鱼呷浪，喁喁终日。丘长孺如吴牛啮草，不大利快，容受颇多。胡仲修如余娘风情，追念其盛时。刘元质如蜀后主思乡，非其本情。袁平子如五陵少年说剑，未识战场。龙君超如德山未遇龙潭时，自着胜地。袁小修如狄青破昆仑关，以奇服众。

（《坚瓠集》）

《白鹤外史》：盛大有吴下弈手第一。游昆陵，有扶乩请仙者，仙至，盛请对弈。局未半，仙云：“我已负一子半。子弈诚高，我将往邀仙辈中更高者来。”乩即寂然。盛乃率已意填补，果已胜一子半。少顷，又一仙来对弈，弈毕，盛负一子半。仙称盛弈，人间第三手也。盛问仙是天上第几乎，仙曰：“犹是第七手耳。”问何仙最高，曰：“惟有南极仙翁，天上无对。”《杂纪》载南极仙翁曾在宋元祐时降灵汴京酒肆，与人豪饮，酒量无敌。是仙翁棋力酒量，两擅其胜矣。

（《坚瓠集》）

《漱石闲谈》：金睢邓某，以素封冠其乡，善饮啖，每饭米五升，豚肉一肘，鹅鸡鸭各一只，杂俎与酒不计，大约一饭须数十斤，日必重餐。遇逋负者，能具丰馔享之，辄焚其券。有佃户负其租数，多治具召之。鹅为猫所食，即杀猫以充杂俎。邓以为甘而食之，此后即不能多食矣。识者谓其腹有肉鼠，鼠见猫即死，故不能多食也。常闻能饮者，腹有酒蟹。则善啖者有肉鼠，亦无足异。肉鼠酒蟹，可为的对。

（《坚瓠集》）

《桐下听然》：华学士鸿山，艤舟吴门，见邻舟一人独设一壶，斟以巨觥，科头向之极骂，既而奋袂举觥，作欲吸之状，辄攒眉置之，狂叫拍案，因中酒欲饮不能故也。鸿山注目良久曰：“此定名士。”询之，乃唐解元子畏。喜甚，肃衣冠过谒。子畏科头相对，谈谑方洽，学士浮白属之，不觉尽一觞，因大笑极欢。日暮，复大醉矣。当谈笑之际，华家小姬，隔帘窥之而笑。子畏作娇女篇贻鸿山，鸿山作中酒歌答之。后人遂有傭书获配秋香之诬。袁中郎为之记，小说传奇，遂成佳话。又子畏同祝京兆醉坐生公石，见可中亭有贵人分韵赋诗，乃衣褴褛如乞儿，倚柱而听。数刻未落一韵，格格苦思。句成，二人相视而哂。贵人怒曰：“乞何为者？岂能诗耶？”对曰：“能。”解元口吟，京兆操觚，须臾数百言，有“七里山塘迎晓骑，几番春雨润征衫”之句。掷笔索酒，酣饮而去。贵人惊异，以为遇仙，对人艳称之。后知之，惭恚，卒有棘闱之谮。

（《坚瓠集》）

古赋有“鼻饮头飞之国”句。又元诗人陈孚留使安南，其纪事诗曰：“鼻饮如瓶沉，头飞似辘轳。”盖言土人能鼻饮者。有头能夜飞于海者，食鱼，晓复归身。又《蠃虫集》载：老挝国人鼻饮水浆，头飞食鱼。鼻饮，《七修》载：汪海云《亦巢偶记》，载一讲经僧能之，头飞则怪也。《星槎胜览》云：占城国有之，皆妇人也，以无瞳神为是，必须报官。睡熟，则其头飞去，食人粪，不动其身。至晓则飞归，与颈吻合如故。若人固封其颈，或移其身，则死矣。此亦天地间至怪之事，而竟有之，乃有少所见多所怪者，亦可鄙矣。

（《坚瓠集》）

嘉靖间，御史毛汝砺（伯温），公宴时，承差斟酒大溢。毛曰：“承差差矣乎。”边廷实（贡）时为副使，应声曰：“副使使之也。”相与大笑。四字上下各异音，天然的对。

（《坚瓠集》）

《鹤林玉露》：常州宜兴县黄土村，东坡南迁北归，与单秀才闲步至其地。地主携酒来饷曰：“此红友也。”坡曰：“人知有红友，而不知有黄村，可谓快活。”余尝因是言而推之，金貂紫绶，诚不如黄帽青蓑。朱毂乡鞍，诚不如芒鞋藤杖。醇醪豢牛，诚不如白酒黄鸡。玉户金铺，诚不如松窗竹屋。无他，其天者全也。

（《坚瓠集》）

《见只编》载：里有富人某，张具邀宾，意独重一上客。顾众宾皆至，上客不来，富人大，失声云："偏是要紧者不来！"众宾不悦，各有去志。一奴在旁，知主人失言莫解，应声出门，急向后厨，担二上尊，从大门入，厉声谓主人云："要紧者来矣！"众宾释然，初谓为酒也。此奴微言中解，亦黠矣哉。

（《坚瓠集》）

明代有一善人死，阎君邀饮。至则见为筵者四，首为僧，次为道士，又次为善人。主席则阎君也。坐定，阎君举卮嘱僧，僧合掌念佛，不肯饮。阎君亦不之强也。次及道士，道士拱手，亦不肯饮。次及善人，善人自念："彼二人皆不饮，吾宁敢独饮乎？"亦辞之不饮，如是其三。阎君起立拱手，向三人请行。三人以次行至一处，如井状，阎君拱手向僧，请下。僧趺坐而下。次及道士，道士立而下。次及善人，不觉首先入井，及下，则已托生人间矣。自念奇异，祕而不言。长而求所谓僧道，杳不可得。后举进士，例为县令，往吏部掣签，见冢宰坐堂上，俨然冥中道士状也。熟视再四，冢宰忽呼曰："汝在此乎？曾忆冥间事否？"曰："忆之，特不敢言耳。"问："曾见同席僧乎？"曰："未之见也。"冢宰曰："我若见之，当以语汝；汝若相见，亦当语我。"时某掣得河南某县令，到官后，谒藩王。王固冥间同席僧也，一见即惊喜曰："汝来此乎！曾识我否？"曰："识之。"王曰："曾见同席道士乎？"曰："即今吏部尚书某也。"观此，则阎君之酒，乃俗所谓迷魂汤耳。

（《坚瓠集》）

高皇览川流之不息，陋尹呈秋水赋，言不契道，乃亲为赋，召群臣各撰赋以进。宋濂率同列，铺叙成章，诣东阁投献。高皇亲览，评品高下。已而赐坐，勅大官进膳，内臣行觞。濂素寡饮，高皇强之至三觞，面如赪，神气遐漂，若行浮云中。高皇笑曰："朕为卿赋醉歌。"侍御捧黄绫案，高皇挥洒如飞，成楚词一章曰："西风飒飒兮金张，特会儒臣兮举觞。目苍柳兮袅娜，阅澄江兮水洋洋。为斯悦而再酌，弄清波兮永光。玉海盈而馨透，泛琼斝兮银浆。宋生微饮兮早醉，忽周旋兮步骤跄跄，美秋景兮共乐，但有益于彼兮何伤。洪武八年八月七日甲午时书。"复命濂自述一诗。濂既醉，勉缀五韵，字不成行列。高皇命编修朱佑重书以遗濂曰："卿藏之，以示子孙，见一时君臣契合，共乐太平之盛。"濂拜谢。高皇更勅侍臣，应制赋醉学士歌者四人：考功监丞华克勤，给事中宋善、方征、彭通。闻而续赋者五人：秦府长史林温，太子正字桂彦良，翰林编修王琏、张唯，典籍孙蒉云。

（《坚瓠集》）

《西樵野记》：景泰中，绍兴上舍葛棠，博学能文，性豪放。筑亭于圃，匾曰“风月平分”，旦夕浩歌，纵酒自适。壁挂桃花仕女图，棠戏曰：“诚得是女捧觞，岂吝千金！”夜饮半酣，见一姬进曰：“久识上舍词章之雅，日间重辱垂念，请歌诗以侑觞。”棠曰：“吾欲一杯一咏。”姬乃连咏百绝，棠沉醉而卧。晓视画上，不见仕女，少焉复在。棠异而裂之。因録所记忆者八首，余皆忘之矣。“梳成松髻出帘迟，折得桃花两三枝。欲插上头还在手，偏从人问可相宜。

恹恹倚枕卷纱衾，玉腕斜笼一串金。梦里自家搔面发，索郎抽落凤凰簪。
家住东吴白玉矶，门前流水浣罗衣。朝来系着木兰棹，闲看鸳鸯作对飞。
石头城外是江滩，滩上行舟多少难。潮信有时还又至，郎舟一去几时还？
浔阳南上不通潮，却算游程岁月遥。明月断魂清霭霭，玉人何处教吹箫？
山桃花开红更红，朝朝愁雨又愁风。花开花谢难相见，懊恨无边总是空。
西湖荷叶绿盈盈。露重风多荡漾轻。倒折荷枝丝不断，露珠易散似郎情。
芙蓉肌肉绿云鬟，几许幽情欲话难。闻说春来倍惆怅，莫教长袖倚栏杆。”

（《坚瓠集》）

罚饮从古有之。《周礼》：“觥其不敬者。”觥，罚爵也。《檀弓》：“杜蒉扬觯而酌师旷、李调。”觯，罚爵也。《说苑》：“魏文侯与大夫饮，使公乘不仁为觞政，曰：饮不爵者，浮以大白。及举白浮君。”（注，白，罚爵之名，浮罚也。）一说，谓罚爵之盈满而浮泛也。白者，举觞告白之意。陈后主令张贵妃等，预制五言诗，令孔範等十客一时继和，迟则罚酒。诸书所载，罚饮之说甚多，不能悉举。然罚饮之数，多限以三。吴谚谓：“客来迟，罚三钟。”未始无本。韩安国作儿赋不成，罚三升。兰亭之会，王子敬诗不成，罚三觥。景龙文馆记御诗序云：“人题四韵，后者罚三杯。”又郝隆不能诗，罚依金谷酒数，是三斗。至杜少陵“百罚深杯亦不辞”，特极言之耳。（注引桑又在江总席上曰“虽深杯百罚，吾亦不辞”为证。）

（《坚瓠集》）

正统初，中官阮巨队，奉命至广征虎豹。陈谔官其地，从阮饮，求虎皮以归。明日草奏，言阮多用肥壮者宴客，徒贡瘠虎，使毙诸途。阮大恐，置酒谢谔。谔酣，谓阮曰："闻子非阉者，近娶美妾，其事然否？"阮请阅诸室。谔见群罐，知为金珠，佯问中有何物。阮曰："酒也。"谔笑曰："吾来正索此。"遂令人扛去。阮哀祈，得留其半。

（《坚瓠集》）

胡梅林（宗献），在浙招致诸名士，如徐文长辈，皆在幕中。一日，胡与一尊官周姓者，饮于舟中。执壶者偶失手，倾其酒。周忽出对云："瓶倒壶（胡）撒尿。"盖胡素有失溺之疾，故嘲之。胡一时无以复，左右急传入幕中，即对就，私达于胡。及发船，故令舟人以舵作声，胡乃曰："吾有对矣'舵转舟（周）放屁。'"对既工，适答其侮也。

（《坚瓠集》）

明高皇五年，颁布乡饮渎律仪式。访年高有德、众所推服者，礼迎上座。不赴者，以违制论。如有过而为人讦发，即于席上击去其齿，从桌下蛇行而出，诚崇其礼而严其防也。年来不尚齿德，专取温饱者，以克饮并不必赴，止设扁筵，遣官赍送，以应故事，所以有乡饮始末，大宾实录之刻。请自今以后，遇宾筵大典，必延至明伦堂，分宾抗礼。则举者不敢滥，而任者恐无失矣。

（《坚瓠集》）

昔时有人欠某缎银十两，准酒三十坛，怯客索逋者。时值端午，某治具邀客，斟此酒酌客以介绍者。客见而讶之，作诗曰："四时佳兴又端阳，竞渡争看筵席张。岂意流霞成五色，似难邀月进千觞。客疑良药攒眉饮，主若琼浆笑脸尝。汲尽必须洗盏酌，杯中滋味似糖霜。"

（《坚瓠集》）

古人饮酒击博，其箭以牙为之，长五寸。箭头刻鹤形，谓之六鹤齐飞。今牙筹亦其遗意。唐人诗云："城头稚子传花枝，席上搏拳握松子。"则今人催花猜拳，唐时已有之矣。

（《坚瓠集》）

《桐下听然》载：明某某二相公侍讲筵，咨询既久，上顾小黄门："先生们甚劳。”命赐酒。内侍出二金叵罗，甚大。杯中镌字云：“门下晚生某进。”某者，相公名，盖以媚巨珰没入之物也。二相惭怯，叩头趋出。上目之而笑，未数日，予告，亦愧于金钱，辱于挞市矣。

（《坚瓠集》）

《史记》：赵襄子杀智伯漆其头以为饮器。读者谓头骨不可为器以饮，(故注者多谓溲便器，) 如虎之之属。惟刘氏注云：酒器。《集览正误》以为非。按《吕氏春秋》：襄子与魏桓、韩康期而击智伯，断其头以为觞，谓之觞，非酒器而何。又《汉书匈奴传》：单于以老上单于所破月支王头为饮器者，共饮血盟。若溲便器，则不可盛血饮矣。

（《坚瓠集》）

叶圣野先生，有犀角酒斗，傍刻魁星像，右手执银而失笔。坐客偶言，试官受财，魁星只以银锭效用。朱云子先生即席赋《沁园春》词曰：“咄斗魁公，何事怀金，投笔归来。怪日居角亢，守他金库，奎临财帛，赶上银堆。路鬼揶揄，波臣憔悴，岂是文章竟蹶哉。叹毛锥子，见孔方兄至，那敢推排。空教气涌如雷，任块垒浇他三百杯。有王图先达，吴融负屈，刘蕡下第，裴李高魁。银气冲天，管花落地，倒却西园文雅台。但准备，得腰缠万贯，隐取三台。”

（《坚瓠集》）

《韩非子》云：“宋人酤酒，悬帜甚高。”酒市有旗，始见于此。《唐韵》谓之帘，或谓之望子。《水浒传》有“无三不过望”语。宋《窦革酒谱》有《帘赋》，警句云：“无小无大，一尺之布可缝；或素或青，十室之邑必有。”

（《坚瓠集》）

金明昌初，有劈橙为软杯者，章宗赋《生查子》词曰：“风流紫府郎，痛饮乌纱岸。柔软九回肠，冷怯玻璃碗。纤纤白玉葱，分破黄金弹。借取洞庭春，飞上桃花面。”

（《坚瓠集》）

瞿士衡饮杨廉夫以鞋杯，廉夫命宗吉咏之，即作《沁园春》词云：“一掬娇春，弓样新裁，莲步未移。笑书生量窄，受渠尽小；主人情重，酌我休迟。酝酿朝云，斟量暮雨，能使曲生风味奇。何须去，向花尘留迹，月地偷期。风流到手便宜。便豪吸雄吞不用辞。任凌波南浦，惟夸罗袴；赏花上苑，只劝金卮。罗帕高擎，银瓶低注，绝胜翠裙深掩时。华筵散，奈此心先醉，此恨谁知。”以呈廉夫，大喜，命侍妓歌以侑觞。

(《坚瓠集》)

许少华《鞋杯词》云：“借足下全为季雅，向尊前满注流霞。沾唇分外香，入掌些儿大。鹦鹉鸬鹚总让他，把一个知味人儿醉杀。”

(《坚瓠集》)

嘉靖中，临朐冯汝行（惟敏），少负才名，领乡荐，知莱水县，改教润州，迁保定府通判。因仕不得显秩，肮脏归海滨，以文酒自娱乐。作鞋杯词曰：“高擎彩凤一钩香，娇染轻罗三寸长，满斟绿蚁十分量。窍生生，小酒囊。莲花瓣露泻琼浆。月儿牙弯环在腮上，锥儿把团圞在手掌，笋儿尖签破了鼻梁。钩乱春心，洗遍愁肠。抓辘辘滚下喉咙，周流肺腑，直透膀胱。举一杯恰像小脚儿轻跷肩上，咽一口好疑妙人儿吮乳在胸膛。改样风光，差意珍藏。切不可指甲儿掐坏了云头，口角儿漏湿了鞋帮。”词颇切当，惜不使廉夫见之也。

(《坚瓠集》)

“借书一痴，还书一痴。”痴乃瓻之伪也。昔人谓借书还书，皆佐以一瓻酒。瓻，盛酒器也，大者一石，小者五斗。黄山谷致诗胡朝清：“愿公借我藏书目，时送一鸱开锁鱼。”东坡和陶诗：“不持两鸱酒，肯借一车书。”按师古云：“鸱夷革囊以盛酒，”鸱、瓻字，盖通用者。酒器又有名经者，小瓶细颈，环口修腹，以酒贻人，则云“酒一经，酒二经。”有人饷人酒柬云：“五经在门。”主人误为柬带出肃之，乃五小瓶酒耳。李君实饮酒诗有“登楼客在传三雅，问字人来揖五经”之句。

(《坚瓠集》)

乌孙国有青田核，如五六升瓠，空之盛水，俄而成酒。宋有刘章者，得二枚，集宾设之，一核才尽，一核又熟，可供二十客。

(《坚瓠集》)

北京宣武门外归义寺，士大夫送行之地。嘉靖中，刑部郎中苏志皋，饯客至寺，壁间有李镇所画判子图，乃脱靴为壶，令一鬼执而斟之，一鬼于判后窃饮。苏戏题诗云：“芭蕉秋影送婆娑，醉里觥筹射鬼魔。到底不知身后事，酆都城外更如何！”时光禄少卿高乐谷与苏善，夜梦绿衣使者揖曰：“苏司寇嘲戏太重，求为解之。”高次日告于苏，苏告以归义之故，相笑而去。夜复梦绿衣曰：“以公与苏司寇交厚，专为求解，何置不言？”高明日，拉苏至归义。苏复题云：“蟠桃频窃酒频倾，总是区区儿女情。莫道不知身后事，目光如电照幽冥。”是夕，高复梦绿衣来谢云。

（《坚瓠集》）

李君实先生载，江州绝无佳酒，官厨排当，则仰建昌之麻姑，或远籍苏州之三白。世乃传庐山下多渊明瘞酒，有发而饮之者，香美不可言。余以为渊明至贫，得酒辄醉，实所得余酒而藏之耶？当是道术好奇士，特为此以寓其戏，而世妄以为渊明耳。

（《坚瓠集》）

苏子美、石曼卿辈，饮名有五，曰：鬼饮，了饮，囚饮，鳖饮，巢饮（一名鹤饮）。鬼饮者，夜不烛。了饮者，挽歌哭泣而饮。囚饮者，露顶围坐。鳖饮者，以槁自束，引首出饮，饮复就束。巢饮者，饮于木杪。每虞陈锡玄先生戏益之，有六曰：号饮，偷饮，跪饮，枷饮，牛饮，狗饮。号饮者，阮籍饮酒二斗，举声一号是也。偷饮者，毕棹盗樽是也。跪饮者，刘伶跪祝引酒是也。枷饮者，北齐高季式留司马消难饮，索车轮五括其颈，命酒引满相劝是也。牛饮者，商辛为酒池肉林，一鼓而牛饮者三千人是也。狗饮者，胡母辅之辈，闭户酣饮，光逸脱衣露头狗窦中大叫，遂得入饮是也。饮名虽新，不若文字饮，醉红裙，知已相聚，斗筲之器成千钟之为酣适也。

（《坚瓠集》）

人知有平泉之醒石，而不知有栗里之醉石。《庐山记》：“陶渊明所居栗里，两山间有大石，仰视悬瀑，可坐十余人，号曰醉石。”

（《坚瓠集》）

《鹤林玉露》杜少陵诗：“莫笑田家老瓦盆，自从盛酒长儿孙。倾银注玉惊人眼，共醉终同卧竹根。”盖言瓦盆盛酒，与倾银壶而注玉杯者，同醉也。由是推之，蹇驴布鞯，与骏马金鞍同一游。松床簟，与绣帷玉枕同一寝。知此，则贫贱富贵，可以一视矣。昔有仆嫌其妻之陋者，主人闻之，召仆至，以银杯瓦盏各一，酌酒饮仆，问曰："佳酒乎？"对曰："佳"。曰："银杯者佳乎？"对曰："皆佳。"主人曰："杯有精粗，酒无分别，汝既知此，则无嫌于汝妻之陋矣！"仆悟，遂安其室。少陵诗意正如此。

（《坚瓠集》）

《醒睡编》酸酒诗："隔壁人家酿酒浆，钻入鼻孔折人肠。宾朋对坐攒眉饮，妯娌相邀闭眼尝。宜煮虾鱼宜拌肉，好烧芋艿好藏姜。劝君收向厨中去，莫把区区作醋缸。"

（《坚瓠集》）

五代时，有张逸人尝题崔氏酒垆云："武陵城里崔家酒，地上应无天上有。云游道士饮一斗，醉卧白云深洞口。"自是酤者愈众。

（《坚瓠集》）

宋绍兴中，杭都酒肆，有道人携乌衣椎髻女子，买斗酒独饮。女子歌曰："朝元路，朝元路，同驾玉华君。千岁载红花一色，人间遥指是祥云，回望海光新。"二迭云："东风起，东风起，海上百花摇。十八风鬟云欲动，飞花和雨著轻绡，归路碧迢迢。"三迭云："帘漠漠，帘漠漠，天淡一帘秋。自洗玉瓯斟白酒，月华微映是空舟，歌罢海西流。"或疑歌词非人世语，记之，以问一道士曰："此赤城韩夫人作《法驾导引》也。乌衣女子盖龙云。"

（《坚瓠集》）

江西余干县有一酒家，常施一道人酒，不索酒钱。道士曰："吾有以报之。"引至一处，指其土曰："此可代曲为酒，岁省造曲若干缗也。"至今其土取之不竭。

（《坚瓠集》）

《鹖冠子》曰："伊尹酒保，立为世师。"酒保之名，始见于此，亦犹《韩非》目伊尹为庖宰也。

（《坚瓠集》）

唐许碏登楼饮酒，题诗于壁曰："阆苑花前是醉乡，误翻王母九霞觞。

群仙拍手嫌轻薄，谪向人间作酒狂。”题毕，乘云而去。

（《坚瓠集》）

金人从微宗至燕京，行至平顺州，止驿舍。时以七夕，官中于驿作酒肆，纵人会饮。帝于室中，见一胡妇，携数女子，皆俊目艳丽，或歌或舞，或吹笛持酒劝客，所得钱物，率归胡妇。稍不及，辄以杖击之。少顷，官遣吏赍酒饮帝，胡妇不知为帝也，亦遣一横笛女子入室，对帝呜咽不成曲。帝问女子曰：“吾与汝为乡人，汝东京谁氏女也？”女顾胡妇稍远，乃曰：“我百王宫魏王女孙也。先嫁钦慈太后侄孙，京城陷，被掳至此，卖与豪门作婢。遭主母诟挞，转鬻于此，俾在此日夕求酒食钱物。若不及，即以箠楚随之。”言讫，问帝曰：“官人亦是东京人，想亦被掳来此也？”帝但泣下遣之。后此女流落至粘罕处，传纯孝在云中府，于粘罕席上见之，不胜悲悼，作词云：“疏眉秀盼，向春风，犹是宣和妆束。贵气盈盈姿态巧，举止况非凡俗。宋室宗姬，魏王幼女，曾嫁钦慈族。干戈横荡，事随天地翻覆。一笑邂逅相逢，劝人饮酒，旋旋吹横竹。流落天涯俱是客，何必平生相熟。旧日荣华，如今憔悴，付与杯中绿。兴亡休问，为伊且尽船玉。”

（《坚瓠集》）

《何氏语林》：张丞相商英，字天觉，召自荆湖。适刘跛子与客饮市桥，闻车骑至都，起观之。跛子挽丞相衣，使且共饮。因作诗曰：“迁客湖湘召赴京，车蹄迎迓一何荼。争如与子市桥饮，且免人间宠辱惊。”时赏其俊爽。跛子青州人，拄一拐，每岁至洛阳范家园看花。为人嚎谈有味，大范与二十金，曰：“跛子吃半角。”小范与十金，曰：“吃碗羹。”刘诗谢曰：“人生四海皆兄弟，酒肉林中过一生。”

（《坚瓠集》）

庆历间，欧阳公谪守滁阳，筑醒心醉翁亭于琅琊幽谷，令幕官谢希深杂植花草。谢以状问名品，公批纸尾云：“浅红深白宜相间，先后仍须次第载。我欲四时携酒去，莫数一日不花开。”未几，徙扬州，别滁诗云：“花光浓郁柳轻明，酌酒花前送我行。我亦宜如常日醉，莫教弦管作离声。”（“莫数一日不花开”，疑是“莫教”之误——编者）

（《坚瓠集》）

余过淮阴市中，憩一酒肆。主人约五十余岁，与余谈酒事，各极其意。主人忽瞪目视余曰："观君似解操觚者？"余谢曰："非曰能之，尝窥一斑矣。"主人遂与余论诗，上至三百汉魏，下及六代三唐，以及我明皇，无不毕当窥綮。因命对坐剧饮，复论天下事，事至于千古兴衰。每太息流涕，忽向余曰："吾阅海内人多矣，少得似君，君得毋金华胡元瑞乎"？余曰："是也"。余因询其姓字。主人曰："肆门所书张叔度是也"。余复问其乡县。主人曰："吾无何有乡之人也。"余笑曰："地且不得，曾谓张叔度是丈人姓字乎？"主人起，顾余笑，跃身入内曰："毋多谈，君且休矣。明日索与相见。"众傭保曰："主人仗一剑跃马去矣。"余遂穷问其人，则曰："主人有钱数百千，令我辈张肆于此，其出处从不能悉也。"余意必江淮大侠，托于市隐者耳。

（《甲乙剩言》）

都下有高邮守杨君家，藏合卺玉杯一器。此杯形制奇怪，以两杯对峙，中通一道，使酒相过。两杯之间，承以威凤。凤立于尊兽之上，高不过三寸许耳。其玉温润而多古色，至碾琢之工，无毫发遗憾。盖汉器之奇绝者也。余生平所见宝玩，此杯当为第一。

（《甲乙剩言》）

茶园左右前后，皆有酒馆，又曰酒庄，一食万钱，诚销金帐耶。嘉庆间，曾禁挟优入馆，未几复故。

（《金台残泪记》）

予观世俗会宾客，不以贵贱，未有不强人以酒者。劝人以酒，故非恶意。然当随人之量以劝，乃所以尽宾主之欢也。予尝闻危蜀公接伴契丹，劝酒随便。禹见善请其故，曰，劝酒当以量也，若不量，如徭役而不用户等高下。彼夷狄也，犹且知劝酒以量，矧吾侪生乎衣冠之国，动容周旋，务在中礼，奚可以酒强人，而使失礼节，乱性情，甚至吁哇而后已。此殆不如夷狄之知礼，实可耻也，实可丑也。好礼之士，苟闻予言当正其过而说其德，庶几无愧古人宾主百拜，而酒三行之礼也。

（《积善录》）

卢西宁少有异秉，断乳后，不食他物，昼夜饮酒三五升，一吸辄尽。家人谓之酒仙。

(《今世说》)

宋俗，上元夜张灯饮酒。睢阳司氏，巨族也，张银瓢，容酒数斗，若能胜饮者，持瓢去。群少皆醉卧，窘甚。时漏下三鼓，会贾静子服龙衣，驾鹿车，自百里外至。忽叱咤登阶，举满一饮，即掷瓢付奴持之，不通姓名，坐宾骇散。

(《今世说》)

诸虎男常云：“酒可千日不饮，不可一饮不醉。”

(《今世说》)

朱锡鬯诗才隽逸，文尤跌荡可观。然性好饮酒，尝与高念祖入都，每日暮泊舟，辄失朱所在。及高往求之，朱已阑入酒肆中，醉卧垆下矣。

(《今世说》)

沈汉仪家贫好客，每遇良友，辄慷慨沉饮。或劝以稍事生业，对曰：“良朋樽酒，吾故藉以生者。”

(《今世说》)

辛先民客居吟叹，闻有人招饮，立欲捐性命徇之。或谏其不节，辛笑曰：“奈五脏神愿驰驱何。”

(《今世说》)

刘公戫性旷达。尝置酒慈仁寺松下，遇游人至，不论识与不识，必牵挽使饮。有不能胜者，必强灌之，至醉呕乃已。

(《今世说》)

陆丽京与徐孝先，分虽甥舅，契若金兰。尝剧醉，共被卧，徐哈哈中大吐，早起不觉，但见床下地污，乃曰：“舅昨酩酊耶？”陆亦不能辨。

(《今世说》)

林视公自为生岁，每佳日，命仆夫艳携一卷诗，日造饮其所。人过问之，林笑答曰："卜吾真宅，爱此寂居。游云翩翩，古今无期。"闻者谓有刘参军陶彭泽之风。

（《今世说》）

吴菌次萧散自得，陶然于酒，所至偕故交文士，名娼高衲，放浪于山巅水涯。每醉，辄歌吟笑乐，诙调终夜，酒痕淋漓，头伏几案。与之游者，至忘寝食。

（《今世说》）

翁逢春游临安，辇橐中金二千于寓庑下。一日被酒，归蹴金，伤其趾，遽怒呼曰："吾明日用汝不尽，不复称侠。"遂遍召故人游士，及妖童艳娼之属，期诘旦集湖上。是日权舫西泠桥，令数十百人，置酒高会，所赠遗缠头无算。抵暮，问守奴余金几何，则已告尽矣。

（《今世说》）

沪上校书玉烟，慧甚，善行酒，凡饮席必来典觞，且能使意之所属，曲为照顾，令不苦饮。张宏轩尝曰："如玉烟者，可称倾城悦名士矣。"

（《今世说》）

张敉庵姿容环伟，饮噉日可三升。兴至，播博争道，独酌引满，呼小童挝鼓奏伎，奋褏激昂，大噱不止。

（《今世说》）

盛此公尝愿此生得一少年，如张绪、卫玠、王子晋，能饮一斗不醉。得一老缁老黄，能痛饮酒，记天宝遗事。得一迟暮，能歌离骚，舞三尺剑，醉读《南华秋水篇》。

（《今世说》）

张闲鹤性简旷，嗜饮，多少进辄醉，醉喜画兰，勃勃有生气。陆子黄尝得所画，悬之素壁，忽发香满室中。陆异之，因额其处曰兰生。

（《今世说》）

子思居贫，其友有馈之粟者，受一车焉。或献樽酒束修，子思弗为受也。或曰：“子取人粟，而辞吾酒脯，是辞少而取多也，于义则无名，于分则不全，而子行之，何也？”子思曰：“然伋不幸而贫于财，乃至困乏，将恐绝先人之祀。夫以受粟，为周之也。酒脯，则所以饮宴也。方乏于贫，而乃饮宴，非义也。吾岂为分哉，度义而行也。”或担其酒脯以归。

（《孔丛子公仪篇》）

内库有一酒杯，青色，而有纹如乱丝。其薄如纸，于杯足上有镂金字，名曰自暖杯。上令取酒注之，温温然有气如沸汤，遂收于内藏。

（《开元天宝遗事》）

明皇与贵妃幸华清宫，因宿酒初醒，凭妃子肩，同看木芍药。上亲折一枝，与妃子递嗅其艳。帝曰：“不惟萱草忘忧，此花香艳，尤能醒酒。”

（《开元天宝遗事》）

李林甫每与同僚议及公直之事，则如痴醉之人，未尝问答。或语及阿狗之事，则响应如流。张曲江常谓宾客曰：“李林甫议事如醉汉脑语也，不足可言。”

（《开元天宝遗事》）

安禄山受帝眷爱，常与妃子同食，无所不至。帝恐外人以酒毒之，遂赐金牌系于臂上。每有王公召宴，欲沃以巨觥，禄山即以牌示之，云：“准勅断酒。”

（《开元天宝遗事》）

“请询陈司业，几月出南都。河上交冰未，江南下雪无。道途多跋涉，尘土著些须。下马须煎涤，呼儿送一壶。”此诗杨阁老士奇知陈司成敬宗自南京考满来京将至，先令其子迎于道，分赠黄封一壶，而侑此诗。一时传者为颔联有相臣体，更于友谊之隆，蔼然见于词表，可以为后人法，又以见前辈之风致云。

（《客座新闻》）

有诸生群集鸾坛问功名者，鸾书曰：“赵酒鬼到。”众皆詈曰：“我等请吕仙，野鬼何敢干预，行将请天仙剑斩汝矣！”鸾乃止而复作曰：“洞宾道人过此，诸生何问？”诸生肃容再拜，叩问科名。鸾书曰：“多研墨。”于是各分砚研之，顷刻盈碗，跪请所用。鸾曰：“诸生分饮之，听我判断。”众乃分饮讫，鸾大书曰：“平时不读书，临时吃墨水。吾非吕祖师，依然赵酒鬼！”诸生大惭而毁其坛。

（《客窗闲话》）

陶人为器曰酒经，晋安人饷人以酒，致书云：酒一经或二经至五经者。他境人不达者，闻馈五经，束带立于其门。

（《客退纪谈》）

黄觉旅舍见道士共饮，举杯之际，道士以箸蘸酒于案上，写吕字，觉悟其为洞宾也，遂肃然起敬。道士又袖中出大钱七，小钱三，曰：“数不可益也。”又与药十许，岁旦，以酒磨服之，可终岁无疾。如其言，至七十余，药亦尽。作诗云：“床头历日无多了，屈指明年七十三。”于是岁卒。

（《括异志》）

用三白酒，或雪酒色味佳者，不满瓶，上虚二三寸，编竹为十字，或井字，障瓶口，不令有余不足。新摘茉莉数十朵，线系其蒂，悬竹下令齐，离酒一指许，贴用纸，封固，旬日香透矣。

（《快雪堂漫录》）

弹琴之人，风致清楚，但宜啜茗，间或用酒发兴，不过微有醺意而已。若堆醴酩，罗荤腥，荡情狂饮，致成醉者之状以事琴，此大丑，最宜戒也。

（《考槃余事》）

文王饮酒千钟，孔子百觚。圣人胸腹小大，与人均等。若饮千钟，宜食百牛；能饮百觚，则能食十羊。使文王身如防风，孔子身如长狄。文王孔子，率礼之人，垂誉后世，岂千钟百觚耶！纣车行酒，骑行炙，二十日为一夜。按纣以酒为池，因谓车行酒。以肉为林，因谓骑行炙耳，或是覆酒滂沱于地，因以为池；酿酒积糟，因以为丘；悬肉似林，因言肉林也。

（《论衡》）

楚王成章华台，酌诸侯酒。鲁君先至，悦之，故醉，与之大曲之弓，不琢之璧，已而悔之。鲁君怯，乃归之。

（《鲁连子》）

李肇命酒为“郎官清”。刘跋命酒为“玉友”。唐子西名酒之和者曰“养生主”，劲者曰“齐物论”。杨诚斋名酒之和者曰“金盘露”。劲者曰“椒花雨”。

（《龙城录》）

蔡邕因醉路卧，人名曰：“醉龙。”

（《龙城录》）

隋开皇中，赵师雄迁罗浮。一日天寒日暮，在醉醒间，因憩仆车于松林间酒肆旁舍，见一女人，谈妆素服出迓师雄。时已昏黑，残雪对月色微明，师雄喜之。与之语，但觉芳香袭人，语言极清丽。因与之扣酒家门，得数杯，相与饮。少顷，有一绿衣童来，笑歌戏舞，亦自可观。顷醉寝，师雄亦懵然。但觉风寒相袭。久之，时东方已白，师雄起视，乃在大梅花树下，上有翠羽啾嘈相顾，月落参横，但惆怅而已。

（《龙城录》）

魏左相能治酒，有名曰：醽渌、翠涛，常以大金罂内贮盛十年，饮不败，其味即世所未有。太宗文皇帝尝有诗赐公，称“醽渌胜兰生，翠涛过玉薤。千日醉不醒，十年味不败。”兰生即汉武百味旨酒也。玉薤炀帝酒名。公此酒本学酿于西胡人，岂非得大宛之法。司马迁所谓富人藏万石葡萄酒数十岁不败者乎。

（《龙城录》）

乖崖公张詠家在濮州。少时尚气节，喜饮酒。每游京师，寄封丘之逆旅。有一道人，与之邻房，初不相识，而意相喜也。日会饮酒家，及将去，复大饮至醉。张公曰：“与子倾盖于此，不知何人，异日何以相识？”客曰：“吾隐者何用姓名？”固问之，曰：“我神和子也，异日见子成都矣。”至淳化中，成都乱，张公为成都守，始异其言。西行，常以物色访之。然一时入蜀，终无所见。

（《龙川别志》）

晋人所谓："见何次道，令人欲倾家酿。"犹云，"欲倾竭家赀，以酿酒饮之也。"故鲁直云："欲倾家以继酌。"韩文公借以作《簟诗》云："有卖直欲倾家赀。"王平父谢先大父赠簟诗，亦云："倾家何计效韩公。"皆得晋人本意。至朱行中舍人，有句云："相逢尽欲倾家酿，久客谁能散橐金。"用家酿对橐金，非也。

（《老学庵笔记》）

唐人喜赤酒、甜酒、灰酒，皆不可解。李长吉云："琉璃钟，琥珀浓，小槽酒滴真珠红。"白乐天云："荔枝新熟鸡冠色，烧酒初开琥珀香。"杜子美云："不放香醪如蜜甜。"陆鲁望云："酒滴灰香似去年。"

（《老学庵笔记》）

寿皇时，禁中供御酒，名"蔷薇露"。赐大臣酒，谓之"流香"，酒分数，旋取旨。盖酒户大小，已尽察矣。

（《老学庵笔记》）

承平时，滑州冰堂酒为天下第一，方务德家有其法。

（《老学庵笔记》）

苏杭道中有地名五木，出佳酒，故人以五木名之。然白乐天为杭州太守日，有诗序云："钱湖州以若下酒，李苏州以五酘酒，相次寄到，诗云：'劳将若下忘忧物，寄与江城爱酒翁。铛脚三州何处会，瓮头一盏几时同。倾如竹叶盈樽绿，饮作桃花上面红。莫怪殷勤最相忆，曾陪西省与南宫'。"仆尝以此问于仆之七舅氏，云："酘字与羖同意，乃今之羊羔儿酒也。详其诗意，当以五羔为之，以是酒名故从酉云。乐天诗云：'竹叶盈樽绿'，谓若下酒取竹有绿之意也。'桃花上面红'，谓五酘酒取桃花五叶也。后人不知，转其名为五木，盖失之矣。"仆检韵中酘字，乃窦同音，注云重酿酒也。恐酘难转而为木。

（《懒真子》）

纪文达会试时，出孙端人宫允人龙门下。孙豪于酒，尝憾文达不能饮，戏之曰："东坡长处，学之可也，何并其短处亦刻画求似？"及公典试，得葛临谷太史正华，酒量冠一世。公亟以书报孙，孙复札云："吾再传而得此君，闻之起舞。但真憾君是蜂腰耳。”承平士大夫，诗场酒杜，谐谑风流，令人慨慕。

（《郎潜纪闻》）

康熙庚子，竹垞偕粤东诗人屈翁山，会饮杭州酒楼，拍浮屡日，大醉题壁云：“毋轻视此楼，秀水朱十南海屈五，曾留此住宿，后有登者，作仙人黄鹤楼可也。庚子九月晦日。”余谓是举出自竹垞，自是雅事。若末生晚学，妄拟前辈风流，便狂放不可飨迩矣。李太白着宫锦袍，醉眠长安市上，纯是烂漫天真，千古岂容第二人，装点此番举动。

（《郎潜纪闻》）

《南海县志·谭莹传》，莹素善饮，疾病不去杯勺。或箴以湎酒，非摄生所宜，莹笑曰：“酒者天之美禄，古人所以享食高年，岂杀人物？况寿算天定，吾犬马齿当逾古稀。”或曰：“何以知之？”莹曰：“壬辰科歙县程侍郎来典试，（按侍郎名恩泽。以道光壬辰为广东主考）榜后，粤中名士，饯于白云山云泉仙馆。酒酣，慨然曰：‘粤东今日可云极盛，衰象将见。此廿余年。乱从粤东起。再十余年，乱遍天，不堪设想矣。’时曾拔贡钊，亦精于洪范五行之学者，与相问难，不觉郁悒。程笑曰：‘子无为杞人忧，吾与子不及见。’随谛视座中人曰：‘都不及见矣。及见者，谭君玉生耳’。后五年侍郎卒，甲寅红巾起，曾拔贡卒。逮丁巳以后，内外交讧，几如阳九百六之期。而当日同席诸公，物故殆尽，惟我独存。今年过耳顺，酒亦何损于人哉！”后谭果七十二始卒。

（《郎潜纪闻》）

试莺家多美酿。试莺不善饮，时为宋迁索取。试莺恒曰：“此岂为某设哉，只当索与郎耳。”因名酒曰“索郎”。后人谓索郎为桑落反音，亦偶合也。恐非本指。

（《琅嬛记》）

郎州道士少微，顷在茅山紫阳院寄泊。有丁秀才者，亦同寓宿，举动风味，不异常人，然不汲汲于进取。盘桓数年，遇冬夕，霰雪方甚，二三道士围炉，有肥羜美酝之羡。丁曰：“致之何难。”时以为戏言，俄见户开，奋袂而去。少顷，蒙雪而回，提一银榼酒，熟羊一足，云浙帅厨中物。因是吟咏所笑，掷剑而舞，腾跃遁去，惟银榼存。

（《琅嬛记》）

女仙晓晕能酿游仙酒，饮之而卧，梦历蓬莱赤水，遇安期王乔王母飞琼之属。采云为车，驱龙为马，无所不至。又睹金书玉简，字光灼烁，多至言妙道。初觉不转身，尚能记二二策，时有梵语者，则不能记耳。今人有游仙咒曰："果齐寝炁八垓台戾如律令勅！"诵七遍，书符酒上饮卧，亦能如是。

（《琅嬛记》）

郎玉嗜酒而家赤贫，遇仙女于嵩山中，投以一珠曰："醉龙珠也，诸龙含之以代酒，味逾若下。"玉甫视珠，而女忽不见矣。

（《琅嬛记》）

韩稚圭善饮，后以疾，饮量殊减。吴资殿云："道书云'人多用于所长'，有旨哉。"

（《邻几杂志》）

唐人白乐天诗"共把十千沽斗酒。"李白诗"金尊斗酒沽十千。"王维诗"新丰美酒斗十千。"许浑诗"十千沽酒留春醉"。一斗酒卖十千钱，价乃昂贵若是。惟少陵诗"速令相就饮一斗，恰有三百青铜钱。"此则近理。按唐《食华志》云："德宗建中三年，禁民酤，以佐军费，置肆酿酒，斛收值三千。"又杨松玠《谈薮》，载北齐卢思道常云："长安酒贱，斗价三百。"此皆可证也。汉酒价每斗一千，《典论》曰："孝灵帝末年，有司湎酒，一斗直千文。"较之唐，且三倍有奇矣。或曰：唐人好饮甜酒，引子美诗曰："人生几何春与夏，不放醇酒如蜜甜。"退之诗曰："一尊春酒甘若饴，丈人此乐无人知"为证。不知以酒比饴蜜者，谓其醇耳，非谓甜也。白公诗曰："甘露太甜非正味，醴泉虽洁不芳馨。"又曰："户大嫌甜酒，才高笑小诗。"又曰："瓮揭开时香酷烈，瓶封贮后味甘辛。"然则不好甜酒之征明矣。借曰好之，亦非大户可知，古今口味，岂有异嗜哉。

（《两般秋雨庵随笔》）

梁武帝断酒肉文云："酒是魔浆。"可与"福水"二字的对，盖一颂一戒也。又谚谓酒曰："其益如毫，其损如刀。"旨哉斯言！

（《两般秋雨庵随笔》）

绍兴酒，各省通行，吾乡之呼之者，直曰绍兴，而不系酒字。以人而比，则昌黎、少陵；以物而比，则俞麋、朱提；俱以地名，可谓大矣。

（《两般秋雨庵随笔》）

嘉庆癸酉，余偶憩云林寺。次日独游弢光，遇一老僧，名致虚，善气迎人。与之谈，颇相得，亦略知文墨。坐久，余欲下山。老僧曰："居士得毋饥否？蔬酌可乎？"余方谦谢，僧已指挥徒众，立具伊薄。泥瓮新开，酒香满室，盖时业知余之好饮也。一杯入口，甘芳浚冽，凡酒之病无不蠲，而酒之美无弗备。询之，曰："此本山泉所酿也，陈五年矣。老僧盖少知酿法，而又喜谈米汁禅，此盖自奉之外，藏以待客者。"于是觥斝对酌，薄暮始散。又乞得一壶，携至山下，晚间小酌。次日，僧又赠一甀，归而饮于家，靡不赞叹欲绝。廿年神往，何止九日口香，此生平所尝第一次好酒也。此外不得不推山西之"汾酒"，"潞酒"，然禀性刚烈，弱者恧焉，故南人勿尚也。于是乎不得不推绍兴之"女儿酒"。"女儿酒"者，乡人于女子初生之年，便酿此酒，迨出嫁时始开用之，此各家密藏，并不售人。其花坛大酒，悉是赝本。且近日人家萧索，酿此者亦复寥寥，能得其真东浦水作骨，而三四年陈者，已是无等等咒矣。道光甲申，余归自京师，汪小米表弟，拉饮"庚申酒"。"庚申酒"者，小米令叔眷西先生家所藏者也。眷西尊人，旧贮二十坛，殁后，其家亦胥忘之。眷西又汴游十余载，遂无人问津。而藏酒之室，又极邃密，终日扃杜，更无人知而窥之者；以故二十年来，丸泥如故。眷西归，始发之，所存止及坛之半，正简斋先生所谓"坛高三尺酒一尺，去尽酒魂存酒魄"是也。色香俱美，味则淡如。因以好新酒四分搀之，则芳香透脑，胶饧琖底，其浓厚有过于弢光酒，而微苦不冽，自其小病。此生平所尝第二次好酒也。仆逢曲流涎，到处不肯轻过，闻之人语曰："不吃奔牛酒，枉在江南走。"余过其地，沽而试焉。呜呼，天下有如此名过其实，庸恶陋劣之名士乎？论其品格，亦止如苏州之"福贞"，惠泉之"三白"，宜兴之"红友"，扬州之"木瓜"，镇江之"苦露"，邵宝之"百花"，苕溪之"若下"，而其甜其腻则又过之，此真醉乡之魔道也。而其中矫矫独出者，则有松江之"三白"，色微黄极清，香沁肌骨，惟稍烈耳。又记某年，余游萧山时，主里人周姓，名镇祁，情极款洽，作平原十日之留。一日，出一种酒，曰“梨花春”。俗名酒做酒曰“梨花春”，盖三套矣。余饮一杯后，主人即将杯夺去。主人巨量，止饮二小杯。是日余竟沉醉一天，因思古人所谓千日九酝者，亦即此类，特其一年三年之醉，则未免神奇说其耳。余居广东始兴，一年有余，彼处有所谓“冬酒”者，味虽薄而喜不甚甜，故尚可入口，中秋以后方有，来年二三月便不可得。询之士人，曰：“此煮酒也。今日入瓮，第三日即可饮，半月坏矣。”一日，有曾姓乡绅，邀余山中小酌，举杯相劝。余视之，浅绿色，饮之清而极鲜，淡而弥旨，香味之妙，其来皆有远致，诧以为得未曾有。急询何酒？曰：“冬酒也。”问：“那得如许佳？”曰：“陈六年矣。”余又叩以乡人不能久藏之言，曰：“乡人贪欢而惜费，夫安得有佳者。此酒始酿，须黑江某山前一里内之水，不可杂以他流。再选名风佳蘖，合而成之，何患其不能陈？余家酿此五十余年，他族省穑，不肯效为之也。”此余生平所尝第三次好酒也。余三十年来，沈湎于酒，脏腑之地，受病已深，近日损之又损，以至于无。而结习所在，不能忘也。因历忆生平饮境而一纪之。宋俞文豹《吹剑录》云：“《易》惟四卦言酒，而皆在险难。需，需于酒食；坎，樽酒簋贰；困，困于酒食；未济，有孚于余饮酒。”可见酒乃人生之至险也，可不戒哉！

（《两般秋雨庵随笔》）

缅甸有酒树糖树。酒树，实如椰子，剖之皆酒色，莹白而甘，能醉人。糖树，细叶柔干，以刀刺其本，涓涓不已，色味如饧，食之令人饱。见《怡亭杂记》。

（《两般秋雨庵随笔》）

光尧内禅，寿皇穷天下之养以奉，经营德寿宫，数倍大内，巧丽无匹。宫内设立小市，因不免有私酿者。右正言袁孚奏北内私酤。光尧大怒。帝谓袁曰：“昨太上甚怒。”宫中夜宴，太上遗赐酒一壶，御笔亲书“德寿私酒”四字，因寝其奏。事见《程史》，又当时征敛无节，装载者，必须夤缘宫掖字样，乃可以免。辛稼轩云：“曾见粪船旗号。”见宋稗类钞。于此见高宗之庇护，而孝宗之体贴入微也。乃其后不得于其子妇，“天寒，官家且饮酒”一语，恶妇口吻，千载犹堪切齿矣！

（《两般秋雨庵随笔》）

孙雨人学博同元，家藏宫僚雅集酒器，以白金作沓杯，如梅花形，重二十八两有奇，外界乌丝，内镌诸公姓氏、名号、爵里于底，以量之大小分属焉。首汤潜庵斌，河南睢州人；次沈绎堂荃，江南华亭人；次郭快圃棻，直隶清苑人；次王昊庐泽宏，湖北黄冈人；次耿逸庵介，河南登封人；次田子湄喜霁，山西代州人；次张孰复英，安徽桐城人；次李山公录予，顺天大兴人；次朱即山阜，次王阮亭士稹，山东新城人；共计十事。

（《两般秋雨庵随笔》）

有阛阓子，作日记册云：“某日买烧酒四两食之。”人遂传为笑柄，而不知亦味可悲也。于定国传曰：“定国食酒，数石不乱。”柳子厚序饮亦云：“吾病痞不能食酒。”则酒之言食，其来有自。

（《两般秋雨庵随笔》）

任城太白酒楼诗，多矣。余最爱大兴舒铁云先生七古一篇云：“结客须结贺知章，相士须相郭汾阳。此时当浮三大白，天地中间一酒国。公不必饮酒楼上眠，楼不必因公被酒传。但道公曾饮此地，至今往往有酒气。七尺之躯百尺楼，出亦愁来入亦愁。作诗尚有杜工部，上书安得韩荆州，除非天津桥南董糟邱。为公屈注庐山瀑，横卷沧海流。汉江三百绿鸭头，黄河之水天上不再收。感公痛饮日，惜公狂吟身。读公古乐府，知公谪仙人。一斗亦醉一石醉，万古长愁无价卖。海上钓鳌鳌无竿，江上骑鲸鲸无鞍。身不愿封万户侯，但愿一脱千金裘。飞上凤凰台，踢翻鹦鹉洲。沉香亭，花见羞。夜郎国，鬼与谋，须臾汤泉火城貉一丘。惟有青莲花开千秋，我欲醉折花枝当酒筹，而乃眼前突兀见此楼。”奇气郁勃，读之可下酒一斗。

（《两般秋雨庵随笔》）

长白祥药圃鼐，乾隆丙戌进士，由工部主事累官至布政使。尝作酒帘诗云：“送客船停枫叶岸，寻春人指杏花村。”都下盛传，呼为“祥酒帘”。

（《两般秋雨庵随笔》）

《知稼翁集注》，“临安人以黜卷幂酒缸，可与著书覆酱瓿作联对。”

（《两般秋雨庵随笔》）

行酒，以碧筒为最雅，鞋杯则俗矣。虢国夫人，以鹿肠悬于梁间，结其两头，实酒其中，欲饮则去其结，而以口就吸之，虽豪而实不韵。金章宗以软金叶，薄如冬瓜片，制为酒器，令饮者愈吸愈不尽。名曰“醉如泥”，但不知其制法若何。

（《两般秋雨庵随笔》）

沈菘町先生，名景良，字敬履，北郭高士也。与陈丈二西灿，奚丈铁冈、交最密。所居土垣，围荒畦数棱，艺花莳菊，瓦屋二椽，萧然四壁。尝雨中著书，以伞缚椅后，坐其下，盖避屋漏也。工诗，老年诗本为人窃去，殁后，其人攘为己作，刊之。有知之者哗于众，其人遂并板毁之，故其诗不传。鲍渌饮《詠物诗存》，刻其夕阳二律。先生好饮，窘于杖头。黄小松司马自济宁归，赠以酒资，赋《即事》诗一绝云：“故人归访故山栖，怪我葫芦久不提；笑赠青蚨三百片，晚来依旧醉如泥。”其风趣如此。何春渚先生琪曾为之作传。

（《两般秋雨庵随笔》）

东坡海棠诗云，“只恐夜深花睡去，更烧银烛照红妆。”事见《太真外传》。曰，上皇登沉香亭，召太真妃子，时卯酒未醒，命力士使侍儿扶掖而至。妃子醉韵残妆，鬓乱钗横，不能再拜。上皇笑曰：“岂妃子醉，是海棠睡未足耳。”

（《冷斋夜话》）

杭州吴山，有售秘法者，一人以三百钱购三条，曰：“持家必发”，“饮酒不醉”，“生虱断根”。固封慎重而与之云：“此诀至灵，慎勿浪传人也。”归家视之，则曰：“勤俭”，曰“早散”，曰“勤捉”而已。大悔恨。然理不可易，终无能诘难也。

（《冷庐杂识》）

太仓王蓬心太守辰，以画作支酒票。嘉善黄霁青观察安涛，因求题图诗者之多，仿而行之。凡索诗，须以酒将意，名“诗酒券”。作歌纪之，有“彼以酒来我诗去，一纸公然作凭据”之句。

（《冷庐杂识》）

《泊宅编》谓欧阳公作《醉翁亭记》后四十五年，东坡大书重刻，改“泉洌而酒甘”作“泉甘而酒洌”。王渔洋以为实胜原句。今按集中作“泉香而酒洌，”香字不如甘字为佳。

（《冷庐杂识》）

会稽王笠舫大令衍梅，豪于诗。尝谒蕺山书院，掌教奉贤陈古华太守廷庆，适有馈江瑶柱者，太守曰：“子能为我用馋字韵赋此者，当烹以酌字。”因押全韵成诗，其警句云：“升沉一柱观，阖辟两当衫。”太守叹赏，称为绝唱，遂命歌者奉觞以酬之。大令有三月五日寄家人诗云：“与月乐天花乐地，将诗惊鬼酒惊人。”笔意奇崛。又有和孟郊古别离云：“黄金最轻薄，买取别离愁。不若长贫贱，同心到白头。”寓意微婉，深得风人之旨。大令性嗜酒，病剧，致书盱眙汪观察云任云：“日来饮酒，如曹子建之才之多，每日所呕之血，亦如曹之建之才之多。”未几下世。

（《冷庐杂识》）

同里皇甫韵亭茂才坤，情怀倜傥，豪于酒。诗笔亦俊，所作随手散弃。偶检箧中，得其遗稿三首，急录之。《咏菊》云：“几番疏雨润，老圃菊初黄。月色一篱淡，露华三径凉。秋深人比瘦，夜静影俱香。谁送白衣酒，花前畅引觞。”《题沈镜湖垂钓图》云：“江北江南汗漫游，归来逸兴寄扁舟，白蘋风急秋将晚，一尺鲈鱼欲上钩。”“得鱼换酒且高歌，鹭友鸥宾日日过。爱向水云深处泊，满船明月卧烟蓑。”

（《冷庐杂识》）

同邑程筠轩茂才拱宽，工诗，晚岁精研医理，求治者踵至，寿臻大耋。诗集散佚，偶于友人案头，见其残稿二首，急录之。《将进酒》云：君饮酒，我歌诗，劝君频举金屈卮。醉乡别有一天地，乐处不许凡人知。左手携刘伶，右手招阮藉。空囊无一钱，杯中之物不可缺。吏部醉卧酒瓮边，翰林自称酒中仙。古人旷达乃如此，肯与礼法之士相周旋。繁花满林，倏焉委路。红颜少年，伤心迟暮。人生有酒且须饮，美景良辰莫虚度。明星煌煌照西厢，锦筵银烛添幽光。夜如何其夜未央，清歌一曲累十觞，樽空举瓢酌天浆。《迁居感赋》云：“男儿的是可怜虫，三十头颅未送穷。虚向怀中藏故刺，谁从爨下赐焦桐。酒称大户千钟少，诗号长城五字工。惆怅立锥无地可，满天风雪响哀鸿。”

（《冷庐杂识》）

杭州孙春沂贰尹曰点，十园伯父之婿也，工书善弈，豪于饮，兼好吟咏。试北闱，屡荐不售，乃筮仕江苏，非其志也。诗句如“生涯棋局在，心事酒杯知。”“文字空余知已泪，湖山易动故国心。”“诗句欲成灯有味，春寒犹在酒无双。”皆清逸可诵。

（《冷庐杂识》）

吴梅邨祭酒，既仕本朝。有张南垣者，以善叠假山，游于公卿间。人颇礼遇之。一日娄东太原王氏设宴招祭酒，张亦在坐。因演剧，祭酒点烂柯山。盖此一出中有张石匠，欲以相戏耳。梨园人以张故，每唱至张石匠，辄讳张为李。祭酒笑曰：此伶甚有窍。后演至张必果寄书，有云姓朱的有甚亏负你？南垣拍案大呼曰：此伶太无窍矣。祭酒为之逃席。

（《履园丛话》）

沧州酒，阮亭先生谓之麻姑酒。然土人实无此称。著名已久，而论者颇有异同。盖舟行来往，皆沽于岸上。肆中村酿薄醨，殊不足辱杯斝。又土人防征求无餍，相戒不以真酒应官。虽笞鞭不肯出，十倍其价亦不肯出。保阳制府尚不能得一滴，他可知也。其酒非市井所能酿，必旧家世族，代相授受，始能得其水火之节候，水虽取于卫河，而黄流不可以为酒。必以南川楼下如金山取江心泉法，以锡罂沉至河底，取其地涌之清泉，始有冲虚之致。其收贮畏寒畏暑畏湿畏蒸，犯之则味败。其新者不甚佳，必庋阁至十年以外，乃为上品。一罂可值四五金，然互相馈赠者，多耻于贩鬻。又大姓若戴吕刘王，若张卫，率多零替，酿者亦稀，故尤难得。或运于他处，无论肩运车运舟运，一摇动即味变。运到之后，必安静处澄半月，其味乃复。取饮注壶时，当以杓平挹，数摆拨则味亦变。再澄数日乃复。姚安公尝言饮沧酒，禁忌百端，劳苦万状。始能得花前月下之一酌，实功不补患，不如遣小竖随意行沽，反陶然自适，盖以此也。其验真伪法，南川楼水所酿者，虽极醉，嗝不作恶。次日醉亦不病酒，不过四肢畅适，恬然高卧而已。其但以卫河水酿才则否。验新陈法：凡庋阁二年者可再温一次，十年者温十次如故，十一次则味变矣。一年者再温即变。二年者三温即变。毫厘不能假借，莫知其所以然也。董曲江前辈之叔，名思任，最嗜饮。沧州时知佳酒不应官，百计劝谕，人终不肯破禁约。罢官后，再至沧州，寓李进士锐巅家。乃尽倾其家酿，语锐巅曰：“吾深悔不早罢官。”此虽一时之戏谑，亦足见沧酒之佳者不易得矣。

（《滦阳消夏录》）

酒有别肠，信然。八九十年来，余所闻者，顾侠君前辈称第一，缪文子前辈次之。余所见者，先师孙端人先生亦入当时酒社。先生自云：我去二公中间犹可著十余人。次则陈句山前辈与相敌，然不以酒名。近时路晋清前辈称第一，吴云岩前辈亦駸駸争胜。晋清曰：“云岩酒后弥温克，是即不胜酒力，作意矜持也。”验之不谬。同年，朱竹君学士，周稚圭观察，皆以酒自雄。云岩曰：“二公徒豪杰耳。拇阵喧呶，泼酒几半。夜坐而静酌，则败矣。”后辈则以葛临溪为第一，不与之酒，从不自呼一杯。与之酒，虽盆盎无难色，长鲸一吸，涓滴不遗。尝饮余家，与诸桐屿、吴惠叔等五六人角，至夜漏将阑，众皆酩酊，或失足颠仆。临溪一一指挥僮仆，扶掖登榻，然后从容登舆去，神志湛然，如未饮者。其仆曰：“吾相随七八年，从未见其独酌，亦未见其偶醉也。”惟饮不择酒，使尝亦不甚知美恶，故其同年以登徒好色戏之，然亦罕有矣。惜不及见顾缪二前辈，一决胜负也。

（《滦阳消夏录》）

或问酒因毒药乌头之类以酿造，故能醉人。客驳之曰：“非也。乌头之类，何尝醉人乎？盖酒因米曲相反而成。稻花昼开，麦花夜开，子午相反之义，故酒能醉人。”予难之曰：“南方作醋，亦多米麦而造，缘何醋不醉乎？况又北方有葡萄酒、梨酒、枣酒、马奶酒；南方有蜜酒、树汁酒、椰浆酒，皆得醉人，岂米麦相反而然耶？”或人与客咸自愧，因谓之曰：“酒味辛甘，酝酿米麦之精华而成之者也。至精纯阳，故能走经络而入腠理。酒饮入口，未尝停胃，遍循百脉，是以醉后气息必粗，瘢痕必赤。能饮者多至斗石而不辞。使若停留胃中，胃之量岂能容受如许哉？醋不能醉人，因其味酸，属阴性，收敛止蓄，不惟不能醉人，亦不能多饮。其他诸物之酒，皆不由米麦，然悉系至精纯阳之性，不离乎辛甘之味，故可使人醉也。且葡萄、梨、枣、蜜，不酝酿成酒，则不能醉。马奶未成酒，亦不能醉。惟椰浆及树汁，独不须酝酿，是自然之性也。”

（《蠡海集》）

南中酝酒，即先用诸药，别浊漉粳米漉干，旋入和米捣熟，即绿粉矣。热水溲而团之，形如醅⿰酉主，以指中心刺作一窍，布放箪席上，以枸杞构叶罨之。其体候好弱，一如造曲法。即而以藤蔑贯之，悬于烟火之上。每酝一斗，用几个饼子，互有恒准矣。南中地暖，春冬七日熟，秋夏五日熟。既熟，贮以瓦瓮，用粪扫火烧之。

（《岭表录异记》）

石曼卿喜豪饮，与布衣刘潜为友，尝通判海州。刘潜来访之，曼卿迎之于石闼堰，与潜剧饮。中夜酒欲竭，顾船中有醋斗余，乃倾入酒中并饮之。至明日酒醋俱尽。每与客痛饮，露发跣足着械而坐，谓之囚饮。饮于木杪，谓之巢饮。以藁束之，引首出饮，复谓之鳖饮。其狂纵大率如此。廨后为一庵，常卧其间，名之曰扪虱庵，未尝不醉。仁宗爱其才，常对辅臣言：“欲其戒酒。”延年闻之因不饮，遂成疾而卒。

（《梦溪笔谈》）

汉人有饮酒一石不乱。予以制酒法较之，每粗米二斛，酿成酒六斛六升。今酒之至醨者，每秫一斛，不过成酒一斛五升。若如汉法，则粗有酒气而已。能饮者饮多不乱，宜无足怪。然汉之一斛，亦是今之二斗七升。人之腹中，亦何容置二斗七升水耶？或谓石乃钧石之石，百二十斤，以今称计之，当三十二斤，亦今之三斗酒也。于定国饮酒数石不乱，疑无此理。

（《梦溪笔谈》）

唐庚子西谪惠州时，自酿酒二种，其醇和者，名养生主；其稍冽者，名齐物论。

（《墨庄漫录》）

东坡性喜饮，而饮亦不多。在黄州尝以蜜为酿，又作蜜酒歌，人罕传其法，每蜜用四斤炼熟，入熟汤相搅成一斗，入好面曲二两。南方白酒，饼子米曲一两半，捣细，生绢袋盛，都置一器中，密封之。大暑中，冷下；稍凉，温下；天冷即热下。一二日即沸，又数日沸定，酒清即可饮。初全带蜜味，澄之半月，浑是佳酎。方沸时，又炼蜜半斤，冷投之，尤妙。予尝试为之，味甜如醇醪，善饮之人，恐非其好也。

（《墨庄漫录》）

僧谓酒为般若汤，鲜有知其说者。予偶读《释氏会要》，乃得其说，云：“有一客僧，长庆中居一寺，呼净人酤酒。寺僧见之，怒其粗暴，夺瓶击柏树，其瓶百碎。其酒凝滞著树，如绿玉，摇之不散。僧曰：‘某常持般若经，须倾此物一杯。’即讽咏浏亮，乃将瓶就树盛之，其酒尽落器中，略无孑遗，奄然流啜，斯须器觚酣畅矣。”酒之廋辞，其起此乎。

（《墨庄漫录》）

嘉祐中，有王永年者，娶宗女，求举于窦卞杨绘，得监金耀门书库。永年尝置酒延卞、绘，出其妻间坐。妻以左右手掬酒，以饮卞、绘，谓之白玉莲花盏，可谓善体物者也。

（《墨庄漫录》）

王文正太尉，气羸多病，真宗面赐药酒一瓶，令空腹饮之，可以和气血辟外邪。文正饮之，大觉安健，因对称谢。上曰：此苏合香酒也。每一斗酒以苏合香丸一两同煮，极能调五脏，却腹中诸疾。每日冒寒夙兴，则饮一杯。因各出数榼，赐近臣。自此，臣庶之家，皆效为之。苏合香丸盛行于时。此方本出广济方，谓之白术丸。后人亦编入千金外方，治疾有殊效。予于良方叙之甚详，然昔人未知用之。钱文僖公集箧中方，苏合香丸注云：此药本出禁中，祥符中赏赐近臣，即谓此也。

（《墨客挥犀》）

诗人多用方言。南人谓睡美为黑甜，饮酒为软饱，故东坡诗曰：“三杯软饱后，一枕黑甜余。”

（《墨客挥犀》）

范丞相、司马太师俱以闲官居洛中，余时待次洛下。一日，春寒中谒之。先见温公，时寒甚，天欲雪，温公命至一小书室中，坐对谈。久之，炉不设火，语移时，主人设粟汤一杯而退。后至留侍御史台见范公，才见主人，便言天寒远来不易，趋命温酒，大杯满酾，三杯而去。此事可见二公之趣也。

（《明道杂志》）

王黄州诗云：“刺史好诗兼好酒，山民名醉又名吟。”而黄州呼醉为沮，呼吟为垠，不知呼醉吟竟是何名也。黄州厮役多无名，止以第行为称，而便称为名。余自罢守宣城，至今且二年，所过州府数十，而有佳酒者，不过三四处。高邮酒最佳，几似内法，问之其匠，故内库匠也。其次陈州琼液酒，陈辅郡之雄，自宜有佳匠。其次乃黄州酒，可亚琼液而差薄。此谪官中一幸也。平生饮徒，大抵只能饮五升以上，未有至斗者。惟刘仲平学士，杨器之朝奉，能大杯满酾。然不过六七升，醉矣。晁无咎与余，酒量正敌，每相遇，两人对饮，辄尽一斗，才微醺耳。

（《明道杂志》）

元结以不饮者为恶客，后人以痛饮者为恶客。

（《眉公群碎录》）

余好藏三代秦汉间遗器，遭钱塘兵乱尽亡之。后有遗余古铜鸠杖头，色如碧玉。因以天台藤杖为幹植之。每置左右。今年所亲章徽州在平江，有罍铜酒器，其首如牛，制作简质，其间涂金，隐隐犹可见。意古之兕觥，会余生朝章亟取为余寿。余欣然戏之曰：“正患吾鸠杖无侣，造物岂以是假之耶？”二物常以自随。往岁行山间，使童子操杖以从，殆以为观耳，未必真须此物也。迩来足力渐觉微，每陟降殆不可无。时坐石间，儿子甥侄辈环于侧，辄倚杖使以觥酌酒而进，即为引满，常以自笑其癖。顷有嘲好古者，谬云：以市古物不计直，破家无以食，遂为丐。犹持所有颜子陋巷瓢，号于人曰：郭有太公九府钱乞一金，吾得无似之耶。

（《蒙斋笔记》）

冯坦者，常有疾，医令浸蛇酒服之。初服一瓮子，疾减半。又令家人园中执一蛇，投瓮中。封闭七日，乃开，蛇跃出，举首尺余。出门，因失所在，其过迹地坟起数寸。

（《诺皋记》）

陆绍郎中言，常记一人，浸蛇酒，前后杀蛇数十头。一日，自临瓮窥酒，有物跳出，啮其鼻将落，视之，乃蛇头骨，因疮毁其鼻如劓。

（《诺皋记》）

生平无酒才而善解酒理，能以舌为权衡也。今夜许仲嘉出新酿尝客，予爱其醇滑似不从喉间下者，盖所谓和而力，严而不猛者欤？然滑故应尔，而微少新兴。岂出厩之驹，遂无翩翩试步之性耶？张时可曰：“异美甚，恐其不耐久而久之。”时可之才十倍余，其言如此，故曰，余能以舌而权衡者也。放饮酣甚，遂不成寐，戏命僮书之。

（《梅花草堂笔谈》）

朝来饮酒，不满三蕉叶，彻体都醉。当由左臂作楚，神气不足以堪之邪？吾寓清署中，多卯饮，饮常五合，陶陶而已，今何为至此，吾虫臂也？被之以年，而楚若是，饮宜削耳。倩语我，风日甚新，因移席庭间，昏然便睡。闻鹊噪声，内自喜，谓可占今日疾愈也。

（《梅花草堂笔谈》）

数朵蔷薇，孃孃欲笑，遇害雨便止。儿上移蕙一本，香气浓远，举酒五酌，颓然竟醉。命儿子快读《酒经》一过，并书中郎所作《醉乡调笑引》于末。吾观画工写生，大都于梅花下着水仙，盖其臭味则有然矣。

（《梅花草堂笔谈》）

夜与诸公饮甚欢，有醉生败之，意殊不怿。偕元龙、蔡与辈闲步庭中，犹闻朱元越与醉生辨。从门间听之，生语不可了，而意似彷徨，颇知自悔者。或云深夜醉后，不宜复呼与语。予曰："不然，此必不更事人，因醉而发，醉醒则惭耳，盍以少言慰之。不尔，将令之辗转中夕，岂吾意乎？且或有他念焉。"乃启扉出，微言冷击，不数语辄遁去，旦起亦绝无影响。使人侦之，果善人不更事者也。平生尝不能忍于此事，颇自觉其有进，然而气衰矣。壬子十一月望日记。

（《梅花草堂笔谈》）

张时可挥金自喜，意有所惬，虽倾其囊勿恤。甫三十，选为冏寺参军，未久懒罢，亦游戏胡卢中矣。年来种秫，酿酒，不乐城市。其乡之人，喜就黑头郎饮，而齿乃大豁。今日诣某语其故，颇用自恐。某曰："刚强者死之徒，君何用焉。"时可笑曰："公乃自喜舌存耶？"命酒更酌，刺舡载月而去。甲寅八月十二日。

（《梅花草堂笔谈》）

周弁翁酿白醪，字曰秋玉。

（《佩楚轩客谈》）

兰英之酒，酌以涤口。

（《七发》）

乃有春清缥酒，康狄所营，应化则变，感气而成。弹征则苦发，扣宫则甘生。于是盛以翠樽，酌以雕觞。浮蚁鼎沸，酷烈馨香。可以和神，可以娱肠。

（曹植《七启》）

秋醪春酝，明酒九成。

（陆机《七征》）

冻缥元酎，醴白腐清。

（王粲《七释》

白醴九成，元酤清淳。泛华浮蚁，苞苦含辛。

（傅元《七谟》）

秦元清醴，先和宜醇。香旗九酤，渊清十旬。

（成公绥《七唱》）

荆南乌程，豫北竹叶。浮蚁星沸，飞华萍接。元石尝其味，仪氏进其法。倾罍一朝，可以沉湎千日。单醪投川，可使三军告捷。

（张协《七命》）

政和以后，黄冠寖盛。眷待隆渥，出入禁掖。无敢谁何，号金门羽客。恩数视两府者凡数人。而张侍晨虚白，在其流辈中，独不同。上每以张胡呼之，而不名焉。性喜多学，而于术数靡不通悟，尤善以太一言休咎，然多发于酒。曰某事后当然，已而果然。尝醉，枕上膝而卧。每酒后尽言，无所讳。上亦优容之。曰：“张胡汝醉也。”宣和间，大金始得天祚，遣使来告。上喜，宴其使，既罢，召虚白入，语其事。虚白曰：“天祚在海上，筑宫室以待陛下久矣。”左右皆惊，上亦不怒。徐曰：“张胡汝又醉也。”

（《曲洧旧闻》）

内中酒，盖用蒲中酒法也。太祖微时喜饮之。即位后，令蒲中进其方，至今用而不改。

（《曲洧旧闻》）

今人以椰子浆为椰子酒，而不知椰子花可以酿酒。唐殷尧封寄岭南张明府诗云：“椰花好为酒，谁伴醉如泥。”九月菊酒，以渊明采菊，白衣送酒得名，而不知《西京杂记》所载菊花酒。法以菊花舒时，并采茎叶，杂秫米酿成之，至来年九月九日，始熟。此皆目前之事，而未有言者，何也？

（《齐东野语》）

虞松方春，以谓握月担风，且留后日；吞花卧酒，不可过时。

（《曲江春宴录》）

酤法言人人殊，故色香味亦不等。酤厚清劲，复系人之嗜。泰州雪醅著名惟旧，盖用州治客次井蟹黄水。蟹黄不堪他用，止可供酿。绍兴间有呼匠辈至都下，用西湖水酿成，颇不逮。有诘之者云：“蟹黄水重，西湖水轻。尝较以权衡得之。”煇向还乡郡，饮所谓雪醅，亦未见超胜，岂秫米日损，水泉日增而致然耶？抑酝法久失其传？大抵今号兵厨，皆有此弊，不但泰之雪醅也。

（《清波杂志》）

榷酤创始于汉，至今赖以佐国用。群饮者惟恐其饮不多，而课不羡也。为民之蠹，大戾于古。今祭礼宴飨馈遗，非酒不行。田亩种秫，三之一供酿成材曲蘖，犹不充用。州县刑狱，与夫淫乱杀伤，皆因酒而致。甚至设法集妓女，以诱其来，尤为害教。龟山、杨中立虽有是说，徒兴叹焉，曾无策以革其弊。

（《清波杂志》）

合堂同席以觞客，客非其人，则四座欢不洽，而饮易醉，反以应接为苦。选诗从军有苦乐，但问所从谁？或欲易从军为饮酒。饮酒欲懽，无由自醉。得劝则沈湎。劝尤在乎劝侑辞逊之闲。五十年前宴客，止一劝。今则巡杯止三，劝则无算，颠仆者相属。不但沈湎而已，见风俗随时奢俭之不侔。然一席欢洽，全在致劝辞受之际，若杯行到手不留残，气固豪矣，于留连光景，似欠从容。是皆少年态度，老去，夫何能为？

（《清波杂志》）

《三山老人语录言》：“唐人好饮甜酒”，引子美“人生几何春与夏，不放香醪如蜜甜”退之“一尊春酒甘若饴，丈人此乐无人知”为证。予则以为非好甜酒，此言比酒如蜜之好吃耳；子美、退之善饮者也，岂好甜酒耶？”古人只言醇醪，非甜也。故乐天诗云：“量大厌甜酒，才高笑小诗”是矣。又尝见一诗云：“古人好灰酒，”引陆鲁望“酒滴灰香似去年。”予则以为灰酒甚不堪入，亦未然也。且陆诗上句曰：“小炉低晃还遮掩，”意连属来，似酒滴于炉中，有灰香耳。然题乃初冬三绝，句又似之。昨见宋罗大经《鹤林玉露》载南容太守王元邃，以白酒之和者，红酒之劲者，相合为一，杀以白灰一刀圭，饮之风味顿奇；遂有长篇曰：‘小槽真珠太森严，兵厨玉友专甘醇。使群袖有转物手，鸬鹚勺中平等分。更凭石髓媒妁之，混沌併作一家春’。”据此，果是用灰。又不特用干灰，乃石灰耳。予以二酒相和，味且不正，兼之石灰苦烈，何好之有？罗王相饮，以为风味顿奇，或者二人之性自偏也。陆饮灰酒，或亦性之使然耶？

（《七修类稿》）

"蓝尾"二字，洪容斋引白乐天之诗，及《燕语》等言，以解二字，俱无下落；虽得饮后之意，只为未座饮之在后也。自又曰："唐人亦不能晓。"殊不知不识其事，当求其字：蓝，淀也。《说文》云："淀，滓垽者，浑浊也。据此，则"蓝尾酒"乃酒之浊酒，如尽壶酒之类,故有尾字之义,知此,则乐天"三杯蓝尾酒"一碟胶牙饧""岁盏后推蓝尾酒，春盘先劝胶牙饧"，则少蕴所谓酒巡匝末，俱通矣。

（《七修类稿》）

屠苏，本古庵名也，当从广字头，故魏张揖作《广雅》，释庵以此二字，今以为孙思邈之庵名，误矣。孙公特书此二字于已庵，未必是此"屠苏"二字。解之者又因思邈庵出辟疫这药，遂曰"屠绝鬼气，苏醒人魂"尤可笑也！其药予尝记之，因方上有之，今曰酒名者，思邈以屠龙办庵之药与人作酒之故耳。药用大黄，配以椒桂，似即崔实《月令》所载"元日进椒酒"意也。故屠苏酒亦从少至长而饮之，用大黄者。予闻山东一家五百余口，数百年无伤寒疫症。每岁三伏日，取葶苈一束阴乾，逮冬至日为末，元旦五更蜜调，人各一匙，以饮酒，亦从少起。据葶苈亦大黄意也。孙公必有神见，今录方于左：

大黄、桔梗、白术、肉桂各一两八钱，乌头六钱，菝葜一两二钱。

右剉为散，用袋盛，以十二月晦日日中悬沉井中，令至泥；正月朔旦，出药，置酒中煎数沸，于东向户中饮之，先从少起，多少任意。一方加防风一两。

（《七修类稿》）

尝闻中山武宁王玄孙徐某，一日与画师吴小仙太医孙院使宴饮，命吴画女乐诸子及孙吴陪饮之图。画毕，徐喜曰："惜欠风流题客！"过日，太常卿吕常见而题歌一篇，首曰："吴生画手称绝奇，老我措大能评之。丽人旧读少陵作，此乐独谓君侯宜。"徐曰："不必谀我，但要写当日实事耳。"吕然后铺叙家乐，援引故典，通篇尽佳，末云："吴生吴生欲阐扬，自画白皙居侯旁。如何更着孙思邈，中酒却要千金方？"徐大笑曰："是曰果中酒也。"闻者绝倒。予读《九柏橐》，果有此歌，吕可谓善戏，而徐则痴人前不得说梦耳。

（《七修类稿》）

《石林燕语》载：“王审琦微时，与太祖相善，后以佐命功，情好尤切。性不能饮，每会燕，太祖不乐。一日，酒酣，举杯祝曰：‘审琦布衣之好，方共享富贵，酒乃天禄，何惜不赐饮耶？’祝毕，顾审琦曰：‘第试饮之’。审琦不得已，饮尽无苦。自是侍燕即能饮，退还私第，则如初。”观此，量实天定，非演习而至。余又尝见南阳花客胡长子，日饮数百杯未醉，疑其有术，私询其仆并同行者云：“素不能饮，偶梦神授酒药一丸，遂尔如是。”益信其天分也。

（《七修类稿》）

风俗弱人，难于变也，尚矣。我国家一洗其弊，宜尽革之。然予尝观纪元诸事之书，多有同于今时者，略述一二，以见因袭这风难变也。如设酒则每桌五果，五案，五蔬菜，汤食非五则七，酒行无算，另置酒桌于两楹之间，排列壶盏马盂（马盂想即今之折盂）及把盏，尊卑行跪礼。但元进爵之时，多一半跪耳，此酒之事事同也。

（《七修类稿》）

史云：“纣踞妲已为长夜之饮；”又“信陵君与客长夜之饮，每有妇女，终为酒病卒。”据此，则是兼色欲而达旦之意。陆放翁谓非达旦，引薛许昌《宫词》云：“画烛烧阑晓复迷，殿帷深密下银泥。开门欲作侵晨散，已是明朝日向西。”此恐如古人十日饮也，非长夜正义。

（《七修类稿》）

王安国作诗多使酒楼。尝语余曰：“杨文公诗，有‘江南一酒楼，堤柳指人头’。‘李白题诗遍酒楼’。钱昭度诗，亦有‘江上望酒楼，人散雨千丝’。子有几酒楼？”余答曰：“吾诗有二酒楼。”安国曰：“足矣。”盖余有题九江琵琶亭小诗云：“夜泊浔阳宿酒楼，琵琶亭畔荻花秋。云沉鸟没事已往，月白清风江自流。”又余昔年尝送客西陵，亦作小诗曰：“若耶溪畔醉秋风，猎猎船旗照水红。后夜钱塘酒楼上，梦魂应绕浙江东。”

（《青箱杂记》）

白氏履道里宅有池水，可泛舟。乐天每命宾客绕船，以百十油囊悬酒炙沉水中，随船而行，一物尽则左右又进之，藏盘筵于水底也。

（《穷幽记》）

裴晋公盛冬常以鱼儿酒饮客。其法用龙脑凝结，刻成小鱼形状。每用沸酒一盏，投一鱼其中。

(《清异录》)

穆宗临芳殿赏樱桃，进西凉州葡萄，帝曰："饮此顿觉四体融和，真太平君子也。"

(《清异录》)

余开运中赐丑未觞法：用鸡酥栈羊筒子髓置醇酒中，暖消，然后饮。

(《清异录》)

家述常聿修仕伪蜀，为太子左赞善大夫。西人皆滑稽，聿修伺述酒瓮将竭，叩门求饮，未通大道，已见垒，耻，濡笔书壁曰："酒客干喉去，惟存呷大夫。"

(《清异录》)

闽士刘乙，尝乘醉与人争妓女。既醒，惭悔，乃集书籍中凡饮酒致失贾祸者，编以自警，题曰"百悔经"。自后不饮，至于终身。

(《清异录》)

螺川人何画，薄有文艺，而曲意于五侯鲭，尤善酒，人以"瓮精"诮之。

(《清异录》)

旧闻李太白好饮玉浮梁，不知其果何物。余得吴婢，使酿酒，因促其功，答曰："尚未熟，但浮梁耳。"试取一盏至，则浮蛆酒脂也。乃悟太白所饮盖此耳。

(《清异录》)

荆南节判单天粹，宜城人。性耽酒，日延亲朋，强以巨杯，多致狼狈。然人以其德善，亦喜从之，时戏语曰："单家酒筵，乃觥筹狱也。"

(《清异录》)

河阳释法常，酷嗜酒，无寒暑风雨，常醉，醉则熟寝，觉则朗吟。尝谓同志曰："酒天虚无，酒地绵邈，酒国安恬，无君臣贵贱之拘，无财利之图，无刑罚之避，陶陶焉，荡荡焉，其乐不可得而量也。"

（《清异录》）

酒不可杂饮。饮之，虽善酒者亦醉，乃饮家所深忌。宛叶书生胡适，冬至日延客，以诸家群遗之酒为具。席半，客恐，私相告戒，适疑而问之，一人曰："某惧君家百氏浆。"

（《清异录》）

雍都，酒海也。梁奉常"和泉"病于甘，刘拾遗"玉露春"病于辛，皇甫别驾"庆云春"病于醨。光禄大夫致仕韦炳取三家酒搅合，澄窖饮之，遂为雍都第一，名"瓷宫"。集大成瓷宫谓"耀州倩榼"。

（《清异录》）

瀛台种荷万柄，青盘翠盖，一望无涯。孝钦后每令小阉采其蕊，加药料，制为佳酿，名莲花白，注于瓷器，上盖黄云缎袱，以赏亲信之臣。其味清醇，玉液琼浆，不能过也。

（《清稗类钞》）

上元陈幼吕名昭，喜为诗，豪于酒。每与彭警庵昕刘西廷戡纵饮连日，辄以巨瓮盛酒，用大觥，狂饮之。饮酣，尝同登故王城紫金山，口占为诗，慷慨怀古。且曰："吾辈皆少孤，值困苦，不获以文业自振，继前人光，然利人济物之心未忘也，科名付诸儿曹可耳。"

（《清稗类钞》）

即墨郭虞邻处士廷翼为副都御史琇之子，无贵介习，放浪于酒。年甫三十，绝意仕进，筑慕云楼藏书，闭门读之，言不及世事。客至，饮以酒，自饮巨觥，为一队，座客以次角。尝制酒床，出饮他家，则舁以床以随。日暮大醉，舁而归，以为常。

（《清稗类钞》）

吴縠人祭酒锡麒，洪量无偶，方为诸生时，居杭州山山儿巷。值献岁，列酒瓮无算，招朋痛饮，竟昼夜而酒未罄，乃舁至门外，人过其门，以巨觥沃之。能饮者去而复来，不能者至委顿乞免。

（《清稗类钞》）

钱塘夏薪卿通守曾传，筮仕吴门，以方心淡面，弗谐俗好，益颓然自放于酒。偶还门，入铁花吟社。未几，殁于吴中，生平善饮。吴兴金彦翘亦大户，多蓄酒器，有犀角鼎，极精妙。尝会饮，薪卿已醉，彦翘谓之曰，“能再尽三鼎，即以鼎赠君。”遂引满者三。怀之以归，因自号醉犀生。

（《清稗类钞》）

刘武慎公长佑，在官勤恁，治事接宾客，未尝有倦容。而好饮，且必汾酒，尝独酌，一饮可尽十余斤。左手执杯，右手执笔，判公牍，无或讹。或与客会饮，虽不拇战，而殷勤劝盏，宴毕客退，仍仪让如仪也。

（《清稗类钞》）

浙人姚春遽，名庆恩，张勤果公妹婿也。以诸生官河南知府，旋从勤果于塞上，雄于酒，量可一石。有赠妓句云：“江东无我谁能酒，香国除卿不算花。”

（《清稗类钞》）

王渐，字元瀚，临江人。少落魄不羁，日与酒徒剑客引满呼白击剑拓戟以为乐，而家产益落，其父兄患之。渐于是聚书数千卷，闭户诵读，目数行下，一过，辄终身不忘。比三年，作为文章歌诗，以示里中耆宿，始大惊，皆不信为其自作也。既而游金陵，金陵富豪王氏，闻渐善饮，白下有道士亦能引无算爵，为设席，要道士共酌，以观其量，即升席，命赞者实酒置瓮中，起揖道士，捧瓮若鲸之吸川，一饮而尽。复命实酒酬道士，道士饮既，渐再实酒如前，命道士先饮，道士强饮。道士强饮至半，谢不胜。渐笑曰：“是何足与饮！”乃更酌大杯，尽一石，谈笑终席，不至醉，众乃叹服。渐每麻履布袍，简绝礼法，至贤士大夫家，辄登堂，中席坐，不让，或不交一谈而去。士大夫知其才，皆畏敬之。

（《清稗类钞》）

冒辟疆既纳董小宛为姬，及殁，辟疆忆之。尝告人曰："姬能饮，自入吾门，见余量不胜蕉叶，遂罢饮。每晚，侍荆人数杯而已。而嗜茶与余同性，又同嗜岕片，每岁，半塘顾子兼择最精者缄寄，具有片甲蝉翼之异，文火细烟，小鼎长泉，必手自吹涤。余每诵左思《娇女诗》吹嘘对鼎䥶之句，姬为解颐。至'沸乳看蟹目鱼鳞，传瓷选月魂云魄'尤为精绝。每花前月下，静试对尝，碧沉香泛，真如木兰沾露，瑶草临波，备极卢、陆之致。东坡云：'分无玉碗捧蛾眉'，余一生清福，九年占尽，九年折尽矣。"

（《清稗类钞》）

道光某岁春，杭人陈季竹与程拜五同读书于西湖灵隐之白衲庵。屠修伯䃥尹秉亦诣焉。与拜五初未相识，居既久，因得与之寄情觞咏，放浪乎龙泓、鹫峰之间。季竹不善饮，而性好人饮，拜五饮甚豪，而为人朴厚有真趣，至醉不乱，始识其为酒人也。拜五未入山之前数日，有李荫人者，亦以游山至庵，与拜五痛饮而去。及夕，修伯归，寒夜独饮，乃作诗以怀之。

（《清稗类钞》）

熊元昌饷沈梅村人令以越酿一盛，外施藻绘，绝异常樽。询之，曰，此女儿酒也。凡越人遗嫁之夕，必以羊酒先之，故名女儿酒。此即其婿家转遗者，视他酒尤佳。梅村饮而甘之，赞不绝口。

（《清稗类钞》）

江右出丁香酒，甚清冽。裘文达公曰修嗜之，曾致之京邸。一日，程文恭公退朝访文达，文达出酒饮之，信口云："冲寒来饮丁香酒。"文恭应声云："怀远还思丙穴鱼。"因相与大笑，乃复饮至亭午而散。

（《清稗类钞》）

钱箨石侍郎载与汪孟鋗、祝维诰诸人宴集，惟酒两尊，白煮豆腐两大盘，分韵赋诗，陶然终日。归田以后，故人门下士招饮即赴。或醵钱游南湖，不过四五人，人不过百钱，小酌也，箨食能饮，然居家惟饮烧酒，又不以小盏而以巨杯，一杯适三饮而尽。尝谓吴子修曰："果烧酒佳乎？黄酒佳乎？"子修曰："烧酒佳。"曰："然。"又曰："子知小饮佳乎？巨觥连饮佳乎？"曰："大口饮佳。"曰："然。"盖黄酒价贵，不足至醉，即烧酒而浅斟细酌，亦不足以尽醉也。其孙恬斋太史昌龄简雅有祖风，某与子修访之，为具酒馔，恬斋以仓卒无肴为辞。某曰："觞酒豆腐，以比令祖宴集，不太侈靡矣乎？"宾主粲然。

（《清稗类钞》）

李文忠公负中外重名，西人称之曰东方俾士麦。晚年历聘各国，使节所莅，人摩肩，车击毂，虽贩夫牧竖，莫不辍业聚观，争以一见颜色为快。任北洋大臣最久。尝有德国海军大臣，至津投谒，语文忠曰："某所乘军舰，于世界海军中称巨擘。中堂，手刱贵国海军者也。某请粪除敝舰，敬迓使节，倘亦中堂所乐观乎？"文忠喜诺、订期而别。至日，飓风骤作，巨雨如注，德舰寄碇处，距大沽口二十余里。文忠既至大沽，舶为飓风所阻，不获驶傍德舰，乃以无线电达德帅，德帅复电，云已遣舢板奉迓，但中堂高位耆年，不畏涉险否？幕府诸人有尼其行者，文忠不欲示外人以馁，偕翻译一人，毅然登舟。舟以水兵八人击桨，一人执舵，虽巨浪山涌，而舢板出入风涛，疾于飞隼。俄顷，已抵德舰。舰中鸣炮如雷，军乐骤作。德帅握手致敬曰："中堂信人哉。以中堂耆英重镇，而冒险精神，迈越青年，尤为钦佩。"文忠逊谢，坐既定，德帅执瓶酒亲注于杯，为文忠晋颂辞毕，曰："中堂冒涉风涛，惠临敝舰，鄙人绛灌无文，不足以娱乐嘉宾。"乃以余酒置文忠前曰："不腆敝产，敬教野人献曝之忱，祝中堂归途余福。"文忠虽起谢，颇异德帅以残酒相饷。归署，译其文，始知此酒酿于西历十五世纪，已阅四百余岁，值英金二百镑，约我国银币二千余元，为世界第一古酒，宜德帅以之作缟纻也。

（《清稗类钞》）

南海黎二樵以诗书画得名。以赴京兆试，过南雄岭，酒肆主人闻其名，乘其醉后，以绢素乞书堂额。时适闻邻厅有大饮声，即命取来，大书饮也二字，盖取谐声之义。由是饮也二字，风行粤东，凡墟场庆会篷寮酒肆之座中，必有"饮也"二字。

（《清稗类钞》）

赵味辛司马，洪稚存太史，张船山太守，吴山尊学士，同官京朝，文酒过从，极一时朋簪之盛。预订每遇大雪，不相招邀，各集南下洼之陶然亭，后至者任酒资。

（《清稗类钞》）

洪稚存负才傲物，清狂自喜。在京时，尝游陶然亭，遇素不识者宴客，洪即闯座，即浮一大白，曰："如此东君如此酒，老夫怀抱几时开。"一笑径去，盖袭改杨廉夫句也。（廉夫为张士诚强止于宏文馆，以指写尘桌一绝云：山前日日风尘起，海上年年御酒来。如此风尘如此酒，老夫怀抱几时开。）

（《清稗类钞》）

俞佩兮既穷困，纵酒自放，遇事愤懑，饮辄倍，径颓然大醉，醉则忘其所之。一日，以某事不平，呼酒尽醉，踉跄夜走，误入万山中。虎声四起，撼山谷，始畏怖。步履如飞。抵山麓居民家，乃免，距所饮地六十里矣。

（《清稗类钞》）

钱塘许竹溪，广文聿，与魏柳洲、夏身山、吴太初、余秋室、金竹坡、范鉴湖交契，联社分题，殆无虚日。一日，鉴湖丛碧轩藤花盛开，招同人饮花下，宵分月上，众皆泥醉。竹溪与柳洲、身山、竹坡各浮数大白，酕醄出门，月下行吟互答。柳洲失足堕地，竹溪掖之。未起，亦堕地。身山辈拊掌大笑，笑声中复有堕地者，则身山也。众复大笑。

（《清稗类钞》）

同治丙寅，谭复堂以全椒、薛慰农观察时雨将去杭州，与同人觞之于湖舫，风日清佳，吟啸甚适。至孤山放鹤亭，有酒人张坐，薛不通名氏，径与拇战，同人继之。脱落形骸，想见晋宋间人风致，亦仅尔尔。

（《清稗类钞》）

光绪中，苏州洪文卿学士钧，既以状元通籍，乞假归，微服作狭邪游。夜阑，饮醉，返家踽踽行，路遇巡逻者，诘其何故中宵踯躅。洪怒，掌其颊，巡逻者出绳，缚之去。洪倒卧地甲家，黎明始醒，大骇而呼。地甲识为洪，叩头请罪，洪无言出。

（《清稗类钞》）

仁和许亭史广文心坦，有伯伦之好，花酣月大，辄携杖头钱，就酒家，拉故人泥饮，或醉卧坊巷，至风露砭骨，乃醒。儿童拍手拦街，阳阳然，若不知其诮已也。嘉庆时，以计偕客居京师，有友死于酒者，为文吊之，辞极诡丽，为时所传诵。一日，徘徊僧庐中，而伯相国麟适至，僧麾之，使避去。相国问为谁，僧以姓名对。相国惊曰："许先生耶？吾愿见久矣。"亟遣仆马邀至邸中，张灯命酌，相得甚欢。盖相国爱才，且亦嗜洪饮也。

（《清稗类钞》）

赵清，字涟公，别号壶石，世居诸暨之泆水上。负至性，嗜酒，有神解。好从同里刘翼明、徐田、张侗、张素、李澄中游。所至，则友人储樽酒，垩壁待之。入门，辄脱帽狂呼，浮大白，同声歌渭城，东坡所谓三迭之音，东武独宛转凄断。酒酣苦吟，东西走，数十人默无声。移时，诗乃成，墨淋漓满壁上。则又乘醉和歌，走入龙湫卧象间。卧象者，九仙之奥窔诸山，名流开创地也。康熙丁巳春，东莱赵涛往游，酒人王咸熙、陈献真、徐田、张侗昆季皆从之。山中人预酿酒十余石，向夕月出，角饮争圭峰下。壶石辄携颜瓢，以次接饮，至夜分，众皆大醉，伏不起，乃袒臂肋下瘤，张髯高歌，震林谷，独尽十余瓢，鼾鼾睡矣。醒则念母王夫人，急策驴径归。

（《清稗类钞》）

上元黄九烟，名周星，其先以育于湘潭周氏，为湘潭人。明进士，入国朝，隐居不出，嗜饮。感愤怨怼，一寓之于诗，尝作《楚州九人歌》，盖自道也。歌云“酒人酒人，尔从何处来，我欲与尔一饮三百杯。寰区斗大不堪容我两人醉，直须上叩阊阖寻蓬莱。我思酒人昔在九天上，气吐长虹光万丈。手援北斗斢天浆，天厨骆驿供奇酿。两轮化作琥珀光，白榆历历皆杯盎。吸尽银河乌鹊愁，黄姑渴死悲清秋。咄咄酒人非无赖，乘风且访昆仑丘。绿蛾深坐槐眉下，万树桃花覆深斝。穆满高歌刘彻吟，一见酒人皆大诧。双成长跽进三觞，大嚼绛雪吞元霜。桃花如雨八骏叫，春风浩浩心飞扬。瑶池虽远崦嵫促，阿母绮窗不堪宿。愿假青鸟探瀛洲，列真酣饮多如簇。天下无不读书之神仙，亦无读书不饮酒之神仙。神仙酒人化为一，相逢一笑皆陶然。陶然此醉堪千古，平原河朔安足数。瑶羞琼糜贱女斋，苍龙可馐麟可脯。兴酣瞋目叫怪哉，海波清浅不盈杯。排云忽复干帝座，撞钟罚鼓轰如雷。金茎玉液沆瀣竭，披发大笑还归来。是时酒人独身横行四天下，上天下地如龙马。百灵奔蹶海岳翻，所向无不披靡者。真宰上诉天帝惊，冠剑延议集公卿。今者酒人有罪罪不赦，不可杀之反成酒人名。急敕酒人令断酒，酒人惶恐顿首奏陛下，臣有罪死无醒生。帝顾巫阳使扶酒人去，风驰雨骤苍黄谪置楚州城。酒人堕地颇狡狯，读书学剑皆雄快。白皙鬑鬑三十时，戏掇青紫如拾芥。生平一饮富春渚，再饮鹦鹉湖。手版腰章束缚苦，半醒半醉聊支吾。谁知一朝乾坤忽反覆，酒人发狂大叫还痛哭。胸中五岳自峨峨，眼底九州何蹩躠。头颅顿改悟生尘，酒非酒兮人非人。椎垆破光我事毕，那计金陵十斛春。还顾此时天醉地醉人皆醉，丈夫独醒空憔悴。从来酒国少顽民，颂德称功等游戏。不如大诏天下酒徒牛饮龟饮兼囚饮，终日酩酊淋漓嬉笑怒骂聊快意。请与酒人拘（疑为铸——船歌）一凌云烁日之高堂，以尧舜为酒帝，羲农为酒皇，淳于为酒伯，仲尼为酒王。陶潜李白坐两庑，糟粕余子蹲其傍。门外醉乡风拂拂。门内酒泉流汤汤。幕天席地不知黄虞与晋魏，裸裎科跣日飞觞。一斗五斗至百斗。延年益寿乐未央。请为尔更诏西施歌，虞姬舞。荆卿击剑，祢生挝鼓。玉环飞燕传觥筹。周史秦宫奉罍甒。与尔痛饮三万六千觞，下视王侯将相皆粪土。但愿酒人一世二世传无穷，令千秋万岁酒氏之子孙，人人号尔酒盘古。酒人闻此耳热复颜酡，我更仰天呜呜感慨多。即今万事不得意，神仙富贵两蹉跎，酒人酒人当奈何。噫吁嘻，酒人酒人当奈何，尔且楚舞我楚歌。”

（《清稗类钞》）

嘉庆某岁之冬至前二日,仁和胡书家学士敬设席宴客,钱塘汪小中米翰远孙亦与焉,饮鬼子酒。翌日,严沤盟以二瓶饷小米，小米赋诗四十韵为谢。鬼子酒为舶来品，当为白兰地、惠司格，口里酥之类。当时识西文者少，呼西人为鬼子，因强名之曰鬼子酒也。是日，黄芗泉亦在座，乃次杭堇浦《道古堂集》中鬼子糕韵为七律。诗云：

北风第一买酒鏖，烂醉不计酒价高。苍醪村酿徒喧嚣，安得花采沧洲桃。
玉堂学士灿宫袍，光禄法酒需[illegible]裪。还乡不忘短褐緼，诗云猥许随担篙。
开尊昨日折简劳，物聚天美养老餐。酒瓶远寄驿不骚，征典早窘刘郎糕。
制自鬼子方法韬，兀然坐想难禅逃。佛郎机坏邻红毛，权归提舶同皋牢。
方物毕献如旅獒，龙涎之屿篱木壕。加蒙树心汁取淘，无事曲蘖与淅溞。
梅花脑子香不臊，波罗有蜜相和挠。槟榔椰子软中熬，柔旨特异剸肠刀。
吠琉璃瓶贮可操，燕嘉宾歌食野蒿。碧眸高准首屡搔，拳捷匹似献果猱。
五桅帆风来连舠，森卫不使弓受櫜。铜盘照海敢弁毛，送以鱼鸟志向取磬。
粘天无壁心弗慢，更更针路报匪謷。神祷天主高厥尻，佛山旌次群来敖。
酒官罢榷无私糟，欢酺被及岛载鳌。朝市共趁鸡三号，氤氲别调瀛洲膏。
买朴法比行隔槽，忙到饮事供吾曹。我生弱冠弄柔毫。依人一昔风转翱。
身行万里讵足豪，机心不解施桔槔。文章枉说五采缫，燕秦楚蜀穷所遭。
归来鱼生范釜轑，井上活计于陵螬。未经沧海漫讙嗷，不会一旦嘉会叨。
远越瑶琨卑葡萄，积忧解支荼蓼薅。一杯吞尽重洋涛，颂之语碎暂啾嘈。

下卷 ● 酒生趣起

才薄何能配褒皋，运斤所喜人逢獿。鬼奴常使双瓶挑，止酒肯赋柴桑陶。

（《清稗类钞》）

乾隆某岁之中秋，无月而雨，黄仲则方坐吟愁叹。至初更后，忽有携酒食至者，欣然命酌，即用中秋夜雨韵赋一诗云："狂喜下阶趋欲蹶，岂意今宵百无阙。满堂酒气飘氛氲，一缕心烟起蓊勃。渴羌奋吸老饕嚼，杂沓雨声同不歇。壶觞非惠惠及时，快意真无憾毫发。痴童睡醒惊抹眵，似有神厨远倏忽。主人定梦羊角蔬，坐客休惊犬争骨。杖如可化愁高寒，绳便堪梯怖飘兀。何如痛饮随自然，不共浮云香出没。五更街鼓惨忽沉，帘隙看天暗光发。一度愁乡与睡乡，倾尽干觞已飞越。愿借君觞更属君，人生几度阴晴月。"

（《清稗类钞》）

舒铁云尝于河东都转刘松岚席上饮女儿酒。时松岚将出京，铁云为诗纪之。诗曰："越女作酒酒如雨，不重生男重生女。女儿家住东湖东，春槽夜滴珍珠红。旧说越女天下白，玉缸忽作桃花色。不须汉水醱葡萄，略似兰陵盛琥珀。不知何处女儿家，三十三天散酒花。题诗幸免入醋瓮，聚妇有时逢曲车。劝君更尽一杯酒，此夜曲中闻折柳。先生饮水我饮醇，老女不嫁空生口。"

（《清稗类钞》）

长汀黎士宏，字愧曾，以周栎园侍郎尝作《闽茶曲》，乃作《闽酒曲》以俪之。诗云：板江官柳拂波流，也句春朝半月游。数尽红衫分队队，赍钱齐上谢公楼。长枪江米接邻香，冬至先教办压房。灯子才光新月好，传笺珍重唤人尝。社前宿雨暗荆门，接手东邻隔短垣。直待韩婆风力软，一卮阳乌各寒温。新泉短水柏香浮，十斛梨香载扁舟。独让吴儿专价值，编薄泥印冒苏州。闻分饮部酒如潮，三合东坡满一蕉。让却登坛银海子，久安中户注风消。曾酌当垆细埔中，高帘短柳逆糟风。近无人乞双头卖，儿户朱碑挂半红。谁为狡狯试丹砂，却令红娘字酒家。怪得女郎新解事，随心乱插两三花。

（《清稗类钞》）

海宁杨次也太守守知，尝饮哑嘛酒而甘之，作歌云：

"杨花吹雪满地铺，杏花一片红模糊。榆钱簸风风力软，芳林处处闻啼鸪。
青旗斜漾茅屋底，天然好景难临摹。我留此地一事无，太平之世为羁孤。
东邻西舍相招呼。
殷兄张丈相与俱，醵钱买醉黄公垆。麦缸鹅黄新酿熟。味醇气郁过醍醐。
彭亨翠瓶如鹈鶘，细管尺五裁霜芦。低头吸同渴羌饮，一口欲尽鸳鸯湖。

白波倒卷东海沸，渴虹下注西江枯。碧筩不用弯象鼻，龙头屡泻鲛盘珠。须臾瓶罄罍亦耻，春意盎盎浮肌肤。刘伶大笑阮籍哭。直欲跃入壶公壶。吾皇圣德蠲逋租，吏胥不扰民欢娱。今年更觉酒味好，百钱一斗应须酤。盲娼丑似东家嫫，琵琶筝阮声调粗。有时呼来弹一曲，和汝拊缶歌乌乌。青天作幕地作席，醉倒不用旁人扶。乐哉边氓生计足，白羊孳乳驴将驹。买刀买犊劝耕锄，女无远嫁男不如。含哺鼓腹忘帝力，岁岁里社如赐酺。安得龙眠白描手，画作击壤尧民图。”次也，康熙时人。

（《清稗类钞》）

会稽金启，字奕山，依其姑父谢某于平凉县任，延师教之。师强令习帖括，不竞学而好为诗。于是私购少陵、昌黎、东坡，集窃诵之，王一元见而善之。一元字畹仙，江南人，以进士为灵台令，著书等身，所为岁寒咏物词，为时传诵。启少于一元，而一元乐与之游，为忘年交，启诗亦自是日进。居无何，谢以亏帑黜，姑以死，启从其属家侨居三元城西，郁思感愤，无所放其意，而托于酒，往往举觞自劝，亦或与耕夫野老，倾壶尽欢，举人情所极不能忘者，皆一醉忘之。醉而醒，则作诗。诗成复饮，至极醉。或客有事，欲与言，辄饮以酒，旋出诗。人亦相忘，竟与抵掌歌呼，酣嘻颠倒而去，终莫得言。

（《清稗类钞》）

姚麟祥，号绂斋，乾隆初之仁和诸生也。好饮，尝于松下独酌而为诗，题曰问松歌。诗云：“南山之麓有古松，修柯老干摩苍穹。夜静响风雨，月出蟠虬龙。苍髯郁郁连书屋，瓮头松花酒初熟。新醅凸盏眼般清，新韭堆盘眉样绿。酒肴罗列青松前，且歌且饮人中仙。酒醒却在松下坐，酒醉还于松下眠。明朝欲起还复倒，头著松根身藉草。仰舒白眼问高松，昨宵醉后歌谁好。松不能言空讯汝，松鼠啾啾代松语。须臾鼠亦惊避人，但见松针落如雨。日高归去不用扶，手中提得空酒壶。风来松杪作鼓吹，送我高阳一酒徒。”

（《清稗类钞》）

海宁杨吟云大令咏好饮，尝作劝酒歌以寄友人。歌云：“我笑弃繻生，伥伥何处走。我哀长沙客，悒悒惟速朽。纵博成都负弩归，萧闲何以临邛缶。身后名，即时酒，此中得失君知否。世事纷纷等弈棋，独对一卮开笑口。春过三月定须残，人到六十已云寿。屏除一切障，仗此扫愁帚。随意答韶华，勿放持杯手。天子三呼且不闻，丞相一怒夫何有。孰云伤我生，糟肉乃更久。孰云废我时，壶中具卯酉。莫谓囊无钱，金貂暂向黄公叩。莫谓座无宾，旧侣宁落高阳后。好花寂寂笑醒人，大地茫茫卧醉叟。处裤虮虱任蛇驰，带角蜗牛徒自吼。泛水取碧筒，登山携红友。但得樽中长不空，那期肘上大如斗。归来记取击君背，俗物忍断真可丑。”

（《清稗类钞》）

对酒歌，黄仲则所作也。其一云：“仓仓皇皇，壮士泣路旁。欲上太行兮冰折毂，乃浮沧溟兮水浩浩其无梁。有何神之君，鞚彼飞练。缥旌流云兮闪骑电。明明在前，倏乃无见。朝吁暮咍，邪气内陷，肝肠四摧。匪有此七尽而谁之哀。青天为车，日月为轮，载我百年，辗转苦辛。我欲摧之，为朝餐之薪。”其二云：“纠兮结兮，有气如霓。知不可久留兮，吐吐苦饥。谁谓殇子夭，彭咸为寿。驱车出郭门，狐九尾，蛇两首。啖人骨如饴。古人云，死欲速朽。渺虑八埏，灵光四来。我乃逐于物而颜灰。尧舜在上，许由洗耳。凤凰不祥，羽毛祸体。乃云少原之野，阆风之丘。有晦蒹为圃兮，垒玉为楼。不见夫西王母之载胜穴处兮，夫何有异乐之可求。”

（《清稗类钞》）

乾隆时，仁和江桐敏通守清好饮，且好独酌。一日，酒后为诗六章。其一云：“顷来爱独酌，颇得酒中趣。既无酬酢劳，亦无谐谑忤。形骸且自外，肴核岂必具。得酒欣满斟，小醉宜浅注。近时饮酒人，饮亦循世故。天趣苟不存，焉得安余素。因兹谢朋好，沉湎未为误。”其二云：“油然方酣适，偶念古人书。全章或遗忘，数语记有余。在口自咀诵，惬理心独娱。庭前海石榴，舒丹耀吾庐。其下有萱草，抽花媚阶除。一觞且独进，慨此芳岁徂。四十而无闻，不饮将焉如。”其三云：“毁誉本无端，闭门省衍尤。穷达自我命，通塞皆有由。但见得者乐，不见失者忧。得失两不化，身灭愿未酬。有愿必酬之，造物穷其谋。解此颇自得，泛泛此闲鸥。无酒苦寂寞，有酒不暇愁。将来百无虑，吾当营糟丘。”其四云：“何以观造化，我身来去是。既来就不去，万物同兹理。荣枯随所值，妄念生忧喜。结则为屯云，散则为覆水。千秋万代人，殊途而同轨。吾将埋吾轮，沉醉卧不起。”其五云：“人生如一舟，大小各殊量。置舟风水中，夷险各殊向。顺风与下水，快处乃多妨。得势矜喧阗，失势任飘荡。一生负重载，终老成空舫。未知收帆时，前途保无恙。”其六云：“家贫苦无书，有书苦不熟。中年多遗忘，掩卷如未读。一心营百虑，瞑螬食嘉谷。亦如求放心，中断烦屡续。独于饮酒时，恬然见来复。”

（《清稗类钞》）

劝酒歌，舒铁云赠吾渔璜农部祖望，和宋左彝助教大樽而作也。诗云：“饥寒在身前，功名在身后。悠悠行路难，不如饮醇酒。磊落执戟郎，友离灌园叟。空余书一瓻，未乞湖三亩。欲证须菩提，嚼蜡关其口。将封狼居胥，投笔掣其肘。夜月啼青鹃，浮云幻苍狗。飘然掷一官，拔剑出门走。峨峨黄金台，酒债寻常有。道逢宋如意，旧是荆卿友。脱裘黄公垆，荷锸青山薮。醒笑东阿王，醉叱北平守。羽声寒萧萧，东瑟间西缶。风尘起十丈，云梦吞八九。美人颜如花，罗裳响琼玖。的的开朱唇，纤纤出素手。蒲桃夜光杯，殷勤为君寿。上言神仙难，下言富贵朽。不饮君何为，君意岂否否。我本燕赵士，烂醉狂歌久。题诗入醋瓮，著书覆酱瓿。何当封酒泉，作杯大于臼。细积买春钱，高拥扫愁帚。不嫌丞相嗔，时向车茵呕。愿为先生欢，请取唾壶叩。刘伶据其左，李白坐以右。三客将奈何，二豪竟谁某。忆昔春明门，识君意良厚。君雁正南飞，余马亦东首。江南寄梅花，江北折杨柳。萍合本无根，瓜分宁有偶。录别感穷通，击节忘好丑。相从和而歌，一字沽一斗。”

（《清稗类钞》）

嘉庆朝，李许斋太守饮百益酒而甘之，乃作诗。题有仙醴回春四字，倪又锄太守和诗，乃以四字冠首。诗云：“仙草携来碧玉峰，制成佳酿配重重。壶中一点人间酌，延得九天春意浓。醴泉何事竟夸奇，恃有琼觞饮便宜。漫说延年无妙术，到微醺处益方知。回转生机一盏陈，沉疴顿减速如神。垆头多少停车问。妙处医人不醉人。春知迅疾转蓬壶，太守题来大笔濡。我亦垂涎思解渴，杖头却笑管青蚨。”于是，方升卿大令亦继之以作，诗云：“曾闻萸酒制奇珍，况复经营配药匀。漉到甘时绵岁月，酌来醺处倍精神。一壶春酝长生草，百载年延不老身。椽笔题成贤太守，仙浆玉醴总难伦。”

（《清稗类钞》）

道咸间，富阳蒋芸轩茂才琴山性豪迈，嗜酒。一日，大醉而为歌曰：“彭泽我为师，供奉我为友。得鱼且忘筌，一杯时在手。天空地阔何悠悠，人生百年三万六千余春秋。华屋兮山邱，妻孥兮马牛。马牛奔走朝复暮，秋月春花等闲度。身家念重性命轻，草亡木卒惊朝露。朝露晞，试回首，不如意事常八九。人生行乐须及时，何如尊前一杯酒。君不见屈灵均，世浊怀独清，世醉还独醒。屈愿独醒，我愿长醉。醉来常拥花前睡，醉时欢乐醒时愁。何必娇娇与世相怨对。世事颠倒如转篷。庸耳俗目岂有真，是非在其中。天无私覆，地无私载；达人知命，何论穷通。穷兮通兮乐陶然，开樽把酒问青天。不知莽莽天地，始于何代，终于何年。我欲乘槎日月边，日月远望遮云烟。我欲垂钓广漠渊，渊深鱼伏难钩连。今朝有人射猎北山前，驱鹰逐犬招我随执鞭。为我谢曰："我今倦矣醉欲眠。"

（《清稗类钞》）

蒙古法时帆祭酒，性不能饮，然约其小酌者，辄喜。看花饮酒，虽风雨，必至。晚年喜食山药，乃名其斋曰玉延秋馆。

（《清稗类钞》）

沈东江性不喜饮，顾好宾客。即甚贫，客往，必留之小酌，辄必质衣治具，欢笑达曙。东江名谦，顺治初之仁和人。

（《清稗类钞》）

钱定林喜饮，客至，必沽，相与对酌，辄典衣以偿酒券。家人或以晨餐不继告，一笑而已。定林名朝彦，明句容人，入本朝，不仕。

（《清稗类钞》）

韩文懿公炎嗜烟草及酒。康熙戊午，与王文简同典顺天武闱，在闱日，酒杯烟筒，不离于手。文简戏问之曰："二者，乃公熊鱼之嗜，则知之矣。必不得已而去，二者何先？"文懿俯首思之，良久，答曰："去酒。"众为一笑。

（《清稗类钞》）

三原申右敦嗜酒，兴至则饮，饮必醉。醉即一切不省，几席户牖。问事，人多欺之。顾恒以书佐饮，尤留心二十一史，颇涉其津涯。酒后耳热，座客趣举某事，衔口肆应，无脱误。

（《清稗类钞》）

钱塘陈句山太仆兆仑嗜酒。饮次遇知已，累尽数十觞，未尝沉顿，而谈锋弥健。

（《清稗类钞》）

钱塘吴秋渔太守升，乾隆时人。素不嗜酒，而喜观人酣饮。尝撰酒志二十八卷，为目十有二曰：原始、辨性、述义、备法、详品、稽典、列事、纪言、考器、征令、录异、识录，征引书籍，多至千余卷。

（《清稗类钞》）

滕瑞子，名永详。家贫，嗜酒，然不能多饮。与自号钝斋子者善，两人数过从，会饮，相对悲歌，辄以箸击案，箸折，乃叹曰：“惟我知子。”则应曰：“然。”夜阑烛灺，童子主炉者率逃去。然两人酒酣以往，辄不举杯，惟流连为笑乐。

（《清稗类钞》）

张云骞刺史年少豪迈，不问家人生产作业，好饮酒，一石亦不醉，然时有断炊之患。一日，其妻拔钗，持钱三百文，将以买米。置于几，张见之，即以质券裹钱，持之出，买醉于酒家矣。夜半，酩酊归，钱专罄而券亦失，不可踪迹矣。

（《清稗类钞》）

钱塘陈铁桥詹事宪曾好剧饮，醉则于生计事无所省录，故时致匮乏。梅柏言曾亮，其同年也。尝为饭会，无酒人阑入。铁桥曰：“幸入我会以止酒。”比入，则先自携酒，大醉而归。

（《清稗类钞》）

金淇字右泉，道光时之钱塘诸生也。中年后贫甚，惟破屋数椽，书数千卷，梅花一树，坐对而已。性嗜酒，尝自武林门至丰储仓基，醉诵《离骚》，行人以为颠。

（《清稗类钞》）

海宁许幼兰司马光济，耽诗颂酒，授读里中，垂五十年。有祖孙父子同出门下者，倄羊所入，日向炉头博醉。醉则狂走山水间，以赋诗写画自乐。

（《清稗类钞》）

方渔村孑身独处，生平未尝近女色。所居茅屋三椽，不蔽风雨，吟咏其中，怡然自得。性嗜饮，得钱辄沽酒。遇途人，即拉与共醉，不问谁何也。又喜拇战，或以不能辞，必强嬲之。固辞，则怒，人畏其怒，相率远避。见无人与共，即以酒壶为友，而与之猜拳行令，人遂谓之方痴子。年八十余，无疾而终，姻戚经纪其丧。

（《清稗类钞》）

侯官林希村大令嶨家居时，与林怡庵、林枳怀、叶与恪、梁开万诸人结酒社。日高睡起，即登酒楼，终日痛饮。醉则歌呼笑骂，必夜深，乃扶醉而归，归则寝，明日又往矣。希村为勿村中丞之仲子，怡庵为郑苏庵方伯之舅氏，皆能不事事而沉饮，殆晋七贤八达之流也。

（《清稗类钞》）

仁和王次檐茂才曾祥，性和易而嗜饮。时纵酒人游，遇要人富儿，一不当意，辄掉臂去之。中年息意荣遇，绝迹省门。雷翠庭副宪鋐视浙学，闻其名，礼意敦迫，将以优行贡于乡。一日，赴陆筱饮宴，或举其事以为庆，次檐不屑也，酒酣，则曰："今此一官，亦不易得，得矣，桎梏徒自苦，岂若诗场酒地，与君辈皮皮之为乐耶。"皮皮，相戏之谓，杭人方言也。

（《清稗类钞》）

周思南名元懋，鄞县人，性嗜酒，其庋轩中者，皆酒器，大小迭迸，不可数也。轩外平畴所种者，皆秫也。轩旁有厨有库。顾无长物，所列者，罂瓶之属也。平居不问室家事。宾客至，选通名，其所问者，客之能饮与否也，客云能，则又问之，谓其得久留此间饮与否也。数日之间，或不能伴，则遣人招之。或以事辞，则自往强之。或不遇，则穷之于其所往，不得，则四出，别求其人，终不得，则樵者牧者渔者，皆执而饮之。所执之人醉，犹以为未足，则呼云而酹之，其觞政然也。午夜思饮，猝无共者，则或童或婢，皆饮之。童婢或不能饮，则强以大斗浇之。犹以为未足，则呼月而酹之。其日之余也，有招之饮者，皆不赴。或载酒过其轩，则又必问其人为何人而后入之。自顺治丙戌以后五年，皆其醉乡之日月也。一日，思南坐轩中，忽大呕血。笑云："此吾从曲车酝酿而成之神膏也，非病也。"呕不止，饮亦不止，随饮随呕，遂死。

（《清稗类钞》）

嘉道间，仁和有高林字画岑者，诸生也。家塘栖，通脱无威仪，与赵宽夫同学。宽夫性方严，无敢以言戏之者。画岑故谬说经旨以激之使怒，宽夫断断争，则大笑以谩侮之。家徒四壁，惟嗜饮酒，饮必醉，醉则卧市沟中。人属以诗歌文章，信口而成，率妙丽有逸趣。一日入城应试，闻其友疾亟，走归，已殓，大哭，投水中。妻遽阖户缢，邻人两救之，得俱活。画岑更大笑，呼酒痛饮，人不测其所为也。已而病酒，竟死。

（《清稗类钞》）

吴南屏广文敏树嗜酒。尝客江宁，夜半，忽思饮，以有藏酝在，不必求之市也，命仆启瓮，则瓮泥坚，猝不可启，而渴甚。叱仆走，自以杖击瓮，瓮破，满地皆酒矣，乃伏地饮之。南屏性不耐俗，座有山僧田父，辄顾而乐之。与显者共杯勺，恒郁郁，几坐立不安矣。然共投契如曾文正及刘霞仙中丞者，与之把酒清话，亦未尝不欢。

（《清稗类钞》）

王丹麓家既落，顾犹喜刻书。客至，质衣命酒。其诗曰："平生好宾客，资用苦不周。有怀莫可告，室人且见尤。"施愚山诵之，辄失笑曰："盖有类予者。"

（《清稗类钞》）

郝莲，号饭山，嘉庆朝之钱塘人。嗜饮工诗，有《说饼斋吟草》。其劝酒歌云："东风劝酒生绿波，为君倒提金叵罗。天边明月不常好，世上浮云事日多。劝君且饮吾作歌。君不见腰间累累印如斗，朝乘华轩暮广柳。又不见多牛翁，子孙不肖田园空。黄金不能买老寿，况当明月如清昼。眼底休随蝼蚁忙，日中空有麒麟斗。"

（《清稗类钞》）

福山王文敏公懿荣，官京师久，交游既广，每以春秋佳日，与潘文勤、张文襄、洪洞董研樵，邹县董凤樵，太谷温味秋，仪征陈六舟、巴陵谢麐伯，馀姚朱肯夫，吴县吴清卿，会稽李莼客，甘泉秦谊庭，续谷胡荄甫，光山胡石查，遂溪陈逸山，大兴刘子重，仪征陈研香，元和顾缉庭，歙县包子年，长洲许鹤巢，递为诗酒之会，壶觞无虚日。其元配黄夫人辄检点肴核，迎时先办，客至无缺，有拔钗沽酒之风。

（《清稗类钞》）

许玉沙，名宏祚，康熙时钱塘诸生。身长八尺，腰腹十围，声若洪钟。每试锁闱，门未启，立侪辈中，昂然杰出，顾盼自雄，议论侃侃，绝无措大气味。家甚贫，顾胶口不言。一日，与汪水莲、王性如集夏叶昌馆舍，自已至西，极饮大醉。次日，复邀至其家赏桂。比至，玉沙久不出，呼而询之，则家人不举火两日矣。水莲探囊，得白金半两，付之，市饮食，仍饮至三鼓，始罢。明日，叶昌饷以白米，玉沙方握笔苦吟桂树下，若不知绝粮为病者。叶昌死，玉沙哭之恸。墓有宿草，犹挈尊垒扫客至墓下哭奠，奠毕，共饮，饮罢，复大哭。

（《清稗类钞》）

桐城刘大櫆之舅氏曰杨绍奭，字稚棠，于诸甥中尤爱怜櫆。尝抚櫆，指櫆父而言曰："此子殆能大刘氏之门，然未知吾及见之否。"平居设酒食，召櫆与饮，自提觞行，，趣令醉，櫆谢已醉，不能饮，则笑曰："予性嗜酒，每过从人家饮酒，主饮者不趣予饮，吾意辄不乐，以此度人，意皆然。乃者舅氏实饮汝酒，当不使甥意不乐也。"酒半，仰首觑欷，余顾谓櫆曰："予究于世今老，旦暮且死，然未有子息。汝读书能为古文辞，其传于后世无疑，当为我作传，则吾虽无子，犹有子焉。"

（《清稗类钞》）

张文襄少时，耽曲蘖，醉后好为狂言，闻者却走。醉甚，则和衣而卧，笠屐之属，往往发见于枕隅。某年，某族兄文达公之万以第一人及第，文襄大恚。慨然曰："时不我待矣。"自此遂戒酒不饮。

（《清稗类钞》）

乾隆甲申，杭州有集里中同康熙甲申生者六人，宴于端华堂，钱塘汪槐塘上舍沆与焉。酒半，出顺治纪元所制银杯，命后甲申所诞哲嗣，奉以寿客，肇举齐年之会。远希会昌元丰诸老之高风，甚盛事也。槐塘有诗，用以纪实。诗云："枌榆五老衡宇邻，过从步屧不隔旬。惟予康秋玷后尘，柯山居士齿冤伦。一麾出守犹逡巡，诸公衮衮佩印绅。甘裳之碑树嶙峋，政成遄归狎钓纶。宰官偶现遨头身，此部心恋鹤发亲。遗荣一疏兰陔循，暇续八社罗众宾。登堂拜母展华茵，小同揖客词恂恂。同年先后齐甲申，改席擎出凿落银。紫芝煌煌烂若新，开国纪元第一春。良工制巧铭词谆，觞行疾若下阪轮。插芳咀甘肴迭陈，笑言和怿音叩錞。竹溪人物逊此辰，方今圣治被八垠。绘酋行见隶仆臣，咏歌太平娱夕晨。山屏水镜湖之滨，篼舆栗杖莫惮频。岁寒令德保松筠，嘉会勿替耄耋臻。"

（《清稗类钞》）

苏公乐府云："小舟横截春江，卧看翠壁红楼起。"正谓此楼也。下临大江，烟树微茫，远山数点，亦佳处也。楼颇华洁。先是郡有庆瑞堂，谓一故相所生之地，后毁以新此楼，酒味殊恶。苏公蘁汤蜜汁之戏不虚发。郡人何斯举诗亦云："终年饮恶酒，谁敢赠督邮？"然文潜乃报称黄州酒，以为自京师之外无过者。故其诗云："我初谪官时，帝问司酒神。曰此好饮徒，聊给酒养真。去国一千里，齐安酒最醇。"

（《入蜀记》）

周穆王时，西胡献……夜光常满杯。杯受三升。杯是白玉之精，光明夜照。冥夕出庭于中庭以向天，此明而水汁已满于杯中也。汁甘而香美，斯实灵人之器。

秦始皇时，西胡献……无复常满杯耳。如此胶之所出，从凤麟洲来，并是西海中所有也。

（《海内十洲记》）

武帝为抚军时，府内后堂砌下，忽生草三株，茎黄叶绿，若呈金抽翠，花条苒弱，状似金登，时人未知是何祥草。故隐蔽不听外人窥视。有一羌人，姓姚名馥，字世芬，充厩养马，妙解阴阳之术。云："此草以应全德之瑞。"馥年九十八，姚襄即其祖也。馥为读书，嗜酒，每醉历月不醒。于醉时，好言帝王兴亡之事，善戏笑，滑稽无穷。常叹云："九河之水不足以渍麴蘖，八薮之木不足以作薪蒸，七泽之麋不足以充庖俎。凡人秉天地之精灵，不知饮酒者，动肉含气耳，何必土木之偶，而无心识乎！"好啜浊嚼糟，常言渴于醇酒，群辈常弄狎之，呼为渴羌。及晋武践位，忽思见馥。立于阶下，帝奇其倜傥，擢为朝歌邑宰。馥辞曰："氐羌异域之人，远隔山川，得游中华，已为殊幸。请辞朝歌之县长，充养马之役，时赐美酒，以乐余年。"帝曰："朝歌纣之故都，地有酒池，故使老羌不复呼渴。"馥于阶下，高声而对曰："马圉老羌，渐染皇化，溥天夷陌皆为王臣。今若欢酒池之乐，受朝歌之地，更为殷纣之民乎？"帝抚玉几大悦，即迁为酒泉太守。地有清泉，其味若酒。馥乘醉而拜受之，遂为善政，民为立生祠。后以府地赐张华，犹有草在。故茂先《金登赋》云："擢九茎于汉廷，美三株于兹馆，贵表祥乎。全德名化，类而相乱。"至惠帝元熙元年，三株草化为三树，枝叶似杨树，高五尺，以应三杨擅权之事。时有杨骏、杨瑶、杨济三弟兄，号曰三杨。马圉醉羌验。

（《拾遗记》）

宣帝地节元年，乐浪之东，有皆明之国来贡其方物。言其乡在扶桑之东，见日出于西方。其国昏昏常闇，宜种百谷，名曰融泽，方三千里，五谷皆良。有醇，和麦为曲以酿酒，一醉累月，食之凌冬可袒，其国献之。

（《拾遗记》）

汉武帝思怀往昔李夫人不可复得。时始穿昆灵之池，泛翔禽之舟，帝自造歌曲，使女伶歌之。时日已西倾，净风激水，女伶歌声甚遒，因赋《落叶哀蝉》之曲曰："罢袂兮无声，玉墀兮尘生。虚房冷而寂寞，落叶依于重局。望彼美之女兮，安得感余之心未宁。"帝闻唱动心，闷闷不自支持，命龙膏之灯，以照舟内，悲不自止。亲侍者觉帝容色愁悲，乃进洪梁之酒，酌以文螺之卮。卮以波祇之国，酒出洪梁之县。此属右扶风，至哀帝废此邑。南人受此酿法。今言云阳出美酒，两声相乱矣。

（《拾遗记》）

钱昱为郢州团练使卒。昱聪敏，能覆棋，工琴画，饮酒至斗余不乱，善谐谑，生平交旧，终日谈宴，未曾犯一人家讳。

（《世家》）

玄宗置曲清潭，砌以银甎，泥以石粉，贮三辰酒一万车，以赐当制学士等。

（《史讳录》）

荆州牧刘表，跨有南土，子弟骄贵，并好酒，为三爵。大曰伯雅，次曰仲雅，小曰季雅。伯受七升，仲受六升，季受三升。又设大鍼以坐端，客有醉酒寝地，辄以尀刺验其醒醉，是丑于赵敬侯以筒酒灌人也。大驾都许使光禄大夫刘松，北镇袁绍军，与绍子弟宴饮，松以盛夏三伏之际，昼夜酣饮。二方化之，故南荆有三雅之爵，河朔有避暑之饮。

（《史典论》）

中常侍张让，子奉为太医令，与人饮酒，辄系引衣裳，发露形体，以为戏乐。将罢，又乱其履舄，使小大差跨，无不倾倒僵仆，踒跌手足，因随而笑之。

（《史典论》）

王审琦微时，与太祖相善，后以佐命功尤为亲近。性不能饮。太祖每宴近臣，常尽欢。而审琦但持空杯。太祖意不满，一日酒酣，举杯祝曰："审琦布衣之旧，方共享富贵。酒者天之美禄，可惜不令饮之。"祝毕，顾审琦曰："天必赐汝酒量，可试饮。"审琦受招，不得已饮，趣连数大杯，无苦。自是每侍宴，辄能与众同饮。退还私第，则如初。

（《石林燕语》）

周仲智饮酒醉，瞋目远面，谓伯仁曰："君才不如弟，而横得重名。"须臾，举蜡酒火掷伯仁。伯仁笑曰："阿奴，火攻固出下策耳。"

（《世说新语》）

周伯仁母，冬至举酒赐予三子曰："吾本谓渡江托足无所，尔家有相，尔等并罗列吾前，复何忧？"周嵩起，长跪而泣曰："不如阿母言，伯仁为人，志大而才短，名重而识闇。好乘人之弊，此非自全之道；嵩性狼抗，亦不容于世；唯阿奴碌碌，当在阿母之下耳。"

（《世说新语》）

阮公邻家妇有美色，当垆沽酒。阮与王安丰常从妇饮酒。阮醉，便眠其妇侧。夫始殊疑之，伺察终无他意。阮仲容步兵居道南，诸阮居道北。北阮皆富，南阮皆贫。七月七日，北阮盛晒衣，皆纱罗锦绮。仲容以竿挂大布犊鼻裈于中庭。人或怪之曰："未能免俗，聊复尔耳。"

（《世说新语》）

王孝伯问王大，阮籍何如司马相如？王大曰："阮籍胸中垒块，故须用酒浇之。"

（《世说新语》）

王孝伯言，名士不必须奇才，但使常得无事，痛饮酒，熟读《离骚》，便可称名士。

（《世说新语》）

晋武帝问孙皓："闻南人好作尔汝歌，颇能为不？"皓正饮酒，因举觞劝帝而言曰："昔与汝为邻，今与汝为臣。上汝一杯酒，令汝寿万春。"帝悔之。

（《世说新语》）

谢公在东山，朝命屡降而不动，后出为桓宣武司马，将发新亭，朝士咸出瞻送。高灵时为中丞，亦往相送。先时多少饮酒，因倚如醉戏曰："卿屡违朝旨，高卧东山，诸人每相与言安石不肯出，将如苍生何？今亦苍生将如卿何？"谢笑而不答。

（《世说新语》）

明帝在西堂，会诸公饮酒，未大醉，帝问："今名臣共集，何如尧舜？"时周伯仁为仆射，因厉声曰："今虽同人主，复那得等于圣治！"帝大怒还内，作手诏满一黄纸，遂付廷尉令收监，因欲杀之。后数日，诏出周，群臣往省之，周曰："近知当不死，罪不足至此。"

（《世说新语》）

元帝过江，犹好酒，王茂弘与帝有旧，常流涕谏，帝许之，命酌酒一酣，从是遂断。

（《世说新语》）

陆玩拜司空，有人诣之，索美酒，得便自起，泻箸梁柱间地，祝曰："当今乏才，以尔为柱石之用，莫倾人栋梁！"玩笑曰："戢卿良箴。"

（《世说新语》）

罗君章为桓宣武从事，谢镇西作江夏。罗既至，初不问郡事，径就谢，数日饮酒而还。桓公问有何事，君章云："不审公谓谢尚何似人？"桓公曰："仁祖是胜我许人。"君章云："岂有胜公人而行非者？故一无所问。"桓公奇其意，而不责也。

（《世说新语》）

王恭欲请江卢奴为长史，晨往诣江，江犹在帐中。王坐，不敢即言。良久，乃得及。江不应，直唤人取酒，自饮一碗，又不与王。王且笑且言："那得独饮？"江云："卿亦复须邪？"更使酌与王。王饮酒毕，因得自解，去。未出户，江叹曰："人自量固为难！"

（《世说新语》）

周伯仁风德雅重，深达危乱，过江积年，恒大饮酒，尝经三日不醒。时人谓之"三日仆射。"

（《世说新语》）

诸阮皆能饮酒，仲容至宗人间共集，不复用常杯斟酌，以大罄盛酒，围坐，相向大酌。时有群猪来饮，直接去上，便共饮之。

（《世说新语》）

王公与朝士共饮酒，举琉璃碗谓伯仁曰：“此碗腹殊空，谓之宝器，何耶？”答曰：“此碗英英，诚为清彻，所以为宝耳。”

（《世说新语》）

谢奕作剡令，有一老翁犯法，谢以醇酒罚之，乃至过醉，而犹未已。太傅时年七八岁，著青布袴，在兄膝边坐，谏曰：“阿兄，老翁可念，何可作此？”奕于是改容曰：“阿奴欲放去耶？”遂遣之。

（《世说新语》）

易简性嗜酒，初入翰林，谢日饮已微醉，余日多沉湎。上尝戒约深切，且草书劝酒二章，以赐，令其对。其母读之，自是每入直，不敢饮。及卒，上曰：“易简果以酒死，可惜也。”

（《苏易简传》）

庠知审刑院密州豪王澥私酿酒，令人往捕之，澥给奴曰：“盗也。”尽使杀其父子四人。州论奴以法，独澥不死。宰相陈尧佐右澥，庠力争，卒抵澥死。

（《宋庠传》）

尝与同人夜话，俞吟香述某尚书一诗，风流蕴藉，可发大噱。尚书故尚诙谐，判牍中均杂嘲笑。官漕督时，道出长沙，有善化令已升武冈州牧，置备仪仗，书官衔，误以漕作糟，尚书寄一诗嘲之云：“半生不作醉乡侯，况复星驰速置邮。岂有尚书兼曲部，漫劳明府晋糟邱。读书字要分鱼豕，过客风原异马牛。闻说头衔已升转，武冈可是五缸州。”后见陈子庄廉访《庸间斋笔记》，亦载此则。尚书即云梦许秋岩也。

（《三借庐笔记》）

东坡帅定武，诸馆职饯于惠济，坡举白浮欧阳叔弼、陈伯修二校理、常

希古少尹曰："三君但饮此酒，酒釂当言所罚。"三君饮竟，东坡曰："三君为主司而失李方叔，兹可罚也。"三君者无以为言，慙谢而已。张文潜舍人在坐，辄举白浮东坡先生曰："先生亦当饮此。"东坡曰："何也？"文潜曰："先生昔知举而遗之。与三君之罚均也。"举坐大笑。

（《师友谈记》）

予尝小酿，公闻而见访，后度酿熟，以诗见索云："稍觉香薰鼻，还思酒入唇。盈缸止三斗，可拨瓮头春。"予因和云："紫貂寒拥鼻，绿蚁细侵唇。莲烛当时事，壶头此日春。"

（《孙公谈圃》）

艺祖从世宗征淮南，有徐氏世以酒坊为业。上每访其家，必进美酒。无小大，奉事甚谨。徐氏知人望已归，即从容属异日计。上曰："汝辈来，吾何以验之？"徐氏曰："某全家人手指节不全，不过存中节。"世谓"徐鸡爪"。迨上登极，诸徐来皆愿得酒坊，许之，今西枢曾布其母朱氏，即徐氏外甥，亦无中指节，故西枢亦然。世以其异，故贵，不知其气所传，自外氏诸徐也。

（《孙公谈圃》）

秦酒池在长安故城中。庙记曰："长乐宫中有鱼池、酒池。池上有肉炙树，秦始皇造，汉武行舟于池中。酒池北起台，天子于上观牛饮者三千人。"又曰："武帝常欲夸羌胡，饮之铁杯，重不能举，皆抵牛饮。"《西征赋》云："酒池监于商辛，追覆车而不悟。"

（《三辅黄图》）

熙载子中立，以太子少傅致仕，喜宾客。客至，必与饮酒，醉乃得去。初家产岁入百万钱，末年费几尽。

（《石熙载传》）

西人之患，则不在烟而在酒。往往杏花村近，蚁绿香浮，濡首不知，沿途滋事。甚有工作之人，日得数百钱，衣食且不暇顾，而梨花春暖，鸟唤提壶。竹叶香浓，人思挈榼。腰间蚨血，有半供红友之需者。耶稣教中某西士，恻然悯之，因就南京路西首，设一戒酒会。凡愿戒之人，咸得入会。会中音乐间作，果馔并陈，打弹踢球，无所不可。惟不许曲秀才及青州从事辈，杂坐其间，其立法可谓美善矣。苟有志戒烟者仿而效之，亦何患鹄面鸠形之辈，不能拨云雾而睹青天哉。

（《淞南梦影录》）

鲁温卿席上，嫌酒不佳，调主人云："诗近老成多带辣，酒逢寒士不嫌酸。"俞又陶喜席上酒佳，谢主人云："疏花似月将残夜，好友如醇欲醉时。"

（《随园诗话》）

人问妓女，始于何时？余云："三代以上，民衣食足而礼教明，焉得有妓女？惟春秋时卫使妇人饮南宫万以酒，醉而缚之，此妇人当是妓女之滥觞。不然，焉有良家女而肯陪人饮酒乎？若管仲之女闾三百，越王使罢女为士缝衽，固其后焉者矣。"戴敬咸进士过邯郸见店壁题云："妖姬从古说丛台，一曲琵琶酒一杯；若使桑麻真蔽野，肯行多露夜深来。"用意深厚，惜忘其姓名。

（《随园诗话》）

人无酒德而贪杯勺，最为可憎。有某太守在随园赏海棠，醉后竟弛下衣，溲于庭中。余次日寄诗戏之云："香似当年夷射姑，不教虎子挈花奴。但惊嬴者此阳也，谁令军中有布乎？头秃公然帻以屋，心长空有腹如瓠。平生雅抱时苗癖，日缚衣冠射酒徒。"

（《随园诗话》）

余亲家徐霞客，画穿云沽酒图。余题云："玉貌仙人衣带斜，腰间瓶插绿梅花。穿云何事频来往？天上嫌无卖酒家。"后读王荆公集，有句云："花前若遇余杭姥，为道仙人忆酒家。"与余意似不谋而合。

（《随园诗话》）

金长姑嫁慈溪姚氏，姚母能诗，出外为女傅。康熙间，某相国以千金聘往教女公子，到府住花园中，极珠帘玉屏之丽。出拜两姝，容态绝世，与之语，皆吴音，年十六七，学琴学诗，颇聪颖。夜伴女傅眠，方知待年之女，尚未侍寝于相公也。忽一夕二女从内出，面微红，问之，曰："堂上夫人赐饮。"随解衣寝，未二鼓，从帐内跃出，抢地呼天，语啾啾不可辨，颤仆片时，七窍流血而死。盖夫人赐酒时，业已酖之矣。姚母踉跄弃资装，即夜逃归。常告人云："二女年长者尤可惜，有自嘲一联云：'量浅酒痕先上面，兴高琴曲不和弦'。"

（《随园诗话》）

余幼时游西湖，见酒楼号五柳居者，壁上题诗甚多，不久即圬去。惟西穆先生一首，墨瀋淋漓，字写争坐位帖，历七八年如新。酒楼主人及来游者，皆护存之，敬其为名士故也。题是"冬日同樊谢放舟湖上，念弈城赤凫都已下世，弥觉清游之足重也，分韵同作云：一角西山雪未消，镜光清照赤阑桥。小分寒影看梅色，半入春痕是柳条。闲里安排陈外迹，酒边珍重故人招。孤烟落日空台榭，岁晚重来话寂寥。"后四十年余再至湖上，则壁诗无存。西穆、樊谢久归道山，而酒楼主人，亦不知名士为何物矣。惟陈庄壁上有蒋用奄侍御酬王梦楼招游一首云："六朝风物正研和，珍重乌篷载酒过。一串歌珠人似玉，四周峦翠水微波。狂夫兴不随年减，旧雨晴干失路多。争奈岩城宵漏急，未知今夜月如何。"

（《随园诗话》）

酒之为害，有至酷烈者，尊生之士，不可不知也，故崇真宫道士龚尚贤，饮烧酒过多，夜向卧，吹灯引火入喉中烧死。是事非远，数年间耳。大抵酒皆有火，非但烧酒也。然世固有一生饮酒而寿者。吴中蒋太卿，平生未尝一夕脱于姬妾，其饮酒至百钟不醉。今年九十余也，犹日行数十里也。则亦其禀受之厚，有酒色不得而损者乎。若曰："酒色不能醉人"，则非也。然不饮酒而得寿者，世固多有之。吾家先伯祖老亦不绝姬妾，惟不饮酒，寿九十一而殁。又母族之一长者曹翁，居京师，年九十余，步履如仕人，问其饮酒，亦涓滴不饮也。则可知饮酒之能损寿矣。余以为蒋太卿之饮酒得寿，此自其得于天者厚耳，不可学也。吾家二老之不能饮酒登九十，则养生者宜师之。虽不能必如二老，要亦有此理也。若龚尚贤则其死信不自命，可为狂饮者之深戒也。

（《苏谈》）

唐时酒价甚高。白乐天与刘梦得闲饮诗曰："共把十千沽一斗，相看七十欠三年。"李太白"金樽清酒斗十千"，王维"新丰美酒斗十千"，许浑"十千沽酒留君醉"，权德与"十千斗酒不知贵"，陆龟蒙"若得奉君欢，十千沽一斗"。或谓诗人托物寓言耳。然一时诸公岂尽以十千为言哉。然乐天诗最号纪实者，岂酒有美恶价不同欤？抑何其辽绝耶。惟老杜云："赖来相就饮一斗，恰有三百青铜钱。”真宗问唐之酒价，丁谓举此句以对，遂为定价。按《唐书·食货志》云：“德宗建中三年，禁民酤以佐军费，置肆酿酒斛收直三千。”《唐会要》：“正元二年，京城榷酒斗百五十。”比子美已减其半。此可见唐之酒价不一。汉昭时卖酒一升四钱，古谓一升，即今之一碗，其价逮与今同。

(《山樵暇语》)

晚唐酒禁尤甚江南。富民悉以犯酒没入家产者，韦庄以诗讽浙帅云：“谁氏园林一簇烟，路人遥指尽长叹。桑田稻泽今无主，新犯香醪没入官。”浙帅见诗遂上疏，得改酒法入财产，但惩罪而已，韦庄一诗之力也。

(《山樵暇话》)

杜诗：“速宜相就饮一斗，恰有三百青铜钱。”王荆公歌元丰云：“百钱可得酒斗许，虽非社日常闻鼓。吴儿踏歌女起舞，但道快乐无所苦。”元丰酒价比天宝仅三之一，其乐何如？

(《庶斋老学丛谭》)

前辈谓酒用于馈祀归集以成礼，若常饮则商刑所儆。彝酒则周诰所戒。无故日饮，则神昏思乱，安保其不舛谬哉。士有倾囊酣饮，于买书则吝而不肯，惜哉。

(《庶斋老学丛谭》)

我太祖高皇帝亲祀历代帝王庙，各献爵毕。独于汉高祖增一爵，曰：“我与公不阶尺土而有天下，比他人不同，特增一爵。”

(《舌华录》)

齐黄门郎吴兴沈昭略，侍中文叔之子，性狂俊，使酒任气。朝士常惮而容之。尝醉负杖至芜湖苑，遇琅玡王约，张目视之曰：“汝王约耶，何肥而痴？”约曰：“汝是沈昭略耶，何瘦而狂？”昭略抚掌大笑曰：“瘦又胜肥，狂又胜痴矣。”

(《舌华录》)

李元忠虽居要任，惟饮酒自娱，不以物务于怀。时欲用为仆射，或言其常醉，不可。其子操闻之，请节饮。元忠曰：“我言作仆射，不胜饮酒，尔爱仆射，劝勿饮。”

（《舌华录》）

张士简嗜酒疏脱，在新安，遣家僮载米三千斛还吴，失大半。士简问其故，答曰：“雀鼠耗也。”士简叹曰：“壮哉！雀鼠。”

（《舌华录》）

谢耳伯，宋献陆在潘景升坐，有三妓佐酒。谢奉佛不饮酒近色。在座不无少自检持。宋语之曰：“打过艳冶，即是圆通。成佛成仙，正在吾辈。”

（《舌华录》）

汉清平恩侯许伯入第。丞相御史将军中二千石皆贺，盖宽饶后至。许伯自酌曰：“盖君后至。”宽曰：“无多酌我，我乃酒狂。”丞相魏侯笑曰：“此公醒而狂，何必酒也。”

（《舌华录》）

李宗闵多宾客谈笑喜饮酒。暑月临池，以荷为杯，满酌酒，密系持近口，以箸刺之而饮，不尽，再举。既散，人言昨饮大欢也。李曰：“今日之欢，明昨日之不欢，自今好恶一不得言。”

（《舌华录》）

景公饮酒，七日七夜不止。弦章谏曰：“君饮酒七日七夜，章愿君废酒也，不然，赐章死。”晏子入见。公曰：“章谏吾曰：‘愿君之废酒也，不然，赐章死’。如是而听之，则臣为制也，不听又忧其死。”晏子曰：“幸也章遇君也。令章遇桀纣者死久矣。”于是公遂废酒。

（《舌华录》）

萧琛常于御座饮酒，属酒北使员外常侍李道固，不受，曰：“公庭无私礼，不容受卿劝。”众皆失色，恐无以酬。琛徐曰：“《诗》所谓‘雨我公田，遂及我私’。”道固乃屈意受酒。

（《舌华录》）

桓温与谢奕善，辟奕为安西司马，惟布衣好，尝偪温饮。温走入避之，奕携酒就厅事，引温一兵师共饮曰：“失一老兵，得一老兵。”温闻而不计。

（《舌华录》）

张泳自益州寄书与杨大年，进奏院监官，窃计之云：“益州近经寇乱，大臣密书相遗，恐累我。”发视之，无它语，纸尾批云：“近日白超用事否？”乃缴奏之。真宗初亦讶之，以示寇准，准微笑曰：“臣知开封府有伍伯，姓白，能用杖都下。但翘楚者以白超目之，每饮，席浮大觥，遂以为况。”真宗方悟而笑。

（《谈苑》）

陈尧佐，字希元，修《真宗实录》，特除知制造。旧制须召试，惟杨亿与尧佐不试而授。兄尧叟，弟尧咨，皆举进士第，一时贵盛当世。少比，尧佐退居郑圃，尤好诗赋。张士逊判西京，以牡丹花及酒遗之，尧佐答曰：“有花无酒头慵举，有酒无花眼懒开。正向西园念萧索，洛阳花酒一起来。”

（《谈苑》）

南方饮酒，即实酒满瓮，泥其上，以火烧方熟。不然不中饮。既烧，即揭瓶趋虚，泥固犹存，沽者无所知其美恶，就泥上钻小穴，可容箸，以细筩插穴中，沽者就吮筩上，以尝酒味，俗谓之滴淋。无赖小民，空手入市，偏就酒家滴淋，皆言不中，取醉而还。

（《投荒杂录》）

新州多美酒。南方不用曲蘖，杵米为粉，以众草兼胡蔓草汁溲，大如卵，置蓬蒿中，荫蔽经月而成。用此合濡为酒，故剧饮之后，既醒，犹头热涔涔，有毒草故也。

（《投荒杂录》）

桀作瑶台，罢民力，殚民财，为酒池隄糟，纵靡靡之乐，一鼓而牛饮者三千人。

（《通鉴前编》）

马令《南唐书》云：“丰城毛炳好学，不能自给，入庐山，与诸生讲诗，获镪，即市酒尽醉。”时彭会好茶，而炳好酒，时人为之语曰：“彭生坐赋茶三片，毛氏诗传酒半斤。”

（《天录识余》）

五代伪闽王王延庆，以银叶作杯，柔弱如冬瓜片，名曰：“醉如泥”。东坡在蜀时，以钜竹尺许，裁为双筒，谓之“文尊”。

（《天录识余》）

《南史》：“萧介性高简，少交游，惟与族兄眎素，及从弟叔等，文酒赏会，时人以比谢氏乌衣之游。初，武帝总延后进二十余人，置酒赋诗，藏盾以诗不成，罚酒一斗。盾饮尽，颜色不变，言笑自若。介染翰便成，文无加点。帝两美之，曰：“藏盾之饮，萧介之文，即席之美也。”

（《天录识余》）

明朝典礼中，有庆成宴。每宴必传旨云：“满斟酒。”又云：“官人每饮干。”故西涯李文正诗云：“坐拥日华看渐近，酒传天语饮教干。”盖纪实也。

（《天录识余》）

熙宁以前，凡郊祀，大驾还内，至朱雀门外，忽有绿衣人出道中，蹒跚潦倒，如醉状。乘舆为之少泥，谓之“天子避酒客”。及门，两扉遽阖，门内抗声曰：“从南来者是何人？”门外应曰：“是赵家第几朝天子。”又曰：“是也不是？”应曰：“是。”开门，乘舆乃进，谓之“勘箭”。

（《天录识余》）

北人社前一日，亲宾相会，谓是尝酒。见宋忠献安阳诗集自注。今京师喜筵宴会，每于未张筵前，饾饤小集，亦曰尝酒。

（《天录识余》）

镇阳有士人嗜酒，日常数斗，至午后饮，兴一发则不可退。家业则是残破。一夕大醉，呕出一物如舌，初视无痕窍。至常日欲饮时，矗然而起。家人沃之以酒，至常日所饮之数而止。遂投之猛火中，忽爆裂为十数片。士人自此恶酒。

（《遯斋闲览》）

凡与亲朋相与，必以顺适其意为敬。惟劝酒必欲拂其意，逆其情，多方以强之，百计以苦之，则何也？而受之者虽觉其苦，亦不以为怪，而且以为主人之深爱，又何也？此事之甚戾，而举世莫之察者。惟契丹使臣冯见善云：“劝酒当观其量，如不以其量，犹徭役不以户等高下也。强之亦不能，岂宾主之道哉？”此言足醒古今之迷，乃始出于契丹使臣之口。

（《遯斋闲览》）

古人酒以红为恶，白为美。盖酒红则浊，白则清。故谓薄酒为红友，而玉体玉液，琼饴琼浆等名，皆言白也。梁武帝诗云：“金杯盛白酒。”正言白酒之美。近来造酒家，以白面为曲，并舂白秫，和洁白之水为酒，久酿而成，极其珍重，谓之“三白酒”。于是呼数宿而成之浊醪曰“白酒”，使诗词家不敢用白酒字，失其旨矣。

（《天香楼偶得》）

今人凡酒壶茶壶之口，禁忌向人，云“向之有口舌”，此说盖有所本。《礼记·少仪》云：“尊壶者面其鼻。”解者曰：“设尊设壶，皆面其鼻以向君，见惠自君出也。”夫鼻者，柄也。口与柄前后相对，相以柄之所向，主施惠者为尊；必以口之所向，主受惠者为卑。故不以口向人，敬客之意耳。后世相沿，而昧其旨，遂为俗忌，并不以口向，已失之矣。

（《天香楼偶得》）

汉酎金律，文帝所加，以正月旦作酒，八月成，名“酎酒”。因合诸侯，助祭贡金。诸侯各以名口数，率千口奉金四两有奇，不满千口至五百口，亦四两，皆会诣少府受。又大鸿胪所掌诸侯食邑，九真、交趾、日南者，用犀角，长九寸以上，若瑇瑁甲一。郁林用象牙，长三尺以上，若翡翠各二十集，以当金。今人知有酎金，而不知犀角瑇瑁等之当金矣。

（《天香楼偶得》）

陆元光《回仙录》云：吴兴之东林沈东老，能酿十八仙白酒。一日，有客自号回道人，长揖于门曰：“知公酒新熟，远来相访，愿求一醉。”实熙宁元年八月十九日也。公见其气骨秀伟，跫然起迎。徐观其碧眼有光，与之语，其声清圆。于古今治乱，老庄浮图氏之理，无所不通，知其非尘埃中人也，因出酒器十数于席间，曰：“闻道人善饮，欲以鼎先为寿，如何？”回公曰：“饮器中惟钟鼎为大，屈卮螺杯次之，而梨花蕉叶最小。请戒侍人，次第速斟，当为公自小至大以饮之。”公笑曰：“有如顾恺之食蔗，渐入佳境也。”又约周而复姓，常乃器满斟于前，笑曰：“渐谓樽中酒不空也。”回公兴至，即举杯浮白。常命东老鼓琴，回乃浩歌以和之。又尝围棋以相娱，止奕数子，辄拂去，笑曰：“只恐棋终烂斧柯。”回公自日中至暮，已饮数斗，了无醉色。是夕月微明，秋暑未退，蚊蚋尚多。侍为秉扇殴拂，偶灭一烛。回公乃命取竹枝，以余酒噀之，插于远壁。须臾蚊蚋尽栖壁间，而所饮之地洒然。东老欲有所叩，先托以求驱蚊之法。回公曰：“且饮，小术何足道哉。闻公自能黄白之术，未尝妄用，且笃于孝义，又多阴功，此予今日所以来寻访，而将以发之也。”东老因叩长生轻举之术，回公曰：“以四大假合之身，未可离形而顿去，惟死生去住为大事。死知所往，则神生于彼矣。”东老摄衣起谢，有以喻之。回公曰：“此古今人所谓第一最上极则处也。此去五年，复遇今日，公当化去。然公之所钟爱者子偕也，治命时不得见之。当此之际，公亦先期而致，谨勿动怀，恐丧失公之真性。”东老颔而悟之。饮将达旦，则瓮中所酿，止留糟粕而无沥矣。回公曰：“久不游浙中，今已为公而来，当留诗以赠。然吾不学世人用笔书。”乃就擘席上榴皮，画字题于庵壁，其色微黄，而渐加黑。故其言有回仙人题赠东老诗：“西邻已富忧不足，东老虽贫乐有余。白酒酿来缘好客，黄金散尽为收书。”已而告别，东老启关送之，天渐明矣。握手并行，笑约异时之集。至舍西石桥，回公先度，乘风而去，莫知所适。后四年中秋之吉，东老微恙，乃属其族人而告之曰：“回公熙宁元年八月十九日尝谓予曰：‘此去五年，复遇今日，当化去。’予意明年，今乃熙宁之五年也。子偕又适在京师干荐，回公之言，其在今日乎。”及期捐馆，凡回公所言，无有不验。

（《苕溪渔丛话》）

《石林诗话》云：晋人多言饮酒，有至沉醉者。此未必意真在于酒，盖方时艰难，人各怯祸，惟托于醉，可以粗远世故。盖陈平、曹参以来用此策。《汉书》记陈平于刘、吕未判之际，日饮醇酒戏妇人，是岂真好饮耶？曹参虽与此异，然方欲解秦之烦苛，付之清净，以酒杜人，是亦一术。不然，如蒯通辈无事而献说者，且将日走其门矣。流传至嵇、阮、刘伶之徒，遂全欲用此为保身之计，此意惟颜延年知之。故《五君咏》云：“刘伶善闭关，怀清灭闻见。韬精日沉饮，谁知非荒宴。”如是饮者未必剧饮，醉者未必真醉也。后世不知此，凡溺于酒者，往往以嵇、阮为例，濡首腐肋，亦何恨于死耶！

（《苕溪渔丛话》）

《复斋漫录》云：唐李敬方劝醉诗云："不向花前醉，花应解笑人。只因连夜雨，又过一年春。日日无穷事，区区有限身。若非杯酒里，何以寄天真？"杜子美绝句云："二月已破三月来，渐老逢春几能回。莫思身外无穷事，且尽生前有限杯。"二诗虽相缘，而杜则尤其工者也。世所传"相逢不饮空归去，洞口桃花也笑人"之句，盖出于敬方。

（《苕溪渔丛话》）

苕溪渔隐曰："酝酒之法，无出月令，数语能尽其要。余尝试之，酒无不佳矣。其语云：'秫稻必齐，曲蘖必时，湛炽必洁，水泉必香，陶器必良，火齐必得，用此六物耳。'六一居士《醉翁亭记》云：'酿泉为酒，泉香而酒冽'，本此语也。"

（《苕溪渔丛话》）

《复斋漫录》云，陈沈炯《独酌谣》曰："独酌谣，独酌谣，独酌谣。智者不我顾，愚夫余未要。不愚复不智，谁当予见招。所以成独酌，一酌倾一瓢。"白乐天以吴祕监有美酒，多独酌。但蒙旧报，不以饮招。故云"君称名士夸能饮，我是愚夫肯见招。"盖用王孝伯读《离骚》饮美酒，并此事也。

（《苕溪渔丛话》）

苏东坡云，陶潜诗："但恐多谬误，君当恕醉人。"此未醉时说也。若已醉，何暇忧误哉。然世人言醉时是醒时语，此最名言。张安道饮酒初不言盏数，与刘潜、石曼卿饮，但言当饮几石而已。欧公盛年时，能饮百盏，然常为安道所困。圣俞亦能百许盏，然醉辄高叉手，而语弥温谨。此亦知所不足而勉之，非善饮者。善饮者淡然与平时无少异。若仆者又何其甚，饮一盏而醉，醉味与数君何异，亦无所羡耳。

（《苕溪渔丛话》）

《文昌杂录》云，京师贵家，多以酴醾渍酒，独有芬香而已。年近方以榠楂花悬酒中，不惟馥郁可爱，又能使酒味辛冽，始于戚里，外人盖未知也。

（《苕溪渔丛话》）

张文潜云：陶元亮虽嗜酒，家贫不能常饮酒，而况必饮美酒乎。其所与饮，多田野樵渔之人，班坐林间，所以奉身而悦口腹者盖略矣。白乐天亦嗜酒，其家酿黄醅者，盖善酒也。又每饮酒必有丝竹僮妓之奉。洛阳山水风物甲天下，其所与游，如裴度刘禹锡之徒，皆一时名士也。夫欲为元亮，则窘陋而难安。欲为乐天，则备足而难成。吴德仁居二人之间，真率仅似陶，而奉养略如白，其放达则并有之，岂非贤哉。

（《苕溪渔丛话》）

《艺苑雌黄》云：张景阳《七命》云，“乃有荆南乌程，豫北竹叶。”说者以荆南为荆州耳。然乌程县今在湖州，与荆州相去甚远。南五十步有箬溪，夹溪悉生箭箬。南岸曰上箬，北岸曰下箬。居人取下箬水，酿酒醇美。俗称“箬下酒。”刘梦得诗云：“骆驼桥畔蘋风起，鹦鹉杯中箬下春。”即此也。荆溪在县南六十里，以其水出荆山，因名之。张玄之山墟名云：“昔汉荆王贾登此山，因以为名。”故所谓荆南乌程，即荆溪之南耳。若以为荆州，则乌程骈荆州三千余里，封壤大不相接矣。苕溪渔隐曰：“余以湘州图经考之，乌程县以古有乌氏程氏居此，能酿酒因此名焉。其荆溪则在长兴县西南六十里，此溪出荆山。张协《七命》云：‘酒则荆南乌程’，荆南则此荆溪之南也。《艺苑雌黄》引长兴县南五十步箬溪水，酿酒醇美，称箬下酒，以为乌程酒，反以梦得诗为证，皆误矣。”

（《苕溪渔丛话》）

《后史补》云：河中桑落坊有井，每至桑落时，取其寒暄得所，以井水酿酒，甚佳，故号桑落酒。旧京人呼为桑郎，盖语讹耳。庾信诗云：“蒲城桑落酒，灞岸菊花秋。”白居易诗云：“桑落气薰珠翠暖，柘枝声引完弦高。”

（《苕溪渔丛话》）

苕溪渔隐曰：“江南人家造红酒，色味两绝。李贺《将进酒》云：‘小槽酒滴真珠红’，盖谓此也。乐天诗亦云：‘燕脂酌葡萄。’葡萄，酒名也，出太原，得非亦与江南红酒相类者乎？”

（《苕溪渔丛话》）

自唐白乐天始为“何处难忘酒”诗，其后诗人多效之。独近世王景文质所作，依放豪逸，如其为人，余得其四篇曰：“何处难忘酒？蛮夷大不庭。有心扶白日，无力洗沧溟。豪杰将班白，功名未汗青。此时无一盏，壮气激雷霆。”“何处难忘酒？奸邪太陆梁。腐儒空有郦，好汉总无张。曹赵扶开宝，王徐卖靖康。此时无一盏，泪与海茫茫。”“何处难忘酒？英雄太屈蟠。时违聊置畚，运至即登坛。《梁甫吟》声苦，干将宝气寒。此时无一盏，拍碎石栏干。”“何处难忘酒，生民太困穷。百无一人饱，十有九家空。人说天方解，时和岁自丰。此时无一盏，入地诉英雄。”景文他文极多，号《雪斋集》大略似是。余又读王荆公《临川集》亦有二篇。其一篇特典重曰：“何处难忘酒？君臣会合时。深堂拱尧舜，密席坐皋夔。和气袭万物，欢声连四夷。此时无一盏，真负《鹿鸣诗》。”二公同一题，而暗呜叱咤，一转于俎豆间，便觉闲雅不侔矣。余尝作一室，环写此诗，恨不多见云。

（《桯史》）

语云：酒随量饮，此定则也，然未有一日之间，量乍窄而乍洪者。予游历江粤二十年，所阅酒人多矣，而量之奇者，只见其二，皆于岭南之武缘遇之。一为江南朱霞川八兄，霞川名爚，字郁文。明齐王樽十一世孙，世居秣陵文德桥，谦厚真诚，古之君子也。诗文音律，铁笔篆书，俱妙冠当时，而尤异者在酒量。平时讷讷寡言，每逢衣冠庄饮，则危坐正容，寂然无语。饮仅一二杯，即沉醉罢去。若不能罄一蕉叶者，及遨游山水泉石间，或与良朋团坐小饮，举爵无算。竟席雄谈，平生邃于史学。每当酒酣耳热，论及某朝某人某事，如是如是。而昔之论世者，或当或不当，皆历历指陈继出已意以断之，议论与酒杯相间而举，终夕不倦。所与同饮之人，类皆高雅，巨量亦多。然至午夜，或有沉醉偃卧，及避席而去者，而霞川独坐，以大斝豪饮。虽至黎明，未尝见其醉也。一为河南朱堪，字任之，卫辉新乡人。为思恩游击崔公士达之表弟，长身黑面，勇力绝群。尝以称锤重十余斤者，绳系其环，作流星锤舞之，轻如一叶，而寒风逼人不可近，性甚谦谨，恂恂若书生。其饮酒也，至二三杯，即面赤目红，颓然而卧，鼾声似虎惊座间。少顷醒，面目之红赤虽如故，而气爽神清，无论酒之醇醨，杯满即干。初无留滞，纵饮或通宵。步履语言，依然故我，亦未尝见其醉也。予同事有善饮者五人，慈溪冯茂枝、山阴沈敏为、会稽沈润玉及二朱也。当时席间有饮中五虎将之誉，而以二朱为最。或与众人剧饮，酒阑人散后，两人复开尊对酌。或纵谈往古，或按节高歌。每至朝旭盈窗，犹传杯未已。然未尝使酒骂坐，沉湎颓唐。常日必了其所司之事，而后携手游乡。霞川长予二年，予素以兄事之。自乙未归来，闻于已亥端午卒于武缘，黯然者累日。呜呼，今之耽于酒者，非狂徒则酒瓮耳。欲如二朱之量之德之趣，予远游二十年，盖未尝再见也。西窗独酌，忆及故人，感而书此。

（《听雨轩笔记》）

陈伯阳亦好著卷檐毡帽。帽檐中常贮虾干。人欲乞画，往往具酒食，俟其醉豪，和墨舐之，若探虾佐酒，便是其盘礴时矣。

（《太平清话》）

王冏伯之状弇州公曰：府君生平经国之略，踯躅世路，而耻不尽其才。呕心腐骨，顿挫幽忧，逃于醉乡，冀泯知觉，而耻称酒德。贤豪借名，饥寒借色，而耻居去者，冢笔穴砚。仆仆以应四方，而耻天下以文章为知已。尝曰：“小子识之，人故不可以无友，吾名赖二三君子而立。吾之不缁于江陵，赖赵汝师及门，而白吾先人九泉之冤。与十七年以后昭旷之典，又得徐、申两相及元驭之力，而逝者生者两无憾，小子识之。”又曰：“吾自束发，即负大志。既举进士，有所见闻，即负大愤。庚戌以后，国势危而巢穴之几覆，即负大虑。已未以后难作矣，即负大痛。戊辰以后，有所迫而不能固匹夫之节，即负大慙。庚辰以后，觉而悟前之僭也，即负大悔。吾他无深嗜，颇读书文及嗜酒。酒损吾德，而幽滞之际，亦复赖以活。文章稍益吾身后而实小之。且吾以酒得生，以生得讥，以文章得誉，以誉得谤，以讥谤得挫。挫之与讥谤也，盖天之所以怜我；而我之所以自解于辟者也。”噫，合州公之为状也，亦若是而已矣。

（《太平清话》）

古人嗜酒，以斗为节。十斗一石，量之极也。故善饮若淳于髡、卢植、蔡邕、张华、周顗之辈，未有逾一石者。独汉于定国，饮至数石不乱，此是古今第一高阳矣。时如寇莱公、石曼卿、刘潜、杜默，皆以饮称雄者，其量恐亦不下古人也。近代酒人，不知视昔如何。但缙绅之中，能默饮百杯以上，不动声色者，即足以称豪矣。以耳目所睹记，若曾学士棨，冯司成衍，胡总制宗宪，汪司马道昆，皆自负无对者，而其他猥琐不论也。曾学士至铸铜与身等，见其所饮内之，至铜人溢出，而尚未醉。冯司成放春榜，每进士陪一杯，遂讫三百杯，兴未尽，复于中择善饮者五人，与立酬酢，又百余爵。五人皆踉跄不胜，而冯无恙也。胡在浙中迎乡榜亦然。汪司马每饮，大小尊罍错陈，以尽一几为率。啜之至尽，略无余沥，亦裴弘泰之匹矣。然汪尝言，善饮者必自爱其量，每见人初即席，便大吸者，辄笑之，亦可谓名言也。

（《五杂俎》）

西北荒中有玉馈之酒，酒泉注焉。广一丈，长深三丈。美酒如肉，澄清如镜。上有玉尊玉笾。取一尊，一尊复生焉，与天同体，无干时。石边有脯焉，味如麞鹿脯。饮此酒，人不生死，一名遗酒。其脯名曰追腹，食一片复一片。

（《神异经》）

王可交棹渔舟入江，遇一彩舫.有道士七人，玉冠霞帔，侍从十余人，鬓角云鬟，面前各有青玉盘酒器。呼可交上舫，命与酒吃。侍者泻酒于樽，酒再三不出。道士曰：“酒灵物，若得入口，当换其骨。泻之不出，亦命也。”一人曰：“与栗吃。”俄取二栗与之。其栗青赤有光如枣，长二寸许，啮之有皮，非人间之栗，肉脆而甘。可交食栗之后，绝谷逓静，若有神助。

（《五色线》）

司马相如初与卓文君还成都，居贫愁懑，以所著鹔鹴裘，就市人阳昌贯酒，与文君为欢。既而文君抱颈而泣曰：“我平生富足，今乃以衣裘贯酒。”遂相与谋于成都卖酒。相如亲著犊鼻裈涤器，以耻王孙。王孙果以为病，乃厚给文君。文君遂为富人。

（《西京杂记》）

高祖为泗水亭长，送徒骊山，将与故人诀去。徒卒赠高祖酒二壶，鹿肚牛肝各一。高祖与乐从者饮酒食肉而去。后即帝位，朝脯尚食，常具此二炙，并酒二壶。

（《西京杂记》）

汝南桓景，随费长房游学累年，长房谓曰：“九月九日，汝家中当有灾，宜急去。令家人各作绛囊，盛茱萸以系臂，登高，饮菊花酒，此祸可除。”景如言，齐家登山，夕还，见鸡犬牛羊，一时暴死。长房闻之曰：“此可代也。”今世人九日登高饮酒，妇人带茱萸囊，盖始于此。

（《续齐谐记》）

巩下韩道人，本出布衣。家曾以荫补官。中年遇异人，有所得，即弃官学道。予曾见之秦州之陇城。说太和初，秋雨后行山间，忽见一大叶随流而下。韩初不以为意，俄数叶间，一桃大如杯碗，为石所碍而止。韩取得之，桃红而香，非凡目所常见，知为希遇。望三峰再拜，食之尽，怀枝叶归，就洞穴高绝处，钻桃核，破取仁，吞之，甘如酥蜜。因以核为两酒杯，各受一勺余。韩从此或食或辟谷，时年已六十，状貌只如三十许人。一日从予乞酒，以此杯酌，核得酒，红润如新。约予赋桃杯诗，因循未暇。北流后，长春尹师，亦有一桃杯，云是宣政内府物云。

（《续夷坚志》）

梅宛陵（疑为“吟”字——船歌）诗，好用案酒，俗言下酒也，出《陆玑草木疏》。荇，接余也，白茎，叶紫赤，圆径寸余，浮水上。根在水底，与之深浅。茎大如钗股，上青下白。煮其白茎，以苦酒浸之，脆美可案酒。今北方多言案酒。

（《续笔记》）

景文公诗云：“镂管喜传吟处笔，白波催卷醉时杯。”读此诗不晓白波事。及观《资暇集》云：“饮酒之卷白波，盖起于东汉。既擒白波贼戮之，如卷席然。故酒席仿之，以快人情气也。”疑出于此。余恐其不然。盖白者罚爵之名，饮有不尽者，则以此爵罚之。故《班固叙传》云：“诸侍中皆引满举白。”左太冲《吴都赋》云：“飞觞举白”注云：“行觞疾如飞也。太白杯名。”又魏文侯与大夫饮酒，令曰：“不釂者浮以大白。”于是公乘不仁举白浮君。所谓卷白波者，盖卷白上之酒波耳，言其饮酒之快也。故景文公白波对镂管者，诚有谓焉。按《汉书》，黄巾余党，复起西河，白波谷号曰白波贼，众十余万。

（《湘素杂记》）

石曼卿一日谓秘演曰：“馆俸清薄，不得痛饮，且僚友钁之殆遍奈何？”演曰：“非久引一酒主人奉谒，不可不见。”不数日，引一纳粟牛监簿者，高赀好义，宅在朱家曲为薪炭市坪，别第在繁台寺西，房缗日数十千。常谓演曰：“某薄有涯产而身迹尘贱，难近清贵。慕师交游尽馆阁名士，或游奉有阁无惜示及。”演因是携之以谒曼卿，便令置宫醪十担为贽，列瓯于庭，演为传刺。曼卿愕然问曰：“何人？”演曰：“前所谓酒主人者。”不得已因延之，乃问甲第何许，生曰："一别舍介繁台之侧。"其生亦翔雅，曼卿无语。演曰："繁台寺阁虚爽可爱，久不一登。"其生离席曰："学士与大师果欲登阁，乞预宠谕，下处正与阁对，容具家蔌，在阁迎候。"石因诺之。一日，休沐约演同登。演预戒生，生至期果陈具于阁。器皿精核，冠于都下。石、演高歌褫带，饮至落景。曼卿醉喜曰："此游可纪。"以盆渍墨，濡巨笔以题云："石延年曼卿同空门诗友老演登此。"生拜叩曰："尘贱之人幸获陪侍，乞挂一名以光贱迹。"石虽大醉，犹握笔沉虑，无其策而拒之，遂目演醉舞，佯声讽之曰："大武生，牛也；捧砚用事可也。"竟，不免题云："牛某捧砚。"故悄叔后以诗戏曰："捧砚得全牛。"

（《湘山野录》）

抚人饶束者，驰辨逞才，少与刘史馆相公冲之有素。时刘相馆职知衡州，生假道封下，因谒之。公觇名纸已颦额不悦，生趋前亟曰："某此行有少急干，不可暂缓，行李已出南关，又不敢望麾旌潜过，须一拜见，但乞一饭而去。"公既闻不肯少留，遂开怀待之，问曰："途中无缺否？"生曰："并无，惟乏好酒尔。"遂赠佳酝一担，拜别鞍马，遂行。公颇幸其去。至耒阳，密觇其令，誉不甚谨，遽谒之曰："知郡学士甚托致意，有双壶，乃兵厨精酝，仗某携至奉赠，请具书谢之"。令闻以书为谢，必非诳诈，又幸其以酒令故人送至，其势可恃，大喜之，急戒刻木。数刻间，醵金牛镪贶之，瞥然遂去，后数日，刘公得谢酝书，方寤寐噬脐矣。

（《湘山野录》）

李侍读仲容魁梧善饮，两禁号为"李万回真庙饮量"。近臣无拟者，欲敌饮，则召公。公居常寡谈，颇无记性，酒至酣则应答如流。一夕，真宗命巨觥，俾满饮，欲观其量。引数大醉，起，固辞曰："告官家撤巨器。"上乘醉问之："何故谓天子为官家？"遽对曰："臣尝记蒋济《万机论》言：'三皇，官天下；五帝，家天下。兼三五之德，故曰'官家'。"上甚喜，从容数杯。上又曰："正所谓君臣千载遇也。"李亟曰："惟有忠孝一生，心纵冥搜，不及于此。"

（《湘山野录》）

赵襄子饮酒，五日五夜不废酒，谓侍者曰："我诚邦氏也。夫饮酒五日五夜矣，而殊不病。"优莫曰："君勉之，不及纣二日耳。纣七日不夜，今君五日。”襄子惧，谓优莫曰：“然则吾亡乎？”优莫曰：“不亡。”襄子曰：“不及纣二日耳，不亡何待？”优莫曰：“桀纣之亡也遇汤武，今天下尽桀也，而群纣也，桀纣并世，焉能相亡？然亦殆矣。”

（《新序》）

元和初，酌酒用尊杓，无何，改为注子。其形如罂而盖嘴，柄其背。元和中，贵人仇士良恶其名同郑注，乃去其柄，安系若茗瓶，而小异之，目曰偏提。

（《续事始》）

刘公《嘉话录》曰：三台送酒。盖因北齐文宣毁铜雀台，宫人拍促，呼上三台，因以送酒。《资暇》云：三台三十拍促，曲名。昔邺中有三台，石季伦游宴之地，近乐工此曲促饮也。又一说，蔡邕自治书御史，累迁尚书，三日之间，周历三台，乐府制此曲以悦邕。三说未知孰是。

（《续事始》）

《晋书》：束皙曰，昔周公卜洛，流水以汎酒。故逸诗曰，“羽觞随流波”。其后三月三日，曲水流杯，即其遗事。

（《续事始》）

杨安国判监，集学宫饮，必诵诗谱以侑酒。举杯属客，曰：“诗之兴也，谅不于上皇之世，且饮酒。”裴如晦亦举杯曰：“古者伏羲氏之王天下也，不能饮矣。”一座皆笑，而杨不悟。

（《续事始》）

有奉议郎丁綖者，某同年进士也。常言其祖好道，多延方士，尝任荆南监兵。有一道人，礼之颇厚。丁罢官，道人相送，临行，出一小木偶人，如手指大，谓丁曰：“或酒尽时，以此投瓶中。”丁离荆南数程，野次逢故旧，相与饮酒，俄而壶竭。丁试取木偶投瓶中，以纸盖瓶口。顷之，闻木人触瓶纸有声，亟亟开视之，芳酎溢瓶矣。

（《续明道杂志》）

张文敏尚书嗜饮，有醉中作书极得意者。内府所藏临争坐贴，自题谓酒气拂拂，从十指间出。上甚赏之。

（《西清笔记》）

陈留人刘际明，起家进士，以御史出守畿南，为人倜傥，不拘小节。会县令高某颇有才，一见莫逆，遂略堂属之分，宴饮戏谑为常。时别驾某，椎野老悖，待高及不能如五马之忘形。高心厌之，一日酒间，别驾举一令曰："右手相同绢绫纱，头上相同官宦家。若不是这官宦家，如何用得他这许多绢绫纱？"其语实鄙俚。高益憎之，乃曰："左手相同姊妹姑，头上相同大丈夫。若不是吾大丈夫，如何弄得你许多姊妹姑？"别驾大怒，骂坐而起。刘续之曰："左手相同糠粃粫，头上相同尿屎屁。不吃这些糠粃粫，如何放出许多尿屎屁。"意欲两解之。而别驾愈怒，遂致互揭同去。

（《笑笑录》）

曹学士洛禋为余言，康熙甲申春，与友人潘锡畴游黄山。至文殊院，与僧雪庄对食。忽不见席中人，仅各露一顶。僧曰："此云过也。"次日入云峰洞，见一老人，身长九尺，美须髯，衲衣草履，坐石床。曹向之索茶。老人笑曰："此间安得茶？"曹带炒米献老人。老人曰："六十余年未尝此味矣。"曹叩其姓氏，曰："余姓周名执，官总兵，明末隐此，百三十年。此猿洞也。为虎所据，诸猿患之，招余杀虎殪其类，因得居此。"床置二剑，光如沃雪。台上供河洛二图六十四卦，地堆虎皮数十张，笑谓曹曰："明日诸猿来寿我，颇可观。"言未已，有数小猿至洞前，见有人，惊跳去。老人曰："自虎害除，猿感我恩，每日轮班来供吏令。"因呼曰："我将请客，可拾薪煨芋。"猿跃去，少顷捧薪至，煮芋与曹共啖。曹私忆此间得酒更佳。老人已知，引至一崖，有石覆小凹，澄碧而香。曰："此猢狲酒也。"酌而共饮，老人醉，取双剑舞，走电飞沙，天风皆起。舞毕还洞，枕虎皮卧，语曹云："汝饿，可随手取松子橡栗食之。"食后体觉轻健。先是曹常病寒，至是病减八九。最后引至一崖，有长髯白猿，以松枝结屋而坐，手索书一卷诵之，琅琅不解作何语，其下千猿拜舞。曹大喜，急走归告雪庄，拉之同往洞中，止存石林，不见老人。

（《新齐谐》）

予在史馆时，日请良酝酒一斗。然饮少，多有藏者。汤东谷从予索之，诗曰："兼旬无酒饮，诗腹半焦枯。闻有黄封在，何劳市上沽。"予尝至其第，见其厅事春联云：“东坡居士休题杖，南郭先生且滥竽。”后堂曰：“片言曾折虏，一饭不忘君。”盖东谷尝从兴济伯礼部尚书杨忠定公奉迎銮舆，故去。其东偏云：“蹔挂西山笏，闲开北海尊。”其西偏曰：“长生惟食粟，老眼渐生花。”而豪侠之气，可以想见矣。

（《县笥琐探》）

熙宁间江宁府句容簿，失其姓名。至茅山，遇道人高担，披发跣足，与簿剧谈，饮酒终日。书一诗，留别而去，莫知所之。诗云：“崖下相逢不忍还，狂歌醉酒且盘桓。仇香莫问神仙事，天上人间总一般。”

（《西溪丛语》）

承光殿南，乾隆十年建石亭，以置元代玉瓮。按辍耕录：黑玉酒瓮，玉有白章。随其形刻为鱼兽出没波涛之状。其大可贮酒三十余石，径四尺五寸，高二尺，围圆一丈五尺。至元二年告成，敕置广寒殿云。其后屡易朝代，废置某道院中，以为酱瓿。有工部侍郎三和者，善博古物，于道院见之，因贱价赎以归，进上，仍置故处。纯皇御制玉瓮歌，以纪其事，命廷臣赓和。以郑虎文之诗为最，其词曰：“天启圣瑞玉瓮出，惟圣克受昭声歌。臣愚未睹法宫宝，伏读睿藻心为摹。瓮广三尺容五石，随形窅突浮圆荷。刻划类铸象鼎物，长风蹴踏万里波。腥涎怪物走蛟蜃，呀呷睒瞲腾鼋鼍。阳冰不冶阴火阒，怪变灭没吞江河。伊谁铲削运鬼斧，或巨灵掌吴刚柯。吾思此玉当在璞，魄然万古藏嵯峨。百灵孕合胚太极，润及草木辉岩阿。原为圣役剖凿出，宛转人世袭白窠。那知德薄不能有，供玩耳目羞婵娜。如延津剑泗水鼎，神物终化理不讹。于时恭承陛下圣，万方贡献声猗那。人无遗贤物鲜弃，希世宝肯终烟萝。熊熊龙气光烛夜，乃迹而得归搜罗。转敕内府输朽贯，千金易致驷马驮。陈之广殿重图训，莫如金瓯无倾陂。龙翔凤翥发天唱，四十八人鸣相和。呜呼隐见会有遇，委弃道院岁已多。冬菹实腹泥没足，学士凭吊资吟哦。拂试偶及光万国，经天不掩同羲娥。甄幽拔隐寄深慨，谁其会者空摩挲。异物且贵况奇士，努力明盛无蹉跎。”

（《啸亭杂录》）

徐晦嗜酒，沈傅师善食。杨复云：“徐家肺，沈家脾，其安稳耶。”

（《谐噱录》）

秀才有无赖子史姓，豪于饮，终日酣醉，人以酒徒称之。道光壬辰，王师征台匪，满洲将军办军务，泊舟王江泾。酒徒自他处醉归，风吹钦差旗指其面。酒徒曰："此何物，遽上乃公面耶？"手裂碎之。将军大怒，令捽酒徒至船上，诘之曰："何故碎吾旗？"酒徒酒已醒，曰："非敢碎将军旗，为将军报佳兆耳，愿将军旗开得胜，马到成功。"将军遂释之。由是史酒徒之名益著。

(《香饮楼宾谈》)

施南人燕聚，若饮以咂酒，盖亲而近之之意。此犹蛮俗也。咂酒者，以蜀秫蒸熟，和曲酿之，临饮则分受于尺许高之小坛内，筑令满，设于庐舍之中，预载细竹一枝，约三尺许，通其节，插竖坛上，旁列一盎，用盛新汲之水。客毕至，主人以器挹水注坛，乃让齿德尊者，先就坛次，于竹上咂之。水尽则益，以酒尽为度。（杜诗"芦酒多还醉"注云：糜谷，酿成不醡也。以芦为筒吸而饮之，亦名句藤酒，是即咂酒也。水多则酒薄，故诗云：多还醉也。惟工部所咏陇坻以西之俗，第不知其主客酬酢之仪亦同否？）

(《闲处光阴》)

余居三河乡间时，有前在家教读师某君来作客。一日，相过小饮，询余："今岁果歉乎？"余曰："歉甚。"曰："粮价日见增昂，子谓将以何法平之？"余指杯中酒曰："戒酒。"某君曰："请闻其说。"余曰："此方民食，不问贫富，率以蜀秫为常餐。今蜀秫一斗直至三千，其故在烧锅贾，恐春来价更高，不遗余力而籴。境内有烧锅十二家，烧酒之器曰甑，用蜀秫十二石，麦面二百四五十斤。合十二家之糜费，曲姑不计，蜀秫日需百四十四石。且其中尚有双灶双甑者。公如暂禁烧酒，或裁汰私烧，何患粮价不平耶？"某君曰："容徐思之。"

(《闲处光阴》)

饮酒先食盐一匙，则饮必倍。

人饮烧酒过多，近火即口中火出，得水愈炽，惟灌以老醋即止。

(《闲处光阴》

辛洞好酒而无资，常携榼登人门，每家取一盏投之，号为簇酒。

(《叙闲录》)

陆放翁笔记有云："唐人爱饮甜酒灰酒，如杜子美诗，'不放春醪令蜜甜'，"则引证切矣。如灰酒，又引陆龟蒙"酒滴灰香似去年"一句为证。余又哂其不然。盖龟蒙初冬绝句末联云："小炉低幌还遮掩，酒滴灰香似去年。"言初冬围炉饮，酒盏沥滴在灰中而香，仍似去年光景，不是酒似灰香耳。以上句观之，其义昭然。此老精于诗，而不善观诗如此，何哉？

（《学斋呫哔》）

洞咸平三年进士，解褐雄武军推官，辄用公钱，除名，归吴中。数年日以酣饮为事。常从民坊贳酒。一日大署壁作酒歌数百言，乡人争往观，其酤数倍，乃尽捐洞所负。

（《许洞传》）

田桓子曰："何谓纵酒？"晏子曰："无客而饮，谓之纵酒。今若子者，昼夜守尊，谓之纵酒也。"

（《晏子》）

晏子饮景公酒，日暮，公呼具火。晏子辞曰："诗云，侧弁之俄，言失德也。屡舞傞傞，言失客也。既醉以酒，既饱以德，既醉而出，并受其福，宾主之礼也。醉而不出，是谓伐德，宾之罪也。婴已卜其日，未卜其夜。"公曰："善。"举酒祭之，再拜而出。曰："岂过我哉，吾托国于晏子也。以其家货养寡人，不欲其淫侈也。而况与寡人谋国乎。"

（《晏子》）

姚宋佐彬州人。乾道八年登第，为静江府教授。能诗文，颇擅名其乡，而举措多失之轻易。尝赴经略司干官宴。坐客受劝觞，适当酌主人。姚见酒黑色，而侍妾所执樽，又非适所用者，疑为紫苏水，作色而起，曰："客则饮酒，主人则饮水，何哉？"主人曰："此亦酒也，安得有二？"姚以所疑对，主人笑谢不然，终不之信。别酌以酬之，而自掠取所斟者，一饮而尽，始知是酒。

（《夷坚志》）

梁宴魏使，魏肇师举酒劝陈昭曰："此席已后，便与卿少时阻阔，念此甚以凄眷。"昭曰："我钦仰名贤，亦何已也。路中却不尽深心，便复乖隔，泫叹如何。"俄而酒至鹦鹉杯，徐君房饮不尽，属肇师。肇师曰："海蠡蜿蜓，尾翅皆张，非独为玩好，亦所以为罚。卿今日真不得辞责。”庾信曰：“庶子好为术数。”遂命更满酌。君房谓信曰：“相持何乃急！”肇师曰：“此谓直道而行，乃非豆萁之喻。”君房乃覆碗。信谓瑾肇师曰：“适信家饷致濡醁酒数器，泥封全，但不知其味若何，必不敢先尝，谨当奉荐。”肇师曰：“每有珍藏，多相费累。顾更以多惭。”

（《酉阳杂俎》）

阿萨部多猎虫鹿，剖其肉重叠之，以石压沥汁。税波斯拂林等国，米及草子，酿于肉汁之中，经数日，即变成酒，饮之可醉。

（《酉阳杂俎》）

魏贾锵家累千金，博学善著作。有苍头善别木，常令乘小艇于黄河中，以瓠匏接河源水，一日不过七八升。经宿，器中色赤如绛，以酿酒，名昆仑觞。酒之芳味，世中所绝。曾以三十斛上魏庄帝。

青田核，莫知其树实之形。核大如六升匏。注水其中，俄倾水成酒，一名青田壶，亦曰青田酒。蜀后主有桃核两扇，每扇着仁处，约盛水五升，良久水成酒醉人。更互贮水，以供其宴，即不知得自何处。

（《酉阳杂俎》）

俗好剧语者云，昔有某氏，破产贯酒，少有醒时，其友题其门阖云：“今日饮酒醉，明日饮酒醉。”邻人读之不解，曰：“今日饮酒醉，是何等语？”于今青衿之子，无不记者。《谈薮》云，北斋高祖，尝宴群臣。酒酣，各令歌。武卫斛律丰乐歌曰：“朝亦饮酒醉，暮亦饮酒醉。日日饮酒醉，国计无取次。”帝曰：“丰乐不谄，是好人也。”

（《酉阳杂俎》）

梁徐君房劝魏使尉瑾酒，一噏即尽，笑曰：“奇快！”瑾曰：“卿在邺饮，未尝倾卮。武州已来，举无遗滴。”君房曰：“我饮实少，亦是习惯，微学其进，非有由然！”庾信曰：“庶子年之高卑，酒之多少，与时升降，不可得而度。”魏肇师曰：“徐君年随情少，酒因境多，未知方十复作，若为轻重？”

（《酉阳杂俎》）

坡公元丰七年，自黄量移汝海。五月访张文定公于瑞。七八月间，留连金陵，过阳羡。九月，抵宜兴通真观侧郭知训提举宅，即公所馆。往年，邑簿朱冠卿续编《图经》云：五十五里，地名黄土村。坡公尝与董秀才步田至焉。地主以酒见饷，谓坡曰："此红友也。"坡言，此人知有红友，不知有黄封，真快活人也。

（《游宦纪闻》）

曾公棨伟仪雄干，善饮喜啗，人莫测其量。张英国辅，欲试之，密使人围其腹，作纸俑置厅，事后命苍头视公饮。饮几许如器，注俑中，乃邀公饮，竟日俑已溢，别注瓮中，又溢。公神色不动。夜半，英国具舆从送归第，属使者善侍之，意公必醉。坐伺，使者返，命公归，亟呼家人设酒劳舆隶公，取觞复大酌。隶皆醉，公方就寝。英国闻之大惊。

（《异林》）

东阳徐公，居在长山下。常登岭，见二人坐于山崖对饮。公索之，二人乃与一小杯。公饮之遂醉，后常不食亦不饥。

（《异苑》）

魏文帝典论云：大驾都许使光禄大夫刘松，北镇袁绍军，与绍子弟日共宴饮。以三伏之际，昼夜酣饮。极醉，至于无知。云以避一时之暑，故河朔有避暑饮。吾尝谓此，非松好饮，盖自为计耳。方曹操时与袁绍子弟相从，若不日饮，安能使曹不疑？此不惟松为身谋，亦所以防绍子弟使不暇为他图也。今人颇传此故，遂有谓酒真能逃暑者云。方暑正昼，极饮辄凉，殊不可解，不过醉而沉惑，不知有暑耳。然亦何足为适？

（《玉涧杂书》）

苗晋卿困于名场，一年似得复落第。春景暄妍，策蹇驴出都门，贳酒一壶，藉草而坐，醺醉而寐。久之既觉，有老父坐其旁，因揖叙，以余杯饮老父。愧谢曰："谢君萦悒，宁知前世耶。"苗曰："某应举已久，有一第分乎？"曰："大有事，但更问。"苗曰："某困于穷变，然受一郡宁可及乎？"曰："更向上。"曰："廉察乎？"曰："更向上。"苗公乘醉猛问曰："将相乎？"曰："更向上。"苗公怒，全不信。

（《幽闲鼓吹》）

次襄阳，吊同年王绣岭尊人，为留一日，憩于春酒亭。初予过此，绣岭同步，至汉上一别墅，语予曰："老父宦滇，早晚归来，当为游息之所，幸为我取一亭名。"予曰："'春酒'。一用'春酒介眉寿'之意，一以此地近汉水，用李白'此江若变作春酒'句也。"绣岭然之。及绣岭与予同成进士，其尊人卒于滇，绣岭以艰先归。至是再过春酒亭，已为安厝黄肠之所也。

(《游居柿录》)

李中丞郊园菊花盛开，五加皮酒甚清冽，恨未能饮也。中丞云："疟有魔，一醉即去。"予曰："魔若好酒，当必复来。"

(《游居柿录》)

光禄王西庄先生鸣盛，家居时，有无赖子与人赌胜，醉骂王氏之门。门者不能忍，先生力止之。次日，无赖子酒醒。其母挈之指先生家请罪。笑谢之曰："昨汝酒醉，我却不怪，但以后醉了，若骂他人，恐致获咎。"无赖子惶恐而归，戒酒终身。

(《燕下乡脞录》)

祖宗旧制，州郡公使库钱酒，专馈士大夫入京往来，与官罢任旅费。所馈之厚薄，随其官品之高下，妻孥之多寡。此馈有余补不足，周济不继富之意也。其讲睦邻之好，不过以酒相遗，彼此交易，复还公帑。苟私用之，则有刑矣。治平元年，知凤翔府陈希亮自首，曾以邻州公使酒私用，贬太常少卿，分司西京。乃申严其禁不住：公使酒相遗，不得私用，并入公帑。其后祖无择坐以公使酒三百小瓶遗亲故，自直学士谪授散官安置，况他物乎！故先工所历州郡，得邻郡酒，皆归之公帑，换易答之，一瓶不敢自饮也。

(《燕翼贻谋录》)

官榷酒酤，其来久矣。太宗皇帝深恐病民，淳化五年三月戊申，诏曰："天下酒榷，先遣使者监官，宜募民掌之，减常课之十二，使其易办，吏勿复预。"盖民自鬻，则取利轻，吉凶聚集，人易得酒，则有为生之乐；官无讥察警捕之劳，而课额一定，无敢违欠，公私两便。然所入无赢余，官吏所不便也。新法既行，悉归于公。上散青苗钱于设厅，而置酒肆于谯门。民持钱而出者，诱之使饮，一费其二三矣。又恐其不顾也，则命娼女坐肆，作乐以蛊惑之。小民无知，争竞斗殴，官不能禁，则又差兵官列枷杖以弹压之。名曰设法卖酒，此设法之名所由始也。太宗之爱民，宁损上以益下。新法惟剥下奉上，而且诱民为恶，陷民于罪，岂为民父母之意乎？今官卖酒，用妓乐如故，无复弹压之制，而设法之名不改。州县间无一肯釐正之者，何耶？

（《燕翼贻谋录》）

韩世忠所携杭妓吕小小，初有系于狱，其家欲脱之。世忠偶赴胡待制饮，因劝酒，启曰："某有小事告诉待制，若从所请，当饮巨觥。"待制请言之，即以此妓为恳。待制为破械。世忠欣跃，连饮数觥，会散，携妓以归。

（《玉照新志》）

武夷有一狂者，烂醉詈及屏山先生刘彦冲。次日，修书谢罪。先生不责其过，但于纸尾复之云："蛇本无影，弓误摇之。影既无之，公又何疑。白首如新，倾盖如故。"真达者之词也。

（《萤雪丛说》）

杨恂遇花时，就花下取蕊，粘缀于妇人衣上，微用蜜腊，兼掐花浸酒，以快一时之意。

（《云仙杂记》）

虢国夫人，就屋梁上悬鹿肠于半空，筵宴，则使人从屋上注酒于肠中，结其端，欲饮则解开，注于杯中，号"洞天圣酒将军"，又曰"洞天瓶"。

（《云仙杂记》）

饮酒者嚼鸡舌香则量广，浸半天则不醉。

（《云仙杂记》）

酒席之士，九吐而不减其量者为酒神。

（《云仙杂记》）

洛阳梨花时，人多携酒其下，曰："为梨花洗妆。"或至买树。

（《云仙杂记》）

房寿六月召客坐糠竹簟，凭狐文儿，编香藤为俎，刳椰子为杯，捣莲花制芳酒，调羊酪造含风鲊，皆凉物也。寿劝吴田以镳铲瓮，田怯其深，曰："但见龙门溪水，濯曲蘖肠耳。"

（《云仙杂记》）

成芳隐麦林山，剥苎织布，为短襴宽袖之衣，着以沽酒，自称隐士衫。

（《云仙杂记》）

赵廷芝安城人，作半月履，裁千纹布为之，托以精银，缜以绛蜡。唐辅明过之，夺取以贮酒，已乃自饮。廷芝问之，答曰："公气血太微，此履有沧海之积耳。"

（《云仙杂记》）

贾岛尝以岁除取一年所得诗，祭以酒脯，曰："劳吾精神，以是补之。"

（《云仙杂记》）

胡文穆记李白三帖。其一：乘兴踏月，西入酒家，不觉人物两忘，身在世外。其二：夜来月下卧醒，花影零乱，满人襟袖，疑如濯魄于冰壶也。其三：楼虚月白，秋宇物化，于斯凭栏，身世飞动。把酒自忘，此兴何极？非太白不能道。

（《檐曝偶谈》）

南史阴铿饮，见行觞者，回酒炙以授之。坐皆笑。铿曰："吾侪终日酣酒，而执爵者不知其味，非人情也。"及侯景乱擒铿，行觞者救之得免。

（《猗觉寮杂记》）

人有酤酒者，为器甚洁清，置表甚长，而酒酸不售，问之里人何故？里人曰："公之狗猛，人挈器而入，且酤公酒，狗迎而噬之，此酒酸所以不售之故也。"

（《野客丛谈》）

前汉食货志，作酒一均，率开卢以卖臣坫。（注曰：卢，酒瓮也）言开一瓮酒也。赵广汉入丞相府，破卢瓮（按：赵广汉传，直突入霍禹第，椎破卢罂也）但尝将吏卒入丞相府，召其夫人，跪受辞而已。玷误以二事并为一事，引之。卢者，卖酒之处，垒土所筑，形如锻卢，以居酒瓮，非瓶罂。文君当卢、黄公酒卢者是也。师古之说得之。

（《野客丛谈》）

东坡云：唐人名酒，多以春名。退之诗："勤买抛青春"。国史补注：荥阳土窟春，富平石冻春，剑南烧春。子美诗："云安曲米春"。郑谷赠富平宰诗曰："易博连宵醉，千缸石冻春。"知富平石冻春信矣。观白乐天诗有"青旗沽酒听梨花"之句（注：杭人其俗，酿酒听梨花时熟，号梨花春）李白诗："瓮中百斛金陵春"。刘梦得诗："鹦鹉杯中若下春"。

（《野客丛谈》）

都下有银瓮酒库，或问何谓？余考瑞应图，王者宴，不及醉则银瓮呈祥，盖陂此意。真州郡斋，旧有酒，名花露，人亦莫晓。读姚合诗："味轻花上露，色似洞中泉。"得非取此乎？又太真妃宿酒，初消吸花露以润肺。见开元遗事。

（《野客丛谈》）

一瓢道人，不知其姓名，性嗜酒，善画龙，敝衣蓬跣，担筇竹杖，挂一瓢，游鄂渚间。行歌谩骂，学百鸟语，弄群儿聚诟以为乐。顾其神明映彻，怪准奇颜，髯疎疎起，吐语作洪钟声。有时衣新绛衣，从人假驺马，拥大盖，往来市中，观者如堵。隆庆丁卯，居澧阳，年可七十。澧人异之，或具酒，蓄墨汁，乞一瓢子画，不能得。一日饮龚孝廉园中，颓然一醉，直视沉吟久之。座中顾曰："此一瓢子画势矣。一瓢子骨相既奇，如蛟人龙子，更卸衣衫，赢而起舞，顾谓座客："为我高歌入塞出塞之曲"。又令小儿跳呼，四面交攻。已信手涂泼，烟雾迷空，座中凛凛生寒气，飞潜见伏，随势面成。署其尾曰"半舜耕"。问其故，笑而不答。有饮一瓢子酒，年余不能得其画者。久之，画一人科头赤脚，踞地而遗，节骨隐起，作努力状。以赠之，其善谑如此。信口辄成诗，间有异语多奇中，澧人渐敬之。竟馈问，皆受而率之。华阳庄靖王请改馆，一瓢子不可，所居无定处。一日宿文昌祠中，礼文昌像，作梵咒。像落压其脑，乃遗书庄靖，请速营棺具，吾将老焉。

（《虞初新志》）

卢汪门族甲天下，举进士不第，诗曰：“怅惆兴亡系绮罗，世人犹自选青蛾。越王解破夫差国，一个西施已太多。”晚年失意，作酒胡子歌曰：“胡貌类人，倾侧不定。缓急由人，不在酒胡。酒胡一滴不入肠，空令酒胡名酒胡。”

（《摭言》）

崔橹酒后忤陆肱郎中，以诗谢曰：“醉时颠蹶醒时羞，曲糵催人不自由。叵耐一双穷相眼，不堪花卉在前头。”

（《摭言》）

卫元规酒后忤丁仆射，以书谢曰：“自兹囚酒星于天狱，焚醉目于秦坑。”

（《摭言》）

幸思顺，金陵老儒也。皇祐中，沽酒江州，人无贤愚皆喜之。时劫江贼方炽，有一官人艤舟酒垆下，偶与思顺往来相善。思顺以酒十壶饷之。已而被劫于蕲黄间，群盗饮此酒，惊曰：“此幸秀才酒耶。”官人识其意，即紿曰：“仆与幸秀才亲旧。”贼相顾叹曰：“吾侪何为劫幸老所亲哉。”敛所劫还之，且戒曰：“见幸慎勿言。”思顺年七十一，日行二百里，盛夏曝日中不渴，盖常啖物而不饮水云。

（《志林》）

琼州人酝酒不用曲糵。有木曰岩树，捣其皮叶，浸以清水，以粳酿和之，或取石榴叶花和酿酝之，数日成酒能醉人。

（《枣林杂俎》）

桑落酒，秦人讹桑为丧，改称秦酒。徐宗伯学谟曰：“予忆十五年前，京师贵人席，最珍丧落酒。”当是时，已多避忌，亦未闻避桑作何称者，而今秦酒之名，为俑者谁哉？痛乎人情，盖习软媚世，江河下矣。且桑落酒名极雅，本无所触犯，而且易之，又何有于他事哉！可发一噱。

（《枣林杂俎》）

宋太祖事周世宗于澶州。曹彬为世宗掌茶酒。太祖尝从求食，彬曰：“此官酒不敢相与。”自沽以饮太祖。及即位，语群臣曰：“世宗旧吏不欺主者，独曹彬耳。”由是委以心腹。

（《昨非庵日纂》）

国朝橙墩好客，有爱妾苏氏，善持家，一日宴客，失金杯，诸仆啧啧四觅。苏氏诳之曰："金杯已收在内，不须寻矣。"及客散，对橙墩云："杯实失去，寻亦不得，公平日好客任侠，岂可以一杯故，令名流不欢乎？"橙墩善其言。

（《昨非庵日纂》）

舌，剑锋也，好尽言以招人过。国武子所以见杀于齐，要皆酒使也。宁鸠子有言，醉极勿多言，取以为轻言者戒。酒，狂药也，因杯酒以骂座人。汉灌夫所以陷胸于武安，要皆言失也。管夷吾有言，酒入舌出，取以为强酒者戒。

（《昨非庵日纂》）

肃宗召禄山饮，教官人进鸩杯。禄山将饮，会燕衔泥堕杯中，禄山疑乃不饮。

（《珍珠船》）

五代汉韦思守上党，未尝与宾佐宴，会有从事求见，思怒曰："必是求腊酒也。"命典客饮而遣之。

（《珍珠船》）

繁举陕人，性嗜酒，工诗。客京师十余年，流落以死。同时有郑云表者，慕举之为人，作诗挽之云："形如槁木因诗苦，眉锁愁山得酒开。"人以为写真云。

（《珍珠船》）

有府史焦革，家善酝酒，冠绝当时。有《酒谱》一卷，李淳风见而悦之。

（《醉仙图记》）

王缙饮酒，非鸭肝、猪肚，箸辄不举。

（《醉仙图记》）

倪芳饮后必有狂怪，恬然不耻，或以毛诗卷染油代烛，醉游彻晓。

（《醉仙图记》）

凡醉有所宜：醉花宜昼，袭其光也。醉雪宜夜，肖其洁也。醉楼宜暑，资其清也。醉水宜秋，泛其爽也。

（《醉仙图记》）

汝阳王琎取云梦石甃泛春渠以蓄酒，作金银龟鱼浮沉其中，为酌酒具，自称“酿王”兼“曲部尚书”。

（《醉仙图记》）

或有勇于牛饮者，以巨觥沃之，既撼狂花，凋病叶。饮流谓目睚者为狂花，目睡者为病叶。又酒徒谓不饮者欢场之害马。

（《醉乡日月》）

乾隆爷饮酒造“啤”字

八月的北京城，像一个硕大的烘箱，连乾隆爷这一国之君，都热得无处躲藏，尽管乾清宫房舍宽敞通风，他午睡起来仍是一头大汗。

江南微服私访，归来已有月余，朝中大事及各地的奏折都已经处理完毕，今日悠闲，乾隆忽然想起《四库全书》编纂的事。

《四库全书》自乾隆三十七年开馆纂修已近十载，当时钦定刘统勋为总裁，纪昀为全书馆总纂官，因刘统勋过世多年，纪昀一人承担总领，不知此书进展如何？想到这里，他召见太监三德子传刘墉、懿妃随驾到畅春苑文源阁看纪昀编纂《四库全书》的近况。

太监三德子领旨后，安排一行人员随驾赴畅春苑不提，单表纪昀大学士率领总校官陆彝樨等400余人起早贪黑地汇总、抄写全书。

《四库全书》共收书3503种，79337卷，99700余字，分经、史、子、集四部。全书的汇总已接近尾声，今天虽热，大家都知道皇上已微服回京，即日便会查问全书的进展之事，一个个都抖起精神不敢怠慢。

午饭后，纪昀大学士本想睡个午觉，因天气太热难以入睡，便爬起来又继续编写“全书总目提要”。汗不住地流，八仙桌上的垫布都被他的胳臂湿透了。为了减少纸上的汗滴，他干脆脱掉衣服，光着膀子写了起来。

“皇上驾到！”

前门一声喊，乾隆已经进了屋。纪昀想到衣架上拿衣服已经来不及了，他灵相一动，急闪身一头钻到了八仙桌底下。由于八仙桌的垫布挡着，藏在里面严严实实。

“吾皇万岁！万岁！万万岁月！”呼喊声中，编纂全书的大臣们都跪在地上。

“各位臣工平身。”

“谢万岁！”

“伴君如伴虎”，各位大臣平身后，一个都低着头，没有一个敢说话。乾隆问谁，谁就回答一句，说完话又低下头。乾隆见编纂全书的大臣们都在，惟独全书总管纪昀不在，心里有些生气，知道别人无法回答全书的编纂进展，便在书台前思索。

纪昀在八仙桌的垫布下蹲得两腿发麻，听听屋里没有声音，以为乾隆已到别处。他掀开垫布问：“老头子走了没有？”屋里静悄悄的，纪昀的问话，乾隆听得真切，“纪昀，你给朕出来！”

纪昀听到乾隆的喊声，知道闯了祸，急缩回头说：“微臣没穿上衣，不敢在君前失礼。”

“你先出来说说什么叫‘老头子’！君前失礼的账一块算！”

纪昀从八仙桌的垫布下钻出来，光着膀子跪在乾隆的脚下。刘墉和纪昀是世交，两人感情深厚；懿贵妃也一向敬重纪昀的才气和忠君之心。今日见他光着膀子跪在皇上面前，两人手里都捏着一把汗。懿妃见纪昀一时答不上来，给刘墉使了个眼色，刘墉心领神会，急忙翻下朝服的马蹄袖，高喊“皇上息怒！皇上息怒！”说着，带头跪在了地上。

乾隆见大臣们跪在地上求情，便说：“纪昀，你说清楚什么叫‘老头子’便罢。”说完坐在太监们抬来的龙椅上。纪昀向前跪了半步道：“万年为老，众人之首为头，真龙天子，三者合一者称‘老头子’。”乾隆本来有些生气，经纪昀这么一解释，转怒为笑，也晃着头重复“万年为老、众人之首为头、真龙天子，三者合一者称为‘老头子’。好！纪昀，纪昀穿衣平身。”

纪昀穿衣平身后，和大臣们一起侍立一旁。乾隆问起全书的进展，纪昀对答如流。乾隆想着“老头子”三字的解释，心里高兴，忽然想起昨天传教士从澳门专程运来的解暑贡品——“Bier”（啤酒）。

“三德子！”

“奴才在。”

“昨日德国传教士从澳门送来的那十箱解暑贡品——‘Bier’，给朕抬五箱来，让众爱卿都尝尝，也长长见识。”

“回万岁爷，奴才知道这大热的天万岁来文源阁，必赏众大臣礼物，早已派人抬来五箱，在门外候着呢。”

“好，抬上来！”

“嗻！”

三德子起身对着门外喊道：“献御‘Bier’！”众太监抬上五箱“Bier”，启开箱子一瓶一瓶摆在乾隆面前的御桌上。

“谁能说清楚这东西，朕就赏他一瓶。”

众大臣交头接耳，没有一个敢出头。刘墉虽略知一二，怕出错，支支吾吾也不敢说。乾隆见众人臣都不开口，就指着纪昀说：“纪大学士学识渊博，朕还是先听你说说。”

“回万岁爷，微臣说得不全，还请万岁爷示下。”

“准！”

纪昀向前迈一步，侧身面对皇上说：“微臣到澳门巡视时，曾尝过。此饮料极像我大清国的黄酒、米酒，只是里面有气，传说欧罗巴洲人最喜欢喝。英国人叫它‘beer’，德国人叫它‘Bier’。”说着，他双手向上抱拳，说：“康熙爷亲政之前，德国传教士汤若望常从澳门捎来此饮料酒。汤若望被鳌拜之流陷害致死后，尽管康熙爷为汤若望平反昭雪，传教士仍很少进京，所以此饮料酒一直未在我大清传开。《康熙字典》编纂时，张玉千大学士虽然收入 47035 字，王引之先生也作过《字典考证》，因此饮料酒系外来之物，在我大清一直没有名字。近日编纂《四库全书》，微臣想借此给它起名，因才疏学浅，不敢造次，今万岁爷临驾，恳请万岁爷示下。”

乾隆见纪昀大学士讲得头头是道，龙颜大悦，随即命三德子开启，每人赏赐一杯细细品尝。

乾隆接过一杯，见这“Bier”颜色金黄，泡沫细腻，清香四溢，满满地喝了一大口。“Bier”进口，顿觉满口清香，精神大振。“好！好！”随即连声叫好。可是三杯下肚以后，觉得这“Bier”在口中是凉的，喝下去倒直入脾胃，热呼呼的。此时，乾隆见众大臣一个个喝得面红耳赤，知道此物酒力不小。正在兴奋之时，想到它的起名。“Bier，Bier，”重复几遍，忽然地大呼道：“众爱卿听旨：朕给它起好名啦！这‘Bier’分明是以‘Bi’音开头，饮后这酒力又直入脾胃，把‘脾’字的‘月’字旁改成‘口’字旁，即可定叫‘啤酒’。”

众大臣听了，齐声高呼：“皇上圣明！皇上圣明！”

纪昀亲自捧上纸砚，请乾隆挥毫写“啤”字。

此时，乾隆醉眼朦胧，他抓起一支大爪笔，蘸满了墨汁，在一张摊平的纸上一阵龙飞凤舞，写出了中国的第一个“啤”字。又在旁边写下各种字体的小“啤”字。

众大臣见这“啤”字写得潇洒飘逸，刚劲有力，齐齐地跪倒在地，高呼：“吾皇万岁，万岁，万万岁！”

耿议忠

青岛啤酒获金奖　太后畅饮赐御名

1906年，慈禧太后虽已71岁高龄，但她耳不聋，眼不花，腰板硬朗。她除了牢牢地掌握着大清国的军政大权，对花鸟虫鱼、吹拉弹唱、诗词歌赋等都样样在行。近日听说青岛的日耳曼盎格鲁啤酒公司出产的啤酒在德国的万国博览会获金奖，她高兴得满脸是花，一定要亲口尝尝大清国造的洋酒咋就比洋人造得还强。

“小李子，”

“嗻！”

“听说青岛出产的啤酒在德国的万国博览会上得了金奖，你赶紧去拿几瓶我尝尝。”

“回老佛爷，青岛进贡的20箱啤酒各边的主子们都尝了。上次万岁爷御饮后，剩下的一杯我没舍得倒掉，第二天我尝了尝，呸！啥啤酒啊？也不辣，也不甜，酸溜溜，苦叽叽，怪不得有人说它马尿味，有啥喝头！”

“混帐，掌嘴！”

李莲英见老佛爷动怒，赶紧跪下，挽起右手的袖子，伸出三个指尖在腮帮子上比划起来。“奴才该死，奴才该死！……”

老佛爷见李莲英装腔作势的样子，笑着抿着嘴说：“不用打了，你给我好好听着，不懂的事别出去胡说八道给我丢脸。”

“嗻！”

李莲英接过小太监端上的啤酒，恭恭敬敬地给老佛爷捧上来。

老佛爷接过啤酒闻了闻，喝了一口对李莲英说：“啤酒是西洋人传过来的，英国人叫它‘beer’，东洋人叫它‘大麦酒’。啤酒这个‘啤’字，是乾隆爷编《四库全书》时根据译音造的字。啤酒是用大麦汁酿造的，极像咱们的米酒、黄酒，常喝它有强身健脾之功效，比喝白酒好得多。西洋人拿它当饮料，称赞它是‘液体面包’。以前，洋人进贡的啤酒都是从欧罗巴洲用船运过来的，到了宫里已经不新鲜。我尝过几回洋啤酒，到底不如咱青岛的啤酒清新爽口。”

说着，老佛爷又喝了一口说：“洋人在青岛建的这个啤酒厂，到底是在咱大清的地盘上，青岛产的啤酒能在德国的万国博览会上得金奖牌，也是咱大清的光荣。”

她指着杯里那洁白细腻的泡沫对李莲英说：“啤酒是越新鲜越好喝，你过来好好尝尝，别光听别人瞎说。”

“奴才谢老佛爷赏赐！”李莲英接过小太监端过来的一杯啤酒，顺势直起腰，靠在老佛爷身边。

不知是天热还是叫老佛爷给训斥的，刚才出了一身大汗顿觉口干舌燥，见手里这杯泡沫洁白细腻、酒液清澈透明的啤酒，他的两个小三角眼忽的一下亮了起来。他轻轻地放在嘴边闻了闻，呵！一般沁人的清香直入心肺。他满满地喝上一大杯，用舌头在嘴里一搅，顿觉满口麻辣清香，没待再品什么滋味，就一咕咚一口咽下去。

“好，好酒！经老佛爷指点，奴才真的尝出滋味来啦！”李莲英说着，把这杯啤酒一饮而尽。李莲英觉着这啤酒没有一点辣味，实在不能叫“酒”，难怪洋人叫它“饮料”，想到这里，他又连喝了三杯。

“小李子，”

“奴才在。”

“传谕旨。”

“嗻！”

“青岛的啤酒在万国博览会荣获金牌奖，尽显我大清国威，赐青岛啤酒为‘天下第一美酒’，一年四时进贡，三品以上官员每人赏赐一箱，细细品尝。钦此。”

李莲英喝上第一杯时，觉着清凉解渴，三杯下肚，立刻醉眼朦胧，两腿发软，他抱着谕旨歪歪斜斜，出了养心殿。李莲英本不能喝酒，有一次，在宫女面前为了表示自己是个“男人”，曾喝过一两白酒，结果醉了三天，从此他极少沾酒的边。今天他觉着啤酒不辣，结果上了当。他穿过花园，过了长廊，出月门时被门槛一绊，一头栽在石阶上。翻了几个跟头，打了几个滚，待他爬起来时，手中的谕旨早不知扔到哪里去了。丢了谕旨，他怕老佛爷怪罪，就一瘸一拐地跑到礼部传了老佛爷的“口谕”。

礼部的官爷们本想弄几箱青岛啤酒喝喝，怎耐李莲英满嘴酒气，醉不成句，只传来老佛爷的“口谕”，并无真凭实据，假如官爷们分酒喝，万岁爷查问起来，李莲英推说不知，这“欺君”的罪名岂不扣在自己头上，再说，三品以上的官员，仅在京城的就若干，每季给他们发一箱啤酒，这不是苍蝇飞到牛眼上——找泪（累）吃！

想到这里，礼部的官爷们只是记录在案，便不了了之。

近日传说，故宫博物院发现了当年李莲英丢失的那份“太后谕旨”，笔者故写此文，以传后世。

耿议忠

黄安舰起义青啤作东风

1945年8月，日本宣布无条件投降。

10月，国民党政府军政部以“军政部胶济区特派员办公处”的胶条，查封了大日本麦酒株式会社青岛工厂，但未正式接收。这时，青岛市政府捷足先登，派一个叫王玉生的人将工厂接管，并继续开工经营，厂名改为“青岛啤酒公司”，留用了295人，其中征用日籍技术人员8名。当年12月，工厂被国民政府经济部鲁豫晋区特派员办公处接管，照常营业，1946年12月，又被移交行政院山东青岛区敌伪产业处理局接管，定名为“青岛啤酒厂”。

在国民党“四大家族”横征暴敛的时代，青岛啤酒也没有幸免。1947年，陈果夫派人组建齐鲁企业股份有限公司，将青岛啤酒厂从敌伪产业处理局手中“买”了去，这时工厂有职员44人，工人331人。产品仍是黄啤酒和黑啤酒，商标只有“青岛牌”一种，年产最高时为2800吨。

1947年6月，曾经在比利时国立酿造学院，法国巴斯德学院留学，并先后考察过意、德、法、比、瑞、捷、奥、英等国酿造技术的朱梅被聘任为青岛啤酒厂经理兼厂长。这朱梅是著名的技术专家，是我国酿造史上留下名字的人物。当时，青岛啤酒主要在华北地区销售，也部分销往上海等沿海城市一带，也就是在这一年，青岛啤酒开始出口新加坡等南洋地区，由于品质优良，在当地消费者中引起轰动，尤其是受到华人华侨的高度评价。

尽管青岛啤酒名声大振，但国民党政府的腐败，即使是一流的技术专家也无力回天。1948年以后，青岛经济异常萧条，导致青岛啤酒市场急剧萎缩，生产的啤酒仅供应占据青岛的美军。原材料、燃料供应不足，资金困难，各项摊派捐款与日俱增，致使青岛啤酒厂每况愈下，入不敷出。尤其是在淡季，常常是处于停产和半停产状态。

不过，也许人们不知道，青岛啤酒在人民解放战争中间接地立了一功。

1949年，在英勇的人解放军的强大攻势下，国民党军队草木皆兵，风声鹤唳，蒋家王朝的覆灭指日可待。经过青岛地下党艰苦卓绝的努力，策动国民党军队驻青岛的护航驱逐舰“黄安”号起义计划已制订得无懈可击。万事俱备，只欠东风。

起义的总指挥是王子良，他在“黄安”舰担任航海官多年，对舰长刘广超的禀性、爱好和生活规律了如指掌。此人心狠手辣、结党营私，舰上官兵都十分惧怕他，如果他在舰上，起义很难成功，可怎样才能把他调出“黄安”舰呢？

酒！王子良知道，这刘广超是酒色之徒，见了酒就不要命，可能是“向国际看齐”吧，他特别喜欢喝啤酒，尤其青岛啤酒是他的最爱。当时，因战事逼近青岛，啤酒厂已处于半停产状态，大部分啤酒都被美国大兵垄断着，要搞到青岛啤酒极难。

巧借青岛啤酒为东风，王子良通过青岛地下党组织，从青岛啤酒厂买出10箱大瓶啤酒，存放在码头上的一家酒馆里。

正月十五是个好日子。晚上6时，王子良一边安排起义领导小组的刘增厚枪炮官，鞠庆珍舰务官，孙露出主炮上士和起义积极分子刘彦纯轮机长等人准备开器、弹红和起义的有关工作，一边以军舰值日官的身份宴请舰长刘广超以及众“兄弟们”去码头上的酒馆把酒赏月，以贺元宵佳节。尽管王子良组织起义一点儿也没有走露风声，但老奸巨滑的刘广超还是安排他的铁杆死党副舰长留在“黄安”舰上镇守，以备不测。

此时，人民解放军已逼迫青岛，周围的地区大都解放了，青岛成为朝不保夕的孤岛，尽管占据青岛的美国大兵在给国民党军队打气，但明眼人都知道，美国人随时可能“开溜”，残留在青岛的国民党军队，随时都可能被人民解放军歼灭。前途黯淡的军官们喝着青岛啤酒，苦闷涌上心头，“举头望明月，低头思故乡”。越喝越闷，越闷越喝，很快个个都醉如烂泥。

王子良听说码头上的军官们都酩酊大醉，果断地下达了发动起义的命令，他首先带领士兵冲进副舰长的房间，把这个顽固分子捆了起来，禁闭在舱中。接着，他发出一级战斗警报。由于起义骨干分子平日的宣传，国民党士兵们都看清了当炮灰的下场，纷纷加入起义的行列中来。大家各就各位，军舰升起试航的信号后，在机器的轰鸣声中，“黄安”舰徐徐地离开了青岛港。

为了防止军港内美军的阻拦，枪炮官刘增厚命令备足了弹药，主副炮齐上膛。“黄安”从美军舰旁驶过时，士兵们不时主动向美军打着手势，“哈罗！哈罗”地问候。当“黄安”舰驶出竹岔岛时，值班的美军军舰发出信号，询问“黄安”舰驶向何处，“黄安”舰回答：“到前面避风。”

夜半，当在码头上大醉的刘广超等人醒来，歪歪扭扭地想回到舰上时，

"黄安"舰早已不知去向。吓出一身冷汗的刘广超急忙找到美军，企图追赶"黄安"舰。此时的"黄安"黄舰早已完全关闭灯火，以 22 节的速度，向着已经解放的连云港进发。

2 月 13 日凌晨，"黄安"舰满载着国民党军队为南下准备的武器弹药以及各种给养，停靠在连云港的码头上，光荣地加入了人民解放军的行列。

耿议忠

第三章　酒酿笑语以佐酒
——笑话传说

笑　话

属　犬

一酒客，讶同席者饮啖太猛，问其年，以属犬对。客曰：“幸是犬，若属虎的，连我都吃下肚了。”

默

或行酒令，要默干。一客撒屁，纠之曰：“不默！”其人欲辩，方开口，复纠曰：“又不默。”

吃　糠

有闲汉咽糠而出，遇大老官于舟，呼之吃饭。曰：“晓来吃狗肉已过饱，有酒领一杯可也。”既饮，忽吐。主人见之曰：“汝云吃狗肉，如何吐出糠来？”乃睨视之，答曰：“我是吃狗肉，想这狗是吃糠的。”

易醉之人

一个易醉的人，听说隔壁也搬来一个易醉之人，那人便过去访问，要与他一比。邻人说：“我昨天看见了一个酒瓶，已经晕倒了。”说罢，对来人看时，只见他听完此话，早已晕倒了。

酒　价

客人：“酒价贵了，怎么杯子也小了。”
店主人：“但是，酒缸大了。”

等葡萄酒

甲：“前天宴会，你不是晕倒了么？”

乙："救醒的！不过我还装作没有醒。"

甲："为什么？"

乙："等他们拿葡萄酒来灌我。"

诗中有酒

某人很喜欢读诗，但他读到李白的诗时，就随手翻了过去，连眼睛也不敢开，透气也不敢透，别人见了他这种态度，很是奇怪，便问他，为什么不喜欢李白的诗？他答道："因为我近来戒酒，李白的诗，酒气熏人，读了会使我酒瘾复发的。"

等喜酒喝

李先生是个近视眼，而且是个吝啬鬼。一天有人请他喝喜酒，他把请酒帖抽了一些出来看，见写着"某月十一"，遂不再看下面。十一那天，他没有吃饭专等着去喝喜酒。谁知到夜还没人来请，再去看看帖子，见写着"某月十二"方知是自己看错了。及至等到十二的黄昏，还不见来请，又抽帖子倒过来看。见写着"三十"，不禁自己觉得太猴急了。十三那天吃得饱饱的，忽然请酒的人来了。他再去看看帖，却明明写着"某月十三日。"

贵族之酒

儿子问父亲道："爸爸！要是我卖了一瓶顶好的香槟酒，一口气喝下去，有坏处么？"

父亲着急道："坏处太大了。我们要一个月没饭吃了。"

还有一壶

贼穴洞入室，必先试一物，后再以足伸入，从容爬进。

一日穴一家，少顷，贼以物探，不应，因预备一绳于穴口，伺其足至，乃收勒之，贼足不得出，亟于穴外悲苦，主人曰："老二！遇见请你喝酒。"贼曰："小人乃叫老四，并非老二，小人亦不善饮。"主人曰："否否！予盖谓尊足一双乃老二也。"言既，取茶炉上之沸水淋之，贼大痛，狂呼饶命，并曰："活不得了！"主人曰："喝不得亦要喝！尽性醉一醉吧！"说毕，又淋，贼知不可脱，亦作滑稽语曰："还有多少？"主人曰："还有一壶"！

娘舅外甥

某君的外甥，开了一个酒店，某君天天去吃白食，外甥小器得很，无意中说出一首宝塔诗。“舅，好酒，陈得久，味道浓厚，只能吃一斗，倘若贪吃勿走，舅舅就要变成狗。”

他的娘舅，本是个酒鬼，那里肯就走，就接他一首宝塔诗：

“甥，勿惊，酒量宏，五斗解醒，再吃百十觥，仍旧明明清清，断弗今朝量地平。”

他是呆鸟

二客饮于酒肆，饮毕久坐不去，肆主厌甚，顾乃无法令其速去，假看天色曰：“天将行雨。”二客曰：“雨将至，如何去得？少待雨过再去。”肆主又曰：“如今雨又过了。”客曰：“雨既过了，怕他什么？”肆主知其不即去也，正在无计可施，猛抬头见树上歇一大鸟，乃谓客曰：“你们二人坐久，想酒兴已消，待我砍倒此树，捉下鸟来，烹与你二人肴酒，再饮几杯如何？”二客曰：“此言甚善，但恐树倒鸟飞矣。”肆主曰：“此是呆鸟，他死也不肯去了。”

秘诀

小铁匠将快要满师了，他的师傅对他说道：“徒弟！你在我这里学了三年，差不多我知道的功夫全都告诉你了；不过还有一个秘诀，非得你满师的那天，请我吃一顿酒饭，我决不传授给你的。”小铁匠没法，只得照办，吃完酒饭之后，他的师傅才拉他到一个静僻的地方说道：“徒弟！我所要告诉你的秘诀，就是铁烧红的时候，你不要用手去拿。”

伤在隔壁

有两个退伍军官，同到一家菜馆里去吃午餐，他们很要好，说说笑，喝喝酒，一个军官已不知不觉喝得大醉了。

回来的时候，自以为醒的一个，扶着醉的一个，不料到半路，醉的一个忽然触着什么跌倒了，他的朋友俯下去看看，那跌倒的军官一只脚已受伤，他正痛呀痛呀地喊着，似乎伤势颇是猛烈，幸而他的朋友是军医出身，于是就用绷布把他受伤的一只脚好好包扎，一面又雇了车送他回家。

到了住所，那朋友听着他痛呀痛呀地苦叫声，心中觉得凄恻不忍，于是，就一夜守在他床边，直到天明没曾合眼。

天亮了，那受伤者也早已睡着了，但是他的朋友，总觉得心中老是不忍，于是想解开绷带来看看伤势。

不料解开一看，那朋友失笑起来了。原来昨晚替他绑绷带的脚是一只没受伤的脚。

两个糟饼

一人家贫不善饮，每啖糟饼二枚，便有醉意。友人问之曰：“君晨饮耶？”答曰：“非酒，糟饼也。”归以语妻，妻曰：“犬子？便说吃酒，也有些体面。”夫颔之，及出，仍遇此友，问如前，以吃酒对，友结之：“酒热吃乎？冷吃乎？”答曰：“是靓的。”友笑曰：“仍是糟饼。”归而妻知之，答曰，“汝如何说靓？须云热饮。”夫曰：“我知道了。”再遇此友，不待问即夸云：“我今番的酒是热吃的。”友问曰：“你吃几何？”其人伸手曰：“两个。”

强饮妙联

主人在家，有客扣其门，主人问曰：“谁？”客答曰：“我。”既开门迎客人，主人曰：“何来？”客曰：“特访。”主人曰：“君可好？”客曰：“弟托福。”主人呼仆曰：“两盏茶来。”客急摇手曰：“一壶酒好。”主人知其贪酒，即命取酒与之同饮，良久，主人曰：“夜深君可去？”客曰：“天明我始归。”主人曰：“盘中无菜肴。”客曰：“厨内有鸡肉。”主人曰：“宅下僮仆皆已睡。”客曰：“房中老嫂尚未眠。”主人厌极曰：“主人已倦，佳客难留。”客曰：“绍兴既完，高粱亦可。”主人以冷语嘲之曰：“落拓穷相公，专图白食。”客曰：“真止老吃客，最好黄汤。”主人曰：“西洋自鸣钟，十二点三刻。”客曰：“东明老字号，二十两一瓶。”主人曰：“有意抽丰，看我愿意不愿意？”客曰：“开心畅饮，管你舍得不舍得。”主人曰：“再过五分钟，推出房门君莫怪。”客曰：“连干十大杯，撑开海量我何妨。”主人无法，任其痛饮而去。

对象

“你愿意和一个才喝酒的男人接吻么？”

“愿意的。——假如他喝的是香槟酒。”

好酒送下

医生吩咐病人："这丸药，你每晚临睡时，服一粒，同好酒送下。"

过了二星期，医生在路上遇见病人。

医生："你近来身体如何？"

病人："还好！"

医生："丸药吃完了吗？"

病人："丸药没有吃，送药的酒，是遵命每天晚上吃一杯的。"

两个三杯

医生："我叫你饮酒不可在三杯以上，你守着么？"

病人："我每次饮六杯。"

医生："我没说过六杯啊！"

病人："当时我又问过另一医生，他也说三杯，所以喝六杯。"

宛似老板

主人："你若不喝酒，我就可以雇你，做本公司的办事员。"

雇员："我一喝酒，精神上实在真像做了老板一样了。"

等小菜来

酒鬼某，购酒一瓶，踉跄而归，偶一不慎，打翻碎器酒瓶，某不舍，伏地痛饮之，路人见而大笑，某答曰："此酒是用钱买来的，今瓶碎流罄，难以收拾。倘我不伏地去饮，难道还要想浅斟低酌，等别人送小菜来下酒吗？"

一饮而尽

某小学算术教员上课时，问诸生曰："桌上有酒三杯，尔父吃去一杯，试问尚有几杯？"某童答曰："一杯没有了。"教员以为为生误听了，再问之，而童答如前，教员怒曰："蠢才！这题如此简单，亦不能算耶？"童曰："非生之不能算，乃先生不知我父之酒量耳。不知我父之脾气耳。他见了三杯酒，岂肯饮一杯，剩那二杯的吗？"

屁颂

一士死见冥王，王忽撒屁，士即拱揖进辞曰："伏维大王高徒尊臀，洪宣宝屁，依稀乎丝竹之声，仿佛乎麝兰之气，臣在下风，不胜馨香。”王大喜，命牛头卒领去别殿赐以御宴，至中途，士顾牛头卒谓曰：“看汝两角弯弯，好似天边之月，双眉炯炯，浑如海外之星。”卒亦喜甚，扯士衣曰：“大王御宴尚早，先在家下吃个酒头去。”

还我红脸

一人赴饮，自在家先饮半醉，面红而去，及至席间，酒味甚淡，越饮越醒，席完而醉意尽无，将别时，谓主人曰：“佳酿甚是纯浓，只求你还我原来的半红脸罢！”

白滚汤

有把淡水酒请客的，客尝了尝，极口称赞烹庖之妙，主人道：“粗肴尚未上，怎么知道？”答道：“勿论其他，这一味酒煮白滚汤，已好吃不过了。”

酒病难医

有穷人造酒，把身上衣服覆在酒器上，身上因无衣而病了，有人怪他，答道：“人病可医，酒病不可医。”

撒不来

某甲惯撒酒疯，不论饮酒多少，只是要撒。他妻恨他，一天，在家要酒吃，妻子把浸麻的水给他吃，未几，亦手舞足蹈起来了。妻骂道：“天杀的！吃了浸柠麻的水，也撒酒疯。”等了一会，某甲大笑道：“我也道今天如何这等撒不来？”

茶酒增减

某大员一日登台演说，将荼毒生灵，有某君之登台，故意将洒扫应对，读为酒扫应对，听众大哗，某君道：“诸君笑我，非吾读别字乎？其实非也，余次坐于旁听席时，拾得一横，无处安置，适余言酒扫应对者，乃纳此一横于酒中，成为酒字，诸君何怪之有？且诸君能恕某之荼之茶，独不能恕吾的洒为酒乎？”

嘲卜姓

卜某善戏谑，闻方某有才，思窘之，与蒋某预构一令，会公宴，举觞曰："两火为炎，此非盐酱之盐。既非盐酱之盐，何以添水便淡？"蒋也曰："两日为昌，此非娼妓之娼。既非娼妓之娼，何以开口便唱？"方曰："我不难尊；但恐冒犯卜老先生。"众曰："但言之。"乃曰："两土为圭，此非乌龟之龟，何以添卜成卦？"

夜梦壶

有嗜饮者，夜梦壶，大喜，呼其妻燥之，失声而觉，自讼曰："冷饮之，何不佳？"自是不复呼噪，以为呼之害饮也。

真的毒药

演员："先生！请你关照买一瓶新的威士忌好不好？因为没有真的东西，恐怕演来不逼真。"

导演："很好，不过明天拍服毒一场，怎么办？"

醒酒法

妻："你昨夜说，以后再也不喝酒了，怎么今天又喝了？"

夫："你不知道，我昨夜的酒还没醒，必须用酒来醒酒，否则永远不会醒，更不得了了。"

并不为你喝酒

妻："求求你！千万为了我把酒戒了吧！"

夫："胡闹！我又不是为了你才喝酒的。"

脸上难看

有觞客者，其妻每出酒一壶，即将锅煤印在脸上记数，主人索酒不已，童子曰："少吃些罢！家主婆脸上，看看有些不好看了。"

勿拆对

两人共席而饮，碗内有黄雀四只，一人贪食其三，谓同席者曰："兄何不用？"其人曰："索性放在兄腹中，省得他们拆了对。"

解解水气

有人宴客用淡酒者，客向主人索刀，主问曰："要他何用？"答曰："欲杀此壶。"又问："壶何可杀？"答曰："杀了他解解水气。"

有人照管

一穷人正在欢饮，或报以家中失火，其人即将衣帽一整，仍坐之："不妨！家当尽在身上矣。"或曰："令尊如何？"答曰："他怕没人照管？"

白食先生

有一位白食先生，他吃白食，无人不晓，所以朋友之中，大都退避三舍，有一天，这位白食先生，在酒肆中独酌，恰有二个旧识，从酒店门前经过，一个是和尚，一个是药店伙计。因为白食先生，从未请过别人，此时见他独酌，便进去要他破一次例，请一次客，白食先生，一口应允。三人同坐一桌，和尚与药店伙计，皆想今天总吃的着一顿白食了；不料白食先生，早已想定主意，他对二人道："二位叫我请客那也不难，不过有一哑谜，二位若能猜出来，今天的东道，当然是我会结帐，倘若猜不出来，还得打扰二位呢！"二位答应，于是白食先生，用指向天上一指，又向地一指，向前一指，向后一指，再向东西两边一指，后又伸出五个指头，对二友一指，再伸三个指头，又对二友一指。说道："这个哑谜，你们猜中了，是何意思，定当我做东。"药店伙计猜道："上有天花粉，下有地骨皮，前有前胡，后有后朴，东有东桑叶，西有西洋参，五钱甘草，三钱金银花，不知对不对？"白食先生摇头道："不对不对！"和尚说道："上有三十三天，下有十八层地狱，前有弥陀佛，后有韦将军，东有三宫殿，西有土地堂，五百尊罗汉，三世如来佛，不知对不对？"白食先生笑道："不对不对！我所说的，上天没有跌下金子，地下没有生出银子，前门不进和尚，后门不入道士，东边拿来，西边便去，只有五文钱，三个人如何够吃？二位都猜不对，请会账罢。"

少　敬

有邀友饮者，席未终，遂呼拿饭来，比送客至门外，客曰："少敬。"主人怪问曰：“此岂是你说的话？”客曰：“然则拿饭来，应该是你说的话吗？”

水 酒

颉者入一酒店，以钱四文沽酒举杯独酌，佯惊而赞曰：“此酒太浓，附近十余里，无甚佳酿，明日当复来饮。”言已辞去，店主信以为真，急向缸中，加水数勺，越日，颉者果至，仍沽四钱，依旧赞以太浓，当复来饮等语，店主又加水较多，其缸几为之满，数日，颉者杳然，店主心疑，取酒尝之，与水无异，始悟堕其术中，致绿豆一缸，仅换青蚨八个而已。

莫猜拳

父子扛酒一瓮，行经小山，适下坡矣，时值遇雨路滑，跌翻瓮破，酒倾溢流石上，其子伏地痛饮，举头呼父曰：“快来快来！勿等杯子也。”父大怒，以足踢之，其子接足摇手而笑曰：“莫猜拳！请从速喝几口罢。”

一 世 苦

汴京有杜康庙，年久颓坏，造酒家集资重修，庄严色相，焕然一新，正拟演戏致祭间，忽于土中又掘出一碑，上有周太祖三字，因泥土模糊，群误以为周大姐，想系杜康夫人，因亦塑像并坐，书曰：“周大姐之神位。”会祥符县宰，亦来拈香，拭碑细观，乃知其误，立命毁像，夜间梦周太祖谢以诗云：“我本前朝周太祖，怎么与杜康为夫妇？若非明公来察破，嫁得酒鬼一世苦。”

先 生

有邻人请生徒饮酒，师谓徒曰：“汝代余拜幕，余代汝往邻家赴宴可耳。”徒不从，师大怒曰：“吾教汝辈，如此用心，汝辈竟一无所得耶？有事，弟子服其劳，有酒食，先生代其饮，岂忘之耶？”

加 字 令

主人宴客，出一酒令，从一字联起，依次逐加，至十一字为止，随口而出，应声而对，不许停留，如稍迟，即罚酒三盅。主人曰：“雨。”首坐曰：“风。”次曰：“花雨。”三曰：“酒风。”四曰：“飞花雨。”五曰：“发酒风。”六曰：“点点飞花雨。”七曰：“回回发酒风。”八曰：“皇王有道，檐前点点飞花雨。”末坐曰：“祖宗无德，席上回回发酒风。”

嘲醉人

新官到任，指使差人，拿像人不像人的到案，差人为难，回家商之妻子，妻曰：“这有何难？”你将猴子与他穿戴衣冠，送至署中，你就说：‘把像人不像人的带到，颇好销差。’夫如其言，将猴子扮好，牵去见官，官大喜，当果子与猴子吃，极其驯顺，官见猴子可爱，令人领到席前，叫他吃酒，谁知哪猴子，吃了酒，野性发作，在前揪了帽子，撕了衣服，乱跳乱啼，官骂之曰：“你这不讲礼的东西！未吃酒的时候，到还像人，吃了酒，连人都不像了。”

醉鬼

玉帝坐凌霄殿，谓诸神曰：“地狱之鬼，有阎君统辖，惟阳世之鬼，无人管束，愈出愈奇，我欲使钟馗至下界尽捉而食之，以惩鬼蜮之行，而除生灵之害。”众神曰：“界分阴阳，阴有鬼，而阳有人，阳世何得有鬼？”帝曰：“阳世之鬼更多，何可不除？”遂命钟馗至下界捉鬼，钟馗至下界，鬼卒尽拘之，惟醉鬼不见到案，询之鬼卒，答曰：“这醉鬼无日不饮，无饮不醉，夜间闹酒发风，白日害酒装死，实在难捉他。”钟馗曰：“且将众鬼烹而食之，先回覆玉旨要紧。”行至中途，忽来一人，扭着钟馗不放，自称我是醉鬼。钟曰：“我正要捉你，你因何反来缠我？”醉鬼曰：“你是何人？”答曰：“我是奉命捉鬼的钟馗。”醉鬼曰：“你姓钟呵！是大钟？还是小钟？若是大钟，与你豁三十拳，若是小钟，与你豁五十拳，豁完了再说，你吃不吃我不管。”

朗照不宣

有教读刑名书启三幕宾，及典史某四人，提壶赏月，诗兴勃发，拟即景联句，教读首唱曰：“且夫明月在中天。”刑名续曰：“照得地方人等喧。”典史亦吟曰：“卑职把酒在恭候。”书启拍掌曰：“我之结句佳绝。”即吟曰：“伏惟朗照而不宣。”

一面之词

夫人对好酒的丈夫说：“你在本星期，有三次醉着回来了，我虽不劝你戒酒，你也得自己留意些。”

丈夫很觉意外：“什么？”本星期我喝醉了三次回来？你莫这样说！我在本星期，不是有四次没喝醉回来的么？”

酒之用途

妻：“你每天喝酒，酒喝了有什么用？”

夫：“有的有的！你放香油的那一个瓶，以前是放什么的？”

梦戏酌

一人梦赴戏酌，方定席，为妻惊醒。及骂其妻，妻曰：“不要骂，趁早睡去，戏文还未到半本哩。”

昨日不送客

公尝宴客，酒酣，隐几熟睡，及觉，便谓经宿，张目视客曰：“今日未尝奉招，何复见降？”客曰：“怪君昨日不送客耳。”

文遭涂抹

余邑张斗桥为诸生时，记名家旧文一篇，遭文宗涂抹，乃诉于学博文莲山先生。先生引戏词慰之，曰：“昔苏秦母诞辰，伯子捧觞称寿，叹曰：‘好佳酿。’及季子亦捧称寿，骂曰：‘酸酒。’季子妻乃从伯母借酒一觞，复骂曰：‘酸酒。’季子妻曰：‘这是伯母家借来的。’翁叱之曰：‘你这不行时的人，过手便酸。’”斗桥大笑。

恋酒

有顽客者，恋酒无休，与众客同席，饮酣，乃目众客曰：“凡路远者，只管先。”众客去尽，止有主人陪饮。其人又云：“凡路远者先回。”主人曰：“止我在此耳。”其人曰：“公还要回房里去，我则就席上假卧耳。”

薄酒

有卖酒者，夜半或持钱来沽酒，叩门不开，曰：“但从门缝投进钱来。”沽者曰：“酒从何出？”酒保曰：“也从门缝递出。”沽者笑，酒保曰：“不取笑，我这酒儿薄薄的。”

易酒三佳

京师缙绅，喜饮易酒，为其冲淡故也。中原士夫量大者，喜饮明流，为其性酽也。余僚丈秦湛若，中原人，极有量，尝问人曰：“诸公喜饮易酒，有何佳处？”其人答曰：“易酒有三佳：欲时不醉，一佳；睡时不缠头，二佳；明日起来不病酲，三佳。”湛若曰：“如公言，若不醉不缠头不病酲，何不喝两盏汤儿？”其人大笑。

只这一瓶

一主人请客，客久饮不去，乃作谑曰：“有担卖磁瓶者，路遇虎，以瓶投之，俱尽，止一瓶在手，谓虎曰：‘你这恶物，起身也只这一瓶，不起身也只这一瓶。’”客亦作谑曰：“芳观音大士诞辰，诸神皆贺，吕纯阳后至，大士曰：‘这人酒色财气俱全，免相见。’纯阳数之曰：‘大士金容满月，色也；净瓶在旁，酒也；八宝璎珞，财也；嘘吸成云，气也；何独说贫道？’大士怒，用瓶掷之。纯阳笑曰：‘大士莫性急，这一瓶打我不去，还须几瓶耳。’”

造酒法

一人问造酒之法于酒家。酒家曰：“一斗米，一两曲，加二斗水，相参和，酿七日，便成酒。”其人善忘，归而用水二斗，曲一两，相参和，七日而尝之，犹水也，乃往诮酒家，谓不传于真法。酒家曰：“尔等不循我法耳。”其人曰：“我循尔法，用二斗水，一两曲。”酒家曰：“可有米么？”其人俛首思曰：“是我忘记下米。”噫，并酒之本而忘之，欲求酒，及于不得酒，而反怨教之者之非也；世之学者，忘本逐末，而学不成，何以异于是。

好酒者

一人好酒，坐席太久，其仆欲令其去，因见天阴，说称天将雨了，其人说：“将雨怎么去的。”稍间下雨，许久雨去，仆又说：“雨住了。”其人说：“雨住了还怕甚的。”

酸 酒

客谓店主曰："殽只菜腐足矣，酒须绝美者。"少顷，来问："菜内可着醋？"客曰："着些亦好。"取菜置讫，又问："豆腐可着醋？"客曰："着些亦好。"取腐置讫，又问："酒中可着醋？"客曰："酒中如何着醋？"店主攒眉云："怎好，怎好，已着醋了。"

讥卖淡酒

有天鹅赶一田鸡，躲于天罗丛下。天罗问曰："你因甚避于我乡？"田鸡答曰："目今朝廷差官，要捉一物三名者惩治，因此躲于贵村避难。"天罗又问曰："何以一物三名？"田鸡答曰："一名田鸡，二名石淋，三名黄蛤。"天罗答曰："汝快走，休要连累于我，我亦是三名：一名天罗，二名丝瓜，三名布瓜。"田鸡无奈，躲避于水中。又问田鸡何事匿于水中。田鸡如前答应。水曰："莫累于我，我亦有三名。"田鸡问曰："何三名？"水答曰："一名江水，二名河水，三名海水。"田鸡遂怒曰："我只说是海中咸水，而谁知你都是江河淡水，尚何肯在你这里躲避？"

瓶饮亦好

昔一人专好饮酒，后游京师。忽一日遇一故人，其故人乃是悭吝之士，于途间相见。其好酒人曰："到贵寓一叙，口渴心烦，或是茶酒，可借一杯止渴。"故人曰："吾贱寓甚远，不敢劳烦玉趾。"其好酒之人曰："谅不过只有二三十里。"故人曰："敝寓所甚隘，不堪停尊驾。"好酒人曰："但开得口就好。"故人曰："奈器皿不备，无有杯盏。"好酒人曰："我与你在相知，就瓶饮亦好。"

嘲好酒人

一人好酒，梦见有一人送酒给他吃，嫌冷，教人拿去暖热，不觉醒了，即啐云："早知就醒了，何不知吃些冷的亦罢。"

吏胥酒令

儒、释、道与吏人同席行令，取语句首尾相同。儒者曰："上取乎下，下取乎上。"释者曰："色即是空，空即是色。"道者曰："道可道，非常道。"吏人曰："呈为公务，事右具呈。"

财酒误事

僧人犯罪，官令役夫押解配所，途受犯僧赂贿，至夜，僧灌以酒，伺其醉睡，因削其发而逃。役夫酒醒，忙索犯僧不见，及扪自首，秃而无发，大惊，呼曰："和尚犹在，我却何处去了？"

一瓶打不倒

观音大士戒洞宾曰："君三醉岳阳，度何仙姑，卖墨鼎州，飞剑斩黄龙，既居仙品，何不戒酒色财气乎？"洞宾诬观音净瓶为酒，盛妆为色，黄金布地为财，降服大鹏为气。大士被诬不堪，因以净瓶掷之。洞宾笑曰："你这一瓶两瓶，便也打我不倒。"

薄酒诗

数升糯米浅悭量，饭熟儿童个个尝。尽意满倾三斛水，打头撇起一壶浆。冷斟全似金生丽，热饮犹如周发商。无奈相央吞两盏，几乎涨破肚中肠。

菜酒而已

一儒官当迎候上司，方乘马出门，适乡人过访，不暇详曲，草草谓内人曰："待以菜酒而已。"内人不解文语，不知"而已"为何物，既而询诸婢仆，认"已"为尾，猜疑为所蓄大羊也，乃宰羊盛具酒肴待之去。儒官归，问其故，叹息无端浪费，惆怅不已。其后但出门时，辄嘱内眷曰："今后若有客至，止用'菜酒'二字，切不可用'而已'。"

酒风

一鼠居油房，一鼠居酒房，彼此互食所有。酒鼠既食油，乃邀油鼠入酒房，以口衔鼠尾，而垂饮于中。油鼠饮酒乐，因谢曰："好酒好酒。"酒鼠开口应声曰："不敢不敢。"油鼠无系着，遂堕入瓮中，翻滚不得起。酒鼠叹曰："你少饮些也罢，如何就在这里撒酒风。"

醉后不似人

一官衙见戏猴者，衣巾行动俨似人形，命赏以酒。猴既醉，自扯衣巾，依然一猴也。官长惊问其故，左右曰："此畜牲，无酒时还似人，一饮酒后，全不似人。"

七十三八十四

一东道吝啬，当宴宾时，私嘱其仆曰：“尔莫浪费酒浆，但闻我击桌一下，尔则敬酒一次。”客偶闻知，饮间故问：“尊堂高寿几许？”答曰：“七十三矣。”客击桌叹曰：“难得。”仆闻击桌声，向客敬酒，顷间客又问：“尊翁高寿几许？”主曰：“八十四矣。”客复击桌云：“愈是难得。”仆人又起敬。已而主觉是计，乃斥言曰：“你也不要管他七十三、八十四、你也吃得够了。”

贫人耽酒

诗曰：空挈壶瓶酒肆缠，浑身搜遍没文钱。几回欲脱蓑衣当，又恐明朝是雨天。

无酒闲坐

刘伶嗜酒，常索其馆人曰：“我何日得一大醉？”馆人酿酒成缸抬进，翌日视之，酒尽干。伶颓然坐糟上，笑问主人曰：“尔尝许我一人醉，今日如何令我在此闲坐？”

醉后

一人好于醉后近色，或戒之曰：“大醉行房，五脏反复，此甚不宜。”答曰：“惟我不妨。”问何故，答曰：“我每行实是两度。”

双斧劈柴

一人酒色过度而病，医曰：“今双斧劈柴也，今后须戒。”妻从旁睨之，医会其意，转口曰：“即不能戒色，亦须戒酒。”病者曰：“色害胜酒，还宜首戒。”妻曰：“先生的话不听，如何得病好？”

当酒饭

一人三餐无食，夫妻枵腹上床，妻嗟叹不已。夫曰：“我今夜要连打三个拐，以当三餐。”妻从之。次早起来，头晕眼花，站脚不住，谓妻曰：“此事妙极，不惟可以当饭，且可当酒。”

性不饮

除夜，以酒一瓶、腐一盂供石敢当。主人揖毕，见狗在旁，命童子速收之。童子方携酒入内，复出收腐，已为狗所啖矣。主人叱曰：“痴奴才，先收腐便好，狗是不吃酒的。”

酸酒

有上酒店而嫌其酒酸者，店主怒，吊之于梁。客过，问其故，诉曰：“小店酒极佳，此人说酸，可否该吊？”客曰：“借一杯我尝之。”既尝毕，攒眉谓店主曰：“可放此人，吊了我罢。”

譬字令

众客饮酒，要“譬”字“四书”一句为令，说不出者罚一巨觥。首令曰：“譬如为山”。次曰：“譬如行远必自迩。”以及“譬之宫墙”等句，落后一人无可说得，乃曰：“能近取譬。”众哗曰：“不如式，该罚。如何‘譬’字说在下面？”其人曰：“屁原该在下，诸兄都不说自己倒出了，反来罚我。”

祝寿

众至一家祝寿，饮酒间行令，各说“寿”字一句。一人喊云：“寿夭莫非命。”众哗然曰：“是何言也！”以大钟罚之，即曰：“该死该死。”

合做酒

甲乙谋合本做酒，甲谓乙曰：“汝出米，我出水。”乙曰：“米都是我的，如何算帐？”甲曰：“我决不欺心，到酒熟时，只须还我这些水便了，其余都是你的。”

蘸酒

有性吝者，每日沽酒一文，虑其竭，乃约用箸头蘸尝之。其子连蘸二次，父叱曰：“汝吃如此急酒耶？”

茶酒争高

茶谓酒曰："战退睡魔功不少，助成吟兴更堪夸。亡家败国皆因酒，待客何如只饮茶？"酒答茶曰："瑶台紫府荐琼浆，息讼和亲意味长。祭祀筵宾先用我，何曾说着淡黄汤！"各夸已能，争论不已。水解之曰："汲井烹茶归石鼎，引泉酿酒注银瓶。两家且莫争闲气，无我调和总不成。"

酒瓶加帽

魏元孚为太保尚书令，性机辩好酒，貌短而秃。周文帝偏所眷顾，尝于室内置酒十瓶，瓶余一斛，瓶上皆加帽，引孚入视，以发笑。孚见之喜曰："吾兄弟辈甚无礼，为何窃入王家，宜早还宅。"因持酒归。周文帝抚掌大笑。

有好美酒（谜语）

月在半天，女子并肩，火烧羊脚，鸡立水边。

陈公戒酒

南京陈公镐善酒，督学山东时，父虑其废事，寄书戒之。乃出俸金，命工制一大碗，可容二斤许，镌八字于内云："父命戒酒，止饮三杯。"士林传笑。

好　酒

父子扛酒一坛，路滑打碎。其父大怒。其子伏地大饮，抬头向父曰："难道你还要等菜？"

远送当三杯

客访主人，主人不留饮食，起送至门，谓客曰："古语云：'远送当三杯。'待我送君几里。"恐客留滞，急拽其袖而行。客笑曰："从容些，我吃不得这般急酒"。

开门七件

妻好吃酒，屡索而夫不与，叱之曰："开门七件事：柴、米、油、盐、酱、醋、茶，何曾见个酒字？"妻曰："酒是不曾开门就要用的，须是隔夜先买，如何放得在开门里面？”

烧　脚

一老翁冬夜醉卧，置脚炉于被中，误焚其腿。早起骂人曰：“我老人家多吃几杯酒，火焚了脚，便自不知，你们都是后生家，难道烧人臭也不闻得？”

哑子说话

有一叫化子，假装哑子，在街市化钱，常以手指木碗，又指自嘴曰：“哑哑”。一日拿钱二文买酒吃尽曰：“再添些酒与我。”酒家问曰：“你每常来，不会说话，今日因何说起话来了？”叫化子曰：“往日无钱，叫我如何说得话？今日有了两个钱，自然会说话了。”

锯酒杯

一人赴席，主人斟酒，每次只斟半杯，其人问主人：“尊府有锯子否？借我一用。”主问何用，客指杯云：“此杯上半截既然盛不得酒，就该锯去，留他空着有何用？”

怕淹死

客人进店吃酒，饮一杯说一墩字，说之不休。旁人曰：“想是酒薄，恐怕泻肠，连墩数次么？”客曰：“非也，只要有了一个墩子，让我爬上去，才不被这薄水淹死。”

杀水气

酒店烦人写卖酒的招牌，其人写完，乃于牌画刀一把。酒店惊问：“画此何用？”答曰：“我要这刀来杀杀水气。”

醋招牌

有一酒店，来买酒的，但说酒酸，就锁在柱上。适有道人背一大葫芦进店，问之，店主曰：“他说我酒酸，因此锁他。”道人曰：“取杯我尝尝看。”道人咬着牙吃了一口，急急跑去。店主喜其不说酸，呼之曰：“你忘记葫芦了。”道人曰：“我不要，我不要，你留着踏扁了做醋招牌。”

再打三斤

某县令甚呆，所为多可笑，纰缪不可枚举。饮量甚洪，日必沽酒数斤，怡然独酌。一日，突有喊冤者，正醺醺时，阻其雅兴，含怒升堂，拍案喝打，并不掷签。役跪请曰：“打若干？”官伸指曰：“再打三斤。”吏笑不可遏，竟至哄堂。又轿夫工食，升堂点给，怒曰：“我仅见二人抬轿，如何有四名？”轿夫曰：“轿后有二人，非四耶？”官无以诘，方按其名。其一曰洋洋得意，其二曰不敢放屁，其三曰昏天黑地，其四曰拖来拖去。

偷酒

一先生好饮酒，馆童爱偷酒。偷的先生不敢用人，自谓必要用一不会吃酒者，方不偷酒，然更要一不认得酒者乃真不吃，始不偷也。一日，友人荐一仆至，以黄酒问之，仆以陈绍对。先生曰：“连酒之别名都知，岂止会饮？”遂遣之。又荐一仆至，问酒如初，仆以花雕对。先生曰：“连酒之佳品竟知，断非不饮之。”又遣之。后又荐一仆，以黄酒示之，不识；以烧酒示之，亦不识。先生大喜，以为不吃无疑矣，遂用之。一日，先生将出门，留此仆看馆，属之曰：“墙挂火腿，院养肥鸡，小心看守。屋内有两瓶，一瓶白砒，一瓶红砒，万万不可动；若吃了，肠胃崩裂，一定身亡。”叮咛再三而去。先生走后，仆杀鸡煮腿，将两瓶红白烧酒，次第饮完，不觉大醉。先生回来，推门一看，见仆人躺卧在地，酒气熏人，又见鸡、腿皆无，大怒，将仆人踢醒，再再究诘。仆人哭诉曰：“主人走后，小的在馆小心看守，忽来一猫，将火腿叼；又来一犬，将鸡逐至邻家。小的情急，忿不欲生，因思主人所属红白二砒，颇可致命，小的先将白砒吃尽，不见动静，又将红砒用完，未能身亡，现在头晕脑闷，不死不活，躺在这里挣命呢。”

酒誓

一人嗜酒，日在醉乡，杯中物时不离口，已成酒病。众友力劝其戒酒。嗜饮者曰：“我本要戒，因小儿出门未归，时时盼望，聊以酒浇愁耳，子归当戒之。”众曰：“赌咒方信。”嗜饮者曰：“子若归，不戒酒，教大酒缸把我淹死，小酒杯把我噎死，罚我生为曲部之民，死作糟丘之鬼，在酒泉之下，永不得翻身。”众友曰：“令郎到底何处去了？”答曰：“杏花村给我沽酒去了。”

中 酒

一师设教，徒问"'大学之道'如何讲？"师佯醉曰："汝偏拣醉时来问我。"归与妻言之，妻曰："大学书名，之道是书中的道理。"师颔之，明日谓其徒曰："汝辈无知，昨日乘醉便来问我，今日我醉，偏不来问，何也？"师如妻言释之。弟子又问："'在明明德'如何？"师遽捧额曰："且住，我还中酒在此。"

酸 酒

一酒家招牌上写："酒每斤八厘，醋每斤一分。"两人入店沽酒，而酒甚酸，一人咂舌攒眉曰："如何有此酸酒，莫不把醋错拿了来？"友人忙压其腿曰："呆子，快莫作声！你看牌面写着醋比酒更贵着哩！"

艾子醉谈

艾子好饮，少醒日。门生相与谋曰："此不可以谏止，唯以险事怵之，宜可戒。"一日，大饮而哕，门人密抽彘肠致哕中，持以示曰："凡人具五脏方能活，今公因饮而出一脏，止四脏矣，何以生耶？"艾子熟视而笑曰："唐三藏（脏）犹可活，况有四耶？"

传 说

投 醪 河

春秋战国时，吴王夫差击败了越王勾践，强迫订立了城下之盟，越国实际上已经灭亡。勾践忍辱负重，卧薪尝胆，终于灭掉了吴国，雪耻报仇。据说当勾践誓师伐吴的时候，百姓纷纷来献美酒。勾践下令将酒倒入一条小河中，军民共饮，士气百倍。由于当时的酒是汁糟混在一起的，叫“醪”，因此此河就叫“投醪河”。

酒 泉

西汉时，大将军霍去病收复河西失地有功，武帝曾赐酒犒劳，酒少兵多，霍去病乃下令将酒倾入一眼泉中，与士卒共饮。自此，留下酒泉地名，相传这眼泉，就是今甘肃酒泉市酒家公园中地眼叫“酒泉”的泉。

当垆卖酒

卓文君与司马相如相爱，遭其父卓王孙反对，愤而离家。相如涤器，文君卖酒，此即“当垆卖酒”的故事。杜甫《琴台》：“茂陵多病后，尚爱卓文君。酒肆人间市，琴台日暮云。”陆游《文君井》：“落魄西川泥酒杯，酒酣几度上琴台。青鞋自笑无拘束，又向文君井上来。”王闿运《湘绮楼琴歌》：“华阳女士论先达，惟有临邛一酒垆。”都是歌颂卖酒的诗句。

金龟换酒

唐代诗人贺知章，曾任太子宾客，很赏识李白，呼为“谪仙人”。有一次，与李白饮酒，贺知章竟解下身上的配饰金龟来换酒，令李白念念不忘，曾写下“金龟换酒处，却忆泪满襟”的诗句，此即是“金龟换酒”的故事。

尽善尽美杏花村

李自成从陕西东渡黄河，曾路过汾阳杏花村。村民扶老携幼，夹道欢迎，赠以美酒。闯王深为感激，于村中探贫恤苦，驻军三日。临行，极赞杏花村人尽善，酒尽美，并倚马立书“尽善尽美”四字，自此杏花村又名“美善村”。至今有诗传颂：“醇香汾酒献英雄，万民拥戴起义军。闯王留得题辞在，尽善尽美杏花村。”

美哉柳林酒

传说唐代凤仪年间，出使长安的波斯王子回国。史部侍郎裴行俭送至今凤翔县的十里长亭。时值暮春，裴忽见四周蜂蝶纷纷伏地，感到很奇怪。原来是离城十五里的柳林镇上一家酒店，刚出窖了一坛百年老酒，酒香远溢，蜂蝶闻之俱醉。后来，裴侍郎得到了酒家赠送的美酒，吟了一首诗来赞扬它："送君亭子头，蜂醉蝶不舞。三阳开国泰，美哉柳林酒。"

衔杯却爱泸州好

清乾隆年间，诗酒名家张船山从北京回蜀，途中盘桓于酒肆间，饮酒赋诗。一日于江岸边饮了泸州老窖酒还吃到了甜橙，赞不绝口，吟了这样一首诗："城下人家水上城，酒旗红处一江明。衔杯却爱泸州好，十指含香给香橙。"

舒聚源糟房

相传明代末年，泸州有一个姓舒的武举，此人嗜酒如命，对当地所产美酒每餐必饮。他为了能过日日饮美酒的醉乡生活，便想自己开酒坊。他聘请了酿酒师，带着酒窖泥样、母糟和大曲在泸州城南营头沟地方，开建酒窖，并用附近龙泉井的清洌泉水为酿酒用水，这便是泸州大曲酒的第一个酿酒作坊—舒聚源糟房。

减　酒

南朝大将元树统兵攻打北魏，屡战不捷，兵困马乏，向北魏求和。在其南撤之际，北魏突发兵追杀，元树被俘而死并葬于该地。其地称为"咸家店"，亦名"咸店集"。咸、减误讹而为"减店集"，因此，减店集生产的酒称为"减酒"。

美　人　泉

相传古时候，洋河镇有一个叫阿美的美丽善良的姑娘，她有个嫂子叫翠姐。姑嫂二人年轻貌美而又擅长酿酒。酿出的酒甘甜、醇和，香溢十里。在一个中秋之夜，二人饮酒过度，去井边打水。翠姐醉坠井中，阿美去拉，一失足，也堕入井中。自从阿美姑嫂堕井后，井水更加清甜爽口。人们说阿美姑嫂是王母娘娘派来的酒仙。这井泉，就唤作“美人泉”。

诸葛井

三国末年，魏兵入蜀，诸葛瞻、诸葛尚父子战死于绵竹，后人敬其忠勇，遂将良泉名之为“诸葛井”。明李德杨记述绵竹大曲酒说：“代仪充士物，却病比人参。盖纪实也。惟西南一线泉可酿此酒。”此即指诸葛井泉水。

杜康醉刘伶

民间传说杜康是酿酒的鼻祖，死后被玉帝召至天庭，封为酒仙。西晋时有一个嗜酒放诞的文人叫刘伶。玉帝为了点化刘伶，就派杜康下凡，在洛阳龙门附近开了一爿酒店。刘伶觅香而至，三杯后大醉了三年才醒。这就是杜康醉刘伶的故事。

鸩酒毒渐高

据《南唐书·申渐高传》记载：南唐皇帝李昇顾臣子周本威望太高，难以控制，想杀掉他。有一次，李昇倒了一杯鸩酒赐给周本，企图毒杀。周本察觉了皇上的意图，用御杯分出一半酒说：“奉给皇上，以表明君臣一心。”李昇当即色变，不知如何是好。此时，为帝王演戏奏乐的优人申渐高见此情景，边舞边走了上来，接过周本的酒说：“请皇上把它赐给我吧。”说罢，一饮而尽，将杯揣在怀中走了。李昇立即暗遣人带着解药去给申渐高解毒，未等药到，申渐高已死，这便是“鸩酒毒渐高”的故事。

毒酒——神药

《列子》中曾载扁鹊用“毒酒”为人医病的故事，说有两个人去求扁鹊治病，扁鹊为他们作了初步治疗后，对他们两人说：“你们一人志强而气弱，一人志弱而气强。如果把你们的互相调换，那就会治好病。”于是扁鹊让他们喝了毒酒，让他们两个迷死三日，剖胸换心，果然病都好了。

溺于酒色的孝武帝

晋孝开帝，天资英挺，却“溺于酒色，为长夜之饮”。有一次喝醉了酒，他宠爱的张贵人指使人用被蒙面闷杀了他。

“朝醉”“暮醉”的皇帝

南北朝时，北周宣帝继承王位后，终日饮酒作乐，不理国事。有人作了一首歌唱他：“朝亦醉，暮亦醉，日日恒常醉，政事日无次。”宣帝知道后，“赐”作歌人二百四十杖，以至活活打死。（糊涂——编者）

陈叔宝死于“醇酒归人”

南北朝时陈朝的皇帝陈叔宝，是一个贪恋酒色的人。当隋朝的大军压境时，有人上书劝他改悔，他不但不听，还治上书人死罪。隋军发起攻势后，他还说王气在此，隋军不敢入。等到京城被围，他哭哭啼啼带着两个嫔妃躲进一口枯井，最后被隋军用绳子吊上来，成了阶下囚。这便是“醇酒妇人”的亡国之君的故事。

贪杯的羲和

《尚书》载：尧帝的司天官羲和，常因贪杯而贻误工作。有一次发生日食，由于羲和醉酒未能预报，引起一片混乱。为惩戒失职，尧帝下令把羲和处死。

管仲弃酒

春秋时期的政治家、齐桓公的上卿管仲，是反对贪杯的。他认为“湛于乐者洽于忧，厚于味者薄于行。”有一次，齐桓公问管仲为什么不饮酒，他回答道：“我听说酒喝到肚子里，舌头就会失去控制，话就会多起来；话多了就容易说错，说错了就会招来杀身之祸。臣要命而不要酒。”

高祖酒酣唱“大风”

公元前195年（汉高祖十二年），刘邦平定天下，回到故乡沛（今江苏沛县），召来乡亲父老饮酒。高祖酒酣之际，击筑而歌曰：“大风起兮云飞扬，威加海内兮归故乡，安得猛士兮守四方！”他同时还挑出沛地的儿童一百余应和唱着。高祖饮着酒，唱着歌，跳着舞，击着筑，竟然流下泪来。

楚霸王饮酒悲歌

据《史记·项羽本纪》载：项羽在垓下被刘邦围困，兵残粮尽，夜闻汉军四面楚歌，知大势已去，起身于帐中饮酒，边饮边歌：“力拔山兮气盖世！时不利兮骓不逝！骓不逝兮可奈何！虞兮虞兮奈若何！”歌数阕，美人和之。项羽泪流满面，众人不能仰视。

郑泉嗜酒

三国时吴国太中大夫郑泉，博学多志，性嗜酒。他常常对人说，希望在大船里装满酒，在船头列上佳肴，边吃边饮。酒稍减即加。他临死的时候对其同辈人说，他死后要把他埋在陶器作坊旁边，若干年后，他的尸体就化成尘土，希望人们用他尸体化成的土做成酒器盛酒，以满足他喝酒的愿望。

饮中八仙

责任编辑:傅跃
装帧设计:世代波
版式设计:李红飞

图书在版编目(CIP)数据

中国酒文化大典/周卫东等 编著. -北京:东方出版社,2009.12
ISBN 978-7-5060-3696-2

Ⅰ. 中… Ⅱ. 周… Ⅲ. 酒-文化-中国 Ⅳ. TS971

中国版本图书馆 CIP 数据核字(2009)第 191315 号

联系人:周到　傅跃龙
电话:13911106889,010—65257512
邮箱:china9wh@tom.com, fyl828@126.com

中国酒文化大典(全三卷)
ZHONGGUO JIU WENHUA DADIAN

周卫东等　编著

東方出版社 出版发行
(100706　北京朝阳门内大街 166 号)

北京博图彩印有限公司印刷　新华书店经销

2010 年 1 月第 1 版　2010 年 1 月北京第 1 次印刷
开本:787 毫米×1092 毫米 1/16　印张:176
字数:2471 千字　印数:0,001-3,000 册

ISBN 978-7-5060-3696-2　定价:1999.00 元

邮购地址 100706　北京朝阳门内大街 166 号
人民东方图书销售中心　电话 (010)65250042　65289539

ISBN 978-7-5060-3696-2
9 787506 036962 >